850
D0406390

THE OXFORD-DUDEN PICTORIAL SPANISH-ENGLISH DICTIONARY

THE OXFORD-DUDEN PICTORIAL SPANISH-ENGLISH DICTIONARY

CLARENDON PRESS · OXFORD

Oxford University Press, Walton Street, Oxford OX2 6DP
Oxford New York Toronto
Delhi Bombay Calcutta Madras Karachi
Petaling Jaya Singapore Hong Kong Tokyo
Nairobi Dar es Salaam Cape Town
Melbourne Auckland
and associated companies in
Berlin Ibadan

Oxford is a trade mark of Oxford University Press

Published in the United States
by Oxford University Press, New York

© Illustrations and Spanish text: Bibliographisches Institut,
Mannheim 1985

© English text: Oxford University Press 1985
Reprinted 1988
Limp edition first published 1988

All rights reserved. No part of this publication may be reproduced, stored in a retrieval system, or transmitted, in any form or by any means, electronic, mechanical, photocopying, recording, or otherwise, without the prior permission of Oxford University Press

The word 'DUDEN' is a registered trademark of
the Bibliographisches Institut for books of any kind

British Library Cataloguing in Publication Data
The Oxford-Duden pictorial Spanish-English dictionary.
1. Spanish language – Dictionaries – English
2. English language – Dictionaries – Spanish
463'.21 PC4640

ISBN 0-19-864158-3
ISBN 0-19-869155-6 (limp)

Library of Congress Cataloging-in-Publication Data
Main entry under title:
The Oxford-Duden pictorial Spanish-English dictionary.

Includes index.
1. Picture dictionaries, Spanish.
2. Picture dictionaries, English.
3. Spanish language – Glossaries, vocabularies, etc.
4. English language – Glossaries, vocabularies, etc.
PC4629.094 1986 463'.21 85-24365
ISBN 0-19-864158-3
ISBN 0-19-869155-6 (limp)

Spanish text edited by Manuel Alvar Ezquerra, with the assistance of
Maria Aurora Miró Dominguez, Marta C. Ayala Castro,
Maria José Blanco Rodriguez, Inmaculada Anaya Revuelta, Antonio Ruiz Noguera

English text edited by John Pheby, with the assistance of
Roland Breitsprecher, Michael Clark, Judith Cunningham,
Derek Jordan, and Werner Scholze-Stubenrecht

Illustrations by Jochen Schmidt, Mannheim

Printed in Hong Kong

Prólogo

El diccionario en imágenes inglés y español se ha preparado a partir de la nueva versión del *Bildwörterbuch*, volumen tercero del diccionario Duden en diez tomos. La versión española es equivalente del original alemán, a pesar de las dificultades surgidas en más de una ocasión, pues el mundo que se nos presenta en las ilustraciones no es el español o hispanoamericano, sino el centroeuropeo: algunos objetos no existen en nuestro ámbito, o no hay otro semejante. Sin embargo, estos casos son los menos, y por ello mismo los diferenciadores; el resto es propio de nuestra cultura, de nuestra industria, de nuestras técnicas, esto es, común a todos nosotros, alemanes, ingleses e hispanohablantes. Por otra parte, hemos intentado dar cabida al mundo americano a través de la única vía posible, el léxico peculiar utilizado en ámbitos más o menos extensos de aquel continente y que se pudiera aplicar a imágenes surgidas en Alemania -ni siquiera en España.
La traducción se ha realizado bajo mi dirección por licenciados en filología hispánica y por especialistas con conocimientos sobrados para efectuar la tarea encomendada. El peso mayor del trabajo lo han soportado D. Antonio Ruiz Noguera (profesor agregado de Lengua Española de INB), Da. María José Blanco Rodríguez (becaria de investigación del Departamento de Lengua Española de la Universidad de Málaga), Da. María Aurora Miró Domínguez (profesora ayudante del Departamento de Historia del Arte de la Universidad de Málaga) y Da. Inmaculada Anaya Revuelta (becaria de investigación del Departamento de Geografía Lingüística del CSIC). Hemos tenido numerosos colaboradores e informantes ocasionales, comerciantes, artesanos, profesionales diversos que nos han facilitado valiosos datos, muchas veces sin saberlo ellos mismos; quienes más ayuda nos han prestado han sido D. Carlos Alvar (catedrático de Literaturas Románicas de la Universidad de Murcia), D. Conrado Salmerón Rodríguez (tecnólogo de automoción del Instituto de Formación Profesional de Tarifa, Cádiz), Da. María del Pilar Nuño Álvarez (profesora ayudante del Departamento de Lengua Española de la Universidad Complutense), Da. María del Pilar Palanco Aguado (profesora agregada de Lengua Española de INB), Da. Marta C. Ayala Castro (profesora ayudante del Departamento de Lengua Española de la Universidad de Málaga), y D. Jorge Denis Zambrana (librero). He de dejar constancia, también, de la generosa ayuda prestada en todo momento por el Departamento de Geografía Lingüística del Consejo Superior de Investigaciones Científicas, y por la Oficina de Información y Observación del Español del Instituto de Cooperación Iberoamericana.

Las imágenes proporcionan cierta información con mayor facilidad y rapidez que las explicaciones y descripciones. Una imagen permite a menudo identificar antes el objeto designado por una palabra que la definición de esa palabra; es bien sabido aquello de „una imagen vale más que mil palabras".

Cada doble página del diccionario tiene una lámina que ilustra el vocabulario de un dominio completo con los términos ingleses y sus correspondientes españoles. La organización temática evita la enojosa búsqueda de las distintas voces proporcionando en dos páginas enfrentadas toda la información concerniente a un dominio completo. La presentación del texto y el índice final permiten utilizar esta obra como si se tratara de un diccionario bilingüe de doble entrada. Pero que nadie se llame a engaño, éste no es un diccionario ideológico, sino temático, y por tanto más restringido, al serle imposible dar cuenta de aquellas palabras cuyo contenido no su puede expresar en forma de imágenes. La temática es, tal vez, la manera más antigua de organizar los saberes del hombre; arranca de los enciclopedistas medievales y llega hasta nuestros días, habiendo tenido entre nosotros cultivadores tan insignes como San Isidoro, Lorenzo Palmireno, Francisco Sobrino o el P. Esteban de Terreros.

La forma de presentar los materiales, y la modernidad de la obra, hacen que el vocabulario esté constituido en gran medida por términos especiales y técnicos, de modo que este diccionario se convierte, así, en el complemento indispensable de cualquier diccionario bilingüe español-inglés e inglés-español. Al mismo tiempo, la presencia del vocabulario científico y técnico impide la aparición de voces de ámbitos geográficos restringidos; es el precio que tiene que pagar la riqueza de la lengua en aras de la comprensión general.

Por último, si un diccionario debe ser un instrumento, una herramienta para conocer el mundo que nos rodea, éste lo es sobradamente. Y cumple con generosidad con la misión didáctica que encierra todo diccionario: no sólo nos presenta el mundo de una manera organizada, sino que nos enseña a nombrarlo en varias lenguas. Es una obra que no sólo aprovechará a los adultos, sino que, utilizada adecuadamente, servirá a los más jóvenes para conocer la realidad y para aprender idiomas, esto es, le permitirá entender y ser entendido por los demás, en su lengua y en otra. ¿Cabe esperar nada mejor de un diccionario?

Manuel Alvar Ezquerra

Foreword

This Spanish-English pictorial dictionary is based on the third, completely revised edition of the German *Bildwörterbuch* published as Volume 3 of the ten-volume Duden series of monolingual German dictionaries. An attempt has been made to include American Spanish by giving also the vocabulary used in various parts of Latin America.

The Spanish translation has been prepared under the supervision of Professor Manuel Alvar Ezquerra by graduates in Spanish, with the assistance of various experts having the appropriate subject knowledge. The greater part of the work has been done by Don Antonio Ruiz Noguera (associate professor of Spanish language at INB), Doña María José Blanco Rodríguez (research fellow in the Spanish language department, University of Málaga), Doña María Aurora Miró Domínguez (assistant professor in the history of art department, University of Málaga), and Doña Inmaculada Anaya Revuelta (research fellow in the linguistic geography department, Conseja Superior de Investigaciones Científicas).

There have been many who assisted and gave occasional information – business people, craftsmen, professional people who provided valuable information, often unconsciously; the greatest amount of help has come from Don Carlos Alvar (professor of Romance literature, University of Murcia), Don Conrado Salmerón Rodríguez (automotive engineer, Instituto de Formación Profesional, Tarifa, Cádiz), Doña María del Pilar Nuño Álvarez (assistant professor in the Spanish language department, Universidad Complutense, Madrid), Doña María del Pilar Palanco Aguado (associate professor of Spanish language at INB), Doña Marta C. Ayala Castro (assistant professor in the Spanish language department, University of Málaga), and Don Jorge Denis Zambrana (bookseller). Generous help was also received at all times from the linguistic geography department of the Consejo Superior de Investigaciones Científicas, and from the Spanish language information and observation office of the Instituto de Cooperación Iberoamericana.

The English text was produced by the Oxford University Press Dictionary Department, with the assistance of numerous British companies, institutions and technical experts.

There are certain kinds of information which can be conveyed more readily and clearly by pictures than by descriptions and explanations, and an illustration will support the simple translation by helping the reader to visualize the object denoted by a given word. This applies both to technical vocabulary sought by the layman and to everyday objects foreign to the general user.

Each double page contains a plate illustrating the vocabulary of a whole subject, together with the exact Spanish names and their correct English equivalents. The arrangement of the text and the presence of alphabetical indexes in Spanish and English allow the dictionary to be used either way: as a Spanish-English or an English-Spanish dictionary. This, together with the wide range of vocabulary, which includes a large proportion of specialized words and technical terms, makes the Oxford-Duden Pictorial Dictionary an indispensable supplement to any Spanish-English or English-Spanish dictionary.

Abreviaturas empleadas en el texto español

amb.	ambivalente	*Hond.*	Honduras
Amér.	América	*m*	masculino
Amér. Merid.	América Meridional	*Mé.*	Méjico
anál.	análogo	*Nicar.*	Nicaragua
angl.	anglicismo	*Pan.*	Panamá
ant.	anticuado	*Par.*	Paraguay
Arg.	Argentina	*p. e.*	por ejemplo
Bol.	Bolivia	*pop.*	lenguaje popular
col.	lenguaje coloquial	*P. Rico*	Puerto Rico
Col.	Colombia	*Salv.*	El Salvador
C. Rica	Costa Rica	*S. Dgo.*	República Dominicana
Ec.	Ecuador	*sin.*	sinónimo
f	femenino	*Urug*	Uruguay
fam.	lenguaje familiar	*var.*	variedades
Filip.	Filipinas	*Venez.*	Venezuela
Guat.	Guatemala		

Abbreviations used in the English text

Am.	*American usage*
c.	*castrated (animal)*
coll.	*colloquial*
f.	*female (animal)*
form.	*formerly*
joc.	*jocular*
m.	*male (animal)*
poet.	*poetic*
sg.	*singular*
sim.	*similar*
y.	*young (animal)*

Índice

Los números arábigos son los de la lámina

Átomo, universo, tierra
Átomo I 1
Átomo II 2
Astronomía I 3
Astronomía II 4
Astronomía III 5
El alunizaje 6
La atmósfera 7
Meteorología I 8
Meteorología II y climatología 9
Los instrumentos meteorológicos 10
Geografía general I 11
Geografía general II 12
Geografía general III 13
Mapa I 14
Mapa II 15

El hombre y su entorno social
Hombre I 16
Hombre II 17
Hombre III 18
Hombre IV 19
Hombre V 20
Primeros auxilios 21
Médico I 22
Médico II 23
Dentista 24
Hospital I 25
Hospital II 26
Hospital III 27
Cuidados y ajuar del bebé 28
Ropa de niños 29
Ropa de señora I (ropa de invierno) 30
Ropa de señora II (ropa de verano) 31
Ropa interior, ropa de noche 32
Ropa de caballero 33
Peinados y barbas 34
Sombreros 35
Joyas 36
Casa y tipos de casas 37
Tejado y sótano para la caldera de calefacción 38
Cocina 39
Utensilios de cocina 40
Vestíbulo 41
La sala de estar 42
El dormitorio 43
El comedor 44
Accesorios de mesa 45
El apartamento 46
La habitación de los niños 47
Jardín de infancia (escuela de párvulos) 48
El baño y el tocador 49
Aparatos y utensilios del hogar 50

La naturaleza como entorno, agricultura y silvicultura
El jardín 51
El huerto 52
Plantas de interior 53
Propagación de las plantas 54
Horticultura y cultivo de hortalizas 55
Útiles de jardinería 56

Contents

The arabic numerals are the numbers of the pictures

Atom, Universe, Earth
Atom I 1
Atom II 2
Astronomy I 3
Astronomy II 4
Astronomy III 5
Moon Landing 6
The Atmosphere 7
Meteorology I 8
Meteorology II and Climatology 9
Meteorological Instruments 10
Physical Geography I 11
Physical Geography II 12
Physical Geography III 13
Map I 14
Map II 15

Man and his Social Enviroment
Man I 16
Man II 17
Man III 18
Man IV 19
Man V 20
First Aid 21
Doctor I 22
Doctor II 23
Dentist 24
Hospital I 25
Hospital II 26
Hospital III 27
Infant Care and Layette 28
Children's Clothes 29
Ladies' Wear I (Winter Wear) 30
Ladies' Wear II (Summer Wear) 31
Underwear, Nightwear 32
Men's Wear 33
Hairstyles and Beards 34
Headgear 35
Jewellery (*Am.* Jewelry) 36
Types of Dwelling 37
Roof and Boiler Room 38
Kitchen 39
Kitchen Utensils and Appliances 40
Hall 41
Living Room (Lounge) 42
Bedroom 43
Dining Room 44
Tableware and Cutlery 45
Flat (Apartment) 46
Children's Room (Nursery) 47
Kindergarten (Day Nursery) 48
Bathroom and Toilet 49
Household Appliances and Utensils 50

Nature as Environment, Agriculture, and Forestry
Flower Garden 51
Fruit and Vegetable Garden 52
Indoor Plants (Houseplants) 53
Propagation of Plants 54
Market Garden (*Am.* Truck Garden, Truck Farm) 55
Garden Tools 56

Hortalizas 57
Bayas y frutas de pepitas 58
Frutas de hueso de nuez 59
Flores de jardín 60
Malas hierbas 61
Granja 62
Agricultura 63
Máquinas agrícolas I 64
Máquinas agrícolas II 65
Herramientas agrícolas 66
Riego por aspersión 67
Frutos del campo 68
Plantas forrajeras 69
Razas de perros 70
Caballo I 71
Caballo II 72
Animales domésticos 73
Postura de las gallinas, la producción de huevos 74
La cría de ganado 75
Industria lechera 76
Abejas y apicultura 77
Viticultura 78
Bodega 79
Parásitos del jardín y del campo 80
Insectos domésticos, dañinos parásitos 81
Plagas forestales 82
Lucha antiparasitaria 83
Silvicultura I 84
Silvicultura II 85
Caza 86
Armas de caza, equipo de caza 87
Caza 88
Piscicultura y el deporte de la pesca con anzuelo 89
Pesca marítima 90

Artesanía e industria
Molinos 91
Fábrica de malta y de cerveza I 92
Fábrica de cerveza II 93
Matadero 94
Trozos de carne de la matanza 95
Carnicería 96
Panadería 97
Tienda de comestibles 98
Supermercado 99
Zapatero 100
Calzados 101
Labores femeninas 102
Modisto 103
Sastre 104
Peluquero de señoras 105
Peluquero de caballeros 106
Tabaco y utensilios de fumador 107
Orfebre y platero 108
Relojero 109
Relojes 110
Óptico 111
Instrumentos ópticos I 112
Instrumentos ópticos II 113
Fotografía I 114
Fotografía II 115
Fotografía III 116
Película estrecha 117
Construcción I 118

Vegetables (Vegetable Plants) 57
Soft Fruit and Pomes 58
Drupes and Nuts 59
Flowers 60
Weeds 61
Farm Buildings (*Am.* Farmstead) 62
Agriculture (Farming) 63
Agricultural Machinery I 64
Agricultural Machinery II 65
Agricultural Implements 66
Overhead Irrigation 67
Arable Crops 68
Fodder Plants (Forage Plants) 69
Breeds of Dog 70
Horse I 71
Horse II 72
Domestic Animals 73
Poultry Farming (Poultry Keeping), Egg Production 74
Rearing (*Am.* Raising) of Livestock 75
Dairy 76
Bees and Beekeeping (Apiculture) 77
Wine growing (Viniculture, Viticulture) 78
Wine Cellar 79
Garden and Field Pests 80
House Insects, Food Pests, and Parasites 81
Forest Pests 82
Pest Control 83
Forestry I 84
Forestry II 85
Hunting 86
Hunting Weapons, Hunting Equipment 87
Game 88
Fish Farming (Fish Culture, Pisciculture) and Angling 89
Sea Fishing 90

Trades, Crafts, and Industry
Mills 91
Malting and Brewing I 92
Brewing II 93
Slaughterhouse (Abattoir) 94
Meat Joints 95
Butcher's Shop 96
Bakery 97
Grocer's Shop (*Am.* Grocery Store) 98
Supermarket 99
Shoemaker 100
Shoes (Footwear) 101
Needlework 102
Dressmaker 103
Tailor 104
Ladies' Hairdresser 105
Men's Hairdresser (Barber) 106
Tobacco and Smoking Requisites 107
Goldsmith, Silversmith 108
Watchmaker, Clockmaker 109
Clocks and Watches 110
Optician 111
Optical Instruments I 112
Optical Instruments II 113
Photography I 114
Photography II 115
Photography III 116
Cine Film 117
Building Site (Construction Site) I 118

Índice

Construcción II 119
Carpintero de obra 120
Tejado, uniones de madera 121
Tejado y tejador 122
Construcción de suelos, techos, escaleras 123
Cristalero 124
Hojalatero 125
Fontanero 126
Electricista 127
Empapelador 128
Pintor 129
Tonelero y constructor de depósitos 130
Peletero 131
Carpintero I 132
Carpintero II 133
Trabajos de casa 134
Tornero de madera 135
Cestero 136
Herrero I 137
Herrero II (montaje de maquinaria agrícola) 138
Taller de forja libre y en estampa (forja industrial) 139
Cerrajero 140
Soldadura autógena 141
Soldadura eléctrica 142
Perfiles, tornillos y piezas de máquinas 143
Mina de carbón de piedra 144
Petróleo 145
Perforación a poca distancia de la costa (perforación off-shore) 146
Planta siderúrgica 147
Fundición y laminado de hierro 148
Máquinas-herramientas I 149
Máquinas-herramientas II 150
Oficina de proyectos (oficina de dibujo) 151
Central eléctrica I 152
Central eléctrica II 153
Energía nuclear 154
Fuentes de energía modernas (nuevas fuentes de energía) 155
Coquería 156
Aserradero 157
Cantera 158
Fábrica de tejas y ladrillos (obra de ladrillo) 159
Fábrica de cemento 160
Fabricación de porcelana 161
Producción de vidrio 162
Hilatura de algodón I 163
Hilatura de algodón II 164
Tejido I 165
Tejido II 166
Fabricación de géneros de punto, tricotaje 167
Acabado de productos textiles 168
Fibras artificiales y sintéticas I 169
Fibras artificiales y sintéticas II 170
Ligamentos textiles 171
Fabricación de papel I 172
Fabricación de papel II 173

Artes gráficas
Taller de composición I 174
Taller de composición II 175
Taller de composición III (fotocomposición) 176

Contents

Building Site (Construktion Site) II 119
Carpenter 120
Roof, Timber Joints 121
Roof and Roofer 122
Floor, Ceiling, Staircase Construction 123
Glazier 124
Plumber 125
Plumber, Gas Fitter, Heating Engineer 126
Electrician 127
Paperhanger 128
Painter 129
Cooper and Tank Construction Engineer 130
Furrier 131
Joiner I 132
Joiner II 133
Do-it-yourself 134
Turner (Ivory Carver) 135
Basket Maker 136
Blacksmith (Smith) I 137
Blacksmith (Smith) II (Farm Vehicle Engineering) 138
Hammer Forging (Smith Forging) and Drop Forging 139
Metallworker 140
Gas Welder 141
Arc Welder 142
Sections, Bolts and Machine Parts 143
Coal Mine 144
Mineral Oil (Oil, Petroleum) 145
Offshore Drilling 146
Iron and Steel Works 147
Iron Foundry and Rolling Mill 148
Machine Tools I 149
Machine Tools II 150
Drawing Office 151
Power Plant (Power Station) I 152
Power Plant (Power Station) II 153
Nuclear Energy 154
Modern Sources of Energy 155
Coking Plant 156
Sawmill 157
Quarry 158
Brickworks (Brickyard, Brickfield) 159
Cement Works (Cement Factory) 160
Porcelain and China Manufacture 161
Glass Production 162
Cotton Spinning I 163
Cotton Spinning II 164
Weaving I 165
Weaving II 166
Knitting 167
Finishing of Textile Fabrics 168
Synthetic (Man-made) Fibres (*Am.* Fibers) I 169
Synthetic (Man-made) Fibres (*Am.* Fibers) II 170
Weaves and Knits 171
Papermaking I 172
Papermaking II 173

Printing Industry
Composing Room (Case Room) I 174
Composing Room (Case Room) II 175
Composing Room (Case Room) III (Phototypesetting, Photocomposition, Photosetting, Filmsetting) 176

Índice

Fotograbado 177
Galvanoplastia y fabricación de clisés 178
Reproducción offset 179
Impresión offset 180
Impresión tipográfica 181
Huecograbado 182

Encuadernación I 183
Encuadernación II 184
Encuadernación III 185

Transportes, telecomunicaciones e informática

Coches de caballos 186
Bicicleta 187
Bicicletas 188
Motocicleta 189
Motores de combustión interna 190
Automóvil I 191
Automóvil II 192
Automóvil III 193
Camiones, autobuses 194
Taller de automóviles 195
Estación de servicio 196
Tranvía, tranvía interurbano eléctrico 197

Corte transversal de una calle 198
Recogida de basuras, limpieza pública 199

Construcción de carreteras I 200

Construcción de carreteras II 201

Vía férrea I 202
Vía férrea II (señalización) 203

El vestíbulo de la estación de ferrocarril 204
Andén 205
Estación de mercancías 206
Vehículos de ferrocarril I 207
Vehículos de ferrocarril II 208
Vehículos de ferrocarril III 209
Vehículos de ferrocarril IV 210
Vehículos de ferrocarril V 211
Vehículos de ferrocarril VI 212
Vehículos de ferrocarril VII 213
Ferrocarriles de moñtana 214

Puentes 215
Río y construcción fluvial 216
Construcciones hidráulicas 217
Tipos de barcos históricos 218
Barco de vela I 219
Barco de vela II 220
Tipos de barcos 221
Construcción naval 222
Motonave 223
Navegación 224
Puerto I 225
Puerto II 226
Salvamento y remolque 227
Servicio de salvamento 228
Aviones I 229
Aviones II 230
Aviones III 231
Aviones IV 232

Contents

Photomechanical Reproduction 177
Electrotyping and Block Making 178
Offset Platemaking 179
Offset Printing 180
Letterpress Printing 181
Photogravure (Gravure Printing, Intaglio Printing) 182
Bookbinding I 183
Bookbinding II 184
Bookbinding III 185

Transport, Communications, and Information Technology

Horse-drawn Carriages 186
Bicycle 187
Motorcycles, Bicycles, Scooters, Mopeds 188
Motorcycle 189
Internal Combustion Engines 190
Motor Car (*Am.* Automobile) I 191
Motor Car (*Am.* Automobile) II 192
Motor Car (*Am.* Automobile) III 193
Lorries (*Am.* Trucks), Vans, Buses 194
Garage (*Am.* Shop) 195
Service-Station 196
Tram (*Am.* Street car, Trolley), Interurban Electric Train 197
Cross section of a Street 198
Refuse Disposal (*Am.* Garbage Disposition), Street Cleaning 199
Road Construction I (Road Building, Road Making) 200
Road Construction II (Road Building, Road Making) 201
Railway Line (*Am.* Railroad Track) I 202
Railway Line (*Am.* Railroad Track) II (Signalling Equipment) 203
Station hall 204
Station Platform 205
Goods Station (Freight Depot) 206
Railway Vehicles (Rolling Stock) I 207
Railway Vehicles (Rolling Stock) II 208
Railway Vehicles (Rolling Stock) III 209
Railway Vehicles (Rolling Stock) IV 210
Railway Vehicles (Rolling Stock) V 211
Railway Vehicles (Rolling Stock) VI 212
Railway Vehicles (Rolling Stock) VII 213
Mountain Railways (*Am.* Mountain Railroads) and Cableways 214
Bridges 215
Rivers and River Engineering 216
Waterway and Hydraulic Engineering 217
Types of Historical Ship 218
Sailing Ship I 219
Sailing Ship II 220
Types of Ship 221
Shipbuilding 222
Motor Ship 223
Navigation 224
Docks, Port, Habour (*Am.* Harbor) I 225
Docks, Port, Habour (*Am.* Harbor) II 226
Salvage (Salving) and Towage 227
Life Saving 228
Aircraft I 229
Aircraft II 230
Aircraft III 231
Aircraft IV 232

Índice	Contents
Aeropuerto 233	Airport 233
Astronáutica I 234	Space Flight I 234
Astronáutica II 235	Space Flight II 235
Correos I 236	Post Office I 236
Teléfono y telégrafo 237	Post Office II (Telephones and Telegraphy) 237
Radiodifusión (radio y televisión) I 238	Broadcasting (Radio and Television) I 238
Radiodifusión (radio y televisión) II 239	Broadcasting (Radio and Television) II 239
Radiodifusión (material técnico de televisión) III 240	Broadcasting III (Television Engineering) 240
Electrónica de entretenimiento (electrónica recreativa) 241	Music Systems (Audio Systems) 241
Técnicas de enseñanza información 242	Teaching Equipment and Information 242
Audiovisión 243	Audiovision (AV) 243
Centro de cálculo 244	Computer Centre (*Am.* Center) 244
Oficina, banca, bolsa	**Office, Bank, Stock Exchange**
Oficina I 245	Office I 245
Oficina II 246	Office II 246
Oficina III 247	Office III 247
Oficina IV 248	Office IV 248
Oficina V 249	Office V 249
Banco 250	Bank 250
Bolsa 251	Stock Exchange 251
Estado y ciudad	**Community**
Dinero (monedas y billetes) 252	Money (Coins and Notes, *Am.* Coins and Bills) 252
Banderas 253	Flags 253
Heráldica, coronas 254	Heraldry, Crowns and Coronets 254
Fuerzas armadas I (Ejército de tierra) 255	Armed Forces I (Army) 255
Fuerzas armadas II (Ejército del aire I) 256	Armed Forces II (Air Force I) 256
Fuerzas armadas III (Ejército del aire II) 257	Armed Forces III (Air Force II) 257
Buques de guerra I 258	Warships I 258
Buques de guerra II (buques de guerra modernos) 259	Warships II (Modern Fighting Ships) 259
Colegio I (preescolar y enseñanza primaria) 260	School I (Primary School) 260
Colegio II (enseñanza media; enseñanza secundaria) 261	School II (Secondary School) 261
Universidad (Enseñanza superior) 262	University 262
Elecciones 263	Election 263
Policía 264	Police 264
Café 265	Café 265
Restaurante 266	Restaurant 266
Hotel 267	Hotel 267
Ciudad (centro de la ciudad) 268	Town (Town Centre, *Am.* Downtown) 268
Abastecimiento de aguas 269	Water Supply 269
Servicio de incendios (El cuerpo de bomberos) 270	Fire Service (*Am.* Fire Department) 270
Grandes almacenes 271	Department Store 271
Parque 272	Park 272
Ocio, juegos, deportes	**Recreation, Games, Sport**
El parque de juegos infantiles 273	Children's Playground 273
Balneario 274	Spa 274
Ruleta 275	Roulette 275
Juegos de tablero y de sociedad 276	Board Games and Party Games 276
Billar 277	Billiards 277
Camping 278	Camping and Caravanning (*Am.* Trailering) 278
Surf, Buceo 279	Surf Riding (Surfing), Skin Diving 279
Playa 280	Bathing Beach 280
El establecimiento de baños (centro para el ocio, para el tiempo libre) 281	Swimming Bath (Leisure Centre, *Am.* Center) 281
Deporte de la natación 282	Swimming 282
La navegación a remo 283	Rowing and Canoeing 283
Navegación a vela I 284	Sailing (Yachting) I 284
Navegación a vela II 285	Sailing (Yachting) II 285
Barcos a motor, esquí acuático 286	Motorboots (Powerboats) Water Skiing 286
Vuelo sin motor 287	Gliding (Soaming) 287

Deportes aéreos 288
Hípica (equitación) 289
Ciclismo y motorismo 290
Juegos de pelota I (fútbol) 291
Juegos de pelota II 292
Juegos de pelota III 293
Esgrima 294
Ejercicios gimnásticos sin aparatos 295
Ejercicios gimnásticos con aparatos I 296
Ejercicios gimnásticos con aparatos II (gimnasia femenina) 297
Atletismo 298
Pesos y halteras 299
Alpinismo (montañismo) 300
Deportes de invierno I (el esquí) 301
Deportes de invierno II 302
Deportes de invierno III 303
Paisaje de invierno 304
Diversas clases de deportes 305

Diversiones, espectáculos, cultura y arte
Carnaval 306
Circo 307
La feria (el parque de atracciones) 308
El rastro 309
Cinematografía I 310
Cinematografía II 311
Cinematografía III 312
Cinematografía IV 313
Ballet 314
Teatro I 315
Teatro II 316
Discoteca 317
Cabaret 318
Tauromaquia, Corrida de toros, Rodeo 319
Notación musical I 320
Notación musical II 321
Instrumentos de música I 322
Instrumentos de música II 323
Instrumentos de música III 324
Instrumentos de música IV 325
Instrumentos de música V 326
Seres fabulosos 327
Prehistoria 328
Caballería 329
Iglesia I 330
Iglesia II 331
Iglesia III 332
Arte I 333
Arte II 334
Arte III 335
Arte IV 336
Arte V 337
Estudio de pintura y dibujo 338
Taller (estudio) de escultura 339
Artes gráficas 340
Escritura I 341
Escritura II 342
Colores 343
Matemáticas I 344
Matemáticas II 345
Matemáticas III (geometría I) 346
Matemáticas IV (geometría II) 347
Matemáticas V (teoría de los conjuntos) 348
Laboratorio de química I 349

Aerial Sports (Airsports) 288
Horsemanship, Equestrian Sport 289
Cycle Racing and Motorsports 290
Ball Games I (Football, Association Football, Soccer) 291
Ball Games II 292
Ball Games III 293
Fencing 294
Free Exercise 295
Apparatus Gymnastics I 296
Apparatus Gymnastics II (Women's Gymnastics) 297
Athletics (Track and Field Events) 298
Weightlifting and Combat Sports 299
Mountaineering 300
Winter Sports I (Skiing) 301
Winter Sports II 302
Winter Sports III 303
Countryside in Winter 304
Various Sports 305

Entertainment, Culture, and Art
Carnival 306
Circus 307
Fair, Fairground 308
Flea Market 309
Films (Motion Pictures) I 310
Films (Motion Pictures) II 311
Films (Motion Pictures) III 312
Films (Motion Pictures) IV 313
Ballet 314
Theatre (*Am.* Theater) 315
Theatre (*Am.* Theater) 316
Discotheque 317
Nightclub 318
Bullfighting, Rodeo 319
Musical Notation I 320
Musical Notation II 321
Musical Instruments I 322
Musical Instruments II 323
Musical Instruments III 324
Musical Instruments IV 325
Musical Instruments V 326
Fabulous Creatures (Fabled Beings) 327
Prehistory 328
Chivalry 329
Church I 330
Church II 331
Church III 332
Art I 333
Art II 334
Art III 335
Art IV 336
Art V 337
Artist's Studio 338
Sculptur's Studio 339
Graphic Art 340
Script I 341
Script II 342
Colour (*Am.* Color) 343
Mathematics I 344
Mathematics II 345
Mathematics III (Geometry I) 346
Mathematics IV (Geometry II) 347
Mathematics V (Sets) 348
Chemistry Laboratory I 349

Índice

Contents

Laboratorio de química II 350
Cristales, cristalografía 351
Etnografía I 352
Etnografía II 353
Etnografía III 354
Trajes, modas en vestidos 355

Animales y plantas
Zoo (jardín zoológico) 356
Invertebrados 357
Artrópodos 358
Aves I 359
Aves II (aves indígenas, pájaros) 360
Aves III (pájaros) 361
Aves IV (aves rapaces, aves de rapiña) 362
Aves V (aves exóticas) 363
Peces, anfibios y reptiles 364
Lepidópteros (mariposas) 365
Mamíferos I 366
Mamíferos II 367
Mamíferos III 368
Fauna abisal 369
Botánica general 370
Árboles de hoja caduca (árboles caducifolios) 371
Coníferas 372
Arbustos y árboles ornamentales I 373
Arbustos y árboles ornamentales II 374
Flores de prados y linderos I 375
Flores de prados y linderos II 376
Plantas de bosque, lagunas y páramos 377
Plantas alpinas, acuáticas y de pantano 378
Plantas venenosas 379
Plantas medicinales 380
Hongos comestibles 381
Plantas estimulantes y especias tropicales 382
Plantas industriales 383
Frutos meridionales 384

Chemistry Laboratory II 350
Crystals, Crystallography 351
Ethnology I 352
Ethnology II 353
Ethnology III 354
Historical costumes 355

Animals and Plants
Zoo (Zoological Gardens) 356
Invertebrates 357
Arthropods 358
Birds I 359
Birds II (Indigenous Birds, Endemic Birds) 360
Birds III (Passerines) 361
Birds IV (Birds of Prey) 362
Birds V (Exotic Birds) 363
Fish, Amphibia and Reptiles 364
Lepidoptera (Butterflies and Moths) 365
Mammals I 366
Mammals II 367
Mammals III 368
Deep-sea Fauna 369
General Botany 370
Deciduous Trees 371
Conifers 372
Ornamental Shrubs and Trees I 373
Ornamental Shrubs and Trees II 374
Meadow Flowers and Wayside Flowers (Wild Flowers) I 375
Meadow Flowers and Wayside Flowers (Wild Flowers) II 376
Plants of Forest, Marsh, and Heathland 377
Alpine Plants, Aquatic Plants (Water Plants), and Marsh Plants 378
Poisonous Plants 379
Medicinal Plants 380
Edible Fungi (Esculent Fungi) 381
Tropical Plants used as Stimulants, Spices, and Flavourings (*Am.* Flavorings) 382
Plants used in Industry 383
Southern Fruits (Tropical, Subtropical, and Mediterranean Fruits) 384

1-8 modelos *m* atómicos
– ***atom models***
1 el modelo del átomo de hidrógeno *m* (H)
– *model of the hydrogen (H) atom*
2 el núcleo atómico, un protón
– *atomic nucleus, a proton*
3 el electrón
– *electron*
4 el espín del electrón (el giro del electrón)
– *electron spin*
5 el modelo del átomo de helio *m* (He)
– *model of the helium (He) atom*
6 la órbita del electrón
– *electron shell*
7 el principio de Pauli (principio *m* de exclusión *f* de Pauli)
– *Pauli exclusion principle (exclusion principle, Pauli principle)*
8 las órbitas estacionarias del electrón del átomo Na (átomo *m* de sodio *m*)
– *complete electron shell of the Na atom (sodium atom)*
9-14 las estructuras moleculares (las estructuras cristalinas)
– ***molecular structures***
9 el cristal de cloruro *m* de sodio *m* (la sal común)
– *crystal of sodium chloride (of common salt)*
10 el ion de cloruro *m*
– *chlorine ion*
11 el ion de sodio *m*
– *sodium ion*
12 el cristal de cristobalita *f*
– *crystal of cristobalite*
13 el átomo de oxígeno *m*
– *oxygen atom*
14 el átomo de silicio *m*
– *silicon atom*
15 **los niveles de energía** *f* (los saltos *m* cuánticos posibles) del átomo de hidrógeno *m*
– ***energy levels*** *(possible quantum jumps) of the hydrogen atom*
16 el núcleo atómico (el protón)
– *atomic nucleus (proton)*
17 el electrón
– *electron*
18 el estado fundamental
– *ground state level*
19 el estado excitado
– *excited state*
20-25 los saltos cuánticos
– ***quantum jumps*** *(quantum transitions)*
20 la serie de Lyman
– *Lyman series*
21 la serie de Balmer
– *Balmer series*
22 la serie de Paschen
– *Paschen series*
23 la serie de Bracket
– *Brackett series*
24 la serie de Pfund
– *Pfund series*
25 el electrón libre
– *free electron*
26 el modelo atómico Bohr-Sommerfeld del átomo de H
– *Bohr-Sommerfeld model of the H atom*
27 los niveles enérgicos del electrón
– *energy levels of the electron*
28 **la desintegración espontánea** de una materia radioactiva
– ***spontaneous decay*** *of radioactive material*
29 el núcleo atómico
– *atomic nucleus*
30-31 la partícula alfa (α, la radiación alfa, el núcleo de helio *m*)
– *alpha (α) particle (alpha ray, helium nucleus)*
30 el neutrón
– *neutron*
31 el protón
– *proton*
32 la partícula beta (β, la radiación beta, el electrón)
– *beta (β) particle (beta ray, electron)*
33 la radiación gamma (γ, una radiación Roentgen dura)
– *gamma (γ) ray, a hard X-ray*
34 **la fisión nuclear**
– ***nuclear fission***
35 el núcleo *m* atómico pesado
– *heavy atomic nucleus*
36 el bombardeo neutrónico
– *neutron bombardment*
37-38 los fragmentos de fisión *f*
– *fission fragments*
39 el neutrón liberado
– *released neutron*
40 la radiación gamma (γ)
– *gamma (γ) ray*
41 **la reacción en cadena** *f*
– ***chain reaction***
42 el neutrón de incidencia *m* [el neutrón que desintegra el núcleo atómico]
– *incident neutron*
43 el núcleo antes de la fisión
– *nucleus prior to fission*
44 el fragmento de fisión *f*
– *fission fragment*
45 el neutrón liberado
– *released neutron*
46 la fisión repetida (la fisión nuclear nueva)
– *repeated fission*
47 el fragmento de fisión *f*
– *fission fragment*
48 **la reacción en cadena** *f* **controlada en un reactor atómico**
– ***controlled chain reaction in a nuclear reactor***
49 el núcleo atómico de un elemento fisionable
– *atomic nucleus of a fissionable element*
50 el bombardeo por un neutrón
– *neutron bombardment*
51 el fragmento de fisión *f* (núcleo *m* atómico nuevo)
– *fission fragment, a new atomic nucleus*
52 el neutrón liberado
– *released neutron*
53 los neutrones absorbidos
– *absorbed neutrons*
54 el moderador, una capa amortiguadora de grafito *m*
– *moderator, a retarding layer of graphite*
55 la liberación de calor *m* (la producción de energía *f*)
– *extraction of heat (production of energy)*
56 la radiación Roentgen (los rayos X)
– *X-ray*
57 la cubierta del reactor de hormigón *m* y plomo *m*
– *concrete and lead shield*
58 **la cámara de burbujas** *f* para mostrar la trayectoria de las partículas ionizadas con alta energía *f*
– ***bubble chamber*** *for showing the tracks of high-energy ionizing particles*
59 la fuente de luz *f*
– *light source*
60 la cámara fotográfica
– *camera*
61 la línea de expansión *f*
– *expansion line*
62 la trayectoria de los rayos de luz *f*
– *path of light rays*
63 el imán
– *magnet*
64 el punto de entrada del rayo (de luz *f*)
– *beam entry point*
65 el reflector
– *reflector*
66 la cámara
– *chamber*

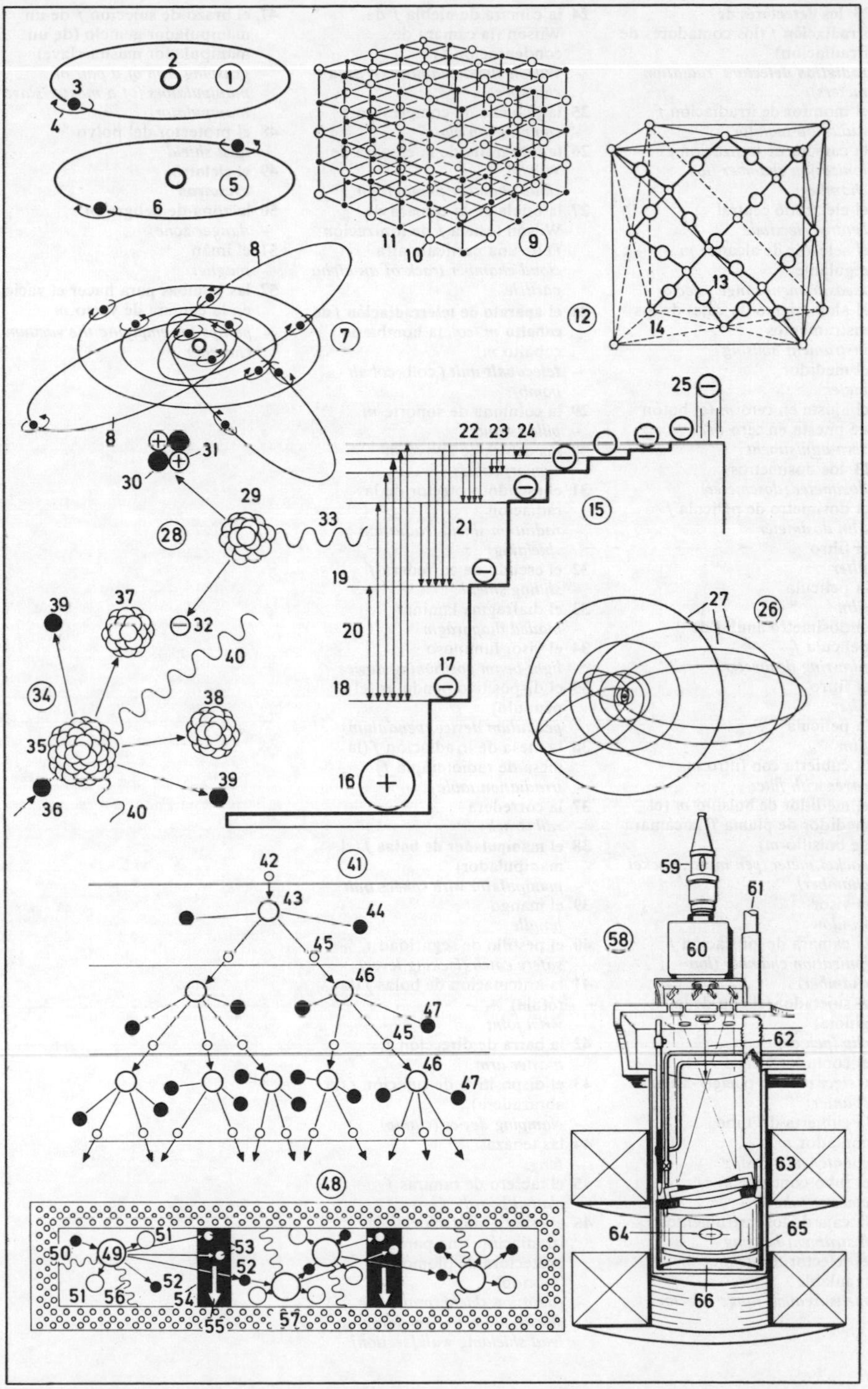
1
2
3
4
5
6
7
8
9
10
11
12
13
14
15
16
17
18
19
20
21
22
23
24
25
26
27
28
29
30
31
32
33
34
35
36
37
38
39
40
41
42
43
44
45
46
47
48
49
50
51
52
53
54
55
56
57
58
59
60
61
62
63
64
65
66

1-23 los detectores de irradiación *f* (los contadores de irradiación)
– ***radiation detectors*** *(radiation meters)*
1 el monitor de irradiación *f*
– *radiation monitor*
2 la cámara de ionización *f*
– *ionization chamber (ion chamber)*
3 el electrodo central
– *central electrode*
4 el selector de alcance *m* regulable
– *measurement range selector*
5 el alojamiento (la caja) de los instrumentos
– *instrument housing*
6 el medidor
– *meter*
7 el ajuste en cero *m* (el botón de puesta en cero *m*)
– *zero adjustment*
8-23 los dosímetros
– *dosimeter (dosemeter)*
8 el dosímetro de película *f*
– *film dosimeter*
9 el filtro
– *filter*
10 la película
– *film*
11 el dosímetro anular de película *f*
– *film-ring dosimeter*
12 el filtro
– *filter*
13 la película
– *film*
14 la cubierta con filtro *m*
– *cover with filter*
15 el medidor de bolsillo *m* (el medidor de pluma *f*, la cámara de bolsillo *m*)
– *pocket meter (pen meter, pocket chamber)*
16 el visor
– *window*
17 la cámara de ionización *f*
– *ionization chamber (ion chamber)*
18 el sujetador (el clip de la pluma)
– *clip (pen clip)*
19 el contador Geiger
– *Geiger counter (Geiger-Müller counter)*
20 la cubierta del tubo contador *m*
– *counter tube casing*
21 el tubo contador *m*
– *counter tube*
22 la caja de los instrumentos
– *instrument housing*
23 el selector de alcance *m* regulable
– *measurement range selector*
24 la cámara de niebla *f* de Wilson (la cámara de condensación *f*)
– *Wilson cloud chamber (Wilson chamber)*
25 la plancha de compresión *f*
– *compression plate*
26 la fotografía de la cámara de Wilson
– *cloud chamber photograph*
27 la estela en la cámara de Wilson (estela *f* de ionización *f*) de una partícula alfa
– *cloud chamber track of an alpha particle*
28 el aparato de telerradiación *f* de cobalto *m (col.* la bomba de cobalto *m)*
– ***telecobalt unit*** *(* coll. *cobalt bomb)*
29 la columna de soporte *m*
– *pillar stand*
30 los cables de apoyo *m*
– *support cables*
31 el escudo protector de la radiación
– *radiation shield (radiation shielding)*
32 el escudo de corredera *f*
– *sliding shield*
33 el diafragma laminar
– *bladed diaphragm*
34 el visor luminoso
– *light-beam positioning device*
35 el dispositivo pendular (el péndulo)
– *pendulum device (pendulum)*
36 la mesa de irradiación *f* (la mesa de radioterapia *f*)
– *irradiation table*
37 la corredera
– *rail (track)*
38 el manipulador de bolas *f* (el manipulador)
– ***manipulator with sphere unit***
39 el mango
– *handle*
40 el pestillo de seguridad *f*
– *safety catch (locking lever)*
41 la articulación de bolas *f* (la rótula)
– *wrist joint*
42 la barra de dirección *f*
– *master arm*
43 el dispositivo de sujeción *f* (la abrazadera)
– *clamping device (clamp)*
44 las tenazas
– *tongs*
45 el tablero de ranuras *f*
– *slotted board*
46 el escudo protector de la irradiación, una pared protectora de plomo *m* [sección]
– *radiation shield (protective shield, protective shielding), a lead shielding wall [section]*
47 el brazo de sujeción *f* de un manipulador gemelo (de un manipulador master-slave)
– *grasping arm of a pair of manipulators (of a master/slave manipulator)*
48 el protector del polvo
– *dust shield*
49 el ciclotrón
– ***cyclotron***
50 la zona de peligro *m*
– *danger zone*
51 el imán
– *magnet*
52 las bombas para hacer el vacío en la cámara de vacío *m*
– *pumps for emptying the vacuum chamber*

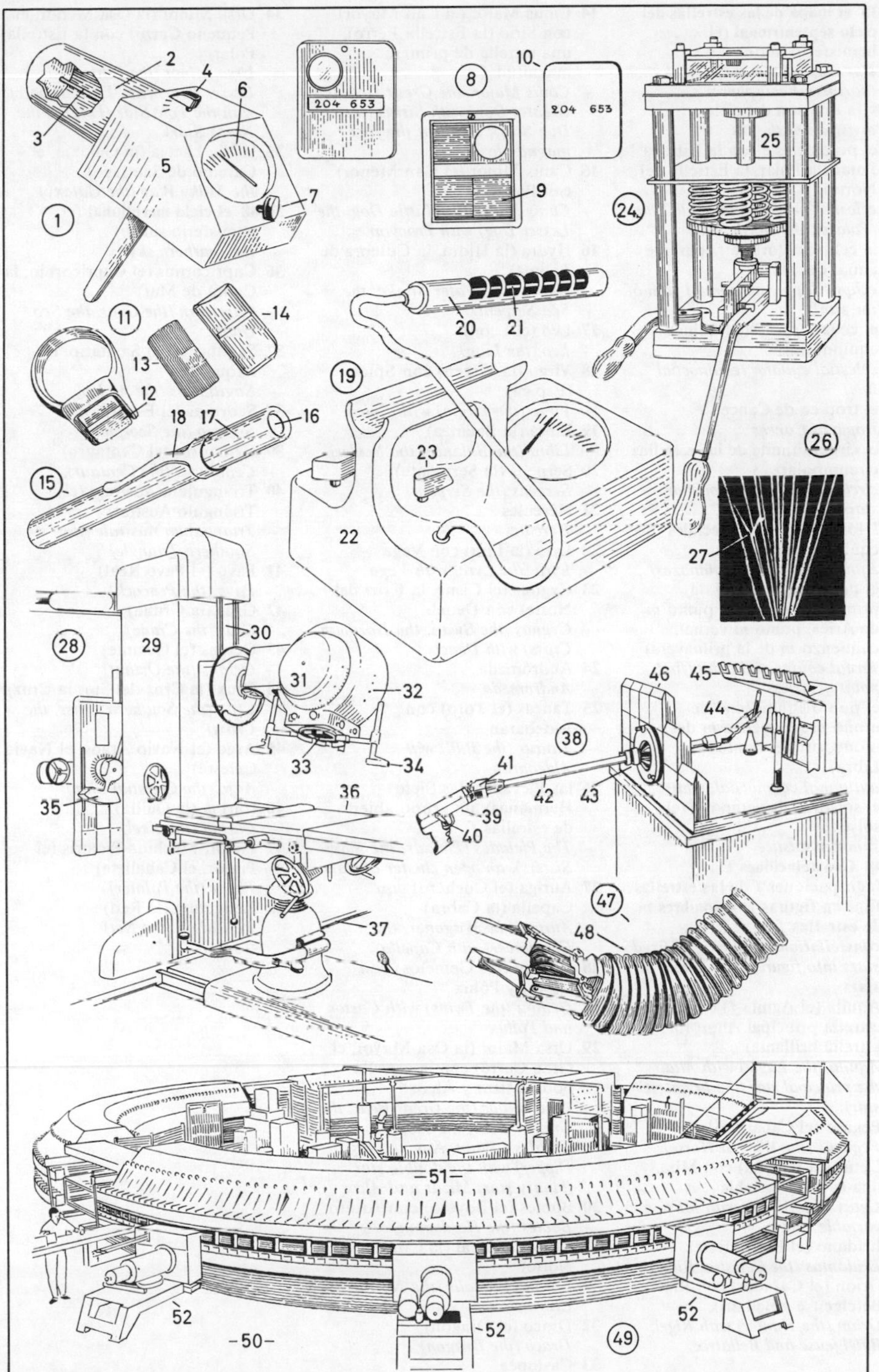
1
2
3
4
5
6
7
8
9
10
204 653
204 653
11
12
13
14
15
16
17
18
19
20
21
22
23
24
25
26
27
28
29
30
31
32
33
34
35
36
37
38
39
40
41
42
43
44
45
46
47
48
49
50
51
52
52
52

1-35 el mapa de las estrellas del cielo septentrional (el hemisferio norte)
– ***star map of the northern sky*** *(northern hemisphere)*
1-8 la división del cielo
– *divisions of the sky*
1 el polo celeste con la Estrella Polar (la Polar, la Estrella del Norte)
– *celestial pole with the Pole Star (Polaris, the North Star)*
2 la eclíptica (órbita *f* aparente anual del sol)
– *ecliptic (apparent annual path of the sun)*
3 el ecuador celeste (la línea equinoccial)
– *celestial equator (equinoctial line)*
4 el trópico de Cáncer
– *tropic of Cancer*
5 el círculo límite de las estrellas circumpolares
– *circle enclosing circumpolar stars*
6-7 los puntos equinocciales (los equinoccios)
– *equinoctial points (equinoxes)*
6 el punto equinoccial de primavera *f* (primer punto *m* de Aries, punto *m* vernal, comienzo *m* de la primavera)
– *vernal equinoctial point (first point of Aries)*
7 el punto equinoccial de otoño *m* (comienzo *m* del otoño, primer punto *m* de Libra)
– *autumnal equinoctial point*
8 el solsticio de verano *m* (el solsticio)
– *summer solstice*
9-48 Constelaciones *f* (agrupaciones *f* de las estrellas fijas en figuras *f*) **y nombres** *m* **de estrellas** *f*
– ***constellations*** *(grouping of fixed stars into figures)* ***and names of stars***
9 Aquila (el Águila *f*) con la estrella principal Altair (la estrella brillante)
– *Aquila (the Eagle) with Altair the principal star (the brightest star)*
10 Pegaso (el Caballo Alado)
– *Pegasus (the Winged Horse)*
11 Cetus (la Ballena) con Mira, una estrella variable
– *Cetus (the Whale) with Mira, a variable star*
12 Erídano (el Río Celeste)
– *Eridamus (the Celestial River)*
13 Orión (el Cazador) con Rigel, Betelgeuse y Bellatrix
– *Orion (the Hunter) with Rigel, Betelgeuse and Bellatrix*
14 Canis Maior (el Can Mayor) con Sirio (la Estrella Perro), una estrella de primera magnitud *f*
– *Canis Major (the Great Dog, the Greater Dog) with Sirius (the Dog Star), a star of the first magnitude*
15 Canis Minor (el Can Menor) con Porción
– *Canis Minor (the Little Dog, the Lesser Dog) with Procyon*
16 Hydra (la Hidra, la Culebra de Agua *f*)
– *Hydra (the Water Snake, the Sea Serpent)*
17 Leo (el León)
– *Leo (the Lion)*
18 Virgo (la Virgen) con Spica (Espiga)
– *Virgo (the Virgin) with Spica*
19 Libra (la Balanza)
– *Libra (the Balance, the Scales)*
20 Serpens (la Serpiente)
– *Serpens (the Serpent)*
21 Hércules
– *Hercules*
22 Lyra (la Lira) con Vega
– *Lyra (the Lyre) with Vega*
23 Cygnus (el Cisne, la Cruz del Norte) con Deneb
– *Cygnus (the Swan, the Northern Cross) with Deneb*
24 Andrómeda
– *Andromeda*
25 Taurus (el Toro) con Aldebarán
– *Taurus (the Bull) with Aldebaran*
26 las Pléyades (las Siete Hermanas), un grupo abierto de estrellas *f*
– *The Pleiades (Pleiads, the Seven Sisters), an open cluster of stars*
27 Auriga (el Cochero) con Capella (la Cabra)
– *Auriga (the Wagoner, the Charioteer) with Capella*
28 Gemini (los Gemelos) con Cástor y Pólux
– *Gemini (the Twins) with Castor and Pollux*
29 Ursa Maior (la Osa Mayor, el Gran Carro) con la estrella doble Mizar y Alcor
– *Ursa Major (the Great Bear, the Greater Bear, the Plough, Charles's Wain,* Am. *the Big Dipper) with the double star (binary star) Mizar and Alcor*
30 Bootes (el Boyero) con Arturo
– *Boötes (the Herdsman)*
31 Corona Boreal (la Corona del Norte)
– *Corona Borealis (the Northern Crown)*
32 Draco (el Dragón)
– *Draco (the Dragon)*
33 Casiopea
– *Cassiopeia*
34 Ursa Minor (la Osa Menor, el Pequeño Carro) con la Estrella Polar
– *Ursa Minor (the Little Bear, Lesser Bear,* Am. *Little Dipper) with the Pole Star (Polaris, the North Star)*
35 la Vía Láctea (la Galaxia, el Camino de Santiago)
– *the Milky Way (the Galaxy)*
36-48 el cielo meridional (el hemisferio sur *m*)
– ***the southern sky***
36 Capricornus (el Capricornio, la Cabra de Mar)
– *Capricorn (the Goat, the Sea Goat)*
37 Sagittarius (el Sagitario, el Arquero)
– *Sagittarius (the Archer)*
38 Scorpius (el Escorpión)
– *Scorpio (the Scorpion)*
39 Centaurus (el Centauro)
– *Centaurus (the Centaur)*
40 Triangulum Australe (el Triángulo Austral)
– *Triangulum Australe (the Southern Triangle)*
41 Pavo (el Pavo Real)
– *Pavo (the Peacock)*
42 Grus (la Grulla)
– *Grus (the Crane)*
43 Octans (el Octante)
– *Octans (the Octant)*
44 Crux (la Cruz del Sur, la Cruz)
– *Crux (the Southern Cross, the Cross)*
45 Argo (el Navío Argos, el Navío Celeste)
– *Argo (the Celestial Ship)*
46 Carina (la Quilla)
– *Carina (the Keel)*
47 Pictor, Machina Pictoris (el Pintor, el Caballete)
– *Pictor (the Painter)*
48 Reticulum (la Red)
– *Reticulum (the Net)*

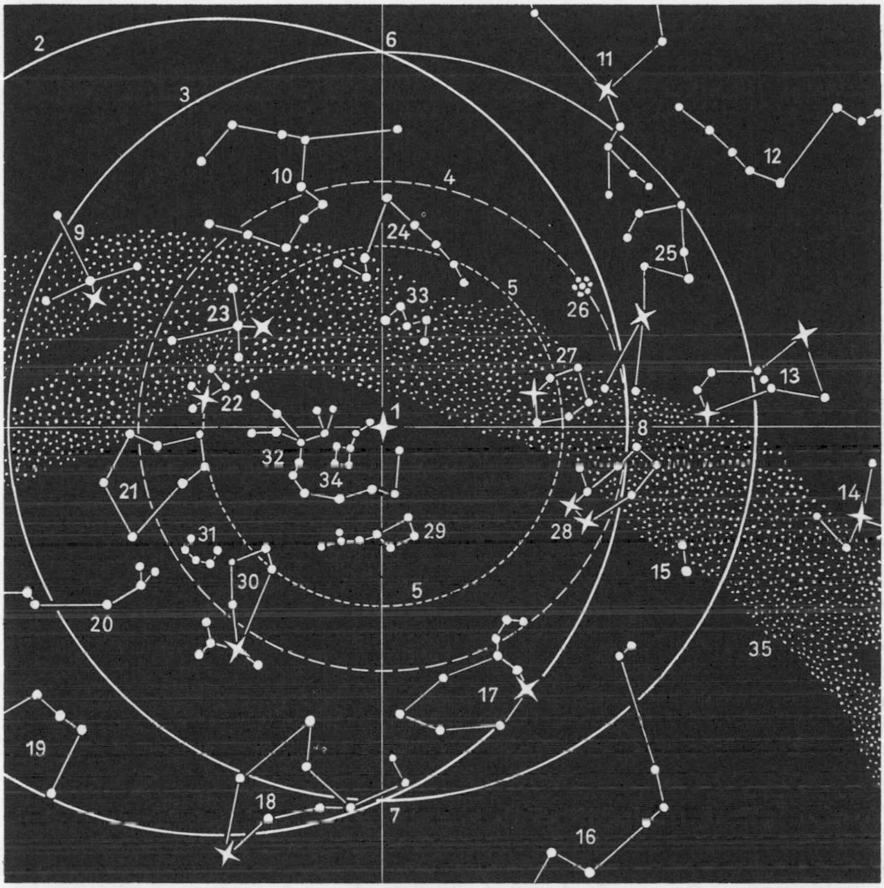
2
6
3
11
12
10
4
9
24
25
5
33
26
23
27
13
22
1
8
32
34
21
14
31
29
28
30
15
5
20
35
17
19
18
7
16

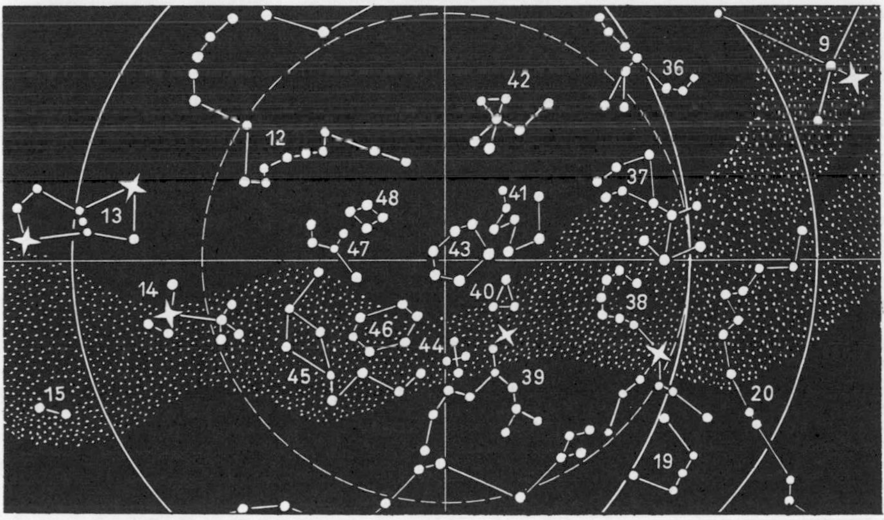
9
36
42
12
37
13
41
48
47
43
14
40
38
46
44
45
39
15
20
19

1-9 la Luna
– *the moon*
1 la trayectoria de la Luna (la órbita de la Luna alrededor de la Tierra)
– *moon's path (moon's orbit round the earth)*
2-7 las fases lunares (las fases de la Luna, lunación *f*)
– *lunar phases (moon's phases);* also: *lunation*
2 la Luna nueva
– *new moon*
3 la creciente de la Luna (la Luna creciente)
– *crescent (crescent moon, waxing moon)*
4 el primer cuarto (cuarto *m* creciente)
– *half-moon [first quarter]*
5 la Luna llena
– *full moon*
6 el último cuarto (cuarto *m* menguante)
– *half-moon [last quarter, third quarter]*
7 la menguante de la Luna (la Luna menguante)
– *crescent (crescent moon, waning moon)*
8 la Tierra (el globo terráqueo)
– *the earth (terrestrial globe)*
9 la dirección de los rayos del Sol
– *direction of the sun's rays*
10-21 el curso aparente del Sol al comienzo de las estaciones
– *apparent path of the sun at the beginning of the seasons*
10 el eje celeste
– *celestial axis*
11 el cénit
– *zenith*
12 el plano horizontal
– *horizontal plane*
13 el nadir
– *nadir*
14 el este
– *east point*
15 el oeste
– *west point*
16 el norte
– *north point*
17 el sur
– *south point*
18 el curso aparente del Sol el 21 de diciembre
– *apparent path of the sun on 21 December*
19 el curso aparente del Sol el 21 de marzo y el 23 de septiembre *m*
– *apparent path of the sun on 21 March and 23 September*
20 el curso aparente del Sol el 21 de junio *m*
– *apparent path of the sun on 21 June*
21 la orla del área *f* crepuscular (la zona límite del crepúsculo)
– *border of the twilight area*
22-28 los movimientos de rotación *f* del eje de la Tierra
– *rotary motions of the earth's axis*
22 el eje de la eclíptica
– *axis of the ecliptic*
23 la esfera celeste
– *celestial sphere*
24 el curso del polo celeste (precesión *f* y nutación *f*)
– *path of the celestial pole [precession and nutation]*
25 el eje instantáneo de rotación *f*
– *instantaneous axis of rotation*
26 el polo celeste
– *celestial pole*
27 el eje medio de rotación *f*
– *mean axis of rotation*
28 la polodía
– *polhode*
29-35 el eclipse solar y lunar [no precisado a escala]
– *solar and lunar eclipse [not to scale]*
29 el Sol
– *the sun*
30 la Tierra
– *the earth*
31 la Luna
– *the moon*
32 el eclipse solar
– *solar eclipse*
33 el área *f* de la Tierra en que el eclipse aparece total
– *area of the earth in which the eclipse appears total*
34-35 el eclipse lunar
– *lunar eclipse*
34 la penumbra (la oscuridad parcial)
– *penumbra (partial shadow)*
35 la sombra (la oscuridad total)
– *umbra (total shadow)*
36-41 el Sol
– *the sun*
36 el disco solar (la esfera solar)
– *solar disc (disk) (solar globe, solar sphere)*
37 las manchas solares
– *sunspots*
38 los torbellinos del área *f* de las manchas solares
– *cyclones in the area of sunspots*
39 la corona (la corona solar) observable durante un eclipse total de Sol o por medio de instrumentos *m* especiales
– *corona (solar corona), observable during total solar eclipse or by means of special instruments*
40 las protuberancias (protuberancias *f* solares)
– *prominences (solar prominences)*
41 el borde lunar durante un eclipse total de Sol *m*
– *moon's limb during a total solar eclipse*
42-52 los planetas (el sistema planetario, el sistema solar) [no precisado a escala] y los signos de los planetas (los símbolos de los planetas)
– *planets (planetary system, solar system) [not to scale] and planet symbols*
42-45 los planetas (el sistema planetario, el sistema solar) [no precisado a escala] y los signos de los planetas (los símbolos de los planetas)
– *planets (planetary system, solar system) [not to scale] and planet symbols*
42 el Sol
– *the sun*
43 Mercurio
– *Mercury*
44 Venus
– *Venus*
45 la Tierra, con la Luna, un satélite
– *Earth, with the moon, a satellite*
46 Marte con dos satélites *m*
– *Mars, with two moons (satellites)*
47 los asteroides (planetas *m* menores)
– *asteroids (minor planets)*
48 Júpiter con catorce satélites *m*
– *Jupiter, with 14 moons (satellites)*
49 Saturno con diez satélites *m*
– *Saturn, with 10 moons (satellites)*
50 Urano con cinco satélites *m*
– *Uranus, with five moons (satellites)*
51 Neptuno con dos satélites *m*
– *Neptune, with two moons (satellites)*
52 Plutón
– *Pluto*
53-64 los signos del Zodiaco (los símbolos del Zodiaco)
– *signs of the zodiac (zodiacal signs)*
53 Aries (el Carnero)
– *Aries (the Ram)*
54 Tauro (el Toro)
– *Taurus (the Bull)*
55 Gemini (los Gemelos)
– *Gemini (the Twins)*
56 Cancer (el Cangrejo)
– *Cancer (the Crab)*
57 Leo (el León)
– *Leo (the Lion)*
58 Virgo (la Virgen)
– *Virgo (the Virgin)*
59 Libra (la Balanza)
– *Libra (the Balance, the Scales)*
60 Scorpio (el Escorpión)
– *Scorpio (the Scorpion)*
61 Sagitario (el Arquero)
– *Sagittarius (the Archer)*
62 Capricornio (la Cabra, la Cabra de Mar)
– *Capricorn (the Goat, the Sea Goat)*
63 Acuario (el Aguador)
– *Aquarius (the Water Carrier, the Water Bearer)*
64 Piscis (los Peces)
– *Pisces (the Fish)*

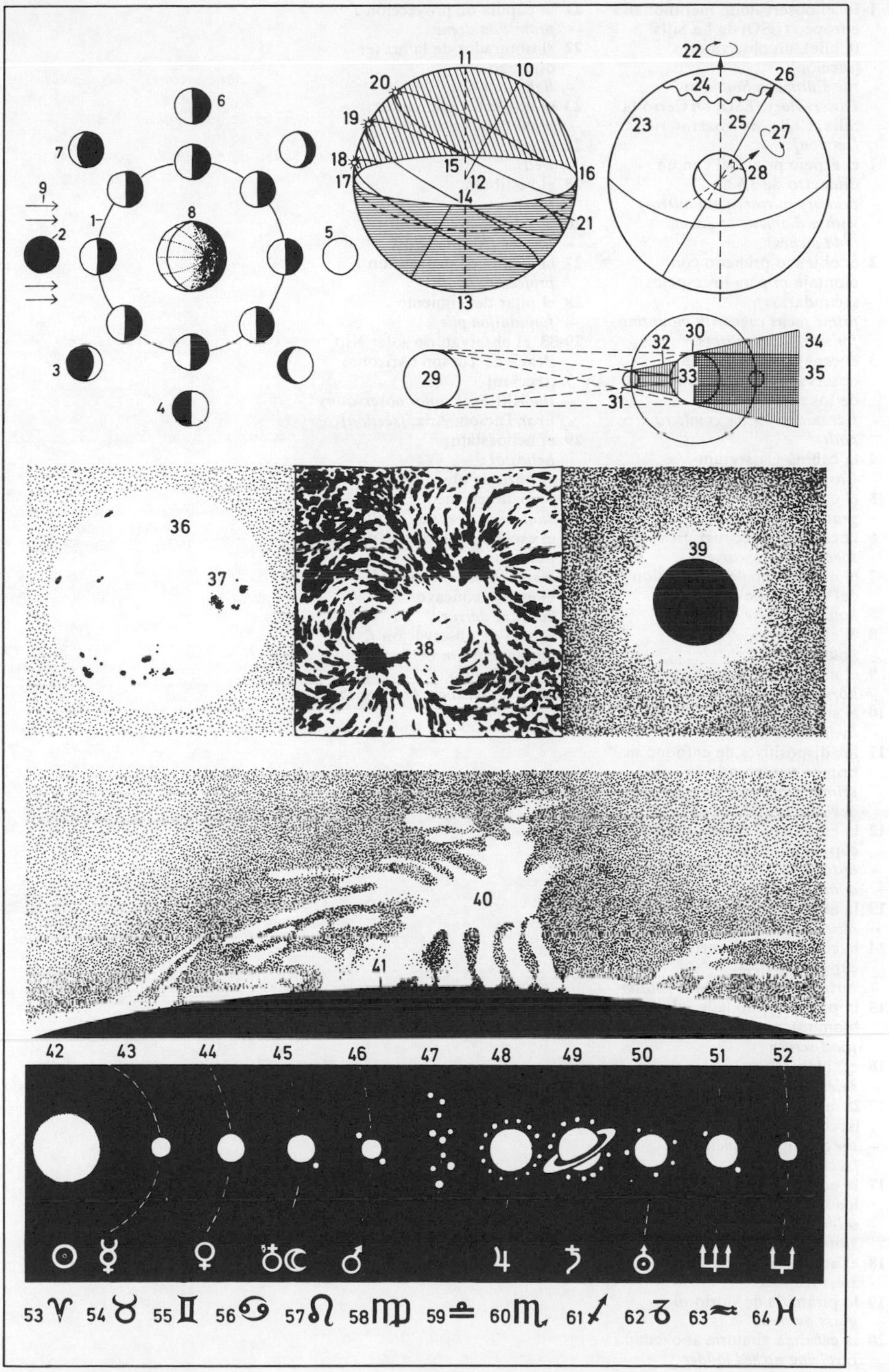
1
2
3
4
5
6
7
8
9
10
11
12
13
14
15
16
17
18
19
20
21
22
23
24
25
26
27
28
29
30
31
32
33
34
35
36
37
38
39
40
41
42
43
44
45
46
47
48
49
50
51
52
53 ♈
54 ♉
55 ♊
56 ♋
57 ♌
58 ♍
59 ♎
60 ♏
61 ♐
62 ♑
63 ♒
64 ♓

5 Astronomía III — *Astronomy III*

1-16 el observatorio meridional europeo (ESO) de La Silla (Chile), un observatorio [sección]
– *the European Southern Observatory (ESO) on* Cerro la Silla, Chile, *an observatory [section]*
1 el espejo principal con un diámetro de 3,6 m
– *primary mirror (main mirror) with a diameter of 3.6 m (144 inches)*
2 el objetivo primario con montaje *m* para los espejos secundarios
– *prime focus cage with mounting for secondary mirrors*
3 el espejo plano para la observación de la trayectoria de los rayos coudé
– *flat mirror for the coudé ray path*
4 la cabina Cassegrain
– *Cassegrain cage*
5 el espectrógrafo de rejilla *f*
– *grating spectrograph*
6 la cámara espectrográfica
– *spectrographic camera*
7 el mecanismo de transmisión *f* del eje horario
– *hour axis drive*
8 el eje horario
– *hour axis*
9 el montaje de herradura *f*
– *horseshoe mounting*
10 el soporte hidráulico
– *hydrostatic bearing*
11 los dispositivos de enfoque *m* primario y secundario
– *primary and secondary focusing devices*
12 la cúpula del observatorio (la cúpula giratoria)
– *observatory dome, a revolving dome*
13 la abertura de observación *f*
– *observation opening*
14 la contraventana vertical de la cúpula movible
– *vertically movable dome shutter*
15 la pantalla enrollada (el biombo)
– *wind screen*
16 el sideroestato
– *siderostat*
17-28 el planetarium de Stuttgart [sección]
– *the* Stuttgart *Planetarium [section]*
17 la administración, los talleres y los almacenes
– *administration, workshop, and store area*
18 el andamio de acero *m*
– *steel scaffold*
19 la pirámide de vidrio *m*
– *glass pyramid*
20 la escalera giratoria abovedada
– *revolving arched ladder*
21 la cúpula de proyección *f*
– *projection dome*
22 el obturador de la luz (el diafragma)
– *light stop*
23 el proyector planetario
– *planetarium projector*
24 el pozo
– *well*
25 el vestíbulo
– *foyer*
26 la sala de proyección *f*
– *theatre (*Am. *theater)*
27 la cabina de proyección *f*
– *projection booth*
28 el pilar del cimiento
– *foundation pile*
29-33 el observatorio solar Kitt Peack de Tucson (Arizona) [sección]
– *the* Kitt Peak *solar observatory near* Tucson, Ariz. *[section]*
29 el helioestato
– *heliostat*
30 el pozo de observación *f* semisubterráneo
– *sunken observation shaft*
31 el escudo protector refrigerado por agua *f*
– *water-cooled windshield*
32 el espejo cóncavo
– *concave mirror*
33 la sala de observación *f*, alojamiento *m* del espectrógrafo
– *observation room housing the spectrograph*

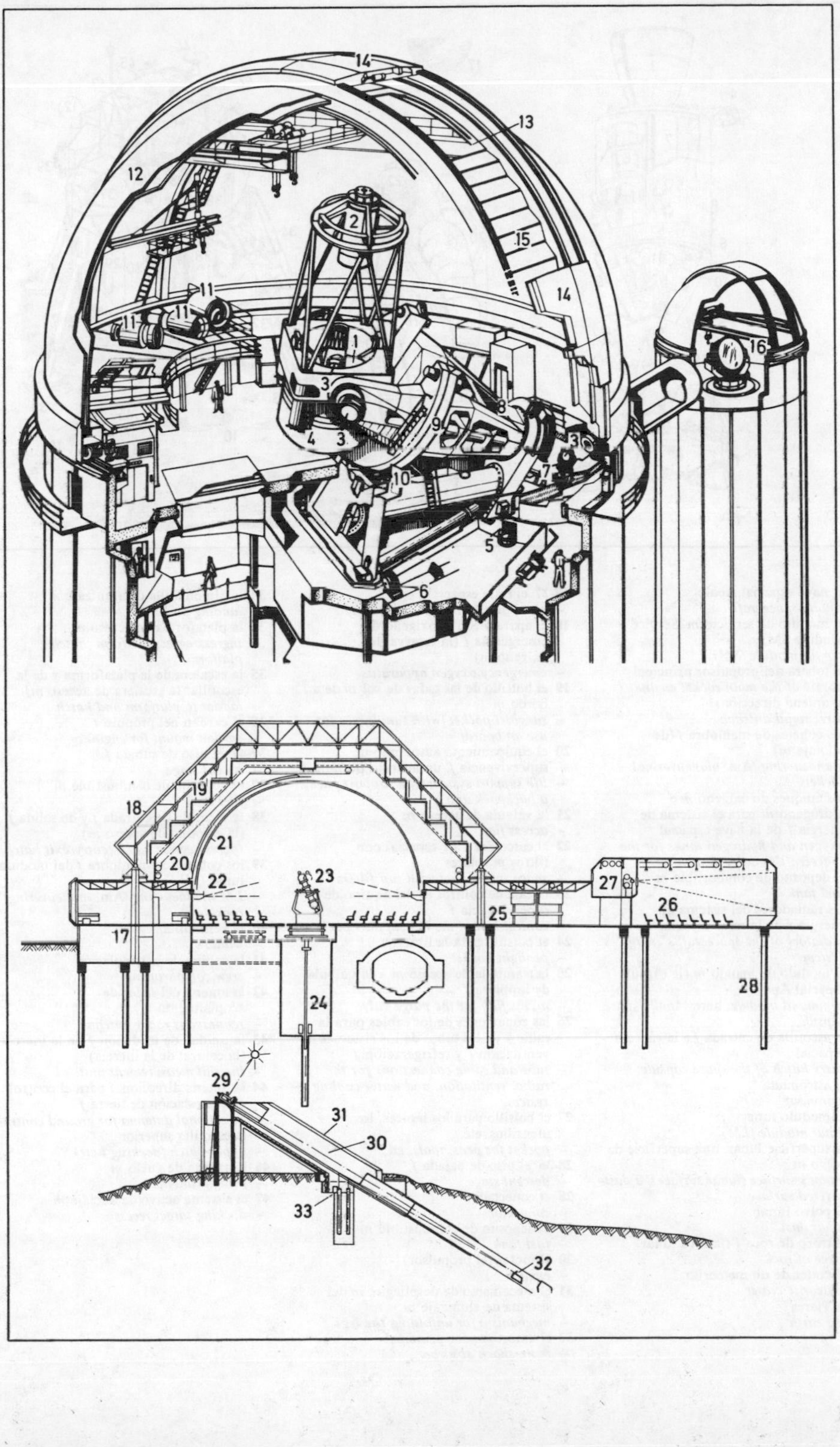
14
13
12
2
15
14
11
11
11
16
1
3
8
9
3
4
3
7
10
5
6
19
18
21
20
23
22
27
26
25
17
28
24
29
31
30
33
32

1 la nave espacial Apolo
– *Apollo spacecraft*
2 el módulo de servicio *m* (Service Module SM)
– *service module (SM)*
3 la tobera del propulsor principal
– *nozzle of the main rocket engine*
4 la antena direccional
– *directional antenna*
5 los cohetes de maniobra *f* (de pilotaje *m*)
– *manoeuvring* (Am. *maneuvering*) *rockets*
6 los tanques de oxígeno *m* e hidrógeno *m* para el sistema de energía *f* de la nave espacial
– *oxygen and hydrogen tanks for the spacecraft's energy system*
7 el depósito de combustible *m*
– *fuel tank*
8 los radiadores del sistema de energía *f* de la nave espacial
– *radiators of the spacecraft's energy system*
9 el módulo de mando *m* (la cápsula espacial Apolo)
– *command module;* here: *Apollo space capsule*
10 la escotilla de entrada *f* a la cápsula espacial
– *entry hatch of the space capsule*
11 el astronauta
– *astronaut*
12 el módulo lunar
– *lunar module (LM)*
13 la superficie lunar, una superficie de polvo *m*
– *moon's surface (lunar surface), a dust-covered surface*
14 el polvo lunar
– *lunar dust*
15 el trozo de roca *f* (la roca lunar)
– *piece of rock*
16 el cráter de un meteorito
– *meteorite crater*
17 la Tierra
– *the earth*
18-27 el traje espacial
– *space suit (extra-vehicular suit)*
18 el aparato con el oxígeno de emergencia *f* (la reserva de oxígeno *m*)
– *emergency oxygen apparatus*
19 el bolsillo de las gafas de sol *m* de a bordo *m*
– *sunglass pocket [with sunglasses for use on board]*
20 el equipamiento autónomo de supervivencia *f*, un aparato portátil
– *life support system (life support pack), a backpack unit*
21 la válvula de acceso *m*
– *access flap*
22 el casco del traje espacial con filtros *m* solares
– *space suit helmet with sun filters*
23 la caja de control *m* del equipo de supervivencia *f*
– *control box of the life support pack*
24 el bolsillo para la linterna
– *penlight pocket*
25 la trampilla de acceso *m* a la válvula de limpieza *f*
– *access flap for the purge valve*
26 las conexiones de los cables para la radio y de los tubos de los sistemas de ventilación *f* y refrigeración *f*
– *tube and cable connections for the radio, ventilation, and water-cooling systems*
27 el bolsillo para los lápices, los utensilios, etc.
– *pocket for pens, tools, etc.*
28-36 el piso de bajada *f*
– *descent stage*
28 el conectador
– *connector*
29 el depósito de combustible *m*
– *fuel tank*
30 el motor (el propulsor)
– *engine*
31 el mecanismo de despliegue *m* del sistema de alunizaje *m*
– *mechanism for unfolding the legs*
32 el amortiguador principal
– *main shock absorber*
33 la almohadilla de alunizaje *m*
– *landing pad*
34 la plataforma de acceso *m*
– *ingress/egress platform (hatch platform)*
35 la escalera de la plataforma y de la escotilla (la escalera de acceso *m*)
– *ladder to platform and hatch*
36 el cardan del propulsor
– *cardan mount for engine*
37-47 el piso de subida *f*
– *ascent stage*
37 el depósito de combustible *m*
– *fuel tank*
38 la escotilla de entrada *f* y de salida *f* (la escotilla de acceso *m*)
– *ingress/egress hatch (entry/exit hatch)*
39 los cohetes de maniobra *f* del módulo lunar (ML)
– *LM manoeuvring* (Am. *maneuvering*) *rockets*
40 la ventanilla
– *window*
41 la cabina de la tripulación
– *crew compartment*
42 la antena del radar de acoplamiento *m*
– *rendezvous radar antenna*
43 la unidad de medición *f* de la inercia (la central de la inercia)
– *inertial measurement unit*
44 la antena direccional para el control con la estación de tierra *f*
– *directional antenna for ground control*
45 la escotilla superior
– *upper hatch (docking hatch)*
46 la antena de vuelo *m*
– *inflight antenna*
47 el sistema activo de anclaje *m*
– *docking target recess*

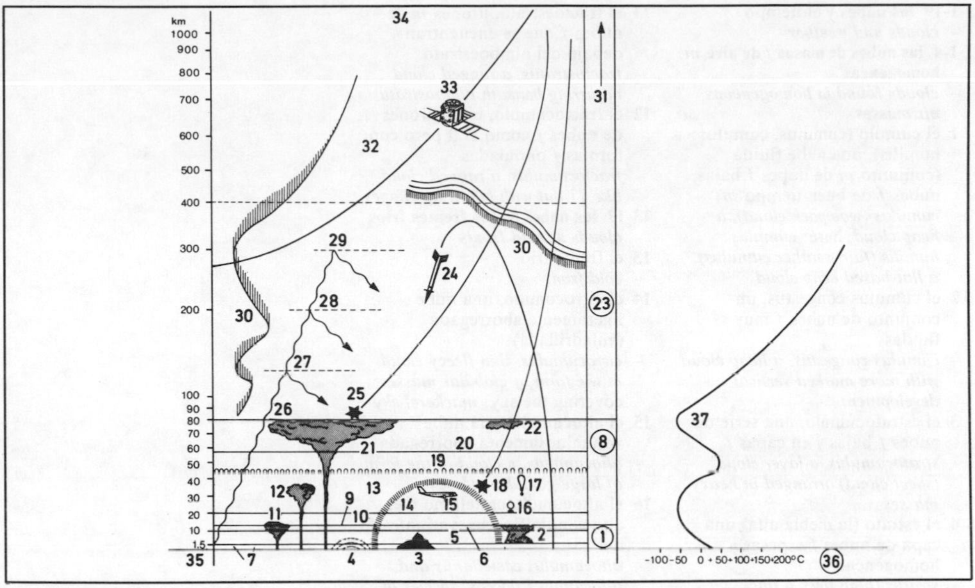

1 **la troposfera**
– ***the troposphere***
2 los nubarrones
– *thunderclouds*
3 la montaña más alta del mundo, el monte Everest [8 882 m.] *f*
– *the highest mountain,* Mount Everest *[8,882 m]*
4 el arco iris
– *rainbow*
5 la capa de las corrientes chorro (jets-stream *m*)
– *jet stream level*
6 el nivel cero (la inversión de los movimientos verticales del aire)
– *zero level [inversion of vertical air movement]*
7 la capa del suelo (la capa límite de la superficie exterior)
– *ground layer (surface boundary layer)*
8 **la estratosfera**
– ***the stratosphere***
9 la tropopausa
– *tropopause*
10 la capa de separación *f* (la capa de movimientos *m* débiles del aire)
– *separating layer [layer of weaker air movement]*
11 la explosión atómica
– *atomic explosion*
12 la explosión de la bomba de hidrógeno *m*
– *hydrogen bomb explosion*
13 la capa de ozono *m*
– *ozone layer*
14 el radio de propagación *f* de las ondas sonoras
– *range of sound wave propagation*
15 el avión estratosférico
– *stratosphere aircraft*
16 el globo pilotado
– *manned balloon*
17 el globo sonda
– *sounding balloon*
18 el meteorito
– *meteor*
19 el límite superior de la capa de ozono *m*
– *upper limit of ozone layer*
20 el nivel cero
– *zero level*
21 la explosión del Krakatoa
– *eruption of Krakatoa*
22 las nubes luminosas (nubes *f* nocturnas luminosas)
– *luminous clouds (noctilucent clouds)*
23 **la ionosfera**
– ***the ionosphere***
24 el radio de exploración *f* de los cohetes
– *range of research rockets*
25 la estrella fugaz
– *shooting star*
26 la onda corta (alta frecuencia *f*)
– *short wave, a high frequency wave*
27 la capa E
– *E-layer (Heaviside-Kennelly Layer)*
28 la capa F_1
– *F_1-layer*
29 la capa F_2
– *F_2-layer*
30 la aurora boreal (la luz polar)
aurora (polar light)
31 **la exosfera**
– ***the exosphere***
32 la capa atómica
– *atom layer*
33 el radio de exploración de los satélites
– *range of satellite sounding*
34 el margen de la zona (el paso hacia la zona interestelar)
fringe region
35 la escala de altitud *f*
– *altitude scale*
36 la escala de las temperaturas
– *temperature scale (thermometric scale)*
37 la gráfica de las temperaturas (curva *f* de las temperaturas)
– *temperature graph*

1-19 las nubes y el tiempo
– ***clouds and weather***
1-4 las nubes de masas *f* de aire *m* homogéneas
– ***clouds found in homogeneous air masses***
1 el cúmulo (cumulus, cumulus humilis), una nube fluida (conjunto *m* de nubes *f* bajas, nubes *f* de buen tiempo *m*)
– *cumulus (woolpack cloud), a heap cloud;* here: *cumulus humilis (fair-weather cumulus), a flat-based heap cloud*
2 el cumulus congestus, un conjunto de nubes *f* muy fluidas
– *cumulus congestus, a heap cloud with more marked vertical development*
3 el estratocúmulo, una serie de nubes *f* bajas y en capas *f*
– *stratocumulus, a layer cloud (sheet cloud) arranged in heavy masses*
4 el estrato (la niebla alta) una capa de nubes *f* espesas y homogéneas
– *stratus (high fog), a thick, uniform layer cloud (sheet cloud)*
5-12 las nubes da los frentes cálidos
– ***clouds found at warm fronts***
5 el frente cálido
– *warm front*
6 el cirro (cirrus), una nube alta o muy alta de cristales *f* de hielo *m* delgados, con formas *f* muy diversas
– *cirrus, a high to very high ice-crystal cloud, thin and assuming a wide variety of forms*
7 el cirroestrato, una nube de cristales *f* de hielo *m* en forma *f* de velo *m*
– *cirrostratus, an ice-crystal cloud veil*
8 el altoestrato, una capa de nubes *f* de altura *f* media
– *altostratus, a layer cloud (sheet cloud) of medium height*
9 el altoestrato precipitante, una nube en capas *f* con precipitaciones *f* en la parte superior
– *altostratus praecipitans, a layer cloud (sheet cloud) with precipitation in its upper parts*
10 el nimboestrato, una nube de lluvia *f*, nube *f* de formación *f* vertical muy marcada de la que caen precipitaciones *f*, lluvia *f* o nieve *f*
– *nimbostratus, a rain cloud, a layer cloud (sheet cloud) of very large vertical extent which produces precipitation (rain or snow)*
11 el fractoestrato, jirones *m* de nubes *f* que se encuentran debajo del nimboestrato
– *fractostratus, a ragged cloud occurring beneath nimbostratus*
12 el fractocúmulo, unos jirones de nubes *f* como el 11 pero con formas *f* onduladas
– *fractocumulus, a ragged cloud like 11 but with billowing shapes*
13-17 las nubes de los frentes fríos
– ***clouds at cold fronts***
13 el frente frío
– *cold front*
14 el cirrocúmulo, una nube ligeramente aborregada (enladrillada)
– *cirrocumulus, thin fleecy cloud in the form of globular masses;* covering the sky: *mackerel sky*
15 el altocúmulo, una nube voluminosamenta aborregada
– *altocumulus, a cloud in the form of large globular masses*
16 el altocúmulo castellano y el altocúmulo floccus, variantes *f* del 15
– *altocumulus castellanus and altocumulus floccus, species of 15*
17 el cúmulonimbo, una nube fluida vertical muy marcada, asociada con las nubes de tormenta *f* pertenecientes al grupo *m* 1-4
– *cumulonimbus, a heap cloud of very large vertical extent, to be classified under 1-4 in the case of tropical storms*
18-19 los tipos de precipitaciones *f*
– ***types of precipitation***
18 la lluvia constante o la nevada cubierta, unas precipitaciones de intensidad *f* uniforme (*Col., Guat. y Venez.:* la llovedera)
– *steady rain or snow covering a large area, precipitation of uniform intensity*
19 el chubasco (aguacero *m*, chaparrón *m*), una precipitación irregular (precipitaciones *f* locales) (*Col. y P. Rico:* el aguaceral; *Amer. Central, Cuba y Ec.:* el aguaje)
– *shower, scattered precipitation*

flecha *f* negra = aire *m* frio
– *black arrow = cold air*
flecha *f* blanca = aire *m* caliente
– *white arrow = warm air*

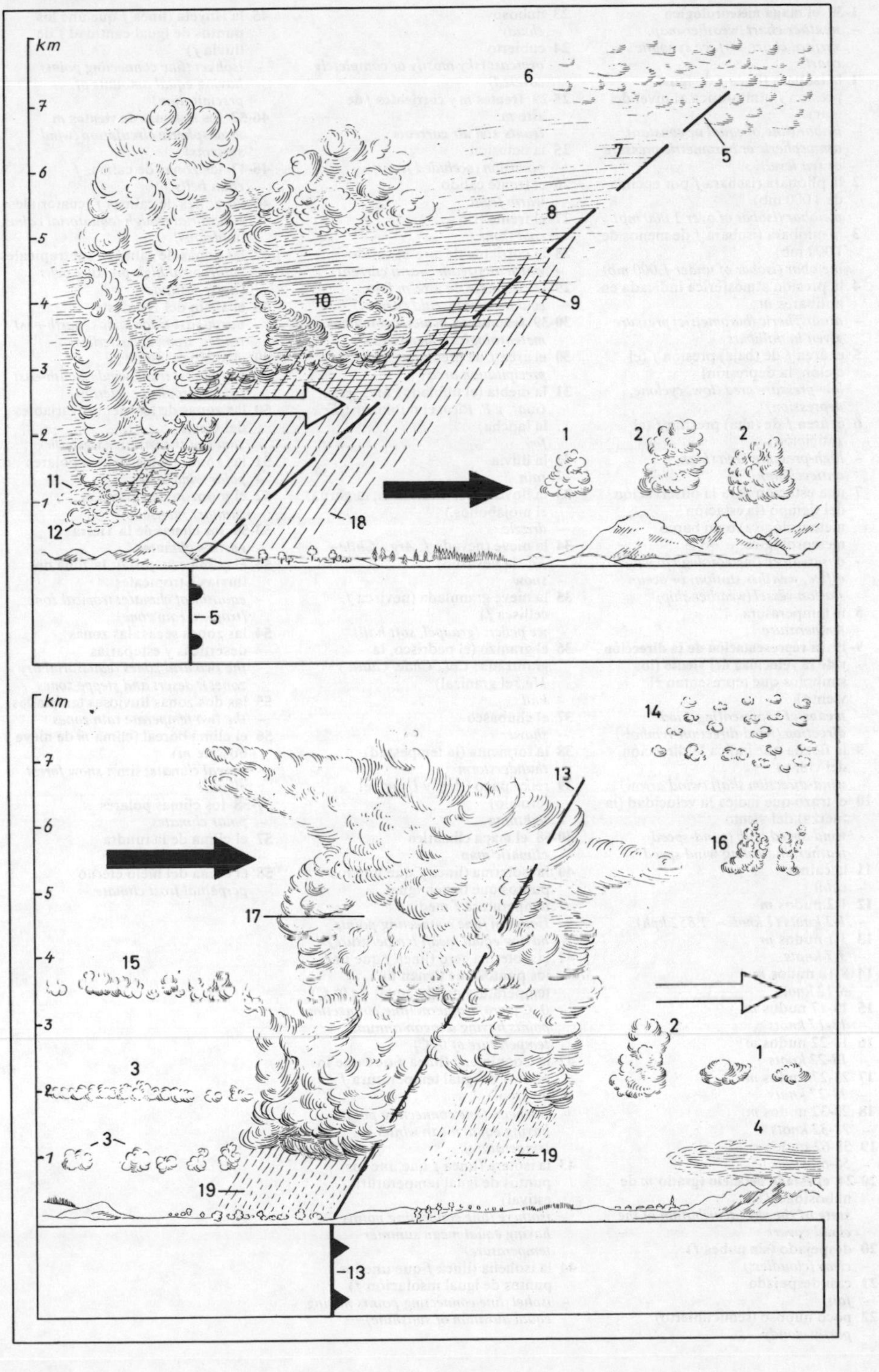

1-39 el mapa meteorológico
- ***weather chart*** *(weather map, surface chart, surface synoptic chart)*
1 la isobara (línea *f* de igual presión *f* atmosférica al nivel del mar)
- *isobar (line of equal or constant atmospheric or barometric pressure at sea level)*
2 la pliobara (isobara *f* por encima de 1 000 mb)
- *pleiobar (isobar of over 1,000 mb)*
3 la miobara (isobara *f* de menos de 1 000 mb)
- *meiobar (isobar of under 1,000 mb)*
4 la presión atmosférica indicada en milibares *m*
- *atmospheric (barometric) pressure given in millibars*
5 el área *f* de (baja) presión *f* (el ciclón, la depresión)
- *low-pressure area (low, cyclone, depression)*
6 el área *f* de (alta) presión *f* (el anticiclón)
- *high-pressure area (high, anticyclone)*
7 una estación para la observación del tiempo (la estación meteorológica) o un barco meteorológico
- *observatory (meteorological watch office, weather station) or ocean station vessel (weather ship)*
8 la temperatura
- *temperature*
9-19 la representación de la dirección y de la velocidad del viento (los símbolos que representan el viento)
- ***means of representing wind direction*** *(wind-direction symbols)*
9 la flecha que indica la dirección del viento
- *wind-direction shaft (wind arrow)*
10 el trazo que indica la velocidad (la fuerza) del viento
- *wind-speed barb (wind-speed feather) indicating wind speed*
11 la calma
- *calm*
12 1-2 nudos *m*
- *1-2 knots (1 knot = 1.852 kph)*
13 3-7 nudos *m*
- *3-7 knots*
14 8-12 nudos *m*
- *8-12 knots*
15 13-17 nudos *m*
- *13-17 knots*
16 18-22 nudos *m*
- *18-22 knots*
17 23-27 nudos *m*
- *23-27 knots*
18 28-32 nudos *m*
- *28-32 knots*
19 58-62 nudos *m*
- *58-62 knots*
20-24 el estado del cielo (grado *m* de nubosidad *f*)
- ***state of the sky*** *(distribution of the cloud cover)*
20 despejado (sin nubes *f*)
- *clear (cloudless)*
21 casi despejado
- *fair*
22 poco nuboso (semicubierto)
- *partly cloudy*
23 nuboso
- *cloudy*
24 cubierto
- *overcast (sky mostly or completely covered)*
25-29 frentes *m* **y corrientes** *f* **de aire** *m*
- ***fronts and air currents***
25 la oclusión
- *occlusion (occluded front)*
26 el frente cálido
- *warm front*
27 el frente frío
- *cold front*
28 la corriente de aire *m* cálido
- *warm airstream (warm current)*
29 la corriente de aire *m* frío
- *cold airstream (cold current)*
30-39 fenómenos *m* **meteorológicos**
- ***meteorological phenomena***
30 el área *f* de precipitaciones *f*
- *precipitation area*
31 la niebla (el nublado; *Mé., Perú, Guat. y P. Rico:* el nublazón; *Ec.:* la lancha)
- *fog*
32 la lluvia
- *rain*
33 la llovizna (el calabobos, la garúa, el mojabobos.)
- *drizzle*
34 la nieve (nevada *f; Arg., Chile y Ec.:* la nevazón)
- *snow*
35 la nieve granulada (nevisca *f*, cellisca *f*)
- *ice pellets (graupel, soft hail)*
36 el granizo (el pedrisco, la granizada; *Col., Chile, Guat. y Mé.:* el granizal)
- *hail*
37 el chubasco
- *shower*
38 la tormenta (la tempestad)
- *thunderstorm*
39 relámpago (*Arg. y Urug.:* el refocilo)
- *lightning*
40-58 el mapa climático
- ***climatic map***
40 la isoterma (línea *f* que une los puntos que tienen igual temperatura *f* media)
- *isotherm (line connecting points having equal mean temperature)*
41 la isoterma cero (línea *f* que une los puntos que tienen una temperatura media anual de 0° C)
- *0 °C (zero) isotherm (line connecting points having a mean annual temperature of 0 °C)*
42 la isoquímena (línea *f* que une los puntos de igual temperatura *f* invernal)
- *isocheim (line connecting points having equal mean winter temperature)*
43 la isótera (línea *f* que une los puntos de igual temperatura *f* estival)
- *isothere (line connecting points having equal mean summer temperature)*
44 la isohelia (línea *f* que une los puntos de igual insolación *f*)
- *isohel (line connecting points having equal duration of sunshine)*
45 la isoyeta (línea *f* que une los puntos de igual cantidad *f* de lluvia *f*)
- *isohyet (line connecting points having equal amounts of precipitation)*
46-52 los sistemas de vientos *m*
- ***atmospheric circulation*** *(wind systems)*
46-47 las zonas de calmas *f*
- *calm belts*
46 las zonas de calmas *f* ecuatoriales
- *equatorial trough (equatorial calms, doldrums)*
47 las zonas de calmas *f* subtropicales
- *subtropical high-pressure belts (horse latitudes)*
48 el alisio del Nordeste
- *north-east trade winds (north-east trades, tropical easterlies)*
49 el alisio del Sudeste
- *south-east trade winds (south-east trades, tropical easterlies)*
50 las zonas de los vientos variables del Oeste
- *zones of the variable westerlies*
51 las zonas de los vientos polares
- *polar wind zones*
52 el monzón de verano *m*
- *summer monsoon*
53-58 los climas de la Tierra
- ***earth's climates***
53 el clima ecuatorial: la zona de lluvias *f* tropicales
- *equatorial climate: tropical zone (tropical rain zone)*
54 las zonas secas: las zonas desérticas y esteparias
- *the two arid zones (equatorial dry zones): desert and steppe zones*
55 las dos zonas lluviosas templadas
- *the two temperate rain zones*
56 el clima boreal (clima *m* de nieve y bosque *m*)
- *boreal climate;* sim.: *snow forest climate*
57-58 los climas polares
- *polar climates*
57 el clima de la tundra
- *tundra climate*
58 el clima del hielo eterno
- *perpetual frost climate*

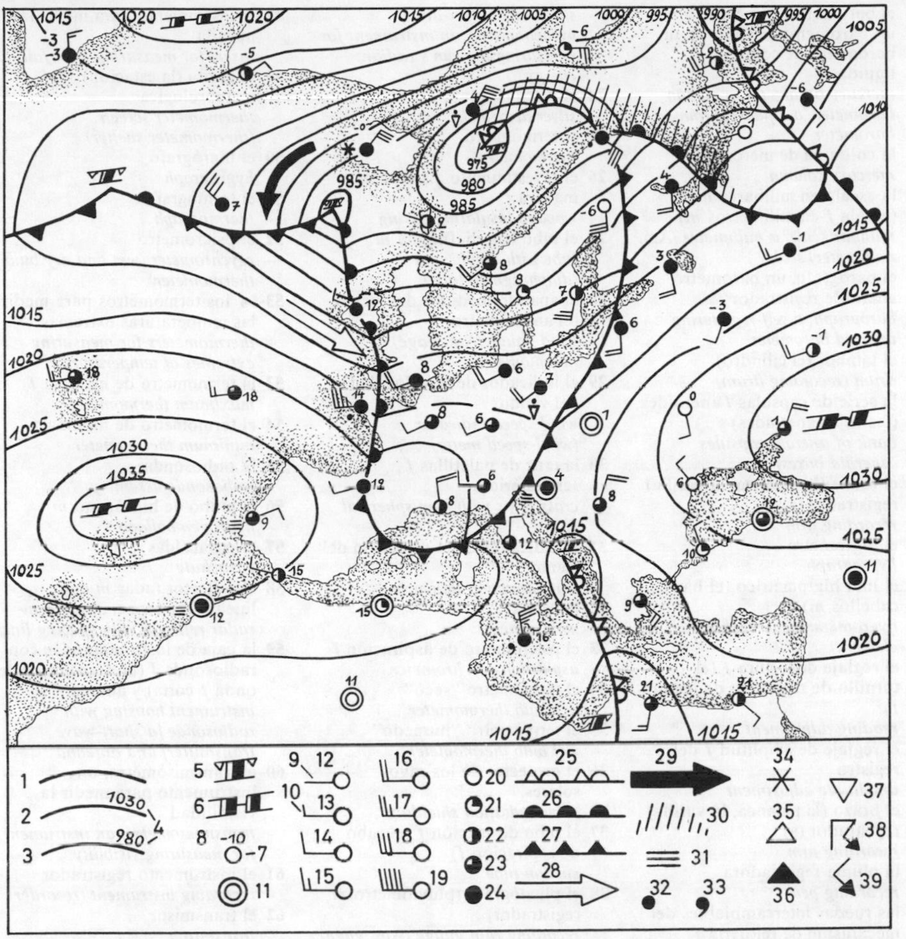
1015
1020
1025
1030
1035
1005
1000
995
990
985
980
975
1010
1
2
3
4
5
6
7
8
9
10
11
12
13
14
15
16
17
18
19
20
21
22
23
24
25
26
27
28
29
30
31
32
33
34
35
36
37
38
39

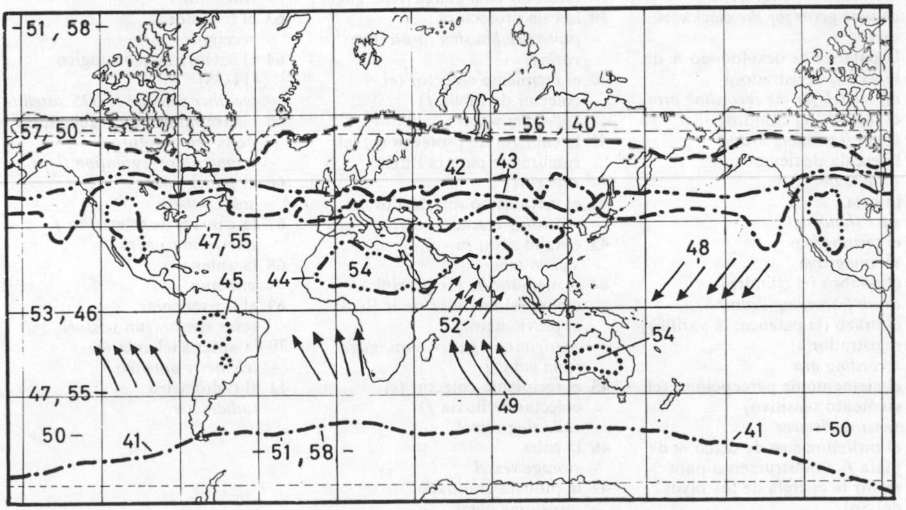
51, 58
57, 50
56, 40
42
43
47, 55
45
44
54
48
53, 46
52
54
47, 55
49
50
41
51, 58
41
50

1 el barómetro de mercurio *m*, un barómetro de sifón *m*, un barómetro de columna *f* líquida
- *mercury barometer, a siphon barometer, a liquid-column barometer*

2 la columna de mercurio *m*
- *mercury column*

3 la escala en milibares *m* (escala *f* en milímetros *m*)
- *millibar scale, a millimetre (*Am.* millimeter) scale*

4 el barógrafo, un barómetro aneroide registrador
- *barograph, a self-registering aneroid barometer*

5 el tambor (el cilindro)
- *drum (recording drum)*

6 la serie de cápsulas *f* aneroides (las cajas aneroides)
- *bank of aneroid capsules (aneroid boxes)*

7 el brazo (la palanca, la varilla) registrador (a)
- *recording arm*

8 el higrómetro
- *hygrograph*

9 el hilo higrométrico (el haz de cabellos *m*)
- *hygrometer element (hair element)*

10 el reglaje de lectura *f* (el tornillo de reglaje *m* de lectura *f*)
- *reading adjustment*

11 el reglaje de amplitud *f* del registro
- *amplitude adjustment*

12 el brazo (la palanca, la varilla) registrador (a)
- *recording arm*

13 la pluma registradora
- *recording pen*

14 las ruedas intercambiables del mecanismo de relojería *f*
- *change gears for the clockwork drive*

15 la palanca de desbloqueo *m* de la varilla registradora
- *off switch for the recording arm*

16 el tambor (el cilindro)
- *drum (recording drum)*

17 la escala de tiempos *m*
- *time scale*

18 la caja
- *case (housing)*

19 el termógrafo
- *thermograph*

20 el tambor (el cilindro)
- *drum (recording drum)*

21 el brazo (la palanca, la varilla) registrador(a)
- *recording arm*

22 el elemento de percepción *f* (el elemento sensitivo)
- *sensing element*

23 el pirheliómetro de disco *m* de plata *f*, un instrumento para medir la energía de los rayos del Sol
- *silver-disc (silver-disk) pyrheliometer, an instrument for measuring the sun's radiant energy*

24 el disco de plata *f*
- *silver disc (disk)*

25 el termómetro
- *thermometer*

26 el revestimiento aislante de madera *f*
- *wooden insulating casing*

27 el tubo con diafragma *m*
- *tube with diaphragm (diaphragmed tube)*

28 el aparato medidor del viento (el anemómetro)
- *wind gauge (*Am.* gage) (anemometer)*

29 el indicador de la velocidad del viento
- *wind-speed indicator (wind-speed meter)*

30 la cruz de paletillas *f* semiesféricas
- *cross arms with hemispherical cups*

31 el indicador de la dirección del viento
- *wind-direction indicator*

32 la veleta
- *wind vane*

33 el psicrómetro de aspiración *f*
- *aspiration psychrometer*

34 el termómetro "seco"
- *dry bulb thermometer*

35 el termómetro "húmedo"
- *wet bulb thermometer*

36 el protector de los rayos solares
- *solar radiation shielding*

37 el tubo de succión *f* (el tubo de aspiración *f*)
- *suction tube*

38 el pluviógrafo (pluviómetro *m* registrador)
- *recording rain gauge (*Am.* gage)*

39 la caja protectora
- *protective housing (protective casing)*

40 el recipiente colector (el colector de lluvia *f*)
- *collecting vessel*

41 la cubierta de protección *f* (el sombrerete para la lluvia)
- *rain cover*

42 el mecanismo registrador
- *recording mechanism*

43 el tubo sifón *m*
- *siphon tube*

44 el medidor de las precipitaciones (el medidor de la lluvia: el pluviómetro)
- *precipitation gauge (*Am.* gage) (rain gauge)*

45 el recipiente colector (el colector de lluvia *f*)
- *collecting vessel*

46 la cuba
- *storage vessel*

47 la probeta graduada
- *measuring glass*

48 el instrumento para medir la nevada
- *insert for measuring snowfall*

49 la garita (la estación) meteorológica
- *thermometer screen (thermometer shelter)*

50 el higrógrafo
- *hygrograph*

51 el termógrafo
- *thermograph*

52 el psicrómetro
- *psychrometer (wet and dry bulb thermometer)*

53-54 los termómetros para medir las temperaturas extremas
- *thermometers for measuring extremes of temperature*

53 el termómetro de máxima *f*
- *maximum thermometer*

54 el termómetro de mínima *f*
- *minimum thermometer*

55 la radiosonda
- *radiosonde assembly*

56 el globo de hidrógeno *m*
- *hydrogen balloon*

57 el paracaídas
- *parachute*

58 el reflector radar *m* con líneas *f* de espaciamiento *m*
- *radar reflector with spacing lines*

59 la caja de instrumentos *m* con radiosonda *f* (un transmisor de onda *f* corta) y antena *f*
- *instrument housing with radiosonde [a short-wave transmitter] and antenna*

60 el transmisómetro, un instrumento para medir la visibilidad
- *transmissometer, an instrument for measuring visibility*

61 el instrumento registrador
- *recording instrument (recorder)*

62 el transmisor
- *transmitter*

63 el receptor
- *receiver*

64 el satélite meteorológico (ITOS)
- *weather satellite (ITOS satellite)*

65 las trampillas de regulación *f* de la temperatura
- *temperature regulation flaps*

66 el panel solar
- *solar panel*

67 la cámara de televisión *f*
- *television camera*

68 la antena
- *antenna*

69 el sensor solar
- *solar sensor (sun sensor)*

70 la antena telemétrica
- *telemetry antenna*

71 el radiómetro
- *radiometer*

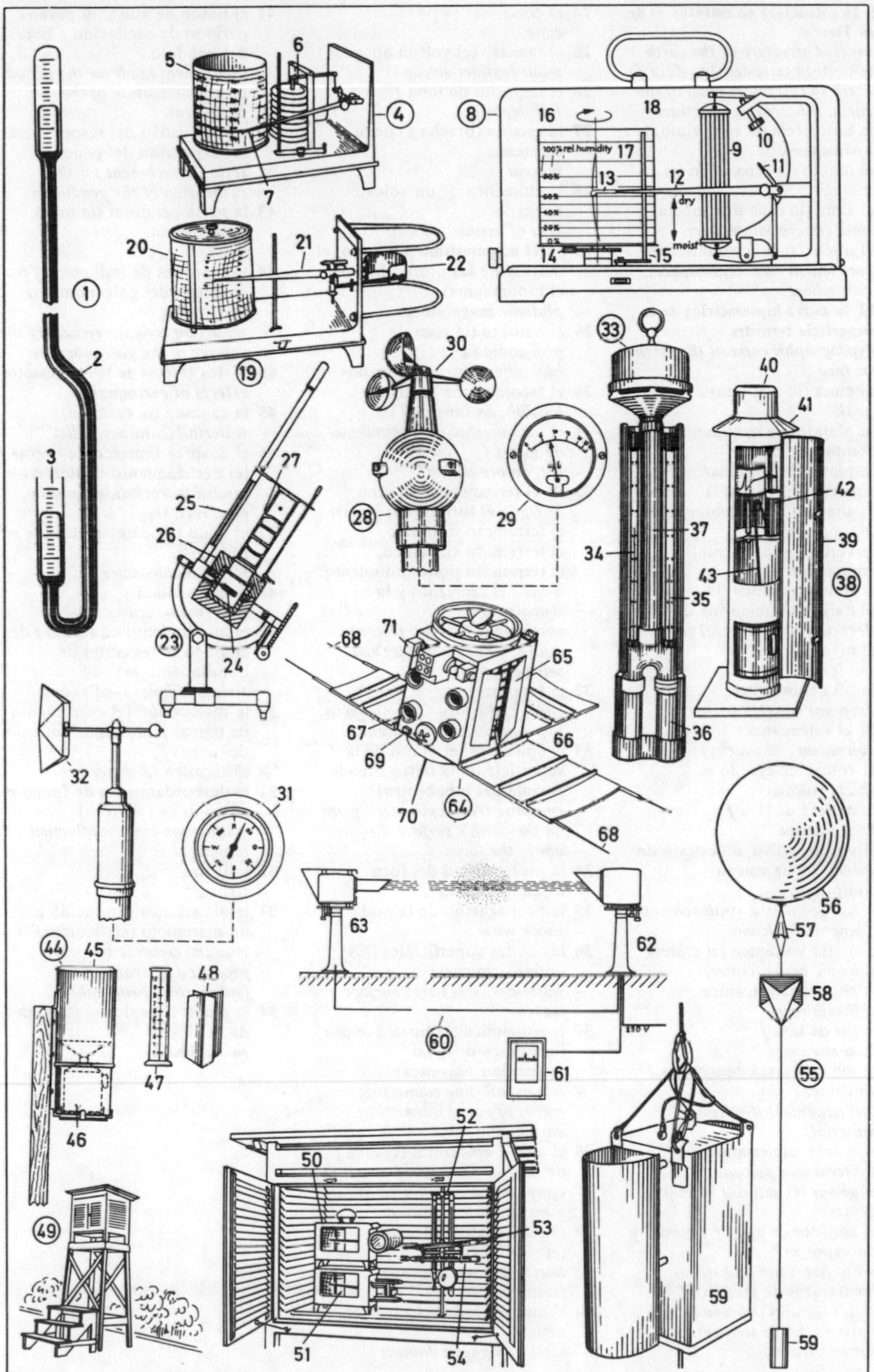
100% rel. humidity
dry
moist
1
2
3
4
5
6
7
8
9
10
11
12
13
14
15
16
17
18
19
20
21
22
23
24
25
26
27
28
29
30
31
32
33
34
35
36
37
38
39
40
41
42
43
44
45
46
47
48
49
50
51
52
53
54
55
56
57
58
59
60
61
62
63
64
65
66
67
68
69
70
71

1-5 la estructura en estratos *m* **de la Tierra**
- ***layered structure of the earth***

1 la corteza terrestre (litosfera *f*)
- *earth's crust (outer crust of the earth, lithosphere, oxysphere)*

2 la hidrosfera (la zona fluida)
- *hydrosphere*

3 el manto (la capa inferior)
- *mantle*

4 el sima (la capa intermedia)
- *sima (intermediate layer)*

5 el núcleo (el núcleo terrestre)
- *core (earth core, centrosphere, barysphere)*

6-12 la curva hipsométrica de la superficie terrestre
- ***hypsographic curve of the earth's surface***

6 la cima (lo más alto)
- *peak*

7 la plataforma continental
- *continental mass*

8 la plataforma submarina superior (el "schelf")
- *continental shelf (continental platform, shelf)*

9 la vertiente continental
- *continental slope*

10 el fondo oceánico (la plataforma submarina inferior)
- *deep-sea floor (abyssal plane)*

11 el nivel del mar
- *sea level*

12 la fosa submarina
- *deep-sea trench*

13-28 el volcanismo
- ***volcanism*** *(vulcanicity)*

13 el volcán en escudo *m*
- *shield volcano*

14 la meseta de lava *f*
- *lava plateau*

15 el volcán activo, un estrato de volcán *m*, un volcán compuesto
- *active volcano, a stratovolcano (composite volcano)*

16 el cráter volcánico (el cráter)
- *volcanic crater (crater)*

17 la chimenea volcánica
- *volcanic vent*

18 el río de lava *f*
- *lava stream*

19 la toba (la masa de materia *f* volcánica)
- *tuff (fragmented volcanic material)*

20 el volcán subterráneo
- *subterranean volcano*

21 el géiser (el surtidor termal)
- *geyser*

22 el surtidor de agua *f* caliente y de vapor *m*
- *jet of hot water and steam*

23 las terrazas de geiserita *f*
- *sinter terraces (siliceous sinter terraces, fiorite terraces, pearl sinter terraces)*

24 el cono
- *cone*

25 el "maar" (el volcán apagado)
- *maar (extinct volcano)*

26 el depósito de toba *f*
- *tuff deposit*

27 la escoria (brecha *f*) de la chimenea
- *breccia*

28 la chimenea de un volcán apagado
- *vent of extinct volcano*

29-31 el magmatismo plutónico (el magma de las profundidades, el hipomagma)
- ***plutonic magmatism***

29 el batolito (la roca de profundidad *f*)
- *batholite (massive protrusion)*

30 el lacolito, una intrusión
- *lacolith, an intrusion*

31 el yacimiento, un yacimiento de mena *f*
- *sill, an ore deposit*

32-38 el terremoto (el seísmo; *S. Dgo.:* el turrumote; *clases:* el terremoto tectónico, el terremoto volcánico, el terremoto por hundimiento; *Amér.:* el remezón) **y la sismología**
- ***earthquake*** *(* kinds: *tectonic quake, volcanic quake)* ***and seismology***

32 el hipocentro
- *earthquake focus(seismic focus, hypocentre,* Am. *hypocenter)*

33 el epicentro (el punto de la superficie de la tierra situado encima del hipocentro)
- *epicentre (*Am. *epicenter), point on the earth's surface directly above the focus*

34 la profundidad del foco
- *depth of focus*

35 la propagación de la onda
- *shock wave*

36 las ondas superficiales (las ondas sísmicas)
- *seismic waves;* here: *surface waves*

37 la isosísmica (la línea que une los puntos de igual intensidad *f* sísmica)
- *isoseismal (line connecting points of equal intensity of earthquake shock)*

38 el área *f* epicentral (el área *f* de mayor vibración *f* sísmica)
- *epicentral area, an area of macroseismic vibration*

39 el sismógrafo horizontal (el sismómetro)
- ***horizontal seismograph*** *(seismometer)*

40 el amortiguador electromagnético
- *electromagnetic damper*

41 el botón de ajuste *m* para el periodo de oscilación *f* libre del péndulo
- *adjustment knob for the period of free oscillation of the pendulum*

42 el dispositivo del resorte para la suspensión del péndulo
- *spring attachment for the suspension of the pendulum*

43 la masa pendular (la masa estacionaria)
- *mass*

44 los carretes de inducción *f* para el voltaje del galvanómetro registrador
- *induction coils for recording the voltage of the galvanometer*

45-54 los efectos de los terremotos
- ***effects of earthquakes***

45 la cascada (la catarata)
- *waterfall (cataract, falls)*

46 el desprendimiento de tierras *f* (el deslizamiento de tierras)
- *landslide (rockslide, landslip,* Am. *rock slip)*

47 el talud (cascotes *m*, cantos *m* rodados)
- *talus (rubble, scree)*

48 la concavidad
- *scar (scaur, scaw)*

49 el hundimiento en forma *f* de embudo *m* (el cráter de hundimiento *m*)
- *sink (sinkhole, swallowhole)*

50 la dislocación (el corrimiento de tierras *f*, el desplazamiento de tierras *f*)
- *dislocation (displacement)*

51 el desbordamiento de fango *m* (el cono de fango *m*)
- *solifluction lobe (solifluction tongue)*

52 la fisura
- *fissure*

53 la ola sísmica producida por un maremoto (el "tsunami")
- *tsunami (seismic sea wave) produced by seaquake (submarine earthquake)*

54 la playa en realce *m* (terraza *f* de la playa)
- *raised beach*

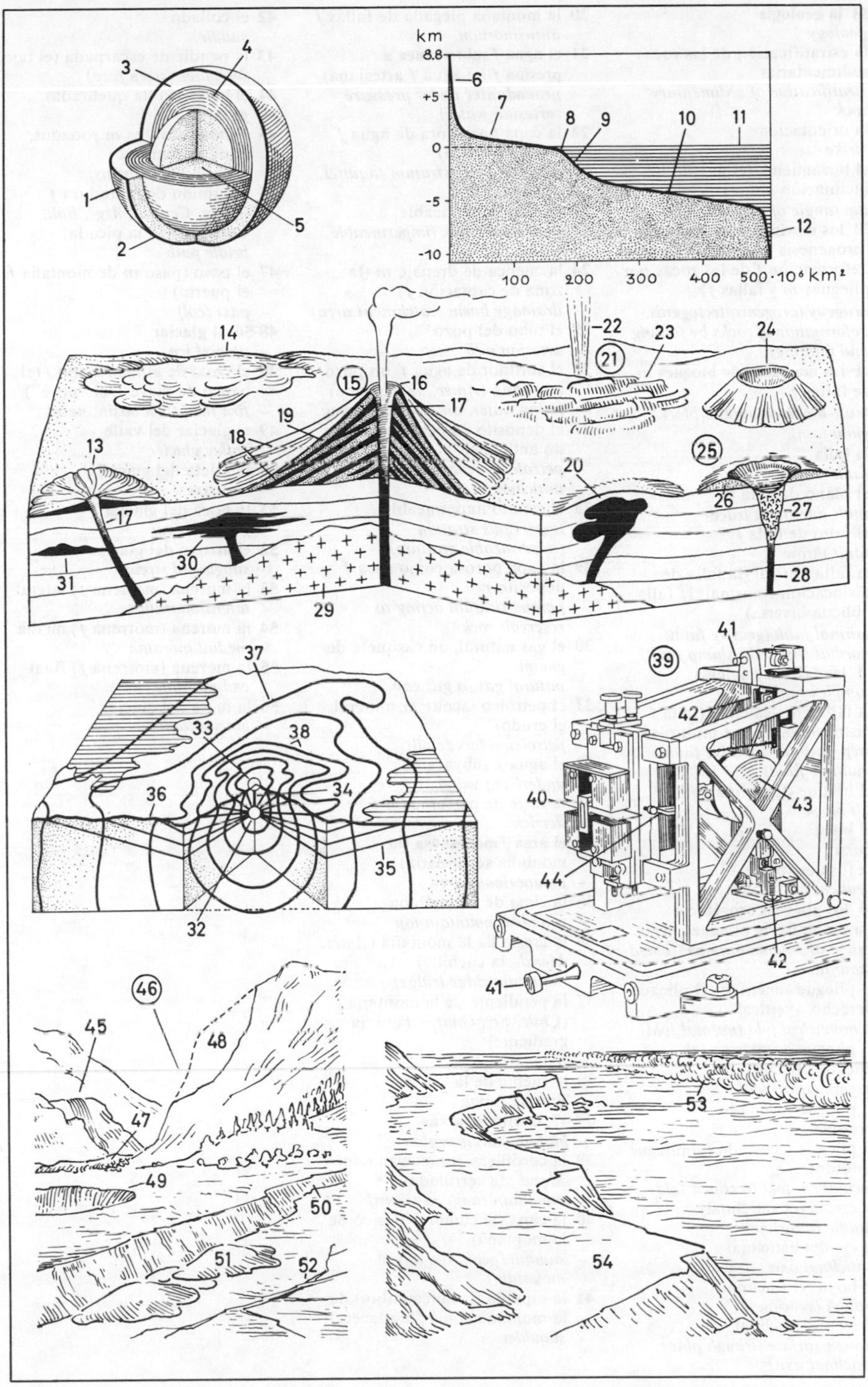
km
8.8
+5
0
-5
-10
100
200
300
400
500 · 10⁶ km²

1-33 la geología
– ***geology***
1 la estratificación de las rocas sedimentarias
– *stratification of sedimentary rock*
2 la orientación
– *strike*
3 el buzamiento (el ángulo de inclinación *f*)
– *dip (angle of dip, true dip)*
4-20 los movimientos orogénicos (orogénesis *f*, tectogénesis *f*, deformación *f* de las rocas por pliegues *m* y fallas *f*)
– ***orogeny*** *(orogenis, tectogenis, deformation of rocks by folding and faulting)*
4-11 las montañas de bloques *m* **de fallas** *f*
– ***fault-block mountain*** *(block mountain)*
4 la falla
– *fault*
5 el plano de falla *f*
– *fault line (fault trace)*
6 el salto de falla *f*
– *fault throw*
7 la falla normal (la falla de dislocación *f* normal: la falla oblicua inversa)
– *normal fault (gravity fault, normal slip fault, slump fault)*
8-11 las fallas complejas
– *complex faults*
8 la falla en escalera *f* (falla *f* distributiva, falla *f* múltiple)
– *step fault (distributive fault, multiple fault)*
9 el bloque de inclinación *f*
– *tilt block*
10 el horst
– *horst*
11 la fosa tectónica
– *graben*
12-20 los pliegues orogénicos (la montaña de pliegues *m*)
– ***range of fold mountains*** *(folded mountains)*
12 el pliegue simétrico (el pliegue derecho –vertical–)
– *symmetrical fold (normal fold)*
13 el pliegue asimétrico (el pliegue oblicuo)
– *asymmetrical fold*
14 el pliegue inclinado
– *overfold*
15 el pliegue recostado (el pliegue tendido)
– *recumbent fold (reclined fold)*
16 la cresta (el anticlinal)
– *saddle (anticline)*
17 el eje del anticlinal
– *anticlinal axis*
18 la hoya (el sinclinal)
– *trough (syncline)*
19 el eje del sinclinal
– *trough surface (trough plane, synclinal axis)*
20 la montaña plegada de fallas *f*
– *anticlinorium*
21 **el agua** *f* **subterránea a presión** *f* (el agua *f* artesiana)
– ***groundwater under pressure*** *(artesian water)*
22 la capa portadora de agua *f* (capa *f* freática)
– *water-bearing stratum (aquifer, aquafer)*
23 la roca impermeable
– *impervious rock (impermeable rock)*
24 la cuenca de drenaje *m* (la zona de captación *f*)
– *drainage basin (catchment area)*
25 el tubo del pozo
– *artesian well*
26 el surtidor de agua *f*, un pozo artesiano (*Amér.:* la casimba)
– *rising water, an artesian spring*
27 el depósito de petróleo *m* en un anticlinal
– ***petroleum reservoir*** *in an anticline*
28 el estrato impermeable
– *impervious stratum (impermeable stratum)*
29 la capa porosa como roca *f* depósito *m*
– *porous stratum acting as reservoir rock*
30 el gas natural, un casquete de gas *m*
– *natural gas, a gas cap*
31 el petróleo (aceite *m* mineral, el crudo)
– *petroleum (crude oil)*
32 el agua *f* subyacente
– *underlying water*
33 la torre de perforación *f*
– *derrick*
34 **el área** *f* **montañosa** (la montaña secundaria)
– ***mountainous area***
35 la cima de la montaña
– *rounded mountain top*
36 la cresta de la montaña (*Amér. Merid.:* la cuchilla)
– *mountain ridge (ridge)*
37 la pendiente de la montaña (*Chile, Ec., Guat. y Perú:* la gradiente)
– *mountain slope*
38 la fuente de la ladera
– *hillside spring*
39-47 la alta montaña
– ***high-mountain region***
39 la cordillera, un macizo (*Amér. Merid.:* la cerrillada)
– *mountain range, a massif*
40 la cima (la cumbre, el pico de la montaña)
– *summit (peak, top of the mountain)*
41 la espalda (la antecumbre) de la montaña (*Chile:* la placeta)
– *shoulder*
42 el collado
– *saddle*
43 la pendiente escarpada (el tajo)
– *rock face (steep face)*
44 el barranco (la quebrada)
– *gully*
45 el talud (cantos *m* rodados, talud *m* detrítico)
– *talus (scree, detritus)*
46 el camino de herradura *f* (*Amér. Central, Arg., Bol., Cuba, Urug.:* la picada)
– *bridle path*
47 el paso (paso *m* de montaña *f*, el puerto)
– *pass (col)*
48-56 el glaciar
– ***glacial ice***
48 el circo de alimentación *f* (el banco de nieve *f*, el "névé")
– *firn field (firn basin, nevé)*
49 el glaciar del valle
– *valley glacier*
50 la grieta del glaciar
– *crevasse*
51 la boca del glaciar
– *glacier snout*
52 el arroyo del glaciar
– *subglacial stream*
53 la morena (morrena *f*) lateral
– *lateral moraine*
54 la morena (morrena *f*) media
– *medial moraine*
55 la morena (morrena *f*) final
– *end moraine*
56 la mesa del glaciar
– *glacier table*

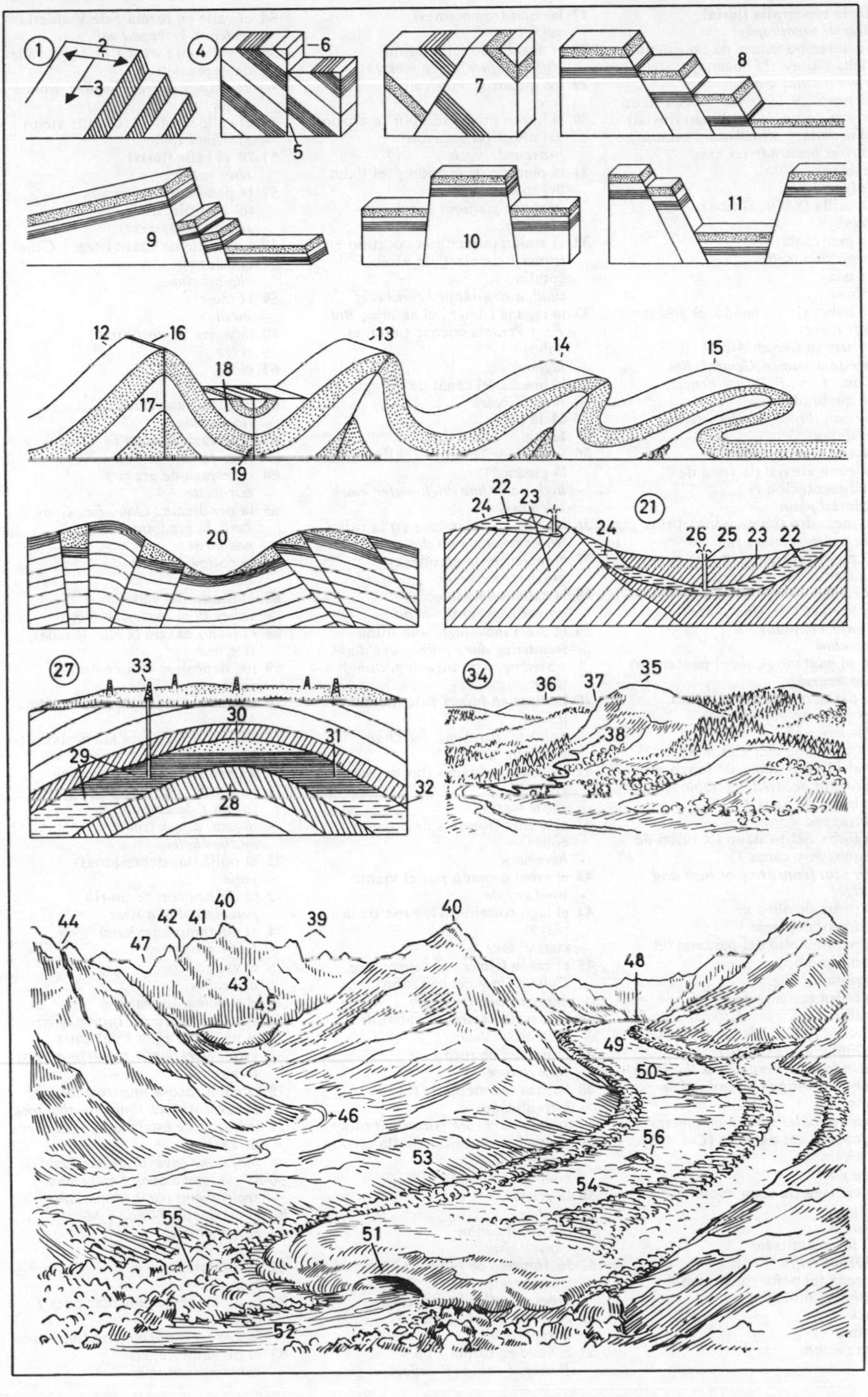
1
2
3
4
5
6
7
8
9
10
11
12
13
14
15
16
17
18
19
20
21
22
23
24
25
26
27
28
29
30
31
32
33
34
35
36
37
38
39
40
41
42
43
44
45
46
47
48
49
50
51
52
53
54
55
56

1-13 la topografía fluvial
- ***fluvial topography***
1 la desembocadura de un río, un delta (*Amér.:* la bocana)
- *river mouth, a delta*
2 el brazo de la desembocadura, un brazo de río *m* (un brazo fluvial)
- *distributary (distributary channel), a river branch (river arm)*
3 el lago
- *lake*
4 la orilla (*Chile:* el ribo)
- *bank*
5 la península
- *peninsula (spit)*
6 la isla
- *island*
7 la bahía (la ensenada, el golfo)
- *bay (cove)*
8 el arroyo (*Amér. Merid.:* la acequia; *Amér. Central, Bol., Pan., Perú, P. Rico y Venez.:* la quebrada)
- *stream (brook, rivulet, creek)*
9 el dique
- *levee*
10 la zona aluvial (la zona de sedimentación *f*)
- *alluvial plain*
11 el meandro (un recodo del río)
- *meander, a river bend*
12 el monte contorneado (el monte causante del meandro)
- *meander core (rock island)*
13 la vega (*Chile, Guat., Mé. y Venez.:* el plan)
- *meadow*

14-24 el pantano (*Col.:* el pantanero)
- ***bog*** *(marsh)*
14 el páramo bajo del pantano (el pantano superficial)
- *low-moor bog*
15 las capas de material *m* vegetal podrido (las capas de fango *m*)
- *layers of decayed vegetable matter*
16 la bolsa de agua *f*
- *entrapped water*
17 la turba del pantano (la turba de juncos *m* y cañas *f*)
- *fen peat [consisting of rush and sedge]*
18 la turba de aliso *m*
- *alder-swamp peat*
19 el páramo alto del pantano (el pantano alto)
- *high-moor bog*
20 la bolsa reciente de turba *f* de musgo *m*
- *layer of recent sphagnum mosses*
21 el límite entre capas *f*
- *boundary between layers (horizons)*
22 la bolsa antigua de turba *f* de musgo *m*
- *layer of older sphagnum mosses*
23 la charca del pantano (*Col. y Ec.:* la chamba)
- *bog pool*
24 la ciénaga (la zona cubierta de agua *f*)
- *swamp*

25-31 los acantilados
- ***cliffline*** *(cliffs)*
25 la roca (el peñasco, el escollo; *Cuba:* el molejón)
- *rock*
26 el mar
- *sea (ocean)*
27 las olas (rompientes)
- *surf*
28 el acantilado (el farallón)
- *cliff (cliff face, steep rock face)*
29 los guijarros (la rocalla)
- *scree*
30 el hueco producido por la erosión del oleaje (el socavón)
- *[wave-cut] notch*
31 la planicie de erosión *f* (el llano del rompiente)
- *abrasion platform (wave-cut platform)*
32 el atolón (arrecife *m* coralino en forma *f* circular), un arrecife coralino
- *atoll, a ring-shaped coral reef*
33 la laguna (*Amér.:* el aguaje; *Bol., Ec. y Perú:* la cocha; *Cuba:* el itabo)
- *lagoon*
34 la brecha (el canal de la laguna)
- *breach (hole)*

35-44 la playa
- ***beach***
35 la línea de la marea (el límite de la pleamar)
- *high-water line (high-water mark, tidemark)*
36 las olas rompiéndose en la orilla
- *waves breaking on the shore*
37 el malecón (la escollera)
- *groyne (*Am. *groin)*
38 la cabeza del malecón
- *groyne (*Am. *groin) head*
39 la duna movediza, una duna
- *wandering dune (migratory dune, travelling,* Am. *traveling, dune), a dune*
40 la duna en forma *f* de media luna *f*
- *barchan (barchane, barkhan, crescentic dune)*
41 las marcas rizadas (las marcas del viento)
- *ripple marks*
42 el morón (forma *f* de erosión *f* eólica)
- *hummock*
43 el árbol azotado por el viento
- *wind cripple*
44 el lago costero (la laguna de la playa)
- *coastal lake*

45 el cañón (*Amér.:* el cajón; *Arg., Cuba y Urug.:* el cañadón)
- ***canyon*** *(cañon, coulee)*
46 la meseta (*Amér.:* la sabana)
- *plateau (tableland)*
47 la terraza de roca *f*
- *rock terrace*
48 la roca sedimentaria (la roca estratificada)
- *sedimentary rock (stratified rock)*
49 el escalón estratificado (la terraza estratificada)
- *river terrace (bed)*
50 la grieta
- *joint*
51 el río del cañón
- *canyon river*

52-56 formas *f* de valles *m* [corte transversal]
- ***types of valley*** *[cross section]*
52 la garganta (el barranco)
- *gorge (ravine)*
53 el valle en forma *f* de V
- *V-shaped valley (V-valley)*
54 el valle en forma *f* de V abierta
- *widened V-shaped valley*
55 el valle en forma *f* de U (el valle de depresión *f*)
- *U-shaped valley (U-valley, trough valley)*
56 el valle sinclinal (el valle viejo)
- *synclinal valley*

57-70 el valle fluvial
- ***river valley***
57 la pendiente escarpada (el acantilado)
- *scarp (escarpment)*
58 la pendiente suave (*Arg. y Chile:* el faldeo)
- *slip-off slope*
59 la meseta
- *mesa*
60 la sierra (la cordillera)
- *ridge*
61 el río
- *river*
62 la vega (la avenida)
- *flood plain*
63 la terraza de roca *f*
- *river terrace*
64 la terraza de grava *f*
- *terracette*
65 la pendiente (*Chile, Ec., Guat. y Perú:* la gradiente)
- *pediment*
66 la colina
- *hill*
67 el fondo del valle
- *valley floor (valley bottom)*
68 el lecho del río (*Chile:* la caja)
- *riverbed*
69 los depósitos sedimentarios
- *sediment*
70 el lecho de roca *f* (la roca sólida)
- *bedrock*

71-83 las formaciones kársticas en las rocas calcáreas
- ***karst formation*** *in limestone*
71 la dolina, un hundimiento en forma *f* de embudo *m*
- *dolina, a sink (sinkhole, swallowhole)*
72 el poljé (las depresiones)
- *polje*
73 la infiltración de un río
- *percolation of a river*
74 el manantial del karst
- *karst spring*
75 el valle seco
- *dry valley*
76 el sistema de grutas *f*
- *system of caverns (system of caves)*
77 el nivel del agua *f* del karst
- *water level (water table) in a karst formation*
78 la capa rocosa impermeable
- *impervious rock (impermeable rock)*
79 la cueva de estalactitas *f* (la cueva de karst *m*)
- *limestone cave (dripstone cave)*
80-81 concreaciones *f* calcáreas
- *speleothems (cave formations)*
80 la estalactita (*Chile y Mé.:* el achichicle)
- *stalactite (dripstone)*
81 la estalagmita
- *stalagmite*
82 la columna de concreaciones *f* calcáreas
- *linked-up stalagmite and stalactite*
83 el río subterráneo
- *subterranean river*

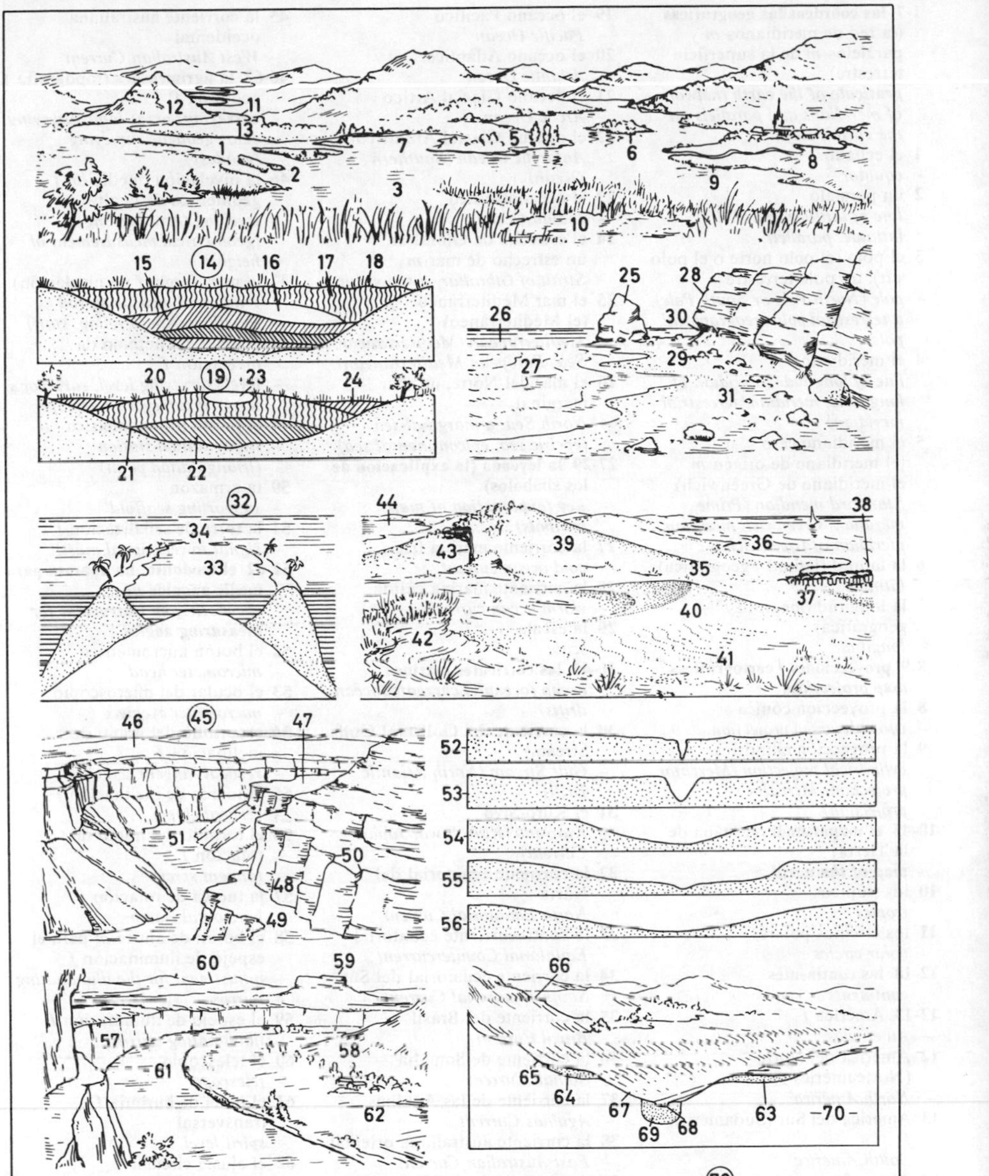
12
11
13
1
2
4
7
5
6
8
9
3
10
15
14
16
17
18
25
28
26
30
29
27
20
19
23
24
21
22
31
32
44
38
34
33
39
43
36
35
37
40
42
41
45
46
47
52
53
54
55
56
51
50
48
49
60
59
66
57
61
58
62
65
64
67
69
68
63
-70-
79
72
74
80
82
83
71
75
73
76
78
77
81

1-7 las coordenadas geográficas (la red de meridianos *m* y paralelos *m* de la superficie terrestre)
- ***graticule of the earth*** *(network of meridians and parallels on the earth's surface)*

1 el ecuador
- *equator*

2 un paralelo
- *line of latitude (parallel of latitude, parallel)*

3 el polo (el polo norte o el polo sur), un polo terrestre
- *pole (North Pole or South Pole), a terrestrial pole (geographical pole)*

4 el meridiano
- *line of longitude (meridian of longitude, meridian, terrestrial meridian)*

5 el meridiano cero (el meridiano de origen *m*, el meridiano de Greenwich)
- *Standard meridian (Prime meridian, Greenwich meridian, meridian of Greenwich)*

6 la latitud (latitud *f* geográfica)
- *latitude*

7 la longitud (longitud *f* geográfica)
- *longitude*

8-9 proyecciones *f* cartográficas
- ***map projections***

8 la proyección cónica
- *conical (conic) projection*

9 la proyección cilíndrica
- *cylindrical projection (Mercator projection, Mercator's projection)*

10-45 el mapamundi (el mapa de la Tierra)
- ***map of the world***

10 los trópicos
- *tropics*

11 los círculos polares
- *polar circles*

12-18 los continentes
- ***continents***

12-13 América *f*
- *America*

12 América del Norte (Norteamérica *f*)
- *North America*

13 América del Sur (Sudamérica *f*)
- *South America*

14 África *f*
- *Africa*

15-16 Eurasia *f*
- *Europe and Asia*

15 Europa *f*
- *Europe*

16 Asia *f*
- *Asia*

17 Australia *f*
- *Australia*

18 la Antártida (el continente antártico)
- *Antarctica (Antarctic Continent)*

19-26 el océano
- ***ocean*** *(sea)*

19 el océano Pacífico
- *Pacific Ocean*

20 el océano Atlántico
- *Atlantic Ocean*

21 el océano Glacial Ártico
- *Arctic Ocean*

22 el océano Glacial Antártico
- *Antarctic Ocean (Southern Ocean)*

23 el océano Índico
- *Indian Ocean*

24 el estrecho de Gibraltar, un estrecho de mar *m*
- *Strait of Gibraltar, a sea strait*

25 el mar Mediterráneo (el Mediterráneo)
- *Mediterranean (Mediterranean Sea, European Mediterranean)*

26 el mar del Norte, un mar marginal
- *North Sea, a marginal sea (epeiric sea, epicontinental sea)*

27-29 la leyenda (la explicación de los símbolos)
- ***key (explanation of map symbols)***

27 la corriente marina fría
- *cold ocean current*

28 la corriente marina cálida
- *warm ocean current*

29 la escala
- *scale*

30-45 las corrientes marinas
- ***ocean (oceanic) currents*** *(ocean drifts)*

30 la corriente del Golfo (el Gulf Stream)
- *Gulf Stream (North Atlantic Drift)*

31 el Kuro-Sivo
- *Kuroshio (Kuro Siwo, Japan Current)*

32 la corriente ecuatorial del Norte
- *North Equatorial Current*

33 la contracorriente ecuatorial
- *Equatorial Countercurrent*

34 la corriente ecuatorial del Sur
- *South Equatorial Current*

35 la corriente del Brasil
- *Brazil Current*

36 la corriente de Somalia
- *Somali Current*

37 la corriente de las Agulhas
- *Agulhas Current*

38 la corriente australiana oriental
- *East Australian Current*

39 la corriente de California
- *California Current*

40 la corriente del Labrador
- *Labrador Current*

41 la corriente de las Canarias
- *Canary Current*

42 la corriente de Humboldt (la corriente del Perú)
- *Peru Current*

43 la corriente de Benguela
- *Benguela (Benguella) Current*

44 la corriente de viento del Oeste
- *West Wind Drift (Antarctic Circumpolar Drift)*

45 la corriente australiana occidental
- *West Australian Current*

46-62 la agrimensura (topografía *f*, geodesia *f*)
- ***surveying;*** here: *land surveying;* also: *geodetic surveying (geodesy)*

46 la nivelación (medición *f* geométrica de la altura)
- *levelling* (Am. *leveling) (geometrical measurement of height)*

47 la mira (regla *f* de nivelación)
- *graduated measuring rod (levelling,* Am. *leveling, staff)*

48 el nivel, un anteojo de nivelación *f*
- *level (surveying level, surveyor's level), a surveyor's telescope*

49 el punto trigonométrico
- *triangulation station (triangulation point)*

50 la armazón
- *supporting scaffold*

51 la torre de señalización *f*
- *signal tower (signal mast)*

52-62 el teodolito, un aparato para medir ángulos *m*
- ***theodolite, an instrument for measuring angles***

52 el botón micrométrico
- *micrometer head*

53 el ocular del microscopio
- *micrometer eyepiece*

54 el tornillo del nonio de inclinación *f*
- *vertical tangent screw*

55 la tuerca de inclinación *f*
- *vertical clamp*

56 el tornillo del nonio de rotación *f*
- *tangent screw*

57 la tuerca de rotación *f*
- *horizontal clamp*

58 el botón de ajuste *m* para el espejo de iluminación *f*
- *adjustment for the illuminating mirror*

59 el espejo de iluminación *f*
- *illuminating mirror*

60 el telescopio
- *telescope*

61 el nivel de burbuja *f* transversal
- *spirit level*

62 el ajuste circular
- *circular adjustment*

63-66 la fotogrametría (la fototopografía)
- ***photogrammetry*** *(phototopography)*

63 la cámara topográfica para la producción de series *f* coincidentes de imágenes *f*
- *air survey camera for producing overlapping series of pictures*

64 el estereotopo
- *stereoscope*

65 el pantógrafo
- *pantograph*

66 el estereoplanígrafo
- *stereoplanigraph*

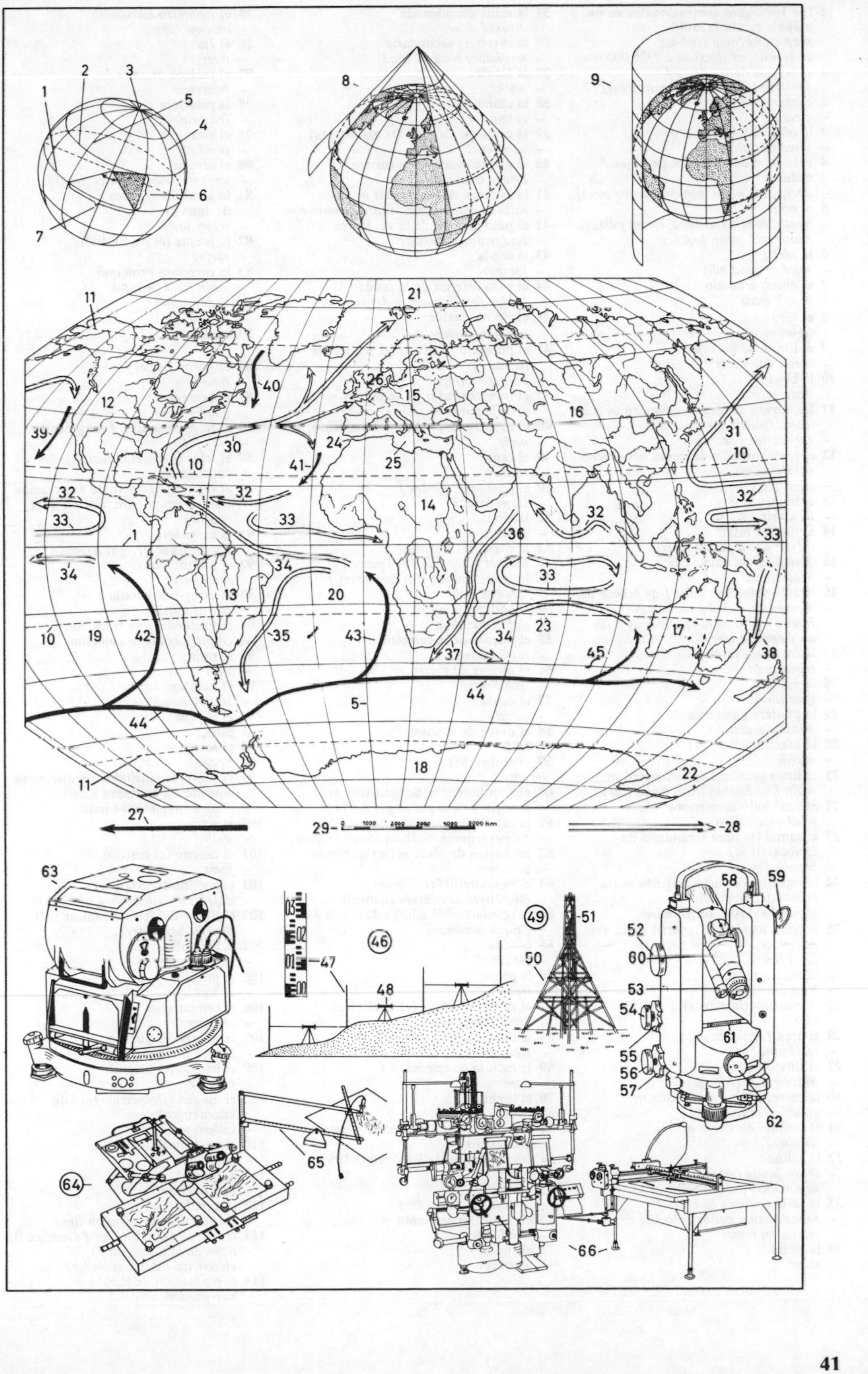
1
2
3
4
5
6
7
8
9
10
11
12
13
14
15
16
17
18
19
20
21
22
23
24
25
26
27
28
29
0 1000 2000 3000 4000 5000 km
30
31
32
33
34
35
36
37
38
39
40
41
42
43
44
45
46
47
48
49
50
51
52
53
54
55
56
57
58
59
60
61
62
63
64
65
66

1-114 los signos convencionales de un mapa a escala 1:25 000
- ***map signs*** *(map symbols, conventional signs) on a 1:25 000 map*

1 el bosque de coníferas *f*
- *coniferous wood (coniferous trees)*

2 el claro
- *clearing*

3 la oficina forestal
- *forestry office*

4 el bosque de árboles *m* de hojas *f* caducas
- *deciduous wood (non-coniferous trees)*

5 el erial
- *heath, rough grassland, rough pasture, heath and moor, bracken*

6 la arena
- *sand or sand hills*

7 el elimo arenario
- *beach grass*

8 el faro
- *lighthouse*

9 el límite de los bajos
- *mean low water*

10 la boya
- *beacon*

11 las curvas de nivel *m* submarinas (las líneas isobáticas)
- *submarine contours*

12 el transbordador de trenes *m* (*Amér.:* el ferryboat)
- *train ferry*

13 el buque faro
- *lightship*

14 el bosque mixto
- *mixed wood (mixed trees)*

15 la maleza (el monte bajo)
- *brushwood*

16 la autopista con rampa *f* de acceso *m*
- *motorway with slip road (*Am. *freeway with on-ramp, freeway with acceleration lane)*

17 la carretera principal
- *trunk road*

18 la pradera
- *grassland*

19 la pradera pantanosa
- *marshy grassland*

20 la marisma
- *marsh*

21 la línea principal de ferrocarril *m*
- *main line railway (*Am. *trunk line)*

22 el paso bajo la carretera
- *road over railway*

23 el ramal (la línea secundaria de ferrocarril *m*)
- *branch line*

24 la estación de enclavamiento *m* (la casilla del guardavía)
- *signal box (*Am. *switch tower)*

25 la línea local de ferrocarril *m* (la vía estrecha)
- *local line*

26 el paso a nivel *m*
- *level crossing*

27 la estación (la parada)
- *halt*

28 el área *f* residencial
- *residential area*

29 el fluviómetro
- *water gauge (*Am. *gage)*

30 la carretera de tercer orden *m*
- *good, metalled road*

31 el molino de viento *m*
- *windmill*

32 la salina
- *thorn house (graduation house, salina, salt-works)* [no symbol]

33 la torre emisora de radio *f*
- *broadcasting station (wireless or television mast)*

34 la mina
- *mine*

35 la mina abandonada
- *disused mine*

36 la carretera secundaria
- *secondary road (B road)*

37 la fábrica
- *works*

38 la chimenea
- *chimney*

39 la cerca de alambre (la alambrada)
- *wire fence*

40 el paso elevado de la carretera
- *bridge over railway*

41 la estación de ferrocarril *m*
- *railway station (*Am. *railroad station)*

42 el paso elevado de la vía férrea
- *bridge under railway*

43 la senda
- *footpath*

44 el paso inferior de la senda
- *bridge for footpath under railway*

45 el río navegable
- *navigable river*

46 el puente de barcas *f* (el pontón de barcas *f*)
- *pontoon bridge*

47 el transbordador de vehículos *m*
- *vehicle ferry*

48 el espigón de piedra *f* (el malecón)
- *mole*

49 el fanal
- *beacon*

50 el puente de piedra *f*
- *stone bridge*

51 la ciudad
- *town or city*

52 la plaza del mercado
- *market place (market square)*

53 la iglesia mayor con dos torres *f*
- *large church*

54 el edificio público
- *public building*

55 el puente de la carretera
- *road bridge*

56 el puente de hierro *m*
- *iron bridge*

57 el canal
- *canal*

58 el dique de esclusas *f*
- *lock*

59 el embarcadero
- *jetty*

60 el transbordador de pasajeros *m*
- *foot ferry (foot passenger ferry)*

61 la capilla (la ermita)
- *chapel (church) without tower or spire*

62 las curvas de nivel *m* (las isohipsas)
- *contours*

63 el monasterio (el convento)
- *monastery or convent* [named]

64 la iglesia visible a larga distancia *f*
- *church landmark*

65 la viña
- *vineyard*

66 la presa
- *weir*

67 el funicular aéreo (el teleférico)
- *aerial ropeway*

68 la torre de observación *f*
- *view point*

69 la esclusa de retención *f*
- *dam*

70 el túnel
- *tunnel*

71 el punto trigonométrico (el punto geodésico)
- *triangulation station (triangulation point)*

72 la ruina
- *remains of a building*

73 el molinillo de viento *m*
- *wind pump*

74 el fuerte
- *fortress*

75 el meandro aislado
- *ox-bow lake*

76 el río
- *river*

77 el molino de agua *f*
- *watermill*

78 la pasadera
- *footbridge*

79 el estanque
- *pond*

80 el arroyo
- *stream (brook, rivulet, creek)*

81 la alcubilla (el arca *f* de agua *f*)
- *water tower*

82 la fuente (el manantial)
- *spring*

83 la carretera principal
- *main road (A road)*

84 el desmonte
- *cutting*

85 la cueva
- *cave*

86 el horno de cal *f*
- *lime kiln*

87 la cantera
- *quarry*

88 el hoyo de arcilla *f* (el gredal)
- *clay pit*

89 el tejar (*Col.:* el chircal)
- *brickworks*

90 el ferrocarril ligero de explotación *f*
- *narrow-gauge (*Am. *narrow gage) railway*

91 el cargadero
- *goods depot (freight depot)*

92 el monumento
- *monument*

93 el campo de batalla *f*
- *site of battle*

94 la hacienda, una finca rústica
- *country estate, a demesne*

95 el muro
- *wall*

96 el castillo
- *stately home*

97 el parque
- *park*

98 el seto
- *hedge*

99 el camino transitable regularmente cuidado (la carretera local)
- *poor or unmetalled road*

100 el pozo
- *well*

101 el caserío (el cortijo)
- *farm*

102 el camino forestal
- *unfenced path (unfenced track)*

103 el límite del término municipal
- *district boundary*

104 el terraplén
- *embankment*

105 el pueblo
- *village*

106 el cementerio
- *cemetery*

107 la iglesia del pueblo
- *church or chapel with spire*

108 el huerto (el vergel)
- *orchard*

109 el mojón kilométrico (el hito kilométrico)
- *milestone*

110 el poste indicador
- *guide post*

111 el plantel
- *tree nursery*

112 la vereda
- *ride (aisle, lane, section line)*

113 la línea de conducción *f* eléctrica (la línea de alta tensión *f*)
- *electricity transmission line*

114 la plantación de lúpulo *m*
- *hop garden*

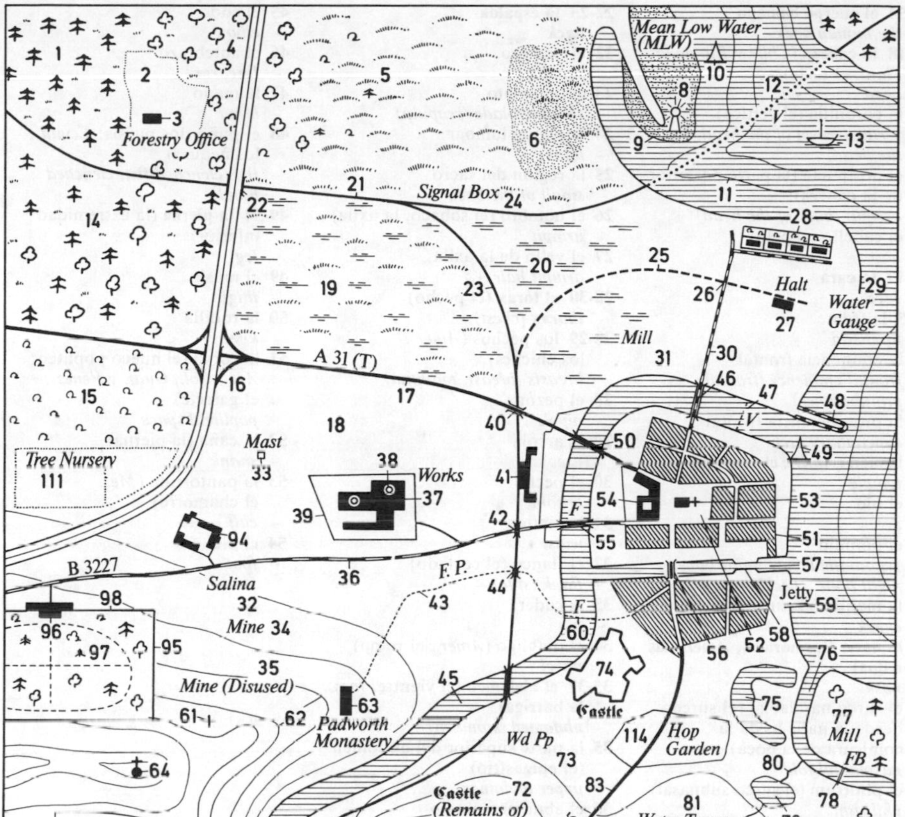
Mean Low Water (MLW)
Forestry Office
Signal Box
Halt
Water Gauge
Mill
A 31 (T)
Mast
Tree Nursery
Works
F
F. P.
B 3227
Salina
Mine
Mine (Disused)
V
Jetty
Castle
Hop Garden
Padworth Monastery
Wd Pp
Castle (Remains of)
A 35
Water Tower
Spr
FB
Vineyard
Weir
Dam
Cave
Quarry
Lime Works
Sunnyside Farm
MS
Clay Pit
Cemy
Mon
Brickworks
W
GP

en España:

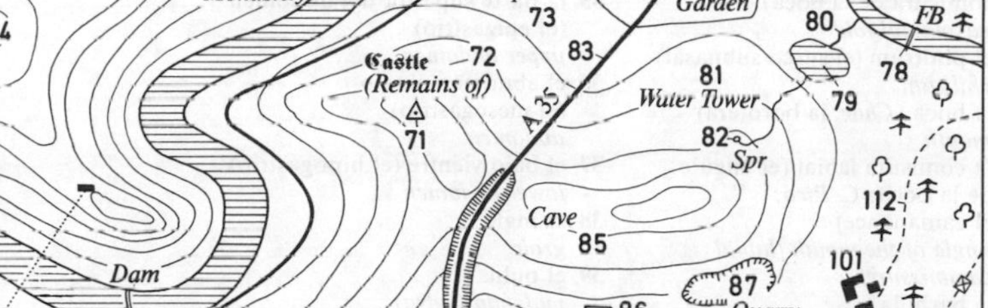

1-54 el cuerpo humano
– ***the human body***
1-18 la cabeza (*Chile y Río de la Plata:* el mate)
– ***head***
1 la coronilla (el vértice)
– *vertex (crown of the head, top of the head)*
2 el occipucio (la parte posterior de la cabeza)
– *occiput (back of the head)*
3 el cabello (el pelo)
– *hair*
4-17 la cara
– ***face***
4-5 la frente
– *forehead*
4 la eminencia frontal
– *frontal eminence (frontal protuberance)*
5 la protuberancia frontal
– *superciliary arch*
6 la sien (*Amér.:* el sentido)
– *temple*
7 el ojo
– *eye*
8 el pómulo
– *zygomatic bone (malar bone, jugal bone, cheekbone)*
9 la mejilla (el carrillo)
– *cheek*
10 la nariz (las narices; *Amér.:* las ñatas)
– *nose*
11 el surco nasolabial (el surco desde la nariz hasta la comisura de la boca)
– *nasolabial fold*
12 el philtrum (el surco subnasal)
– *philtrum*
13 la boca (*Chile:* la borotera)
– *mouth*
14 la comisura labial (el ángulo de la boca; *C. Rica:* el camanance)
– *angle of the mouth (labial commissure)*
15 la barbilla
– *chin*
16 el hoyuelo de la barbilla
– *dimple (fossette) in the chin*
17 la mandíbula
– *jaw*
18 la oreja
– *ear*
19-21 el cuello
– ***neck***
19 la garganta
– *throat*
20 la fosa yugular (el hueco de la garganta, la hoyuela)
– *hollow of the throat*
21 la nuca
– *nape of the neck*
22-41 el tronco
– ***trunk***
22-25 la espalda
– ***back***
22 el hombro
– *shoulder*
23 el omóplato
– *shoulderblade (scapula)*
24 la región lumbar
– *loins*
25 la región del sacro
– *small of the back*
26 el hombro (el sobaco, la axila)
– *armpit*
27 el vello de la axila
– *armpit hair*
28-30 el tórax (el pecho)
– ***thorax** (chest)*
28-29 los pechos (*Amér.:* los chiches)
– *breasts (breast, mamma)*
28 el pezón
– *nipple*
29 la aréola
– *areola*
30 el pecho
– *bosom*
31 la cintura
– *waist*
32 el flanco (el costado)
– *flank (side)*
33 la cadera
– *hip*
34 el ombligo (*Amér.:* el pupo)
– *navel*
35-37 el abdomen (el vientre, *fam.:* la barriga)
– ***abdomen** (stomach)*
35 la parte superior del abdomen (el epigastrio)
– *upper abdomen*
36 el abdomen medio (el mesogastrio)
– *abdomen*
37 el bajo vientre (el hipogastrio)
– *lower abdomen*
38 la ingle
– *groin*
39 el pubis
– *pudenda (vulva)*
40 el trasero (las posaderas, las nalgas, los glúteos, *fam.:* el culo; *Arg., Bol., Chile y Perú:* el poto)
– *seat (backside,* coll. *bottom)*
41 el pliegue anal (*fam.:* la raja del culo)
– *anal groove (anal cleft)*
42 el pliegue glúteo (la arruga glútea)
– *gluteal fold (gluteal furrow)*
43-54 las extremidades
– ***limbs***
43-48 el brazo (la extremidad superior)
– *arm*
43 el brazo
– *upper arm*
44 el pliegue del codo
– *crook of the arm*
45 el codo
– *elbow*
46 el antebrazo
– *forearm*
47 la mano
– *hand*
48 el puño (los puños; *Ecuad.:* los ñeques)
– *fist (clenched fist, clenched hand)*
49-54 la pierna (la extremidad inferior)
– ***leg***
49 el muslo
– *thigh*
50 la rodilla
– *knee*
51 la corva (el hueco poplíteo; *Arg., Col., Guat. y Venez.:* el garrete)
– *popliteal space*
52 la caña (la pierna)
– *shank*
53 la pantorrilla (*Mé.:* el chamorro)
– *calf*
54 el pie
– *foot*

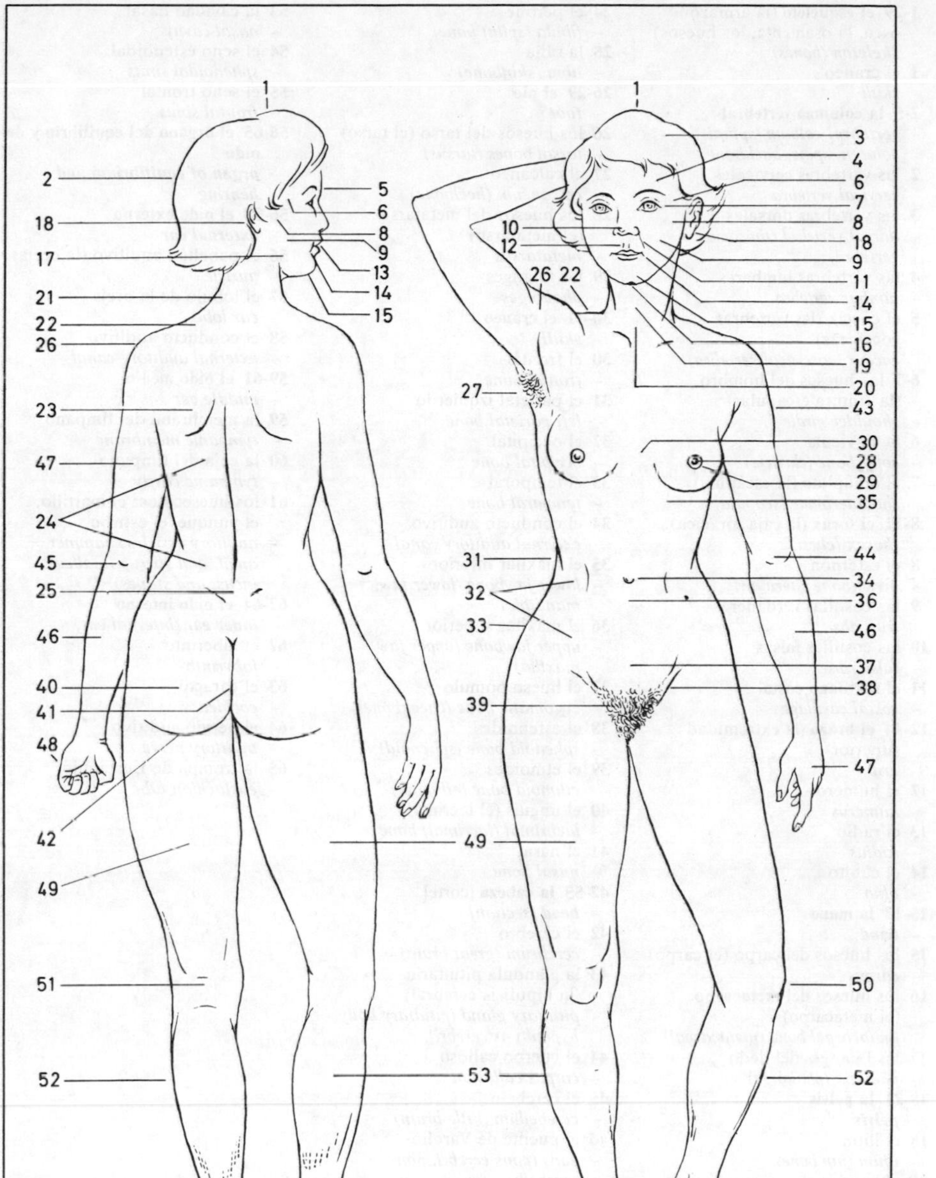
1
2
18
17
21
22
26
23
47
24
45
25
46
40
41
48
42
49
51
52
5
6
8
9
13
14
15
27
10
12
26 22
31
32
33
39
49
53
54
1
3
4
6
7
8
18
9
11
14
15
16
19
20
43
30
28
29
35
44
34
36
46
37
38
47
50
52

1-29 el esqueleto (la armazón ósea, la osamenta, los huesos)
– ***skeleton*** *(bones)*
1 el cráneo
– *skull*
2-5 la columna vertebral
– ***vertebral column*** *(spinal column, spine, backbone)*
2 las vértebras cervicales
– *cervical vertebra*
3 las vértebras dorsales
– *dorsal vertebra (thoracic vertebra)*
4 las vértebras lumbares
– *lumbar vertebra*
5 el cóccix (las vértebras coccígeas)
– *coccyx (coccygeal vertebra)*
6-7 los huesos del hombro (la cintura escapular)
– *shoulder girdle*
6 la clavícula
– *collarbone (clavicle)*
7 el omóplato (la escápula)
– *shoulderblade (scapula)*
8-11 el tórax (la caja torácica)
– ***thorax*** *(chest)*
8 el esternón
– *breastbone (sternum)*
9 las costillas verdaderas
– *true ribs*
10 las costillas falsas
– *false ribs*
11 el cartílago costal
– *costal cartilage*
12-14 el brazo (la extremidad superior)
– ***arm***
12 el húmero
– *humerus*
13 el radio
– *radius*
14 el cúbito
– *ulna*
15-17 la mano
– ***hand***
15 los huesos del carpo (el carpo)
– *carpus*
16 los huesos del metacarpo (el metacarpo)
– *metacarpal bone (metacarpal)*
17 las falanges del dedo
– *phalanx (phalange)*
18-21 la pelvis
– ***pelvis***
18 el ilion
– *ilium (hip bone)*
19 el isquion
– *ischium*
20 el pubis
– *pubis*
21 el sacro
– *sacrum*
22-25 la pierna (la extremidad inferior)
– ***leg***
22 el fémur
– *femur (thigh bone, thigh)*
23 la rótula
– *patella (kneecap)*
24 el peroné
– *fibula (splint bone)*
25 la tibia
– *tibia (shinbone)*
26-29 el pie
– ***foot***
26 los huesos del tarso (el tarso)
– *tarsal bones (tarsus)*
27 el calcáneo
– *calcaneum (heelbone)*
28 los huesos del metatarso (el metatarso)
– *metatarsus*
29 las falanges
– *phalanges*
30-41 el cráneo
– ***skull***
30 el frontal
– *frontal bone*
31 el parietal izquierdo
– *left parietal bone*
32 el occipital
– *occipital bone*
33 el temporal
– *temporal bone*
34 el conducto auditivo
– *external auditory canal*
35 el maxilar inferior
– *lower jawbone (lower jaw, mandible)*
36 el maxilar superior
– *upper jawbone (upper jaw, maxilla)*
37 el hueso pómulo
– *zygomatic bone (cheekbone)*
38 el esfenoides
– *sphenoid bone (sphenoid)*
39 el etmoides
– *ethmoid bone (ethmoid)*
40 el unguis (el lacrimal)
– *lachrimal (lacrimal) bone*
41 el nasal
– *nasal bone*
42-55 la cabeza [corte]
– ***head*** *[section]*
42 el cerebro
– *cerebrum (great brain)*
43 la glándula pituitaria (la hipófisis cerebral)
– *pituitary gland (pituitary body, hypophysis cerebri)*
44 el cuerpo calloso
– *corpus callosum*
45 el cerebelo
– *cerebellum (little brain)*
46 el puente de Varolio
– *pons (pons cerebri, pons cerebelli)*
47 la médula oblonga
– *medulla oblongata (brain-stem)*
48 la médula espinal
– *spinal cord*
49 el esófago
– *oesophagus (esophagus, gullet)*
50 la tráquea
– *trachea (windpipe)*
51 la epiglotis
– *epiglottis*
52 la lengua
– *tongue*
53 la cavidad nasal
– *nasal cavity*
54 el seno esfenoidal
– *sphenoidal sinus*
55 el seno frontal
– *frontal sinus*
56-65 el órgano del equilibrio y del oído
– ***organ of equilibrium and hearing***
56-58 el oído externo
– ***external ear***
56 el pabellón auditivo (la oreja)
– *auricle*
57 el lóbulo de la oreja
– *ear lobe*
58 el conducto auditivo
– *external auditory canal*
59-61 el oído medio
– ***middle ear***
59 la membrana del tímpano
– *tympanic membrane*
60 la caja del tímpano
– *tympanic cavity*
61 los huesecillos: el martillo, el yunque, el estribo
– *auditory ossicles: hammer, anvil, and stirrup (malleus, incus, and stapes)*
62-64 el oído interno
– ***inner ear*** *(internal ear)*
62 el laberinto
– *labyrinth*
63 el caracol
– *cochlea*
64 el nervio auditivo
– *auditory nerve*
65 la trompa de Eustaquio
– *eustachian tube*

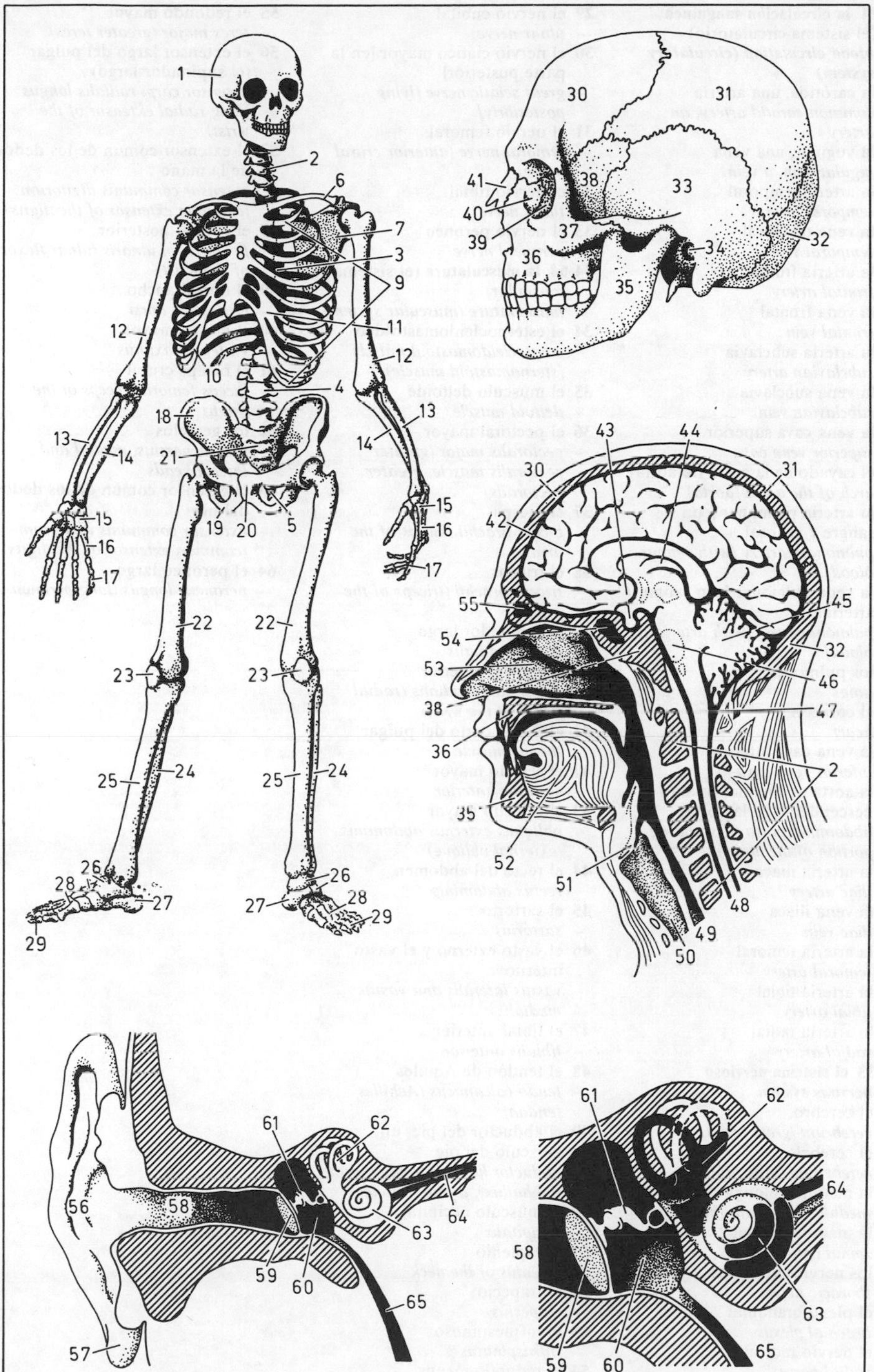
1
2
3
4
5
6
7
8
9
10
11
12
13
14
15
16
17
18
19
20
21
22
23
24
25
26
27
28
29
30
31
32
33
34
35
36
37
38
39
40
41
42
43
44
45
46
47
48
49
50
51
52
53
54
55
56
57
58
59
60
61
62
63
64
65

1-21 la circulación sanguínea (el sistema circulatorio)
– ***blood circulation (circulatory system)***
1 la carótida, una arteria
– *common carotid artery, an artery*
2 la yugular, una vena
– *jugular vein, a vein*
3 la arteria temporal
– *temporal artery*
4 la vena temporal
– *temporal vein*
5 la arteria frontal
– *frontal artery*
6 la vena frontal
– *frontal vein*
7 la arteria subclavia
– *subclavian artery*
8 la vena subclavia
– *subclavian vein*
9 la vena cava superior
– *superior vena cava*
10 el cayado de la aorta (la aorta)
– *arch of the aorta (aorta)*
11 la arteria pulmonar [con sangre *f* venosa]
– *pulmonary artery [with venous blood]*
12 la vena pulmonar [con sangre *f* arterial]
– *pulmonary vein [with arterial blood]*
13 los pulmones
– *lungs*
14 el corazón
– *heart*
15 la vena cava inferior
– *inferior vena cava*
16 la aorta abdominal (rama *f* descendente de la aorta)
– *abdominal aorta (descending portion of the aorta)*
17 la arteria ilíaca
– *iliac artery*
18 la vena ilíaca
– *iliac vein*
19 la arteria femoral
– *femoral artery*
20 la arteria tibial
– *tibial artery*
21 la arteria radial
– *radial artery*
22-33 el sistema nervioso
– ***nervous system***
22 el cerebro
– *cerebrum (great brain)*
23 el cerebelo
– *cerebellum (little brain)*
24 la médula oblonga
– *medulla oblongata (brain-stem)*
25 la médula espinal
– *spinal cord*
26 los nervios torácicos
– *thoracic nerves*
27 el plexo branquial
– *brachial plexus*
28 el nervio radical
– *radial nerve*
29 el nervio cubital
– *ulnar nerve*
30 el nervio ciático mayor [en la parte posterior]
– *great sciatic nerve [lying posteriorly]*
31 el nervio femoral
– *femoral nerve (anterior crural nerve)*
32 el nervio tibial
– *tibial nerve*
33 el nervio peroneo
– *peroneal nerve*
34-64 la musculatura (el sistema muscular)
– ***musculature** (muscular system)*
34 el esternocleidomastoideo
– *sternocleidomastoid muscle (sternomastoid muscle)*
35 el músculo deltoide
– *deltoid muscle*
36 el pectoral mayor
– *pectoralis major (greater pectoralis muscle, greater pectoralis)*
37 el bíceps
– *biceps brachii (biceps of the arm)*
38 el tríceps
– *triceps brachii (triceps of the arm)*
39 el supinador largo
– *brachioradialis*
40 el radical anterior
– *flexor carpi radialis (radial flexor of the wrist)*
41 el flexor corto del pulgar
– *thenar muscle*
42 el serrato mayor
– *serratus anterior*
43 el oblicuo mayor
– *obliquus externus abdominis (external oblique)*
44 el recto del abdomen
– *rectus abdominis*
45 el sartorio
– *sartorius*
46 el vasto externo y el vasto interno
– *vastus lateralis and vastus medialis*
47 el tibial anterior
– *tibialis anterior*
48 el tendón de Aquiles
– *tendo calcanaeus (Achilles' tendon)*
49 el abductor del pie, un músculo del pie
– *abductor hallucis (abductor of the hallux), a foot muscle*
50 el músculo occipital
– *occipitalis*
51 el esplenio
– *splenius of the neck*
52 el trapecio
– *trapezius*
53 el infraespinoso
– *infraspinatus*
54 el redondo menor
– *teres minor (lesser teres)*
55 el redondo mayor
– *teres major (greater teres)*
56 el extensor largo del pulgar (el supinador largo)
– *extensor carpi radialis longus (long radial extensor of the wrist)*
57 el extensor común de los dedos de la mano
– *extensor communis digitorum (common extensor of the digits)*
58 el cubital posterior
– *flexor carpi ulnaris (ulnar flexor of the wrist)*
59 el dorsal ancho
– *latissimus dorsi*
60 el glúteo mayor
– *gluteus maximus*
61 el bíceps crural
– *biceps femoris (biceps of the thigh)*
62 los gemelos
– *gastrocnemius, medial and lateral heads*
63 el extensor común de los dedos del pie
– *extensor communis digitorum (common extensor of the digits)*
64 el peroneo largo
– *peroneus longus (long peroneus)*

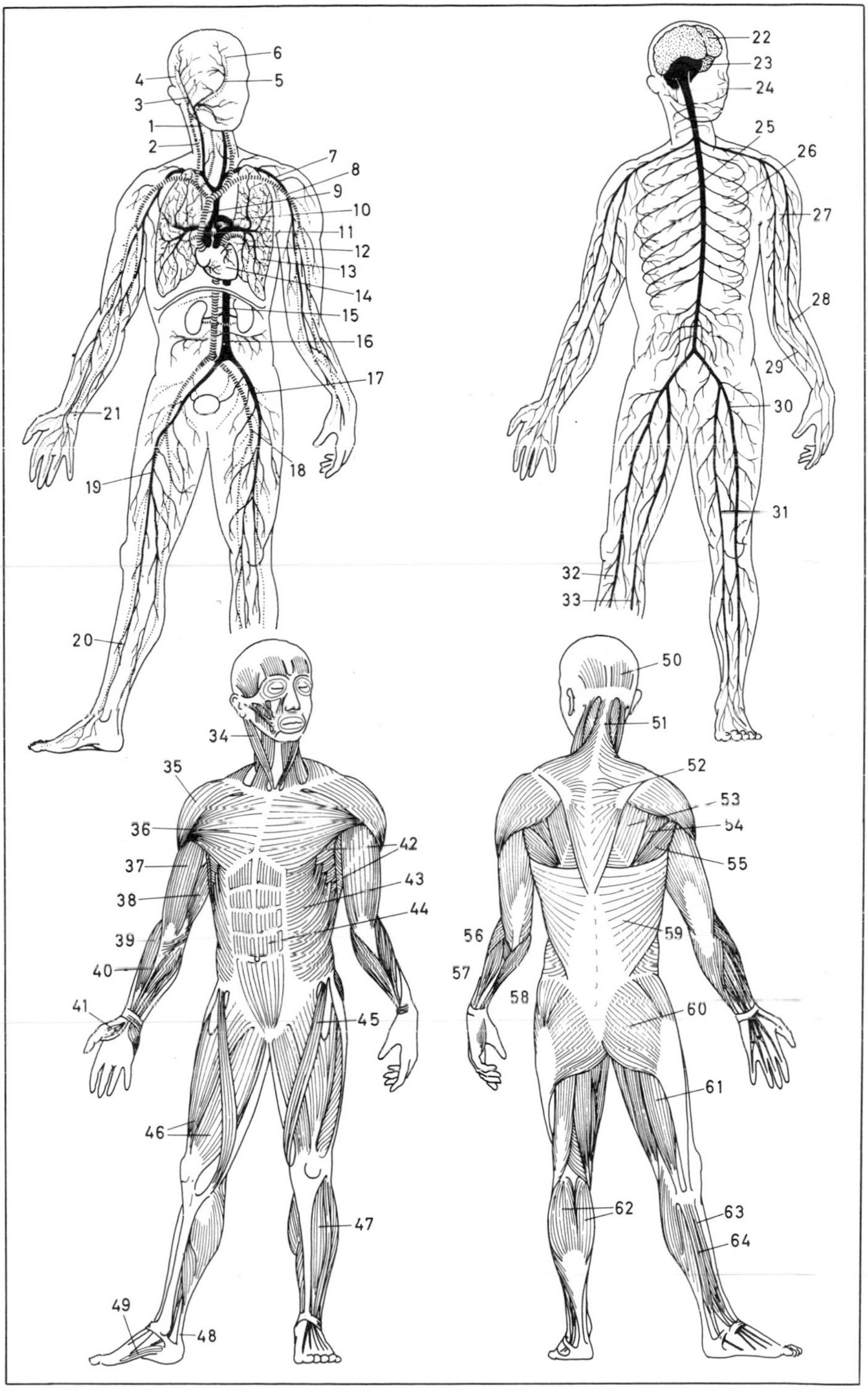
1
2
3
4
5
6
7
8
9
10
11
12
13
14
15
16
17
18
19
20
21
22
23
24
25
26
27
28
29
30
31
32
33
34
35
36
37
38
39
40
41
42
43
44
45
46
47
48
49
50
51
52
53
54
55
56
57
58
59
60
61
62
63
64

19 Hombre IV — *Man IV*

1-13 la cabeza y el cuello
– ***head and neck***
1 el esternocleidomastoideo
– *sternocleidomastoid muscle (sternomastoid muscle)*
2 el músculo occipital
– *occipitalis*
3 el músculo temporal
– *temporalis (temporal, temporal muscle)*
4 el músculo frontal
– *occipito frontalis (frontalis)*
5 el músculo orbicular de los párpados
– *orbicularis oculi*
6 los músculos de la expresión facial (músculos *m* faciales)
– *muscles of facial expression*
7 el masetero
– *masseter*
8 el músculo orbicular de los labios
– *orbicularis oris*
9 la glándula parótida
– *parotid gland*
10 el ganglio linfático; *mal llamado:* la glándula linfática
– *lymph node (submandibular lymph gland)*
11 la glándula submaxilar
– *submandibular gland (submaxillary gland)*
12 los músculos de cuello
– *muscles of the neck*
13 el bocado de Adán (la nuez) [más apreciable en los hombres]
– *Adam's apple (laryngeal prominence) [in men only]*
14-37 la boca y la faringe
– *mouth and throat*
14 el labio superior
– *upper lip*
15 la encía
– *gum*
16-18 la dentadura
– ***teeth*** *(set of teeth)*
16 los incisivos
– *incisors*
17 el colmillo
– *canine tooth (canine)*
18 los molares (la muelas)
– *premolar (bicuspid) and molar teeth (premolars and molars)*
19 la comisura de los labios
– *angle of the mouth (labial commissure)*
20 el paladar duro
– *hard palate*
21 el paladar blando (el velo del paladar)
– *soft palate (velum palati, velum)*
22 la úvula (la campanilla)
– *uvula*
23 la amígdala
– *palatine tonsil (tonsil)*
24 la cavidad faríngea (la faringe)
– *pharyngeal opening (pharynx, throat)*
25 la lengua
– *tongue*
26 el labio inferior
– *lower lip*
27 la mandíbula superior
– *upper jaw (maxilla)*
28-37 el diente (*Salv.:* el tuco)
– ***tooth***
28 el periostio dental
– *periodontal membrane (periodontium, pericementum)*
29 el cemento
– *cement (dental cementum, crusta petrosa)*
30 el esmalte
– *enamel*
31 la dentina (el marfil)
– *dentine (dentin)*
32 la pulpa dental
– *dental pulp (tooth pulp, pulp)*
33 los nervios y los vasos sanguíneos
– *nerves and blood vessels*
34 el incisivo
– *incisor*
35 la muela (el molar)
– *molar tooth (molar)*
36 la raíz
– *root (fang)*
37 la corona
– *crown*
38-51 el ojo
– ***eye***
38 la ceja
– *eyebrow (supercilium)*
39 el párpado superior
– *upper eyelid (upper palpebra)*
40 el párpado inferior
– *lower eyelid (lower palpebra)*
41 la pestaña
– *eyelash (cilium)*
42 el iris
– *iris*
43 la pupila
– *pupil*
44 los músculos del ojo
– *eye muscles (ocular muscles)*
45 el globo ocular
– *eyeball*
46 el humor (cuerpo *m*) vítreo
– *vitreous body*
47 la córnea
– *cornea*
48 el cristalino
– *lens*
49 la retina
– *retina*
50 el punto ciego (la mácula)
– *blind spot*
51 el nervio óptico
– *optic nerve*
52-63 el pie
– ***foot***
52 el dedo gordo
– *big toe (great toe, first toe, hallux, digitus I)*
53 el segundo dedo
– *second toe (digitus II)*
54 el tercer dedo
– *third toe (digitus III)*
55 el cuarto dedo
– *fourth toe (digitus IV)*
56 el dedo chico
– *little toe (digitus minimus, digitus V)*
57 la uña del pie
– *toenail*
58 la parte lateral del pie (la región tenar, el pulpejo)
– *ball of the foot*
59 el maléolo externo
– *lateral malleolus (external malleolus, outer malleolus, malleolus fibulae)*
60 el maléolo interno
– *medial malleolus (internal malleolus, inner malleolus, malleolus tibulae, malleolus medialis)*
61 el empeine (el dorso del pie)
– *instep (medial longitudinal arch, dorsum of the foot, dorsum pedis)*
62 la planta del pie
– *sole of the foot*
63 el talón (el calcaño)
– *heel*
64-83 la mano
– ***hand***
64 el pulgar
– *thumb (pollex, digitus I)*
65 el dedo índice
– *index finger (forefinger, second finger, digitus II)*
66 el dedo corazón (el cordial)
– *middle finger (third finger, digitus medius, digitus III)*
67 el dedo anular
– *ring finger (fourth finger, digitus anularis, digitus IV)*
68 el dedo meñique (el auricular)
– *little finger (fifth finger, digitus minimus, digitus V)*
69 el lado radial de la mano
– *radial side of the hand*
70 el lado cubital de la mano
– *ulnar side of the hand*
71 la palma de la mano
– *palm of the hand (palma manus)*
72-74 las líneas de la mano
– ***lines of the hand***
72 la línea de la vida
– *life line (line of life)*
73 la línea de la cabeza
– *head line (line of the head)*
74 la línea del corazón
– *heart line (line of the heart)*
75 la región tenar (el pulpejo)
– *ball of the thumb (thenar eminence)*
76 la muñeca
– *wrist (carpus)*
77 la falange
– *phalanx (phalange)*
78 la yema del dedo
– *finger pad*
79 la punta del dedo
– *fingertip*
80 la uña del dedo
– *fingernail (nail)*
81 la lúnula
– *lunule (lunula) of the nail*
82 el nudillo
– *knuckle*
83 el dorso de la mano
– *back of the hand (dorsum of the hand, dorsum manus)*

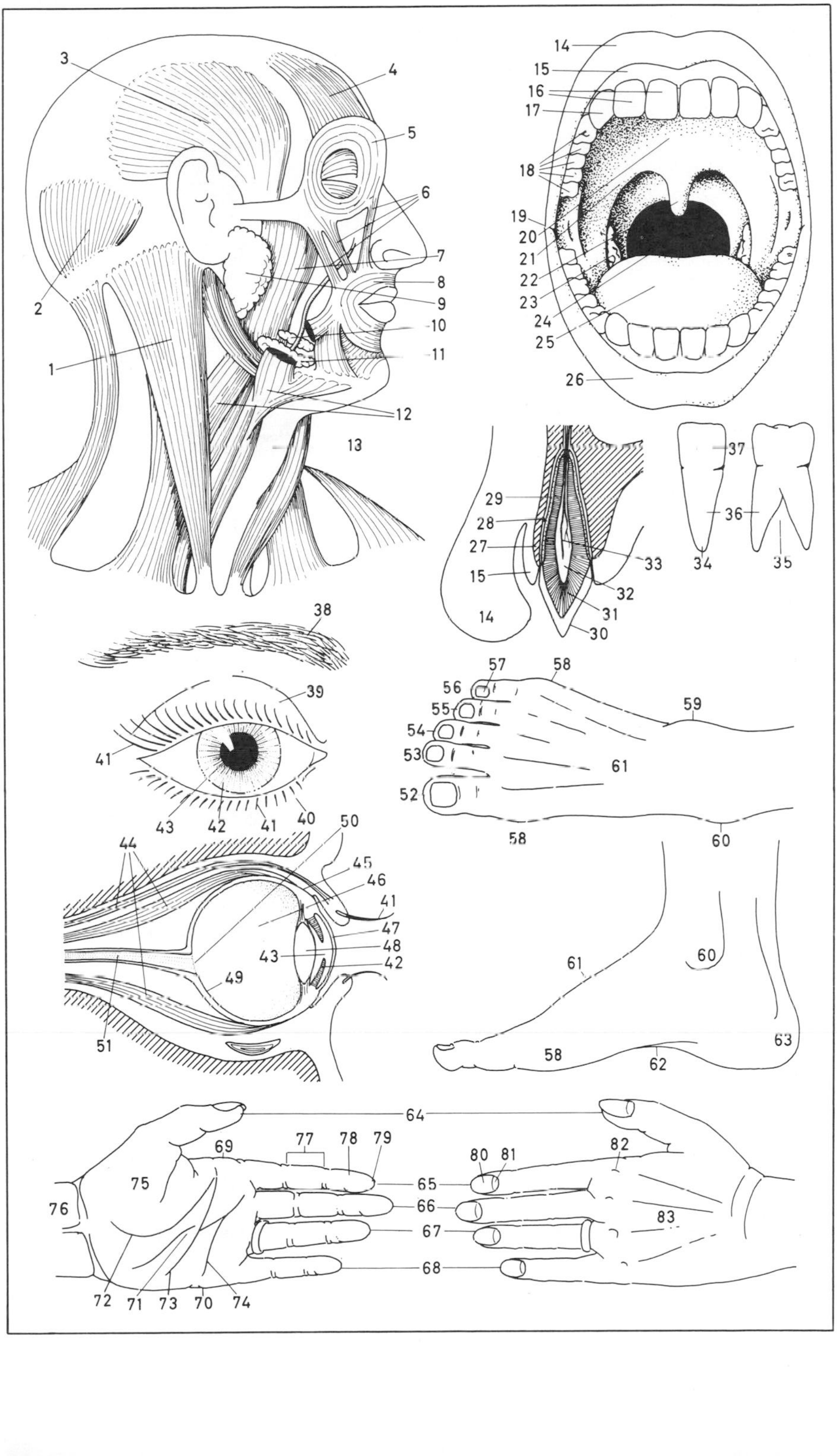
1
2
3
4
5
6
7
8
9
10
11
12
13
14
15
16
17
18
19
20
21
22
23
24
25
26
27
28
29
30
31
32
33
34
35
36
37
38
39
40
41
42
43
44
45
46
47
48
49
50
51
52
53
54
55
56
57
58
59
60
61
62
63
64
65
66
67
68
69
70
71
72
73
74
75
76
77
78
79
80
81
82
83

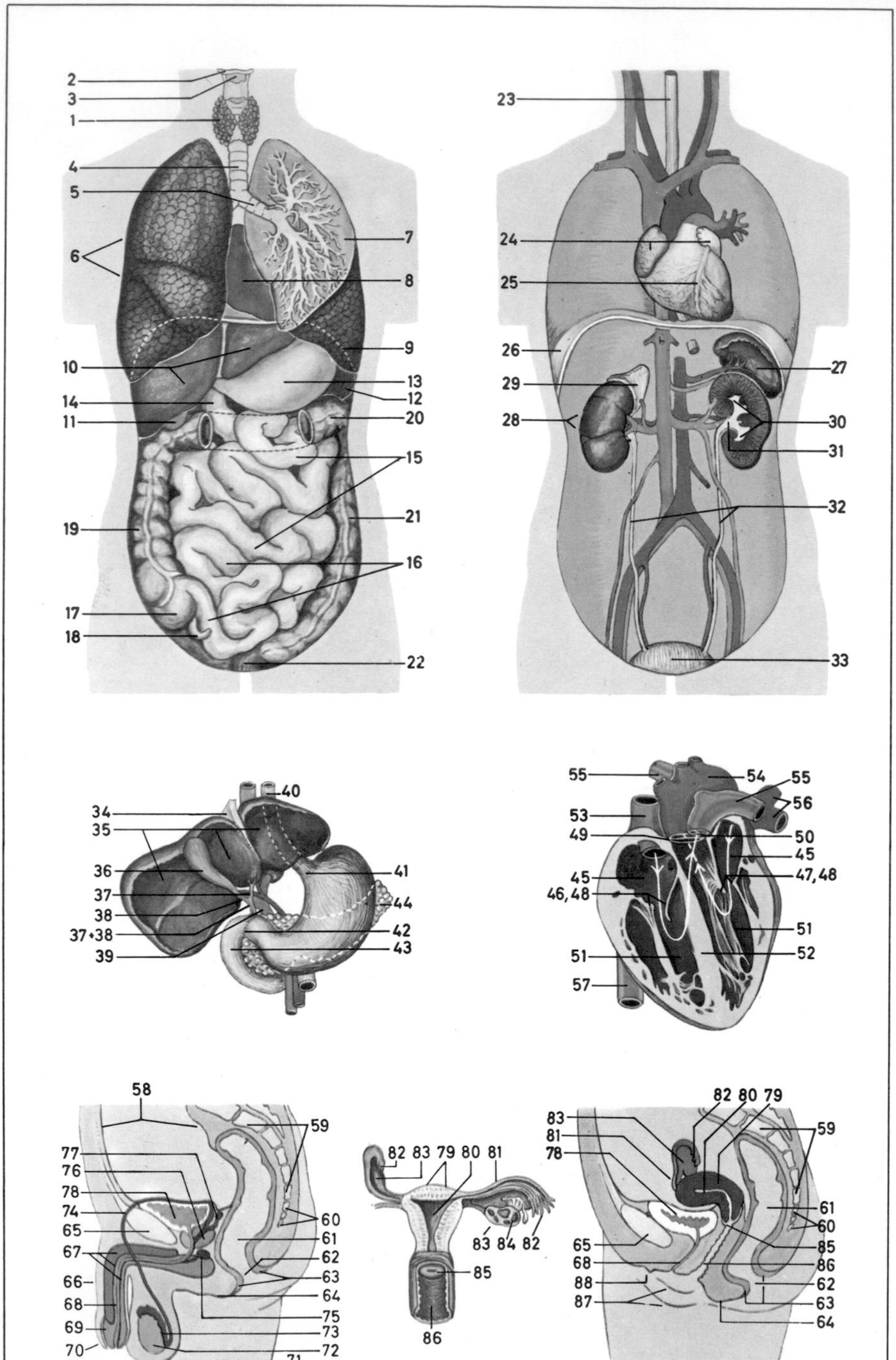
2
3
1
4
5
6
7
8
9
10
13
12
14
11
20
15
19
21
16
17
18
22
23
24
25
26
27
29
28
30
31
32
33
40
34
35
36
41
37
44
38
37+38
42
39
43
55
54
55
56
53
49
50
45
45
47, 48
46, 48
51
51
52
57
58
59
77
76
78
74
60
65
61
67
62
63
66
64
68
75
69
73
70
72
71
82 83 79 80 81
83 84 82
85
86
82 80 79
83
81
78
59
61
60
65
85
68
86
88
62
87
63
64

1-57 los órganos internos [vistos de frente]
- ***internal organs** [front view]*
1 la glándula tiroides
- *thyroid gland*
2-3 la laringe
- *larynx*
2 el hueso hioides
- *hyoid bone (hyoid)*
3 el cartílago tiroides
- *thyroid cartilage*
4 la tráquea
- *trachea (windpipe)*
5 los bronquios
- *bronchus*
6-7 los pulmones
- *lung*
6 el pulmón derecho
- *right lung*
7 el lóbulo pulmonar superior [corte]
- *upper pulmonary lobe (upper lobe of the lung) [section]*
8 el corazón
- *heart*
9 el diafragma
- *diaphragm*
10 el hígado
- *liver*
11 la vesícula biliar
- *gall bladder*
12 el bazo
- *spleen*
13 el estómago
- *stomach*
14-22 los intestinos
- ***intestines** (bowel)*
14-16 el intestino delgado
- ***small intestine** (intestinum tenue)*
14 el duodeno
- *duodenum*
15 el yeyuno
- *jejunum*
16 el íleon
- *ileum*
17-22 el intestino grueso
- ***large intestine** (intestinum crassum)*
17 el ciego
- *caecum (cecum)*
18 el apéndice
- *appendix (vermiform appendix)*
19 el colon ascendente
- *ascending colon*
20 el colon transverso
- *transverse colon*
21 el colon descendente
- *descending colon*
22 el recto
- *rectum*
23 el esófago
- *oesophagus (esophagus, gullet)*
24-25 el corazón
- *heart*
24 la aurícula
- *auricle*
25 el surco longitudinal anterior (el surco interventricular anterior)
- *anterior longitudinal cardiac sulcus*
26 el diafragma
- *diaphragm*
27 el bazo
- *spleen*
28 el riñón derecho
- *right kidney*
29 las glándulas suprarrenales
- *suprarenal gland*
30-31 el riñón izquierdo [corte longitudinal]
- *left kidney [longitudinal section]*
30 el cáliz renal
- *calyx (renal calyx)*
31 la pelvis renal
- *renal pelvis*
32 la uretra
- *ureter*
33 la vejiga
- *bladder*
34-35 el hígado [visto desde atrás]
- *liver [from behind]*
34 el ligamento suspensor del hígado
- *falciform ligament of the liver*
35 el lóbulo del hígado
- *lobe of the liver*
36 la vesícula biliar
- *gall bladder*
37-38 el conducto común de la bilis
- *common bile duct*
37 el conducto hepático
- *hepatic duct (common hepatic duct)*
38 el conducto cístico
- *cystic duct*
39 la vena porta
- *portal vein (hepatic portal vein)*
40 el esófago
- *oesophagus (esophagus, gullet)*
41-42 el estómago
- *stomach*
41 el cardias
- *cardiac orifice*
42 el píloro
- *pylorus*
43 el duodeno
- *duodenum*
44 el páncreas
- *pancreas*
45-57 el corazón [corte longitudinal]
- ***heart** [longitudinal section]*
45 la aurícula
- *atrium*
46-47 las válvulas del corazón
- *valves of the heart*
46 la válvula tricúspide
- *tricuspid valve (right atrioventricular valve)*
47 la válvula mitral
- *bicuspid valve (mitral valve, left atrioventricular valve)*
48 la válvula semilunar (válvula *f* de Eustaquio)
- *cusp*
49 la válvula aórtica
- *aortic valve*
50 la válvula pulmonar
- *pulmonary valve*
51 el ventrículo
- *ventricle*
52 el tabique interventricular
- *ventricular septum (interventricular septum)*
53 la vena cava superior
- *superior vena cava*
54 la aorta
- *aorta*
55 la arteria pulmonar
- *pulmonary artery*
56 la vena pulmonar
- *pulmonary vein*
57 la vena cava inferior
- *inferior vena cava*
58 el peritoneo
- *peritoneum*
59 el sacro
- *sacrum*
60 el cóccix
- *coccyx (coccygeal vertebra)*
61 el recto
- *rectum*
62 el ano
- *anus*
63 el esfínter anal
- *anal sphincter*
64 el perineo
- *perineum*
65 el sínfisis del pubis
- *pubic symphisis (symphisis pubis)*
66-77 los órganos sexuales masculinos [corte longitudinal]
- ***male sex organs** [longitudinal section]*
66 el pene (*Cuba:* la virtud)
- *penis*
67 el cuerpo cavernoso
- *corpus cavernosum and spongiosum of the penis (erectile tissue of the penis)*
68 la uretra
- *urethra*
69 el glande (bálano *m*)
- *glans penis*
70 el prepucio
- *prepuce (foreskin)*
71 el escroto
- *scrotum*
72 el testículo derecho (*Mé.:* el tompeate)
- *right testicle (testis)*
73 el epidídimo
- *epididymis*
74 el conducto espermático
- *spermatic duct (vas deferens)*
75 la glándula de Cowper
- *Cowper's gland (bulbourethral gland)*
76 la próstata
- *prostate (prostate gland)*
77 la vesícula seminal
- *seminal vesicle*
78 la vejiga
- *bladder*
79-88 los órganos sexuales femeninos [corte longitudinal]
- ***female sex organs** [longitudinal section]*
79 el útero
- *uterus (matrix, womb)*
80 la cavidad uterina
- *cavity of the uterus*
81 la trompa de Falopio
- *fallopian tube (uterine tube, oviduct)*
82 la fimbria
- *fimbria (fimbriated extremity)*
83 el ovario
- *ovary*
84 el folículo con el óvulo
- *follicle with ovum (egg)*
85 el orificio uterino externo (el cuello del útero)
- *os uteri externum*
86 la vagina
- *vagina*
87 los labios de la vulva
- *lip of the pudendum (lip of the vulva)*
88 el clítoris
- *clitoris*

1-13 vendajes *m* **de urgencia** *f*
– ***emergency bandages***
1 el vendaje de brazo *m*
– *arm bandage*
2 el pañuelo triangular usado como cabestrillo *m* (un brazo en cabestrillo *m*)
– *triangular cloth used as a sling (an arm sling)*
3 el vendaje de cabeza *f* (la capellina)
– *head bandage (capeline)*
4 el paquete de vendajes *m*
– *first aid kit*
5 el vendaje adhesivo (el vendaje plástico; una tirita)
– *first aid dressing*
6 la gasa esterilizada
– *sterile gauze dressing*
7 el esparadrapo
– *adhesive plaster (sticking plaster)*
8 la herida (*Amér. Central y Mé.:* el tajarrazo)
– *wound*
9 la venda de gasa *f*
– *bandage*
10 el entablillado de urgencia *f* para la fractura de un miembro
– *emergency splint for a broken limb (fractured limb)*
11 la pierna fracturada
– *fractured leg (broken leg)*
12 la tablilla
– *splint*
13 la almohadilla
– *headrest*
14-17 medidas *f* **para restañar la sangre (cuidados** *m* **en caso** *m* **de hemorragia** *f*) (la ligadura de un vaso sanguíneo)
– ***measures for stanching the blood flow;*** here: *tying up (ligature) of a blood vessel*
14 los puntos de presión *f* de las arterias
– *pressure points of the arteries*
15 el torniquete de emergencia *f* en el muslo
– *emergency tourniquet on the thigh*
16 el bastón utilizado para apretar el torniquete
– *walking stick used as a screw*
17 el vendaje de compresión *f*
– *compression bandage*
18-23 el rescate y el transporte de una persona herida
– ***rescue and transport of an injured person***
18 el asimiento Rautek (para el rescate de la víctima de un accidente de tráfico *m*)
– *Rautek grip [for rescue of a car accident victim]*
19 el asistente (el auxiliador)
– *helper*
20 el herido sin conocimiento *m* (la víctima de un accidente)
– *injured person (casualty)*
21 el agarre de silla *f* (la silla de la reina)
– *chair grip*
22 la silla de anilla *f* improvisada
– *carrying grip*
23 la camilla de emergencia *f* hecha con bastones *m* y una chaqueta
– *emergency stretcher of sticks and a jacket*
24-27 la posición de una persona inconsciente y la respiración artificial
– ***positioning of an unconscious person and resuscitation,*** *e.g. by artificial respiration*
24 la posición lateral de seguridad *f*
– *coma position*
25 la persona inconsciente
– *unconscious person*
26 la respiración boca *f* a boca *f* (*variante:* la respiración boca *f* a nariz *f*)
– *mouth-to-mouth resuscitation (variation: mouth-to-nose resuscitation)*
27 el reanimador eléctrico, un aparato de reanimación *f*, un aparato de respiración *f* artificial
– *resuscitator (respiratory apparatus, resuscitation apparatus), a respirator (artificial breathing device)*
28-33 métodos *m* **de rescate** *m* **en los accidentes sobre hielo** *m*
– ***methods of rescue in ice accidents***
28 la persona hundida en el hielo
– *person who has fallen through the ice*
29 el socorrista
– *rescuer*
30 la cuerda (*Amér. Central y Merid.:* el peal)
– *rope*
31 la mesa (u otro medio de socorro *m*)
– *table (or similar device)*
32 la escalera
– *ladder*
33 el salvamento por uno mismo (el autosalvamento)
– *self-rescue*
34-38 el rescate de los ahogados
– ***rescue of a drowning person***
34 la liberación del apretón
– *method of release (release grip, release) to free rescuer from the clutch of a drowning person*
35 el ahogado (la persona que se está ahogando)
– *drowning person*
36 el socorrista
– *lifesaver*
37 la presa axilar, una presa para el transporte del ahogado
– *chest grip, a towing grip*
38 la presa por las caderas
– *tired swimmer grip (hip grip)*

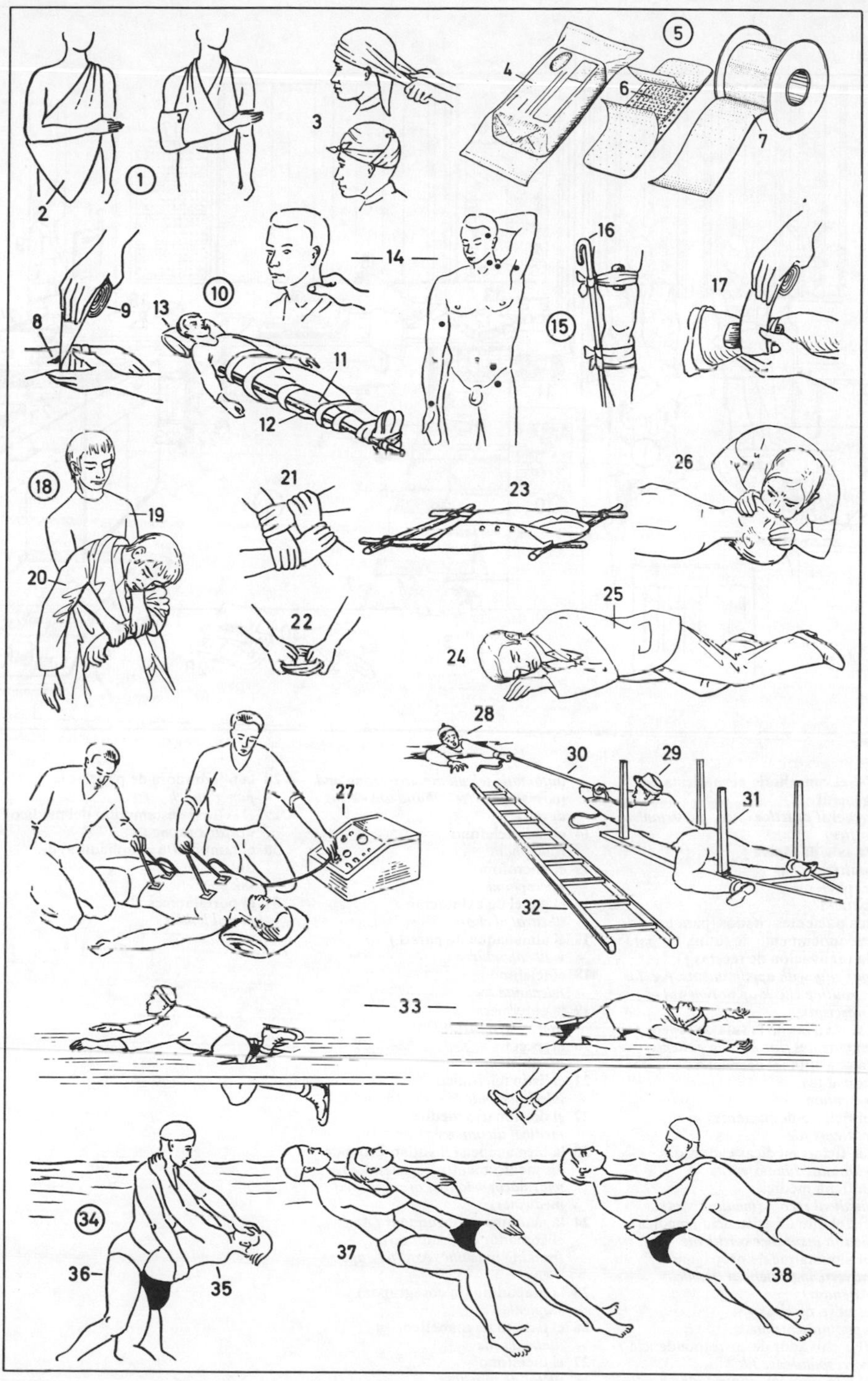
1
2
3
4
5
6
7
8
9
10
11
12
13
14
15
16
17
18
19
20
21
22
23
24
25
26
27
28
29
30
31
32
33
34
35
36
37
38

1-74 el consultorio de medicina *f* **general**
- ***general practice*** (Am. *physician's office)*

1 **la sala de espera** *f*
- ***waiting room***

2 el paciente
- *patient*

3 los pacientes citados (para un reconocimiento de rutina *f* o para la renovación de recetas *f*)
- *patients with appointments, e.g. for a routine check-up or renewal of prescription*

4 las revistas de la sala de espera *f*
- *magazines [for waiting patients]*

5 la consulta (el despacho de la consulta)
- *reception*

6 el fichero de pacientes *m*
- *patients file*

7 las fichas médicas caducadas
- *eliminated index cards*

8 la ficha médica
- *medical record (medical card)*

9 el volante de asistencia *f* médica
- *health insurance certificate*

10 el almanaque de propaganda *f*
- *advertising calendar (publicity calendar)*

11 el libro de citas *f*
- *appointments book*

12 el archivador de correspondencia *f*
- *correspondence file*

13 el teléfono con contestador *m* y grabador *m* automáticos
- *automatic telephone answering and recording set (telephone answering device)*

14 el radioteléfono
- *radiophone*

15 el micrófono
- *microphone*

16 el panel de exhibición *f*
- *illustrated chart*

17 el almanaque de pared *f*
- *wall calendar*

18 el teléfono
- *telephone*

19 la enfermera
- *[doctor's] assistant*

20 la receta
- *prescription*

21 el listín telefónico
- *telephone index*

22 el diccionario médico
- *medical dictionary*

23 la farmacopea (el vademécum de los medicamentos registrados)
- *pharmacopoeia (list of registered medicines)*

24 la máquina de franquear (*Amér.:* el contador de franqueo)
- *franking machine (*Am. *postage meter)*

25 la grapadora (la cosegrapas)
- *stapler*

26 el fichero de diabéticos *m*
- *diabetics file*

27 el dictáfono
- *dictating machine*

28 la taladradora de papeles *m*
- *paper punch*

29 el sello (la estampilla) del médico
- *doctor's stamp*

30 el tampón (la almohadilla) de tinta *f*
- *ink pad*

31 el portalápices
- *pencil holder*

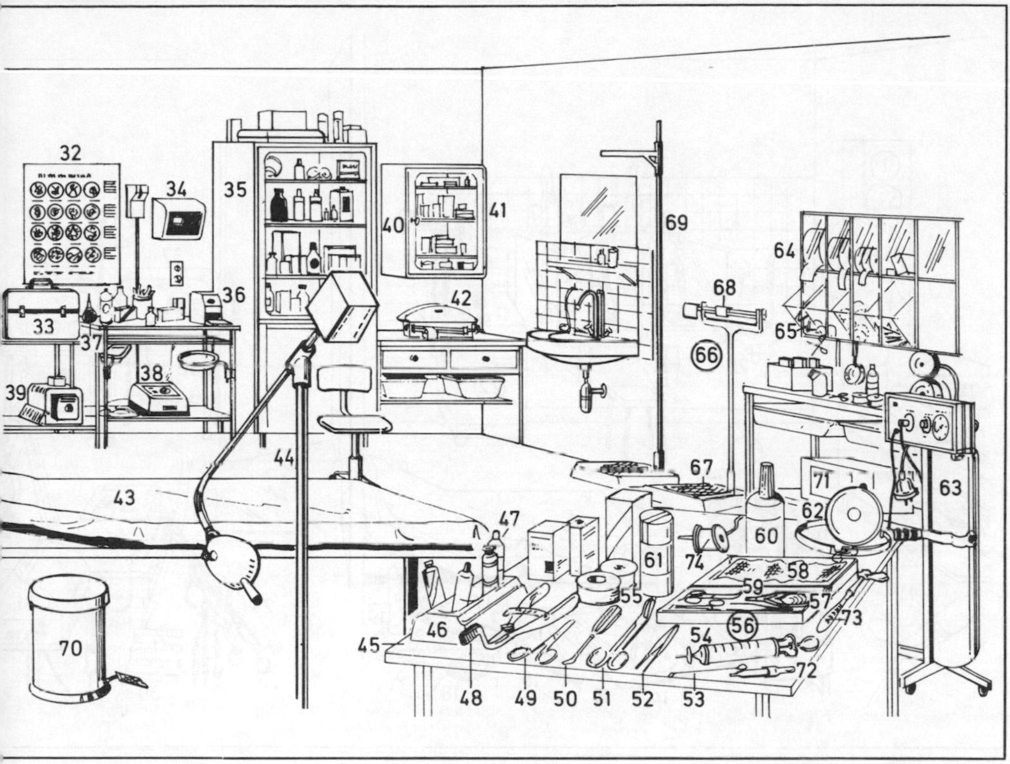

32-74 la sala de curas *f*
– ***surgery***
32 el cuadro de agudeza *f* visual
– *chart of eyegrounds*
33 el maletín del médico
– *doctor's bag (doctor's case)*
34 el interfono
– *intercom*
35 el armario de las medicinas
– *medicine cupboard*
36 el dispensador de algodón *m*
– *swab dispenser*
37 el inhalador (el globo de Politzer)
– *inflator (Politzer bag)*
38 el electrotomo
– *electrotome*
39 el esterilizador de vapor *m*
– *steam sterilizer*
40 el armario de pared *f*
– *cabinet*
41 las muestras de medicamentos *m*
– *medicine samples (from the pharmaceutical industry)*
42 el pesabebés
– *baby scales*
43 la mesa de reconocimiento *m*
– *examination couch*
44 la lámpara con el haz de luz *f* dirigible
– *directional lamp*
45 la mesa de instrumentos *m*
– *instrument table*
46 el portatubos
– *tube holder*
47 el tubo de pomada *f*
– *tube of ointment*
48-50 los instrumentos de cirugía *f* **menor**
– ***instruments for minor surgery***
48 el abreboca
– *mouth gag*
49 las pinzas Kocher
– *Kocher's forceps*
50 el raspador
– *scoop (curette)*
51 las tijeras curvas
– *angled scissors*
52 las pinzas
– *forceps*
53 la sonda de botón *m*
– *olive-pointed (bulb-headed) probe*
54 la jeringa para irrigación *f* del oído o de la vejiga (*Hond., Mé., P. Rico, S. Dgo.:* la visitadora)
– *syringe for irrigations of the ear or bladder*
55 el esparadrapo
– *adhesive plaster (sticking plaster)*
56 el material quirúrgico de sutura *f*
– *surgical suture material*
57 una aguja curva para suturas *f*
– *curved surgical needle*
58 la gasa esterilizada
– *sterile gauze*
59 el portaagujas
– *needle holder*
60 el pulverizador para desinfectar la piel
– *spray for disinfecting the skin*
61 el portahílos
– *thread container*
62 el oftalmoscopio
ophthalmoscope
63 el aparato de congelación *f* para intervención *f* crioquirúrgica
freezer for cryosurgery
64 el dispensador de esparadrapo *m* y de elementos *m* pequeños
– *dispenser for plasters and small pieces of equipment*
65 las agujas y las jeringas de un solo uso
– *disposable hypodermic needles and syringes*
66 el peso, un peso de corredera *f*
– *scales, sliding-weight scales*
67 la plataforma (el platillo) del peso
– *weighing platform*
68 la corredera del peso
– *sliding weight (jockey)*
69 la talla (el listón para tallar)
– *height gauge (*Am. *gage)*
70 el cubo de la basura
– *waste bin (*Am. *trash bin)*
71 el esterilizador de aire *m* caliente
– *hot-air sterilizer*
72 la pipeta
– *pipette*
73 el martillo de reflejos *m* (el martillo percusor)
– *percussor*
74 el otoscopio (el espéculo auricular)
– *aural speculum (auriscope, aural syringe)*

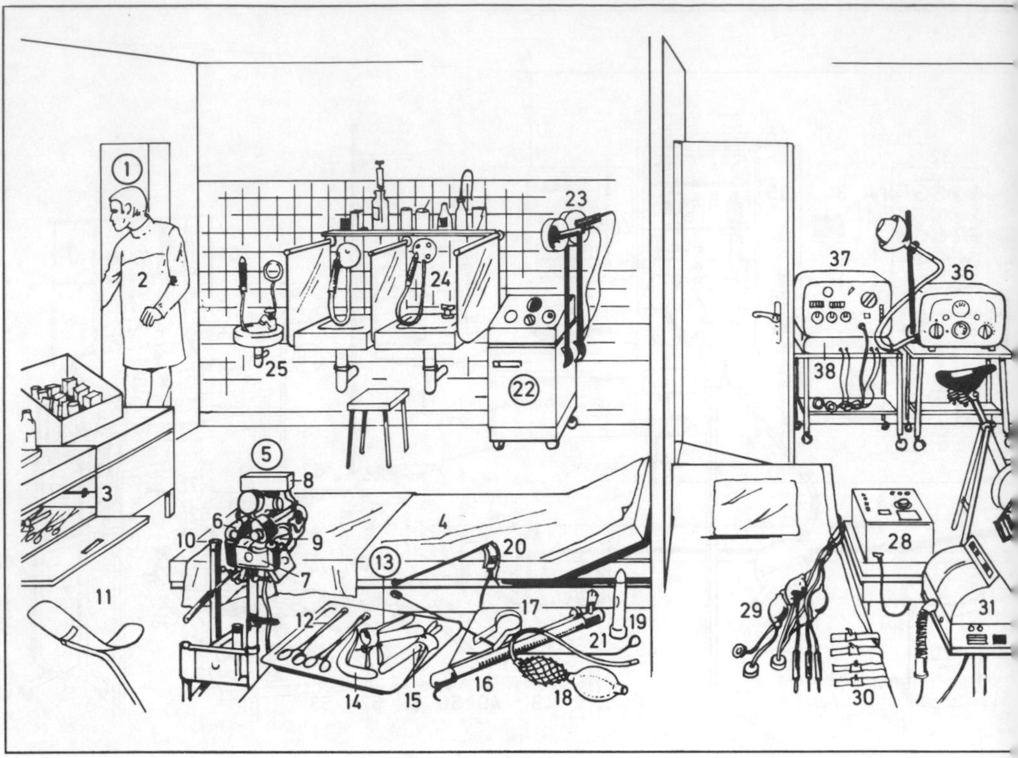

1 la consulta
– *consulting room*
2 el médico de medicina *f* general
– *general practitioner*
3-21 los instrumentos de reconocimiento *m* **ginecológico y proctológico**
– ***instruments for gynecological and proctological examinations***
3 el calentador de los instrumentos a la temperatura del cuerpo
– *warming the instruments up to body temperature*
4 la mesa de reconocimiento *m*
– *examination couch*
5 el colposcopio
– *colposcope*
6 el binocular
– *binocular eyepiece*
7 la cámara miniatura (la cámara para fotos *m* de pequeño formato *m*)
– *miniature camera*
8 la fuente de luz *f* fría
– *cold light source*
9 el disparador
– *cable release*
10 el tubo para la fijación del pie
– *bracket for the leg support*
11 el soporte para la pierna
– *leg support (leg holder)*
12 las pinzas de asidero *m* (para coger los apósitos de algodón *m*)
– *holding forceps (sponge holder)*
13 el espéculo vaginal
– *vaginal speculum*
14 la paleta inferior del espéculo
– *lower blade of the vaginal speculum*
15 la corcheta de platino *m* (para los frotis)
– *platinum loop [for smears]*
16 el rectoscopio
– *rectoscope*
17 las pinzas de biopsia *f* para el rectoscopio
– *biopsy forceps used with the rectoscope (proctoscope)*
18 el insuflador de aire *m* para el rectoscopio
– *insufflator for proctoscopy (rectoscopy)*
19 el proctoscopio (el espéculo rectal)
– *proctoscope (rectal speculum)*
20 el fibroscopio urinario (el uretroscopio)
– *urethroscope*
21 la sonda guía para el proctoscopio
– *guide for inserting the proctoscope*
22 la unidad diatérmica (el aparato de ondas *f* cortas)
– *diathermy unit (short-wave therapy apparatus)*
23 el radiador
– *radiator*
24 el inhalador
– *inhaling apparatus (inhalator)*
25 la escupidera (el lavabo para los esputos; *Arg., Chile y Urug.*: la salivadera)
– *basin [for sputum]*
26-31 la ergometría
– ***ergometry***
26 el cicloergómetro (el ergómetro de bicicleta *f*)
– *bicycle ergometer*
27 el monitor (la pantalla de visualización *f* del ECG y de la frecuencia cardíaca y respiratoria durante el esfuerzo)
– *monitor [for visual display of the ECG and of pulse and respiratory rates when performing work]*
28 el ECG (el electrocardiógrafo)
– *ECG (electrocardiograph)*
29 los electrodos de ventosa *f*
– *suction electrodes*
30 los electrodos de correa *f* para las extremidades
– *strap-on electrodes for the limbs*
31 el espirómetro (para medir las funciones respiratorias)
– *spirometer [for measuring respiratory functions]*
32 la toma de la presión sanguínea (de la tensión)
– *measuring the blood pressure*
33 el tensiómetro (el esfigmómetro)
– *sphygmomanometer*
34 la abrazadera hinchable
– *inflatable cuff*
35 el estetoscopio
– *stethoscope*
36 la unidad de tratamiento *f* por microondas *f*
– *microwave treatment unit*

37 el aparato de faradización *f* (aplicación *f* de las corrientes de baja frecuencia *f* con diferentes formas *f* de impulsos *m*)
- *faradization unit [for applying low-frequency currents with different pulse shapes]*

38 el aparato de sintonización *f* automática
- *automatic tuner*

39 el aparato de terapia *f* con ondas *f* cortas
- *short-wave therapy apparatus*

40 el microcronómetro
- *timer*

41-59 el laboratorio
- ***laboratory***

41 la ayudante técnica del laboratorio (la laborante)
- *medical laboratory technician*

42 el soporte de los tubos capilares para la sedimentación de la sangre
- *capillary tube stand for blood sedimentation*

43 la probeta para medir
- *measuring cylinder*

44 la pipeta automática
- *automatic pipette*

45 la cubeta de forma *f* arriñonada
- *kidney dish*

46 el electrocardiógrafo portátil para urgencias *f*
- *portable ECG machine for emergency use*

47 el aparato de pipeta *f* automático (el titrímetro automático)
- *automatic pipetting device*

48 el baño de agua a temperatura *f* constante
- *constant temperature water bath*

49 el grifo con trompa *f* de agua *f*
- *tap with water jet pump*

50 la cubeta de coloración *f* (para la coloración de los frotis sanguíneos, los sedimentos y otros frotis *m*)
- *staining dish [for staining blood smears, sediments, and other smears]*

51 el microscopio binocular de investigación *f*
- *binocular research microscope*

52 el soporte de pipetas *f* para la fotometría
- *pipette stand for photometry*

53 el calculador y analizador *m* de fotometría *f*
- *computer and analyser for photometry*

54 el fotómetro
- *photometer*

55 el contador potenciométrico
- *potentiometric recorder*

56 la sección de transformación *f*
- *transforming section*

57 el material de laboratorio *m*
- *laboratory apparatus (laboratory equipment)*

58 el cuadro de sedimentos *m* de la orina
- *urine sediment chart*

59 la centrifugadora
- *centrifuge*

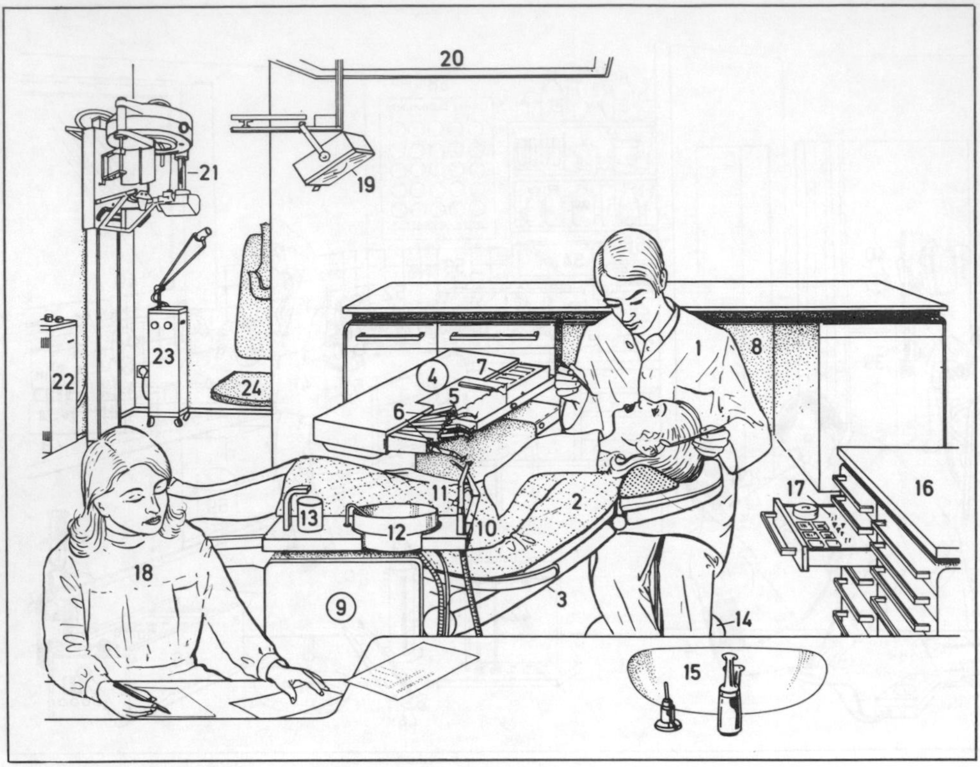

1 el dentista (el odontólogo)
– *dentist (dental surgeon)*
2 el paciente
– *patient*
3 el sillón de dentista *m*
– *dentist's chair*
4 los instrumentos dentales
– *dental instruments*
5 la bandeja de los instrumentos
– *instrument tray*
6 las fresas con diferentes piezas *f* de mano *f*
– *drills with different handpieces*
7 la caja de las medicinas
– *medicine case*
8 la unidad (el armario) de almacenaje (para los instrumentos dentales)
– *storage unit [for dental instruments]*
9 la unidad de asistencia *f*
– *assistant's unit*
10 la jeringa multifuncional (para agua *f* fría y caliente, spray *m* o aire *m*)
– *multi-purpose syringe [for cold and warm water, spray, or air]*
11 el aparato de succión *f* de la saliva
– *suction apparatus*
12 la escudilla para escupir (la escupidera)
– *basin*
13 el vaso de agua con relleno automático
– *water glass, filled automatically*
14 el taburete del dentista
– *stool*
15 el lavamanos (*sin.:* la palangana. *Amér.:* el platón; *Chile:* la taza)
– *washbasin*
16 el mueble de los instrumentos
– *instrument cabinet*
17 el cajón de las fresas
– *drawer for drills*
18 la ayudante del dentista (la enfermera)
– *dentist's assistant*
19 la lámpara de dentista *m*
– *dentist's lamp*
20 la luz del techo
– *ceiling light*
21 el aparato de rayos *m* X para radiografías *f* panorámicas
– *X-ray apparatus for panoramic pictures*
22 el generador de rayos *m* X
– *X-ray generator*
23 el aparato de microondas *f*,un aparato de irradiación *f*
– *microwave treatment unit, a radiation unit*
24 el asiento
– *seat*

25 la prótesis dental (la dentadura postiza)
– *denture (set of false teeth)*
26 el puente dental
– *bridge (dental bridge)*
27 el raigón debidamente preparado
– *prepared stump of the tooth*
28 la corona (*clases:* la corona de oro *m*, la corona de pasta *f*)
– *crown;* kinds: *gold crown, jacket crown*
29 el diente de porcelana *f*
– *porcelain tooth (porcelain pontic)*
30 el empaste
– *filling*
31 el diente de pivote *m*
– *post crown*
32 el revestimiento
– *facing*
33 el anillo
– *diaphragm*
34 el pivote
– *post*
35 el disco de carborundo *m*
– *carborundum disc (disk)*
36 el disco de esmeril *m*
– *grinding wheel*
37 fresas *f* para cavidades *f*
– *burs*
38 la fresa en forma *f* de llama *f*
– *flame-shaped finishing bur*
39 fresas *f* de fisuras *f*
– *fissure burs*
40 la fresa diamantada
– *diamond point*
41 el espejo de boca *f*
– *mouth mirror*
42 la lámpara de boca *f*
– *mouth lamp*
43 el termocauterio (el cauterio)
– *cautery*
44 el electrodo de platino *m* iridiado
– *platinum-iridium electrode*
45 instrumentos *m* para limpiar los dientes
– *tooth scalers*
46 la sonda
– *probe*
47 las tenazas de extracción *f*
– *extraction forceps*
48 el elevador (el botador de pie *m* de cabra *f*)
– *tooth-root elevator*
49 el cincel de huesos *m*
– *bone chisel*
50 la espátula
– *spatula*
51 el mezclador del material de empaste *m*
– *mixer for filling material*
52 el sincronizador
– *synchronous timer*
53 la jeringa hipodérmica para la anestesia local (anestesia *f* del nervio)
– *hypodermic syringe for injection of local anaesthetic*
54 la aguja hipodérmica
– *hypodermic needle*
55 el portamatrices
– *matrix holder*
56 la cubeta para la impresión
– *impression tray*
57 la lamparilla de alcohol *m*
– *spirit lamp*

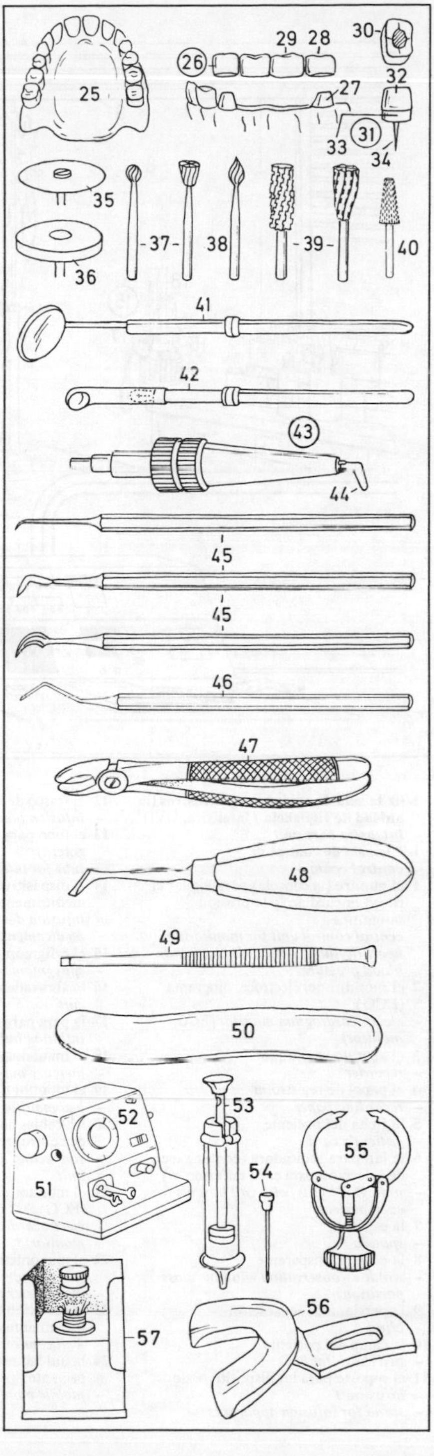

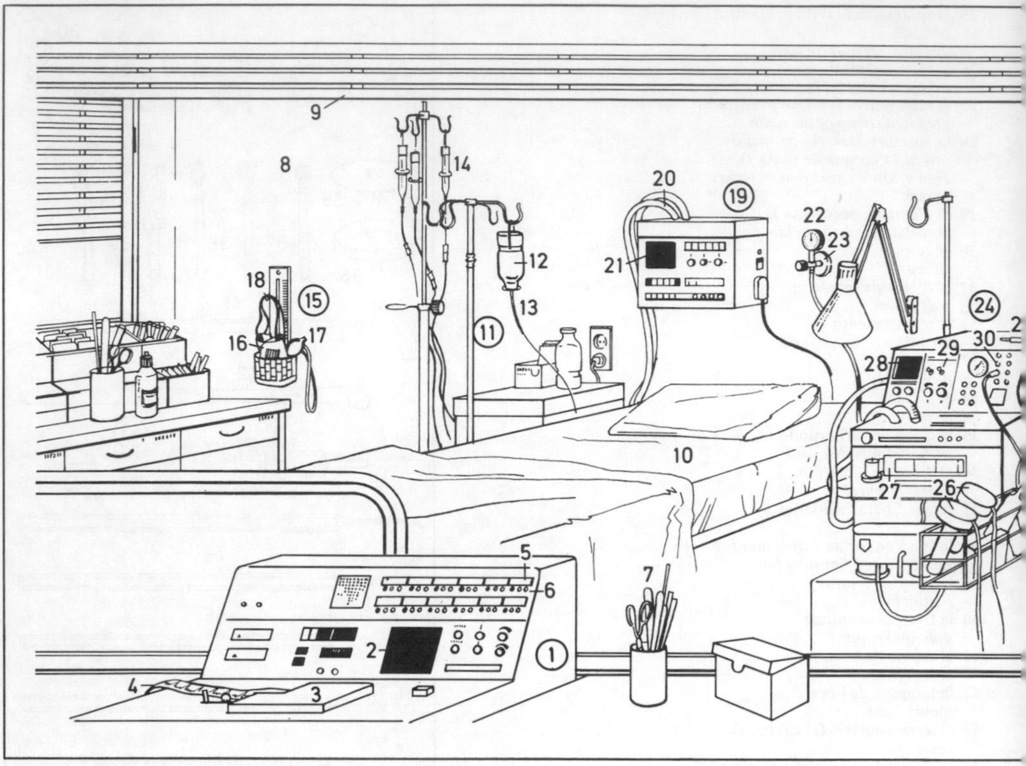

1-30 la sala de cuidados *m* **intensivos (la unidad de vigilancia** *f* **intensiva,** UVI)
- ***intensive care unit***

1-9 la sala de control *m*
- ***control room***

1 el pupitre (la consola) para vigilar el ritmo *m* cardíaco y la presión sanguínea
- *central control unit for monitoring heart rhythm (cardiac rhythm) and blood pressure*

2 el monitor del electrocardiograma (ECG)
- *electrocardiogram monitor (ECG monitor)*

3 el aparato registrador
- *recorder*

4 el papel de registro *m*
- *recording paper*

5 la ficha del paciente
- *patient's card*

6 la lámpara indicadora (con una tecla de selección para cada enfermo *m*)
- *indicator lights [with call buttons for each patient]*

7 la espátula
- *spatula*

8 la pared transparente
- *window (observation window, glass partition)*

9 la persiana de separación
- *blind*

10 la cama del paciente
- *bed (hospital bed)*

11 el soporte para los dispositivos de infusión *f*
- *stand for infusion apparatus*

12 el frasco de infusión *f*
- *infusion bottle*

13 el tubo para el goteo intravenoso (el gotero)
- *tube for intravenous drips*

14 el dispositivo de infusión *f* para los medicamentos hidrosolubles
- *infusion device for water-soluble medicaments*

15 el esfigmómetro (el tensiómetro)
- *sphygmomanometer*

16 la abrazadera hinchable
- *cuff*

17 la pera para inflar
- *inflating bulb*

18 el manómetro de mercurio *m*
- *mercury manometer*

19 el monitor de cama *f*
- *bed monitor*

20 los cables de conexión *f* con la unidad de control *m* central
- *connecting lead to the central control unit*

21 el monitor del electrocardiograma (ECG)
- *electrocardiogram monitor (ECG monitor)*

22 el manómetro de distribución *f* de oxígeno *m*
- *manometer for the oxygen supply*

23 la conexión de pared *f* para el tratamiento con oxígeno *m*
- *wall connection for oxygen treatment*

24 la unidad móvil de vigilancia *f* del paciente
- *mobile monitoring unit*

25 el cable del electrodo del estimulador cardíaco temporal
- *electrode lead to the short-term pacemaker*

26 los electrodos para el tratamiento de un shock
- *electrodes for shock treatment*

27 el electrocardiógrafo
- *ECG recording unit*

28 el monitor del electrocardiograma (ECG)
- *electrocardiogram monitor (ECG monitor)*

29 los botones para regular el monitor
- *control switches and knobs (controls) for adjusting the monitor*

30 los botones de control *m* del estimulador cardíaco
- *control buttons for the pacemaker unit*.

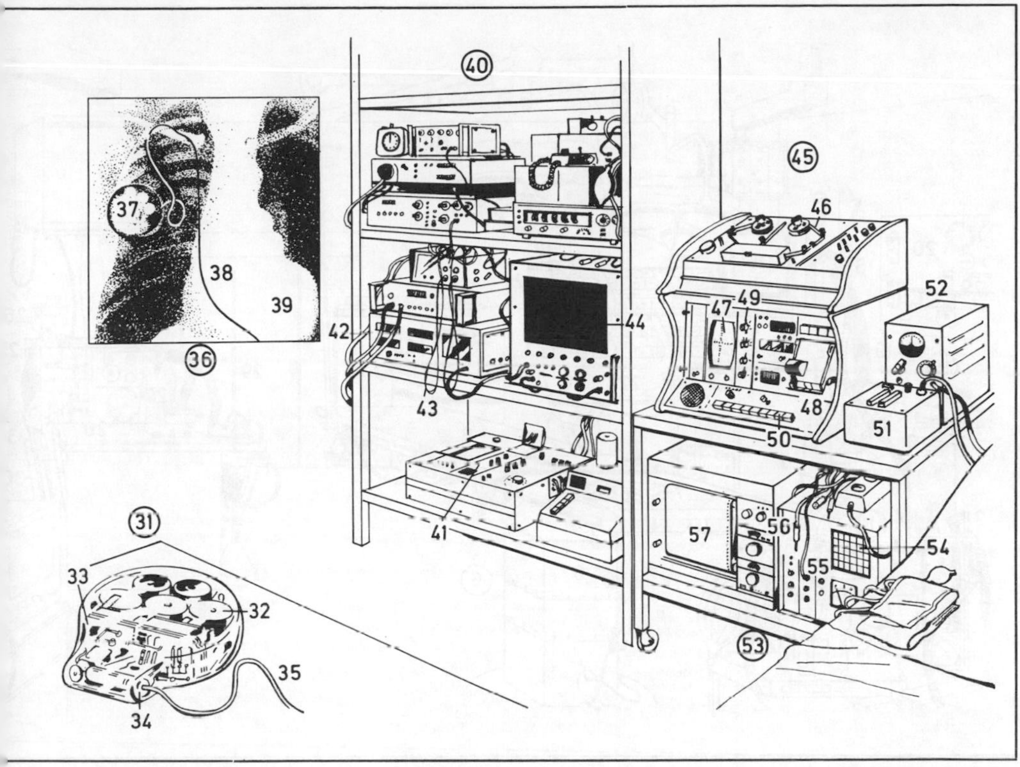

31 el estimulador cardíaco (el marcapasos)
– ***pacemaker** (cardiac pacemaker)*
32 la pila de mercurio *m*
– *mercury battery*
33 el generador de impulsos *m* programado
– *programmed impulse generator*
34 la salida del electrodo
– *electrode exit point*
35 el electrodo
– *electrode*
36 la implantación del marcapasos
– *implantation of the pacemaker*
37 el marcapasos interno
– *internal cardiac pacemaker (internal pacemaker, pacemaker)*
38 el electrodo introducido a través de la vena
– *electrode inserted through the vein*
39 la silueta cardíaca en rayos *m* X
– *cardiac silhouette on the X-ray*
40 la unidad de control del marcapasos
– ***pacemaker control unit***
41 el electrocardiógrafo
– *electrocardiograph (ECG recorder)*
42 el contador automático de impulsos *m*
– *automatic impulse meter*
43 el cable de conexión *f* con el paciente (cable *m* ECG)
– *ECG lead to the patient*
44 el monitor para el control visual de los impulsos del marcapasos
– *monitor unit for visual monitoring of the pacemaker impulses*
45 el analizador del ECG de larga duración *f*
– *long-term ECG analyser*
46 la cinta magnética para la grabación de los impulsos del ECG durante el análisis
– *magnetic tape for recording the ECG impulses during analysis*
47 el monitor de control del ECG
– *ECG monitor*
48 el análisis automático del ritmo del ECG sobre papel *m*
– *automatic analysis on paper of the ECG rhythm*
49 el botón de ajuste *m* de amplitud *f* del ECG
– *control knob for the ECG amplitude*
50 el teclado de selección *f* del programa de análisis *m* del ECG
– *program selector switches for the ECG analysis*
51 el cargador de las pilas del marcapasos del paciente
– *charger for the pacemaker batteries*
52 el comprobador de las pilas
– *battery tester*
53 el manómetro del catéter cardíaco derecho
– *pressure gauge (Am. gage) for the right cardiac catheter*
54 el monitor de control *m* de curvas *f*
– *trace monitor*
55 el indicador de presión *f*
– *pressure indicator*
56 el cable de conexión *f* con la impresora de papel *m*
– *connecting lead to the paper recorder*
57 la impresora de papel *m* para las curvas de presión *f*
– *paper recorder for pressure traces*

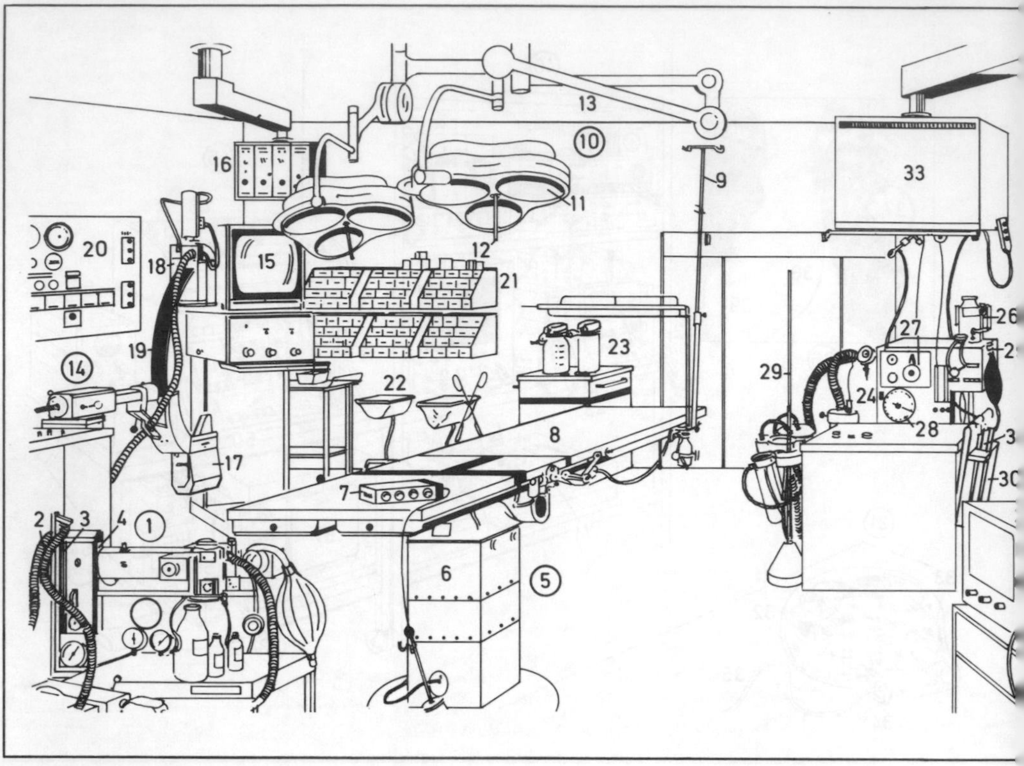

1-54 la sección quirúrgica (la clínica quirúrgica)
- ***surgical unit***

1-33 el quirófano (la sala de operaciones *f*)
- ***operating theatre*** (Am. *theater)*

1 el aparato de anestesia *f* y de respiración *f*
- *anaesthesia and breathing apparatus (respiratory machine)*

2 el tubo de inhalación *f*
- *inhalers (inhaling tubes)*

3 el indicador volumétrico del óxido nitroso (protóxido *m* de nitrógeno *m*)
- *flowmeter for nitrous oxide*

4 el indicador volumétrico del oxígeno
- *oxygen flow meter*

5 la mesa de operaciones *f* sobre pedestal *m*
- *pedestal operating table*

6 el pedestal de la mesa de operaciones *f*
- *table pedestal*

7 el aparato de control *m*
- *control device (control unit)*

8 la superficie (el tablero) regulable de la mesa de operaciones *f*
- *adjustable top of the operating table*

9 el soporte para el goteo intravenoso
- *stand for intravenous drips*

10 la lámpara de operaciones *f* giratoria sin sombras *f*
- *swivel-mounted shadow-free operating lamp*

11 la lámpara
- *individual lamp*

12 la agarradera
- *handle*

13 el brazo orientable
- *swivel arm*

14 el aparato móvil de radiología *f*
- *mobile fluoroscope*

15 el monitor transformador de la imagen
- *monitor of the image converter*

16 el monitor [parte trasera]
- *monitor [back]*

17 el tubo
- *tube*

18 el transformador de la imagen
- *image converter*

19 la armazón en forma *f* de C
- *C-shaped frame*

20 el panel de control *m* del aire acondicionado
- *control panel for the air-conditioning*

21 el material quirúrgico de sutura *f*
- *surgical suture material*

22 la batea para apósitos *m*
- *mobile waste tray*

23 el bote de compresas *f* no esterilizadas
- *containers for unsterile (unsterilized) pads*

24 el respirador artificial
- *anaesthesia and respiratory apparatus*

25 la bolsa de control *m* de la respiración (el respirador)
- *respirator*

26 el recipiente de fluotano *m* (halotano *m*)
- *fluothane container (halothane container)*

27 el botón de regulación *f* de la ventilación
- *ventilation control knob*

28 el panel de registro *m* con indicador *m* del volumen respiratorio
- *indicator with pointer for respiratory volume*

29 el soporte con los tubos inhaladores y el manómetro
- *stand with inhalers (inhaling tubes) and pressure gauges (*Am. *gages)*

30 el portacatéter
- *catheter holder*

31 el catéter en el envase estéril
- *catheter in sterile packing*

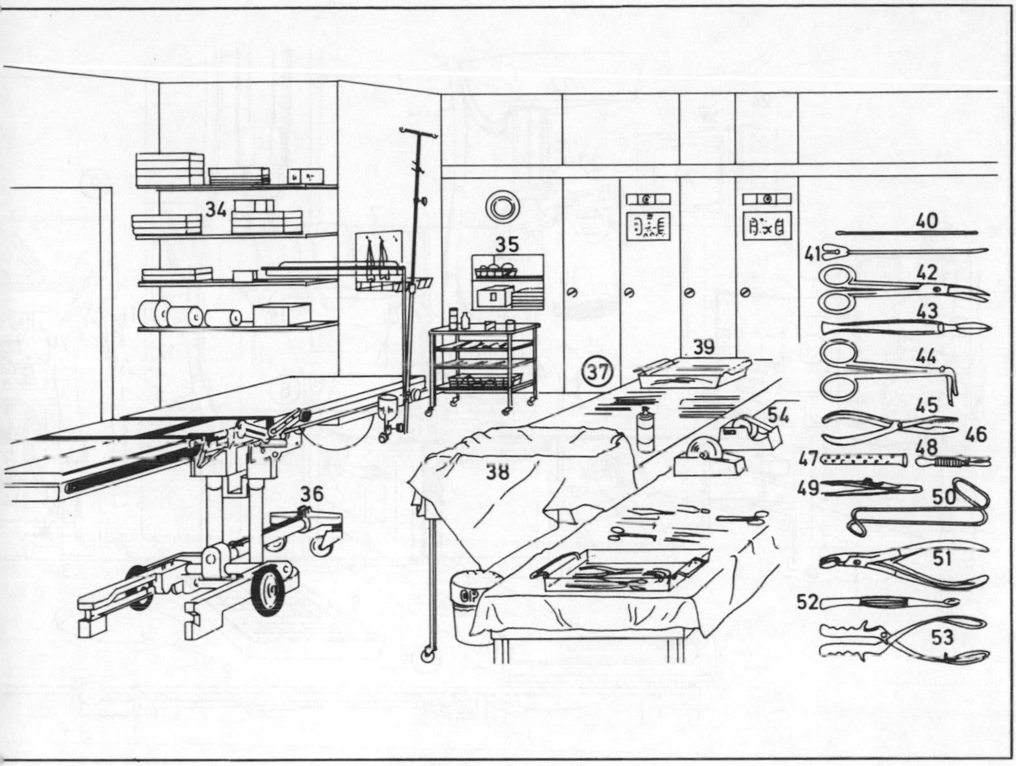

32 el esfigmógrafo (el registrador de los impulsos)
– *sphygmograph*
33 el monitor
– *monitor*
34-54 la sala de preparación *f* y de esterilización *f*
– ***preparation and sterilization room***
34 el material de vendaje *m*
– *dressing material*
35 el esterilizador pequeño
– *small sterilizer*
36 el carro de la mesa de operaciones *f*
– *carriage of the operating table*
37 la mesa de instrumentos *m* móvil
– *mobile instrument table*
38 el paño estéril
– *sterile cloth*
39 la cubeta de los instrumentos
– *instrument tray*
40-53 los instrumentos quirúrgicos
– ***surgical instruments***
40 la sonda de botón *m*
– *olive-pointed (bulb-headed) probe*
41 la sonda acanalada
– *hollow probe*
42 las tijeras curvadas
– *curved scissors*
43 el bisturí
– *scalpel (surgical knife)*
44 las pinzas para ligaduras *f*
– *ligature-holding forceps*
45 las pinzas de secuestro *m*
– *sequestrum forceps*
46 la mandíbula de las pinzas
– *jaw*
47 el tubo de drenaje *m*
– *drainage tube*
48 el torniquete (el clamp arterial)
– *surgeon's tourniquet*
49 las pinzas para arterias *f*
– *artery forceps*
50 el separador de alambre *m*
– *blunt hook*
51 las cizallas para huesos *m*
– *bone nippers (bone-cutting forceps)*
52 la cucharilla (la cureta) para el raspado *m* (para el curetaje)
– *scoop (curette) for erasion (curettage)*
53 los fórceps
– *obstetrical forceps*
54 el rollo de esparadrapo *m*
– *roll of plaster*

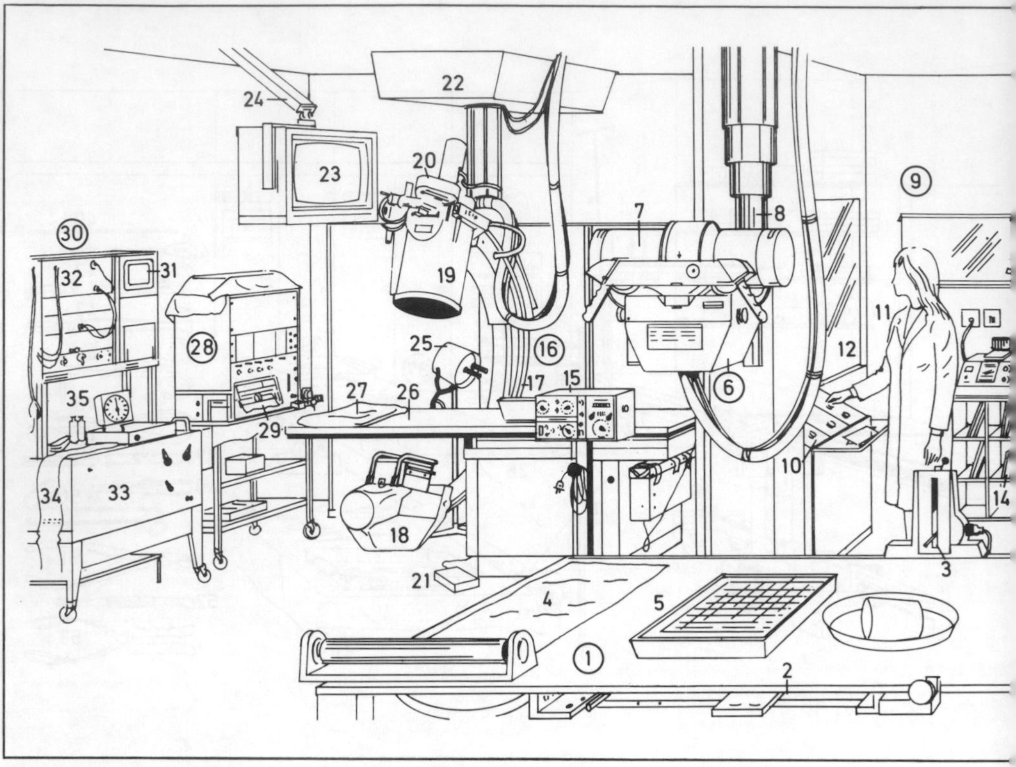

1-35 el servicio de radiología (la unidad de rayos *m* X)
- ***X-ray unit***

1 la mesa de reconocimiento *m* de rayos *m* X
- *X-ray examination table*

2 el soporte para las placas de rayos *m* X
- *support for X-ray cassettes*

3 el ajuste vertical del haz central para los clichés laterales
- *height adjustment of the central beam for lateral views*

4 la compresa para la radiografía de los riñones y de las vías biliares (urografía *f* y colecistografía *f*)
- *compress for pyelography and cholecystography*

5 la cubeta de los instrumentos
- *instrument basin*

6 el equipo de rayos *m* X para la urétero-pielografía
- *X-ray apparatus for pyelograms*

7 el tubo de rayos *m* X
- *X-ray tube*

8 el soporte telescópico del tubo de rayos *m* X
- *telescopic X-ray support*

9 la sala de control *m* central de rayos *m* X
- *central X-ray control unit*

10 el pupitre de control *m*
- *control panel (control desk)*

11 la enfermera radiógrafa
- *radiographer (X-ray technician)*

12 la ventana que da a la sala de angiografía *f*
- *window to the angiography room*

13 el oxímetro
- *oxymeter*

14 las placas para urografía *f*
- *pyelogram cassettes*

15 el aparato para inyección *f* de productos *m* de contraste *m*
- *contrast medium injector*

16 el amplificador de imagen *f* de rayos *m* X
- *X-ray image intensifier*

17 la armazón en forma *f* de C
- *C-shaped frame*

18 la cabeza de radiografía *f* con el tubo de rayos *m* X
- *X-ray head with X-ray tube*

19 el transformador de imagen *f* con el tubo transformador
- *image converter with converter tube*

20 la cámara de película *f*
- *film camera*

21 el interruptor de pedal *m*
- *foot switch*

22 el soporte móvil
- *mobile mounting*

23 el monitor
- *monitor*

24 el brazo giratorio del monitor
- *swivel-mounted monitor support*

25 la lámpara sin sombras *f*
- *operating lamp*

26 la mesa de reconocimientos *m* angiográficos
- *angiographic examination table*

27 la almohada
- *pillow*

28 el registrador de ocho canales *m*
- *eight-channel recorder*

29 el papel de registro *m*
- *recording paper*

30 la unidad de control *m* del catéter para la cateterización del corazón
- *catheter gauge (Am. gage) unit for catheterization of the heart*

31 el monitor de seis canales *m* para las curvas de tensión *f* y ECG *m*
- *six-channel monitor for pressure graphs and ECG*

32 las cajas transductoras de presión *f*
- *slide-in units of the pressure transducer*

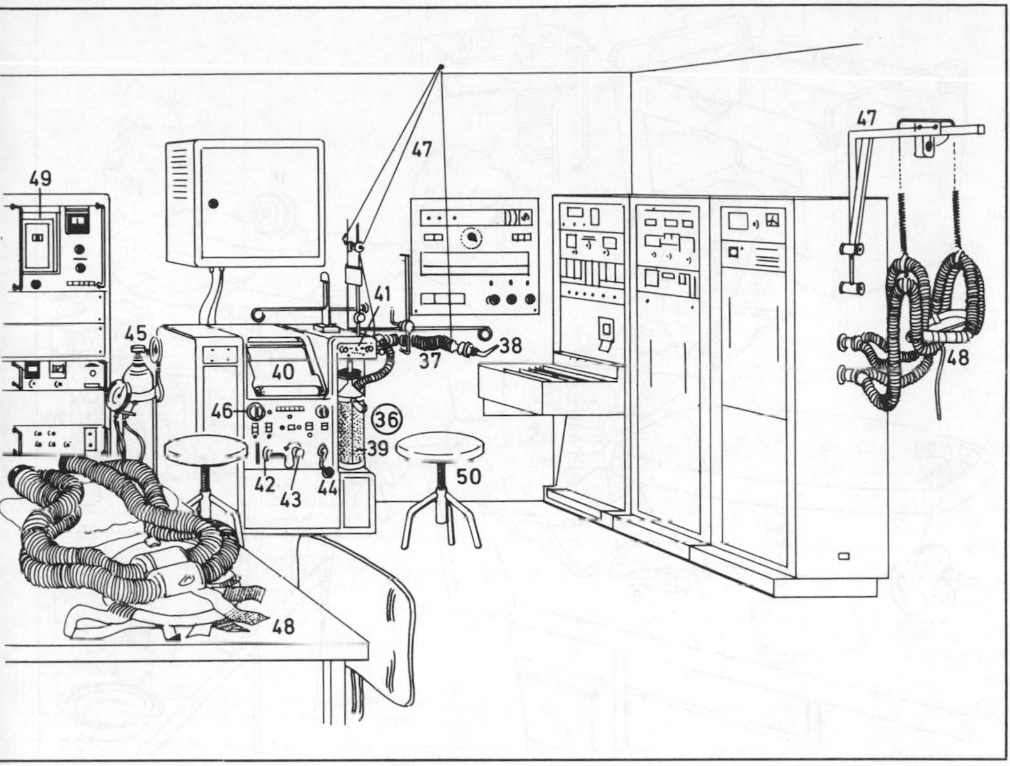

33 la unidad del papel de registro *m* con revelador *m* para la reproducción fotográfica
– *paper recorder unit with developer for photographic recording*

34 el papel de registro *m* (de grabación *f*)
– *recording paper*

35 el cronómetro (el reloj)
– *timer*

36-50 espirometría *f*
– ***spirometry***

36 el espirógrafo para la exploración del funcionamiento respiratorio
– *spirograph for pulmonary function tests*

37 el tubo respiratorio
– *breathing tube*

38 la boquilla
– *mouthpiece*

39 el absorbedor de cal *f* sosa
– *soda-lime absorber*

40 el papel de registro *m*
– *recording paper*

41 la regulación para el suministro de gas *m*
– *control knobs for gas supply*

42 el estabilizador de O_2
– *Og2-stabilizer*

43 la válvula regualdora
– *throttle valve*

44 la conexión del absorbedor
– *absorber attachment*

45 la botella de oxigeno *m*
– *oxygen cylinder*

46 el suministro de agua *f*
– *water supply*

47 el soporte del tubo flexible
– *tube support*

48 la mascarilla
– *mask*

49 el contador del consumo de CO_2
– *COg2 consumption meter*

50 el taburete del paciente
– *stool for the patient*

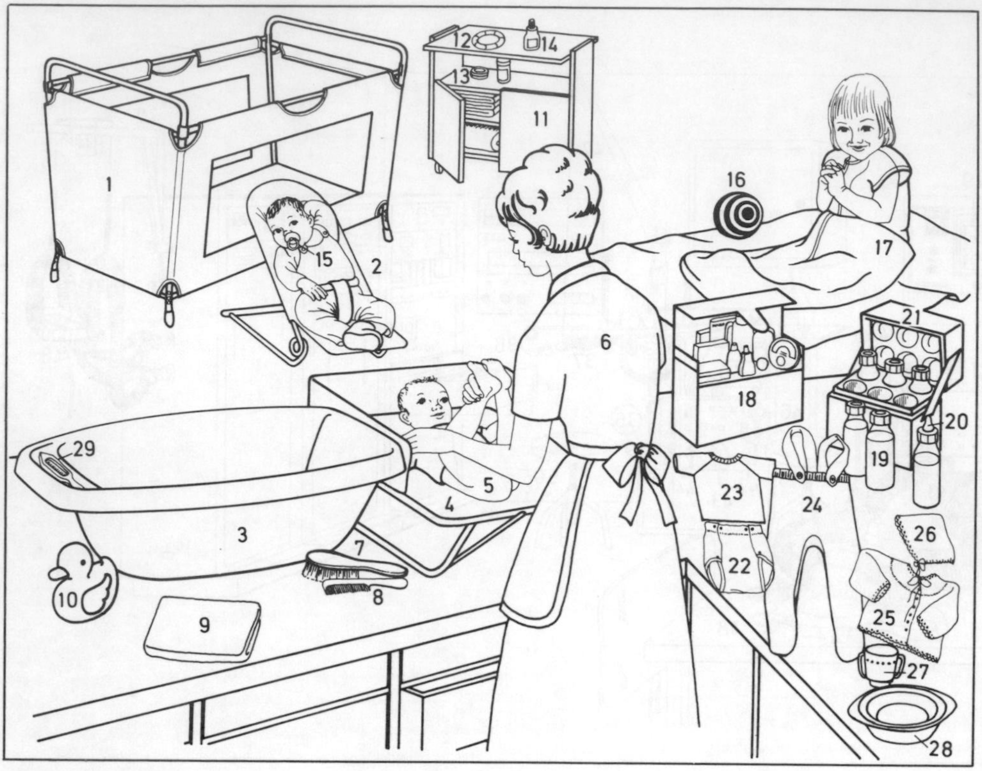

1 la cuna con ruedecillas *f*
– *collapsible cot*
2 el balancín de bebé *m*
– *bouncing cradle*
3 la bañera
– *baby bath*
4 el soporte para poner los pañales (el vestidor, el envolvedero)
– *changing top*
5 el recién nacido (el bebé; *Amér.:* la guagua; *Perú:* el ñaño)
– *baby (new-born baby)*
6 la madre
– *mother*
7 el cepillo del pelo
– *hairbrush*
8 el peine
– *comb*
9 la toalla de mano *m*
– *hand towel*
10 el juguete flotante
– *toy duck*
11 la cómoda de la ropita del niño
– *changing unit*
12 el anillo de dentición *f*
– *teething ring*
13 la caja de crema *f*
– *cream jar*
14 el bote de polvos *m* de talco *m*
– *box of baby powder*
15 el chupete (*Amér.:* el chupón)
– *dummy*
16 la pelota
– *ball*
17 el saco de dormir del bebé (*Guat.:* el jatico)
– *sleeping bag*
18 la caja de aseo *m*
– *layette box*
19 el biberón (*Amér.:* la mamadera; *Col. y Venez.:* el tetero; *Guat. y Hond.:* el pepe; *Col.:* el chupo)
– *feeding bottle*
20 la tetilla (la tetina)
– *teat*
21 el calientabiberones
– *bottle warmer*
22 las braguitas de plástico *m* para los pañales de usar y tirar (de un solo uso)
– *rubber baby pants for disposable nappies* (Am. *diapers)*
23 la camisita de niño *m*
– *vest*
24 las polainas
– *leggings*
25 la chaquetita del bebé
– *baby's jacket*
26 el gorro
– *hood*
27 la taza para niño *m*
– *baby's cup*
28 el plato para niño *m* (el plato para papillas *f*), un plato calentador
– *baby's plate, a stay-warm plate*
29 el termómetro
– *thermometer*

30 el moisés, un cochecito de niño *m*
– *bassinet, a wicker pram*
31 el juego de ropa de cama *f* del moisés
– *set of bassinet covers*
32 el baldaquín (el dosel)
– *canopy*
33 la silla alta de niño *m*, una silla plegable
– *baby's high chair, a folding chair*
34 el landó (cochecito *m* de niño *m*) con visión *f* panorámica
– *pram (baby-carriage) [with windows]*
35 la capota plegable
– *folding hood*
36 la ventana
– *window*
37 la silla con ruedas *f*
– *pushchair (Am. stroller)*
38 el folgo (bolsa *f* para abrigar los pies)
– *foot-muff (Am. foot-bag)*
39 el parque plegable (el corral plegable)
– *play pen*
40 el suelo del parque
– *floor of the play pen*
41 el juego de construcción *f*
– *building blocks (building bricks)*
42 el niño pequeño (*Amér.:* el pibe; *Arg. y Urug.:* el pabete)
– *small child*
43 el babero
– *bib*
44 el sonajero (*Chile:* la sonajera)
– *rattle (baby's rattle)*
45 las botitas de bebé *m*
– *bootees*
46 el osito de peluche *m*
– *teddy bear*
47 el orinal (*Chile:* la pava; *Cuba:* el tibor; *Mé.:* la cotorra)
– *potty (baby's pot)*
48 el capacho (el capazo) portabebés
– *carrycot*
49 la ventana
– *window*
50 las asas
– *handles*

1-12 la ropa de niños *m* **pequeños**
– ***baby clothes***
1 el conjunto de calle *f*
– *pram suit*
2 el gorro (la capucha; *Antillas:* la escofieta)
– *hood*
3 la chaqueta
– *pram jacket (matinée coat)*
4 el pompón (la borla)
– *pompon (bobble)*
5 los patucos (los patines)
– *bootees*
6 la camiseta
– *sleeveless vest*
7 la camiseta de mangas *f* cortas
– *envelope-neck vest*
8 la camisita de bebé *m*
– *wrapover vest*
9 el jersey de bebé *m*
– *baby's jacket*
10 el bragapañal de plástico *m*
– *rubber baby pants*
11 el pelele entero (el pelele con pies *m*)
– *playsuit*
12 el traje de dos piezas *f* para el bebé
– *two-piece suit*
13-30 los trajes de niños *m*
– ***infants' wear***
13 el vestido de verano *m*, un vestido con tirantes *m*
– *child's sundress, a pinafore dress*
14 el tirante con volantes *m*
– *frilled shoulder strap*
15 el peto de pliegues *m* fruncidos y bordados
– *shirred top*
16 el sombrero de sol *m*
– *sun hat*
17 el traje de punto *m* de una pieza
– *one-piece jersey suit*
18 la cremallera delantera
– *front zip*
19 el mono
– *catsuit (playsuit)*
20 la aplicación (el bordado sobrepuesto)
– *motif (appliqué)*
21 el pantaloncito de jugar (el pelele)
– *romper*
22 el jubón (la ranita)
– *playsuit (romper suit)*
23 el pijama entero (el pijama de una pieza)
– *coverall (sleeper and strampler)*
24 el albornoz
– *dressing gown (bath robe)*
25 los pantalones cortos
– *children's shorts*
26 los tirantes
– *braces (*Am. *suspenders)*
27 la camiseta (el tee-shirt)
– *children's T-shirt*
28 el vestido de punto *m*
– *jersey dress, a knitted dress*
29 el bordado
– *embroidery*
30 los calcetines de niño *m* (*Chile:* los botines)
– *children's ankle socks*
31-47 los trajes del escolar
– ***school children's wear***
31 el impermeable
– *raincoat*
32 los pantalones de piel *f* (los pantalones de cuero *m*)
– *leather shorts (lederhosen)*
33 el botón de asta *f*
– *staghorn button*
34 el tirante de cuero *m*
– *braces (*Am. *suspenders)*
35 la bragueta
– *flap*
36 el vestido tirolés infantil
– *girl's dirndl*
37 el cordón cruzado
– *cross lacing*
38 el traje entero de nieve *f* (el traje guateado)
– *snow suit, a quilted suit*
39 el pespunte (el enguatado)
– *quilt stitching (quilting)*
40 el pantalón con peto *m* (el mono)
– *dungarees (bib and brace)*
41 la falda con peto *m*
– *bib skirt (bib top pinafore)*
42 los leotardos, los pantis (*ant.:* las calzas)
– *tights*
43 el suéter (el jersey)
– *sweater (jumper)*
44 la chaqueta de símil piel *f*
– *pile jacket*
45 los pantalones de trabillas *f*
– *leggings*
46 la falda (*Amér.:* la pollera)
– *girl's skirt*
47 el jersey (el niqui)
– *child's jumper*
48-68 la ropa de jóvenes *m*
– ***teenagers' clothes***
48 la marinera (el blusón de muchacha)
– *girl's overblouse (overtop)*
49 los pantalones de chica *f*
– *slacks*
50 el conjunto de dos piezas *f* (falda *f* y chaqueta *f*) de chica *f*
– *girl's skirt suit*
51 la chaqueta (*Amér.:* el saco)
– *jacket*
52 la falda (*Amér.:* la pollera)
– *skirt*
53 las medias-calcetín
– *knee-length socks*
54 el abrigo de chica *f*
– *girl's coat*
55 el cinturón
– *tie belt*
56 el bolso de chica *f*
– *girl's bag*
57 el sombrero de lana *f*
– *woollen (*Am. *woolen) hat*
58 la blusa de chica *f*
– *girl's blouse*
59 la falda-pantalón
– *culottes*
60 los pantalones
– *boy's trousers*
61 la camisa
– *boy's shirt*
62 el anorak
– *anorak*
63 los bolsillos sesgados
– *inset pockets*
64 el cordón de la capucha
– *hood drawstring (drawstring)*
65 los puños de punto *m*
– *knitted welt*
66 la cazadora
– *parka coat (parka)*
67 el cordón para atar
– *drawstring (draw cord)*
68 los bolsillos pegados (los bolsillos de parche *m*)
– *patch pockets*

1
2
3
4
5
6
7
8
9
10
11
12
13
14
15
16
17
18
19
20
21
22
23
24
25
26
27
28
29
30
31
32
33
34
35
36
37
38
39
40
41
42
43
44
45
46
47
48
49
50
51
52
53
54
55
56
57
58
59
60
61
62
63
64
65
66
67
68

1 la chaqueta de visón *m*
– *mink jacket*
2 el jersey de cuello *m* enrollado
– *cowl neck jumper*
3 el cuello enrollado (*variedades:* cuello vuelto, cuello de cisne)
– *cowl collar*
4 el gabán de punto *m*
– *knitted overtop*
5 el cuello marinero
– *turndown collar*
6 la manga vuelta
– *turn-up (turnover) sleeve*
7 el polo de cuello *m* alto
– *polo neck jumper*
8 la saya de vestir (*Cuba:* la sayuela)
– *pinafore dress*
9 la blusa (con el cuello de solapa *f*)
– *blouse with revers collar*
10 el vestido de blusa *f*, un vestido enteramente abotonado
– *shirt-waister dress, a button-through dress*
11 el cinturón (*Antillas y Perú:* la correa)
– *belt*
12 el vestido de invierno *m*
– *winter dress*
13 el ribete
– *piping*
14 el puño
– *cuff*
15 la manga larga
– *long sleeve*
16 el chaleco acolchado (enguatado)
– *quilted waistcoat*
17 el punto de colcha *f* (el pespunte)
– *quilt stitching (quilting)*
18 el adorno de cuero *m*
– *leather trimming*
19 el pantalón largo de invierno *m*
– *winter slacks*
20 el jersey a rayas *f*
– *striped polo jumper*
21 el mono
– *boiler suit (dungarees, bib and brace)*
22 el bolsillo de parche *m*
– *patch pocket*
23 el bolsillo del pecho
– *front pocket*
24 el peto
– *bib*
25 el vestido de cubrir por encima (el guardapolvo)
– *wrapover dress (wrap-around dress)*
26 la blusa de polo *m*
– *shirt*
27 el vestido de folklore *m*
– *peasant-style dress*
28 el ribete de flores *f*
– *floral braid*
29 la túnica (el vestido de túnica *f*)
– *tunic (tunic top)*
30 el puño
– *ribbed cuff*
31 los pespuntes decorativos
– *quilted design*
32 la falda plisada
– *pleated skirt*
33 el vestido de dos piezas *f* de punto *m*
– *two-piece knitted dress*
34 el escotado de barco *m*
– *boat neck, a neckline*
35 la vuelta de manga *f*
– *turn-up*
36 la manga de quimono *m*
– *kimono sleeve*
37 el dibujo de punto *m*
– *knitted design*
38 la cazadora (*Arg.:* la campera)
– *lumber-jacket*
39 el dibujo de trenza *f*
– *cable pattern*
40 la blusa (*Mé.:* el caracol; *Perú:* el polquín)
– *shirt-blouse*
41 la presilla
– *loop fastening*
42 el bordado
– *embroidery*
43 el cuello alto
– *stand-up collar*
44 el pantalón bombacho
– *cossack trousers*
45 el combinado de dos piezas *f* (el vestido de casaca *f*)
– *two-piece combination (shirt top and long skirt)*
46 el lazo
– *tie (bow)*
47 el canesú
– *decorative facing*
48 la raja de la manga
– *cuff slit*
49 la raja del costado
– *side slit*
50 la casulla
– *tabard*
51 la falda abierta por el costado
– *inverted pleat skirt*
52 el pliegue invertido
– *godet*
53 el vestido de noche *f*
– *evening gown*
54 la manga de campana *f* plisada
– *pleated bell sleeve*
55 la blusa de gala *f*
– *party blouse*
56 la falda de gala *f*
– *party skirt*
57 el traje pantalón *m*
– *trouser suit (slack suit)*
58 la chaqueta (*Amér.:* el saco) de ante *m*
– *suede jacket*
59 el adorno de piel *f*
– *fur trimming*
60 el abrigo de piel *f* (*variedades:* astracán, breitschwanz *m*, visón *m*, marta *f* cebellina)
– *fur coat;* kinds: *Persian lamb, broadtail, mink, sable*
61 el abrigo de invierno *m* (el abrigo de paño *m*) (*Arg., Chile y Salv.:* el tapado)
– *winter coat, a cloth coat*
62 el puño de piel *f*
– *fur cuff (fur-trimmed cuff)*
63 el cuello de piel *f*
– *fur collar (fur-trimmed collar)*
64 el abrigo de loden *m*
– *loden coat*
65 la esclavina (*Chile y Arg.:* el capingo)
– *cape*
66 los botones de palillo *m*
– *toggle fastenings*
67 la falda de loden *m*
– *loden skirt*
68 la capa-poncho
– *poncho-style coat*
69 la capucha
– *hood*

1
2
3
4
5
6
7
8
9
10
11
12
13
14
15
16
17
18
19
20
21
22
23
24
25
26
27
28
29
30
31
32
33
34
35
36
37
38
39
40
41
42
43
44
45
46
47
48
49
50
51
52
53
54
55
56
57
58
59
60
61
62
63
64
65
66
67
68
69

31 Ropa de señora II (ropa de verano) *Ladies' Wear II (Summer Wear)*

1 el traje sastre
- *skirt suit*
2 la chaqueta (*Amér.:* el saco) del traje
- *jacket*
3 la falda del traje
- *skirt*
4 el bolsillo sesgado
- *inset pocket*
5 el pespunte
- *decorative stitching*
6 el traje chaqueta *f*
- *dress and jacket combination*
7 el ribete
- *piping*
8 el vestido de tirantes *m*
- *pinafore dress*
9 el vestido de verano *m*
- *summer dress*
10 el cinturón (*Antillas y Perú:* la correa)
- *belt*
11 el vestido de dos piezas *f*
- *two-piece dress*
12 la hebilla de cinturón *m*
- *belt buckle*
13 la falda cruzada
- *wrapover (wrap-around) skirt*
14 la línea tubo *m*
- *pencil silhouette*
15 los botones de la hombrera *f*
- *shoulder buttons*
16 la manga de murciélago *m*
- *batwing sleeve*
17 el sobrevestido
- *overdress*
18 el canesú quimono *m*
- *kimono yoke*
19 el cinturón anudado
- *tie belt*
20 el abrigo de verano *m*
- *summer coat*
21 la capucha fija
- *detachable hood*
22 la blusa de verano *m*
- *summer blouse*
23 la solapa
- *lapel*
24 la falda
- *skirt*
25 el pliegue delantero
- *front pleat*
26 el vestido tirolés (el vestido dirndl)
- *dirndl (dirndl dress)*
27 la manga fofa (la manga abombada)
- *puffed sleeve*
28 el collar tirolés (el collar de folklore *m)*
- *dirndl necklace*
29 la blusa tirolesa
- *dirndl blouse*
30 el corpiño
- *bodice*
31 el delantal tirolés
- *dirndl apron*
32 el adorno de encaje *m* (el encaje), un encaje de algodón *m*
- *lace trimming (lace), cotton lace*
33 el delantal de volantes *m*
- *frilled apron*
34 el volante (*Arg. y Venez.:* el colado)
- *frill*
35 la casaca (*Col., C. Rica y Chile:* el palto)
- *smock overall*
36 el vestido de casa *f*
- *house frock (house dress)*
37 la chaqueta (*Amér.:* el saco) de popelina *f*
- *poplin jacket*
38 la camiseta (el tee-shirt)
- *T-shirt*
39 el pantalón corto de señora *f* (el short)
- *ladies' shorts*
40 la vuelta del pantalón
- *trouser turn-up*
41 el cinturón
- *waistband*
42 la cazadora
- *bomber jacket*
43 la cinturilla elástica
- *stretch welt*
44 las bermudas
- *Bermuda shorts*
45 el pespunte
- *saddle stitching*
46 el cuello de volantes *m*
- *frill collar*
47 el nudo
- *knot*
48 la falda-pantalón
- *culotte*
49 el conjunto
- *twin set*
50 la chaqueta (*Amér.:* el saco) de punto *m*
- *cardigan*
51 el suéter
- *sweater*
52 el pantalón de verano *m*
- *summer (lightweight) slacks*
53 el mono
- *jumpsuit*
54 la vuelta de manga *f* (el puño vuelto)
- *turn-up*
55 la cremallera
- *zip*
56 el bolsillo de parche *m* (*Amér. Central, Mé., y Perú:* la bolsa)
- *patch pocket*
57 el pañuelo de cuello *m*
- *scarf (neckerchief)*
58 el conjunto de dos piezas *f* vaqueras
- *denim suit*
59 la chaqueta vaquera
- *denim waistcoat*
60 el pantalón vaquero (los jeans, blue jeans)
- *jeans (denims)*
61 la sobreblusa (la túnica; *Ec. y Perú:* la polca)
- *overblouse*
62 la manga remangada
- *turned-up sleeve*
63 el cinturón elástico
- *stretch belt*
64 la camiseta de espaldas *f* desnudas (el tee-shirt de espaldas *f* desnudas)
- *halter top*
65 el jersey casaca *f*
- *knitted overtop*
66 el cinturón de jareta *f*
- *drawstring waist*
67 el suéter de verano *m*
- *short-sleeved jumper*
68 el escote en forma *f* de V
- *V-neck (vee-neck)*
69 el cuello camisero
- *turndown collar*
70 la elástico de punto *m*
- *knitted welt*
71 el chal (el chal tiangular; *Mé.:* el tápalo)
- *shawl*

1
2
3
4
5
6
7
8
9
10
11
12
13
14
15
16
17
18
19
20
21
22
23
24
25
26
27
28
29
30
31
32
33
34
35
36
37
38
39
40
41
42
43
44
45
46
47
48
49
50
51
52
53
54
55
56
57
58
59
60
61
62
63
64
65
66
67
68
69
70
71

1-15 la ropa interior de señora *f* (la lencería)
– ***ladies' underwear*** *(ladies' underclothes, lingerie)*
1 el sostén (el sujetador)
– *brassière (bra)*
2 la faja de braga *f*
– *pantie-girdle*
3 la faja corsé *m*
– *pantie-corselette*
4 el sostén de cuerpo *m* (el sostén largo)
– *longline brassière (longline bra)*
5 la faja elástica
– *stretch girdle*
6 la liga
– *suspender*
7 la camiseta de señora *f*
– *vest*
8 las bragas
– *pantie briefs*
9 la media corta (la calceta) de señora *f*
– *ladies' knee-high stocking*
10 la braga pantalón *m*
– *long-legged (long leg) panties*
11 los calzoncillos largos (los leotardos sin pie *m*)
– *long pants*
12 los leotardos (*ant.:* las calzas)
– *tights (pantie-hose)*
13 la combinación (*Amér.:* el fustán)
– *slip*
14 la media combinación (la enagua)
– *waist slip*
15 las bragas slip *m*
– *bikini briefs*
16-21 ***ladies' nightwear***
16 el camisón (*Col. y P. Rico:* la camisola)
– *nightdress (nightgown, nightie)*
17 el pijama
– *pyjamas (*Am. *pajamas)*
18 la camiseta del pijama
– *pyjama top*
19 el pantalón del pijama
– *pyjama trousers*
20 la bata de casa *f* y de baño *m* (*Col.:* el chingue)
– *housecoat*
21 el juego de camiseta *f* y pantalón *m* corto (utilizado como pijama *m* o para los ratos de ocio *m*)
– *vest and shorts set [for leisure wear and as nightwear]*
22-29 la ropa interior de caballero *m*
– ***men's underwear*** *(men's underclothes)*
22 la camiseta de red *f* (de malla *f*)
– *string vest*
23 los calzoncillos de red *f*
– *string briefs*
24 la bragueta
– *front panel*
25 la camiseta sin mangas *f* (*P. Rico y Río de Plata:* la camisilla; *Cuba, P. Rico y Venez.:* la franela; *Col.:* el capisayo; *Cuba y Chile:* la paloma)
– *sleeveless vest*
26 los calzoncillos (el slip; *P. Rico:* los pantaloncillos)
– *briefs*
27 los calzoncillos largos
– *trunks*
28 la camiseta de mangas *f* cortas
– *short-sleeved vest*
29 los calzones
– *long johns*
30 los tirantes (*Arg., Bol. y Urug.:* los tiradores; *Col. y Mé.:* las tirantas; *Arg.:* los tiros; *Chile:* los suspensores; *Col.:* las cargaderas)
– *braces (*Am. *suspenders)*
31 el clip de los tirantes
– *braces clip*
32-34 los calcetines de caballero *m*
– ***men's socks***
32 el calcetín de caña *f* larga
– *knee-length sock*
33 el elástico del calcetín
– *elasticated top*
34 el calcetín bajo (*Chile:* el botín)
– *long sock*
35-37 la ropa de noche *f* **de caballero** *m*
– ***men's nightwear***
35 el batín (la bata)
– *dressing gown*
36 el pijama
– *pyjamas (*Am. *pajamas)*
37 la camisa de cama *f* (de caballero *m*)
– *nightshirt*
38-47 las camisas de caballero *m*
– ***men's shirts***
38 la camisa de sport *m*
– *casual shirt*
39 el cinturón (la correa; *Amér.:* el fajo)
– *belt*
40 el pañuelo de cuello *m* (el fular)
– *cravat*
41 la corbata
– *tie*
42 el nudo de corbata
– *knot*
43 la camisa de smoking *m*
– *dress shirt*
44 la pechera plisada (el plastrón plisado)
– *frill (frill front)*
45 el puño
– *cuff*
46 los gemelos (*P. Rico, Urug. y Venez.:* las yuntas)
– *cuff link*
47 la pajarita (el lazo de smoking *m*, la palomita)
– *bow-tie*

1
2
3
4
5
6
7
8
9
10
11
12
13
14
15
16
17
18
19
20
21
22
23
24
25
26
27
28
29
30
31
32
33
34
35
36
37
38
39
40
41
42
43
44
45
46
47

1-67 la moda masculina
- ***men's fashion***

1 el traje de chaqueta *f*, un traje de caballero *m* (*Antillas, Arg. y Col.:* el flus)
- *single-breasted suit, a men's suit*

2 la chaqueta (la americana; *Amér.:* el saco)
- *jacket*

3 el pantalón
- *suit trousers*

4 el chaleco
- *waistcoat (vest)*

5 la solapa
- *lapel*

6 la pernera del pantalón con raya *f*
- *trouser leg with crease*

7 el smoking, un traje de noche *f* (un traje de fiesta *f*)
- *dinner dress, an evening suit*

8 la solapa de seda *f*
- *silk lapel*

9 el bolsillo de pecho *m*
- *breast pocket*

10 el pañuelo del traje (el pañuelo que se coloca en el bolsillo superior de la chaqueta)
- *dress handkerchief*

11 la pajarita (el lazo de smoking *m*, la palomita)
- *bow-tie*

12 el bolsillo exterior
- *side pocket*

13 el frac, un traje de etiqueta *f*
- *tailcoat (tails), evening dress*

14 el faldón
- *coat-tail*

15 el chaleco blanco del frac
- *white waistcoat (vest)*

16 la pajarita blanca
- *white bow-tie*

17 el traje de sport *m*
- *casual suit*

18 la solapa del bolsillo
- *pocket flap*

19 el canesú delantero
- *front yoke*

20 el traje vaquero
- *denim suit*

21 la chaqueta (*Amér.:* el saco) vaquera
- *denim jacket*

22 el pantalón vaquero (los jeans, blue jeans)
- *jeans (denims)*

23 el cinturón (la correa; *Amér.:* el fajo)
- *waistband*

24 el traje playero
- *beach suit*

25 el pantalón corto (los shorts)
- *shorts*

26 la chaqueta de mangas *f* cortas
- *short-sleeved jacket*

27 el traje de deporte *m* (el chandal)
- *tracksuit*

28 la chaqueta del chandal con cremallera *f*
- *tracksuit top with zip*

29 el pantalón del chandal
- *tracksuit bottoms*

30 la chaqueta de punto *m*
- *cardigan*

31 el cuello de punto *m*
- *knitted collar*

32 el jersey de verano *m* para hombres *m*
- *men's short-sleeved pullover (men's short-sleeved sweater)*

33 la camisa de mangas *f* cortas
- *short-sleeved shirt*

34 el botón de la camisa
- *shirt button*

35 la vuelta de la manga
- *turn-up*

36 la camisa de punto *m* (el polo)
- *knitted shirt*

37 la camisa de sport *m* (*Amér.:* la guayabera; *S. Dgo.:* la guerrillera)
- *casual shirt*

38 el bolsillo de parche *m*
- *patch pocket*

39 la chaqueta de sport *m* (la cazadora; *Arg.:* la campera)
- *casual jacket*

40 el pantalón de cinturilla en la rodilla (el pantalón de media pierna *f*)
- *knee-breeches*

41 la cinturilla de la rodilla *f*
- *knee strap*

42 el calcetín largo (la calceta)
- *knee-length sock*

43 la chaqueta de cuero *m*
- *leather jacket*

44 el mono de peto *m* y tirantes *m*
- *bib and brace overalls*

45 los tirantes regulables
- *adjustable braces (*Am. *suspenders)*

46 el bolsillo de pecho *m*
- *front pocket*

47 el bolsillo del pantalón
- *trouser pocket*

48 el bragueta
- *fly*

49 el bolsillo para el metro
- *rule pocket*

50 la camisa a cuadros *m*
- *check shirt*

51 el jersey de hombre *m*
- *men's pullover*

52 el jersey de esquí *m*
- *heavy pullover*

53 el chaleco de punto *m*
- *knitted waistcoat (vest)*

54 el blazer (la chaqueta ligera)
- *blazer*

55 el botón de la chaqueta
- *jacket button*

56 el guardapolvo de trabajo *m* (el guardapolvo blanco; la bata blanca)
- *overall*

57 la trinchera de lluvia *f*, una trinchera
- *trenchcoat*

58 el cuello de la trinchera
- *coat collar*

59 el cinturón de la trinchera
- *coat belt*

60 el abrigo (de entretiempo *m*) de popelina *f*
- *poplin coat*

61 el bolsillo del abrigo
- *coat pocket*

62 la hilera oculta de botones *m*
- *fly front*

63 el chaquetón de paño *m* (el gabán, el sobretodo)
- *car coat*

64 el botón del abrigo
- *coat button*

65 el pañuelo de cuello *m* (el fular)
- *scarf*

66 el abrigo de paño *m*
- *cloth coat*

67 los guantes
- *glove*

1
2
3
4
5
6
7
8
9
10
11
12
13
14
15
16
17
18
19
20
21
22
23
24
25
26
27
28
29
30
31
32
33
34
35
36
37
38
39
40
41
42
43
44
45
46
47
48
49
50
51
52
53
54
55
56
57
58
59
60
61
62
63
64
65
66
67

1-25 cortes *m* de barba *f* y peinados *m* de caballero *m*
- ***men's beards and hairstyles (haircuts)***

1 el cabello largo y suelto
- *long hair worn loose*

2 la peluca larga (la peluca de Estado *m*, peluca *f* de circunstancias *f*), una peluca; *más corta y lisa:* la media peluca (el bisoñé)
- *allonge periwig (full-bottomed wig), a wig;* shorter and smoother: *bob wig, toupet*

3 los rizos (*Amér.:* los churos; *Bol.:* los quimachis; *Chile:* los lulos; *Ec.:* los enganchabobos; *Mé.:* los compromisos)
- *curls*

4 la peluca de bolsa *f* (la peluca a lo Mozart)
- *bag wig (purse wig)*

5 la peluca de coleta *f*
- *pigtail wig*

6 la coleta
- *queue (pigtail)*

7 el lazo de la coleta (*Bol.:* el jarichi)
- *bow (ribbon)*

8 el bigote
- *handlebars (handlebar moustache,* Am. *mustache)*

9 la raya en medio *m*
- *centre (*Am. *center) parting*

10 la barba en punta *f* (la perilla)
- *goatee (goatee beard), chintuft*

11 el corte de pelo *m* al cepillo *m* (cabellos *m* al cepillo *m*)
- *closely-cropped head of hair (crew cut)*

12 las patillas (*Col. y Ec.:* las balcarrotas)
- *whiskers*

13 la barba a lo Enrique IV, una barba puntiaguda y bigote *m* (la barba de chivo *m*)
- *Vandyke beard (stiletto beard, bodkin beard), with waxed moustache (*Am. *mustache)*

14 la raya al lado *m*
- *side parting*

15 la barba cerrada (la barba corrida)
- *full beard (circular beard, round beard)*

16 la barba cuadrada
- *tile beard*

17 la mosca [bajo el labio inferior] (*Mé.:* la piocha; *Col.:* el candado)
- *shadow*

18 el cabello ensortijado (la cabeza de artista *m*)
- *head of curly hair*

19 el bigote estilo *m* inglés (el bigote de cepillo *m*)
- *military moustache (*Am. *mustache) (English-style moustache)*

20 la cabeza calva (el calvo)
- *partly bald head*

21 la calva (la calvicie)
- *bald patch*

22 la calva total (el calvo; *Arg., Ec. y Perú:* el mate)
- *bald head*

23 la barba de tres días *m* (la barba hirsuta; los cañones de la barba)
- *stubble beard (stubble, short beard bristles)*

24 las patillas (*Col. y Ec.:* las balcarrotas)
- *side-whiskers (sideboards, sideburns)*

25 el afeitado completo (la cara afeitada)
- *clean shave*

26 el peinado afro (para hombres *m* y mujeres *f*)
- *Afro look [for men and women]*

27-38 peinados *m* de mujer *f* (peinados *m* de señoras *f* y señoritas *f*)
- ***ladies' hairstyles (coiffures, women's and girls' hairstyles)***

27 la cola de caballo *m*
- *ponytail*

28 el cabello tirante hacia atrás
- *swept-back hair (swept-up hair, pinned-up hair)*

29 el moño (el rodete; *Amér.:* el molote; *S. Dgo. y Venez.:* la clineja)
- *bun (chignon)*

30 las trenzas (*Col. y Chile:* los chapes; *Venez.:* las crinejas; *Bol.:* las chanecas; *Col. y Ec.:* las chimbas; *Ec.:* las jimbas; *Bol.:* las pichicas; *Guat. y Mé.:* las chongas)
- *plaits (bunches)*

31 el peinado estilo *m* guirnalda (peinado *m* estilo *m* griego)
- *chaplet hairstyle (Gretchen style)*

32 la guirnalda (la corona) de cabello
- *chaplet (coiled plaits)*

33 el pelo rizado
- *curled hair*

34 el corte a lo garçon (el pelo a lo garçon)
- *shingle (shingled hair, bobbed hair)*

35 el pelo a lo Colón (el peinado a la romana; el peinado estilo *m* paje)
- *pageboy style*

36 el flequillo (*Mé.:* el burrito)
- *fringe (*Am. *bangs)*

37 el peinado de caracoles *m* (de rodetes *m*; *Col.:* la llovizna)
- *earphones*

38 el caracol (el rodete) de pelo *m*
- *earphone (coiled plait)*

1
2
3
4
5
6
7
8
9
10
11
12
13
14
15
16
17
18
19
20
21
22
23
24
25
26
27
28
29
30
31
32
33
34
35
36
37
38

1-21 los sombreros y las gorras de señora *f*
– ***ladies' hats and caps***
1 la sombrerera haciendo un sombrero
– *milliner making a hat*
2 la capucha (la forma)
– *hood*
3 la horma
– *block*
4 los diferentes adornos (un adorno; *Arg., Mé., Perú y Urug.:* el cabuchón)
– *decorative pieces*
5 el sombrero (*Col.:* la coterna)
– *sombrero*
6 el sombrero de moer *m* con plumas *f*
– *mohair hat with feathers*
7 el sombrero con encajes *m* de adorno *m*
– *model hat with fancy appliqué*
8 la gorra de lino *m*
– *linen cap (jockey cap)*
9 el gorro hecho con lana *f* gruesa
– *hat made of thick candlewick yarn*
10 el gorro de punto *m*
– *woollen (*Am.* woolen) hat (knitted hat)*
11 el gorro de tejido *m* de moer *m*
– *mohair hat*
12 el sombrero con plumas *f*
– *cloche with feathers*
13 el sombrero grande de hombre *m* hecho de fibra *f* de pita *f* con cinta *f* encordelada
– *large men's hat made of sisal with corded ribbon*
14 el sombrero de hombre *m* con cinta *f* de adorno *m*
– *trilby-style hat with fancy ribbon*
15 el sombrero blando de fieltro *m* (*Venez.:* el garrotín)
– *soft felt hat*
16 el panamá (el sombrero de jipijapa *f*)
– *Panama hat with scarf*
17 la gorra de visón *m*
– *peaked mink cap*
18 el sombrero de visón *m*
– *mink hat*
19 el gorro de zorro *m* con la parte alta de cuero *m*
– *fox hat with leather top*
20 el gorro de visón *m*
– *mink cap*
21 el sombrero florentino (una pamela)
– *slouch hat trimmed with flowers*

22-40 sombreros ***m*** **y gorras** ***f*** **de caballero** ***m***
– ***men's hats and caps***
22 el sombrero de fieltro *m* estilo *m* ciudad *f*
– *trilby hat (trilby)*
23 el sombrero de loden *m*
– *loden hat (Alpine hat)*
24 el sombrero de fieltro *m* con borlas *f*
– *felt hat with tassels (Tyrolean hat, Tyrolese hat)*
25 la gorra de terciopelo *m* (gorra *f* de pana *f*)
– *corduroy cap*
26 el gorro de lana *f*
– *woollen* (Am. *woolen) hat*
27 la boina
– *beret*
28 la gorra príncipe *m* Enrique, una gorra de marino *m*
– *German sailor's cap (Prinz Heinrich' cap)*
29 la gorra de visera *f* (la gorra de velero *m*)
– *peaked cap (yachting cap)*
30 el sueste
– *sou'wester (southwester)*
31 el gorro de piel *f* de zorro *m* con solapas *f* para las orejas
– *fox cap with earflaps*
32 la gorra de cuero *m* con solapas *f* de piel *f*
– *leather cap with fur flaps*
33 la gorra de piel *f* de almizclero *m*
– *musquash cap*
34 el gorro de piel *f*, un gorro de astracán *m*, un gorro de cosaco *m*
– *astrakhan cap, a real or imitation astrakhan cap*
35 el sombrero de paja *f* (el canotié; *Mé.:* el chilapeño; *Chile y Mé.:* la chupalla; *Col., Ec., P. Rico y Venez.:* la pava; *Arg.:* el rancho; *Perú:* la sarita)
– *boater*
36 el sombrero de copa *f* hecho de tafetán *m* de seda *f* (la chistera; *Amér. Central, Col., Pan. y Venez.:* el cubilete; *Amér. Central y Mé.:* el bolero; *Mé.:* la cubeta, el sorbete); *plegable:* el bicornio (el clac)
– *top hat made of silk taffeta;* collapsible: *crush hat (opera hat, claque)*
37 el sombrero de verano *m* de tela *f* con bolsillito *m*
– *sun hat (lightweight hat) made of cloth with small patch pocket*
38 el sombrero flexible de alas *f* anchas (el sombrero de artista *m; Bol., Chile y Perú:* el guarapón)
– *wide-brimmed hat*
39 el gorro con borla *f* (el gorro de esquí *m*)
– *toboggan cap (skiing cap, ski cap)*
40 la gorra
workman's cap

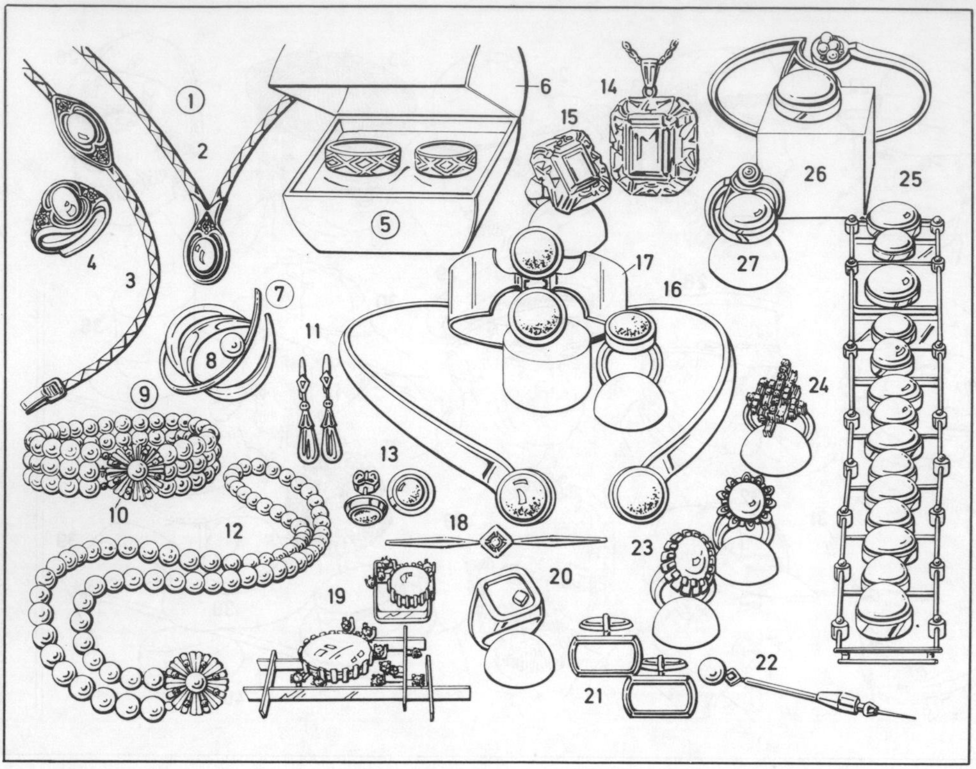

1 los adornos de joyas *f* (la joya; *Col.:* la finca)
– *set of jewellery* (Am. *jewelry)*
2 el collar
– *necklace*
3 el brazalete (la pulsera; *Col. y Cuba:* el pulso)
– *bracelet*
4 el anillo (la sortija)
– *ring*
5 las alianzas (los anillos de boda *f*)
– *wedding rings*
6 el estuche de las alianzas
– *wedding ring box*
7 el broche, un broche de perlas *f* (*Amér. Central:* la gacilla)
– *brooch, a pearl brooch*
8 la perla
– *pearl*
9 el brazalete de perlas *f* cultivadas
– *cultured pearl bracelet*
10 el cierre (el broche), un cierre de oro *m* blanco
– *clasp, a white gold clasp*
11 los pendientes (los aretes, los zarcillos; *Arg., Bol., Hond., Perú, Urug.:* las caravanas, los colgantes)
– *pendant earrings (drop earrings)*
12 el collar de perlas *f* cultivadas
– *cultured pearl necklace*
13 los zarcillos (los aretes, los pendientes; *Col., Ec.:* las candongas; *Col.:* las aretas; *Col., Guat. y S. Dgo.:* los aritos; *Arg., Chile, P. Rico y Urug.:* los aros)
– *earrings*
14 el dije de piedras *f* finas (piedras *f* preciosas)
– *gemstone pendant*
15 el anillo de piedras *f* finas (piedras *f* preciosas)
– *gemstone ring*
16 el aro del cuello
– *choker (collar, neckband)*
17 el brazalete
– *bangle*
18 el broche alargado con brillante *m*
– *diamond pin*
19 el broche moderno
– *modern-style brooches*
20 el anillo de caballero *m*
– *man's ring*
21 los gemelos (*P. Rico, Urug. y Venez.:* las yuntas)
– *cuff links*
22 el alfiler de corbata *f* (*Mé.:* el fistol)
– *tiepin*
23 el anillo de brillantes *m* con perla *f*
– *diamond ring with pearl*
24 el anillo de brillantes *m* moderno
– *modern-style diamond ring*
25 el brazalete de piedras *f* finas (piedras *f* preciosas)
– *gemstone bracelet*
26 el brazalete rígido asimétrico
– *asymmetrical bangle*
27 el anillo asimétrico
– *asymmetrical ring*
28 el collar de marfil *m*
– *ivory necklace*
29 la rosa de marfil *m* tallado
– *ivory rose*
30 el broche de marfil *m*
– *ivory brooch*
31 el estuche de joyas *f* (el joyero; *Arg., Chile, Guat., Urug.:* la alhajera; *Col. y P. Rico:* el cofre)
– *jewel box (jewel case)*
32 el collar de perlas *f*
– *pearl necklace*
33 el reloj joya *f*
– *bracelet watch*
34 el collar de coral *m* puro
– *coral necklace*
35 los dijes
– *charms*
36 la cadena con monedas *f*
– *coin bracelet*
37 la moneda de oro *m*
– *gold coin*
38 el engaste de la moneda
– *coin setting*
39 el eslabón de la cadena
– *link*
40 el anillo de sello *m* (el sello)
– *signet ring*
41 el grabado (el monograma)
– *engraving, a monogram*
42-86 las diferentes tallas *f* (cortes *m*) de piedras *f*
– *cuts and forms*
42-71 las piedras talladas con facetas *f* (caras *f*)
– *faceted stones*
42-43 la talla redonda normal con facetas *f* (caras *f*)
– *standard round cut*
44 la talla brillante *m*
– *brilliant cut*

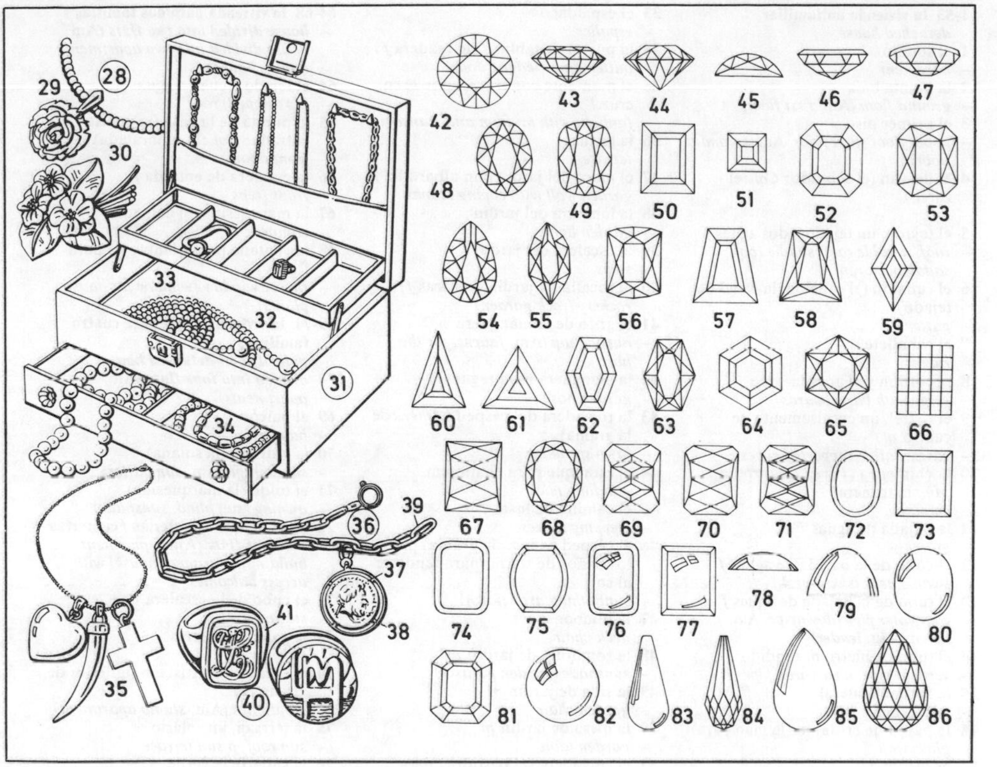

45 la talla rosa *f*
– *rose cut*
46 la tabla llana
– *flat table*
47 la tabla en cabujón *m*
– *table en cabochon*
48 la talla ovalada normal
– *standard cut*
49 la talla antigua (la talla inglesa)
– *standard antique cut*
50 la talla escalonada rectangular
– *rectangular step-cut*
51 la talla escalonada cuadrada
– *square step-cut*
52 la talla escalonada octogonal
– *octagonal step-cut*
53 la talla octogonal con caras *f* cruzadas
– *octagonal cross-cut*
54 la talla en forma *f* de pera *f*
– *standard pear-shape (pendeloque)*
55 la naveta (la navette)
– *marquise (navette)*
56 la talla en forma *f* de barril *m* normal
– *standard barrel-shape*
57 la talla escalonada de trapecio *m*
– *trapezium step-cut*
58 la talla de trapecio *m* con caras *f* cruzadas
– *trapezium cross-cut*
59 la talla escalonada de rombo *m* (el rombo en talla *f* escalonada)
– *rhombus step-cut*
60-61 el triángulo en talla *f* escalonada
– *triangular step-cut*
62 la talla escalonada hexagonal
– *hexagonal step-cut*
63 la talla hexagonal ovalada con caras *f* cruzadas
– *oval hexagonal cross-cut*
64 la talla escalonada hexagonal redonda
– *round hexagonal step-cut*
65 la talla hexagonal con caras *f* cruzadas
– *round hexagonal cross-cut*
66 la talla a cuadros *m*
– *chequer-board cut*
67 la talla a triángulos *m*
– *triangle cut*
68-71 tallas *f* de fantasía *f*
– *fancy cuts*
72-77 piedras *f* preciosas para anillos *m*
– *ring gemstones*
72 la tabla llana ovalada
– *oval flat table*
73 la tabla llana rectangular
– *rectangular flat table*
74 la tabla llana rectangular con ángulos *m* redondos
– *octagonal flat table*
75 la forma de tonel *m*
– *barrel-shape*
76 la tabla abombada antigua (con ángulos *m* redondos)
– *antique table en cabochon*
77 la tabla abombada rectangular con ángulos *m* agudos
– *rectangular table en cabochon*
78-81 los cabujones
– *cabochons*
78 el cabujón redondo
– *round cabochon (simple cabochon)*
79 el cono redondo
– *high dome (high cabochon)*
80 el cabujón ovalado
– *oval cabochon*
81 el cabujón octogonal
– *octagonal cabochon*
82-86 esferas *f* y formas *f* de peras *f*
– *spheres and pear-shapes*
82 la esfera lisa
– *plain sphere*
83 la forma de pera *f* lisa
– *plain pear-shape*
84 la forma de pera *f* con caras *f*
– *faceted pear-shape*
85 la gota lisa
– *plain drop*
86 el briolet con caras *f*
– *faceted briolette*

1-53 la vivienda unifamiliar
- ***detached house***
1 el sótano
- *basement*
2 la planta baja
- *ground floor (*Am. *first floor)*
3 el primer piso
- *upper floor (first floor,* Am. *second floor)*
4 el desván (el sobrado; *Col.:* el zarzo)
- *loft*
5 el tejado, un tejado a dos aguas *f*
- *roof, a gable roof (saddle roof, saddleback roof)*
6 el canalón (el canelón, la canal del tejado)
- *gutter*
7 el caballete
- *ridge*
8 el cordón y el guardacabio
- *verge with bargeboards*
9 el ristrel, un cornisamento de cabrio *m*
- *eaves, rafter-supported eaves*
10 la chimenea (*Venez.:* el torreón; *Mé.:* la tronera)
- *chimney*
11 la bajada de aguas *f*
- *gutter*
12 el codo de la bajada de aguas *f*
- *swan's neck (swan-neck)*
13 el tubo de la bajada de aguas *f*
- *rainwater pipe (downpipe,* Am. *downspout, leader)*
14 el tubo de hierro *m* fundido
- *vertical pipe, a cast-iron pipe*
15 la fachada lateral
- *gable (gable end)*
16 la pared de cristal *m* (la mampara)
- *glass wall*
17 el zócalo
- *base course (plinth)*
18 la galería
- *balcony*
19 la barandilla
- *parapet*
20 la jardinera
- *flower box*
21 la puerta de dos hojas *f* en la galería
- *French window (French windows) opening on to the balcony*
22 la ventana de dos batientes *m* (*Col.:* la ventana de dos abras *f*)
- *double casement window*
23 la ventana de un batiente
- *single casement window*
24 el alféizar con antepecho *m*
- *window breast with window sill*
25 el dintel de la ventana
- *lintel (window head)*
26 la jamba de la ventana
- *reveal*
27 el respiradero del sótano (el tragaluz)
- *cellar window*
28 la persiana enrollable
- *rolling shutter*
29 la guía de la persiana enrollable
- *rolling shutter frame*
30 la contraventana (el postigo)
- *window shutter (folding shutter)*
31 el pestillo de la contraventana
- *shutter catch*
32 el garaje, con cuarto *m* de herramientas *f*
- *garage with tool shed*
33 el espaldar
- *espalier*
34 la puerta de tablas *f* de madera *f*
- *batten door (ledged door)*
35 el montante con travesaños *m* en cruz *f*
- *fanlight with mullion and transom*
36 la terraza
- *terrace*
37 el muro del jardín con albardilla *f*
- *garden wall with coping stones*
38 la lámpara del jardín
- *garden light*
39 la escalera del jardín
- *steps*
40 la rocalla (el jardín de rocas *f*)
- *rockery (rock garden)*
41 el grifo de la manguera
- *outside tap (*Am. *faucet) for the hose*
42 la manguera para regar
- *garden hose*
43 la rociadera del césped (*Amér.:* de la grama)
- *lawn sprinkler*
44 el estanque para chapotear
- *paddling pool*
45 el camino de losas *f*
- *stepping stones*
46 el césped (*Amér.:* la grama) para los baños de sol *m* (para tenderse al sol)
- *sunbathing area (lawn)*
47 la tumbona
- *deck-chair*
48 la sombrilla de jardín *m*
- *sunshade (garden parasol)*
49 la silla de jardín *m*
- *garden chair*
50 la mesa de jardín *m*
- *garden table*
51 el colgadero (el bastidor) para sacudir alfombras *f*
- *frame for beating carpets*
52 la entrada al garaje *m*
- *garage driveway*
53 la cerca, una valla de madera *f*
- *fence, a wooden fence*

54-57 la urbanización residencial
- ***housing estate*** *(housing development)*
54 la casa de la urbanización
- *house on a housing estate (on a housing development)*
55 el tejado caedizo (*Amér.:* el caedizo)
- *pent roof (penthouse roof)*
56 la buhardilla (*Col.:* el ventolín)
- *dormer (dormer window)*
57 el jardín particular
- *garden*

58-63 la serie de casas *f* escalonadas
- ***terraced house*** *[one of a row of terraced houses],* ***stepped***
58 el jardín delantero
- *front garden*
59 el seto
- *hedge*
60 la acera (*Guat., Mé.:* la banqueta)
- *pavement (*Am. *sidewalk, walkway)*
61 la calle
- *street (road)*
62 la farola de la calle
- *street lamp (street light)*
63 la papelera
- *litter bin (*Am. *litter basket)*

64-68 la vivienda para dos familias *f*
- ***house divided into two flats*** (Am. *house divided into two apartments, duplex house)*
64 el tejado a cuatro aguas *f*
- *hip (hipped) roof*
65 la puerta de la casa (la puerta de entrada; *Col.:* la umbralada)
- *front door*
66 la escalera de entrada *f*
- *front steps*
67 la marquesina (el colgadizo)
- *canopy*
68 la ventana para plantas *f* o para flores *f*
- *flower window (window for house plants)*

69-71 la vivienda doble para cuatro familias *f*
- ***pair of semi-detached houses divided into four flats*** (Am. *apartments)*
69 el balcón
- *balcony*
70 la vidriera (la solana)
- *sun lounge (*Am. *sun parlor)*
71 el toldo (la marquesina)
- *awning (sun blind, sunshade)*

72-76 el bloque de galerías *f* cubiertas
- ***block of flats*** (Am. *apartment building, apartment house) with access balconies*
72 el cubo de la escalera
- *staircase*
73 la galería cubierta
- *balcony*
74 el estudio de artista *m* (taller *m* de artista *m*)
- *studio flat (*Am. *studio apartment)*
75 la terraza, un solario
- *sun roof, a sun terrace*
76 la superficie verde
- *open space*

77-81 el bloque de pisos *m*
- ***multi-storey block of flats*** (Am. *multistory apartment building, multistory apartment house)*
77 el tejado plano
- *flat roof*
78 el tejado de pendiente *f*
- *pent roof (shed roof, lean-to roof)*
79 el garaje
- *garage*
80 la pérgola
- *pergola*
81 la ventana de la caja de la escalera
- *staircase window*
82 la torre de pisos *m*
- *high-rise block of flats (*Am. *high-rise apartment building, high-rise apartment house)*
83 el ático (la vivienda de la azotea *f*)
- *penthouse*

84-86 la residencia secundaria (la segunda vivienda *f*), una casa de madera *f*
- ***weekend house, a timber house***
84 el encofrado de tablas *f* horizontal (la tablazón horizontal)
- *horizontal boarding*
85 el zócalo de piedra *f* natural (el basamento de piedra *f*)
- *natural stone base course (natural stone plinth)*
86 el ventanal
- *strip windows (ribbon windows)*

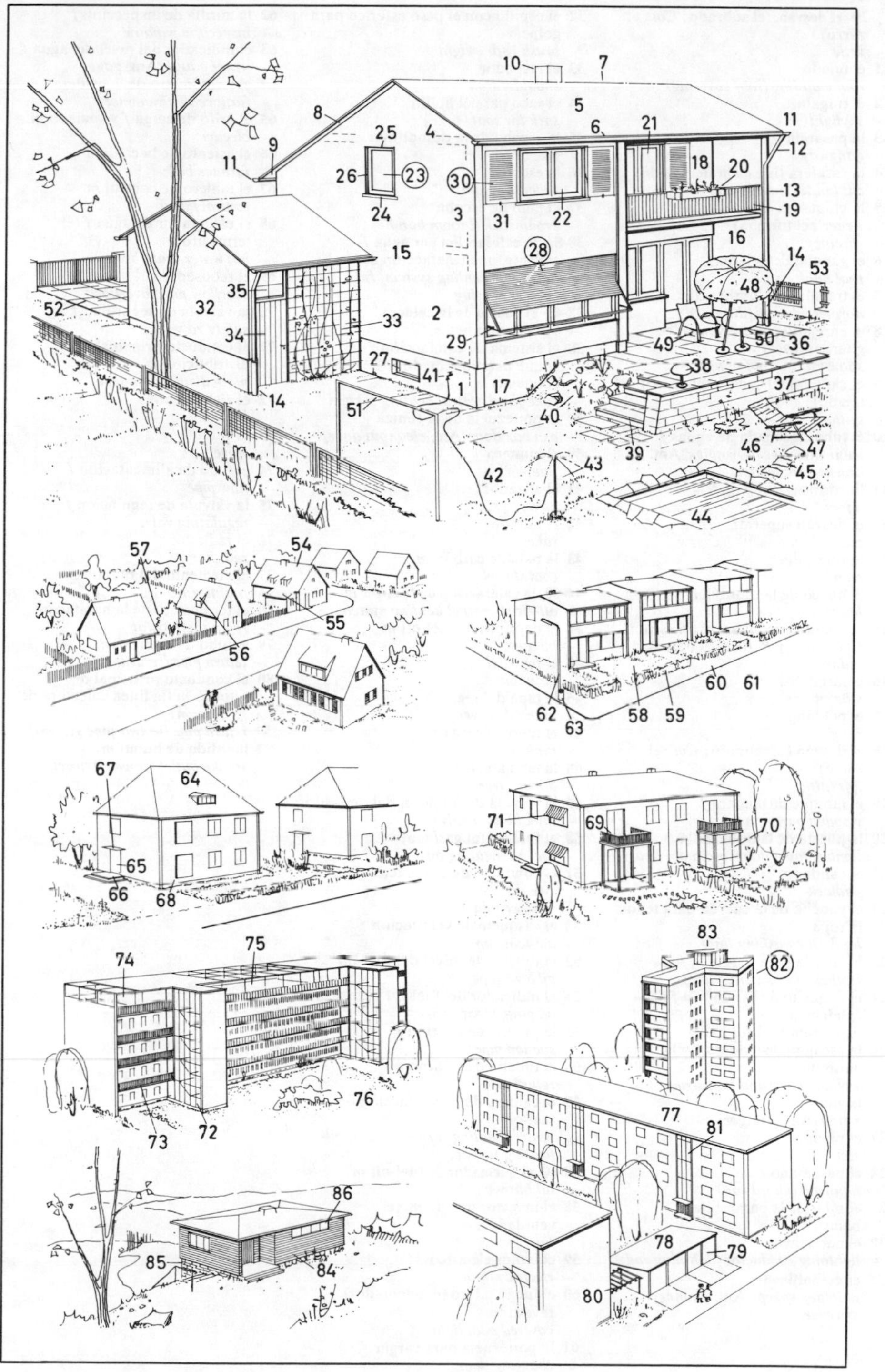
1
2
3
4
5
6
7
8
9
10
11
12
13
14
15
16
17
18
19
20
21
22
23
24
25
26
27
28
29
30
31
32
33
34
35
36
37
38
39
40
41
42
43
44
45
46
47
48
49
50
51
52
53
54
55
56
57
58
59
60
61
62
63
64
65
66
67
68
69
70
71
72
73
74
75
76
77
78
79
80
81
82
83
84
85
86

1-29 el desván, (el sobrado; *Col.:* el zarzo)
– ***attic***
1 el tejado
– *roof cladding (roof covering)*
2 el tragaluz
– *skylight*
3 la pasarela
– *gangway*
4 la escalera (la escala del tejado)
– *cat ladder (roof ladder)*
5 la chimenea (*Mé.:* la tronera; *Venez.:* el torreón)
– *chimney*
6 el gancho del tejado
– *roof hook*
7 el tragaluz (la lumbrera)
– *dormer window (dormer)*
8 el enrejado paranieves *m* (el guardanieves)
– *snow guard (roof guard)*
9 el canalón (el canelón, la canal del tejado)
– *gutter*
10 el tubo de bajada de aguas *f*
– *rainwater pipe (downpipe,* Am. *downspout, leader)*
11 la cornisa
– *eaves*
12 el desván superior
– *pitched roof*
13 la trampilla
– *trapdoor*
14 el hueco de la trampilla
– *hatch*
15 la escalera de mano *m* (la escala; *Cuba, Mé. y P. Rico:* el burro)
– *ladder*
16 el larguero
– *stile*
17 el peldaño
– *rung*
18 el desván (el sobrado; *Col.:* el zarzo)
– *loft (attic)*
19 el tabique de madera *f*
– *wooden partition*
20 la puerta de la buhardilla
– *lumber room door (boxroom door)*
21 el candado
– *padlock*
22 el gancho de la cuerda para tender la ropa
– *hook [for washing line]*
23 la cuerda para tender la ropa
– *clothes line (washing line)*
24 el depósito de expansión *f* de la calefacción
– *expansion tank for boiler*
25 la escalera de madera *f* y la barandilla
– *wooden steps and balustrade*
26 la zanca
– *string (*Am. *stringer)*
27 el peldaño
– *step*
28 el pasamano
– *handrail (guard rail)*
29 el pilar de la barandilla
– *baluster*
30 el pararrayos
– *lightning conductor (lightning rod)*
31 el deshollinador
– ***chimney sweep*** *(*Am. *chimney sweeper)*
32 el cepillo con el peso esférico para golpear
– *brush with weight*
33 el raspador
– *shoulder iron*
34 el saco para el hollín
– *sack for soot*
35 la escoba de la deshollinar
– *flue brush*
36 la escoba
– *broom (besom)*
37 el palo de escoba
– *broomstick (broom handle)*
38-81 la calefacción por agua *f* caliente, una calefacción central
– ***hot-water heating system, full central heating***
38-43 el cuarto de la caldera
– ***boiler room***
38 el sistema de calefacción *f* de coque *m* (el quemador de coque *m*)
– *coke-fired central heating system*
39 la portezuela de la ceniza
– *ash box door (*Am. *cleanout door)*
40 el humero
– *flueblock*
41 el atizador
– *poker*
42 el hurgón
– *rake*
43 la pala de carbón *m*
– *coal shovel*
44-60 la calefacción de fuel-oil *m*
– ***oil-fired central heating system***
44 el depósito de fuel-oil *m*
– *oil tank*
45 el registro
– *manhole*
46 la tapa del registro
– *manhole cover*
47 el tubo de carga *f*
– *tank inlet*
48 la tapa abovedada
– *dome cover*
49 la válvula de fondo *m* del depósito
– *tank bottom valve*
50 el fuel-oil (el gasóleo)
– *fuel oil (heating oil)*
51 el conducto de evacuación *f* de aire *m*
– *air-bleed duct*
52 el casquete de ventilación *f*
– *air vent cap*
53 la tubería del nivel del fuel-oil
– *oil level pipe*
54 el indicador del fuel-oil
– *oil gauge (*Am. *gage)*
55 la tubería de succión *f*
– *suction pipe*
56 la tubería de retorno *m*
– *return pipe*
57 la caldera de la calefacción de fuel-oil *m*
– *central heating furnace;* here: *oil-heating furnace*
58-60 el quemador de fuel-oil *m*
– ***oil burner***
58 el inyector de aire *m*, (el ventilador)
– *fan*
59 el motor eléctrico
– *electric motor*
60 el fuego piloto (el quemador) revestido
– *covered pilot light*
61 la portezuela para cargar
– *charging door*
62 la mirilla de inspección *f*
– *inspection window*
63 el indicador del nivel del agua *f*
– *water gauge (*Am. *gage)*
64 el termómetro de la caldera
– *furnace thermometer*
65 el grifo de carga *f* y vaciado *m*
– *bleeder*
66 el asiento de la caldera
– *furnace bed*
67 el tablero de control *m*
– *control panel*
68 el calentador de agua *f* (el termosifón)
– *hot water tank (boiler)*
69 el rebosadero
– *overflow pipe (overflow)*
70 la válvula de seguridad *f*
– *safety valve*
71 el conducto principal de distribución *f*
– *main distribution pipe*
72 el aislamiento
– *lagging*
73 la válvula
– *valve*
74 el tubo de alimentación *f*
– *flow pipe*
75 la válvula de regulación *f*
– *regulating valve*
76 el radiador
– *radiator*
77 el elemento del radiador
– *radiator rib*
78 el termostato de la habitación
– *room thermostat*
79 el tubo de retorno *m*
– *return pipe (return)*
80 el conducto principal de retorno *m* (la línea colectora de retorno *m*)
– *return pipe [in two-pipe system]*
81 la salida de humo *m*
– *smoke outlet (smoke extract)*

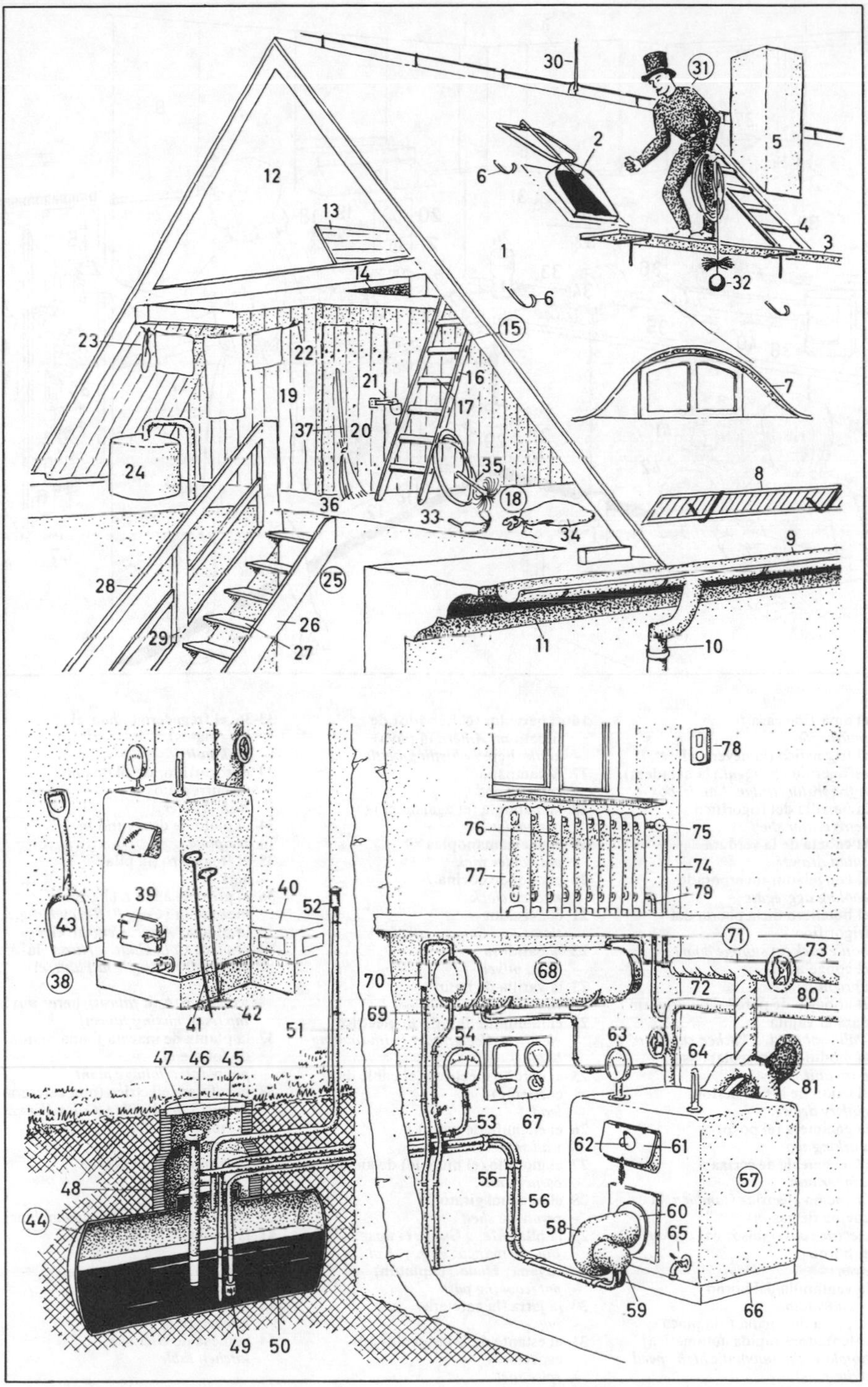
1
2
3
4
5
6
6
7
8
9
10
11
12
13
14
15
16
17
18
19
20
21
22
23
24
25
26
27
28
29
30
31
32
33
34
35
36
37
38
39
40
41
42
43
44
45
46
47
48
49
50
51
52
53
54
55
56
57
58
59
60
61
62
63
64
65
66
67
68
69
70
71
72
73
74
75
76
77
78
79
80
81

39 Cocina *Kitchen*

1 el ama *f* de casa *f*
– *housewife*
2 el frigorífico (la nevera, el refrigerador; *Argent.:* la heladera)
– *refrigerator (fridge,* Am. *icebox)*
3 la parrilla del frigorífico
– *refrigerator shelf*
4 la cubeta de la verdura
– *salad drawer*
5 el congelador incorporado
– *cooling aggregate*
6 el botellero de la puerta del frigorífico
– *bottle rack (in storage door)*
7 el congelador
– *upright freezer*
8 el armario de pared *f*, un armario para la vajilla
– *wall cupboard, a kitchen cupboard*
9 el módulo (el mueble) base
– *base unit*
10 el cajón de los cubiertos
– *cutlery drawer*
11 la encimera (el poyo)
– *working top*
12-17 el mueble de cocina *f*
– ***cooker unit***
12 la cocina eléctrica (*también:* la cocina de gas *m*)
– *electric cooker (*also: *gas cooker)*
13 el horno
– *oven*
14 la ventanilla del horno
– *oven window*
15 la placa de cocina *f* (la placa calentadora rápida automática)
– *hotplate, an automatic high-speed plate*
16 el hervidor (el hervidor de silbato *m; Amér.:* la pava)
– *kettle;* here: *whistling kettle*
17 la campana
– *cooker hood*
18 la manopla (el agarrador)
– *pot holder*
19 el cuelgamanoplas
– *pot holder rack*
20 el reloj de cocina *f*
– *kitchen clock*
21 el avisador
– *timer*
22 la batidora
– *hand mixer*
23 la varilla de batir
– *whisk*
24 el molinillo de café *m* eléctrico
– *electric coffee grinder [with rotating blades]*
25 el cordón eléctrico (el cable de la corriente)
– *lead*
26 el enchufe de pared *f*
– *wall socket*
27 el módulo (el mueble) de ángulo *m*
– *corner unit*
28 el anaquel giratorio
– *revolving shelf*
29 la olla (*Mé. y Guat.;* el apaste; *Bol.:* la manca; *Arg. y. Col.:* la cayana; *Hond.:* el platón)
– *pot (cooking pot)*
30 la jarra (la cafetera)
– *jug*
31 el estante de las especias (el especiero)
– *spice rack*
32 el tarro de especia *f*
– *spice jar*
33-36 el fregadero (*Chile:* el lavaplatos)
– ***sink unit***
33 el escurridor de platos *m* (escurreplatos *m*)
– *dish drainer*
34 el plato de desayuno *m*
– *tea plate*
35 el fregadero (la pila)
– *sink*
36 el grifo de agua *f*, el grifo mezclador (*Col., P. Rico y Urug.:* la pluma; *Amér. Central:* el chorro; *Col., Guat. y Nicar.:* la paja; *Mé. y Río de la Plata:* el bitoque)
– *water tap (*Am. *faucet);* here: *mixer tap (*Am. *mixing faucet)*
37 la planta de maceta *f*, una planta de follaje *m*
– *pot plant, a foliage plant*
38 la cafetera eléctrica (una cafetera de filtro *m; Antillas, Col. y Venez.:* la freca)
– *coffee maker*
39 la lámpara de la cocina
– *kitchen lamp*
40 el lavavajillas
– *dishwasher (dishwashing machine)*
41 la rejilla de los platos
– *dish rack*
42 el plato
– *dinner plate*
43 la silla de cocina *f*
– *kitchen chair*
44 la mesa de cocina *f*
– *kitchen table*

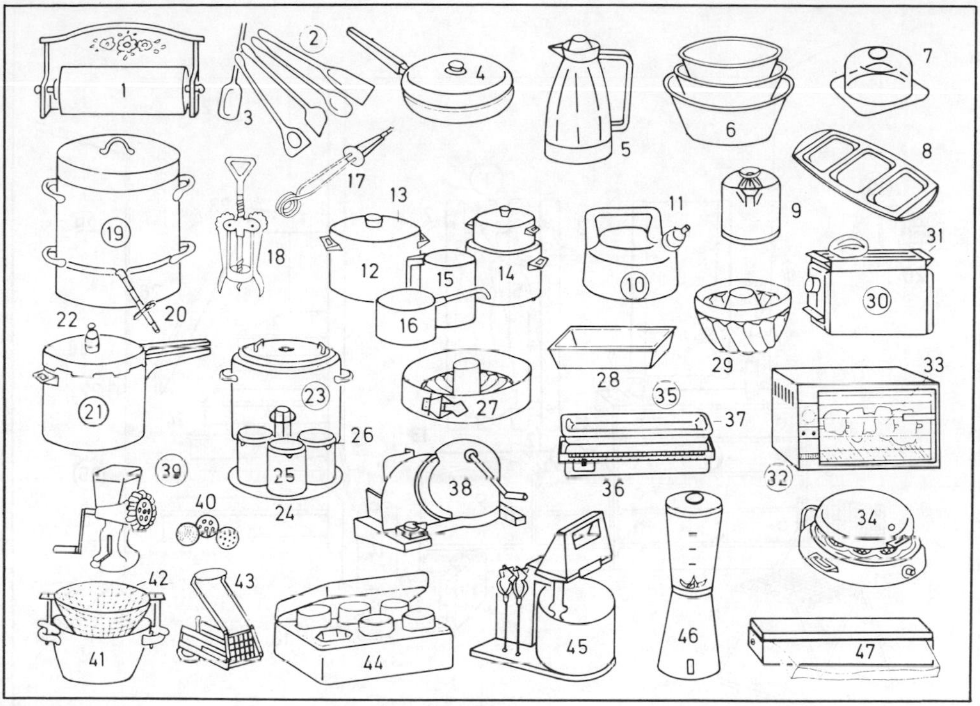

1 el distribuidor de papel *m* de cocina *f*
– *general-purpose roll holder with kitchen roll (paper towels)*
2 el juego de utensilios *m* de madera *f*
– *set of wooden spoons*
3 la cuchara de madera *f* (*Mé.:* la jumaca; *Col.:* la panadora)
– *mixing spoon*
4 la sartén (*Cuba y Mé.:* la freidera)
– *frying pan*
5 el termo (la jarra termo *m*)
– *Thermos jug*
6 las fuentes de cocina *f*
– *set of bowls*
7 la quesera
– *cheese dish with glass cover*
8 el plato de entremeses *m* (el plato de compartimientos *m*)
– *three-compartment dish*
9 el exprimidor
– *lemon squeezer*
10 el hervidor de silbato *m* (el hervidor; *Amér.:* la pava)
– *whistling kettle*
11 el silbato de vapor *m*
– *whistle*
12-16 el juego de cacerolas *f* (la batería de cocina *f*)
– ***pan set***
12 la olla (*Arg. y Col.:* la cayana; *Hond.:* el platón; *Mé. y Guat.:* el apaste; *Bol.:* la manca)
– *pot (cooking pot)*
13 la tapadera
– *lid*
14 la marmita
– *casserole dish*
15 el jarro de la leche
– *milk pot*
16 el cacillo (*Col. y Venez.:* la gacha; *Col. y Cuba:* el pailón)
– *saucepan*
17 el calentador de inmersión *f*
– *immersion heater*
18 el sacacorchos con brazos *m*
– *corkscrew [with levers]*
19 el extractor de jugos *m*
– *juice extractor*
20 la pinza del tubo
– *tube clamp (tube clip)*
21 la olla a presión *f* (la olla exprés)
– *pressure cooker*
22 la válvula de seguridad *f*
– *pressure valve*
23 el esterilizador
– *fruit preserver*
24 el portabotes
– *removable rack*
25 el bote de conserva *f*
– *preserving jar*
26 el aro de goma *f*
– *rubber ring*
27 el molde redondo con muelles *m*
– *spring form*
28 el molde rectangular
– *cake tin*
29 el molde de escudilla *f* (el molde alto)
– *cake tin*
30 el tostador de pan *m*
– *toaster*
31 la rejilla para el pan
– *rack for rolls*
32 el asador
– *rotisserie*
33 el espetón del asador
– *spit*
34 el barquillero eléctrico
– *electric waffle iron*
35 el peso de cocina *f* con pesa *f* corredera
– *sliding-weight scales*
36 la pesa corredera
sliding weight
37 el platillo del peso
– *scale pan*
38 la máquina para cortar (para rebanar)
– *food slicer*
39 la máquina para picar carne
– *mincer (Am. meat chopper)*
40 las cuchillas
– *blades*
41 la freidora de patatas *f*
– *chip pan*
42 la canastilla (el escurridor del aceite)
– *basket*
43 la máquina de cortar patatas *f*
– *potato chipper*
44 la yogurtera
– *yoghurt maker*
45 el robot de cocina *f* (la máquina batidora y amasadora)
– *mixer*
46 la batidora
– *blender*
47 el aparato para cerrar herméticamente las bolsas
– *bag sealer*

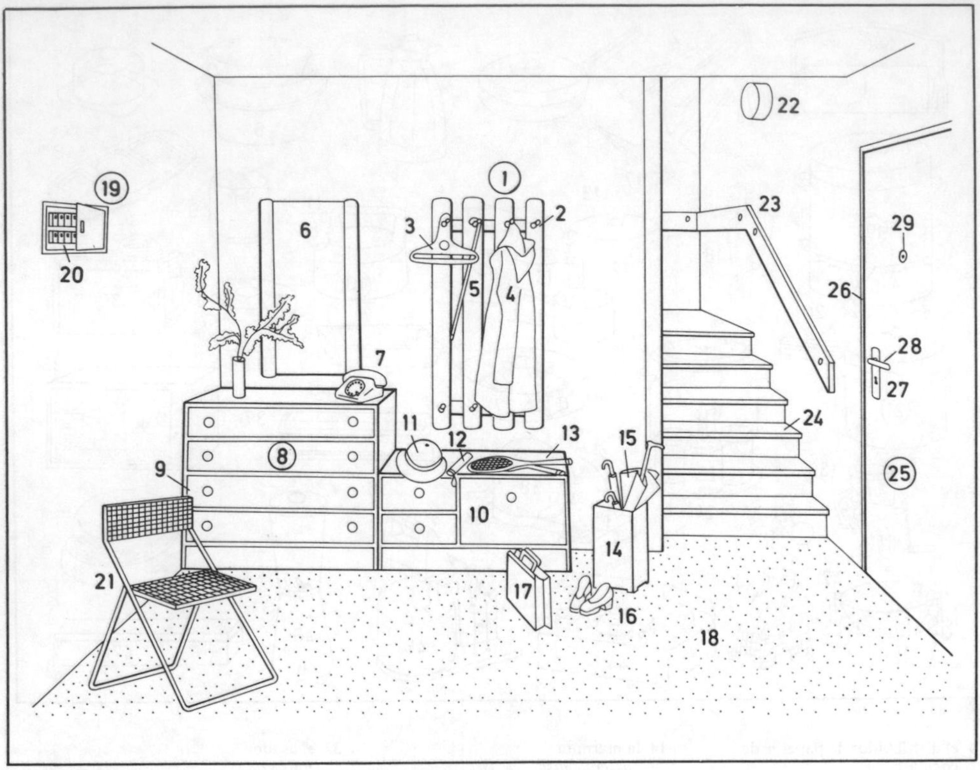

1-29 el vestíbulo (el recibidor, la entrada)
– ***hall** (entrance hall)*
1 el perchero (*Chile, Guat. y Hond.:* la capotera)
– *coat rack*
2 el colgadero (el gancho)
– *coat hook*
3 la percha
– *coat hanger*
4 el impermeable (el chubasquero)
– *rain cape*
5 el bastón
– *walking stick*
6 el espejo
– *hall mirror*
7 el teléfono
– *telephone*
8 la cómoda para los zapatos, maletín *m*, etc.
– *chest of drawers for shoes, etc.*
9 el cajón
– *drawer*
10 el banco
– *seat*
11 el sombrero de señora *f*
– *ladies' hat*
12 el paraguas plegable
– *telescopic umbrella*
13 las raquetas de tenis *m*
– *tennis rackets (tennis racquets)*
14 el paragüero (*Col., Chile y P. Rico:* la paragüera)
– *umbrella stand*
15 el paraguas
– *umbrella*
16 los zapatos
– *shoes*
17 la cartera (el maletín)
– *briefcase*
18 la moqueta
– *fitted carpet*
19 la caja de fusibles *m*
– *fuse box*
20 los fusibles automáticos
– *miniature circuit breaker*
21 la silla metálica de tubo *m*
– *tubular steel chair*
22 el aplique de luz *f* de la escalera
– *stair light*
23 el pasamano
– *handrail*
24 el escalón
– *step*
25 la puerta de entrada *f* (la puerta principal)
– *front door*
26 el marco de la puerta
– *door frame*
27 la cerradura de la puerta
– *door lock*
28 la manivela de la puerta
– *door handle*
29 la mirilla
– *spyhole*

1 el mueble combinado (la estantería por módulos *m*, por elementos *m*)
– *wall units*
2 el panel lateral
– *side wall*
3 el estante (la balda, el anaquel)
– *bookshelf*
4 la hilera de libros *m*
row of books
5 la vitrina
– *display cabinet unit*
6 el módulo de base *f*
– *cupboard base unit*
7 el módulo armario *m*
– *cupboard unit*
8 el televisor
– *television set (TV set)*
9 la cadena estereofónica
– *stereo system (stereo equipment)*
10 el altavoz (la pantalla)
– *speaker (loudspeaker)*
11 el portapipas (el pipario)
– *pipe rack*
12 la pipa (*Amér.:* la churumbela)
– *pipe*
13 el globo terráqueo
– *globe*
14 la tetera de cobre *m* (*Amér.:* la pava)
– *brass kettle*
15 el telescopio
– *telescope*
16 el reloj de mesa *f*
– *mantle clock*
17 el busto
– *bust*
18 la enciclopedia en varios volúmenes *m*
– *encyclopaedia [in several volumes]*
19 el separador de ambientes *m*
– *room divider*
20 el mueble bar *m*
– *drinks cupboard*
21-26 el tresillo por módulos *m*
– ***upholstered suite*** *(seating group)*
21 el sillón (la butaca)
– *armchair*
22 el brazo
– *arm*
23 el cojín del asiento
– *seat cushion (cushion)*
24 el sofá
– *settee*
25 el respaldo
– *back cushion*
26 la rinconera (la esquinera)
– *[round] corner section*
27 el cojín
– *scatter cushion*
28 la mesa de centro *m*
– *coffee table*
29 el cenicero
– *ashtray*
30 la bandeja
– *tray*
31 la botella de güisqui *m* (de whisky *m*)
– *whisky (whiskey) bottle*
32 la botella de soda *f*
– *soda water bottle (soda bottle)*
33-31 el comedor
– ***dining set***
33 la mesa de comedor *m*
– *dining table*
34 la silla (*Col., Chile, Perú y Venez.:* la silleta)
– *chair*
35 el visillo (la cortina)
– *net curtain*
36 las plantas de interior *m*
– *indoor plants (houseplants)*

1 el armario del dormitorio (el ropero; *Col., Cuba, Chile, Pan. y Venez.:* el escaparate)
– *wardrobe* (Am. *clothes closet)*
2 el anaquel (el estante) de ropa *f* blanca
– *linen shelf*
3 el sillón de mimbre *m*
– *cane chair*
4-13 la cama de matrimonio *m*
– ***double bed*** (sim.: *double divan)*
4-6 la cuja (la armazón de la cama)
– ***bedstead***
4 los pies de la cama
– *foot of the bed*
5 el larguero de la cama
– *bed frame*
6 la cabecera
– *headboard*
7 la colcha (*Amér. Central y Venez.:* la chamarra)
– *bedspread*
8 la manta, una manta edredón *m* (*Ec.:* el cobijo; *Col.:* la coriana; *Amér. Central, Mé. y Chile:* el chamarro)
– *duvet, a quilted duvet*
9 la sábana, una sábana de lino *m*
– *sheet, a linen sheet*
10 el colchón, un colchón de espuma *f* con funda *f* de cutí *m*
– *mattress, a foam mattress with drill tick*
11 el travesaño
– *[wedge-shaped] bolster*
12-13 la almohada
– *pillow*
12 la funda de la almohada
– *pillowcase (pillowslip)*
13 la funda interior de la almohada
– *tick*
14 el estante para libros *m*
– *bookshelf [attached to the headboard]*
15 la lámpara de cabecera *f*
– *reading lamp*
16 el despertador eléctrico
– *electric alarm clock*
17 la consola de la cama (*Arg., Perú y Venez.:* el velador)
– *bedside cabinet*
18 el cajón
– *drawer*
19 el aplique de iluminación *f* del dormitorio
– *bedroom lamp*
20 el cuadro
– *picture*
21 el marco del cuadro
– *picture frame*
22 la alfombra de cama *f* (*Chile y Perú:* el piso)
– *bedside rug*
23 la moqueta
– *fitted carpet*
24 el taburete del tocador
– *dressing stool*
25 el tocador (*Arg., Bol., Cuba y Chile:* el peinador; *Col.:* la peinadora)
– *dressing table*
26 el pulverizador de perfume *m*
– *perfume spray*
27 el frasco de perfume *m*
– *perfume bottle*
28 la polvera (*Cuba:* la motera; *Ec. y Perú:* la polvorera; *P. Rico:* la polveta)
– *powder box*
29 el espejo del tocador
– *dressing-table mirror (mirror)*

1-11 la sección (el rincón) de comer
- ***dining set***

1 la mesa
- *dining table*

2 la pata de la mesa
- *table leg*

3 el tablero de la mesa
- *table top*

4 el salvamantel (el posaplatos)
- *place mat*

5 el cubierto
- *place (place setting, cover)*

6 el plato sopero (el plato hondo)
- *soup plate (deep plate)*

7 el plato llano
- *dinner plate*

8 la sopera
- *soup tureen*

9 el vaso de vino *m*
- *wineglass*

10 la silla del comedor
- *dining chair*

11 el asiento
- *seat*

12 la lámpara, una lámpara colgante
- *lamp;* here: *pendant lamp*

13 la cortina
- *curtains*

14 el visillo
- *net curtain*

15 el riel de la cortina
- *curtain rail*

16 la alfombra (*Arg., Perú y Urug.:* el camino; *Perú:* la pisadera)
- *carpet*

17 el mueble de pared *f* (*Mé.:* el trinchador)
- *wall unit*

18 la puerta de cristal *m*
- *glass door*

19 el estante
- *shelf*

20 el aparador (*Col., P. Rico, S. Dgo. y Venez.:* el seibo)
- *sideboard*

21 el cajón de los cubiertos
- *cutlery drawer*

22 el cajón de la mantelería
- *linen drawer*

23 la base (el zócalo)
- *base*

24 la bandeja redonda
- *round tray*

25 la planta de maceta *f*
- *pot plant*

26 el armario de la vajilla (la vitrina)
- *china cabinet (display cabinet)*

27 el juego de café *m* (el servicio de café *m*)
- *coffee set (coffee service)*

28 la cafetera
- *coffee pot*

29 la taza de café *m*
- *coffee cup*

30 el platillo de la taza (*Guat.:* la porcelana)
- *saucer*

31 el jarrito de la leche
- *milk jug*

32 el azucarero
- *sugar bowl*

33 el servicio de mesa *f*
- *dinner set (dinner service)*

1 la mesa de comedor *m*
– *dining table*
2 el mantel, un mantel adamascado
– *tablecloth, a damask cloth*
3-12 el servicio de mesa *f* (el cubierto)
– ***place*** *(place setting, cover)*
3 el posaplatos (el salvamantel)
– *bottom plate*
4 el plato llano
– *dinner plate*
5 el plato sopero (el plato hondo)
– *deep plate (soup plate)*
6 el plato de postre *m*
– *dessert plate (dessert bowl)*
7 el cubierto
– *knife and fork*
8 el cubierto de pescado *m*
– *fish knife and fork*
9 la servilleta
– *serviette (napkin, table napkin)*
10 el servilletero
– *serviette ring (napkin ring)*
11 el portacuchillo (el soporte de los cuchillos)
– *knife rest*
12 las copas de vino *m*
– *wineglasses*
13 la tarjeta de mesa *f*
– *place card*
14 el cucharón (el cazo) de la sopa
– *soup ladle*
15 la sopera
– *soup tureen (tureen)*
16 el candelabro de mesa *f* (*Mé.:* el candil)
– *candelabra*
17 la salsera
– *sauceboat (gravy boat)*
18 la cuchara para la salsa
– *sauce ladle (gravy ladle)*
19 el adorno de la mesa
– *table decoration*
20 la canastilla del pan (la panera)
– *bread basket*
21 el panecillo
– *roll*
22 la rebanada de pan *m*
– *slice of bread*
23 la ensaladera
– *salad bowl*
24 el cubierto de la ensalada
– *salad servers*
25 el plato (la fuente) de legumbres *f*
– *vegetable dish*
26 el plato del asado
– *meat plate (*Am. *meat platter)*
27 el asado
– *roast meat (roast)*
28 el plato de compota *f* (la compotera)
– *fruit dish*
29 la escudilla de compota *f* (el cuenco de compota *f*)
– *fruit bowl*
30 la compota
– *fruit (stewed fruit)*
31 la fuente de las patatas
– *potato dish*
32 el carrito de servicio *m*
– *serving trolley*
33 la fuente de verdura *f*
– *vegetable plate (*Am. *vegetable platter)*
34 la tostada
– *toast*
35 el plato de quesos *m*
– *cheeseboard*
36 la mantequera
– *butter dish*
37 la rebanada de pan *m*
– *open sandwich*
38 la guarnición de la rebanada
– *filling*
39 el sándwich (emparedado *m*)
– *sandwich*
40 el frutero
– *fruit bowl*
41 las almendras (*también:* las patatas crujientes, los cacahuetes)
– *almonds;* also: *potato crisps, peanuts*
42 las vinagreras (el convoy)
– *oil and vinegar bottle*
43 la salsa de tomate *m* picante (el catchup)
– *ketchup (catchup, catsup)*
44 el aparador
– *sideboard*
45 el calientaplatos eléctrico
– *electric hotplate*
46 el sacacorchos
– *corkscrew*

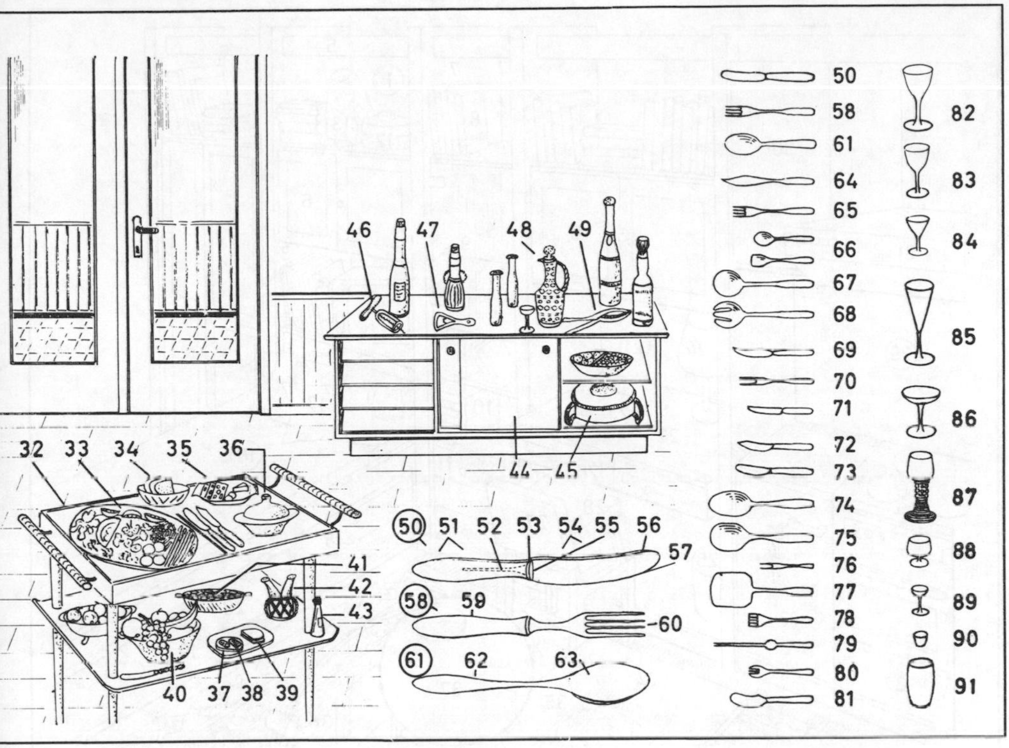

47 el abridor de tapones *m* de corona *f* (un abrebotellas)
– *crown cork bottle-opener (crown cork opener), a bottle-opener*
48 la garrafita para el licor
– *liqueur decanter*
49 el cascanueces
– *nutcrackers (nutcracker)*
50 el cuchillo (*Arg., Bol. y Urug.:* el alfajor)
– *knife*
51 el mango
– *handle*
52 la espiga
– *tang (tongue)*
53 la virola
– *ferrule*
54 la hoja
– *blade*
55 el cabezal (el tope)
– *bolster*
56 el lomo (el canto)
– *back*
57 el filo (el filo cortante)
– *edge (cutting edge)*
58 el tenedor (*Col., Chile, Ec., Mé.:* el trinche)
– *fork*
59 el mango
– *handle*
60 el diente (la púa)
– *prong (tang, tine)*
61 la cuchara sopera
– *spoon (dessert spoon, soup spoon)*
62 el mango
– *handle*
63 el cuenco (la pala) de la cuchara
– *bowl*
64 el cuchillo de pescado *m*
– *fish knife*
65 la pala de pescado *m*
– *fish fork*
66 la cucharilla de postre *m*
– *dessert spoon (fruit spoon)*
67 la cuchara para servir la ensalada
– *salad spoon*
68 el tenedor para servir la ensalada
– *salad fork*
69-70 el juego de trinchantes *m* (el cubierto de trinchar)
– *carving set (serving cutlery)*
69 el cuchillo de trinchar
– *carving knife*
70 el tenedor de trinchar (el trinchante; *Col:* el trinchete)
– *serving fork*
71 el cuchillo para la fruta
– *fruit knife*
72 el cuchillo para el queso
– *cheese knife*
73 el cuchillo para la mantequilla
– *butter knife*
74 la cuchara para servir la verdura
– *vegetable spoon, a serving spoon*
75 la cuchara para servir patatas *f*
– *potato server (serving spoon for potatoes)*
76 el tenedor para sándwich *m*
– *cocktail fork*
77 la pala para espárragos *m*
– *asparagus server (asparagus slice)*
78 el tenedor para sardinas *f*
– *sardine server*
79 el tenedor para las langostas
– *lobster fork*
80 el tenedor para las ostras
– *oyster fork*
81 el cuchillo para el caviar
– *caviare knife*
82 la copa de vino *m* blanco
– *white wine glass*
83 la copa de vino *m* tinto
– *red wine glass*
84 la copa de vino *m* dulce (la copa de madeira)
– *sherry glass (madeira glass)*
85-86 las copas de champaña *m*
– *champagne glasses*
85 la copa alta
– *tapered glass*
86 la copa llana
– *champagne glass, a crystal glass*
87 la copa para vinos *m* del Rin
– *rummer*
88 la copa de coñac *m*
– *brandy glass*
89 la copa de licor *m*
– *liqueur glass*
90 el vasito de aguardiente *m*
– *spirit glass*
91 el vaso de cerveza *f*
– *beer glass*

1 la pared del apartamento (los muebles de pared *f*, la estantería)
– *wall units (shelf units)*
2 el frente del armario (la puerta del armario)
– *wardrobe door (*Am. *clothes closet door)*
3 el cuerpo
– *body*
4 el panel lateral
– *side wall*
5 la cornisa
– *trim*
6 el módulo de dos puertas *f*
– *two-door cupboard unit*
7 el estante de los libros (el estante de vitrina *f; Mé.:* el librero)
– *bookshelf unit (bookcase unit) [with glass door]*
8 los libros
– *books*
9 la vitrina
– *display cabinet*
10 los ficheros
– *card index boxes*
11 el cajón
– *drawer*
12 la bombonera
– *decorative biscuit tin*
13 el animal de tela *f*
– *soft toy animal*
14 el televisor
– *television set (TV set)*
15 los discos
– *records (discs)*
16 la cama empotrable (la cama-mueble)
– *bed unit*
17 el cojín (el almohadón) del sofá
– *scatter cushion*
18 el cajón de la cama-mueble
– *bed unit drawer*
19 el estante de la cama-mueble
– *bed unit shelf*
20 las revistas
– *magazines*
21 el emplazamiento del escritorio
– *desk unit (writing unit)*
22 el escritorio (la mesa escrotorio *m*)
– *desk*
23 la carpeta
– *desk mat (blotter)*
24 la lámpara de mesa *f*
– *table lamp*
25 el cesto de los papeles (la papelera)
– *wastepaper basket*
26 el cajón del escritorio
– *desk drawer*
27 el sillón del escritorio
– *desk chair*
28 el brazo del sillón
– *arm*
29 el mueble de la cocina (el módulo de la cocina)
– *kitchen unit*
30 el armario alto
– *wall cupboard*
31 la campana extractora de humos *m*
– *cooker hood*
32 la cocina eléctrica
– *electric cooker*
33 el frigorífico (la nevera, el refrigerador)
– *refrigerator (fridge,* Am. *icebox)*
34 la mesa de comedor *m*
– *dining table*
35 el tapete de la mesa
– *table runner*
36 la alfombra oriental
– *oriental carpet*
37 la lámpara de pie *m*
– *standard lamp*

1 la cama de los niños, una litera
– *children's bed, a bunk-bed*
2 el cajón de la cama
– *storage box*
3 el colchón
– *mattress*
4 la almohada
– *pillow*
5 la escala
– *ladder*
6 un elefante de tela *f* (de trapo *m*)
– *soft toy elephant, a cuddly toy animal*
7 el perro de tela *f* (de trapo)
– *soft toy dog*
8 el puf
– *cushion*
9 la muñeca-maniquí (la muñeca para vestir; *Hond.:* la pichinga)
– *fashion doll*
10 el cochecito de la muñeca
– *doll's pram*
11 la muñeca acostada
– *sleeping doll*
12 el baldaquín (el dosel)
– *canopy*
13 la pizarra
– *blackboard*
14 las bolas para contar (una bolita; *Chile, Mé. y Perú:* el tiro)
– *counting beads*
15 el caballo de peluche *m* con balancín y ruedecillas *f*
– *toy horse for rocking and pulling*
16 los patines-balancín
– *rockers*
17 el libro infantil
– *children's book*
18 la caja de juegos *m*
– *compendium of games*
19 el juego de los caballitos
– *ludo*
20 el tablero de ajedrez *m* (el damero)
– *chessboard*
21 el armario de la habitación de los niños
– *children's cupboard*
22 el cajón de la ropa blanca
– *linen drawer*
23 el escritorio
– *drop-flap writing surface*
24 el cuaderno (la libreta)
– *notebook (exercise book)*
25 los libros de clase *f* (de la escuela)
– *school books*
26 el lápiz (*también:* el lápiz de color *m*, el rotulador, el bolígrafo)
– *pencil;* also: *crayon, felt tip pen, ballpoint pen*
27 la tienda de ultramarinos *m*
– *toy shop*
28 el mostrador
– *counter*
29 el estante de especias *f*
– *spice rack*
30 el escaparate (*Amér.:* la vidriera)
– *display*
31 los caramelos surtidos
– *assortment of sweets* (Am. *candies)*
32 el cartucho para los caramelos
– *bag of sweets* (Am. *candies)*
33 la balanza (el peso)
– *scales*
34 la caja registradora
– *cash register*
35 el teléfono de juguete *m*
– *toy telephone*
36 la estantería de las mercancías (*Amér.:* de las mercaderías)
– *shop shelves (goods shelves)*
37 el tren de madera *f*
– *wooden train set*
38 el volquete, un camión de juguete *m*
– *dump truck, a toy lorry (toy truck)*
39 la grúa
– *tower crane*
40 la hormigonera
– *concrete mixer*
41 el perro de peluche *m* grande
– *large soft toy dog*
42 el cubilete de los dados
– *dice cup*

48 Jardín de infancia (escuela de párvulos) — *Kindergarten (Day Nursery)*

1-20 la educación preescolar
– ***pre-school education*** *(nursery education)*
1 la maestra del parvulario
– *nursery teacher*
2 el niño del parvulario (el párvulo)
– *nursery child*
3 los trabajos manuales
– *handicraft*
4 el pegamento
– *glue*
5 la acuarela
– *watercolour* (Am. *watercolor*) *painting*
6 la caja de pinturas *f*
– *paintbox*
7 el pincel
– *paintbrush*
8 el vaso de agua *f*
– *glass of water*
9 el rompecabezas (el puzzle)
– *jigsaw puzzle (puzzle)*
10 la pieza del rompecabezas (del puzzle)
– *jigsaw puzzle piece*
11 los lápices de colores *m* (lápices *m* de cera *f*)
– *coloured* (Am. *colored*) *pencils;* also: *wax crayons*
12 la pasta de modelar (la plastilina)
– *modelling* (Am. *modeling*) *clay;* sim.: *Plasticine*
13 las figuras modeladas (las figuras de plastilina *f*)
– *clay figures;* sim.: *Plasticine figures*
14 el tablero para modelar
– *modelling* (Am. *modeling*) *board*
15 la tiza (la barra de tiza *f*)
– *chalk (blackboard chalk)*
16 la pizarra
– *blackboard*
17 los cubos de contar
– *counting blocks*
18 el rotulador
– *felt pen (felt tip pen)*
19 el juego de las formas
– *shapes game*
20 el grupo de jugadores *m*
– *group of players*
21-32 los juguetes
– ***toys***
21 el juego de los cubos
– *building and filling cubes*
22 la caja de construcciones *f*
– *construction set*
23 los libros infantiles
– *children's books*
24 el cochecito de la muñeca, un cochecito de mimbre *m*
– *doll's pram, a wicker pram*
25 la muñeca bebé *m*
– *baby doll*
26 el baldaquín (el dosel)
– *canopy*
27 los bloques de construcción *f*
– *building bricks (building blocks)*
28 la construcción de madera *f*
– *wooden model building*
29 el tren de madera *f*
– *wooden train set*
30 el oso de peluche *m* con balancín *m*
– *rocking teddy bear*
31 el cochecito de la muñeca
– *doll's pushchair*
32 la muñeca-maniquí (la muñeca para vestir)
– *fashion doll*
33 el niño en edad *f* preescolar
– *child of nursery school age*
34 el guardarropa (el vestuario)
– *cloakroom*

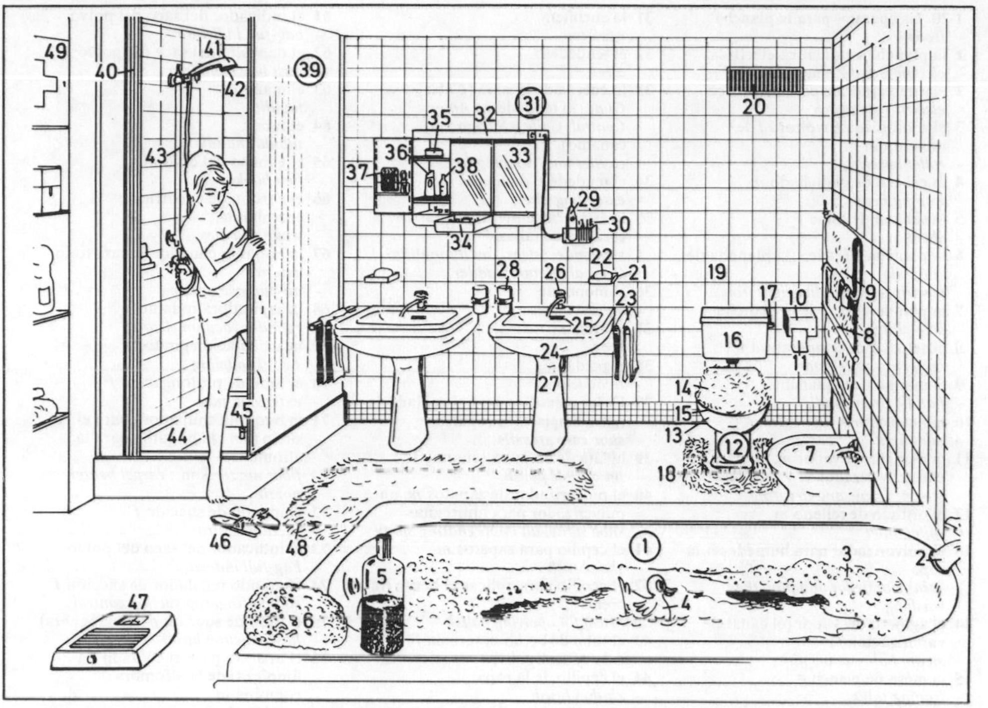

1 la bañera (*Amér.:* la bañadera)
– *bath*
2 el grifo mezclador del agua *f* caliente y fría (*Col., P. Rico y Urug.:* la pluma; *Amér. Central:* el chorro; *Col., Guat. y Nicar.:* la paja; *Mé. y Río de la Plata:* el bitoque)
– *mixer tap (*Am. *mixing faucet) for hot and cold water*
3 el baño de espuma *f*
– *foam bath (bubble bath)*
4 el patito de caucho *m* (de goma *f*)
– *toy duck*
5 las sales de baño *m*
– *bath salts*
6 la esponja de baño *m*
– *bath sponge (sponge)*
7 el bidé (*Antillas, Col., Perú, Mé., Urug. y Venez.:* el bidel)
– *bidet*
8 el toallero
– *towel rail*
9 la toalla de felpa *f*
– *terry towel*
10 el portarrollo de papel *m* higiénico
– *toilet roll holder (*Am. *bathroom tissue holder)*
11 el papel higiénico, un rollo de papel *m* crepé
– *toilet paper (*Am. *bathroom tissue)*
12 el retrete (el excusado, el wáter, el inodoro)
– *toilet (lavatory, W.C.,* coll. *loo)*
13 la taza del retrete
– *toilet pan (toilet bowl)*
14 la tapa del retrete con una cubierta de felpa *f*
– *toilet lid with terry cover*
15 el asiento del retrete
– *toilet seat*
16 la cisterna
– *cistern*
17 la palanca de la cisterna
– *flushing lever*
18 la esterilla de los pies
– *pedestal mat*
19 los azulejos
– *tile*
20 la ventilación (el respiradero)
– *ventilator (extraction vent)*
21 la jabonera
– *soap dish*
22 el jabón
– *soap*
23 la toalla de mano *f* (*Guat. y Hond.:* los limpiamanos)
– *hand towel*
24 el lavabo (*Arg., Chile, Ec., Perú, Urug. y Venez.:* el lavatorio; *Guat.:* el lavador)
– *washbasin*
25 el rebosadero
– *overflow*
26 el grifo de agua *f* fría y caliente
– *hot and cold water tap*
27 el pedestal del lavabo con sifón *m*
– *washbasin pedestal with trap (anti-syphon trap)*
28 el vaso para los dientes
– *tooth glass (tooth mug)*
29 el cepillo de dientes *m* eléctrico
– *electric toothbrush*
30 los cepillos de recambio *m*
– *detachable brush heads*
31 el armario de tocador *m* con espejos *m*
– *mirrored bathroom cabinet*
32 el tubo fluorescente
– *fluorescent lamp*
33 el espejo
– *mirror*
34 el cajón
– *drawer*
35 la polvera (*Cuba:* la motera; *Ec. y Perú:* la polvorera; *P. Rico:* la polveta)
– *powder box*
36 el elixir dentífrico
– *mouthwash*
37 la máquina de afeitar eléctrica
– *electric shaver*
38 la loción para después del afeitado (el after-shave)
– *aftershave lotion*
39 el cuartito de la ducha
– *shower cubicle*
40 la cortina de la ducha
– *shower curtain*
41 la ducha regulable (la ducha de mano)
– *adjustable shower head*
42 el pulverizador (la roseta) de la ducha
– *shower nozzle*
43 el riel de regualción *f* de la altura
– *shower adjustment rail*
44 el plato de ducha *f*
– *shower base*
45 el rebosadero
– *waste pipe*
46 las zapatillas de baño *m*
– *bathroom mule*
47 la báscula de baño *m*
– *bathroom scales*
48 la alfombra del baño
– *bath mat*
49 el botiquín
– *medicine cabinet*

1-20 los aparatos para la plancha
- ***irons***

1 la plancha automática eléctrica
- *electric ironing machine*

2 el interruptor de pie *m* eléctrico
- *electric foot switch*

3 el rodillo con envoltura *f* de muletón *m*
- *roller covering*

4 la cabeza de planchado *m*
- *ironing head*

5 la sábana de cama *f*
- *sheet*

6 la plancha eléctrica (la plancha de viaje *m*)
- *electric iron, a lightweight iron*

7 la planta (el pie) de la plancha
- *sole-plate*

8 el selector de temperatura *f*
- *temperature selector*

9 el mango de la plancha
- *handle (iron handle)*

10 la luz piloto *m*
- *pilot light*

11 la plancha de vapor *m*, la plancha con pulverizador *m* y secado *m*
- *steam, spray, and dry iron*

12 el orificio de relleno *m*
- *filling inlet*

13 el pulverizador para humedecer la ropa
- *spray nozzle for damping the washing*

14 el agujero del vapor (el canal de vaporización *f*)
- *steam hole (steam slit)*

15 la mesa de planchar
- *ironing table*

16 la tabla de planchar
- *ironing board (ironing surface)*

17 la cubierta de la tabla de planchar
- *ironing-board cover*

18 el reposa plancha
- *iron well*

19 la armazón de aluminio *m*
- *aluminium (*Am. *aluminum) frame*

20 la tabla para (planchar) las mangas
- *sleeve board*

21 el cubo de la ropa blanca
- *linen bin*

22 la ropa blanca sucia
- *dirty linen*

23-34 los aparatos de lavado *m* y secado *m*
- ***washing machines and driers***

23 la lavadora (la lavadora automática, la automática)
- *automatic washing machine*

24 el tambor de lavado *m*
- *washing drum*

25 el pestillo de seguridad *f* (el dispositivo de seguridad *f*)
- *safety latch (safety catch)*

26 el selector de programas *m*
- *program selector control*

27 la cubeta delantera del detergente (con varios compartimientos *m*)
- *front soap dispenser [with several compartments]*

28 la secadora eléctrica con aire *m* de salida *f*
- *tumble drier*

29 el tambor de secado *m*
- *drum*

30 la puerta delantera con rajas *f* para la ventilación
- *front door with ventilation slits*

31 la encimera
- *work top*

32 el tendedero
- *airer*

33 la cuerda de la ropa (*Cuba y Guat.:* la tendedera; *Amér. Central, Chile y S. Dgo.:* el cáñamo)
- *clothes line (washing line)*

34 el tendedero de tijeras *f*
- *extending airer*

35 la escalera de tijeras *f*, una escalera matálica
- *stepladder (steps), an aluminium (*Am. *aluminum) ladder*

36 el montante
- *stile*

37 el apoyo
- *prop*

38 el peldaño
- *tread (rung)*

39-43 los utensilios para el cuidado de (para limpiar) los zapatos
- ***shoe care utensils***

39 la lata de betún *m* (crema *f*)
- *tin of shoe polish*

40 el pulverizador de zapatos *m*, un pulverizador para impregnar
- *shoe spray, an impregnating spray*

41 el cepillo para zapatos *m*
- *shoe brush*

42 el cepillo para aplicar el betún (la crema)
- *brush for applying polish*

43 el tubo de betún *m* (crema *f*)
- *tube of shoe polish*

44 el cepillo de la ropa
- *clothes brush*

45 el cepillo de la alfombra
- *carpet brush*

46 el cepillo de barrer (*Col.:* la pichanga)
- *broom*

47 las cerdas del cepillo (la pelambre)
- *bristles*

48 la armazón del cepillo
- *broom head*

49 el palo del cepillo
- *broomstick (broom handle)*

50 la rosca
- *screw thread*

51 el cepillo para la vajilla
- *washing-up brush*

52 el recogedor
- *pan (dust pan)*

53-86 la limpieza del suelo
- ***floor and carpet cleaning***

53 el escobillón (la escoba de mano *f*)
- *brush*

54 el cubo (*Venez.:* el tobo)
- *bucket (pail)*

55 el trapo del suelo (el trapo de limpieza *f*, la bayeta; *Mé.:* el chapalolo)
- *floor cloth (cleaning rag)*

56 la bruza (la estregadera, un cepillo de cerdas *f* fuertes para fregar)
- *scrubbing brush*

57 el cepillo mecánico
- *carpet sweeper*

58 la aspiradora de mano *f*
- *upright vacuum cleaner*

59 el interruptor de cambio *m* (el selector de posición *f*)
- *changeover switch*

60 la cabeza de articulación *f*
- *swivel head*

61 el indicador del saco del polvo
- *bag-full indicator*

62 el depósito del saco del polvo
- *dust bag container*

63 el mango
- *handle*

64 el tubo
- *tubular handle*

65 el gancho del cordón
- *flex hook*

66 el cordón de la corriente enrrollado
- *wound-up flex*

67 la boquilla chupadora para todo uso *m*
- *all-purpose nozzle*

68 la aspiradora rodante
- *cylinder vacuum cleaner*

69 la articulación giratoria
- *swivel coupling*

70 el tubo de prolongación *f*
- *extension tube*

71 la boquilla chupadora para el suelo (*sin.:* la boquilla para la alfombra)
- *floor nozzle;* sim.: *carpet beater nozzle*

72 el mando de succión *f*
- *suction control*

73 el indicador del saco del polvo
- *bag-full indicator*

74 el mando regulador de succión *f*
- *sliding fingertip suction control*

75 el tubo de succión *f* (la manguera)
- *hose (suction hose)*

76 el aparato para el cuidado (la limpieza) de la alfombra combinado
- *combined carpet sweeper and shampooer*

77 el cordón eléctrico
- *electric lead (flex)*

78 la toma de corriente *f*
- *plug socket*

79 la cabeza para sacudir la alfombra (*sin.:* la cabeza para limpiar en seco la alfombra, la cabeza para cepillar la alfombra)
- *carpet beater head;* sim.: *shampooing head, brush head*

80 la aspiradora para todo uso *m*
- *all-purpose vacuum cleaner [for wet and dry operation]*

81 la ruedecilla
- *castor*

82 el motor (el bloque del motor)
- *motor unit*

83 el cierre de la tapa
- *lid clip*

84 la manguera para la succión de la suciedad (basura *f*) gruesa
- *coarse dirt hose*

85 el accesorio especial para la suciedad gruesa
- *special accessory (special attachment) for coarse dirt*

86 el depósito del polvo
- *dust container*

87 el carrito de la compra
- *shopper (shopping trolley)*

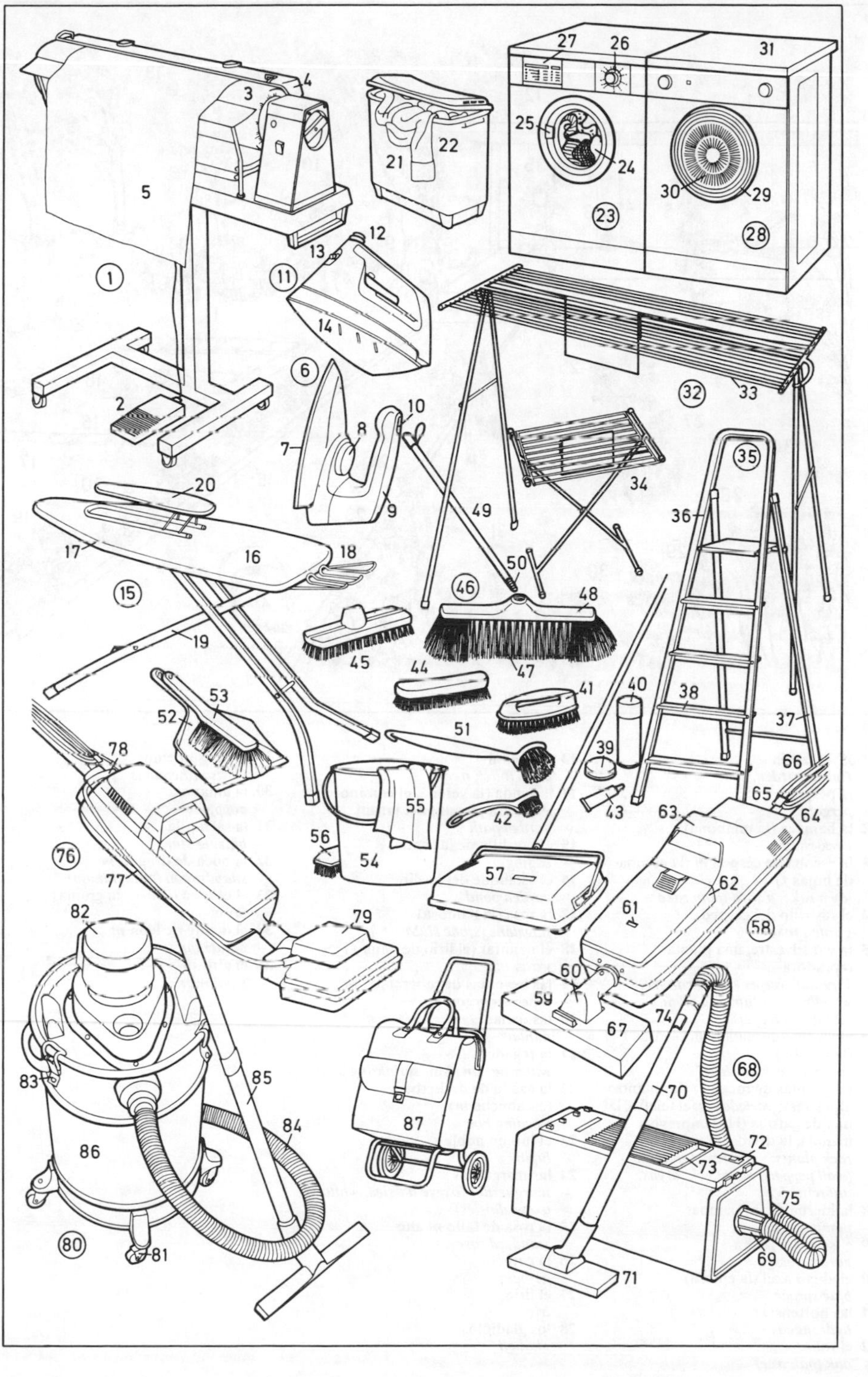
1
2
3
4
5
6
7
8
9
10
11
12
13
14
15
16
17
18
19
20
21
22
23
24
25
26
27
28
29
30
31
32
33
34
35
36
37
38
39
40
41
42
43
44
45
46
47
48
49
50
51
52
53
54
55
56
57
58
59
60
61
62
63
64
65
66
67
68
69
70
71
72
73
74
75
76
77
78
79
80
81
82
83
84
85
86
87

1-35 el jardín
– ***flower garden***
1 la pérgola
– *pergola*
2 la hamaca (la tumbona)
– *deck-chair*
3 la escoba de césped *m* (la escoba de hojas *f*)
– *lawn rake, a wire-tooth rake*
4 el rastrillo del césped
– *garden rake*
5 la vid silvestre, una planta tepradora
– *Virginia creeper (American ivy, woodbine), a climbing plant (climber, creeper)*
6 el jardín adornado con piedras *f* (la rocalla)
– *rockery (rock garden)*
7 las plantas de rocalla *f* (las plantas alpestres); *variedades:* el telefio, la uña de gato *m* (la siempreviva menor), la dríada, la aubrietia
– *rock plants;* varieties: *stonecrop (wall pepper), houseleek, dryas, aubretia*
8 la hierba de las pampas
– *pampas grass*
9 el seto del jardín
– *garden hedge*
10 el abeto azul (la epícea)
– *blue spruce*
11 las hortensias
– *hydrangeas*
12 el roble
– *oak (oak tree)*
13 el abedul
– *birch (birch tree)*
14 la senda (la vereda, el camino; *Amér.:* la picada) del jardín
– *garden path*
15 el bordillo de la senda
– *edging*
16 el estanque del jardín
– *garden pond*
17 la rosa (la baldosa)
– *flagstone (stone slab)*
18 el nenúfar (el lirio de agua *f*)
– *water lily*
19 las begonias de tubérculos *m*
– *tuberous begonias*
20 las dalias
– *dahlias*
21 la regadera
– *watering can (*Am. *sprinkling can)*
22 la azada de desherbar (escabuche *m*)
– *weeding hoe*
23 el lupino noble
– *lupin*
24 las margaritas
– *marguerites (oxeye daisies, white oxeye daisies)*
25 la rosa de tallo *m* alto
– *standard rose*
26 la gerbera
– *gerbera*
27 el lirio
– *iris*
28 los gladiolos
– *gladioli*
29 los crisantemos
– *chrysanthemums*
30 la amapola
– *poppy*
31 la serrátula
– *blazing star*
32 la boca de dragón *m*
– *snapdragon (antirrhinum)*
33 el césped (*Amér.:* la grama)
– *lawn*
34 el diente de león *m*
– *dandelion*
35 el girasol
– *sunflower*

1-32 el huerto familiar (la plantación de hortalizas *f* y árboles *m* frutales; *P. Rico:* la tala)
– ***allotment,*** *a fruit and vegetable garden*

1, 2, 16, 17, 29 árboles *m* frutales enanos (árboles *m* frutales de espaldera *f,* árboles frutales de forma *f* plana)
– *dwarf fruit trees (espaliers, espalier fruit trees)*

1 la palmeta Verrier, un árbol de espaldera *f*
– *quadruple cordon, a wall espalier*

2 el cordón vertical
– *vertical cordon*

3 el cobertizo de las herramientas
– *tool shed (garden shed)*

4 el bidón (barril *m*) para el agua *f* de lluvia *f* (*Arg., Cuba, Perú y Venez.:* la casimba)
– *water butt (water barrel)*

5 la planta trepadora (la enredadera)
– *climbing plant (climber, creeper, rambler)*

6 el montón de abono *m* compuesto
– *compost heap*

7 el girasol
– *sunflower*

8 la escala de huerto *m*
– *garden ladder (ladder)*

9 la planta vivaz
– *flowering perennial*

10 la valla del huerto (la valla de madera *f,* la empalizada, la cerca; *Amér. Central, Arg., Col., Chile, P. Rico y Urug.:* el cerco)
– *garden fence, a paling fence (paling)*

11 las bayas de tronco *m* alto
– *standard berry tree*

12 el rosal trepador, en la espaldera de arco *m*
– *climbing rose (rambling rose) on the trellis arch*

13 el rosal arbusto (el rosal común)
– *bush rose (standard rose tree)*

14 el cenador (la glorieta)
– *summerhouse (garden house)*

15 el farolillo (farolillo *m* a la veneciana, el farol de papel *m*)
– *Chinese lantern (paper lantern)*

16 el árbol piramidal, la pirámide, un árbol de espaldera *f* sin apoyo *m*
– *pyramid tree (pyramidal tree, pyramid), a free-standing espalier*

17 el cordón horizontal de dos brazos *m*
– *double horizontal cordon*

18 el arriate de flores *f,* un arriate
– *flower bed, a border*

19 el arbusto de baya *f* (el arbusto de uva *f* espina, el grosellero negro)
– *berry bush;* here: *gooseberry bush;* also: *currant bush*

20 el bordillo de losetas *f* de cemento *m*
– *concrete edging*

21 el rosal de tallo *m* alto (rosal *m,* la rosa de tallo alto)
– *standard rose (standard rose tree)*

22 el arriate con plantas *f* vivaces
– *border with perennials*

23 el sendero (*Amér.:* la picada) del huerto
– *garden path*

24 el hortelano aficionado
– *allotment holder*

25 el arriate de espárragos *m*
– *asparagus patch (asparagus bed)*

26 el arriate de verduras *f*
– *vegetable patch (vegetable plot)*

27 el espantapájaros (el espantajo, *Chile y Perú:* el dominguejo)
– *scarecrow*

28 las judías (rodrigadas con estacas *f*), una planta de judías *f* (*Amér.:* fríjoles *m*) con estaca (caña *f*) (las estacas de judías *f*)
– *runner bean (*Am. *scarlet runner), a bean plant on poles (bean poles)*

29 el cordón horizontal simple, de un brazo
– *horizontal cordon*

30 el árbol frutal de tronco *m* alto
– *standard fruit tree*

31 el rodrigón
– *tree stake*

32 el seto
– *hedge*

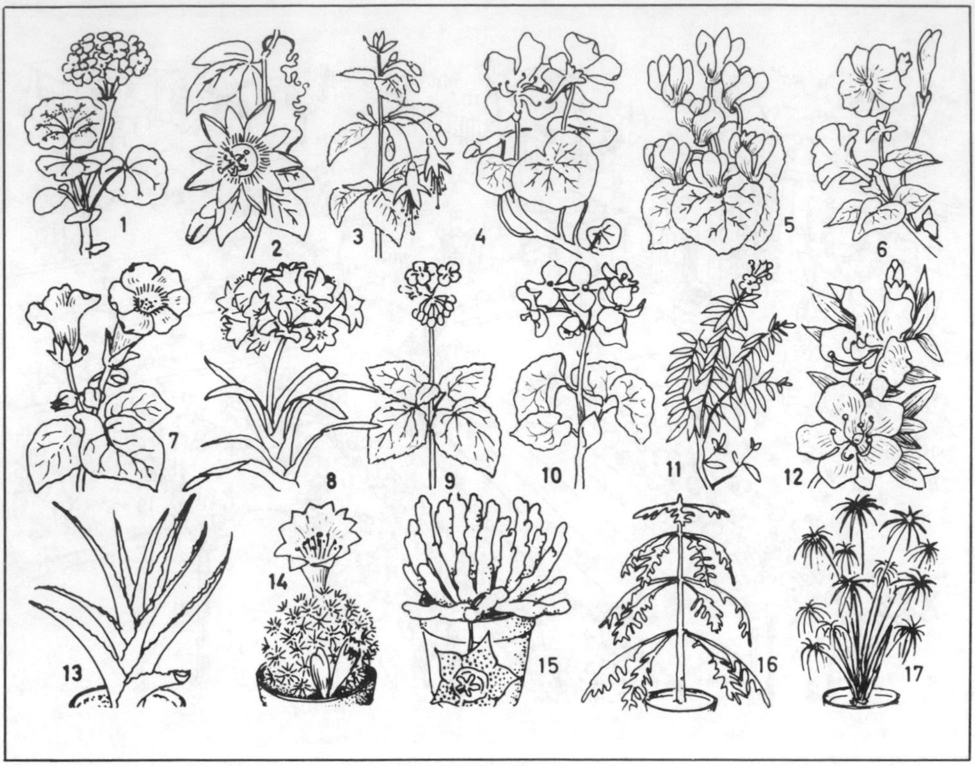

1 el geranio (el pelargonio), una geraniácea (*Chile:* el cardenal)
– *pelargonium (crane's bill), a geranium*

2 la pasionaria, una pasiflora, una de las parietales (*Ec., Perú:* el tumbo)
– *passion flower (Passiflora), a climbing plant (climber, creeper)*

3 la fucsia, una onagrácea
– *fuchsia, an anagraceous plant*

4 la capuchina (espuela *f* de galán *m*), un tropaeolum
– *nasturtium (Indian cress, tropaeolum)*

5 el ciclamen, una primulácea
– *cyclamen, a primulaceous herb*

6 la petunia, una solanácea
– *petunia, a solanaceous herb*

7 la gloxínea (siningia *f*), una gesneriácea
– *gloxinia (Sinningia), a gesneriaceous plant*

8 la clivia, una amarilidácea, una narcisácea
– *Clivia minata, an amaryllis (narcissus)*

9 el cáñamo africano, una sparmannia, una tiliea
– *African hemp (Sparmannia), a tiliaceous plant, a linden plant*

10 la begonia (*Mé.:* la tronadora)
– *begonia*

11 el mirto (el arrayán)
– *myrtle (common myrtle, Myrtus)*

12 la azalea, una ericácea
– *azalea, an ericaceous plant*

13 el áloe, una liliácea
– *aloe, a liliaceous plant*

14 el equinocacto (el asiento de la suegra)
– *globe thistle (Echinops)*

15 la estapelia (la flor de la carroña), una asclepiadácea
– *stapelia (carrion flower), an asclepiadaceous plant*

16 la araucaria excelsa
– *Norfolk Island Pine, an araucaria grown as an ornamental*

17 la juncia, una ciperácea
– *galingale, a cyperacious plant of the sedge family*

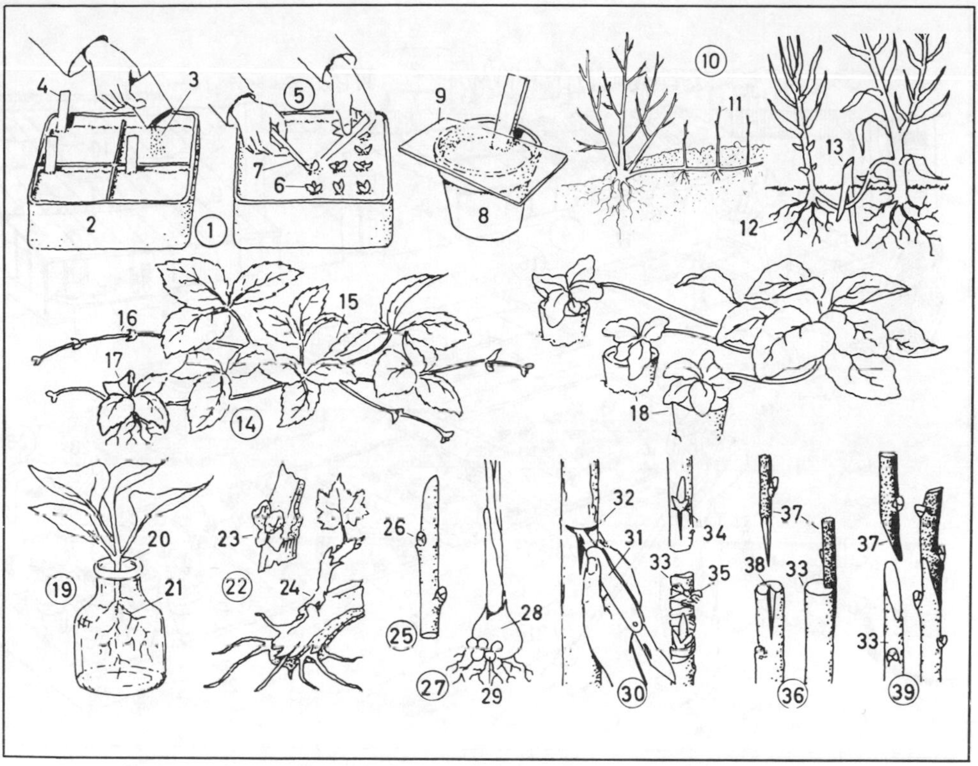

1 la siembra
– *seed sowing (sowing)*
2 la cubeta de la semilla (el semillero, la almáciga)
– *seed pan*
3 la semilla
– *seed*
4 la etiqueta con el nombre
– *label*
5 el trasplante
– *pricking out (pricking off, transplanting)*
6 la planta (el plantón)
– *seedling (seedling plant)*
7 el plantador
– *dibber (dibble)*
8 la maceta, el tiesto
– *flower pot (pot)*
9 la hoja de vidrio *m*
– *sheet of glass*
10 la propagación por acodo *m*
– *propagation by layering*
11 el acodo
– *layer*
12 el acodo enraizado (*Cuba y Venez.:* el margullo)
– *layer with roots*
13 la rama horquillada para la fijación
– *forked stick used for fastening*
14 la propagación por estolones *m*
– *propagation by runners*
15 la planta madre *f*
– *parent (parent plant)*
16 el estolón (el tallo rastrero, el vástago)
– *runner*
17 la plántula (el retoño) enraizada(o)
– *small rooted leaf cluster*
18 la acodadura en macetas *f*
– *setting in pots*
19 el desqueje en agua *f*
– *cutting in water*
20 el esqueje
– *cutting (slip, set)*
21 la raíz
– *root*
22 el desqueje de la viña por esquejes *m* de yema *f*
– *bud cutting on vine tendril*
23 la yema, un botón
– *scion bud, a bud*
24 la planta de esqueje *m* (el vástago)
– *sprouting (shooting) cutting*
25 el esqueje leñoso (la estaca de rama *f*)
– *stem cutting (hardwood cutting)*
26 el botón (la yema, el brote)
– *bud*
27 la propagación por bulbos *m*
– *propagation by bulbils (brood bud bulblets)*
28 el bulbo
– *old bulb*
29 el bulbo reproductor
– *bulbil (brood bud bulblet)*
30-39 el injerto
– ***grafting*** *(graftage)*
30 el injerto en escudete *m*
budding; here: *shield budding*
31 la navaja
– *budding knife*
32 la incisión en forma *f* de T
– *T-cut*
33 el patrón (el masto)
– *support (stock, rootstock)*
34 la yema injertada
– *inserted scion bud*
35 la ligadura de rafia *f*
– *raffia layer (bast layer)*
36 el injerto de púa *f*
– *side grafting*
37 la púa con yema *f*
– *scion (shoot)*
38 el corte en forma de cuña *f*
– *wedge-shaped notch*
39 el injerto de cúpula *f* (el injerto de empalme *m*)
– *splice grafting*

1-51 la explotación hortícola (la horticultura, los trabajos hortícolas)
- ***market garden*** *(*Am. *truck garden, truck farm)*

1 el cobertizo de los útiles
- *tool shed*

2 el depósito elevado de agua *f*
- *water tower (water tank)*

3 el vivero
- *market garden (*Am. *truck garden, truck farm), a tree nursery*

4 el invernáculo (la estufa, el invernadero)
- *hothouse (forcing house, warm house)*

5 el tejado de cristal *m*
- *glass roof*

6 la estera de cañizo *m* (estera *f* de paja *f*, el sombrajo)
- *[roll of] matting (straw matting, reed matting, shading)*

7 el cuarto de la calefacción
- *boiler room (boiler house)*

8 el tubo de la calefacción (la cañería de alta presión *f*)
- *heating pipe, a pressure pipe*

9 la cubierta de tablas *f* (la cubierta de madera *f*, las tablas para dar sombra *f*)
- *shading panel (shutter)*

10-11 la ventilación
- *ventilators (vents)*

10 la ventana de ventilación *f* (el panel de la lumbrera)
- *ventilation window (window vent), a hinged ventilator*

11 la ventana de corredera *f* para la ventilación
- *ridge vent*

12 el tablero para plantar en macetas *f*
- *potting table (potting bench)*

13 la criba de apoyo *m* (la zaranda)
- *screen (upright sieve);* sim.: *sieve (riddle)*

14 la pala para el mantillo
- *garden shovel (shovel)*

15 el montón de tierra *f* (el abono compuesto, la tierra vegetal, el mantillo, el compost)
- *heap of earth,* e.g. *composted earth, prepared earth, garden mould (*Am. *mold)*

16 la cama caliente (la almajara)
- *hotbed (forcing bed, heated frame)*

17 la cajonera del semillero
- *hotbed vent (frame vent)*

18 la cala de ventilación *f* (el puntal con muescas *f* para la ventilación)
- *vent prop*

19 el regador giratorio (la rociadera)
- *sprinkler (sprinkling device)*

20 el jardinero (el horticultor, el hortelano)
- *gardener, a nursery gardener (grower, commercial grower)*

21 el cultivador de mano *f* (la grada de mano *f*)
- *cultivator (hand cultivator, grubber)*

22 la pasarela
- *plank*

23 las plantas jóvenes trasplantadas
- *pricked-out seedlings (pricked-off seedlings)*

24 las flores precoces (las flores tempranas)
- *forced flowers*

25 las plantas de macetas *f*
- *potted plants (plants in pots, pot plants)*

26 la regadera con asa *f*
- *watering can (*Am. *sprinkling can)*

27 el asa *f*
- *handle*

28 la alcachofa de la regadera (la roseta)
- *rose*

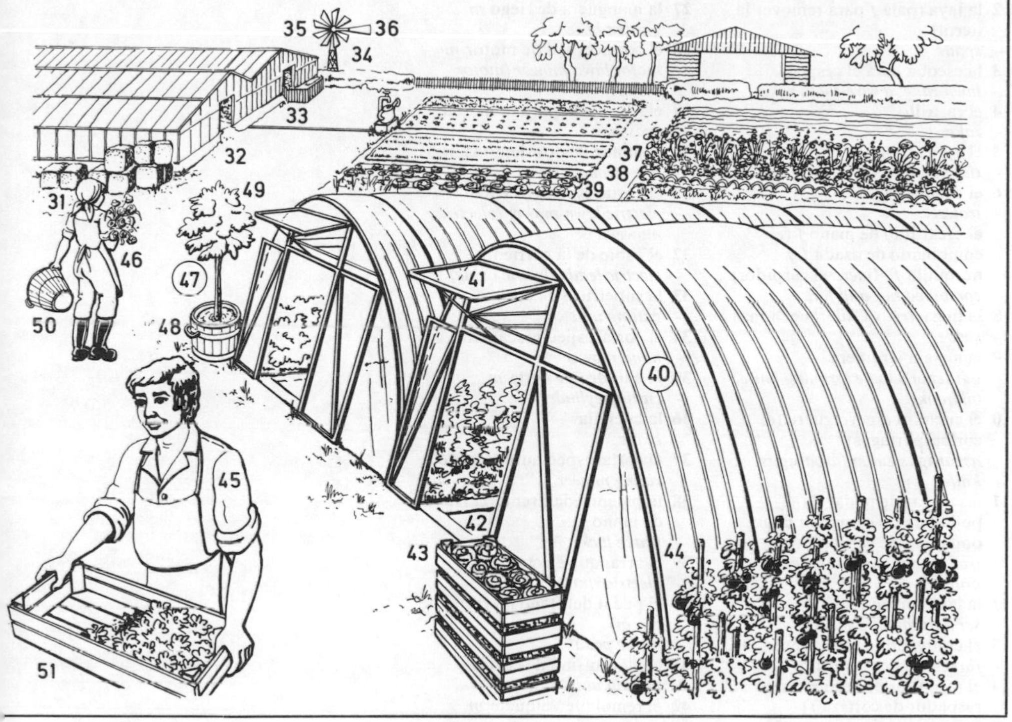

29 el estanque de agua *f* (la pileta de agua *f*)
– *water tank*
30 el tubo del agua *f*
– *water pipe*
31 la bala de turba *f* (la paca de turba *f*)
– *bale of peat*
32 el invernadero templado
– *warm house(heated greenhouse)*
33 el invernadero frío
– *cold house(unheated greenhouse)*
34 el generador eólico (el molino de viento *m*)
– *wind generator*
35 la rueda de paletas *f* (de aletas *f*)
– *wind wheel*
36 la paleta (la aleta)
– *wind vane*
37 el arriate, un macizo de flores *f*
– *shrub bed, a flower bed*
38 el reborde de anillos *m*
– *hoop edging*
39 el arriate de verduras *f*
– *vegetable plot*
40 el invernadero de abrigo *m* (el túnel de plástico *m*)
– *plastic tunnel (polythene greenhouse)*
41 el tragaluz
– *ventilation flap*
42 la calle central
– *central path*
43 las cajas de verduras *f*
– *vegetable crate*
44 la planta de tomates *m* (la tomatera)
– *tomato plant*
45 el ayudante del hortelano (*Mé.:* el tecolero)
– *nursery hand*
46 la ayudante del hortelano
– *nursery hand*
47 la planta en tina *f*
– *tub plant*
48 la tina
– *tub*
49 el plantón de naranjo *m* (un naranjo pequeño)
– *orange tree*
50 el cesto de alambre *m*
– *wire basket*
51 la caja de las plantas de semilla *f*
– *seedling box*

1 el plantador
– *dibber (dibble)*
2 la laya (pala *f* para remover la tierra)
– *spade*
3 la escoba para el césped
– *lawn rake, a wire-tooth rake*
4 el rastrillo
– *rake*
5 el aporcador
– *ridging hoe*
6 el desplantador
– *trowel*
7 el escardillo de mano *f* (el combinado de azada *f* y horquilla *f; Amér.*: el carpidor)
– *combined hoe and fork*
8 la hoz (*Arg. y Chile:* la echona)
– *sickle*
9 la navaja jardinera
– *gardener's knife (pruning knife, billhook)*
10 el cuchillo esparraguero (el cortaespárragos)
– *asparagus cutter (asparagus knife)*
11 las tijeras de podar (la podadera de mango *m* largo, podadera de varilla *f*)
– *tree pruner (long-handled pruner)*
12 la laya semiautomática
– *semi-automatic spade*
13 el cultivador de tres dientes *m*
– *three-pronged cultivator*
14 el raspador de árboles *m* (el raspador de corteza *f*)
– *tree scraper (bark scraper)*
15 el aireador del césped
– *lawn aerator (aerator)*
16 la sierra de poda *f* (la sierra para cortar ramas *f*)
– *pruning saw (saw for cutting branches)*
17 el cortasetos impulsado por batería *f*
– *battery-operated hedge trimmer*
18 el cultivador de motor *m*
– *motor cultivator*
19 la taladradora de mano *f*
– *electric drill*
20 la transmisión
– *gear*
21 los dos juegos de fresas *f*
– *cultivator attachment*
22 el cogedor de frutas *f*
– *fruit picker*
23 el cepillo de árboles *m* (el cepillo para la corteza)
– *tree brush (bark brush)*
24 el pulverizador para el insecticida
– *sprayer for pest control*
25 la varilla (la boquilla) de aspersión *f*
– *lance*
26 el enrollador móvil
– *hose reel (reel and carrying cart)*
27 la manguera de riego *m*
– *garden hose*
28 el cortacésped de motor *m*
– *motor lawn mower (motor mower)*
29 el recipiente para la hierba
– *grassbox*
30 el motor de dos tiempos *m*
– *two-stroke motor*
31 el cortacésped eléctrico
– *electric lawn mower (electric mower)*
32 el cable de la corriente
– *electric lead (electric cable)*
33 la superficie de corte *m*
– *cutting unit*
34 el cortacésped mecánico
– *hand mower*
35 el cilindro de corte *m*
– *cutting cylinder*
36 la cuchilla
– *blade*
37 el cortacésped autoportado
– *riding mower*
38 la palanca del freno (el freno de mano *f*)
– *brake lock*
39 el arranque eléctrico
– *electric starter*
40 el pedal del freno (el freno de pie *m*)
– *brake pedal*
41 el mecanismo de cortar
– *cutting unit*
42 el remolque volquete *m*
– *tip-up trailer*
43 el regador giratorio, un regador (la rociadera)
– *revolving sprinkler, a lawn sprinkler*
44 el torniquete
– *revolving nozzle*
45 el manguito de unión *f* del tubo
– *hose connector*
46 la regadora fija
– *oscillating sprinkler*
47 la carretilla
– *wheelbarrow*
48 la cizalla para el césped
– *grass shears*
49 la cizalla para los setos
– *hedge shears*
50 las tijeras de podar
– *secateurs (pruning shears)*

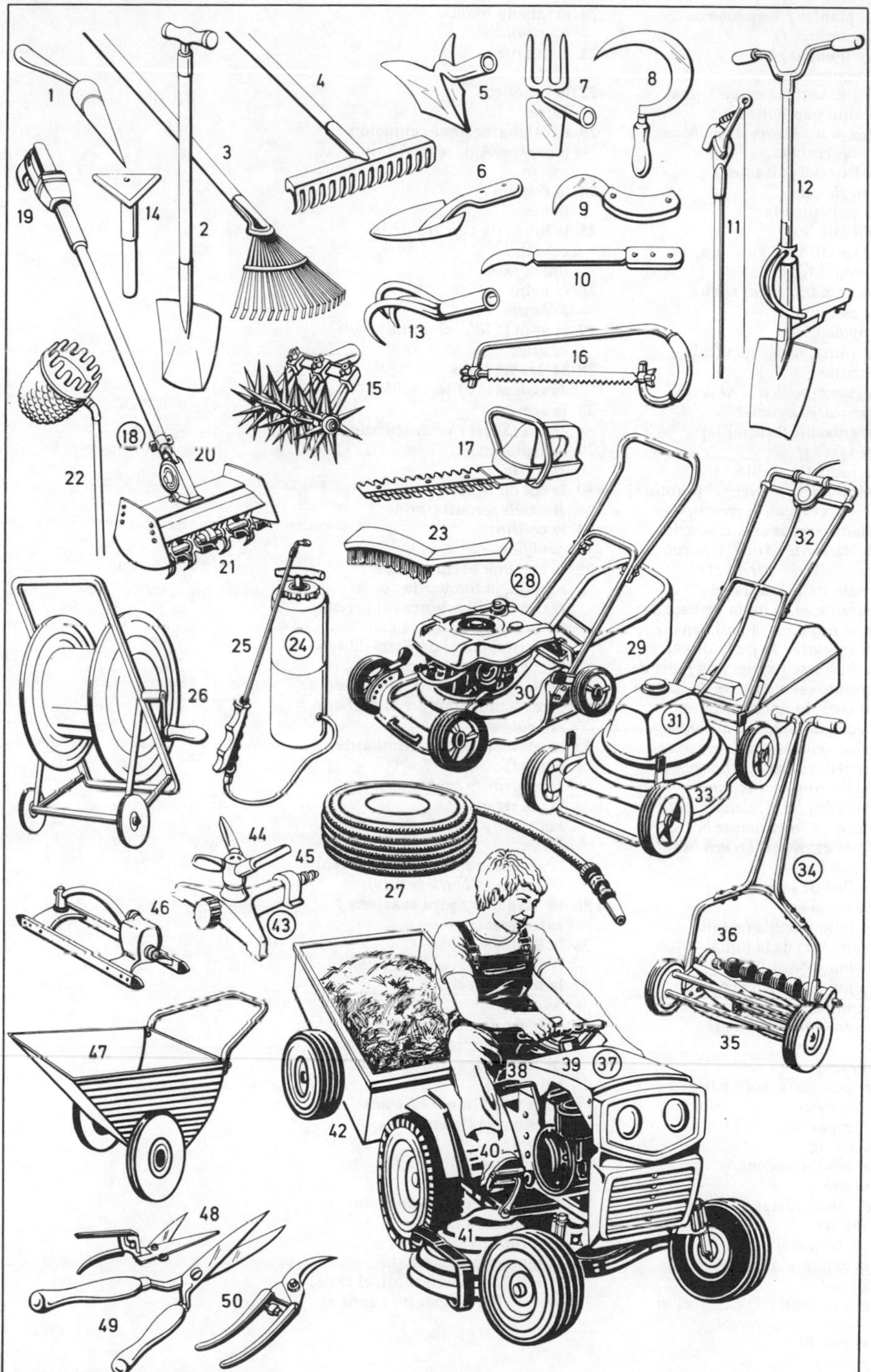
1
2
3
4
5
6
7
8
9
10
11
12
13
14
15
16
17
18
19
20
21
22
23
24
25
26
27
28
29
30
31
32
33
34
35
36
37
38
39
40
41
42
43
44
45
46
47
48
49
50

1-11 plantas *f* leguminosas (legumbres *f*)
- *leguminous plants (Leguminosae)*

1 el guisante (la arveja), una planta papilionácea
- *pea, a plant with a papilionaceous corola*

2 la flor del guisante
- *pea flower*

3 la hoja pinada
- *pinnate leaf*

4 el zarcillo del guisante, un zarcillo foliáceo
- *pea tendril, a leaf tendril*

5 la estípula
- *stipule*

6 la vaina, la cápsula de la semilla
- *legume (pod), a seed vessel (pericarp, legume)*

7 el guisante [la semilla]
- *pea [seed]*

8 la judía (la alubia, la habichuela; *Amér.:* el poroto, el frijol, el fríjol, el fréjol), una planta trepadora; *clases:* la judía verde (*Amér. Central:* el ejote; *Amér. Merid.:* la chaucha), la judía de enrame *m*, la judía de España; *más pequeña:* la judía enana; *otras clases:* la judía de careta *f*, la judía de panoja *f*, la judía de grande estandarte *m*, la judía lunada, la judía purpúrea
- *bean plant (bean), a climbing plant (climber, creeper);* varieties: *broad bean (runner bean,* Am. *scarlet runner), climbing bean (climber, pole bean), scarlet runner bean;* smaller: *dwarf French bean (bush bean)*

9 la flor de la judía
- *bean flower*

10 el tallo voluble (el tallo trepador) de la judía
- *twining beanstalk*

11 la judía [la vaina con las semillas]
- *bean [pod with seeds]*

12 el tomate
- *tomato*

13 el pepino (el cohombro)
- *cucumber*

14 el espárrago
- *asparagus*

15 el rábano redondo
- *radish*

16 el rábano largo (el rábano negro)
- *white radish*

17 la zanahoria larga
- *carrot*

18 la zanahoria de cascabel *m*
- *stump-rooted carrot*

19 el perejil
- *parsley*

20 el rábano blanco
- *horse-radish*

21 el puerro
- *leeks*

22 la cebolleta
- *chives*

23 la calabaza; *anal.:* el melón
- *pumpkin* (Am. *squash);* sim.: *melon*

24 la cebolla
- *onion*

25 la binza (la cáscara de la cebolla)
- *onion skin*

26 el nabo
- *kohlrabi*

27 el apio (*Chile:* el panul)
- *celeriac*

28-34 las verduras
- ***brassicas** (leaf vegetables)*

28 la acelga
- *chard (Swiss chard, seakale beet)*

29 la espinaca
- *spinach*

30 la col de Bruselas
- *Brussels sprouts (sprouts)*

31 la coliflor
- *cauliflower*

32 la col, una berza; *clases:* el repollo, la lombarda; *otras clases:* la col arbórea, el brécol (el brócoli), la col de san Dionisio, la col de Estrasburgo, la col de York, el colinabo
- *cabbage, a brassica;* cultivated races (cultivars): *green cabbage, red cabbage*

33 la col de Milán (la lombarda blanca)
- *savoy (savoy cabbage)*

34 la col rizada
- *kale (curly kale, kail), a winter green*

35 la escorzonera (el salsifí negro)
- *scorzonera (black salsify)*

36-40 verduras *f* para ensalada *f*
- ***salad plants***

36 la lechuga
- *lettuce;* here: *cabbage lettuce*

37 la hoja de lechuga
- *lettuce leaf*

38 la lechuga silvestre (la hierba de los canónigos, la valeriana de huerta *f*, el rapónchigo, el ruiponce)
- *corn salad (lamb's lettuce)*

39 la escarola (la endibia)
- *endive*

40 la achicoria amarga (la achicoria silvestre)
- *chicory (succory, salad chicory)*

41 la alcachofa
- *globe artichoke*

42 el pimiento picante (la guindilla; *Amér.:* el ají, el chile)
- *pepper;* here: *Spanish paprika*

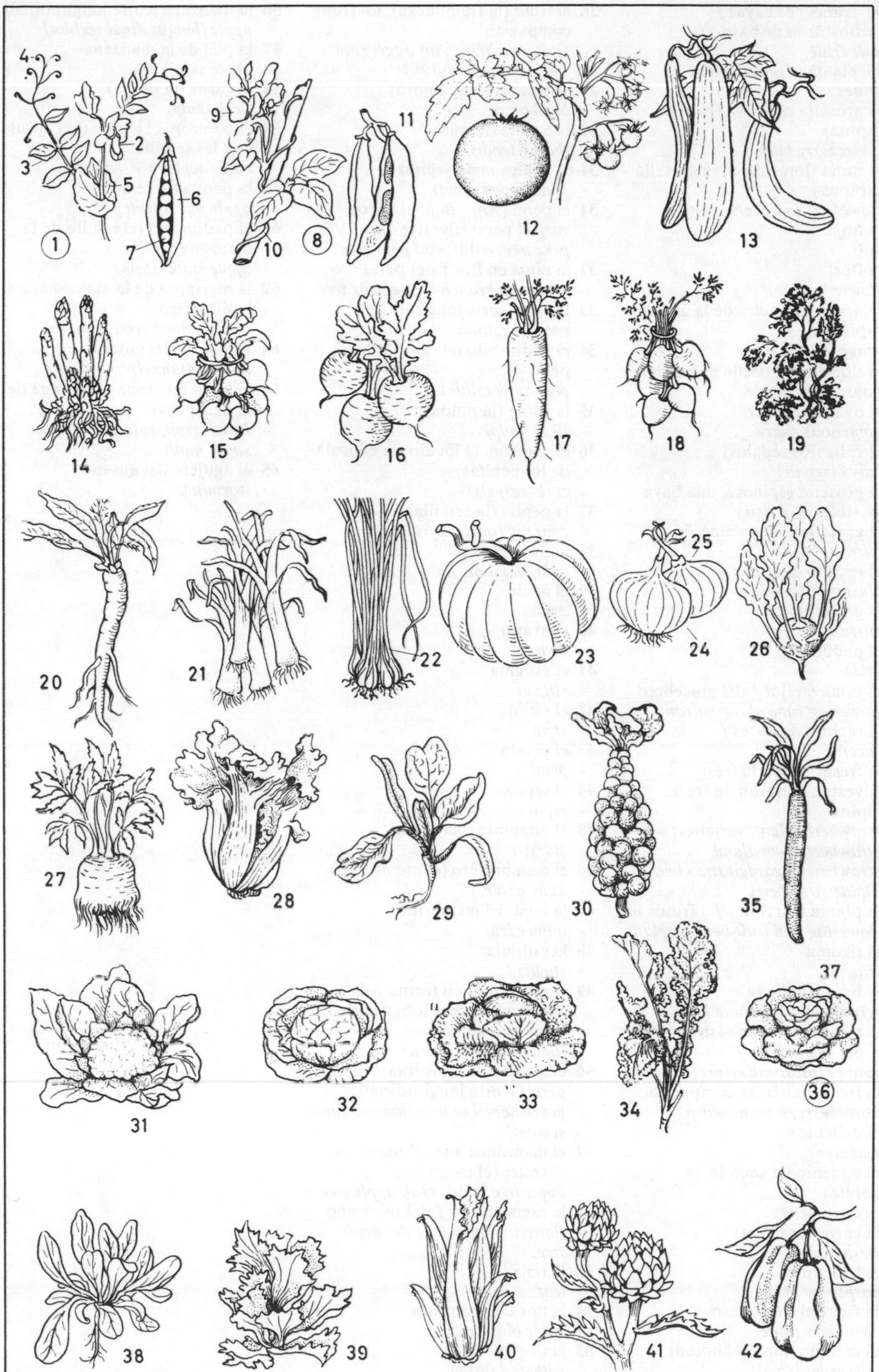
1
2
3
4
5
6
7
8
9
10
11
12
13
14
15
16
17
18
19
20
21
22
23
24
25
26
27
28
29
30
31
32
33
34
35
36
37
38
39
40
41
42

1-30 frutas *f* de bayas *f*
(arbustos *m* de baya *f*)
– ***soft fruit***
1-15 plantas *f* grosularieas
– ***Ribes***
1 la grosella espinosa (la uva espina)
– *gooseberry bush*
2 la rama florecida de la grosella espinosa
– *flowering gooseberry cane*
3 la hoja
– *leaf*
4 la flor
– *flower*
5 la oruga geómetra de la grosella espinosa
– *magpie moth larva*
6 la flor de la grosella espinosa
– *gooseberry flower*
7 el ovario inferior
– *epigynous ovary*
8 el cáliz (los sépalos)
– *calyx (sepals)*
9 la grosella espinosa, una baya
– *gooseberry, a berry*
10 el grosellero de racimo *m*
– *currant bush*
11 el racimo de frutas *f*
– *cluster of berries*
12 la grosella
– *currant*
13 el pedúnculo
– *stalk*
14 la rama en flor *f* del grosellero
– *flowering cane of the currant*
15 el racimo de flores *f*
– *raceme*
16 la fresa; *clases:* la fresa silvestre, el fresón, la fresa alpina
– *strawberry plant;* varieties: *wild strawberry (woodland strawberry), garden strawberry, alpine strawberry*
17 la planta con flores *f* y frutos *m*
– *flowering and fruit-bearing plant*
18 el rizoma
– *rhizome*
19 la hoja trifoliada
– *ternate leaf (trifoliate leaf)*
20 el estolón (el tallo rastrero, el brote rastrero)
– *runner (prostrate stem)*
21 la fresa, una fruta compuesta
– *strawberry, a pseudocarp*
22 el calículo
– *epicalyx*
23 el aquenio (la semilla, la pepita)
– *achene (seed)*
24 la carne (la pulpa)
– *flesh (pulp)*
25 el frambueso
– *raspberry bush*
26 la flor del frambueso
– *raspberry flower*
27 el capullo floral (el botón)
– *flower bud (bud)*
28 el fruto (la frambuesa), un fruto compuesto
– *fruit (raspberry), an aggregate fruit (compound fruit)*
29 la mora (la zarzamora)
– *blackberry*
30 la espina (la púa)
– *thorny tendril*
31-61 frutos *m* de pepitas *f*
– ***pomiferous plants***
31 el peral (*Arg., Bol.:* el pero); *var.:* el peral silvestre
– *pear tree;* wild: *wild pear tree*
32 la rama en flor *f* del peral
– *flowering branch of the pear tree*
33 la pera [corte longitudinal]
– *pear [longitudinal section]*
34 el pedúnculo (el rabillo de la pera)
– *pear stalk (stalk)*
35 la carne (la pulpa)
– *flesh (pulp)*
36 el corazón, el lóculo (la cápsula de las pepitas)
– *core (carpels)*
37 la pepita (la semilla)
– *pear pip (seed), a fruit pip*
38 la flor del peral
– *pear blossom*
39 el óvulo
– *ovules*
40 el ovario
– *ovary*
41 el estigma
– *stigma*
42 el estilo
– *style*
43 el pétalo
– *petal*
44 el sépalo
– *sepal*
45 el estambre (la antera)
– *stamen*
46 el membrillero (el membrillo)
– *quince tree*
47 la hoja del membrillo
– *quince leaf*
48 la estípula
– *stipule*
49 el membrillo en forma *f* de manzana *f* [corte longitudinal]
– *apple-shaped quince [longitudinal section]*
50 el membrillo en forma *f* de pera *f* [corte longitudinal]
– *pear-shaped quince [longitudinal section]*
51 el manzano; *var.:* el manzano silvestre (el maguillo)
– *apple tree;* wild: *crab apple tree*
52 la rama en flor *f* del manzano
– *flowering branch of the apple tree*
53 la hoja
– *leaf*
54 la flor del manzano
– *apple blossom*
55 la flor marchita
– *withered flower*
56 la manzana [corte longitudinal]
– *apple [longitudinal section]*
57 la piel de la manzana
– *apple skin*
58 la carne (la pulpa)
– *flesh (pulp)*
59 el corazón, el lóculo (la cápsula con las semillas)
– *core (apple core, carpels)*
60 la pepita (la semilla)
– *apple pip, a fruit pip*
61 el pedúnculo (el rabillo de la manzana)
– *apple stalk (stalk)*
62 la mariposa de la manzana, un lepidóptero
– *codling moth (codlin moth)*
63 la galería del gusano
– *burrow (tunnel)*
64 la larva (el gusano, la oruga de la mariposa)
– *larva (grub, caterpillar) of a small moth*
65 el agujero del gusano
– *wormhole*

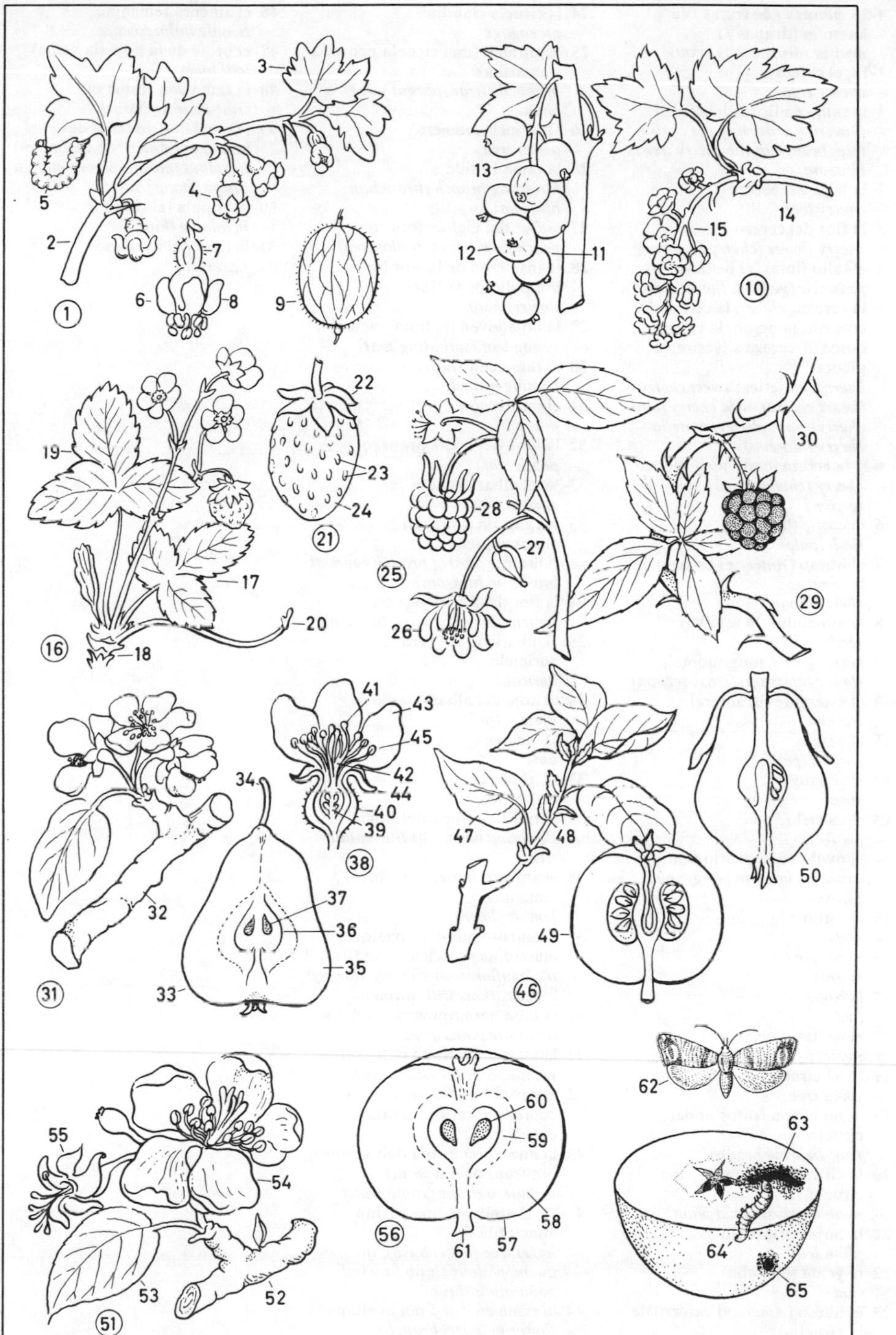
3
5
4
2
7
6
8
1
9
13
12
11
14
15
10
22
19
23
24
21
28
27
17
20
16
18
25
26
30
29
41
43
45
42
44
40
39
38
34
37
36
35
32
31
33
47
48
46
49
50
55
54
53
52
51
60
59
58
61
57
56
62
63
64
65

1-36 plantas *f* **de frutas** *f* **de hueso** *m* (drupas *f*)
– ***drupes*** *(drupaceous plants)*
1-18 el cerezo
– ***cherry tree***
1 la rama en flor *f* del cerezo
– *flowering branch of the cherry tree (branch of the cherry tree in blossom)*
2 la hoja del cerezo
– *cherry leaf*
3 la flor del cerezo
– *cherry flower (cherry blossom)*
4 el tallo floral (el pedúnculo)
– *peduncle (pedicel, flower stalk)*
5 la cereza; *clases:* la cereza de corazón *m* negro, la cereza dulce, la cereza silvestre, la picota
– *cherry;* varieties: *sweet cherry (heart cherry), wild cherry (bird cherry), sour cherry, morello cherry (morello)*
6-8 la cereza [corte longitudinal]
– ***cherry*** *(cherry fruit) [cross section]*
6 la carne (la pulpa)
– *flesh (pulp)*
7 el hueso (*Amér.:* el carozo) de la cereza
– *cherry stone*
8 la almendra (la semilla)
– *seed*
9 la flor [corte longitudinal]
– *flower (blossom) [cross section]*
10 el estambre (la antera)
– *stamen*
11 el pétalo
– *corolla (petals)*
12 el sépalo
– *sepal*
13 el carpelo
– *pistil*
14 el óvulo en el ovario central
– *ovule enclosed in perigynous ovary*
15 el estilo
– *style*
16 el estigma
– *stigma*
17 la hoja
– *leaf*
18 el nectario peciolar
– *nectary (honey gland)*
19-23 el ciruelo
– ***plum tree***
19 la rama con frutos *m* del ciruelo
– *fruit-bearing branch*
20 la ciruela damascena, una ciruela
– *oval, black-skinned plum*
21 la hoja del ciruelo
– *plum leaf*
22 la yema (el botón)
– *bud*
23 el hueso (*Amér.:* el carozo) de la ciruela
– *plum stone*
24 la ciruela claudia
– *greengage*
25 la mirabel (una ciruela pequeña y amarilla)
– *mirabelle (transparent gage), a plum*
26-32 el melocotonero
– ***peach tree***
26 la rama florida
– *flowering branch (branch in blossom)*
27 la flor del melocotonero
– *peach flower (peach blossom)*
28 la inserción de la flor (el pimpollo de la flor)
– *flower shoot*
29 la hoja joven (la hoja naciente)
– *young leaf (sprouting leaf)*
30 la rama con frutos *m*
– *fruiting branch*
31 el melocotón
– *peach*
32 la hoja del melocotonero
– *peach leaf*
33-36 el albaricoquero
– ***apricot tree***
33 la rama en flor *f* del albaricoquero
– *flowering apricot branch (apricot branch in blossom)*
34 la flor del albaricoquero
– *apricot flower (apricot blossom)*
35 el albaricoque (*Perú:* el aurimelo)
– *apricot*
36 la hoja del albaricoquero
– *apricot leaf*
37-51 nueces *f*
– ***nuts***
37-43 el nogal
– ***walnut tree***
37 la rama en flor *f* del nogal
– *flowering branch of the walnut tree*
38 el amento femenino (flores *f* femeninas)
– *female flower*
39 el amento masculino (flores *f* masculinas con los estambres)
– *male inflorescence (male flower);* here: *catkins with stamens*
40 la hoja imparipinada plumada
– *alternate pinnate leaf*
41 la nuez, una drupa dehiscente
– *walnut, a drupe (stone fruit)*
42 el pericarpio (la cáscara, la cubierta exterior blanda)
– *cupule*
43 la nuez, una drupa dehiscente (un fruto de hueso *m*)
– *walnut, a drupe (stone fruit)*
44-51 el avellano, una planta anemófila
– ***hazel tree*** *(hazel bush), an anemophilous shrub (a wind-pollinating shrub)*
44 la rama en flor *f* del avellano
– *flowering hazel branch*
45 el amento masculino
– *male catkin*
46 el amento femenino
– *female inflorescence*
47 el brote de la hoja (la yema)
– *leaf bud*
48 la rama con frutos *m*
– *fruit-bearing branch*
49 la avellana, un fruto de hueso *m* (*Amér.:* de carozo *m*)
– *hazelnut (hazel, cobnut, cob), a drupe (stone fruit)*
50 la cúpula (el cáliz)
– *involucre (husk)*
51 la hoja del avellano
– *hazel leaf*

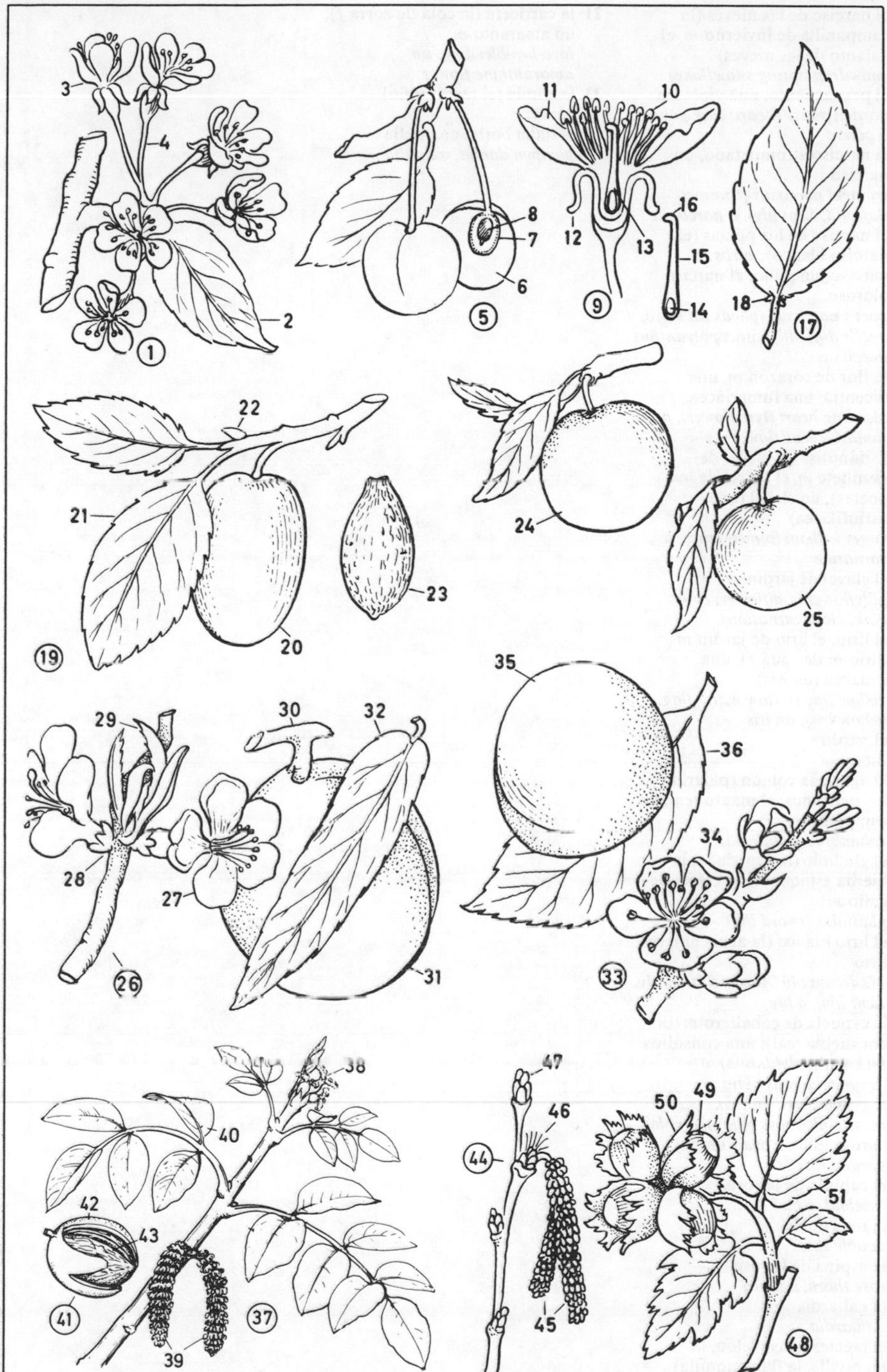
1
2
3
4
5
6
7
8
9
10
11
12
13
14
15
16
17
18
19
20
21
22
23
24
25
26
27
28
29
30
31
32
33
34
35
36
37
38
39
40
41
42
43
44
45
46
47
48
49
50
51

60 Flores de jardín — *Garden Flowers*

1 el narciso de las nieves (la campanilla de invierno *m*, el galanto de las nieves)
– *snowdrop (spring snowflake)*
2 el pensamiento, una violácea
– *garden pansy (heartsease pansy), a pansy*
3 el narciso atrompetado, un narciso
– *trumpet narcissus (trumpet daffodil, Lent lily), a narcissus*
4 el narciso de los poetas (el narciso blanco); *otros:* el narciso junquillo, el narciso oloroso
– *poet's narcissus (pheasant's eye, poet's daffodil);* sim.: *polyanthus narcissus*
5 la flor de corazón *m*, una dicentra, una fumariácea
– *bleeding heart (lyre flower), a fumariaceous flower*
6 la minutisa (el clavel de ramillete *m*, el clavel de los poetas), un clavel (una cariofilácea)
– *sweet william (bunch pink), a carnation*
7 el clavel de jardín *m*
– *gillyflower (gilliflower, clove pink, clove carnation)*
8 el lirio, el lirio de jardín *m* (lirio *m* de agua *f*), una iridácea (un iris)
– *yellow flag (yellow water flag, yellow iris), an iris*
9 el nardo
– *tuberose*
10 la aguileña común (pajarilla *f*, los pelícanos, el manto real, las campanillas)
– *columbine (aquilegia)*
11 el gladíolo (la espadaña, la hierba estoque *m*, la cresta de gallo *m*)
– *gladiolus (sword lily)*
12 el lirio blanco (la azucena), un lirio
– *Madonna lily (Annunciation lily, Lent lily), a lily*
13 la espuela de caballero *m* (la consuelda real), una consólida
– *larkspur (delphinium), a ranunculaceous plant*
14 el polemonio, un flox
– *moss pink (moss phlox), a phlox*
15 la rosa india (rosa *f* china)
– *garden rose*
16 el capullo de la rosa
– *rosebud, a bud*
17 la rosa doble
– *double rose*
18 la espina de la rosa
– *rose thorn, a thorn*
19 la gallardía
– *gaillardia*
20 el tagetes (el clavelón, la maravilla, la flamenquilla)
– *African marigold (tagetes)*
21 la carricera (la cola de zorra *f*), un amaranto *m*
– *love-lies-bleeding, an amaranthine flower*
22 la zinnia (el rascamoño)
– *zinnia*
23 la dalia borla, una dalia
– *pompon dahlia, a dahlia*

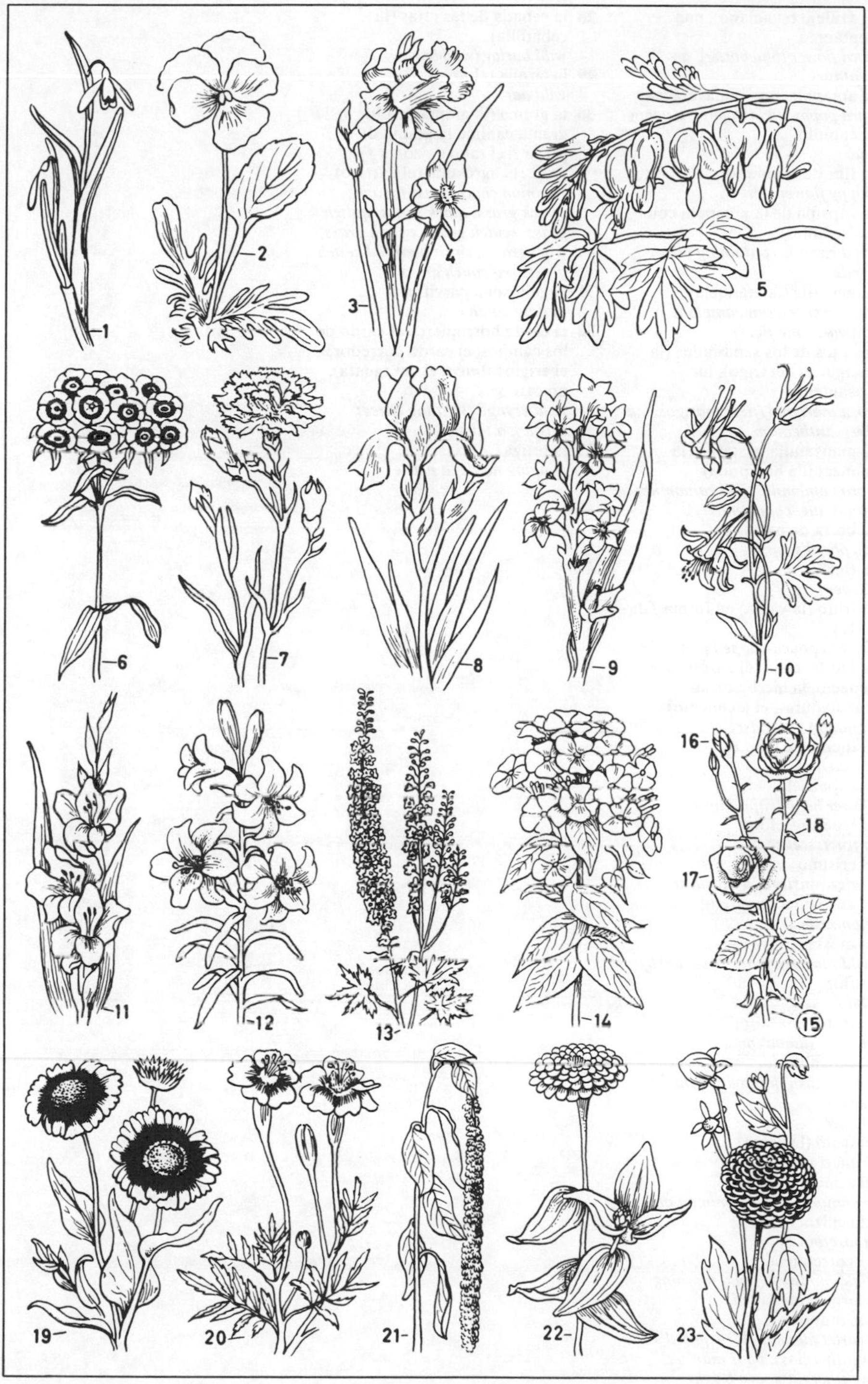
1
2
3
4
5
6
7
8
9
10
11
12
13
14
15
16
17
18
19
20
21
22
23

1 el azulejo (el aciano), una centáurea
– *corn flower (bluebottle), a centaury*
2 la amapola, una papaverácea
– *corn poppy (field poppy), a poppy*
3 el capullo
– *bud*
4 la flor de la amapola
– *poppy flower*
5 la cápsula de la amapola con las semillas
– *seed capsule containing poppy seeds*
6 la neguilla (la arañuela)
– *corn cockle (corn campion, crown-of-the-field)*
7 los ojos de los sembrados (la margarita del trigo), un crisantemo
– *corn marigold (field marigold), a chrysanthemum*
8 la manzanilla bastarda (la manzanilla hedionda)
– *corn camomile (field camomile, camomile, chamomile)*
9 la bolsa de pastor *m*
– *shepherd's purse*
10 la flor
– *flower*
11 el fruto (la vaina) en forma *f* de bolsa *f*
– *fruit, a pouch-shaped pod*
12 la hierba cana (el zuzón, el senecio, la hierba de las quemaduras, el lechocino)
– *common groundsel*
13 el diente de león *m*
– *dandelion*
14 la cabezuela
– *flower head (capitulum)*
15 la fructificación
– *infructescence*
16 el erísimo
– *hedge mustard, a mustard*
17 el aliso [una crucífera]
– *stonecrop*
18 la mostaza silvestre
– *wild mustard (charlock, runch)*
19 la flor
– *flower*
20 el fruto, una vaina
– *fruit, a siliqua (pod)*
21 el rabanillo
– *wild radish (jointed charlock)*
22 la flor
– *flower*
23 el fruto (la vaina)
– *fruit, a siliqua (pod)*
24 el armuelle silvestre
– *common orache (common orach)*
25 el cenizo
– *goosefoot*
26 la correhuela
– *field bindweed (wild morning glory), a bindweed*
27 los murajes
– *scarlet pimpernel (shepherd's weatherglass, poor man's weatherglass, eye-bright)*
28 la cebada de las ratas (la cebadilla)
– *wild barley (wall barley)*
29 la cizaña (el joyo)
– *wild oat*
30 la grama (la grama de olor *m*, la grama canina, la grama de playa *f*, el rabo de zorra *f*); *anál.:* la agróstide (el carrizo).
– *common couch grass (couch, quack grass, quick grass, quitch grass, scutch grass, twitch grass, witchgrass);* sim.: *bearded couch grass, sea couch grass*
31 la galinsoga parviflora
– *gallant soldier*
32 el cardo borriquero (el cardo de los campos, el cardo corredor, el erigio; *Amér.:* el caraguatá), un cardo
– *field eryngo (Watling Street thistle), a thistle*
33 la ortiga
– *stinging nettle, a nettle*

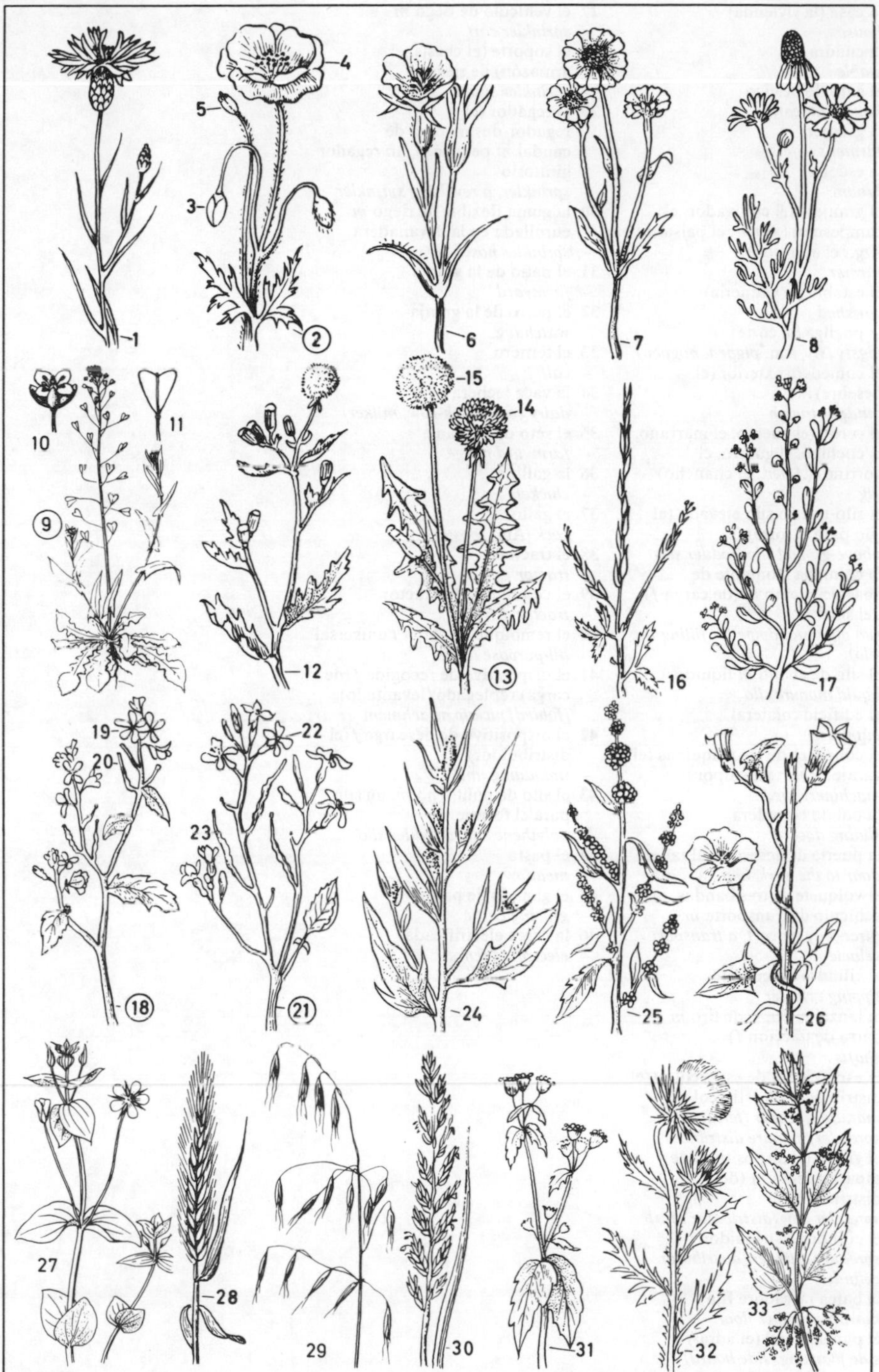
1
2
3
4
5
6
7
8
9
10
11
12
13
14
15
16
17
18
19
20
21
22
23
24
25
26
27
28
29
30
31
32
33

1 la casa (la vivienda)
– *house*
2 la cuadra
– *stable*
3 el gato doméstico
– *house cat (cat)*
4 la granjera
– *farmer's wife*
5 la escoba
– *broom*
6 el granjero (el cultivador, el campesino) (*Amér.:* el paisano; *Arg.:* el afincado)
– *farmer*
7 el establo (la vaquería)
– *cowshed*
8 la pocilga (la corte)
– *pigsty (sty,* Am. *pigpen, hogpen)*
9 el comedero exterior (el pesebre)
– *outdoor trough*
10 el cerdo (el puerco, el marrano, el cochino, el guarro, el gorrino) (*Amér.:* el chancho)
– *pig*
11 el silo-torre o silo elevado (el silo para el forraje)
– *above-ground silo (fodder silo)*
12 la columna montante de abastecimiento *m* (de carga *f*) del silo
– *silo pipe (standpipe for filling the silo)*
13 el silo de abono *m* líquido
– *liquid manure silo*
14 el edificio colateral
– *outhouse*
15 el cobertizo de las máquinas (el garaje; *Amér.:* el galpón)
– *machinery shed*
16 la puerta corredera
– *sliding door*
17 la puerta de acceso *m* al taller
– *door to the workshop*
18 el volquete de tres bandas, un vehículo de transporte *m*
– *three-way tip-cart, a transport vehicle*
19 el cilindro basculante
– *tipping cylinder*
20 la lanza (el brazo de tiro *m,* la barra de tracción *f*)
– *shafts*
21 la esparcidora de estiércol *m* (el distribuidor de estiércol *m*)
– *manure spreader (fertilizer spreader, manure distributor)*
22 el grupo (el dispositivo) de esparcimiento *m* (de distribución *f*)
– *spreader unit (distributor unit)*
23 el cilindro distribuidor
– *spreader cylinder (distributor cylinder)*
24 la batea rascadora fija
– *movable scraper floor*
25 el panel lateral (el adral)
– *side planking (side board)*
26 el adral de reja *f*
– *wire mesh front*
27 el vehículo de riego *m*
– *sprinkler cart*
28 el soporte (el chasis, el armazón) de riego *m*
– *sprinkler stand*
29 el regador (el regador-devanadera de caudal *m* pequeño), un regador giratorio
– *sprinkler, a revolving sprinkler*
30 la goma flexible de riego *m* enrollada en la devanadera
– *sprinkler hoses*
31 el patio de la granja
– *farmyard*
32 el perro de la granja
– *watchdog*
33 el ternero
– *calf*
34 la vaca lechera
– *dairy cow (milch-cow, milker)*
35 el seto de la granja
– *farmyard hedge*
36 la gallina
– *chicken*
37 el gallo
– *cock (*Am. *rooster)*
38 el tractor
– *tractor*
39 el conductor del tractor
– *tractor driver*
40 el remolque de carga *f* universal
– *all-purpose trailer*
41 el dispositivo de recogida *f* (de carga) replegado (levantado)
– *[folded] pickup attachment*
42 el dispositivo de descarga *f* (el distribuidor)
– *unloading unit*
43 el silo de politileno *m,* un silo para el forraje
– *polythene silo, a fodder silo*
44 el pasto
– *meadow*
45 el ganado de pasto *m*
– *grazing cattle*
46 la cerca electrificada
– *electrified fence*

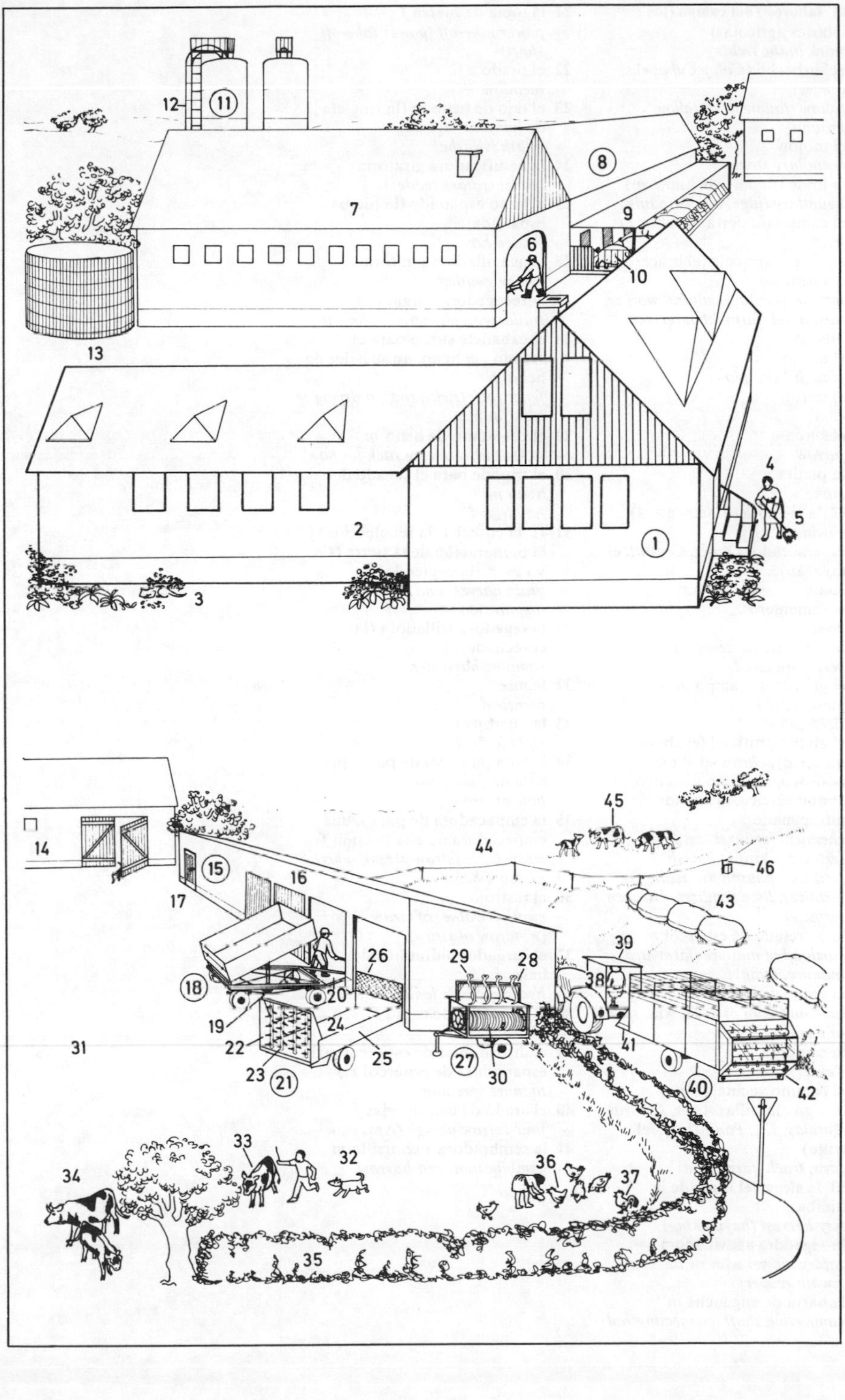
1
2
3
4
5
6
7
8
9
10
11
12
13
14
15
16
17
18
19
20
21
22
23
24
25
26
27
28
29
30
31
32
33
34
35
36
37
38
39
40
41
42
43
44
45
46

1-41 labores *f* **del campo** (las labores agrícolas)
- ***work in the fields***

1 el barbecho (*Col. y Cuba:* el placer)
- *fallow (fallow field, fallow ground)*

2 el mojón
- *boundary stone*

3 la linde (lindero *m*, límite *m*)
- *boundary ridge, a balk (baulk)*

4 el campo (la tierra de labor *f*)
- *field*

5 el obrero agrícola (el bracero del campo)
- *farmworker (agricultural worker, farmhand, farm labourer,* Am. *laborer)*

6 el arado
- *plough (*Am. *plow)*

7 el terrón
- *clod*

8 el surco
- *furrow*

9 la piedra
- *stone*

10-12 la siembra (la sementera)
- *sowing*

10 el sembrador (*Amér. Central:* el tayacán)
- *sower*

11 el sementero
- *seedlip*

12 la simiente (la semilla)
- *seed corn (seed)*

13 el guarda de campo *m* (el meseguero)
- *field guard*

14 el abono artificial (el abono químico); *clases:* el abono potásico, el abono fosfático, el abono cálcico, el abono nitrogenado
- *chemical fertilizer (artificial fertilizer);* kinds: *potash fertilizer, phosphoric acid fertilizer, lime fertilizer, nitrogen fertilizer*

15 la carretada de estiércol *m*
- *cartload of manure (farmyard manure, dung)*

16 la yunta de bueyes *m*
- *oxteam (team of oxen,* Am. *span of oxen)*

17 la campiña
- *fields (farmland)*

18 el camino vecinal (*Col. y S. Dgo.:* la trilla; *Amér. Central, Antillas, Ec., Pan., Urug.:* el trillo)
- *farm track (farm road)*

19-30 la siega del heno (de la hierba)
- ***hay harvest (haymaking)***

19 la segadora agavilladora
- *rotary mower with swather (swath reaper)*

20 la barra de enganche *m*
- *connecting shaft (connecting rod)*

21 la toma de fuerza *f*
- *power take-off (power take-off shaft)*

22 el prado
- *meadow*

23 el tajo de heno *m* (la ringlera de heno *m* segado)
- *swath (swathe)*

24 la henificadora giratoria
- *tedder (rotary tedder)*

25 el heno esparcido (la hierba esparcida)
- *tedded hay*

26 la agavilladora giratoria
- *rotary swather*

27 la recogedora-cargadora
- *trailer with pickup attachment*

28 el caballete sueco para el secado del heno, un secador de heno *m*
- *fence rack (rickstand), a drying rack for hay*

29 el colgadero de heno *m*
- *rickstand, a drying rack for hay*

30 el trípode para el secado del heno *m*
- *hay tripod*

31-41 la cosecha (la recolección) y la preparación de la tierra (*Col. y Venez.:* la cogienda)
- *grain harvest and seedbed preparation*

31 la segadora-trilladora (la cosechadora)
- *combine harvester*

32 la mies
- *cornfield*

33 la rastrojera
- *stubble field*

34 la bala (la paca) de paja *f* (una bala de paja *f* prensada)
- *bale of straw*

35 la empacadora de paja *f*, una empacadora de alta presión *f*
- *straw baler (straw press), a high-pressure baler*

36 el rastrojo
- *swath (swathe) of straw (windrow of straw)*

37 el cargador hidráulico de balas *f*
- *hydraulic bale loader*

38 el remolque de carga *f*
- *trailer*

39 el distribuidor de estiércol *m* (la esparcidora de estiércol *m*)
- *manure spreader*

40 el arado de cuatro rejas *f*
- *four-furrow plough (*Am. *plow)*

41 la sembradora a chorrillo *m*
- *combination seed-harrow*

-17-
18
15
16
14
-13
5
11
10
12
9
1
3
4
6
2
18
8
7
27
26
24
23
22
20
21
19
29
30
25
23
28
41
40
39
31
36
33
35
37
32
34
38

1-33 la cosechadora
- ***combine harvester** (combine)*
1 el separador de cañas *f*
- *divider*
2 el elevador de espigas *f*
- *grain lifter*
3 la barra de cuchillas *f* (la barra de corte *m*)
- *cutter bar*
4 el tambor (el rodillo) de recolección *f* (el tambor con púas *f* de muelle *m*)
- *pickup reel, a spring-tine reel*
5 el mecanismo de regulación *f* del tambor
- *reel gearing*
6 el rodillo de entrada *f*
- *auger*
7 la cinta transportadora con cadenas *f*
- *chain and slat elevator*
8 el cilindro hidráulico para la regulación del sistema de energía *f*
- *hydraulic cylinder for adjusting the cutting unit*
9 el dispositivo de eliminación *f* de piedras *f*
- *stone catcher (stone trap)*
10 la desbarbadora (la desgranadora)
- *awner*
11 el cóncavo del tambor desgranador (la reja trilladora)
- *concave*
12 el tambor desgranador
- *threshing drum (drum)*
13 el tambor de conducción *f* de la paja
- *revolving beater [for freeing straw from the drum and preparing it for the shakers]*
14 el tamiz (la criba) de la paja
- *straw shaker (strawwalker)*
15 el aventador para la limpieza con aire *m* a presión *f*
- *fan for compressed-air winnowing*
16 la cinta de preparación *f*
- *preparation level*
17 el tamiz (la criba) de la paja corta
- *louvred-type sieve*
18 el alargamiento del tamiz
- *sieve extension*
19 la vuelta del tamiz
- *shoe sieve (reciprocating sieve)*
20 el tornillo sin fin *m* [para introducir el grano en la tolva]
- *grain auger*
21 el tornillo sin fin *m* hacia el desgranador
- *tailings auger*
22 la salida de la parte trasera (la salida de la rosca)
- *tailings outlet*
23 el depósito del grano
- *grain tank*
24 el tornillo sin fin *m* de alimentación *f* del depósito del grano
- *grain tank auger*
25 el tornillo sin fin *m* para el vaciado del depósito del grano
- *augers feeding to the grain tank unloader*
26 el conducto de vaciado *m* del depósito del grano
- *grain unloader spout*
27 la abertura para controlar el relleno del depósito
- *observation ports for checking tank contents*
28 el motor Diesel de seis cilindros *m*
- *six-cylinder diesel engine*
29 la bomba hidráulica con reserva *f* de aceite *m*
- *hydraulic pump with oil reservoir*
30 el árbol de transmisión *f*
- *driving axle gearing*
31 el neumático de una rueda motriz
- *driving wheel tyre (*Am.* tire)*
32 el neumático de una rueda direccional
- *rubber-tyred (*Am.* rubber-tired) wheel on the steering axle*
33 el puesto del conductor
- *driver's position*

34-39 la recogedora picadora automotriz
- ***self-propelled forage harvester (self-propelled field chopper)***
34 el tambor de corte *m*
- *cutting drum (chopper drum)*
35 el pico (la dentadura) para el maíz
- *corn head*
36 la cabina del conductor
- *cab (driver's cab)*
37 el tubo de eyección *f*
- *swivel-mounted spout (discharge pipe)*
38 el escape
- *exhaust*
39 una rueda direccional trasera
- *rear-wheel steering system*

40-45 la gavilladora de torbellino *m*
- ***rotary swather***
40 el árbol de articulación *f*
- *cardan shaft*
41 la rueda
- *running wheel*
42 las púas de muelle *m*
- *double spring tine*
43 la manivela
- *crank*
44 el rastrillo
- *swath rake*
45 el acoplamiento (el soporte) de tres puntos *m*
- *three-point linkage*

46-58 la henificadora giratoria
- ***rotary tedder***
46 el tractor
- *tractor*
47 la lanza de remolque *m*
- *draw bar*
48 el árbol de articulación *f*
- *cardan shaft*
49 la toma de fuerza *f*
- *power take-off (power take-off shaft)*
50 el mecanismo
- *gearing (gears)*
51 el tubo de soporte *m* (el chasis)
- *frame bar*
52 el platillo giratorio
- *rotating head*
53 el tubo de soporte *m* de las púas
- *tine bar*
54 las púas de muelle *m*
- *double spring tine*
55 la brida de protección *f*
- *guard rail*
56 la rueda
- *running wheel*
57 la manivela de regulación *f* de la altura
- *height adjustment crank*
58 la regulación de las ruedas
- *wheel adjustment*

59-84 la arrancadora-recogedora de patatas *f*
- ***potato harvester***
59 las palancas de mando *m*
- *control levers for the lifters of the digger and the hopper and for adjusting the shaft*
60 el gancho de tiro *m* para regular la altura
- *adjustable hitch*
61 la lanza de tiro *m* (de tracción *f*)
- *drawbar*
62 el soporte de la lanza
- *drawbar support*
63 el empalme de la toma de fuerza *f*
- *cardan shaft connection*
64 el cilindro compresor
- *press roller*
65 el mecanismo del motor hidráulico
- *gearing (gears) for the hydraulic system*
66 la cuchilla de disco *m* (la cuchilla circular)
- *disc (disk) coulter (*Am.* colter) (rolling coulter)*
67 la reja de tres láminas *f*
- *three-bladed share*
68 el mecanismo de mando *m* de la cuchilla de disco *m*
- *disc (disk) coulter (*Am.* colter) drive*
69 la cinta transportadora
- *open-web elevator*
70 el mecanismo de sacudida *f* de la cinta transportadora
- *agitator*
71 el desmultiplicador de varias velocidades *f*
- *multi-step reduction gearing*
72 el cargador
- *feeder*
73 el arrancador de hierbas *f* (el rotor de aletas *f*)
- *haulm stripper (flail rotor)*
74 la rueda elevadora
- *rotary elevating drum*
75 el separador oscilante
- *mechanical tumbling separator*
76 la cinta transportadora de hierbas *f* con arrancadores *m* flexibles
- *haulm conveyor with flexible haulm strippers*
77 el dispositivo de sacudida *f* de la cinta transportadora de hierbas *f*
- *haulm conveyor agitator*
78 el mecanismo de mando *m* con correa *f* trapezoidal
- *haulm conveyor drive with V-belt*
79 la correa de caucho *m* claveteada para la separación de los tallos, de los terrones de tierra *f* y de las piedras
- *studded rubber belt for sorting vines, clods and stones*
80 la cinta transportadora de las impurezas
- *trash conveyor*
81 la cinta de inspección *f* y clasificación *f*
- *sorting table*
82 los rodillos de discos *m* de caucho *m* para asegurar la primera selección *f*
- *rubber-disc (rubber-disk) rollers for presorting*
83 la cinta de descarga *f*
- *discharge conveyor*
84 la tolva con fondo *m* móvil
- *endless-floor hopper*

85-96 la extractora de remolachas *f* (una arrancadora-cortadora-carga dora de remolachas *f*)
- ***beet harvester***
85 la cortadora
- *topper*
86 la rueda direccional
- *feeler*
87 la cuchilla de extracción *f*
- *topping knife*
88 la rueda de apoyo *m* con regulación *f* de profundidad *f*
- *feeler support wheel with depth adjustment*
89 el limpiador de remolachas *f*
- *beet cleaner*
90 el elevador de las hojas
- *haulm elevator*
91 la bomba hidráulica
- *hydraulic pump*
92 el depósito de aire *m* comprimido
- *compressed-air reservoir*
93 el depósito de aceite *m*
- *oil tank (oil reservoir)*
94 el dispositivo de regulación *f* de la tensión del elevador de remolachas *f*
- *tensioning device for the beet elevator*
95 la cinta elevadora de remolachas *f*
- *beet elevator belt*
96 la tolva de las remolachas
- *beet hopper*

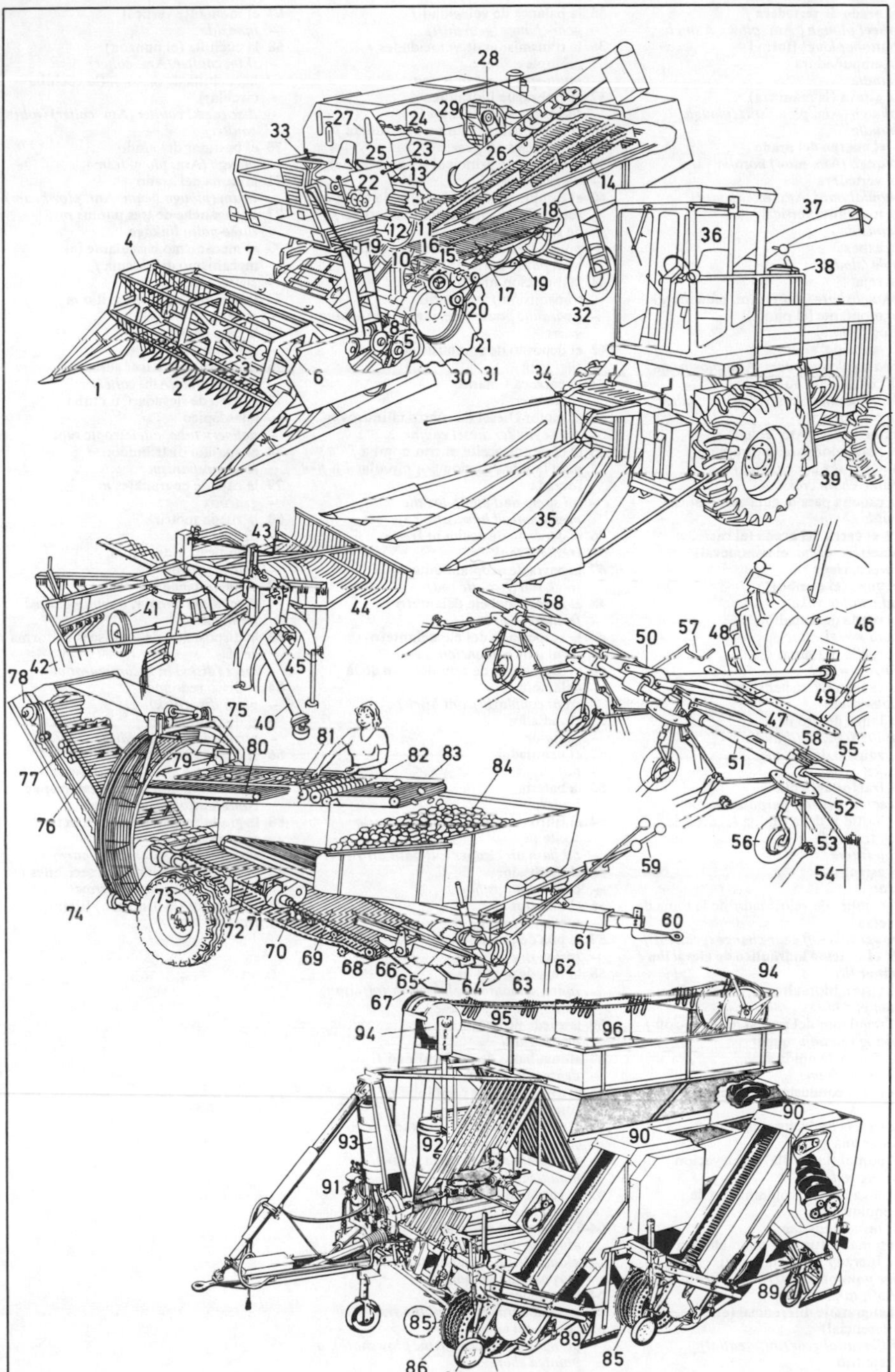
1
2
3
4
5
6
7
8
10
11
12
13
14
15
16
17
18
19
20
21
22
23
24
25
26
27
28
29
30
31
32
33
34
35
36
37
38
39
40
41
42
43
44
45
46
47
48
49
50
51
52
53
54
55
56
57
58
59
60
61
62
63
64
65
66
67
68
69
70
71
72
73
74
75
76
77
78
79
80
81
82
83
84
85
86
87
88
89
90
91
92
93
94
95
96

1 **el arado de vertedera** *f*
– ***wheel plough*** *(* Am. *plow), a single-bottom plough* [form.]
2 la empuñadura
– *handle*
3 la esteva (la mancera)
– *plough (*Am. *plow) stilt (plough handle)*
4-8 el cuerpo del arado
– ***plough (*****Am.** ***plow) bottom***
4 la vertedera
– *mouldboard (*Am. *moldboard)*
5 el montante vertical
– *landside*
6 la cabeza
– *sole (slade)*
7 la reja
– *ploughshare (share,* Am. *plowshare)*
8 el montante (el puntal)
– *frog (frame)*
9 la cama del arado
– *beam (plough beam,* Am. *plowbeam)*
10 la cuchilla (el punzón)
– *knife coulter (*Am. *colter), a coulter*
11 la reja anterior
– *skim coulter (*Am. *colter)*
12 el regulador para la dirección *f* automática por cadena *f*
– *guide-chain crossbar*
13 la cadena para la guía automática
– *guide chain*
14-19 el carro del arado (el carro, el antetrén; *Cuba:* el trinqueval)
– ***forecarriage***
14 el yugo (el estribo)
– *adjustable yoke*
15 la rueda del caballón
– *land wheel*
16 la rueda del surco
– *furrow wheel*
17 la cadena de suspensión *f*
– *hake chain*
18 la lanza de tiro *m*
– *draught beam (drawbar)*
19 el gancho de tiro *m*
– *hake*
20 el tractor agrícola
– ***tractor*** *(general-purpose tractor)*
21 el bastidor de la cabina (el arco de seguridad *f*)
– *cab frame*
22 el asiento
– *seat*
23 el cambio de velocidad *f* de la toma de fuerza *f*
– *power take-off gear-change (gearshift)*
24-29 el sistema hidráulico de elevación *f*
– ***power lift***
24 el pistón hidráulico
– *ram piston*
25 el regulador del puntal de elevación *f*
– *lifting rod adjustment*
26 el marco de unión *f*
– *drawbar frame*
27 la barra conductora superior
– *top link*
28 la barra conductora inferior
– *lower link*
29 el puntal (la varilla) de elevación *f*
– *lifting rod*
30 el engache (el acoplamiento de remolque *m*)
– *drawbar coupling*
31 la toma de fuerza *f* del motor (la toma de fuerza *f* independiente)
– *live power take-off (live power take-off shaft, take-off shaft)*
32 el engranaje diferencial (el diferencial)
– *differential gear (differential)*
33 el eje fijo
– *floating axle*
34 la palanca de cambio *m* del par motor
– *torque converter lever*
35 la palanca de velocidad *f*
– *gear-change (gearshift)*
36 la transmisión de velocidades *f* múltiples
– *multi-speed transmission*
37 el embrague hidráulico
– *fluid clutch (fluid drive)*
38 la transmisión de toma *f* de fuerza *f*
– *power take-off gear*
39 el embrague principal (el embrague)
– *main clutch*
40 el cambio de velocidad *f* de la toma de fuerza *f*, con embrague *m* de toma *f* de fuerza *f*
– *power take-off gear-change (gearshift) with power take-off clutch*
41 la dirección hidráulica con transmisión *f* reversible
– *hydraulic power steering and reversing gears*
42 el depósito de combustible *m*
– *fuel tank*
43 la palanca flotante
– *float lever*
44 el motor Diesel de cuatro cilindros *m*
– *four-cylinder diesel engine*
45 el cárter de aceite *m* con bomba *f* para la lubrificación por circulación *f* forzada
– *oil sump and pump for the pressure-feed lubrication system*
46 el depósito de aceite *m* fresco
– *fresh oil tank*
47 la barra de acoplamiento *m*
– *track rod (*Am. *tie rod)*
48 el soporte del eje delantero
– *front axle pivot pin*
49 la suspensión del eje delantero
– *front axle suspension*
50 el dispositivo de remolque *m* de la delantera
– *front coupling (front hitch)*
51 el radiador
– *radiator*
52 el ventilador
– *fan*
53 la batería
– *battery*
54 el filtro de aire *m* con baño *m* de aceite *m*
– *oil bath air cleaner (oil bath air filter)*
55 el cultivador
– ***cultivator*** *(grubber)*
56 el bastidor
– *sectional frame*
57 la púa de muelle *m*
– *spring tine*
58 la reja de arado *m*
– *share, a diamond-shaped share;* sim.: *chisel-shaped share*
59 la rueda de apoyo *m*
– *depth wheel*
60 el regulador de profundidad *f*
– *depth adjustment*
61 el dispositivo de remolque *m*
– *coupling (hitch)*
62 **el arado reversible,** un arado de cultivo *m*
– ***reversible plough*** *(* Am. *plow), a mounted plough*
63 la rueda de apoyo *m*
– *depth wheel*
64-67 el cuerpo del arado, un cuerpo de arado *m* universal
– ***plough*** *(*Am. *plow) bottom, a general-purpose plough bottom*
64 la vertedera
– *mouldboard (*Am. *moldboard)*
65 la reja del arado
– *ploughshare (share,* Am. *plowshare), a pointed share*
66 la cabeza
– *sole (slade)*
67 el montante vertical
– *landside*
68 la cuchilla (el punzón)
– *skim coulter (*Am. *colter)*
69 la cuchilla de disco *m* (la cuchilla circular)
– *disc (disk) coulter (*Am. *colter) (rolling coulter)*
70 el bastidor del arado
– *plough (*Am. *plow) frame*
71 la cama del arado
– *beam (plough beam,* Am. *plowbeam)*
72 el enganche de tres puntos *m*
– *three-point linkage*
73 el mecanismo basculante (el mecanismo de báscula *f*)
– *swivel mechanism*
74 la sembradora a chorrillo *m*
– ***drill***
75 la caja de la semilla
– *seed hopper*
76 la cuchilla de hacer surcos *m*
– *drill coulter (*Am. *colter)*
77 el tubo de llegada *f*, un tubo telescópico
– *delivery tube, a telescopic tube*
78 el aparato distribuidor
– *feed mechanism*
79 la caja de engranajes *m*
– *gearbox*
80 la rueda motriz
– *drive wheel*
81 el indicador del surco
– *track indicator*
82 el pulverizador de discos *m*
– ***disc (disk) harrow,*** *a semimounted implement*
83 la disposición de los discos en forma *f* de X
– *discs (disks) in X-configuration*
84 el disco redondo
– *plain disc (disk)*
85 el disco dentado
– *serrated-edge disc (disk)*
86 el enganche rápido
– *quick hitch*
87 la combinación grada-desterronador
– ***combination seed-harrow***
88 la grada con dientes *m* de tres secciones *f*
– *three-section spike-tooth harrow*
89 el desterronador de tres secciones *f*
– *three-section rotary harrow*
90 el bastidor (la armazón) fijo(a)
– *frame*

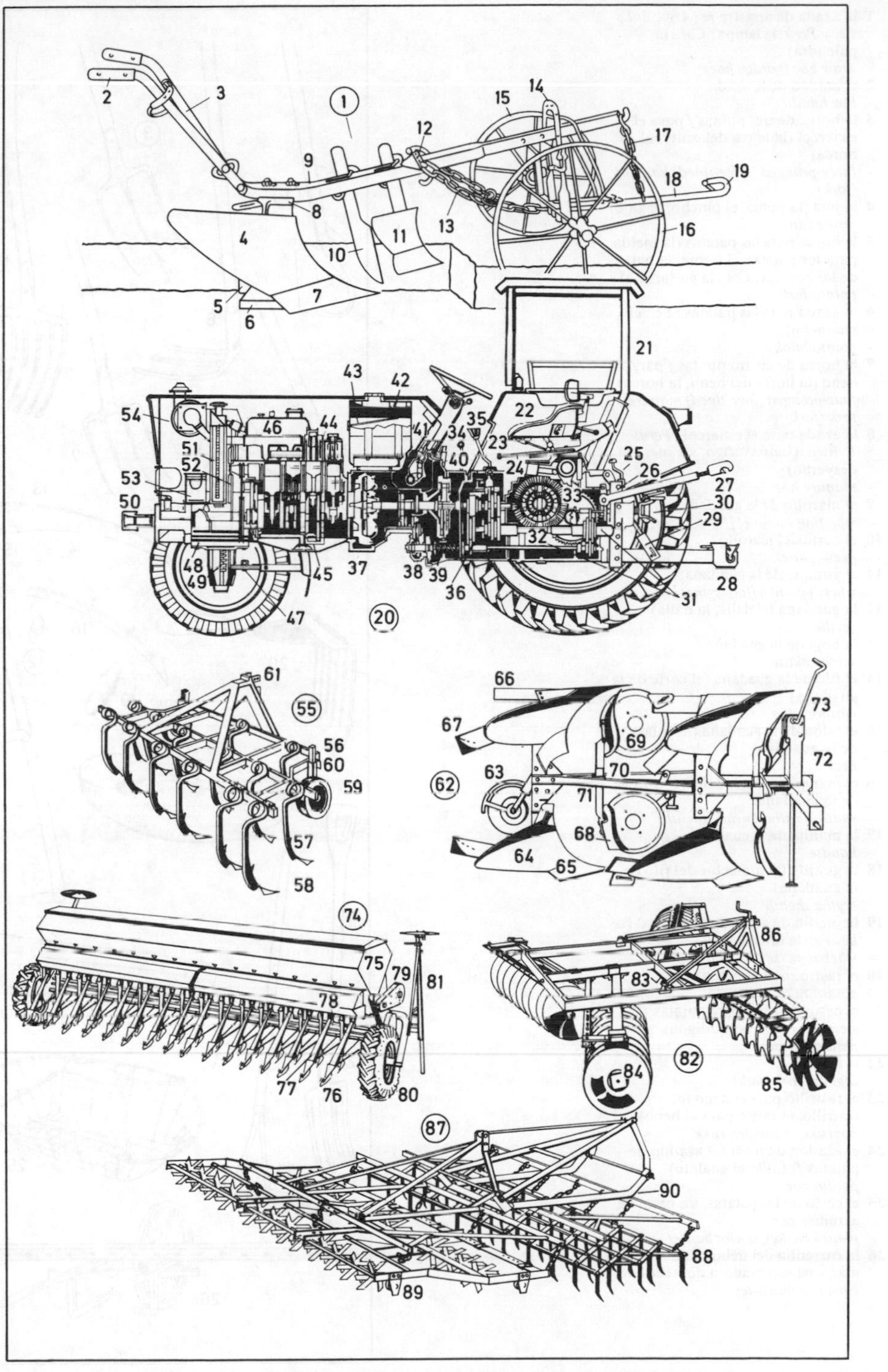
1
2
3
4
5
6
7
8
9
10
11
12
13
14
15
16
17
18
19
20
21
22
23
24
25
26
27
28
29
30
31
32
33
34
35
36
37
38
39
40
41
42
43
44
45
46
47
48
49
50
51
52
53
54
55
56
57
58
59
60
61
62
63
64
65
66
67
68
69
70
71
72
73
74
75
76
77
78
79
80
81
82
83
84
85
86
87
88
89
90

1 la azada de arrastre *m* (*Arg., Bol., Ec. y Perú:* la lampa; *Col.:* la palendra)
- *draw hoe (garden hoe)*

2 el mango de la azada
- *hoe handle*

3 la horca de tres puntas *f* para el estiércol (la horca del estiércol, la horca)
- *three-pronged (three-tined) hay fork (fork)*

4 la púa (la punta, el pincho, el gajo)
- *prong (tine)*

5 la horca para las patatas (la bielda para las patatas, el trente, la pala de las patatas; *Col.:* la garlancha)
- *potato fork*

6 la azada para las patatas (*Ec.:* el palancón)
- *potato hook*

7 la horca de cuatro puntas *f* para el heno (la horca del heno, la horca)
- *four-pronged (four-tined) manure fork (fork)*

8 la azada para el estiércol (*Perú, P. Rico, Guat., S. Dgo. y Venez.:* el desyerbo)
- *manure hoe*

9 el martillo de la guadaña
- *whetting hammer [for scythes]*

10 el corte del martillo
- *peen (pane)*

11 el yunque de la guadaña
- *whetting anvil [for scythes]*

12 la guadaña (el dalle, la dalla)
- *scythe*

13 la hoja de la guadaña
- *scythe blade*

14 el filo de la guadaña (el corte de la guadaña)
- *cutting edge*

15 el talón de la guadaña (la culata de la guadaña)
- *heel*

16 el mango de la guadaña (el asta *f* de la guadaña)
- *snath (snathe, snead, sneath)*

17 la manija de la guadaña
- *handle*

18 la guarda (el protector del filo de la guadaña)
- *scythe sheath*

19 la piedra de afilar (la afiladera) [*se lleva en* la aliara]
- *whetstone (scythestone)*

20 el rastro para las patatas
- *potato rake*

21 el cesto (la sera) para patatas *f* de siembra *f* (*Mé.:* el quiligua)
- *potato planter*

22 la laya
- *digging fork (fork)*

23 el rastrillo para el heno (el rastrillo, el rastro para el heno)
- *hayrake, a wooden rake*

24 el azadón de rozar (el azadón de patatas *f; Chile:* el gualato)
- *potato hoe*

25 el cesto de las patatas, un cesto de alambre *m*
- *potato basket, a wire basket*

26 la carretilla del trébol, una máquina sembradora de trébol *m*
- *clover broadcaster*

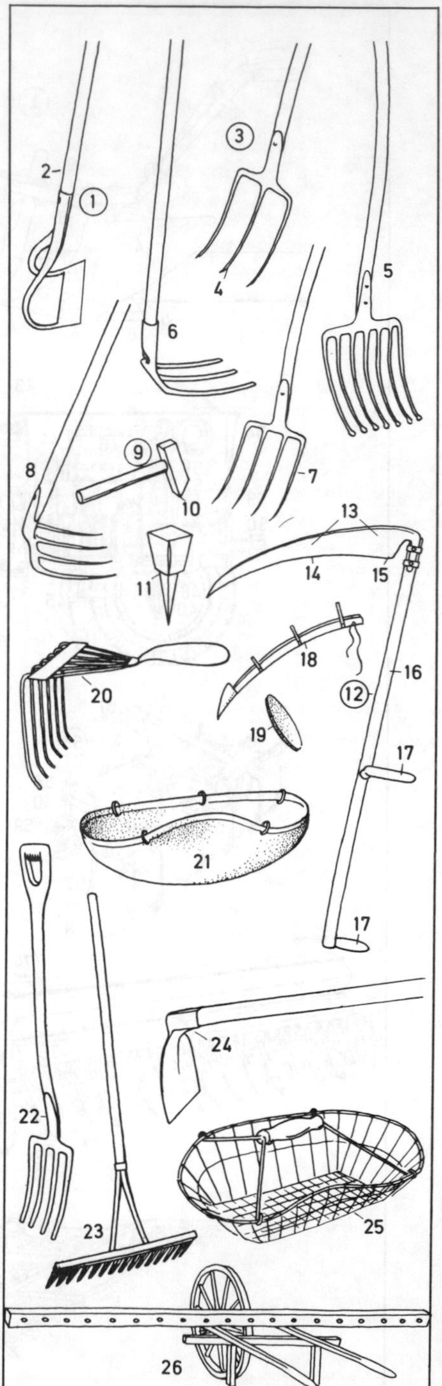

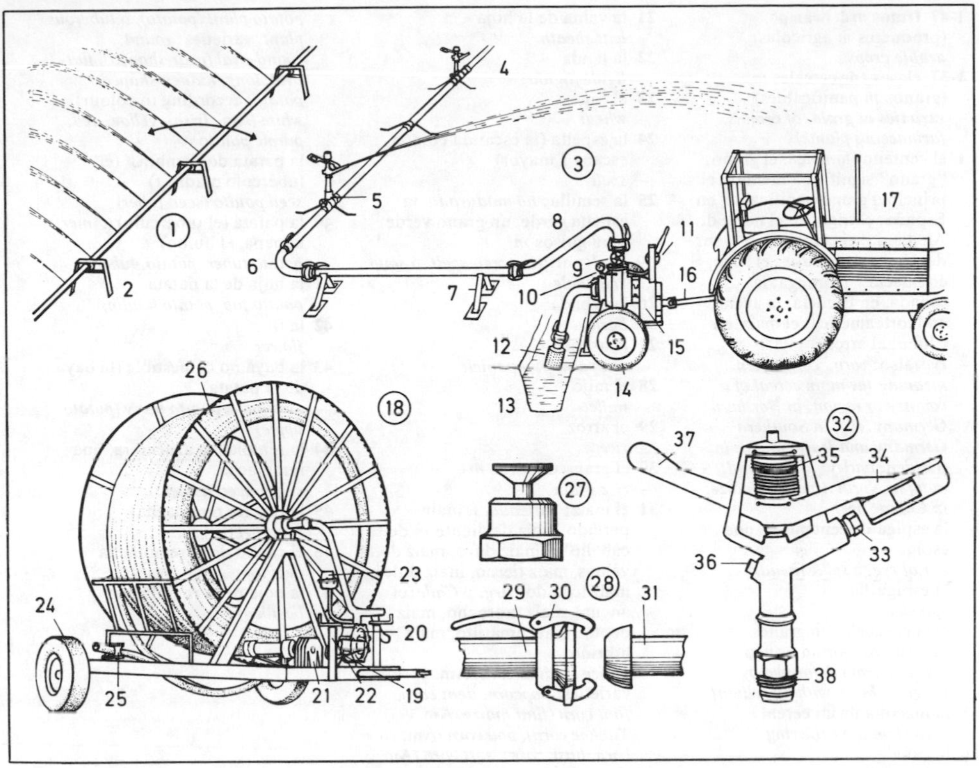

1 el tubo oscilante con surtidores *m*
– *oscillating spray line*
2 el caballete de soporte *m*
– *stand (steel chair)*
3 el dispositivo móvil de riego *m*
– *portable irrigation system*
4 el regador giratorio
– *revolving sprinkler*
5 el empalme de tubo *m*
– *standpipe coupler*
6 el codo de cardán *m*
– *elbow with cardan joint (cardan coupling)*
7 el caballete de soporte *m*
– *pipe support (trestle)*
8 el codo de empalme *m* de la bomba
– *pump connection*
9 el empalme a presión *f*
– *delivery valve*
10 el manómetro
– *pressure gauge (*Am.* gage) (manometer)*
11 la bomba de evacuación *f*
– *centrifugal evacuating pump*
12 la alcachofa de aspiración *f*
– *basket strainer*
13 la zanja (el canal)
– *channel*
14 el chasis de la bomba accionada por la toma de fuerza *f* del tractor
– *chassis of the p.t.o.-driven pump (power take-off-driven pump)*
15 la bomba de tractor *m* (la bomba accionada por la toma de fuerza *f* del tractor)
– *p.t.o.-driven (power take-off-driven) pump*
16 el árbol de articulación *f*
– *cardan shaft*
17 el tractor
tractor
18 el regador para grandes superficies *f*
– *long-range irrigation unit*
19 la tubuladura de propulsión *f*
– *drive connection*
20 la turbina
– *turbine*
21 el cambio de velocidades *f* (el reductor)
– *gearing (gears)*
22 el apoyo ajustable
– *adjustable support*
23 la bomba de evacuación *f*
– *centrifugal evacuating pump*
24 la rueda
– *wheel*
25 la guía del tubo
– *pipe support*
26 el tubo de poliéster *m*
– *polyester pipe*
27 la boquilla (la tobera) del regador
– *sprinkler nozzle*
28 el tubo de empalme *m* instantáneo con junta *f* de articulación *f* cardán *m*
– *quick-fitting pipe connection with cardan joint*
29 la pieza macho del cadán
– *M-cardan*
30 el acoplamiento
– *clamp*
31 la pieza hembra del cardán
– *V-cardan*
32 el regador giratorio
– *revolving sprinkler, a field sprinkler*
33 la boquilla
– *nozzle*
34 la palanca oscilante
– *breaker*
35 el muelle de la palanca oscilante
– *breaker spring*
36 el tapón
– *stopper*
37 el contrapeso
– *counterweight*
38 la rosca
– *thread*

1-47 frutos *m* del campo (productos *m* agrícolas)
– ***arable crops***
1-37 clases *f* de cereales *m* (granos *m* panificables)
– ***varieties of grain*** *(of cereals, farinaceous plants)*
1 el centeno (*también:* el grano; "grano" significa a menudo el principal grano panificable, en España: el trigo, en el norte de Alemania: el centeno, en el sur de Alemania e Italia: el trigo, en Suecia y Noruega: la cebada, en Escocia: la avena, en Norteamérica: el maíz, en China: el arroz)
– *rye (also: corn, 'corn' often meaning the main cereal of a country or region; in Northern Germany: rye; in Southern Germany and Italy: wheat; in Sweden: barley; in Scotland: oats; in North America: maize; in China: rice)*
2 la espiga de centeno *m,* una espiga
– *ear of rye, a spike (head)*
3 la espiguilla
– *spikelet*
4 el cornezuelo, un grano deformado por un hongo
– *ergot, a grain deformed by fungus [shown with mycelium]*
5 la macolla de un cereal
– *corn stem after tillering*
6 la caña
– *culm (stalk)*
7 el nudo
– *node of the culm*
8 la hoja
– *leaf (grain leaf)*
9 la vaina de la hoja
– *leaf sheath (sheath)*
10 la espiguilla
– *spikelet*
11 el cascabillo
– *glume*
12 la arista (la barba)
– *awn (beard, arista)*
13 la semilla (el grano, la cariópside)
– *seed (grain, kernel, farinaceous grain)*
14 el germen de la planta (el grano germinado)
– *embryo plant*
15 la semilla
– *seed*
16 el brote
– *embryo*
17 la raíz
– *root*
18 los pelos absorbentes de la raíz
– *root hair*
19 la hoja del cereal
– *grain leaf*
20 el limbo
– *leaf blade (blade, lamina)*
21 la vaina de la hoja
– *leaf sheath*
22 la lígula
– *ligule (ligula)*
23 el trigo
– *wheat*
24 la espelta (la escanda común, escaña *f* mayor)
– *spelt*
25 la semilla; *no madurada:* la espelta verde, un grano verde para guisos *m*
– *seed;* unripe: *green spelt, a soup vegetable*
26 la cebada
– *barley*
27 la avena
– *oat panicle, a panicle*
28 el mijo
– *millet*
29 el arroz
– *rice*
30 el grano de arroz *m*
– *rice grain*
31 el maíz; *variedades:* maíz perlado, maíz de diente *m* de caballo *m,* maíz duro, maíz de vainas, maíz tierno, maíz dulce, maíz tostado (*Arg. y Chile:* el ancua), maíz morocho, maíz dental, maíz amarillo, maíz híbrido
– *maize (Indian corn,* Am. *corn);* varieties: *popcorn, dent corn, flint corn (flint maize,* Am. *Yankee corn), pod corn (*Am. *cow corn, husk corn), soft corn (*Am. *flour corn, squaw corn), sweet corn*
32 la inflorescencia femenina
– *female inflorescence*
33 la perfolla (la farfolla; *Arg., Bol., Chile, Mé., Perú y Urug.:* la chala)
– *husk (shuck)*
34 el pistilo
– *style*
35 la inflorescencia masculina en panícula *f*
– *male inflorescence (tassel)*
36 la mazorca (la panoja, la panocha; *Mé.:* el cenancle; *Arg. y Par.:* el abatí)
– *maize cob (*Am. *corn cob)*
37 el grano de maíz *m* (*Arg. y Par.:* el grano de abatí *m*)
– *maize kernel (grain of maize)*
38-45 tubérculos *m*
– ***root crops***
38 la patata (*Amér.:* la papa), un tubérculo; *clases:* redonda, ovalada, alargada, arriñonada; *según el color:* blanca, amarilla, roja, rosa; *según la precocidad:* muy precoz, precoz, semitardía, tardía; *según la utilidad:* industrial, forrajera, de huerta
– *potato plant (potato), a tuberous plant;* varieties: *round, round-oval (pear-shaped), flat-oval, long, kidney-shaped potato;* according to colour: *white (*Am. *Irish), yellow, red, purple potato*
39 la patata de siembra *f* (el tubérculo madre *f*)
– *seed potato (seed tuber)*
40 la patata (el tubérculo) (*Amér.:* la papa, el bulbo)
– *potato tuber (potato, tuber)*
41 la hoja de la patata
– *potato top (potato haulm)*
42 la flor
– *flower*
43 la baya no comestible (la baya de la patata)
– *poisonous potato berry (potato apple)*
44 la remolacha azucarera, una remolacha
– *sugar beet, a beet*
45 la raíz (la remolacha)
– *root (beet)*
46 el cuello de la remolacha
– *beet top*
47 la hoja de la remolacha
– *beet leaf*

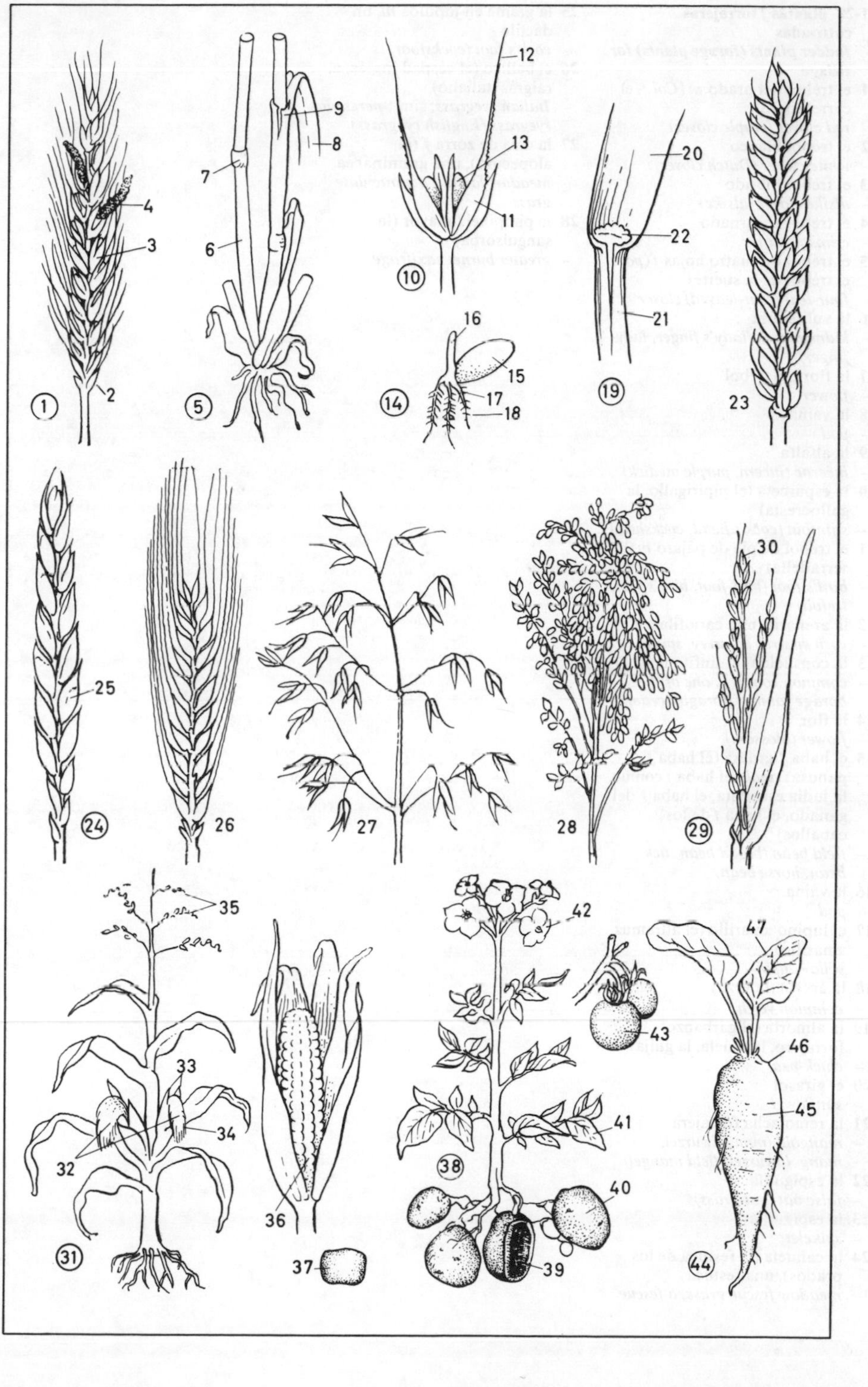
1
2
3
4
5
6
7
8
9
10
11
12
13
14
15
16
17
18
19
20
21
22
23
24
25
26
27
28
29
30
31
32
33
34
35
36
37
38
39
40
41
42
43
44
45
46
47

1-28 plantas ***f*** **forrajeras cultivadas**
– ***fodder plants (forage plants) for tillage***

1 el trébol del prado *m* (*Col.*:- el carretonero)
– *red clover (purple clover)*

2 el trébol blanco
– *white clover (Dutch clover)*

3 el trébol híbrido
– *alsike clover (alsike)*

4 el trébol encarnado
– *crimson clover*

5 el trébol de cuatro hojas *f* (*pop.*: el trébol de la suerte)
– *four-leaf (four-leaved) clover*

6 la vulneraria
– *kidney vetch (lady's finger, lady-finger)*

7 la flor del trébol
– *flower*

8 la vaina
– *pod*

9 la alfalfa
– *lucerne (lucern, purple medick)*

10 la esparceta (el pipirigallo, la gallocresta)
– *sainfoin (cock's head, cockshead)*

11 el trébol de pie de pájaro *m* (la serradella)
– *bird's foot (bird-foot, bird's foot trefoil)*

12 la arenaria, una cariofilácea
– *corn spurrey (spurrey, spurry)*

13 la consuelda (el sínfito mayor)
– *common comfrey, one of the borage family (Boraginaceae)*

14 la flor
– *flower (blossom)*

15 el haba *f* gruesa (el haba *f* panosa; *anál.*: el haba *f* común, la judía escarlata, el haba *f* del ganado, el haba *f* de los caballos)
– *field bean (broad bean, tick bean, horse bean)*

16 la vaina
– *pod*

17 el lupino amarillo (el altramuz amarillo)
– *yellow lupin*

18 la arveja (la veza)
– *common vetch*

19 la almorta (el garbanzo forrajero, la muela, la guija)
– *chick-pea*

20 el girasol
– *sunflower*

21 la remolacha forrajera
– *mangold (mangelwurzel, mangoldwurzel, field mangel)*

22 la espiguilla
– *false oat (oat-grass)*

23 la espiguilla
– *spikelet*

24 la cañuela (la festuca de los prados), una festuca
– *meadow fescue grass, a fescue*

25 la grama en jopillos *m*, un dáctilo
– *cock's foot (cocksfoot)*

26 el ballico (el césped inglés, el raigrás italiano)
– *Italian ryegrass;* sim.: *perennial ryegrass (English ryegrass)*

27 la cola de zorra *f* (el alopecuro), una graminácea
– *meadow foxtail, a paniculate grass*

28 la pimpinela mayor (la sanguisorba)
– *greater burnet saxifrage*

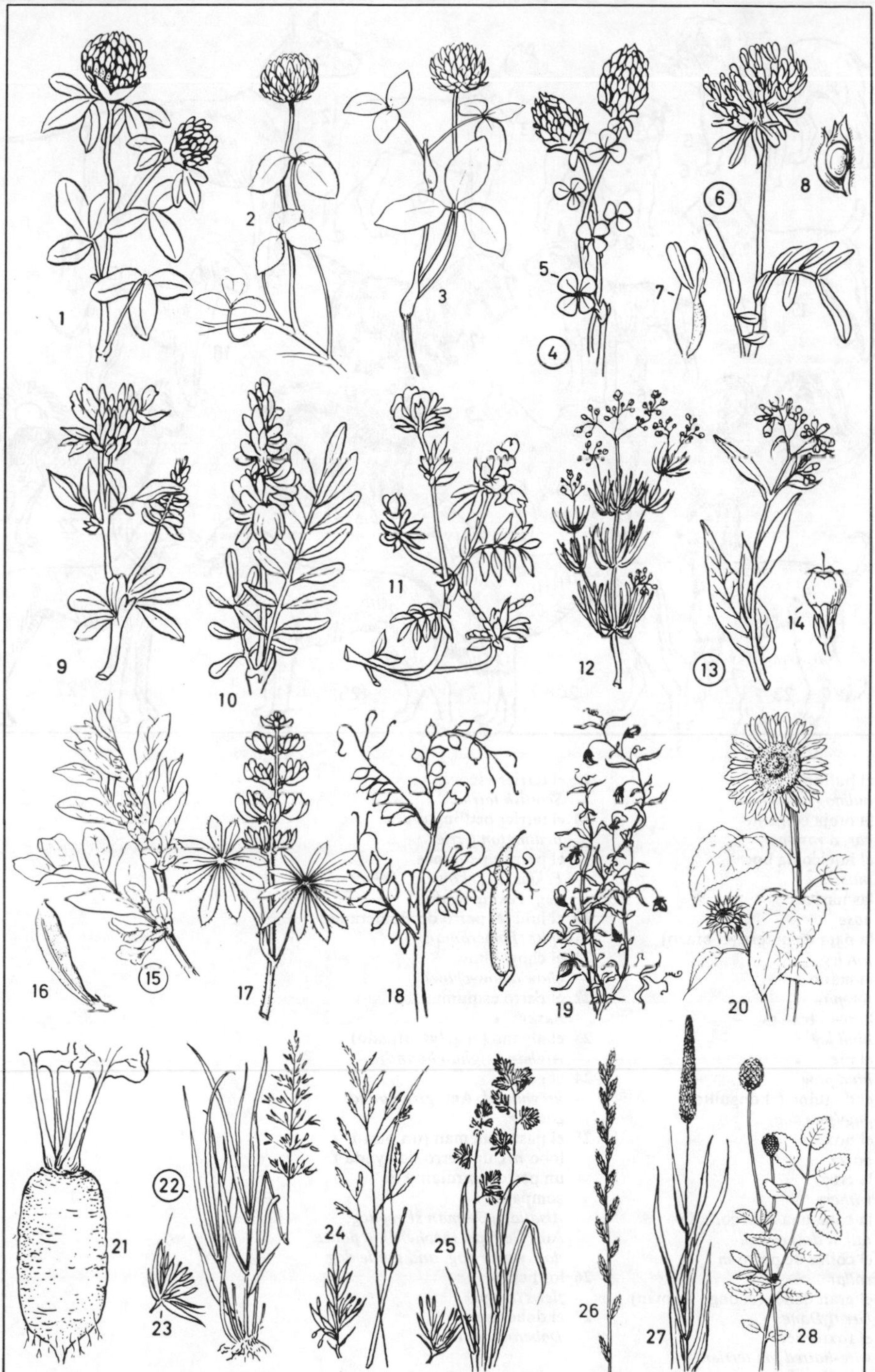
1
2
3
4
5
6
7
8
9
10
11
12
13
14
15
16
17
18
19
20
21
22
23
24
25
26
27
28

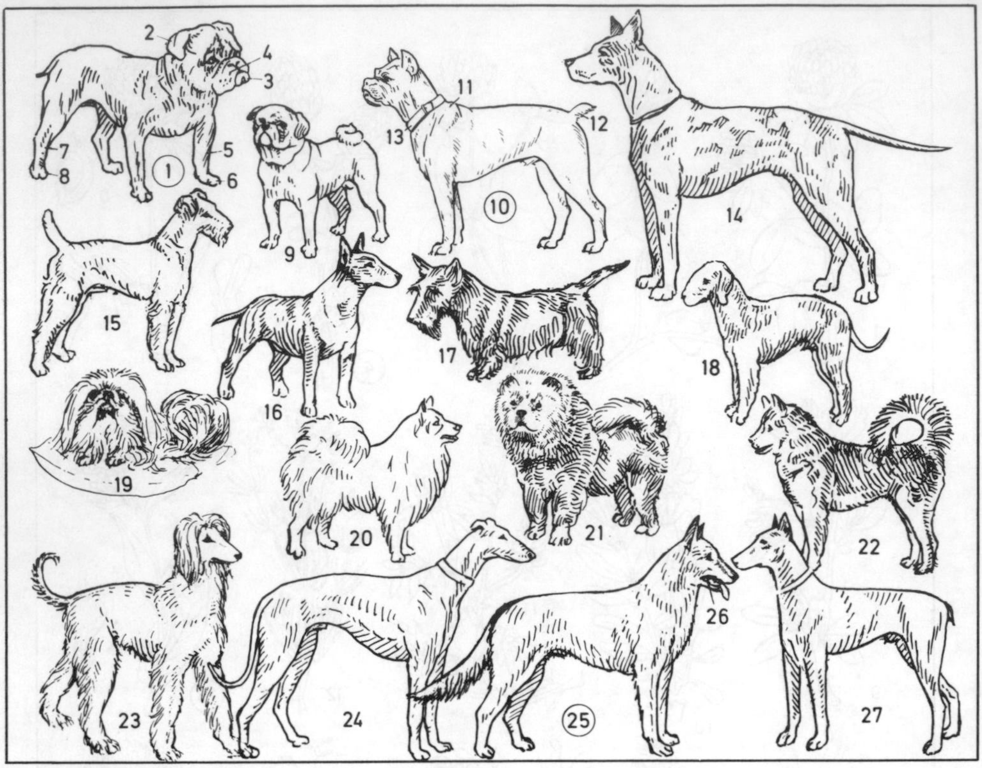

1 el bulldog
– *bulldog*
2 la oreja colgante
– *ear, a rose-ear*
3 el hocico (la boca)
– *muzzle*
4 las narices
– *nose*
5 la pata delantera (el brazo)
– *foreleg*
6 la mano
– *forepaw*
7 la pata trasera
– *hind leg*
8 el pie
– *hind paw*
9 el doguino (el doguillo)
– *pug (pug dog)*
10 el bóxer
– *boxer*
11 la cruz
– *withers*
12 la cola, una cola cortada
– *tail, a docked tail*
13 el collar de perro *m*
– *collar*
14 el gran danés (el dogo alemán)
– *Great Dane*
15 el foxterrier
– *wire-haired fox terrier*
16 el bullterrier
– *bull terrier*
17 el terrier escocés
– *Scottish terrier*
18 el terrier bedlington
– *Bedlington terrier*
19 el perrito pequinés
– *Pekinese (Pekingese, Pekinese dog, Pekingese dog)*
20 el lulú (el perro de Pomerania)
– *spitz (Pomeranian)*
21 el chow-chow
– *chow (chow-chow)*
22 el perro esquimal
– *husky*
23 el afgano (el galgo afgano)
– *Afghan (Afghan hound)*
24 el galgo
– *greyhound (*Am. *grayhound), a courser*
25 el pastor alemán (un perro lobo *m*), un perro de ayuda *f*, un perro guardián y de compañía *f*
– *Alsatian (German sheepdog,* Am. *German shepherd), a police dog, watch dog, and guide dog*
26 los belfos
– *flews (chaps)*
27 el doberman
– *Dobermann terrier*

28-31 el **equipo del perro**
– ***dog's outfit***
28 el cepillo para perros *m*
– *dog brush*
29 el peine para perros *m*
– *dog comb*
30 la correa; *en cacerías:* la traílla
– *lead (dog lead, leash);* for hunting: *leash*
31 el bozal (*Cuba y Perú:* la hociquera)
– *muzzle*
32 la escudilla de la comida (el comedero)
– *feeding bowl (dog bowl)*
33 el hueso
– *bone*
34 el perro de Terranova (el terranova)
– *Newfoundland dog*
35 el grifón
– *schnauzer*
36 el perro de lanas (el caniche); *más pequeño:* el perro de lanas *f* enano (el caniche enano; *Amér. Merid.:* el choco)
– *poodle;* sim. and smaller: *pygmy (pigmy) poodle*
37 el perro de san Bernardo (el san Bernardo)
– *St. Bernard (St. Bernard dog)*
38 el cócker
– *cocker spaniel*
39 el teckel de pelo *m* corto (el perro zarcero, el teckel, el basset, el perro tejonero)
– *dachshund, a terrier*
40 el perro de muestra *f* alemán
– *German pointer*
41 el setter (un perro de muestra *f* inglés)
– *English setter*
42 el perro perdiguero, un perro de muestra *f*
– *trackhound*
43 el pointer, un perro rastrero
– *pointer, a trackhound*

1-6 equitación *f* (el arte de montar a caballo *m*, la equitación de alta escuela *f*)
- ***equitation*** *(high school riding, haute école)*

1 el piafe
- *piaffe*

2 el paso (el paso corto, el paso de escuela *f*)
- *walk*

3 el passage (el paso español)
- *passage*

4 la levade (la pirueta)
- *levade (pesade)*

5 la cabriola
- *capriole*

6 la corveta
- *courbette (curvet)*

7-25 los arreos (los arneses; *Antillas, Chile, Guat. y Perú:* el aparejo; *Col. y Cuba:* los arretrancos; *P. Rico:* los ensillos)
- ***harness***

7-13 las guarniciones
- *bridle*

7-11 la cabezada (*Amér. Central:* el gamarrón; *Ec., Mé y Perú:* el bozalillo; *Mé. y Chile:* el cabeceador; *Col.:* la martingala; *Col. y Ec.:* la tapanca)
- ***headstall*** *(headpiece, halter)*

7 la muserola
- *noseband*

8 la quijera
- *cheek piece (cheek strap)*

9 la frontalera
- *browband (front band)*

10 la testera
- *crownpiece*

11 el ahogadero
- *throatlatch (throatlash)*

12 la cadenilla de barbada *f*
- *curb chain*

13 el bocado con la barbada
- *curb bit*

14 el gancho del tirante
- *hasp (hook) of the hame (*Am. *drag hook)*

15 la collera (*Mé.:* el gargantón)
- *pointed collar, a collar*

16 el adorno de la collera
- *trappings (side trappings)*

17 el sillín
- *saddle-pad*

18 la cincha (la barriguera; *Arg., Col., Chile, Urug. y Venez.:* el cinchón)
- *girth*

19 la sufra (*Cuba:* la tiradera)
- *backband*

20 la cadena de la vara
- *shaft chain (pole chain)*

21 la vara (la lanza, la flecha)
- *pole*

22 el tirante
- *trace*

23 la cincha (la barriguera) auxiliar
- *second girth (emergency girth)*

24 el tiro
- *trace*

25 las riendas (las bridas)
- *reins (*Am. *lines)*

26-36 los arreos de pecho *m*
- ***breast harness***

26 las anteojeras (*Cuba y P. Rico:* la visera)
- *blinker (*Am. *blinder, winker)*

27 la anilla del petral
- *breast collar ring*

28 el petral
- *breast collar (Dutch collar)*

29 la horquilla del sobrecuello
- *fork*

30 el sobrecuello
- *neck strap*

31 el sillín
- *saddle-pad*

32 la correa del lomo
- *loin strap*

33 las riendas (las bridas)
- *reins (rein,* Am. *line)*

34 la baticola (la correa de la cola, el ataharre)
- *crupper (crupper-strap)*

35 el tirante
- *trace*

36 la cincha (la barriguera)
- *girth (belly-band)*

37-49 sillas *f* **de montar** [*la silla para mujer en Guat., Hond., S. Dgo. y Venez.:* el galápago; *en Ec. y Cuba:* el gancho]
- ***saddles***

37-44 la silla de paseo *m*
- ***stock saddle*** (Am. *western saddle)*

37 el sillín (el asiento)
- *saddle seat*

38 el borrén delantero
- *pommel horn (horn)*

39 el borrén trasero
- *cantle*

40 la hoja (el faldón) lateral (*Arg. y Chile:* el mandil; *Arg. y Urug.:* el sobrepelo)
- *flap (*Am. *fender)*

41 los refuerzos
- *bar*

42 la ación (*Amér.:* la estribera)
- *stirrup leather*

43 el estribo
- *stirrup (stirrup iron)*

44 la manta de la silla (el sudadero; *Arg. y. Urug.:* el sobrepelo; *Col. y Venez.:* el sufridor; *S. Dgo.:* el panó; *Amér. Central y Chile:* el pelero; *Mé.:* el cuascle)
- *blanket*

45-49 la silla inglesa
- ***English saddle*** *(cavalry saddle)*

45 el sillín (el asiento)
- *seat*

46 el pomo
- *cantle*

47 la hoja (el faldón) lateral
- *flap*

48 la hoja falsa
- *roll (knee roll)*

49 el baste
- *pad*

50-51 las espuelas (*Col. y Venez.:* las orejonas)
- ***spurs***

50 el espolín (la espuela fija, la espuela clavada)
- *box spur (screwed jack spur)*

51 la espuela de correílla *f*
- *strapped jack spur*

52 el bocado (*Antillas, C. Rica, Ec. y Mé.:* el basbiquejo)
- *curb bit*

53 el freno de boca *f*
- *gag bit (gag)*

54 la almohaza (*Amér. Merid.:* la rasqueta)
- *currycomb*

55 la bruza
- *horse brush (body brush, dandy brush)*

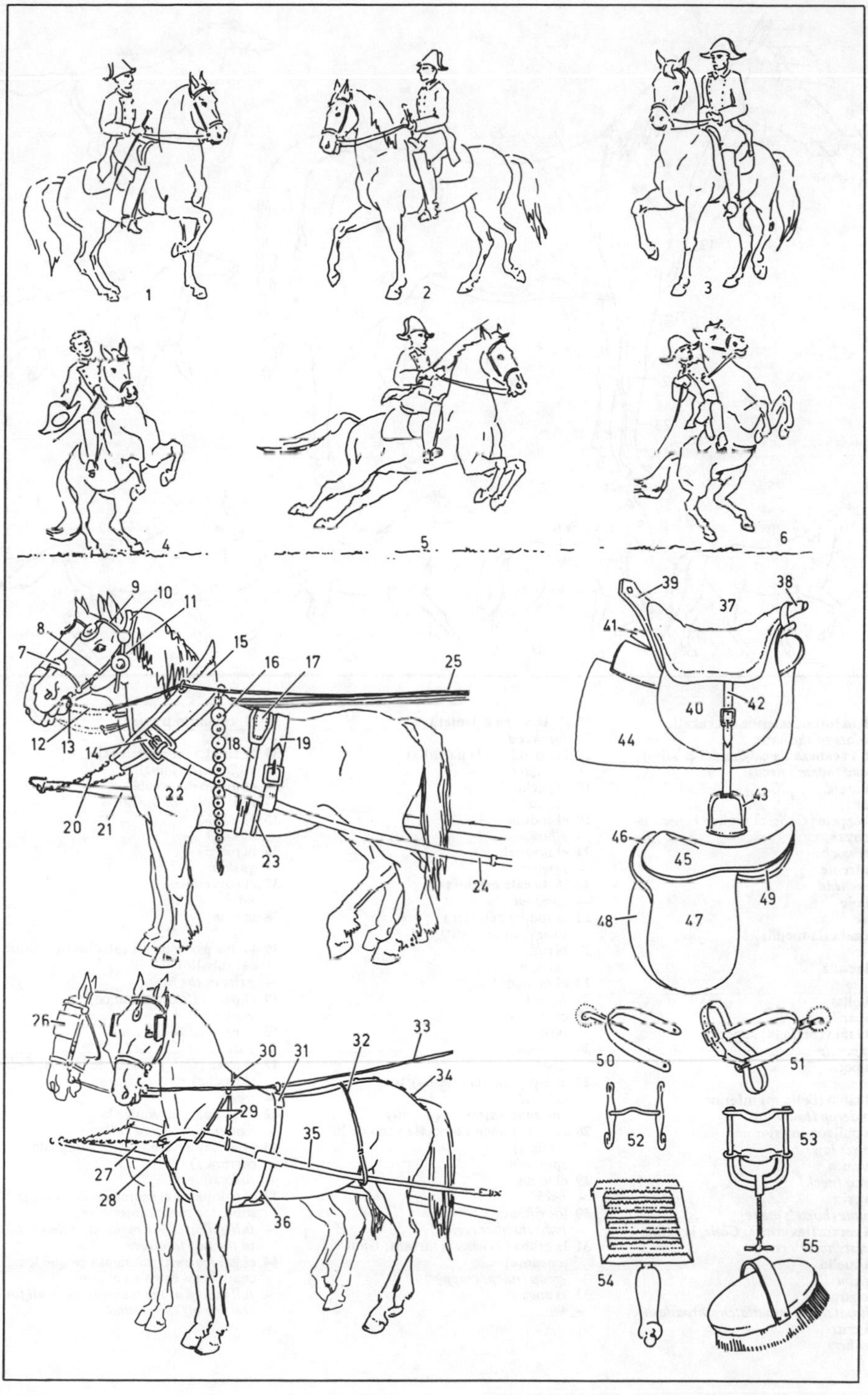
1
2
3
4
5
6
7
8
9
10
11
12
13
14
15
16
17
18
19
20
21
22
23
24
25
26
27
28
29
30
31
32
33
34
35
36
37
38
39
40
41
42
43
44
45
46
47
48
49
50
51
52
53
54
55

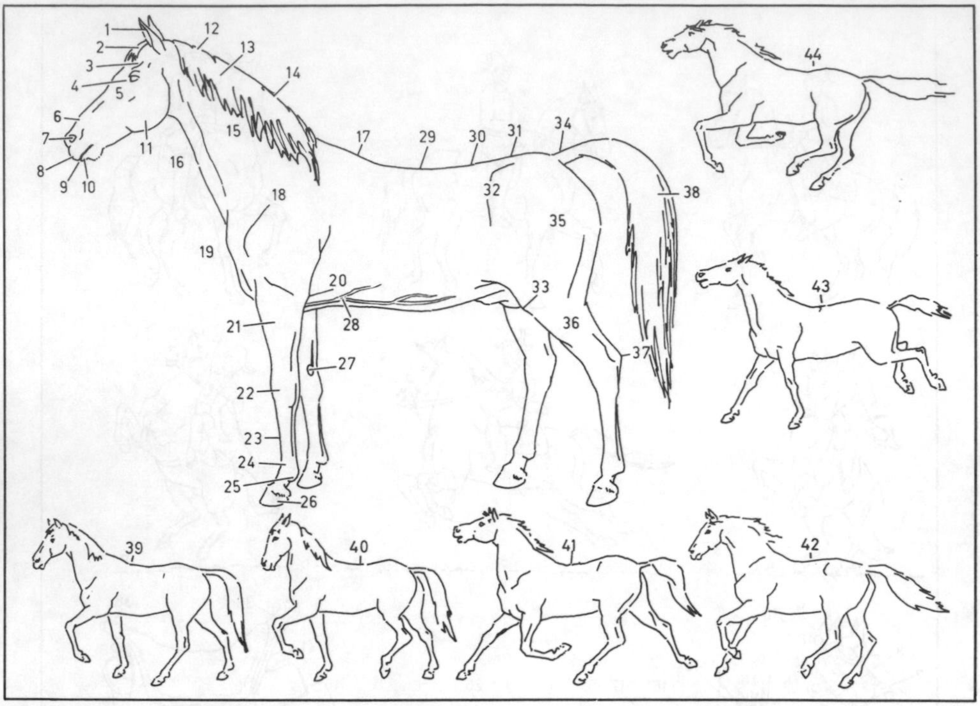

1-38 la forma exterior del caballo
- ***points** of the horse*
1-11 la cabeza (la cabeza del caballo)
- ***head** (horse's head)*
1 la oreja
- *ear*
2 el copete (*Chile:* el moño; *Venez.:* la guaya)
- *forelock*
3 la frente
- *forehead*
4 el ojo
- *eye*
5 la cara (la mejilla)
- *face*
6 el testuz
- *nose*
7 el ollar
- *nostril*
8 el labio (belfo *m*) superior
- *upper lip*
9 la boca
- *mouth*
10 el labio (belfo *m*) inferior
- *underlip (lower lip)*
11 la quijada inferior
- *lower jaw*
12 la nuca
- *crest (neck)*
13 la crin
- *mane (horse's mane)*
14 la cerviz (las crines; *Chile:* la tusa)
- *crest (horse's crest)*
15 el cuello
- *le cou*
16 la garganta
- *throat (*Am. *throatlatch, throatlash)*
17 la cruz
- *withers*
18-27 la mano delantera
- ***forehand***
18 la espaldilla (la paletilla)
- *shoulder*
19 el pecho
- *breast*
20 el codillo
- *elbow*
21 el brazuelo
- *forearm*
22-26 la pata delantera
- ***forefoot***
22 la rodilla delantera
- *knee (carpus, wrist)*
23 la caña
- *cannon*
24 el menudillo
- *fetlock*
25 el espolón
- *pastern*
26 el casco
- *hoof*
27 el espejuelo (la castaña), una callosidad
- *chestnut (castor), a callosity*
28 la vena torácica larga (la vena de la espuela)
- *spur vein*
29 el lomo
- *back*
30 los riñones
- *loins (lumbar region)*
31 la grupa (*Venez.:* la tarraza; *Guat.:* la tenedora)
- *croup (rump, crupper)*
32 el anca *f*
- *hip*
33-37 el cuarto trasero
- ***hind leg***
33 la babilla (el gordetillo)
- *stifle (stifle joint)*
34 el maslo de la cola
- *root (dock) of the tail*
35 el muslo
- *haunch*
36 la pierna
- *gaskin*
37 el corvejón
- *hock*
38 la cola
- *tail*
39-44 los pasos de los caballos (los aires del caballo)
- ***gaits** of the horse*
39 el paso (*Urug.:* el tranco)
- *walk*
40 el paso de andadura *f*
- *pace*
41 el trote (*Col. y Venez.:* la trocha; *Col.:* el troche)
- *trot*
42 el galope a la izquierda
- *canter;* sim.: *hand gallop*
43-44 el galope tendido (el galope de carrera *f*)
- *full gallop*
43 el galope en el momento de la caída sobre los remos anteriores
- *full gallop at the moment of descent on to the two forefeet*
44 el galope en el momento en que los cuatro pies están en el aire
- *full gallop at the moment when all four feet are off the ground*

Abreviaturas:
m. = macho; *c* = castrado;
h = hembra; *j* = joven
Abbreviations:
m. = *male;* c. = *castrated;*
f. = *female,* y. = *young*

1-2 ganado *m* mayor
– *cattle*
1 el ganado vacuno, un animal con cuernos *m*, un rumiante; *m.* el toro; *c.* el buey; *h.* la vaca; *j. m.* el ternero; *j. h.* la ternera
– *cow, a bovine animal, a horned animal, a ruminant;* m. *bull;* c. *ox;* f. *cow;* y. *calf*
2 el caballo; *m.* el caballo padre (el caballo semental; *Amér.:* el garañón); *c.* el caballo castrado; *h.* la yegua; *j.* el potro
– *horse;* m. *stallion;* c. *gelding;* f. *mare;* y. *foal*
3 el asno (burro *m*, borrico m); *m.* el garañón; *j.* el pollino
– *donkey*
4 la albarda
– *pack saddle (carrying saddle)*
5 la carga
– *pack (load)*
6 la cola empenachada
– *tufted tail*
7 la borla
– *tuft*
8 el mulo, un cruce de asno *m* y yegua *f* (el muleto; el burdégano, un cruce de caballo *m* y burro *f*)
– *mule, a cross between a male donkey and a mare*
9 el cerdo (el puerco, el cochino, el marrano, el guarro, el gorrino; *Amér.:* el chancho; *Perú:* el cuchí), un animal con cerdas *f*, un animal con pezuñas *f* hendidas (artiodáctilo *m*); *m.* el cerdo padre (el verraco); *h.* la perca; *j.* el lechón, el cochinillo
– *pig, a cloven-hoofed animal;* m. *boar;* f. *sow;* y. *piglet*
10 el hocico
– *pig's snout (snout)*
11 la oreja
– *pig's ear*
12 la cola ensortijada
– *curly tail*
13 la oveja; *m.* el morueco; *c.* el carnero; *h.* la oveja; *j.* el cordero (el borrego)
– *sheep;* m. *ram;* c. *wether;* f. *ewe;* y. *lamb*
14 la cabra; *m.* el cabrón; *j.* el chivo
– *goat*
15 la barba de la cabra (*también tiene:* las mamellas)
– *goat's beard*
16 el perro, un perro Leonberg; *h.* la perra; *j.* el cachorro
– *dog, a Leonberger;* m. *dog;* f. *bitch;* y. *pup (puppy, whelp)*
17 el gato, un gato de angora; *h.* la gata
– *cat, an Angora cat (Persian cat);* m. *tom (tom cat)*
18-36 animales *m* **de corral** *f*
– ***small domestic animals***
18 el conejo; *m.* el conejo macho; *h.* la coneja; *j.* el gazapo
– *rabbit;* m. *buck;* f. *doe*
19-36 aves *f* **de corral** *m*
– ***poultry*** *(domestic fowl)*
19-26 la gallina y el gallo
– ***chicken***
19 la gallina
– *hen*
20 el buche
– *crop (craw)*
21 el gallo; *c.* el capón; *j.* el pollo
– *cock* (Am. *rooster);* c. *capon*
22 la cresta (*Bol.:* la corota; *Pan.:* la sierra)
– *cockscomb (comb, crest)*
23 la carúncula (el lóbulo de la oreja)
– *lap*
24 la barba
– *wattle (gill, dewlap)*
25 la cola en forma *f* de hoz *f*
– *falcate (falcated) tail*
26 el espolón (*Amér.:* la espuela)
– *spur*
27 la gallina de Guinea (la pintada)
– *guinea fowl*
28 el pavo; *h.* la pava
– *turkey;* m. *turkey cock (gobbler);* f. *turkey hen*
29 la cola en abanico *m* (la rueda)
– *fan tail*
30 el pavo real
– *peacock*
31 la pluma del pavo real
– *peacock's feather*
32 el ocelo
– *eye (ocellus)*
33 la paloma; *m.* el palomo; *j.* el pichón
– *pigeon;* m. *cock pigeon*
34 el ganso; *h.* la gansa; *j.* el ansarino
– *goose;* m. *gander;* y. *gosling*
35 el pato; *h.* la pata; *j.* el patito
– *duck;* m. *drake;* y. *duckling*
36 la membrana interdigital [de las aves palmípedas]
– *web (palmations) of webbed foot (palmate foot)*

74 Postura de las gallinas, la producción de huevos

1-27 la postura de huevos *m* **(la postura intensiva)**
- ***poultry farming (intensive poultry management)***

1-17 la postura de suelo *m* (la cría sobre la paja)
- ***straw yard (strawed yard) system***

1 la pollera
- *fold unit for growing stock (chick unit)*

2 el pollito
- *chick*

3 la incubadora (la pollera) artificial
- *brooder (hover)*

4 el reguero móvil del alimento (el comedero móvil)
- *adjustable feeding trough*

5 el gallinero de los pollos
- *pullet fold unit*

6 el abrevadero, el bebedero
- *drinking trough*

7 el tubo del agua *f*
- *water pipe*

8 la pajaza
- *litter*

9 el pollo
- *pullet*

10 el ventilador
- *ventilator*

11-17 la cría de pollos *m*
- ***broiler rearing*** *(rearing of broiler chickens)*

11 el gallinero
- *chicken run (* Am. *fowl run)*

12 el pollo
- *broiler chicken (broiler)*

13 el comedero automático
- *mechanical feeder (self-feeder, feed dispenser)*

14 la cadena de apoyo *m*
- *chain*

15 la reguera de alimentación *f*
- *feed supply pipe*

16 el abrevadero automático (el bebedero automático)
- *mechanical drinking bowl (mechanical drinker)*

17 el ventilador
- *ventilator*

18 la postura en batería *f*
- *battery system (cage system)*

19 la jaula superior
- *battery (laying battery)*

20 la jaula inferior (la jaula de escalones *m*, la jaula en batería *f*)
- *tiered cage (battery cage, stepped cage)*

21 el comedero
- *feeding trough*

22 la cinta recolectora de huevos *m*
- *egg collection by conveyor*

23-27 el sistema automático de alimentación *f* **y recogida** *f*
- ***mechanical feeding and dunging*** *(manure removal, droppings removal)*

23 el sistema rápido de alimentación *f* para la batería (la máquina de alimentación *f*)
- *rapid feeding system for battery feeding (mechanical feeder)*

24 el silo (la tolva)
- *feed hopper*

25 la cinta transportadora del alimento
- *endless-chain feed conveyor (chain feeder)*

26 la conducción del agua *f*
- *water pipe (liquid feed pipe)*

27 la cinta transportadora de excrementos *m*
- *dunging chain (dunging conveyor)*

28 el armario de incubación *f* y de nacimiento *m* (de salida del huevo)
- *setting and hatching machine*

29 el ventilador de la cámara de incubación *f*
- *ventilation drum [for the setting compartment]*

30 el departamento de la incubación
- *hatching compartment (hatcher)*

31 la carretilla metálica con los casilleros de huevos *m*
- *metal trolley for hatching trays*

32 el casillero de los huevos
- *hatching tray*

33 el motor del ventilador
- *ventilation drum motor*

34-53 la producción de huevos *m*
- ***egg collection system***

34 el sistema de recogida *f* de los huevos
- *egg collection system*

35 la cinta transportadora
- *multi-tier transport*

36 la mesa de clasificación *f*
- *collection by pivoted fingers*

37 el motor de impulsión *f*
- *drive motor*

38 la clasificadora de huevos *m*
- *sorting machine*

39 el carrito de transporte *m*
- *conveyor trolley*

40 la pantalla para mirar los huevos al trasluz
- *fluorescent screen*

41 el mecanismo de succión *f* para el transporte de los huevos
- *suction apparatus (suction box) for transporting eggs*

42 el estante para las bandejas de los huevos llenos o vacíos
- *shelf for empty and full egg boxes*

43 el peso de los huevos
- *egg weighers*

44 la clasificación
- *grading*

45 la bandeja de los huevos
- *egg box*

46 la empaquetadora automática de huevos *m*
- *fully automatic egg-packing machine*

47 la cabina para mirar los huevos al trasluz
- *radioscope box*

48 la mesa de mirado *m*
- *radioscope table*

49-51 el sistema de alimentación *f*
- *feeder*

49 el transportador de depresión *f*
- *suction transporter*

50 el tubo flexible de vacío *m*
- *vacuum line*

51 la mesa de alimentación *f*
- *supply table*

52 la escogedora-clasificadora automática
- *automatic counting and grading*

53 el distribuidor de cajas *f*
- *packing box dispenser*

54 la anilla de la pata de la gallina
- *leg ring*

55 la placa de identificación *f* de las aves
- *wing tally (identification tally)*

56 la gallina americana (la gallina enana, la gallina bantam)
- *bantam*

57 la gallina ponedora
- *laying hen*

58 el huevo de gallina *f* (*Cuba:* el blanquín de gallina; *Mé.:* el blanquillo)
- *hen's egg (egg)*

59 la cáscara caliza, un integumento del huevo
- *eggshell, an egg integument*

60 la membrana de la cáscara
- *shell membrane*

61 la cámara de aire *m*
- *air space*

62 la clara del huevo
- *white [of the egg] (albumen)*

63 la chalaza
- *chalaza (*Am. *treadle)*

64 la membrana de la yema (la membrana vitelina)
- *vitelline membrane (yolk sac)*

65 el blastodisco (la marca del gallo; *Chile:* el migajón)
- *blastodisc (germinal disc, cock's tread, cock's treadle)*

66 la vesícula germinativa (la cicatrícula)
- *germinal vesicle*

67 la yema blanca
- *white*

68 la yema amarilla
- *yolk*

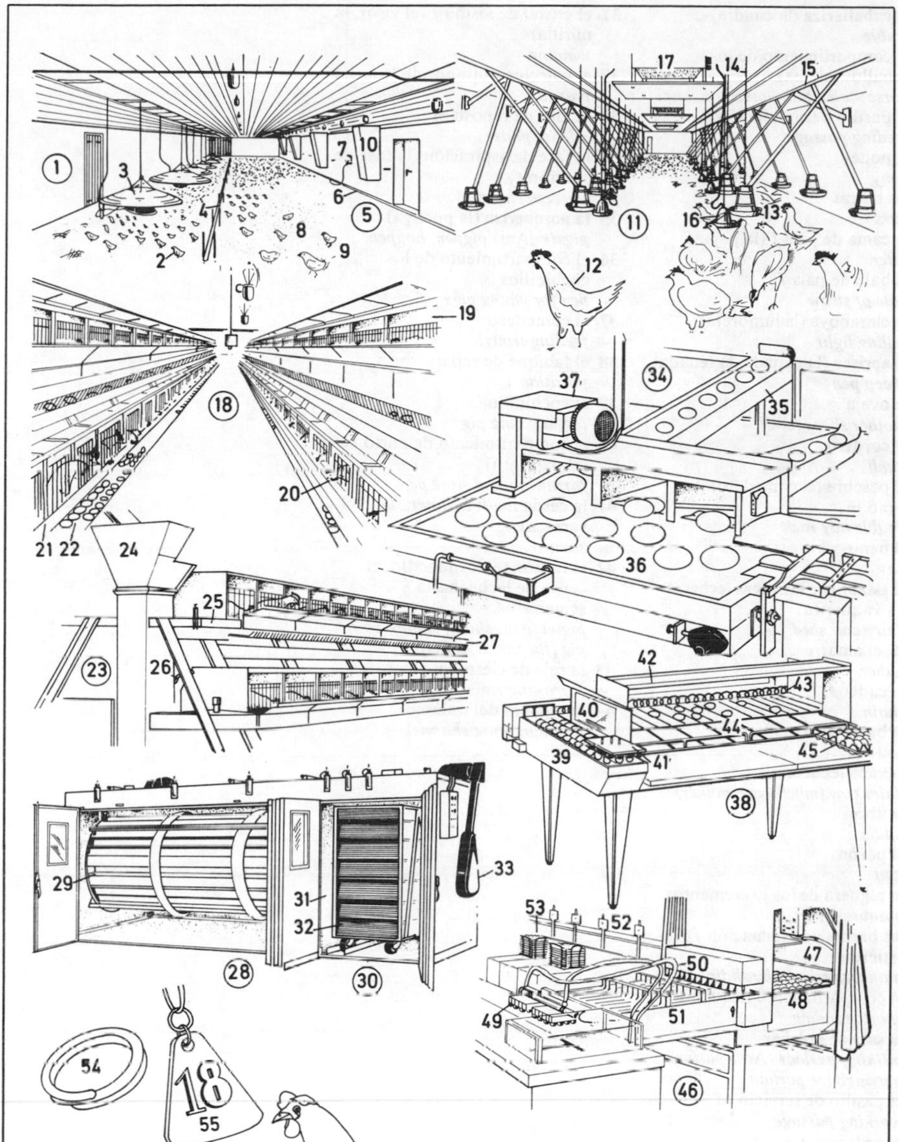
1
2
3
4
5
6
7
8
9
10
11
12
13
14
15
16
17
18
19
20
21
22
23
24
25
26
27
28
29
30
31
32
33
34
35
36
37
38
39
40
41
42
43
44
45
46
47
48
49
50
51
52
53
54
18
55
56
57
58
59
60
61
62
63
64
65
66
67
68

1 **la caballeriza** (la cuadra)
- ***stable***

2 el compartimiento de los caballos (el box)
- *horse stall (stall, horse box, box)*

3 el pasillo de circulación *f*
- *feeding passage*

4 el poney
- *pony*

5 las barras
- *bars*

6 la cama de paja *f* (la pajaza)
- *litter*

7 la bala de paja *f*
- *bale of straw*

8 la claraboya (la lumbrera)
- *ceiling light*

9 **el aprisco** (la majada, la tenada)
- ***sheep pen***

10 la oveja
- *mother sheep (ewe)*

11 el cordero
- *lamb*

12 el pesebre (el comedero) de heno *m*
- *double hay rack*

13 el heno
- *hay*

14 **el establo de las vacas lecheras** (la vaquería)
- ***dairy cow shed***

15-16 el amarre
- *tether*

15 la cadena
- *chain*

16 la barra de fijación
- *rail*

17 la vaca lechera
- *dairy cow (milch-cow, milker)*

18 la ubre
- *udder*

19 el pezón
- *teat*

20 la reguera de los excrementos
- *manure gutter*

21 las barras de evacuación *f* del estiércol
- *manure removal by sliding bars*

22 el compartimiento pequeño
- *short standing*

23 **la sala de ordeñar**
- ***milking parlour*** *(*Am. *parlor), a herringbone parlour*

24 el pasillo de servicio *m*
- *working passage*

25 el ordeñador
- *milker (*Am. *milkman)*

26 el racimo de ventosas *f* de goma *f* de la ordeñadora
- *teat cup cluster*

27 el tubo de la leche
- *milk pipe*

28 el tubo del aire
- *air line*

29 el tubo de vacío *m* (el tubo de pulsación *f*)
- *vacuum line*

30 el cubilete del ordeñador
- *teat cup*

31 el cristal de visión *f* (el visor, la mirilla)
- *window*

32 el colector-pulsador de la leche
- *pulsator*

33 la fase de reposo *m*
- *release phase*

34 la fase de aspiración (la fase de succión *f*)
- *squeeze phase*

35 **la porqueriza** (la pocilga)
- ***pigsty*** *(*Am. *pigpen, hogpen)*

36 el compartimiento de los cochinillos
- *pen for young pigs*

37 el comedero
- *feeding trough*

38 el tabique de separación *f*
- *partition*

39 el cochinillo
- *pig, a young pig*

40 el compartimiento de parto *m* (el paridero)
- *farrowing and store pen*

41 la cerda madre (*Amér.*: la verraca)
- *sow*

42 el lechón (el lechoncillo, el cerdo de leche [hasta 8 semanas])
- *piglet (*Am. *shoat, shote) (sow pig [for first 8 weeks])*

43 la reja de cierre *m*
- *farrowing rails*

44 la reguera del estiércol
- *liquid manure channel*

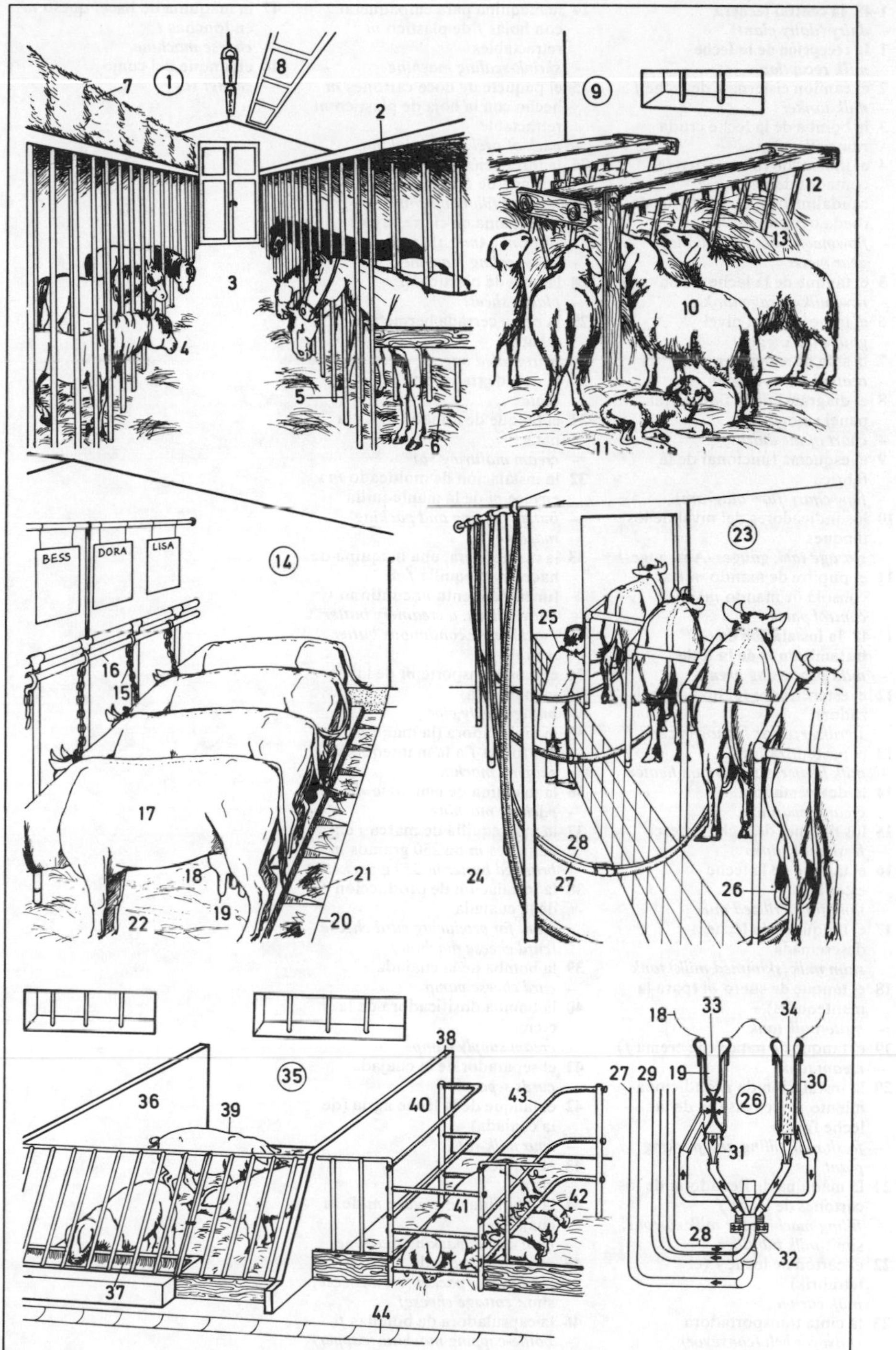
7
1
8
2
9
12
13
3
4
10
5
6
11
BESS
DORA
LISA
14
23
25
16
15
17
28
18
21
24
27
19
22
20
26
18
33
34
27
29
19
30
26
31
28
32
38
35
36
39
40
43
41
42
37
44

1-48 la central lechera
– ***dairy** (dairy plant)*
1 la recepción de la leche
– ***milk reception***
2 el camión cisterna *f* de leche *f*
– *milk tanker*
3 la bomba de la leche cruda
– *raw milk pump*
4 el indicador volumétrico (el contador de reloj *m*, el caudalímetro), un contador de rueda ovalada
– *flowmeter, an oval (elliptical) gear meter*
5 el tanque de la leche cruda
– *raw milk storage tank*
6 el indicador del nivel
– *gauge (*Am. *gage)*
7 la sala de mandos *m*
– ***central control room***
8 el diagrama de la fábrica (el panel sinóptico)
– *chart of the dairy*
9 el esquema funcional de la fábrica
– *flow chart (flow diagram)*
10 los indicadores del nivel de los tanques
– *storage tank gauges (*Am. *gages)*
11 el pupitre de mando *m* (la consola de mando *m*)
– *control panel*
12-48 la instalación de tratamiento *m* de la leche
– ***milk processing area***
12 el esterilizador (el homogeneizador)
– *sterilizer;* also: *homogenizer*
13 el pasteurizador
– *milk heater;* sim.: *cream heater*
14 la descremadora
– *cream separator*
15 los tanques de leche *f* fresca
– *fresh milk tanks*
16 el tanque de la leche esterilizada
– *tank for sterilized milk*
17 el tanque de la leche descremada
– *skim milk (skimmed milk) tank*
18 el tanque de suero *m* (para la mantequilla)
– *buttermilk tank*
19 el tanque de nata *f* (de crema *f*)
– *cream tank*
20 la instalación de acondicionamiento *m* y envase *m* de la leche fresca
– *fresh milk filling and packing plant*
21 la máquina de llenado *m* de los cartones de leche *f*
– *filling machine for milk cartons;* sim.: *milk tub filler*
22 el cartón de leche *f* (el tetrabrik)
– *milk carton*
23 la cinta transportadora
– *conveyor belt (conveyor)*
24 la máquina para empaquetar con hojas *f* de plástico *m* retractables
– *shrink-sealing machine*
25 el paquete de doce cartones *m* hecho con la hoja de plástico *m* retractable
– *pack of twelve in shrink foil*
26 la instalación de envase *m* en bolsas *f* de diez litros *m*
– *ten-litre filling machine*
27 la máquina de cierre *m* por calor *m* (*Amér.:* la tapadora)
– *heat-sealing machine*
28 la hoja de plástico *m*
– *plastic sheets*
29 la bolsa cerrada herméticamente
– *heat-sealed bag*
30 la caja de transporte *m*
– *crate*
31 el tanque de afinado *m* de la nata
– *cream maturing vat*
32 la instalación de moldeado *m* y envase *m* de la mantequilla
– *butter shaping and packing machine*
33 la mantequera, una máquina de hacer mantequilla *f* de funcionamiento *m* continuo
– *butter churn, a creamery butter machine for continuous butter making*
34 el tubo transporte *m* de la mantequilla
– *butter supply pipe*
35 la moldeadora (la máquina de dar forma *f* a la mantequilla)
– *shaping machine*
36 la máquina de embalaje *m*
– *packing machine*
37 la mantequilla de marca *f* en paquetes *m* de 250 gramos *m*
– *branded butter in 250 g packets*
38 la instalación de producción *f* de la cuajada
– *plant for producing curd cheese (curd cheese machine)*
39 la bomba de la cuajada
– *curd cheese pump*
40 la bomba dosificadora de la crema
– *cream supply pump*
41 el separador de la cuajada
– *curds separator*
42 el tanque de la leche agria (de la cuajada)
– *sour milk vat*
43 el batidor
– *stirrer*
44 la máquina de envase *m* de la cuajada
– *curd cheese packing machine*
45 el tarro de cuajada *f*
– *curd cheese packet (curd cheese;* sim.: *cottage cheese)*
46 la capsuladora de botellas *f*
– *bottle-capping machine (capper)*
47 la máquina de hacer queso *m* en lonchas *f*
– *cheese machine*
48 el tanque del cuajo
– *rennet vat*

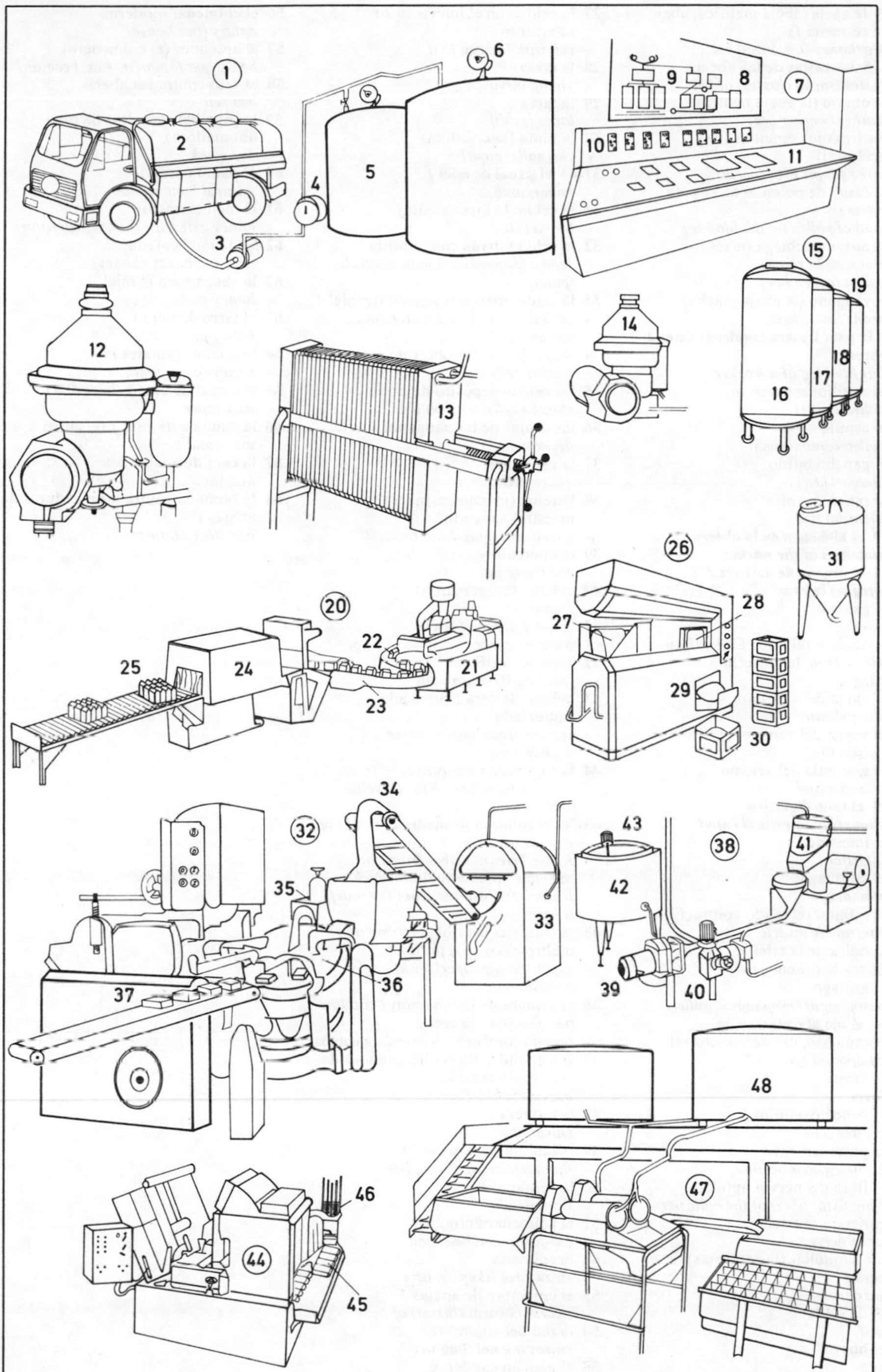
1
2
3
4
5
6
7
8
9
10
11
12
13
14
15
16
17
18
19
20
21
22
23
24
25
26
27
28
29
30
31
32
33
34
35
36
37
38
39
40
41
42
43
44
45
46
47
48

1-25 la abeja (abeja melífica, abeja de colmena *f*)
- ***bee*** *(honey-bee, hive-bee)*
1, 4, 5 las castas de las abejas
- ***castes*** *(social classes) of bees*
1 la obrera (la abeja neutra)
- *worker (worker bee)*
2 los tres ojos sencillos (tres ocelos *m*)
- *three simple eyes (ocelli)*
3 la carga de polen *m* en la pata trasera
- *load of pollen on the hind leg*
4 la abeja machiega (maesa, maestra, la reina)
- *queen (queen bee)*
5 el zángano (la abeja macho)
- *drone (male bee)*
6-9 la pata trasera izquierda de una obrera
- ***left hind leg of a worker***
6 el cestillo de polen *m*
- *pollen basket*
7 el cepillo
- *pollen comb (brush)*
8 el gancho bífido
- *double claw*
9 la pinza suctoria
- *suctorial pad*
10-19 el abdomen de la obrera
- ***abdomen of the worker***
10-14 el órgano de defensa *f*
- ***stinging organs***
10 el gancho
- *barb*
11 el aguijón (el rejo; *Chile, Guat., Mé. y Perú:* la lanceta)
- *sting*
12 la vaina del aguijón
- *sting sheath*
13 la vejiga del veneno
- *poison sac*
14 la glándula del veneno
- *poison gland*
15-19 el tubo digestivo
- ***stomachic-intestinal canal***
15 el intestino
- *intestine*
16 el estómago
- *stomach*
17 el esfínter (el tejido contráctil)
- *contractile muscle*
18 la bolsa de la miel
- *honey bag (honey sac)*
19 el esófago
- *oesophagus (esophagus, gullet)*
20-24 el ojo afacetado (ojo compuesto, ojo de insecto *m*)
- ***compound eye***
20 la faceta
- *facet*
21 el cono cristalino
- *crystal cone*
22 la parte sensitiva
- *light-sensitive section*
23 la fibra del nervio óptico
- *fibre* (Am. *fiber) of the optic nerve*
24 el nervio óptico
- *optic nerve*
25 las laminillas (las escamas) de cera *f*
- *wax scale*
26-30 la celda
- ***cell***
26 el huevo
- *egg*
27 la celda con el huevo en su interior *m*
- *cell with the egg in it*
28 la cresa
- *young larva*
29 la larva
- *larva (grub)*
30 la ninfa (la crisálida)
- *chrysalis (pupa)*
31-43 el panal de miel *f*
- ***honeycomb***
31 la celda de incubación *f*
- *brood cell*
32 la celda tapada con la ninfa
- *sealed (capped) cell with chrysalis (pupa)*
33 la celda operculada llena de miel *f*
- *sealed (capped) cell with honey (honey cell)*
34 las celdas de las obreras
- *worker cells*
35 las celdas depósito de polen *m*
- *storage cells, with pollen*
36 las celdas de los zánganos
- *drone cells*
37 la celda real
- *queen cell*
38 la reina (machiega, maesa, maestra) saliendo
- *queen emerging from her cell*
39 el opérculo
- *cap (capping)*
40 el bastidor (el marco)
- *frame*
41 el asa *f* separadora
- *distance piece*
42 el panal artificial
- *[artificial] honeycomb*
43 la base de cera *f* prensada troquelada
- *septum (foundation, comb foundation)*
44 la caja para transportar la reina
- *queen's travelling* (Am. *traveling) box*
45-50 la colmena de madera *f* (*Col.:* la pegadilla)
- ***frame hive*** *(movable-frame hive, movable-comb hive [into which frames are inserted from the rear], a beehive (hive))*
45 la colmena movilista (colmena *f* múltiple) con los panales
- *super (honey super) with honeycombs*
46 la cámara de incubación *f* con los panales para la cresa
- *brood chamber with breeding combs*
47 el separador (la rejilla que impide el paso de la reina)
- *queen-excluder*
48 la piquera
- *entrance*
49 la tablilla para el vuelo
- *flight board (alighting board)*
50 la ventana
- *window*
51 el colmenar antiguo
- *old-fashioned bee shed*
52 la colmena
- *straw hive (skep), a hive*
53 el enjambre de abejas *f*
- *swarm (swarm cluster) of bees*
54 la red del enjambre
- *swarming net (bag net)*
55 el gancho candente
- *hooked pole*
56 el colmenar moderno
- *apiary (bee house)*
57 el apicultor (el colmenero)
- *beekeeper (apiarist,* Am. *beeman)*
58 el velo contra las abejas
- *bee veil*
59 la pipa del apicultor (la pipa ahumadora)
- *bee smoker*
60 el panal natural
- *natural honeycomb*
61 el meloextractor
- *honey extractor (honey separator)*
62-63 la miel colada
- *strained honey (honey)*
62 la vasija para la miel
- *honey pail*
63 el tarro de miel *f*
- *honey jar*
64 la miel en panales *m*
- *honey in the comb*
65 el torzal de cera *f* (la cerilla)
- *wax taper*
66 la candela de cera *f* (el cirio)
- *wax candle*
67 la cera de abejas *f*
- *beeswax*
68 la pomada contra las picaduras de abejas *f*
- *bee sting ointment*

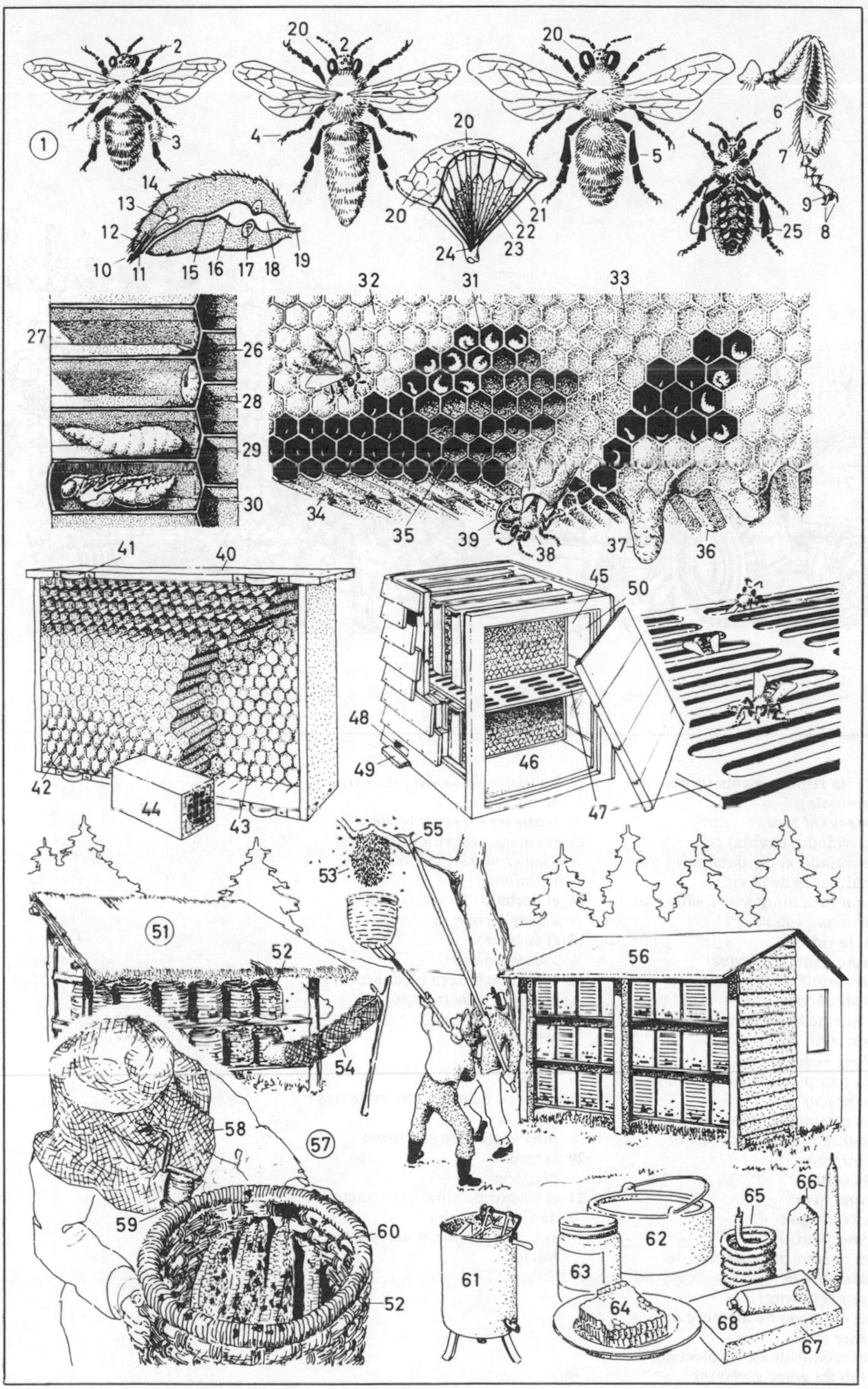
1
2
3
4
5
6
7
8
9
10
11
12
13
14
15
16
17
18
19
20
21
22
23
24
25
26
27
28
29
30
31
32
33
34
35
36
37
38
39
40
41
42
43
44
45
46
47
48
49
50
51
52
53
54
55
56
57
58
59
60
61
62
63
64
65
66
67
68

1-21 la región vitícola (la región vinícola)
- ***vineyard area***

1 el viñedo (la viña) con enrejado *m* de alambre *m* para cultivo *m* de la vid
- *vineyard using wire trellises for training vines*

2-9 la vid
- ***vine*** *(*Am. *grapevine)*

2 el sarmiento (el pámpano)
- *vine shoot*

3 el brote largo (el retoño, el zarcillo, la tijereta)
- *long shoot*

4 la pámpana (la hoja de la vid)
- *vine leaf*

5 el racimo de uvas *f*
- *bunch of grapes (cluster of grapes)*

6 la cepa
- *vine stem*

7 el rodrigón
- *post (stake)*

8 el amarre del enrejado de alambre *m*
- *guy (guy wire)*

9 el enrejado de alambre *m*
- *wire trellis*

10 el recipiente de recolección *f*
- *tub for grape gathering*

11 la vendimiadora
- *grape gatherer*

12 las tijeras de la vid (unas tijeras de podar)
- *secateurs for pruning vines*

13 el viñador (el viticultor)
- *wine grower (viniculturist, viticulturist)*

14 el portador de cuévanos *m*
- *dosser carrier*

15 el cuévano
- *dosser (pannier)*

16 el tanque cisterna *f* del mosto
- *crushed grape transporter*

17 la prensa de uva *f*
- *grape crusher*

18 la tolva
- *hopper*

19 la pared de quita y pon de tres lados *m*
- *three-sided flap extension*

20 la tarima
- *platform*

21 el tractor de viña *f*, un tractor de vía *f* estrecha
- *vineyard tractor, a narrow-track tractor*

1-22 la bodega (la cava)
– ***wine cellar*** *(wine vault)*
1 la bóveda
– *vault*
2 el tonel (el barril) de bodega *f*
– *wine cask*
3 el depósito del vino, un depósito de hormigón *m*
– *wine vat, a concrete vat*
4 el depósito de acero *m* fino (*también:* el tanque de materia *f* plástica)
– *stainless steel vat (* also: *vat made of synthetic material)*
5 el agitador de hélice *f*
– *propeller-type high-speed mixer*
6 la hélice
– *propeller mixer*
7 la bomba centrífuga
– *centrifugal pump*
8 el filtro de capas *f* de acero *m* fino
– *stainless steel sediment filter*
9 el embotellador circular semiautomático
– *semi-automatic circular bottling machine*
10 la máquina semiautomática para taponar (las botellas) con corchos *m* naturales
– *semi-automatic corking machine*
11 la estantería de las botellas (el botellero)
– *bottle rack*
12 el ayudante de bodega *f*
– *cellarer's assistant*
13 la canastilla de las botellas
– *bottle basket*
14 la botella de vino *m*
– *wine bottle*
15 la jarra del vino
– *wine jug*
16 la cata del vino
– *wine tasting*
17 el maestro tonelero (el bodeguero)
– *head cellarman*
18 el tonelero (el catador de vino *m*)
– *cellarman*
19 el vaso de vino *m* (un catavinos)
– *wineglass*
20 el aparato de examen *m* rápido
– *inspection apparatus [for spot-checking samples]*
21 la prensa para uvas *f* horizontal
– *horizontal wine press*
22 el humectador
– *humidifier*

1-19 parásitos de los frutos
– ***fruit pests***
1 la lagarta, un lepidóptero
– *gipsy (gypsy) moth*
2 la bolsa de huevos *m*
– *batch (cluster) of eggs*
3 la oruga
– *caterpillar*
4 la crisálida (el capullo)
– *chrysalis (pupa)*
5 la polilla del ciruelo, un hiponomeuta
– *small ermine moth, an ermine moth*
6 la larva
– *larva (grub)*
7 la red hilada
– *tent*
8 la oruga comiendo las partes blandas de la hoja
– *caterpillar skeletonizing a leaf*
9 la polilla del manzano, un tortrícido
– *fruit surface eating tortrix moth (summer fruit tortrix moth)*
10 el gorgojo de la flor del manzano (el gorgojo del manzano)
– *appleblossom weevil, a weevil*
11 la flor destruida
– *punctured, withered flower (blossom)*
12 la picadura
– *hole for laying eggs*
13 la mariposa de la oruga de librea *f*, la falsa lagarta
– *lackey moth*
14 la oruga
– *caterpillar*
15 los huevos
– *eggs*
16 la mariposa de la escarcha (la defoliadora invernal, el azote de los frutales)
– *winter moth, a geometrid*
17 la oruga
– *caterpillar*
18 la mosca del cerezo (la mosca del fruto del cerezo), una mosca taladradora
– *cherry fruit fly, a borer*
19 la larva (el gusano blanco; la cresa)
– *larva (grub, maggot)*
20-27 parásitos *m* de la vid
– ***vine pests***
20 el mildiu, una enfermedad que causa la caída de las hojas
– *downy mildew, a mildew, a disease causing leaf drop*
21 la uva dañada
– *grape affected with downy mildew*
22 el piral de la vid
– *grape-berry moth*
23 la oruga de la 1ª generación
– *first-generation larva of the grape-berry moth* (Am. *grape worm)*
24 la oruga de la 2ª generación
– *second-generation larva of the grape-berry moth* (Am. *grape worm)*
25 la ninfa (la crisálida)
– *chrysalis (pupa)*
26 la filoxera
– *root louse, a grape phylloxera*
27 la excrecencia vesicular de la raíz (la agalla de la raíz)
– *root gall, a knotty swelling of the root (nodosity, tuberosity)*
28 la mariposa de cola *f* dorada
– *brown-tail moth*
29 la oruga
– *caterpillar*
30 la bolsa de huevos *m*
– *batch (cluster) of eggs*
31 el nido de invernación *f*
– *hibernation cocoon*
32 el pulgón lanígero
– *woolly apple aphid (American blight), an aphid*
33 la agalla del pulgón, una excrecencia
– *gall caused by the woolly apple aphid*
34 la colonia de pulgones *m*
– *woolly apple aphid colony*
35 la cochinilla de San José, un cocoideo
– *San-José scale, a scale insect (scale louse)*
36 las larvas [las masculinas, alargadas; las femeninas, redondas]
– *larvae (grubs) [*male *elongated,* female *round]*
37-55 parásitos *m* del campo
– ***field pests***
37 el escarabajo elástico (el escarabajo de resorte, de muelle), un elaténido
– *click beetle, a snapping beetle* (Am. *snapping bug)*
38 el gusano de alambre *m*, una larva de elaténido
– *wireworm, larva of the click beetle*
39 el escarabajo pulga *f*
– *flea beetle*
40 la mosca de Hessen (el mosquito de Hessen), un mosquito de agalla *f*
– *Hessian fly, a gall midge (gall gnat)*
41 la larva
– *larva (grub)*
42 el agrotis de los sembrados, un noctuido
– *turnip moth, an earth moth*
43 la crisálida (la ninfa)
– *chrysalis (pupa)*
44 una larva de agrótido *m*, una oruga
– *cutworm, a caterpillar*
45 el escarabajo de la remolacha
– *beet carrion beetle*
46 la larva
– *larva (grub)*
47 la gran mariposa blanca de la col
– *large cabbage white butterfly*
48 la oruga de la pequeña mariposa blanca de la col
– *caterpillar of the small cabbage white butterfly*
49 el gorgojo, un curculiónido
– *brown leaf-eating weevil, a weevil*
50 la parte comida
– *feeding site*
51 la anguílula de la remolacha, un nematodo
– *sugar beet eelworm, a nematode (threadworm, hairworm)*
52 el escarabajo de la patata (el escarabajo de Colorado)
– *Colorado beetle (potato beetle)*
53 la larva adulta
– *mature larva (grub)*
54 la larva joven
– *young larva (grub)*
55 los huevos
– *eggs*

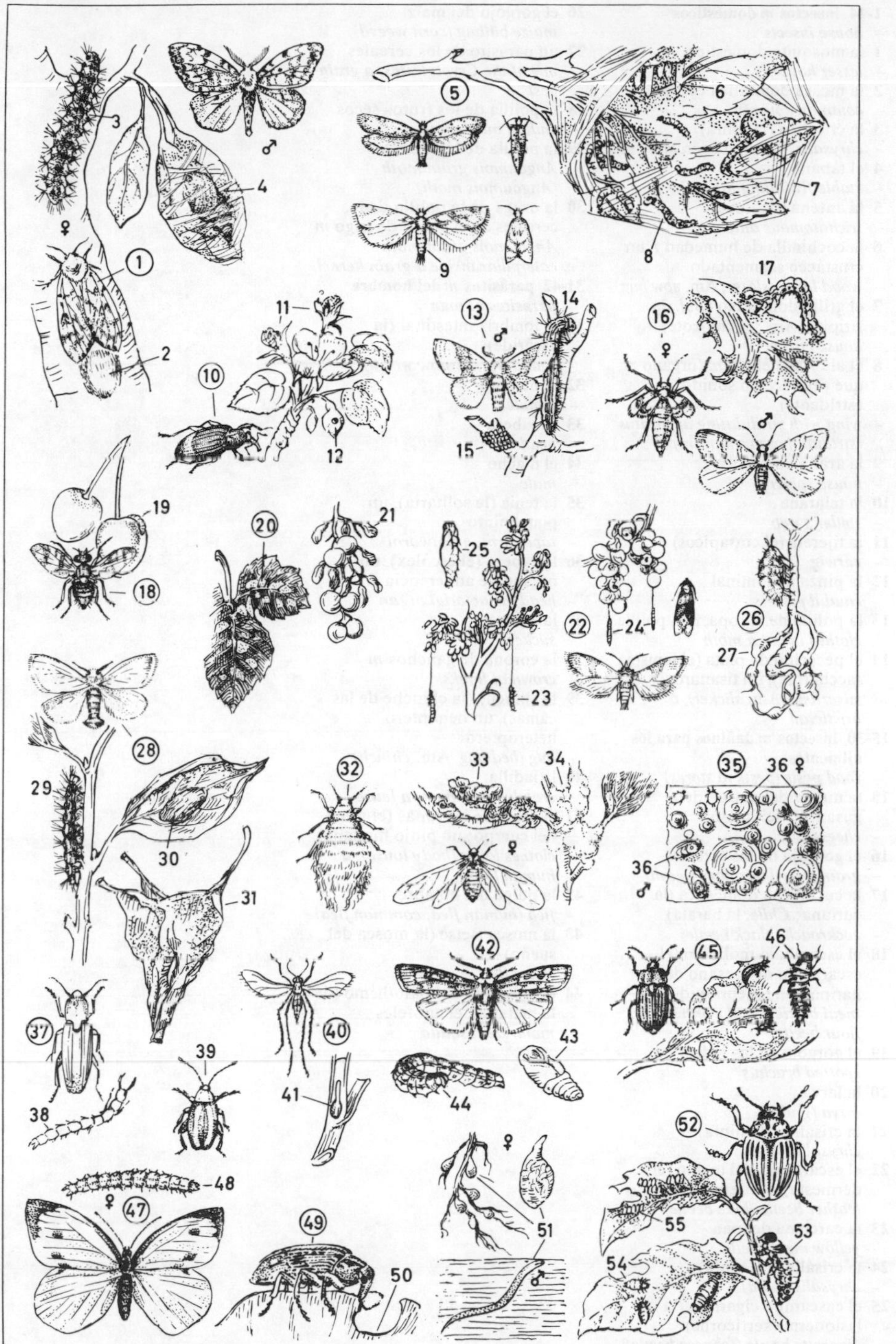
1
2
3
4
5
6
7
8
9
10
11
12
13
14
15
16
17
18
19
20
21
22
23
24
25
26
27
28
29
30
31
32
33
34
35
36
37
38
39
40
41
42
43
44
45
46
47
48
49
50
51
52
53
54
55

81 Insectos domésticos, dañinos y parásitos

1-14 insectos *m* **domésticos**
- ***house insects***

1 la mosquita doméstica
- *lesser housefly*

2 la mosca doméstica común
- *common housefly*

3 la crisálida (la ninfa)
- *chrysalis (pupa), a coarctate pupa*

4 el tábano
- *stable fly (biting housefly)*

5 la antena tricótoma
- *trichotomous antenna*

6 la cochinilla de humedad *f*, un crustáceo segmentado
- *wood louse (slater,* Am. *sow bug)*

7 el grillo doméstico (*Bol.:* la siripita; *Arg.:* el chilicote)
- *house cricket*

8 el ala *f* con élitro *m* (órgano *m* que produce un sonido estridente)
- *wing with stridulating apparatus (stridulating mechanism)*

9 la araña doméstica
- *house spider*

10 la telaraña
- *spider's web*

11 la tijereta (el cortapicos)
- *earwig*

12 la pinza abdominal
- *caudal pincers*

13 la polilla de la ropa, una polilla
- *clothes moth, a moth*

14 el pececillo de plata (el lepisma saccharina), un tisanuro
- *silverfish (* Am. *slicker), a bristletail*

15-30 insectos *m* **dañinos para los alimentos**
- ***food pests*** *(pests to stores)*

15 la mosca del queso (del gusanillo del queso)
- *cheesefly*

16 el gorgojo de los cereales
- *grain weevil (granary weevil)*

17 la cucaracha doméstica (la curiana; *Chile:* la barata)
- *cockroach (black beetle)*

18 el escarabajo molinero (el escarabajo del gusano de la harina), un tenebriónido
- *meal beetle (meal worm beetle, flour beetle)*

19 el gorgojo de las judías
- *spotted bruchus*

20 la larva
- *larva (grub)*

21 la crisálida (la ninfa)
- *chrysalis (pupa)*

22 el escarabajo del tocino (el dermesto), un derméstido
- *leather beetle (hide beetle)*

23 la carcoma del pan
- *yellow meal beetle*

24 la crisálida (la ninfa)
- *chrysalis (pupa)*

25 el cascarudo cigarrero (la lasioderma serricorne)
- *cigarette beetle (tobacco beetle)*

26 el gorgojo del maíz
- *maize billbug (corn weevil)*

27 un parásito de los cereales
- *one of the Cryptolestes, a grain pest*

28 la polilla de los frutos secos
- *Indian meal moth*

29 la polilla de los cereales
- *Angoumois grain moth (Angoumois moth)*

30 la oruga de la polilla de los cereales en el grano de trigo *m*
- *Angoumois grain moth caterpillar inside a grain kernel*

31-42 parásitos *m* **del hombre**
- ***parasites of man***

31 la lombriz intestinal (la ascáride)
- *round worm (maw worm)*

32 la hembra
- *female*

33 la cabeza
- *head*

34 el macho
- *male*

35 la tenia (la solitaria), un platelminto
- *tapeworm, a flatworm*

36 la cabeza (el escólex), un órgano de adherencia *f*
- *head, a suctorial organ*

37 la ventosa
- *sucker*

38 la corona de ganchos *m*
- *crown of hooks*

39 la chinche (la chinche de las camas), un hemíptero heteróptero
- *bug (bed bug,* Am. *chinch)*

40 la ladilla
- *crab louse, a human louse*

41 el piojo de las ropas (el piojo del cuerpo; un piojo humano)
- *clothes louse (body louse), a human louse*

42 la pulga del hombre
- *flea (human flea, common flea)*

43 la mosca tsetsé (la mosca del sueño)
- *tsetse fly*

44 el mosquito del paludismo (de la malaria), el anofeles
- *malaria mosquito*

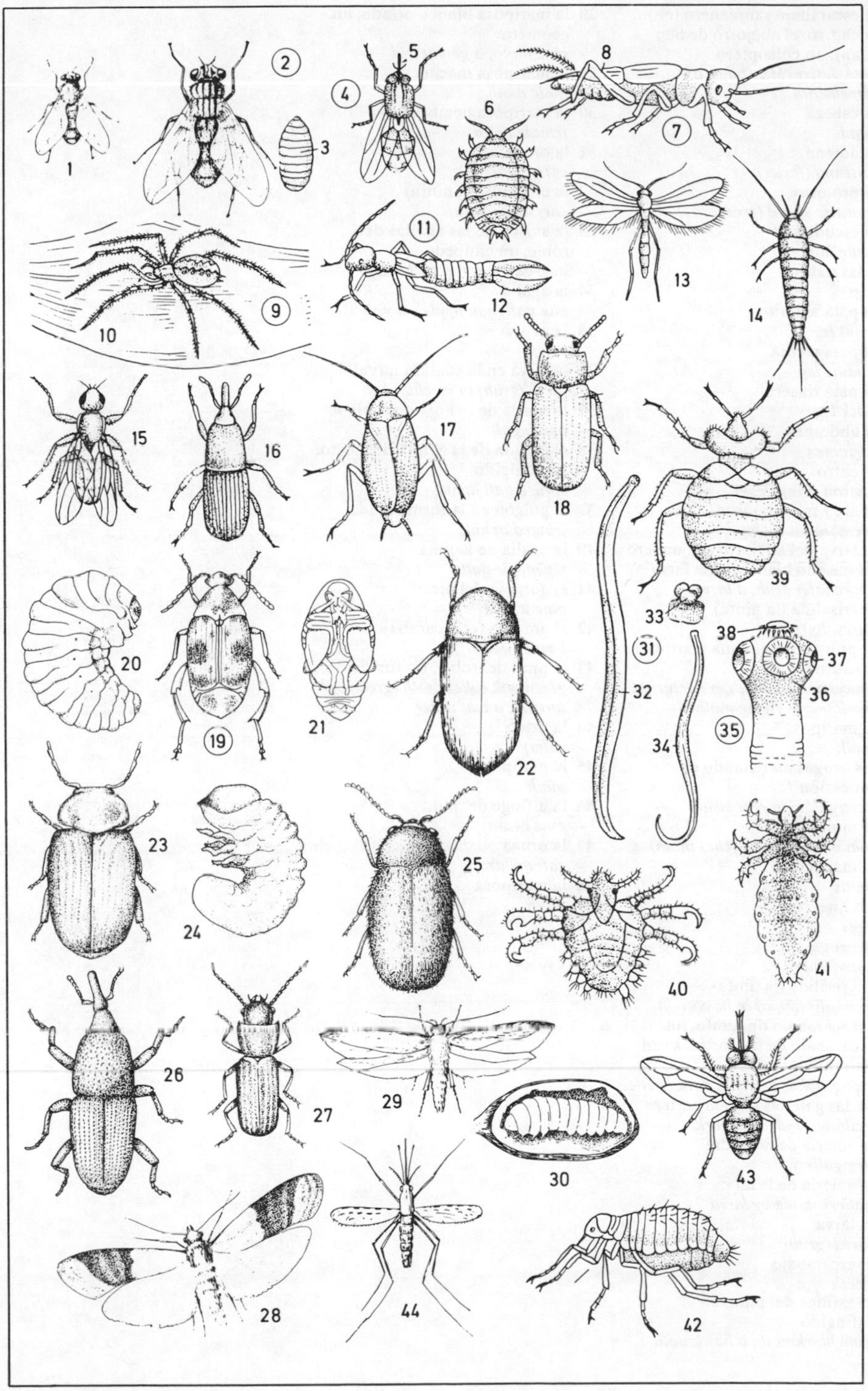
1
2
3
4
5
6
7
8
9
10
11
12
13
14
15
16
17
18
19
20
21
22
23
24
25
26
27
28
29
30
31
32
33
34
35
36
37
38
39
40
41
42
43
44

1 el escarabajo sanjuanero (el cochorro, el abejorro de San Juan), un coleóptero
- *cockchafer (May bug), a lamellicorn*

2 la cabeza
- *head*

3 la antena
- *antenna (feeler)*

4 el protórax
- *thoracic shield (prothorax)*

5 el escudete
- *scutellum*

6-8 las patas
- *legs*

6 la pata anterior
- *front leg*

7 la pata media
- *middle leg*

8 la pata trasera
- *back leg*

9 el abdomen
- *abdomen*

10 el élitro
- *elytron (wing case)*

11 el ala *f* membranosa
- *membranous wing*

12 la larva del abejorro sanjuanero (el gusano blanco), una larva
- *cockchafer grub, a larva*

13 la crisálida (la ninfa)
- *chrysalis (pupa)*

14 la procesionaria, una mariposa nocturna
- *processionary moth, a nocturnal moth (night-flying moth)*

15 la mariposa
- *moth*

16 las orugas marchando en procesión *f*
- *caterpillars in procession*

17 la monja
- *nun moth (black arches moth)*

18 la mariposa
- *moth*

19 los huevos
- *eggs*

20 la oruga
- *caterpillar*

21 la crisálida (la ninfa)
- *chrysalis (pupa) in its cocoon*

22 el escarabajo tipógrafo, un escarabajo de las cortezas (un barrenillo)
- *typographer beetle, a bark beetle*

23-24 las galerías bajo la corteza
- *galleries under the bark*

23 la galería de la madre
- *egg gallery*

24 la galería de la larva
- *gallery made by larva*

25 la larva
- *larva (grub)*

26 el escarabajo
- *beetle*

27 la esfinge del pino, un esfíngido
- *pine hawkmoth, a hawkmoth*

28 la mariposa blanca orlada, un geómetra
- *pine moth, a geometrid*

29 la mariposa macho
- *male moth*

30 la mariposa hembra
- *female moth*

31 la oruga
- *caterpillar*

32 la crisálida (la ninfa)
- *chrysalis (pupa)*

33 la avispa de las agallas del roble, un cinípedo
- *oak-gall wasp, a gall wasp*

34 la agalla
- *oak gall (oak apple), a gall*

35 la avispa
- *wasp*

36 la larva en la cámara larval
- *larva (grub) in its chamber*

37 la agalla de la hoja de roble *m*
- *beech gall*

38 el pulgón de la agalla del abeto, un adélgido
- *spruce-gall aphid*

39 el pulgón en la forma alada
- *winged aphid*

40 la agalla de la piña
- *pineapple gall*

41 el gorgojo del pino
- *pine weevil*

42 el gorgojo (el escarabajo)
- *beetle (weevil)*

43 la piral del roble, un tortrícido
- *green oak roller moth (green oak tortrix), a leaf roller*

44 la oruga
- *caterpillar*

45 la mariposa
- *moth*

46 la esfinge del pino
- *pine beauty*

47 la oruga
- *caterpillar*

48 la mariposa
- *moth*

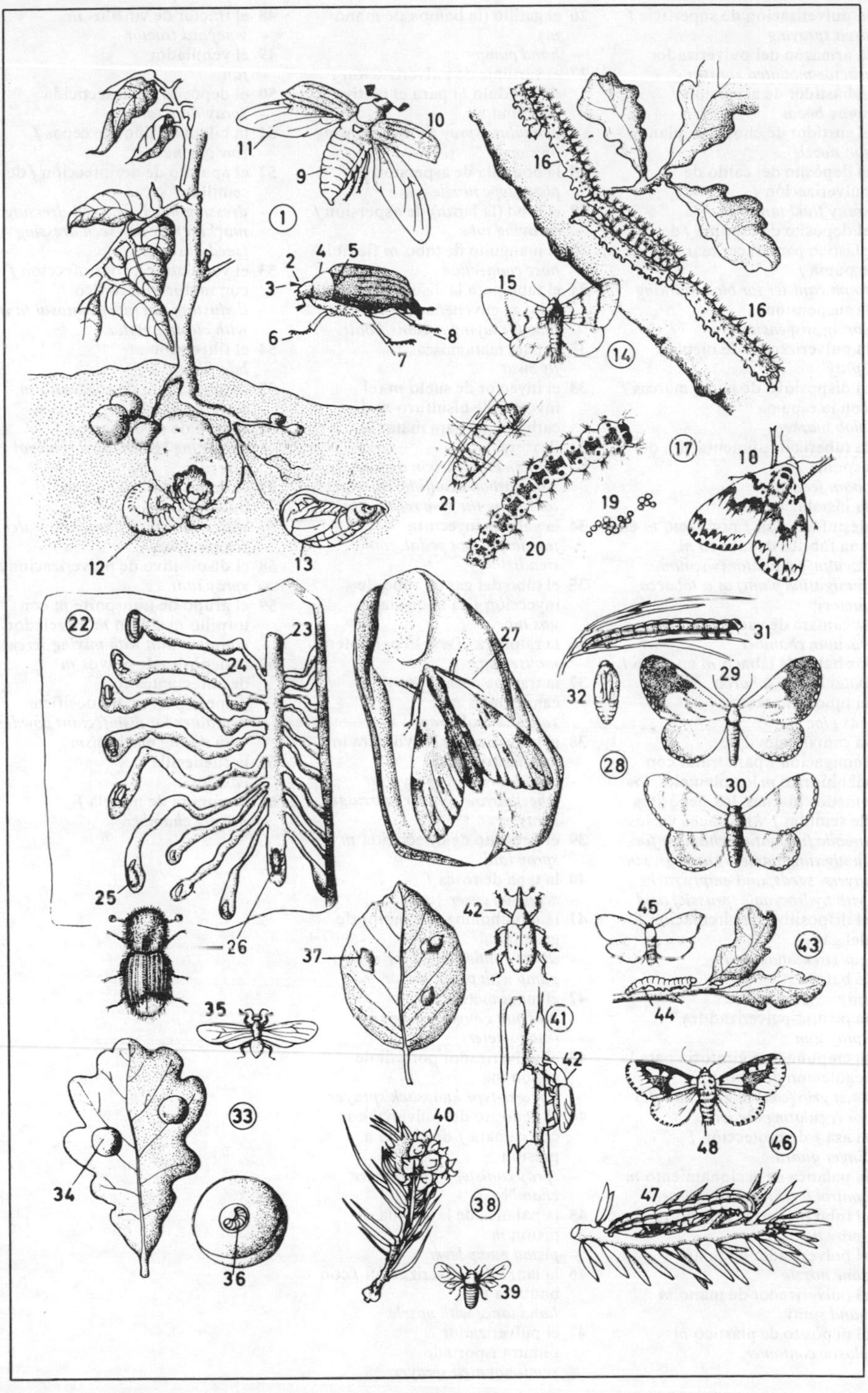
1
2
3
4
5
6
7
8
9
10
11
12
13
14
15
16
17
18
19
20
21
22
23
24
25
26
27
28
29
30
31
32
33
34
35
36
37
38
39
40
41
42
43
44
45
46
47
48

1 la pulverización de superficie *f*
– *area spraying*
2 la armazón del pulverizador
– *tractor-mounted sprayer*
3 el bastidor de aspersión *f*
– *spray boom*
4 el surtidor de chorro *m* plano
– *fan nozzle*
5 el depósito del caldo de pulverización *f*
– *spray fluid tank*
6 el depósito de espuma *f* de plástico para hacer marcas *f* de espuma *f*
– *foam canister for blob marking*
7 la suspensión
– *spring suspension*
8 la pulverización de niebla *f*
– *spray*
9 el dispositivo de hacer marcas *f* con la espuma
– *blob marker*
10 la tubería de alimentación de espuma *f*
– *foam feed pipe*
11 la instalación de desinfectación *f* por vacío *m* en una fábrica de tabaco *m*
– *vacuum fumigator (vacuum fumigation plant) of a tobacco factory*
12 la cámara de vacío *m*
– *vacuum chamber*
13 las balas de tabaco *m* en rama *f*
– *bales of raw tobacco*
14 el tubo del gas
– *gas pipe*
15 la cámara móvil de fumigación *f* para tratar con cianhídrico *m* los planteles, los viñedos jóvenes, los depósitos de semillas *f* y los sacos vacíos
– *mobile fumigation chamber for fumigating nursery saplings, vine layers, seeds, and empty sacks with hydrocyanic (prussic) acid*
16 el dispositivo de circulación *f* del gas
– *gas circulation unit*
17 la batea
– *tray*
18 la pistola-pulverizadora
– *spray gun*
19 la empuñadura giratoria para la regulación del chorro
– *twist grip (control grip, handle) for regulating the jet*
20 el asa *f* de protección *f*
– *finger guard*
21 la palanca de accionamiento *m*
– *control lever (operating lever)*
22 el tubo (la lanza) del chorro
– *spray tube*
23 el pulverizador circular
– *cone nozzle*
24 el pulverizador de mano *m*
– *hand spray*
25 el depósito de plástico *m*
– *plastic container*
26 el gatillo (la bomba de mano *m*)
– *hand pump*
27 el varillaje de pulverización *f* de péndulo *m* para el cultivo del lúpulo
– *pendulum spray for hop growing on slopes*
28 la boquilla de aspersión *f*
– *pistol-type nozzle*
29 el tubo (la lanza) de aspersión *f*
– *spraying tube*
30 el manguito de tubo *m* flexible
– *hose connection*
31 el tubo para la diseminación de cebo *m* envenenado
– *tube for laying poisoned bait*
32 la pala matamoscas
– *fly swat*
33 el inyector de suelo *m* (el inyector de bisulfuro *m* de carbono *m*) para matar la filoxera
– *soil injector (carbon disulphide,* Am. *carbon disulfide, injector) for killing the vine root louse*
34 la válvula inyectora
– *foot lever (foot pedal, foot treadle)*
35 el tubo del gas (el tubo de inyección *f*, la boquilla)
– *gas tube*
36 la ratonera (*Perú:* la pericotera)
– *mousetrap*
37 la trampa para topos *m* y campañoles *m*
– *vole and mole trap*
38 el pulverizador móvil para los árboles frutales
– *mobile orchard sprayer, a wheelbarrow sprayer (carriage sprayer)*
39 el depósito de insecticida *m*
– *spray tank*
40 la tapa de rosca *f*
– *screw-on cover*
41 la motobomba con motor de gasolina *f*
– *direct-connected motor-driven pump with petrol motor*
42 el manómetro
– *pressure gauge* (Am. *gage*) *(manometer)*
43 el pulverizador portátil de pistón *m*
– *plunger-type knapsack sprayer*
44 el depósito del pulverizador con cámara *f* de aire *m* a presión
– *spray canister with pressure chamber*
45 la palanca de la bomba de pistón *m*
– *piston pump lever*
46 la lanza de pulverización *f* con boquilla *f*
– *hand lance with nozzle*
47 el pulverizador semitransportado
– *semi-mounted sprayer*
48 el tractor de viñedos *m*
– *vineyard tractor*
49 el ventilador
– *fan*
50 el depósito del insecticida
– *spray fluid tank*
51 la hilera (el liño) de cepas *f*
– *row of vines*
52 el aparato de desinfección *f* de semillas *f* secas
– *dressing machine (seed-dressing machine) for dry-seed dressing (seed dusting)*
53 el ventilador de desinfección *f* con motor *m* eléctrico
– *dedusting fan (dust removal fan) with electric motor*
54 el filtro tubular
– *bag filter*
55 la tubuladura de ensacado *m*
– *bagging nozzle*
56 el saco de desinfección *f*
– *dedusting screen (dust removal screen)*
57 el depósito de agua *f* de pulverización *f*
– *water canister [containing water for spraying]*
58 el dispositivo de pulverización *f*
– *spray unit*
59 el grupo de transporte *m* con tornillo *m* sin fin *m* mezclador
– *conveyor unit with mixing screw*
60 el depósito de polvos *m* desinfectantes con dispositivo *m* para dosificar
– *container for disinfectant powder with dosing mechanism*
61 la ruedecilla
– *castor*
62 la cámara de mezcla *f*
– *mixing chamber*

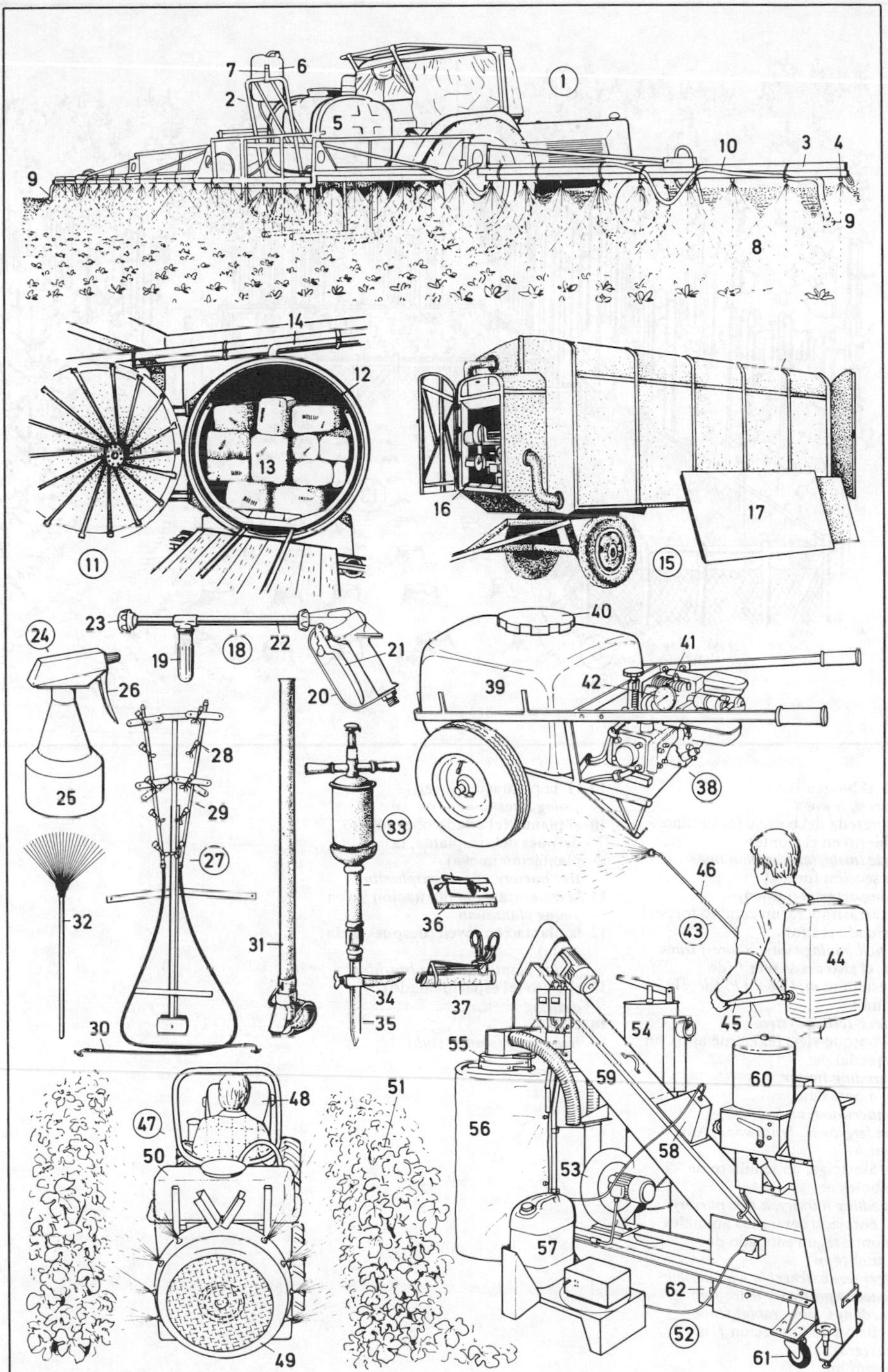
1
2
3
4
5
6
7
8
9
10
11
12
13
14
15
16
17
18
19
20
21
22
23
24
25
26
27
28
29
30
31
32
33
34
35
36
37
38
39
40
41
42
43
44
45
46
47
48
49
50
51
52
53
54
55
56
57
58
59
60
61
62

1-34 el bosque
- ***forest,*** *a wood*

1 la vereda del bosque (el camino abierto en el monte)
- *ride (aisle, lane, section line)*

2 la sección forestal
- *compartment (section)*

3 el arrastradero, un camino forestal (*Hond.:* el tiro)
- *wood haulage way, a forest track*

4-14 el sistema de tala *f* (de desmonte *m; Cuba y P. Rico:* la tumba)
- ***clear-felling system***

4 el bosque viejo (el monte alto), un oquedal
- *standing timber*

5 el monte bajo
- *underwood (underbrush, undergrowth, brushwood,* Am. *brush)*

6 la almáciga, un semillero de árboles *m*
- *seedling nursery, a tree nursery*

7 el enrejado contra los animales monteses, un enrejado de alambre *m*
- *deer fence (fence), a wire netting fence, a protective fence for seedlings;* sim.: *rabbit fence*

8 el listón de protección *f* (la barrera)
- *guard rail*

9 los plantones
- *seedlings*

10-11 la plantación joven
- *young trees*

10 el plantel (el criadero, el cultivo después del trasplante, la plantación nueva)
- *tree nursery after transplanting*

11 la espesura de la plantación joven
- *young plantation*

12 la plantación joven (después de la poda)
- *young plantation after brashing*

13 el claro (el espacio talado)
- *clearing*

14 el tocón
- *tree stump (stump, stub)*

15-37 la tala y recogida *f* de madera *f*
– ***wood cutting** (timber cutting, tree felling,* Am. *lumbering)*

15 los troncos apilados
– *timber skidded to the stack (stacked timber,* Am. *yarded timber)*

16 el estéreo, un metro cúbico de madera *f*
– *stack of logs, one cubic metre (*Am. *meter) of wood*

17 el poste (la estaca)
– *post (stake)*

18 el obrero forestal dando la vuelta a un madero
– *forest labourer (woodsman,* Am. *logger, lumberer, lumberjack, lumberman, timberjack) turning (*Am. *canting) timber*

19 el tronco (el madero)
– *bole (tree trunk, trunk, stem)*

20 el capataz numerando
– *feller numbering the logs*

21 el gran pie *m* de rey *m* (la terraja de medir) de acero *m*
– *steel tree calliper (caliper)*

22 la motosierra (cortando un tronco)
– *power saw (motor saw) cutting a bole*

23 el casco de protección *f* con visera *f* y protección *f* acústica
– *safety helmet with visor and ear pieces*

24 los cercos (anillos *m*) anuales
– *annual rings*

25 el gato hidráulico
– *hydraulic felling wedge*

26 la vestimenta protectora [camisa *f* naranja, pantalón *m* verde]
– *protective clothing [orange top, green trousers]*

27 el corte (el derribo, la tala) con motosierra *f*
– *felling with a power saw (motor saw)*

28 el corte (la muesca, la entalladura)
– *undercut (notch, throat, gullet, mouth, sink, kerf, birdsmouth)*

29 el corte de sierra *f*
– *back cut*

30 el bolsillo con la cuña de tala *f*
– *sheath holding felling wedge*

31 el trozo
– *log*

32 la sierra para cortar los troncos bajos y las malas hierbas
– *free-cutting saw for removing underwood and weeds*

33 la sierra circular (o cuchilla *f* circular) adaptable
– *circular saw attachment;* sim.: *activated blade attachment*

34 el motor
– *power unit (motor)*

35 el bidón de aceite *m* adherente para las cadenas de la sierra
– *canister of viscous oil for the saw chain*

36 el bidón de gasolina *f*
– *petrol canister (*Am. *gasoline canister)*

37 el derribo (la tala) del tronco menudo (el aclarado)
– *felling of small timber (of small-sized thinnings) (thinning)*

1 el hacha *f*
– *axe (*Am. *ax)*
2 el filo (el corte)
– *edge (cutting edge)*
3 el mango (el astil)
– *handle (helve)*
4 la cuña de tala *f* con inserción *f* de madera *f* y anilla *f*
– *felling wedge (falling wedge) with wood insert and ring*
5 el martillo de hender (el hacha *f* de rajar)
– *riving hammer (cleaving hammer, splitting hammer)*
6 el gancho de palanca *f* (el pico para dar la vuelta a los troncos)
– *lifting hook*
7 el gancho para dar la vuelta a los troncos
– *cant hook*
8 el descortezador (el escoplo de descortezar)
– *barking iron (bark spud)*
9 la cuña de fijación *f* con gancho *m* para los troncos
– *peavy*
10 el calibrador
– *slide calliper (caliper) (calliper square)*
11 el podón (el bodollo), un machete
– *billhook, a knife for lopping*
12 el martillo numerador giratorio
– *revolving die hammer (marking hammer, marking iron,* Am. *marker)*
13 la motosierra
– *power saw (motor saw)*
14 la cadena de la sierra
– *saw chain*
15 el freno de seguridad *f* (para la cadena de la sierra) con protector *m* de manos *f*
– *safety brake for the saw chain, with finger guard*
16 la guía (el raíl, la llanta) de la cadena
– *saw guide*
17 el bloqueo del acelerador
– *accelerator lock*
18 la máquina de mondar (de desramar)
– *snedding machine (trimming machine,* Am. *knotting machine, limbing machine)*
19 los cilindros de avance *m*
– *feed rolls*
20 la cuchilla articulada
– *flexible blade*
21 el gato hidráulico
– *hydraulic arm*
22 la herramienta para cortar las puntas
– *trimming blade*
23 el descortezamiento de los troncos
– *debarking (barking, bark stripping) of boles*
24 el cilindro de avance *m*
– *feed roller*
25 el rotor de cuchillas *f*
– *cylinder trimmer*
26 la cuchilla rotativa
– *rotary cutter*
27 el tractor forestal (para el transporte de la madera en el bosque)
– *short-haul skidder*
28 la grúa de carga *f*
– *loading crane*
29 el gancho para la madera
– *log grips*
30 el telero de la caja
– *post*
31 la dirección de acodamiento *m* (la dirección pivotante)
– *Ackermann steering system*
32 la pila de troncos *m*
– *log dump*
33 la numeración
– *number (identification number)*
34 el tractor de troncos *m* (el skidder)
– *skidder*
35 la placa frontal
– *front blade (front plate)*
36 la cabina con arco *m* de seguridad *f*
– *crush-proof safety bonnet (*Am. *safety hood)*
37 la dirección de acodamiento *m* (la dirección pivotante)
– *Ackermann steering system*
38 el torno de cable *m*
– *cable winch*
39 el rodillo guía del cable
– *cable drum*
40 la placa trasera
– *rear blade (rear plate)*
41 los troncos levantados
– *boles with butt ends held off the ground*
42 el transporte por carretera *f* de los troncos
– *haulage of timber by road*
43 el tractor
– *tractor (tractor unit)*
44 la grúa de carga *f*
– *loading crane*
45 el apoyo hidráulico
– *hydraulic jack*
46 el torno de cable *m*
– *cable winch*
47 el telero
– *post*
48 el banquillo de acoplamiento *m* articulado
– *bolster plate*
49 el remolque (la base) trasero(a)
– *rear bed (rear bunk)*

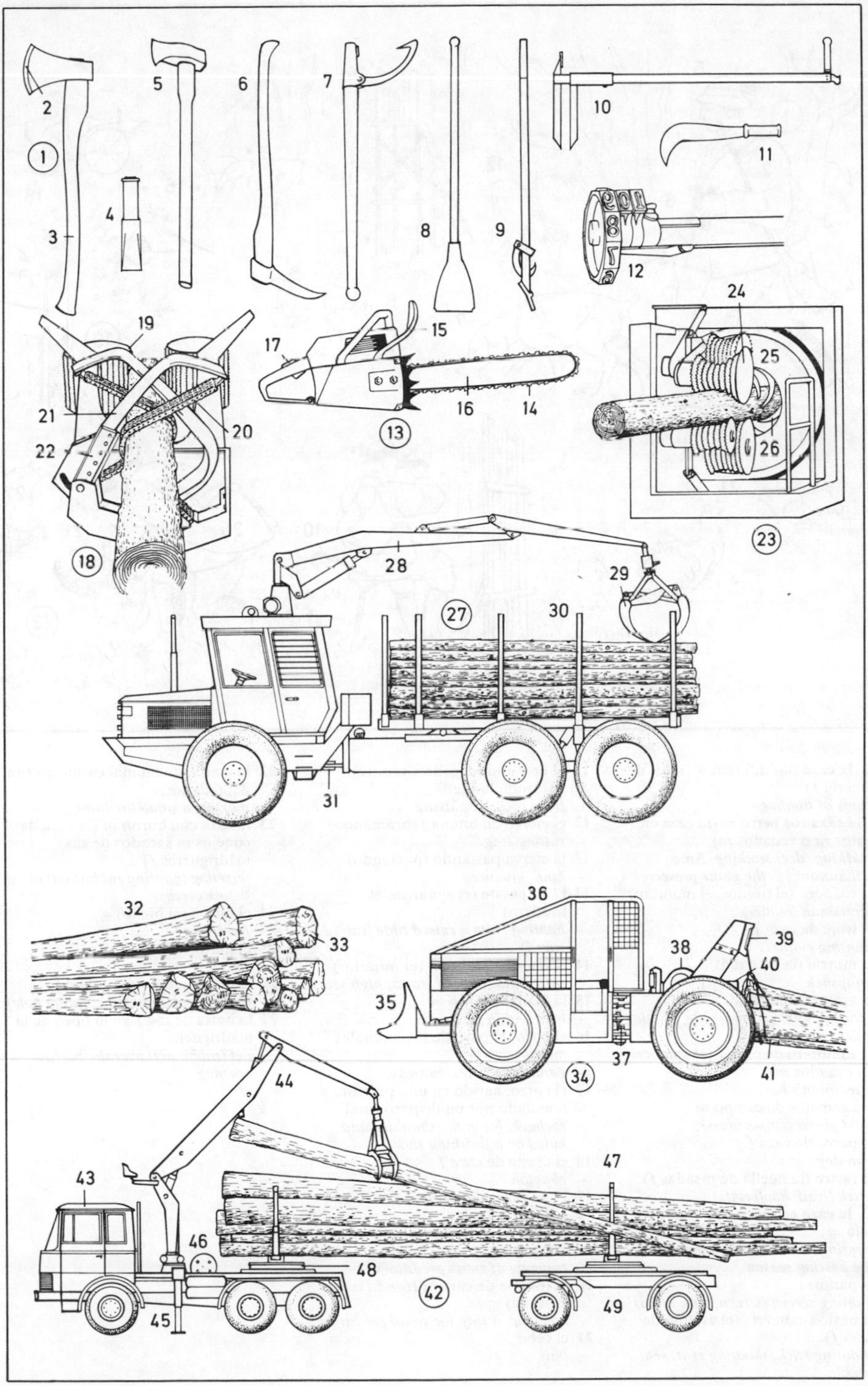
1
2
3
4
5
6
7
8
9
10
11
12
13
14
15
16
17
18
19
20
21
22
23
24
25
26
27
28
29
30
31
32
33
34
35
36
37
38
39
40
41
42
43
44
45
46
47
48
49

1-52 la caza (las diferentes clases de cacería *f*)
- ***kinds of hunting***

1-8 la caza con perro *m* (la caza en cotos *m* o vedados *m*)
- ***stalking*** *(deer stalking,* Am. *stillhunting) in the game preserve*

1 el cazador (el tirador, el montero)
- *huntsman (hunter)*

2 el traje de caza *f*
- *hunting clothes*

3 el morral (la mochila)
- *knapsack*

4 la escopeta de caza *f*
- *sporting gun (sporting rifle, hunting rifle)*

5 el sombrero de caza *f* (el sombrero de cazador *m*)
- *huntsman's hat*

6 los gemelos de campo *m*
- *field glasses (binoculars)*

7 el perro de caza *f*
- *gun dog*

8 el rastro (la huella de pisadas *f*)
- *track (trail, hoofprints)*

9-12 la caza en época *f* **de brama** *f* **y celo** *m*
- ***hunting in the rutting season and the pairing season***

9 la paranza
- *hunting screen (screen,* Am. *blind)*

10 el bastón-taburete (el asiento de caza *f*)
- *shooting stick (shooting seat, seat stick)*

11 el urogallo (el gallo silvestre) haciendo la rueda
- *blackcock, displaying*

12 el ciervo en brama *f* (bramando)
- *rutting stag*

13 la cierva pastando (paciendo)
- *hind, grazing*

14-17 el puesto (el aguardo, el tiradero)
- ***hunting from a raised hide*** *(raised stand)*

14 el puesto en alto *m* (el mirador)
- *raised hide (raised stand, high seat)*

15 la manada a tiro *m*
- *herd within range*

16 el paso (el paso de los animales montaraces)
- *game path (* Am. *runway)*

17 el corzo, herido en una paletilla y rematado por un disparo final
- *roebuck, hit in the shoulder and killed by a finishing shot*

18 el coche de caza *f*
- *phaeton*

19-27 la caza con trampas *f*
- ***types of trapping***

19 la caza de animales *m* de presa *f* con trampas *f*
- *trapping of small predators*

20 la trampa de caja *f* (*Hond.:* la tapegua)
- *box trap, a trap for small predators*

21 el cebo
- *bait*

22 la marta, un animal carnicero (un depredador)
- *marten, a small predator*

23 la caza con hurón *m* (la caza de conejos *m* sacados de sus madrigueras *f*)
- *ferreting (hunting rabbits out of their warrens)*

24 el hurón (el bicho)
- *ferret*

25 el huronero
- *ferreter*

26 la madriguera (la conejera)
- *burrow (rabbit burrow, rabbit hole)*

27 la bolsa de red *f* en la boca de la madriguera
- *net (rabbit net) over the burrow opening*

28 el comedero de invierno *m*
– *feeding place for game (winter feeding place)*
29 el cazador furtivo
– *poacher*
30 la carabina, un rifle corto
– *carbine, a short rifle*
31 la caza del jabalí
– *boar hunt*
32 el jabalí
– *wild sow (sow, wild boar)*
33 el perro de jabalí *m* (el mastín, el perro jabalinero; *varios:* la jauría, la muta)
– *boarhound, a hound (hunting dog,* collectively: *pack, pack of hounds)*
34-39 **la batida** (la caza de la liebre)
– ***beating*** *(driving, hare hunting)*
34 la puntería (el encaro)
– *aiming position*
35 la liebre, un animal de pelo *m*
– *hare, furred game (ground game)*
36 la cobranza
– *retrieving*
37 el batidor
– *beater*
38 la caza (las piezas cobradas)
– *bag (kill)*
39 la carreta para la caza
– *cart for carrying game*
40 la caza acuática (la caza de patos *m*)
– *waterfowling (wildfowling, duck shooting,* Am. *duck hunting)*
41 la bandada de patos *m* silvestres, la caza de pluma *f*
– *flight of wild ducks, winged game*
42-46 **la cetrería** (la halconería, la caza con halcones *m*, la caza con gerifaltes *m*)
– ***falconry*** *(hawking)*
42 el halconero (el cetrero)
– *falconer*
43 la gorga (la cortesía), un trozo de carne *f* (*C. Rica:* la tureca)
– *reward, a piece of meat*
44 el capirote del halcón
– *falcon's hood*
45 la pihuela
– *jess*
46 un halcón macho (terzuelo *m*) abatiéndose sobre una garza real
– *falcon, a hawk, a male hawk (tiercel) swooping (stooping) on a heron*
47-52 **la caza con reclamo *m* desde un tollo**
– ***shooting from a butt***
47 el árbol al que acuden las aves
– *tree to which birds are lured*
48 el búho, un pájaro reclamo (cimbel *m*)
– *eagle owl, a decoy bird (decoy)*
49 la percha
– *perch*
50 el ave *f* atraída, una corneja
– *decoyed bird, a crow*
51 el tollo (el tiradero)
– *butt for shooting crows or eagle owls*
52 la aspillera
– *gun slit*

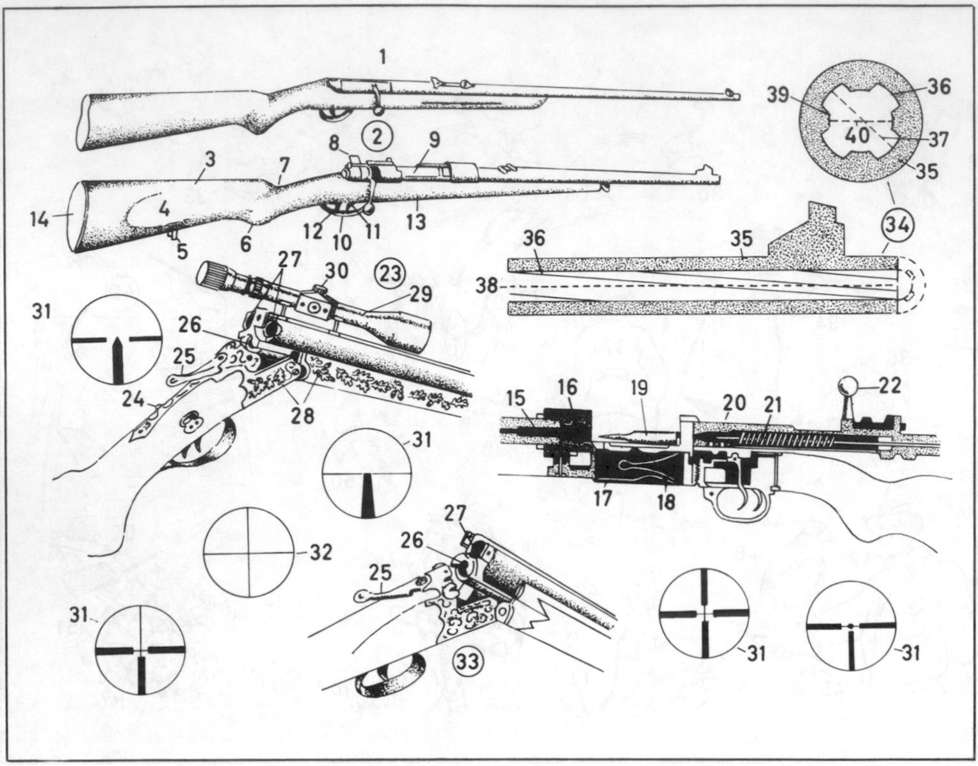

1-40 armas *f* **deportivas** (escopetas *f* de caza *f*)
– ***sporting guns*** *(sporting rifles, hunting rifles)*
1 la carabina
– *single-loader (single-loading rifle)*
2 el rifle de repetición *f*, una arma de fuego *m* portátil, un rifle de caza *f* de repetición *f* automático (un rifle con depósito *m*)
– *repeating rifle, a small-arm (fire-arm), a repeater (magazine rifle, magazine repeater)*
3, 4, 6, 13 la caja del rifle
– *stock*
3 la culata
– *butt*
4 la carrillera
– *cheek [on the left side]*
5 la anilla de la correa
– *sling ring*
6 el puño de pistola *f*
– *pistol grip*
7 la garganta de la culata
– *small of the butt*
8 la aleta del seguro (del fiador)
– *safety catch*
9 el cierre
– *lock*
10 el guardamonte
– *trigger guard*
11 el punto del disparador
– *second set trigger (firing trigger)*
12 el disparador (el gatillo)
– *hair trigger (set trigger)*
13 la caña
– *foregrip*
14 la cantonera
– *butt plate*
15 la recámara
– *cartridge chamber*
16 el cajón de los mecanismos
– *receiver*
17 el cargador
– *magazine*
18 el elevador
– *magazine spring*
19 la munición
– *ammunition (cartridge)*
20 el cerrojo
– *chamber*
21 el percutor
– *firing pin (striker)*
22 la bola del cerrojo
– *bolt handle (bolt lever)*
23 la escopeta de tres cañones *m*, una escopeta que se monta automáticamente
– *triple-barrelled (triple-barreled) rifle, a self-cocking gun*
24 el pasador de cambio *m*
– *reversing catch;* in various guns: *safety catch*
25 la palanca (la llave) de cierre *m*
– *sliding safety catch*
26 el cañón de rifle *m* (de bala *f*)
– *rifle barrel (rifled barrel)*
27 el cañón de perdigones *m*
– *smooth-bore barrel*
28 los grabados (las incrustaciones)
– *chasing*
29 la mira telescópica
– *telescopic sight (riflescope, telescope sight)*
30 el tornillo para el ajuste del retículo
– *graticule adjuster screws*
31-32 el retículo visual
– *graticule (sight graticule)*
31 diversos sistemas *m* de retículo *m*
– *various graticule systems*
32 los hilos cruzados (la cruz reticular)
– *cross wires* (Am. *cross hairs)*
33 el rifle de dos cañones *m* superpuestos (una escopeta de cañón *m* doble)
– *over-and-under shotgun*
34 el cañón rayado (el cañón de ánima *f* rayada)
– *rifled gun barrel*
35 la pared del cañón
– *barrel casing*
36 la estría (la raya)
– *rifling*
37 el calibre de estría *f*
– *rifling calibre* (Am. *caliber)*
38 el eje del ánima *f*
– *bore axis*
39 la pared del ánima *f*
– *land*
40 el calibre del fusil
– *calibre (bore diameter,* Am. *caliber)*

41-48 útiles *m* **de caza** *f*
– ***hunting equipment***
41 el cuchillo de caza *f* de doble filo *m*
– *double-edged hunting knife*
42 el puñal, el cuchillo de monte *m*
– *single-edged hunting knife*
43-47 reclamos *m* **para atraer la caza**
– ***calls for luring game*** *(for calling game)*
43 el reclamo del corzo
– *roe call*
44 el reclamo de la liebre
– *hare call*
45 el reclamo de la codorniz
– *quail call*
46 el reclamo del ciervo
– *stag call*
47 el reclamo de la perdiz
– *partridge call*
48 la trampa "cuello *m* de cisne *m*", una trampa de arco *m*
– *bow trap (bow gin), a jaw trap*
49 el cartucho de perdigones *m*
– *small-shot cartridge*
50 la vaina de cartón *m*
– *cardboard case*
51 la carga de perdigones *m*
– *small-shot charge*
52 el taco
– *felt wad*
53 la pólvora sin humo *m* (la pólvora negra)
– *smokeless powder;* also: *black powder*
54 el cartucho de bala *f*
– *cartridge*
55 el proyectil (la bala con su envuelta *f*: *Arg. y Urug.*: el chumbo)
– *full-jacketed cartridge*
56 el núcleo de plomo *m* blando
– *soft-lead core*
57 la carga de pólvora *f*
– *powder charge*
58 el culote
– *detonator cap*
59 la cápsula fulminante (el pistón con el fulminante)
– *percussion cap*
60 la trompa de caza *f* (el cuerno de caza *f*)
– *hunting horn*
61-64 los avios para la limpieza de las armas
– *rifle cleaning kit*
61 el lavador (la baqueta)
– *cleaning rod*
62 la escobilla para la limpieza de los cañones
– *cleaning brush*
63 la estopa de limpieza *f*
– *cleaning tow*
64 el cordel para la limpieza
– *pull-through* (Am. *pull-thru*)
65 el alza *f* de mira *f*
– *sights*
66 la muesca
– *notch (sighting notch)*
67 la chapa del alza *f*
– *back sight leaf*
68 la escala del pie del alza *f*
– *sight scale division*
69 la corredera
– *back sight slide*
70 la muesca para la fijación del muelle
– *notch [to hold the spring]*
71 el punto de mira *f*
– *front sight (foresight)*
72 la cúspide del punto de mira *f*
– *bead*
73 balística *f*
– ***ballistics***
74 el horizonte
– *azimuth*
75 el ángulo de proyección *f*
– *angle of departure*
76 el ángulo de elevación *f*
– *angle of elevation*
77 la sagita (la flecha)
– *apex (zenith)*
78 el ángulo de caída *f*
– *angle of descent*
79 la curva balística (la trayectoria)
– *ballistic curve*

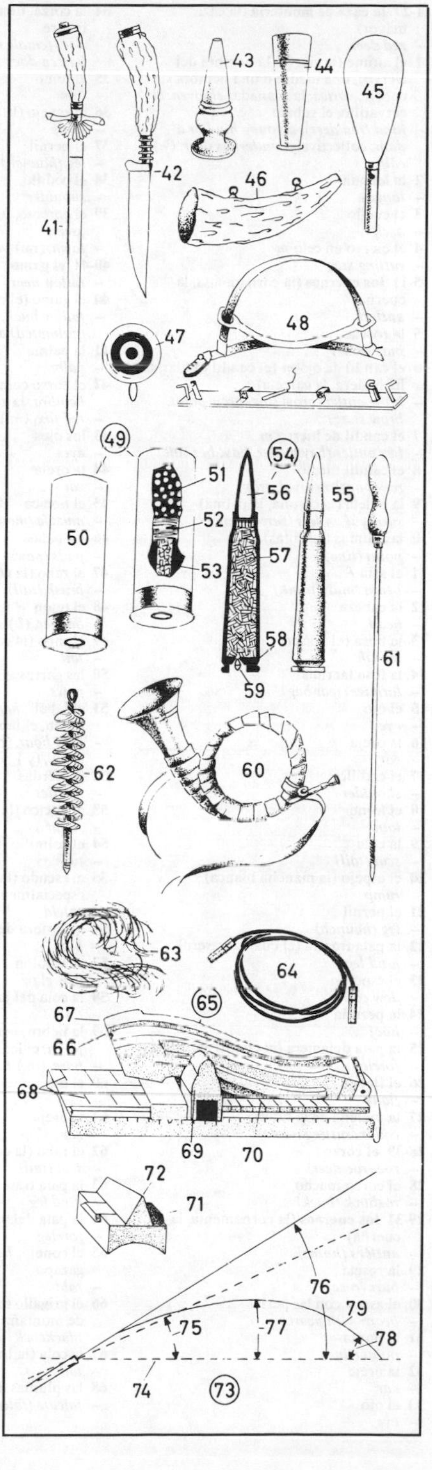

1-27 la caza de montería (la caza mayor)
– ***red deer***
1 el anime (la cierva, la hembra del ciervo), una madre o una hembra sin cubrir; *varias:* la manada; *el joven:* el cervatillo, el gabato
– *hind (red deer), a young hind or a dam;* collectively: *antlerless deer,* (y.) *calf*
2 la lengua
– *tongue*
3 el cuello
– *neck*
4 el ciervo en celo *m*
– *rutting stag*
5-11 los cuernos (la cornamenta, la cuerna)
– ***antlers***
5 la roseta
– *burr (rose)*
6 el candil de ojo *m* (el candil basilar, la luchadera, la garceta)
– *brow antler (brow tine, brow point, brow snag)*
7 el candil de hierro *m*
– *bez antler (bay antler, bay, bez tine)*
8 el candil medio
– *royal antler (royal, tray)*
9 la paleta (la corona, la palma)
– *surroyal antlers (surroyals)*
10 las puntas (las hitas)
– *point (tine)*
11 el asta *f*
– *beam (main trunk)*
12 la cabeza
– *head*
13 la boca (el hocico)
– *mouth*
14 la fosa lacrimal
– *larmier (tear bag)*
15 el ojo
– *eye*
16 la oreja
– *ear*
17 el codillo
– *shoulder*
18 el lomo
– *loin*
19 la cola
– *scut (tail)*
20 el espejo (la mancha blanca)
– *rump*
21 el pernil
– *leg (haunch)*
22 la pata trasera (el cuarto trasero)
– *hind leg*
23 el espolón
– *dew claw*
24 la pezuña
– *hoof*
25 la pata delantera (el cuarto delantero)
– *foreleg*
26 el flanco
– *flank*
27 la melena de la brama
– *collar (rutting mane)*
28-39 el corzo
– ***roe*** *(roe deer)*
28 el corzo macho
– *roebuck (buck)*
29-31 los cuernos (la cornamenta, la cuerna)
– ***antlers*** *(horns)*
29 la roseta
– *burr (rose)*
30 el asta *f* con las perlas
– *beam with pearls*
31 la punta
– *point (tine)*
32 la oreja
– *ear*
33 el ojo
– *eye*
34 la corza, una hembra joven o una madre
– *doe (female roe), a female fawn or a barren doe*
35 el lomo
– *loin*
36 el espejo (la mancha blanca)
– *rump*
37 el pernil
– *leg (haunch)*
38 el codillo
– *shoulder*
39 el corcino, un corzo joven o una corza joven
– *fawn,* (m.) *young buck,* (f.) *young doe*
40-41 el gamo
– ***fallow deer***
40 el gamo (el paleto); *hembra:* la gama
– *fallow buck, a buck with palmate (palmated) antlers,* (f.) *doe*
41 la palma
– *palm*
42 el zorro común (el zorro rojo); *hembra:* la zorra
– *red fox,* (m.) *dog,* (f.) *vixen,* (y.) *cub*
43 los ojos
– *eyes*
44 la oreja
– *ear*
45 el hocico
– *muzzle (mouth)*
46 las patas
– *pads (paws)*
47 el rabo (la cola, el hopo)
– *brush (tail)*
48 el tejón
– *badger,* (f.) *sow*
49 el rabo (la cola)
– *tail*
50 las garras
– *paws*
51 el jabalí; *hembra:* la jabalina; *joven:* el rayón, el jabato, el bermejo
– *wild boar,* (m.) *boar,* (f.) *wild sow (sow),* (y.) *young boar*
52 las cerdas
– *bristles*
53 el hocico (la jeta)
– *snout*
54 el colmillo (la navaja)
– *tusk*
55 el escudo (la cota, la piel especialmente dura en la espaldilla)
– *shield*
56 la corteza del tocino (la piel)
– *hide*
57 el espolón
– *dew claw*
58 la cola del jabalí (el rabo)
– *tail*
59 la liebre; *macho:* lebrón, el matacán; *joven:* el lebrato
– *hare,* (m.) *buck,* (f.) *doe*
60 el ojo
– *eye*
61 la oreja
– *ear*
62 el rabo (la cola)
– *scut (tail)*
63 la pata trasera
– *hind leg*
64 la pata delantera
– *foreleg*
65 el conejo; *hembra:* la coneja; *joven:* el gazapo
– *rabbit*
66 el grigallo (el gallo silvestre, el faisán de montaña *f*)
– *blackcock*
67 la cola (la lira)
– *tail*
68 las plumas de hoz *f*)
– *falcate (falcated) feathers*
69 la ortega (la corteza)
– *hazel grouse (hazel hen)*
70 la perdiz
– *partridge*
71 la mancha del pecho
– *horseshoe (horseshoe marking)*
72 el urogallo (el gallo de bosque *m;* el faisán de bosque *m*)
– *wood grouse (capercaillie)*
73 la barba de plumas *f*
– *beard*
74 el espejo (la mancha blanca)
– *axillary marking*
75 la cola (el abanico)
– *tail (fan)*
76 el ala *f*
– *wing (pinion)*
77 el faisán común, un faisán; *macho:* el faisán; *hembra:* la faisana
– *common pheasant, a pheasant,* (m.) *cock pheasant (pheasant cock),* (f.) *hen pheasant (pheasant hen)*
78 el moñito (el copete)
– *plumicorn (feathered ear, ear tuft, ear, horn)*
79 el ala *f*
– *wing*
80 la cola
– *tail*
81 la pata
– *leg*
82 el espolón
– *spur*
83 la chocha (la becada, la ardea sorda)
– *snipe*
84 el pico
– *bill (beak)*

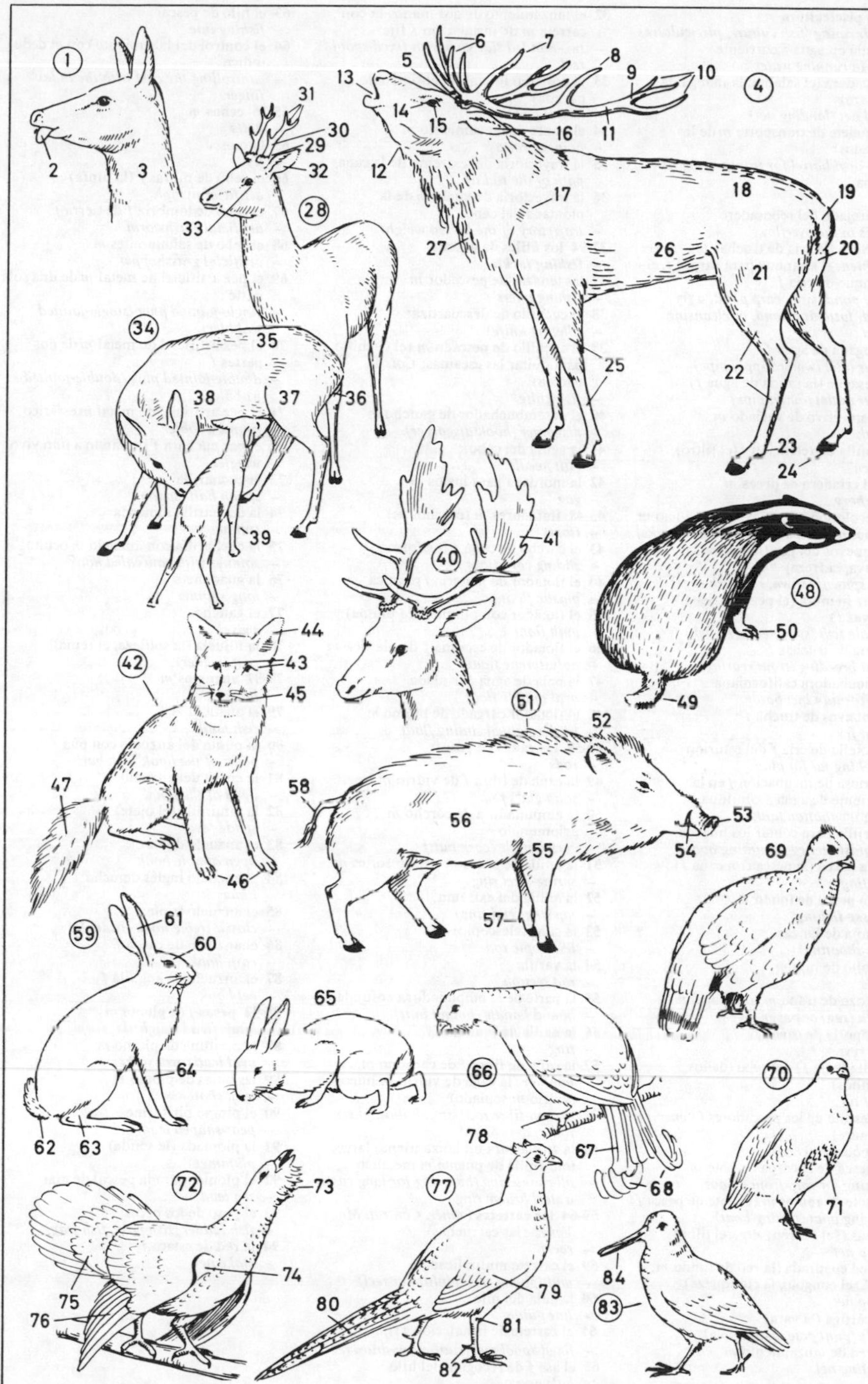
1
2
3
4
5
6
7
8
9
10
11
12
13
14
15
16
17
18
19
20
21
22
23
24
25
26
27
28
29
30
31
32
33
34
35
36
37
38
39
40
41
42
43
44
45
46
47
48
49
50
51
52
53
54
55
56
57
58
59
60
61
62
63
64
65
66
67
68
69
70
71
72
73
74
75
76
77
78
79
80
81
82
83
84

89 Piscicultura y el deporte de la pesca con anzuelo

1-19 la piscicultura
– ***fish farming*** *(fish culture, pisciculture)*
1 la jaula en agua *f* corriente
– *cage in running water*
2 la sacadera (el salabre, la manga, la cuchara)
– *hand net (landing net)*
3 el tonelete de transporte *m* de los pescados
– *semi-oval barrel for transporting fish*
4 la tina
– *vat*
5 el enrejado del rebosadero
– *trellis in the overflow*
6 el vivero (la cría de truchas *f*); *también:* el estanque para carpas *f*, el estanque de cría *f*
– *trout pond;* sim.: *carp pond, a fry pond, fattening pond, or cleansing pond*
7 la llegada de agua *f*
– *water inlet (water supply pipe)*
8 el desagüe (la salida de agua *f*)
– *water outlet (outlet pipe)*
9 el dispositivo de vaciado *m*
– *monk*
10 la rejilla de retención *f* (el filtro)
– *screen*
11-19 el criadero de peces *m*
– ***hatchery***
11 la recolección de huevos *m* de lucio *m*
– *stripping the spawning pike (seed pike)*
12 los huevos del pez (la hueva, la desova, la freza)
– *fish spawn (spawn, roe, fish eggs)*
13 el pez hembra (el pez que tiene huevas *f*)
– *female fish (spawner, seed fish)*
14 la cría de truchas *f*
– *trout breeding (trout rearing)*
15 la incubadora californiana
– *Californian incubator*
16 los huevos de trucha *f*
– *trout fry*
17 la botella de cría *f* del esturión
– *hatching jar for pike*
18 la artesa de incubación *f* en la corriente de agua *f* continua
– *long incubation tank*
19 la rejilla para contar los huevos
– *Brandstetter egg-counting board*
20-94 la pesca (la pesca con caña *f*)
– ***angling***
20-31 la pesca de fondo *m*
– ***coarse fishing***
20 la caña de lanzar
– *line shooting*
21 el rollo de hilo *m*
– *coils*
22 el trozo de trapo *m* o de papel *m*
– *cloth (rag) or paper*
23 el soporte de cañas *f*
– *rod rest*
24 la lata (caja *f*) del cebo (de los gusanos)
– *bait tin*
25 la cestilla de los pescadores (*Venez.:* el humare)
– *fish basket (creel)*
26 la pesca de la carpa en bote *m*
– *fishing for carp from a boat*
27 el bote de remos *m* (el bote de pesca *f*)
– *rowing boat (fishing boat)*
28 la nasa (el butrón; *Arg.:* el tilbe)
– *keep net*
29 la red cuadrada (la red de fondo *m; Col.:* el congolo, la charqueza)
– *drop net*
30 la pértiga (la vara)
– *pole (punt pole, quant pole)*
31 la red de lanzamiento *m*
– *casting net*
32 el lanzamiento de dos manos *m* con carrete *m* de instalación *f* fija
– *two-handed side cast with fixed-spool reel*
33 la posición inicial (la posición de partida)
– *initial position*
34 el punto de lanzamiento *m*
– *point of release*
35 la trayectoria del extremo de la caña
– *path of the rod tip*
36 la trayectoria de vuelo *m* de la plomada del cebo
– *trajectory of the baited weight*
37-94 los útiles de pesca *f*
– ***fishing tackle***
37 las tenazas de pescador *m*
– *fishing pliers*
38 el cuchillo de descuartizar
– *filleting knife*
39 el cuchillo de pescado *m* (el cuchillo para quitar las escamas; *Col.:* la pacora)
– *fish knife*
40 el desembuchador de gancho *m*
– *disgorger (hook disgorger)*
41 la aguja del cebo
– *bait needle*
42 la mordaza para lucios *m*
– *gag*
43-48 flotadores *m* (corchos *m*)
– ***floats***
43 el corcho de caña *f* fusiforme
– *sliding cork float*
44 el flotador de materia *f* plástica
– *plastic float*
45 el flotador con pluma *f* (la pluma)
– *quill float*
46 el flotador de espuma *f* de plástico *m*
– *polystyrene float*
47 la bola de agua *f* ovalada
– *oval bubble float*
48 el flotador cargado de plomo *m*
– *lead-weighted sliding float*
49-58 las cañas de pescar
– ***rods***
49 la caña de fibra *f* de vidrio *m*
– *solid glass rod*
50 la empuñadura de corcho *m* aglomerado
– *cork handle (cork butt)*
51 la anilla de acero *m* para resortes *m*
– *spring-steel ring*
52 la anilla del extremo
– *top ring (end ring)*
53 la caña telescópica
– *telescopic rod*
54 la varilla
– *rod section*
55 la parte de la empuñadura enfundada
– *bound handle (bound butt)*
56 la anilla de rodadura *f*
– *ring*
57 la caña de fibra *f* de carbono *m; también:* la caña de vidrio *m* hueco (vidrio *m* soplado)
– *carbon-fibre rod;* sim.: *hollow glass rod*
58 la anilla para un lanzamiento largo, una anilla de puente *m* metálico
– *all-round ring (butt ring for long cast), a steel bridge ring*
59-64 los carretes (*Amér. Central, Mé. y Venez.:* las carruchas)
– ***reels***
59 el carrete multiplicador
– *multiplying reel (multiplier reel)*
60 la guía del hilo
– *line guide*
61 el carrete de instalación *f* fija
– *fixed-spool reel (stationary-drum reel)*
62 el asa *f* de recogida del hilo
– *bale arm*
63 el hilo de pescar
– *fishing line*
64 el control del lazamiento con el dedo índice
– *controlling the cast with the index finger*
65-76 cebos *m*
– ***baits***
65 la mosca
– *fly*
66 el cebo de ninfas *f* (la ninfa)
– *artificial nymph*
67 el cebo de lombriz *f* de tierra *f*
– *artificial earthworm*
68 el cebo de saltamontes *m*
– *artificial grasshopper*
69 el pez artificial de metal *m* de una sola parte
– *single-jointed plug (single-jointed wobbler)*
70 el pez artificial de metal *m* de dos partes *f*
– *double-jointed plug (double-jointed wobbler)*
71 el pez artificial de metal *m* esférico
– *round wobbler*
72 el pez cuchara *f* imitando a uno vivo
– *wiggler*
73 la cucharilla
– *spoon bait (spoon)*
74 la cucharilla moteada
– *spinner*
75 la cucharilla con anzuelo *m* oculto
– *spinner with concealed hook*
76 la guadañeta
– *long spinner*
77 el gancho
– *swivel*
78 la hijuela (la sotileza, el reinal)
– *cast (leader)*
79-87 anzuelos *m*
– ***hooks***
79 el anzuelo
– *fish hook*
80 la punta del anzuelo con púa *f*
– *point of the hook with barb*
81 la curva del anzuelo
– *bend of the hook*
82 la laminilla (el ojete)
– *spade (eye)*
83 el anzuelo doble
– *open double hook*
84 el anzuelo inglés derecho
– *limerick*
85 el anzuelo triple
– *closed treble hook (triangle)*
86 el anzuelo de carpa *f*
– *carp hook*
87 el anzuelo de anguila *f*
– *eel hook*
88-92 pesas *f* de plomo *m*
– ***leads*** *(lead weights)*
88 la aceituna de plomo *m*
– *oval lead (oval sinker)*
89 las bolas de plomo *m*
– *lead shot*
90 el plomo piriforme
– *pear-shaped lead*
91 la plomada (la sonda)
– *plummet*
92 el plomo (para la pesca) de mar
– *sea lead*
93 el paso de los peces
– *fish ladder (fish pass, fish way)*
94 la red de estaca *f*
– *stake net*

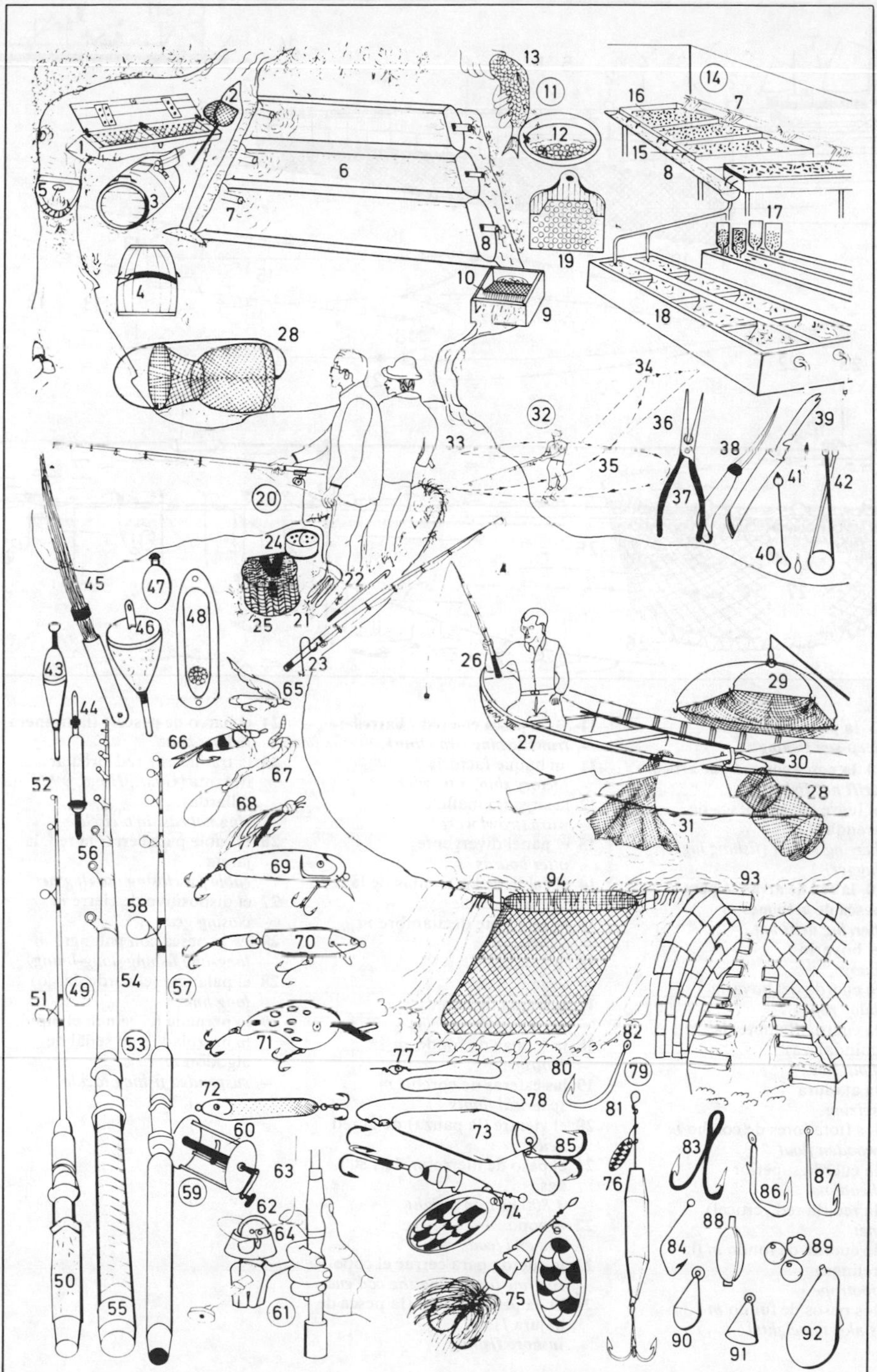
1
2
3
4
5
6
7
8
9
10
11
12
13
14
15
16
17
18
19
20
21
22
23
24
25
26
27
28
29
30
31
32
33
34
35
36
37
38
39
40
41
42
43
44
45
46
47
48
49
50
51
52
53
54
55
56
57
58
59
60
61
62
63
64
65
66
67
68
69
70
71
72
73
74
75
76
77
78
79
80
81
82
83
84
85
86
87
88
89
90
91
92
93
94

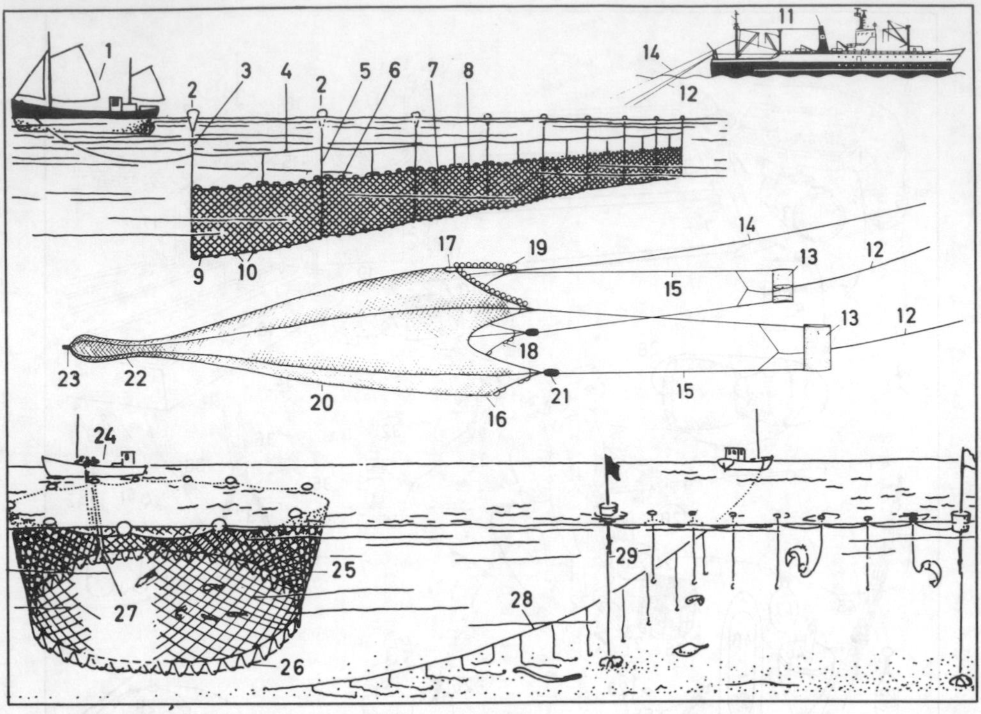

1-23 la pesca de altura
– ***deep-sea fishing***

1-10 la pesca con red *f* de arrastre
– ***drift net fishing***

1 el lugre para la pesca de arenques *m*
– *herring lugger (fishing lugger, lugger)*

2-10 la red de arrastre para la pesca de arenques *m*
– ***herring drift net***

2 el boyarín
– *buoy*

3 la cuerda del boyarín
– *buoy rope*

4 la cuerda flotante (la guindaleza)
– *float line*

5 la atadura
– *seizing*

6 los flotadores de corcho *m*
– *wooden float*

7 la cuerda superior
– *headline*

8 la red (la red vertical)
– *net*

9 la cuerda de fondo *m* (la relinga)
– *footrope*

10 los pesos de fondo *m*
– *sinkers (weights)*

11-23 la pesca con red *f* barredera
– ***trawl fishing** (trawling)*

11 un buque factoría *f*
– *factory ship, a trawler*

12 la sirga (la malleta)
– *warp (trawl warp)*

13 el panel divergente
– *otter boards*

14 el cable de las sondas de la red
– *net sonar cable*

15 el calabrote de alambre *m*
– *wire warp*

16 la banda
– *wing*

17 la sonda de la red
– *net sonar device*

18 la relinga de fondo *m*
– *footrope*

19 las esferas de corcho *m*
– *spherical floats*

20 el vientre (la panza) de la red
– *belly*

21 el peso de hierro *m* de 1 800 kgs.
– *1,800 kg iron weight*

22 el copo
– *cod end (cod)*

23 la cuerda para cerrar el copo
– *cod line for closing the cod end*

24-29 la pesca costera (la pesca de bajura *f*)
– ***inshore fishing***

24 el barco de pesca *f* (la trainera)
– *fishing boat*

25 la traíña, una red circular flotante (*Guat., Hond. y Mé.*: la billarda)
– *ring net cast in a circle*

26 el cable para cerrar la red, la jareta
– *cable for closing the ring net*

27 el dispositivo de cierre *m*
– *closing gear*

28-29 la pesca con palangre *m*
– *long-line fishing (long-lining)*

28 el palangre (el cordel largo)
– *long line*

29 la pernada (el reinal, el pipio, la brazolada), un sedal de algodón *m*
– *suspended fishing tackle*

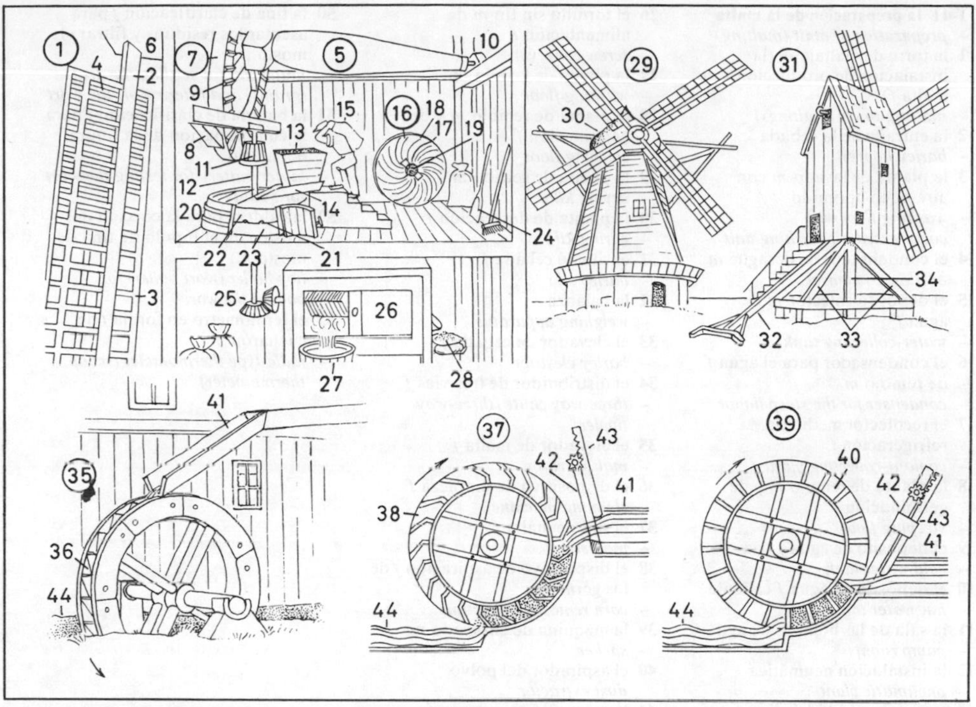

1-34 el molino de viento *m*
– ***windmill***
1 el aspa *f* del molino de viento *m*
– *windmill vane (windmill sail, windmill arm)*
2 el alma *f* central del aspa *f*
– *stock (middling, back, radius)*
3 el listón del borde
– *frame*
4 la persiana (la compuerta del viento)
– *shutter*
5 el árbol (el eje de giro *m*)
– *wind shaft (sail axle)*
6 la cabeza del aspa *f*
– *sail top*
7 la rueda dentada
– *brake wheel*
8 el freno de la rueda
– *brake*
9 el diente de madera *f* (el álabe)
– *wooden cog*
10 el cojinete de soporte *m*
– *pivot bearing (step bearing)*
11 el engranaje del molino de viento *m*
– *wallower*
12 el eje del molino
– *mill spindle*
13 la tolva
– *hopper*
14 el vibrador (la caja oscilante)
– *shoe (trough, spout)*
15 el molinero
– *miller*
16 la muela
– *millstone*
17 la estría de refrigeración *f* por aire *m*
– *furrow (flute)*
18 la estría de molienda *f*
– *master furrow*
19 el ojo de la muela (el foramen)
– *eye*
20 la caja de las muelas
– *hurst (millstone casing)*
21 el juego de muelas *f*
– *set of stones (millstones)*
22 la volandera (la corredera, la voladora)
– *runner (upper millstone)*
23 la solera (la muela fija)
– *bed stone (lower stone, bedder)*
24 la pala de madera *f*
– *wooden shovel*
25 el engranaje cónico
– *bevel gear (bevel gearing)*
26 el cilindro cernedor
– *bolter (sifter)*
27 el cubo de madera
– *wooden tub (wooden tun)*
28 la harina
– *flour*
29 el molino de viento *m* holandés
– *smock windmill (Dutch windmill)*
30 el casquete giratorio del molino de viento *m*
– *rotating (revolving) windmill cap*
31 el molino de caja *f* giratoria
– *post windmill (German windmill)*
32 el timón (la cola, el gobierno)
– *tailpole (pole)*
33 la armazón de soporte *m*
– *base*
34 el árbol real (el poste de giro *m*)
– *post*

35-44 el molino de agua *f* (la aceña)
– ***watermill***
35 la rueda hidráulica de corriente *f* alta, una rueda de molino *m* de agua *f*, un rodezno
– *overshot mill wheel (high-breast mill wheel), a mill wheel (waterwheel)*
36 el cangilón (el arcaduz)
– *bucket (cavity)*
37 la rueda hidráulica de corriente *f* media
– *middleshot mill wheel (breast mill wheel)*
38 la paleta curva
– *curved vane*
39 la rueda hidráulica de corriente *f* baja
– *undershot mill wheel*
40 la paleta recta
– *flat vane*
41 el caz de traída *f*
– *headrace (discharge flume)*
42 la presa del molino (el azud)
– *mill weir*
43 la compuerta
– *overfall (water overfall)*
44 el caz de salida *f* (el riachuelo) del molino
– *millstream (millrace, Am. raceway)*

1-41 la preparación de la malta
– ***preparation of malt*** *(malting)*
1 la torre de maltaje *m* (la instalación de producción *f* de malta *f*)
– *malting tower (maltings)*
2 la entrada de la cebada
– *barley hopper*
3 la planta de lavado *m* con aire *m* comprimido
– *washing floor with compressed-air washing unit*
4 el condensador de desagüe *m*
– *outflow condenser*
5 el depósito colector *m* de agua *f*
– *water-collecting tank*
6 el condensador para el agua *f* de remojo *m*
– *condenser for the steep liquor*
7 el recolector medio de refrigeración *f*
– *coolant-collecting plant*
8 la planta de remojo *m* y de germinación *f*
– *steeping floor*
9 el depósito de agua *f* fría
– *cold water tank*
10 el depósito de agua *f* caliente
– *hot water tank*
11 la sala de las bombas de agua *f*
– *pump room*
12 la instalación neumática
– *pneumatic plant*
13 la instalación hidráulica
– *hydraulic plant*
14 la chimena de ventilación *f*
– *ventilation shaft (air inlet and outlet)*
15 el ventilador
– *exhaust fan*
16-18 el secadero de la malta
– ***kilning floors***
16 la planta de secado *m*
– *drying floor*
17 el ventilador del quemador
– *burner ventilator*
18 la planta de desecación *f*
– *curing floor*
19 el conducto de evacuación *f* del secador
– *outlet duct from the kiln*
20 la tolva de la malta preparada
– *finished malt collecting hopper*
21 la instalación de los transformadores
– *transformer station*
22 los compresores frigoríficos
– *cooling compressors*
23 la malta verde (la cebada en germinación *f*)
– *green malt (germinated barley)*
24 la rejilla rotativa
– *turner (plough)*
25 la central de conexión *f* con diagrama sinóptico
– *central control room with flow diagram*
26 el tornillo sin fin *m* de alimentación *f*
– *screw conveyor*
27 la planta de lavado *m*
– *washing floor*
28 la planta de remojo *m* y de germinación *f*
– *steeping floor*
29 la planta de secado *m*
– *drying kiln*
30 la planta de desecación *f*
– *curing kiln*
31 el silo de cebada *f*
– *barley silo*
32 la balanza
– *weighing apparatus*
33 el elevador de cebada *f*
– *barley elevator*
34 el distribuidor de tres vías *f*
– *three-way chute (three-way tippler)*
35 el elevador de malta *f*
– *malt elevator*
36 el dispositivo de limpieza *f*
– *cleaning machine*
37 el silo de malta *f*
– *malt silo*
38 el dispositivo de aspiración *f* de los gérmenes
– *corn removal by suction*
39 la máquina de ensacado *m*
– *sacker*
40 el aspirador del polvo
– *dust extractor*
41 la recepción de cebada *f*
– *barley reception*
42-53 el proceso de cocción *f* en la cámara de cocción *f*
– ***mashing process in the mashhouse***
42 el macerador para la mezcla de harina *f* y de agua *f*
– *premasher (converter) for mixing grist and water*
43 la tina de mezcla *f* (la cuba de maceración *f*) para la maceración de la malta
– *mash tub (mash tun) for mashing the malt*
44 la caldera de sacarificación *f* (la caldera de la mezcla)
– *mash copper (mash tun,* Am. *mash kettle) for boiling the mash*
45 la tapadera (la cúpula) de la caldera
– *dome of the tun*
46 la batidora (el girador)
– *propeller (paddle)*
47 la puerta de corredera *f*
– *sliding door*
48 la tubería para la entrada de agua *f*
– *water (liquor) supply pipe*
49 el cervecero (el maestro cervecero)
– *brewer (master brewer, masher)*
50 la tina de clarificación *f* para asentar los residuos y filtrar el mosto
– *lauter tun for settling the draff (grains) and filtering off the wort*
51 la batería de clarificación *f* para la comprobación de la finura del mosto
– *lauter battery for testing the wort for quality*
52 la caldera para la cocción del mosto con el lúpulo (la tina de mosto *m*)
– *hop boiler (wort boiler) for boiling the wort*
53 el termómetro en forma *f* de cucharón *m*
– *ladle-type thermometer (scoop thermometer)*

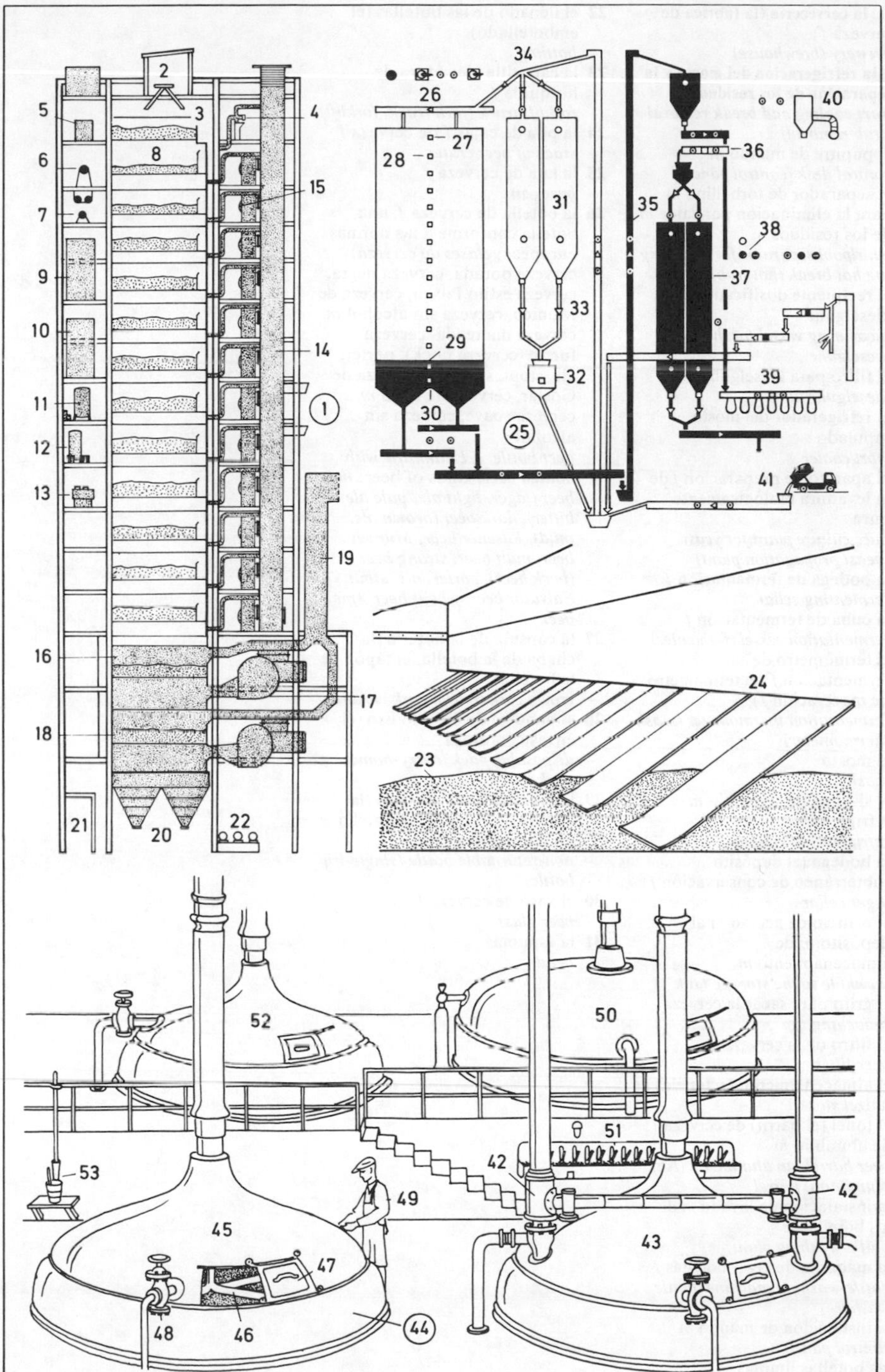
1
2
3
4
5
6
7
8
9
10
11
12
13
14
15
16
17
18
19
20
21
22
23
24
25
26
27
28
29
30
31
32
33
34
35
36
37
38
39
40
41
42
43
44
45
46
47
48
49
50
51
52
53

1-31 la cervecería (la fábrica de cerveza *f*)
- ***brewery*** *(brewhouse)*

1-5 la refrigeración del mosto y la separación de los residuos
- ***wort cooling and break removal*** *(trub removal)*

1 el pupitre de mando *m*
- *control desk (control panel)*

2 el separador de torbellino *m* para la eliminación por calor *m* de los residuos
- *whirlpool separator for removing the hot break (hot trub)*

3 el recipiente dosificador del kieselguhr
- *measuring vessel for the kieselguhr*

4 el filtro para kieselguhr *f*
- *kieselguhr filter*

5 el refrigerador del mosto lupulado
- *wort cooler*

6 el aparato de preparación *f* de la levadura biológicamente pura
- *pure culture plant for yeast (yeast propagation plant)*

7 la bodega de fermentación *f*
- *fermenting cellar*

8 la cuba de fermentación *f*
- *fermentation vessel (fermenter)*

9 el termómetro de fermentación *f* (el termómetro de maceración *f*)
- *fermentation thermometer (mash thermometer)*

10 el mosto
- *mash*

11 el sistema de serpentín *m* refrigerador
- *refrigeration system*

12 la bodega (el depósito subterráneo de conservación *f*)
- *lager cellar*

13 el orificio de acceso *m* al depósito *m* de almacenamiento *m*
- *manhole to the storage tank*

14 el grifo para sacar la cerveza
- *broaching tap*

15 el filtro de la cerveza
- *beer filter*

16 el almacenamiento en toneles *m*
- *barrel store*

17 el tonel (el barril) de cerveza *f* de aluminio *m*
- *beer barrel, an aluminium (*Am. *aluminum) barrel*

18 la instalación de lavado *m* de las botellas
- *bottle-washing plant*

19 la máquina de lavar botellas *f*
- *bottle-washing machine (bottle washer)*

20 la instalación de mando *m*
- *control panel*

21 las botellas limpias
- *cleaned bottles*

22 el llenado de las botellas (el embotellado)
- *bottling*

23 la carretilla elevadora de horquilla *f*
- *forklift truck (fork truck, forklift)*

24 la pila de cajas *f* de cerveza *f*
- *stack of beer crates*

25 la lata de cerveza *f*
- *beer can*

26 la botella de cerveza *f*, una botella conforme a las normas europeas; *clases de cerveza:* cerveza dorada, cerveza negra, cerveza estilo Pilsen, cerveza de Munich, cerveza sin alcohol *m*, cerveza malteada, cerveza fuerte (cerveza bock), porter, ale, stout, salvator, cerveza de Goslar, cerveza de trigo *m*, cerveza suave, cerveza sin alcohol
- *beer bottle, a Eurobottle with bottled beer;* kinds of beer: *light beer (lager, light ale, pale ale or bitter), dark beer (brown ale, mild), Pilsener beer, Munich beer, malt beer, strong beer (bock beer), porter, ale, stout, Salvator beer, wheat beer, small beer*

27 la cápsula de la botella (la chapa de la botella, el tapón de la botella)
- *crown cork (crown cork closure)*

28 el paquete de un solo uso (el envase perdido)
- *disposable pack (carry-home pack)*

29 la botella de un solo uso (la botella desechable, la botella no retornable)
- *non-returnable bottle (single-trip bottle)*

30 el vaso de cerveza *f*
- *beer glass*

31 la espuma
- *head*

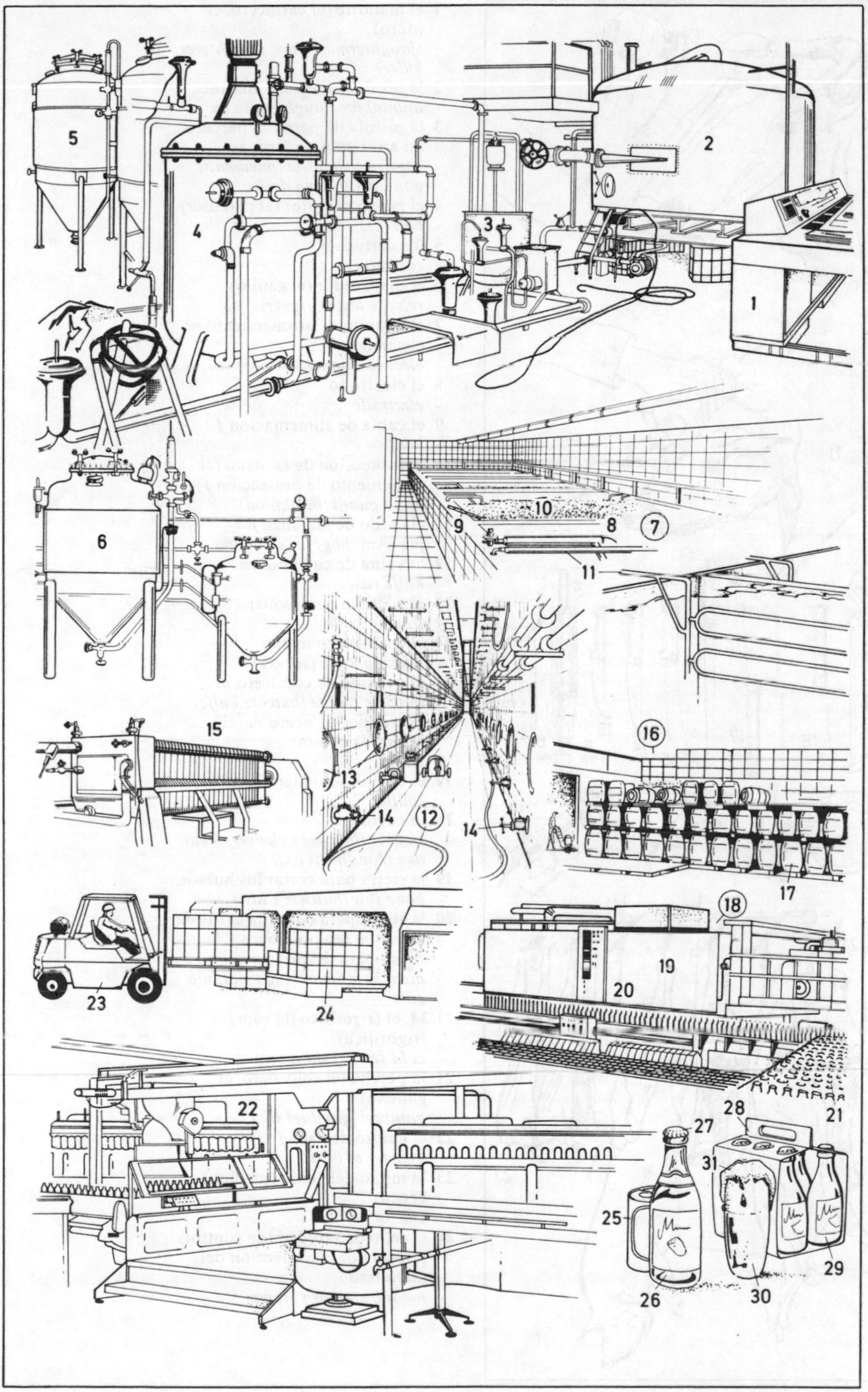
1
2
3
4
5
6
7
8
9
10
11
12
13
14
14
15
16
17
18
19
20
21
22
23
24
25
26
27
28
29
30
31

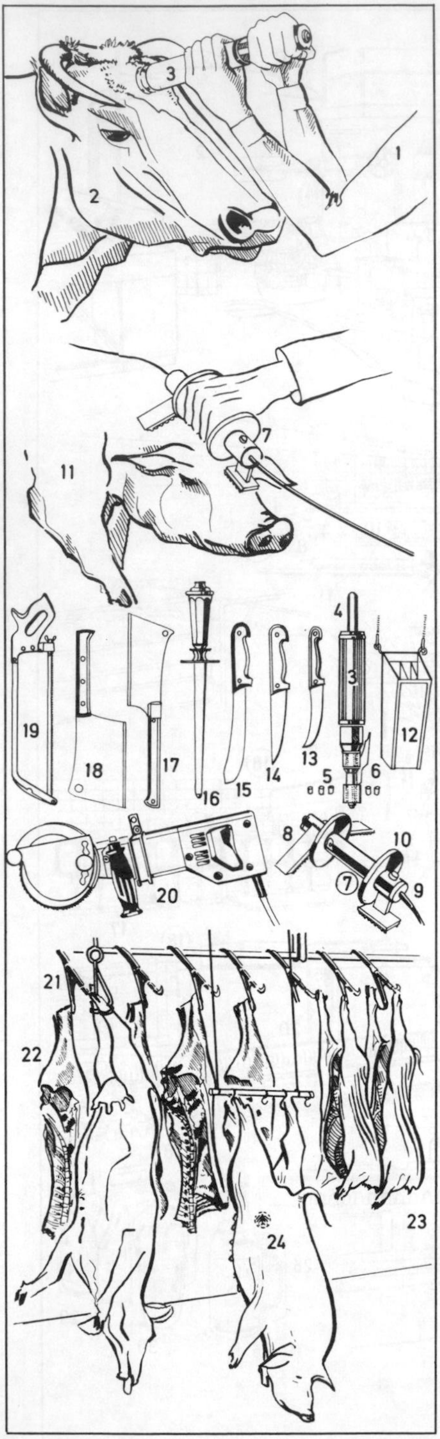

1 el matarife (el carnicero, el jifero)
– *slaughterman* (Am. *slaughterer, killer)*

2 la res de matanza *f*, una vaca
– *animal for slaughter, an ox*

3 la pistola de perno *m* percutor, un aparato para atronar
– *captive-bolt pistol (pneumatic gun), a stunning device*

4 el perno percutor (el percutor)
– *bolt*

5 los cartuchos
– *cartridges*

6 el disparador (el gatillo)
– *release lever (trigger)*

7 el aparato de atronamiento *m* eléctrico
– *electric stunner*

8 el electrodo
– *electrode*

9 el cable de alimentación *f*
– *lead*

10 la protección de la mano (el aislamiento de protección *f*)
– *hand guard (insulation)*

11 el cerdo de matanza *f*
– *pig* (Am. *hog) for slaughter*

12 la vaina de cuchillos *m*
– *knife case*

13 el cuchillo de desollar
– *flaying knife*

14 el cuchillo de matar
– *sticking knife (sticker)*

15 el cuchillo de carnicero *m*
– *butcher's knife (butcher knife)*

16 el afilador de acero *m* (el afilón, la chaira)
– *steel*

17 el cuchillo-rajadera
– *splitter*

18 la cuchilla
– *cleaver (butcher's cleaver, meat axe* (Am. *meat ax))*

19 la sierra para cortar los huesos
– *bone saw (butcher's saw)*

20 la sierra para cortar la carne en trozos *m* (en porciones *f*, la sierra para despiezar)
– *meat saw for sawing meat into cuts*

21-24 el frigorífico (la cámara frigorífica)
– ***cold store*** *(cold room)*

21 la percha (el colgadero, el gancho)
– *gambrel (gambrel stick)*

22 el cuarto de vaca *f*
– *quarter of beef*

23 la mitad del cerdo (medio cerdo)
– *side of pork*

24 el sello de sanidad (de control) puesto por la inspección del matadero
– *meat inspector's stamp*

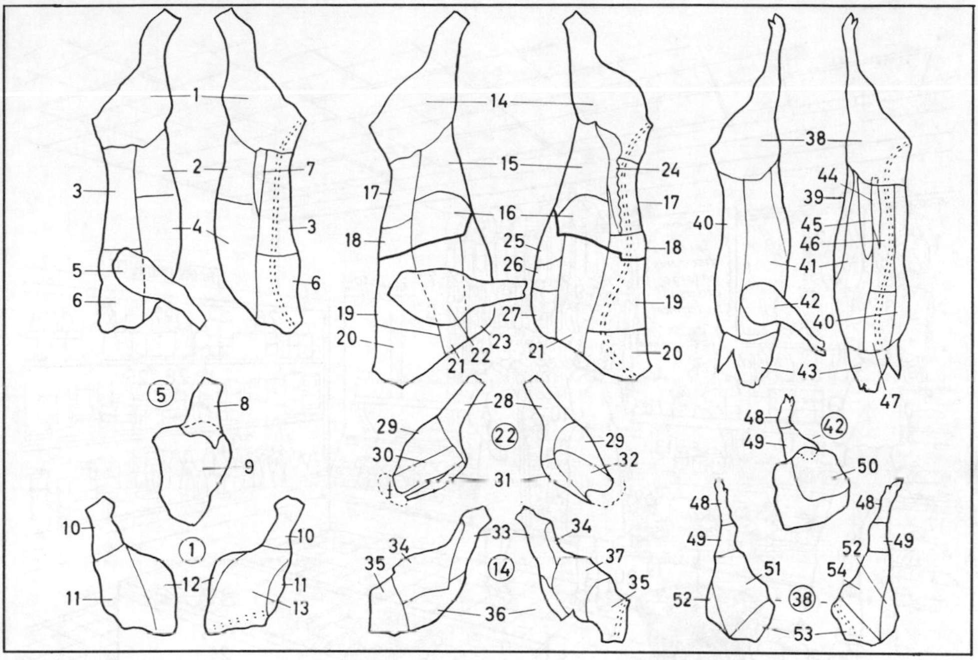

a la izquierda: parte de la carne;
a la derecha: parte del hueso
left: meat side;
right: bone side

1-13 la ternera
– animal: ***calf;*** meat: ***veal***
1 la pierna con la culata
– *leg with hind knuckle*
2 la falda
– *flank*
3 la costilla (la costilla de ternera, la mediana)
– *loin and rib*
4 el pecho (el pecho de ternera, la aleta)
– *breast (breast of veal)*
5 la espalda con la pierna delantera (con el garrón)
– *shoulder with fore knuckle*
6 el cuello
– *neck with scrag (scrag end)*
7 la riñonada (*Mé.*: el diezmillo)
– *best end of loin (of loin of veal)*
8 el brazuelo (el morcillo) de la espalda
– *fore knuckle*
9 la espalda
– *shoulder*
10 el garrón (el jarrete de la pierna)
– *hind knuckle*
11 la babilla y la cadera
– *roasting round (oyster round)*
12 el fricandó (el tajo redondo)
– *cutlet for frying or braising*
13 la tapa y la contra
– *undercut (fillet)*

14-37 la vaca
– animal: ***ox;*** meat: ***beef***
14 la pierna con el jarrete
– *round with rump and shank*
15-16 las faldas
– *flank*
15 la falda trasera
– *thick flank*
16 la punta de costillas *f* (ternillas *f*)
– *thin flank*
17 el lomo bajo
– *sirloin*
18 el lomo alto
– *prime rib (fore ribs, prime fore rib)*
19 la espaldilla
– *middle rib and chuck*
20 el cuello
– *neck*
21 el antepecho
– *flat rib*
22 la espalda con el jarrete delantero
– *leg of mutton piece (bladebone) with shin*
23 el pecho de la vaca
– *brisket (brisket of beef)*
24 el solomillo de vaca *f*
– *fillet (fillet of beef)*
25 la parte trasera del pecho
– *hind brisket*
26 la parte central del pecho
– *middle brisket*
27 el esternón
– *breastbone*
28 el morcillo delantero
– *shin*
29 la carne de la espaldilla
– *leg of mutton piece*
30 la carne de la paletilla
– *part of bladebone*
31 el tajo redondo de la espalda
– *part of top rib*
32 el revés de la paletilla
– *part of bladebone*
33 el morcillo trasero
– *shank*
34 la contra
– *silverside*
35 la cadera
– *rump*
36 la babilla
– *thick flank*
37 la tapa y el tajo redondo
– *top side*

38-54 el cerdo
– animal: ***pig;*** meat: ***pork***
38 el jamón con la mano y el codillo
– *leg with knuckle and trotter*
39 la panza (el cuadro)
– *ventral part of the belly*
40 el tocino del lomo (la canal)
– *back fat*
41 la falda
– *belly*
42 la paletilla con la mano
– *bladebone with knuckle and trotter*
43 la cabeza de cerdo *m*
– *head (pig's head)*
44 el solomillo de cerdo *m*
– *fillet (fillet of pork)*
45 la grasa de riñón *m* de cerdo *m* (la manteca de cerdo *m*)
– *leaf fat (pork flare)*
46 la chuleta de cerdo *m* (la cinta)
– *loin (pork loin)*
47 la aguja de cerdo *m*
– *spare rib*
48 la mano de cerdo *m*
– *trotter*
49 el codillo (el brazuelo)
– *knuckle*
50 la carne magra de la espalda
– *butt*
51 la carne del jamón
– *fore end (ham)*
52 la nuez
– *round end for boiling*
53 el tocino del jamón (la culeta, la cadera)
– *fat end*
54 el codillo trasero
– *gammon steak*

1-30 la carnicería (la tablajería; *Amér.:* la chanchería; *Col., C. Rica y Venez.:* la pesa; *Ec.:* la tercena)
– ***butcher's shop***

1-4 los productos cárnicos
– ***meat***

1 el jamón
– *ham on the bone*

2 la hoja de tocino *m* (la panceta, el bacon)
– *flitch of bacon*

3 la carne seca (la carne ahumada; la cecina)
– *smoked meat*

4 el lomo (el solomillo)
– *piece of loin (piece of sirloin)*

5 la manteca de cerdo *m*
– *lard*

6-11 los embutidos (la salchichería)
– ***sausages***

6 la etiqueta del precio
– *price label*

7 la mortadela
– *mortadella*

8 las salchichas cocidas; *clases:* la salchicha de Viena, de Francfort
– *scalded sausage;* kinds: *Vienna sausage (Wiener), Frankfurter sausage (Frankfurter)*

9 el queso de cerdo *m*
– *collared pork (*Am. *headcheese)*

10 la longaniza
– *ring of [Lyoner] sausage*

11 la salchicha (el chorizo; la salchicha para asar)
– *bratwurst (sausage for frying or grilling)*

12 la vitrina frigorífica (el mostrador frigorífico)
– *cold shelves*

13 la ensalada de fiambres *m*
– *meat salad (diced meat salad)*

14 las lonjas de carne *f*
– *cold meats (*Am. *cold cuts)*

15 el pâté
– *pâté*

16 la carne picada
– *mince (mincemeat, minced meat)*

17 el jamón cocido
– *knuckle of pork*

18 el cesto con las ofertas especiales
– *basket for special offers*

19 el letrero con el precio especial
– *price list for special offers*

20 el producto en oferta *f*
– *special offer*

21 el congelador
– *freezer*

22 el asado preempaquetado
– *pre-packed joints*

23 el plato preparado congelado
– *deep-frozen ready-to-eat meal*

24 el pollo
– *chicken*

25 las conservas (las conservas de larga duración *f; con fecha límite de venta:* semiconservas *f*)
– *canned food*

26 la caja de conserva *f*
– *can*

27 las legumbres en conserva *f* (las conservas vegetales)
– *canned vegetables*

28 el pescado en conserva *f* (la conserva de pescado *m*)
– *canned fish*

29 la salsa mayonesa con mostaza *f*
– *salad cream*

30 los refrescos
– *soft drinks*

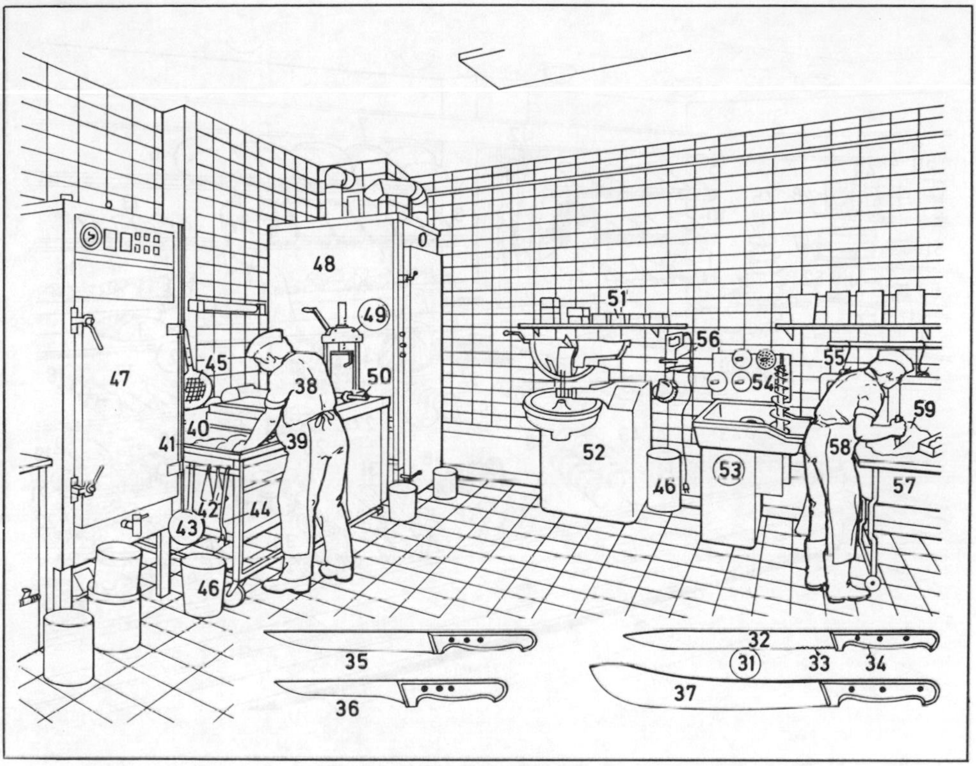

31-59 la cocina de la charcutería (la sala de adobo *m*)
- ***kitchen for making sausages***

31-37 cuchillos *m* **de carnicero** *m*
- ***butcher's knives***

31 el cuchillo de corte *m*
- *slicer*

32 la hoja del cuchillo
- *knife blade*

33 el filo de sierra *f* (la sierra del cuchillo)
- *saw teeth*

34 el mango del cuchillo
- *knife handle*

35 el cuchillo para la carne (la rajadera)
- *carver (carving knife)*

36 el cuchillo de desosar
- *boning knife*

37 el cuchillo de carnicero *m*
- *butcher's knife (butcher knife)*

38 el maestro carnicero (el carnicero; *Cuba:* el mataronero; *Col. y Venez.:* el pesador)
- *butcher (master butcher)*

39 el delantal del carnicero
- *butcher's apron*

40 la artesa de la carne (la cuba de amasar)
- *meat-mixing trough*

41 el relleno de las salchichas (la masa de las salchichas)
- *sausage meat*

42 el rascador
- *scraper*

43 la espumadera (la rasera)
- *skimmer*

44 el tenedor de las salchichas
- *sausage fork*

45 el colador del caldo
- *scalding colander*

46 el cubo de la basura
- *waste bin (Am. trash bin)*

47 el armario de cocinar (el horno) con dispositivo *m* de producción *f* de vapor *m* o aire *m* caliente para estofar
- *cooker, for cooking with steam or hot air*

48 el ahumadero (la cámara de ahumar)
- *smoke house*

49 el embutidor de mano *m* (el embutidor de mesa *f*)
- *sausage filler (sausage stuffer)*

50 el tubo de rellenar
- *feed pipe (supply pipe)*

51 el recipiente de las verduras
- *containers for vegetables*

52 la máquina para preparar la carne de las salchichas
- *mincing machine for sausage meat*

53 la máquina de picar carne *f*
- *mincing machine (meat mincer, mincer,* Am. *meat grinder)*

54 las rejillas con cuchilla *f* para picar
- *plates (steel plates)*

55 el garabato (de cocinero *m*)
- *meathook (butcher's hook)*

56 la sierra para huesos *m*
- *bone saw*

57 la tabla de carnicero *m*
- *chopping board*

58 el mozo de carnicero *m* cortando la carne
- *butcher, cutting meat*

59 el trozo de carne *f*
- *piece of meat*

1-54 el local de venta *f* de la panadería (la panadería, la confitería)
– ***baker's shop***
1 la vendedora
– *shop assistant (*Am. *salesgirl, saleslady)*
2 el pan
– *bread (loaf of bread, loaf)*
3 la miga
– *crumb*
4 la corteza
– *crust (bread crust)*
5 el cantero
– *crust (*Am. *heel)*
6-12 clases *f* **de pan** *m*
– ***kinds of bread** (breads)*
6 el pan redondo (el pan cateto, la hogaza, un pan moreno)
– *round loaf, a wheat and rye bread*
7 el pan redondo pequeño
– *small round loaf*
8 el pan alargado, un pan de mezcla *f* (un pan de trigo *m* y centeno *m*)
– *long loaf (bloomer), a wheat and rye bread*
9 el pan blanco (el pan de Viena)
– *white loaf*
10 el pan inglés, un pan integral
– *pan loaf, a wholemeal rye bread*
11 el pan trenzado (el bollo de Nochebuena, el bollo de Navidad)
– *yeast bread (*Am. *stollen)*
12 el pan blanco francés (la barra de pan *m*)
– *French loaf (baguette, French stick)*
13-16 panecillos *m*
– ***rolls***
13 el panecillo (blanco o de canela; *Amér.:* el pancito)
– *roll*
14 los panecillos de canela *f* o trigo *m* (panecillo blancos, el bollo de pan *m*; *también:* panecillos salados, panecillos con adormidera, panecillos con comino *m*; *Amér.:* los besitos)
– *[white] roll*
15 el panecillo doble
– *double roll*
16 el panecillo de centeno *m*
– *rye-bread roll*
17-47 dulces *m* (confites *m*, pasteles *m*)
– ***cakes** (confectionery)*
17 el rollito de nata *f*
– *cream roll*
18 el hojaldre
– *vol-au-vent, a puff pastry (*Am. *puff paste)*
19 el bizcocho enrollado
– *Swiss roll (*Am. *jelly roll)*
20 la tartita (*Amér.:* las masitas)
– *tartlet*
21 el merengue
– *cream slice*
22-24 tartas *f*
– ***flans** (*Am. *pies) and gateaux (torten)*
22 la tarta de frutas *f* (*var.:* tarta de fresas *f*, tarta de cerezas *f*, tarta de grosellas *f*, tarta de melocotón *m*, tarta de ruibarbo *m*)
– *fruit flan;* kinds: *strawberry flan, cherry flan, gooseberry flan, peach flan, rhubarb flan*
23 la tarta de queso *m*
– *cheesecake*
24 la tarta de crema *f* (*también:*- la tarta de nata *f*; *var.:* la tarta de crema *f* de mantequilla *f*, la tarta de cerezas *f* de la Selva Negra)
– *cream cake (*Am. *cream pie);* kinds: *butter-cream cake, Black Forest gateau*
25 la bandeja de tarta *f*
– *cake plate*
26 el merengue
– *meringue*
27 la col de crema *f* (el suspiro de monja *f*)
– *cream puff*
28 la nata batida (la crema chantillí)
– *whipped cream*
29 los bollos de Berlín (*Chile:* el queque)
– *doughnut (*Am. *bismarck)*
30 la palmera
– *Danish pastry*
31 la barrita salada (*también:* la barrita con comino *m*)
– *saltstick,* also: *caraway roll, caraway stick*
32 el cuernecito (el croissant; *Amér.:* la media luna)
– *croissant (crescent roll,* Am. *crescent)*
33 el pastel de molde *m* (la torta alemana; *también:* el bizcocho de Saboya)
– *ring cake (gugelhupf)*
34 el dulce de molde *m* cubierto con una capa de chocolate *m*
– *slab cake with chocolate icing*
35 la tortita espolvoreada
– *streusel cakes*
36 la cabeza de moro *m*
– *marshmallow*

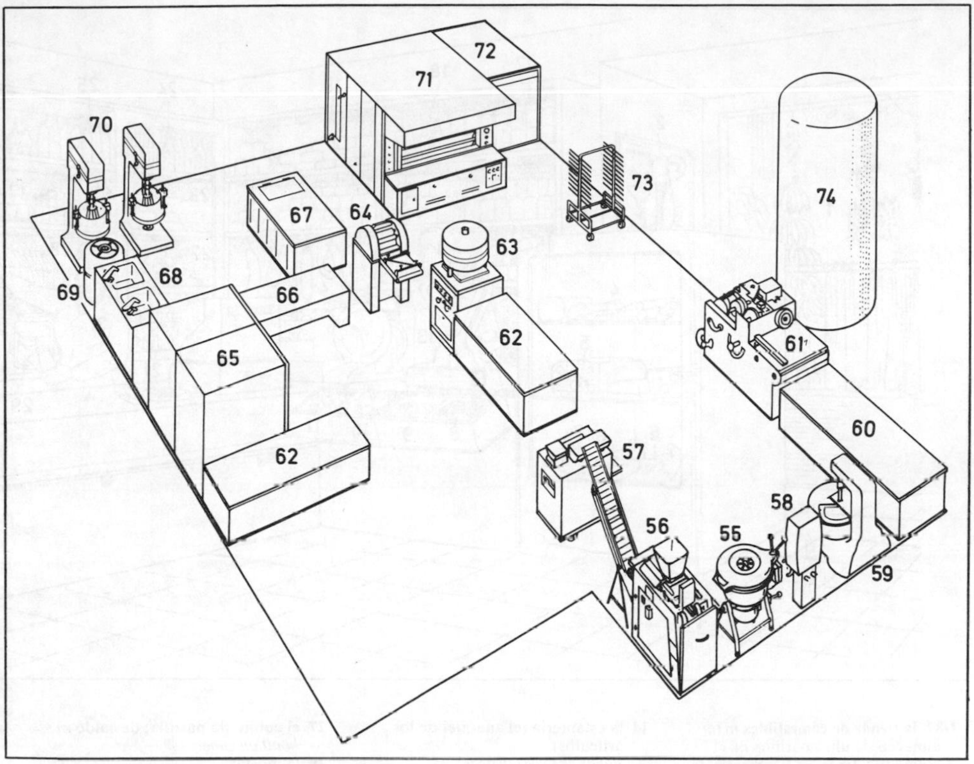

37 el macarrón (el mostachón, el almendrado)
– *coconut macaroon*
38 la rosca (la ensaimada)
– *schnecke*
39 el dulce americano
– *[kind of] iced bun*
40 el bizcocho tostado blando
– *sweet bread*
41 la trenza
– *plaited bun (plait)*
42 la corona de Francfort
– *Frankfurter garland cake*
43 el dulce en trozos (*var.:* el dulce espolvoreado con recortes *m* de pasta *f*, el dulce cubierto de azúcar *f* el dulce de ciruelas *f*)
– *slices (*kinds: *streusel slices, sugared slices, plum slices)*
44 la rosquilla
– *pretzel*
45 el barquillo
– *wafer (*Am. *waffle)*
46 el dulce de pisos *m*
– *tree cake (baumkuchen)*
47 el suelo de masa *f* para las tartas
– *flan case*
48-50 clases *f* de pan *m* empaquetado
– ***wrapped bread***
48 el pan integral (*también:* el pan de germen *m* de trigo *m*)
– *wholemeal bread;* also: *wheatgerm bread*
49 el pan negro de Westfalia
– *pumpernickel (wholemeal rye bread)*
50 el biscote
– *crispbread*
51 el pan de especias *f* (el alajú)
– *gingerbread (*Am. *lebkuchen)*
52 la harina (*var.:* la harina de trigo *m*, la harina de centeno *m*)
– *flour;* kinds: *wheat flour, rye flour*
53 la levadura
– *yeast (baker's yeast)*
54 los bizcochos (los bizcochos tostados para los niños; *C. Rica:* los tosteles)
– *rusks (French toast)*
55-74 la tahona
– ***bakery*** *(bakehouse)*
55 la amasadora
– *kneading machine (dough mixer)*
56-57 la unidad de fabricación *f* del pan
– ***bread unit***
56 la máquina de cortar la masa
– *divider*
57 la unidad para dar la forma al pan
– *moulder (*Am. *molder)*
58 el aparato para medir y mezclar el agua *f*
– *premixer*
59 el mezclador (la amasadera)
– *dough mixer*
60 la mesa de trabajo *m*
– *workbench*
61 la unidad de fabricación *f* de los panecillos
– *roll unit*
62 la mesa de trabajo *m*
– *workbench*
63 la máquina de cortar y redondear la masa
– *divider and rounder (rounding machine)*
64 la máquina para dar la forma a los croissants
– *crescent-forming machine*
65 el congelador
– *freezers*
66 la freidora
– *oven [for baking with fat]*
67-70 la confitería
– ***confectionery unit***
67 la mesa de enfriamiento *m*
– *cooling table*
68 el fregadero
– *sink*
69 el hornillo
– *boiler*
70 la batidora-mezcladora
– *whipping unit [with beater]*
71 el horno de pisos *m* (el horno de panificación *f*)
– *reel oven (oven)*
72 la cámara de fermentación *f*
– *fermentation room*
73 la carretilla de la cámara de fermentación *f*
– *fermentation trolley*
74 el silo de harina *f*
– *flour silo*

1-87 la tienda de comestibles *m* (el almacén de ultramarinos *m*, el colmado; *Amér.:* la fiambrería, la pulpería), una tienda de venta *f* al por menor
- ***grocer's shop*** *(grocer's,* Am. *grocery store), a retail shop (*Am. *retail store);* sim.: *delicatessen*

1 el escaparate
- *window display*

2 el cartel de propaganda (el anuncio)
- *poster (advertisement)*

3 la vitrina frigorífica
- *cold shelves*

4 los embutidos (los fiambres)
- *sausages*

5 el queso
- *cheese*

6 el pollo asado
- *roasting chicken (broiler)*

7 la pularda, una gallina cebada
- *poulard, a fattened hen*

8-11 los ingredientes de pastelería *f*
- ***baking ingredients***

8 las pasas; *anál.:* las pasas gorronas
- *raisins;* sim.: *sultanas*

9 las pasas de Corinto
- *currants*

10 la cidra confitada
- *candied lemon peel*

11 la naranja confitada
- *candied orange peel*

12 la balanza automática (el peso)
- *computing scale, a rapid scale*

13 el vendedor
- *shop assistant* (Am. *salesclerk)*

14 la estantería (el anaquel de los artículos)
- *goods shelves (shelves)*

15-20 las conservas
- ***canned food***

15 la leche condensada (la leche en lata *f*)
- *canned milk*

16 las frutas en conserva *f*
- *canned fruit (cans of fruit)*

17 las verduras en conserva *f*
- *canned vegetables*

18 el zumo (el jugo de frutas *f*)
- *fruit juice*

19 las sardinas en aceite *m*, una conserva de pescado *m*
- *sardines in oil, a can of fish*

20 la carne en conserva *f*
- *canned meat (cans of meat)*

21 la margarina
- *margarine*

22 la mantequilla
- *butter*

23 la manteca de coco *m*, una grasa vegetal
- *coconut oil, a vegetable oil*

24 el aceite; *clases:* el aceite de mesa, el aceite de oliva *f*, el aceite de girasol *m*, el aceite de germen *m* de trigo *m*, el aceite de cacahuetes *m*, el aceite de maíz
- *oil;* kinds: *salad oil, olive oil, sunflower oil, wheatgerm oil, ground-nut oil*

25 el vinagre
- *vinegar*

26 el cubito (la pastilla) de sopa *f*
- *stock cube*

27 el cubito (la pastilla) de caldo *m*
- *bouillon cube*

28 la mostaza
- *mustard*

29 el pepinillo en vinagre *m*
- *pickled gherkin*

30 el condimento para sopas *f*
- *soup seasoning*

31 la vendedora
- *shop assistant* (Am. *salesgirl, saleslady)*

32-34 las pastas alimenticias
- ***pastas***

32 los spaghetti
- *spaghetti*

33 los macarrones
- *macaroni*

34 los tallarines
- *noodles*

35-39 Productos alimenticios *f* (los cereales)
- ***cereal products***

35 la cebada perlada
- *pearl barley*

36 la sémola
- *semolina*

37 los copos de avena *f*
- *rolled oats (porridge oats, oats)*

38 el arroz
- *rice*

39 la fécula de sagú *m* (la tapioca)
- *sago*

40 la sal
- *salt*

41 el comerciante, un comerciante al por menor
- *grocer* (Am. *groceryman), a shopkeeper (tradesman, retailer,* Am. *storekeeper)*

42 las alcaparras
– *capers*
43 la clienta
– *customer*
44 el vale
– *receipt (sales check)*
45 la bolsa para las compras
– *shopping bag*
46-49 el material para envolver
– ***wrapping material***
46 el papel de envolver
wrapping paper
47 la cinta adhesiva
– *adhesive tape*
48 la bolsa de papel *m* (el cartucho)
– *paper bag*
49 el cucurucho
– *cone-shaped paper bag*
50 los polvos para budines *m*
– *blancmange powder*
51 la confitura
– *whole-fruit jam (preserve)*
52 la mermelada
– *jam*
53-55 azúcar *m* y *f*
– ***sugar***
53 el azúcar en terrones *m*
– *cube sugar*
54 el azúcar en polvo *m*
– *icing sugar* (Am. *confectioner's sugar)*
55 el azúcar cristalizado (el azúcar refinado)
– *refined sugar in crystals*
56-59 las bebidas alcohólicas (los licores)
– ***spirits***

56 el aguardiente (*P. Rico, S. Dgo. y Venez.:* el romo; *Arg., Bol., S. Dgo. y Urug.:* la tafia; *Perú:* el trinque)
– *schnapps distilled from grain [usually wheat]*
57 el ron
– *rum*
58 el licor
– *liqueur*
59 el coñac
– *brandy;* here: *cognac*
60-64 vino embotellado *m*
– ***wine in bottles*** *(bottled wine)*
60 el vino blanco
– *white wine*
61 el chianti
– *Chianti*
62 el vermut
– *vermouth*
63 el champaña (el vino espumoso)
– *sparkling wine*
64 el vino tinto
– *red wine*
65-68 los estimulantes
– ***tea, coffee, etc.***
65 el café (el café en grano *m*)
– *coffee (pure coffee)*
66 el cacao
– *cocoa*
67 la variedad de café *m*
– *coffee*
68 el té en bolsitas *f*
tea bag
69 el molinillo eléctrico de café *m*
– *electric coffee grinder*
70 la tostadora de café *m*
– *coffee roaster*
71 el bombo para tostar el café
– *roasting drum*

72 la paleta para probar el café
– *sample scoop*
73 la lista de precios *m*
– *price list*
74 el mostrador frigorífico
– *freezer*
75-86 los dulces (las golosinas)
– ***confectionery*** (Am. *candies)*
75 el caramelo
– *sweet* (Am. *candy)*
76 los drops (los caramelos ácidos)
– *drops*
77 el caramelo
– *toffees*
78 la tableta de chocolate *m*
– *bar of chocolate*
79 la caja de bombones *m*
– *chocolate box*
80 el bombón, un artículo de confitería *f*
– *chocolate, a sweet*
81 el nuégado [un turrón de nueces *f*]
– *nougat*
82 el mazapán
– *marzipan*
83 el bombón de licor *m*
– *chocolate liqueur*
84 la lengua de gato *m*
– *cat's tongue*
85 el crocante (el guirlache)
– *croquant*
86 las trufas de chocolate *m*
– *truffle*
87 el agua *f* de mesa *f* (agua *f* de Seltz, agua *f* carbónica, agua mineral)
– *soda water*

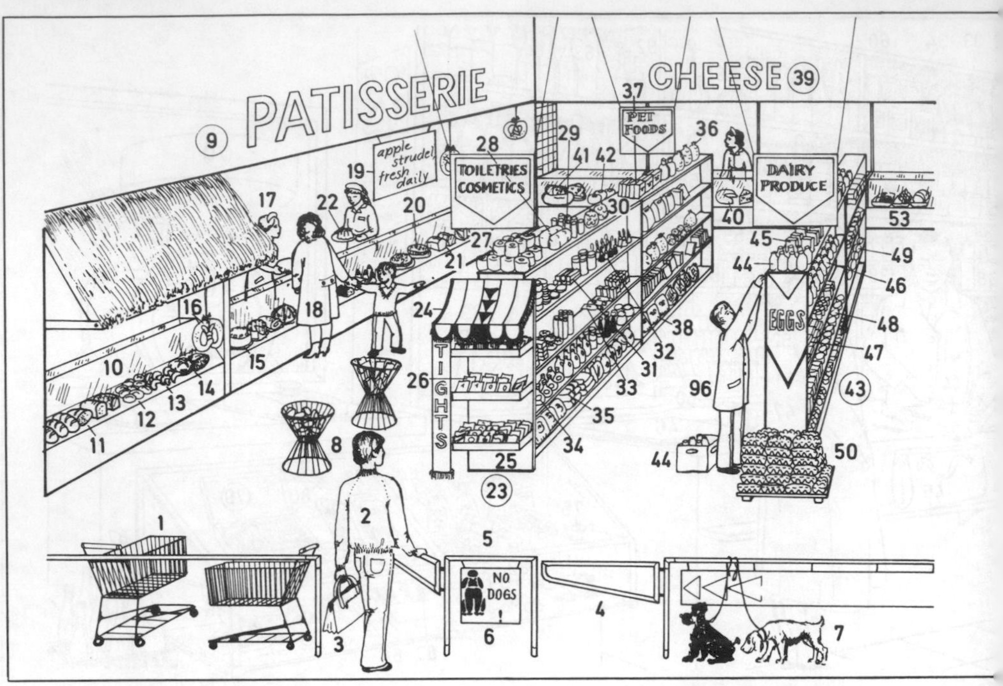

1-95 el supermercado, una tienda de alimentación *f* de autoservicio *m*
– ***supermarket,*** *a self-service food store*
1 el carro para las compras
– *shopping trolley*
2 el cliente (el comprador)
– *customer*
3 la bolsa de la compra
– *shopping bag*
4 la entrada al local de venta *f*
– *entrance to the sales area*
5 la barrera
– *barrier*
6 la señal prohibiendo la entrada a los perros
– *sign (notice) banning dogs*
7 los perros atados
– *dogs tied by their leads*
8 el cesto de ventas *f*
– *basket*
9 la sección de los productos de panadería *f* y confitería *f*
– ***bread and cake counter*** *(bread counter, cake counter)*
10 el expositor
– *display counter for bread and cakes*
11 las variedades de pan *m*
– *kinds of bread (breads)*
12 los panecillos (los bollos de pan *m*)
– *rolls*
13 los cuernos (las medias lunas, los croissants)
– *croissants (crescent rolls,* Am. *crescents)*
14 el pan casero (el pan cateto, la hogaza)
– *round loaf (strong rye bread)*
15 la tarta
– *gateau*
16 la rosquilla grande [desconocida en España]
– *pretzel [made with yeast dough]*
17 la vendedora
– *shop assistant (*Am. *salesgirl, saleslady)*
18 la clienta (la compradora)
– *customer*
19 el cartel de las ofertas
– *sign listing goods*
20 la tarta de frutas *f*
– *fruit flan*
21 el bizcocho
– *slab cake*
22 el pastel de molde *m*
– *ring cake*
23 la góndola de los cosméticos, una góndola (una estantería)
– ***cosmetics gondola,*** *a gondola (sales shelves)*
24 el baldaquín
– *canopy*
25 el estante de las medias
– *hosiery shelf*
26 la bolsa de medias *f*
– *stockings pack (nylons pack)*
27-35 los productos para el aseo personal (los cosméticos)
– ***toiletries*** *(cosmetics)*
27 el tarro de crema *f* (la crema; *clases:* crema *f* hidratante, crema *f* de día *m*, crema *f* de noche *f*, crema *f* para las manos)
– *jar of cream (*kinds: *moisturising cream, day cream, night-care cream, hand cream)*
28 el paquete de algodón *m* en rama *f*
– *packet of cotton wool*
29 la caja de polvos *m*
– *powder tin*
30 el paquete de tapones *m* de algodón *m*
– *packet of cotton wool balls*
31 el tubo de pasta *f* dentífrica
– *toothpaste box*
32 el esmalte para las uñas
– *nail varnish (nail polish)*
33 el tubo de crema *f*
– *cream tube*
34 las sales de baño *m*
– *bath salts*
35 artículos *m* de higiene *f*
– *sanitary articles*
36-37 la comida para animales *m*
– *pet foods*
36 la comida completa para perros *m*
– *complete dog food*
37 el paquete de bizcochos *m* para perros *m*
– *packet of dog biscuits*
38 el paquete de serrín *m* para gatos *m*
– *bag of cat litter*
39 la sección del queso (la quesería)
– ***cheese counter***
40 el pan (la rueda) de queso *m*
– *whole cheese*
41 el queso suizo (el queso emmental) con agujeros *m*
– *Swiss cheese (Emmental cheese) with holes*
42 el queso de bola *f* (el queso holandés), un queso redondo
– *Edam cheese, a round cheese*
43 la góndola (la estantería) de productos *m* lecheros
– *gondola for dairy products*

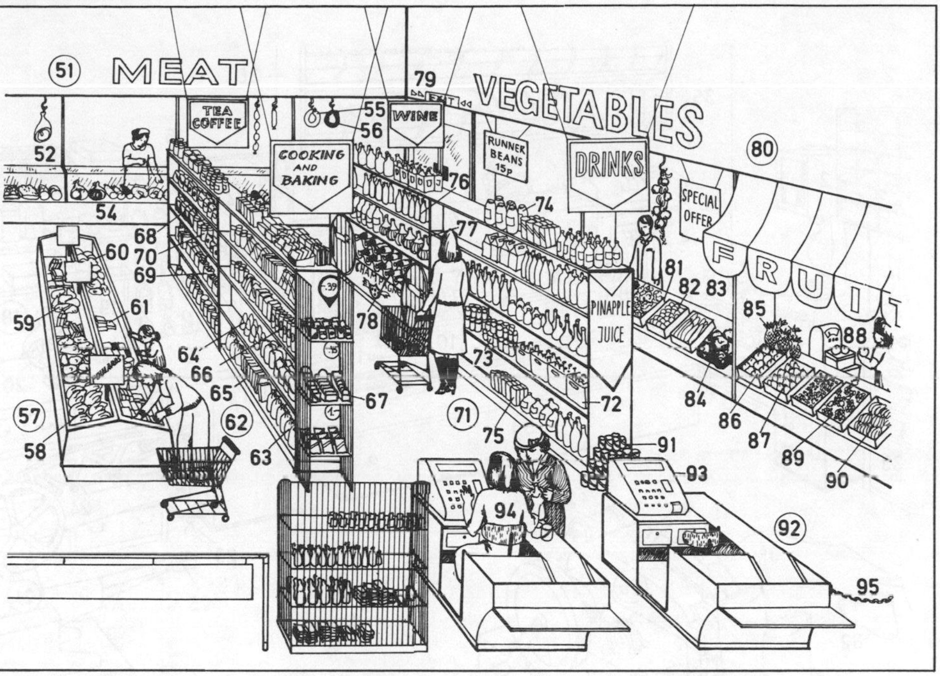

44 la leche (la leche de larga duración *f*, la leche pasteurizada y homogeneizada)
– *long-life milk (milk with good keeping properties, pasteurized and homogenized milk)*

45 el cartón de leche *f* (el brik de leche *f*)
– *plastic milk bag*

46 la crema (la nata)
– *cream*

47 la mantequilla
– *butter*

48 la margarina
– *margarine*

49 la cajita de queso *m*
– *box of cheeses*

50 el paquete (el cartón) de huevos *m*
– *box of eggs*

51 la sección de la carne fresca
– ***fresh meat counter*** *(meat counter)*

52 el jamón
– *ham on the bone*

53 los productos cárnicos (la carne)
– *meat (meat products)*

54 los embutidos
– *sausages*

55 la salchicha (la longaniza)
– *ring of pork sausage*

56 la morcilla (*Col. y Mé.*: la rellena)
– *ring of blood sausage*

57 el congelador
– *freezer*

58-61 los productos congelados
– ***frozen food***

58 la pularda (la gallina cebada)
– *poulard*

59 el muslo de pavo *m*
– *turkey leg (drumstick)*

60 la gallina para caldo *m*
– *boiling fowl*

61 las verduras congeladas
– *frozen vegetables*

62 la góndola de productos *m* de pastelería *f* y de alimentos *m*
– ***gondola for baking ingredients and cereal products***

63 la harina de trigo *m*
– *wheat flour*

64 el pilón de azúcar *m* y *f*
– *sugar loaf*

65 el paquete de pastas para sopas *f*
– *packet of noodles [for soup]*

66 el aceite de mesa *f*
– *salad oil*

67 el paquete de especias *f*
– *packet of spice*

68-70 los estimulantes
tea, coffee, etc.

68 el café
– *coffee*

69 el paquete de té *m*
– *packet of tea*

70 el café soluble (el café instantáneo)
– *instant coffee*

71 la góndola (la estantería) de las bebidas
– ***drinks gondola***

72 el paquete de cerveza *f*
– *beer crate (crate of beer)*

73 la lata de cerveza *f* (la cerveza en lata *f*)
– *can of beer (canned beer)*

74 la botella de zumo *m* de frutas *f*
– *bottle of fruit juice (bottled fruit juice)*

75 la lata de zumo *m* de frutas *f*
– *can of fruit juice (canned fruit juice)*

76 la botella de vino *m*
– *bottle of wine*

77 la botella de chianti *m*
– *bottle of Chianti*

78 la botella de vino *m* espumoso
– *bottle of champagne*

79 la salida de urgencia *f*
– *emergency exit*

80 la sección de verduras *f* y frutas *f*
– ***fruit and vegetable counter***

81 la caja de las verduras
– *vegetable basket*

82 los tomates
– *tomatoes*

83 los pepinos
– *cucumbers*

84 la coliflor
– *cauliflower*

85 la piña tropical
– *pineapple*

86 las manzanas
– *apples*

87 las peras
– *pears*

88 la balanza (el peso)
– *scales for weighing fruit*

89 las uvas
– *grapes (bunches of grapes)*

90 los plátanos (las bananas)
– *bananas*

91 las latas de conservas *f*
– *can*

92 la caja
– ***checkout***

93 la caja registradora
– *cash register*

94 la cajera
– *cashier*

95 la cadena
– *chain*

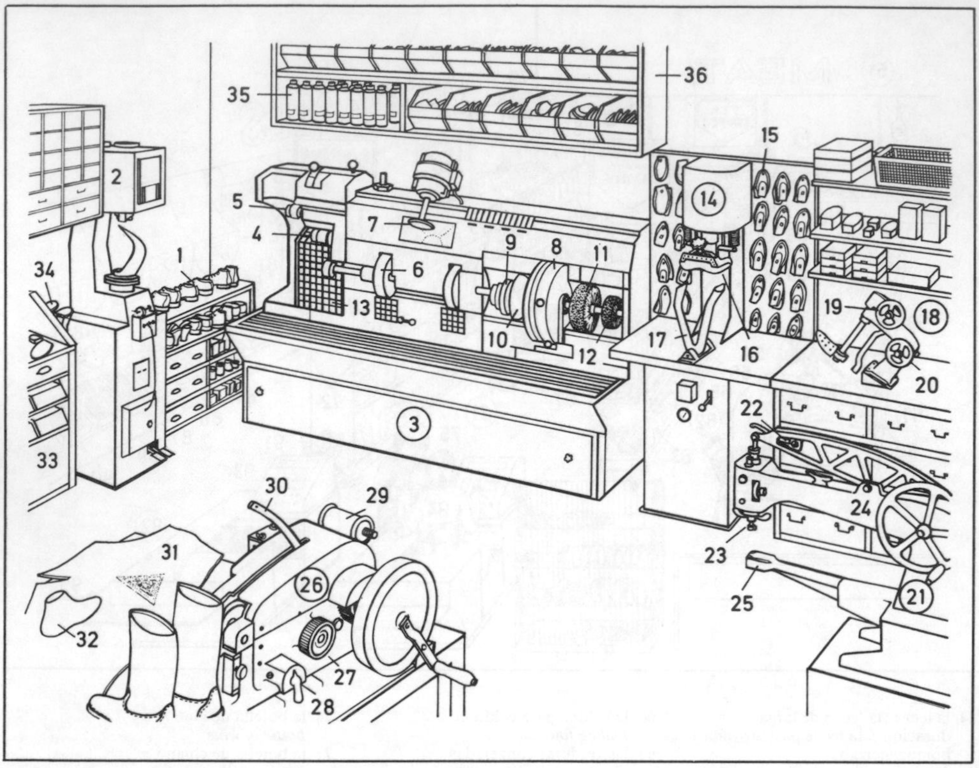

1-68 el taller de zapatero *m* (la zapatería)
– *shoemaker's workshop (bootmaker's workshop)*
1 los zapatos arreglados
– *finished (repaired) shoes*
2 la máquina de pespuntear
– *auto-soling machine*
3 la máquina pulidora
– *finishing machine*
4 la fresa para el tacón
– *heel trimmer*
5 las fresas de recambio *m*
– *sole trimmer*
6 la muela
– *scouring wheel*
7 el disco de pulimentar
– *naum keag*
8 la propulsión
– *drive unit (drive wheel)*
9 el pulsador de corte *m*
– *iron*
10 el disco de paño *m*
– *buffing wheel*
11 el cepillo para pulir
– *polishing brush*
12 el cepillo de cerdas *f*
– *horsehair brush*
13 la rejilla de aspiración *f*
– *extractor grid*
14 la prensa automática para las suelas
– *automatic sole press*
15 las hormas
– *press attachment*
16 la almohadilla de prensa *f*
– *pad*
17 el arco de prueba *f*
– *press bar*
18 el aparato para ensanchar (la máquina de ahormar, la horma)
– *stretching machine*
19 el dispositivo para regular la anchura
– *width adjustment*
20 el dispositivo para regular el largo
– *length adjustment*
21 la máquina de coser
– *stitching machine*
22 el dispositivo para regular la tensión del hilo
– *power regulator (power control)*
23 la barra para la aguja
– *foot*
24 el volante
– *handwheel*
25 el pie prensatelas
– *arm*
26 la máquina para montar las suelas
– *sole stitcher (sole-stitching machine)*
27 la palanca del pie
– *foot bar lever*
28 el reglaje de avance *m*
– *feed adjustment (feed setting)*
29 la bobina de hilo *m*
– *bobbin (cotton bobbin)*
30 el guiahilos
– *thread guide (yarn guide)*
31 el cuero para las suelas
– *sole leather*
32 la horma
– *[wooden] last*
33 la mesa de trabajo *m*
– *workbench*
34 la horma de hierro *m*
– *last*
35 el pulverizador de tinte *m*
– *dye spray*
36 el estante del material
– *shelves for materials*

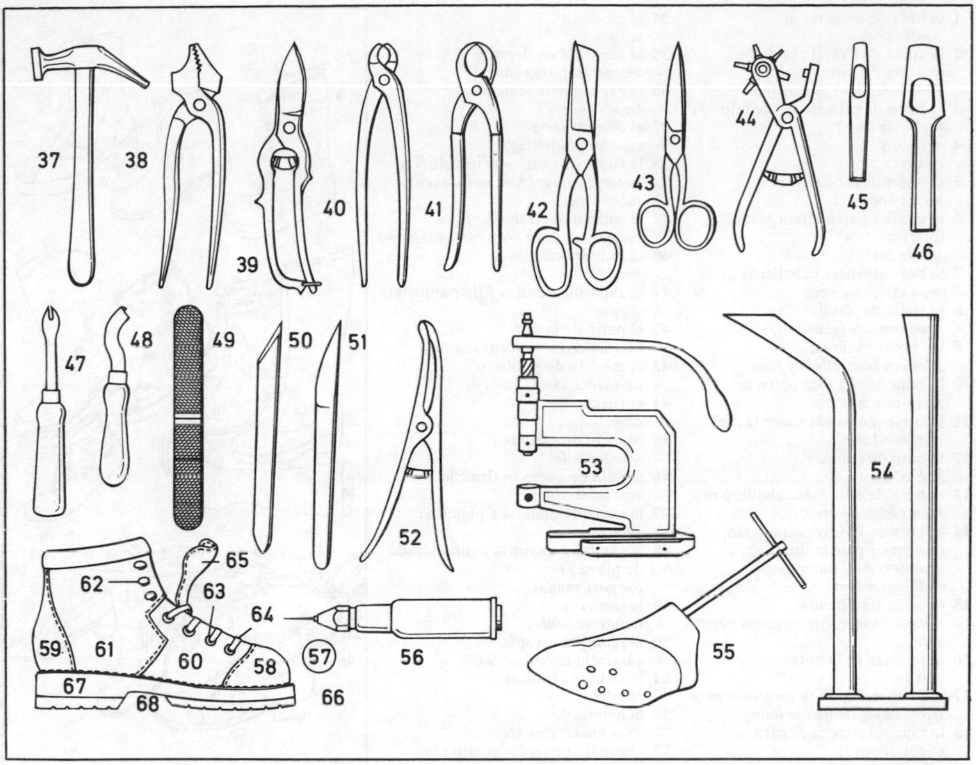

37 el martillo de zapatero *m*
– *shoemaker's hammer*
38 las tenazas para el cuero
– *shoemaker's pliers (welt pincers)*
39 las cizallas para el cuero de las suelas
– *sole-leather shears*
40 las tenazas pequeñas
– *small pincers (nippers)*
41 las tenazas gruesas
– *large pincers (nippers)*
42 las tijeras para cortar el cuero superior
– *upper-leather shears*
43 las tijeras para el hilo
– *scissors*
44 los alicates sacabocados
– *revolving punch (rotary punch)*
45 el sacabocados
– *punch*
46 el sacabocados de asa *f*
– *punch with handle*
47 el sacaclavos
– *nail puller*
48 el desvirador
– *welt cutter*
49 la lima de zapatero *m*
– *shoemaker's rasp*
50 el cuchillo de zapatero *m* (el tranchete de zapatero *m*)
– *cobbler's knife (shoemaker's knife)*
51 el tranchete cortante
– *skiving knife (skife knife, paring knife)*
52 las pinzas desmochadas (las pinzas con las puntas cortadas)
– *toecap remover*
53 la máquina para colocar a presión *f* ojetes *m*, corchetes *m* y botones *m*
– *eyelet, hook, and press-stud setter*
54 la horma de trabajo *m*
– *stand with iron lasts*
55 la horma tensora
– *width-setting tree*
56 el puño con punzón *m*
– *nail grip*
57 la bota
– *boot*
58 la puntera
– *toecap*
59 el contrafuerte
– *counter*
60 la pala (la empella)
– *vamp*
61 la parte lateral (la caña)
– *quarter*
62 el corchete
– *hook*
63 el ojete
– *eyelet*
64 el cordón
– *lace (shoelace, bootlace)*
65 la lengüeta; *anál.:* la oreja del zapato
– *tongue*
66 la suela (la planta)
– *sole*
67 el tacón
– *heel*
68 el arqueo (el enfranque)
– *shank (waist)*

1 la bota de invierno *m*
– *winter boot*
2 la suela de PVC (la suela de materia *f* plástica)
– *PVC sole;* sim.: *plastic sole*
3 el forro de peluche *m* (de felpa *f*)
– *high-pile lining*
4 el nylon
– *nylon*
5 el botín de caballero *m*
– *men's boot*
6 el cierre de cremallera *f* en el interior
– *inside zip*
7 la bota alta para caballeros *m*
– *men's high leg boot*
8 la suela de plataforma *f*
– *platform sole (platform)*
9 las botas vaqueras
– *Western boot (cowboy boot)*
10 la bota de piel *f* de potro *m*
– *pony-skin boot*
11 la suela moldeada sobre la piel
– *cemented sole*
12 la bota de señora *f*
– *ladies' boot*
13 la bota de calle *f* de caballero *m*
– *men's high leg boot*
14 la bota de PVC inyectado sin costuras *f* para la lluvia
– *seamless PVC waterproof wellington boot*
15 la suela translúcida
– *natural-colour* (Am. *natural-color*) *sole*
16 la puntera de la bota
– *toecap*
17 el forro de tejido *m* de punto *m*
– *tricot lining (knitwear lining)*
18 la bota de marcha *f* (para excursiones *f*)
– *hiking boot*
19 la suela perfilada
– *grip sole*
20 el alto de la caña relleno
– *padded collar*
21 los cordones
– *tie fastening (lace fastening)*
22 las zapatillas de baño *m*
– *open-toe mule*
23 la parte superior (la pala) de tejido *m* de rizo *m*
– *terry upper*
24 la suela corrida
– *polo outsole*
25 las babuchas (las pantuflas)
– *mule*
26 la pala de pana *f* de canutillo *m*
– *corduroy upper*
27 el zapato de tacón *m* alto con hebillas *f*
– *evening sandal (sandal court shoe)*
28 el tacón alto (el tacón aguja)
– *high heel (stiletto heel)*
29 el zapato de tacón *m*
– *court shoe* (Am. *pump*)
30 el mocasín
– *moccasin*
31 el zapato bajo (el zapato de cordones *m*)
– *shoe, a tie shoe (laced shoe, Oxford shoe,* Am. *Oxford)*
32 la lengüeta
– *tongue*
33 el zapato bajo con tacón *m* alto
– *high-heeled shoe (shoe with raised heel)*
34 el mocasín
– *casual*
35 la zapatilla de deporte *m*
– *trainer (training shoe)*
36 la zapatilla de tenis *m*
– *tennis shoe*
37 el contrafuerte
– *counter (stiffening)*
38 la suela de caucho *m* translúcido
– *natural-colour* (Am. *natural-color*) *rubber sole*
39 el calzado de trabajo *m*
– *heavy-duty boot* (Am. *stogy, stogie*)
40 la puntera reforzada
– *toecap*
41 la zapatilla de casa *f* (la pantufla)
– *slipper*
42 el patín de lana *f*
– *woollen* (Am. *woolen*) *slip sock*
43 el modelo de punto *m*
– *knit stitch (knit)*
44 el zueco
– *clog*
45 la suela de madera *f*
– *wooden sole*
46 la pala de cuero *m* flexible
– *soft-leather upper*
47 la suela de materia *f* plástica
– *sabot*
48 la sandalia de tirilla *f* (un calzado de playa *f*)
– *toe post sandal*
49 la sandalia
– *ladies' sandal*
50 la plantilla ortopédica
– *surgical footbed (sock)*
51 la sandalia frailuna
– *sandal*
52 la hebilla
– *shoe buckle (buckle)*
53 el zapato de tacón *m* alto con presilla *f*
– *sling-back court shoe* (Am. *sling pump*)
54 el zapato de tela *f* con tacón *m* alto
– *fabric court shoe*
55 el tacón de cuña *f*
– *wedge heel*
56 la bota de marcha *f* para niños *m*
– *baby's first walking boot*

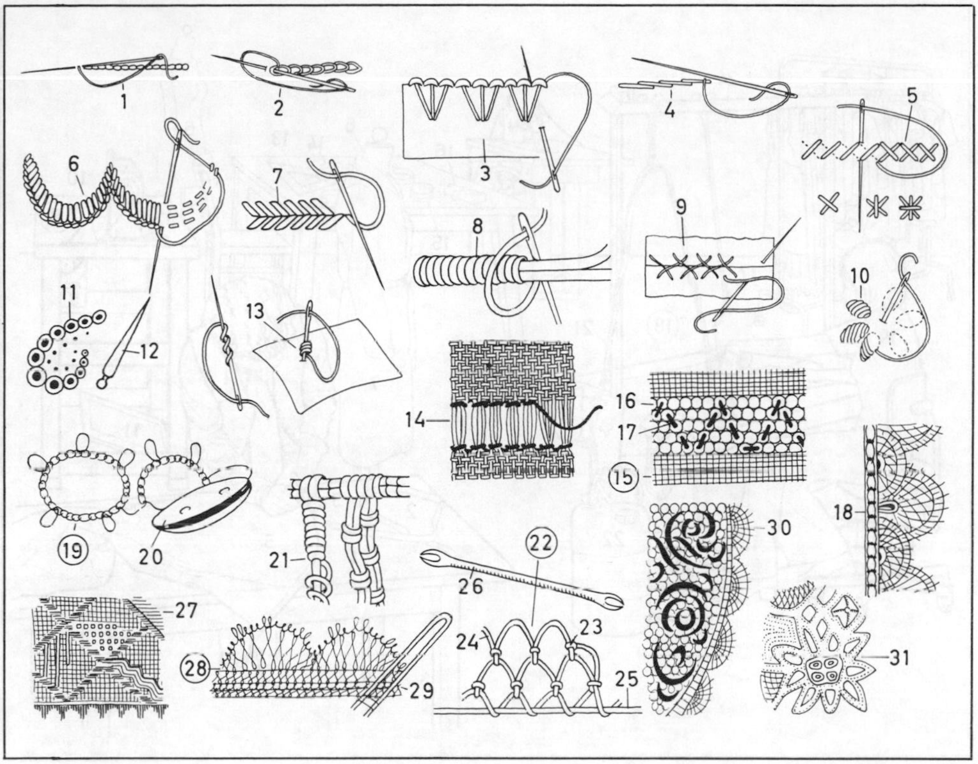

1 el pespunte
- *backstitch seam*

2 el punto de cadeneta *f*
- *chain stitch*

3 el punto de adorno *m* (el punto de fantasía *f*)
- *ornamental stitch*

4 el punto de tallo *m*
- *stem stitch*

5 el punto de cruz *f*
- *cross stitch*

6 el punto de festón *m* (el festón de uña *f*)
- *buttonhole stitch (button stitch)*

7 el punto de espiga *f*
- *fishbone stitch*

8 el punto de cordón *m*
- *overcast stitch*

9 el punto de escapulario *m* (el punto de arista *f*)
- *herringbone stitch (Russian stitch, Russian cross stitch)*

10 el bordado plano
- *satin stitch (flat stitch)*

11 el bordado inglés
- *eyelet embroidery (broderie anglaise)*

12 el punzón para bordado *m* inglés
- *stiletto*

13 el punto de nudos *m*
- *French knot (French dot, knotted stitch, twisted knot stitch)*

14 la vainica (el calado)
- *hem stitch work*

15 el bordado de tul *m* (la puntilla de tul *m*)
- *tulle work (tulle lace)*

16 el fondo de tul *m*
- *tulle background (net background)*

17 el punto de zurcidura *f*
- *darning stitch*

18 el encaje de bolillos *m; especialidades:* puntillas *f* de Valenciennes y de Bruselas
- *pillow lace (bobbin lace, bone lace);* kinds: *Valenciennes, Brussels lace*

19 el trabajo con lanzadera *f* (el encaje con lanzadera *f*)
- *tatting*

20 la lanzadera
- *tatting shuttle (shuttle)*

21 el macramé
- *knotted work (macramé)*

22 la malla (la red)
- *filet (netting)*

23 el nudo de la malla
- *netting loop*

24 el hilo de la malla
- *netting thread*

25 la varilla de la malla
- *mesh pin (mesh gauge)*

26 la lanzadera para malla *f*
- *netting needle*

27 el deshilado (el calado)
- *open work*

28 el trabajo con horquillas *f*
- *gimping (hairpin work)*

29 la horquilla
- *gimping needle (hairpin)*

30 los encajes (las puntillas); *especialidades:* encajes *m* de Reticella, de Venecia, de Alençon; *anál.:* la filigrana (con hilo *m* de metal *m*)
- *needlepoint lace (point lace, needlepoint);* kinds: *reticella lace, Venetian lace, Alençon lace;* sim. with metal thread: *filigree work*

31 el bordado con cintas *f*
- *braid embroidery (braid work)*

1-27 el taller de la modista
– ***dressmaker's workroom***
1 la modista
– *dressmaker*
2 la cinta métrica, un metro
– *tape measure (measuring tape), a metre* (Am. *meter) tape measure*
3 las tijeras de corte *m*
– *cutting shears*
4 la mesa de corte *m*
– *cutting table*
5 el vestido modelo
– *model dress*
6 el maniquí
– *dressmaker's model (dressmaker's dummy, dress form)*
7 el abrigo modelo
– *model coat*
8 la máquina de coser de modista *f*
– *sewing machine*
9 el motor de impulsión *f*
– *drive motor*
10 la correa de transmisión *f*
– *drive belt*
11 el pedal
– *treadle*
12 el hilo de la máquina de coser (una bobina de hilo *m*)
– *sewing machine cotton (sewing machine thread) (bobbin)*
13 el patrón de corte *m*
– *cutting template*
14 la cinta de costura *f* (la cinta para los extremos)
– *seam binding*
15 la caja de los botones
– *button box*
16 el resto (el retal) de tela *f*
– *remnant*
17 el perchero de pie *m* móvil
– *movable clothes rack*
18 la mesa (la superficie) de planchado *m*
– *hand-iron press*
19 la planchadora
– *presser (ironer)*
20 la plancha de vapor *m*
– *steam iron*
21 el tubo de alimentación *f* del agua *f*
– *water feed pipe*
22 el depósito del agua *f*
– *water container*
23 la superficie de planchado *m* inclinable
– *adjustable-tilt ironing surface*
24 el mecanismo de suspensión *f* de la plancha
– *lift device for the iron*
25 el recipiente de aspiración *f* para el vapor
– *steam extractor*
26 el pedal de aspiración *f*
– *foot switch controlling steam extraction*
27 el tejido de lana *f* planchado
– *pressed non-woven woollen (*Am. *woolen) fabric*

1-32 el taller del sastre
– ***tailor's workroom***
1 el espejo triple
– *triple mirror*
2 los cortes de tejido *m*
– *lengths of material*
3 el tejido para trajes *m*
– *suiting*
4 la revista de moda *f*
– *fashion journal (fashion magazine)*
5 el cenicero
– *ashtray*
6 el catálogo de moda *f*
– *fashion catalogue*
7 la mesa de trabajo *m*
– *workbench*
8 la estantería de pared *f*
– *wall shelves (wall shelf unit)*
9 la bobina (el carrete) de hilo *m* para coser
– *cotton reel*
10 la bobina de seda *f* para coser
– *small reels of sewing silk*
11 las tijeras de mano *m*
– *hand shears*
12 la máquina de coser combinada, eléctrica y de pedal *m*
– *combined electric and treadle sewing machine*
13 el pedal
– *treadle*
14 el guardafaldas (la pieza de protección *f*)
– *dress guard*
15 la rueda volante (el volante)
– *band wheel*
16 el rebobinador del hilo (el dispositivo para encanillar)
– *bobbin thread*
17 la mesa de la máquina de coser
– *sewing machine table*
18 el cajón de la máquina de coser
– *sewing machine drawer*
19 la cinta para los extremos (la cinta de extrafort *m*)
– *seam binding*
20 la almohadilla para clavar los alfileres (el alfiletero, el acerico)
– *pincushion*
21 la acción de marcar
– *marking out*
22 el sastre
– *tailor*
23 el cojín de molde *m*
– *shaping pad*
24 la tiza de sastre *m* (el jaboncillo de sastre *m*)
– *tailor's chalk (French chalk)*
25 la pieza
– *workpiece*
26 la mesa de planchar al vapor
– *steam press (steam pressing unit)*
27 el brazo orientable
– *swivel arm*
28 la tabla para planchar las mangas
– *pressing cushion (pressing pad)*
29 la plancha
– *iron*
30 la manopla para planchar
– *hand-ironing pad*
31 el cepillo de la ropa
– *clothes brush*
32 el paño de planchar
– *pressing cloth*

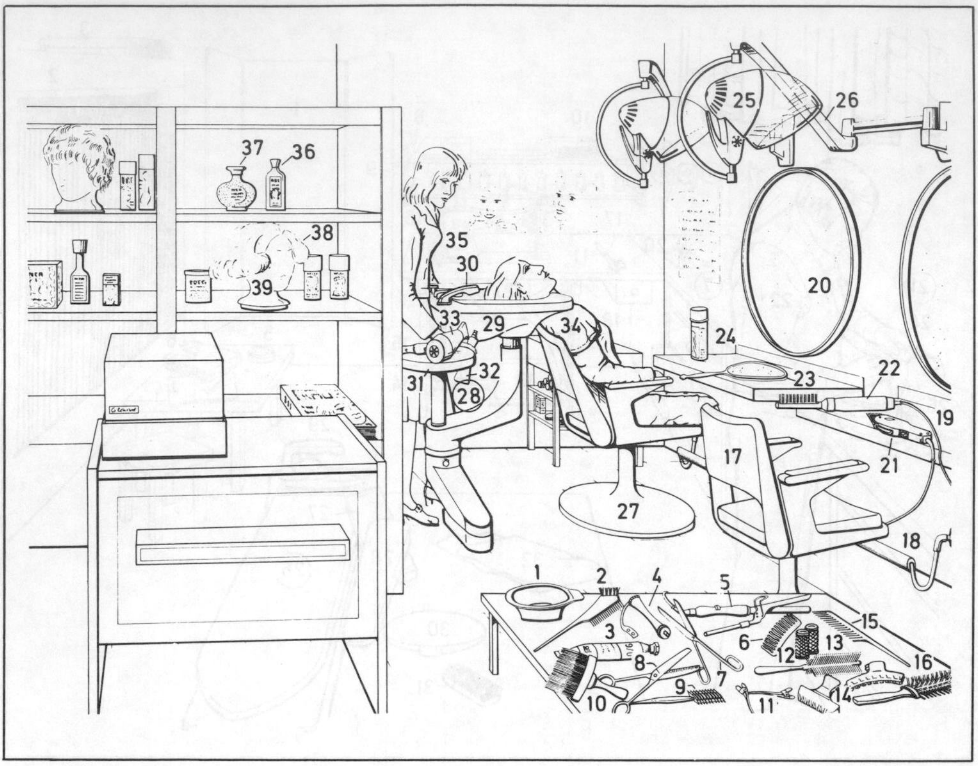

1-39 el salón de peluquería *f* de señoras *f* (el instituto de belleza *f*), un salón de cosmética *f*
- ***ladies' hairdressing salon and beauty salon*** (Am. *beauty parlor, beauty shop)*

1-16 los utensilios de peluquería *f*
- ***hairdresser's tools***

1 la escudilla para el agente (el producto) de decoloración *f*
- *bowl containing bleach*

2 el cepillo para desenredar los cabellos
- *detangling brush*

3 el tubo del producto de decoloración *f* (el producto para teñir los cabellos)
- *bleach tube*

4 el rizador (el bigudí) del tinte
- *curler [used in dyeing]*

5 las tenacillas de rizar
- *curling tongs (curling iron)*

6 la peineta
- *comb (back comb, side comb)*

7 las tijeras para cortar el cabello
- *haircutting scissors*

8 las tijeras de aclarar el cabello
- *thinning scissors* (Am. *thinning shears)*

9 la cuchilla para aclarar (entresacar) el cabello
- *thinning razor*

10 el cepillo para el cabello
- *hairbrush*

11 la pinza para el cabello
- *hair clip*

12 el rulo (el rizador, el bigudí)
- *roller*

13 el cepillo para ondular los cabellos
- *curl brush*

14 la pinza para rizar el cabello
- *curl clip*

15 el peine de tocador *m*
- *dressing comb*

16 el cepillo de púas *f*
- *stiff-bristle brush*

17 el sillón de peluquería *f* regulable
- *adjustable hairdresser's chair*

18 el reposapiés
- *footrest*

19 el tocador
- *dressing table*

20 el espejo de peluquería *f* (la luna)
- *salon mirror (mirror)*

21 la máquina eléctrica para cortar el pelo
- *electric clippers*

22 el peine secapelos eléctrico (el secador eléctrico)
- *warm-air comb*

23 el espejo de mano *m*
- *hand mirror (hand glass)*

24 el fijador para el cabello (la laca para el cabello)
- *hair spray (hair-fixing spray)*

25 el casco secador, un casco de brazo *m* orientable
- *drier, a swivel-mounted drier*

26 el brazo orientable del casco
- *swivel arm of the drier*

27 el pie (el pedestal) de disco *m*
- *round base*

28 la instalación de lavado *m*
- *shampoo unit*

29 el lavabo para los cabellos
- *shampoo basin*

30 la ducha de mano *m*
- *hand spray (shampoo spray)*

31 la mesita de servicio *m*
- *service tray*

32 la botella de champú *m*
- *shampoo bottle*

33 el secador
- *hair drier, a hand-held hair drier (hand hair drier)*

34 el peinador
- *cape (gown)*

35 la peluquera
- *hairdresser*

36 el frasco de perfume *m*
- *perfume bottle*

37 el frasco con agua *f* de olor *m*
- *bottle of toilet water*

38 la peluca
- *wig*

39 la cabeza para la peluca (el portapelucas)
- *wig block*

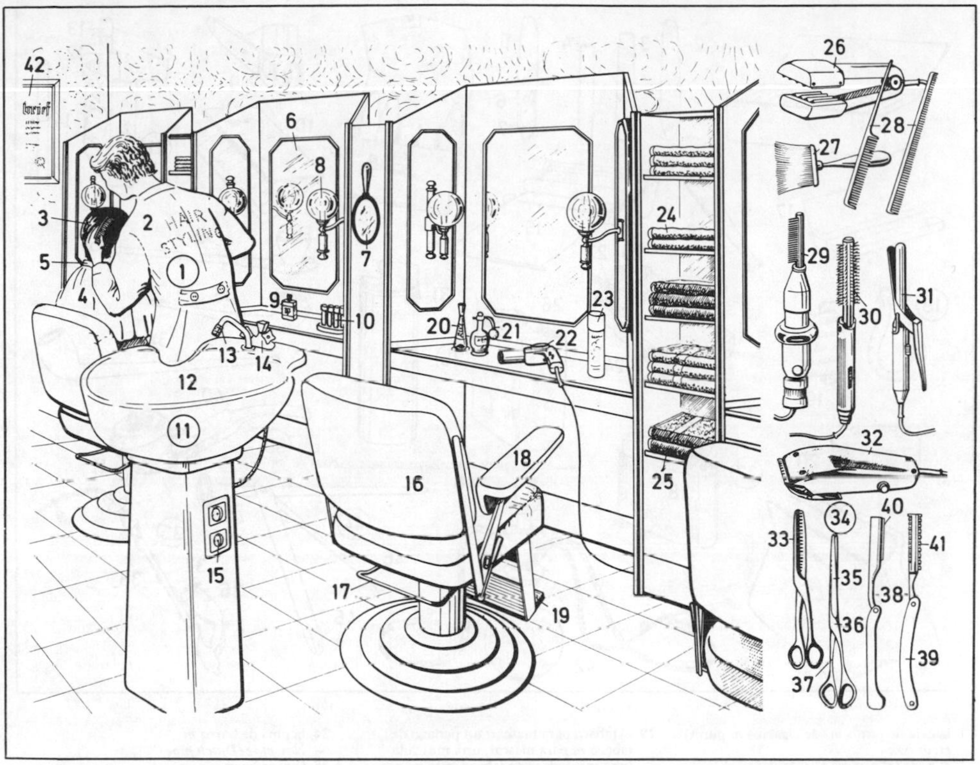

1-42 el salón de peluquería *f* **de caballeros** *m*
– *men's salon (men's hairdressing salon, barber's shop,* Am. *barbershop)*
1 el peluquero (el maestro peluquero)
– *hairdresser (barber)*
2 la bata (la blusa) de trabajo *m* (la blusa de peluquero *m*)
– *overalls (hairdresser's overalls)*
3 el peinado (el corte del cabello)
– *hairstyle (haircut)*
4 el peinador
– *cape (gown)*
5 el cuello de papel *m*
– *paper towel*
6 el espejo de peluquería *f* (la luna)
– *salon mirror (mirror)*
7 el espejo de mano *f*
– *hand mirror (hand glass)*
8 la lámpara de peluquería *f*
– *light*
9 el agua *f* de olor *m* (agua *f* de Colonia)
– *toilet water*
10 la loción capilar (el tónico capilar)
– *hair tonic*
11 la instalación para lavar el cabello (el lavabo)
– *shampoo unit*
12 el lavamanos
– *shampoo basin*
13 la ducha de mano *f*
– *hand spray (shampoo spray)*
14 la grifería mezcladora
– *mixer tap* (Am. *mixing faucet)*
15 la toma de corriente *f* para el enchufe del secador
– *sockets, e.g. for hair drier*
16 el sillón de peluquería *f* regulable
– *adjustable hairdresser's chair (barber's chair)*
17 la barra de regulación *f* (la barra de ajuste *m*)
– *height-adjuster bar (height adjuster)*
18 el brazo del sillón
– *armrest*
19 el descansapiés
– *footrest*
20 el champú
– *shampoo*
21 el pulverizador de perfume *m*
– *perfume spray*
22 el secador del pelo
– *hair drier, a hand-held hair drier (hand hair drier)*
23 el fijador para el pelo (la laca) en un bote pulverizador
– *setting lotion in a spray can*
24 la toallas para secar el pelo
– *hand towels for drying hair*
25 las toallas pequeñas para compresas *f* faciales
– *towels for face compresses*
26 el rizador para el pelo (la plancha para cardar el pelo)
– *crimping iron*
27 el cepillo para el cuello
– *neck brush*
28 el peine de peluquero *m*
– *dressing comb*
29 el peine de aire *m* caliente
– *warm-air comb*
30 el cepillo de aire *m* caliente
– *warm-air brush*
31 el rizador para el pelo (el moldeador)
– *curling tongs (hair curler, curling iron)*
32 la maquinilla eléctrica para cortar el pelo
– *electric clippers*
33 las tijeras de aclarar (entresacar) el pelo
– *thinning scissors* (Am. *thinning shears)*
34 las tijeras para cortar el pelo; *anál:* las tijeras de esculpir
– *haircutting scissors;* sim.: *styling scissors*
35 la hoja de las tijerras
– *scissor-blade*
36 el eje (el clavillo)
– *pivot*
37 el mango
– *handle*
38 la navaja de afeitar (la navaja barbera; *P. Rico y S. Dgo.:* la jusilla)
– *open razor (straight razor)*
39 el mango de la navaja
– *razor handle*
40 la hoja de afeitar (el filo de la navaja de afeitar
– *edge (cutting edge, razor's edge, razor's cutting edge)*
41 la navaja de aclarar (entresacar) el pelo
– *thinning razor*
42 el diploma de maestría (el diploma de maestro *m* peluquero)
– *diploma*

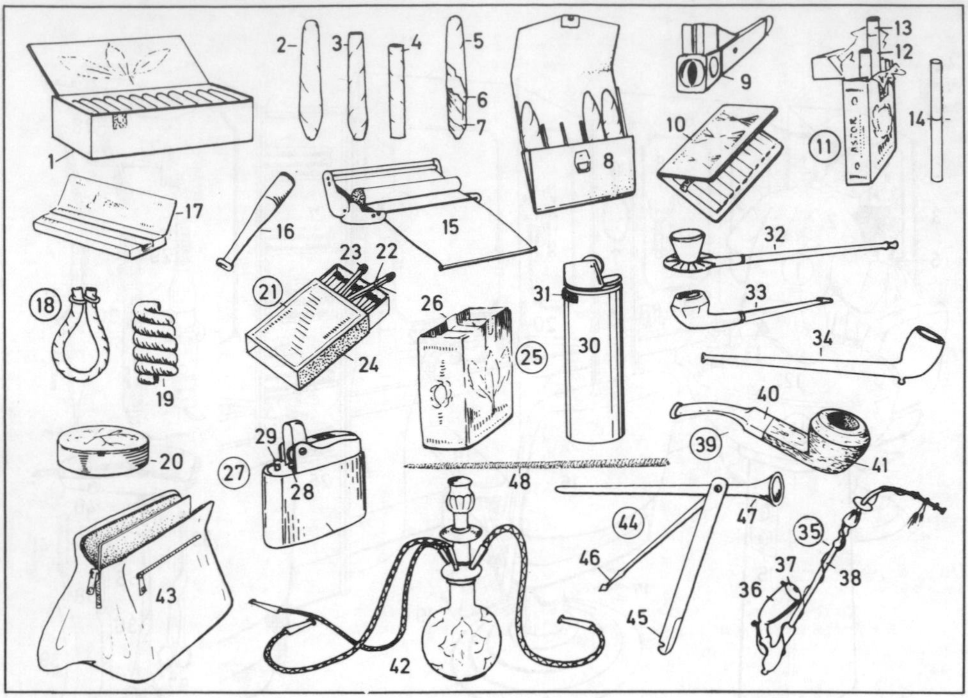

1 la caja de puros *m* (de cigarros *m* puros)
– *cigar box*
2 el puro (el cigarro puro); *clases:* el habano, el puro canario, el puro de Brasil, el puro de Sumatra
– *cigar;* kinds: *Havana cigar (Havana), Brazilian cigar, Sumatra cigar*
3 el entreacto (el bocadito)
– *cigarillo*
4 la señorita (un purito)
– *cheroot*
5 la capa
– *wrapper*
6 la sobretripa (el capillo)
– *binder*
7 la tripa
– *filler*
8 la cigarrera (la petaca de puros *m*)
– *cigar case*
9 el cortapuros (el cortacigarros)
– *cigar cutter*
10 la pitillera (*Amér.:* la petaca)
– *cigarette case*
11 el paquete (la cajetilla) de cigarros *m* (de cigarrillos *m*)
– *cigarette packet (*Am. *pack)*
12 el cigarro (el cigarrillo, el pitillo; *P. Rico y S. Dgo.:* el túbano), un cigarro con filtro *m* (un cigarro emboquillado)
– *cigarette, a filter-tipped cigarette*
13 el filtro (la boquilla); *clases:* dorado, de corcho *m*, blanco
– *cigarette tip;* kinds: *cork tip, gold tip*
14 el cigarrillo ruso
– *Russian cigarette*
15 la maquinilla para liar cigarros *m*
– *cigarette roller*
16 la boquilla
– *cigarette holder*
17 el librillo (el cuaderno) de papel *m* de fumar
– *packet of cigarette papers*
18 el andullo (la hoja larga de tabaco *m* arrollada)
– *pigtail (twist of tobacco)*
19 el tabaco para mascar; un pedazo de tabaco *m* para mascar, una mascada (una mascadura de tabaco *m*)
– *chewing tobacco;* a piece: *plug (quid, chew)*
20 la cajita (la tabaquera) con rapé (con tabaco *m* en polvo *m*)
– *snuff box, containing snuff*
21 la caja de cerillas *f* (de mixtos *m*, de fósforos *m*)
– *matchbox*
22 la cerilla (el mixto, el fósforo; *Bol.:* la pajuela)
– *match*
23 la cabeza de la cerilla
– *head (match head)*
24 el raspador (el frotador)
– *striking surface*
25 el paquete de tabaco *m; clases:* picadura *f* fina, picadura *f* entrefina
– *packet of tobacco;* kinds: *fine cut, shag, navy plug*
26 el sello (la precinta) de impuestos (el timbre fiscal) [*en España:* el sello (el timbre) de la Tabacalera]
– *revenue stamp*
27 el encendedor (el mechero) de gasolina *f* (*Amér.:* el quemador)
– *petrol cigarette lighter (petrol lighter)*
28 la piedra
– *flint*
29 la mecha
– *wick*
30 el encendedor (el mechero) de gas *m*, un encendedor no recargable
– *gas cigarette lighter (gas lighter), a disposable lighter*
31 el regulador de la llama
– *flame regulator*
32 el chibuquí
– *chibonk (chibonque)*
33 la pipa (la cachimba) corta (*Amér.:* la churumbela; *Hond.:* la faifa; *Arg., Bol., Chile y Urug.:* el pito)
– *short pipe*
34 la pipa de barro *m*
– *clay pipe (Dutch pipe)*
35 la pipa larga
– *long pipe*
36 la cazoleta
– *pipe bowl (bowl)*
37 la tapa de la cazoleta (la tapadera de la pipa)
– *bowl lid*
38 el tubo de la pipa
– *pipe stem (stem)*
39 la pipa de madera *f* de brezo *m*
– *briar pipe*
40 la boquilla de la pipa
– *mouthpiece*
41 el brezo veteado (abrillantado con arena *f* o pulido)
– *sand-blast finished or polished briar grain*
42 el narguile, una pipa de agua *f*
– *hookah (narghile, narghileh), a water pipe*
43 la bolsa tabaquera (la petaca)
– *tobacco pouch*
44 el equipo de fumador *m*
– *smoker's companion*
45 el raspador
– *pipe scraper*
46 el limpiador de la pipa (el mondapipas)
– *pipe cleaner*
47 el prensador
– *tobacco presser*
48 la escobilla para limpiar la pipa
– *pipe cleaner*

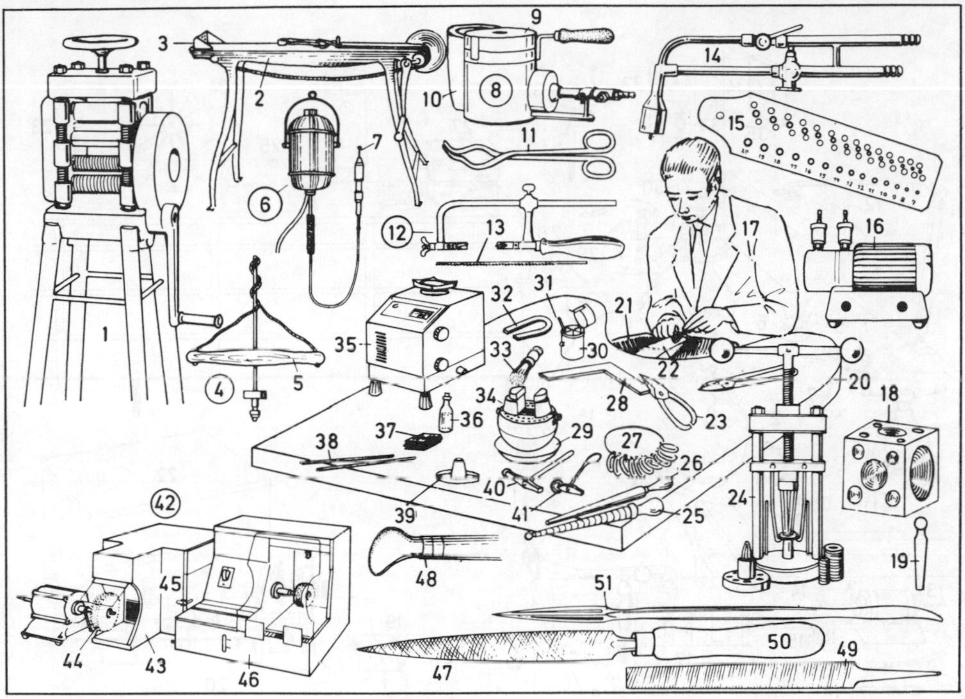

1 el laminador para alambre *m* y chapa *f*
- *wire and sheet roller*
2 el banco de estirar
- *drawbench (drawing bench)*
3 el alambre (alambre *m* de oro *m* o de plata *f*)
- *wire, e.g. gold or silver wire*
4 el berbiquí de vaivén *m*
- *archimedes drill (drill)*
5 la traviesa (la empuñadura)
- *crossbar*
6 la taladradora eléctrica
- *suspended (pendant) electric drilling machine*
7 la fresa esférica
- *spherical cutter (cherry)*
8 el hornillo de fusión *f*
- *melting pot*
9 la tapadera (el crisol)
- *fireclay top*
10 el crisol de grafito *m*
- *graphite crucible*
11 las tenazas para el crisol
- *crucible tongs*
12 la sierra de arco *m*
- *piercing saw (jig saw)*
13 la hoja de sierra *f* de marquetería *f*
- *piercing saw blade*
14 el soplete
- *soldering gun*
15 la terraja
- *thread tapper*
16 el soplete de cilindro *m*
- *blast burner (blast lamp) for soldering*
17 el orfebre
- *goldsmith*
18 el dado de embutir
- *swage block*
19 el punzón
- *punch*
20 el tablero de trabajo *m* (el obrador)
- *workbench (bench)*
21 el tapete de piel *m*
- *bench apron*
22 la astillera [un soporte de madera *f* para limar]
- *needle file*
23 las tijeras para chapa *f*
- *metal shears*
24 la máquina de alianzas *f*
- *wedding ring sizing machine*
25 la lastra de medidas *f*
- *ring gauge (Am. gage)*
26 la lastra de ajuste *m*
- *ring-rounding tool*
27 el sortijero (la anillera)
- *ring gauge (Am. gage)*
28 la escuadra de acero *m*
- *steel set-square*
29 la almohadilla de cuero *m*
- *leather pad*
30 la caja de punzones *m*
- *box of punches*
31 el punzón
- *punch*
32 el imán
- *magnet*
33 la escobilla de mesa *f*
- *bench brush*
34 la bola para grabar
- *engraving ball (joint vice, clamp)*
35 la balanza para el oro y la plata, una balanza de precisión *f*
- *gold and silver balance (assay balance), a precision balance*
36 el líquido para soldar
- *soldering flux (flux)*
37 la placa incandescente, de carbón *m* vegetal
- *charcoal block*
38 la varilla de soldar
- *stick of solder*
39 el bórax
- *soldering borax*
40 el martillo de modelar
- *shaping hammer*
41 el martillo para cincelar
- *chasing (enchasing) hammer*
42 la pulidora (la alisadora)
- *polishing and burnishing machine*
43 el ventilador de mesa *f* (el aspirador de polvo *m* de mesa *f*)
- *dust exhauster (vacuum cleaner)*
44 la brocha de pulir
- *polishing wheel*
45 la caja colectora del polvo
- *dust collector (dust catcher)*
46 la máquina para pulir en líquido *m*
- *buffing machine*
47 la lima redonda
- *round file*
48 la hematites roja (el bruñidor)
- *bloodstone (haematite, hematite)*
49 la lima plana
- *flat file*
50 el mango de la lima
- *file handle*
51 el pulidor
- *polishing iron (burnisher)*

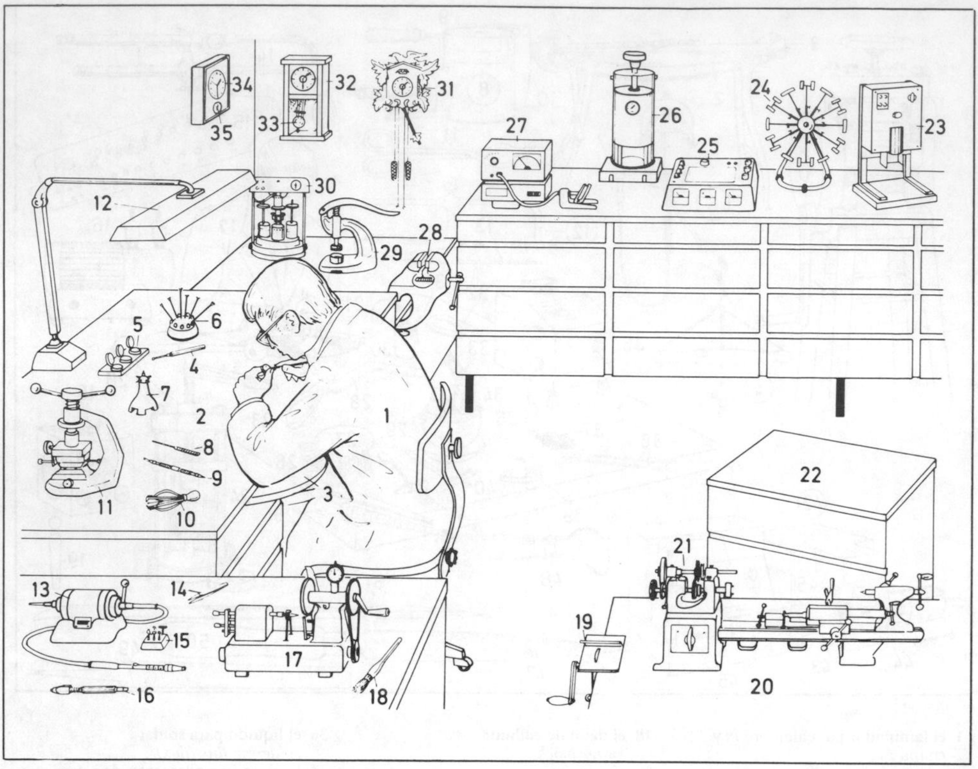

1 el relojero
– *watchmaker;* also: *clockmaker*
2 la mesa de trabajo *m*
– *workbench*
3 el reposabrazo
– *armrest*
4 el distribuidor de aceite *m*
– *oiler*
5 la aceitera para relojes *m* pequeños
– *oil stand*
6 el juego de destornilladores *m*
– *set of screwdrivers*
7 el yunque para las agujas
– *clockmaker's anvil*
8 la lezna plana, un escariador
– *broach, a reamer*
9 el instrumento para colocar y quitar los resortes
– *spring pin tool*
10 la manecilla para el reloj de pulsera *m*
– *hand-removing tool*
11 el instrumento para abrir y cerrar la caja del reloj
– *watchglass-fitting tool*
12 la lámpara de trabajo *m*, una lámpara de varios usos *m*
– *workbench lamp, a multi-purpose lamp*
13 el motor de varios usos *m*
– *multi-purpose motor*
14 las pinzas
– *tweezers*
15 los accesorios de la máquina de pulir
– *polishing machine attachments*
16 el mandril de mano *m*
– *pin vice (pin holder)*
17 la máquina para enrollar, pulir, redondear y acortar los ejes
– *burnisher, for burnishing, polishing, and shortening of spindles*
18 el pincel para el polvo
– *dust brush*
19 el cortador para los brazaletes metálicos
– *cutter for metal watch straps*
20 el torno de relojero *m* (el torno para mecánica *f* de precisión *f*)
– *watchmaker's lathe, a precision bench lathe*
21 la contramarcha de la correa trapezoidal
– *drive-belt gear*
22 la mesita de taller *m* para las piezas de repuesto *m*
– *workshop trolley for spare parts*
23 la máquina de limpiar mediante vibraciones *f*
– *ultrasonic cleaner*
24 el aparato giratorio para comprobar los relojes automáticos
– *rotating watch-testing machine for automatic watches*
25 el pupitre de medida para comprobar los componentes electrónicos
– *watch-timing machine for electronic components*
26 el aparato para comprobar la impermeabilidad de los relojes
– *testing device for waterproof watches*
27 el cronocomparador
– *electronic timing machine*
28 el torno de banco *m*
– *vice (Am. vise)*
29 el dispositivo de ajuste *m* para armar (colocar) los cristales de los relojes
– *watchglass-fitting tool for armoured (Am. armored) glasses*
30 la máquina automática para la limpieza convencional
– *[automatic] cleaning machine for conventional cleaning*
31 el reloj de cuco *m* (reloj *m* de la Selva Negra)
– *cuckoo clock, a Black Forest clock*
32 el reloj de pared *f* (el regulador)
– *wall clock, a regulator*
33 el péndulo compensador
– *compensation pendulum*
34 el reloj de cocina *f*
– *kitchen clock*
35 el cuentaminutos (el avisador)
– *timer*

1 el reloj de pulsera *f* electrónico
– *electronic wristwatch*
2 el registro digital (numérico) (un registro con diodos *m* luminosos; *también:* el registro de cristal líquido)
– *digital readout, a light-emitting diode (LED) readout;* also: *liquid crystal readout*
3 el pulsador para las horas y los minutos
– *hour and minute button*
4 el pulsador para la fecha y los segundos
– *date and second button*
5 la pulsera (el brazalete)
– *strap (watch strap)*
6 el principio del diapasón (el principio del reloj de diapasón *m*)
– *tuning fork principle (principle of the tuning fork watch)*
7 la fuente de impulsión *f* (una pila de botón *m*)
– *power source (battery cell)*
8 el circuito electrónico
– *transformer*
9 el elemento del diapasón (el elemento oscilante)
– *tuning fork element (oscillating element)*
10 la rueda con trinquetes *m*
– *wheel ratchet*
11 el engranaje
– *wheels*
12 la aguja grande (la aguja de los minutos, el minutero)
– *minute hand*
13 la aguja pequeña (la aguja de las horas; *Bol. Ec. y Mé.:* el horero)
– *hour hand*
14 el principio del reloj de cuarzo *m* electrónico
– *principle of the electronic quartz watch*
15 el cuarzo (el cuarzo oscilante)
– *quartz*
16 la subdivisión de frecuencia *f* (circuitos *m* integrados)
– *integrated circuit*
17 el motor paso a paso *m*
– *oscillation counter*
18 el descodificador
– *decoder*
19 el despertador (el reloj despertador)
– *calendar clock (alarm clock)*
20 el registro (la lectura) digital (numérico, -a) con cifras *f* giratorias
– *digital display with flip-over numerals*
21 el registro (la lectura) de los segundos
– *second indicator*
22 el botón de parada *f*
– *stop button*
23 la rueda de ajuste *m*
– *forward and backward wind knob*
24 el reloj de antesala *f*
– *grandfather clock*
25 el cuadrante (la esfera; *Mé. y Guat.:* la carátula)
– *face*
26 la caja del reloj
– *clock case*
27 el péndulo
– *pendulum*
28 la pesa de los toques (de las campanadas)
– *striking weight*
29 la pesa de la marcha
– *time weight*
30 el reloj de sol *m*
– *sundial*
31 el reloj de arena *f* (la ampolleta)
– *hourglass (egg timer)*
32-43 los componentes de salto *m* de un reloj de pulsera *f* automático (el reloj con un mecanismo de cuerda *f* automático)
– ***components of an automatic watch*** *(automatic wristwatch)*
32 la masa oscilante (el rotor)
– *weight (rotor)*
33 la piedra (la piedra de cojinete *m*), un rubí sintético
– *stone (jewel, jewelled bearing), a synthetic ruby*
34 el trinquete de ajuste *m* (de sujeción *f*)
– *click*
35 la rueda de sujeción *f*
– *click wheel*
36 el mecanismo del reloj
– *clockwork (clockwork mechanism)*
37 la platina
– *bottom train plate*
38 el barrilete
– *spring barrel*
39 el volante
– *balance wheel*
40 la rueda de áncora *f*
– *escape wheel*
41 la rueda de la cuerda (la rueda de corona *f*)
– *crown wheel*
42 la corona (la corona de la cuerda)
– *winding crown*
43 el mecanismo de impulsión *f*
– *drive mechanism*

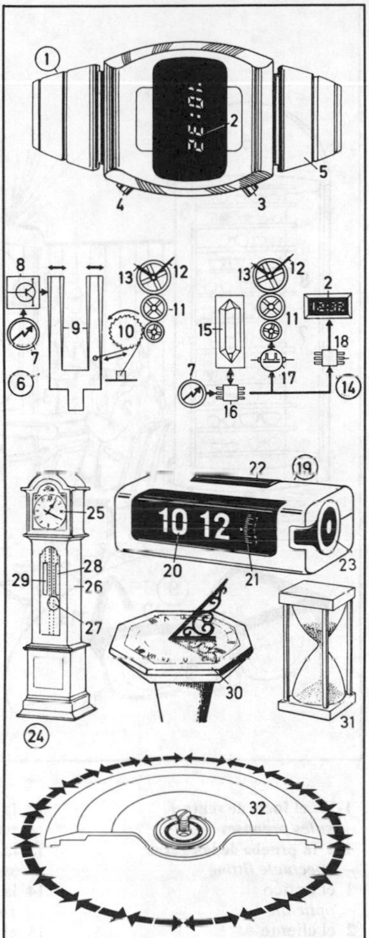

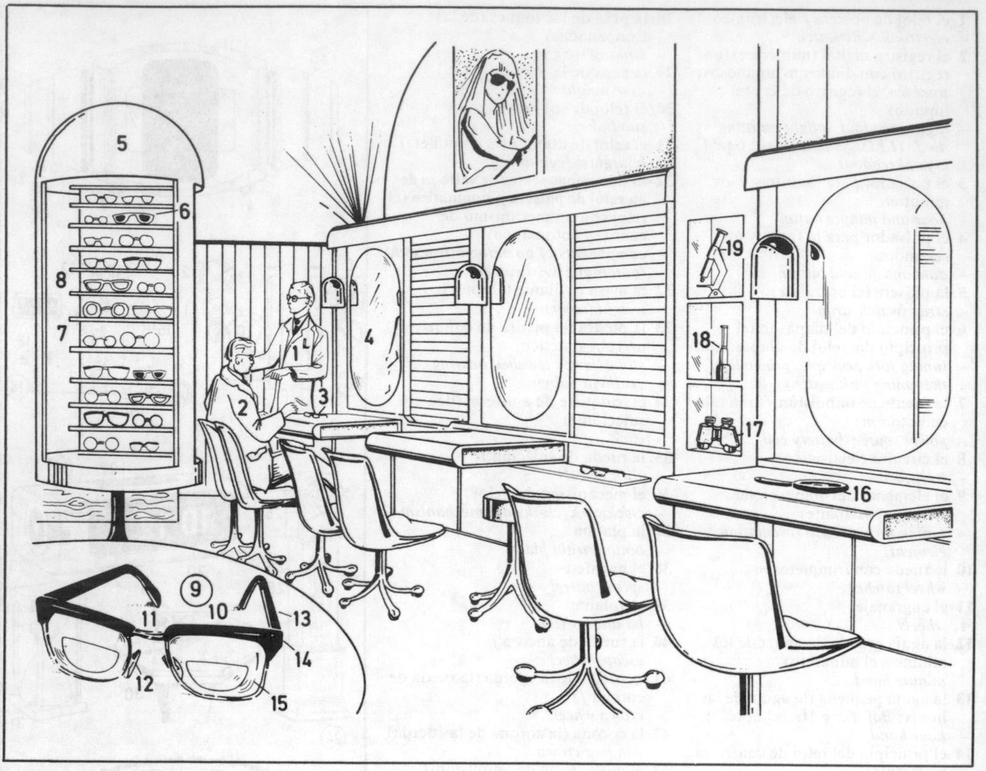

1-19 el local de venta *f*
– ***sales premises***
1-4 la prueba de las gafas
– ***spectacle fitting***
1 el óptico
– *optician*
2 el cliente
– *customer*
3 la montura de prueba *f*
– *trial frame*
4 el espejo
– *mirror*
5 el estante de las monturas (la elección de montura *f*, la elección de gafas *f*)
– *stand with spectacle frames*
6 las gafas de sol *m*
– *sunglasses (sun spectacles)*
7 la montura metálica
– *metal frame*
8 la montura de carey *m* (la montura de pasta *f*)
– *tortoiseshell frame (shell frame)*
9 las gafas (*Amér.:* los anteojos)
– *spectacles (glasses)*
10-14 la montura de las gafas
– ***spectacle frame***
10 la montura
– *fitting (mount) of the frame*
11 el puente
– *bridge*
12 la placa del puente
– *pad bridge*
13 la patilla
– *side*
14 la bisagra de la patilla
– *side joint*
15 el cristal de las gafas, un cristal bifocal (un cristal de doble foco *m*)
– *spectacle lens, a bifocal lens*
16 el espejo de mano *f*
– *hand mirror (hand glass)*
17 los gemelos (los prismáticos)
– *binoculars*
18 el tubo monocular (el anteojo, el catalejo)
– *monocular telescope (tube)*
19 el microscopio
– *microscope*

20-47 el taller de óptico *m*
– ***optician's workshop***

20 la mesa de trabajo *m*
– *workbench*

21 el aparato para centrar universal (el focómetro universal)
– *universal centring (centering) apparatus*

22 el soporte de la ventosa de centrado *m*
– *centring (centering) suction holder*

23 la ventosa de centrado *m*
– *sucker*

24 el aparato automático para modelar los bordes de los cristales de las gafas
– *edging machine*

25 los cristales de molde *m* para la modelación automática de los bordes (los cristales que se utilizan como modelos *m*)
– *formers for the lens edging machine*

26 el cristal modelo *m* colocado en el aparato
– *inserted former*

27 la copia de cristal a cristal *m*
– *rotating printer*

28 el juego de piedras *f* de afilar (el conjunto de muelas *f*)
– *abrasive wheel combination*

29 el aparato de mando *m*
– *control unit*

30 la maquinaria (el mecanismo)
– *machine part*

31 la llegada del agua *f* refrigerante
– *cooling water pipe*

32 el líquido de limpieza *f*
– *cleaning fluid*

33 el focómetro de vértice *m*
– *focimeter (vertex refractionometer)*

34 el aparato de bloque *m* de metal *m* para centrar y poner ventosas *f*
– *metal-blocking device*

35 el juego de muelas *f* para dar forma *f* a los cristales
– *abrasive wheel combination and forms of edging*

36 la muela de desbaste *m*
– *roughing wheel for preliminary surfacing*

37 la muela de acabado *m* para el biselado de los cristales positivos y negativos
– *fining lap for positive and negative lens surfaces*

38 la muela de acabado *m* para el biselado de los cristales especiales y llanos
– *fining lap for special and flat lenses*

39 el cristal plano-cóncavo con cara *f* plana
– *plano-concave lens with a flat surface*

40 el cristal plano-cóncavo con cara *f* especial
– *plano-concave lens with a special surface*

41 el cristal cóncavo-convexo con cara *f* especial
– *concave and convex lens with a special surface*

42 el cristal cóncavo-convexo con cara *f* negativa
– *convex and concave lens with a special surface*

43 el sillón para el reconocimiento oftalmológico
– *ophthalmic test stand*

44 el foropter con el oftalmómetro y el refractómetro
– *phoropter with ophthalmometer and optometer (refractometer)*

45 la caja de los cristales de prueba *f*
– *trial lens case*

46 el soporte de proyección *f* de las letras
– *collimator*

47 el proyector de la señal óptica
– *acuity projector*

1 el microscopio de laboratorio *m* e investigación *f*, sistema *m* Leitz [corte parcial]
- *laboratory and research microscope,* Leitz system
2 el soporte (la montura)
- *stand*
3 el pie
- *base*
4 el ajuste (el botón) grueso
- *coarse adjustment*
5 el ajuste (el botón) fino
- *fine adjustment*
6 la trayectoria de los rayos luminosos
- *illumination beam path (illumination path)*
7 la óptica de iluminación *f*
- *illumination optics*
8 el condensador
- *condenser*
9 el portaobjetos
- *microscope (microscopic, object) stage*
10 el portaobjetos cruzado
- *mechanical stage*
11 el revólver de objetivos *m* (el portaobjetivos)
- *objective turret (revolving nosepiece)*
12 el tubo binocular
- *binocular head*
13 los prismas de desviación *f*
- *beam-splitting prisms*
14 el microscopio de luz *f* transmitida con cámara *f* fotográfica y polarizador, sistema *m* Zeiss
- *transmitted-light microscope with camera and polarizer,* Zeiss system
15 la base del portaobjetos
- *stage base*
16 el cursor del diafragma de abertura *f*
- *aperture-stop slide*
17 el portaobjetos giratorio universal
- *universal stage*
18 el módulo portaobjetivos
- *lens panel*
19 el módulo de observación *f*
- *polarizing filter*
20 la parte de la cámara fotográfica
- *camera*
21 la pantalla de ajuste *m*
- *focusing screen*
22 la pieza de fijación *f* de los tubos de discusión *f*
- *discussion tube arrangement*
23 el microscopio de metalografía *f* de gran campo *m* visual, un microscopio de luz *f* reflejada
- *wide-field metallurgical microscope, a reflected-light microscope (microscope for reflected light)*
24 el cristal esmerilado de proyección *f*
- *matt screen (ground glass screen, projection screen)*
25 la cámara fotográfica de gran formato *m*
- *large-format camera*
26 la cámara fotográfica de pequeño formato *m*
- *miniature camera*
27 la plataforma de base *f* (el zócalo)
- *base plate*
28 la caja de la lámpara
- *lamphouse*
29 el portaobjetivos cruzado giratorio
- *mechanical stage*
30 el revólver de objetivos *m*
- *objective turret (revolving nosepiece)*
31 el microscopio quirúrgico
- *surgical microscope*
32 el soporte de columna *f*
- *pillar stand*
33 la iluminación del campo del objeto
- *field illumination*
34 el microscopio de microfotografía *f*
- *photomicroscope*
35 el chasis de pequeño formato *m*
- *miniature film cassette*
36 la toma de foto *m* adicional para la cámara de gran formato *m* o de televisión *f*
- *photomicrographic camera attachment for large-format or television camera*
37 el comprobador de superficies *f*
- *surface-finish microscope*
38 el tubo de cortes *m* ópticos
- *light section tube*
39 el piñón (la rueda motriz)
- *rack and pinion*
40 el estereomicroscopio de gran campo *m* equipado con un zoom
- *zoom stereomicroscope*
41 el zoom
- *zoom lens*
42 el aparato para medir el polvo óptico
- *dust counter*
43 la cámara de medida *f*
- *measurement chamber*
44 la salida de los datos
- *data output*
45 la salida analógica
- *analogue* (Am. *analog*) *output*
46 el selector de la zona de medida *f*
- *measurement range selector*
47 el indicador de los datos numéricos (el indicador numérico)
- *digital display (digital readout)*
48 el refractómetro de inmersión *f*, para examen *m* de alimentos *m*
- *dipping refractometer for examining food*
49 el microscopio fotómetro
- *microscopic photometer*
50 la fuente de luz *f* del fotómetro
- *photometric light source*
51 el dispositivo de medida *f* (el fotomultiplicador)
- *measuring device, a photomultiplier (multiplier phototube)*
52 la fuente de luz *f* para la iluminación panorámica
- *light source for survey illumination*
53 el bloque electrónico
- *remote electronics*
54 el microscopio universal de gran campo *m*
- *universal wide-field microscope*
55 el adaptador para la cámara o para el accesorio de proyección *f*
- *adapter for camera or projector attachment*
56 el botón de ajuste *m* del ocular
- *eyepiece focusing knob*
57 el alojamiento del filtro
- *filter pick-up*
58 el soporte de apoyo *m*
- *handrest*
59 la lámpara para la luz reflejada
- *lamphouse for incident (vertical) illumination*
60 el enchufe de la lámpara para la luz transmitida
- *lamphouse connector for transillumination*
61 el estereomicroscopio de gran campo *m*
- *wide-field stereomicroscope*
62 los objetivos intercambiables
- *interchangeable lenses (objectives)*
63 la iluminación reflejada
- *incident (vertical) illumination (incident top lighting)*
64 la cámara de microscopio *m* completamente automática, una cámara fotográfica con adaptador *m*
- *fully automatic microscope camera, a camera with photomicro mount adapter*
65 la cajita de la película (del film) fotográfica(o)
- *film cassette*
66 el condensador universal del microscopio de investigación *f*
- *universal condenser for research microscope 1*
67 la cámara métrica universal para fotogrametría *f* (el fototeodolito)
- *universal-type measuring machine for photogrammetry (phototheodolite)*
68 la cámara de fotogrametría *f*
- *photogrammetric camera*
69 el nivelador de motor *m*, un nivelador compensador
- *motor-driven level, a compensator level*
70 el aparato electro-óptico para medir las distancias
- *electro-optical distance-measuring instrument*
71 la cámara de estereometría *f*
- *stereometric camera*
72 la base horizontal
- *horizontal base*
73 el teodolito universal
- *one-second theodolite*

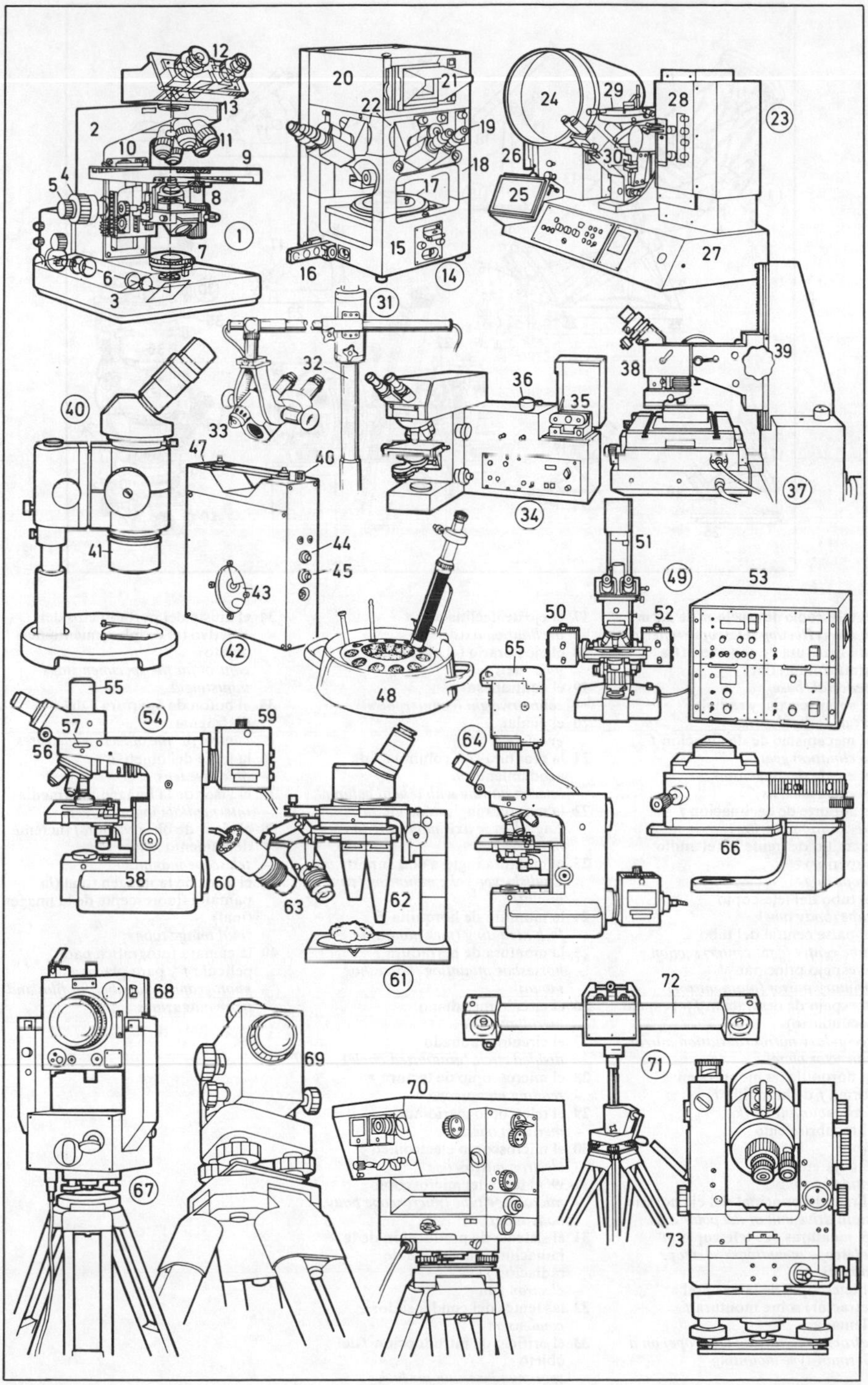
1
2
3
4
5
6
7
8
9
10
11
12
13
14
15
16
17
18
19
20
21
22
23
24
25
26
27
28
29
30
31
32
33
34
35
36
37
38
39
40
41
42
43
44
45
47
48
49
50
51
52
53
54
55
56
57
58
59
60
61
62
63
64
65
66
67
68
69
70
71
72
73

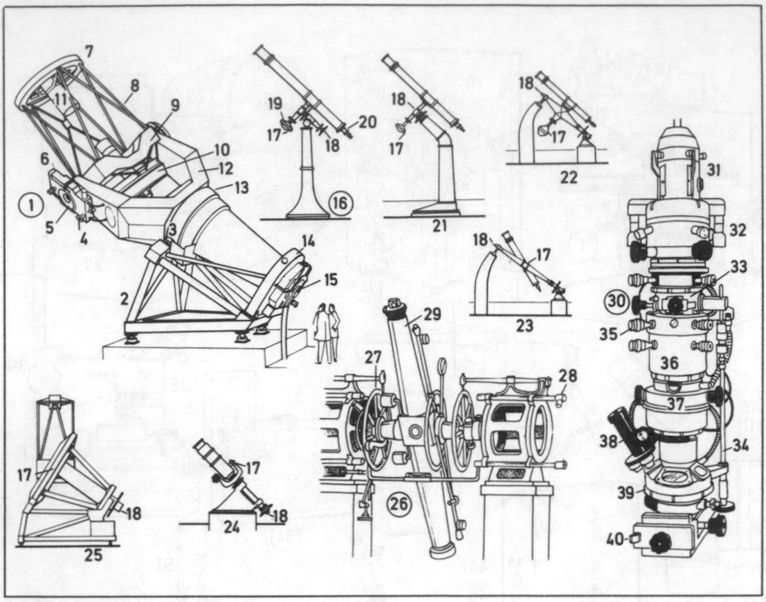

1 **el telescopio de espejo** *m* **de 2,2 m**
- ***2.2 m reflecting telescope*** *(reflector)*

2 la estructura de soporte *m* (la armazón inferior)
- *pedestal (base)*

3 el soporte axial y radial
- *axial-radial bearing*

4 el mecanismo de declinación *f*
- *declination gear*

5 el eje de declinación *f*
- *declination axis*

6 el soporte de declinación *f*
- *declination bearing*

7 el anillo de frente *m* (el anillo superior)
- *front ring*

8 el tubo del telescopio
- *tube (body tube)*

9 la parte central del tubo
- *tube centre (*Am. *center) section*

10 el espejo principal
- *primary mirror (main mirror)*

11 el espejo de desviación *f* (el espejo secundario)
- *secondary mirror (deviation mirror, corrector plate)*

12 la horquilla (la montura en forma *f* de horquilla *f*)
- *fork mounting (fork)*

13 el recubrimiento
- *cover*

14 el cojinete guía *f*
- *guide bearing*

15 el mando principal del eje horario
- *main drive unit of the polar axis*

16-25 **monturas** *f* **de telescopio** *m*
- ***telescope mountings*** *(telescope mounts)*

16 el telescopio de lentes *f* (el refractor) sobre montura *f* alemana
- *refractor (refracting telescope) on a German-type mounting*

17 el eje de declinación *f*
- *declination axis*

18 el eje horario (el eje polar)
- *polar axis*

19 el contrapeso
- *counterweight (counterpoise)*

20 el ocular
- *eyepiece*

21 la montura con columna *f* de acodamiento *m*
- *knee mounting with a bent column*

22 la montura inglesa de eje *m*
- *English-type axis mounting (axis mount)*

23 la montura inglesa con soporte *m*
- *English-type yoke mounting (yoke mount)*

24 la montura de horquilla *f*
- *fork mounting (fork mount)*

25 la montura de herradura *f*
- *horseshoe mounting (horseshoe mount)*

26 el círculo meridiano
- *meridian circle*

27 el círculo graduado
- *divided circle (graduated circle)*

28 el microscopio de lectura *f*
- *reading microscope*

29 el telescopio meridiano
- *meridian telescope*

30 el microscopio electrónico
- *electron microscope*

31-39 el tubo del microscopio
- *microscope tube (microscope body, body tube)*

31 el sistema de producción de la radiación *f* (la cabeza de radiación *f*)
- *electron gun*

32 las lentes del condensador
- *condensers*

33 el orificio de introducción *f* del objeto
- *specimen insertion air lock*

34 el ajuste del portaobjetos del objetivo (el desplazamiento del objeto)
- *control for the specimen stage adjustment*

35 el botón de apertura *f* del diafragma
- *control for the objective apertures*

36 la lente del objetivo
- *objective lens*

37 el visor de la imagen intermedia
- *intermediate image screen*

38 el visor de observación *f* (la lente de aumento *m*)
- *telescope magnifier*

39 el visor de la imagen final (la pantalla fluorescente de la imagen final)
- *final image tube*

40 la cámara fotográfica para película *f* y para placas *f*
- *photographic chamber for film and plate magazines*

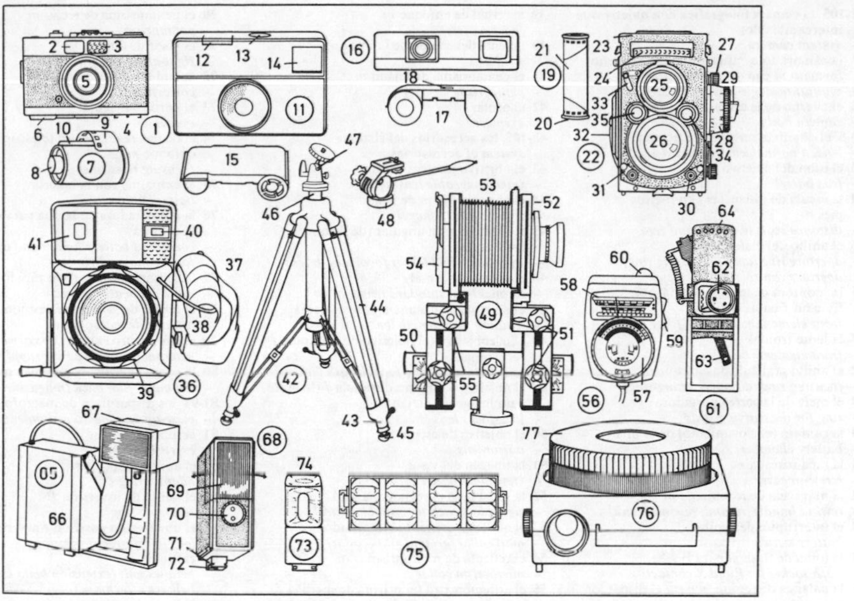

1 la cámara fotográfica de pequeño formato *m* (de paso *m* universal)
– *miniature camera (35 mm camera)*
2 la ventana del visor
– *viewfinder eyepiece*
3 el fotómetro (la ventanilla del fotómetro)
– *meter cell*
4 la guía de accesorios *m*
– *accessory shoe*
5 el objetivo
– *flush lens*
6 la palanca de rebobinado *m*
– *rewind handle (rewind, rewind crank)*
7 el carrete de pequeño formato *m* 135 (de paso *m* universal)
– *miniature film cassette (135 film cassette, 35 mm cassette)*
8 la canilla del carrete (el eje del carrete)
– *film spool*
9 la lengüeta de la película (la película con la lengüeta de carga *f*)
– *film with leader*
10 la ranura del chasis
– *cassette slit (cassette exit slot)*
11 la cámara fotográfica de cartuchos *m* (una cámara instamatic)
– *cartridge-loading camera*
12 el disparador
– *shutter release (shutter release button)*
13 el contacto de cuboflash *m*
– *flash cube contact*
14 el visor cuadrangular
– *rectangular viewfinder*
15 el cartucho de película *f* 126 (el cartucho instamatic)
– *126 cartridge (instamatic cartridge)*
16 la cámara fotográfica pocket
– *pocket camera (subminiature camera)*
17 el cartucho de pequeño *m* 110
– *110 cartridge (subminiature cartridge)*
18 la ventanilla de numeración *f* del carrete
– *film window*
19 el rollo de película *f* de 120
– *120 rollfilm*
20 la bobina del rollo de película *f*
– *rollfilm spool*
21 el papel de protección *f*
– *backing paper*
22 la cámara fotográfica réflex de doble lente *f*
– *twin-lens reflex camera*
23 la tapa de la pantalla de enfoque *m*
– *folding viewfinder hood (focusing hood)*
24 la ventanilla del fotómetro
– *meter cell*
25 el objetivo de enfoque *m*
– *viewing lens*
26 el objetivo de toma *f* de vista *f*
– *object lens*
27 el botón de la bobina
– *spool knob*
28 el botón para ajustar la distancia
– *distance setting (focus setting)*
29 el mando del fotómetro acoplado
– *exposure meter using needle-matching system*
30 el contacto de flash *m*
– *flash contact*
31 el disparador
– *shutter release*
32 la manivela de arrastre *m* de la película
– *film transport (film advance, film wind)*
33 el conmutador del flash
– *flash switch*
34 la rueda de graduación del diafragma
– *aperture-setting control*
35 la rueda del tiempo de exposición *f*
– *shutter speed control*
36 la cámara fotográfica de mano *m* de gran formato *m* (la cámara de prensa *f*)
– *large-format hand camera (press camera)*
37 la empuñadura
– *grip (handgrip)*
38 el cable disparador
– *cable release*
39 el anillo graduado para el enfoque de la distancia
– *distance-setting ring (focusing ring)*
40 la ventana del telémetro
– *rangefinder window*
41 el visor multiformato
– *multiple-frame viewfinder (universal viewfinder)*
42 el pie tubular (el trípode)
– *tripod*
43 la pata del trípode
– *tripod leg*
44 el brazo de tubo *m*
– *tubular leg*
45 el pie de caucho *m*
– *rubber foot*
46 la columna central
– *central column*
47 la cabeza de articulación *f* esférica
– *ball and socket head*
48 la cabeza niveladora de cine *m*
– *cine camera pan and tilt head*
49 la cámara de fuelle *m* de gran formato *m*
– *large-format folding camera*
50 el banco óptico
– *optical bench*
51 el piñón de regulación *f* frontal
– *standard adjustment*
52 la chapa del objetivo *m*
– *lens standard*
53 el fuelle
– *bellows*
54 el respaldo de la cámara
– *camera back*
55 el piñón de regulación *f* trasera
– *back standard adjustment*
56 el fotómetro
– *hand-held exposure meter (exposure meter)*
57 el disco de cálculo *m*
– *calculator dial*
58 la escala con aguja *f* indicadora
– *scales (indicator scales) with indicator needle (pointer)*
59 el selector de escala *f* (el selector de banda *f* alta y baja)
– *range switch (high/low range selector)*
60 el difusor para medir la luz incidente
– *diffuser for incident light measurement*
61 el fotómetro para cámaras *f* de gran formato *m*
– *probe exposure meter for large-format cameras*
62 el aparato de medida *f*
– *meter*
63 la sonda
– *probe*
64 la corredera del chasis
– *dark slide*
65 el flash electrónico portátil de batería *f*
– *battery-portable electronic flash (battery-portable electronic flash unit)*
66 el acumulador (la batería)
– *powerpack unit (battery)*
67 la lámpara del flash (la antorcha del flash)
– *flash head*
68 el flash electrónico de una sola pieza
– *single-unit electronic flash (flashgun)*
69 el reflector orientable
– *swivel-mounted reflector*
70 el fotodiodo
– *photodiode*
71 la zapata
– *foot*
72 el contacto central
– *hot-shoe contact*
73 el cuboflash
– *flash cube unit*
74 la lámpara del cuboflash
– *flash cube*
75 la barra de flash *m* (AGFA)
– *flash bar (AGFA)*
76 el proyector de diapositivas *f*
– *slide projector*
77 el carro de diapositivas *f*
– *rotary magazine*

1-105 la cámara fotográfica con objetivos *m* intercambiables
– ***system camera***
1 la cámara fotográfica réflex de pequeño formato *m* con un solo objetivo
– *miniature single-lens reflex camera*
2 el cuerpo de la cámara fotográfica
– *camera body*
3-8 el objetivo, un objetivo normal
– *lens, a normal lens (standard lens)*
3 el tubo del objetivo *m*
– *lens barrel*
4 la escala de distancias *f* en metros *m* y pies *m*
– *distance scale in metres and feet*
5 el anillo del diafragma
– *aperture ring (aperture-setting ring, aperture control ring)*
6 la montura de la lente frontal con fijación *f* para filtros *m*
– *front element mount with filter mount*
7 la lente frontal
– *front element*
8 el anillo grafilado de enfoque *m*
– *focusing ring (distance-setting ring)*
9 el ojete de la correa portadora
– *ring for the carrying strap*
10 la cámara (el alojamiento) de la pila
– *battery chamber*
11 la tapa roscada
– *screw-in cover*
12 la manivela de rebobinaje *m*
– *rewind handle (rewind, rewind crank)*
13 el interruptor de la pila
– *battery switch*
14 la toma de flash *m* para F y X
– *flash socket for F and X contact*
15 la palanca de resorte *m* para el dispardor automático
– *self-time lever (setting lever for the self-timer, setting lever for the delayed-action release)*
16 la palanca de avance *m* de la película
– *single-stroke film advance lever*
17 el contador de las fotografías
– *exposure counter (frame counter)*
18 el disparador
– *shutter release (shutter release button)*
19 el botón de regulación *f* de los tiempos de exposición *f*
– *shutter speed setting knob (shutter speed control)*
20 la uña (la zapata) de los accesorios
– *accessory shoe*
21 el contacto central para flash *m*
– *hot-shoe flash contact*
22 la ventanilla (el ocular) del visor con lente *f* de corrección *f*
– *viewfinder eyepiece with correcting lens*
23 la tapa de la cámara fotográfica
– *camera back*
24 el prensapelícula
– *pressure plate*
25 el pitón (el tope de arrastre) de la película del sistema de carga *f* rápida
– *take-up spool of the rapid-loading system*
26 la ruedecilla dentada de arrastre *m* de la película
– *transport sprocket*
27 la rueda (el piñon) libre de rebobinaje *m*
– *rewind release button (reversing clutch)*
28 la ventana de la película (la ventana del negativo, la ventana de la fotografía)
– *film window*
29 el tope de arrastre *m* del rebobinaje
– *rewind cam*
30 la tuerca del pie
– *tripod socket (tripod bush)*
31 el sistema réflex
– *reflex system (mirror reflex system)*
32 el objetivo
– *lens*
33 el espejo réflex
– *reflex mirror*
34 la ventana de la imagen
– *film window*
35 la trayectoria luminosa de la imagen
– *path of the image beam*
36 la trayectoria luminosa de la medida
– *path of the sample beam*
37 la célula fotoeléctrica
– *meter cell*
38 el espejo auxiliar
– *auxiliary mirror*
39 el cristal de enfoque *m*
– *focusing screen*
40 la lente del campo de la imagen
– *field lens*
41 el pentaprisma de tejado *m*
– *pentaprism*
42 el ocular
– *eyepiece*
43-105 los accesorios del sistema
– ***system of accessories***
43 el objetivo intercambiable
– *interchangeable lenses*
44 el objetivo ojo *m* de pez *m*
– *fisheye lens (fisheye)*
45 el objetivo gran angular (de distancia *f* focal corta)
– *wide-angle lens (short focal length lens)*
46 el objetivo normal
– *normal lens (standard lens)*
47 el objetivo de distancia *f* focal media
– *medium focal length lens*
48 el teleobjetivo (el objetivo de distancia *f* focal larga)
– *telephoto lens (long focal length lens)*
49 el objetivo para gran distancia *f* (la lente para imágenes *f* lejanas)
– *long-focus lens*
50 el objetivo de espejo *m*
– *mirror lens*
51 la imagen del visor
– *viewfinder image*
52 la señal para el reglaje manual
– *signal to switch to manual control*
53 el anillo de cristal *m* esmerilado
– *matt collar (ground glass collar)*
54 el retículo de microprismas *m*
– *microprism collar*
55 el estigmómetro (el prisma de medida *f*)
– *split-image rangefinder (focusing wedges)*
56 la escala de diafragmas *f*
– *aperture scale*
57 la aguja del fotómetro
– *exposure meter needle*
58-66 los cristales de enfoque *m* intercambiables
– *interchangeable focusing screens*
58 el cristal esmerilado con retículo *m* de microprismas *m*
– *all-matt screen (ground glass screen) with microprism spot*
59 el cristal esmerilado con retículo *m* de microprismas *m* y estigmómetro *m*
– *all-matt screen (ground glass screen) with microprism spot and split-image rangefinder*
60 el cristal esmerilado sin accesorios *m* de enfoque *m*
– *all-matt screen (ground glass screen) without focusing aids*
61 el cristal esmerilado con división *f* de reja *f* (el cristal esmerilado cuadriculado)
– *matt screen (ground glass screen) with reticule*
62 el retículo de microprismas *m* para objetivos *m* de gran abertura *f*
– *microprism spot for lenses with a large aperture*
63 el retículo de microprismas *m* para objetivos *m* de abertura *f* a partir de 1:3.5
– *microprism spot for lenses with an aperture of f = 1 : 3.5 or larger*
64 la lente de Fresnel con anillo *m* de cristal *m* esmerilado y estigmómetro *m*
– *Fresnel lens with matt collar (ground glass collar) and split-image rangefinder*
65 el cristal esmerilado con zona central de grano fino y retículo *m* graduado
– *all-matt screen (ground glass screen) with finely matted central spot and graduated markings*
66 el cristal esmerilado con zona *f* central clara y doble retículo *m*
– *matt screen (ground glass screen) with clear spot and double cross hairs*
67 la tapa especial para el registro de los datos de toma *f* de vistas *f*
– *data recording back for exposing data about shots*
68 el visor de capuchón *m*
– *viewfinder hood (focusing hood)*
69 el visor de prisma *m* intercambiable
– *interchangeable pentaprism viewfinder*
70 el pentaprisma de techo *m*
– *pentaprism*
71 el visor de ángulo *m*
– *right-angle viewfinder*
72 la lente de corección *f*
– *correction lens*
73 el borde del ocular
– *eyecup*
74 el ocular regulable (el telescopio de enfoque *m*)
– *focusing telescope*
75 el empalme con la batería
– *battery unit*
76 la empuñadura de la pila para el motor de la cámara
– *combined battery holder and control grip for the motor drive*
77 la cámara de disparo *m* rápido
– *rapid-sequence camera*
78 el motor de la cámara desmontable
– *attachable motor drive*
79 el suministro externo de corriente *f*
– *external (outside) power supply*
80 la carga de película *f* de diez metros *m*
– *ten meter film back (magazine back)*
81-98 los dispositivos de macrofotografía *f*
– *close-up and macro equipment*
81 el tubo alargador
– *extension tube*
82 el anillo adaptador
– *adapter ring*
83 el anillo de inversión *f*
– *reversing ring*
84 el objetivo en posición *f* invertida
– *lens in retrofocus position*
85 el fuelle
– *bellows unit (extension bellows, close-up bellows attachment)*
86 el carro de regulación *f*
– *focusing stage*
87 el adaptador para reproducción *f* de diapositivas *f*
– *slide-copying attachment*
88 el portadiapositivas
– *slide-copying adapter*
89 el dispositivo de microfotografía *f*
– *micro attachment (photomicroscope adapter)*
90 el pie de reproducción *f*
– *copying stand (copy stand, copypod)*
91 la pata de araña *f*
– *spider legs*
92 el soporte de reproducción *f*
– *copying stand (copy stand)*
93 el brazo de reproducción *f*
– *arm of the copying stand (copy stand)*
94 el pie de macrofotografía *f*
– *macrophoto stand*
95 las platinas intercambiables para el pie de macrofotografía *f*
– *stage plates for the macrophoto stand*
96 el disco insertable
– *insertable disc (disk)*
97 el reflector Lieberkühn
– *Lieberkühn reflector*
98 el dispositivo para las coordenadas
– *mechanical stage*
99 el pie de mesa *f* (el trípode de mesa *f*)
– *table tripod (table-top tripod)*
100 el soporte de hombro *m*
– *rifle grip*
101 el disparador de cable *m*
– *cable release*
102 el disparador de doble cable *m*
– *double cable release*
103 la bolsa (la funda) de la cámara
– *camera case (ever-ready case)*
104 el estuche del objetivo
– *lens case*
105 la bolsa de cuero *m* flexible del objetivo
– *soft-leather lens pouch*

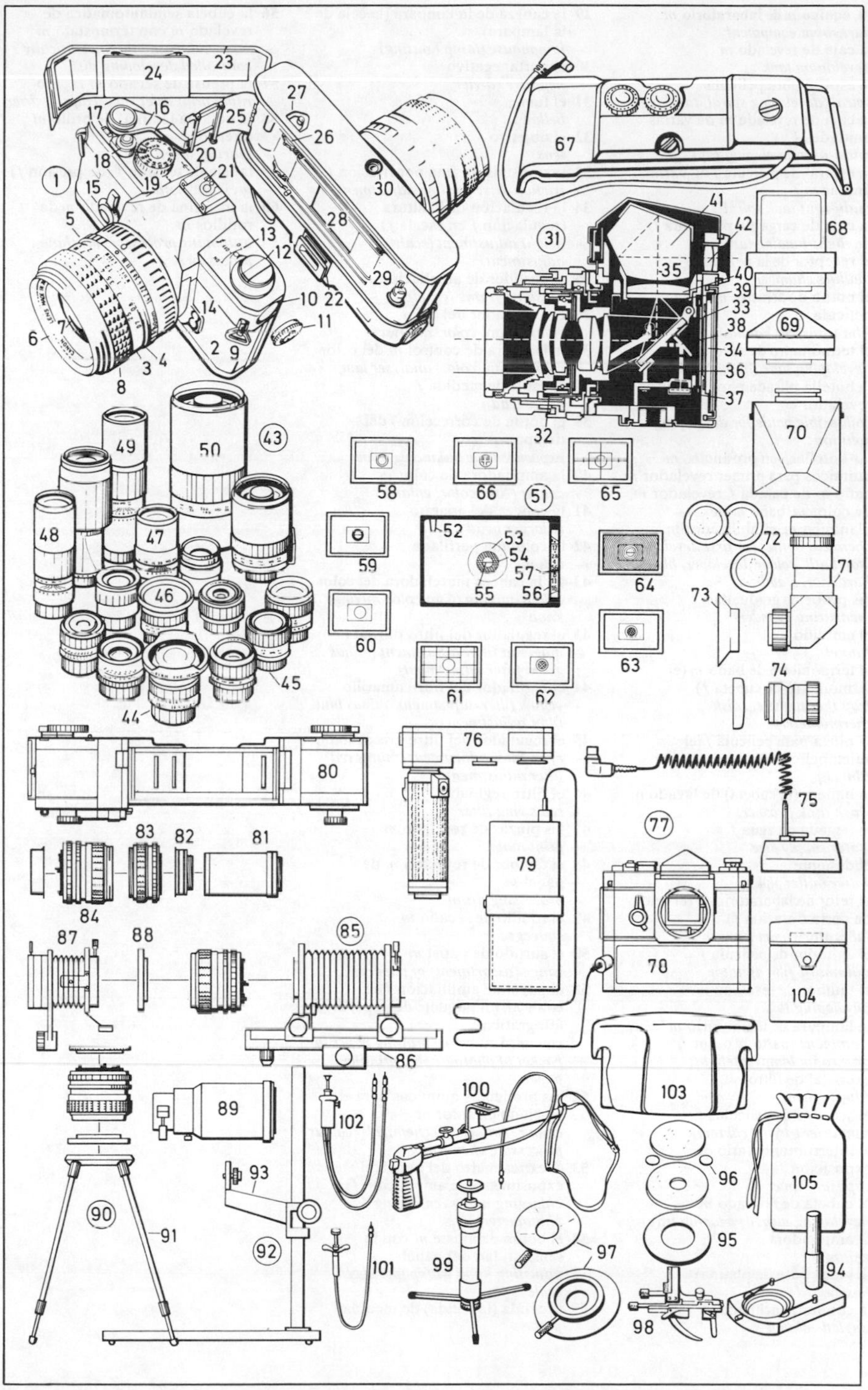

1-60 equipo ***m*** **de laboratorio** ***m***
– ***darkroom equipment***
1 la caja de revelado *m*
– *developing tank*
2 la espiral portapelícula
– *spiral (developing spiral, tank reel)*
3 la caja de revelado *m* de varias unidades *f*
– *multi-unit developing tank*
4 la espiral de película *f* de varias unidades *f*
– *multi-unit tank spiral*
5 la caja de carga *f* a plena luz *f*
– *daylight-loading tank*
6 el receptor de la película
– *loading chamber*
7 el botón de arrastre *m* de la película
– *film transport handle*
8 el termómetro de revelado *m*
– *developing tank thermometer*
9 la botella plisada para el líquido revelador
– *collapsible bottle for developing solution*
10 las botellas con productos *m* químicos para primer revelador *m*, baño *m* de parada *f*, revelador *m* de color *m*, baño *m* de blanqueo *m*, estabilizador *m*
– *chemical bottles for first developer, stop bath, colour developer, bleach-hardener, stabilizer*
11 las probetas graduadas
– *measuring cylinders*
12 el embudo
– *funnel*
13 el termómetro de baño *m* (el termómetro de cubeta *f*)
– *tray thermometer (dish thermometer)*
14 la pinza para película *f* (el sujetapelículas)
– *film clip*
15 la bañera (la cubeta) de lavado *m*
– *wash tank (washer)*
16 la llegada de agua *f*
– *water supply pipe*
17 el desagüe
– *water outlet pipe*
18 el reloj de laboratorio *m* (el reloj de corta duración *f*)
– *laboratory timer (timer)*
19 el agitador de película *f*
– *automatic film agitator*
20 el tambor de revelado *m*
– *developing tank*
21 la lámpara de laboratorio *m* (*también:* cuarto *m* oscuro)
– *darkroom lamp (safelight)*
22 el cristal de filtro *m*
– *filter screen*
23 el secador de películas *f*
– *film drier (drying cabinet)*
24 el interruptor horario de exposición *f*
– *exposure timer*
25 la cubeta de revelado *m*
– *developing dish (developing tray)*
26 la ampliadora
– *enlarger*
27 la placa base (la platina)
– *baseboard*
28 la columna inclinada
– *angled column*
29 la cabeza de la lámpara (la caja de la lámpara)
– *lamphouse (lamp housing)*
30 el portanegativo
– *negative carrier*
31 el fuelle
– *bellows*
32 el objetivo
– *lens*
33 la transmisión fina por fricción *f*
– *friction drive for fine adjustment*
34 la regulación de la altura (regulación *f* en escala *f*)
– *height adjustment (scale adjustment)*
35 el bastidor de ampliación *f*
– *masking frame (easel)*
36 el analizador del color
– *colour (*Am.* color) analyser*
37 la lámpara de control *m* del color
– *colour (*Am.* color) analyser lamp*
38 el cable de medida *f*
– *probe lead*
39 el botón de corrección *f* del tiempo
– *exposure time balancing knob*
40 la ampliadora de color *m*
– *colour (*Am.* color) enlarger*
41 la cabeza del aparato
– *enlarger head*
42 la columna perfilada
– *column*
43-45 la cabeza mezcladora del color
– *colour-mixing (*Am.* color-mixing) knob*
43 el regulador del filtro púrpura
– *magenta filter adjustment (minus green filter adjustment)*
44 el regulador del filtro amarillo
– *yellow filter adjustment (minus blue filter adjustment)*
45 el regulador del filtro gris azulado
– *cyan filter adjustment (minus red filter adjustment)*
46 el filtro regulable
– *red swing filter*
47 las pinzas de revelado *m*
– *print tongs*
48 el tambor de revelado *m* de papel *m*
– *processing drum*
49 el rodillo de secado *m*
– *squeegee*
50 el surtido de papel *m*
– *range (assortment) of papers*
51 el papel de ampliación *f* en color *m*, un paquete de papel *m* fotográfico
– *colour (*Am.* color) printing paper, a packet of photographic printing paper*
52 los productos químicos para el revelado en color *m*
– *colour (*Am.* color) chemicals (colour processing chemicals)*
53 el exposímetro del papel (el exposímetro de ampliación *f*)
– *enlarging meter (enlarging photometer)*
54 el botón de ajuste *m* con la sensibilidad del papel
– *adjusting knob with paper speed scale*
55 la célula (la sonda) de medida *f*
– *probe*
56 la cubeta semiautomática de revelado *m* con termostato *m*
– *semi-automatic thermostatically controlled developing dish*
57 la prensa de secado *m* rápido
– *rapid print drier (heated print drier)*
58 la hoja (la lámina) de brillo *m* intenso
– *glazing sheet*
59 la tela de tensión *f* (de presión *f*)
– *pressure cloth*
60 la máquina de revelado *m* de rodillos *m*
– *automatic processor (machine processor)*

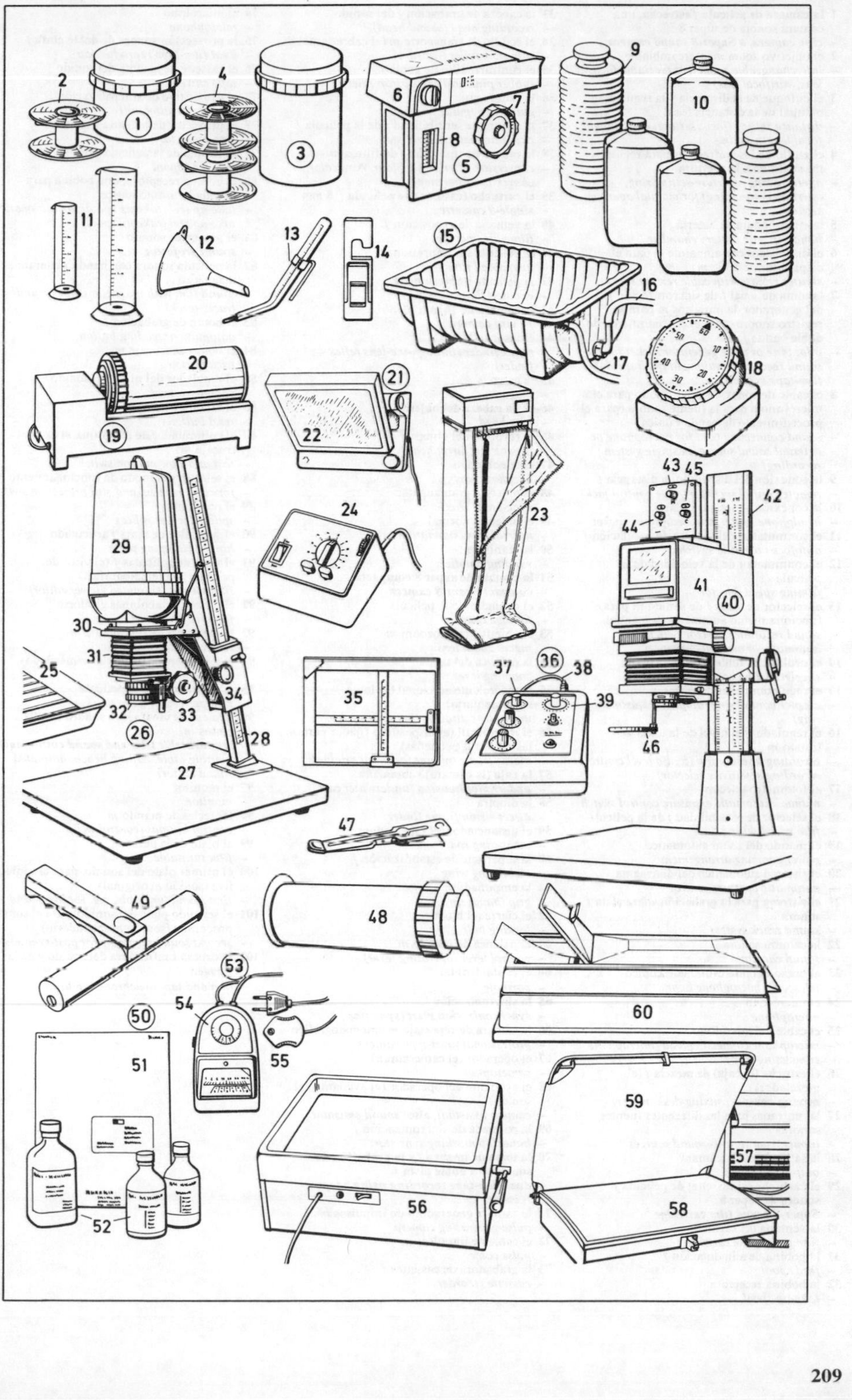
1
2
3
4
5
6
7
8
9
10
11
12
13
14
15
16
17
18
19
20
21
22
23
24
25
26
27
28
29
30
31
32
33
34
35
36
37
38
39
40
41
42
43
44
45
46
47
48
49
50
51
52
53
54
55
56
57
58
59
60

1 **la cámara de película *f* estrecha,** una cámara sonora de súper 8
– ***cine camera, a Super-8 sound camera***
2 el objetivo zoom *m* intercambiable
– *interchangeable zoom lens (variable focus lens, varifocal lens)*
3 el enfoque de la distancia y la regulación manual de la distancia focal
– *distance setting (focus setting) and manual focal length setting*
4 el anillo de los diafragmas para regular manualmente la abertura
– *aperture ring (aperture-setting ring, aperture control ring) for manual aperture setting*
5 la empuñadura de batería *f*
– *handgrip with battery chamber*
6 el disparador con empalme *m* para el disparador de cable *m*
– *shutter release with cable release socket*
7 la toma de señal *f* de sincronización *f* o del generador de impulsos *m* para le registro sonoro (para el procedimiento de doble banda *f*)
– *pilot tone or pulse generator socket for the sound recording equipment [with the dual film-tape system]*
8 el cable de conexión *f* del sonido para el micrófono o para la fuente sonora (para el procedimiento de banda *f* única)
– *sound connecting cord for microphone or external sound source [in single-system recording]*
9 la conexión del disparador a distancia *f*
– *remote control socket (remote control jack)*
10 la conexión de los auriculares
– *headphone socket;* sim.: *earphone socket*
11 el conmutador del sistema de regulación *f*
– *autofocus override switch*
12 el conmutador de la velocidad de la película
– *filming speed selector*
13 el selector de toma *f* de sonido *m* para el funcionamiento automático o manual
– *sound recording selector switch for automatic or manual operation*
14 el ocular con reborde *m* para el ojo
– *eyepiece with eyecup*
15 el regulador de las dioptrías
– *diopter control ring (dioptric adjustment ring)*
16 el regulador del nivel de la toma de sonido *m*
– *recording level control (audio level control, recording sensitivity selector)*
17 el fotómetro-selector
– *manual/automatic exposure control switch*
18 el selector de sensibilidad *f* de la película
– *film speed setting*
19 el mando del zoom automático
– *power zooming arrangement*
20 el sistema automático del diafragma
– *automatic aperture control*
21 **el sistema para la grabación sobre pista *f* sonora**
– ***sound track system***
22 la cámara sonora
– *sound camera*
23 el brazo del micrófono telescópico
– *telescopic microphone boom*
24 el micrófono
– *microphone*
25 el cable del micrófono
– *microphone connecting lead (microphone connecting cord)*
26 **el estuche (la caja) de mezcla** *f* (el mezclador)
– ***mixing console*** *(mixing desk, mixer)*
27 las entradas para las diferentes fuentes sonoras
– *inputs from various sound sources*
28 la salida hacia la cámara
– *output to camera*
29 **el cartucho** (el cassette) **de película *f* sonora de súper 8**
– ***Super-8 sound film cartridge***
30 la ventana del cartucho
– *film gate of the cartridge*
31 la bobina de alimentación *f*
– *feed spool*
32 la bobina receptora
– *take-up spool*
33 la cabeza de grabación *f* del sonido
– *recording head (sound head)*
34 el rodillo de transporte *m* (el cabrestante)
– *transport roller (capstan)*
35 el contrarrodillo de goma *f*
– *rubber pinch roller (capstan idler)*
36 la ranura guía
– *guide step (guide notch)*
37 la ranura de sensibilidad *f* de la película *f*
– *exposure meter control step*
38 la ranura de inserción *f* de filtros *m*
– *conversion filter step (colour,* Am. *color, conversion filter step)*
39 **el cartucho** (cassette) **de película *f* 8 mm**
– ***single-8 cassette***
40 la ventana de exposición *f*
– *film gate opening*
41 la película sin impresionar
– *unexposed film*
42 la película impresionada
– *exposed film*
43 **la cámara de 16 mm**
– ***16 mm camera***
44 el visor réflex
– *reflex finder (through-the-lens reflex finder)*
45 la carga
– *magazine*
46-49 **la cabeza del objetivo**
– ***lens head***
46 el revólver del objetivo
– *lens turret (turret head)*
47 el teleobjetivo
– *telephoto lens*
48 el objetivo gran angular
– *wide-angle lens*
49 el objetivo normal
– *normal lens (standard lens)*
50 la manivela
– *winding handle*
51 **la cámara de súper 8 compacta**
– ***compact Super-8 camera***
52 el contador de la película
– *footage counter*
53 el objetivo macrozoom *m*
– *macro zoom lens*
54 la palanca del zoom
– *zooming lever*
55 la macrolente adicional (la lente suplementaria)
– *macro lens attachment (close-up lens)*
56 el macrorraíl (el dispositivo fijador para las muestras pequeñas)
– *macro frame (mount for small originals)*
57 **la caja** (la cámara) **submarina**
– ***underwater housing*** *(underwater case)*
58 la dioptra
– *direct-vision frame finder*
59 el distanciador (el espaciador)
– *measuring rod*
60 la superficie de estabilización *f*
– *stabilizing wing*
61 la empuñadura
– *grip (handgrip)*
62 el cierre (el bloqueo)
– *locking bolt*
63 la palanca de mando *m*
– *control lever (operating lever)*
64 el cristal frontal
– *porthole*
65 **la sincronización**
– ***synchronization start*** *(sync start)*
66 la cámara de reportaje *m* cinematográfico
– *professional press-type camera*
67 el operador (el cameraman)
– *cameraman*
68 el ayudante del operador (el ayudante del sonido)
– *camera assistant;* also: *sound assistant*
69 la palmada de sincronización *f*
– *handclap marking sync start*
70 **la toma de imagen *f* y la grabación de sonido *m* a doble pista *f***
– ***dual film-tape recording using a tape recorder***
71 la cámara generadora de impulsos *m*
– *pulse-generating camera*
72 el cable de impulsos *m*
– *pulse cable*
73 la grabadora de cassettes *f*
– *cassette recorder*
74 el micrófono
– *microphone*
75 **la proyección sonora de doble cinta *f***
– ***dual film-tape reproduction***
76 el cassette de la cinta del sonido
– *tape cassette*
77 el dispositivo de sincronización *f*
– *synchronization unit*
78 el proyector de película *f* estrecha
– *cine projector*
79 la bobina de la película original
– *film feed spool*
80 la bobina receptora, una bobina para enrollado *m* automático
– *take-up reel (take-up spool), an automatic take-up reel (take-up spool)*
81 **el proyector sonoro**
– ***sound projector***
82 la película sonora con banda *f* lateral magnética
– *sound film with magnetic stripe (sound track, track)*
83 el botón de grabación *f*
– *automatic-threading button*
84 el botón de trucaje *m*
– *trick button*
85 el regulador del nivel del sonido
– *volume control*
86 el botón de borrado *m*
– *reset button*
87 el conmutador de programa *m* de trucaje *m*
– *fast and slow motion switch*
88 el selector del modo de funcionamiento *m*
– *forward, reverse, and still projection switch*
89 el pegacintas
– *splicer for wet splices*
90 el sujetador de cinta *f* articulado
– *hinged clamping plate*
91 **el visor de películas *f*** (el visor de película *f* cinematográfica)
– ***film viewer*** *(animated viewer editor)*
92 el brazo portabobinas giratorio
– *foldaway reel arm*
93 la manivela de rebobinaje *m*
– *rewind handle (rewinder)*
94 el cristal opaco (el cristal esmerilado)
– *viewing screen*
95 la punzadora de la película
– *film perforator (film marker)*
96 **la mesa de montaje *m* sonoro de seis platos *m***
– ***six-turntable film and sound cutting table*** *(editing table, cutting bench, animated sound editor)*
97 el monitor
– *monitor*
98 las teclas de mando *m*
– *control buttons (control well)*
99 el plato de la película
– *film turntable*
100 el primer plato del sonido, para el sonido live (sonido *m* original)
– *first sound turntable, e.g. for live sound*
101 el segundo plato del sonido, para el sonido procurado (sonido *m* secundario)
– *second sound turntable for post-sync sound*
102 la cabeza unificadora del sonido y de la imagen
– *film and tape synchronizing head*

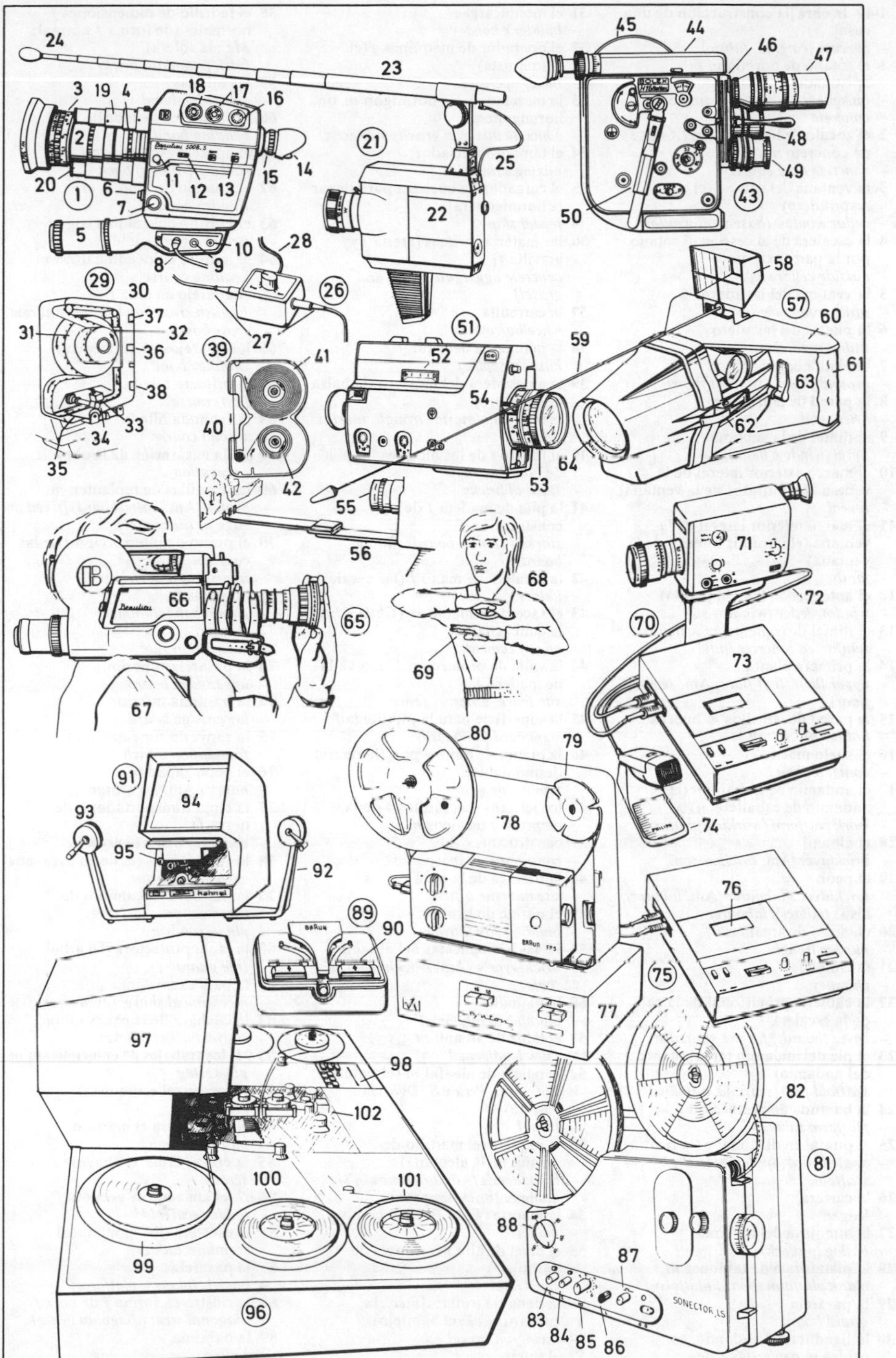
1
2
3
4
5
6
7
8
9
10
11
12
13
14
15
16
17
18
19
20
21
22
23
24
25
26
27
28
29
30
31
32
33
34
35
36
37
38
39
40
41
42
43
44
45
46
47
48
49
50
51
52
53
54
55
56
57
58
59
60
61
62
63
64
65
66
67
68
69
70
71
72
73
74
75
76
77
78
79
80
81
82
83
84
85
86
87
88
89
90
91
92
93
94
95
96
97
98
99
100
101
102
Beaulieu
BRAUN
SONECTOR LS

1-49 la obra [la construcción de una casa]
– ***carcase*** *(carcass, fabric)*
1 el sótano de hormigón *m* apisonado
– *basement of tamped (rammed) concrete*
2 el zócalo de hormigón *m* (*Amér.*: de concreto *m*)
– *concrete base course*
3 la ventana del sótano (el respiradero)
– *cellar window (basement window)*
4 la escalera de acceso *m* al sótano por la parte exterior
– *outside cellar steps*
5 la ventana del lavadero
– *utility room window*
6 la puerta del lavadero
– *utility room door*
7 la planta baja
– *ground floor* (Am. *first floor)*
8 la pared de ladrillos *m*
– *brick wall*
9 el dintel de la ventana
– *lintel (window head)*
10 el marco exterior lateral de la ventana (el intradós de la ventana)
– *reveal*
11 el marco interior lateral de la ventana (el intradós interior de la ventana)
– *jamb*
12 el antepecho (*Bol.:* la patilla)
– *window ledge (window sill)*
13 el dintel de cemento *m* armado
– *reinforced concrete lintel*
14 la primera planta
– *upper floor (first floor,* Am. *second floor)*
15 la pared de ladrillos *m* huecos
– *hollow-block wall*
16 el suelo macizo
– *concrete floor*
17 el andamio de trabajo *m* (el andamio de caballete *m*)
– *work platform (working platform)*
18 el albañil
– *bricklayer* (Am. *brickmason)*
19 el peón
– *bricklayer's labourer* (Am. *laborer);* also: *builder's labourer*
20 el cuezo de argamasa *f*
– *mortar trough*
21 la chimenea
– *chimney*
22 la cubierta provisional de la caja de la escalera
– *cover (boards) for the staircase*
23 el pie del andamio (el arbotante del andamio)
– *scaffold pole (scaffold standard)*
24 la baranda de protección *f*
– *platform railing*
25 el puntal en diagonal *f* (la riostra)
– *angle brace (angle tie) in the scaffold*
26 la carrera
– *ledger*
27 la almojaya del andamio
– *putlog (putlock)*
28 la plataforma de tablones *m*
– *plank platform (board platform)*
29 la pasarela
– *guard board*
30 la ligadura del andamio, con cables *m* o cuerdas *f* de seguridad *f*
– *scaffolding joint with chain or lashing or whip or bond*
31 el montacargas
– *builder's hoist*
32 el operador de máquinas *f* (el maquinista)
– *mixer operator*
33 la mezcladora de hormigón *m*, una hormigonera
– *concrete mixer, a gravity mixer*
34 el tambor mezclador
– *mixing drum*
35 el cargador (la cuchara para llenar la hormigonera)
– *feeder skip*
36 las materias primas [arena *f* y gravilla *f*]
– *concrete aggregate [sand and gravel]*
37 la carretilla
– *wheelbarrow*
38 la manguera del agua *f*
– *hose (hosepipe)*
39 la amasadera del mortero (la balsa del mortero)
– *mortar pan (mortar trough, mortar tub)*
40 el montón de los bloques (la pila de ladrillos *m*)
– *stack of bricks*
41 la pila de madera *f* de construcción *f*
– *stacked shutter boards (lining boards)*
42 la escalera de mano *f* (las escalas)
– *ladder*
43 el saco de cemento *m* (*Chile y Ec.:* la concagua)
– *bag of cement*
44 la valla de protección *f*, una valla de madera *f*
– *site fence, a timber fence*
45 la superficie para la publicidad
– *signboard (billboard)*
46 la puerta de quita y pon (la puerta desmontable)
– *removable gate*
47 los letreros (los rótulos – de la empresa y técnicos *m* constructores –)
– *contractors' name plates*
48 la barraca de la obra
– *site hut (site office)*
49 el retrete de la obra
– *building site latrine*

50-57 las herramientas del albañil
– ***bricklayer's*** (Am. *brickmason's)* ***tools***
50 la plomada
– *plumb bob (plummet)*
51 el lápiz de albañil *m*
– *thick lead pencil*
52 la paleta de albañil *m* (el palustre; *Bol., Mé., Perú y S. Dgo.:* la barreta)
– *trowel*
53 la piqueta (el martillo de albañil *m*, la alcotana)
– *bricklayer's* (Am. *brickmason's) hammer (brick hammer)*
54 la maceta (*Ec. y Perú:* la comba)
– *mallet*
55 el nivel de aire *m* (el nivel de burbuja *f*)
– *spirit level*
56 la llana (la trulla; *Amér.:* la cuchara; *Col.:* el babilejo)
– *laying-on trowel*
57 el fratás
– *float*

58-68 aparejos *m* de construcción *f*
– ***masonry bonds***
58 el ladrillo de dimensiones *f* normales (de forma *f* normal; *Mé.:* la solera)
– *brick (standard brick)*
59 las hiladas
– *stretching bond*
60 los aparejos de ladrillo *m*
– *heading bond*
61 el aparejo escalonado
– *racking (raking) back*
62 el aparejo de bloque *m*
– *English bond*
63 el ladrillo colocado a soga *f*
– *stretching course*
64 el ladrillo colocado a tizón *m*
– *heading course*
65 el aparejo en cruz *f*
– *English cross bond (Saint Andrew's cross bond)*
66 los aparejos de chimenea *f*
– *chimney bond*
67 la primera hilada
– *first course*
68 la segunda hilada
– *second course*

69-82 la excavación de la obra
– ***excavation***
69 las camillas de replanteo *m*
– *profile* (Am. *batterboard) [fixed on edge at the corner]*
70 el punto de intersección *f* de las cuerdas
– *intersection of strings*
71 la plomada
– *plumb bob (plummet)*
72 el talud
– *excavation side*
73 la pasarela superior
– *upper edge board*
74 la pasarela inferior
– *lower edge board*
75 la zanja de cimentación *f*
– *foundation trench*
76 el peón zapador
– *navvy (* Am. *excavator)*
77 la cinta transportadora (de tierra *f*)
– *conveyor belt (conveyor)*
78 los escombros (la tierra excavada)
– *excavated earth*
79 la pasarela (el camino) de tablones *m*
– *plank roadway*
80 la jaula protectora del árbol
– *tree guard*
81 la pala excavadora
– *mechanical shovel (excavator)*
82 la cuchara de la excavadora
– *shovel bucket (bucket)*

83-91 los trabajos de enlucimiento *m*
– ***plastering***
83 el yesero (el estuquista)
– *plasterer*
84 el cuezo para el mortero
– *mortar trough*
85 la criba (*Chile:* el chayo)
– *screen*

86-89 el andamio de escalera *f*
– ***ladder scaffold***
86 la escalera (los montantes)
– *standard ladder*
87 la pasarela
– *boards (planks, platform)*
88 la riostra en forma *f* de cruz *f*
– *diagonal strut (diagonal brace)*
89 la baranda
– *railing*
90 la reja de protección *f*
– *guard netting*
91 la cuerda de la polea
– *rope-pulley hoist*

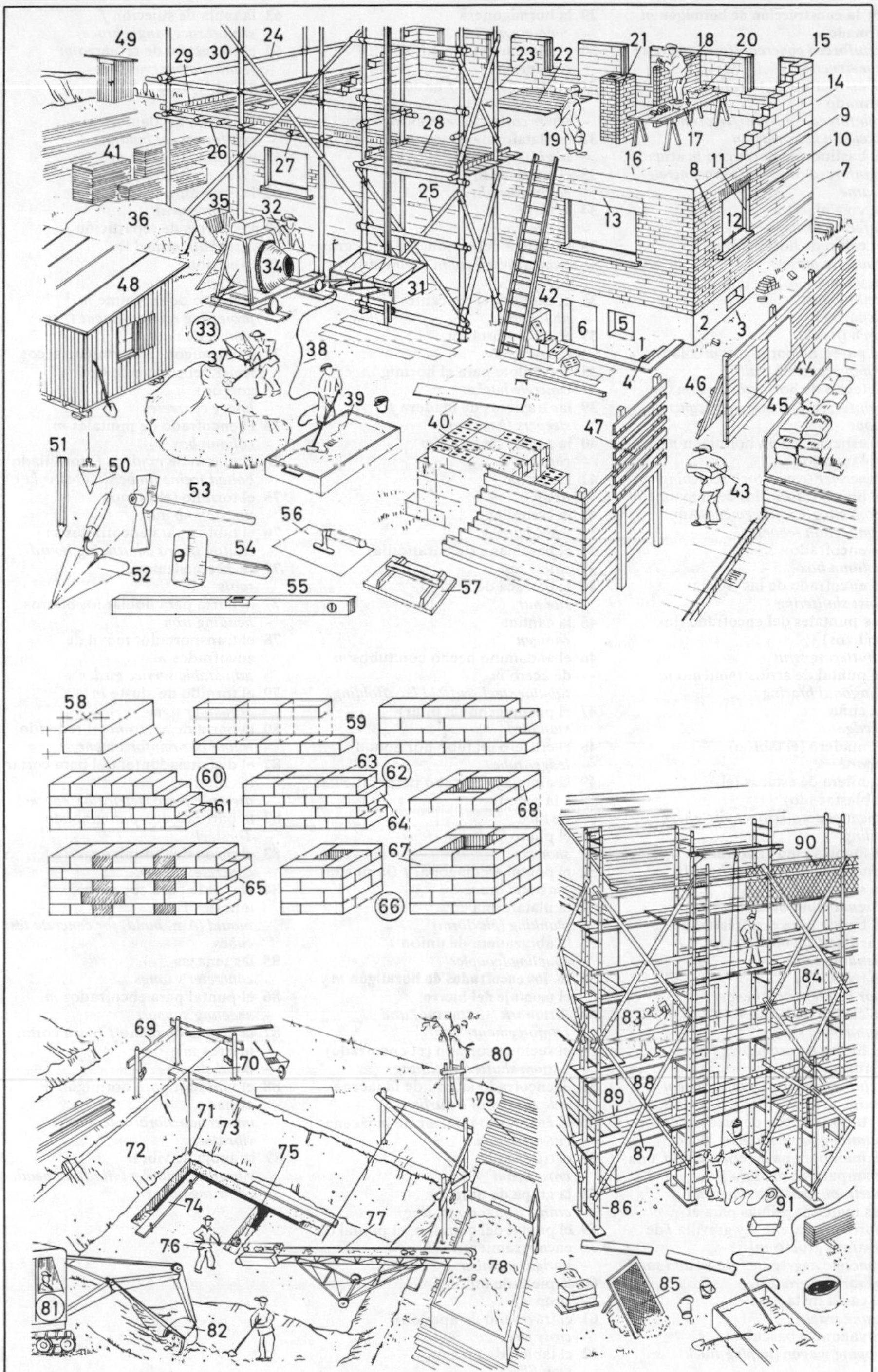
1
2
3
4
5
6
7
8
9
10
11
12
13
14
15
16
17
18
19
20
21
22
23
24
25
26
27
28
29
30
31
32
33
34
35
36
37
38
39
40
41
42
43
44
45
46
47
48
49
50
51
52
53
54
55
56
57
58
59
60
61
62
63
64
65
66
67
68
69
70
71
72
73
74
75
76
77
78
79
80
81
82
83
84
85
86
87
88
89
90
91

1-89 la construcción de hormigón *m* **armado**
– ***reinforced concrete (ferroconcrete) construction***
1 la estructura de hormigón *m* armado
– *reinforced concrete (ferroconcrete) skeleton construction*
2 el bastidor de hormigón *m* armado
– *reinforced concrete (ferroconcrete) frame*
3 la viga maestra
– *inferior purlin*
4 el cabio de hormigón *m*
– *concrete purlin*
5 la jácena
– *ceiling joist*
6 la cartela
– *arch (flank)*
7 la pared de hormigón *m* colado
– *rubble concrete wall*
8 el techo de hormigón *m* armado
– *reinforced concrete (ferroconcrete) floor*
9 el especialista en hormigón *m*, aplanando
– *concreter (concretor), flattening out*
10 el hierro (la varilla) de empalme *m*
– *projecting reinforcement (*Am. *connection rebars)*
11 el encofrado
– *column box*
12 el encofrado de las jácenas
– *joist shuttering*
13 los puntales del encofrado (los rollizos)
– *shuttering strut*
14 el puntal de arriostramiento *m*
– *diagonal bracing*
15 la cuña
– *wedge*
16 el madero (el tablón)
– *board*
17 la hilera de estacas (el tablestacado)
– *sheet pile wall (sheet pile, sheet piling)*
18 las tablas para encofrar
– *shutter boards (lining boards)*
19 la sierra circular
– *circular saw (buzz saw)*
20 el banco para el doblado (de varillas *f* de hierro *m*)
– *bending table*
21 el ferrallista
– *bar bender (steel bender)*
22 la cizalla de mano *f*
– *hand steel shears*
23 el hierro de armadura *f* (de refuerzo *m*)
– *reinforcing steel (reinforcement rods)*
24 el bloque hueco de piedra *f* pómez
– *pumice concrete hollow block*
25 la mampara para separación *f*, una mampara de madera *f*
– *partition wall, a timber wall*
26 las materias primas para el hormigón [arena *f* y gravilla *f* de distinto grueso *m*]
– *concrete aggregate [gravel and sand of various grades]*
27 el carril de la grúa
– *crane track*
28 la vagoneta basculante
– *tipping wagon (tipping truck)*
29 la hormigonera
– *concrete mixer*
30 el silo para el cemento
– *cement silo*
31 la grúa de torre *f* giratoria (la pluma)
– *tower crane (tower slewing crane)*
32 la plataforma (el carro de grúa *f*)
– *bogie (*Am. *truck)*
33 el contrapeso
– *counterweight*
34 la torre
– *tower*
35 la cabina del conductor de la grúa
– *crane driver's cabin (crane driver's cage)*
36 el aguilón (el pescante)
– *jib (boom)*
37 el cable portador
– *bearer cable*
38 el cubilote para el hormigón
– *concrete bucket*
39 las traviesas de madera *f*
– *sleepers (*Am. *ties)*
40 la zapata de freno *m*
– *chock*
41 la rampa
– *ramp*
42 la carretilla
– *wheelbarrow*
43 el pasamano (la barandilla)
– *safety rail*
44 la barraca de la obra
– *site hut*
45 la cantina
– *canteen*
46 el andamino hecho con tubos *m* de acero *m*
– *tubular steel scaffold (scaffolding)*
47 el pie derecho (el pilar)
– *standard*
48 el crucero (el tubo horizontal)
– *ledger tube*
49 la almojaya (el tubo perpendicular a la pared)
– *tie tube*
50 el plinto (la base)
– *shoe*
51 el puntal en diagonal *f* (la riostra)
– *diagonal brace*
52 la plataforma
– *planking (platform)*
53 la abrazadera de unión *f*
– *coupling (coupler)*

54-76 los encofrados de hormigón *m* **y el montaje del hierro**
– ***formwork*** *(shuttering) and reinforcement*
54 el suelo encofrado (el encofrado)
– *bottom shuttering (lining)*
55 el encofrado lateral de la jácena
– *side shutter of a purlin*
56 el encofrado inferior de la jácena
– *cut-in bottom*
57 el travesaño
– *cross beam*
58 la grapa de obra *f*
– *cramp iron (cramp, dog)*
59 el puntal del extremo, el puntal de encabezamiento *m*
– *upright member, a standard*
60 la pieza de unión *f*
– *strap*
61 el travesaño de apoyo *m*
– *cross piece*
62 el tablón de presión *f*
– *stop fillet*
63 la tabla de sujeción *f*
– *strut (brace, angle brace)*
64 el travesaño de refuerzo *m*
– *frame timber (yoke)*
65 el cubrejunta
– *strap*
66 la riostra de alambre *m*
– *reinforcement binding*
67 el tirante de tope *m*
– *cross strut (strut)*
68 la armadura
– *reinforcement*
69 las barras de repartición *f*
– *distribution steel*
70 el estribo
– *stirrup*
71 el hierro de empalme *m*
– *projecting reinforcement (*Am. *connection rebars)*
72 el hormigón (el hormigón seco; *Amér.:* el concreto; *Col.:* el gorgón)
– *heavy concrete*
73 el encofrado de puntales *m*
– *column box*
74 el marco de madera *f* atornillado
– *bolted frame timber (bolted yoke)*
75 el tornillo (el perno)
– *nut (thumb nut)*
76 el tablón para encofrados *m*
– *shutter board (shuttering board)*

77-89 herramientas *f*
– ***tools***
77 la barra para doblar los hierros
– *bending iron*
78 el transportador móvil de encofrados *m*
– *adjustable service girder*
79 el tornillo de ajuste *m*
– *adjusting screw*
80 la barra de acero *m* (el redondo)
– *round bar reinforcement*
81 el distanciador (el fiel para cortar los hierros)
– *distance piece (separator, spacer)*
82 la barra de acero *m* grabado
– *Torsteel*
83 el pisón del hormigón
– *concrete tamper*
84 el molde para cubos *m* de muestra *f*
– *mould (*Am. *mold) for concrete test cubes*
85 las tenazas
– *concreter's tongs*
86 el puntal para encofrados *m*
– *sheeting support*
87 la cizalla de mano *f* (para cortar hierros *m*)
– *hand shears*
88 el vibrador para hormigón *m* armado
– *immersion vibrator (concrete vibrator)*
89 la aguja de vibrar
– *vibrating cylinder (vibrating head, vibrating poker)*

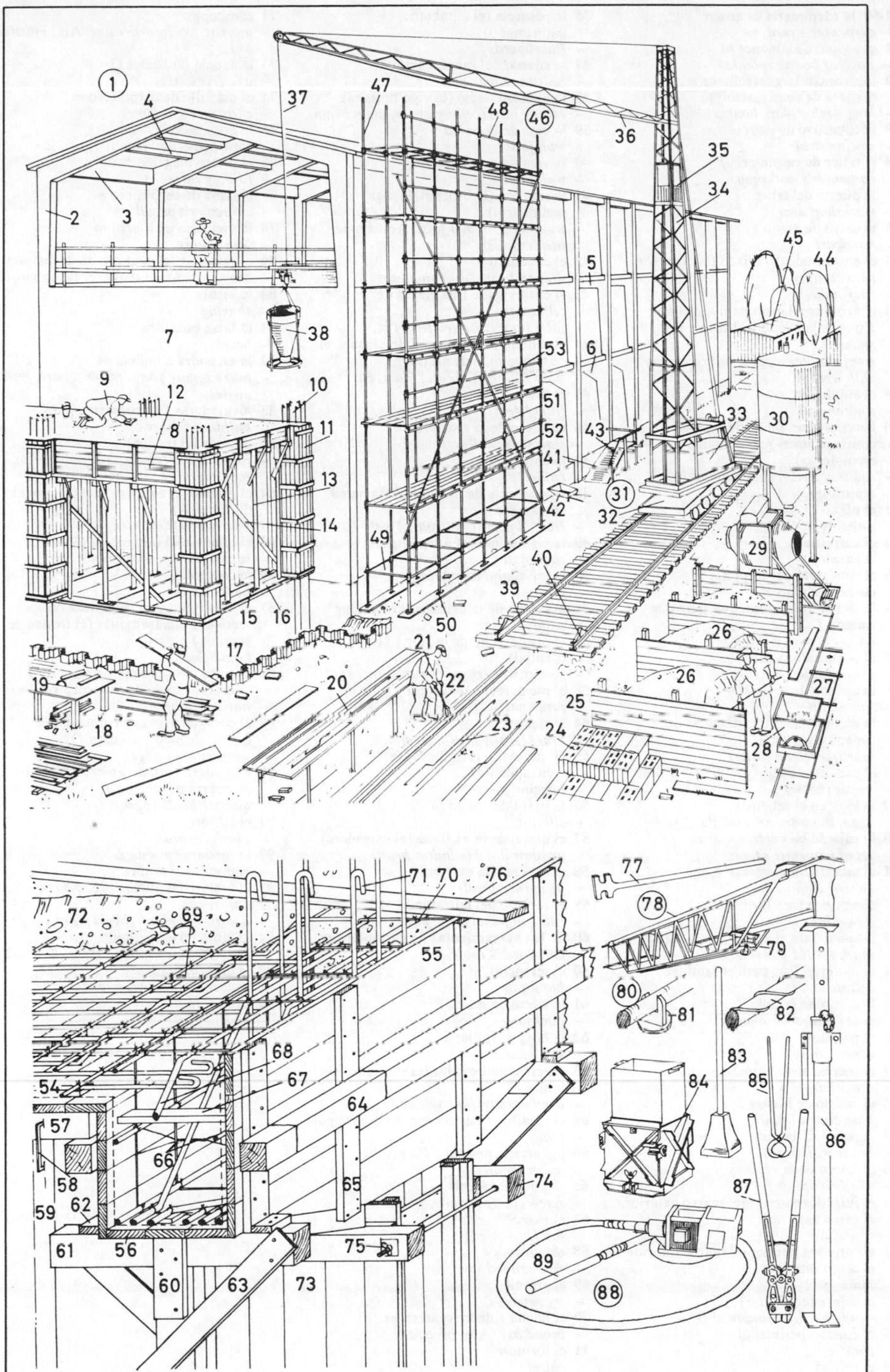
1
2
3
4
5
6
7
8
9
10
11
12
13
14
15
16
17
18
19
20
21
22
23
24
25
26
27
28
29
30
31
32
33
34
35
36
37
38
39
40
41
42
43
44
45
46
47
48
49
50
51
52
53
54
55
56
57
58
59
60
61
62
63
64
65
66
67
68
69
70
71
72
73
74
75
76
77
78
79
80
81
82
83
84
85
86
87
88
89

1-59 la carpintería de armar
– ***carpenter's yard***
1 el acopio de tablones *m*
– *stack of boards (planks)*
2 los troncos largos (rollizos *m*, la madera de construcción *f*)
– *long timber (*Am. *lumber)*
3 el cobertizo de aserrado *m*
– *sawing shed*
4 el taller de carpintería *f*
– *carpenter's workshop*
5 la puerta del taller
– *workshop door*
6 el carro de mano *f*
– *handcart*
7 el entramado del tejado (la armazón para techar)
– *roof truss*
8 el árbol con la corona puesta (*en España:* la bandera al cubrir de aguas *f*)
– *tree [used for topping out ceremony], with wreath*
9 el entablado
– *timber wall*
10 los cuartones (la madera para construcciones *f*, la madera escuadrada)
– *squared timber (building timber, scantlings)*
11 el plano de montea *f*
– *drawing floor*
12 el carpintero
– *carpenter*
13 el sombrero del carpintero
– *carpenter's hat*
14 la sierra tronzadora, una sierra de cadena *f*
– *cross-cut saw, a chain saw*
15 el portacadena guía
– *chain guide*
16 la cadena de la sierra
– *saw chain*
17 la escopleadora (la fresadora de cadena *f* cortante)
– *mortiser (chain cutter)*
18 el caballete de soporte *m* (la asnilla)
– *trestle (horse)*
19 la viga en el caballete
– *beam mounted on a trestle*
20 la caja de las herramientas
– *set of carpenter's tools*
21 el taladrador eléctrico
– *electric drill*
22 el agujero para la espiga
– *dowel hole*
23 la señal para el agujero de la espiga
– *mark for the dowel hole*
24 el material listo para ensamblar
– *beams*
25 la columna (el pilar)
– *post (stile, stud, quarter)*
26 el pasador
– *corner brace*
27 el travesaño (el puntal)
– *brace (strut)*
28 el zócalo de la casa
– *base course (plinth)*
29 la pared de la casa
– *house wall (wall)*
30 el hueco de la ventana
– *window opening*
31 el intradós exterior (el marco exterior, el cerco exterior)
– *reveal*
32 el intradós interior (el marco interior, el cerco interior)
– *jamb*
33 la solera (el alféizar)
– *window ledge (window sill)*
34 el zuncho perimetral
– *cornice*
35 el rollizo
– *roundwood (round timber)*
36 la pasarela (el entablado, el entarimado)
– *floorboards*
37 la cuerda del montacargas
– *hoisting rope*
38 la viga del techo (la viga maestra)
– *ceiling joist (ceiling beam, main beam)*
39 la viga de la pared
– *wall joist*
40 la viga de retallo *m*
– *wall plate*
41 la traviesa (el brochal, la viga secundaria)
– *trimmer (trimmer joist,* Am. *header, header joist)*
42 el cabestrillo
– *dragon beam (dragon piece)*
43 el entrevigado (las piezas de relleno *m*)
– *false floor (inserted floor)*
44 el relleno entre vigas *f*, de bloques *m*, de coque *m*, o de arcilla *f*
– *floor filling of breeze, loam, etc.*
45 el listón
– *fillet (cleat)*
46 el hueco de la escalera
– *stair well (well)*
47 la chimenea
– *chimney*
48 el maderaje de la fachada (la pared entramada)
– *framed partition (framed wall)*
49 la viga solera (el durmiente)
– *wall plate*
50 el travesaño de solera *f*
– *girt*
51 la jamba de la ventana, el bastidor
– *window jamb*
52 el pie derecho de esquina *f* (el cornijal)
– *corner stile (corner strut, corner stud)*
53 el pie derecho de unión *f*
– *principal post*
54 la riostra
– *brace (strut) with skew notch*
55 el travesaño intermedio (el contrapuente)
– *nogging piece*
56 la barra de apoyo *m*
– *sill rail*
57 el dintel de la ventana (el cargadero)
– *window lintel (window head)*
58 el cabezal (la carrera)
– *head (head rail)*
59 el forjado del entramado
– *filled-in panel (bay, pan)*

60-82 las herramientas de carpintero *m*
– ***carpenter's tools***
60 el serrucho
– *hand saw*
61 la sierra de mano *f*
– *bucksaw*
62 la hoja de la sierra
– *saw blade*
63 el serrucho de calar (la sierra de punta *f*)
– *compass saw (keyhole saw)*
64 el cepillo de carpintero *m* (la garlopa)
– *plane*
65 la barrena de cola *f* (la broca)
– *auger (gimlet)*
66 el gato (la cárcel)
– *screw clamp (cramp, holdfast)*
67 el mazo
– *mallet*
68 el tronzador
– *two-handed saw*
69 el gramil
– *try square*
70 el hacha *f* de carpintero *m*
– *broad axe (*Am. *broadax)*
71 el formón
– *chisel*
72 el escoplo
– *mortise axe (mortice axe,* Am. *mortise ax)*
73 la azuela (el hacha *f*)
– *axe (*Am. *ax)*
74 el martillo de carpintero *m*
– *carpenter's hammer*
75 la boca sacaclavos
– *claw head (nail claw)*
76 el metro plegable
– *folding rule*
77 el lápiz de carpintero *m*
– *carpenter's pencil*
78 la escuadra de hierro *m*
– *iron square*
79 el rascador (el cuchillo de desbastar)
– *drawknife (drawshave, drawing knife)*
80 la viruta
– *shaving*
81 la falsa escuadra
– *bevel*
82 la escuadra a inglete *m*
– *mitre square (*Am. *miter square, miter angle)*

83-96 maderas *f* de construcción *f*
– ***building timber***
83 la troza (el trunco)
– *round trunk (undressed timber,* Am. *rough lumber)*
84 el núcleo (el corazón) del tronco (el duramen)
– *heartwood (duramen)*
85 el leñame (el sámago, la albura)
– *sapwood (sap, alburnum)*
86 la corteza
– *bark (rind)*
87 el corte para una sola pieza de sección *f* cuadrangular (el tronco de sección *f* entera)
– *baulk (balk)*
88 el corte para dos piezas en aristas *f* vivas (el tronco de sección *f* media)
– *halved timber*
89 el corte en aristas *f* truncadas (el tronco de media sección *f*)
– *wane (waney edge)*
90 el madero cortado en cruz *f* (el tronco de cuarto de sección *f*)
– *quarter baulk (balk)*
91 el tablón
– *plank (board)*
92 la madera de testa *f*
– *end-grained timber*
93 el tablón del núcleo (del corazón, del duramen)
– *heartwood plank (heart plank)*
94 la tabla no escuadrada
– *unsquared (untrimmed) plank (board)*
95 la tabla escuadrada
– *squared (trimmed) board*
96 el costero
– *slab (offcut)*

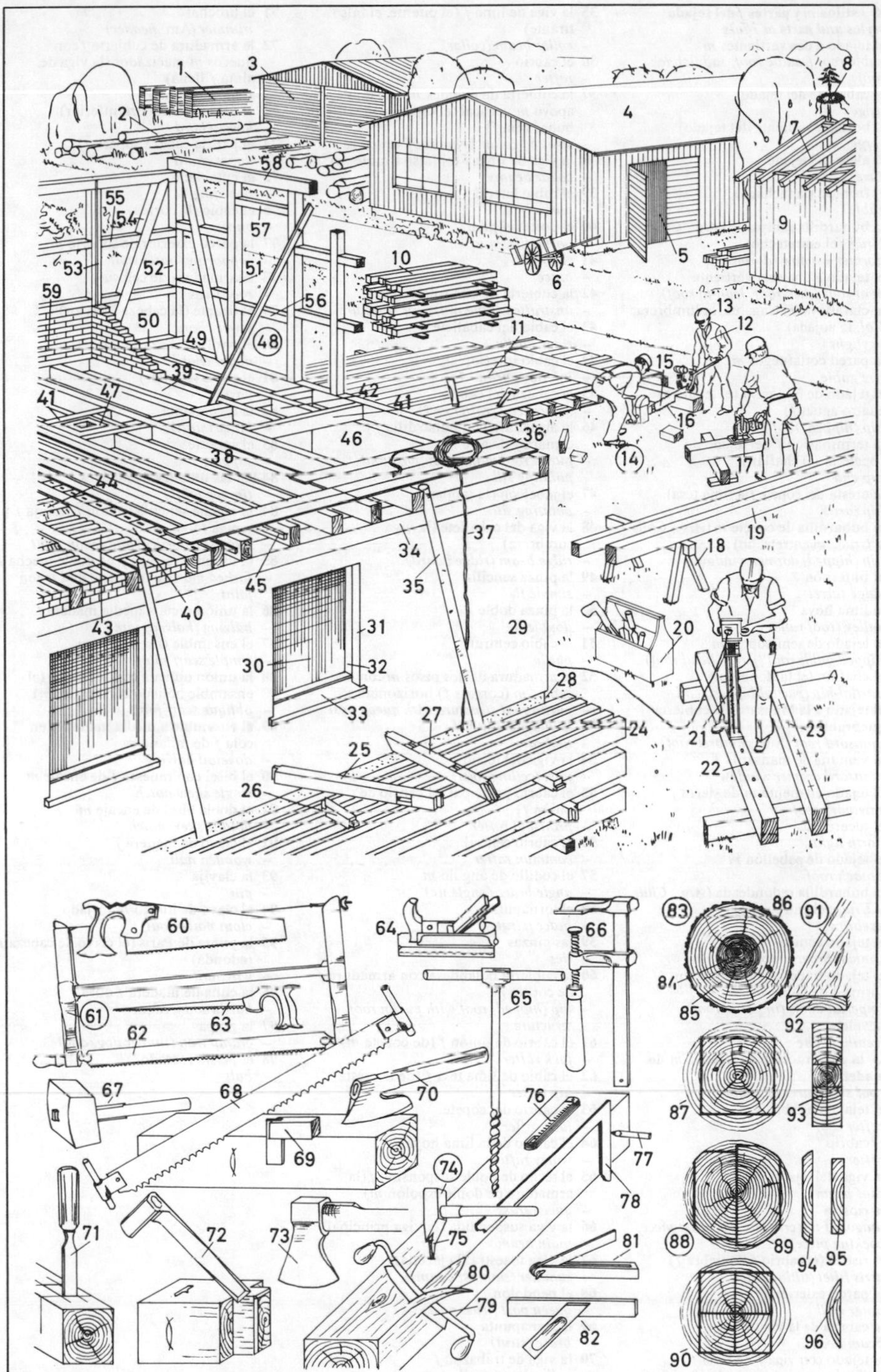

1-26 estilos *m* **y partes** *f* **del tejado**
– ***styles and parts of roofs***
1 el tejado a dos vertientes *m*
– *gable roof (saddle roof, saddleback roof)*
2 el caballete del tejado
– *ridge*
3 el borde (el saliente del tejado)
– *verge*
4 el alero del tejado
– *eaves*
5 el frontón (la fachada)
– *gable*
6 la buhardilla rampante (*Arg., Chile y Urug.:* el entretecho)
– *dormer window (dormer)*
7 el tejado a una sola vertiente
– *pent roof (shed roof, lean-to roof)*
8 la claraboya (el tragaluz, la lumbrera; *Col:* la aojada)
– *skylight*
9 la pared cortafuegos *m*
– *fire gable*
10 el tejado de faldón *m* (el tejado a cuatro aguas *f*)
– *hip (hipped) roof*
11 la terminación *f* del tejado de copete *m* (el chaflán)
– *hip end*
12 la cresta del copete (la lima tesa)
– *hip (arris)*
13 la buhardilla de copete *m* (*Arg., Chile y Urug.:* el entretecho)
– *hip (hipped) dormer window*
14 el linternón
– *ridge turret*
15 la lima hoya
– *valley (roof valley)*
16 el tejado de semicopete *m*
– *hipped-gable roof (jerkin head roof)*
17 el chaflán (el faldoncillo)
– *partial-hip (partial-hipped) end*
18 el tejado a la Mansard (la cubierta quebrantada)
– *mansard roof (*Am. *gambrel roof)*
19 la ventana de mansarda *f*
– *mansard dormer window*
20 el tejado en diente *m* de sierra *f*
– *sawtooth roof*
21 el lucernario
– *north light*
22 el tejado de pabellón *m*
– *broach roof*
23 la buhardilla redondeada (*Arg., Chile y Urug.:* el entretecho)
– *eyebrow*
24 el tejado cónico
– *conical broach roof*
25 el tejado imperial (la cúpula en forma *f* de bulbo *m*)
– *imperial dome (imperial roof)*
26 la veleta
– *weather vane*
27-83 la construcción de tejados *m* **de madera** *f*
– ***roof structures of timber***
27 el tejado de cabrios *m*
– *rafter roof*
28 el cabrio
– *rafter*
29 la viga del tejado
– *roof beam*
30 la riostra
– *diagonal tie (cross tie, sprocket piece, cocking piece)*
31 el ristrel (el cabrio de quiebra *f*)
– *arris fillet (tilting fillet)*
32 la pared exterior
– *outer wall*
33 la cabeza de la viga
– *beam head*
34 el tejado con viga *f* de lima *f*
– *collar beam roof (trussed-rafter roof)*
35 la viga de lima *f* (el puente, el falso tirante)
– *collar beam (collar)*
36 el cabrio
– *rafter*
37 la cubierta de puentes *m* con doble apoyo *m* vertical (el tejado con buhardilla *f*)
– *strutted collar beam roof structure*
38 la viga de lima *f* (el falso tirante *m*)
– *collar beams*
39 el cabio lateral
– *purlin*
40 el poste (el pilar)
– *post (stile, stud)*
41 el codillo
– *brace*
42 la cubierta de una sola cámara
– *unstrutted (king pin) roof structure*
43 el cabio del caballete
– *ridge purlin*
44 el cabio inferior
– *inferior purlin*
45 la cabeza del cabrio
– *rafter head (rafter end)*
46 la armadura con buhardilla *f* y cámara *f* de aire *m*
– *purlin roof with queen post and pointing sill*
47 el jabalcón (la jamba)
– *pointing sill*
48 la viga del caballete (la viga cumbrera)
– *ridge beam (ridge board)*
49 la pinza sencilla
– *simple tie*
50 la pinza doble
– *double tie*
51 el cabio central
– *purlin*
52 la armadura de dos pisos *m* con cabios *m* (correas *f*) horizontales
– *purlin roof structure with queen post*
53 la viga de unión *f*
– *tie beam*
54 la viga del techo
– *joist (ceiling joist)*
55 el cabrio principal (el cabrio de unión *f*)
– *principal rafter*
56 el cabrio central
– *common rafter*
57 el codillo de ángulo *m*
– *angle brace (angle tie)*
58 el tornapunta
– *brace (strut)*
59 las pinzas
– *ties*
60 la cubierta holandesa con armadura *f* de copete *m*
– *hip (hipped) roof with purlin roof structure*
61 el cabrio de unión *f* (de copete *m*)
– *jack rafter*
62 el cabio de lima tesa *f* (de la cresta)
– *hip rafter*
63 el cabrio del copete
– *jack rafter*
64 el cabrio de la lima hoya
– *valley rafter*
65 el techo de doble suspensión *f* (la armadura de doble espolón *m*)
– *queen truss*
66 la viga suspendida (la viga principal)
– *main beam*
67 la viga maestra (la jácena)
– *summer (summer beam)*
68 el pendolón
– *queen post (truss post)*
69 la tornapunta
– *brace (strut)*
70 la viga de trabazón *f*
– *collar beam (collar)*
71 el brochal
– *trimmer (*Am. *header)*
72 la armadura de cubierta *f* con huecos *m* macizados (la viga de alma *f* llena)
– *solid-web girder*
73 el tirante (la cabeza inferior)
– *lower chord*
74 el par (la cabeza superior)
– *upper chord*
75 el entablado
– *boarding*
76 el cabio (la correa)
– *purlin*
77 la pared exterior de soporte *m*
– *supporting outer wall*
78 la armadura de celosía *f*
– *roof truss*
79 el tirante (la cabeza inferior)
– *lower chord*
80 el par (la cabeza superior)
– *upper chord*
81 el poste (el pilar)
– *post*
82 la tornapunta
– *brace (strut)*
83 el soporte
– *support*
84-98 las uniones de madera *f*
– ***timber joints***
84 la mecha sencilla (unión *f* de caja *f* y espiga *f*)
– *mortise (mortice) and tenon joint*
85 la unión de espiga *f* de doble mecha *f*
– *forked mortise (mortice) and tenon joint*
86 la unión recta a media madera *f*
– *halving (halved) joint*
87 el ensamble con resalte *m*
– *simple scarf joint*
88 la unión oblicua con resalte *m* (el ensamble oblicuo con resalte *m*)
– *oblique scarf joint*
89 el ensamble a media madera *f* en cola *f* de milano *m*
– *dovetail halving*
90 el bisel con muesca *f* de encaje *m*
– *single skew notch*
91 el doble bisel de encaje *m*
– *double skew notch*
92 el clavo de madera *f*
– *wooden nail*
93 la clavija
– *pin*
94 el clavo de hierro *m* forjado
– *clout nail (clout)*
95 la punta de París (el clavo de cabeza *f* redonda)
– *wire nail*
96 la cuña de madera *f* dura
– *hardwood wedges*
97 la grapa
– *cramp iron (timber dog, dog)*
98 el perno roscado
– *bolt*

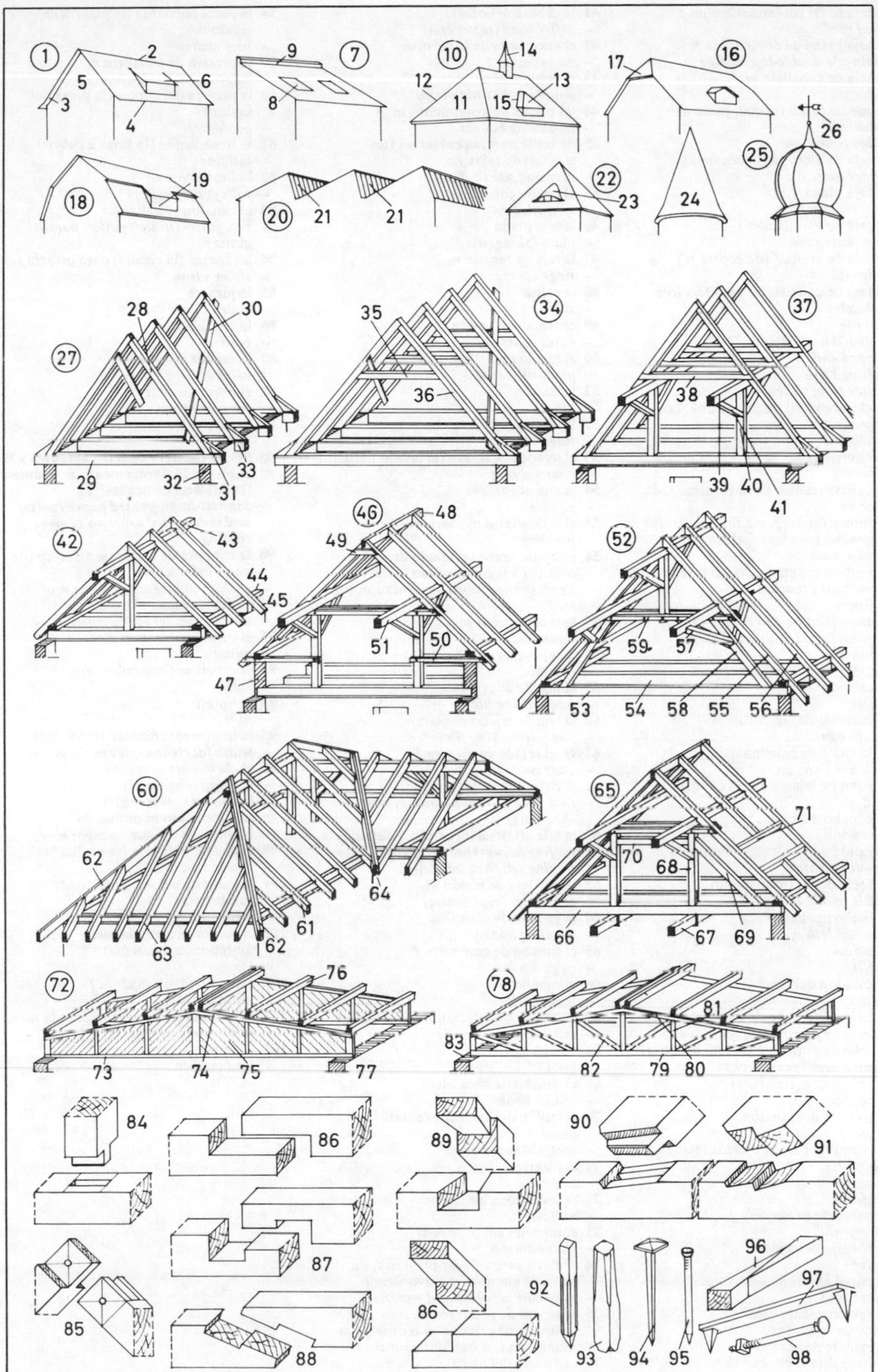
1
2
3
4
5
6
7
8
9
10
11
12
13
14
15
16
17
18
19
20
21
22
23
24
25
26
27
28
29
30
31
32
33
34
35
36
37
38
39
40
41
42
43
44
45
46
47
48
49
50
51
52
53
54
55
56
57
58
59
60
61
62
63
64
65
66
67
68
69
70
71
72
73
74
75
76
77
78
79
80
81
82
83
84
85
86
87
88
89
90
91
92
93
94
95
96
97
98

1 el tejado (la cubierta) de tejas *f*
- *tiled roof*
2 la teja plana de doble falda *f*
- *plain-tile double-lap roofing*
3 la teja de caballete *m*
- *ridge tile*
4 la media teja terminal, junto al caballete
- *ridge course tile*
5 la teja de alero *m* (la bocateja)
- *under-ridge tile*
6 la teja plana
- *plain (plane) tile*
7 la teja de ventilación *f*
- *ventilating tile*
8 la teja de cresta *f* (de copete *m*)
- *ridge tile*
9 la teja de casquete *m* para tejado *m* holandés
- *hip tile*
10 el chaflán del tejado
- *hipped end*
11 la lima hoya
- *valley (roof valley)*
12 la claraboya (el tragaluz; *Col.*: la aojada)
- *skylight*
13 la chimenea
- *chimney*
14 el cerco metálico de la chimenea, de zinc *m*
- *chimney flashing, made of sheet zinc*
15 el gancho para las escalas
- *ladder hook*
16 el soporte del enrejado paranieve
- *snow guard bracket*
17 el listón
- *battens (slating and tiling battens)*
18 el medidor de distancia *f* entre listones *m*
- *batten gauge (*Am. *gage)*
19 el cabrio
- *rafter*
20 el martillo de tejador *m*
- *tile hammer*
21 el hacha *f* de enlistonar
- *lath axe (*Am. *ax)*
22 el cubo de tejador *m* (el cuezo)
- *hod*
23 el gancho del cubo
- *hod hook*
24 la salida
- *opening (hatch)*
25 la fachada (el frontispicio)
- *gable (gable end)*
26 el listón dentado
- *toothed lath*
27 el sofito
- *soffit*
28 el canalón del tejado
- *gutter*
29 el bajante (el tubo de desagüe *m*)
- *rainwater pipe (downpipe)*
30 el tubo de entrada *f* (la embocadura)
- *swan's neck (swan-neck)*
31 la abrazadera (la brida)
- *pipe clip*
32 el soporte del canalón
- *gutter bracket*
33 la máquina para agujerear tejas *f*
- *tile cutter*
34 el andamio de trabajo *m*
- *scaffold*
35 la pared de protección *f*
- *safety wall*
36 la cornisa del tejado
- *eaves*
37 la pared exterior
- *outer wall*
38 el revestimiento exterior
- *exterior rendering*
39 el ramate de obra *f*
- *frost-resistant brickwork*
40 el cabio inferior
- *inferior purlin*
41 la cabeza del cabrio
- *rafter head (rafter end)*
42 el encofrado de la cornisa
- *eaves fascia*
43 el doble listón
- *double lath (tilting lath)*
44 las placas de aislamiento *m*
- *insulating boards*
45-60 las tejas y las cubiertas (los tejados) **de tejas** *f*
- ***tiles and tile roofings***
45 el tejado con eclisas *f*
- *split-tiled roof*
46 la teja plana
- *plain (plane) tile*
47 la teja de remate *m*
- *ridge course*
48 la eclisa
- *slip*
49 el remate del alero
- *eaves course*
50 el tejado real
- *plain-tiled roof*
51 la nariz
- *nib*
52 la teja de caballete *m*
- *ridge tile*
53 el tejado acanalado (el tejado italiano)
- *pantiled roof*
54 la teja acanalada
- *pantile*
55 el relleno con mortero *m*
- *pointing*
56 el tejado árabe (el tejado de teja *f* cóncava y teja *f* convexa)
- *Spanish-tiled roof (*Am. *mission-tiled roof)*
57 la teja de canal *m*
- *under tile*
58 la teja superior (la cobija)
- *over tile*
59 la teja de encaje *m*
- *interlocking tile*
60 la teja de tejado *m* plano
- *flat interlocking tile*
61-89 el tejado de pizarra *f*
- ***slate roof***
61 el entarimado del tejado
- *roof boards (roof boarding, roof sheathing)*
62 la tela asfáltica (el cartón asfaltado)
- *roofing paper (sheathing paper);* also: *roofing felt (*Am. *rag felt)*
63 la escalera de tejado *m*
- *cat ladder (roof ladder)*
64 el gancho de conexión *f*
- *coupling hook*
65 el gancho de cumbrera *f*
- *ridge hook*
66 el caballete
- *roof trestle*
67 la cuerda de sujeción *f* del caballete
- *trestle rope*
68 el nudo
- *knot*
69 el gancho de la escalera
- *ladder hook*
70 el tablón del andamio (el tablón puente)
- *scaffold board*
71 el pizarrero
- *slater*
72 la cajita para los clavos
- *nail bag*
73 el martillo del pizarrero
- *slate hammer*
74 el clavo para colocar pizarra *f*, un clavo de alambre *m* galvanizado
- *slate nail, a galvanized wire nail*
75 el zapato de pizarrero *m*, una alpargata de cáñamo *m* o esparto *m*
- *slater's shoe, a bast or hemp shoe*
76 la pizarra del alero
- *eaves course (eaves joint)*
77 la pieza en ángulo *m*
- *corner bottom slate*
78 la pieza corriente (la pizarra de tejado *m*)
- *roof course*
79 la pizarra de caballete *m*
- *ridge course (ridge joint)*
80 la pizarra del copete (la pieza del faldón)
- *gable slate*
81 la línea límite (la línea a cubrir)
- *tail line*
82 la lima hoya
- *valley (roof valley)*
83 el canalón rectangular
- *box gutter (trough gutter, parallel gutter)*
84 las tijeras (la cizalla) para pizarra *f*
- *slater's iron*
85 la pizarra
- *slate*
86 la espalda
- *back*
87 la cabeza
- *head*
88 el borde frontal
- *front edge*
89 la cola
- *tail*
90-103 la cubierta de tela *f* **asfáltica** y **la cubierta de fibrocemento** *m* **ondulado** (la cubierta de uralita® *f*)
- ***asphalt-impregnated paper roofing and corrugated asbestos cement roofing***
90 la cubierta de cartón *m* asfáltico (de tela *f* asfáltica)
- *asphalt-impregnated paper roof*
91 la tira [paralela al canalón]
- *width [parallel to the gutter]*
92 el canalón
- *gutter*
93 el caballete (la cumbrera)
- *ridge*
94 la unión
- *join*
95 la tira [perpendicular al canalón]
- *width [at right angles to the gutter]*
96 el clavo para el cartón
- *felt nail (clout nail)*
97 la cubierta (el techo) de fibrocemento *m* ondulado
- *corrugated asbestos cement roof*
98 la chapa ondulada (la uralita®)
- *corrugated sheet*
99 la cubierta del caballete (de la cumbrera)
- *ridge capping piece*
100 el recubrimiento (la pieza sobrepuesta, la solapa)
- *lap*
101 el tornillo para madera *f*
- *wood screw*
102 el sombrerete de zinc *m* para la lluvia
- *rust-proof zinc cup*
103 la arandela de plomo *m*
- *lead washer*

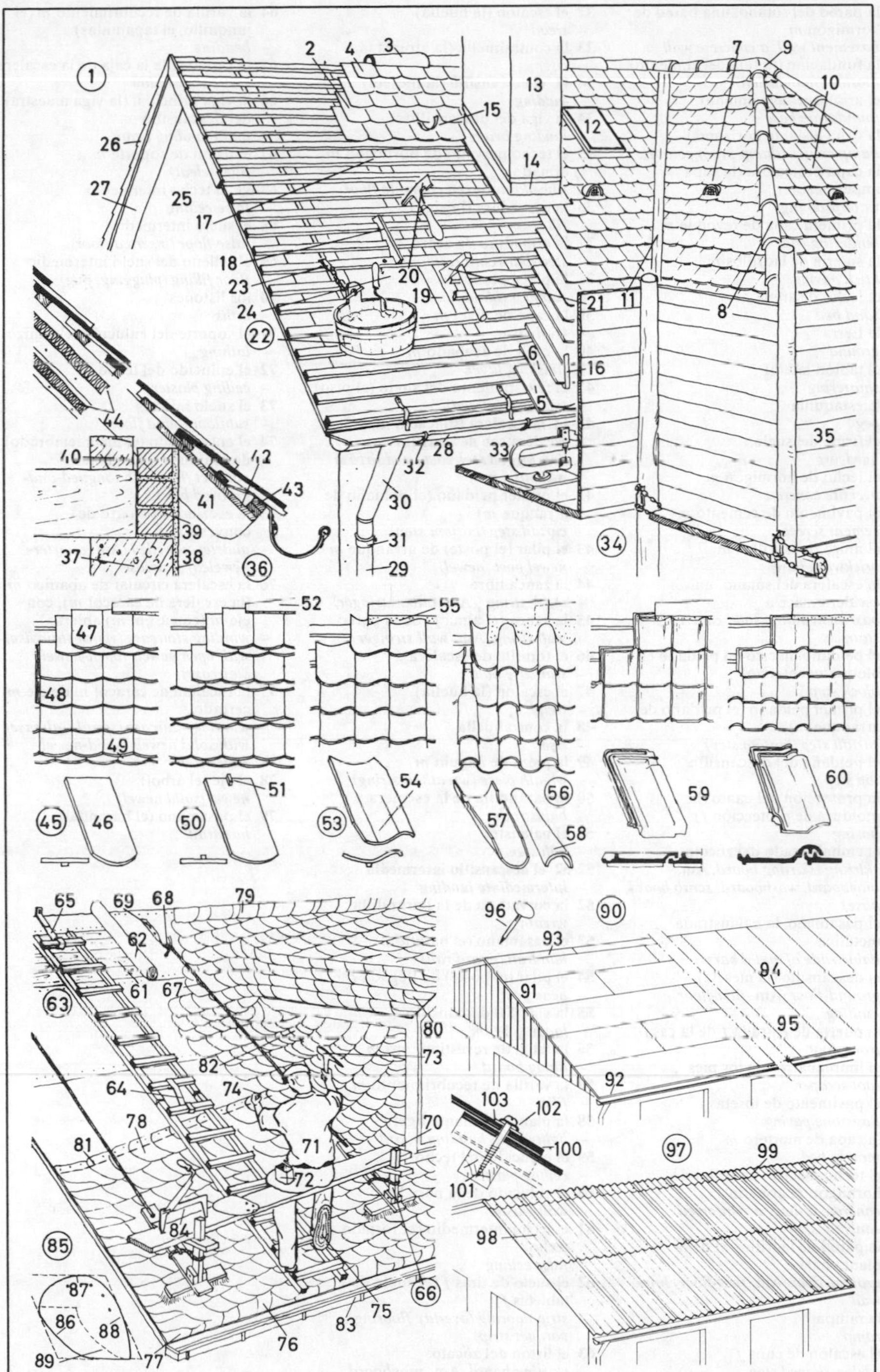

123 Construcción de suelos, techos, escaleras

1 la pared del sótano, una pared de hormigón *m*
– *basement wall, a concrete wall*
2 la fundación (la faja del cimiento)
– *footing (foundation)*
3 el arranque del cimiento
– *foundation base*
4 la capa aislante horizontal
– *damp course (damp-proof course)*
5 la capa protectora (la capa impermeable)
– *waterproofing*
6 la primera capa de revoque *m*
– *rendering coat*
7 la solería de ladrillos *m*
– *brick paving*
8 el lecho de arena *f*
– *sand bed*
9 la tierra
– *ground*
10 el tablón lateral
– *shuttering*
11 la estaquilla
– *peg*
12 el firme del suelo
– *hardcore*
13 el lecho de hormigón *m*
– *oversite concrete*
14 el pavimento de cemento *m*
– *cement screed*
15 el muro de ladrillos *m*
– *brickwork base*
16 la escalera del sótano, una escalera maciza
– *basement stairs, solid concrete stairs*
17 el peldaño macizo (el peldaño en bloque *m* enterizo)
– *block step*
18 el primer peldaño (el peldaño de arranque *m*)
– *curtail step (bottom step)*
19 el peldaño del descansillo
– *top step*
20 la protección del canto (la moldura de protección *f*)
– *nosing*
21 el embaldosado del zócalo
– *skirting (skirting board,* Am. *mopboard, washboard, scrub board, base)*
22 el pasamano, la balaustrada metálica
– *balustrade of metal bars*
23 el descansillo (la meseta)
– *ground-floor (*Am. *first-floor) landing*
24 la puerta de entrada *f* de la casa
– *front door*
25 el limpiabarros de los pies
– *foot scraper*
26 el pavimento de losetas *f*
– *flagstone paving*
27 la capa de mortero *m*
– *mortar bed*
28 el techo macizo, un techo de hormigón *m* armado
– *concrete ceiling, a reinforced concrete slab*
29 la pared de ladrillos *m* de la planta baja
– *ground-floor (*Am. *first-floor) brick wall*
30 la rampa
– *ramp*
31 el escalón de cuña *f*
– *wedge-shaped step*
32 el escalón (la huella)
– *tread*
33 la contrahuella (la altura)
– *riser*
34-41 **el descansillo** (la meseta)
– ***landing***
34 la viga del descansillo
– *landing beam*
35 el techo nervado de hormigón *m* armado
– *ribbed reinforced concrete floor*
36 la nervadura (la viga)
– *rib*
37 la armadura de acero *m*
– *steel-bar reinforcement*
38 la placa prensada
– *subfloor (blind floor)*
39 la capa de nivel *m*
– *level layer*
40 la capa de acabado *m*
– *finishing layer*
41 el revestimiento del suelo (el piso)
– *top layer (screed)*
42-44 **la escalera truncada, una escalera con descansillo *m***
– ***dog-legged staircase, a staircase without a well***
42 el primer peldaño (el peldaño de arranque *m*)
– *curtail step (bottom step)*
43 el pilar (el poste) de arranque *m*
– *newel post (newel)*
44 la zanca libre
– *outer string (*Am. *outer stringer)*
45 la zanca (el alma *f*) de la pared
– *wall string (*Am. *wall stringer)*
46 el tornillo de escalera *f*
– *staircase bolt*
47 el escalón (la huella)
– *tread*
48 la contrahuella
– *riser*
49 la pieza de ángulo *m*
– *wreath piece (wreathed string)*
50 la barandilla de la escalera
– *balustrade*
51 el balaustre
– *baluster*
52-62 **el descansillo intermedio**
– ***intermediate landing***
52 la corvadura de la barandilla
– *wreath*
53 el pasamano (el barandal)
– *handrail (guard rail)*
54 el pilar (el poste) de llegada *f*
– *head post*
55 la viga del descansillo
– *landing beam*
56 la tabla de revestimiento *m*
– *lining board*
57 la varilla de recubrimiento *m*
– *fillet*
58 la plancha aislante ligera
– *lightweight building board*
59 el enlucido del techo
– *ceiling plaster*
60 el enlucido de la pared
– *wall plaster*
61 el techo intermedio (el forjado del techo)
– *false ceiling*
62 el suelo de tiras *f* (el suelo de tabletas *f*)
– *strip flooring (overlay flooring, parquet strip)*
63 el listón del zócalo
– *skirting board (*Am. *mopboard, washboard, scrub board, base)*
64 la varilla de recubrimiento *m* (el junquillo, el tapajuntas)
– *beading*
65 la ventana de la caja de la escalera
– *staircase window*
66 la viga principal (la viga maestra) del descansillo
– *main landing beam*
67 el listón de soporte *m*
– *fillet (cleat)*
68-69 el techo intermedio
– *false ceiling*
68 el suelo intermedio
– *false floor (inserted floor)*
69 el relleno del suelo intermedio
– *floor filling (plugging, pug)*
70 los listones
– *laths*
71 el soporte del enlucido (el cañizo)
– *lathing*
72 el enlucido del techo
– *ceiling plaster*
73 el suelo falso
– *subfloor (blind floor)*
74 el entarimado (el machiembrado) de ranuras *f* y lengüetas *f*
– *parquet floor with tongued-and-grooved blocks*
75 la escalera de cuarto de conversión *f*
– *quarter-newelled (*Am. *quarter-neweled) staircase*
76 la escalera circular de abanico *m* (la escalera de caracol *m*), con eje *m* (con árbol *m*) abierto
– *winding staircase (spiral staircase) with open newels (open-newel staircase)*
77 la escalera de caracol *m* de eje *m* cerrado
– *winding staircase (spiral staircase) with solid newels (solid-newel staircase)*
78 el eje (el árbol)
– *newel (solid newel)*
79 el pasamano (el barandal)
– *handrail*

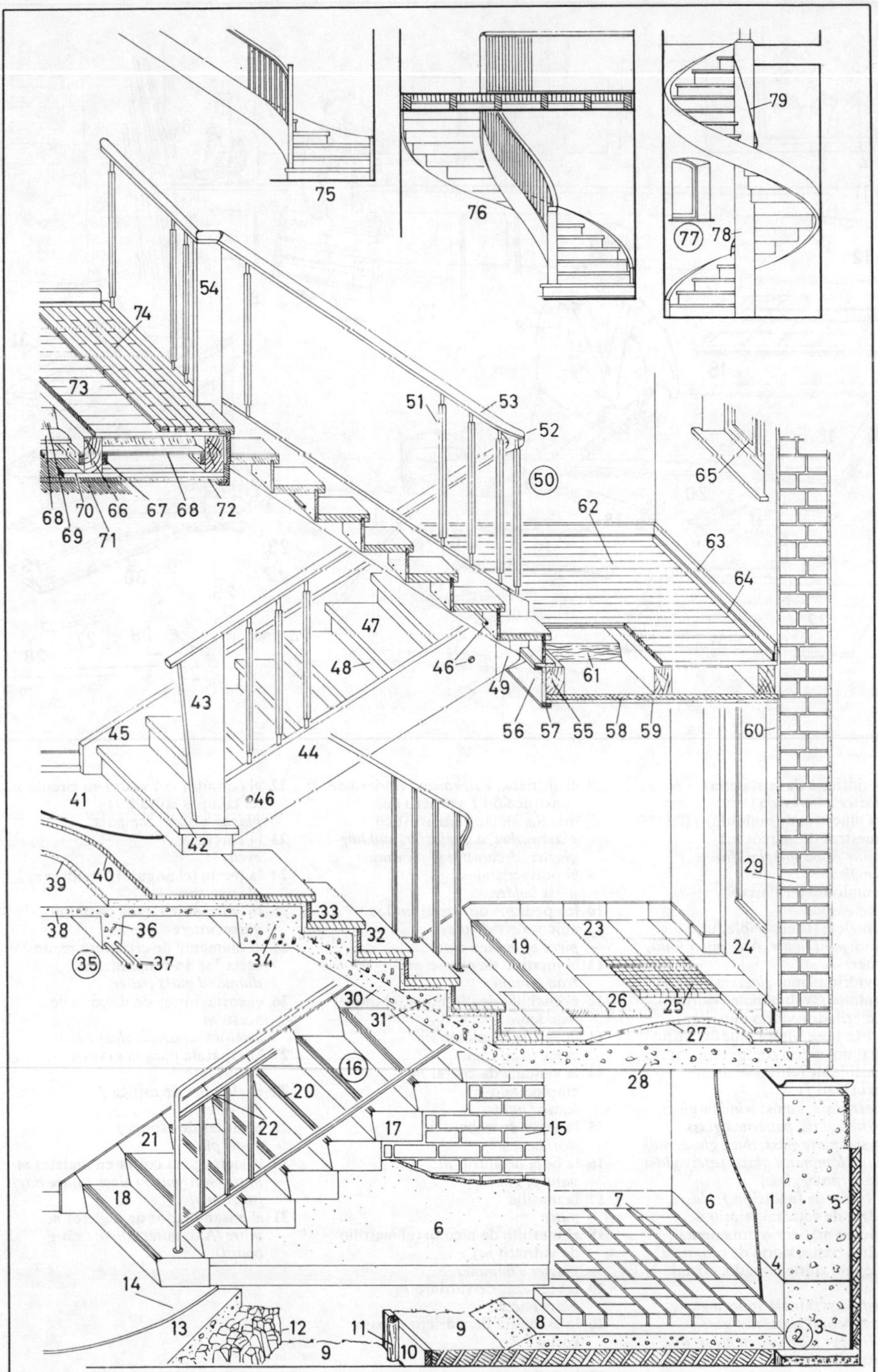
75
76
77
78
79
54
74
73
68
70
66
67
68
72
69
71
51
53
52
50
65
62
63
64
47
48
46
49
61
43
56
57
55
58
59
60
45
44
41
46
42
39
40
38
36
35
37
34
33
32
23
24
29
19
26
25
30
31
27
28
16
20
22
21
17
15
18
7
6
1
5
6
4
14
13
12
11
10
9
9
8
2
3

1 la vidriería (la cristalería)
– *glazier's workshop*
2 las muestras de molduras *f* (las muestras de marcos *m*)
– *frame wood samples (frame samples)*
3 la moldura (el marco)
– *frame wood*
4 el inglete (la ensambladura)
– *mitre joint (mitre,* Am. *miter joint, miter)*
5 el vidrio plano; *clases:* vidrio de ventana *f,* vidrio mate (vidrio esmerilado), vidrio muselina, vidrio luna, vidrio grueso, vidrio opalino, vidrio compuesto, vidrio inastillable (cristal *m* de seguridad *f*)
– *sheet glass;* kinds: *window glass, frosted glass, patterned glass, crystal plate glass, thick glass, milk glass, laminated glass (safety glass, shatterproof glass)*
6 el vidrio de fundición *f; clases:* vidrio de catedral (vidrio de colores *m*), vidrio ornamental, vidrio basto, vidrio de ojo *m* de buey *m,* vidrio armado, cristal hilado
– *cast glass;* kinds: *stained glass, ornamental glass, raw glass, bull's-eye glass, wired glass, line glass (lined glass)*
7 el montador de ingletes *m*
– *mitring (*Am. *mitering) machine*
8 el vidriero; *categorías:* vidriero de construcción *f,* vidriero de marcos *m,* vidriero artístico
– *glassworker,* e.g. *glazier, building glazier, decorative glass worker*
9 el portacristales
– *glass holder*
10 los pedazos de cristal *m* (los añicos de vidrio *m*)
– *piece of broken glass*
11 el martillo de plomo *m*
– *lead hammer*
12 el cuchillo de plomo *m* (el tingle)
– *lead knife*
13 la varilla de plomo *m*
– *came (lead came)*
14 la ventana de cristal *m* emplomado
– *leaded light*
15 la mesa de trabajo *m*
– *workbench*
16 la hoja de vidrio *m*
– *pane of glass*
17 la masilla
– *putty*
18 el martillo de pico *m* (el martillo de vidriero *m*)
– *glazier's hammer*
19 las tenazas de vidriero *m*
– *glass pliers*
20 la escuadra de vidriero *m* para cortar
– *glazier's square*
21 la regla para cortar
– *glazier's rule*
22 el cortador del vidrio en círculo *m* (el compás cortador)
– *glazier's beam compass*
23 la corcheta
– *eyelet*
24 la punta (el ángulo) de vidrio *m*
– *glazing sprig*
25-26 cortadores *m* de cristal *m*
– *glass cutters*
25 el diamante de cristalero *m,* un cortador de diamante *m*
– *diamond glass cutter*
26 el cortavidrios de disco *m* de acero *m*
– *steel-wheel (steel) glass cutter*
27 la espátula para la masilla
– *putty knife*
28 el alambre de espiga *f*
– *pin wire*
29 el alfiler de espiga *f*
– *panel pin*
30 la sierra para cortar en ingletes *m*
– *mitre (*Am. *miter) block (mitre box) [with saw]*
31 el ensamblador de ingletes *m*
– *mitre (*Am. *miter) shoot (mitre board)*

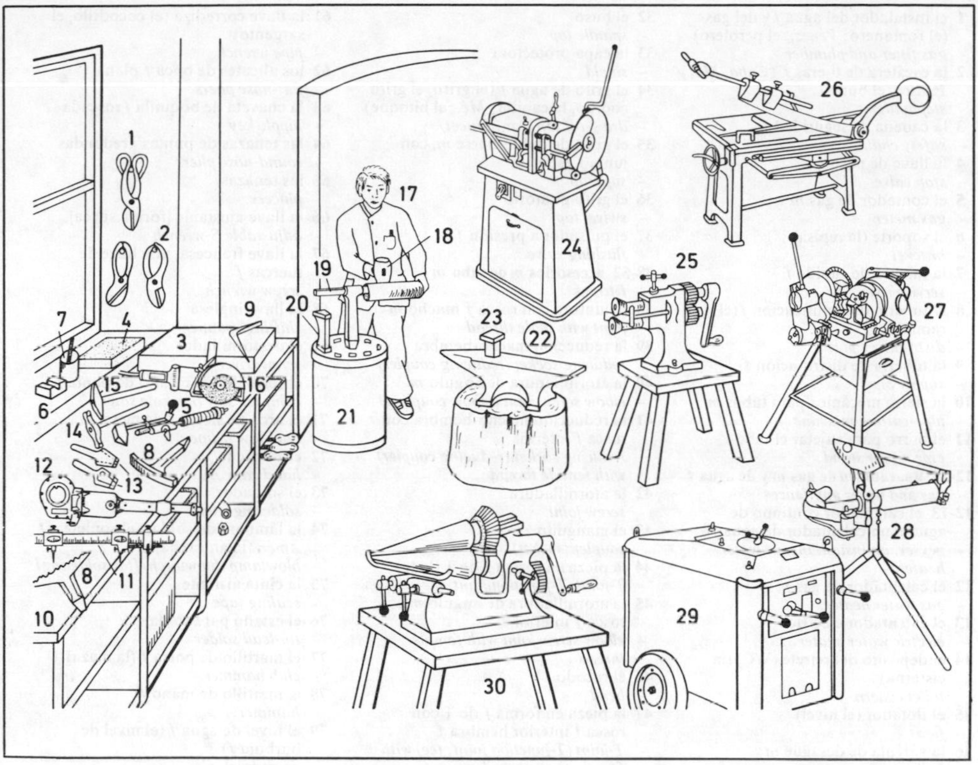

1 las tijeras para chapa *f*
– *metal shears (tinner's snips,* Am. *tinner's shears)*
2 las tijeras angulares
– *elbow snips (angle shears)*
3 la placa para enderezar
– *gib*
4 la placa para alisar
– *lapping plate*
5-7 los aparatos para soldar de gas *m* propano
– *propane soldering apparatus*
5 el soldador (el soplete de gas *m* propano, un soldador tipo martillo *m*)
– *propane soldering iron, a hatchet iron*
6 la piedra para soldar, una piedra de amoníaco *m*
– *soldering stone, a sal-ammoniac block*
7 el ácido para soldar
– *soldering fluid (flux)*
8 la bigornia, para formar bordes *m*
– *beading iron for forming reinforcement beading*
9 el escariador de ángulo *m*, un rayador
– *angled reamer*
10 el banco de trabajo *m*
– *workbench (bench)*
11 el compás de varas *f*
– *beam compass (trammel,* Am. *beam trammel)*
12 la terraja eléctrica de cojinetes *m*
– *electric hand die*
13 el sacabocados
– *hollow punch*
14 el martillo de embutir (de rebordear)
– *chamfering hammer*
15 el martillo de orlar
– *beading swage (beading hammer)*
16 la máquina para afilar y cortar
– *abrasive-wheel cutting-off machine*
17 el hojalatero (el lampista; *Venez.:* el perolero)
– *plumber*
18 el mazo
– *mallet*
19 el cuerno
– *mandrel*
20 la trancha
– *socket (tinner's socket)*
21 el tronco (el cepo)
– *block*
22 el yunque
– *anvil*
23 el tas
– *stake*
24 la sierra mecánica circular
– *circular saw (buzz saw)*
25 la máquina para enchapar, acanalar y rebordear
– *flanging, swaging, and wiring machine*
26 la cizalla para plancha *f*
– *sheet shears (guillotine)*
27 la máquina de filetear (aterrajar)
– *screw-cutting machine (thread-cutting machine, die stocks)*
28 la máquina para doblar los tubos
– *pipe-bending machine (bending machine, pipe bender)*
29 el transformador de soldadura *f*
– *welding transformer*
30 la máquina para doblar dándole a la chapa la forma de embudo *m*
– *bending machine (rounding machine) for shaping funnels*

1 el instalador del agua *f* y del gas (el fontanero; *Venez.:* el perolero)
– *gas fitter and plumber*
2 la escalera de tijeras *f* (*Cuba, Mé. y P. Rico:* el burro)
– *stepladder*
3 la cadena de seguridad *f*
– *safety chain*
4 la llave de paso *m*
– *stop valve*
5 el contador de gas *m*
– *gas meter*
6 el soporte (la repisa)
– *bracket*
7 la tubería de subida *f*
– *service riser*
8 la tubería de ramificación *f* (el ramal)
– *distributing pipe*
9 la tubería de distribución *f*
– *supply pipe*
10 la sierra mecánica para tubos *m*
– *pipe-cutting machine*
11 el burro para sujetar el tubo
– *pipe repair stand*
12-25 aparatos *m* de gas *m* y de agua *f*
– ***gas and water appliances***
12-13 el calentador continuo de agua *f*, un calentador de agua *f*
– *geyser, an instantaneous water heater*
12 el calentador de gas *m*
– *gas water heater*
13 el calentador eléctrico
– *electric water heater*
14 el depósito del retrete (WC) (la cisterna)
– *toilet cistern*
15 el flotador (el nivel)
– *float*
16 la válvula de desagüe *m*
– *bell*
17 el tubo de vaciado *m*
– *flush pipe*
18 la entrada de agua *f*
– *water inlet*
19 la palanca de servicio *m* (la manivela)
– *flushing lever (lever)*
20 el radiador
– *radiator*
21 la nervadura del radiador
– *radiator rib*
22 el sistema de dos tuberías *f*
– *two-pipe system*
23 la tubería de salida *f*
– *flow pipe*
24 la tubería de vuelta *f*
– *return pipe*
25 la estufa (el radiador) de gas *m*
– *gas heater*
26-37 grifería *f*
– ***plumbing fixtures***
26 el sifón inodoro
– *trap (anti-syphon trap)*
27 la batería mezcladora para el lavamanos
– *mixer tap* (Am. *mixing faucet*) *for washbasins*
28 el grifo de agua *f* caliente
– *hot tap*
29 el grifo de agua *f* fría
– *cold tap*
30 la ducha de tubo *m* flexible
– *extendible shower attachment*
31 el grifo de lavabo *m*
– *water tap (pillar tap) for washbasins*
32 el huso
– *spindle top*
33 la capa protectora
– *shield*
34 el grifo de agua *f* (el grifo, el grifo codillo, la canilla; *Mé.:* el bitoque)
– *draw-off tap* (Am. *faucet*)
35 el grifo de doble cierre *m*, con junta *f* especial
– *supatap*
36 el grifo giratorio
– *swivel tap*
37 el pulsador a presión *f*
– *flushing valve*
38-52 accesorios *m* de tubo *m*
– ***fittings***
38 la juntura con rosca *f* macho *m*
– *joint with male thread*
39 la reducción macho-hembra
– *reducing socket (reducing coupler)*
40 la atornilladura de ángulo *m*
– *elbow screw joint (elbow coupling)*
41 la reducción macho-hembra con rosca *f* interior
– *reducing socket (reducing coupler) with female thread*
42 la atornilladura
– *screw joint*
43 el manguito
– *coupler (socket)*
44 la pieza en forma *f* de T (la te)
– *T-joint (T-junction joint, tee)*
45 la atornilladura de ángulo *m* con rosca *f* interior
– *elbow screw joint with female thread*
46 el recodo
bend
47 la pieza en forma *f* de T con rosca *f* interior hembra *f*
– *T-joint (T-junction joint, tee) with female taper thread*
48 la juntura de techo *m*
– *ceiling joint*
49 el codo reductor
– *reducing elbow*
50 la cruz
– *cross*
51 la juntura de codo *m* con rosca *f* macho
– *elbow joint with male thread*
52 el codo
– *elbow joint*
53-57 fijación *f* de tubos *m*
– ***pipe supports***
53 la abrazadera de tubo *m*
– *saddle clip*
54 la abrazadera de espaciamiento *m*
– *spacing bracket*
55 la espiga
– *plug*
56 las abrazaderas de tubo *m* simples
– *pipe clips*
57 la abrazaderas de distanciamiento *m* de dos piezas *f* (el puente)
– *two-piece spacing clip*
58-86 herramientas *f* de instalación *f* (herramientas *f* de fontanero *m*)
– ***plumber's tools, gas fitter's tools***
58 las tenazas de gasista *m*
– *gas pliers*
59 la llave para tubos *m*
– *footprints*
60 los alicates universales
– *combination cutting pliers*
61 la llave corrediza (el cocodrilo, el sargento)
– *pipe wrench*
62 los alicates de boca *f* plana
– *flat-nose pliers*
63 la chaveta de boquilla *f* roscada
– *nipple key*
64 las tenazas de puntas *f* redondas
– *round-nose pliers*
65 las tenazas
– *pincers*
66 la llave ajustable [forma sueca]
– *adjustable S-wrench*
67 la llave francesa, una llave de tuercas *f*
– *screw wrench*
68 la llave inglesa
– *shifting spanner*
69 el destornillador
– *screwdriver*
70 el serrucho de calar o de punta *f*
– *compass saw (keyhole saw)*
71 el arco de sierra *f* de metal *m*
– *hacksaw frame*
72 el serrucho
– *hand saw*
73 el soldador
– *soldering iron*
74 la lámpara de soldar (el soplete; *Amér.:* la antorcha)
– *blowlamp (blowtorch) [for soldering]*
75 la cinta aislante
– *sealing tape*
76 el estaño para soldar
– *tin-lead solder*
77 el martillo de porra *f* (la maza)
– *club hammer*
78 el martillo de mano *f*
– *hammer*
79 el nivel de agua *f* (el nivel de burbuja *f*)
– *spirit level*
80 el tornillo de banco *m* de cerrajero *m*
– *steel-leg vice* (Am. *vise*)
81 el tornillo de banco *m* para tubos *m* (el sujetatubos)
– *pipe vice* (Am. *vise*)
82 la curvadora de tubos *m*
– *pipe-bending machine*
83 la forma curvada (la cimbra)
– *former (template)*
84 el cortatubos
– *pipe cutter*
85 la terraja de cojinetes *m*
– *hand die*
86 la máquina de terrajar
– *screw-cutting machine (thread-cutting machine)*

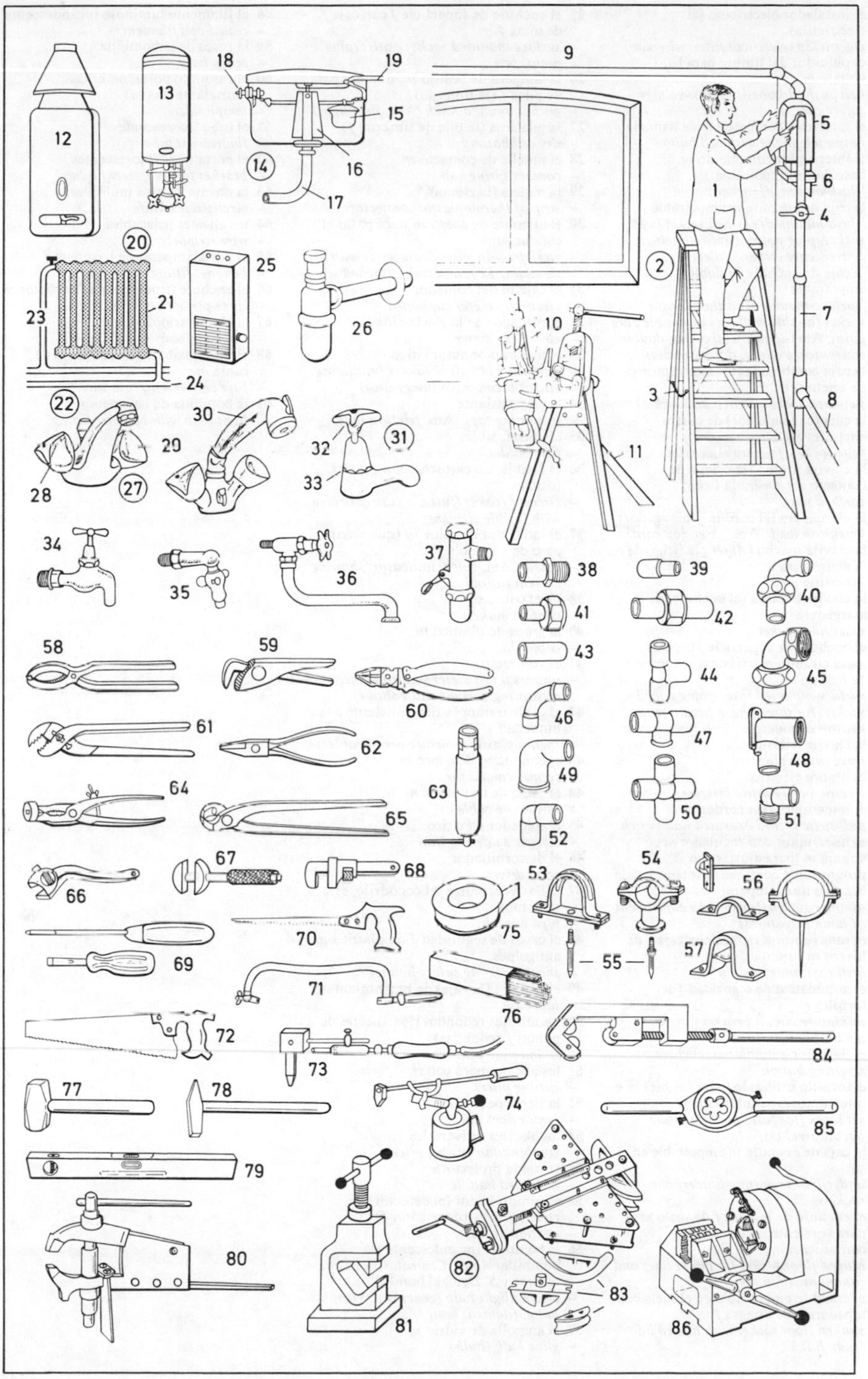
1
2
3
4
5
6
7
8
9
10
11
12
13
14
15
16
17
18
19
20
21
22
23
24
25
26
27
28
30
31
32
33
34
35
36
37
38
39
40
41
42
43
44
45
46
47
48
49
50
51
52
53
54
55
56
57
58
59
60
61
62
63
64
65
66
67
68
69
70
71
72
73
74
75
76
77
78
79
80
81
82
83
84
85
86

1 el instalador-electricista (el electricista)
– *electrician (electrical fitter, wireman)*
2 el pulsador del timbre para bajo voltaje *m*
– *bell push (doorbell) for low-voltage safety current*
3 el interfono con botón *m* de llamada *f*
– *house telephone with call button*
4 el interruptor con mando *m* basculante empotrable
– *[flush-mounted] rocker switch*
5 la caja de enchufe *m* empotrable
– *[flush-mounted] earthed socket (wall socket, plug point,* Am. *wall outlet, convenience outlet, outlet)*
6 la caja de enchufe *m* doble empotrable
– *[surface-mounted] earthed double socket (double wall socket, double plug point,* Am. *double wall outlet, double convenience outlet, double outlet)*
7 la caja combinada (un interruptor y un enchufe)
– *switched socket (switch and socket)*
8 la caja (el adaptador) de cuatro enchufes *m*
– *four-socket (four-way) adapter*
9 la clavija macho (la clavija de contacto *m; Amér.:* la ficha)
– *earthed plug*
10 la alargadera (el cordón prolongador)
– *extension lead* (Am. *extension cord)*
11 la clavija macho (*Amér.:* la ficha) de la alargadera
– *extension plug*
12 la clavija hembra (el enchufe) de la alargadera
– *extension socket*
13 el enchufe de superficie *f* tripolar [para circuito *m* trifásico] con toma *f* de tierra *f*
– *surface-mounted three-pole earthed socket [for three-phase circuit] with neutral conductor*
14 la clavija trifásica
– *three-phase plug*
15 el timbre eléctrico
– *electric bell (electric buzzer)*
16 el interruptor con cordón *m*
– *pull-switch (cord-operated wall switch)*
17 el interruptor con regulador *m* de voltaje *m* [para ajustar con progresión *f* continua la intensidad de luz *f* de una lámpara]
– *dimmer switch [for smooth adjustment of lamp brightness]*
18 el interruptor giratorio con caja *f* de hierro *m* fundido
– *drill-cast rotary switch*
19 el automático de seguridad *f* de tornillo *m*
– *miniature circuit breaker (screw-in circuit breaker, fuse)*
20 el pulsador automático (el chivato)
– *resetting button*
21 el tornillo calibrado [para fusibles *m* e interruptores *m* automáticos]
– *set screw [for fuses and miniature circuit breakers]*
22 la caja de enchufe *m* empotrable en el suelo
– *underfloor mounting (underfloor sockets)*
23 el enchufe de bisagra *f* de suelo *m* para corriente *f* y líneas *f* de comunicación *f*
– *hinged floor socket for power lines and communication lines*
24 el enchufe empotrable en el suelo con tapadera *f* de bisagra *f*
– *sunken floor socket with hinged lid (snap lid)*
25 el enchufe de superficie *f* con caja *f* de toma *f*
– *surface-mounted socket outlet (plug point) box*
26 la lámpara de bosillo *m*, una lámpara de pilas *f* (la linterna)
– *pocket torch, a torch* (Am. *flashlight)*
27 la pila seca (la pila de linterna *f*)
– *dry cell battery*
28 el muelle de contacto *m*
– *contact spring*
29 la regleta (la clema)
– *strip of thermoplastic connectors*
30 el alambre de acero *m* para pasar el conductor
– *steel draw-in wire (draw wire) with threading key, and ring attached*
31 el cajetín del contador
– *electricity meter cupboard*
32 el contador de la electricidad
– *electricity meter*
33 el interruptor automático
– *miniature circuit breakers (miniature circuit breaker consumer unit)*
34 la cinta aislante
– *insulating tape* (Am. *friction tape)*
35 el portafusibles
– *fuse holder*
36 el fusible, un cartucho con pieza *f* fusible
– *circuit breaker (fuse), a fuse cartridge with fusible element*
37 el indicador de color *m* (que señala el paso de corriente *f*)
– *colour* (Am. *color) indicator [showing current rating]*
38-39 el contacto
– *contact maker*
40 la grapa de plástico *m*
– *cable clip*
41 el voltímetro
– *universal test meter (multiple meter for measuring current and voltage)*
42 el cable termoplástico resistente a la humedad
– *thermoplastic moisture-proof cable*
43 el conductor de cobre *m*
– *copper conductor*
44 el cable de tres polos *m*
– *three-core cable*
45 el soldador eléctrico
– *electric soldering iron*
46 el destornillador
– *screwdriver*
47 la llave corrediza (el cocodrilo, el sargento)
– *pipe wrench*
48 el casco de seguridad *f* de plástico *m* antigolpes
– *shock-resisting safety helmet*
49 el maletín (la caja) de herramientas *f*
– *tool case*
50 los alicates redondos (los alicates de puntas *f* redondas)
– *round-nose pliers*
51 los alicates para cortar
– *cutting pliers*
52 la sierra pequeña
– *junior hacksaw*
53 los alicates universales
– *combination cutting pliers*
54 la funda protectora
– *insulated handle*
55 el comprobador (el detector) de electricidad *f* (de tensión *f*)
– *continuity tester*
56 la bombilla incandescente (la bombilla; *Amér. Central, Col., Pan., P. Rico y S. Dgo.:* el bombillo)
– *electric light bulb (general service lamp, filament lamp)*
57 la ampolla de vidrio *m*
– *glass bulb (bulb)*
58 el filamento luminoso incandescente
– *coiled-coil filament*
59 la rosca de la bombilla
– *screw base*
60 el casquillo portabombillas (portalámparas *m*)
– *lampholder*
61 el tubo fluorescente
– *fluorescent tube*
62 el portatubos fluorescentes
– *bracket for fluorescent tubes*
63 la navaja de usos múltiples
– *electrician's knife*
64 los alicates pelacables
– *wire strippers*
65 el portalámparas de bayoneta *f*
– *bayonet fitting*
66 el enchufe tripolar con interruptor *m*
– *three-pin socket with switch*
67 la clavija tripolar
– *three-pin plug*
68 el portafusibles con fusible *m* de cable *m*
– *fuse carrier with fuse wire*
69 la bombilla de bayoneta *f*
– *light bulb with bayonet fitting*

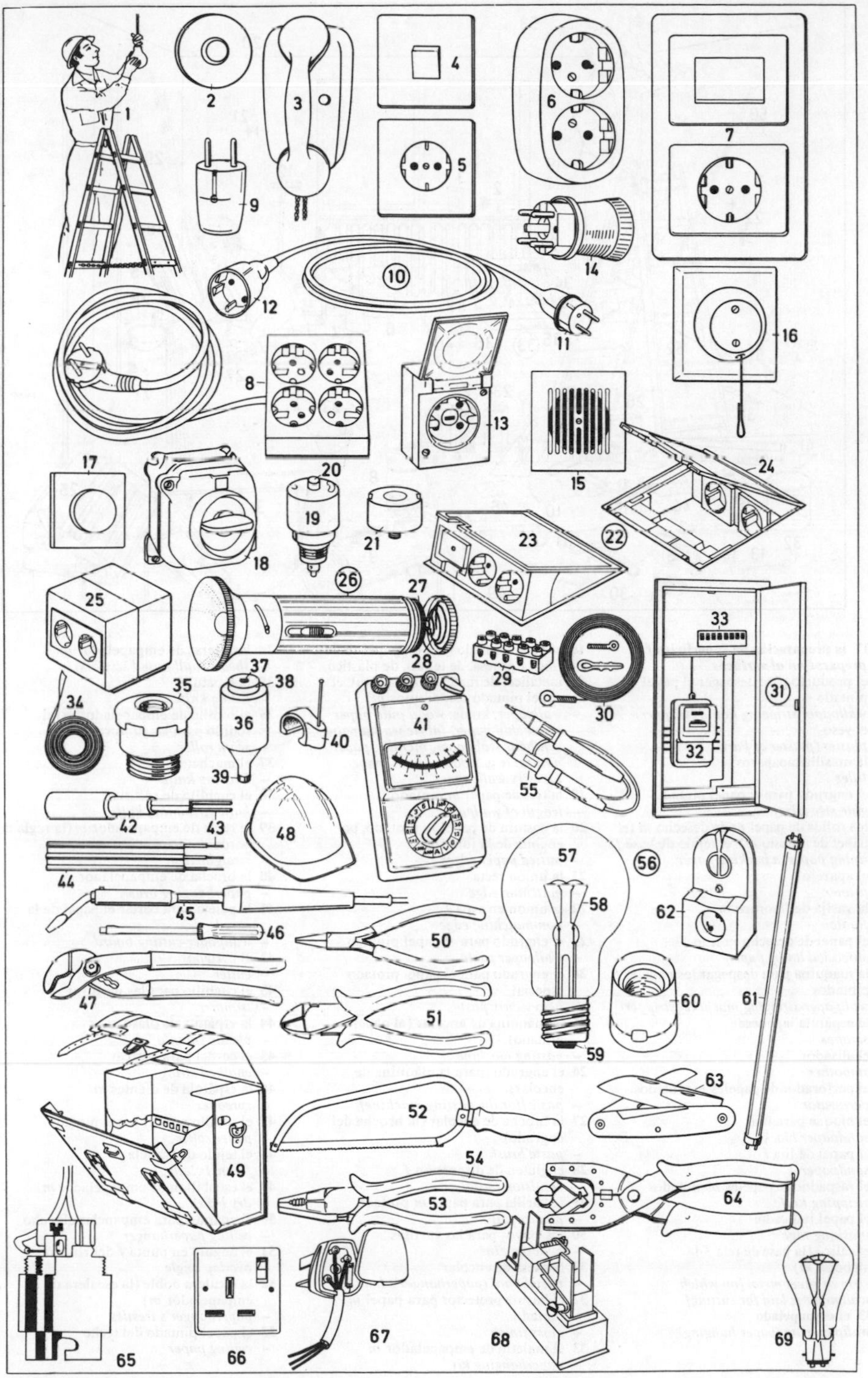
1
2
3
4
5
6
7
8
9
10
11
12
13
14
15
16
17
18
19
20
21
22
23
24
25
26
27
28
29
30
31
32
33
34
35
36
37
38
39
40
41
42
43
44
45
46
47
48
49
50
51
52
53
54
55
56
57
58
59
60
61
62
63
64
65
66
67
68
69

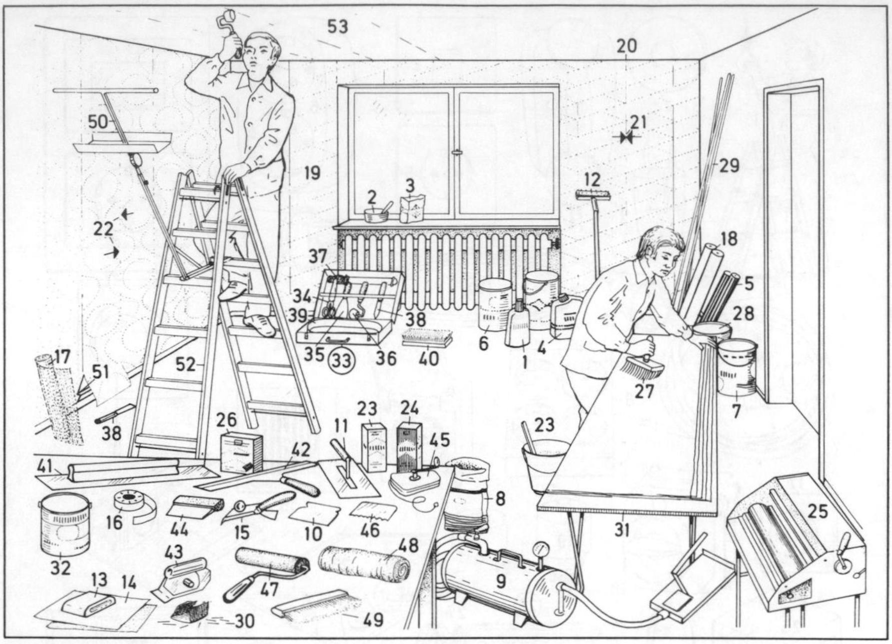

1-17 la preparación de superficies *f*
– ***preparation of surfaces***
1 el producto para despegar el papel pintado
– *wallpaper-stripping liquid (stripper)*
2 el yeso
– *plaster (plaster of Paris)*
3 la masilla tapaporos
– *filler*
4 el engrudo para el papel pintado
– *glue size (size)*
5 los rollos de papel *m* de desecho *m* (el papel de apresto *m*), el tejido de base *f*
– *lining paper, a backing paper*
6 el aparejo
– *primer*
7 la vasija de fluoruro *m*
– *fluate*
8 el papel de desecho *m* fino
– *shredded lining paper*
9 la máquina para despegar los papeles pintados
– *wallpaper-stripping machine (stripper)*
10 la espátula japonesa
– *scraper*
11 el alisador
– *smoother*
12 el perforador de papeles *m* pintados
– *perforator*
13 el bloque para lijar
– *sandpaper block*
14 el papel de lija *f*
– *sandpaper*
15 el raspador de papeles *m* pintados
– *stripping knife*
16 el papel indicador
– *masking tape*
17 el calicó (la base de tela *f* de algodón *m*)
– *strip of sheet metal [on which wallpaper is laid for cutting]*
18-53 el empapelado
– ***wallpapering*** *(paper hanging)*
18 el papel pintado (*clases:* papel *m* de fibra *f* gruesa, de tejido, de plástico, metálico, de material *m* natural, el papel pintado con dibujos *m*)
– *wallpaper;* kinds: *wood pulp paper, wood chip paper, fabric wallhangings, synthetic wallpaper, metallic paper, natural* (e.g. *wood or cork) paper, tapestry wallpaper*
19 la tira de papel *m* pintado
– *length of wallpaper*
20 la costura de papel *m* pintado, por encima de la juntura
– *butted paper edges*
21 la unión recta
– *matching edge*
22 la unión en aspa *f*
– *non-matching edge*
23 el engrudo para el papel pintado
– *wallpaper paste*
24 el engrudo para el papel pintado especial
– *heavy-duty paste*
25 la máquina de encolar (el papel pintado)
– *pasting machine*
26 el engrudo (para la máquina de encolar)
– *paste [for the pasting machine]*
27 la brocha de encolar (la brocha del engrudo)
– *paste brush*
28 el gluten de dispersión *f*
– *emulsion paste*
29 la varilla para papel *m* pintado
– *picture rail*
30 los clavos para las varillas
– *beading pins*
31 la mesa de encolar
– *pasteboard (paperhanger's bench)*
32 el barniz protector para papel *m* pintado
– *gloss finish*
33 el maletín de empapelador *m*
– *paperhanging kit*
34 las tijeras de empapelador *m*
– *shears (bull-nosed scissors)*
35 la espátula
– *filling knife*
36 el rodillo de empapelador *m* (el rodillo para las junturas)
– *seam roller*
37 el machete
– *hacking knife*
38 el cuchillo de recortar
– *knife (trimming knife)*
39 la regla de empapelador *m* (la regla de borde *m* recto)
– *straightedge*
40 la brocha de empapelador *m*
– *paperhanging brush*
41 la paleta para cortar el papel de la pared
– *wallpaper-cutting board*
42 el cortador
– *cutter*
43 el cuchillo para las junturas
– *trimmer*
44 la espátula de plástico *m*
– *plastic spatula*
45 el cordel para marcar
– *chalked string*
46 la espátula de dientes *m*
– *spreader*
47 el rodillo para el papel pintado
– *paper roller*
48 el tejido de franela *f*
– *flannel cloth*
49 el escobillón de empapelador *m*
– *dry brush*
50 el aparato para empapelar el techo
– *ceiling paperhanger*
51 el ángulo en punta *f* del rincón
– *overlap angle*
52 la escalera doble (la escalera de empapelador *m*)
– *paperhanger's trestles*
53 el papel pintado del techo
– *ceiling paper*

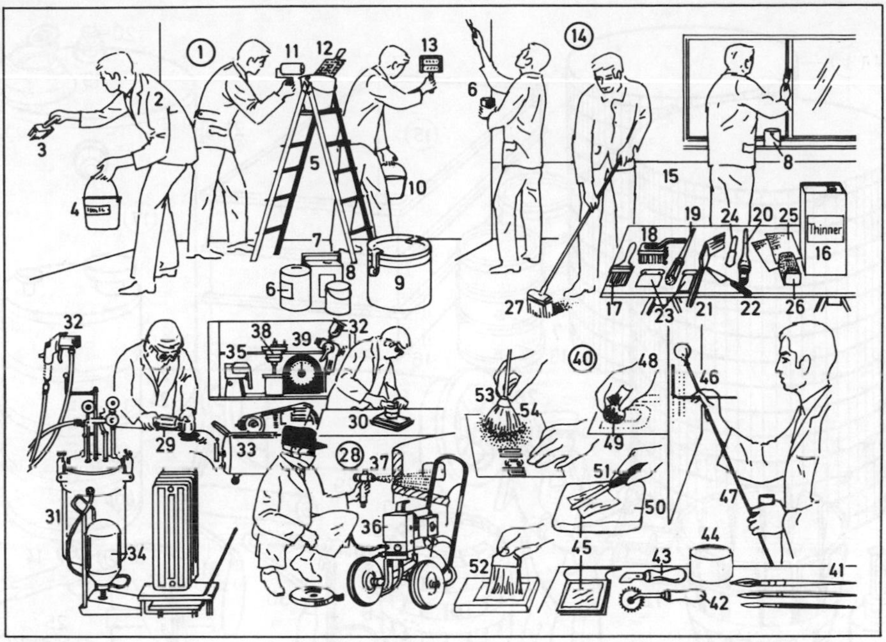

1 la pintura
– ***painting***
2 el pintor
– *painter*
3 la brocha de recubrir
– *paintbrush*
4 la pintura de dispersión *f*
– *emulsion paint (emulsion)*
5 la escalera plegable (la escalera doble)
– *stepladder*
6 el bote de pintura *f*
– *can (tin) of paint*
7-8 las latas de pintura *f*
– *cans (tins) of paint*
7 la lata con mango *m* (con empuñadura *f*)
– *can (tin) with fixed handle*
8 la lata con asa *f*
– *paint kettle*
9 el barril de pintura *f*
– *drum of paint*
10 el cubo de pintura *f*
– *paint bucket*
11 el rodillo de pintar
– *paint roller*
12 la rejilla raspadora
– *grill [for removing excess paint from the roller]*
13 el rodillo para granear
– *stippling roller*
14 el barnizado
– ***varnishing***
15 el zócalo pintado con óleo *m*
– *oil-painted dado*
16 el bidón de disolvente *m*
– *canister for thinner*
17 la brocha plana (para superficies *f*)
– *flat brush for larger surfaces (flat wall brush)*
18 la brocha de motear
– *stippler*
19 el pincel redondo
– *fitch*
20 el pincel para resaltar los contornos
– *cutting-in brush*
21 el pincel para los radiadores
– *radiator brush (flay brush)*
22 la espátula de pintor *m*
– *paint scraper*
23 la espátula japonesa (el raspador)
– *scraper*
24 el cuchillo para la masilla
– *putty knife*
25 el papel de lija *f*
– *sandpaper*
26 el bloque para lijar
– *sandpaper block*
27 el cepillo para el suelo
– *floor brush*
28 el pulimento y la pintura con pistola *f* (el pulverizado)
– ***sanding and spraying***
29 la lijadora
– *grinder*
30 la lijadora orbital
– *sander*
31 el depósito del aire
– *pressure pot*
32 la pistola de pulverización *f*
– *spray gun*
33 el compresor
– *compressor (air compressor)*
34 el aparato para rellenar de agua *f* los radiadores
– *flow coating machine for flow coating radiators, etc.*
35 la pistola pulverizadora de mano *f*
– *hand spray*
36 el equipo de pulverizar sin aire *m*
– *airless spray unit*
37 la pistola pulverizadora sin aire *m*
– *airless spray gun*
38 el cubilete de salida *f* para medir la viscosidad
– *efflux viscometer*
39 el cuentasegundos
– *seconds timer*
40 la inscripción y el dorado
– ***lettering and gilding***
41 el pincel para las letras
– *lettering brush (signwriting brush, pencil)*
42 la ruleta para calcar
– *tracing wheel*
43 el cuchillo para plantillas *f*
– *stencil knife*
44 el aceite de aplique *m*
– *oil gold size*
45 el oro de aplique *m* (el oro en hojas *f*, la hoja de oro *m*)
– *gold leaf*
46 el trazado de los contornos
– *outline drawing*
47 el bastón de pintura *f*
– *mahlstick*
48 el pulimento del dibujo
– *pouncing*
49 la bolsa de calco *m*
– *pounce bag*
50 la almohadilla para el oro
– *gilder's cushion*
51 el cuchillo para el oro
– *gilder's knife*
52 el cepillo para coger las hojas de oro *m*
– *sizing gold leaf*
53 el relleno de las letras con pintura *f* granulada
– *filling in the letters with stipple paint*
54 el pincel de dorador (el pincel de motear)
– *gilder's mop*

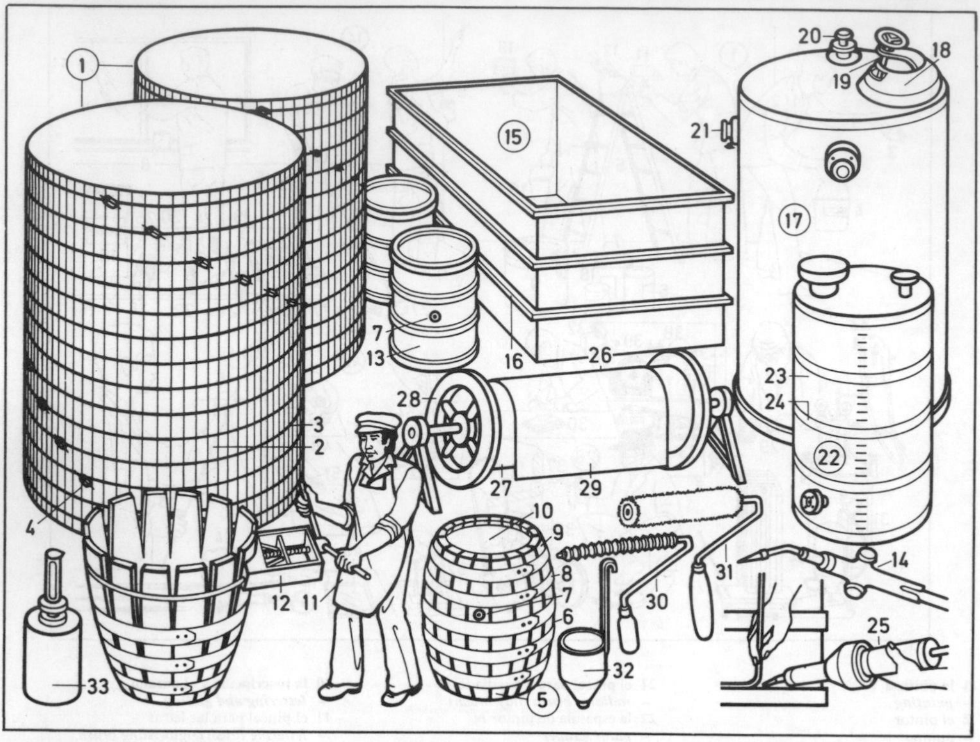

1-33 la tonelería y la construcción de depósitos *m*
- ***cooper's and tank construction engineer's workshops***

1 la cuba
- *tank*

2 la circunferencia hecha de duelas *f*
- *circumference made of staves (staved circumference)*

3 el aro metálico (el cincho)
- *iron rod*

4 el tensor
- *turnbuckle*

5 el tonel (el barril)
- *barrel (cask)*

6 el cuerpo del barril
- *body of barrel (of cask)*

7 el agujero del barril (el canillero)
- *bunghole*

8 el aro del barril (el cincho)
- *band (hoop) of barrel*

9 la duela
- *barrel stave*

10 el tímpano
- *barrelhead (heading)*

11 el tonelero
- *cooper*

12 el gato de armar
- *trusser*

13 el bidón metálico
- *drum*

14 el soplete de soldar autógeno
- *gas welding torch*

15 la cuba de pintura *f* de materia *f* termoplástica
- *staining vat made of thermoplastics*

16 el cerco de refuerzo *m* perfilado
- *iron reinforcing bands*

17 el depósito de bodega *f*, hecho de resina *f* de poliéster *m* reforzada con fibra *f* de vidrio *m*
- *storage container, made of glass fibre (Am. glass fiber) reinforced polyester resin*

18 el agujero de entrada *f*
- *manhole*

19 la tapadera del agujero de entrada *f* con *f* rueda de rosca *f*
- *manhole cover with handwheel*

20 el soporte para brida *f*
- *flange mount*

21 el obturador
- *flange-type stopcock*

22 el depósito graduado
- *measuring tank*

23 la envoltura (la pared)
- *shell (circumference)*

24 la virola
- *shrink ring*

25 la pistola de aire *m* caliente
- *hot-air gun*

26 el tubo de resina *f* sintética reforzada con fibra *f* de vidrio *m*
- *roller made of glass fibre (Am. glass fiber) reinforced synthetic resin*

27 el cilindro
- *cylinder*

28 el disco de soporte *m* del cilindro
- *flange*

29 el tejido de fibra *f* de vidrio *m*
- *glass cloth*

30 el cilindro acanalado
- *grooved roller*

31 el rodillo de piel *f* de cordero *m*
- *lambskin roller*

32 el cazo para medir la viscosidad
- *ladle for testing viscosity*

33 el dosificador del endurecedor
- *measuring vessel for hardener*

1-25 el taller de peletero *m*
– ***furrier's workroom***
1 el peletero
– *furrier*
2 la pistola pulverizadora de vapor *m*
– *steam spray gun*
3 la plancha de vapor *m*
steam iron
4 la máquina de sacudir
– *beating machine*
5 la máquina de cortar para alargar las pieles
– *cutting machine for letting out furskins*
6 la piel no cortada
– *uncut furskin*
7 la piel cortada en tiras *f*
– *let-out strips (let-out sections)*
8 la trabajadora de la piel (la peletera; la costurera de piel *f*)
– *fur worker*
9 la máquina de coser las pieles
– *fur-sewing machine*
10 el ventilador
– *blower for letting out*
11-21 pieles *m*
– *furskins*
11 la piel de visón *m*
– *mink skin*
12 la flor del cuero (la cara del pelo, el lado del pelo)
– *fur side*
13 el lado del cuero
– *leather side*
14 la piel cortada
– *cut furskin*
15 la piel de lince *m* antes de ser alargada
– *lynx skin before letting out*
16 la piel de lince *m* alargada
– *let-out lynx skin*
17 la flor del cuero (la cara del pelo, el lado del pelo)
– *fur side*
18 el lado del cuero
– *leather side*
19 la piel de visón *m* alargada
– *let-out mink skin*
20 la piel de lince *m* empalmada
– *lynx fur, sewn together (sewn)*
21 la piel de astracán *m* (de breitschwanz *m*)
– *broadtail*
22 la puntilla para la piel
– *fur marker*
23 la trabajadora de la piel (la cortadora de la piel; la peletera)
– *fur worker*
24 el abrigo de visón *m*
– *mink coat*
25 el abrigo de ocelote *m*
– *ocelot coat*

1-73 el taller de carpintero *m* (la carpintería)
– ***joiner's workshop***
1-28 las herramientas de carpintero *m*
– ***joiner's tools***
1 la escofina de madera *f*
– *wood rasp*
2 la escofina de media caña *f*
– *wood file*
3 el serrucho de calar (el serrucho de punta *f*)
– *compass saw (keyhole saw)*
4 la manija del serrucho
– *saw handle*
5 el mazo de madera *f* cuadrado
– *[square-headed] mallet*
6 la escuadra de carpintero *m*
– *try square*
7-11 formón *m* **de carpintero** *m*
– ***chisels***
7 el escoplo de alfajía *f*
– *bevelled-edge chisel (chisel)*
8 el escoplo para agujeros *m* (el escoplo de fijas *f*)
– *mortise (mortice) chisel*
9 la gubia
– *gouge*
10 el mango
– *handle*
11 el escoplo en bisel *m*
– *framing chisel (cant chisel)*
12 el pote para hacer la cola al baño de María
– *glue pot in water bath*
13 el bote con cola *f*, un bote con cola *f* de carpintero *m* (*Col. y Mé.*: un bote con aguacola *f*)
– *glue pot (glue well), an insert for joiner's glue*
14 la prensa de tornillo *m* (el sargento)
– *handscrew*
15-28 cepillos *m* **de carpintero** *m*
– ***planes***
15 el cepillo de alisar (*Chile:* el rodón)
– *smoothing plane*
16 el cepillo de desbastar
– *jack plane*
17 el cepillo dentado
– *toothing plane*
18 la empuñadura
– *handle (toat)*
19 la cuña
– *wedge*
20 el hierro (la cuchilla del cepillo)
– *plane iron (cutter)*
21 el hueco de la cuña
– *mouth*
22 la suela (el talón)
– *sole*
23 la parte lateral
– *side*
24 el zoquete (la caja)
– *stock (body)*
25 el cepillo de molduras *f* (el cepillo bocel)
– *rebate (rabbet) plane*
26 la guimbarda
– *router plane (old woman's tooth)*
27 la raedera
– *spokeshave*
28 el cepillo combado (el cepillo en forma *f* de barco *m*)
– *compass plane*
29-37 el banco de carpintero *m*
– ***woodworker's bench***
29 el pie
– *foot*
30 el torno frontal
– *front vice (*Am. *vise)*
31 el tornillo del torno con mango *m*
– *vice (*Am. *vise) handle*
32 el husillo
– *vice (*Am. *vise) screw*
33 la mandíbula del torno
– *jaw*
34 la plataforma del banco
– *bench top*
35 el herramental
– *well*
36 el gancho (la uña) del banco (el hierro del banco)
– *bench stop (bench holdfast)*
37 el torno trasero
– *tail vice (*Am. *vise)*
38 el carpintero
– *cabinet maker (joiner)*
39 la garlopa
– *trying plane*
40 las virutas (*Amér. Central:* los colochos)
– *shavings*
41 el tornillo para madera *f*
– *wood screw*
42 el triscador
– *saw set*
43 la caja para cortar en inglete *m*
– *mitre (*Am. *miter) box*
44 el serrucho, un serrucho de costilla *f*
– *tenon saw*
45 la cepilladora de regrosar (de poner a grueso *m*) las maderas
– *thicknesser (thicknessing machine)*
46 la mesa de cepillado *m*, la mesa con los rodillos
– *thicknessing table with rollers*
47 la defensa contra el retroceso
– *kick-back guard*
48 el colector de virutas *f* con aspirador *m*
– *chip-extractor opening*
49 la fresadora de cadena *f*
– *chain mortising machine (chain mortiser)*
50 la cadena fresadora sin fin *m*
– *endless mortising chain*
51 el dispositivo de fijación *f* de la madera (la abrazadera)
– *clamp (work clamp)*
52 la máquina fresadora de nudo *m*
– *knot hole moulding (*Am. *molding) machine*
53 la fresa de nudo *m*
– *knot hole cutter*
54 el mandril de sujeción *f* rápido
– *quick-action chuck*
55 la palanca de mano *f*
– *hand lever*
56 la palanca de cambio *m*
– *change-gear handle*
57 la sierra circular para cantear y dar la forma
– *sizing and edging machine*
58 el interruptor principal (el botón de mando *m*)
– *main switch*
59 la hoja de la sierra circular
– *circular-saw (buzz saw) blade*
60 el volante de regulación *f* de la altura
– *height (rise and fall) adjustment wheel*
61 la guía prismática
– *V-way*
62 la mesa para encuadrar la madera
– *framing table*
63 el brazo de extensión *f*
– *extension arm (arm)*
64 la mesa de cantear
– *trimming table*
65 la guía de ingletes *m*
– *fence*
66 el volante para regular la guía
– *fence adjustment handle*
67 la palanca de sujeción *f*
– *clamp lever*
68 la sierra circular para tableros *m*
– *board-sawing machine*
69 el motor móvil (el motor basculante)
– *swivel motor*
70 el dispositivo fijador de los tableros
– *board support*
71 el carro de la sierra
– *saw carriage*
72 el pedal para levantar los rodillos transportadores
– *pedal for raising the transport rollers*
73 el tablero de carpintería *f*
– *block board*

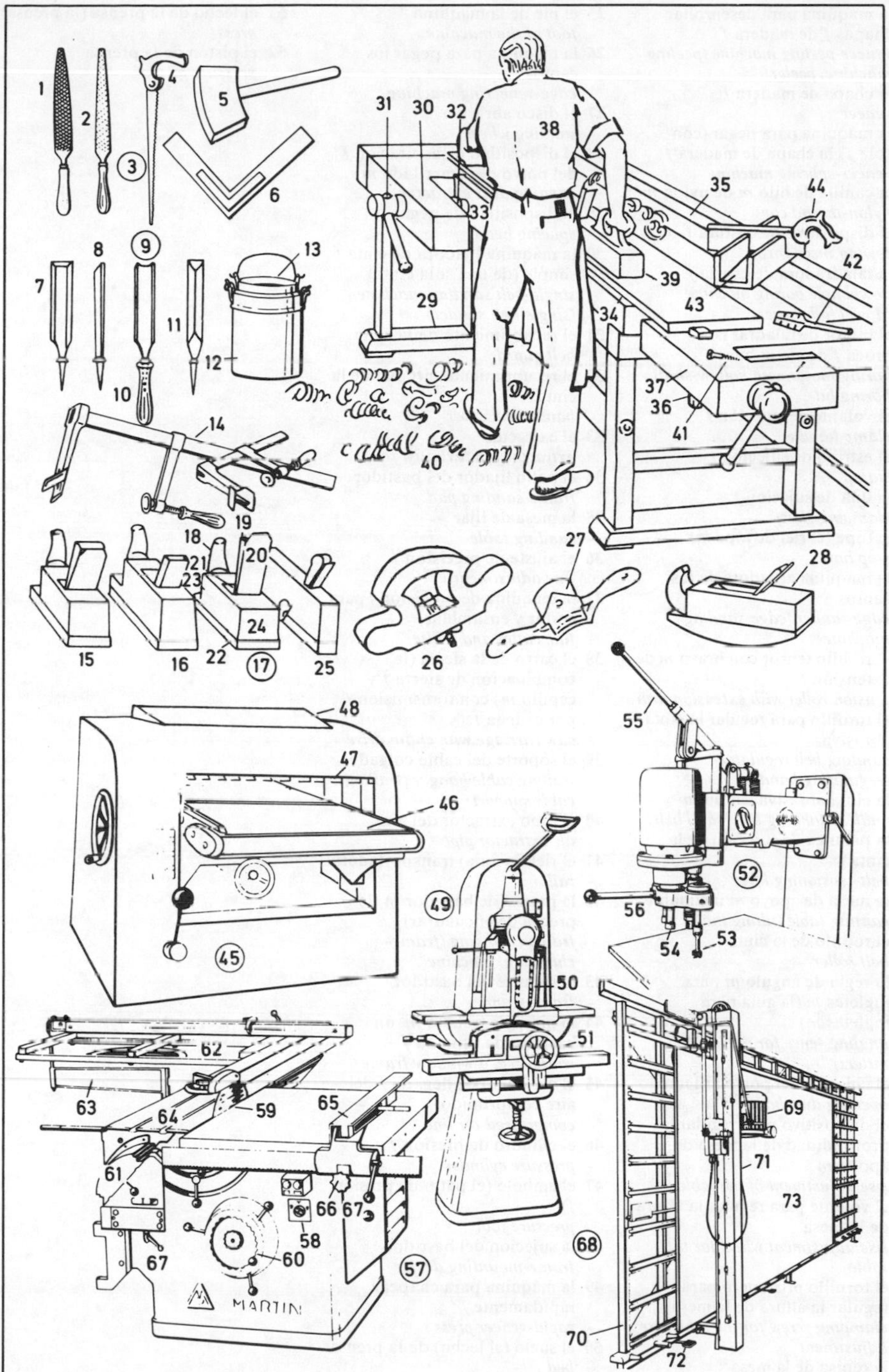
1
2
3
4
5
6
7
8
9
10
11
12
13
14
15
16
17
18
19
20
21
22
23
24
25
26
27
28
29
30
31
32
33
34
35
36
37
38
39
40
41
42
43
44
45
46
47
48
49
50
51
52
53
54
55
56
57
58
59
60
61
62
63
64
65
66
67
68
69
70
71
72
73
MARTIN

1 la máquina para desenrollar chapas *f* de madera *f*
– *veneer-peeling machine (peeling machine, peeler)*
2 la chapa de madera *f*
– *veneer*
3 la máquina para pegar (con cola *f*) la chapa de madera *f*
– *veneer-splicing machine*
4 la canilla de hilo *m* de nylon *m*
– *nylon-thread cop*
5 el dispositivo de costura *f*
– *sewing mechanism*
6 la taladradora de espiga *f*
– *dowel hole boring machine (dowel hole borer)*
7 el motor de taladrar con broca *f* de eje *m* hueco
– *boring motor with hollow-shaft boring bit*
8 el volante de sujeción *f*
– *clamp handle*
9 el estribo de sujeción *f*
– *clamp*
10 la uña de sujeción *f*
– *clamping shoe*
11 el tope (el riel de tope *m*)
– *stop bar*
12 la máquina afiladora de los cantos
– *edge sander (edge-sanding machine)*
13 el rodillo tensor con brazo *m* de extensión *f*
– *tension roller with extension arm*
14 el tornillo para regular la cinta abrasiva
– *sanding belt regulator (regulating handle)*
15 la cinta abrasiva sin fin *m*
– *endless sanding belt (sand belt)*
16 la palanca de sujeción de la cinta
– *belt-tensioning lever*
17 la mesa de apoyo *m* inclinable
– *canting table (tilting table)*
18 el rodillo de la cinta
– *belt roller*
19 la regla de ángulo *m* para ingletes *m* (la guía para ingletes *m*)
– *angling fence for mitres (*Am. *miters)*
20 el colector del polvo articulado
– *opening dust hood*
21 el dispositivo para regular la profundidad de la mesa de apoyo *m*
– *rise adjustment of the table*
22 el volante para regular la altura de la mesa
– *rise adjustment wheel for the table*
23 el tornillo prisionero para regular la altura de la mesa
– *clamping screw for the table rise adjustment*
24 la repisa de la mesa
– *console*
25 el pie de la máquina
– *foot of the machine*
26 la máquina para pegar los cantos
– *edge-veneering machine*
27 el disco abrasivo
– *sanding wheel*
28 el dispositivo de aspiración *f* del polvo de esmerilado *m*
– *sanding dust extractor*
29 el dispositivo de pegar
– *splicing head*
30 la máquina lijadora de cinta *f* simple (de una sola cinta)
– *single-belt sanding machine (single-belt sander)*
31 el recubrimiento de la cinta
– *belt guard*
32 el recubrimiento circular de la cinta
– *bandwheel cover*
33 el extractor
– *extractor fan (exhaust fan)*
34 el patín lijador del bastidor
– *frame-sanding pad*
35 la mesa de lijar
– *sanding table*
36 el ajuste de precisión *f*
– *fine adjustment*
37 la máquina de precisión *f* para cortar y ensamblar
– *fine cutter and jointer*
38 el carro de la sierra (la combinación de sierra *f* y cepillo *m*) con transmisión *f* por cadena *f*
– *saw carriage with chain drive*
39 el soporte del cable colgado
– *trailing cable hanger (trailing cable support)*
40 el tubo extractor del aire
– *air extractor pipe*
41 el riel (la guía) transportador(a)
– *rail*
42 la prensa de bastidor *m* (la prensa de encuadrar)
– *frame-cramping (frame-clamping) machine*
43 el soporte del bastidor
– *frame stand*
44 la pieza de trabajo *m*, un bastidor de ventana *f*
– *workpiece, a window frame*
45 el conducto de llegada *f* del aire comprimido
– *compressed-air line*
46 el cilindro de presión *f*
– *pressure cylinder*
47 el émbolo (el patín de presión *f*)
– *pressure foot*
48 la sujeción del bastidor
– *frame-mounting device*
49 la máquina para chapear rápidamente
– *rapid-veneer press*
50 el suelo (el lecho) de la prensa
– *bed*
51 el techo de la prensa (la prensa)
– *press*
52 el pistón de la prensa
– *pressure piston*

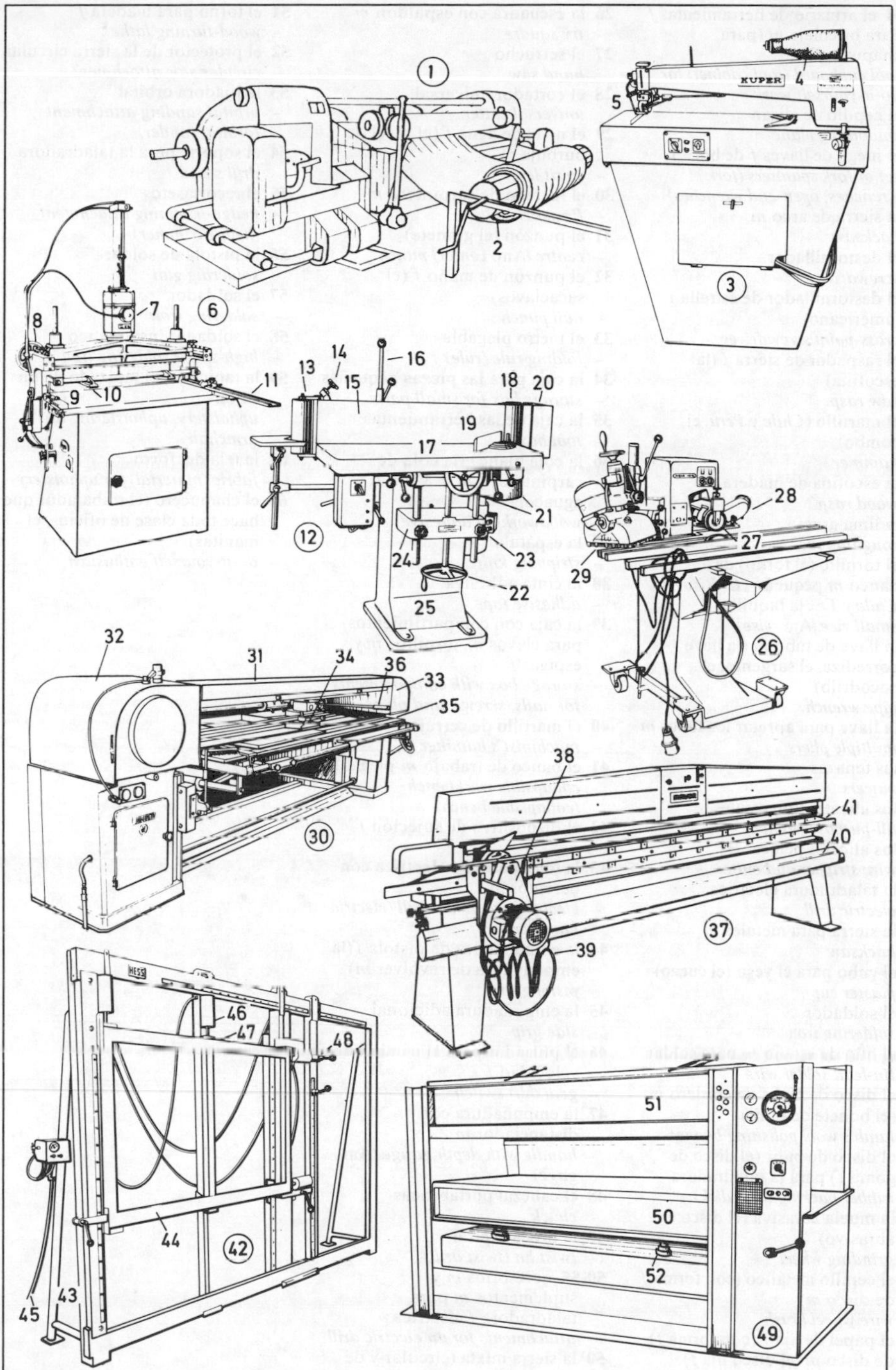
KUPER
HESS
1
2
3
4
5
6
7
8
9
10
11
12
13
14
15
16
17
18
19
20
21
22
23
24
25
26
27
28
29
30
31
32
33
34
35
36
37
38
39
40
41
42
43
44
45
46
47
48
49
50
51
52

1-34 el armario de herramientas *f* para bricolaje *m* (para chapuzas *f*)
– *tool cupboard (tool cabinet) for do-it-yourself work*
1 el cepillo de alisar
– *smoothing plane*
2 el juego de llaves *f* de boca *f*
– *set of fork spanners (fork wrenches, open-end wrenches)*
3 la sierra de arco *m*
– *hacksaw*
4 el destornillador
– *screwdriver*
5 el destornillador de estrella *f* (americano)
– *cross-point screwdriver*
6 el raspador de sierra *f* (la escofina)
– *saw rasp*
7 el martillo (*Chile y Perú:* el combo)
– *hammer*
8 la escofina de madera *f*
– *wood rasp*
9 la lima gruesa
– *roughing file*
10 el tornillo (el torno) de banco *m* pequeño (*C. Rica, Chile y Ec.:* la taquilla)
– *small vice (*Am. *vise)*
11 la llave de tubo *m* (la llave corrediza, el sargento, el cocodrilo)
– *pipe wrench*
12 la llave para apretar los tubos *m*
– *multiple pliers*
13 las tenazas
– *pincers*
14 los alicates universales
– *all-purpose wrench*
15 los alicates pelacables
– *wire stripper and cutter*
16 la taladradora eléctrica
– *electric drill*
17 la sierra para metales *m*
– *hacksaw*
18 el cubo para el yeso (el cuezo)
– *plaster cup*
19 el soldador
– *soldering iron*
20 el hilo de estaño *m* para soldar
– *tin-lead solder wire*
21 el disco de piel *f* de cordero *m* (el bonete de pulir)
– *lamb's wool polishing bonnet*
22 el disco de pulir (el disco de goma *f*) para la taladradora
– *rubber backing disc (disk)*
23 la muela abrasiva (el disco abrasivo)
– *grinding wheel*
24 el cepillo metálico (con forma *f* de disco *m*)
– *wire wheel brush*
25 el papel de lija *f* (con forma *f*) de disco *m* (el disco lija *f*)
– *sanding discs (disks)*
26 la escuadra con espaldón *m*
– *try square*
27 el serrucho
– *hand saw*
28 el cortador universal
– *universal cutter*
29 el nivel de agua *f* (el nivel de burbuja *f*)
– *spirit level*
30 el formón de carpintero *m*
– *firmer chisel*
31 el punzón (el granete)
– *centre (*Am. *center) punch*
32 el punzón de mano *f* (el sacaclavos)
– *nail punch*
33 el metro plegable
– *folding rule (rule)*
34 la caja para las piezas pequeñas
– *storage box for small parts*
35 la caja de las herramientas
– *tool box*
36 la cola blanca (la cola de carpintero; *Col. y Mé.:* la aguacola)
– *woodworking adhesive*
37 la espátula
– *stripping knife*
38 la cinta adhesiva
– *adhesive tape*
39 la caja con compartimientos para clavos *m*, tornillos *m* y espigas *f*
– *storage box with compartments for nails, screws, and plugs*
40 el martillo de cerrajero *m*
– *machinist's hammer*
41 el banco de trabajo *m* plegable
– *collapsible workbench (collapsible bench)*
42 el dispositivo de sujeción *f*
– *jig*
43 la taladradora *f* eléctrica con percutor *m*
– *electric percussion drill (electric hammer drill)*
44 la empuñadura de pistola *f* (la empuñadura de revólver *m*)
– *pistol grip*
45 la empuñadura adicional
– *side grip*
46 el pulsador para el cambio de velocidad *f*
– *gearshift switch*
47 la empuñadura con distanciador *m*
– *handle with depth gauge (*Am. *gage)*
48 el cabezal portabrocas
– *chuck*
49 la broca espiral
– *twist bit (twist drill)*
50-55 accesorios *m* y suplementos *m* para taladradora *f* eléctrica
– *attachments for an electric drill*
50 la sierra mixta (circular y de vaivén *m*)
– *combined circular saw (buzz saw) and bandsaw*
51 el torno para madera *f*
– *wood-turning lathe*
52 el protector de la sierra circular
– *circular saw attachment*
53 la lijadora orbital
– *orbital sanding attachment (orbital sander)*
54 el soporte para la taladradora
– *drill stand*
55 el recortasetos
– *hedge-trimming attachment (hedge trimmer)*
56 la pistola de soldar
– *soldering gun*
57 el soldador
– *soldering iron*
58 el soldador instantáneo
– *high-speed soldering iron*
59 la tapicería, el tapizado de un sillón
– *upholstery, upholstering an armchair*
60 la tela del forro
– *fabric (material) for upholstery*
61 el chapucero (el trabajador que hace toda clase de oficios, el manitas)
– *do-it-yourself enthusiast*

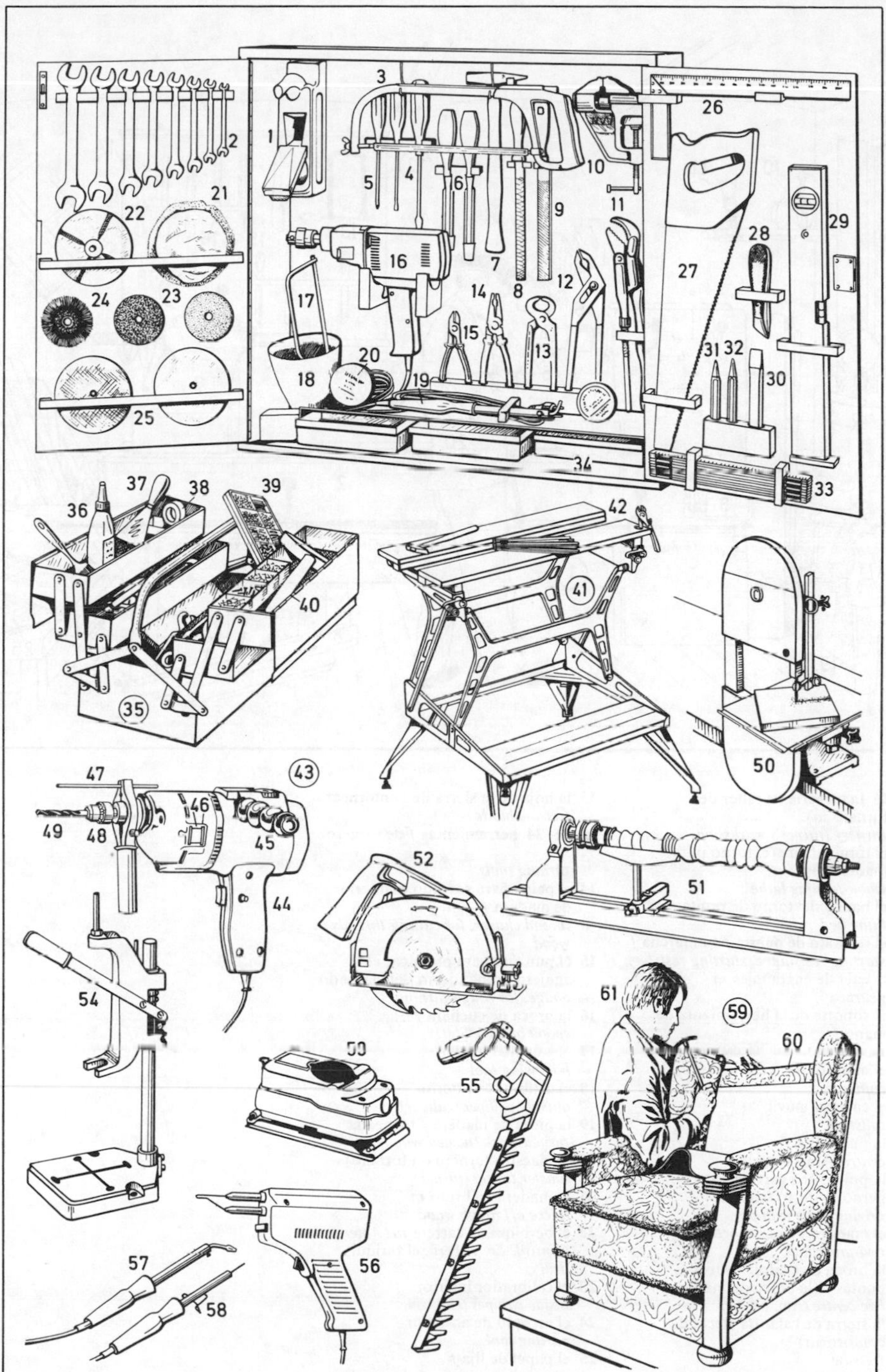
1
2
3
4
5
6
7
8
9
10
11
12
13
14
15
16
17
18
19
20
21
22
23
24
25
26
27
28
29
30
31
32
33
34
35
36
37
38
39
40
41
42
43
44
45
46
47
48
49
50
51
52
54
55
56
57
58
59
60
61

1-26 la tornería (el taller de tornero *m*)
– ***turnery*** *(turner's workshop)*
1 el torno al aire (el torno para madera *f*)
– *wood-turning lathe*
2 el banco del torno de punta *f*
– *lathe bed*
3 el reóstato de puesta *f* en marcha *f*
– *starting resistance (starting resistor)*
4 la caja de engranajes *m*
– *gearbox*
5 el soporte de la herramienta de mano *f*
– *tool rest*
6 el mandril de agujero *m* simple
– *chuck*
7 el cabezal móvil
– *tailstock*
8 la punta fija
– *centre (*Am. *center)*
9 la polea, una garrucha con perno *m* de arrastre *m*
– *driving plate with pin*
10 el mandril de dos mordazas *f*
– *two-jaw chuck*
11 la broca de centrar de tres puntas *f* (la broca de madera *f*)
– *live centre (*Am. *center)*
12 la sierra de calar (la sierra de contornear)
– *fretsaw*
13 la hoja de la sierra de contornear
– *fretsaw blade*
14, 15, 24 herramientas *f* de tornero *m*
– *turning tools*
14 el peine para roscado *m* interior de madera *f*
– *thread chaser, for cutting threads in wood*
15 el punzón, para practicar el agujero preparatorio del centrado
– *gouge, for rough turning*
16 la broca de cuchara *f*
– *spoon bit (shell bit)*
17 el gancho circular
– *hollowing tool*
18 el calibrador exterior
– *outside calliper (caliper)*
19 la pieza de madera *f* torneada
– *turned work (turned wood)*
20 el maestro tornero (el tornero)
– *master turner (turner)*
21 la madera en bruto *m*
– *[piece of] rough wood*
22 el berbiquí de carrete *m* (*Amér. Central, Ec. y. Perú:* el biriquí)
– *drill*
23 el calibrador interior
– *inside calliper (caliper)*
24 el escoplo de acanalar
– *parting tool*
25 el papel de lija *f*
– *glass paper;* sim.: *sandpaper, emery paper*
26 las virutas
– *shavings*

1-40 la cestería
– ***basket making*** *(basketry, basketwork)*
1-4 clases *f* **de trenzado** *m*
– ***weaves*** *(strokes)*
1 el enrejado
– *randing*
2 el cruzadillo
– *rib randing*
3 el trenzado en series *f* diagonales
– *oblique randing*
4 el trenzado simple, un enrejado de mimbre *m*
– *randing, a piece of wickerwork (screen work)*
5 la trama horizontal
– *weaver*
6 la armazón (el montante)
– *stake*
7 el tablero de trabajo *m*
– *workboard;* also: *lapboard*
8 el listón transversal
– *screw block*
9 el agujero para fijar el listón
– *hole for holding the block*
10 el caballete
– *stand*
11 el cesto hecho con virutas *f*
– *chip basket (spale basket)*
12 la viruta
– *chip (spale)*
13 la tina de remojo *m*
– *soaking tub*
14 las varillas de mimbre *m*
– *willow stakes (osier stakes)*
15 los palos de mimbre *m*
– *willow rods (osier rods)*
16 el cesto (*Bol., Col., Cuba, Chile y Perú:* el balay), un trabajo trenzado
– *basket, a piece of wickerwork (basketwork)*
17 el ribete
– *border*
18 el trenzado lateral
– *woven side*
19 el fondo
– *round base*
20 el trenzado del fondo
– *woven base*
21 la cruz del fondo
– *slath*
22-24 el trabajo de bastidor *m* (de armazón *f*)
– ***covering a frame***
22 la armazón (el bastidor)
– *frame*
23 el cabo
– *end*
24 la varilla guía
– *rib*
25 el varillaje
– *upsett*
26 las gramíneas; *clases:* esparto *m*, alfa *f*
– *grass;* kinds: *esparto grass, alfalfa grass*
27 la caña
– *rush,* e.g. *bulrush, reed mace*
28 el junco (cordón *m* de junco *m* de la China)
– *reed (China reed, string)*
29 la rafia
– *raffia;* sim.: *bast*
30 la paja
– *straw*
31 la caña de bambú *m*
– *bamboo cane*
32 la rota (el bejuco)
– *rattan (ratan) chair cane*
33 el cestero
– *basket maker*
34 el curvador
– *bending tool*
35 el rajador
– *cutting point (bodkin)*
36 el batidor
– *rapping iron*
37 las tenazas
– *pincers*
38 la raedera
– *picking knife*
39 el cepillo para las varillas guías
– *shave*
40 la sierra de arco *m*
– *hacksaw*

1-8 la fragua con el fuego de fragua *f*
– ***hearth (forge) with blacksmith's fire***
1 la fragua
– *hearth (forge)*
2 el badil (la pala para mover el fuego)
– *shovel (slice)*
3 el escobillón para la extinción
– *swab*
4 el hurgón
– *rake*
5 el atizador
– *poker*
6 la llegada del aire
– *blast pipe (tue iron)*
7 la campana de la chimenea
– *chimney (cowl, hood)*
8 la pila para el remojo
– *water trough (quenching trough, bosh)*
9 el martillo neumático (el martillo pilón) de herrería *f*
– *power hammer*
10 la maza
– *ram (tup)*
11-16 el yunque
– ***anvil***
11 el yunque
– *anvil*
12 el cuerno cuadrado
– *flat beak (beck, bick)*
13 el cuerno redondo
– *round beak (beck, bick)*
14 la tabla auxiliar del yunque
– *auxiliary table*
15 el pie del yunque
– *foot*
16 el tronco para golpear (el bloque para remachar)
– *upsetting block*
17 la placa matriz de agujeros *m*
– *swage block*
18 la máquina para afilar las herramientas (la afiladora)
– *tool-grinding machine (tool grinder)*
19 la muela abrasiva
– *grinding wheel*
20 el aparejo (el polipasto)
– *block and tackle*
21 el banco de trabajo *m*
– *workbench (bench)*
22-39 herramientas *f* **de herrería** *f*
– ***blacksmith's tools***
22 el martillo a dos manos *f* (el macho de fragua *f; Amér.:* el marrón)
– *sledge hammer*
23 el martillo de mano *f*
– *blacksmith's hand hammer*
24 las tenazas de boca *f* plana
– *flat tongs*
25 las tenazas de pico *m* redondo
– *round tongs*
26 las partes de los martillos
– *parts of the hammer*
27 el corte (la pala, la peña)
– *peen (pane, pein)*
28 el plano (el cotillo)
– *face*
29 el ojo
– *eye*
30 el mango (el astil)
– *haft*
31 la cuña
– *cotter punch*
32 la tajadera
– *hardy (hardie)*
33 el martillo plano
– *set hammer*
34 el martillo de calderero *m*
– *sett (set, sate)*
35 la aplanadora de forja (el martillo de allanar)
– *flat-face hammer (flatter)*
36 el martillo para agujerear
– *round punch*
37 las tenazas angulares
– *angle tongs*
38 el cincel tajador (el cortafrío)
– *blacksmith's chisel (scaling hammer, chipping hammer)*
39 el hierro para curvar
– *moving iron (bending iron)*

1 la instalación de aire *m* comprimido
– *compressed-air system*
2 el motor eléctrico
– *electric motor*
3 el compresor
– *compressor*
4 el depósito de aire *m* comprimido
– *compressed-air tank*
5 la canalización (la tubería) del aire comprimido
– *compressed-air line*
6 el destornillador de percusión *f* de aire *m* comprimido
– *percussion screwdriver*
7 el aparato para afilar (la máquina afiladora de taller *m*)
– *pedestal grinding machine (floor grinding machine)*
8 la muela
– *grinding wheel*
9 la cubierta de protección *f*
– *guard*
10 el remolque
– *trailer*
11 el tambor del freno
– *brake drum*
12 las zapatas del freno
– *brake shoe*
13 el forro del freno
– *brake lining*
14 la caja de prueba *f*
– *testing kit*
15 el aparato para medir el aire comprimido (el manómetro)
– *pressure gauge (*Am. *gage)*
16 el banco de prueba *f* de los frenos, un banco de prueba *f* de los frenos de rodillos *m*
– *brake-testing equipment, a rolling road*
17 el foso
– *pit*
18 el rodillo de frenada *f*
– *braking roller*
19 el aparato de registro *m* (el registrador)
– *meter (recording meter)*
20 el torno de precisión *f* para el tambor del freno
– *precision lathe for brake drums*
21 la rueda de camión *m*
– *lorry wheel*
22 el mecanismo de perforación *f*
– *boring mill*
23 la sierra rápida, una sierra de arco *m*
– *power hacksaw, a power saw*
24 el tornillo de banco *m*
– *vice (*Am. *vise)*
25 el arco de la sierra *f*
– *saw frame*
26 la canalización de refrigerante *m*
– *coolant supply pipe*
27 la remachadora
– *riveting machine*
28 el chasis de remolque *m* en construcción *f*
– *trailer frame (chassis) under construction*
29 el aparato para soldar en atmósfera *f* controlada (con gas *m* inerte)
– *inert-gas welding equipment*
30 el rectificador de corriente *f*
– *rectifier*
31 la unidad de control (el aparato de mando *m*)
– *control unit*
32 la botella de CO_2
– *CO_2 cylinder*
33 el yunque
– *anvil*
34 la fragua con el fuego de fragua *f*
– *hearth (forge) with blacksmith's fire*
35 el carrito de soldadura *f* autógena
– *trolley for gas cylinders*
36 el vehículo en reparación *f*, un tractor
– *vehicle under repair, a tractor*

139 Taller de forja libre y en estampa (Forja industrial)

1 el horno de empuje *m* (impulsión *f*) continuo(a) con solera *f* de rejilla *f* para calentar los materiales redondos (redondeles *m*)
- *continuous furnace with grid hearth for annealing of round stock*

2 la puerta (la boca) de descarga *f*
- *discharge opening (discharge door)*

3 el quemador de gas *m*
- *gas burners*

4 la puerta de carga *f*
- *charging door*

5 el martillo pilón de contragolpe *m*
- *counterblow hammer*

6 la maza superior
- *upper ram*

7 la maza inferior
- *lower ram*

8 la guía de la masa
- *ram guide*

9 la impulsión (el empuje) hidráulica(o)
- *hydraulic drive*

10 el pilar (el montante)
- *column*

11 el martillo estampador de corta elevación *f*
- *short-stroke drop hammer*

12 la maza del martillo pilón (la maza, el martillo pilón)
- *ram (tup)*

13 la matriz superior (de forjar en estampa *f*)
- *upper die block*

14 la matriz inferior (de forjar en estampa *f*)
- *lower die block*

15 la impulsión (el empuje) hidráulica(o)
- *hydraulic drive*

16 el montante (la armazón) del martillo pilón
- *frame*

17 el yunque
- *anvil*

18 la prensa de forjar en estampa *f* y de calibrar
- *forging and sizing press*

19 el pilar (el montante) de la máquina
- *standard*

20 el tablero de la mesa
- *table*

21 el embrague de fricción *f* de láminas *f*
- *disc (disk) clutch*

22 la tubería del aire comprimido
- *compressed-air pipe*

23 la electroválvula
- *solenoid valve*

24 el martillo pilón neumático
- *air-lift gravity hammer (air-lift drop hammer)*

25 el motor de impulsión *f*
- *drive motor*

26 la maza
- *hammer (tup)*

27 el pedal
- *foot control (foot pedal)*

28 la pieza forjada en estampa *f*
- *preshaped (blocked) workpiece*

29 la cabeza guía de la maza
- *hammer guide*

30 el cilindro de la maza
- *hammer cylinder*

31 el yunque (el macho de estampa *f*)
- *anvil*

32 el manipulador para mover la pieza en la forja libre
- *mechanical manipulator to move the workpiece in hammer forging*

33 las tenazas (la quijada)
- *dogs*

34 el contrapeso
- *counterweight*

35 la prensa de forja *f* hidráulica
- *hydraulic forging press*

36 el sistema hidráulico
- *crown*

37 la cruceta de cabeza *f*
- *cross head*

38 la matriz superior (de forjar en estampa *f*)
- *upper die block*

39 la matriz inferior (de forjar en estampa *f*)
- *lower die block*

40 el tajo del yunque (la chabota)
- *anvil*

41 el pistón hidráulico
- *hydraulic piston*

42 la columna guía
- *pillar guide*

43 el mecanismo de vuelta *f*
- *rollover device*

44 la cadena grúa
- *burden chain (chain sling)*

45 el gancho de la grúa
- *crane hook*

46 la pieza de forja *f*
- *workpiece*

47 el horno de forja *f* de gas *m*
- *gas furnace (gas-fired furnace)*

48 el quemador (el mechero) de gas *m*
- *gas burner*

49 la boca de carga *f*
- *charging opening*

50 la cortina de cadenas *f*
- *chain curtain*

51 la puerta levadiza
- *vertical-lift door*

52 la tubería de aire *m* caliente
- *hot-air duct*

53 el precalentador de aire *m*
- *air preheater*

54 la tubería de conducción *f* del gas
- *gas pipe*

55 el dispositivo de elevación *f* de la puerta
- *electric door-lifting mechanism*

56 la cortina de aire *m*
- *air blast*

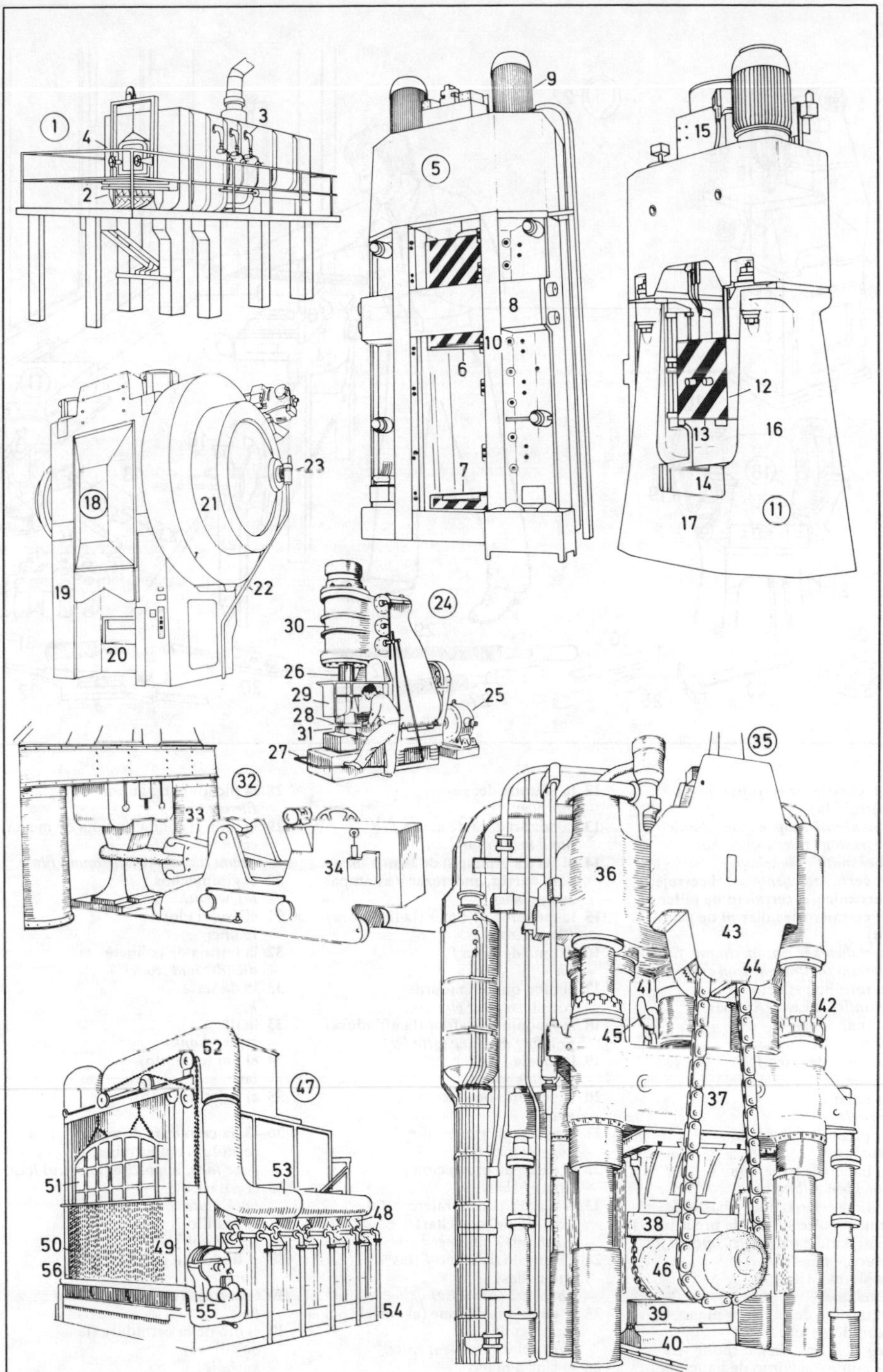
1
2
3
4
5
6
7
8
9
10
11
12
13
14
15
16
17
18
19
20
21
22
23
24
25
26
27
28
29
30
31
32
33
34
35
36
37
38
39
40
41
42
43
44
45
46
47
48
49
50
51
52
53
54
55
56

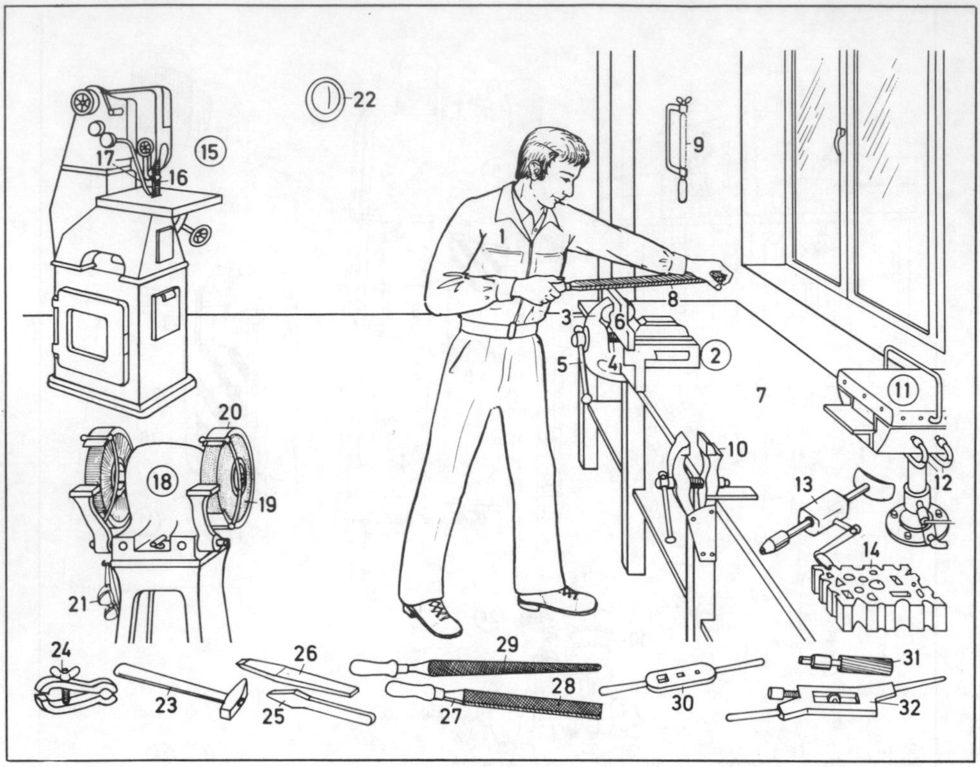

1-22 el taller de cerrajero *m* (la cerrajería)
- ***metalwork shop,*** e.g. *mechanic's workshop, fitter's workshop, locksmith's workshop*

1 el cerrajero (*ejemplos:* el cerrajero mecánico, el cerrajero de taller *m*, el cerrajero de taller *m* de acero *m*)
- *metalworker,* e.g. *mechanic, fitter, locksmith, wrought-iron craftsman*

2 el tornillo paralelo
- *parallel-jaw vice (*Am. *vise)*

3 la mandíbula
- *jaw*

4 la barra de rosca *f*
- *screw*

5 la palanca
- *handle*

6 la pieza de trabajo *m*
- *workpiece*

7 el banco de trabajo *m*
- *workbench (bench)*

8 la lima (*clases:* lima *f* bastarda, lima *f* dulce, lima *f* de precisión *f*)
- *files;* kinds: *rough file, smooth file, precision file*

9 la sierra de arco *m*
- *hacksaw*

10 el tornillo de banco *m* plano, el tornillo de mordaza *f*
- *leg vice (*Am. *vise), a spring vice*

11 la mufla, un horno de banco *m* (horno *m* de forja *f* de gas *m*, horno *m* para templar)
- *muffle furnace, a gas-fired furnace*

12 la entrada del gas
- *gas pipe*

13 la taladradora de mano *f*
- *hand brace (hand drill)*

14 el tas (la estampa) de banco *m*, para curvar, enderezar y estampar
- *swage block*

15 la máquina de limar (la limadora)
- *filing machine*

16 la lima de cinta *f*
- *file*

17 el tubo quitalimaduras
- *compressed-air pipe*

18 la máquina de afilar (la afiladora)
- *grinding machine (grinder)*

19 la muela
- *grinding wheel*

20 la cubierta protectora
- *guard*

21 las gafas de protección *f*
- *goggles (safety glasses)*

22 el casco de protección *f*
- *safety helmet*

23 el martillo de cerrajero *m* (el martillo de remachar)
- *machinist's hammer*

24 el tornillo de mano *f* (las entenallas)
- *hand vice (*Am. *vise)*

25 el cincel cruciforme (el cincel puntiagudo)
- *cape chisel (cross-cut chisel)*

26 el cincel plano
- *flat chisel*

27 la lima plana
- *flat file*

28 la picadura de la lima
- *file cut (cut)*

29 la lima redonda (la lima de media caña *f*)
- *round file;* also: *half-round file*

30 el giramachos
- *tap wrench*

31 el escariador
- *reamer*

32 la terraja de cojinetes *m*
- *die (die and stock)*

33-35 la llave
- ***key***

33 la tija
- *stem (shank)*

34 el ojo (el anillo)
- *bow*

35 el paletón
- *bit*

36-43 la cerradura de puerta *f*, una cerradura empotrable
- ***door lock, a mortise (mortice) lock***

36 el palastro
- *back plate*

37 el pestillo
- *spring bolt (latch bolt)*

38 el fiador (la gacheta)
- *tumbler*

39 el cerrojo (el pestillo)
- *bolt*

40 el ojo de la cerradura (la bocallave)
- *keyhole*

41 la espiga guía del pestillo
- *bolt guide pin*

42 el muelle *m* de la gacheta (del fiador)
– *tumbler spring*
43 la nuez, con agujero *m* cuadrangular
– *follower, with square hole*
44 la cerradura cilíndrica (cerradura *f* de seguridad *f*)
– *cylinder lock (safety lock)*
45 el cilindro
– *cylinder (plug)*
46 el muelle
– *spring*
47 la clavija de tope *m*
– *pin*
48 la llave de seguridad *f*, una llave plana
– *safety key, a flat key*
49 el gozne
– *lift-off hinge*
50 la bisagra acodada
– *hook-and-ride band*
51 la bisagra de ramal *m* (el pernio)
– *strap hinge*
52 el calibre para medir gruesos *m* (el pie de rey *m*)
– *vernier calliper (caliper) gauge (*Am. *gage)*
53 la galga de espesores *m*
– *feeler gauge (*Am. *gage)*
54 el calibre para huecos *m* (para alturas *f*, para profundidades *f*)
– *vernier depth gauge (*Am. *gage)*
55 el nonio
– *vernier*
56 la regla de filo *m*
– *straightedge*
57 la escuadra de medida *f*
– *square*
58 el taladro de pecho *m*
– *breast drill*
59 la broca espiral
– *twist bit (twist drill)*
60 el macho de roscar
– *screw tap (tap)*
61 los cojinetes de rosca *f*
– *halves of a screw die*
62 el destornillador
– *screwdriver*
63 el rascador (*igual:* el rascador triangular)
– *scraper;* also: *pointed triangle scraper*
64 el granete (el punzón) de marcar
– *centre (*Am. *center) punch*
65 el taladro
– *round punch*
66 los alicates planos
– *flat-nose pliers*
67 las tenazas articuladas de corte *m*
– *detachable-jaw cut nippers*
68 las mordazas para tubos *m* (mordazas *f* de gas *m*)
– *gas pliers*
69 las tenazas
– *pincers*

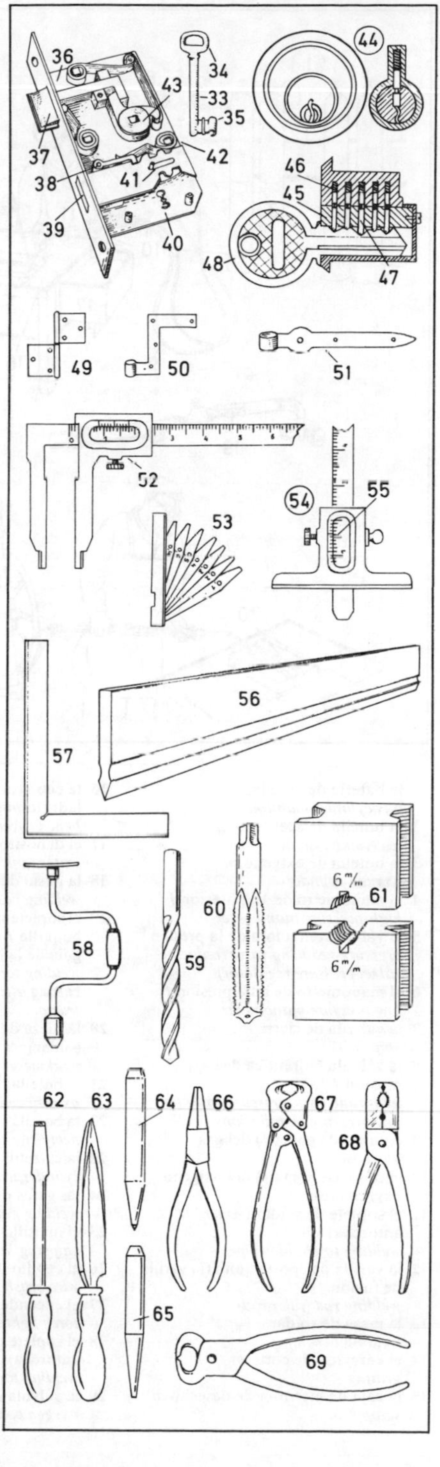

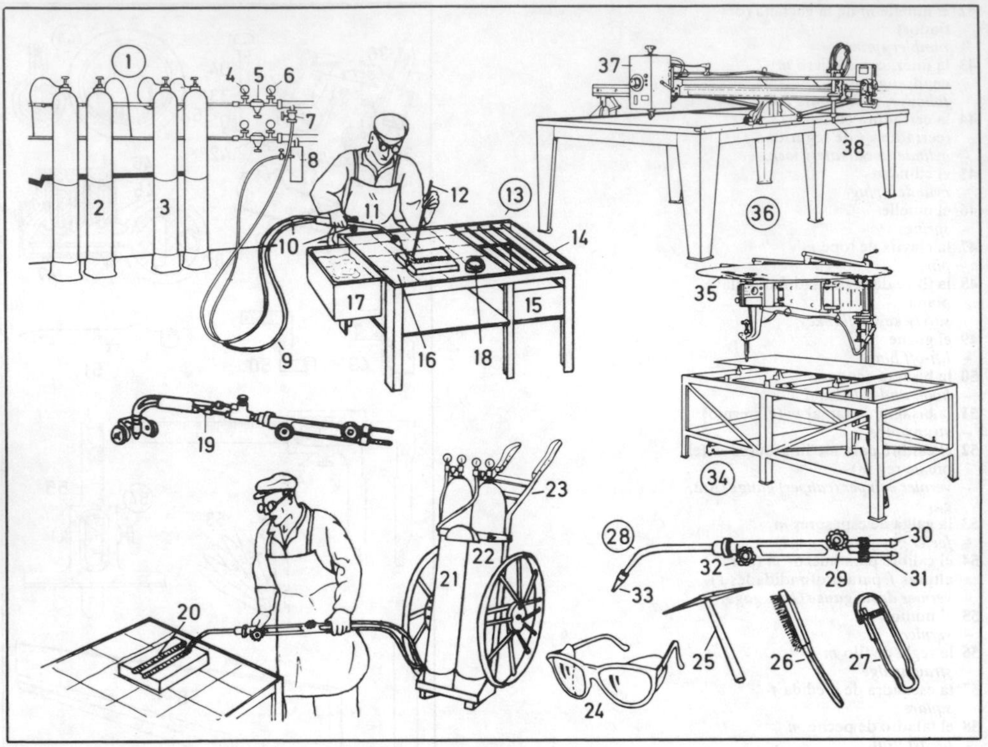

1 la batería de botellas *f*
– *gas cylinder manifold*
2 la botella de acetileno *m*
– *acetylene cylinder*
3 la botella de oxígeno *m*
– *oxygen cylinder*
4 el manómetro de alta presión *f*
– *high-pressure manometer*
5 la válvula reductora de la presión
– *pressure-reducing valve (reducing valve, pressure regulator)*
6 el manómetro de baja presión *f*
– *low-pressure manometer*
7 la válvula de cierre *m*
– *stop valve*
8 la válvula hidráulica de baja presión *f*
– *hydraulic back-pressure valve for low-pressure installations*
9 el tubo (de goma *f*) del gas
– *gas hose*
10 el tubo (de goma *f*) del oxígeno
– *oxygen hose*
11 el soplete de soldar (*Amér.:* la antorcha)
– *welding torch (blowpipe)*
12 la varilla de aportación *f* (la varilla de fusión *f*)
– *welding rod (filler rod)*
13 la mesa de soldar
– *welding bench*
14 el enrejado de corte *m*
– *grating*
15 la caja de hierro *m* de desecho *m*
– *scrap box*
16 la cubierta de la mesa, de ladrillo *m* refractario
– *bench covering of chamotte slabs*
17 el depósito de agua *f*
– *water tank*
18 la pasta de soldar
– *welding paste (flux)*
19 el soplete de soldar, equipado con boquilla *f* de corte *m* y carrito *m* guía de la llama
– *welding torch (blowpipe) with cutting attachment and guide tractor*
20 la pieza de trabajo (la pieza para soldar)
– *workpiece*
21 la botella de oxígeno *m*
– *oxygen cylinder*
22 la botella de acetileno *m*
– *acetylene cylinder*
23 la carretilla de las botellas
– *cylinder trolley*
24 las gafas de soldador *m*
– *welding goggles*
25 el martillo de desbastar
– *chipping hammer*
26 el cepillo de alambre *m*
– *wire brush*
27 el encendedor del soplete
– *torch lighter (blowpipe lighter)*
28 el soplete de soldar (*Amér.:* la antorcha)
– *welding torch (blowpipe)*
29 la válvula del oxígeno
– *oxygen control*
30 la conexión del oxígeno
– *oxygen connection*
31 la conexión del gas combustible
– *gas connection (acetylene connection)*
32 la válvula del gas combustible
– *gas control (acetylene control)*
33 la boquilla de soldar
– *welding nozzle*
34 la máquina de corte *m* autógeno (la máquina de oxicorte *m*)
– *cutting machine*
35 la plantilla (el modelo) circular
– *circular template*
36 la máquina de corte *m* autógeno universal
– *universal cutting machine*
37 la cabeza de mando *m*
– *tracing head*
38 la boquilla del soplete
– *cutting nozzle*

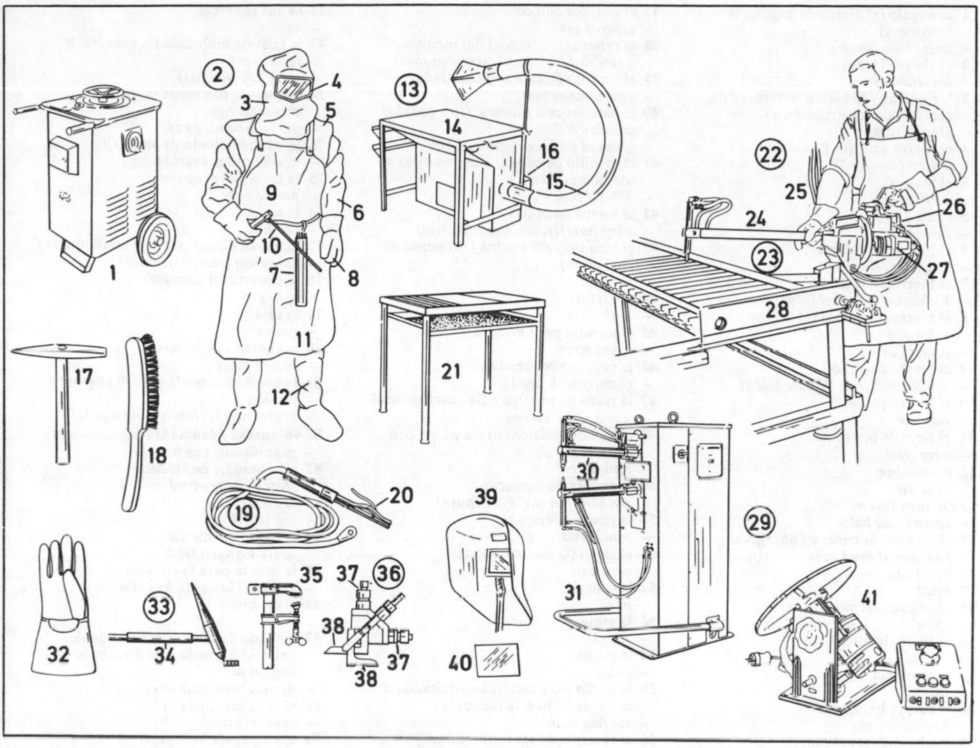

1 el transformador de soldadura *f*
– *welding transformer*
2 el soldador eléctrico
– *arc welder*
3 la capucha de soldar
– *arc welding helmet*
4 el vidrio protector abatible
– *flip-up window*
5 la protección de los hombros
– *shoulder guard*
6 la manga de protección *f*
– *protective sleeve*
7 el carcaj de los electrodos
– *electrode case*
8 el guante de soldador de tres dedos *m*
– *three-fingered welding glove*
9 el portaelectrodos
– *electrode holder*
10 el electrodo
– *electrode*
11 el mandil (el delantal de cuero *m*)
– *leather apron*
12 la protección de las espinillas (las polainas de protección *f*, la espinillera)
– *shin guard*
13 la mesa de soldar por aspiración *f*
– *welding table with fume extraction equipment*
14 el tablero (la superficie) de la mesa de aspiración *f*
– *table top*
15 la trompa (el tubo) de aspiración *f* orientable
– *movable extractor duct*
16 la tubuladura del aire de escape *m*
– *extractor support*
17 el martillo de desbastar
– *chipping hammer*
18 el cepillo de alambre *m* de acero *m*
– *wire brush*
19 el cable de soldar
– *welding lead*
20 el portaelectrodos
– *electrode holder*
21 la mesa de soldar
– *welding bench*
22 la soldadura por puntos *m*
– *spot welding*
23 las pinzas para soldar por puntos *m*
– *spot welding electrode holder*
24 el brazo portaelectrodos
– *electrode arm*
25 la llegada de corriente *f* (el cable de conexión *f*)
– *lead*
26 el cilindro de presión *f* del electrodo
– *electrode-pressure cylinder*
27 el transformador de soldadura *f*
– *welding transformer*
28 la pieza de trabajo *m* (la pieza para soldar)
– *workpiece*
29 la máquina de soldar por puntos *m* accionada por pedal *m*
– *foot-operated spot welder*
30 los brazos de soldar
– *welder electrode arms*
31 el pedal para regular la presión *f* del electrodo
– *foot pedal for welding pressure adjustment*
32 el guante de soldador *m* de cinco dedos *m*
– *five-fingered welding glove*
33 el soplete (*Amér.:* la antorcha) de soldadura *f* en atmósfera *f* controlada (la soldadura con gas *m* inerte)
– *inert-gas torch for inert-gas welding (gas-shielded arc welding)*
34 la llegada del gas inerte
– *inert-gas (shielding-gas) supply*
35 el borne de tierra *f* (la pinza de masa *f*)
– *work clamp, an earthing clamp*
36 el calibre de soldadura *f* de ángulo *m*
– *fillet gauge* (Am. *gage*) *(weld gauge) [for measuring throat thickness]*
37 el tornillo micrométrico
– *micrometer*
38 el brazo de medida *f*
– *measuring arm*
39 el escudo (el casco) de protección *f* para soldar
– *arc welding helmet*
40 el cristal del casco de soldar
– *filter lens*
41 la mesa giratoria pequeña
– *small turntable*

143 Perfiles, tornillos y piezas de máquinas

1 el ángulo (el hierro de ángulo, la rinconera)
– *angle iron (angle)*
2 el ala *f* (el lado)
– *leg (flange)*
3-7 viguetas *f* de hierro *m* (vigas *f* de acero *m* de construcción *f*)
– ***steel girders***
3 el hierro en T (la T)
– *T-iron (tee-iron)*
4 el alma *f*
– *vertical leg*
5 el ala *f*
– *flange*
6 el hierro en doble T
– *H-girder (H-beam)*
7 el hierro en U (la U)
– *E-channel (channel iron)*
8 el hierro cilíndrico (el hierro redondo)
– *round bar*
9 el hierro cuadrado
– *square iron* (Am. *square stock)*
10 el hierro plano
– *flat bar*
11 el fleje de hierro *m*
– *strip steel*
12 el alambre
– *iron wire*
13-50 tornillos *m*
– ***screws and bolts***
13 el tornillo de cabeza *f* hexagonal
– *hexagonal-head bolt*
14 la cabeza
– *head*
15 el vástago (el tallo, la varilla)
– *shank*
16 el filete (la rosca)
– *thread*
17 la arandela
– *washer*
18 la tuerca hexagonal
– *hexagonal nut*
19 la chaveta (el pasador)
– *split pin*
20 el extremo redondo
– *rounded end*
21 la abertura de la llave
– *width of head (of flats)*
22 el espárrago
– *stud*
23 la punta (el extremo)
– *point (end)*
24 la tuerca hexagonal con entalladuras *f* (la tuerca corona)
– *castle nut (castellated nut)*
25 el orificio para la chaveta
– *hole for the split pin*
26 el tornillo de cabeza *f* cruciforme (un tornillo para chapa *f*)
– *cross-head screw, a sheet-metal screw (self-tapping screw)*
27 el tornillo de cabeza *f* cilíndrica con seis lados *m* en el interior
– *hexagonal socket head screw*
28 el tornillo de cabeza *f* avellanada (el tornillo embutido)
– *countersunk-head bolt*
29 el fiador (la uña)
– *catch*
30 la contratuerca
– *locknut (locking nut)*
31 la espiga
– *bolt (pin)*
32 el tornillo con collar *m*
– *collar-head bolt*
33 el collar
– *set collar (integral collar)*
34 la arandela de muelle *m*
– *spring washer (washer)*
35 la tuerca redonda con agujero *m*, una tuerca de ajuste *m*
– *round nut, an adjusting nut*
36 el tornillo de cabeza *f* cilíndrica, un tornillo de cabeza *f* ranurada
– *cheese-head screw, a slotted screw*
37 el pasador cónico
– *tapered pin*
38 la ranura (la muesca) del tornillo
– *screw slot (screw slit, screw groove)*
39 el tornillo de cabeza *f* cuadrada
– *square-head bolt*
40 el pasador con muesca *f*, un pasador cilíndrico
– *grooved pin, a cylindrical pin*
41 el tornillo de cabeza *f* de martillo *m* (de cabeza *f* en T)
– *T-head bolt*
42 la tuerca de orejas *f*
– *wing nut (fly nut, butterfly nut)*
43 el tornillo para piedra *f* (el perno de anclaje *m*)
– *rag bolt*
44 el garfio
– *barb*
45 el tornillo para madera *f*
– *wood screw*
46 la cabeza avellanada
– *countersunk head*
47 la rosca de madera *f* (la rosca golosa)
– *wood screw thread*
48 el tornillo prisionero (la punta con filete *m*)
– *grub screw*
49 la ranura (la muesca)
– *pin slot (pin slit, pin groove)*
50 la punta esférica
– *round end*
51 el clavo (la punta de París)
– *wire nail*
52 la cabeza
– *head*
53 la espiga
– *shank*
54 la punta
– *point*
55 la punta para cartón *m* asfaltado (el clavo de techar, la tachuela)
– *roofing nail*
56 el remachado (la roblonadura)
– *riveting;* here: *lap riveting*
57-60 el remache (el roblón)
– ***rivet***
57 la cabeza de la matriz, una cabeza de roblón *m*
– *set head (swage head, die head), a rivet head*
58 la espiga del remache
– *rivet shank*
59 la cabeza de cierre *m*
– *closing head*
60 la distancia entre los remaches
– *pitch of rivets*
61 el eje (el árbol)
– *shaft*
62 el chaflán (el bisel)
– *chamfer (bevel)*
63 el gorrón (el muñón)
– *journal*
64 el cuello
– *neck*
65 el asiento
– *seat*
66 el encaje del pasador (la ranura para la chaveta)
– *keyway*
67 el asiento cónico (el cono)
– *conical seat (cone)*
68 la rosca
– *thread*
69 el rodamiento de bolas *f*, un rodamiento (cojinete *m* de bolas *f*)
– *ball bearing, an antifriction bearing*
70 la bola de acero *m*
– *steel ball (ball)*
71 el anillo exterior
– *outer race*
72 el anillo interior
– *inner race*
73-74 las chavetas
– ***keys***
73 la chaveta embutida (la chaveta de resorte *m*)
– *sunk key (feather)*
74 la chaveta con talón *m* (la contraclavija)
– *gib (gib-headed key)*
75-76 el rodamiento de agujas *f*
– ***needle roller bearing***
75 la jaula de las agujas *f*
– *needle cage*
76 la aguja
– *needle*
77 la tuerca hexagonal con entalladuras *f*
– *castle nut (castellated nut)*
78 la chaveta (el pasador)
– *split pin*
79 la caja
– *casing*
80 la cubierta de la caja
– *casing cover*
81 la boquilla roscada para el engrase a presión *f*
– *grease nipple (lubricating nipple)*
82-96 ruedas *f* dentadas (engranajes *m*)
– ***gear wheels, cog wheels***
82 el engranaje escalonado
– *stepped gear wheel*
83 el diente
– *cog (tooth)*
84 el fondo del diente
– *space between teeth*
85 la ranura para la chaveta
– *keyway (key seat, key slot)*
86 el calibre
– *bore*
87 la rueda dentada cilíndrica doble helicoidal (rueda *f* de dientes *m* en ángulo *m*)
– *herringbone gear wheel*
88 el rayo (de rueda *f*)
– *spokes (arms)*
89 el engranaje helicoidal
– *helical gearing (helical spur wheel)*
90 la corona dentada
– *sprocket*
91 la rueda dentada cónica
– *bevel gear wheel (bevel wheel)*
92-93 el engranaje en espiral *f*
– ***spiral toothing***
92 el piñón
– *pinion*
93 la corona dentada
– *crown wheel*
94 el engranaje (el tren) planetario
– *epicyclic gear (planetary gear)*
95 el engranaje interior
– *internal toothing*
96 el engranaje exterior
– *external toothing*
97-107 frenos *m* dinamométricos
– ***absorption dynamometer***
97 el freno de zapatas *f*
– *shoe brake (check brake, block brake)*
98 el disco de freno *m*
– *brake pulley*
99 el árbol del freno
– *brake shaft (brake axle)*
100 la zapata (almohadilla *f*) de freno *m*
– *brake block (brake shoe)*
101 el tirante
– *pull rod*
102 la magneto del freno
– *brake magnet*
103 el contrapeso del freno
– *brake weight*
104 el freno de cinta *f*
– *band brake*
105 la cinta del freno
– *brake band*
106 la cubierta del freno
– *brake lining*
107 el tornillo de ajuste *m*, para asegurar una aplicación uniforme del freno
– *adjusting screw, for even application of the brake*

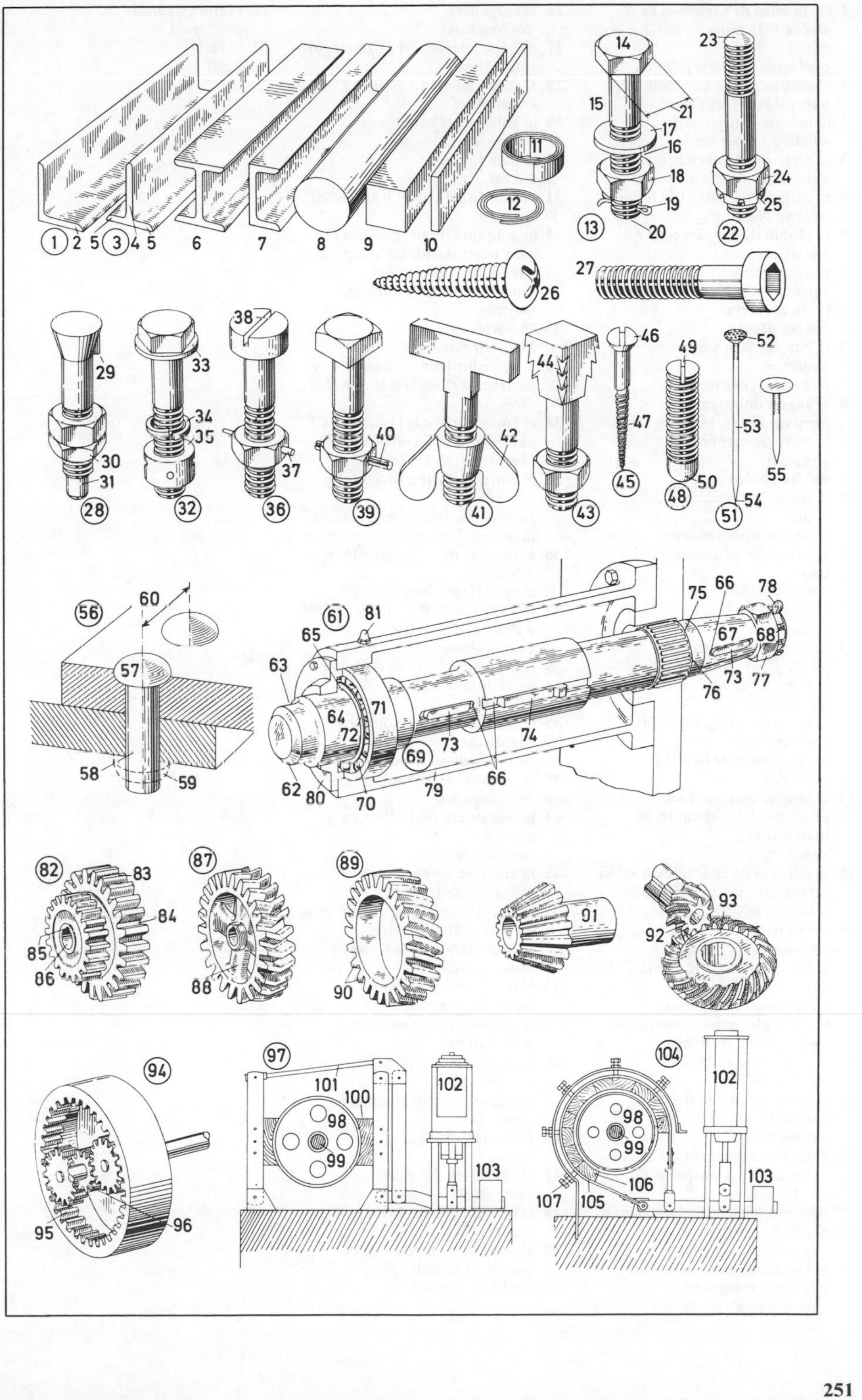
1
2
3
4
5
6
7
8
9
10
11
12
13
14
15
16
17
18
19
20
21
22
23
24
25
26
27
28
29
30
31
32
33
34
35
36
37
38
39
40
41
42
43
44
45
46
47
48
49
50
51
52
53
54
55
56
57
58
59
60
61
62
63
64
65
66
67
68
69
70
71
72
73
74
75
76
77
78
79
80
81
82
83
84
85
86
87
88
89
90
91
92
93
94
95
96
97
98
99
100
101
102
103
104
105
106
107

1-51 la mina de carbón *m* **de piedra** *f* (la mina de hulla *f*, la mina)
– ***coal mine*** *(colliery, pit)*
1 el castillete de extracción *f*
– *pithead gear (headgear)*
2 la sala de máquinas *f*
– *winding engine house*
3 la torre de extracción *f*
– *pithead frame (head frame)*
4 el edificio del pozo (de la mina)
– *pithead building*
5 la planta de preparación *f*
– *processing plant*
6 el aserradero
– *sawmill*
7-11 la coquería
– ***coking plant***
7 la batería de horno *m* de coque *m*
– *battery of coke ovens*
8 el vagón de carga *f*
– *larry car (larry, charging car)*
9 la torre de carbón *m* de coque *m*
– *coking coal tower*
10 la torre de extinción *f* del coque
– *coke-quenching tower*
11 el vagón de extinción *f* del coque
– *coke-quenching car*
12 el gasómetro
– *gasometer*
13 la central eléctrica
– *power plant (power station)*
14 la torre de agua *f*
– *water tower*
15 la torre de refrigeración *f*
– *cooling tower*
16 el ventilador de la mina
– *mine fan*
17 el emplazamiento (*Amér.*: la ubicación) del almacén de material *m*
– *depot*
18 el edificio de la administración
– *administration building (office building, offices)*
19 el escorial
– *tip heap (spoil heap)*
20 la estación de depuración *f* (de aguas *f* residuales)
– *cleaning plant*
21-51 la explotación subterránea
– ***underground workings***
21 el pozo de ventilación *f*
– *ventilation shaft*
22 el canal de tiro *m* del ventilador
– *fan drift*
23 el montacargas con jaulas de extracción *f* [transporte de productos]
– *cage-winding system with cages*
24 el pozo principal
– *main shaft*
25 la instalación de extracción *f* por montacargas *m*
– *skip-winding system*
26 el cargadero
– *winding inset*
27 el pozo interior (el pozo ciego)
– *staple shaft*
28 el resbaladero en espiral *f*
– *spiral chute*
29 la galería del yacimiento
– *gallery along seam*
30 la galería recta
– *lateral*
31 la galería (el corte) transversal
– *cross-cut*
32 la máquina de propulsión *f* para los trazados (la máquina para hacer túneles *m*)
– *tunnelling* (Am. *tunneling) machine*
33-37 cortes *m*
– ***longwall faces***
33 el corte horizontal a cepillo *m*
– *horizontal ploughed longwall face*
34 el corte horizontal por capas *f* paralelas a la estratificación
– *horizontal cut longwall face*
35 el corte vertical a martillo *m* neumático
– *vertical pneumatic pick longwall face*
36 el corte vertical a martillo *m* pilón
– *diagonal ram longwall face*
37 los desechos (*Bol., Chile, Hond. y Perú:* el desmonte)
– *goaf (gob, waste)*
38 la esclusa de aire *m* (la esclusa de ventilación *f*)
– *air lock*
39 el traslado del personal en vagonetas *f*
– *transportation of men by cars*
40 la cinta transportadora
– *belt conveying*
41 la carbonera de hulla *f* en bruto *m*
– *raw coal bunker*
42 la cinta de carga *f*
– *charging conveyor*
43 el transporte de las mercancías en monocarril *m* aéreo
– *transportation of supplies by monorail car*
44 el traslado del personal en monocarril *m* aéreo
– *transportation of men by monorail car*
45 el transporte de materiales *m* en vagonetas *f*
– *transportation of supplies by mine car*
46 el drenaje de agua *f*
– *drainage*
47 el sumidero del pozo
– *sump (sink)*
48 el terreno de recubrimiento *m*
– *capping*
49 el terreno de carbón *m* de piedra *f* (de hulla *f*)
– *coal-bearing rock*
50 el filón de hulla *f*
– *coal seam*
51 la falla
– *fault*

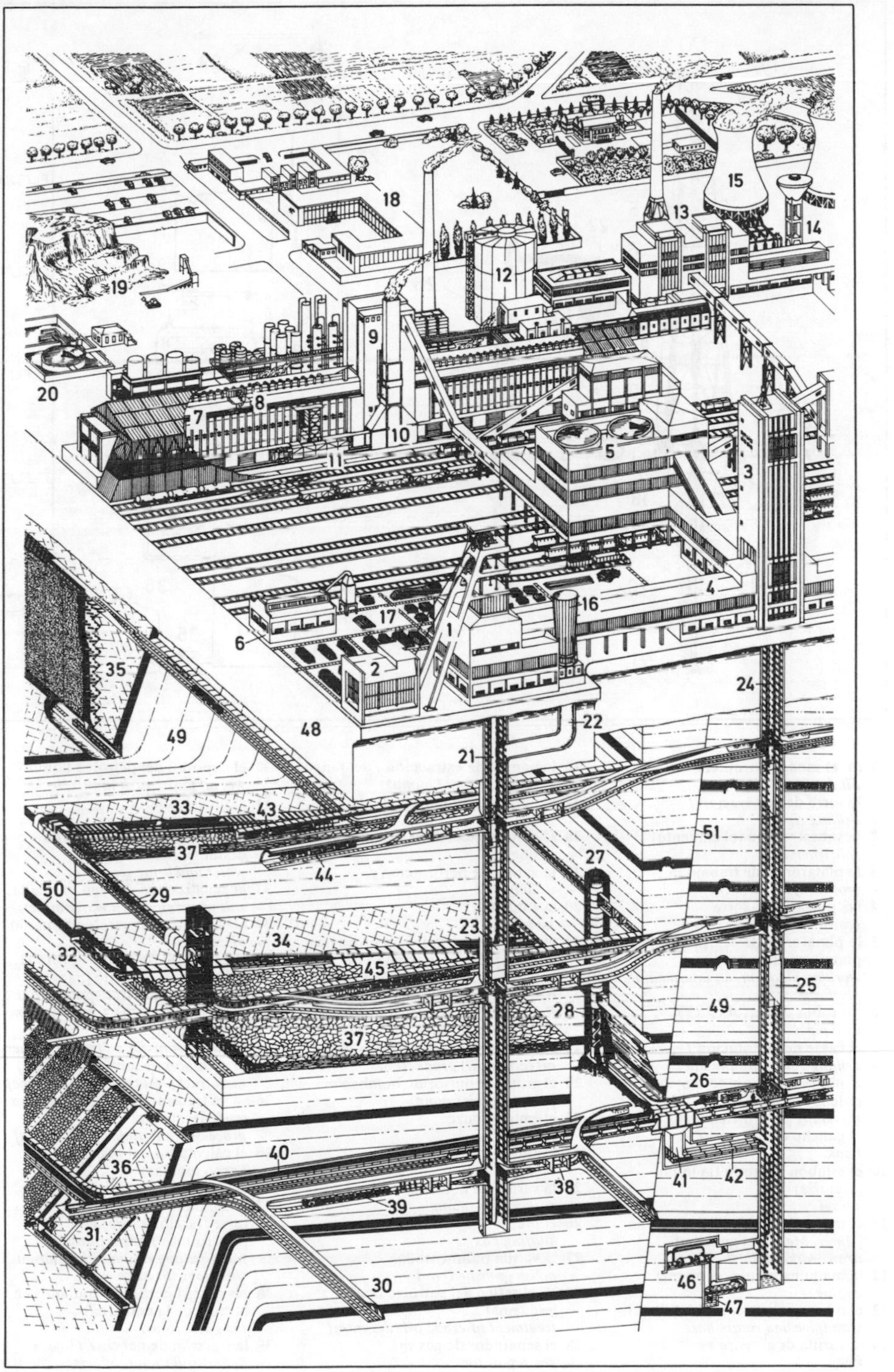
1
2
3
4
5
6
7
8
9
10
11
12
13
14
15
16
17
18
19
20
21
22
23
24
25
26
27
28
29
30
31
32
33
34
35
36
37
38
39
40
41
42
43
44
45
46
47
48
49
50
51

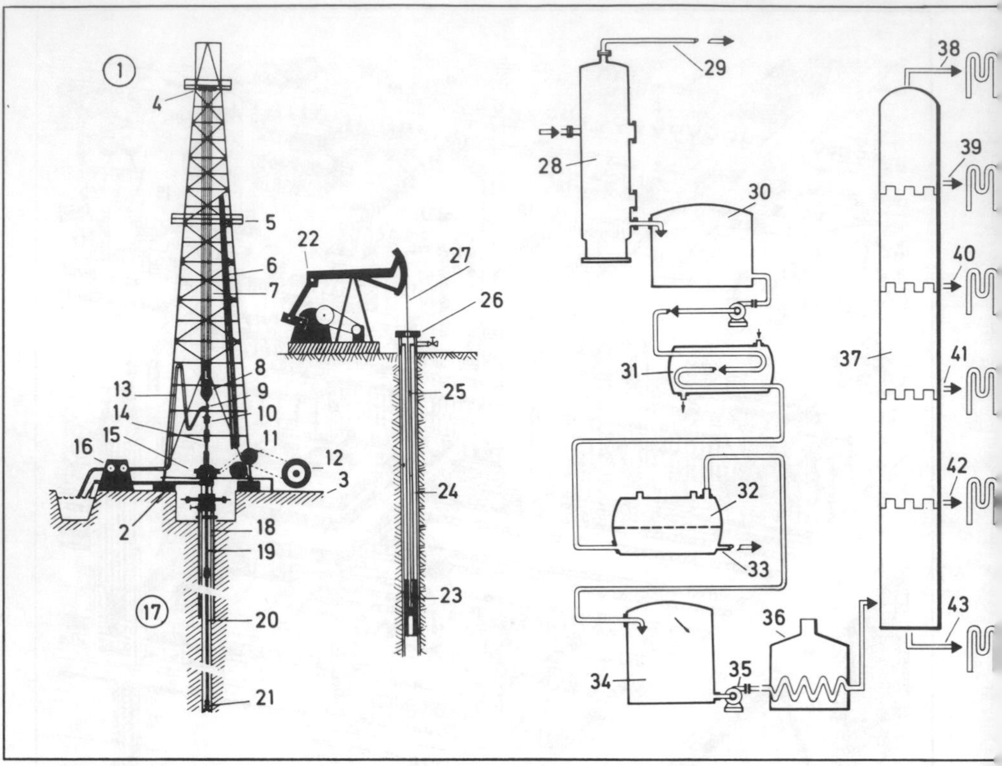

1-21 el sondeo petrolífero
– ***oil drilling***
1 la torre de perforación *f*
– *drilling rig*
2 la subestructura (el cimiento)
– *substructure*
3 la plataforma de trabajo *m*
– *crown safety platform*
4 las poleas de la torre
– *crown blocks*
5 la plataforma de celosías *f*, una plataforma intermedia
– *working platform, an intermediate platform*
6 los tubos de perforación *f*
– *drill pipes*
7 el cable de perforación *f*
– *drilling cable (drilling line)*
8 el polipasto (el grupo móvil de poleas *f*)
– *travelling* (Am. *traveling*) *block*
9 el gancho de tracción *f*
– *hook*
10 el eslabón giratorio (la unión giratoria)
– *swivel*
11 el mecanismo elevador, un torno (*Amér. Merid.:* el guinche)
– *draw works, a hoist*
12 la máquina motriz (el motor)
– *engine*
13 el tubo de extracción *f* del fango
– *standpipe and rotary hose*
14 la varilla de arrastre *m*
– *kelly*
15 el platillo giratorio
– *rotary table*
16 la bomba de extracción *f* del fango
– *slush pump (mud pump)*
17 el pozo de sondeo *m* (el taladro)
– *well*
18 el tubo vertical de revestimiento *m*
– *casing*
19 la varilla de perforación *f*
– *drilling pipe*
20 el entubado
– *tubing*
21 el punzón (el taladro, la broca, la barrena); *clases:* barrena *f* de cola *f* de pescado *m*, taladro *m* de ballesta *f*, barrena *f* sacamuestras
– *drilling bit;* kinds: *fishtail (blade) bit, rock* (Am. *roller*) *bit, core bit*
22-27 la extracción de petróleo *m*
– ***oil (crude oil) production***
22 el grupo impulsor de bombeo *m*
– *pumping unit (pump)*
23 el émbolo buzo
– *plunger*
24 los tubos elevadores
– *tubing*
25 la varilla de la bomba
– *sucker rods (pumping rods)*
26 el prensaestopas
– *stuffing box*
27 la varilla pulimentada
– *polish (polished) rod*
28-35 el refino del petróleo crudo [esquema]
– ***treatment of crude oil*** *[diagram]*
28 el separador de gas *m*
– *gas separator*
29 la tubería (la conducción) de gas *m*
– *gas pipe (gas outlet)*
30 el depósito del petróleo líquido
– *wet oil tank (wash tank)*
31 el precalentador
– *water heater*
32 la unidad de drenaje *m* y de desmineralización *f*
– *water and brine separator*
33 la canalización del agua *f* salada
– *salt water pipe (salt water outlet)*
34 el depósito del petróleo refinado
– *oil tank*
35 la canalización de transporte *m* del petróleo refinado [para la refinería o para transpote *m* por camión *m* cisterna *f*, petrolero *m*, oleoducto *m*]
– *trunk pipeline for oil [to the refinery or transport by tanker lorry* (Am. *tank truck*)*, oil tanker, or pipeline]*
36-64 la transformación del petróleo crudo [esquema]
– ***processing of crude oil*** *[diagram]*
36 el calentador del petróleo (el horno tubular)
– *oil furnace (pipe still)*
37 la columna de destilación *f* (la torre fraccionadora) con plataformas *f* superpuestas
– *fractionating column (distillation column) with trays*
38 los gases ligeros (acumulados en la cima de la columna)
– *top gases (tops)*
39 la fracción de bencina *f* ligera
– *light distillation products*
40 la fracción de bencina *f* pesada
– *heavy distillation products*

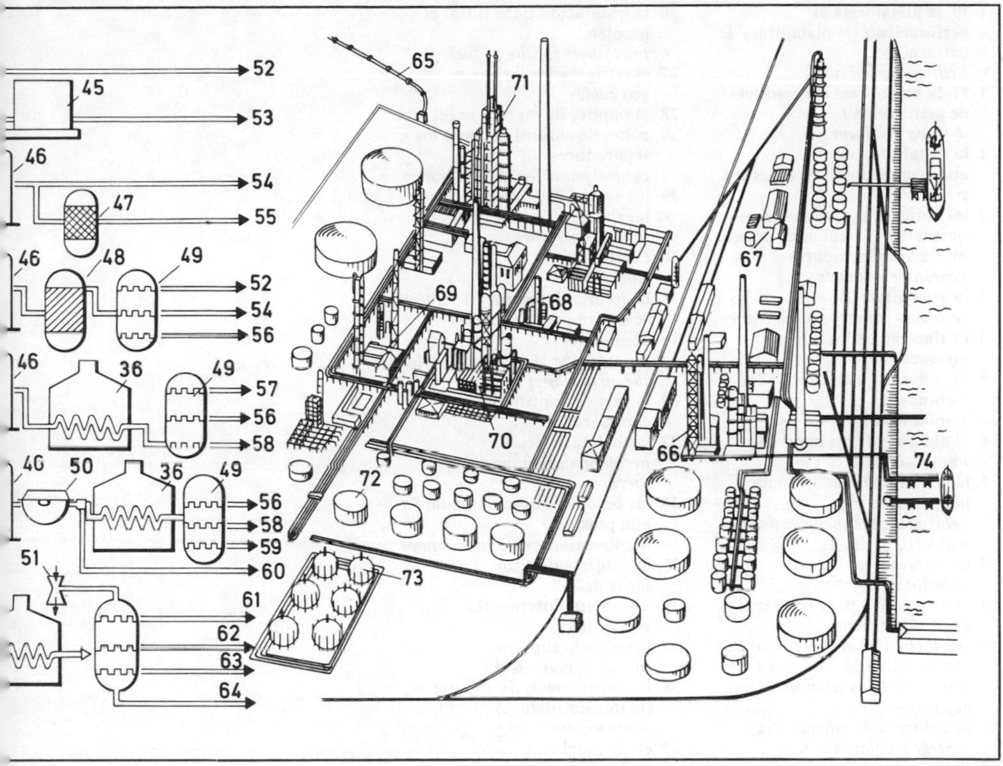

41 el petróleo lampante
– *petroleum*
42 la fracción de gasoil *m*
– *gas oil component*
43 los residuos
– *residue*
44 el refrigerador
– *condenser (cooler)*
45 el compresor
– *compressor*
46 la unidad de desulfuración *f*
– *desulphurizing (desulphurization,* Am. *desulfurizing, desulfurization) plant*
47 la unidad de reforma *f*
– *reformer (hydroformer, platformer)*
48 la instalación de craqueo *m* catalítico
– *catalytic cracker (cat cracker)*
49 la columna de destilación *f*
– *distillation column*
50 la separación de la parafina
– *de-waxing (wax separation)*
51 la instalación de vacío *m* (el canal de aspiración *f*)
– *vacuum equipment*
52-64 los productos derivados del petróleo
– ***oil products***
52 el gas de combustión *f*
– *fuel gas*
53 el gas líquido
– *liquefied petroleum gas (liquid gas)*
54 la gasolina normal (la gasolina para automóvil; *Amér.:* la nafta)
– *regular grade petrol (*Am. *gasoline)*
55 la gasolina súper
– *super grade petrol (*Am. *gasoline)*
56 el carburante diesel (el combustible para motores *m* diesel)
– *diesel oil*
57 la gasolina de aviación *f* (el carburante para reactores *m*)
– *aviation fuel*
58 el fuel-oil ligero (el aceite combustible ligero)
– *light fuel oil*
59 el fuel-oil pesado
– *heavy fuel oil*
60 la parafina
– *paraffin (paraffin oil, kerosene)*
61 el lubrificante para ejes *m*
– *spindle oil*
62 el aceite lubrificante
– *lubricating oil*
63 el lubrificante para cilindros *m*
– *cylinder oil*
64 el betún
– *bitumen*
65-74 la refinería de petróleo *m*
– ***oil refinery***
65 el oleoducto
– *pipeline (oil pipeline)*
66 las instalaciones de destilación *f*
– *distillation plants*
67 la refinería del aceite lubrificante
– *lubricating oil refinery*
68 la recuperación del azufre
– *desulphurizing (desulphurization,* Am. *desulfurizing, desulfurization) plant*
69 la instalación de separación *f* del gas
– *gas separating plant*
70 el fraccionador (craqueador *m*) catalítico
– *catalytic cracking plant*
71 el reformador catalítico (el hidroformador)
– *catalytic reformer*
72 el tanque de almacenamiento *m*
– *storage tank*
73 el tanque esférico
– *spherical tank*
74 el puerto petrolero
– *tanker terminal*

146 Perforación a poca distancia de la costa (Perforación off-shore)

1-39 la plataforma de perforación *f* (la plataforma de extracción *f*)
– ***drilling rig** (oil rig)*
1-37 la plataforma del castillete de perforación *f*
– ***drilling platform***
1 la instalación de abastecimiento *m* de energía *f*
– *power station*
2 las chimeneas para los gases quemados (los tubos de escape *m*) de los generadores
– *generator exhausts*
3 la grúa giratoria
– *revolving crane (pedestal crane)*
4 el almacén de los tubos
– *piperack*
5 los tubos de escape *m* de las turbinas
– *turbine exhausts*
6 el almacén de los materiales
– *materials store*
7 la cubierta (el puente) para helicópteros *m*
– *helicopter deck (heliport deck, heliport)*
8 el montacargas
– *elevator*
9 el dispositivo para separar el gas y el petróleo
– *production oil and gas separator*
10 el separador de muestras *f*
– *test oil and gas separators (test separators)*
11 la antorcha de emergencia *f*
– *emergency flare stack*
12 la torre de perforación *f*
– *derrick*
13 el tanque de gasóleo *m*
– *diesel tank*
14 las oficinas
– *office building*
15 los tanques para el almacenamiento de cemento *m*
– *cement storage tanks*
16 el tanque para el agua *f* potable
– *drinking water tank*
17 el tanque de reserva para el agua *f* salada
– *salt water tank*
18 los tanques de carburante *m* para helicópteros *m*
– *jet fuel tanks*
19 el bote salvavidas
– *lifeboats*
20 la caja del ascensor
– *elevator shaft*
21 el depósito del aire comprimido
– *compressed-air reservoir*
22 la estación de bombeo *m*
– *pumping station*
23 el compresor del aire
– *air compressor*
24 la instalación de climatización *f*
– *air lock*
25 la instalación de desmineralización *f* del agua *f* del mar
– *seawater desalination plant*
26 la instalación para filtrar el gasóleo
– *inlet filters for diesel fuel*
27 el refrigerador de gas *m*
– *gas cooler*
28 el pupitre de mando *m* (el panel de control *m*) para los separadores
– *control panel for the separators*
29 los servicios (los aseos, los lavabos)
– *toilets (lavatories)*
30 el taller
– *workshop*
31 la esclusa del tritón [el "tritón" se utiliza para limpiar el oleoducto]
– *pig trap [the 'pig' is used to clean the oil pipeline]*
32 la sala de control *m*
– *control room*
33 las habitaciones
– *accommodation modules (accommodation)*
34 las bombas de cimentación *f* a alta presión *f*
– *high-pressure cementing pumps*
35 la cubierta inferior
– *lower deck*
36 la cubierta intermedia
– *middle deck*
37 la cubierta superior
– *top deck (main deck)*
38 la construcción de soporte *m* (la infraestructura)
– *substructure*
39 el nivel del mar
– *mean sea level*

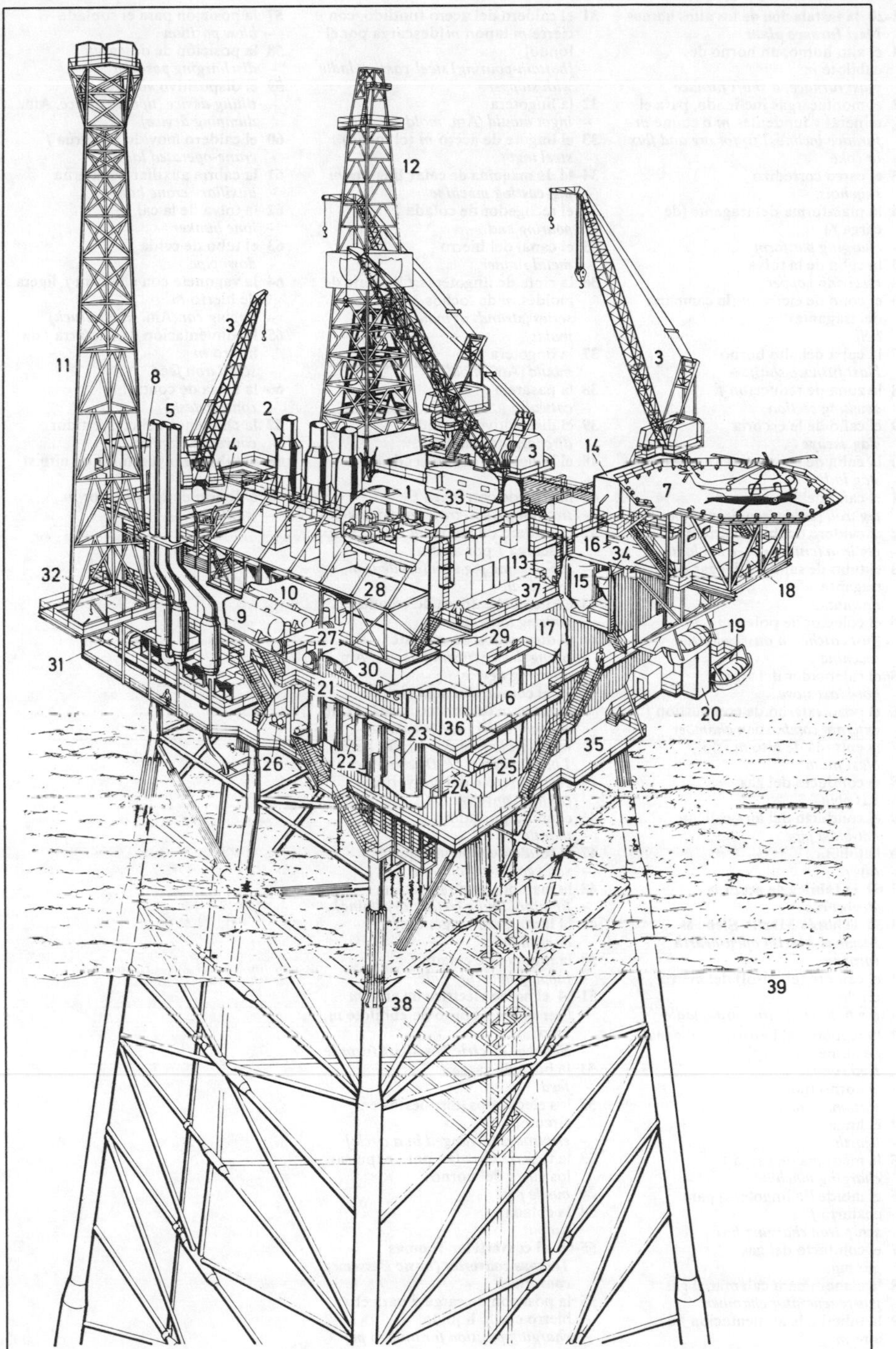
12
11
8
5
2
3
4
3
3
14
7
1
33
16
34
32
10
28
13
15
18
9
37
27
29
17
19
31
30
21
6
20
23
36
35
26
22
25
24
38
39

1-20 la instalación de los altos hornos
- ***blast furnace plant***

1 el alto horno, un horno de cubilote *m*
- *blast furnace, a shaft furnace*

2 el montacargas inclinado, para el mineral y fundentes *m* o coque *m*
- *furnace incline (lift) for ore and flux or coke*

3 el carro corredizo
- *skip hoist*

4 la plataforma del tragante (de carga *f*)
- *charging platform*

5 la cuba de la tolva
- *receiving hopper*

6 el cono de cierre *m* (la campana del tragante)
- *bell*

7 la cuba del alto horno
- *blast furnace shaft*

8 la zona de reducción *f*
- *smelting section*

9 el caño de la escoria
- *slag escape*

10 la cuba de la escoria
- *slag ladle*

11 el caño del hierro crudo
- *pig iron (crude iron, iron) runout*

12 el caldero del hierro crudo
- *pig iron (crude iron, iron) ladle*

13 el tubo de salida *f* del gas del tragante
- *downtake*

14 el colector de polvo *m*
- *dust catcher, a dust-collecting machine*

15 el calentador del aire
- *hot-blast stove*

16 el pozo externo de combustión *f*
- *external combustion chamber*

17 la entrada de aire *m* frío
- *blast main*

18 el conducto del gas
- *gas pipe*

19 el conducto del aire caliente
- *hot-blast pipe*

20 la tobera
- *tuyère*

21-69 la fábrica de acero *m*
- ***steelworks***

21-30 el horno Martin-Siemens
- ***Siemens-Martin open-hearth furnace***

21 el caldero (el crisol) del hierro crudo
- *pig iron (crude iron, iron) ladle*

22 la reguera del bebedero (el canal de alimentación *f*)
- *feed runner*

23 el horno fijo
- *stationary furnace*

24 el hogar
- *hearth*

25 la máquina de carga *f*
- *charging machine*

26 el molde (la lingotera) para chatarra *f*
- *scrap iron charging box*

27 el conducto del gas
- *gas pipe*

28 la cámara para calentar el gas
- *gas regenerator chamber*

29 la tubería de alimentación *f* de aire *m*
- *air feed pipe*

30 la cámara para calentar el aire
- *air regenerator chamber*

31 el caldero del acero fundido, con cierre *m* tapón *m* [descarga por el fondo]
- *[bottom-pouring] steel-casting ladle with stopper*

32 la lingotera
- *ingot mould* (Am. *mold)*

33 el lingote de acero *m* (el tocho)
- *steel ingot*

34-44 la máquina de colar lingotes *m*
- ***pig-casting machine***

34 el recogedor de colada *f*
- *pouring end*

35 el canal del hierro
- *metal runner*

36 la cinta de lingoteras *f* [la serie de moldes *m* de tochos *m*]
- *series (strand) of moulds (*Am. *molds)*

37 la lingotera
- *mould (*Am. *mold)*

38 la pasarela
- *catwalk*

39 el dispositivo de caída *f*
- *discharging chute*

40 el lingote (el hierro crudo)
- *pig*

41 la grúa de corredera *f*
- *travelling (*Am. *traveling) crane*

42 el caldero de hierro *m* crudo con descarga *f* por arriba
- *top-pouring pig iron (crude iron, iron) ladle*

43 el pico del caldero de colada *f*
- *pouring ladle lip*

44 el dispositivo basculante
- *tilting device (tipping device,* Am. *dumping device)*

45-50 el convertidor soplado por oxígeno *m* (el convertidor L-D, el convertidor Linz-Donawitz)
- ***oxygen-blowing converter;*** here: *Linz-Donawitz (L-D) converter*

45 el sombrerete del convertidor
- *conical converter top*

46 el anillo portador
- *mantle*

47 el fondo del convertidor
- *solid converter bottom*

48 la mampostería refractaria
- *fireproof lining (refractory lining)*

49 la lanza para oxígeno *m*
- *oxygen lance*

50 la piquera de colada *f*
- *tapping hole (tap hole)*

51-54 el horno eléctrico de arco *m* **Siemens,** un horno de cubilote *m* bajo
- ***Siemens electric low-shaft furnace***

51 la boca de carga *f*
- *feed*

52 los electrodos [dispuestos en círculo]
- *electrodes [arranged in a circle]*

53 la tubería circular, para expulsar los gases del horno
- *bustle pipe*

54 la colada
- *runout*

55-69 el convertidor Thomas
- ***Thomas converter (basic Bessemer converter)***

55 la posición de carga *f* para el hierro crudo líquido
- *charging position for molten pig iron*

56 la posición de carga *f* para la cal
- *charging position for lime*

57 la posición para el soplado
- *blow position*

58 la posición de descarga *f*
- *discharging position*

59 el dispositivo volcador
- *tilting device (tipping device,* Am. *dumping device)*

60 el caldero movido por grúa *f*
- *crane-operated ladle*

61 la cabria auxiliar de la grúa
- *auxiliary crane hoist*

62 la tolva de la cal
- *lime bunker*

63 el tubo de caída *f*
- *downpipe*

64 la vagoneta con chatarra *f* ligera de hierro *m*
- *tipping car (*Am. *dump truck)*

65 la alimentación de chatarra *f* de hierro *m*
- *scrap iron feed*

66 la mesa de control *m*
- *control desk*

67 la chimenea del convertidor
- *converter chimney*

68 el tubo de inyección *f* de aire *m*
- *blast main*

69 el fondo de convertidor *m*
- *wind box*

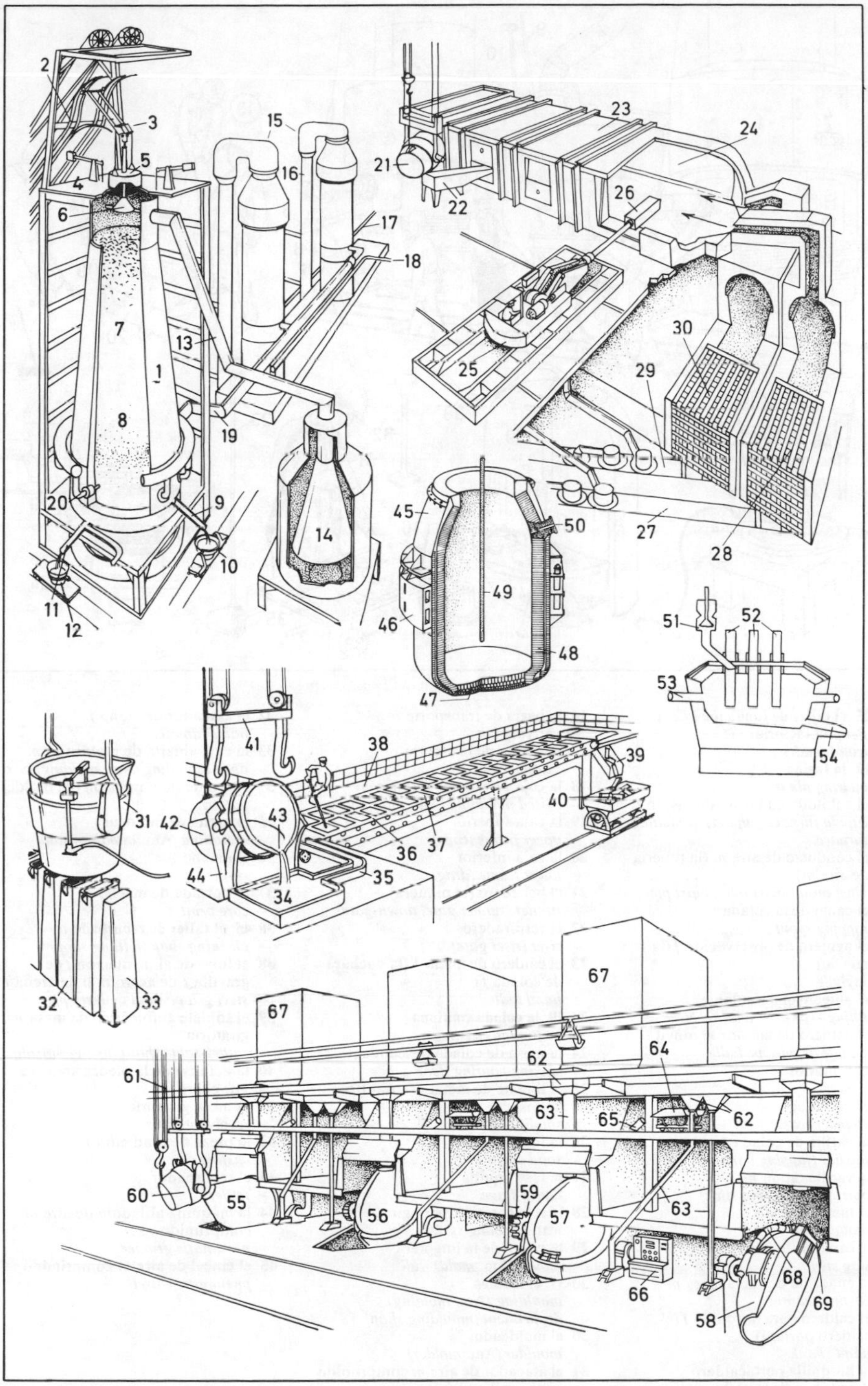
1
2
3
4
5
6
7
8
9
10
11
12
13
14
15
16
17
18
19
20
21
22
23
24
25
26
27
28
29
30
31
32
33
34
35
36
37
38
39
40
41
42
43
44
45
46
47
48
49
50
51
52
53
54
55
56
57
58
59
60
61
62
63
64
65
66
67
68
69

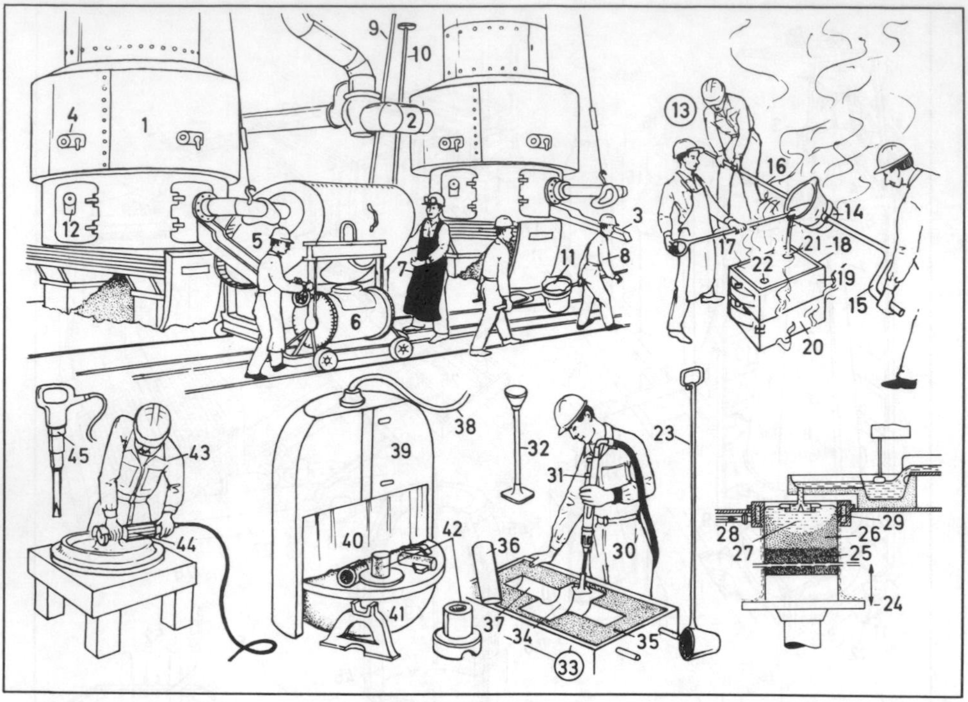

1-45 el taller de fundición (*Ec. y Perú:* la factoría)
- ***iron foundry***

1-12 la fusión
- ***melting plant***

1 el cubilote, un horno de fusión *f*
- *cupola furnace (cupola), a melting furnace*

2 el conducto de aire *m* (la tubería de aire *m*)
- *blast main (blast inlet, blast pipe)*

3 el canal de la colada
- *tapping spout*

4 el agujero de observación *f* (la mirilla)
- *spyhole*

5 el antecrisol basculante
- *tilting-type hot-metal receiver*

6 el caldero de tambor *m* móvil
- *mobile drum-type ladle*

7 el fundidor
- *melter*

8 el vaciador
- *founder (caster)*

9 la varilla de colada *f*
- *tap bar (tapping bar)*

10 la varilla tapón *m*
- *bott stick* (Am. *bot stick)*

11 el hierro líquido
- *molten iron*

12 el canal de la escoria
- *slag spout*

13 la cuadrilla de vaciadores *m*
- *casting team*

14 el caldero para horquilla *f* (el caldero portátil)
- *hand shank*

15 la horquilla portacaldero
- *double handle (crutch)*

16 la barra de transporte *m*
- *carrying bar*

17 la varilla de la escoria
- *skimmer rod*

18 la caja cerrada de moldeo *m*
- *closed moulding* (Am. *molding) box*

19 la caja superior
- *upper frame (cope)*

20 la caja inferior
- *lower frame (drag)*

21 el bebedero (la piquera)
- *runner (runner gate, down-gate)*

22 el respiradero
- *riser (riser gate)*

23 el caldero de mano *f* (la cuchara de colada *f*)
- *hand ladle*

24-29 la colada continua
- ***continuous casting***

24 la mesa de colada descendente
- *sinking pouring floor*

25 el lingote de metal *m* solidificándose
- *solidifying pig*

26 la fase sólida
- *solid stage*

27 la fase líquida
- *liquid stage*

28 la refrigeración por agua *f*
- *water-cooling system*

29 la pared de la lingotera
- *mould* (Am. *mold) wall*

30-37 el moldeo
- ***moulding*** (Am. *molding)* ***department*** *(moulding shop)*

30 el moldeador
- *moulder* (Am. *molder)*

31 el atacador de aire *m* comprimido
- *pneumatic rammer*

32 el atacador de mano *f*
- *hand rammer*

33 la caja abierta de moldeado *m*
- *open moulding* (Am. *molding) box*

34 el molde (la impresión del molde)
- *pattern*

35 la arena de moldear
- *moulding* (Am. *molding) sand*

36 el macho
- *core*

37 la portada de macho *m*
- *core print*

38-45 el taller de rebarbado *m*
- ***cleaning shop*** *(fettling shop)*

38 el tubo de alimentación *f* de gravilla *f* de acero *m* o de arena *f*
- *steel grit or sand delivery pipe*

39 el soplete automático de mesa *m* giratoria
- *rotary-table shot-blasting machine*

40 la defensa de la piedra arenisca
- *grit guard*

41 la mesa giratoria
- *revolving table*

42 la pieza de fundición *f*
- *casting*

43 el rebarbador
- *fettler*

44 la máquina afiladora de aire *m* comprimido
- *pneumatic grinder*

45 el cincel de aire *m* comprimido
- *pneumatic chisel*

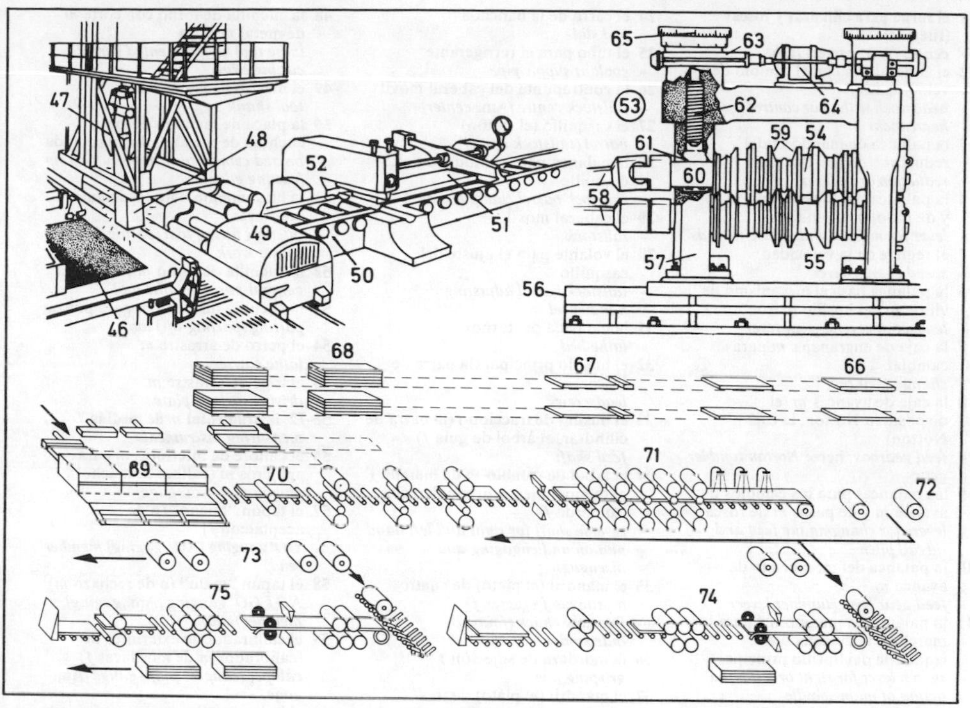

46-75 el laminador
– ***rolling mill***
46 el horno de foso *m*
– *soaking pit*
47 la grúa para el horno de foso *m*, una grúa de tenazas *f*
– *soaking pit crane*
48 el lingote en bruto (el lingote de acero *m* bruto moldeado)
– *ingot*
49 la vagoneta volquete *m* para los lingotes
– *ingot tipper*
50 el tren blooming
– *blooming train (roller path)*
51 el material laminado
– *workpiece*
52 las tijeras para lingotes *m*
– *bloom shears*
53 el laminador dúo
– *two-high mill*
54-55 el juego de cilindros *m*
– ***set of rolls** (set of rollers)*
54 el cilindro superior
– *upper roll (upper roller)*
55 el cilindro inferior
– *lower roll (lower roller)*
56-60 la caja de laminado *m*
– ***roll stand***
56 la plataforma base
– *base plate*
57 el montante de cilindros *m*
– *housing (frame)*
58 el árbol de acoplamiento *m*
– *coupling spindle*
59 el calibre
– *groove*
60 el cojinete del cilindro
– *roll bearing*
61-65 el dispositivo de ajuste *m*
– ***adjusting equipment***
61 la guarnición del bastidor
– *chock*
62 el tornillo de presión *f*
– *main screw*
63 el engranaje
– *gear*
64 el motor
– *motor*
65 el indicador, para el ajuste grueso o fino
– *indicator for rough and fine adjustment*
66-75 el tren de laminado *m* continuo para manufacturar flejes *m* de acero *m* (el tren de bandas *f*) [esquema]
– ***continuous rolling mill train for the manufacture of strip** [diagram]*
66-68 el acabado del producto semimanufacturado
– *processing of semi-finished product*
66 el producto semimanufacturado
– *semi-finished product*
67 la instalación de corte *m* autógeno
– *gas cutting installation*
68 la pila de láminas *f* acabadas
– *stack of finished steel sheets*
69 el horno de empuje *m*
– *continuous reheating furnaces*
70 el tren desbastador
– *blooming train*
71 el tren de acabado
– *finishing train*
72 el rodillo (la bobina para enrollar)
– *coiler*
73 el almacén de flejes (coronas *f*) para la venta
– *collar bearing for marketing*
74 el tren de corte *m* de 5 mm
– *5 mm shearing train*
75 el tren de corte *m* de 10 mm
– *10 mm shearing train*

1 **el torno para cilindrar y roscar** (filetear)
- ***centre*** (Am. *center*) ***lathe***
2 el cabezal fijo con el cambio de velocidades *f*
- *headstock with gear control (geared headstock)*
3 la palanca de mando *m* del reductor
- *reduction drive lever*
4 la palanca para roscas *f* normales y de paso *m* empinado
- *lever for normal and coarse threads*
5 el reglaje de la velocidad
- *speed change lever*
6 la palanca para el mecanismo de viraje *m* del husillo patrón
- *leadscrew reverse-gear lever*
7 la caja de engranajes *m* para cambiar
- *change-gear box*
8 la caja de avances *m* (el dispositivo Norton, la caja Norton)
- *feed gearbox;* here: *Norton tumbler gear*
9 las palancas para los cambios de avance *m* y de pasos *m* de rosca *f*
- *levers for changing the feed and thread pitch*
10 la palanca del mecanismo de avance *m*
- *feed gear lever (tumbler lever)*
11 la palanca de maniobra *f* para la marcha a la derecha o a la izquierda del husillo principal
- *switch lever for right or left hand action of main spindle*
12 el pie (la base) del torno
- *lathe foot (footpiece)*
13 el volante para el movimiento longitudinal del carro
- *leadscrew handwheel for traversing of saddle (longitudinal movement of saddle)*
14 la palanca para el mecanismo inversor del sentido del avance
- *tumbler reverse lever*
15 el husillo de regulación *f*
- *feed screw*
16 el tablero del carro
- *apron (saddle apron, carriage apron)*
17 la palanca para el movimiento longitudinal y transversal
- *lever for longitudinal and transverse motion*
18 el tornillo sin fin *m* de caída *f* para embragar los avances
- *drop (dropping) worm (feed trip, feed tripping device) for engaging feed mechanisms*
19 la palanca para la tuerca partida del husillo principal
- *lever for engaging half nut of leadscrew (lever for clasp nut engagement)*
20 el husillo giratorio (el husillo de trabajo *m*, el portabrocas)
- *lathe spindle*
21 el portaherramientas
- *tool post*
22 el carro superior (el carrito longitudinal)
- *top slide (tool slide, tool rest)*
23 el carrito transversal
- *cross slide*
24 el carro de la bancada
- *bed slide*
25 el tubo para el refrigerante
- *coolant supply pipe*
26 la contrapunta del cabezal móvil
- *tailstock centre* (Am. *center)*
27 el casquillo (el cañón)
- *barrel (tailstock barrel)*
28 la palanca para el bloqueo del casquillo
- *tailstock barrel clamp lever*
29 el cabezal móvil
- *tailstock*
30 el volante para el ajuste del casquillo
- *tailstock barrel adjusting handwheel*
31 la bancada del torno
- *lathe bed*
32 el husillo principal (la barra de roscar)
- *leadscrew*
33 el husillo de tracción *f* (la barra de cilindrar, el árbol de guía *f*)
- *feed shaft*
34 el árbol de cambio *m* de marcha *f* para movimiento *m* a la derecha e izquierda *f*
- *reverse shaft for right and left hand motion and engaging and disengaging*
35 el mandril (el plato) de cuatro mordazas *f* (garras *f*)
- *four-jaw chuck (four-jaw independent chuck)*
36 la mordaza de sujeción *f*
- *gripping jaw*
37 el mandril (el plato) de tres mordazas *f* (garras *f*)
- *three-jaw chuck (three-jaw self-centring, self-centering, chuck)*
38 **el torno (de) revólver** *m*
- ***turret lathe***
39 el carrito transversal
- *cross slide*
40 el cabezal revólver
- *turret*
41 el portapunteros (el portacuchillas) múltiple
- *combination toolholder (multiple turning head)*
42 el carrito lingitudinal
- *top slide*
43 la palanca cruciforme
- *star wheel*
44 la cubeta para las virutas y para refrigerar la sustancia (el aceite) lubricante
- *coolant tray for collecting coolant and swarf*
45-53 **herramientas (cuchillas *f*) de torno *m***
- ***lathe tools***
45 la herramienta con placas *f* giratorias para cortar
- *tool bit holder (clamp tip tool) for adjustable cutting tips*
46 la placa cortante de metal *m* duro o de cerámica *f* de óxidos *m*
- *adjustable cutting tip (clamp tip) of cemented carbide or oxide ceramic*
47 las formas de las placas ajustables de cerámica *f* de óxidos *m*
- *shapes of adjustable oxide ceramic tips*
48 la cuchilla de torno con corte *m* de metal *m* duro
- *lathe tool with cemented carbide cutting edge*
49 el mango de la cuchilla
- *tool shank*
50 la placa de metal *m* duro (la cuchilla de metal *m* duro) soldada
- *brazed cemented carbide cutting tip (cutting edge)*
51 la herramienta para los ángulos interiores
- *internal facing tool (boring tool) for corner work*
52 la cuchilla de torno *m* encorvada
- *general-purpose lathe tool*
53 la cuchilla de torno *m* para punzar
- *parting (parting-off) tool*
54 el perro de arrastre *m*
- *lathe carrier*
55 el tope de arrastre *m*
- *driving (driver) plate*
56-72 **instrumental *m* de medida *f***
- ***measuring instruments***
56 el calibre de interiores *m* para agujeros *m* (calibre *m* macho)
- *plug gauge* (Am. *gage)*
57 el tapón "bueno" (o de aceptación *f*)
- *'GO' gauging* (Am. *gaging) member (end)*
58 el tapón "malo" (o de rechazo *m*)
- *'NOT GO' gauging* (Am. *gaging) member (end)*
59 el calibrador de exteriores *m* (calibrador *m* de mordazas *f*)
- *calliper (caliper, snap) gauge* (Am. *gage)*
60 el lado pasa (la abertura máxima)
- *'GO' side*
61 el lado no pasa (la abertura mínima)
- *'NOT GO' side*
62 el tornillo micrométrico (el palmer)
- *micrometer*
63 la escala graduada
- *measuring scale*
64 el tambor graduado
- *graduated thimble*
65 el arco de medida *f*
- *frame*
66 el husillo de medida *f* (la punta de contacto *m*)
- *spindle (screwed spindle)*
67 el pie de rey *m*
- *vernier calliper (caliper) gauge* (Am. *gage)*
68 la medida de profundidad *f*
- *depth gauge* (Am. *gage) attachment rule*
69 la escala de nonio *m*
- *vernier scale*
70 los picos de medida *f* exterior
- *outside jaws*
71 los picos de medida *f* interior
- *inside jaws*
72 el calibrador de profundidades *f*
- *vernier depth gauge* (Am. *gage)*

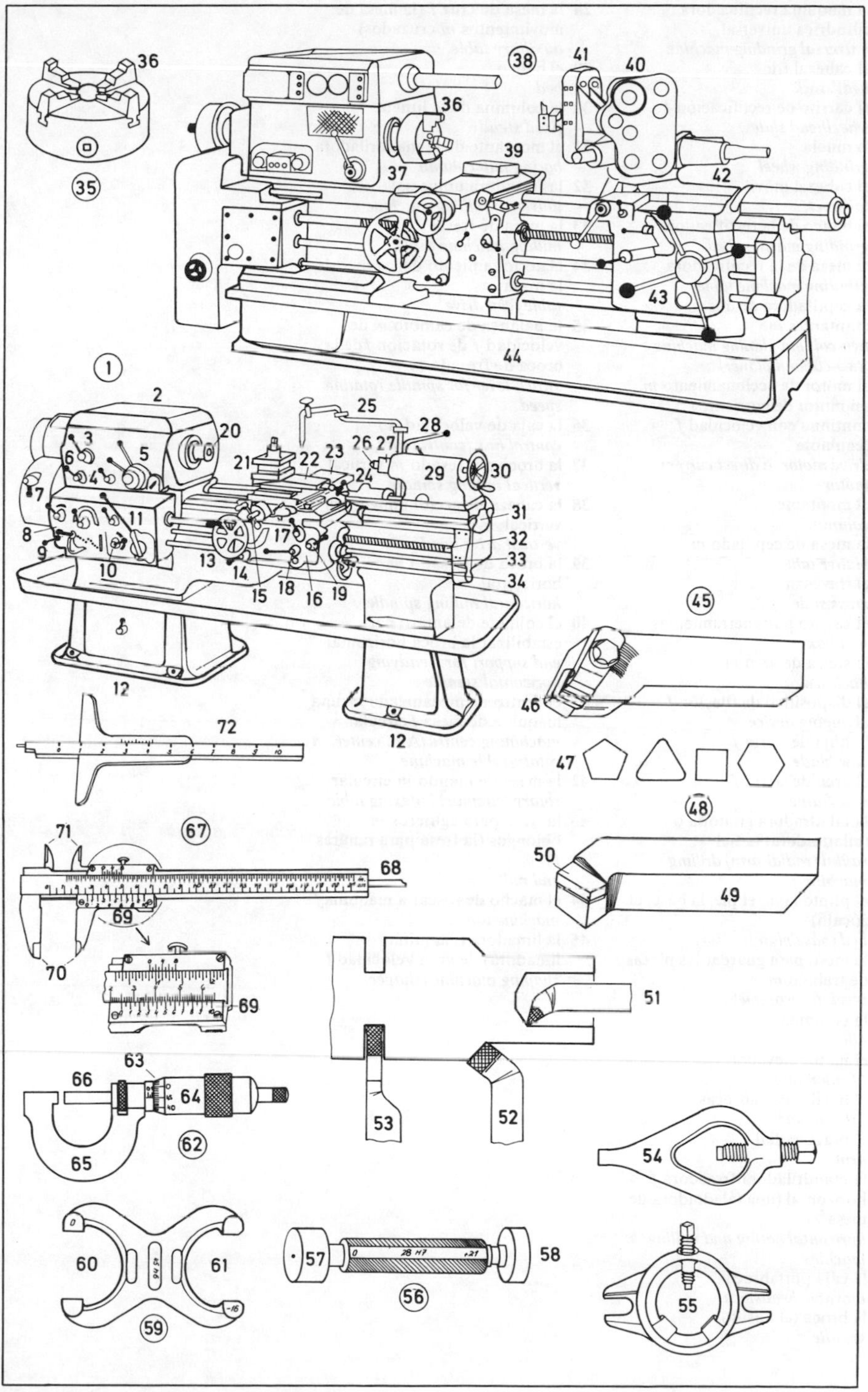
1
2
3
4
5
6
7
8
9
10
11
12
13
14
15
16
17
18
19
20
21
22
23
24
25
26
27
28
29
30
31
32
33
34
35
36
37
38
39
40
41
42
43
44
45
46
47
48
49
50
51
52
53
54
55
56
57
58
59
60
61
62
63
64
65
66
67
68
69
70
71
72

1 la máquina rectificadora cilíndrica universal
– *universal grinding machine*
2 el cabezal fijo
– *headstock*
3 el carrito de rectificación *f*
– *wheelhead slide*
4 la muela
– *grinding wheel*
5 el cabezal móvil
– *tailstock*
6 el banco de la rectificadora
– *grinding machine bed*
7 la mesa de la rectificadora
– *grinding machine table*
8 la cepilladora de dos montantes *m*
– *two-column planing machine (two-column planer)*
9 el motor de accionamiento *m*, un motor de corriente *f* continua con velocidad *f* regulable
– *drive motor, a direct current motor*
10 el montante
– *column*
11 la mesa de cepillado *m*
– *planer table*
12 el travesaño
– *cross slide (rail)*
13 el carrito portaherramientas
– *tool box*
14 la sierra de arco *m*
– *hacksaw*
15 el dispositivo de fijación *f*
– *clamping device*
16 la hoja de sierra *f*
– *saw blade*
17 el arco de sierra *f*
– *saw frame*
18 la taladradora giratoria o (taladradora) radial
– *radial (radial-arm) drilling machine*
19 el plinto (*sin.:* el pie, la base, el zócalo)
– *bed (base plate)*
20 la mesa para guardar las piezas de trabajo *m*
– *block for workpiece*
21 la columna
– *pillar*
22 el motor elevador
– *lifting motor*
23 el husillo portabrocas
– *drill spindle*
24 el brazo radial
– *arm*
25 la mandriladora-fresadora *f* horizontal (una taladradora de mesa *f*)
– *horizontal boring and milling machine*
26 la caja portabrocas
– *movable headstock*
27 la broca (el husillo)
– *spindle*
28 la mesa de cruz *f* (la mesa de movimientos *m* cruzados)
– *auxiliary table*
29 el banco
– *bed*
30 la columna de la luneta
– *fixed steady*
31 el montante de la mandriladora
– *boring mill column*
32 la fresadora universal
– *universal milling machine*
33 la mesa de fresar
– *milling machine table*
34 el accionamiento del avance de la mesa
– *table feed drive*
35 la palanca de cambio *m* de velocidad *f* de rotación *f* de la broca de fresado *m*
– *switch lever for spindle rotation speed*
36 la caja de velocidades *f*
– *control box (control unit)*
37 la broca de fresado *m* vertical
– *vertical milling spindle*
38 la cabeza de accionamiento *m* vertical
– *vertical drive head*
39 la broca de fresado *m* horizontal
– *horizontal milling spindle*
40 el cojinete delantero para estabilizar la broca horizontal
– *end support for steadying horizontal spindle*
41 el centro de mecanizado *m*, una máquina de mesa *f* circular
– *machining centre (*Am. *center), a rotary-table machine*
42 la mesa de mando *m* circular
– *rotary (circular) indexing table*
43 la fresa para agujeros *m* oblongos (la fresa para ranuras *f*)
– *end mill*
44 el macho de roscar a máquina *f*
– *machine tap*
45 la limadora (máquina limadora) de gran velocidad *f*
– *shaping machine (shaper)*

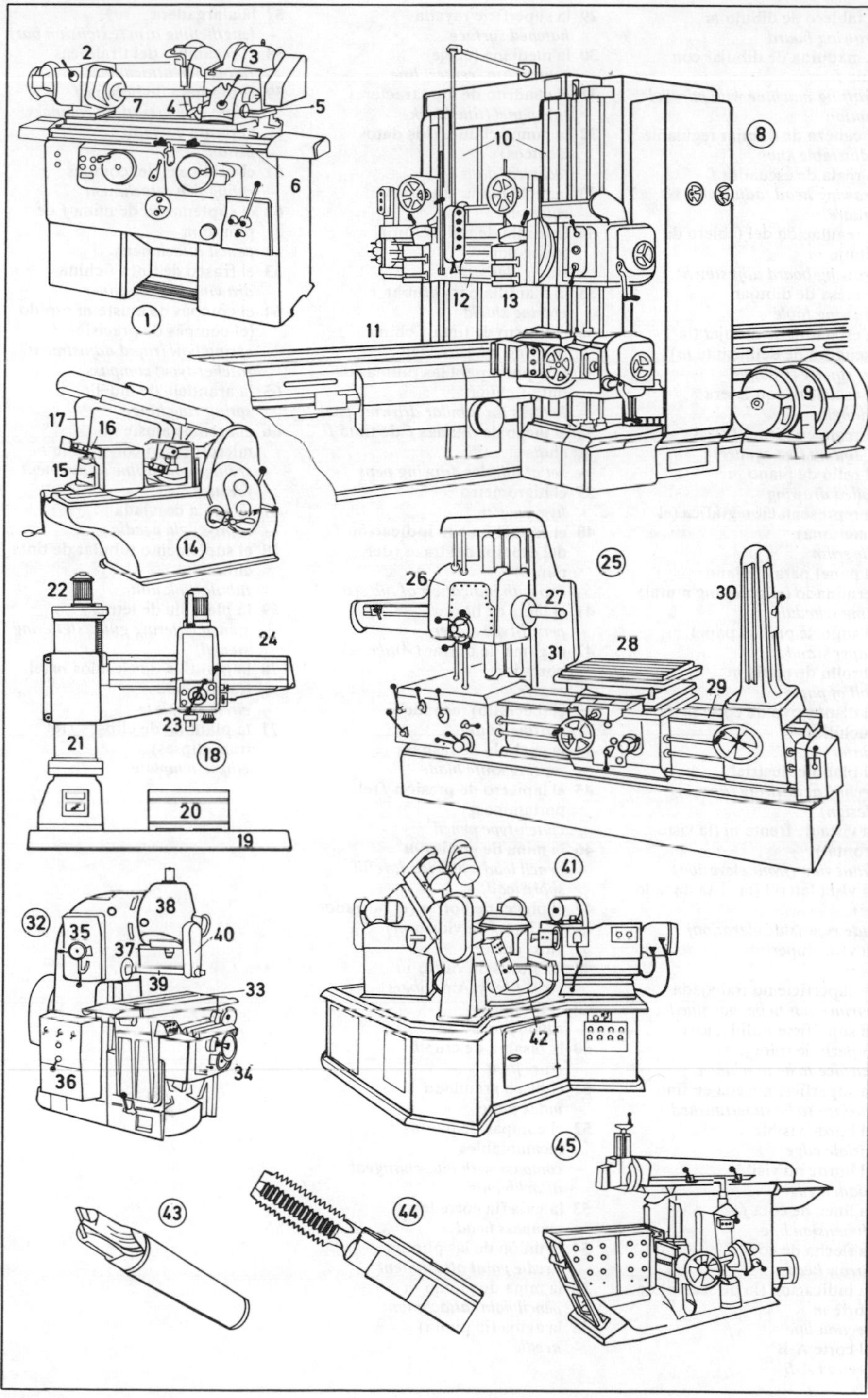
1
2
3
4
5
6
7
8
9
10
11
12
13
14
15
16
17
18
19
20
21
22
23
24
25
26
27
28
29
30
31
32
33
34
35
36
37
38
39
40
41
42
43
44
45

1 el tablero de dibujo *m*
– *drawing board*
2 la máquina de dibujar con guía *f*
– *drafting machine with parallel motion*
3 la cabeza de dibujar regulable
– *adjustable knob*
4 la regla de escuadra *f*
– *drawing head (adjustable set square)*
5 la regulación del tablero de dibujo *m*
– *drawing board adjustment*
6 la mesa de dibujar
– *drawing table*
7 la escuadra de dibujar (la escuadra de delineante *m*)
– *set square (triangle)*
8 la escuadra equilátera
– *triangle*
9 la regla en forma *f* de T
– *T-square (tee-square)*
10 el rollo de plano *m*
– *rolled drawing*
11 la representación gráfica (el diagrama)
– *diagram*
12 el panel para el plano terminado (el planning mural)
– *time schedule*
13 el soporte para el papel
– *paper stand*
14 el rollo de papel *m*
– *roll of paper*
15 el dispositivo de corte *m* (la cuchilla)
– *cutter*
16 el plano industrial
– *technical drawing (drawing, design)*
17 la vista de frente *m* (la vista frontal)
– *front view (front elevation)*
18 la vista lateral (la vista de lado *m*)
– *side view (side elevation)*
19 la vista superior
– *plan*
20 la superficie no trabajada
– *surface not to be machined*
21 la superficie pulida, una superficie trabajada
– *surface to be machined*
22 la superficie alisada en fino
– *surface to be superfinished*
23 el borde visible
– *visible edge*
24 el borde no visible
– *hidden edge*
25 la línea de cota *f*
– *dimension line*
26 la flecha de cota *f*
– *arrow head*
27 la indicación (la dirección) de corte *m*
– *section line*
28 el corte A-B
– *section A-B*
29 la superficie rayada
– *hatched surface*
30 la mediana (el eje)
– *centre (Am. center) line*
31 el cuadrito de los caracteres
– *title panel (title block)*
32 la nomenclatura (los datos técnicos)
– *technical data*
33 la regla plana graduada
– *ruler (rule)*
34 la escala de reducción *f* triangular
– *triangular scale*
35 la plantilla para grabar
– *erasing shield*
36 el tintero de tinta *f* china
– *drawing ink cartridge*
37 el soporte para las plumas de tinta *f* china
– *holders for tubular drawing pens*
38 el juego de plumas *f* de tinta *f* china
– *set of tubular drawing pens*
39 el higrómetro
– *hygrometer*
40 el capuchón con indicación *f* del espesor del trazo (del punto)
– *cap with indication of nib size*
41 el lápiz de borrar
– *pencil-type eraser*
42 la goma de borrar (*Amér.*: el borrador)
– *eraser*
43 el (cuchillo) raspador
– *erasing knife*
44 la cuchilla de raspar
– *erasing knife blade*
45 el lapicero de presión *f* (el portaminas)
– *clutch-type pencil*
46 la mina de grafito *m*
– *pencil lead (refill lead, refill, spare lead)*
47 el pincel de borrar (el borrador de fibra *f* de vidrio *m*)
– *glass eraser*
48 las fibras de vidrio *m*
– *glass fibres (*Am. *fibers)*
49 el tiralíneas
– *ruling pen*
50 la bisagra de cruz *f*
– *cross joint*
51 el disco graduado
– *index plate*
52 el compás de puntas *f* recambiables
– *compass with interchangeable attachments*
53 la guía (la corredera)
– *compass head*
54 la unión de las puntas
– *needle point attachment*
55 la mina de plomo *m*
– *pencil point attachment*
56 la aguja (la punta)
– *needle*
57 la alargadera
– *lengthening arm (extension bar)*
58 el recambio del tiralíneas
– *ruling pen attachment*
59 la bigotera de bomba *f*
– *pump compass (drop compass)*
60 la punta corrediza
– *piston*
61 el tiralíneas del compás
– *ruling pen attachment*
62 el suplemento de mina *f* de plomo *m*
– *pencil attachment*
63 el frasco de tinta *f* china
– *drawing ink container*
64 el compás de ajuste *m* rápido (el compás de precisión *f*)
– *spring bow (rapid adjustment, ratchet-type) compass*
65 la arandela de muelle
– *spring ring hinge*
66 el arco de ajuste *m* micrométrico con muelle *m*
– *spring-loaded fine adjustment for arcs*
67 la aguja desviada
– *right-angle needle*
68 el suplemento tubular de tinta *f* china
– *tubular ink unit*
69 la plantilla de letras *f*
– *stencil lettering guide (lettering stencil)*
70 la plantilla de círculos *m* (el trazacírculos)
– *circle template*
71 la plantilla de elipses *f* (el trazaelipses)
– *ellipse template*

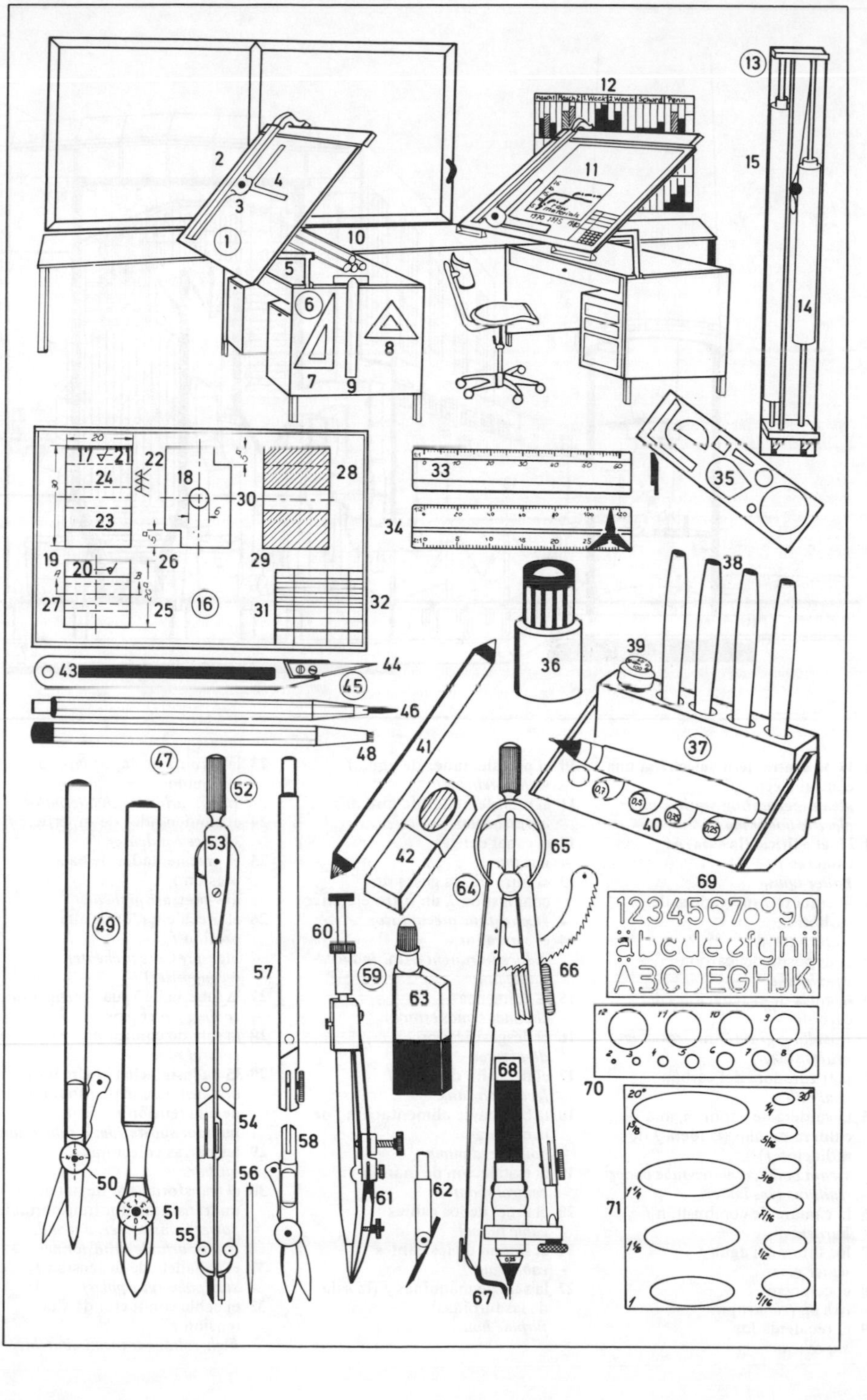
1234567o°90
äbcdeefghij
ABCDEGHJK

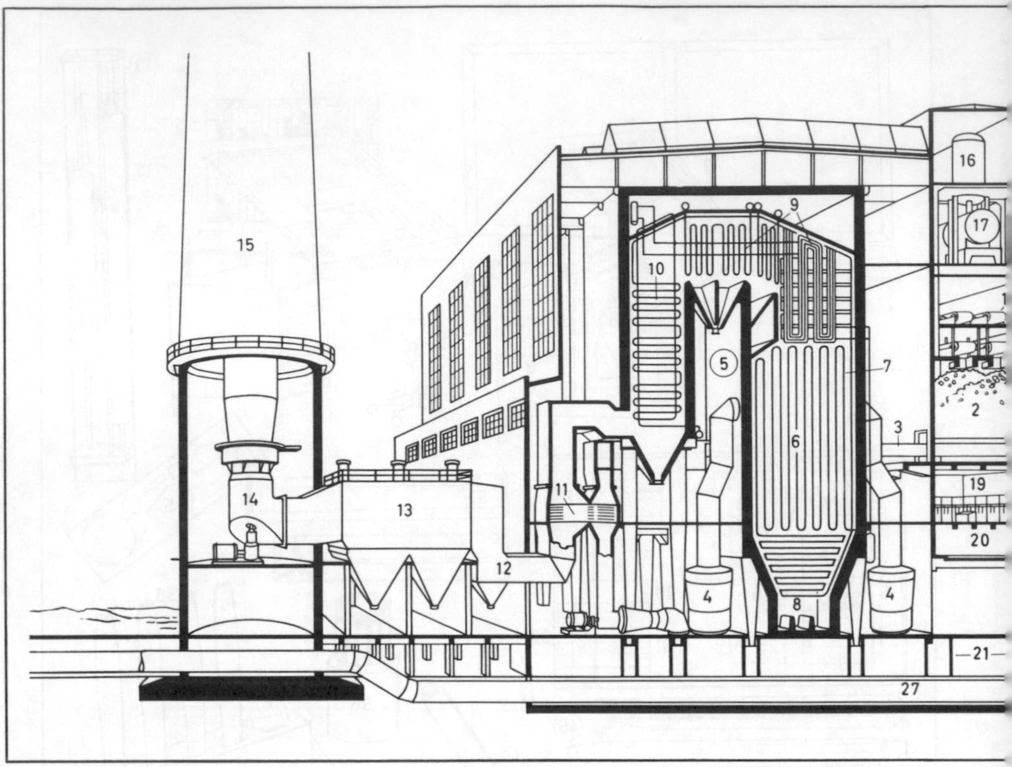

1-28 la central termoeléctrica, una central eléctrica
- ***steam-generating station,*** *an electric power plant*

1-21 el edificio (la sala) de calderas *f*
- ***boiler house***

1 la cinta transportadora de carbón *m*
- *coal conveyor*

2 el depósito del carbón
- *coal bunker*

3 la cinta de evacuación *f* del carbón
- *travelling-grate (*Am. *traveling-grate) stoker*

4 la trituradora del carbón
- *coal mill*

5 la caldera de vapor *m,* una caldera tubular (caldera *f* de radiación *f*)
- *steam boiler, a water-tube boiler (radiant-type boiler)*

6 la cámara de combustión *f*
- *burners*

7 los tubos del agua *f*
- *water pipes*

8 el cenicero
- *ash pit (clinker pit)*

9 el recalentador
- *superheater*

10 el precalentador de agua *f*
- *water preheater*

11 el precalentador de aire *m*
- *air preheater*

12 el canal del gas
- *gas flue*

13 el filtro de los gases de combustión *f,* un filtro eléctrico
- *electrostatic precipitator*

14 el aspirador
- *induced-draught (*Am. *induced-draft) fan*

15 la chimenea
- *chimney (smokestack)*

16 el desgasificador
- *de-aerator*

17 el depósito de agua *f*
- *feedwater tank*

18 la bomba de alimentación *f* de la caldera
- *boiler feed pump*

19 la instalación de mando *m*
- *control room*

20 el túnel de los cables
- *cable tunnel*

21 el sótano de los cables
- *cable vault*

22 la sala de máquinas *f* (la sala de las turbinas)
- *turbine house*

23 la turbina de vapor *m,* con alternador
- *steam turbine with alternator*

24 el condensador de superficie *f*
- *surface condenser*

25 el precalentador de baja presión *f*
- *low-pressure preheater*

26 el precalentador de alta presión *f*
- *high-pressure preheater (economizer)*

27 la tubería de agua *f* refrigerante
- *cooling water pipe*

28 la sala de control *m*
- *control room*

29-35 la instalación al aire libre, una instalación distribuidora de alta tensión *f*
- ***outdoor substation,*** *a substation*

29 las barras colectoras
- *busbars*

30 el transformador de potencia *f,* un transformador transportable
- *power transformer, a mobile (transportable) transformer*

31 el caballete de distensión *f*
- *stay poles (guy poles)*

32 el cable conductor de alta tensión *f*
- *high-voltage transmission line*

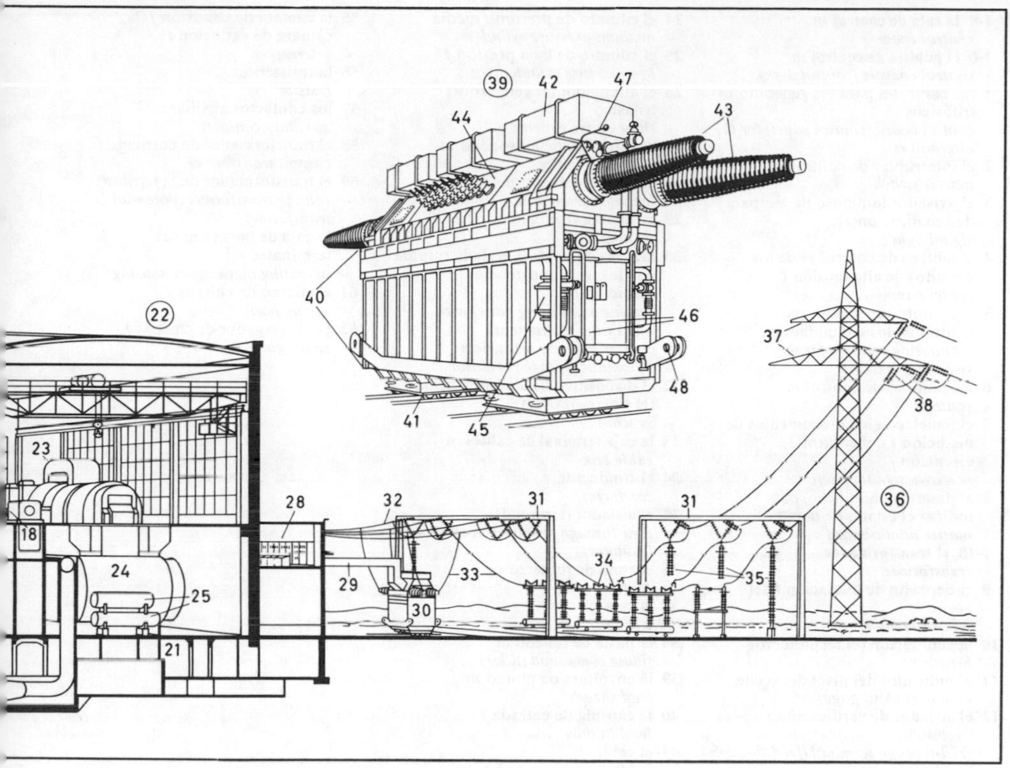

33 el cable de alta tensión *f*
– *high-voltage conductor*
34 el conmutador rápido de aire *m* comprimido (un disyuntor)
– *air-blast circuit breaker (circuit breaker)*
35 el desviador de sobretensión *f*
– *surge diverter* (Am. *lightning arrester, arrester)*
36 el poste de alta tensión *f*, una torre reticular (poste *m* de celosía *f*)
– *overhead line support, a lattice steel tower*
37 la traviesa (el travesaño)
– *cross arm (traverse)*
38 el aislador de amarre *m* (el aislador de suspensión *f*)
– *strain insulator*
39 **el transformador transportable** (el transformador de energía *f*, el transformador)
– ***mobile (transportable) transformer,*** *a power transformer (transformer)*
40 la caja (la caldera) del transformador
– *transformer tank*
41 el bastidor de ruedas *f*
– *bogie* (Am. *truck*)
42 el conservador del aceite
– *oil conservator*
43 el terminal de alta tensión *f*
– *primary voltage terminal (primary voltage bushing)*
44 los terminales de baja tensión *f*
– *low-voltage terminals (low-voltage bushings)*
45 la bomba de circulación *f* del aceite
– *oil-circulating pump*
46 el refrigerador de agua *f* para el aceite
– *oil cooler*
47 el brazo para el arco voltaico (para las chispas)
– *arcing horn*
48 la corcheta para el transporte
– *transport lug*

1-8 la sala de control *m*
- ***control room***

1-6 el pupitre de control *m*
- ***control console*** *(control desk)*

1 los controles para los generadores trifásicos
- *control board (control panel) for the alternators*

2 el interruptor de control *m*
- *master switch*

3 el avisador luminoso (la lámpara de señalización *f*)
- *signal light*

4 el tablero de control *m* de los circuitos de alta tensión *f*
- *feeder panel*

5 el aparato supervisor, para el control de los conmutadores
- *monitoring controls for the switching systems*

6 los botones de control *m*
- *controls*

7 el panel, con los instrumentos de medición *f* del control de ejecución *f*
- *revertive signal panel*

8 el diagrama luminoso, para indicar el estado de la red
- *matrix mimic board*

9-18 el transformador
- ***transformer***

9 el depósito de dilatación *f* del aceite
- *oil conservator*

10 la ventilación (el respiradero)
- *breather*

11 el indicador del nivel del aceite
- *oil gauge (*Am. *gage)*

12 el aislador de verificación *f* (terminal)
- *feed-through terminal (feed-through insulator)*

13 el interruptor de toma *f* de alta tensión *f*
- *on-load tap changer*

14 la culata
- *yoke*

15 el enrollamiento primario (enrollamiento *m* de alta tensión *f*)
- *primary winding (primary)*

16 el enrollamiento secundario (enrollamiento *m* de baja tensión *f*)
- *secondary winding (secondary, low-voltage winding)*

17 el núcleo
- *core*

18 el conductor de toma *f*
- *tap (tapping)*

19 la conexión del transformador
- ***transformer connection***

20 la conexión en estrella *f*
- *star connection (star network, Y-connection)*

21 la conexión en triángulo *m* (la conexión delta)
- *delta connection (mesh connection)*

22 el punto neutro
- *neutral point*

23-30 la turbina de vapor *m*, un grupo turboalternador a vapor *m*
- ***steam turbine,*** *a turbogenerator unit*

23 el cilindro de alta presión *f*
- *high-pressure cylinder*

24 el cilindro de presión *f* media
- *medium-pressure cylinder*

25 el cilindro de baja presión *f*
- *low-pressure cylinder*

26 el alternador (el generador) trifásico
- *three-phase generator*

27 el enfriador de hidrógeno *m*
- *hydrogen cooler*

28 el codo conductor de vapor *m*
- *leakage steam path*

29 la válvula reguladora
- *jet nozzle*

30 la mesa de control *m* de la turbina con los instrumentos de medición *f*
- *turbine monitoring panel with measuring instruments*

31 el regulador de la tensión
- *automatic voltage regulator*

32 el dispositivo de sincronización *f* (el sincronizador)
- *synchro*

33 la caja terminal de cables *m*
- ***cable box***

34 el conductor
- *conductor*

35 el aislador (terminal)
- *feed-through terminal (feed-through insulator)*

36 el cono de refuerzo *m*
- *core*

37 la caja
- *casing*

38 la pasta de relleno *m*
- *filling compound (filler)*

39 la envoltura de plomo *m*
- *lead sheath*

40 la cápsula de entrada *f*
- *lead-in tube*

41 el cable
- *cable*

42 **el cable de alta tensión** *f*, para corriente trifásica *f*
- ***high voltage cable,*** *for three-phase*

43 el conductor
- *conductor*

44 el papel metálico
- *metallic paper (metallized paper)*

45 el aislamiento del conductor
- *tracer (tracer element)*

46 la cinta de batista *f*
- *varnished-cambric tape*

47 la envoltura de plomo *m*
- *lead sheath*

48 el papel asfalto
- *asphalted paper*

49 la envoltura de yute *m*
- *jute serving*

50 la armadura de cinta *f* de acero *m* o de alambre *m* de acero *m*
- *steel tape or steel wire armour (*Am. *armor)*

51-62 el conmutador rápido de aire *m* **comprimido,** un disyuntor
- ***air-blast circuit breaker,*** *a circuit breaker*

51 el depósito de aire *m* comprimido
- *compressed-air tank*

52 la válvula de control *m*
- *control valve (main operating valve)*

53 la conexión del aire comprimido
- *compressed-air inlet*

54 el aislador de aguja *f* hueca, un aislador en cadena *f*, un aislador tipo casquete *m*
- *support insulator, a hollow porcelain supporting insulator*

55 la cámara de conexión *f* (la cámara de extinción *f*)
- *interrupter*

56 la resistencia
- *resistor*

57 los contactos auxiliares
- *auxiliary contacts*

58 el transformador de corriente *f*
- *current transformer*

59 el transformador de la tensión
- *voltage transformer (potential transformer)*

60 la caja de bornes *m* (de terminales *m*)
- *operating mechanism housing*

61 el cuerno de chispas *f*
- *arcing horn*

62 el descargador de chispas *f*
- *spark gap*

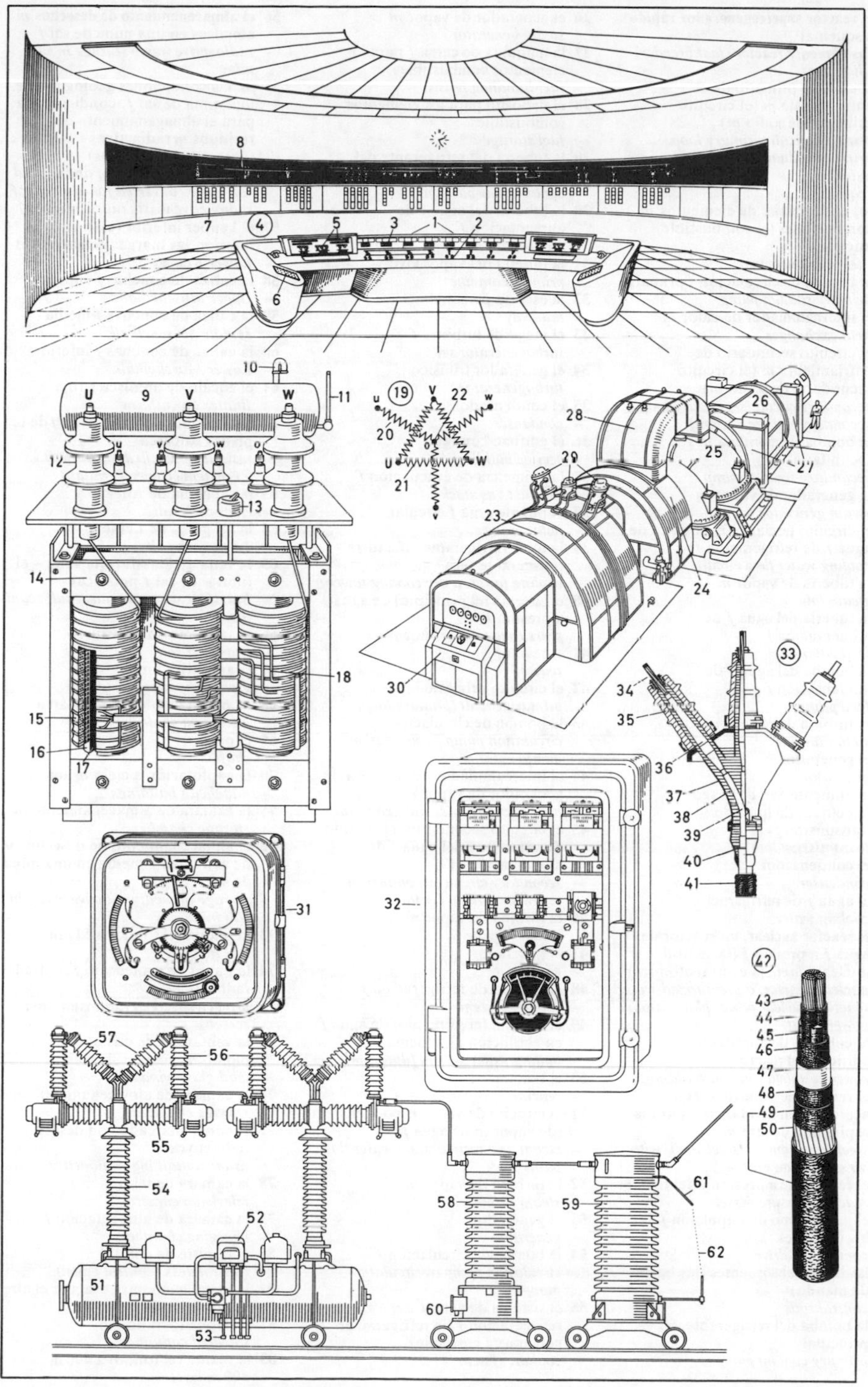
8
4
7
5
3
1
2
6
10
9
U
V
W
11
12
u
v
w
13
14
18
15
16
17
19
u
V
22
w
20
U
W
21
23
28
26
25
27
29
24
30
33
34
35
36
37
38
39
40
41
31
32
42
43
44
45
46
47
48
49
50
57
56
55
54
52
51
53
58
59
60
61
62

1 **el reactor superregenerador rápido** [esquema]
- ***fast-breeder reactor*** *(fast breeder) [diagram]*
2 el circuito primario de enfriamiento *m* (el circuito primario de sodio *m*)
- *primary circuit (primary loop, primary sodium system)*
3 el reactor
- *reactor*
4 los ensamblajes de elementos *m* combustibles (el combustible nuclear)
- *fuel rods (fuel pins)*
5 la bomba de circulación *f* primaria
- *primary sodium pump*
6 el intercambiador de calor *m*
- *heat exchanger*
7 el circuito secundario de enfriamiento *m* (el circuito secundario de sodio *m*)
- *secondary circuit (secondary loop, secondary sodium system)*
8 la bomba de circulación *f* secundaria
- *secondary sodium pump*
9 el generador de vapor *m*
- *steam generator*
10 el circuito terciario (el circuito de agua *f* de refrigeración *f*)
- *cooling water flow circuit*
11 la tubería de vapor *m*
- *steam line*
12 la tubería del agua *f* de alimentación *f*
- *feedwater line*
13 la bomba del agua *f* de alimentación *f*
- *feed pump*
14 la turbina de vapor *m*
- *steam turbine*
15 el generador
- *generator*
16 la alimentación de la red (eléctrica) (la línea de transmisión *f*)
- *transmission line*
17 el condensador
- *condenser*
18 el agua *f* de refrigeración *f*
- *cooling water*
19 **el reactor nuclear,** un reactor de agua *f* a presión *f* (la central nuclear; *fam.:* la central atómica)
- ***nuclear reactor,*** *a pressurized-water reactor (nuclear power plant, atomic power plant)*
20 la cubierta de hormigón *m* (el edificio del reactor)
- *concrete shield (reactor building)*
21 el recinto de seguridad *f* de acero *m* con hendidura *f* para la aspiración de aire *m*
- *steel containment (steel shell) with air extraction vent*
22 el recipiente a presión *f* del reactor
- *reactor pressure vessel*
23 el mecanismo de impulsión *f* de los reactores
- *control rod drive*
24 las barras absorbentes (las barras de mando)
- *control rods*
25 la bomba del refrigerante principal
- *primary coolant pump*
26 el generador de vapor *m*
- *steam generator*
27 la máquina de carga *f* para los elementos combustibles
- *fuel-handling hoists*
28 el depósito para los elementos combustibles
- *fuel storage*
29 la tubería del refrigerante del reactor
- *coolant flow passage*
30 la tubería del agua *f* de alimentación *f*
- *feedwater line*
31 la tubería del vapor vivo
- *prime steam line*
32 la esclusa personal
- *manway*
33 el juego de turbinas *f*
- *turbogenerator set*
34 el generador trifásico
- *turbogenerator*
35 el condensador
- *condenser*
36 el edificio contiguo
- *service building*
37 la chimenea de evacuación *f*
- *exhaust gas stack*
38 el puente grúa *f* circular
- *polar crane*
39 la torre refrigerante, una torre refrigerante seca
- *cooling tower, a dry cooling tower*
40 el sistema (el principio) de agua *f* a presión *f*
- *pressurized-water system*
41 el reactor
- *reactor*
42 el circuito primario
- *primary circuit (primary loop)*
43 la bomba de circulación *f*
- *circulation pump (recirculation pump)*
44 el intercambiador de calor *m* (el generador de vapor *m*)
- *heat exchanger (steam generator)*
45 el circuito secundario (el circuito de vapor *m* y del agua *f* de alimentación *f*)
- *secondary circuit (secondary loop, feedwater steam circuit)*
46 la turbina de vapor *m*
- *steam turbine*
47 el generador
- *generator*
48 el sistema de refrigeración *f*
- *cooling system*
49 el sistema (el principio) de agua *f* en ebullición *f* [esquema]
- *boiling water system [diagram]*
50 el reactor
- *reactor*
51 el circuito de vapor *m* condensado (de vapor *m* de agua *f*)
- *steam and recirculation water flow paths*
52 la turbina de vapor *m*
- *steam turbine*
53 el generador
- *generator*
54 la bomba de circulación *f*
- *circulation pump (recirculation pump)*
55 el sistema de agua *f* de refrigeración *f* (la refrigeración con agua *f* corriente)
- *coolant system*
56 **el almacenamiento de desechos** *m* **atómicos** en una mina de sal *f*
- ***radioactive waste storage in salt mine***
57-68 las condiciones geológicas de una mina de sal *f* acondicionada para el almacenamiento de residuos *m* radiactivos (desechos *m* atómicos)
- *geological structure of abandoned salt mine converted for disposal of radioactive waste (nuclear waste)*
57 el keuper inferior (el triásico inferior, las margas abigarradas)
- *Lower Keuper*
58 la caliza de conchas *f* superior
- *Upper Muschelkalk*
59 la caliza de conchas *f* media
- *Middle Muschelkalk*
60 la caliza de conchas *f* inferior
- *Lower Muschelkalk*
61 el zócalo de arenisca *f* roja
- *Bunter downthrow*
62 los residuos de lixiviación *f* de la piedra calcárea
- *residue of leached (lixiviated) Zechstein (Upper Permian)*
63 la sal gema de Aller
- *Aller rock salt*
64 la sal gema de Leine
- *Leine rock salt*
65 la vena de Stassfurt (la vena – el filón – de sal *f* potásica)
- *Stassfurt seam, a potash salt seam (bed)*
66 la sal gema de Stassfurt
- *Stassfurt salt*
67 la anhidrita límite
- *grenzanhydrite*
68 la arcilla de piedra *f* calcárea
- *Zechstein shale*
69 el pozo
- *shaft*
70 la explotación a cielo *m* abierto
- *minehead buildings*
71 la cámara de almacenamiento *m*
- *storage chamber*
72 el almacenamiento de desechos *m* de actividad *f* media en una mina de sal *f*
- *storage of medium-active waste in salt mine*
73 la planta (el fondo) a 511 m
- *511 m level*
74 la pared de protección *f* contra las radiaciones
- *protective screen (anti-radiation screen)*
75 la ventanilla de cristal *m* de plomo *m*
- *lead glass window*
76 la cámara de almacenamiento *m*
- *storage chamber*
77 el barril enarcado con desechos *m* radiactivos
- *drum containing radioactive waste*
78 la cámara de televisión *f*
- *television camera*
79 la cámara de alimentación *f*
- *charging chamber*
80 el pupitre de control *m*
- *control desk (control panel)*
81 la instalación para evacuar el aire
- *upward ventilator*
82 el depósito blindado
- *shielded container*
83 la planta (el fondo) a 490 m
- *490 m level*

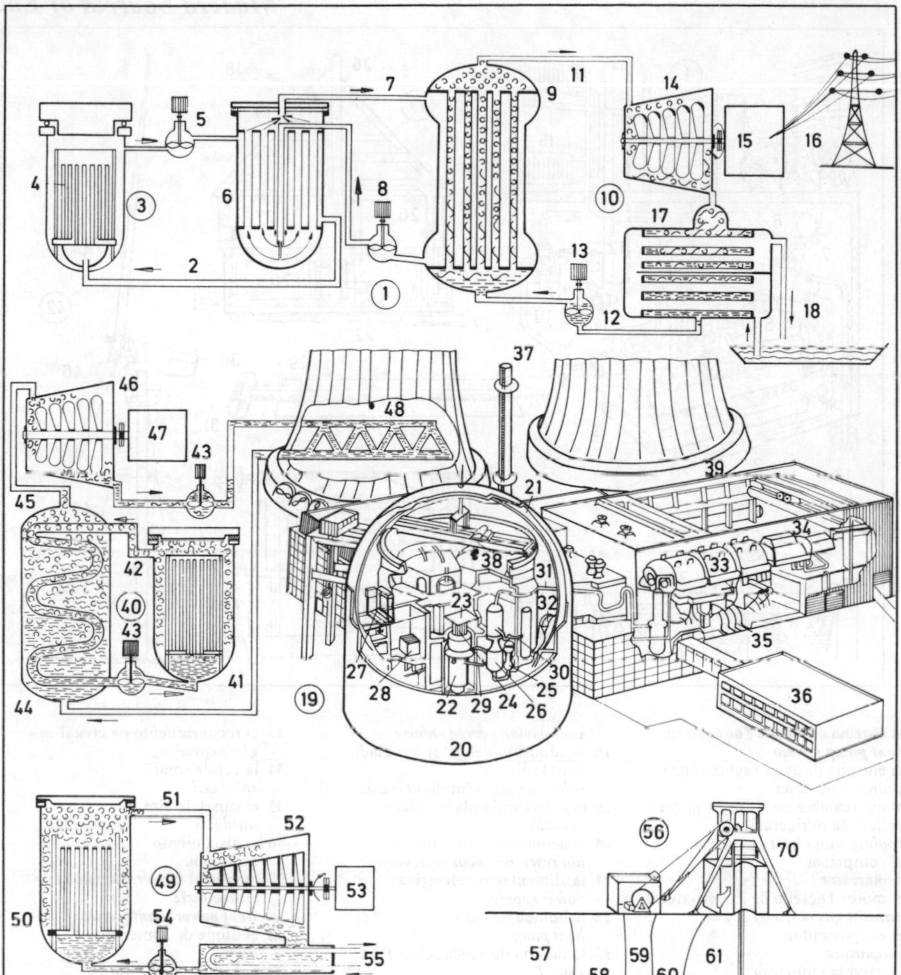
1
2
3
4
5
6
7
8
9
10
11
12
13
14
15
16
17
18
19
20
21
22
23
24
25
26
27
28
29
30
31
32
33
34
35
36
37
38
39
40
41
42
43
44
45
46
47
48
49
50
51
52
53
54
55
56
57
58
59
60
61
62
63
64
65
66
67
68
69
70
71
72
73
74
75
76
77
78
79
80
81
82
83

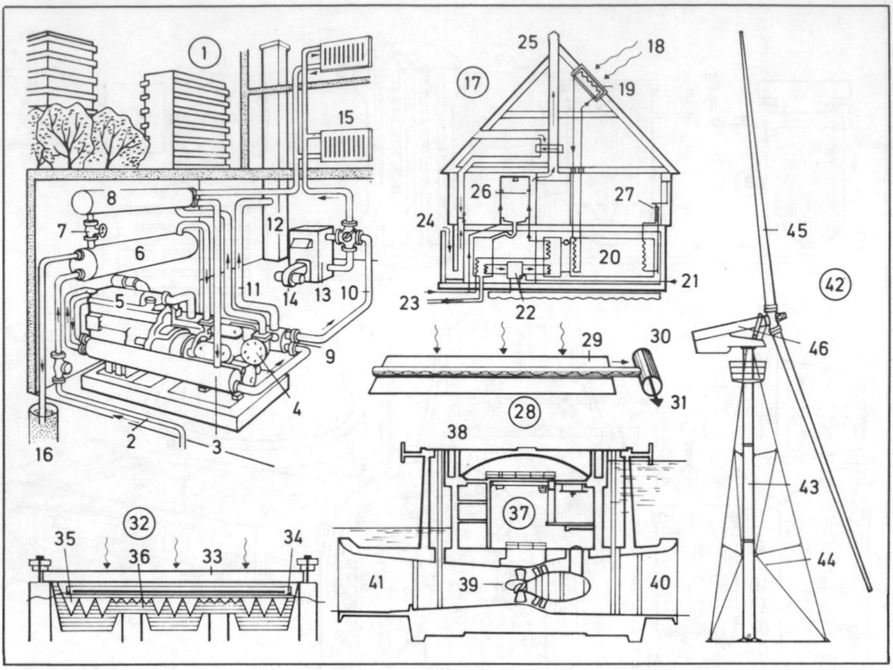

1 **el sistema de bomba *f* de calor *m***
– ***heat pump system***
2 la entrada de agua *f* subterránea
– *source water inlet*
3 el intercambiador de calor *m* del agua *f* de refrigeración *f*
– *cooling water heat exchanger*
4 el compresor
– *compressor*
5 el motor Diesel o de gas *m* natural
– *natural-gas or diesel engine*
6 el evaporizador
– *evaporator*
7 la válvula reductora
– *pressure release valve*
8 el condensador
– *condenser*
9 el intercambiador de calor *m* para gas *m* de escape *m*
– *waste-gas heat exchanger*
10 el tubo de alimentación *f*
– *flow pipe*
11 la tubería del aire de escape *m*
– *vent pipe*
12 la chimenea
– *chimney*
13 la caldera de la calefacción
– *boiler*
14 el soplante (el fuelle)
– *fan*
15 el aparato de calefacción *f* (el radiador)
– *radiator*
16 el pozo de filtración *f* (el sumidero)
– *sink*
17-36 **el aprovechamiento de la energía solar**
– ***utilization of solar energy***
17 la casa calentada por la energía solar
– *solar (solar-heated) house*
18 la admisión del calor irradiado por el sol
– *solar radiation (sunlight, insolation)*
19 el colector (la placa solar)
– *collector*
20 el acumulador de calor *m*
– *hot reservoir (heat reservoir)*
21 la alimentación eléctrica
– *power supply*
22 la bomba de calor *m*
– *heat pump*
23 la tubería de evacuación *f* del agua *f*
– *water outlet*
24 la entrada de aire *m*
– *air supply*
25 la chimenea del aire de escape *m*
– *flue*
26 el aprovisionamiento de agua *f* caliente
– *hot water supply*
27 la calefacción por radiador *m*
– *radiator heating*
28 el elemento (el colector) de central *f (Amér.:* usina *f)* solar
– *flat plate solar collector*
29 el colector negro (con lámina *f* de aluminio *m* recubierta de asfalto *m*)
– *blackened receiver surface with asphalted aluminium (*Am. *aluminum) foil*
30 el tubo de acero *m*
– *steel tube*
31 el medio de transporte *m* del calor
– *heat transfer fluid*
32 el colector solar (la placa solar, el ladrillo solar, la teja solar)
– *flat plate solar collector, containing solar cell*
33 el recubrimiento de cristal *m*
– *glass cover*
34 la célula solar
– *solar cell*
35 el canal de aire *m*
– *air ducts*
36 el aislamiento
– *insulation*
37 **la central** (*Amér.:* la usina) **maremotriz**
– ***tidal power plant** [section]*
38 el dique de contención *f*
– *dam*
39 la turbina reversible
– *reversible turbine*
40 el canal de la turbina al lado del mar (el canal de traída *f* del agua *f*)
– *turbine inlet for water from the sea*
41 el canal de la turbina al lado de la cuenca (el canal de evacuación *f* del agua *f*)
– *turbine inlet for water from the basin*
42 **la central eólica**
– ***wind power plant** (wind generator, aerogenerator)*
43 la torre de tubos *m*
– *truss tower*
44 la retención (el soporte) de cable *m* metálico
– *guy wire*
45 el rotor
– *rotor blades (propeller)*
46 el generador y el servomotor de orientación *f* (mecanismo *m* de autoorientación *f*)
– *generator with variable pitch for power regulation*

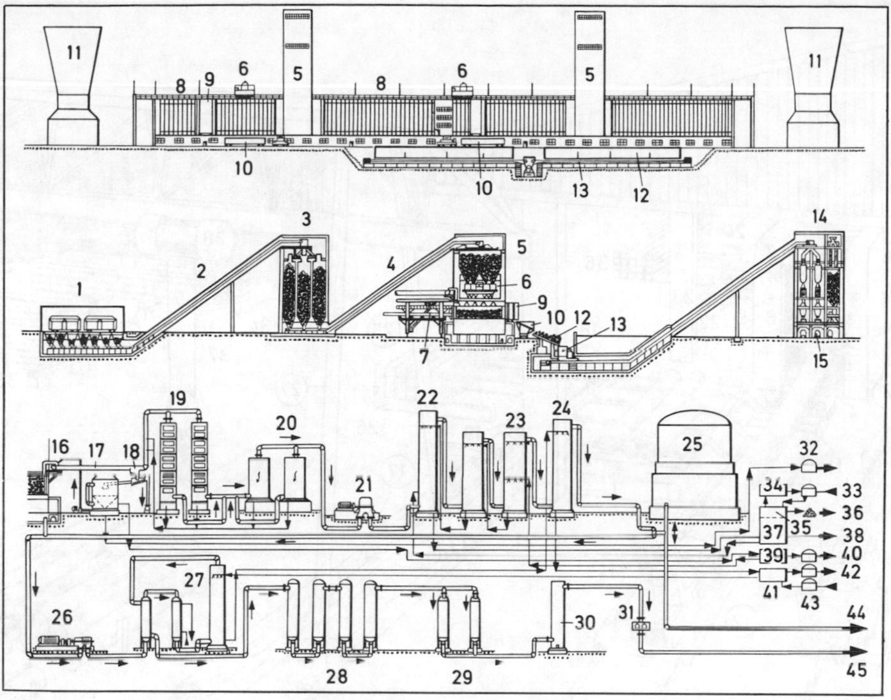

1-15 la coquería
– ***coking plant***
1 la descarga del carbón de coque *m*
– *dumping of coking coal*
2 la cinta transportadora
– *belt conveyor*
3 el silo de los componentes de carbón *m* de coque *m*
– *service bunker*
4 la cinta transportadora de la torre de carbón *m*
– *coal tower conveyor*
5 la torre de carbón *m*
– *coal tower*
6 el vagón (el carrito) de carga *f*
– *larry car (larry, charging car)*
7 la (máquina) deshornadora de coque *m*
– *pusher ram*
8 la batería del horno de coque *m*
– *battery of coke ovens*
9 el carro guía de la torta de coque *m*
– *coke guide*
10 el carro de extinción *f* con locomotora *f*
– *quenching car, with engine*
11 la torre de extinción *f*
– *quenching tower*
12 la rampa del coque
– *coke loading bay (coke wharf)*
13 la cinta de la rampa del coque
– *coke side bench*
14 la instalación de cribado *m* del coque fino y grueso
– *screening of lump coal and culm*
15 el cargamento de coque *m*
– *coke loading*
16-45 el tratamiento del gas de coquería *f*
– ***coke-oven gas processing***
16 la salida del gas de los hornos de coque *m*
– *discharge (release) of gas from the coke ovens*
17 la canalización principal del gas
– *gas-collecting main*
18 la extracción del alquitrán mineral
– *coal tar extraction*
19 el refrigerador de gas *m*
– *gas cooler*
20 el electrofiltro
– *electrostatic precipitator*
21 el extractor de gas *m*
– *gas extractor*
22 el lavador de ácido *m* sulfhídrico
– *hydrogen sulphide* (Am. *hydrogen sulfide) scrubber (hydrogen sulphide wet collector)*
23 el lavador de amoníaco *m*
– *ammonia scrubber (ammonia wet collector)*
24 el lavador de benceno *m*
– *benzene (benzol) scrubber*
25 el depósito colector de gas *m*
– *gas holder*
26 el compresor de gas *m*
– *gas compressor*
27 el desbenzolaje por refrigerador *m* e intercambiador *m* de calor *m*
– *debenzoling by cooler and heat exchanger*
28 la desulfuración del gas a presión *f*
– *desulphurization* (Am. *desulfurization) of pressure gas*
29 la refrigeración del gas
– *gas cooling*
30 el secado del gas
– *gas drying*
31 el contador de gas *m*
– *gas meter*
32 el depósito de alquitrán *m* bruto
– *crude tar tank*
33 la entrada de ácido *m* sulfúrico
– *sulphuric acid* (Am. *sulfuric acid) supply*
34 la producción de ácido *m* sulfúrico
– *production of sulphuric acid* (Am. *sulfuric acid)*
35 la producción de sulfato *m* de amonio *m*
– *production of ammonium sulphate* (Am. *ammonium sulfate)*
36 el sulfato de amonio *m*
– *ammonium sulphate* (Am. *ammonium sulfate)*
37 la instalación de regeneración *f* de los productos de lavado *m*
– *recovery plant for recovering the scrubbing agents*
38 la evacuación de las aguas residuales
– *waste water discharge*
39 la extracción del fenol de las aguas gaseosas
– *phenol extraction from the gas water*
40 el depósito de fenol *m* crudo
– *crude phenol tank*
41 la producción de benceno *m* crudo
– *production of crude benzol (crude benzene)*
42 el depósito de benceno *m* crudo
– *crude benzol (crude benzene) tank*
43 el depósito de aceite *m* de lavado *m*
– *scrubbing oil tank*
44 la tubería de gas *m* de baja presión *f*
– *low-pressure gas main*
45 la tubería de gas *m* de alta presión *f*
– *high-pressure gas main*

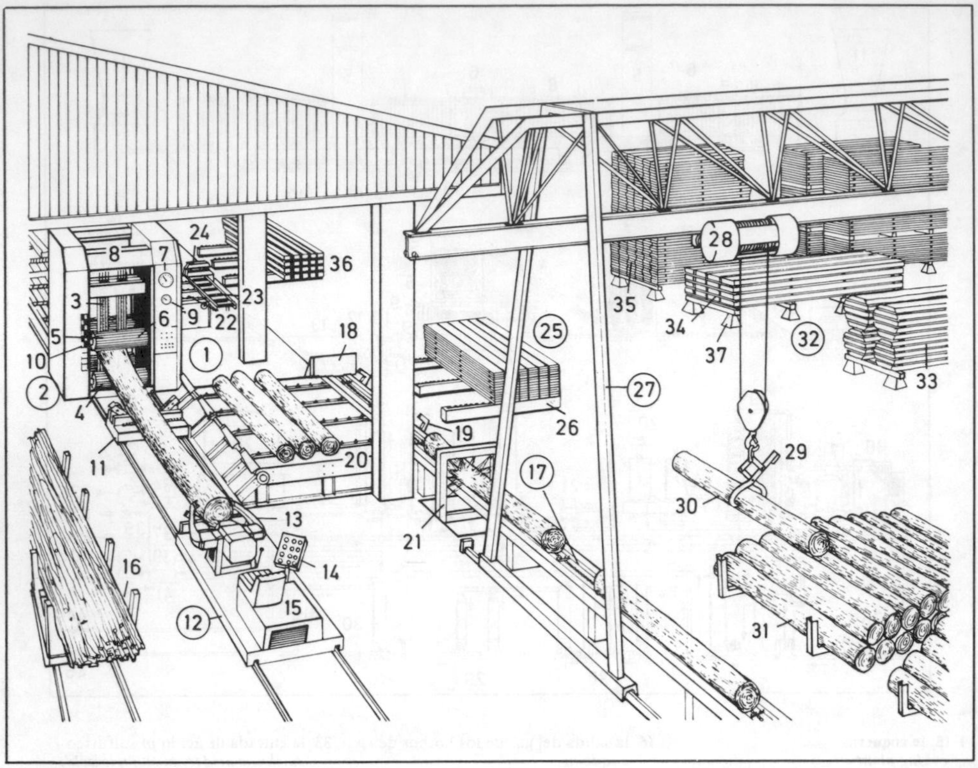

1 el aserradero (la serrería; *Col. y Ec.:* el aserrío)
– *sawmill*
2 la sierra alternativa de hojas *f* múltiples
– *vertical frame saw (*Am. *gang mill)*
3 las hojas de sierra *f*
– *saw blades*
4 el cilindro de entrada *f*
– *feed roller*
5 el cilindro trepador (el rodillo guía)
– *guide roller*
6 la acanaladura
– *fluting (grooving, grooves)*
7 el manómetro de presión *f* del aceite (el indicador de la presión del aceite)
– *oil pressure gauge (*Am. *gage)*
8 el bastidor de la sierra
– *saw frame*
9 el indicador de avance *m*
– *feed indicator*
10 la escala para la altura del corte
– *log capacity scale*
11 el carrito auxiliar
– *auxiliary carriage*
12 el carro de presa *f*
– *carriage*
13 las pinzas de sujeción *f*
– *log grips*
14 el mando a distancia *f* (el telemando)
– *remote control panel*
15 (el sistema) de accionamiento *m* del carro de presa *f*
– *carriage motor*
16 el carro para las astillas (las tablillas)
– *truck for splinters (splints)*
17 el transportador de trozas *f* (la cadena sin fin *m* para troncos *m*)
– *endless log chain (*Am. *jack chain)*
18 el tablero de tope *m*
– *stop plate*
19 el eyector de troncos *m*
– *log-kicker arms*
20 el transportador transversal
– *cross conveyor*
21 la instalación de lavado *m*
– *washer (washing machine)*
22 el transportador de cadenas *f* para la madera cortada
– *cross chain conveyor for sawn timber*
23 la mesa de rodillos *m*
– *roller table*
24 la sierra oscilante bajo la mesa
– *undercut swing saw*
25 la pila
– *piling*
26 el soporte de rodillo *m*
– *roller trestles*
27 la grúa de pórtico *m*
– *gantry crane*
28 el motor de la grúa
– *crane motor*
29 las pinzas (la garra) orientables
– *pivoted log grips*
30 el rollo (de madera *f*) (el rollizo)
– *roundwood (round timber)*
31 el montón de rollizos *m* (el montón de rollizos *m* seleccionados)
– *log dump*
32 el emplazamiento (*Amér.:* la ubicación) de la madera cortada
– *squared timber store*
33 la troza serrada
– *sawn logs*
34 los maderos
– *planks*
35 las planchas (de madera *f*)
– *boards (planks)*
36 la madera escuadrada
– *squared timber*
37 la cuña (de hormigón *m*) de la pila
– *stack bearer*

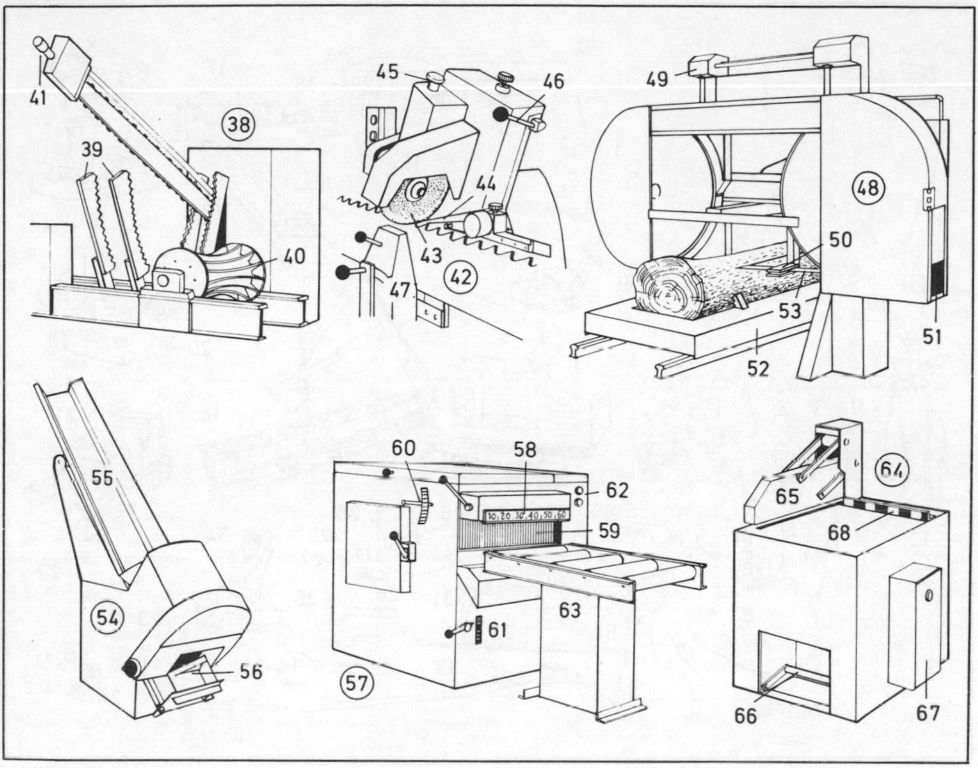

38 la tronzadora de cadenas *f* automática
– *automatic cross-cut chain saw*
39 la sujeción del tronco de madera *f*
– *log grips*
40 el cilindro de avance *m*
– *feed roller*
41 el dispositivo de sujeción *f* de cadenas *f*
– *chain-tensioning device*
42 la máquina de afilar y aserrar automática
– *saw-sharpening machine*
43 la muela
– *grinding wheel (teeth grinder)*
44 el trinquete de avance *m*
– *feed pawl*
45 el regulador de profundidad *f* para la muela
– *depth adjustment for the teeth grinder*
46 la palanca para la cabeza de afilado *m*
– *lifter (lever) for the grinder chuck*
47 el dispositivo fijador de la hoja de la sierra
– *holding device for the saw blade*
48 la sierra de cinta *f* horizontal
– *horizontal bandsaw for sawing logs*
49 la regulación de la altura
– *height adjustment*
50 el frotador de virutas *f*
– *chip remover*
51 el aspirador de virutas *f*
– *chip extractor*
52 el carro transportador
– *carriage*
53 la hoja de la sierra de cinta *f*
– *bandsaw blade*
54 la sierra automática para la leña
– *automatic blocking saw*
55 el canal de alimentación *f* (de entrada)
– *feed channel*
56 la abertura de eyección *f*
– *discharge opening*
57 la sierra de cantear doble
– *twin edger (double edger)*
58 la escala de la anchura
– *breadth scale (width scale)*
59 la pantalla de protección *f* (el dispositivo de seguridad *f*, las láminas de protección *f*)
– *kick-back guard*
60 la escala de la altura
– *height scale*
61 la escala de avance *m*
– *in-feed scale*
62 los indicadores luminosos
– *indicator lamps*
63 la mesa de carga *f*
– *feed table*
64 la sierra oscilante (la sierra con movimineto *m* de vaivén *m*)
– *undercut swing saw*
65 el prensador automático (con cubierta protectora *f*)
– *automatic hold-down with protective hood*
66 el interruptor de pie *m* (el conmutador de pedal *m*)
– *foot switch*
67 la instalación de distribución *f*
– *distribution board (panelboard)*
68 el tope longitudinal
– *length stop*

1 la cantera, una explotación a cielo *m* abierto
– ***quarry,*** *an open-cast working*
2 la tierra de recubrimiento *m* (los escombros)
– *overburden*
3 el frente de arranque *m*
– *working face*
4 el montón de piedras *f* sueltas (de piedras *f* arrancadas)
– *loose rock pile*
5 el picapedrero, un trabajador de la cantera
– *quarryman (quarrier), a quarry worker*
6 el mazo (la almádena, el martillo de cuña *f*)
– *sledge hammer*
7 la cuña
– *wedge*
8 el bloque de roca *f*
– *block of stone*
9 el barrenero
– *driller*
10 el casco protector
– *safety helmet*
11 la perforadora de percusión *f* (el martillo perforador, la perforadora de roca *f*)
– *hammer drill (hard-rock drill)*
12 el taladro
– *borehole*
13 la excavadora universal
– *universal excavator*
14 la vagoneta de gran capacidad *f*
– *large-capacity truck*
15 la pared de roca *f*
– *rock face*
16 el montacargas inclinado
– *inclined hoist*
17 la trituradora previa
– *primary crusher*
18 la instalación productora de grava *f*
– *stone-crushing plant*
19 la trituradora giratoria en grueso (*anál.:* la trituradora giratoria en fino; *Chile:* la chancadora)
– *coarse rotary (gyratory) crusher;* sim.: *fine rotary (gyratory) crusher*
20 la machacadora (la trituradora de mordazas *f*)
– *hammer crusher (impact crusher)*
21 la criba vibradora
– *vibrating screen*
22 la piedra pulverizada
– *screenings (fine dust)*
23 la gravilla
– *stone chippings*
24 la grava
– *crushed stone*
25 el maestro en explosivos *m* (el artificiero)
– *shot firer*
26 el jalón
– *measuring rod*
27 el cartucho explosivo
– *blasting cartridge*
28 la mecha
– *fuse (blasting fuse)*
29 el cubo con arena *f* de relleno *m*
– *plugging sand (stemming sand) bucket*
30 el sillar (la piedra de sillería *f*)
– *dressed stone*
31 el pico
– *pick*
32 la palanca
– *crowbar (pinch bar)*
33 la horca de rocas *f*
– *fork*
34 el picapedrero (el cantero)
– *stonemason*
35-38 las herramientas de cantero ***m***
– ***stonemason's tools***
35 el martillo de mano *f*
– *stonemason's hammer*
36 el mazo
– *mallet*
37 el cincel de raspar
– *drove chisel (drove, boaster, broad chisel)*
38 la trincheta (la escoda)
– *dressing axe* (Am. *ax*)

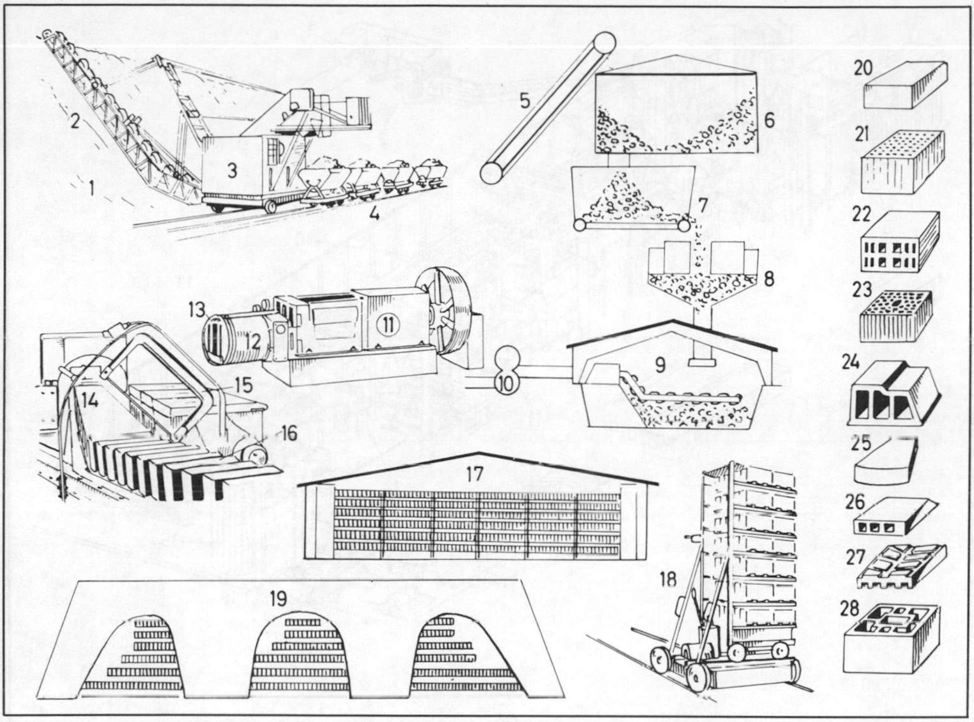

1 la barrera (el pozo de barro *m*)
– *clay pit*
2 el barro, una arcilla impura (arcilla *f* bruta)
– *loam, an impure clay (raw clay)*
3 la excavadora del terreno de cobertura *f*, una excavadora de gran capacidad *f*
– *overburden excavator, a large-scale excavator*
4 el ferrocarril de vía *f* estrecha
– *narrow-gauge (Am. narrow-gage) track system*
5 el montacargas inclinado
– *inclined hoist*
6 el pudridero del barro
– *souring chambers*
7 el alimentador
– *box feeder (feeder)*
8 el triturador de muelas *f* verticales
– *edge runner mill (edge mill, pan grinding mill)*
9 la laminadora
– *rolling plant*
10 la mezcladora de árbol *m* doble
– *double-shaft trough mixer (mixer)*
11 la prensa de extrusión *f* (una prensa de ladrillos *m*)
– *extrusion press (brick-pressing machine)*
12 la cámara de vacío *m*
– *vacuum chamber*
13 la boca de salida *f*
– *die*
14 la columna de arcilla *f*
– *clay column*
15 la cortadora (la cortadora de ladrillos *m*)
– *cutter (brick cutter)*
16 el ladrillo crudo (el ladrillo sin cocer)
– *unfired brick (green brick)*
17 el secadero (la cámara secadora)
– *drying shed*
18 la carretilla elevadora de horquilla *f* (la carretilla apiladora)
– *mechanical finger car (stacker truck)*
19 el horno circular (horno *m* para ladrillos *m*)
– *circular kiln, a brick kiln*
20 el ladrillo macizo (ladrillo *m*)
– *solid brick*
21-22 ladrillos *m* perforados
– *perforated bricks and hollow blocks*
21 el ladrillo con perforaciones *f* verticales
– *perforated brick with vertical perforations*
22 el ladrillo hueco con canales *m* horizontales
– *hollow clay block with horizontal perforations*
23 el ladrillo de rejilla *f*
– *hollow clay block with vertical perforations*
24 el ladrillo de techar (la bovedilla)
– *floor brick*
25 el ladrillo de chimenea *f* (ladrillo *m* radial)
– *compass brick (radial brick, radiating brick)*
26 el ladrillo hueco plano (el ladrillo hueco para bóvedas *f*)
– *hollow flooring block*
27 el ladrillo aplanillado de establo *m*
– *paving brick*
28 el ladrillo perfilado de chimenea *f*
– *chimney brick*

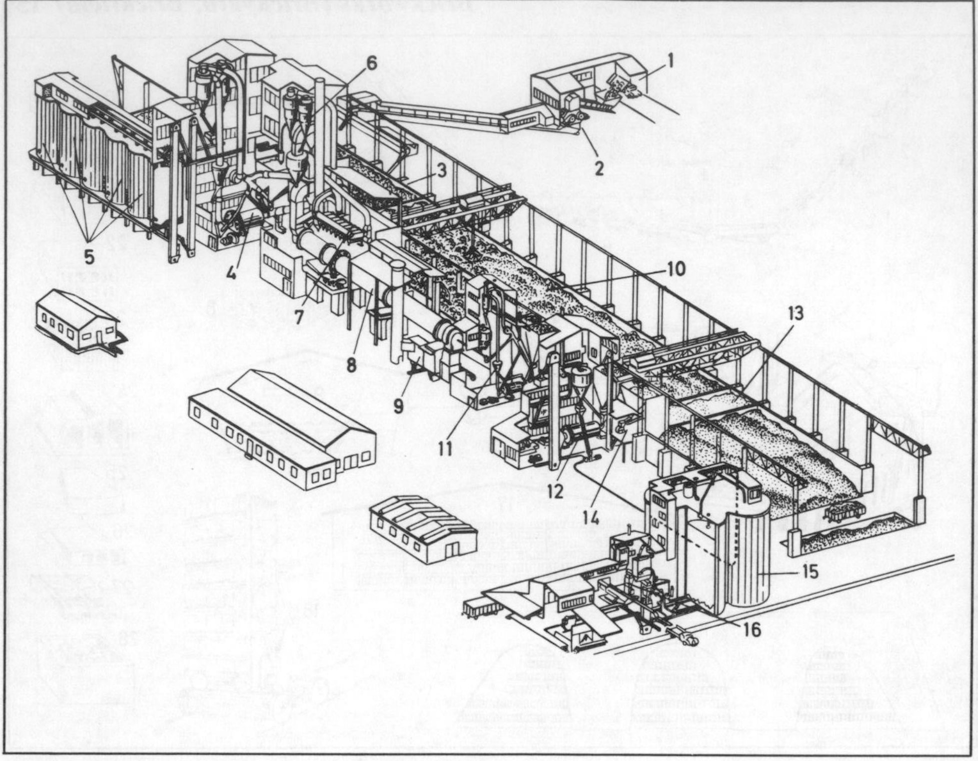

1 las materias primas (caliza *f*, arcilla *f* y marga *f* arcillosa)
- *raw materials (limestone, clay and, marl)*

2 la trituradora de martillos *m*
- *hammer crusher (hammer mill)*

3 el almacén de las materias primas
- *raw material store*

4 el molino para la molienda y el secado simultáneos de las materias primas mediante el gas de escape *m* de la instalación intercambiadora de calor *m*
- *raw mill for simultaneously grinding and drying the raw materials with exhaust gas from the heat exchanger*

5 los silos para las materias primas pulverizadas (los silos de homogeneización *f*)
- *raw meal silos*

6 la instalación intercambiadora de calor *m* (el intercambiador de calor *m* de ciclón *m*)
- *heat exchanger, a cyclone heat exchanger*

7 la instalación de desempolva-miento (un electrofiltro) para el gas de escape *m* del intercambiador de calor *m* del molino de materia *f* cruda
- *dust collector [an electrostatic precipitator for the heat exchanger exhaust from the raw mill]*

8 el horno rotatorio (horno *m* giratorio)
- *rotary kiln*

9 el refrigerador de clinker *m*
- *clinker cooler*

10 el almacén de clinker *m*
- *clinker store*

11 el soplante (el fuelle) de aire *m* primario
- *primary air blower*

12 la instalación trituradora de cemento *m*
- *cement-grinding mill*

13 el almacén (el depósito) de yeso *m*
- *gypsum store*

14 la trituradora (*sin.*: la quebrantadora, la machacadora) de yeso *m*
- *gypsum crusher*

15 el silo para el cemento
- *cement silo*

16 las máquinas envasadoras de cemento *m* en sacos *m* de papel *m*
- *cement-packing plant for paper sacks*

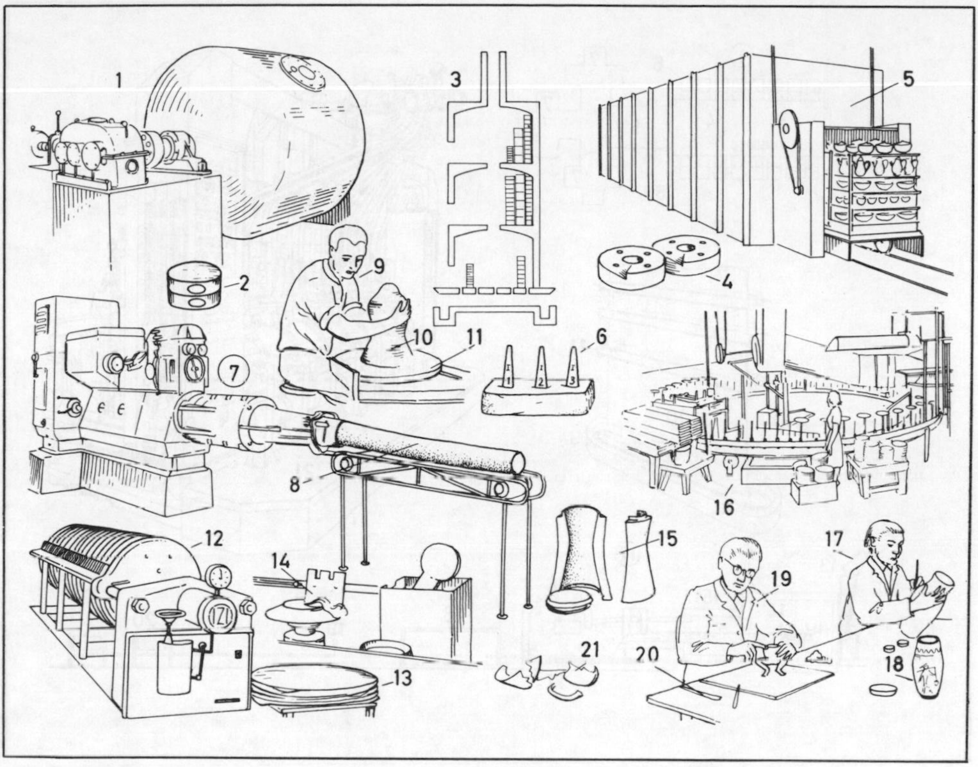

1 el molino de tambor *m* (molino *m* de bolas *f*), para la preparación por vía *f* húmeda de la mezcla de materias *f* primas
– *grinding cylinder (ball mill) for the preparation of the raw material in water*

2 la cápsula refractaria, con abertura *f* para la observación del proceso de cocción *f*
– *sample sagger (saggar, seggar), with aperture for observing the firing process*

3 el horno redondo (horno *m* discontinuo) [esquema]
– *bottle kiln (beehive kiln) [diagram]*

4 el molde de cocción *f*
– *firing mould* (Am. *mold)*

5 el horno de túnel *m*
– *tunnel kiln*

6 el cono Seger, para medir altas temperaturas *f*
– *Seger cone (pyrometric cone,* Am. *Orton cone) for measuring high temperatures*

7 la prensa de vacío *m,* una prensa de extrusión *f*
– *de-airing pug mill (de-airing pug press), an extrusion press*

8 la barra de material *m* (de masa *f*)
– *clay column*

9 el tornero, torneando una pieza en bruto
– *thrower throwing a ball (bat) of clay*

10 la masa de arcilla *f* (la pieza en bruto)
– *slug of clay*

11 el plato giratorio; *anál.:* el torno de alfarero *m*
– *turntable;* sim.: *potter's wheel*

12 el filtro-prensa
– *filter press*

13 la torta de masa *f* (la torta del filtro-prensa)
– *filter cake*

14 el torneado, con plantilla *f* de tornear
– *jiggering, with a profiling tool;* sim.: *jollying*

15 el molde, para echar barro *m* (para el colado)
– *plaster mould* (Am. *mold) for slip casting*

16 la máquina de vidriar de mesa *f* circular
– *turntable glazing machine*

17 el pintor (el esmaltador) de porcelana *f*
– *porcelain painter (china painter)*

18 el jarrón pintado a mano *f*
– *hand-painted vase*

19 el modelador (retocador *m*)
– *repairer*

20 la varilla (la espátula) de modelar
– *pallet, a modelling* (Am. *modeling) tool*

21 los añicos de porcelana *f* (los trozos)
– *shards (sherds, potsherds)*

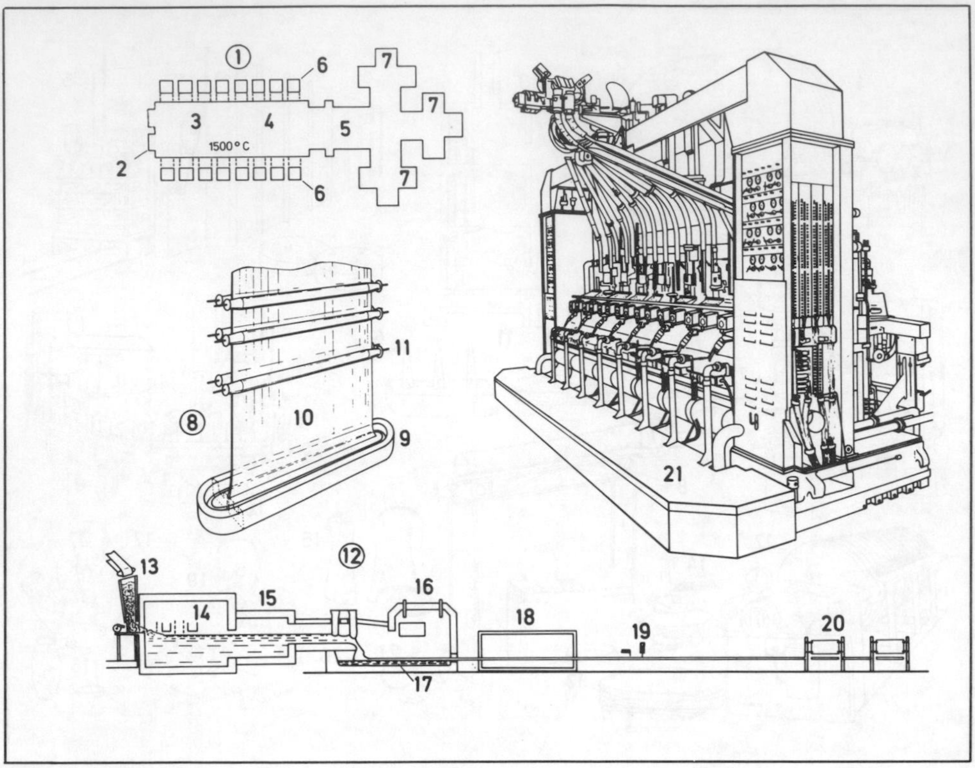

1-20 la producción de vidrio *m* plano
– ***sheet glass production** (flat glass production)*
1 el horno de fundir vidrio *m* por el procedimiento Fourcault [esquema]
– *glass furnace (tank furnace) for the Fourcault process [diagram]*
2 el alimentador frontal, para la introducción de la mezcla
– *filling end, for feeding in the batch (frit)*
3 la cubeta de fusión *f*
– *melting bath*
4 la cubeta de clarificación *f*
– *refining bath (fining bath)*
5 la cubeta de trabajo *m*
– *working baths (working area)*
6 el quemador
– *burners*
7 las máquinas de estirar
– *drawing machines*
8 la máquina de estirar vidrio *m* Fourcault
– *Fourcault glass-drawing machine*
9 la boquilla de estirar
– *slot*
10 la hoja de vidrio *m* ascendente
– *glass ribbon (ribbon of glass, sheet of glass) being drawn upwards*
11 los rodillos transportadores
– *rollers (drawing rolls)*
12 el procedimiento de vidrio *m* flotado [esquema]
– *float glass process*
13 la tolva de mezcla *f*
– *batch (frit) feeder (funnel)*
14 la cubeta de fusión *f*
– *melting bath*
15 el depósito (la cubeta) refrigerante
– *cooling tank*
16 el baño de flotado *m* bajo gas *m* de protección *f*
– *float bath in a protective inert-gas atmosphere*
17 el estaño fundido
– *molten tin*
18 el horno para la segunda cochura
– *annealing lehr*
19 el dispositivo de corte *m*
– *automatic cutter*
20 la apiladora
– *stacking machines*
21 la máquina SI (la máquina de sección *f* individual), una máquina para soplar botellas *f* (una máquina para la fabricación *f* de botellas *f*)
– *IS (individual-section) machine, a bottle-making machine*
22-37 los procedimientos de soplado *m*
– ***blowing processes***
22 el procedimiento de soplado *m* doble
– *blow-and-blow process*
23 la introducción de la masa de vidrio *m*
– *introduction of the gob of molten glass*
24 el primer soplado
– *first blowing*
25 el contrasoplado
– *suction*
26 el traslado del molde de prensa *f* al molde de soplado *m*
– *transfer from the parison mould (Am. mold) to the blow mould (Am. mold)*
27 el recalentamiento
– *reheating*
28 el soplado (la formación del vacío)
– *blowing for final shaping*
29 la salida del vidrio hueco acabado
– *delivery of the completed vessel*
30 el procedimiento de prensado *m* y soplado *m*
– *press-and-blow process*
31 la introducción de la masa de vidrio *m*
– *introduction of the gob of molten glass*
32 el macho (el punzón) de prensa *f*
– *plunger*
33 el prensado
– *pressing*
34 el traslado del molde de prensa *f* al molde de soplado *m*
– *transfer from the press mould (Am. mold) to the blow mould (Am. mold)*
35 el recalentamiento
– *reheating*
36 el soplado (la formación del vacío)
– *blowing for final shaping*
37 la salida del vidrio hueco acabado
– *delivery of the completed vessel*

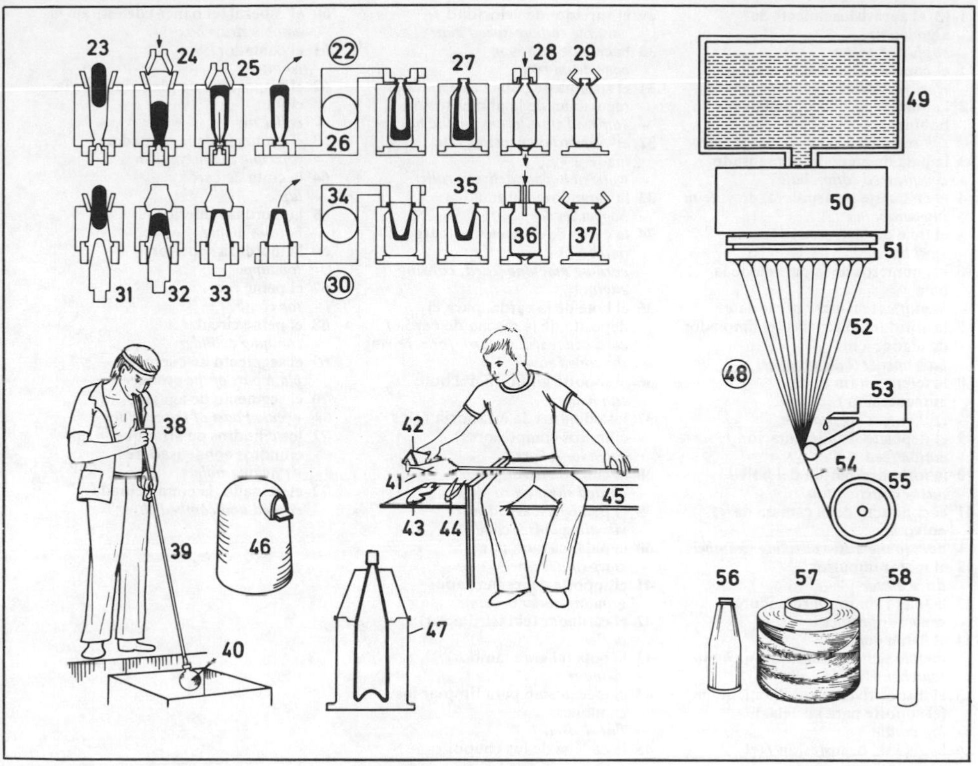

38-47 la fabricación de vidrio ***m*** (soplado *m* con la boca, el trabajo de dar forma *f*)
– ***glassmaking;*** here: *glassblowing by hand*

38 el vidriero (el soplador de vidrio *m*)
– *glassmaker (glassblower)*

39 el tubo de vidriero *m* (la caña de soplador *m*)
– *blowing iron*

40 la masa de vidrio *m*
– *gob*

41 la copa (en forma *f* de cáliz *m*) soplada con la boca
– *hand-blown goblet*

42 la tablilla, para dar forma *f* al pie de la copa
– *clappers for shaping the base (foot) of the goblet*

43 el calibre de forma *f*
– *trimming tool*

44 las tenazas de soplador *m* (las pinzas cortantes)
– *tongs*

45 el banco de vidriero *m*
– *glassmaker's chair (gaffer's chair)*

46 el crisol de vidriería *f* cubierto
– *covered glasshouse pot*

47 el molde, para acabar de soplar la masa soplada previamente
– *mould (Am. mold), into which the parison is blown*

48-55 la producción de vidrio ***m*** **textil**
– ***production of glass fibre*** (Am. *glass fiber)*

48 el procedimiento de filamento *m* continuo
– *continuous filament process*

49 el horno de fusión *f* del vidrio
– *glass furnace*

50 la cuba con la fusión de vidrio *m* (la cubeta con vidrio *m* fundido)
– *bushing containing molten glass*

51 la boquilla agujereada
– *bushing tips*

52 los hilos elementales del vidrio textil
– *glass filaments*

53 el encolado (el ensimaje)
– *sizing*

54 el hilado
– *strand (thread)*

55 la cabeza de la bobina
– *spool*

56-58 los productos de vidrio ***m*** **textil**
– ***glass fibre*** (Am. *glass fiber) products*

56 el hilo de vidrio *m* textil
– *glass yarn (glass thread)*

57 el hilo de vidrio *m* en bobina *f*
– *sleeved glass yarn (glass thread)*

58 el fieltro de vidrio *m*
– *glass wool*

1-13 el aprovisionamiento de algodón *m*
– ***supply of cotton***
1 el copo de algodón *m* maduro
– *ripe cotton boll*
2 la husada de hilo *m* (la husada, la bobina)
– *full cop (cop wound with weft yarn)*
3 la bala de algodón *m* prensado
– *compressed cotton bale*
4 el embalaje (la arpillera) de yute *m*
– *jute wrapping*
5 el fleje de hierro *m*
– *steel band*
6 los números de la partida de la bala
– *identification mark of the bale*
7 la abridora abrebalas (el limpiador de algodón *m*)
– *bale opener (bale breaker)*
8 la telera sin fin *m* de alimentación *f*
– *cotton-feeding brattice*
9 el depósito de alimentación *f*
– *cotton feed*
10 la tolva aspiradora del polvo
– *dust extraction fan*
11 el conducto de la cámara de polvo *m*
– *duct to the dust-collecting chamber*
12 el motor impulsor
– *drive motor*
13 la telera sin fin *m* reunidora
– *conveyor brattice*
14 el batán doble
– ***double scutcher*** *(machine with two scutchers)*
15 el dispositivo de enrollamiento *m* (el soporte para las telas)
– *lap cradle*
16 la guía de compresión *f* (el corchete compresor)
– *rack head*
17 la palanca de puesta *f* en marcha *f*
– *starting handle*
18 el volante, para subir o bajar la guía de presión *f*
– *handwheel, for raising and lowering the rack head*
19 la tabla móvil de la tela de batán *m*
– *movable lap-turner*
20 los cilindros de presión *f*
– *calender rollers*
21 la cubierta, para el par de cilindros *m* de aspiración *f*
– *cover for the perforated cylinders*
22 el canal de polvo *m*
– *dust escape flue (dust discharge flue)*
23 los motores impulsores
– *drive motors (beater drive motors)*
24 el eje, para el movimiento de las alas batidoras
– *beater driving shaft*
25 la devanadera triplecardante
– *three-blade beater (Kirschner beater)*
26 la rejilla
– *grid [for impurities to drop]*
27 el cilindro de alimentación *f*
– *pedal roller (pedal cylinder)*
28 la palanca reguladora de alimentación *f*, una palanca de pedal *m*
– *control lever for the pedal roller, a pedal lever*
29 el variador de velocidad *f*
– *variable change-speed gear*
30 la caja de conos *m*
– *cone drum box*
31 el sistema de palancas *f*, para la regulación de la alimentación
– *stop and start levers for the hopper*
32 el cilindro de presión *f* de madera *f*
– *wooden hopper delivery roller*
33 la cargadora automática
– *hopper feeder*
34 la carda de chapones *m* (carda *f*, percha *f*)
– ***carding machine*** *(card, carding engine)*
35 el bote de la carda, para el depósito de la mecha de carda *f*
– *card can (carding can), for receiving the coiled sliver*
36 el soporte giratorio del bote
– *can holder*
37 los cilindros de calandria *f* (los cilindros compresores)
– *calender rollers*
38 la cinta de carda *f*
– *carded sliver (card sliver)*
39 el peine descargador
– *vibrating doffer comb*
40 la palanca para parar
– *start-stop lever*
41 el soporte del esmerilador
– *grinding-roller bearing*
42 el cardador (el rastrillador)
– *doffer*
43 la bota (el gran tambor)
– *cylinder*
44 el mecanismo para limpiar los chapones
– *flat clearer*
45 la cadena de los chapones
– *flats*
46 las poleas tensoras, para la cadena de los chapones
– *supporting pulleys for the flats*
47 el rollo de tela *f* del batán
– *scutcher lap (carded lap)*
48 el soporte del rollo
– *scutcher lap holder*
49 el motor impulsor, con correa *f* plana
– *drive motor with flat belt*
50 la polea principal de accionamiento *m*
– *main drive pulley (fast-and-loose drive pulley)*
51 el esquema de la carda
– *principle of the card (of the carding engine)*
52 el cilindro de alimentación *f*
– *fluted feed roller*
53 el cilindro tomador (el cilindro abridor)
– *licker-in (taker-in, licker-in roller)*
54 la rejilla del tomador
– *licker-in undercasing*
55 la rejilla del gran tambor
– *cylinder undercasing*
56 la peinadora
– ***combing machine*** *(comber)*
57 la caja de engranajes *m*
– *drive gearbox (driving gear)*
58 la napa
– *laps ready for combing*
59 el condensador de la mecha
– *calender rollers*
60 el cabezal (el banco) de estiraje *m*
– *comber draw box*
61 el contador
– *counter*
62 el dispositivo de plegado *m* de la cinta
– *coiler top*
63 el esquema de la peinadora
– *principle of the comber*
64 la cinta de carda *f*
– *lap*
65 la mordaza inferior
– *bottom nipper*
66 la mordaza superior
– *top nipper*
67 el peine fijo
– *top comb*
68 el peine circular
– *combing cylinder*
69 el segmento de cuero *m*
– *plain part of the cylinder*
70 el segmento de agujas *f*
– *needled part of the cylinder*
71 los cilindros de arranque *m* (los cilindros condensadores)
– *detaching rollers*
72 el peinado (la cinta peinada)
– *carded and combed sliver*

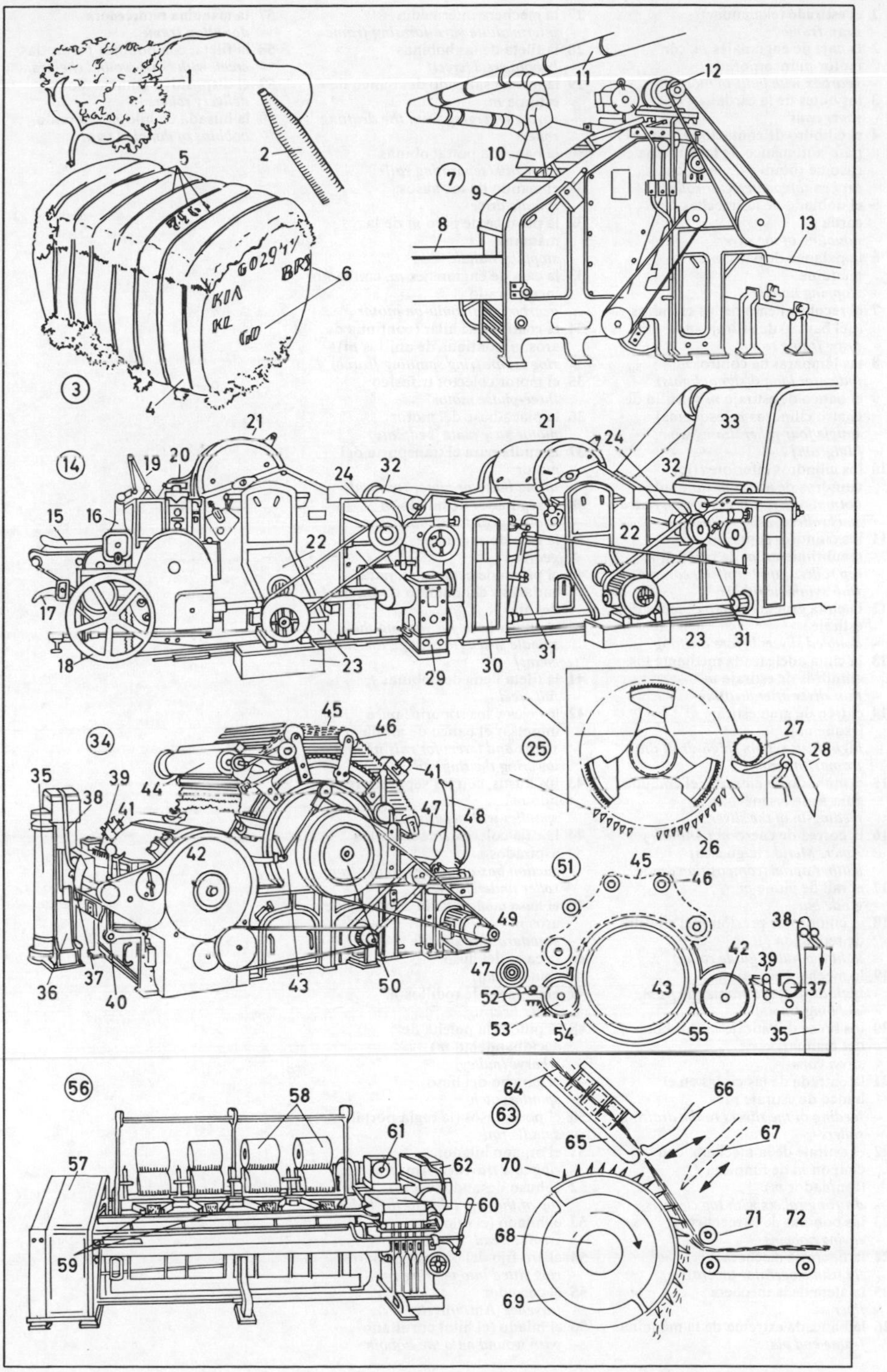
1
2
3
4
5
6
7
8
9
10
11
12
13
14
15
16
17
18
19
20
21
22
23
24
25
26
27
28
29
30
31
32
33
34
35
36
37
38
39
40
41
42
43
44
45
46
47
48
49
50
51
52
53
54
55
56
57
58
59
60
61
62
63
64
65
66
67
68
69
70
71
72
BRY
KIA
KL
GD
G029¼

1 **el estirado** (el manuar)
- ***draw frame***
2 la caja de engranajes *m*, con motor *m* incorporado
- *gearbox with built-in motor*
3 los botes de la carda
- *sliver cans*
4 el cilindro de contacto *m*, para el paro automático de la máquina en caso de rotura *f* de la mecha
- *broken thread detector roller*
5 el doblado de las mechas de carda *f*
- *doubling of the slivers*
6 la palanca de paro *m* de la máquina
- *stopping handle*
7 el recubrimiento de los cilindros (del banco) de estiraje *m*
- *draw frame cover*
8 las lámparas de control *m*
- *indicator lamps (signal lights)*
9 el banco de estiraje *m* sencillo de cuatro cilindros *m* [esquema]
- *simple four-roller draw frame [diagram]*
10 los cilindros inferiores (los cilindros de acero *m* ranurado)
- *bottom rollers (lower rollers), fluted steel rollers*
11 los cilindros superiores con recubrimiento *m* de plástico *m*
- *top rollers (upper rollers) covered with synthetic rubber*
12 la cinta gruesa (la napa), antes del estiraje
- *doubled slivers before drafting*
13 la cinta adelgazada mediante los cilindros de estiraje *m*
- *thin sliver after drafting*
14 el tren de gran estiraje *m* [esquema]
- *high-draft system (high-draft draw frame) [diagram]*
15 el embudo de entrada (el embudo guía *f*) de las mechas
- *feeding-in of the sliver*
16 la correa de cuero *m* (*Antillas y Amér. Merid.:* la guasca)
- *leather apron (composition apron)*
17 el raíl de viraje *m*
- *guide bar*
18 el cilindro de presión *f* (el cilindro de retención *f*)
- *light top roller (guide roller)*
19 la mechera en grueso
- *high-draft speed frame (fly frame, slubbing frame)*
20 los botes de estiraje *m* (los botes del manuar)
- *sliver cans*
21 la entrada de las cintas en el banco de estiraje *m*
- *feeding of the slivers to the drafting rollers*
22 el estiraje de la mechera, con chapón *m* de limpieza *f* (limpiador *m*)
- *drafting rollers with top clearers*
23 las bobinas de la mechera
- *roving bobbins*
24 la operaria mechera
- *fly frame operator (operative)*
25 la aleta de la mechera
- *flyer*
26 la bancada extrema de la máquina
- *frame end plate*
27 la mechera intermedia
- *intermediate yarn-forming frame*
28 la fileta de las bobinas
- *bobbin creel (creel)*
29 la mecha saliendo del banco de estiraje *m*
- *roving emerging from the drafting rollers*
30 la bancada portabobinas
- *lifter rail (separating rail)*
31 el mando de los husos
- *spindle drive*
32 la palanca de paro *m* de la máquina
- *stopping handle*
33 la caja de engranajes *m*, con motor incorporado
- *gearbox, with built-on motor*
34 **la continua de hilar** (continua de aros *m*, continua de anillos *m*)
- ***ring frame*** *(ring spinning frame)*
35 el motor colector trifásico
- *three-phase motor*
36 la placa-base del motor
- *motor base plate (bedplate)*
37 la anilla para el transporte del motor
- *lifting bolt [for motor removal]*
38 el regulador de hilado *m*
- *control gear for spindle speed*
39 la caja de engranajes *m*
- *gearbox*
40 el piñón de cambio *m*, para la variación del número de finura *f* del hilo
- *change wheels for varying the spindle speed [to change the yarn count]*
41 la fileta llena de bobinas *f*
- *full creel*
42 los ejes y los soportes para impulsar el banco de anillas *f*
- *shafts and levers for raising and lowering the ring rail*
43 los husos, con los separadores de hilo *m*
- *spindles with separators*
44 la caja colectora de los hilos aspirados
- *suction box connected to the front roller underclearers*
45 **el huso modelo** de la continua de aros *m*
- ***standard ring spindle***
46 la caña del huso
- *spindle shaft*
47 el cojinete de rodillos *m*
- *roller bearing*
48 el piñón (la poleíta de accionamiento *m*)
- *wharve (pulley)*
49 el gancho del huso
- *spindle catch*
50 el portahúsos (la regla portahúsos)
- *spindle rail*
51 el órgano hilador
- *ring and traveller* (Am. *traveler)*
52 el huso desnudo (vacío)
- *top of the ring tube (of the bobbin)*
53 el hilado (el hilo)
- *yarn (thread)*
54 el aro fijo del banco portaaros
- *ring fitted into the ring rail*
55 el corredor
- *traveller* (Am. *traveler)*
56 el hilado (el hilo) enrollado
- *yarn wound onto the bobbin*
57 **la máquina retorcedora**
- ***doubling frame***
58 la fileta, con bobinas *f* cruzadas
- *creel, with cross-wound cheeses*
59 el dispositivo alimentador
- *delivery rollers*
60 la husada de hilo *m* retorcido
- *bobbins of doubled yarn*

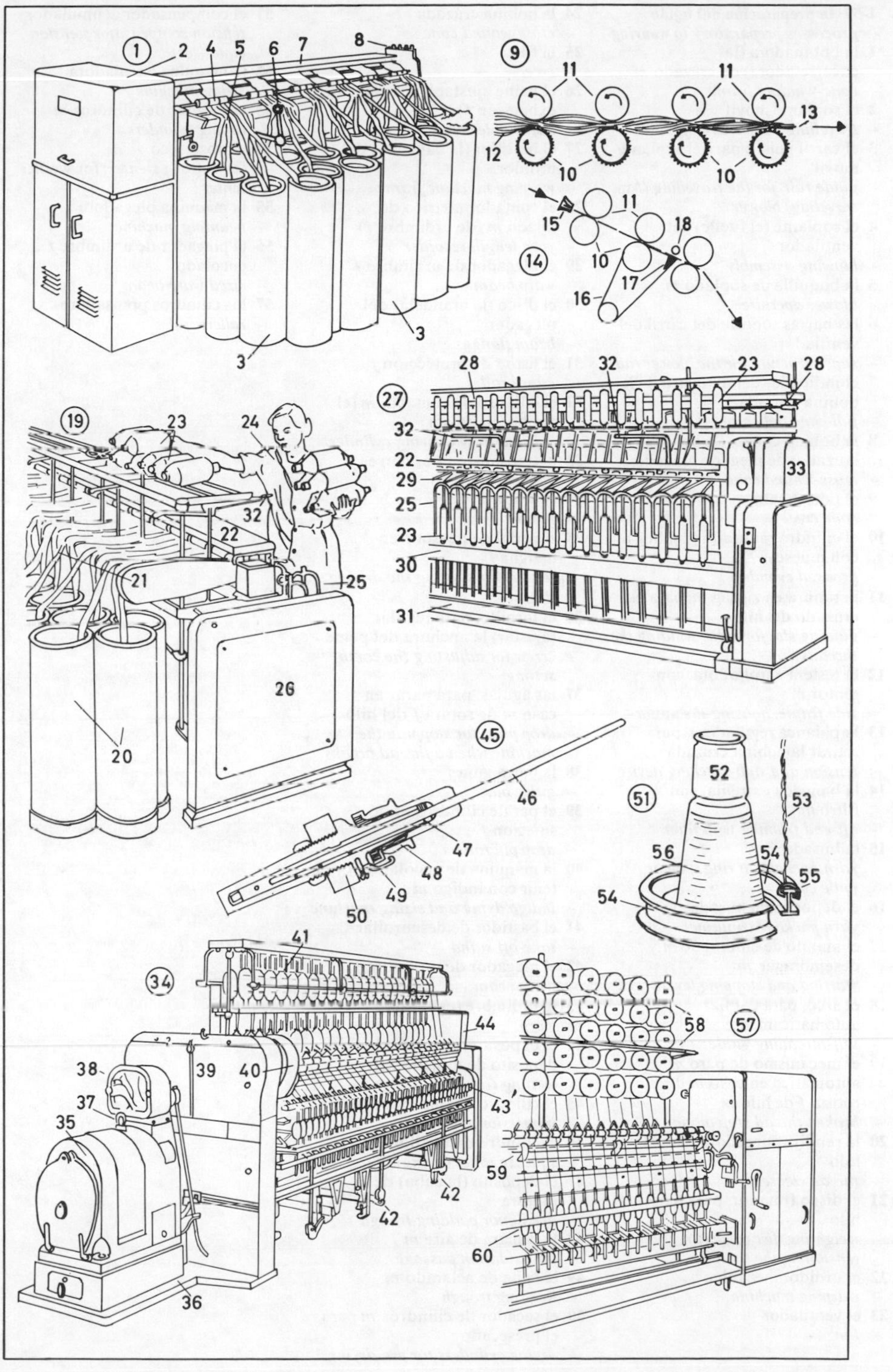
1
2
3
4
5
6
7
8
9
10
11
12
13
14
15
16
17
18
19
20
21
22
23
24
25
26
27
28
29
30
31
32
33
34
35
36
37
38
39
40
41
42
43
44
45
46
47
48
49
50
51
52
53
54
55
56
57
58
59
60

1-57 la preparación del tejido
– ***processes preparatory to weaving***
1 la bobinadora (la encarretadora) de cruzado *m*
– *cone-winding frame*
2 el soplante móvil
– *travelling (*Am. *traveling) blower*
3 el carril guía *f*, para el soplante móvil
– *guide rail, for the travelling (*Am. *traveling) blower*
4 el soplante (el fuelle) del ventilador
– *blowing assembly*
5 la boquilla de soplado *m*
– *blower aperture*
6 las barras soporte del carril del ventilador
– *superstructure for the blower rail*
7 el indicador del diámetro de la bobina cruzada
– *full-cone indicator*
8 la bobina cónica (la bobina cruzada) de plegado cruzado
– *cross-wound cone*
9 el portabobinas
– *cone creel*
10 el cilindro ranurado (tambor *m* con muescas *f*)
– *grooved cylinder*
11 la ranura en zigzag *m*, para el cruzado del hilo
– *guiding slot for cross-winding the threads*
12 la testera enrolladora, con motor *m*
– *side frame, housing the motor*
13 la palanca reguladora, para retirar la bobina cruzada
– *tension and slub-catching device*
14 la bancada extrema, con filtro *m*
– *off-end framing with filter*
15 la husada
– *yarn package, a ring tube or mule cop*
16 el depósito de husadas *f*
– *yarn package container*
17 el mando de embrague *m* y desembrague *m*
– *starting and stopping lever*
18 el arco, para enhilar automáticamente
– *self-threading guide*
19 el mecanismo de paro *m* automático en caso *m* de rotura *f* de hilo *m*
– *broken thread stop motion*
20 la rendija purgadora para el hilo
– *thread clearer*
21 el disco frotador, para tensar el hilo
– *weighting disc (disk) for tensioning the thread*
22 el urdidor mecánico
– *warping machine*
23 el ventilador
– *fan*
24 la bobina cruzada
– *cross-wound cone*
25 la fileta
– *creel*
26 el peine ajustable (el peine de expansión *f*)
– *adjustable comb*
27 el bastidor (la bancada) del urdidor
– *warping machine frame*
28 el contador métrico de hilado *m* (de urdimbre *f*)
– *yarn length recorder*
29 el plegador de urdimbre *f*
– *warp beam*
30 el disco (la arandela) del plegador
– *beam flange*
31 el listón de protección *f*
– *guard rail*
32 el cilindro de contacto *m* (el tambor impulsor)
– *driving drum (driving cylinder)*
33 la transmisión por correa *f*
– *belt drive*
34 el motor
– *motor*
35 el pedal de puesta *f* en marcha *f*
– *release for starting the driving drum*
36 el tornillo, para regular (ajustar) la anchura del peine
– *screw for adjusting the comb setting*
37 las agujas, para parar en caso *m* de rotura *f* del hilo
– *drop pins, for stopping the machine when a thread breaks*
38 la barra guía *f*
– *guide bar*
39 el par de cilindros *m* de sujeción *f*
– *drop pin rollers*
40 la máquina de encolado *m* y de teñir con índigo *m*
– *indigo dying and sizing machine*
41 el bastidor de desenrollar
– *take-off stand*
42 el plegador de urdimbre *f*
– *warp beam*
43 la urdimbre (el hilado)
– *warp*
44 el depósito reticular (el depósito de mojado *m*)
– *wetting trough*
45 el cilindro de inmersión *f*
– *immersion roller*
46 el cilindro escurridor
– *squeeze roller (mangle)*
47 el depósito (la cuba) de la pintura
– *dye liquor padding trough*
48 la cámara de aire *m*
– *air oxidation passage*
49 la cuba de aclarado *m*
– *washing trough*
50 el secador de cilindros *m* para el presecado
– *drying cylinders for pre-drying*
51 el compensador acumulador
– *tension compensator (tension equalizer)*
52 la máquina encoladora
– *sizing machine*
53 el secador de cilindros *m*
– *drying cylinders*
54 el trozo seco
– for cotton: *stenter;* for wool: *tenter*
55 la máquina plegadora
– *beaming machine*
56 el plegador de urdimbre *f* encolado
– *sized warp beam*
57 los cilindros prensadores
– *rollers*

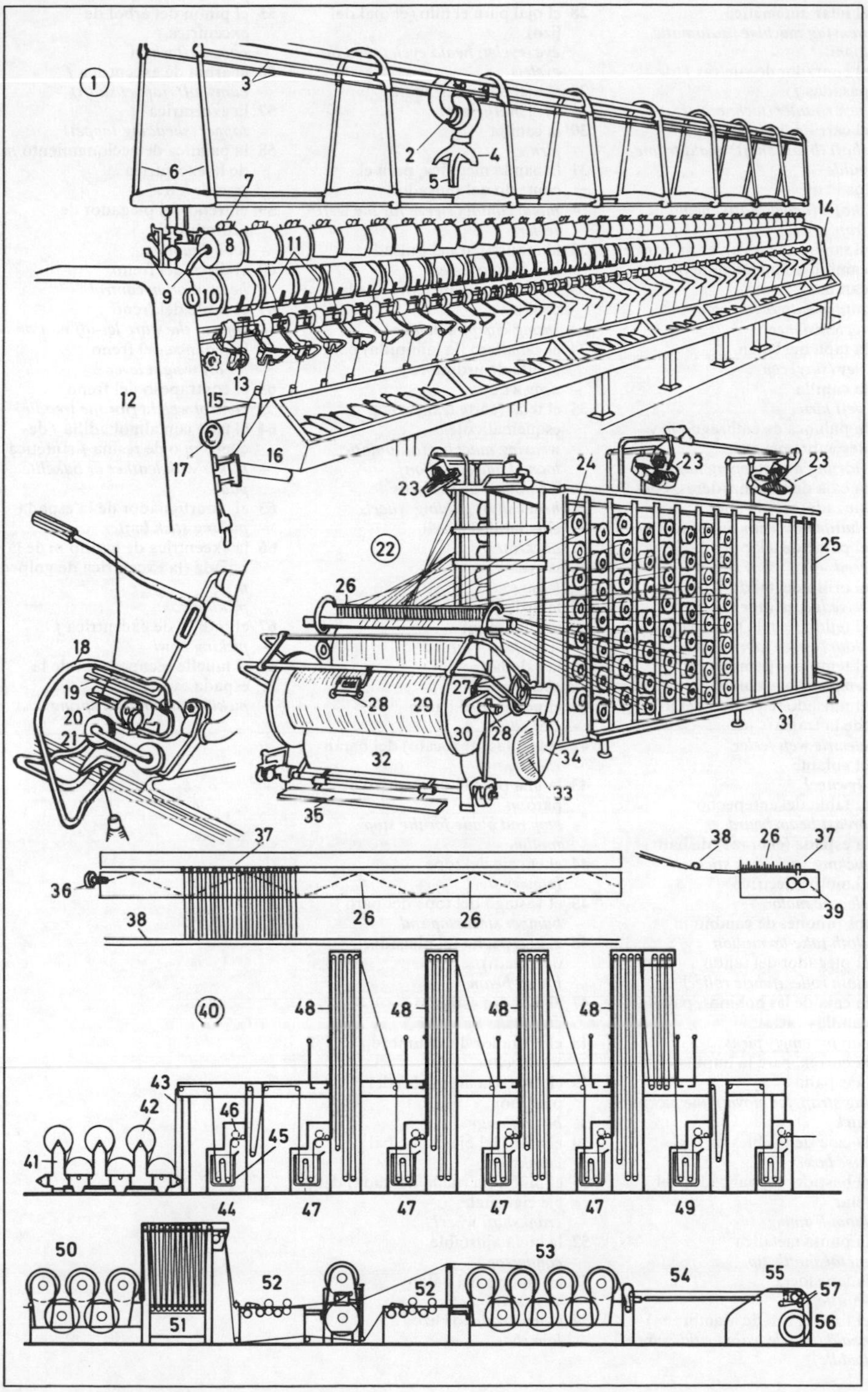
1
3
2
4
5
6
7
8
9
10
11
12
13
14
15
16
17
18
19
20
21
22
23
24
25
26
27
28
29
30
31
32
33
34
35
36
37
38
39
40
41
42
43
44
45
46
47
48
49
50
51
52
53
54
55
56
57

1 **el telar automático**
- ***weaving machine*** *(automatic loom)*

2 el contador de vueltas *f* (de pasadas *f*)
- *pick counter (tachometer)*

3 el carril guía *f* de los lizos
- *shaft (heald shaft, heald frame) guide*

4 los lizos
- *shafts (heald shafts, heald frames)*

5 el tambor de revólver *m*, para el cambio automático de las canillas
- *rotary battery for weft replenishment*

6 la tapa del batán
- *sley (slay) cap*

7 la canilla
- *weft pirn*

8 la palanca de embrague *m* y desembrague *m*
- *starting and stopping handle*

9 la caja de las lanzaderas, con lanzaderas *f* de tejer
- *shuttle box, with shuttles*

10 el peine de telar *m*
- *reed*

11 el orillo del tejido
- *selvedge (selvage)*

12 el tejido (la tela terminada)
- *cloth (woven fabric)*

13 el templazo (templén *m*)
- *temple (cloth temple)*

14 el pulsador eléctrico del hilo (de la trama)
- *electric weft feeler*

15 el volante
- *flywheel*

16 la tabla del antepecho
- *breast beam board*

17 la espada (el brazo) de batir
- *picking stick (pick stick)*

18 el motor eléctrico
- *electric motor*

19 los piñones de cambio *m*
- *cloth take-up motion*

20 el plegador del tejido
- *cloth roller (fabric roller)*

21 la caja de las bobinas, para las canillas vacías
- *can for empty pirns*

22 la correa, para la impulsión de la espada
- *lug strap, for moving the picking stick*

23 la caja de fusibles *m*
- *fuse box*

24 el bastidor (la bancada) del telar
- *loom framing*

25 la punta metálica
- *metal shuttle tip*

26 la lanzadera
- *shuttle*

27 el lizo (el lizo de alambre *m*)
- *heald (heddle, wire heald, wire heddle)*

28 el ojal para el hilo (el ojal del lizo)
- *eye (eyelet, heald eyelet, heddle eyelet)*

29 el ojal de la lanzadera
- *eye (shuttle eye)*

30 la canilla
- *pirn*

31 la banda metálica, para el contacto del pulsador
- *metal contact sleeve for the weft feeler*

32 la ranura para el pulsador
- *slot for the feeler*

33 el muelle de sujeción *f* de la canilla
- *spring-clip pirn holder*

34 el caballero (la laminilla) para el hilo de urdimbre *f*
- *drop wire*

35 el telar [corte transversal esquemático]
- *weaving machine (automatic loom) [side elevation]*

36 las poleas de los lizos
- *heald shaft guiding wheels*

37 el guiahílos móvil
- *backrest*

38 la cruz
- *lease rods*

39 la urdimbre (el hilo de urdimbre *m*)
- *warp (warp thread)*

40 la calada
- *shed*

41 el peine en el batán
- *sley (slay)*

42 las tablas (el zócalo) del batán
- *race board*

43 la uña para el dispositivo de paro *m*
- *stop rod blade for the stop motion*

44 el encaje del tope
- *bumper steel*

45 el vástago del tope del paro
- *bumper steel stop rod*

46 el antepecho (el plegador delantero)
- *breast beam*

47 el cilindro estriado
- *cloth take-up roller*

48 el plegador de urdimbre *f*
- *warp beam*

49 el disco (la arandela) del plegador
- *beam flange*

50 el árbol (el eje) principal
- *crankshaft*

51 el piñón (la rueda dentada) del eje cigüeñal
- *crankshaft wheel*

52 la biela ajustable
- *connector*

53 el soporte del batán
- *sley (slay)*

54 el tensor de los lizos
- *lam rods*

55 el piñón del árbol de excéntrica *f*
- *camshaft wheel*

56 el árbol de excéntrica *f*
- *camshaft (tappet shaft)*

57 la excéntrica
- *tappet (shedding tappet)*

58 la palanca de accionamiento *m* de la excéntrica
- *treadle lever*

59 el freno del plegador de urdimbre *f*
- *let-off motion*

60 el disco del freno
- *beam motion control*

61 el cable del freno
- *rope of the warp let-off motion*

62 la palanca del freno
- *let-off weight lever*

63 el contrapeso del freno
- *control weight [for the treadle]*

64 el taco con almohadilla *f* de cuero *m* o de resina *f* sintética
- *picker with leather or bakelite pad*

65 el amortiguador de la espada
- *picking stick buffer*

66 la excéntrica de gatillo *m* de la espada (la excéntrica de golpeo *m*)
- *picking cam*

67 el rodillo de excéntrica *f*
- *picking bowl*

68 el muelle recuperador de la espada
- *picking stick return spring*

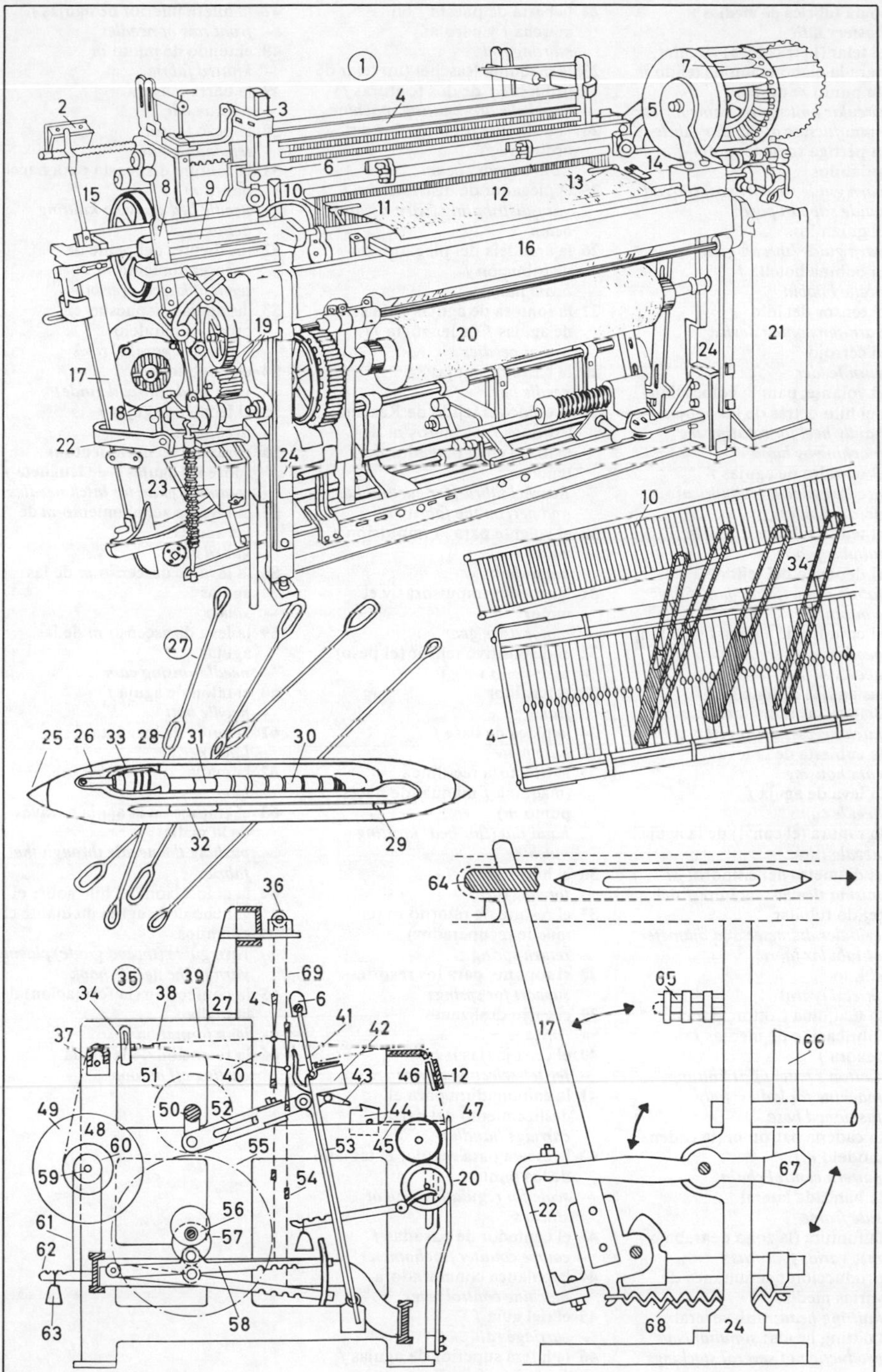
1
2
3
4
5
7
6
8
9
10
11
12
13
14
15
16
17
18
19
20
21
22
23
24
10
34
27
25
26
33
28
31
30
32
29
4
36
69
35
39
34
38
27
4
6
41
42
37
51
40
43
46
12
50
52
44
47
49
48
60
55
45
53
59
54
20
56
57
61
62
58
63
64
65
17
66
67
22
68
24

1-66 la fábrica de medias *f*
– ***hosiery mill***
1 el telar (la tricotosa) circular, para la elaboración de tejido *m* de punto *m* tubular
– *circular knitting machine for the manufacture of tubular fabric*
2 la pértiga soporte *m* del guiahílos
– *yarn guide support post (thread guide support post)*
3 el guiahílos
– *yarn guide (thread guide)*
4 la bobina botella *f*
– *bottle bobbin*
5 el tensor del hilo
– *yarn-tensioning device*
6 el cerrojo
– *yarn feeder*
7 el volante, para la colocación del hilo detrás de las agujas
– *handwheel for rotating the machine by hand*
8 el cilindro de agujas *f*
– *needle cylinder (cylindrical needle holder)*
9 el tejido tubular
– *tubular fabric*
10 el depósito del tejido
– *fabric drum (fabric box, fabric container)*
11 el cilindro de agujas *f* [sección]
– *needle cylinder (cylindrical needle holder) [section]*
12 las agujas de lengüeta *f* dispuestas radialmente
– *latch needles arranged in a circle*
13 la cubierta de la leva
– *cam housing*
14 la leva de aguja *f*
– *needle cams*
15 la ranura (el canal) de la aguja
– *needle trick*
16 el diámetro del cilindro; *al mismo tiempo:* anchura *f* del tejido tubular
– *cylinder diameter and diameter of tubular fabric*
17 el hilo
– *thread (yarn)*
18 la máquina Cotton, para la fabricación de medias *f* de señora *f*
– *Cotton's patent flat knitting machine for ladies' fully-fashioned hose*
19 la cadena patrón *m* (la cadena modelo *m*)
– *pattern control chain*
20 la bancada lateral
– *side frame*
21 la fontura (la zona de trabajo *m*); *varias fonturas:* producción *f* simultánea de varias medias *f*
– *knitting head;* with several knitting heads: *simultaneous production of several stockings*
22 la barra de puesta *f* en marcha *f* y paro *m*
– *starting rod*
23 la máquina Raschel (un telar de urdimbre *f* de dos fonturas *f*)
– *Raschel warp-knitting machine*
24 la urdimbre (el plegador de urdimbre *f*)
– *warp on warp beam*
25 el plegador de distribución *f*
– *yarn-distributing (yarn-dividing) beam*
26 la arandela del plegador de distribución *f*
– *beam flange*
27 la fontura de agujas *f* (la serie de agujas *f* de lengüeta *f*)
– *row of needles*
28 la barra de agujas *f*
– *needle bar*
29 el tejido (el tejido de Raschel) [cortinas *f* y géneros *m* de malla *f*] en el plegador del tejido
– *Raschel fabric [for curtain lace and net] on the fabric roll*
30 el volante para la impulsión a mano *f*
– *handwheel*
31 las ruedas impulsoras y el motor
– *motor drive gear*
32 el dispositivo tensor (el peso)
– *take-down weight*
33 el bastidor
– *frame*
34 la placa de base *f*
– *base plate*
35 la tricotosa rectilínea (máquina *f* manual de hacer punto *m*)
– *hand flat (flat-bed) knitting machine*
36 el hilo
– *thread (yarn)*
37 el resorte de retorno *m* (el muelle recuperador)
– *return spring*
38 el soporte, para los resortes
– *support for springs*
39 el carro deslizante
– *carriage*
40 el cerrojo (las levas)
– *feeder-selecting device*
41 la empuñadura para el deslizamiento del carro
– *carriage handles*
42 la escala para regular el tamaño de los puntos
– *scale for regulating size of stitches*
43 el contador de pasadas *f*
– *course counter (tachometer)*
44 la palanca conmutadora
– *machine control lever*
45 el riel guía *f*
– *carriage rail*
46 la hilera superior de agujas *f*
– *back row of needles*
47 la hilera inferior de agujas *f*
– *front row of needles*
48 el tejido de punto *m*
– *knitted fabric*
49 la barra tensora
– *tension bar*
50 el peso tensor
– *tension weight*
51 la fontura dispuesta para hacer punto *m*
– *needle bed showing knitting action*
52 los dientes del peine de desprendimiento *m*
– *teeth of knock-over bit*
53 las agujas dispuestas en orden *m* paralelo
– *needles in parallel rows*
54 el guiahílos
– *yarn guide (thread guide)*
55 el lecho de agujas *f*
– *needle bed*
56 el raíl de recubrimiento *m*, sobre las agujas *f* de lengüeta *f*
– *retaining plate for latch needles*
57 la leva de acoplamiento *m* de las agujas
– *guard cam*
58 la leva de descenso *m* de las agujas
– *sinker*
59 la leva de ascenso *m* de las agujas
– *needle-raising cam*
60 el talón de aguja *f*
– *needle butt*
61 la aguja de lengüeta *f*
– *latch needle*
62 la malla
– *loop*
63 el empuje de la aguja a través de la malla
– *pushing the needle through the fabric*
64 la colocación del hilo sobre el gancho de la aguja mediante el guiahílos
– *yarn guide (thread guide) placing yarn in the needle hook*
65 la confección (la formación) de la malla
– *loop formation*
66 la retención de la malla
– *casting off of loop*

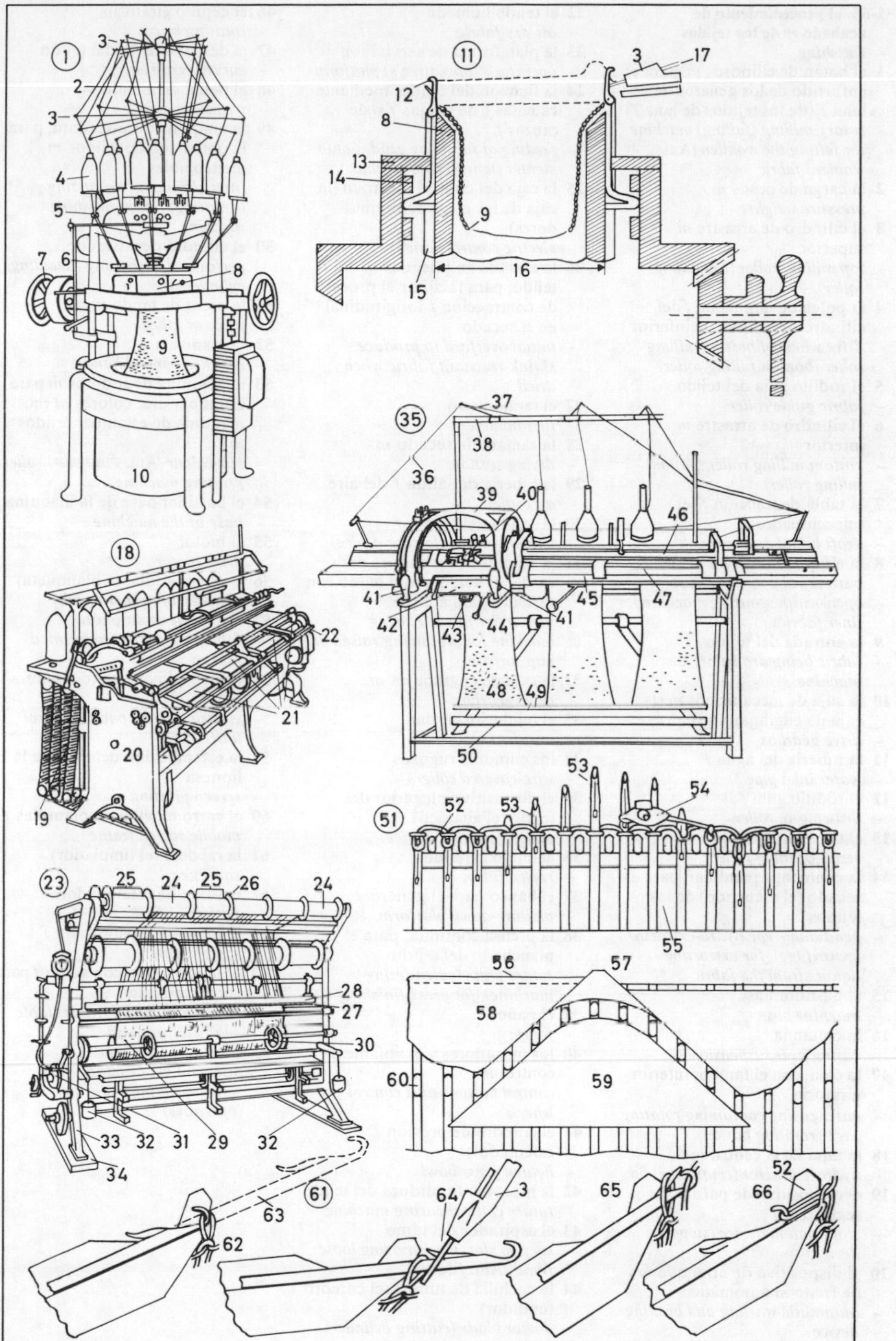
1
2
3
4
5
6
7
8
9
10
11
12
13
14
15
16
17
18
19
20
21
22
23
24
25
26
27
28
29
30
31
32
33
34
35
36
37
38
39
40
41
42
43
44
45
46
47
48
49
50
51
52
53
54
55
56
57
58
59
60
61
62
63
64
65
66

1-65 el procedimiento de acabado *m* **de los tejidos**
- ***finishing***

1 el batán de cilindros *m*, para el enfurtido de los géneros de lana *f* (de los tejidos de lana *f*)
- *rotary milling (fulling) machine for felting the woollen* (Am. *woolen) fabric*

2 la carga de pesos *m*
- *pressure weights*

3 el cilindro de arrastre *m* superior
- *top milling roller (top fulling roller)*

4 la polea de impulsión *f* del cilindro de arrastre *m* inferior
- *drive wheel of bottom milling roller (bottom fulling roller)*

5 el rodillo guía del tejido
- *fabric guide roller*

6 el cilindro de arrastre *m* inferior
- *bottom milling roller (bottom fulling roller)*

7 la tabla de tracción *f* (el seleccionador)
- *draft board*

8 la máquina de lavar al ancho, para tejidos *m* delicados
- *open-width scouring machine for finer fabrics*

9 la entrada del tejido
- *fabric being drawn off the machine*

10 la caja de mecanismos *m* (la caja de engranajes *m*)
- *drive gearbox*

11 la tubería del agua *f*
- *water inlet pipe*

12 el rodillo guía *f*
- *drawing-in roller*

13 el travesaño tensor
- *scroll-opening roller*

14 la centrífuga pendular, para el secado (el escurrido) de los tejidos
- *pendulum-type hydro-extractor (centrifuge), for extracting liquors from the fabric*

15 el bastidor base
- *machine base*

16 la columna
- *casing over suspension*

17 la caja, con el tambor interior giratorio
- *outer casing containing rotating cage (rotating basket)*

18 la tapa de la centrífuga
- *hydro-extractor (centrifuge) lid*

19 el dispositivo de paro *m* de seguridad *f*
- *stop-motion device (stopping device)*

20 el dispositivo de arranque *m* y de freno *m* automático
- *automatic starting and braking device*

21 la máquina de secar tejidos *m*
- for cotton: *stenter;* for wool: *tenter*

22 el tejido húmedo
- *air-dry fabric*

23 la plataforma de servicio *m*
- *operator's (operative's) platform*

24 la fijación del tejido, mediante cadenas *f* de agujas *f* o de pinzas *f*
- *feeding of fabric by guides onto stenter (tenter) pins or clips*

25 la caja del control eléctrico (la caja de los electroconmutadores)
- *electric control panel*

26 la entrada en pliegues *m* del tejido, para facilitar el proceso de contracción *f* longitudinal en el secado
- *initial overfeed to produce shrink-resistant fabric when dried*

27 el termómetro
- *thermometer*

28 la cámara de secado *m*
- *drying section*

29 la tubería de salida *f* del aire
- *air outlet*

30 la salida del secador
- *plaiter (fabric-plaiting device)*

31 la máquina perchadora para cardar el derecho del tejido con cardas *f* para afelpar
- *wire-roller fabric-raising machine for producing raised or nap surface*

32 la caja de engranajes *m*
- *drive gearbox*

33 el tejido sin cardar
- *unraised cloth*

34 los cilindros rugosos
- *wire-covered rollers*

35 el dispositivo plegador del tejido (el abanico)
- *plaiter (cuttling device)*

36 el tejido cardado
- *raised fabric*

37 el banco para el género
- *plaiting-down platform*

38 la prensa continua, para el planchado del tejido
- *rotary press (calendering machine), for press finishing*

39 el paño
- *fabric*

40 los pulsadores y el volante de control *m*
- *control buttons and control wheels*

41 el cilindro de presión *f* calentado
- *heated press bowl*

42 la máquina tundidora del tejido
- *rotary cloth-shearing machine*

43 el aspirador del tamo
- *suction slot, for removing loose fibres* (Am. *fibers)*

44 la cuchilla de tundir (el cilindro tundidor)
- *doctor blade (cutting cylinder)*

45 la rejilla de protección *f*
- *protective guard*

46 el cepillo giratorio
- *rotating brush*

47 el deslizamiento del tejido
- *curved scray entry*

48 el pedal de mando *m*
- *treadle control*

49 la máquina decatizadora, para la obtención de tejidos *m* inencogibles
- *[non-shrinking] decatizing (decating) fabric-finishing machine*

50 el cilindro decatizador
- *perforated decatizing (decating) cylinder*

51 la pieza de tejido *m*
- *piece of fabric*

52 la manivela
- *cranked control handle*

53 la máquina de rodillos *m* para estampar diez colores *m* (la máquina de estampar tejidos *m*)
- *ten-colour* (Am. *ten-color) roller printing machine*

54 el bastidor base de la máquina
- *base of the machine*

55 el motor
- *drive motor*

56 la almohadilla (la blanqueta)
- *blanket [of rubber or felt]*

57 el género estampado
- *fabric after printing (printed fabric)*

58 el dispositivo electroconmutador
- *electric control panel (control unit)*

59 la estampación del tejido a la lionesa
- *screen printing*

60 el carro móvil para plantillas *f*
- *mobile screen frame*

61 la raedera (el limpiador)
- *squeegee*

62 la plantilla estampadora
- *pattern stencil*

63 la mesa de estampación *f*
- *screen table*

64 el tejido fijado con goma *f* para ser estampado
- *fabric gummed down on table ready for printing*

65 el estampador textil (el operario estampador)
- *screen printing operator (operative)*

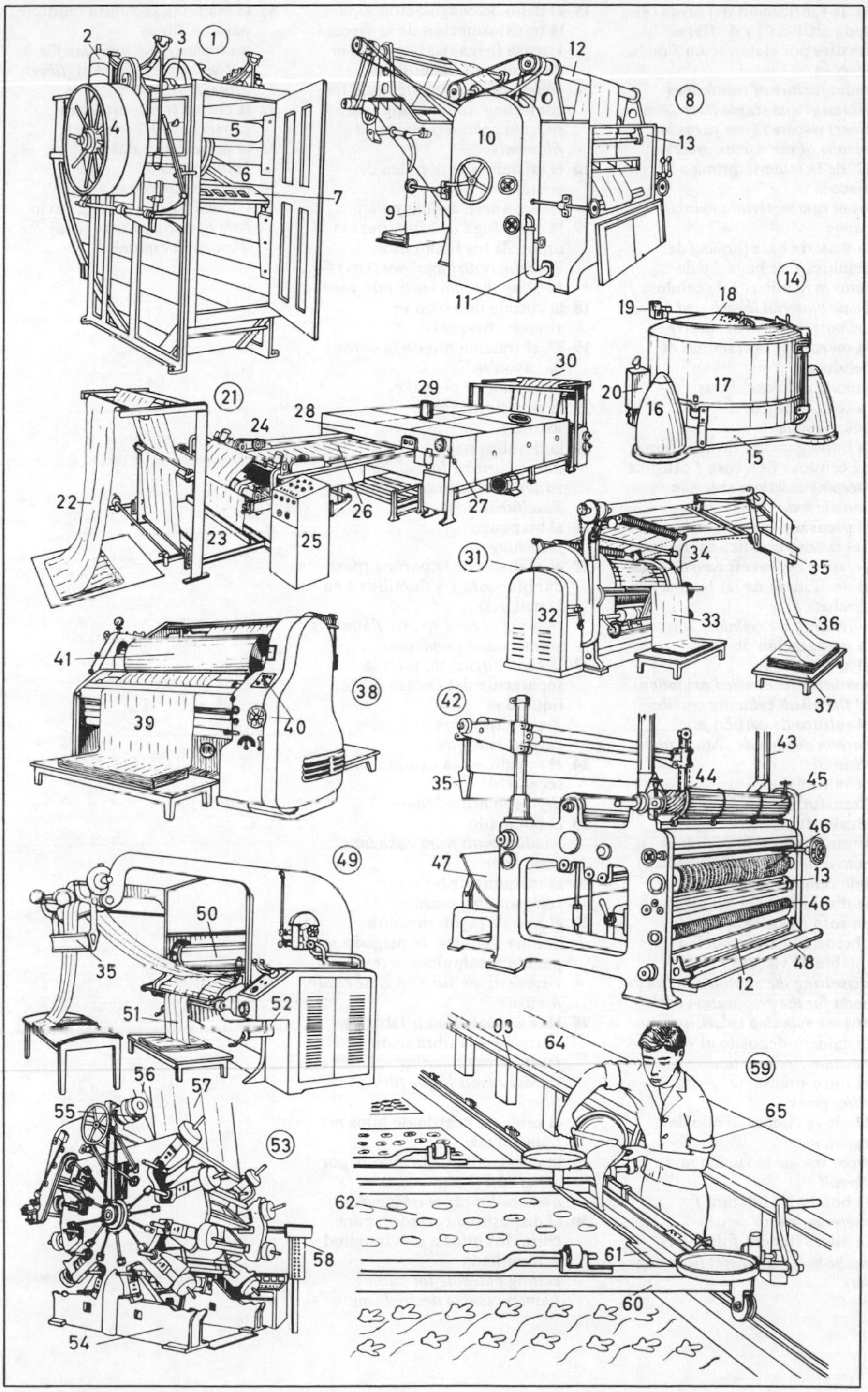
1
2
3
4
5
6
7
8
9
10
11
12
13
14
15
16
17
18
19
20
21
22
23
24
25
26
27
28
29
30
31
32
33
34
35
36
37
38
39
40
41
42
43
44
45
46
47
48
49
50
51
52
53
54
55
56
57
58
59
60
61
62
63
64
65

1-34 la fabricación del **rayón** (de seda artificial) y de **fibras textiles** por elaboración *f* de la viscosa
- *manufacture of* ***continuous filament and staple fibre*** (Am. *fiber)* ***viscose rayon yarns*** *by means of the viscose process*

1-12 de la materia prima a la viscosa
- *from raw material to viscose rayon*

1 la materia base [hojas *f* de celulosa *f* de haya *f* y de pino *m*, láminas *f* de celulosa *f*]
- *basic material [beech and spruce cellulose in form of sheets]*

2 la mezcla de las láminas de celulosa *f*
- *mixing cellulose sheets*

3 la sosa cáustica
- *caustic soda*

4 la impregnación de las láminas de celulosa *f* en sosa *f* cáustica
- *steeping cellulose sheets in caustic soda*

5 el prensado para (el escurrido de) la sosa cáustica sobrante
- *pressing out excess caustic soda*

6 el desfibrado de las láminas de celulosa *f*
- *shredding the cellulose sheets*

7 la maduración de la álcalicelulosa
- *maturing (controlled oxidation) of the alkali-cellulose crumbs*

8 el sulfuro de carbón *m*
- *carbon disulphide (*Am. *carbon disulfide)*

9 la sulfuración (transformación *f* de la álcalicelulosa en xantogenato *m* de celulosa *f*)
- *conversion of alkali-cellulose into cellulose xanthate*

10 la disolución del xantogenato en sosa *f* cáustica, para la obtención de la solución hilable de viscosa *f*
- *dissolving the xanthate in caustic soda for the preparation of the viscose spinning solution*

11 la caldera-depósito al vacío
- *vacuum ripening tanks*

12 el filtro-prensa
- *filter press*

13-27 de la viscosa al hilo de rayón *m*
- *from viscose to viscose rayon thread*

13 la bomba de hilatura *f*
- *metering pump*

14 la hilera (tobera *f* de hilar)
- *multi-holed spinneret (spinning jet)*

15 el baño de coagulación *f*, para la transformación de la viscosa viscosa (pegajosa) en hilos *m* de celulosa *f* coagulada
- *coagulating (spinning) bath for converting (coagulating) viscose (viscous solution) into solid filaments*

16 el cristalero, una polea de cristal *m*
- *Godet wheel, a glass pulley*

17 la centrífuga de hilar, para la unión de los filamentos
- *Topham centrifugal pot (box) for twisting the filaments into yarn*

18 la corona de rayón *m*
- *viscose rayon cake*

19-27 el tratamiento de la corona de rayón *m*
- *processing of the cake*

19 la desacidificación
- *washing*

20 la desulfuración
- *desulphurizing (desulphurization,* Am. *desulfurizing, desulfurization)*

21 el blanqueo
- *bleaching*

22 el acabado de la corona (para dar blancura *f* y ductilidad *f* a la materia)
- *treating of cake to give filaments softness and suppleness*

23 la centrifugación, para la separación del exceso de líquido *m*
- *hydro-extraction to remove surplus moisture*

24 el secado, en la cámara de secado
- *drying in heated room*

25 el bobinado
- *winding yarn from cake into cone form*

26 la máquina de bobinar
- *cone-winding machine*

27 el hilo de rayón *m* sobre bobina *f* cónica de plegado *m* para la manipulación textil
- *viscose rayon yarn on cone ready for use*

28-34 de la solución hilable de viscosa *f* a la fibra textil
- *from viscose spinning solution to viscose rayon staple fibre (*Am. *fiber)*

28 el cable (la cuerda de hilos *m*)
- *filament tow*

29 la instalación de lavado *m* por aspersión *f*
- *overhead spray washing plant*

30 el dispositivo cortador, para cortar los hilos a una longitud determinada
- *cutting machine for cutting filament tow to desired length*

31 la máquina secadora múltiple para las fibras
- *multiple drying machine for cut-up staple fibre (*Am. *fiber) layer (lap)*

32 la correa transportadora
- *conveyor belt (conveyor)*

33 la prensa de balas *f*
- *baling press*

34 las balas de fibras *f* de viscosa *f* listas para el envío
- *bale of viscose rayon ready for dispatch (despatch)*

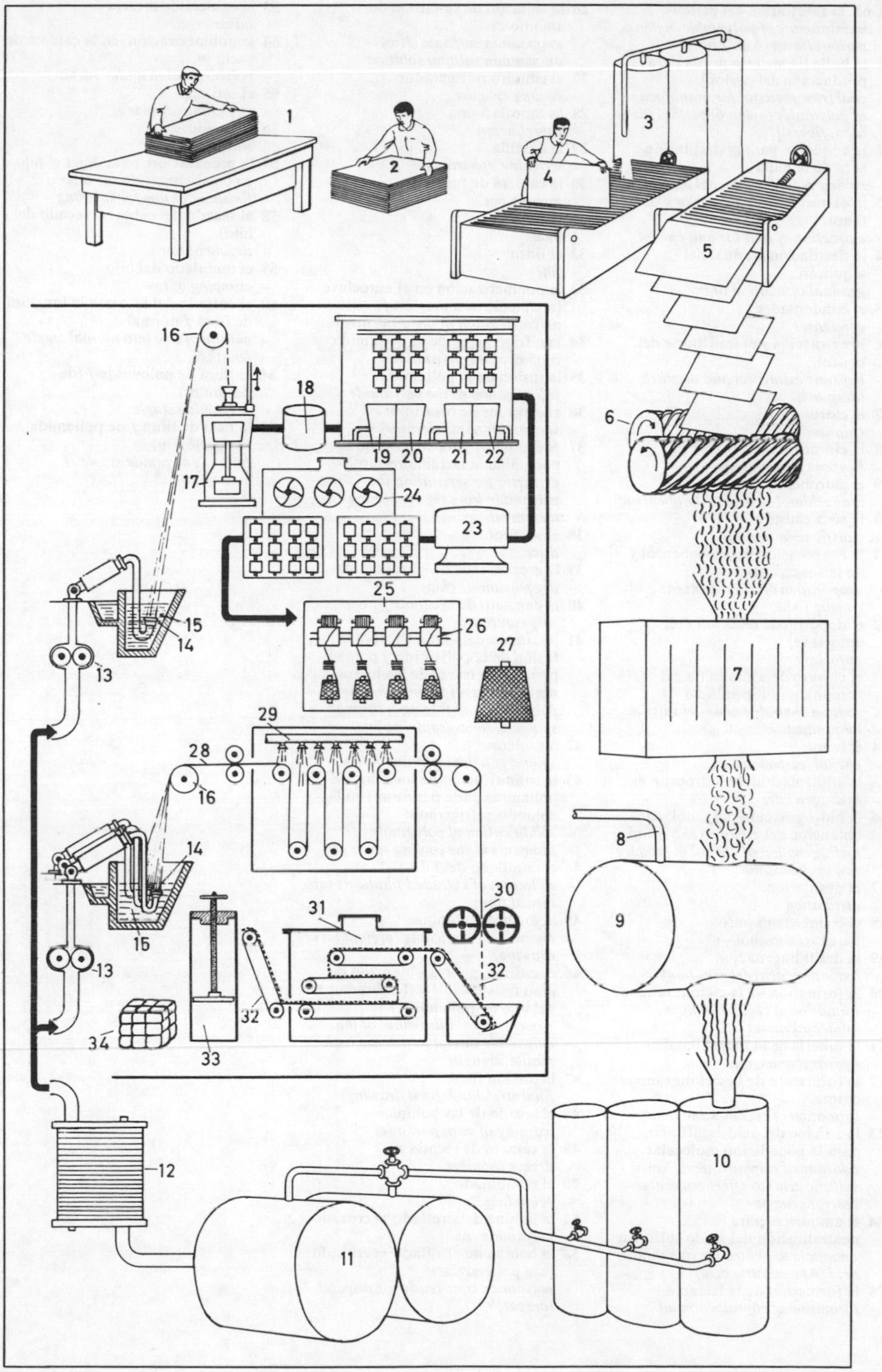
1
2
3
4
5
6
7
8
9
10
11
12
13
14
15
16
17
18
19
20
21
22
23
24
25
26
27
28
29
30
31
32
33
34

1-62 la fabricación del perlón
– *manufacture of* ***polyamide*** *(nylon 6, perlon)* ***fibres*** *(*Am. *fibers)*
1 la hulla [la materia prima para la producción del perlón]
– *coal [raw material for manufacture of polyamide (nylon 6, perlon) fibres (*Am. *fibers)]*
2 la coquería, para la destilación seca de la hulla
– *coking plant for dry coal distillation*
3 la extracción del alquitrán y del fenol
– *extraction of coal tar and phenol*
4 la destilación gradual del alquitrán
– *gradual distillation of tar*
5 el condensador
– *condenser*
6 la extracción y el transporte del benzol
– *benzene extraction and dispatch (despatch)*
7 el cloro
– *chlorine*
8 la cloración del benzol
– *benzene chlorination*
9 el clorobenzol
– *monochlorobenzene (chlorobenzene)*
10 la sosa cáustica
– *caustic soda solution*
11 la evaporación del clorobenzol y de la sosa cáustica
– *evaporation of chlorobenzene and caustic soda*
12 el depósito de reacción *f* (el autoclave)
– *autoclave*
13 el cloruro de sodio *m* (la sal común), un subproducto
– *sodium chloride (common salt), a by-product*
14 el fenol
– *phenol (carbolic acid)*
15 la alimentación de hidrógeno *m*
– *hydrogen inlet*
16 la hidrogenación del fenol, para la obtención del ciclohexano bruto
– *hydrogenation of phenol to produce raw cyclohexanol*
17 la destilación
– *distillation*
18 el ciclohexano puro
– *pure cyclohexanol*
19 la deshidrogenación
– *oxidation (dehydrogenation)*
20 la formación de la ciclohexanona
– *formation of cyclohexanone (pimehinketone)*
21 la tubería de la hidroxilamina
– *hydroxylamine inlet*
22 la formación de la ciclohexanona-oxima
– *formation of cyclohexanoxime*
23 la adición del ácido sulfúrico, para la poliadición molecular
– *addition of sulphuric acid (*Am. *sulfuric acid) to effect molecular rearrangement*
24 el amoníaco, para la neutralización del ácido sulfúrico
– *ammonia to neutralize sulphuric acid (*Am. *sulfuric acid)*
25 la formación de la lactama
– *formation of caprolactam oil*
26 la solución de sulfato *m* de amonio *m*
– *ammonium sulphate (*Am. *ammonium sulfate) solution*
27 el cilindro refrigerador
– *cooling cylinder*
28 la caprolactama
– *caprolactam*
29 la báscula
– *weighing apparatus*
30 la caldera de fusión *f*
– *melting pot*
31 la bomba
– *pump*
32 el filtro
– *filter*
33 la polimerización en el autoclave (recipiente *m* a presión *f*)
– *polymerization in the autoclave*
34 la refrigeración de la poliamida
– *cooling of the polyamide*
35 la fusión de la poliamida
– *solidification of the polyamide*
36 el elevador de rosario *m*
– *vertical lift (*Am. *elevator)*
37 el extractor, para separar de la poliamida la lactama restante
– *extractor for separating the polyamide from the remaining lactam oil*
38 el secador
– *drier*
39 la escama seca de la poliamida
– *dry polyamide chips*
40 el depósito de escamas *f*
– *chip container*
41 la cámara de hilatura *f* para la fusión de la poliamida y para el prensado a través de las hileras
– *top of spinneret for melting the polyamide and forcing it through spinneret holes (spinning jets)*
42 las hileras
– *spinneret holes (spinning jets)*
43 la solidificación de los hilos de poliamida *f* (de perlón *m*) en la columna refrigerante
– *solidification of polyamide filaments in the cooling tower*
44 el enrollado del hilo
– *collection of extruded filaments into thread form*
45 la torsión preliminar
– *preliminary stretching (preliminary drawing)*
46 el estiraje, para la obtención de gran resistencia *f* y flexibilidad *f* del hilo de poliamida *f*
– *stretching (cold-drawing) of the polyamide thread to achieve high tensile strength*
47 la torsión final
– *final stretching (final drawing)*
48 el lavado de las bobinas
– *washing of yarn packages*
49 la cámara de secado *m*
– *drying chamber*
50 el rebobinado
– *rewinding*
51 la bobina de arrollado *m* cruzado
– *polyamide cone*
52 la bobina de arrollado *m* cruzado lista para enviar
– *polyamide cone ready for dispatch (despatch)*
53 la caldera de mezcla *f*
– *mixer*
54 la polimerización, en la caldera de vacío *m*
– *polymerization under vacua*
55 el estiraje
– *stretching (drawing)*
56 el lavado
– *washing*
57 la preparación, para dejar el hilo en condiciones de ser hilado
– *finishing of tow for spinning*
58 el secado del cable (el secado del hilo)
– *drying of tow*
59 el ondulado del hilo
– *crimping of tow*
60 el cortado del hilo con la longitud de fibra *f* normal
– *cutting of tow into normal staple lengths*
61 la fibra de poliamida *f* (de perlón *m*)
– *polyamide staple*
62 la bala de fibra *f* de poliamida *f* (de perlón *m*)
– *bale of polyamide staple*

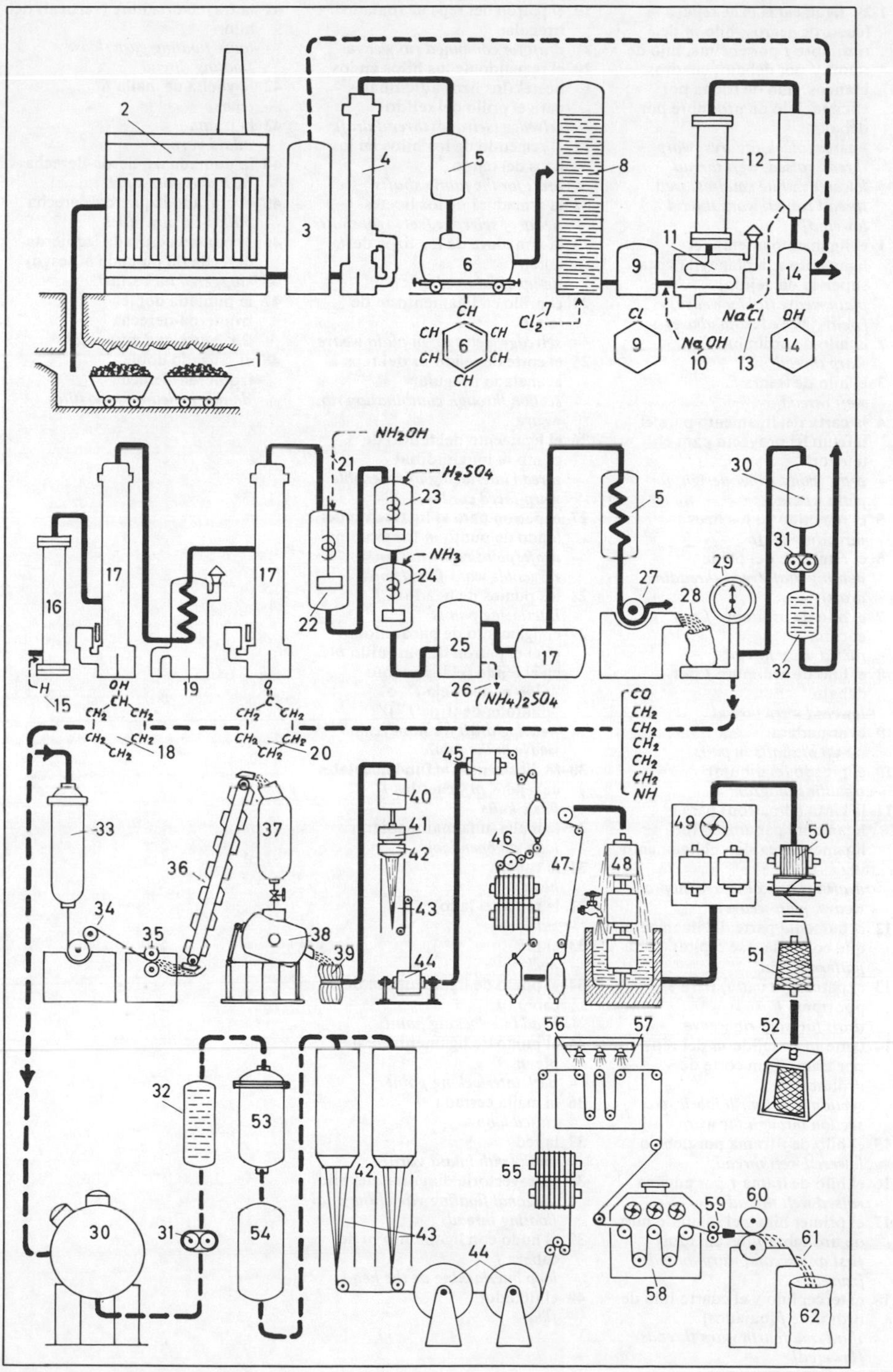
CH
CH
CH
CH
CH
CH
Cl
Cl_2
$NaCl$
$NaOH$
OH
NH_2OH
H_2SO_4
NH_3
$(NH_4)_2SO_4$
H
OH
O
CH_2
CO
NH

1-29 ligamentos *m* **de tejidos** *m* [cuadros negros: hilo *m* de urdimbre *f* por encima, hilo de trama *f* por debajo; cuadros blancos: hilo de trama por encima, hilo de urdimbre por debajo]
- ***weaves*** *[black squares: warp thread raised, weft thread lowered; white squares: weft thread raised, warp thread lowered]*

1 el ligamento tafetán (el ligamento a la plana) [la vista superior del tejido]
- *plain weave (tabby weave) [weave viewed from above]*

2 el hilo de urdimbre *f*
- *warp thread*

3 el hilo de trama *f*
- *weft thread*

4 la carta del ligamento para el tafetán [el proyecto para el tejedor]
- *draft (point paper design) for plain weave*

5 el remetido en los lizos
- *threading draft*

6 el remetido del peine
- *denting draft (reed-threading draft)*

7 el hilo de urdimbre *f* por encima
- *raised warp thread*

8 el hilo de urdimbre *f* por debajo
- *lowered warp thread*

9 la armadura
- *tie-up of shafts in pairs*

10 el picado (el dibujo)
- *treadling diagram*

11 la carta (el patrón) para el ligamento panameño (el ligamento regular, el ligamento inglés)
- *draft for basket weave (hopsack weave, matt weave)*

12 el curso (la parte del ligamento que continúa y se repite)
- *pattern repeat*

13 el patrón (la carta) para el reps por trama *f*
- *draft for warp rib weave*

14 corte *m* de tejido *m* del reps por trama *f*, un corte de urdimbre *f*
- *section of warp rib fabric, a section through the warp*

15 el hilo de *f* trama por debajo
- *lowered weft thread*

16 el hilo de trama *f* por encima
- *raised weft thread*

17 el primer hilo y el segundo hilo de urdimbre *f* [levantados]
- *first and second warp threads [raised]*

18 el tercer hilo y el cuarto hilo de urdimbre *f* [bajados]
- *third and fourth warp threads [lowered]*

19 el patrón del reps acanalado irregular
- *draft for combined rib weave*

20 el remetido de los hilos en los licetes (los lizos adicionales para el orillo del tejido)
- *selvedge (selvage) thread draft*

21 el remetido de los hilos en los lizos del tejido
- *draft for the fabric shafts*

22 la armadura de los licetes
- *tie-up of selvedge (selvage) shafts*

23 la armadura de los lizos del tejido
- *tie-up of fabric shafts*

24 el orillo en ligamento *m* de tela *f*
- *selvedge (selvage) in plain weave*

25 el corte de tejido *m* del reps acanalado irregular
- *section through combination rib weave*

26 el ligamento del tejido de punto *m* longitudinal
- *thread interlacing of reversible warp-faced cord*

27 el patrón para el ligamento del tejido de punto *m* longitudinal
- *draft (point paper design) for reversible warp-faced cord*

28 los puntos de ligadura *f*
- *interlacing points*

29 el ligamento de barquillo *m* para el patrón de barquillo *m* en el tejido (el ligamento "nido *m* de abeja *f*" o "punto *m* de tripa *f*")
- *weaving draft for honeycomb weave in the fabric*

30-48 ligamentos *m* **fundamentales de tejidos** *m* **y cuerdas** *f*
- ***basic knits***

30 la malla, una malla abierta
- *loop, an open loop*

31 la cabeza
- *head*

32 la rama (el lado)
- *side*

33 el pie
- *neck*

34 el punto de ligamento *m* de cabeza *f*
- *head interlocking point*

35 el punto de ligamento *m* de pie *m*
- *neck interlocking point*

36 la malla cerrada
- *closed loop*

37 la red
- *mesh [with inlaid yarn]*

38 la trayectoria diagonal del hilo
- *diagonal floating yarn (diagonal floating thread)*

39 el nudo con ligamento *m* de cabeza *f*
- *loop interlocking at the head*

40 el flotador
- *float*

41 la trayectoria libre (vertical) del hilo
- *loose floating yarn (loose floating thread)*

42 la vuelta de malla *f*
- *course*

43 la trama
- *inlaid yarn*

44 la puntada izquierda-derecha
- *tuck and miss stitch*

45 el cruzado izquierda-derecha
- *pulled-up tuck stitch*

46 la puntada cruzada izquierda-derecha (la puntada al sesgo)
- *staggered tuck stitch*

47 la puntada doble izquierda-derecha
- *2 x 2 tuck and miss stitch*

48 el cruzado doble izquierda-derecha
- *double pulled-up tuck stitch*

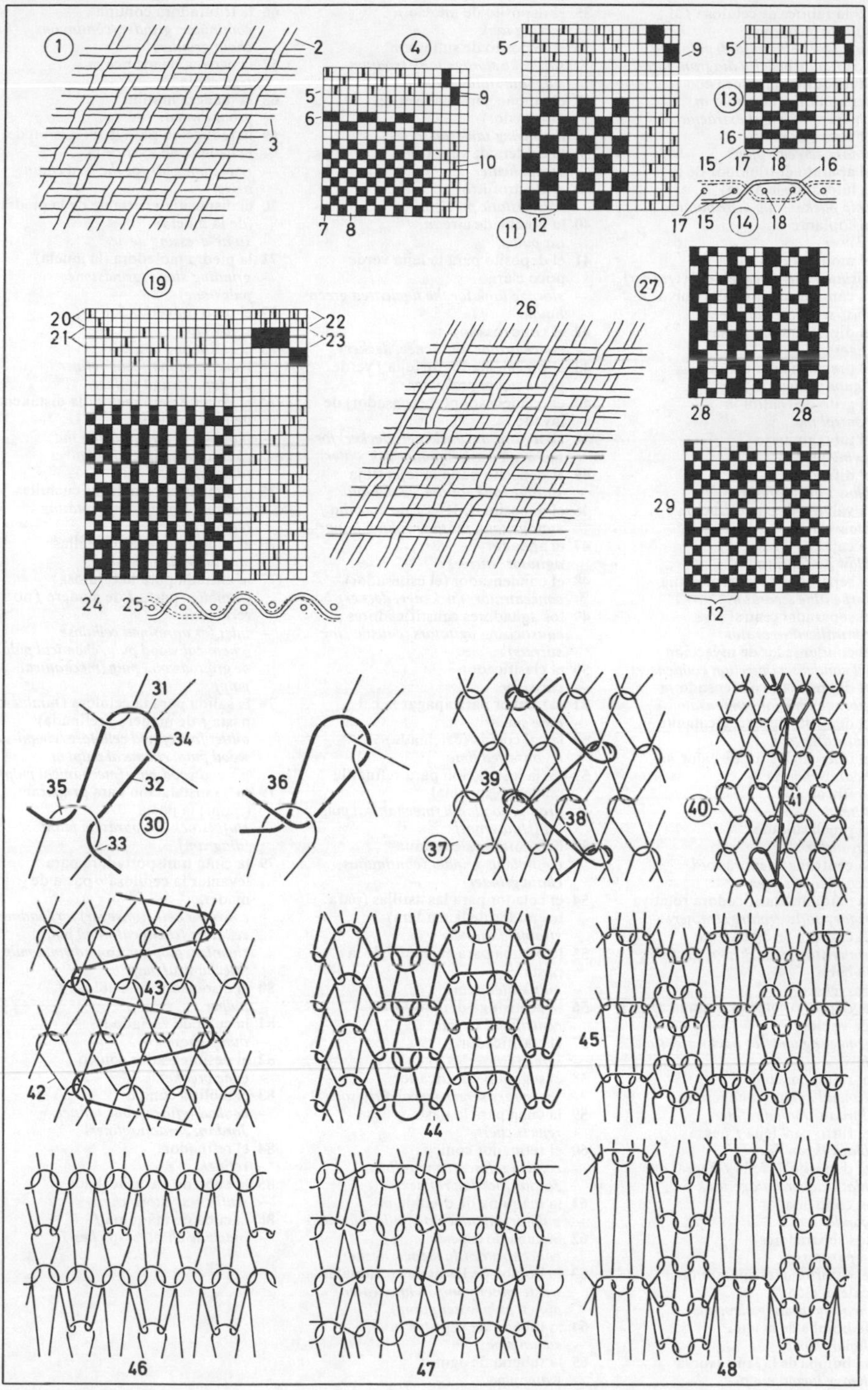
1
2
3
4
5
6
7
8
9
10
11
12
13
14
15
16
17
18
19
20
21
22
23
24
25
26
27
28
29
30
31
32
33
34
35
36
37
38
39
40
41
42
43
44
45
46
47
48

1-52 la fábrica de celulosa *f* al sulfato [esquema]
– *sulphate* (Am. *sulfate*) *pulp mill (kraft pulp mill) [in diagram form]*
1 la máquina cortadora con separador *m* de polvo *m*
– *chippers with dust extractor*
2 el tamiz giratorio
– *rotary screen (riffler)*
3 el aparato distribuidor de la celulosa (de la pasta)
– *chip packer (chip distributor)*
4 el soplante
– *blower*
5 el molino centrífugo
– *disintegrator (crusher, chip crusher)*
6 la cámara colectora del polvo
– *dust-settling chamber*
7 el digestor de celulosa *f*
– *digester*
8 el precalentador de lejía *f*
– *liquor preheater*
9 el grifo de control *m*
– *control tap*
10 el tubo giratorio
– *swing pipe*
11 el difusor
– *blow tank (diffuser)*
12 la válvula de pulverización *f*
– *blow valve*
13 la caja del difusor
– *blow pit (diffuser)*
14 el separador de la trementina
– *turpentine separator*
15 el separador central
– *centralized separator*
16 el condensador de inyección *f*
– *jet condenser (injection condenser)*
17 el depósito de condensado *m*
– *storage tank for condensate*
18 el depósito de agua *f* caliente
– *hot water tank*
19 el intercambiador de calor *m*
– *heat exchanger*
20 el filtro
– *filter*
21 el preclasificador
– *presorter*
22 la centrífuga depuradora
– *centrifugal screen*
23 la máquina clasificadora rotativa
– *rotary sorter (rotary strainer)*
24 el cilindro de drenaje *m*
– *concentrator (thickener, decker)*
25 la cuba
– *vat (chest)*
26 el depósito colector, para el agua *f* de vuelta *f*
– *collecting tank for backwater (low box)*
27 el refinador cónico
– *conical refiner (cone refiner, Jordan, Jordan refiner)*
28 el filtro para lejía *f* negra
– *black liquor filter*
29 el depósito de lejía *f* negra
– *black liquor storage tank*
30 el condensador
– *condenser*
31 los separadores
– *separators*
32 el calorífero (el aparato de calefacción *f*)
– *heaters (heating elements)*
33 la bomba de la lejía
– *liquor pump*
34 la bomba de la lejía espesa
– *heavy liquor pump*
35 el depósito de mezcla *f*
– *mixing tank*
36 el depósito de sulfato *m*
– *salt cake storage tank (sodium sulphate storage tank)*
37 el tanque para disolver (el disolvedor)
– *dissolving tank (dissolver)*
38 la caldera de vapor *m*
– *steam heater*
39 el electrofiltro
– *electrostatic precipitator*
40 la bomba de aire *m*
– *air pump*
41 el depósito para la lejía verde poco clara
– *storage tank for the uncleared green liquor*
42 el condensador
– *concentrator (thickener, decker)*
43 el precalentador de lejía *f* verde
– *green liquor preheater*
44 el condensador (el espesador) de lavado *m*
– *concentrator (thickener, decker) for the weak wash liquor (wash water)*
45 el depósito parta la lejía floja
– *storage tank for the weak liquor*
46 el depósito de lejía *f* de cocción *f*
– *storage tank for the cooking liquor*
47 el agitador
– *agitator (stirrer)*
48 el condensador (el espesador)
– *concentrator (thickener, decker)*
49 los agitadores caustificadores
– *causticizing agitators (causticizing stirrers)*
50 el clasificador
– *classifier*
51 el tambor para apagar la cal
– *lime slaker*
52 la cal cocida (calcinada)
– *reconverted lime*
53-65 la instalación para refinar la madera [esquema]
– *groundwood mill (mechanical pulp mill) [diagram]*
53 la trituradora continua
– *continuous grinder (continuous chain grinder)*
54 el colador para las astillas (para los nudos de la madera)
– *strainer (knotter)*
55 la bomba para el agua *f* de la pasta
– *pulp water pump*
56 la centrífuga depuradora
– *centrifugal screen*
57 el clasificador
– *screen (sorter)*
58 el segundo clasificador
– *secondary screen (secondary sorter)*
59 la cuba para la pasta gruesa
– *rejects chest*
60 el refinador cónico
– *conical refiner (cone refiner, Jordan, Jordan refiner)*
61 la máquina de drenaje *m*
– *pulp-drying machine (pulp machine)*
62 la cuba de espesar
– *concentrator (thickener, decker)*
63 la bomba de las aguas residuales
– *waste water pump (white water pump, pulp water pump)*
64 la tubería de vapores *m*
– *steam pipe*
65 la tubería de agua *f*
– *water pipe*
66 la trituradora continua
– *continuous grinder (continuous chain grinder)*
67 la cadena de avance *m*
– *feed chain*
68 la madera molida
– *groundwood*
69 la reducción para la impulsión de la cadena de avance *m*
– *reduction gear for the feed chain drive*
70 el dispositivo cortante de la piedra (de la muela)
– *stone-dressing device*
71 la piedra moledora (la muela)
– *grinding stone (grindstone, pulpstone)*
72 el tubo pulverizador
– *spray pipe*
73 el refinador cónico
– *conical refiner (cone refiner, Jordan, Jordan refiner)*
74 el volante para regular la distancia de las cuchillas
– *handwheel for adjusting the clearance between the knives (blades)*
75 el cono giratorio de las cuchillas
– *rotating bladed cone (rotating bladed plug)*
76 el cono fijo de las cuchillas
– *stationary bladed shell*
77 la entrada para la celulosa (*también:* pasta *f* de madera *f* no refinada)
– *inlet for unrefined cellulose (chemical wood pulp, chemical pulp) or groundwood pulp (mechanical pulp)*
78 la salida para la celulosa (*también:* pasta *f* de madera *f* refinada)
– *outlet for refined cellulose (chemical wood pulp, chemical pulp) or groundwood pulp (mechanical pulp)*
79-86 la instalación para preparar (tratar) la pasta
– *stuff (stock) preparation plant [diagram]*
79 la cinta transportadora para levantar la celulosa *o* pasta de madera
– *conveyor belt (conveyor) for loading cellulose (chemical wood pulp, chemical pulp) or groundwood pulp (mechanical pulp)*
80 el disociador de celulosa *f*
– *pulper*
81 la cuba de vaciado *m*
– *dump chest*
82 el desintegrador cónico
– *cone breaker*
83 el molino cónico
– *conical refiner (cone refiner, Jordan, Jordan refiner)*
84 el refinador
– *refiner*
85 la cuba de pasta acabada
– *stuff chest (stock chest)*
86 la cuba de máquina *f*
– *machine chest (stuff chest)*

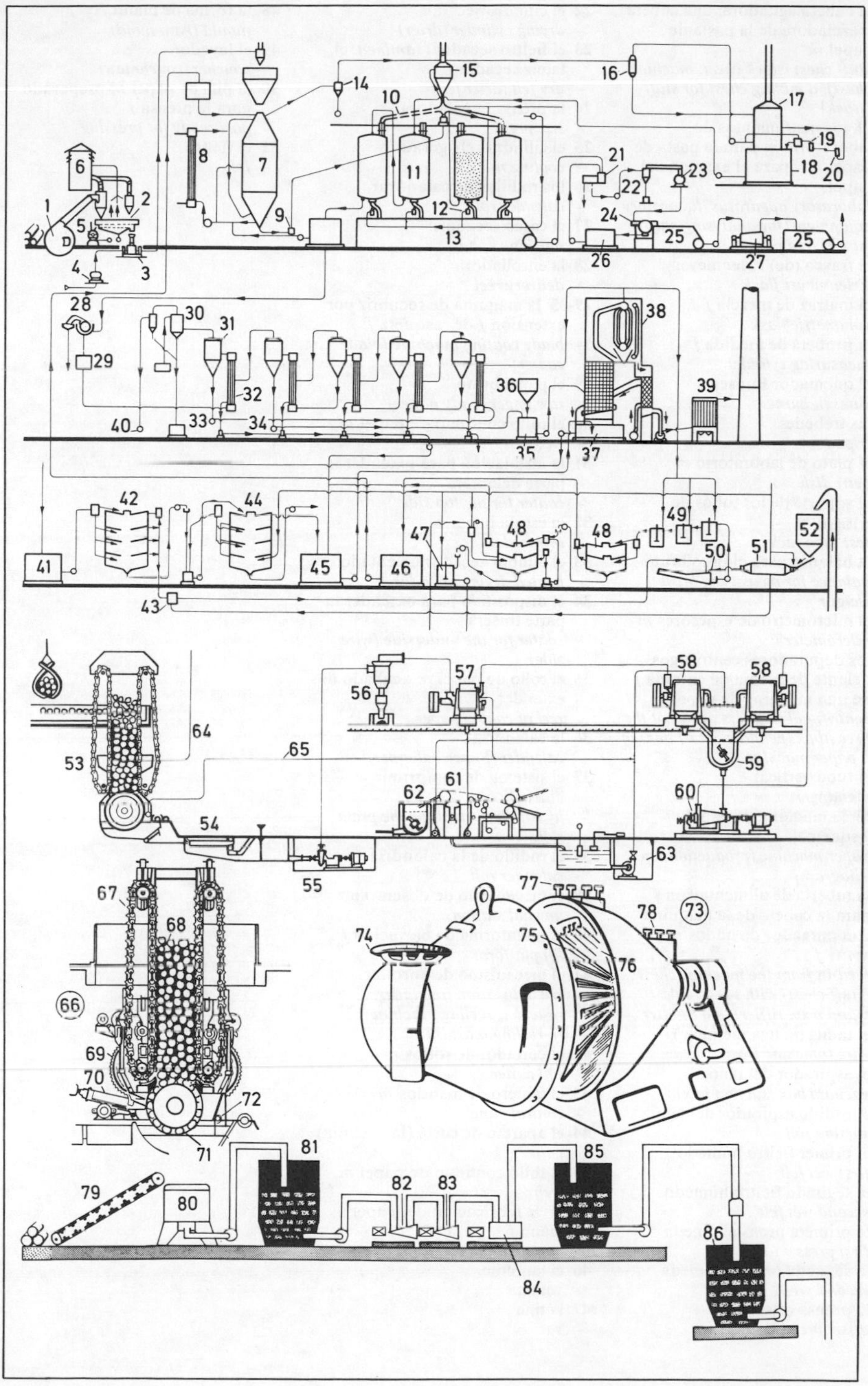
1
2
3
4
5
6
7
8
9
10
11
12
13
14
15
16
17
18
19
20
21
22
23
24
25
26
27
28
29
30
31
32
33
34
35
36
37
38
39
40
41
42
43
44
45
46
47
48
49
50
51
52
53
54
55
56
57
58
59
60
61
62
63
64
65
66
67
68
69
70
71
72
73
74
75
76
77
78
79
80
81
82
83
84
85
86

1 la cubeta agitadora, una cubeta mezcladora de la pasta de papel *m*
– *stuff chest (stock chest, machine chest), a mixing chest for stuff (stock)*
2-10 los instrumentos de laboratorio *m* para la pasta de papel *m* y para el examen del papel
– *laboratory apparatus (laboratory equipment) for analysing stuff (stock) and paper*
2 el frasco (de) Erlenmeyer
– *Erlenmeyer flask*
3 el matraz de mezcla *f*
– *volumetric flask*
4 la probeta de medida *f*
– *measuring cylinder*
5 el quemador Bunsen
– *Bunsen burner*
6 las trébedes
– *tripod*
7 el plato de laboratorio *m*
– *petri dish*
8 el soporte de los tubos de ensayo *m*
– *test tube rack*
9 la balanza para el peso bruto
– *balance for measuring basis weight*
10 el micrómetro de espesores *m*
– *micrometer*
11 los depuradores centrífugos delante de la caja de entrada *f* de una máquina de papel *m*
– *centrifugal cleaners ahead of the breastbox (headbox, stuff box) of a paper machine*
12 el tubo vertical
– *standpipe*
13-28 la máquina de papel *m* [esquema]
– *paper machine (production line) [diagram]*
13 la tubería de alimentación *f* para la cubeta de la máquina con purgador de nudos *m* y arena *f*
– *feed-in from the machine chest (stuff chest) with sand table (sand trap, riffler) and knotter*
14 el tamiz (la tela metálica)
– *wire (machine wire)*
15 el aspirador del tamiz
– *vacuum box (suction box)*
16 el rodillo aspirador del tamiz
– *suction roll*
17 el primer fieltro húmedo
– *first wet felt*
18 el segundo fieltro húmedo
– *second wet felt*
19 la primera prensa húmeda
– *first press*
20 la segunda prensa húmeda
– *second press*
21 la prensa offset
– *offset press*
22 el cilindro secador
– *drying cylinder (drier)*
23 el fieltro secador (*también:* el tamiz secador)
– *dry felt (drier felt)*
24 la prensa encoladora
– *size press*
25 el cilindro refrigerador
– *cooling roll*
26 los rodillos de calandrar
– *calender rolls*
27 el casco secador
– *machine hood*
28 la enrolladora
– *delivery reel*
29-35 la máquina de recubrir por extensión *f* de rasqueta *f*
– *blade coating machine (blade coater)*
29 el papel bruto
– *raw paper (body paper)*
30 el rollo continuo de papel *m*
– *web*
31 la instalación para extender la parte delantera
– *coater for the top side*
32 la estufa infrarroja
– *infrared drier*
33 el tambor secador calentado
– *heated drying cylinder*
34 el dispositivo para extender la parte trasera
– *coater for the underside (wire side)*
35 el rollo de papel *m* acabado de extender
– *reel of coated paper*
36 la calandria
– *calender (Super-calender)*
37 el sistema de comprimir hidráulico
– *hydraulic system for the press rolls*
38 el rodillo de la calandria
– *calender roll*
39 el mecanismo de desenrollar
– *unwind station*
40 la plataforma de elevación *f*
– *lift platform*
41 el mecanismo de enrollar
– *rewind station (rewinder, re-reeler, reeling machine, re-reeling machine)*
42 el cortador de rollos *m*
– *roll cutter*
43 el tablero de mandos *m*
– *control panel*
44 el aparato de corte (la cuchilla)
– *cutter*
45 el rollo continuo de papel *m*
– *web*
46-51 la fabricación del papel a mano *f*
– *papermaking by hand*
46 el laurente
– *vatman*
47 la tina
– *vat*
48 la forma de mano *f*
– *mould* (Am. *mold)*
49 el lavador
– *coucher (couchman)*
50 la pila de papel *m* preparado para la prensa *f*
– *post ready for pressing*
51 el fieltro
– *felt*

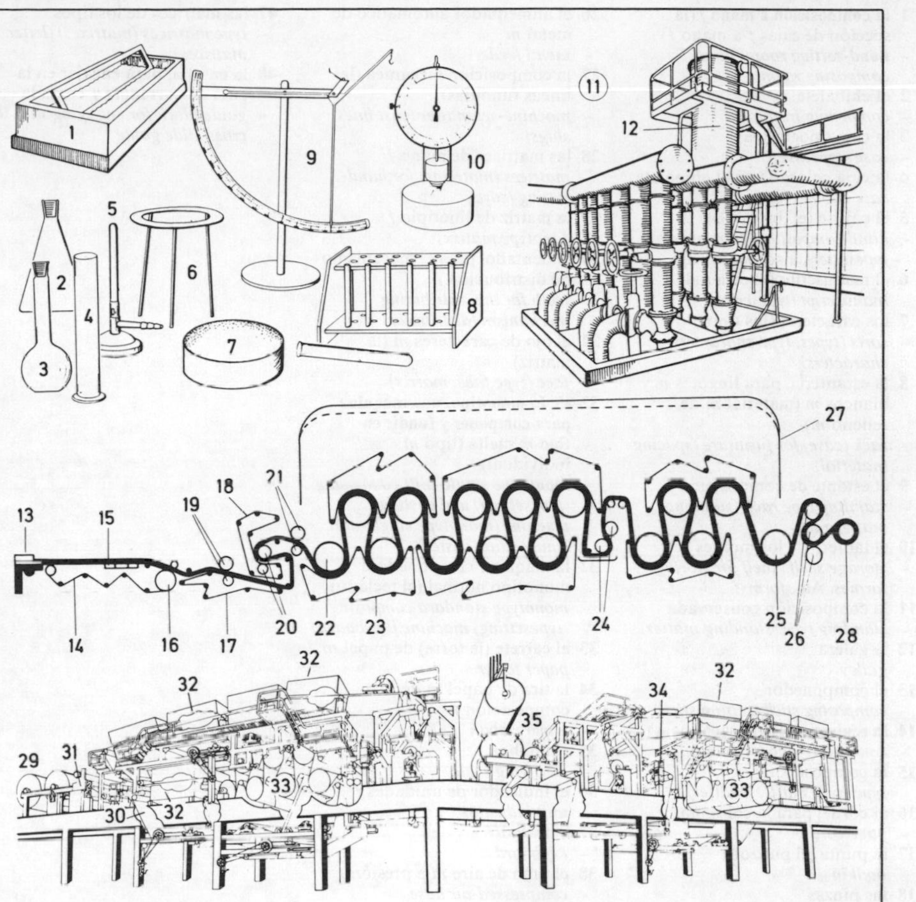
1
2
3
4
5
6
7
8
9
10
11
12
13
14
15
16
17
18
19
20
21
22
23
24
25
26
27
28
29
30
31
32
33
34
35
36
37
38
39
40
41
42
43
44
45
46
47
48
49
50
51

1 **la composición a mano** *f* (la sección de cajas *f* a mano *f*)
– ***hand-setting room*** *(hand-composing room)*
2 el chibalete
– *composing frame*
3 la caja tipográfica
– *case (typecase)*
4 la caja colocada en el chibalete
– *case cabinet (case rack)*
5 el cajista (el tipógrafo)
– *hand compositor (compositor, typesetter);* also: *maker-up*
6 el manuscrito (el original)
– *manuscript (typescript)*
7 los caracteres (los tipos)
– *sorts (types, type characters, characters)*
8 la estantería, para lingotes *m* y blancos *m* (material *m* de relleno *m*)
– *rack (case) for furniture (spacing material)*
9 el estante de composición *f*
– *standing type rack (standing matter rack)*
10 el tablero de los moldes
– *storage shelf (shelf for storing formes,* Am. *forms)*
11 la composición conservada
– *standing type (standing matter)*
12 la galera
– *galley*
13 el componedor
– *composing stick (setting stick)*
14 la regleta (el filete sacalíneas)
– *composing rule (setting rule)*
15 la composición
– *type (type matter, matter)*
16 el cordel para la columna
– *page cord*
17 la punta (el punzón)
– *bodkin*
18 las pinzas
– *tweezers*
19 **la linotipia,** una máquina de almacén *m* múltiple
– ***Linotype line-composing (line-casting, slug-composing, slug-casting) machine,*** *a multi-magazine machine*
20 el mecanismo de distribución *f*
– *distributing mechanism (distributor)*
21 el almacén con las matrices
– *type magazines with matrices (matrixes)*
22 el elevador, para transportar las matrices al distribuidor
– *elevator carrier for distributing the matrices (matrixes)*
23 el componedor
– *assembler*
24 los espacios cuneiformes (espacios *m* de cuñas *f*)
– *spacebands*
25 el crisol (el dispositivo fundidor)
– *casting mechanism*
26 el alimentador automático de metal *m*
– *metal feeder*
27 la composición mecánica (las líneas fundidas)
– *machine-set matter (cast lines, slugs)*
28 las matrices de mano *f*
– *matrices (matrixes) for hand-setting (sorts)*
29 la matriz de linotipia *f*
– *Linotype matrix*
30 el dentado, para el mecanismo de distribución *f*
– *teeth for the distributing mechanism (distributor)*
31 el ojo de caracteres *m* (la matriz)
– *face (type face, matrix)*
32-45 **la monotipo, una máquina para componer y fundir en tipo** *m* **suelto** (tipo *m* individual)
– ***monotype single-unit composing*** *(typesetting)* ***and casting machine*** *(monotype single-unit composition caster)*
32 la máquina componedora monotipo normal (el teclado)
– *monotype standard composing (typesetting) machine [keyboard]*
33 el carrete (la torre) de papel *m*
– *paper tower*
34 la tira de papel *m* de composición *f*
– *paper ribbon*
35 el tambor
– *justifying scale*
36 el indicador de unidades *f*
– *unit indicator*
37 el teclado
– *keyboard*
38 el tubo de aire *m* a presión *f*
– *compressed-air hose*
39 la máquina fundidora monotipo
– *monotype casting machine (monotype caster)*
40 el alimentador automático de metal *m*
– *automatic metal feeder*
41 el muelle de compresión *f* de la bomba
– *pump compression spring (pump pressure spring)*
42 el bastidor portamatrices
– *matrix case (die case)*
43 el carrete de papel *m*
– *paper tower*
44 la galera, con el tipo suelto (tipo *m* individual)
– *galley with types (letters, characters, cast single types, cast single letters)*
45 la calefacción eléctrica
– *electric heater (electric heating unit)*
46 el bastidor portamatrices
– *matrix case (die case)*
47 las matrices de los tipos
– *type matrices (matrixes) (letter matrices)*
48 la entalla, para encajar en la guía de corredera *f* cruzada
– *guide block for engaging with the cross-slide guide*

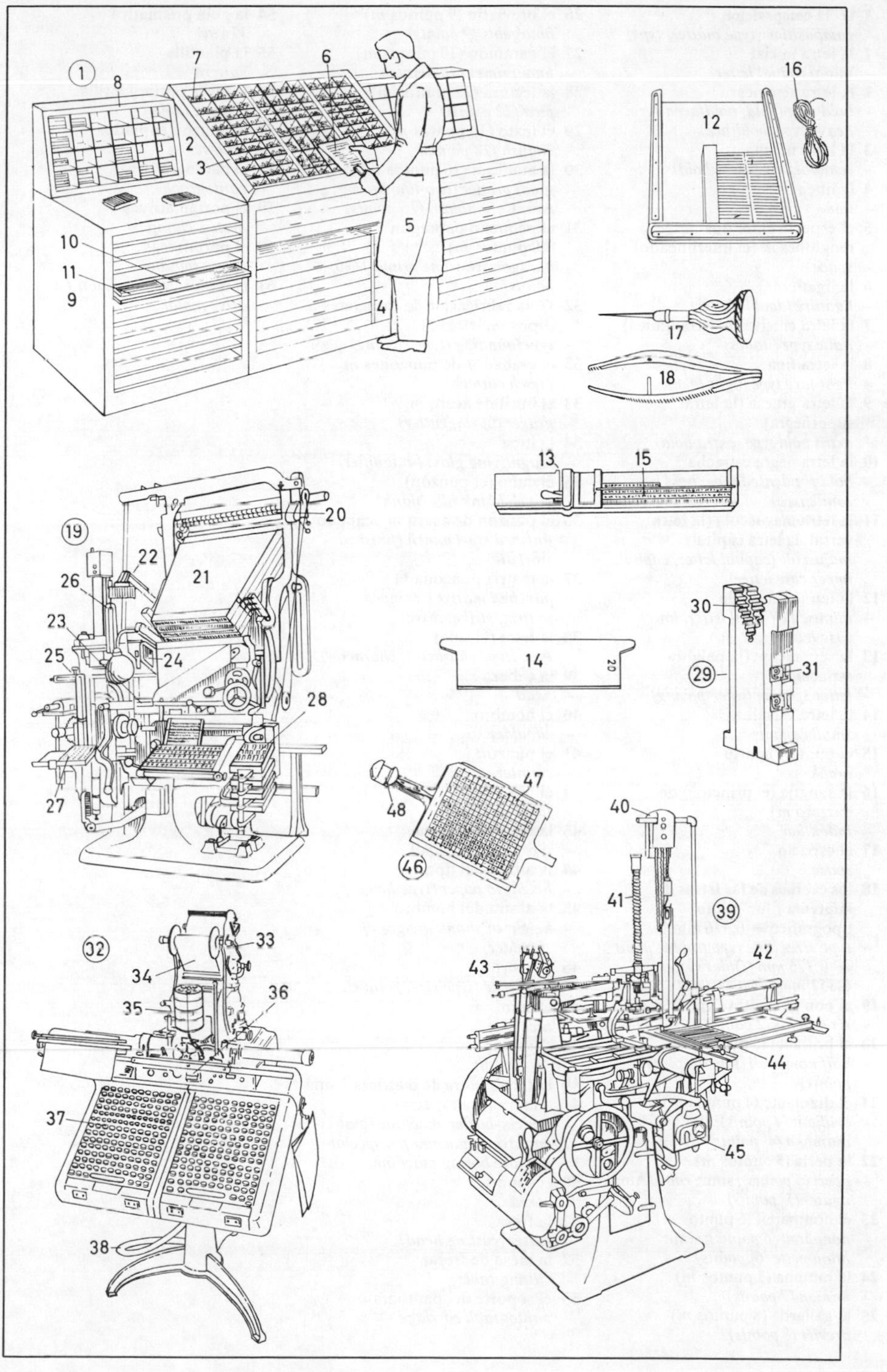
1
2
3
4
5
6
7
8
9
10
11
12
13
14
15
16
17
18
19
20
21
22
23
24
25
26
27
28
29
30
31
32
33
34
35
36
37
38
39
40
41
42
43
44
45
46
47
48

1-17 la composición
– ***composition*** *(type matter, type)*
1 la letra inicial
– *initial (initial letter)*
2 la letra seminegra
– *bold type (bold, boldfaced type, heavy type, boldface)*
3 la letra negrita
– *semibold type (semibold)*
4 la línea
– *line*
5 el espacio entre dos renglones *m* (el interlineado)
– *space*
6 la ligadura
– *ligature (double letter)*
7 la letra cursiva (la letra itálica)
– *italic type (italics)*
8 la letra fina
– *light face type (light face)*
9 la letra gruesa (la letra supernegra)
– *extra bold type (extra bold)*
10 la letra negra estrecha
– *bold condensed type (bold condensed)*
11 la letra mayúscula (la letra versal, la letra capital)
– *majuscule (capital letter, capital, upper case letter)*
12 la letra minúscula
– *minuscule (small letter, lower case letter)*
13 la seperación (la palabra espaciada)
– *letter spacing (interspacing)*
14 la letra versalita
– *small capitals*
15 el punto y aparte
– *break*
16 la sangría (el principio de párrafo *m*)
– *indention*
17 el espacio
– *space*
18 los cuerpos de las letras de imprenta *f* [un punto tipográfico = 0,376 mm.]
– ***type sizes*** *[one typographic point = 0.376 mm (Didot system), 0.351 mm (Pica system)*
19 el non plus ultra (2 puntos *m*)
– *six-to-pica (2 points)*
20 el brillante (3 puntos *m*)
– *half nonpareil (four-to-pica) (3 points)*
21 el diamante (4 puntos *m*)
– *brilliant (4 points);* sim.: *diamond (4½ points)*
22 la perla (5 puntos *m*)
– *pearl (5 points);* sim.: *ruby (*Am. *agate) (5½ points)*
23 el nomparell (6 puntos *m*)
– *nonpareil (6 points);* sim.: *minionette (6½ points)*
24 la miñona (7 puntos *m*)
– *minion (7 points)*
25 la gallarda (8 puntos *m*)
– *brevier (8 points)*
26 el breviario (9 puntos *m*)
– *bourgeois (9 points)*
27 el garamón (10 puntos *m*)
– *long primer (10 points)*
28 la lectura (12 puntos *m*)
– *pica (12 points)*
29 el texto (14 puntos *m*)
– *english (14 points)*
30 la atanasia (16 puntos *m*)
– *great primer (two-line brevier,* Am. *Columbian) (16 points)*
31 el pequeño parangón (20 puntos *m*)
– *paragon (two-line primer) (20 points)*
32-37 la fabricación de caracteres (tipos *m*, letras *f*)
– ***typefounding*** *(type casting)*
32 el grabador de punzones *m*
– *punch cutter*
33 el buril de acero *m*
– *graver (burin, cutter)*
34 la lupa
– *magnifying glass (magnifier)*
35 el cuño (el punzón)
– *punch blank (die blank)*
36 el punzón de acero *m* acabado
– *finished steel punch (finished steel die)*
37 la matriz punzonada
– *punched matrix (stamped matrix, strike, drive)*
38 la letra (el tipo)
– ***type*** *(type character, character)*
39 la cabeza
– *head*
40 el hombro
– *shoulder*
41 el punzón
– *counter*
42 el ojo
– *face (type face)*
43 la línea de la letra
– *type line (bodyline)*
44 la altura del tipo
– *height to paper (type height)*
45 la altura del hombro
– *height of shank (height of shoulder)*
46 el cuerpo
– *body size (type size, point size)*
47 el cran
– *nick*
48 el grueso
– *set (width)*
49 la taladradora de matrices *f*, una taladradora especial
– ***matrix-boring machine*** *(matrix-engraving machine), a special-purpose boring machine*
50 el soporte
– *stand*
51 la fresa
– *cutter (cutting head)*
52 la mesa de fresar
– *cutting table*
53 el soporte del pantógrafo
– *pantograph carriage*
54 la guía prismática
– *V-way*
55 la plantilla
– *pattern*
56 la mesa portaplantillas
– *pattern table*
57 el punzón copiador
– *follower*
58 el pantógrafo
– *pantograph*
59 el portamatrices
– *matrix clamp*
60 el portafresas
– *cutter spindle*
61 el motor de impulsión *f*
– *drive motor*

Alfred **John Dodsley, essayist and journalist,** was born in Wenlock on the 5th August 1841 and died on the 4th October 1920 in Birmingham. His father was a journeyman thatcher and as a boy Dodsley was sent to work in the fields as a bird-scarer. Having taught himself to read and write fluently – for many years the only books he possessed were a Bible and a volume of Tillotson's sermons – he went to Shrewsbury to study. Living in extreme poverty he began to write for the EAST HEREFORDSHIRE GAZETTE and a collection of his essays together with some poems on country life was published in 1868 under the title *"Rural Thoughts"*. Among his most popular works were *"The Diary of a Derbyshire Shepherd"* (1872), *"Rural Verses"* (1879), *"Leaves from a Countryman's Notebook"* (1893) and *"Memoirs of Nineteenth Century Shropshire"*, published posthumously. Dodsley also contributed many articles on country life to London papers and championed the cause of the agricultural worker during the depression of the 1880's. The latter years of his life were embittered by controversy raised by his protests against the unemployment caused by mechanised farming.

16— He was for many years president of the **Society for the Protection of the Liberties of the Farm-worker.**

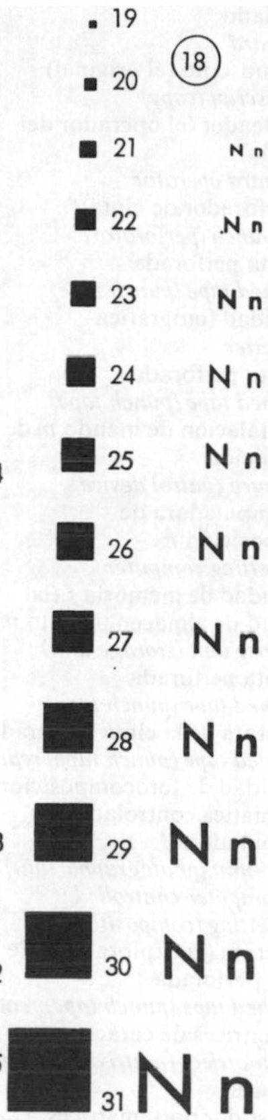

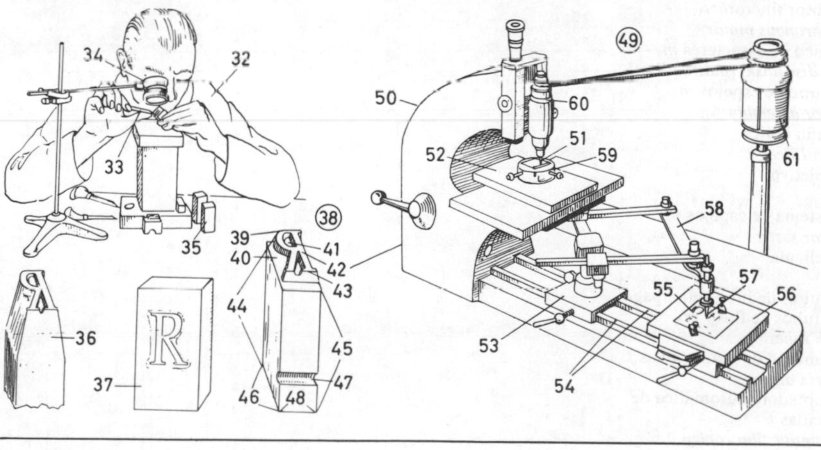

1 la unidad de teclado *m* para la fotocomposición
- *keyboard console (keyboard unit) for phototypesetting*

2 el teclado
- *keyboard*

3 el manuscrito (el original)
- *manuscript (copy)*

4 el tecleador (el operador del teclado)
- *keyboard operator*

5 el perforador de cinta *f*
- *tape punch (perforator)*

6 la cinta perforada
- *punched tape (punch tape)*

7 la unidad fotográfica
- *filmsetter*

8 la cinta perforada
- *punched tape (punch tape)*

9 la instalación de mando *m* de la exposición
- *exposure control device*

10 la computadora de composición *f*
- *typesetting computer*

11 la unidad de memoria *f* (la unidad de almacenamiento *m*)
- *memory unit (storage unit)*

12 la cinta perforada
- *punched tape (punch tape)*

13 la lectora de la cinta perforada
- *punched tape (punch tape) reader*

14 la unidad de fotocomposición *f* automática controlada por computadora *f*
- *photo-unit (photographic unit) for computer-controlled typesetting (composition)*

15 la lectura (la exploración) de la cinta perforada
- *punched tape (punch tape) reader*

16 las matrices de caracteres *m*
- *type matrices (matrixes) (letter matrices)*

17 el bastidor portamatrices
- *matrix case (film matrix case)*

18 la entalla (la ranura) guía *f*
- *guide block*

19 el motor sincrónico
- *synchronous motor*

20 el disco de caracteres *m*
- *type disc (disk) (matrix disc)*

21 el grupo de espejos *m*
- *mirror assembly*

22 la cuña óptica
- *optical wedge*

23 el objetivo
- *lens*

24 el sistema de espejos *m*
- *mirror system*

25 la película
- *film*

26 los tubos de luz *f* relámpago (los tubos de flash *m*)
- *flash tubes*

27 el almacén de diapositivas *f*
- *matrix drum*

28 la copiadora automática de películas *f*
- *automatic film copier*

29 la unidad central de fotocomposición *f* de periódicos *m*
- *central processing unit of a photocomposition system (photosetting system) for newspaper typesetting*

30 la unidad de entrada *f* de la cinta perforada
- *punched tape (punch tape) input (input unit)*

31 la teleimpresora de hoja *f* de servicio *m*
- *keyboard send-receive teleprinter (Teletype)*

32 la memoria de discos *m* del sistema
- *on-line disc (disk) storage unit*

33 la memoria de discos *m* del texto
- *alphanumeric (alphameric) disc (disk) store (alphanumeric disc file)*

34 la pila de discos *m* (el disc pack)
- *disc (disk) stack (disc pack)*

(Phototypesetting, Photocomposition, Photosetting, Filmsetting)

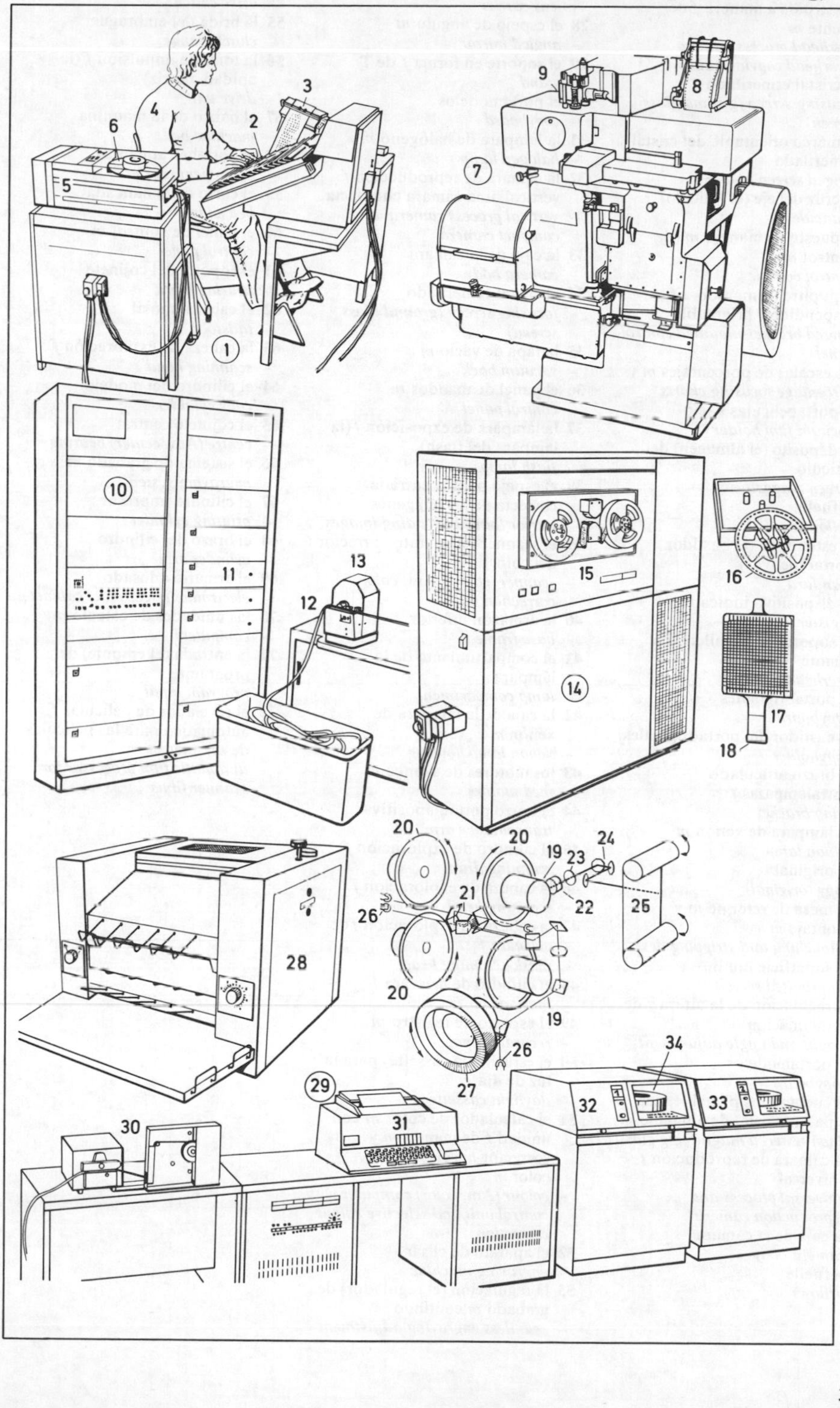

1 la cámara de reproducción *f* construida a manera *f* de puente *m*
– *overhead process camera (overhead copying camera)*
2 el cristal esmerilado
– *focusing screen (ground glass screen)*
3 el marco orientable del cristal esmerilado
– *hinged screen holder*
4 la cruz del eje (el retículo)
– *graticule*
5 el puesto de manejo *m* (de control *m*)
– *control console*
6 el pupitre de maniobra *f* suspendido y orientable
– *hinged bracket-mounted control panel*
7 las escalas de porcentajes *m*
– *percentage focusing charts*
8 el portapelículas vacío
– *vacuum film holder*
9 el depósito (el almacén) del retículo
– *screen magazine*
10 el fuelle
– *bellows*
11 el estandarte (el bastidor portaobjetivos)
– *standard*
12 el dispositivo indicador
– *register device*
13 el soporte (el caballete) del puente
– *overhead gantry*
14 el portaoriginales
– *copyboard*
15 el bastidor del portaoriginales
– *copyholder*
16 el brazo articulado portalámparas *f*
– *lamp bracket*
17 la lámpara de xenón *m*
– *xenon lamp*
18 el original
– *copy (original)*
19 la mesa de retoque *m* y montaje *m*
– *retouching and stripping desk*
20 la superficie luminosa
– *illuminated screen*
21 la regulación de la altura y de la inclinación
– *height and angle adjustment*
22 el portamodelos
– *copyboard*
23 el cuentahílos plegable, una lupa (un cristal de aumento *m*)
– *linen tester, a magnifying glass*
24 la cámara de reprodución *f* universal
– *universal process and reproduction camera*
25 la caja de la cámara
– *camera body*
26 el fuelle
– *bellows*
27 el portalentes
– *lens carrier*
28 el espejo de ángulo *m*
– *angled mirror*
29 el soporte en forma *f* de T
– *stand*
30 el portamodelos
– *copyboard*
31 la lámpara de halógeno *m*
– *halogen lamp*
32 la cámara de reproducción *f* vertical, una cámara compacta
– *vertical process camera, a compact camera*
33 la caja de la cámara
– *camera body*
34 el cristal esmerilado
– *focusing screen (ground glass screen)*
35 la tapa de vacío *m*
– *vacuum back*
36 el panel de mandos *m*
– *control panel*
37 la lámpara de exposición *f* (la lámpara del flash)
– *flash lamp*
38 el espejo para la entrada correcta de las imágenes
– *mirror for right-reading images*
39 el scanner (el aparato corrector del color)
– *scanner (colour,* Am. *color, correction unit)*
40 la armazón inferior
– *base frame*
41 el compartimiento de la lámpara
– *lamp compartment*
42 la caja de la lámpara de xenón *m*
– *xenon lamp housing*
43 los motores de avance *m*
– *feed motors*
44 el brazo portadiapositivas
– *transparency arm*
45 el cilindro de exploración *f*
– *scanning drum*
46 la cabeza de exploración *f*
– *scanning head*
47 la cabeza de exploración *f* de máscara *f*
– *mask-scanning head*
48 el cilindro de máscara *f*
– *mask drum*
49 el espacio de registro *m*
– *recording space*
50 el estuche (la cassette) para la luz de día *m*
– *daylight cassette*
51 el calculador de color *m* con unidad *f* de mando *m* y corrector *m* selectivo de color *m*
– *colour (*Am. *color) computer with control unit and selective colour correction*
52 el aparato de clisar
– *engraving machine*
53 la regulación (el regulador) de grabado *m* continuo
– *seamless engraving adjustment*
54 el embrague de impulsión *f*
– *drive clutch*
55 la brida del embrague
– *clutch flange*
56 la torre de impulsión *f* (la unidad motriz)
– *drive unit*
57 el banco de la máquina
– *machine bed*
58 el portaherramientas
– *equipment carrier*
59 el carro de la bancada
– *bed slide*
60 el panel de control *m*
– *control panel*
61 el soporte del cojinete
– *bearing block*
62 el cabezal móvil
– *tailstock*
63 la cabeza de exploración *f*
– *scanning head*
64 el cilindro del modelo
– *copy cylinder*
65 el cojinete central
– *centre (*Am. *center) bearing*
66 el sistema de grabado *m*
– *engraving system*
67 el cilindro impresor
– *printing cylinder*
68 el brazo del cilindro
– *cylinder arm*
69 el armario adosado
– *electronics (electronic) cabinet*
70 las unidades de cálculo *m*
– *computers*
71 la entrada (el empuje) del programa
– *program input*
72 el revelador de películas *f* automático para las películas de scanner *m*
– *automatic film processor for scanner films*

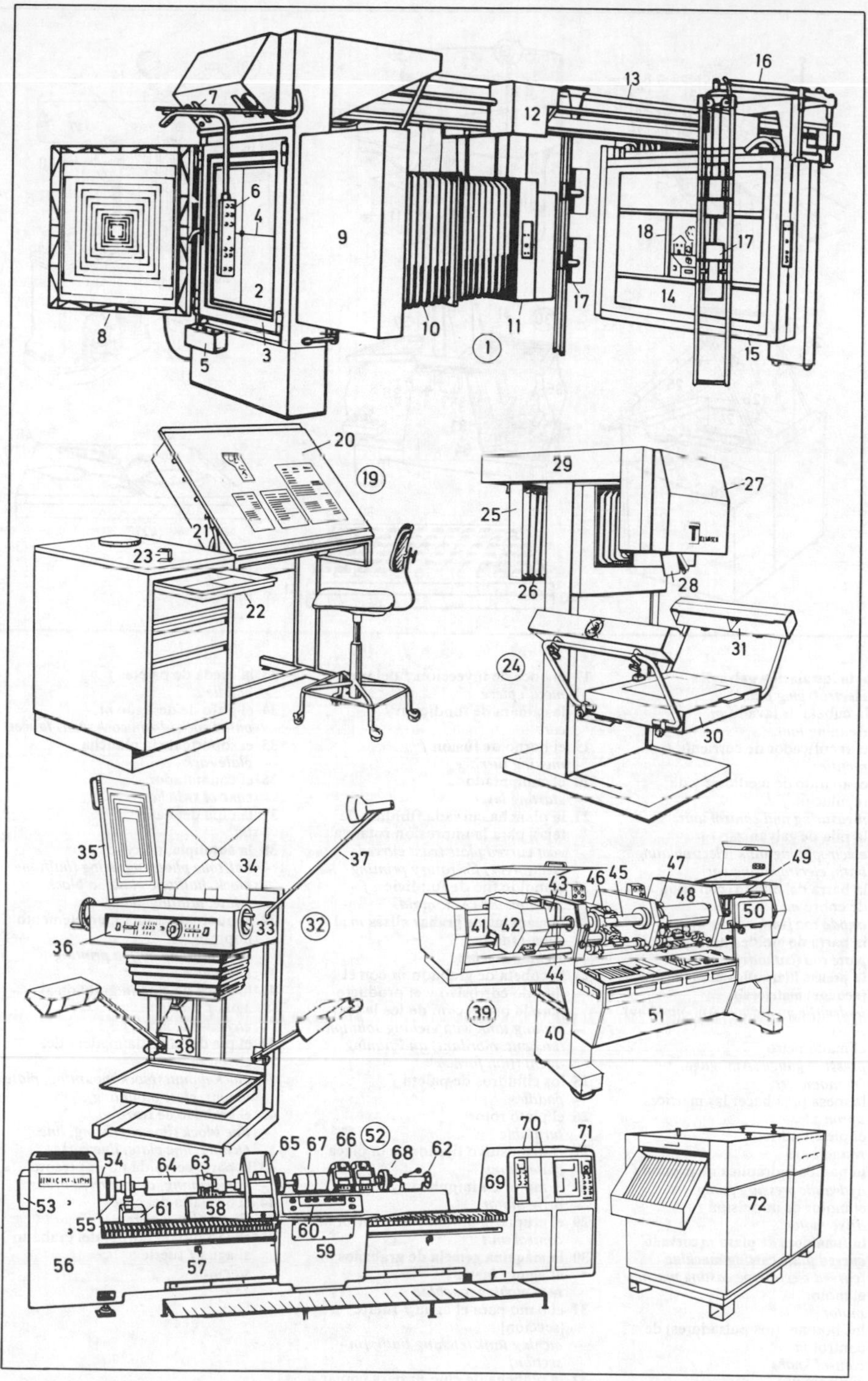
1
2
3
4
5
6
7
8
9
10
11
12
13
14
15
16
17
18
19
20
21
22
23
24
25
26
27
28
29
30
31
32
33
34
35
36
37
38
39
40
41
42
43
44
45
46
47
48
49
50
51
52
53
54
55
56
57
58
59
60
61
62
63
64
65
66
67
68
69
70
71
72

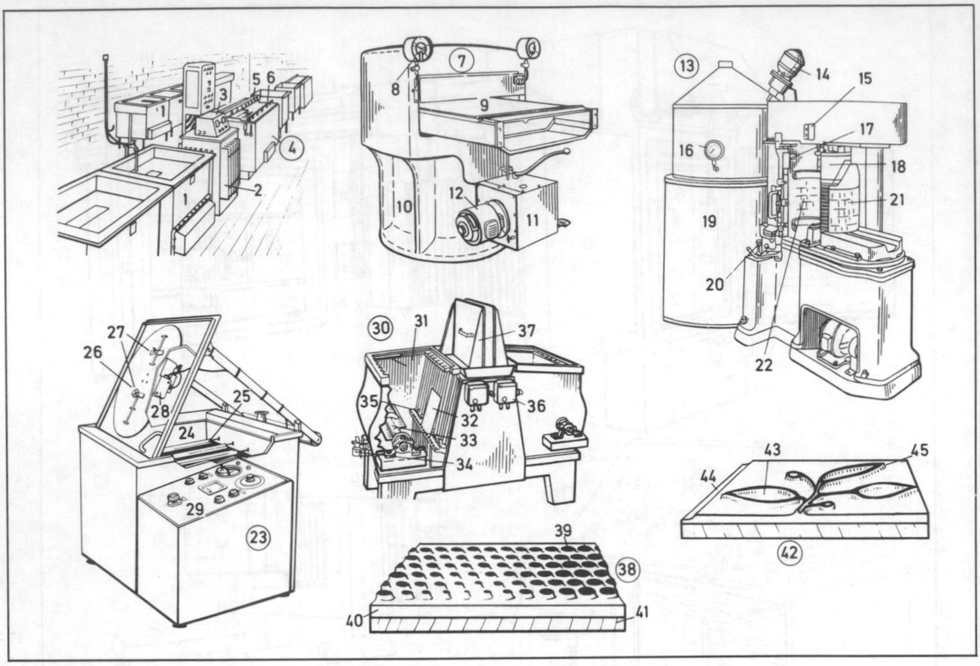

1-6 la instalación galvánica
- ***electrotyping plant***

1 la cubeta de lavado *m*
- *cleaning tank*

2 el rectificador de corriente *f*
- *rectifier*

3 el aparato de medida *f* y de regulación *f*
- *measuring and control unit*

4 la pila de galvanizar ·
- *electroplating tank (electroplating bath, electroplating vat)*

5 la barra del ánodo (con ánodos *m* de cobre *m*)
- *anode rod [with copper anodes]*

6 la barra de moldes *m* (el cátodo)
- *plate rod (cathode)*

7 la prensa hidráulica para hacer (acuñar) matrices *f*
- ***hydraulic moulding*** (Am. *molding) press*

8 el manómetro
- *pressure gauge* (Am. *gage) (manometer)*

9 la mesa para hacer las matrices
- *apron*

10 el pie cilíndrico
- *round base*

11 la bomba hidráulica de presión *f*
- *hydraulic pressure pump*

12 el motor de impulsión *f*
- *drive motor*

13 la fundidora de plato *m* curvado
- ***curved plate casting machine*** *(curved electrotype casting machine)*

14 el motor
- *motor*

15 los botones (los pulsadores) de control *m*
- *control knobs*

16 el pirómetro
- *pyrometer*

17 la boca de inyección *f* del metal
- *mouth piece*

18 la cámara de fundición *f*
- *core*

19 el horno de fusión *f*
- *melting furnace*

20 el conmutador
- *starting lever*

21 la plancha curvada fundida (la teja), para la impresión rotativa
- *cast curved plate (cast curved electrotype) for rotary printing*

22 el molde fijo de fundición *f*
- *fixed mould* (Am. *mold)*

23 la máquina de grabar clisés *m* al agua *f* fuerte
- ***etching machine***

24 la cubeta de grabado *m* con el líquido corrosivo y el producto para la protección de los lados
- *etching tank with etching solution (etchant, mordant) and filming agent (film former)*

25 los cilindros de paleta *f*
- *paddles*

26 el plato rotor
- *turntable*

27 el dispositivo fijador de la placa
- *plate clamp*

28 el motor de impulsión *f*
- *drive motor*

29 el grupo (la unidad) de control *m*
- *control unit*

30 la máquina gemela de grabados *m* al agua *f* fuerte
- ***twin etching machine***

31 el baño para el agua *f* fuerte [sección]
- *etching tank (etching bath) [in section]*

32 la plancha de cinc *m* para copiar
- *photoprinted zinc plate*

33 la rueda de paletas *f*
- *paddle*

34 el grifo de desagüe *m*
- *outlet cock (drain cock,* Am. *faucet)*

35 el soporte de la plancha
- *plate rack*

36 el conmutador
- *control switches*

37 la tapa del baño
- *lid*

38 la autotipia, un clisé
- ***halftone photoengraving*** *(halftone block, halftone plate), a block (plate, printing plate)*

39 el punto de trama *f*, un elemento impreso
- *dot (halftone dot), a printing element*

40 la placa de cinc *m* grabada al agua *f* fuerte
- *etched zinc plate*

41 el pie del clisé (la madera del clisé)
- *block mount (block mounting, plate mount, plate mounting)*

42 el grabado de trazo *m*
- ***line block*** *(line engraving, line etching, line plate, line cut)*

43 la parte corroída no impresora
- *non-printing, deep-etched areas*

44 el biselado del clisé
- *flange (bevel edge)*

45 el costado (el borde) del grabado al agua *f* fuerte
- *sidewall*

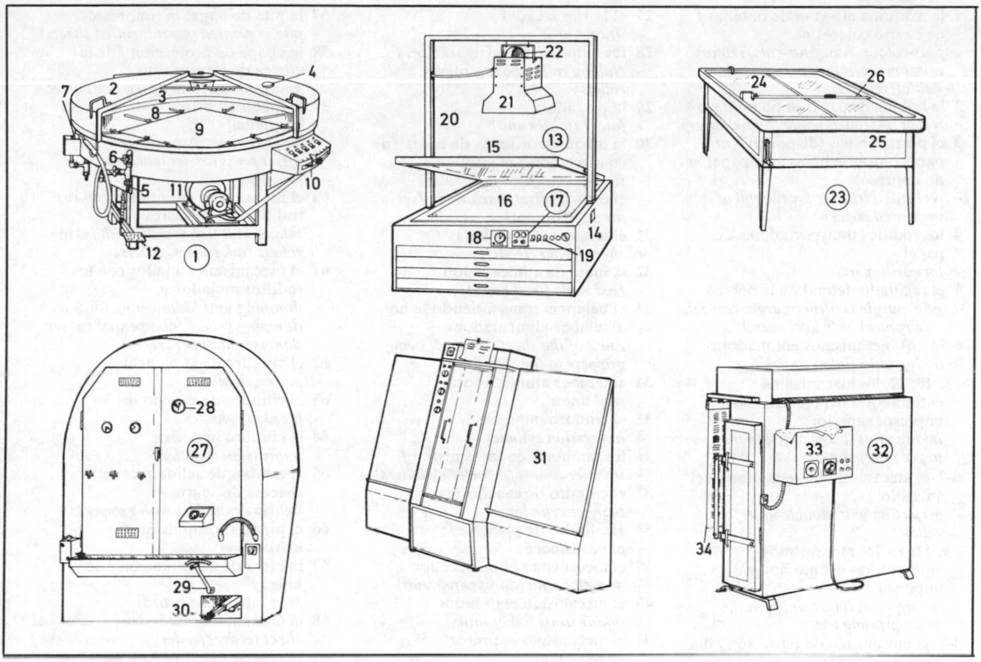

1 la centrífuga de planchas *f*, para emulsionar las planchas de offset *m*
– *plate whirler (whirler, plate-coating machine) for coating offset plates*
2 la tapa deslizante
– *sliding lid*
3 la calefacción eléctrica
– *electric heater*
4 el termómetro
– *temperature gauge* (Am. *gage)*
5 la conexión del agua *f* de aclarado *m*
– *water connection for the spray unit*
6 el lavado por circulación *f*
– *spray unit*
7 la ducha de mano *f*
– *hand spray*
8 las barras de fijación *f* de la plancha
– *plate clamps*
9 la plancha de cinc *m (también:* plancha de magnesio *m*, plancha de cobre *m)*
– *zinc plate;* also: *magnesium plate, copper plate*
10 el pupitre de control *m*
– *control panel*
11 el motor de impulsión *f*
– *drive motor*
12 el pedal de freno *m*
– *brake pedal*
13 el marco neumático para copiar
– *vacuum printing frame (vacuum frame, printing-down frame)*
14 la armazón inferior del marco para copiar
– *base of the vacuum printing frame (vacuum frame, printing-down frame)*
15 la parte superior del marco con cristal *m* de espejo *m*
– *plate glass frame*
16 la plancha de offset *m* recubierta
– *coated offset plate*
17 el tablero de mando *m*
– *control panel*
18 el regulador del tiempo de exposición *f*
– *exposure timer*
19 el interruptor para la producción del vacío
– *vacuum pump switches*
20 las varillas-guía (el soporte)
– *support*
21 la lámpara para copiar con luz *f* de punto *m*, una lámpara de halógeno *m* de metal *m*
– *point light exposure lamp, a quartz-halogen lamp*
22 el soplante de la lámpara
– *fan blower*
23 la mesa de montaje *m*, para el montaje de películas *f*
– *stripping table (make-up table) for stripping films*
24 la pantalla de vidrio *m* de cristal *m*
– *crystal glass screen*
25 la caja de la luz
– *light box*
26 el dispositivo deslizable de trazado *m*
– *straightedge rules*
27 la secadora centrífuga vertical
– *vertical plate-drying cabinet*
28 el higrómetro
– *hygrometer*
29 la regulación de la velocidad
– *speed control*
30 el pedal del freno
– *brake pedal*
31 la máquina de tratamiento *m* para las planchas presensibilizadas
– *processing machine for presensitized plates*
32 el horno de calcinación *f* para las planchas de esmalte *m* caliente (planchas *f* diazo)
– *burning-in oven for glue-enamel or diazo plates*
33 la caja de mandos *m*
– *control box (control unit)*
34 la plancha diazo
– *diazo plate*

1 la máquina offset *m* de bobinas *f* de cuatro colores *m*
– *four-colour* (Am. *four-color) rotary offset press (rotary offset machine, web-offset press)*
2 la bobina de papel *m* no impreso
– *roll of unprinted paper (blank paper)*
3 el portabobinas (dispositivo *m* para colocar la bobina de papel *m* no impreso)
– *reel stand (carrier for the roll of unprinted paper)*
4 los rodillos transportadores del papel
– *forwarding rolls*
5 el regulador lateral de la bobina
– *side margin control (margin control, side control, side lay control)*
6-13 los mecanismos entintadores
– *inking units (inker units)*
6, 8, 10, 12 los mecanismos entintadores del mecanismo impresor superior
– *inking units (inker units) in the upper printing unit*
6-7 el mecanismo de retiración *f* del amarillo
– *perfecting unit (double unit) for yellow*
7, 9, 11, 13 los mecanismos entintadores del mecanismo impresor inferior
– *inking units (inker units) in the lower printing unit*
8-9 el mecanismo de retiración *f* del cyan (azul-verde)
– *perfecting unit (double unit) for cyan*
10-11 el mecanismo de retiración *f* del magenta
– *perfecting unit (double unit) for magenta*
12-13 el mecanismo de retiración *f* del negro
– *perfecting unit (double unit) for black*
14 el horno secador
– *drier*
15 la plegadora
– *folder (folder unit)*
16 el pupitre de mando *m*
– *control desk*
17 el pliego impreso
– *sheet*
18 la máquina offset *m* de bobinas *f* de cuatro colores *m* [esquema]
– *four-colour* (Am. *four-color) rotary offset press (rotary offset machine, web-offset press) [diagram]*
19 el portabobinas
– *reel stand*
20 el regulador lateral de la bobina
– *side margin control (margin control, side control, side lay control)*
21 el rodillo entintador
– *inking rollers (ink rollers, inkers)*
22 la caja de tinta *f*
– *ink duct (ink fountain)*
23 los rodillos mojadores
– *damping rollers (dampening rollers, dampers, dampeners)*
24 el cilindro de caucho *m*
– *blanket cylinder*
25 el cilindro de plancha *f*
– *plate cylinder*
26 la tira de papel *m*
– *route of the paper (of the web)*
27 el horno secador
– *drier*
28 los cilindros de refrigeración *f*
– *chilling rolls (cooling rollers, chill rollers)*
29 la plegadora
– *folder (folder unit)*
30 la máquina offset *m* de hojas *f* de cuatro colores *m* [esquema]
– *four-colour* (Am. *four-color) sheet-fed offset machine (offset press) [diagram]*
31 el alimentador de hojas *f*
– *sheet feeder (feeder)*
32 la mesa de alimentación *f*
– *feed table (feed board)*
33 el balancín transmitiendo la hoja al tambor alimentador
– *route of the sheets through swing-grippers to the feed drum*
34 el tambor alimentador
– *feed drum*
35 el cilindro impresor
– *impression cylinder*
36 los tambores de transmisión *f*
– *transfer drums (transfer cylinders)*
37 el cilindro de caucho *m*
– *blanket cylinder*
38 el cilindro de plancha *f*
– *plate cylinder*
39 el mecanismo humedecedor
– *damping unit (dampening unit)*
40 el mecanismo entintador
– *inking units (inker units)*
41 el mecanismo impresor
– *printing unit*
42 el tambor expositor (tambor *m* de salida *f*)
– *delivery cylinder*
43 la salida de cadenas *f*
– *chain delivery*
44 la pila de hojas *f*
– *delivery pile*
45 el expositor (la salida) de hojas *f*
– *delivery unit (delivery mechanism)*
46 la máquina offset *m* de un color
– *single-colour* (Am. *single-color) offset press (offset machine)*
47 la pila de hojas *f* de papel *m* (el papel para imprimir)
– *pile of paper (sheets, printing paper)*
48 el alimentador de hojas *f* (un alimentador automático)
– *sheet feeder (feeder), an automatic pile feeder*
49 la mesa de alimentación *f*
– *feed table (feed board)*
50 los rodillos entintadores
– *inking rollers (ink rollers, inkers)*
51 el mecanismo entintador
– *inking units (inker units)*
52 los rodillos mojadores
– *damping rollers (dampening rollers, dampers, dampeners)*
53 el cilindro de la plancha, una plancha de zinc *m*
– *plate cylinder, a zinc plate*
54 el cilindro de caucho *m*, un cilindro de acero *m* recubierto de caucho *m*
– *blanket cylinder, a steel cylinder with rubber blanket*
55 la plataforma de salida *f* de las hojas impresas
– *pile delivery unit for the printed sheets*
56 las pinzas prensoras, un dispositivo prensor de cadenas *f*
– *gripper bar, a chain gripper*
57 la pila de papel *m* (impreso)
– *pile of printed paper (printed sheets)*
58 la chapa de protección *f* de la correa de transmisión *f*
– *guard for the V-belt (vee-belt) drive*
59 la máquina offset *m* de un color [esquema]
– *single-colour* (Am. *single-color) offset press (offset machine) [diagram]*
60 el mecanismo entintador con los rodillos entintadores
– *inking unit (inker unit) with inking rollers (ink rollers, inkers)*
61 el mecanismo mojador con los rodillos mojadores
– *damping unit (dampening unit) with damping rollers (dampening rollers, dampers, dampeners)*
62 el cilindro de la plancha
– *plate cylinder*
63 el cilindro de caucho *m*
– *blanket cylinder*
64 el cilindro impresor
– *impression cylinder*
65 el tambor de salida *f*, con el sistema de agarre *m*
– *delivery cylinders with grippers*
66 el piñón de impulsión *f*
– *drive wheel*
67 la mesa de alimentación *f* de hojas *f*
– *feed table (feed board)*
68 el alimentador de hojas *f*
– *sheet feeder (feeder)*
69 la pila de papel *m* (con papel *m* para imprimir)
– *pile of unprinted paper (blank paper, unprinted sheets, blank sheets)*
70 la máquina de imprimir en offset *m* tamaño *m* pequeño
– *small sheet-fed offset press*
71 el mecanismo entintador
– *inking unit (inker unit)*
72 el alimentador por succión *f*
– *suction feeder*
73 la pila de alimentación *f*
– *pile feeder*
74 el cuadro de mandos *m* con contador *m*, manómetro *m*, regulador *m* de aire *m* y conmutador *m* para la alimentación de papel *m*
– *instrument panel (control panel) with counter, pressure gauge* (Am. *gage), air regulator, and control switch for the sheet feeder (feeder)*
75 la máquina offset *m* plana (prensa *f* para sacar pruebas *f* Mailänder)
– *flat-bed offset press (offset machine)*
76 el mecanismo entintador
– *inking unit (inker unit)*
77 los rodillos entintadores
– *inking rollers (ink rollers, inkers)*
78 el lecho (el carro) de impresión *f*
– *bed (press bed, type bed, forme bed,* Am. *form bed)*
79 el cilindro de caucho *m*
– *cylinder with rubber blanket*
80 la palanca de arranque *m* y parada *f* de los mecanismos de impresión *f*
– *starting and stopping lever for the printing unit*
81 el volante para regular la presión
– *impression-setting wheel (impression-adjusting wheel)*

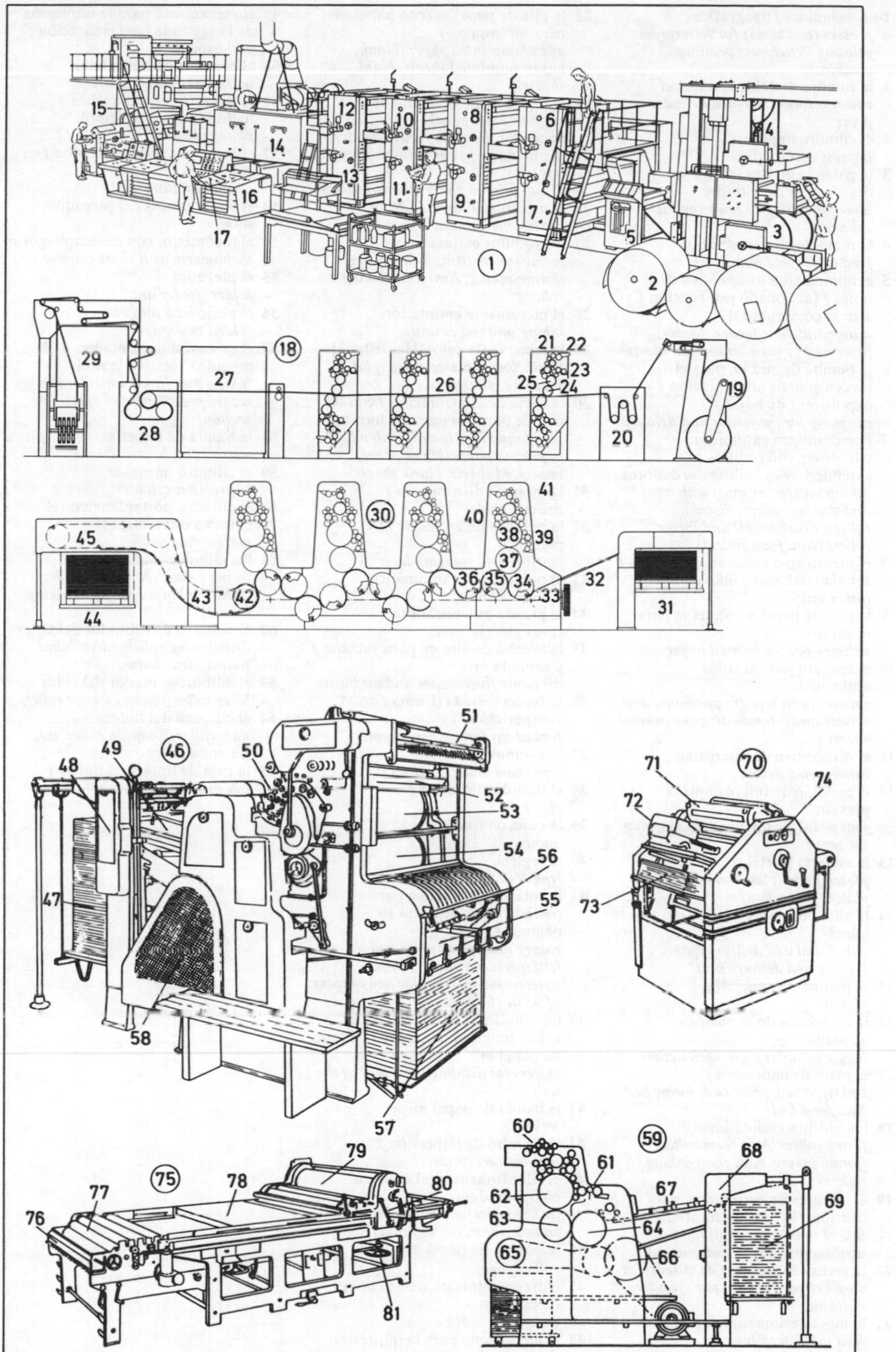
1
2
3
4
5
6
7
8
9
10
11
12
13
14
15
16
17
18
19
20
21
22
23
24
25
26
27
28
29
30
31
32
33
34
35
36
37
38
39
40
41
42
43
44
45
46
47
48
49
50
51
52
53
54
55
56
57
58
59
60
61
62
63
64
65
66
67
68
69
70
71
72
73
74
75
76
77
78
79
80
81

1-65 máquinas *f* **tipográficas**
– ***presses (machines) for letterpress printing*** *(letterpress printing machines)*
1 **la rotativa de doble revolución** *f*
– ***two-revolution flat-bed cylinder press***
2 el cilindro impresor
– *impression cylinder*
3 la palanca de elevación *f* y descenso *m* del cilindro
– *lever for raising or lowering the cylinder*
4 la mesa de alimentación *f*
– *feed table (feed board)*
5 el alimentador automático de hojas *f* [accionado por succión *f* y aire *m* comprimido]
– *automatic sheet feeder (feeder) [operated by vacuum and air blasts]*
6 la bomba de aire *m*, para el mecanismo de alimentación *f* y expulsión *f* de hojas *f*
– *air pump for the feeder and delivery*
7 el mecanismo entintador cilíndrico, con rodillos *m* extendedores y rodillos *m* dadores
– *inking unit (inker unit) with distributing rollers (distributor rollers, distributors) and forme rollers (*Am. *form rollers)*
8 el mecanismo entintador de mesa *f*
– *ink slab (ink plate) inking unit (inker unit)*
9 la pila de papel *m*, papel *m* para imprimir
– *delivery pile for printed paper*
10 el aparato pulverizador antimácula
– *sprayer (anti set-off apparatus, anti set-off spray) for dusting the printed sheets*
11 el dispositivo de intercalar
– *interleaving device*
12 el pedal, para interrumpir la presión
– *foot pedal for starting and stopping the press*
13 **la minerva** [corte]
– ***platen press*** *(platen machine, platen) [in section]*
14 la alimentación y suelta *f* del papel
– *paper feed and delivery (paper feeding and delivery unit)*
15 la platina de impresión *f*
– *platen*
16 la impulsión de la palanca acodada
– *toggle action (toggle-joint action)*
17 el plato de impresión *f*
– *bed (type bed, press bed, forme bed,* Am. *form bed)*
18 los rodillos entintadores
– *forme rollers (*Am. *form rollers) (forme-inking,* Am. *form-inking, rollers)*
19 el mecanismo entintador, para distribuir la tinta de imprenta *f*
– *inking unit (inker unit) for distributing the ink (printing ink)*
20 **la prensa de parada** *f* **de cilindro** *m*
– ***stop-cylinder press*** *(stop-cylinder machine)*
21 la mesa de alimentación *f*
– *feed table (feed board)*
22 el alimentador mecánico
– *feeder mechanism (feeding apparatus, feeder)*
23 la pila de papel *m* (con papel *m* para ser impreso)
– *pile of unprinted paper (blank paper, unprinted sheets, blank sheets)*
24 la rejilla de protección *f* del extractor del papel
– *guard for the sheet feeder (feeder)*
25 la pila de papel *m* (con papel impreso)
– *pile of printed paper (printed sheets)*
26 el mecanismo de mando *m*
– *control mechanism*
27 los rodillos entintadores
– *forme rollers (*Am. *form rollers) (forme-inking,* Am. *form-inking, rollers)*
28 el mecanismo entintador
– *inking unit (inker unit)*
29 **la minerva** (la gato) [Heidelberg]
– *[Heidelberg]* ***platen press*** *(platen machine, platen)*
30 la mesa de alimentación *f* con la pila de papel *m* para ser impreso
– *feed table (feed board) with pile of unprinted paper (blank paper, unprinted sheets, blank sheets)*
31 la mesa de distribución *f*
– *delivery table*
32 la palanca de arranque *m* y parada *f*
– *starting and stopping lever*
33 el pulverizador automático
– *delivery blower*
34 la pistola pulverizadora
– *spray gun (sprayer)*
35 la bomba de aire *m*, para succión *f* y soplado *m*
– *air pump for vacuum and air blasts*
36 **la forma cerrada** (forma *f* de composición *f*)
– ***locked-up forme*** *(*Am. *form)*
37 la composición
– *type (type matter, matter)*
38 el bastidor de cierre *f*
– *chase*
39 la cuña de fijación *f*
– *quoin*
40 la regleta
– *length of furniture*
41 **la rotativa tipográfica** para periódicos *m*, de hasta 16 páginas *f*
– ***rotary letterpress press*** *(rotary letterpress machine, web-fed letterpress machine) for newspapers of up to 16 pages*
42 los cilindros cortadores, para cortar longitudinalmente la banda de papel *m*
– *slitters for dividing the width of the web*
43 la banda de papel *m*
– *web*
44 el cilindro de impresión *f*
– *impression cylinder*
45 el cilindro tensor (el cilindro compensador)
– *jockey roller (compensating roller, compensator, tension roller)*
46 la bobina de papel *m*
– *roll of paper*
47 el freno automático de la bobina de papel *m*
– *automatic brake*
48 el mecanismo para la impresión de una cara
– *first printing unit*
49 el mecanismo para la impresión de la segunda cara (retiración *f*)
– *perfecting unit*
50 el mecanismo entintador
– *inking unit (inker unit)*
51 el cilindro portaplanchas (cilindro *m* estereotipo)
– *plate cylinder*
52 el mecanismo de impresión *f* en colores *m*
– *second printing unit*
53 el enderezador del plegado
– *former*
54 el tacómetro, con cuentapliegos *m*
– *tachometer with sheet counter*
55 el plegador
– *folder (folder unit)*
56 el periódico plegado
– *folded newspaper*
57 **el mecanismo entintador,** de la máquina rotativa [corte]
– ***inking unit*** *(inker unit) for the rotary press (web-fed press) [in section]*
58 la banda de papel *m*
– *web*
59 el cilindro impresor
– *impression cylinder*
60 el cilindro portaplanchas (el cilindro estereotipo)
– *plate cylinder*
61 los cilindros entintadores
– *forme rollers (*Am. *form rollers) (forme-inking,* Am. *form-inking, rollers)*
62 el cilindro distribuidor del color
– *distributing rollers (distributor rollers, distributors)*
63 el cilindro tomador del color
– *lifter roller (ductor, ductor roller)*
64 el cilindro del tintero
– *duct roller (fountain roller, ink fountain roller)*
65 la caja de tinta *f* (el tintero)
– *ink duct (ink fountain)*

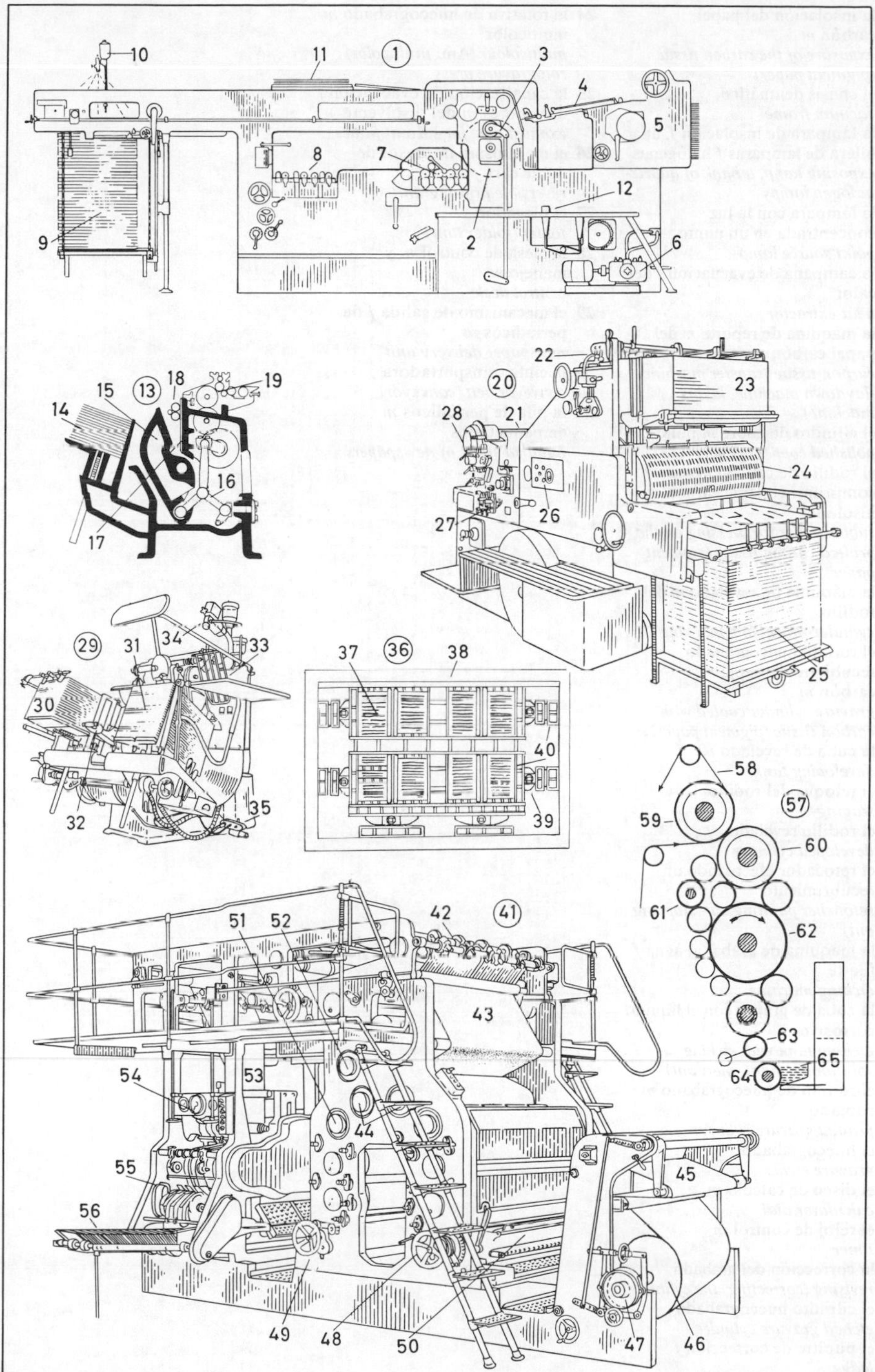
1
2
3
4
5
6
7
8
9
10
11
12
13
14
15
16
17
18
19
20
21
22
23
24
25
26
27
28
29
30
31
32
33
34
35
36
37
38
39
40
41
42
43
44
45
46
47
48
49
50
51
52
53
54
55
56
57
58
59
60
61
62
63
64
65

1 la insolación del papel carbón *m*
– *exposure of the carbon tissue (pigment paper)*
2 el chasis neumático
– *vacuum frame*
3 la lámpara de insolación *f*, una hilera de lámparas *f* halógenas
– *exposing lamp, a bank of quartz-halogen lamps*
4 la lámpara con la luz concentrada en un punto
– *point source lamp*
5 la campana de evacuación *f* del calor
– *heat extractor*
6 la máquina de reporte *m* del papel carbón *m*
– *carbon tissue transfer machine (laydown machine, laying machine)*
7 el cilindro de cobre *m* pulido
– *polished copper cylinder*
8 el rodillo de caucho *m* para comprimir el papel carbón *m* insolado
– *rubber roller for pressing on the printed carbon tissue (pigment paper)*
9 la máquina de revelado *m* del rodillo
– *cylinder-processing machine*
10 el rodillo huecograbado recubierto de papel *m* carbón *m*
– *gravure cylinder coated with carbon tissue (pigment paper)*
11 la cuba de revelado *m*
– *developing tank*
12 el retoque del rodillo
– *staging*
13 el rodillo revelado
– *developed cylinder*
14 el retocador efectuando un recubrimiento
– *retoucher painting out (stopping out)*
15 la máquina de grabar al agua *f* fuerte
– *etching machine*
16 la cuba de grabar con el líquido corrosivo
– *etching tank with etching solution (etchant, mordant)*
17 el rodillo de huecograbado *m* copiado
– *printed gravure cylinder*
18 el huecograbador
– *gravure etcher*
19 el disco de cálculo *m*
– *calculator dial*
20 el reloj de control *m*
– *timer*
21 la corrección del grabado
– *revising (correcting) the cylinder*
22 el cilindro huecograbado
– *etched gravure cylinder*
23 el pupitre de corrección *f*
– *ledge*
24 la rotativa de huecograbado *m* multicolor
– *multicolour* (Am. *multicolor) rotogravure press*
25 la canalización de evacuación *f* de vapores *m* del disolvente
– *exhaust pipe for solvent fumes*
26 el mecanismo impresor de doble cara *f*
– *reversible printing unit*
27 el plegador
– *folder (folder unit)*
28 la mesa de control *m* y manejo *m*
– *control desk*
29 el mecanismo de salida *f* de periódicos *m*
– *newspaper delivery unit*
30 la cinta transportadora
– *conveyor belt (conveyor)*
31 la pila de periódicos *m* empaquetados
– *bundled stack of newspapers*

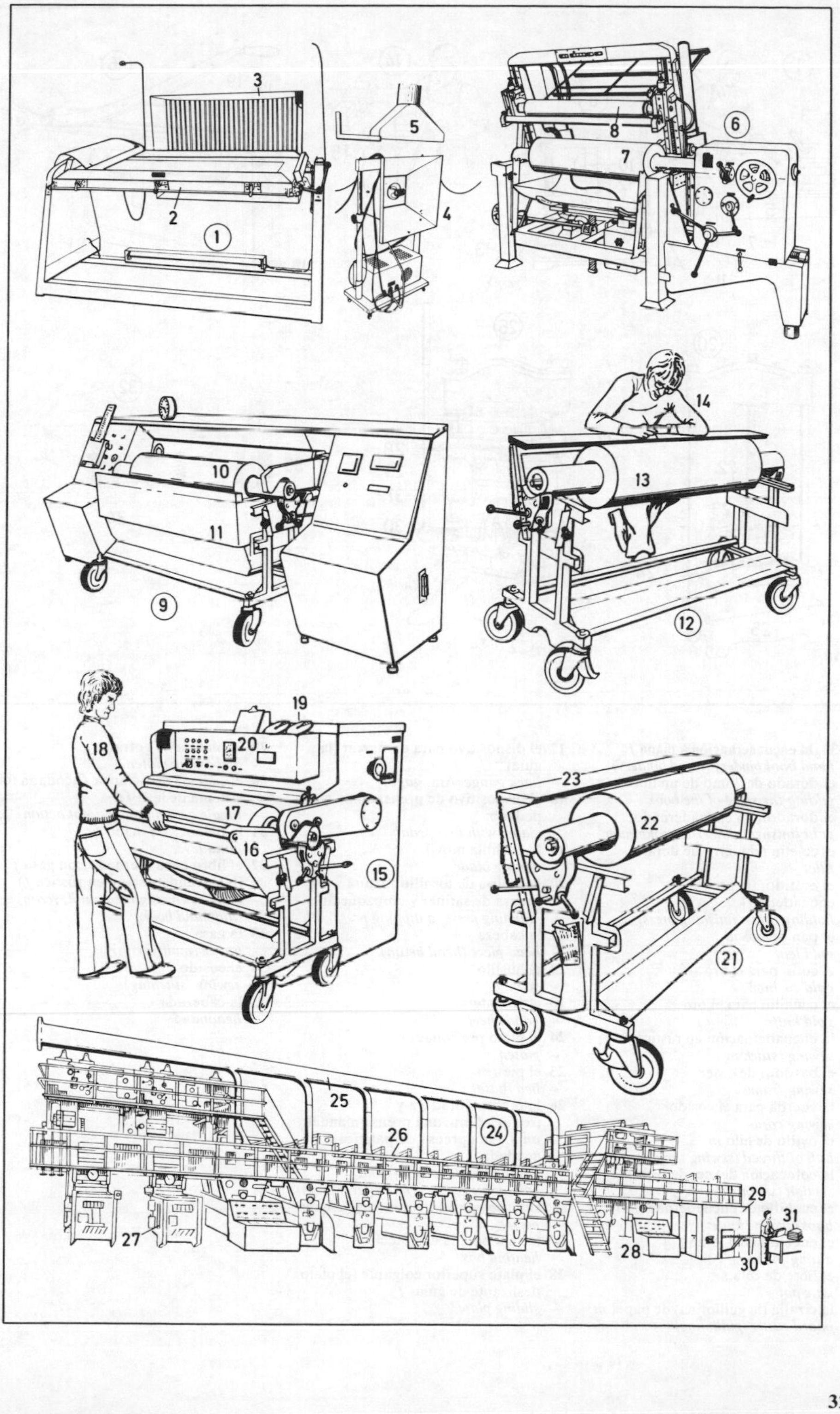
1
2
3
4
5
6
7
8
9
10
11
12
13
14
15
16
17
18
19
20
21
22
23
24
25
26
27
28
29
30
31

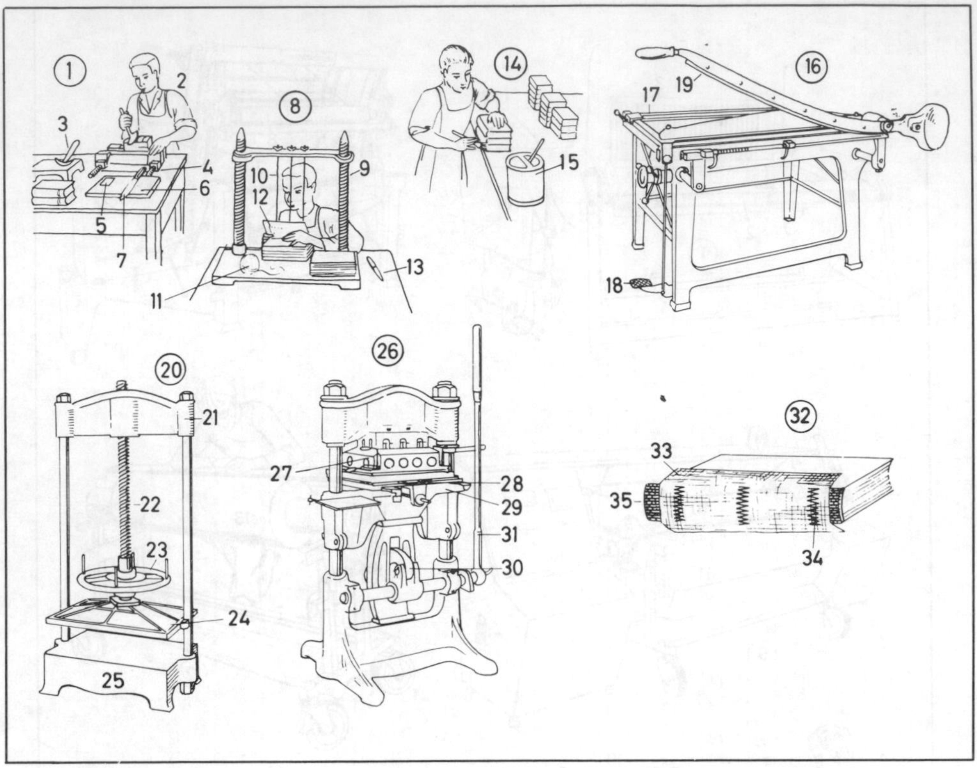

1-35 la encuadernación a mano *f*
– ***hand bookbindery*** *(hand bindery)*
1 el dorado del lomo de un libro
– *gilding the spine of the book*
2 el dorador, un encuadernador
– *gold finisher (gilder), a bookbinder*
3 el cajetín (el hierro de dorar)
– *fillet*
4 el bastidor (la prensa de encuadernar)
– *holding press (finishing press)*
5 el pan de oro *m*
– *gold leaf*
6 el cojín para el oro
– *gold cushion*
7 el cuchillo para el oro
– *gold knife*
8 la encuadernación en rústica *f*
– *sewing (stitching)*
9 el bastidor de coser
– *sewing frame*
10 la cuerda para el cosido
– *sewing cord*
11 el ovillo de hilo *m*
– *ball of thread (sewing thread)*
12 la colocación del cuadernillo
– *section (signature)*
13 el cuchillo de encuadernador *m*
– *bookbinder's knife*
14 el encolado del lomo
– *gluing the spine*
15 el bote de cola *f*
– *glue pot*
16 la cizalla (la guillotina) de papel *m*
– *board cutter (guillotine)*
17 el dispositivo para enmarcar (la guía)
– *back gauge (*Am. *gage)*
18 el dispositivo de prensado *m*, con pedal *m*
– *clamp with foot pedal*
19 la cuchilla móvil
– *cutting blade*
20 la prensa de tornillo *m*, una prensa de satinar y empaquetar
– *standing press, a nipping press*
21 la cabeza
– *head piece (head beam)*
22 el husillo
– *spindle*
23 el volante
– *handwheel*
24 el plato presionador
– *platen*
25 el pie
– *bed (base)*
26 la prensa doradora y troqueladora, una prensa manual; *anál.:* una prensa de palanca *f* acodada
– *gilding (gold blocking) and embossing press, a hand-lever press;* sim.: *toggle-joint press (toggle-lever press)*
27 la caja para la calefacción
– *heating box*
28 el plato superior colgante (el plato deslizante de guías *f*)
– *sliding plate*
29 la platina de gofrar
– *embossing platen*
30 el sistema de palanca *f* acodada (el sistema de leva *f*)
– *toggle action (toggle-joint action)*
31 la palanca de mano *f*
– *hand lever*
32 el libro encuadernado con gasa *f* (la encuadernación en rústica *f*)
– *book sewn on gauze (mull, scrim) (unbound book)*
33 la gasa
– *gauze (mull, scrim)*
34 el cosido
– *sewing (stitching)*
35 la cabezada
– *headband*

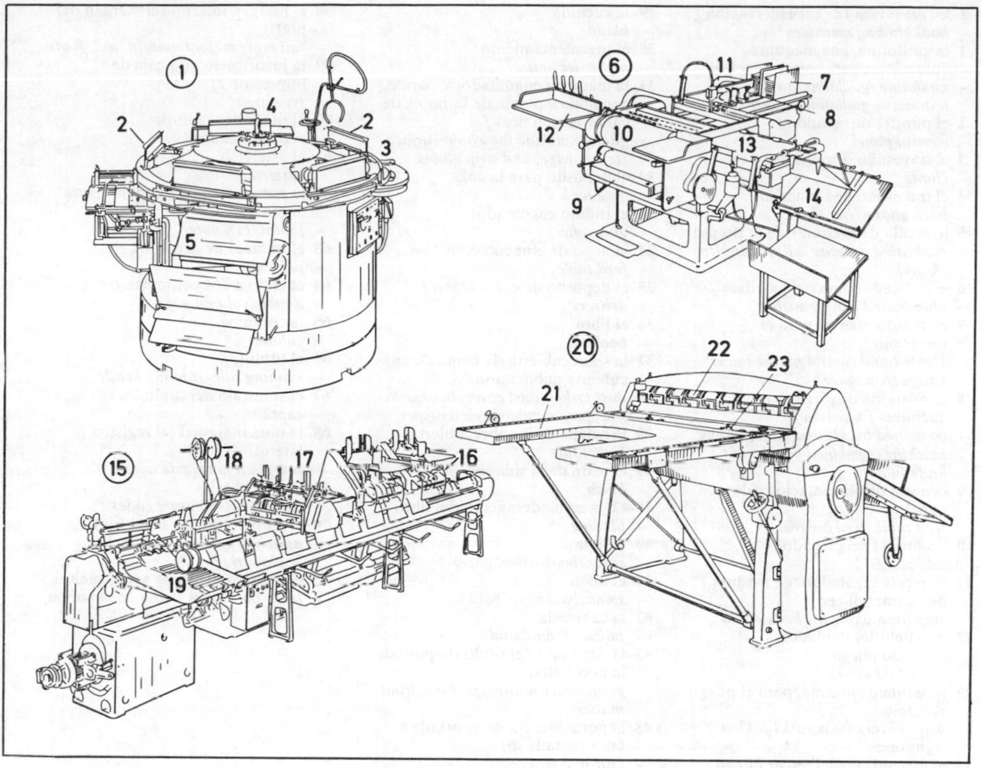

1-23 máquinas *f* **de encuadernación** *f*
– ***bookbinding machines***

1 la encuadernadora sin costura *f* (la máquina de pegar) para tiradas *f* pequeñas
– ***adhesive binder*** *(perfect binder) for short runs*

2 el dispositivo para la introducción manual
– *manual feed station*

3 el dispositivo de refilado *m*
– *cutoff knife and roughing station*

4 el mecanismo de encolado *m*
– *gluing mechanism*

5 la salida de libros *m*
– *delivery (book delivery)*

6 la máquina de hacer tapas *f*
– ***case maker*** *(case-making machine)*

7 el almacén para las tapas de cartón *m*
– *board feed hopper*

8 los sacadores del cartón
– *pickup sucker*

9 el depósito (la caja) de cola *f*
– *glue tank*

10 el rodillo para empastar
– *cover cylinder*

11 el brazo succionador
– *picker head*

12 la bandeja depósito *m* de los materiales [tela *f*, papel *m*, piel *f*]
– *feed table for covering materials [linen, paper, leather]*

13 el mecanismo de prensa
– *pressing mechanism*

14 la mesa de distribución *f*
– *delivery table*

15 la máquina de coser con alambre *m*
– ***gang stitcher;*** sim.: *gathering and wire-stitching machine (gatherer and wire stitcher)*

16 el alimentador de hojas *f*
– *sheet feeder (sheet-feeding station)*

17 el plegador
– *folder-feeding station*

18 el mecanismo para desbobinar el alambre de coser
– *stitching wire feed mechanism*

19 el mecanismo (la mesa) de entrega *f*
– *delivery table*

20 la cizalla circular para cartón *m*
– ***rotary board cutter*** *(rotary board-cutting machine)*

21 el tablero de introducción del material, con entalladura *f*
– *feed table with cut-out section*

22 la cuchilla circular
– *rotary cutter*

23 la regla de entrada *f* (la regla guía)
– *feed guide*

1-35 máquinas *f* de encuadernación *f*
– ***bookbinding machines***
1 la guillotina, una máquina automática para cortar papel *m*
– *guillotine (guillotine cutter, automatic guillotine cutter)*
2 el pupitre de mando *m*
– *control panel*
3 el travesaño de presión *f*
– *clamp*
4 el travesaño de avance *m*
– *back gauge (*Am. *gage)*
5 le escala de presión *f* de la prensa
– *calibrated pressure adjustment [to clamp]*
6 el indicador óptico de medida *f*
– *illuminated cutting scale*
7 el mando manual para el travesaño
– *single-hand control for the back gauge (*Am. *gage)*
8 la máquina de plegar con cuchillas *f* y bolsas *f*
– *combined buckle and knife folding machine (combined buckle and knife folder)*
9 la mesa de alimentación *f* de papel *m*
– *feed table (feed board)*
10 las bolsas del plegado
– *fold plates*
11 la escala reguladora de medida *f* del primer pliego
– *stop for making the buckle fold*
12 las cuchillas dobladoras del segundo pliego
– *cross fold knives*
13 la salida de la cinta, para el pliego paralelo
– *belt delivery for parallel-folded signatures*
14 el mecanismo del tercer pliego
– *third cross fold unit*
15 la salida después del tercer pliego
– *delivery tray for cross-folded signatures*
16 la máquina encuadernadora de hilo *m*
– *sewing machine (book-sewing machine)*
17 el portabobinas
– *spool holder*
18 la bobina de hilo *m*
– *thread cop (thread spool)*
19 el portarollo (el tambor) de gasa *f* (de tarlatana *f*)
– *gauze roll holder (mull roll holder, scrim roll holder)*
20 la gasa (la tarlatana)
– *gauze (mull, scrim)*
21 el cuerpo con las agujas de encuadernar
– *needle cylinder with sewing needles*
22 el libro cosido
– *sewn book*
23 la salida
– *delivery*
24 el carro portaagujas
– *reciprocating saddle*
25 el alimentador de hojas *f*
– *sheet feeder (feeder)*
26 el depósito de alimentación *f*
– *feed hopper*
27 la máquina de encartonar libros *m*
– *casing-in machine*
28 la encoladora de pliegue *m*
– *joint and side pasting attachment*
29 la cuchilla
– *blade*
30 el precalentamiento
– *preheater unit*
31 la máquina engomadora, para el encolado a pleno, de lomo *m*, de canto *m* y en tiras *f*
– *gluing machine for whole-surface, stencil, edge, and strip gluing*
32 el depósito para la cola
– *glue tank*
33 el rodillo engomador
– *glue roller*
34 la mesa de alimentación *f*
– *feed table*
35 el depósito de evacuación *f*
– *delivery*
36 el libro
– ***book***
37 la sobrecubierta (la camisa), una cubierta publicitaria
– *dust jacket (dust cover, bookjacket, wrapper), a publisher's wrapper*
38 la solapa de la sobrecubierta
– *jacket flap*
39 el texto de la solapa
– *blurb*
40-42 la encuadernación del libro
– *binding*
40 la tapa
– *cover (book cover, case)*
41 el lomo
– *spine (backbone, back)*
42 la cabezada
– *tailband (footband)*
43-47 las hojas del título (la portada y la portadilla)
– *preliminary matter (prelims, front matter)*
43 la portadilla (la anteportada o falsa portada *m*)
– *half-title*
44 el título de la obra
– *half-title (bastard title, fly title)*
45 la portada (*Amér.:* la carátula)
– *title page*
46 autor *m* y título *m* de la obra
– *full title (main title)*
47 el subtítulo
– *subtitle*
48 el pie editorial
– *publisher's imprint (imprint)*
49 las guardas
– *fly leaf (endpaper, endleaf)*
50 la dedicatoria manuscrita
– *handwritten dedication*
51 el ex libris
– *bookplate (ex libris)*
52 el libro abierto
– *open book*
53 la página del libro
– *page*
54 el pliegue
– *fold*
55-58 los márgenes
– *margin*
55 el margen del lomo
– *back margin (inside margin, gutter)*
56 el margen superior (el margen de la cabeza)
– *head margin (upper margin)*
57 el margen exterior (el margen de delante)
– *fore edge margin (outside margin, fore edge)*
58 el margen inferior (el margen del pie)
– *tail margin (foot margin, tail, foot)*
59 la justificación (la caja de impresión *f*)
– *type area*
60 el título del capítulo
– *chapter heading*
61 el asterisco
– *asterisk*
62 la nota a pie *m* de página *f*, una anotación
– *footnote, a note*
63 el número de la página
– *page number*
64 el texto a dos columnas *f*
– *double-column page*
65 la columna
– *column*
66 el titulillo
– *running title (running head)*
67 el subtítulo del capítulo
– *caption*
68 la nota marginal (el registro lateral)
marginal note (side note)
69 la signatura
– *signature (signature code)*
70 el registro fijo (la señal fija)
– *attached bookmark (attached bookmarker)*
71 el registro suelto (la señal suelta)
– *loose bookmark (loose bookmarker)*

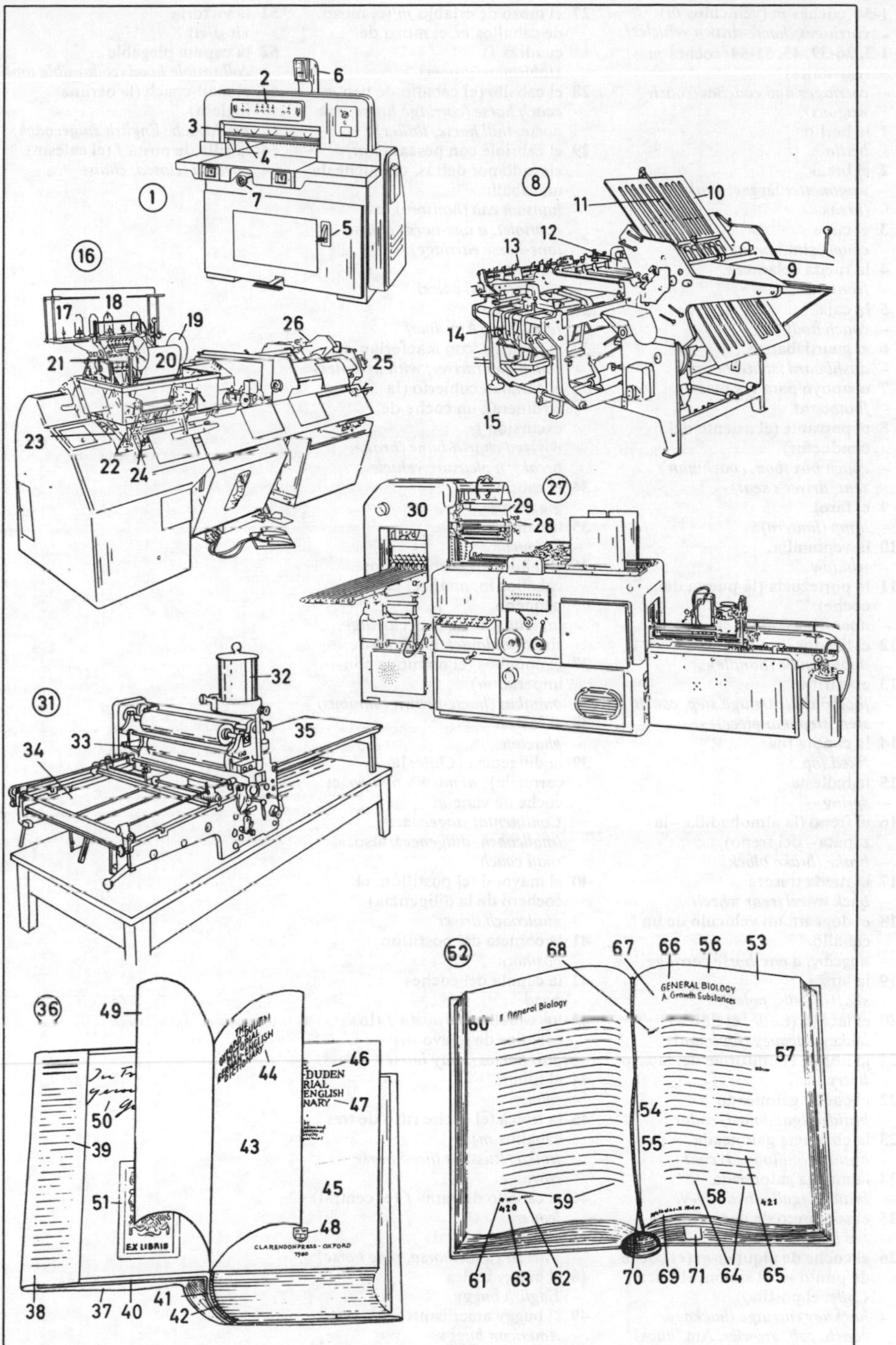
1
2
3
4
5
6
7
8
9
10
11
12
13
14
15
16
17
18
19
20
21
22
23
24
25
26
27
28
29
30
31
32
33
34
35
36
37
38
39
40
41
42
43
44
45
46
47
48
49
50
51
52
53
54
55
56
57
58
59
60
61
62
63
64
65
66
67
68
69
70
71
EX LIBRIS
CLARENDON PRESS · OXFORD
DUDEN
ENGLISH
General Biology
GENERAL BIOLOGY
A Growth Substances
420
421

1-54 coches *m* (vehículos *m*)
- *carriages (horse-drawn vehicles)*

1-3, 26-39, 45, 51-54 coches *m* (carruajes)
- *carriages and coaches (coach wagons)*

1 la berlina
- *berlin*

2 el break
- *wagonette;* larger: *brake (break)*

3 el cupé
- *coupé;* sim.: *brougham*

4 la rueda delantera
- *front wheel*

5 la caja
- *coach body*

6 el guardabarros
- *dashboard (splashboard)*

7 el apoyo para los pies
- *footboard*

8 el pescante (el asiento del conductor)
- *coach box (box, coachman's seat, driver's seat)*

9 el farol
- *lamp (lantern)*

10 la ventanilla
- *window*

11 la portezuela (la puerta del coche)
- *door (coach door)*

12 el tirador
- *door handle (handle)*

13 el estribo
- *footboard (carriage step, coach step, step, footpiece)*

14 la capota fija
- *fixed top*

15 la ballesta
- *spring*

16 el freno (la almohadilla -la zapata- del freno)
- *brake (brake block)*

17 la rueda trasera
- *back wheel (rear wheel)*

18 el dogcart, un vehículo de un caballo
- *dogcart, a one-horse carriage*

19 la lanza
- *shafts (thills, poles)*

20 el lacayo (*Chile:* el librea)
- *lackey (lacquey, footman)*

21 la librea, el uniforme del lacayo
- *livery*

22 el cuello galoneado
- *braided (gallooned) collar*

23 la chaqueta galoneada
- *braided (gallooned) coat*

24 la manga galoneada
- *braided (gallooned) sleeve*

25 el sombrero de copa *f*
- *top hat*

26 el coche de alquiler *m* (el coche de punto *m*, el simón, el fiacre; *Chile:* el postino)
- *hackney carriage (hackney coach, cab, growler,* Am. *hack)*

27 el mozo de establo *m* (el mozo de caballos *m*, el mozo de cuadras *f*)
- *stableman (groom)*

28 el caballo (el caballo de tiro *m*)
- *coach horse (carriage horse, cab horse, thill horse, thiller)*

29 el cabriolé con pescante *m* elevado por detrás, un coche de un caballo
- *hansom cab (hansom), a cabriolet, a one-horse chaise (one-horse carriage)*

30 las varas
- *shafts (thills, poles)*

31 las riendas
- *reins (rein,* Am. *line)*

32 el cochero, con macferlán *m*
- *coachman (driver) with inverness*

33 el carabán cubierto (la jardinera), un coche de excursión *f*
- *covered char-a-banc (brake, break), a pleasure vehicle*

34 el cabriolé
- *gig (chaise)*

35 la calesa
- *barouche*

36 el landó, un coche de dos caballos *m; anál.:* el landó pequeño
- *landau, a two-horse carriage;* sim.: *landaulet, landaulette*

37 el ómnibus (el ómnibus con imperial *m*)
- *omnibus (horse-drawn omnibus)*

38 el faetón
- *phaeton*

39 la diligencia (*Chile:* la carretela); *al mismo tiempo:* el coche de viaje *m*
- *Continental stagecoach (mailcoach, diligence);* also: *road coach*

40 el mayoral (el postillón, el cochero de la diligencia)
- *mailcoach driver*

41 la corneta del postillón
- *posthorn*

42 la capota del coche
- *hood*

43 los caballos de posta *f* (los caballos de relevo *m*)
- *post horses (relay horses, relays)*

44 el tílburi
- *tilbury*

45 la troica (el coche ruso de tres caballos *m*)
- *troika (Russian three-horse carriage)*

46 el caballo de varas *f* (el central)
- *leader*

47 el caballo lateral
- *wheeler (wheelhorse, pole horse)*

48 el buggy inglés
- *English buggy*

49 el buggy americano
- *American buggy*

50 el tiro en tándem *m*
- *tandem*

51 la victoria
- *vis-à-vis*

52 la capota plegable
- *collapsible hood (collapsible top)*

53 el mail-coach (la berlina inglesa)
- *mailcoach (English stagecoach)*

54 la silla de posta *f* (el calesín)
- *covered (closed) chaise*

1
2
3
4
5
6
7
8
9
10
11
12
13
14
15
16
17
18
19
20
21
22
23
24
25
26
27
28
29
30
31
32
33
34
35
36
37
38
39
40
41
42
43
44
45
46
47
48
49
50
51
52
53
54

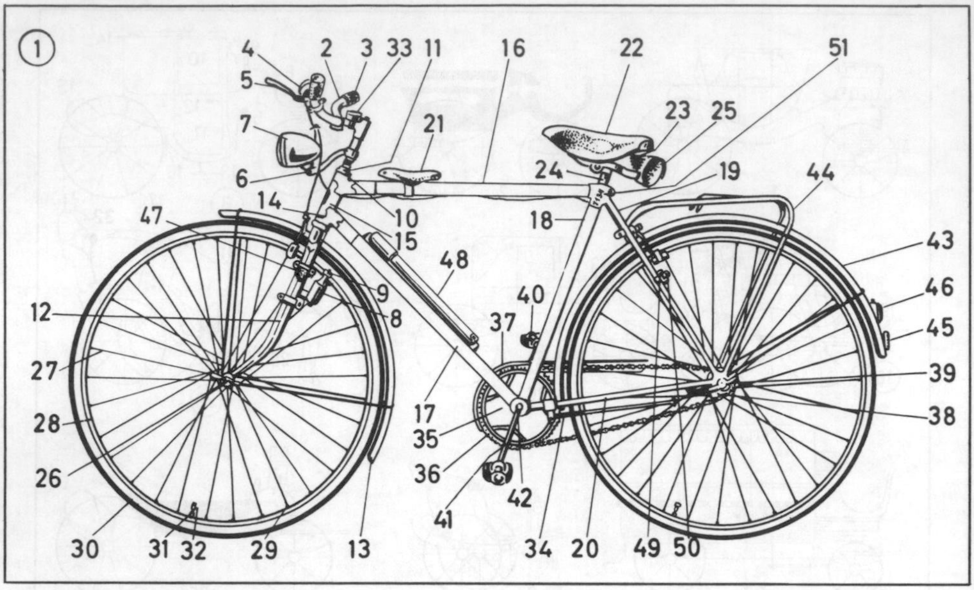

1 la bicicleta (el velocípedo; *pop.:* la bici), una bicicleta de hombre *m*, una bicicleta de paseo *m*
– *bicycle (cycle,* coll. *bike,* Am. *wheel), a gent's bicycle, a touring bicycle (touring cycle, roadster)*
2 el manillar (*Amér.:* el manubrio), un manillar de paseo *m*
– *handlebar (handlebars), a touring cycle handlebar*
3 el puño
– *handlebar grip (handgrip, grip)*
4 el timbre de la bicicleta
– *bicycle bell*
5 el freno de mano *f* (el freno delantero, un freno sobre la llanta)
– *hand brake (front brake), a rim brake*
6 el soporte del faro
– *lamp bracket*
7 el faro
– *headlamp, a bicycle lamp*
8 la dinamo
– *dynamo*
9 el rodillo de transmisión *f*
– *pulley*
10-12 la horquilla de la rueda delantera
– *front forks*
10 la tija de la horquilla
– *handlebar stem*
11 la cabeza de la horquilla
– *steering head*
12 los tirantes de la horquilla
– *fork blades (fork ends)*
13 el guardabarros delantero (*Ec., Guat., Perú:* el guardafango)
– *front mudguard* (Am. *front fender)*
14-20 el cuadro de la bicicleta
– *bicycle frame*
14 la barra de dirección *f* (la cabeza de la barra de dirección *f*)
– *steering tube (fork column)*
15 el escudo de la marca
– *head badge*
16 el tubo superior del cuadro (el tubo superior)
– *crossbar (top tube)*
17 el tubo inferior del cuadro (el tubo inferior)
– *down tube*
18 el tubo soporte del sillín (el tubo del sillín)
– *seat tube*
19 la horquilla superior de la rueda trasera
– *seat stays*
20 la horquilla inferior de la rueda trasera
– *chain stays*
21 el sillín para niños *m*
– *child's seat (child carrier seat)*
22 el sillín (el sillín de muelles *m*) de la bicicleta
– *bicycle saddle*
23 el muelle del sillín
– *saddle springs*
24 el soporte (la tija) del sillín
– *seat pillar*
25 la cartera de las herramientas
– *tool bag*
26-32 la rueda (la rueda delantera)
– *front wheel*
26 el cubo (el buje)
– *hub*
27 el radio
– *spoke*
28 la llanta
– *rim (wheel rim)*
29 el tensor de radios *m*
– *spoke nipple (spoke flange, spoke end)*
30 el neumático (el neumático de alta presión *f*); *dentro:* la cámara de aire *m; fuera:* la cubierta
– *tyres* (Am. *tires)* types: *pneumatic tyre, high-pressure tyre;* inside: *tube (inner tube);* outside: *tyre (outer case, cover)*
31 la válvula, una válvula de neumático *m* con tubo *m*, o un obturador a presión *f* con bola *f*
– *valve, a tube valve with valve tube or a patent valve with ball*
32 el capuchón de la válvula
– *valve sealing cap*
33 el tacómetro de bicicleta *f*, con cuentakilómetros *m*
– *bicycle speedometer with milometer*
34 la patilla de apoyo de la bicicleta
– *kick stand (prop stand)*
35-42 la transmisión de la bicicleta (la transmisión de cadena *f*)
– *bicycle drive*
35-39 la propulsión por cadena *f*
– *chain transmission*
35 el plato (la rueda dentada delantera de la cadena)
– *chain wheel*
36 la cadena, una cadena de rodillos *m*
– *chain, a roller chain*
37 el cubrecadena
– *chain guard*
38 el piñón (la rueda dentada trasera de la cadena)
– *sprocket wheel (sprocket)*
39 la tuerca de palometa *f*
– *wing nut (fly nut, butterfly nut)*
40 el pedal
– *pedal*
41 la biela (la manivela de pedal *m*)
– *crank*
42 el eje "pedalier" (el eje de los pedales)
– *bottom bracket bearing*
43 el guardabarros trasero
– *rear mudguard* (Am. *rear fender)*
44 el portaequipajes
– *luggage carrier (carrier)*
45 el catafaro (el reflectante)
– *reflector*
46 la luz trasera (el piloto)
– *rear light (rear lamp)*

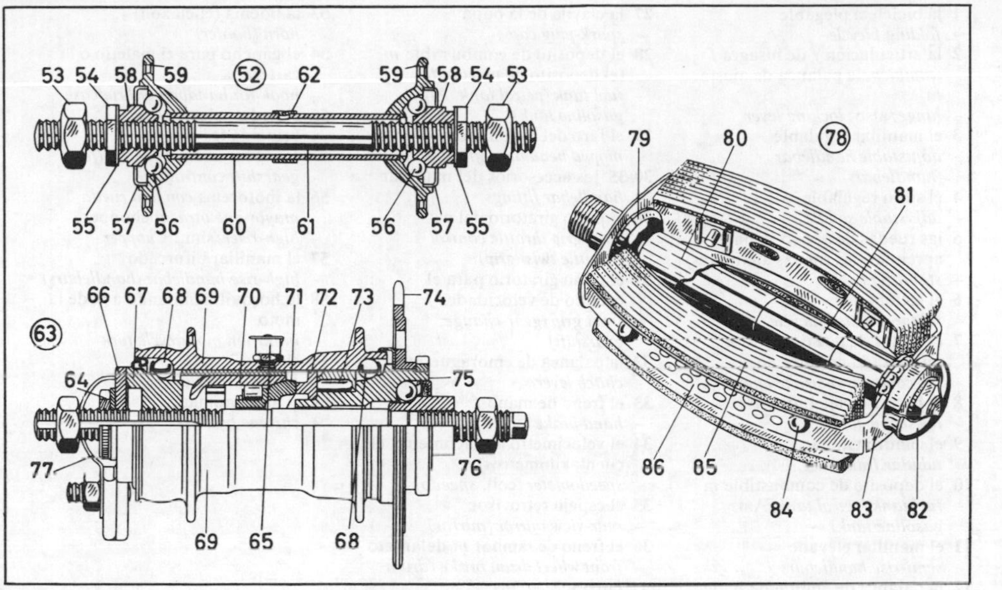

47 el descansapiés
– *footrest*
48 la bomba de bicicleta *f* (la bomba de aire *m; Amér.:* el inflador)
– *bicycle pump*
49 la cerradura de la bicicleta, una cerradura de radios *m*
– *bicycle lock, a wheel lock*
50 la llave antirrobo
– *patent key*
51 el número de la bicicleta (el número de fabricación *f*)
– *cycle serial number (factory number, frame number)*
52 el cubo de la rueda delantera
– *front hub (front hub assembly)*
53 la tuerca
– *wheel nut*
54 la contratuerca estrellada
– *locknut (locking nut)*
55 las arandelas suplementarias
– *washer (slotted cone adjusting washer)*
56 la bola
– *ball bearing*
57 la tapa guardapolvo
– *dust cap*
58 el cono
– *cone (adjusting cone)*
59 las cazoletas
– *centre (Am. center) hub*
60 el caño (el tubo)
– *spindle*
61 el eje
– *axle*
62 el engrasador
– *clip covering lubrication hole (lubricator)*
63 el piñón libre, con freno *m* contrapedal [inexistente en las bicicletas españolas]
– *free-wheel hub with back-pedal brake (with coaster brake)*
64 la tuerca de seguridad *f*
– *safety nut*
65 el orificio de engrase *m* (el lubrificador)
– *lubricator*
66 la palanca del freno
– *brake arm*
67 el cono de la palanca del freno
– *brake arm cone*
68 el anillo interior de bolas *f*, con bolas en el cojinete
– *bearing cup with ball bearings in ball race*
69 la caja del piñón
– *hub shell (hub body, hub barrel)*
70 la cubierta del freno
– *brake casing*
71 el cono del freno
– *brake cone*
72 el tambor de enrollamiento *m*
– *driver*
73 el rodillo de impulsión *f*
– *driving barrel*
74 la corona dentada
– *sprocket*
75 la cabeza de rosca *f*
– *thread head*
76 el eje
– *axle*
77 el bandaje
– *bracket*
78 el pedal de bicicleta *f* (el pedal, un pedal de bloque *m*)
– *bicycle pedal (pedal, reflector pedal)*
79 la arandela
– *cup*
80 la caña del pedal
– *spindle*
81 el eje del pedal
– *axle*
82 la tapa guardapolvo
– *dust cap*
83 el bastidor del pedal
– *pedal frame*
84 el tornillo de sujeción *f* del taco de goma *f*
– *rubber stud*
85 el taco de goma *f*
– *rubber block (rubber tread)*
86 el cristal reflectante
– *glass reflector*

1 la bicicleta plegable
– *folding bicycle*
2 la articulación *f* de bisagra *f* *(también:* la palanca de ajuste *m)*
– *hinge;* also: *locking lever*
3 el manillar regulable
– *adjustable handlebar (handlebars)*
4 el sillín regulable
– *adjustable saddle*
5 las ruedas de apoyo *m* para aprender (las ruedas auxiliares)
– *stabilizers*
6 el ciclomotor
– *motor-assisted bicycle*
7 el motor de dos tiempos *m* refrigerado por aire *m*
– *air-cooled two-stroke engine*
8 la horquilla telehidráulica
– *telescopic forks*
9 el cuadro tabular
– *tubular frame*
10 el depósito de combustible *m*
– *fuel tank (petrol tank,* Am. *gasoline tank)*
11 el manillar elevado
– *semi-rise handlebars*
12 la palanca de embrague *m* de dos velocidades *f*
– *two-speed gear-change (gearshift)*
13 el sillín moldeado
– *high-back polo saddle*
14 el brazo oscilante de la rueda trasera
– *swinging-arm rear fork*
15 el tubo de escape elevado
– *upswept exhaust*
16 la rejilla de protección *f* contra el calor
– *heat shield*
17 la cadena de transmisión *f*
– *drive chain*
18 el arco de protección *f*
– *crash bar (roll bar)*
19 el tacómetro (el cuentakilómetros)
– *speedometer* (coll. *speedo)*
20 la bicicleta de acumuladores *m* (la bicicleta eléctrica, la citybike)
– *battery-powered moped, an electrically-powered vehicle*
21 el sillín móvil
– *swivel saddle*
22 el compartimiento de los acumuladores
– *battery compartment*
23 el cesto de alambre *m* (el portaequipajes)
– *wire basket*
24 el ciclomotor
– *touring moped (moped)*
25 el pedal
– *pedal crank (pedal drive, starter pedal)*
26 el motor monocilíndrico de dos tiempos *m*
– *single-cylinder two-stroke engine*
27 la clavija de la bujía
– *spark-plug cap*
28 el depósito de combustible *m* (el depósito de mezcla *f*)
– *fuel tank (petrol tank,* Am. *gasoline tank)*
29 el faro del ciclomotor
– *moped headlamp (front lamp)*
30-35 los accesorios del manillar
– *handlebar fittings*
30 el puño giratorio del gas
– *twist grip throttle control (throttle twist grip)*
31 el puño giratorio para el cambio de velocidades *f*
– *twist grip (gear-change, gearshift)*
32 la palanca de embrague *m*
– *clutch lever*
33 el freno de mano *f*
– *hand brake lever*
34 el velocímetro (el tacómetro, el cuentakilómetros)
– *speedometer (*coll. *speedo)*
35 el espejo retrovisor
– *rear-view mirror (mirror)*
36 el freno de tambor *m* delantero
– *front wheel drum brake (drum brake)*
37 los cables Bowden
– *Bowden cables (brake cables)*
38 la luz trasera, la luz de freno *m*
– *stop and tail light unit*
39 el velomotor
– *light motorcycle with kickstarter*
40 el tablero de mando *m* con cuentakilómetros *m* y cuentarrevoluciones *m* electrónico
– *housing for instruments with speedometer and electronic rev counter (revolution counter)*
41 la horquilla telehidráulica con goma *f* de protección *f*
– *telescopic shock absorber*
42 el sillín biplaza (de dos asientos *m*)
– *twin seat*
43 el pedal de arranque *m*
– *kickstarter*
44 el descansapiés del pasajero
– *pillion footrest, a footrest*
45 el manillar deportivo
– *handlebar (handlebars)*
46 el guardacadena cerrado herméticamente
– *chain guard*
47 el scooter, el escúter
– *motor scooter (scooter)*
48 el panel lateral fijo
– *removable side panel*
49 el cuadro tubular
– *tubular frame*
50 el revestimiento de chapa *f*
– *metal fairings*
51 el patín de apoyo *m* (la patilla)
– *prop stand (stand)*
52 el pedal de freno *m*
– *foot brake*
53 la bocina (el claxon)
– *horn (hooter)*
54 el gancho para el maletín o la cartera
– *hook for handbag or briefcase*
55 el pedal selector de velocidades *f*
– *foot gear-change control (foot gearshift control)*
56 la motoreta; *con una rueda mayor que otra:* el chopper
– *high-riser;* sim.: *Chopper*
57 el manillar bifurcado
– *high-rise handlebar (handlebars)*
58 la horquilla imitando a la de la moto
– *imitation motorcycle fork*
59 el sillín
– *banana saddle*
60 el arco cromado
– *chrome bracket*

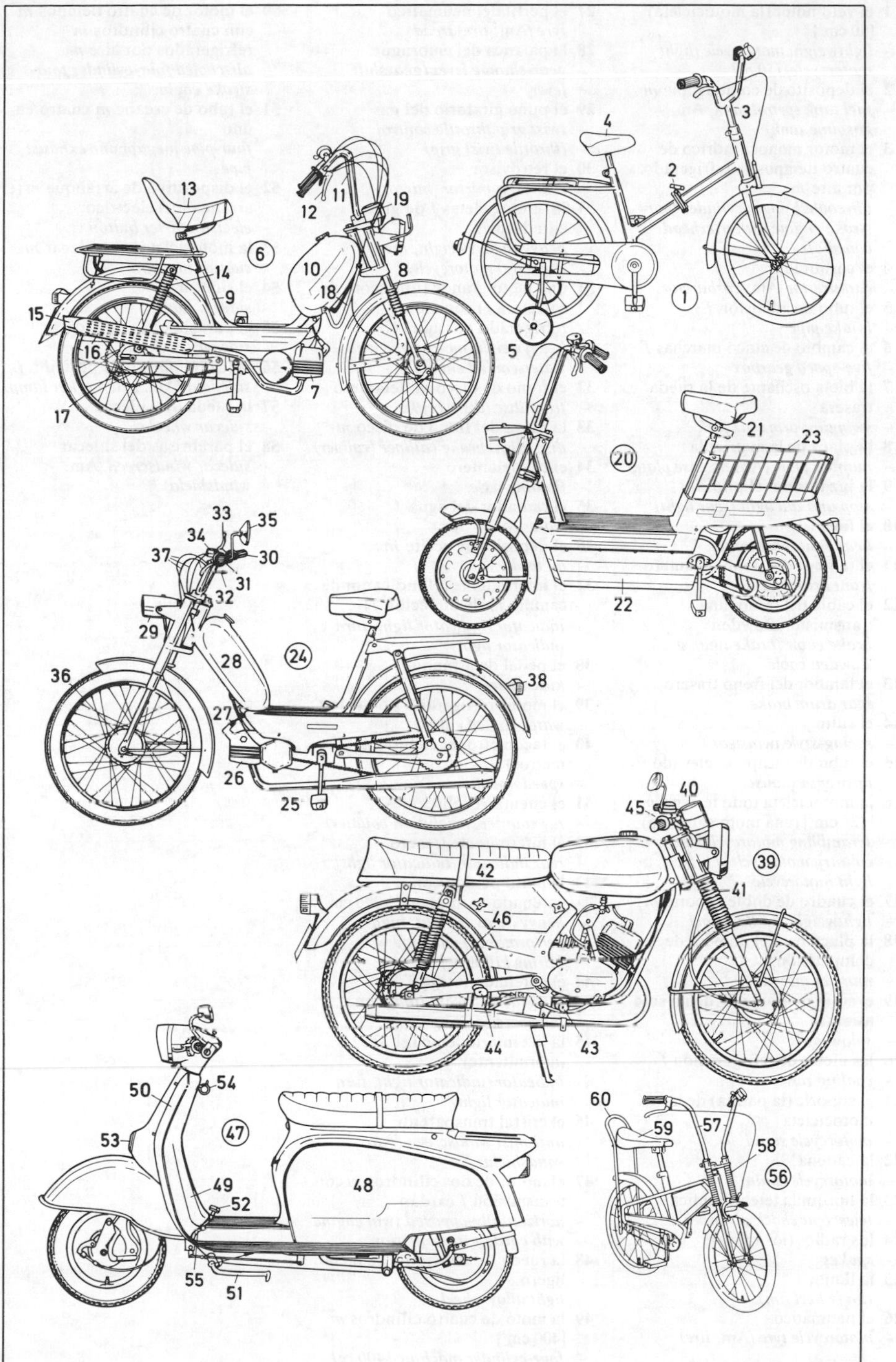
1
2
3
4
5
6
7
8
9
10
11
12
13
14
15
16
17
18
19
20
21
22
23
24
25
26
27
28
29
30
31
32
33
34
35
36
37
38
39
40
41
42
43
44
45
46
47
48
49
50
51
52
53
54
55
56
57
58
59
60

1 el velomotor (la motocicleta) [50 cm^3]
- *lightweight motorcycle (light motorcycle) [50 cc]*

2 el depósito de combustible *m*
- *fuel tank (petrol tank,* Am. *gasoline tank)*

3 el motor monocilíndrico de cuatro tiempos *m* refrigerado por aire *m*
- *air-cooled single-cylinder four-stroke engine with overhead camshaft*

4 el carburador
- *carburettor (*Am. *carburetor)*

5 el tubo de admisión *f*
- *intake pipe*

6 el cambio de cinco marchas *f*
- *five-speed gearbox*

7 la biela oscilante de la rueda trasera
- *swinging-arm rear fork*

8 la placa de la matrícula
- *number plate (*Am. *license plate)*

9 la luz trasera (el piloto)
- *stop and tail light (rear light)*

10 el faro
- *headlight (headlamp)*

11 el tambor del freno delantero
- *front drum brake*

12 el cable del freno, una transmisión Bowden
- *brake cable (brake line), a Bowden cable*

13 el tambor del freno trasero
- *rear drum brake*

14 el sillín
- *racing-style twin seat*

15 el tubo de escape *m* elevado
- *upswept exhaust*

16 la motocicleta todo terreno *m* [125 cm^3] (una moto campera)
- *scrambling motorcycle (cross-country motorcycle) [125 cc], a light motorcycle*

17 el cuadro de doble soporte *m*
- *lightweight cradle frame*

18 la placa para el número de competición *f*
- *number disc (disk)*

19 el sillín monoplaza (de un solo asiento)
- *solo seat*

20 las aletas de refrigeración *f*
- *cooling ribs*

21 el soporte (la patilla) de la motocicleta
- *motorcycle stand*

22 la cadena
- *motorcycle chain*

23 la horquilla telehidráulica
- *telescopic shock absorber*

24 los radios (los rayos)
- *spokes*

25 la llanta
- *rim (wheel rim)*

26 el neumático
- *motorcycle tyre (*Am. *tire)*

27 el perfil del neumático
- *tyre (*Am. *tire) tread*

28 la palanca del embrague
- *gear-change lever (gearshift lever)*

29 el puño giratorio del gas
- *twist grip throttle control (throttle twist grip)*

30 el retrovisor
- *rear-view mirror (mirror)*

31-58 motocicletas *f* de gran cilindrada *f*
- *heavy (heavyweight, large-capacity) motorcycles*

31 una moto grande (una moto de carretera *f*) con motor refrigerado por agua *f*
- *heavyweight motorcycle with water-cooled engine*

32 el freno de disco *m* delantero
- *front disc (disk) brake*

33 la pinza del freno de disco *m*
- *disc (disk) brake calliper (caliper)*

34 el eje delantero
- *floating axle*

35 el radiador del agua *f*
- *water cooler*

36 el depósito de aceite *m*
- *oil tank*

37 el intermitente (el indicador de cambio *m* de dirección *f*)
- *indicator (indicator light, turn indicator light)*

38 el pedal de arranque
- *kickstarter*

39 el motor refrigerado por agua *f*
- *water-cooled engine*

40 el tacómetro (el cuentakilómetros)
- *speedometer*

41 el cuentarrevoluciones
- *rev counter (revolution counter)*

42 el intermitente trasero
- *rear indicator (indicator light)*

43 la moto pesada con carenado *m* integral [1 000 cm^3]
- *heavy (heavyweight, high-performance) machine with fairing [1000 cc]*

44 el carenado integral
- *integrated streamlining, an integrated fairing*

45 la luz intermitente (el intermitente)
- *indicator (indicator light, turn indicator light)*

46 el cristal transparente
- *anti-mist windscreen (*Am. *windshield)*

47 el motor de dos cilindros *m* con transmisión *f* cardán
- *horizontally-opposed twin engine with cardan transmission*

48 la rueda de aleación *f* de metal ligero
- *light alloy wheel*

49 la moto de cuatro cilindros *m* [400 cm^3]
- *four-cylinder machine [400 cc]*

50 el motor de cuatro tiempos *m* con cuatro cilindros *m* refrigerados por aire *m*
- *air-cooled four-cylinder four-stroke engine*

51 el tubo de escape *m* cuatro en uno
- *four-pipe megaphone exhaust pipe*

52 el dispositivo de arranque *m* (el arrancador) eléctrico
- *electric starter button*

53 la motocicleta con sidecar *m*
- *sidecar machine*

54 el sidecar
- *sidecar body*

55 el parachoques del sidecar
- *sidecar crash bar*

56 la luz (el piloto) de posición *f*
- *sidelight (*Am. *sidemarker lamp)*

57 la rueda del sidecar
- *sidecar wheel*

58 el parabrisas del sidecar
- *sidecar windscreen (*Am. *windshield)*

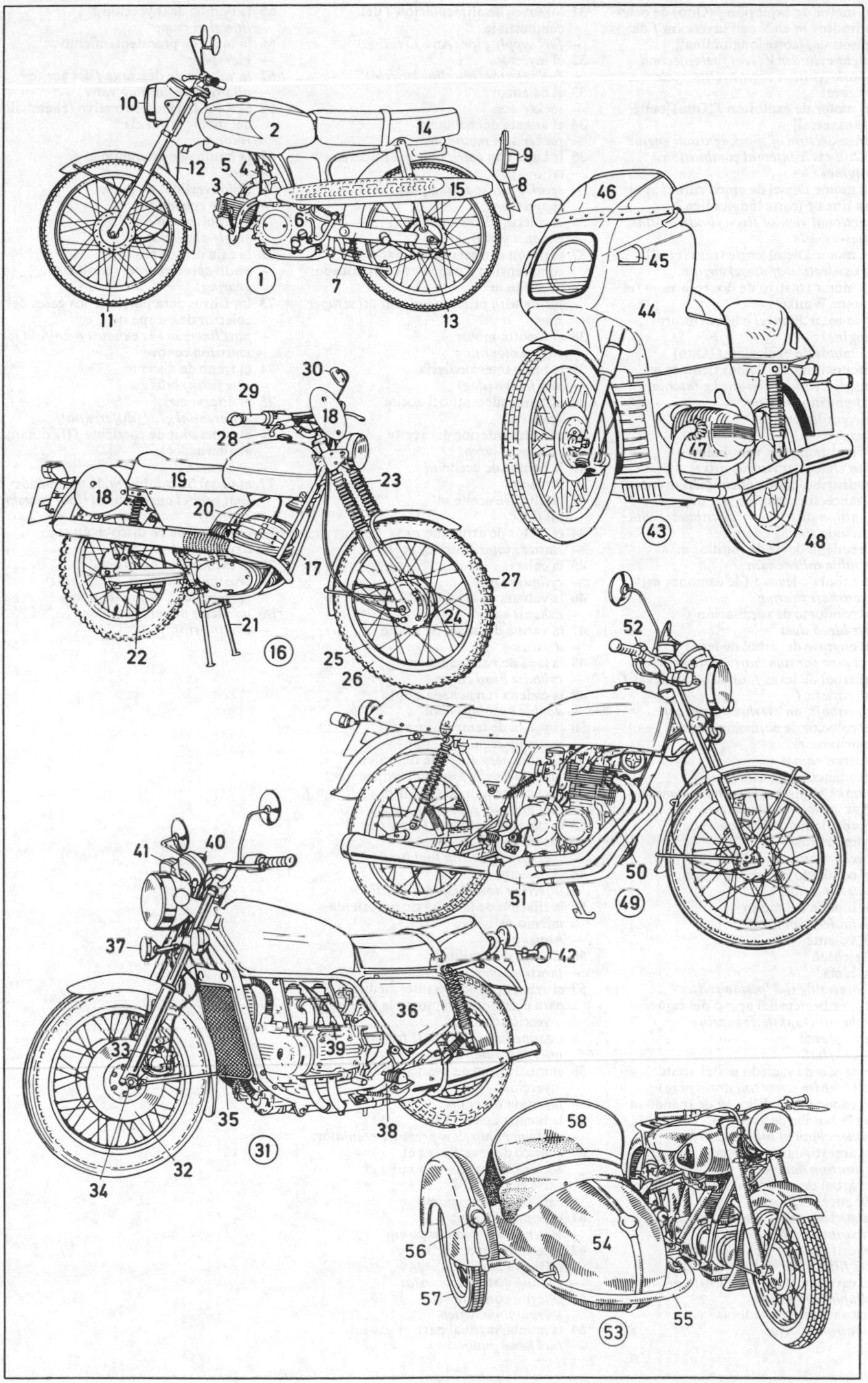
1
2
3
4
5
6
7
8
9
10
11
12
13
14
15
16
17
18
19
20
21
22
23
24
25
26
27
28
29
30
31
32
33
34
35
36
37
38
39
40
41
42
43
44
45
46
47
48
49
50
51
52
53
54
55
56
57
58

1 el motor de explosión *f* (Otto) de ocho cilindros *m* en V con inyección *f* de gasolina *f* [corte longitudinal]
– *eight-cylinder V (vee) fuel-injection spark-ignition engine (Otto-cycle engine)*
2 el motor de explosión *f* (Otto) [corte transversal]
– *cross-section of spark-ignition engine (Otto-cycle internal combustion engine)*
3 el motor Diesel de cinco cilindros *m* en línea *f* [corte longitudinal]
– *sectional view of five-cylinder in-line diesel engine*
4 el motor Diesel [corte transversal]
– *cross-section of diesel engine*
5 el motor rotativo de dos rotores *m* (el motor Wankel)
– *two-rotor Wankel engine (rotary engine)*
6 el motor de explosión *f* (Otto) monocilíndrico de dos tiempos *m*
– *single-cylinder two-stroke internal combustion engine*
7 el ventilador
– *fan*
8 el embrague del ventilador
– *fan clutch for viscous drive*
9 el distribuidor de encendido *m* con avance al encendido por depresión *f*
– *ignition distributor (distributor) with vacuum timing control*
10 la cadena doble de rodillos *m*
– *double roller chain*
11 el árbol de levas *f* (de camones *m*)
– *camshaft bearing*
12 el conducto de ventilación *f*
– *air-bleed duct*
13 el engrase del árbol de levas *f*
– *oil pipe for camshaft lubrication*
14 el árbol de levas *f*, un árbol de levas *f* en cabeza *f*
– *camshaft, an overhead camshaft*
15 el colector de admisión *f* con mariposa *f*
– *venturi throat*
16 el silencioso de admisión *f*
– *intake silencer (absorption silencer,* Am. *absorption muffler)*
17 el regulador de la presión del combustible
– *fuel pressure regulator*
18 el conducto (el tubo) de admisión *f*
– *inlet manifold*
19 el bloque del motor
– *cylinder crankcase*
20 el volante
– *flywheel*
21 la biela
– *connecting rod (piston rod)*
22 el sombrerete del apoyo del cigüeñal
– *cover of crankshaft bearing*
23 el cigüeñal
– *crankshaft*
24 el tapón de vaciado *m* del aceite
– *oil bleeder screw (oil drain plug)*
25 la cadena de rodillos *m* de mando *m* de la bomba de aceite *m*
– *roller chain of oil pump drive*
26 el amortiguador de oscilaciones *f*
– *vibration damper*
27 el árbol de mando *m* del distribuidor de encendido *m*
– *distributor shaft for the ignition distributor (distributor)*
28 el orificio para echar el aceite
– *oil filler neck*
29 el cartucho del filtro de aire *m*
– *diaphragm spring*
30 las varillas reguladoras
– *control linkage*
31 los tubos de alimentación *f* del combustible
– *fuel supply pipe (*Am. *fuel line)*
32 el inyector
– *fuel injector (injection nozzle)*
33 el balancín
– *rocker arm*
34 el asiento del balancín
– *rocker arm mounting*
35 la bujía con capuchón *m* antiparasitario
– *spark plug (sparking plug) with suppressor*
36 el colector de escape *m*
– *exhaust manifold*
37 el pistón con segmentos *m* de comprensión *f* y segmento *m* rascador de aceite *m*
– *piston with piston rings and oil scraper ring*
38 el soporte-motor
– *engine mounting*
39 la brida intermediaria
– *dog flange (dog)*
40 el cárter superior del aceite
– *crankcase*
41 el cárter inferior del aceite
– *oil sump (sump)*
42 la bomba de aceite *m*
– *oil pump*
43 el filtro de aceite *m*
– *oil filter*
44 el motor de arranque *m*
– *starter motor (starting motor)*
45 la culata
– *cylinder head*
46 la válvula de escape *m*
– *exhaust valve*
47 la varilla del nivel de aceite *m*
– *dipstick*
48 la tapa de balancines *m*
– *cylinder head cover*
49 la cadena remachada doble
– *double bushing chain*
50 la sonda de temperatura *f*
– *warm-up regulator*
51 el cable para el ajuste del ralentí
– *tapered needle for idling adjustment*
52 la canalización de gas-oil *m* a presión *f*
– *fuel pressure pipe (fuel pressure line)*
53 la canalización para fugas *f* de gas-oil *m*
– *fuel leak line (drip fuel line)*
54 el inyector
– *injection nozzle (spray nozzle)*
55 la fijación de la bujía de precalentamiento *m*
– *heater plug*
56 el disco de equilibrado *m*
– *thrust washer*
57 el árbol de piñón *m* intermediario para el accionamiento de la bomba de inyección *f*
– *intermediate gear shaft for the injection pump drive*
58 el mecanismo de avance de la inyección
– *injection timer unit*
59 la bomba de vacío *m*
– *vacuum pump (low-pressure regulator)*
60 el disco de leva *f* para el accionamiento de la bomba de vacío *m*
– *cam for vacuum pump*
61 la bomba de agua *f*
– *water pump (coolant pump)*
62 el termostato del agua *f* de refrigeración *f*
– *cooling water thermostat*
63 el termocontacto
– *thermo time switch*
64 la bomba manual para el gas-oil
– *fuel hand pump*
65 la bomba de inyección *f*
– *injection pump*
66 la bujía de precalentamiento *m*
– *glow plug*
67 la válvula de descarga *f* del aceite
– *oil pressure limiting valve*
68 el rotor del motor rotativo (el émbolo del motor Wankel)
– *rotor*
69 la lámina de estanquidad *f*
– *seal*
70 el convertidor de par *m*
– *torque converter*
71 el embrague monodisco
– *single-plate clutch*
72 la caja de cambio *m*
– *multi-speed gearing (multi-step gearing)*
73 los filtros para purificar los gases del colector de escape *m*
– *port liners in the exhaust manifold for emission control*
74 el freno de disco *m*
– *disc (disk) brake*
75 el diferencial
– *differential gear (differential)*
76 el generador de corriente *f* (la dinamo, el alternador)
– *generator*
77 el pedal de cambio *m* de velocidades *f*
– *foot gear-change control (foot gearshift control)*
78 el embrague de disco *m* en seco
– *dry multi-plate clutch*
79 el carburador horizontal
– *cross-draught (*Am. *cross-draft) carburettor (*Am. *carburetor)*
80 las aletas de refrigeración *f*
– *cooling ribs*

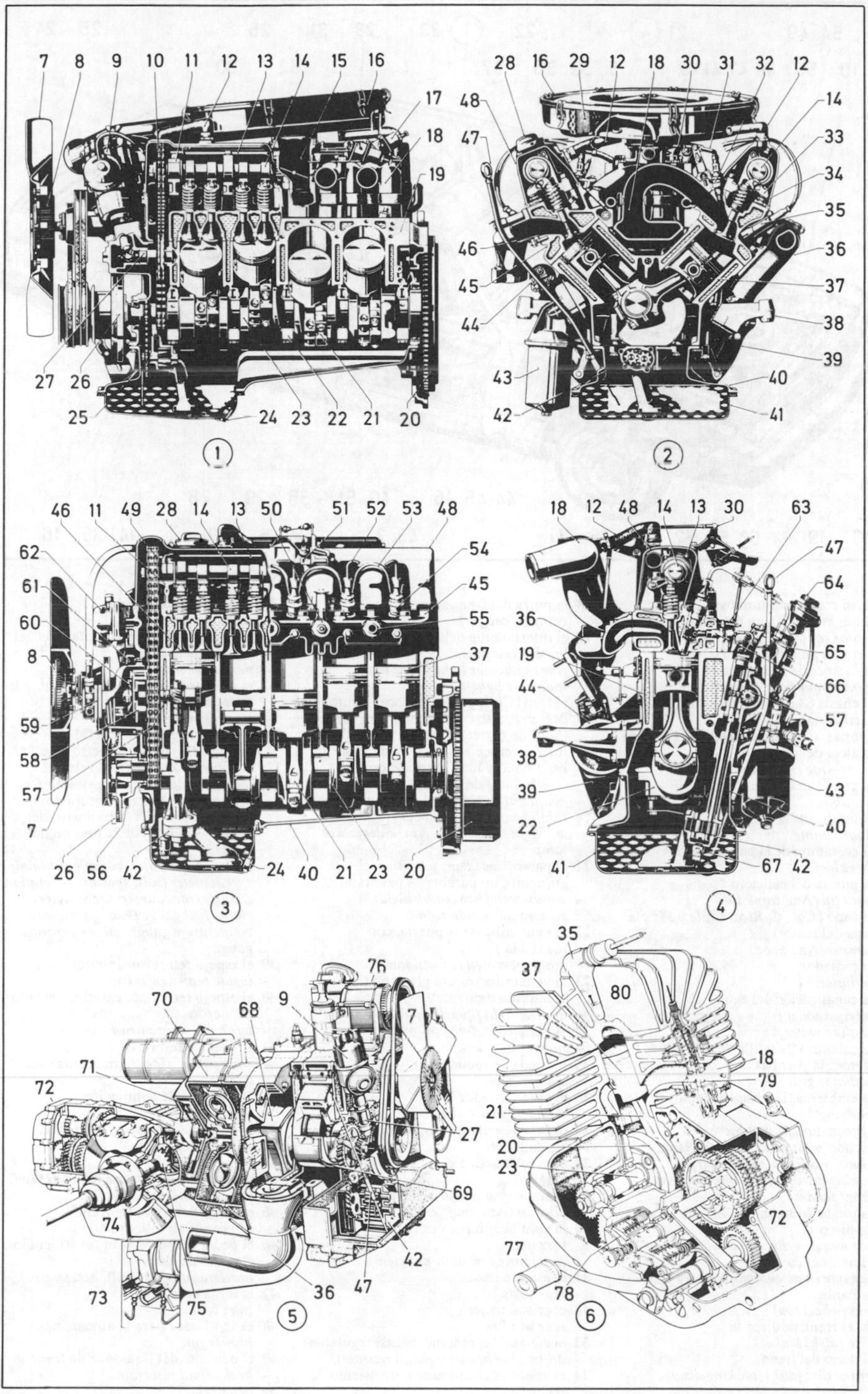

7 8 9 10 11 12 13 14 15 16 17 18 19 20 21 22 23 24 25 26 27
1
28 16 29 12 18 30 31 32 12 14 33 34 35 36 37 38 39 40 41 42 43 44 45 46 47 48
2
46 11 49 28 14 13 50 51 52 53 48 54 45 55 37 20 23 21 40 24 42 56 26 7 57 58 59 8 60 61 62
3
18 12 48 14 13 30 63 47 64 65 66 57 43 40 42 67 41 22 39 38 44 19 36
4
70 68 9 76 7 27 69 42 47 36 75 73 74 72 71
5
35 37 80 18 79 21 20 23 72 77 78
6

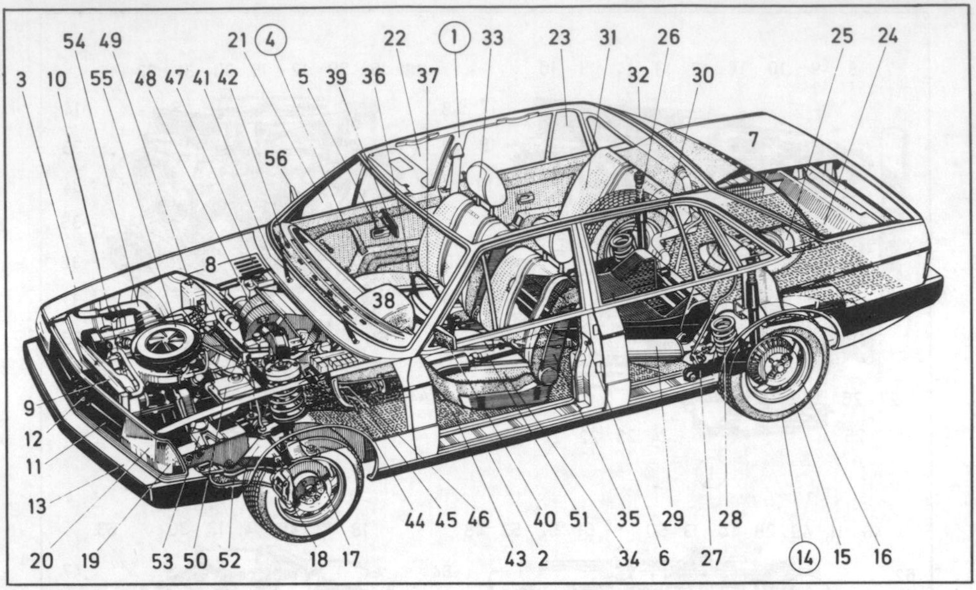

1-56 el coche (el automóvil, el auto; *Amér.:* el carro), un turismo
– *motor car (car,* Am. *automobile, auto), a passenger vehicle*
1 la carrocería autoportante
– *monocoque body (unitary body)*
2 el chasis (*Amér.:* el chasís; la carrocería)
– *chassis, the understructure of the body*
3 la aleta delantera
– *front wing (*Am. *front fender)*
4 la puerta del coche
– *car door*
5 el tirador de la puerta
– *door handle*
6 la cerradura de la puerta
– *door lock*
7 la puerta del maletero
– *boot lid (*Am. *trunk lid)*
8 el capó (*Col., C. Rica, Chile y Mé.:* la tapa del motor)
– *bonnet (*Am. *hood)*
9 el radiador
– *radiator*
10 la canalización del agua *f* de refrigeración *f*
– *cooling water pipe*
11 la calandra (la rejilla del radiador; *Amér.:* la parrilla)
– *radiator grill*
12 el emblema (la marca del auto)
– *badging*
13 el parachoques delantero con escudo *m* de caucho *m* (*C. Rica, Guat. y S. Dgo.:* el bomper)
– *rubber-covered front bumper (*Am. *front fender)*
14 la rueda de automóvil *m*, una rueda de disco *m*
– *car wheel, a disc (disk) wheel*
15 el neumático
– *car tyre (*Am. *automobile tire)*
16 la llanta
– *rim (wheel rim)*
17-18 el freno de disco *m*
– *disc (disk) brake*
17 el disco del freno
– *brake disc (disk) (braking disc)*
18 la pinza del freno
– *calliper (caliper)*
19 el intermitente delantero (*Amér.:* la luz direccional)
– *front indicator light (front turn indicator light)*
20 el faro (*Chile y Pan.:* el foco; *Guat., Mé. y. P. Rico:* la luz) con luz *f* larga (luz *f* de carretera; *Amér.:* luz *f* alta), luz *f* de cruce *m* (luz *f* corta; *Amér.:* luz *f* baja) y luz *f* de posición *f* (*Chile:* luz *f* de estacionamiento *m*)
– *headlight (headlamp) with main beam (high beam), dipped beam (low beam), sidelight (side lamp,* Am. *sidemarker lamp)*
21 el parabrisas (*Pan. y P. Rico:* el guinchil), un parabrisas panorámico
– *windscreen (*Am. *windshield), a panoramic windscreen*
22 la ventanilla de la puerta, con manivela *f*
– *crank-operated car window*
23 la ventanilla trasera giratoria (la ventanilla oscilante)
– *quarter light (quarter vent)*
24 el maletero (*Amér.:* el baúl)
– *boot (*Am. *trunk)*
25 la rueda de repuesto *m*
– *spare wheel*
26 el amortiguador
– *damper (shock absorber)*
27 el brazo oscilante longitudinal
– *trailing arm*
28 el muelle helicoidal
– *coil spring*
29 el silencioso (el silenciador)
– *silencer (*Am. *muffler)*
30 la ventilación por circulación *f* forzada
– *automatic ventilation system*
31 el asiento trasero
– *rear seats*
32 el cristal trasero
– *rear window*
33 el cabezal (el reposacabezas) regulable
– *adjustable headrest (head restraint)*
34 el asiento del conductor, un asiento reclinable
– *driver's seat, a reclining seat*
35 el respaldo reclinable
– *reclining backrest*
36 el asiento del acompañante; *pop.:* el asiento de la muerte
– *passenger seat*
37 el volante (*Amér.:* el timón; *Col. y P. Rico:* la volanta)
– *steering wheel*
38 el tablero de mandos *m* (el salpicadero) con tacómetro *m*, el cuentarrevoluciones, el reloj, el indicador del nivel de gasolina *f*, el indicador de la temperatura de refrigeración *f* (el termómetro del agua *f*) y el reloj de la presión del aceite
– *centre (*Am. *center) console containing speedometer (*coll. *speedo), revolution counter (rev counter, tachometer), clock, fuel gauge (*Am. *gage), water temperature gauge, oil temperature gauge*
39 el espejo retrovisor interior
– *inside rear-view mirror*
40 el espejo retrovisor exterior del lado izquierdo
– *left-hand wing mirror*
41 el limpiaparabrisas
– *windscreen wiper (*Am. *windshield wiper)*
42 la abertura de ventilación *f*
– *defroster vents*
43 la moqueta del suelo; *encima:* la alfombrilla
– *carpeting*
44 el pedal del embrague (el embrague)
– *clutch pedal (*coll. *clutch)*
45 el pedal del freno (el freno)
– *brake pedal (*coll. *brake)*
46 el pedal del acelerador (el acelerador, el pedal del gas)
– *accelerator pedal (*coll. *accelerator)*
47 la toma de aire *m*
– *inlet vent*
48 el ventilador para la aireación
– *blower fan*
49 el depósito del líquido *m* de freno *m*
– *brake fluid reservoir*
50 la batería
– *battery*

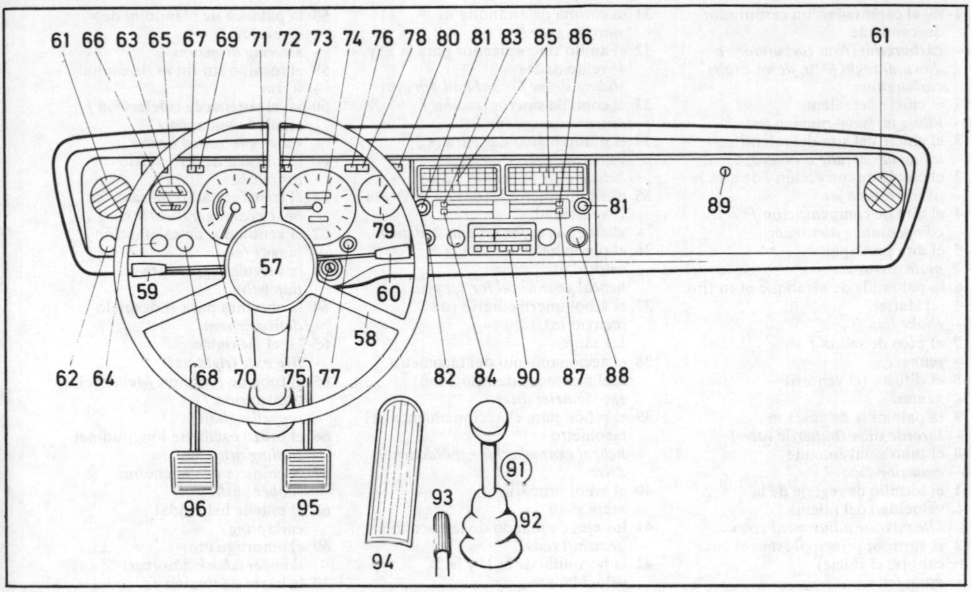

51 el tubo de escape *m*
– *exhaust pipe*
52 el tren delantero con tracción *f* delantera
– *front running gear with front wheel drive*
53 el soporte del motor
– *engine mounting*
54 el silencioso de admisión *f*
– *intake silencer (Am. intake muffler)*
55 el filtro del aire
– *air filter (air cleaner)*
56 el espejo retrovisor exterior del lado derecho
– *right-hand wing mirror*
57-90 el tablero de mandos *m* (el salpicadero)
– *dashboard (fascia panel)*
57 el centro del volante con protector *m* antichoque
– *controlled-collapse steering column*
58 el radio del volante
– *steering wheel spoke*
59 el conmutador de luces *f* y del intermitente
– *indicator and dimming switch*
60 el conmutador del limpiaparabrisas con avisador *m* sonoro
– *wiper/washer switch and horn*
61 la aireación lateral
– *side window blower*
62 el interruptor de la luz de posición *f*
– *sidelight, headlight, and parking light switch*
63 el indicador de la luz antiniebla
– *fog lamp warning light*
64 el interruptor de las luces antiniebla delantera y trasera
– *fog headlamp and rear lamp switch*
65 el indicador del nivel de la gasolina
– *fuel gauge (Am. gage)*
66 el termómetro del agua *f* de refrigeración *f*
– *water temperature gauge (Am. gage)*
67 el indicador de la luz antiniebla trasera
– *warning light for rear fog lamp*
68 el interruptor del warning
– *hazard flasher switch*
69 el indicador de la luz larga
– *main beam warning light*
70 el cuentarrevoluciones eléctrico
– *electric rev counter (revolution counter)*
71 el chivato del nivel de la gasolina
– *fuel warning light*
72 el chivato del freno de mano *f* y del sistema de frenado *m* de los dos circuitos independientes
– *warning light for the hand brake and dual-circuit brake system*
73 el chivato de la presión del aceite
– *oil pressure warning light*
74 el tacómetro (el velocímetro) con cuentakilómetros *m*
– *speedometer (coll. speedo) with trip mileage recorder*
75 la cerradura antirrobo y de contacto *m*
– *starter and steering lock*
76 el chivato de las luces intermitentes y del warning
warning lights for turn indicators and hazard flashers
77 el potenciómetro de la iluminación interior con puesta *f* a cero del cuentakilómetros parcial
– *switch for the courtesy light and reset button for the trip mileage recorder*
78 el chivato de carga *f*
– *ammeter*
79 el reloj eléctrico
electric clock
80 el chivato de desempañado *m* de la luneta trasera
– *warning light for heated rear window*
81 el interruptor para la ventilación de la parte baja
– *switch for the leg space ventilation*
82 el interruptor para desempañar la luneta trasera
– *rear window heating switch*
83 la palanca para graduar la ventilación
– *ventilation switch*
84 la palanca para regular la temperatura
– *temperature regulator*
85 la aireación regulable
– *fresh-air inlet and control*
86 la palanca para distribuir el aire frío
– *fresh-air regulator*
87 la palanca para distribuir el aire caliente
– *warm-air regulator*
88 el encendedor
– *cigar lighter*
89 la cerradura de la guantera
– *glove compartment (glove box) lock*
90 la radio
– *car radio*
91 la palanca de cambio *m* de velocidades *f*
– *gear lever (gearshift lever), a floor-type gear-change*
92 la guarnición (el manguito) de piel *f*
– *leather gaiter*
93 la palanca del freno de mano *f* (*C. Rica y Pan.*: el freno de emergencia *f*)
– *hand brake lever*
94 el pedal del acelerador (el acelerador, el pedal del gas)
– *accelerator pedal*
95 el pedal del freno (el freno)
– *brake pedal*
96 el pedal del embrague (el embrague)
– *clutch pedal*

1-15 el carburador, un carburador descendente
- ***carburettor*** *(Am. carburetor), a down-draught (Am. down-draft) carburettor*

1 el chiclé del ralentí
- *idling jet (slow-running jet)*

2 el chiclé del aire del ralentí
- *idling air jet (idle air bleed)*

3 el chiclé de corrección *f* de aire *m*
- *air correction jet*

4 el aire de compensación *f*
- *compensating airstream*

5 el aire principal
- *main airstream*

6 la palomilla de arranque *m* en frío (el starter)
- *choke flap*

7 el pico de salida *f*
- *plunger*

8 el difusor (el venturi)
- *venturi*

9 la palomilla de gases *m*
- *throttle valve (butterfly valve)*

10 el tubo emulsionante
- *emulsion tube*

11 el tornillo de reglaje de la velocidad del ralentí
- *idle mixture adjustment screw*

12 el surtidor principal (*sin.:* el calibre, el chiclé)
- *main jet*

13 la llegada de gasolina *f*
- *fuel inlet (Am. gasoline inlet) (inlet manifold)*

14 la cuba de nivel *m* constante
- *float chamber*

15 el flotador
- *float*

16-27 el engrase bajo presión *f*
- ***pressure-feed lubricating system***

16 la bomba de aceite *m*
- *oil pump*

17 el cárter del aceite
- *oil sump*

18 la alcachofa de aspiración *f*
- *sump filter*

19 el refrigerador de aceite *m* (el radiador de aceite *m*)
- *oil cooler*

20 el filtro del aceite
- *oil filter*

21 el canal principal de engrase *m*
- *main oil gallery (drilled gallery)*

22 el canal secundario
- *crankshaft drilling (crankshaft tributary, crankshaft bleed)*

23 el cigüeñal
- *crankshaft bearing (main bearing)*

24 el árbol de levas *f* (camones *m*)
- *camshaft bearing*

25 la muñequilla del cigüeñal
- *connecting-rod bearing*

26 el calibre para el eje del pistón
- *gudgeon pin (piston pin)*

27 la canalización superior
- *bleed*

28-47 la caja de cambios *m* **sincronizada de cuatro velocidades** *f*
- ***four-speed synchromesh gearbox***

28 el pedal de embrague *m*
- *clutch pedal*

29 el cigüeñal
- *crankshaft*

30 el árbol motor
- *drive shaft (propeller shaft)*

31 la corona de arranque *m*
- *starting gear ring*

32 el anillo sincronizador para la 3ª y 4ª velocidades
- *sliding sleeve for 3rd and 4th gear*

33 el cono de sincronización *f*
- *synchronizing cone*

34 el piñón helicoidal para la 3ª velocidad
- *helical gear wheel for 3rd gear*

35 el anillo sincronizador de la 1ª y la 2ª velocidades
- *sliding sleeve for 1st and 2nd gear*

36 el piñón helicoidal de la 1ª velocidad
- *helical gear wheel for 1st gear*

37 el árbol intermediario (de reenvío *m*)
- *lay shaft*

38 el accionamiento del tacómetro (del marcador de velocidad)
- *speedometer drive*

39 el piñón para el accionamiento del tacómetro
- *helical gear wheel for speedometer drive*

40 el árbol primario
- *main shaft*

41 los ejes de mando de la horquilla
- *gearshift rods*

42 la horquilla de la 1ª y la 2ª velocidades
- *selector fork for 1st and 2nd gear*

43 el piñón helicoidal de la 2ª velocidad
- *helical gear wheel for 2nd gear*

44 la horquilla de marcha *f* atrás
- *selector head with reverse gear*

45 la horquilla para la 3ª y la 4ª velocidades
- *selector fork for 3rd and 4th gear*

46 la palanca de cambio *m*
- *gear lever (gearshift lever)*

47 la palanca selectora
- *gear-change pattern (gearshift pattern, shift pattern)*

48-55 el freno de disco *m*
- ***disc (disk) brake*** *[assembly]*

48 el disco del freno
- *brake disc (disk) (braking disc)*

49 la pinza del freno, una pinza fija con las pastillas del freno
- *calliper (caliper), a fixed calliper with friction pads*

50 el tambor del freno de mano *f*
- *servo cylinder (servo unit)*

51 las zapatas del freno
- *brake shoes*

52 el forro del freno
- *brake lining*

53 el racor de la canalización del freno
- *outlet to brake line*

54 el bombín del freno
- *wheel cylinder*

55 el muelle recuperador
- *return spring*

56-59 el mecanismo de dirección *f* (la dirección de tornillo *m* sin fin *m* globoide)
- ***steering gear*** *(worm-and-nut steering gear)*

56 el árbol de dirección *f* (la columna de dirección *f*)
- *steering column*

57 el soporte de rodillo *m*
- *worm gear sector*

58 la palanca de mando *m* de dirección *f*
- *steering drop arm*

59 el tornillo sin fin *m* (la espiral)
- *worm*

60-64 el sistema de calefacción *f* **regulado por agua** *f*
- ***water-controlled heater***

60 la entrada de aire *m* frío
- *air intake*

61 el transformador de calor *m*
- *heat exchanger (heater box)*

62 el ventilador de calefacción *f*
- *blower fan*

63 la válvula reguladora
- *flap valve*

64 la abertura para el deshielo
- *defroster vent*

65-71 el eje rígido
- ***live axle*** *(rigid axle)*

65 el tubo de reacción *f* (el árbol de transmisión *f*)
- *propeller shaft*

66 el brazo oscilante longitudinal
- *trailing arm*

67 el cojinete de caucho *m*
- *rubber bush*

68 el muelle helicoidal
- *coil spring*

69 el amortiguador
- *damper (shock absorber)*

70 la barra de torsión *f*
- *Panhard rod*

71 la barra estabilizadora
- *stabilizer bar*

72-84 la suspensión MacPherson
- ***MacPherson strut unit***

72 la placa de fijación *f* sobre la carrocería
- *body-fixing plate*

73 el soporte de fijación *f* superior
- *upper bearing*

74 el muelle helicoidal
- *suspension spring*

75 el eje (caña *f*) del pistón
- *piston rod*

76 el amortiguador (*P. Rico:* el shockabsorver)
- *suspension damper*

77 la llanta
- *rim (wheel rim)*

78 el gorrón (el muñon, la mangueta)
- *stub axle*

79 el pivote de mangueta *f*
- *steering arm*

80 la rótula del pivote de mangueta *f*
- *track-rod ball-joint*

81 el brazo trasero de triángulo *m* (la horquilla trasera)
- *trailing link arm*

82 el cojinete de caucho *m*
- *bump rubber (rubber bonding)*

83 la caja del eje (el cubo de rueda *f*)
- *lower bearing*

84 el travesaño principal
- *lower suspension arm*

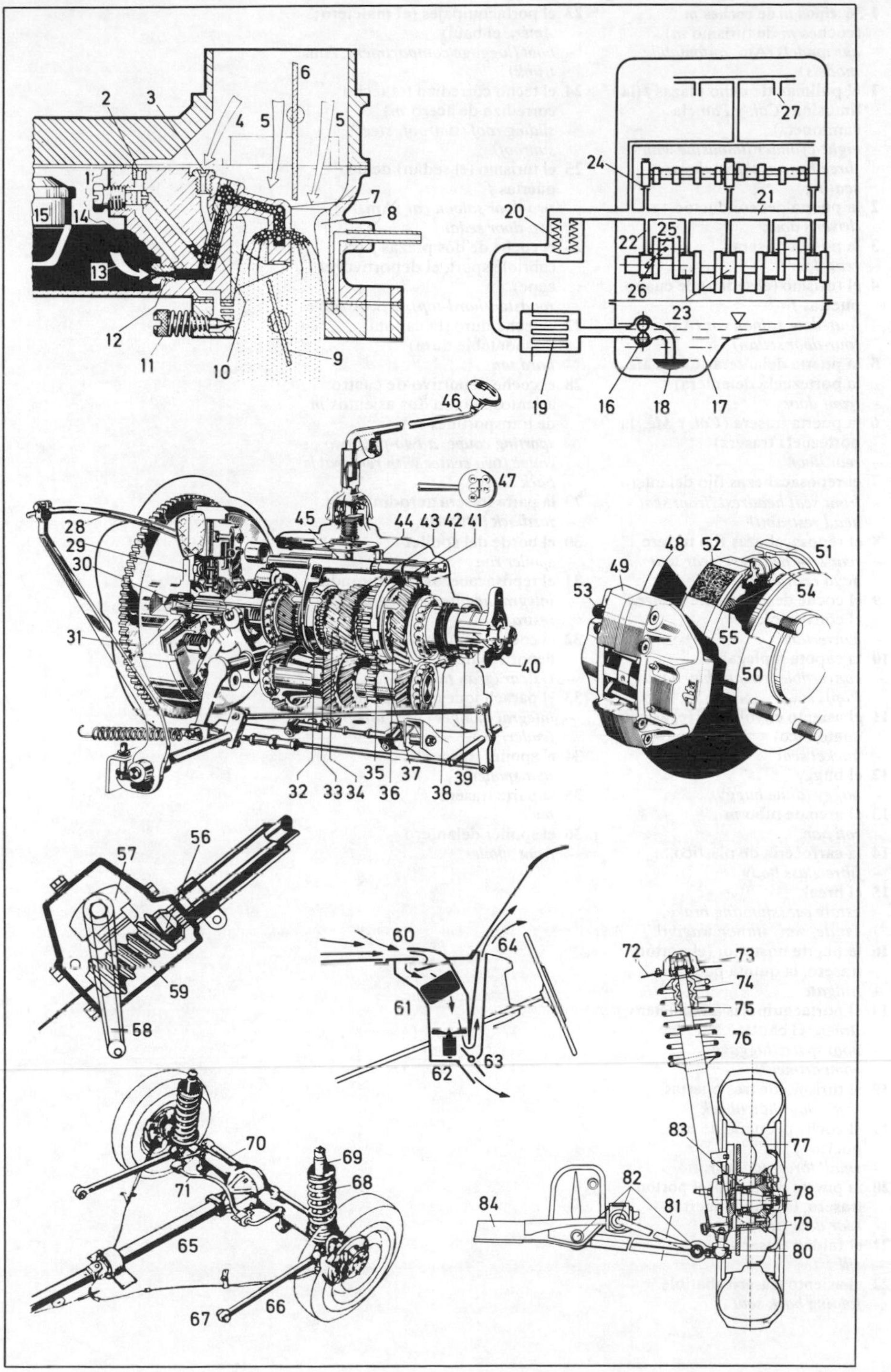
1
2
3
4
5
5
6
7
8
9
10
11
12
13
14
15
16
17
18
19
20
21
22
23
24
25
26
27
28
29
30
31
32
33
34
35
36
37
38
39
40
41
42
43
44
45
46
47
48
49
50
51
52
53
54
55
56
57
58
59
60
61
62
63
64
65
66
67
68
69
70
71
72
73
74
75
76
77
78
79
80
81
82
83
84

1-36 tipos *m* **de coches** *m* (coches *m* de turismo *m*)
- ***car models*** *(*Am. *automobile models)*

1 el pullman de ocho plazas *f* (la limusina; *Col. y Pan.:* la camioneta)
- *eight-cylinder limousine with three rows of three-abreast seating*

2 la puerta del conductor
- *driver's door*

3 la puerta trasera
- *rear door*

4 el turismo (el sedán) de cuatro puertas *f*
- *four-door saloon car (*Am. *four-door sedan)*

5 la puerta delantera (*Col. y Mé.:* la portezuela delantera)
- *front door*

6 la puerta trasera (*Col. y Mé.:* la portezuela trasera)
- *rear door*

7 el reposacabezas fijo delantero
- *front seat headrest (front seat head restraint)*

8 el reposacabezas fijo trasero
- *rear seat headrest (rear seat head restraint)*

9 el coche descapotable (*Amér.:* el convertible)
- *convertible*

10 la capota replegable
- *convertible (collapsible) hood (top)*

11 el asiento envolvente (el asiento anatómico)
- *bucket seat*

12 el buggy
- *buggy (dune buggy)*

13 el arco de tubo *m*
- *roll bar*

14 la carrocería de plástico *m*
- *fibre glass body*

15 el break
- *estate car (shooting brake, estate,* Am. *station wagon)*

16 la puerta posterior (el portón trasero, la quinta puerta)
- *tailgate*

17 el portaequipajes (el maletero; *Amér.:* el baúl)
- *boot space (luggage compartment)*

18 el turismo de tres puertas
- *three-door hatchback*

19 el coche pequeño de tres puertas *f*
- *small three-door car*

20 la puerta posterior (el portón trasero, la quinta puerta)
- *rear door (tailgate)*

21 el faldón trasero
- *sill*

22 el asiento trasero abatible
- *folding back seat*

23 el portaequipajes (el maletero; *Amér.:* el baúl)
- *boot (luggage compartment,* Am. *trunk)*

24 el techo corredizo (el techo corredizo de acero *m*)
- *sliding roof (sunroof, steel sunroof)*

25 el turismo (el sedán) de dos puertas *f*
- *two-door saloon car (*Am. *two-door sedan)*

26 el coche de dos plazas *f* (el cabriolé sport, el deportivo, el cupé)
- *roadster (hard-top), a two-seater*

27 el techo duro (la capota desmontable dura)
- *hard top*

28 el coche deportivo de cuatro asientos *m* (con dos asientos *m* de transportines *m*)
- *sporting coupé, a two-plus-two coupé (two-seater with removable back seats)*

29 la parte trasera aerodinámica
- *fastback (liftback)*

30 el borde del spoiler
- *spoiler rim*

31 el reposacabezas incorporado
- *integral headrest (integral head restraint)*

32 el coche deportivo GT (el coche deportivo de gran turismo *m*)
- *GT car (gran turismo car)*

33 el parachoques incorporado
- *integral bumper (*Am. *integral fender)*

34 el spoiler trasero
- *rear spoiler*

35 la parte trasera
- *back*

36 el spoiler delantero
- *front spoiler*

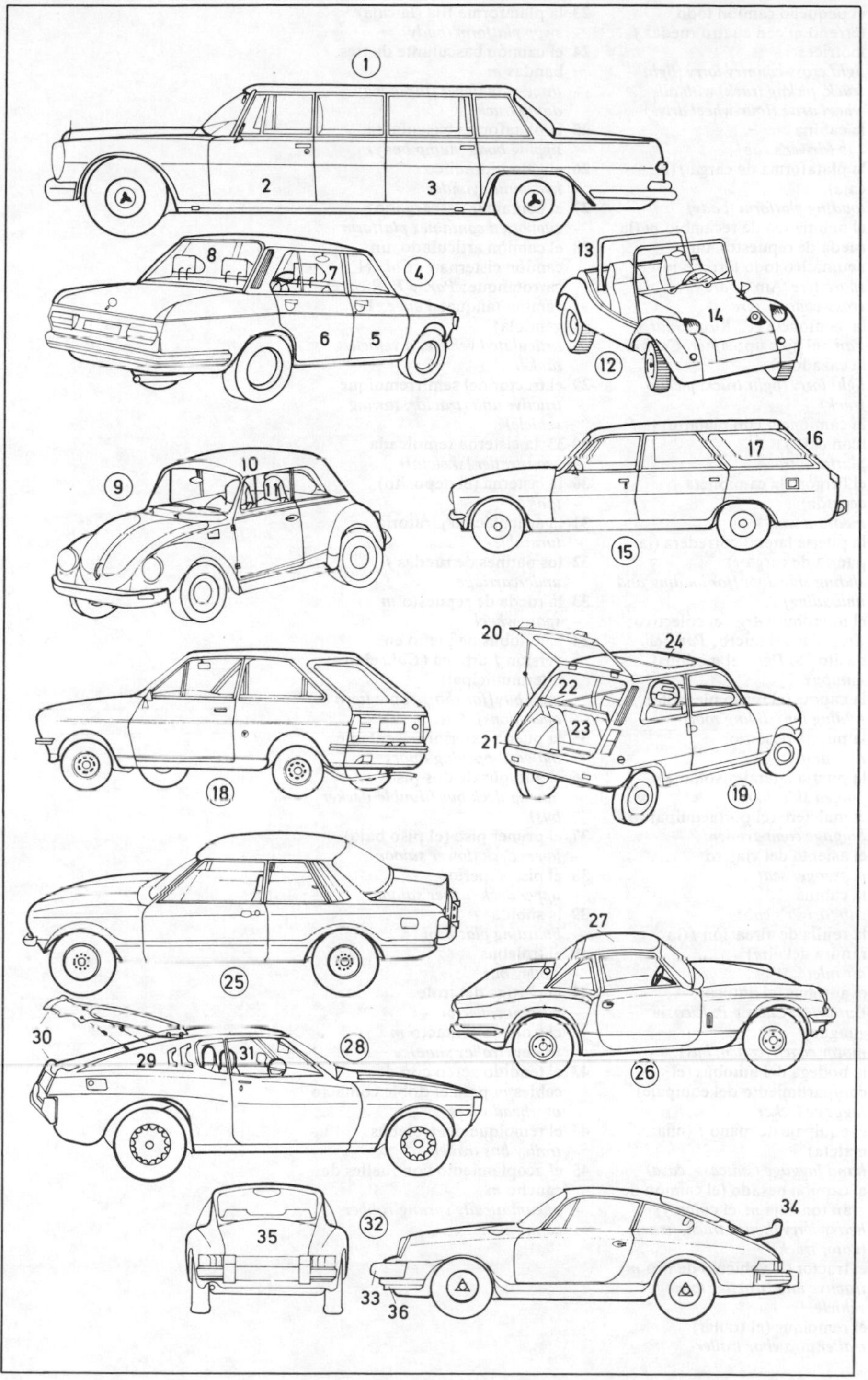
1
2
3
4
5
6
7
8
9
10
11
12
13
14
15
16
17
18
19
20
21
22
23
24
25
26
27
28
29
30
31
32
33
34
35
36

1 el pequeño camión todo terreno *m* con cuatro ruedas *f* motrices
– *light cross-country lorry (light truck, pickup truck) with all-wheel drive (four-wheel drive)*
2 la cabina
– *cab (driver's cab)*
3 la plataforma de carga *f* (la caja)
– *loading platform (body)*
4 el neumático de recambio *m* (la rueda de repuesto), un neumático todo terreno *m*
– *spare tyre* (Am. *spare tire), a cross-country tyre*
5 la camioneta (*C. Rica, Guat. y Pan.:* el pick up; *Amér. Central:* la cazadora)
– *light lorry (light truck, pickup truck)*
6 la camioneta con plataforma *f* (con caja *f*)
– *platform truck*
7 el furgón (la camioneta cerrada)
– *medium van*
8 la puerta lateral corredera (la puerta de carga *f*)
– *sliding side door [for loading and unloading]*
9 el microbús (*Arg.:* el colectivo; *Ec. y Par.:* el micro; *Pan.:* el busito; *S. Dgo.:* el minibús)
– *minibus*
10 la capota (el techo plegable)
– *folding top (sliding roof)*
11 la puerta posterior
– *rear door*
12 la puerta lateral pivotante
– *hinged side door*
13 el maletero (el portaequipajes)
– *luggage compartment*
14 el asiento del viajero
– *passenger seat*
15 la cabina
– *cab (driver's cab)*
16 la rejilla de aireación *f* (la ranura del aire)
– *air inlet*
17 el autobús (el autocar; *Canarias, Cuba y P. Rico:* la guagua)
– *motor coach (coach, bus)*
18 la bodega del autobús (el compartimiento del equipaje)
– *luggage locker*
19 el equipaje de mano *f* (una maleta)
– *hand luggage (suitcase, case)*
20 el camión pesado (el camión de gran tonelaje *m*, el convoy)
– *heavy lorry (heavy truck, heavy motor truck)*
21 el tractor (el vehículo de tiro *m*)
– *tractive unit (tractor, towing vehicle)*
22 el remolque (el trailer)
– *trailer (drawbar trailer)*
23 la plataforma fija (la caja)
– *swop platform (body)*
24 el camión basculante de tres bandas *m*
– *three-way tipper (three-way dump truck)*
25 la plataforma basculante
– *tipping body (dump body)*
26 el gato hidráulico
– *hydraulic cylinder*
27 el container descargado
– *supported container platform*
28 el camión articulado, un camión cisterna *f* (*Col.:* el carrotanque; *Par. y P. Rico:* el camión tanque; *Venez.:* la gandola)
– *articulated vehicle, a vehicle tanker*
29 el tractor del semirremolque
– *tractive unit (tractor, towing vehicle)*
30-33 la cisterna remolcada
– *semi-trailer (skeletal)*
30 la cisterna (el depósito)
– *tank*
31 la articulación giratoria
– *turntable*
32 los patines de ruedas *f*
– *undercarriage*
33 la rueda de repuesto *m*
– *spare wheel*
34 el autobús pequeño en versión *f* urbana (*Col.:* el bus intermunicipal)
– *midi bus [for short-route town operations]*
35 la puerta exterior basculante
– *outward-opening doors*
36 el autobús de dos pisos *m*
– *double-deck bus (double-decker bus)*
37 el primer piso (el piso bajo)
– *lower deck (lower saloon)*
38 el piso superior
– *upper deck (upper saloon)*
39 la subida
– *boarding platform*
40 el trolebús
– *trolley bus*
41 la pértiga del trole
– *current collector*
42 el trole de contacto *m*
– *trolley (trolley shoe)*
43 el tendido aéreo con dos cables *m* para el doble contacto
– *overhead wires*
44 el remolque del trolebús
– *trolley bus trailer*
45 el acoplamiento con fuelles de caucho *m*
– *pneumatically sprung rubber connection*

1
2
3
4
5
6
7
8
9
10
11
12
13
14
15
16
17
18
19
20
21
22
23
24
25
26
27
28
29
30
31
32
33
34
35
36
37
38
39
40
41
42
43
44
45

1-55 el taller especializado
- ***agent's garage*** *(distributor's garage,* Am. *specialty shop)*

1-23 la sección de diagnóstico *m*
- *diagnostic test bay*

1 el aparato de diagnóstico *m*
- *computer*

2 la clavija de diagnóstico *m*
- *main computer socket*

3 el cable de diagnóstico *m*
- *computer harness (computer cable)*

4 el inversor para la medida automática o manual
- *switch from automatic to manual*

5 la ranura para introducir *f* las fichas del programa
- *slot for program cards*

6 la impresora
- *print-out machine (printer)*

7 el informe del diagnóstico (el diagnóstico)
- *condition report, a data print-out*

8 el mando manual
- *master selector (hand control)*

9 las lámparas de valoración *f* [verde: bueno; rojo: malo]
- *light read-out [green: OK; red: not OK]*

10 el fichero para las fichas del programa
- *rack for program cards*

11 el interruptor de red *f*
- *mains button*

12 la tecla de programa *m* rápido
- *switch for fast readout*

13 el distribuidor de secuencia *f* de encendido *m*
- *firing sequence insert*

14 la caja de almacenamiento *m* (el archivador)
- *shelf for used cards*

15 la horca portacables
- *cable boom*

16 el cable para medir la temperatura del aceite
- *oil temperature sensor*

17 el comprobador de la convergencia y la inclinación de la rueda hacia la derecha (el alineador de dirección *f*)
- *test equipment for wheel and steering alignment*

18 la placa óptica derecha
- *right-hand optic plate*

19 los transistores de disparo *m*
- *actuating transistors*

20 el conmutador del proyector *m*
- *projector switch*

21 la línea fotorreceptora para medir el ángulo de inclinación *f*
- *check light for wheel alignment, a row of photocells*

22 la línea fotorreceptora para medir la convergencia
- *check light for steering alignment, a row of photocells*

23 el destornillador eléctrico
- *power screwdriver*

24 el comprobador de reglaje *m* de los faros
- *beam setter*

25 la plataforma de elevación *f* hidráulica
- *hydraulic lift*

26 el brazo ajustable de la plataforma de elevación *f*
- *adjustable arm of hydraulic lift*

27 la almohadilla de la plataforma de elevación *f*
- *hydraulic lift pad*

28 la cavidad de la rueda
- *excavation*

29 el manómetro (para medir la presión del aire)
- *pressure gauge (*Am. *gage)*

30 el engrasador a presión *f*
- *grease gun*

31 la caja de las piezas pequeñas
- *odds-and-ends box*

32 el catálogo de las piezas de recambio *m*
- *wall chart [of spare parts]*

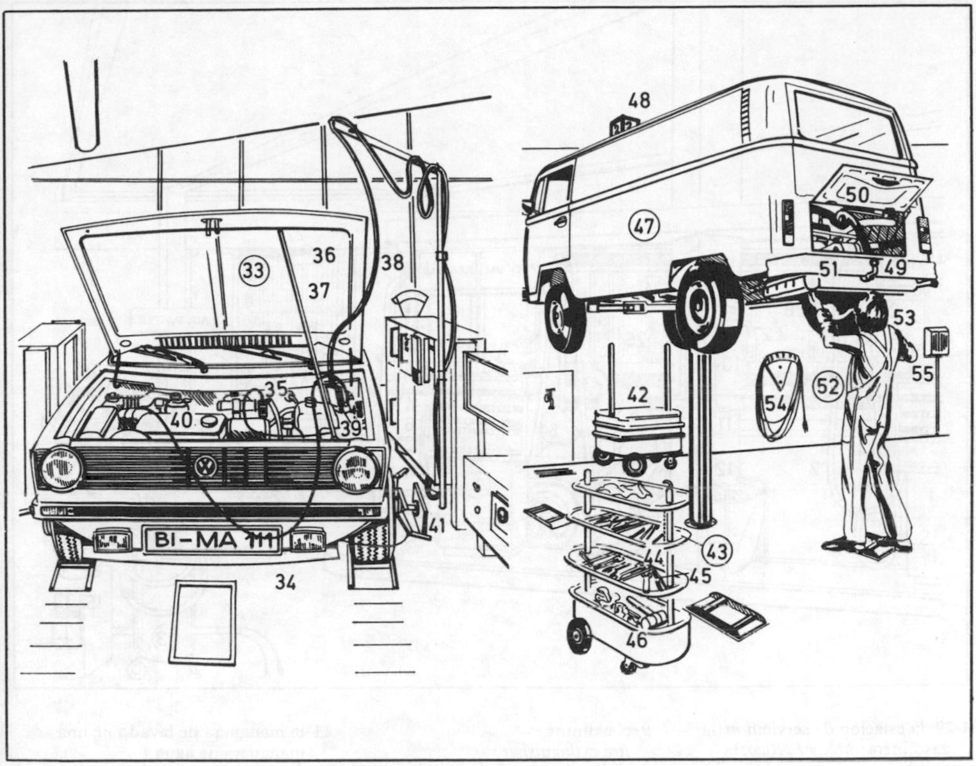

33 el diagnóstico automático
– *automatic computer test*
34 el automóvil (el auto, el coche), un turismo
– *motor car (car,* Am. *automobile, auto), a passenger vehicle*
35 el compartimiento motor
– *engine compartment*
36 el capó
– *bonnet* (Am. *hood)*
37 la varilla del capó
– *bonnet support* (Am. *hood support)*
38 el cable de diagnosis *f*
– *computer harness (computer cable)*
39 el conector hembra (el manguito) de diagnosis *f*
– *main computer socket;* also: *multi-outlet socket*
40 el cable de sonda *f* de la temperatura del aceite
– *oil temperature sensor*
41 el espejo de rueda *f* para medir ópticamente la convergencia y la inclinación
– *wheel mirror for visual wheel and steering alignment*
42 el carrito de las herramientas
– *tool trolley*
43 las herramientas
– *tools*
44 la llave para tuercas *f*
– *impact wrench*
45 la llave dinamométrica
– *torque wrench*
46 el martillo de alisar (aplanar)
– *body hammer (roughing-out hammer)*
47 el vehículo en reparación, un microbús
– *vehicle under repair, a minibus*
48 el número de reparación *f*
– *car location number*
49 el motor trasero
– *rear engine*
50 la tapa del motor trasero
– *tailgate*
51 el escape
– *exhaust system*
52 la reparación del escape
– *exhaust repair*
53 el mecánico de automóviles *m*
– *motor car mechanic (motor vehicle mechanic,* Am. *automotive mechanic)*
54 la goma del aire comprimido
– *air hose*
55 el interfono
– *intercom*

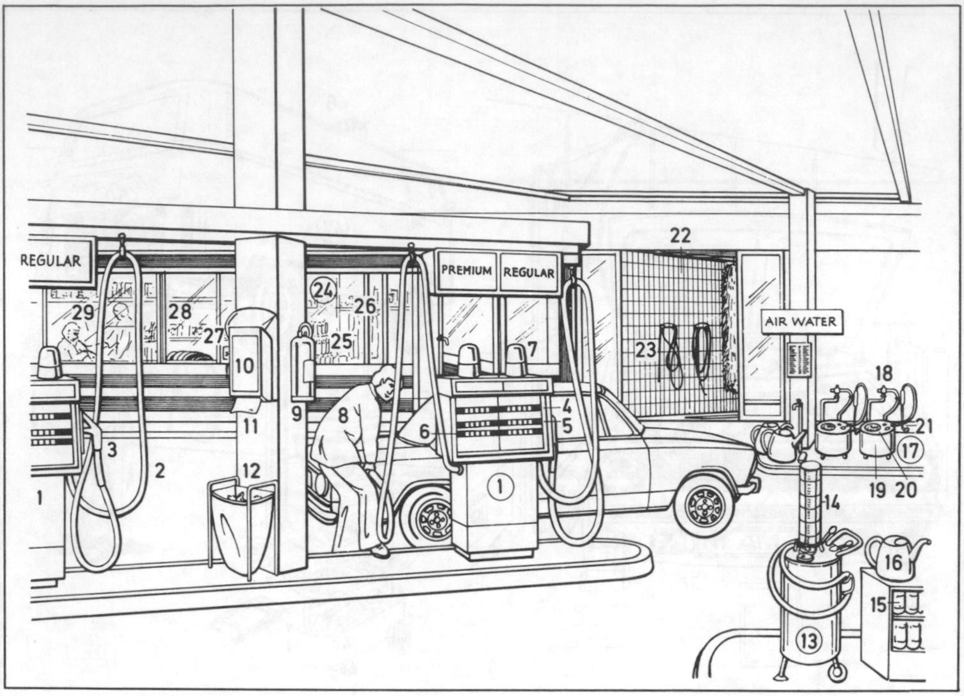

1-29 la estación de servicio *m* (la gasolinera; *Mé. y P. Rico:* la gasolinería; *S. Dgo.:* el puesto de gasolina *f*), una estación de autoservicio *m*
– *service station (petrol station, filling station,* Am. *gasoline station, gas station), a self-service station*

1 el distribuidor (el surtidor) de gasolina *f* súper o normal (*anál.:* gasóleo *m*); la bomba de gasolina *f*
– *petrol* (Am. *gasoline*) *pump, a blending pump for regular and premium grade petrol;* sim.: *for derv*

2 la goma del surtidor
– *hose (petrol pump,* Am. *gasoline pump, hose)*

3 la pistola del surtidor
– *nozzle*

4 la suma (la cantidad) de dinero *m* a pagar
– *cash readout*

5 el volumen suministrado
– *volume readout*

6 el precio del litro
– *price display*

7 la señal luminosa
– *indicator light*

8 el automovilista utilizando el surtidor de autoservicio *m*
– *driver using self-service petrol pump* (Am. *gasoline pump*)

9 el extintor
– *fire extinguisher*

10 el distribuidor de servilletas *f* de papel *m*
– *paper-towel dispenser*

11 la servilleta de papel *m*
– *paper towel*

12 el cubo de la basura
– *litter receptacle*

13 el depósito de mezcla *f* de dos tiempos *m*
– *two-stroke blending pump*

14 el cristal (el tubo) de medida *f*
– *meter*

15 el aceite para motores *m*
– *engine oil*

16 la aceitera de motores *m*
– *oil can*

17 el comprobador de la presión de inflado *m*
– *tyre pressure gauge* (Am. *tire pressure gage*)

18 la tubería del aire comprimido
– *air hose*

19 el depósito de aire *m*
– *static air tank*

20 el manómetro (el comprobador de inflado *m*)
– *pressure gauge* (Am. *gage*) *(manometer)*

21 la tubuladura de inflado *m*
– *air filler neck*

22 el hangar (el box) de reparación *f*
– *repair bay (repair shop)*

23 la manguera de lavado *m*, una manguera de agua *f*
– *car-wash hose, a hose (hosepipe)*

24 la tienda de la estación de servicio *m*
– *accessory shop*

25 el bidón de gasolina *f*
– *petrol can* (Am. *gasoline can*)

26 el capote para la lluvia (el impermeable)
– *rain cape*

27 los neumáticos
– *car tyres* (Am. *automobile tires*)

28 los accesorios para automóviles *m*
– *car accessories*

29 la caja
– *cash desk (console)*

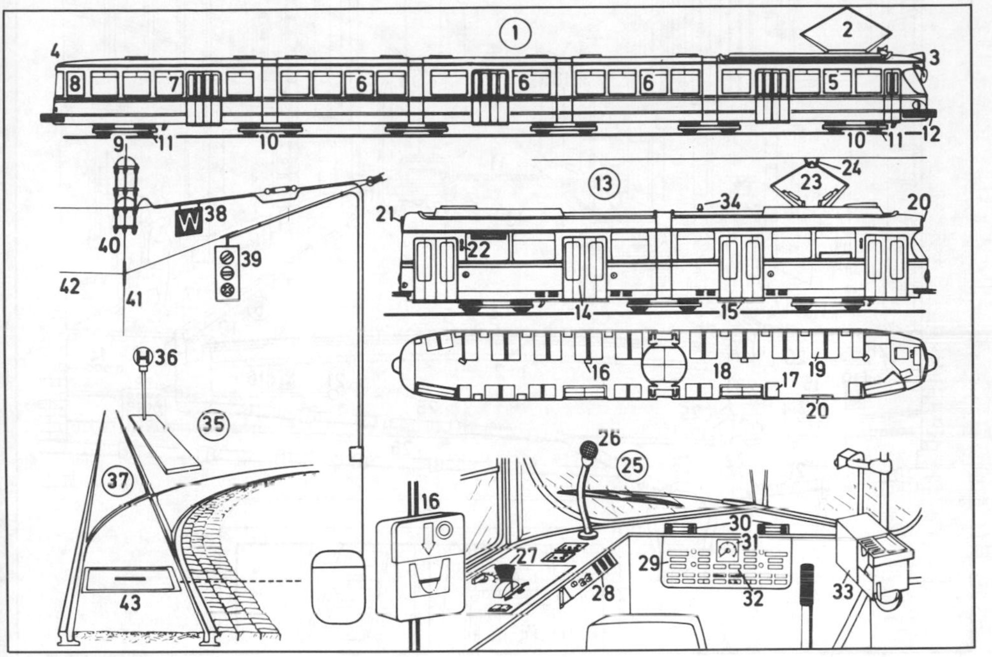

1 el ferrobús articulado de doce ejes *m* para la red interurbana
– *twelve-axle articulated railcar for interurban rail service*
2 el pantógrafo (colector *m* de corriente *f*)
– *current collector*
3 la cabeza (la delantera) del tren
– *head of the railcar*
4 la cola (la trasera) del tren
– *rear of the railcar*
5 el vagón A con motor *m* de tracción *f*
– *carriage A containing the motor*
6 el vagón B (*igual:* vagón C o D)
– *carriage B;* also: *carriages C and D*
7 el vagón E con motor *m* de tracción *f*
– *carriage E containing the motor*
8 el despacho de billetes *m* trasero (*Amér.:* la boletería)
– *rear controller*
9 el bogie de impulsión *f*
– *bogie*
10 el bogie portador
– *carrying bogie*
11 el protector de rueda *f* (el quitapiedras)
– *wheel guard*
12 el tope
– *bumper* (Am. *fender)*
13 el ferrobús articulado *m* urbano e interurbano de seis ejes *m* tipo "Mannheim"
– *six-axle articulated railcar ('Mannheim' type) for tram* (Am. *streetcar, trolley) and urban rail services*
14 la puerta de entrada *f* y salida *f*, una puerta plegable
– *entrance and exit door, a double folding door*
15 el estribo
– *step*
16 el fechador de billetes *m* (el cancelador de billetes *m*)
– *ticket-cancelling machine*
17 el asiento individual
– *single seat*
18 la plaza sin asiento (el sitio para estar de pie *m*, el pasillo)
– *standing room portion*
19 el asiento doble
– *double seat*
20 la placa indicadora de la línea y del destino
– *route (number) and destination sign*
21 la placa indicadora de la línea
– *route sign (number sign)*
22 el indicador de dirección *f* (el intermitente)
– *indicator (indicator light)*
23 el pantógrafo
– *pantograph (current collector)*
24 las zapatas de arco *m* del pantógrafo de carbono *m* o de aleación *f* de aluminio *m*
– *carbon or aluminium* (Am. *aluminum) alloy trolley shoes*
25 la cabina del conductor
– *driver's position*
26 el micrófono
– *microphone*
27 el despacho de billetes *m* (*Amér.:* la boletería; el indicador del valor teórico)
– *controller*
28 el aparato de radio *f*
– *radio equipment (radio communication set)*
29 el cuadro (el tablero) de mandos *m*
– *dashboard*
30 la iluminación del cuadro de mandos *m*
– *dashboard lighting*
31 el indicador de velocidad *f* (el velocímetro)
– *speedometer*
32 los botones de mando *m* para abrir las puertas, para los limpiaparabrisas y para la luz interior y exterior
– *buttons controlling doors, windscreen wipers, internal and external lighting*
33 el distribuidor de billetes *m* con cambiador *m* de moneda *f*
– *ticket counter with change machine*
34 la antena radio *f*
– *radio antenna*
35 la estación (la parada)
– *tram stop* (Am. *streetcar stop, trolley stop)*
36 la placa del punto de parada *f*
– *tram stop sign* (Am. *streetcar stop sign, trolley stop sign)*
37 la posición de las agujas eléctricas
– *electric change points*
38 la señal de cambio *m* de vía *f*
– *points signal (switch signal)*
39 el transmisor de la señal de cambio *m* de vía *f* (el indicador de dirección *f*)
– *points change indicator*
40 el contacto de catenaria *f*
– *trolley wire contact point*
41 la catenaria
– *trolley wire (overhead contact wire)*
42 el arriostramiento transversal de la línea de toma *f*
– *overhead cross wire*
43 el mecanismo de mando *m* de agujas *f* electromagnético (*también:* electromotor)
– *electric points mechanism;* sim.: *electrohydraulic points mechanism, electromechanical points mechanism*

1-5 las capas de la calzada
- ***road layers***

1 la capa de protección *f* contra las heladas
- *anti-frost layer*

2 la capa de base *f* bituminosa
- *bituminous sub-base course*

3 la capa adhesiva inferior
- *base course*

4 la capa adhesiva superior
- *binder course*

5 la capa bituminosa de circulación *f* (el revestimiento de la calzada)
- *bituminous surface*

6 el borde de la acera (el bordillo; *Chile:* la solera; *P. Rico:* el cintillo)
- *kerb (curb)*

7 el encintado (la piedra del bordillo)
- *kerbstone (curbstone)*

8 el empedrado de la acera
- *paving (pavement)*

9 la acera (*Guat. y Mé.:* la banqueta; *Amér. Merid.:* la vereda)
- *pavement (*Am. *sidewalk, walkway)*

10 el arroyo (la reguera)
- *gutter*

11 el paso de peatones *m* (el paso de cebra *f*)
- *pedestrian crossing (zebra crossing,* Am. *crosswalk)*

12 la esquina de la calle
- *street corner*

13 la calzada
- *street*

14 los cables de suministro *m* de corriente *f*
- *electricity cables*

15 los cables telefónicos
- *telephone cables*

16 la línea telefónica de tránsito *m*
- *telephone cable pipeline*

17 el pozo de cables *m* con recubrimiento *m*
- *cable manhole with cover (with manhole cover)*

18 la farola con luz *f*
- *lamp post with lamp*

19 los cables eléctricos para instalaciones *f* técnicas
- *electricity cables for technical installations*

20 la línea telefónica para el empalme de las casas
- *subscribers' (*Am. *customers') telephone lines*

21 la canalización de gas *m*
- *gas main*

22 la canalización de agua *f* potable
- *water main*

23 la alcantarilla con colector *m* de cieno *m* (*Amér.:* el resumidero)
- *drain*

24 la rejilla del sumidero
- *drain cover*

25 la acometida de la alcantarilla
- *drain pipe*

26 la acometida de las casas para las aguas fecales
- *waste pipe*

27 la cloaca mixta (para las aguas fecales y llovedizas; *Mé.:* la coladera)
- *combined sewer*

28 el conducto de calefacción *f* urbana
- *district heating main*

29 el túnel del metro
- *underground tunnel*

Refuse Disposal (Am. *Garbage Disposition*), *Street Cleaning*

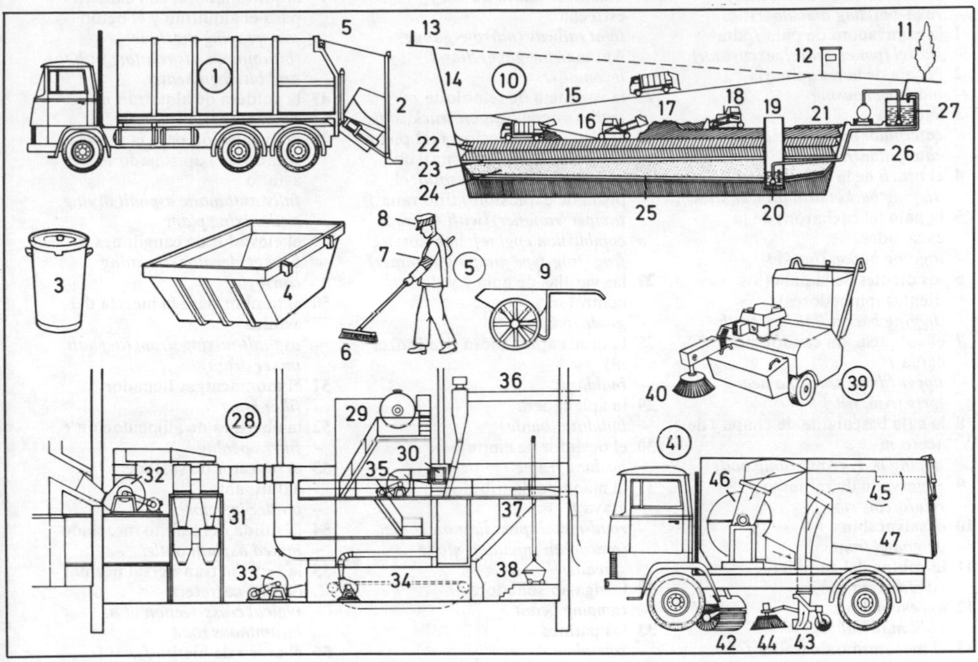

1 el camión de recogida *f* de basuras *f*, un vehículo que prensa la basura
– *refuse collection vehicle* (Am. *garbage truck*)
2 el dispositivo basculante para los cubos de la basura, un sistema de vaciado *m* estanco
– *dustbin-tipping device* (Am. *garbage can dumping device*)*, a dust-free emptying system*
3 el cubo de la basura
– *dustbin* (Am. *garbage can, trash can*)
4 el contenedor de basura *f*
– *refuse container* (Am. *garbage container*)
5 el barrendero
– *road sweeper* (Am. *street sweeper*)
6 la escoba
– *broom*
7 el brazalete (con franjas *f* reflectantes)
– *fluorescent armband*
8 la gorra (con franjas *f* reflectantes)
– *cap with fluorescent band*
9 la carretilla del barrendero
– *road sweeper's* (Am. *street sweeper's*) *barrow*
10 la descarga controlada (el depósito de basuras *f*; un basurero)
– *controlled tip* (Am. *sanitary landfill, sanitary fill*)
11 la línea de árboles *m* (para que no se vea el depósito de basuras *f*)
– *screen*
12 el control de entrada *f*
– *weigh office*
13 el vallado para los animales salvajes
– *fence*
14 la pared del foso
– *embankment*
15 la rampa de acceso *m*
– *access ramp*
16 el bulldozer
– *bulldozer*
17 la basura reciente
– *refuse* (Am. *garbage*)
18 el compresor para depositar (la basura)
– *bulldozer for dumping and compacting*
19 el pozo de bomba *f*
– *pump shaft*
20 la bomba para las aguas fecales
– *waste water pump*
21 el recubrimiento poroso
– *porous cover*
22 la basura comprimida y en descomposición *f*
– *compacted and decomposed refuse*
23 la capa filtrante de grava *f*
– *gravel filter layer*
24 la capa filtrante de morena *f*
– *morainic filter layer*
25 la capa de drenaje *m*
– *drainage layer*
26 la tubería para las aguas residuales
– *drain pipe*
27 el depósito colector de las aguas residuales
– *water tank*
28 la fábrica de incineración *f* de basura *f*
– *refuse* (Am. *garbage*) *incineration unit*
29 la caldera
– *furnace*
30 el hogar de fuel-oil *m*
– *oil-firing system*
31 el separador de polvo *m*
– *separation plant*
32 el ventilador de tracción *f* por aspiración *f*
– *extraction fan*
33 el ventilador de aire *m* bajo para la rejilla
– *low-pressure fan for the grate*
34 la rejilla móvil
– *continuous feed grate*
35 el soplante del hogar de fuel-oil *m*
– *fan for the oil-firing system*
36 el transportador de desechos *m* incinerados por separado
– *conveyor for separately incinerated material*
37 la instalación de alimentación *f* (carga *f*) de carbón *m*
– *coal feed conveyor*
38 el carrito transportador de tierra *f* de batán *m*
– *truck for carrying fuller's earth*
39 la barredera
– *mechanical sweeper*
40 el cepillo circular
– *circular broom*
41 el vehículo barredor
– *road-sweeping lorry (street-cleaning lorry, street cleaner)*
42 el cilindro escoba
– *cylinder broom*
43 la boca (el tubo) de aspiración *f*
– *suction port*
44 la escoba de alimentación *f*
– *feeder broom*
45 la circulación de aire *m*
– *air flow*
46 el ventilador
– *fan*
47 el depósito (el colector) de barro *m*
– *dust collector*

1-54 máquinas *f* para la construcción de carreteras *f*
– ***road-building machinery***
1 la excavadora de pala *f* alta
– *shovel (power shovel, excavator)*
2 la caja de la maquinaria
– *machine housing*
3 la oruga
– *caterpillar mounting (*Am. *caterpillar tractor)*
4 el brazo de la excavadora
– *digging bucket arm (dipper stick)*
5 la pala (el cucharón) de la excavadora
– *digging bucket (bucket)*
6 los dientes de la pala (los dientes rompedores)
– *digging bucket (bucket) teeth*
7 el volquete, un camión de carga *f*
– *tipper (dump truck), a heavy lorry (*Am. *truck)*
8 la caja basculante de chapa *f* de acero *m*
– *tipping body (*Am. *dump body)*
9 el nervado de refuerzo *m*
– *reinforcing rib*
10 el salvacabina
– *extended front*
11 la cabina del conductor
– *cab (driver's cab)*
12 los escombros
– *bulk material*
13 el mecanismo de traílla *f*
– *concrete scraper, an aggregate scraper*
14 la caja montacargas
– *skip hoist*
15 la hormigonera
– *mixing drum (mixer drum), a mixing machine*
16 la oruga excavadora con cubeta *f* de arrastre *m*
– *caterpillar hauling scraper*
17 la cubeta de arrastre *m*
– *scraper blade*
18 la hoja niveladora
– *levelling (*Am. *leveling) blade (smoothing blade)*
19 la escarificadora (la niveladora)
– *grader (motor grader)*
20 el escarificador (los arrancadores)
– *scarifier (ripper, road ripper, rooter)*
21 la reja niveladora
– *grader levelling (*Am. *leveling) blade (grader ploughshare,* Am. *plowshare)*
22 la corona giratoria de la reja
– *blade-slewing gear (slew turntable)*
23 el ferrocaril de vía *f* estrecha (un ferrocaril de obras *f*)
– *light railway (narrow-gauge,* Am. *narrow-gage, railway)*
24 la locomotora Diesel ligera, una locomotora de vía *f* estrecha
– *light railway (narrow-gauge,* Am. *narrow-gage) diesel locomotive*
25 la vagoneta de remolque *m*
– *trailer wagon (wagon truck, skip)*
26 el pisón de explosión *f* (el pisón de combustión *f* interna), una apisonadora; *más pesado:* el pisón de explosión *f* tipo rana *f*
– *tamper (rammer) [with internal combustion engine];* heavier: *frog (frog-type jumping rammer)*
27 las varillas de guía *f* y de control *m*
– *guide rods*
28 la oruga aplanadora (bulldozer *m*)
– *bulldozer*
29 la aplanadera
– *bulldozer blade*
30 el bastidor de empuje *m*
– *pushing frame*
31 la máquina distribuidora de grava *f*
– *road-metal spreading machine (macadam spreader, stone spreader)*
32 la viga apisonadora
– *tamping beam*
33 los patines
– *sole-plate*
34 la chapa de limitación *f* lateral
– *side stop*
35 la pared lateral del depósito de almacenamiento *m*
– *side of storage bin*
36 la apisonadora a motor *m* de tres rulos *m* (cilindros *m*), una apisonadora para obras *f* viales
– *three-wheeled roller, a road roller*
37 el rulo (el cilindro)
– *roller*
38 el tejadillo para todo tiempo *m*
– *all-weather roof*
39 el tractor compresor Diesel
– *mobile diesel-powered air compressor*
40 la botella de oxígeno *m*
– *oxygen cylinder*
41 la esparcidora automotriz de gravilla *f*
– *self-propelled gritter*
42 la aleta esparcidora
– *spreading flap*
43 la acabadora para el recubrimiento de negro (la bituminadora)
– *surface finisher*
44 la chapa de limitación *f* lateral
– *side stop*
45 el depósito de material *m*
– *bin*
46 la bituminadora alquitranadora, con caldera *f* para el alquitrán y el betún
– *tar-spraying machine (bituminous distributor) with tar and bitumen heater*
47 la caldera de alquitrán *m*
– *tar storage tank*
48 la instalación para la mezcla, secado *m* y apisonado *m* del asfalto
– *fully automatic asphalt drying and mixing plant*
49 el elevador de cangilones *m*
– *bucket elevator (elevating conveyor)*
50 el tambor para la mezcla del asfalto
– *asphalt-mixing drum (asphalt mixer drum)*
51 el montacargas llenador
– *filler hoist*
52 la abertura de alimentación *f*
– *filler opening*
53 el inyector de sustancia *f* aglutinante
– *binder injector*
54 la salida del asfalto mezclado
– *mixed asphalt outlet*
55 la sección transversal normal de una carretera
– *typical cross-section of a bituminous road*
56 el arcén de hierba *f*
– *grass verge*
57 la inclinación transversal
– *crossfall*
58 la capa de asfalto *m*
– *asphalt surface (bituminous layer, bituminous coating)*
59 la infraestructura
– *base (base course)*
60 el firme o la capa de grava *f*, una capa de protección *f* contra las heladas
– *hardcore sub-base course (Telford base), an anti-frost layer;* sim.: *gravel sub-base course*
61 el drenaje del subsuelo
– *sub-drainage*
62 el tubo de drenaje *m* de cemento *m*
– *perforated cement pipe*
63 el canal de drenaje *m*
– *drainage ditch*
64 la cubierta de humus *m* (la capa de mantillo *m*)
– *soil covering*

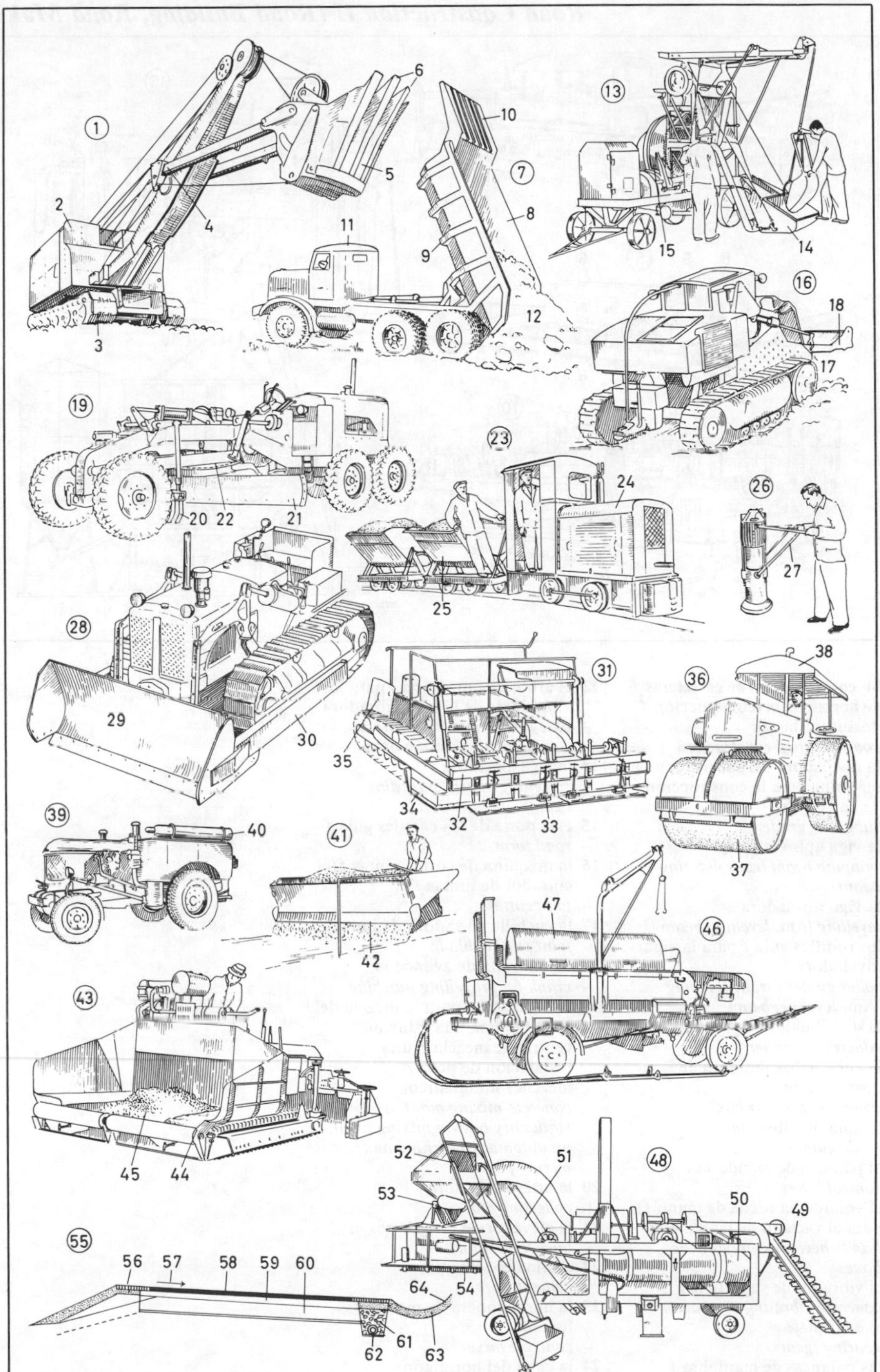
1
2
3
4
5
6
7
8
9
10
11
12
13
14
15
16
17
18
19
20
21
22
23
24
25
26
27
28
29
30
31
32
33
34
35
36
37
38
39
40
41
42
43
44
45
46
47
48
49
50
51
52
53
54
55
56
57
58
59
60
61
62
63
64

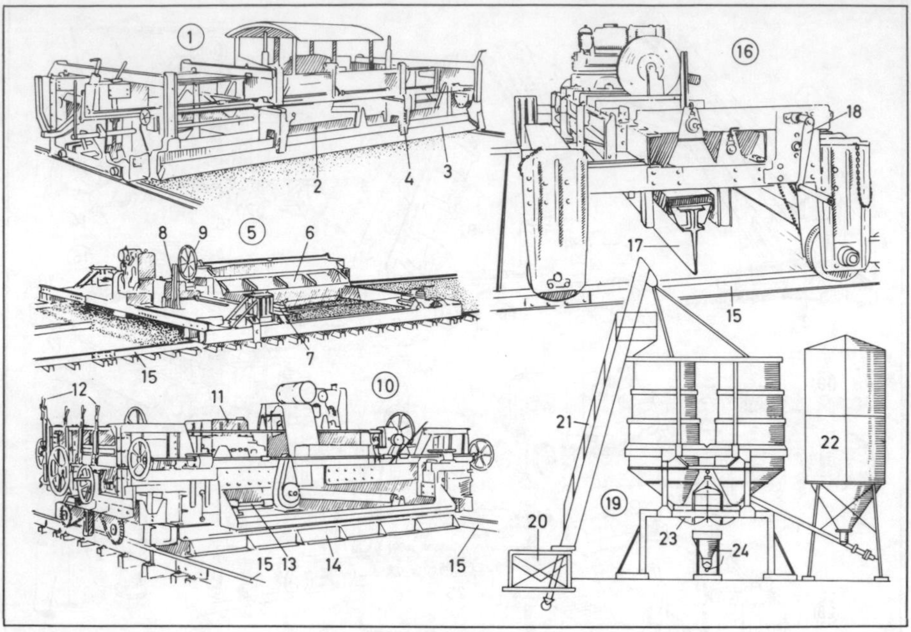

1-24 construcción *f* de carreteras *f* de hormigón *m* (construcción *f* de autopistas *f*)
- ***concrete road construction***

1 la niveladora del subsuelo, una máquina para la construcción de carreteras *f*
- *subgrade grader*

2 la viga apisonadora
- *tamping beam (consolidating beam)*

3 la viga niveladora
- *levelling* (Am. *leveling) beam*

4 los rodillos guía *f* para la viga niveladora
- *roller guides for the levelling* (Am. *leveling) beam*

5 la distribuidora de hormigón *m*
- *concrete spreader*

6 la cubeta distribuidora de hormigón *m*
- *concrete spreader box*

7 la guía de cables *m*
- *cable guides*

8 la palanca de mando *m*
- *control levers*

9 el volante (la rueda de mano *f*) para el vaciado de las cubetas
- *handwheel for emptying the boxes*

10 el vibrador de superficie *f*
- *concrete-vibrating compactor*

11 el engranaje
- *gearing (gears)*

12 las palancas de maniobra *f*
- *control levers (operating levers)*

13 el árbol de impulsión *f* para los vibradores de la viga vibradora
- *axle drive shaft to vibrators (tampers) of vibrating beam*

14 la viga alisadora
- *screeding board (screeding beam)*

15 el soporte de los carriles guía *f*
- *road form*

16 la máquina de cortar juntas *f* (el cortador de juntas *f*)
- *joint cutter*

17 la cuchilla cortadora de juntas *f*
- *joint-cutting blade*

18 la manivela de avance *m*
- *crank for propelling machine*

19 la instalación para la mezcla de hormigón *m*, una estación central de mezcla *f*, una instalación de peso *m* y mezcla *f* automáticos
- *concrete-mixing plant, a stationary central mixing plant, an automatic batching and mixing plant*

20 la artesa colectora
- *collecting bin*

21 el elevador de cangilones *m*
- *bucket elevator*

22 el silo del cemento
- *cement store*

23 la hormigonera de mezcla *f* forzada
- *concrete mixer*

24 la cuba del hormigón
- *concrete pump hopper*

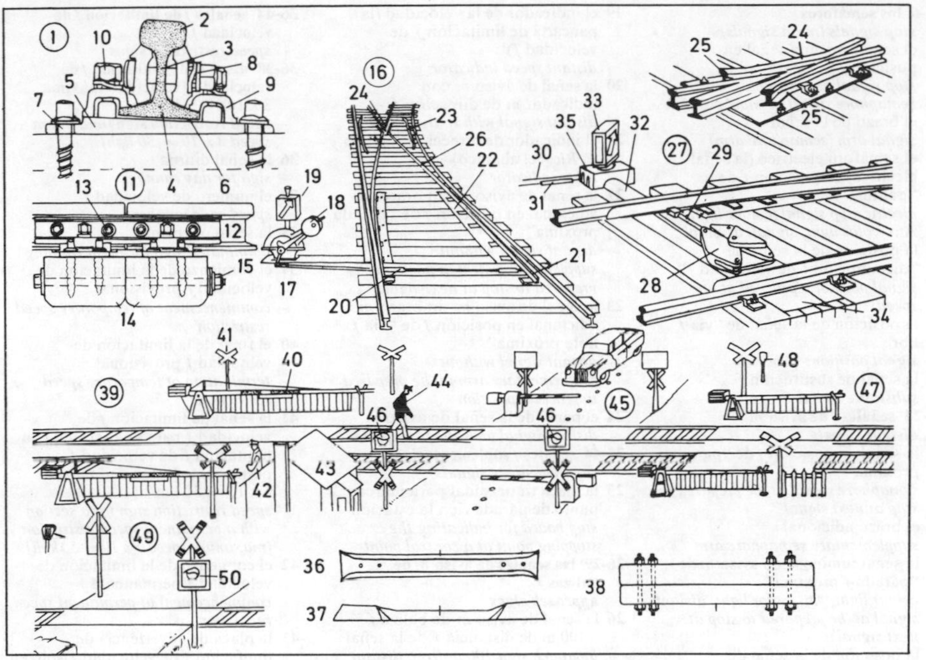

1-38 la vía
– *line (track)*
1 el carril (el raíl)
– *rail*
2 la cabeza del raíl
– *rail head*
3 el alma *f* del raíl
– *web (rail web)*
4 el patín del raíl
– *rail foot (rail bottom)*
5 la placa de asiento *m*
– *sole-plate (base plate)*
6 la plantilla
– *cushion*
7 el tirafondo
– *coach screw (coach bolt)*
8 las arandelas de muelle *m* (las arandelas elásticas)
– *lock washers (spring washers)*
9 la placa de sujeción *f*
– *rail clip (clip)*
10 el tornillo de sujeción *f*
– *T-head bolt*
11 la junta de los raíles
– *rail joint (joint)*
12 la eclisa (la mordaza del carril)
– *fishplate*
13 el tornillo de eclisa *f*
– *fishbolt*
14 la traviesa de junta *f* acoplada
– *coupled sleeper* (Am. *coupled tie, coupled crosstie)*
15 el tornillo de acoplamiento *m*
– *coupling bolt*
16 las agujas movidas a mano *f*
– *manually-operated points (switch)*
17 el aparato de maniobra *f* de las agujas movidas a mano *f*
– *switch stand*
18 el contrapeso
– *weight*
19 la señal de agujas *f* (el farol indicando la posición de las agujas)
– *points signal (switch signal, points signal lamp, switch signal lamp)*
20 el tirante de ajuste *m*
– *pull rod*
21 la lengüeta de la aguja
– *switch blade (switch tongue)*
22 el patín de deslizamiento *m*
– *slide chair*
23 el contracarril
– *check rail (guard rail)*
24 el cruzamiento (la punta de corazón *m* de las agujas)
– *frog*
25 la pata de liebre *f*
– *wing rail*
26 el raíl del cambio
– *closure rail*
27 el cambio de agujas *f* a distancia *f*
– *remote-controlled points (switch)*
28 el cerrojo del aparato de cambio *m*
– *point lock (switch lock)*
29 el tirante de unión *f* (del cerrojo con las agujas)
– *stretcher bar*
30 el alambre de transmisión *f*
– *point wire*
31 el tensor
– *turnbuckle*
32 el canal
– *channel*
33 la señal de cambio *m* con alumbrado *m* eléctrico
– *electrically illuminated points signal (switch signal)*
34 el foso del cambio
– *trough*
35 la caja protectora de la transmisión del cambio
– *points motor with protective casing*
36 la traviesa de acero *m*
– *steel sleeper* (Am. *steel tie, steel crosstie)*
37 la traviesa de hormigón *m*
– *concrete sleeper* (Am. *concrete tie, concrete crosstie)*
38 la traviesa de junta *f* acoplada
– *coupled sleeper* (Am. *coupled tie, coupled crosstie)*
39-50 pasos *m* a nivel *m*
– ***level crossings*** (Am. *grade crossings)*
39 el paso a nivel *m*, con barrera *f* (*P. Rico:* el paso-nivel)
– *protected level crossing* (Am. *protected grade crossing)*
40 la barrera
– *barrier (gate)*
41 la cruz de aviso *m* (la cruz de San Andrés)
– *warning cross* (Am. *crossbuck)*
42 el guardabarrera
– *crossing keeper (Am. gateman)*
43 la caseta del guardabarrera
– *crossing keeper's box (Am. gateman's box)*
44 el vigilante de la vía
– *linesman* (Am. *trackwalker)*
45 el paso de media barrera *f*
– *half-barrier crossing*
46 la luz intermitente
– *warning light*
47 la barrera accionada por micrófono *m*
– *intercom-controlled crossing;* sim.: *telephone-controlled crossing*
48 el interfono
– *intercom system*
49 el paso a nivel *m* sin guarda *f*
– *unprotected level crossing* (Am. *unprotected grade crossing)*
50 la luz intermitente
– *warning light*

1-6 los semáforos
– ***stop signals** (main signals)*
1 el semáforo, una señal en posición *f* de "parada" *f*
– *stop signal (main signal), a semaphore signal in 'stop' position*
2 el brazo de la señal
– *signal arm (semaphore arm)*
3 el semáforo eléctrico (la señal eléctrica) en posición *f* de "parada" *f*
– *electric stop signal (colour light,* Am. *color light, signal) at 'stop'*
4 la posición de la señal de "disminución *f* de velocidad *f*"
– *signal position: 'proceed at low speed'*
5 la posición de la señal de "vía *f* libre"
– *signal position: 'proceed'*
6 la señal de sustitución *f*
– *substitute signal*
7-24 señales *f* de aviso *m*
– ***distant signals***
7 la señal en posición *f* de "parada *f* próxima"
– *semaphore signal at 'be prepared to stop at next signal'*
8 el brazo adicional
– *supplementary semaphore arm*
9 la señal luminosa de aviso *m* de "parada *f* próxima"
– *colour light (*Am. *color light) distant signal at 'be prepared to stop at next signal'*
10 la posición de la señal de "disminución *f* de velocidad *f* próxima"
– *signal position: 'be prepared to proceed at low speed'*
11 la posición de la señal de "vía *f* libre próxima"
– *signal position: 'proceed main signal ahead'*
12 la señal de aviso *m* con panel *m* adicional para reducción *f* de la distancia de frenado *m* de más de 5%
– *semaphore signal with indicator plate showing a reduction in braking distance of more than 5%*
13 el panel triangular
– *triangle (triangle sign)*
14 la señal luminosa de aviso *m* con luz *f* adicional para reducción *f* de la distancia de frenado *m*
– *colour light (*Am. *color light) distant signal with indicator light for showing reduced braking distance*
15 la luz blanca adicional
– *supplementary white light*
16 la señal de aviso *m* de "parada *f* próxima" (luz *f* amarilla)
– *distant signal indicating 'be prepared to stop at next signal' (yellow light)*
17 la señal de aviso *m* repetida (la señal de aviso *m* con luz *f* adicional, sin panel *m*)
– *second distant signal [distant signal with supplementary light, without indicator plate]*
18 la señal de aviso *m* con indicación *f* de velocidad *f*
– *distant signal with speed indicator*
19 el indicador de la velocidad (la pancarta de limitación *f* de velocidad *f*)
– *distant speed indicator*
20 la señal de aviso *m* con indicador *m* de dirección *f*
– *distant signal with route indicator*
21 el indicador de dirección *f* (*Cuba y P. Rico:* el abanico)
– *route indicator*
22 la señal de aviso *m* sin brazo *m* adicional en posición *f* de "parada próxima"
– *distant signal without supplementary arm in position: 'be prepared to stop at next signal'*
23 la señal de aviso *m* sin brazo *m* adicional en posición *f* de "vía *f* libre próxima"
– *distant signal without supplementary arm in 'be prepared to proceed' position*
24 el panel de la señal de aviso *m*
– *distant signal identification plate*
25-44 señales *f* suplementarias
– ***supplementary signals***
25 la placa trapezoidal para marcar el punto de parada *f* en la estación
– *stop board for indicating the stopping point at a control point*
26-29 las señales de aviso *m* de balizas *f*
– ***approach signs***
26 la señal de aviso *m* de baliza *f* a 100 m de distancia *f* de la señal
– *approach sign 100 m from distant signal*
27 la señal de aviso *m* de baliza *f* a 175 m de distancia *f*
– *approach sign 175 m from distant signal*
28 la señal de aviso *m* de baliza *f* a 250 m de distancia *f*
– *approach sign 250 m from distant signal*
29 la señal de aviso *m* de baliza *f* a menos de un 5% de distancia *f* de la vía de parada *f* de la sección
– *approach sign at a distance of 5% less than the braking distance on the section*
30 la señal a cuadros *m* indicando señales *f* de parada *f* no situadas inmediatamente a la derecha o sobre el raíl de parada *f*
– *chequered sign indicating stop signals (main signals) not positioned immediately to the right of or over the line (track)*
31-32 la placas de parada *f* para indicar el punto de parada *f* frente al tren
– *stop boards to indicate the stopping point of the front of the train*
33 la placa del punto de parada *f* (prepararse para parar)
– *stop board indicating 'be prepared to stop'*
34-35 las placas de quitanieves *m*
– *snow plough (*Am. *snowplow) signs*
34 la placa quitanieves *m* levantada
– *'raise snow plough (*Am. *snowplow)' sign*
35 la placa quitanieves *m* bajada
– *'lower snow plough (*Am. *snowplow)' sign*
36-44 señales *f* de limitación *f* de velocidad *f*
– ***speed restriction signs***
36-38 disco *m* de limitación *f* de velocidad *f* [velocidad máxima 3 x 10 = 30 km/h]
– ***speed restriction sign** [maximum speed 3* x *10 = 30 kph]*
36 la señal diurna
– *sign for day running*
37 el número de velocidad *f*
– *speed code number*
38 la señal nocturna
– *illuminated sign for night running*
39 el comienzo de la limitación de velocidad *f* provisional
– *commencement of temporary speed restriction*
40 el final de la limitación de velocidad *f* provisional
– *termination of temporary speed restriction*
41 la señal de limitación *f* de velocidad *f* para una sección con limitación *f* de velocidad *f* permanente [velocidad máxima 5 x 10 = 50 km/h]
– *speed restriction sign for a section with a permanent speed restriction [maximum speed 5* x *10 = 50 kph]*
42 el comienzo de la limitación de velocidad *f* permanente
– *commencement of permanent speed restriction*
43 la placa de advertencia de limitación *f* de velocidad *f* [sólo en vías *f* principales]
– *speed restriction warning sign [only on main lines]*
44 la señal de limitación *f* de velocidad *f* [sólo en vías *f* principales]
– *speed restriction sign [only on main lines]*
45-52 señales *f* de cambio *m* de vía *f*
– ***point signals** (switch signals)*
45-48 agujas *f* simples
– ***single points** (single switches)*
45 la ramificación recta
– *route straight ahead (main line)*
46 la ramificación doblada [a derecha]
– *[right] branch*
47 la ramificación doblada [a izquierda]
– *[left] branch*
48 la ramificación curva [vista desde el cruce (punta *f* de corazón *m*)]
– *branch [seen from the frog]*
49-52 cruces *m* de vías *f* dobles
– ***double crossover***
49 el cruce rectilíneo de izquierda a derecha
– *route straight ahead from left to right*
50 el cruce rectilíneo de derecha a izquierda
– *route straight ahead from right to left*
51 la curva a la izquierda
– *turnout to the left from the left*
52 la curva a la derecha
– *turnout to the right from the right*
53 el puesto de agujas *f* (*Amér.*: el chucho) **mecánico**
– ***manually-operated signal box** (*Am. *signal tower, switch tower)*

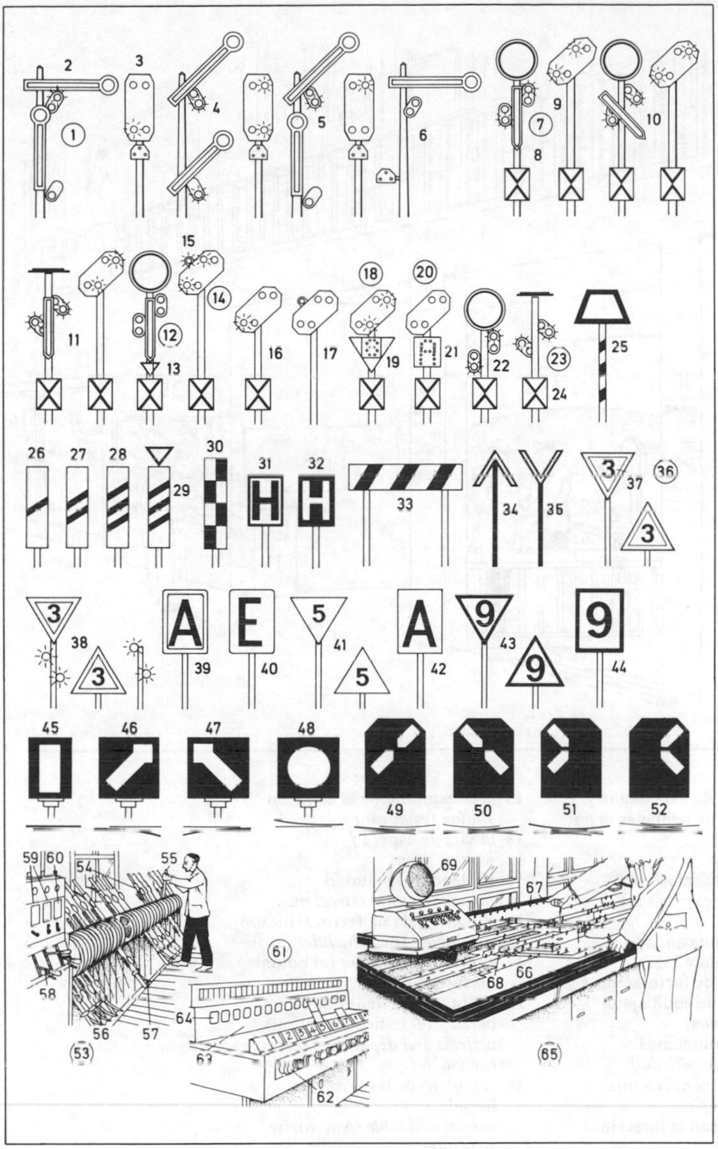

54 el juego de palancas *f*
– *lever mechanism*
55 la palanca de cambio *m* [azul], una palanca de cerrojo *m*
– *points lever (switch lever) [blue], a lock lever*
56 la palanca de señales *f* [rojo]
– *signal lever [red]*
57 el gatillo (el pestillo) de mano *f*
– *catch*
58 la palanca de vía *f* libre
– *route lever*
59 el bloqueo de tramos *m* (de secciones *f*)
– *block instruments*
60 el tablero del bloque
– *block section panel*
61 **el cuadro de agujas *f* eléctrico**
– ***electrically-operated signal box*** (Am. *signal tower, switch tower*)
62 la palanca de agujas *f* y de señales *f*
– *points (switch) and signal knobs*
63 el registro de cierre *m*
– *lock indicator panel*
64 el tablero de control *m*
– *track and signal indicator*
65 **el cuadro luminoso de agujas *f***
– ***track diagram control layout***
66 el pupitre del diagrama de vías *f*
– *track diagram control panel (domino panel)*
67 los pulsadores
– *push buttons*
68 los itinerarios (las vías)
– *routes*
69 el interfono
– *intercom system*

1 el despacho de expedición *f* y recepción *f* de paquetes *m* por expreso *m*
– *parcels office*
2 la carga por expreso *m* (el paquete por expreso *m*)
– *parcels*
3 la canasta con candado *m*
– *basket [with lock]*
4 el despacho de facturación *f* y recepción *f* de equipaje *m*
– *luggage counter*
5 la báscula automática
– *platform scale with dial*
6 la maleta (*Amér.:* la valija)
– *suitcase (case)*
7 la etiqueta (con la dirección) del equipaje
– *luggage sticker*
8 el resguardo de consigna *f*
– *luggage receipt*
9 el empleado del despacho
– *luggage clerk*
10 el cartel publicitario
– *poster (advertisement)*
11 el buzón de la estación
– *station post box (*Am. *station mailbox)*
12 la pizarra para anunciar los retrasos de trenes *m*
– *notice board indicating train delays*
13 el restaurante de la estación
– *station restaurant*
14 la sala de espera *f*
– *waiting room*
15 el plano de la ciudad
– *map of the town (street map)*
16 el panel guía de ferrocarriles *m*
– *timetable (*Am. *schedule)*
17 el mozo de hotel *m* (el botones)
– *hotel porter*
18 el horario de trenes *m* de pared *f* (el indicador mural)
– *arrivals and departures board (timetable)*
19 el tablero de las horas de llegada *f*
– *arrival timetable (*Am. *arrival schedule)*
20 el tablero de las horas de salida *f*
– *departure timetable (*Am. *departure schedule)*

21 la consigna automática
– *left luggage lockers*
22 la máquina automática para cambiar monedas *f*
– *change machine*
23 el túnel de acceso *m* al andén
– *tunnel to the platforms*
24 los pasajeros (viajeros *m*)
– *passengers*
25 la escalera del andén
– *steps to the platforms*
26 la librería de la estación
– *station bookstall (*Am. *station bookstand)*
27 la consigna para las maletas (*Amér.:* las valijas)
– *left luggage office (left luggage)*
28 la agencia de viajes *m; también:* la oficina de información *f* de hoteles *m*, la oficina de turismo *m*
– *travel centre (*Am. *center);* also: *accommodation bureau*
29 información *f*
– *information office (*Am. *information bureau)*
30 el reloj de la estación
– *station clock*
31 la sucursal bancaria, con oficina *f* de cambio *m*
– *bank branch with foreign exchange counter*
32 la lista de cambio *m*
– *indicator board showing exchange rates*
33 el plano de la red ferroviaria
– *railway map (*Am. *railroad map)*
34 el despacho de billetes *m*
– *ticket office*
35 la taquilla de venta *f* de billetes *m*
– *ticket counter*
36 el billete
– *ticket (railway ticket,* Am. *railroad ticket)*
37 el platillo giratorio
– *revolving tray*
38 el higiafón
– *grill*
39 el taquillero (expendedor *m* de billetes *m*)
– *ticket clerk (*Am. *ticket agent)*
40 la máquina de imprimir billetes *m*
– *ticket-printing machine (ticket-stamping machine)*
41 el aparato impresor manual
– *hand-operated ticket printer*
42 la guía de bolsillo *m*
– *pocket timetable (*Am. *pocket train schedule)*
43 el banco para el equipaje
– *luggage rest*
44 el puesto de socorro *m*
– *first aid station*
45 la misión de la estación
– *Travellers' (*Am. *Travelers') Aid*
46 la cabina telefónica pública
– *telephone box (telephone booth, telephone kiosk, call box)*
47 el estanco (*Amér.:* la cigarrería; el quiosco de tabaco *m*)
– *cigarettes and tobacco kiosk*
48 la floristería (el quiosco de flores *f*)
– *flower stand*
49 el agente de información *f*
– *railway information clerk*
50 la guía oficial de ferrocarriles *m*
– *official timetable (official railway guide,* Am. *train schedule)*

1 el andén
– *platform*
2 la escalera del andén
– *steps to the platform*
3 el paso superior del andén
– *bridge to the platforms*
4 el número de andén *m*
– *platform number*
5 el techo del andén
– *platform roofing*
6 los viajeros
– *passengers*
7-12 el equipaje
– ***luggage***
7 la maleta (*Amér.:* la valija)
– *suitcase (case)*
8 la etiqueta de la maleta
– *luggage label*
9 la etiqueta del hotel
– *hotel sticker*
10 el saco de mano *f* (el bolso de viaje *m; Amér.:* el carriel; *Mé.:* el veliz)
– *travelling (*Am. *traveling) bag*
11 la sombrerera
– *hat box*
12 el paraguas, un bastón paraguas *m*
– *umbrella, a walking-stick umbrella*
13 el edificio de recepción *f*
– *main building;* also: *offices*
14 el andén número 1
– *platform*
15 el paso a nivel *m*
– *crossing*
16 el quiosco rodante de periódicos *m*
– *news trolley*
17 el vendedor de periódicos *m*
– *news vendor (*Am. *news dealer)*
18 la lectura para el viaje
– *reading matter for the journey*
19 el bordillo del andén
– *edge of the platform*
20 la policía de ferrocarriles *m*
– *railway policeman (*Am. *railroad policeman)*
21 el indicador de dirección *f*
– *destination board*
22 la casilla para anunciar la estación *f* de destino *m*
– *destination indicator*
23 la casilla para anunciar la hora de salida *f*
– *departure time indicator*
24 la casilla para anunciar el retraso del tren
– *delay indicator*
25 el tren de ferrocarril *m* interurbano, un tren automotor
– *suburban train, a railcar*
26 el compartimiento reservado
– *special compartment*
27 el altavoz (*Amér.:* el altoparlante) del andén
– *platform loudspeaker*
28 el letrero de la estación
– *station sign*
29 el carro eléctrico
– *electric trolley (electric truck)*
30 el encargado del equipaje
– *loading foreman*
31 el mozo de estación *f* (el mozo de cuerda *f; Arg.:* el changador; *Col.:* el altozanero)
– *porter (*Am. *redcap)*
32 el carrito del equipaje
– *barrow*
33 la fuente de agua *f* potable
– *drinking fountain*
34 el Trans-Europa-Exprés eléctrico (el T.E.E.); *también:* el tren rápido interurbano
– *electric Trans-Europe Express;* also: *Intercity train*
35 la locomotora eléctrica, una locomotora exprés eléctrica
– *electric locomotive, an express locomotive*
36 el arco de toma *f* de corriente *f* (el pantógrafo)
– *collector bow (sliding bow)*
37 el compartimiento secretaría *f*
– *secretarial compartment*
38 la placa de ruta *f* y destino *m*
– *destination board*

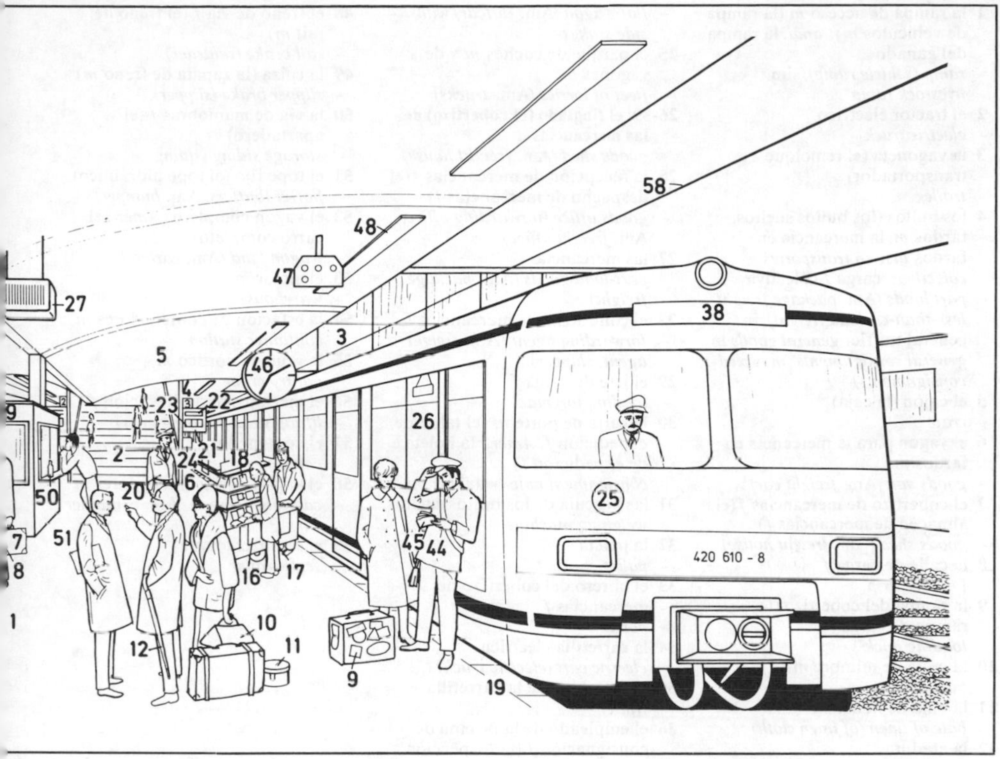

39 el inspector del material rodante y vagones *m*
– *wheel tapper*

40 el martillo comprobador de ruedas *f*
– *wheel-tapping hammer*

41 el inspector
– *station foreman*

42 el bastón de mando *m* (el bastón de señales *f*)
– *signal*

43 la gorra roja
– *red cap*

44 el agente de información *f*
– *inspector*

45 el horario de bolsillo *m*
– *pocket timetable* (Am. *pocket train schedule*)

46 el reloj del andén
– *platform clock*

47 la señal de partida *f*
– *starting signal*

48 el alumbrado del andén
– *platform lighting*

49 el quiosco (del andén) de refrescos *m* y comidas *f* para el viaje
– *refreshment kiosk*

50 la botella de cerveza *f*
– *beer bottle*

51 el periódico
– *newspaper*

52 el beso de despedida *f* (*Guat.:* el pico)
– *parting kiss*

53 el abrazo
– *embrace*

54 el banco del andén
– *platform seat*

55 la papelera para los desperdicios
– *litter bin* (Am. *litter basket*)

56 el buzón del andén
– *platform post box* (Am. *platform mailbox*)

57 la cabina telefónica del andén
– *platform telephone*

58 el hilo de contacto *m* (el cable de contacto *m*)
– *trolley wire (overhead contact wire)*

59-61 la vía
– *track*

59 el raíl
– *rail*

60 la traviesa (*Amér.:* el durmiente)
– *sleeper* (Am. *tie, crosstie*)

61 los cascajos (el lecho de cascajos *m*, los balastos)
– *ballast (bed)*

1 la rampa de acceso *m* (la rampa de vehículos *m*); *anál:* la rampa del ganado
– *ramp (vehicle ramp);* sim.: *livestock ramp*
2 el tractor eléctrico
– *electric truck*
3 la vagoneta (el remolque transportador)
– *trailer*
4 los bultos (los bultos sueltos, fardos *m*, la mercancía en fardos *m*); *en transportes colectivos:* carga *f* colectiva
– *part loads* (Am. *package freight, less-than-carload freight);* in general traffic: *general goods in general consignments (in mixed consignments)*
5 el cajón (la caja)
– *crate*
6 el vagón para la mercancía en fardos *m*
– *goods van* (Am. *freight car)*
7 el cobertizo de mercancías *f* (el almacén de mercancías *f*)
– *goods shed* (Am. *freight house)*
8 la calle de carga *f*
– *loading strip*
9 la rampa del cobertizo (la rampa de carga *f*)
– *loading dock*
10 la cesta de mimbre *m*
– *bale of peat*
11 la bala de lienzo *m*
– *bale of linen (of linen cloth)*
12 la atadura
– *fastening (cord)*
13 la damajuana (la botella, la garrafa) forrada de paja *f*
– *wicker bottle (wickered bottle, demijohn)*
14 la carretilla para los sacos
– *trolley*
15 el camión para la mercancía en fardos *m*
– *goods lorry* (Am. *freight truck)*
16 la carretilla elevadora de horquilla *f*
– *forklift truck (fork truck, forklift)*
17 la vía de carga *f*
– *loading siding*
18 las mercancías voluminosas
– *bulky goods*
19 el contenedor pequeño propiedad del ferrocarril
– *small railway-owned* (Am. *railroad-owned) container*
20 el vagón de feriantes *m* (*anál.:* el vagón de circo *m*)
– *showman's caravan;* sim.: *circus caravan*
21 el vagón plano (la batea)
– *flat wagon* (Am. *flat freight car)*
22 el gálibo
– *loading gauge* (Am. *gage)*
23 la bala de paja *f*
– *bale of straw*
24 el vagón plataforma con teleros *m* (la batea con teleros *m*)
– *flat wagon* (Am. *flatcar) with side stakes*
25 el parque de coches *m* y de vagones *m*
– *fleet of lorries* (Am. *trucks)*
26-39 el tinglado (el cobertizo) de las mercancías
– ***goods shed*** (Am. *freight house)*
26 la recepción de mercancías *f* (el despacho de mercancías *f*)
– *goods office (forwarding office,* Am. *freight office)*
27 las mercancías
– *part-load goods* (Am. *package freight)*
28 el contratista de mercancías *f*
– *forwarding agent* (Am. *freight agent, shipper)*
29 el jefe de carga *f*
– *loading foreman*
30 la carta de porte *m* (el talón de expedición *f; Amér.:* la boleta de expedición *f*)
– *consignment note (waybill)*
31 las báscula de los bultos sueltos
– *weighing machine*
32 la paleta
– *pallet*
33 el obrero del cobertizo de mercancías *f*
– *porter*
34 la carretilla eléctrica
– *electric cart (electric truck)*
35 el remolque de la carretilla
– *trailer*
36 el empleado de la oficina de consignación *f* (la inspección de carga *f*)
– *loading supervisor*
37 la puerta del cobertizo
– *goods shed door* (Am. *freight house door)*
38 el riel guía *f*
– *rail (slide rail)*
39 la polea (la rueda de corredera *f*)
– *roller*
40 la caseta para pesar
– *weighbridge office*
41 la báscula para vagones *m*
– *weighbridge*
42 la estación de maniobras *f*
– *marshalling yard* (Am. *classification yard, switch yard)*
43 la locomotora de maniobras *f*
– *shunting engine (shunting locomotive, shunter,* Am. *switch engine, switcher)*
44 el puesto de control de maniobras *f*
– *marshalling yard signal box* (Am. *classification yard switch tower)*
45 el jefe de maniobras *f*
– *yardmaster*
46 la albardilla
– *hump*
47 la vía de maniobras *f*
– *sorting siding (classification siding, classification track)*
48 el freno de vía *f* (el freno de raíl *m*)
– *rail brake (retarder)*
49 la calza (la zapata de freno *m*)
– *slipper brake (slipper)*
50 la vía de maniobras *f* (el apartadero)
– *storage siding (siding)*
51 el tope fijo (el tope hidráulico)
– *buffer (buffers,* Am. *bumper)*
52 el vagón completo (*Amér.:* el carro completo)
– *wagon load* (Am. *carload)*
53 el almacén
– *warehouse*
54 la estación de contenedores *m*
– *container station*
55 la grúa de pórtico *m*
– *gantry crane*
56 el mecanismo de elevación *f*
– *lifting gear (hoisting gear)*
57 el contenedor
– *container*
58 el vagón portacontenedores *m*
– *container wagon* (Am. *container car)*
59 el semirremolque
– *semi-trailer*

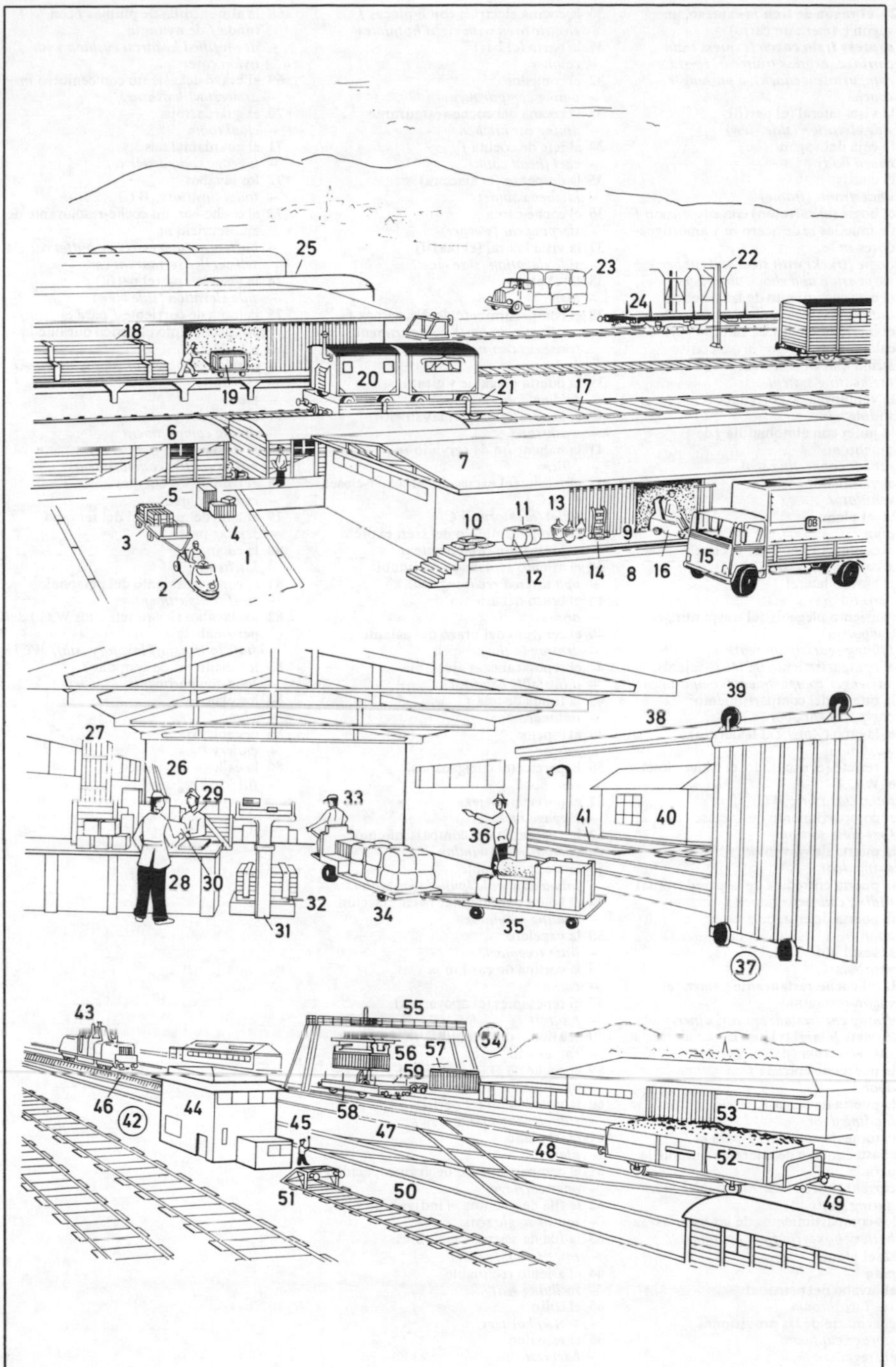
1
2
3
4
5
6
7
8
9
10
11
12
13
14
15
16
17
18
19
20
21
22
23
24
25
26
27
28
29
30
31
32
33
34
35
36
37
38
39
40
41
42
43
44
45
46
47
48
49
50
51
52
53
54
55
56
57
58
59

1-21 el vagón de tren *m* **expreso,** un vagón (*Amér.:* un carro)
– ***express train coach*** *(express train carriage, express train car, corridor compartment coach), a passenger coach*
1 la vista lateral (el perfil)
– *side elevation (side view)*
2 la caja del vagón
– *coach body*
3 el chasis
– *underframe (frame)*
4 el bogie (el carretón) con suspensión *f* de muelles *m* de acero *m* y amortiguadores *m*
– *bogie (truck) with steel and rubber suspension and shock absorbers*
5 el compartimiento de las baterías
– *battery containers (battery boxes)*
6 el intercambiador de calor *m* para la calefacción a vapor *m* o eléctrica
– *steam and electric heat exchanger for the heating system*
7 la ventanilla de corredera *f*
– *sliding window*
8 la junta con almohadilla *f* de caucho *m*
– *rubber connecting seal*
9 el ventilador estático
– *ventilator*
10-21 el plano
– ***plan***
10 el compartimiento de 2ª clase *f*
– *second-class section*
11 el pasillo lateral
– *corridor*
12 el asiento plegable (el traspuntín, el trasportín)
– *folding seat (tip-up seat)*
13 el compartimiento de los pasajeros
– *passenger compartment (compartment)*
14 la puerta del compartimiento
– *compartment door*
15 el lavabo (*Amér.:* el lavatorio)
– *washroom*
16 el retrete (el excusado, el water-closet, el W.C.)
– *toilet (lavatory, WC)*
17 el compartimiento de 1ª clase
– *first-class section*
18 la puerta de vaivén *m*
– *swing door*
19 la puerta corrediza de la pared frontal
– *sliding connecting door*
20 la puerta de entrada *f*
– *door*
21 el vestíbulo
– *vestibule*
22-32 el **coche-restaurante** (*Amér.:* el vagón-restaurante)
– ***dining car*** *(restaurant car, diner)*
22-25 vista lateral (el perfil)
– ***side elevation*** *(side view)*
22 la puerta de entrada *f*
– *door*
23 la puerta de carga *f*
– *loading door*
24 la toma de corriente *f* para el abastecimento de energía *f* durante la parada
– *current collector for supplying power during stops*
25 los compartimientos de las baterías
– *battery boxes (battery containers)*
26-32 el plano
– ***plan***
26 el lavabo del personal
– *staff washroom*
27 el armario de las provisiones
– *storage cupboard*
28 el fregadero
– *washing-up area*
29 la cocina
– *kitchen*
30 la cocina eléctrica con 8 placas *f*
– *electric oven with eight hotplates*
31 la barra (el bar)
– *counter*
32 el comedor
– *dining compartment*
33 la cocina del coche-restaurante
– *dining car kitchen*
34 el jefe de cocina *f*
– *chef (head cook)*
35 la despensa (la alacena)
– *kitchen cabinet*
36 el coche-cama
– *sleeping car (sleeper)*
37 la vista lateral (el perfil)
– *side elevation (side view)*
38-42 el plano
– ***plan***
38 el compartimiento de dos camas *f*
– *two-seat twin-berth compartment (two-seat two-berth compartment,* Am. *bedroom)*
39 la puerta plegable y giratoria
– *folding doors*
40 el lavabo (*Amér.:* el lavatorio)
– *washstand*
41 la habitación de servicio *m*
– *office*
42 el retrete (el excusado, el water-closet, el W.C.)
– *toilet (lavatory, WC)*
43 el compartimiento del tren expreso
– *express train compartment*
44 el asiento acolchado reclinable
– *upholstered reclining seat*
45 el brazo del asiento
– *armrest*
46 el cenicero del brazo del asiento
– *ashtray in the armrest*
47 el reposacabezas ajustable
– *adjustable headrest*
48 la funda de tela *f*
– *antimacassar*
49 el espejo
– *mirror*
50 la percha (el cuelgacapas)
– *coat hook*
51 el portaequipajes
– *luggage rack*
52 la ventanilla del compartimiento
– *compartment window*
53 la mesita plegable
– *fold-away table (pull-down table)*
54 el botón para regular la calefacción
– *heating regulator*
55 la papelera
– *litter receptacle*
56 la cortina de cordón *m*
– *curtain*
57 el reposapiés (el apoyapiés)
– *footrest*
58 el asiento de ventanilla *f*
– *corner seat*
59 el coche de gran capacidad *f*
– *open car*
60 la vista lateral (el perfil)
– *side elevation (side view)*
61-72 el plano
– ***plan***
61 el compartimiento de gran capacidad *f*
– *open carriage*
62 la fila de asientos *m* individuales
– *row of single seats*
63 la fila de asientos *m* dobles
– *row of double seats*
64 el asiento reclinable
– *reclining seat*
65 el cojín
– *seat upholstery*
66 el respaldo
– *backrest*
67 la cabecera
– *headrest*
68 la almohadilla de plumas *f* con funda *f* de nylón *m*
– *down-filled headrest cushion with nylon cover*
69 el brazo del asiento con cenicero *m*
– *armrest with ashtray*
70 el guardarropa
– *cloakroom*
71 el guardamaletas
– *luggage compartment*
72 los lavabos
– *toilet (lavatory, WC)*
73 el coche-bar, un coche-restaurante de autoservicio *m*
– *buffet car (quick-service buffet car), a self-service restaurant car*
74 la vista lateral (el perfil)
– *side elevation (side view)*
75 la toma de corriente *f* para el abastecimiento eléctrico durante la parada
– *current collector for supplying power*
76 el plano
– *plan*
77 el comedor
– *dining compartment*
78-79 la barra (el bar)
– ***buffet*** *(buffet compartment)*
78 el lado de los clientes
– *customer area*
79 el lado del personal del servicio
– *serving area*
80 la cocina
– *kitchen*
81 el compartimiento del personal
– *staff compartment*
82 los lavabos (los retretes, los W.C.) del personal
– *staff toilet (staff lavatory, staff WC)*
83 los casilleros de comidas *f*
– *food compartments*
84 los platos
– *plates*
85 el cubierto
– *cutlery*
86 la caja
– *till (cash register)*

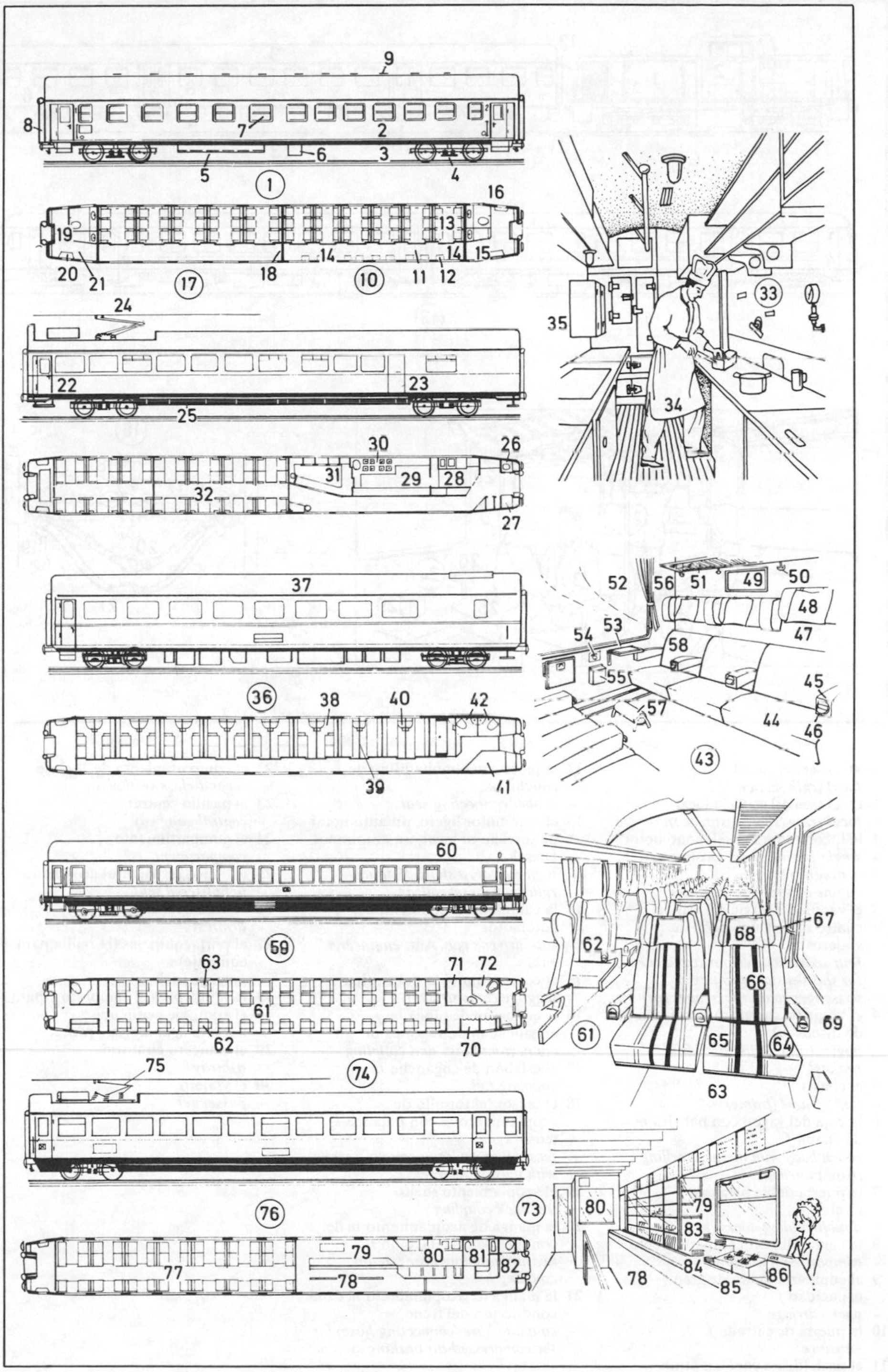
1
2
3
4
5
6
7
8
9
10
11
12
13
14
15
16
17
18
19
20
21
22
23
24
25
26
27
28
29
30
31
32
33
34
35
36
37
38
39
40
41
42
43
44
45
46
47
48
49
50
51
52
53
54
55
56
57
58
59
60
61
62
63
64
65
66
67
68
69
70
71
72
73
74
75
76
77
78
79
80
81
82
83
84
85
86

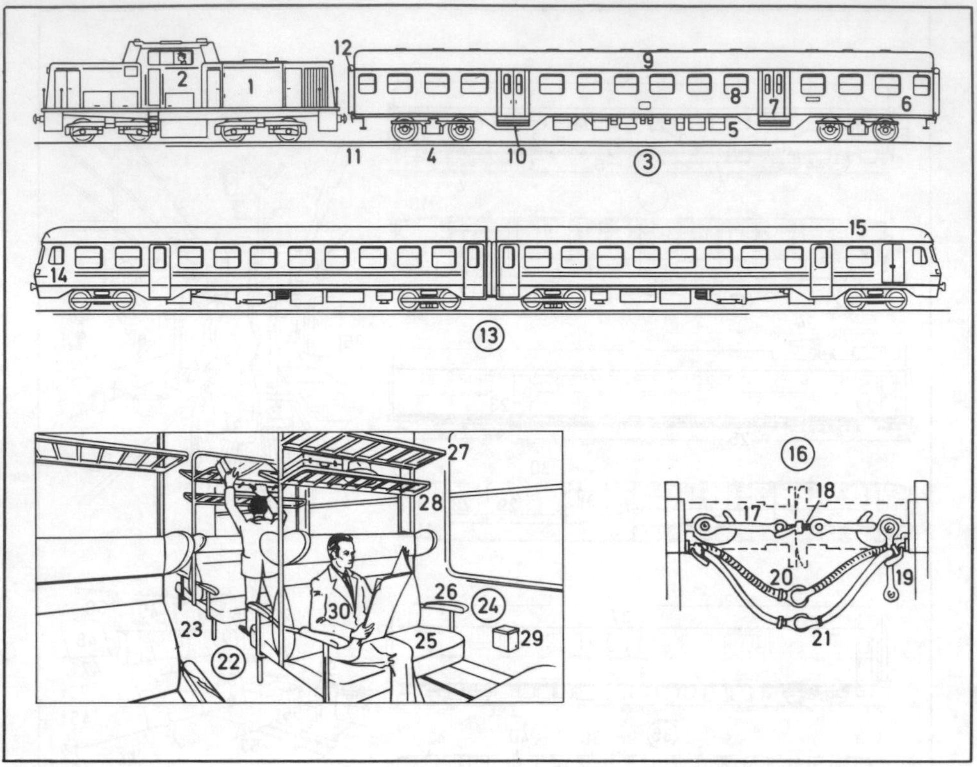

1-30 el servicio local
- ***local train service***

1-12 el tren del servicio local
- ***local train** (short-distance train)*

1 la locomotora Diesel monomotor
- *single-engine diesel locomotive*

2 el maquinista
- *engine driver (*Am. *engineer)*

3 el vagón del servicio local de cuatro ejes *m*, un vagón de viajeros *m*
- *four-axled coach (four-axled car) for short-distance routes, a passenger coach (passenger car)*

4 el bogie (el carretón) [con freno *m* de discos *m*]
- *bogie (truck) [with disc (disk) brakes]*

5 el chasis
- *underframe (frame)*

6 la caja del vagón con paneles *m* de chapa *f*
- *coach body with metal panelling (*Am. *paneling)*

7 la puerta doble plegable y giratoria
- *double folding doors*

8 la ventanilla del compartimiento
- *compartment window*

9 el compartimiento de gran capacidad *f*
- *open carriage*

10 la puerta de entrada *f*
- *entrance*

11 el paso [de un vagón a otro]
- *connecting corridor*

12 la junta con almohadilla *f* de caucho *m*
- *rubber connecting seal*

13 el automotor ligero, un automotor de servicio *m* local, un automotor Diesel
- *light railcar, a short-distance railcar, a diesel railcar*

14 la cabina del maquinista del automotor
- *cab (driver's cab,* Am. *engineer's cab)*

15 el compartimiento del equipaje
- *luggage compartment*

16 la conexión de tubos *m* y enganche *m* de vagones *m*
- *connecting hoses and coupling*

17 el eslabón de enganche *m*
- *coupling link*

18 el tensor (el tornillo de acoplamiento *m* con palanca *f* tensora)
- *tensioning device, a coupling screw with tensioning lever*

19 el acoplamiento suelto
- *unlinked coupling*

20 la manga de acoplamiento *m* del conducto de calefacción *f*
- *heating coupling hose (steam coupling hose)*

21 la manga de acoplamiento *m* de la conducción del freno
- *coupling hose (connecting hose) for the compressed-air braking system*

22 el compartimiento de 2ª clase
- *second-class section*

23 el pasillo central
- *central gangway*

24 el compartimiento
- *compartment*

25 el banco (el asiento) acolchado
- *upholstered seat*

26 el brazo del asiento
- *armrest*

27 el portaequipajes (la rejilla para el equipaje)
- *luggage rack*

28 la rejilla para el sombrero y para el equipaje pequeño
- *hat and light luggage rack*

29 el cenicero giratorio
- *ashtray*

30 el viajero
- *passenger*

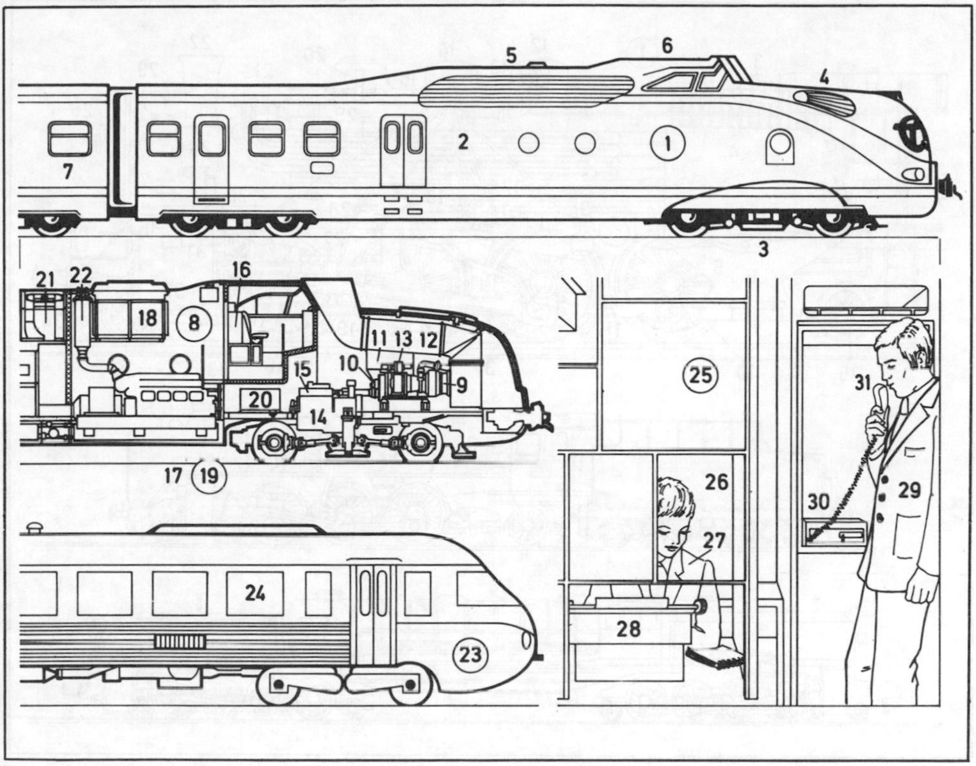

1-22 el tren T.E.E. (I.C.) (el tren Trans-Europa-Exprés interurbano)
– ***Trans-Europe Express*** *(Intercity train)*
1 el coche automotor de los Ferrocarriles Federales Alemanes (DB), un coche automotor Diesel o un coche automotor de turbina *f* de gas *m*
– *German Federal Railway trainset, a diesel trainset or gas turbine trainset*
2 la cabeza motriz
– *driving unit*
3 el eje de ruedas *f* provisto de motor *m* (las ruedas motrices)
– *drive wheel unit*
4 la instalación de propulsión *f* (el motor Diesel de tracción *f*)
– *main engine*
5 el generador Diesel
– *diesel generator unit*
6 la cabina del maquinista
– *cab (driver's cab,* Am. *engineer's cab)*
7 el vagón intermediario
– *second coach*
8 la cabeza motriz de turbina *f* de gas *m* [en corte]
– *gas turbine driving unit [diagram]*
9 la turbina de gas *m*
– *gas turbine*
10 la transmisión de turbina *f*
– *turbine transmission*
11 el conducto de admisión *f* de aire *m*
– *air intake*
12 el tubo de escape de gas *m* con silencioso *m*
– *exhaust with silencers* (Am. *mufflers)*
13 el arranque eléctrico
– *dynastarter*
14 la transmisión Voith
– *Voith transmission*
15 el intercambiador de calor *m* para el aceite de transmisión *f*
– *heat exchanger for the transmission oil*
16 el armario de mando *m* de la turbina de gas *m*
– *gas turbine controller*
17 el depósito de combustible *m* para la turbina de gas *m*
– *gas turbine fuel tank*
18 la instalación de refrigeración *f* por aire del aceite de la transmisión y de la turbina
– *oil-to-air cooling unit for transmission and turbine*
19 el motor Diesel auxiliar
– *auxiliary diesel engine*
20 el depósito de combustible *m*
– *fuel tank*
21 la instalación de refrigeración *f*
– *cooling unit*
22 la tubería de escape *m*, con silencioso *m*
– *exhaust with silencers* (Am. *mufflers)*
23 **el coche automotor experimental** de la Sociedad Nacional de los Ferrocarriles Franceses (S.N.C.F.) con un motor Diesel de 6 cilindros *m* bajo el piso y una turbina de gas *m* con dos árboles *m*
– ***experimental trainset*** *of the Société Nationale des Chemins de Fer Français (SNCF) with six-cylinder underfloor diesel engine and twin-shaft gas turbine*
24 la instalación de turbina *f* (el turbogrupo) con silencioso *m*
– *turbine unit with silencers* (Am. *mufflers)*
25 la secretaría del tren
– *secretarial compartment*
26 el compartimiento de mecanografía *f*
– *typing compartment*
27 la secretaria del tren
– *secretary*
28 la máquina de escribir
– *typewriter*
29 el agente de comercio *m* (el hombre de negocios *m* –el ejecutivo– de viaje *m*)
– *travelling* (Am. *traveling) salesman (businessman on business trip)*
30 el dictáfono
– *dictating machine*
31 el micrófono
– *microphone*

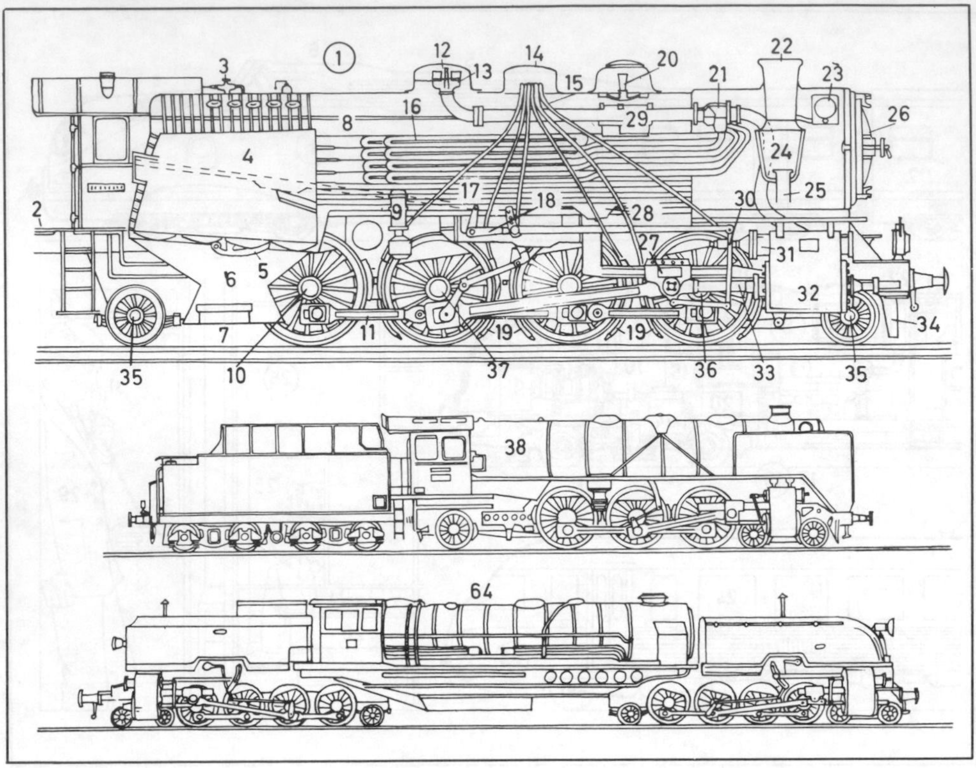

1-69 la locomotora de vapor *m*
– ***steam locomotives***

2-37 la caldera de la locomotora y el mecanismo de propulsión *f* **de la locomotora**
– ***locomotive boiler and driving gear***

2 la chapa de ténder *m*, con enganche *m*
– *tender platform with coupling*

3 la válvula de seguridad *f*, para la sobrepresión de vapor *m*
– *safety valve for excess boiler pressure*

4 la caja de fuego *m* (el hogar)
– *firebox*

5 el emparrillado basculante
– *drop grate*

6 el cenicero, con ventilación *f*
– *ashpan with damper doors*

7 la compuerta de fondo *m* (la trampilla) del cenicero
– *bottom door of the ashpan*

8 los tubos del humo
– *smoke tubes (flue tubes)*

9 la bomba de alimentación *f* de agua *f*
– *feed pump*

10 el cojinete del eje
– *axle bearing*

11 la biela de acoplamiento *m*
– *connecting rod*

12 la cúpula de caldera *f* (el domo de vapor *m*)
– *steam dome*

13 la válvula reguladora (del vapor)
– *regulator valve (regulator main valve)*

14 el domo de arena *f* (el depósito de arena *f*)
– *sand dome*

15 los tubos de bajada *f* de la arena
– *sand pipes (sand tubes)*

16 la caldera horizontal
– *boiler (boiler barrel)*

17 los tubos del recalentador
– *fire tubes or steam tubes*

18 el cambio de marcha *f*
– *reversing gear (steam reversing gear)*

19 los tubos para echar la arena
– *sand pipes*

20 la válvula de alimentación *f*
– *feed valve*

21 la caja colectora del vapor (el colector de vapor *m*)
– *steam collector*

22 la chimenea (salida *f* de humo *m* y de vapor *m* de escape *m*)
– *chimney (smokestack, smoke outlet and waste steam exhaust)*

23 el precalentador del agua *f* de alimentación *f* (el precalentador de superficie *f*)
– *feedwater preheater (feedwater heater, economizer)*

24 la rejilla parachispas
– *spark arrester*

25 el tubo de escape *m*
– *blast pipe*

26 la puerta de la caja de humos *m*
– *smokebox door*

27 la cruceta
– *cross head*

28 el colector de lodos *m*
– *mud drum*

29 la rejilla separadora de lodos *m* del alimentador del agua *f*
– *top feedwater tray*

30 la vara (el vástago) del distribuidor
– *combination lever*

31 la caja del distribuidor
– *steam chest*

32 el cilindro de vapor *m*
– *cylinder*

33 el vástago del pistón (la biela) con prensaestopa *m*
– *piston rod with stuffing box (packing box)*

34 el quitapiedras (*Arg.:* el miriñaque; *Chile:* la trompa; *P. Rico:* el botavaca)
– *guard iron (rail guard,* Am. *pilot, cowcatcher)*

35 el eje portante
– *carrying axle (running axle, dead axle)*

36 el eje acoplado
– *coupled axle*

37 el eje motor
– *driving axle*

38 la locomotora con ténder *m* para tren *m* expreso
– *express locomotive with tender*

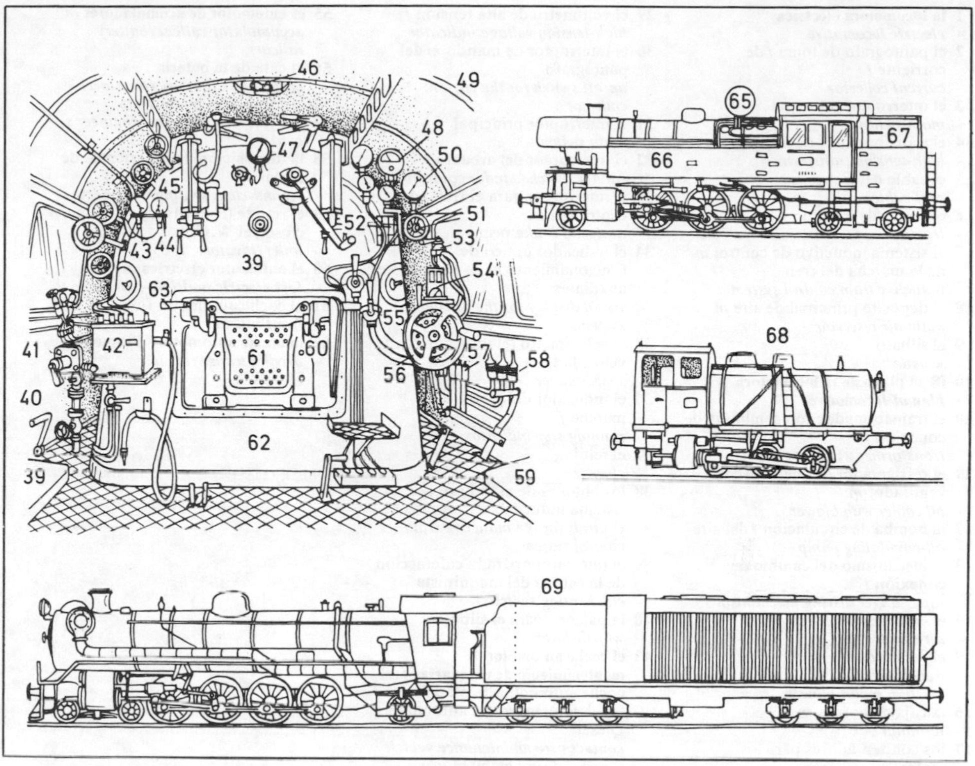

39-63 la cabina del maquinista de la locomotora de vapor *m*
- ***cab*** *(driver's cab,* Am. *engineer's cab)*

39 el puesto del fogonero
- *fireman's seat*

40 la manivela del emparrillado móvil (de la parrilla basculante)
- *drop grate lever*

41 la bomba inyectora
- *line steam injector*

42 la bomba de engrase *m* automático
- *automatic lubricant pump (automatic lubricator)*

43 el manómetro del precalentador
- *preheater pressure gauge (*Am. *gage)*

44 el manómetro de la calefacción
- *carriage heating pressure gauge (*Am. *gage)*

45 el indicador del nivel de agua *f*
- *water gauge (*Am. *gage)*

46 el alumbrado
- *light*

47 el manómetro de la caldera
- *boiler pressure gauge (*Am. *gage)*

48 el teletermómetro
- *distant-reading temperature gauge (*Am. *gage)*

49 la cabina del maquinista
- *cab (driver's cab,* Am. *engineer's cab)*

50 el manómetro de freno *m*
- *brake pressure gauge (*Am. *gage)*

51 la palanca del silbato de vapor *m*
- *whistle valve handle*

52 el libro horario (la guía de ferrocarriles *m*)
- *driver's timetable (*Am. *engineer's schedule)*

53 la válvula de freno *m* del maquinista
- *driver's brake valve (*Am. *engineer's brake valve)*

54 el tacógrafo (el indicador de velocidad *f*, el tacómetro)
- *speed recorder (tachograph)*

55 la palanca del arenero
- *sanding valve*

56 el volante del cambio de marcha *f*
- *reversing wheel*

57 la válvula del freno de emergencia *f*
- *emergency brake valve*

58 la válvula de descarga *f*
- *release valve*

59 el asiento para el maquinista de la locomotora
- *driver's seat (*Am. *engineer's seat)*

60 la pantalla antideslumbrante
- *firehole shield*

61 la puerta del hogar
- *firehole door*

62 la caldera vertical
- *vertical boiler*

63 la empuñadura para abrir la puerta del hogar
- *firedoor handle handgrip*

64 la locomotra articulada (la locomotora Garrat)
- *articulated locomotive (Garratt locomotive)*

65 la locomotora ténder *m*
- *tank locomotive*

66 el tanque de agua *f*
- *water tank*

67 el ténder para combustible *m*
- *fuel tender*

68 la locomotora accionada por acumulador *m* de vapor *m* (la locomotora sin hogar *m*)
- *steam storage locomotive (fireless locomotive)*

69 la locomotora de condensación *f*
- *condensing locomotive (locomotive with condensing tender)*

1 **la locomotora eléctrica**
– ***electric locomotive***
2 el pantógrafo de toma *f* de corriente *f*
– *current collector*
3 el interruptor principal
– *main switch*
4 el transformador de alta tensión f
– *high-tension transformer*
5 el cable del techo
– *roof cable*
6 el motor de tracción *f*
– *traction motor*
7 el sistema inductivo de control *m* de la marcha del tren
– *inductive train control system*
8 el depósito principal de aire *m*
– *main air reservoir*
9 el silbato
– *whistle*
10-18 **el plano de la locomotora**
– ***plan of locomotive***
10 el transformador con cambio *m* de conexión *f*
– *transformer with tap changer*
11 el refrigerador de aceite *m* con ventilador *m*
– *oil cooler with blower*
12 la bomba de circulación *f* del aire
– *oil-circulating pump*
13 el mecanismo del cambio de conexión *f*
– *tap changer driving mechanism*
14 el compresor del aire
– *air compressor*
15 el ventilador del motor de tracción *f*
– *traction motor blower*
16 la caja de bornes *m*
– *terminal box*
17 los condensadores para los motores auxiliares
– *capacitors for auxiliary motors*
18 la tapa del conmutador
– *commutator cover*
19 la cabina del maquinista
– *cab (driver's cab,* Am. *engineer's cab)*
20 el volante del conductor
– *controller handwheel*
21 el interruptor de seguridad *f* del conductor
– *dead man's handle*
22 la válvula de freno del maquinista
– *driver's brake valve (*Am. *engineer's brake valve)*
23 la válvula del freno suplementario
– *ancillary brake valve (auxiliary brake valve)*
24 el manómetro del aire comprimido
– *pressure gauge (*Am. *gage)*
25 el interruptor de sobrepresión *f* del dispositivo de seguridad *f*
– *bypass switch for the dead man's handle*
26 el indicador de la tracción (el amperímetro de los motores de tracción *f*)
– *tractive effort indicator*
27 el voltímetro para la tensión de la calefacción
– *train heating voltage indicator*
28 el voltímetro de tensión *f* del hilo de contacto *m*
– *contact wire voltage indicator (overhead wire voltage indicator)*
29 el voltímetro de alta tensión *f*
– *high-tension voltage indicator*
30 el interruptor de mando *m* del pantógrafo
– *on/off switch for the current collector*
31 el interruptor principal
– *main switch*
32 el interruptor del arenero
– *sander switch (sander control)*
33 el interruptor para el freno de centrífuga *f*
– *anti-skid brake switch*
34 el indicador óptico de funcionamiento *m* de los motores auxiliares
– *visual display for the ancillary systems*
35 el velocímetro (el indicador de la velocidad)
– *speedometer*
36 el indicador del grado *m* de marcha *f*
– *running step indicator*
37 el reloj
– *clock*
38 los botones de mando *m* del sistema inductivo
– *controls for the inductive train control system*
39 el interruptor para la calefacción de la cabina del maquinista
– *cab heating switch*
40 la palanca para el silbato
– *whistle lever*
41 **el coche automotor de mantenimiento de catenarias** *f* (el coche automotor de plataforma *f* regulable), un coche automotor Diesel
– ***contact wire maintenance vehicle*** *(overhead wire maintenance vehicle), a diesel railcar*
42 la plataforma de trabajo *m*
– *work platform (working platform)*
43 la escala
– *ladder*
44-54 **la instalación de maquinaria** *f* **del automotor de mantenimiento** *m* **de catenarias** *f*
– ***mechanical equipment of the contact wire maintenance vehicle***
44 el compresor de aire *m*
– *air compressor*
45 la bomba de aceite *m* del ventilador
– *blower oil pump*
46 la dinamo
– *generator*
47 el motor Diesel
– *diesel engine*
48 la bomba de inyección *f*
– *injection pump*
49 el silencioso
– *silencer (*Am. *muffler)*
50 el cambio de velocidades *f*
– *change-speed gear*
51 el árbol de transmisión *f* (el árbol de cardán *m*)
– *cardan shaft*
52 el engrase de la pestaña
– *wheel flange lubricator*
53 el engranaje de inversión *f* de marcha *f*
– *reversing gear*
54 el soporte del momento de torsión *f*
– *torque converter bearing*
55 **el automotor de acumuladores** *m*
– ***accumulator railcar*** *(battery railcar)*
56 la caja de la batería
– *battery box (battery container)*
57 la cabina del maquinista
– *cab (driver's cab,* Am. *engineer's cab)*
58 la disposición de los asientos de 2ª clase *f*
– *second-class seating arrangement*
59 el retrete (el excusado, el water-closet, el W. C.)
– *toilet (lavatory, WC)*
60 **el automotor eléctrico rápido**
– ***fast electric multiple-unit train***
61 el coche automotor final
– *front railcar*
62 la coche automotor intermedio
– *driving trailer car*

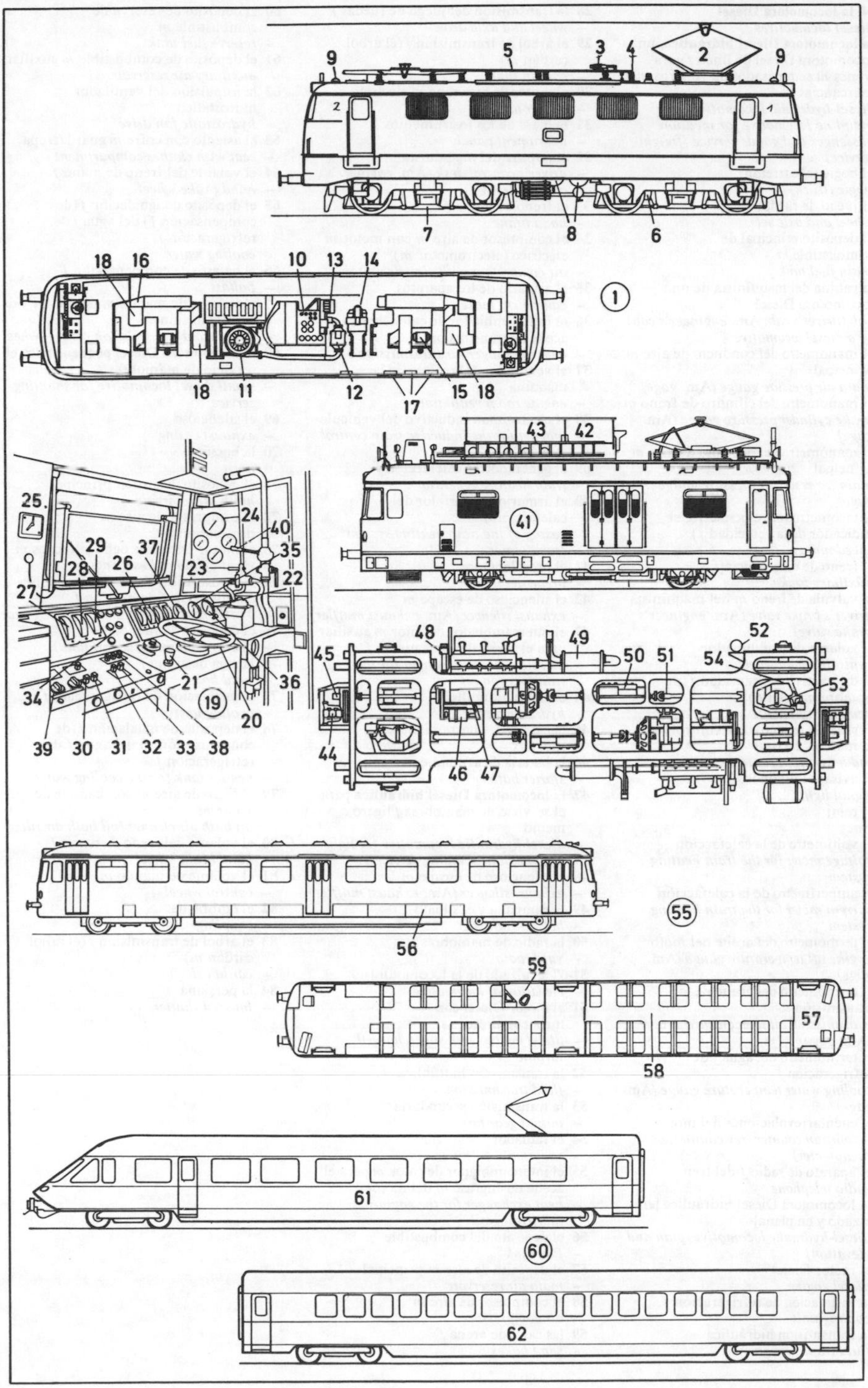
1
2
3
4
5
6
7
8
9
10
11
12
13
14
15
16
17
18
19
20
21
22
23
24
25
26
27
28
29
30
31
32
33
34
35
36
37
38
39
40
41
42
43
44
45
46
47
48
49
50
51
52
53
54
55
56
57
58
59
60
61
62

1-84 la locomotora Diesel
– ***diesel locomotives***
1 la locomotora Diesel hidráulica, una locomotora Diesel de línea *f* para trenes *m* semipesados de viajeros *m* y mercancías *f*
– ***diesel-hydraulic locomotive,*** *a mainline locomotive for medium passenger and goods service (freight service)*
2 el bogie (el carretón)
– *bogie (truck)*
3 el juego de ruedas *f*
– *wheel and axle set*
4 el depósito principal de combustible *m*
– *main fuel tank*
5 la cabina del maquinista de una locomotora Diesel
– *cab (driver's cab,* Am. *engineer's cab) of a diesel locomotive*
6 el manómetro del conducto de aire *m* principal
– *main air pressure gauge (*Am. *gage)*
7 el manómetro del cilindro de freno *m*
– *brake cylinder pressure gauge (*Am. *gage)*
8 el manómetro del depósito de aire *m* principal
– *main air reservoir pressure gauge (*Am. *gage)*
9 el tacómetro (el velocímetro, el indicador de la velocidad *f*)
– *speedometer*
10 el freno de emergencia *f*
– *auxiliary brake*
11 la válvula de freno *m* del maquinista
– *driver's brake valve (*Am. *engineer's brake valve)*
12 el volante del combinador
– *controller handwheel*
13 el dispositivo de seguridad *f* (de hombre *m* muerto)
– *dead man's handle*
14 el sistema inductivo de control *m* de la marcha del tren
– *inductive train control system*
15 el avisador luminoso
– *signal lights*
16 el reloj
– *clock*
17 el voltímetro de la calefacción
– *voltage meter for the train heating system*
18 el amperímetro de la calefacción
– *current meter for the train heating system*
19 el termómetro del aceite del motor
– *engine oil temperature gauge (*Am. *gage)*
20 el termómetro del aceite de la transmisión
– *transmission oil temperature gauge (*Am. *gage)*
21 el termómetro del agua *f* de refrigeración *f*
– *cooling water temperature gauge (*Am. *gage)*
22 el cuentarrevoluciones del motor
– *revolution counter (rev counter, tachometer)*
23 el aparato de radio *f* del tren
– *radio telephone*
24 la locomotora Diesel hidráulica [en alzado y en plano]
– *diesel-hydraulic locomotive [plan and elevation]*
25 el motor Diesel
– *diesel engine*
26 la instalación de refrigeración *f*
– *cooling unit*
27 la transmisión hidráulica
– *fluid transmission*
28 la transmisión del juego de ruedas *f*
– *wheel and axle drive*
29 el árbol de transmisión *f* (el árbol cardán *m*)
– *cardan shaft*
30 el motor de arranque *m* eléctrico
– *starter motor*
31 la mesa de los instrumentos
– *instrument panel*
32 el pupitre del maquinista
– *driver's control desk (*Am. *engineer's control desk)*
33 el freno de mano *f*
– *hand brake*
34 el compresor de aire *m* con motor *m* eléctrico (electromotor *m*)
– *air compressor with electric motor*
35 el armario de los aparatos
– *equipment locker*
36 el intercambiador de calor *m* para el aceite de transmisión *f*
– *heat exchanger for transmission oil*
37 el ventilador del recinto de la máquina
– *engine room ventilator*
38 el electroimán inductivo del vehículo
– *magnet for the inductive train control system*
39 el generador de calefacción *f*
– *train heating generator*
40 el armario convertidor de calefacción *f*
– *casing of the train heating system transformer*
41 el precalentador
– *preheater*
42 el silencioso de escape *m*
– *exhaust silencer (*Am. *exhaust muffler)*
43 el intercambiador de calor *m* auxiliar para el aceite de transmisión *f*
– *auxiliary heat exchanger for the transmission oil*
44 el freno hidráulico
– *hydraulic brake*
45 la caja de las herramientas
– *tool box*
46 la batería de arranque *m*
– *starter battery*
47 la locomotora Diesel hidráulica para el servicio de maniobras *f* ligero o medio
– ***diesel-hydraulic locomotive*** *for light and medium shunting service*
48 el silencioso de escape *m*
– *exhaust silencer (*Am. *exhaust muffler)*
49 la campana y el silbato
– *bell and whistle*
50 la radio de maniobras *f*
– *yard radio*
51-67 el alzado de la locomotora
– *elevation of locomotive*
51 el motor Diesel con turbocompresor *m*
– *diesel engine with supercharged turbine*
52 la transmisión hidráulica
– *fluid transmission*
53 la transmisión secundaria
– *output gear box*
54 el radiador
– *radiator*
55 el intercambiador de calor *m* para el aceite de engrase *m* del motor
– *heat exchanger for the engine lubricating oil*
56 el depósito del combustible
– *fuel tank*
57 el depósito de aire *m* principal
– *main air reservoir*
58 el compresor de aire *m*
– *air compressor*
59 las cajas de arena *f*
– *sand boxes*
60 el depósito de reserva de combustible *m*
– *reserve fuel tank*
61 el depósito de combustible *m* auxiliar
– *auxiliary air reservoir*
62 la impulsión del ventilador hidrostático
– *hydrostatic fan drive*
63 el asiento con cofre *m* guardarropa
– *seat with clothes compartment*
64 el volante del freno de mano *f*
– *hand brake wheel*
65 el depósito de igualación *f* (de compensación *f*) del agua *f* de refrigeración *f*
– *cooling water*
66 el balasto de compensación *f*
– *ballast*
67 el volante de mando *m* del motor y de la transmisión
– *engine and transmission control wheel*
68 la locomotora Diesel pequeña para el servicio de maniobras *f*
– ***small diesel locomotive*** *for shunting service*
69 el silencioso
– *exhaust casing*
70 la bocina
– *horn*
71 el depósito de aire *m* principal
– *main air reservoir*
72 el compresor de aire *m*
– *air compressor*
73 el motor Diesel de ocho cilindros *m*
– *eight-cylinder diesel engine*
74 la transmisión Voith con mecanismo de inversión *f* de marcha *f*
– *Voith transmission with reversing gear*
75 el depósito de fuel-oil *m*
– *heating oil tank (fuel oil tank)*
76 la caja de arena *f*
– *sand box*
77 la instalación de refrigeración *f*
– *cooling unit*
78 el depósito de igualación *f* (de compensación *f*) del agua *f* de refrigeración *f*
– *header tank for the cooling water*
79 el filtro de aire *m* con baño *m* de aceite *m*
– *oil bath air cleaner (oil bath air filter)*
80 el volante del freno de mano *f*
– *hand brake wheel*
81 el volante de mando *m*
– *control wheel*
82 el embrague
– *coupling*
83 el árbol de transmisión *f* (el árbol cardán *m*)
– *cardan shaft*
84 la persiana
– *louvred shutter*

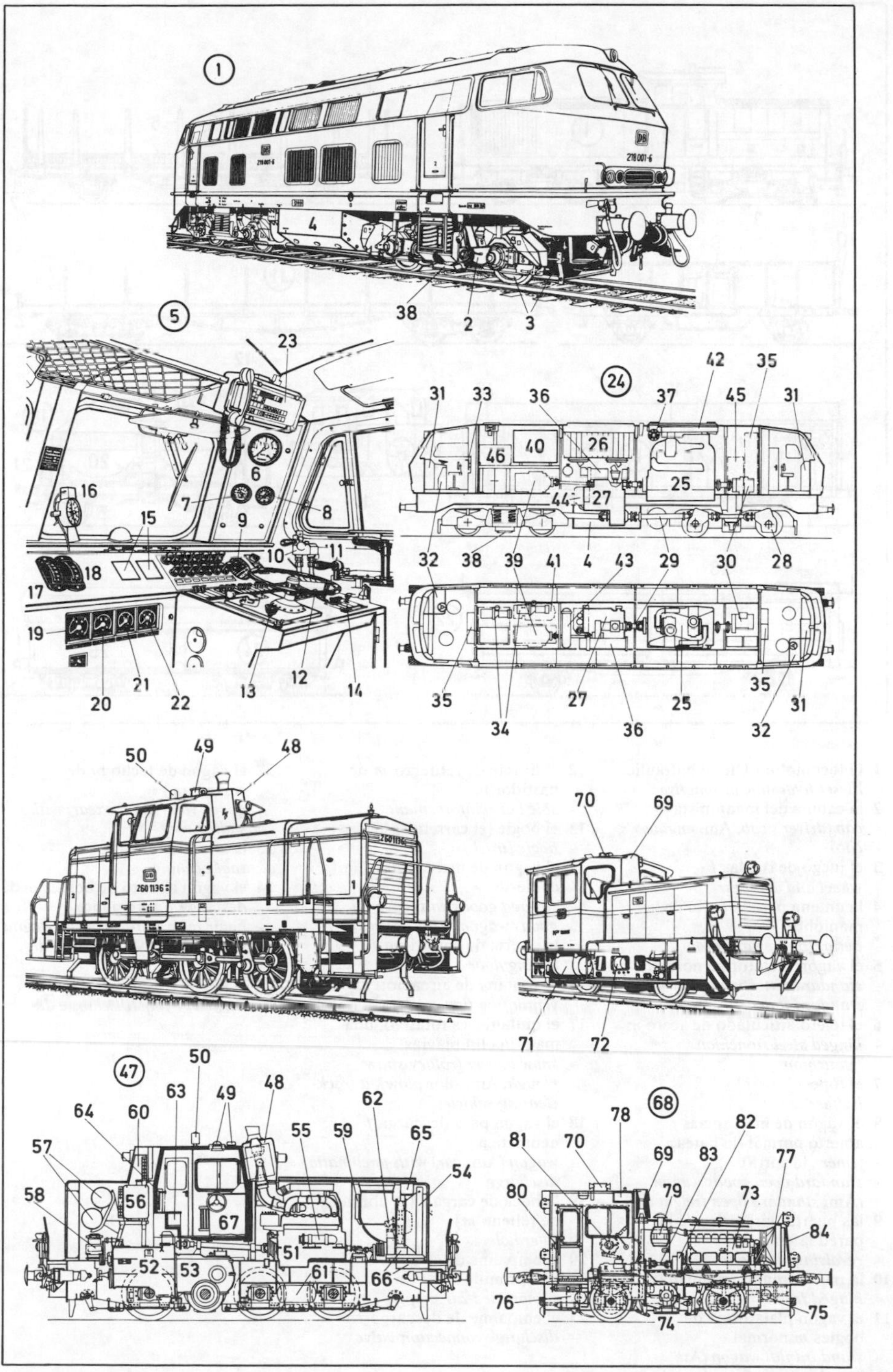
1
4
38
2
3
5
23
16
15
7
6
8
9
10
11
17
18
19
20
21
22
13
12
14
24
31
33
36
37
42
35
45
31
46
40
26
44
27
25
32
38
39
41
4
43
29
30
28
35
34
27
36
25
35
32
31
50
49
48
70
69
71
72
47
50
64
60
63
49
48
62
55
59
65
57
58
56
67
54
52
53
51
61
66
68
78
81
70
69
82
83
77
79
73
80
84
76
74
75

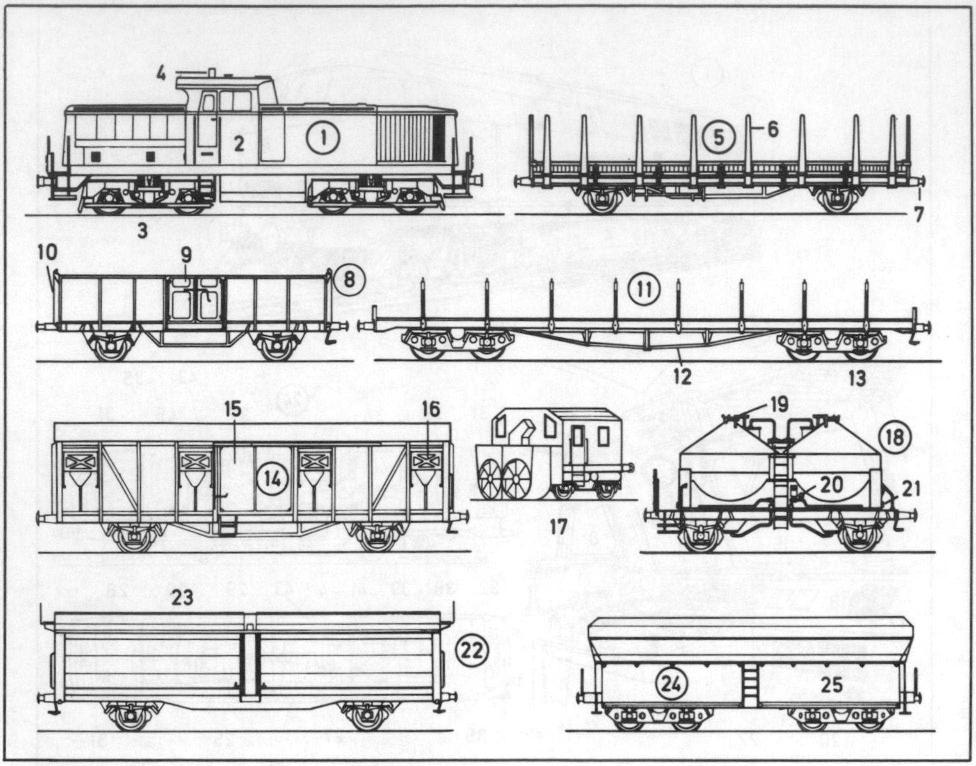

1 la locomotora Diesel hidráulica
– *diesel-hydraulic locomotive*
2 la cabina del maquinista
– *cab (driver's cab,* Am. *engineer's cab)*
3 el juego de ruedas *f*
– *wheel and axle set*
4 la antena para la radio de las maniobras
– *aerial for the yard radio*
5 el vagón plataforma normal
– *standard flat wagon (*Am. *standard flatcar)*
6 el telero articulado de acero *m*
– *hinged steel stanchion (stanchion)*
7 el tope
– *buffers*
8 el vagón de mercancías *f* abierto normal (la batea; *Amér.:* la zorra)
– *standard open goods wagon (*Am. *standard open freight car)*
9 las puertas giratorias de la pared lateral
– *revolving side doors*
10 la pared frontal articulada
– *hinged front*
11 el vagón plataforma de bogies *m* normal
– *standard flat wagon (*Am. *standard flatcar) with bogies*
12 el tirante de refuerzo *m* de bastidor *m*
– *sole bar reinforcement*
13 el bogie (el carretón)
– *bogie (truck)*
14 el vagón de mercancías *f* cubierto
– *covered goods van (covered goods wagon,* Am. *boxcar)*
15 la puerta de corredera *f*
– *sliding door*
16 la ventana de aireación *f*
– *ventilation flap*
17 el quitanieves rotativo, una máquina limpiavías
– *snow blower (rotary snow plough,* Am. *snowplow), a track-clearing vehicle*
18 el vagón para descarga *f* neumática
– *wagon (*Am. *car) with pneumatic discharge*
19 la boca de carga *f* (la abertura de relleno *m*)
– *filler hole*
20 el empalme de aire *m* comprimido
– *compressed-air supply*
21 el empalme de descarga *f*
– *discharge connection valve*
22 el vagón de techo *m* de corredera *f*
– *goods van (*Am. *boxcar) with sliding roof*
23 la abertura del techo
– *roof opening*
24 el vagón abierto de bogies *m* de descarga *f* automática
– *bogie open self-discharge wagon (*Am. *bogie open self-discharge freight car)*
25 el lateral de descarga *f*
– *discharge flap (discharge door)*

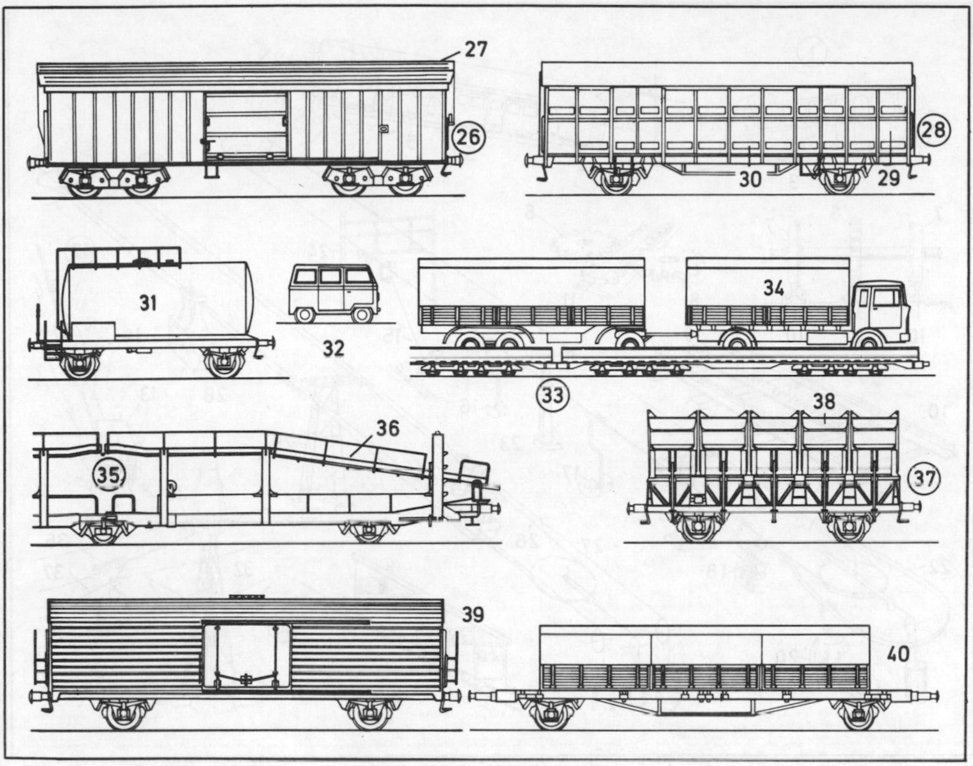

26 el **vagón de bogies de techo** *m* pivotante
- *bogie wagon with swivelling (Am. swiveling) roof*

27 el techo pivotante
- *swivelling (Am. swiveling) roof*

28 al vagón de enrejado *m* de listones *m* de gran capacidad *f* para el transporte de animales *m* pequeños
- *large-capacity wagon (Am. large-capacity car) for small livestock*

29 la pared lateral permeable al aire
- *sidewall with ventilation flaps (slatted wall)*

30 la ventana de aireación *f*
- *ventilation flap*

31 el vagón cisterna *f*
- *tank wagon (Am. tank car)*

32 el automóvil de raíl *m* (la vagoneta automóvil)
- *track inspection railcar*

33 los vagones de plataforma *f* especial
- *open special wagons (Am. open special freight cars)*

34 el camión con remolque *m*
- *lorry (Am. truck) with trailer*

35 el vagón de dos pisos *m* para el transporte de automóviles *m*
- *two-tier car carrier (double-deck car carrier)*

36 la rampa de acceso *m*
- *hinged upper deck*

37 el vagón con vagonetas *f* basculantes
- *tipper wagon (Am. dump car) with skips*

38 la vagoneta basculante
- *skip*

39 el vagón frigorífico universal
- *general-purpose refrigerator wagon (refrigerator van, Am. refrigerator car)*

40 la estructura superior intercambiable para el vagón plataforma
- *interchangeable bodies for flat wagons (Am. flatcars)*

214 Ferrocarriles de montaña

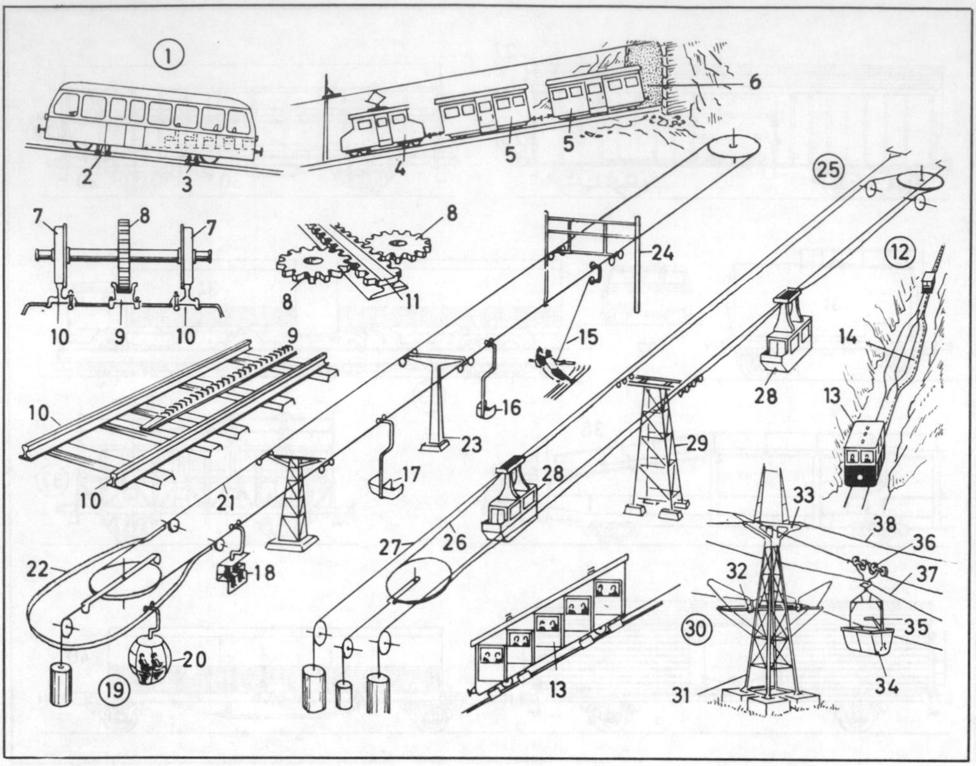

1-14 ferrocarriles *m* **de montaña** *f* **de raíl** *m*
– ***mountain railways*** (Am. *mountain railroads)*
1 el automotor, con adherencia *f* forzada
– *adhesion railcar*
2 la tracción
– *drive*
3 el freno de emergencia *f*
– *emergency brake*
4-5 el ferrocarril de montaña *f* de cremallera *f*
– *rack mountain railway (rack-and-pinion railway, cog railway,* Am. *cog railroad, rack railroad)*
4 la locomotora eléctrica de cremallera *f*
– *electric rack railway locomotive* (Am. *electric rack railroad locomotive)*
5 el coche (el vagón) del ferrocarril de cremallera *f*
– *rack railway coach (rack railway trailer,* Am. *rack railroad car)*
6 el túnel
– *tunnel*
7-11 ferrocarriles *m* de cremallera *f* [sistema]
– *rack railways (rack-and-pinion railways,* Am. *rack railroads) [systems]*
7 la rueda de adherencia *f*
– *running wheel (carrying wheel)*
8 la rueda dentada de tracción *f* (el piñón de tracción *f*)
– *driving pinion*
9 la cremallera
– *rack [with teeth machined on top edge]*
10 el raíl
– *rail*
11 la cremallera horizontal doble
– *rack [with teeth on both outer edges]*
12 el funicular
– *funicular railway (funicular, cable railway)*
13 el coche del funicular
– *funicular railway car*
14 el cable de tracción *f*
– *haulage cable*
15-38 funiculares *m* **aéros de viajeros** *m* (teleféricos *m*)
– ***cableways*** *(ropeways, cable suspension lines)*
15-24 teleféricos *m* monocables, teleférico *m* de cable *m* sin fin *m*
– *single-cable ropeways (single-cable suspension lines, endless cableways, endless ropeways)*
15 el telesquí
– *drag lift*
16-18 el telesilla
– *chair lift*
16 la telesilla ligera, una telesilla individual
– *lift chair, a single chair*
17 la telesilla doble, una telesilla de dos plazas *f*
– *double lift chair, a two-seater chair*
18 la telesilla doble cubierta
– *double chair (two-seater chair) with coupling*
19 el telecabina, un teleférico de cable *m* sin fin *m*
– *gondola cableway, an endless cableway*
20 la cabina
– *gondola (cabin)*
21 el cable sin fin *m*, un cable portante y de tracción *f*
– *endless cable, a suspension (supporting) and haulage cable*
22 el raíl de maniobra *f* (el raíl de rodeo *m*)
– *U-rail*
23 el pilón soporte *m*
– *single-pylon support*
24 el castillete soporte *m*
– *gantry support*
25 el teleférico bicable, un teleférico de lanzadera *f*
– *double-cable ropeway (double-cable suspension line), a suspension line with balancing cabins*
26 el cable de tracción *f*
– *haulage cable*
27 el cable portante
– *suspension cable (supporting cable)*
28 la cabina para viajeros *m*
– *cabin*
29 el pilón intermedio
– *intermediate support*
30 el teleférico, un teleférico bicable
– *cableway (ropeway, suspension line), a double-cable ropeway (double-cable suspension line)*
31 el castillete con estructura *f* de celosía *f*
– *pylon*

32 la polea del cable de tracción *f*
– *haulage cable roller*
33 el soporte del cable portante
– *cable guide rail (suspension cable bearing)*
34 la caja de la vagoneta, una caja basculante
– *skip, a tipping bucket (*Am. *dumping bucket)*
35 la palanca para descargar el volquete
– *stop*
36 el tren de poleas *f* de rodadura *f*
– *pulley cradle*
37 el cable de tracción *f*
– *haulage cable*
38 el cable portante
– *suspension cable (supporting cable)*
39 la estación del valle
– ***valley station** (lower station)*
40 el foso para el tensor (para el contrapeso)
– *tension weight shaft*
41 el tensor (el contrapeso) del cable portante
– *tension weight for the suspension cable (supporting cable)*
42 el tensor del cable tractor
– *tension weight for the haulage cable*
43 la polea del cable de tensión *f*
– *tension cable pulley*
44 el cable portante
– *suspension cable (supporting cable)*
45 el cable tractor (el cable de tracción *f*)
– *haulage cable*
46 el contracable (el cable inferior)
– *balance cable (lower cable)*
47 el cable auxiliar
– *auxiliary cable (emergency cable)*
48 el dispositivo de tensión *f* del cable auxiliar
– *auxiliary-cable tensioning mechanism (emergency-cable tensioning mechanism)*
49 los rodillos de apoyo *m* del cable tractor
– *haulage cable rollers*
50 el amortiguador de muelle *m*
– *spring buffer (*Am. *spring bumper)*
51 el andén de la estación del valle
– *valley station platform (lower station platform)*
52 la cabina de viajeros *m* (la góndola del teleférico), una cabina de gran capacidad *f*
– *cabin (cableway gondola, ropeway gondola, suspension line gondola), a large-capacity cabin*
53 el tren de poleas *f* de rodadura *f*
– *pulley cradle*
54 el sistema de suspensión *f*
– *suspension gear*
55 el amortiguador del balanceo
– *stabilizer*
56 el tope (la viga de tope *m*)
– *guide rail*
57 la estación de montaña *f*
– ***top station** (upper station)*
58 el soporte del cable portante
– *suspension cable guide (supporting cable guide)*
59 el anclaje del cable portante
– *suspension cable anchorage (supporting cable anchorage)*
60 la batería de rodillos *m* del cable tractor
– *haulage cable rollers*
61 la polea de vuelta *f* del cable tractor
– *haulage cable guide wheel*
62 la polea motriz del cable tractor
– *haulage cable driving pulley*
63 la propulsión (el motor) principal
– *main drive*
64 la propulsión (el motor) de reserva *f*
– *standby drive*
65 la cabina del maquinista
– *control room*
66 el tren de poleas *f* de rodadura *f* de la cabina
– ***cabin pulley cradle***
67 el travesaño (la viga principal) del tren de poleas *f*
– *main pulley cradle*
68 la cuna doble
– *double cradle*
69 la cuna de dos ruedas *f*
– *two-wheel cradle*
70 los rodillos del tren de poleas *f*
– *running wheels*
71 el freno del cable portante, un freno de emergencia *f* en caso *m* de rotura *f* del cable tractor
– *suspension cable brake (supporting cable brake), an emergency brake in case of haulage cable failure*
72 la articulación (el eje, el bulón) de la suspensión
– *suspension gear bolt*
73 el manguito del cable tractor
– *haulage cable sleeve*
74 el manguito del contracable
– *balance cable sleeve (lower cable sleeve)*
75 la protección para evitar los descarrilamientos
– *derailment guard*
76 pilones *m* de teleférico *m* (pilones *m* intermedios)
– ***cable supports** (ropeway supports, suspension line supports, intermediate supports)*
77 el castillete de acero *m* con estructura *f* de celosía *f*, un castillete armado
– *pylon, a framework support*
78 el castillete (el pilón) de tubos *m* de acero *m*, un apoyo tubular de acero *m*
– *tubular steel pylon, a tubular steel support*
79 el soporte del cable portante (el soporte de apoyo *m*)
– *suspension cable guide rail (supporting cable guide rail, support guide rail)*
80 el andamio (las horcas) del pilón, un montaje para los trabajos en los cables
– *support truss, a frame for work on the cable*
81 los cimientos del pilón
– *base of the support*

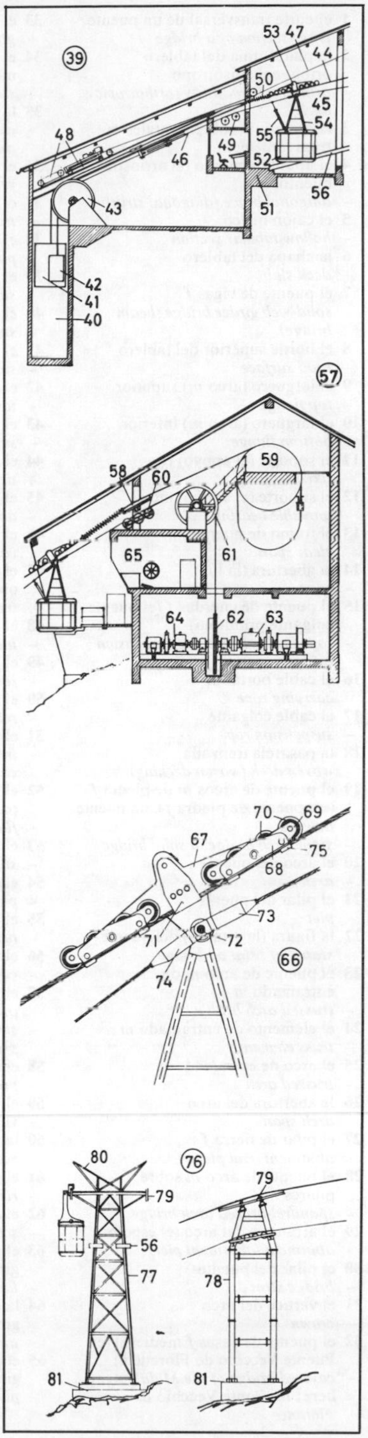

1 el corte transversal de un puente
– *cross-section of a bridge*
2 la plataforma del tablero ortogonal anisótropo
– *orthotropic roadway (orthotropic deck)*
3 la armadura sobre puntales *m*
– *truss (bracing)*
4 el apuntalamiento (el arriostramiento)
– *diagonal brace (diagonal strut)*
5 el cajón hueco
– *hollow tubular section*
6 la chapa del tablero
– *deck slab*
7 el puente de vigas *f*
– *solid-web girder bridge (beam bridge)*
8 el borde superior del tablero
– *road surface*
9 el larguero (arco *m*) superior
– *top flange*
10 el larguero (arco *m*) inferior
– *bottom flange*
11 el soporte (el apoyo) fijo
– *fixed bearing*
12 el soporte (el apoyo) móvil
– *movable bearing*
13 el tramo de puente *m*
– *clear span*
14 la abertura (la luz)
– *span*
15 el puente de cuerdas *f* (el puente colgante primitivo)
– *rope bridge (primitive suspension bridge)*
16 el cable portador
– *carrying rope*
17 el cable colgante
– *suspension rope*
18 la pasarela trenzada
– *woven deck (woven decking)*
19 el puente de arcos *m* de piedra *f* (un puente de piedra *f*), un puente macizo
– *stone arch bridge, a solid bridge*
20 el arco del puente
– *arch*
21 el pilar del puente
– *pier*
22 la figura (la estatua) del puente
– *statue of saint on bridge*
23 el puente de arco *m* de entramado *m*
– *trussed arch bridge*
24 el elemento de entramado *m*
– *truss element*
25 el arco de entramado *m*
– *trussed arch*
26 la abertura del arco
– *arch span*
27 el pilar de tierra *f*
– *abutment (end pier)*
28 el puente de arco *m* sobre pilares *m*
– *spandrel-braced arch bridge*
29 el arranque del arco (el espolón)
– *abutment (abutment pier)*
30 el pilar del puente
– *bridge strut*
31 el vértice del arco
– *crown*
32 el puente de casas *f* medieval (el Puente Vecchio de Florencia)
– *covered bridge of the Middle Ages;* here: *the* Ponte Vecchio *in Florence*
33 el comercio de orfebre *m*
– *goldsmiths' shops*
34 el puente de entramado *m* metálico
– *steel lattice bridge*
35 la diagonal (puntal *m*)
– *counterbrace (crossbrace, diagonal member)*
36 el pilar del puente (la vertical)
– *vertical member*
37 el nudo del entramado
– *truss joint*
38 el pórtico del extremo
– *portal frame*
39 el puente colgante
– *suspension bridge*
40 el cable portador
– *suspension cable*
41 el colgante
– *suspender (hanger)*
42 el pilón (pórtico *m* de puente *m*)
– *tower*
43 el amarre del cable portador
– *suspension cable anchorage*
44 el tirante
– *tied beam [with roadway]*
45 el espolón
– *abutment*
46 el puente de cables *m* oblicuos
– *cable-stayed bridge*
47 el cable de enganche *m* (el cable oblicuo)
– *inclined tension cable*
48 el amarre del cable oblicuo
– *inclined cable anchorage*
49 el puente de hormigón *m* armado
– *reinforced concrete bridge*
50 el arco de hormigón *m* armado
– *reinforced concrete arch*
51 el sistema de cables *m* oblicuos
– *inclined cable system, a multiple cable system*
52 el puente llano, un puente sin pared *f*
– *flat bridge, a plate girder bridge*
53 el tensor transversal
– *stiffener*
54 el pilar
– *pier*
55 el apoyo (apoyo *m* de puente *m*)
– *bridge bearing*
56 el rompehielos
– *cutwater*
57 el puente de elementos *m* prefabricados
– *straits bridge, a bridge built of precast elements*
58 el elemento prefabricado
– *precast construction unit*
59 el viaducto
– *viaduct*
60 la vaguada
– *valley bottom*
61 el pilar de hormigón *m* armado
– *reinforced concrete pier*
62 el andamiaje
– *scaffolding*
63 el puente metálico de celosía *f* giratorio
– *lattice swing bridge*
64 la corona de rotación *f* (la corona giratoria)
– *turntable*
65 el pilar de rotación *f* (el pilar giratorio)
– *pivot pier*
66 la mitad giratoria del puente (el medio puente)
– *pivoting half (pivoting section, pivoting span, movable half) of bridge*
67 el puente giratorio llano
– *flat swing bridge*
68 la pared central
– *middle section*
69 la espiga de giro *m*
– *pivot*
70 el parapeto (la barandilla del puente)
– *parapet (handrailing)*

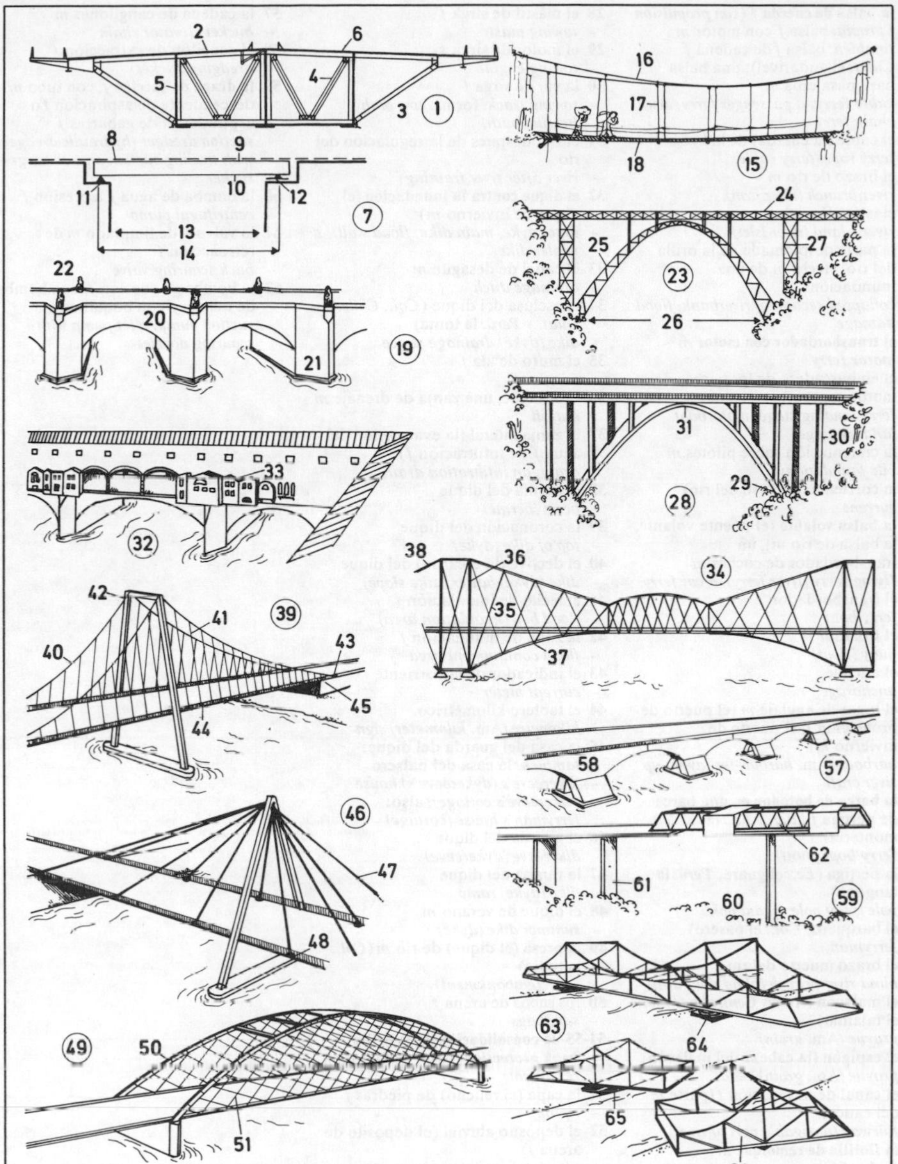
1
2
3
4
5
6
7
8
9
10
11
12
13
14
15
16
17
18
19
20
21
22
23
24
25
26
27
28
29
30
31
32
33
34
35
36
37
38
39
40
41
42
43
44
45
46
47
48
49
50
51
52
53
54
55
56
57
58
59
60
61
62
63
64
65
66
67
68
69
70

1 **la balsa de cuerda** *f* (*con propulsión f propia:* balsa *f* con motor *m; también:* balsa *f* de cadena *f; Cuba:* el andarivel); una balsa para pasajeros *m*
– ***cable ferry,*** *a passenger ferry;* also: *chain ferry*
2 el cable (la cuerda) de la balsa
– *ferry rope (ferry cable)*
3 el brazo de río *m*
– *river branch (river arm)*
4 el islote fluvial
– *river island (river islet)*
5 la parte desplomada de la orilla del río, efecto *m* de una inundación
– *collapsed section of riverbank, flood damage*
6 **el transbordador con motor** *m*
– ***motor ferry***
7 el embarcadero de los barcos de motor *m*
– *ferry landing stage (motorboat landing stage)*
8 la cimentación sobre pilotes *m*
– *pile foundations*
9 la corriente (el curso del río)
– *current*
10 **la balsa volante** (el puente volante, la balsa de río *m*), un transbordador de coches *m*
– ***flying ferry*** *(river ferry), a car ferry*
11 el transbordador
– *ferry boat*
12 el flotador
– *buoy (float)*
13 el anclaje
– *anchorage*
14 el lugar de anclaje *m* (el puerto de protección *f*, el puerto de invierno *m*)
– *harbour* (Am. *harbor*) *for laying up river craft*
15 **la barca de botador** *m*, una barca de pértiga *f* (*Bol. y Ec.:* la montería)
– ***ferry boat*** *(punt)*
16 la pértiga (*Ec.:* el guare; *Perú:* la tangona)
– *pole (punt pole, quant pole)*
17 el barquero (*Col.:* el pasero)
– *ferryman*
18 el brazo muerto del río
– *blind river branch (blind river arm)*
19 el malecón (*Amér. Central y Chile:* el tajamar)
– *groyne* (Am. *groin*)
20 el espigón (la cabeza del malecón)
– *groyne* (Am. *groin*) *head*
21 el canal de navegación *f* (parte *m* del cauce)
– *fairway (navigable part of river)*
22 **la flotilla de remolque** *m*
– ***train of barges***
23 el remolcador fluvial de vapor *m*
– *river tug*
24 el cable de remolque *m*
– *tow rope (tow line, towing hawser)*
25 la lancha de remolque *m* (la lancha de carga *f*, la gabarra)
– *barge (freight barge, cargo barge, lighter)*
26 el gabarrero
– *bargeman (bargee, lighterman)*
27 **la navegación al la sirga**
– ***towing*** *(hauling, haulage)*
28 el mástil de sirga *f*
– *towing mast*
29 el motor de sirga *f*
– *towing engine*
30 la vía de sirga *f*
– *towing track;* form.: *tow path (towing path)*
31 el río, después de la regulación del río
– *river after river training*
32 **el dique contra la inundación** (el dique de invierno *m*)
– ***dike*** *(dyke, main dike, flood wall), a winter dike*
33 el canal de desagüe *m*
– *drainage ditch*
34 la esclusa del dique (*Col., Chile, Guat. y Perú:* la toma)
– *dike (dyke) drainage sluice*
35 el muro de ala *f*
– *wing wall*
36 el desagüe, una zanja de drenaje *m*
– *outfall*
37 la zanja lateral (la evacuación del agua *f* de infiltración *f*)
– *drain, an infiltration drain*
38 la berma del dique
– *berm (berme)*
39 la coronación del dique
– *top of dike (dyke)*
40 el declive (la escarpa) del dique
– *dike (dyke) batter (dike slope)*
41 el lecho de inundación *f*
– *flood bed (inundation area)*
42 la zona de inundación *f*
– *flood containment area*
43 el indicador de la corriente
– *current meter*
44 el tablero kilométrico
– *kilometre* (Am. *kilometer*) *sign*
45 la casa del guarda del dique; *también:* la casa del balsero
– *dikereeve's (dykereeve's) house (dikereeve's cottage);* also: *ferryman's house (cottage)*
46 el guarda del dique
– *dikereeve (dykereeve)*
47 la rampa del dique
– *dike (dyke) ramp*
48 el dique de verano *m*
– *summer dike (dyke)*
49 la presa (el dique) de río *m* (*Col.:* la tupia)
– *levee (embankment)*
50 los sacos de arena *f*
– *sandbags*
51-55 **la consolidación de la orilla**
– ***bank protection*** *(bank stabilization, revetment)*
51 la capa (el relleno) de piedras *f*
– *riprap*
52 el depósito aluvial (el depósito de arena *f*)
– *alluvial deposit (sand deposit)*
53 la fajina (el haz de ramas *f*)
– *fascine (bundle of wooden sticks)*
54 la cerca trenzada
– *wicker fences*
55 el revestimiento de piedras *f* (el muro de contención *f*)
– *stone pitching*
56 **la draga flotante,** una draga con cadena *f* de cangilones *m*
– ***floating dredging machine*** *(dredger), a multi-bucket ladder dredge*
57 la cadena de cangilones *m*
– *bucket elevator chain*
58 el cangilón de extracción *f*
– *dredging bucket*
59 **la draga de succión** *f*, con tubo *m* descendente de aspiración *f* o aspirador *m* de gabarras *f*
– ***suction dredger*** *(hydraulic dredger) with trailing suction pipe or barge sucker*
60 la bomba de agua *f* a presión *f*
– *centrifugal pump*
61 la válvula de limpiado *m* de retroacción *f*
– *back scouring valve*
62 la bomba de succión *f*, una bomba de manga *f* con boquillas *f*
– *suction pump, a jet pump with scouring nozzles*

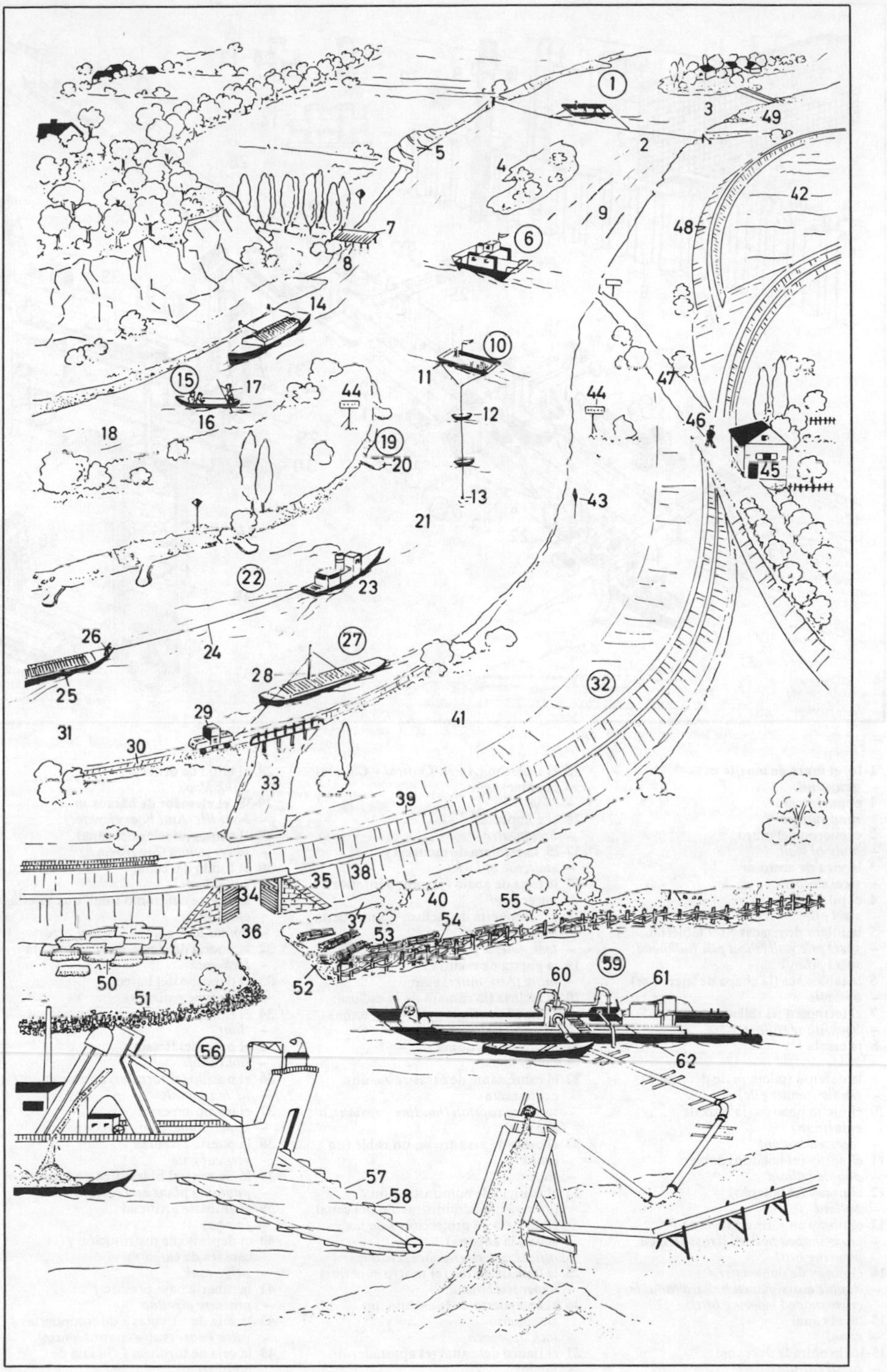
1
2
3
4
5
6
7
8
9
10
11
12
13
14
15
16
17
18
19
20
21
22
23
24
25
26
27
28
29
30
31
32
33
34
35
36
37
38
39
40
41
42
43
44
45
46
47
48
49
50
51
52
53
54
55
56
57
58
59
60
61
62

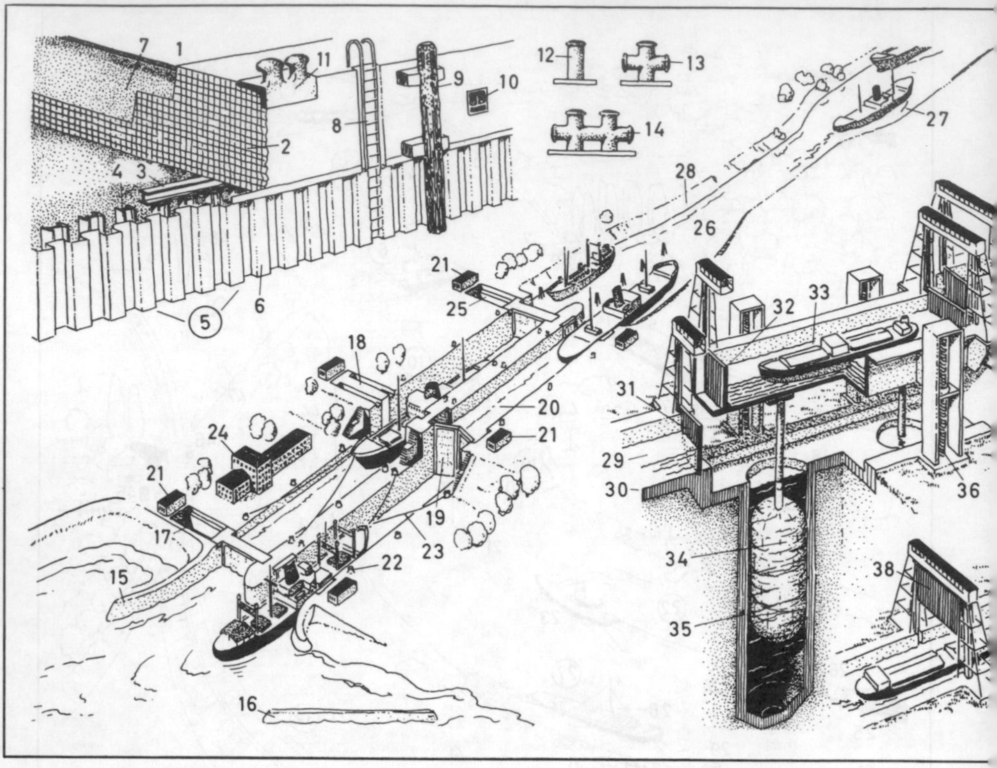

1-14 el muro de muelle *m*
– ***quay wall***
1 el pavimento
– *road surface*
2 el cuerpo del muro
– *body of wall*
3 la viga de acero *m*
– *steel sleeper*
4 el pilote de acero *m*
– *steel pile*
5 la hilera de estacas *f* (el tablestacado)
– *sheet pile wall (sheet pile bulkhead, sheet piling)*
6 la tablestaca (la chapa de hierro *m*)
– *box pile*
7 el terraplén (el relleno)
– *backfilling (filling)*
8 la escala
– *ladder*
9 la defensa (pilote *m* de defensa *f*)
– *fender (fender pile)*
10 el nicho bolardo (la cruz de amarre *m*)
– *recessed bollard*
11 el noray (el bolardo) doble
– *double bollard*
12 el noray (el bolardo)
– *bollard*
13 el noray en forma *f* de cruz *f*
– *cross-shaped bollard (cross-shaped mooring bitt)*
14 el noray de doble cruz *f*
– *double cross-shaped bollard (double cross-shaped mooring bitt)*
15-28 el canal
– ***canal***
15-16 la entrada del canal
– *canal entrance*
15 el malecón (*Amér. Central y Chile:* el tajamar)
– *mole*
16 el rompeolas
– *breakwater*
17-25 la escalera de esclusas *f*
– *staircase of locks*
17 la testa de abajo (el morro inferior)
– *lower level*
18 la compuerta de esclusa *f*, una puerta de corredera *f*
– *lock gate, a sliding gate*
19 la puerta de esclusa *f*
– *mitre (*Am.* miter) gate*
20 la esclusa (la cámara de la esclusa; *Col., Chile, Guat., y Perú:* la toma)
– *lock (lock chamber)*
21 la sala de máquina *f*
– *power house*
22 el cabrestante de arrastre *m*, un cabrestante
– *warping capstan (hauling capstan), a capstan*
23 el cable de arrastre *m*, un cable (un cabo)
– *warp*
24 el edificio de administración *f* (*ejemplo:* la administración del canal, el servicio de protección *f* de las aguas, la aduana)
– *offices, e.g. river police, customs*
25 la testa de arriba (el morro superior)
– *upper level (head)*
26 el antepuerto de la esclusa, un antepuerto
– *lock approach*
27 el flanco del canal (el apartadero)
– *lay-by*
28 el talud de orilla *f*
– *bank slope*
29-38 el elevador de barcos *m*
– ***boat lift*** (Am. *boat elevator)*
29 el tramo inferior del canal
– *lower pound (lower reach)*
30 el fondo del canal
– *canal bed*
31 la puerta del tramo final, una puerta elevadora
– *pound lock gate, a vertical gate*
32 la puerta de cierre *m* de la cámara
– *lock gate*
33 el depósito del barco
– *boat tank (caisson)*
34 el flotador, un cuerpo ascensional
– *float*
35 el pozo del flotador
– *float shaft*
36 el husillo (el tornillo) de elevación *f*
– *lifting spindle*
37 el tramo superior
– *upper pound (upper reach)*
38 la puerta levadiza
– *vertical gate*
39-46 la central hidráulica de bombeo *m*
– ***pumping plant and reservoir***
39 el embalse artificial
– *forebay*
40 el depósito de distribución *f* (la cámara de carga *f*)
– *surge tank*
41 la tubería bajo presión *f*
– *pressure pipeline*
42 la sala de válvulas *f* de compuertas *f*
– *valve house (valve control house)*
43 la sala de turbinas *f* (la sala de bombeo *m*)
– *turbine house (pumping station)*

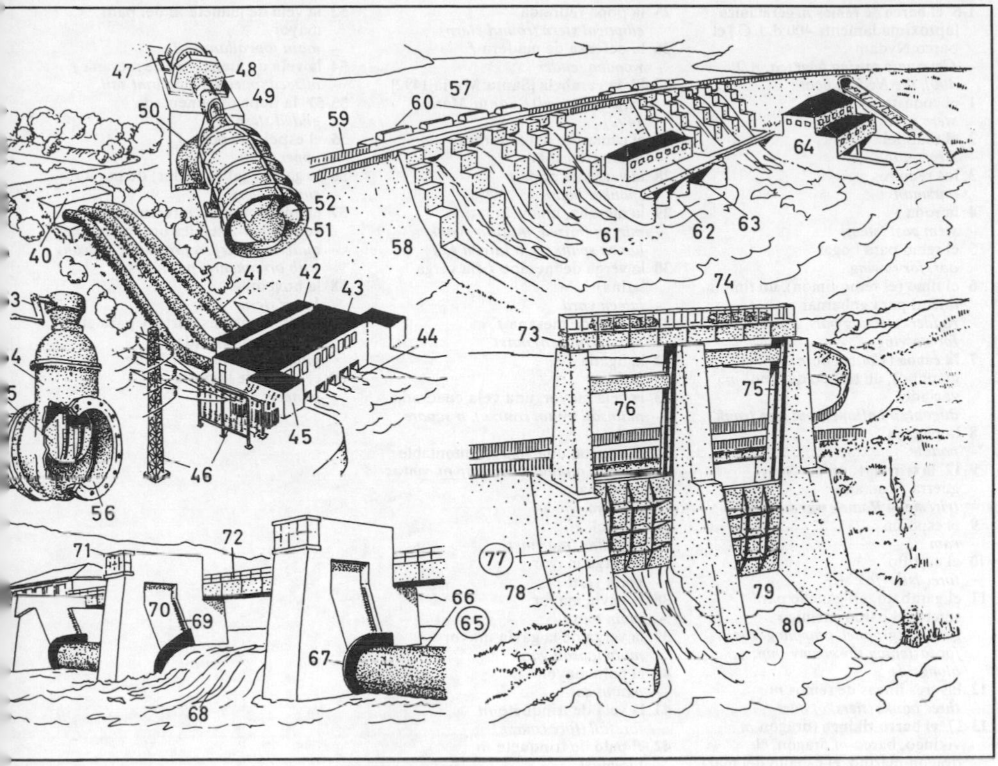

44 la construcción de salida *f*
– *discharge structure (outlet structure)*
45 la sala de mandos *m*
– *control station*
46 la instalación del transformador
– *transformer station*
47-52 la bomba de rueda *f* **de paletas** *f* (la bomba de hélice *f*)
– ***axial-flow pump*** *(propeller pump)*
47 el motor de impulsión *f*
– *drive motor*
48 la transmisión
– *gear*
49 el árbol motor
– *drive shaft*
50 el tubo de presión *f*
– *pressure pipe*
51 el embudo de aspiración *f*
– *suction head*
52 la rueda de paletas *f* (la hélice)
– *impeller wheel*
53-56 la corredera (la válvula compuerta *f* de paso *m* o de cierre *m*)
– ***sluice valve*** *(sluice gate)*
53 la impulsión (el mando) de manivela *f*
– *crank drive*
54 el cuerpo de la válvula
– *valve housing*
55 la válvula
– *sliding valve (sliding gate)*
56 la abertura de descarga *f*
– *discharge opening*
57-64 la presa (*Col.:* la tupia)
– ***dam*** *(barrage)*
57 el pantano (*Col.:* el pantanero)
– *reservoir (storage reservoir, impounding reservoir, impounded reservoir)*
58 el muro de contención *f*
– *masonry dam*
59 la coronación del muro
– *crest of dam*
60 el rebosadero (aliviadero *m*)
– *spillway (overflow spillway)*
61 la zona de caída *f*
– *stilling basin (stilling box, stilling pool)*
62 la descarga del fondo
– *scouring tunnel (outlet tunnel, waste water outlet)*
63 la sala de válvulas *f* de compuertas *f*
– *valve house (valve control house)*
64 la sala de turbinas *f*
– *power station*
65-72 el dique de cilindros *m* (la presa cilíndrica), una represa; *otro sistema:* el dique basculante
– ***rolling dam,*** *a barrage;* also: *shutter weir*
65 el cilindro, el cuerpo de contención *f*
– *roller, a barrier*
66 el coronamiento del cilindro
– *roller top*
67 la chapa lateral
– *flange*
68 el cilindro sumergible
– *submersible roller*
69 la cremallera
– *rack track*
70 el nicho
– *recess*
71 la cabina del mecanismo de elevación *f*
– *hoisting gear cabin*
72 la pasarela de servicio *m*
– *service bridge (walkway)*
73-80 la presa de compuertas *f*
– ***sluice dam***
73 el puente del mecanismo de elevación *f* por enrollamiento *m*
– *hoisting gear bridge*
74 el mecanismo de enrollamiento *m*
– *hoisting gear (winding gear)*
75 el canal guía *f*
– *guide groove*
76 el contrapeso
– *counterweight (counterpoise)*
77 la compuerta
– *sluice gate (floodgate)*
78 el nervio de refuerzo *m*
– *reinforcing rib*
79 el fondo de la presa
– *dam sill (weir sill)*
80 el muro de la parte lateral (el contrafuerte)
– *wing wall*

1-6 el barco de remos *m* germánico [aproximadamente 400 d. J. C.] el barco Nydam
– ***Germanic rowing boat** [ca. AD 400], the Nydam boat*
1 el codaste
– *stern post*
2 el timonel
– *steersman*
3 los remeros
– *oarsman*
4 la roda
– *stem post (stem)*
5 el remo para bogar
– *oar, for rowing*
6 el timo (el remo timón), un timón lateral para gobernar
– *rudder (steering oar), a side rudder, for steering*
7 la canoa (*Col.:* el bote; *Ec.:* el guampo), un tronco de árbol *m* vaciado
– ***dugout, a hollowed-out tree trunk***
8 la pagaya
– *paddle*
9-12 la trirreme, un barco de guerra *f* romano
– ***trireme, a Roman warship***
9 el espolón
– *ram*
10 el castillo
– *forecastle (fo'c'sle)*
11 el garabato, un gancho para sujetar el barco enemigo
– *grapple (grapnel, grappling iron), for fastening the enemy ship alongside*
12 las tres líneas de remos *m*
– *three banks (tiers) of oars*
13-17 el barco vikingo (dragón *m* vikingo, barco *m* dragón, el dragón marino, el caballo del mar) [nórdico antiguo]
– ***Viking longship,** a dragon ship [Norse]*
13 la caña del timón (la barra)
– *helm (tiller)*
14 la horquilla del toldo, con cabezas *f* de caballos *m* esculpidas
– *awning crutch with carved horses' heads*
15 el toldo
– *awning*
16 la cabeza de dragón *m*
– *dragon figurehead*
17 el escudo de protección *f*
– *shield*
18-26 la kogge (la kogge anseática)
– ***cog,** a Hansa cog (Hansa ship)*
18 el cable del ancla *f* (la marona del ancla *f*)
– *anchor cable (anchor rope, anchor hawser)*
19 el castillo de proa *f* (el castillo delantero)
– *forecastle (fo'c'sle)*
20 el bauprés
– *bowsprit*
21 la vela cuadrada aferrada
– *furled (brailed-up) square sail*
22 el pendón de la ciudad
– *town banner (city banner)*
23 el castillo de popa *f* (el castillo trasero)
– *aftercastle (sterncastle)*
24 el timón, un timón de codaste *m*
– *rudder, a stem rudder*
25 la popa redonda
– *elliptical stern (round stern)*
26 la defensa de madera *f*
– *wooden fender*
27-43 la carabela [Santa María 1492]
– ***caravel** (carvel) ['Santa Maria' 1492]*
27 el camarote del almirante
– *admiral's cabin*
28 la verga de popa *f*
– *spanker boom*
29 la mesana, una vela latina
– *mizzen (mizen, mutton spanker, lateen spanker), a lateen sail*
30 la verga de mesana *f* (la verga latina)
– *lateen yard*
31 el palo de mesana *f*
– *mizzen (mizen) mast*
32 la ligada
– *lashing*
33 la vela mayor, una vela cuadrada
– *mainsail (main course), a square sail*
34 la boneta, una vela desmontable
– *bonnet, a removable strip of canvas*
35 la bolina
– *bowline*
36 el briol
– *bunt line (martinet)*
37 la verga mayor
– *main yard*
38 la gavia mayor
– *main topsail*
39 la verga de la gavia mayor
– *main topsail yard*
40 el palo mayor
– *mainmast*
41 la vela de trinquete *m*
– *foresail (fore course)*
42 el palo de trinquete *m*
– *foremast*
43 la cebadera
– *spritsail*
44-50 la galera [siglos XV a XVIII], una galera de esclavos *m*
– ***galley** [15th to 18th century], a slave galley*
44 el fanal (el farol de popa *f*)
– *lantern*
45 el camarote
– *cabin*
46 la crujía
– *central gangway*
47 el vigilante de los esclavos (el cómitre), con látigo *m*
– *slave driver with whip*
48 los esclavos de la galera (los esclavos remeros, los galeotes)
– *galley slaves*
49 la "rambata", una plataforma cubierta de proa *f*
– *covered platform in the forepart of the ship*
50 el cañón
– *gun*
51-60 el barco de línea *f* [siglos XVIII–XIX], un navío de tres puentes *m*
– ***ship of the line** (line-of-battle ship) [18th to 19th century], a three-decker*
51 el botalón de foque *m*
– *jib boom*
52 la vela de juanete *m* de proa *f*
– *fore topgallant sail*
53 la vela de juanete *m* del palo mayor
– *main topgallant sail*
54 la vela de juanete *m* de mesana *f*
– *mizzen (mizen) topgallant sail*
55-57 la popa ornamentada
– *gilded stern*
55 el espejo de popa *f*
– *upper stern*
56 la galería (el corredor) de popa *f*
– *stern gallery*
57 el mirador, una estructura con ventanas *f* laterales ornamentadas
– *quarter gallery, a projecting balcony with ornamental portholes*
58 la bovedilla
– *lower stern*
59 las troneras (las portas), para el fuego de andanada *f*
– *gunports for broadside fire*
60 el cierre de la porta
– *gunport shutter*

1
2
3
4
5
6
7
8
9
10
11
12
13
14
15
16
17
18
19
20
21
22
23
24
25
26
27
28
29
30
31
32
33
34
35
36
37
38
39
40
41
42
43
44
45
46
47
48
49
50
51
52
53
54
55
56
57
58
59
60

1-72 el aparejo y el velamen de una corbeta de tres palos *m*
– ***rigging (rig, tackle) and sails of a bark (barque)***
1-9 los palos
– ***masts***
1 el bauprés con botalón *m*
– *bowsprit with jib boom*
2-4 el palo de trinquete *m*
– *foremast*
2 el macho del trinquete
– *lower foremast*
3 el mastelero de velacho *m*
– *fore topmast*
4 el mastelero del juanete de proa *f*
– *fore topgallant mast*
5-7 el palo mayor
– *mainmast*
5 el macho del palo mayor
– *lower mainmast*
6 el mastelero de gavia *f*
– *main topmast*
7 el mastelero de juanete *m* mayor
– *main topgallant mast*
8-9 el palo de mesana *f*
– *mizzen (mizen) mast*
8 el macho de mesana *f*
– *lower mizzen (lower mizen)*
9 el mastelero de mesana *f*
– *mizzen (mizen) topmast*
10-19 la jarcia muerta
– ***standing rigging***
10 el estay
– *forestay, mizzen (mizen) stay, mainstay*
11 el estay del mastelero de trinquete *m*
– *fore topmast stay, main topmast stay, mizzen (mizen) topmast stay*
12 el estay mastelerillo de trinquete *m*
– *fore topgallant stay, mizzen (mizen) topgallant stay, main topgallant stay*
13 el estay mastelerillo sobrejuanete
– *fore royal stay (main royal stay)*
14 el estay de foque *m*
– *jib stay*
15 el barbiquejo
– *bobstay*
16 los obenques
– *shrouds*
17 los obenques de mastelero *m*
– *fore topmast rigging (main topmast rigging, mizzen (mizen) topmast rigging)*
18 los obenques de mastelerillo *m* de trinquete *m*
– *fore topgallant rigging (main topgallant rigging)*
19 los brandales
– *backstays*
20-31 las velas de cuchillo *m*
– ***fore-and-aft sails***
20 el contrafoque
– *fore topmast staysail*
21 el fofoque (el foque de dentro)
– *inner jib*
22 el foque
– *outer jib*
23 el petifoque
– *flying jib*
24 la vela del estay de gavia *f*
– *main topmast staysail*
25 la vela del estay de juanete *m*
– *main topgallant staysail*
26 la vela del estay de sobrejuanete *m*
– *main royal staysail*
27 la vela del estay de mesana *f*
– *mizzen (mizen) staysail*
28 la vela del estay de sobremesana *f*
– *mizzen (mizen) topmast staysail*
29 la vela del estay de perico *m*
– *mizzen (mizen) topgallant staysail*
30 la vela cangreja (la mesana)
– *mizzen (mizen, spanker, driver)*
31 la escandalosa
– *gaff topsail*
32-45 las vergas
– ***spars***
32 la verga de trinquete *m*
– *foreyard*
33 la verga de velacho *m* bajo
– *lower fore topsail yard*
34 la verga de velacho *m* alto
– *upper fore topsail yard*
35 la verga de juanete *m* bajo de proa *f*
– *lower fore topgallant yard*
36 la verga de juanete *m* alto de proa *f*
– *upper fore topgallant yard*
37 la verga de sobrejuanete *m* de proa *f*
– *fore royal yard*
38 la verga mayor
– *main yard*
39 la verga de gavia *f* baja
– *lower main topsail yard*
40 la verga de gavia *f* alta
– *upper main topsail yard*
41 la verga de juanete *m* mayor bajo
– *lower main topgallant yard*
42 la verga de juanete *m* mayor alto
– *upper main topgallant yard*
43 la verga de sobrejuanete *m* mayor
– *main royal yard*
44 la botavara
– *spanker boom*
45 el pico de la cangreja
– *spanker gaff*
46 el marchapié y estribos *m*
– *footrope*
47 los amantillos
– *lifts*
48 el amantillo de la botavara
– *spanker boom topping lift*
49 el amantillo del pico de la cangreja
– *spanker peak halyard*
50 la cofa de trinquete *m*
– *foretop*
51 la cruceta del mastelero de trinquete *m*
– *fore topmast crosstrees*
52 la cofa mayor (la cofa de gavia *f*)
– *maintop*
53 la cruceta del mastelero mayor (del mastelero de gavia *f*)
– *main topmast crosstrees*
54 la cofa de mesana *f*
– *mizzen (mizen) top*
55-66 las velas cuadradas
– ***square sails***
55 la vela de trinquete *m*
– *foresail (fore course)*
56 el velacho bajo
– *lower fore topsail*
57 el velacho alto
– *upper fore topsail*
58 el juanete bajo
– *lower fore topgallant sail*
59 el juanete alto
– *upper fore topgallant sail*
60 el sobrejuanete
– *fore royal*
61 la vela mayor (la mayor)
– *mainsail (main course)*
62 la gavia baja
– *lower main topsail*
63 la gavia alta
– *upper main topsail*
64 el juanete mayor bajo
– *lower main topgallant sail*
65 el juanete mayor alto
– *upper main topgallant sail*
66 el sobrejuanete mayor
– *main royal sail*
67-71 las jarcias de labor *f*
– ***running rigging***
67 las brazas
– *braces*
68 las escotas
– *sheets*
69 la escota de botavara *f*
– *spanker sheet*
70 la osta de la cangreja
– *spanker vangs*
71 los brioles
– *bunt line*
72 los rizos
– *reef*

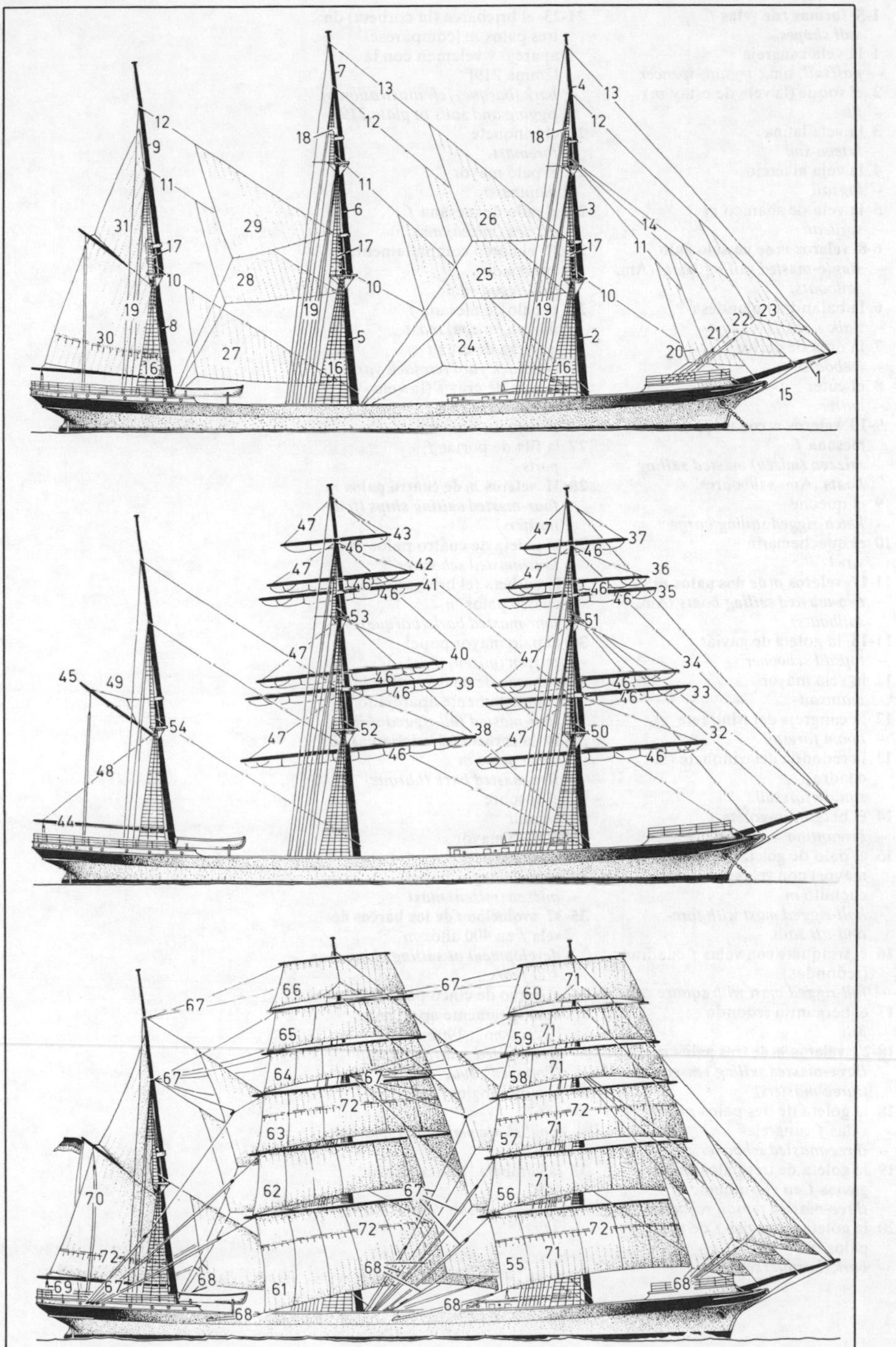
1
2
3
4
5
6
7
8
9
10
11
12
13
14
15
16
17
18
19
20
21
22
23
24
25
26
27
28
29
30
31
32
33
34
35
36
37
38
39
40
41
42
43
44
45
46
47
48
49
50
51
52
53
54
55
56
57
58
59
60
61
62
63
64
65
66
67
68
69
70
71
72

1-5 formas *f* **de velas** *f*
- ***sail shapes***

1 la vela cangreja
- *gaffsail;* sim.: *trysail, spencer*

2 el foque (la vela de estay *m*)
- *jib*

3 la vela latina
- *lateen sail*

4 la vela al tercio
- *lugsail*

5 la vela de abanico *m*
- *spritsail*

6-8 veleros *m* **de un solo palo**
- ***single-masted sailing boats*** *(*Am. *sailboats)*

6 la balandra holandesa
- *tjalk*

7 la orza de deriva *f*
- *leeboard*

8 el cúter
- *cutter*

9-10 veleros *m* **con un palo de mesana** *f*
- ***mizzen (mizen) masted sailing boats*** *(*Am. *sailboats)*

9 el queche
- *ketch-rigged sailing barge*

10 el quechemarín
- *yawl*

11-17 veleros *m* **de dos palos** *m*
- ***two-masted sailing boats*** *(*Am. *sailboats)*

11-13 la goleta de gavias *f*
- *topsail schooner*

11 la vela mayor
- *mainsail*

12 la cangreja del trinquete
- *boom foresail*

13 la redonda del trinquete (la cuadra)
- *square foresail*

14 el bergantín-goleta *f*
- *brigantine*

15 el palo de goleta *f* (el palo mayor) con velas *f* de cuchillo *m*
- *half-rigged mast with fore-and-aft sails*

16 el trinquete con velas *f* cuadras (redondas)
- *full-rigged mast with square sails*

17 el bergantín redondo
- *brig*

18-27 veleros *m* **de tres palos** *m*
- ***three-masted sailing vessels*** *(three-masters)*

18 la goleta de tres palos *m* con velas *f* cangrejas
- *three-masted schooner*

19 la goleta de tres palos *m* con gavias *f* en el trinquete
- *three-masted topsail schooner*

20 la goleta de gavias *f* de tres palos *m*
- *bark (barque) schooner*

21-23 el bricbarca (la corbeta) de tres palos *m* [compárese aparejo y velamen con la lámina 219]
- *bark (barque) [cf. illustration of rigging and sails in plate 219]*

21 el trinquete
- *foremast*

22 el palo mayor
- *mainmast*

23 el palo de mesana *f*
- *mizzen (mizen) mast*

24-27 el barco completamente aparejado
- *full-rigged ship*

24 el palo de mesana *f*
- *mizzen (mizen) mast*

25 la verga de cruz *f*
- *crossjack yard (crojack yard)*

26 la vela de cruz *f* (la vela redonda)
- *crossjack (crojack)*

27 la fila de portas *f*
- *ports*

28-31 veleros *m* **de cuatro palos** *m*
- ***four-masted sailing ships*** *(four-masters)*

28 la goleta de cuatro palos *m*
- *four-masted schooner*

29 la corbeta (el bricbarca) de cuatro palos *m*
- *four-masted bark (barque)*

30 el palo mayor popel
- *mizzen (mizen) mast*

31 el barco de cuatro palos *m* completamente aparejado
- *four-masted full-rigged ship*

32-34 la corbeta (el bricbarca) **de cinco palos** *m*
- ***five-masted bark*** *(barque)*

32 el sosobre
- *skysail*

33 el palo mayor
- *middle mast*

34 el palo mayor popel
- *mizzen (mizen) mast*

35-37 evolución *f* **de los barcos de vela** *f* en 400 años *m*
- ***development of sailing ships*** *over 400 years*

35 el barco de cinco palos *m* completamente aparejado "Preussen", 1902-1910
- *five-masted full-rigged ship 'Preussen' 1902-1910*

36 el clíper inglés "Spindrift", 1867
- *English clipper ship 'Spindrift' 1867*

37 la carabela "Santa María", 1492
- *caravel (carvel) 'Santa Maria' 1492*

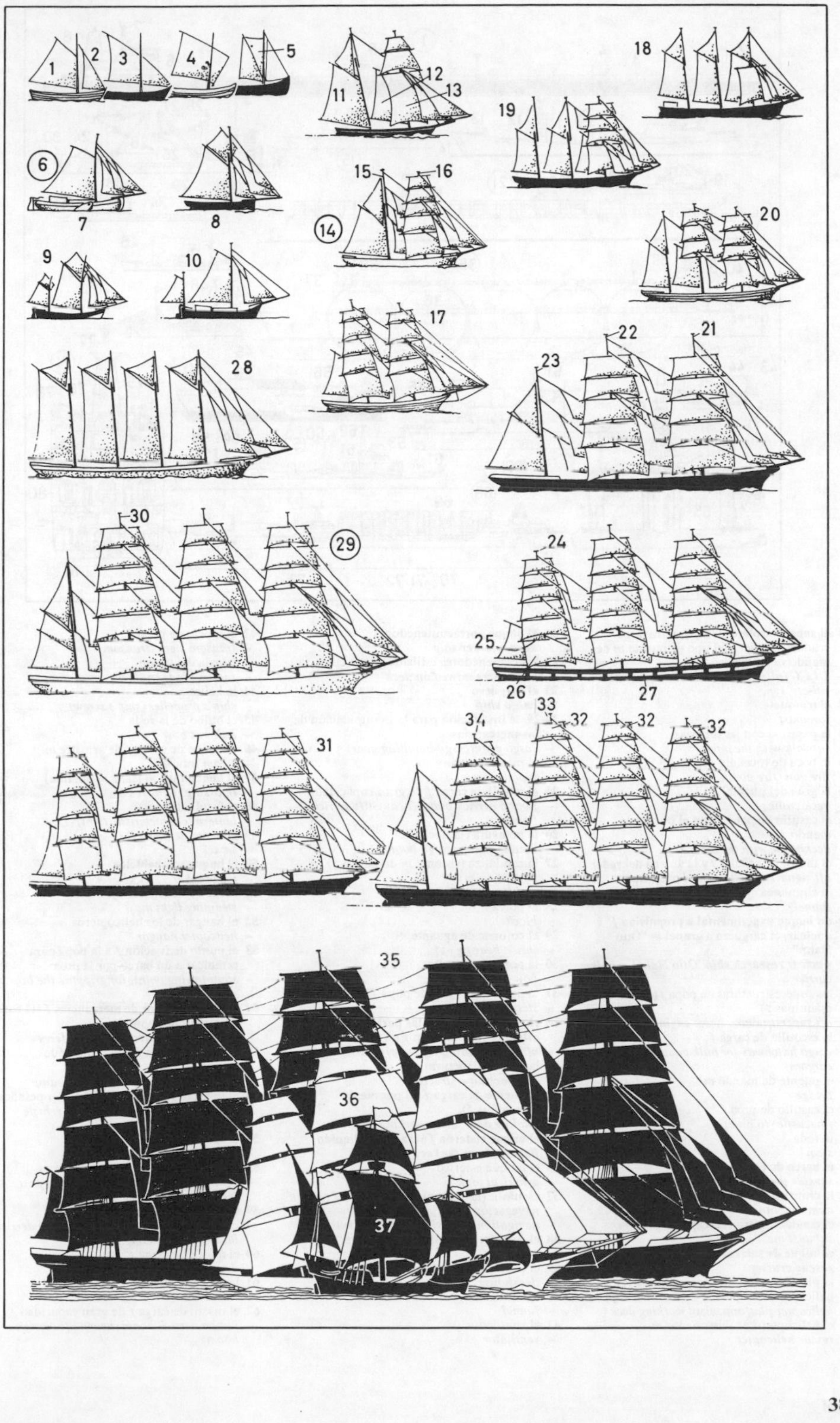
1
2
3
4
5
6
7
8
9
10
11
12
13
14
15
16
17
18
19
20
21
22
23
24
25
26
27
28
29
30
31
32
33
34
35
36
37

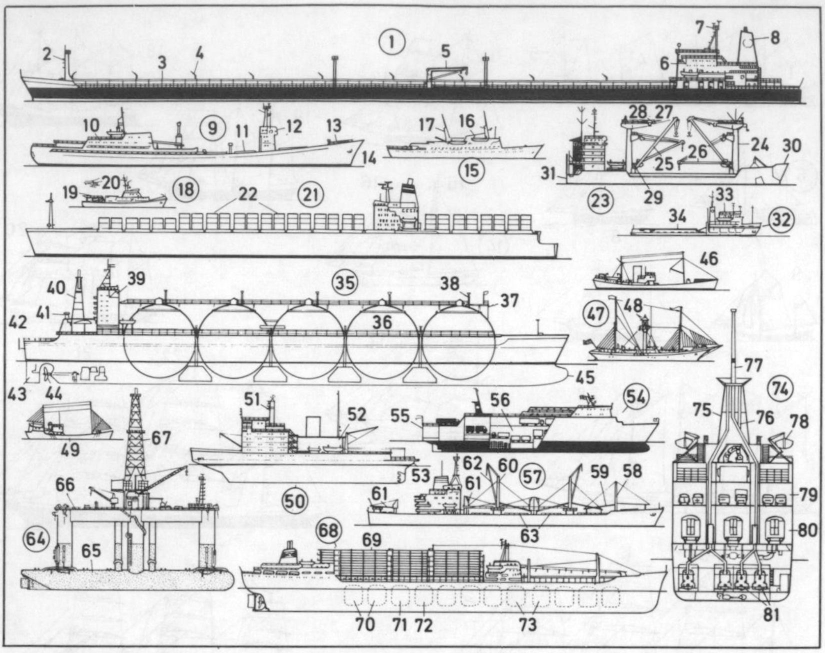

1 **el superpetrolero** (ULCC, ultra large crudeoil carrier) del tipo de puente *m* de mando *m* en la popa
– ***ULCC*** *(ultra large crude carrier) of the 'all-aft' type*
2 el trinquete
– *foremast*
3 la pasarela con las tuberías
– *catwalk with the pipes*
4 la boca de incendio *m*
– *fire gun (fire nozzle)*
5 la grúa del puente
– *deck crane*
6 el castillo de popa *f* con el puente de mando *m*
– *deckhouse with the bridge*
7 el mástil de señales *f* y la antena del radar
– *aft signal (signalling) and radar mast*
8 la chimenea
– *funnel*
9 **un buque experimental a propulsión *f* nuclear,** el carguero a granel *m* "Otto Hahn"
– ***nuclear research ship*** *'Otto Hahn', a bulk carrier*
10 las superestructuras de popa *f* (la sala de máquinas *f*)
– *aft superstructure;* here: *engine room*
11 la escotilla de carga *f*
– *cargo hatchway for bulk goods (bulk cargoes)*
12 el puente de mando *m*
– *bridge*
13 el castillo de proa *f*
– *forecastle (fo'c'sle)*
14 la roda
– *stem*
15 **el barco de recreo** *m*
– ***seaside pleasure boat***
16 la chimenea falsa
– *dummy funnel*
17 el conducto para el escape de gases *m*
– *exhaust mast*
18 **el buque de salvamento** *m*
– ***rescue cruiser***
19 la plataforma de aterrizaje *m* para los helicópteros (el puente de maniobras *f*)
– *helicopter platform;* also: *working deck*
20 el helicóptero de salvamento *m*
– *rescue helicopter*
21 **el buque portacontenedores**
– ***all-container ship***
22 los contenedores estibados en la cubierta
– *containers stowed on deck*
23 **el carguero**
– ***cargo ship***
24-29 la instalación para la manipulación de las mercancías
– *cargo gear (cargo-handling gear)*
24 el mástil bípodo
– *bipod mast*
25 el mástil de carga *f* de gran capacidad *f*
– *jumbo derrick boom (heavy-lift derrick boom)*
26 la botavara (la flecha)
– *derrick boom (cargo boom)*
27 la candaliza (sistema *m* de poleas *f*; polispasto *m*)
– *tackle*
28 la polea
– *block*
29 el cojinete de aguante *m*
– *thrust bearing*
30 la porta de la roda
– *bow doors*
31 la porta de carga *f* de popa *f*
– *stern loading door*
32 **el reavituallador de las perforaciones offshore** (perforación *f* en el mar)
– ***offshore drilling rig supply vessel***
33 las superestructuras
– *compact superstructure*
34 el puente de carga *f* (el puente de maniobras *f*)
– *loading deck;* also: *working deck*
35 **el buque cisterna *f* para gas *m* líquido**
– ***liquefied-gas tanker***
36 el tanque esférico
– *spherical tank*
37 el mástil (la antena) de televisión *f* para la navegación
– *navigational television receiver mast*
38 el conducto para la salida del gas
– *vent mast*
39 el puente de mando *m*
– *deckhouse*
40 la chimenea
– *funnel*
41 el ventilador
– *ventilator*
42 el espejo de popa *f*
– *transom stern (transom)*
43 la pala del timón
– *rudder blade (rudder)*
44 la hélice
– *ship's propeller (ship's screw)*
45 el bulbo de la roda
– *bulbous bow*
46 el buque de pesca *f* de arrastre *m*
– *steam trawler*
47 **el buque faro** *m* (faro *m* flotante)
– ***lightship*** *(light vessel)*
48 el farol (el fanal)
– *lantern (characteristic light)*
49 el barco de pesca *f*
– *smack*
50 **el buque rompehielos**
– ***ice breaker***
51 la luz de navegación *f*
– *steaming light mast*
52 el hangar de los helicópteros
– *helicopter hangar*
53 el punto de fijación *f* a la popa para remolcar a un barco por la proa
– *stern towing point, for gripping the bow of ships in tow*
54 **el transbordador de mercancías** *f* (el barco de carga *f* horizontal)
– ***roll-on-roll-off (ro-ro) trailer ferry***
55 la porta de popa *f* con rampa *f* de acceso *m*
– *stern port (stern opening) with ramp*
56 el montacargas para vehículos *m* pesados
– *heavy vehicle lifts (*Am. *heavy vehicle elevators)*
57 **el carguero multifuncional**
– ***multi-purpose freighter***
58 el mástil de carga *f* y ventilador *m*
– *ventilator-type samson (sampson) post (ventilator-type king post)*
59 la botavara (la flecha)
– *cargo gear (cargo handling gear), a derrick boom (cargo boom)*
60 el mástil de carga *f*
– *derrick mast*
61 la grúa del puente
– *deck crane*
62 el mástil de carga *f* de gran capacidad *f*
– *jumbo derrick boom (heavy-lift derrick boom)*

63 la escotilla de carga *f*
– *cargo hatchway*
64 la plataforma de perforación *f* semisumergible
– ***semisubmersible drilling vessel***
65 el flotador con la maquinaria
– *floating vessel with machinery*
66 la plataforma de perforación *f*
– *drilling platform*
67 la torre de perforación *f* (de extracción *f*)
– *derrick*
68 el buque de transporte *m* de ganado *m*
– ***cattleship*** *(cattle vessel)*
69 las superestructuras para el transporte de ganado *m*
– *superstructure for transporting livestock*
70 los tanques de agua *f* dulce
– *fresh water tanks*
71 el tanque de combustible *m*
– *fuel tank*
72 el tanque del estiércol
– *dung tank*
73 los tanques de forraje *m*
– *fodder tanks*
74 el transbordador de trenes *m* **(el buque portatrenes, el ferry) [sección transversal]**
– ***train ferry*** *[cross section]*
75 la chimenea
– *funnel*
76 las tuberías para el escape de gases *m*
– *exhaust pipes*
77 el mástil
– *mast*
78 el bote salvavidas (*Amér. Central y Pan.:* la panga) en su pescante *m* (en la serviola)
– *ship's lifeboat hanging at the davit*
79 la cubierta para automóviles *m*
– *car deck*
80 la cubierta para trenes *m*
– *main deck (train deck)*
81 las máquinas principales
– *main engines*
82 el transatlántico (buque *m* de pasajeros *m*; un barco de línea *f*)
– ***passenger liner*** *(liner, ocean liner)*
83 la roda
– *stem*
84 la chimenea con revestimiento *m* de rejilla *f*
– *funnel with lattice casing*
85 el empavesado (conjunto *m* de banderas *f* izadas de proa *f* a popa *f* para las fiestas o el primer viaje)
– *flag dressing (rainbow dressing, string of flags extending over mastheads, e.g., on the maiden voyage)*
86 el pesquero de arrastre *m*, un buque factoría *f*
– ***trawler,*** *a factory ship*
87 la horca
– *gallows*
88 la rampa de popa *f*
– *stern ramp*
89 el carguero portacontenedores
– ***container ship***
90 la carga sobre la cubierta
– *loading bridge (loading platform)*
91 la escala de gato *m*
– *sea ladder (jacob's ladder, rope ladder)*
92 el remolcador de empuje *m* **y la gabarra** (chalana *f*; barcaza *f*), dos embarcaciones *f* de interior
– ***barge and push tug assembly***
93 el remolcador de empuje *m* (*Amér. Central y Ven.:* el bombote; *Bol., Col., Ec. y Perú:* el batelón)
– *push tug*
94 la gabarra (la chalana) sin motor *m* (*Amér.:* el bongo)
– *tug-pushed dumb barge (tug-pushed lighter)*
95 el barco del práctico
– *pilot boat*
96 el buque mixto de carga *f* **y pasajeros** *m*
– ***combined cargo and passenger liner***
97 el desembarco de pasajeros *m* por medio de botes *m*
– *passengers disembarking by boat*
98 la escala real
– *accommodation ladder*
99 el buque de cabotaje *m*
– *coaster (coasting vessel)*
100 la lancha aduanera
– *customs* or *police launch*
101-128 el vapor de recreo *m* (el vapor para hacer cruceros *m*)
– ***excursion steamer*** *(pleasure steamer)*
101-106 la instalación para la botadura del bote salvavidas
– *lifeboat launching gear*
101 el pescante (la serviola)
– *davit*
102 el brazalete intermedio
– *wire rope span*
103 el guardamancebo
– *lifeline*
104 el aparejo
– *tackle*
105 el motón
– *block*
106 la beta del aparejo
– *fall*
107 el bote salvavidas con su lona *f* impermeable
– *ship's lifeboat covered with tarpaulin*
108 la roda
– *stem*
109 el pasajero
– *passenger*
110 el camarero (de buque *m*)
– *steward*
111 la tumbona de cubierta *f*
– *deck-chair*
112 el grumete
– *deck hand*
113 el balde
– *deck bucket*
114 el contramaestre
– *boatswain (bo's'n, bo'sun, bosun)*
115 la marinera
– *tunic*
116 el toldo
– *awning*
117 el puntal del toldo
– *stanchion*
118 el listón del toldo
– *ridge rope (jackstay)*
119 la trinca
– *lashing*
120 la amurada
– *bulwark*
121 la barandilla
– *guard rail*
122 el pasamano
– *handrail (top rail)*
123 la escalera de cámara *f*
– *companion ladder (companionway)*
124 la guindola
– *lifebelt (lifebuoy)*
125 el farol de la guindola
– *lifebuoy light (lifebelt light, signal light)*
126 el oficial de guardia *f*
– *officer of the watch (watchkeeper)*
127 la guerrera de marinero *m*
– *reefer (Am. pea jacket)*
128 los gemelos (los anteojos, los prismáticos)
– *binoculars*

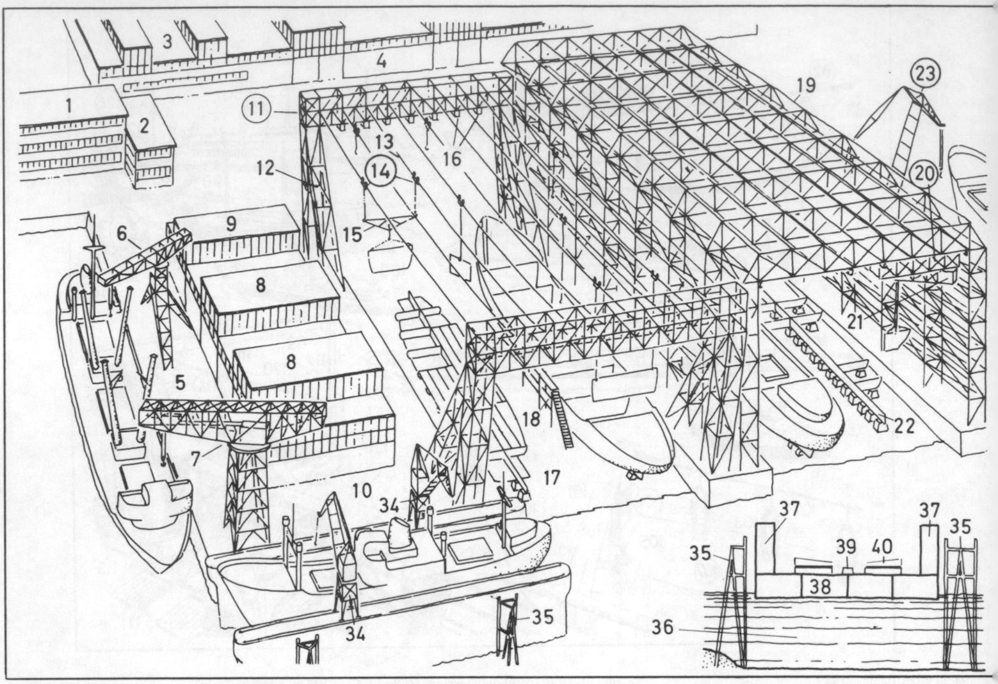

1-43 el astillero (el arsenal; la atarazana)
– ***shipyard*** *(shipbuilding yard, dockyard,* Am. *navy yard)*
1 el edificio de la administración
– *administrative offices*
2 la oficina de dibujo *m* y proyectos *m* de barcos *m*
– *ship-drawing office*
3-4 los cobertizos de construcción *f*
– *shipbuilding sheds*
3 la sala de trazado *m* y gálibos *m*
– *mould (*Am. *mold) loft*
4 el taller de montaje *m*
– *erection shop*
5-9 el muelle de armamento *m*
– *fitting-out quay*
5 el muelle
– *quay*
6 la grúa de trípode *m*
– *tripod crane*
7 la grúa de cabeza *f* de martillo *m*
– *hammer-headed crane*
8 el taller de maquinaria *f*
– *engineering workshop*
9 el taller de calderería *f*
– *boiler shop*
10 el dique de reparaciones *f*
– *repair quay*
11-26 las instalaciónes de la grada de construcción *f*
– *slipways (slips, building berths, building slips, stocks)*
11-18 la grada de grúa *f* de cable *m* (la grada de pórtico *m*), una grada de construcción *f*
– *cable crane berth, a slipway (building berth)*
11 el pórtico de la grada
– *slipway portal*
12 el pilar del pórtico
– *bridge support*
13 el cable de la grúa
– *crane cable*
14 el carro corredizo
– *crab (jenny)*
15 el travesaño
– *cross piece*
16 la cabina del conductor de la grúa
– *crane driver's cabin (crane driver's cage)*
17 el suelo de la grada
– *slipway floor*
18 el andamiaje, un andamio
– *staging, a scaffold*
19-21 la grada de andamiaje *m*
– *frame slipway*
19 el andamiaje de la grada
– *slipway frame*
20 la grúa móvil de techo *m* (la grúa de caballete *m*)
– *overhead travelling (*Am. *traveling) crane (gantry crane)*
21 el carro corredizo giratorio
– *slewing crab*
22 la quilla en su posición *f*
– *keel in position*
23 la grúa giratoria de brazo *m* oscilante
– *luffing jib crane, a slipway crane*
24 el carril (la vía) de la grúa
– *crane rails (crane track)*
25 la grúa de pórtico *m* móvil (la grúa-puente)
– *gantry crane*
26 el puente
– *gantry (bridge)*
27 las vigas (los pilares) del puente
– *trestles (supports)*
28 el carro corredizo (la grúa móvil)
– *crab (jenny)*
29 las cuadernas del buque en su posición *f*
– *hull frames in position*
30 el buque en construcción *f*
– *ship under construction*
31-33 el dique seco (la dársena de carenaje *m)*
– *dry dock*
31 el suelo del dique (el fondo del dique)
– *dock floor (dock bottom)*
32 la puerta del dique
– *dock gates (caisson)*
33 la casa de bombas *f* (el puesto de máquinas *f)*
– *pumping station;* also: *power house*
34-43 el dique flotante
– *floating dock (pontoon dock)*
34 la grúa del dique, una grúa de brazo *m* oscilante
– *dock crane (dockside crane), a jib crane*
35 los pilotes de defensa *f* (los duques de alba)
– *fender pile*
36-43 la disposición del dique
– *working of docks*
36 la fosa del dique
– *dock basin*
37-38 la estructura del dique
– *dock structure*
37 el tanque lateral (el cajón vertical)
– *side tank (side wall)*
38 el tanque del fondo (el cajón horizontal)
– *bottom tank (bottom pontoon)*
39 los picaderos de la quilla
– *keel block*
40 los picaderos del pantoque
– *bilge block (bilge shore, side support)*

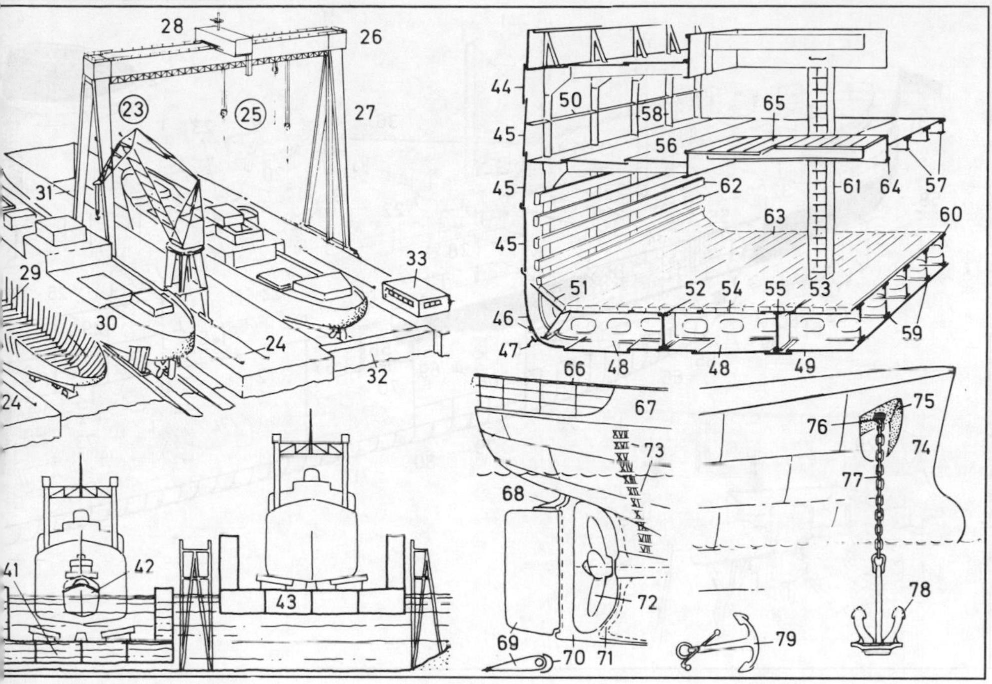

41-43 la entrada de un buque en el dique
– *docking a ship*
41 el dique flotante inundado
– *flooded floating dock*
42 el remolcador atoando (llevando a remolque *m*; espiando) el buque
– *tug towing the ship*
43 el dique vaciado, después del bombeo del agua *f*
– *emptied (pumped-out) dock*
44-61 los elementos estructurales del buque
– ***structural parts of the ship***
44-56 los refuerzos longitudinales
– *longitudinal structure*
44-49 el forro exterior
– *shell (shell plating, skin)*
44 la traca (la hilada) de cinta *f*
– *sheer strake*
45 la traca lateral
– *side strake*
46 la traca de pantoque *m*
– *bilge strake*
47 la quilla de balance *m* (la quilla de pantoque *m*)
– *bilge keel*
48 la traca de fondo *m* (la aparadura)
– *bottom plating*
49 la quilla plana
– *flat plate keel (keel plate)*
50 el trancanil
– *stringer (side stringer)*
51 la plancha marginal del tanque
– *tank margin plate*
52 la sobrequilla lateral
– *longitudinal side girder*
53 la sobrequilla
– *centre (Am. center) plate girder (centre girder, kelson, keelson, vertical keel)*
54 la cubierta del tanque
– *tank top plating (tank top, inner bottom plating)*
55 la traca central
– *centre (Am. center) strake*
56 las planchas de cubierta *f*
– *deck plating*
57 los baos
– *deck beam*
58 la cuaderna
– *frame (rib)*
59 la varenga
– *floor plate*
60 el doble fondo
– *cellular double bottom*
61 el puntal de la bodega
– *hold pillar (pillar)*
62-63 las tablas de estiba *f*
– *dunnage*
62 el forro lateral interior de la bodega (las serretas)
– *side battens (side ceiling, spar ceiling)*
63 el forro interior del suelo de la bodega
– *ceiling (floor ceiling)*
64-65 la escotilla
– *hatchway*
64 la brazola de la escotilla
– *hatch coaming*
65 el cuartel (la tapa) de la escotilla
– *hatch cover (hatchboard)*
66-72 la popa
– *stern*
66 la barandilla (la batayola)
– *guard rail*
67 la amurada
– *bulwark*
68 la caña del timón
– *rudder stock*
69-70 el timón Oertz
– *Oertz rudder*
69 la pala del timón (el azafrán)
– *rudder blade (rudder)*
70-71 el codaste
– *stern frame*
70 el codaste del timón
– *rudder post*
71 el codaste de la hélice
– *propeller post (screw post)*
72 la hélice del buque
– *ship's propeller (ship's screw)*
73 las marcas de calado *m*
– *draught (draft) marks*
74-79 la proa
– *bow*
74 la roda, una roda de bulbo *m* (la proa bulbosa)
– *stem, a bulbous stem (bulbous bow)*
75 el escobén del ancla
– *hawse*
76 el tubo del escobén
– *hawse pipe*
77 la cadena del ancla *f*
– *anchor cable, a chain cable*
78 el ancla *f* de patente *f* (el ancla *f* sin cepo *m*)
– *stockless anchor (patent anchor)*
79 el ancla *f* con cepo *m*
– *stocked anchor*

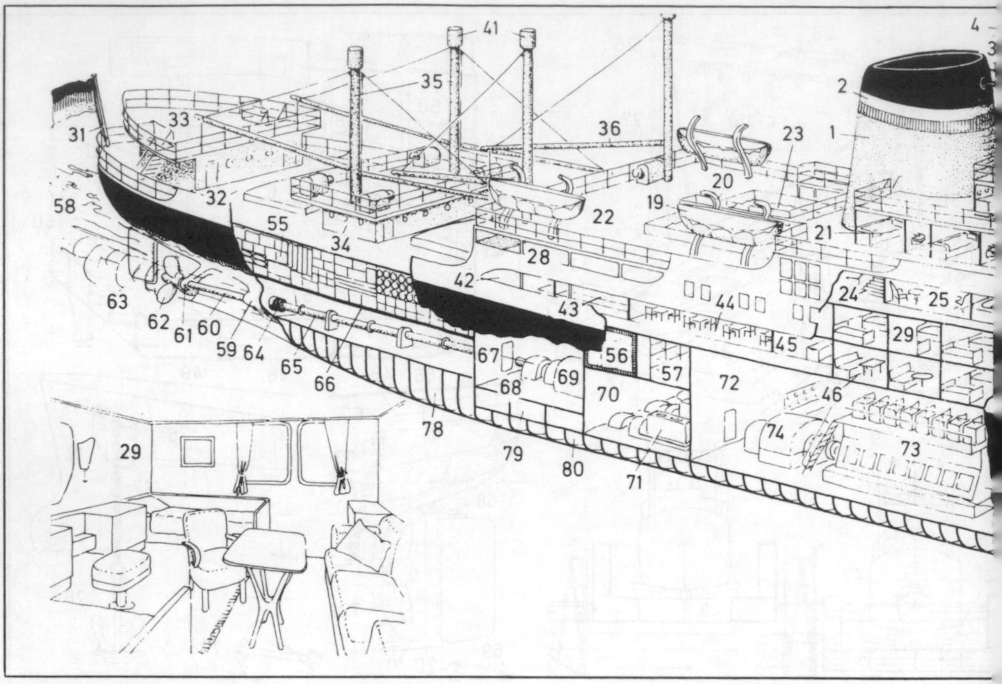

1-71 el barco mixto de carga *f* **y pasaje** *m* [de tipo antiguo]
– ***combined cargo and passenger ship [of the older type]***
1 la chimenea
– *funnel*
2 la contraseña de la chimenea
– *funnel marking*
3 la sirena (la señal usada cuando hay niebla *f*)
– *siren (fog horn)*
4-11 la cubierta de marcación *f* (cubierta *f* goniométrica)
– ***compass platform*** *(compass bridge, compass flat, monkey bridge)*
4 las antenas
– *antenna lead-in (antenna down-lead)*
5 la antena de cuadro *m* radiogoniométrica
– *radio direction finder (RDF) antenna, a rotatable antenna;* also: *aural null loop antenna*
6 el compás magnético (la brújula)
– *magnetic compass (mariner's compass)*
7 la lámpara morse *m*
– *morse lamp (signalling,* Am. *signaling, lamp)*
8 la antena de radar *m*
– *radar antenna (radar scanner)*
9 las banderas de señales *f*
– *code flag signal*
10 la driza de las banderas de señales *f*
– *code flag halyards*
11 el estay de señales *f*
– *triatic stay (signal stay)*
12-18 el puente de mando *m* (el puente)
– ***bridge deck*** *(bridge)*
12 la cabina de radio *f*
– *radio room*
13 el camarote del capitán
– *captain's cabin*
14 el cuarto de derrota *f* (la cámara de los instrumentos)
– *navigating bridge*
15 la luz de navegación *f* de estribor *m* [verde; la luz de navegación *f* de babor *m* es roja]
– *starboard sidelight [green; port sidelight red]*
16 el ala *f* del puente de mando *m*
– *wing of bridge*
17 la cenefa (la tira de lona *f* que resguarda del viento)
– *shelter (weather cloth, dodger)*
18 la caseta del timón
– *wheelhouse*
19-21 la cubierta de botes *m*
– ***boat deck***
19 el bote salvavidas
– *ship's lifeboat*
20 el pescante (la serviola)
– *davit*
21 el camarote de oficial *m*
– *officer's cabin*
22-27 la cubierta de paseo *m*
– ***promenade deck***
22 la cubierta de sol *m*
– *sun deck (lido deck)*
23 la piscina
– *swimming pool*
24 la escalera de cámara *f*
– *companion ladder (companionway)*
25 la biblioteca
– *library (ship's library)*
26 el salón de tertulia *f*
– *lounge*
27 la galería de paseo *m*
– *promenade*
28-30 la cubierta A (la cubierta superior)
– ***A-deck***
28 la cubierta semicerrada
– *semi-enclosed deck space*
29 el camarote doble (el camarote de dos camas *f*), un camarote (*Bol. y Río de la Plata:* una cucheta)
– *double-berth cabin, a cabin*
30 el camarote de lujo *m*
– *de luxe cabin*
31 el asta *f* de la bandera
– *ensign staff*
32-42 la cubierta B (la cubierta principal)
– ***B-deck*** *(main deck)*
32 la cubierta de popa *f*
– *after deck*
33 la toldilla
– *poop*
34 la chupeta (camareta *f* junto al coronamiento de popa *f*; la cámara alta)
– *deckhouse*
35 el poste de carga *f*
– *samson (sampson) post (king post)*
36 el botalón (la botavara)
– *derrick boom (cargo boom)*
37 la cruceta
– *crosstrees (spreader)*
38 la cofa
– *crow's nest*
39 el mastelero
– *topmast*

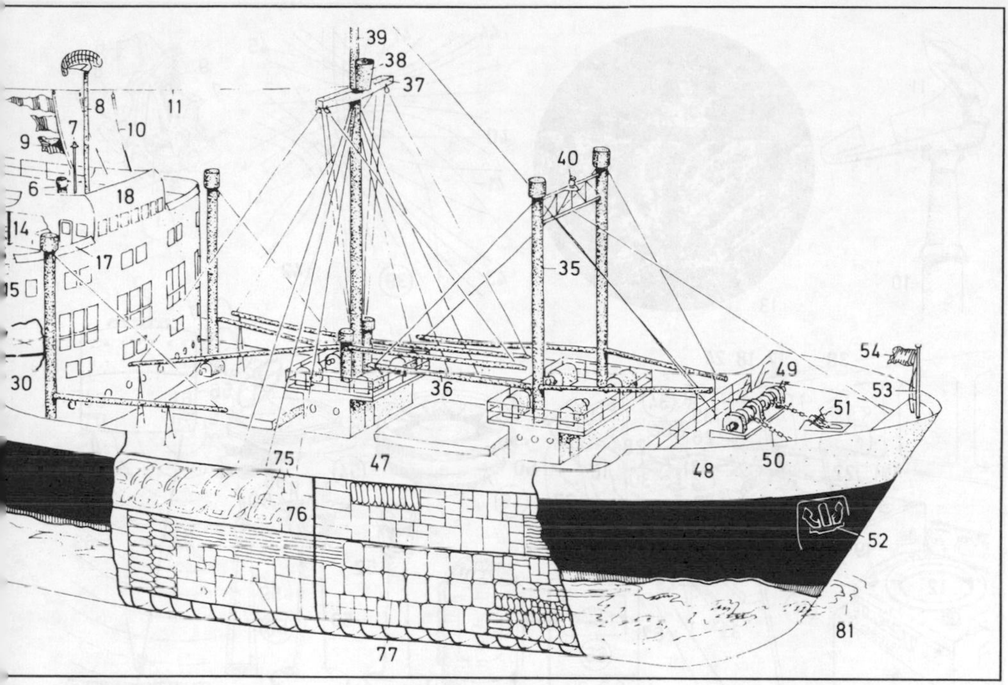

40 la luz de navegación *f* de proa *f*
– *forward steaming light*
41 la cabeza del ventilador
– *ventilator lead*
42 la cocina
– *galley (caboose, cookroom, ship's kitchen)*
43 la despensa
– *ship's pantry*
44 el comedor
– *dining room*
45 la oficina del sobrecargo
– *purser's office*
46 el camarote individual
– *single-berth cabin*
47 la cubierta de proa *f*
– *foredeck*
48 el castillo de proa *f*
– *forecastle (fo'c'sle)*
49-51 el mecanismo de anclaje *m*
– ***ground tackle***
49 la maquinilla (el chigre del ancla *f; Arg.*: el guinche)
– *windlass*
50 la cadena del ancla *f*
– *anchor cable, a chain cable*
51 el estopor
– *compressor (chain compressor)*
52 el ancla *f*
– *anchor*
53 el asta *f* (el mástil) de la bandera de proa *f*
– *jackstaff*
54 la bandera de proa *f*
– *jack*
55 las bodegas de popa *f*
– *after holds*
56 la cámara frigorífica
– *cold storage room (insulated hold)*
57 el pañol
– *store room*
58 la estela
– *wake*
59 la chumacera de la hélice
– *shell bossing (shaft bossing)*
60 la cola del árbol (la parte de atrás del eje)
– *tail shaft (tail end shaft)*
61 el soporte del árbol
– *shaft strut (strut, spectacle frame, propeller strut, propeller bracket)*
62 la hélice de tres paletas *f*
– *three-blade ship's propeller (ship's screw)*
63 la pala del timón
– *rudder blade (rudder)*
64 el prensaestopas (la caja de estopas *f*)
– *stuffing box*
65 el árbol de la hélice (el eje de la hélice)
– *propeller shaft*
66 el túnel de árbol de la hélice
– *shaft alley (shaft tunnel)*
67 el tope de empuje *m*
– *thrust block*
68-74 la propulsión Diesel eléctrica
– ***diesel-electric drive***
68 la sala de máquinas *f* eléctricas
– *electric engine room*
69 el motor eléctrico
– *electric motor*
70 la sala de máquinas *f* auxiliares
– *auxiliary engine room*
71 las máquinas auxiliares
– *auxiliary engines*
72 la sala de máquinas *f* principales
– *main engine room*
73 el motor principal, un motor Diesel
– *main engine, a diesel engine*
74 el generador
– *generator*
75 las bodegas de proa *f*
– *forward holds*
76 el entrepuente
– *tween deck*
77 la carga
– *cargo*
78 los tanques de lastre *m* de agua *f* (depósitos *m* de doble fondo *m*)
– *ballast tank (deep tank) for water ballast*
79 el tanque de agua *f* dulce
– *fresh water tank*
80 el tanque de combustible *m*
– *fuel tank*
81 la ola levantada por la proa
– *bow wave*

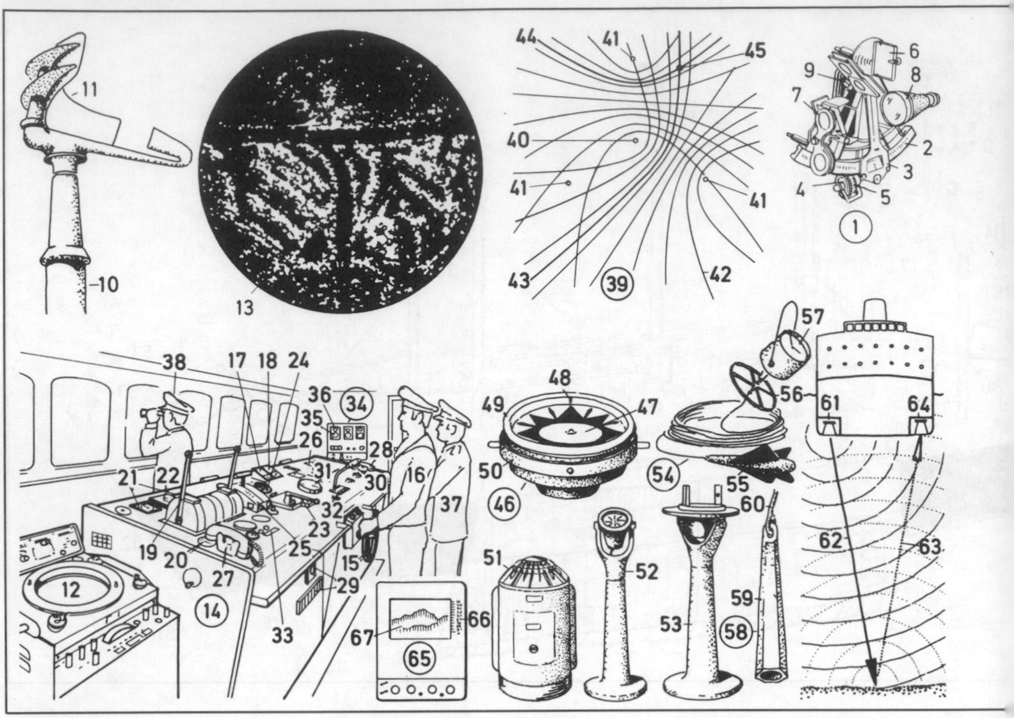

1 el sextante
– ***sextant***
2 el arco graduado (el limbo)
– *graduated arc*
3 la alidada
– *index bar (index arm)*
4 el tambor micrométrico
– *decimal micrometer*
5 el nonio
– *vernier*
6 el espejo grande
– *index mirror*
7 el espejo pequeño
– *horizon glass (horizon mirror)*
8 el telescopio
– *telescope*
9 la empuñadura
– *grip (handgrip)*
10-13 el aparato de radar *m*
– ***radar equipment*** *(radar apparatus)*
10 el mástil del radar
– *radar pedestal*
11 la antena reflectora giratoria
– *revolving radar reflector*
12 la pantalla de radar *m*
– *radar display unit (radar screen)*
13 la imagen del radar
– *radar image (radar picture)*
14-38 la caseta del timón
– ***wheelhouse***
14 el puesto de mando *m* y navegación *f*
– *steering and control position*
15 la rueda del timón
– *ship's wheel for controlling the rudder mechanism*
16 el timonel
– *helmsman* (Am. *wheelsman)*
17 el indicador del ángulo del timón
– *rudder angle indicator*
18 el piloto automático
– *automatic pilot (autopilot)*
19 el alzaprima de activación *f* de la hélice de paso *m* variable
– *control lever for the variable-pitch propeller (reversible propeller, feathering propeller, feathering screw)*
20 el indicador de paso *m* de la hélice
– *propeller pitch indicator*
21 el indicador de revoluciones *f* del motor principal
– *main engine revolution indicator*
22 el indicador de la velocidad del barco
– *ship's speedometer (log)*
23 el conmutador del timón de proa *f*
– *control switch for bow thruster (bow-manoeuvring,* Am. *maneuvering, propeller)*
24 el ecógrafo
– *echo recorder (depth recorder, echograph)*
25 el telégrafo transmisor de órdenes *f* a las máquinas
– *engine telegraph (engine order telegraph)*
26 el aparato de control *m* de los amortiguadores del balanceo
– *controls for the anti-rolling system (for the stabilizers)*
27 el teléfono interior a batería *f*
– *local-battery telephone*
28 el aparato de radiotelefonía *f* entre barcos *m*
– *shipping traffic radio telephone*
29 el panel indicador de las luces de navegación *f*
– *navigation light indicator panel (running light indicator panel)*
30 el micrófono del sistema de difusión *f* general (para órdenes *f* y llamadas *f*)
– *microphone for ship's address system*
31 el girocompás (la brújula giroscópica), un compás repetidor
– *gyro compass (gyroscopic compass), a compass repeater*
32 el botón de activación *f* de la sirena del barco
– *control button for the ship's siren (ship's fog horn)*
33 el control de la sobrecarga del motor principal
– *main engine overload indicator*
34 el aparato Decca para la determinación de la posición del barco
– *detector indicator unit for fixing the ship's position*
35 el indicador de sintonización *f* aproximada
– *rough focusing indicator*
36 el indicador de sintonización *f* nítida
– *fine focusing indicator*
37 el oficial de navegación *f*
– *navigating officer*
38 el capitán
– *captain*
39 el sistema de navegación *f* **Decca**
– ***Decca navigation system***
40 la estación principal
– *master station*
41 la estación secundaria
– *slave station*
42 la hipérbola cero
– *null hyperbola*
43 la hipérbola de posición *f* 1
– *hyperbolic position line 1*
44 la hipérbola de posición *f* 2
– *hyperbolic position line 2*
45 la posición [del barco]
– *position (fix, ship fix)*
46-53 compases *m*
– ***compasses***
46 el compás líquido, una brújula magnética
– *liquid compass (fluid compass, spirit compass, wet compass), a magnetic compass*
47 la rosa náutica (la rosa de los vientos)
– *compass card*
48 la línea de fe *f*
– *lubber's line (lubber's mark, lubber's point)*
49 la caja de compás *m*
– *compass bowl*
50 la suspensión cardán
– *gimbal ring*
51-53 la brújula giroscópica (la instalación del girocompás)
– *gyro compass (gyroscopic compass, gyro compass unit)*
51 la brújula maestra (el compás matriz)
– *master compass (master gyro compass)*
52 el compás repetidor
– *compass repeater (gyro repeater)*
53 el compás repetidor con alidada *f*
– *compass repeater with pelorus*
54 la corredera perfeccionada, una corredera
– ***patent log*** *(screw log, mechanical log, towing log, taffrail log, speedometer), a log*
55 la hélice de la corredera
– *rotator*

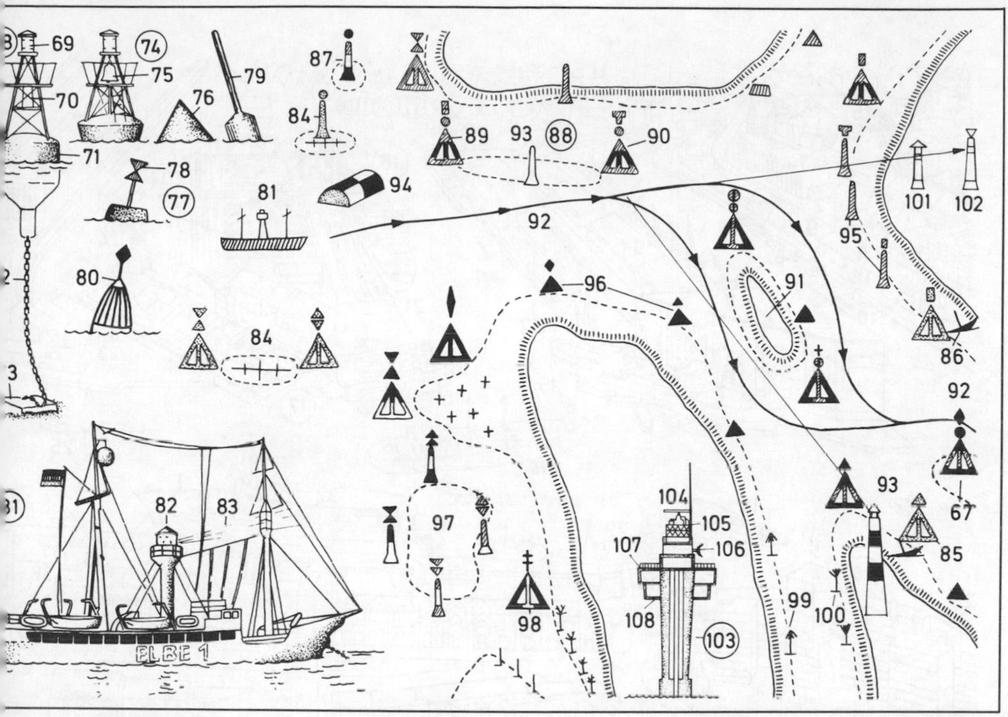

56 el regulador de volante *m*
– *governor*
57 el contador de la corredera
– *log clock*
58-67 sondas *f*
– ***leads***
58 la sonda de mano *m*
– *hand lead*
59 el escandallo
– *lead (lead sinker)*
60 la sondaleza
– *leadline*
61-67 la sonda acústica (la ecosonda)
– *echo sounder (echo sounding machine)*
61 el emisor de sonido *m*
– *sound transmitter*
62 el impulso de la onda sonora
– *sound wave (sound impulse)*
63 el eco
– *echo (sound echo, echo signal)*
64 el receptor del eco
– *echo receiver (hydrophone)*
65 el ecógrafo
– *echograph (echo sounding machine recorder)*
66 la escala de profundidad *f*
– *depth scale*
67 la imagen del eco
– *echogram (depth recording, depth reading)*
68-108 señales *f* **marítimas, de balizaje** *m* **y alumbrado** *m*
– ***sea marks** (floating navigational marks)* ***for buoyage and lighting systems***
68-83 señales *f* en aguas *f* navegables
– *fairway marks (channel marks)*
68 la boya luminosa con silbato *m*
– *light and whistle buoy*
69 el fanal
– *light (warning light)*
70 el silbato
– *whistle*
71 el flotador
– *buoy*
72 la cadena del ancla
– *mooring chain*
73 la piedra de la boya (el ancla *f* de piedra *f*)
– *sinker (mooring sinker)*
74 la boya luminosa de campana *f*
– *light and bell buoy*
75 la campana
– *bell*
76 la boya cónica (de punta *f*)
– *conical buoy*
77 la boya achaflanada
– *can buoy*
78 la señal de tope *m*
– *topmark*
79 la boya con asta *f* (con punta *f*; la boya de espegue *m*)
– *spar buoy*
80 la boya baliza
– *topmark buoy*
81 el barco faro
– *lightship (light vessel)*
82 el faro
lantern mast (lantern tower)
83 el haz de luz *f*
– *beam of light*
84-102 las señales de un canal navegable
fairway markings (channel markings) [German type]
84 naufragio *m* [baliza *f* verde]
– *wreck [green buoys]*
85 naufragio *m* a estribor *m* del canal de navegación *f*
– *wreck to starboard*
86 naufragio *m* a babor del canal
– *wreck to port*
87 bajo *m*
– *shoals (shallows, shallow water, Am. flats)*
88 bajo *m* a babor *m* del canal de navegación *f* principal
– *middle ground to port*
89 bifurcación *f* [el comienzo del bajo; señales *f* de tope *m*: cilindro *m* rojo sobre globo *m* rojo]
– *division (bifurcation) [beginning of the middle ground; topmark: red cylinder above red ball]*
90 confluencia *f* [el final del bajo; señales *f* de tope *m*: cruz *f* de San Antonio roja sobre globo *m* rojo]
– *convergence (confluence) [end of the middle ground; topmark: red St. Antony's cross above red ball]*
91 bajo *m*
– *middle ground*
92 el canal principal
– *main fairway (main navigable channel)*
93 el canal secundario
– *secondary fairway (secondary navigable channel)*
94 la boya de barril *m*
– *can buoy*
95 boyas *f* de babor *m* [rojas]
– *port hand buoys (port hand marks) [red]*
96 boyas *f* de estribor *m* [negras]
– *starboard hand buoys (starboard hand marks) [black]*
97 bajo *m* fuera del canal de navegación *f*
– *shoals (shallows, shallow water, Am. flats) outside the fairway*
98 el centro del canal [señales *f* de tope *m*: cruz *f* doble]
– *middle of the fairway (mid-channel)*
99 postes *m* de estribor *m* [escobas *f* invertidas]
– *starboard markers [inverted broom]*
100 postes *m* de babor *m* [escobas *f* hacia arriba]
– *port markers [upward-pointing broom]*
101-102 alineación *f* luminosa (dirección *f* de luces *f*)
– *range lights (leading lights)*
101 la luz de dirección *f* inferior
– *lower range light (lower leading light)*
102 la luz de dirección *f* superior
– *higher range light (higher leading light)*
103 el faro
– *lighthouse*
104 la antena de radar *m*
– *radar antenna (radar scanner)*
105 el fanal
– *lantern (characteristic light)*
106 la antena direccional de radio *f* (la antena radiogoniométrica)
– *radio direction finder (RDF) antenna*
107 el puente (la plataforma) de observación *f* y de máquinas *f*
– *machinery and observation platform (machinery and observation deck)*
108 la vivienda del guardián
– *living quarters*

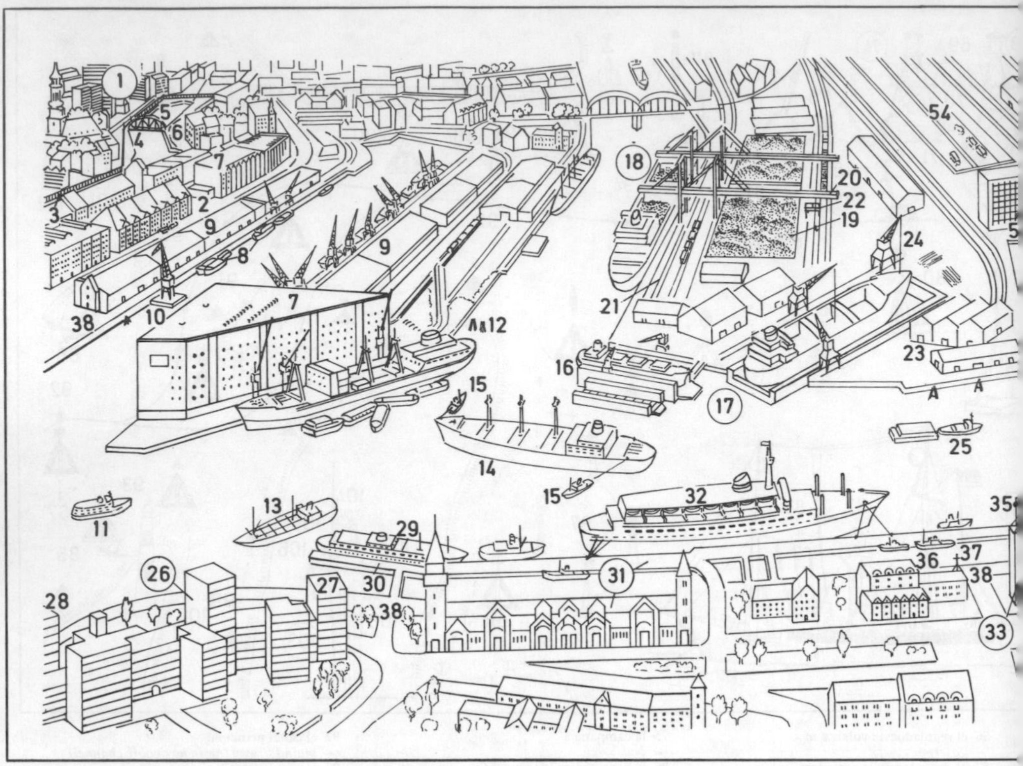

1 el barrio del puerto
– *dock area*
2 el puerto franco
– *free port (foreign trade zone)*
3 la frontera de la zona franca (la verja aduanera)
– *free zone frontier (free zone enclosure)*
4 la barrera aduanera
– *customs barrier*
5 el paso de aduanas *f*
– *customs entrance*
6 el edificio de aduanas *f* del puerto
– *port custom house*
7 el almacén
– *entrepôt*
8 la gabarra (la chalana)
– *barge (dumb barge, lighter)*
9 el almacén de tránsito *m* de mercancías *f* a granel *m*
– *break-bulk cargo transit shed (general cargo transit shed, package cargo transit shed)*
10 la grúa flotante
– *floating crane*
11 el transbordador del puerto
– *harbour (Am. harbor) ferry (ferryboat)*
12 los duques de alba
– *fender (dolphin)*
13 la lancha carbonera
– *bunkering boat*
14 el carguero de mercancías *f* a granel *m*
– *break-bulk carrier (general cargo ship)*
15 el remolcador
– *tug*
16 el dique flotante
– *floating dock (pontoon dock)*
17 el dique seco
– *dry dock*
18 el muelle de carbón *m*
– *coal wharf*
19 el depósito de carbón *m*
– *coal bunker*
20 el puente grúa *f* de carga *f*
– *transporter loading bridge*
21 la vía del puerto
– *quayside railway*
22 la tolva del carbón
– *weighing bunker*
23 el cobertizo del astillero (del arsenal)
– *warehouse*
24 la grúa del arsenal
– *quayside crane*
25 la barcaza con la gabarra
– *launch and lighter*
26 el hospital del puerto
– *port hospital*
27 el lazareto (el pabellón de cuarentena *f*)
– *quarantine wing*
28 el instituto para enfermedades *f* tropicales (para medicina *f* tropical)
– *Institute of Tropical Medicine*
29 el vapor de recreo *m* (el vapor de excursión *f*)
– *excursion steamer (pleasure steamer)*
30 el embarcadero
– *jetty*
31 el muelle de pasajeros *m*
– *passenger terminal*
32 el transatlántico (un buque de línea *f*)
– *liner (passenger liner, ocean liner)*
33 la oficina meteorológica, un observatorio del tiempo
– *meteorological office, a weather station*
34 el mástil de señales *f*
– *signal mast (signalling mast)*
35 la bola (la señal) de tempestad *f* (de temporal *m;* de tormenta *f*)
– *storm signal*
36 la oficina del puerto
– *port administration offices*
37 el indicador del nivel del agua *f*
– *tide level indicator*
38 la carretera del muelle
– *quayside road (quayside roadway)*
39 el sistema de carga *f* rodante (un transbordador de vehículos *m,* en el que estos entran por sí mismos mediante una rampa o puente *m*)

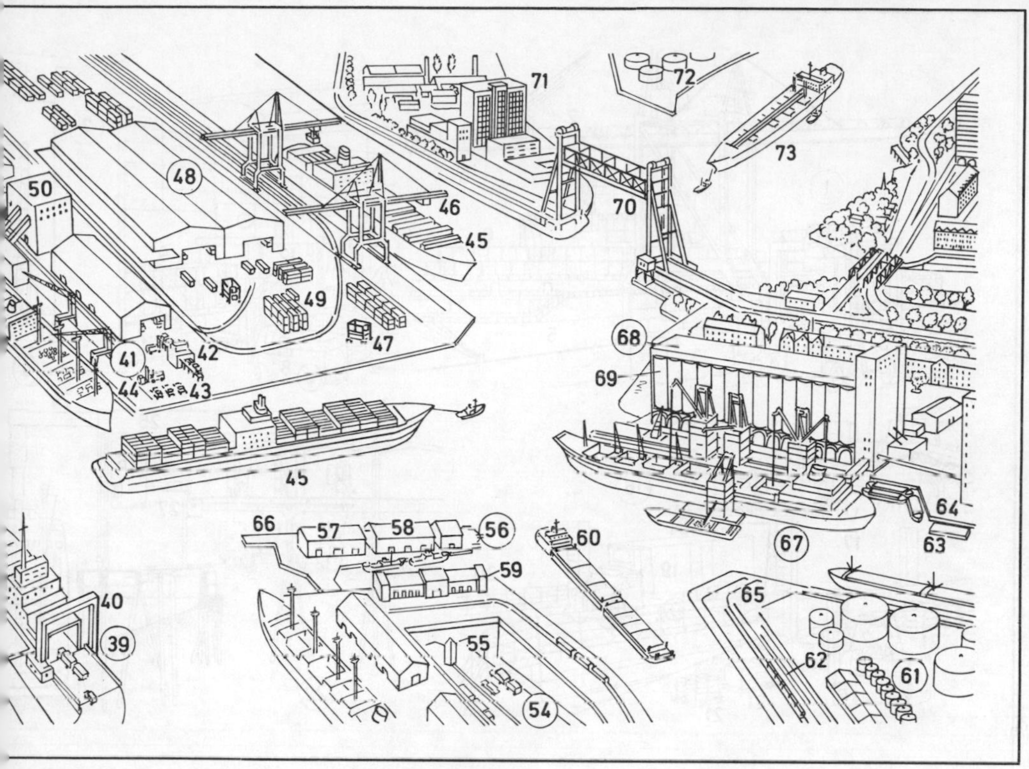

– *roll-on roll-off (ro-ro) system (roll-on roll-off operation)*

40 el puente elevador
– *gantry*

41 el sistema de carga *f* por medio de carretillas *f*
– *truck-to-truck system (truck-to-truck operation)*

42 el lote de la carga embalada con chapas *f* de metal *m*
– *foil-wrapped unit loads*

43 las paletas
– *pallets*

44 la carretilla elevadora
– *forklift truck (fork truck, forklift)*

45 el carguero portacontenedores
– *container ship*

46 la grúa de puente *m* rodante sobre dos vías *f* para la carga de contenedores *m*
– *transporter container-loading bridge*

47 el camión portacontenedores
– *container carrier truck*

48 el almacén portacontenedores (terminal *m* de contenedores *m*)
– *container terminal (container berth)*

49 el lote de carga *f*
– *unit load*

50 la cámara frigorífica
– *cold store*

51 la cinta transportadora
– *conveyor belt (conveyor)*

52 el cobertizo de la fruta
– *fruit storage shed (fruit warehouse)*

53 el edificio de oficinas *f*
– *office building*

54 la autopista urbana
– *urban motorway* (Am. *freeway*)

55 los túneles por debajo del puerto
– *harbour* (Am. *harbor*) *tunnels*

56 el puerto pesquero
– *fish dock*

57 el mercado de pescado *m*
– *fish market*

58 la lonja de pescado *m*
– *auction room*

59 la fábrica de conservas *f* de pescado *m*
– *fish-canning factory*

60 el remolcador de empuje *m*
– *push tow*

61 el depósito de tanques *m* de petróleo *m* (el puerto petrolero)
– *tank farm*

62 el ramal ferroviario
– *railway siding*

63 el pontón de abordaje *m* (de atraque *m*)
– *landing pontoon (landing stage)*

64 el muelle
– *quay*

65 el rompeolas
– *breakwater (mole)*

66 el embarcadero, una prolongación del muelle
– *pier (jetty), a quay extension*

67 el carguero a granel *m*
– *bulk carrier*

68 el silo
– *silo*

69 la cuba del silo
– *silo cylinder*

70 el puente elevador
– *lift bridge*

71 la zona industrial del puerto
– *industrial plant*

72 los tanques de almacenamiento *m*
– *storage tanks*

73 el petrolero
– *tanker*

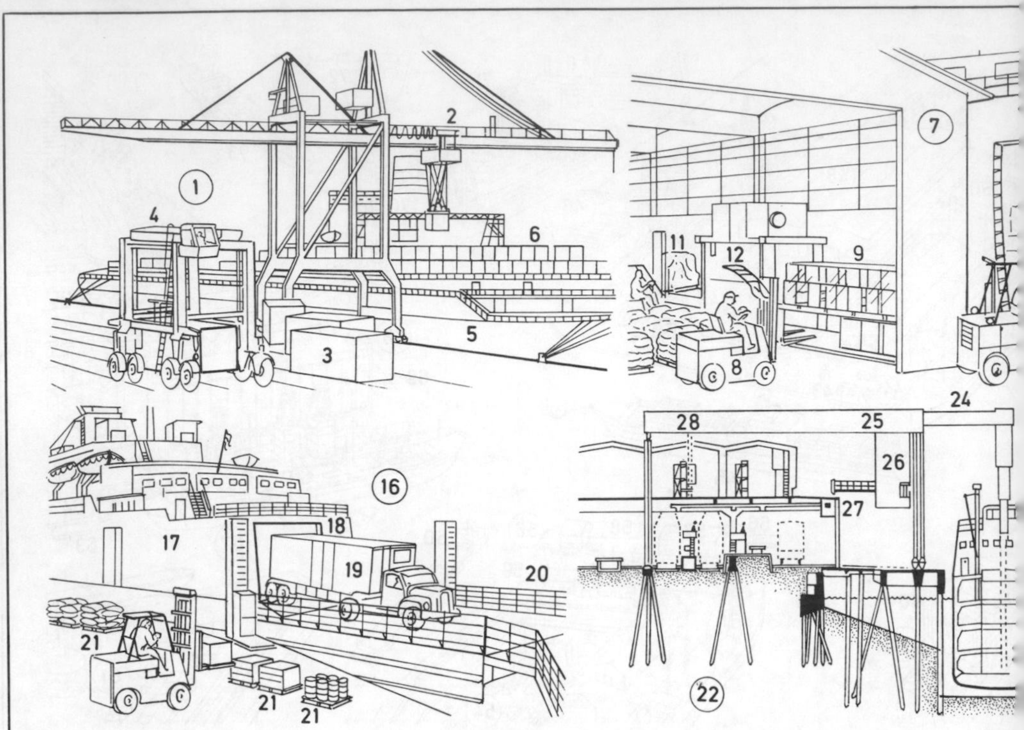

1 la terminal de contenedores *m*, una instalación moderna para el transbordo de mercancías *f*
- *container terminal (container berth), a modern cargo-handling berth*

2 el puente de contenedores *m* (el puente de transbordo *m*)
- *transporter container-loading bridge (loading bridge)*; sim.: *transtainer crane (transtainer)*

3 el contenedor
- *container*

4 el carro transportador
- *truck (carrier)*

5 el buque portacontenedores
- *all-container ship*

6 los contenedores cargados en cubierta *f*
- *containers stowed on deck*

7 el transbordo horizontal de los contenedores por carretilla *f* elevadora de horquilla *f*
- *truck-to-truck handling (horizontal cargo handling with pallets)*

8 la carretilla elevadora de horquilla *f*
- *forklift truck (fork truck, forklift)*

9 la carga unitaria embalada en hojas *f* de plástico *m*
- *unitized foil-wrapped load (unit load)*

10 la paleta plana, una paleta normal
- *flat pallet, a standard pallet*

11 la mercancía en fardos *m* unitarios
- *unitized break-bulk cargo*

12 la máquina para embalar en hojas *f* de plástico *m*
- *heat sealing machine*

13 el carguero de mercancía *f* en fardos *m*
- *break-bulk carrier (general cargo ship)*

14 la abertura de carga *f*
- *cargo hatchway*

15 la carretilla a bordo *m* del buque
- *receiving truck on board ship*

16 la terminal de usos *m* múltiples
- *multi-purpose terminal*

17 el buque de transporte roll-on roll-off (el buque de transbordo *m* horizontal)
- *roll-on roll-off ship (ro-ro-ship)*

18 la puerta trasera
- *stern port (stern opening)*

19 la carga automotriz, un camión de carga *f*
- *driven load, a lorry* (Am. *truck)*

20 la instalación de expedición *f* de mercancías *f* Ro-ro (la instalación especial Ro-ro)
- *ro-ro depot*

21 la carga unitaria
- *unitized load (unitized package)*

22 la terminal bananera [corte]
- *banana-handling terminal [section]*

23 el elevador de cala *f*
- *seaward tumbler*

24 el brazo saledizo
- *jib*

25 el puente elevador
- *elevator bridge*

26 la eslinga de cadena *f*
- *chain sling*

27 el puesto de claridad *f*
- *lighting station*

28 el sistema de carga *f* de camiones *m* y vagones *m*
- *shore-side tumbler for loading trains and lorries* (Am. *trucks)*

29 el puesto de carga *f* a granel *m*
- *bulk cargo handling*

30 el carguero de mercancía *f* a granel *m*
- *bulk carrier*

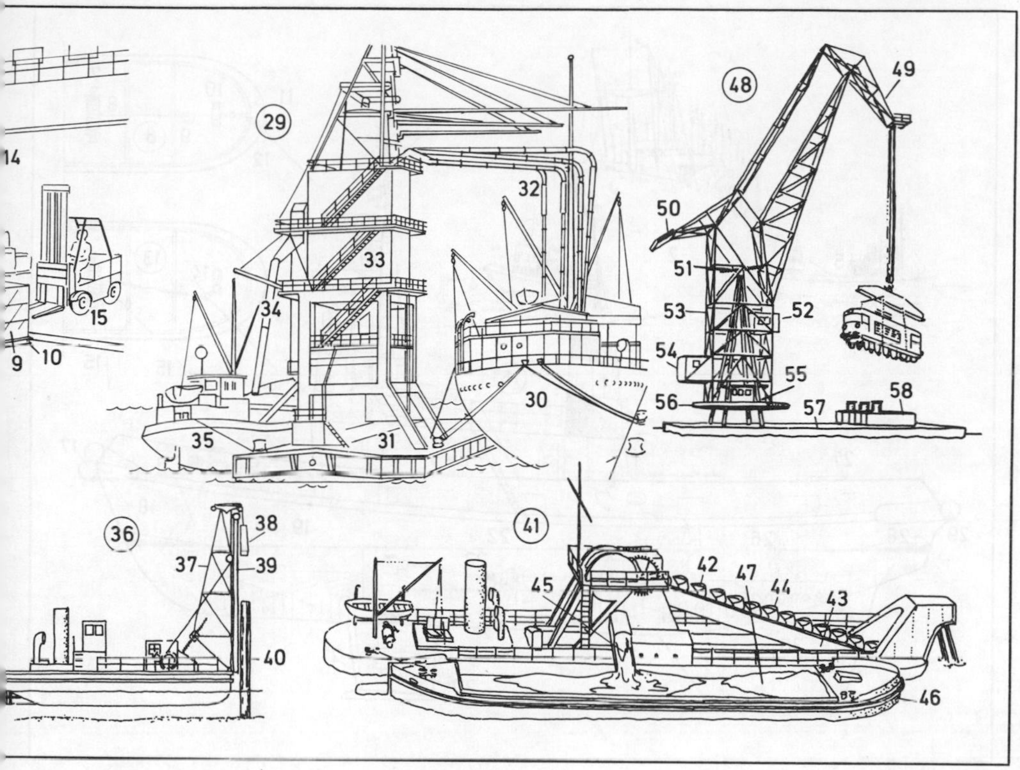

31 el puente grúa *f* de carga *f*
– *floating bulk-cargo elevator*
32 los tubos de aspiración *f*
– *suction pipes*
33 el receptor
– *receiver*
34 el tubo de embarque *m*
– *delivery pipe*
35 la barcaza de transporte *m* a granel *m*
– *bulk transporter barge*
36 el martinete
– *floating pile driver*
37 la armazón del martinete
– *pile driver frame*
38 el mazo
– *pile hammer*
39 la guía
– *driving guide rail*
40 el apoyo del martinete basculante
– *pile*
41 la draga de cangilones *m*, una draga
– *bucket dredger, a dredger*
42 la cadena de cangilones *m*
– *bucket chain*
43 el transportador de cangilones *m*
– *bucket ladder*
44 el cangilón de la draga
– *dredger bucket*
45 el vertedor
– *chute*
46 el lanchón de la draga
– *hopper barge*
47 el material dragado
– *spoil*
48 la grúa flotante
– *floating crane*
49 el pescante (el brazo de la grúa)
– *jib (boom)*
50 el contrapeso
– *counterweight (counterpoise)*
51 el eje ajustable
– *adjusting spindle*
52 la cabina del conductor
– *crane driver's cabin (crane driver's cage)*
53 la armazón (el chasis) de la grúa
– *crane framework*
54 la cabina del torno
– *winch house*
55 el puente de mando *m*
– *control platform*
56 la plataforma giratoria
– *turntable*
57 el pontón, una gabarra (*Amér.:* chata *f*)
– *pontoon, a pram*
58 la superestructura de los motores
– *engine superstructure (engine mounting)*

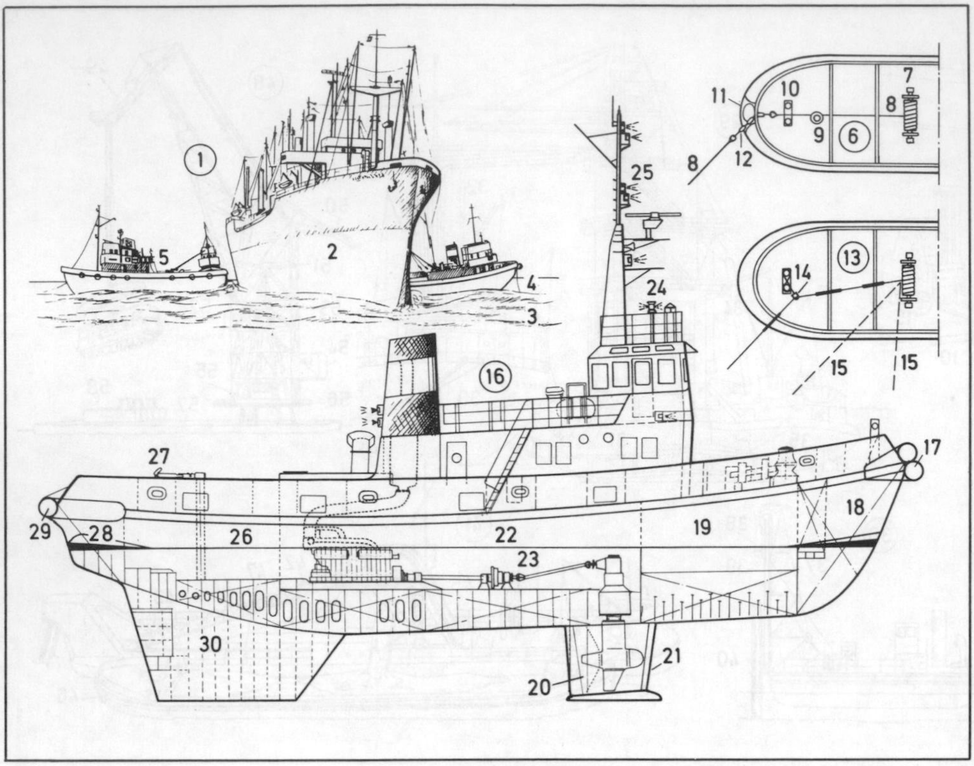

1 el salvamento de buques *m* encallados
– *salvaging (salving) of a ship run aground*
2 el buque encallado
– *ship run aground (damaged vessel)*
3 el banco de arena *f*
– *sandbank;* also: *quicksand*
4 el alta mar
– *open sea*
5 el remolcador
– *tug (salvage tug)*
6-15 la instalación de remolque *m*
– *towing gear*
6 el material para el remolque marítimo
– *towing gear for towing at sea*
7 el torno de remolque *m*
– *towing winch (towing machine, towing engine)*
8 el cable de remolque *m*
– *tow rope (tow line, towing hawser)*
9 la guía de remolque *m*
– *tow rope guide*
10 la pasteca
– *cross-shaped bollard*
11 el escobén
– *hawse hole*
12 la cadena del ancla *f*
– *anchor cable, a chain cable*
13 el material para el remolque en el puerto
– *towing gear for work in harbours* (Am. *harbors*)
14 la retenida
– *guest rope*
15 la dirección del cable en ausencia *f* de retenida *f*
– *position of the tow rope (tow line, towing hawser)*
16 el remolcador [proyección vertical]
– *tug (salvage tug) [vertical elevation]*
17 la defensa de estrave *m*
– *bow fender (pudding fender)*
18 el parapeto delantero
– *forepeak*
19 las habitaciones
– *living quarters*
20 la hélice carenada
– *Schottel propeller*
21 la tobera de la hélice
– *Kort vent*
22 la sala de máquinas *f*
– *engine and propeller room*
23 el sistema de acoplamiento (el embrague)
– *clutch coupling*
24 la cubierta radiogoniométrica
– *compass platform (compass bridge, compass flat, monkey bridge)*
25 la instalación para la extinción de incendios *m*
– *fire-fighting equipment*
26 el pañol (la bodega)
– *stowage*
27 el gancho de remolque *m*
– *tow hook*
28 el parapeto trasero
– *afterpeak*
29 la defensa de popa *f*
– *stern fender*
30 la quilla de maniobras *f*
– *main manoeuvring* (Am. *maneuvering*) *keel*

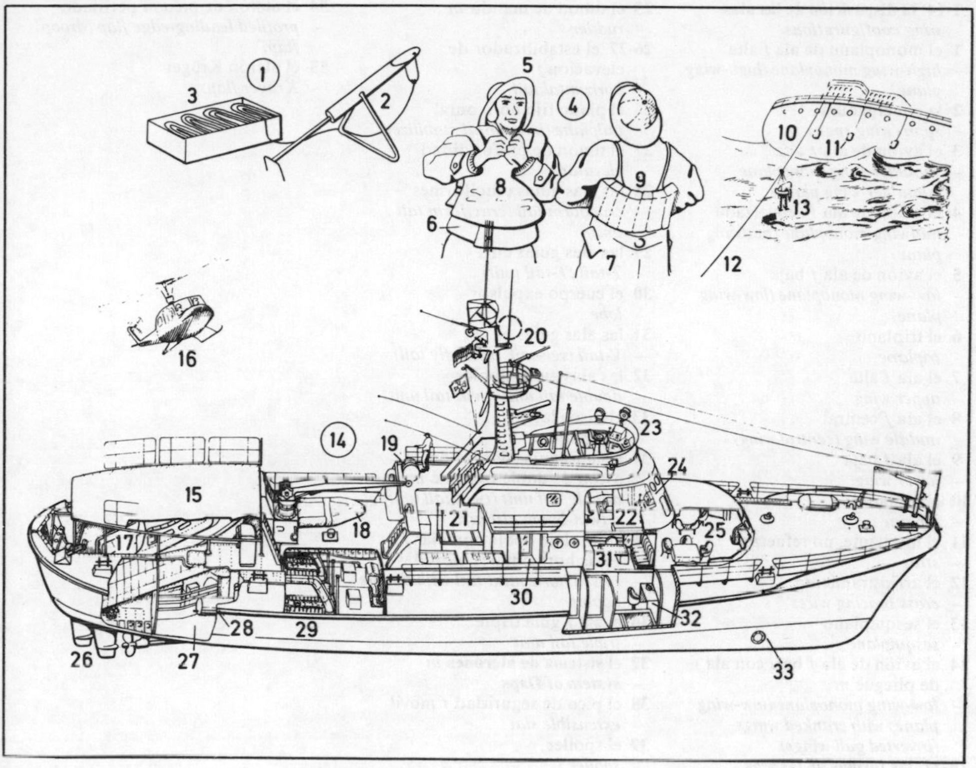

1 el cohete lanzacabos (el lanzacabos)
– *rocket apparatus (rocket gun, line-throwing gun)*
2 el cohete
– *life rocket (rocket)*
3 el cabo de salvamento *m*
– *rocket line (whip line)*
4 el traje de encerado *m* [traje *m* de hule *m;* un traje impermeabilizado]
– *oilskins*
5 el sueste (el sombreo de hule *m)*
– *sou'wester (southwester)*
6 la chaqueta de encerado *m*
– *oilskin jacket*
7 el abrigo de encerado *m*
– *oilskin coat*
8 el chaleco salvavidas hinchable
– *inflatable life jacket*
9 el chaleco salvavidas de corcho *m*
– *cork life jacket (cork life preserver)*
10 el buque encallado (averiado)
– *stranded ship;* also: *damaged vessel*
11 los sacos de aceite *m,* para dejar caer gota a gota el aceite en la superficie del agua *f*
– *oil bag, for trickling oil on the water surface*
12 la cuerda de salvamento *m*
– *lifeline*
13 la boya pantalón *m* (el pantalón de salvamento *m)*
– *breeches buoy*
14 la lancha de salvamento *m*
– *rescue cruiser*
15 la cubierta de aterrizaje *m* para helicópteros *m*
– *helicopter landing deck*
16 el helicóptero de salvamento *m*
– *rescue helicopter*
17 el bote anejo (*Amér. Central y Panamá:* la panga)
– *daughter boat*
18 la lancha de goma *f*
– *inflatable boat (inflatable dinghy)*
19 el refugio (la balsa de salvamento *m)*
– *life raft*
20 la instalación de extinción *f* de incendios *m*
– *fire-fighting equipment for fires at sea*
21 la enfermería con camarote *m* (sala *f*)de operaciones *f* y unidad *f* de reanimación *f*
– *hospital unit with operating cabin and exposure bath*
22 el cuarto de los instrumentos
– *navigating bridge*
23 el puente de mando *m* superior
– *upper tier of navigating bridge*
24 el puente de mando *m* inferior
– *lower tier of navigating bridge*
25 el cámara (mesa *f* de oficiales *m*)
– *messroom*
26 la hélice y el timón
– *rudders and propeller (screw)*
27 el pañol (la bodega)
– *stowage*
28 el depósito de espuma *f* para la extinción de incendios *m*
– *foam can*
29 los motores laterales
– *side engines*
30 las duchas
– *shower*
31 la cabina del patrón
– *coxswain's cabin*
32 la cabina de un miembro de la tripulación
– *crew member's single-berth cabin*
33 la hélice de estrave *m*
– *bow propeller*

1-14 la disposición de las alas
– ***wing configurations***
1 el monoplano de ala *f* alta
– *high-wing monoplane (high-wing plane)*
2 la envergadura
– *span (wing span)*
3 el avión de ala *f* alta
– *shoulder-wing monoplane (shoulder-wing plane)*
4 el avión de ala *f* semialzada
– *midwing monoplane (midwing plane)*
5 el avión de ala *f* baja
– *low-wing monoplane (low-wing plane)*
6 el triplano
– *triplane*
7 el ala *f* alta
– *upper wing*
8 el ala *f* central
– *middle wing (central wing)*
9 el ala *f* baja
– *lower wing*
10 el biplano
– *biplane*
11 el montante, un refuerzo
– *strut*
12 el arriostramiento
– *cross bracing wires*
13 el sesquiplano
– *sesquiplane*
14 el avión de ala *f* baja con ala *f* de pliegue *m*
– *low-wing monoplane (low-wing plane) with cranked wings (inverted gull wings)*
15-22 las formas de las alas
– ***wing shapes***
15 el ala *f* elíptica
– *elliptical wing*
16 el ala *f* rectangular
– *rectangular wing*
17 el ala *f* trapezoidal
– *tapered wing*
18 el ala *f* en media luna *f*
– *crescent wing*
19 el ala *f* delta
– *delta wing*
20 el ala *f* en flecha *f* positiva débil
– *swept-back wing with semi-positive sweepback*
21 el ala *f* en flecha *f* positiva fuerte
– *swept-back wing with positive sweepback*
22 el ala *f* ojival
– *ogival wing (ogee wing)*
23-36 las formas de las alas guías
– ***tail shapes** (tail unit shapes, empennage shapes)*
23 el ala *f* guía normal
– *normal tail (normal tail unit)*
24-25 el timón de dirección *f*
– *vertical tail (vertical stabilizer and rudder)*
24 la aleta de dirección *f*
– *vertical stabilizer (vertical fin, tail fin)*
25 el timón de mando *m*
– *rudder*
26-27 el estabilizador de elevación *f*
– *horizontal tail*
26 el plano fijo horizontal
– *tailplane (horizontal stabilizer)*
27 el timón de profundidad
– *elevator*
28 las alas guías cruciformes
– *cruciform tail (cruciform tail unit)*
29 las alas guías en T
– *T-tail (T-tail unit)*
30 el cuerpo expulsor
– *lobe*
31 las alas guías en V
– *V-tail (vee-tail, butterfly tail)*
32 las alas guías dobles
– *double tail unit (twin tail unit)*
33 el disco lateral
– *end plate*
34 las alas guías dobles de un avión de doble fuselaje *m*
– *double tail unit (twin tail unit) of a twin-boom aircraft*
35 el fuselaje doble con alas *f* guías horizontales elevadas
– *raised horizontal tail with double booms*
36 el ala *f* guía triple
– *triple tail unit*
37 el sistema de alerones *m*
– ***system of flaps***
38 el pico de seguridad *f* móvil
– *extensible slat*
39 el spoiler
– *spoiler*
40 el alerón de doble curvatura *f*
– *double-slotted Fowler flap*
41 el alerón exterior
– *outer aileron (low-speed aileron)*
42 los aerofrenos internos
– *inner spoiler (landing flap, lift dump)*
43 el alerón interior
– *inner aileron (all-speed aileron)*
44 los aerofrenos externos
– *brake flap (air brake)*
45 el perfil de base *f*
– *basic profile*
46-48 los alerones de curvatura *f*
– *plain flaps (simple flaps)*
46 el alerón normal
– *normal flap*
47 el alerón de hendidura *f*
– *slotted flap*
48 el alerón de hendidura *f* doble
– *double-slotted flap*
49-50 los alerones de intradós *m*
– *split flaps*
49 el alerón de intradós *m* sencillo
– *plain split flap (simple split flap)*
50 el alerón Zap
– *zap flap*
51 el ala *f* doble
– *extending flap*
52 el alerón Fowler
– *Fowler flap*
53 el pico de seguridad *f*
– *slat*
54 el alerón de pico *m* perfilado
– *profiled leading-edge flap (droop flap)*
55 el alerón Krüger
– *Krüger flap*

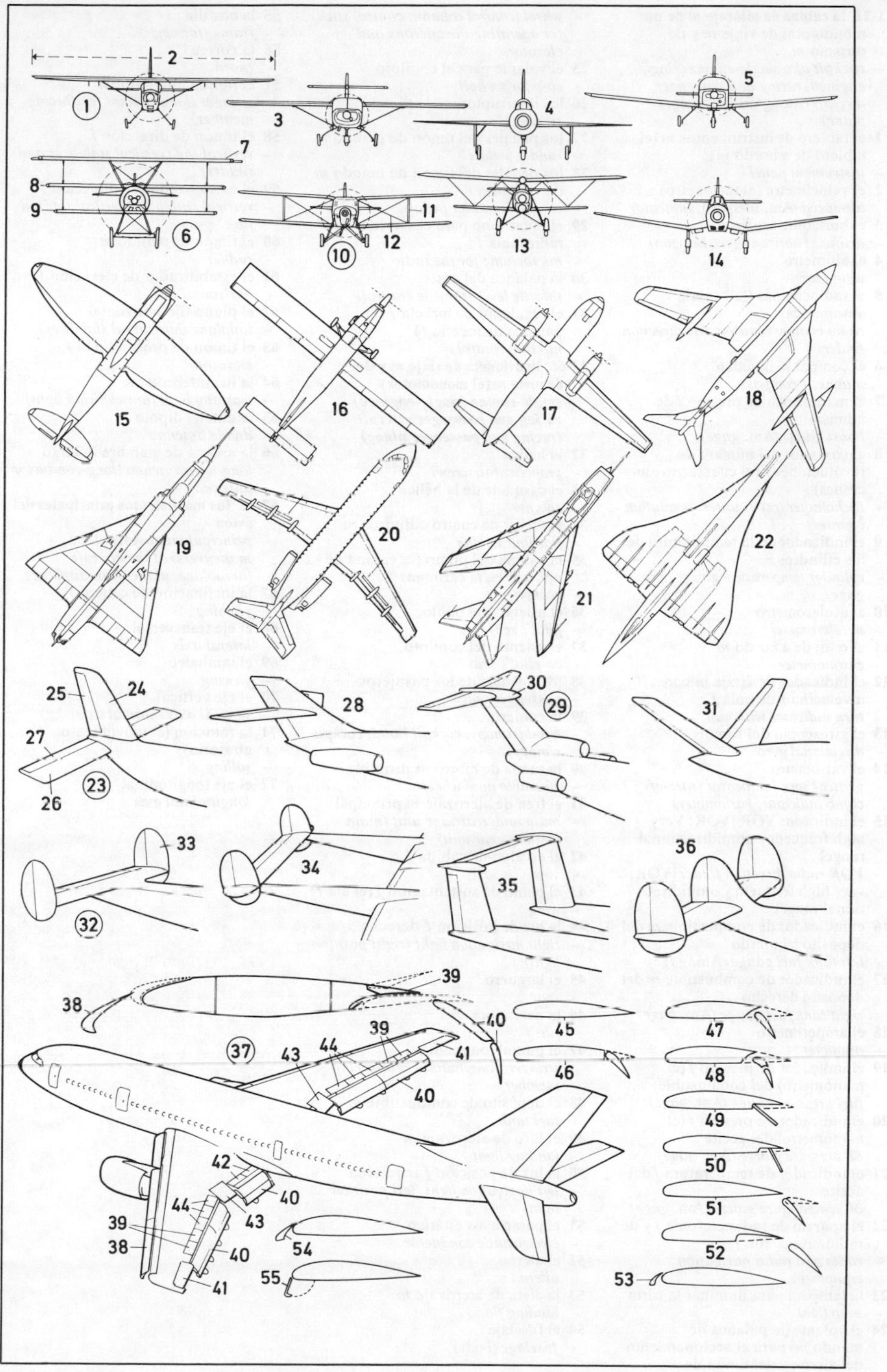
1
2
3
4
5
6
7
8
9
10
11
12
13
14
15
16
17
18
19
20
21
22
23
24
25
26
27
28
29
30
31
32
33
34
35
36
37
38
39
40
41
42
43
44
45
46
47
48
49
50
51
52
53
54
55

1-31 la cabina de pilotaje *m* de un monomotor de viaje *m* y de turismo *m*
- ***cockpit*** *of a single-engine (single-engined) racing and passenger aircraft (racing and passenger plane)*

1 el tablero de instrumentos *m* (el tablero de a bordo *m*)
- *instrument panel*

2 el velocímetro (el tacométro)
- *air-speed (*Am. *airspeed) indicator*

3 el horizonte artificial
- *artificial horizon (gyro horizon)*

4 el altímetro
- *altimeter*

5 el radiocompás (la brújula automática)
- *radio compass (automatic direction finder)*

6 el compás magnético
- *magnetic compass*

7 el manómetro de presión *f* de admisión *f*
- *boost gauge (*Am. *gage)*

8 el contador del número de revoluciones *f* (el cuentarrevoluciones)
- *tachometer (rev counter, revolution counter)*

9 el indicador de la temperatura de los cilindros
- *cylinder temperature gauge (*Am. *gage)*

10 el acelerómetro
- *accelerometer*

11 el reloj de a bordo *m*
- *chronometer*

12 el indicador de viraje *m* con nivelación *f* de bola *f*
- *turn indicator with ball*

13 el giroscopio del rumbo
- *directional gyro*

14 el variómetro
- *vertical speed indicator (rate-of-climb indicator, variometer)*

15 el indicador VOR [VOR: Very high frequency omnidirectional range]
- *VOR radio direction finder* [VOR: very high frequency omnidirectional range]

16 el indicador de combustible *m* del depósito izquierdo
- *left tank fuel gauge (*Am. *gage)*

17 el indicador de combustible *m* del depósito derecho
- *right tank fuel gauge (*Am. *gage)*

18 el amperímetro
- *ammeter*

19 el indicador de presión *f* (el manómetro) del combustible
- *fuel pressure gauge (*Am. *gage)*

20 el indicador de presión *f* (el manómetro) del aceite
- *oil pressure gauge (*Am. *gage)*

21 el indicador de temperatura *f* del aceite
- *oil temperature gauge (*Am. *gage)*

22 el aparato de radiotelefonía *f* y de radionavegación *f*
- *radio and radio navigation equipment*

23 la lámpara para iluminar la carta
- *map light*

24 el volante (la palanca de mando *m*) para el accionamiento del alerón y del timón de profundidad *f*
- *wheel (control column, control stick) for operating the ailerons and elevators*

25 el volante para el copiloto
- *co-pilot's wheel*

26 los interruptores
- *switches*

27 los pedales del timón de mando *m*
- *rudder pedals*

28 los pedales del timón de mando *m* del copiloto
- *co-pilot's rudder pedals*

29 el micrófono para el servicio de radiofonía *f*
- *microphone for the radio*

30 la palanca del gas
- *throttle lever (throttle control)*

31 el regulador de mezcla *f* (la palanca de mezcla *f*)
- *mixture control*

32-66 la avioneta de viaje *m* **y de deporte** *m* **(el monomotor)**
- ***single-engine (single-engined) racing and passenger aircraft (racing and passenger plane)***

32 la hélice
- *propeller (airscrew)*

33 el casquete de la hélice
- *spinner*

34 el motor de cuatro cilindros *m*
- *flat four engine*

35 la cabina del piloto (la cabina de pilotaje *m*, la carlinga)
- *cockpit*

36 el asiento del piloto
- *pilot's seat*

37 el asiento del copiloto
- *co-pilot's seat*

38 los asientos de los pasajeros
- *passenger seats*

39 la cubierta
- *hood (canopy, cockpit hood, cockpit canopy)*

40 la rueda de morro *m* dirigible
- *steerable nose wheel*

41 el tren de aterrizaje *m* principal
- *main undercarriage unit (main landing gear unit)*

42 el escalón de subida *f*
- *step*

43 el plano de sustentación *f* (el ala *f*)
- *wing*

44 la luz de posición *f* derecha
- *right navigation light (right position light)*

45 el larguero
- *spar*

46 la nervadura
- *rib*

47 el puntal longitudinal
- *stringer (longitudinal reinforcing member)*

48 el depósito de combustible *m*
- *fuel tank*

49 el faro de aterrizaje *m*
- *landing light*

50 la luz de posición *f* izquierda
- *left navigation light (left position light)*

51 el pararrayos estático
- *electrostatic conductor*

52 el alerón
- *aileron*

53 la aleta de aterrizaje *m*
- *landing flap*

54 el fuselaje
- *fuselage (body)*

55 la costilla
- *frame (former)*

56 la correa
- *chord*

57 el puntal longitudinal
- *stringer (longitudinal reinforcing member)*

58 el timón de dirección *f*
- *vertical tail (vertical stabilizer and rudder)*

59 el estabilizador de dirección *f*
- *vertical stabilizer (vertical fin, tail fin)*

60 el timón de mando *m*
- *rudder*

61 el estabilizador de elevación *f*
- *horizontal tail*

62 el plano fijo horizontal
- *tailplane (horizontal stabilizer)*

63 el timón de profundidad *f*
- *elevator*

64 la luz intermitente
- *warning light (anticollision light)*

65 la antena dipolo
- *dipole antenna*

66 la antena de alambre *m* largo
- *long-wire antenna (long-conductor antenna)*

67-72 los movimientos principales del avión
- ***principal manoeuvres*** *(*Am. *maneuvers) of the aircraft (aeroplane, plane,* Am. *airplane)*

67 la inclinación de cabeza *f*
- *pitching*

68 el eje transversal
- *lateral axis*

69 el tambaleo
- *yawing*

70 el eje vertical
- *vertical axis (normal axis)*

71 la rotación (el movimiento giratorio)
- *rolling*

72 el eje longitudinal
- *longitudinal axis*

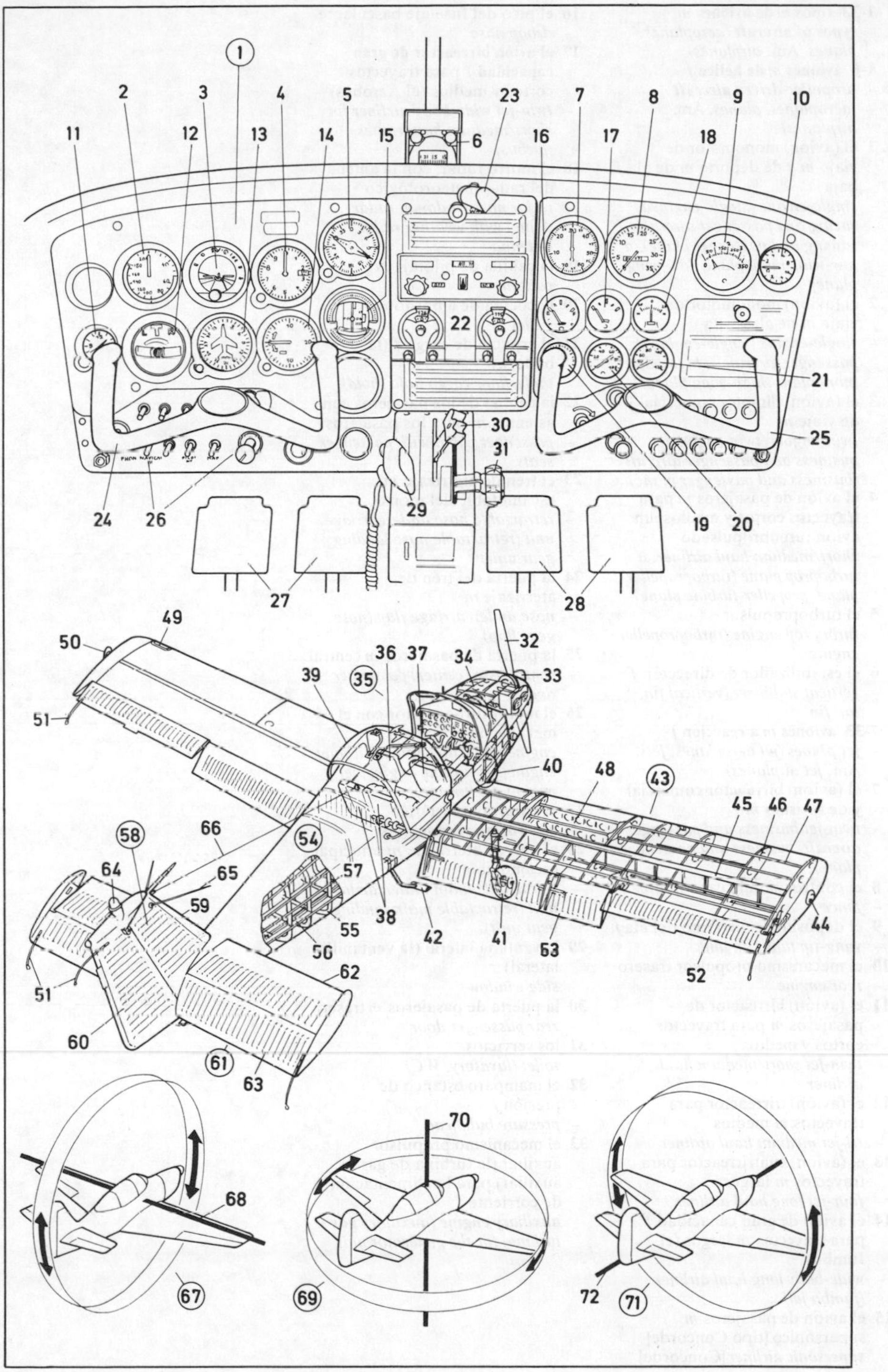
1
2
3
4
5
23
7
8
9
10
11
12
13
14
15
6
16
17
18
22
21
25
30
31
24
26
29
19
20
27
28
49
50
32
36
37
34
33
39
35
51
40
48
43
45
46
47
66
58
54
64
65
57
59
38
55
42
41
53
44
56
52
51
62
60
61
63
70
68
67
69
72
71

1-33 tipos *m* **de aviones** *m*
– ***types of aircraft*** *(aeroplanes, planes,* Am. *airplanes)*
1-6 aviones *m* **de hélice** *f*
– ***propeller-driven aircraft*** *(aeroplanes, planes,* Am. *airplanes)*
1 el (avión) monomotor de viaje *m* y de deporte *m* de ala *f* baja
– *single-engine (single-engined) racing and passenger aircraft (racing and passenger plane), a low-wing monoplane (low-wing plane)*
2 el (avión) monomotor de viaje *m* de ala *f* alta
– *single-engine (single-engined) passenger aircraft, a high-wing monoplane (high-wing plane)*
3 el (avión) bimotor comercial y de viaje *m*
– *twin-engine (twin-engined) business and passenger aircraft (business and passenger plane)*
4 el avión de pasajeros *m* para trayectos cortos y medios, un avión turbopropulsado
– *short/medium haul airliner, a turboprop plane (turbopropeller plane, propeller-turbine plane)*
5 el turbopropulsor
– *turboprop engine (turbopropeller engine)*
6 el estabilizador de dirección *f*
– *vertical stabilizer (vertical fin, tail fin)*
7-33 aviones *m* **a reacción** *f*
– ***jet planes*** *(jet aeroplanes, jets,* Am. *jet airplanes)*
7 el (avión) birreactor comercial y de turismo *m*
– *twin-jet business and passenger aircraft (business and passenger plane)*
8 el control para la capa límite
– *fence*
9 el depósito del extremo del ala *f*
– *wing-tip tank (tip tank)*
10 el mecanismo propulsor trasero
– *rear engine*
11 el (avión) birreactor de pasajeros *m* para trayectos cortos y medios
– *twin-jet short/medium haul airliner*
12 el (avión) trirreactor para trayectos *m* medios
– *tri-jet medium haul airliner*
13 el (avión) cuatrirreactor para trayectos *m* largos
– *four-jet long haul airliner*
14 el avión de gran capacidad *f* para trayectos *m* largos (el Jumbo)
– *wide-body long haul airliner (jumbo jet)*
15 el avión de pasajeros *m* supersónico [tipo Concorde]
– *supersonic airliner* [Concorde]
16 el pico del fuselaje basculante
– *droop nose*
17 el avión birreactor de gran capacidad *f* para trayectos cortos y medios (el Aerobús)
– ***twin-jet wide-body airliner*** *for short/medium haul routes (airbus)*
18 el morro radar, con la antena del radar meteorológico
– *radar nose (radome, radar dome) with weather radar antenna*
19 la cabina de pilotaje *m*
– *cockpit*
20 la cocina de a bordo *m*
– *galley*
21 el espacio de carga *f* (la bodega)
– *underfloor cargo hold (hold)*
22 la cabina de los pasajeros con asientos *m* para los pasajeros
– *passenger cabin with passenger seats*
23 el tren de aterrizaje *m* escamotable del morro
– *retractable nose undercarriage unit (retractable nose landing gear unit)*
24 la puerta del tren de aterrizaje *m*
– *nose undercarriage flap (nose gear flap)*
25 la puerta de pasajeros *m* central
– *centre (*Am. *center) passenger door*
26 el motor turboreactor con el mecanismo propulsor
– *engine pod with engine (turbojet engine, jet turbine engine, jet engine, jet turbine)*
27 el pararrayos estático
– *electrostatic conductors*
28 el tren de aterrizaje *m* principal escamotable
– *retractable main undercarriage unit (retractable main landing gear unit)*
29 la ventana lateral (la ventanilla lateral)
– *side window*
30 la puerta de pasajeros *m* trasera
– *rear passenger door*
31 los servicios
– *toilet (lavatory, WC)*
32 el mamparo estanco de presión *f*
– *pressure bulkhead*
33 el mecanismo propulsor auxiliar (la turbina de gas *m* auxiliar) para la alimentación de corriente *f*
– *auxiliary engine (auxiliary gas turbine) for the generator unit*

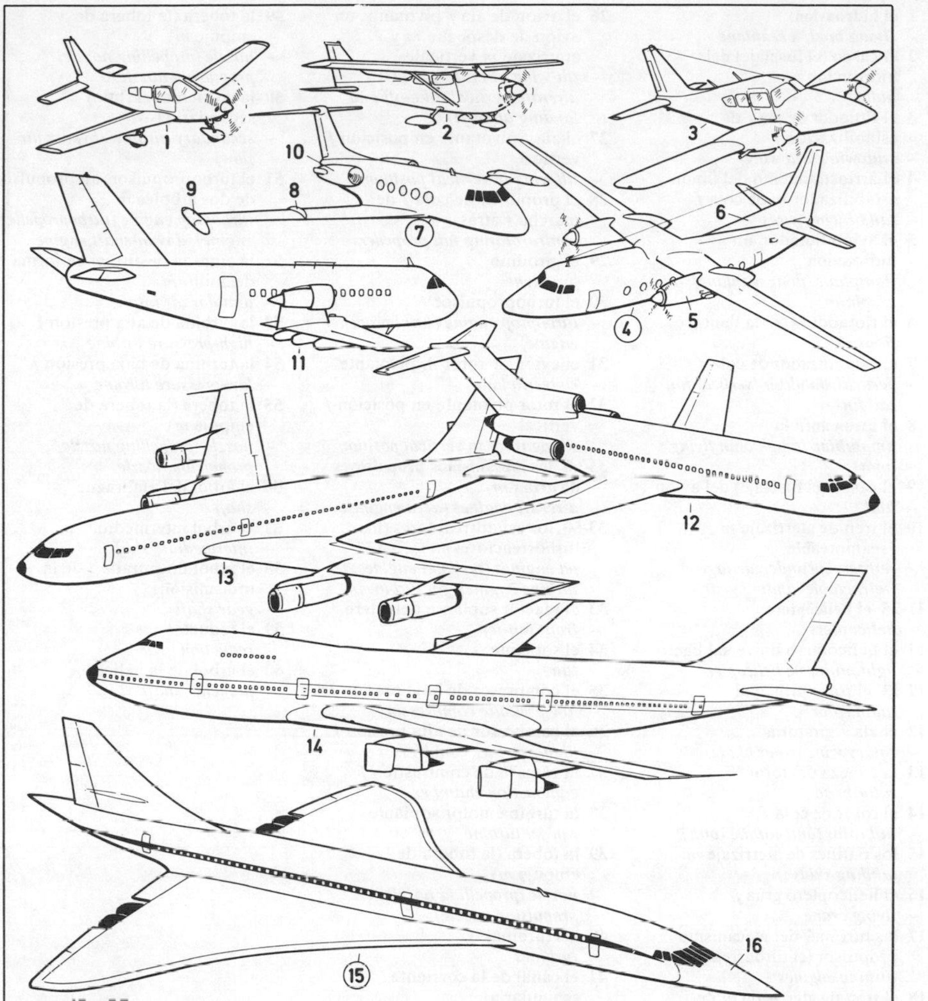
1
2
3
4
5
6
7
8
9
10
11
12
13
14
15
16
17
18
19
20
21
22
23
24
25
26
27
28
29
30
31
32
33

1 **el hidroavión**
- ***flying boat, a seaplane***
2 el casco (el fuselaje) del hidroavión
- *hull*
3 el flotador de ala *f* de estabilización *f*
- *stub wing (sea wing)*
4 el arriostramiento del timón y estabilizador *m* de cola *f*
- *tail bracing wires*
5 el avión flotador, un hidroavión
- *floatplane (float seaplane), a seaplane*
6 el flotador (*Mé.:* la llanta)
- *float*
7 el estabilizador de cola *f*
- *vertical stabilizer (vertical fin, tail fin)*
8 **el avión anfibio**
- ***amphibian*** *(amphibian flying boat)*
9 el casco (el fuselaje) del avión
- *hull*
10 el tren de aterrizaje *m* escamoteable
- *retractable undercarriage (retractable landing gear)*
11-25 **el helicóptero**
- ***helicopters***
11 el helicóptero universal ligero
- *light multirole helicopter*
12-13 el rotor principal
- *main rotor*
12 el ala *f* giratoria
- *rotary wing (rotor blade)*
13 la cabeza del rotor
- *rotor head*
14 el rotor de cola *f*
- *tail rotor (anti-torque rotor)*
15 los patines de aterrizaje *m*
- *landing skids*
16 el helicóptero grúa *f*
- *flying crane*
17 las turbinas del mecanismo propulsor (el turborreactor)
- *turbine engines*
18 el tren de aterrizaje *m* de pórtico *m*
- *lifting undercarriage*
19 la plataforma de carga *f* (la plataforma elevadora)
- *lifting platform*
20 el depósito auxiliar
- *reserve tank*
21 el helicóptero de transporte *m*
- *transport helicopter*
22 los rotores en tándem *m*
- *rotors in tandem*
23 el pilón del rotor
- *rotor pylon*
24 el turborreactor
- *turbine engine*
25 la puerta de carga *f* de la cola
- *tail loading gate*
26-32 **los aviones de despegue** *m* **y aterrizaje** *m* verticales cortos
- ***V/STOL aircraft*** *(vertical/short take-off and landing aircraft)*
26 el avión de ala *f* pivotante, un avión de despegue *m* y aterrizaje *m* verticales
- *tilt-wing aircraft, a VTOL aircraft (vertical take-off and landing aircraft)*
27 el ala *f* pivotante en posición *f* vertical
- *tilt wing in vertical position*
28 el propulsor de cola *f* de marcha *f* atrás
- *contrarotating tail propellers*
29 el girodino
- *gyrodyne*
30 el turbopropulsor
- *turboprop engine (turbopropeller engine)*
31 el avión de rotor *m* pivotante
- *convertiplane*
32 el rotor pivotante en posición *f* vertical
- *tilting rotor in vertical position*
33-60 **los mecanismos propulsores de avión** *m*
- ***aircraft engines*** *(aero engines)*
33-50 los estatorreactores (los turborreactores)
- *jet engines (turbojet engines, jet turbine engines, jet turbines)*
33 el reactor soplante delantero
- *front fan-jet*
34 el soplante
- *fan*
35 el compresor de baja presión *f*
- *low-pressure compressor*
36 el compresor de alta presión *f*
- *high-pressure compressor*
37 la cámara de combustión *f*
- *combustion chamber*
38 la turbina motor soplante
- *fan-jet turbine*
39 la tobera (la tobera de empuje *m*)
- *nozzle (propelling nozzle, propulsion nozzle)*
40 las turbinas
- *turbines*
41 el canal de la corriente secundaria
- *bypass duct*
42 el reactor soplante trasero (el reactor soplante de cola *f*)
- *aft fan-jet*
43 el soplante
- *fan*
44 el canal de la corriente secundaria
- *bypass duct*
45 la tobera (la tobera de empuje *m*)
- *nozzle (propelling nozzle, propulsion nozzle)*
46 el reactor de doble flujo *m*
- *bypass engine*
47 las turbinas
- *turbines*
48 el mezclador
- *mixer*
49 la tobera (la tobera de empuje *m*)
- *nozzle (propelling nozzle, propulsion nozzle)*
50 la corriente (el flujo) secundaria (-o)
- *secondary air flow (bypass air flow)*
51 el turbopropulsor, un propulsor de dos árboles *m*
- *turboprop engine (turbopropeller engine), a twin-shaft engine*
52 la entrada de aire *m* en forma *f* de anillo *m*
- *annular air intake*
53 la turbina de alta presión *f*
- *high-pressure turbine*
54 la turbina de baja presión *f*
- *low-pressure turbine*
55 la tobera (la tobera de empuje *m*)
- *nozzle (propelling nozzle, propulsion nozzle)*
56 el árbol del embrague
- *shaft*
57 el árbol intermedio
- *intermediate shaft*
58 el árbol de entrada *f* de la transmisión
- *gear shaft*
59 el reductor
- *reduction gear*
60 el árbol de la hélice
- *propeller shaft*

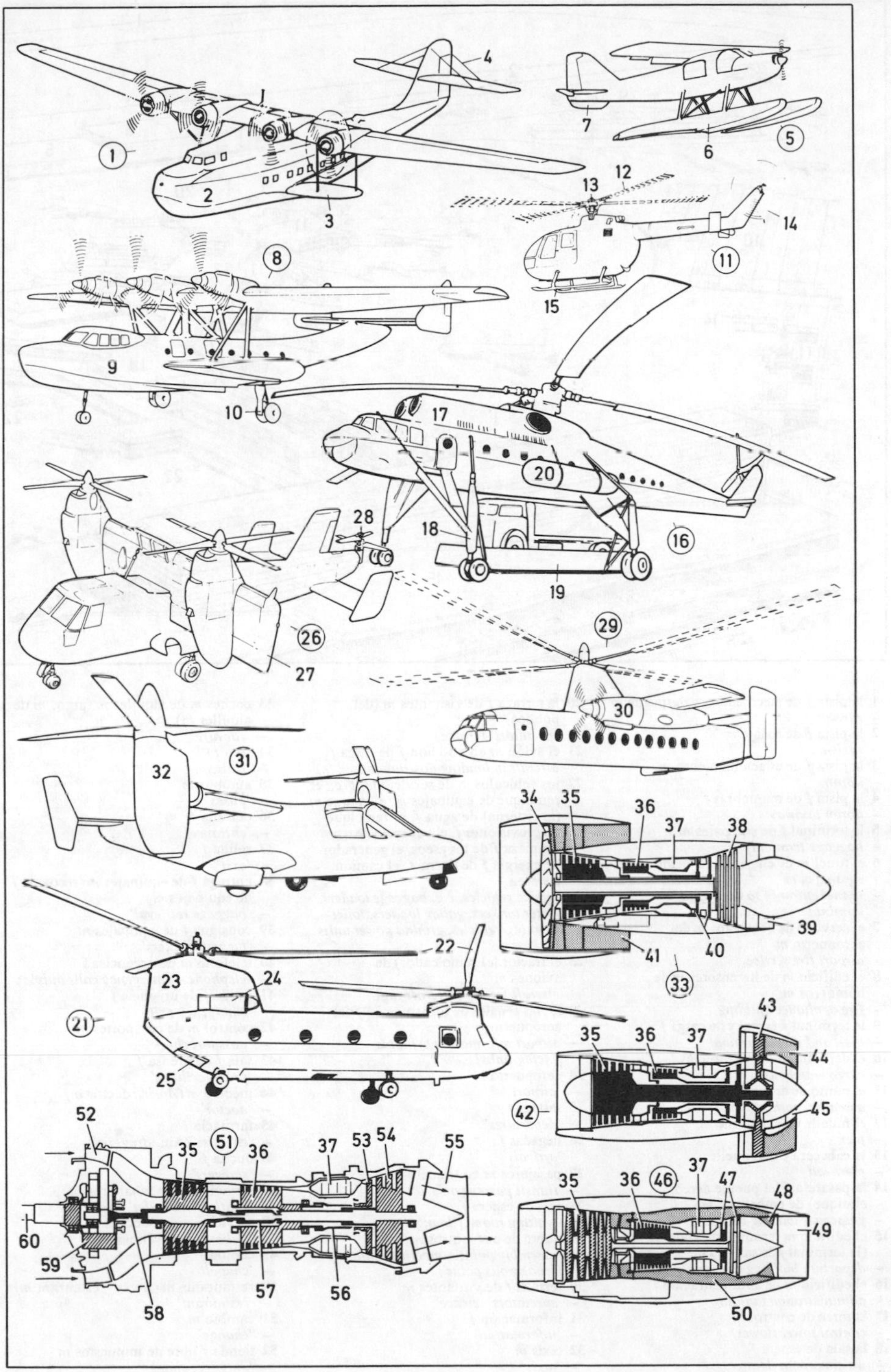
1
2
3
4
5
6
7
8
9
10
11
12
13
14
15
16
17
18
19
20
21
22
23
24
25
26
27
28
29
30
31
32
33
34
35
36
37
38
39
40
41
42
43
44
45
46
47
48
49
50
51
52
53
54
55
56
57
58
59
60

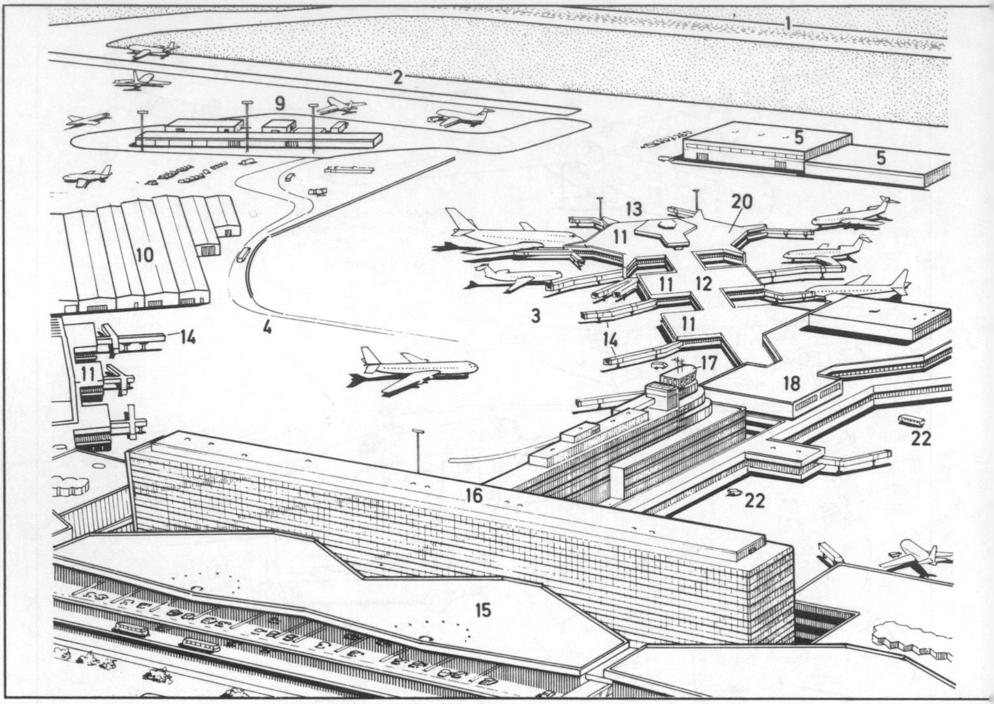

1 la pista *f* de aterrizaje *m* y despegue *m*
– *runway*
2 la pista *f* de rodaje *m*
– *taxiway*
3 la pista *f* de estacionamiento *m*
– *apron*
4 la pista *f* de maniobras *f*
– *apron taxiway*
5 la terminal *f* de equipajes *m*
– *baggage terminal*
6 el túnel *m* de entrada a la terminal de equipajes *m*
– *tunnel entrance to the baggage terminal*
7 el servicio de bomberos *m* del aeropuerto *m*
– *airport fire service*
8 el edificio *m* de los enseres *m* de bomberos *m*
– *fire appliance building*
9 la terminal *f* postal y de carga *f*
– *mail and cargo terminal*
10 el depósito *m* de mercancías *f*
– *cargo warehouse*
11 el punto de encuentros *m*
– *assembly point*
12 el muelle de embarque *m*
– *pier*
13 la cabecera *f* del muelle
– *pierhead*
14 la pasarela *f* (el puente aéreo, el dique) de embarque *m*
– *passenger loading bridge*
15 el edificio *m* terminal de viajeros *m* (la terminal *f* de salida *f*)
– *departure building (terminal)*
16 el edificio *m* de administración *f*
– *administration building*
17 la torre de control *m*
– *control tower (tower)*
18 la sala de espera *f*
– *waiting room (lounge)*
19 el restaurante *m* del aeropuerto
– *airport restaurant*
20 la terraza *f* de visitantes *m* (del público)
– *spectators' terrace*
21 el avión *m* en posición *f* de carga *f*
– *aircraft in loading position (nosed in)*
22 los vehículos *m* de servicio *m; p. e.:* el remolque de equipajes *m*, el tanque *m* (la cisterna) de agua *f*, el remolque de provisiones *f*, el vehículo de limpieza *f* de los aseos, el generador de energía *f* de tierra *f*, el camión cisterna *f*
– *service vehicles, e.g. baggage loaders, water tankers, galley loaders, toilet-cleaning vehicles, ground power units, tankers*
23 el tractor (el remolcador) de aviones *m*
– *aircraft tractor (aircraft tug)*
24-53 las señales de información *f* del aeropuerto
– *airport information symbols [pictographs]*
24 aeropuerto *m*
– *'airport'*
25 salidas *f*
– *'departures'*
26 llegadas *f*
– *'arrivals'*
27 pasajeros *m* en tránsito *m*
– *'transit passengers'*
28 sala de espera *f*
– *'waiting room' ('lounge')*
29 punto de encuentros *m*
– *'assembly point' ('meeting point', 'rendezvous point')*
30 terraza *f* de visitantes *m*
– *'spectators' terrace'*
31 información *f*
– *'information'*
32 taxis *m*
– *'taxis'*
33 coches *m* de alquiler *m* (autos *m* de alquiler *m*)
– *'car hire'*
34 tren *m*
– *'trains'*
35 autobús *m*
– *'buses'*
36 entrada *f*
– *'entrance'*
37 salida *f*
– *'exit'*
38 entrega *f* de equipajes *m* (recogida *f* de equipajes *m*)
– *'baggage retrieval'*
39 consigna *f* de equipajes *m*
– *'luggage lockers'*
40 teléfono *m* de urgencias f
– *telephone - 'emergency calls only'*
41 salida *f* de urgencia *f*
– *'emergency exit'*
42 control *m* de pasaportes *m*
– *'passport check'*
43 sala *f* de prensa *f*
– *'press facilities'*
44 médico *m (Amér.:* doctor *m)*
– *'doctor'*
45 farmacia *f*
– *'chemist'* (Am. *druggist')*
46 ducha *f*
– *'showers'*
47 servicios *m* de caballeros *m*
– *'gentlemen's toilet' ('gentlemen')*
48 servicios *m* de señoras *f*
– *'ladies toilet' ('ladies')*
49 capilla *f*
– *'chapel'*
50 restaurante *m (Amér.:* restaurant *m)*
– *'restaurant'*
51 cambio *m*
– *'change'*
52 tienda *f* libre de impuestos *m*
– *'duty free shop'*
53 peluquería *f*
– *'hairdresser'*

2
4
6
2
7
8
3
4
19
20
14
11
13
14
21
23
22
3
22
12
11
11

24
25
26
27
28
29
30
31
32
TAXI
33
34
DB
35
BUS
36
37
38
39
40
41
42
43
press
44
45
46
47
48
49
50
51
100
5
2
52
53

1 **el cohete portador Saturno V del "Apolo"** [vista *f* de conjunto *m*]
– ***Saturn V 'Apollo' booster*** *(booster rocket) [overall view]*
2 el cohete portador Saturno V del "Apolo" [corte *m* general]
– *Saturn V 'Apollo' booster (booster rocket) [overall sectional view]*
3 la primera etapa del cohete S-IC (la etapa de despegue *m*)
– *first rocket stage (S-IC)*
4 los propulsores F-1
– *F-1 engines*
5 el escudo antitérmico (el protector del calor)
– *heat shield (thermal protection shield)*
6 el revestimiento aerodinámico del propulsor
– *aerodynamic engine fairings*
7 la aleta aerodinámica de establilización *f*
– *aerodynamic stabilizing fins*
8 los retrocohetes separados por etapas *f*, 8 cohetes *m* para 4 pares *m*
– *stage separation retro-rockets, 8 rockets arranged in 4 pairs*
9 el depósito de queroseno *m* (*Amér.*: querosén) (RP-1) [811 000 l]
– *kerosene (RP-1) tank [capacity: 811,000 litres]*
10 los conductos de alimentación *f* del oxígeno líquido
– *liquid oxygen (LOX, LO_2) supply lines*
11 el sistema antivortex (dispositivo *m* permanente para evitar la formación de torbellinos *m* en el carburante)
– *anti-vortex system [device for preventing the formation of vortices in the fuel]*
12 el depósito de oxígeno *m* líquido [1 315 000 l]
– *liquid oxygen (LOX, LO_2) tank [capacity: 1,315,000 litres]*
13 la amortiguación (la estabilización) del traqueteo
– *anti-slosh baffles*
14 las botellas de presión *f* para el helio
– *compressed-helium bottles (helium pressure bottles)*
15 el difusor para el oxigeno gaseoso
– *diffuser for gaseous oxygen*
16 la pieza intermedia del depósito
– *inter-tank connector (inter-tank section)*
17 los instrumentos para el control del sistema
– *instruments and system-monitoring devices*
18 la segunda etapa S-II
– *second rocket stage (S-II)*
19 los propulsores J-2
– *J-2 engines*
20 el escudo antitérmico (el protector del calor)
– *heat shield (thermal protection shield)*
21 el soporte del propulsor y la armazón del empuje
– *engine mounts and thrust structure*
22 los cohetes de aceleración *f* para la acumulación del carburante
– *acceleration rockets for fuel acquisition*
23 el conducto de admisión *f* de hidrógeno *m* líquido
– *liquid hydrogen (LH_2) suction line*
24 el depósito de oxígeno *m* líquido [1 315 000 l]
– *liquid oxygen (LOX, LO^2) tank [capacity: 1,315,000 litres]*
25 el tubo vertical
– *standpipe*
26 el depósito de hidrógeno *m* líquido [1 020 000 l]
– *liquid hydrogen (LH_2) tank [capacity: 1,020,000 litres]*
27 el sensor vertical del nivel del combustible
– *fuel level sensor*
28 la plataforma de trabajo *m*
– *work platform (working platform)*
29 la canalización de cables *m*
– *cable duct*
30 el orificio de acceso *m*
– *manhole*
31 el compartimiento intermedio S-IC/S-II
– S-IC/S-II *inter-stage connector (inter-stage section)*
32 el depósito de gas *m* comprimido
– *compressed-gas container (gas pressure vessel)*
33 la tercera etapa del cohete S-IV B
– *third rocket stage* (S-IVB)
34 el propulsor J-2
– *J-2 engine*
35 el cono de empuje *m*
– *nozzle (thrust nozzle)*
36 el compartimiento intermedio S-II/S-IV B
– S-II/S-IVB *inter-stage connector (inter-stage section)*
37 los retrocohetes separados por etapas *f* para S-II, 4 cohetes *m*
– *four second-stage* (S-II) *separation retro-rockets*
38 los cohetes para regular la posición
– *attitude control rockets*
39 el depósito de oxígeno *m* líquido [77 200 l]
– *liquid oxygen (LOX, LO_2) tank [capacity: 77,200 litres]*
40 la tubería (el entramado de tubos *m*)
– *fuel line duct*
41 el depósito de hidrógeno *m* líquido [253 000 l]
– *liquid hydrogen (LH_2) tank [capacity: 253,000 litres]*
42 las sondas de medida *f*
– *measuring probes*
43 los depósitos de gas *m* comprimido y de helio *m*
– *compressed-helium tanks (helium pressure vessels)*
44 la ventilación del depósito
– *tank vent*
45 el anillo de la cabina superior
– *forward frame section*
46 la plataforma de trabajo *m*
– *work platform (working platform)*
47 la canalización de cables *m*
– *cable duct*
48 los cohetes de aceleración *f* para la acumulación del carburante
– *acceleration rockets for fuel acquisition*
49 el anillo de la cabina inferior
– *aft frame section*
50 el depósito de gas *m* comprimido y de helio *m*
– *compressed-helium tanks (helium pressure vessels)*
51 el conducto del hidrógeno líquido
– *liquid hydrogen (LH_2) line*
52 el conducto de oxígeno *m* líquido
– *liquid oxygen (LOX, LO_2) line*
53 el conjunto de instrumentos *m* con 24 paneles *m* solares
– *24-panel instrument unit*
54 el hangar LM
– *LM hangar (lunar module hangar)*
55 el LM (lunar Module, el módulo lunar)
– *LM (lunar module)*
56 el módulo de servicio Apolo (Servicio Module), un compartimiento para abastecimiento *m* y herramientas *f*
– *Apollo SM (service module), containing supplies and equipment*
57 el propulsor principal del módulo de servicio *m*
– *SM (service module) main engine*
58 el depósito de carburante *m*
– *fuel tank*
59 el depósito de tetraóxido *m* de nitrógeno *m*
– *nitrogen tetroxide tank*
60 el sistema de alimantación *f* de gas *m* comprimido
– *pressurized gas delivery system*
61 los depósitos de oxígeno *m*
– *oxygen tanks*
62 los cabinas de combustible *m*
– *fuel cells*
63 los grupos de cohetes *m* de control *m*
– *manoeuvring (*Am. *maneuvering) rocket assembly*
64 el grupo de antenas *f* dirigidas
– *directional antenna assembly*
65 la cápsula espacial (el módulo de mando *m*)
– *space capsule (command section)*
66 la torre de salvamento *m* para la fase de despegue *m*
– *launch phase escape tower*

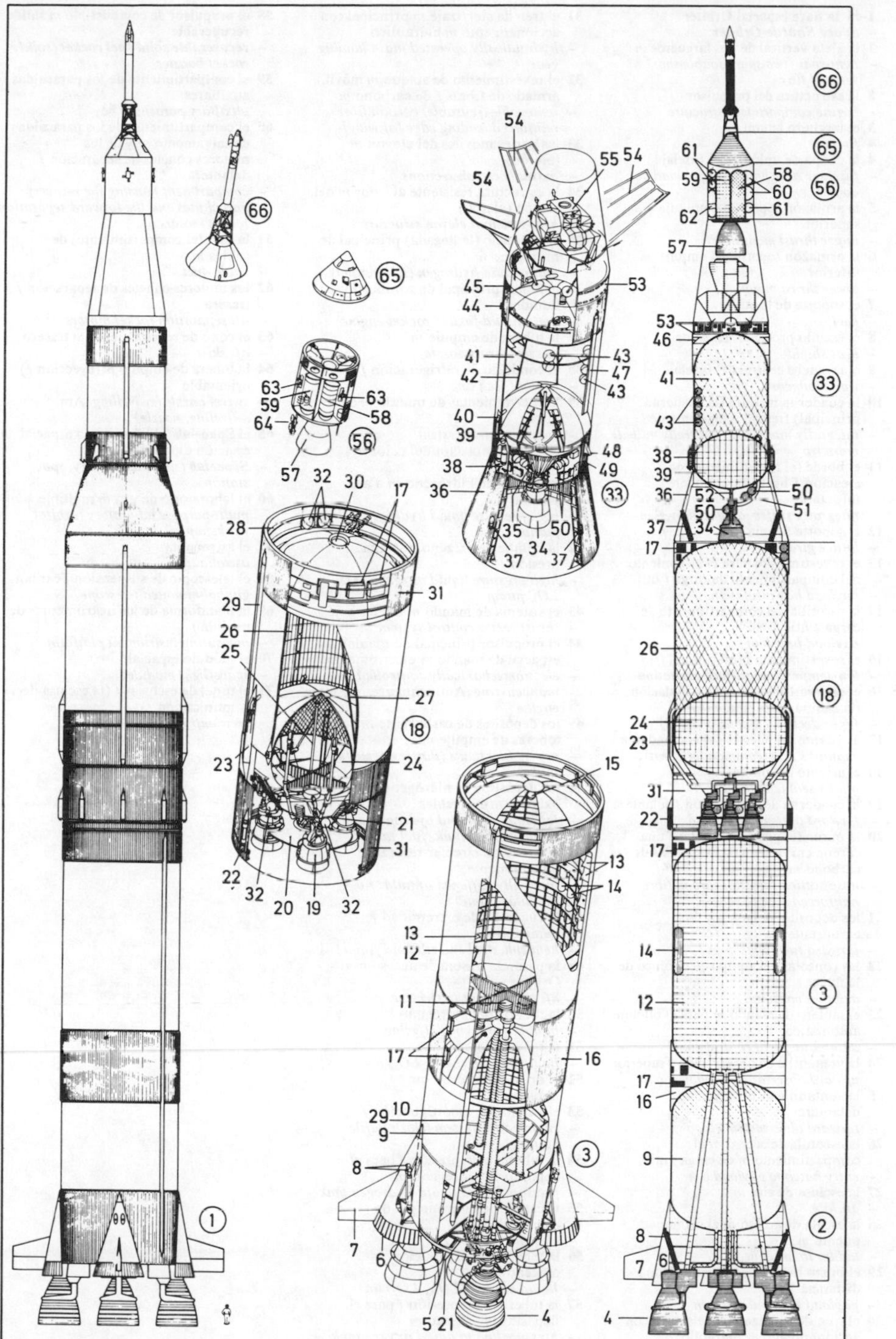

66
65
1
56
63
59
64
63
58
57
32
30
17
28
31
29
26
25
27
18
23
24
21
31
22
32
20
19
32
54
55
54
54
45
44
53
41
42
43
47
43
40
39
38
48
49
36
33
35
50
34
37
37
15
13
14
13
12
11
17
16
29
10
9
8
3
7
6
5
21
4
61
59
58
60
61
62
57
53
46
41
43
38
39
36
52
50
50
51
37
34
17
26
24
23
31
22
17
14
12
17
16
9
8
2
7
6
4

1-45 la nave espacial Orbiter
– ***Space Shuttle-Orbiter***
1 la aleta vertical de dos largueros *m*
– *twin-spar (two-spar, double-spar) vertical fin*
2 la estructura del propulsor
– *engine compartment structure*
3 el larguero lateral
– *fin post*
4 la chapa de unión *f* del fuselaje
– *fuselage attachment [of payload bay doors]*
5 la armazón soporte del empuje superior
– *upper thrust mount*
6 la armazón soporte del empuje inferior
– *lower thrust mount*
7 el soporte de la quilla
– *keel*
8 el escudo protector del calor
– *heat shield*
9 el larguero central del fuselaje
– *waist longeron*
10 la cuaderna maestra (la cuaderna principal) fresada integralmente
– *integrally machined (integrally milled) main rib*
11 el borde (el revestimiento) de aleación *f* ligera enteramente reforzado
– *integrally stiffened light alloy skin*
12 el soporte de reja *f*
– *lattice girder*
13 el revestimiento para el aislamiento del compartimiento de carga *f* útil
– *payload bay insulation*
14 la escotilla del compartimiento de carga *f* útil
– *payload bay door*
15 el revestimiento protector del frío
– *low-temperature surface insulation*
16 el compartimiento de la tripulación (la cabina de pilotaje *m*)
– *flight deck (crew compartment)*
17 el asiento (el puesto) del comandante
– *captain's seat (commander's seat)*
18 el asiento del piloto
– *pilot's seat (co-pilot's seat)*
19 la cuaderna de compresión *f* delantera
– *forward pressure bulkhead*
20 la punta (el pico) del fuselaje, una carena curva armada de fibras *f* de carbono *m*
– *nose-section fairings, carbon fibre reinforced nose cone*
21 los depósitos delanteros de carburante *m*
– *forward fuel tanks*
22 las consolas del equipo electrónico de la nave
– *avionics consoles*
23 el tablero de mando *m* para el pilotaje automático
– *automatic flight control panel*
24 la ventanilla de observación *f* superior
– *upward observation windows*
25 la ventanilla de observación *f* delantera
– *forward observation windows*
26 la escotilla de acceso *m* al compartimiento *m* de carga *f* útil
– *entry hatch to payload bay*
27 la esclusa de aire *m*
– *air lock*
28 la escala de acceso *m* al primer puente *m*
– *ladder to lower deck*
29 el brazo manipulador controlado a distancia *f*
– *payload manipulator arm*
30 el tren de aterrizaje *m* delantero con accionamiento *m* hidráulico
– *hydraulically steerable nose wheel*
31 el tren de aterrizaje *m* principal con accionamiento *m* hidráulico
– *hydraulically operated main landing gear*
32 el revestimiento de ataque *m* móvil, armado de fibras *f* de carbono *m*
– *removable (reusable) carbon fibre reinforced leading edge [of wing]*
33 las partes móviles del elevón *m* (alerón)
– *movable elevon sections*
34 la estructura resistente al calor *m* del elevón (alerón)
– *heat-resistant elevon structure*
35 el conducto (la llegada) principal de hidrógeno *m*
– *main liquid hydrogen (LH_2) supply*
36 el motor principal de combustibles líquidos
– *main liquid-fuelled rocket engine*
37 la tobera de empuje *m*
– *nozzle (thrust nozzle)*
38 el conducto de refrigeración *f*
– *coolant feed line*
39 las herramientas de mando *m* del motor
– *engine control system*
40 el escudo protector del calor *m*
– *heat shield*
41 la bomba de hidrógeno *m* a alta presión *f*
– *high-pressure liquid hydrogen (LH_2) pump*
42 la bomba de oxígeno *m* a alta presión *f*
– *high-pressure liquid oxygen (LOX, LO_2) pump*
43 el sistema de mando *m* del empuje
– *thrust vector control system*
44 el propulsor principal de maniobra *f* espacial de mando *m* electromecánico
– *electromechanically controlled orbital manoeuvring (*Am.* maneuvering) main engine*
45 los depósitos de carburante *m* de las toberas de empuje *m*
– *nozzle fuel tanks (thrust nozzle fuel tanks)*
46 los depósitos de hidrógeno *m* y de oxígeno *m* eyectables
– ***jettisonable liquid hydrogen and liquid oxygen tank*** *(fuel tank)*
47 la cuaderna circular reforzada integralmente
– *integrally stiffened annular rib (annular frame)*
48 la cuaderna de extremidad *f* hemisférica
– *hemispherical end rib (end frame)*
49 la pasarela trasera de acceso *m* al Orbiter
– *aft attachment to Orbiter*
50 la tubería del hidrógeno
– *liquid hydrogen (LH_2) line*
51 la tubería del oxígeno
– *liquid oxygen (LOX, LO_2) line*
52 el orificio de acceso *m*
– *manhole*
53 el sistema de amortiguación *f*
– *surge baffle system (slosh baffle system)*
54 la tubería bajo presión *f* para el depósito de hidrógeno *m*
– *pressure line to liquid hydrogen tank*
55 la canalización principal de electricidad *f*
– *electrical system bus*
56 la tubería de distribución *f* del oxígeno
– *liquid oxygen (LOX, LO_2) line*
57 la tubería bajo presión *f* para el depósito de oxígeno *m*
– *pressure line to liquid oxygen tank*
58 el propulsor de combustible *m* sólido recuperable
– ***recoverable solid-fuel rocket*** *(solid rocket booster)*
59 el compartimiento de los paracaídas auxiliares
– *auxiliary parachute bay*
60 el compartimiento de los paracaídas de salvamento *m* y de los motores-cohetes de separación *f* delantera
– *compartment housing the recovery parachutes and the forward separation rocket motors*
61 la caja (el compartimiento) de cables *m*
– *cable duct*
62 los motores-cohetes de separación *f* trasera
– *aft separation rocket motors*
63 el cono de revestimiento *m* trasero
– *aft skirt*
64 la tobera de empuje *m* (eyección *f*) orientable
– *swivel nozzle (swivelling,* Am. *swiveling, nozzle)*
65 **el Spacelab** (el laboratorio espacial, la estación espacial)
– ***Spacelab*** *(space laboratory, space station)*
66 el laboratorio de uso *m* múltiple
– *multi-purpose laboratory (orbital workshop)*
67 el astronauta
– *astronaut*
68 el telescopio de suspensión *f* cardán
– *gimbal-mounted telescope*
69 la plataforma de los instrumentos de medida *f*
– *measuring instrument platform*
70 el módulo espacial
– *spaceflight module*
71 el túnel de esclusas *f* (la esclusa de comunicación *f*)
– *crew entry tunnel*

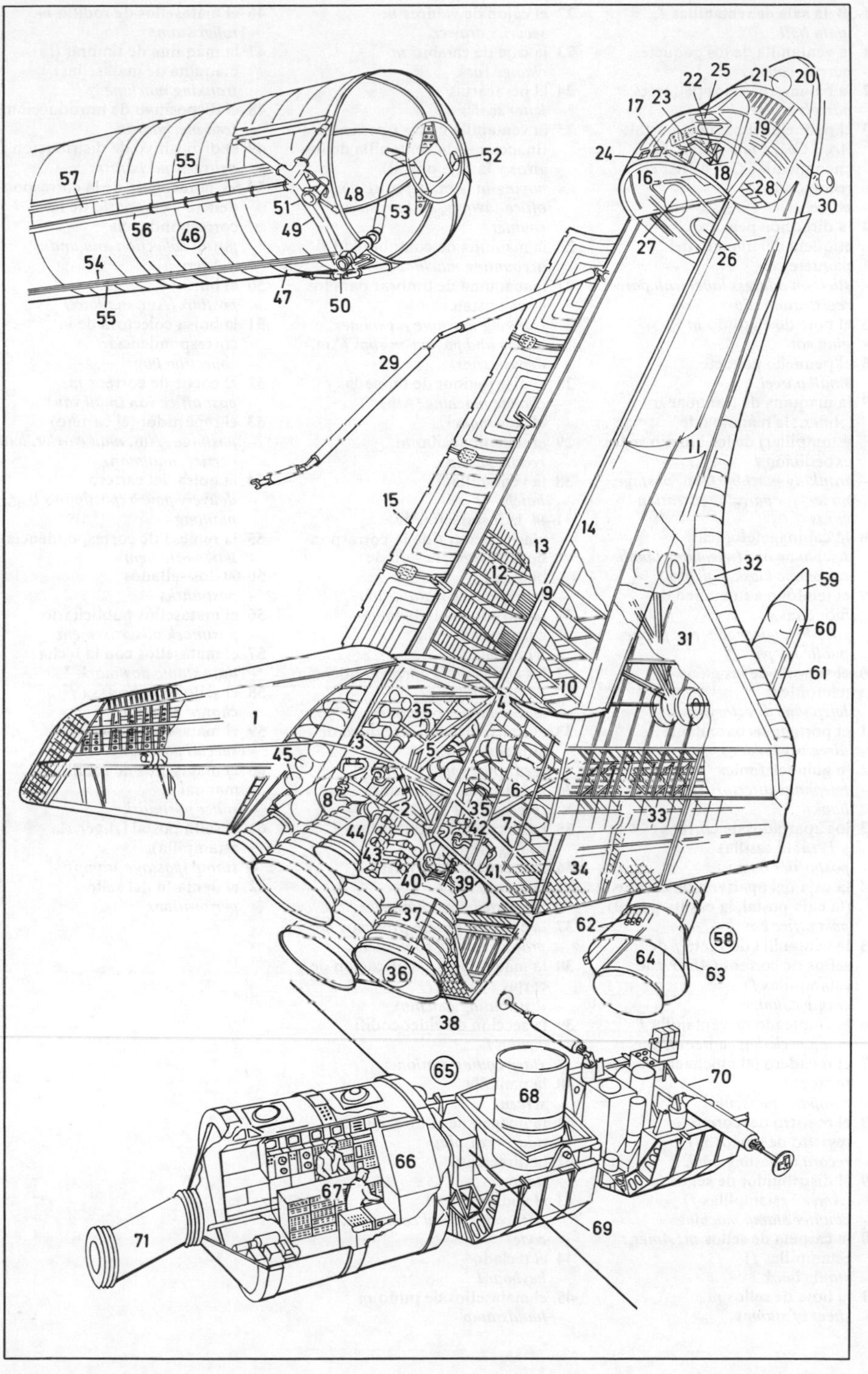
1
2
3
4
5
6
7
8
9
10
11
12
13
14
15
16
17
18
19
20
21
22
23
24
25
26
27
28
29
30
31
32
33
34
35
36
37
38
39
40
41
42
43
44
45
46
47
48
49
50
51
52
53
54
55
56
57
58
59
60
61
62
63
64
65
66
67
68
69
70
71

1-30 la sala de ventanillas *f*
– ***main hall***
1 la ventanilla de los paquetes
– *parcels counter*
2 la balanza para los paquetes
– *parcels scales*
3 el paquete (el paquete postal; *Arg., Col., Chile y Perú:* la encomienda; *Col. y Mé.:* el recomendado)
– *parcel*
4 la dirección pegada, con la etiqueta del número del paquete
– *stick-on address label with parcel registration slip*
5 el bote de engrudo *m*
– *glue pot*
6 el pequeño paquete
– *small parcel*
7 la máquina de franquaear (*Amér.:* la máquina de estampillar) de los boletines de expedición *f*
– *franking machine (*Am. *postage meter) for parcel registration cards*
8 la cabina telefónica
– *telephone box (telephone booth, telephone kiosk, call box)*
9 el telefóno automático de monedas *f*
– *coin-box telephone (pay phone, public telephone)*
10 el soporte de las guías telefónicas
– *telephone directory rack*
11 el portaguías basculante
– *directory holder*
12 la guía telefónica
– *telephone directory (telephone book)*
13 los apartados de correos (*Chile y Perú:* la casilla)
– *post office boxes*
14 la caja del apartado de correos (la caja postal, la casilla postal)
– *post office box*
15 la ventanilla de venta *f* de los sellos de correos (*Amér.:* de estampillas *f*)
– *stamp counter*
16 el empleado de ventanilla *f*
– *counter clerk (counter officer)*
17 el recadero (el muchacho de los recados)
– *company messenger*
18 el registro del correo (el registro de envíos *m*)
– *record of posting book*
19 el distribuidor de sellos *m* (*Amér.:* estampillas *f*)
– *counter stamp machine*
20 la carpeta de sellos *m* (*Amér.:* estampillas *f*)
– *stamp book*
21 la hoja de sellos *m*
– *sheet of stamps*
22 el cajón de valores *m*
– *security drawer*
23 la caja de cambio *m*
– *change rack*
24 el pesacartas
– *letter scales*
25 la ventanilla de las operaciones financieras (la ventanilla de los giros y la caja postal)
– *paying-in (*Am. *deposit), post office savings, and pensions counter*
26 la máquina de contabilidad *f*
– *accounting machine*
27 la máquina de timbrar para los giros postales
– *franking machine for money orders and paying-in slips (*Am. *deposit slips)*
28 el distribuidor de monedas *f*
– *change machine (*Am. *changemaker)*
29 el sello de recibo *m*
– *receipt stamp*
30 la ventanilla
– *hatch*
31-44 la instalación de clasificación *f* de la correspondencia (*fam.:* la sala de batalla *f*)
– *letter-sorting installation*
31 la introducción de la correspondencia
– *letter feed*
32 las cestas de la correspondencia amontonada
– *stacked letter containers*
33 el transportador mecánico de alimentación *f*
– *feed conveyor*
34 la máquina ordenadora
– *intermediate stacker*
35 la sección de codificación *f*
– *coding station*
36 la máquina de primera clasificación *f*
– *pre-distributor channel*
37 la calculadora de procesos *m*
– *process control computer*
38 la máquina de clasificación de cartas *f*
– *distributing machine*
39 la sección de videocodificación *f*
– *video coding station*
40 la pantalla
– *screen*
41 la imagen de la dirección
– *address display*
42 la dirección
– *address*
43 el código postal
– *post code (postal code,* Am. *zip code)*
44 el teclado
– *keyboard*
45 el matasellos de puño *m*
– *handstamp*
46 el matasellos de rodillo *m*
– *roller stamp*
47 la máquina de timbrar (la máquina de matasellar)
– *franking machine*
48 el dispositivo de introducción *f*
– *feed mechanism*
49 el dispositivo de distribución *f*
– *delivery mechanism*
50-55 la recogida de la correspondencia y el reparto de la correspondencia
– *postal collection and and delivery*
50 el buzón
– *postbox (*Am. *mailbox)*
51 la bolsa colectora de la correspondencia
– *collection bag*
52 el coche de correos *m*
– *post office van (mail van)*
53 el repartidor (el cartero)
– *postman (*Am. *mail carrier, letter carrier, mailman)*
54 la bolsa del cartero
– *delivery pouch (postman's bag, mailbag)*
55 la remesa de correspondencia *f*
– *letter-rate item*
56-60 los sellados
– *postmarks*
56 el matasellos publicitario
– *postmark advertisement*
57 el matasellos con la fecha
– *date stamp postmark*
58 el sello de sobretasa *f*
– *charge postmark*
59 el matasellos especial
– *special postmark*
60 el matasellos de rodillo *m* manual
– *roller postmark*
61 el sello postal (*Amér.:* la estampilla)
– *stamp (postage stamp)*
62 el dentado del sello
– *perforations*

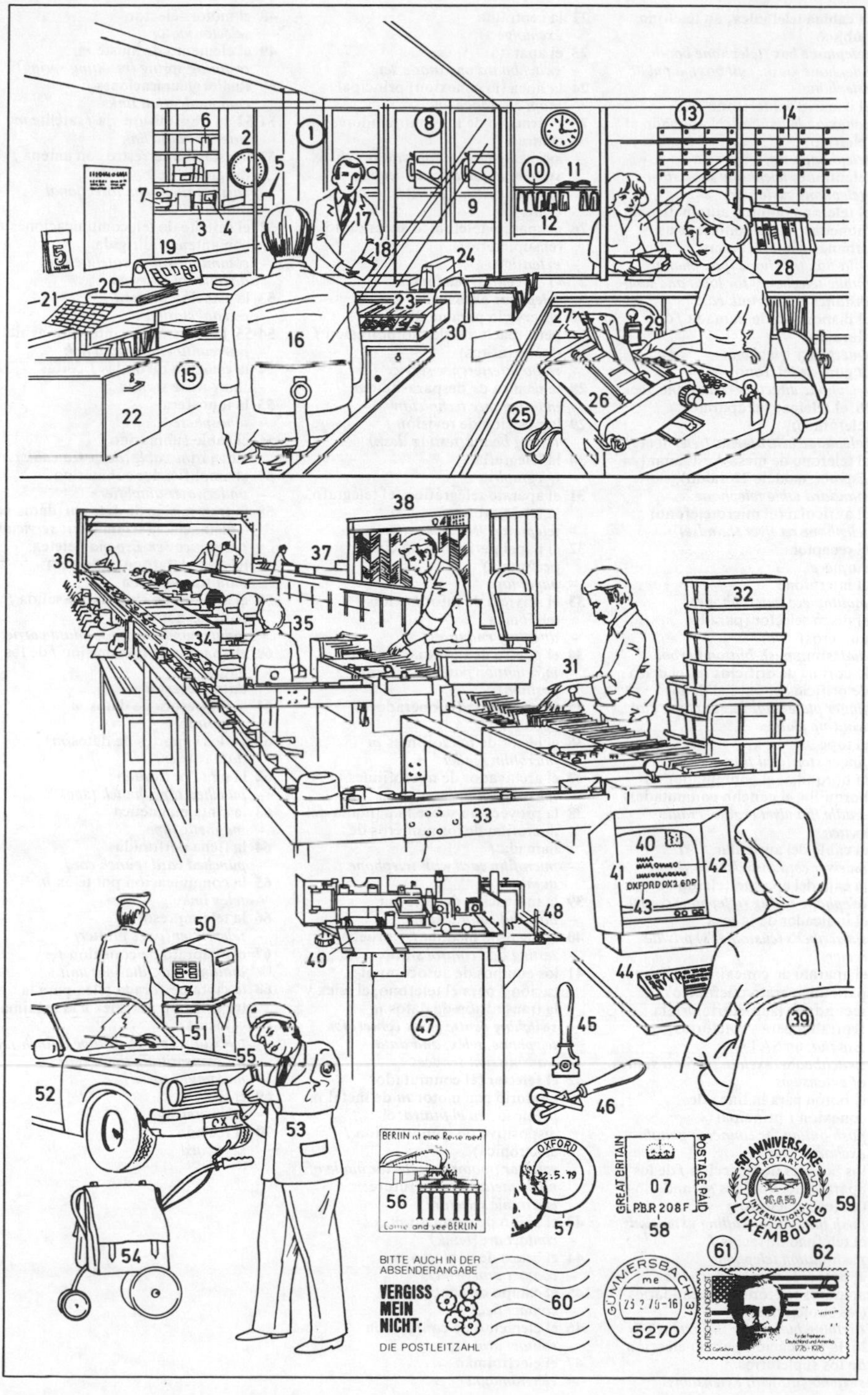
1
2
3
4
5
6
7
8
9
10
11
12
13
14
15
16
17
18
19
20
21
22
23
24
25
26
27
28
29
30
31
32
33
34
35
36
37
38
39
40
41
42
43
44
45
46
47
48
49
50
51
52
53
54
55
56
57
58
59
60
61
62
OXFORD OX2 6DP
BERLIN ist eine Reise wert
Come and see BERLIN
OXFORD
22.5.79
GREAT BRITAIN
POSTAGE PAID
07
P.B.R 208 F
50e ANNIVERSAIRE
ROTARY INTERNATIONAL
LUXEMBOURG
BITTE AUCH IN DER ABSENDERANGABE
VERGISS MEIN NICHT:
DIE POSTLEITZAHL
GUMMERSBACH 31
me
5270
DEUTSCHE BUNDESPOST

237 Correos II (Teléfono y telégrafo)

1 **la cabina telefónica,** un teléfono público
- ***telephone box*** *(telephone booth, telephone kiosk, call box), a public telephone*

2 el usuario del teléfono (*con conexión individual:* el abonado al teléfono)
- *telephone user;* with own telephone: *telephone subscriber (telephone customer)*

3 el teléfono público automático de monedas *f* para conferencias *f* urbanas e interurbanas
- *coin-box telephone (pay phone, public telephone) for local and long-distance calls (trunk calls)*

4 el dispositivo de llamada *f* de alarma *f*
- *emergency telephone*

5 la guía de teléfonos *m*
- *telephone directory (telephone book)*

6-26 **el teléfono** (el aparato telefónico)
- ***telephone instruments*** *(telephones)*

6 el teléfono de mesa *f* estándar (*en España:* modelo Heraldo)
- *standard table telephone*

7 el auricular (el microteléfono)
- *telephone receiver (handset)*

8 el receptor
- *earpiece*

9 el micrófono
- *mouthpiece (microphone)*

10 el disco selector (para los números)
- *dial;* sim.: *push-button keyboard*

11 la corona de orificios *m* (el disco de orificios *m* para el dedo)
- *finger plate (dial finger plate, dial wind-up plate)*

12 el tope
- *finger stop (dial finger stop)*

13 la horquilla (el conmutador de horquilla, el gancho conmutador)
- *cradle (handset cradle, cradle switch)*

14 el cable del auricular
- *receiver cord (handset cord)*

15 la caja del aparato telefónico
- *telephone casing (telephone cover)*

16 el indicador de la tasa
- *subscriber's (customer's) private meter*

17 el aparato de conexión *f* principal para un aparato telefónico secundario (supletorio *m*) (la centralita para supletorios; *en España:* un SATAI)
- *switchboard (exchange) for a system of extensions*

18 el botón para la línea de conexión *f* principal
- *push button for connecting main exchange lines*

19 los botones de selección *f* de los aparatos telefónicos secundarios (de los supletorios)
- *push buttons for calling extensions*

20 el teléfono de teclas *f*
- *push-button telephone*

21 el botón de tierra *f* para los aparatos telefónicos secundarios (los supletorios)
- *earthing button for the extensions*

22-26 la instalación para la elección de los supletorios
- *switchboard with extensions*

22 la centralita
- *exchange*

23 el aparato
- *switchboard operator's set*

24 la línea (la conexión) principal
- *main exchange line*

25 el armario de los conmutadores (la central)
- *switching box (automatic switching system, automatic connecting system, switching centre,* Am. *center)*

26 el aparato telefónico secundario (el supletorio)
- *extension*

27-41 **la central telefónica**
- ***telephone exchange***

27 el servicio para medir las perturbaciones de radiodifusión *f* (los parásitos)
- *radio interference service*

28 la técnica de desparasitaje *m*
- *maintenance technician*

29 la posición de revisión *f*
- *testing board (testing desk)*

30 la telegrafía
- *telegraphy*

31 el aparato telegráfico (el telégrafo, la teleimpresora)
- *teleprinter (teletypewriter)*

32 el papel perforado (la cinta perforada)
- *paper tape*

33 el servicio de información telefónica
- *directory enquiries*

34 el puesto de información *f*
- *information position (operator's position)*

35 la telefonista (la operadora)
- *operator*

36 el lector de microfilmes *m*
- *microfilm reader*

37 el archivador de microfilmes *m*
- *microfilm file*

38 la proyección sobre la pantalla del microfilm de los números de llamada *f*
- *microfilm card with telephone numbers*

39 la indicación de la fecha
- *date indicator display*

40 el lugar de medida *f* y prueba *f*
- *testing and control station*

41 los equipos de autocomunicación *f* para el teléfono, el télex y la transmisión de datos *m*
- *switching centre* (Am. *center) for telephone, telex, and data transmission services*

42 **el selector** (el conmutador giratorio con motor *m* de metal *m* precioso; *en el futuro:* el dispositivo de conmutación *f* electrónica)
- ***selector*** *(motor uniselector made of noble metals;* in the future: *electronic selector)*

43 el anillo de contacto *m*
- *contact arc (bank)*

44 el brazo de contacto *m*
- *contact arm (wiper)*

45 el campo de contacto *m*
- *contact field*

46 el elemento de contacto *m*
- *contact arm tag*

47 el electroimán
- *electromagnet*

48 el motor selector
- *selector motor*

49 el elemento de ajuste *m*
- *restoring spring (resetting spring)*

50 **Radiocomunicaciones** *f*
- ***communication links***

51-52 la transmisión vía *f* satélite *m*
- *satellite radio link*

51 la estación terrestre con antena *f* dirigida
- *earth station with directional antenna*

52 el satélite de telecomunicaciones *f* con antena *f* dirigida
- *communications satellite with directional antenna*

53 la estación costera
- *coastal station*

54-55 la transmisión intercontinental
- *intercontinental radio link*

54 la estación de ondas *f* cortas
- *short-wave station*

55 la ionosfera
- *ionosphere*

56 el cable submarino
- *submarine cable (deep-sea cable)*

57 el amplificador submarino
- *underwater amplifier*

58 **la transmisión de datos** *m* (datos *m* a distancia, la telemática; *servicios telemáticos en España:* teletex, telefax, datafono, videotex)
- ***data transmission***

59 el aparato de entrada *f* y salida *f* para los datos
- *input/output device for data carriers*

60 el aparato de transmisión *f* de los datos
- *data processor*

61 la impresora de datos *m*
- *teleprinter*

62-64 los soportes de datos *m*
- *data carriers*

62 la cinta perforada
- *punched tape (punch tape)*

63 la cinta magnética
- *magnetic tape*

64 la ficha perforada
- *punched card (punch card)*

65 la comunicación por télex *m*
- *telex link*

66 la teleimpresora
- *teleprinter (page printer)*

67 el apaprato de conexión *f*
- *dialling* (Am. *dialing) unit*

68 la cinta perforada télex para la transmisión del télex a la máxima velocidad *f*
- *telex tape [punched tape (punch tape) for transmitting the text at maximum speed]*

69 el télex
- *telex message*

70 el teclado
- *keyboard*

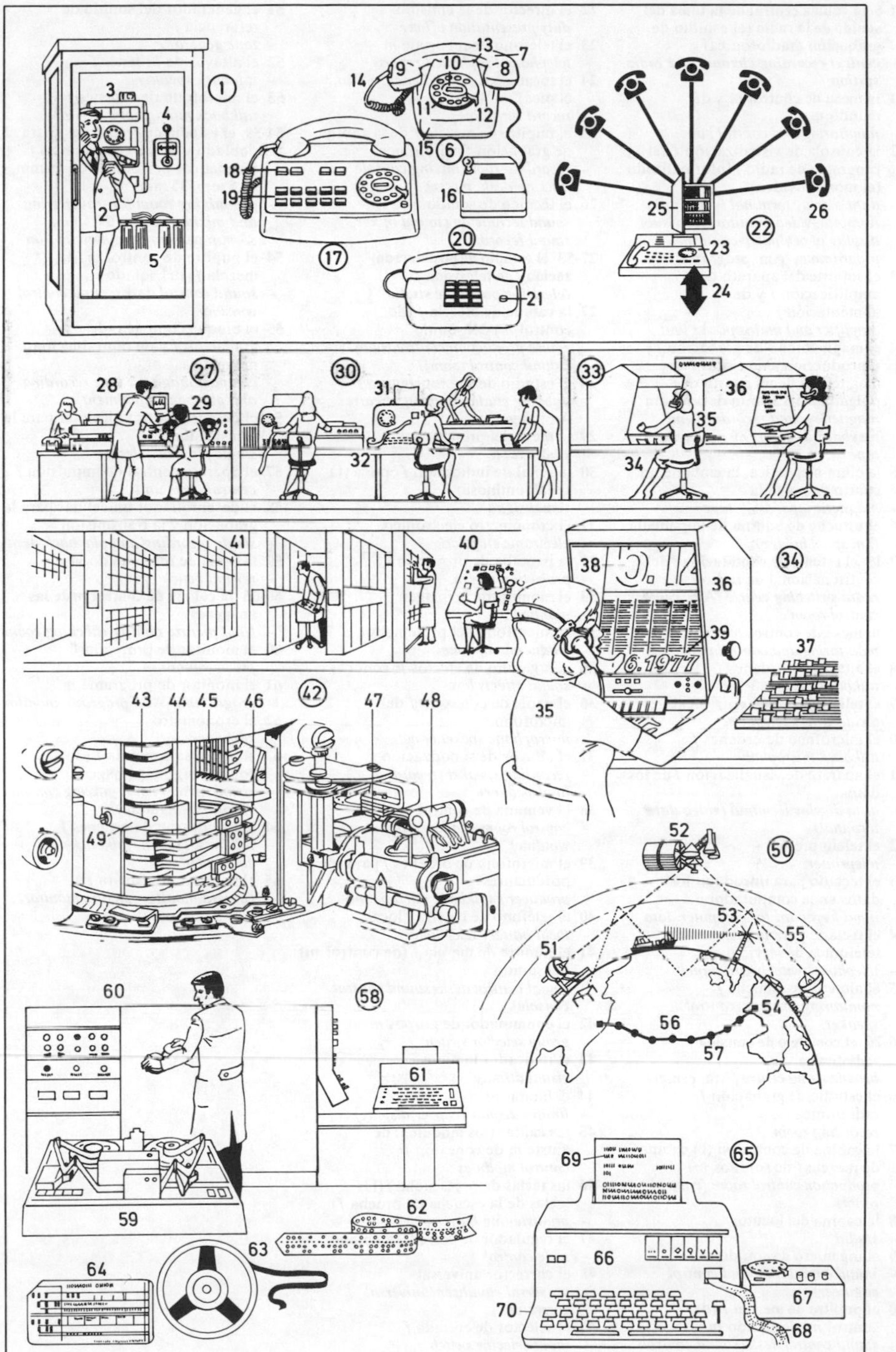
1
2
3
4
5
6
7
8
9
10
11
12
13
14
15
16
17
18
19
20
21
22
23
24
25
26
27
28
29
30
31
32
33
34
35
36
37
38
39
40
41
42
43
44
45
46
47
48
49
50
51
52
53
54
55
56
57
58
59
60
61
62
63
64
65
66
67
68
69
70
6.1977

1-6 la cabina central de la toma del sonido de la radio (el estudio de grabación *f* radiofónica)
– ***central recording channel of a radio station***
1 la mesa de control *m* y de mando *m*
– *monitoring and control panel*
2 la consola de visualización *f* del programa de radio *f* informatizado (el monitor vídeo)
– *data display terminal (video data terminal, video monitor) for visual display of computer-controlled programmes* (Am. *programs)*
3 el soporte del aparato de amplificación *f* y de alimentación *f*
– *amplifier and mains power unit*
4 el magnetófono de grabación *f* y reproducción *f* de cintas *f* magnéticas de un cuarto de pulgada *f* o 6,35 mm de anchura
– *magnetic sound recording and playback deck for ¼" magnetic tape*
5 la cinta magnética, la cinta de un cuarto de pulgada
– *magnetic tape, a ¼" tape*
6 el estuche de bobina de la película
– *film spool holder*
7-15 el estudio de explotación *f* del centro nacional de radio *f*
– ***radio switching centre*** (Am. *center) control room*
7 la mesa de control *m* y mando *m*
– *monitoring and control panel*
8 el altavoz de órdenes *f*
– *talkback speaker*
9 el teléfono de batería *f* local
– *local-battery telephone*
10 el micrófono de órdenes *f*
– *talkback microphone*
11 el aparato de visualización *f* de los datos
– *data display terminal (video data terminal)*
12 el teleimpresor
– *teleprinter*
13 el teclado para introducir los datos en la computadora
– *input keyboard for computer data*
14 el teclado para la instalación teléfonica de servicio *m*
– *telephone switchboard panel*
15 el altavoz de escucha *f*
– *monitoring speaker (control speaker)*
16-26 el complejo de emisión *f* **radiofónica**
– ***broadcasting centre*** (Am. *center)*
16 el estudio de grabación *f* radiofónica
– *recording room*
17 la cabina de control *m* (la cabina de mezcla *f* de sonidos *m*)
– *production control room (control room)*
18 la cabina del locutor
– *studio*
19 el ingeniero de sonido *m*
– *sound engineer (sound control engineer)*
20 el pupitre de mezcla *f* (de control *m*) de sonido *m*
– *sound control desk (sound control console)*
21 el locutor (*Amér.:* el espíquer)
– *newsreader (newscaster)*
22 el director de la emisión
– *duty presentation officer*
23 el teléfono de reportaje *m*
– *telephone for phoned reports*
24 el tocadiscos (*Col., Venez. y Pan.:* el picá)
– *record turntable*
25 el pupitre de mezcla *f* de la cabina de grabación *f* radiofónica
– *recording room mixing console (mixing desk, mixer)*
26 el técnico de sonido *m*
– *sound technician (sound mixer, sound recordist)*
27-53 el estudio de postsincronización *f* **de televisión** *f*
– ***television post-sync studio***
27 la cabina de mezcla *f* (de control *m*) del sonido
– *sound production control room (sound control room)*
28 el estudio de sincronización *f*
– *dubbing studio (dubbing theatre,* Am. *theater)*
29 la mesa del presentador
– *studio table*
30 la señal de indicación *f* óptica (la señal luminosa)
– *visual signal*
31 el cronómetro electrónico
– *electronic stopclock*
32 la pantalla de proyección *f*
– *projection screen*
33 el monitor de la imagen
– *monitor*
34 el micrófono del presentador
– *studio microphone*
35 el organillo de efectos *m* sonoros
– *sound effects box*
36 el panel de conexión *f* del micrófono
– *microphone socket panel*
37 el altavoz de sonorización *f*
– *recording speaker (recording loudspeaker)*
38 la ventana de control *m*
– *control room window (studio window)*
39 el micrófono de órdenes *f* para los productores
– *producer's talkback microphone*
40 el teléfono de batería *f* local
– *local-battery telephone*
41 el pupitre de mezcla *f* (de control *m*) del sonido
– *sound control desk (sound control console)*
42 el conmutador de grupos *m*
– *group selector switch*
43 el indicador luminoso
– *visual display*
44 el limitador
– *limiter display (clipper display)*
45 las cajitas (los módulos) de ajuste *m* de conexión *f*
– *control modules*
46 las teclas de preescucha *f* (las teclas de la escucha de prueba *f*)
– *pre-listening buttons*
47 el regulador de corredera *f* plano
– *slide control*
48 el corrector universal
– *universal equalizer (universal corrector)*
49 el selector de entrada *f*
– *input selector switch*
50 el altavoz de preescucha *f* (de audición *f* de prueba *f*)
– *pre-listening speaker*
51 el generador del sonido de referencia *f*
– *tone generator*
52 el altavoz de órdenes *f*
– *talkback speaker*
53 el micrófono de órdenes *f*
– *talkback microphone*
54-59 el estudio de premezcla *f* para el doblado y la mezcla de cintas *f* magnéticas perforadas de 16 mm, 17,5 mm, 35 mm
– ***pre-mixing room*** *for transferring and mixing 16 mm, 17.5 mm, 35 mm perforated magnetic film*
54 el pupitre de control *m* (de mezcla *f*) del sonido
– *sound control desk (sound control console)*
55 el bloque compacto de grabación *f* y de reproducción *f* magnéticas
– *compact magnetic tape recording and playback equipment*
56 el desenrollador unicelular para la transmisión
– *single playback deck*
57 el aparato central de impulsión *f*
– *central drive unit*
58 el desenrollador unicelular para la grabación y la transmisión
– *single recording and playback deck*
59 la mesa de rebobinado *m*
– *rewind bench*
60-65 la cabina de control *m* **de las imágenes**
– ***final picture quality checking room***
60 el monitor de previsión *f*
– *preview monitor*
61 el monitor de programa *m*
– *programme* (Am. *program) monitor*
62 el cronómetro
– *stopclock*
63 el pupitre de mezcla *f* (de control *m*) de la imagen
– *vision mixer (vision-mixing console, vision-mixing desk)*
64 la instalación de órdenes *f*
– *talkback system (talkback equipment)*
65 el monitor de cámara *f*
– *camera monitor (picture monitor)*

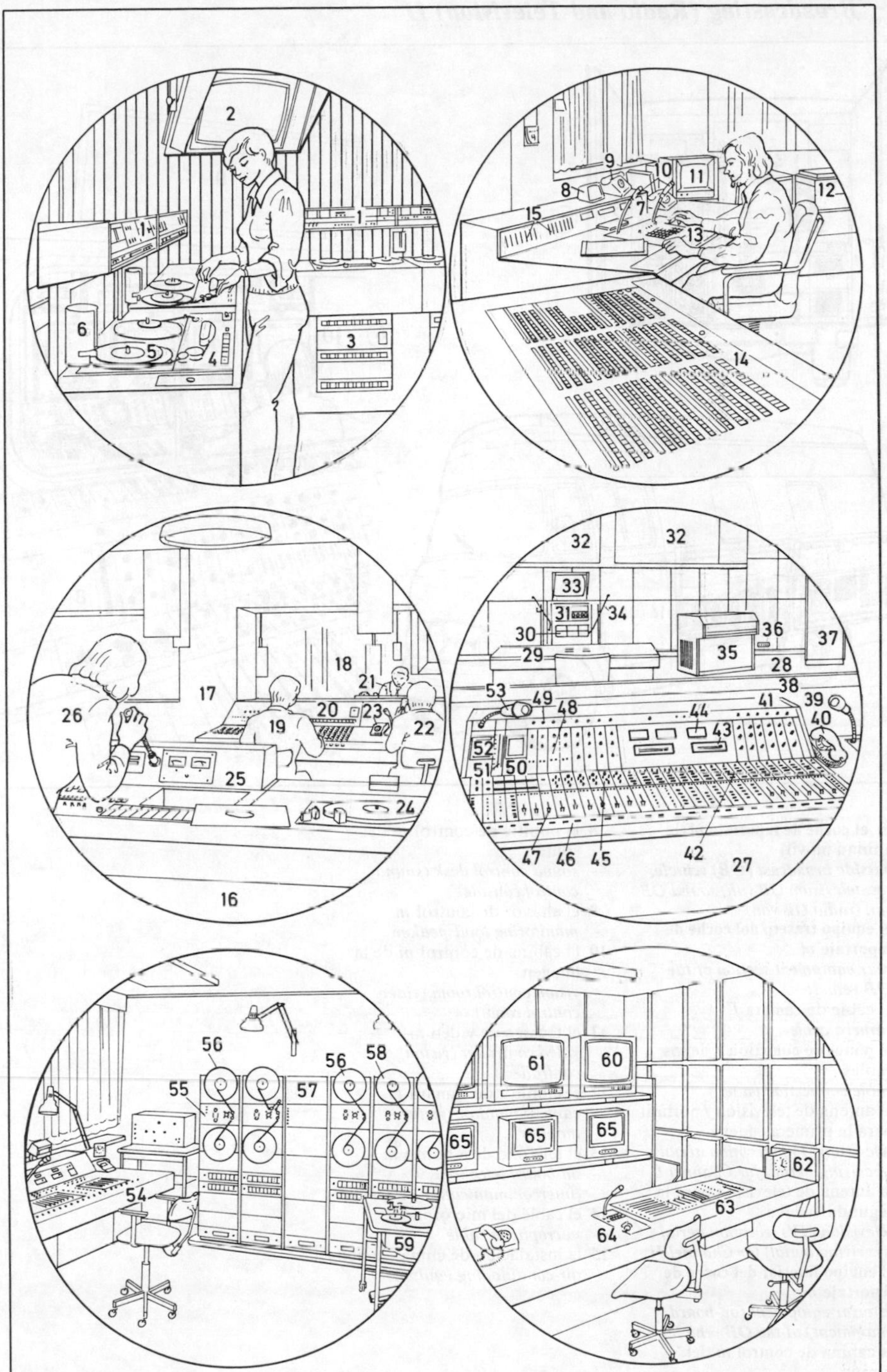
1
2
1
3
4
5
6
4
8
9
10
11
12
7
15
13
14
16
17
18
21
20
23
19
22
26
25
24
32
32
33
31
34
30
29
36
37
35
28
38
53
49
48
41
39
44
40
43
52
50
51
47
46
45
42
27
56
56
58
55
57
54
59
61
60
65
65
65
62
63
64

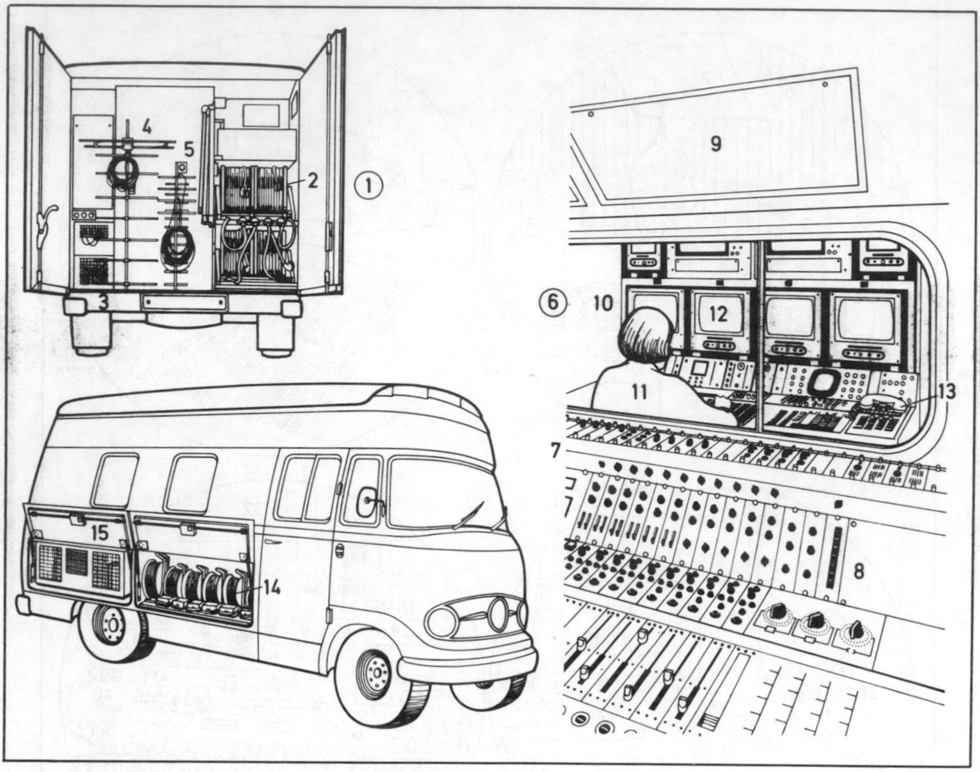

1-15 el coche de reportaje *m* (la unidad móvil)
- ***outside broadcast (OB) vehicle,*** e.g. *television OB van, sound OB van (radio OB van)*

1 el equipo trasero del coche de reportaje *m*
- ***rear equipment section of the OB vehicle***

2 el cable de cámara *f*
- *camera cable*

3 el panel de conexión *f* de los cables
- *cable connection panel*

4 la antena de televisión *f* portátil para la primera cadena
- *television (TV) reception aerial (receiving aerial) for Channel I*

5 la antena de televisión para la segunda cadena
- *television (TV) reception aerial (receiving aerial) for Channel II*

6 el equipo interior del coche de reportaje *m*
- ***interior equipment (on-board equipment) of the OB vehicle***

7 la cabina de control *m* del sonido
- *sound production control room (sound control room)*

8 el pupitre de control *m* del sonido
- *sound control desk (sound control console)*

9 el altavoz de control *m*
- *monitoring loudspeaker*

10 la cabina de control *m* de la imagen
- *vision control room (video control room)*

11 el técnico de vídeo *m*
- *video controller (vision controller)*

12 el monitor de cámara *f*
- *camera monitor (picture monitor)*

13 el teléfono de a bordo *m*
- *on-board telephone (intercommunication telephone)*

14 el cable del micrófono
- *microphone cable*

15 la instalación de climatización *f*
- *air-conditioning equipment*

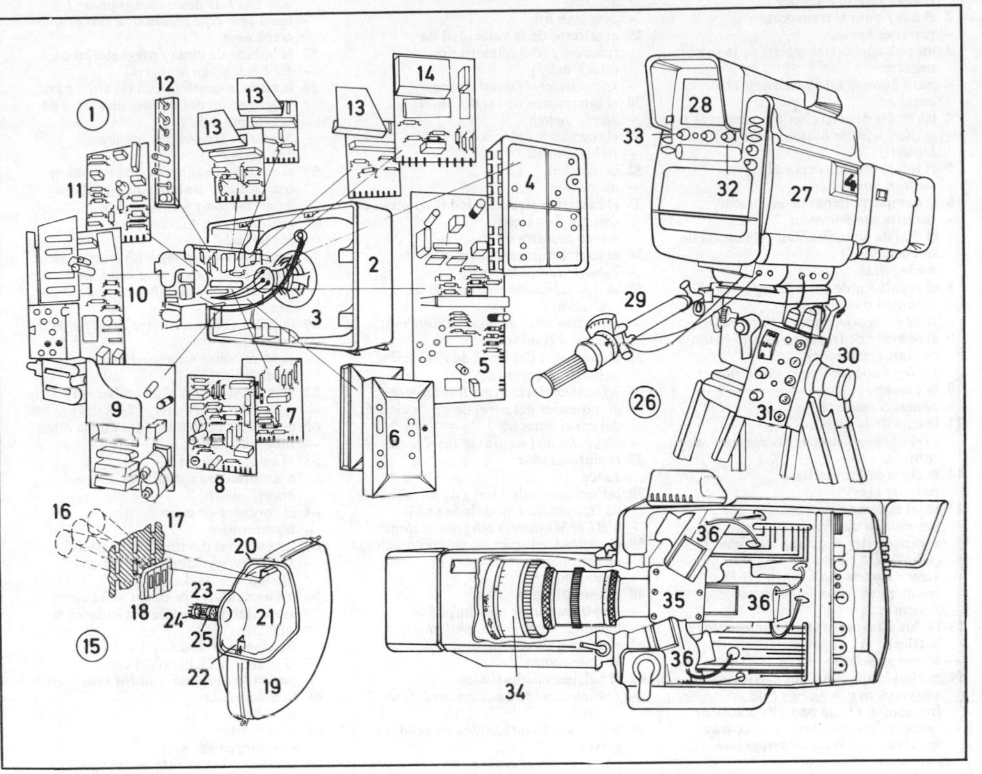

1 **el receptor de televisión** *f* **en color** *m* (televisión *f* en color *m*; el aparato de televisión *f* en color *m*) en un diseño por módulos *m*
– ***colour*** **(Am.** ***color*****)** ***television (TV) receiver*** *(colour television set) of modular design*
2 la caja de la televisión (del televisor)
– *television cabinet*
3 el tubo de televisión *f* (el tubo de imágenes *f*)
– *television tube (picture tube)*
4 el módulo amplificador de frecuencia *f* intermedia (F. I.)
– *IF (intermediate frequency) amplifier module*
5 el módulo de descodificación *f* del color
– *colour* (Am. *color*) *decoder module*
6 el selector VHF y UHF
– *VHF and UHF tuner*
7 el módulo de sincronización *f* horizontal
– *horizontal synchronizing module*
8 el módulo de deflexión *f* vertical
– *vertical deflection module*
9 el módulo de encuadre *m*
– *horizontal linearity control module*
10 el módulo de deflexión *f* horizontal
– *horizontal deflection module*
11 el módulo de regulación *f*
– *control module*
12 el módulo de convergencia *f*
– *convergence module*
13 el módulo de la fase final de color *m*
– *colour* (Am. *color*) *output stage module*
14 el módulo de sonido *m*
– *sound module*
15 el filtro cromático blindado
– *colour* (Am. *color*) *picture tube*
16 los haces de electrones *m*
– *electron beams*
17 la máscara perforada con ranuras *f*
– *shadow mask with elongated holes*
18 las tiras de material *m* fluorescente (luminiscente)
– *strip of fluorescent (luminescent, phosphorescent) material*
19 el revestimiento de material *m* fluorescente
– *coating (film) of fluorescent material*
20 el blindaje interior magnético
– *inner magnetic screen (screening)*
21 el vacío
– *vacuum*
22 la suspensión de la máscara compensada térmicamente
– *temperature-compensated shadow mask mount*
23 el anillo de centrado *m* del sistema de deflexión *f*
– *centring (centering) ring for the deflection system*
24 el sistema de cañones *m* de electrones *m*
– *electron gun assembly*
25 el cátodo de calentamiento *m* rápido
– *rapid heat-up cathode*
26 **la cámara de televisión** *f*
– ***television (TV) camera***
27 la cabeza de la cámara
– *camera head*
28 el monitor de la cámara
– *camera monitor*
29 la palanca para dirigir la cámara
– *control arm (control lever)*
30 el ajuste del enfoque
– *focusing adjustment*
31 el panel de manejo *m* de la cámara
– *control panel*
32 la regulación del contraste
– *contrast control*
33 la regulación de luminosidad *f*
– *brightness control*
34 el zoom
– *zoom lens*
35 el prisma de división *f* de rayos *m* (el separador de rayos *m*)
– *beam-splitting prism (beam splitter)*
36 el módulo de recepción *f* (el tubo de color *m*)
– *pickup unit (colour,* Am. *color, pickup tube)*

241 Electrónica de entretenimiento (electrónica recreativa)

1 **el radiocassette**
– ***radio cassette recorder***
2 el asa *f* para el transporte
– *carrying handle*
3 los pulsadores (las teclas) de la sección cassette
– *push buttons for the cassette recorder unit*
4 las teclas de selección *f* de emisoras *f*
– *station selector buttons (station preset buttons)*
5 el micrófono incorporado
– *built-in microphone*
6 el compartimiento de la cassette
– *cassette compartment*
7 el dial de sintonización *f* (la escala de frecuencias *f*)
– *tuning dial*
8 el regulador de corredera *f* [para el volumen o el tono]
– *slide control [for volume or tone]*
9 el selector de frecuencias *f* (el botón de sintonización *f*)
– *tuning knob (tuning control, tuner)*
10 **la cassette**
– ***compact cassette***
11 la caja de la cassette
– *cassette box (cassette holder, cassette cabinet)*
12 la cinta de la cassette
– *cassette tape*
13-48 **el sistema estereofónico** (sistema *m* cuadrafónico) de componentes *m* de alta fidelidad *f* (Hi-Fi)
– ***stereo system*** *made up of Hi-Fi components;* also: *quadrophonic system*
13-14 **los altavoces estereofónicos (los baffles)**
– ***stereo speakers***
14 el altavoz de caja *f*, un baffle de tres altavoces *m* con agujas *f* de frecuencia *f* (una pantalla acústica)
– *speaker (loudspeaker), a three-way speaker with crossover (crossover network)*
15 el altavoz de sonidos *m* agudos
– *tweeter*
16 el altavoz de sonidos *m* medios
– *mid-range speaker*
17 el altavoz de sonidos *m* graves (de tonos *m* bajos)
– *woofer*
18 **el tocadiscos** (el plato, la pletina giradiscos)
– ***record player***
19 el chasis (el bastidor) del tocadiscos
– *record player housing (record player base)*
20 el plato giratorio
– *turntable*
21 el brazo acústico (el pick-up, el brazo de tocadiscos *m*, el portaagujas)
– *tone arm*
22 el contrapeso
– *counterbalance (counterweight)*
23 la suspensión cardán
– *gimbal suspension*
24 la regulación de la presión de la cabeza
– *stylus pressure control (stylus force control)*
25 el dispositivo anti-skating
– *anti-skate control*
26 el sistema de brazo *m* acústico magnético con la aguja (cónica o esférica), un diamante
– *magnetic cartridge with (conical or elliptical) stylus, a diamond*
27 el inmovilizador (el mecanismo de parada *f*) del brazo acúsitco
– *tone arm lock*
28 el mecanismo elevador del brazo acústico
– *tone arm lift*
29 el selector de la velocidad de rotación *f* (del número de rotaciones *f*)
– *speed selector (speed changer)*
30 el interruptor de arranque *m*
– *starter switch*
31 el regulador del tono
– *treble control*
32 la tapadera
– *dust cover*
33 **el cassette estereofónico** (la pletina de cassette *f* estéreo)
– ***stereo cassette deck***
34 el compartimiento de la cassette
– *cassette compartment*
35-36 los indicadores del nivel de grabación *f*
– *recording level meters (volume unit meters, VU meters)*
35 el indicador del nivel de grabación *f* del canal izquierdo
– *left-channel recording level meter*
36 el indicador del nivel de grabación *f* del canal derecho
– *right-channel recording level meter*
37 **el sintonizador**
– ***tuner***
38 las teclas de selección *f* de emisoras *f* de frecuencia *f* modulada (FM)
– *VHF (FM) station selector buttons*
39 el indicador luminoso (el ojo mágico) de sintonía *f*
– *tuning meter*
40 **el amplificador**
– ***amplifier;*** tuner and amplifier together: *receiver (control unit)*
41 el control de volumen *m*
– *volume control*
42 el balance cuadrafónico
– *four-channel balance control (level control)*
43 la regulación de sonidos *m* agudos y graves
– *treble and bass tuning*
44 el selector de entradas *f*
– *input selector*
45 **el demodulador cuadrafónico** para discos *m* CD4
– ***four-channel demodulator*** *for CD4 records*
46 el conmutador estéreo-cuadrafónico
– *quadra/stereo converter*
47 el portacassettes
– *cassette box (cassette holder, cassette cabinet)*
48 el casillero de los discos
– *record storage slots (record storage compartments)*
49 **el micrófono**
– ***microphone***
50 la rejilla del micrófono
– *microphone screen*
51 el pie (el soporte) del micrófono
– *microphone base (microphone stand)*
52 **el compacto triple** (radio *f*, cassette *m*, tocadiscos *m*)
– ***three-in-one stereo component system*** *[automatic record changer, cassette deck, and stereo receiver]*
53 el sistema de equilibrado *m* del brazo acústico
– *tone arm balance*
54 el control de sintonización *f*
– *tuning meters*
55 el indicador luminoso de conmutación *f* automática de óxido *m* de hierro *m*/óxido *m* de cromo *m*
– *indicator light for automatic FeO/CrO_2 tape switch-over*
56 **el magnetófono,** un aparato de bobinas *f* de dos o cuatro pistas *f*
– ***open-reel-type recorder, a two or four-track unit***
57 la bobina de cinta *f* magnetofónica
– *tape reel (open tape reel)*
58 la cinta magnetofónica (la cinta para la grabación del sonido, una cinta de 1/4 de pulgada *f*)
– *open-reel tape (recording tape, 1/4" tape)*
59 el estuche de cabezas *f* de sonido *m* con cabeza *f* de borrado *m*, cabeza *f* de grabación *f* y cabeza *f* de reproducción *f* (o cabeza *f* combinada)
– *sound head housing with erasing head (erase head), recording head, and reproducing head;* also: *combined head*
60 la polea con interruptor *m* de fin *m* de cinta *f*
– *tape deflector roller and end switch (limit switch)*
61 el control del nivel de grabación *f*
– *recording level meter (VU meter)*
62 el selector de velocidades *f* de la cinta
– *tape speed selector*
63 el interruptor de encendido *m*/apagado *m*
– *on/off switch*
64 el contador de cinta *f*
– *tape counter*
65 las entradas del micrófono estéreo
– *stereo microphone sockets (stereo microphone jacks)*
66 **los auriculares de casco** *m* (el casco auricular, el juego de auriculares *m* con casco *m*)
– ***headphones*** *(headset)*
67 el muelle acolchado del casco
– *padded headband (padded headpiece)*
68 la membrana
– *membrane*
69 el auricular
– *earcups (earphones)*
70 la clavija de enchufe *m* del casco auricular, una clavija normalizada
– *headphone cable plug, a standard multi-pin plug (not the same as a phono plug)*
71 el cable de conexión *f*
– *headphone cable (headphone cord)*

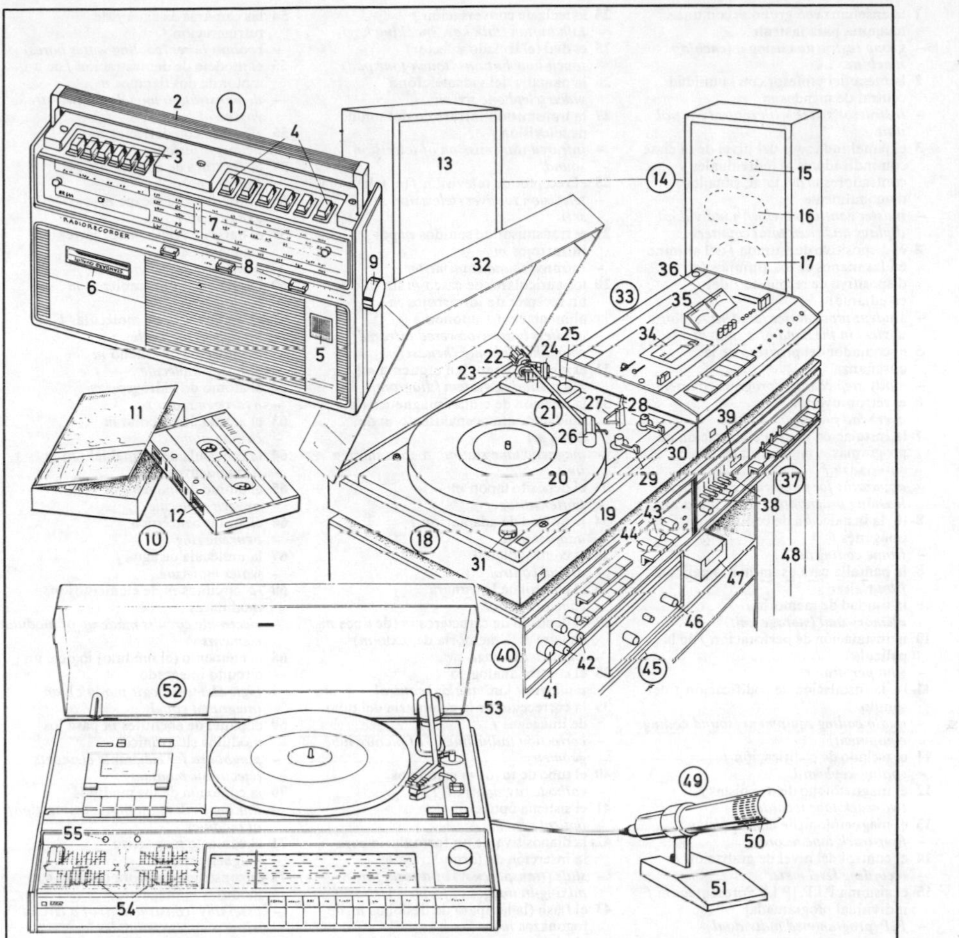
RADIORECORDER

1 la enseñanza en grupo *m* con una **máquina para instruir**
– *group instruction using a **teaching machine***
2 la mesa del profesor con la unidad central de mandos *m*
– *instructor's desk with central control unit*
3 el panel indicador del nivel de la clase con indicadores *m* individuales y contradores *m* del total, situados diagonalmente
– *master control panel with individual diplays and cross total counters*
4 el dispositivo de entrada *f* del alumno en las manos de los alumnos (el dispositivo de respuesta *f* del estudiante)
– *student input device (student response device) in the hand of a student*
5 el contador del progreso de la enseñanza
– *study step counter (progress counter)*
6 el retroproyector
– *overhead projector*
7 la instalación para la elaboración de programas *m* audiovisuales de enseñanza *f*
– *apparatus for producing audio-visual learning programmes* (Am. *programs)*
8-10 la instalación de codificación *f* de imágenes *f*
– *frame coding device*
8 la pantalla para examinar la película
– *film viewer*
9 la unidad de memoria *f*
– *memory unit (storage unit)*
10 la instalación de perforación *f* de la película
– *film perforator*
11-14 la instalación de codificación *f* del sonido
– *audio coding equipment (sound coding equipment)*
11 el teclado de codificación *f*
– *coding keyboard*
12 el magnetófono de dos pistas *f*
– *two-track tape recorder*
13 el magnetófono de cuatro pistas *f*
– *four-track tape recorder*
14 el control del nivel de grabación *f*
– *recording level meter*
15 el sistema P.I.P. [P.I.P.: presentación *f* individual programada]
– *PIP (programmed individual presentation) system*
16 el proyector audiovisual para la enseñanza programada
– *AV (audio-visual) projector for programmed instruction*
17 la cassette de audio *m* (la audiocassette)
– *audio cassette*
18 la cassette de vídeo *m* (la videocassette)
– *video cassette*
19 el terminal de datos *m*
– *data terminal*
20 la conexión telefónica con la central de concentración *f* de datos *m* (el acoplador acústico)
– *telephone connection with the central data collection station*
21 **el videotelefóno** (el telefóno de imágenes *f*)
– ***video telephone***
22 el conmutador de conferencias *f*
– *conference circuit (conference hook-up, conference connection)*
23 la tecla para transmitir la propia imagen
– *camera tube switch (switch for transmitting speaker's picture)*
24 la tecla de conversación *f*
– *talk button (talk key, speaking key)*
25 el dial (el teclado selector)
– *touch-tone buttons (touch-tone pad)*
26 la pantalla del videotelefóno
– *video telephone screen*
27 la transmisión infrarroja del sonido de televisión *f*
– *infrared transmission of television sound*
28 el receptor de televisión *f* (el televisor)
– *television receiver (television set, TV set)*
29 el transmisor de sonidos *m* por infrarrojos *m*
– *infrared sound transmitter*
30 los auriculares de casco *m* sin hilo *m*, un receptor de infrarrojos *m* y alimentación *f* autónoma
– *cordless battery-powered infrared sound headphones (headset)*
31 **el microfilmador** [en esquema *m*]
– ***microfilming system** [diagram]*
32 la estación de cinta *f* magnética (la unidad de almacenamiento *m* de datos *m*)
– *magnetic tape station, a data storage unit*
33 el depósito tapón *m*
– *buffer storage*
34 la unidad de adaptación *f*
– *adapter unit*
35 el control digital
– *digital control*
36 el control de la cámara
– *camera control*
37 el depósito de caracteres *m* (de tipos *m* de letra *f;* la memoria de texto *m*)
– *character storage*
38 el control analógico
– *analogue* (Am. *analog) control*
39 la corrección de la geometría del tubo de imágenes *f*
– *correction (adjustment) of picture tube geometry*
40 el tubo de rayos *m* catódicos
– *cathode ray tube (CRT)*
41 el sistema óptico
– *optical system*
42 la diapositiva de un formulario para la inserción de formularios *m*
– *slide (transparency) of a form for mixing-in images of forms*
43 el flash (la lámpara de destellos *m*, de fogonazos *m*)
– *flash lamp*
44 las cajas normalizadas para películas *f*
– *universal film cassettes*
45-84 **aparatos** *m* **de demostración** *f* **y enseñanza** *f* (material *m* didáctico)
– ***demonstration and teaching equipment***
45 el modelo de demostración *f* de un motor de cuatro tiempos *m*
– *demonstration model of a four-stroke engine*
46 el pistón
– *piston*
47 la culata
– *cylinder head*
48 la bujía
– *spark plug (sparking plug)*
49 el ruptor de encendido *m*
– *contact breaker*
50 el cigüeñal
– *crankshaft with balance weights (counterbalance weights) (counterbalanced crankshaft)*
51 el cárter del cigüeñal
– *crankcase*
52 la válvula de admisión *f*
– *inlet valve*
53 la válvula de escape *m*
– *exhaust valve*
54 las cámaras de agua *f* de refrigeración *f*
– *coolant bores (cooling water bores)*
55 el modelo de demostración *f* de un motor de dos tiempos *m*
– *demonstration model of a two-stroke engine*
56 el pistón con deflector *m*
– *deflector piston*
57 la abertura de admisión *f*
– *transfer port*
58 la abertura de escape *m*
– *exhaust port*
59 el baño de aceite *m* del cárter del cigüeñal
– *crankcase scavenging*
60 las aletas de enfriamiento *m*
– *cooling ribs*
61-67 modelos *m* de moléculas *f*
– *models of molecules*
61 la molécula de etileno *m*
– *ethylene molecule*
62 el átomo de hidrógeno *m*
– *hydrogen atom*
63 el átomo de carbono *m*
– *carbon atom*
64 la mólecula de formaldehido *m*
– *formaldehyde atom*
65 el átomo de oxígeno *m*
– *oxygen molecule*
66 el anillo bencénico
– *benzene ring*
67 la molécula de agua *f*
– *water molecule*
68-72 circuitos *m* de elementos *m* modulares
– *electronic circuits made up of modular elements*
68 el elemento (el módulo) lógico, un circuito integrado
– *logic element (logic module), an integrated circuit*
69 el panel de enchufes *m* para los módulos electrónicos
– *plugboard for electronic elements (electronic modules)*
70 la conexión de los módulos
– *linking (link-up, joining, connection) of modules*
71 el contacto magnético
– *magnetic contact*
72 la construcción de un circuito con módulos *m* magnéticos
– *assembly (construction) of a circuit, using magnetic modules*
73 el multímetro para la medida de corriente *f*, voltaje *m* (tensión *f*) y resistencia *f*
– *multiple meter for measuring current, voltage and resistance*
74 el selector del tipo de medida *f*
– *measurement range selector*
75 la escala de medida *f*
– *measurement scale (measurement dial)*
76 la aguja indicadora
– *indicator needle (pointer)*
77 el voltiamperímetro (el contador de corriente *f* y voltaje *m*)
– *current/voltage meter*
78 el tornillo de reglaje *m* del cero
– *adjusting screw*
79 el banco óptico
– *optical bench*
80 el carril triangular
– *triangular rail*
81 el láser (el láser de enseñanza *f*)
– *laser, a teaching laser (instruction laser)*
82 el diafragma
– *diaphragm*
83 el sistema de lentes *f*
– *lens system*
84 la pantalla
– *target (screen)*

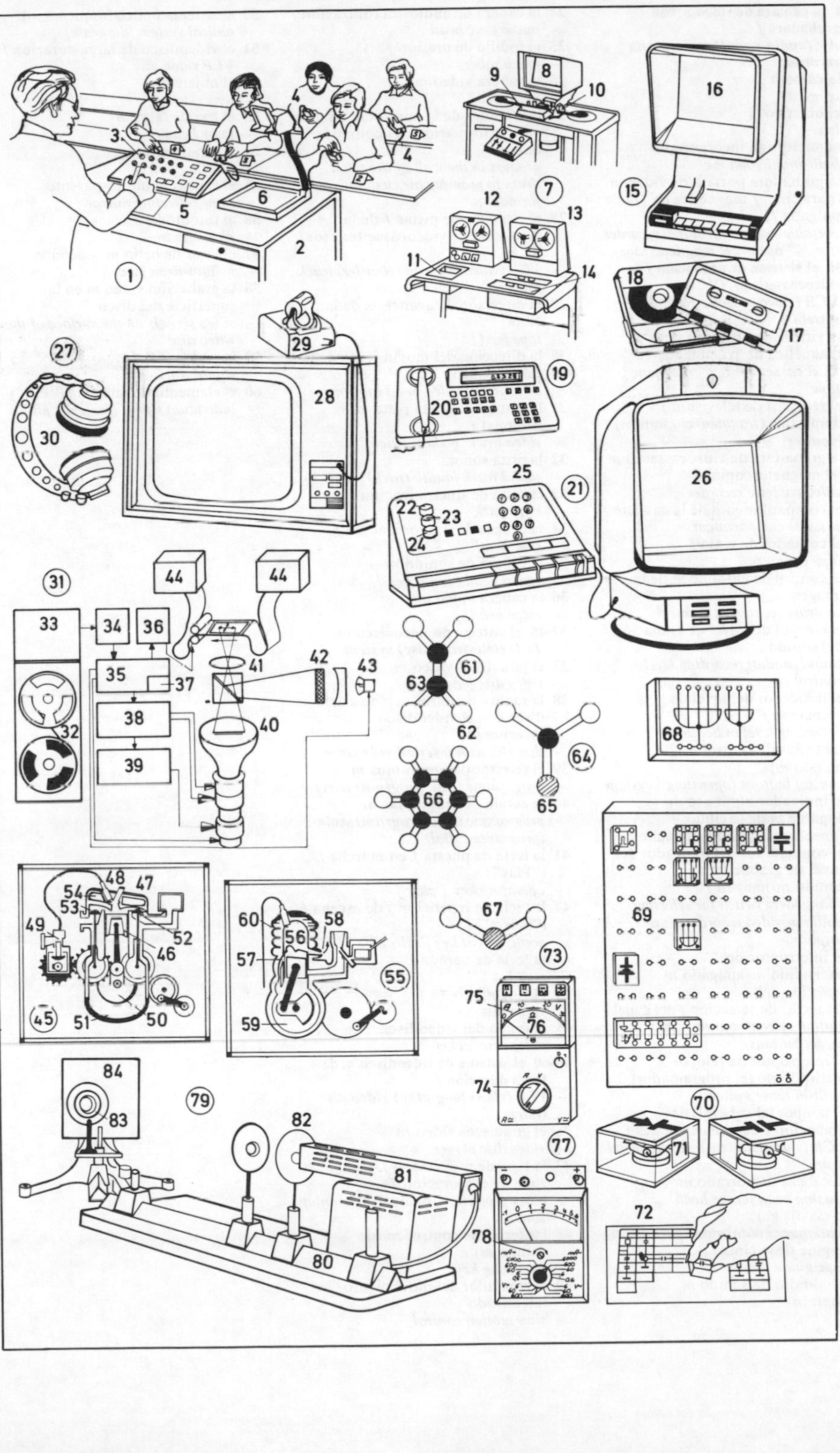
1
2
3
4
5
6
7
8
9
10
11
12
13
14
15
16
17
18
19
20
21
22
23
24
25
26
27
28
29
30
31
32
33
34
35
36
37
38
39
40
41
42
43
44
45
46
47
48
49
50
51
52
53
54
55
56
57
58
59
60
61
62
63
64
65
66
67
68
69
70
71
72
73
74
75
76
77
78
79
80
81
82
83
84

1-4 la cámara de vídeo *m* con grabadora *f*
- ***AV (audio-visual) camera with recorder***

1 la cámara
- *camera*

2 el objetivo
- *lens*

3 el micrófono incorporado
- *built-in microphone*

4 la grabadora portátil de vídeo *m* (para cinta *f* magnética de 1/4 de pulgada *f*)
- *portable video (videotape) recorder (for ¼" open-reel magnetic tape)*

5-36 el sistema de grabación *f* de videocassettes *f* (VCR)
- ***VCR (video cassette recorder) system***

5 la videocassette (para cinta *f* magnética de 1/2 pulgada *f*)
- *VCR cassette for ½" magnetic tape*

6 el receptor de televisión *f* doméstico (*también:* el monitor)
- *monitor*

7 la grabadora de videocassettes *m* (el magnetoscopio)
- *video cassette recorder*

8 el compartimiento de la cassette
- *cassette compartment*

9 el contador de cinta *f*
- *tape counter*

10 el control de enfoque *m* de la imagen
- *centring (centering) control*

11 el control del nivel de grabación *f* del sonido
- *sound (audio) recording level control*

12 el indicador del nivel de grabación *f*
- *recording level indicator*

13 las teclas de control *m* (de mando *m*)
- *control buttons (operating keys)*

14 el indicador luminoso de engarce *m* de la cinta
- *tape threading indicator light*

15 el conmutador del indicador del nivel de grabación *f* sonido *m*/imagen *f*
- *changeover switch for selecting audio or video recording level display*

16 el interruptor de encendido *m*/apagado *m*
- *on/off switch*

17 las teclas de selección *f* del canal
- *station selector buttons (station preset buttons)*

18 el interruptor de reloj *m* incorporado (el programador)
- *built-in timer switch*

19 el tambor (el cabezal) de grabación *f* de videocassettes *f*
- *VCR (video cassette recorder) head drum*

20 la cabeza de borrado *m*
- *erasing head (erase head)*

21 la clavija guía
- *stationary guide (guide pin)*

22 la guía de la cinta
- *tape guide*

23 el cilindro de sonido *m*
- *capstan*

24 la cabeza de audiosincronización *f*
- *audio sync head*

25 el rodillo de presión *f*
- *pinch roller*

26 la cabeza vídeo *m*
- *video head*

27 las ranuras de la pared del tambor para la formación del cojín de aire *m*
- *grooves in the wall of the head drum to promote air cushion formation*

28 el esquema de pistas *f* de la grabación de videocassettes *f* (de VCR)
- *VCR (video cassette recorder) track format*

29 la dirección de avance *m* de la cinta
- *tape feed*

30 la dirección del movimiento de la cabeza vídeo
- *direction of video head movement*

31 la pista vídeo, una pista en diagonal *f*
- *video track, a slant track*

32 la pista sonora
- *sound track (audio track)*

33 la pista de sincronización *f*
- *sync track*

34 la cabeza de sincronización *f*
- *sync head*

35 la cabeza de sonido *m*
- *sound head (audio head)*

36 la cabeza vídeo *m*
- *video head*

37-45 el sistema de videodisco *m*
- ***TED (television disc) system***

37 el giradiscos vídeo *m*
- *video disc player*

38 la ranura de introducción *f* del disco con el videodisco incorporado
- *disc slot with inserted video disc*

39 el selector de programas *m*
- *programme (Am. program) selector*

40 la escala de programas *m*
- *programme (Am. program) scale (programme dial)*

41 la tecla de puesta *f* en marcha *f* ("Play")
- *operating key ['play']*

42 la tecla de repetición *f* de escena *f* ("Select")
- *scene-repeat key ['select']*

43 la tecla de parada *f*
- *stop key*

44 el videodisco
- *video disc*

45 la funda del videodisco
- *video disc jacket*

46-60 el sistema de videodisco *m* de larga duración *f*
- ***VLP (video long play) video disc system***

46 el giradiscos vídeo *m*
- *video disc player*

47 la tapa de proyección *f* (*debajo:* la zona de exploración *f*)
- *cover projection;* below it: *scanning zone*

48 las teclas de control *m* (de mando *m*)
- *operating keys*

49 el regulador del movimiento ralentizado
- *slow motion control*

50 el sistema óptico [esquema *m*]
- *optical system [diagram]*

51 el videodisco de larga duración *f*
- *VLP video disc*

52 el objetivo
- *lens*

53 el haz de láser *m*
- *laser beam*

54 el espejo giratorio
- *rotating mirror*

55 el espejo semitransparente
- *semi-reflecting mirror*

56 el fotodiodo
- *photodiode*

57 el láser de helio *m* - neón *m*
- *helium-neon laser*

58 la grabación vídeo *m* en la superficie del disco
- *video signals on the surface of the video disc*

59 la pista señal *f*
- *signal track*

60 el elemento de imagen *f* ("Pitt")
- *individual signal element ('pit')*

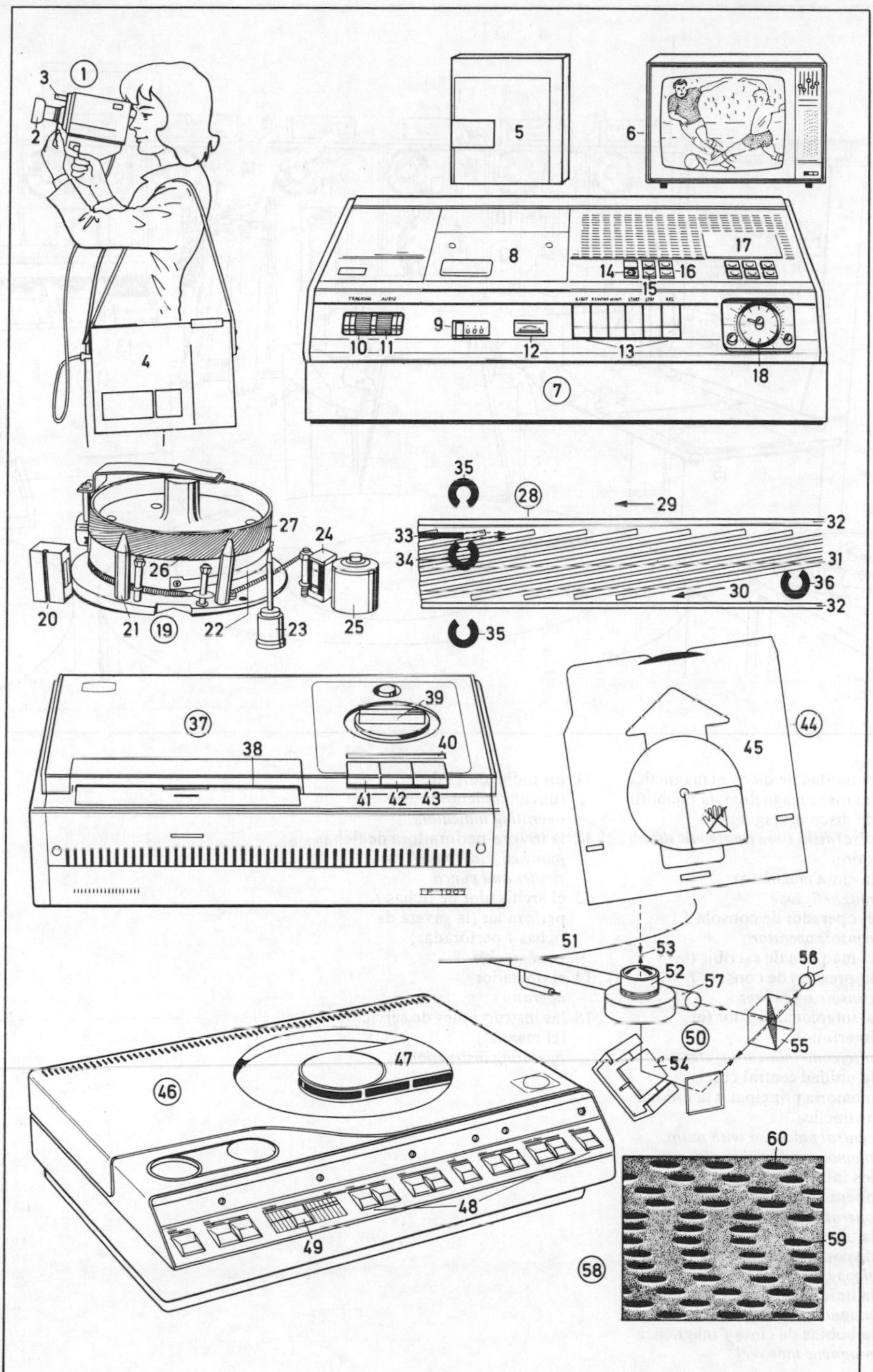
TRACKING
AUDIO
1P 1007

1 la unidad de disco *m* magnético (el disco magnético, la memoria de disco *m* magnético)
- *disc (disk) store (magnetic disc store)*

2 la cinta magnética
- *magnetic tape*

3 el operador de consola *f*
- *console operator*

4 la máquina de escribir (la impresora) de consola *f*
- *console typewriter*

5 el intercomunicador (el interfono)
- *intercom (intercom system)*

6 la unidad central con la memoria principal y la unidad aritmética
- *central processor with main memory and arithmetic unit*

7 los indicadores de operaciones *f* y errores *m*
- *operation and error indicators*

8 la unidad de disquetes *m* (de discos *m* flexibles)
- *floppy disc (disk) reader*

9 la unidad de cinta *f* magnética
- *magnetic tape unit*

10 la bobina de cinta *f* magnética
- *magnetic tape reel*

11 los indicadores de funcionamiento *m*
- *operating indicators*

12 la lectora-perforadora de fichas
- *punched card (punch card) reader and punch*

13 el archivador de fichas *f* perforadas (la gaveta de fichas *f* perforadas)
- *card stacker*

14 el operador
- *operator*

15 las instrucciones de servicio *m* (el manual)
- *operating instructions*

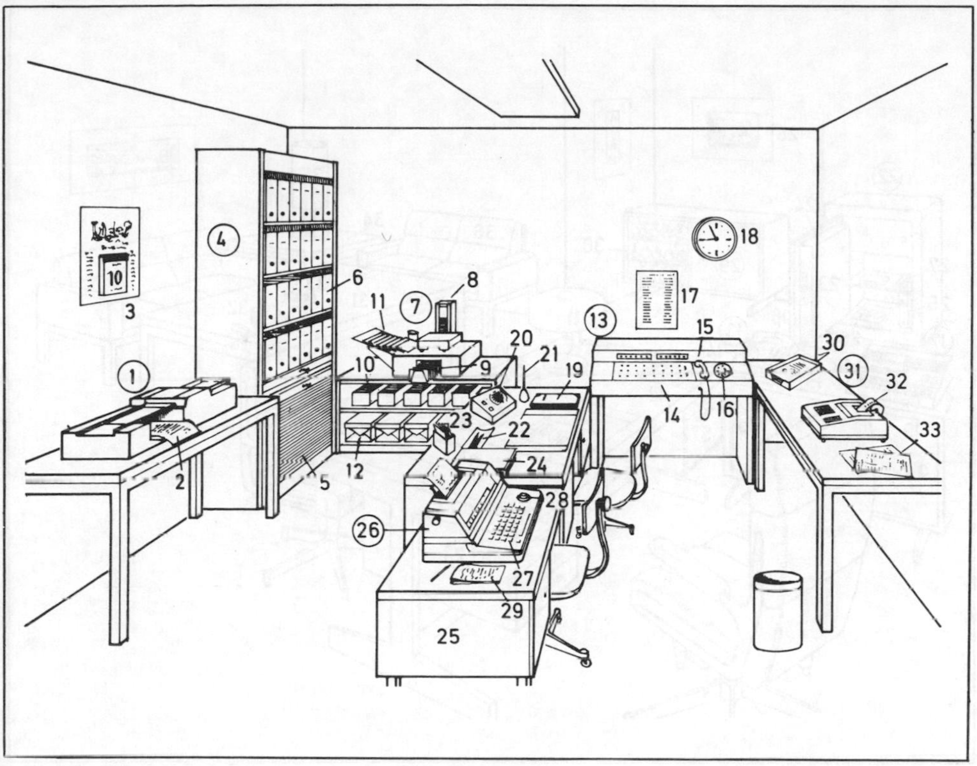

1-33 la oficina de recepción *f* **(la oficina de las secretarias)**
– ***secretary's office***
1 el sistema telecopiador (el emisor-receptor de facsímiles *m*)
– *facsimile telegraph*
2 la telecopia (la copia recibida)
– *transmitted or received copy*
3 el calendario (el almanaque) de pared *f*
– *wall calendar*
4 el archivo
– *filing cabinet*
5 la puerta de persiana *f* a corredera *f*
– *tambour door (roll-up door)*
6 el archivador
– *file (document file)*
7 la máquina de imprimir direcciones *f*
– *transfer-type addressing machine*
8 el depósito vertical de recepción *f* de estarcidos *m*
– *vertical stencil magazine*
9 el depósito de estarcidos *m*
– *stencil ejection*
10 la gaveta de almacenaje *m* de estarcidos *m*
– *stencil storage drawer*
11 el dispositivo de alimentación *f* de papel *m*
– *paper feed*
12 las existencias de papel *m* de cartas *f*
– *stock of notepaper*
13 la centralita telefónica interior
– *switchboard (internal telephone exchange)*
14 el teclado de pulsadores *m* para las comunicaciones interiores
– *push-button keyboard for internal connections*
15 el auricular
– *handset*
16 el dial
– *dial*
17 el listín del teléfono interior
– *internal telephone list*
18 el reloj de control *m*
– *master clock (main clock)*
19 el portafirmas
– *folder containing documents, correspondence, etc. for signing (to be signed)*
20 el interfono
– *intercom (office intercom)*
21 la pluma
– *pen*
22 la bandeja portaplumas (*Amér.:* el canutero)
– *pen and pencil tray*
23 el fichero
– *card index*
24 la pila de formularios *m*
– *stack (set) of forms*
25 la mesa de la máquina de escribir
– *typing desk*
26 la máquina de escribir con memoria *f*
– *memory typewriter*
27 el teclado de la máquina de escribir
– *keyboard*
28 el interruptor giratorio de la memoria de trabajo *m* y del bucle de la cinta magnética
– *rotary switch for the main memory and the magnetic tape loop*
29 el bloc de taquigrafía *f*
– *shorthand pad* (Am. *steno pad)*
30 la bandeja de la correspondencia
– *letter tray*
31 la calculadora de oficina *f*
– *office calculator*
32 la impresora
– *printer*
33 la carta comercial
– *business letter*

1-36 la oficina (el despacho) del jefe
- *executive's office*

1 el sillón de la mesa de despacho *m* (del escritorio)
- *swivel chair*

2 la mesa de despacho *m* (el escritorio; *Perú:* la carpeta)
- *desk*

3 el tablero de la mesa de despacho *m*
- *desk top*

4 el cajón de la mesa de despacho *m*
- *desk drawer*

5 el armario de puerta *f* abatible
- *cupboard (storage area) with door*

6 el cartapacio (el vade)
- *desk mat (blotter)*

7 la carta comercial
- *business letter*

8 la agenda
- *appointments diary*

9 la bandeja portaplumas (*Amér.:* el canutero)
- *desk set*

10 el interfono
- *intercom (office intercom)*

11 la lámpara de escritorio *m* (de mesa *f* de despacho *m*)
- *desk lamp*

12 la calculadora de bolsillo *m* (la calculadora electrónica)
- *pocket calculator (electronic calculator)*

13 el teléfono, un dispositivo secretaria-jefe
- *telephone, an executive-secretary system*

14 el dial, *también:* el teclado de pulsadores *m*
- *dial; also: push-button keyboard*

15 las teclas de llamada *f*
- *call buttons*

16 el auricular (el auricular de teléfono *m,* el microteléfono)
- *receiver (telephone receiver)*

17 el dictáfono
- *dictating machine*

18 el indicador de la longitud del dictado
- *position indicator*

19 las teclas de manejo *m*
- *control buttons (operating keys)*

20 el armario
- *cabinet*

21 el sillón de la visita
- *visitor's chair*

22 la caja fuerte (la caja de caudales *m*)
- *safe*

23 el pasador de la cerradura
- *bolts (locking mechanism)*

24 el alojamiento blindado de la cerradura
- *armour* (Am. *armor) plating*

25 los documentos confidenciales
- *confidential documents*

26 la patente
- *patent*

27 el dinero en metálico *m* (el dinero efectivo; *P. Rico y S. Dgo.:* el cascajo; *Amér. Central:* el pisto; *Arg., Col., Cuba, Guat. y P. Rico:* el moni; *C. Rica:* el zacatillo)
- *petty cash*

28 el cuadro
- *picture*

29 el mueble bar
- *bar (drinks cabinet)*

30 el servicio del bar
- *bar set*

31-36 el conjunto para las reuniones
- *conference grouping*

31 la mesa de reuniones *f*
- *conference table*

32 el dictáfono de bolsillo *m*
- *pocket-sized dictating machine, a micro-cassette recorder*

33 el cenicero
- *ashtray*

34 la rinconera (la mesa auxiliar; *Amér.:* la esquinera)
- *corner table*

35 la lámpara de mesa *f*
- *table lamp*

36 el sofá de reuniones *f*
- *two-seater sofa [part of the conference grouping]*

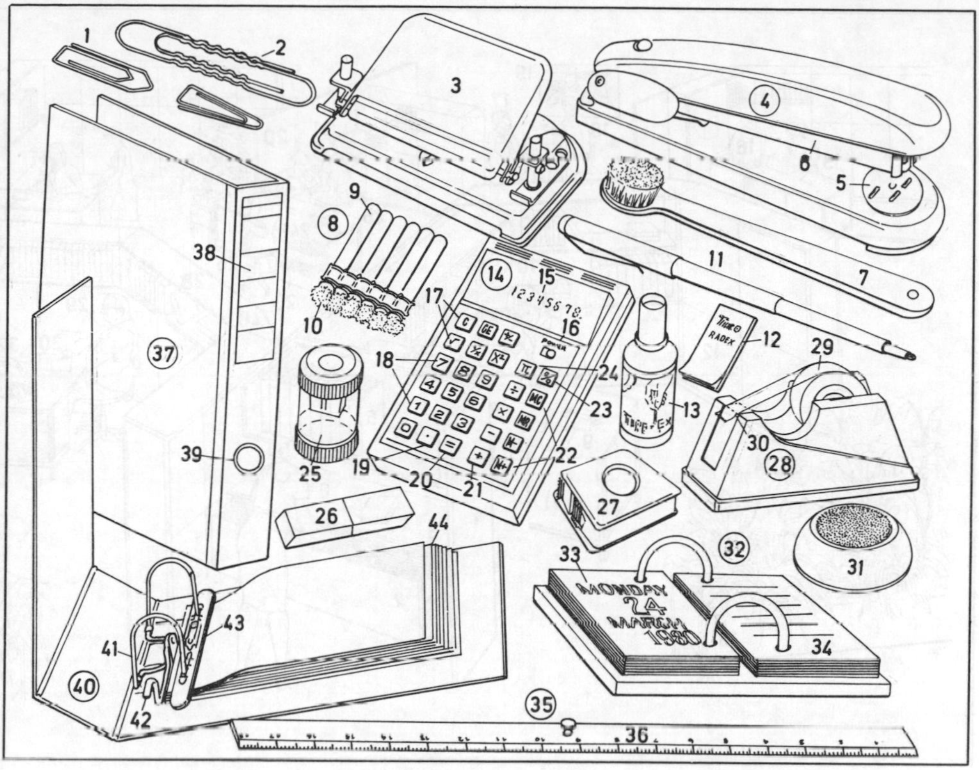

1-44 el material de oficina *f*
– ***office equipment** (office supplies, office materials)*
1 el clip (*Chile:* el broche) pequeño (*Amér. Central y P. Rico:* el atache)
– *[small] paper clip*
2 el clip grande
– *[large] paper clip*
3 la taladradora
– *punch*
4 la grapadora (*Amér.:* el abrochador)
– *l'agrafeuse* f *de bureau* m
5 la matriz
– *anvil*
6 el tirador de carga *f*
– *spring-loaded magazine*
7 el cepillo de limpieza *f* de los tipos de la máquina de escribir
– *type-cleaning brush for typewriters*
8 el limpiador de los tipos
– *type cleaner (type-cleaning kit)*
9 el recipiente de líquido *m* disolvente
– *fluid container (fluid reservoir)*
10 la escobilla de limpieza *f*
– *cleaning brush*
11 el rotulador
– *felt tip pen*
12 la hoja de papel *m* correctora de los errores de máquina *f*
– *correcting paper [for typing errors]*
13 el líquido corrector de los errores de máquina *f*
– *correcting fluid [for typing errors]*
14 la calculadora electrónica de bolsillo *m*
– *electronic pocket calculator*
15 la información luminosa de ocho dígitos *m*
– *eight-digit fluorescent display*
16 el interruptor de encendido *m*/apagado *m*
– *on/off switch*
17 las teclas de función *f*
– *function keys*
18 las teclas de cifras *f*
– *number keys*
19 la tecla de coma *f*
– *decimal key*
20 la tecla de resultado *m* (de totalización *m*)
– *equals' key*
21 las teclas de operaciones *f* aritméticas
– *instruction keys (command keys)*
22 las teclas de la memoria
– *memory keys*
23 la tecla de cálculo *m* del porcentaje
– *percent key (percentage key)*
24 la tecla de π para el cálculo de las longitudes de las circunferencias
– *π-key (pi-key) for mensuration of circles*
25 el sacapuntas
– *pencil sharpener*
26 la goma de borrar de máquina *f* de escribir
– *typewriter rubber*
27 el aparato distribuidor de cinta *f* adhesiva
– *adhesive tape dispenser*
28 el soporte de mesa *f* de la cinta adhesiva
– *adhesive tape holder (roller-type adhesive tape dispenser)*
29 el rollo de cinta *f* adhesiva
– *roll of adhesive tape*
30 la arista (el borde) cortante
– *tear-off edge*
31 la esponjilla humedecedora
– *moistener*
32 la agenda de mesa *f*
– *desk diary*
33 la hoja con la fecha (la hoja de calendario *m*)
– *date sheet (calendar sheet)*
34 la hoja de anotaciones *f* (de notas *f*)
– *memo sheet*
35 la regla
– *ruler*
36 la graduación en centímetros *m* y milímetros *m*
– *centimetre and millimetre (*Am.* centimeter and millimeter) graduations*
37 el archivador
– *file (document file)*
38 el rótulo del lomo
– *spine label (spine tag)*
39 el orificio para la manipulación
– *finger hole*
40 el clasificador
– *arch board file*
41 el mecanismo del clasificador
– *arch unit*
42 la palanca de abrir o cerrar
– *release lever (locking lever, release/lock lever)*
43 la abrazadera
– *compressor*
44 la relación del estado de cuentas *f*
– *bank statement (statement of account)*

1-48 la oficina colectiva
– ***open plan office***
1 el tabique (la mampara de separación *f*)
– *partition wall (partition screen)*
2 el cajón clasificador con un sistema de suspensión *f* de los archivadores
– *filing drawer with suspension file system*
3 el archivador (el clasificador) suspendido
– *suspension file*
4 la lengüeta guía
– *file tab*
5 el archivador
– *file (document file)*
6 la archivera
– *filing clerk*
7 el empleado de oficina *f* (el oficinista)
– *clerical assistant*
8 las apuntes para el archivador
– *note for the files*
9 el teléfono
– *telephone*
10 la estantería de los archivadores
– *filing shelves*
11 la mesa del empleado
– *clerical assistant's desk*
12 el armario de oficina *f*
– *office cupboard*
13 la jardinera con plantas *f*
– *plant stand (planter)*
14 la planta de interior *m*
– *indoor plants (houseplants)*
15 la programadora
– *programmer*
16 la pantalla terminal de datos *m*
– *data display terminal (visual display unit)*
17 el empleado del servicio al cliente
– *customer service representative*
18 el cliente
– *customer*
19 el dibujo realizado por computadora *f*
– *computer-generated design*
20 el tabique de absorción *f* del sonido (de insonorización *f*)
– *sound-absorbing partition*
21 la mecanógrafa
– *typist*
22 la máquina de escribir
– *typewriter*
23 el cajón fichero
– *filing drawer*
24 el fichero de los clientes
– *customer card index*
25 la silla de oficina *f*, una silla giratoria
– *office chair, a swivel chair*
26 la mesa de la máquina de escribir
– *typing desk*
27 el fichero
– *card index box*
28 la estantería de múltiples usos *m*
– *multi-purpose shelving*
29 el jefe
– *proprietor*
30 la carta comercial
– *business letter*
31 la secretaria del jefe (la secretaria de dirección *f*)
– *proprietor's secretary*
32 el bloc de taquigrafía *f*
– *shorthand pad (*Am. *steno pad)*
33 la audiomecanógrafa
– *audio typist*
34 el dictáfono
– *dictating machine*
35 el auricular en el pabellón de la oreja
– *earphone*
36 la gráfica (el diagrama) estadística (la estadística)
– *statistics chart*
37 el armario de debajo de la mesa de despacho *m*
– *pedestal containing a cupboard or drawers*

38 el armario de puertas *f* de corredera *f*
– *sliding-door cupboard*
39 los elementos dispuestos en forma *f* de ángulo *m*
– *office furniture arranged in an angular configuration*
40 la estantería colgante (suspendida)
– *wall-mounted shelf*
41 la bandeja de correspondencia *f*
– *letter tray*
42 el calendario (el almanaque) de pared *f*
– *wall calendar*
43 la central de datos *m* (la central de transmisión *f* de datos *m*, el banco de datos *m*)
– *data centre* (Am. *center*)
44 la petición de información *f* inscrita en la pantalla terminal de datos *m*
– *calling up information on the data display terminal (visual display unit)*
45 la papelera
– *waste paper basket*
46 la estadística de ventas *f*
– *sales statistics*
47 el listado de ordenador *m* (de tratamiento *m* electrónico de la información) un impreso plegado en acordeón *m*
– *EDP print-out, a continuous fan-fold sheet*
48 el elemento de ensamblaje *m*
– *connecting element*

1 **la máquina de escribir eléctrica,** una máquina de escribir de cabeza *f* esférica
– ***electric typewriter,*** *a golf ball typewriter*
2-6 el teclado
– *keyboard*
2 la barra espaciadora
– *space bar*
3 la tecla de las mayúsculas
– *shift key*
4 la tecla de interlineado *m*
– *line space and carrier return key*
5 la tecla fijamayúsculas
– *shift lock*
6 la tecla de margen *m* (el liberador del margen)
– *margin release key*
7 la tecla del tabulador
– *tabulator key*
8 la tecla de anulación *f* del tabulador
– *tabulator clear key*
9 el interruptor de encendido *m*/apagado *m*
– *on/off switch*
10 la palanca selectora de la intesidad de la impresión
– *striking force control (impression control)*
11 el selector de la cinta
– *ribbon selector*
12 la escala del margen (la escala de marginales *m*)
– *margin scale*
13 el margen izquierdo
– *left margin stop*
14 el margen derecho
– *right margin stop*
15 la cabeza esférica (la cabeza de imprimir, de escribir) con los tipos
– *golf ball (spherical typing element) bearing the types*
16 la cajita de la cinta
– *ribbon cassette*
17 la barra pisapapeles con los rodillos guía
– *paper bail with rollers*
18 el rodillo
– *platen*
19 el tarjetero
– *typing opening (typing window)*
20 la palanca de introducción *f* del papel
– *paper release lever*
21 la palanca de retorno *m* (de marcha *f* atrás) del carro
– *carrier return lever*
22 el botón giratorio del rodillo
– *platen knob*
23 el selector de interlineado *m*
– *line space adjuster*
24 la palanca liberadora del rodillo
– *variable platen action lever*
25 el botón de embrague *m* del rodillo
– *push-in platen variable*
26 la tablilla de apoyo *m* para borrar
– *erasing table*
27 la tapa transparente
– *transparent cover*
28 la cabeza esférica de repuesto *m*
– *exchange golf ball (exchange typing element)*
29 el tipo
– *type*
30 el casquete (la tapa) de la cabeza de imprimir
– *golf ball cap (cap of typing element)*
31 los segmentos dentados
– *teeth*
32 **la copiadora** (fotocopiadora *f*) **automática con rollos *m* de papel *m***
– ***web-fed automatic copier***
33 el depósito del rollo de papel *m*
– *magazine for paper roll*
34 la selección del formato (de la dimensión) del papel
– *paper size selection (format selection)*
35 la preselección del número de copias *f*
– *print quantity selection*
36 el regulador del contraste
– *contrast control*
37 el interruptor principal (el interruptor de encendido *m*/apagado *m*)
– *main switch (on/off switch)*
38 el interruptor de mando *m* (el botón de inicio *m* de la copia)
– *start print button*
39 el cristal portaoriginales
– *document glass*
40 la banda transportadora
– *transfer blanket*
41 el rodillo de tintaje *m*
– *toner roll*
42 el sistema de exposición *f*
– *exposure system*
43 la salida de copias *f* (de fotocopias *f*)
– *print delivery (copy delivery)*
44 **la máquina de plegar cartas *f***
– ***letter-folding machine***
45 el dispositivo de alimentación *f* de papel *m*
– *paper feed*
46 el mecanismo de plegado *m*
– *folding mechanism*
47 la bandeja recogedora
– *receiving tray*
48 **la máquina de imprimir (la prensa) en offset de tamaño *m* pequeño**
– ***small offset press***
49 el dispositivo de alimentación *f* de papel *m*
– *paper feed*
50 la palanca de tintaje *m* de las placas de imprimir
– *lever for inking the plate cylinder*
51-52 la batería de tintaje *m*
– *inking unit (inker unit)*
51 el rodillo distribuidor
– *distributing roller (distributor)*
52 el rodillo entintador
– *ink roller (inking roller, fountain roller)*
53 el botón de regulación *f* de la presión
– *pressure adjustment*
54 la salida del papel impreso
– *sheet delivery (receiving table)*
55 el botón de regulación *f* de la velocidad de impresión *f*
– *printing speed adjustment*
56 el vibrador para alinear los papeles impresos en pilas *f*
– *jogger for aligning the piles of sheets*
57 la pila de papel *m* impreso
– *pile of paper (pile of sheets)*
58 la máquina de plegar (la plegadora)
– *folding machine*
59 la máquina de alzado *m* para tiradas *f* cortas
– *gathering machine (collating machine, assembling machine) for short runs*
60 la estación de alzado *m*
– *gathering station (collating station, assembling station)*
61 la encuadernadora automática para la encuadernación térmica son cosido *m*
– *adhesive binder (perfect binder) for hot adhesives*
62 **el dictáfono de cinta *f* magnética**
– ***magnetic tape dictating machine***
63 los auriculares de casco *m* (el casco auricular, el juego de auriculares *m* con casco *m*)
– *headphones (headset, earphones)*
64 el interruptor de encendido *m*/apagado *m*
– *on/off switch*
65 el mango del micrófono
– *microphone cradle*
66 el enchufe para el interruptor a pedal *m* de la mecanógrafa
– *foot control socket*
67 el enchufe para el teléfono
– *telephone adapter socket*
68 el enchufe para los auriculares de casco *m*
– *headphone socket (earphone socket, headset socket)*
69 el enchufe para el micrófono
– *microphone socket*
70 el altavoz incorporado
– *built-in loudspeaker*
71 la lámpara indicadora (la luz de control *m*)
– *indicator lamp (indicator light)*
72 el compartimiento de la cassette
– *cassette compartment*
73 las teclas de marcha *f* adelante, de marcha *f* atrás y de parada *f*
– *forward wind, rewind, and stop buttons*
74 la escala de tiempo *m* (el contador horario) con rayas *f* indicadoras
– *time scale with indexing marks*
75 el cursor de parada *f* de la escala de tiempo *m*
– *time scale stop*

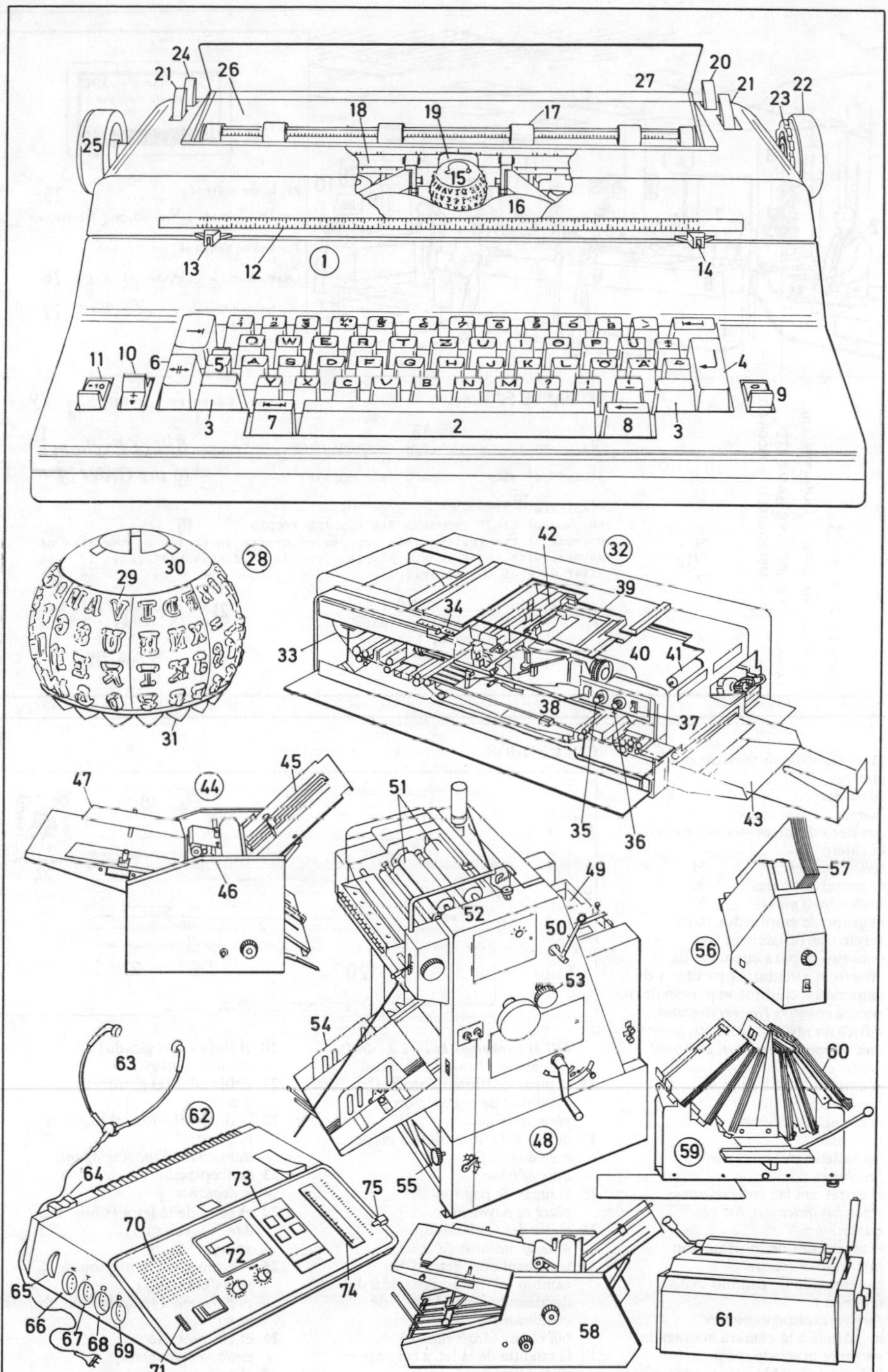
1
2
3
4
5
6
7
8
9
10
11
12
13
14
15
16
17
18
19
20
21
22
23
24
25
26
27
28
29
30
31
32
33
34
35
36
37
38
39
40
41
42
43
44
45
46
47
48
49
50
51
52
53
54
55
56
57
58
59
60
61
62
63
64
65
66
67
68
69
70
71
72
73
74
75

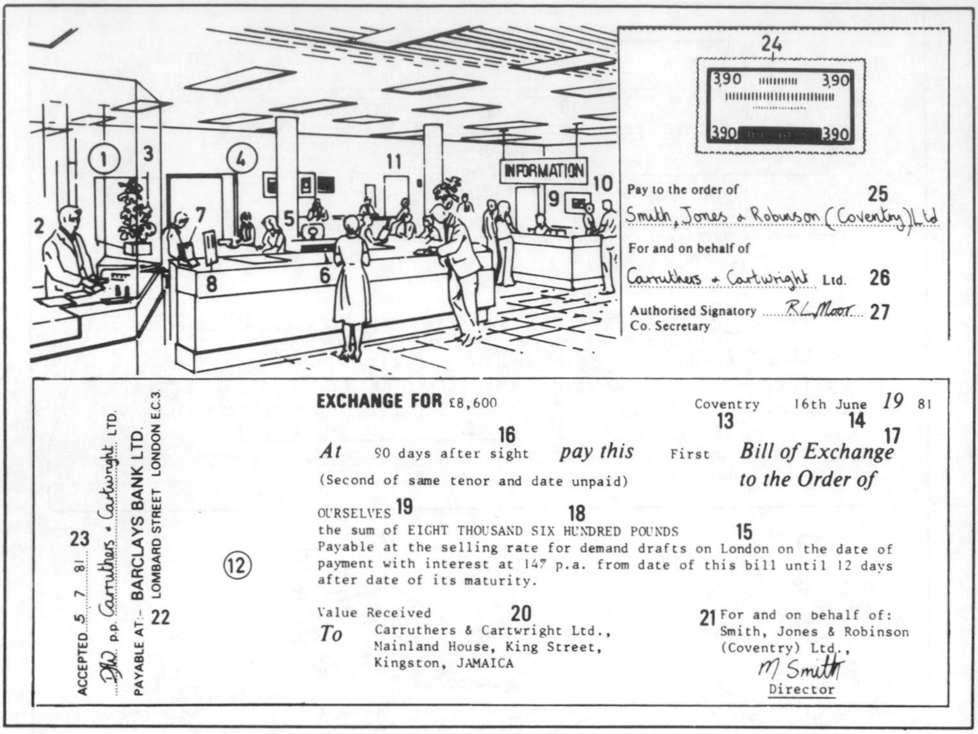

en España:

1-11 el vestíbulo de servicio *m* **a los clientes**
- ***main hall***

1 la caja
- *cashier's desk (cashier's counter)*

2 el cajero
- *teller (cashier)*

3 el cristal antibalas
- *bullet-proof glass*

4 el grupo de empleados *m* de servicio *m* (asistencia *f* y consejos *m* para cuentas *f* de ahorro *m*, cuentas *f* privadas y de empresas *f*, créditos *m* personales)
- *service counters [for service and advice on savings accounts, private and company accounts, personal loans, etc.]*

5 la empleada de banco *m*
- *bank clerk*

6 la clienta del banco
- *customer*

7 los folletos publicitarios
- *brochures*

8 el cartel con las cotizaciones
- *stock list (price list, list of quotations)*

9 el mostrador de información *f*
- *information counter*

10 la ventanilla de cambio *m* de moneda *f*
- *foreign exchange counter*

11 la entrada a la cámara acorazada
- *entrance to strong room*

12 **la letra de cambio** *m; en este caso:* una letra girada (giro *m*), una letra aceptada
- ***bill of exchange*** *(bill)*, e.g. *draft, acceptance (bank acceptance)*

13 el lugar de libramiento *m* (la localidad de expedición *f*)
- *place of issue*

14 la fecha de libramiento *m* (de expedición *f*)
- *date of issue*

15 el lugar de pago *m*
- *place of payment*

16 el día del vencimiento
- *date of maturity (due date)*

17 la cláusula de "letra *f* de cambio *m*" (la designación del documento como letra *f* de cambio *m*)
- *bill clause (draft clause)*

18 la cuantía de la letra (el importe de la letra)
- *value*

19 la orden (el tomador)
- *payee (remittee)*

20 el librado (el girado)
- *drawee (payer)*

21 el librador (el girador)
- *drawer*

22 la domiciliación (el lugar de pago *m*)
- *domicilation (paying agent)*

23 la aceptación
- *acceptance*

24 el sello de la letra (*Chile, Guat. y Mé.:* el fechador)
- *stamp*

25 el endoso (la anotación de transferencia *f*)
- *endorsement (indorsement, transfer entry)*

26 el endosatario
- *endorsee (indorsee)*

27 el endosante
- *endorser (indorser)*

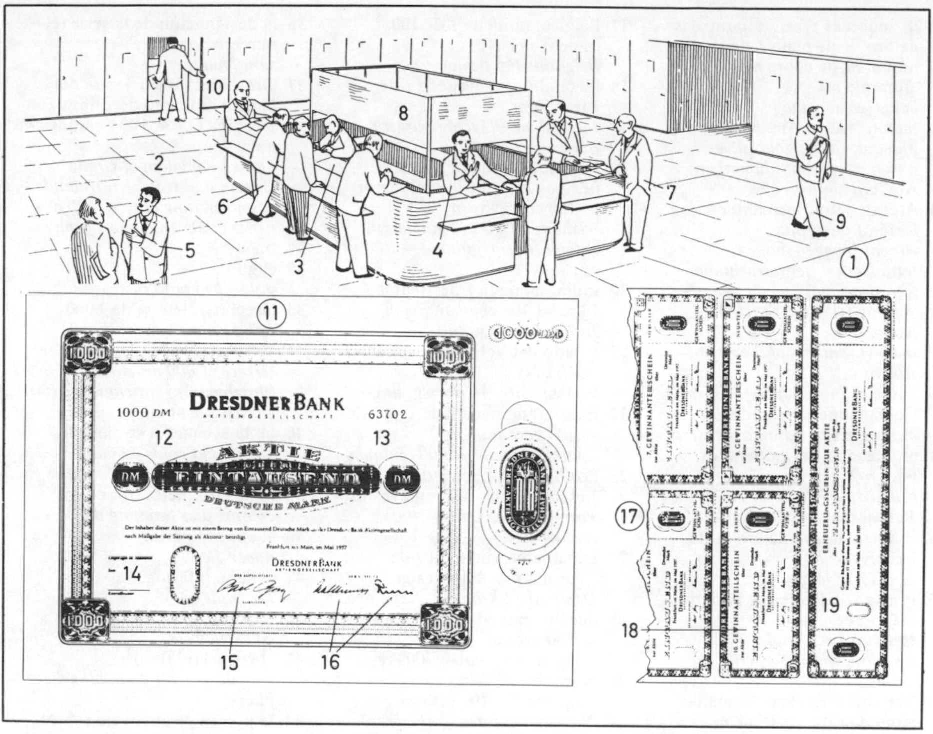

1-10 la Bolsa (la Bolsa de valores *m* y fondos *m* públicos)
- ***stock exchange***

1 la sala de la Bolsa
- *exchange hall (exchange floor)*

2 el mercado de valores *m*
- *market for securities*

3 el mostrador para los corredores
- *broker's post*

4 el agente de cambio *m* colegiado, un corredor de comercio *m*
- *sworn stockbroker (exchange broker, stockbroker,* Am. *specialist), an inside broker*

5 el corredor de comercio *m* (el agente de cambio *m*) libre, para las transacciones del mercado libre
- *kerbstone broker (kerbstoner, curbstone broker, curbstoner, outside broker), a commercial broker dealing in unlisted securities*

6 el miembro de la Bolsa, un particular admitido para las transacciones de Bolsa *f*
- *member of the stock exchange (stockjobber,* Am. *floor trader, room trader)*

7 el agente de Bolsa *f*, un empleado de banco *m*
- *stock exchange agent (boardman), a bank employee*

8 el tablón con las cotizaciones bursátiles
- *quotation board*

9 el ujier de la Bolsa
- *stock exchange attendant (waiter)*

10 la cabina telefónica
- *telephone box (telephone booth, telephone kiosk, call box)*

11-19 valores *m* (efectos *m*): *clases:* acción *f*, valor *m* de renta *f* fija, título *m* de la deuda, cédula *f* (título *m*) hipotecaria, obligación *f* municipal, obligación *f* industrial, obligación *f* convertible
- ***securities;*** kinds: *share* (Am. stock), fixed-income security, annuity, bond, debenture bond, municipal bond *(corporation stock), industrial bond, convertible bond*

11 la acción (el título); *en este caso:* la acción al portador
- *share certificate* (Am. *stock certificate);* here: *bearer share (share warrant)*

12 el valor nominal de la acción
- *par (par value, nominal par, face par) of the share*

13 el número de orden *m*
- *serial number*

14 el número de folio *m* del libro de registro *m* de acciones *f* del banco
- *page number of entry in bank's share register (bank's stock ledger)*

15 la firma del presidente del Consejo de Inspección *f*
- *signature of the chairman of the board of governors*

16 la firma del presidente del Consejo de Administración *f*
- *signature of the chairman of the board of directors*

17 la hoja de cupones *m*
- *sheet of coupons (coupon sheet, dividend coupon sheet)*

18 el cupón de dividendos *m*
- *dividend warrant (dividend coupon)*

19 el talón de renovación *f*
- *talon*

1-28 monedas *f (clases:* monedas de oro *m*, de plata *f*, de níquel *m*, de cobre *m* o de aluminio *m)*
- ***coins*** *(coin, coinage, metal money, specie,* Am. *hard money);* kinds: *gold, silver, nickel, copper, or aluminium,* Am. *aluminum, coins*

1 Atenas: tetradracma *m* en forma *f* de pepita *f*
- *Athens: nugget-shaped tetradrachm (tetradrachmon, tetradrachma)*

2 el búho (el ave *f* cívica de Atenas)
- *the owl, emblem of the city of Athens*

3 áureo *m* (aureus) de Constantino el Grande
- *aureus of Constantine the Great*

4 bracteada *f* del emperador Federico I Barbarroja
- *bracteate of Emperor Frederick I Barbarossa*

5 Francia: luis *m* de oro *m* de Luis XIV
- *Louis XIV louis-d'or*

6 Prusia: 1 tálero *m* de Federico el Grande
- *Prussia: 1 reichstaler (speciestaler) of Frederick the Great*

7 República Federal Alemana: moneda *f* de 5 marcos *m* alemanes (DM); 1 DM = 100 pfennigs *m*
- *Federal Republic of Germany: 5 Deutschmarks (DM); 1 DM = 100 pfennigs*

8 el anverso (la cara)
- *obverse*

9 el reverso (la cruz)
- *reverse (subordinate side)*

10 la marca de la ceca
- *mint mark (mintage, exergue)*

11 el cordoncillo
- *legend (inscription on the edge of a coin)*

12 el dibujo de la moneda, un escudo de armas *f* nacional
- *device (type), a provincial coat of arms*

13 Austria: moneda *f* de 25 chelines *m* (schillings); 1 sch. = 100 groschen *m*
- *Austria: 25 schillings; 1 sch = 100 groschen*

14 los escudos de armas *f* de las provincias (de los estados)
- *provincial coats of arms*

15 Suiza: moneda *f* de 5 francos *m;* 1 franco = 100 rappens *m* (céntimos *m*)
- *Switzerland: 5 francs; 1 franc = 100 centimes*

16 Francia: moneda *f* de 1 franco *m* = 100 céntimos *m*
- *France: 1 franc = 100 centimes*

17 Bélgica: moneda *f* de 100 francos *m*
- *Belgium: 100 francs*

18 Luxemburgo: moneda *f* de 1 franco *m*
- *Luxembourg (Luxemburg): 1 franc*

19 Holanda: moneda *f* de $2^1/_2$ florines *m;* 1 florín (gulden *m*) = 100 centavos *m*
- *Netherlands: 2 1/2 guilders; 1 guilder (florin, gulden) = 100 cents*

20 Italia: moneda *f* de 10 liras *f;* 1 lira = 100 centésimos *m*
- *Italy: 10 lire (*sg. *lira)*

21 Estado del Vaticano: moneda *f* de 10 liras *f*
- *Vatican City: 10 lire (*sg. *lira)*

22 España: moneda *f* de 1 peseta *f* = 100 céntimos *m*
- *Spain: 1 peseta = 100 céntimos*

23 Portugal: moneda *f* de 1 escudo *m* = 100 centavos *m*
- *Portugal: 1 escudo = 100 centavos*

24 Dinamarca: moneda *f* de 1 corona *f* = 100 ores *m*
- *Denmark: 1 krone = 100 öre*

25 Suecia: moneda *f* de 1 corona *f* = 100 ores *m*
- *Sweden: 1 krona = 100 öre*

26 Noruega: moneda *f* de 1 corona *f* = 100 ores *m*
- *Norway: 1 krone = 100 öre*

27 Checoslovaquia: moneda *f* de 1 corona *f* = 100 halèřu *m*
- *Czechoslovakia: 1 koruna = 100 heller*

28 Yugoslavia: moneda *f* de 1 dinar *m* = 100 paras *m*
- *Yugoslavia: 1 dinar = 100 paras*

29-39 billetes *m* **de banco** *m* (papel *m* moneda, billetes *m*, moneda *f* fiduciaria)
- ***banknotes*** (Am. *bills) (paper money, notes, treasury notes)*

29 República Federal Alemana: billete *m* de 20 marcos *m* alemanes (DM)
- *Federal Republic of Germany: 20 DM*

30 el banco emisor
- *bank of issue (bank of circulation)*

31 la filigrana (un retrato)
- *watermark [a portrait]*

32 el valor nominal
- *denomination*

33 Estados Unidos de América: billete *m* de 1 dólar *m* = 100 centavos *m* (*P. Rico: y S. Dgo.:* 1 pavo *m*, 1 tranca *f*)
- *USA: 1 dollar ($) = 100 cents*

34 las firmas facsímiles
- *facsimile signatures*

35 el sello de control *m*
- *impressed stamp*

36 la designación de la serie (el número de serie *f*)
- *serial number*

37 Gran Bretaña e Irlanda del Norte: billete *m* de 1 libra *f* esterlina (£) = 100 peniques *m* nuevos
- *United Kingdom of Great Britain and Northern Ireland: 1 pound sterling (£1) = 100 new pence (100p.),* sg. *new penny (new p.)*

38 el guilloque
- *guilloched pattern*

39 Grecia: billete *m* de 1 000 dracmas *m;* 1 dracma = 100 leptas *m*
- *Greece: 1,000 drachmas (drachmae); 1 drachma = 100 lepta (*sg. *lepton)*

40-44 la acuñación de moneda *f*
- ***striking of coins*** *(coinage, mintage)*

40-41 los troqueles (los cuños)
- *coining dies (minting dies)*

40 el cuño superior
- *upper die*

41 el cuño inferior
- *lower die*

42 el anillo de acuñación *f*
- *collar*

43 el cospel (el flan)
- *coin disc (disk) (flan, planchet, blank)*

44 la prensa de acuñación *f*
- *coining press (minting press)*

1
2
3
4
5
6
7
8
9
10
11
12
13
14
15
16
17
18
19
20
21
22
23
24
25
26
27
28
29
30
31
32
33
34
35
36
37
38
39
40
41
42
43
44

1-3 la bandera de las Naciones Unidas (de la ONU)
– *flag of the United Nations*
1 el asta *f* de la bandera rematada por un sombrerete
– *flagpole (flagstaff) with truck*
2 la driza
– *halyard (halliard, haulyard)*
3 la lanilla
– *bunting*
4 la bandera del Consejo de Europa (la bandera de Europa)
– *flag of the Council of Europe*
5 la bandera olímpica
– *Olympic flag*
6 la bandera a media asta *f* [en señal *f* de duelo *m*]
– *flag at half-mast (*Am. *at half-staff) [as a token of mourning]*
7-11 el estandarte
– *flag*
7 el asta *f* (el mastil)
– *flagpole (flagstaff)*
8 el bollón (el tachón) de la bandera
– *ornamental stud*
9 la corbata
– *streamer*
10 la moharra
– *pointed tip of the flagpole*
11 la lanilla
– *bunting*
12 el pendón
– *banner (gonfalon)*
13 el estandarte de caballería *f* (el banderín de la caballería)
– *cavalry standard (flag of the cavalry)*
14 el estandarte del Presidente de la República Federal Alemana [la insignia de Jefe *m* del Estado]
– *standard of the German Federal President [ensign of head of state]*
15-21 banderas *f* nacionales (pabellones *m*)
– *national flags*
15 la Unión Jack (Gran Bretaña)
– *the Union Jack [Great Britain]*
16 la bandera tricolor (Francia)
– *the Tricolour (*Am. *Tricolor) [France]*
17 la Danebrog (Dinamarca)
– *the Danebrog (Dannebrog) [Denmark]*
18 la bandera estrellada (Estados Unidos de América, EEUU)
– *the Stars and Stripes (Star-Spangled Banner) [USA]*
19 la Media Luna (Turquía)
– *the Crescent [Turkey]*
20 la bandera del sol naciente (Japón)
– *the Rising Sun [Japan]*
21 la hoz y el martillo (Unión dc Repúblicas Socialistas Soviéticas, URSS)
– *the Hammer and Sickle [USSR]*
22-34 banderas *f* de señales *f*, un juego de banderas
– *signal flags, a hoist*
22-28 banderas *f* de letras *f*
– *letter flags*
22 letra *f* A, una corneta (bandera *f* de dos puntas *f*, de dos farpas *f*)
– *letter A, a burgee (swallow-tailed flag)*
23 letra *f* G, la señal de llamada *f* del práctico
– *G, pilot flag*
24 H ("práctico *m* a bordo *m*")
– *H ['pilot on board']*
25 L ("señal *f* de parada *f* para comunicación *f* importante")
– *L ['you should stop, I have something important to communicate']*
26 P, "a punto *m* de zarpar", una señal de salida *f*
– *P, the Blue Peter ['about to set sail']*
27 W ("requerimiento *m* de aistencia *f* médica")
– *W ['I require medical assistance']*
28 Z, una cuadra (bandera *f* rectangular)
– *Z, an oblong pennant (oblong pendant)*
29 el gallardete del código de señales *f*, un gallardete del Código internacional de señales
– *code pennant (code pendant), used in the International Signals Code*
30-32 gallardetes *m* auxiliares, banderas *f* triangulares
– *substitute flags (repeaters), triangular flags (pennants, pendants)*
33-34 gallardetes *m* de números *m*
– *numeral pennants (numeral pendants)*
33 el número 1
– *number 1*
34 el número 0
– *number 0*
35-38 banderas *f* de Aduana *f*
– *customs flags*
35 la bandera de Aduana *f* de las lanchas aduaneras
– *customs boat pennant (customs boat pendant)*
36 "barco *m* despachado por Aduanas *f*"
– *'ship cleared through customs'*
37 la señal pidiendo despacho *m* de Aduanas *f*
– *customs signal flag*
38 la bandera de pólvora *f* ["carga *f* inflamable"]
– *powder flag ['inflammable (flammable) cargo']*

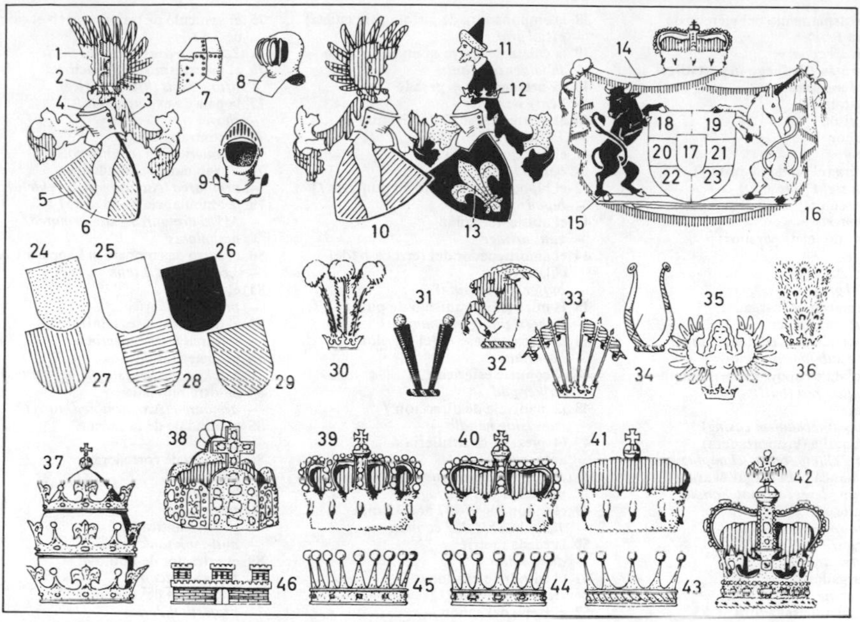

1-36 heráldica *f* (blasón *m*)
– *heraldry (blazonry)*
1, 11, 30-36 cimeras *f*
– *crests*
1-6 el escudo de armas *f* (el blasón)
– *coat-of-arms (achievement of arms, hatchment, achievement)*
1 la cimera
– *crest*
2 el tortillo
– *wreath of the colours (*Am. *colors)*
3 el lambrequín
– *mantle (mantling)*
4, 7-9 yelmos *m* (celadas *f*)
– *helmets (helms)*
4 la celada (el yelmo)
– *tilting helmet (jousting helmet)*
5 el escudo
– *shield*
6 la banda ondeada siniestra
– *bend sinister wavy*
7 el yelmo en forma *f* de cubo *m* (el yelmo cerrado)
– *pot-helmet (pot-helm, heaume)*
8 la celada (el yelmo) de grilleta *f*
– *barred helmet (grilled helmet)*
9 el yelmo abierto (el yelmo con la visera levantada)
– *helmet affronty with visor open*
10-13 el escudo de armas *f* matrimonial (el escudo de alianza *f*, el escudo doble)
– *marital achievement (marshalled,* Am. *marshaled, coat-of-arms)*
10 el escudo de armas *f* del hombre (del marido)
– *arms of the baron (of the husband)*
11-13 el escudo de armas *f* de la mujer (de la esposa)
– *arms of the family of the femme (of the wife)*
11 el busto humano
– *demi-man;* also: *demi-woman*
12 la corona de hojas *f*
– *crest coronet*
13 la flor de lis *f*
– *fleur-de-lis*
14 el pabellón heráldico
– *heraldic tent (mantling)*
15-16 tenantes *m*, animales *m* heráldicos
– *supporters;* here: *heraldic beasts*
15 el toro
– *bull*
16 el unicornio
– *unicorn*
17-23 la descripción del escudo de armas *f* (blasón *m;* arte *amb.* de explicar los escudos de armas, la ordenación de los cuarteles (campos *m*) del escudo)
– *blazon*
17 el centro del escudo (el corazón)
– *inescutcheon (heart-shield)*
18-23 los seis cuarteles del escudo
– *quarterings one to six*
18, 20, 22 el flanco diestro
– *dexter (right)*
18-19 el jefe
– *chief*
19, 21, 23 el flanco siniestro
– *sinister (left)*
22-23 la punta
– *base*
24-29 los esmaltes
– *tinctures*
24-25 los metales
– *metals*
24 oro *m* [amarillo]
– *or (gold)*
25 plata *f* [blanco]
– *argent (silver)*
26 sable *m* (negro)
– *sable*
27 gules *m* (rojo)
– *gules*
28 azur *m* (azul)
– *azure*
29 sinople *m* (sinoble; verde)
– *vert*
30 las plumas de avestruz *f*
– *ostrich feathers (treble plume)*
31 los garrotes de torneo *m*
– *truncheon*
32 la cabra naciente
– *demi-goat*
33 los pendoncillos de torneo *m*
– *tournament pennons*
34 los cuernos de búfalo *m*
– *buffalo horns*
35 la arpía
– *harpy*
36 el penacho de pavo *m* real
– *plume of peacock's feathers*
37, 38, 42-46 coronas *f*
– *crowns and coronets [continental type]*
37 la tiara papal
– *tiara (papal tiara)*
38 la corona imperial [alemana, hasta 1806]
– *Imperial Crown [German, until 1806]*
39 la corona ducal
– *ducal coronet (duke's coronet)*
40 la corona de príncipe *m*
– *prince's coronet*
41 la corona de príncipe *m* elector (de elector *m*)
– *elector's coronet*
42 la corona real inglesa
– *English Royal Crown*
43-45 coronas *f* de títulos *m* nobiliarios
– *coronets of rank*
43 la corona nobiliaria [de Alemania]
– *baronet's coronet*
44 la corona de barón *m*
– *baron's coronet (baronial coronet)*
45 la corona de conde *m*
– *count's coronet*
46 la corona mural del escudo de armas *f* de una ciudad
– *mauerkrone (mural crown) of a city crest*

1-98 el armamento del ejército de tierra *f*
– *army weaponry*
1-39 armas *f* de fuego *m* portátiles
– ***hand weapons***
1 la pistola P 1
– *P1 pistol*
2 el cañón
– *barrel*
3 la mira (el punto de mira *f*)
– *front sight (foresight)*
4 el percutor
– *hammer*
5 el gatillo (el disparador)
– *trigger*
6 la culata
– *pistol grip*
7 el almacén del cargador
– *magazine holder*
8 la metralleta MP 2 (el subfusil)
– *MP 2 sub-machine gun*
9 la culata de apoyo *m* en el hombro
– *shoulder rest (butt)*
10 la caja
– *casing (mechanism casing)*
11 la boquilla (la abrazadera)
– *barrel clamp (barrel-clamping nut)*
12 la palanca para cargar el arma *f*
– *cocking lever (cocking handle)*
13 la caña
– *palm rest*
14 el seguro
– *safety catch*
15 el cargador
– *magazine*
16 el fusil ametrallador G3-A3
– *G3-A3 self-loading rifle*
17 el cañón
– *barrel*
18 el tapafuegos
– *flash hider (flash eliminator)*
19 la caña
– *palm rest*
20 el dispositivo de disparo *m* (el disparador y el guardamonte)
– *trigger mechanism*
21 el cargador
– *magazine*
22 el alza *f*
– *notch (sighting notch, rearsight)*
23 el soporte (la montura) de la mira
– *front sight block (foresight block) with front sight (foresight)*
24 la culata del fusil
– *rifle butt (butt)*
25 el lanzagranadas de 44 mm anticarro
– *44 mm anti-tank rocket launcher*
26 la granada
– *rocket (projectile)*
27 el tubo amortiguador del culatazo (del retroceso)
– *buffer*
28 el alza *f* telescópica
– *telescopic sight (telescope sight)*
29 el mecanismo de disparo *m*
– *firing mechanism*
30 la pieza protectora de la mejilla
– *cheek rest*
31 la culata de apoyo *m* en el hombro
– *shoulder rest (butt)*
32 la ametralladora MG3
– *MG3 machine gun (Spandau)*
33 la caja (la caña)
– *barrel casing*
34 el amortiguador del retroceso (del culatazo)
– *gas regulator*
35 la pestaña para el cambio de cañón *m*
– *belt-changing flap*
36 el alza *f*
– *rearsight*
37 el soporte (la montura) de la mira
– *front sight block (foresight block) with front sight (foresight)*
38 la empuñadura de pistola *f* (la culata)
– *pistol grip*
39 la culata de apoyo *m* en el hombro
– *shoulder rest (butt)*
40-95 armamento *m* pesado
– ***heavy weapons***
40 el mortero AM 50 de 120 mm
– *120 mm AM 50 mortar*
41 el tubo (el cañón)
– *barrel*
42 el bípode (el caballete de puntería *f*)
– *bipod*
43 el afuste del cañón
– *gun carriage*
44 el amortiguador del retroceso (del culatazo)
– *buffer (buffer ring)*
45 la mira (el mecanismo de puntería *f*)
– *sight (sighting mechanism)*
46 la placa de base *m* (el espolón)
– *base plate*
47 el cojinete esférico
– *striker pad*
48 la manivela de dirección *f*
– *traversing handle*
49-74 piezas *f* de artillería *f* autopropulsada
– *artillery weapons mounted on self-propelled gun carriages*
49 el cañón SF M 107 de 175 mm
– *175 mm SFM 107 cannon*
50 la rueda motriz
– *drive wheel*
51 el cilindro elevador
– *elevating piston*
52 el freno del cañón
– *buffer (buffer recuperator)*
53 el sistema hidráulico
– *hydraulic system*
54 la culata
– *breech ring*
55 el espolón
– *spade*
56 el cilindro del espolón
– *spade piston*
57 el obús autopropulsado blindado M 109 G de 155 mm
– *155 mm M 109 G self-propelled gun*
58 el freno de la boca de fuego *m*
– *muzzle*
59 el extractor de humo *m*
– *fume extractor*
60 la cuna del cañón
– *barrel cradle*
61 el recuperador
– *barrel recuperator*
62 la abrazadera soporte del cañón
– *barrel clamp*
63 la ametralladora antiaérea (DCA)
– *light anti-aircraft (AA) machine gun*
64 el lanzamisiles Honest John M 386
– *Honest John M 386 rocket launcher*
65 el misil de cabeza *f* (ojiva *f*) explosiva (nuclear)
– *rocket with warhead*
66 la rampa de lanzamiento *m*
– *launching ramp*
67 el mecanismo de elevación *f*
– *elevating gear*
68 el apoyo del vehículo
– *jack*
69 el torno para el cable
– *cable winch*
70 el lanzacohetes 110 SF
– *110 SF rocket launcher*
71 los cañones (los tubos)
– *disposable rocket tubes*
72 el blindaje del cañón
– *tube bins*
73 la cureña giratoria
– *turntable*
74 el sistema regulador del tiro
– *fire control system*
75 el vehículo de trabajos *m* en el campo de 2,5 t
– *2.5 tonne construction vehicle*
76 el mecanismo de elevación *f*
– *lifting arms (lifting device)*
77 la pala de explanación *f*
– *shovel*
78 el contrapeso
– *counterweight (counterpoise)*
79-95 vehículos *m* blindados
– ***armoured*** (Am. *armored*) ***vehicles***
79 la ambulancia blindada M 113
– *M113 armoured* (Am. *armored*) *ambulance*
80 el carro de combate *m* Leopard 1 A 3
– *Leopard 1 A 3 tank*
81 el blindaje
– *protection device*
82 el telémetro láser e infrarrojo
– *infrared laser rangefinder*
83 los botes fumígenos
– *smoke canisters (smoke dispensers)*
84 la torre blindada
– *armoured* (Am. *armored*) *turret*
85 el blindaje de la cadena
– *skirt*
86 la rueda de corredera *f*
– *road wheel*
87 la cadena
– *track*
88 el carro anticarro
– *anti-tank tank*
89 el extractor de humo *m*
– *fume extractor*
90 el blindaje del cañón
– *protection device*
91 el vehículo blindado Marder de transporte *m* de personal *m*
– Marder *armoured* (Am. *armored*) *personnel carrier*
92 el cañón automático
– *cannon*
93 el vehículo blindado para terraplenes *m*
– Standard *armoured* (Am. *armored*) *recovery vehicle*
94 la pala de explanación *f* y de apoyo *m*
– *levelling* (Am. *leveling*) *and support shovel*
95 el brazo de la grúa
– *jib*
96 el vehículo de usos *m* múltiples de 0,25 t (el jeep)
– *.25 tonne all-purpose vehicle*
97 el parabrisas abatible
– *drop windscreen* (Am. *drop windshield*)
98 la capota de lona *f*
– *canvascover*

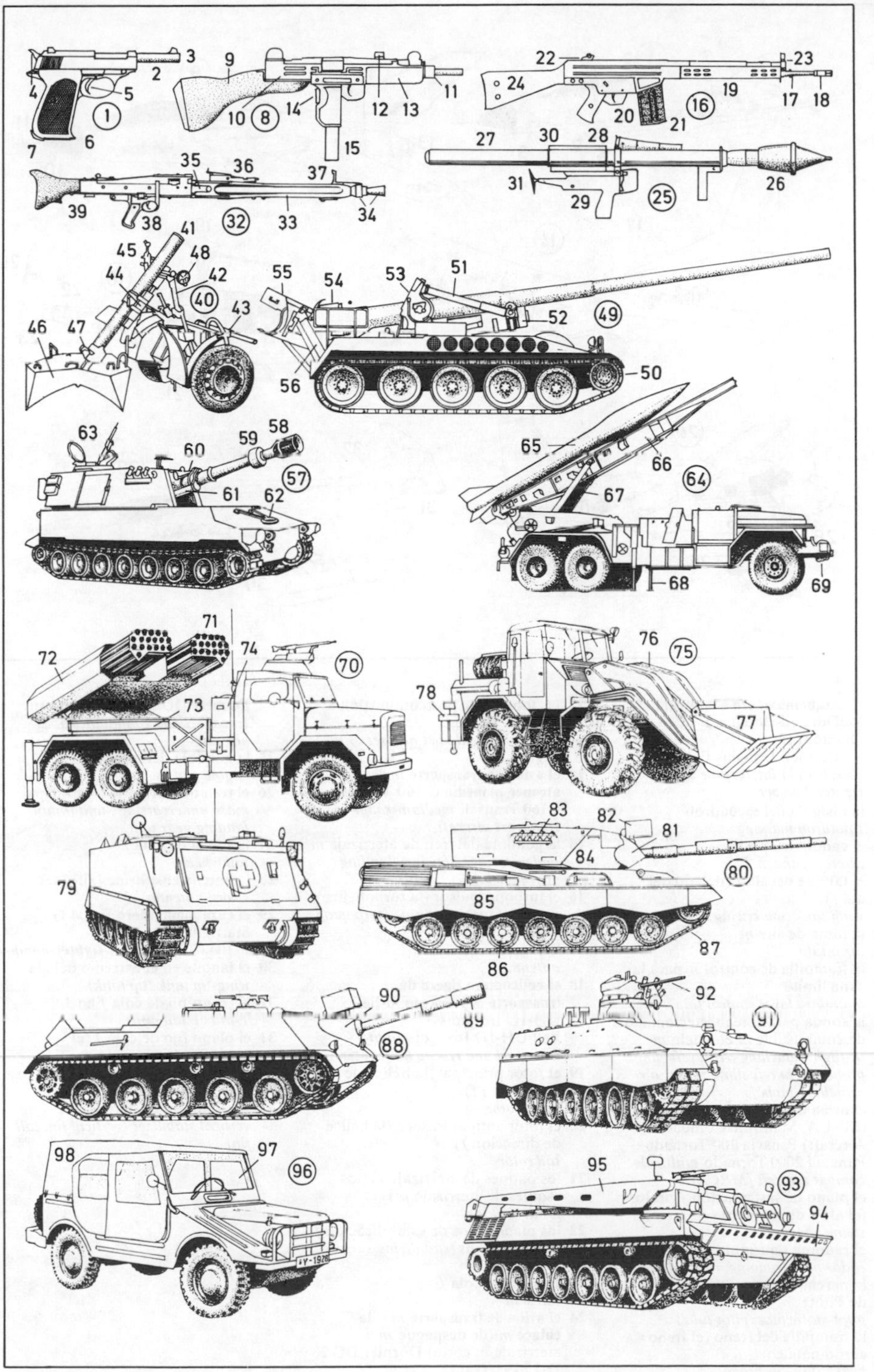
1
2
3
4
5
6
7
8
9
10
11
12
13
14
15
16
17
18
19
20
21
22
23
24
25
26
27
28
29
30
31
32
33
34
35
36
37
38
39
40
41
42
43
44
45
46
47
48
49
50
51
52
53
54
55
56
57
58
59
60
61
62
63
64
65
66
67
68
69
70
71
72
73
74
75
76
77
78
79
80
81
82
83
84
85
86
87
88
89
90
91
92
93
94
95
96
97
98

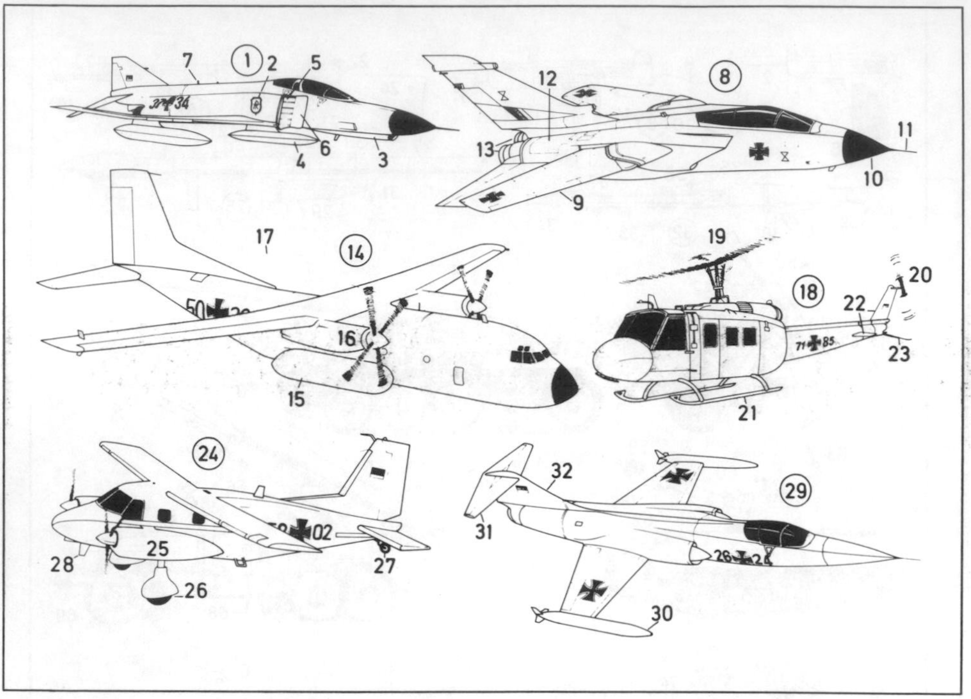

1 **el cazabombardero e interceptor** McDonnell-Douglas F-4F Phantom II
- McDonnell-Douglas F-4F Phantom II ***interceptor and fighter-bomber***

2 la insignia del escuadrón
- *squadron marking*

3 el cañón de 20 mm
- *aircraft cannon*

4 el tanque del ala *f* (debajo del ala *f*)
- *wing tank (underwing tank)*

5 la toma de aire *m*
- *air intake*

6 la trampilla de control *m* para la capa límite
- *boundary layer control flap*

7 la sonda para el reabastecimiento de combustible *m* en vuelo *m*
- *in-flight refuelling (*Am. *refueling) probe (flight refuelling probe, air refuelling probe)*

8 **el avión de combate** *m* **polivalente** (MRCA, Multirole Combat Aircraft) Panavia 200 Tornado
- Panavia 2000 Tornado ***multirole combat aircraft** (MRCA)*

9 el plano de sustentación *f* giratorio (el ala *f* de geometría *f* variable)
- *swing wing*

10 el radomo (la cúpula del radar)
- *radar nose (radome, radar dome)*

11 la percha anemométrica (el tubo de Pitot)
- *pitot-static tube (pitot tube)*

12 la trampilla del freno (el freno aerodinámico)
- *brake flap (air brake)*

13 las toberas de postcombustión *f* de los reactores
- *afterburner exhaust nozzles of the engines*

14 **el avión de transporte** *m* **de alcance** *m* **medio** C 160 Transall
- C160 Transall ***medium-range transport aircraft***

15 la góndola del tren de aterrizaje *m*
- *undercarriage housing (landing gear housing)*

16 el turbopropulsor (la turbohélice)
- *propeller-turbine engine (turboprop engine)*

17 la antena
- *antenna*

18 **el helicóptero ligero de transporte** *m* **y rescate** *m* Bell UH-1D Iroquois
- Bell UH-ID Iroquois ***light transport and rescue helicopter***

19 el rotor principal (la hélice de propulsión *f*)
- *main rotor*

20 el rotor antipar trasero (la hélice de dirección *f*)
- *tail rotor*

21 los patines de aterrizaje *m* (los esquíes de aterrizaje *m*)
- *landing skids*

22 los planos fijos de estabilización *f*
- *stabilizing fins (stabilizing surfaces, stabilizers)*

23 el patín de cola *f*
- *tail skid*

24 **el avión de transporte** *m* **y de enlace** *m* (de despegue *m* y aterrizaje *m* corto) Dornier DO 28 D-2 Skyservant
- Dornier DO 28 D-2 Skyservant ***transport and communications aircraft***

25 la góndola del motor
- *engine pod*

26 el tren de aterrizaje *m* principal
- *main undercarriage unit (main landing gear unit)*

27 la rueda de cola *f*
- *tail wheel*

28 la antena ensiforme (xifoide)
- *sword antenna*

29 **el cazabombardero** F-104 G Starfighter
- F-104 G Starfighter ***fighter-bomber***

30 el tanque en el extremo del ala
- *wing-tip tank (tip tank)*

31-32 el grupo de cola *f* en T
- *T-tail (T-tail unit)*

31 el plano fijo de cola *f* (el estabilizador)
- *tailplane (horizontal stabilizer, stabilizer)*

32 el plano fijo de deriva *f*
- *vertical stabilizer (vertical fin, tail fin)*

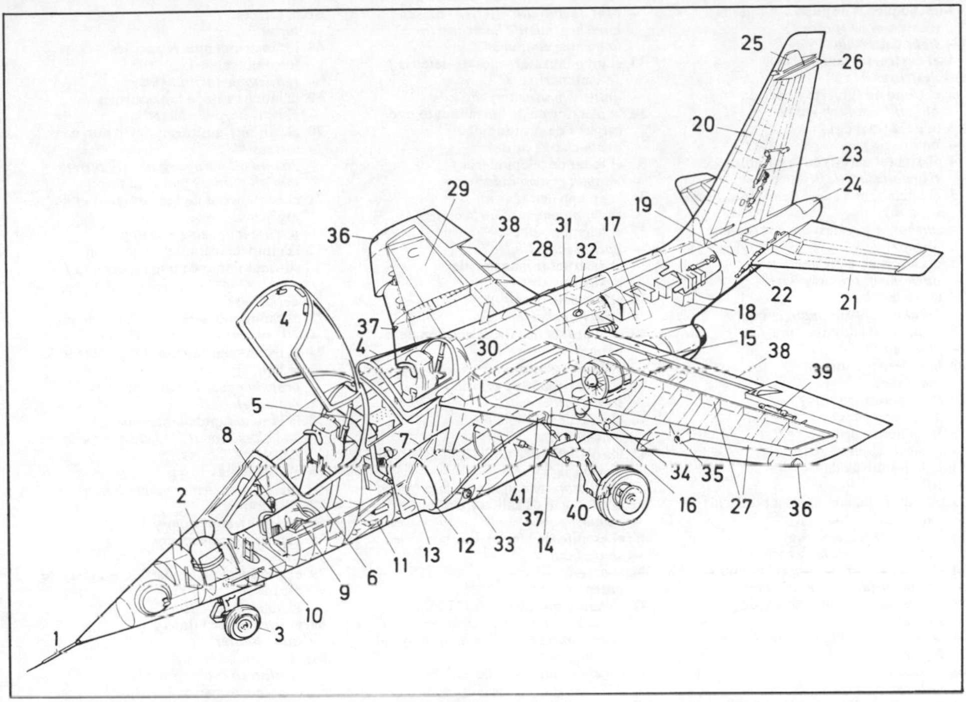

1-41 el avión a reacción *f* franco-alemán de adiestramiento *m Dornier-Dassault-Breguet Alpha Jet*
– Dornier-Dassault-Breguet Alpha Jet *Franco-German jet trainer*
1 la percha anemométrica (el tubo de Pitot)
– *pitot-static tube (pitot tube)*
2 el depósito de oxígeno *m*
– *oxygen tank*
3 el tren de aterrizaje *m* delantero replegable hacia delante
– *forward-retracting nose wheel*
4 la cúpula de la cabina (de la carlinga)
– *cockpit canopy (cockpit hood)*
5 el gato de la cúpula
– *canopy jack*
6 el asiento del piloto (el asiento del piloto alumno), un asiento de eyección *f*
– *pilot's seat (student pilot's seat), an ejector seat (ejection seat)*
7 el asiento del observador (el asiento del instructor de vuelo *m*), un asiento de eyección *f*
– *observer's seat (instructor's seat), an ejector seat (ejection seat)*
8 la palanca de mando *m*
– *control column (control stick)*
9 la palanca de potencia *f* (el mando de gases *m*)
– *thrust lever*
10 los pedales del timón de dirección *f* con frenos *m*
– *rudder pedals with brakes*
11 el compartimento de proa *f* del equipo electrónico
– *front avionics bay*
12 la entrada de aire *m* (la toma de aire *m* del reactor)
– *air intake to the engine*
13 el tabique de control *m* para la capa límite
– *boundary layer control flap*
14 el conducto de entrada *f* del aire
– *air intake duct*
15 el turborreactor
– *turbine engine*
16 el depósito de alimentación *f* del sistema hidráulico
– *reservoir for the hydraulic system*
17 el compartimento de las baterías
– *battery housing*
18 el compartimento de cola *f* del equipo electrónico
– *rear avionics bay*
19 el compartimento de equipajes *m*
– *baggage compartment*
20 el plano fijo de deriva *f* de triple larguero *m*
– *triple-spar tail construction*
21 el timón de profundidad *f*
– *horizontal tail*
22 el servomando del timón de profundidad *f*
– *servo-actuating mechanism for the elevator*
23 el servomando del timón de dirección *f*
– *servo-actuating mechanism for the rudder*
24 la caja del paracaídas de frenado *m*
– *brake chute housing (drag chute housing)*
25 la antena perfilada VHF [VHF: Very high frequency]
– *VHF (very high frequency) antenna (UHF antenna)*
26 la antena de altísima frecuencia *f* multidireccional [VOR: Very high frequency omnidirectional range]
– *VOR (very high frequency omnidirectional range) antenna*
27 la superficie de sustentación *f* de doble larguero *m*
– *twin-spar wing construction*
28 la armazón formada por largueros *m*
– *former with integral spars*
29 el tanque integrado en el ala *f*
– *integral wing tanks*
30 el tanque central del fuselaje
– *centre-section* (Am. *center-section*) *fuel tank*
31 los tanques del fuselaje
– *fuselage tanks*
32 la sonda de llenado *m* de combustible *m* por gravedad *f*
– *gravity fuelling* (Am. *fueling*) *point*
33 la toma de combustible *m* bajo presión *f*
– *pressure fuelling* (Am. *fueling*) *point*
34 la suspensión interior del ala *f*
– *inner wing suspension*
35 la suspensión exterior del ala *f*
– *outer wing suspension*
36 las luces de navegación *f* (de posición *f*)
– *navigation lights (position lights)*
37 los faros de aterrizaje *m*
– *landing lights*
38 los alerones de profundidad *f*
– *landing flap*
39 el servomando del alerón
– *aileron actuator*
40 el tren de aterrizaje *m* principal replegable hacia delante
– *forward-retracting main undercarriage unit (main landing gear unit)*
41 el gato hidráulico de levantamiento *m* (el dispositivo retráct: il hidromecánico) del tren de aterrizaje *m*
– *undercarriage hydraulic cylinder (landing gear hydraulic cylinder)*

1-63 buques *m* **de guerra** *f* **ligeros** (barcos *m* de guerra *f*)
– ***light battleships***
1 **el destructor lanzamisiles**
– ***destroyer***
2 el casco de cubierta *f* corrida
– *hull of flush-deck vessel*
3 la proa (la roda)
– *bow (stem)*
4 el asta (el mástil) de la bandera
– *flagstaff (jackstaff)*
5 el ancla *f*, una ancla de patente *f* (sin cepo *m*)
– *anchor, a stockless anchor (patent anchor)*
6 el cabrestante del ancla *f*
– *anchor capstan (windlass)*
7 el rompeolas
– *breakwater* (Am. *manger board)*
8 la cuaderna de curvatura *f*
– *chine strake*
9 la cubierta principal
– *main deck*
10-28 superestructuras *f*
– *superstructures*
10 la cubierta superior
– *superstructure deck*
11 la balsa salvavidas
– *life rafts*
12 el esquife (la lancha de a bordo *m*)
– *cutter (ship's boat)*
13 la serviola (el pescante)
– *davit (boat-launching crane)*
14 el puente de mando *m* (el puente)
– *bridge (bridge superstructure)*
15 la luz lateral de posición *f* (de situación *f*)
– *side navigation light (side running light)*
16 la antena
– *antenna*
17 el cuadro radiogoniométrico (el radiogoniómetro)
– *radio direction finder (RDF) frame*
18 el palo de celosía *f* (la torre metálica)
– *lattice mast*
19 la chimenea de proa *f*
– *forward funnel*
20 la chimenea de popa *f*
– *aft funnel*
21 la caperuza de la chimenea (el sombrerete de la chimenea)
– *cowl*
22 la toldilla (el castillo de popa *f*)
– *aft superstructure (poop)*
23 el cabrestante
– *capstan*
24 la escalera de cámara *f* (la escotilla de cámara *f*)
– *companion ladder (companionway, companion hatch)*
25 el asta de la bandera de popa *f*
– *ensign staff*
26 la popa, una popa cuadra (popa *f* de espejo *m*)
– *stern, a transom stern*
27 la línea de flotación *f*
– *waterline*
28 el reflector
– *searchlight*
29-37 el armamento
– *armament*
29 la torreta con un cañón de 100 mm
– *100 mm gun turret*
30 el lanzamisiles de defensa *f* antisubmarina, un lanzamisiles cuádruple
– *four-barrel anti-submarine rocket launcher (missile launcher)*
31 el afuste de dos cañones *m* antiaéreos de 40 mm
– *40 mm twin anti-aircraft (AA) gun*
32 el lanzamisiles de defensa *f* antiaérea MM 38, en su contenedor *m* de lanzamiento *m*
– *MM 38 anti-aircraft (AA) rocket launcher (missile launcher) in launching container*
33 el tubo lanzatorpedos de defensa *f* antisubmarina
– *anti-submarine torpedo tube*
34 la plataforma de lanzamiento *m* de cargas *f* de profundidad *f*
– *depth-charge thrower*
35 el radar de telepuntería *f*
– *weapon system radar*
36 la antena de radar *m*
– *radar antenna (radar scanner)*
37 el telémetro óptico
– *optical rangefinder*
38 **el destructor lanzamisiles**
– ***destroyer***
39 el ancla de proa *f*
– *bower anchor*
40 el guardahélice (la protección de la hélice)
– *propeller guard*
41 el palo trípode de celosía *f*
– *tripod lattice mast*
42 el palo de una sola pieza
– *pole mast*
43 los orificios de ventilación *f* (la rejilla de ventilación *f*)
– *ventilator openings (ventilator grill)*
44 el conducto de salida *f* del humo
– *exhaust pipe*
45 el esquife (la lancha de a bordo *m*)
– *ship's boat*
46 la antena
– *antenna*
47 el cañón multiusos de 127 mm dirigido por radar *m* en su torreta *f*
– *radar-controlled 127 mm all-purpose gun in turret*
48 el cañón multiusos de 127 mm
– *127 mm all-purpose gun*
49 la rampa de lanzamiento *m* de misiles *m* Tartar
– *launcher for Tartar missiles*
50 el lanzamisiles de defensa *f* antisubmarina
– *anti-submarine rocket (ASROC) launcher (missile launcher)*
51 las antenas de radar *m* para el control del tiro
– *fire control radar antennas*
52 el radomo
– *radome (radar dome)*
53 **la fragata**
– ***frigate***
54 el tubo del escobén
– *hawse pipe*
55 la luz de navegación *f*
– *steaming light*
56 la luz de posición *f* (de situación *f*)
– *navigation light (running light)*
57 la boca de aspiración *f* de aire *m*
– *air extractor duct*
58 la chimenea
– *funnel*
59 la caperuza de la chimenea (el sombrerete de la chimenea)
– *cowl*
60 la antena de látigo *m*
– *whip antenna (fishpole antenna)*
61 el esquife (la lancha de a bordo *m*)
– *cutter*
62 la luz de popa *f*
– *stern light*
63 el anillo guardahélice (el protector de la hélice)
– *propeller guard boss*
64-91 buques *m* **de guerra** *f*
– ***fighting ships***
64 **el submarino**
– ***submarine***
65 el castillo de proa *f* sumergible
– *flooded foredeck*
66 el casco de presión *f*
– *pressure hull*
67 la torreta
– *turret*
68 los instrumentos retráctiles (escamoteables)
– *retractable instruments*
69 la lancha rápida lanzamisiles
– *E-boat (torpedo boat)*
70 el cañón *f* multiusos de 76 mm con torreta *f*
– *76 mm all-purpose gun with turret6 mm all-purpose gun with turret*
71 el contenedor de lanzamiento *m* de misiles *m*
– *missile-launching housing*
72 la chupeta (camareta *f* junto al coronamiento de popa *f*, cámara *f* alta)
– *deckhouse*
73 el cañón antiaéreo (DCA) de 40 mm
– *40 mm anti-aircraft (AA) gun*
74 el listón guardahélice (el protector de la hélice)
– *propeller guard moulding* (Am. *molding)*
75 la lancha rápida lanzamisiles
– *143 class E-boat (143 class torpedo boat)*
76 el rompeolas
– *breakwater* (Am. *manger board)*
77 el radomo
– *radome (radar dome)*
78 el tubo lanzatorpedos
– *torpedo tube*
79 el conducto de salida *f* de los gases de escape *m*
– *exhaust escape flue*
80 **el cazador de minas** *f*
– ***mine hunter***
81 el cintón reforzado
– *reinforced rubbing strake*
82 el bote neumático
– *inflatable boat (inflatable dinghy)*
83 la serviola (el pescante) del bote
– *davit*
84 **el dragaminas** (el buque barreminas, el buque buscaminas)
– ***minesweeper***
85 el torno de tambor *m* para el cable
– *cable winch*
86 el torno de remolque *m*
– *towing winch (towing machine, towing engine)*
87 la draga (el mecanismo para barrer minas *f*)
– *mine-sweeping gear;* here; *paravanes*
88 la grúa
– *crane (davit)*
89 **el buque de desembarco** *m*
– ***landing craft***
90 la rampa de proa *f*
– *bow ramp*
91 la rampa de popa *f*
– *stern ramp*
92-97 barcos *m* **auxiliares**
– ***auxiliaries***
92 el ténder (el barco avituallador)
– *tender*
93 el buque de mantenimiento *m*, versión *f* taller *m* de reparación *f*
– *servicing craft*
94 el buque fondeador de minas *f* (el buque minador, el buque portaminas)
– *minelayer*
95 el buque escuela
– *training ship*
96 el remolcador de salvamento *m* en alta mar *amb.*
– *deep-sea salvage tug*
97 el buque cisterna (el petrolero de reabastecimiento *m* de combustible *m*)
– *fuel tanker (replenishing ship)*

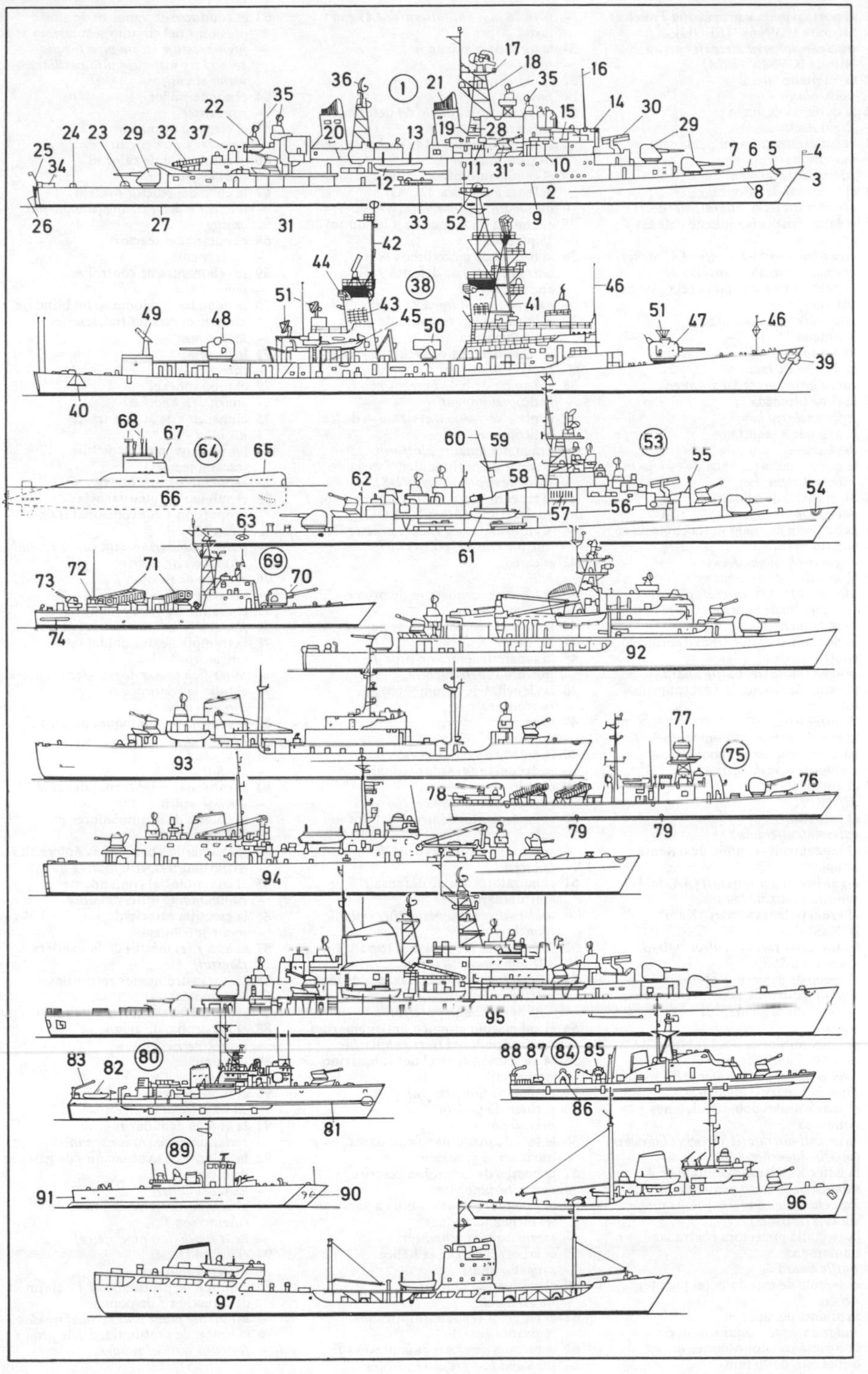
17
18
16
36
1
21
35
15
14
30
35
22
29
24 23 29 32 37
20
13
19
28
25
34
11
31
10
7 6 5 4
3
12
8
2
9
26
27
31
33
52
42
44
38
46
51
43
45
41
51
47
46
49
48
50
39
40
68
67
64
65
60
59
53
55
66
62
58
54
63
57
56
61
69
73 72 71
70
74
92
93
77
75
76
78
79
79
94
95
83
82
80
88 87 84 85
86
81
89
91
90
96
97

1 **el portaaviones a propulsión** *f* **nuclear** "Nimitz ICVN 68" (EEUU)
– ***nuclear-powered aircraft carrier*** Nimitz ICVN68' *(USA)*
2-11 el plano lateral
– *body plan*
2 la cubierta de vuelo *m*
– *flight deck*
3 la superestructura (el puente de mando *m*)
– *island (bridge)*
4 el ascensor de aviones*m*
– *aircraft lift* (Am. *aircraft elevator)*
5 el lanzamisiles óctuplo de defensa *f* antiaérea
– *eight-barrel anti-aircraft (AA) rocket launcher (missile launcher)*
6 el palo de una sola pieza (el poste de antenas *f*)
– *pole mast (antenna mast)*
7 la antena
– *antenna*
8 la antena de radar *m*
– *radar antenna (radar scanner)*
9 la proa blindada
– *fully enclosed bow*
10 la grúa de a bordo *m*
– *deck crane*
11 la popa cuadra (la popa de espejo *m*)
– *transom stern*
12-20 el plano de cubierta *f*
– *deck plan*
12 la cubierta de vuelo *m* (la cubierta en ángulo *m*)
– *angle deck (flight deck)*
13 el ascensor de aviones *m*
– *aircraft lift* (Am. *aircraft elevator)*
14 la catapulta de lanzamiento *m* doble
– *twin launching catapult*
15 la pantalla plegable (móvil) protectora contra las llamaradas
– *hinged (movable) baffle board*
16 el cable de retención *f* (el cable de freno *m*)
– *arrester wire*
17 la red (la barrera) de emergencia *f* para amortiguar el choque
– *emergency crash barrier*
18 el andarivel
– *safety net*
19 el camello
– *caisson (cofferdam)*
20 el lanzamisiles óctuplo de defensa *f* antiaérea
– *eight-barrel anti-aircraft (AA) rocket launcher (missile launcher)*
21 **el crucero lanzamisiles** "Kara" (URSS)
– 'Kara' class ***rocket cruiser*** *(missile cruiser) (USSR)*
22 el casco de cubierta *f* corrida
– *hull of flush-deck vessel*
23 la arrufadura (el arrufo)
– *sheer*
24 el lanzamisiles de doce tubos *m* de defensa *f* antisubmarina
– *twelve-barrel underwater salvo rocket launcher (missile launcher)*
25 el lanzamisiles doble de defensa *f* antiaérea
– *twin anti-aircraft (AA) rocket launcher (missile launcher)*
26 la batería de lanzamiento *m* de 4 misiles *m* de corto recorrido *m*
– *launching housing for 4 short-range rockets (missiles)*
27 la pantalla protectora contra las llamaradas
– *baffle board*
28 el puente de mando *m* (el puente)
– *bridge*
29 la antena de radar *m*
– *radar antenna (radar scanner)*
30 la torreta con dos cañones *m* antiaéreos de 76 mm
– *twin 76 mm anti-aircraft (AA) gun turret*
31 la torre de combate *m*
– *turret*
32 la chimenea
– *funnel*
33 el lanzamisiles doble de defensa *f* antiaérea
– *twin anti-aircraft (AA) rocket launcher (missile launcher)*
34 el cañón automático antiaéreo (de defensa antiaérea, DCA)
– *automatic anti-aircraft (AA) gun*
35 el esquife (la lancha de a bordo *m*)
– *ship's boat*
36 la batería de cinco tubos *m* lanzatorpedos de defensa *f* antisubmarina
– *underwater 5-torpedo housing*
37 el lanzamisiles séxtuplo de defensa *f* antisubmarina
– *underwater 6-salvo rocket launcher (missile launcher)*
38 el hangar de helicópteros *m*
– *helicopter hangar*
39 la plataforma de aterrizaje *m* de los helicópteros
– *helicopter landing platform*
40 el sonar de profundidad *f* variable
– *variable depth sonar (VDS)*
41 **el crucero lanzamisiles a propulsión** *f* **nuclear** "California" (EEUU)
– 'California' class ***rocket cruiser*** *(missile cruiser) (USA)*
42 el casco
– *hull*
43 la torre de combate *m* de proa *f*
– *forward turret*
44 la torre de combate *m* de popa *f*
– *aft turret*
45 la superestructura de proa *f*
– *forward superstructure*
46 las lanchas de desembarco *m*
– *landing craft*
47 la antena
– *antenna*
48 la antena de radar *m*
– *radar antenna (radar scanner)*
49 el radomo
– *radome (radar dome)*
50 el lanzamisiles contra objetivos *m* aéreos
– *surface-to-air rocket launcher (missile launcher)*
51 el lanzatorpedos de defensa *f* antisubmarina
– *underwater rocket launcher (missile launcher)*
52 el cañón de 127 mm con torreta *f*
– *127 mm gun with turret*
53 la plataforma de aterrizaje *m* de los helicópteros
– *helicopter landing platform*
54 **el submarino atómico antisubmarino**
– ***nuclear-powered fleet submarine***
55-74 la sección central del submarino [esquema]
– *middle section [diagram]*
55 el casco de presión *f*
– *pressure hull*
56 la sala de máquinas *f* auxiliares
– *auxiliary engine room*
57 la bomba de la turbina centrífuga
– *rotary turbine pump*
58 el generador de la turbina a vapor *m* (el turboalternador)
– *steam turbine generator*
59 el árbol (el eje) de la hélice
– *propeller shaft*
60 el cojinete de empuje *m*
– *thrust block*
61 el reductor (el demultiplicador)
– *reduction gear*
62 la turbina de alta o baja presión *f*
– *high and low pressure turbine*
63 el conducto de vapor *m* de alta presión *f* del circuito secundario
– *high-pressure steam pipe for the secondary water circuit (auxiliary water circuit)*
64 el condensador
– *condenser*
65 el circuito primario
– *primary water circuit*
66 el cambiador de calor *m*
– *heat exchanger*
67 la cuba del reactor nuclear
– *nuclear reactor casing (atomic pile casing)*
68 el núcleo del reactor
– *reactor core*
69 los elementos de control *m*
– *control rods*
70 la pantalla de plomo *m* (el blindaje aislante contra las radiaciones)
– *lead screen*
71 la torreta
– *turret*
72 el tubo snorkel
– *snorkel (schnorkel)*
73 el inyector de aire *m* fresco
– *air inlet*
74 los instrumentos retráctiles (escamoteables)
– *retractable instruments*
75 **el submarino guardacostas** de propulsión *f* convencional (Diesel-eléctrica)
– ***patrol submarine*** *with conventional (diesel-electric) drive*
76 el casco de presión *f*
– *pressure hull*
77 el castillo de proa *f* sumergible
– *flooded foredeck*
78 la trampilla exterior [del tubo lanzatorpedos]
– *outer flap (outer doors) [for torpedoes]*
79 el tubo lanzatorpedos
– *torpedo tube*
80 la sentina (el pantoque) de proa *f*
– *bow bilge*
81 el ancla *f*
– *anchor*
82 el cabrestante (el torno) del ancla *f*
– *anchor winch*
83 la batería de acumuladores *m*
– *battery*
84 los camarotes con literas *f* plegables
– *living quarters with folding bunks*
85 el camarote del comandante
– *commanding officer's cabin*
86 la escotilla principal
– *main hatchway*
87 el asta *f* (el mástil) de la bandera
– *flagstaff*
88-91 los instrumentos retráctiles (escamoteables)
– *retractable instruments*
88 el periscopio de ataque *m*
– *attack periscope*
89 la antena
– *antenna*
90 el tubo snorkel
– *snorkel (schnorkel)*
91 la antena de radar *m*
– *radar antenna (radar scanner)*
92 la válvula de evacuación *f* de gases *m* de escape *m*
– *exhaust outlet*
93 el compartimiento del tubo de calefacción *f*
– *heat space (hot-pipe space)*
94 el grupo Diesel
– *diesel generators*
95 el timón de profundidad *f* y el timón de dirección *f* de popa *f*
– *aft diving plane and vertical rudder*
96 el timón de profundidad *f* de proa *f*
– *forward vertical rudder*

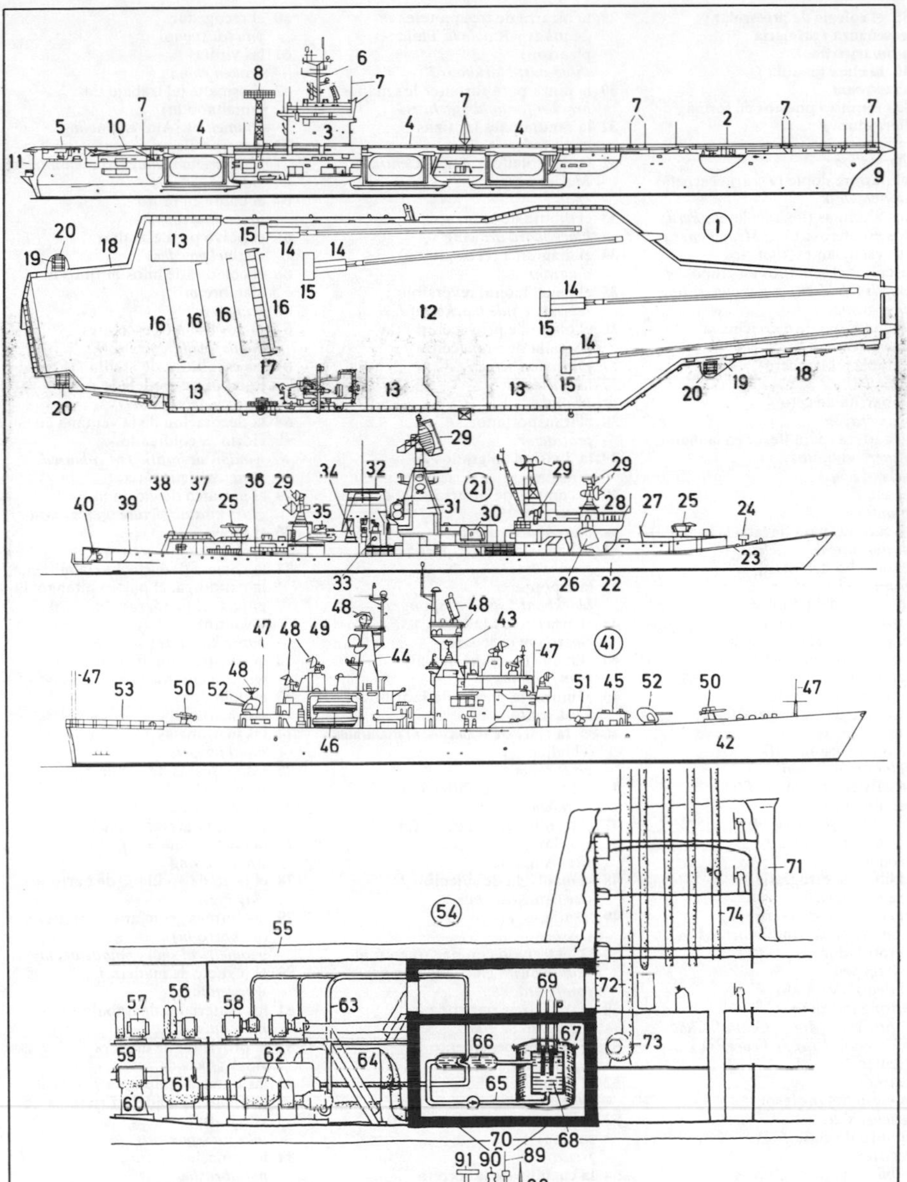
1
2
3
4
5
6
7
8
9
10
11
12
13
14
15
16
17
18
19
20
21
22
23
24
25
26
27
28
29
30
31
32
33
34
35
36
37
38
39
40
41
42
43
44
45
46
47
48
49
50
51
52
53
54
55
56
57
58
59
60
61
62
63
64
65
66
67
68
69
70
71
72
73
74
75
76
77
78
79
80
81
82
83
84
85
86
87
88
89
90
91
92
93
94
95
96

1-85 el colegio de preescolar y enseñanza *f* primaria
– ***primary school***
1-45 la clase (el aula *f*)
– ***classroom***
1 los pupitres puestos en forma *f* de herradura *f*
– *arrangement of desks in a horseshoe*
2 el pupitre doble (*Perú:* la carpeta)
– *double desk*
3 los alumnos (los escolares; *Perú:* los escoleros; *Col., Mé. y Venez.:* los escuelantes; *Bol.:* los escolinos) sentados en grupos *m*
– *pupils (children) in a group (sitting in a group)*
4 el cuaderno de ejercicios *m*
– *exercise book*
5 el lápiz (el lapicero)
– *pencil*
6 la barrita de cera *f*
– *wax crayon*
7 la cartera (para llevar en la mano; *Amér.:* el bulto)
– *school bag*
8 el asa *f*
– *handle*
9 la cartera (para llevar a la espalda)
– *school satchel (satchel)*
10 el bolsillo delantero
– *front pocket*
11 la correa del hombro
– *strap (shoulder strap)*
12 el plumier (el estuche de lápices; *m*; *Arg. y Chile:* la lapicera)
– *pen and pencil case*
13 el cierre de cremallera *f*
– *zip*
14 la pluma estilográfica
– *fountain pen (pen)*
15 la carpeta de anillas *f* (el archivador)
– *loose-leaf file (ring file)*
16 el libro de lectura *f*
– *reader*
17 el libro de ortografía *f*
– *spelling book*
18 el cuaderno de escritura *f*
– *exercise book;* sim.: *notebook*
19 el rotulador
– *felt tip pen*
20 el dedo levantado
– *raising the hand*
21 el profesor (*Amér. Central, Chile, Mé., Perú, Urug. y Venez.:* el esculero)
– *teacher*
22 la mesa del profesor
– *teacher's desk*
23 el libro de clase *f*
– *register*
24 la bandeja portaplumas
– *pen and pencil tray*
25 el cartapacio
– *desk mat (blotter)*
26 el cristal de la ventana pintado a mano *f*
– *window painting with finger paints (finger painting)*
27 las acuarelas pintadas por los alumnos
– *pupils' (children's) paintings (watercolours)*
28 la cruz (el crucifijo)
– *cross*
29 la pizarra de tres paneles *m* (*Antillas y Río de la Plata:* el pizarrón)
– *three-part blackboard*
30 la pinza para sostener los mapas
– *bracket for holding charts*
31 la ranura para las tizas
– *chalk ledge*
32 la tiza (blanca; *Amér. Central y Mé.:* el tizate)
– *chalk*
33 el dibujo de la pizarra
– *blackboard drawing*
34 el diagrama (el esquema)
– *diagram*
35 el panel lateral reversible
– *reversible side blackboard*
36 el plano de proyección *f* (la pantalla de proyección *f*)
– *projection screen*
37 la escuadra
– *triangle*
38 el transportador
– *protractor*
39 la división en grados *m*
– *divisions*
40 el compás de pizarra *f* (el compás de tiza *f*)
– *blackboard compass*
41 la bandeja de la esponja
– *sponge tray*
42 la esponja
– *blackboard sponge (sponge)*
43 el armario de la clase
– *classroom cupboard*
44 el mapa (el mapa mural)
– *map (wall map)*
45 el muro (la pared) de ladrillos *m*
– *brick wall*
46-85 la clase de trabajos *m* manuales (el taller)
– ***craft room***
46 el banco de carpintero *m*
– *workbench*
47 el tornillo de banco *m* (la mordaza)
– *vice (*Am. *vise)*
48 la manivela de sujeción *f*
– *vice (*Am. *vise) bar*
49 las tijeras
– *scissors*
50-52 el trabajo con pegamento *m*
– *working with glue (sticking paper, cardboard, etc.)*
50 la superficie para pegar
– *surface to be glued*
51 el tubo de pegamento *m*
– *tube of glue*
52 el tapón del tubo
– *tube cap*
53 la sierra de marquetería *f* (la serreta)
– *fretsaw*
54 la cuchilla de la serreta
– *fretsaw blade (saw blade)*
55 la escofina de madera *f*
– *wood rasp (rasp)*
56 el trozo de madera *f* aserrado asido por el tornillo de banco *m*
– *piece of wood held in the vice (*Am. *vise)*
57 el bote de cola *f*
– *glue pot*
58 el taburete
– *stool*
59 la escobilla
– *brush*
60 el recogedor
– *pan (dust pan)*
61 las virutas
– *broken china*
62 el esmalte (el trabajo de esmaltado *m*)
– *enamelling (*Am. *enameling)*
63 el horno eléctrico para esmaltar
– *electric enamelling (*Am. *enameling) stove*
64 el cobre en bruto
– *unworked copper*
65 el polvo para esmaltar
– *enamel powder*
66 el colador de hilos *m* finos de alambre *m*
– *hair sieve*
67-80 los trabajos escolares
– *pupils' (children's) work*
67 las esculturas de arcilla *f* (los trabajos de modelado *m*)
– *clay models (models)*
68 la decoración de la ventana en vidrio *m* coloreado
– *window decoration of coloured (*Am. *colored) glass*
69 el mosaico de vidrio *m*
– *glass mosaic picture (glass mosaic)*
70 el móvil
– *mobile*
71 la cometa (la birlocha, la milocha, la pandorga, el pájaro bitango, la pájara, el pandero; *Amér.:* el volantín)
– *paper kite (kite)*
72 la construcción de madera *f*
– *wooden construction*
73 el poliedro
– *polyhedron*
74 las marionetas
– *hand puppets*
75 las máscaras de arcilla *f*
– *clay masks*
76 las velas de cera *f*
– *cast candles (wax candles)*
77 la talla de madera *f*
– *wood carving*
78 el jarro de arcilla *f* (de barro *m*)
– *clay jug*
79 las formas geométricas de arcilla *f* (de barro *m*)
– *geometrical shapes made of clay*
80 el juguete de madera *f*
– *wooden toys*
81 los materiales de trabajo *m*
– *materials*
82 la provisión de madera *f*
– *stock of wood*
83 las tintas de imprenta *f* para el grabado en madera *f* (para la xilografía)
– *inks for wood cuts*
84 los pinceles
– *paintbrushes*
85 el saco de yeso *m*
– *bag of plaster of Paris*

water cycle.
condensation
beaker
ice cubes
drops of water
steam
water
READER
DUDEN
GYPSUM POWDER
GLUE
1
2
3
4
5
6
7
8
9
10
11
12
13
14
15
16
17
18
19
20
21
22
23
24
25
26
27
28
29
30
31
32
33
34
35
36
37
38
39
40
41
42
43
44
45
46
47
48
49
50
51
52
53
54
55
56
57
58
59
60
61
62
63
64
65
66
67
68
69
70
71
72
73
74
75
76
77
78
79
80
81
82
83
84
85

261 Colegio II (enseñanza media; enseñanza secundaria)

1-45 el instituto; *anál.:* el colegio de enseñanza *f* media
- ***grammar school;*** also: *upper band of a comprehensive school (*Am. *alternative school)*

1-13 la clase de química *f*
- ***chemistry***

1 el laboratorio de química *f* con los bancos dispuestos en gradas *f*
- *chemistry lab (chemistry laboratory) with tiered rows of seats*

2 el profesor de química *f*
- *chemistry teacher*

3 la mesa de experimentación *f*
- *demonstration bench (teacher's bench)*

4 la toma de agua *f*
- *water pipe*

5 la superficie de la mesa de trabajo *m* embaldosada (alicatada)
- *tiled working surface*

6 el fregadero (la pila)
- *sink*

7 el monitor de vídeo *m*, una pantalla para la difusión de programas *m* pedagógicos
- *television monitor, a screen for educational programmes (*Am. *programs)*

8 el retroproyector
- *overhead projector*

9 el plano de proyección *f* para el papel transparente
- *projector top for skins*

10 la lente de proyección *f* con el espejo inclinado
- *projection lens with right-angle mirror*

11 la mesa de los alumnos equipada para los experimentos
- *pupils' (*Am. *students') bench with experimental apparatus*

12 el enchufe hembra *f* (la toma de corriente *f*)
- *electrical point (socket)*

13 la mesa de proyección *f*
- *projection table*

14-34 el laboratorio de biología *f*
- ***biology preparation room*** *(biology prep room)*

14 el esqueleto
- *skeleton*

15 la colección de cráneos *m*, las reproducciones de cráneos *m*
- *collection of skulls, models (casts) of sculls*

16 la bóveda craneal del Pithecantropus erectus
- *calvarium of Pithecanthropus Erectus*

17 el cráneo del Homo steinheimensis
- *skull of Steinheim man*

18 la bóveda craneal del hombre de Pekín (del Sinanthropus)
- *calvarium of Peking man (of Sinanthropus)*

19 el cráneo del hombre de Neanderthal, un cráneo de homínido *m*
- *skull of Neanderthal man, a skull of primitive man*

20 el cráneo del Australopithecus
- *Australopithecine skull (skull of Australopithecus)*

21 el cráneo del Homo sapiens (del hombre actual)
- *skull of present-day man*

22 la mesa de disección *f*
- *dissecting bench*

23 los frascos de productos *m* químicos
- *chemical bottles*

24 la espita del gas
- *gas tap*

25 la cápsula de Petri
- *petri dish*

26 la probeta graduada
- *measuring cylinder*

27 las fichas de trabajo *m* (el material pedagógico)
- *work folder containing teaching material*

28 el libro de texto *m* (el manual)
- *textbook*

29 los cultios bacteriológicos
- *bacteriological cultures*

30 la estufa de incubación *f* microbiana (la estufa de cultivos *m;* la estufa bacteriológica)
- *incubator*

31 el escurridor de probetas *f*
- *test tube rack*

32 el frasco lavador de gases *m*
- *washing bottle*

33 la cubeta
- *water tank*

34 el fregadero
- *sink*

35 el laboratorio de idiomas *m*
- ***language laboratory***

36 la pizarra (*Antillas y Río de la Plata:* el pizarrón)
- *blackboard*

37 la consola central
- *console*

38 el casco auricular
- *headphones (headset)*

39 el micrófono
- *microphone*

40 el auricular
- *earcups*

41 el muelle acolchado del casco
- *padded headband (padded headpiece)*

42 la grabadora de programas *m* pedagógicos (la grabadora de cintas *f* magnetofónicas, de cassettes *f;* un magnetófono)
- *programme (*Am. *program) recorder, a cassette recorder*

43 el control de volumen *m* de la voz de los alumnos
- *pupil's (*Am. *student's) volume control*

44 el control de volumen *m* del programa
- *master volume control*

45 el teclado de mandos *m*
- *control buttons (operating keys)*

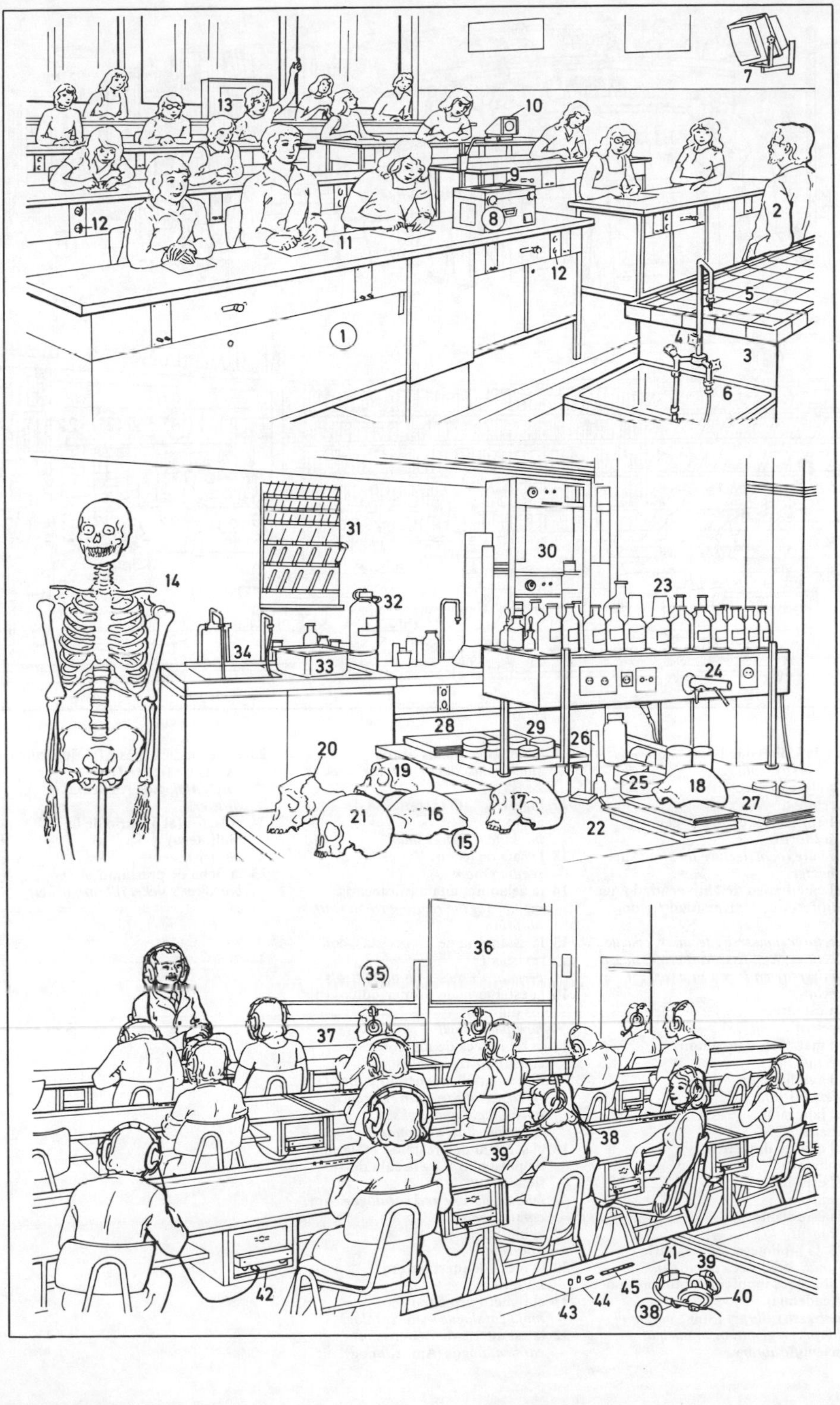
1
2
3
4
5
6
7
8
9
10
11
12
12
12
13
14
15
16
17
18
19
20
21
22
23
24
25
26
27
28
29
30
31
32
33
34
35
36
37
38
38
39
39
40
41
42
43
44
45

1-25 la Universidad
- ***university*** *(college)*

1 la clase (la lección)
- *lecture*

2 el anfiteatro (el aula *f;* el auditorio)
- *lecture room (lecture theatre,* Am. *theater)*

3 el catedrático de Universidad *f,* un profesor de Universidad *f* o un lector
- *lecturer (university lecturer, college lecturer,* Am. *assistant professor), a university professor or assistant lecturer*

4 la cátedra
- *lectern*

5 el manuscrito (el guión)
- *lecture notes*

6 el ayudante
- *demonstrator*

7 el laborante
- *assistant*

8 el cuadro didáctico
- *diagram*

9 el estudiante
- *student*

10 la estudiante
- *student*

11-25 la biblioteca universitaria (*anál.:* biblioteca nacional, biblioteca municipal, biblioteca de Academia)
- ***university library;*** sim.: *national library, regional or municipal scientific library*

11 el depósito de los libros
- *stack (book stack) with the stock of books*

12 la librería, una estantería de acero *m*
- *bookshelf, a steel shelf*

13 la sala de lectura *f*
- *reading room*

14 la celadora, una bibliotecaria
- *member of the reading room staff, a librarian*

15 la estantería de las revistas, con revistas *f*
- *periodicals rack with periodicals*

16 la estantería de los periódicos (de los diarios)
- *newspaper shelf*

17 la biblioteca de los libros de consulta *f* (manuales *m;* diccionarios *m;* enciclopedias *f*)
- *reference library with reference books,* e.g. *handbooks, encyclopedias, dictionaries*

18 el servicio de préstamo *m* (la sala de préstamo *m*) y la sala de ficheros *m*
- *lending library and catalogue (*Am. *catalog) room*

19 el bibliotecario
- *librarian*

20 la mesa de préstamo *m*
- *issue desk*

21 el fichero principal
- *main catalogue (*Am. *catalog)*

22 la estantería de ficheros *m*
- *card catalogue (*Am. *catalog)*

23 el cajón de fichas *f* (el fichero, la gaveta de fichas *f*)
- *card catalogue (*Am. *catalog) drawer*

24 el lector (el usuario de la biblioteca)
- *library user*

25 la ficha de préstamo *m*
- *borrower's ticket (library ticket)*

1-15 el mitin electoral
– *election meeting, a public meeting*
1-2 la presidencia
– *committee*
1 el presidente
– *chairman*
2 el vocal
– *committee member*
3 la mesa presidencial
– *committee table*
4 la campanilla
– *bell*
5 el orador
– *election speaker (speaker)*
6 la tribuna
– *rostrum*
7 el micrófono
– *microphone*
8 el público (el auditorio)
– *meeting (audience)*
9 el distribuidor de octavillas *f* de propaganda *f* (de folletos *m* de propaganda *f*)
– *man distributing leaflets*
10 el servicio de orden *m*
– *stewards*
11 el brazalete
– *armband (armlet)*
12 el cartelón electoral
– *banner*
13 la pancarta electoral
– *placard*
14 el cartel con la consigna electoral
– *proclamation*
15 el interpelador (*si es intencionadamente:* el reventador)
– *heckler*
16-30 la elección
– *election*
16 el colegio electoral
– *polling station (polling place)*
17 el funcionario del censo
– *election officer*
18 el censo electoral
– *electoral register*
19 la tarjeta de elector *m*, con el número de registro *m*
– *polling card with registration number (polling number)*
20 la papeleta de voto *m*, con los nombres de los partidos y de los candidatos
– *ballot paper with the names of the parties and candidates*
21 el sobre para la papeleta de voto *m*
– *ballot envelope*
22 la electora
– *voter*
23 la cabina electoral
– *polling booth*
24 el elector con derecho *m* a voto *m*
– *elector (qualified voter)*
25 el reglamento electoral
– *election regulations*
26 el secretario
– *clerk*
27 el adjunto con la lista duplicada
– *clerk with the duplicate list*
28 el presidente de la mesa electoral
– *election supervisor*
29 la urna (*Mé.:* ánfora *f*)
– *ballot box*
30 la ranura de la urna
– *slot*

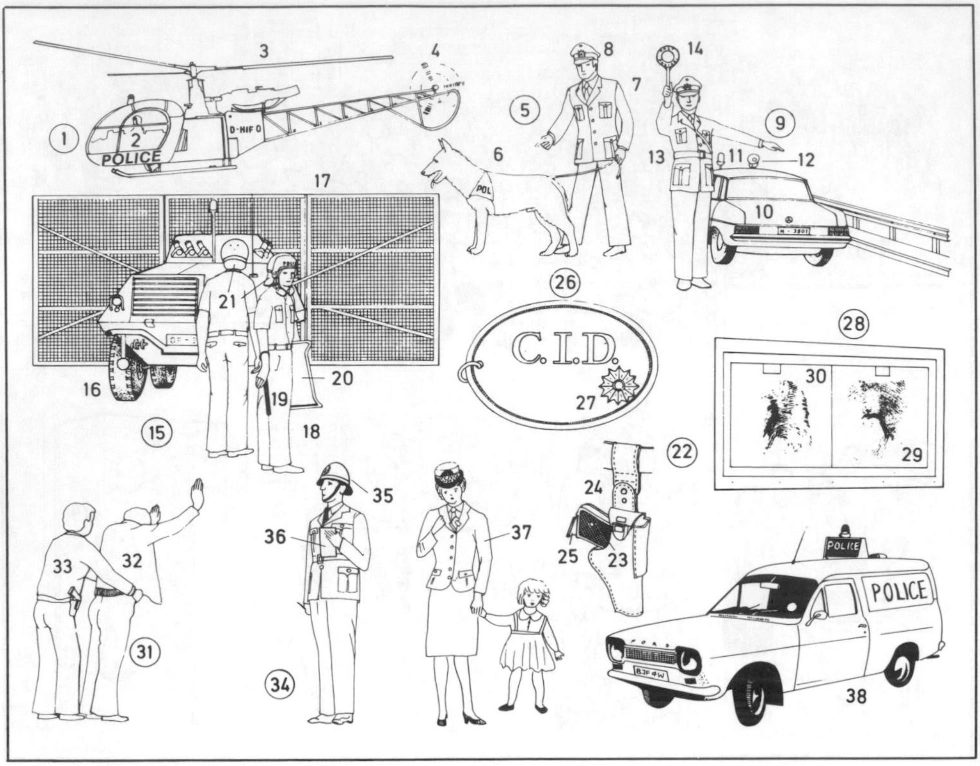

1-33 el servicio de intervención *f* **de la policía**
- ***police duties***

1 el helicóptero de policía *f* (el helicóptero de tráfico *m*) para el control del tráfico desde el aire
- ***police helicopter,*** e.g. *traffic helicopter for controlling traffic from the air*

2 la cabina del piloto
- *cockpit*

3 el rotor (el rotor principal)
- *rotor (main rotor)*

4 el rotor de cola *f*
- *tail rotor*

5 el servicio de los perros policías
- ***use of police dogs***

6 el perro policía
- *police dog*

7 el uniforme
- *uniform*

8 la gorra de servicio *m*, una gorra de visera *f* con escarapela *f* (con cucarda *f*)
- *uniform cap, a peaked cap with cockade*

9 el control de la circulación por una patrulla motorizada de tráfico *m*
- ***traffic control*** *by a mobile traffic patrol*

10 el coche patrulla
- *patrol car*

11 la luz azul (el faro giratorio, la luz con destellos *m*)
- *blue light*

12 el altavoz
- *loud hailer (loudspeaker)*

13 el policía (el agente) de patrulla *f* (*Amér. Central, Col., Chile, Ec., Pan. y Venez.:* el policial; *Arg.:* el policiano; *Ec. y Col.:* el chapa)
- *patrolman (police patrolman)*

14 el disco de señalización *f* de la policía
- *police signalling* (Am. *signaling*) *disc (disk)*

15 la policía antidisturbios
- ***riot duty***

16 el coche especial blindado
- *special armoured* (Am. *armored*) *car*

17 la barricada
- *barricade*

18 el agente de policía *f* con el equipo antidisturbios
- *policeman (police officer) in riot gear*

19 la porra de goma *f*
- *truncheon (baton)*

20 el escudo de protección *f*
- *riot shield*

21 el casco de protección *f*
- *protective helmet (helmet)*

22 la pistola reglamentaria
- ***service pistol***

23 la empuñadura (el puño) de la pistola
- *pistol grip*

24 la pistolera (la funda de la pistola)
- *quick-draw holster*

25 el cargador de la pistola
- *magazine*

26 la insignia de la policía judicial
- ***police identification disc (disk)***

27 la estrella de la policía
- *police badge*

28 la dactiloscopia (la identificación por comparación *f* de las huellas digitales)
- ***fingerprint identification*** *(dactyloscopy)*

29 la huella digital
- *fingerprint*

30 el panel luminoso
- *illuminated screen*

31 el cacheo
- ***search***

32 el sospechoso
- *suspect*

33 el agente de policía *f* judicial de paisano *m*
- *detective (plainclothes policeman)*

34 el policía inglés (el bobby)
- *English policeman*

35 el casco
- *helmet*

36 el cuaderno de notas *f*
- *pocket book*

37 la mujer policía
- *policewoman*

38 el coche celular (el furgón celular)
- *police van*

1-26 el café (la cafetería); *anál.:* el salón de té *m*
– **café,** sim.: *espresso bar, tea room*
1 el mostrador (la barra)
– *counter (cake counter)*
2 la cafetera (la máquina de hacer café *m*) a presión *f*
– *coffee urn*
3 el platillo del dinero
– *tray for the money*
4 la tarta
– *gateau*
5 el merengue (*Hond. y Guat.:* la espumilla) con nata *f* batida
– *meringue with whipped cream*
6 el aprendiz de repostero *m*
– *trainee pastry cook*
7 la señorita del mostrador
– *girl (lady) at the counter*
8 el estante de los periódicos (el revistero)
– *newspaper shelves (newspaper rack)*
9 el aplique
– *wall lamp*
10 el sofá de rinconera *f*
– *corner seat, an upholstered seat*
11 la mesa del café (*Amér.:* la zofra)
– *café table*
12 el tablero de mármol *m*
– *marble top*
13 la camarera (*Col.:* la prendedera)
– *waitress*
14 la bandeja (*Amér.:* la charola)
– *tray*
15 la botella de limonada *f*
– *bottle of lemonade*
16 el vaso de limonada *f*
– *lemonade glass*
17 los jugadores de ajedrez *m* durante una partida
– *chess players playing a game of chess*
18 el servicio de café *m*
– *coffee set*
19 la taza de café *m*
– *cup of coffee*
20 el platillo con azúcar *amb.*
– *small sugar bowl*
21 el jarrito de crema *f*
– *cream jug (Am. creamer)*
22-24 los clientes del café
– *café customers*
22 el señor (el caballero; *Amér. Central:* el jalón)
– *gentleman*
23 la señora (la señorita, la dama)
– *lady*
24 el lector de periódicos *m*
– *man reading a newspaper*
25 el periódico
– *newspaper*
26 el portaperiódicos
– *newspaper holder*

1-29 el restaurante (*menos lujoso:* la casa de comidas *f*)
- ***restaurant***

1-11 la barra
- *bar (counter)*

1 el grifo de la cerveza (el aparato para servir la cerveza a presión *f*)
- *beer pump (beerpull)*

2 la bandeja escurridora
- *drip tray*

3 el vaso de cerveza *f*, un bock
- *beer glass, a tumbler*

4 la espuma de la cerveza
- *froth (head)*

5 el cenicero esférico con soporte *m*
- *spherical ashtray for cigarette and cigar ash*

6 la jarra de cerveza *f*
- *beer glass (beer mug)*

7 el calentador (el calientacerveza)
- *beer warmer*

8 el barman (el camarero)
- *bartender (barman,* Am. *barkeeper, barkeep)*

9 el estante de los vasos
- *shelf for glasses*

10 el estante de las botellas
- *shelf for bottles*

11 la pila de platos *m* (el montón de loza *f*)
- *stack of plates*

12 el perchero (la percha de pie *m*; el cuelgacapas)
- *coat stand*

13 el gancho para colgar sombreros *m*
- *hat peg*

14 el gancho para colgar abrigos *m* u ostras prendas *f*
- *coat hook*

15 el ventilador de pared *f*
- *wall ventilator*

16 la botella
- *bottle*

17 el plato de comida *f*
- *complete meal*

18 la camarera (*Col.:* la prendedera)
- *waitress*

19 la bandeja (*Amér.:* la charola)
- *tray*

20 el vendedor de billetes *m* de lotería *f* (*Perú:* el suertero)
- *lottery ticket seller*

21 la carta (el menú del día)
- *menu (menu card)*

22 las vinagreras (las angarillas; el convoy; el taller)
- *cruet stand*

23 el palillero
- *toothpick holder*

24 la cerillera (la fosforera; *Amér.:* el cerillero)
- *matchbox holder*

25 el cliente, la clienta
- *customer*

26 el posavasos
- *beer mat*

27 el cubierto
- *meal of the day*

28 la florista (la vendedora de flores *f*)
- *flower seller (flower girl)*

29 la cesta (el canastillo; el azafate) de flores *f*
- *flower basket*

30-44 el bar
- ***wine restaurant*** *(wine bar)*

30 el camarero, un jefe de camareros *m*
- *wine waiter, a head waiter*

31 la carta (la lista) de vinos *m*
- *wine list*

32 la jarra de vino *m*
- *wine carafe*

33 la copa de vino *m*
- *wineglass*

34 la estufa de azulejos *m* (de loza *f*)
- *tiled stove*

35 el azulejo de estufa *f*
- *stove tile*

36 al banco de la estufa
- *stove bench*

37 el panel de madera *f*
- *wooden panelling* (Am. *paneling)*

38 el sofá de rinconera *f*
- *corner seat*

39 la mesa de la tertulia (la mesa reservada a los clientes habituales)
- *table reserved for regular customers*

40 el tertuliano (el contertulio; el cliente habitual)
- *regular customer*

41 el aparador (*Col., P. Rico, S. Dgo. y Venez.:* el seibó)
– *cutlery chest*
42 el cubo de hielo *m* para refrescar el vino
– *wine cooler*
43 la botella de vino *m*
– *bottle of wine*
44 los cubitos de hielo *m*
– *ice cubes (ice, lumps of ice)*
45-78 el restaurante autoservicio *m* (el self-service)
– ***self-service restaurant***
45 la pila (el montón) de bandejas *f*
– *stack of trays*
46 las pajitas para beber
– *drinking straws (straws)*
47 las servilletas
– *serviettes (napkins)*
48 las casillas de los cubiertos
– *cutlery holders*
49 la vitrina refrigeradora para platos *m* fríos
– *cool shelf*
50 la raja de melón rociada con miel *f*
– *slice of honeydew melon*
51 el plato de ensalada *f*
– *plate of salad*
52 el plato de queso *m*
– *plate of cheeses*
53 el plato de pescado *m*
– *fish dish*
54 el emparedado (el sandwich)
– *filled roll*
55 el plato de carne *f* con guarnición *f*
– *meat dish with trimmings*
56 el medio pollo
– *half chicken*
57 la cesta de frutas *f*
– *basket of fruit*
58 el zumo de fruta *f*
– *fruit juice*
59 el anaquel de las bebidas
– *drinks shelf*
60 la botella de leche *f*
– *bottle of milk*
61 la botella de agua *f* mineral
– *bottle of mineral water*
62 el menú de dieta *f* cruda (el menú dietético)
– *vegetarian meal (diet meal)*
63 la bandeja (*Amér.:* la charola)
– *tray*
64 el deslizadero para las bandejas
– *tray counter*
65 los carteles anunciadores de los platos
– *food price list*
66 la ventana de la cocina para servir los platos
– *serving hatch*
67 el plato caliente
– *hot meal*
68 el aparato para servir la cerveza
– *beer pump (beerpull)*
69 la caja
– *cash desk*
70 la cajera
– *cashier*
71 el propietario (el jefe)
– *proprietor*
72 la barrera
– *rail*
73 el comedor
– *dining area*
74 la mesa del comedor (*Chile, Ec. y Mé.:* el trinche)
– *table*
75 el sandwich de queso *m*
– *open sandwich*
76 la copa de helado *m*
– *ice-cream sundae*
77 el salero y el pimentero
– *salt cellar and pepper pot*
78 la decoración de la mesa (el adorno floral)
– *table decoration*

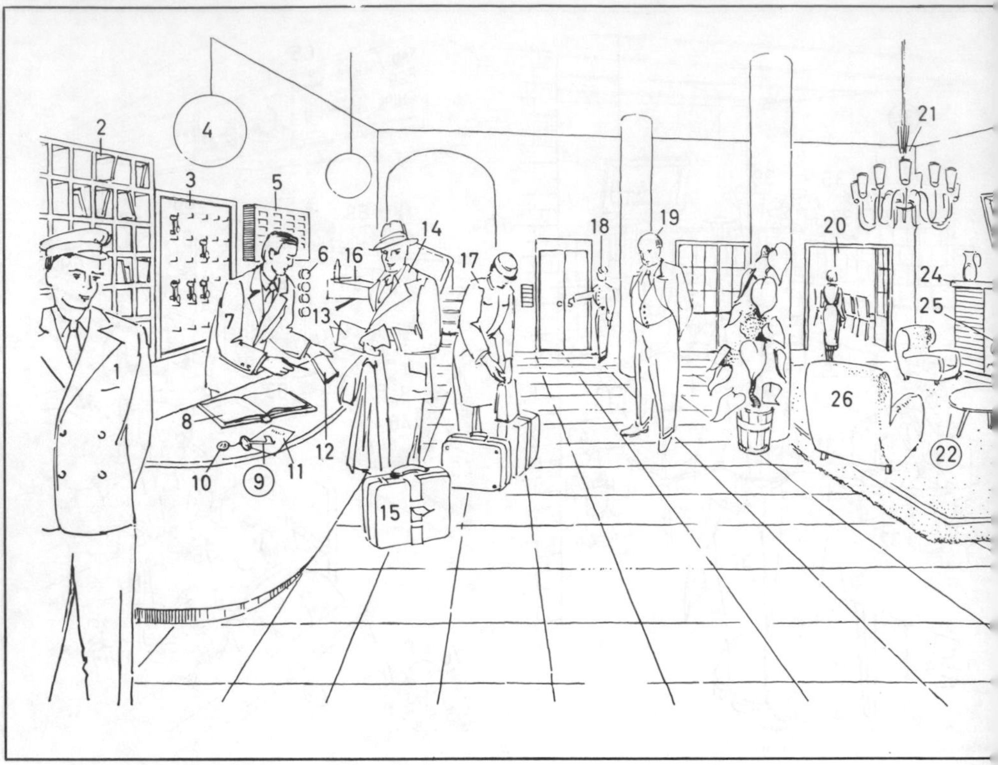

1-26 la recepción (el vestíbulo)
– ***vestibule** (foyer, reception hall)*
1 el portero
– *doorman (commissionaire)*
2 el casillero del correo, con los cajetines para las cartas
– *letter rack with pigeon holes*
3 el tablero de las llaves
– *key rack*
4 el globo de luz *f*, un globo de cristal *m* blanco
– *globe lamp, a frosted glass globe*
5 el tablero de los números (el indicador de llamadas *f*)
– *indicator board*
6 la señal luminosa de llamada *f*
– *indicator light*
7 el recepcionista
– *chief receptionist*
8 el libro de registro *m*
– *register (hotel register)*
9 la llave de la habitación
– *room key*
10 la chapa numerada, con el número de la habitación
– *number tag (number tab) showing room number*
11 la factura del hotel
– *hotel bill*
12 el bloque de formularios *m* de inscripción *f*
– *block of registration forms*
13 el pasaporte
– *passport*
14 el huésped del hotel
– *hotel guest*
15 la maleta de avión *m*, una maleta ligera (*Amér. Central, Col., Ec. y Venez.:* el carriel; *Col. y Venez.:* la maletera) para viajes en avión *m*
– *lightweight suitcase*
16 el pupitre de pared *f*
– *wall desk*
17 el mozo del hotel
– *porter (*Am. *baggage man)*
18-26 el vestíbulo (el hall)
– *lobby (hotel lobby)*
18 el botones
– *page (pageboy,* Am. *bell boy)*
19 el gerente (el director) del hotel
– *hotel manager*
20 el comedor (el restaurante del hotel)
– *dining room (hotel restaurant)*
21 la araña, una lámpara de varios brazos *m*
– *chandelier*
22 el rincón de la chimenea
– *fireside*
23 la chimenea
– *fireplace*
24 la repisa de la chimenea
– *mantelpiece (mantelshelf)*
25 la lumbre (el fuego encendido)
– *fire*
26 el sillón
– *armchair*
27-38 la habitación del hotel, una habitación doble con baño *m*
– ***hotel room, a double room with bath***
27 la puerta doble
– *double door*
28 la tablero de timbres *m*
– *service bell panel*
29 el baúl armario
– *wardrobe trunk*
30 el departamento de los trajes
– *clothes compartment*
31 el departamento de la ropa blanca
– *linen compartment*
32 el lavabo doble
– *double washbasin*
33 el camarero de habitación *f*
– *room waiter*
34 el teléfono de habitación *f*
– *room telephone*
35 la alfombra de terciopelo *m* (*Chile y Perú:* el piso)
– *velour (velours) carpet*
36 la mesita de las flores
– *flower stand*
37 el ramo de flores *f* (el ramillete artísticamente dispuesto)
– *flower arrangement*
38 la cama doble
– *double bed*
39 el salón de banquetes *m* (el salón de fiestas *f*)
– ***banquet room***

40-43 los convidados de un banquete privado
– *party (private party) at table (at a banquet)*
40 el orador proponiendo un brindis
– *speaker proposing a toast*
41 el vecino de mesa *f* del 42
– *42's neighbour* (Am. *neighbor)*
42 el caballero compañero de mesa *f* de la convidada 43
– *43's partner*
43 la señora compañera de mesa *f* del 42
– *42's partner*
44-46 el té de las cinco, en el bar del hotel
– ***thé dansant*** *(tea dance) in the foyer*
44 el trío del bar
– *bar trio*
45 el violonista de pie *m*
– *violinist*
46 la pareja bailando
– *couple dancing (dancing couple)*
47 el camarero
– *waiter*
48 la servilleta
– *napkin*
49 el cerillero
– *cigar and cigarette boy*
50 la batea
– *cigarette tray*
51 el bar del hotel
– ***hotel bar***
52 la barra para apoyar los pies
– *foot rail*
53 el taburete de bar *m*
– *bar stool*
54 la barra (el mostrador) del bar
– *bar*
55 el cliente del bar
– *bar customer*
56 la copa de cóctel *m*
– *cocktail glass* (Am. *highball glass)*
57 el vaso de whisky *m* (de güisqui *m*)
– *whisky (whiskey) glass*
58 el corcho de la botella de champaña *m*
– *champagne cork*
59 el cubo del champaña (el cubo de hielo *m* para refrescar el champaña)
– *champagne bucket (champagne cooler)*
60 el vaso de medidas *f*
– *measuring beaker (measure)*
61 la coctelera
– *cocktail shaker*
62 el barman
– *bartender (barman,* Am. *barkeeper, barkeep)*
63 la camarera del bar (*Col.:* la prendedera)
– *barmaid*
64 el anaquel de las botellas
– *shelf for bottles*
65 el anaquel de las copas
– *shelf for glasses*
66 el revestimiento de espejos *m*
– *mirrored panel*
67 el recipiente de hielo
– *ice bucket*

1 el parquímetro
– *parking meter*
2 el plano de la ciudad
– *map of the town (street map)*
3 el tablero luminoso
– *illuminated board*
4 la leyenda
– *key*
5 la papelera
– *litter bin (*Am. *litter basket)*
6 la farola
– *street lamp (street light)*
7 la placa con el nombre de la calle
– *street sign showing the name of the street*
8 el sumidero
– *drain*
9 la tienda de ropa *f* (la tienda de modas *f;* la boutique)
– *clothes shop;* also: *fashion house*
10 el escaparate (*Amér.:* la vidriera)
– *shop window*
11 la exhibición de los géneros en el escaparate
– *window display (shop window display)*
12 la decoración del escaparate
– *window decoration (shop window decoration)*
13 la entrada
– *entrance*
14 la ventana
– *window*
15 la jardinera
– *window box*
16 el anuncio luminoso
– *neon sign*
17 el taller de sastre (la sastrería)
– *tailor's workroom*
18 el transeúnte (*Bol., Chile, Perú y Río de la Plata:* el chasque)
– *pedestrian*
19 la bolsa de la compra
– *shopping bag*
20 el barrendero
– *road sweeper (*Am. *street sweeper)*
21 la escoba (el escobón)
– *broom*
22 la basura de las calles
– *rubbish (litter)*
23 los raíles del tranvía
– *tramlines (*Am. *streetcar tracks)*
24 el paso de peatones *m* (el paso de cebra *f*)
– *pedestrian crossing (zebra crossing,* Am. *crosswalk)*
25 la parada del tranvía
– *tram stop (*Am. *streetcar stop, trolley stop)*
26 la señal de la parada
– *tram stop sign (*Am. *streetcar stop sign, trolley stop sign)*
27 el horario del tranvía
– *tram timetable (*Am. *streetcar schedule)*
28 el distribuidor automático de billetes *m* (la máquina de tiques *m*)
– *ticket machine*
29 la señal de advertencia *f* de "paso *m* de peatones" *m*
– *'pedestrian crossing' sign*
30 el policía urbano, dirigiendo la circulación (el guardia de la circulación)
– *traffic policeman on traffic duty (point duty)*
31 la manopla reflectante
– *traffic control cuff*
32 la gorra reflectante
– *white cap*
33 la señal de la mano
– *hand signal*
34 el motorista (motociclista *m*)
– *motorcyclist*
35 la motocicleta (moto *f*)
– *motorcycle*
36 la pasajera de la moto (el paquete)
– *pillion passenger (pillion rider)*
37 la librería
– *bookshop*
38 la sombrerería
– *hat shop (hatter's shop);* for ladies' hats: *milliner's shop*
39 el cartel anunciador del comercio (el rótulo de la tienda)
– *shop sign*
40 la oficina de seguros *m* (de la compañía aseguradora)
– *insurance company office*
41 los grandes almacenes
– *department store*
42 el frente del escaparate
– *shop front*

43 el panel de anuncios *m*
– *advertisement*
44 las banderas
– *flags*
45 el anuncio del tejado en letras *f* luminosas (el luminoso)
– *illuminated letters*
46 el tranvía (*P. Rico:* el trole)
– *tram* (Am. *streetcar, trolley)*
47 el camión de mudanzas *f*
– *furniture lorry* (Am. *furniture truck)*
48 el paso elevado (el viaducto)
– *flyover*
49 la iluminación de la calle, un farol suspendido en el centro de la calle
– *suspended street lamp*
50 la raya de parada *f*
– *stop line*
51 la señalización del paso de peatones *m*
– *pedestrian crossing (*Am. *crosswalk)*
52 el semáforo
– *traffic lights*
53 el poste del semáforo
– *traffic light post*
54 el dispositivo de señales *f* luminosas (el juego de luces *f*)
– *set of lights*
55 las señales luminosas para los peatones
– *pedestrian lights*
56 la cabina telefónica
– *telephone box (telephone booth, telephone kiosk, call box)*
57 la cartelera de cine *m* (el cartel anunciador de la película)
– *cinema advertisement (film poster)*
58 la zona peatonal
– *pedestrian precinct (paved zone)*
59 el café
– *street café*
60 un grupo de gente *f* sentado en la terraza del café
– *group seated (sitting) at a table*
61 la sombrilla (el parasol)
– *sunshade*
62 la escalera de descenso *m* a los servicios públicos
– *steps to the public lavatories (public conveniences)*
63 la parada de taxis *m*
– *taxi rank (taxi stand)*
64 el taxi (*S. Dgo.:* el concho)
– *taxi (taxicab, cab)*
65 el distintivo del taxi
– *taxi sign*
66 la señal de tráfico *m* "parada *f* de taxis" *m*
– *'taxi rank' ('taxi stand') sign*
67 el teléfono de taxis *m*
– *taxi telephone*
68 la oficina de correos *m*
– *post office*
69 la máquina de cigarrillos *m*
– *cigarette machine*
70 la columna anunciadora
– *advertising pillar*
71 el cartel de publicidad *f*
– *poster (advertisement)*
72 la raya blanca
– *white line*
73 la flecha obligatoria de giro *m* a la izquierda
– *lane arrow for turning left*
74 la flecha obligatoria de seguir en línea *f* recta
– *lane arrow for going straight ahead*
75 el vendedor de periódicos *m* (*Col. y Ec.:* el voceador; *Arg., Perú y Urug.:* el canillita; *Mé.:* el papelero; *Chile:* el suplementero)
– *news vendor (*Am. *news dealer)*

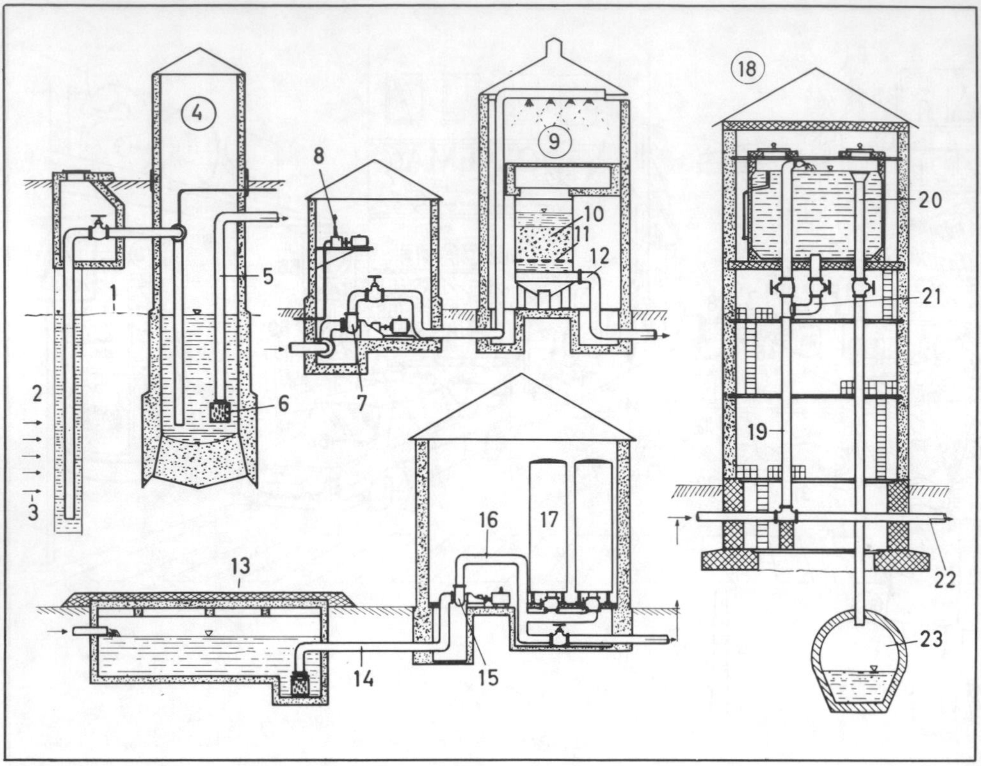

1-66 el abastecimiento de agua *f* potable
- ***drinking water supply***

1 el nivel de agua *f* freática (de agua *f* subterránea)
- *water table (groundwater level)*

2 la capa conductora del agua *f* freática
- *water-bearing stratum (aquifer, aquafer)*

3 la corriente de agua *f* subterránea (de agua *f* freática)
- *groundwater stream (underground stream)*

4 el pozo colector del agua *f* natural
- *collector well for raw water*

5 el tubo de aspiración *f*
- *suction pipe*

6 la alcachofa con válvula *f* de fondo *m*
- *pump strainer (with foot valve)*

7 la bomba aspirante con motor *m*
- *bucket pump with motor*

8 la bomba de vacío *m* con motor *m*
- *vacuum pump with motor*

9 la instalación de filtraje *m* rápido
- *rapid-filter plant*

10 la grava (el guijo) filtradora
- *filter gravel (filter bed)*

11 el fondo del filtro, una rejilla
- *filter bottom, a grid*

12 el tubo de desagüe *m* del agua *f* filtrada
- *filtered water outlet*

13 el depósito de agua *f* limpia
- *purified water tank*

14 el tubo de aspiración *f* con alcachofa *f* y válvula *f* de fondo *m*
- *suction pipe with pump strainer and foot valve*

15 la bomba principal con motor *m*
- *main pump with motor*

16 la tubería a presión *f*
- *delivery pipe*

17 la caldera de aire *m*
- *compressed-air vessel (air vessel, air receiver)*

18 el depósito elevado de agua *f*
- *water tower*

19 la tubería de subida *f* del agua *f*
- *riser pipe (riser)*

20 el tubo de desagüe *m* del agua *f* sobrante (el rebosadero)
- *overflow pipe*

21 la tubería de bajada *f* del agua *f*
- *outlet*

22 la tubería de la red de distribución *f*
- *distribution main*

23 la alcantarilla del agua *f* residual (el canal para el exceso de agua *f*)
- *excess water conduit*

24-39 el alumbramiento de una fuente
- *tapping a spring*

24 la cámara de la fuente
- *chamber*

25 el muro de arena *f*
- *chamber wall*

26 el pozo de acceso *m*
- *manhole*

27 la chimenea de aireación *f*
- *ventilator*

28 los peldaños de hierro *m*
- *step irons*

29 el terraplén
- *filling (backing)*

30 la válvula de cierre *m* (la llave de paso *m*)
- *outlet control valve*

31 la válvula de vaciado *m*
- *outlet valve*

32 el colador (el filtro)
- *strainer*

33 el tubo de desagüe *m* del agua *f* sobrante (el rebosadero)
- *overflow pipe (overflow)*

34 el desagüe subterráneo
- *bottom outlet*

35 los tubos de terracota *f*
- *earthenware pipes*

36 la capa impermeable
- *impervious stratum (impermeable stratum)*

37 la capa de guijarros *m*
- *rough rubble*

38 la capa conductora de agua *f*
- *water-bearing stratum (aquifer, aquafer)*

39 la capa de arcilla *f* apisonada
- *loam seal (clay seal)*

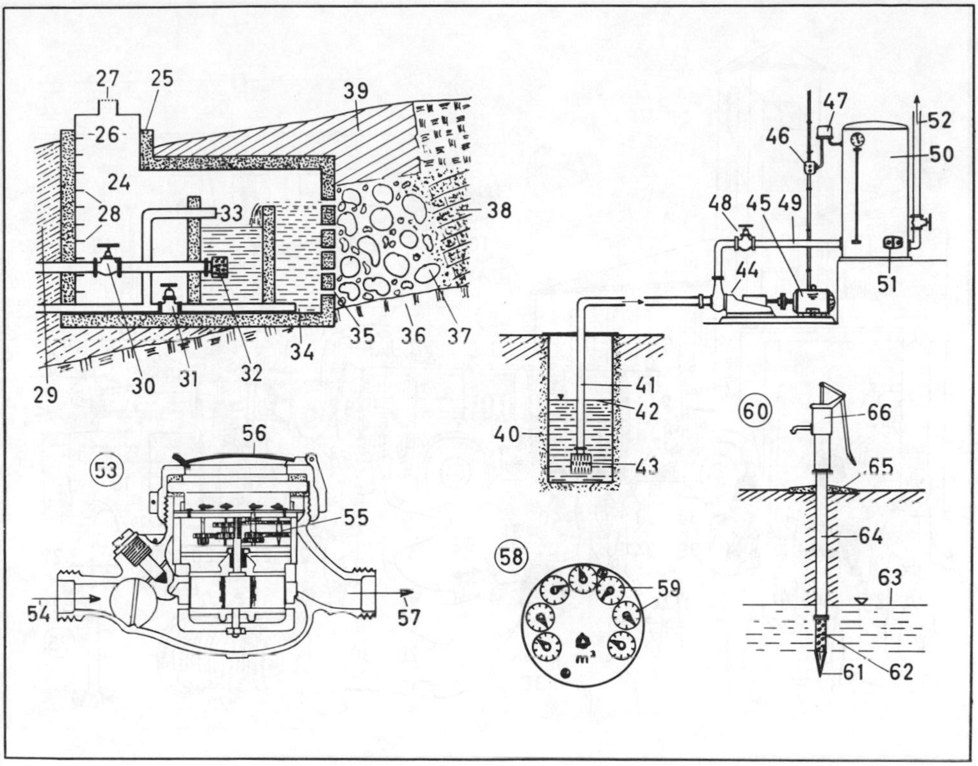

40-52 el abastecimiento individual de agua *f*
- *individual water supply*

40 el pozo
- *well*

41 el tubo de aspiración *f*
- *suction pipe*

42 el nivel de agua *f* subterránea
- *water table (groundwater level)*

43 la alcachofa con válvula *f* de fondo *m*
- *pump strainer with foot valve*

44 la bomba centrífuga
- *centrifugal pump*

45 el motor
- *motor*

46 el interruptor de protección *f* del motor
- *motor safety switch*

47 el controlador de la presión, un conmutador
- *manostat, a switching device*

48 la válvula de cierre *m* (la llave de paso *m*)
- *stop valve*

49 la tubería a presión *f*
- *delivery pipe*

50 la caldera de aire *m*
- *compressed-air vessel (air vessel, air receiver)*

51 el agujero de hombre *m* (el orificio de limpieza *f*)
- *manhole*

52 la tubería de distribución *f* al consumidor
- *delivery pipe*

53 el contador de agua *f* (*Amér.*: el medidor de agua *f*), un contador de turbina *f*
- *water meter, a rotary meter*

54 la entrada del agua *f*
- *water inlet*

55 el mecanismo contador
- *counter gear assembly*

56 la tapa de cristal *m*
- *cover with glass lid*

57 la salida del agua *f*
- *water outlet*

58 la esfera (el cuadrante) del contador de agua *f*
- *water-meter dial*

59 el mecanismo contador
- *counters*

60 el pozo alumbrado por un pisón
- *driven well (tube well, drive well)*

61 la punta del pisón (la punta de penetración *f*)
- *pile shoe*

62 el filtro
- *filter*

63 el nivel del agua *f* subterránea
- *water table (groundwater level)*

64 el tubo envolvente
- *well casing*

65 los bordes del pozo
- *well head*

66 la bomba de mano *f*
- *hand pump*

1-46 los ejercicios del servicio de incendios *m* (los ejercicios de los bomberos; los ejercicios de extinción *f*, trepa *f*, escalera *f*, salvamento *m*)
- ***fire service drill*** *(extinguishing, climbing, ladder, and rescue work)*

1-3 el cuartel de bomberos *m*
- *fire station*

1 la cochera (el garaje) y el cuarto de herramientas *f*
- *engine and appliance room*

2 el alojamiento del personal
- *firemen's quarters*

3 la torre de prácticas *f*
- *drill tower*

4 la sirena de incendios *m* (la sirena de alarma *f*)
- *fire alarm (fire alarm siren, fire siren)*

5 el camión de bomberos *m*
- *fire engine*

6 la luz azul [*en España:* la luz roja] (la luz de advertencia *f*), una luz intermitente (una luz con destellos *m*)
- *blue light (warning light), a flashing light (*Am. *flashlight)*

7 la sirena
- *horn (hooter)*

8 la bomba a motor *m* (la motobomba), una bomba centrífuga
- *motor pump, a centrifugal pump*

9 la escalera giratoria a motor *m*
- *motor turntable ladder (*Am. *aerial ladder)*

10 la escalera extensible, una escalera de acero *m* (una escalera mecánica)
- *automatic extending ladder, a steel ladder*

11 el mecanismo de la escalera
- *ladder mechanism*

12 el puntal
- *jack*

13 el maquinista
- *ladder operator*

14 la escala de corredera *f*
- *extension ladder*

15 el gancho de derribo *m*
- *ceiling hook (*Am. *preventer)*

16 la escala de ganchos *m*
- *hook ladder (*Am. *pompier ladder)*

17 el personal de bomberos *m* sujetando la lona de salvamento *m*
- *holding squad*

18 la lona de bomberos *m* (de salto *m*)
- *jumping sheet (sheet)*

19 la ambulancia (el coche ambulancia *f*)
- *ambulance car (ambulance)*

20 el aparato de reanimación *f*, un aparato de inhalación *f* de oxígeno *m*
- *resuscitator (resuscitation equipment), oxygen apparatus*

21 el sanitario
- *ambulance attendant (ambulance man)*

22 el brazalete
- *armband (armlet, brassard)*

23 las parihuelas (la camilla)
- *stretcher*

24 el hombre inconsciente
- *unconscious man*

25 la boca de riego *m* subterránea
- *pit hydrant*

26 el tubo vertical
- *standpipe (riser, vertical pipe)*

27 la llave de la boca de riego *m*
- *hydrant key*

28 el carrete móvil para la manguera (para la manga)
- *hose reel (*Am. *hose cart, hose wagon, hose truck, hose carriage)*

29 el acoplamiento de la manguera
- *hose coupling*

30 el conducto de aspiración *f*, una manga (un tubo flexible)
- *soft suction hose*

31 el conducto a presión *f*
- *delivery hose*

32 la pieza de distribución *f*
- *dividing breeching*

33 la boquilla de la manga
- *branch*

34 el equipo de extinción *f*
- *branchmen*

35 la boca de riego *m* de superficie *f*
- *surface hydrant (fire plug)*

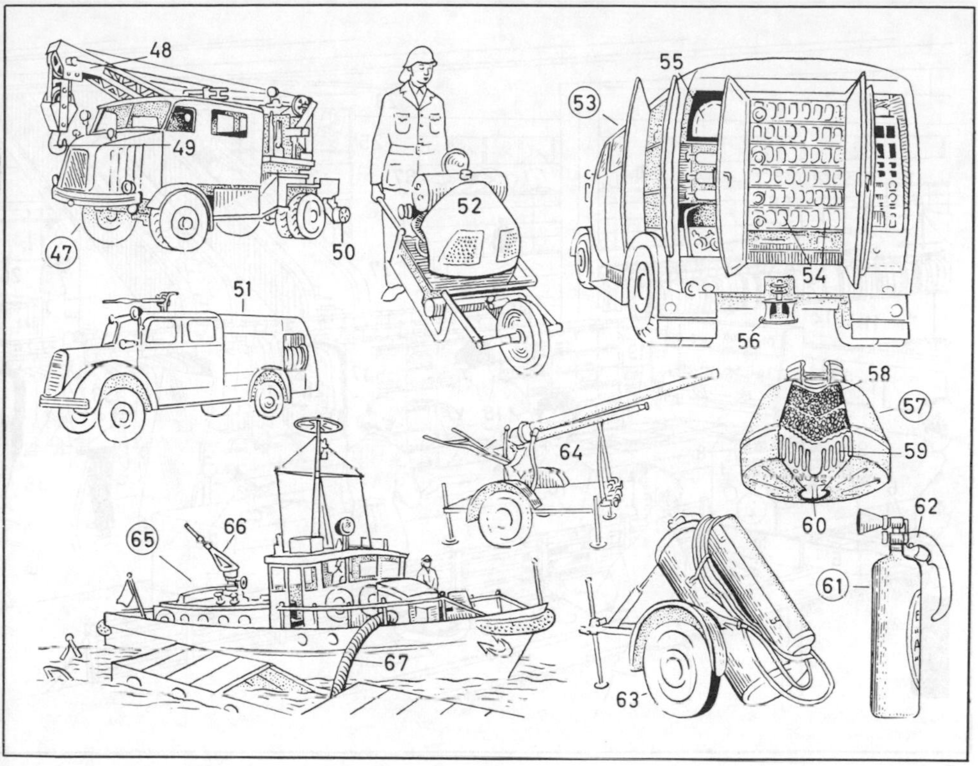

36 el jefe de bomberos *m*
– *officer in charge*
37 el bombero
– *fireman* (Am. *firefighter)*
38 el casco protector contra incendios *m*, con el cubrenuca
– *helmet (fireman's helmet,* Am. *fire hat) with neck guard (neck flap)*
39 el aparato de oxígeno *m* (de respiración *f*)
– *breathing apparatus*
40 la máscara antigás (la careta contra gases *m*)
– *face mask*
41 el aparato de radio *f* portátil (el transmisor-receptor portátil)
– *walkie-talkie set*
42 el reflector portátil (de mano *f*)
– *hand lamp*
43 el hacha *f* de bombero *m*
– *small axe* (Am. *ax, pompier hatchet)*
44 el cinturón de ganchos *m*
– *hook belt*
45 la cuerda (la cuerda de salvamento *m*)
– *beltline*
46 el traje protector contra el calor de amianto *m* o de tejido *m* metálico
– *protective clothing of asbestos (asbestos suit) or of metallic fabric*
47 el camión grúa *f*
– *breakdown lorry* (Am. *crane truck, wrecking crane)*
48 la grúa de salvamento *m*
– *lifting crane*
49 el gancho de tracción *f*
– *load hook (draw hook,* Am. *drag hook)*
50 la roldana de apoyo *m*
– *support roll*
51 el camión cisterna (el camión-tanque de extinción *f*)
– *water tender*
52 la bomba a motor *m* portátil
– *portable pump*
53 el camión de las mangueras y herramientas *f*
– *hose layer*
54 los rollos de las mangueras
– *flaked lengths of hose*
55 el tambor del cable
– *cable drum*
56 el cabrestante
– *winch*
57 el filtro de la máscara antigás
– *face mask filter*
58 el carbón activo
– *active carbon (activated carbon, activated charcoal)*
59 el filtro del polvo
– *dust filter*
60 la abertura de entrada *f* del aire
– *air inlet*
61 el extintor de mano *f*
– *portable fire extinguisher*
62 la válvula de pistola *f*
– *trigger valve*
63 el extintor transportable
– *large mobile extinguisher (wheeled fire extinguisher)*
64 el proyector de agua *f* y espuma *f*
– *foam-making branch* (Am. *foam gun)*
65 el barco de extinción *f* de incendios *m*
– *fireboat*
66 el cañón de agua *f*
– *monitor (water cannon)*
67 la manga de aspiración *f*
– *suction hose*

1 la cajera
– *cashier*
2 la caja registradora eléctrica
– *electric cash register (till)*
3 las teclas de números *m*
– *number keys*
4 el botón de anulación *f*
– *cancellation button*
5 el cajón del dinero
– *cash drawer (till)*
6 los departamentos del cajón, para monedas *f* de metal *m* y billetes *m* de banco *m*
– *compartments (money compartments) for coins and notes* (Am. *bills)*
7 el recibo de pago *m* (el tique de caja *f*)
– *receipt (sales check)*
8 el total a pagar
– *amount [to be paid]*
9 el mecanismo de suma *f*
– *adding mechanism*
10 la mercancía
– *goods*
11 el patio de luz *f* (techado con una claraboya)
– *glass-roofed well*
12 el departamento de artículos *m* de caballero *m*
– *men's wear department*
13 la vitrina de exposición *f* (el escaparate interior)
– *showcase (display case, indoor display window)*
14 el mostrador de entrega *f* de los artículos
– *wrapping counter*
15 la canastilla con los artículos a empaquetar
– *tray for purchases*
16 la clienta (la compradora)
– *customer*
17 el departamento de medias *f* (la sección de mercería *f*)
– *hosiery department*
18 la dependienta (la vendedora)
– *shop assistant (*Am. *salesgirl, saleslady)*
19 el cartel con los precios
– *price card*
20 el soporte para probarse los guantes
– *glove stand*
21 el abrigo tres cuartos
– *duffle coat, a three-quarter length coat*
22 la escalera mecánica
– *escalator*
23 el tubo de luz *f* fluorescente (el tubo de neón *m*)
– *fluorescent light (fluorescent lamp)*
24 la oficina (*por ej.:* la oficina de ventas *f* a crédito *m;* la agencia de viajes *m;* la oficina de la dirección)
– *office*, e.g. *customer accounts office, travel agency, manager's office*
25 el cartel publicitario (el anuncio publicitario)
– *poster (advertisement)*
26 el despacho de localidades *f* para teatro *m* y conciertos *m* (el despacho de venta *f* por adelantado)
– *theatre (*Am. *theater) and concert booking office (advance booking office)*
27 la estantería (*Amér.:* el armazón)
– *shelves*
28 el departamento (la sección) de vestidos *m* de señora *f*
– *ladies' wear department*
29 el vestido confeccionado
– *ready-made dress (ready-to-wear dress,* coll. *off-the-peg dress)*
30 el guardapolvo
– *dust cover*
31 la percha de los vestidos *m*
– *clothes rack*
32 el probador
– *changing booth (fitting booth)*
33 el encargado de la planta
– *shop walker (*Am. *floorwalker, floor manager)*
34 el maniquí
– *dummy*
35 la butaca
– *seat (chair)*
36 la revista de modas *f*
– *fashion journal (fashion magazine)*

37 el modista tomando medidas *f*
– *tailor marking a hemline*
38 la cinta métrica
– *measuring tape (tape measure)*
39 el jaboncillo de sastre *m*
– *tailor's chalk (French chalk)*
40 el medidor del largo de falda *f*
– *hemline marker*
41 el abrigo suelto
– *loose-fitting coat*
42 el mostrador de venta *f*
– *sales counter*
43 la cortina de aire *m* caliente
– *warm-air curtain*
44 el portero
– *doorman (commissionaire)*
45 el ascensor
– *lift* (Am. *elevator)*
46 la caja del ascensor
– *lift cage (lift car,* Am. *elevator car)*
47 el ascensorista
– *lift operator* (Am. *elevator operator)*
48 los botones de mando *m*
– *controls (lift controls,* Am. *elevator controls)*
49 el indicador del piso (de la planta)
– *floor indicator*
50 la puerta de corredera *f*
– *sliding door*
51 el hueco del ascensor
– *lift shaft* (Am. *elevator shaft)*
52 el cable de tracción *f*
– *bearer cable*
53 el cable de control *m*
– *control cable*
54 los raíles de deslizamiento *m*
– *guide rail*
55 el cliente (el comprador)
– *customer*
56 los géneros de punto *m*
– *hosiery*
57 los artículos de lencería *f* (mantelerías *f* y ropas *f* de cama *f*)
– *linen goods (table linen and bed linen)*
58 el departamento (la sección) de telas *f*
– *fabric department*
59 la pieza de tela *f* (de paño *m*)
– *roll of fabric (roll of material, roll of cloth)*
60 el encargado del departamento (el jefe de sección *f*)
– *head of department (department manager)*
61 el mostrador de venta *f*
– *sales counter*
62 el departamento de bisutería *f*
– *jewellery* (Am. *jewelry) department*
63 la vendedora de novedades *f*
– *assistant* (Am. *salesgirl, saleslady), selling new lines (new products)*
64 la mesa de las ofertas especiales (las gangas)
– *special counter (extra counter)*
65 el cartel con los precios de las ofertas especiales (las gangas)
– *placard advertising special offers*
66 el departamento (la sección) de cortinas *f*
– *curtain department*
67 la decoración de los techos de las estanterías
– *display on top of the shelves*

1-40 el parque francés (parque *m* barroco), un parque palaciego
– ***formal garden*** *(French Baroque garden), palace gardens*
1 la gruta
– *grotto (cavern)*
2 la estatua de piedra *f*, una ninfa
– *stone statue, a river nymph*
3 el invernadero de naranjos *m*
– *orangery (orangerie)*
4 el bosquecillo
– *boscage (boskage)*
5 el laberinto de setos *m*
– *maze (labyrinth of paths and hedges)*
6 el teatro al aire libre
– *open-air theatre (*Am. *theater)*
7 el palacio barroco (un palacio de estilo *m* Luis XIV)
– *Baroque palace*
8 los juegos de agua *f*
– *fountains*
9 la cascada artificial
– *cascade (broken artificial waterfall, artificial falls)*
10 la estatua, un monumento
– *statue, a monument*
11 el pedestal
– *pedestal*
12 el árbol modelado en forma *f* esférica
– *globe-shaped tree*
13 el árbol modelado en forma *f* cónica
– *conical tree*
14 el arbusto ornamental
– *ornamental shrub*
15 la fuente mural
– *wall fountain*
16 el banco del parque
– *park bench*
17 la pérgola
– *pergola (bower, arbour,* Am. *arbor)*
18 el sendero cubierto de braba *f*
– *gravel path (gravel walk)*
19 el árbol modelado en forma *f* piramidal
– *pyramid tree (pyramidal tree)*
20 el amorcillo
– *cupid (cherub, amoretto, amorino)*
21 la fuente (*Amér.:* el puquio)
– *fountain*
22 el surtidor
– *fountain (jet of water)*
23 la taza (pilón *m*) superior de la fuente
– *overflow basin*
24 la taza inferior de la fuente
– *basin*
25 el borde de la fuente
– *kerb (curb)*
26 el paseante
– *man out for a walk*
27 la guía turística
– *tourist guide*
28 el grupo de turistas *m*
– *group of tourists*
29 el reglamento del parque
– *park by-laws (bye-laws)*
30 el guarda del parque
– *park keeper*
31 la puerta del parque (la verja), una verja de hierro *m* forjado
– *garden gates made of wrought iron*
32 la entrada del parque
– *park entrance*
33 la verja del parque (el enrejado que sirve de muro *m*)
– *park railings*
34 el barrote de la verja
– *railing (bar)*
35 el jarrón de piedra *f*
– *stone vase*
36 el césped
– *lawn*
37 el borde del sendero, un seto vivo recortado
– *border, a trimmed (clipped) hedge*
38 el sendero del parque
– *park path*
39 el parterre
– *parterre*
40 el abedul
– *birch (birch tree)*
41-72 el parque inglés (el jardín inglés)
– ***landscaped park*** *(jardin anglais)*
41 el arriate
– *flower bed*
42 el banco del parque
– *park bench (garden seat)*
43 la papelera
– *litter bin (*Am. *litter basket)*

44 el césped de juegos *m*
– *play area*
45 el río
– *stream*
46 el embarcadero
– *jetty*
47 el puente
– *bridge*
48 la silla del parque
– *park chair*
49 el cercado de los animales
– *animal enclosure*
50 el estanque
– *pond*
51-54 las aves acuáticas
– *waterfowl*
51 el pato salvaje con sus patitos *m*
– *wild duck with young*
52 la oca salvaje
– *goose*
53 el flamenco
– *flamingo*
54 el cisne
– *swan*
55 la isla
– *island*
56 el nenúfar
– *water lily*
57 el café con terraza *f*
– *open-air café*
58 la sombrilla
– *sunshade*
59 el árbol
– *park tree (tree)*
60 la copa del árbol
– *treetop (crown)*
61 el bosquecillo
– *group of trees*
62 el surtidor
– *fountain*
63 el sauce llorón
– *weeping willow*
64 la escultura moderna
– *modern sculpture*
65 el invernadero
– *hothouse*
66 el jardinero
– *park gardener*
67 el escobón para barrer la hojarasca
– *broom*
68 el campo de minigolf *m*
– *minigolf course*
69 el jugador de minigolf *m*
– *minigolf player*
70 el recorrido del minigolf
– *minigolf hole*
71 la madre con el cochecito de niño *m*
– *mother with pram (baby carriage)*
72 la pareja de novios *m*
– *courting couple*

1 el tenis de mesa *f* (el ping-pong)
– *table tennis game*
2 la mesa de ping-pong *m*
– *table*
3 la red de ping-pong *m*
– *table tennis net*
4 la raqueta de ping-pong *m*
– *table tennis racket (raquet) (table tennis bat)*
5 la pelota de ping-pong *m*
– *table tennis ball*
6 el volante (el bádminton)
– *badminton game (shuttlecock game)*
7 el volante (el rehilete)
– *shuttlecock*
8 los pasos de gigantes *m*
– *maypole swing*
9 la bicicleta de niño *m*
– *child's bicycle*
10 el fútbol
– *football game (soccer game)*
11 la portería (la meta)
– *goal (goalposts)*
12 el balón de fútbol *m*
– *football*
13 el delantero (el ariete)
– *goal scorer*
14 el portero (el guardameta)
– *goalkeeper*
15 el juego de la comba (*Amér. Central y Cuba:* la suiza; *Chile:* el cordel)
– *skipping* (Am. *jumping rope)*
16 la cuerda (la comba)
– *skipping rope (*Am. *skip rope, jump rope, jumping rope)*
17 la torre para escalar
– *climbing tower*
18 el columpio de neumático *m*
– *rubber tyre* (Am. *tire) swing*
19 el neumático de camión *m*
– *lorry tyre* (Am. *truck tire)*
20 el balón de rebotes *m*
– *bouncing ball*
21 la construcción para juegos *m* de aventura *f*
– *adventure playground*
22 la escalera de palos *m*
– *log ladder*
23 la vigía (el miradero, la atalaya)
– *lookout platform*
24 el tobogán
– *slide*
25 la papelera
– *litter bin* (Am. *litter basket)*
26 el oso de peluche *m*
– *teddy bear*
27 el tren de madera *f* de juguete *m*
– *wooden train set*
28 el estanque para chapotear los niños
– *paddling pool*
29 el velero de juguete *m*
– *sailing boat (yacht,* Am. *sailboat)*
30 el pato de juguete *m*
– *toy duck*
31 el cochecito de niño *m*
– *pram (baby carriage)*
32 la barra fija
– *high bar (bar)*
33 el coche de carreras *f* de niño *m* (el kart)
– *go-cart (soap box)*
34 la bandera de salida *f*
– *starter's flag*
35 el subibaja (*Mé.:* el bimbalete)
– *seesaw*
36 el robot (el autómata)
– *robot*
37 el aeromodelismo
– *flying model aeroplanes (*Am. *airplanes)*
38 el avión de aeromodelismo *m*
– *model aeroplane* (Am. *airplane)*
39 el columpio doble
– *double swing*
40 la tabla (el asiento) del columpio
– *swing seat*

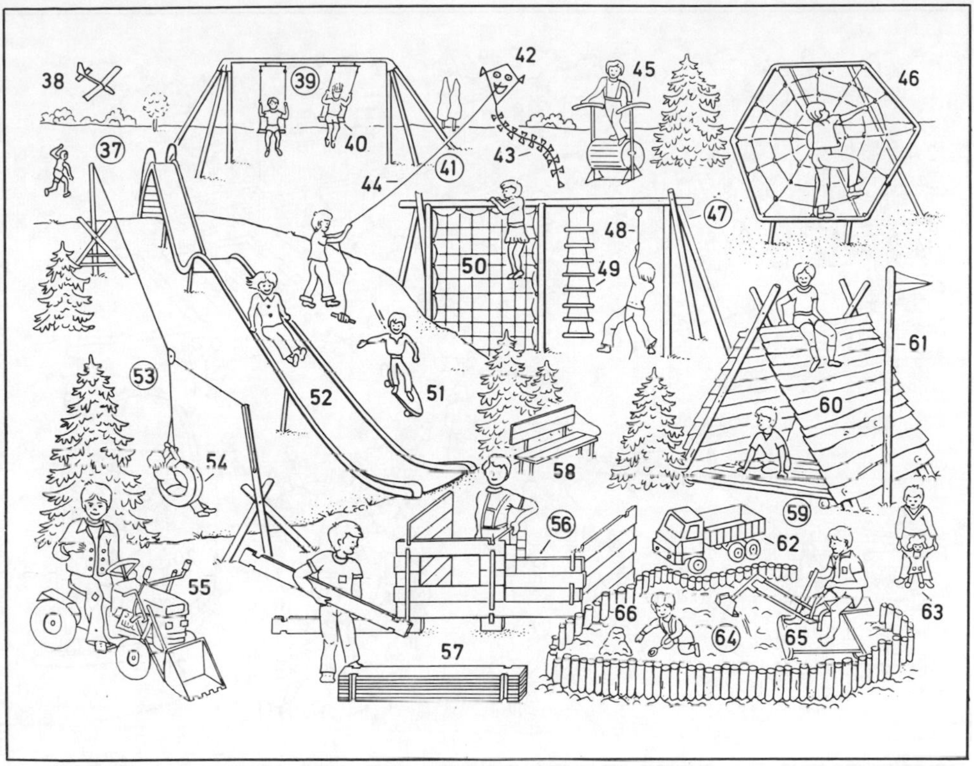

41 el remonte de la cometa
– *flying kites*
42 la cometa (la birlocha, la milocha, la pandorga, el pájaro bitango, la pájara, el pandero; *Amér.:* el volantín)
– *kite*
43 la cola de la cometa
– *tail of the kite*
44 la cuerda (el bramante) de la cometa
– *kite string*
45 el cilindro rotativo
– *revolving drum*
46 la telaraña
– *spider's web*
47 el pórtico de escalada *f*
– *climbing frame*
48 la cuerda
– *climbing rope*
49 la escala de cuerda *f*
– *rope ladder*
50 la red para trepar
– *climbing net*
51 el monopatín
– *skateboard*
52 el tobogán de montaña *f* rusa
– *up-and-down slide*
53 el funicular de neumático *m*
– *rubber tyre* (Am. *tire*) *cable car*
54 el neumático (que sirve de asiento *m*)
– *rubber tyre* (Am. *tire*)
55 el tractor, un vehículo de pedales *m*
– *tractor, a pedal car*
56 la casa de miniatura *f* de elementos *m* de construcción *f* intercambiables
den
57 la plancha de ensamblaje *m*
– *presawn boards*
58 el banco
– *seat (bench)*
59 la tienda (la cabaña) india
– *Indian hut*
60 el tejado para escalar
– *climbing roof*
61 el asta de la bandera
– *flagpole (flagstaff)*
62 el camión de juguete *m*
– *toy lorry* (Am. *toy truck*)
63 la muñeca que anda
– *walking doll*
64 el cajón de arena *f*
– *sandpit* (Am. *sandbox*)
65 la excavadora de juguete *m*
– *toy excavator (toy digger)*
66 el montón de arena *f*
– *sandhill*

1-21 el parque del balneario
- *spa gardens*

1-7 la salina
- *salina (salt works)*

1 la torre de graduación *f* salinera
- *thorn house (graduation house)*

2 las brozas de zarzas *f*
- *thorns (brushwood)*

3 el canal de distribución *f* del agua *f* salobre
- *brine channels*

4 el tubo de agua *f* salobre de la estación de bombeo *m*
- *brine pipe from the pumping station*

5 el guardián de la torre de graduación *f* salinera
- *salt works attendant*

6-7 la cura (la terapia) por inhalación *f*
- *inhalational therapy*

6 el inhalatorio al aire libre
- *open-air inhalatorium (outdoor inhalatorium)*

7 el enfermo, durante la inhalación
- *patient inhaling (taking an inhalation)*

8 el pabellón de hidroterapia *f*, con el casino
- *hydropathic (pump room) with kursaal (casino)*

9 el pórtico (los soportales; la arcada)
- *colonnade*

10 el paseo del balneario
- *spa promenade*

11 la avenida de fuentes *f*
- *avenue leading to the mineral spring*

12-14 la cura de reposo *m*
- *rest cure*

12 el césped para el reposo *m*
- *sunbathing area (lawn)*

13 la tumbona
- *deck-chair*

14 el toldo
- *sun canopy*

15 el pabellón de la fuente
- *pump room*

16 la estantería de los vasos
- *rack for glasses*

17 el grifo
- *tap*

18 el paciente del balneario
- *patient taking the waters*

19 el quiosco de música *f*
- *bandstand*

20 la orquesta del balneario, dando un concierto
- *spa orchestra giving a concert*

21 el director de orquesta *f*
- *conductor*

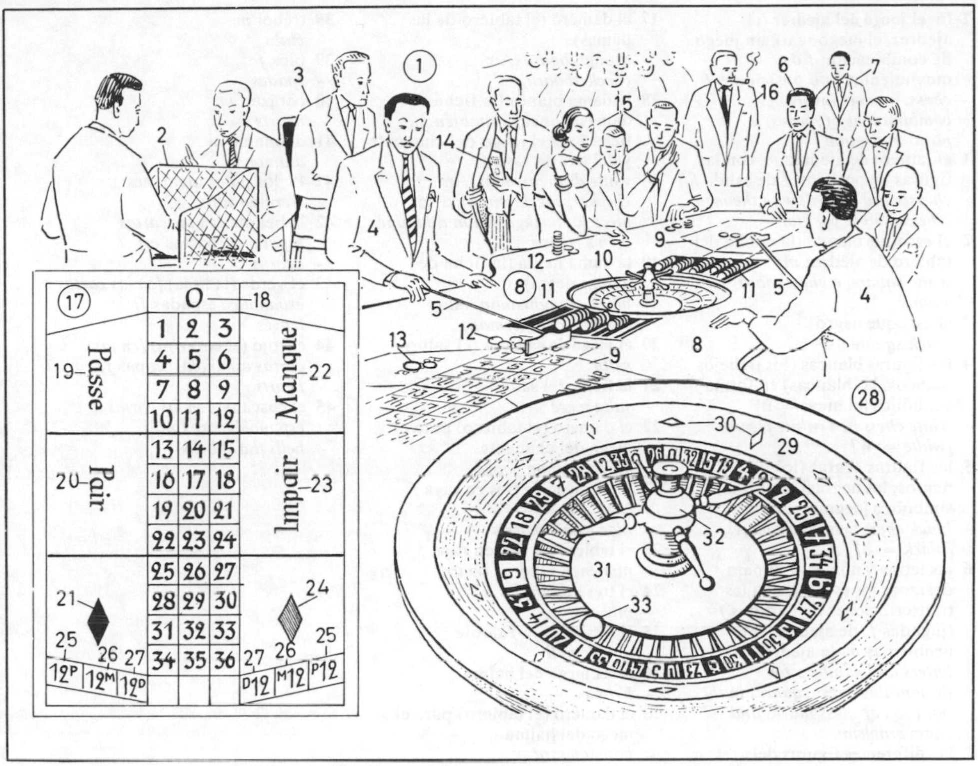

1-33 la ruleta (*P. Rico:* la pica; *Amér.:* la rolata), un juego de suerte *f* (un juego de azar *m*)
– ***roulette,*** *a game of chance (gambling game)*
1 la sala de la ruleta (la sala de juego *m*) en el casino
– *gaming room in the casino (in the gambling casino)*
2 la caja
– *cash desk*
3 el director del juego
– *tourneur (dealer)*
4 el crupié (el auxiliar del banquero; *Perú, P. Rico y S. Dgo.:* el gurupié)
– *croupier*
5 la raqueta
– *rake*
6 el crupié de cabecera *f*
– *head croupier*
7 el jefe de la sala
– *hall manager*
8 la mesa de la ruleta (la mesa de juego *m*)
– *roulette table (gaming table, gambling table)*
9 el tapete de juego *m* (el tapete verde)
– *roulette layout*
10 la ruleta
– *roulette wheel*
11 la caja de la mesa (la banca)
– *bank*
12 la ficha
– *chip (check, plaque)*
13 la apuesta (la postura)
– *stake*
14 el carné de socio *m* del casino
– *membership card*
15 el jugador de ruleta *f*
– *roulette player*
16 el detective privado (el detective de la casa)
– *private detective (house detective)*
17 el tapete del juego de la ruleta (el tapete verde)
– *roulette layout*
18 el cero
– *zero (nought, O)*
19 paso *m* (números *m* altos) [números del 19 al 36]
– *passe (high) [numbers 19 to 36]*
20 par [números *m* pares]
– *pair (even numbers)*
21 negro
– *noir (black)*
22 falta *f* (números *m* bajos) [números del 1 al 18]
– *manque (low) [numbers 1 to 18]*
23 impar [números *m* impares]
– *impair [odd numbers]*
24 rojo
– *rouge (red)*
25 primera docena *f* [números *m* del 1 al 12]
– *douze premier (first dozen) [numbers 1 to 12]*
26 segunda docena *f* (docena intermedia) [números *m* del 13 al 24]
– *douze milieu (second dozen) [numbers 13 to 24]*
27 última docena *f* [números *m* del 25 al 36]
– *douze dernier (third dozen) [numbers 25 to 36]*
28 la ruleta
– *roulette wheel (roulette)*
29 el canal de la ruleta
– *roulette bowl*
30 el obstáculo
– *fret (separator)*
31 el disco giratorio, con los números del 0 al 36
– *revolving disc (disk) showing numbers 0 to 36*
32 el aspa *f* giratoria
– *spin*
33 la bola de la ruleta
– *roulette ball*

1-16 el juego del ajedrez (el ajedrez, el juego real), un juego de combinación *f* de movimientos *m* o posiciones *f*
– ***chess,*** *a game involving combinations of moves, a positional game*
1 el tablero de ajedrez *m*, con las figuras en posición *f* de salida *f*
– *chessboard (board) with the men (chessmen) in position*
2 el escaque blanco (la casilla del tablero de ajedrez *m*)
– *white square, a chessboard square*
3 el escaque negro
– *black square*
4 las figuras blancas (los trebejos blancos, las blancas) en forma *f* simbólica [blancas = B]
– *white chessmen (white pieces) [white = W]*
5 las figuras negras (los trebejos negros, las negras) en forma *f* simbólica [negras = N]
– *black chessmen (black pieces) [black = B]*
6 las letras y números *m* para designar los escaques en las transcripciones de partidas *f* (jugadas *f*) de ajedrez *m* y problemas *m* de ajedrez
– *letters and numbers for designating chess squares in the notation of chess moves and chess problems*
7 las diferentes figuras del ajedrez
– *individual chessmen (individual pieces)*
8 el rey
– *king*
9 la reina (la dama)
– *queen*
10 el alfil
– *bishop*
11 el caballo
– *knight*
12 la torre
– *rook (castle)*
13 el peón
– *pawn*
14 los movimientos (jugadas *f*) de cada una de las figuras (trebejos *m*)
– *moves of the individual pieces*
15 el mate (el jaque mate), un mate de caballo *m*
– *mate (checkmate), a mate by knight*
16 el reloj de ajedrez *m*, un reloj doble para los torneos (campeonatos) de ajedrez *m*
– *chess clock, a double clock for chess matches (chess championships)*
17-19 el juego de damas *f* (las damas)
– ***draughts*** (Am. *checkers)*
17 el damero (el tablero de las damas)
– *draughtboard (*Am. *checkerboard)*
18 la dama blanca (la ficha de damas blanca); *también:* la ficha para el juego del chaquete y del tres en raya *f*
– *white draughtsman (*Am. *checker, checkerman);* also: *piece for backgammon and nine men's morris*
19 la dama negra (la ficha de damas negra)
– *black draughtsman (*Am. *checker, checkerman)*
20 el juego de salta *m* (el salta)
– ***salta***
21 la ficha del salta
– *salta piece*
22 el damero (el tablero) para el juego del chaquete
– *backgammon board*
23-25 el juego de tres en raya *f* (*Arg.:* el tatetí)
– ***nine men's morris***
23 el tablero de tres en raya *f*
– *nine men's morris board*
24 el tres en raya *f*
– *mill*
25 el tres en raya *f* doble
– *double mill*
26-28 el juego del halma
– ***halma***
26 el damero (el tablero) para el juego del halma
– *halma board*
27 el corral
– *yard (camp, corner)*
28 las figuras (las fichas) del halma en diferentes colores *m*
– *halma pieces (halma men) of various colours (*Am. *colors)*
29 el juego de los dados (los dados)
– ***dice*** *(dicing)*
30 el cubilete (*Bol., Col., Chile, Ec.* y *Perú:* el cacho; *Venez.:* el tacuro; *Amér. Central:* el churuco)
– *dice cup*
31 los dados
– *dice*
32 los puntos
– *spots (pips)*
33 el juego de dominó *m* (el dominó)
– ***dominoes***
34 la ficha de dominó *m*
– *domino (tile)*
35 el doble (*Chile:* el chancho)
– *double*
36 los naipes (las cartas)
– ***playing cards***
37 el naipe (la carta) francés (de póquer)
– *French playing card (card)*
38-45 los palos
– *suits*
38 trébol *m*
– *clubs*
39 pica *f*
– *spades*
40 corazón *m*
– *hearts*
41 diamante *m*
– *diamonds*
42-45 los palos alemanes
– *German suits*
42 la bellota *[en las cartas españolas:* bastos *m]*
– *acorns*
43 el verde (la hoja) *[en las cartas españolas:* espadas *f]*
– *leaves*
44 el rojo (el corazón) *[en las cartas españolas:* copas *f]*
– *hearts*
45 el cascabel *[en las cartas españolas:* oros *m]*
– *bells (hawkbells)*

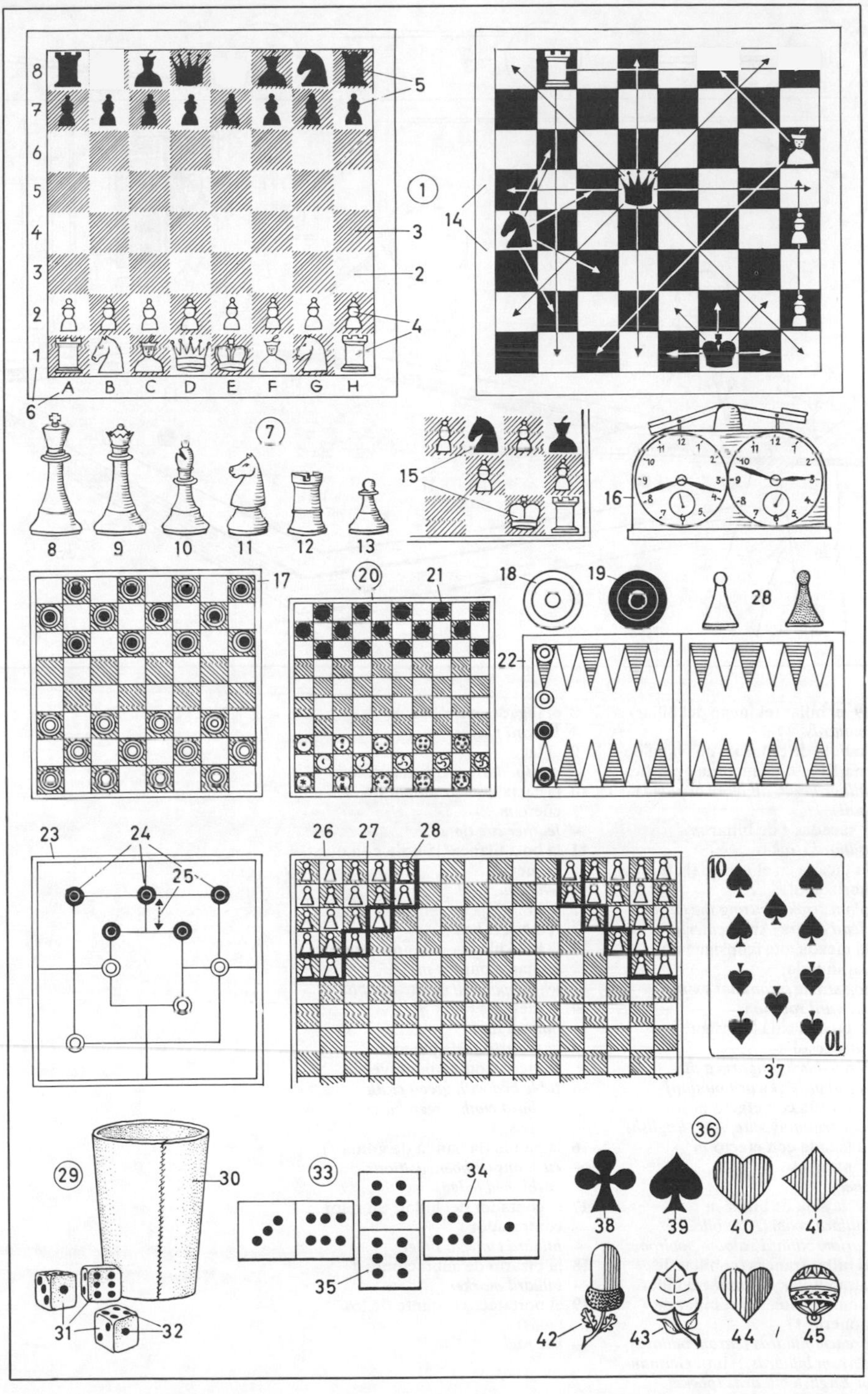
8
7
6
5
4
3
2
1
A B C D E F G H
1
2
3
4
5
6
7
8 9 10 11 12 13
14
15
16
17
18
19
20
21
22
23
24
25
26
27
28
29
30
31
32
33
34
35
36
37
38 39 40 41
42 43 44 45

1-19 el billar (el juego del billar)
- *billiards*

1 la bola de billar *m*, una bola de marfil *m* o de materia *f* plástica
- *billiard ball, an ivory or plastic ball*

2-6 tacadas *f* de billar *m*
- *billiard strokes*

2 la tacada en el centro (la tacada horizontal)
- *plain stroke [hitting the cue ball dead centre (*Am.* center)]*

3 la tacada alta [consigue un carambola]
- *top stroke [promotes extra forward rotation]*

4 la tacada baja [consigue un retroceso]
- *screw-back [imparts a direct recoil or backward motion]*

5 la tacada con efecto *m*
- *side (running side,* Am. *English)*

6 la tacada con efecto *m* contrario
- *check side*

7-19 la sala de billar *m*
- *billiard room (*Am. *billiard parlor, billiard saloon, poolroom)*

7 el billar francés (el billar de carambolas *f*); *anál.:* el billar alemán o inglés (el billar de troneras *f*)
- *French billiards (carom billiards, carrom billiards);* sim.: *German or English billiards (pocket billiards,* Am. *poolbilliards)*

8 el jugador de billar *m*
- *billiard player*

9 el taco
- *cue (billiard cue, billiard stick)*

10 la suela, una arandela de cuero *m*
- *leather cue tip*

11 la bola blanca (la bola con que se juega)
- *white cue ball*

12 la bola roja (el mingo)
- *red object ball*

13 la bola blanca del tanto (para anotarse puntos *m*)
- *white spot ball (white dot ball)*

14 la mesa de billar *m*
- *billiard table*

15 la superficie de juego *m* cubierta con un paño verde
- *table bed with green cloth (billiard cloth, green baize covering)*

16 la banda (la banda de goma *f*)
- *cushions (rubber cushions, cushioned ledge)*

17 el contador del billar, un reloj controlador
- *billiard clock, a timer*

18 la pizarra de anotaciones *f*
- *billiard marker*

19 el portatacos (estante de los tacos)
- *cue rack*

1-59 el camping (el emplazamiento del camping)
– ***camp site*** *(camping site,* Am. *campground)*
1 la recepción (la oficina)
– *reception (office)*
2 el guardián del camping
– *camp site attendant*
3 el remolque plegable (la roulotte, la caravana plegable)
– *folding trailer (collapsible caravan, collapsible trailer)*
4 la hamaca (*Venez.:* la campechana)
– *hammock*
5-6 las instalaciones sanitarias
– *washing and toilet facilities*
5 los aseos y lavaderos *m*
– *toilets and washrooms (*Am. *lavatories)*
6 los lavabos y fregaderos *m*
– *washbasins and sinks*
7 el bungalow (el chalé)
– *bungalow (chalet)*
8-11 el campamento de los exploradores (de los boys-scouts, el jamboree)
– ***scout camp***
8 la tienda de campaña *f* redonda
– *bell tent*
9 el gallardete (la banderola)
– *pennon*
10 el fuego de campamento *m* (*Pan.:* la fogatada; *Amér. Central, Arg. y Chile:* el fogón)
– *camp fire*
11 el explorador (el boy-scout)
– *boy scout (scout)*
12 el barco de vela *f* (el velero; *Col. y Venez.:* la curiana)
– *sailing boat (yacht,* Am. *sailboat)*
13 el embarcadero (el desembarcadero, el muelle)
– *landing stage (jetty)*
14 el bote neumático
– *inflatable boat (inflatable dinghy)*
15 el motor fuera borda *f*
– *outboard motor (outboard)*
16 el trimarán
– *trimaran*
17 la bancada (el banco de los remeros)
– *thwart (oarsman's bench)*
18 la chumacera
– *rowlock (oarlock)*
19 el remo (*Perú:* la tangana)
– *oar*
20 el remolque del barco
– *boat trailer (boat carriage)*
21 la tienda de campaña *f* **de caballete** *m* (*Amér.:* la carpa; *Amér. Central y Mé.:* el manteado)
– ***ridge tent***
22 el tejado doble
– *flysheet*
23 el viento (una cuerda tensora)
– *guy line (guy)*
24 la estaquilla de la tienda (la estaquilla)
– *tent peg (peg)*
25 el mazo
– *mallet*
26 la arandela para sujetar el suelo de la tienda
– *groundsheet ring*
27 el ábside
– *bell end*
28 la marquesina levantada
– *erected awning*
29 la lámpara de camping *m*
– *storm lantern, a paraffin lamp*
30 el saco de dormir
– *sleeping bag*
31 el colchón hinchable (el colchón neumático)
– *air mattress (inflatable air-bed)*
32 el saco de agua *f* para beber
– *water carrier (drinking water carrier)*
33 la hornilla (la cocina) de dos fuegos *m* de gas *m* propano *m* o de butano *m*
– *double-burner gas cooker for propane gas or butane gas*
34 la botella de gas *m* propano *m* (de butano *m*)
– *propane or butane gas bottle*
35 la olla a presión *f* (la olla exprés)
– *pressure cooker*
36 la tienda bungalow (una tienda de paredes *f* verticales)
– ***frame tent***
37 la marquesina
– *awning*
38 el palo de la tienda
– *tent pole*
39 la entrada en arco *m*
– *wheelarch doorway*
40 la ventana de ventilación *f*
– *mesh ventilator*
41 la ventana transparente
– *transparent window*
42 el número del emplazamiento de la tienda
– *pitch number*
43 la silla de camping *m*, una silla de tijera *f* (extensible, plegable)
– *folding camp chair*
44 la mesa de camping *m*, una mesa de tijera *f* (extensible, plegable)
– *folding camp table*
45 la vajilla de camping *m*
– *camping eating utensils*
46 el acampador
– *camper*
47 la barbacoa (las parrillas de carbón *m* de leña *f*)
– *charcoal grill (barbecue)*
48 el carbón de leña *f*
– *charcoal*
49 el fuelle
– *bellows*
50 la baca
– *roof rack*
51 los pulpos
– *roof lashing*
52 el remolque de camping *m* (la caravana, la roulotte)
– ***caravan*** (Am. *trailer)*
53 el cajón para las botellas de gas *m*
– *box for gas bottle*
54 la rueda delantera de guía *f* (de timón *m*)
– *jockey wheel*
55 el acoplamiento (el enganche) del remolque
– *drawbar coupling*
56 la trampilla de ventilación *f* del techo
– *roof ventilator*
57 la marquesina de la caravana
– *caravan awning*
58 la tienda iglú *m* hinchable
– *inflatable igloo tent*
59 la tumbona
– *camp bed (*Am. *camp cot)*

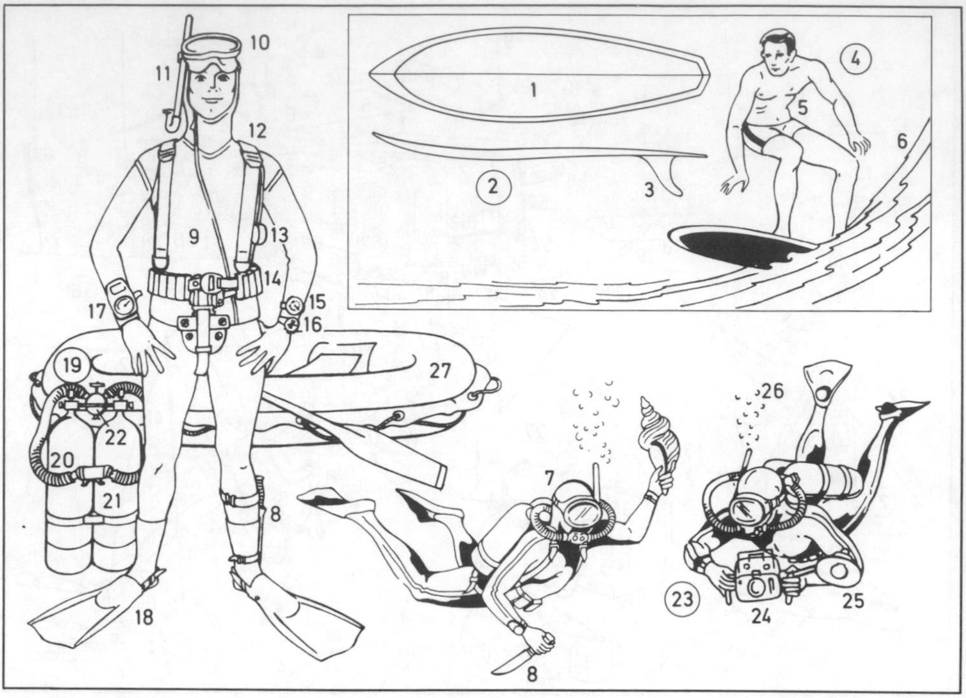

1-6 el surf
- *surf riding (surfing)*

1 la tabla de surf *m* vista por abajo
- *plan view of surfboard*

2 la tabla de surf *m*, una sección
- *section of surfboard*

3 la orza (la aleta estabilizadora)
- *skeg (stabilizing fin)*

4 el deslizamiento al punto de rompimiento *m* de la ola
- *big wave riding*

5 el surfista
- *surfboarder (surfer)*

6 la ola que rompe (el chachón)
- *breaker*

7-27 el buceo (el submarinismo)
- *skin diving (underwater swimming)*

7 el buzo (el hombre rana, el submarinista)
- *skin diver (underwater swimmer)*

8-22 el equipo de buceo *m*
- *underwater swimming set*

8 el cuchillo de buzo *m*
- *knife*

9 el traje de buzo *m* de neopreno *m*, un traje protector contra el frío
- *neoprene wetsuit*

10 las gafas de buceo *m*, unas gafas de presión *f* equilibrada
- *diving mask (face mask, mask), a pressure-equalizing mask*

11 el tubo respiratorio
- *snorkel (schnorkel)*

12 las correas de los aparatos de buceo *m* de aire *m* comprimido
- *harness of diving apparatus*

13 el manómetro para control *m* del contenido (del volumen de aire *m*) de las botellas
- *compressed-air pressure gauge* (Am. *gage)*

14 el cinturón de plomo *m*
- *weight belt*

15 el batímetro (el batómetro)
- *depth gauge* (Am. *gage)*

16 el reloj impermeable para el control del tiempo de permanencia *f* bajo el agua
- *waterproof watch for checking duration of dive*

17 el descompresímetro para el control de las etapas de ascensión *f* (las etapas de descompresión *f*)
- *decometer for measuring stages of ascent*

18 la aleta de buceo *m*
- *fin (flipper)*

19 el aparato para la respiración debajo de agua *f* (el pulmón acuático), un aparato de dos botellas *f*
- *diving apparatus (aqualung, scuba) with two cylinders (bottles)*

20 los dos tubos flexibles de la máquina pulmonar
- *two-tube demand regulator*

21 la botella de aire *m* comprimido
- *compressed-air cylinder (compressed-air bottle)*

22 la válvula de las botellas
- *on/off valve*

23 la fotografía submarina
- *underwater photography*

24 la máquina fotográfica submarina (*anál.:* la cámara submarina)
- *underwater camera housing (underwater camera case);* sim.: *underwater camera*

25 el flash submarino (la antorcha)
- *underwater flashlight*

26 las burbujas de aire *m* espirado
- *exhaust bubbles*

27 el bote neumático
- *inflatable boat (inflatable dinghy)*

1 el socorrista
– *lifesaver (lifeguard)*
2 la cuerda de salvamento *m*
– *lifeline*
3 el salvavidas
– *lifebelt (lifebuoy)*
4 el globo de tempestad *f* (la señal de tempestad *f*)
– *storm signal*
5 el globo horario (la señal indicadora de las horas de baño *m*)
– *time ball*
6 el cartel de advertencias *f*
– *warning sign*
7 el cartel de las mareas, un cartel indicador de las horas de flujo *m* y reflujo *m* (de la marea alta y la marea baja)
– *tide table, a notice board showing times of low tide and high tide*
8 el cartel, con los datos de temperatura *f* del agua y del aire
– *board showing water and air temperature*
9 el embarcadero (el desembarcadero, el muelle)
– *bathing platform*
10 el mástil de los gallardetes
– *pennon staff*
11 el gallardete (la banderola)
– *pennon*
12 el hidropedal
– *paddle boat (peddle boat)*
13 el acuaplano, tirado por una motora (el surf con motora)
– *surf riding (surfing) behind motorboat*
14 el surfista
– *surfboarder (surfer)*
15 la plancha de acuaplano *m* (de surf *m*)
– *surfboard*
16 el esquí acuático
– *water ski*
17 el colchón neumático (el colchón hinchable para la playa)
– *inflatable beach mattress*
18 el balón de playa *f* (para jugar en el agua)
– *beach ball*
19-23 la indumentaria de playa *f*
– *beachwear*
19 el traje playero (el conjunto playero)
– *beach suit*
20 el sombrero playero
– *beach hat*
21 la chaqueta playera
– *beach jacket*
22 los pantalones playeros
– *beach trousers*
23 las playeras
– *beach shoe (bathing shoe)*
24 la bolsa playera
– *beach bag*
25 el albornoz
– *bathing gown (bathing wrap)*
26 el biquini (el bañador de señora *f* de dos piezas *f*)
– *bikini (ladies' two-piece bathing suit)*
27 la braguita (la parte inferior del bikini)
– *bikini bottom*
28 el sujetador (la parte superior del biquini)
– *bikini top*
29 el gorro de baño *m*
– *bathing cap (swimming cap)*
30 el bañista
– *bather*
31 el tenis de anillas *f*
– *deck tennis (quoits)*
32 la anilla de goma *f*
– *rubber ring (quoit)*
33 el flotador de figura *f* de animal *m* inflable
– *inflatable rubber animal*
34 el vigilante de la playa
– *beach attendant*
35 el castillo de arena *f*
– *sand den [built as a wind-break]*
36 el sillón de playa *f* de mimbre *m*
– *roofed wicker beach chair*
37 el pescador subacuático (el buceador de pesca *f* submarina)
– *underwater swimmer*
38 las gafas de buceo *m*
– *diving goggles*
39 el tubo respiratorio
– *snorkel (schnorkel)*
40 el arpón de mano *f* (el dardo para pescar)
– *hand harpoon (fish spear, fish lance)*
41 la aleta de buceo *m*, para la práctica del submarinismo
– *fin (flipper) for diving (for underwater swimming)*
42 la indumentaria de baño *m*
– *bathing suit (swimsuit)*
43 el bañador
– *bathing trunks (swimming trunks)*
44 el gorro de baño *m*
– *bathing cap (swimming cap)*
45 la tienda de campaña *f* de playa *f*, una tienda de campaña *f* de caballete *m*
– *beach tent, a ridge tent*
46 el puesto de socorro *m*
– *lifeguard station*

281 El establecimiento de baños (centro para el ocio, para el tiempo libre)

1-9 la piscina de olas *f* artificiales, una piscina cubierta
– *swimming pool with artificial waves, an indoor pool*
1 el oleaje artificial
– *artificial waves*
2 la playa
– *beach area*
3 el borde de la piscina
– *edge of the pool*
4 el vigilante de piscina *f*
– *swimming pool attendant (pool attendant, swimming bath attendant)*
5 la tumbona (*Venez.:* la campechana)
– *sun bed*
6 el flotador
– *lifebelt*
7 los manguitos de natación *f* (los flotadores)
– *water wings*
8 el gorro de baño
– *bathing cap*
9 el canal de acceso *m* a los baños de aguas *f* minerales al aire libre
– *channel to outdoor mineral bath*
10 el solario (baño *m* de sol *m* artificial)
– *solarium*
11 la zona para tenderse a tomar el sol
– *sunbathing area*
12 la bañista tomando un baño de sol *m*
– *sun bather*
13 el sol artificial (las lámparas de rayos *m* ultravioletas)
– *sun ray lamp*
14 la toalla de baño *m*
– *bathing towel*
15 el área *f* nudista (el terreno naturista, desnudista)
– *nudist sunbathing area*
16 el nudista (el adepto al nudismo, a la vida al aire libre en estado *m* de desnudez *f* total)
– *nudist (naturist)*
17 el recinto protegido de las miradas por un muro
– *screen (fence)*
18 la sauna (la sauna finlandesa, el baño de vapor *m* finlandés)
– *mixed sauna*
19 el revestimiento de las paredes en madera *f*
– *wood panelling (*Am. *paneling)*
20 las gradas para sentarse o tenderse
– *tiered benches*
21 la estufa de la sauna
– *sauna stove*
22 los guijarros
– *stones*
23 el higrómetro
– *hygrometer*
24 el termómetro
– *thermometer*
25 la toalla
– *towel*
26 la herrada de agua *f* para la humidificación de los guijarros de la estufa
– *water tub for moistening the stones in the stove*
27 las ramas de abedul *m* para azotar la piel
– *birch rods (birches) for beating the skin*
28 el recinto de enfriamiento *m,* para refrescarse después de la sauna
– *cooling room for cooling off (cooling down) after the sauna*
29 la ducha tibia (templada)
– *lukewarm shower*
30 la piscina de agua *f* fría
– *cold bath*
31 la bañera de remolinos *m* de agua *f* caliente (el baño de masaje *m* subacuático)
– *hot whirlpool (underwater massage bath)*
32 el escalón de acceso *m*
– *step into the bath*
33 el baño de masaje *m*
– *massage bath*
34 el ventilador de inyección *f*
– *jet blower*
35 la bañera de remolinos *m* de agua *f* caliente [esquema]
– *hot whirlpool [diagram]*
36 la sección transversal de la bañera
– *section of the bath*
37 la entrada (el escalón de acceso *m*)
– *step*
38 el banco circular
– *circular seat*
39 el extractor de agua *f*
– *water extractor*
40 el tubo (la cañería) de inyección *f* de agua *f*
– *water jet pipe*
41 el tubo (la cañería) de inyección *f* de aire *m*
– *air jet pipe*

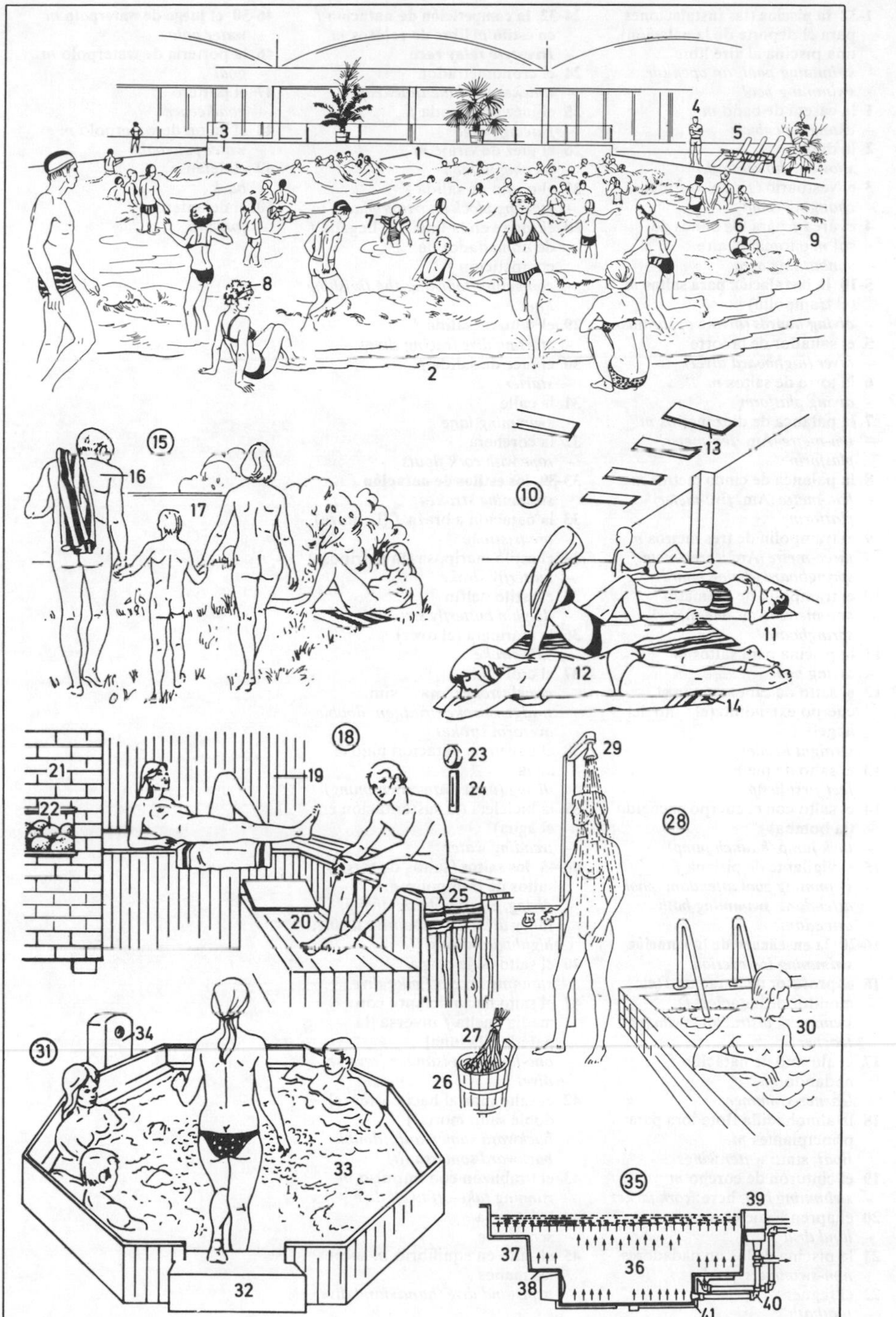
1
2
3
4
5
6
7
8
9
10
11
12
13
14
15
16
17
18
19
20
21
22
23
24
25
26
27
28
29
30
31
32
33
34
35
36
37
38
39
40
41

1-32 la piscina (las instalaciones para el deporte de la natación), una piscina al aire libre
- ***swimming pool,*** *an open-air swimming pool*

1 la caseta de baño *m*
- *changing cubicle*

2 la ducha
- *shower (shower bath)*

3 el vestuario (*Ec.:* el vestidero)
- *changing room*

4 el área *f* para los baños de sol *m* o tomar el aire
- *sunbathing area*

5-10 la instalación para saltos *m* (el trampolín)
- ***diving boards*** *(diving apparatus)*

5 el saltador de la torre
- *diver (highboard diver)*

6 la torre de saltos *m*
- *diving platform*

7 la palanca de diez metros *m*
- *ten-metre* (Am. *ten-meter) platform*

8 la palanca de cinco metros *m*
- *five-metre* (Am. *five-meter) platform*

9 el trampolín de tres metros *m*
- *three-metre* (Am. *three-meter) springboard (diving board)*

10 el trampolín de un metro
- *one-metre* (Am. *one-meter) springboard*

11 la piscina para saltos *m*
- *diving pool*

12 el salto de cabeza *f* con el cuerpo extendido (el salto del ángel)
- *straight header*

13 el salto de pie *m*
- *feet-first jump*

14 el salto con el cuerpo encogido (la bomba)
- *tuck jump (haunch jump)*

15 el vigilante de piscina *f*
- *swimming pool attendant (pool attendant, swimming bath attendant)*

16-20 la enseñanza de la natación
- ***swimming instruction***

16 el profesor de natación *f* (el monitor de natación *f*)
- *swimming instructor (swimming teacher)*

17 el alumno de natación *f*, nadando
- *learner-swimmer*

18 la almohadilla flotadora para principiantes *m*
- *float;* sim.: *water wings*

19 el cinturón de corcho *m*
- *swimming belt;* here: *cork jacket*

20 el aprendizaje en seco
- *land drill*

21 la piscina de los no nadadores
- *non-swimmers' pool*

22 el reguero
- *footbath*

23 la piscina de los nadadores
- *swimmers' pool*

24-32 la competición de natación *f* **en estilo** *m* **libre de relevos** *m*
- ***freestyle relay race***

24 el cronometrador
- *timekeeper (lane timekeeper)*

25 el juez de llegada *f*
- *placing judge*

26 el juez de viraje *m*
- *turning judge*

27 el podio de salida *f*
- *starting block (starting place)*

28 el toque en la línea de llegada *f* de un nadador de competición *f*
- *competitor touching the finishing line*

29 el salto de salida *f*
- *starting dive (racing dive)*

30 el juez de salida *f*
- *starter*

31 la calle
- *swimming lane*

32 la corchera
- *rope with cork floats*

33-39 los estilos de natación *f*
- ***swimming strokes***

33 la natación a braza *f* (la braza)
- *breaststroke*

34 el estilo mariposa (la mariposa)
- *butterfly stroke*

35 el estilo delfín
- *dolphin butterfly stroke*

36 la marinera (el over)
- *side stroke*

37 el crol
- *crawl stroke (crawl);* sim.: *trudgen stroke (trudgen, double overarm stroke)*

38 el buceo (la natación bajo el agua)
- *diving (underwater swimming)*

39 la bicicleta (la sustentación en el agua)
- *treading water*

40-45 los saltos (saltos de torre *f*, saltos de trampolín *m*)
- ***diving,*** e.g. *acrobatic diving, fancy diving, competitive diving, highboard diving*

40 el salto de la carpa
- *standing take-off pike dive*

41 el salto hacia delante con media vuelta *f* inversa [la patada a la luna]
- *one-half twist isander (reverse dive)*

42 el salto mortal hacia atrás (el doble salto mortal)
- *backward somersault (double backward somersault)*

43 el tirabuzón con impulso *m*
- *running take-off twist dive*

44 la barrena
- *screw dive*

45 el salto en equilibrio *m* sobre las manos
- *armstand dive (handstand dive)*

46-50 el juego de waterpolo *m*
- ***water polo***

46 la portería de waterpolo *m*
- *goal*

47 el portero
- *goalkeeper*

48 el balón de waterpolo *m*
- *water polo ball*

49 el defensa
- *back*

50 el delantero
- *forward*

1
2
3
4
5
6
7
8
9
10
11
12
13
14
15
16
17
18
19
20
21
22
23
24
25
26
27
28
29
30
31
32
33
34
35
36
37
38
39
40
41
42
43
44
45
46
47
48
49
50

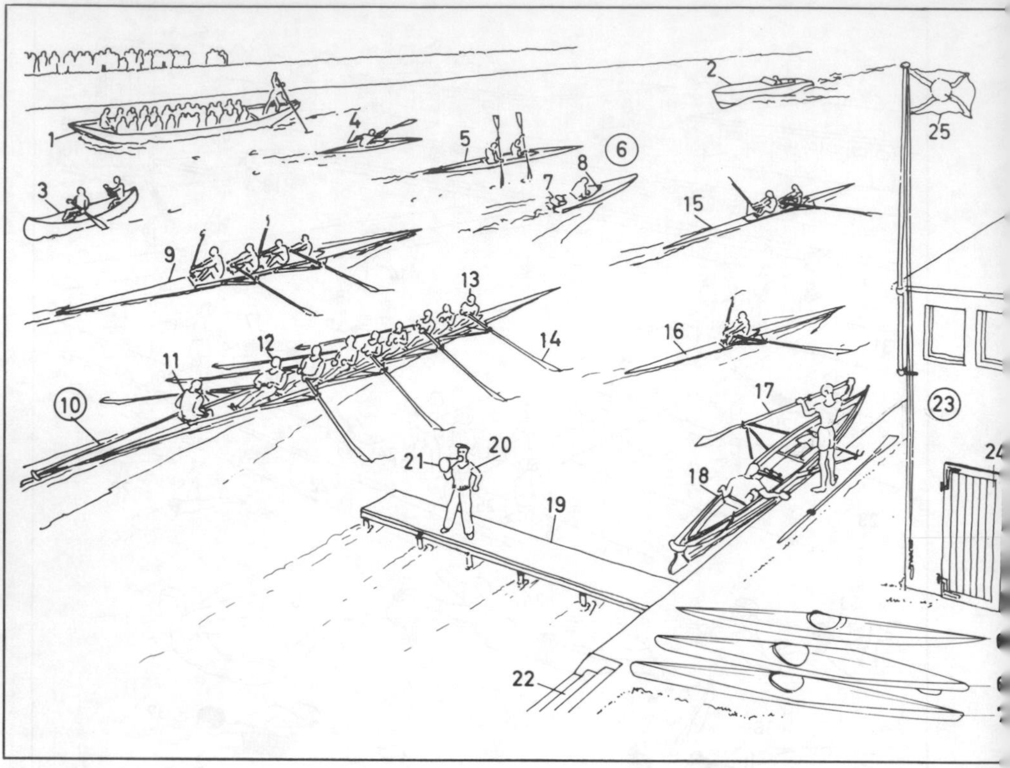

1-18 la toma de posiciones *f* para la regata (para la regata de remos *m*)
– *taking up positions for the regatta*
1 la batea impulsada a percha *f*, una barca de recreo *m*
– *punt, a pleasure boat*
2 la motora (la lancha de motor *m*)
– *motorboat*
3 la canoa canadiense
– *Canadian canoe*
4 el kayak (el kayak groenlandés; *Col.:* el jámparo), una canoa
– *kayak (Alaskan canoe, slalom canoe), a canoe*
5 el kayak biplaza
– *tandem kayak*
6 el fuera borda (la canoa automóvil con motor *m* fuera borda *f*)
– *outboard motorboat (outboard speedboat, outboard)*
7 el motor fuera borda *f*
– *outboard motor (outboard)*
8 la cabina del piloto
– *cockpit*
9-16 botes *m* de carreras *f* (botes deportivos, outriggers, botes de regatas *f*; *Amér. Central y Pan.:* la panga)
– *racing boats (sportsboats, outriggers)*
9-15 botes *m* de remos *m* (*Bol. y Ec.:* la montería)
– *shells (rowing boats,* Am. *rowboats)*
9 el bote de a cuatro sin timonel *m*, un bote de obra *f* cerrada (de construcción *f* lisa)
– *coxless four, a carvel-built boat*
10 el bote de a ocho (el ocho de carrera *f*)
– *eight (eight-oared racing shell)*
11 el timonel
– *cox*
12 el cabo, un remero
– *stroke, an oarsman*
13 el proel (el "número uno")
– *bow ('number one')*
14 el remo
– *oar*
15 el dos (el bote de remos *m* de a dos)
– *coxless pair*
16 el bote de carreras *f* unipersonal (el skif)
– *single sculler (single skuller, racing sculler, racing skuller, skiff)*
17 la espadilla
– *scull (skull)*
18 el bote de un remero con timonel *m*, un bote de tingladillo *m*
– *coxed single, a clinker-built single*
19 el embarcadero (el desembarcadero)
– *jetty (landing stage);* also: *mooring*
20 el entrenador de remo *m*
– *rowing coach*
21 el megáfono (la bocina)
– *megaphone*
22 la escalera del muelle
– *quayside steps*
23 el edificio del club (el club)
– *clubhouse (club)*
24 el cobertizo de los botes
– *boathouse*
25 la bandera del club
– *club's flag*
26-33 la yola de a cuatro, una yola (bote *m* de chumaceras *f*, bote de recreo *m*)
– *four-oared gig, a touring boat*
26 el timón
– *oar*
27 el asiento del timonel
– *cox's seat*
28 la bancada (el banco del remero)
– *thwart (seat)*
29 la chumacera
– *rowlock (oarlock)*
30 la regala
– *gunwale (gunnel)*
31 el durmiente de las bancadas
– *rising*
32 la quilla (la quilla exterior)
– *keel*
33 el forro exterior [en tingladillo *m*]
– *skin (shell, outer skin) [clinker-built]*
34 el canalete de una sola pala (*Filip.:* la pagaya; *Venez.:* el jarete)
– *single-bladed paddle (paddle)*
35-38 el remo (la espadilla)
– *oar (scull, skull)*
35 el guión
– *grip*
36 el luchadero
– *leather sheath*
37 el cuello del remo
– *shaft (neck)*
38 la pala (la pala del remo)
– *blade*

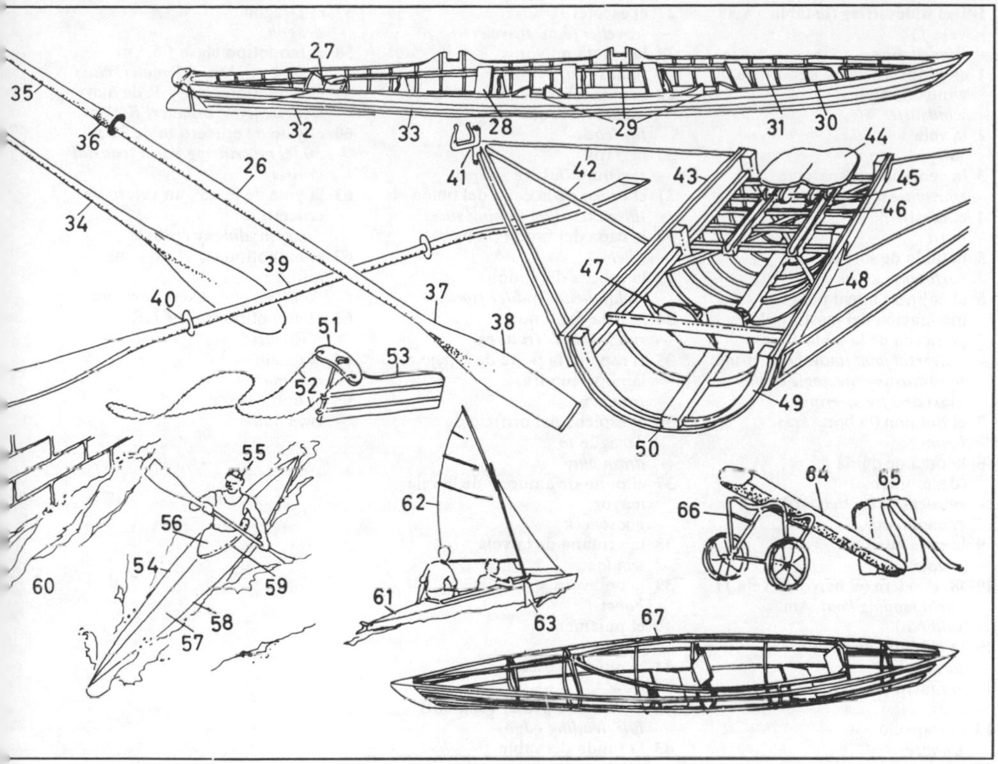

39 el canalete doble
– *double-bladed paddle (double-ended paddle)*
40 el anillo engrasador
– *drip ring*
41-50 el asiento de corredera *f*
– *sliding seat*
41 la chumacera (la chumacera giratoria)
– *rowlock (oarlock)*
42 el arbotante
– *outrigger*
43 la falca
– *saxboard*
44 el asiento de corredera *f*
– *sliding seat*
45 la corredera (el raíl de deslizamiento *m*)
– *runner*
46 el refuerzo
– *strut*
47 el apoyo
– *stretcher*
48 el forro exterior
– *skin (shell, outer skin)*
49 la cuaderna
– *frame (rib)*
50 la sobrequilla
– *kelson (keelson)*
51-53 el timón (el gobernalle)
– *rudder (steering rudder)*
51 la caña del timón
– *yoke*
52 el guardín
– *lines (steering lines)*
53 la pala (la pala del timón)
– *blade (rudder blade, rudder)*
54-66 canoas *f* plegables
– *folding boats (foldboats, canoes)*
54 la canoa plegable monoplaza, un bote deportivo individual
– *one-man kayak*
55 el canoero (el piragüista)
– *canoeist*
56 la cubierta protectora contra las salpicaduras
– *spraydeck*
57 la cubierta
– *deck*
58 el forro de lona *f* impermeabilizada (el forro exterior)
– *rubber-covered canvas hull*
59 la brazola
– *cockpit coaming (coaming)*
60 el canal construido a lo largo de una presa
– *channel for rafts alongside weir*
61 la canoa plegable biplaza, un bote de recreo *m* con dos asientos *m*
– *two-seater folding kayak, a touring kayak*
62 la vela de una canoa plegable
– *sail of folding kayak*
63 la orza de deriva *f*
– *leeboard*
64 el saco para la armazón
– *bag for the rods*
65 la mochila para el casco (para el forro)
– *rucksack*
66 el remolque para transportar el bote
– *boat trailer (boat carriage)*
67 la armazón (el costillaje) de la canoa plegable
– *frame of folding kayak*
68-70 kayaks *m* (canoas *f*)
– *kayaks*
68 el kayak (la canoa) esquimal
– *Eskimo kayak*
69 el kayak (la canoa) de regatas *f* en aguas *f* turbulentas (*Col. y Venez.:* la curiana)
– *wild-water racing kayak*
70 el kayak (la canoa) de recreo *m*
– *touring kayak*

1-9 el windsurfing (la tabla a vela vela *f*)
- ***windsurfing***

1 el windsurfista (el deportista de windsurfing *m*)
- *windsurfer*

2 la vela
- *sail*

3 la ventana transparente
- *transparent window (window)*

4 el mástil
- *mast*

5 la tabla de surf *m*
- *surfboard*

6 el cojinete móvil para la inclinación del mástil y el gobierno de la tabla
- *universal joint (movable bearing) for adjusting the angle of the mast and for steering*

7 el botalón (la botavara)
- *boom*

8 la orza de quilla *f* (desmontable)
- *retractable centreboard (*Am. *centerboard)*

9 la orza auxiliar
- *rudder*

10-48 el velero (el barco de vela *f*)
- ***yacht*** *(sailing boat,* Am. *sailboat)*

10 la cubierta de proa *f*
- *foredeck*

11 el mástil
- *mast*

12 el trapecio
- *trapeze*

13 la cruceta
- *crosstrees (spreader)*

14 la encapilladura
- *hound*

15 el estay de proa *f*
- *forestay*

16 el foque (el foque genovés, Génova)
- *jib (Genoa jib)*

17 el aparejo para reclamar
- *jib downhaul*

18 el obenque
- *side stay (shroud)*

19 el acollador
- *lanyard (bottlescrew)*

20 el pie del mástil (la carlinga)
- *foot of the mast*

21 la trapa
- *kicking strap (vang)*

22 la escotera
- *jam cleat*

23 la escota del foque
- *foresheet (jib sheet)*

24 la caja de la orza de quilla *f*
- *centreboard (*Am. *centerboard) case*

25 el perno de la orza de quilla *f*
- *bitt*

26 la orza de quilla *f*
- *centreboard (*Am. *centerboard)*

27 el escotero
- *traveller (*Am. *traveler)*

28 la escota mayor
- *mainsheet*

29 la guía (el pasacabo) de la escota de foque *m*
- *fairlead*

30 la trapa
- *toestraps (hiking straps)*

31 el brazo de la caña del timón
- *tiller extension (hiking stick)*

32 la caña del timón (la barra)
- *tiller*

33 la cabeza del timón
- *rudderhead (rudder stock)*

34 la pala del timón
- *rudder blade (rudder)*

35 el espejo (la popa de espejo *m*, la popa cuadra)
- *transom*

36 el espiche del orificio de desagüe *m*
- *drain plug*

37 el puño de amura *f* de la vela mayor
- *gooseneck*

38 la ventana de la vela
- *window*

39 la botavara
- *boom*

40 el pujamen
- *foot*

41 el puño de escota *f*
- *clew*

42 el caída de proa *f* (el grátil)
- *luff (leading edge)*

43 la funda del sable
- *leech pocket (batten cleat, batten pocket)*

44 el sable
- *batten*

45 la caída de popa *f* (la baluma)
- *leech (trailing edge)*

46 la vela mayor
- *mainsail*

47 la tabla de grátil *m*
- *headboard*

48 la veleta (la grímpola)
- *racing flag (burgee)*

49-65 clases *f* de yates *m* (clases de monotipos *m*)
- ***yacht classes***

49 el Flying Dutchman
- *Flying Dutchman*

50 la yola 0
- *O-Joller*

51 el dingui Finn
- *Finn dinghy (Finn)*

52 el Pirata
- *pirate*

53 el Sharpie de 12 m^2
- *12.00* m^2 *sharpie*

54 el Tempest
- *tempest*

55 el Star
- *star*

56 el Soling
- *soling*

57 el Dragón
- *dragon*

58 el monotipo clase *f* 5,5 m
- *5.5-metre (*Am. *5.5-meter) class*

59 el monotipo clase *f* R de 6 m
- *6-metre (*Am. *6-meter) R-class*

60 el yate de crucero *m* de 30 m^2
- *30.00* m^2 *cruising yacht (coastal cruiser)*

61 la yola de 30 m^2, un velero de crucero *m*
- *30.00* m^2 *dinghy cruiser*

62 el monotipo de 25 m^2 con quilla *f*
- *25.00* m^2 *one-design keelboat*

63 el monotipo clase *f* KR
- *KR-class*

64 el catamarán
- *catamaran*

65 el doble casco
- *twin hull*

1
2
3
4
5
6
7
8
9
10
11
12
13
14
15
16
17
18
19
20
21
22
23
24
25
26
27
28
29
30
31
32
33
34
35
36
37
38
39
40
41
42
43
44
45
46
47
48
FD
49
O
50
51
52
12
53
T
54
55
55
Ω
56
D
57
58
6
59
30
60
R
61
62
8KR
63
64
65

1-13 disposiciones *f* de las velas y direcciones *f* del viento
– ***points of sailing and wind directions***
1 la navegación a vela *f* viento *m* en popa *f*
– *sailing downwind*
2 la vela mayor
– *mainsail*
3 el foque
– *jib*
4 la disposición de las velas en forma *f* de tijeras *f*
– *ballooning sails*
5 el eje del barco
– *centre* (Am. *center) line*
6 la dirección del viento
– *wind direction*
7 el barco con el viento contrario (sin viento favorable)
– *yacht tacking*
8 la vela flameante
– *sail, shivering*
9 la orza (la orzada)
– *luffing*
10 la bolina
– *sailing close-hauled*
11 la navegación con viento *m* a la cuadra (con viento de través)
– *sailing with wind abeam*
12 la navegación con viento *m* a un largo
– *sailing with free wind*
13 la brisa en los estayes de proa *f*
– *quartering wind (quarter wind)*
14-24 el recorrido de la regata
– ***regatta course***
14 la boya de salida *f* y de llegada *f*
– *starting and finishing buoy*
15 el barco del jurado
– *committee boat*
16 el recorrido triangular (el recorrido de la regata)
– *triangular course (regatta course)*
17 la boya de virada *f* (la baliza de virada)
– *buoy (mark) to be rounded*
18 la boya de señalización *f* del recorrido
– *buoy to be passed*
19 la primera bordada
– *first leg*
20 la segunda bordada
– *second leg*
21 la tercera bordada
– *third leg*
22 la bordada ciñendo el viento
– *windward leg*
23 la bordada con viento *m* en popa *f*
– *downwind leg*
24 la bordada con viento *m* a un largo
– *reaching leg*
25-28 la virada de bordo *m*
– ***tacking***
25 la bordada ciñendo el viento
– *tack*
26 el trasluche (la virada por redondo)
– *gybing (jibing)*
27 la virada (cambiada *f* del rumbo)
– *going about*
28 la pérdida de altura *f* durante el trasluche
– *loss of distance during the gybe (jibe)*
29-41 formas *f* del casco de las embarcaciones de vela *f*
– ***types of yacht hull***
29-34 el yate de crucero *m* con quilla *f*
– *cruiser keelboat*
29 la popa
– *stern*
30 la proa lanzada (la proa de cuchara *f*)
– *spoon bow*
31 la línea de flotación *f*
– *waterline*
32 la quilla (la quilla con lastre *m*)
– *keel (ballast keel)*
33 el lastre
– *ballast*
34 el timón
– *rudder*
35 el yate de regatas *f* con quilla *f*
– *racing keelboat*
36 la quilla de plomo *m*
– *lead keel*
37-41 el velero
– *keel-centreboard* (Am. *centerboard) yawl*
37 el timón izable
– *retractable rudder*
38 la bañera
– *cockpit*
39 la superestructura de la caseta
– *cabin superstructure (cabin)*
40 la roda recta (la roda vertical)
– *straight stem*
41 la orza de quilla *f* desmontable
– *retractable centreboard* (Am. *centerboard)*
42-49 formas *f* de popas *f* de las embarcaciones de vela *f*
– ***types of yacht stern***
42 la popa de yate *m* (la popa de bovedilla *f*)
– *yacht stern*
43 la popa cuadra de yate *m* (la popa de espejo *m*)
– *square stern*
44 la popa de canoa *f*
– *canoe stern*
45 la popa de crucero *m*
– *cruiser stern*
46 la placa con el nombre
– *name plate*
47 el dormido
– *deadwood*
48 la popa cuadra (la popa de espejo *m*)
– *transom stern*
49 el espejo
– *transom*
50-57 el forro de las embarcaciones de madera *f*
– ***timber planking***
50-52 el forro en tingladillo *m*
– *clinker planking (clench planking)*
50 la traca (la hilada) exterior
– *outside strake*
51 la cuaderna, una cuaderna transversal
– *frame (rib)*
52 el roblón
– *clenched nail (riveted nail)*
53 el forro a tope *m*
– *carvel planking*
54 la construcción de cuadernas *f* de costura *f*
– *close-seamed construction*
55 la cuaderna de costura *f*, una cuaderna longitudinal
– *stringer*
56 el forro a tope *m* en diagonal *f*
– *diagonal carvel planking*
57 el forro interior
– *inner planking*

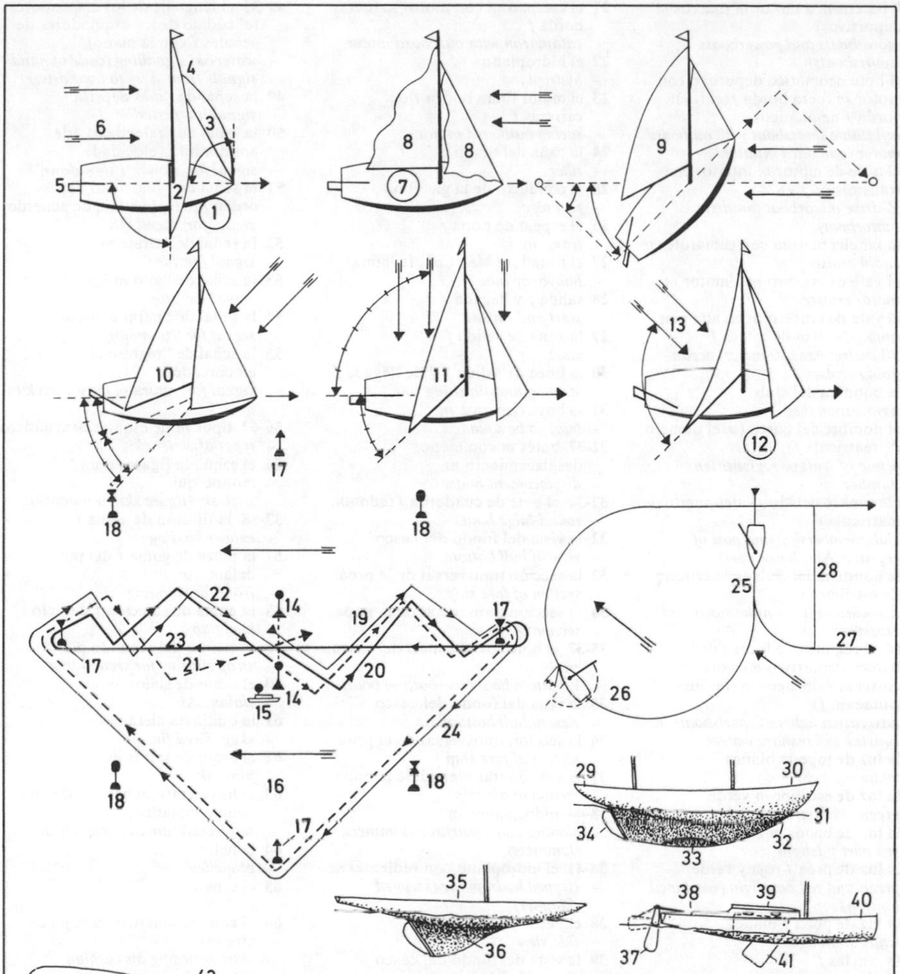
1
2
3
4
5
6
7
8
8
9
10
11
12
13
14
14
15
16
17
17
17
17
18
18
18
18
19
20
21
22
23
24
25
26
27
28
29
30
31
32
33
34
35
36
37
38
39
40
41
42
43
44
45
46
47
48
49
50
51
52
53
54
55
56
57

1-5 barcos *m* a motor *m* (barcos *m* deportivos)
- *motorboats and powerboats (sportsboats)*

1 el bote neumático deportivo con motor *m* fuera borda *f* (el fuera borda *f* neumático)
- *inflatable sportsboat with outboard motor (outboard inflatable)*

2 el bote de motor *m* interior con transmisión *f* en Z
- *Z-drive motorboat (outdrive motorboat)*

3 la lancha motora con camarotes *m*
- *cabin cruiser*

4 el yate de crucero *m* a motor *m*
- *motor cruiser*

5 el yate de crucero *m* en alta mar *amb.*, de 30 m de eslora *f*
- *30-metre (*Am. *30-meter) ocean-going cruiser*

6 la bandera del club
- *association flag*

7 el nombre del barco (*o:* el número de matrícula *f*)
- *name of craft or registration number*

8 el nombre del club y del puerto de matrícula *f*
- *club membership and port of registry (*Am. *home port)*

9 la bandera del club en la cruceta de estribor *m*
- *association flag on the starboard crosstrees*

10-14 el régimen de luces *f* de los barcos deportivos en aguas *f* costeras y de lagos *m* (las luces de situación *f*)
- *navigation lights of sportsboats in coastal and inshore waters*

10 la luz de tope *m* blanca
- *white top light*

11 la luz de estribor *m* verde
- *green starboard sidelight*

12 la luz de babor *m* roja
- *red port sidelight*

13 la luz de proa *f* roja y verde
- *green and red bow light (combined lantern)*

14 la luz de popa *f* blanca
- *white stern light*

15-18 anclas *f*
- *anchors*

15 el ancla *f* con cepo *m* (el ancla *f* almirantazgo), una ancla pesada
- *stocked anchor (Admiralty anchor), a bower anchor*

16-18 anclas *f* ligeras
- *lightweight anchor*

16 el ancla de reja *f* de arado *m*
- *CQR anchor (plough,* Am. *plow, anchor)*

17 el ancla *f* de patente *m* (el ancla *f* sin cepo *m*)
- *stockless anchor (patent anchor)*

18 el ancla *f* Danforth (el ancla *f* para embarcaciones *f* pequeñas de recreo *m*)
- *Danforth anchor*

19 la balsa de salvamento *m*
- *life raft*

20 el chaleco salvavidas
- *life jacket*

21-44 la carrera de motoras *f*
- *powerboat racing*

21 el catamarán con motor *m* fuera borda *f*
- *catamaran with outboard motor*

22 el hidroplano
- *hydroplane*

23 el motor fuera borda *f* de carreras *f*
- *racing outboard motor*

24 la caña del timón
- *tiller*

25 el conducto de la gasolina
- *fuel pipe*

26 el espejo de popa *f*
- *transom*

27 el flotador (*Mé., Col.:* la llanta)
- *buoyancy tube*

28 salida *f* y llegada *f*
- *start and finish*

29 la zona de salida *f*
- *start*

30 la línea de salida *f* y de llegada *f*
- *starting and finishing line*

31 la boya de viraje *m*
- *buoy to be rounded*

32-37 botes *m* con menor desplazamiento *m*
- *displacement boats*

32-34 el bote de cuaderna *f* redonda
- *round-bilge boat*

32 la vista del fondo del casco
- *view of hull bottom*

33 la sección transversal de la proa
- *section of fore ship*

34 la sección transversal de la popa
- *section of aft ship*

35-37 el bote con el fondo del casco en V
- *V-bottom boat (vee-bottom boat)*

35 la vista del fondo del casco
- *view of hull bottom*

36 la sección transversal de la proa
- *section of fore ship*

37 la sección transversal de la popa
- *section of aft ship*

38-44 hidroplanos *m*
- *planing boats (surface skimmers, skimmers)*

38-41 el hidroplano con redientes *m*
- *stepped hydroplane (stepped skimmer)*

38 el perfil
- *side view*

39 la vista del fondo del casco
- *view of hull bottom*

40 la sección transversal de la proa
- *section of fore ship*

41 la sección transversal de la popa
- *section of aft ship*

42 el hidroplano de tres puntos *m* de apoyo *m*
- *three-point hydroplane*

43 la aleta
- *fin*

44 el flotador (*Mé. y Col.:* la llanta)
- *float*

45-62 esquí *m* acuático
- *water skiing*

45 la esquiadora
- *water skier*

46 la salida en aguas *f* profundas
- *deep-water start*

47 el cable (el cable de arrastre *m*)
- *tow line (towing line)*

48 la empuñadura
- *handle*

49-55 el lenguaje de los esquiadores (el código de los esquiadores de señales *f* con la mano)
- *water-ski signalling (code of hand signals from skier to boat driver)*

49 la señal de "más deprisa"
- *signal for 'faster'*

50 la señal de "ralentizar" (de aminorar la velocidad)
- *signal for 'slower' ('slow down')*

51 la señal de "velocidad *f* en orden *m*" (velocidad, de acuerdo)
- *signal for 'speed OK'*

52 la señal de "viraje *m*"
- *signal for 'turn'*

53 la señal de "alto *m*"
- *signal for 'stop'*

54 la señal de "parar el motor"
- *signal for 'cut motor'*

55 la señal de "regreso al embarcadero"
- *signal for 'return to jetty' ('back to dock')*

56-62 tipos *m* de esquíes *m* acuáticos
- *types of water ski*

56 el esquí de figuras *f*, un monoesquí
- *trick ski (figure ski), a monoski*

57-58 la fijación de goma *f*
- *rubber binding*

57 la pieza de goma *f* del pie delantero
- *front foot binding*

58 la goma de sujeción *f* del talón
- *heel flap*

59 el estribo del segundo pie
- *strap support for second foot*

60 el esquí de slalon *m*
- *slalom ski*

61 la quilla (la aleta)
- *skeg (fixed fin, fin)*

62 el esquí de saltos *m*
- *jump ski*

63 el hovercraft (el barco sobre un cojín neumático)
- *hovercraft (air-cushion vehicle)*

64 la hélice
- *propeller*

65 el timón
- *rudder*

66 el cojín neumático (el cojín de aire *m*)
- *skirt enclosing air cushion*

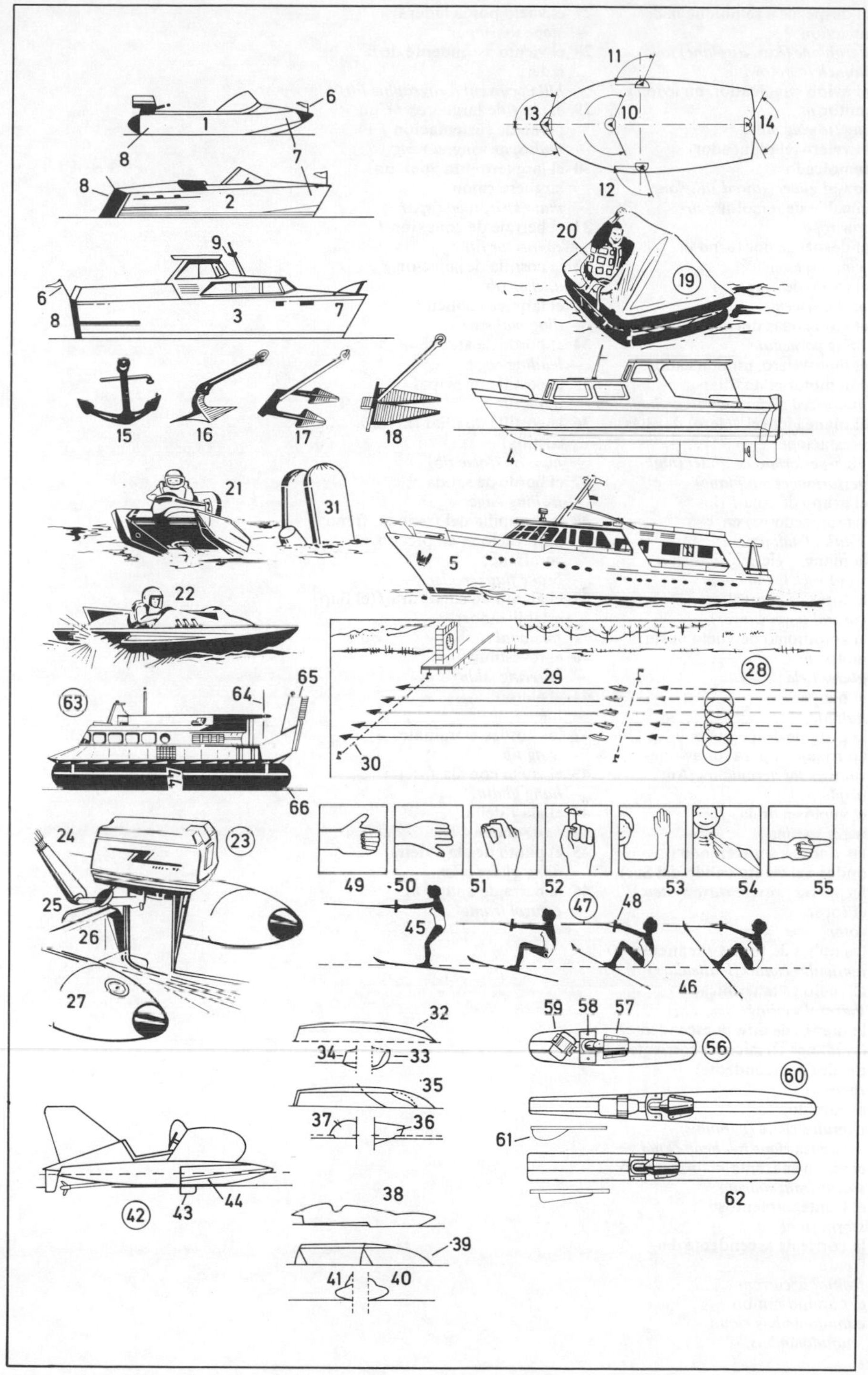
1
2
3
4
5
6
7
8
9
10
11
12
13
14
15
16
17
18
19
20
21
22
23
24
25
26
27
28
29
30
31
32
33
34
35
36
37
38
39
40
41
42
43
44
45
46
47
48
49
50
51
52
53
54
55
56
57
58
59
60
61
62
63
64
65
66

1 el despegue a remolque *m* de un avión
– *aeroplane* (Am. *airplane) tow launch (aerotowing)*
2 el avión remolcador, un avión a motor *m*
– *tug (towing plane)*
3 el velero (el planeador) remolcado
– *towed glider (towed sailplane)*
4 el cable de remolque *m*
– *tow rope*
5 el despegue por torno *m*
– *winched launch*
6 el torno de motor *m*
– *motor winch*
7 el paracaídas del cable
– *cable parachute*
8 el motovelero, un planeador con motor *m* auxiliar
– *motorized glider (powered glider)*
9 el planeador (el velero) de altas prestaciones *f*
– *high-performance glider (high-performance sailplane)*
10 el grupo de cola *f* (los estabilizadores) en T
– *T-tail (T-tail unit)*
11 la manga veleta
– *wind sock (wind cone)*
12 la torre de control *m*
– *control tower (tower)*
13 el aeródromo de vuelo *m* sin motor *m*
– *glider field*
14 el hangar
– *hangar*
15 la pista de despegue *m* y aterrizaje *m* para los aviones
– *runway for aeroplanes (*Am. *airplanes)*
16 el vuelo en ondas *f*
– *wave soaring*
17 las ondas a sotavento *m* (las ondas del viento cálido del Sur)
– *lee waves (waves, wave system)*
18 el rotor
– *rotor*
19 las nubes de forma *f* lenticular
– *lenticular clouds (lenticulars)*
20 el vuelo en la térmica
– *thermal soaring*
21 la manga de aire *m* ascendente (la manga térmica, la corriente de aire *m* ascendente)
– *thermal*
22 el cúmulo
– *cumulus cloud (cumulus, woolpack cloud), a heap cloud*
23 el vuelo en frente *m* tormentoso
– *storm-front soaring*
24 el frente tormentoso
– *storm front*
25 la corriente ascendente del frente
– *frontal upcurrent*
26 el cúmulo-nimbo
– *cumulonimbus cloud (cumulonimbus)*
27 el vuelo por la ladera
– *slope soaring*
28 el viento ascendente de la ladera
– *hill upcurrent (orographic lift)*
29 el ala *f* de largueros *m*, un plano de sustentación *f*
– *multispar wing, a wing*
30 el larguero principal, un larguero cajón
– *main spar, a box spar*
31 el herraje de conexión *f*
– *connector fitting*
32 la costilla de sujeción *f*
– *anchor rib*
33 el larguero oblicuo
– *diagonal spar*
34 el borde de ataque *m*
– *leading edge*
35 la costilla principal
– *main rib*
36 la costilla auxiliar (la falsa costilla)
– *nose rib (false rib)*
37 el borde de salida *f*
– *trailing edge*
38 la trampilla del freno (el freno para vuelo *m* en picado, el aerofreno)
– *brake flap (spoiler)*
39 el alerón de curvatura *f* (el flap estabilizador)
– *torsional clamp*
40 el revestimiento
– *covering (skin)*
41 el alerón
– *aileron*
42 los bordes marginales
– *wing tip*
43 el vuelo con ala *f* delta
– *hang gliding*
44 el ala *f* delta
– *hang glider*
45 el piloto de ala *f* delta
– *hang glider pilot*
46 la barra de apoyo *m*
– *control frame*

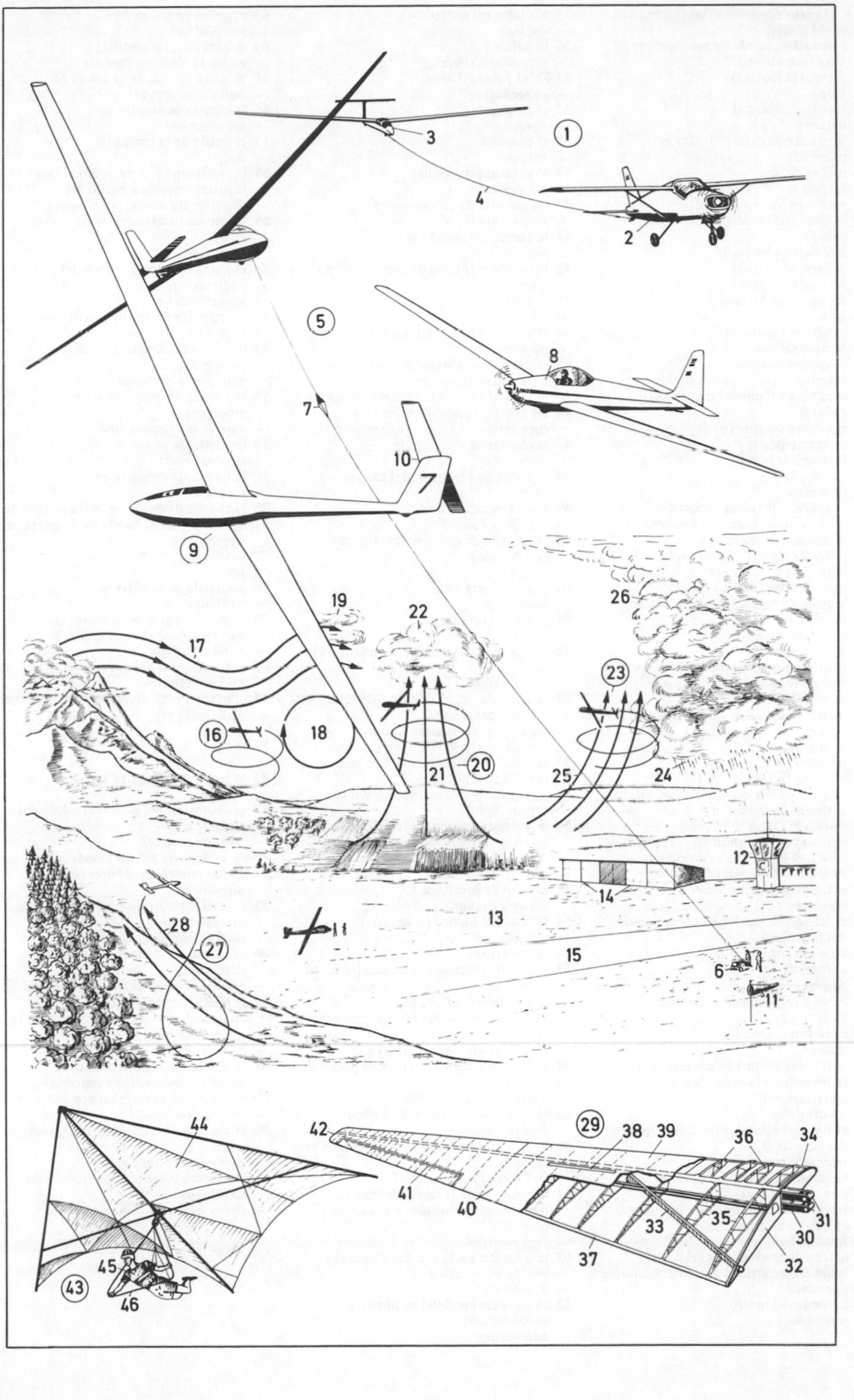
1
2
3
4
5
6
7
8
9
10
11
12
13
14
15
16
17
18
19
20
21
22
23
24
25
26
27
28
29
30
31
32
33
34
35
36
37
38
39
40
41
42
43
44
45
46

1-9 el vuelo acrobático (las figuras del vuelo acrobático)
– ***aerobatics, aerobatic manoeuvres*** *(Am. maneuvers)*
1 el rizo (el looping)
– *loop*
2 el ocho horizontal
– *horizontal eight*
3 la rueda con cuatro toneles *m* sucesivos
– *rolling circle*
4 la torre
– *stall turn (hammer head)*
5 la campana (el deslizamiento de cola *f*)
– *tail slide (whip stall)*
6 la barrena vertical
– *vertical flick spin*
7 el picado en barrena *f*
– *spin*
8 la barrena horizontal
– *horizontal slow roll*
9 el vuelo invertido
– *inverted flight (negative flight)*
10 la cabina del piloto (la carlinga)
– ***cockpit***
11 el tablero (el cuadro) de instrumentos *m*
– *instrument panel*
12 el compás
– *compass*
13 el aparato de radionavegación *f*
– *radio and navigation equipment*
14 la palanca de mando *m*
– *control column (control stick)*
15 la manija de los gases
– *throttle lever (throttle control)*
16 la palanca reguladora de la mezcla
– *mixture control*
17 el radioteléfono
– *radio equipment*
18 el avión biplaza acrobático y deportivo
– ***two-seater plane for racing and aerobatics***
19 la cabina del piloto (la carlinga)
– *cabin*
20 la antena
– *antenna*
21 el plano fijo de deriva *f*
– *vertical stabilizer (vertical fin, tail fin)*
22 el timón de dirección *f*
– *rudder*
23 el plano de profundidad *f* (el plano de cola *f*, el estabilizador horizontal)
– *tailplane (horizontal stabilizer)*
24 el timón de profundidad *f*
– *elevator*
25 el flap estabilizador (el compensador del balanceo)
– *trim tab (trimming tab)*
26 el fuselaje
– *fuselage (body)*
27 el ala *f* (el plano de sustentación *f*)
– *wing*
28 el alerón
– *aileron*
29 el flap (el alerón) de aterrizaje *m* (para reducir la velocidad de aterrizaje *m*)
– *landing flap*
30 el flap estabilizador (el compensador del balanceo)
– *trim tab (trimming tab)*
31 la luz de situación *f* (la luz de posición *f*) [roja]
– *navigation light (position light) [red]*
32 el faro de aterrizaje *m*
– *landing light*
33 el tren de aterrizaje *m* principal
– *main undercarriage unit (main landing gear unit)*
34 la rueda del morro
– *nose wheel*
35 el motor (el propulsor)
– *engine*
36 la hélice
– *propeller (airscrew)*
37-62 el paracaidismo
– ***parachuting***
37 el paracaídas
– *parachute*
38 el casquete
– *canopy*
39 el paracaídas auxiliar
– *pilot chute*
40 las cuerdas de suspensión *f*
– *suspension lines*
41 la cuerda de mando *m*
– *steering line*
42 la correa principal de sustentación *f*
– *riser*
43 el arnés
– *harness*
44 el saco envoltura del paracaídas
– *pack*
45 el sistema de aberturas *f* del paracaídas deportivo
– *system of slots of the sports parachute*
46 las aberturas de dirección *f*
– *turn slots*
47 la chimenea
– *apex*
48 el borde de ataque *m* del casquete
– *skirt*
49 el alerón estabilizador
– *stabilizing panel*
50-51 el salto de estilo *m* (las figuras acrobáticas)
– *style jump*
50 el salto hacia atrás
– *back loop*
51 la espiral (el giro)
– *spiral*
52-54 las señales visuales trazadas en el suelo
– *ground signals*
52 la señal de "autorización *f* de salto" *m* (la cruz del blanco)
– *signal for 'permission to jump' ('conditions are safe') (target cross)*
53 la señal de "prohibición *f* de salto *m* – reemprender el vuelo"
– *signal for 'parachuting suspended - repeat flight'*
54 la señal de "prohibición *f* de salto *m* – aterrizar inmediatamente"
– *signal for 'parachuting suspended - aircraft must land'*
55 el salto de precisión *f*
– *accuracy jump*
56 la cruz del blanco (el centro del blanco)
– *target cross*
57 el círculo interior del blanco [radio *m* 25 m]
– *inner circle [radius 25 m]*
58 el círculo medio del blanco [radio *m* 50 m]
– *middle circle [radius 50 m]*
59 el círculo exterior del blanco [radio *m* 100 m]
– *outer circle [radius 100 m]*
60-62 posiciones *f* en caída *f* libre
– *free-fall positions*
60 la posición en X, piernas *f* y brazos *m* separados
– *full spread position*
61 la posición de la rana, piernas *f* ligeramente separadas y brazos *m* plegados
– *frog position*
62 la posición en T, piernas *f* unidas y brazos *m* en cruz *f*
– *T position*
63-84 el vuelo en globo *m* libre (la aeroestación)
– ***ballooning***
63 el globo de gas *m*
– *gas balloon*
64 la barquilla (la cestilla)
– *gondola (balloon basket)*
65 el lastre (los sacos de arena *f*)
– *ballast [sandbags]*
66 la cuerda de amarre *m*
– *mooring line*
67 el anillo de la barquilla
– *hoop*
68 los instrumentos de vuelo *m* (los instrumentos de a bordo *m*)
– *flight instruments (instruments)*
69 la cuerda de arrastre *m* (la cuerda guía)
– *trail rope*
70 el manguito de llenado *m* (el apéndice de llenado)
– *mouth (neck)*
71 las cuerdas del manguito de llenado *m*
– *neck line*
72 la banda de desgarre *m* de emergencia *f*
– *emergency rip panel*
73 la cuerda de desgarre *m* de emergencia *f*
– *emergency ripping line*
74 las patas de ganso *m*
– *network (net)*
75 la banda de desgarre *m*
– *rip panel*
76 la cuerda de desgarre *m* (la cuerda de apertura *f* de la banda de desgarre *m*)
– *ripping line*
77 la válvula
– *valve*
78 la cuerda de la válvula
– *valve line*
79 el globo de aire *m* caliente (la montgolfiera, el montgolfier)
– *hot-air balloon*
80 la plataforma del quemador
– *burner platform*
81 el manguito de llenado *m* (el apéndice de llenado *m*)
– *mouth*
82 la válvula
– *vent*
83 la banda de desgarre *m*
– *rip panel*
84 la ascensión del globo (la salida del globo)
– *balloon take-off*
85-91 el deporte del aeromodelismo
– ***flying model aeroplanes*** *(Am. airplanes)*
85 el vuelo teledirigido por radio *m* de un aeromodelo
– *radio-controlled model flight*
86 el aeromodelo en vuelo *m* libre teledirigido
– *remote-controlled free flight model*
87 la teledirección por radio *m* (el aparato de radio de telecontrol *m*, la radio de control *m* a distancia *f*
– *remote control radio*
88 la antena (la antena emisora)
– *antenna (transmitting antenna)*
89 el aeromodelo dirigido por cable *m*
– *control line model*
90 el sistema de control *m* por un único cable
– *mono-line control system*
91 la perrera volante, un aeromodelo estrafalario
– *flying kennel, a K9-class model*

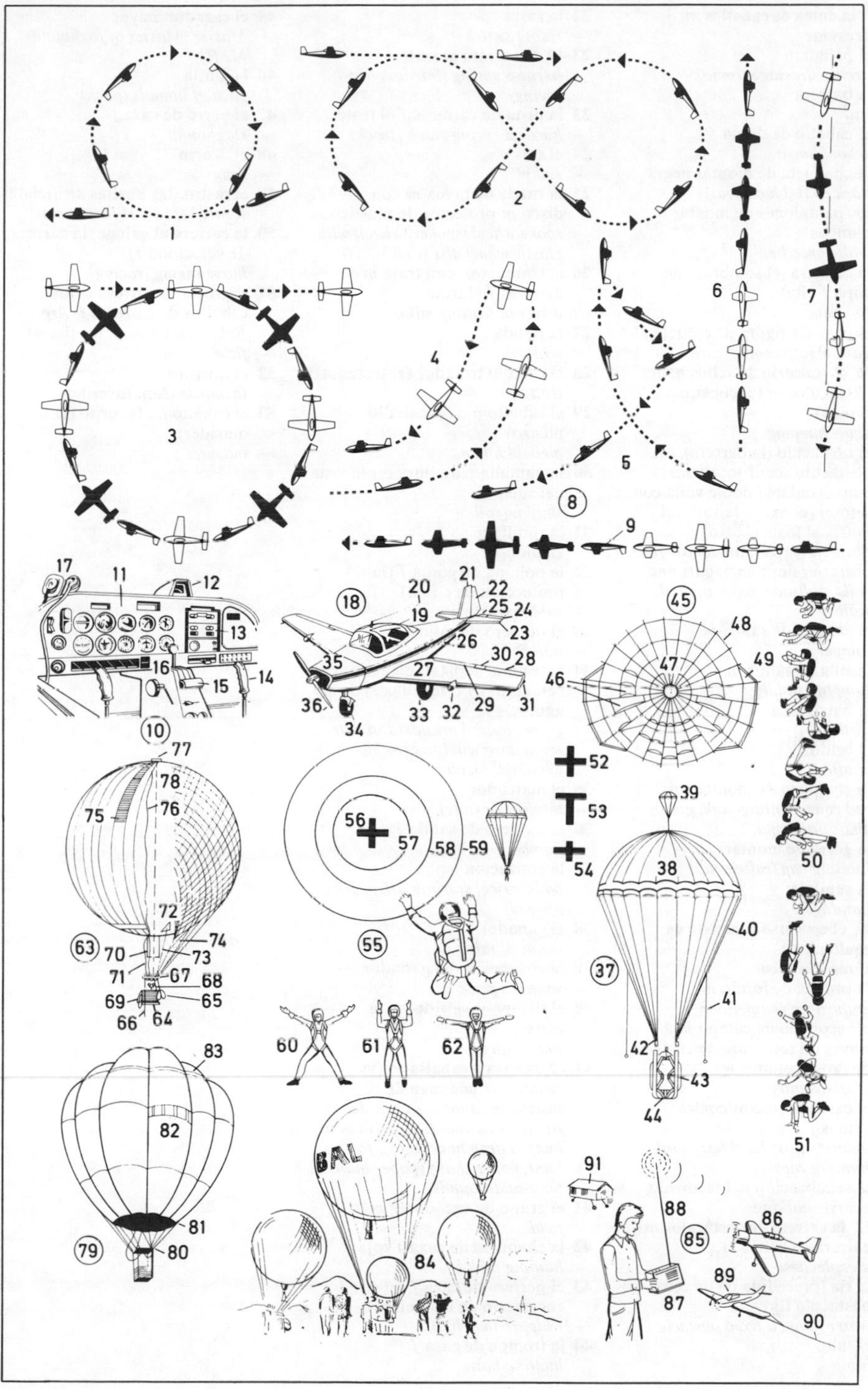
1
2
3
4
5
6
7
8
9
10
11
12
13
14
15
16
17
18
19
20
21
22
23
24
25
26
27
28
29
30
31
32
33
34
35
36
37
38
39
40
41
42
43
44
45
46
47
48
49
50
51
52
53
54
55
56
57
58
59
60
61
62
63
64
65
66
67
68
69
70
71
72
73
74
75
76
77
78
79
80
81
82
83
84
85
86
87
88
89
90
91
BAL

1-7 la doma de caballos *m*
- ***dressage***
1 el picadero
- *arena (dressage arena)*
2 la barrera
- *rail*
3 el caballo de doma *f*
- *school horse*
4 la chaqueta de montar negra
- *dark coat (black coat)*
5 los pantalones de montar blancos
- *white breeches*
6 la chistera (el sombrero de copa *f* alta)
- *top hat*
7 el paso (la figura de escuela *f*)
- *gait;* also: *school figure*
8-14 el concurso de saltos *m* de obstáculos *m* (el concurso hípico)
- ***show jumping***
8 el obstáculo (la barrera), un obstáculo semifijo; *anál.:* la empalizada, la doble valla con seto *m* (el oxer), la valla, el muro, el foso, el seto
- *obstacle (fence), an almost-fixed obstacle;* sim.: *gate, gate and rails, palisade, oxer, mound, wall*
9 el caballo de saltos *m*
- *jumper*
10 la silla de saltos *m*
- *jumping saddle*
11 la barriguera
- *girth*
12 el bridón
- *snaffle*
13 la chaqueta de montar roja
- *red coat (hunting pink, pink);* also: *dark coat*
14 la gorra de montar
- *hunting cap (riding cap)*
15 el vendaje
- *bandage*
16-19 el concurso completo de equitación *f*
- ***three-day event***
16 la prueba de fondo *m*
- *endurance competition*
17 el recorrido de campo *m* a través (el recorrido de cross *m*, de cross-country *m*)
- *cross-country*
18 el casco protector contra caídas *f*
- *helmet;* also: *hard hat (hard hunting cap)*
19 la señalización del recorrido
- *course markings*
20-22 la carrera de obstáculos *m* (la carrera de vallas *f*)
- ***steeplechase***
20 la ría (precedida de un seto), un obstáculo fijo
- *water jump, a fixed obstacle*
21 el salto
- *jump*
22 la fusta
- *riding switch*
23-40 la carrera al trote
- ***harness racing*** *(harness horse racing)*
23 la pista de carreras *f* al trote
- *harness racing track (track)*
24 el sulky
- *sulky*
25 la rueda de rayos *m* con disco *m* protector de plástico *m*
- *spoke wheel (spoked wheel) with plastic wheel disc (disk)*
26 el conductor, con traje *m* de carreras *f* al trote
- *driver in trotting silks*
27 la rienda
- *rein*
28 el caballo trotador (el trotador)
- *trotter*
29 el caballo pío (el caballo picazo)
- *piebald horse*
30 la pantalla para impedir la vista del suelo
- *shadow roll*
31 la rodillera
- *elbow boot*
32 la polaina de goma *f* (la protección de goma)
- *rubber boot*
33 el número de salida *f*
- *number*
34 la tribuna acristalada con ventanillas *f* (taquillas *f*) de apuestas *f*
- *glass-covered grandstand with totalizator windows (tote windows) inside*
35 el marcador
- *totalizator (tote)*
36 el número de salida *f*
- *number*
37 la cotización
- *odds (price, starting price, price offered)*
38 el ganador
- *winners' table*
39 la cotización del ganador
- *winner's price*
40 el tiempo invertido en la carrera
- *time indicator*
41-49 la caza a caballo *m* (la montería), **una caza de rastreo** *m; anál.:* la caza del zorro, la caza con papelillos *m*
- ***hunt, a drag hunt;*** sim.: *fox hunt, paper chase (paper hunt, hare-and-hounds)*
41 el grupo de cazadores *m*
- *field*
42 la chaqueta de caza *f* roja
- *hunting pink*
43 el perrero de caza *f* (el criado encargado de los perros)
- *whipper-in (whip)*
44 la trompa de caza *f*
- *hunting horn*
45 el cazador mayor
- *Master (Master of foxhounds, MFH)*
46 la jauría
- *pack of hounds (pack)*
47 el perro de caza *f*
- *staghound*
48 el "zorro"
- *drag*
49 el rastro (las huellas artificiales)
- *scented trail (artificial scent)*
50 la carrera al galope (la carrera de velocidad *f*)
- ***horse racing*** *(racing)*
51 el grupo en carrera *f* (los caballos de carreras *f; Arg., Bol., Col. y Urug.:* los fletes)
- *field*
52 el favorito
- *favourite (*Am. *favorite)*
53 el caballo no favorito (el outsider)
- *outsider*

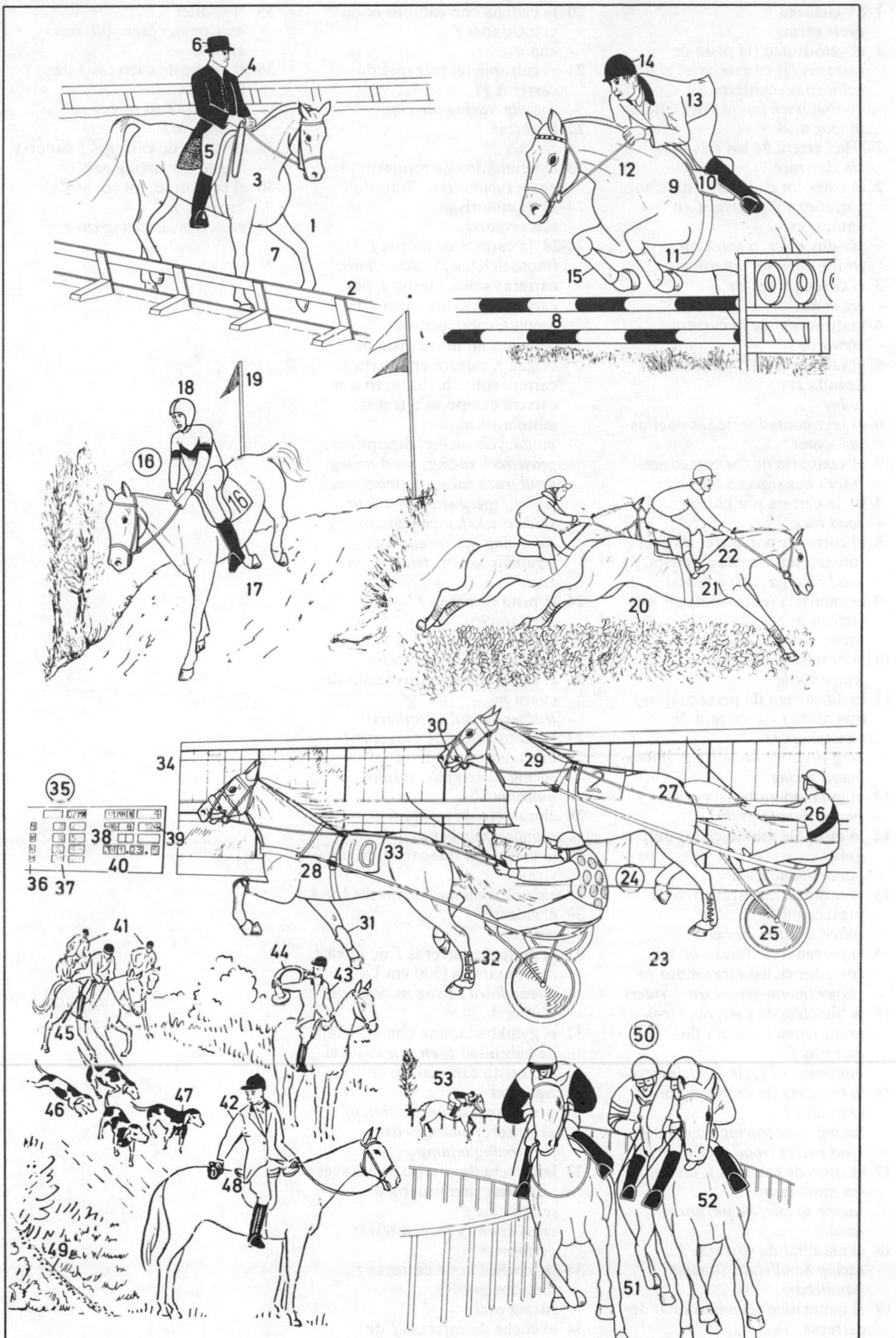
1
2
3
4
5
6
7
8
9
10
11
12
13
14
15
16
17
18
19
20
21
22
23
24
25
26
27
28
29
30
31
32
33
34
35
36
37
38
39
40
41
42
43
44
45
46
47
48
49
50
51
52
53

1-23 ciclismo
- ***cycle racing***

1 el velódromo (la pista de carreras *f*); *en este caso:* el velódromo cubierto
- *cycling track (cycle track);* here: *indoor track*

2-7 la carrera de los seis días
- *six-day race*

2 el corredor de los seis días, un corredor sobre pista *f* en equipo *m*
- *six-day racer, a track racer (track rider) on the track*

3 el casco protector
- *crash hat*

4 la dirección de la carrera
- *stewards*

5 el juez de meta *f* (el juez de llegada *f*)
- *judge*

6 el juez contador de las vueltas
- *lap scorer*

7 el vestuario de los corredores
- *rider's box (racer's box)*

8-10 la carrera por carretera *f*
- *road race*

8 el corredor por carretera *f* (el rutista), un corredor ciclista
- *road racer, a racing cyclist*

9 la camiseta (el maillot) de ciclista *m*
- *racing jersey*

10 la botella para beber
- *water bottle*

11-15 la carrera de persecución *f* tras moto *f* (la carrera de resistencia *f*)
- *long-distance racing,* e.g. *motor-paced racing*

11 el guía, un motorista
- *pacer, a motorcyclist*

12 la moto (la motocicleta) del guía
- *pacer's motorcycle*

13 el rodillo, un dispositivo de protección *f*
- *roller, a safety device*

14 el corredor de fondo *m*, un corredor ciclista tras moto *f*
- *stayer (motor-paced track rider)*

15 la bicicleta de carreras *f* tras moto *f*, una bicicleta de carreras *f*
- *motor-paced cycle, a racing cycle*

16 la bicicleta de carreras *f* por carretera *f*
- *racing cycle (racing bicycle) for road racing (road race bicycle)*

17 el sillín de carreras *f*, un sillín sin muelles *m*
- *racing saddle, an unsprung saddle*

18 el manillar de carreras *f*
- *racing handlebars (racing handlebar)*

19 el neumático (el neumático de carreras *f*)
- *racing tyre* (Am. *tire*), *a tubular tyre*

20 la cadena con cambio *m* de velocidades *f*
- *chain*

21 el calzapié (el calzapié de carreras *f*)
- *toe clip (racing toe clip)*

22 la correa
- *strap*

23 el neumático de repuesto *m*
- *spare tubular tyre* (Am. *tire)*

24-38 el motorismo
- ***motorsports***

24-28 la carrera de motos *f* (motocicletas *f*); *disciplinas:* carreras sobre hierba *f*, por carretera *f*, sobre pista *f* de arena *f*, sobre pista de cemento *m*, sobre pista de ceniza *f*, carrera en cuesta *f*, carrera sobre hielo *m*, trial *m*, carrera campo *m* a través, motocross *m*
- *motorcycle racing;* disciplines: *grasstrack racing, road racing, sand track racing, cement track racing, speedway [on ash or shale tracks], mountain racing, ice racing (ice speedway), scramble racing, trial, moto cross*

24 la pista de arena *f*
- *sand track*

25 el corredor de motos *f*
- *racing motorcyclist (rider)*

26 el traje (el mono) protector de cuero *m*
- *leather overalls (leathers)*

27 la motocicleta de carreras *f*, una máquina individual
- *racing motorcycle, a solo machine*

28 el número de salida *f*
- *number (number plate)*

29 la moto con sidecar *m*, en un viraje
- *sidecar combination on the bend*

30 el sidecar
- *sidecar*

31 la moto de carreras *f* de línea *f* aerodinámica [500 cm^3]
- *streamlined racing motorcycle [500 cc.]*

32 el gymkhana, una competición de habilidad *f*; *en este caso:* el motorista caminando en zigzag *m*
- *gymkhana, a competition of skill;* here: *motorcyclist performing a jump*

33 la carrera de campo *m* a través (el cross), una prueba de resistencia *f*
- *cross-country race, a test in performance*

34-38 coches *m* de carreras *f* (bólidos *m*)
- *racing cars*

34 el coche de carreras *f* de Fórmula 1 (un monoplaza)
- *Formula One racing car, a mono posto*

35 el spoiler
- *rear spoiler (aerofoil,* Am. *airfoil)*

36 el coche de carreras *f* de Fórmula 2
- *Formula Two racing car (a racing car)*

37 el coche de carreras *f* super-V
- *Super-Vee racing car*

38 el prototipo, un coche de carreras *f*
- *prototype, a racing car*

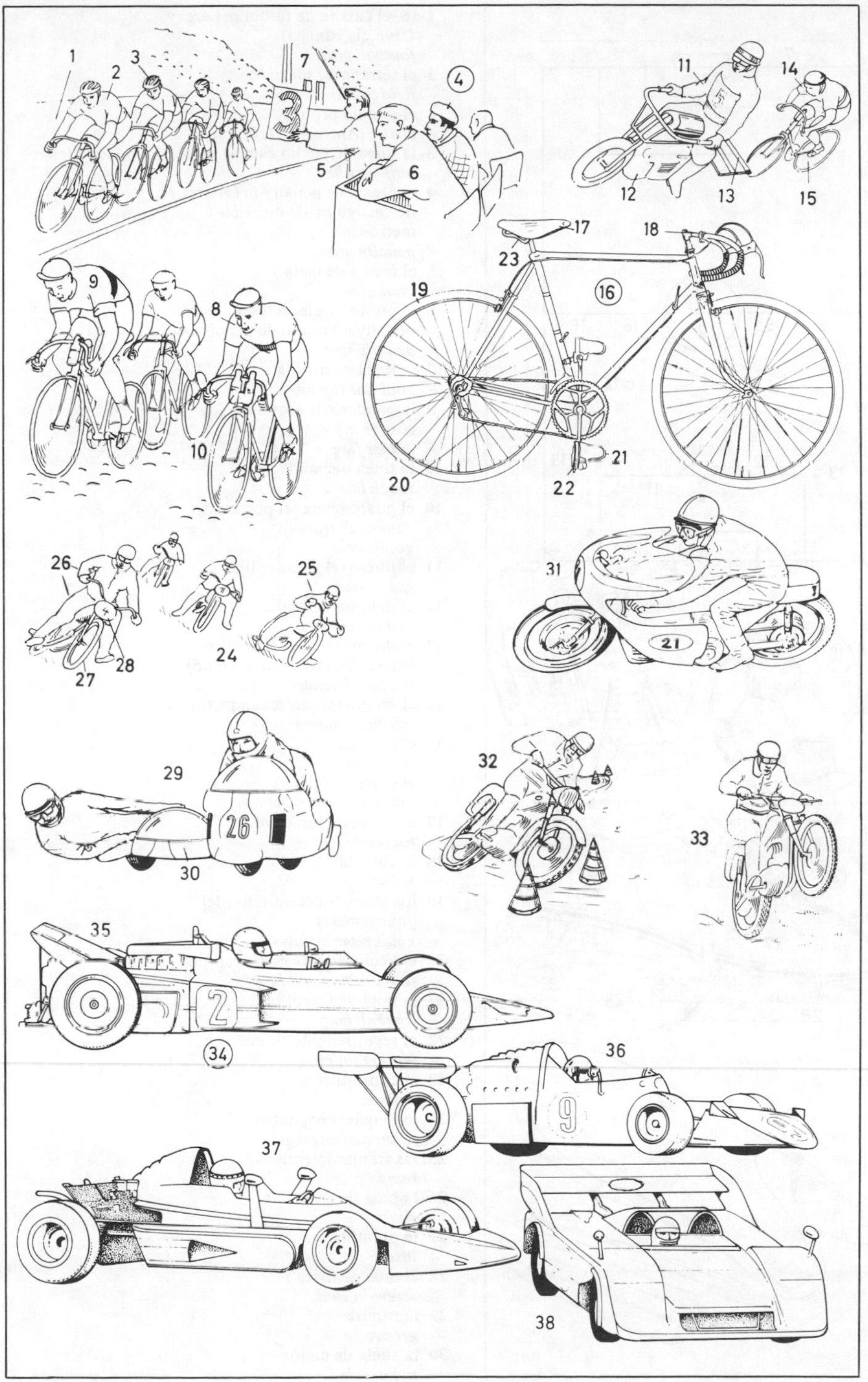
1
2
3
4
5
6
7
8
9
10
11
12
13
14
15
16
17
18
19
20
21
22
23
24
25
26
27
28
29
30
31
32
33
34
35
36
37
38

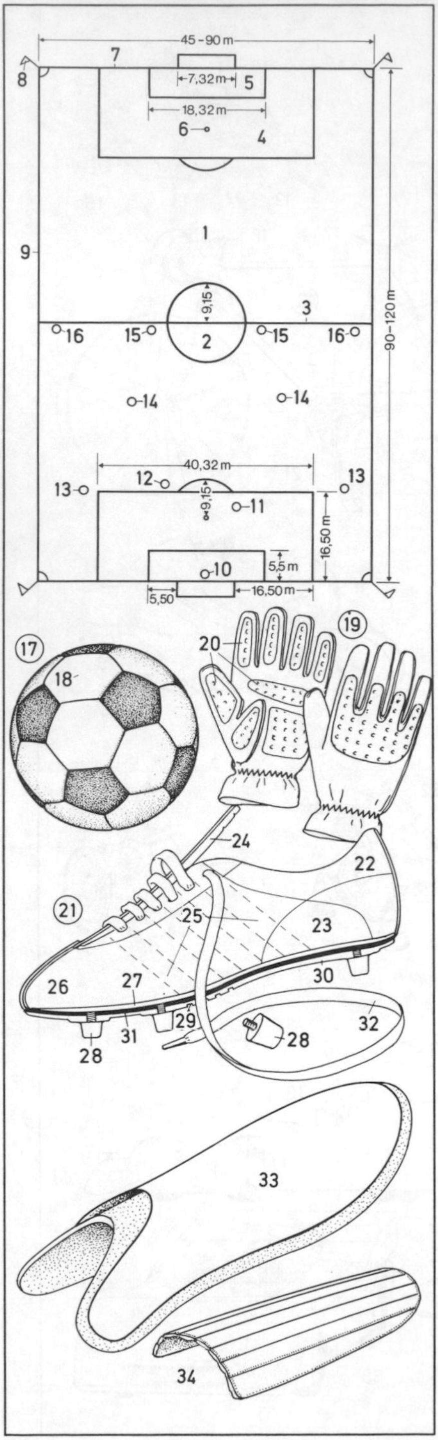

1-16 el campo de fútbol *m* (*Arg. y Urug.:* la cancha)
- *football pitch*

1 el terreno de juego *m*
- *field (park)*

2 el círculo central
- *centre* (Am. *center) circle*

3 la línea de medio campo *m*
- *half-way line*

4 el área *f* de penalty *m* (el área *f* de castigo *m*, de dieciséis metros *m*)
- *penalty area*

5 el área *f* de meta *f*
- *goal area*

6 el punto de ejecución *f* del penalty (el punto de penalty *m*)
- *penalty spot*

7 la línea de meta *f*
- *goal line (by-line)*

8 la bandera de esquina *f* (de córner *m*)
- *corner flag*

9 la línea de banda *f*
- *touch line*

10 el guardameta (el portero; *Amér.:* el arquero)
- *goalkeeper*

11 el líbero (el jugador libre)
- *spare man*

12 el defensa central
- *inside defender*

13 el defensa lateral (lateral *m* izquierdo, lateral *m* derecho)
- *outside defender*

14 el medio (el centrocampista)
- *midfield players*

15 el interior
- *inside forward (striker)*

16 el extremo (el ala)
- *outside forward (winger)*

17 el balón de fútbol *m*
- *football*

18 la válvula
- *valve*

19 los guantes del portero (del guardameta)
- *goalkeeper's gloves*

20 el acolchado de goma espuma *f*
- *foam rubber padding*

21 la bota de fútbol *m*
- *football boot*

22 el revestimiento de cuero *m*
- *leather lining*

23 el contrafuerte
- *counter*

24 la lengüeta enguatada
- *foam rubber tongue*

25 las franjas laterales
- *bands*

26 la pala (la empella)
- *shaft*

27 la plantilla
- *insole*

28 el taco de rosca *f*
- *screw-in stud*

29 la ranura
- *groove*

30 la suela de nailón *m*
- *nylon sole*

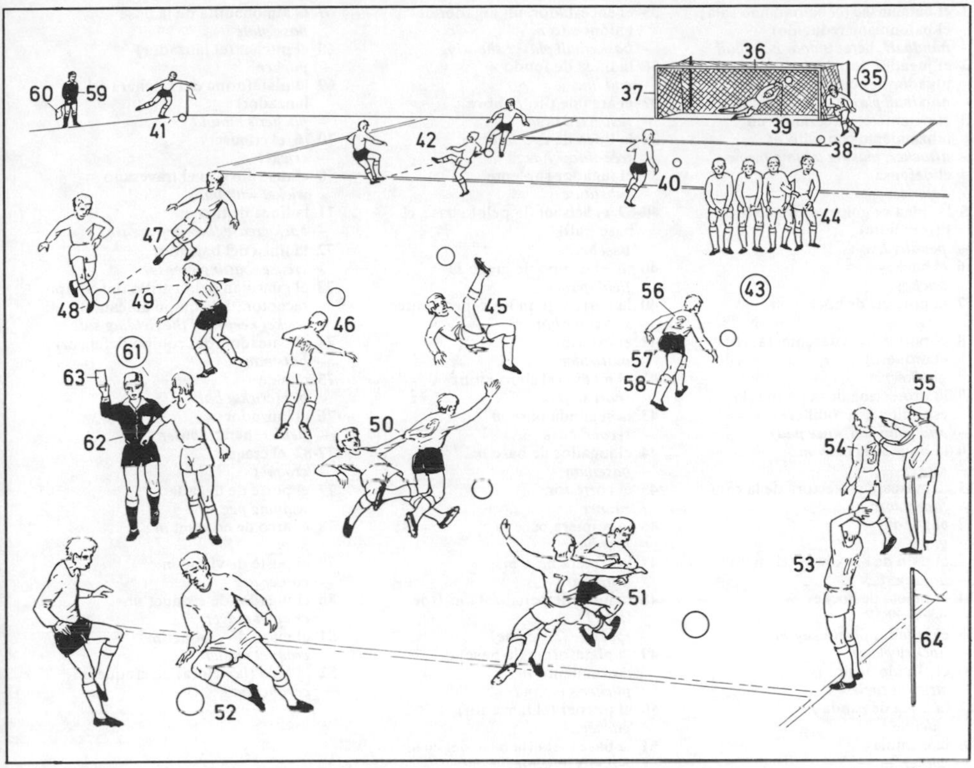

31 la palmilla
– *inner sole*
32 el cordón
– *lace (bootlace)*
33 la espinillera (la canillera) con tobillera *f*
– *football pad with ankle guard*
34 la espinillera
– *shin guard*
35 la portería (la meta; *Amér.:* el arco)
– *goal*
36 el larguero
– *crossbar*
37 el poste
– *post (goalpost)*
38 el saque (el saque de puerta *f*)
– *goal kick*
39 el despeje de puños *m*
– *save with the fists*
40 el penalty
– *penalty (penalty kick)*
41 el saque de esquina *f* (el córner)
– *corner (corner kick)*
42 el fuera de juego *m*
– *offside*
43 el tiro libre
– *free kick*
44 la barrera
– *wall*
45 el tiro hacia atrás (la contra)
– *bicycle kick (overhead bicycle kick)*
46 el tiro de cabeza *f*
– *header*
47 el pase
– *pass (passing the ball)*
48 la recogida del balón
– *receiving the ball (taking a pass)*
49 el pase corto (la pared)
– *short pass (one-two)*
50 la falta (la jugada antirreglamentaria)
– *foul (infringement)*
51 la obstrucción
– *obstruction*
52 el regate (el dribling)
– *dribble*
53 el saque de banda *f*
– *throw-in*
54 el reserva (el jugador suplente)
– *substitute*
55 el entrenador
– *coach*
56 la camiseta
– *shirt (jersey)*
57 el pantalón de deporte *m* (el pantalón corto)
– *shorts*
58 la media (la media de fútbol *m*)
– *sock (football sock)*
59 el juez de línea *f* (el linier)
– *linesman*
60 la bandera del juez de línea *f*
– *linesman's flag*
61 la expulsión
– *sending-off*
62 el árbitro
– *referee*
63 la tarjeta de expulsión *f* (tarjeta roja; *como amonestación:* la tarjeta amarilla)
– *red card; as a caution* also: *yellow card*
64 la bandera de la raya de medio campo *m*
– *centre* (Am. *center*) *flag*

1 **el balonmano** (el balonmano sala; el balonmano reducido)
– ***handball;*** here: *indoor handball*
2 el jugador de balonmano *m*, un jugador de equipo *m*
– *handball player, a field player*
3 el delantero, efectuando un lanzamiento con salto *m*
– *attacker, making a jump throw*
4 el defensa
– *defender*
5 la línea de golpe *m* franco (de tiro *m* libre)
– *penalty line*
6 **el hockey**
– ***hockey***
7 la portería de hockey *m*
– *goal*
8 el portero (el guardameta; *Amér.*: el arquero)
– *goalkeeper*
9 la protección de la pierna (la espinillera, la rodillera)
– *pad (shin pad, knee pad)*
10 la bota de hockey *m*
– *kicker*
11 la máscara protectora de la cara
– *face guard*
12 el guante
– *glove*
13 el palo de hockey *m* (el stick)
– *hockey stick*
14 la pelota de hockey *m*
– *hockey ball*
15 el jugador de hockey *m*
– *hockey player*
16 el círculo de tiro *m*
– *striking circle*
17 la línea de banda *f*
– *sideline*
18 la esquina
– *corner*
19 **el rugby** (el rugby europeo)
– ***rugby*** *(rugby football)*
20 la melée
– *scrum (scrummage)*
21 el balón de rugby *m*
– *rugby ball*
22 **el rugby americano** (el fútbol americano)
– ***American football*** *(*Am. *football)*
23 el jugador llevando el balón, un jugador de rugby *m* americano
– *player carrying the ball, a football player*
24 el casco
– *helmet*
25 la protección de la cara
– *face guard*
26 la camiseta con hombreras *f*
– *padded jersey*
27 el balón
– *ball (pigskin)*
28 **el baloncesto** (el basket-ball)
– ***basketball***
29 el balón de baloncesto *m*
– *basketball*
30 el tablero de la canasta
– *backboard*
31 el poste de la canasta
– *basket posts*
32 la canasta (el cesto)
– *basket*
33 el aro de la canasta (del cesto)
– *basket ring*
34 el rectángulo de encuadre *m*
– *target rectangle*
35 el encestador, un jugador de baloncesto *m*
– *basketball player shooting*
36 la línea de fondo *m*
– *end line*
37 el área de tiro *m* libre
– *restricted area*
38 la línea de tiro *m* libre
– *free-throw line*
39 el jugador suplente
– *substitute*
40-69 **el béisbol** (la pelota base, el base-ball)
– ***baseball***
40-58 el campo de juego *m*
– *field (park)*
40 la barrera para los espectadores
– *spectator barrier*
41 el exterior
– *outfielder*
42 el medio (el short-stop)
– *short stop*
43 la segunda base *m*
– *second base*
44 el jugador de base *m*
– *baseman*
45 el corredor
– *runner*
46 la primera base *m*
– *first base*
47 la tercera base *m*
– *third base*
48 la línea de penalización *f* (de falta *f*)
– *foul line (base line)*
49 la plataforma (la base) de lanzamiento *m*
– *pitcher's mound*
50 el pitcher (el lanzador)
– *pitcher*
51 la base meta (la base del cuadro)
– *batter's position*
52 el bateador
– *batter*
53 la base del bateador
– *home base (home plate)*
54 el catcher (el receptor)
– *catcher*
55 el árbitro
– *umpire*
56 el puesto del preparador (del entrenador)
– *coach's box*
57 el preparador (el entrenador)
– *coach*
58 los bateadores suplentes
– *batting order*
59-60 los guantes de béisbol *m*
– *baseball gloves (baseball mitts)*
59 los guantes de los "fielders" (jugadores *m* que paran la pelota)
– *fielder's glove (fielder's mitt)*
60 los guantes del catcher (del receptor)
– *catcher's glove (catcher's mitt)*
61 la pelota de béisbol *m*
– *baseball*
62 el bate
– *bat*
63 el bateador intentando un batazo
– *batter at bat*
64 el catcher (el receptor)
– *catcher*
65 el árbitro
– *umpire*
66 el corredor
– *runner*
67 la almohadilla de la base
– *base plate*
68 el pitcher (el lanzador)
– *pitcher*
69 la plataforma del pitcher (del lanzador)
– *pitcher's mound*
70-76 **el criquet**
– ***cricket***
70 el rastrillo con el travesaño
– *wicket with bails*
71 la línea de tiro *m*
– *back crease (bowling crease)*
72 la línea del bateador
– *crease (batting crease)*
73 el guardián del rastrillo del equipo receptor (del equipo atacante)
– *wicket keeper of the fielding side*
74 el bateador (del equipo defensor)
– *batsman*
75 el bate
– *bat (cricket bat)*
76 el lanzador
– *fielder;* here: *bowler*
77-82 **el croquet**
– ***croquet***
77 el poste de llegada *f*
– *winning peg*
78 el arco de croquet *m*
– *hoop*
79 el poste de viraje *m*
– *corner peg*
80 el jugador de croquet *m*
– *croquet player*
81 el mazo de croquet *m*
– *croquet mallet*
82 la bola (la pelota) de croquet *m*
– *croquet ball*

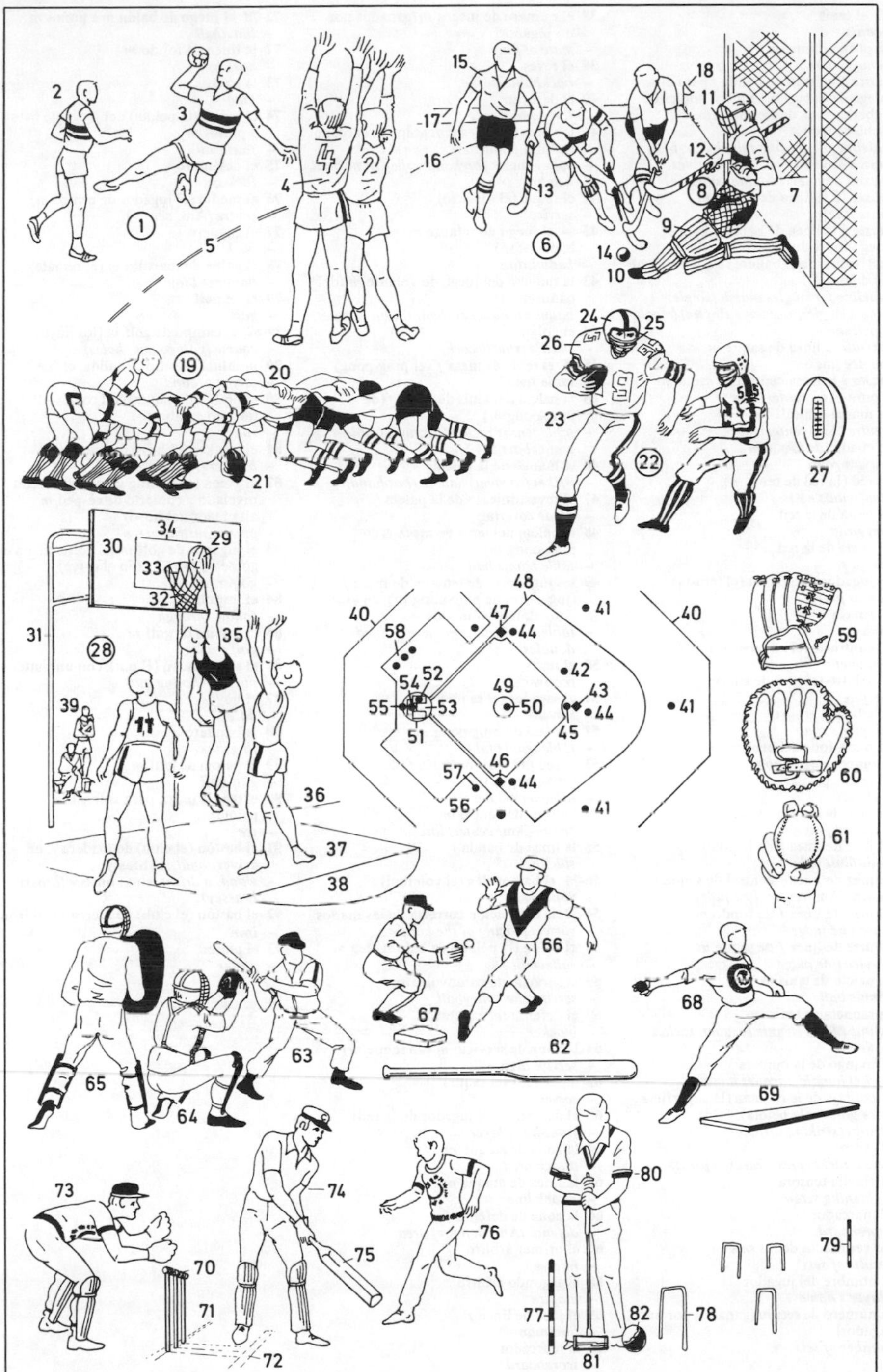
1
2
3
4
5
6
7
8
9
10
11
12
13
14
15
16
17
18
19
20
21
22
23
24
25
26
27
28
29
30
31
32
33
34
35
36
37
38
39
40
41
42
43
44
45
46
47
48
49
50
51
52
53
54
55
56
57
58
59
60
61
62
63
64
65
66
67
68
69
70
71
72
73
74
75
76
77
78
79
80
81
82

1-42 el tenis
– ***tennis***
1 la pista de tenis *m*
– *tennis court*
2 *hasta* **3** la línea de banda *f* para el juego de dobles *m* (dobles; dobles de caballeros *m*, dobles de damas *f*, dobles mixtos)
– *sideline for doubles match (doubles; men's doubles, women's doubles, mixed doubles) (doubles sideline)*
3 *hasta* **10** la línea de fondo *m*
– *base line*
4 *hasta* **5** la línea de banda *f* para el juego individual (individual *m*; individual de caballeros *m*, individual de damas *f*)
– *sideline for singles match (singles; men's singles, women's singles) (singles sideline)*
6 *hasta* **7** la línea de saque *m*
– *service line*
8 *hasta* **9** la línea central de saque *m*
– *centre (*Am. *center) line*
11 la marca central
– *centre (*Am. *center) mark*
12 el cuadro de saque *m*
– *service court*
13 la red (la red de tenis *m*)
– *net (tennis net)*
14 la cinta de la red
– *net strap*
15 el poste de la red
– *net post*
16 el jugador de tenis *m* (el tenista)
– *tennis player*
17 el smash
– *smash*
18 el contrario (el adversario)
– *opponent*
19 el árbitro (el juez de silla)
– *umpire*
20 la silla del árbitro
– *umpire's chair*
21 el micrófono del árbitro
– *umpire's microphone*
22 el recogepelotas
– *ball boy*
23 el juez de red *f*
– *net-cord judge*
24 el juez de línea *f* de banda *f*
– *foot-fault judge*
25 el juez de línea *f* central de saque *m*
– *centre (*Am. *center) line judge*
26 el juez de línea *f* de fondo *m*
– *base line judge*
27 el juez de línea *f* de saque *m*
– *service line judge*
28 la pelota de tenis *m*
– *tennis ball*
29 la raqueta de tenis *m*
– *tennis racket (tennis racquet, racket, racquet)*
30 el mango de la raqueta
– *racket handle (racquet handle)*
31 el cordaje de la raqueta (la superficie para golpear la pelota)
– *strings (striking surface)*
32 el tensor
– *press (racket press, racquet press)*
33 la clavija tensora
– *tightening screw*
34 el marcador
– *scoreboard*
35 los resultados de los sets
– *results of sets*
36 el nombre del jugador
– *player's name*
37 el número de sets *m* [ganados por un jugador]
– *number of sets*
38 el número de juegos *m* [ganados por un jugador]
– *state of play*
39 el revés
– *backhand stroke*
40 el derecho
– *forehand stroke*
41 la volea (la volea con golpe *m* derecho a altura *f* normal)
– *volley;* here: *forehand volley at normal height*
42 el saque (el servicio)
– *service*
43-44 el juego de volante *m* (el bádminton)
– ***badminton***
43 la raqueta del juego de volante *m* (del bádminton)
– *badminton racket (badminton racquet)*
44 el volante
– *shuttle (shuttlecock)*
45-55 el tenis de mesa *f* (el ping-pong)
– ***table tennis***
45 la paleta del tenis de mesa *f* (de ping-pong *m*)
– *table tennis racket (racquet) (table tennis bat)*
46 el mango de la paleta
– *racket (racquet) handle (bat handle)*
47 el revestimiento de la paleta
– *blade covering*
48 la pelota del tenis de mesa *f* (de ping-pong *m*)
– *table tennis ball*
49 los jugadores de tenis *m* de mesa *f* (jugadores de ping-pong *m*); *en este caso:* dobles *m* mixtos
– *table tennis players;* here: *mixed doubles*
50 el resto
– *receiver*
51 el sacador (el saque)
– *server*
52 la mesa de ping-pong *m*
– *table tennis table*
53 la red del tenis de mesa *f* (de ping-pong *m*)
– *table tennis net*
54 la línea de centro *m*
– *centre (*Am. *center) line*
55 la línea de banda *f*
– *sideline*
56-71 el balonvolea (el voleibol)
– ***volleyball***
56-57 la colocación correcta de las manos
– *correct placing of the hands*
58 el balón (la pelota) de balonvolea *m*
– *volleyball*
59 el servicio de balonvolea *m*
– *serving the volleyball*
60 el defensa (el zaguero)
– *blocker*
61 la zona de servicio *m* (de saque *m*)
– *service area*
62 el sacador (el saque)
– *server*
63 el delantero (el jugador de la red)
– *front-line player*
64 la zona de ataque *m*
– *attack area*
65 la línea de ataque *m*
– *attack line*
66 la zona de defensa *f*
– *defence (*Am. *defense) area*
67 el primer árbitro
– *referee*
68 el segundo árbitro
– *umpire*
69 el juez de línea *f*
– *linesman*
70 el marcador
– *scoreboard*
71 el tanteador
– *scorer*
72-78 el juego de balón *m* **a puños** *m*
– ***faustball***
72 la línea de fondo *m*
– *base line*
73 la cuerda
– *tape*
74 el balón (la pelota) del juego de balón a puños *m*
– *faustball*
75 el delantero
– *forward*
76 el medio (el jugador de centro *m*)
– *centre (*Am. *center)*
77 el zaguero
– *back*
78 el golpe de martillo *m* (el remate)
– *hammer blow*
79-93 el golf
– ***golf***
79-82 el campo de golf *m* (los hoyos)
– *course (golf course, holes)*
79 la salida (el sitio de salida, el "tee")
– *teeing ground*
80 el obstáculo natural (el rough, el terreno escabroso)
– *rough*
81 el búnker (el hoyo de arena *f*)
– *bunker (*Am. *sand trap)*
82 el green (el putting green, el terreno nivelado y cubierto de césped *m* alrededor del hoyo)
– *green (putting green)*
83 el jugador de golf *m* (el golfista), en el golpe de salida *f* (en el drive)
– *golfer, driving*
84 el impulso
– *follow-through*
85 el carrito de golf *m*
– *golf trolley*
86 el tiro al hoyo (el put), con un putter
– *putting (holing out)*
87 el hoyo
– *hole*
88 la banderola
– *flagstick*
89 la pelota de golf *m*
– *golf ball*
90 el tee (la pieza para colocar la pelota)
– *tee*
91 el bastón (el club) de madera *f*, un driver; *anál.:* el brassy
– *wood, a driver;* sim.: *brassie (brassy, brassey)*
92 el bastón (el club) de hierro *m;* el iron
– *iron*
93 el putter
– *putter*

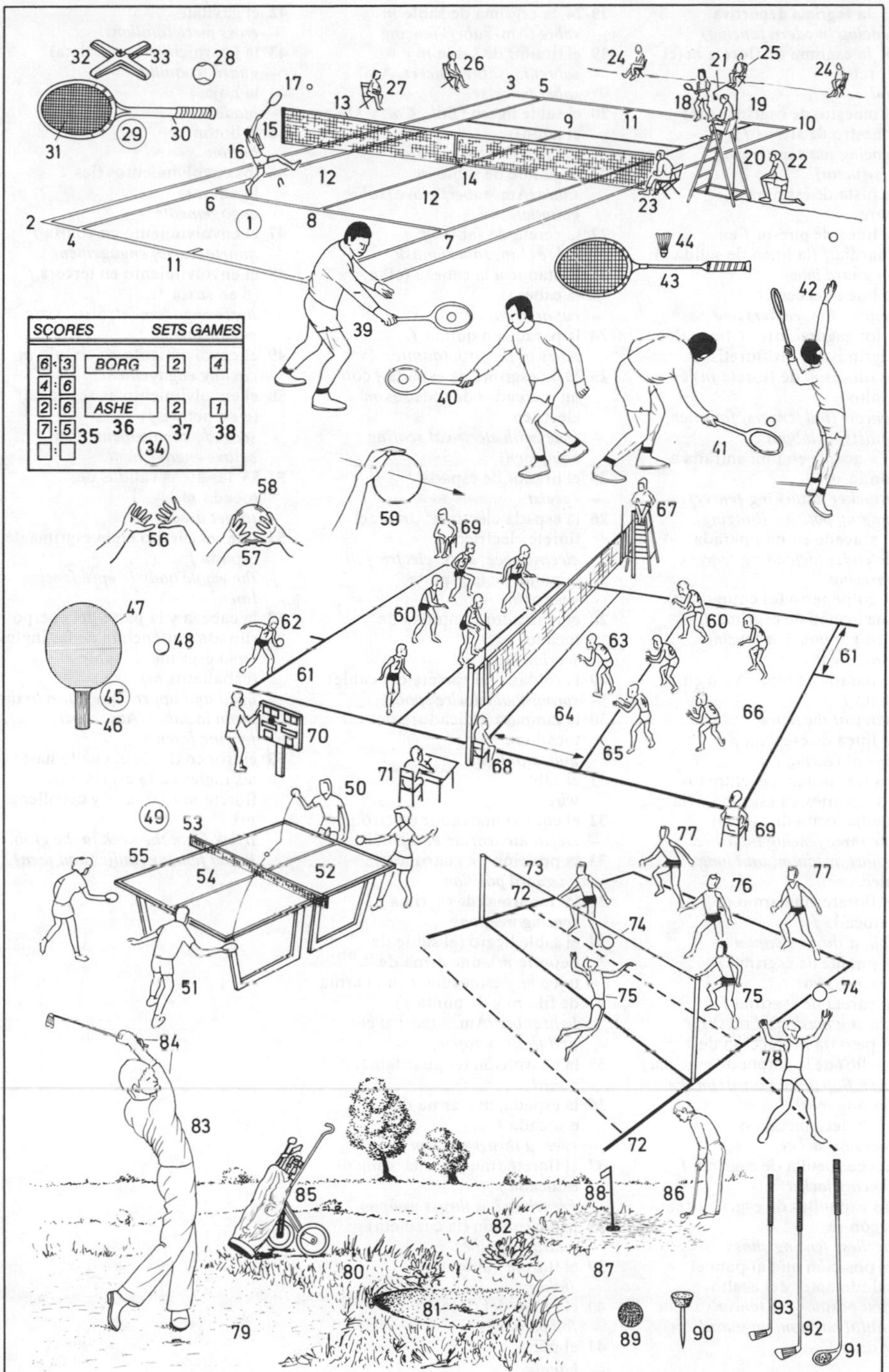
SCORES
SETS GAMES
6 : 3
4 : 6
2 : 6
7 : 5
BORG 2 4
ASHE 2 1

1-33 la esgrima deportiva
- ***fencing** (modern fencing)*

1-18 la esgrima de florete *m* (el florete)
- *foil*

1 el maestro de esgrima *f* (el maestro de armas *f*)
- *fencing master (fencing instructor)*

2 la pista de esgrima *f*
- *piste*

3 la línea de puesta *f* en guardia *f* (la línea de salida *f*)
- *on guard line*

4 la línea del centro
- *centre (*Am. *center) line*

5-6 los esgrimidores (*Amér.:* los esgrimistas; los floretistas, tiradores *m* de florete *m*) en un asalto
- *fencers (foil fencers, foilsmen, foilists) in a bout*

5 el atacante en una entrada a fondo *m*
- *attacker (attacking fencer) in lunging position (lunging)*

6 el atacado en una parada
- *defender (defending fencer), parrying*

7 el golpe recto (el coup droit), una acción de esgrima *f*
- *straight thrust, a fencing movement*

8 la parada en tercera *f* o en sexta *f*
- *parry of the tierce*

9 la línea de esgrima *f*
- *line of fencing*

10 las tres distancias entre los adversarios en esgrima *f* (larga, media, corta distancia)
- *the three fencing measures (short, medium, and long measure)*

11 el florete, una arma de estocada *f*
- *foil, a thrust weapon*

12 el guante de esgrima *f*
- *fencing glove*

13 la careta de esgrima *f*
- *fencing mask (foil mask)*

14 el peto (la protección del cuello) de la careta de esgrima *f*
- *neck flap (neck guard) on the fencing mask*

15 el chaleco metálico
- *metallic jacket*

16 la chaquetilla de esgrima *f*
- *fencing jacket*

17 las zapatillas de esgrima *f* sin tacón *m*
- *heelless fencing shoes*

18 la posición inicial para el saludo antes del asalto
- *first position for fencer's salute (initial position, on guard position)*

19-24 la esgrima de sable *m*
- *sabre (*Am. *saber) fencing*

19 el tirador de sable *m*
- *sabreurs (sabre fencers,* Am. *saber fencers)*

20 el sable ligero (*Bol., Col. y Mé.:* el latón)
- *(light) sabre (*Am. *saber)*

21 el guante de sable *m*
- *sabre (*Am. *saber) glove (sabre gauntlet)*

22 la careta de sable *m*
- *sabre (*Am. *saber) mask*

23 el ataque a la cabeza (el tajo a la cabeza)
- *cut at head*

24 la parada en quinta *f*
- *parry of the fifth (quinte)*

25-33 la esgrima de espada *f* con un marcador de tocados *m* eléctrico
- *épée, with electrical scoring equipment*

25 el tirador de espada *f*
- *épéeist*

26 la espada eléctrica; *anál.:* el florete eléctrico
- *electric épée;* also: *electric foil*

27 la punta de la espada
- *épée point*

28 el marcador luminoso de tocados *m*
- *scoring lights*

29 la roldana (el carrete del cable)
- *spring-loaded wire spool*

30 la lámpara indicadora de tocado *m*
- *indicator light*

31 el cable
- *wire*

32 el equipo marcador eléctronico
- *electronic scoring equipment*

33 la posición de guardia *f*
- *on guard position*

34-45 las armas de esgrima *f*
- ***fencing weapons***

34 el sable ligero (el sable de deporte *m*), una arma de tajos *m* y estocadas *f* (una arma de filo *m* y de punta *f*)
- *light sabre (*Am. *saber), a cut and thrust weapon*

35 la guarnición (el guardamano)
- *guard*

36 la espada, una arma de estocada *f*
- *épée, a thrust weapon*

37 el florete francés, una arma de estocada *f*
- *French foil, a thrust weapon*

38 la guarnición (la cazoleta)
- *guard (coquille)*

39 el florete italiano
- *Italian foil*

40 el pomo del florete
- *foil pommel*

41 el puño
- *handle*

42 el gavilán
- *cross piece (quillons)*

43 la guarnición (la cazoleta)
- *guard (coquille)*

44 la hoja
- *blade*

45 el botón
- *button*

46 los envolvimientos (las ligaduras)
- *engagements*

47 el envolvimiento en cuarta *f*
- *quarte (carte) engagement*

48 el envolvimiento en tercera *f* (o en sexta *f*)
- *tierce engagement;* also: *sixte engagement*

49 el envolvimiento en círculo *m*
- *circling engagement*

50 el envolvimiento en segunda *f* (o en octava *f*)
- *seconde engagement;* also: *octave engagement*

51-53 las áreas válidas de tocado *m*
- *target areas*

51 todo el cuerpo en la esgrima de espada *f*
- *the whole body in épée fencing [men]*

52 la cabeza y la parte del cuerpo situada por encima de las ingles en la esgrima de sable *m* (caballeros *m*)
- *head and upper body down to the groin in sabre (*Am. *saber) fencing [men]*

53 el tronco desde el cuello hasta las ingles en la esgrima de florete *m* (damas *f* y caballeros *m*)
- *trunk from the neck to the groin in foil fencing [ladies and men]*

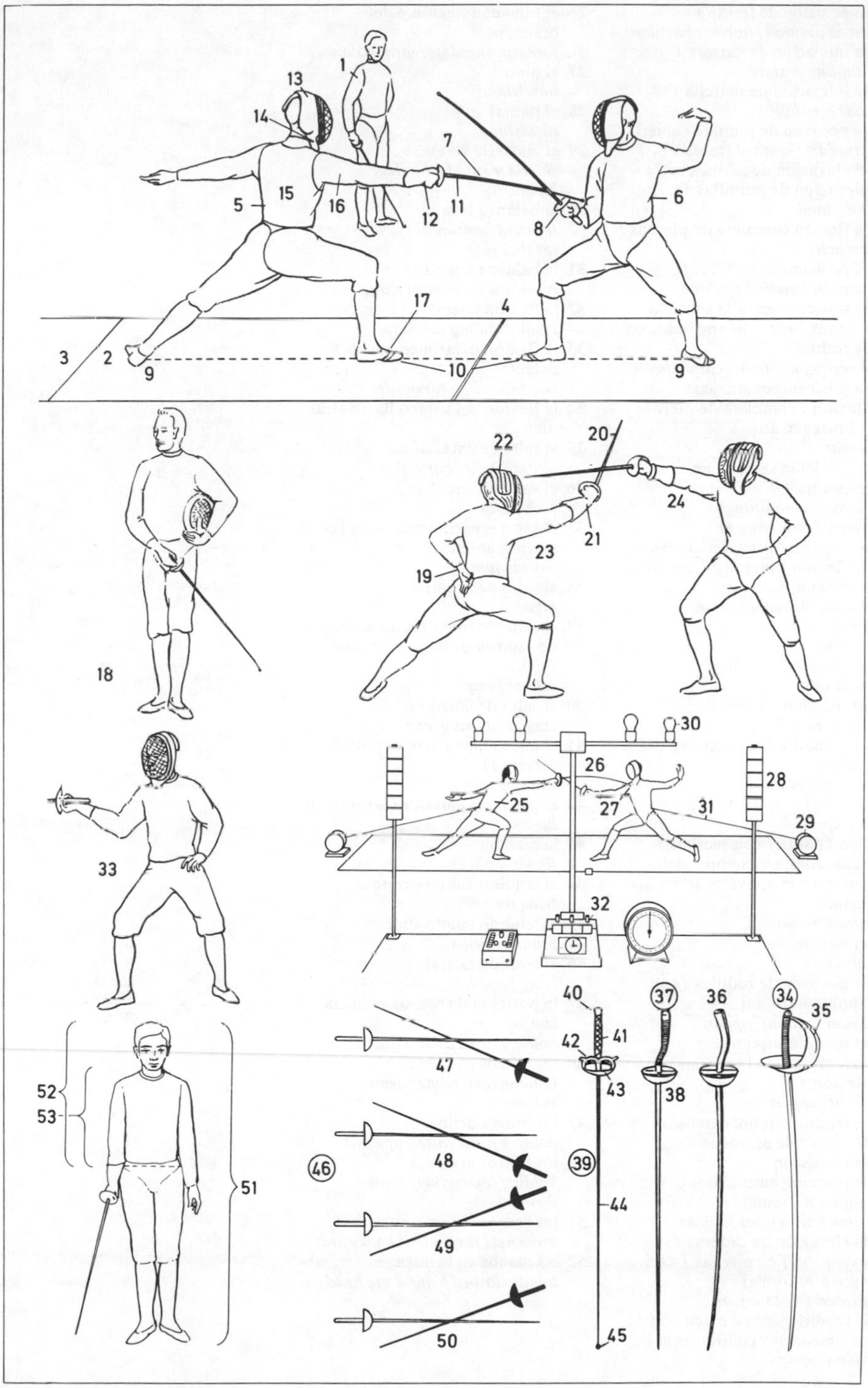
1
2
3
4
5
6
7
8
9
10
11
12
13
14
15
16
17
18
19
20
21
22
23
24
25
26
27
28
29
30
31
32
33
34
35
36
37
38
39
40
41
42
43
44
45
46
47
48
49
50
51
52
53

1 la posición de frente *f*
– *basic position (starting position)*
2 la iniciación de carrera *f*
– *running posture*
3 la iniciación de marcha *f*
– *side straddle*
4 la posición de piernas *f* abiertas
– *straddle (forward straddle)*
5 el elevación de talones *m* (la elevación de puntillas *f*)
– *toe stand*
6 la flexión completa de piernas *f*
– *crouch*
7 la posición de rodillas *f*
– *upright kneeling position*
8 la posición sentada sobre los talones, brazos *m* apoyados en la rodilla
– *kneeling position, seat on heels*
9 la posición sentada con flexión *f* completa de piernas *f* y brazos *m* atrás
– *squat*
10 la posición sentada en escuadra *f*
– *L seat (long sitting)*
11 la posición yoga *m*
– *tailor seat (sitting tailor-style)*
12 la flexión *f* pierna *f* izquierda y extensión *f* derecha
– *hurdle (hurdle position)*
13 la V
– *V-seat*
14 el spagat de perfil *m*
– *side split*
15 el spagat de frente
– *forward split*
16 la escuadra *f*, elevación *f* del cuerpo
– *L-support*
17 la V, elevación *f* del cuerpo
– *V-support*
18 la escuadra *f* con piernas *f* separadas, elevación *f* del cuerpo con apoyo *m* sobre las manos
– *straddle seat*
19 el puente
– *bridge*
20 la posición de rodillas *f* con apoyo *m* frontal
– *kneeling front support*
21 el tendido supino con extensión *f* de brazos *m* y flexión *f*
– *front support*
22 el tendido prono, extensión *f* y flexión *f* de brazos *m*
– *back support*
23 la posición en cuclillas con apoyo *m* frontal
– *crouch with front support*
24 la elevación de caderas *f* y extensión *f* de piernas *f*, con apoyo *m* frontal
– *arched front support*
25 el tendido lateral, extensión *f* de brazos *m* y equilibrio *m*
– *side support*
26 el pino con flexión *f* de brazos *m*
– *forearm stand (forearm balance)*
27 el pino
– *handstand*
28 el puntal
– *headstand*
29 el clavo (la vela)
– *shoulder stand (shoulder balance)*
30 la balanza frontal
– *forward horizontal stand (arabesque)*
31 la balanza lateral
– *rearward horizontal stand*
32 la flexión lateral del tronco
– *trunk-bending sideways*
33 la flexión del tronco hacia delante
– *trunk-bending forwards*
34 la flexión del tronco hacia atrás
– *arch*
35 el salto en extensión *f*
– *astride jump (butterfly)*
36 el salto en cuclillas *f*
– *tuck jump*
37 el salto esparrancado (con las piernas abiertas)
– *astride jump*
38 el salto de la carpa
– *pike*
39 el salto de tijera *f* (iniciación *f* de salto *m* de barra *f* de altura *f*)
– *scissor jump*
40 el salto de corzo *m*
– *stag jump (stag leap)*
41 el paso gimnástico (el paso de carrera *f*)
– *running step*
42 el paso con entrada *f* a fondo *m*
– *lunge*
43 la marcha
– *forward pace*
44 el tendido cúbito prono
– *lying on back*
45 el tendido cúbito supino
– *prone position*
46 el tendido lateral
– *lying on side*
47 la posición de brazos *m* hacia abajo
– *holding arms downwards*
48 los brazos en cruz *f*
– *holding (extending) arms sideways*
49 los brazos arriba
– *holding arms raised upward*
50 los brazos al frente
– *holding (extending) arms forward*
51 los brazos oblicuos atrás
– *arms held (extended) backward*
52 las manos en la nuca
– *hands clasped behind the head*

1
2
3
4
5
6
7
8
9
10
11
12
13
14
15
16
17
18
19
20
21
22
23
24
25
26
27
28
29
30
31
32
33
34
35
36
37
38
39
40
41
42
43
44
45
46
47
48
49
50
51
52

1-11 los aparatos gimnásticos en gimnasia *f* olímpica masculina
- ***gymnastics apparatus in men's Olympic gymnastics***

1 el caballo sin arco *m* (el caballo de saltos *m*)
- *long horse (horse, vaulting horse)*

2 las paralelas
- *parallel bars*

3 la barra
- *bar*

4 las anillas
- *rings (stationary rings)*

5 el caballo con arcos *m*
- *pommel horse (side horse)*

6 el arco
- *pommel*

7 la barra fija
- *horizontal bar (high bar)*

8 la barra
- *bar*

9 el poste (el soporte) de la barra fija
- *upright*

10 el viento (el tirante) de fijación *f*
- *stay wires*

11 la pista para la gimnasia en el suelo (la gimnasia de manos *m* libres, una superficie de 12 × 12 m)
- *floor [12 m × 12 m floor area]*

12-21 aparatos *m* auxiliares y aparatos *m* de gimnasia *f* escolar y de club *m*
- ***auxiliary apparatus and apparatus for school and club gymnastics***

12 el trampolín
- *springboard (Reuther board)*

13 la colchoneta dura
- *landing mat*

14 la barra de equilibrio *m* (la barra sueca)
- *bench*

15 el plinton (*Amér.:* el cajón)
- *box*

16 el elemento del plinton
- *small box*

17 el potro
- *buck*

18 la colchoneta blanda
- *mattress*

19 la cuerda fija
- *climbing rope (rope)*

20 el espaldar sueco (la espaldera)
- *wall bars*

21 la escalera de pared *f*
- *window ladder*

22-39 la posición en relación *f* al aparato
- ***positions in relation to the apparatus***

22 la posición facial lateral
- *side, facing*

23 la posición dorsal lateral
- *side, facing away*

24 la posición facial transversal
- *end, facing*

25 la posición dorsal transversal
- *end, facing away*

26 la posición facial lateral fuera del aparato
- *outside, facing*

27 la posición transversal dentro del aparato (el el extremo de las barras)
- *inside, facing*

28 el apoyo facial
- *front support*

29 el apoyo dorsal
- *back support*

30 la posición sentada a horcajadas *f*
- *straddle position*

31 la posición sentada lateral fuera del aparato
- *seated position outside*

32 la posición sentada transversal fuera del aparato
- *riding seat outside*

33 la suspensión facial
- *hang*

34 la suspensión dorsal
- *reverse hang*

35 la suspensión con los brazos flexionados
- *hang with elbows bent*

36 la suspensión invertida
- *piked reverse hang*

37 la suspensión invertida con el cuerpo en extensión *f* (estirado)
- *straight inverted hang*

38 el apoyo con el cuerpo en extensión *f* (estirado)
- *straight hang*

39 el apoyo flexionado (con los brazos flexionados)
- *bent hang*

40-46 las presas
- ***grasps*** *(kinds of grasp)*

40 la presa por encima de la barra fija (la presa facial)
- *overgrasp on the horizontal bar*

41 la presa por debajo de la barra fija (la presa dorsal)
- *undergrasp on the horizontal bar*

42 la presa mixta en la barra fija
- *combined grasp on the horizontal bar*

43 la presa en cruz *f* en la barra fija
- *cross grasp on the horizontal bar*

44 la presa cubital en la barra fija
- *rotated grasp on the horizontal bar*

45 la presa radial en las paralelas
- *outside grip on the parallel bars*

46 la presa cubital en las paralelas
- *rotated grasp on the parallel bars*

47 la correa de cuero *m* para la sujeción a la barra
- *leather handstrap*

48-60 ejercicios *m* con los aparatos
- ***exercises***

48 el salto en plancha en el caballo de saltos *m*
- *long-fly on the horse*

49 la elevación con las piernas abiertas en las paralelas
- *rise to straddle on the parallel bars*

50 el cristo en las anillas
- *crucifix on the rings*

51 las tijeras en el caballo con arcos *m*
- *scissors (scissors movement) on the pommel horse*

52 la elevación de las piernas en el pino sobre el suelo
- *legs raising into a handstand on the floor*

53 el salto en cuclillas en el caballo de saltos *m*
- *squat vault on the horse*

54 el círculo por los flancos en el caballo de arcos *m*
- *double leg circle on the pommel horse*

55 el lanzamiento (la caída de pie *m* hacia atrás en las anillas)
- *hip circle backwards on the rings*

56 la báscula facial en las anillas
- *lever hang on the rings*

57 el giro hacia atrás en las paralelas
- *rearward swing on the parallel bars*

58 la báscula con suspensión *f* del brazo
- *forward kip into upper arm hang on the parallel bars*

59 el giro por debajo de la barra fija
- *backward underswing on the horizontal bar*

60 el gran molinete
- *backward grand circle on the horizontal bar*

61-63 el equipo (la indumentaria) **de gimnasia *f***
- ***gymnastics kit***

61 la camiseta de gimnasia *f*
- *singlet (vest,* Am. *undershirt)*

62 el pantalón de gimnasia *f*
- *gym trousers*

63 las zapatillas de gimnasia *f*
- *gym shoes*

64 la muñequera
- *wristband*

19
21
48
4
49
39
36
50
37
20
1
13
12
38
8
30
14
13
29
17
27
2
26
9
10
25
51
35
7
3
31
23
34
33
22
52
6
5
16
18
24
11
32
28
15
2
53
40
64
56
63
62
61
41
47
54
42
55
43
57
44
58
45
60
46
59

297 Ejercicios gimnásticos con aparatos II (Gimnasia femenina)

1-6 los aparatos gimnásticos en gimnasia *f* olímpica femenina
- ***gymnastics apparatus in women's Olympic gymnastics***

1 el caballo sin arcos (el caballo de saltos *m*)
- *horse (vaulting horse)*

2 la barra de equilibrio *m* (la barra sueca)
- *beam*

3 las paralelas asimétricas
- *asymmetric bars (uneven bars)*

4 la barra inferior
- *bar*

5 el tirante (el viento) de fijación *f*
- *stay wires*

6 el suelo (la superficie del suelo de 12 × 12 m)
- *floor [12 m × 12 m floor area]*

7-14 aparatos *m* auxiliares y aparatos de gimnasia *f* escolar y de club *m*
- ***auxiliary apparatus and apparatus for school and club gymnastics***

7 la colchoneta dura
- *landing mat*

8 el trampolín
- *springboard (Reuther board)*

9 el elemento del plinton
- *small box*

10 la cama elástica
- *trampoline*

11 la lona de saltos *m*
- *sheet (web)*

12 el bastidor (el marco)
- *frame*

13 los tensores de goma *f*
- *rubber springs*

14 la minicama elástica para tomar impulso *m*
- *springboard trampoline*

15-32 ejercicios *m* en los aparatos
- ***apparatus exercises***

15 el salto mortal hacia atrás con el cuerpo encogido
- *backward somersault*

16 la posición de ayuda *f* de una gimnasta
- *spotting position (standing-in position)*

17 el salto mortal hacia atrás con el cuerpo en extensión *f* en la cama elástica
- *vertical backward somersault on the trampoline*

18 el salto mortal hacia delante con el cuerpo encogido en la minicama elástica
- *forward somersault on the springboard trampoline*

19 la voltereta hacia delante en el suelo
- *forward roll on the floor*

20 la voltereta con salto *m* de carpa *f* en el suelo
- *long-fly to forward roll on the floor*

21 la rueda en la barra de equilibrio *m*
- *cartwheel on the beam*

22 la voltereta sobre las manos hacia delante en el caballo de saltos *m*
- *handspring on the horse*

23 el arco hacia atrás en el suelo
- *backward walkover*

24 la voltereta sobre las manos hacia atrás en el suelo
- *back flip (flik-flak) on the floor*

25 la mariposa (la voltereta libre hacia delante) en el suelo
- *free walkover forward on the floor*

26 la voltereta con paso *m* hacia delante en el suelo
- *forward walkover on the floor*

27 la voltereta de cabeza *f* en el suelo
- *headspring on the floor*

28 el balanceo de elevación *f* en las paralelas asimétricas
- *upstart on the asymmetric bars*

29 el molinete libre en las paralelas asimétricas
- *free backward circle on the asymmetric bars*

30 la vuelta en el caballo de saltos *m*
- *face vault over the horse*

31 el volteo en el caballo de saltos *m*
- *flank vault over the horse*

32 la tuerca (el salto y vuelta *f*)
- *back vault (rear vault) over the horse*

33-50 gimnasia *f* con aparatos *m* de mano *f* (gimnasia *f* ritmica)
- ***gymnastics with hand apparatus***

33 el lanzamiento en arco *m*
- *hand-to-hand throw*

34 la pelota de gimnasia *f*
- *gymnastic ball*

35 el lanzamiento hacia arriba
- *high toss*

36 el rebote
- *bounce*

37 los círculos con dos mazas *f*
- *hand circling with two clubs*

38 la maza de gimnasia *f*
- *gymnastic club*

39 la oscilación
- *swing*

40 el salto final con el cuerpo encogido
- *tuck jump*

41 el bastón gimnástico
- *bar*

42 el salto
- *skip*

43 la cuerda de saltar
- *rope (skipping rope)*

44 el salto cruzado
- *criss-cross skip*

45 el salto a través del aro
- *skip through the hoop*

46 el aro gimnástico
- *gymnastic hoop*

47 el círculo frontal
- *hand circle*

48 la serpiente
- *serpent*

49 la cinta gimnástica
- *gymnastic ribbon*

50 la espiral
- *spiral*

51-52 el equipo de gimnasia *f*
- *gymnastics kit*

51 las mallas (la ropa de gimnasia *f*)
- *leotard*

52 las zapatillas de gimnasia *f*
- *gym shoes*

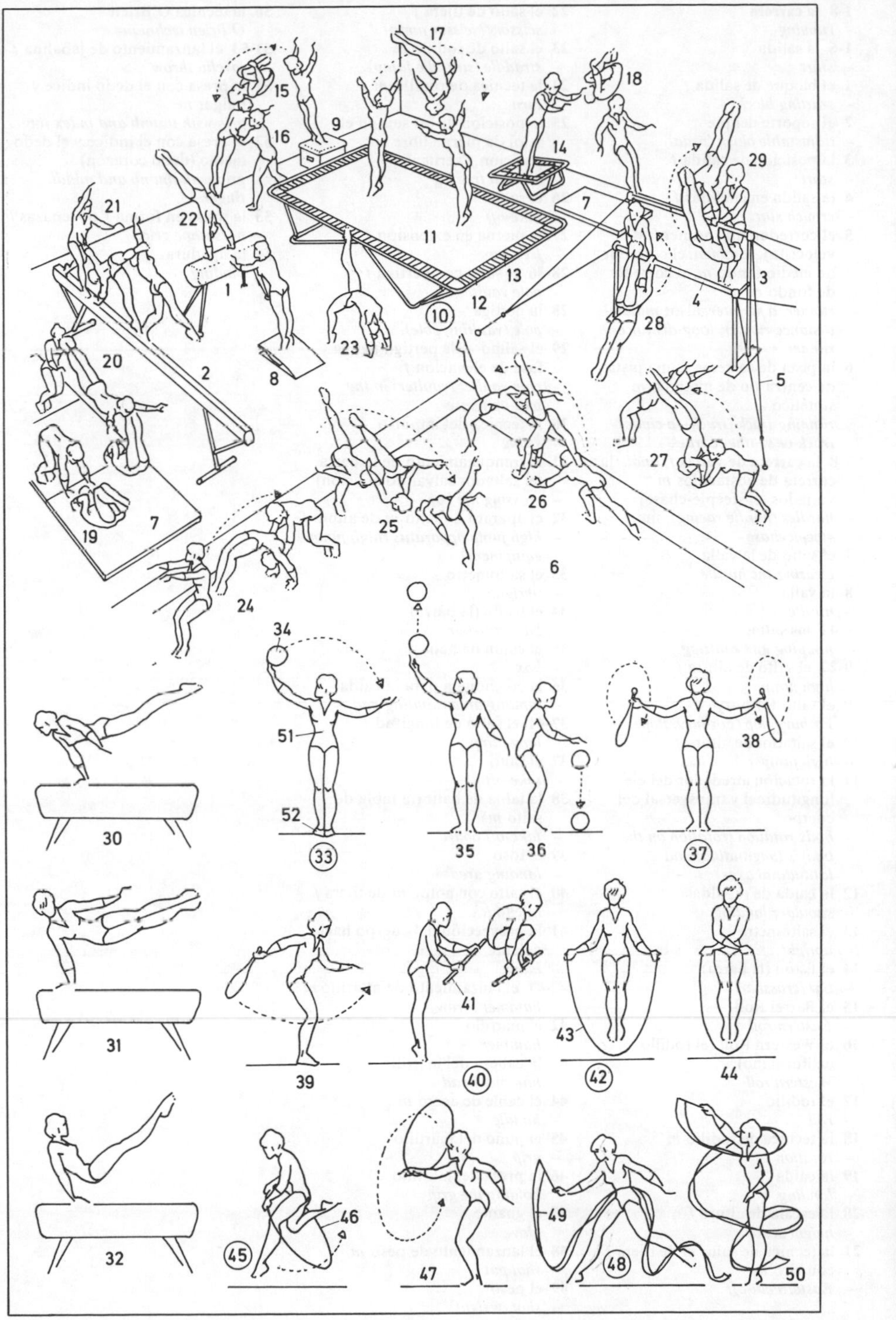
1
2
3
4
5
6
7
7
8
9
10
11
12
13
14
15
16
17
18
19
20
21
22
23
24
25
26
27
28
29
30
31
32
33
34
35
36
37
38
39
40
41
42
43
44
45
46
47
48
49
50
51
52

1-8 la carrera
- ***running***
1-6 la salida
- *start*
1 el bloque de salida *f*
- *starting block*
2 el soporte del pie
- *adjustable block (pedal)*
3 la posición de salida *f*
- *start*
4 la salida en cuclillas *f*
- *crouch start*
5 el corredor, un sprinter (un velocista); *también:* el corredor de medio fondo *m*, el corredor de fondo *m*
- *runner, a sprinter;* also: *middle-distance runner, long-distance runner*
6 la pista de carreras *f*, una pista de ceniza *f* o de material *m* sintético
- *running track (track), a cinder track or synthetic track*
7-8 la carrera de vallas *f*; *anál.:* la carrera de obstáculos *m* variados (el steeple-chase)
- *hurdles (hurdle racing);* sim.: *steeplechase*
7 el salto de la valla
- *clearing the hurdle*
8 la valla
- *hurdle*
9-41 los saltos
- ***jumping and vaulting***
9-27 el salto de altura *f*
- *high jump*
9 el salto Fosbury
- *Fosbury flop (Fosbury, flop)*
10 el saltador de altura *f*
- *high jumper*
11 la rotación alrededor del eje longitudinal y transversal del cuerpo
- *body rotation (rotation on the body's longitudinal and latitudinal axes)*
12 la caída de espaldas
- *shoulder landing*
13 el saltómetro
- *upright*
14 el listón (la barra)
- *bar (crossbar)*
15 el Barrel Roll
- *Eastern roll*
16 el Western Roll (el rodillo californiano)
- *Western roll*
17 el rodillo
- *roll*
18 la técnica de rodillo *m*
- *rotation*
19 la caída
- *landing*
20 la escala de altura *f*
- *height scale*
21 la técnica de salto *m* de tijera *f* con giro *m*
- *Eastern cut-off*
22 el salto de tijera *f*
- *scissors (scissor jump)*
23 el salto de rodillo *m*
- *straddle (straddle jump)*
24 la técnica de rodillo *m*
- *turn*
25 la posición de las seis en el reloj (la pierna libre en posición *f* vertical)
- *vertical free leg*
26 el salto
- *take-off*
27 la pierna en extensión *f*
- *free leg*
28-36 el salto con pértiga *f*
- *pole vault*
28 la pértiga
- *pole (vaulting pole)*
29 el saltador de pértiga *f* en la fase de elevación *f*
- *pole vaulter (vaulter) in the pull-up phase*
30 la técnica del impulso
- *swing*
31 el franqueamiento de la barra (el saltador salvando el listón)
- *crossing the bar*
32 el aparato de salto *m* de altura *f*
- *high jump apparatus (high jump equipment)*
33 el saltómetro
- *upright*
34 el listón (la barra)
- *bar (crossbar)*
35 el cajón de batir
- *box*
36 la colchoneta para la caída
- *landing area (landing pad)*
37-41 el salto de longitud *f*
- *long jump*
37 el salto
- *take-off*
38 la tabla de batir (la tabla de salto *m*)
- *take-off board*
39 el foso
- *landing area*
40 el salto con golpe *m* de tijera *f*
- *hitch-kick*
41 la proyección del cuerpo hacia delante
- *hang*
42-47 el lanzamiento de martillo *m*
- *hammer throw*
42 el martillo
- *hammer*
43 la cabeza del martillo
- *hammer head*
44 el cable de acero *m*
- *handle*
45 el puño del martillo
- *grip*
46 la presa del martillo
- *holding the grip*
47 el guante
- *glove*
48 el lanzamiento de peso *m*
- *shot put*
49 el peso
- *shot (weight)*
50 la técnica O'Brien
- *O'Brien technique*
51-53 el lanzamiento de jabalina *f*
- *javelin throw*
51 la presa con el dedo índice y pulgar *m*
- *grip with thumb and index finger*
52 la presa con el índice y el dedo medio (dedo corazón)
- *grip with thumb and middle finger*
53 la presa en forma *f* de tenazas *f*
- *horseshoe grip*
54 la ligadura
- *binding*

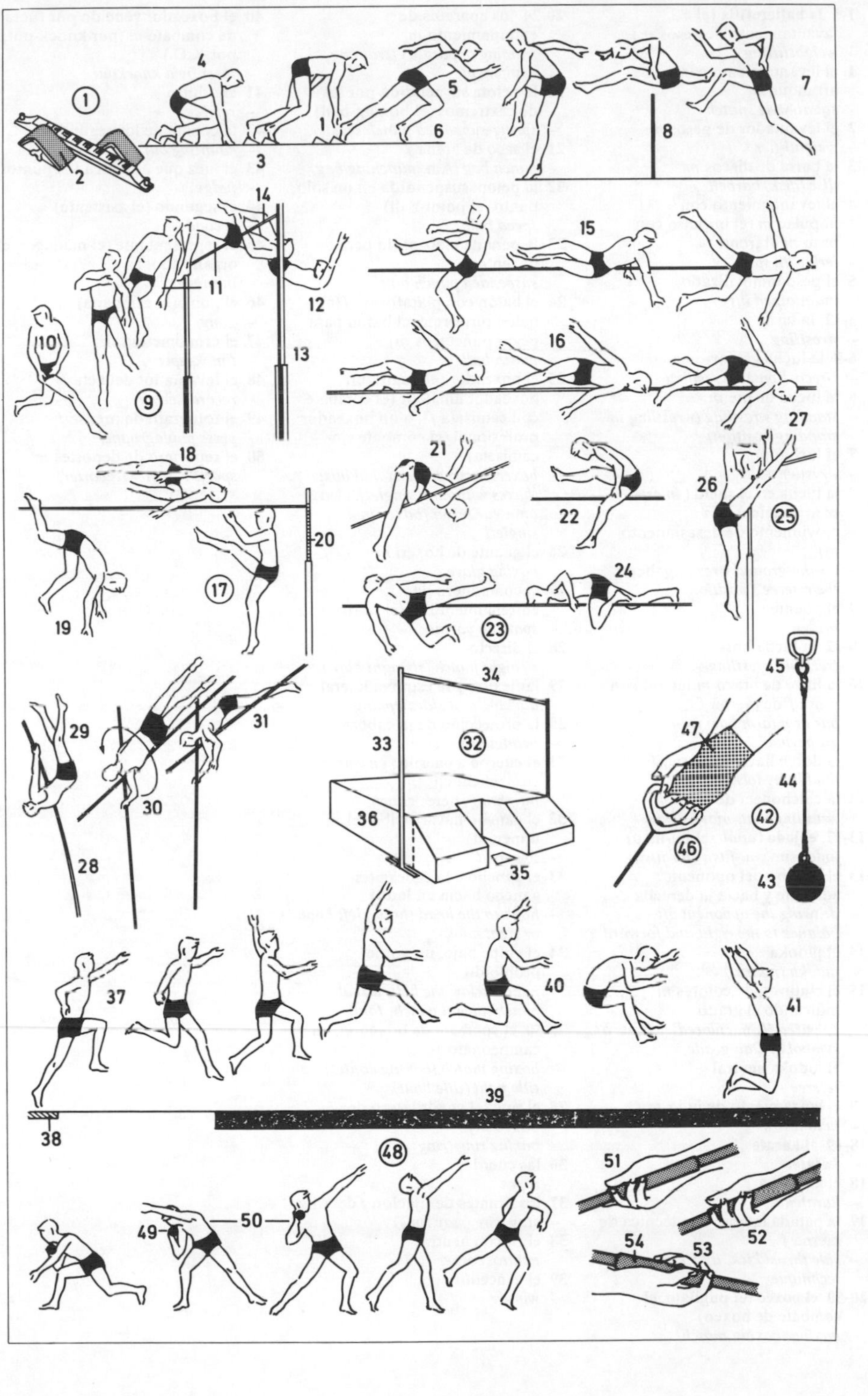
1
2
3
4
5
6
7
8
9
10
11
12
13
14
15
16
17
18
19
20
21
22
23
24
25
26
27
28
29
30
31
32
33
34
35
36
37
38
39
40
41
42
43
44
45
46
47
48
49
50
51
52
53
54

1-5 la halterofilia (el lavantamiento de pesos *m*)
- ***weightlifting***
1 el levantamiento con arranque *m*
- *squat-style snatch*
2 el levantador de pesos *m*
- *weightlifter*
3 la barra de discos *m*
- *disc (disk) barbell*
4 el levantamiento con impulso *m* (el impulso con paso *m* al frente)
- *jerk with split*
5 el peso inmovilizado
- *maintained lift*
6-12 la lucha
- ***wrestling***
6-9 la lucha grecorromana
- *Greco-Roman wrestling*
6 la lucha de pie *m*
- *standing wrestling (wrestling in standing position)*
7 el luchador
- *wrestler*
8 la lucha en el suelo (*en este caso:* el inicio de un movimiento de desasimiento *m*)
- *on-the-ground wrestling;* here: *the referee's position*
9 el puente
- *bridge*
10-12 la lucha libre
- *freestyle wrestling*
10 la llave de brazo *m* lateral con presa *f* de pierna *f*
- *bar arm (arm bar) with grapevine*
11 la doble llave de pierna *f*
- *double leg lock*
12 la colchoneta de lucha *f*
- *wrestling mat (mat)*
13-17 el judo (*anál.:* el jiu-jitsu)
- ***judo;*** sim.: *ju-jitsu (jiu-jitsu)*
13 el derribo del oponente adelante y hacia la derecha
- *drawing the opponent off balance to the right and forward*
14 el judoka
- *judoka (judoist)*
15 el cinturón de colores *m* indicando el grado
- *coloured* (Am. *colored) belt, as a symbol of Dan grade*
16 el judoka neutral
- *referee*
17 el lanzamiento de judo *m*
- *judo throw*
18-19 el karate
- ***karate***
18 el karateka
- *karateka*
19 la patada lateral, una técnica de pierna *f*
- *side thrust kick, a kicking technique*
20-50 el boxeo (el pugilato, el combate de boxeo)
- ***boxing*** *(boxing match)*
20-24 los aparatos de entrenamiento *m*
- *training apparatus (training equipment)*
20 la pelota sūspendida por los dos extremos (el boxing-ball)
- *spring-supported punch ball*
21 el saco de arena *f*
- *punch bag* (Am. *punching bag)*
22 la pelota suspendida en un solo punto (el point-ball)
- *speed ball*
23 la pera de maíz *m* (la pera de boxeo *m*)
- *suspended punch ball*
24 el balón con plataforma *f* (el balón piriforme, el balón para pegar puñetazos *m*)
- *punch ball*
25 el boxeador (el púgil), un boxeador amateur (el combate con camiseta *f*), o un boxeador profesional (el combate sin camiseta)
- *boxer;* here: *professional boxer [boxes without a singlet];* also: *amateur boxer [boxes in a singlet]*
26 el guante de boxeo *m*
- *boxing glove*
27 el compañero de entrenamiento *m* (el sparring)
- *sparring partner*
28 el directo
- *straight punch (straight blow)*
29 la flexión y la esquiva lateral
- *ducking and sidestepping*
30 la protección de la cabeza
- *headguard*
31 el cuerpo a cuerpo; *en este caso:* el clinch
- *infighting;* here: *clinch*
32 el gancho hacia arriba (el uppercut)
- *uppercut*
33 el gancho a la cabeza (el gancho hacia un lado)
- *hook to the head (hook, left hook or right hook)*
34 el golpe bajo, un golpe prohibido
- *punch below the belt, a foul punch (illegal punch, foul)*
35-50 el combate de boxeo *m*, un campeonato
- *boxing match (boxing contest), a title fight (title bout)*
35 el ring (el cuadrilátero de boxeo *m*)
- *boxing ring (ring)*
36 las cuerdas
- *ropes*
37 los tirantes de fijación *f* del ring
- *stay wire (stay rope)*
38 el rincón neutral
- *neutral corner*
39 el vencedor
- *winner*
40 el boxeador vencido por fuera de combate *m* (por knock-out, por K.O.)
- *loser by a knockout*
41 el árbitro
- *referee*
42 la cuenta de los segundos
- *counting out*
43 el juez que adjudica los puntos
- *judge*
44 el segundo (el asistente)
- *second*
45 el representante (el mánager, el organizador)
- *manager*
46 el gong (la campana)
- *gong*
47 el cronometrador
- *timekeeper*
48 el levantador del acta *f*
- *record keeper*
49 el fotógrafo de prensa *f*
- *press photographer*
50 el reportero de deportes *m*
- *sports reporter (reporter)*

1
2
3
4
5
6
7
8
9
10
11
12
13
14
15
16
17
18
19
20
21
22
23
24
25
26
27
28
29
30
31
32
33
34
35
36
37
38
39
40
41
42
43
44
45
46
47
48
43
49
50

1-57 el alpinismo (el montañismo, la ascensión a las altas montañas)
- ***mountaineering*** *(mountain climbing, Alpinism)*

1 el refugio (el albergue alpino, la cabaña de montaña *f*)
- *hut,* e.g. *Alpine Club hut, mountain hut*

2-13 la escalada (la escalada en roca *f*) [técnicas *f* de escalada *f* en roca]
- ***climbing*** *(rock climbing) [rock climbing technique]*

2 la pared rocosa (la roca, la pared cortada a pico *m*)
- *rock face (rock wall)*

3 la quiebra (la quiebra longitudinal, transversal u oblicua)
- *fissure,* e.g. *vertical fissure, horizontal fissure, diagonal fissure*

4 la cornisa (la cornisa rocosa, de hierba *f*, pedregosa, cornisa de nieve *f*, o de hielo *m*)
- *ledge,* e.g. *rock ledge, grass ledge, scree ledge, snow ledge, ice ledge*

5 el alpinista (el escalador)
- *mountaineer (climber, mountain climber, Alpinist)*

6 el anorak (la chaqueta enguatada para la nieve)
- *anorak;* here: *a high-altitude anorak;* also: *snowshirt, padded jacket*

7 los pantalones de escalada *f*
- *breeches (climbing breeches)*

8 la chimenea
- *chimney*

9 el pitón de roca *f* (la punta rocosa)
- *belay (spike, rock spike)*

10 el amarre de seguridad*f*
- *belay*

11 el nudo corredizo
- *rope sling (sling)*

12 la cuerda de escalada *f*
- *rope*

13 la cornisa
- *spur*

14-21 la escalada en hielo *m* [técnica *f* de escalada en hielo]
- ***snow and ice climbing*** *[snow and ice climbing technique]*

14 la pared de hielo *m* (la ladera de nieve *f* helada)
- *ice slope;* also: *firn slope*

15 el escalador de hielo *m*
- *snow and ice climber*

16 el piolet (la piqueta)
- *ice axe* (Am. *ax)*

17 el escalón (el escalón tallado en el hielo)
- *step (ice step)*

18 las gafas de nieve *f*
- *snow goggles*

19 la capucha (la capucha del anorak)
- *hood (anorak hood)*

20 la cornisa (la cornisa de hielo *m*, de nieve *f* helada)
- *cornice (snow cornice)*

21 el picacho (el picacho de hielo *m*, de nieve *f* helada)
- *ridge (ice ridge)*

22-27 la cordada [la marcha en cordada]
- ***rope*** *(roped party) [roped trek]*

22 el glaciar
- *glacier*

23 la grieta del glaciar
- *crevasse*

24 el puente de nieve *f* (el puente de nieve helada)
- *snow bridge*

25 el primero de la cordada (el jefe de la cordada)
- *leader*

26 el segundo de la cordada
- *second man (belayer)*

27 el tercero de la cordada (el último hombre)
- *third man (non-belayer)*

28-30 el descenso en rapel *m*
- ***roping down*** *(abseiling, rapelling)*

28 el nudo corredizo del descenso en rapel *m*
- *abseil sling*

29 el descenso con mosquetón *m*
- *sling seat*

30 el descenso "Dülfer"
- *Dülfer seat*

31-57 el equipo de alpinismo *m* (el equipo de montañismo *m*, el equipo de escalada *f* en roca *f* o hielo *m*)
- ***mountaineering equipment*** *(climbing equipment, snow and ice climbing equipment)*

31 el piolet (la piqueta)
- *ice axe* (Am. *ax)*

32 la correa de la muñeca
- *wrist sling*

33 el pico
- *pick*

34 la pala
- *adze* (Am. *adz)*

35 el ojo del piolet
- *karabiner hole*

36 el piolet para el hielo
- *short-shafted ice axe* (Am. *ax)*

37 el martillo para el hielo (el martillo mixto para hielo *m* y roca *f*)
- *hammer axe* (Am. *ax)*

38 el pitón universal (el pitón para usos *m* múltiples)
- *general-purpose piton*

39 el pitón para el descenso en rapel *m* (el pitón de anillo *m*)
- *abseil piton, a ringed piton*

40 el pitón de rosca *f* para hielo *m* (el pitón en forma *f* de sacacorchos *m*)
- *ice piton, a semi-tubular screw ice piton (corkscrew piton)*

41 el pitón de muescas *f* para hielo *m*
- *drive-in ice piton*

42 la bota de alpinismo *m*
- *mountaineering boot*

43 la suela estriada (la suela con muescas *f*, perfilada)
- *corrugated sole*

44 la bota de escalada *f*
- *climbing boot*

45 el borde rugoso de ebonita *f*
- *roughened stiff rubber upper*

46 el mosquetón
- *karabiner*

47 el cierre de rosca *f*
- *screwgate*

48 el crampón (el crampón ligero, el crampón de doce o diez puntas *f*)
- *crampons,* e.g. *lightweight crampons, twelve-point crampons, ten-point crampons*

49 las puntas delanteras
- *front points*

50 la protección de la punta
- *point guards*

51 la correa del crampón
- *crampon strap*

52 la fijación del crampón por cable *m*
- *crampon cable fastener*

53 el casco protector contra los golpes de las piedras
- *safety helmet (protective helmet)*

54 la lámpara del casco
- *helmet lamp*

55 las polainas para la nieve
- *snow gaiters*

56 el cinturón de escalada *f*
- *climbing harness*

57 el cinturón de asiento *m*
- *sit harness*

1
2
3
4
5
6
7
8
9
10
11
12
13
14
15
16
17
18
19
20
21
22
23
24
25
26
27
28
29
30
31
32
33
34
35
36
37
38
39
40
41
42
43
44
45
46
47
48
49
50
51
52
53
54
55
56
57

1-72 el esquí
- ***skiing***

1 el esquí compacto
- *compact ski*

2 la fijación de seguridad *f* del esquí
- *safety binding (release binding)*

3 la correa de sujeción *f*
- *strap*

4 el canto de acero *m*
- *steel edge*

5 el bastón de esquí *m*
- *ski stick (ski pole)*

6 el puño del bastón
- *grip*

7 la correa para la mano
- *loop*

8 la arandela
- *basket*

9 el traje de esquí de una sola pieza (el mono) para mujeres *f*
- *ladies' one-piece ski suit*

10 el gorro de esquí *m*
- *skiing cap (ski cap)*

11 las gafas de esquí *m*
- *skiing goggles*

12 la bota de esquí de suela *f* reforzada
- *cemented sole skiing boot*

13 el casco de esquí *m*
- *crash helmet*

14-20 el equipo de esquí *m* de fondo *m*
- *cross-country equipment*

14 el esquí de fondo *m*
- *cross-country ski*

15 la fijación de ratonera *f* para esquí *m* de fondo *m*
- *cross-country rat trap binding*

16 la bota de esquí *m* de fondo *m*
- *cross-country boot*

17 el traje de esquí *m* de fondo *m*
- *cross-country gear*

18 la gorra de visera *f*
- *peaked cap*

19 las gafas de sol *m*
- *sunglasses*

20 los bastones de esquí *m* de fondo *m*, de bambú *m*
- *cross-country poles made of bamboo*

21-24 utensilios *m* de encerar los esquíes
- *ski-waxing equipment*

21 la cera para esquí *m*
- *ski wax*

22 la plancha de encerar (la lámpara de soldar)
- *waxing iron, a blowlamp (blowtorch)*

23 el aplicador de cera *f* de corcho *m*
- *waxing cork*

24 el rascador (el raspador de cera *f*)
- *wax scraper*

25 el bastón de carrera f
- *downhill racing pole*

26 el paso en forma *f* de espina *f* de pescado *m*, para escalar una pendiente
- *herringbone, for climbing a slope*

27 el paso en escalera *f*, para escalar una pendiente
- *sidestep, for climbing a slope*

28 la bolsa de cadera *f*
- *ski bag*

29 el slálom
- *slalom*

30 el poste de la puerta
- *gate pole*

31 el traje de carrera *f*
- *racing suit*

32 la carrera de descenso *m* (el descenso)
- *downhill racing*

33 el "huevo", la posición ideal en el descenso
- *'egg' position, the ideal downhill racing position*

34 el esquí de descenso *m*
- *downhill ski*

35 el salto con esquíes *m*
- *ski jumping*

36 el "pez", la posición en vuelo *m*
- *lean forward*

37 el dorsal (el número de salida *f*)
- *number*

38 el esquí de salto *m*
- *ski jumping ski*

39 las ranuras guías (3 a 5 ranuras)
- *grooves (3 to 5 grooves)*

40 la fijación de cable *m*
- *cable binding*

41 la bota de salto *m*
- *ski jumping boots*

42 la carrera de fondo *m*
- *cross-country*

43 el mono de carrera *f*
- *cross-country stretch-suit*

44 el recorrido
- *course*

45 las banderolas de señalización *f* (la señalización del recorrido)
- *course-marking flag*

46 las diferentes capas de unos esquíes modernos
- *layers of a modern ski*

47 el núcleo especial
- *special core*

48 las láminas
- *laminates*

49 la lámina de amortiguación *f*
- *stabilizing layer (stabilizer)*

50 el canto de acero *m*
- *steel edge*

51 el canto superior de aluminio *m*
- *aluminium (Am. aluminum) upper edge*

52 la superficie de deslizamiento *m* de material *m* sintético
- *synthetic bottom (artificial bottom)*

53 el estribo de suguridad *f*
- *safety jet*

54-56 los elementos de fijación *f*
- *parts of the binding*

54 la pieza automática del talón
- *automatic heel unit*

55 la pieza de sujeción *f* de la punta del pie
- *toe unit*

56 el freno del esquí
- *ski stop*

57-63 los remontes de esquí *m*
- *ski lift*

57 el telesilla biplaza
- *double chair lift*

58 la barra de seguridad *f*, con reposapiés *m*
- *safety bar with footrest*

59 el telesquí
- *ski lift*

60 el rastro
- *track*

61 el gancho de suspensión *f*
- *hook*

62 la garrucha automática para el cable
- *automatic cable pulley*

63 el cable de tracción *f*
- *haulage cable*

64 el slálom
- *slalom*

65 la puerta abierta
- *open gate*

66 la puerta vertical ciega (cerrada)
- *closed vertical gate*

67 la puerta vertical abierta
- *open vertical gate*

68 la doble puerta en diagonal *m*
- *transversal chicane*

69 la horquilla
- *hairpin*

70 la doble puerta vertical desplazada
- *elbow*

71 el corredor
- *corridor*

72 la chicana Allais (el paso en zigzag *m* Allais)
- *Allais chicane*

1-26 el patinaje sobre hielo *m*
– ***ice skating***
1 la patinadora sobre hielo *m* (una patinadora individual)
– *ice skater, a solo skater*
2 la pierna de apoyo *m*
– *tracing leg*
3 la pierna libre
– *free leg*
4 los patinadores por parejas *f*
– *pair skaters*
5 la espiral de la muerte
– *death spiral*
6 el paso del arco
– *pivot*
7 el salto de corzo *m*
– *stag jump (stag leap)*
8 la pirueta sentada con salto *m*
– *jump-sit-spin*
9 la pirueta con el cuerpo derecho (la pirueta de pie *m*)
– *upright spin*
10 el pie asido
– *holding the foot*
11-19 las figuras obligatorias del patinaje sobre hielo *m*
– *compulsory figures*
11 el ocho
– *curve eight*
12 la serpiente
– *change*
13 el tres
– *three*
14 el tres doble
– *double-three*
15 el lazo
– *loop*
16 el lazo de serpiente *m*
– *change-loop*
17 el contratrés
– *bracket*
18 la contravuelta
– *counter*
19 la vuelta
– *rocker*
20-25 patines *m* (patines para el patinaje sobre hielo *m*)
– *ice skates*
20 el patín para patinaje *m* de velocidad *f*
– *speed skating set (speed skate)*
21 el canto
– *edge*
22 la hoja (la cuchilla) cóncava
– *hollow grinding (hollow ridge, concave ridge)*
23 el patín de hockey *m* sobre hielo *m*
– *ice hockey set (ice hockey skate)*
24 la bota para patinaje *m* sobre hielo *m*
– *ice skating boot*
25 la funda protectora
– *skate guard*
26 el patinador de volocidad *f*
– *speed skater*

27-28 el patinaje a vela *f*
– ***skate sailing***
27 el patinador a vela *f*
– *skate sailor*
28 la vela de mano *m*
– *hand sail*
29-37 el hockey sobre hielo *m*
– ***ice hockey***
29 el jugador de hockey *m* sobre hielo *m*
– *ice hockey player*
30 el stick de hockey *m* sobre hielo *m*
– *ice hockey stick*
31 el mango del stick
– *stick handle*
32 la pala del stick
– *stick blade*
33 la espinillera
– *shin pad*
34 el casco protector
– *headgear (protective helmet)*
35 el puck (un disco de ebonita *f*)
– *puck, a vulcanized rubber disc (disk)*
36 el portero (el guardameta)
– *goalkeeper*
37 la portería (la meta)
– *goal*
38-40 el curling alemán (el tiro del palo sobre hielo *m*)
– ***ice-stick shooting*** *(Bavarian curling)*
38 el jugador de curling *m* alemán (el tirador del palo sobre hielo *m*)
– *ice-stick shooter (Bavarian curler)*
39 el palo
– *ice stick*
40 el cubo de madera *f* (la meta)
– *block*
41-43 el curling
– ***curling***
41 el jugador de curling *m*
– *curler*
42 la piedra del curling
– *curling stone (granite)*
43 la escoba del curling
– *curling brush (curling broom, besom)*
44-46 la navegación a vela *f* **sobre hielo** *m*
– ***ice yachting*** *(iceboating, ice sailing)*
44 el velero sobre hielo *m*
– *ice yacht (iceboat)*
45 el patín
– *steering runner*
46 el balancín (la batanga)
– *outrigged runner*

1
2
3
4
5
6
7
8
9
10
11
12
13
14
15
16
17
18
19
20
21
22
22
23
24
25
26
27
28
29
30
31
32
33
34
35
36
37
38
39
40
41
42
43
44
45
46

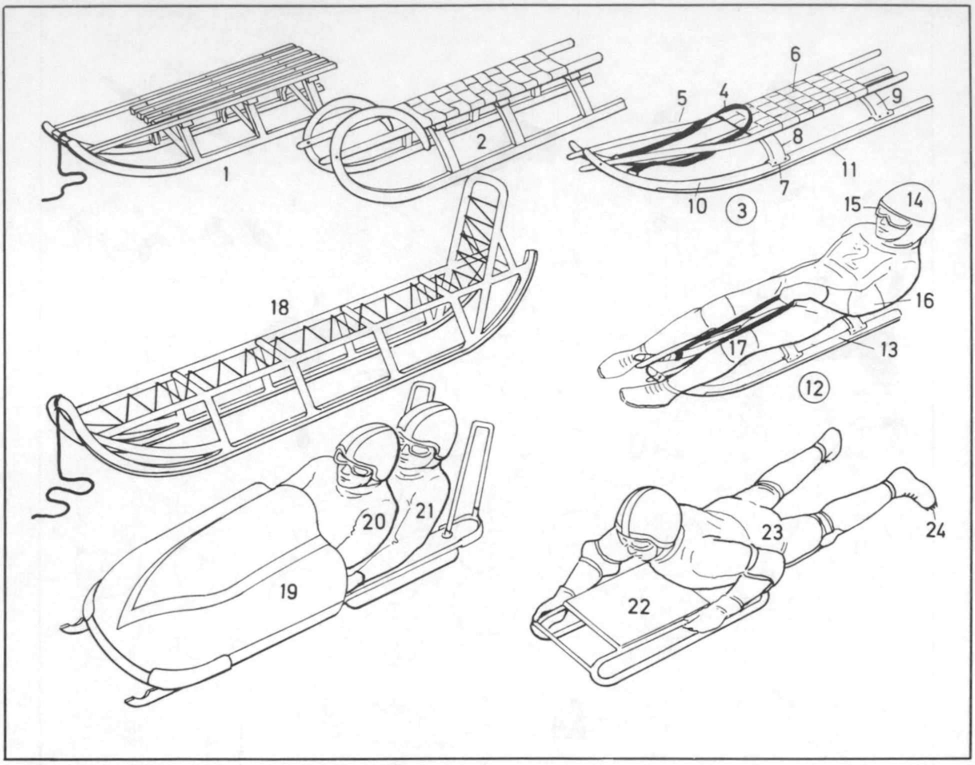

1 el trineo rígido (el luge)
– *toboggan (sledge,* Am. *sled)*
2 el luge con asiento *m* de correas *f* trenzadas
– *toboggan (sledge,* Am. *sled) with seat of plaid straps*
3 el luge modelo *m* júnior
– *junior luge toboggan (junior luge, junior toboggan)*
4 los tirantes de conducción *f*
– *rein*
5 el larguero
– *bar (strut)*
6 el asiento
– *seat*
7 la plancha de ensamblaje *m* del patín
– *bracket*
8 el puntal delantero
– *front prop*
9 el puntal trasero
– *rear prop*
10 el patín móvil
– *movable runner*
11 el carril
– *metal face*
12 el corredor de luge *m*
– *luge tobogganer*
13 el luge de carreras *f* (el luge de competición *f*)
– *luge toboggan (luge, toboggan)*
14 el casco protector
– *crash helmet*
15 las gafas de carreras *f*
– *goggles*
16 el protector del codo
– *elbow pad*
17 la rodillera
– *knee pad*
18 el trineo Nansen, un trineo polar
– *Nansen sledge, a polar sledge*
19-21 el bobsleigh
– *bobsleigh (bobsledding)*
19 el bob (el bobsleigh), un bob de dos
– *bobsleigh (bobsled), a two-man bobsleigh (a boblet)*
20 el capitán (el conductor del bob)
– *steersman*
21 el encargado del freno
– *brakeman*
22-24 el deslizamiento en skeleton *m*
– *skeleton tobogganing (Cresta tobogganing)*
22 el skeleton
– *skeleton (skeleton toboggan)*
23 el conductor de skeleton *m*
– *skeleton rider*
24 las garras de hierro *m* (el crampón), para conducir y frenar
– *rake, for braking and steering*

1 el alud (la avalancha); *clases:* alud de nieve *f* en polvo *m*, alud de de témpanos *m*
– *avalanche (snow avalanche,* Am. *snowslide);* kinds: *wind avalanche, ground avalanche*

2 el rompealudes, un muro de disviación *f; anál.:* la cuña de aludes *m*
– *avalanche wall, a deflecting wall (diverting wall);* sim.: *avalanche wedge*

3 la galería de protección *f* contra aludes *m*
– *avalanche gallery*

4 la nevada
– *snowfall*

5 el ventisquero (la nieve amontonada)
– *snowdrift*

6 la empalizada contra la nieve
– *snow fence*

7 el bosque de protección *f* contra aludes *m*
– *avalanche forest [planted as protection against avalanches]*

8 el camión del servicio municipal de limpieza *f*
– *street-cleaning lorry (street cleaner)*

9 la pala quitanieves
– *snow plough (*Am. *snowplow) attachment*

10 la cadena antideslizante
– *snow chain (skid chain, tyre chain,* Am. *tire chain)*

11 el capó (la cubierta) del radiador
– *radiator bonnet (*Am. *radiator hood)*

12 la ventana del radiador y el enrejado (la pantalla) de la ventana
– *radiator shutter and shutter opening*

13 el muñeco de nieve *f*
– *snowman*

14 la batalla con bolas *f* de nieve *f*
– *snowball fight*

15 la bola de nieve *f*
– *snowball*

16 el trineo
– *ski bob*

17 el resbaladero
– *slide*

18 el joven resbalando sobre el hielo
– *boy, sliding*

19 el hielo resbaladizo
– *icy surface (icy ground)*

20 la capa de nieve *f* sobre el tejado
– *covering of snow, on the roof*

21 el carámbano
– *icicle*

22 el paleador, amontonando nieve *f*
– *man clearing snow*

23 la pala para la nieve
– *snow push (snow shovel)*

24 el montón de nieve *f*
– *heap of snow*

25 el trineo de caballos *m*
– *horse-drawn sleigh (horse sleigh)*

26 los cascabeles (las campanillas) del trineo
– *sleigh bells (bells, set of bells)*

27 el folgo
– *foot muff (*Am. *foot bag)*

28 las orejeras
– *earmuff*

29 el trineo de silla *f* (el trineo impulsado por el pie; *anál.:* el trineo de empuje *m)*
– *handsledge (tread sledge);* sim.: *push sledge*

30 la nieve fangosa (la nieve fundida, el lodo)
– *slush*

1-13 el juego de los bolos (el boliche; *Amér.:* el balero)
– ***skittles***
1-11 la disposición de los bolos (el cuadro de los bolos)
– *skittle frame*
1 el bolo de la esquina anterior (el primero)
– *front pin (front)*
2 el bolo de la calle anterior izquierda, una dama
– *left front second pin (left front second)*
3 la calle anterior izquierda
– *running three [left]*
4 el bolo de la calle anterior derecha, una dama
– *right front second pin (right front second)*
5 la calle anterior derecha
– *running three [right]*
6 el bolo de la esqina izquierda, un peón
– *left corner pin (left corner), a corner (copper)*
7 el rey (el birlón)
– *landlord*
8 el bolo de la esquina derecha, un peón
– *right corner pin (right corner), a corner (copper)*
9 el bolo de la calle posterior izquierda, una dama
– *back left second pin (back left second)*
10 el bolo de la calle posterior derecha, una dama
– *back right second pin (back right second)*
11 el bolo de la esquina posterior (el último)
– *back pin (back)*
12 el bolo
– *pin*
13 el rey (el birlón)
– *landlord*
14-20 la bolera
– ***tenpin bowling***
14 la disposición de los bolos
– *frame*
15 la bola con agujeros *m* para los dedos
– *bowling ball (ball with finger holes)*
16 el agujero para asir la bola
– *finger hole*
17-20 las clases de lanzamientos *m*
– *deliveries*
17 el lanzamiento en línea *f* recta
– *straight ball*
18 el lanzamiento en gancho *m*
– *hook ball (hook)*
19 el lanzamiento en arco *m*
– *curve*
20 el lanzamiento en arco *m* inverso al de arriba
– *back-up ball (back-up)*
21 las bochas (el juego de bochas, la petanca); *anál.:* el juego italiano de boccia, el juego inglés de bowls
– ***boules;*** sim.: *Italian game of boccie, green bowls (bowls)*
22 el jugador de bochas *f*
– *boules player*
23 el boliche (el bolín)
– *jack (target jack)*
24 la bocha (la bola de lanzamiento *m*) estriada
– *grooved boule*
25 el grupo de jugadores *m*
– *group of players*
26 el tiro con fusil *m*
– ***rifle shooting***
27-29 posiciones *f* de tiro *m*
– *shooting positions*
27 la posición de pie *m*
– *standing position*
28 la posición de rodillas *f*
– *kneeling position*
29 la posición tendida
– *prone position*
30-33 blancos *m*
– *targets*
30 el blanco para el tiro con fusil *m* a 50 m de distancia *f*
– *target for 50 m events (50 m target)*
31 el círculo
– *circle*
32 el blanco para el tiro con fusil *m* a 100 m de distancia *f*
– *target for 100 m events (100 m target)*
33 el blanco móvil (el jabalí corriendo)
– *running-boar target*
34-39 las municiones deportivas
– *ammunition*
34 el balín (el diábolo) para escopeta *f* de aire *m* comprimido
– *air rifle cartridge*
35 el cartucho con fulminante *m* en la base para carabina *f* de pequeño calibre *m*
– *rimfire cartridge for zimmerstutzen (indoor target rifle), a smallbore German single-shot rifle*
36 la cápsula
– *case head*
37 la bala en el extremo
– *caseless round*
38 el cartucho calibre *m* 22 de rifle *m* largo
– *.22 long rifle cartridge*
39 el cartucho calibre *m* 222 del Remington
– *.222 Remington cartridge*
40-49 fusiles *m* deportivos
– *sporting rifles*
40 el fusil de aire *m* comprimido
– *air rifle*
41 la dioptra (la pínula)
– *optical sight*
42 la mira
– *front sight (foresight)*
43 el fusil estándar de pequeño calibre *m*
– *smallbore standard rifle*
44 el arma *f* de pequeño calibre *m* para tiro *m* libre internacional
– *international smallbore free rifle*
45 la pieza de apoyo *m* en la mano para la posición de pie *m*
– *palm rest for standing position*
46 la cantonera con gancho *m*
– *butt plate with hook*
47 la culata con orificio *m* para el pulgar
– *butt with thumb hole*
48 el fusil de pequeño calibre *m* para el blanco móvil (para el jabalí corriendo)
– *smallbore rifle for bobbing target (turning target)*
49 la mira telescópica
– *telescopic sight (riflescope, telescope sight)*
50 la dioptra de puntería *f* con mira *f* redonda
– *optical ring sight*
51 la dioptra de puntería *f* con mira *f* de lámina *f*
– *optical ring and bead sight*
52-66 el tiro con arco *m*
– ***archery*** *(target archery)*
52 el tiro
– *shot*
53 el arquero
– *archer*
54 el arco de competición *f*
– *competition bow*
55 el brazo elástico
– *riser*
56 el alza
– *point-of-aim mark*
57 la empuñadura
– *grip (handle)*
58 el estabilizador
– *stabilizer*
59 la cuerda del arco
– *bow string (string)*
60 la flecha
– *arrow*
61 la punta de la flecha
– *pile (point) of the arrow*
62 las plumas de dirección *f* (las plumas de pavo *m*)
– *fletching*
63 la muesca
– *nock*
64 el astil de la flecha
– *shaft*
65 las marcas del tirador
– *cresting*
66 el blanco
– *target*
67 el juego de pelota *f* vasca (*vasco:* jai alai)
– *Basque game of* ***pelota*** *(jai alai)*
68 el pelotari
– *pelota player*
69 la cesta (la chistera)
– *wicker basket (cesta)*
70-78 el skeet, una clase de tiro *m* al plato
– ***skeet*** *(skeet shooting), a kind of clay pigeon shooting*
70 la escopeta de dos cañones *m* de skeet *m* (de tiro *m* al plato)
– *skeet over-and-under shotgun*
71 la boca del cañón con calibre *m* especial para tiro *m* al plato
– *muzzle with skeet choke*
72 la posición de "listo" reclamando plato *m*
– *ready position on call*
73 la posición de disparo *m* (de fuego *m*)
– *firing position*
74 el campo de tiro *m* al plato (el campo de skeet *m*)
– *shooting range*
75 la cabina alta
– *high house*
76 la cabina baja
– *low house*
77 la trayectoria del plato
– *target's path*
78 el puesto de tiro *m*
– *shooting station (shooting box)*
79 la rueda gigante
– ***aero wheel***
80 el asidero
– *handle*
81 el reposapiés
– *footrest*
82 el karting (la carrera de karts *m*)
– ***go-karting*** *(karting)*
83 el kart
– *go-kart (kart)*
84 el número de salida *f*
– *number plate (number)*
85 los pedales
– *pedals*
86 el neumático sin perfil *m*
– *pneumatic tyre* (Am. *tire)*
87 el tanque (el depósito) de gasolina *f*
– *petrol tank* (Am. *gasoline tank)*
88 el chasis
– *frame*
89 el volante
– *steering wheel*
90 el asiento en forma *f* de concha *f*
– *bucket seat*
91 el tabique protector contra el fuego
– *protective bulkhead*
92 el motor de dos tiempos *m*
– *two-stroke engine*
93 el silenciador
– *silencer* (Am. *muffler)*

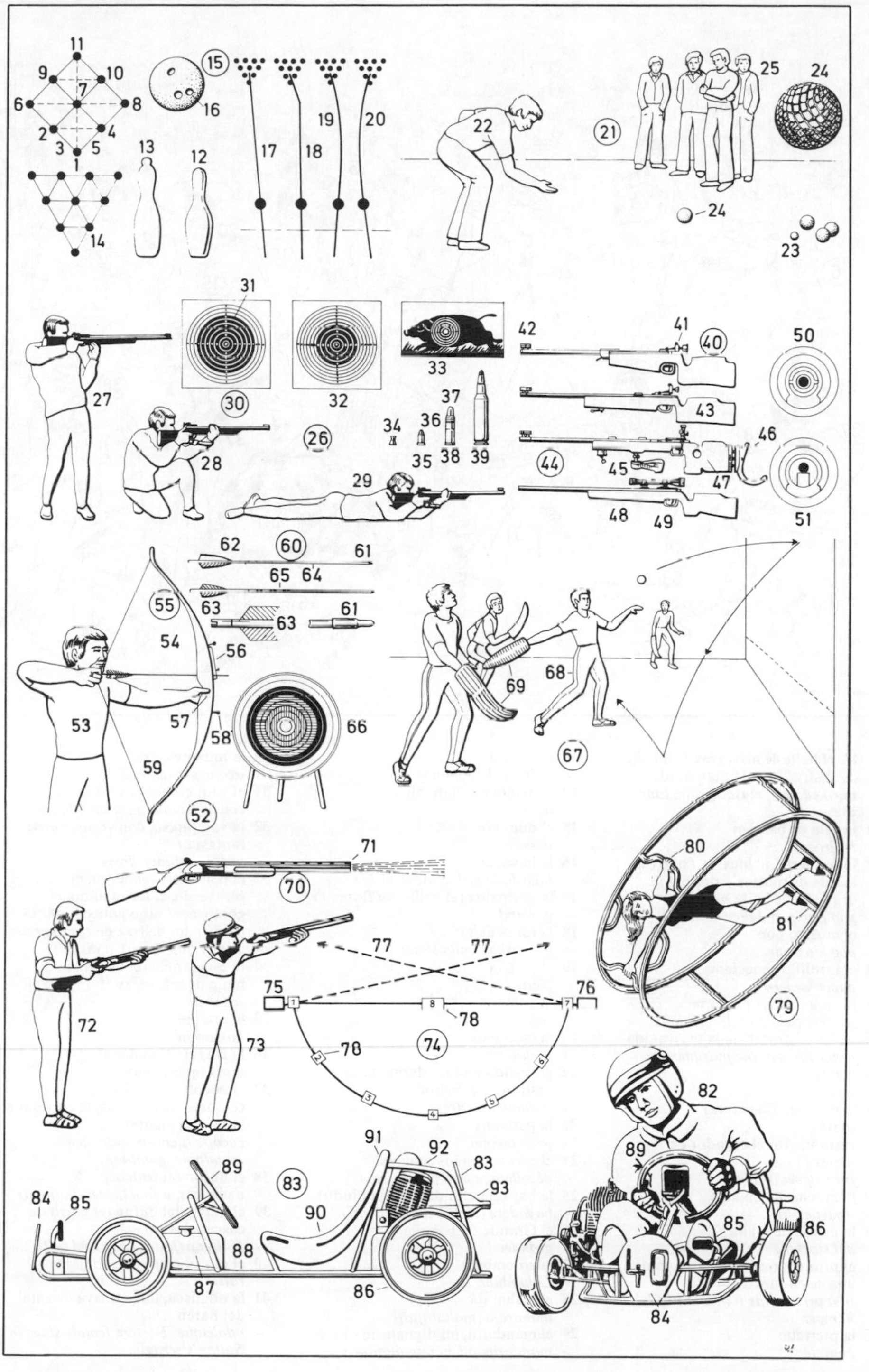
11
9
10
7
6
8
2
4
3
5
1
13
12
14
15
16
17
18
19
20
22
21
25
24
24
23
31
30
32
33
42
41
40
50
27
28
37
36
26
34
35
38
39
43
44
45
46
47
29
48
49
51
62
60
61
65
64
55
63
61
63
54
56
53
57
58
66
59
52
69
68
67
71
70
80
81
79
77
77
72
73
75
76
78
78
74
82
91
92
83
89
83
93
84
85
90
88
87
86
89
85
86
84

1-48 el baile de máscaras *f* (el baile de disfraces *m*, la mascarada)
– ***masked ball*** *(masquerade, fancy-dress ball)*
1 la sala de baile *m*
– *ballroom*
2 la orquesta de música *f* pop (la banda de música *f* pop), una orquesta de baile *m*
– *pop group, a dance band*
3 el músico pop
– *pop musician*
4 el farolillo veneciano
– *paper lantern*
5 la cadeneta de papel *m*
– *festoon (string of decorations)*
6-48 los disfraces de la mascarada
– *fancy dress at the masquerade*
6 la bruja
– *witch*
7 la máscara (la careta)
– *mask*
8 el trampero (el cazador de pieles *f*)
– *fur trapper (trapper)*
9 la muchacha apache
– *Apache girl*
10 la media de malla *f*
– *net stocking*
11 el primer premio de la tómbola, una cesta surtida
– *first prize in the tombola (raffle), a hamper*
12 la pierrette
– *pierette*
13 el antifaz
– *half mask (domino)*
14 el demonio (el diablo)
– *devil*
15 el dominó
– *domino*
16 la hawaiana
– *hula-hula girl (Hawaii girl)*
17 la guirnalda (el collar de flores *f*)
– *garland*
18 la falda de rafia *f*
– *grass skirt (hula skirt)*
19 el pierrot
– *pierrot*
20 la gola
– *ruff*
21 la midinette
– *midinette*
22 el vestido a lo Biedermeier (el vestido Luis Felipe)
– *Biedermeier dress*
23 la papalina
– *poke bonnet*
24 el escote con los lunares
– *décolletage with beauty spot*
25 la bayadera (la danzarina hindú)
– *bayadère (Hindu dancing girl)*
26 el Grande de España
– *grandee*
27 la colombina
– *Columbine*
28 el maharajá
– *maharaja (maharajah)*
29 el mandarín, un dignatario chino
– *mandarin, a Chinese dignitary*
30 la mujer exótica
– *exotic girl (exotic)*
31 el vaquero (el cowboy)
– *cowboy;* sim.: *gaucho (vaquero)*
32 la vampiresa, con vestido *m* de fantasía *f*
– *vamp, in fancy dress*
33 el petimetre (el dandi, el pisaverde, el lechuguino, el gomoso, el niño gótico; *Mé.:* el catrín), un disfraz de carácter *m*
– *dandy (fop, beau), a disguise*
34 la escarapela (el distintivo del baile de máscaras *f*)
– *rosette*
35 el arlequín
– *harlequin*
36 la zíngara (la gitana)
– *gipsy (gypsy) girl*
37 la cocote (la mujer de costumbres *f* ligeras, la cortesana, la dama galante)
– *cocotte (demi-monde, demi-mondaine, demi-rep)*
38 el bufón (el truhán)
– *owl-glass, a fool (jester, buffoon)*
39 el gorro del bufón (el gorro de cascabeles *m*)
– *foolscap (jester's cap and bells)*
40 el cascabelero (el sonajero)
– *rattle*
41 la odalisca, una esclava oriental del harén
– *odalisque, Eastern female slave in Sultan's seraglio*

42 el pantalón bombacho
– *chalwar (pantaloons)*
43 el pirata (el corsario)
– *pirate (buccaneer)*
44 el tatuaje
– *tattoo*
45 el gorro de papel *m*
– *paper hat*
46 la nariz de cartón *m*
– *false nose*
47 la matraca (la carraca)
– *clapper (rattle)*
48 la palmeta de bufón *m*
– *slapstick*
49-54 artificios *m* pirotécnicos
– ***fireworks***
49 el fulminante (el pistón)
– *percussion cap*
50 el bombón explosivo
– *cracker*
51 la bombita fulminante
– *banger*
52 el buscapiés (*C. Rica:* el cachiflín)
– *jumping jack*
53 el petardo
– *cannon cracker (maroon, marroon)*
54 el cohete (el volador; *Ec.:* el volatero)
– *rocket*
55 la bola de confeti *m*
– *paper ball*
56 la caja de sorpresa *f*
– *jack-in-the-box, a joke*

57-70 el desfile (la cabalgata) de carnaval *m*
– ***carnival procession***
57 la carroza de carnaval *m*
– *carnival float (carnival truck)*
58 el príncipe Carnaval
– *King Carnival*
59 el cascabelero (la insignia del bufón; de la locura, el cetro de bufón *m*)
– *bauble (fool's sceptre,* Am. *scepter)*
60 la orden de bufón *m* (la orden de carnaval *m*)
– *fool's badge*
61 la princesa Carnaval
– *Queen Carnival*
62 el confeti (*Guat.:* los retacitos *pl.*)
– *confetti*
63 el gigantón, una figura burlesca
– *giant figure, a satirical figure*
64 la reina de la belleza
– *beauty queen*
65 la figura de cuento *m* de hadas *f*
– *fairy-tale figure*
66 la serpentina
– *paper streamer*
67 la cantinera de la guardia del príncipe
– *majorette*
68 la guardia del príncipe
– *king's guard*
69 el polichinela, un payaso
– *buffoon, a clown*
70 el tambor de lansquenete *m*
– *lansquenet's drum*

1-63 el circo ambulante
- *travelling (*Am. *traveling) circus*

1 la carpa del circo (la tienda del circo), una carpa de cuatro mástiles
- *circus tent (big top), a four-pole tent*

2 el mástil de la carpa
- *tent pole*

3 el reflector
- *spotlight*

4 el técnico de iluminación *f*
- *lighting technician*

5 la plataforma para el artista
- *trapeze platform*

6 el trapecio
- *trapeze*

7 el trapecista
- *trapeze artist*

8 la escalera de cuerda *f*
- *rope ladder*

9 la tribuna de la banda de música *f*
- *bandstand*

10 la banda del circo
- *circus band*

11 la entrada a la pista
- *ring entrance (arena entrance)*

12 el túnel de espera *f* de los artistas
- *wings*

13 el puntal de la tienda
- *tent prop (prop)*

14 la red de protección *f* (la red de seguridad *f*)
- *safety net*

15 la gradería de los espectadores
- *seats for the spectators*

16 el palco del circo
- *circus box*

17 el director del circo
- *circus manager*

18 el representante (el agente) de los artistas
- *artiste agent (agent)*

19 la entrada y salida *f*
- *entrance and exit*

20 el pasillo de acceso *m* a la gradería
- *steps*

21 la pista
- *ring (arena)*

22 la barrera
- *ring fence*

23 el payaso músico (*Pan.:* el parrampán; *Chile:* el catimbao)
- *musical clown (clown)*

24 el payaso (el payaso "cara *f* blanca"; el clown; *Chile:* el catimbao)
- *clown*

25 el "número cómico", un número de circo *m*
- *comic turn (clown act), a circus act*

26 los caballistas (los artistas ecuestres)
- *circus riders (bareback riders)*

27 el mozo de pista *f*, un mozo de circo *m*
- *ring attendant, a circus attendant*

28 la torre humana (el castillo)
- *pyramid*

29 el hombre base
- *support*

30-31 la doma libre
- *performance by liberty horses*

30 el caballo de circo *m*, en una levade (encabritado)
- *circus horse, performing the levade (pesade)*

31 el domador, un caballista (*Amér.:* el chalán, el amansador)
- *ringmaster, a trainer*

32 el volteador a caballo *m*
- *vaulter*

33 la salida de emergencia *f*
- *emergency exit*

34 la caravana (el remolque, la rulotte)
– *caravan (circus caravan,* Am. *trailer)*
35 el acróbata de trampolín *m* (*Amér.:* el maromero)
– *springboard acrobat (springboard artist)*
36 el trampolín
– *springboard*
37 el lanzador de cuchillos *m*
– *knife thrower*
38 el tirador de pistola *f*
– *circus marksman*
39 la ayudante
assistant
40 la volatinera (la funámbula; *Cuba:* la caballitera)
– *tightrope dancer*
41 el alambre
– *tightrope*
42 el balancín (*Amér.:* la balanza)
– *balancing pole*
43 el número de lanzamiento *m*
– *throwing act*
44 el número de equilibrio *m*
– *balancing act*
45 el hombre base
– *support*
46 la pértiga (la vara de bambú *m*)
– *pole (bamboo pole)*
47 el acróbata
– *acrobat*
48 el equilibrista
– *equilibrist (balancer)*
49 la jaula de fieras *f*, una jaula circular
– *wild animal cage, a round cage*
50 el enrejado de la jaula
– *bars of the cage*
51 el túnel de la jaula de fieras *f* (el pasillo enrejado para las fieras)
– *passage (barred passage, passage for the wild animals)*
52 el domador (el domador de fieras *f*)
– *tamer (wild animal tamer)*
53 el látigo (el fuete; *Amer.:* el enero, el chicote, el chirrión, el rejo; *Amér. Central y Ec.:* el acial, la coyunda)
– *whip*
54 la horquilla protectora
– *fork*
55 el pedestal
– *pedestal*
56 la fiera (el tigre, el león)
– *wild animal,* e.g. *lion, tiger*
57 el taburete para los animales
– *stand*
58 el aro para saltar
– *hoop (jumping hoop)*
59 el subibaja
– *seesaw*
60 la pelota
– *ball*
61 el campamento de tiendas *f*
– *camp*
62 el remolque (la caravana) jaula *f*
– *cage caravan*
63 la exhibición de animales *m*
– *menagerie*

1-69 la feria (la feria anual, la fiesta mayor, la fiesta del pueblo)
– *fair (annual fair)*
1 el real de la feria
– *fairground*
2 el tiovivo (los caballitos, el carrusel; *P. Rico:* la machina)
– *children's merry-go-round, (whirligig), a roundabout (*Am. *carousel)*
3 el puesto de refrescos *m* y bebidas *f* (*Chile:* la venta)
– *refreshment stall (drinks stall)*
4 las voladoras
– *chairoplane*
5 el tren del infierno, un tren fantasma
– *up-and-down roundabout, a ghost train*
6 la barraca de feria *f*
– *show booth (booth)*
7 la caja (el despacho de billetes *m*)
– *box (box office)*
8 el pregonero
– *barker*
9 la medium
– *medium*
10 el feriante
– *showman*
11 la máquina de medir la fuerza (el dinamómetro)
– *try-your-strength machine*
12 el vendedor ambulante
– *hawker*
13 el globo (*Bol.:* el tucucho)
– *balloon*
14 el matasuegras
– *paper serpent*
15 el molinete (la voladera)
– *windmill*
16 el carterista (el ladrón, el ratero; *Chile:* el arpista)
– *pickpocket, a thief*
17 el vendedor
– *vendor*
18 la miel turca
– *Turkish delight*
19 el barracón de los fenómenos
– *freak show*
20 el gigante
– *giant*
21 la mujer gorda
– *fat lady*
22 los enanos (los liliputienses)
– *dwarfs (midgets)*
23 la cervecería de feria *f*
– *beer marquee*
24 el barracón de las atracciones
– *sideshow*
25-28 los artistas ambulantes
– *travelling (*Am. *traveling) artistes (travelling show people)*
25 el tragafuegos (el pirófago)
– *fire eater*
26 el tragasables
– *sword swallower*
27 el forzudo (el hércules)
– *strong man*
28 el especialista en desatarse
– *escapologist*
29 los espectadores
– *spectators*
30 el vendedor de helados *m*
– *ice-cream vendor (ice-cream man)*
31 el cucurucho de helado *m*
– *ice-cream cornet, with ice cream*
32 el puesto de salchichas *f* asadas
– *sausage stand*
33 la parrilla
– *grill (*Am. *broiler)*
34 la salchicha asada
– *bratwurst (grilled sausage,* Am. *broiled sausage)*
35 las tenacillas para coger las salchichas
– *sausage tongs*
36 la echadora de cartas *f*, una adivina
– *fortune teller*
37 la noria gigante
– *big wheel (Ferris wheel)*
38 el orquestión (el órgano automático), un instrumento de música *f*
– *orchestrion (automatic organ), an automatic musical instrument*

39 la montaña rusa
– *scenic railway (switchback)*
40 el tobogán
– *toboggan slide (chute)*
41 el columpio de barcos *m*
– *swing boats*
42 el columpio volteador
– *swing boat, turning full circle*
43 el volteo (la voltereta)
– *full circle*
44 la tómbola (*Amér. Central:* el turno)
– *lottery booth (tombola booth)*
45 la rueda de la fortuna
– *wheel of fortune*
46 la rueda del diablo (la rueda del tifón)
– *devil's wheel (typhoon wheel)*
47 la anilla para lanzar
– *throwing ring (quoit)*
48 los premios
– *prizes*
49 el hombre anuncio (el hombre "sandwich") con zancos *m*
– *sandwich man on stilts*
50 el cartel de anuncio *m*
– *sandwich board (placard)*
51 el vendedor de cigarrillos *m*, un vendedor ambulante
– *cigarette seller, an itinerant trader (a hawker)*
52 la batea
– *tray*
53 el puesto de frutas *f*
– *fruit stall*
54 el motorista del muro de la muerte
– *wall-of-death rider*
55 el barracón de la risa (el barracón de espejos *m*)
– *hall of mirrors*
56 el espejo cóncavo
– *concave mirror*
57 el espejo convexo
– *convex mirror*
58 la barraca de tiro *m* al blanco
– *shooting gallery*
59 el hipódromo
– *hippodrome*
60 el rastro (el mercado de viejo)
– *junk stalls (second-hand stalls)*
61 el puesto de socorro *m*
– *first aid tent (first aid post)*
62 la pista de los coches de choque *m*
– *dodgems (bumper cars)*
63 el coche de choque *m*
– *dodgem car (bumper car)*
64-66 la cacharrería
– *pottery stand*
64 el pregonero
– *barker*
65 la vendedora
– *market woman*
66 los cacharros de loza *f*
– *pottery*
67 los visitantes de la feria
– *visitors to the fair*
68 la barraca de figuras *f* de cera *f*
– *waxworks*
69 la figura de cera *f*
– *wax figure*

1 la máquina de coser de pedal *m*
– *treadle sewing machine*
2 el florero
– *flower vase*
3 el espejo de pared *f*
– *wall mirror*
4 la estufa
– *cylindrical stove*
5 el tubo de la estufa
– *stovepipe*
6 el codo del tubo de la estufa
– *stovepipe elbow*
7 la puerta de la estufa
– *stove door*
8 la pantalla de la estufa
– *stove screen*
9 el cubo del carbón
– *coal scuttle*
10 la cesta para las astillas
– *firewood basket*
11 la muñeca
– *doll*
12 el oso de peluche *m*
– *teddy bear*
13 el organillo (*Mé.:* el cilindro)
– *barrel organ*
14 el orquestrión (un instrumento de música *f* automático)
– *orchestrion*
15 el disco metálico perforado (el disco de las notas)
– *metal disc (disk)*
16 el receptor de radio *f* (el aparato de radio *f*, la radio, el receptor)
– *radio (radio set, joc.: 'steam radio'), a superheterodyne (superhet)*
17 la pantalla acústica (el baffle)
– *baffle board*
18 el ojo mágico, un tubo indicador de la sintonización
– *'magic eye', a tuning indicator valve*
19 la abertura del altavoz
– *loudspeaker aperture*
20 los pulsadores para la selección de las emisoras
– *station selector buttons (station preset buttons)*
21 el botón de sintonización *f*
– *tuning knob*
22 las escalas de campos *m* de frecuencia *f*
– *frequency bands*
23 el detector (el receptor de galena *f*)
– *crystal detector (crystal set)*
24 los auriculares de casco *m*
– *headphones (headset)*
25 la cámara plegable (la cámara de fuelle *m*)
– *folding camera*
26 el fuelle
– *bellows*
27 la chapa base de la corredera
– *hinged cover*
28 los extensores
– *spring extension*
29 el vendedor
– *salesman*
30 la cámara de cajón *m*
– *box camera*
31 el gramófono (un fonógrafo)
– *gramophone*
32 el disco de gramófono *m*
– *record (gramophone record)*
33 el pick-up (el brazo de toma *f* de sonido *m*, el portaagujas) con la aguja del gramófono
– *needle head with gramophone needle*
34 el altavoz
– *horn*
35 la caja del gramófono
– *gramophone box*
36 el portadiscos
– *record rack*
37 el magnetófono
– *tape recorder, a portable tape recorder*
38 el flash
– *flashgun*
39 la bombilla de flash *m*
– *flash bulb*
40-41 el flash electrónico
– *electronic flash (electronic flashgun)*
40 la antorcha
– *flash head*
41 el acumulador
– *accumulator*
42 el proyector de diapositivas *f*
– *slide projector*
43 el portadiapositivas
– *slide holder*
44 la caja de la lámpara
– *lamphouse*
45 el candelero
– *candlestick*
46 la concha de Santiago (la concha de peregrino *m*)
– *scallop shell*
47 los cubiertos
– *cutlery*
48 el plato de recuerdo *m*
– *souvenir plate*
49 el caballete para el secado de las placas fotográficas
– *drying rack for photographic plates*
50 la placa fotográfica
– *photographic plate*

51 el disparador automático
– *delayed-action release*
52 los soldaditos de plomo *m* (*anál.:* los soldaditos de estaño *m*)
– *tin soldiers;* sim.: *lead soldiers*
53 el jarro de cerveza *f*
– *beer mug (stein)*
54 la trompeta
– *bugle*
55 los libros antiguos
– *second-hand books*
56 el reloj de pesas *f*
– *grandfather clock*
57 el mueble del reloj
– *clock case*
58 la péndola (el péndulo del reloj)
– *pendulum*
59 la pesa de la marcha
– *time weight*
60 la pesa de los toques
– *striking weight*
61 la mecedora
– *rocking chair*
62 el traje de marinero *m*
– *sailor suit*
63 la gorra de marinero *m*
– *sailor's hat*
64 el palanganero
– *washing set*
65 la palangana
– *washing basin*
66 el jarro de agua *f*
– *water jug*
67 el soporte de la palangana
– *washstand*
68 el removedor de la ropa
– *dolly*
69 la tina de lavar
– *washtub*
70 la tabla de lavar
– *washboard*
71 el trompo de música *f* (*Col.:* el zambiloco; *Venez.:* la zaranda)
– *humming top*
72 la pizarra (*Antillas y Río de la Plata:* el pizarrón)
– *slate*
73 el plumier (el plumero, la cajita de plumas *f* o lápices *m; Arg. y Chile:* la lapicera)
– *pencil box*
74 la máquina sumadora-calculadora, una máquina para sumar, restar y multiplicar
– *adding and subtracting machine*
75 el rollo de papel *m*
– *paper roll*
76 las teclas de números *m*
– *number keys*
77 el ábaco
– *abacus*
78 el tintero, un tintero con tapadera *f*
– *inkwell, with lid*
79 la máquina de escribir
– *typewriter*
80 la máquina calculadora
– *[hand-operated] calculating machine (calculator)*
81 la manivela de accionamiento *m*
– *operating handle*
82 el registro de resultado *m*
– *result register (product register)*
83 el mecanismo contador rotativo
– *rotary counting mechanism (rotary counter)*
84 la balanza de cocina *f* (el peso de cocina *f*)
– *kitchen scales*
85 las enaguas (*Col.:* las hormadoras)
– *waist slip (underskirt)*
86 el carro de adrales *m*
– *wooden handcart*
87 el reloj de pared *f*
– *wall clock*
88 la botella metálica de agua *f* caliente
– *bed warmer*
89 la lechera (la vasija para leche *f*)
– *milk churn*

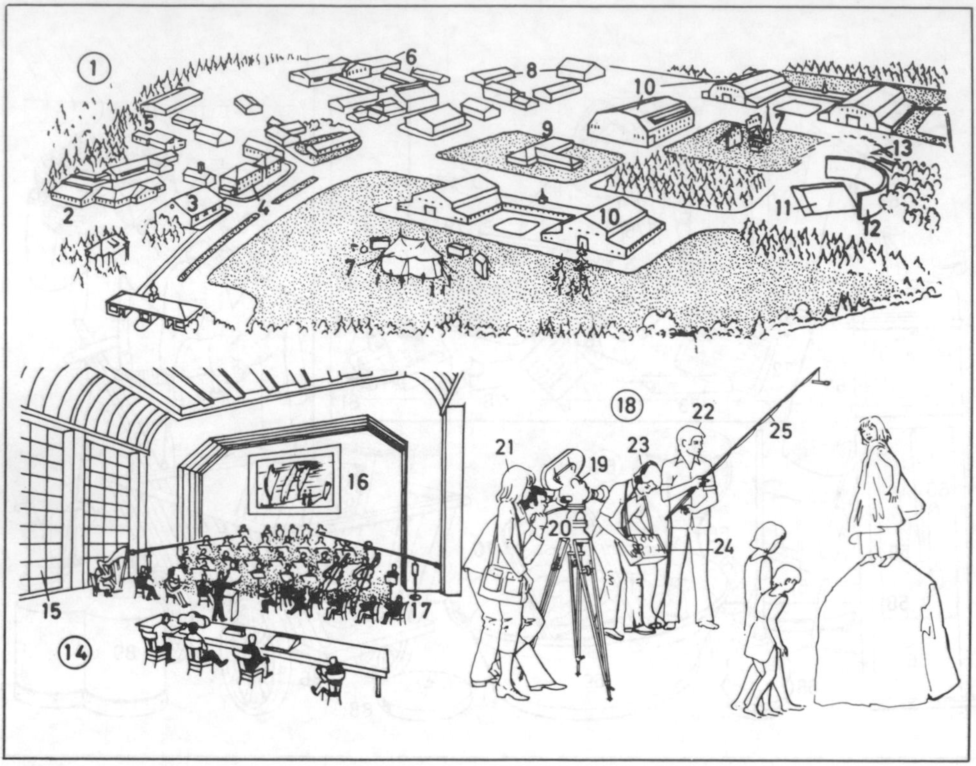

1-13 los estudios cinematográficos
– ***film studios*** *(studio complex,* Am. *movie studios)*
1 el escenario exterior (el terreno para el rodaje de exteriores *m*)
– *lot (studio lot)*
2 los laboratorios de copia *f*
– *processing laboratories (film laboratories, motion picture laboratories)*
3 las salas de montaje *m* (de corte *m*)
– *cutting rooms*
4 el edificio de la administración
– *administration building (office building, offices)*
5 el depósito de películas *f* (el archivo de películas, la cinemateca)
– *film (motion picture) storage vault (film library, motion picture library)*
6 los talleres
– *workshop*
7 el decorado (el escenario de exteriores *m*)
– *film set* (Am. *movie set)*
8 la estación eléctrica
– *power house*
9 los laboratorios técnicos y de investigación *f*
– *technical and research laboratories*
10 el grupo de estudios *m*
– *groups of stages*
11 el estanque de hormigón *m* para escenas *f* acuáticas
– *concrete tank for marine sequences*
12 el ciclorama
– *cyclorama*
13 la colina del ciclorama
– *hill*
14-60 filmaciones *f*
– ***shooting*** *(filming)*
14 el estudio de música (el auditorio)
– *music recording studio (music recording theatre,* Am. *theater)*
15 el revestimiento "acústico" de la pared
– *'acoustic' wall lining*
16 la pantalla
– *screen (projection screen)*
17 la orquesta cinematográfica
– *film orchestra*
18 el rodaje en exteriores *m*
– *exterior shooting (outdoor shooting, exterior filming, outdoor filming)*
19 la cámara sincrónica controlada por cristal *m* de cuarzo *m*
– *camera with crystal-controlled drive*
20 el operador (el cameraman)
– *cameraman*
21 la ayudante de dirección *f*
– *assistant director*
22 el ayudante del micrófono
– *boom operator (boom swinger)*
23 el jefe (el operador) de sonido *m*
– *recording engineer (sound recordist)*
24 el magnetófono portátil controlado por cristal *m* de cuarzo *m*
– *portable sound recorder with crystal-controlled drive*
25 la jirafa del micrófono
– *microphone boom*
26-60 la filmación de interiores *m* en el plató (en el escenario sonoro)
– *shooting (filming) in the studio (on the sound stage)*
26 el jefe de producción *f*
– *production manager*
27 la estrella principal (la actriz de cine *m*)
– *leading lady;* also: *film actress, film star, star*
28 el actor principal
– *leading man;* also: *film actor, film star, star*
29 el extra (el comparsa, el actor secundario)
– *film extra (extra)*
30 el dispositivo de micrófonos *m* para la grabación estereofónica y los efectos sonoros
– *arrangement of microphones for stereo and sound effects*
31 el micrófono de estudio *m*
– *studio microphone*
32 el cable del micrófono
– *microphone cable*
33 el bastidor y el telón de fondo *m*
– *side flats and background*
34 el claquista
– *clapper boy*
35 la claqueta sincrónica, con tabilla *f* con el título de la película, el número de la escena y el número de la toma
– *clapper board (clapper) with slates (boards) for the film title, shot number (scene number), and take number*

36 el maquillador (el peluquero cinematógrafo)
– *make-up artist and hairstylist*
37 el electricista
– *lighting electrician (studio electrician, lighting man,* Am. *gaffer)*
38 el reflector con filtro *m* de color *m*
– *diffusing screen*
39 la script-girl (la secretaria del estudio)
– *continuity girl (script girl)*
40 el director cinematográfico
– *film director (director)*
41 el operador (el cameraman)
– *cameraman (first cameraman)*
42 el ayudante del operador
– *camera operator, an assistant cameraman (camera assistant)*
43 el arquitecto cinematográfico
– *set designer (art director)*
44 el director de fotografía *f* y de sonido *m* (el director general)
– *director of photography*
45 el guión cinematográfico
– *filmscript (script, shooting script,* Am. *movie script)*
46 el ayudante de dirección *f*
– *assistant director*
47 la cámara cinematográfica insonorizada (la cámara de televisión), una cámara de imagen *f* ancha (una cámara *f* Cinemascope)
– *soundproof film camera (soundproof motion picture camera), a wide screen camera (cinemascope camera)*
48 la cubierta de la cámara a prueba *f* de sonidos *m*
– *soundproof housing (soundproof cover, blimp)*
49 la grúa de la cámara
– *camera crane (dolly)*
50 el trípode ajustable
– *hydraulic stand*
51 la pantalla negra (la pantalla absorbente), para eliminar los reflejos
– *mask (screen) for protection from spill light (gobo, nigger)*
52 el foco supletorio sobre trípode *m*
– *tripod spotlight (fill-in light, filler light, fill light, filler)*
53 la pasarela de focos *m*
– *spotlight catwalk*
54 la cabina de toma *f* de sonido *m*
– *recording room*
55 el ingeniero de sonido *m*
– *recording engineer (sound recordist)*
56 el pupitre de mezcla *f*
– *mixing console (mixing desk)*
57 el ayudante del ingeniero de sonido *m*
– *sound assistant (assistant sound engineer)*
58 el equipo de registro *m* magnético del sonido
– *magnetic sound recording equipment (magnetic sound recorder)*
59 el equipo de amplificación *f* y trucaje *m*, para la reverberación y los efectos sonoros
– *amplifier and special effects equipment, e.g. for echo and sound effects*
60 la cámara sonora (la cámara de fotosonido *m*)
– *sound recording camera (optical sound recorder)*

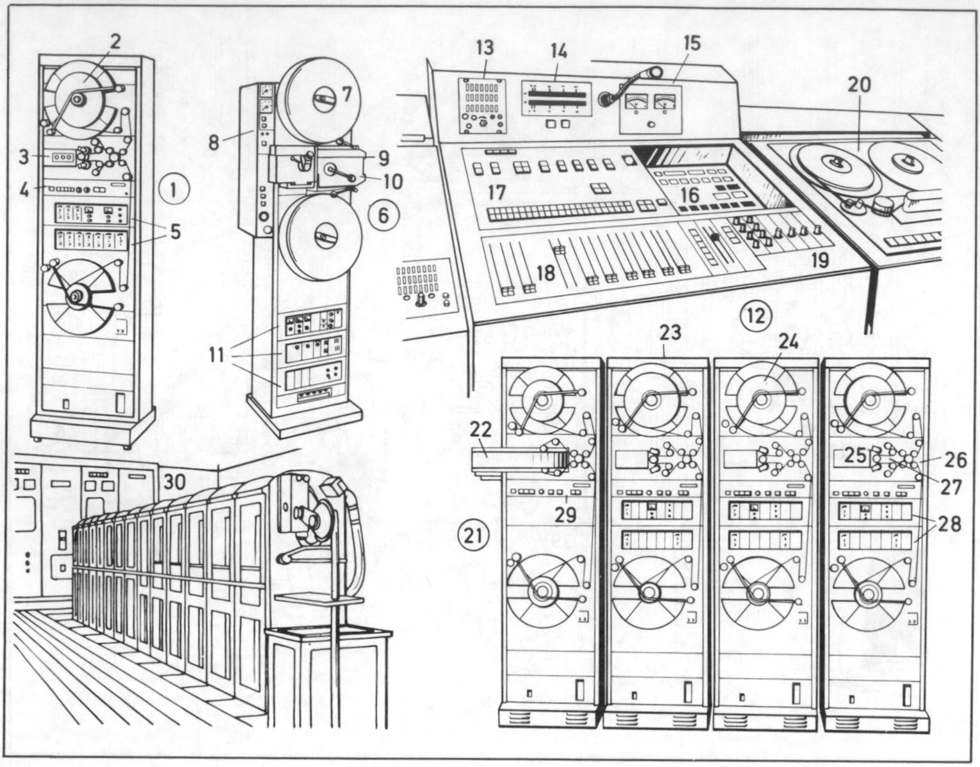

1-46 grabación *f* y copia *f* del sonido
- ***sound recording and re-recording** (dubbing)*

1 el equipo de grabación *f* magnética del sonido
- *magnetic sound recording equipment (magnetic sound recorder)*

2 la bobina de la película magnética
- *magnetic film spool*

3 el portacabezas magnético
- *magnetic head support assembly*

4 el tablero de mando *m*
- *control panel*

5 el amplificador de registro *m* y de lectura *f* del sonido magnético
- *magnetic sound recording and playback amplifier*

6 la cámara de fotosonido *m* (la cámara de sonido, la cámara cinematográfica de fotosonido *m*)
- *optical sound recorder (sound recording camera, optical sound recording equipment)*

7 la cassette de película *f* de luz *f* diurna
- *daylight film magazine*

8 el panel de mando *m* y de control *m*
- *control and monitoring panel*

9 el ocular para el control *m* óptico del registro de fotosonido *m*
- *eyepiece for visual control of optical sound recording*

10 el desenrollador
- *deck*

11 el amplificador de registro *m* y la alimentación de la red
- *recording amplifier and mains power unit*

12 el pupitre de mando *m*
- *control desk (control console)*

13 el altavoz de control *m*
- *monitoring loudspeaker (control loudspeaker)*

14 los indicadores del nivel de registro *m*
- *recording level indicators*

15 los dispositivos de control *m*
- *monitoring instruments*

16 el panel de conjuntores *m*
- *jack panel*

17 el panel de mando *m*
- *control panel*

18 el regulador de corredera *f*
- *sliding control*

19 el corrector
- *equalizer*

20 el plato de sonido *m* magnético
- *magnetic sound deck*

21 el equipo de mezcla *f* para películas *f* magnéticas
- *mixer for magnetic film*

22 el proyector de película *f*
- *film projector*

23 el equipo de registro *m* y de lectura *f*
- *recording and playback equipment*

24 la bobina de película *f*
- *film reel (film spool)*

25 el portacabezas con la cabeza de registro *m*, la cabeza de lectura *f* y la cabeza supresora
- *head support assembly for the recording head, playback head, and erasing head (erase head)*

26 el mecanismo de impulsión de la película
- *film transport mechanism*

27 el filtro de sincronización *f*
- *synchronizing filter*

28 el amplificador del sonido magnético
- *magnetic sound amplifier*

29 el panel de mando *m*
– *control panel*

30 la máquina para revelar películas *f* en el laboratorio de copiado *m*
– *film-processing machines (film-developing machines) in the processing laboratory (film laboratory, motion picture laboratory)*

31 el estudio de resonancia *f*
– *echo chamber*

32 el altavoz del estudio de resonancia *f*
– *echo chamber loudspeaker*

33 el micrófono del estudio de resonancia *f*
– *echo chamber microphone*

34-36 la mezcla de sonido *m* (la mezcla de varias bandas de sonido *m*)
– *sound mixing (sound dubbing, mixing of several sound tracks)*

34 el estudio de mezcla *f*
– *mixing room (dubbing room)*

35 el pupitre de mezcla *f*, para el sonido monocanal o estereofónico
– *mixing console (mixing desk) for mono or stereo sound*

36 los ingenieros de mezcla *f* de sonido *m*, en el trabajo de mezcla *f*
– *dubbing mixers (recording engineers, sound recordists) dubbing (mixing)*

37-41 la sincronización (la postsincronización, el doblaje)
– *synchronization (syncing, dubbing, post-synchronization, post-syncing)*

37 el estudio de sincronización *f* (de doblaje *m*)
– *dubbing studio (dubbing theatre,* Am. *theater)*

38 el director de doblaje *m*
– *dubbing director*

39 la locutora de doblaje *m*
– *dubbing speaker (dubbing actress)*

40 el micrófono de jirafa *f*
– *boom microphone*

41 el cable del sonido
– *microphone cable*

42-46 el montaje
– *cutting (editing)*

42 la mesa de montaje *m*
– *cutting table (editing table, cutting bench)*

43 el jefe de montaje *m*
– *film editor (cutter)*

44 los platos para las bandas de imágenes *f* y sonidos *m*
– *film turntable, for picture and sound tracks*

45 la proyección de imágenes *f*
– *projection of the picture*

46 el altavoz
– *loudspeaker*

1-23 la proyección cinematográfica
– ***film projection*** *(motion picture projection)*
1 el cinema (el cine, la sala de cine)
– *cinema (picture house,* Am. *movie theater, movie house)*
2 la taquilla del cine (*Amér.:* la boletería)
– *cinema box office (*Am. *movie theater box office)*
3 la entrada de cine *m* (*Amér.:-* el boleto)
– *cinema ticket (*Am. *movie theater ticket)*
4 la acomodadora
– *usherette*
5 los espectadores del cine (el público del cine)
– *cinemagoers (filmgoers, cinema audience,* Am. *moviegoers, movie audience)*
6 el alumbrado de seguridad *f* (el alumbrado de emergencia *f*)
– *safety lighting (emergency lighting)*
7 la salida de urgencia *f* (de emergencia *f*)
– *emergency exit*
8 el escenario
– *stage*
9 las filas de butacas *f*
– *rows of seats (rows)*
10 el telón (la cortina de la pantalla)
– *stage curtain (screen curtain)*
11 la pantalla (la pantalla de proyección *f*)
– *screen (projection screen)*
12 la cabina de proyección *f*
– *projection room (projection booth)*
13 el proyector (la máquina) de la izquierda
– *lefthand projector*
14 el proyector de la derecha
– *righthand projector*
15 la ventanilla de la cabina, con aberturas para la proyección y la observación
– *projection room window with projection window and observation port*
16 el tambor de película *f*
– *reel drum (spool box)*
17 el panel de interruptores *m* para la iluminación de la sala
– *house light dimmers (auditorium lighting control)*
18 el rectificador de corriente *f*, un rectificador de selenio *m* o de vapor de mercurio *m* para las lámparas de proyección *f*
– *rectifier, a selenium or mercury vapour rectifier for the projection lamps*
19 el amplificador
– *amplifier*
20 el operador de proyección *f*
– *projectionist*
21 la mesa rebobinadora, para el rebobinado de la película
– *rewind bench for rewinding the film*
22 la cola para película *f*
– *film cement (splicing cement)*
23 el proyector de diapositivas, para diapositivas de publicidad *f*
– *slide projector for advertisements*
24-52 proyectores *m* de películas *f*
– ***film projectors***
24 el proyector de películas *f* sonoras
– *sound projector, a film projector, a cinema projector (theatre projector,* Am. *movie projector)*
25-38 el mecanismo para el paso de la película
– *projector mechanism*
25 los tambores protegidos contra incendios *m*, con refrigeración *f* por una corriente de aceite *m*
– *fireproof reel drums (spool boxes) with circulating oil cooling system*
26 el tambor dentado para desenrollar la película
– *feed sprocket (supply sprocket)*
27 el tambor dentado para enrollar la película
– *take-up sprocket*
28 el lector del sonido magnético
– *magnetic head cluster*
29 el rodillo de cambio *m*, con dispositivo *m* de encuadre *m*
– *guide roller (guiding roller) with framing control*
30 la rueda tensora, para la preestabilización de la película; *también:* el contacto de rotura *f* de la película
– *loop former for smoothing out the intermittent movement;* also: *film break detector*

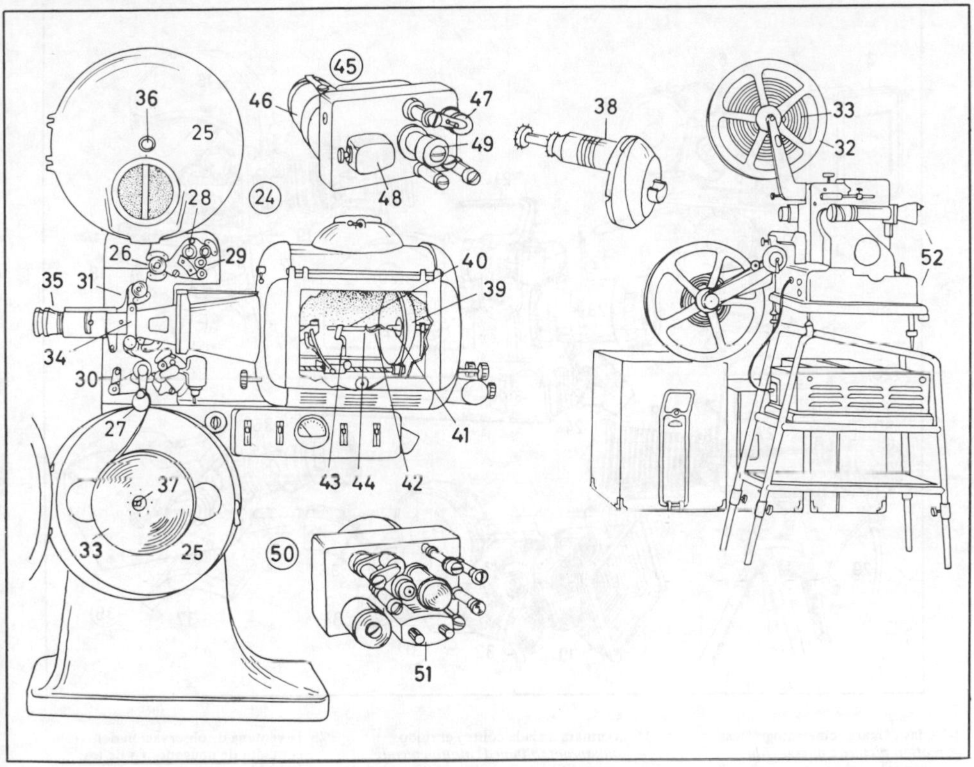

31 el deslizador de la película
– *film path*
32 la bobina de la película (el carrete)
– *film reel (film spool)*
33 el rollo de la película
– *reel of film*
34 la ventanilla de proyección *f*, con turbosoplador *f* refrigerador de la película
– *film gate (picture gate, projector gate) with cooling fan*
35 el objetivo de proyección *f*
– *projection lens (projector lens)*
36 el eje de desbobinado *m*
– *feed spindle*
37 el eje de fricción *f* del bobinado
– *take-up spindle with friction drive*
38 el mecanismo Cruz de Malta
– *maltese cross mechanism (maltese cross movement, Geneva movement)*
39-44 la cámara de lámparas *f*
– *lamphouse*
39 la lámpara reflectora de arco *m*, con espejo *m* hueco no esférico y magneto *f* sopladora para la estabilización del arco voltaico (*también:* la lámpara de xenón *m* de alta presión *f*)
– *mirror arc lamp, with aspherical (non-spherical) concave mirror and blowout magnet for stabilizing the arc;* also: *high-pressure xenon arc lamp*
40 el carbón positivo
– *positive carbon (positive carbon rod)*
41 el carbón negativo
– *negative carbon (negative carbon rod)*
42 el arco luminoso (el arco voltaico, el arco eléctrico)
– *arc*
43 el portacarbón
– *carbon rod holder*
44 el cráter del carbón
– *crater (carbon crater)*
45 el grupo fotoeléctrico de producción *f* del sonido [previsto también para la reproducción estereofónica por muchos canales *m* de tonos *m* de luz *f* y para el sistema de contrafase *f*]
– *optical sound unit [also designed for multi-channel optical stereophonic sound and for push-pull sound tracks]*
46 la óptica de lectura del sonido
– *sound optics*
47 la cabeza sonora (la cabeza de lectura del sonido)
– *sound head*
48 la lámpara de sonido *m*, en su alojamiento *m*
– *exciter lamp in housing*
49 la célula fotoeléctrica (en el eje hueco)
– *photocell in hollow drum*
50 el aparato accesorio del sonido magnético de cuatro canales *m*
– *attachable four-track magnetic sound unit (penthouse head, magnetic sound head)*
51 la cabeza magnética de cuatro pistas *f*
– *four-track magnetic head*
52 el proyector de películas *f* estrechas, para cine *m* ambulante
– *narrow-gauge (Am. narrow-gage) cinema projector for mobile cinema*

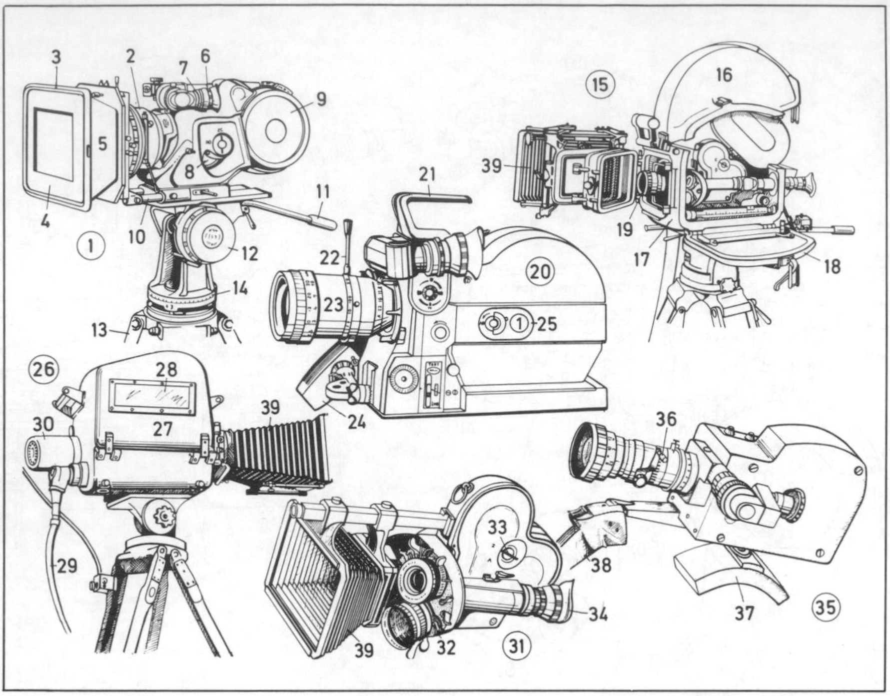

1-39 las cámaras cinematográficas
- ***motion picture cameras** (film cameras)*

1 la cámara para película *f* normal (la cámara para película *f* de 35 mm)
- *standard-gauge* (Am. *standard-gage) motion picture camera (standard-gauge,* Am. *standard-gage, 35 mm camera)*

2 el objetivo (la óptica de toma *f* de vistas *f*)
- *lens (object lens, taking lens)*

3 el compendio (el parasol), con portafiltros *m* y portaocultadores
- *lens hood (sunshade) with matte box*

4 el ocultador
- *matte (mask)*

5 el tubo contra luz *f*
- *lens hood barrel*

6 el ocular del visor
- *viewfinder eyepiece*

7 el reglaje del ocular
- *eyepiece control ring*

8 el regulador de abertura *f* para el diafragma de sectores *m*
- *opening control for the segment disc (disk) shutter*

9 la caja del cassette de la película
- *magazine housing*

10 el riel del parasol
- *slide bar for the lens hood*

11 la palanca de mano *f*
- *control arm (control lever)*

12 la plataforma de panorámica *f* horizontal y vertical
- *pan and tilt head*

13 el trípode de madera *f*
- *wooden tripod*

14 la graduación
- *degree scale*

15 la cámara aislada contra el ruido
- *soundproof (blimped) motion picture camera (film camera)*

16-18 la caja protectora del ruido
- *soundproof housing (blimp)*

16 la parte superior protectora del ruido
- *upper section of the soundproof housing*

17 la parte inferior protectora del ruido
- *lower section of the soundproof housing*

18 la pared lateral protectora del ruido
- *open sidewall of the soundproof housing*

19 el objetivo de la cámara
- *camera lens*

20 la cámara ligera
- *lightweight professional motion picture camera*

21 la empuñadura
- *grip (handgrip)*

22 la palanca para regular el zoom
- *zooming lever*

23 el objetivo del zoom con distancia *f* focal continuamente variable
- *zoom lens (variable focus lens, varifocal lens) with infinitely variable focus*

24 la empuñadura para disparar
- *handgrip with shutter release*

25 la puerta de la cámara
- *camera door*

26 la cámara sonora (la cámara de reportaje *m*) para registro *m* simultáneo de la imagen y del sonido
- *sound camera (newsreel camera) for recording sound and picture*

27 la caja protectora de los ruidos
- *soundproof housing (blimp)*

28 la ventana de observación del contador de imágenes *f* y de los indicadores
- *window for the frame counters and indicator scales*

29 el cable de sincronización (el cable del sonido piloto)
- *pilot tone cable (sync pulse cable)*

30 el generador del sonido piloto
- *pilot tone generator (signal generator, pulse generator)*

31 la cámara de película *f* estrecha, una cámara de 16 mm
- *professional narrow-gauge* (Am. *narrow-gage) motion picture camera, a 16 mm camera*

32 el revólver de objetivos (el portaobjetivos)
- *lens turret (turret head)*

33 el bloqueo de la caja
- *housing lock*

34 el borde del ocular
- *eyecup*

35 la cámara de gran velocidad *f*, una cámara especial para película *f* estrecha
- *high-speed camera, a special narrow-gauge* (Am. *narrow-gage) camera*

36 la palanca del zoom
- *zooming lever*

37 el soporte de hombro *m*
- *rifle grip*

38 la empuñadura de disparo *m* (el disparador)
- *handgrip with shutter release*

39 el fuelle del parasol
- *lens hood bellows*

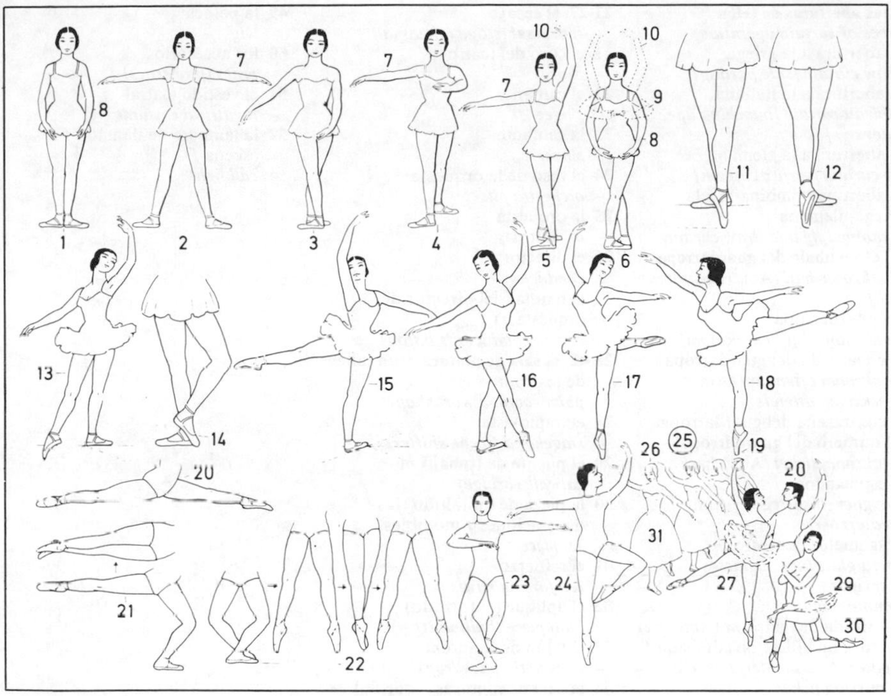

1-6 las cinco posiciones
– *the five positions (ballet positions)*
1 la primera posición
– *first position*
2 la segunda posición
– *second position*
3 la tercera posición
– *third position*
4 la cuarta posición [avanzada]
– *fourth position [open]*
5 la cuarta posición [cruzada; la quinta posición abierta]
– *fourth position [crossed; extended fifth position]*
6 la quinta posición
– *fifth position*
7-10 les ports de bras (la posición de los brazos)
– *ports de bras (arm positions)*
7 le port de bras à coté (la posición de brazo *m* al lado)
– *port de bras à coté*
8 le port de bras en bas (la posición de brazo *m* en bajo)
– *port de bras en bas*
9 le port de bras en avant (la posición de brazo *m* adelante)
– *port de bras en avant*
10 le port de bras en haut (la posición de brazo *m* en alto)
– *port de bras en haut*
11 le degagé à la quatrième devant (la salida de la cuarta por delante)
– *dégagé à la quatrième devant*
12 le degagé à la quatrième derrière (la salida de la cuarta por detrás)
– *dégagé à la quatrième derrière*
13 el effacé
– *effacé*
14 el sur le cou-de-pied
– *sur le cou-de-pied*
15 el écarté
écarté
16 el croisé (el cruzado)
– *croisé*
17 la attitude (la posición)
– *attitude*
18 el arabesco
arabesque
19 la punta
– *à pointe (on full point)*
20 el spagat (la caída con piernas *f* abiertas)
– *splits*
21 la cabriole (la cabriola, el salto en el aire)
– *cabriole (capriole)*
22 el entrechat (el entrechat quatre, el cruce con cuatro cambios *m*)
– *entrechat (entrechat quatre)*
23 la preparación [para la pirueta, *por ejemplo*]
– *préparation [e.g. for a pirouette]*
24 la pirouette (la pirueta, la vuelta)
– *pirouette*
25 le corps de ballet (el cuerpo de ballet *m*)
– *corps de ballet*
26 la bailarina de ballet *m*
– *ballerina (ballet dancer)*
27-28 le pas de trois (el paso de tres)
– *pas de trois*
27 la primera bailarina
– *prima ballerina*
28 el primer bailarín
– *principal male dancer (leading soloist)*
29 el tutú (la falda corta de bailarina *f*)
– *tutu*
30 la zapatilla de punta *f*, una zapatilla de ballet *m*
– *point shoe, a ballet shoe (ballet slipper)*
31 el vestido de bailarina *f*
– *ballet skirt*

1-4 las aberturas de telón
– ***types of curtain operation***
1 la abertura a la griega
– *draw curtain [side parting]*
2 la abertura a la italiana
– *tableau curtain [bunching up sideways]*
3 la abertura a la alemana
– *fly curtain [vertical ascent]*
4 la abertura combinada a la griega-alemana
– *combined fly and draw curtain*
5-11 el vestíbulo del guardarropa
– ***cloakroom hall*** (Am. *checkroom hall)*
5 el guardarropa
– *cloakroom (*Am. *checkroom)*
6 la encargada del guardarropa
– *cloakroom attendant (*Am. *checkroom attendant)*
7 la contraseña del guardarropa (el número del guardarropa)
– *cloakroom ticket (*Am. *check)*
8 el espectador
– *playgoer (theatregoer,* Am. *theatergoer)*
9 los gemelos de teatro *m*
– *opera glass (opera glasses)*
10 el revisor
– *commissionaire*
11 la entrada de teatro *m* (*Amér.*: el boleto), un billete de admisión *f*
– *theatre (*Am. *theater) ticket, an admission ticket*
12-13 el foyer (la sala *f* de descanso *m)*
– ***foyer*** *(lobby, crush room)*
12 el acomodador
– *usher;* form.: *box attendant*
13 el programa
– *programme (*Am. *program)*
14-27 la sala de teatro *m*
– ***auditorium and stage***
14 el escenario
– *stage*
15 el proscenio
– *proscenium*
16-20 la sala de espectadores *m* (la sala del auditorio)
– ***auditorium***
16 la galería (el gallinero, el paraíso; *Mé.:* la chilla)
– *gallery (balcony)*
17 el segundo palco (el anfiteatro)
– *upper circle*
18 el primer palco (el principal)
– *dress circle (*Am. *balcony, mezzanine)*
19 el patio de butacas *f* (la platea; *Mé.:* el mosquete)
– *front stalls*
20 la butaca (la butaca de espectador *m,* la butaca de teatro *m)*
– *seat (theatre seat,* Am. *theater seat)*
21-27 el ensayo
– ***rehearsal*** *(stage rehearsal)*
21 el coro del teatro
– *chorus*
22 el cantante
– *singer*
23 la cantante
– *singer*
24 el foso de la orquesta
– *orchestra pit*
25 la orquesta
– *orchestra*
26 el director
– *conductor*
27 la batuta (del director de orquesta *f*)
– *baton (conductor's baton)*
28-42 la sala de pintura *f,* un taller de teatro *m*
– ***paint room,*** *a workshop*
28 el tramoyista
– *stagehand (scene shifter)*
29 el puente de trabajo *m*
– *catwalk (bridge)*
30 la pieza de quitaipón (las decoraciones *f* movibles)
– *set piece*
31 el refuerzo
– *reinforcing struts*
32 el aplique (el forrado)
– *built piece (built unit)*
33 el telón de fondo *m*
– *backcloth (backdrop)*
34 la caja de pinturas *f* portátil
– *portable box for paint containers*
35 el pintor de escenarios *m,* un pintor de decorados *m*
– *scene painter, a scenic artist*
36 la paleta móvil
– *paint trolley*
37 el escenógrafo
– *stage designer (set designer)*
38 el encargado del vestuario
– *costume designer*
39 el diseño de un traje
– *design for a costume*
40 el figurín
– *sketch for a costume*
41 la maqueta de escenario *m*
– *model stage*
42 la maqueta de decoración *f*
– *model of the set*
43-52 el vestuario de los artistas
– ***dressing room***
43 el espejo para el maquillaje
– *dressing room mirror*
44 el peinador de maquillaje *m*
– *make-up gown*
45 la mesa de maquillaje *m*
– *make-up table*
46 la barrita (el lápiz de maquillaje *m)*
– *greasepaint stick*
47 el maestro maquillador
– *chief make-up artist (chief make-up man)*
48 el maquillador (el peluquero de teatro *m)*
– *make-up artist and hairstylist*
49 la peluca
– *wig*
50 los accesorios
– *props (properties)*
51 el vestido teatral
– *theatrical costume*
52 la lámpara de llamada *f* a escena *f*
– *call light*

1
2
3
4
5
6
7
8
9
10
11
12
13
14
15
16
17
18
19
20
21
22
23
24
25
26
27
28
29
30
31
32
33
34
35
36
37
38
39
40
41
42
43
44
45
46
47
48
49
50
51
52

1-60 la caja de escena con la maquinaria (la maquinaria superior – bambalina *f* – y la maquinaria inferior – fosos *m* –)
– ***stagehouse*** *[showing machinery in the flies and below stage]*
1 el puesto de control *m*
– *control room*
2 el pupitre de control *m* con dispositivos *m* de memoria *f* para los efectos luminosos
– *control console (lighting console, lighting control console) with preset control for presetting lighting effects*
3 el plano del puesto de control *m*
– *lighting plot (light plot)*
4 el telar
– *grid (gridiron)*
5 la galería de trabajo *m*
– *fly floor (fly gallery)*
6 el sistema de rociadura *f*, para la protección de incendios *m*
– *sprinkler system for fire prevention (for fire protection)*
7 el maestro (el encargado) del telar
– *fly man*
8 las cuerdas (del telón) del foro
– *fly lines (lines)*
9 el horizonte redondo (el ciclorama)
– *cyclorama*
10 el telón de fondo *m*
– *backcloth (backdrop, background)*
11 el arco, una pieza colgada intermedia
– *arch, a drop cloth*
12 la bambalina
– *border*
13 la caja del alumbrado superior
– *compartment (compartment-type, compartmentalized) batten* (Am. *border light)*
14 el cuerpo de alumbrado *m* de escena *f*
– *stage lighting units (stage lights)*
15 el alumbrado horizontal (el alumbrado (del telón) de fondo *m*)
– *horizon lights (backdrop lights)*
16 los reflectores de escena *f* móviles
– *adjustable acting area lights (acting area spotlights)*
17 los aparatos proyectores de imágenes *f*
– *scenery projectors (projectors)*
18 el cañón de agua *f* (un dispositivo de seguridad *f*)
– *monitor (water cannon), a piece of safety equipment*
19 el puente de iluminación *f* móvil
– *travelling* (Am. *traveling) lighting bridge (travelling lighting gallery)*
20 el electricista
– *lighting operator (lighting man)*
21 el reflector de proscenio *m*
– *portal spotlight (tower spotlight)*
22 el telón de boca *f*
– *adjustable proscenium*
23 la cortina de escena *f*
– *curtain (theatrical curtain)*
24 el telón de hierro *m* (el telón metálico)
– *iron curtain (safety curtain, fire curtain)*
25 el proscenio
– *forestage (apron)*
26 las candilejas
– *footlight (footlights, floats)*
27 la concha del apuntador
– *prompt box*
28 el apuntador (*Ec. y Guat.:* el soplador; *Amér. Central:* el soplón)
– *prompter*
29 el pupitre de transpunte *m*
– *stage manager's desk*
30 el transpunte (el registrador de escena *f*)
– *stage director (stage manager)*
31 el escenario giratorio
– *revolving stage*
32 el escotillón
– *trap opening*
33 la tapa del escotillón
– *lift* (Am. *elevator)*
34 el tablado del escotillón, un tablado escalonado
– *bridge* (Am. *elevator), a rostrum*
35 los elementos de decoración *f*
– *pieces of scenery*
36 la escena
– *scene*
37 el actor (el comediante)
– *actor*
38 la actriz (la comediante)
– *actress*
39 los figurantes (los comparsas)
– *extras (supers, supernumeraries)*
40 el director artístico (el director de escena *f*)
– *director (producer)*
41 el guión (el texto)
– *prompt book (prompt script)*
42 la mesa del director de escena *f*
– *director's table (producer's table)*
43 el ayudante del director de escena *f*
– *assistant director (assistant producer)*
44 el libro de escena *f*
– *director's script (producer's script)*
45 el jefe de escenografía *f*
– *stage carpenter*
46 el tramoyista
– *stagehand (scene shifter)*
47 la pieza de quitaipón *m*
– *set piece*
48 el reflector de lente *f* de espejo *m*
– *mirror spot (mirror spotlight)*
49 el panel giratorio de filtros *m* coloreados (con disco *m* de color *m*)
– *automatic filter change [with colour filters (colour mediums, gelatines)]*
50 la instalación de prensa *f* hidráulica
– *hydraulic plant room*
51 el depósito de agua *f*
– *water tank*
52 el tubo de succión *f*
– *suction pipe*
53 la bomba de presión *f* hidráulica
– *hydraulic pump*
54 la tubería bajo presión *f*
– *pressure pipe*
55 la cámara (el acumulador) de presión *f*
– *pressure tank (accumulator)*
56 el manómetro de contacto *m*
– *pressure gauge* (Am. *gage)*
57 el indicador del nivel del agua *f*
– *level indicator (liquid level indicator)*
58 la palanca de control *m*
– *control lever*
59 el maquinista (el mecánico, el jefe de máquinas)
– *operator*
60 los pistones hidráulicos (los émbolos)
– *rams*

4
8
6
5
3
2
1
7
9
10
11
12
13
15
16
17
18
13
20
19
14
8
24
17
21
22
23
36
39
37
35
17
30
29
25
27
28
26
31
38
33
34
32
44
43
47
40
41
42
47
45
46
50
55
33
51
56
58
60
17
52
57
53
59
54
49
48

1 el bar
– *bar*
2 la camarera del bar (*Col.:* la prendedera)
– *barmaid*
3 el taburete de bar *m*
– *bar stool*
4 el estante de botellas *f*
– *shelf for bottles*
5 el estante de vasos *m*
– *shelf for glasses*
6 el vaso para cerveza
– *beer glass*
7 el vaso para vino *m* y para licor *m*
– *wine and liqueur glasses*
8 el grifo distribuidor de cerveza *f*
– *beer tap (tap)*
9 el mostrador del bar (la barra)
– *bar*
10 el frigorífico
– *refrigerator (fridge,* Am. *icebox)*
11 las lámparas del bar
– *bar lamps*
12 la iluminación indirecta
– *indirect lighting*
13 la batería de proyectores *m*
– *colour (*Am. *color) organ (clavilux)*
14 la iluminación de la pista de baile *m*
– *dance floor lighting*
15 la caja del altavoz
– *speaker (loudspeaker)*
16 la pista de baile
– *dance floor*
17-18 la pareja
– *dancing couple*
17 la chica (la joven) que baila
– *dancer*
18 el chico (el joven) que baila
– *dancer*
19 el tocadiscos (*Amér.:* el pick-up)
– *record player*
20 el micrófono (*fam.:* el micro)
– *microphone*
21 el magnetófono
– *tape recorder*
22-23 el equipo de esterofonía *f* (la cadena hi-fi)
– *stereo system (stereo equipment)*
22 el tuner (el sintonizador)
– *tuner*
23 el amplificador
– *amplifier*
24 los discos
– *records (discs)*
25 el discjockey
– *disc jockey*
26 el pupitre de mezcla *f*
– *mixing console (mixing desk, mixer)*
27 la pandereta
– *tambourine*
28 la pared de cristal *m*
– *mirrored wall*
29 el revestimiento del techo
– *ceiling tiles*
30 el sistema de aireación *f*
– *ventilators*
31 los servicios
– *toilets (lavatories, WC)*
32 la bebida larga (la copa larga, el long drink)
– *long drink*
33 el cóctel
– *cocktail (*Am. *highball)*

1-33 el cabaret (el nightclub)
– ***nightclub*** *(night spot)*
1 el guardarropa
– *cloakroom (Am. checkroom)*
2 la señorita del guardarropa
– *cloakroom attendant (Am. checkroom attendant)*
3 la orquesta de baile *m*
– *band*
4 el clarinete
– *clarinet*
5 el clarinetista
– *clarinettist (Am. clarinetist)*
6 la trompeta
– *trumpet*
7 el trompetista
– *trumpeter*
8 la guitarra
– *guitar*
9 el guitarrista
– *guitarist (guitar player)*
10 la batería
– *drums*
11 el batería
– *drummer*
12 la caja del altavoz (el altavoz)
– *speaker (loudspeaker)*
13 el bar
– *bar*
14 la camarera del bar (*Col.:* la prendedera)
– *barmaid*
15 el mostrador del bar (la barra)
– *bar*
16 el taburete de bar *m*
– *bar stool*
17 el magnetófono
– *tape recorder*
18 el receptor (de radio *f*, el aparato de radio *f*, la radio)
– *receiver*
19 las bebidas alcohólicas
– *spirits*
20 el proyector de películas *f* estrechas para películas *f* pornográficas (películas *f* eróticas)
– *cine projector for porno films (sex films, blue movies)*
21 la caja de la pantalla con la pantalla
– *box containing screen*
22 la escena
– *stage*
23 la iluminación de la escena
– *stage lighting*
24 el reflector de escena
– *spotlight*
25 la iluminación de la bambalina
– *festoon lighting*
26 la bombilla de la bambalina
– *festoon lamp (lamp, light bulb)*
27-32 el striptease (el número del desnudo)
– *striptease act (striptease number)*
27 la artista de striptease *m*
– *striptease artist (stripper)*
28 la liga
– *suspender (Am. garter)*
29 el sostén (el sujetador)
– *brassière (bra)*
30 la estola de piel *f* (el cuello de piel *f*)
– *fur stole*
31 los guantes
– *gloves*
32 la media
– *stocking*
33 la animadora
– *hostess*

1-33 la corrida de toros
– ***bullfight*** *(corrida, corrida de toros)*
1 el quiebro
– *mock bullfight*
2 el novillero (el torero principiante)
– *novillero*
3 la imitación de toro (un carro en forma *f* de toro *m*)
– *mock bull (dummy bull)*
4 el banderillero principiante
– *novice banderillero (apprentice banderillero)*
5 la plaza de toros (la arena, el ruedo) [esquema]
– *bullring (plaza de toros) [diagram]*
6 la entrada principal
– *main entrance*
7 los palcos
– *boxes*
8 los tendidos (si son cubiertos, en la parte superior: las andanadas)
– *stands*
9 el ruedo (la arena)
– *arena (ring)*
10 la puerta de los toreros
– *bullfighters' entrance*
11 la puerta del toril (la puerta de los corrales)
– *torril door*
12 la puerta de salida *f* para los toros muertos
– *exit gate for killed bulls*
13 el desolladero
– *slaughterhouse*
14 el toril (el corral, el chiquero)
– *bull pens (corrals)*
15 el patio de los caballos
– *paddock*
16 el picador
– *lancer on horseback (picador)*
17 la pica (la vara, la garrocha)
– *lance (pike pole, javelin)*
18 el caballo encaparazonado
– *armoured* (Am. *armored) horse*
19 la coraza de hierro *m* de la pierna (la mona)
– *leg armour* (Am. *armor)*
20 el sombrero redondo del picador (el sombrero castoreño)
– *picador's round hat*
21 el banderillero, un torero, un peón
– *banderillero, a torero*
22 las banderillas
– *banderillas (barbed darts)*
23 la faja
– *shirtwaist*
24 el pase
– *bullfight*
25 el matador (el espada), un torero
– *matador (swordsman), a torero*
26 la coleta (la moña)
– *queue, a distinguishing mark of the matador*
27 la muleta (el trapo; *anál.:* la capa, el capote)
– *red cloak (capa)*
28 el toro de lidia *f* (el toro bravo)
– *fighting bull*
29 la montera
– *montera [hat made of tiny black silk chenille balls]*
30 la estocada
– *killing the bull (kill)*
31 el matador de corridas *f* benéficas [sin traje *m* de luces *f*]
– *matador in charity performances [without professional uniform]*
32 el estoque (la espada)
– *estoque (sword)*
33 la muleta (el trapo; *anál.:* la capa, el capote)
– *muleta*
34 el rodeo
– ***rodeo***
35 el toro joven (el novillo)
– *young bull*
36 el vaquero
– *cowboy*
37 el sombrero del vaquero (el sombrero tejano)
– *stetson (stetson hat)*
38 el pañuelo de cuello *m*
– *scarf (necktie)*
39 el jinete de rodeo *m*
– *rodeo rider*
40 el lazo
– *lasso*

1
2
3
4
5
6
7
8
9
10
11
12
13
14
15
16
17
18
19
20
21
22
23
24
25
26
27
28
29
30
31
32
33
34
35
36
37
38
39
40

1-2 notación *f* medieval
- ***medieval (mediaeval) notes***
1 la notación coral (la notación cuadrada)
- *plainsong notation (neumes, neums, pneumes, square notation)*
2 la notación mensural
- *mensural notation*
3-7 las notas
- ***musical note** (note)*
3 la cabeza (el punto, el neuma)
- *note head*
4 la vírgula (el tallo, el vástago)
- *note stem (note tail)*
5 el corchete
- *hook*
6 la barra
- *stroke*
7 el punto de alargamiento *m* (el puntillo)
- *dot indicating augmentation of note's value*
8-11 las claves
- ***clefs***
8 la clave de sol *m*
- *treble clef (G-clef, violin clef)*
9 la clave de fa *m*
- *bass clef (F-clef)*
10 la clave de do *m*, para viola *f*
- *alto clef (C-clef)*
11 la clave de do *m*, para violencelo *m*
- *tenor clef*
12-19 los valores de las notas
- ***note values***
12 la breve (la cuadrada)
- *breve (brevis,* Am. *double-whole note)*
13 la semibreve (la redonda)
- *semibreve (*Am. *whole note)*
14 la mínima (la blanca)
- *minim (*Am. *half note)*
15 la negra
- *crotchet (*Am. *quarter note)*
16 la corchea
- *quaver (*Am. *eighth note)*
17 la semicorchea
- *semiquaver (*Am. *sixteenth note)*
18 la fusa
- *demisemiquaver (*Am. *thirty-second note)*
19 la semifusa
- *hemidemisemiquaver (*Am. *sixty-fourth note)*
20-27 los silencios (las pausas)
- ***rests***
20 el silencio de cuadrada *f*
- *breve rest*
21 el silencio de redonda *f*
- *semibreve rest (*Am. *whole rest)*
22 el silencio de blanca *f*
- *minim rest (*Am. *half rest)*
23 el silencio de negra *f*
- *crotchet rest (*Am. *quarter rest)*
24 el silencio de corchea *f*
- *quaver rest (*Am. *eighth rest)*
25 el silencio de semicorchea *f*
- *semiquaver rest (*Am. *sixteenth rest)*
26 el silencio de fusa *f*
- *demisemiquaver rest (*Am. *thirty-second rest)*
27 el silencio de semifusa *f*
- *hemidemisemiquaver rest (*Am. *sixty-fourth rest)*
28-42 el compás (el tiempo)
- ***time** (time signatures, measure,* Am. *meter)*
28 el dos por ocho
- *two-eight time*
29 el dos por cuatro
- *two-four time*
30 el dos por dos
- *two-two time*
31 el cuatro por ocho
- *four-eight time*
32 el cuatro por cuatro
- *four-four time (common time)*
33 el cuatro por dos
- *four-two time*
34 el seis por ocho
- *six-eight time*
35 el seis por cuatro
- *six-four time*
36 el tres por ocho
- *three-eight time*
37 el tres por cuatro
- *three-four time*
38 el tres por dos
- *three-two time*
39 el nueve por ocho
- *nine-eight time*
40 el nueve por cuatro
- *nine-four time*
41 el cinco por cuatro
- *five-four time*
42 la barra de compás *m*
- *bar (bar line, measure line)*
43-44 el pentagrama
- ***staff** (stave)*
43 la línea
- *line of the staff*
44 el espacio (la línea y espacio *m*)
- *space*
45-49 las escalas (las gamas)
- ***scales***
45 la escala de do *m* mayor (la escala diatónica mayor); sonidos *m* fundamentales: do, re, mi, fa, sol, la, si, do
- *C major scale naturals: c, d, e, f, g, a, b, c*
46 la escala de la *m* menor [natural]; notas fundamentales: la, si, do, re, mi, fa, sol, la
- *A minor scale [natural] naturals: a, b, c, d, e, f, g, a*
47 la escala de la *m* menor [armónica]
- *A minor scale [harmonic]*
48 la escala de la *m* menor [melódica] (la escala diatónica menor)
- *A minor scale [melodic]*
49 la escala cromática
- *chromatic scale*
50-54 las alteraciones (los accidentales)
- ***accidentals** (inflections);* also: *key signatures*
50-51 los signos de elevación *f*
- *signs indicating the raising of a note*
50 el sostenido (la elevación de un semitono)
- *sharp [raising the note a semitone or half-step]*
51 el doble sostenido (la elevación de dos semitonos *m*)
- *double sharp [raising the note a tone or full-step]*
52-53 los signos que bajan la nota
- *signs indicating the lowering of a note*
52 el bemol (la bajada de un semitono)
- *flat [lowering the note a semitone or half-step]*
53 el doble bemol (la bajada de dos semitonos *m*)
- *double flat [lowering the note a tone or full-step]*
54 el becuadro
- *natural*
55-68 las tonalidades (tonalidades *m* mayores y sus relativas tonalidades *m* menores; con las mismas alteraciones)
- ***keys** [major keys and the related minor keys having the same signature]*
55 do *m* mayor (la *m* menor)
- *C major (A minor)*
56 sol *m* mayor (mi *m* menor)
- *G major (E minor)*
57 re *m* mayor (si *m* menor)
- *D major (B minor)*
58 la *m* mayor (fa *m* sostenido menor)
- *A major (F sharp minor)*
59 mi *m* mayor (do *m* sostenido menor)
- *E major (C sharp minor)*
60 si *m* mayor (sol *m* sostenido menor)
- *B major (G sharp minor)*
61 fa *m* sostenido mayor (re *m* sostenido menor)
- *F sharp major (D sharp minor)*
62 do *m* mayor (la *m* menor)
- *C major (A minor)*
63 fa *m* mayor (re *m* menor)
- *F major (D minor)*
64 si *m* bemol mayor (sol *m* menor)
- *B flat major (G minor)*
65 mi *m* bemol mayor (do *m* menor)
- *E flat major (C minor)*
66 la *m* bemol mayor (fa *m* menor)
- *A flat major (F minor)*
67 re *m* bemol mayor (si *m* bemol menor)
- *D flat major (B flat minor)*
68 sol *m* bemol mayor (mi *m* bemol menor)
- *G flat major (E flat minor)*

1
Magni - fi-cat
2
Nu kom der heidē Heiland,
3
4
5
6
7
8
9
10
11
12
13
14
15
16
17
18
19
20
21
22
23
24
25
26
27
28
29
30
31
32
33
34
35
36
37
38
39
40
41
42
43
44
45
46
47
48
49
50
51
52
53
54
55
56
57
58
59
60
61
62
63
64
65
66
67
68

1-5 el acorde
– ***chord***
1-4 los acordes perfectos (acordes *m* de quinta *f*, tríadas *f*)
– *triad*
1 el acorde perfecto mayor
– *major triad*
2 el acorde perfecto menor
– *minor triad*
3 el acorde de quinta *f* disminuida
– *diminished triad*
4 el acorde de quinta *f* aumentada
– *augmented triad*
5 el acorde de séptima *f*
– *chord of four notes, a chord of the seventh (seventh chord, dominant seventh chord)*
6-13 los intervalos
– ***intervals***
6 el unísono
– *unison (unison interval)*
7 la segunda mayor
– *major second*
8 la tercera mayor
– *major third*
9 la cuarta
– *perfect fourth*
10 la quinta
– *perfect fifth*
11 la sexta mayor
– *major sixth*
12 la séptima mayor
– *major seventh*
13 la octava
– *perfect octave*
14-22 los adornos
– ***ornaments** (graces, grace notes)*
14 la apoyatura larga
– *long appoggiatura*
15 la apoyatura breve
– *acciaccatura (short appoggiatura)*
16 la apoyatura doble
– *slide*
17 el trino sin mordente *m*
– *trill (shake) without turn*
18 el trino con mordente *m*
– *trill (shake) with turn*
19 el mordente superior (el semimordente, el mordente imperfecto)
– *upper mordent (inverted mordent, pralltriller)*
20 el mordente inferior
– *lower mordent (mordent)*
21 el gruppetto
– *turn*
22 el arpegio
– *arpeggio*
23-26 otros signos *m* de notación *f*
– *other signs in musical notation*
23 el tresillo, *por analogía:* el dosillo (el bisillo), el cuatrillo, el cinquillo (el quintillo), el seisillo y el septillo
– *triplet;* corresponding groupings: *duplet (couplet), quadruplet, quintuplet, sextolet (sextuplet), septolet (septuplet, septimole)*
24 la ligadura
– *tie (bind)*
25 el calderón (la fermata), un signo de duración *f*
– *pause (pause sign)*
26 la doble barra *f* de repetición *f*
– *repeat mark*
27-41 las indicaciones de movimiento *m* (de velocidad *f*)
– ***expression marks** (signs of relative intensity)*
27 el acento
– *marcato (marcando, markiert, attack, strong accent)*
28 presto (rápido)
– *presto (quick, fast)*
29 portato
– *portato (lourer, mezzo staccato, carried)*
30 tenuto (manteniendo el movimiento sin acelerar)
– *tenuto (held)*
31 crescendo (aumentando)
– *crescendo (increasing gradually in power)*
32 decrescendo (disminuyendo)
– *decrescendo (diminuendo, decreasing or diminishing gradually in power)*
33 legato (ligado)
– *legato (bound)*
34 staccato (punteado)
– *staccato (detached)*
35 piano (suave)
– *piano (soft)*
36 pianissimo (muy suave)
– *pianissimo (very soft)*
37 pianissimo piano (con la máxima suavidad posible)
– *pianissimo piano (as soft as possible)*
38 forte (fuerte)
– *forte (loud)*
39 fortíssimo (muy fuerte)
– *fortissimo (very loud)*
40 forte fortíssimo (con la máxima fuerza posible)
– *forte fortissimo (double fortissimo, as loud as possible)*
41 fortepiano (se ataca fuerte y se continúa suave)
– *forte piano (loud and immediately soft again)*
42-50 la escala musical
– ***divisions of the compass***
42 la subcontraoctava
– *subcontra octave (double contra octave)*
43 la contraoctava
– *contra octave*
44 la primera octava
– *great octave*
45 la segunda octava
– *small octave*
46 la tercera octava
– *one-line octave*
47 la cuarta octava
– *two-line octave*
48 la quinta octava
– *three-line octave*
49 la sexta octava
– *four-line octave*
50 la séptima octava
– *five-line octave*

$_2A\ _2B\ _2H\ _1C$ usw
in Britain:
$A_2\ B\flat_2 B_2 C_1$ etc.

$_1H$ C H c h c^1 $h^1 c^2 h^2 c^3 h^3 c^4 h^4 c^5$

B_1 C B c b c' $b' c'' b'' c''' b''' c'''' b'''' c'''''$

1 la lur, una trompeta de bronce *m*
– *lur, a bronze trumpet*
2 la flauta de Pan (la siringa)
– *panpipes (Pandean pipes, syrinx)*
3 la diaula, una flauta doble
– *aulos, a double shawm*
4 el aulos
– *aulos pipe*
5 la phorbeia (sujetador *m* de los labios)
– *phorbeia (peristomion, capistrum, mouth band)*
6 el cromorno
– *crumhorn (crummhorn, cromorne, krumbhorn, krummhorn)*
7 la flauta de pico *m* (la flauta dulce; *Perú:* la chaina; *Ec.:* el pijuano; *Chile:* la pivilca)
– *recorder (fipple flute)*
8 la cornamusa; *anál.:* la gaita, la musette
– *bagpipe;* sim.: *musette*
9 el saco del aire
– *bag*
10 el caramillo melódico
– *chanter (melody pipe)*
11 los bordones (para el acompañamiento)
– *drone (drone pipe)*
12 la cornete curvada
– *curved cornett (zink)*
13 la serpiente
– *serpent*
14 la chirimía; *más grande:* la bombarda (la dulzaina)
– *shawm (schalmeyes);* larger: *bombard (bombarde, pommer)*
15 la cítara; *anál. y más pequeña:* la lira
– *cythara (cithara);* sim. and smaller: *lyre*
16 el brazo de la caja
– *arm*
17 el puente
– *bridge*
18 la caja de resonancia *f*
– *sound box (resonating chamber, resonator)*
19 el plectro, una púa (*Chile:* la uñeta)
– *plectrum, a plucking device*
20 la pochette (el violín de bolsillo *m*, el violín de pequeño formato *m*)
– *kit (pochette), a miniature violin*
21 la cítara, un instrumento de cuerdas *f* punteadas; *anál.:* la pandora
– *cittern (cithern, cither, cister, citole), a plucked instrument;* sim.: *pandora (bandora, bandore)*
22 la rosa (la boca, la tarraja)
– *sound hole*
23 la viola, una viola de gamba *f; más grande:* el violón (el contrabajo; *Mé.:* el tololoche)
– *viol,* e.g. *descant viol, treble viol;* larger: *tenor viol, bass viol (viola da gamba, gamba)*
24 el arco de viola *f*
– *viol bow*
25 la zanfonía (la viella, la symphonia, la rotata, la chifonía, el organistrum)
– *hurdy-gurdy (vielle à roue, symphonia, armonie, organistrum)*
26 la rueda de fricción *f*
– *friction wheel*
27 la cubierta
– *wheel cover (wheel guard)*
28 el teclado
– *keyboard (keys)*
29 la caja de resonancia *f*
– *resonating body (resonator, sound box)*
30 las cuerdas melódicas
– *melody strings*
31 las cuerdas del bordón
– *drone strings (drones, bourdons)*
32 el címbalo (el tímpano, el salterio, el dulcemele)
– *dulcimer*
33 el bastidor
– *rib (resonator wall)*
34 el macillo para el címbalo de Valais
– *beater for the Valasian dulcimer*
35 el martillo para el címbalo de Apenzelle
– *hammer (stick) for the Appenzell dulcimer*
36 el clavicordio; *clases:* el clavicordio ligado y el clavicordio independiete
– *clavichord;* kinds: *fretted or unfretted clavichord*
37 el mecanismo del clavicordio
– *clavichord mechanism*
38 la tecla
– *key (key lever)*
39 la palanca de balanza *f* (el soporte de la tecla)
– *balance rail*
40 la espiga guía
– *guiding blade*
41 la ranura guía
– *guiding slot*
42 el soporte (el apoyo)
– *resting rail*
43 la tangente (el martinete de latón *m*)
– *tangent*
44 la cuerda
– *string*
45 el clavicémbalo, un clavecín; *anál.:* la espineta (el virginal)
– *harpsichord (clavicembalo, cembalo), a wing-shaped stringed keyboard instrument;* sim.: *spinet (virginal)*
46 el teclado (manual) superior
– *upper keyboard (upper manual)*
47 el teclado (manual) inferior
– *lower keyboard (lower manual)*
48 el mecanismo del clavicémbalo
– *harpsichord mechanism*
49 la tecla
– *key (key lever)*
50 el saltador (el martinete)
– *jack*
51 la parrilla guía de los martinetes
– *slide (register)*
52 la lengüeta
– *tongue*
53 el plectro (el cañon de pluma *f*)
– *quill plectrum*
54 el apagador del sonido
– *damper*
55 la cuerda
– *string*
56 el órgano portátil (el órgano real); *más grande:* el órgano positivo
– *portative organ, a portable organ;* larger: *positive organ (positive)*
57 el tubo
– *pipe (flue pipe)*
58 el fuelle
– *bellows*

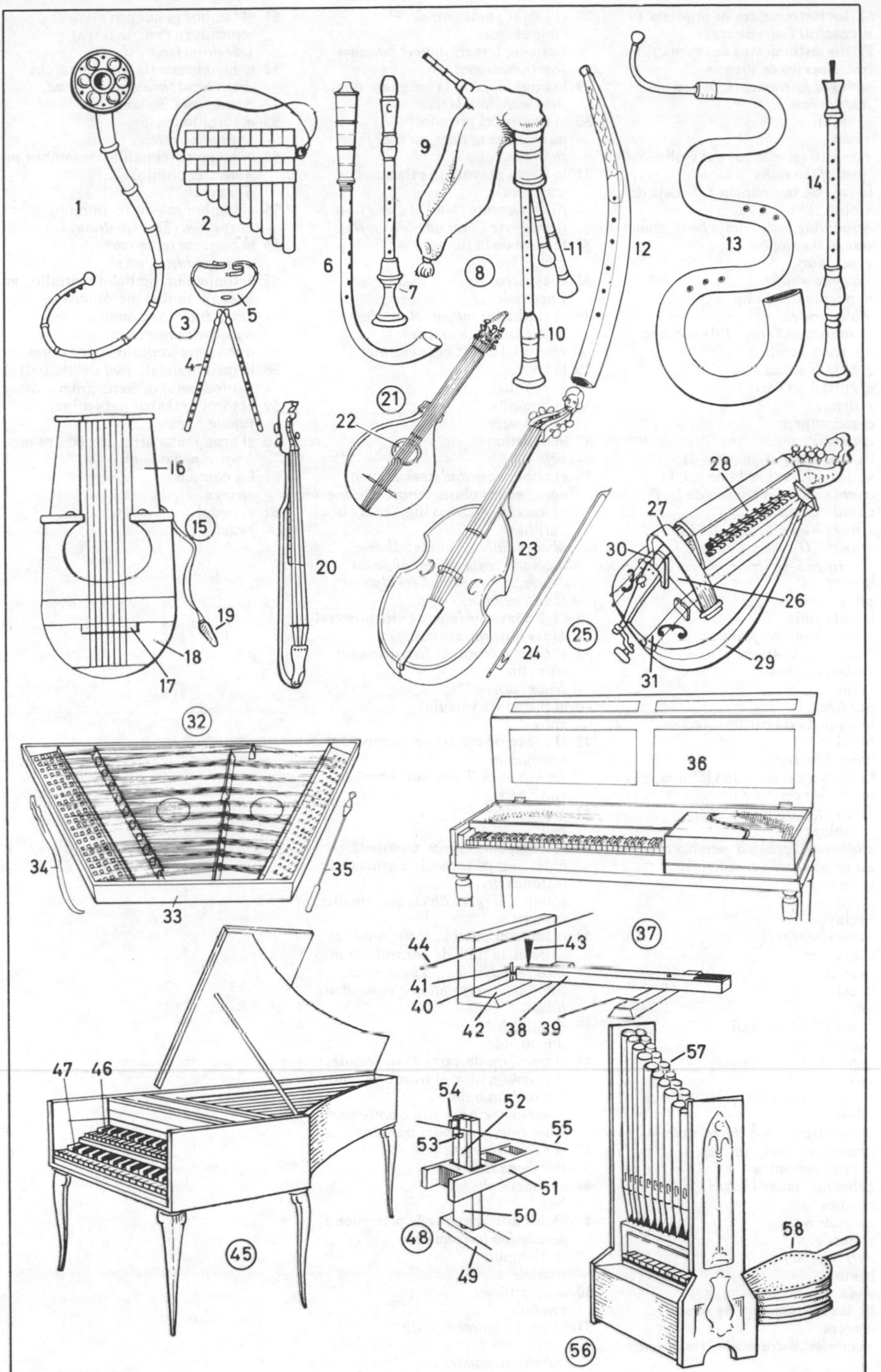
1
2
3
4
5
6
7
8
9
10
11
12
13
14
15
16
17
18
19
20
21
22
23
24
25
26
27
28
29
30
31
32
33
34
35
36
37
38
39
40
41
42
43
44
45
46
47
48
49
50
51
52
53
54
55
56
57
58

1-62 los instrumentos de orquesta *f*
- ***orchestral instruments***

1-27 los instrumentos de cuerda *f*, **los instrumentos de arco** *m*
- ***stringed instruments, bowed instruments***

1 el violín
- *violin*

2 el mástil (el mango) del violín
- *neck of the violin*

3 la caja de resonancia *f* (la caja del violín, el "barco")
- *resonating body (violin body, sound box of the violin)*

4 el costado
- *rib (side wall)*

5 el puente del violín
- *violin bridge*

6 la ranura en forma *f* de efe, una abertura acústica
- *F-hole, a sound hole*

7 el cordal (el ceja)
- *tailpiece*

8 el mentonero
- *chin rest*

9 las cuerdas (las cuerdas de violín *m*): la cuerda de sol, la cuerda de re, la cuerda de la, la cuerda de mi
- *strings (violin strings, fiddle strings): G-string, D-string, A-string, E-string*

10 la sordina
- *mute (sordino)*

11 la colofonia
- *resin (rosin, colophony)*

12 el arco de violín *m*
- *violin bow (bow)*

13 la nuez
- *nut (frog)*

14 la baqueta (la varilla; *Amér.:* el bolillo)
- *stick (bow stick)*

15 la mecha del arco de violín *m*, una mecha de cerdas *f* de caballo *m*
- *hair of the violin bow (horsehair)*

16 el violoncelo
- *violoncello (cello), a member of the da gamba violin family*

17 la voluta
- *scroll*

18 la clavija
- *tuning peg (peg)*

19 el clavijero
- *pegbox*

20 la ccja
- *nut*

21 el mástil (el mango)
- *fingerboard*

22 la púa (*Chile:* la uñeta)
- *spike (tailpin)*

23 el contrabajo (el violón; *Mé.:* el tololoche)
- *double bass (contrabass, violone, double bass viol,* Am. *bass)*

24 la tapa armónica
- *belly (top, sound- board)*

25 el costado
- *rib (side wall)*

26 el borde
- *purfling (inlay)*

27 la viola
- *viola*

28-38 los instrumentos de viento-madera
- ***woodwind instruments*** *(woodwinds)*

28 el fagote; *más grande:* el contrafagote
- *bassoon;* larger: *double bassoon (contrabassoon)*

29 la boquilla, con la lengüeta doble
- *tube with double reed*

30 el flautín (el piccolo)
- *piccolo (small flute, piccolo flute, flauto piccolo)*

31 la flauta mayor, una flauta travesera
- *flute (German flute), a cross flute (transverse flute, side-blown flute)*

32 la llave de la flauta
- *key*

33 el agujero
- *fingerhole*

34 el clarinete; *mayor:* el clarinete bajo (*Amér.:* la chirimía)
- *clarinet;* larger: *bass clarinet*

35 la llave
- *key (brille)*

36 la boquilla
- *mouthpiece*

37 el pabellón
- *bell*

38 el oboe; *variedades:* el oboe de amor *m*, los oboes tenor: el oboe de caccia, el corno inglés; el oboe barítono
- *oboe (hautboy);* kinds: *oboe d'amore; tenor oboes: oboe da caccia, cor anglais; heckelphone (baritone oboe)*

39-48 los instrumentos de viento-metal
- ***brass instruments*** *(brass)*

39 el cuerno tenor (el fiscorno), un cornetín
- *tenor horn*

40 el pistón (la válvula)
- *valve*

41 el corno de caza, una trompa de pistones *m*
- *French horn (horn, waldhorn), a valve horn*

42 el pabellón
- *bell*

43 la trompeta; *mayor:* trompeta baja; *más pequeña:* la corneta (de pistones *m*)
- *trumpet;* larger: *Bb cornet;* smaller: *cornet*

44 la tuba (el bombardón); *anál.:* el helicón, la tuba de contrabajo *m*
- *tuba (bombardon), a bass tuba;* sim.: *helicon (pellitone), contrabass tuba*

45 el pulsador
- *thumb hold*

46 el trombón de varas *f; variedades:* el trombón alto, el trombón tenor, el trombón bajo
- *trombone;* kinds: *alto trombone, tenor trombone, bass trombone*

47 la vara corredera
- *trombone slide (slide)*

48 el pabellón
- *bell*

49-59 los instrumentos de percusión *f*
- ***percussion instruments***

49 el triángulo
- *triangle*

50 los platillos
- *cymbals*

51-59 los instrumentos de membrana *f*
- *membranophones*

51 el tambor pequeño (*Pan.:* el repicador; *Perú:* la tinya)
- *side drum (snare drum)*

52 la membrana (la piel, el parche)
- *drum head (head, upper head, batter head, vellum)*

53 el tornillo tensor
- *tensioning screw*

54 la baqueta (el palillo de tambor *m; Amér.:* el bolillo)
- *drumstick*

55 el tambor mayor (el bombo)
- *bass drum (Turkish drum)*

56 la baqueta (el mazo)
- *stick (padded stick)*

57 el timbal, un timbal de tornillos *m; anál.:* el timbal mecánico
- *kettledrum (timpano), a screw-tensioned drum;* sim.: *machine drum (mechanically tuned drum)*

58 la membrana (la piel del timbal)
- *kettledrum skin (kettledrum vellum)*

59 el tornillo tensor para afinar
- *tuning screw*

60 el arpa *f*, una arpa de pedales *m*
- *harp, a pedal harp*

61 las cuerdas
- *strings*

62 el pedal
- *pedal*

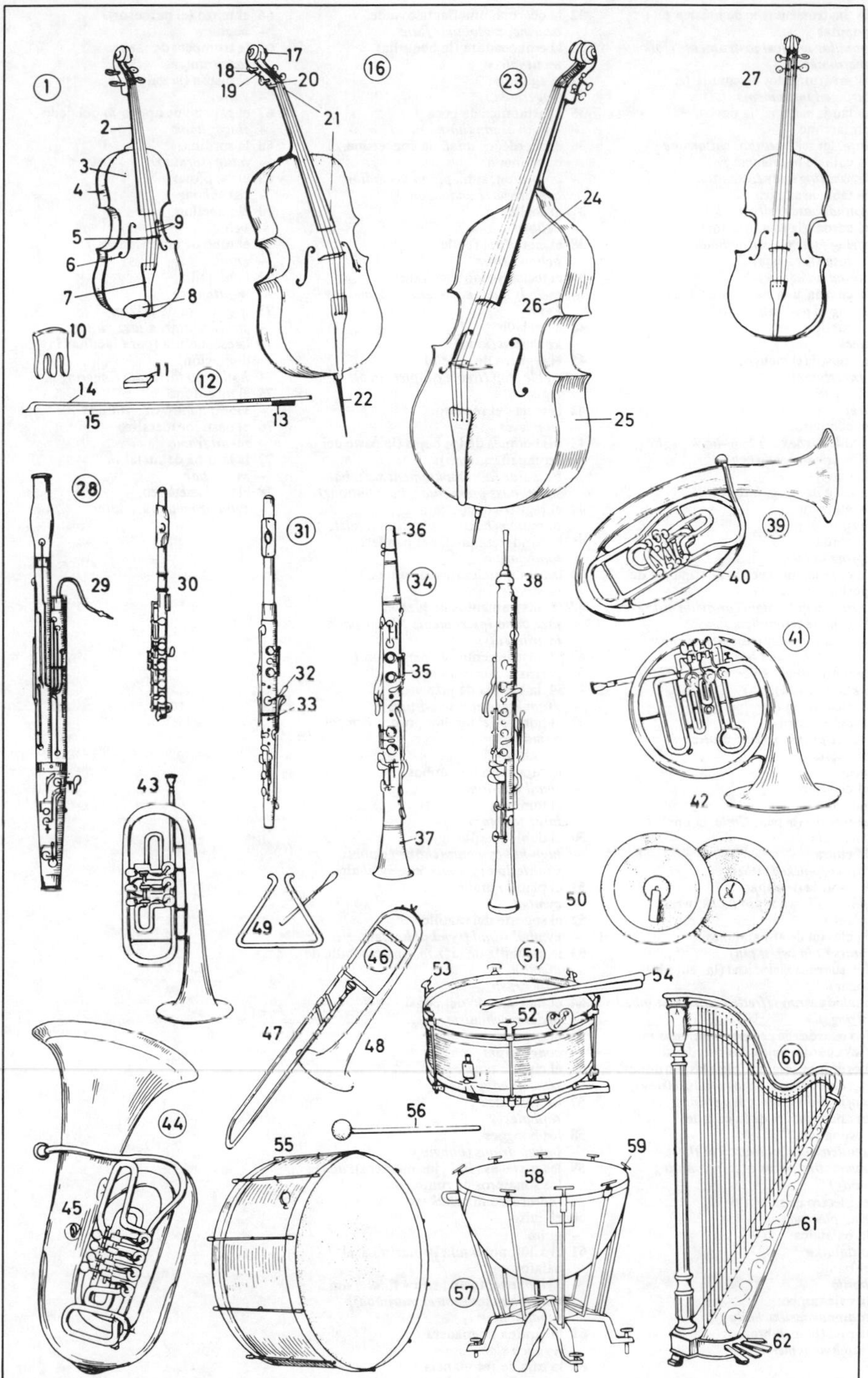
1
2
3
4
5
6
7
8
9
10
11
12
13
14
15
16
17
18
19
20
21
22
23
24
25
26
27
28
29
30
31
32
33
34
35
36
37
38
39
40
41
42
43
44
45
46
47
48
49
50
51
52
53
54
55
56
57
58
59
60
61
62

1-46 instrumentos *m* **de música** *f* **popular**
– ***popular musical instruments*** *(folk instruments)*
1-31 instrumentos de cuerda *f*
– *stringed instruments*
1 el laúd; *mdyores:* la tiorba, el chitarrone
– *lute;* larger: *theorbo, chitarrone*
2 la caja de resonancia *f*
– *resonating body (resonator)*
3 la tabla armónica
– *soundboard (belly, table)*
4 el cordal (la ceja inferior)
– *string fastener (string holder)*
5 la rosa (la tarraja)
– *sound hole (rose)*
6 la cuerda, una cuerda de tripa *f*
– *string, a gut (catgut) string*
7 el cuello
– *neck*
8 el mástil (el mango)
– *fingerboard*
9 el traste
– *fret*
10 el clavijero
– *head (pegbox), a bent-back pegbox;* sim.: *swan-head pegbox*
11 la clavija
– *tuning peg (peg, lute pin)*
12 la guitarra
– *guitar*
13 el cordal
– *string holder*
14 la cuerda, una cuerda de tripa *f* o de perlón *m*
– *string, a gut (catgut) or nylon string*
15 la caja de resonancia *f*
– *resonating body (resonating chamber, resonator, sound box)*
16 la mandolina (*Amér. Central, Chile y Perú:* la bandolina)
– *mandolin (mandoline)*
17 el cubrecuerdas
– *sleeve protector (cuff protector)*
18 el cuello
– *neck*
19 el clavijero
– *pegdisc*
20 el plectro (la púa; *Chile:* la uñeta)
– *plectrum*
21 la cítara
– *zither (plucked zither)*
22 la tablilla de afinar
– *pin block (wrest pin block, wrest plank)*
23 la clavija de afinamiento *m*
– *tuning pin (wrest pin)*
24 las cuerdas melódicas (las cuerdas de tocar)
– *melody strings (fretted strings, stopped strings)*
25 las cuerdas de acompañamiento *m* (las cuerdas bajas, los cuerdas de bordón *m; Arg. y Urug.:* las bordonas)
– *accompaniment strings (bass strings, unfretted strings, open strings)*
26 la encorvadura de la caja de resonancia *f*
– *semicircular projection of the resonating sound box (resonating body)*
27 el plectro de sortija *f*
– *ring plectrum*
28 la balalaica
– *balalaika*
29 el banjo
– *banjo*
30 la caja-tambor
– *tambourine-like body*
31 la piel (la membrana)
– *parchment membrane*
32 la ocarina, una flauta ovoide
– *ocarina, a globular flute*
33 la embocadura (la boquilla)
– *mouthpiece*
34 el agujero
– *fingerhole*
35 la armónica de boca *f*
– *mouth organ (harmonica)*
36 el acordeón; *anál.:* la concertina, el bandoneón
– *accordion;* sim.: *piano accordion, concertina, bandoneon*
37 el fuelle
– *bellows*
38 el cierre del fuelle
– *bellows strap*
39 el teclado-piano melódico
– *melody side (keyboard side, melody keys)*
40 el teclado
– *keyboard (keys)*
41 el registro de tiple *m*
– *treble stop (treble coupler, treble register)*
42 la tecla del registro
– *stop lever*
43 los botones de los bajos (la parte del acompañamiento)
– *bass side (accompaniment side, bass studs, bass press-studs, bass buttons)*
44 el registro de los bajos
– *bass stop (bass coupler, bass register)*
45 la pandereta; *anál.:* el pandero
– *tambourine*
46 las castañuelas (las castañetas)
– *castanets*
47-78 instrumentos de jazz *m*
– ***jazz band instruments*** *(dance band instruments)*
47-58 instrumentos de percusión *f*
– *percussion instruments*
47-54 la batería de jazz *m*
– *drum kit (drum set, drums)*
47 el bombo (el tambor gordo; *Pan.:* el pujador)
– *bass drum*
48 la caja clara (el tambor)
– *small tom-tom*
49 el tom-tom
– *large tom-tom*
50 el doble platillo agudo
– *high-hat cymbals (choke cymbals, Charleston cymbals, cup cymbals)*
51 el platillo grave
– *cymbal*
52 el soporte del platillo
– *cymbal stand (cymbal holder)*
53 la escobilla de jazz *m*, una escobilla de metal *m*
– *wire brush*
54 el mecanismo del pedal
– *pedal mechanism*
55 la conga
– *conga drum (conga)*
56 el círculo tensor
– *tension hoop*
57 los timbales
– *timbales*
58 los bongoes
– *bongo drums (bongos)*
59 las maracas (*Bol.:* los maracos); *anál.:* los sonajeros de rumba *f*
– *maracas;* sim.: *shakers*
60 el guiro
– *guiro*
61 el xilófono; *anál.:* la marimba, el balafo
– *xylophone;* form.: *straw fiddle;* sim.: *marimbaphone (steel marimba), tubaphone*
62 la lámina de madera *f*
– *wooden slab*
63 la caja de resonancia *f*
– *resonating chamber (sound box)*
64 el mazo (el percusor)
– *beater*
65 la trompeta de jazz *m*
– *jazz trumpet*
66 el pistón (la válvula)
– *valve*
67 el gancho de apoyo *m* del dedo
– *finger hook*
68 la sordina
– *mute (sordino)*
69 el saxófono
– *saxophone*
70 el pabellón
– *bell*
71 el tubo de embocadura *f*
– *crook*
72 la boquilla
– *mouthpiece*
73 la guitarra de jazz *m*
– *struck guitar, a jazz guitar*
74 la escotadura (para facilitar la digitación)
– *hollow to facilitate fingering*
75 el vibráfono
– *vibraphone (*Am. *vibraharp)*
76 el bastidor metálico
– *metal frame*
77 la lámina de metal *m*
– *metal bar*
78 el tubo metálico
– *tubular metal resonator*

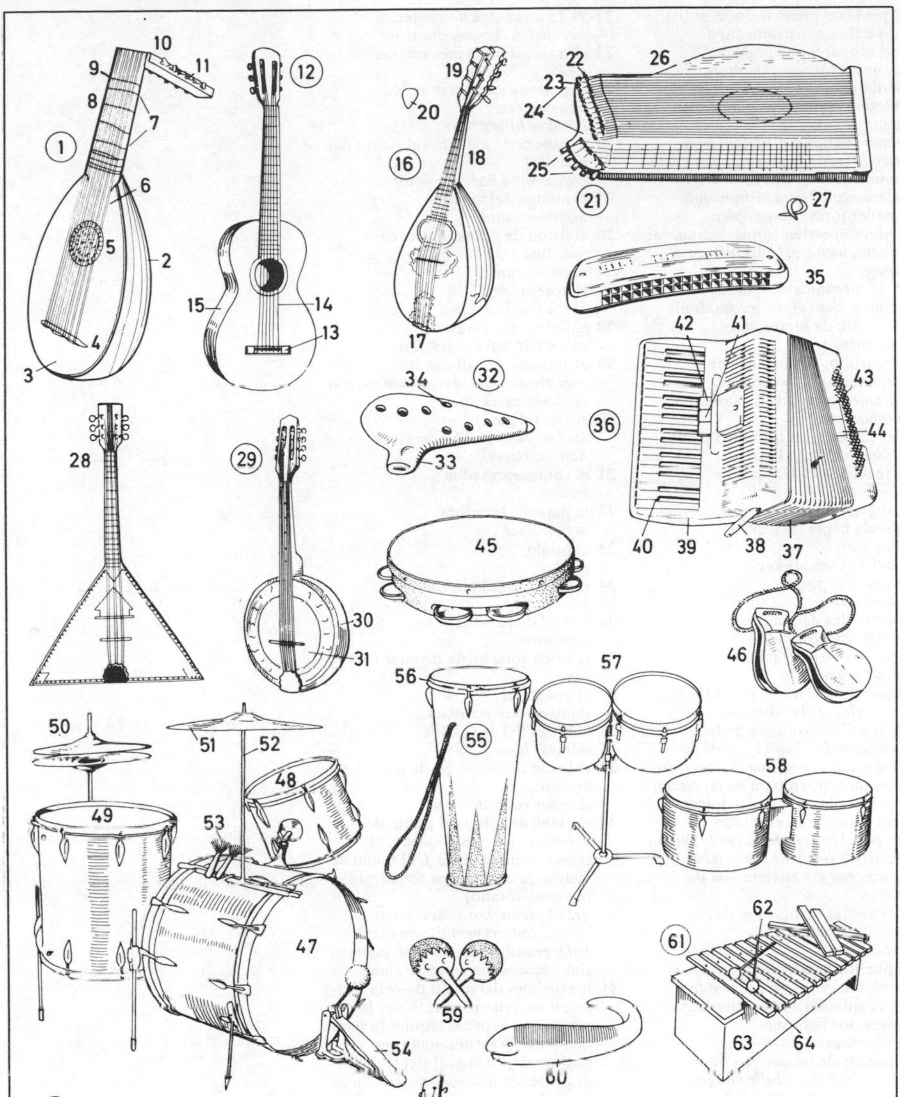
1
2
3
4
5
6
7
8
9
10
11
12
13
14
15
16
17
18
19
20
21
22
23
24
25
26
27
28
29
30
31
32
33
34
35
36
37
38
39
40
41
42
43
44
45
46
47
48
49
50
51
52
53
54
55
56
57
58
59
60
61
62
63
64
65
66
67
68
69
70
71
72
73
74
75
76
77
78

1 **el piano** (el piano recto, el piano vertical), un instrumento de teclado *m*; *forma pequeña:* el pianino; *formas antecesoras:* el pantaleón, el clavicordio; la celesta que tiene lengüetas *f* en lugar de cuerdas *f*
– ***piano*** *(pianoforte, upright piano, upright, vertical piano, spinet piano, console piano), a keyboard instrument (keyed instrument);* smaller form: *cottage piano (pianino);* earlier forms: *pantaleon; celesta, with steel bars instead of strings*
2-18 la mecánica del piano
– *piano action (piano mechanism)*
2 el cuadro de hierro *m*
– *iron frame*
3 el martillo; *en conjunto:* el mecanismo de percusión *f*
– *hammer;* collectively: *striking mechanism*
4-5 el teclado (las teclas del piano)
– *keyboard (piano keys)*
4 la tecla blanca (la tecla de marfil *m*)
– *white key (ivory key)*
5 la tecla negra (la tecla de ébano *m*)
– *black key (ebony key)*
6 la caja del piano
– *piano case*
7 las cuerdas del piano
– *strings (piano strings)*
8-9 los pedales del piano
– *piano pedals*
8 el pedal derecho (el pedal fuerte), para reforzar la vibración
– *right pedal (sustaining pedal, damper pedal;* loosely: *forte pedal, loud pedal) for raising the dampers*
9 el pedal izquierdo (el pedal piano, el pedal suave, el pedal dulce) para amortiguar el sonido
– *left pedal (soft pedal;* loosely: *piano pedal) for reducing the striking distance of the hammers on the strings*
10 las cuerdas de tiples *m* (las cuerdas agudas)
– *treble strings*
11 el puente de las cuerdas tiples *m*
– *treble bridge (treble belly bridge)*
12 las cuerdas bajas (las cuerdas graves, los bordones)
– *bass strings*
13 el puente de las cuerdas bajas
– *bass bridge (bass belly bridge)*
14 la clavija de sujeción *f*
– *hitch pin*
15 la barra soporte de los martillos
– *hammer rail*
16 el soporte del mecanismo
– *brace*
17 la clavija de afinamiento *m*
– *tuning pin (wrest pin, tuning peg)*
18 la tabla-clavijero
– *pin block (wrest pin block, wrest plank)*
19 el metrónomo
– *metronome*
20 la llave de afinar
– *tuning hammer (tuning key, wrest)*
21 la cuña para afinar
– *tuning wedge*
22-39 la mecánica de las teclas
– *key action (key mechanism)*
22 el travesaño del mecanismo
– *beam*
23 la palanca que acciona los apagadores
– *damper-lifting lever*
24 la cabeza de macillo (el fieltro del macillo)
– *felt-covered hammer head*
25 el mango del macillo
– *hammer shank*
26 el listón de apoyo *m* de los macillos
– *hammer rail*
27 el apresador
– *check (back check)*
28 el fieltro del apresador
– *check felt (back check felt)*
29 el alambre del apresador
– *wire stem of the check (wire stem of the back check)*
30 el cric (el gato)
– *sticker (hopper, hammer jack, hammer lever)*
31 el contraapresador
– *button*
32 la palanca levadora
– *action lever*
33 el piloto
– *pilot*
34 el alambre del piloto
– *pilot wire*
35 el astil de la brida
– *tape wire*
36 la brida (una brida de cuero *m*)
– *tape*
37 el apagador
– *damper (damper block)*
38 el brazo del apagador
– *damper lifter*
39 el listón de apoyo *m* de los apagadores
– *damper rest rail*
40 **el piano de cola** *f* (el piano de concierto *m*; *más pequeño:* el piano de media cola *f*; el piano de cuarto de cola *f*; *otra forma:* el piano cuadrado)
– ***grand piano*** *(horizontal piano, grand, concert grand);* smaller: *baby grand piano, boudoir piano;* sim.: *square piano, table piano*
41 los pedales del piano de cola *f*; el pedal derecho para reforzar la vibración; el pedal izquierdo para disminuir la resonancia (por deslizamiento lateral del teclado; es golpeada una sola cuerda "una corda")
– *grand piano pedals; right pedal for raising the dampers; left pedal for softening the tone [shifting the keyboard so that only one string is struck 'una corda']*
42 el soporte del pedal
– *pedal bracket*
43 **el armonio** (el órgano)
– ***harmonium*** *(reed organ, melodium)*
44 el registro
– *draw stop (stop, stop knob)*
45 las rodilleras
– *knee lever (knee swell, swell)*
46 los pedales que accionan el fuelle (los pedales neumáticos)
– *pedal (bellows pedal)*
47 la caja del armonio
– *harmonium case*
48 el teclado (manual)
– *harmonium keyboard (manual)*

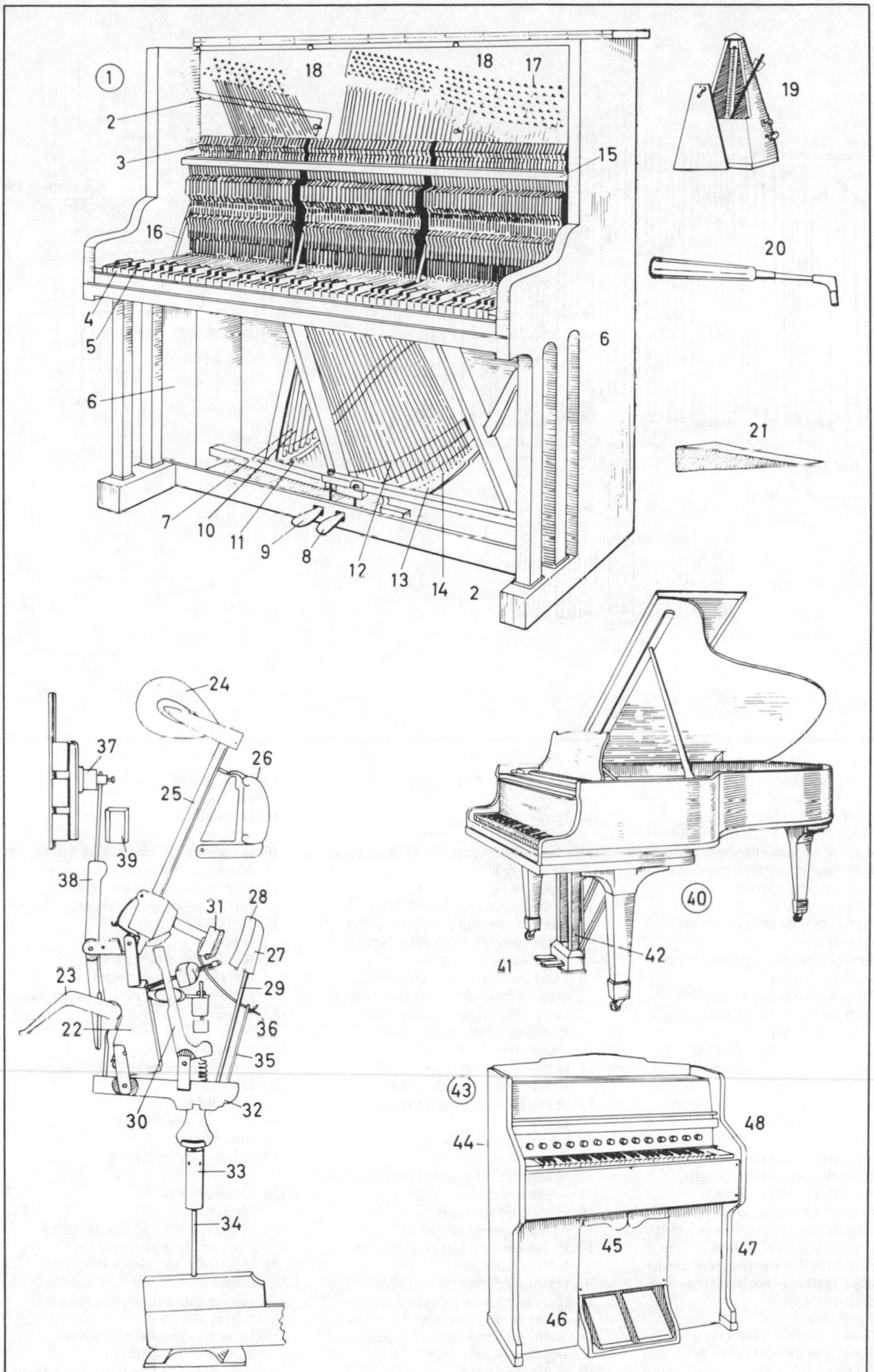
1
2
3
4
5
6
7
8
9
10
11
12
13
14
15
16
17
18
19
20
21
22
23
24
25
26
27
28
29
30
31
32
33
34
35
36
37
38
39
40
41
42
43
44
45
46
47
48

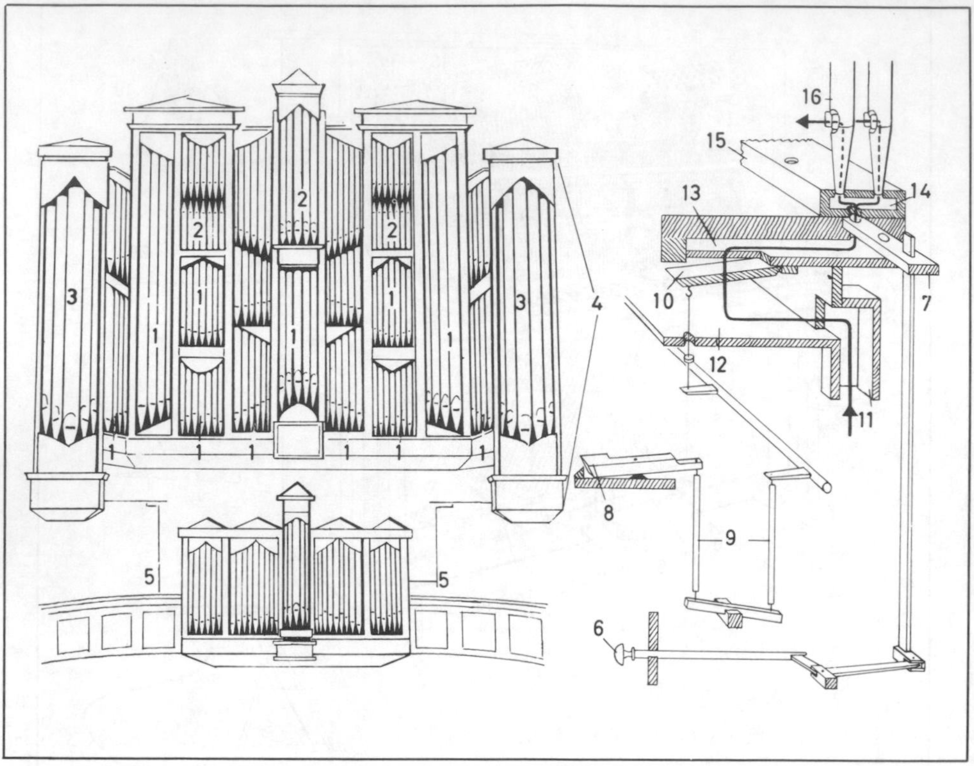

1-52 el órgano (el órgano de iglesia *f*)
- ***organ;*** here: *church organ*

1-5 los cañones postizos (la tubería postiza; la fachada de órgano *m*)
- *front view of organ (organ case) [built according to classical principles]*

1-3 los tubos de la fachada del órgano
- *display pipes (face pipes)*

1 la caja principal
- *Hauptwerk (*approx. English equivalent: *great organ)*

2 la caja superior
- *Oberwerk (*approx. English equivalent: *swell organ)*

3 los tubos de pedal *m*
- *pedal pipes*

4 la torre de pedal *m*
- *pedal tower*

5 el positivo dorsal
- *Rückpositiv (*approx. English equivalent: *choir organ)*

6-16 la transmisión mecánica; *otros sitemas:* la transmisión neumática, la transmisión eléctrica
- *tracker action (mechanical action);* other systems: *pneumatic action, electric action*

6 el registro
- *draw stop (stop, stop knob)*

7 el registro de corredera *f*
- *slider (slide)*

8 la tecla
- *key (key lever)*

9 las varillas transmisoras
- *sticker*

10 la válvula
- *pallet*

11 el canal de viento *m* (el conducto de aire *m*)
- *wind trunk*

12-14 el secreto (el distribuidor de aire *m*), un secreto de corredera *f; otros tipos:* el cono resonante, la membrana resonadora
- *wind chest, a slider wind chest;* other types: *sliderless wind chest (unit wind chest), spring chest, kegellade chest (cone chest), diaphragm chest*

12 la cámara de aire *m*
- *wind chest (wind chest box)*

13 el canal de la caja de resonancia *f*
- *groove*

14 el canal de la caja superior
- *upper board groove*

15 el soporte (el zócalo) de los tubos
- *upper board*

16 el tubo de un registro
- *pipe of a particular stop*

17-35 los tubos de órgano *m* (los tubos acústicos)
- *organ pipes (pipes)*

17-22 el tubo de lengüeta *f* de metal *m*, un trombón de varas *f*
- *metal reed pipe;* set of pipes: *reed stop, a posaune stop*

17 el pie (la punta)
- *boot*

18 la garganta
- *shallot*

19 la lengüeta
- *tongue*

20 la cabeza (el núcleo) de plomo *m*
- *block*

21 el alambre afinador
- *tuning wire (tuning crook)*

22 el pabellón
- *tube*

23-30 el tubo abierto labial de metal *m*, un salicional
- *open metal flue pipe, a salicional*

23 el pie
- *foot*

24 el paso del aire
- *flue pipe windway (flue pipe duct)*

25 la boca
- *mouth (cutup)*

26 al labio inferior
- *lower lip*

27 el labio superior
- *upper lip*

28 el obturador
- *languid*

29 el cuerpo (el cañón) del tubo
- *body of the pipe (pipe)*

30 la entalla, un dispositivo para afinar
- *tuning flap (tuning tongue), a tuning device*

31-33 el tubo labial abierto de madera *f*, un principal
- *open wooden flue pipe (open wood), principal (diapason)*

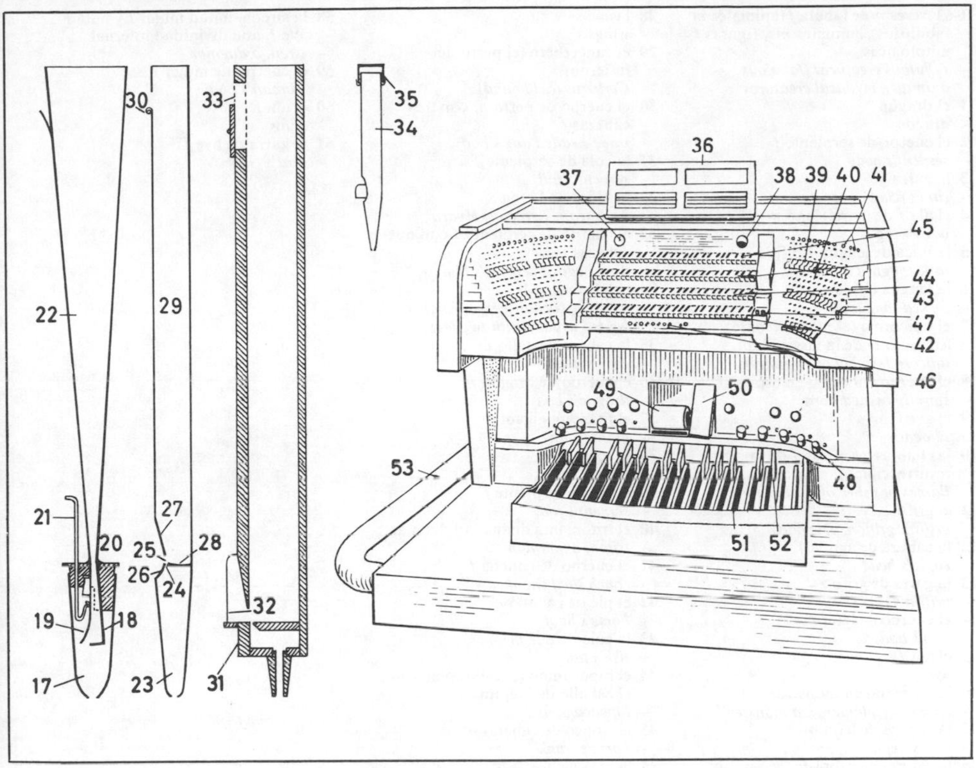

31 la cápsula (el secreto)
– *cap*
32 el oído
– *ear*
33 la entella de afinar, con corredera *f*
– *tuning hole (tuning slot), with slide*
34 el tubo labial tapado
– *stopped flue pipe*
35 el sombrero metálico (el casquete metálico)
– *stopper*
36-52 la consola de un órgano de transmisión *f* eléctrica
– *organ console (console) of an electric action organ*
36 el atril
– *music rest (music stand)*
37 el indicador de posición *f* de los rodillos
– *crescendo roller indicator*
38 el voltímetro
– *voltmeter*
39 la tecla de registro *m*
– *stop tab (rocker)*
40 la tecla para juegos *m* libres
– *free combination stud (free combination knob)*
41 el anulador de los juegos de lengüetería *f*, acoplamientos *m*, etc.
– *cancel buttons for reeds, couplers etc.*
42 el manual I, para el positivo dorsal (el órgano de coro *m*)
– *manual I, for the Rückpositiv (choir organ)*
43 el manual II, para la caja principal
– *manual II, for the Hauptwerk (great organ)*
44 el manual III, para la caja superior
– *manual III, for the Oberwerk (swell organ)*
45 el manual IV, para el solo de órgano *m*
– *manual IV, for the Schwellwerk (solo organ)*
46 los botones pulsadores y los botones de combinación *f*, para el registro manual, las combinaciones libres o fijas y combinaciones *f* mixtas
– *thumb pistons controlling the manual stops (free or fixed combinations) and buttons for setting the combinations*
47 los interruptores de aire *m* y de corriente *f*
– *switches for current to blower and action*
48 el pistón a pedal *m*, para el acoplamiento
– *toe piston, for the coupler*
49 el rodillo de crescendo *m*
– *crescendo roller (general crescendo roller)*
50 el pedal de expresión *f*
– *balanced swell pedal*
51 el pedal de notas *f* naturales
– *pedal key [natural]*
52 el pedal de notas *f* alteradas
– *pedal key [sharp or flat]*
53 el cable
– *cable (transmission cable)*

1-61 seres *m* **de fábula** *f* (animales *m* fabulosos), animales *m* y figuras *f* mitológicas
- ***fabulous creatures*** *(fabulous animals), mythical creatures*

1 el dragón
- *dragon*

2 el cuerpo de serpiente *f*
- *serpent's body*

3 la garra
- *claws (claw)*

4 el ala *f* de murciélago *m*
- *bat's wing*

5 la boca de lengua *f* bífida
- *fork-tongued mouth*

6 la lengua bífida
- *forked tongue*

7 el unicornio (el monoceronte) [símbolo *m* de la virginidad]
- *unicorn [symbol of virginity]*

8 el cuerno retorcido en espiral *f*
- *spirally twisted horn*

9 el ave fénix
- *Phoenix*

10 las llamas o cenizas *f* de la resurrección
- *flames or ashes of resurrection*

11 el grifo
- *griffin (griffon, gryphon)*

12 la cabeza de águila *f*
- *eagle's head*

13 la garra de grifo *m*
- *griffin's claws*

14 el cuerpo de león *m*
- *lion's body*

15 el ala *f*
- *wing*

16 la quimera, un monstruo
- *chimera (chimaera), a monster*

17 la cabeza de león *m*
- *lion's head*

18 la cabeza de cabra *f*
- *goat's head*

19 el cuerpo de dragón *m* [y la cola de culebra *f*]
- *dragon's body*

20 la esfinge, una figura simbólica
- *sphinx, a symbolic figure*

21 la cabeza humana
- *human head*

22 el cuerpo de león *m*
- *lion's body*

23 la sirena, la sirena de cola *f* de pez *m* (la ondina, la náyade, la ninfa); *anál.:* la nereida, la oceánida (divinidades *f* marinas; diosas *f* del mar); *varón:* el tritón
- *mermaid (nix, nixie, water nixie, sea maid, sea maiden, naiad, water nymph, water elf, ocean nymph, sea nymph, river nymph);* sim.: *Nereids, Oceanids (sea divinities, sea deities, sea goddesses);* male: *nix (merman, seaman)*

24 el cuerpo de mujer *f*
- *woman's trunk*

25 la cola de pez *m* (la cola de delfín *m*)
- *fish's tail;* sim.: *dolphin's tail*

26 Pegaso (el corcel de los poetas, el corcel de las musas, el caballo alado)
- *Pegasus (winged horse);* sim.: *hippogryph*

27 el cuerpo de caballo *m*
- *horse's body*

28 las alas
- *wings*

29 el cancerbero (el perro del infierno)
- *Cerberus (hellhound)*

30 el cuerpo de perro *m* con tres cabezas *f*
- *three-headed dog's body*

31 la cola de serpiente *f*
- *serpent's tail*

32 la hidra de Lerna
- *Lernaean (Lernean) Hydra*

33 el cuerpo de serpiente *f* con nueve cabezas *f*
- *nine-headed serpent's body*

34 el basilisco
- *basilisk (cockatrice) [in English legend usually with two legs]*

35 la cabeza de gallo *m*
- *cock's head*

36 el cuerpo de dragón *m*
- *dragon's body*

37 el titán, un gigante
- *giant (titan)*

38 la roca
- *rock*

39 el pie de serpiente *f*
- *serpent's foot*

40 el tritón, una divinadad del mar
- *triton, a merman*

41 el cuerno de concha *f*
- *conch shell trumpet*

42 el pie de caballo *m*
- *horse's hoof*

43 la cola de pez *m*
- *fish's tail*

44 el hipocampo (el caballo marino, el caballo de Neptuno)
- *hippocampus*

45 el tronco de caballo *m*
- *horse's trunk*

46 la cola de pez *m*
- *fish's tail*

47 el toro marino, un monstruo marino
- *sea ox, a sea monster*

48 el cuerpo de toro *m*
- *monster's body*

49 la cola de pez *m*
- *fish's tail*

50 el dragón de las siete cabezas de la revelación (la bestia del Apocalipsis)
- *seven-headed dragon of St. John's Revelation (Revelations, Apocalypse)*

51 el ala *f*
- *wing*

52 el centauro, un ser mitad hombre *m* y mitad caballo *m* (el hipocentauro)
- *centaur (hippocentaur), half man and half beast*

53 el torso de hombre *m* con arco *m* y flecha *f*
- *man's body with bow and arrow*

54 el cuerpo de caballo *m*
- *horse's body*

55 la arpía, un espíritu del aire (un espíritu de la tempestad)
- *harpy, a winged monster*

56 la cabeza de mujer *f*
- *woman's head*

57 el cuerpo de ave *f*
- *bird's body*

58 la sirena, mitad mujer *f* y mitad ave *f*, una divinidad infernal
- *siren, a daemon*

59 el cuerpo de mujer *f*
- *woman's body*

60 el ala *f*
- *wing*

61 la garra de ave *f*
- *bird's claw*

1
2
3
4
5
6
7
8
9
10
11
12
13
14
15
16
17
18
19
20
21
22
23
24
25
26
27
28
29
30
31
32
33
34
35
36
37
38
39
40
41
42
43
44
45
46
47
48
49
50
51
52
53
54
55
56
57
58
59
60
61

1-40 hallazgos prehistóricos
- *prehistoric finds*

1-9 el período paleolítico y **el período mesolítico**
- ***Old Stone Age*** *(Palaeolithic, Paleolithic, period) and* ***Mesolithic period***

1 el hacha *f* de sílex *m*, de pedernal *m*
- *hand axe* (Am. *ax) (fist hatchet), a stone tool*

2 la punta de flecha *f* arrojadiza, de hueso *m*
- *head of throwing spear, made of bone*

3 el arpón, de hueso *m*
- *bone harpoon*

4 la punta
- *head*

5 el dardo arrojadizo, de la cornamenta del reno
- *harpoon thrower, made of reindeer antler*

6 el guijarro pintado
- *painted pebble*

7 la cabeza de caballo *m* salvaje, una talla
- *head of a wild horse, a carving*

8 el ídolo de la Edad de Piedra, una estatuilla de marfil *m*
- *Stone Age idol, an ivory statuette*

9 el bisonte, una pintura rupestre [pintura *f* de las cavernas]
- *bison, a cave painting (rock painting) [cave art, cave painting]*

10-20 el período neolítico
- ***New Stone Age*** *(Neolithic period)*

10 el ánfora *f* [cerámica *f* acordelada, cerámica *f* de cordel *m*]
- *amphora [corded ware]*

11 la olla abombada [civilización *f* megalítica]
- *bowl [menhir group]*

12 la botella de cuello *m* [cultura *f* de los vasos de embudo *m*]
- *collared flask [Funnel-Beaker culture]*

13 la vasija adornada con espirales *f* [cerámica de cintas *f*]
- *vessel with spiral pattern [spiral design pottery]*

14 el vaso campaniforme [cultura *f* de los vasos campaniformes]
- *bell beaker [beaker pottery]*

15 el palafito, una vivienda lacustre
- *pile dwelling (lake dwelling, lacustrine dwelling)*

16 el dolmen, una tumba megalítica; *otras clases:* el pasillo mortuorio, la galería mortuoria; *cubierto de tierra f, guijas f, piedras f:* el túmulo
- *dolmen (cromlech), a megalithic tomb* (coll.: *giant's tomb);* other kinds: *passage grave, gallery grave (long cist);* when covered with earth: *tumulus (barrow, mound)*

17 el cofre sepulcral de piedra *f* con inhumación *f* en posición *f* encogida
- *stone cist, a contracted burial*

18 el menhir (*anál.:* el Hinkelstein alemán, un monolito)
- *menhir (standing stone), a monolith*

19 el hacha *f* en forma *f* de barco *m*, una hacha de combate *m* de piedra *f*
- *boat axe* (Am. *ax), a stone battle axe*

20 la figurita humana de terracota *f* (un ídolo)
- *clay figurine, an idol*

21-40 la Edad de Bronce y **la Edad de Hierro;** *épocas:* el período de Hallstatt, el período de La Tène
- ***Bronze Age and Iron Age;*** epochs: *Hallstatt period, La Tène period*

21 la punta de lanza *f* de bronce *m*
- *bronze spear head*

22 el puñal de bronce *m* con empuñadura *f*
- *hafted bronze dagger*

23 el hacha *f* de cubo *m*, una hacha de bronce *m* con el mango sujetado por medio de arandelas *f*
- *socketed axe* (Am. *ax) with haft fastened to rings, a bronze axe*

24 el disco (el broche) del cinturón
- *girdle clasp*

25 la gargantilla
- *necklace (lunula)*

26 el collar de oro *m*
- *gold neck ring*

27 la fíbula de arco *m* de violín *m*, una fíbula (imperdible *m*)
- *violin-bow fibula (safety pin)*

28 la fíbula serpentiforme; *otras clases:* la fíbula de barca *f;* la fíbula de ballesta *f*
- *serpentine fibula;* other kinds: *boat fibula, arc fibula*

29 la aguja de cabeza *f* esférica
- *bulb-head pin, a bronze pin*

30 la fíbula de doble espiral *f; anál.:* la fíbula de discos *m*
- *two-piece spiral fibula;* sim.: *disc (disk) fibula*

31 el cuchillo de bronce *m* con mango *m*
- *hafted bronze knife*

32 la llave de hierro *m*
- *iron key*

33 la reja de arado *m*
- *ploughshare* (Am. *plowshare)*

34 la sítula de chapa *f* de bronce *m*, una ofrenda funeraria
- *sheet-bronze situla, a funerary vessel*

35 el cántaro de asa *f* [cerámica *f* de incisiones *f* de muescas *f*]
- *pitcher [chip-carved pottery]*

36 el carro para el culto en miniatura *f* (carro *m* para el culto)
- *miniature ritual cart (miniature ritual chariot)*

37 la moneda celta de plata *f*
- *Celtic silver coin*

38 la urna en forma *f* de cara *f*, una urna cineraria; *otras formas:* la urna en forma *f* de casa *f;* la urna abollonada
- *face urn, a cinerary urn;* other kinds: *domestic urn, embossed urn*

39 la tumba-urna en una cámara hecha con piedras *f*
- *urn grave in stone chamber*

40 la urna de cuello *m* cilíndrico
- *urn with cylindrical neck*

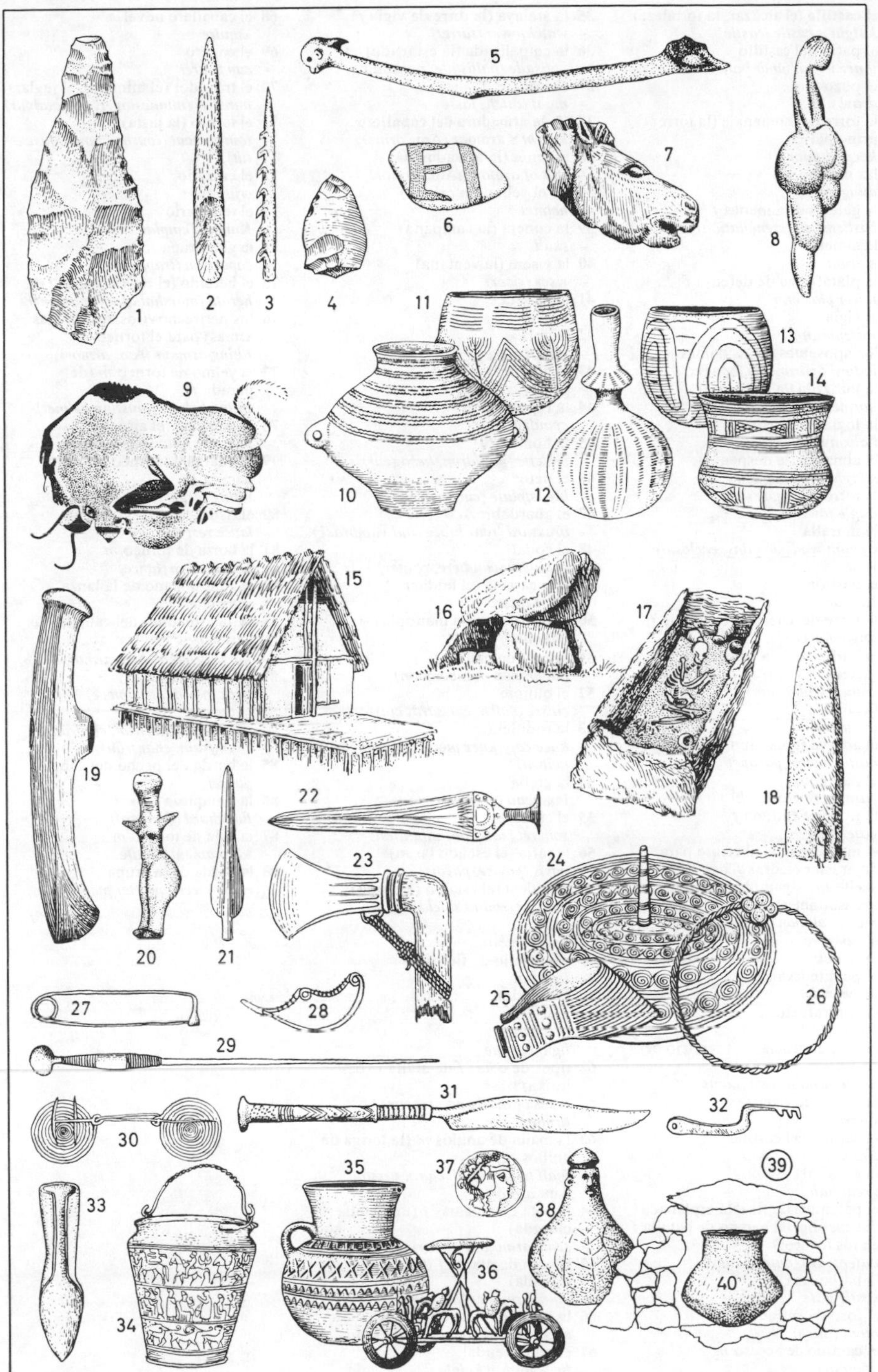
1
2
3
4
5
6
7
8
9
10
11
12
13
14
15
16
17
18
19
20
21
22
23
24
25
26
27
28
29
30
31
32
33
34
35
36
37
38
39
40

1 **el castillo** (el alcázar, la fortaleza)
– ***knight's castle*** *(castle)*
2 el patio del castillo
– *inner ward (inner bailey)*
3 el pozo
– *draw well*
4 la torre del homenaje (la torre principal)
– *keep (donjon)*
5 las mazmorras
– *dungeon*
6 la galería de almenas *f*
– *battlements (crenellation)*
7 la almena
– *merlon*
8 la plataforma de defensa *f*
– *tower platform*
9 el vigía
– *watchman*
10 los aposentos de las damas
– *ladies' apartments (bowers)*
11 la buharda (la lumbrera)
– *dormer window (dormer)*
12 la logia (el balcón)
– *balcony*
13 el almacén (la despensa)
– *storehouse (magazine)*
14 la torre de ángulo *m*
– *angle tower*
15 la muralla
– *curtain wall (curtains, enclosure wall)*
16 el bastión
– *bastion*
17 la torre del cuerpo de guardia *f*
– *angle tower*
18 la barbacana (la tronera, la saetera)
– *crenel (embrasure)*
19 la cortina
– *inner wall*
20 el adarve (el camino de ronda *f*)
– *battlemented parapet*
21 el parapeto
– *parapet (breastwork)*
22 la torre de entrada *f*
– *gatehouse*
23 el matacán [una abertura para dejar caer piedras *f*, pez *f*, aceite *m* y agua *f* hirviendo sobre los asaltantes]
– *machicolation (machicoulis)*
24 el rastrillo
– *portcullis*
25 el puente levadizo
– *drawbridge*
26 el contrafuerte
– *buttress*
27 las dependencias del servicio del castillo
– *offices and service rooms*
28 la garita de vigía *f*
– *turret*
29 la capilla del castillo
– *chapel*
30 la gran sala
– *great hall*
31 el palenque (la liza, la esplanada del castillo) [el campo de batalla *f* en los torneos]
– *outer ward (outer bailey)*
32 la barbacana
– *castle gate*
33 el foso de entrada *f*
– *moat (ditch)*
34 el camino de acceso *m*
– *approach*
35 la atalaya (la torre de vigía *f*)
– *watchtower (turret)*
36 la empalizada (la estacada)
– *palisade (pallisade, palisading)*
37 el foso
– *moat (ditch, fosse)*
38-65 la armadura del caballero
– ***knight's armour*** (Am. *armor)*
38 el arnés (la armadura)
– *suit of armour* (Am. *armor)*
39-42 el yelmo (la celada)
– *helmet*
39 la cimera (la campana)
– *skull*
40 la visera (la ventana)
– *visor (vizor)*
41 la babera
– *beaver*
42 la gola
– *throat piece*
43 la gorguera
– *gorget*
44 la espaldera
– *epaulière*
45 la hombrera
– *pallette (pauldron, besageur)*
46 el peto
– *breastplate (cuirass)*
47 el guardabrazo
– *brassard (rear brace and vambrace)*
48 el codal
– *cubitière (coudière, couter)*
49 la escarcela (el faldar)
– *tasse (tasset)*
50 el guantelete (la manopla)
– *gauntlet*
51 la cota de mallas *f*
– *habergeon (haubergeon)*
52 el quijote
– *cuisse (cuish, cuissard, cuissart)*
53 la rodillera
– *knee cap (knee piece, genouillère, poleyn)*
54 la greba
– *jambeau (greave)*
55 el escarpe
– *solleret (sabaton, sabbaton)*
56 la tarja (el escudo largo)
– *pavis (pavise, pavais)*
57 la rodela (el escudo redondo)
– *buckler (round shield)*
58 la bloca
– *boss (umbo)*
59 el capiello de fierro *m*
– *iron hat*
60 el morrión
– *morion*
61 la barbuta
– *light casque*
62 tipos de cotas *f* de malla *f* (de loriga *f*)
– *types of mail and armour* (Am. *armor)*
63 la malla de anillos *m* (la loriga de anillos *m*)
– *mail (chain mail, chain armour,* Am. *armor)*
64 la cota de escamas *f* (una malla clavada)
– *scale armour* (Am. *armor)*
65 la cota de placas *f* (una malla clavada)
– *plate armour* (Am. *armor)*
66 **la investidura de caballero**
– ***accolade*** *(dubbing, knighting)*
67 el señor feudal
– *liege lord, a knight*
68 el caballero novel
– *esquire*
69 el copero
– *cup bearer*
70 el trovador (el ministril, el juglar)
– *minstrel (minnesinger, troubadour)*
71 **el torneo (la justa)**
– ***tournament*** *(tourney, joust, just, tilt)*
72 el cruzado
– *crusader*
73 el templario
– *Knight Templar*
74 la gualdrapa
– *caparison (trappings)*
75 el heraldo (el rey de armas *f*)
– *herald (marshal at tournament)*
76 los pertrechos (los arneses, las armas) para el torneo
– *tilting armour* (Am. *armor)*
77 el yelmo de torneo *m* (de parada *f*)
– *tilting helmet (jousting helmet)*
78 el penacho (el airón)
– *panache (plume of feathers)*
79 la adarga de torneo *m* (de parada *f*)
– *tilting target (tilting shield)*
80 el ristre
– *lance rest*
81 la lanza de torneo *m*
– *tilting lance (lance)*
82 el guardamano de la lanza
– *vamplate*
83-88 la armadura del caballo (las bardas)
– *horse armour* (Am. *armor)*
83 la capizana
– *neck guard (neck piece)*
84 la testera
– *chamfron (chaffron, chafron, chamfrain, chanfron)*
85 la barda del pecho del caballo
– *poitrel*
86 la flanqueza
– *flanchard (flancard)*
87 la silla de torneo *m*
– *tournament saddle*
88 la barda de la grupa
– *rump piece (quarter piece)*

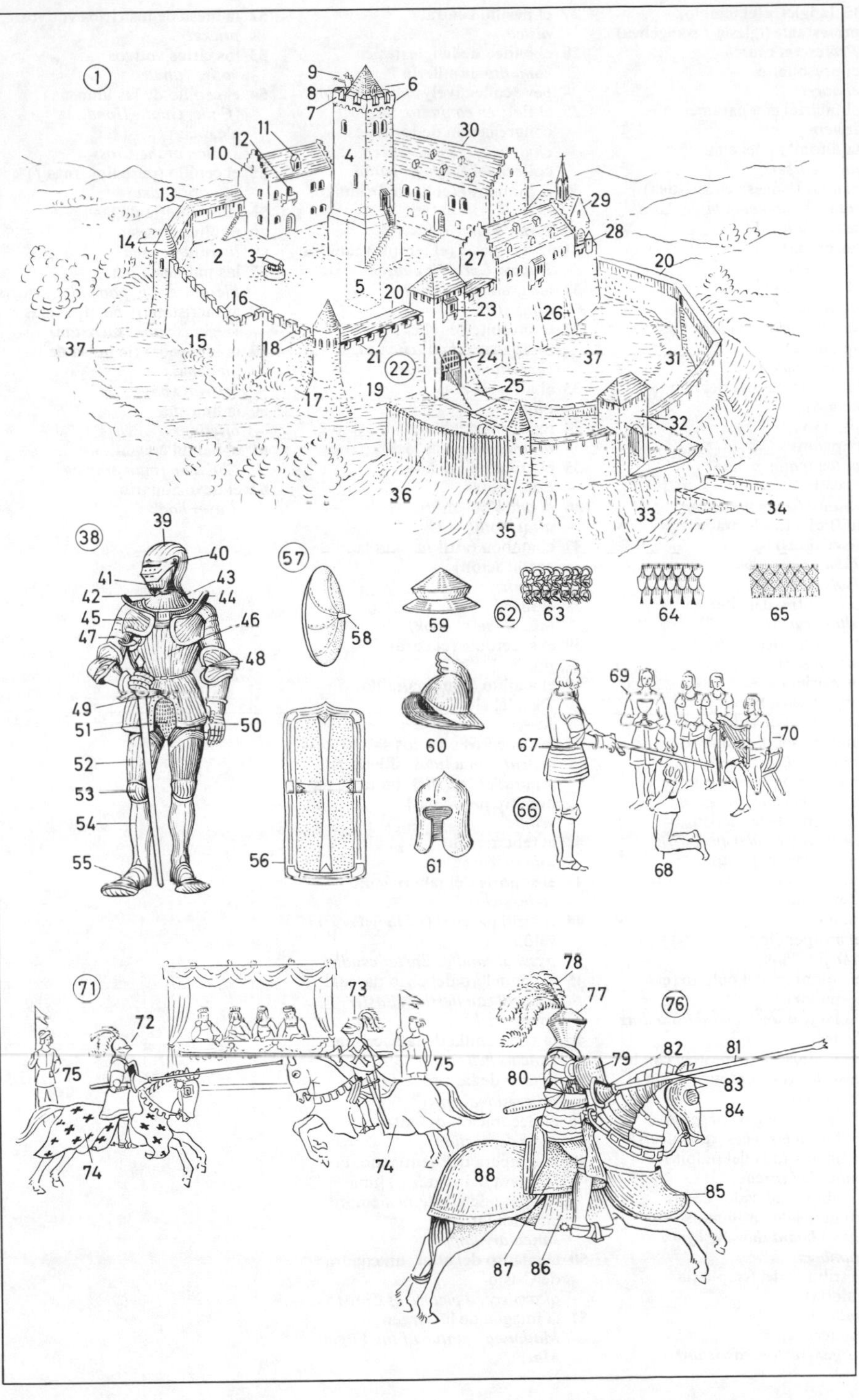
1
2
3
4
5
6
7
8
9
10
11
12
13
14
15
16
17
18
19
20
21
22
23
24
25
26
27
28
29
30
31
32
33
34
35
36
37
38
39
40
41
42
43
44
45
46
47
48
49
50
51
52
53
54
55
56
57
58
59
60
61
62
63
64
65
66
67
68
69
70
71
72
73
74
75
76
77
78
79
80
81
82
83
84
85
86
87
88

1-30 la iglesia (el templo) **protestante (iglesia** *f* **evangélica)**
– ***Protestant church***
1 el presbiterio
– *chancel*
2 el facistol con paramento *m*
– *lectern*
3 la alfombra del altar
– *altar carpet*
4 el altar (la mesa eucarística)
– *altar (communion table, Lord's table, holy table)*
5 las gradas del altar
– *altar steps*
6 el paño del altar
– *altar cloth*
7 el cirio del altar (*Mé.:* la veladora)
– *altar candle*
8 la píxide (la caja del pan ácimo)
– *pyx (pix)*
9 la patena
– *paten (patin, patine)*
10 el cáliz
– *chalice (communion cup)*
11 la Biblia (las Sagradas Escrituras)
– *Bible (Holy Bible, Scriptures, Holy Scripture)*
12 el crucifijo del altar
– *altar crucifix*
13 el cuadro del altar
– *altarpiece*
14 la vidriera
– *church window*
15 la pintura de vidrio *m* (la pintura sobre cristal *m*)
– *stained glass*
16 el candelabro de pared *f*
– *wall candelabrum*
17 la puerta de la sacristía
– *vestry door (sacristy door)*
18 la escalera del púlpito
– *pulpit steps*
19 el púlpito
– *pulpit*
20 el antipendio
– *antependium*
21 el sombrero del púlpito (el tornavoz)
– *canopy, a soundboard (sounding board)*
22 el predicador (el pastor) con las vestiduras sacerdotales (con el sobrepelliz)
– *clergyman,* e.g. *vicar, pastor, rector, in his robes (canonicals)*
23 la balaustrada del púlpito
– *pulpit balustrade*
24 el tablón indicador de los números de los himnos
– *hymn board showing hymn numbers*
25 la tribuna del templo (la galería)
– *gallery*
26 el sacristán
– *verger (sexton, sacristan)*
27 el pasillo central
– *aisle*
28 el banco de la iglesia; *en conjunto:* la sillería
– *pew;* collectively: *pews (seating)*
29 el fiel; *en conjunto:* la congregación de los fieles
– *churchgoer (worshipper);* collectively: *congregation*
30 el himnario (el libro de himnos *m*)
– *hymn book*
31-62 la iglesia (el templo) **católica**
– ***Roman Catholic church***
31 las gradas del altar
– *altar steps*
32 el presbiterio (el coro)
– *presbytery (choir, chancel, sacrarium, sanctuary)*
33 el altar (el ara)
– *altar*
34 los cirios del altar
– *altar candles*
35 el crucifijo del altar
– *altar cross*
36 el paño del altar
– *altar cloth*
37 el ambón (atril *m* para la predicación)
– *lectern*
38 el misal
– *missal (mass book)*
39 el sacerdote (el cura)
– *priest*
40 el acólito (el monaguillo; *S. Dgo.:* el clérigo)
– *server*
41 los asientos para los sacerdotes [*asientos m unidos:* sillería *f; separados, móviles:* no tiene un nombre particular]
– *sedilia*
42 el tabernáculo
– *tabernacle*
43 el soporte del tabernáculo
– *stele (stela)*
44 el cirio pascual (*Chile y Perú:* el velón)
– *paschal candle (Easter candle)*
45 el candelero del cirio pascual
– *paschal candlestick (Easter candlestick)*
46 la campanilla de la sacristía
– *sanctus bell*
47 la cruz de las procesiones
– *processional cross*
48 la decoración del altar
– *altar decoration*
49 la lámpara del Santísimo (la lámpara del sagrario) [una lámpara de aceite *m* siempre encendida]
– *sanctuary lamp*
50 el cuadro del altar, un cuadro de Cristo
– *altarpiece, a picture of Christ*
51 la imagen de la Virgen
– *Madonna (statue of the Virgin Mary)*
52 la mesa de los cirios votivos
– *pricket*
53 los cirios votivos
– *votive candles*
54 el cepillo de las limosnas (*Chile, Guat., Hond.:* la alcancía)
– *station of the Cross*
55 el cepillo (para limosnas *f*)
– *offertory box*
56 la estantería de las publicaciones
– *literature stand*
57 las publicaciones
– *literature,* e.g. *pamphlets, tracts*
58 el sacristán (*pop.:* rapavelas *m*)
– *verger (sexton, sacristan)*
59 la limosnera (la bolsa de las limosnas)
– *offertory bag*
60 la limosna
– *offering*
61 el fiel (el creyente)
– *Christian (man praying)*
62 el devocionario
– *prayer book*

1
2
3
4
5
6
7
8
9
10
11
12
13
14
15
16
17
18
19
20
21
22
23
24
25
26
123
1-4
26
27
28
29
30
31
32
33
34
35
36
37
38
39
40
41
42
43
44
45
46
47
48
49
50
51
52
53
54
55
56
57
58
59
60
61
62

1 **la iglesia**
– ***church***
2 el campanario (*anál.:* la espadaña, la torre de la iglesia)
– *steeple*
3 el gallo de la veleta
– *weathercock*
4 la veleta (la giralda, la giraldilla)
– *weather vane (wind vane)*
5 el botón del chapitel
– *spire ball*
6 la aguja (el chapitel) de la torre
– *church spire (spire)*
7 el reloj de la torre
– *church clock (tower clock)*
8 la lumbrera del campanario
– *belfry window*
9 la campana eléctrica
– *electrically operated bell*
10 la cruz del caballete (de la cumbrera)
– *ridge cross*
11 el tejado de la iglesia
– *church roof*
12 la capilla conmemorativa (votiva)
– *memorial chapel*
13 la sacristía, un edificio anejo
– *vestry (sacristy), an annexe (annex)*
14 la placa (la lápida) conmemorativa, el epitafio
– *memorial tablet (memorial plate, wall memorial, wall stone)*
15 la entrada lateral
– *side entrance*
16 el portal (la puerta) de la iglesia
– *church door (main door, portal)*
17 el feligrés
– *churchgoer*
18 el muro del cementerio (del camposanto)
– *graveyard wall (churchyard wall)*
19 la puerta del cementerio (del camposanto)
– *graveyard gate (churchyard gate, lichgate, lychgate)*
20 la casa del párroco
– *vicarage (parsonage, rectory)*
21-41 **el cementerio** (camposanto *m*)
– ***graveyard*** *(churchyard, God's acre,* Am. *burying ground)*
21 la capilla mortuoria (el depósito de cadáveres *m*)
– *mortuary*
22 el sepulturero (el enterrador; *Amér. Central y Perú:* el panteonero)
– *grave digger*
23 la tumba (el sepulcro)
– *grave (tomb)*
24 el montículo de la tumba
– *grave mound*
25 la cruz de la tumba
– *cross*
26 la lápida sepulcral
– *gravestone (headstone, tombstone)*
27 la tumba familiar
– *family grave (family tomb)*
28 la capilla del cementerio
– *graveyard chapel*
29 la tumba de niño *m*
– *child's grave*
30 la tumba de urna *f*
– *urn grave*
31 la urna
– *urn*
32 la tumba de soldado *m*
– *soldier's grave*
33-41 el entierro (la inhumación, el sepelio; *Chile:* la sepultación)
– *funeral (burial)*
33 el acompañamiento (las personas que asisten al entierro)
– *mourners*
34 la fosa (la sepultura)
– *grave*
35 el ataúd (el féretro)
– *coffin* (Am. *casket)*
36 la pala
– *spade*
37 el clérigo
– *clergyman*
38 los dolientes
– *the bereaved*
39 el velo de viuda *f*, un velo de luto *m*
– *widow's veil, a mourning veil*
40 los empleados de pompas *f* fúnebres
– *pallbearers*
41 las parihuelas (las andas)
– *bier*
42-50 **la procesión** (la procesión religiosa)
– ***procession*** *(religious procession)*
42 la cruz de la procesión, un guión
– *processional crucifix*
43 el crucero (el cruciferario)
– *cross bearer (crucifer)*
44 el estandarte de la procesión, un estandarte de la iglesia
– *processional banner, a church banner*
45 el acólito (el monaguillo; *S. Dgo.:* el clérigo)
– *acolyte*
46 el portador del palio
– *canopy bearer*
47 el sacerdote
– *priest*
48 la custodia con el Santísimo
– *monstrance with the Blessed Sacrament (consecrated Host)*
49 el palio (si es de tela *f* de seda *f:* baldaquín *m*, baldaquino *m)*
– *canopy (baldachin, baldaquin)*
50 las monjas (las religiosas)
– *nuns*
51 los participantes en la procesión
– *participants in the procession*
52-58 **el monasterio** (el convento)
– ***monastery***
52 el claustro
– *cloister*
53 el patio conventual
– *monastery garden*
54 el monje (el fraile), un benedictino
– *monk, a Benedictine monk*
55 la cogulla
– *habit (monk's habit)*
56 la capilla (la capucha)
– *cowl (hood)*
57 la tonsura
– *tonsure*
58 el breviario
– *breviary*
59 **la catacumba,** un cementerio subterráneo de los primeros tiempos del cristianismo
– ***catacomb,*** *an early Christian underground burial place*
60 el nicho sepulcral (el arcosolio)
– *niche (tomb recess, arcosolium)*
61 la losa (la lápida)
– *stone slab*

1
2
3
4
5
6
7
8
9
10
11
12
13
14
15
16
17
18
19
20
21
22
23
24
25
26
27
28
29
30
31
32
33
34
35
36
37
38
39
40
41
42
43
44
45
46
47
48
49
50
51
52
53
54
55
56
57
58
59
60
61

1 el bautizo cristiano (*el sacramento:* el bautismo)
– *Christian baptism (christening)*
2 el baptisterio
– *baptistery (baptistry)*
3 el clérigo (el pastor) protestante (clérigo *m* evangélico)
– *Protestant clergyman*
4 la ropa talar (el sobrepelliz)
– *robes (vestments, canonicals)*
5 el alzacuello
– *bands*
6 el cuello
– *collar*
7 el bautizado
– *child to be baptized (christened)*
8 la ropa de cristianar
– *christening robe (christening dress)*
9 el velo de cristianar
– *christening shawl*
10 la pila bautismal
– *font*
11 la taza de la pila bautismal
– *font basin*
12 el agua *f* bautismal (el agua *f* bendita)
– *baptismal water*
13 los padrinos
– *godparents*
14 el matrimonio canónico (la boda religiosa)
– *church wedding (wedding ceremony, marriage ceremony)*
15-16 los novios (los contrayentes)
– *bridal couple*
15 la novia
– *bride*
16 el novio
– *bridegroom (groom)*
17 el anillo de boda *f* (el anillo, la alianza; *Col.:* la argolla)
– *ring (wedding ring)*
18 el ramo de novia *f* (*Cuba y P. Rico:* la pucha)
– *bride's bouquet (bridal bouquet)*
19 la corona de novia *f [en España:* de azahar *m]*
– *bridal wreath*
20 el velo de novia *f*
– *veil (bridal veil)*
21 el ramito de mirto *m* [*en España:* un clavel o una gardenia]
– *[myrtle] buttonhole*
22 el clérigo (el sacerdote, el cura)
– *clergyman*
23 los testigos
– *witnesses [to the marriage]*
24 la dama de honor *m*
– *bridesmaid*
25 el reclinatorio
– *kneeler*
26 la comunión
– *Holy Communion*
27 los comulgantes
– *communicants*
28 la hostia (la sagrada forma, el pan eucarístico)
– *Host (wafer)*
29 el cáliz de la comunión (el cáliz del vino eucarístico)
– *communion cup*
30 el rosario
– *rosary*
31 la cuenta de los misterios (la cuenta de los padrenuestros, el diez; *Col.:* el pasador)
– *paternoster*
32 la avemaría (la cuenta del avemaría; *cada diez cuentas:* un misterio)
– *Ave Maria;* set of 10: *decade*
33 el crucifijo
– *crucifix*
34-54 objetos *m* litúrgicos (objetos *m* sagrados, objetos *m* de culto *m*)
– *liturgical vessels (ecclesiastical vessels)*
34 la custodia (el ostensorio)
– *monstrance*
35 la hostia (la hostia grande, el Santísimo)
– *Host (consecrated Host, Blessed Sacrament)*
36 el viril
– *lunula (lunule)*
37 la corona de rayos *m*
– *rays*
38 el incensario (el turíbulo) para incensaciones *f* litúrgicas
– *censer (thurible), for offering incense (for incensing)*
39 la cadenilla del incensario
– *thurible chain*
40 la tapa del braserillo del incensario
– *thurible cover*
41 el braserillo del incensario
– *thurible bowl*
42 la naveta del incienso
– *incense boat*
43 la cucharilla para coger el incienso
– *incense spoon*
44 las vinajeras
– *cruet set*
45 la vinajera del agua
– *water cruet*
46 la vinajera del vino
– *wine cruet*
47 el acetre
– *holy water basin*
48 el copón con las hostias pequeñas para la comunión de los fieles
– *ciborium containing the sacred wafers*
49 el cáliz
– *chalice*
50 la copa para la comunión de los fieles
– *dish for communion wafers*
51 la patena
– *paten (patin, patine)*
52 la campanilla del altar (la campanilla del Sanctus)
– *altar bells*
53 la píxide
– *pyx (pix)*
54 el hisopo
– *aspergillum*
55-72 formas *f* de cruces *f* cristianas
– *forms of Christian crosses*
55 la cruz latina (la cruz de la Pasión)
– *Latin cross (cross of the Passion)*
56 la cruz griega
– *Greek cross*
57 la cruz rusa
– *Russian cross*
58 la cruz de San Pedro
– *St. Peter's cross*
59 la cruz de San Antonio (la cruz de Tau; la cruz en T)
– *St. Anthony's cross (tau cross)*
60 la cruz de San Andrés (la cruz decusada, la cruz de Borgoña)
– *St. Andrew's cross (saltire cross)*
61 la cruz bifurcada (la cruz de infamia, la cruz de los ladrones del Calvario)
– *Y-cross*
62 la cruz de Lorena
– *cross of Lorraine*
63 la cruz egipcia (la cruz de asa *f*)
– *ansate cross*
64 la cruz patriarcal
– *patriarchal cross*
65 la cruz cardenalicia
– *cardinal's cross*
66 la cruz papal
– *Papal cross*
67 la cruz de Constantino, un monograma de Cristo
– *Constantinian cross, a monogram of Christ (CHR)*
68 la cruz recrucetada
– *crosslet*
69 la cruz anclada
– *cross moline*
70 la cruz potenzada
– *cross of Jerusalem*
71 la cruz trebolada (la cruz de San Lázaro, la cruz de Brabante)
– *cross botonnée (cross treflée)*
72 la cruz de Jerusalén (la cruz del Santo Sepulcro)
– *fivefold cross (quintuple cross)*

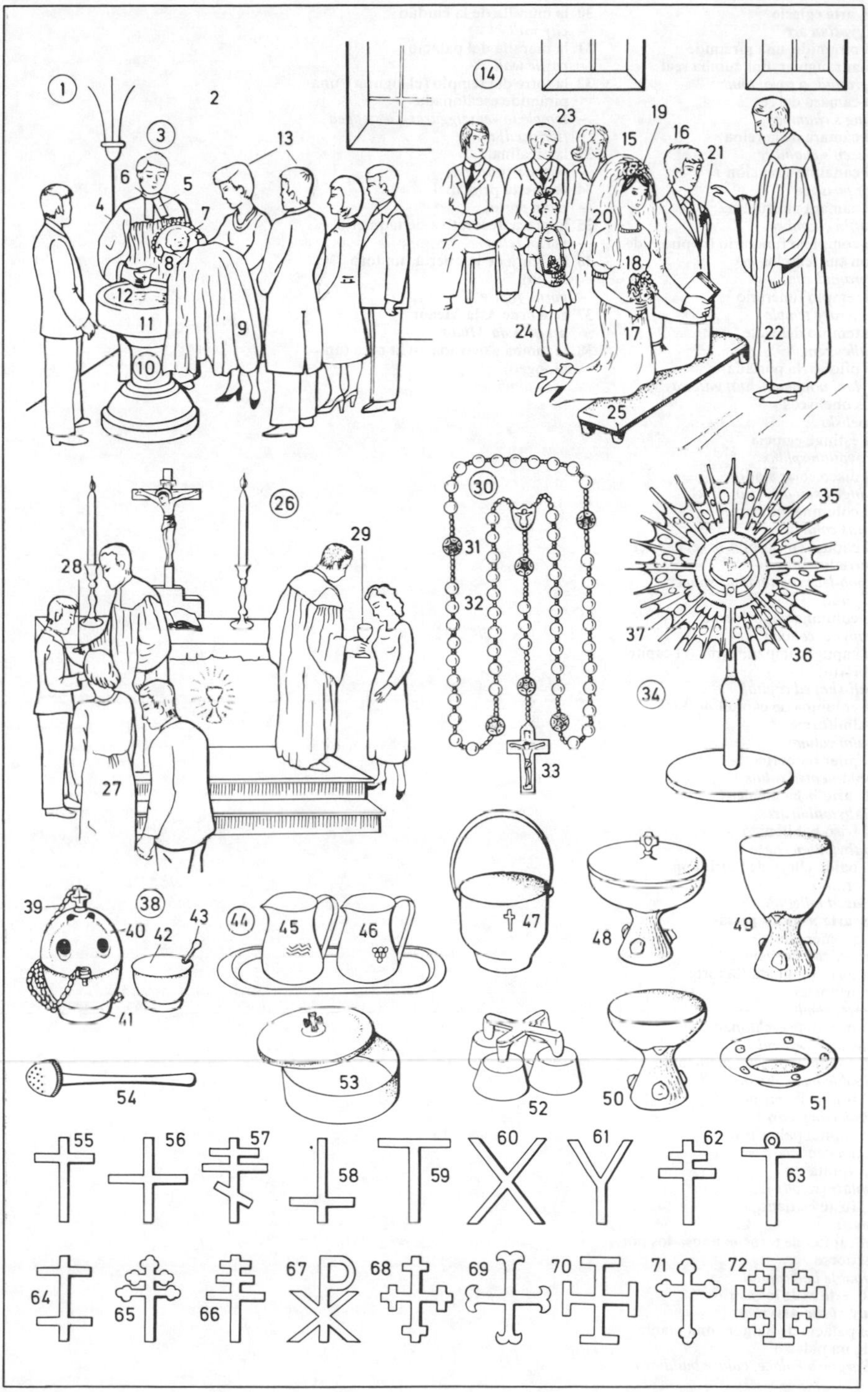
1
2
3
4
5
6
7
8
9
10
11
12
13
14
15
16
17
18
19
20
21
22
23
24
25
26
27
28
29
30
31
32
33
34
35
36
37
38
39
40
41
42
43
44
45
46
47
48
49
50
51
52
53
54
55
56
57
58
59
60
61
62
63
64
65
66
67
68
69
70
71
72

1-18 arte egipcio
– ***Egyptian art***
1 la pirámide, una pirámide cuadrangular, una tumba real
– *pyramid, a royal tomb*
2 la cámara del rey
– *king's chamber*
3 la cámara de la reina
– *queen's chamber*
4 el canal de aireación *f*
– *air passage*
5 la cámara mortuoria
– *coffin chamber*
6 el complejo funerario (la pirámide con sus templos *m*)
– *pyramid site*
7 el templo funerario
– *funerary temple*
8 el templo del valle
– *valley temple*
9 el pilono (la portada)
– *pylon, a monumental gateway*
10 los obeliscos
– *obelisks*
11 la esfinge egipcia
– *Egyptian sphinx*
12 el disco solar alado
– *winged sun disc (sun disk)*
13 la columna lotiforme
– *lotus column*
14 el capitel en capullo *m* (el capitel cerrado)
– *knob-leaf capital (bud-shaped capital)*
15 la columna papiriforme
– *papyrus column*
16 el capitel campaniforme (el capitel abierto)
– *bell-shaped capital*
17 la columna de capitel *m* palmiforme
– *palm column*
18 el pilar hathórico
– *ornamented column*
19-20 arte *m* babilónico
– ***Babylonian art***
19 el friso babilónico
– *Babylonian frieze*
20 el bajorrelieve de ladrillo *m* vidriado
– *glazed relief tile*
21-28 arte *m* de los persas [aqueménides]
– ***art of the Persians***
21 la torre sepulcral (la torre mortuoria)
– *tower tomb*
22 la pirámide escalonada
– *stepped pyramid*
23 la columna persa aqueménide
– *double bull column*
24 el follaje invertido
– *projecting leaves*
25 el capitel palmiforme
– *palm capital*
26 la voluta
– *volute (scroll)*
27 el fuste estriado
– *shaft*
28 el capitel de toros *m* adosados por el dorso
– *double bull capital*
29-36 arte *m* de los asirios
– ***art of the Assyrians***
29 el palacio de Sargón, una planta de un palacio
– *Sargon's Palace, palace buildings*
30 la muralla de la ciudad
– *city wall*
31 la muralla del palacio
– *castle wall*
32 la torre del templo (el zigurat), una pirámide escalonada
– *temple tower (ziggurat), a stepped (terraced) tower*
33 la escalinata
– *outside staircase*
34 la puerta principal
– *main portal*
35 la placa decorativa de la puerta
– *portal relief*
36 la figura de la puerta (un toro alado)
– *portal figure*
37 arte *m* de Asia Menor
– ***art of Asia Minor***
38 la tumba excavada en la roca (un hipogeo)
– *rock tomb*

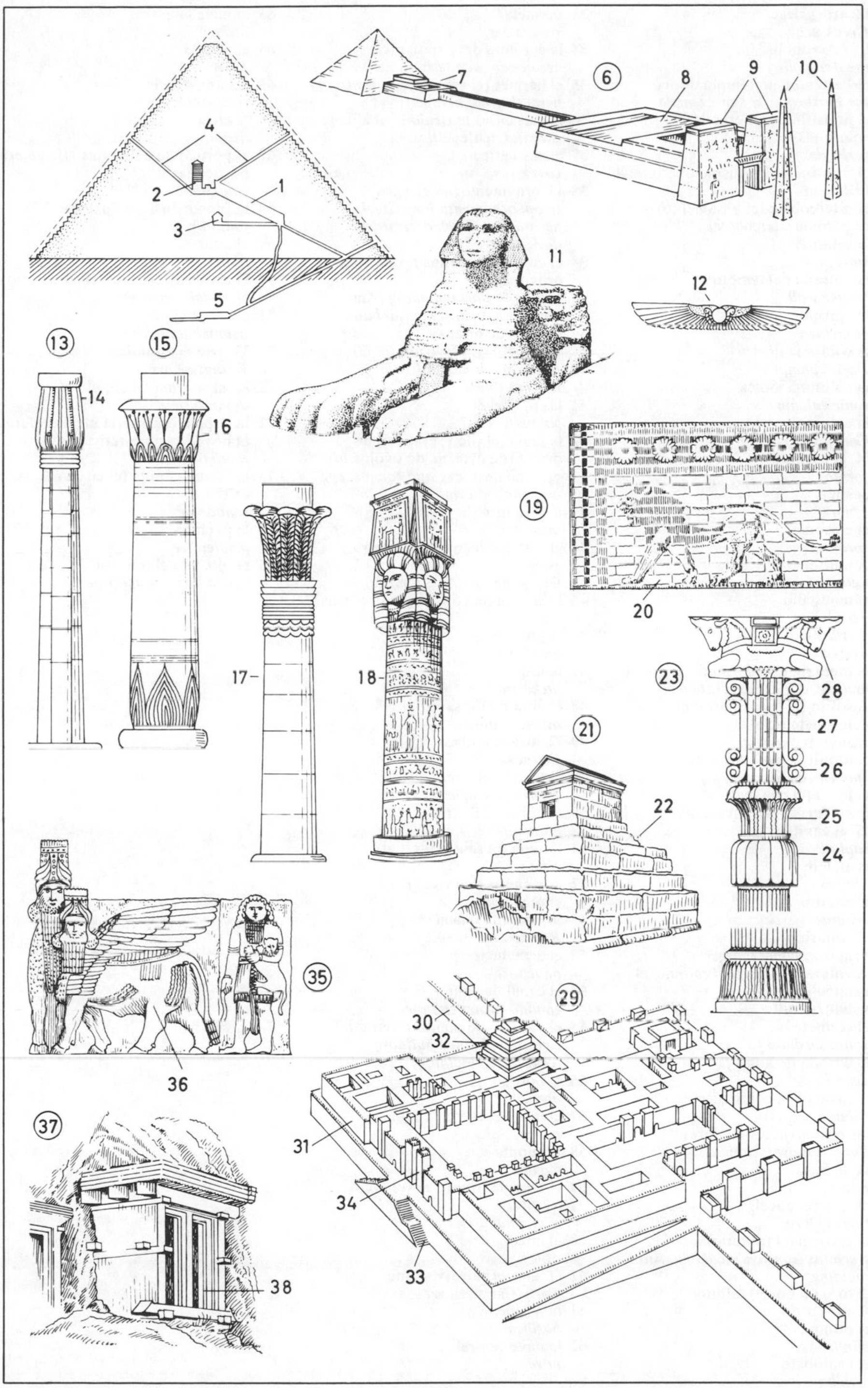
1
2
3
4
5
6
7
8
9
10
11
12
13
14
15
16
17
18
19
20
21
22
23
24
25
26
27
28
29
30
31
32
33
34
35
36
37
38

1-48 arte griego
– ***Greek art***
1-7 la Acrópolis
– *the Acropolis*
1 el Partenón, un templo dórico
– *the Parthenon, a Doric temple*
2 el peristilo (la galería de columnas *f*)
– *peristyle*
3 el frontón (el frontispicio)
– *pediment*
4 el estereóbato (el basamento)
– *crepidoma (stereobate)*
5 la estatua
– *statue*
6 la muralla del templo
– *temple wall*
7 los propileos
– *propylaea*
8 la columna dórica
– *Doric column*
9 la columna jónica
– *Ionic column*
10 la columna corintia
– *Corinthian column*
11-14 la cornisa
– *cornice*
11 la sima
– *cyma*
12 el geison
– *corona*
13 el mútulo
– *mutule*
14 el dentículo
– *dentils*
15 el triglifo
– *triglyph*
16 la metopa, un adorno del friso
– *metope, a frieze decoration*
17 el sofito (la cara interior del goterón, la régula)
– *regula*
18 el arquitrabe (el epistilo)
– *epistyle (architrave)*
19 la tenia (el cimacio)
– *cyma (cymatium, kymation)*
20-25 el capitel
– *capital*
20 el ábaco
– *abacus*
21 el equino
– *echinus*
22 el collarino
– *hypotrachelium (gorgerin)*
23 la voluta [*en el capitel corintio:* el caulículo]
– *volute (scroll)*
24 el cojinete
– *volute cushion*
25 la corona de hojas *f*
– *acanthus*
26 el fuste de la columna
– *column shaft*
27 las estrías (la canaladura)
– *flutes (grooves, channels)*
28-31 la basa
– *base*
28 el toro (el bocel)
– *[upper] torus*
29 la escocia (el troquilo)
– *trochilus (concave moulding,* Am. *molding)*
30 el toro (el bocel) inferior
– *[lower] torus*
31 el plinto
– *plinth*
32 el estilóbato
– *stylobate*
33 la estela
– *stele (stela)*
34 la acrótera del frontispicio
– *acroterion (acroterium, acroter)*
35 el hermes (el estípite con busto *m*)
– *herm (herma, hermes)*
36 la cariátide; *masculino:* el atlante
– *caryatid;* male: *Atlas*
37 el vaso griego
– *Greek vase*
38-43 ornamentos *m* griegos
– *Greek ornamentation (Greek decoration, Greek decorative designs)*
38 el cordón de perlas *f*, una cinta ornamental
– *bead-and-dart moulding (*Am. *molding), an ornamental band*
39 la cinta de ondas *f*
– *running dog (Vitruvian scroll)*
40 el adorno de hojas *f*
– *leaf ornament*
41 las palmetas
– *palmette*
42 la tenia (el filete, el listel) de ovas *f* (de ovos *m*, de óvolos *m*)
– *egg and dart (egg and tongue, egg and anchor) cyma*
43 el meandro (la greca)
– *meander*
44 el teatro griego (el anfiteatro griego)
– *Greek theatre (*Am. *theater)*
45 la escena (el edificio de la escena)
– *scene*
46 el proscenio
– *proscenium*
47 la orquesta
– *orchestra*
48 el altar de los sacrificios
– *thymele (altar)*
49-52 arte *m* etrusco
– ***Etruscan art***
49 el templo etrusco
– *Etruscan temple*
50 el pórtico (el atrio)
– *portico*
51 la cella (la sala principal)
– *cella*
52 la viguería (las vigas)
– *entablature*
53-60 arte *m* romano
– ***Roman art***
53 el acueducto
– *aqueduct*
54 el canal de agua *f*
– *conduit (water channel)*
55 el edificio de planta *f* central
– *centrally-planned building (centralized building)*
56 el pórtico
– *portico*
57 el listel (el filete, la tenia)
– *reglet*
58 la cúpula
– *cupola*
59 el arco de triunfo *m* (el arco triunfal)
– *triumphal arch*
60 el ático
– *attic*
61-71 arte *m* paleocristiano
– ***Early Christian art***
61 la basílica
– *basilica*
62 la nave central
– *nave*
63 la nave lateral
– *aisle*
64 el ábside
– *apse*
65 el campanario
– *campanile*
66 el atrio
– *atrium*
67 el pórtico de columnas *f* (la galería porticada)
– *colonnade*
68 la fuente de las abluciones
– *fountain*
69 el altar
– *altar*
70 la claraboya lateral (el claristorio)
– *clerestory (clearstory)*
71 el arco triunfal
– *triumphal arch*
72-75 arte *m* bizantino
– ***Byzantine art***
72-73 el sistema de cúpulas *f*
– *dome system*
72 la cúpula central (la media esfera, la bóveda semiesférica)
– *main dome*
73 la media cúpula (el cuarto de esfera *f*)
– *semidome*
74 la pechina
– *pendentive*
75 el ojo, una claraboya
– *eye, a lighting aperture*

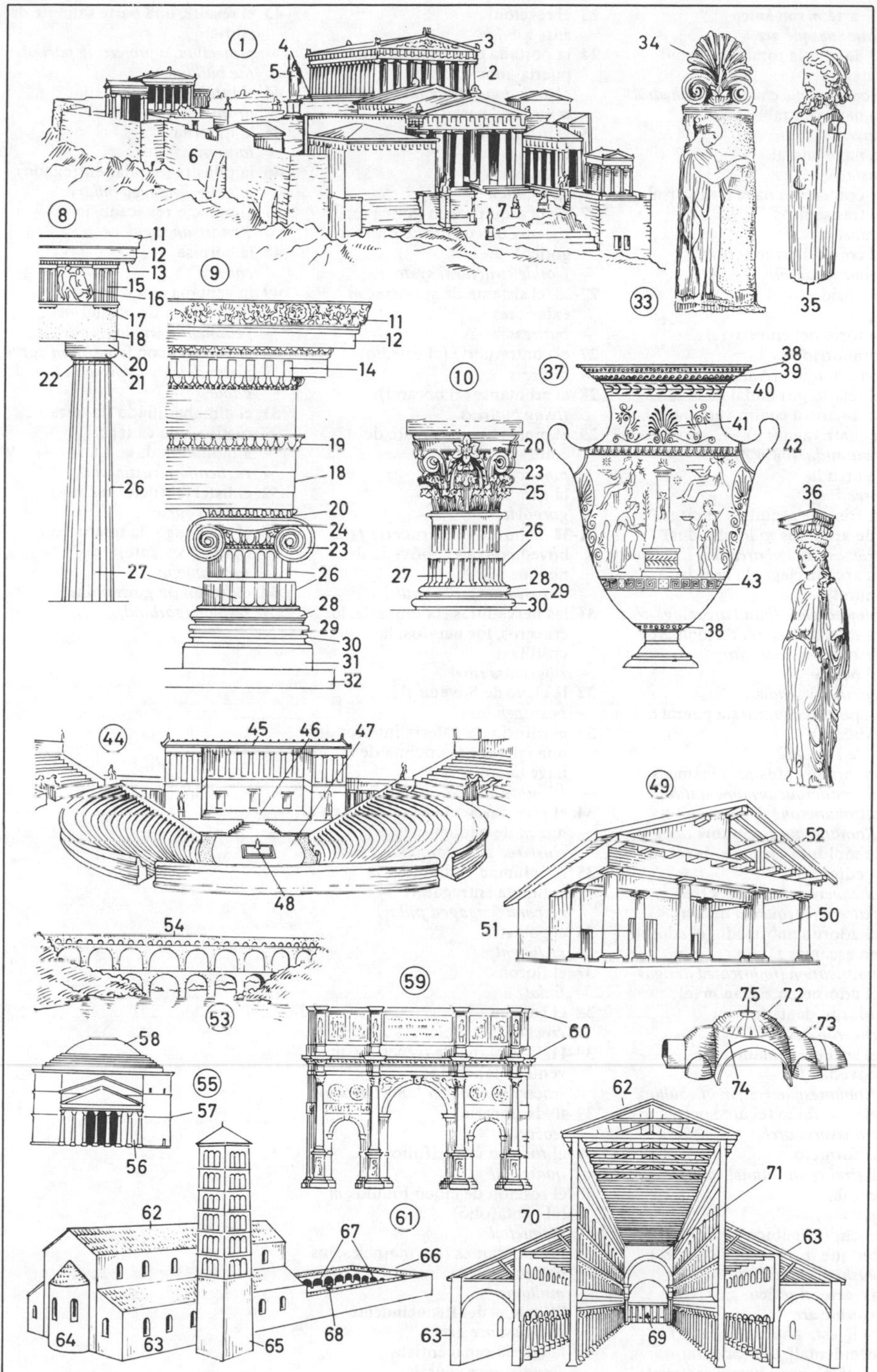
1
2
3
4
5
6
7
8
9
10
11
12
13
14
15
16
17
18
19
20
21
22
23
24
25
26
27
28
29
30
31
32
33
34
35
36
37
38
39
40
41
42
43
44
45
46
47
48
49
50
51
52
53
54
55
56
57
58
59
60
61
62
63
64
65
66
67
68
69
70
71
72
73
74
75

1-21 arte *m* románico
– ***Romanesque art***
1-13 la iglesia románica, una catedral
– *Romanesque church, a cathedral*
1 la nave central
– *nave*
2 la nave lateral
– *aisle*
3 el crucero (la nave transversal, el transepto)
– *transept*
4 el coro (el presbiterio)
– *choir (chancel)*
5 el ábside
– *apse*
6 la torre del crucero (el cimborrio)
– *central tower (*Am. *center tower)*
7 el tejado piramidal de la torre (el tejado a cuatro vertientes *f*, a cuatro aguas *f*)
– *pyramidal tower roof*
8 la arcada
– *arcading*
9 el friso de arquillos *m* ciegos (de arquillos *m* lombardos)
– *frieze of round arcading*
10 la arcada ciega (la arcada mural)
– *blind arcade (blind arcading)*
11 la lesena, una banda lombarda
– *lesene, a pilaster strip*
12 el óculo
– *circular window*
13 la portada lateral (la puerta del crucero)
– *side entrance*
14-16 ornamentos *m* románicos
– *Romanesque ornamentation (Romanesque decoration, Romanesque decorative designs)*
14 la moldura escaqueada (el ajedrezado)
– *chequered (*Am. *checkered) pattern (chequered design)*
15 el adorno imbricado (el adorno en escamas *f*)
– *imbrication (imbricated design)*
16 el adorno en zigzag *m* (el adorno dentado)
– *chevron design*
17 el sistema románico de bóvedas *f*
– *Romanesque system of vaulting*
18 el arco fajón (el arco perpiaño)
– *transverse arch*
19 el formero
– *barrel vault (tunnel vault)*
20 el pilar
– *pillar*
21 el capitel cúbico (el capitel bloque *m*, el capitel cojín *m*)
– *cushion capital*
22-41 arte *m* gótico
– ***Gothic art***
22 la iglesia gótica [fachada *f* occidental], una catedral
– *Gothic church [westwork, west end, west façade], a cathedral*
23 el rosetón
– *rose window*
24 la portada de la iglesia, una puerta abocinada
– *church door (main door, portal), a recessed portal*
25 la arquivolta
– *archivolt*
26 el tímpano
– *tympanum*
27-35 la arquitectura gótica (el sistema de construcción *f* gótico)
– *Gothic structural system*
27-28 el sistema de soportes *m* exteriores
– *buttresses*
27 el contrafuerte (el estribo)
– *buttress*
28 el arbotante (el botarel)
– *flying buttress*
29 el pináculo, un remate del contrafuerte
– *pinnacle*
30 la gárgola
– *gargoyle*
31-32 la bóveda de crucería *f* (la bóveda ojival, la bóveda de nervios *m*)
– *cross vault (groin vault)*
31 las nervaduras (la crucería, los cruceros, los nervios, las costillas)
– *ribs (cross ribs)*
32 la clave de bóveda *f*
– *boss (pendant)*
33 el triforio (la galería interior de una iglesia por encima de la nave lateral)
– *triforium*
34 el pilar fasciculado (el pilar en haz *m* de baquetones *m*)
– *clustered pier (compound pier)*
35 la columna embebida (la columna entregada)
– *respond (engaged pillar)*
36 el gablete
– *pediment*
37 el florón
– *finial*
38 el gancho
– *crocket*
39-41 la ventana de tracería *f*, una ventana lanceolada
– *tracery window, a lancet window*
39-40 la tracería
– *tracery*
39 el rosetón cuadrifolio
– *quatrefoil*
40 el rosetón de cinco lóbulos *m* (el pentafolio)
– *cinquefoil*
41 los montantes (los maineles, los parteluces)
– *mullions*
42-54 arte *m* del Renacimiento
– ***Renaissance art***
42 la iglesia renacentista
– *Renaissance church*
43 el resalte, una parte saliente del edificio
– *projection, a projecting part of the building*
44 el tambor
– *drum*
45 la linterna
– *lantern*
46 la pilastra (el pilar entregado)
– *pilaster (engaged pillar)*
47 el palacio renacentista
– *Renaissance palace*
48 la cornisa
– *cornice*
49 la ventana con frontón *m* (la ventana de hastial *m*)
– *pedimental window*
50 la ventana con frontón *m* curvo
– *pedimental window with round gable*
51 el almohadillado (la obra rústica, una cadena almohadillada)
– *rustication (rustic work)*
52 el listel (el filete, la cinta)
– *string course*
53 el sarcófago (la tumba con figura *f* yacente)
– *sarcophagus*
54 el festón (la guirnalda)
– *festoon (garland)*

14
15
16
17
18
19
20
1
6
7
8
9
2
12
13
3
4
5
10
11
21
22
23
24
25
26
36
37
38
39
40
41
32
31
28
29
27
35
33
30
34
53
54
42
45
44
46
43
47
48
49
50
51
52

1-8 arte *m* **barroco**
– ***Baroque art***
1 la iglesia barroca
– *Baroque church*
2 el ojo de buey *m* (la lumbrera, la lucarna, el óculo)
– *bull's eye*
3 la linterna (el lucernario)
– *bulbous cupola*
4 la buharda
– *dormer window (dormer)*
5 el frontón rebajado (el frontón curvo)
– *curved gable*
6 las columnas geminadas
– *twin columns*
7 la tarja (la tarjeta, la cartela, el cartucho, el escusón)
– *cartouche*
8 la voluta
– *scrollwork*
9-13 el arte rococó
– ***Rococo art***
9 la pared rococó
– *Rococo wall*
10 la corona, una mediacaña (una moldura cóncava)
– *coving, a hollow moulding (*Am. *molding)*
11 el marco ornamental
– *framing*
12 la sobrepuerta
– *ornamental moulding (*Am. *molding)*
13 la rocalla, un ornamento del rococó
– *rocaille, a Rococo ornament*
14 la mesa de estilo *m* Luis XVI
– *table in Louis Seize style (Louis Seize table)*
15 el edificio neoclásico (el edificio de estilo *m* neoclásico), una fachada (una entrada *f*)
– *neoclassical building (building in neoclassical style), a gateway*
16 la mesa de estilo *m* Imperio
– *Empire table (table in the Empire style)*
17 el sofá Biedermeier (el sofá de estilo *m* Biedermeier)
– *Biedermeier sofa (sofa in the Biedermeier style)*
18 el sillón de estilo *m* Art Nouveau
– *Art Nouveau easy chair (easy chair in the Art Nouveau style)*
19-37 los arcos
– ***types of arch***
19 el arco (el arco mural)
– *arch*
20 la jamba
– *abutment*
21 la imposta
– *impost*
22 el salmer, una dovela
– *springer, a voussoir (wedge stone)*
23 la clave
– *keystone*
24 la cara frontal de la jamba
– *face*
25 el intradós
– *pier*
26 el extradós (el trasdós)
– *extrados*
27 el arco de medio punto *m*
– *round arch*
28 el arco rebajado (el arco escarzano)
– *segmental arch (basket handle)*
29 el arco elíptico
– *parabolic arch*
30 el arco de herradura *f* (el arco árabe)
– *horseshoe arch*
31 el arco ojival (el arco apuntado)
– *lancet arch*
32 el arco trebolado
– *trefoil arch*
33 el arco adintelado (el arco a nivel *m*)
– *shouldered arch*
34 el arco convexo (el arco en gola *f*)
– *convex arch*
35 el arco de cortina *f* (el arco festoneado)
– *tented arch*
36 el arco conopial (el arco aquillado)
– *ogee arch (keel arch)*
37 el arco Tudor
– *Tudor arch*
38-50 bóvedas
– ***types of vault***
38 la bóveda de cañón *m* (la bóveda de medio cañón *m*)
– *barrel vault (tunnel vault)*
39 la corona
– *crown*
40 el riñón de la bóveda
– *side*
41 la bóveda claustral (la bóveda de rincón de claustro *m*, la bóveda de aljibe, la bóveda esquifada)
– *cloister vault (cloistered vault)*
42 la bóveda de arista *f*
– *groin vault (groined vault)*
43 la bóveda de crucería *f* (la bóveda nervada)
– *rib vault (ribbed vault)*
44 la bóveda estrellada
– *stellar vault*
45 la bóveda reticulada
– *net vault*
46 la bóveda en abanico *m*
– *fan vault*
47 la bóveda en artesa *f*
– *trough vault*
48 el faldón abombado
– *trough*
49 la bóveda de caveto *m* (la bóveda de esgucio *m*)
– *cavetto vault*
50 el caveto (el esgucio)
– *cavetto*

1
2
3
4
5
6
7
8
9
10
11
12
13
14
15
16
17
18
19
20
21
22
23
24
25
26
27
28
29
30
31
32
33
34
35
36
37
38
39
40
41
42
43
44
45
46
47
48
49
50

1-6 arte *m* chino
- ***Chinese art***

1 la pagoda (pagoda *f* de varios pisos *m*), una torre templo *m*
- *pagoda (multi-storey, multistory, pagoda), a temple tower*

2 el tejado de gradas *f*
- *storey (story) roof (roof of storey)*

3 el pailu, una puerta de triunfo *m*
- *pailou (pailoo), a memorial archway*

4 el pasaje
- *archway*

5 el jarrón de porcelana *f*
- *porcelain vase*

6 la labor de esculpido *m* en laca *f*
- *incised lacquered work*

7-11 arte *m* japonés
- ***Japanese art***

7 el templo
- *temple*

8 el campanil (la torre de las campanas)
- *bell tower*

9 la armazón de soporte *m*
- *supporting structure*

10 el Bodhisattva, un santo budista
- *bodhisattva (boddhisattva), a Buddhist saint*

11 el pórtico japonés (el torii)
- *torii, a gateway*

12-18 arte *m* islámico
- ***Islamic art***

12 la mezquita
- *mosque*

13 el alminar (el minarete), una torre de oración *f*
- *minaret, a prayer tower*

14 el mihrab (el nicho de las plegarias)
- *mihrab*

15 el mimbar (el púlpito)
- *minbar (mimbar, pulpit)*

16 el mausoleo, una tumba
- *mausoleum, a tomb*

17 la bóveda de mocárabes *m* (de mucarnas *f*)
- *stalactite vault (stalactitic vault)*

18 el capitel árabe (un capitel nazarita)
- *Arabian capital*

19-28 arte *m* indio
- ***Indian art***

19 el Siva danzante, un dios indio
- *dancing Siva (Shiva), an Indian god*

20 la estatua de Buda
- *statue of Buddha*

21 la estupa (la pagoda india), una construcción en bóveda *f*, un edificio sagrado budista
- *stupa (Indian pagoda), a mound (dome), a Buddhist shrine*

22 la sombrilla (el quitasol)
- *umbrella*

23 el vallado de piedra *f*
- *stone wall* (Am. *stone fence)*

24 la puerta de entrada *f*
- *gate*

25 las instalaciones del templo
- *temple buildings*

26 la sikhara (la torre del templo)
- *shikara (sikar, sikhara, temple tower)*

27 el interior de la chaitya
- *chaitya hall*

28 la chaitya, una estupa pequeña
- *chaitya, a small stupa*

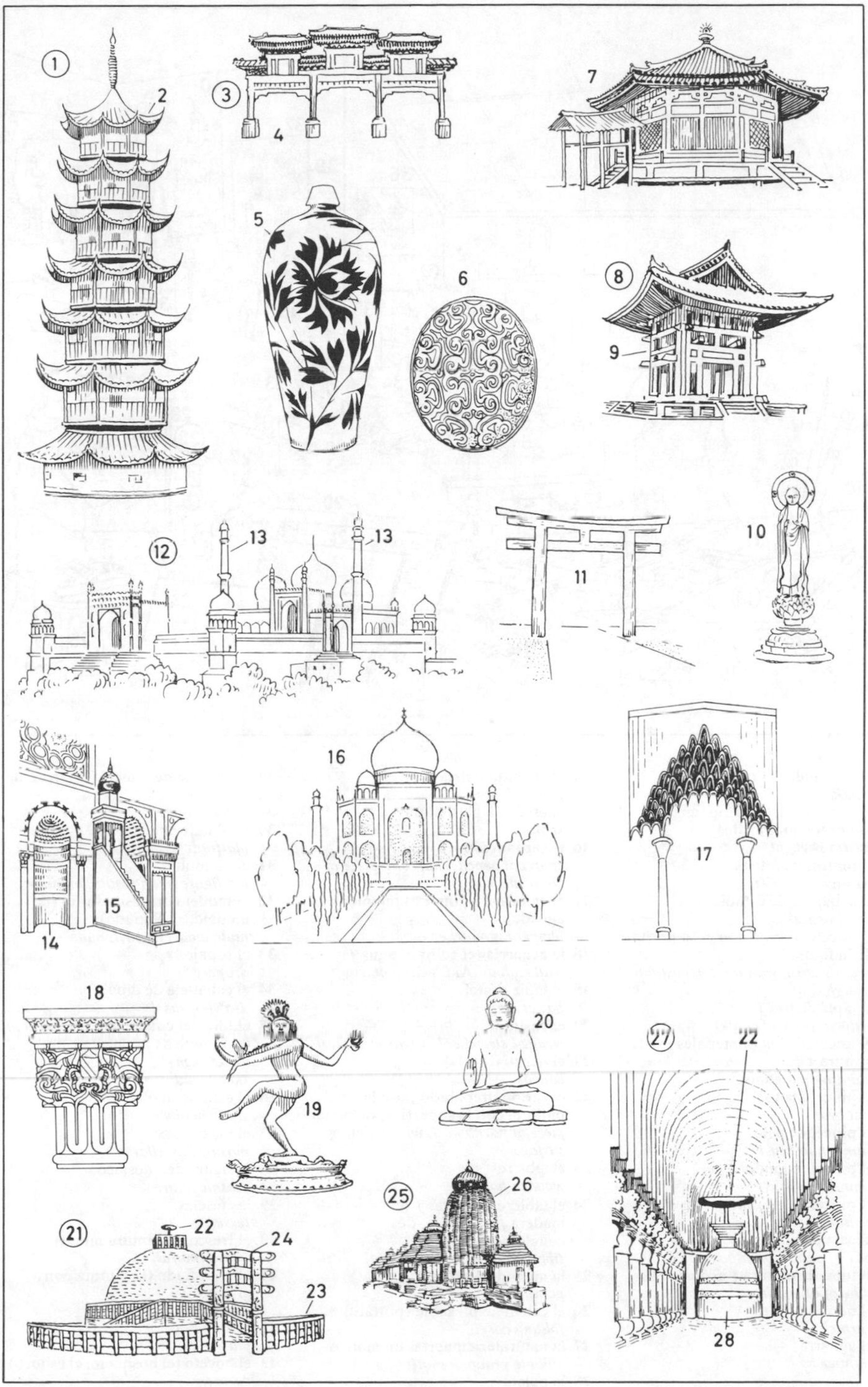
1
2
3
4
5
6
7
8
9
10
11
12
13
13
14
15
16
17
18
19
20
27
22
21
22
24
23
25
26
28

1-43 el estudio (el taller)
- ***studio***
1 el ventanal del estudio (una lumbrera, un tragaluz)
- *studio skylight*
2 el pintor, un artista
- *painter, an artist*
3 el caballete de estudio *m*
- *studio easel*
4 el boceto a tiza *f*, con el contorno de la figura
- *chalk sketch, with the composition (rough draft)*
5 el lápiz de tiza *f*
- *crayon (piece of chalk)*
6-19 utensilios *m* (materiales *m*) de pintura *f*
- *painting materials*
6 el pincel plano
- *flat brush*
7 el pincel de pelos *m*
- *camel hair brush*
8 el pincel redondo
- *round brush*
9 el pincel para la primera capa
- *priming brush*
10 la caja de pinturas *f*
- *box of paints (paintbox)*
11 el tubo de pintura *f* al óleo
- *tube of oil paint*
12 el barniz
- *varnish*
13 el aguarrás
- *thinner*
14 el cuchillo paleta *f*
- *palette knife*
15 la espátula para pintar
- *spatula*
16 el carboncillo
- *charcoal pencil (charcoal, piece of charcoal)*
17 el color para pintar al temple (a la aguada)
- *tempera (gouache)*
18 la acuarela (el color al agua *f*)
- *watercolour* (Am. *watercolor*)
19 el lápiz pastel
- *pastel crayon*
20 el bastidor
- *wedged stretcher (canvas stretcher)*
21 el lienzo (la tela)
- *canvas*
22 el cartón preparado para la pintura, con la superficie de pintar
- *piece of hardboard, with painting surface*
23 el tablero
- *wooden board*
24 el tablero de fibras *f* (el tablero de madera *f* prensada, de conglomerado *m*)
- *fibreboard* (Am. *fiberboard*)
25 la mesa de pintura *f*
- *painting table*
26 el caballete plegable (portátil)
- *folding easel*
27 la naturaleza muerta, un motivo
- *still life group, a motif*
28 la paleta
- *palette*
29 el soporte del pincel (el tarrito de la paleta)
- *palette dipper*
30 la plataforma
- *platform*
31 el maniquí
- *lay figure (mannequin, manikin)*
32 la modelo de desnudos *m* (la modelo, el desnudo)
- *nude model (model, nude)*
33 el ropaje
- *drapery*
34 el caballete de dibujo *m*
- *drawing easel*
35 el bloc (el cuaderno) de dibujo *m* (el bloque de apuntes *m*, de bocetos *m*)
- *sketch pad*
36 el estudio al óleo
- *study in oils*
37 el mosaico
- *mosaic (tessellation)*
38 la figura del mosaico
- *mosaic figure*
39 las teselas
- *tesserae*
40 el fresco (la pintura mural)
- *fresco (mural)*
41 el esgrafiado (la pintura con grafio *m*)
- *sgraffito*
42 el enlucido
- *plaster*
43 el boceto (el bosquejo, el esbozo)
- *cartoon*

1-38 el taller
– ***studio***
1 el escultor
– *sculptor*
2 el compás de proporciones *f*
– *proportional dividers*
3 el compás de espesor *m*
– *calliper (caliper)*
4 el modelo de yeso *m*, un vaciado de yeso *m*
– *plaster model, a plaster cast*
5 el bloque de piedra *f* (la piedra en bruto, sin labrar)
– *block of stone (stone block)*
6 el modelador (el escultor en arcilla *f*)
– *modeller (*Am. *modeler)*
7 la figura de arcilla *f*, un torso
– *clay figure, a torso*
8 el rollo de arcilla *f*, una masa modelable
– *roll of clay, a modelling (*Am. *modeling) substance*
9 la tarima para modelar
– *modelling (*Am. *modeling) stand*
10 la espátula de modelar
– *wooden modelling (*Am. *modeling) tool*
11 el alambre de modelar (el raspador de escultor *m*)
– *wire modelling (*Am. *modeling) tool*
12 la espadilla
– *beating wood*
13 el cincel dentado (el estique)
– *claw chisel (toothed chisel, tooth chisel)*
14 el cincel plano (el formón)
– *flat chisel*
15 el puntero
– *point (punch)*
16 el martillo de cabeza *f* de hierro *m*
– *iron-headed hammer*
17 la gubia
– *gouge (hollow chisel)*
18 el cincel cuchara *f* (el cincel curvo)
– *spoon chisel*
19 el escoplo en bisel *m*, un escoplo
– *wood chisel, a bevelled-edge chisel*
20 la gubia triangular
– *V-shaped gouge*
21 el mazo (el martillo de madera *f*)
– *mallet*
22 la armazón (el esqueleto)
– *framework*
23 la base (el tablero que sirve de base *f*)
– *baseboard*
24 el soporte de la armazón (la barra de metal *m*)
– *armature support (metal rod)*
25 la armadura
– *armature*
26 la escultura de cera *f*
– *wax model*
27 el bloque de madera *f*
– *block of wood*
28 el escultor en madera *f* (el tallista)
– *wood carver (wood sculptor)*
29 el saco de polvo *m* de yeso *m* (el yeso)
– *sack of gypsum powder (gypsum)*
30 el cajón de arcilla *f*
– *clay box*
31 la arcilla de modelar (la arcilla)
– *modelling (*Am. *modeling) clay*
32 la estatua, una escultura
– *statue, a sculpture*
33 el bajo relieve (el bajorrelieve)
– *low relief (bas-relief)*
34 el tablero de modelar
– *modelling (*Am. *modeling) board*
35 la armazón de alambre *m*, una alambrera
– *wire frame, wire netting*
36 el medallón circular
– *circular medallion (tondo)*
37 la máscara
– *mask*
38 la placa conmemorativa
– *plaque*

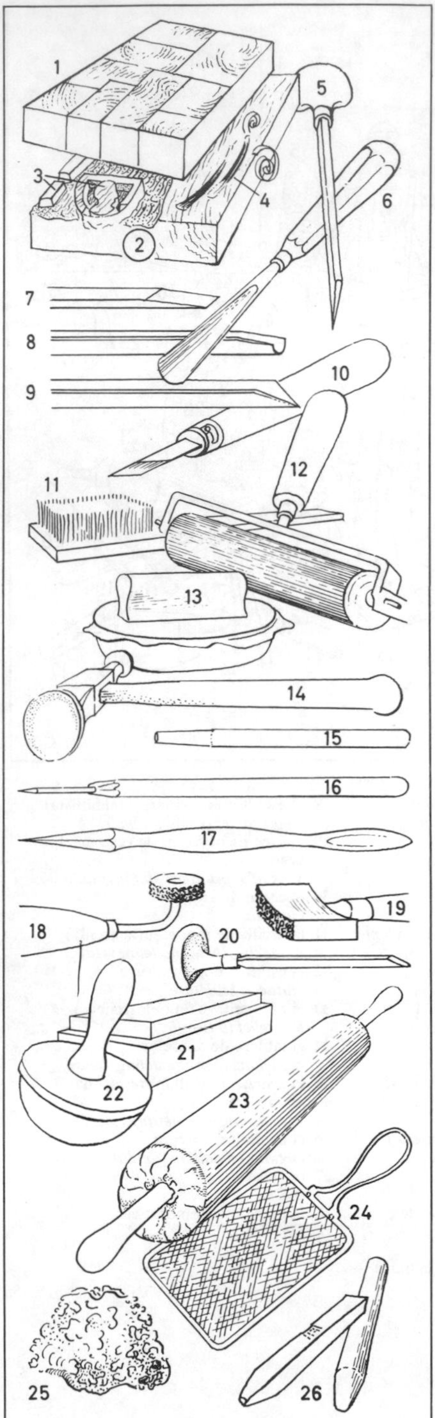

1-13 el grabado en madera *f* (la xilografía), un procedimiento de grabado en relieve *m*
- ***wood engraving*** *(xylography), a relief printing method (a letterpress printing method)*

1 la plancha de madera *f* cortada contra la fibra para el grabado a tinta *f* sobre madera, un bloque de madera
- *end-grain block for wood engravings, a wooden block*

2 la plancha de madera *f* cortada en el sentido de la fibra para la talla en madera *f* (grabado *m* de relieve *m*), un molde de madera *f*
- *wooden plank for woodcutting, a relief image carrier*

3 el grabado en relieve *m* (las partes en relieve, reproducidas después por entintado *m*)
- *positive cut*

4 la talla (el vaciado) en el sentido de la fibra de la madera
- *plank cut*

5 el buril de contornear (el punzón)
- *burin (graver)*

6 la gubia redonda
- *U-shaped gouge*

7 el escoplo
- *scorper (scauper, scalper)*

8 la gubia
- *scoop*

9 el cincel de rincón *m* (el cincel de esquina *f*)
- *V-shaped gouge*

10 el cuchillo de contornear
- *contour knife*

11 la bruza
- *brush*

12 el rodillo de gelatina *f*
- *roller (brayer)*

13 el frotador (la muñeca)
- *pad (wiper)*

14-24 el grabado en cobre *m* (la calcografía, el grabado en talla *f* dulce), un procedimiento de huecograbado *m; clases:* el grabado al agua *f* fuerte, la mediatinta (grabado *m* al humo), el aguatinta, el grabado punteado
- ***copperplate engraving*** *(chalcography), an intaglio process;* kinds: *etching, mezzotint, aquatint, crayon engraving*

14 el martillo de moldear (la embutidera)
- *hammer*

15 el punzón
- *burin*

16 la punta seca para el grabado al agua *f* fuerte
- *etching needle (engraver)*

17 el bruñidor, con rascador *m*
- *scraper and burnisher*

18 la ruleta estriada para el grabado punteado (la moleta de graneado *m*)
- *roulette*

19 el graneador para el grabado al humo
- *rocking tool (rocker)*

20 el buril de cabeza *f* redonda, un buril de grabador *m*
- *round-headed graver, a graver (burin)*

21 la piedra de aceite *m*
- *oilstone*

22 el tampón entintador (la bola de entintar)
- *dabber (inking ball, ink ball)*

23 el rodillo entintador de cuero *m*
- *leather roller*

24 el tamiz de graneado *m*
- *sieve*

25-26 la litografía (el grabado en piedra *f*), un procedimiento de grabado de superficie *f* (planografía *f*)
- ***lithography*** *(stone lithography), a planographic printing method*

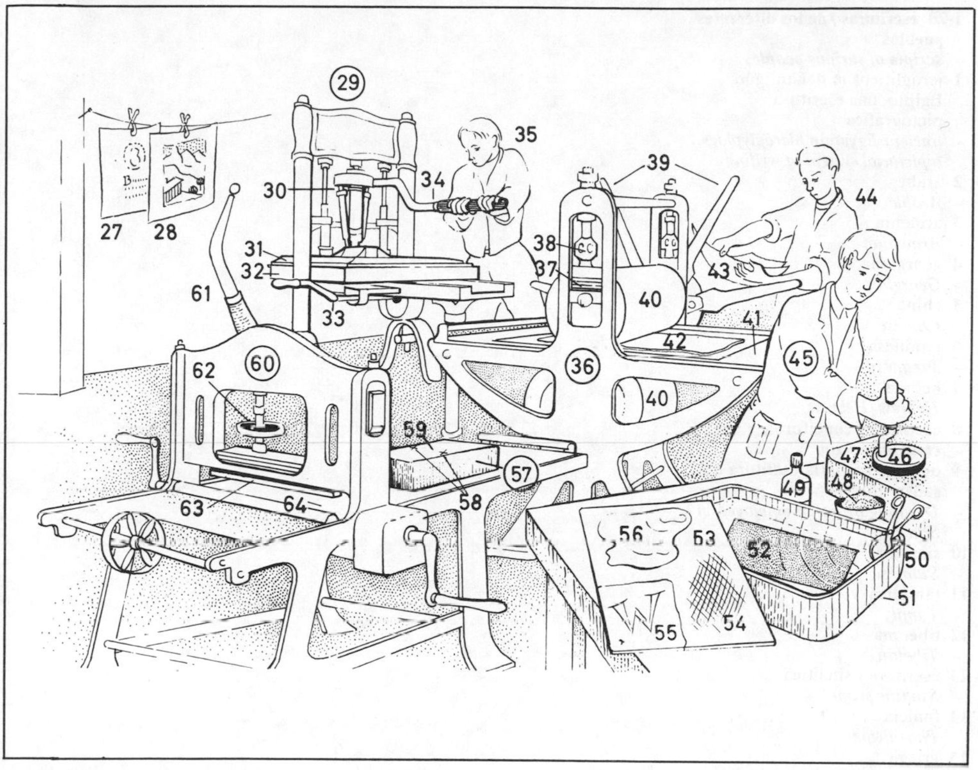

25 la esponja para humedecer la piedra litográfica
– *sponge for moistening the lithographic stone*
26 el lápiz (el jaboncillo) litográfico (el lápiz graso), un jaboncillo
– *lithographic crayons (greasy chalk)*
27-64 el taller gráfico, una imprenta
– ***graphic art studio,*** *a printing office* (Am. *printery)*
27 la hoja volante
– *broadside (broadsheet, single sheet)*
28 la impresión polícroma (la impresión en color *m*, la cromolitografía)
– *full-colour* (Am. *full-color) print (colour print, chromolithograph)*
29 la minerva (la prensa de platina *f*), una prensa manual
– *platen press, a hand press*
30 la rótula
– *toggle*
31 la platina, una plataforma de la prensa
– *platen*
32 la forma (el molde de imprenta *f*)
– *type forme* (Am. *form)*
33 la manivela de alimentación *f*
– *feed mechanism*
34 la barra de la prensa
– *bar (devil's tail)*
35 el impresor
– *pressman*
36 la prensa de plancha *f* de cobre *m*
– *copperplate press*
37 la imposición de cartón *m*
– *tympan*
38 el regulador de presión *f*
– *pressure regulator*
39 el volante en estrella *f*
– *star wheel*
40 el cilindro
– *cylinder*
41 el tímpano (la mesa de impresión *f*)
– *bed*
42 la mantilla de fieltro *m*
– *felt cloth*
43 la prueba
– *proof (pull)*
44 el grabador en cobre *m* (el calcógrafo)
– *copperplate engraver*
45 el litógrafo, esmerilando la piedra
– *lithographer (litho artist), grinding the stone*
46 el disco de esmerilar
– *grinding disc (disk)*
47 el graneado
– *grain (granular texture)*
48 la arena de cristal *m*
– *pulverized glass*
49 la solución de goma *f*
– *rubber solution*
50 las pinzas
– *tongs*
51 la cubeta de agua *f* fuerte para el mordido del grabado al agua fuerte
– *etching bath for etching*
52 la placa de zinc *m*
– *zinc plate*
53 la placa pulimentada de cobre *m*
– *polished copperplate*
54 el molde cuadriculado (el grabado de líneas *f* entrecruzadas)
– *cross hatch*
55 la zona atacada por el ácido (la parte de la placa de cobre *m* puesta al desnudo por una punta seca y corroída por el ácido)
– *etching ground*
56 la zona no grabada (cubierta por una capa protectora de barniz *m*)
– *non-printing area*
57 la piedra litográfica
– *lithographic stone*
58 las marcas de alineación *f* (las senales de ajuste *m*)
– *register marks*
59 la superficie de impresión *f*
– *printing surface (printing image carrier)*
60 la prensa litográfica
– *lithographic press*
61 la palanca de impresión *f*
– *lever*
62 el husillo de ajuste *m* del raspador
– *scraper adjustment*
63 el raspador
– *scraper*
64 la cama de piedra *f*
– *bed*

1-20 escrituras *f* de los diferentes pueblos
- ***scripts of various peoples***

1 jeroglíficos *m* del antiguo Egipto, una escritura pictográfica
- *ancient Egyptian hieroglyphics, a pictorial system of writing*

2 árabe
- *Arabic*

3 armenia
- *Armenian*

4 georgiana
- *Georgian*

5 china
- *Chinese*

6 japonesa
- *Japanese*

7 hebrea
- *Hebrew (Hebraic)*

8 escritura *f* cuneiforme
- *cuneiform script*

9 devanagari *m* (la escritura del sánscrito)
- *Devanagari, script employed in Sanskrit*

10 siamesa
- *Siamese*

11 tamúlica
- *Tamil*

12 tibetana
- *Tibetan*

13 escritura *f* sinaítica
- *Sinaitic script*

14 fenicia
- *Phoenician*

15 griega
- *Greek*

16 versal *f* latina (mayúscula *f* romana, capital *f* romana)
- *Roman capitals*

17 unicial
- *uncial (uncials, uncial script)*

18 minúscula *f* carolingia
- *Carolingian (Carlovingian, Caroline) minuscule*

19 runas *f* (escritura *f* rúnica)
- *runes*

20 rusa
- *Russian*

21-26 escribanías antiguas
- ***ancient writing implements***

21 estilete *m* de acero *m* indio, un punzón para escribir sobre hojas *f* de palmera *f*
- *Indian steel stylus for writing on palm leaves*

22 punzón *m* para la escritura del antiguo Egipto, una cañucela de junco *m*
- *ancient Egyptian reed pen*

23 pluma *f* de caña *f*
- *writing cane*

24 pincel *m* de escribir
- *brush*

25 pluma *f* romana de metal *m* (estilete *m*)
- *Roman metal pen (stylus)*

26 pluma *f* de ganso *m*
- *quill (quill pen)*

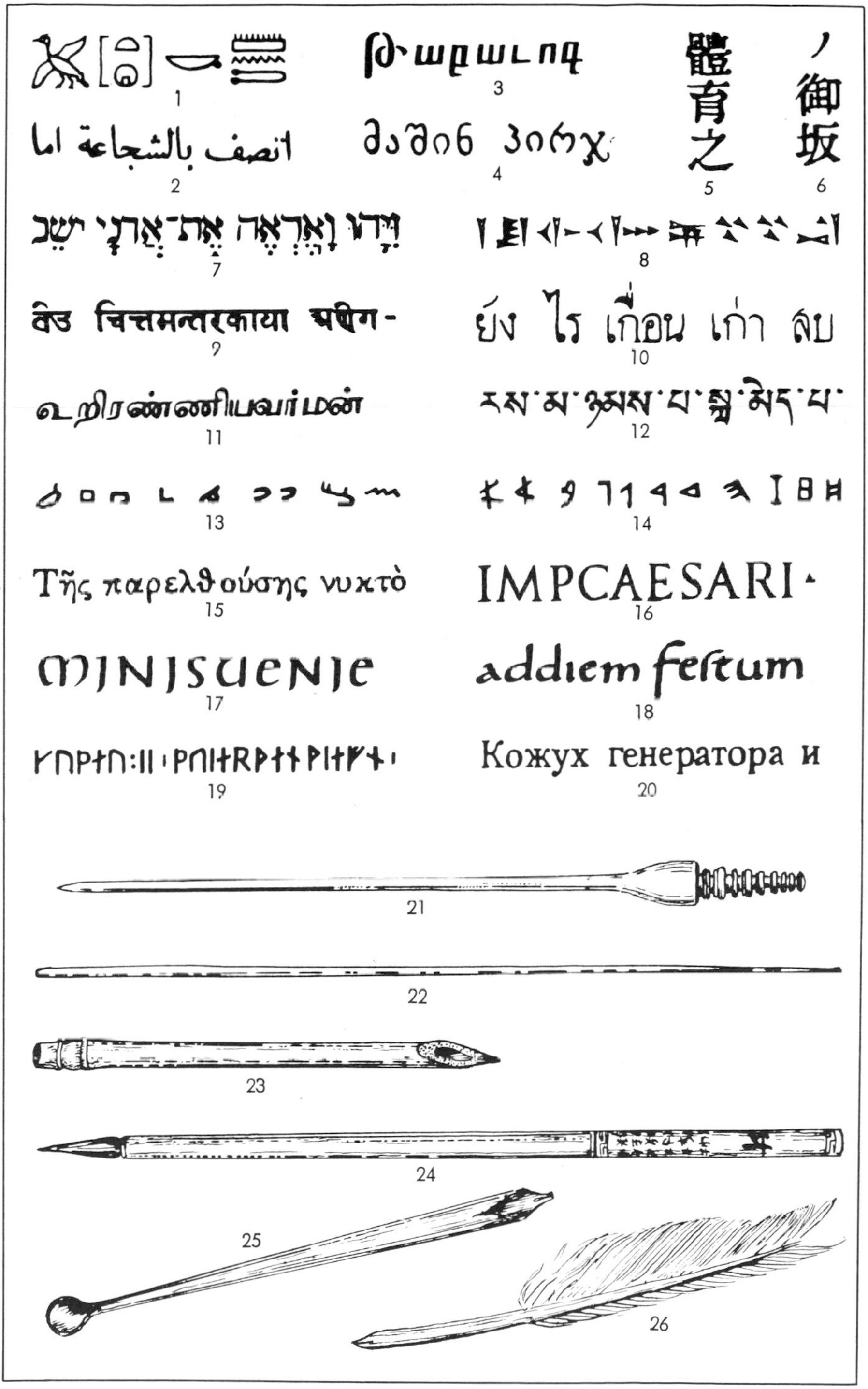
1
3
انصف بالشجاعة اما
2
4
體育之
5
御坂
6
7
8
9
10
11
12
13
14
Τῆς παρελθούσης νυκτὸ
15
IMPCAESARI·
16
17
addiem feſtum
18
19
Кожух генератора и
20
21
22
23
24
25
26

1-15 tipos *m* **de letra** *f* (tipos *m* de caracteres *m*)
- ***types*** *(type faces)*

1 el tipo de letra *f* gótica
- *Gothic type (German black-letter type)*

2 la letra gótica (el tipo Schwabacher)
- *Schwabacher type (German black-letter type)*

3 la letra alemana
- *Fraktur (German black-letter type)*

4 la antigua renacentista (medieval)
- *Humanist (Mediaeval)*

5 la antigua preclasicista (antigua barroca)
- *Transitional*

6 la antigua clasicista
- *Didone*

7 la letra grotesca
- *Sanserif (Sanserif type, Grotesque)*

8 la egipcia
- *Egyptian*

9 el tipo de máquina *f* de escribir
- *typescript (typewriting)*

10 la letra inglesa
- *English hand (English handwriting, English writing)*

11 la letra alemana
- *German hand (German handwriting, German writing)*

12 la letra latina
- *Latin script*

13 la taquigrafía (la estenografía)
- *shorthand (shorthand writing, stenography)*

14 la escritura fonética (transcripción *f* fonética)
- *phonetics (phonetic transcription)*

15 el braille
- *Braille*

16-29 signos *m* **de puntuación** *f*
- ***punctuation marks*** *(stops)*

16 el punto
- *full stop (period, full point)*

17 los dos puntos
- *colon*

18 la coma
- *comma*

19 el punto y coma
- *semicolon*

20 el signo de interrogación *f [en español, para abrir: ?; para cerrar: ?*]
- *question mark (interrogation point, interrogation mark)*

21 el signo de admiración *español, para abrir: !; para cerrar: !*]
- *exclamation mark* (Am. *exclamation point)*

22 el apóstrofo (la comilla de valor *m*)
- *apostrophe*

23 la raya
- *dash (em rule)*

24 los paréntesis
- *parentheses (round brackets)*

25 los corchetes
- *square brackets*

26 las comillas
- *double quotation marks (paired quotation marks, inverted commas)*

27 las comillas francesas
- *guillemet (French quotation mark)*

28 el guión
- *hyphen*

29 los puntos suspensivos
- *marks of omission (ellipsis)*

30-35 acentos *m* **y signos** *m* **diacríticos**
- ***accents and diacritical marks*** *(diacritics)*

30 el acento agudo *[en español puede ir sobre cualquier vocal]*
- *acute accent (acute)*

31 el acento grave *[no existe en español]*
- *grave accent (grave)*

32 el acento circunflejo *[no existe en español]*
- *circumflex accent (circumflex)*

33 la cedilla [debajo de la c]
- *cedilla [under c]*

34 la diéresis (la crema) [sobre la e]
- *diaeresis* (Am. *dieresis) [over e]*

35 la tilde [sobre la n], una eñe
- *tilde [over n]*

36 el signo de párrafo *m*
- *section mark*

37-70 el periódico, un diario nacional
- ***newspaper,*** *a national daily newspaper*

37 la página del periódico
- *newspaper page*

38 la primera página
- *front page*

39 la cabecera del periódico
- *newspaper heading*

40 la regla (el filete) de cabecera *f* con el pie de imprenta *f*
- *head rules and imprint*

41 el subtítulo
- *subheading*

42 la fecha de publicación *f*
- *date of publication*

43 el número de registro *m* postal del periódico
- *Post Office registration number*

44 el titular
- *headline*

45 la columna
- *column*

46 el título de la columna
- *column heading*

47 el filete de la columna
- *column rule*

48 el editorial (artículo *m* de fondo *m*)
- *leading article (leader, editorial)*

49 la referencia del artículo
- *reference to related article*

50 la noticia breve
- *brief news item*

51 la sección política
- *political section*

52 el titular de la página interior
- *page heading*

53 la caricatura
- *cartoon*

54 el reportaje del corresponsal
- *report by newspaper's own correspondent*

55 la sigla de la agencia de prensa *f*
- *news agency's sign*

56 el anuncio publicitario (la publicidad)
- *advertisement* (coll. *ad)*

57 la sección deportiva (los deportes)
- *sports section*

58 la foto de prensa *f*
- *press photo*

59 el pie de la foto
- *caption*

60 el reportaje deportivo
- *sports report*

61 la noticia deportiva
- *sports news item*

62 la sección de noticias *f* nacionales e internacionales
- *home and overseas news section*

63 las noticias diversas
- *news in brief (miscellaneous news)*

64 la programación de televisión *f*
- *television programmes* (Am. *programs)*

65 el parte metereológico (el tiempo)
- *weather report*

66 el mapa metereológico
- *weather chart (weather map)*

67 el folletín
- *arts section (feuilleton)*

68 la esquela mortuoria
- *death notice*

69 la sección de anuncios *m [también: los anuncios por palabras f]*
- *advertisements (classified advertising)*

70 el anuncio de empleo *m*, una oferta de empleo *m*
- *job advertisement, a vacancy (a situation offered)*

Oxford
1
Oxford
2
Oxford
3
Oxford
4
Oxford
5
Oxford
6
Oxford
7
Oxford
8
Oxford
9
Oxford
10
Oxford
11
Oxford
12
13
'ɔksfəd
14
15
. 16
: 17
, 18
; 19
? 20
! 21
’ 22
— 23
() 24
[] 25
„ “ 26
» « 27
- 28
... 29
é 30
è 31
ê 32
ç 33
ë 34
ñ 35
§ 36
37
69
GUARDIAN PERSONAL
HOMEFINDER
A houseproud nation?
APPOINTMENTS
70
68
THE GUARDIAN
Beware th
omnisoien
technocrat
SPORTS GUARDIAN
57
PARLIAMENT
52
51
McKenzie—just one of the lads
60
Unions will have Walker
to pay to strike plan
soon, says PM to cut
Fulham win a round in pay inquiry
48
ARTS GUARDIAN
67
54
OVERSEAS NEWS
62
of its own
Bonn 'not fully informed on Afghanistan'
TELEVISION/RADIO
64
58
61
39
THE GUARDIAN
43
42
41
NEWS IN BRIEF
Kidnap shooting widow's despair
A belligerent premier condemns 'intimidating' picket as Hadfields closes
Steelmen cheer rejection of 14pc offer
44
Thatcher will cut strikers' benefit
63
GEC loses takeover battle
Mugabe banned from campaign in two areas
46
45
47
59
FAKENHAM
ENTERTAINMENTS
Anxiety over Tito
49
50
56
WHITEHOUSE REVEALS ALL TELEVISION
Plan to dock state pay revived
38
Colin will be 8 years old for the rest of his life.
53
55
65
Mild in all areas
INSIDE
40
Iran 'hostage solution' on Carter's desk
66

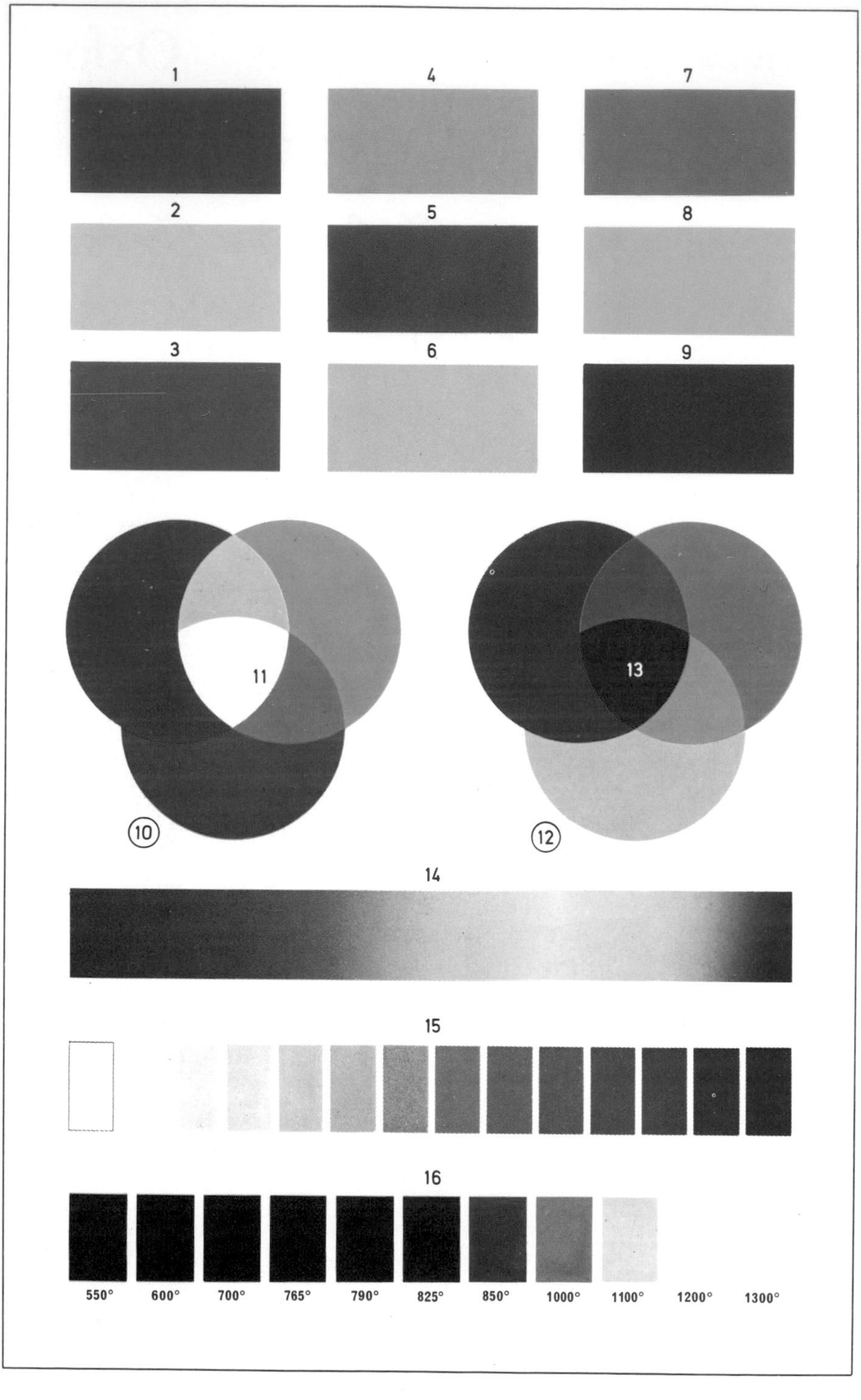
1
4
7
2
5
8
3
6
9
11
13
10
12
14
15
16
550°
600°
700°
765°
790°
825°
850°
1000°
1100°
1200°
1300°

1 rojo
– *red*
2 amarillo
– *yellow*
3 azul (azul marino)
– *blue*
4 rosa
– *pink*
5 marrón
– *brown*
6 azul celeste
– *azure (sky blue)*
7 naranja
– *orange*
8 verde
– *green*
9 violeta (añil)
– *violet*
10 la mezcla aditiva de colores *m*
– *additive mixture of colours* (Am. *colors)*
11 blanco
– *white*
12 la mezcla sustractiva de colores *m*
– *subtractive mixture of colours* (Am. *colors)*
13 negro
– *black*
14 el espectro solar (los colores del arco iris)
– *solar spectrum (colours,* Am. *colors, of the rainbow)*
15 la escala de grises *m*
– *grey* (Am. *gray) scale*
16 los colores de la escala de incandescencia *f*
– *heat colours* (Am. *colors)*

(1)	I	II	III	IV	V	VI	VII	VIII	IX	X
(2)	1	2	3	4	5	6	7	8	9	10
(1)	XX	XXX	XL	XLIX IL	L	LX	LXX	LXXX	XC	
(2)	20	30	40	49	50	60	70	80	90	
(1)	XCIX IC	C	CC	CCC	CD	D	DC	DCC	DCCC	
(2)	99	100	200	300	400	500	600	700	800	
(1)	CM	CMXC	M							
(2)	900	990	1000							

(3) 9658 (4) 5 kg. (5) 2 (6) 2. (7) +5 (8) -5

1-26 aritmética *f*
– ***arithmetic***
1-22 el número
– ***numbers***
1 las cifras romanas (los números romanos)
– *Roman numerals*
2 las cifras arábigas (los números arábigos)
– *Arabic numerals*
3 el número abstracto, un número de cuatro cifras *f* (de cuatro dígitos *m*, de cuatro guarismos *m*) [8: las unidades; 5: las decenas; 6: las centenas; 9: las unidades de millar *m*]
– *abstract number, a four-figure number [8: units; 5: tens; 6: hundreds; 9: thousands]*
4 el número concreto
– *concrete number*
5 el número cardinal
– *cardinal number (cardinal)*
6 el número ordinal *[en español: 2º]*
– *ordinal number (ordinal)*
7 el número positivo [con el signo positivo]
– *positive number [with plus sign]*
8 el número negativo [con el signo negativo]
– *negative number [with minus sign]*
9 símbolos *m* algebraicos
– *algebraic symbols*
10 el número mixto [3: el número entero; $\frac{1}{3}$ la fracción (el número fraccionario, el quebrado)]
– *mixed number [3: whole number (integer); $\frac{1}{3}$: fraction]*
11 números *m* pares
– *even numbers*
12 números *m* impares
– *odd numbers*
13 números *m* primos
– *prime numbers*
14 el número complejo [3: la parte real; $2\sqrt{-1}$: la parte imaginaria]
– *complex number [3: real part; $2\sqrt{-1}$: imaginary part]*
15-16 quebrados *m* comunes
– *vulgar fractions*
15 la fracción propia (el quebrado propio) [2: el numerador; la raya de quebrado *m* (la línea horizontal, el signo de división *f*) 3: el denominador]
– *proper fraction [2: numerator, horizontal line; 3: denominator]*
16 la fracción impropia (el quebrado impropio), *al mismo tiempo* la recíproca (fracción *f* inversa) de la 15
– *improper fraction, also the reciprocal of item 15*
17 la fracción compuesta
– *compound fraction (complex fraction)*
18 la fracción impropia [cuando al reducirla resulta un número entero]
– *improper fraction [when cancelled down produces a whole number]*
19 fracciones *f* de diferente denominador *m* [35: el común denominador]
– *fractions of different denominations [35: common denominator]*
20 la fracción decimal propia con la coma de decimales *m* y los lugares de los decimales [3: las décimas; 5: las centésimas; 7: las milésimas]
– *proper decimal fraction with decimal point [*in German: *comma] and decimal places [3: tenths; 5: hundredths; 7: thousandths]*

(9) $a, b, c \ldots$ (10) $3\frac{1}{3}$ (11) $2, 4, 6, 8$ (12) $1, 3, 5, 7$

(13) $3, 5, 7, 11$ (14) $3 + 2\sqrt{-1}$ (15) $\frac{2}{3}$ (16) $\frac{3}{2}$

(17) $\frac{\frac{5}{6}}{\frac{3}{4}}$ (18) $\frac{12}{4}$ (19) $\frac{4}{5} + \frac{2}{7} = \frac{38}{35}$ (20) $0{,}357$

(21) $0{,}6666\ldots = 0{,}\overline{6}$ (22) (23) $3 + 2 = 5$

(24) $3 - 2 = 1$ (25) $3 \cdot 2 = 6$, $3 \times 2 = 6$ (26) $6 : 2 = 3$

in Britain:

(6) 2nd (20) $0{\cdot}357$ (21) $0{\cdot}6666\ldots = 0{\cdot}\overline{6}$ (22)

(26) $6 \div 2 = 3$

21 la fracción decimal periódica infinita
– *recurring decimal*
22 el período
– *recurring decimal*
23-26 las operaciones fundamentales de aritmética *f*
– ***fundamental arithmetical operations***
23 la adición (suma *f*); [3 y 2: los sumandos (términos *m* de la suma); + : el signo más (el signo de adición *f*); = : el signo de igualdad *f;* 5: la suma (el resultado)]
– *addition (adding) [3 and 2: the terms of the sum; + : plus sign; = : equals sign; 5: the sum]*
24 la sustracción (resta *f*); [3: el minuendo; – : el signo menos (el signo de sustracción *f*); 2: el sustraendo; 1: el resto (la diferencia)]
– *subtraction (subtracting); [3: the minuend; - : minus sign; 2: the subtrahend; 1: the remainder (difference)]*
25 la multiplicación; [3: el multiplicando; · *o* x: el signo de multiplicación *f;* 2: el multiplicador; 2 y 3: factores *m;* 6: el producto]
– *multiplication (multiplying); [3: the multiplicand;* × (in German ·)*: multiplication sign; 2: the multiplier; 2 and 3: factors; 6: the product]*
26 la división; [6: el dividendo; : = el signo de división *f;* 2: el divisor; 3: el cociente]
– *division (dividing); [6: the dividend; :* (in German)*: division sign; 2: the divisor; 3: the quotient]*

(1) $3^2 = 9$

(2) $\sqrt[3]{8} = 2$

(3) $\sqrt{4} = 2$

(4) $3x + 2 = 12$

(5) $4a + 6ab - 2ac = 2a(2 + 3b - c)$

(6) $\log_{10} 3 = 0{\cdot}4771$

(7) $$\frac{P[£1000] \times R[5\%] \times T[2\,\text{years}]}{100} = I[£100]$$

en España:

(7) $$\frac{c[1000\ \text{Pts.}] \cdot r[5\%] \cdot t[2\ \text{años}]}{100} = i[100\ \text{Pts.}]$$

1-24 aritmética *f*
- ***arithmetic***

1-10 operaciones *f* **de aritmética** *f* **superior**
- ***advanced arithmetical operations***

1 la elevación a una potencia (la potenciación); [3 al cuadrado: la potencia; 3: la base; 2: el exponente (el índice); 9: el valor de la potencia]
- *raising to a power [three squared* (3^2)*: the power; 3: the base; 2: the exponent (index); 9: value of the power]*

2 la extracción de raíces *f* (la radicación); [raíz *f* cúbica de 8: la raíz cúbica; 8: el radicando; 3: el índice de la raíz; $\sqrt{\ }$: el radical (el signo de extracción *f* de raíces *f*); 2: el valor de la raíz]
- *evolution (extracting a root); [cube-root of 8: cube root; 8: the radical; 3: the index (degree) of the root;* $\sqrt{\ }$ *: radical sign; 2: value of the root]*

3 la raíz cuadrada
- *square root*

4-5 el álgebra *f*
- *algebra*

4 la ecuación de primer grado *m;* [3, 2: los coeficientes, x: la incógnita]
- *simple equation [3, 2: the coefficients; x: the unknown quantity]*

5 la ecuación idéntica (de identidad *f*) [a, b, c: los símbolos algebraicos]
- *identical equation; [a, b, c: algebraic symbols]*

6 el cálculo logarítmico (la logaritmación); [log: el símbolo de logaritmo *m;* lg: el símbolo del logaritmo decimal; 3: el número cuyo logaritmo *m* se busca; 10: la base; 0: la característica; 4771: la mantisa; 0,4771: el logaritmo]
- *logarithmic calculation (taking the logarithm, log); [log: logarithm sign; 3: number whose logarithm is required; 10: the base; 0: the characteristic; 4771: the mantissa; 0.4771: the logarithm]*

7 la fórmula de interés *m* simple; [c: el capital inicial; r: el rédito (el tanto por ciento *m*); t: el tiempo; i: el interés (la ganancia); % el signo del tanto por ciento m]
- *simple interest formula; [P: the principal; R: rate of interest; T: time; I: interest (profit); %: percentage sign]*

8-10 la regla de tres [≙: equivalente a]
- *rule of three (rule-of-three sum, simple proportion)*

8 el planteamiento de la ecuación con la incógnita x (con la cantidad desconocida)
- *statement with the unknown quantity x*

9 la ecuación (ecuación *f* determinada)
- *equation (conditional equation)*

10 la solución
- *solution*

11-14 matemáticas *f* **superiores**
- ***higher mathematics***

11 la progresión aritmética con los términos 2, 4, 6, 8
- *arithmetical series with the elements 2, 4, 6, 8*

12 la progresión geométrica
- *geometrical series*

(8) $\dfrac{\text{2 years @ £50} \quad \text{4 years @ £x}}{}$

(9) $2 : 50 = 4 : x$

(10) $x = £100$

(11) $2 + 4 + 6 + 8 \ldots$

(12) $2 + 4 + 8 + 16 + 32 \ldots$

(13) $\dfrac{dy}{dx}$

(14) $\int ax\,dx = a\int x\,dx = \dfrac{ax^2}{2} + C$

(15) ∞ (16) $\equiv$ (17) $\approx$ (18) $\not\equiv$ (19) $>$

(20) $<$ (21) $\parallel$ (22) $\sim$ (23) $\sphericalangle$ (24) $\triangle$

en España:

(8) 2 años ≙ 50 Pts.
4 años ≙ x Pts.

(9) $2 : 50 = 4 : x$

(10) $x = 100$ Pts.

13-14 el cálculo infinitesimal
– ***infinitesimal calculus***
13 la derivada (el cociente diferencial, la derivación); [dx, dy: las diferenciales; d: el signo de diferencial]
– *derivative [dx, dy: the differentials; d: differential sign]*
14 la integral (el cálculo integral, la integración) [x: la variable de integración *f;* c: la constante de la integral; ∫: el signo de la integral; dx: la diferencial]
– *integral (integration); [x: the variable; C: constant of integration; ∫: the integral sign; dx: the differential]*
15-24 signos *m* **matemáticos**
– ***mathematical symbols***
15 infinito
– *infinity*
16 idéntico (el signo de identidad *f*)
– *identically equal to [the sign of identity]*
17 casi igual
– *approximately equal to*
18 no idéntico (el signo de la no identidad)
– *unequal to*
19 mayor que
– *greater than*
20 menor que
– *less than*
21-24 signos *m* **geométricos**
– ***geometrical symbols***
21 paralelo (el signo de paralelismo *m*)
– *parallel [sign of parallelism]*
22 semejante (el signo de la semejanza)
– *similar to [sign of similarity]*
23 el signo de ángulo *m*
– *angle symbol*
24 el signo de triángulo *m*
– *triangle symbol*

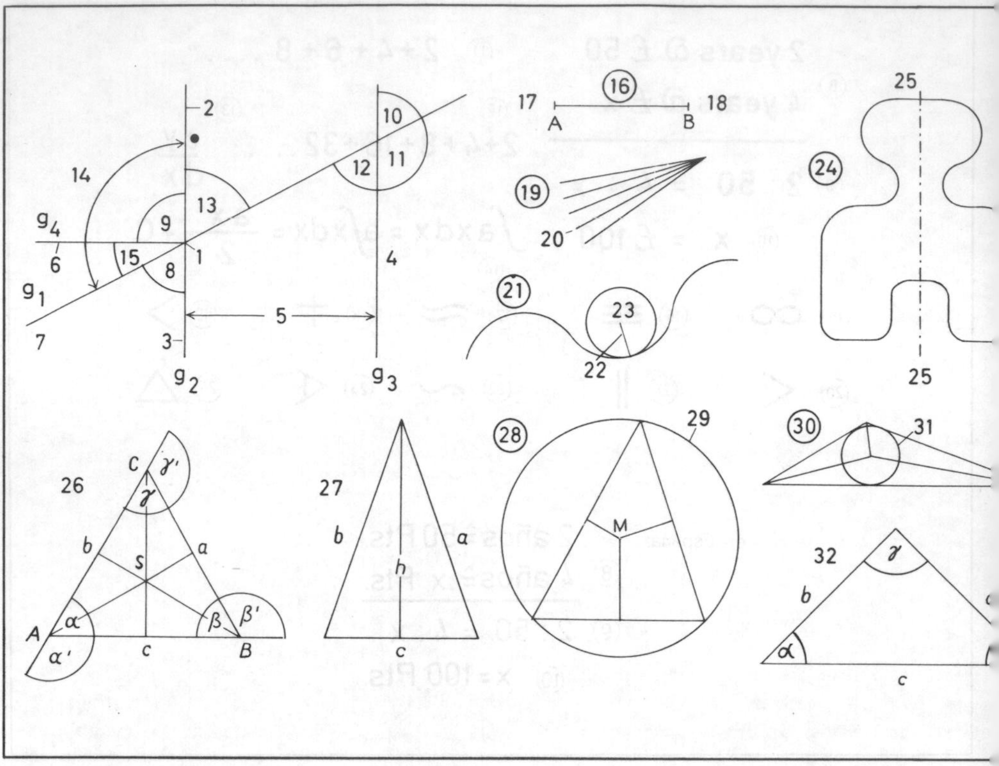

1-58 geometría *f* **plana** (geometría *f* elemental, geometría *f* euclidiana)
- ***plane geometry*** *(elementary geometry, Euclidian geometry)*

1-23 punto *m*, **línea** *f*, **ángulo** *m*
- ***point, line, angle***

1 el punto [punto *m* de intersección *f* de g_1 y g_2], el vértice de 8
- *point [point of intersection of g_1 and g_2], the angular point of 8*

2, 3 la línea recta g_2
- *straight line g_2*

4 la paralela a g_2
- *the parallel to g_2*

5 la distancia entre las líneas rectas g_2 y g_3
- *distance between the straight lines g_2 and g_3*

6 la perpendicular (g_4) a g_2
- *perpendicular (g_4) on g_2*

7, 3 los lados del ángulo 8
- *the arms of 8*

8, 13 ángulos *m* opuestos por el vértice
- *vertically opposite angles*

8 el ángulo
- *angle*

9 el ángulo recto [90 °]
- *right angle [90°]*

10, 11, 12 el ángulo cóncavo
- *reflex angle*

10 el ángulo agudo, *al mismo tiempo* ángulo *m* alterno con el 8
- *acute angle, also the alternate angle to 8*

11 el ángulo obtuso
- *obtuse angle*

12 el ángulo correspondiente al 8
- *corresponding angle to 8*

13, 9, 15 el ángulo llano [180°]
- *straight angle [180°]*

14 el ángulo adyacente; *en este caso:* el ángulo suplementario del 13
- *adjacent angle;* here: *supplementary angle to 13*

15 el ángulo complementario del 8
- *complementary angle to 8*

16 el segmento rectilíneo AB
- *straight line AB*

17 el extremo A
- *end A*

18 el extremo B
- *end B*

19 el haz de rayos *m*
- *pencil of rays*

20 el rayo
- *ray*

21 la línea curva
- *curved line*

22 un radio de curvatura *f*
- *radius of curvature*

23 un centro de curvatura *f*
- *centre (Am. center) of curvature*

24-58 las superficies planas
- ***plane surfaces***

24 la figura semétrica
- *symmetrical figure*

25 el eje de simetría *f*
- *axis of symmetry*

26-32 triángulos *m*
- ***plane triangles***

26 el triángulo equilátero; [A, B, C: los vértices; a, b, c: los lados; α (alfa), β (beta), γ (gamma): los ángulos interiores; α', β', γ': los ángulos exteriores; S: el centro]
- *equilateral triangle; [A, B, C: the vertices; a, b, c: the sides; α (alpha), β (beta), γ (gamma): the interior angles; α', β' γ': the exterior angles; S: the centre* (Am. *center)]*

27 el triángulo isósceles; [a, b: los lados; c: la base; h: la perpendicular, una altura]
- *isoceles triangle [a, b: the sides (legs); c: the base; h: the perpendicular, an altitude]*

28 el triángulo acutángulo con las mediatrices
- *acute-angled triangle with perpendicular bisectors of the sides*

29 el círculo circunscrito
- *circumcircle (circumscribed circle)*

30 el triángulo obtusángulo con las bisectrices
- *obtuse-angled triangle with bisectors of the angles*

31 el círculo inscrito
- *inscribed circle*

32 el triángulo rectángulo y las funciones trigonométricas de los ángulos; [a, b los catetos; c la hipotenusa; γ el ángulo recto; a:c = sen α (senō *m*); b:c = cos α (coseno *m*); a:b = tg α (tangente *f*); b:a = cotg α (cotangente *f*)]

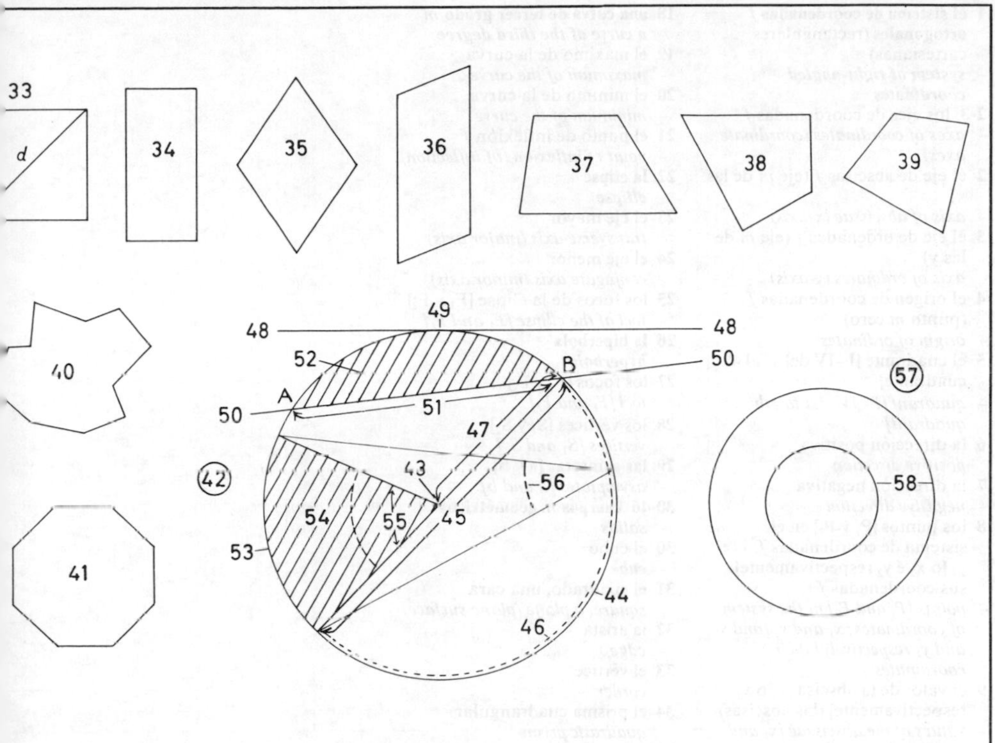

– *right-angled triangle and the trigonometrical functions of angles; [a, b: the catheti; c: the hypotenuse;* γ: the right angle; $\frac{a}{c} = \sin\alpha$ *(sine);* $\frac{b}{c} = \cos\alpha$ *(cosine);* $\frac{a}{b} = \tan\alpha$ *(tangent);* $\frac{b}{a} = \cot\alpha$ *(cotangent)*
33-39 cuadriláteros *m*
– ***quadrilaterals***
33-36 paralelogramos *m*
– ***parallelograms***
33 el cuadrado [d: una diagonal]
– *square [d: a diagonal]*
34 el rectángulo
– *rectangle*
35 el rombo
– *rhombus (rhomb, lozenge)*
36 el romboide
– *rhomboid*
37 el trapecio
– *trapezium*
38 el deltoide (cometa *f*)
– *deltoid (kite)*
39 el cuadrilátero irregular
– *irregular quadrilateral*
40 el polígono
– *polygon*
41 el polígono regular
– *regular polygon*
42 el círculo
– ***circle***
43 el centro
– *centre* (Am. *center)*
44 la circunferencia
– *circumference (periphery)*
45 el diámetro
– *diameter*
46 el semicírculo
– *semicircle*
47 el radio (r)
– *radius (r)*
48 la tangente
– *tangent*
49 el punto de contacto *m* (P)
– *point of contact (P)*
50 la secante
– *secant*
51 la cuerda AB
– *the chord AB*
52 el segmento circular
– *segment*
53 el arco de circunferencia *f*
– *arc*
54 el sector circular
– *sector*
55 el ángulo central
– *angle subtended by the arc at the centre* (Am. *center) (centre,* Am. *center, angle)*
56 el ángulo inscrito
– *circumferential angle*
57 la corona circular
– *ring (annulus)*
58 círculos *m* concéntricos
– *concentric circles*

1 **el sistema de coordenadas** *f* **ortogonales** (rectangulares, cartesianas)
– ***system of right-angled coordinates***
2-3 los ejes de coordenadas *f*
– *axes of coordinates (coordinate axes)*
2 el eje de abscisas *f* (eje *m* de las x)
– *axis of abscissae (x-axis)*
3 el eje de ordenadas *f* (eje *m* de las y)
– *axis of ordinates (y-axis)*
4 el origen de coordenadas *f* (punto *m* cero)
– *origin of ordinates*
5 el cuadrante [I–IV del 1⁰ al 4⁰ cuadrante]
– *quadrant [I - IV: 1st to 4th quadrant]*
6 la dirección positiva
– *positive direction*
7 la dirección negativa
– *negative direction*
8 los puntos [P_1 y P_2] en el sistema de coordenadas *f;* x_1 e y_1 [o x_2 e y_2 respectivamente]: sus coordenadas *f*
– *points [P_1 and P_2] in the system of coordinates; x_1 and y_1 [and x_2 and y_2 respectively] their coordinates*
9 el valor de la abscisa [x_1 o x_2 respectivamente] (las abscisas)
– *values of the abscissae [x_1 and x_2] (the abscissae)*
10 el valor de la ordenada [y_1 o y_2 respectivamente] (las ordenadas)
– *values of the ordinates [y_1 and y_2] (the ordinates)*
11-29 las secciones cónicas
– ***conic sections***
11 **las curvas** en el sistema de coordenadas *f*
– ***curves in the system of coordinates***
12 rectas *f* [a: la pendiente de la recta; b: la intersección de la recta con la ordenada; c: la raíz de la recta]
– *plane curves [a: the gradient (slope) of the curve; b: the ordinates' intersection of the curve; c: the root of the curve]*
13 las curvas
– *inflected curves*
14 **la parábola,** una curva de segundo grado *m*
– ***parabola,*** *a curve of the second degree*
15 las ramas de la parábola
– *branches of the parabola*
16 el vértice de la parábola
– *vertex of the parabola*
17 el eje de la parábola
– *axis of the parabola*
18 **una curva de tercer grado** *m*
– ***a curve of the third degree***
19 el máximo de la curva
– *maximum of the curve*
20 el mínimo de la curva
– *minimum of the curve*
21 el punto de inflexión *f*
– *point of inflexion (of inflection)*
22 **la elipse**
– ***ellipse***
23 el eje mayor
– *transverse axis (major axis)*
24 el eje menor
– *conjugate axis (minor axis)*
25 los focos de la elipse [F_1 y F_2]
– *foci of the ellipse [F_1 and F_2]*
26 **la hipérbola**
– ***hyperbola***
27 los focos [F_1 y F_2]
– *foci [F_1 and F_2]*
28 los vértices [S_1 y S_2]
– *vertices [S_1 and S_2]*
29 las asíntotas [a y b]
– *asymptotes [a and b]*
30-46 cuerpos *m* **geométricos**
– ***solids***
30 el cubo
– *cube*
31 el cuadrado, una cara
– *square, a plane (plane surface)*
32 la arista
– *edge*
33 el vértice
– *corner*
34 el prisma cuadrangular
– *quadratic prism*
35 la base
– *base*
36 el paralelepípedo rectangular
– *parallelepiped*
37 el prisma triangular
– *triangular prism*
38 el cilindro, un cilindro recto
– *cylinder, a right cylinder*
39 la base, una cara circular
– *base, a circular plane*
40 la superficie lateral
– *curved surface*
41 la esfera
– *sphere*
42 el elipsoide de revolución *f*
– *ellipsoid of revolution*
43 el cono
– *cone*
44 la altura del cono
– *height of the cone (cone height)*
45 el cono truncado
– *truncated cone (frustum of a cone)*
46 la pirámide cuadrangular
– *quadrilateral pyramid*

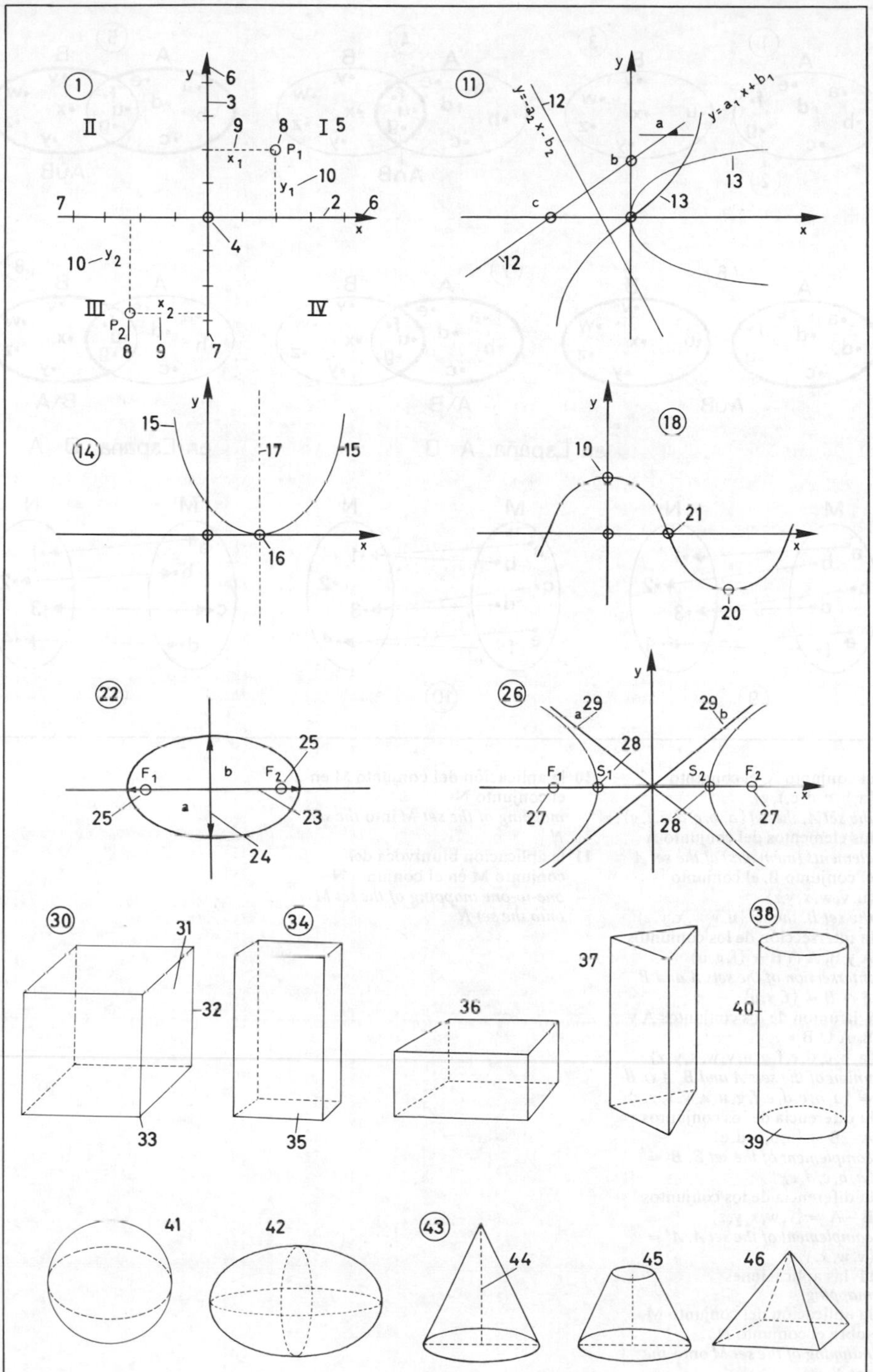
1
y
x
I
II
III
IV
2
3
4
5
6
7
8
9
10
P₁
P₂
x₁
x₂
y₁
y₂
11
y=a₁x+b₁
y=-a₂x-b₂
a
b
c
12
13
14
15
16
17
18
19
20
21
22
F₁
F₂
a
b
23
24
25
26
S₁
S₂
27
28
29
30
31
32
33
34
35
36
37
38
39
40
41
42
43
44
45
46

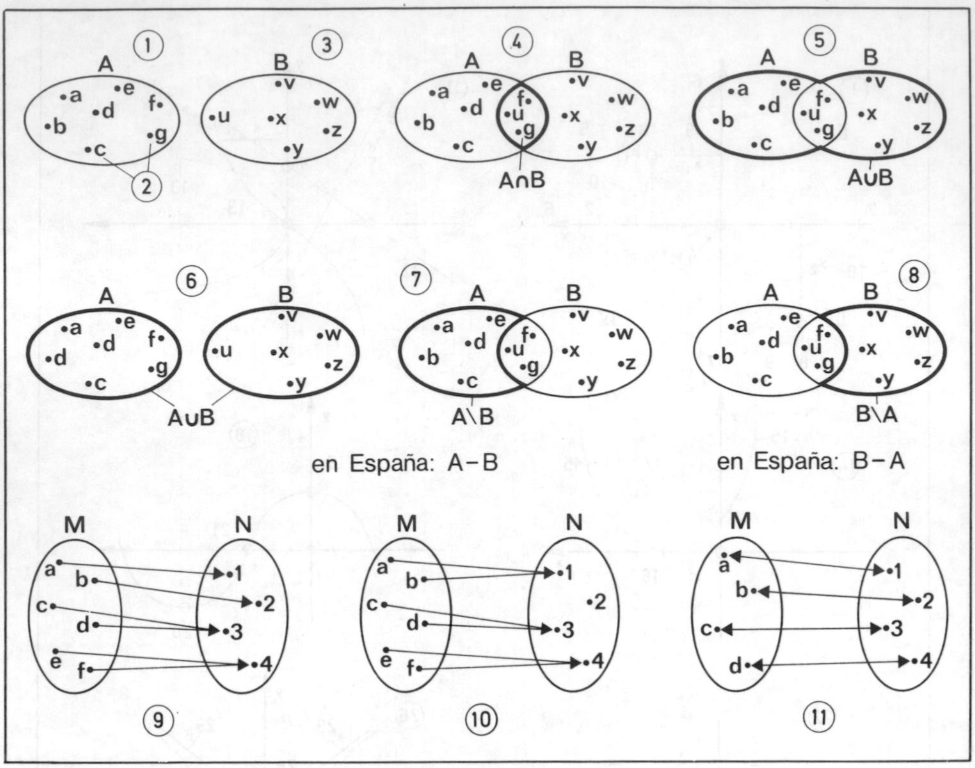

1 el conjunto A, el conjunto {a, b, c, d, e, f, g}
– *the set A, the set {a, b, c, d, e, f, g}*

2 los elementos del conjunto A
– *elements (members) of the set A*

3 el conjunto B, el conjunto {u, v, w, x, y,z}
– *the set B, the set {u, v, w, x, y, z}*

4 la intersección de los conjuntos A y B, A ∩ B = {f, g, u}
– *intersection of the sets A and B, A ∩ B = {f, g, u}*

5-6 la unión de los conjuntos A y B, A ∪ B = {a, b, c, d, e, f, g, u, v, w, x, y, z}
– *union of the sets A and B, A ∪ B = {a, b, c, d, e, f, g, u, v, w, x, y, z}*

7 la diferencia de los conjuntos A – B = {a, b, c, d, e}
– *complement of the set B, B′ = {a, b, c, d, e}*

8 la diferencia de los conjuntos B – A = {v, w, x, y, z}
– *complement of the set A, A′ = {v, w, x, y, z}*

9-11 las aplicaciones
– *mappings*

9 la aplicación del conjunto M sobre el conjunto N
– *mapping of the set M* onto *the set N*

10 la aplicación del conjunto M en el conjunto N
– *mapping of the set M* into *the set N*

11 la aplicación biunívoca del conjunto M en el conjunto N
– *one-to-one mapping of the set M onto the set N*

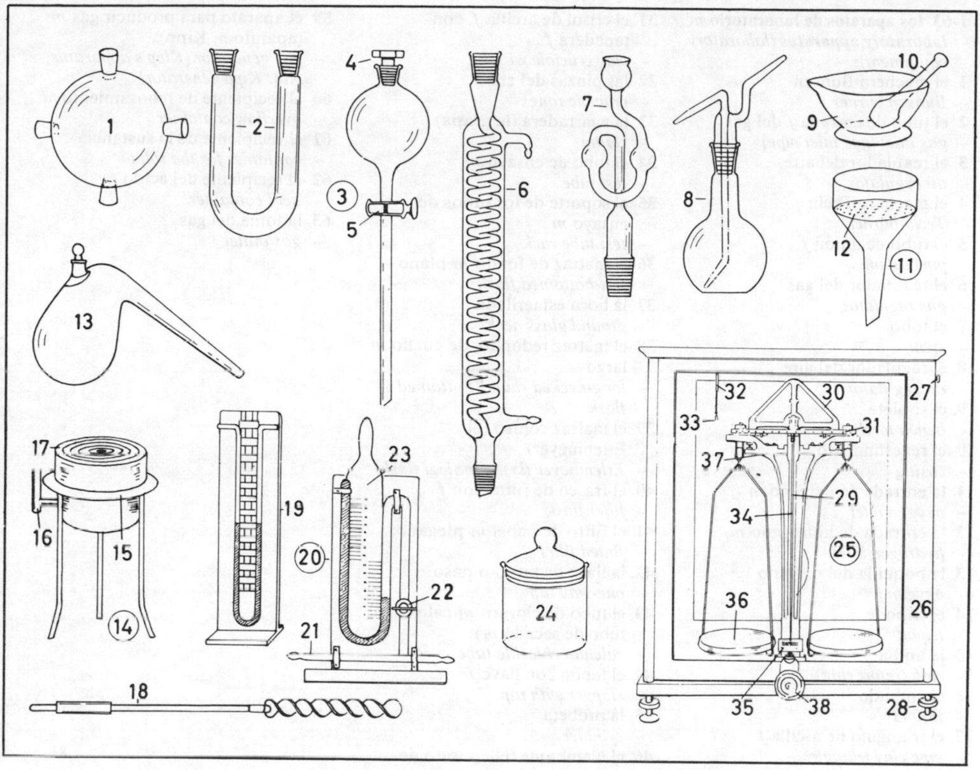

1-38 los aparatos de laboratorio ***m***
– ***laboratory apparatus*** *(laboratory equipment)*
1 el globo Scheidt
– *Scheidt globe*
2 el tubo en U
– *U-tube*
3 el embudo de separación *f* (el tubo de bromo *m*)
– *separating funnel*
4 el tapón octogonal
– *octagonal ground-glass stopper*
5 la llave
– *tap (Am. faucet)*
6 el refrigerador de serpentín *m*
– *coiled condenser*
7 la válvula de seguridad *f*
– *air lock*
8 el frasco lavador
– *wash-bottle*
9 el mortero
– *mortar*
10 la mano del mortero
– *pestle*
11 el filtro de vacío *m* (el filtro de Büchner)
– *filter funnel (Büchner funnel)*
12 el filtro (tamiz *m*)
– *filter (filter plate)*
13 la retorta
– *retort*
14 el baño María
– *water bath*
15 el trípode
– *tripod*
16 el indicador del nivel del agua *f*
– *water gauge (Am. gage)*
17 las arandelas
– *insertion rings*
18 el agitador
– *stirrer*
19 el medidor de alta y baja presión *f* (el manómetro)
– *manometer for measuring positive and negative pressures*
20 el manómetro (vacuómetro *m*) de espejo *m*, para medir presiones *f* pequeñas
– *mirror manometer for measuring small pressures*
21 el tubo de succión *f*
– *inlet*
22 la llave (la espita)
– *tap (Am. faucet)*
23 la escala de cursor *m*
– *sliding scale*
24 el bote de pesar
– *weighing bottle*
25 la balanza de análisis *m*
– *analytical balance*
26 la caja
– *case*
27 el panel anterior levadizo
– *sliding front panel*
28 el soporte de tres puntos *m* (el tornillo nivelador)
– *three-point support*
29 la columna de la balanza
– *column (balance column)*
30 el astil de la balanza
– *balance beam (beam)*
31 el carril de corredera *f*
– *rider bar*
32 el agarrador de corredera *f*
– *rider holder*
33 la corredera
– *rider*
34 el fiel
– *pointer*
35 la escala
– *scale*
36 el platillo
– *scale pan*
37 el inmovilizador
– *stop*
38 el botón de inmovilización *f*
– *stop knob*

1-63 los aparatos de laboratorio *m*
– ***laboratory apparatus*** *(laboratory equipment)*
1 el mechero Bunsen
– *Bunsen burner*
2 el tubo de entrada *f* del gas
– *gas inlet (gas inlet pipe)*
3 el regulador del aire
– *air regulator*
4 el mechero Teclu
– *Teclu burner*
5 el tubo de unión *f*
– *pipe union*
6 el regulador del gas
– *gas regulator*
7 el tubo
– *stem*
8 el regulador del aire
– *air regulator*
9 el soplete
– *bench torch*
10 el revestimiento
– *casing*
11 la entrada de oxígeno *m*
– *oxygen inlet*
12 la entrada de hidrógeno *m*
– *hydrogen inlet*
13 la boquilla del oxígeno
– *oxygen jet*
14 el tripode
– *tripod*
15 la anilla
– *ring (retort ring)*
16 el embudo
– *funnel*
17 el triángulo de arcilla *f*
– *pipe clay triangle*
18 la tela metálica
– *wire gauze*
19 la tela metálica con amianto *m*
– *wire gauze with asbestos centre* (Am. *center)*
20 el vaso de precipitados *m*
– *beaker*
21 la bureta, para medir líquidos *m*
– *burette (for measuring the volume of liquids)*
22 el soporte de la bureta
– *burette stand*
23 la abrazadera de la bureta
– *burette clamp*
24 la pipeta graduada
– *graduated pipette*
25 la pipeta ordinaria
– *pipette*
26 la probeta graduada
– *measuring cylinder (measuring glass)*
27 la probeta graduada con tapón *m*
– *measuring flask*
28 el matraz de mezclas *f*
– *volumetric flask*
29 la cápsula, de porcelana *f*
– *evaporating dish (evaporating basin), made of porcelain*
30 la abrazadera de tubos *m*
– *tube clamp (tube clip, pinchcock)*
31 el crisol de arcilla *f*, con tapadera *f*
– *clay crucible with lid*
32 las pinzas del crisol
– *crucible tongs*
33 la agarradera (la grapa)
– *clamp*
34 el tubo de ensayo *m*
– *test tube*
35 el soporte de los tubos de ensayo *m*
– *test tube rack*
36 el matraz de fondo *m* plano
– *flat-bottomed flask*
37 la boca esmerilada
– *ground glass neck*
38 el matraz redondo, de cuello *m* largo
– *long-necked round-bottomed flask*
39 el matraz cónico (el Erlenmeyer)
– *Erlenmeyer flask (conical flask)*
40 el frasco de filtración *f*
– *filter flask*
41 el filtro de papel *m* plegado
– *fluted filter*
42 la llave de un solo paso
– *one-way tap*
43 el tubo de cloruro *m* cálcico (el tubo de secado *m*)
– *calcium chloride tube*
44 el tapón con llave *f*
– *stopper with tap*
45 la probeta
– *cylinder*
46 el alambique (el aparato de destilación *f*)
– *distillation apparatus (distilling apparatus)*
47 el matraz de destilación *f*
– *distillation flask (distilling flask)*
48 el condensador (el refrigerante)
– *condenser*
49 la llave de retorno *m*, una llave de dos pasos *m*
– *return tap, a two-way tap*
50 el matraz de destilación *f*
– *distillation flask (distilling flask, Claisen flask)*
51 el desecador
– *desiccator*
52 la tapa con un tubo ajustado
– *lid with fitted tube*
53 la llave
– *tap*
54 la salvilla del desecador, de porcelana *f*
– *desiccator insert made of porcelain*
55 el matraz de tres bocas *f*
– *three-necked flask*
56 la pieza de conexión *f* (el tubo en Y)
– *connecting piece (Y-tube)*
57 el frasco de tres bocas *f*
– *three-necked bottle*
58 el frasco para limpiar gas *m*
– *gas-washing bottle*
59 el aparato para producir gas *m* (aparato *m* Kipp)
– *gas generator (Kipp's apparatus,* Am. *Kipp generator)*
60 el recipiente de rebosamiento *m*
– *overflow container*
61 el recipiente de la sustancia
– *container for the solid*
62 el recipiente del ácido
– *acid container*
63 la toma del gas
– *gas outlet*

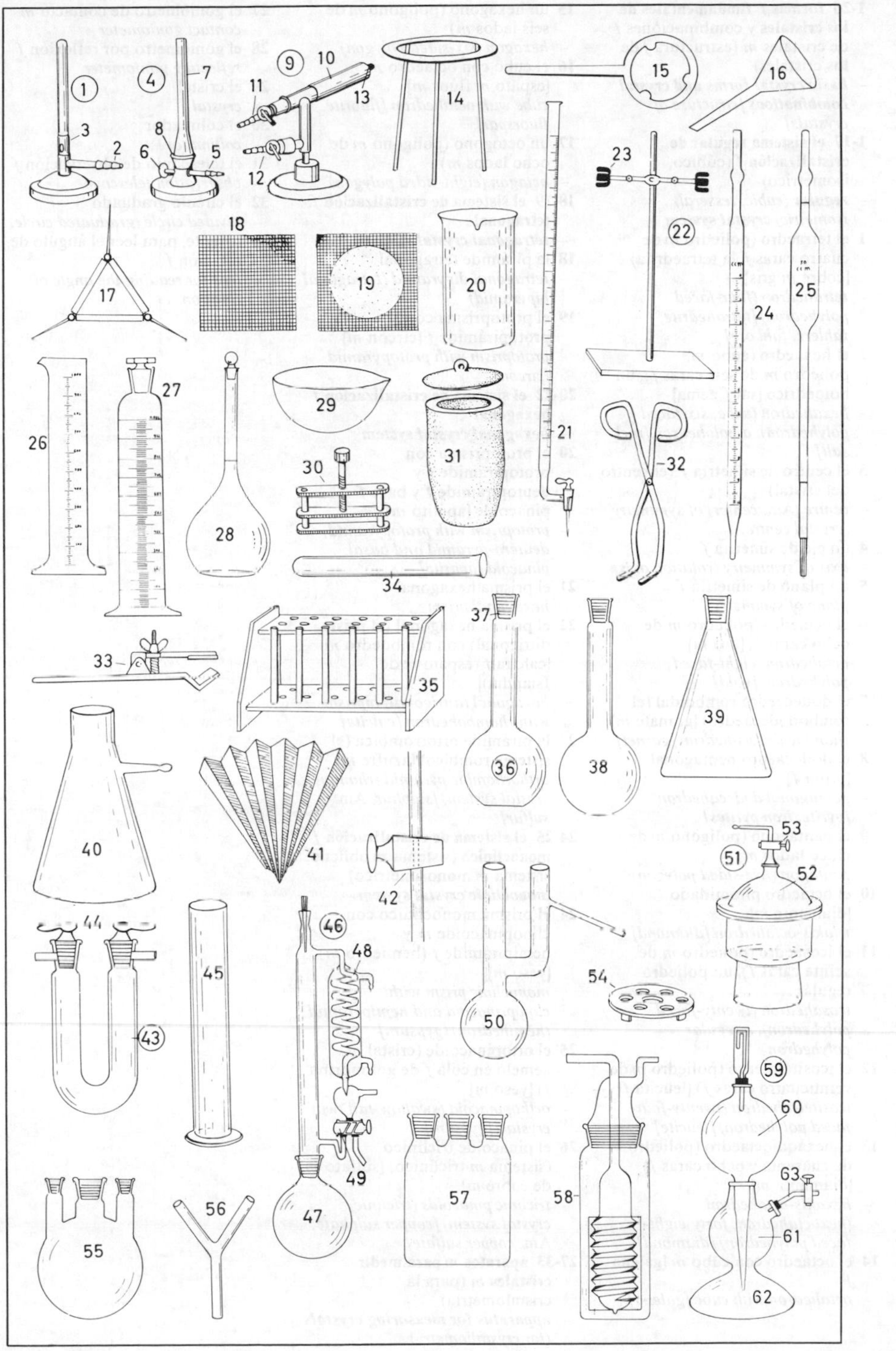
1
2
3
4
5
6
7
8
9
10
11
12
13
14
15
16
17
18
19
20
21
22
23
24
25
26
27
28
29
30
31
32
33
34
35
36
37
38
39
40
41
42
43
44
45
46
47
48
49
50
51
52
53
54
55
56
57
58
59
60
61
62
63

1-26 formas *f* fundamentales de los cristales y combinaciónes *f* de cristales *m* (estructura *f* de los cristales)
- ***basic crystal forms and crystal combinations*** *[structure of crystals]*

1-17 el sistema regular de cristalización *f* (cúbico, isométrico)
- ***regular*** *(cubic, tesseral, isometric)* ***crystal system***

1 el tetraedro (poliedro *m* de cuatro caras *f*, la tetraedrita) [cobre *m* gris]
- *tetrahedron (four-faced polyhedron) [tetrahedrite, fahlerz, fahl ore]*

2 el hexaedro (cubo *m*, poliedro *m* de seis caras *f*), un holoédrico [sal *f* gema]
- *hexahedron (cube, six-faced polyhedron), a holohedron [rock salt]*

3 el centro de simetría *f* (el centro del cristal)
- *centre* (Am. *center) of symmetry (crystal centre)*

4 un eje de simetría *f*
- *axis of symmetry (rotation axis)*

5 un plano de simetría *f*
- *plane of symmetry*

6 el octaedro (poliedro *m* de ocho caras *f*) [oro *m*]
- *octahedron (eight-faced polyhedron) [gold]*

7 el dodecaedro romboidal (el rombododecaedro) [granate *m*]
- *rhombic dodecahedron [garnet]*

8 el dodecaedro pentagonal [pirita *f*]
- *pentagonal dodecahedron [pyrite, iron pyrites]*

9 el pentágono (polígono *m* de cinco lados *m*)
- *pentagon (five-sided polygon)*

10 el octaedro piramidado [diamante *m*]
- *triakis-octahedron [diamond]*

11 el icosaedro (poliedro *m* de veinte caras *f*), un poliedro regular
- *icosahedron (twenty-faced polyhedron), a regular polyhedron*

12 el icositetraedro (poliedro *m* de veinticuatro caras *f*) [leucita *f*]
- *icositetrahedron (twenty-four-faced polyhedron) [leucite]*

13 el hexaquioctaedro (poliedro *m* de cuarenta y ocho caras *f*) [diamante *m*]
- *hexakis-octahedron (hexoctahedron, forty-eight-faced polyhedron) [diamond]*

14 el octaedro con cubo *m* [galena *f*]
- *octahedron with cube [galena]*

15 un hexágono (polígono *m* de seis lados *m*)
- *hexagon (six-sided polygon)*

16 el cubo con octaedro *m* [espato *m* flúor *m*]
- *cube with octahedron [fluorite, fluorspar]*

17 un octógono (polígono *m* de ocho lados *m*)
- *octagon (eight-sided polygon)*

18-19 el sistema de cristalización *f* **tetragonal**
- ***tetragonal crystal system***

18 la pirámide tetragonal
- *tetragonal dipyramid (tetragonal bipyramid)*

19 el protoprisma con protopirámide *f* [circón *m*]
- *protoprism with protopyramid [zircon]*

20-22 el sistema de cristalización *f* **hexagonal**
- ***hexagonal crystal system***

20 el protoprisma con protopirámide *f* y deutopirámide *f* y base *f* pinacoide [apatito *m*]
- *protoprism with protopyramid, deutero-pyramid and basal pinacoid [apatite]*

21 el prisma hexagonal
- *hexagonal prism*

22 el prisma hexagonal (el prisma ditrigonal) con romboedro *m* [calcita *f* (espato *m* de Islandia)]
- *hexagonal (ditrigonal) biprism with rhombohedron [calcite]*

23 la pirámide ortorrómbica (el sistema rómbico) [azufre *m*]
- *orthorhombic pyramid (rhombic crystal system) [sulphur,* Am. *sulfur]*

24-25 el sistema de cristalización *f* **monoclínico** (sistema *m* oblicuo, sistema *m* monosimétrico)
- ***monoclinic crystal system***

24 el prisma monoclínico con clinopinacoide *m* y hemipirámide *f* (hemiedro *m*) [yeso *m*]
- *monoclinic prism with clinoprinacoid and hemipyramid (hemihedron) [gypsum]*

25 el ortopinacoide (cristal *m* gemelo en cola *f* de golondrina *f*) [yeso *m*]
- *orthopinacoid (swallow-tail twin crystal) [gypsum]*

26 el pinacoide triclínico (sistema *m* triclínico) [sulfato *m* de cobre *m*]
- *triclinic pinacoids (triclinic crystal system) [copper sulphate,* Am. *copper sulfate]*

27-33 aparatos *m* para medir cristales *m* (para la cristalometría)
- ***apparatus for measuring crystals*** *(for crystallometry)*

27 el goniómetro de contacto *m*
- *contact goniometer*

28 el goniómetro por reflexión *f*
- *reflecting goniometer*

29 el cristal
- *crystal*

30 el colimador
- *collimator*

31 el telescopio de observación *f*
- *observation telescope*

32 el círculo graduado
- *divided circle (graduated circle)*

33 la lente, para leer el ángulo de rotación *f*
- *lens for reading the angle of rotation*

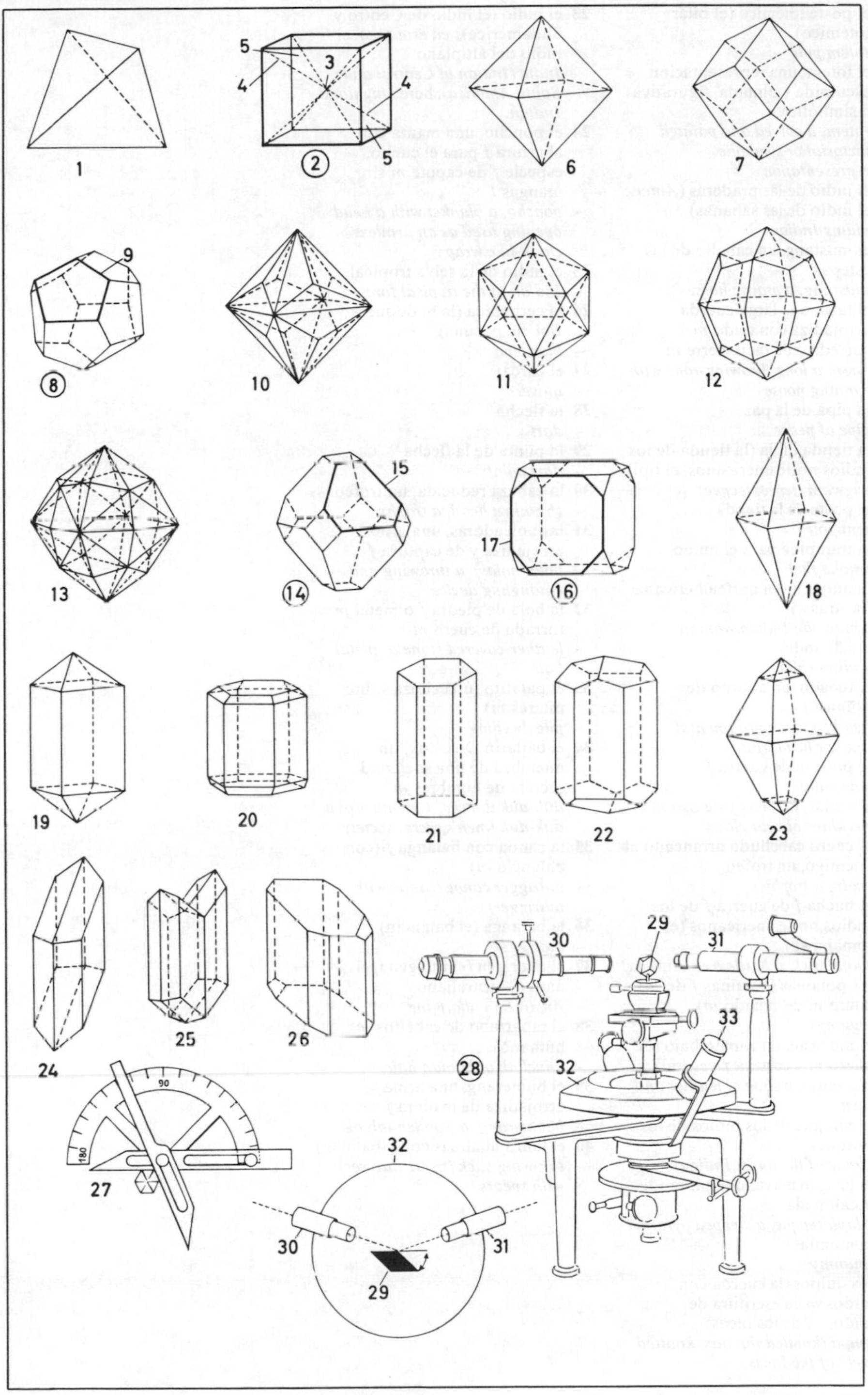
1
2
3
4
5
6
7
8
9
10
11
12
13
14
15
16
17
18
19
20
21
22
23
24
25
26
27
28
29
30
31
32
33

1 el poste totémico (el pilar totémico)
- *totem pole*
2 el totem, una representación esculpida y pintada, figurativa o simbólica
- *totem, a carved and painted pictorial or symbolic representation*
3 el indio de las praderas (*Amér.:* el indio de las sabanas)
- *plains Indian*
4 el mustang, un caballo de las estepas
- *mustang, a prairie horse*
5 el lazo, una larga cuerda arrojadiza con nudo *m* corredizo de fácil cierre *m*
- *lasso, a long throwing-rope with running noose*
6 la pipa de la paz
- *pipe of peace*
7 la tienda india (la tienda de los indios norteamericanos, el tipi)
- *wigwam (tepee, teepee)*
8 el poste de la tienda
- *tent pole*
9 la trampilla para el humo
- *smoke flap*
10 la mujer india norteamericana (la squaw)
- *squaw, an Indian woman*
11 el jefe indio
- *Indian chief*
12 el tocado, un adorno de plumas *f*
- *headdress, an ornamental feather headdress*
13 la pintura de guerra *f*
- *war paint*
14 el collar, de uñas *f* de oso *m*
- *necklace of bear claws*
15 el cuero cabelludo arrancado al enemigo, un trofeo
- *scalp, a trophy*
16 el hacha *f* de guerra *f* de los indios norteamericanos (el tomahawk)
- *tomahawk, a battle axe (*Am. *ax)*
17 las polainas (polainas *f* de cuero *m* de venado *m*)
- *leggings*
18 el mocasín, un zapato bajo (de cuero *m* y corteza *f* vegetal)
- *moccasin, a shoe of leather and bast*
19 la piragua de los indios de los bosques
- *canoe of the forest Indians*
20 el templo maya, una pirámide escalonada
- *Maya temple, a stepped pyramid*
21 la momia
- *mummy*
22 los quipos (la cuerda con nudos *m*, la escritura de nudos *m* de los incas)
- *quipa (knotted threads, knotted code of the Incas)*
23 el indio (el indio de Centro y Sudamérica); *en este caso:* el indio del altiplano
- *Indio (Indian of Central and South America);* here: *highland Indian*
24 el poncho, una manta con abertura *f* para el cuello, especie *f* de capote *m* sin mangas *f*
- *poncho, a blanket with a head opening used as an armless cloak-like wrap*
25 el indio de la selva tropical
- *Indian of the tropical forest*
26 la cerbatana (la bodoquera; *Bol.:* la pacuna)
- *blowpipe*
27 el carcaj
- *quiver*
28 la flecha
- *dart*
29 la punta de la flecha
- *dart point*
30 la cabeza reducida, un trofeo
- *shrunken head, a trophy*
31 las boleadoras, una arma arrojadiza y de captura *f*
- *bola (bolas), a throwing and entangling device*
32 la bola de piedra *f* o metal *m* forrada de cuero *m*
- *leather-covered stone or metal ball*
33 el palafito (una choza sobre pilares *m*)
- *pile dwelling*
34 el bailarín Duk-duk, un miembro de una sociedad secreta de hombres *m*
- *duk-duk dancer, a member of a duk-duk (men's secret society)*
35 la canoa con batanga *f* (con balancín *m*)
- *outrigger canoe (canoe with outrigger)*
36 la batanga (el balancín)
- *outrigger*
37 el aborigen (el indígena, el nativo) australiano
- *Australian aborigine*
38 el taparrabo de cabellos *m* humanos
- *loincloth of human hair*
39 el bumerang, una arma arrojadiza de madera *f*
- *boomerang, a wooden missile*
40 el lanzajabalinas con jabalinas *f*
- *throwing stick (spear thrower) with spears*

1
2
3
4
5
6
7
8
9
10
11
12
13
14
15
16
17
18
19
20
21
22
23
24
25
26
27
28
29
30
31
32
33
34
35
36
37
38
39
40

1 el esquimal
- *Eskimo*
2 el perro de trineo *m*, un perro polar (un perro esquimal)
- *sledge dog (sled dog), a husky*
3 el trineo de perros *m*
- *dog sledge (dog sled)*
4 el iglú, una choza de nieve *f* en forma *f* de cúpula *f*
- *igloo, a dome-shaped snow hut*
5 el bloque de nieve *f*
- *block of snow*
6 el túnel de entrada *f*
- *entrance tunnel*
7 la lámpara de aceite *m* de pescado *m* (de ballena *f* o foca *f*)
- *blubber-oil lamp*
8 la tablilla arrojadiza
- *wooden missile*
9 el espiche
- *lance*
10 el arpón de una sola punta
- *harpoon*
11 el saco de aire *m* (el flotador del arpón)
- *skin float*
12 el kayak, una canoa ligera individual
- *kayak, a light one-man canoe*
13 la armazón de madera *f* o hueso *m* recubierta de piel *f*
- *skin-covered wooden or bone frame*
14 el zagual (el canalete)
- *paddle*
15 el atalaje de reno *m*
- *reindeer harness*
16 el reno
- *reindeer*
17 el ostiaco
- *Ostyak (Ostiak)*
18 el trineo con respaldo *m* (el trineo de viajeros *m*)
- *passenger sledge*
19 la yurta, una tienda vivienda *f* de los nómadas de Asia *f* Central y Occidental
- *yurt (yurta), a dwelling tent of the western and central Asiatic nomads*
20 la cubierta de fieltro *m*
- *felt covering*
21 la abertura para el humo
- *smoke outlet*
22 el kirghís
- *Kirghiz*
23 el gorro de piel *f* de oveja *f*
- *sheepskin cap*
24 el chamán
- *shaman*
25 el adorno de flecos *m*
- *decorative fringe*
26 el tambor de bastidor *m*
- *frame drum*
27 el tibetano
- *Tibetan*
28 la escopeta de horquilla *f*
- *flintlock with bayonets*
29 el molino de oraciones *f*
- *prayer wheel*
30 la bota de fieltro *m*
- *felt boot*
31 el barco vivienda (la casa flotante, el sampán)
- *houseboat (sampan)*
32 el junco
- *junk*
33 la vela de estera *f*
- *mat sail*
34 la jinrikisha (la rikisha)
- *rickshaw (ricksha)*
35 el culí de la jinrikisha
- *rickshaw coolie (cooly)*
36 el lampión [un farolillo chino]
- *Chinese lantern*
37 el samurai
- *samurai*
38 la armadura enguatada
- *padded armour (*Am. *armor)*
39 la geisha
- *geisha*
40 el quimono
- *kimono*
41 el obi (faja *f* de seda *f* japonesa)
- *obi*
42 el abanico
- *fan*
43 el culí
- *coolie (cooly)*
44 el cris, un puñal malayo
- *kris (creese, crease), a Malayan dagger*
45 el encantador de serpientes *f*
- *snake charmer*
46 el turbante
- *turban*
47 la flauta
- *flute*
48 la serpiente danzante
- *dancing snake*

1
2
3
4
5
6
7
8
9
10
11
12
13
14
15
16
17
18
19
20
21
22
23
24
25
26
27
28
29
30
31
32
33
34
35
36
37
38
39
40
41
42
43
44
45
46
47
48

1 la caravana de camellos *m*
– *camel caravan*
2 el animal para montar
– *riding animal*
3 el animal de carga *f*
– *pack animal*
4 el oasis
– *oasis*
5 el palmeral
– *grove of palm trees*
6 el beduino
– *bedouin (beduin)*
7 el albornoz
– *burnous*
8 el guerrero masai
– *Masai warrior*
9 el peinado
– *headdress (hairdress)*
10 el escudo
– *shield*
11 el cuero de buey *m* pintado
– *painted ox hide*
12 la lanza de hoja *f* larga
– *long-bladed spear*
13 el negro
– *negro*
14 el tambor de danza *f* (el tam-tam)
– *dance drum*
15 el cuchillo arrojadizo
– *throwing knife*
16 la máscara de madera *f*
– *wooden mask*
17 la figura del antepasado
– *figure of an ancestor*
18 el tambor de señales *f*
– *slit gong*
19 el palillo (la baqueta; *C. Rica;* el bolillo) del tambor
– *drumstick*
20 la canoa, una embarcación hecha vaciando un tronco de árbol *m*
– *dugout, a boat hollowed out of a tree trunk*
21 la choza del negro
– *negro hut*
22 la negra
– *negress*
23 el disco labial
– *lip plug (labret)*
24 la piedra de moler
– *grinding stone*
25 la mujer herera
– *Herero woman*
26 la toca de cuero *m*
– *leather cap*
27 la calabaza (*Amér.:* el porongo) [calabaza *f* vinatera]
– *calabash (gourd)*
28 la choza en forma *f* de colmena *f*
– *beehive-shaped hut*
29 el bosquimano
– *bushman*
30 la estaquilla de la oreja
– *earplug*
31 el taparrabo
– *loincloth*
32 el arco
– *bow*
33 el quirri, una clava (cachiporra *f*) de cabeza *f* redonda y gruesa
– *knobkerry (knobkerrie), a club with round, knobbed end*
34 la mujer bosquimana obteniendo fuego *m* por taladramiento *m*
– *bushman woman making a fire by twirling a stick*
35 el abrigo contra el viento
– *windbreak*
36 el zulú en atuendo *m* de danza *f*
– *Zulu in dance costume*
37 el bastón de danza *f*
– *dancing stick*
38 el anillo de la pierna
– *bangle*
39 el cuerno de guerra *f* de marfil *m*
– *ivory war horn*
40 la cadena de amuletos *m* y dados *m*
– *string of amulets and bones*
41 el pigmeo
– *pigmy*
42 la chifla (el chifle, el silbato) mágico para conjurar los espíritus
– *magic pipe for exorcising evil spirits*
43 el fetiche
– *fetish*

1
2
3
4
5
6
7
8
9
10
11
12
13
14
15
16
17
18
19
20
21
22
23
24
25
26
27
28
29
30
31
32
33
34
35
36
37
38
39
40
41
42
43

1 mujer *f* griega
– *Greek woman*
2 el peplo
– *peplos*
3 hombre *m* griego
– *Greek*
4 el petaso (sombrero *m* tesalio)
– *petasus (Thessalonian hat)*
5 el chitón, una túnica interior de lino *m*
– *chiton, a linen gown worn as a basic garment*
6 el himatión, un manto de lana *f*
– *himation, woollen (*Am. *woolen) cloak*
7 mujer *f* romana
– *Roman woman*
8 el tupé de la frente
– *toupee wig (partial wig)*
9 la estola
– *stola*
10 la palla, un manto de color *m*
– *palla, a coloured (*Am. *colored) wrap*
11 hombre *m* romano
– *Roman*
12 la túnica
– *tunica (tunic)*
13 la toga
– *toga*
14 la orla de púrpura *f*
– *purple border (purple band)*
15 emperatriz *f* bizantina
– *Byzantine empress*
16 la diadema de perlas *f*
– *pearl diadem*
17 los pinjantes
– *jewels*
18 el manto de púrpura *f*
– *purple cloak*
19 el vestido
– *long tunic*
20 princesa *f* alemana [siglo *m* XIII]
– *German princess [13th cent.]*
21 la diadema
– *crown (diadem)*
22 el griñón (la impla)
– *chinband*
23 la campanilla
– *tassel*
24 la presilla del manto
– *cloak cord*
25 el vestido ceñido
– *girt-up gown (girt-up surcoat, girt-up tunic)*
26 el manto
– *cloak*
27 alemán *m* en indumentaria *f* española [alrededor de 1575]
– *German dressed in the Spanish style [ca. 1575]*
28 el birrete
– *wide-brimmed cap*
29 la capa corta (capa *f* a la española)
– *short cloak (Spanish cloak, short cape)*
30 el jubón enguatado
– *padded doublet (stuffed doublet, peasecod)*
31 las trusas (los gregüescos acolchados y acuchillados)
– *stuffed trunk-hose*
32 lansquenete *m* [alrededor de 1530]
– *lansquenet (German mercenary soldier) [ca. 1530]*
33 el jubón acuchillado
– *slashed doublet (paned doublet)*
34 los pantalones bombachos
– *Pluderhose (loose breeches, paned trunk-hose, slops)*
35 mujer *f* basiliense [alrededor de 1525]
– *woman of Basle [ca. 1525]*
36 el sobretodo
– *overgown (gown)*
37 la saya
– *undergown (petticoat)*
38 mujer *f* de Nuremberg [alrededor de 1500]
– *woman of Nuremberg [ca. 1500]*
39 la esclavina
– *shoulder cape*
40 hombre *m* borgoñón [siglo *m* XV]
– *Burgundian [15th cent.]*
41 el jubón corto
– *short doublet*
42 los zapatos de punta *f* (zapatos *m* a la polaca)
– *piked shoes (peaked shoes, copped shoes, crackowes, poulaines)*

43 los chanclos (zuecos *m*, galochas *f*)
- *pattens (clogs)*

44 joven *m* noble [alrededor de 1400]
- *young nobleman [ca. 1400]*

45 el sayo corto
- *short, padded doublet (short, quilted doublet, jerkin)*

46 la manga festoneada
- *dagged sleeves (petal-scalloped sleeves)*

47 la calza
- *hose*

48 patricia *f* de Augsburgo [alrededor de 1575]
- *Augsburg patrician lady [ca. 1575]*

49 las mangas de bullones *m*
- *puffed sleeve*

50 el sobretodo
- *overgown (gown), a sleeveless open gown*

51 dama *f* francesa [alrededor de 1600]
- *French lady [ca. 1600]*

52 la gorguera en muela *f* de molino *m*
- *millstone ruff (cartwheel ruff, ruff)*

53 el talle encorsetado (la cintura de avispa *f*)
- *corseted waist (wasp waist)*

54 caballero *m* [alrededor de 1650]
- *gentleman [ca. 1650]*

55 el sombrero blando (flexible) sueco
- *wide-brimmed felt hat (cavalier hat)*

56 el cuello de lino *m*
- *falling collar (wide-falling collar) of linen*

57 el forro de tela *m* blanca
- *white lining*

58 la bota alta (la bota con rodillera *f*)
- *jack boots (bucket-top boots)*

59 dama *f* [alrededor de 1650]
- *lady [ca. 1650]*

60 las mangas de bullones *m*
- *full puffed sleeves (puffed sleeves)*

61 caballero *m* [alrededor de 1700]
- *gentleman [ca. 1700]*

62 el sombrero de tres picos *m* (el tricornio)
- *three-cornered hat*

63 el espadín
- *dress sword*

64 dama *f* [alrededor de 1700]
- *lady [ca. 1700]*

65 el tocado (la toca) de encajes *m*
- *lace fontange (high headdress of lace)*

66 el manto de encajes *m*
- *lace-trimmed loose-hanging gown (loose-fitting housecoat, robe de chambre, negligée, contouche)*

67 la orla recamada
- *band of embroidery*

68 dama *f* [alrededor de 1880]
- *lady [ca. 1880]*

69 el polisón (*Chile:* la potolina)
- *bustle*

70 dama *f* [alrededor de 1858]
- *lady [ca. 1858]*

71 la capota (la papalina)
- *poke bonnet*

72 el miriñaque
- *crinoline*

73 caballero *m* del periodo Biedermeier
- *gentleman of the Biedermeier period*

74 el cuello alto (la marquesota; *fam.*: el foque)
- *high collar (choker collar)*

75 el chaleco floreado
- *embroidered waistcoat (vest)*

76 la levita
- *frock coat*

77 la peluca de coleta *f*
- *pigtail wig*

78 la cinta de la coleta (el lazo de la coleta)
- *ribbon (bow)*

79 damas *f* en trajes *m* de corte *f* [alrededor de 1780]
- *ladies in court dress [ca. 1780]*

80 la cola
- *train*

81 el peinado rococó
- *upswept Rococo coiffure*

82 el adorno del cabello
- *hair decoration*

83 el tontillo (el guardainfante)
- *panniered overskirt*

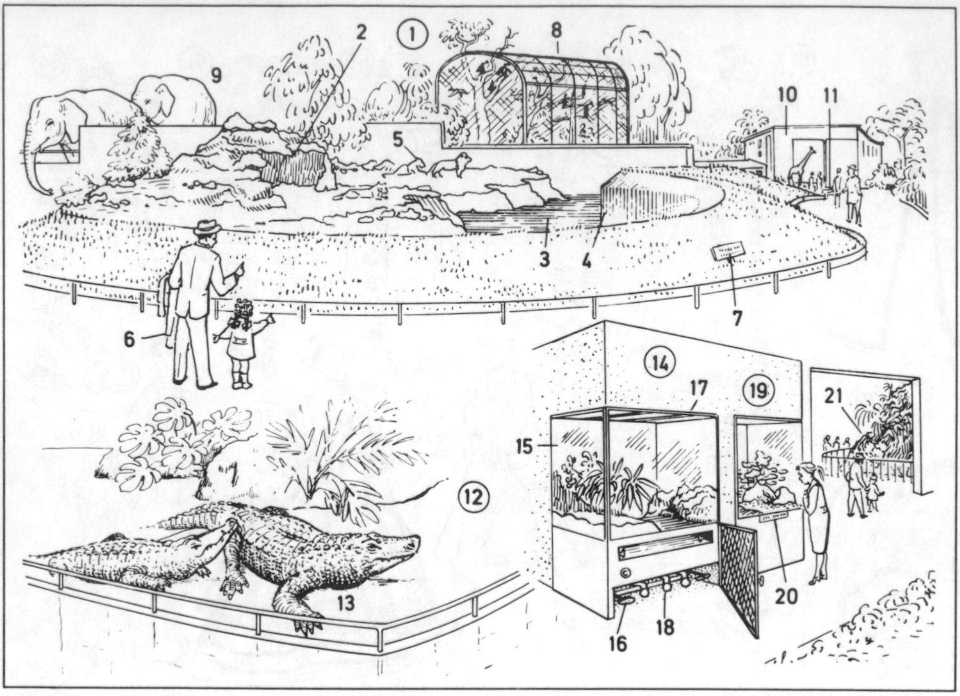

1 el recinto (la instalación) al aire libre
– *outdoor enclosure*
2 la roca natural
– *rocks*
3 el foso de separación *f*, un foso lleno de agua *f*
– *moat*
4 el muro de protección *f*
– *enclosing wall*
5 los animales expuestos; *en este caso:* una manada de leones *m*
– *animals on show;* here: *a pride of lions*
6 el visitante del zoo
– *visitor to the zoo*
7 el cartel de advertencia *f*
– *notice*
8 la pajarera (el recinto para los pájaros)
– *aviary*
9 el recinto de los elefantes
– *elephant enclosure*
10 la casa de los animales (*por ej.:* la casa de las fieras, la casa de las jirafas, la casa de los elefantes, la casa de los monos)
– *animal house,* e.g. *carnivore house, giraffe house, elephant house, monkey house*
11 la jaula exterior (la jaula de verano *m*)
– *outside cage (summer quarters)*
12 el recinto de los reptiles
– *reptile enclosure*
13 el cocodrilo del Nilo
– *Nile crocodile*
14 el terrario-acuario
– *terrarium and aquarium*
15 la vitrina
– *glass case*
16 la entrada de aire *m* fresco
– *fresh-air inlet*
17 la salida de aire *m* (la ventilación)
– *ventilator*
18 la calefacción del fondo de la vitrina
– *underfloor heating*
19 el acuario
– *aquarium*
20 el cartel explicativo
– *information plate*
21 la flora de una zona climática
– *flora in artificially maintained climate*

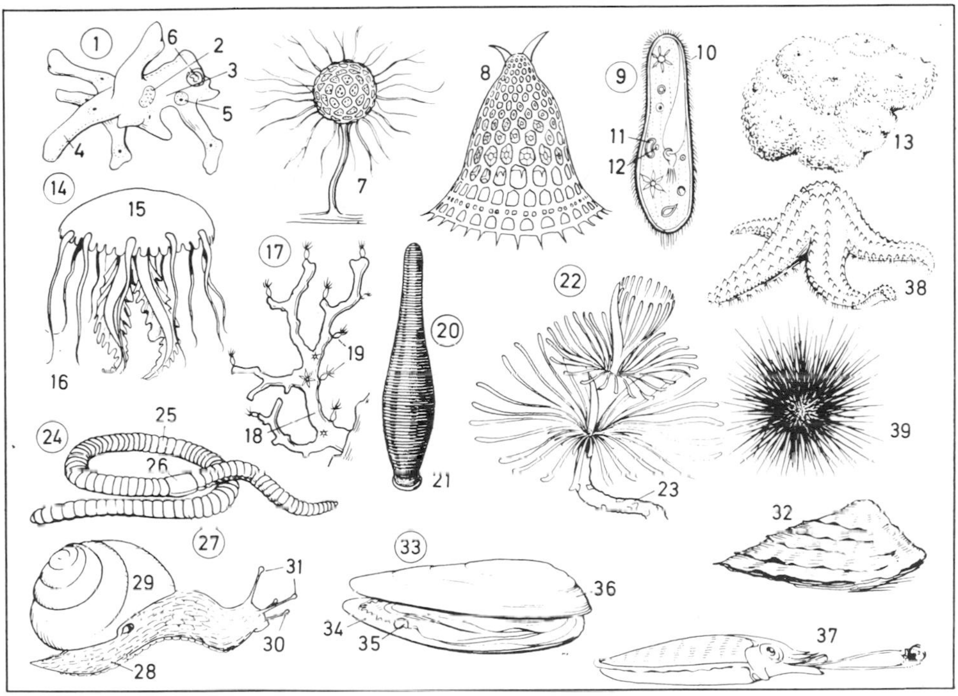

1-12 animales *m* **unicelulares** (protozoarios *m*, protozoos *m*, infusorios *m*)
– ***unicellular (one-celled, single-celled) animals*** *(protozoans)*
1 la ameba, un rizópodo
– *amoeba, a rhizopod*
2 el núcleo de la célula
– *cell nucleus*
3 el protoplasma
– *protoplasm*
4 el seudópodo
– *pseudopod*
5 la vejiguilla excretora (la vacuola pulsátil), un orgánulo
– *excretory vacuole (contractile vacuole), an organelle*
6 la vejiguilla de alimentación *f* (la vacuola alimenticia)
– *food vacuole*
7 el actinomorfo, un heliozoario
– *Actinophrys, a heliozoan*
8 el radiolario; *en este caso:* el esqueleto silíceo
– *radiolarian;* here: *siliceous skeleton*
9 el animálculo zapatilla (paramecio *m*), un infusorio ciliado
– *slipper animalcule, a Paramecium (ciliate infusorian)*
10 el cilio
– *cilium*
11 el macronúcleo
– *macronucleus (meganucleus)*
12 el micronúcleo
– *micronucleus*
13-39 animales *m* **multicelulares** (metazoarios *m*)
– ***multicellular animals*** *(metazoans)*
13 la esponja, un espongiario
– *bath sponge, a porifer (sponge)*
14 la medusa, un acalefo de disco *m* (medusa *f* de sombrilla *f*, aguamala *f*, un acalefo), un celentéreo
– *discomedusa, a medusa (jellyfish), a coelenterate*
15 la sombrilla
– *umbrella*
16 el tentáculo
– *tentacle*
17 el coral rojo, un coral (antozoario *m*, constructor de arrecifes *m*)
– *red coral (precious coral), a coral animal (anthozoan, reef-building animal)*
18 la rama de coral *m*
– *coral colony*
19 el pólipo coralígeno
– *coral polyp*
20-26 gusanos *m* (vermes *m*)
– *worms (Vermes)*
20 la sanguijuela, un anélido (gusano *m* de anillos *m*)
– *leech, an annelid*
21 la ventosa
– *sucker*
22 el espirógrafo, un gusano con filamentos *m*
– *Spirographis, a bristle worm*
23 el tubo
– *tube*
24 la lombriz de tierra *f*
– *earthworm*
25 el segmento
– *segment*
26 el clitelo [la zona de acoplamiento *m*]
– *clitellum [accessory reproductive organ]*
27-36 moluscos *m*
– *molluscs (*Am. *mollusks)*
27 el caracol (el caracol de las viñas), un gasterópodo
– *edible snail, a snail*
28 el pie reptante
– *creeping foot*
29 la concha (la concha de caracol *m*)
– *shell (snail shell)*
30 el ojo peduncular
– *stalked eye*
31 los tentáculos (cuernos *m*)
– *tentacle (horn, feeler)*
32 la ostra
– *oyster*
33 la madreperla de río *m*
– *freshwater pearl mussel*
34 el nácar
– *mother-of-pearl (nacre)*
35 la perla
– *pearl*
36 la valva
– *mussel shell*
37 la jibia (la sepia), un cefalópodo
– *cuttlefish, a cephalopod*
38-39 equinodermos *m*
– *echinoderms*
38 la estrella de mar *amb.* (la estrellamar)
– *starfish (sea star)*
39 el erizo de mar *amb.* (el equino)
– *sea urchin (sea hedgehog)*

1-2 crustáceos *m*
- ***crustaceans***
1 la dromia velluda (el cangrejo faquín), un cangrejo
- *mitten crab, a crab*
2 el asélido común (la cochinilla de agua *f*)
- *water slater*
3-39, 48-56 insectos *m*
- *insects*
3 la libélula (el caballito del diablo, el dragón volador), un odonato
- *water nymph (dragonfly), a homopteran (homopterous insect), a dragonfly*
4 el escorpión acuático (la nepa, la chinche acuática, el garapito), un hemíptero
- *water scorpion (water bug), a rhynchophore*
5 el sifón respiratorio
- *raptorial leg*
6 la efémera (la cachipolla, la efímera, la mosca de pesca *f*)
- *mayfly (dayfly, ephemerid)*
7 el ojo compuesto
- *compound eye*
8 la langosta migratoria (el saltamontes verde), un ortóptero
- *green grasshopper (green locust, meadow grasshopper), an orthopteron (orthopterous insect)*
9 la larva
- *larva (grub)*
10 el insecto adulto, el imago, un insecto perfecto
- *adult insect, an imago*
11 la pata saltadora
- *leaping hind leg*
12 la frigánea (el frígano, la mosca de primavera *f*, la polilla de agua *f*), un neuróptero
- *caddis fly (spring fly, water moth), a neuropteran*
13 el pulgón (la mosca verde), un piojo de las plantas
- *aphid (greenfly), a plant louse*
14 el pulgón áptero (la filoxera)
- *wingless aphid*
15 el pulgón alado
- *winged aphid*
16-20 dípteros *m*
- ***dipterous insects*** *(dipterans)*
16 el cénzalo (el mosquito; *Amér.:* el zancudo), un cínife
- *gnat (mosquito, midge), a culicid*
17 la trompa chupadora
- *proboscis (sucking organ)*
18 la mosca (azul) de la carne (la moscarda, el moscón, el moscardón)
- *bluebottle (blowfly), a fly*
19 la cresa
- *maggot (larva)*
20 la crisálida (la ninfa)
- *chrysalis (pupa)*
21-23 himenópteros *m*
- ***Hymenoptera***
21-22 la hormiga
- *ant*
21 la hembra alada (la reina)
- *winged female*
22 la obrera
- *worker*
23 el abejorro (el abejón)
- *bumblebee (humblebee)*
24-39 escarabajos *m* (coleópteros *m*)
- ***beetles*** *(Coleoptera)*
24 el ciervo volante (el lucano ciervo, el escarabajo cornudo), un escarabeoideo
- *stag beetle, a lamellicorn beetle*
25 las mandíbulas (las tenazas)
- *mandibles*
26 los palpos maxilares
- *trophi*
27 la antena
- *antenna (feeler)*
28 la cabeza
- *head*
29-30 el tórax
- *thorax*
29 el protórax (el pronoto, el escudo del cuello, el escudo torácico)
- *thoracic shield (prothorax)*
30 el escutelo (el escudete)
- *scutellum*
31 los arcos dorsales de los segmentos
- *tergites*
32 el estigma (el orificio respiratorio)
- *stigma*
33 el ala *f* (el ala *f* posterior)
- *wing (hind wing)*
34 la nervadura del ala *f* (la vena del ala *f*)
- *nervure*
35 el punto por donde se pliega el ala *f*
- *point at which the wing folds*
36 el élitro
- *elytron (forewing)*
37 la mariquita (la vaca de San Antón), un coccinélido
- *ladybird (ladybug), a coccinellid*
38 el ergates carpintero, un cerambícido
- *Ergates faber, a longicorn beetle (longicorn)*
39 el escarabajo pelotero (el escarabajo del estiércol), un escarabeoideo
- *dung beetle, a lamellicorn beetle*
40-47 arácnidos *m*
- ***arachnids***
40 el escorpión común (el alacrán)
- *Euscorpius flavicandus, a scorpion*
41 el pedipalpo prensil
- *cheliped with chelicer*
42 el palpo maxilar
- *maxillary antenna (maxillary feeler)*
43 el aguijón caudal (*Amér. Central:* el chuzo), una uña venenosa
- *tail sting*
44-46 arañas *f*
- ***spiders***
44 la garrapata común (el ixodes, la garrapata de los perros), un ácaro
- *wood tick (dog tick)*
45 la araña de jardín *m* (la epeira, la araña de cruz *f*), una araña de telaraña *f* circular
- *cross spider (garden spider), an orb spinner*
46 la hilera
- *spinneret*
47 la telaraña
- *spider's web (web)*
48-56 mariposas *f* (lepidópteros *m*)
- ***Lepidoptera*** *(butterflies and moths)*
48 la mariposa de la seda (el bómbix del moral), un bombícido
- *mulberry-feeding moth (silk moth), a bombycid moth*
49 los huevos
- *eggs*
50 el gusano de la seda (la oruga)
- *silkworm*
51 el capullo
- *cocoon*
52 el macaón, una papiliónida (la cola de golondrina *f*)
- *swallowtail, a butterfly*
53 la antena
- *antenna (feeler)*
54 la mancha en forma *f* de ojo *m*
- *eyespot*
55 la esfinge del aligustre, una mariposa nocturna
- *privet hawkmoth, a hawkmoth (sphinx)*
56 la trompa
- *proboscis*

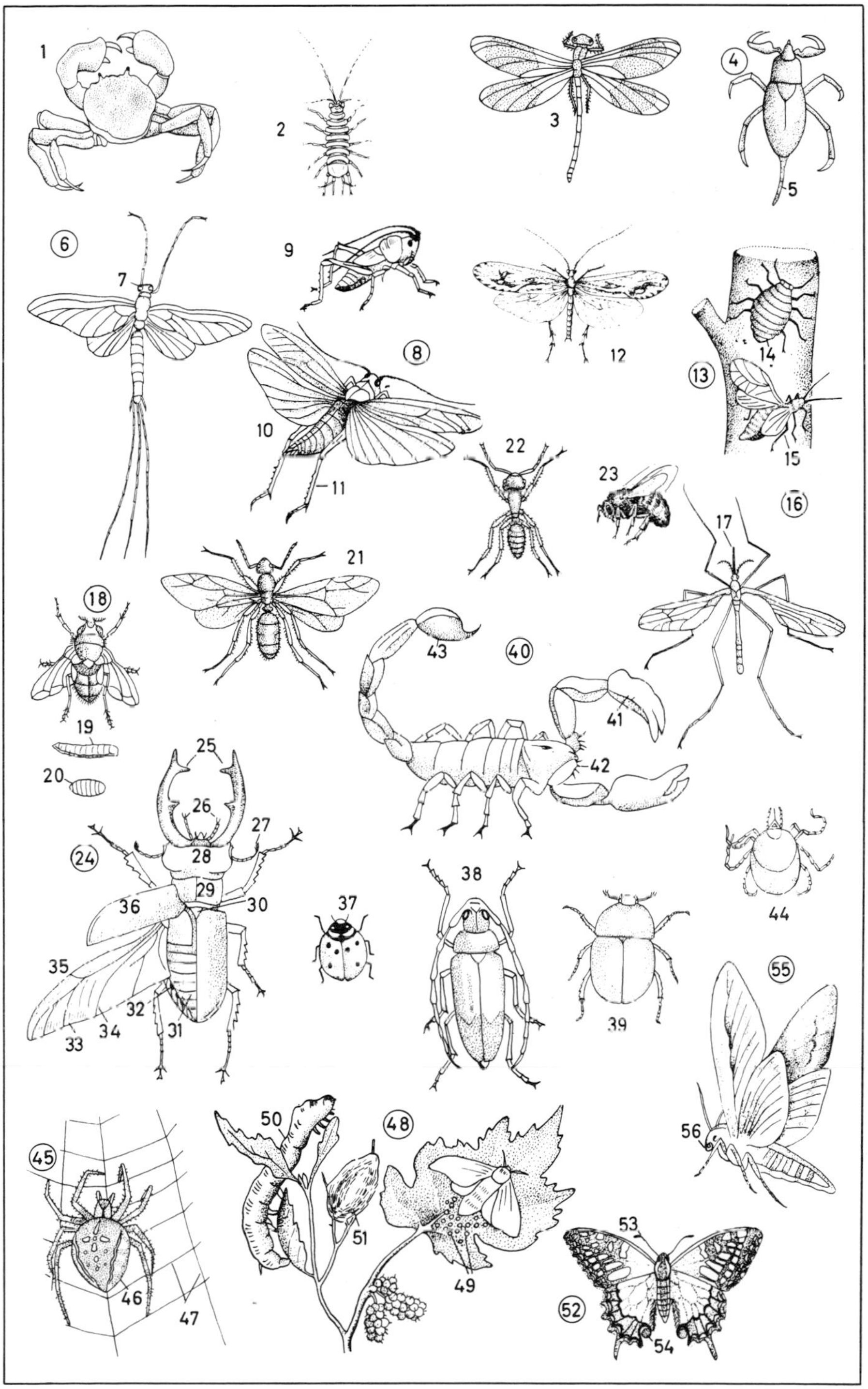
1
2
3
4
5
6
7
8
9
10
11
12
13
14
15
16
17
18
19
20
21
22
23
24
25
26
27
28
29
30
31
32
33
34
35
36
37
38
39
40
41
42
43
44
45
46
47
48
49
50
51
52
53
54
55
56

1-3 aves *f* corredoras
– ***flightless birds***
1 el casuario de cresta, un casuario; *anál.:* el emú
– *cassowary;* sim.: *emu*
2 el avestruz; *anál.:* el ñandú, el avestruz de América (*Arg. y Bol.:* el suri; *Chile:* el tuyú)
– *ostrich*
3 la nidada de huevos *m* de avestruz *m* [12-14 huevos]
– *clutch of ostrich eggs [12 - 14 eggs]*
4 el pingüino imperial (el pájaro bobo, el pájaro niño; *Guat.:* el tolobojo), un pingüino (una palmípeda, nadadora, no voladora)
– *king penguin, a penguin, a flightless bird*
5-10 palmípedas *f*
– ***web-footed birds***
5 el pelícano común (el pelícano rosa, la platalea; *Amér.:* el alcatraz; *Pan.:* el cuaco; *Venez.:* el buchón, el tocotoco), una pelicánida
– *white pelican (wood stork, ibis, wood ibis, spoonbill, brent-goose,* Am. *brant-goose, brant), a pelican*
6 la pata palmípeda
– *webfoot (webbed foot)*
7 la membrana interdigital
– *web (palmations) of webbed foot (palmate foot)*
8 la mandíbula inferior, con la bolsa
– *lower mandible with gular pouch*
9 el alcatraz común (el onocrótalo, el pelícano americano), una súlida
– *northern gannet (gannet, solan goose), a gannet*
10 el cormorán moñudo (el cuervo marino, el corvejón; *Cuba:* la corúa), una falocrocorácida con las alas extendidas "posando"
– *green cormorant (shag), a cormorant displaying with spread wings*
11-14 aves *f* de alas *f* largas (aves marinas)
– ***long-winged birds*** *(seabirds)*
11 el charrancito, una golondrina de mar *amb.* (una esterna), zambulléndose en busca *f* de comida *f*
– *common sea swallow, a sea swallow (tern), diving for food*
12 el fulmar, un petrel (una ave de las tempestades; *anál.:* una pardela)
– *fulmar*
13 el arao común, una uría, un álcido
– *guillemot, an auk*
14 la gaviota reidora (la gaviota común, la gaviota de cabeza *f* negra), una gaviota
– *black-headed gull (mire crow), a gull*
15-17 anserinos *m*
– ***Anseres***
15 la serreta grande, un mergo
– *goosander (common merganser), a sawbill*
16 el cisne común (el cisne mudo, el cisne negro), un cisne
– *mute swan, a swan*
17 la protuberancia del pico
– *knob on the bill*
18 la garza real (la garza cenicienta), una ardeida, una ave zancuda
– *common heron, a heron*
19-21 limícolas *m*
– ***plovers***
19 la cigüeñuela (*Arg.:* el yabiru; *Venez.:* el soldado)
– *stilt (stilt bird, stilt plover)*
20 la foja (la focha, el fallaris, la gallareta), una fúlica, una rálida; *anál.:* el rascón, la polla
– *coot, a rail*
21 el avefría *f*
– *lapwing (green plover, peewit, pewit)*
22 la codorniz, una faisánida; *anál.:* la perdiz
– *quail, a gallinaceous bird*
23 la tórtola (*Mé.:* el mucuy), una paloma torcaz
– *turtle dove, a pigeon*
24 el vencejo (el arrejaco, el arrejaque); *anál.:* el avión, la salangana; una apodida
– *swift*
25 la abubilla común (la upupa), una tenuirrostra, una upúpida
– *hoopoe, a roller*
26 el penacho de plumas *f* eréctiles
– *erectile crest*
27 el pico picapinos (el pájaro carpintero, el picamaderos, el picaposte, el picarrelincho, el pico barreno, el pico carpintero), un pico, una pícida; *anál.:* el torcecuello (*Hond.:* el checo), el pito
– *spotted woodpecker, a woodpecker;* related: *wryneck*
28 la entrada del nido
– *entrance to the nest*
29 la cavidad nidal (el hueco de la empolladura)
– *nesting cavity*
30 el cuclillo (el cuco), una cucúlida; *anál.:* el críalo
– *cuckoo*

1
2
3
4
5
6
7
8
9
10
11
12
13
14
15
16
17
18
19
20
21
22
23
24
25
26
27
28
29
30

1, 3, 4, 5, 7, 9, 10 aves *f* canoras
- *songbirds*

1 el jilguero (el sirguero, el pintacilgo, el pintadillo, la cardelina, el colorín, el sietecolores), un fringílido
- *goldfinch, a finch*

2 el abejaruco (el azulejo)
- *bee eater*

3 el colirrojo de los jardines (el colirrojo real), un túrdido
- *redstart (star finch), a thrush*

4 el herrerillo común, un párido
- *bluetit, a tit (titmouse), a resident bird (non-migratory bird)*

5 el camachuelo común, una ave sedentaria
- *bullfinch*

6 la carraca
- *common roller (roller)*

7 la oropéndola (la lútea, el oriol, el papafigo, el vireo, el virio), una ave migratoria (una ave de paso *m*)
- *golden oriole, a migratory bird*

8 el martín pescador (el alción, el guardarrío, el pájaro polilla; *Perú:* el camaronero)
- *kingfisher*

9 la lavandera blanca (la aguzanieves, la aguanieves, el andarríos, la apuranieves, la nevatilla, la nevereta, la pajarita de las nieves, la pizpita), una lavandera (pezpítalo *m*, caudatrémula *f*, doradillo *m*, motacila *f*, motalita *f*)
- *white wagtail, a wagtail*

10 el pinzón vulgar (el pinchón)
- *chaffinch*

1
2
3
4
5
6
7
8
9
10
S. Vogel

1-20 aves *f* **canoras**
- ***songbirds***

1-3 córvidos
- ***Corvidae*** *(corvine birds, crows)*

1 el arrendajo común, un gárrulo
- *jay (nutcracker)*

2 la graja (el grajo, el cuervo merendero); *anál.:* la corneja (la chova), el cuervo, la grajilla
- *rook, a crow*

3 la urraca (la picaza, la marica, la cotorra, la gaya, la pega, la picaraza)
- *magpie*

4 el estornino pinto
- *starling (pastor, shepherd bird)*

5 el gorrión común (el pardal, el gurriato; *Mé.:* el burrión)
- *house sparrow*

6-8 fringílidos *m*
- ***finches***

6-7 emberizas *f* (escribanos *m*)
- *buntings*

6 el escribano cerillo
- *yellowhammer (yellow bunting)*

7 el escribano hortelano
- *ortolan (ortolan bunting)*

8 el lúgano; *anál.:* el verderón (el verdecillo, el verdorol, el verdezuelo, el verdón)
- *siskin (aberdevine)*

9 el carbonero común
- *great titmouse (great tit, ox eye), a titmouse (tit)*

10 el reyezuelo sencillo; *anál.:* el reyezuelo listado; un régulo
- *golden-crested wren (goldcrest);* sim.: *firecrest, one of the Regulidae*

11 el trepador azul
- *nuthatch*

12 el chochín
- *wren*

13-17 túrdidos *m*
- ***thrushes***

13 el mirlo común (la merla, la mirla)
- *blackbird*

14 el ruiseñor común (*poético:* la filomena, la filomela)
- *nightingale (*poet.: *philomel, philomela)*

15 el petirrojo
- *robin (redbreast, robin redbreast)*

16 el zorzal común, un tordo
- *song thrush (throstle, mavis)*

17 el ruiseñor alemán
- *thrush nightingale*

18-19 alondras *f*
- *larks*

18 la totovía (la tova)
- *woodlark*

19 la cogujada común (la cochevís, la copada, la golerita); *anál.:* la alondra (la calandria, la copetuda, la terrera)
- *crested lark (tufted lark)*

20 la golondrina común, una hirundínida
- *common swallow (barn swallow, chimney swallow), a swallow*

1 13 aves *f* rapaces (aves *f* de rapiña *f*) **diurnas**
- ***diurnal birds of prey***

1-4 falcónidas *f*
- *falcons*

1 el esmerejón
- *merlin*

2 el halcón común (el halcón peregrino)
- *peregrine falcon*

3 los "calzones" (el plumaje del muslo)
- *leg feathers*

4 el tarso
- *tarsus*

5-9 águilas *f*
- *eagles*

5 el pigargo
- *white-tailed sea eagle (white-tailed eagle, grey sea eagle, erne)*

6 el pico corvo
- *hooked beak*

7 la garra
- *claw (talon)*

8 la cola
- *tail*

9 el ratonero común
- *common buzzard*

10-13 accípitres *m*
- *accipiters*

10 el azor
- *goshawk*

11 el milano rojo (el milano real)
- *common European kite (glede, kite)*

12 el gavilán
- *sparrow hawk (spar-hawk)*

13 el aguilucho lagunero
- *marsh harrier (moor buzzard, moor harrier, moor hawk)*

14-19 aves *f* rapaces nocturnas (estrígidas *f*)
- ***owls** (nocturnal birds of prey)*

14 el búho chico; *más pequeño:* el autillo
- *long-eared owl (horned owl)*

15 el búho real (*Perú:* el carancho)
- *eagle-owl (great horned owl)*

16 el plumicornio (los mechones de plumas *f* en forma *f* de orejas *f*)
- *plumicorn (feathered ear, ear tuft, ear, horn)*

17 la lechuza (*Arg. y Urug.:* el quitilipi)
- *barn owl (white owl, silver owl, yellow owl, church owl, screech owl)*

18 el "velo" (el cerco facial de plumas *f*)
- *facial disc (disk)*

19 el mochuelo común
- *little owl (sparrow owl)*

1 la cacatúa de cresta *f* amarilla, un papagayo
– *sulphur-crested cockatoo, a parrot*
2 el guacamayo (el ara)
– *blue-and-yellow macaw*
3 el ave del Paraíso azul
– *blue bird of paradise*
4 el colibrí sappho, un colibrí (el pájaro mosca, el picaflor; *Arg.:* el rundún; *Col.:* el rumbo; *Mé. y. P. Rico:* el chupamirto)
– *sappho*
5 el cardenal (*Col.:* el titiribí)
– *cardinal (cardinal bird)*
6 el tucán (*Arg. y Venez.:* el tucano), una ave trepadora
– *toucan (red-billed toucan), one of the Piciformes*

1
2
3
4
5
6

1-18 peces *m*
- ***fishes***

1 el jaquetón (el tiburón azul), un tiburón (lamia *f*, marrajo *m*), un escualo
- *man-eater (blue shark, requin), a shark*

2 la nariz (el morro)
- *nose (snout)*

3 las hendiduras branquiales
- *gill slit (gill cleft)*

4 la carpa de laguna *f* (la carpa de río *m*, la carpa de espejo *m*), un ciprínido
- *carp, a mirror carp (carp)*

5 el opérculo
- *gill cover (operculum)*

6 la aleta dorsal
- *dorsal fin*

7 la aleta pectoral
- *pectoral fin*

8 la aleta ventral
- *pelvic fin (abdominal fin, ventral fin)*

9 la aleta anal
- *anal fin*

10 la aleta caudal
- *caudal fin (tail fin)*

11 la escama
- *scale*

12 el siluro (*anál.: Venez.:* el laulao)
- *catfish (sheatfish, sheathfish, wels)*

13 el barbillón
- *barbel*

14 el arenque
- *herring*

15 la trucha de río *m*, una trucha
- *brown trout (German brown trout), a trout*

16 el lucio común
- *pike (northern pike)*

17 la anguila (*Amér.:* la anguilla)
- *freshwater eel (eel)*

18 el caballito de mar *amb.* (el hipocampo, el caballo marino)
- *sea horse (Hippocampus, horsefish)*

19 el penacho de branquias *f*
- *tufted gills*

20-26 anfibios *m* (batracios *m*)
- ***Amphibia*** *(amphibians)*

20-22 urodelos *m* (anfibios *m* con cola *f*)
- *salamanders*

20 el tritón crestado, un tritón (salamandra *f* acuática)
- *greater water newt (crested newt), a water newt*

21 la cresta dorsal
- *dorsal crest*

22 la salamandra común, una salamandra
- *fire salamander, a salamander*

23-26 anuros *m* (anfibios *m* sin cola *f*)
- *salientians (anurans, batrachians)*

23 el sapo común, un sapo (escuerzo *m*)
- *European toad, a toad*

24 la rana de San Antonio (la rana de zarzal *m*, la rubeta, la rana bermeja)
- *tree frog (tree toad)*

25 el saco vocal
- *vocal sac (vocal pouch, croaking sac)*

26 el disco adhesivo (el cojinete discoidal adhesivo)
- *adhesive disc (disk)*

27-41 reptiles *m*
- ***reptiles***

27, 30-37 saurios *m*
- *lizards*

27 la lagartija (la regalterna, la sargantana)
- *sand lizard*

28 la tortuga de carey *m*
- *hawksbill turtle (hawksbill)*

29 el caparazón (la concha, el escudo, el espaldar)
- *carapace (shell)*

30 el basilisco (*Amér.:* la iguana)
- *basilisk*

31 el varano del desierto, un varano; *más pequeño:* el lagarto
- *desert monitor, a monitor lizard (monitor)*

32 la iguana verde, una iguana
- *common iguana, an iguana*

33 el camaleón, un camaleónido
- *chameleon, one of the Chamaeleontidae (Rhiptoglossa)*

34 la pata prensil
- *prehensile foot*

35 la cola prensil
- *prehensile tail*

36 la salamanquesa de pared *f*, una salamanquesa (salamandria *f*)
- *wall gecko, a gecko*

37 el lución (*anál.:* la serpiente de vidrio *m*, la serpiente quebradiza, la serpiente ciega, el lagarto de cristal *m*), un ánguido, un lagarto ápodo
- *slowworm (blindworm), one of the Anguidae*

38-41 ofidios m (serpientes *f; Amér. Central:* los mazacotes)
- ***snakes***

38 la serpiente de collar *m* (la serpiente acuática), una culebra
- *ringed snake (ring snake, water snake, grass snake), a colubrid*

39 los lunares (el collar)
- *collar*

40-41 víboras *f*
- *vipers (adders)*

40 la víbora común, una serpiente venenosa
- *common viper, a poisonous (venomous) snake*

41 el áspid
- *asp (asp viper)*

1
2
3
4
5
6
7
8
9
10
11
12
13
14
15
16
17
18
19
20
21
22
23
24
25
26
27
28
29
30
31
32
33
34
35
36
37
38
39
40
41

1-6 mariposas *f* **diurnas** (lepidópteros *m* diurnos)
- ***butterflies***

1 la vanesa atalanta, una ninfálida
- *red admiral*

2 el pavo real, una ninfálida
- *peacock butterfly*

3 la aurora, una piérida
- *orange tip (orange tip butterfly)*

4 la limonera, una piérida
- *brimstone (brimstone butterfly)*

5 la antíope, una ninfálida
- *Camberwell beauty (mourning cloak, mourning cloak butterfly)*

6 la hormiguera de lunares *m*, una licénida
- *blue (lycaenid butterfly, lycaenid)*

7-11 mariposas *f* **nocturnas** (lepidópteros *m* nocturnos)
- ***moths*** *(Heterocera)*

7 la quelonia (la gitana)
- *garden tiger*

8 la catocala nupcial
- *red underwing*

9 la mariposa de calavera *f* (la esfinge de calavera *f*), una esfíngida
- *death's-head moth (death's-head hawkmoth), a hawkmoth (sphinx)*

10 la oruga
- *caterpillar*

11 la crisálida (la ninfa)
- *chrysalis (pupa)*

1
2
3
4
5
6
7
8
9
10
11

1 el ornitorrinco, un monotrema (un mamífero ovíparo)
- *platypus (duck-bill, duck-mole), a monotreme (oviparous mammal)*

2-3 **marsupiales** *m* (didelfos *m*)
- ***marsupial mammals*** *(marsupials)*

2 la zarigüeya norteamericana (*Mé.:* el tlacuache; *Arg.:* la comadreja) un didelfo (un marsupial)
- *New World opossum, a didelphid*

3 el canguro rojo gigante, un canguro
- *red kangaroo (red flyer), a kangaroo*

4-7 **insectívoros** *m*
- ***insectivores*** *(insect-eating mammals)*

4 el topo
- *mole*

5 el erizo
- *hedgehog*

6 la púa
- *spine*

7 la musaraña doméstica (el musgaño doméstico), una musaraña
- *shrew (shrew mouse), one of the Soricidae*

8 el armadillo (*Mé.:* el ayotoste; *Arg., Bol. y Chile:* el tatú)
- *nine-banded armadillo (peba)*

9 el orejudo, un gimnorrino, un mamífero volador (un quiróptero, un murciélago) (*Col.:* el chimbilá; *Amér. Merid.:* el vampiro)
- *long-eared bat (flitter-mouse), a flying mammal (chiropter, chiropteran)*

10 el pangolín, un mamífero con escamas *f*
- *pangolin (scaly ant-eater), a scaly mammal*

11 el perezoso (*Arg. y Bol.:* el aí; *Venez.:* el pereza; *Amér. Central, Bol., Ec. y Venez.:* el perico ligero; *Guayana:* el unau)
- *two-toed sloth (unau)*

12-19 **roedores** *m*
- ***rodents***

12 el conejillo de Indias (*Amér:* el cobayo, la cobaya)
- *guinea pig (cavy)*

13 el puerco espín
- *porcupine*

14 el castor del Plata (*Arg. y Chile:* el coipo, el coipú; *Arg. y Bol.:* el quiyá)
- *beaver*

15 el jerbo
- *jerboa*

16 el hámster (la marmota de Alemania, la rata del trigo)
- *hamster*

17 la rata de agua *f*, un arvícola
- *water vole*

18 la marmota
- *marmot*

19 la ardilla (*Costa Rica:* el tuche)
- *squirrel*

20 el elefante africano, un proboscidio
- *African elephant, a proboscidean (proboscidian)*

21 la trompa
- *trunk (proboscis)*

22 el colmillo
- *tusk*

23 el manatí (*Amér.:* el peje buey; *Bol.:* el lamantín), un sirénido
- *manatee (manati, lamantin), a sirenian*

24 el damán sudafricano, un lamnunguio
- *South African dassie (das, coney, hyrax), a procaviid*

25-31 **ungulados** *m*
- ***ungulates***

25-27 **perisodáctilos** *m* (ungulados *m* de dedos *m* impares)
- ***odd-toed ungulates***

25 el rinoceronte africano, un rinoceronte (un nasicornio)
- *African black rhino, a rhinoceros (nasicorn)*

26 el tapir sudamericano (*Río de la Plata, Bol. y Perú:* el anta *f*; *Arg.:* la gran bestia, el pinchaco; *Perú:* la sachavaca; *Amér. Central, Bol. y Ec.:* el tapiro)
- *Brazilian tapir, a tapir*

27 la cebra
- *zebra*

28-31 **artiodáctilos** *m* (ungulados *m* de dedos *m* pares)
- ***even-toed ungulates***

28-30 **rumiantes** *m*
- ***ruminants***

28 la llama (*Amér. Merid.:* la oveja, el paco; *Ec.:* el llamingo, la runallama); *anál.:* la alpaca (*Amér. Merid.:* el paco)
- *llama*

29 el camello bactriano (el camello de dos gibas *f*)
- *Bactrian camel (two-humped camel)*

30 el guanaco (*Arg.:* el teque)
- *guanaco*

31 el hipopótamo
- *hippopotamus*

1
2
3
4
5
6
7
8
9
10
11
12
13
14
15
16
17
18
19
20
21
22
23
24
25
26
27
28
29
30
31

1-10 ungulados *m*, rumiantes *m*
- ***ungulates, ruminants***

1 el alce (anta *f*)
- *elk (moose)*

2 el uapití
- *wapiti (*Am. *elk)*

3 la gamuza
- *chamois*

4 la jirafa
- *giraffe*

5 la cervicabra, un antílope
- *black buck, an antelope*

6 el muflón
- *mouflon (moufflon)*

7 el íbice (la cabra montés, el hirco)
- *ibex (rock goat, bouquetin, steinbock)*

8 el búfalo
- *water buffalo (Indian buffalo, water ox)*

9 el bisonte (*Mé.:* el búfalo)
- *bison*

10 el buey almizclero
- *musk ox*

11-22 carnívoros *m* (carniceros *m*)
- ***carnivores** (beasts of prey)*

11-13 cánidos *m*
- ***Canidae***

11 el chacal (*Río de la Plata:* el aguará); *anál.:* el coyote
- *black-backed jackal (jackal)*

12 el zorro común (la zorra, la raposa, la vulpeja)
- *red fox*

13 el lobo
- *wolf*

14-17 mustélidos *m*
- ***martens***

14 la garduña (la fuina)
- *stone marten (beach marten)*

15 la marta cibelina (la marta cebellina)
- *sable*

16 la comadreja (la mustela)
- *weasel*

17 la nutria marina, una nutria
- *sea otter, an otter*

18-22 pinnípedos *m*
- ***seals** (pinnipeds)*

18 el oso marino
- *fur seal (sea bear, ursine seal)*

19 la foca (el lobo marino, el becerro marino, el carnero marino, el vítulo marino)
- *common seal (sea calf, sea dog)*

20 la morsa
- *walrus (morse)*

21 el bigote
- *whiskers*

22 el colmillo
- *tusk*

23-29 cetáceos *m*
- ***whales***

23 la marsopa (el puerco marino)
- *bottle-nosed dolphin (bottle-nose dolphin)*

24 el delfín común (el arroaz, el golfín, la tonina; *Hond., Mé. y Perú:* el bufeo)
- *common dolphin*

25 el cachalote
- *sperm whale (cachalot)*

26 las narices
- *blowhole (spout hole)*

27 la aleta dorsal
- *dorsal fin*

28 la aleta pectoral
- *flipper*

29 la aleta caudal
- *tail flukes (tail)*

1
2
3
4
5
6
7
8
9
10
11
12
13
14
15
16
17
18
19
20
21
22
23
24
25
26
27
28
29

1-11 carnívoros *m* (carniceros *m*)
- ***carnivores*** *(beasts of prey)*

1 la hiena rayada, una hiena
- *striped hyena, a hyena*

2-8 felinos *m*
- ***felines*** *(cats)*

2 el león
- *lion*

3 la melena
- *mane (lion's mane)*

4 la garra (la zarpa)
- *paw*

5 el tigre
- *tiger*

6 el leopardo (el pardal)
- *leopard*

7 el guepardo (la onza)
- *cheetah (hunting leopard)*

8 el lince (el lobo cerval)
- *lynx*

9-11 úrsidos *m*
- ***bears***

9 el mapache (el oso lavador, *Cuba:* el perro mudo)
- *raccoon (racoon,* Am. *coon)*

10 el oso común (el oso pardo)
- *brown bear*

11 el oso blanco (el oso polar)
- *polar bear (white bear)*

12-16 primates *m*
- ***primates***

12-13 monos *m*
- *monkeys*

12 el macaco rheso
- *rhesus monkey (rhesus, rhesus macaque)*

13 el babuino (el zambo)
- *baboon*

14-16 antropoides *m*
- ***anthropoids*** *(anthropoid apes, great apes)*

14 el chimpancé
- *chimpanzee*

15 el orangután (el jocó)
- *orang-utan (orang-outan)*

16 el gorila
- *gorilla*

1
3
②
4
5
6
7
8
9
10
11
14
12
15
16
13

1 Gigantocypris agassizi (el ostrácodo gigante)
- *Gigantocypris agassizi*

2 Macropharynx longicaudatus (la anguila pelícano)
- *Macropharynx longicaudatus (pelican eel)*

3 Pentacrinus, un crinoideo (un lirio de mar *amb.*), un equinodermo
- *Pentacrinus (feather star), a sea lily, an echinoderm*

4 Thaumatolampas diadema (la lámpara maravillosa), una sepia [luminiscente]
- *Thaumatolampas diadema, a cuttlefish [luminescent]*

5 Atolla, una medusa abisal, un celentéreo
- *Atolla, a deep-sea medusa, a coelenterate*

6 Melanocetes, un pediculado [luminiscente]
- *Melanocetes, a pediculate [luminescent]*

7 Lophocalyx philippensis, una esponja silícea
- *Lophocalyx philippensis, a glass sponge*

8 Mopsea, un coral córneo [colonia *f*]
- *Mopsea, a sea fan [colony]*

9 Hydrallmania, un pólipo hidroide, un pólipo, un celentéreo [colonia *f*]
- *Hydrallmania, a hydroid polyp, a coelenterate [colony]*

10 Malacosteus indicus, un estomiátido [luminiscente]
- *Malacosteus indicus, a stomiatid [luminescent]*

11 Brisinga endecacnemos, un ofiuroideo, un equinodermo [luminiscente sólo cuando está excitado]
- *Brisinga endecacnemos, a sand star (brittle star), an echinoderm [luminescent only when stimulated]*

12 Pasiphaea, un camarón, un crustáceo
- *Pasiphaea, a shrimp, a crustacean*

13 Echiostoma, un estomiátido, un pez abisal [luminiscente]
- *Echiostoma, a stomiatid, a fish [luminescent]*

14 Umbellula encrinus, una pennatúlida, un celentéreo [colonia *f* luminiscente]
- *Umbellula encrinus, a sea pen (sea feather), a coelenterate [colony, luminescent]*

15 Polycheles, un crustáceo
- *Polycheles, a crustacean*

16 Lithodes, un crustáceo, un cangrejo
- *Lithodes, a crustacean, a crab*

17 Archaster, una estrella de mar *amb.* (una estrellamar, un asteroideo), un equinodermo
- *Archaster, a starfish (sea star), an echinoderm*

18 Oneirophanta, una holoturia, un equinodermo
- *Oneirophanta, a sea cucumber, an echinoderm*

19 Palaeopneustes niasicus, un erizo de mar *amb.*, un equinodermo
- *Palaeopneustes niasicus, a sea urchin (sea hedgehog), an echinoderm*

20 Chitonactis, una anémona de mar *amb.* (actinia *f*), un celentéreo
- *Chitonactis, a sea anemone (actinia), a coelenterate*

1
2
3
4
5
6
7
8
9
10
11
12
13
14
15
16
17
18
19
20

1 el árbol
– *tree*
2 el tronco
– *bole (tree trunk, trunk, stem)*
3 la copa (*Venez.*: el copo)
– *crown of tree (crown)*
4 la cima
– *top of tree (treetop)*
5 la rama
– *bough (limb, branch)*
6 el ramo
– *twig (branch)*
7 el tronco [corte transversal]
– *bole (tree trunk) [cross section]*
8 la corteza
– *bark (rind)*
9 el líber
– *phloem (bast sieve tissue, inner fibrous bark)*
10 el cambium
– *cambium (cambium ring)*
11 los radios medulares
– *medullary rays (vascular rays, pith rays)*
12 la albura (el alborno)
– *sapwood (sap, alburnum)*
13 el duramen (el corazón)
– *heartwood (duramen)*
14 la médula
– *pith*
15 la planta
– ***plant***
16-18 la raíz
– *root*
16 la raíz principal
– *primary root*
17 la raíz secundaria
– *secondary root*
18 el pelo absorbente (el pelo radical)
– *root hair*
19-25 el tallo
– *shoot (sprout)*
19 la hoja
– *leaf*
20 el tallo
– *stalk*
21 el tallo secundario (la rama de primer orden *m*)
– *side shoot (offshoot)*
22 la yema terminal
– *terminal bud*
23 la flor
– *flower*
24 el botón floral (el capullo)
– *flower bud*
25 la axila foliar, con la yema axilar
– *leaf axil with axillary bud*
26 la hoja
– ***leaf***
27 el pecíolo
– *leaf stalk (petiole)*
28 el limbo (la lámina foliar)
– *leaf blade (blade, lamina)*
29 la nervadura de la hoja
– *venation (veins, nervures, ribs)*
30 el nervio medial
– *midrib (nerve)*
31-38 formas *f* de las hojas
– *leaf shapes*
31 linear (lineal)
– *linear*
32 lanceolada
– *lanceolate*
33 orbicular
– *orbicular (orbiculate)*
34 acicular
– *acerose (acerous, acerate, acicular, needle-shaped)*
35 acorazonada
– *cordate*
36 oval
– *ovate*
37 sagitada
– *sagittate*
38 arriñonada
– *reniform*
39-42 hojas *f* compuestas
– *compound leaves*
39 digitada (compuesta palmeada)
– *digitate (digitated, palmate, quinquefoliolate)*
40 compuesta pinnada (pinnatífida)
– *pinnatifid*
41 paripinnada
– *abruptly pinnate*
42 imparipinnada
– *odd-pinnate*
43-50 clases *f* de hojas *f* según el borde del limbo
– *leaf margin shapes*
43 entera
– *entire*
44 aserrada
– *serrate (serrulate, saw-toothed)*
45 denticulada
– *doubly toothed*
46 festoneada
– *crenate*
47 dentada
– *dentate*
48 lobulada
– *sinuate*
49 ciliada
– *ciliate (ciliated)*
50 el cilio
– *cilium*
51 la flor
– ***flower***
52 el pedúnculo (el pedicelo, el pezón)
– *flower stalk (flower stem, scape)*
53 el receptáculo (el tálamo)
– *receptacle (floral axis, thalamus, torus)*
54 el ovario
– *ovary*
55 el estilo
– *style*
56 el estigma
– *stigma*
57 el estambre
– *stamen*
58 el sépalo
– *sepal*
59 el pétalo
– *petal*
60 ovario *m* y estambre *m* [corte]
– *ovary and stamen [section]*
61 la pared del ovario
– *ovary wall*
62 la cavidad del ovario
– *ovary cavity*
63 el óvulo
– *ovule*
64 el saco embrional
– *embryo sac*
65 el polen
– *pollen*
66 el tubo polínico
– *pollen tube*
67-77 inflorescencias *f*
– *inflorescences*
67 la espiga
– *spike (racemose spike)*
68 el racimo
– *raceme (simple raceme)*
69 la panícula
– *panicle*
70 la cima bípara (discasio *m*)
– *cyme*
71 el espádice
– *spadix (fleshy spike)*
72 la umbela
– *umbel (simple umbel)*
73 la cabezuela (el capítulo)
– *capitulum*
74 el capítulo convexo (la cabezuela discoide)
– *composite head (discoid flower head)*
75 el capítulo cóncavo (la cabezuela globulosa)
– *hollow flower head*
76 la cima unípara escorpioide
– *bostryx (helicoid cyme)*
77 la cima unípara helicoide (el ripidio)
– *cincinnus (scorpioid cyme, curled cyme)*
78-82 raíces *f*
– *roots*
78 las raíces adventicias
– *adventitious roots*
79 la raíz tuberosa
– *tuber (tuberous root, swollen taproot)*
80 las raíces aéreas (las raíces trepadoras, las raíces adventicias)
– *adventitious roots (aerial roots)*
81 las espinas de la raíz
– *root thorns*
82 las raíces respiratorias
– *pneumatophores*
83-85 el tallo de hierba *f*
– *blade of grass*
83 la vaina
– *leaf sheath*
84 la lígula
– *ligule (ligula)*
85 el limbo
– *leaf blade (lamina)*
86 la semilla
– *embryo (seed, germ)*
87 el cotiledón
– *cotyledon (seed leaf, seed lobe)*
88 la radícula
– *radicle*
89 el hipocótilo
– *hypocotyl*
90 la plúmula
– *plumule (leaf bud)*
91-102 frutos *m*
– *fruits*
91-96 frutos *m* deshicentes
– *dehiscent fruits*
91 el folículo
– *follicle*
92 la legumbre
– *legume (pod)*
93 la silicua
– *siliqua (pod)*
94 la cápsula loculicida
– *schizocarp*
95 el pixidio
– *pyxidium (circumscissile seed vessel)*
96 la cápsula foraminal (la cápsula poricida)
– *poricidal capsule (porose capsule)*
97-102 frutos *m* indehiscentes
– *indehiscent fruits*
97 la baya
– *berry*
98 la nuez
– *nut*
99 la drupa (la cereza)
– *drupe (stone fruit);* here: *cherry*
100 el fruto compuesto (el escaramujo)
– *aggregate fruit (compound fruit);* here: *rose hip*
101 la multidrupa (la frambuesa), un fruto compuesto
– *aggregate fruit (compound fruit);* here: *raspberry*
102 el pomo (la manzana)
– *pome;* here: *apple*

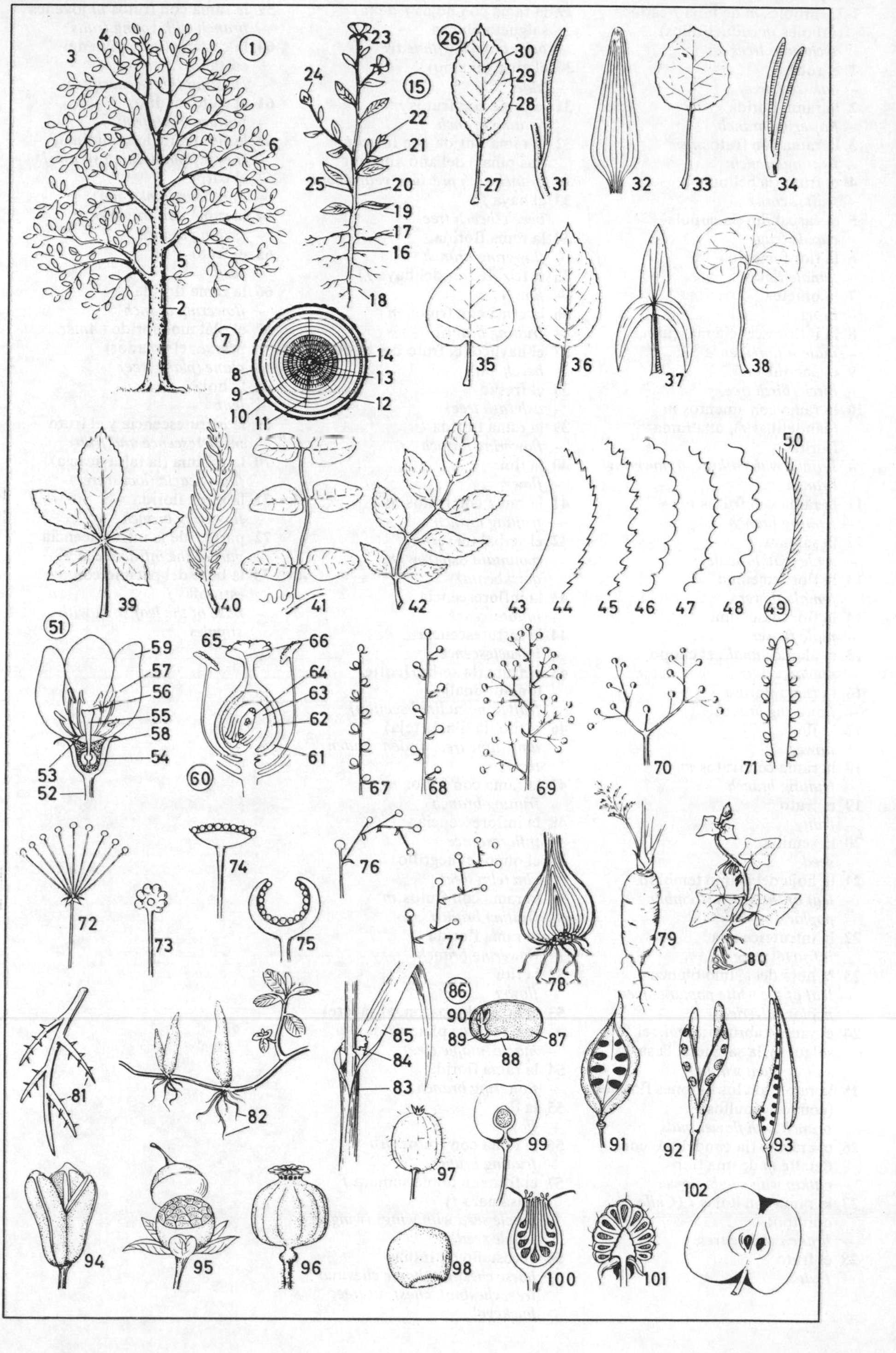
1
2
3
4
5
6
7
8
9
10
11
12
13
14
15
16
17
18
19
20
21
22
23
24
25
26
27
28
29
30
31
32
33
34
35
36
37
38
39
40
41
42
43
44
45
46
47
48
49
50
51
52
53
54
55
56
57
58
59
60
61
62
63
64
65
66
67
68
69
70
71
72
73
74
75
76
77
78
79
80
81
82
83
84
85
86
87
88
89
90
91
92
93
94
95
96
97
98
99
100
101
102

1-73 árboles *m* de hoja *f* caduca (árboles *m* caducifolios)
- *deciduous trees*

1 el roble
- *oak (oak tree)*

2 la rama florida
- *flowering branch*

3 la rama con frutos *m*
- *fruiting branch*

4 el fruto (la bellota)
- *fruit (acorn)*

5 el cascabillo (la cúpula)
- *cupule (cup)*

6 la flor femenina
- *female flower*

7 la bráctea
- *bract*

8 la inflorescencia masculina
- *male inflorescence*

9 el abedul
- *birch (birch tree)*

10 la rama con amentos *m* (candelillas *f*), una rama florida
- *branch with catkins, a flowering branch*

11 la rama con frutos *m*
- *fruiting branch*

12 la sámara
- *scale (catkin scale)*

13 la flor femenina
- *female flower*

14 la flor masculina
- *male flower*

15 el álamo; *anál.:* el chopo
- *poplar*

16 la rama florida
- *flowering branch*

17 la flor
- *flower*

18 la rama con frutos *m*
- *fruiting branch*

19 el fruto
- *fruit*

20 la semilla
- *seed*

21 la hoja del álamo temblón
- *leaf of the aspen (trembling poplar)*

22 la infrutescencia
- *infructescence*

23 la hoja del álamo blanco
- *leaf of the white poplar (silver poplar, silverleaf)*

24 el sauce cabruno; *anál.:* el salguero, la salguera, la sarga
- *sallow (goat willow)*

25 la rama con los botones florales (con los capullos)
- *branch with flower buds*

26 el amento (la candelilla) con detalle *m* de una flor
- *catkin with single flower*

27 la rama con hojas *f* (*Chile:* el quimpo)
- *branch with leaves*

28 el fruto
- *fruit*

29 la rama con hojas *f* de la salguera blanca
- *osier branch with leaves*

30 el aliso (el alno)
- *alder*

31 la rama con frutos *m*
- *fruiting branch*

32 la rama florida con los conos (las piñas) del año anterior
- *branch with previous year's cone*

33 el haya *f*
- *beech (beech tree)*

34 la rama florida
- *flowering branch*

35 el friz (la flor del haya *f*)
- *flower*

36 la rama con frutos *m*
- *fruiting branch*

37 el hayuco (el fruto del haya *f*)
- *beech nut*

38 el fresno
- *ash (ash tree)*

39 la rama florida
- *flowering branch*

40 la flor
- *flower*

41 la rama con frutos *m*
- *fruiting branch*

42 el serbal (el serbo)
- *mountain ash (rowan, quickbeam)*

43 la inflorescencia
- *inflorescence*

44 la infrutescencia
- *infructescence*

45 el fruto (la serba) [corte longitudinal]
- *fruit [longitudinal section]*

46 el tilo (la tila, la teja)
- *lime (lime tree, linden, linden tree)*

47 la rama con frutos *m*
- *fruiting branch*

48 la inflorescencia
- *inflorescence*

49 el olmo (el negrillo)
- *elm (elm tree)*

50 la rama con frutos *m*
- *fruiting branch*

51 la rama florida
- *flowering branch*

52 la flor
- *flower*

53 el arce (el moscón, el sácere) real (el arce platanoide)
- *maple (maple tree)*

54 la rama florida
- *flowering branch*

55 la flor
- *flower*

56 la rama con frutos *m*
- *fruiting branch*

57 el fruto en doble sámara *f* (disámara *f*)
- *maple seed with wings (winged maple seed)*

58 el castaño de Indias
- *horse chestnut (horse chestnut tree, chestnut, chestnut tree, buckeye)*

59 la rama con frutos *m* jóvenes
- *branch with young fruits*

60 la castaña (la semilla del castaño)
- *chestnut (horse chestnut)*

61 el fruto maduro
- *mature (ripe) fruit*

62 la flor [corte longitudinal]
- *flower [longitudinal section]*

63 el carpe
- *hornbeam (yoke elm)*

64 la rama con frutos *m*
- *fruiting branch*

65 el fruto
- *seed*

66 la rama florida
- *flowering branch*

67 el plátano híbrido (*Amér. Merid.:* el volador)
- *plane (plane tree)*

68 la hoja
- *leaf*

69 la infrutescencia y el fruto
- *infructescence and fruit*

70 la robinia (la falsa acacia)
- *false acacia (locust tree)*

71 la rama florida
- *flowering branch*

72 parte *f* de la infrutescencia
- *part of the infructescence*

73 la base del pecíolo con estípulas *f*
- *base of the leaf stalk with stipules*

1
2
3
4
5
6
7
8
9
10
11
12
13
14
15
16
17
18
19
20
21
22
23
24
25
26
27
28
29
30
31
32
33
34
35
36
37
38
39
40
41
42
43
44
45
46
47
48
49
50
51
52
53
54
55
56
57
58
59
60
61
62
63
64
65
66
67
68
69
70
71
72
73

1-71 coníferas *f* (árboles *m* de hojas *f* aciculares, árboles *m* de hoja *f* perenne)
– *coniferous trees (conifers)*
1 el abeto común (el abeto blanco, el pinabete)
– *silver fir (European silver fir, common silver fir)*
2 el cono (la piña, el estróbilo), un fruto
– *fir cone, a fruit cone*
3 el eje del cono
– *cone axis*
4 el cono femenino
– *female flower cone*
5 la escama de la bráctea
– *bract scale (bract)*
6 el cono masculino
– *male flower shoot*
7 el estambre
– *stamen*
8 la escama del cono
– *cone scale*
9 la semilla con ala *f*
– *seed with wing (winged seed)*
10 la semilla [corte longitudinal]
– *seed [longitudinal section]*
11 la aguja de abeto *m* (la hoja acicular)
– *fir needle (needle)*
12 la pícea (el abeto falso)
– *spruce (spruce fir)*
13 el cono (la piña) de la pícea
– *spruce cone*
14 la escama del cono
– *cone scale*
15 la semilla
– *seed*
16 el cono femenino
– *female flower cone*
17 el cono masculino (la inflorescencia masculina)
– *male inflorescence*
18 el estambre
– *stamen*
19 la aguja de la pícea (del abeto falso; la hoja acicular)
– *spruce needle*
20 el pino (el pino albar, el pino silvestre, el pino rojo)
– *pine (Scots pine)*
21 el pino enano (el pino de montaña *f*, el pino negro)
– *dwarf pine*
22 el cono femenino
– *female flower cone*
23 el haz de dos agujas *f* de un renuevo joven
– *short shoot with bundle of two leaves*
24 el cono masculino (las inflorescencias masculinas)
– *male inflorescences*
25 el vástago (el renuevo) anual
– *annual growth*
26 la piña del pino
– *pine cone*
27 la escama de la piña
– *cone scale*
28 la semilla
– *seed*
29 el cono del pino cembro, un fruto
– *fruit cone of the arolla pine (Swiss stone pine)*
30 el cono del pino de Weymouth (del pino blanco, del pino canadiense), un fruto
– *fruit cone of the Weymouth pine (white pine)*
31 el vástago joven [corte transversal]
– *short shoot [cross section]*
32 el alerce (el pino alerce, el lárice)
– *larch*
33 la rama florida
– *flowering branch*
34 la escama del cono femenino (la escama ovulífera)
– *scale of the female flower cone*
35 la antera
– *anther*
36 la rama con una piña de alerce *m*
– *branch with larch cones (fruit cones)*
37 la semilla
– *seed*
38 la escama de la piña
– *cone scale*
39 el árbol de la vida (la tuya)
– *arbor vitae (tree of life, thuja)*
40 la rama con frutos *m*
– *fruiting branch*
41 el cono, un fruto
– *fruit cone*
42 la escama
– *scale*
43 la rama con flores *f* masculinas y femeninas
– *branch with male and female flowers*
44 el brote (el vástago) masculino
– *male shoot*
45 la escama, con sacos *m* polínicos
– *scale with pollen sacs*
46 el brote (el vástago) femenino
– *female shoot*
47 el enebro (el junípero, la cada); *anál.:* la sabina
– *juniper (juniper tree)*
48 el brote (el vástago) femenino [corte longitudinal]
– *female shoot [longitudinal section]*
49 el brote (el vástago) masculino
– *male shoot*
50 la escama, con sacos *m* polínicos
– *scale with pollen sacs*
51 la rama con frutos *m*
– *fruiting branch*
52 la enebrina (la baya del junípero, del enebro)
– *juniper berry*
53 el fruto [corte transversal]
– *fruit [cross section]*
54 la semilla
– *seed*
55 el pino piñonero (el pino real, el pino manso, el pino donal)
– *stone pine*
56 el brote (el vástago) masculino
– *male shoot*
57 el cono con semillas *f* [corte longitudinal]
– *fruit cone with seeds [longitudinal section]*
58 el ciprés (*poético:* el ciprasio)
– *cypress*
59 la rama con frutos *m* (con piñuelas *f*)
– *fruiting branch*
60 la semilla
– *seed*
61 el tejo
– *yew (yew tree)*
62 el cono masculino y el cono femenino
– *male flower shoot and female flower cone*
63 la rama con frutos *m*
– *fruiting branch*
64 el fruto
– *fruit*
65 el cedro (*Perú:* el cibui)
– *cedar (cedar tree)*
66 la rama con frutos *m*
– *fruiting branch*
67 la escama del fruto
– *fruit scale*
68 el cono masculino y el cono femenino
– *male flower shoot and female flower cone*
69 la secoya (la secuoya)
– *mammoth tree (Wellingtonia, sequoia)*
70 la rama con frutos *m*
– *fruiting branch*
71 la semilla
– *seed*

1
2
3
4
5
8
9
12
13
19
10
14
16
6
11
15
7
17
18
6
31
♀ 33
♂
25
35
23
26
20
24
30
34
36
38
27
32
37
37
21
22
29
28
55
57
56
60
47
42
41
40
58
51
52
53
59
54
52
45
44
48
49
50
39
♂
♀
43
46
64
70
61
66
67
69
63
64
♂
65
70
62
♀
♀
♂
68
71

1 la forsitia
- *forsythia*
2 el ovario y el estambre
- *ovary and stamen*
3 la hoja
- *leaf*
4 el jazmín amarillo
- *yellow-flowered jasmine (jasmin, jessamine)*
5 la flor [corte longitudinal] con estilo *m*, ovario *m* y estambre *m*
- *flower [longitudinal section] with styles, ovaries, and stamens*
6 el aligustre común (la alheña, el ligustro)
- *privet (common privet)*
7 la flor
- *flower*
8 la infrutescencia
- *infructescence*
9 la jeringuilla (la celinda)
- *mock orange (sweet syringa)*
10 el viburno (la bola de nieve *f*, mundillo *m*, sauquillo *m*) común
- *snowball (snowball bush, guelder rose)*
11 la flor
- *flower*
12 los frutos
- *fruits*
13 la adelfa (el baladre, el laurel rosa)
- *oleander (rosebay, rose laurel)*
14 la flor [corte longitudinal]
- *flower [longitudinal section]*
15 la magnolia roja
- *red magnolia*
16 la hoja
- *leaf*
17 el membrillo (el membrillero) japonés
- *japonica (japanese quince)*
18 el fruto
- *fruit*
19 el boj común
- *common box (box, box tree)*
20 la flor femenina
- *female flower*
21 la flor masculina
- *male flower*
22 el fruto [corte longitudinal]
- *fruit [longitudinal section]*
23 la weigelia
- *weigela (weigelia)*
24 la yuca [parte *f* de la inflorescencia]
- *yucca [part of the inflorescence]*
25 la hoja
- *leaf*
26 el escaramujo (el agavanzo, la mosqueta silvestre, la zarzaperruna)
- *dog rose (briar rose, wild briar)*
27 el fruto
- *fruit*
28 la espirea del Japón (la kerria)
- *kerria*
29 el fruto
- *fruit*
30 el cornejo hembra (el cerezo silvestre)
- *cornelian cherry*
31 la flor
- *flower*
32 el fruto (la cereza silvestre)
- *fruit (cornelian cherry)*
33 el mirto de Brabante (el arrayán brabántico; *Mé.:* el haya *f*)
- *sweet gale (gale)*

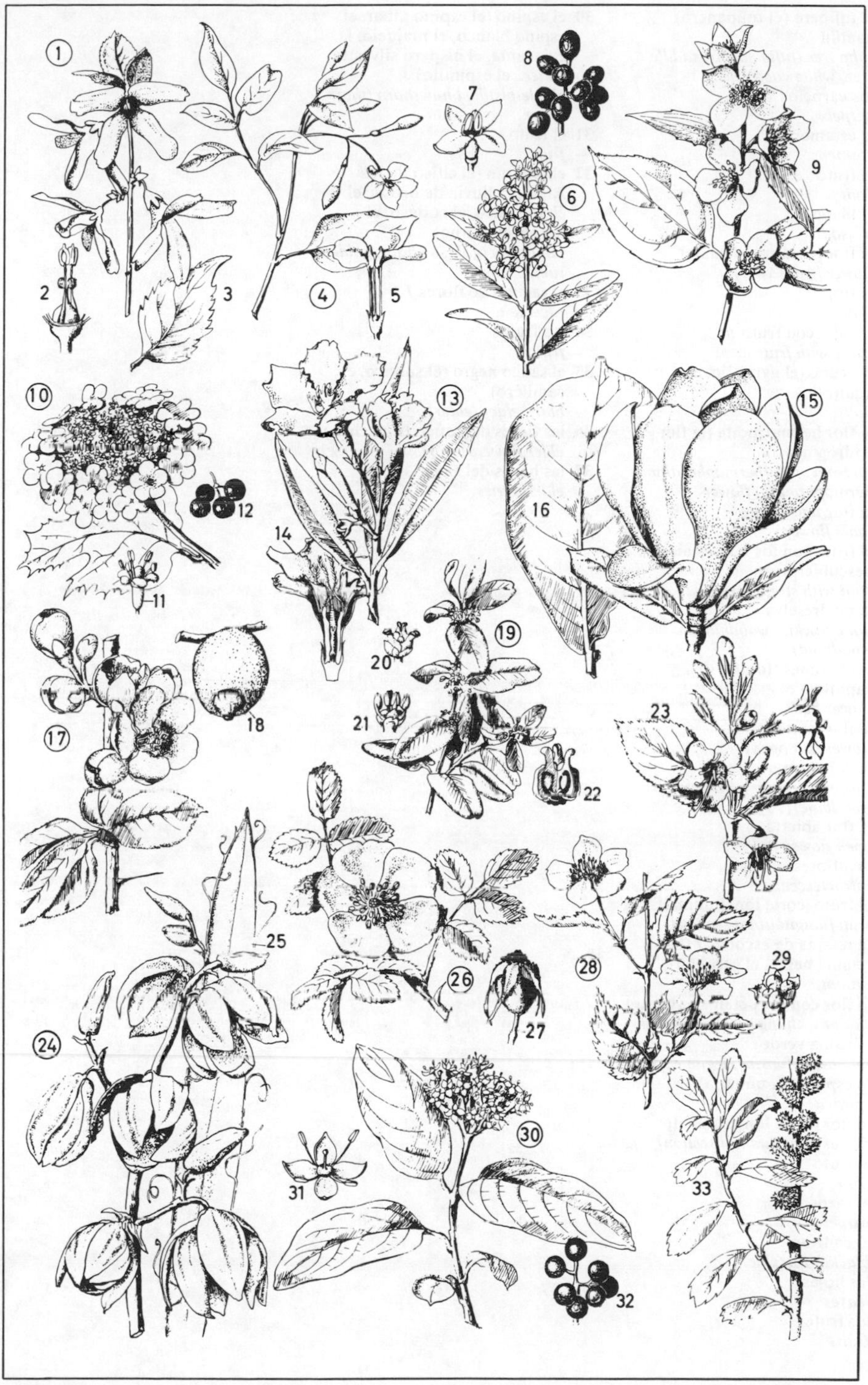
1
2
3
4
5
6
7
8
9
10
11
12
13
14
15
16
17
18
19
20
21
22
23
24
25
26
27
28
29
30
31
32
33

1 el tulipero (el tulipanero) común
- *tulip tree (tulip poplar, saddle tree, whitewood)*

2 los carpelos
- *carpels*

3 el estambre
- *stamen*

4 el fruto
- *fruit*

5 el hisopo
- *hyssop*

6 la flor [vista por delante]
- *flower [front view]*

7 la flor
- *flower*

8 el cáliz con fruto *m*
- *calyx with fruit*

9 el acebo (el agrifolio, el aquifolio)
- *holly*

10 la flor hermafrodita (la flor andrógina)
- *androgynous (hermaphroditic, hermaphrodite) flower*

11 la flor masculina
- *male flower*

12 el fruto con los huesos al descubierto
- *fruit with stones exposed*

13 la madreselva
- *honeysuckle (woodbine, woodbind)*

14 los botones florales (los capullos)
- *flower buds*

15 la flor [corte]
- *flower [cut open]*

16 la viña loca
- *Virginia creeper (American ivy, woodbine)*

17 la flor abierta
- *open flower*

18 la inflorescencia
- *infructescence*

19 el fruto [corte longitudinal]
- *fruit [longitudinal section]*

20 la retama de escobas *f* (la retama negra, el escobón)
- *broom*

21 la flor con los pétalos quitados
- *flower with the petals removed*

22 la vaina verde
- *immature (unripe) legume (pod)*

23 la espirea (la ulmaria)
- *spiraea*

24 la flor [corte longitudinal]
- *flower [longitudinal section]*

25 el fruto
- *fruit*

26 el carpelo
- *carpel*

27 el endrino
- *blackthorn (sloe)*

28 las hojas
- *leaves*

29 los frutos
- *fruits*

30 el espino (el espino albar, el espino blanco, el majuelo, la exiacanta, el níspero silvestre; *Amér.:* el espinillo)
- *single-pistilled hawthorn (thorn, may)*

31 el fruto
- *fruit*

32 el laburno (el cítiso de los Alpes, la lluvia de oro *m*, el ébano falso, el codeso, el borne, el piorno)
- *laburnum (golden chain, golden rain)*

33 el racimo de flores *f*
- *raceme*

34 los frutos
- *fruits*

35 el saúco negro (el sabuco, el canillero)
- *black elder (elder)*

36 las flores del saúco (una cima)
- *elder flowers*

37 las bayas del saúco
- *elderberries*

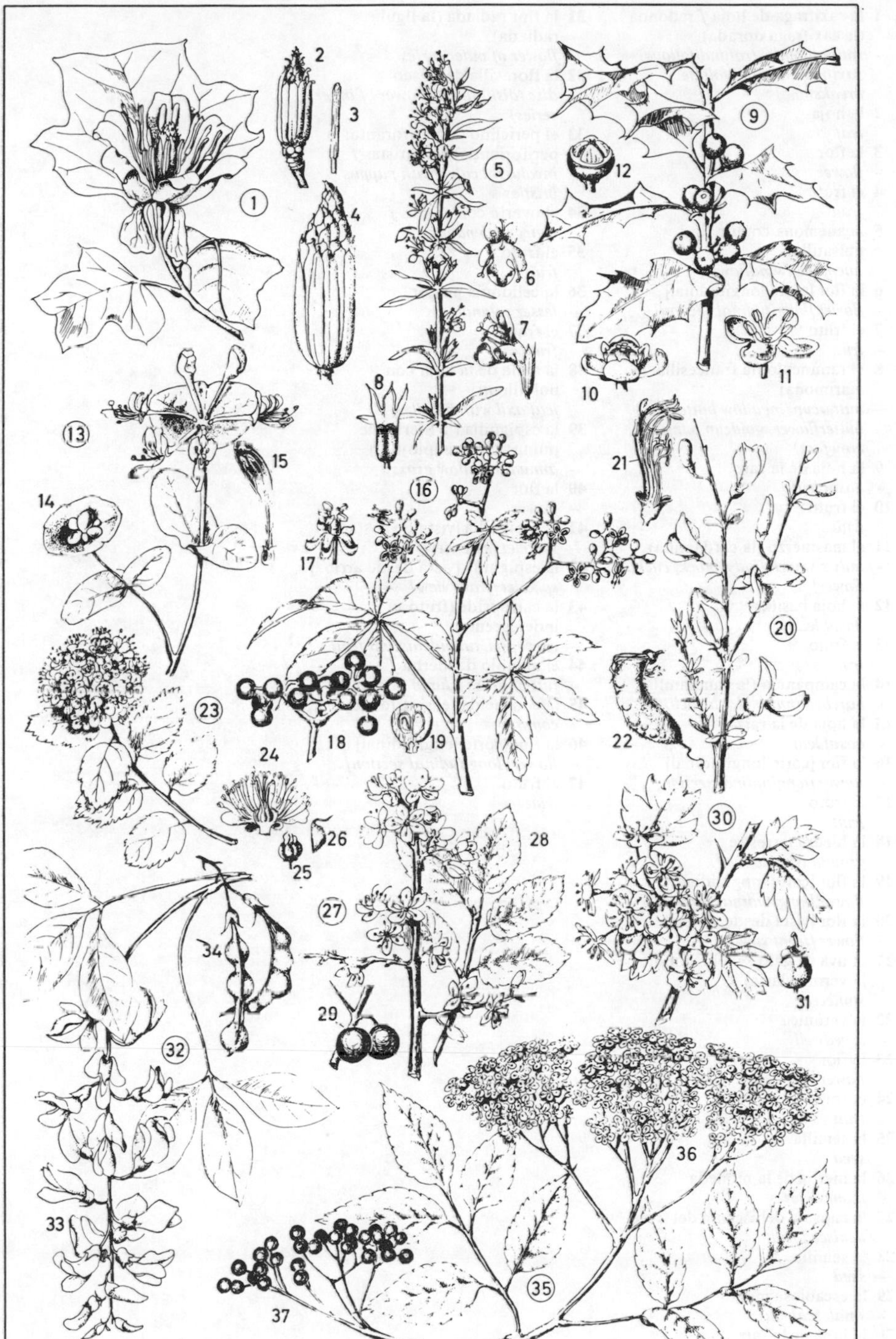
1
2
3
4
5
6
7
8
9
10
11
12
13
14
15
16
17
18
19
20
21
22
23
24
25
26
27
28
29
30
31
32
33
34
35
36
37

375 Flores de prados y linderos I

1 la saxífraga de hoja *f* redonda (la saxífraga dorada)
– *rotundifoliate (rotundifolious) saxifrage (rotundifoliate breakstone)*
2 la hoja
– *leaf*
3 la flor
– *flower*
4 el fruto
– *fruit*
5 la anémona común (la pulsatilla)
– *anemone (windflower)*
6 la flor [corte longitudinal]
– *flower [longitudinal section]*
7 el fruto
– *fruit*
8 el ranúnculo (la francesilla, la marimoña)
– *buttercup (meadow buttercup, butterflower, goldcup, king cup, crowfoot)*
9 la hoja de la raíz
– *basal leaf*
10 el fruto
– *fruit*
11 el mastuerzo (la cardamina)
– *lady's smock (ladysmock, cuckoo flower)*
12 la hoja basilar
– *basal leaf*
13 el fruto
– *fruit*
14 la campánula (la campanilla)
– *harebell (hairbell, bluebell)*
15 la hoja de la raíz
– *basal leaf*
16 la flor [corte longitudinal]
– *flower [longitudinal section]*
17 el fruto
– *fruit*
18 la hiedra terrestre
– *ground ivy (ale hoof)*
19 la flor [corte longitudinal]
– *flower [longitudinal section]*
20 la flor [vista desde arriba]
– *flower [front view]*
21 la uva de gato *m* (el racimillo, la vermicularia)
– *stonecrop*
22 la verónica
– *speedwell*
23 la flor
– *flower*
24 el fruto
– *fruit*
25 la semilla
– *seed*
26 la hierba de la moneda
– *moneywort*
27 la cápsula dehiscente del fruto
– *dehisced fruit*
28 la semilla
– *seed*
29 la escabiosa menor
– *small scabious*
30 la hoja de la raíz
– *basal leaf*
31 la flor radiada (la lígula radiada)
– *flower of outer series*
32 la florecilla del disco
– *disc (disk) floret (flower of inner series)*
33 el periclino (el periforanto, la periforiantia) con aristas *f*
– *involucral calyx with pappus bristles*
34 el ovario con aristas *f*
– *ovary with pappus*
35 el fruto
– *fruit*
36 la celidonia menor
– *lesser celandine*
37 el fruto
– *fruit*
38 la axila de la hoja con bulbillo *m*
– *leaf axil with bulbil*
39 la espiguilla (la hierba de punta; *Chile:* el piojillo)
– *annual meadow grass*
40 la flor
– *flower*
41 la espiguilla [vista de costado]
– *spikelet [side view]*
42 la espiguilla [vista desde arriba]
– *spikelet [front view]*
43 la cariópside (fruto *m* indehiscente)
– *caryopsis, an indehiscent fruit*
44 el manojo de hierba *f*
– *tuft of grass (clump of grass)*
45 la consuelda (el sínfito mayor)
– *comfrey*
46 la flor [corte longitudinal]
– *flower [longitudinal section]*
47 el fruto
– *fruit*

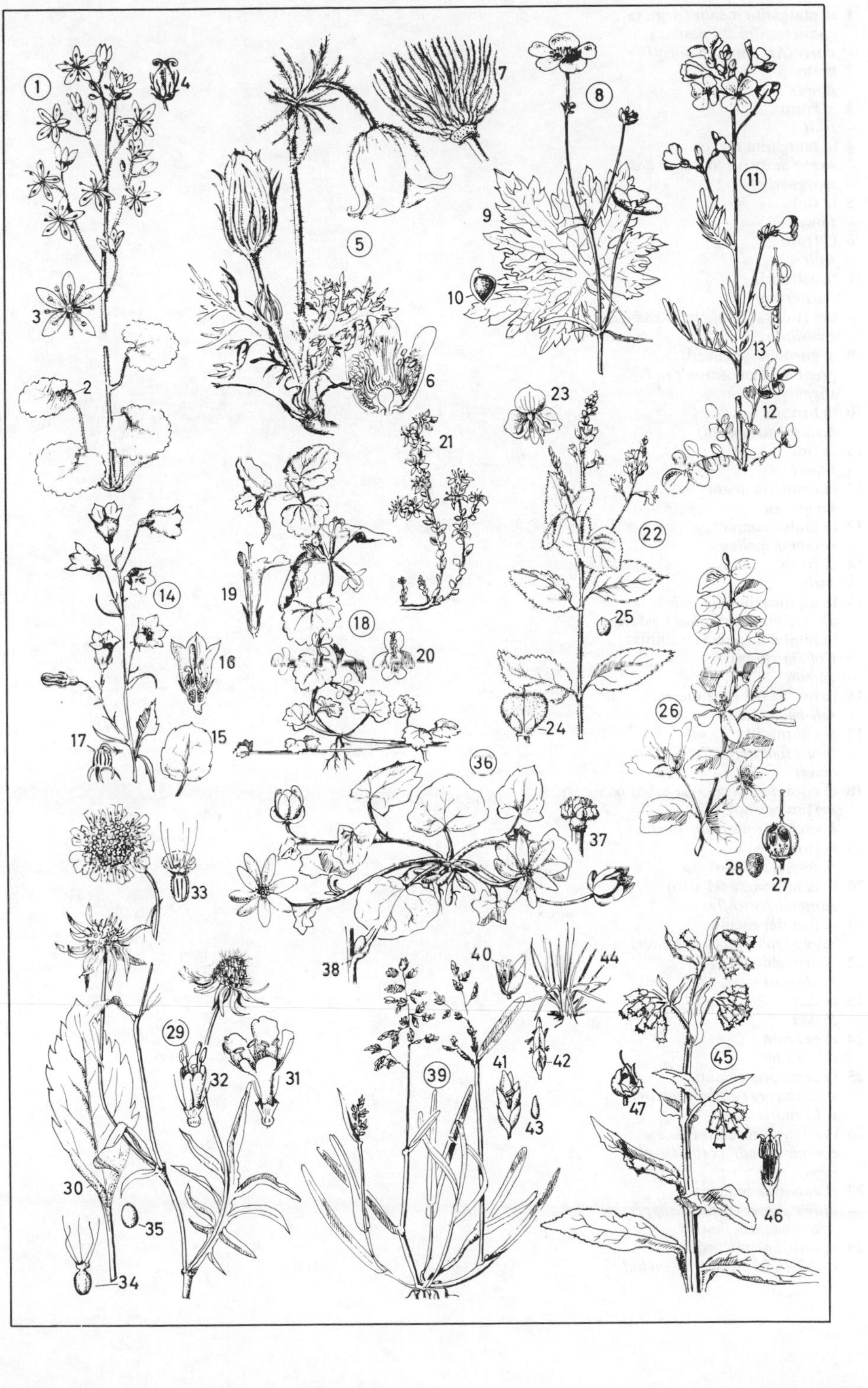
1
2
3
4
5
6
7
8
9
10
11
12
13
14
15
16
17
18
19
20
21
22
23
24
25
26
27
28
29
30
31
32
33
34
35
36
37
38
39
40
41
42
43
44
45
46
47

376 Flores de prados y linderos II

1 la margarita menor (*Arg.:* la coqueta; *Col.:* la pascua)
– *daisy (*Am. *English daisy)*
2 la flor
– *flower*
3 el fruto
– *fruit*
4 la margarita mayor
– *oxeye daisy (white oxeye daisy, marguerite)*
5 la flor
– *flower*
6 el fruto
– *fruit*
7 la astrancia
– *masterwort*
8 la vellorita; *anál.:* la primavera
– *cowslip*
9 el gordolobo (el verbasco)
– *great mullein (Aaron's rod, shepherd's club)*
10 la bistorta
– *bistort (snakeweed)*
11 la flor
– *flower*
12 la centaura negra
– *knapweed*
13 la malva común
– *common mallow*
14 el fruto
– *fruit*
15 la aquilea (la milenrama, la altarreina, la artemisa bastarda, la hierba meona, la milhojas; *Col.:* la viuda)
– *yarrow*
16 la hierba del carpintero
– *self-heal*
17 el cuernecillo
– *bird's foot trefoil (bird's foot clover)*
18 el equiseto (la cola de caballo *m*) [un retoño]
– *horsetail (equisetum) [a shoot]*
19 la flor (el cono)
– *flower, a strobile*
20 la cambronera (el arto)
– *campion (catchfly)*
21 la flor del cuclillo
– *ragged robin (cuckoo flower)*
22 la aristoloquia
– *birth-wort*
23 la flor
– *flower*
24 el geranio
– *crane's bill*
25 la achicoria común
– *wild chicory (witloof, succory, wild endive)*
26 la silene, una cariofilácea
– *common toadflax (butter-and-eggs)*
27 el zapatito de dama *f*
– *lady's slipper (Venus's slipper,* Am. *moccasin flower)*
28 el satirión, una orquídea
– *orchis (wild orchid), an orchid*

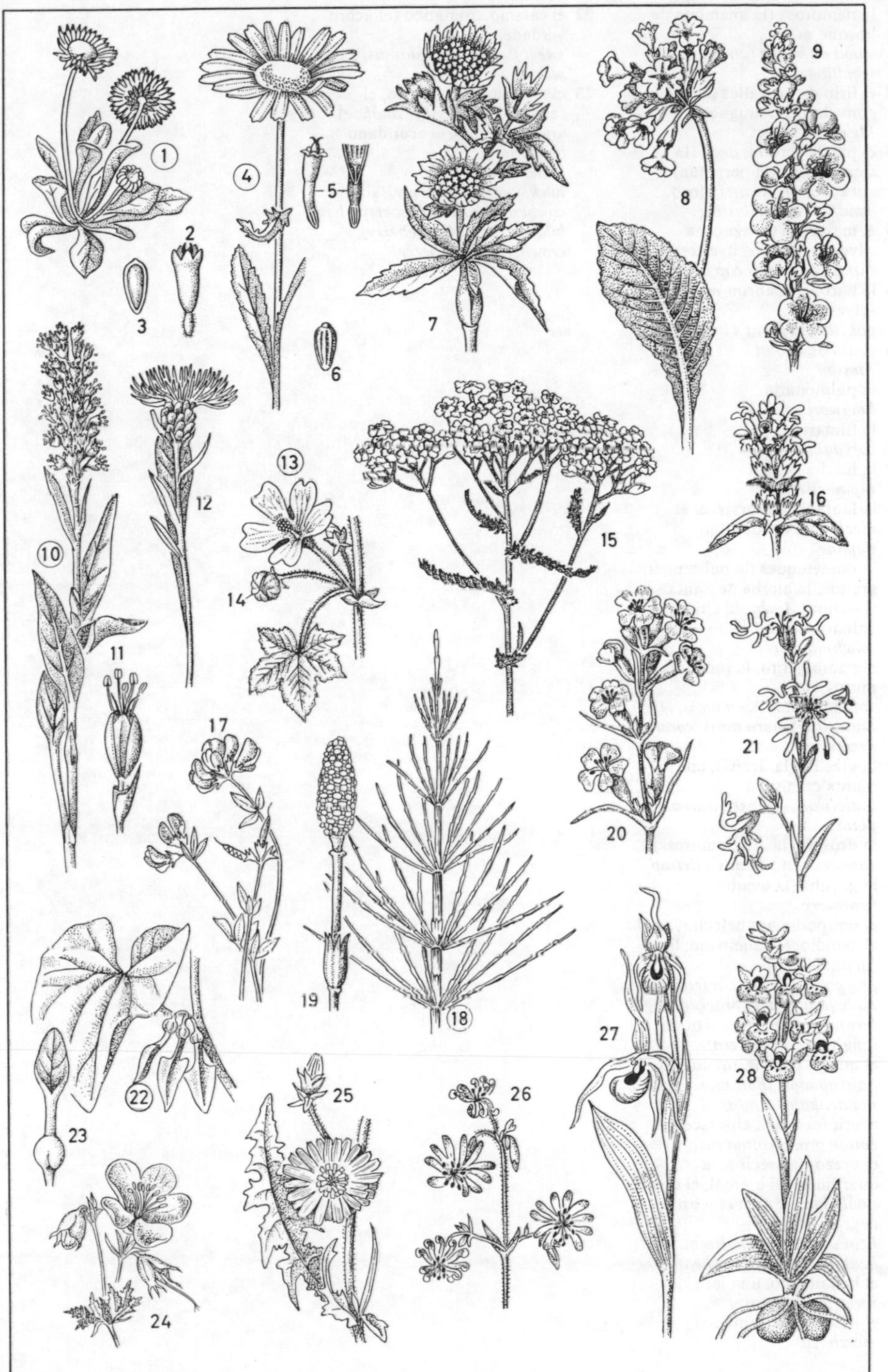
1
2
3
4
5
6
7
8
9
10
11
12
13
14
15
16
17
18
19
20
21
22
23
24
25
26
27
28

377 Plantas de bosque, lagunas y páramos

1 la nemorosa (la anémona de bosque *m*)
– *wood anemone (anemone, windflower)*
2 el lirio de los valles (la convalaria, el muguete)
– *lily of the valley*
3 el pie de gato *m; anál.:* la siempreviva (la perpetua)
– *cat's foot (milkwort);* sim.: *sandflower (everlasting)*
4 el martagón (la azucena silvestre, el lirio silvestre)
– *turk's cap (turk's cap lily)*
5 la barba de cabrón *m* (aruncus sylvestris)
– *goatsbeard (goat's beard)*
6 el ajo de oso *m*
– *ramson*
7 la pulmonaria
– *lungwort*
8 la fumaria
– *corydalis*
9 la hierba callera
– *orpine (livelong)*
10 la lauréola (el torvisco, el mezéreon, la adelfilla)
– *daphne*
11 la nometoques (la balsamina grande, la hierba de Santa Catalina; *Amér.:* la china, la chinarrosa)
– *touch-me-not*
12 el pampajarito, la pimienta de muros *m*
– *staghorn (stag horn moss, stag's horn, stag's horn moss, coral evergreen)*
13 la grasilla (la tiraña), una planta carnívora
– *butterwort, an insectivorous plant*
14 la drósera (la atrapamoscas)
– *sundew;* sim.: *Venus's flytrap*
15 la gayuba (la uvaduz)
– *bearberry*
16 el polipodio, un helecho; *anál.:* el aspidio, el culantrillo, la rueda de muros *m*
– *polypody (polypod), a fern;* sim.: *male fern, brake (bracken, eagle fern), royal fern (royal osmund, king's fern, ditch fern)*
17 el musgo capilar, un musgo
– *haircap moss (hair moss, golden maidenhair), a moss*
18 el erióforo, una ciperácea
– *cotton grass (cotton rush)*
19 el brezo (la brecina, la querihuela, el biércol, el urce); *anál.:* la carroncha (el brezo negro)
– *heather (heath, ling);* sim.: *bell heather (cross-leaved heather)*
20 el heliantemo, una jara
– *rock rose (sun rose)*
21 el ledo de los pantanos
– *marsh tea*
22 el cálamo aromático (el ácoro verdadero)
– *sweet flag (sweet calamus, sweet sedge)*
23 el arándano (el mirtilo, el ráspano, la anavia); *anál.:* el arándano rojo, el arándano negro
– *bilberry (whortleberry, huckleberry, blueberry);* sim.: *cowberry (red whortleberry), bog bilberry (bog whortleberry), crowberry (crakeberry)*

1
2
3
4
5
6
7
8
9
10
11
12
13
14
15
16
17
18
19
20
21
22
23

1-13 plantas *f* alpinas
– ***alpine plants***
1 el rododendro
– *alpine rose (alpine rhododendron)*
2 la rama florida
– *flowering shoot*
3 la campanilla de los Alpes (la soldanella alpina)
– *alpine soldanella (soldanella)*
4 la corola desplegada
– *corolla opened out*
5 la cápsula de las semillas *f* con el estilo
– *seed vessel with the style*
6 la escobilla parda
– *alpine wormwood*
7 la inflorescencia
– *inflorescence*
8 la oreja de oso *m*
– *auricula*
9 el leontopodio (la flor de nieve *f*, la edelweiss)
– *edelweiss*
10 las formas de las flores
– *flower shapes*
11 el fruto con el vilano
– *fruit with pappus tuft*
12 el corte de una cabezuela
– *part of flower head (of capitulum)*
13 la genciana de primavera *f*
– *stemless alpine gentian*
14-57 plantas *f* acuáticas y de pantano *m*
– ***aquatic plants** (water plants) **and marsh plants***
14 el nenúfar (el lirio de agua *f*)
– *white water lily*
15 la hoja
– *leaf*
16 la flor
– *flower*
17 la Victoria regia (el lirio gigante del Amazonas)
– *Queen Victoria water lily (Victoria regia water lily, royal water lily, Amazon water lily)*
18 la hoja
– *leaf*
19 el envés de la hoja
– *underside of the leaf*
20 la flor
– *flower*
21 la anea, la espadaña
– *reed mace bulrush (cattail, cat's tail, cattail flag, club rush)*
22 la parte masculina del espádice
– *male part of the spadix*
23 la flor masculina
– *male flower*
24 la parte femenina
– *female part*
25 la flor femenina
– *female flower*
26 el nomeolvides
– *forget-me-not*
27 la rama en flor *f*
– *flowering shoot*
28 la flor [corte]
– *flower [section]*
29 la hidrocara (el mordisco de rana *f*)
– *frog's bit*
30 el berro amargo (el berro de fuente *f*)
– *watercress*
31 el tallo con flores *f* y frutos *m* jóvenes
– *stalk with flowers and immature (unripe) fruits*
32 la flor
– *flower*
33 la vaina con semillas *f*
– *siliqua (pod) with seeds*
34 dos semillas *f*
– *two seeds*
35 la lenteja de agua *f*
– *duckweed (duck's meat)*
36 la planta en flor *f*
– *plant in flower*
37 la flor
– *flower*
38 el fruto
– *fruit*
39 el junco florido
– *flowering rush*
40 la umbela
– *flower umbel*
41 las hojas
– *leaves*
42 el fruto
– *fruit*
43 el alga *f* verde
– *green alga*
44 la alisma (el llantén de agua *f*, el pan de ranas *f*)
– *water plantain*
45 la hoja
– *leaf*
46 la panícula (la inflorescencia)
– *panicle*
47 la flor
– *flower*
48 el golfo (el sargazo azucarado), una laminaria
– *honey wrack, a brown alga*
49 el talo
– *thallus (plant body, frond)*
50 el órgano de fijación *f*
– *holdfast*
51 la sagitaria
– *arrow head*
52 las formas de las hojas
– *leaf shapes*
53 la inflorescencia con flores *f* masculinas [arriba] y flores femeninas [abajo]
– *inflorescence with male flowers [above] and female flowers [below]*
54 la hierba marina (la zostera marina)
– *sea grass*
55 la inflorescencia
– *inflorescence*
56 la elodea
– *Canadian waterweed (Canadian pondweed)*
57 la flor
– *flower*

1
2
3
4
5
6
7
8
9
10
11
12
13
14
15
16
17
18
19
20
21
22
23
24
25
26
27
28
29
30
31
32
33
34
35
36
37
38
39
40
41
42
43
44
45
46
47
48
49
50
51
52
53
54
55
56
57

379 Plantas venenosas — *Poisonous Plants*

1 el acónito (el anapelo, el napelo); *anál.:* la uva lupina, el matalobos, el pardal, la verga
- *aconite (monkshood, wolfsbane, helmet flower)*

2 el digital (la dedalera, la gualdaperra, la viluria, la giloria)
- *foxglove (Digitalis)*

3 el cólquico (la quitameriendas, la flor de otoño *m; Bol., Col. y Perú:* el cólchico)
- *meadow saffron (naked lady, naked boys)*

4 la cicuta (el perejil lobuno; *Perú:* la montezanahoria)
- *hemlock (Conium)*

5 la hierba mora (el tomatillo del diablo, el solano negro; *Arg. y Par.:* el arachichú)
- *black nightshade (common nightshade, petty morel)*

6 el beleño negro
- *henbane*

7 la belladona
- *deadly nightshade (belladonna, banewort, dwale), a solanaceous herb*

8 el estramonio (la hierba hedionda, la higuera loca, la estramónica, la manzana espinosa; *Amér.:* el chamico; *Mé.:* el toloache; *Col.:* el gigantín)
- *thorn apple (stramonium, stramony,* Am. *jimson weed, jimpson weed, Jamestown weed, stinkweed)*

9 el aro (el alcatraz, el arón, el jaro, el jarillo, el jarrillo, la tragontina, el yaro; *Hond.:* el quiscamote; *Col.:* la rascadera)
- *cuckoo pint (lords-and-ladies, wild arum, wake-robin)*

10-13 hongos *m* venenosos (setas *f* venenosas)
- *poisonous fungi (poisonous mushrooms, toadstools)*

10 la amanita de las moscas (el agárico de las moscas, la falsa oronja, la matamoscas), un agárico
- *fly agaric (fly amanita, fly fungus), an agaric*

11 la oronja verde (la seta mortal)
- *amanita*

12 el boleto de Satanás (*Bol., Chile, Ec. y Perú:* la callampa; *Col., Chile y Ec.:* la callamba)
- *Satan's mushroom*

13 el níscalo falso
- *woolly milk cap*

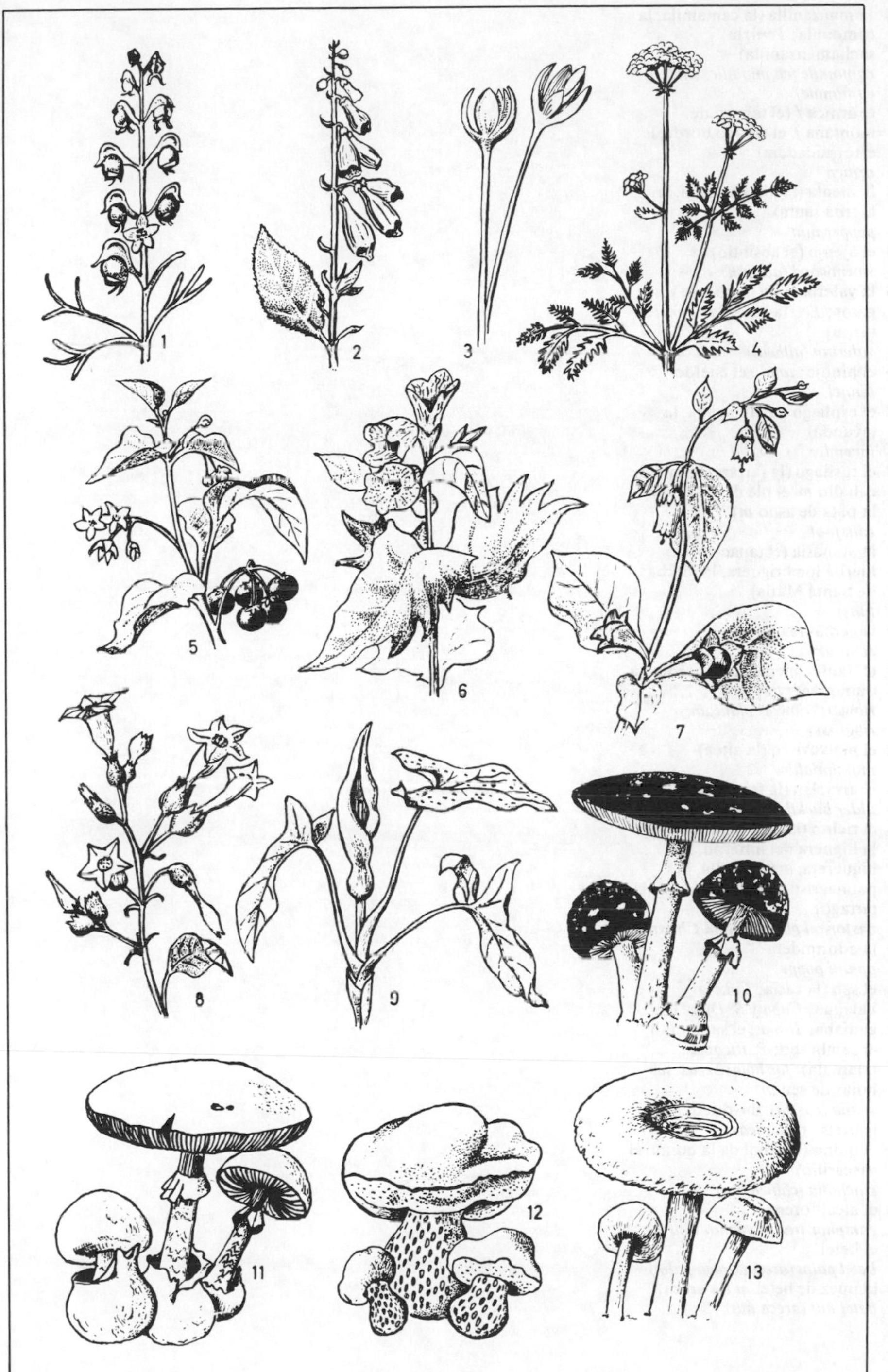
1
2
3
4
5
6
7
8
9
10
11
12
13

1 la manzanilla (la camamila, la camomila; *Perú:* la sachamanzanilla)
– *camomile (chamomile, wild camomile)*
2 el árnica *f* (el tabaco de montaña *f*, el tabaco borde, la estornudadera)
– *arnica*
3 la menta (la hierbabuena, la hierba santa)
– *peppermint*
4 el ajenjo (el absintio)
– *wormwood (absinth)*
5 la valeriana (la hierba de los gatos; *Ec.:* la guasilla; *Perú:* el turpu)
– *valerian (allheal)*
6 el hinojo; *anál.:* el eneldo
– *fennel*
7 el espliego (la alhucema, la lavanda)
– *lavender*
8 el tusilago (la fárfara, la uña de caballo *m*, el pie de caballo *m*, la pata de asno *m*)
– *coltsfoot*
9 la atanasia (el tanaceto, la hierba lombriguera, la hierba de Santa María)
– *tansy*
10 la centáurea mayor
– *centaury*
11 el llantén menor (la lancéola, la quinquenervia)
– *ribwort (ribwort plantain, ribgrass)*
12 el malvavisco (la altea)
– *marshmallow*
13 el arraclán (la frángula)
– *alder buckthorn (alder dogwood)*
14 el ricino (la oherva, la querva, la higuera del infierno, la higuereta, la higuerilla, la palmacristi, el rezno; *Venez.:* el tártago)
– *castor-oil plant (Palma Christi)*
15 la adormidera
– *opium poppy*
16 el sen (la casia; *Col.:* la bajagua; *Cuba y S. Dgo.:* la guajaba; *Hond.:* el saragundí, el zambrano; *P. Rico:* la talantala); *las hojas secas:* las hojas de sen *m*
– *senna (cassia);* the dried leaflets: *senna leaves*
17 el quino (el árbol de la quina, el cascarillo)
– *cinchona (chinchona)*
18 el alcanforero
– *camphor tree (camphor laurel)*
19 el betel
– *betel palm (areca, areca palm)*
20 la nuez de betel *m* (la areca)
– *betel nut (areca nut)*

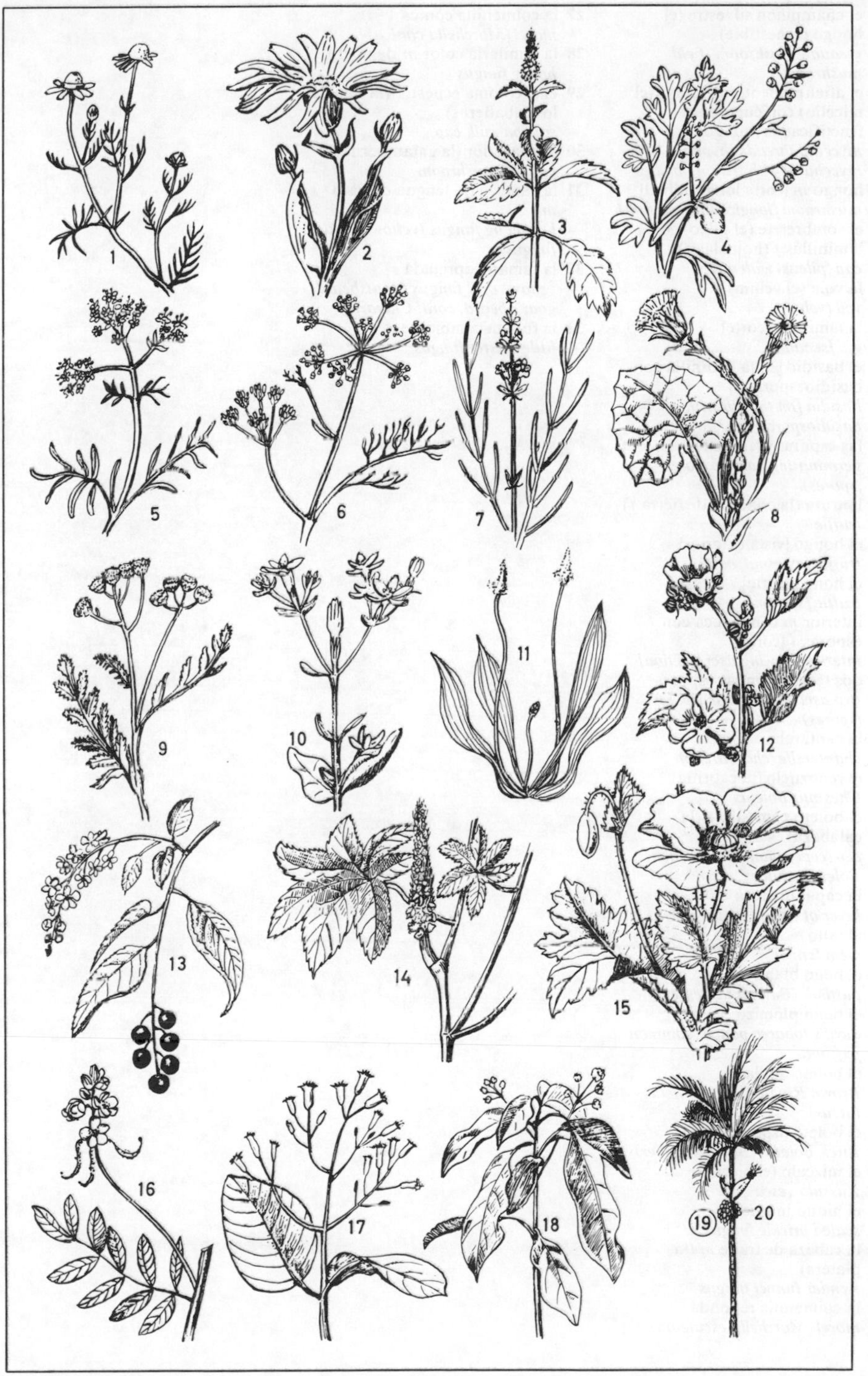
1
2
3
4
5
6
7
8
9
10
11
12
13
14
15
16
17
18
19
20

1 el champiñón silvestre (el hongo comestible)
- *meadow mushroom (field mushroom)*

2 el afieltramiento de hifas *f* (el micelio) con cuerpos *m* fructificados (hongos *m*)
- *mycelial threads (hyphae, mycelium) with fruiting bodies*

3 hongo *m* [corte longitudinal]
- *mushroom [longitudinal section]*

4 el sombrerete (el píleo) con laminillas *f* (hojuelas *f*)
- *cap (pileus) with gills*

5 la vola (el velum)
- *veil (velum)*

6 la laminilla [corte]
- *gill [section]*

7 el basidio [en la laminilla con basidioesporas *f*]
- *basidia [on the gill with basidiospores]*

8 las esporas germinales
- *germinating basidiospores (spores)*

9 la trufa (la criadilla de tierra *f*)
- *truffle*

10 el hongo [vista exterior]
- *truffle [external view]*

11 el hongo [corte]
- *truffle [section]*

12 interior *m* con la teca con esporas *f* [corte]
- *interior showing asci [section]*

13 dos tecas *f* con las esporas
- *two asci with the ascospores (spores)*

14 la cantarela
- *chanterelle (chantarelle)*

15 el rebozuelo (la cabrilla)
- *Chestnut Boletus*

16 el boleto comestible (la calabaza)
- *cep (cepe, squirrel's bread, Boletus edulis)*

17 la capa tuberosa
- *layer of tubes (hymenium)*

18 el tallo
- *stem (stipe)*

19 el bejín blando
- *puffball (Bovista nigrescens)*

20 el bejín plomizo
- *devil's tobacco pouch (common puffball)*

21 el boleto anillado
- *Brown Ring Boletus (Boletus luteus)*

22 el boleto áspero
- *Birch Boletus (Boletus scaber)*

23 el mízcalo (el níscalo)
- *Russula vesca*

24 el hidno imbricado
- *scaled prickle fungus*

25 la cabeza de fraile *m* (la platera)
- *slender funnel fungus*

26 la colmenilla redonda
- *morel (Morchella esculenta)*

27 la colmenilla cónica
- *morel (Morchella conica)*

28 la armilaria color *m* de miel *f*
- *honey fungus*

29 el tricoloma ecuestre (la seta de los caballeros)
- *saffron milk cap*

30 el apagador (la galamperna)
- *parasol mushroom*

31 la gamuza (la lengua de gato *m*)
- *hedgehog fungus (yellow prickle fungus)*

32 la ramaria apretada
- *yellow coral fungus (goatsbeard, goat's beard, coral Clavaria)*

33 la foliota cambiante
- *little cluster fungus*

1
2
3
4
5
6
7
8
9
10
11
12
13
14
15
16
17
18
19
20
21
22
23
24
25
26
27
28
29
30
31
32
33

1 el cafeto (el árbol del café)
– *coffee tree (coffee plant)*
2 la rama con frutos *m*
– *fruiting branch*
3 la rama florida
– *flowering branch*
4 la flor
– *flower*
5 el fruto con los dos granos [corte longitudinal]
– *fruit with two beans [longitudinal section]*
6 el grano de café *m; después de preparado:* el café
– *coffee bean;* when processed: *coffee*
7 el té
– *tea plant (tea tree)*
8 la rama florida
– *flowering branch*
9 la hoja del té: *después de preparada:* el té
– *tea leaf;* when processed: *tea*
10 el fruto
– *fruit*
11 el mate (la hierba mate, el té del Paraguay, el té de los jesuitas, la hierba del Paraguay)
– *maté shrub (maté, yerba maté, Paraguay tea)*
12 la rama florida con las flores hermafroditas
– *flowering branch with androgynous (hermaphroditic, hermaphrodite) flowers*
13 la flor masculina
– *male flower*
14 la flor hermafrodita
– *androgynous (hermaphroditic, hermaphrodite) flower*
15 el fruto
– *fruit*
16 el cacao (el teobroma)
– *cacao tree (cacao)*
17 la rama con flores *f* y frutos *m*
– *branch with flowers and fruits*
18 la flor [corte longitudinal]
– *flower [longitudinal section]*
19 el grano de cacao *m; después de preparado:* el cacao, el cacao en polvo *m*
– *cacao beans (cocoa beans);* when processed: *cocoa, cocoa powder*
20 la semilla [corte longitudinal]
– *seed [longitudinal section]*
21 el embrión
– *embryo*
22 el árbol de la canela (el canelo, el canelero)
– *cinnamon tree (cinnamon)*
23 la rama florida
– *flowering branch*
24 el fruto
– *fruit*
25 la corteza del canelo (la canela en rama *f*); *molida:* la canela en polvo *m*
– *cinnamon bark;* when crushed: *cinnamon*
26 el clavero (el árbol del clavo)
– *clove tree*
27 la rama florida
– *flowering branch*
28 la yema; *desecada:* el clavo
– *flower bud;* when dried: *clove*
29 la flor
– *flower*
30 la mirística
– *nutmeg tree*
31 la rama florida
– *flowering branch*
32 la flor femenina [corte longitudinal]
– *female flower [longitudinal section]*
33 el fruto maduro
– *mature (ripe) fruit*
34 la flor de mirística *f,* una semilla rodeada por el arilo (el macis)
– *nutmeg with mace, a seed with laciniate aril*
35 la semilla [corte transversal]; *seca:* la nuez moscada
– *seed [cross section];* when dried: *nutmeg*
36 el pimentero (el pimiento)
– *pepper plant*
37 la rama con frutos *m*
– *fruiting branch*
38 la inflorescencia
– *inflorescence*
39 el fruto [corte longitudinal] con el grano de pimienta *f* (la pimienta); *molida:* la pimienta molida, la pimienta en polvo *m*
– *fruit [longitudinal section] with seed, a peppercorn;* when ground: *pepper*
40 la planta de tabaco *m* de Virginia (*Chile:* de pitrén)
– *Virginia tobacco plant*
41 la rama florida
– *flowering shoot*
42 la flor
– *flower*
43 la hoja de tabaco *m; seca:* el tabaco
– *tobacco leaf;* when cured: *tobacco*
44 la cápsula de fruto maduro
– *mature (ripe) fruit capsule*
45 la semilla
– *seed*
46 la vainilla
– *vanilla plant*
47 la rama florida
– *flowering shoot*
48 la vaina de la vainilla; *curada:* el bastoncillo de vainilla
– *vanilla pod;* when cured: *stick of vanilla*
49 el pistachero (el alfóncigo)
– *pistachio tree*
50 la rama florida con las flores femeninas
– *flowering branch with female flowers*
51 la almendra del alfóncigo (el pistacho)
– *drupe;* here: *pistachio (pistachio nut)*
52 la caña de azúcar *m* (la caña dulce, la caña melar)
– *sugar cane*
53 la planta en flor *f*
– *plant (habit) in bloom*
54 la panícula (la inflorescencia)
– *panicle*
55 la flor
– *flower*

1
2
3
4
4
5
6
7
8
9
10
11
12
13
14
15
16
17
18
19
20
21
22
23
24
25
26
27
28
29
30
31
32
33
34
35
36
37
38
39
40
41
42
43
44
45
46
47
48
49
50
51
52
53
54
55

1 la colza (el nabo; *Col.:* la rabancá)
– *rape (cole, coleseed)*
2 la hoja basal
– *basal leaf*
3 la flor [corte longitudinal]
– *flower [longitudinal section]*
4 la silicua madura
– *mature (ripe) siliqua (pod)*
5 la semilla oleaginosa
– *oleiferous seed*
6 el lino
– *flax*
7 el tallo florido
– *peduncle (pedicel, flower stalk)*
8 la cápsula del fruto
– *seed vessel (boll)*
9 el cáñamo
– *hemp*
10 la planta femenina con frutos *m*
– *fruiting female (pistillate) plant*
11 la inflorescencia femenina
– *female inflorescence*
12 la flor
– *flower*
13 la inflorescencia masculina
– *male inflorescence*
14 el fruto
– *fruit*
15 la semilla
– *seed*
16 el algodonero (*Arg. y Par.:* el mandiyú; *Arg.:* el amandiyú)
– *cotton*
17 la flor
– *flower*
18 el fruto
– *fruit*
19 la borra (la pelusa del algodón, el algodón)
– *lint [cotton wool]*
20 la ceiba
– *silk-cotton tree (kapok tree, capoc tree, ceiba tree)*
21 el fruto
– *fruit*
22 la rama florida
– *flowering branch*
23 la semilla
– *seed*
24 la semilla [corte longitudinal]
– *seed [longitudinal section]*
25 el yute
– *jute*
26 la rama florida
– *flowering branch*
27 la flor
– *flower*
28 el fruto
– *fruit*
29 el olivo (la oliva, la olivera, el aceituno)
– *olive tree (olive)*
30 la rama florida
– *flowering branch*
31 la flor
– *flower*
32 la aceituna (la oliva)
– *fruit*
33 el árbol del caucho (la cauchera)
– *rubber tree (rubber plant)*
34 la rama con frutos *m*
– *fruiting branch*
35 el higo
– *fig*
36 la flor
– *flower*
37 el árbol de la gutapercha
– *gutta-percha tree*
38 la rama florida
– *flowering branch*
39 la flor
– *flower*
40 el fruto
– *fruit*
41 el cacahuete (el cacahuate, el cacahuey, el cacahué, el maní; *Arg. y Bol.:* el mandubí)
– *peanut (ground nut, monkey nut)*
42 la rama florida
– *flowering shoot*
43 la raíz con frutos *m*
– *root with fruits*
44 el fruto [corte longitudinal]
– *nut (kernel) [longitudinal section]*
45 el ajonjolí (la alegría, el sésamo)
– *sesame plant (simsim, benniseed)*
46 la rama con flores y frutas *f*
– *flowers and fruiting branch*
47 la flor [corte longitudinal]
– *flower [longitudinal section]*
48 el cocotero (el coco, la palma de coco *m*, la palma indiana)
– *coconut palm (coconut tree, coco palm, cocoa palm)*
49 la inflorescencia
– *inflorescence*
50 la flor femenina
– *female flower*
51 la flor masculina [corte longitudinal]
– *male flower [longitudinal section]*
52 el fruto [corte longitudinal]
– *fruit [longitudinal section]*
53 el coco
– *coconut (cokernut)*
54 la palmera de aceite *m*
– *oil palm*
55 el espádice masculino con la flor
– *male spadix*
56 la inflorescencia con el fruto
– *infructescence with fruit*
57 la semilla con los orificios germinativos
– *seed with micropyles (foramina) (foraminate seed)*
58 el sagú (*Venez.:* el guapo; *P. Rico:* la maranta; *P. Rico y S. Dgo.:* la yuquilla)
– *sago palm*
59 el fruto
– *fruit*
60 el bambú (*Amér.:* la caña brava; *Venez.:* el mavi; *Mé.:* el otate; *Cuba y Venez.:* el pito; *Col., Ec. y Venez.:* la guadua; *Bol. y Río de la Plata:* la tacuara; *Perú:* la zacuara)
– *bamboo stem (bamboo culm)*
61 la rama con hojas *f*
– *branch with leaves*
62 la espiga de flores *f*
– *spike*
63 el trozo de caña *f* con nudos *m*
– *part of bamboo stem with joints*
64 el papiro
– *papyrus plant (paper reed, paper rush)*
65 el copete de flores *f*
– *umbel*
66 la espiga de flores *f*
– *spike*

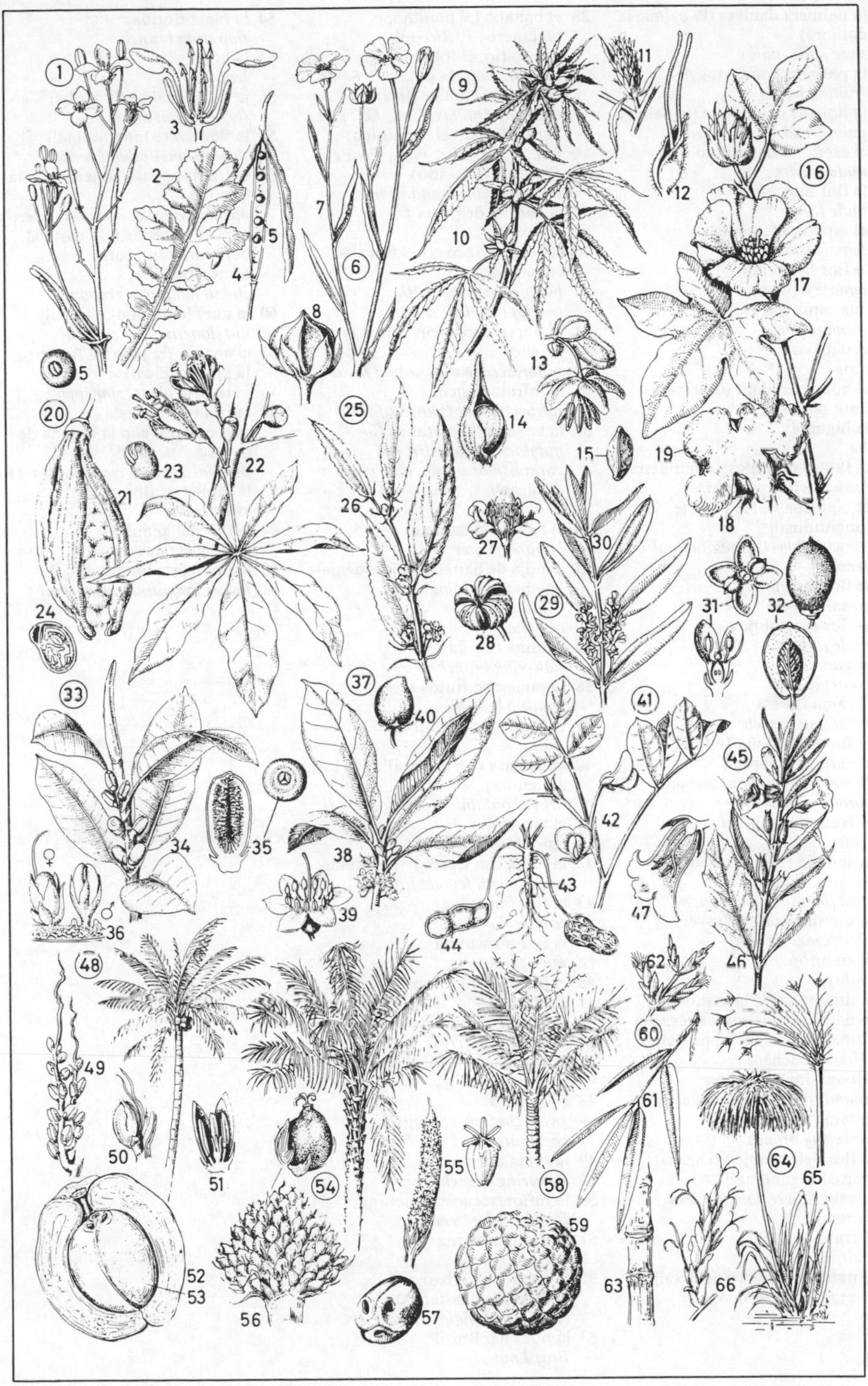
1
2
3
4
5
5
6
7
8
9
10
11
12
13
14
15
16
17
18
19
20
21
22
23
24
25
26
27
28
29
30
31
32
33
34
35
36
37
38
39
40
41
42
43
44
45
46
47
48
49
50
51
52
53
54
55
56
57
58
59
60
61
62
63
64
65
66

1 la palmera datilera (la palma, la datilera)
– *date palm (date)*
2 la palmera con frutos *m*
– *fruiting palm*
3 la hoja de la palmera (la palma)
– *palm frond*
4 el espádice masculino
– *male spadix*
5 la flor masculina
– *male flower*
6 el espádice femenino
– *female spadix*
7 la flor femenina
– *female flower*
8 una rama con frutos *m*
– *stand of fruit*
9 el dátil
– *date*
10 el hueso del dátil (la semilla)
– *date kernel*
11 la higuera
– *fig*
12 la rama con frutas *f* compuestas
– *branch with pseudocarps*
13 el higo con flores *f* [corte longitudinal]
– *fig with flowers [longitudinal section]*
14 la flor femenina
– *female flower*
15 la flor masculina
– *male flower*
16 el granado
– *pomegranate*
17 la rama florida
– *flowering branch*
18 la flor [corte longitudinal, separada la corola]
– *flower [longitudinal section, corolla removed]*
19 el fruto (la granada)
– *fruit*
20 la semilla (el grano) [corte longitudinal]
– *seed [longitudinal section]*
21 la semilla [corte transversal]
– *seed [cross section]*
22 el embrión
– *embryo*
23 el limón; *anál.:* la mandarina, la naranja (*Antillas y Venez.:* la china), la toronja (el pomelo; *Filip.:* el luchán)
– *lemon;* sim.: *tangerine (mandarin), orange, grapefruit*
24 la rama florida
– *flowering branch*
25 la flor del naranjo (el azahar) [corte longitudinal]
– *orange flower [longitudinal section]*
26 el fruto
– *fruit*
27 la naranja [corte transversal]
– *orange [cross section]*
28 el banano (el plátano, el platanero; *P. Rico:* el comisario, el fotoco; *Antillas:* el guineo; *Par.:* la pacobá; *Pan.:* el patriota; *anál.: Amér. Central, Antillas, Col., Ec., Pan., Perú y Venez.:* el dominico; *Col., Cuba, Mé., Pan., Perú y P. Rico:* el morado)
– *banana plant (banana tree)*
29 la corona de hojas *f*
– *crown*
30 el seudotronco con las hojas envainadas
– *herbaceous stalk with overlapping leaf sheaths*
31 la florescencia con frutos *m* jóvenes
– *inflorescence with young fruits*
32 la infrutescencia
– *infructescence (bunch of fruit)*
33 la banana (el plátano) *[los nombres en América son variadismos y coinciden con los del árbol]*
– *banana*
34 la flor de la banana
– *banana flower*
35 la hoja de banano *m* [esquema]
– *banana leaf [diagram]*
36 el almendro
– *almond*
37 la rama florida
– *flowering branch*
38 la rama con frutos *m*
– *fruiting branch*
39 el fruto (la almendra)
– *fruit*
40 la cáscara con la semilla [de la almendra]
– *drupe containing seed [almond]*
41 el algarrobo
– *carob*
42 la rama con flores *f* femeninas
– *branch with female flowers*
43 la flor femenina
– *female flower*
44 la flor masculina
– *male flower*
45 el fruto (la algarroba)
– *fruit*
46 la vaina-fruto [corte transversal]
– *siliqua (pod) [cross section]*
47 la semilla
– *seed*
48 el castaño
– *sweet chestnut (Spanish chestnut)*
49 la rama florida
– *flowering branch*
50 la inflorescencia femenina
– *female inflorescence*
51 la flor masculina
– *male flower*
52 la cúpula (el erizo) con las semillas (las castañas)
– *cupule, containing seeds*
53 la nuez del Brasil
– *Brazil nut*
54 la rama florida
– *flowering branch*
55 la hoja
– *leaf*
56 la flor [vista desde arriba]
– *flower [from above]*
57 la flor [corte longitudinal]
– *flower [longitudinal section]*
58 el fruto capsular abierto con las semillas
– *opened capsule, containing seeds*
59 la nuez del Brasil (la castaña del Marañón) [corte transversal]
– *Brazil nut [cross section]*
60 la nuez [corte longitudinal]
– *nut [longitudinal section]*
61 el ananás (la piña de América, la piña tropical)
– *pineapple plant (pineapple)*
62 la fruta compuesta (el seudocarpo) con la corona de hojas *f*
– *pseudocarp with crown of leaves*
63 la espiga de flores *f*
– *syncarp*
64 la flor del ananás
– *pineapple flower*
65 la flor [corte longitudinal]
– *flower [longitudinal section]*

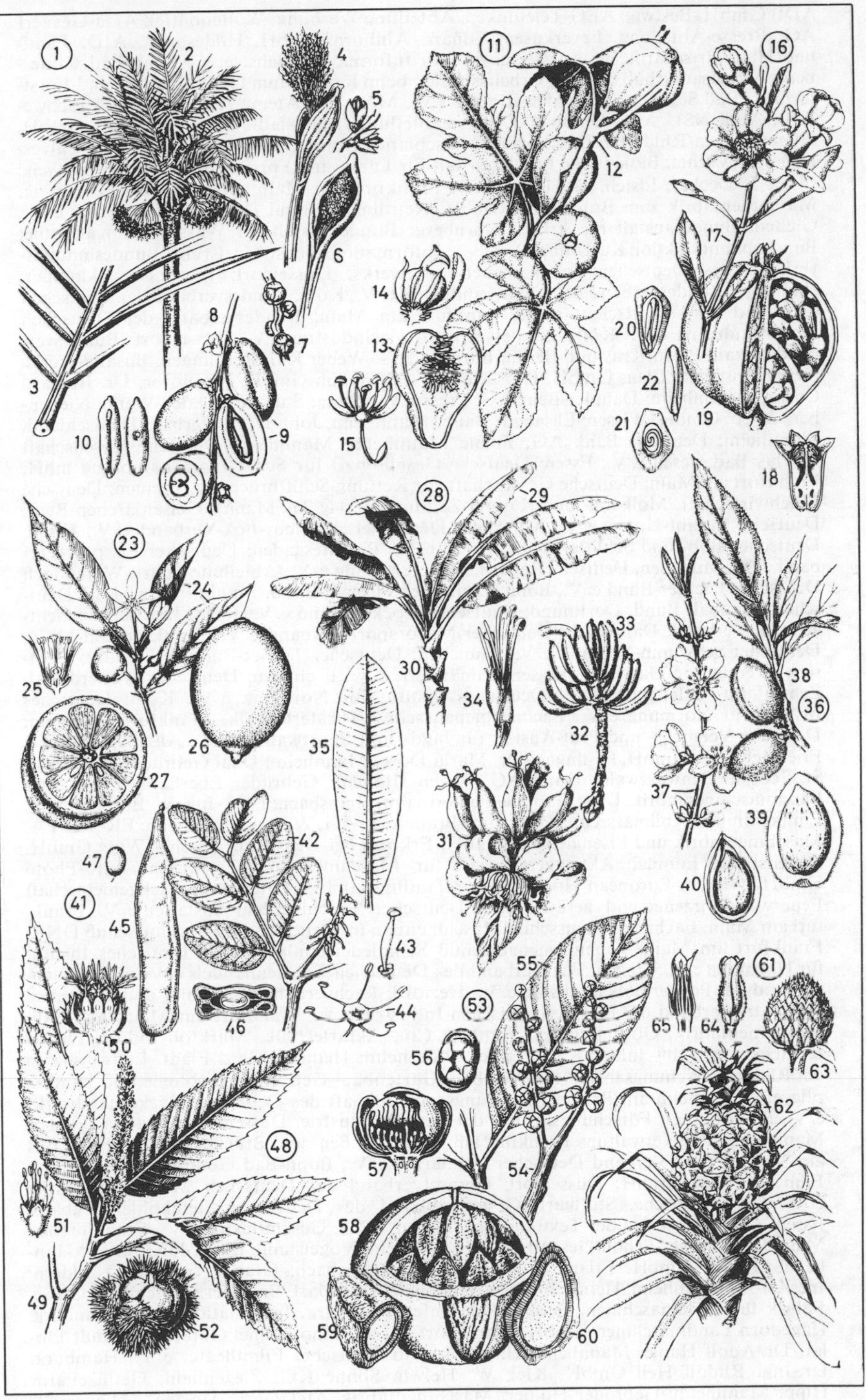
1
2
3
4
5
6
7
8
9
10
11
12
13
14
15
16
17
18
19
20
21
22
23
24
25
26
27
28
29
30
31
32
33
34
35
36
37
38
39
40
41
42
43
44
45
46
47
48
49
50
51
52
53
54
55
56
57
58
59
60
61
62
63
64
65

Für freundliche Unterstützung und Mitarbeit haben wir zu danken:

ADB GmbH, Bestwig; AEG-Telefunken, Abteilung Werbung, Wolfenbüttel; Agfa-Gevaert AG, Presse-Abteilung, Leverkusen; Eduard Ahlborn GmbH, Hildesheim; AID, Land- und Hauswirtschaftlicher Auswertungs- und Informationsdienst e. V., Bonn-Bad Godesberg; Arbeitsausschuß der Waldarbeitsschulen beim Kuratorium für Waldarbeit und Forsttechnik, Bad Segeberg; Arnold & Richter KG, München; Atema AB, Härnösand (Schweden); Audi NSU Auto-Union AG, Presseabteilung, Ingolstadt; Bêché & Grohs GmbH, Hückeswagen/Rhld.; Big Dutchman (Deutschland) GmbH, Bad Mergentheim und Calveslage über Vechta; Biologische Bundesanstalt für Land- und Forstwirtschaft, Braunschweig; Black & Decker, Idstein/Ts.; Braun AG, Frankfurt am Main; Bolex GmbH, Ismaning; Maschinenfabrik zum Bruderhaus GmbH, Reutlingen; Bund Deutscher Radfahrer e. V., Gießen; Bundesanstalt für Arbeit, Nürnberg; Bundesanstalt für Wasserbau, Karlsruhe; Bundesbahndirektion Karlsruhe, Presse- u. Informationsdienst, Karlsruhe; Bundesinnungsverband des Deutschen Schuhmacher-Handwerks, Düsseldorf; Bundeslotsenkammer, Hamburg; Bundesverband Bekleidungsindustrie e. V., Köln; Bundesverband der Deutschen Gas- und Wasserwirtschaft e. V., Frankfurt am Main; Bundesverband der Deutschen Zementindustrie e. V., Köln; Bundesverband Glasindustrie e. V., Düsseldorf; Bundesverband Metall, Essen-Kray und Berlin; Burkhardt + Weber KG, Reutlingen; Busatis-Werke KG, Remscheid; Claas GmbH, Harsewinkel; Copygraph GmbH, Hannover; Dr. Irmgard Correll, Mannheim; Daimler-Benz AG, Presse-Abteilung, Stuttgart; Dalex-Werke Niepenberg & Co. GmbH, Wissen; Elisabeth Daub, Mannheim; John Deere Vertrieb Deutschland, Mannheim; Deutsche Bank AG, Filiale Mannheim, Mannheim; Deutsche Gesellschaft für das Badewesen e. V., Essen; Deutsche Gesellschaft für Schädlingsbekämpfung mbH, Frankfurt am Main; Deutsche Gesellschaft zur Rettung Schiffbrüchiger, Bremen; Deutsche Milchwirtschaft, Molkerei- und Käserei-Zeitung (Verlag Th. Mann), Gelsenkirchen-Buer; Deutsche Eislauf-Union e. V., München; Deutscher Amateur-Box-Verband e. V., Essen; Deutscher Bob- und Schlittensportverband e. V., Berchtesgaden; Deutscher Eissport-Verband e. V., München; Deutsche Reiterliche Vereinigung e. V., Abteilung Sport, Warendorf; Deutscher Fechter-Bund e. V., Bonn; Deutscher Fußball-Bund, Frankfurt am Main; Deutscher Handball-Bund, Dortmund; Deutscher Hockey-Bund e. V., Köln; Deutscher Leichtathletik Verband, Darmstadt; Deutscher Motorsport Verband e. V., Frankfurt am Main; Deutscher Schwimm-Verband e. V., München; Deutscher Turner-Bund, Würzburg; Deutscher Verein von Gas- und Wasserfachmännern e. V., Eschborn; Deutscher Wetterdienst, Zentralamt, Offenbach; DIN Deutsches Institut für Normung e. V., Köln; Deutsches Institut für Normung e. V., Fachnormenausschuß Theatertechnik, Frankfurt am Main; Deutsche Versuchs- und Prüf-Anstalt für Jagd- und Sportwaffen e. V., Altenbeken-Buke; Friedrich Dick GmbH, Esslingen; Dr. Maria Dose, Mannheim; Dual Gebrüder Steidinger, St. Georgen/Schwarzwald; Durst AG, Bozen (Italien); Gebrüder Eberhard, Pflug- und Landmaschinenfabrik, Ulm; Gabriele Echtermann, Hemsbach; Dipl.-Ing. W. Ehret GmbH, Emmendingen-Kollmarsreute; Eichbaum-Brauereien AG, Worms/Mannheim; ER-WE-PA, Maschinenfabrik und Eisengießerei GmbH, Erkrath bei Düsseldorf; Escher Wyss GmbH, Ravensburg; Eumuco Aktiengesellschaft für Maschinenbau, Leverkusen; Euro-Photo GmbH, Willich; European Honda Motor Trading GmbH, Offenbach; Fachgemeinschaft Feuerwehrfahrzeuge und -geräte, Verein Deutscher Maschinenbau-Anstalten e. V., Frankfurt am Main; Fachnormenausschuß Maschinenbau im Deutschen Normenausschuß DNA, Frankfurt am Main; Fachnormenausschuß Schmiedetechnik in DIN Deutsches Institut für Normung e. V., Hagen; Fachverband des Deutschen Tapetenhandels e. V., Köln; Fachverband der Polstermöbelindustrie e. V., Herford; Fachverband Rundfunk und Fernsehen im Zentralverband der Elektrotechnischen Industrie e. V., Frankfurt am Main; Fahr AG Maschinenfabrik, Gottmadingen; Fendt & Co., Agrartechnik, Marktoberndorf; Fichtel & Sachs AG, Schweinfurt; Karl Fischer, Pforzheim; Heinrich Gerd Fladt, Ludwigshafen am Rhein; Forschungsanstalt für Weinbau, Gartenbau, Getränketechnologie und Landespflege, Geisenheim am Rhein; Förderungsgemeinschaft des Deutschen Bäckerhandwerks e. V., Bad Honnef; Forschungsinstitut der Zementindustrie, Düsseldorf; Johanna Förster, Mannheim; Stadtverwaltung Frankfurt am Main, Straßen- und Brückenbauamt, Frankfurt am Main; Freier Verband Deutscher Zahnärzte e. V., Bonn-Bad Godesberg; Fuji Photo Film (Europa) GmbH, Düsseldorf; Gesamtverband der Deutschen Maschen-Industrie e. V., Gesamtmasche, Stuttgart; Gesamtverband des Deutschen Steinkohlenbergbaus, Essen; Gesamtverband der Textilindustrie in der BRD, Gesamttextil, e. V., Frankfurt am Main; Geschwister-Scholl-Gesamtschule, Mannheim-Vogelstang; Eduardo Gomez, Mannheim; Gossen GmbH, Erlangen; Rainer Götz, Hemsbach; Grapha GmbH, Ostfildern; Ines Groh, Mannheim; Heinrich Groos, Geflügelzuchtbedarf, Bad Mergentheim; A. Gruse, Fabrik für Landmaschinen, Großberkel; Hafen Hamburg, Informationsbüro, Hamburg; Hagedorn Landmaschinen GmbH, Warendorf/Westf.; kino-hähnel GmbH, Erftstadt Liblar; Dr. Adolf Hanle, Mannheim; Hauptverband Deutscher Filmtheater e. V., Hamburg; Dr.-Ing. Rudolf Hell GmbH, Kiel; W. Helwig Söhne KG, Ziegenhain; Geflügelfarm Hipp, Mannheim; Gebrüder Holder, Maschinenfabrik, Metzingen; Horten Aktiengesellschaft, Düsseldorf; IBM Deutschland GmbH, Zentrale Bildstelle, Stuttgart; Innenministerium Baden-Württemberg, Pressestelle, Stuttgart; Industrieverband Gewebe, Frankfurt am Main; Industrievereinigung Chemiefaser e. V., Frankfurt am Main; Instrumentation Marketing Corporation, Burbank (Calif.); ITT Schaub-Lorenz Vertriebsgesellschaft mbH, Pforzheim; M. Jakoby KG, Maschinenfabrik, Hetzerath/Mosel; Jenoptik Jena GmbH, Jena (DDR); Brigitte Karnath, Wiesbaden; Wilhelm Kaßbaum, Hockenheim; Van Katwijk's Industrieën N. V., Staalkat Div., Aalten (Holland); Kernforschungszentrum Karlsruhe; Leo Keskari, Offenbach; Dr. Rolf Kiesewetter, Mannheim; Ev. Kindergarten, Hohensachsen; Klambt-Druck GmbH, Offset-Abteilung, Speyer; Maschinenfabrik Franz Klein, Salzkotten; Dr. Klaus-Friedrich Klein, Mannheim; Klimsch + Co., Frankfurt am Main; Kodak AG, Stuttgart; Alfons Kordecki, Eckernförde; Heinrich Kordecki, Mannheim; Krefelder Milchhof GmbH, Krefeld; Dr. Dieter Krickeberg, Musikinstrumenten-Museum, Berlin; Bernard Krone GmbH, Spelle; Pelz-Kunze, Mannheim; Kuratorium für Technik und Bauwesen in der Landwirtschaft, Darmstein-Kranichstein; Landesanstalt für Pflanzenschutz, Stuttgart; Landesinnungsverband des Schuhmacherhandwerks Baden-Württemberg, Stuttgart; Landespolizeidirektion Karlsruhe, Karlsruhe; Landwirtschaftskammer, Hannover; Metzgerei Lebold, Mannheim; Ernst Leitz Wetzlar GmbH, Wetzlar; Louis Leitz, Stuttgart; Christa Leverkinck, Mannheim; Franziska Liebisch, Mannheim; Linhof GmbH, München; Franz-Karl Frhr. von Linden, Mannheim; Loewe Opta GmbH, Kronach; Beate Lüdicke, Mannheim; MAN AG, Werk Augsburg, Augsburg; Mannheimer Verkehrs-Aktiengesellschaft (MVG), Mannheim; Milchzentrale Mannheim-Heidelberg AG, Mannheim; Ing. W. Möhlenkamp, Melle; Adolf Mohr Maschinenfabrik, Hofheim; Mörtl Schleppergerätebau KG, Gemünden/Main; Hans-Heinrich Müller, Mannheim; Müller Martini AG, Zofingen; Gebr. Nubert KG, Spezialeinrichtungen, Schwäbisch Gmünd; Nürnberger Hercules-Werke GmbH, Nürnberg; Olympia Werke AG, Wilhelmshaven; Ludwig Pani Lichttechnik und Projektion, Wien (Österreich); Ulrich Papin, Mannheim; Pfalzmilch Nord GmbH, Ludwigshafen/Albisheim; Adolf Pfeiffer GmbH, Ludwigshafen am Rhein; Philips Pressestelle, Hamburg, Carl Platz GmbH Maschinenfabrik, Frankenthal/Pfalz; Posttechnisches Zentralamt, Darmstadt; Rabe-Werk Heinrich Clausing, Bad Essen; Rahdener Maschinenfabrik August Kolbus, Rahden; Rank Strand Electric, Wolfenbüttel; Stephan Reinhardt, Worms; Nic. Reisinger, Graphische Maschinen, Frankfurt-Rödelheim; Rena Büromaschinenfabrik GmbH & Co., Deisenhofen bei München; Werner Ring, Speyer; Ritter Filmgeräte GmbH, Mannheim; Röber Saatreiniger KG, Minden; Rollei Werke, Braunschweig; Margarete Rossner, Mannheim; Roto-Werke GmbH, Königslutter; Ruhrkohle Aktiengesellschaft, Essen; Papierfabrik Salach GmbH, Salach/Württ.; Dr. Karl Schaifers, Heidelberg; Oberarzt Dr. med. Hans-Jost Schaumann, Städt. Krankenanstalten, Mannheim; Schlachthof, Mannheim; Dr. Schmitz + Apelt, Industrieofenbau GmbH, Wuppertal; Maschinenfabrik Schmotzer GmbH, Bad Windsheim; Mälzerei Schragmalz, Berghausen b. Speyer; Schutzgemeinschaft Deutscher Wald, Bonn; Siemens AG, Bereich Meß- und Prozeßtechnik, Bild- und Tontechnik, Karlsruhe; Siemens AG, Dental-Depot, Mannheim; Siemens-Reiniger-Werke, Erlangen; Sinar AG Schaffhausen, Feuerthalen (Schweiz); Spitzenorganisation der Filmwirtschaft e. V., Wiesbaden; Stadtwerke–Verkehrsbetriebe, Mannheim; W. Steenbeck & Co., Hamburg; Streitkräfteamt, Dezernat Werbemittel, Bonn-Duisdorf; Bau- und Möbelschreinerei Fritz Ströbel, Mannheim; Gebrüder Sucker GmbH & Co. KG, Mönchengladbach; Gebrüder Sulzer AG, Winterthur (Schweiz); Dr. med. Alexander Tafel, Weinheim; Klaus Thome, Mannheim; Prof. Dr. med. Michael Trede, Städt. Krankenanstalten, Mannheim; Trepel AG, Wiesbaden; Verband der Deutschen Hochseefischereien e. V., Bremerhaven; Verband der Deutschen Schiffbauindustrie e. V., Hamburg; Verband der Korbwaren-, Korbmöbel- und Kinderwagenindustrie e. V., Coburg; Verband des Deutschen Drechslerhandwerks e. V., Nürnberg; Verband des Deutschen Faß- und Weinküfer-Handwerks, München; Verband Deutscher Papierfabriken e. V., Bonn; Verband Kommunaler Städtereinigungsbetriebe, Köln-Marienburg; Verband technischer Betriebe für Film und Fernsehen e. V., Berlin; Verein Deutscher Eisenhüttenleute, Düsseldorf; Verein Deutscher Zementwerke, Düsseldorf; Vereinigung Deutscher Elektrizitätswerke, VDEW, e. V., Frankfurt am Main; Verkehrsverein, Weinheim/Bergstr.; J. M. Voith GmbH, Heidenheim; Helmut Volland, Erlangen; Dr. med. Dieter Walter, Weinheim; W. E. G. Wirtschaftsverband Erdöl- und Erdgasgewinnung e. V., Hannover; Einrichtungshaus für die Gastronomie Jürgen Weiss & Co., Düsseldorf; Wella Aktiengesellschaft, Darmstadt; Optik-Welzer, Mannheim; Werbe & Graphik Team, Schriesheim; Wiegand Karlsruhe GmbH, Ettlingen; Dr. Klaus Wiemann, Gevelsburg; Wirtschaftsvereinigung Bergbau, Bonn; Wirtschaftsvereinigung Eisen- und Stahlindustrie, Düsseldorf; Wolf-Dietrich Wyrwas, Mannheim; Yashica Europe GmbH, Hamburg; Zechnersche Buchdruckerei, Speyer; Carl Zeiss, Oberkochen; Zentralverband der Deutschen Elektrohandwerke, ZVEH, Frankfurt am Main; Zentralverband der deutschen Seehafenbetriebe e. V., Hamburg; Zentralverband der elektrotechnischen Industrie e. V., Fachverband Phonotechnik, Hamburg; Zentralverband des Deutschen Bäckerhandwerks e. V., Bad Honnef; Zentralverband des Deutschen Friseurhandwerks, Köln; Zentralverband des Deutschen Handwerks ZDH, Pressestelle, Bonn; Zentralverband des Kürschnerhandwerks, Bad Homburg; Zentralverband für das Juwelier-, Gold- und Silberschmiedehandwerk der BRD, Ahlen; Zentralverband für Uhren, Schmuck und Zeitmeßtechnik, Bundesinnungsverband des Uhrmacherhandwerks, Königstein; Zentralverband Sanitär-, Heizungs- und Klimatechnik, Bonn; Erika Zöller, Edingen; Zündapp-Werke GmbH, München.

am Main; Landesvermessungsamt Baden-Württemberg, Stuttgart; Landesvermessungsamt Rheinland-Pfalz, Koblenz; Landeszentrale für politische Bildung, Stuttgart; Dr. Ing. Werner Lüder, Mannheim; Ludwigshafen; Ernst Leitz Wetzlar GmbH, Wetzlar; Leitz Stuttgart; Carl Lindström, Mannheim; Franziska Lösch, Mannheim; Loewe Opta GmbH, Kronach; Beate Lüdecke, Mannheim; MAN AG, Augsburg; Mannheimer Verkehrs-Aktiengesellschaft (MVG), Mannheim; Heidelberg; Maschinenfabrik Hofheim; Mauser, Oberndorf am Neckar; Melitta-Werke Bentz & Sohn, Minden; Mercedes-Benz AG, Stuttgart; Messerschmitt-Bölkow-Blohm GmbH, München; Miele & Cie., Gütersloh; Dr. Hans Muth, Mannheim; Neckarwerke Elektrizitätsversorgungs-AG, Esslingen; Nürnberger Hercules-Werke GmbH, Nürnberg; Olympia Werke AG, Wilhelmshaven; Ludwig Pani Lichttechnik und Projektion, Wien (Österreich); Gebrüder Parpart, Mannheim; Pauritsch GmbH, Ludwigshafen; Adolf Pfeiffer GmbH, Ludwigshafen am Rhein; Philips Pressestelle, Hamburg; Carl Platz GmbH Maschinenfabrik, Frankenthal/Pfalz; Porsche; Zentralarchiv, Darmstadt; Rabe-Werk Heinrich Clausing, Bad Essen; Rheinische Maschinenfabrik, Gmund; Staatliche Porzellan-Manufaktur Nymphenburg; Rosenthal; Gebrüder Reinhardt; Bernhard Reissner; Graphische Maschinen, Frankfurt-Rödelheim; Georg Ritter; Werner Ring; Steyr; Rutheni GmbH & Co., Halbleiter, München; Werner Ring; Siegen; Gebrüder Sulzer; Rollei-Werke, Braunschweig; Mannheimer Kohlenstoffe; Ruhrkohle Aktiengesellschaft, Essen; Papierfabrik Scheufelen GmbH, Lenningen; Dr. Karl Schäfer, Heidelberg; Oberarzt Dr. med. Hans-Jörg Schumann, Stadt. Krankenanstalten Mannheim; Schlachthof Mannheim; Dr. Schmitz & Apelt, Industrieofenbau GmbH, Wuppertal; Maschinenfabrik Schneider GmbH, Bad Wimpfen; Mälzerei Schragmalz, Berghausen bei Speyer; Schutzgemeinschaft Deutscher Wald, Bonn; Siemens AG, Bereich Meß- und Prozeßtechnik, Bild- und Tontechnik, Karlsruhe; Siemens AG, Dental-Depot, Mannheim; Siemens-Reiniger-Werke, Erlangen; Sinar AG Schaffhausen, Feuerthalen (Schweiz); Gemeinnützige Organisation der Filmwirtschaft e.V., Wiesbaden; Stadtwerke, Verkehrsbetriebe, Mannheim; W. Steenbeck & Co., Hamburg; Steinkraftwerk; Deutsche Bundespost; Werbemittel, Bonn; Düsseldorf; Bau- und Möbelschreinerei Fritz Straub, Mannheim; Gebrüder Sucker GmbH & Co. KG, Mönchengladbach; Gebrüder Sulzer AG, Winterthur (Schweiz); Dr. med. Alexander Talke, Weinheim; Klaus Thome, Mannheim; Prof. Dr. med. Michael Trede, Städt. Krankenanstalten, Mannheim; Trenel AG, Wiesbaden; Verband der Deutschen Hochseefischereien e.V., Bremerhaven; Verband der Deutschen Schiffbauindustrie e.V., Hamburg; Verband der Korbwaren-, Korbmöbel- und Kinderwagenindustrie e.V., Coburg; Verband des Deutschen Drechslerhandwerks e.V., Nürnberg; Verband des Deutschen Faß- und Weinküfer-Handwerks, München; Verband Deutscher Fernmeldefabriken e.V., Bonn; Verband kommunaler Städtereinigungsbetriebe, Köln; Verband technischer Betriebe für Film und Fernsehen e.V., Berlin; Verein Deutscher Eisenhüttenleute, Düsseldorf; Verein Deutscher Zementwerke, Düsseldorf; Vereinigung Deutscher Elektrizitätswerke VDEW e.V., Frankfurt am Main; Verkehrsverein, Weinheim; J. M. Voith GmbH, Heidenheim; Helmut Volland, Erlangen; Dr. med. Dieter Walter, Weinheim; W. E. G. Wirtschaftsverband Erdöl- und Erdgasgewinnung e.V., Hannover; Einrichtungshaus für die Gastronomie Jürgen Weiss & Co., Düsseldorf; Wella Aktiengesellschaft, Darmstadt; Olaf Welzer, Mannheim; Wolff & Graphik-Team, Schriesheim; Wörner, Karlsruhe GmbH, Ettlingen; Dr. Klaus Wiemann, Gevelsberg; Wirtschaftsvereinigung Bergbau, Bonn; Wirtschaftsvereinigung Eisen- und Stahlindustrie, Düsseldorf; Wolf-Dietrich Wyrwas, Mannheim; Yashica Europe GmbH, Hamburg; Zechnersche Buchdruckerei, Speyer; Carl Zeiss, Oberkochen; Zentralverband der Deutschen Elektrohandwerke, ZVEH, Frankfurt am Main; Zentralverband der Deutschen Seehafenbetriebe e.V., Hamburg; Zentralverband der elektrotechnischen Industrie e.V., Fachverband Phonotechnik, Hamburg; Zentralverband des Deutschen Bäckerhandwerks e.V., Bad Honnef; Zentralverband des Deutschen Friseurhandwerks, Köln; Zentralverband des Deutschen Handwerks, ZDH, Pressestelle, Bonn; Zentralverband des Deutschen Dachdeckerhandwerks, Bad Homburg; Zentralverband für das Juwelier-, Gold- und Silberschmiedehandwerk der BRD, Aachen; Zentralverband für Uhren, Schmuck und Zeitmeßtechnik, Bundesinnungsverband des Glasergerhandwerks, Königstein; Zentralverband Sanitär-, Heizungs- und Klimatechnik, Bonn; Erika Zöller, Edingen; Zündapp-Werke GmbH, München

Índice

Las cifras en negritas que siguen a las entradas corresponden a los números de los cuadros de ilustraciones, y las que están en redondas son las referentes a las ilustraciones de esos cuadros. Los homónimos de significación diferente, así como las palabras que figuran en varios cuadros, se distinguen a través de la indicación en cursiva de los dominios léxicos en que aparecen.

La siguiente lista contiene las abreviaturas que se han empleado para señalar los campos en que se utiliza la voz. No se especifican las abreviaturas que son fácilmente comprensibles.

Abast. agua:	Abastecimiento de aguas	*Grandes alm.:*	Grandes almacenes
Aluniz.:	Alunizaje	*Hab. niños:*	Habitación de los niños
An. dom.:	Animales domésticos	*Herr.:*	Herrero
Apic.:	Abejas y apicultura	*Hilat.:*	Hilatura de algodón
Avic.:	Avicultura	*Hojal.:*	Hojalatero
Bric.:	Bricolaje	*Igl.:*	Iglesia
Carp.:	Carpintero	*Ins.:*	Insectos
C. cálc.:	Centro de cálculo	*Inv.:*	Paisaje de invierno
Cerv.:	Cerveza	*J. infancia:*	Jardín de infancia
Crist.:	Cristalero	*Limp. públ.:*	Limpieza pública
Dep. inv.:	Deportes de invierno	*Máq.-herr.:*	Máquinas-herramientas
Elec.:	Electricista	*Pein.:*	Peinados y barbas
Encuad.:	Encuadernación	*Planta ind.:*	Planta industrial
Energ. mod.:	Fuentes de energía modernas	*Sider.:*	Planta siderúrgica
Esc.:	Taller de escultrua	*Silvic.:*	Silvicultura
Esgr.:	Esgrima	*Téc. ens.:*	Técnicas de enseñanza e información
Est. serv.:	Estación de servicio	*Torn.:*	Tornero en madera
FFCC:	Vía férrea	*Vitic.:*	Viticultura
Font.:	Fontanero		

A

A **253** 22
ábaco *Rastro* **309** 77
~ *Arte* **334** 20
abanico *Caza* **88** 75
~ *Textil* **168** 35
~ *FFCC* **203** 21
~ *Etnogr.* **353** 42
abastecimiento de agua potable **269** 1-66
~ de aguas **269**
~ individual de agua **269** 40-52
abasto **94**
abatí **68** 36
abdomen *Anat.* **16** 35-37
~ *Plaga* **82** 9
~ de la obrera **77** 10-19
~ medio **16** 36
~, parte superior **16** 35
abductor del pie **18** 49
abedul **51** 13; **272** 40; **371** 9
abeja **77** 1-25
~ de colmena **77** 1-25
~ machiega **77** 4
~ macho **77** 5
~ maesa **77** 4
~ maestra **77** 4
~ melífica **77** 1-25
~ neutra **77** 1
abejaruco **360** 2
abejón **358** 23
abejorro **358** 23
~ de san Juan **82** 1
abertura **215** 14
~ acústica **323** 6
~ a la alemana **315** 3
~ a la griega **315** 1
~ a la italiana **315** 2
~ combinada a la griega-alemana **315** 4
~ de admisión **242** 57
~ de alimentación **200** 52
~ de carga **226** 14
~ de descarga **217** 56
~ de dirección **288** 46
~ de entrada del aire **270** 60
~ de escape **242** 58
~ de eyección **157** 56
~ del altavoz **309** 19
~ de la llave **143** 21
~ del arco **215** 26
~ del techo **213** 23
~ de observación **5** 13
~ de relleno **213** 19
~ de telón **315** 1-4
~ de ventilación **191** 42
~ máxima **149** 60
~ mínima **149** 61
~ para controlar el relleno del depósito **64** 27
~ para el deshielo **192** 64
~ para el humo **353** 21
~ para la observación **312** 15
~ para la proyección **312** 15
abeto azul **51** 10
~ blanco **372** 1
~ común **372** 1
~ falso **372** 12
abonado al teléfono **237** 2
abono artificial **63** 14
~ cálcico **63** 14
~ compuesto *Huerto* **52** 6
~ compuesto *Hortic.* **55** 15
~ fosfático **63** 14
~ nitrogenado **63** 14
~ potásico **63** 14
~ químico **63** 14
aborigen australiano **352** 37
abrazadera *Átomo* **2** 43
~ *Construc.* **122** 31
~ *Carp.* **132** 51
~ *Oficina* **247** 43
~ *FFAA* **255** 11
~ de distanciamiento de dos piezas **126** 57
~ de espaciamiento **126** 54
~ de la bureta **350** 23
~ de tubo **126** 53
~ de tubos **350** 30
~ de tubo simple **126** 56
~ de unión **119** 53
~ hinchable **23** 34; **25** 16
~ soporte del cañón **255** 62
abrazo **205** 53
abreboca **22** 48
abrebotellas **45** 47
abrevadero **74** 6
~ automático **74** 16
abridora abrebalas **163** 7
abridor de tapones de corona **45** 47
abrigo contra el viento **354** 35
~ de chica **29** 54
~ de encerado **228** 7
~ de entretiempo de popelina **33** 60
~ de invierno **30** 61
~ de loden **30** 64
~ de ocelote **131** 25
~ de paño **30** 61; **33** 66
~ de piel **30** 60
~ de verano **31** 20
~ de visón **131** 24
~ modelo **103** 7
~ suelto **271** 41
~ tres cuartos **271** 21
abrochador **247** 4
abscisa **347** 2, 9
ábside *Camping* **278** 27
~ *Arte* **334** 64; **335** 5
absintio **380** 4
absorbedor de cal sosa **27** 39
abubilla común **359** 25
acabado de la corona **169** 22
~ del producto semi-manufacturado **148** 66-68
~ de productos textiles **168**
acabadora para el recubrimiento de negro **200** 43
acalefo **357** 14
~ de disco **357** 14
acampador **278** 46
acanaladura **157** 6
acantilado **13** 25-31, 28, 57
ácaro **358** 44
acceso **234** 30
~ al compartimiento de carga útil **235** 26
~ al Orbiter **235** 49
~ al primer puente **235** 28
accesorio **315** 50
~ de la máquina de pulir **109** 15
~ del manillar **188** 30-35
~ del sistema **115** 43-105
~ de tubo **126** 38-52
~ especial para la suciedad gruesa **50** 85
~ para automóviles **196** 28

accesorios de mesa **45**
~ para taladradora eléctrica **134** 50-55
accidental **320** 50-54
acción **251** 11-19
~ al portador **251** 11
accionamiento del alerón y del timón de profundidad **230** 24
~ del avance de la mesa **150** 34
~ del carro de presa **157** 15
~ del tacómetro **192** 38
acción de esgrima **294** 7
~ de marcar **104** 21
accípitre **362** 10-13
acebo **374** 9
aceite *Comest.* **98** 24
~ *Avión* **230** 20, 21
~ combustible ligero **145** 58
~ aplique **129** 44
~ de cacahuetes **98** 24
~ germen de trigo **98** 24
~ de girasol **98** 24
~ de lavado **156** 43
~ de maíz **98** 24
~ de mesa **98** 24; **99** 66
~ de oliva **98** 24
~ lubrificante **145** 62
~ mineral **12** 31
~ para motores **196** 15
aceitera de motores **196** 16
~ para relojes pequeños **109** 5
aceituna **383** 32
~ de plomo **89** 88
aceituno **383** 29
acelerador **191** 46, 94
acelerómetro **230** 10
acelga **57** 28
acento *Mús.* **321** 27
~ *Escrit.* **342** 30-35
~ agudo **342** 30
~ circunflejo **342** 32
~ grave **342** 31
aceña **91** 35-44
aceptación **250** 23
acequia **13** 8
acera *Casa* **37** 60
~ *Calle* **198** 9
acerico **104** 20
acetileno **141** 2, 22
acetre **332** 47
acial **307** 53
aciano **61** 1
acicular **370** 34
ácido para soldar **125** 7
~ sulfúrico **156** 34
ación **71** 42
aclarado **84** 37
acodadura en macetas **54** 18
acodo **54** 11
~ enraizado **54** 12
acolchado de goma espuma **291** 20
acólito **330** 40; **331** 45
acollador **284** 19
acometida de la alcantarilla **198** 25
~ de las casas para las aguas fecales **198** 26
acomodador **315** 12
acomodadora **312** 4
acompañamiento **331** 33
acondicionamiento y envase de la leche fresca **76** 20
acónito **379** 1
acopio de tablones **120** 1
acoplador acústico **242** 20
acoplamiento *Riego* **67** 30
~ *Mús.* **326** 48
~ con fuelles de caucho **194** 45
~ de la manguera **270** 29
~ del remolque **278** 55
~ de remolque **65** 30
~ de tres puntos **64** 45
~ suelto **208** 19
acorazonada **370** 35
acorde **321** 1-5
~ de quinta **321** 1-4
~ de quinta aumentada **321** 4
~ de quinta disminuida **321** 3
~ de séptima **321** 5
acordeón **324** 36
acorde perfecto **321** 1-4
~ perfecto mayor **321** 1
~ perfecto menor **321** 2
ácoro verdadero **377** 22
acróbata **307** 47
~ de trampolín **307** 35
Acrópolis **334** 1-7
acrótera del frontispicio **334** 34
actinia **369** 20
actinomorfo **357** 7
actor **316** 37
~ principal **310** 28
~ secundario **310** 29
actriz **316** 38
~ de cine **310** 27
acuaplano **280** 13
acuarela *J. infancia* **48** 5
~ *Pint., dib.* **338** 18
~ pintada por los alumnos **260** 27
acuario **356** 19
Acuario **4** 63
acueducto **334** 53
acumulador *Fotogr.* **114** 66
~ *Buque guerra* **259** 83
~ *Rastro* **309** 41
~ de calor **155** 20
~ de presión **316** 55
acuñación de moneda **252** 40-44
acutángulo **346** 28
achicoria amarga **57** 40
~ común **376** 25
~ silvestre **57** 40
achichicle **13** 80
adaptador de cuatro enchufes **127** 8
~ para la cámara o para el accesorio de proyección **112** 55
~ para reproducción de diapositivas **115** 87
adarga de parada **329** 79
~ de torneo **329** 79
adarve **329** 20
adelfa **373** 13
adelfilla **377** 10
adélgido **82** 38
adepto al nudismo **281** 16
adición **344** 23
~ del ácido sulfúrico **170** 23
adivina **308** 36
adjunto con la lista duplicada **263** 27
administración **5** 17; **233** 16; **310** 4
admisión del calor irradiado por el sol **155** 18
adormidera **380** 15
adorno *Sombr.* **35** 4
~ *Mús.* **321** 14-22
~ de cuero **30** 18
~ de encaje **31** 32
~ de flecos **353** 25
~ de hojas **334** 40
~ de la collera **71** 16
~ de la mesa **45** 19
~ del cabello **355** 82
~ del friso **334** 16
~ dentado **335** 16
~ de piel **30** 59
~ de plumas **352** 12
~ en escamas **335** 15
~ en zigzag **335** 16
~ floral **266** 78
~ imbricado **335** 15
adral **62** 25
~ de reja **62** 26
adversario **293** 18
Aerobús **231** 17
aeródromo de vuelo sin motor **287** 13
aeroestación **288** 63-84
aerofreno **287** 38
~ externo **229** 44
~ interno **229** 42
aeromodelismo **273** 37; **288** 91
aeromodelo **288** 85
~ dirigido por cable **288** 89
~ en vuelo libre teledirigido **288** 86
~ estrafalario **288** 91
aeropuerto **233**
afeitado completo **34** 25
afgano **70** 23
afieltramiento de hifas **381** 2
afiladera **66** 19
afiladora *Herr.* **137** 18
~ *Cerraj.* **140** 18
~ de taller **138** 7
afilador de acero **94** 16
afilón **94** 16
afincado **62** 6
África **14** 14
after-shave **49** 38
afuste de dos cañones antiaéreos de 40 mm **258** 31
~ del cañón **255** 43
agalla **82** 34
~ de la hoja de roble **82** 37
~ de la piña **82** 40
~ de la raíz **80** 27
~ del pulgón **80** 33
agárico **379** 10
~ de las moscas **379** 10
agarradera *Hosp.* **26** 12
~ *Quím.* **350** 33
agarrador **39** 18
~ de corredera **349** 32
agarre de silla **21** 21
agavanzo **373** 26
agavilladora giratoria **63** 26
agencia de prensa **342** 55
~ de viajes **204** 28
agenda **246** 8
~ de mesa **247** 32
agente de Bolsa **251** 7
~ de cambio **251** 5
~ de cambio colegiado **251** 4
~ de comercio **209** 29
~ de decoloración **105** 1
~ de información **204** 49; **205** 44
~ de los artistas **307** 18
~ de patrulla **264** 13
~ de policía con el equipo antidisturbios **264** 18
~ de policía judicial de paisano **264** 33
agitador *Papel* **172** 47
~ *Quím.* **349** 18
~ caustificador **172** 49
~ de hélice **79** 5
~ de película **116** 19
agricultura **63**
agrifolio **374** 9
agrimensura **14** 46-62
agróstide **61** 30
agrotis de los sembrados **80** 42
agua *Abast. agua* **269**
~ *Igl.* **332** 45
~ artesiana **12** 21
~ bautismal **332** 12
~ bendita **332** 12
~ caliente **155** 26
~ carbónica **98** 87
aguaceral **8** 19
aguacero **8** 19
aguacola *Carp.* **132** 13
~ *Bric.* **134** 36
aguada **338** 17
agua de alimentación **154** 12, 30
~ de Colonia **106** 9
~ de mesa **98** 87
~ de olor **105** 37; **106** 9
~ de refrigeración **154** 18 55
~ de Seltz **98** 87
Aguador **4** 63
agua filtrada **269** 12
agua freática **269** 1, 2, 3
~ fuerte **340** 51
aguaje *Meteor.* **8** 19
~ *Geogr.* **13** 33
agua limpia **269** 13
aguamala **357** 14
agua mineral **98** 87
~ natural **269** 4
aguanieves **360** 9
agua potable **269** 1-66
aguará **367** 11
aguardiente **98** 56
aguardo **86** 14-17
agua refrigerante **111** 31
~ residual **269** 23
aguarrás **338** 13
agua subterránea **269** 1, 3, 42, 63
~ subterránea a presión **12** 21
~ subyacente **12** 32
aguatinta **340** 14-24
aguijón **77** 11
~ caudal **358** 43
águila **362** 5-9
Águila **3** 9
aguileña **60** 10
aguilón **119** 36
aguilucho lagunero **362** 13
aguja *Tornill.* **143** 76
~ *Estudio* **151** 56
~ Punto **167** 53
~ curva para suturas **22** 57
~ de abeto **372** 11
~ de cabeza esférica **328** 29
~ de cerdo **95** 47
~ de encuadernar **185** 21
~ de la pícea **372** 19
~ de las horas **110** 13
~ de la torre **331** 6
~ del cebo **89** 41
~ de lengüeta **167** 12, 61
~ del fotómetro **115** 57

~ del gramófono **309** 33
~ de los minutos **110** 12
~ desviada **151** 67
~ de un solo uso **22** 65
~ de vibrar **119** 89
~ grande **110** 12
~ hipodérmica **24** 54
~ indicadora **242** 76
~ movida a mano **202** 16
~ para parar en caso de rotura del hilo **165** 37
~ pequeña **110** 13
agujas dispuestas en orden paralelo **167** 53
aguja simple **203** 45-48
agujero **323** 33; **324** 34
~ de entrada **130** 18
~ de hombre **269** 51
~ del barril **130** 7
~ del gusano **58** 65
~ del vapor **50** 14
~ de observación **148** 4
~ para asir la bola **305** 16
~ para fijar el listón **136** 9
~ para la espiga **120** 22
aguzanieves **360** 9
ahogadero **71** 11
ahogado **21** 35
ahumadero **96** 48
aí **366** 11
aire *Meteor.* **9** 25-29
~ *Quím.* **350** 3,8
aireación **333** 4
~ lateral **191** 61
~ regulable **191** 85
aire acondicionado **26** 20
aireador del césped **56** 15
aire comprimido *Herr.* **138** 1
~ comprimido *Est. Serv.* **196** 18
~ comprimido *Surf, Buceo* **279** 21
~ de compensación **192** 4
~ del caballo **72** 39-44
~ espirado **279** 26
~ principal **192** 5
airón **329** 78
aislador **153** 35
~ de aguja hueca **153** 54
~ de amarre **152** 38
~ de suspensión **152** 38
~ de verificación **153** 12
~ en cadena **153** 54
~ tipo casquete **153** 54
aislamiento *Casa* **38** 72
~ *Energ. mod.* **155** 36
~ del compartimiento de carga útil **235** 13
~ del conductor **153** 45
~ de protección **94** 10
aislante horizontal **123** 4
ajedrez **276** 1-16
ajedrezado **335** 14
ajenjo **380** 4
ají **57** 42
ajo de oso **377** 6
ajonjolí **383** 45
ajuste circular **14** 62
~ del enfoque **240** 30
~ del ocular **112** 56
~ del portaobjetos del objetivo **113** 34
~ del raspador **340** 62
~ de precisión **133** 36
~ en cero **2** 7
~ fino **112** 5
~ grueso **112** 4
~ vertical del haz central para los clichés laterales **27** 3
ala *Caza* **88** 76, 79
~ *Tornill.* **143** 2, 5
~ *Avión* **230** 43; **288** 27
~ *Jue. pelota* **291** 16
~ *Ser fabul.* **327** 15, 28, 51, 60
~ *Articul.* **358** 33
~ *Conif.* **372** 9
~ alta **229** 1, 3, 7
~ baja **229** 5, 9, 14
~ batidora **163** 24
álabe **91** 9
alacena **207** 35
ala central **229** 8
~ con élitro **81** 8
alacrán **358** 40
ala de estabilización **232** 3
~ de geometría variable **256** 9
~ de largueros **287** 29
~ del puente de mando **223** 16
~ delta *Avión* **229** 19
~ delta *Vuelo sin motor* **287** 44
~ de murciélago **327** 4
~ de pliegue **229** 14
~ doble **229** 51
~ elíptica **229** 15
~ en flecha positiva débil **229** 20
~ en flecha positiva fuerte **229** 21
~ en media luna **229** 18
~ giratoria **232** 12
~ guia cruciforme **229** 28
~ guía doble **229** 32
~ guía doble de un avión de doble fuselaje **229** 34
~ guía en T **229** 29
~ guía en V **229** 31
~ guía, formas **229** 23-36
~ guia horizontal elevada **229** 35
~ guía normal **229** 23
~ guía triple **229** 36
alajú **97** 51
alambique **350** 46
alambrada **15** 39
alambre *Orfebre* **108** 3
~ *Tornill.* **143** 12
~ *Circo* **307** 41
~ afinador **326** 21
~ de acero para pasar el conductor **127** 30
~ de espiga **124** 28
~ del apresador **325** 28
~ del piloto **325** 34
~ de modelar **339** 11
~ de oro o de plata **108** 3
~ de transmisión **202** 30
alambrera **339** 35
ala membranosa **82** 11
álamo **371** 15
~ blanco **371** 23
~ temblón **371** 21
ala ojival **229** 22
~ pivotante en posición vertical **232** 27
~ posterior **358** 33
~ rectangular **229** 16
alargadera *Elec.* **127** 10
~ *Estudio* **151** 57
alargamiento del tamiz **64** 18
alas, disposición **229** 1-14
ala semialzada **229** 4
alas, formas **229** 15-22
ala trapezoidal **229** 17
albañil **118** 18
albarda **73** 4
albardilla *Casa* **37** 37
~ *Estación* **206** 46
albaricoque **59** 35
albaricoquero **59** 33-36
albergue alpino **300** 1
alborno **370** 12
albornoz *Ropa* **29** 24
~ *Playa* **280** 25
~ *Etnogr.* **354** 7
albura **120** 85; **370** 12
alcachofa *Hortal.* **57** 41
~ *Abast. agua* **269** 14
~ con válvula de fondo **269** 6, 43
~ de aspiración *Riego* **67** 12
~ de aspiración *Autom.* **192** 18
~ de la regadera **55** 28
alcancía **330** 54
alcanforero **380** 18
alcantarilla con colector de cieno **198** 23
~ del agua residual **269** 23
alcaparra **98** 42
alcatraz **379** 9
~ común **359** 9
alcázar **329** 1
alce **367** 1
álcido **359** 13
alción **360** 8
Alcor **3** 29
alcotana **118** 53
alcubilla **15** 81
Aldebarán **3** 25
ale **93** 26
alegría **383** 45
alemana *Escrit.* **342** 11
~ *Moda* **355** 20
alemán en indumentaria española **355** 27
alerce **372** 32
alero del tejado **121** 4
alerón *Avión* **229** 37; **230** 24, 52; **287** 41; **288** 28
~ *Astron.* **235** 33
~ de aterrizaje **288** 29
~ de curvatura *Avión* **229** 46-48
~ de curvatura *Vuelo sin motor* **287** 39
~ de doble curvatura **229** 40
~ de hendidura **229** 47
~ de hendidura doble **229** 48
~ de intradós **229** 49-50
~ de intradós sencillo **229** 49
~ de pico perfilado **229** 54
~ de profundidad **257** 38
~ estabilizador **288** 49
~ exterior **229** 41
~ Fowler **229** 52
~ interior **229** 43
~ Krüger **229** 55
~ normal **229** 46
~ Zap **229** 50
aleta *Hortic.* **55** 36
~ *Matad.* **95** 4
~ *Barco a motor, esquí acuát.* **286** 43, 61
~ aerodinámica de estabilización **234** 7
~ anal **364** 9
~ caudal **364** 10; **367** 29
~ de aterrizaje **230** 53
~ de buceo **279** 18; **280** 41
~ de dirección **229** 24
~ de enfriamiento **242** 60
~ de la mechera **164** 25
~ delantera **191** 3
~ del seguro **87** 8
~ de refrigeración **189** 20; **190** 80
~ dorsal **364** 6; **367** 27
~ esparcidora **200** 42
~ estabilizadora **279** 3
~ pectoral **364** 7; **367** 28
~ ventral **364** 8
~ vertical de dos largueros **235** 1
alfajor **45** 50
alfalfa **69** 9
alféizar **120** 33
~ con antepecho **37** 24
alfil **276** 10
alfiler de corbata **36** 22
~ de espiga **124** 29
alfiletero **104** 20
alfombra **44** 16
~ de cama **43** 22
~ del altar **330** 3
~ del baño **49** 48
~ de terciopelo **267** 35
~ oriental **46** 36
alfombrilla **191** 43
alfóncigo **382** 49
algarroba **384** 45
algarrobo **384** 41
alga verde **378** 43
álgebra **345** 4-5
algodón **383** 19
~ en rama **99** 28
algodonero **383** 16
alhajera **36** 31
alheña **373** 6
alhucema **380** 7
alianza **36** 5; **332** 17
aliara **66** 19
alicates de boca plana **126** 62
~ de puntas redondas **127** 50
~ para cortar **127** 51
~ pelacables **127** 64; **134** 15
~ planos **140** 66
~ redondos **127** 50
~ sacabocados **100** 44
~ alicates universales **126** 60; **127** 53; **134** 14
alidada **224** 3
aligustre común **373** 6
alimentación de chatarra de hierro **147** 65
~ de hidrógeno **170** 15
~ de la red *Energ. nucl.* **154** 16
~ de la red *Cine* **311** 11
~ del oxígeno líquido **234** 10
~ eléctrica **155** 21
~ y suelta del papel **181** 14
alimentador **159** 7
~ automático **180** 48
~ automático de hojas **181** 5
~ automático de metal **174** 26, 40
~ de hojas **180** 31, 48, 68; **184** 16; **185** 25
~ frontal **162** 2
~ mecánico **181** 22
~ por succión **180** 72
alineación luminosa **224** 101-102

alineador de dirección **195** 17
alisador **128** 11
alisadora **108** 42
alisio del Nordeste **9** 48
~ del Sudeste **9** 49
alisma **378** 44
aliso *Hierba* **61** 17
~ *Árbol* **371** 30
aliviadero **217** 60
alma **143** 4
almacén *Astron.* **5** 17
~ *Estación* **206** 53
~ *Puerto* **225** 7
~ *Caball.* **329** 13
almacenamiento de desechos atómicos en una mina de sal **154** 56
~ de desechos de actividad media en una mina de sal **154** 72
~ en toneles **93** 16
almacén con las matrices **174** 21
~ de clinker **160** 10
~ de diapositivas **176** 27
~ de flejes para la venta **148** 73
~ de las materias primas **160** 3
~ del cargador **255** 7
~ de los materiales **146** 6
~ de los tubos **146** 4
~ del retículo **177** 9
~ de mercancías **206** 7
~ de tránsito de mercancías a granel **225** 9
~ de ultramarinos **98** 1-87
~ de yeso **160** 13
~ para las tapas de cartón **184** 7
~ portacontenedores **225** 48
alma central del aspa **91** 2
almáciga **54** 2; **84** 6
alma de la pared **123** 45
~ del raíl **202** 3
almádena **158** 6
almajara **55** 16
almanaque de pared **22** 17; **245** 3; **248** 42
~ de propaganda **22** 10
almena **329** 7
almendra **59** 8; **384** 39
~ del alfóncigo **382** 51
almendrado **97** 37
almendras **45** 41
almendro **384** 36
alminar **337** 13
almohada **27** 27; **43** 12-13; **47** 4
almohadilla *Auxilio* **21** 13
~ *Textil* **168** 56
~ de alunizaje **6** 33
~ de cuero **108** 29
~ de freno **143** 100
~ de la base **292** 67
~ de la plataforma de elevación **195** 27
~ del freno **186** 16
~ de plumas **207** 68
~ de prensa **100** 16
~ de tinta **22** 30
almohadillado **335** 51
almohadilla flotadora para principiantes **282** 18
~ para clavar los alfileres **104** 20
~ para el oro **129** 50
almohadón del sofá **46** 17
almohaza **71** 54
almojaya **119** 49
~ del andamio **118** 27
almorta **69** 19
alno **371** 30
áloe **53** 13
alojamiento de la pila **115** 10
~ del filtro **112** 57
~ de los instrumentos **2** 5
~ del personal **270** 2
alondra **361** 18-19
alopecuro **69** 27
alpaca **366** 28
alpargata de cáñamo o esparto **122** 75
alpinismo **300** 1-57
alpinista **300** 5
Altaír **3** 9
alta mar **227** 4
~ montaña **12** 39-47
~ presión **9** 5
altar **330** 4, 33; **334** 69
~ de los sacrificios **334** 48
altarreina **376** 15
altavoz **42** 10; **264** 12; **309** 34; **311** 46; **317** 15; **318** 12
~ de audición de prueba **238** 50
~ de caja **241** 14
~ de control **239** 9; **311** 13
~ de escucha **238** 15
~ del andén **205** 27
~ del estudio de resonancia **311** 32
~ de órdenes **238** 8, 52
~ de preescucha **238** 50
~ de sonidos agudos **241** 15
~ de sonidos graves **241** 17
~ de sonidos medios **241** 16
~ de sonorización **238** 37
~ estereofónico **241** 13-14
~ incorporado **249** 70
altea **380** 12
alteración **320** 50-54
alternador **190** 76
~ trifásico **153** 26
altímetro **230** 4
alto **286** 53
altocúmulo **8** 15
~ castellano **8** 16
~ floccus **8** 16
alto de la caña relleno **101** 20
altoestrato **8** 8
~ precipitante **8** 9
alto horno **147** 1
altoparlante del andén **205** 27
altozanero **205** 31
altramuz amarillo **69** 17
altura *Construc.* **123** 33
~ *Matem.* **346** 27
~ del cono **347** 44
~ del hombro **175** 45
~ del tipo **175** 44
alubia **57** 8
alud **304** 1
~ de de témpanos **304** 1
~ de nieve en polvo **304** 1
alumbrado **210** 46
~ de emergencia **312** 6
~ de escena **316** 14
~ de fondo **316** 15
~ del andén **205** 48
~ de seguridad **312** 6
~ horizontal **316** 15
~ superior **316** 13
alumbramiento de una fuente **269** 24-39
alumno **260** 3
~ de natación **282** 17
alunizaje **6**
alza *Caza* **87** 65
~ *FFAA* **255** 22, 36
~ *Dep.* **305** 56
alzacuello **332** 5
alzado de la locomotora **212** 51-67
alzaprima de activación de la hélice de paso variable **224** 19
alza telescópica **255** 28
ama de casa **39** 1
amandiyú **383** 16
amanita de las moscas **379** 10
amansador **307** 31
amantillo **219** 47
~ de la botavara **219** 48
~ del pico de la cangreja **219** 49
amapola **51** 30; **61** 2
amaranto **60** 21
amarilidácea **53** 8
amarillo **343** 2
amarre **75** 15-16
~ del cable oblicuo **215** 48
~ del cable portador **215** 43
~ del enrejado de alambre **78** 8
~ de seguridad **300** 10
amasadera **97** 59
~ del mortero **118** 39
amasadora **97** 55
ambón **330** 37
ambulancia **270** 19
~ blindada M 113 **255** 79
ameba **357** 1
amento **371** 10, 26
~ femenino **59** 38, 46
~ masculino **59** 39, 45
América **14** 12-13
~ del Norte **14** 12
~ del Sur **14** 13
americana **33** 2
ametralladora antiaérea **255** 63
~ MG 3 **255** 32
amianto *Bomberos* **270** 46
amianto *Quím.* **350** 19
amígdala **19** 23
aminorar la velocidad **286** 50
amoníaco **170** 24
amorcillo **272** 20
amortiguación **235** 53
~ del traqueteo **234** 13
amortiguador **191** 26; **192** 69, 76
~ de la espada **166** 65
~ del balanceo **214** 55
~ del retroceso **255** 34, 44
~ de muelle **214** 50
~ de oscilaciones **190** 26
~ electromagnético **11** 40
~ principal **6** 32
amperímetro **230** 18
~ de la calefacción **212** 18
~ de los motores de tracción **211** 26
ampliadora **116** 26
~ de color **116** 40
amplificación **310** 59
amplificador **241** 40; **312** 19; **317** 23
~ de imagen de rayos X **27** 16
~ del sonido magnético **311** 28
~ de registro **311** 11
~ de registro y de lectura del sonido magnético **311** 5
~ submarino **237** 57
ampolla de vidrio **127** 57
ampolleta **110** 31
amurada **221** 120; **222** 67
amura de la vela mayor **284** 37
análisis automático del ritmo del ECG sobre papel **25** 48
analizador del color **116** 36
~ del ECG de larga duración **25** 45
ananás **384** 61
anapelo **379** 1
anaquel **42** 3
~ de las bebidas **266** 59
~ de las botellas **267** 64
~ de las copas **267** 65
~ de los artículos **98** 14
~ de ropa blanca **43** 2
~ giratorio **39** 28
anavia **377** 23
anca **72** 32
ancla **223** 52; **258** 5; **259** 81; **286** 15-18
~ almirantazgo **286** 15
~ con cepo **222** 79; **286** 15
~ Danforth **286** 18
~ de patente **222** 78; **258** ; **286** 17
~ de piedra **224** 73
~ de proa **258** 39
~ de reja de arado **286** 16
anclaje **216** 13
~ del cable portante **214** 59
ancla ligera **286** 16-18
~ para embarcaciones pequeñas de recreo **286** 18
~ pesada **286** 15
~ sin cepo **222** 78; **286** 17
ancua **68** 31
anda **331** 41
andamiaje *Puente* **215** 62
~ *Cons. naval* **222** 18
~ de la grada **222** 19
andamio *Astron.* **5** 18
~ *Cons. naval* **228** 18
~ de caballete **118** 17
~ de escalera **118** 86-89
~ del pilón **214** 80
~ de trabajo **118** 17; **122** 34
~ hecho con tubos de acero **119** 46
andanada **319** 8
andarivel *Río* **216** 1
~ *Buque guerra* **259** 18
andarríos **360** 9
andén **205** 1
~ de la estación del valle **214** 51
~ número 1 **205** 14
Andrómeda **3** 24
andullo **107** 18
anea **378** 21
anélido **357** 20
anemómetro **10** 28
anémona común **375** 5
~ de bosque **377** 1
~ de mar **369** 20
anestesia del nervio **24** 53
anfibio **364** 20-26
~ con cola **364** 20-22

~ sin cola **364** 23-26
anfiteatro *Univ.* **262** 2
~ *Teatro* **315** 17
~ griego **334** 44
ánfora *Elecc.* **263** 29
~ *Prehist.* **328** 10
angarillas **266** 22
angiografía **27** 12
ánguido **364** 37
anguila **364** 17
~ pelícano **369** 2
anguílula de la remolacha **80** 51
anguilla **364** 17
ángulo *Tornill.* **143** 1
~ *Matem.* **345** 23; **346** 1-23
~ adyacente **346** 14
~ agudo **346** 10
~ alterno **346** 10
~ central **346** 55
~ complementario **346** 15
~ cóncavo **346** 10, 11, 12
~ correspondiente **346** 12
~ de caída **87** 78
~ de elevación **87** 76
~ de inclinación **12** 3
~ de la boca **16** 14
~ de proyección **87** 75
~ de rotación **351** 33
~ de vidrio **124** 24
~ en punta del rincón **128** 51
~ exterior **346** 26
~ inscrito **346** 56
~ interior **346** 26
~ llano **346** 13, 9, 15
~ obtuso **346** 11
~ opuesto por el vértice **346** 8, 13
~ recto **346** 9, 32
~ suplementario **346** 14
anhidrita límite **154** 67
anilla **350** 15
~ de acero **89** 51
~ de goma **280** 32
~ de la correa **87** 5
~ de la pata de la gallina **74** 54
~ del extremo **89** 52
~ del petral **71** 27
~ de puente metálico **89** 58
~ de rodadura **89** 56
~ para el transporte del motor **164** 37
~ para lanzar **308** 47
~ para un lanzamiento largo **89** 58
anillas **296** 4
anillera **108** 27
anillo *Dent.* **24** 33
~ *Joya* **36** 3
~ *Cerraj.* **140** 34
~ *Igl.* **332** 17
~ *Invert.* **357** 20
~ adaptador **115** 82
~ anual **84** 24
~ asimétrico **36** 27
~ bencénico **242** 66
~ de acuñación **252** 42
~ de boda *Joya* **36** 5
~ de boda *Igl.* **332** 17
~ de brillantes con perla **36** 23
~ de brillantes moderno **36** 24
~ de caballero **36** 20
~ de centrado del sistema de deflexión **240** 23
~ de contacto **237** 43
~ de cristal esmerilado **115** 53
~ de dentición **28** 12
~ de frente **113** 7
~ de inversión **115** 83
~ de la barquilla **288** 67
~ de la cabina inferior **234** 49
~ de la cabina superior **234** 45
~ de la pierna **354** 38
~ del diafragma **115** 5
~ de los diafragmas para regular manualmente la abertura **117** 4
~ de piedras finas **36** 15
~ de piedras preciosas **36** 15
~ de sello **36** 40
~ engrasador **283** 40
~ exterior **143** 71
~ grafilado de enfoque **115** 8
~ grafilado para el enfoque de la distancia **114** 39
~ guardahélice **258** 63
~ interior **143** 72
~ interior de bolas **187** 68
~ portador **147** 46
~ sincronizador de la 1ª y la 2ª velocidades **192** 35
~ sincronizador para la 3ª y 4ª velocidades **192** 32
~ superior **113** 7
ánima **87** 38
animadora **318** 33
animal **88** 1
~ carnicero **86** 22
~ con cerdas **73** 9
~ con cuernos **73** 1
~ con pezuñas hendidas **73** 9
animálculo zapatilla **357** 9
animal de carga **354** 3
~ de corral **73** 18-36
~ de pelo **86** 35
~ de tela **46** 13
~ doméstico **73**
~ expuesto **356** 5
~ fabuloso **327** 1-61
~ heráldico **254** 15-16
~ mitológico **327** 1-61
~ multicelular **357** 13-39
~ para montar **354** 2
~ unicelular **357** 1-12
ano **20** 62
anofeles **81** 44
anorak *Ropa* **29** 62
~ *Alpin.* **300** 6
anotación **185** 62
~ de transferencia **250** 25
ansarino **73** 34
anserino **359** 15-17
anta **366** 26; **367** 1
Antártida **14** 18
antebrazo **16** 46
antecrisol basculante **148** 5
antecumbre de la montaña **12** 41
antena **10** 59, 68
~ *Plaga* **82** 3
~ *Barco* **223** 4
~ *FFAA* **256** 17
~ *Buque guerra* **258** 16, 46; **259** 7, 47, 89
~ *Dep. aéreo* **288** 20, 88
~ *Articul.* **358** 27, 53
~ de alambre largo **230** 66
~ de altísima frecuencia multidireccional **257** 26
~ de cuadro radiogoniométrica **223** 5
~ de látigo **258** 60
~ del radar **221** 7
~ del radar de acoplamiento **6** 42
~ del radar meteorológico **231** 18
~ de radar *Barco* **223** 8
~ de radar *Naveg.* **224** 104
~ de radar *Buque guerra* **258** 36; **259** 8, 29, 48, 91
~ de radar para el control del tiro **258** 51
~ de televisión para la navegación **221** 37
~ de televisión para la segunda cadena **239** 5
~ de televisión portátil para la primera cadena **239** 4
~ de vuelo **6** 46
~ dipolo **230** 65
~ direccional **6** 4, 44
~ direccional de radio **224** 106
~ dirigida **234** 64; **237** 51, 52
~ emisora **288** 88
~ ensiforme **256** 28
~ para la radio de las maniobras **213** 4
~ perfilada VHF **257** 25
~ radio **197** 34
~ radiogoniométrica **224** 106
~ reflectora giratoria **224** 11
~ telemétrica **10** 70
~ tricótoma **81** 5
anteojeras **71** 26
anteojo **111** 18
~ de nivelación **14** 48
anteojos **111** 9
antepecho *Matad.* **95** 21
~ *Construc.* **118** 12
~ *Tejido* **166** 46
anteportada **185** 43
antepuerto **217** 26
~ de la esclusa **217** 26
antera *Fruta* **58** 45; **59** 10
~ *Conif.* **372** 35
antetrén **65** 14-19
anticiclón **9** 6
anticlinal **12** 16
~, eje del **12** 17
antifaz **306** 13
antigua barroca **342** 5
~ clasicista **342** 6
~ medieval **342** 4
~ preclasicista **342** 5
~ renacentista **342** 4
antílope **367** 5
antíope **365** 5
antipendio **330** 20
antorcha *Soldadura* **141** 11, 28
~ *Font.* **126** 74
~ *Surf. Buceo* **279** 25
~ *Rastro* **309** 40
~ de emergencia **146** 11
~ del flash **114** 67
~ de soldadura en atmósfera controlada **142** 33
antozoario **357** 17
antropoide **368** 14-16
anulador de los juegos de lengüeteria, acoplamientos, etc. **326** 41
anular **19** 67
anuncio *Comest.* **98** 2
~ *Escrit.* **342** 69
~ de empleo **342** 70
~ del tejado en letras luminosas **268** 45
~ luminoso **268** 16
~ por palabras **342** 69
~ publicitario *Grandes alm.* **271** 25
~ publicitario *Escrit.* **342** 56
anuro **364** 23-26
anverso **252** 8
anzuelo **89** 79-87
~ de anguila **89** 87
~ de carpa **89** 86
~ doble **89** 83
~ inglés derecho **89** 84
~ triple **89** 85
añico de porcelana **161** 21
~ de vidrio **124** 10
anil **343** 9
aojada **121** 8; **122** 12
aorta **18** 10; **20** 54
~ abdominal **18** 16
apagador *Mús.* **325** 37
~ *Hongo* **381** 30
~ del sonido **322** 54
aparador *Comed.* **44** 20
~ *Mesa* **45** 44
~ *Restaur.* **266** 4
aparadura **222** 48
aparato *Font.* **126** 12-25
~ *Teléf.-telégr.* **237** 23
~ accesorio del sonido magnético de cuatro canales **312** 50
~ automático para modelar los bordes de los cristales de las gafas **111** 24
~ auxiliar **296** 12-21; **297** 7-14
~ central de impulsión **238** 57
~ corrector del color **177** 39
~ de amplificación y de alimentación **238** 3
~ de anestesia y de respiración **26** 1
~ de atronamiento eléctrico **94** 7
~ de bloque de metal para centrar y poner ventosas **111** 34
~ de buceo de aire comprimido **279** 12
~ de calefacción *Energ. mod.* **155** 15
~ de calefacción *Papel* **172** 32
~ Decca para la determinación de la posición del barco **224** 34
~ de clisar **177** 52
~ de conexión **237** 67
~ de conexión principal para un aparato telefónico secundario **237** 17
~ de congelación para intervención crioquirúrgica **22** 63
~ de control **26** 7

~ de control de los amortiguadores del balanceo **224** 26
~ de corte **173** 44
~ de demostración y enseñanza **242** 45-84
~ de desinfección de semillas secas **83** 52
~ de destilación **350** 46
~ de diagnóstico **195** 1
~ de dos botellas **279** 19
~ de entrada y salida para los datos **237** 59
~ de entrenamiento **299** 20-24
~ de examen rápido **79** 20
~ de faradización **23** 37
~ de gimnasia escolar y de club **296** 12-21; **297** 7-14
~ de inhalación de oxígeno **270** 20
~ de irradiación **24** 23
~ de laboratorio **349** 1-38; **350** 1-63
~ de lavado y secado **50** 23-34
~ de mando *Ópt.* **111** 29
~ de mando *Herr.* **138** 31
~ de maniobra de las agujas movidas a mano **202** 17
~ de medida **114** 62
~ de medida y de regulación **178** 3
~ de microondas **24** 23
~ de ondas cortas **23** 22
~ de oxígeno **270** 39
~ de pipeta automático **23** 47
~ de preparación de la levadura biológicamente pura **93** 6
~ de radar **224** 10-13
~ de radio *Tranv.* **197** 28
~ de radio *Rastro* **309** 16
~ de radio *Cabar.* **318** 18
~ de radio del tren **212** 23
~ de radio de telecontrol **288** 87
~ de radionavegación **288** 13
~ de radio portátil **270** 41
~ de radiotelefonía entre barcos **224** 28
~ de radiotelefonía y de radionavegación **230** 22
~ de rayos X **24** 21
~ de reanimación **21** 27; **270** 20
~ de registro **138** 19
~ de respiración **270** 39
~ de respiración artificial **21** 27
~ de salto de altura **298** 32
~ de sintonización automática **23** 38
~ de succión de la saliva **24** 11
~ de telerradiación de cobalto **2** 28
~ de televisión en color **240** 1
~ de terapia con ondas cortas **23** 39
~ de transmisión de los datos **237** 60
~ de visualización de los datos **238** 11
~ distribuidor **65** 78
~ distribuidor de cinta adhesiva **247** 27
~ distribuidor de la celulosa **172** 3
~ electro-óptico para medir las distancias **112** 70
~ gimnástico **296** 1-11; **297** 1-6
~ giratorio para comprobar los relojes automáticos **109** 24
~ impresor manual **204** 41
~ Kipp **350** 59
~ móvil de radiología **26** 14
~ para afilar **138** 7
~ para atronar **94** 3
~ para centrar universal **111** 21
~ para cerrar herméticamente las bolsas **40** 47
~ para comprobar la impermeabilidad de los relojes **109** 26
~ para empapelar el techo **128** 50
~ para ensanchar **100** 18
~ para inyección de productos de contraste **27** 15
~ para la limpieza de la alfombra **50** 76
~ para la respiración debajo de agua **279** 19
~ para medir cristales **351** 27-33
~ para medir el aire comprimido **138** 15
~ para medir el polvo óptico **112** 42
~ para medir y mezclar el agua **97** 58
~ para producir gas **350** 59
~ para rellenar de agua los radiadores **129** 34
~ para servir la cerveza **266** 68
~ para soldar **125** 5-7
~ para soldar en atmósfera controlada **138** 29
~ portátil **6** 20
~ proyector de imágenes **316** 17
~ pulverizador antimácula **181** 10
~ registrador **25** 3
aparatos de gas y de agua **126** 12-25
~ del hogar **50**
aparato supervisor, para el control de los conmutadores **153** 5
~ telefónico **237** 6-26
~ telefónico secundario **237** 17, 21, 26
~ telefónico supletorio **237** 17, 26
~ telegráfico **237** 31
aparejo *Caballo* **71** 7-25
~ *Empapel.* **128** 6
~ *Herr.* **137** 20
~ *Barco* **219** 1-72; **221** 104
~ de bloque **118** 62
~ de construcción **118** 58-68
~ de chimenea **118** 66
~ de ladrillo **118** 60
~ en cruz **118** 65
~ escalonado **118** 61
~ para reclamar **284** 17
apartadero *Estación* **206** 50
~ *Cons. hidr.* **217** 27
apartado de correos **236** 13
apartamento **46**
apaste **39** 29; **40** 12
apatito **351** 20
apéndice **20** 18
apéndice de llenado **288** 70, 81
apicultor **77** 57
apicultura **77**
apiladora **162** 20
apio **57** 27
apisonadora **200** 26
~ a motor de tres rulos **200** 36
~ para obras viales **200** 36
aplanadera **200** 29
aplanadora de forja **137** 35
aplicación *Ropa* **29** 20
~ *Matem.* **348** 9-11
~ biunívoca del conjunto M en el conjunto N **348** 11
~ del conjunto M en el conjunto N **348** 10
~ del conjunto M sobre el conjunto N **348** 9
aplicador de cera de corcho **301** 23
aplique *Café* **265** 9
~ *Teatro* **315** 32
~ de iluminación del dormitorio **43** 19
~ de luz de la escalera **41** 22
apodida **359** 24
Apolo *Aluniz.* **6** 1
~ *Astron.* **234** 2
aporcador **56** 5
aposento de las damas **329** 10
apóstrofo **342** 22
apoyapiés **207** 57
apoyatura breve **321** 15
~ doble **321** 16
~ larga **321** 14
apoyo *Apar. hogar* **50** 37
~ *Puente* **215** 55
~ *Remo* **283** 47
~ *Mús.* **322** 42
~ ajustable **67** 22
~ con el cuerpo en extensión **296** 38
~ del martinete basculante **226** 40
~ del vehículo **255** 68
~ de puente **215** 55
~ dorsal **296** 29
~ facial **296** 28
~ fijo **215** 11
~ flexionado **296** 39
~ hidráulico **85** 45
~ móvil **215** 12
~ para los pies **186** 7
~ tubular de acero **214** 78
aprendizaje en seco **282** 20
aprendiz de repostero **265** 6
apresador **325** 27
aprisco **75** 9
aprovechamiento de la energía solar **155** 17-36
aprovisionamiento de agua caliente **155** 26
~ de algodón **163** 1-13
apuesta *Ruleta* **275** 13
~ *Hípica* **289** 34
apuntador **316** 28
apuntalamiento **215** 4
apunte para el archivador **248** 8
apuranieves **360** 9
aquenio **58** 23
aquifolio **374** 9
Aquila **3** 9
aquilea **376** 15
ara *Igl.* **330** 33
~ *Ave* **363** 2
árabe **341** 2
arabesco **314** 18
arácnido **358** 40-47
arachichú **379** 5
arado **63** 6
~ de cuatro rejas **63** 40
~ de vertedera **65** 1
arándano **377** 23
~ negro **377** 23
~ rojo **377** 23
arandela *Tornill.* **143** 17
~ *Bicicl.* **187** 79
~ *Dep. inv.* **301** 8
~ *Quím.* **349** 17
~ de cuero **277** 10
~ del plegador **165** 30; **166** 49
~ del plegador de distribución **167** 26
~ de muelle *Tornill.* **143** 34
~ de muelle *Estudio* **151** 65
~ de muelle *FFCC* **202** 8
~ de plomo **122** 103
~ elástica **202** 8
~ para sujetar el suelo de la tienda **278** 26
~ suplementaria **187** 55
araña *Hotel* **267** 21
~ *Articul.* **358** 44-46
~ de cruz **358** 45
~ de jardín **358** 45
~ de telaraña circular **358** 45
~ doméstica **81** 9
arañuela **61** 6
arao común **359** 13
araucaria excelsa **53** 16
árbitro *Jue. pelota* **291** 62; **292** 55, 65; **293** 19, 67, 68
~ *Halter. pesos* **299** 41
árbol *Molino* **91** 5
~ *Construc.* **123** 78
~ *Tornill.* **143** 61
~ *Parque* **272** 59
~ *Botán.* **370** 1
~ al que acuden las aves **86** 47
~ azotado por el viento **13** 43
~ caducifolio **371** 1-73
~ cardán **212** 29, 83
~ con la corona puesta **120** 8
~ de acoplamiento **148** 58
~ de articulación **64** 40, 48; **67** 16
~ de cambio de marcha para movimiento a la derecha e izquierda **149** 34
~ de camones **192** 24
~ de cardán **211** 50
~ de dirección **192** 56
~ de entrada de la transmisión **232** 58
~ de espaldera **52** 1
~ de espaldera sin apoyo **52** 16
~ de excéntrica **166** 56
~ de guía **149** 33
~ de hoja caduca **371** 1-73

~ de hoja perenne **372** 1-71
~ de hojas aciculares **372** 1-71
~ de impulsión para los vibradores de la viga vibradora **201** 13
~ de la canela **382** 22
~ de la gutapercha **383** 37
~ de la hélice *Barco* **223** 65
~ de la hélice *Avión* **232** 60
~ de la hélice *Buque guerra* **259** 59
~ de la quina **380** 17
~ de la vida **372** 39
~ del café **382** 1
~ del caucho **383** 33
~ del clavo **382** 26
~ del embrague **232** 56
~ de levas **190** 11, 14; **192** 24
~ de levas en cabeza **190** 14
~ del freno **143** 99
~ de mando del distribuidor de encendido **190** 27
~ de piñón intermediario para el accionamiento de la bomba de inyección **190** 57
~ de reenvío **192** 37
~ de transmisión *Agric.* **64** 30
~ de transmisión *Autom.* **192** 65
~ de transmisión *FFCC* **211** 51; **212** 29, 83
~ frutal de espaldera **52** 1, 2, 16, 17, 29
~ frutal de forma plana **52** 1, 2, 16, 17, 29
~ frutal de tronco alto **52** 30
~ frutal enano **52** 1, 2, 16, 17, 29
~ intermediario **192** 37
~ intermedio **232** 57
~ modelado en forma cónica **272** 13
~ modelado en forma esférica **272** 12
~ modelado en forma piramidal **272** 19
~ motor *Autom.* **192** 30
~ motor *Cons. hidr.* **217** 49
~ ornamental **373; 374**
~ piramidal **52** 16
~ primario **192** 40
~ principal **166** 50
~ real **91** 34
arbotante *Ramo* **283** 42
~ *Arte* **335** 28
~ del andamio **118** 23
arbusto **373; 374**
~ de baya **52** 19
~ de uva espina **52** 19
~ ornamental **272** 14; **373; 374**
arcada *Balneario* **274** 9
~ *Arte* **335** 8
~ ciega **335** 10
~ mural **335** 10
arca de agua **15** 81
arcaduz **91** 36
arcén de hierba **200** 56
arce platanoide **371** 53
arce real **371** 53
arcilla *Cemen.* **160** 1
~ *Esc.* **339** 8, 31
~ bruta **159** 2
~ de modelar **339** 31
~ de piedra calcárea **154** 68
~ impura **159** 2
arco *Jue. pelota* **291** 35
~ *Gimn.* **296** 6
~ *Teatro* **316** 11
~ *Zoo* **336** 19-37
~ *Etnogr.* **354** 32
~ adintelado **336** 33
~ a nivel **336** 33
~ apuntado **336** 31
~ aquillado **336** 36
~ árabe **336** 30
~ conopial **336** 36
~ convexo **336** 34
~ cromado **188** 60
~ de ajuste micrométrico con muelle **151** 66
~ arco de circunferencia **346** 53
~ de competición **305** 54
~ de cortina **336** 35
~ de croquet **292** 78
~ de entramado **215** 25
~ de herradura **336** 30
~ de hormigón armado **215** 50
~ de la sierra **138** 25
~ del puente **215** 20
~ de medida **149** 65
~ de medio punto **336** 27
~ de protección **188** 18
~ de prueba **100** 17
~ de seguridad **65** 21
~ de sierra **150** 17
~ de sierra de metal **126** 71
~ de toma de corriente **205** 36
~ de triunfo **334** 59
~ de tubo **193** 13
~ de viola **322** 24
~ de violín **323** 12
~ dorsal de los segmentos **358** 31
~ eléctrico **312** 42
~ elíptico **336** 29
~ en gola **336** 34
~ escarzano **336** 28
~ fajón **335** 18
~ festoneado **336** 35
~ graduado **224** 2
~ hacia atrás en el suelo **297** 23
~ inferior **215** 10
~ iris *Atmósf.* **7** 4
~ iris *Color* **343** 14
~ luminoso **312** 42
~ mural **336** 19
~ ojival **336** 31
~, para enhilar automáticamente **165** 18
~ perpiaño **335** 18
~ rebajado **336** 28
arcosolio **331** 60
arco superior **215** 9
~ trebolado **336** 32
~ triunfal **334** 59, 71
~ Tudor **336** 37
~ voltaico *Central el.* **152** 47
~ voltaico *Cine* **312** 42
Archaster **369** 17
archivador **195** 14; **245** 6; **247** 37; **248** 3, 5; **260** 15
~ de correspondencia **22** 12
~ de fichas perforadas **244** 13
~ de microfilmes **237** 37
archivera **248** 6
archivo **245** 4
~ de películas **310** 5
ardea **88** 83
ardeida **359** 18
ardilla **366** 19
área de castigo **291** 4
~ de meta **291** 5
~ de penalty **291** 4
~ de precipitaciones **9** 30
~ de tiro libre **292** 37
~ epicentral **11** 38
~ montañosa **12** 34
~ nudista **281** 15
~ para los baños de sol o tomar el aire **282** 4
~ residencial **15** 28
~ válida de tocado **294** 51-53
areca **380** 20
arena *Mapa* **15** 6
~ *Parque* **237** 64, 66
~ *Toros, rodeo* **319** 5, 9
~ de cristal **340** 48
~ de moldear **148** 35
arenaria **69** 12
arenisca roja **154** 61
arenque **364** 14
aréola **16** 29
areta **36** 13
arete **36** 11, 13
Argo **3** 45
argolla **332** 17
Aries **4** 53
ariete **273** 13
arilo **382** 34
arista *Agric.* **68** 12
~ *Matem.* **347** 32
~ cortante **247** 30
aristoloquia **376** 22
aritmética **344** 1-26; **345** 1-24
~ superior **345** 1-10
arito **36** 13
arlequín **306** 35
arma arrojadiza de madera **352** 39
~ arrojadiza y de captura **352** 31
~ de caza **87**
~ de esgrima **294** 34-45
~ de estocada **294** 11, 36, 37
~ de filo y de punta **294** 34
~ de fuego portátil *Caza* **87** 2
~ de fuego portátil *FFAA* **255** 1-39
~ de pequeño calibre para tiro libre internacional **305** 44
~ deportiva **87** 1-40
~ de tajos y estocadas **294** 34
armadillo **366** 8
armadura *Construc.* **119** 68
~ *Tejido* **171** 9
~ *Caball.* **329** 38
~ *Esc.* **339** 25
~ con buhardilla y cámara de aire **121** 46
~ de acero **123** 37
~ de celosía **121** 78
~ de cinta de acero o de alambre de acero **153** 50
~ de cubierta con huecos macizados **121** 72
~ de doble espolón **121** 65
~ de dos pisos con cabios horizontales **121** 52
~ del caballero **329** 38-65
~ del caballo **329** 83-88
~ de los licetes **171** 22
~ de los lizos del tejido **171** 23
~ enguatada **353** 38
~ sobre puntales **215** 3
armamento **258** 29-37
~ del ejército de tierra **255** 1-98
~ pesado **255** 40-95
arma para el torneo **329** 76
armario **246** 20
~ adosado **177** 69
~ alto **46** 30
~ convertidor de calefacción **212** 40
~ de almacenaje **24** 8
~ de cocinar **96** 47
~ de debajo de la mesa de despacho **248** 37
~ de herramientas para bricolaje **134** 1-34
~ de incubación y de nacimiento **74** 28
~ de la clase **260** 43
~ de la habitación de los niños **47** 21
~ de las medicinas **22** 35
~ de las provisiones **207** 27
~ de la vajilla **44** 26
~ del dormitorio **43** 1
~ de los aparatos **212** 35
~ de los conmutadores **237** 25
~ de mando de la turbina de gas **209** 16
~ de oficina **248** 12
~ de pared **22** 40; **39** 8
~ de puerta abatible **246** 5
~ de puertas de corredera **248** 38
~ de tocador con espejos **49** 31
~ para la vajilla **39** 8
armazón *Mapa* **14** 50
~ *Cestero* **136** 6, 22
~ *Grandes alm.* **271** 27
~ *Esc.* **339** 22
~ de alambre **339** 35
~ de aluminio **50** 19
~ de la cama **43** 4-6
~ de la canoa plegable **283** 67
~ de la grúa **226** 53
~ del cepillo **50** 48
~ del empuje **234** 21
~ del martillo pilón **139** 16
~ del martinete **226** 37
~ del pulverizador **83** 2
~ de madera o hueso recubierta de piel **353** 13
~ de riego **62** 28
~ de soporte *Molino* **91** 33
~ de soporte *Arte* **337** 9
~ en forma de C **26** 19; **27** 17
~ fija **65** 90
~ formada por largueros **257** 28
~ inferior *Ópt.* **113** 2
~ inferior *Fotogr.* **177** 40
~ inferior del marco para copiar **179** 14
~ ósea **17** 1-29
~ para techar **120** 7
~ soporte del empuje inferior **235** 6
~ soporte del empuje superior **235** 5
armenia **341** 3

armilaria color de miel **381** 28
armónica de boca **324** 35
armonio **325** 43
armuelle silvestre **61** 24
arnés *Caballo* **71** 7-25
~ *Dep. aéreo* **288** 43
~ *Caball* **329** 38
~ para el torneo **329** 76
árnica **380** 2
aro *Joya* **36** 13
~ *Planta* **379** 9
~ de goma **40** 26
~ de la canasta **292** 33
~ del barril **130** 8
~ del cuello **36** 16
~ fijo del banco portaaros **164** 54
~ gimnástico **297** 46
~ metálico **130** 3
arón **379** 9
aro para saltar **307** 58
arpa **323** 60
~ de pedales **323** 60
arpegio **321** 22
arpía *Heráld.* **254** 35
~ *Ser fabul.* **327** 55
arpillera de yute **163** 4
arpista **308** 16
arpón **328** 3
~ de mano **280** 40
~ de una sola punta **353** 10
arqueo **100** 68
Arquero **3** 37; **4** 61
arquero *Jue. pelota* **291** 10; **292** 8
~ *Dep.* **305** 53
arquillo ciego **335** 9
~ lombardo **335** 9
arquitecto cinematográfico **310** 43
arquitectura gótica **335** 27-35
arquitrabe **334** 18
arquivolta **335** 25
arraclán **380** 13
arrancador **200** 20
arrancadora-cortadora-cargadora de remolachas **64** 85-96
arrancadora-recogedora de patatas **64** 59-84
arrancador de hierbas **64** 73
~ eléctrico **189** 52
arranque del arco **215** 29
~ del cimiento **123** 3
~ eléctrico *Jardín* **56** 39
~ eléctrico *Matem.* **209** 13
arrastradero **84** 3
arrayán **53** 11
~ brabántico **373** 33
arrecife coralino **13** 32
~ coralino en forma circular **13** 32
arrejaco **359** 24
arrejaque **359** 24
arrendajo común **361** 1
arreo **71** 7-25
~ de pecho **71** 26-36
arretranco **71** 7-25
arriate **52** 18; **55** 37; **272** 41
~ con plantas vivaces **52** 22
~ de espárragos **52** 25
~ de flores **52** 18
~ de verduras **52** 26; **55** 39
arriñonada **370** 38
arriostramiento *Puente* **215** 4
~ *Avión* **229** 12
~ del timón **232** 4
~ transversal de la línea de toma **197** 42
arroaz **367** 24
arroyo *Geogr.* **13** 8
~ *Mapa* **15** 80
~ *Calle* **198** 10
~ del glaciar **12** 52
arroz *Agric.* **68** 29
~ *Comest.* **98** 38
arrufadura **259** 23
arrufo **259** 23
arruga glútea **16** 42
arsenal **222** 1-43
arte **333-337**
~ babilónico **333** 19-20
~ barroco **336** 1-8
~ bizantino **334** 72-75
~ chino **337** 1-6
~ de Asia Menor **333** 37
~ de explicar los escudos de armas **254** 17-23
~ de los asirios **333** 29-36
~ de los persas **333** 21-28
~ del Renacimiento **335** 42-54
~ de montar a caballo **71** 1-6
~ egipcio **333** 1-18
~ etrusco **334** 49-52
~ gótico **335** 22-41
~ griego **334** 1-48
~ indio **337** 19-28
~ islámico **337** 12-18
~ japonés **337** 7-11
artemisa bastarda **376** 15
arte paleocristiano **334** 61-71
arteria **18** 1
~ femoral **18** 19
~ frontal **18** 5
~ ilíaca **18** 17
~ pulmonar **18** 11; **20** 55
~ radial **18** 21
~ subclavia **18** 7
~ temporal **18** 3
~ tibial **18** 20
arte rococó **336** 9-13
~ románico **335** 1-21
~ romano **334** 53-60
artesa colectora **201** 20
~ de incubación **89** 18
~ de la carne **96** 40
artes gráficas **340**
articulación de bisagra **188** 2
~ de bolas **2** 41
~ de la suspensión **214** 72
~ giratoria *Apar. hogar* **50** 69
~ giratoria *Autom.* **194** 31
articulado **358**
artículo de confitería **98** 80
~ de fondo **342** 48
~ de higiene **99** 35
~ de lencería **271** 57
artificiero **158** 25
artificio pirotécnico **306** 49-54
artiodáctilo **73** 9; **366** 28-31
artista **338** 2
~ ambulante **308** 25-28
~ de striptease **318** 27
~ ecuestre **307** 26
arto **376** 20
artrópodo **358** 1-23
Arturo **3** 30
aruncus sylvestris **377** 5
arveja **57** 1; **69** 18
arvícola **366** 17
asa *Bebé* **28** 50
~ *Hortic.* **55** 27
~ *Colegio* **260** 8
~ de protección **83** 20
~ de recogida del hilo **89** 62
asado **45** 27
~ preempaquetado **96** 22
asador **40** 32
asalto **294** 5-6
asa para el transporte **241** 2
~ separadora **77** 41
ascáride **81** 31
ascensión **279** 17
~ a las altas montañas **300** 1-57
~ del globo **288** 84
ascensor **271** 45
~ de aviones **259** 4, 13
ascensorista **271** 47
asclepiadácea **53** 15
asélido común **358** 2
aseo *Petról.* **146** 29
~ *Camping* **278** 5
aserrada **370** 44
aserradero *Mina* **144** 6
~ *Aserr.* **157** 1
aserrío **157** 1
Asia **14** 16
asidero **305** 80
asiento *Dent.* **24** 24
~ *Comed.* **44** 11
~ *Agric.* **65** 22
~ *Caballo* **71** 37, 45
~ *Tornill.* **143** 65
~ *Dep. invierno* **303** 6
~ acolchado **208** 25
~ acolchado reclinable **207** 44
~ anatómico **193** 11
~ con cofre guardarropa **212** 63
~ cónico **143** 67
~ de caza **86** 10
~ de corredera **283** 44
~ de eyección **257** 6, 7
~ de la caldera **38** 66
~ del acompañante **191** 36
~ de la muerte **191** 36
~ de la suegra **53** 14
~ del balancín **190** 34
~ del columpio **273** 40
~ del comandante **235** 17
~ del conductor *Coche* **186** 8
~ del conductor *Autom.* **191** 34
~ del copiloto **230** 37
~ del instructor de vuelo **257** 7
~ del observador **257** 7
~ del piloto *Avión* **230** 36
~ del piloto *Astron.* **235** 18
~ del piloto *FFAA* **257** 6
~ del piloto alumno **257** 6
~ del retrete **49** 15
~ del timonel **283** 27
~ del viajero **194** 14
~ de pasajero **230** 38
~ de ventanilla **207** 58
~ doble **197** 19
~ en forma de concha **305** 90
~ envolvente **193** 11
~ individual **197** 17
~ para el maquinista **210** 59
~ para los pasajeros **231** 22
~ para los sacerdotes **330** 41
~ plegable **207** 12
~ reclinable *Autom.* **191** 34
~ reclinable *FFCC* **207** 64
~ trasero **191** 31
~ trasero abatible **193** 22
asimiento Rautek **21** 18
asíntota **347** 29
asistente *Auxilio* **21** 19
~ *Halter., pesos* **299** 44
asnilla **120** 18
asno **73** 3
aspa del molino de viento **91** 1
~ giratoria **275** 32
áspid **364** 41
aspidio **377** 16
aspillera **86** 52
aspirador **152** 14
aspiradora de mano **50** 58
~ para todo uso **50** 80
~ rodante **50** 68
aspirador del polvo **92** 40
~ del tamiz **173** 15
~ del tamo **168** 43
~ de polvo de mesa **108** 43
~ de virutas **157** 51
asta *Caza* **88** 11
~ *Bandera* **253** 7
~ con las perlas **88** 30
~ de la bandera *Barco* **223** 31
~ de la bandera *Bandera* **253** 1
~ de la bandera *Buque guerra* **258** 4; **259** 87
~ de la bandera *Parque* **273** 61
~ de la bandera de popa **258** 25
~ de la bandera de proa **223** 53
~ de la guadaña **66** 16
asterisco **185** 61
asteroide **4** 47
asteroideo **369** 17
astil *Silvic.* **85** 3
~ *Herr.* **137** 30
~ de la balanza **349** 30
~ de la brida **325** 35
~ de la flecha **305** 64
astillera **108** 22
astillero **222** 1-43
astracán **30** 60
astrancia **376** 7
astronauta **6** 11; **235** 67
astronáutica **234; 235**
astronomía **3; 4; 5**
atacado **294** 6
atacador de aire comprimido **148** 31
~ de mano **148** 32
atacante **294** 5
atache **247** 1
atadura *Pesca* **90** 5
~ *Estación* **206** 12
atabarre **71** 34
atalaje de reno **353** 15
atalanta **365** 1
atalaya *Parque* **273** 23
~ *Caball.* **329** 35
atanasia *Fotocomp.* **175** 30
~ *Planta med.* **380** 9
ataque a la cabeza **294** 23
atarazana **222** 1-43
ataúd **331** 35
Atenas **252** 1
aterrizaje **233** 1
aterrizar inmediatamente **288** 54
ático *Casa* **37** 83
~ *Arte* **334** 60
atizador *Casa* **38** 41

~ *Herr.* **137** 5
atlante **334** 36
atletismo **298**
atmósfera **7**
~ controlada **138** 29
atolón **13** 32
Atolla **369** 5
átomo **1; 2**
~ de carbono **242** 63
~ de hidrógeno **1** 1, 15; **242** 62
~ de oxígeno **1** 13; **242** 65
~ de silicio **1** 14
~ de sodio **1** 8
~ Na **1** 8
atornilladura **126** 42
~ de ángulo **126** 40
~ de ángulo con rosca interior **126** 45
atrapamoscas **377** 14
atril **326** 36
~ para la predicación **330** 37
atrio **334** 50, 66
attitude **314** 17
atuendo de danza **354** 36
aubrietia **51** 7
audiocassette **242** 17
audiomecanógrafa **248** 33
audiovisión **243**
auditorio *Univ.* **262** 2
~ *Elecc.* **263** 8
~ *Cine* **310** 14
aula **260** 1-45; **262** 2
aulos **322** 4
áureo de Constantino el Grande **252** 3
aurícula **20** 24, 45
auricular *Anat.* **19** 68
~ *Teléf.-telégr.* **237** 7
~ *Electrón* **241** 69
~ *Oficina* **245** 15; **246** 16
~ *Colegio* **261** 38, 40
~ de casco *Electrón* **241** 66
~ de casco *Oficina* **249** 63
~ de casco *Rastro* **309** 24
~ de casco sin hilo **242** 30
~ de teléfono **246** 16
~ en el pabellón de la oreja **248** 35
Auriga **3** 27
aurimelo **59** 35
aurora **365** 3
~ boreal **7** 30
Australia **14** 17
australiano **352** 37
Austria **252** 13
autillo **362** 14
auto **191** 1-56; **195** 34
autobús **194; 194** 17; **233** 35
~ de dos pisos **194** 36
~ pequeño en versión urbana **194** 34
autocar **194** 17
autoclave **170** 12
autómata **273** 36
automática **50** 23
automático de seguridad **127** 19
automotor, con adherencia forzada **214** 1
~ de acumuladores **211** 55
~ de los Ferrocarriles Federales Alemanes **209** 1
~ de mantenimiento de catenarias **211** 41
~ de plataforma regulable **211** 41
~ de servicio local **208** 13
~ de turbina de gas **209** 1
~ Diesel **208** 13; **209** 1; **211** 41
~ eléctrico rápido **211** 60
~ experimental **209** 23
~ ligero **208** 13
automóvil **191** 1-56; **192; 193; 195** 34
~ de raíl **213** 32
automovilista utilizando el surtidor de autoservicio **196** 8
autopista **15** 16
~ urbana **225** 54
autorización de salto **288** 52
autor y título de la obra **185** 46
autosalvamento **21** 33
autos de alquiler **233** 33
autotipia **178** 38
auxiliador **21** 19
auxiliar del banquero **275** 4
avalancha **304** 1
ave **359-363**
~ acuática **272** 51-54
~ atraída **86** 50
~ canora **360** 1, 3, 4, 5, 7, 9, 10; **361** 1-20
~ cívica de Atenas **252** 2
~ corredora **359** 1-3
~ de alas largas **359** 11-14
~ de corral **73** 19-36
~ de las tempestades **359** 12
~ del Paraíso azul **363** 3
~ de paso **360** 7
~ de rapiña **362**
~ de rapiña diurna **362** 1-13
~ exótica **363**
~ fénix **327** 9
avefría **359** 21
ave indígena **360**
avellana **59** 49
avellano **59** 44-51
avemaría **332** 32
ave marina **359** 11-14
~ migratoria **360** 7
avena **68** 27
avenida **13** 62
~ de fuentes **274** 11
aventador para la limpieza con aire a presión **64** 15
ave rapaz **362**
~ rapaz diurna **362** 1-13
~ rapaz nocturna **362** 14-19
~ sedentaria **360** 5
avestruz **359** 2
~ de América **359** 2
ave trepadora **363** 6
~ zancuda **359** 18
avicultura **74**
avión **229-232**
~ *Ave* **359** 24
~ a motor **287** 2
~ anfibio **232** 8
~ a reacción **231** 7-33
~ a reacción de adiestramiento **257** 1-41
~ bimotor comercial y de viaje **231** 3
~ biplaza acrobático y deportivo **288** 18
~ birreactor comercial y de turismo **231** 7
~ birreactor de gran capacidad para trayectos cortos y medios **231** 17
~ birreactor de pasajeros para trayectos cortos y medios **231** 11
~ cuadrirreactor para trayectos largos **231** 13
~ de aeromodelismo **273** 38
~ de ala alta **229** 3
~ de ala baja **229** 5
~ de ala baja con ala de pliegue **229** 14
~ de ala pivotante **232** 26
~ de ala semialzada **229** 4
~ de combate polivalente **256** 8
~ de despegue y aterrizaje verticales **232** 26
~ de despegue y aterrizaje verticales cortos **232** 26-32
~ de doble fuselaje **229** 34
~ de gran capacidad para trayectos largos **231** 14
~ de hélice **231** 1-6
~ de pasajeros para trayectos cortos y medios **231** 4
~ de pasajeros supersónico **231** 15
~ de rotor pivotante **232** 31
~ de transporte de alcance medio **256** 14
~ de transporte y de enlace **256** 24
~ en posición de carga **233** 21
~ estratosférico **7** 15
avioneta de viaje y de deporte **230** 32-66
avión flotador **232** 5
~ monomotor de viaje de ala alta **231** 2
~ monomotor de viaje y de deporte de ala baja **231** 1
~ movimientos principales **230** 67-72
~ remolcador **287** 2
~ tipos **231** 1-33
~ trirreactor para trayectos medios **231** 12
~ turbopropulsado **231** 4
avío para la limpieza de las armas **87** 61-64
avisador *Cocina* **39** 21
~ *Reloj.* **109** 35
~ luminoso *Central el.* **153** 3
~ luminoso *FFCC* **212** 15
avispa **82** 35
~ de las agallas del roble **82** 33
axiacanta **374** 30
axila **16** 26
~ de la hoja con bulbillo **375** 38
~ foliar **370** 25
ayotoste **366** 8
ayudante *Univ.* **262** 6
~ *Circo* **307** 39
~ de bodega **79** 12
~ de dirección **310** 21, 46
~ del dentista **24** 18
~ del director de escena **316** 43
~ del hortelano **55** 45, 46
~ del ingeniero de sonido **310** 57
~ del micrófono **310** 22
~ del operador **117** 68; **310** 42
~ del sonido **117** 68
~ técnica del laboratorio **23** 41
azada de arrastre **66** 1
~ de desherbar **51** 22
~ para el estiércol **66** 8
~ para las patatas **66** 6
azadón de patatas **66** 24
~ de rozar **66** 24
azafate de flores **266** 29
azafrán **222** 69
azahar **384** 25
azalea **53** 12
azor **362** 10
azote de los frutales **80** 16
azúcar **98** 53-55
~ cristalizado **98** 55
~ en polvo **98** 54
~ en terrones **98** 53
azucarero **44** 32
azúcar refinado **98** 55
azucena **60** 12
~ silvestre **377** 4
azud **91** 42
azuela **120** 73
azufre **351** 23
azul **343** 3
~ celeste **343** 6
azulejo *Baño* **49** 19
~ *Hierba* **61** 1
~ *Ave* **360** 2
~ de estufa **266** 35
azul marino **343** 3
azur **254** 28

B

babera **329** 41
babero **28** 43
babilejo **118** 56
babilla *Caballo* **72** 33
~ *Matad.* **95** 11, 36
babucha **101** 25
babuino **368** 13
baca **278** 50
bacon **96** 2
badil **137** 2
bádminton **273** 6; **293** 43-44
baffle *Electrón* **241** 13-14
~ *Rastro* **309** 17
~ de tres altavoces **241** 14
bahía **13** 7
bailarín **314** 28
bailarina **314** 27
~ de ballet **314** 26
bailarín Duk-duk **352** 34
baile de disfraces **306** 1-48
~ de máscaras **306** 1-48
bajada de aguas **37** 11
~ de dos semitonos **320** 53
~ del agua **269** 21
~ de un semitono **320** 52
bajagua **380** 16
bajante **122** 29
baja presión **9** 5
bajo **224** 87, 91
~ a babor del canal de navegación principal **224** 88
~ fuera del canal de navegación **224** 97
~, limite del **15** 9
~ relieve **339** 33
bajorrelieve **339** 33
~ de ladrillo vidriado **333** 20

bajo vientre **16** 37
bala **305** 37
~ con su envuelta **87** 55
~ de algodón prensado **163** 3
~ de fibra de poliamida **170** 62
~ de fibra de viscosa lista para el envío **169** 34
~ de lienzo **206** 11
~ de paja *Agric.* **63** 64
~ de paja *Ganado* **75** 7
~ de paja *Estación* **206** 23
~ de paja prensada **63** 34
~ de tabaco en rama **83** 13
~ de turba **55** 31
baladre **373** 13
balafo **324** 61
balalaica **324** 28
balance cuadrafónico **241** 42
balanceo de elevación **297** 28
balancín *Motor* **190** 33
~ *Dep. inv.* **302** 46
~ *Circo* **307** 42
~ *Etnogr.* **352** 36
~ de bebé **28** 2
~ transmitiendo la hoja al tambor alimentador **180** 33
balandra holandesa **220** 6
bálano **20** 69
Balanza **3** 19; **4** 59
balanza *Hab. niños* **47** 33
~ *Cerv.* **92** 32
~ *Superm.* **99** 88
~ *Circo* **307** 42
~ automática **98** 12
~ de análisis **349** 25
~ de cocina **309** 84
~ de precisión **108** 35
~ frontal **295** 30
~ lateral **295** 31
~ para el oro y la plata **108** 35
~ para el peso bruto **173** 9
~ para los paquetes **236** 2
balasto **205** 61
~ de compensación **212** 66
balaustrada del púlpito **330** 23
~ metálica **123** 22
balaustre **123** 51
balay **136** 16
balcarrota **34** 12, 24
balcón *Casa* **37** 69
~ *Caball.* **329** 12
balda **42** 3
baldaquín *Bebé* **28** 32
~ *Hab. niños* **47** 12
~ *J. infancia* **48** 26
~ *Superm.* **99** 24
~ *Igl.* **331** 49
baldaquino **331** 49
balde **221** 113
baldosa **51** 17
balero **305** 1-13
balín para escopeta de aire comprimido **305** 34
balística **87** 73
baliza de virada **285** 17
balneario **274**
balón **292** 27
baloncesto **292** 28
balón con plataforma **299** 24
~ de baloncesto **292** 29
~ de balonvolea **293** 58
~ de fútbol **273** 12; **291** 17
~ del juego de balón a puños **293** 74
~ de playa **280** 18
~ de rebotes **273** 20
~ de rugby **292** 21
~ de waterpolo **282** 48
balonmano **292** 1
~ reducido **292** 1
~ sala **292** 1
balón para pegar puñetazos **299** 24
~ piriforme **299** 24
balonvolea **293** 56-71
balsa con motor **216** 1
~ de cadena **216** 1
~ de cuerda **216** 1
~ del mortero **118** 39
~ de río **216** 10
~ de salvamento **286** 19
balsamina grande **377** 11
balsa para pasajeros **216** 1
~ salvamento **228** 19
~ salvavidas **258** 11
~ volante **216** 10
baluma **284** 45
Ballena **3** 11
ballesta **186** 15
ballet **314**
ballico **69** 26
bambalina *Teatro* **316** 1-60
~ *Cabar.* **318** 25, 26
bambú *Cestero* **136** 31
~ *Planta ind.* **383** 60
banana *Superm.* **99** 90
~ *Fruto merid.* **384** 33
banano **384** 28
banca **275** 11
bancada *Camping* **278** 17
~ *Remo* **283** 28
~ del telar **166** 24
~ del torno **149** 31
~ del urdidor **165** 27
~ extrema **165** 14
~ extrema de la máquina **164** 26
~ lateral **167** 20
~ portabobinas **164** 30
banco *Vestíb.* **41** 10
~ *Máq.-herr.* **150** 29
~ *Banco* **250**
~ *Parque* **273** 58
~ acolchado **208** 25
~ circular **281** 38
~ de arena **227** 3
~ de carpintero *Carp.* **132** 29-37
~ de carpintero *Colegio* **260** 46
~ de datos **248** 43
~ de estiraje **163** 60
~ de estiraje sencillo de cuatro cilindros **164** 9
~ de estirar **108** 2
~ de la estufa **266** 36
~ de la iglesia **330** 28
~ de la máquina **177** 57
~ del andén **205** 54
~ de la rectificadora **150** 6
~ de los remeros **278** 17
~ del parque **272** 16, 42
~ del remero **283** 28
~ del torno de punta **135** 2
~ de nieve **12** 48
~ de prueba de los frenos **138** 16
~ de trabajo **125** 10; **137** 21; **140** 7
~ de trabajo plegable **134** 41
~ de vidriero **162** 45
~ emisor **252** 30
~ óptico *Fotogr.* **114** 50
~ óptico *Téc. ens.* **242** 79
~ para el doblado **119** 20
~ para el equipaje **204** 43
~ para el género **168** 37
banda *Pesca* **90** 16
~ *Billar* **277** 16
bandada de patos silvestres **86** 41
banda de desgarre **288** 75, 83
~ de desgarre de emergencia **288** 72
~ de goma **277** 16
~ del circo **307** 10
~ de música pop **306** 2
~ de papel **181** 43, 58
bandaje **187** 77
banda lombarda **335** 11
~ metálica, para el contacto del pulsador **166** 31
~ ondeada siniestra **254** 6
~ transportadora **249** 40
bandeja **42** 30; **265** 14; **266** 19, 63
~ de correspondencia **248** 41
~ de la correspondencia **245** 30
~ de la esponja **260** 41
~ de los huevos **74** 45
~ de los instrumentos **24** 5
~ depósito de los materiales **184** 12
~ de tarta **97** 25
~ escurridora **266** 2
~ portaplumas **245** 22; **246** 9; **260** 24
~ recogedora **249** 47
~ redonda **44** 24
bandera **253**; **258** 4; **268** 44; **273** 61
~ al cubrir de aguas **120** 8
~ a media asta **253** 6
~ de Aduana **253** 35-38
~ de Aduana de las lanchas aduaneras **253** 35
~ de dos farpas **253** 22
~ de dos puntas **253** 22
~ de esquina **291** 8
~ de Europa **253** 4
~ de la raya de medio campo **291** 64
~ de las Naciones Unidas **253** 1-3
~ del club **283** 25; **286** 6, 9
~ del Consejo de Europa **253** 4
~ de letra **253** 22-28
~ del juez de línea **291** 60
~ del sol naciente **253** 20
~ de pólvora **253** 38
~ de popa **258** 25
~ de proa **223** 54
~ de salida **273** 34
~ de señal **253** 22-34
~ de señales **223** 9
~ estrellada **253** 18
~ nacional **253** 15-21
~ olímpica **253** 5
~ rectangular **253** 28
~ triangular **253** 30-32
~ tricolor **253** 16
banderilla **319** 22
banderillero **319** 21
~ principiante **319** 4
banderín de la caballería **253** 13
banderola *Camping* **278** 9
~ *Playa* **280** 11
~ *Jue. pelota* **293** 88
~ de señalización **301** 45
bandolina **324** 16
bandoneón **324** 36
banjo **324** 29
banqueta *Casa* **37** 60
~ *Calle* **198** 9
banquillo de acoplamiento articulado **85** 48
bañadera **49** 1
bañador **280** 43
~ de señora de dos piezas **280** 26
bañera *Bebé* **28** 3
~ *Baño* **49** 1
~ *Vela* **285** 38
~ de lavado **116** 15
~ de remolinos de agua caliente **281** 31, 35
bañista **280** 30
~ tomando un baño de sol **281** 12
baño **49**
~ de aceite del cárter del cigüeñal **242** 59
~ de agua a temperatura constante **23** 48
~ de blanqueo **116** 10
~ de coagulación **169** 15
~ de espuma **49** 3
~ de flotado bajo gas de protección **162** 16
~ de masaje **281** 33
~ de masaje subacuático **281** 31
~ de parada **116** 10
~ de sol artificial **281** 10
~ de vapor finlandés **281** 18
~ María **349** 14
~ para el agua fuerte **178** 31
baños **281**
~ de aguas minerales al aire libre **281** 9
~ de sol **282** 4
bao **222** 57
baptisterio **332** 2
baqueta *Caza* **87** 61
~ *Mús.* **323** 14, 54, 56
~ del tambor **354** 19
bar **207** 31, 78-79; **266** 30-44; **317** 1; **318** 13
baranda **118** 89
~ de protección **118** 24
barandal **123** 53, 79
barandilla *Case* **37** 19; **38** 25
~ *Construc.* **119** 43
~ *Barco* **221** 121
~ *Cons. naval* **222** 66
~ de la escalera **123** 50
~ del puente **215** 70
barata **81** 17
barba *Pein.* **34**
~ *Agric.* **68** 12
~ *An. dom.* **73** 24
~ a lo Enrique IV **34** 13
barbacana **329** 18, 32
barba cerrada **34** 15
barbacoa **278** 47
barba corrida **34** 15
~ cuadrada **34** 16
barbada **71** 13
barba de cabrón **377** 5
~ de chivo **34** 13
~ de la cabra **73** 15
~ de plumas **88** 73
~ de tres días **34** 23
~ en punta **34** 10

~ hirsuta **34** 23
~ puntiaguda y bigote **34** 13
barbecho **63** 1
barbero **106**
barbilla **16** 15
barbillón **364** 13
barbiquejo **219** 15
barbuta **329** 61
barca de botador **216** 15
~ de pértiga **216** 15
~ de recreo **283** 1
barcaza **221** 92
~ con la gabarra **225** 25
~ de transporte a granel **226** 35
barco **323** 3
~ a motor **286** 1-5
~ auxiliar **258** 92-97
~ avituallador **258** 92
~ completamente aparejado **220** 24-27
~ con el viento contrario **285** 7
~ de carga horizontal **221** 54
~ de cinco palos completamente aparejado **220** 35
~ de cuatro palos completamente aparejado **220** 31
~ de extinción de incendios **270** 65
~ de guerra **258**
~ de guerra romano **218** 9-12
~ de línea **218** 51-60; **221** 82
~ del jurado **285** 15
~ del práctico **221** 95
~ de pesca **90** 24; **221** 49
~ deportivo **286** 1-5
~ de recreo **221** 15
~ de remos germánico **218** 1-6
~ despachado por Aduanas **253** 36
~ de vela **219**; **220**; **278** 12; **284** 10-48
~ de vela, evolución **220** 35-37
~ dragón **218** 13-17
~ faro **224** 81
~ meteorológico **9** 7
~ mixto de carga y pasaje **223** 1-71
barcos históricos, tipos **218**
barco sobre un cojín neumático **286** 63
~, tipos **221**
~ vikingo **218** 13-17
~ vivienda **353** 31
barda **329** 83-88
~ de la grupa **329** 88
~ del pecho del caballo **329** 85
bar del hotel **267** 51
barman **266** 8; **267** 62
barniz **338** 12
barnizado **129** 14
barniz protector para papel pintado **128** 32
barógrafo **10** 4
barómetro aneroide **10** 4
~ de columna líquida **10** 1
~ de mercurio **10** 1
~ de sifón **10** 1
barquero **216** 17
barquilla **288** 64
barquillero eléctrico **40** 34
barquillo **97** 45
barra *Ganado* **75** 5
~ *FFCC* **207** 31, 78-79
~ *Barco* **218** 13
~ *Café* **265** 1
~ *Restaur.* **266** 1-11
~ *Vela* **284** 32
~ *Gimn.* **296** 3, 8
~ *Atlet.* **298** 14, 34
~ *Discot.* **317** 94
~ *Cabar.* **318** 15
~ *Mús.* **320** 6
~ absorbente **154** 24
barraca de feria **308** 6
~ de figuras de cera **308** 68
~ de la obra **118** 48; **119** 44
~ de tiro al blanco **308** 58
barra colectora **152** 29
barracón de espejos **308** 55
~ de la risa **308** 55
~ de las atracciones **308** 24
~ de los fenómenos **308** 19
barra conductora inferior **65** 28
~ conductora superior **65** 27
~ barra de acero **119** 80
~ de acero grabado **119** 82
~ de acoplamiento **65** 47
~ de agujas **167** 28
~ de ajuste **106** 17
~ de apoyo *Construc.* **120** 56
~ de apoyo *Vuelo sin motor* **287** 46
~ de cilindrar **149** 33
~ de compás **320** 42
~ de corte **64** 3
~ de cuchillas **64** 3
~ de dirección *Átomo* **2** 42
~ de dirección *Bicicl.* **187** 14
~ de disco **299** 3
~ de enganche **63** 20
~ de equilibrio **296** 14; **297** 2
~ de evacuación del estiércol **75** 21
~ de fijación **75** 16
~ de fijación de la plancha **179** 8
~ de flash **114** 75
~ del ánodo **178** 5
~ de la prensa **340** 34
~ del bar **267** 54
~ de mando **154** 24
~ de masa **161** 8
~ de material **161** 8
~ de metal **339** 24
~ de moldes **178** 6
~ de pan **97** 12
~ de puesta en marcha y paro **167** 22
~ de regulación **106** 17
~ de repartición **119** 69
~ de rosca **140** 4
~ de roscar **149** 32
~ de seguridad **301** 58
~ de tiza **48** 15
~ de torsión **192** 70
~ de tracción **62** 20
~ de transporte **148** 16
~ espaciadora **249** 2
~ estabilizadora **192** 71
~ fija *Parque* **273** 32
~ fija *Gimn.* **296** 7
~ guía **165** 38
~ inferior **297** 4
barranco **12** 44; **13** 52
barra para apoyar los pies **267** 52
~ para doblar los hierros **119** 77
~ para la aguja **100** 23
~ pisapapeles **249** 17
~ soporte del carril del ventilador **165** 6
~ soporte de los martillos **325** 15
~ sueca **296** 14; **297** 2
~ tensora **167** 49
barredera **199** 39
Barrel Roll **298** 15
barrena *Petról.* **145** 21
~ *Natac.* **282** 44
~ de cola **120** 65
~ de cola de pescado **145** 21
~ horizontal **288** 8
~ sacamuestras **145** 21
~ vertical **288** 6
barrendero *Limp. publ.* **199** 5
~ *Ciudad* **268** 20
barrenero **158** 9
barrenillo **82** 22
barrera *Silvic.* **84** 8
~ *Superm.* **99** 5
~ *Cerám.* **159** 1
~ *FFCC* **202** 40
~ *Restaur.* **266** 72
~ *Hípica* **289** 2, 8
~ *Jue. pelota* **291** 44
~ *Circo* **307** 22
~ accionada por micrófono **202** 47
~ aduanera **225** 4
~ de emergencia para amortiguar el choque **259** 17
~ para los espectadores **292** 40
barreta **118** 52
barricada **264** 17
barriga **16** 35-37
barriguera **71** 18, 36; **289** 11
~ auxiliar **71** 23
barril *Bodega* **79** 2
~ *Tonel.* **130** 5
~ de cerveza **93** 17
~ de pintura **129** 9
~ enarcado con desechos radiactivos **154** 77
barrilete **110** 38
barril para el agua de lluvia **52** 4
barrio del puerto **225** 1
barrita **315** 46
~ con comino **97** 31
~ de cera **260** 6
~ salada **97** 31
barro **159** 2
barroca **342** 5
barrote de la verja **272** 34
basa **334** 28-31
basamento **334** 4
~ de piedra **37** 85
basbiquejo **71** 52
báscula **170** 29
~ automática **204** 5
~ con suspensión del brazo **296** 58
~ de baño **49** 47
~ de los bultos sueltos **206** 31
~ facial en las anillas **296** 56
~ para vagones **206** 41
base *Comed.* **44** 23
~ *Fotogr.* **116** 27
~ *Construc.* **119** 50
~ *Máq.-herr.* **150** 19
~ *Esc.* **339** 23
~ *Matem.* **345** 1, 6; **346** 27; **347** 35, 39
base-ball **292** 40-69
base de cera prensada troquelada **77** 43
~ de lanzamiento **292** 49
~ del bateador **292** 53
~ del cuadro **292** 51
~ del pecíolo con estípulas **371** 73
~ del portaobjetos **112** 15
~ del torno **149** 12
~ de tela de algodón **128** 17
~ horizontal **112** 72
~ meta **292** 51
~ pinacoide **351** 20
~ trasera **85** 49
basidio **381** 7
basidioespora **381** 7
basílica **334** 61
basiliense **355** 35
basilisco *Ser fabul.* **327** 34
~ *Pez, anfib., rept.* **364** 30
basket-ball **292** 28
basset **70** 39
baste **71** 49
bastidor *Agric.* **65** 56
~ *Apic.* **77** 40
~ *Cestero* **136** 22
~ *Punto* **167** 33
~ *Encuad.* **183** 4
~ *Gimn.* **297** 12
~ *Cine* **310** 33
~ *Mús.* **322** 33
~ *Pint., dib.* **338** 20
~ base **168** 15
~ base de la máquina **168** 54
~ de ampliación **116** 35
~ de aspersión **83** 3
~ de cierre **181** 38
~ de coser **183** 9
~ de desenrollar **165** 41
~ de empuje **200** 30
~ de hormigón armado **119** 2
~ de la cabina **65** 21
~ del arado **65** 70
~ de la sierra **157** 8
~ del pedal **187** 83
~ del portaoriginal **177** 15
~ del telar **166** 24
~ del tocadiscos **241** 19
~ del urdidor **165** 27
~ de ruedas **152** 41
~ de ventana **133** 44
~ fijo **65** 90
~ metálico **324** 76
~ para sacudir alfombras **37** 51
~ portamatrices **174** 42, 46; **176** 17
~ portaobjetivos **177** 11
bastión **329** 16
bastón **41** 5
bastoncillo de vainilla **382** 48
bastón de carrera **301** 25
~ de danza **354** 37
~ de esquí **301** 5
~ de esquí de fondo **301** 20
~ de hierro **293** 92
~ de madera **293** 91
~ de mando **205** 42
~ de pintura **129** 47
~ de señales **205** 42

~ gimnástico **297** 41
~ paraguas **205** 12
bastón-taburete **86** 10
bastos **276** 42
basura comprimida y en descomposición **199** 22
basura de las calles **268** 22
basura reciente **199** 17
basurero **199** 10
bata **32** 20, 35
~ blanca **33** 56
~ de trabajo **106** 2
batalla con bolas de nieve **304** 14
batán de cilindros **168** 1
~ doble **163** 14
batanga *Dep. inv.* **302** 46
~ *Etnogr.* **352** 36
batayola **222** 66
bate **292** 62, 75
batea *Parás.* **83** 17
~ *Estación* **206** 21
~ *FFCC* **213** 8
~ *Hotel* **267** 50
~ *Feria* **308** 52
~ con teleros **206** 24
bateador **292** 52, 74
~ intentando un batazo **292** 63
~ suplente **292** 58
batea impulsada a percha **283** 1
~ para apósitos **26** 22
~ rascadora fija **62** 24
batelón **221** 93
batería *Agric.* **65** 53
~ *Fotogr.* **114** 66
~ *Autom.* **191** 50
~ *FFCC* **207** 5, 25
~ *FFAA* **257** 17
~ *Cabar.* **318** 10
~ de acumuladores **259** 83
~ de arranque **212** 46
~ de botellas **141**
~ de cinco tubos lanzatorpedos **259** 36
~ de clarificación **92** 51
~ de cocina **40** 12-16
~ de horno de coque **144** 7
~ de jazz **324** 47-54
~ de lanzamiento de 4 misiles de corto recorrido **259** 26
~ del horno de coque **156** 8
~ de proyectores **317** 13
~ de rodillos del cable tractor **214** 60
~ de tintaje **249** 51-52
~ mezcladora para el lavamanos **126** 27
baticola **71** 34
batida **86** 34-39
batidor *Leche* **76** 43
~ *Caza* **86** 37
~ *Cestero* **136** 36
batidora *Cocina* **39** 22; **40** 46
~ *Cerv.* **92** 46
batidora-mezcladora **97** 70
batiente **37** 22, 23
batímetro **279** 15
batín **32** 35
batolito **11** 29
batómetro **279** 15
batracio **364** 20-26
batuta **315** 27
baúl **191** 24; **193** 17, 23
~ armario **267** 29
bauprés **218** 20
~ con botalón **219** 1
bautismo **332** 1
bautizado **332** 7
bautizo cristiano **332** 1
baya **58** 9; **370** 97
~ de la patata **68** 43
~ del junípero **372** 52
~ del saúco **374** 37
bayadera **306** 25
baya de tronco alto **52** 11
~ no comestible **68** 43
bayeta **50** 55
bazo **20** 12, 27
bebé **28** 5
bebedero *Avic.* **74** 6
~ *Sider.* **148** 21
~ automático **74** 16
bebida **99** 71
~ alcohólica **98** 56-59; **318** 19
~ larga **317** 32
becada **88** 83
becerro marino **367** 19
becuadro **320** 54
beduino **354** 6
begonia **53** 10
~ de tubérculos **51** 19
béisbol **292** 40-69
bejín blando **381** 19
~ plomizo **381** 20
bejuco **136** 32
beleño negro **379** 6
belfo **70** 26
~ inferior **72** 10
~ superior **72** 8
Bélgica **252** 17
belladona **379** 7
Bellatrix **3** 13
bellota *Juego* **276** 42
~ *Árbol* **371** 4
bemol **320** 52
benceno crudo **156** 42
bencina ligera **145** 39
~ pesada **145** 40
benedictino **331** 54
berbiquí de carrete **135** 22
~ de vaivén **108** 4
bergantín-goleta **220** 14
bergantín redondo **220** 17
berlina **186** 1
~ inglesa **186** 53
berma del dique **216** 38
bermejo **88** 51
bermudas **31** 44
berro amargo **378** 30
~ de fuente **378** 30
berza **57** 32
besito **97** 14
beso de despedida **205** 52
bestia del Apocalipsis **327** 50
beta del aparejo **221** 106
betel **380** 19
Betelgeuse **3** 13
betún **145** 64
biberón **28** 19
Biblia **330** 11
biblioteca **223** 25
~ de los libros de consulta **262** 17
bibliotecaria **262** 14
bibliotecario **262** 19
biblioteca universitaria **262** 11-25
bíceps **18** 37
~ crural **18** 61
bici **187** 1
bicicleta **187** 1; **188**
~ *Natac.* **282** 39
~ de acumuladores **188** 20
~ de carreras **290** 15
~ de carreras por carretera **290** 16
~ de carreras tras moto **290** 15
~ de hombre **187** 1
~ de niño **273** 9
~ de paseo **187** 1
~ eléctrica **188** 20
~ plegable **188** 1
bicornio **35** 36
bicho **86** 24
bidé **49** 7
bidel **49** 7
bidón de aceite adherente **84** 35
~ de disolvente **129** 16
~ de gasolina *Silvic.* **84** 36
~ de gasolina *Est. serv.* **196** 25
~ metálico **130** 13
~ para el agua de lluvia **52** 4
biela **187** 41
~ **190** 21
~ ajustable **166** 52
~ con prensaestopa **210** 33
~ de acoplamiento **210** 11
~ oscilante de la rueda trasera **189** 7
bielda para las patatas **66** 5
biércol **377** 19
bifurcación **224** 89
bigornia **125** 8
bigote *Pein.* **34** 8
~ *Mamíf.* **367** 21
~ de cepillo **34** 19
~ estilo inglés **34** 19
bigotera de bomba **151** 59
bigudí **105** 12
~ del tinte **105** 4
bikini, parte inferior **280** 27
~, parte superior **280** 28
billar **277** 1-19
billarda **90** 25
billar de carambolas **277** 7
~ de troneras **277** 7
~ alemán **277** 7
~ francés **277** 7
~ inglés **277** 7
billete *Estación* **204** 36
~ *Dinero* **252** 29-39
~ de 1 dólar **252** 33
~ de 1 000 dracmas **252** 39
~ de 1 libra esterlina **252** 37
~ de 20 marcos alemanes **252** 29
~ de admisión **315** 11
~ de banco **252** 29-39; **271** 6
billetes **252**
bimbalete **273** 35
bimotor comercial y de viaje **231** 3
binocular **23** 6
binza **57** 25
biombo **5** 15
biplano **229** 10
bípode **255** 42
biquini **280** 26
biriquí **135** 22
birlocha *Colegio* **260** 71
~ *Parque* **273** 42
birlón **305** 7, 13
birreactor comercial y de turismo **231** 7
~ de gran capacidad para trayectos cortos y medios **231** 17
~ de pasajeros para trayectos cortos y medios **231** 11
birrete **355** 28
bisagra acodada **140** 50
~ de cruz **151** 50
~ de la patilla **111** 14
~ de ramal **140** 51
biscote **97** 50
bisectriz **346** 30
bisel **143** 62
biselado del clisé **178** 44
bisel con muesca de encaje **121** 90
~ de encaje, doble **121** 91
bisillo **321** 23
bisonte *Prehist.* **328** 9
~ *Mamíf.* **367** 9
bisoñé **34** 2
bistorta **376** 10
bisturí **26** 43
bitoque *Cocina* **39** 36
~ *Baño* **49** 2
~ *Font.* **126** 34
bituminadora **200** 43
~ alquitranadora **200** 46
bizantina **355** 15
bizcocho **97** 54; **99** 21
~ de Saboya **97** 33
~ enrollado **97** 19
~ tostado blando **97** 40
~ tostado para los niños **97** 54
blanca *Juego* **276** 4
~ *Mús.* **320** 14
blanco *Dep.* **305** 30-33, 66
~ *Color* **343** 11
~ móvil **305** 33
~ para el tiro con fusil a 50 m de distancia **305** 30
~ para el tiro con fusil a 100 m de distancia **305** 32
blanqueo **169** 21
blanqueta **168** 56
blanquillo **74** 58
blanquín de gallina **74** 58
blasón **254** 1-36
blastodisco **74** 65
blazer **33** 54
blindaje *Oficina* **246** 24
~ *FFAA* **255** 81
~ aislante contra las radiaciones **259** 70
~ de la cadena **255** 85
~ del cañón **255** 72, 90
~ interior magnético **240** 20
bloca **329** 58
bloc de dibujo **338** 35
~ de taquigrafía **245** 29; **248** 32
bloque compacto de grabación y de reproducción magnéticas **238** 55
~ de apuntes **338** 35
~ de bocetos **338** 35
~ de construcción **48** 27
~ de formularios de inscripción **267** 12
~ de galerías cubiertas **37** 72-76
~ de inclinación **12** 9
~ del motor *Apar. hogar* **50** 82
~ del motor *Motor* **190** 19
~ de madera **339** 27; **340** 1
~ de nieve **353** 5
~ de piedra **339** 5
~ de pisos **37** 77-81

~ de roca **158** 8
~ de salida **298** 1
~ electrónico **112** 53
~ hueco de piedra pómez **119** 24
bloqueo **117** 62
~ de la caja **313** 33
~ del acelerador **85** 17
~ de tramos **203** 59
bloque para lijar **128** 13; **129** 26
~ para remachar **137** 16
blue jeans **31** 60; **33** 22
blusa **30** 9, 40
~ de chica **29** 58
~ de gala **30** 55
~ de peluquero **106** 2
~ de polo **30** 26
~ de trabajo **106** 2
~ de verano **31** 22
~ tirolesa **31** 29
blusón de muchacha **29** 48
bob **303** 19
bobby **264** 34
bob de dos **303** 19
bobina **163** 2
~ botella **167** 4
~ cónica de plegado cruzado **165** 8
bobina cruzada **164** 58; **165** 24
~ cruzada de plegado cruzado **165** 8
~ de alimentación **117** 31
~ de arrollado cruzado **170** 51
~ de arrollado cruzado lista para enviar **170** 52
~ de cinta magnética **244** 10
~ de cinta magnetofónica **241** 57
~ de hilo *Zapat.* **100** 29
~ de hilo *Modista* **103** 12
~ de hilo *Encuad.* **185** 18
~ de hilo para coser **104** 9
~ de la mechera **164** 23
~ de la película *RTV* **238** 6
~ de la película *Cine* **312** 32
~ de la película magnética **311** 2
~ de la película original **117** 79
~ del rollo de película **114** 20
~ de papel **181** 46
~ de papel no impreso **180** 2
~ de película **311** 24
~ de seda para coser **104** 10
bobinado **169** 25
bobinadora de cruzado **165** 1
bobina para enrollado automático **117** 80
~ para enrollar **148** 72
~ receptora **117** 32, 80
bobsleigh **303** 19-21
boca *Anat.* **16** 13; **19** 14-37
~ *Perro* **70** 3
~ *Caballo* **72** 9
~ *Caza* **88** 13
~ *Mús.* **322** 22; **326** 25
~ de aspiración **199** 43
~ de aspiración de aire **258** 57
~ de carga *Forja* **139** 49
~ de carga *Sider.* **147** 51
~ de carga *FFCC* **213** 19
~ de descarga **139** 2
~ de dragón **51** 32
~ de fuego **255** 58
~ de incendio **221** 4
~ de inyección del metal **178** 17
~ del cañón **305** 71
~ de lengua bífida **327** 5
~ del glaciar **12** 51
~ de riego de superficie **270** 35
~ de riego subterránea **270** 25
~ de salida **159** 13
bocadito **107** 3
bocado **71** 52
~ con la barbada **71** 13
~ de Adán **19** 13
boca esmerilada **350** 37
bocallave **140** 40
bocana **13** 1
boca sacaclavos **120** 75
bocateja **122** 5
bocel **334** 28
~ inferior **334** 30
boceto **338** 43
~ a tiza **338** 4
bocina *Bicicl.* **188** 53
~ *FFCC* **212** 70
~ *Remo* **283** 21
bocha **305** 21
~ estriada **305** 24
boda religiosa **332** 14
bodega **79** 1-22
~ *Cerv.* **93** 12
~ *Salvamento* **227** 26; **228** 27
~ *Avión* **231** 21
~ de fermentación **93** 7
~ del autobús **194** 18
~ de popa **223** 55
~ de proa **223** 75
bodeguero **79** 17
Bodhisattva **337** 10
bodollo **85** 11
bodoquera **352** 26
bogie **208** 4; **212** 2; **213** 13
~ con suspensión de muelles de acero y amortiguadores **207** 4
~ de impulsión **197** 9
~ portador **197** 10
boina **35** 27
boj común **373** 19
bola **187** 56
~ blanca **277** 11
~ blanca del tanto **277** 13
~ con agujeros para los dedos **305** 15
~ con que se juega **277** 11
~ de acero **143** 70
~ de agua **89** 47
~ de billar **277** 1
~ de confeti **306** 55
~ de croquet **292** 82
~ de entintar **340** 22
~ de lanzamiento estriada **305** 24
~ de la ruleta **275** 33
~ del cerrojo **87** 22
~ de marfil **277** 1
~ de materia plástica **277** 1
~ de nieve *Inv.* **304** 15
~ de nieve *Arb. ornam.* **373** 10
~ de piedra o metal forrada de cuero **352** 32
~ de plomo **89** 89
~ de tempestad **225** 35
~ en el cojinete **187** 68
~ para contar **47** 14
~ para grabar **108** 34
bolardo **217** 12
~ doble **217** 11
bola roja **277** 12
boleadora **352** 31
bolera **305** 14-20
bolero **35** 36
boleta de expedición **206** 30
boletería *Tranv.* **197** 8, 27
~ *Cine* **312** 2
boleto *Cine* **312** 3
~ *Teatro* **315** 11
~ anillado **381** 21
~ áspero **381** 22
~ comestible **381** 16
~ de Satanás **379** 12
boliche **305** 1-13, 23
bólido **290** 34-38
bolígrafo **47** 26
bolillo **323** 14, 54
~ del tambor **354** 19
bolín **305** 23
bolina *Barco* **218** 35
~ *Vela* **285** 10
bolita **47** 14
bolo **305** 12
~ de la calle anterior derecha **305** 4
~ de la calle anterior izquierda **305** 2
~ de la calle posterior derecha **305** 10
~ de la calle posterior izquierda **305** 9
~ de la esquina anterior **305** 1
~ de la esquina derecha **305** 8
~ de la esquina izquierda **305** 6
~ de la esquina posterior **305** 11
bolos **305** 1-13
Bolsa **251** 1-10
bolsa *Ropa* **31** 56
~ *Ave* **359** 8
~ antigua de turba **13** 22
~ cerrada herméticamente **76** 29
~ colectora de la correspondencia **236** 51
~ de agua **13** 16
~ de cadera **301** 28
~ de calco **129** 49
~ de control de la respiración **26** 25
~ de cuero flexible del objetivo **115** 105
~ de huevos **80** 2, 30
~ de la cámara **115** 103
~ de la compra **99** 3; **268** 19
~ de la miel **77** 18
~ de las limosnas **330** 59
~ del cartero **236** 54
~ del plegado **185** 10
~ de medias **99** 26
~ de papel **98** 48
~ de pastor **61** 9
~ de red **86** 27
Bolsa de valores y fondos públicos **251** 1-10
bolsa para abrigar los pies **28** 38
~ para las compras **98** 45
~ playera **280** 24
~ reciente de turba **13** 20
~ tabaquera **107** 43
bolsillo del abrigo **33** 61
~ delantero **260** 10
~ de las gafas de sol **6** 19
~ del pantalón **33** 47
~ del pecho **30** 23
~ de parche **29** 68; **30** 22; **31** 56; **33** 38
~ de pecho **33** 9, 46
~ exterior **33** 12
~ para el metro **33** 49
~ para la linterna **6** 24
~ para los lápices, los utensilios, etc. **6** 27
~ pegado **29** 68
~ sesgado **29** 63; **31** 4
bolso de chica **29** 56
~ de viaje **205** 10
bollo de Berlín **97** 29
~ de Navidad **97** 11
~ de nochebuena **97** 11
~ de pan **97** 14; **99** 12
bollón de la bandera **253** 8
bomba *Fibra* **170** 31
~ *Natac.* **282** 14
~ a motor **270** 8
~ a motor portátil **270** 52
~ aspirante con motor **269** 7
bomba centrífuga *Bodega* **79** 7
~ centrífuga *Abast. agua* **269** 44
~ centrífuga *Bomberos* **270** 8
~ de aceite **190** 42; **192** 16
~ de aceite del ventilador **211** 45
~ de agua **190** 61
~ de agua a presión **216** 60
~ de aire *Papel* **172** 40
~ de aire *Tipogr.* **181** 6, 35
~ de aire *Bicicl.* **187** 48
~ de alimentación de agua **210** 9
~ de alimentación de la caldera **152** 18
~ de bicicleta **187** 48
~ de calor **155** 22
~ de cimentación a alta presión **146** 34
~ de circulación **154** 43, 54
~ de circulación del aceite **152** 45
~ de circulación del aire **211** 12
~ de circulación primaria **154** 5
~ de circulación secundaria **154** 8
~ de cobalto **2** 28
~ de engrase automático **210** 42
~ de evacuación **67** 11, 23
~ de extracción del fango **145** 16
~ de gasolina **196** 1
~ de hélice **217** 47-52
~ de hidrógeno a alta presión **235** 41
~ de hilatura **169** 13
~ de inyección *Motor* **190** 65
~ de inyección *FFCC* **211** 48
~ de la cuajada **76** 39
~ del agua de alimentación **154** 13
~ de la leche cruda **76** 3
~ de la lejía **172** 33
~ de la lejía espesa **172** 34
~ de las aguas residuales **172** 63

~ de la turbina centrífuga **259** 57
~ del refrigerante principal **154** 25
~ de manga con boquillas **216** 62
~ de mano *Parás.* **83** 26
~ de mano *Abast. agua* **269** 66
~ de oxígeno a alta presión **235** 42
~ de presión hidráulica **316** 53
~ de rueda de paletas **217** 47-52
~ de succión **216** 62
~ de tractor **67** 15
~ de vacío **190** 59
~ de vacío con motor **269** 8
~ dosificadora de la crema **76** 40
~ hidráulica **64** 91
~ hidráulica con reserva de aceite **64** 29
~ hidráulica de presión **178** 11
~ inyectora **210** 41
~ manual para el gas-oil **190** 64
~ para el agua de la pasta **172** 55
~ para hacer el vacío en la cámara de vacío **2** 52
~ para las aguas fecales **199** 20
~ principal con motor **269** 15
bombarda **322** 14
bombardeo neutrónico **1** 36
~ por un neutrón **1** 50
bombardón **323** 44
bombero **270** 37
bomberos **270**
~ del aeropuerto **233** 7
bombícido **358** 48
bombilla **127** 56
~ de bayoneta **127** 69
~ de flash **309** 39
~ de la bambalina **318** 26
~ incandescente **127** 56
bombillo **127** 56
bombín del freno **192** 54
bombita fulminante **306** 51
bómbix del moral **358** 48
bombo **323** 55; **324** 47
bombón **98** 80
~ de licor **98** 83
bombonera **46** 12
bombón explosivo **306** 50
bombo para tostar el café **98** 71
bombote **221** 93
bomper **191** 13
boneta **218** 34
bonete de pulir **134** 21
bongo *Barco* **221** 94
~ *Mús.* **324** 58
Bootes **3** 30
boquilla *Hosp.* **27** 38
~ *Riego* **67** 33
~ *Parás.* **83** 35
~ *Tabaco* **107** 13, 16
~ *FFAA* **255** 11
~ *Mús.* **323** 29, 36; **324** 33, 72
~ agujereada **162** 51
~ chupadora para el suelo **50** 71
~ chupadora para todo uso **50** 67
~ de aspersión *Jardín* **56** 25
~ de aspersión *Parás.* **83** 28
~ de estirar **162** 9
~ de la manga **270** 33
~ de la pipa **107** 40
~ del oxígeno **350** 13
~ del regador **67** 27
~ del soplete **141** 38
~ de soldar **141** 33
~ de soplado **165** 5
~ para la alfombra **50** 71
~ roscada para el engrase a presión **143** 81
bórax **108** 39
bordada ciñendo el viento **285** 22, 25
~ con viento a un largo **285** 24
~ con viento en popa **285** 23
~, primera **285** 19
~, segunda **285** 20
~, tercera **285** 21
bordado **29** 29; **30** 42
~ con cintas **102** 31
~ de tul **102** 15
~ inglés **102** 11
~ plano **102** 10
~ sobrepuesto **29** 20
borde *Construc.* **121** 3
~ *Mús.* **323** 26
~ cortante **247** 30
~ de aleación ligera enteramente reforzado **235** 11
~ de ataque **287** 34
~ de ataque del casquete **288** 48
~ de la acera **198** 6
~ de la fuente **272** 25
~ de la piscina **281** 3
~ del ocular **115** 73; **313** 34
~ del pozo **269** 65
~ del sendero **272** 37
~ del spoiler **193** 30
~ de salida **287** 37
~ frontal **122** 88
~ lunar **4** 41
~ marginal **287** 42
~ no visible **151** 24
~ rugoso de ebonita **300** 45
~ superior del tablero **215** 8
~ visible **151** 23
bordillo **198** 6
~ del andén **205** 19
~ de la senda **51** 15
~ de losetas de cemento **52** 20
bordón **322** 11; **325** 12
bordona **324** 25
borgoñón **355** 40
borla *Ropa* **29** 4
~ *An. dom.* **73** 7
borne **374** 32
~ de tierra **142** 35
borotera **16** 13
borra **383** 19
borrador **151** 42
~ de fibra de vidrio **151** 47
borrego **73** 13
borrén delantero **71** 38
~ trasero **71** 39
borrico **73** 3
bosque **84** 1-34
bosquecillo **272** 4, 61
bosque de árboles de hojas caducas **15** 4
~ de coníferas **15** 1
~ de protección contra aludes **304** 7
bosquejo **338** 43
bosque mixto **15** 14
~ viejo **84** 4
bosquimana **354** 34
bosquimano **354** 29
bota *Zapat.* **100** 57
~ *Hilat.* **163** 43
~ alta **355** 58
~ alta para caballeros **101** 7
~ con rodillera **355** 58
~ de alpinismo **300** 42
~ de calle de caballero **101** 13
~ de escalada **300** 44
~ de esquí de fondo **301** 16
~ de esquí de suela reforzada **301** 12
~ de fieltro **353** 30
~ de fútbol **291** 21
~ de hockey **292** 10
~ de invierno **101** 1
~ de marcha **101** 18
~ de marcha para niños **101** 56
~ de piel de potro **101** 10
~ de polvos de talco **28** 14
~ de PVC inyectado sin costuras para la lluvia **101** 14
~ de salto **301** 41
~ de señora **101** 12
botador de pie de cabra **24** 48
botalón **219** 1; **223** 36; **284** 7
~ de foque **218** 51
botánica general **370**
bota para excursiones **101** 18
~ para patinaje sobre hielo **302** 24
botarel **335** 28
botavaca **210** 34
bota vaquera **101** 9
botavara **219** 44; **221** 26, 59; **223** 36; **284** 7, 39
bote **218** 7
~ anejo **228** 17
~ con aguacola **132** 13
~ con cola **132** 13
~ con cola de carpintero **132** 13
~ con el fondo del casco en V **286** 35-37
~ con menor desplazamiento **286** 32-37
~ de a cuatro sin timonel **283** 9
~ de a ocho **283** 10
~ de carrera **283** 9-16
~ de carreras unipersonal **283** 16
~ de cola **183** 15; **260** 57
~ de compresas no esterilizadas **26** 23
~ de conserva **40** 25
~ de construcción lisa **283** 9
~ de cuaderna redonda **286** 32-34
~ de chumaceras **283** 26-33
~ de engrudo **236** 5
~ de estiraje **164** 20
~ de la carda **164** 3
~ de la carda, para el depósito de la mecha de carda **163** 35
~ del manuar **164** 20
~ de motor interior con transmisión en Z **286** 2
~ de obra cerrada **283** 9
~ de pesar **349** 24
~ de pesca **89** 27
~ de pintura **129** 6
~ deportivo **283** 9-16
~ deportivo individual **283** 54
~ de recreo **283** 26-33
~ de recreo con dos asientos **283** 61
~ de regata **283** 9-16
~ de remos **89** 27; **283** 9-15
~ de remos de a dos **283** 15
~ de tingladillo **283** 18
~ de un remero con timonel **283** 18
~ fumígeno **255** 83
botella **266** 16; **317** 4
~ con producto químico **116** 10
~ de acetileno **141** 2, 22
~ de agua mineral **266** 61
~ de aire comprimido **279** 21
~ de cerveza **93** 26; **205** 50
~ de CO_2 **138** 32
~ de cría **89** 17
~ de cuello **328** 12
~ de champú **105** 32
~ de chianti **99** 77
~ de gas butano **278** 34
~ de gas propano **278** 34
~ de güisqui **42** 31
~ de leche **266** 60
~ de limonada **265** 15
~ de oxígeno *Hosp.* **27** 45
~ de oxígeno *Soldadura* **141** 3, 21
~ de oxígeno *Carret.* **200** 40
~ de presión para el helio **234** 14
~ desechable **93** 29
~ de soda **42** 32
~ de un solo uso **93** 29
~ de vino **79** 14; **99** 76; **266** 43
~ de vino espumoso **99** 78
~ de zumo de frutas **99** 74
~ forrada de paja **206** 13
~ limpia **93** 21
~ metálica de agua caliente **309** 88
~ no retornable **93** 29
~ para beber **290** 10
~ plisada para el líquido revelador **116** 9
botellero **39** 6; **79** 11
bote neumático **258** 82; **278** 14; **279** 27
~ neumático deportivo con motor fuera borda **286** 1
~ pulverizador **106** 23
~ salvavidas *Petról.* **146** 19
~ salvavidas *Barco* **223** 19
~ salvavidas con su lona impermeable **221** 107
~ salvavidas en su pescante **221** 78
botín **29** 30; **32** 34
~ de caballero **101** 5
botiquín **49** 49
botita de bebé **28** 45
botón *Planta* **54** 23, 26
~ *Fruta* **58** 27; **59** 22
~ *Esgr.* **294** 45
~ de activación de la sirena del barco **224** 32

~ de ajuste con la sensibilidad del papel **116** 54
~ de ajuste de amplitud del ECG **25** 49
~ de ajuste del ocular **112** 56
~ de ajuste para el espejo de iluminación **14** 58
~ de ajuste para el periodo de oscilación libre del péndulo **11** 41
~ de anulación **271** 4
~ de apertura del diafragma **113** 35
~ de arrastre de la película **116** 7
~ de asta **29** 33
~ de borrado **117** 86
~ de combinación **326** 46
~ de control *Central el.* **153** 6
~ de control *Clisé* **178** 15
~ de control del estimulador cardíaco **25** 30
~ de corrección del tiempo **116** 39
~ de embrague del rodillo **249** 25
~ de grabación **117** 83
~ de inicio de la copia **249** 38
~ de inmovilización **349** 38
~ de la bobina **114** 27
~ del abrigo **33** 64
~ de la camisa **33** 34
~ de la chaqueta **33** 55
~ de la hombrera **31** 15
~ del chapitel **331** 5
~ de los bajos **324** 43
~ de mando **132** 58; **271** 48
~ de mando del sistema inductivo **211** 38
~ de mando para abrir las puertas **197** 32
~ de mando para la luz interior y exterior **197** 32
~ de mando para los limpiaparabrisas **197** 32
~ de palillo **30** 66
~ de parada **110** 22
~ de puesta en cero **2** 7
~ de regulación de la presión **249** 53
~ de regulación de la velocidad de impresión **249** 55
~ de regulación de la ventilación **26** 27
~ de regulación de los tiempos de exposición **115** 19
~ de selección de los aparatos telefónicos secundarios **237** 19
~ de sintonización **241** 9; **309** 21
~ de tierra para los aparatos telefónicos secundarios **237** 21
~ de trucaje **117** 84
botones *Estación* **204** 17
~ *Hotel* **267** 18
botón fino **112** 5
~ floral **370** 24; **371** 25; **374** 14
~ giratorio del rodillo **249** 22
~ grueso **112** 4
~ micrométrico **14** 52
~ para ajustar la distancia **114** 28
~ para la línea de conexión principal **237** 18
~ para regular el monitor **25** 29
~ para regular la calefacción **207** 54
~ pulsador **326** 46
boutique **268** 9
bóveda *Bodega* **79** 1
~ *Arte* **335** 32; **336** 38-50
~ claustral **336** 41
~ craneal del hombre de Pekín **261** 18
~ craneal del Pithecantropus erectus **261** 16
~ de aljibe **336** 41
~ de arista **336** 42
~ de cañón **336** 38
~ de caveto **336** 49
~ de crucería **335** 31-32; **336** 43
~ de esgucio **336** 49
~ de medio cañón **336** 38
~ de mocárabes **337** 17
~ de nervios **335** 31-32
~ de rincón de claustro **336** 41
~ en abanico **336** 46
~ en artesa **336** 47
~ esquifada **336** 41
~ estrellada **336** 44
~ nervada **336** 43
~ ojival **335** 31-32
~ reticulada **336** 45
~ semiesférica **334** 72
bovedilla *Cerám.* **159** 24
~ *Barco* **218** 58
box **75** 2
~ de reparación **196** 22
boxeador **299** 25
~ amateur **299** 25
~ profesional **299** 25
~ vencido por fuera de combate **299** 40
boxeo **299** 20-50
boxer **70** 10
boxing-ball **299** 20
boya **15** 10
~ achaflanada **224** 77
~ baliza **224** 80
~ con asta **224** 79
~ cónica **224** 76
~ de babor **224** 95
~ de barril **224** 94
~ de espegue **224** 79
~ de estribor **224** 96
~ de salida y de llegada **285** 14
~ de señalización del recorrido **285** 18
~ de virada **285** 17
~ de viraje **286** 31
~ luminosa con silbato **224** 68
~ luminosa de campana **224** 74
~ pantalón **228** 13
boyarín **90** 2
Boyero **3** 30
boy-scout **278** 11
bozal **70** 31
bozalillo **71** 7-11
bracero **63** 5
bráctea **371** 7; **372** 5
bracteada del emperador Federico I Barbarroja **252** 4
braga **32** 8
~ pantalón **32** 10
bragapañal de plástico **29** 10
braga slip **32** 15
bragueta **29** 35; **32** 24; **33** 48
braguita **280** 27
~ de plástico **28** 22
braille **342** 15
bramante de la cometa **273** 44
brandal **219** 19
branquia **364** 3, 19
braserillo del incensario **332** 41
brassy **293** 91
braza *Barco* **219** 67
~ *Natac.* **282** 33
brazalete *Joya* **36** 3, 17
~ *Reloj.* **110** 5
~ *Elecc.* **263** 11
~ *Bomberos* **270** 22
~ con franjas reflectantes **199** 7
~ de perlas cultivadas **36** 9
~ de piedras finas **36** 25
~ de piedras preciosas **36** 25
~ intermedio **221** 102
~ rígido asimétrico **36** 26
brazo *Anat.* **16** 43-48; **17** 12-14
~ *Estar* **42** 22
~ *Perro* **70** 5
~ acústico **241** 21
~ acústico magnético con la aguja **241** 26
~ adicional **203** 8
~ ajustable de la plataforma de elevación **195** 26
~ articulado portalámparas **177** 16
~ de batir **166** 17
~ de contacto **237** 44
~ de extensión **132** 63
~ de la caja **322** 16
~ de la caña del timón **284** 31
~ de la desembocadura **13** 2
~ de la excavadora **200** 4
~ de la grúa *Puerto* **226** 49
~ de la grúa *FFAA* **255** 95
~ del apagador **325** 38
~ de la señal **203** 2
~ del asiento **207** 45; **208** 26
~ del asiento con cenicero **207** 69
~ del cilindro **177** 68
~ del micrófono telescópico **117** 23
~ del sillón *Apart.* **46** 28
~ del sillón *Peluq.* **106** 18
~ de medida **142** 38
~ de reproducción **115** 93
~ de río **13** 2; **216** 3
~ de soldar **142** 30
~ de sujeción **2** 47
~ de tiro **62** 20
~ de tocadiscos **241** 21
~ de toma de sonido **309** 33
~ de tubo **114** 44
~ elástico **305** 55
~ en cabestrillo **21** 2
~ fluvial **13** 2
~ giratorio del monitor **27** 24
brazola **283** 59
brazolada **90** 29
brazola de la escotilla **222** 64
brazo manipulador controlado a distancia **235** 29
~ muerto del río **216** 18
~ orientable *Hosp.* **26** 13
~ orientable *Sastre* **104** 27
~ orientable del casco **105** 26
~ oscilante de la rueda trasera **188** 14
~ oscilante longitudinal **191** 27; **192** 66
~ para el arco voltaico **152** 47
~ para las chispas **152** 47
~ portabobinas giratorio **117** 92
~ portadiapositivas **177** 44
~ portaelectrodos **142** 24
~ radial **150** 24
~ registrador **10** 7, 12, 21
~ saledizo **226** 24
brazos al frente **295** 50
~ arriba **295** 49
~ en cruz **295** 48
~ hacia abajo **295** 47
~ oblicuos atrás **295** 51
brazo succionador **184** 11
~ trasero de triángulo **192** 81
brazuelo *Caballo* **72** 21
~ *Matad.* **95** 8, 49
break *Coche* **186** 2
~ *Autom.* **193** 15
brecina **377** 19
brécol **57** 32
brecha **13** 34
~ de la chimenea **11** 27
breitschwanz **30** 60
breve *Mús.* **320** 12
~ *Escrit.* **342** 50
breviario *Fotocomp.* **175** 26
~ *Igl.* **331** 58
brezo **377** 19
~ negro **377** 19
~ veteado **107** 41
bricbarca de cinco palos **220** 32-34
~ de cuatro palos **220** 29
~ de tres palos **220** 21-23
bricolaje **134**
brida *Caballo* **71** 25, 33
~ *Construc.* **122** 31
~ *Mús.* **325** 36
~ de cuero **325** 36
~ del embrague **177** 55
~ de protección **64** 55
~ intermediaria **190** 39
bridón **289** 12
brik de leche **99** 45
brillante **175** 20
briol **218** 36; **219** 71
briolet con caras **36** 86
brisa en los estayes de proa **285** 13
Brisinga endecacnemos **369** 11
broca *Construc.* **120** 65
~ *Petról.* **145** 21
~ *Mág.-herr.* **150** 27
~ de centrar de tres puntas **135** 11
~ de cuchara **135** 16
~ de fresado horizontal **150** 39
~ de fresado vertical **150** 37

~ de madera **135** 11
~ espiral *Bric.* **134** 49
~ espiral *Cerraj.* **140** 59
brócoli **57** 32
brocha de empapelador **128** 40
~ de encolar **128** 27
~ del engrudo **128** 27
~ de motear **129** 18
~ de pulir **108** 44
~ de recubrir **129** 3
brochal **120** 41; **121** 71
brocha plana **129** 17
broche *Joya* **36** 7, 10
~ *Oficina* **247** 1
~ alargado con brillante **36** 18
~ del cinturón **328** 24
~ de marfil **36** 30
~ de perlas **36** 7
~ moderno **36** 19
bronquio **20** 5
brote *Planta* **54** 26
~ *Agric.* **68** 16
~ de la hoja **59** 47
~ femenino **372** 46, 48
~ largo **78** 3
~ masculino **372** 44, 49, 56
~ rastrero **58** 20
broza de zarzas **274** 2
bruja **306** 6
brújula **223** 6
~ automática **230** 5
~ giroscópica **224** 31, 51-53
~ maestra **224** 51
~ magnética **224** 46
bruñidor *Orfebre* **108** 48
~ *Art. gráf.* **340** 17
bruza *Apar. hogar* **50** 56
~ *Caballo* **71** 55
~ *Art. gráf.* **340** 11
buceador de pesca submarina **280** 37
buceo **279** 7-27; **282** 38
buche **73** 20
buchón **359** 5
Buda **337** 20
buey *An. dom.* **73** 1
~ *Etnogr.* **354** 11
~ almizclero **367** 10
búfalo **367** 8, 9
bufeo **367** 24
bufón **306** 38
buggy **193** 12
~ americano **186** 49
~ inglés **186** 48
buharda *Caball.* **329** 11
~ *Arte* **336** 4
buhardilla **37** 56
~ de copete **121** 13
~ rampante **121** 6
~ redondeada **121** 23
búho *Caza* **86** 48
~ *Dinero* **252** 2
~ chico **362** 14
~ real **362** 15
buje **187** 26
bujía **242** 48
~ con capuchón antiparasitario **190** 35
~ de precalentamiento **190** 66
bulbillo **375** 38
bulbo *Planta* **54** 28
~ *Agric.* **68** 40
~ de la roda **221** 45
~ reproductor **54** 29
bulón de la suspensión **214** 72
bulto *Estación* **206** 4
~ *Colegio* **260** 7
~ suelto **206** 4
bulldog **70** 1
bulldozer **199** 16; **200** 28
bullón **355** 49, 60
bullterrier **70** 16
bumerang **352** 39
bungalow **278** 7
búnker **293** 81
buque barreminas **258** 84
~ buscaminas **258** 84
~ cisterna **258** 97
~ cisterna para gas líquido **221** 35
~ de cabotaje **221** 99
~ de desembarco **258** 89
~ de guerra **258** 64-91; **259**
~ de guerra ligero **258** 1-63
~ de guerra moderno **259**
~ de línea **225** 32
~ de mantenimiento **258** 93
~ de pasajeros **221** 82
~ de pesca de arrastre **221** 46
~ de salvamento **221** 18
~ de transbordo horizontal **226** 17
~ de transporte de ganado **221** 68
~ de transporte roll-on roll-off **226** 17
~ encallado **227** 2; **228** 10
~ en construcción **222** 30
~ escuela **258** 95
~ experimental a propulsión nuclear **221** 9
~ factoría **90** 11; **221** 86
~ faro *Mapa* **15** 13
~ faro *Barco* **221** 47
~ fondeador de minas **258** 94
~ minador **258** 94
~ mixto de carga y pasajeros **221** 96
~ portacontenedores **221** 21; **226** 5
~ portaminas **258** 94
~ portatrenes **221** 74
~ rompehielos **221** 50
burbuja de aire espirado **279** 26
burdégano **73** 8
bureta **350** 21
buril de acero **175** 33
~ de cabeza redonda **340** 20
~ de contornear **340** 5
~ de grabador **340** 20
burrión **361** 5
burrito **34** 36
burro *Casa* **38** 15
~ *An. dom.* **73** 3
~ *Font.* **126** 2
~ para sujetar el tubo **126** 11
buscapiés **306** 52
bus intermunicipal **194** 34
busito **194** 9
busto **42** 17
~ humano **254** 11
butaca *Estar* **42** 21
~ *Grandes alm.* **271** 35
~ *Cine* **312** 9
~ *Teatro* **315** 20
~ de espectador **315** 20
~ de teatro **315** 20
butano **278** 33
butrón **89** 28
buzamiento **12** 3
buzo **279** 7
buzón **236** 50
~ de la estación **204** 11
~ del andén **205** 56

C

cabalgata de carnaval **306** 57-70
caballería **329**
caballeriza **75** 1
caballero *Univ.* **265** 22
~ *Caball.* **329** 38-65, 66
~ *Moda* **355** 54, 61
~ compañero de mesa **267** 42
~ del período Biedermeier **355** 73
~ novel **329** 68
~ para el hilo de urdimbre **166** 34
caballeros **233** 47
Caballete **3** 47
caballete *Casa* **37** 7
~ *Construc.* **121** 43, 48; **122** 66, 93
~ *Cestero* **136** 10
~ de dibujo **338** 34
~ de distensión **152** 31
~ de estudio **338** 3
~ del puente **177** 13
~ del tejado **121** 2
~ de puntería **255** 42
~ de soporte *Riego* **67** 2, 7
~ de soporte *Construc.* **120** 18
~ para el secado de las placas fotográficas **309** 49
~ plegable **338** 26
~ sueco para el secado del heno **63** 28
caballista **307** 26, 31
caballitera **307** 40
caballito del diablo **358** 3
~ de mar **364** 18
caballitos **308** 2
caballo **71; 72; 73** 2; **186** 28
~ *Juego* **276** 11
Caballo Alado **3** 10
caballo alado **327** 26
~ castrado **73** 2
~ con arcos **296** 5
~ de carreras **289** 51
~ de circo **307** 30
~ de doma **289** 3
~ de las estepas **352** 4
~ del mar **218** 13-17
~ de Neptuno **327** 44
~ de peluche con balancín y ruedecillas **47** 15
~ de posta **186** 43
~ de relevo **186** 43
~ de saltos *Hípica* **289** 9
~ de saltos *Gimn.* **296** 1; **297** 1, 22
~ de tiro **186** 28
~ de varas **186** 46
~ encaparazonado **319** 18
~ lateral **186** 47
~ marino *Ser fabul.* **327** 44
~ marino *Pez, anfib., rept.* **364** 18
~ no favorito **289** 53
~ padre **73** 2
~ picazo **289** 29
~ pío **289** 29
~ semental **73** 2
~ sin arco **296** 1
~ sin arcos **297** 1
~ trotador **289** 28
cabaña de montaña **300** 1
~ india **273** 59
cabaret **318** 1-33
cabeceador **71** 7-11
cabecera *Dorm.* **43** 6
~ *FFCC* **207** 67
~ del muelle **233** 13
~ del periódico **342** 39
cabello **16** 3
~ ensortijado **34** 18
~ largo y suelto **34** 1
~ tirante hacia atrás **34** 28
cabestrillo *Auxilio* **21** 2
~ *Construc.* **120** 42
cabeza *Anat.* **16** 1-18; **17** 42-55; **19** 1-13
~ *Agric.* **65** 6, 66
~ *Caballo* **72** 1-11
~ *Ins.* **81** 33, 36
~ *Plaga* **82** 2
~ *Caza* **88** 12
~ *Construc.* **122** 87
~ *Tornill.* **143** 14, 52
~ *Tejido* **171** 31
~ *Fotocomp.* **175** 39
~ *Encuad.* **183** 21
~ *Mús.* **320** 3
~ *Articul.* **358** 28
~ avellanada **143** 46
~ calva **34** 20
cabezada *Caballo* **71** 7-11
~ *Encuad.* **183** 35; **185** 42
cabeza de accionamiento vertical **150** 38
~ de águila **327** 12
~ de articulación **50** 60
~ de articulación esférica **114** 47
~ de artista **34** 18
~ de audiosincronización **243** 24
~ de borrado **243** 20
~ de caballo salvaje **328** 7
~ de cabra **327** 18
~ de cerdo **95** 43
~ de cierre **143** 59
~ de dibujar regulable **151** 3
~ de dragón **218** 16
~ de escribir **249** 15
~ de exploración **177** 46, 63
~ de exploración de máscara **177** 47
~ de fraile **381** 25
~ de gallo **327** 35
~ de grabación del sonido **117** 33
~ de imprimir **249** 15
~ de la barra de dirección **187** 14
~ de la bobina **162** 55
~ de la cámara **240** 27
~ de la cerilla **107** 23
~ de la horquilla **187** 11
~ de la lámpara **116** 29
~ de la matriz **143** 57
~ del aparato **116** 41
~ del aspa **91** 6
~ de la viga **121** 33
~ del caballo **72** 1-11
~ del cabrio **121** 45; **122** 41
~ de lectura **311** 25

~ de lectura del sonido **312** 47
~ de león **327** 17
~ del macillo **325** 24
~ del malecón *Geogr.* **13** 38
~ del malecón *Río* **216** 20
~ del martillo **298** 43
~ del objetivo **117** 46-49
~ del raíl **202** 2
~ del rotor **232** 13
~ del timón **284** 33
~ del tren **197** 3
~ del ventilador **223** 41
~ de mando **141** 37
~ de moro **97** 36
~ de mujer **327** 56
~ de planchado **50** 4
~ de plomo **326** 20
~ de radiación **113** 31
~ de radiografía con el tubo de rayos X **27** 18
~ de registro **311** 25
~ de roblón **143** 57
~ de rosca **187** 75
~ de sincronización **243** 34
~ de sonido **243** 35
~ esférica **249** 15
~ esférica de repuesto **249** 28
~ guía de la maza **139** 29
~ humana **327** 21
~ inferior **121** 73, 79
cabezal *Mesa* **45** 55
~ *Construc.* **120** 58
~ de estiraje **163** 60
~ de grabación de videocassettes **243** 19
~ fijo **150** 2
~ fijo con el cambio de velocidades **149** 2
~ móvil *Torn.* **135** 7
~ móvil *Máq.-herr.* **149** 29; **150** 5
~ móvil *Fotogr.* **177** 62
~ portabrocas **134** 48
~ regulable **191** 33
~ revólver **149** 40
cabeza magnética de cuatro pistas **312** 51
~ mezcladora del color **116** 43-45
~ motriz **209** 2
~ motriz de turbina de gas **209** 8
~ niveladora de cine **114** 48
~ para cepillar la alfombra **50** 79
~ para la peluca **105** 39
~ para limpiar en seco la alfombra **50** 79
~ para sacudir la alfombra **50** 79
~ reducida **352** 30
~ sonora **312** 47
~ superior **121** 74, 80
~ supresora **311** 25
~ unificadora del sonido y de la imagen **117** 102
~ vídeo **243** 26, 36
~ y la parte del cuerpo situada por encima de las ingles en la esgrima de sable **294** 52
cabezuela **61** 14; **370** 73; **378** 12
~ discoide **370** 74
~ globulosa **370** 75
cabina *Autom.* **194** 2, 15
~ *FFCC* **214** 20
~ alta **305** 75
~ baja **305** 76
~ Cassegrain **5** 4
~ central de la toma del sonido de la radio **238** 1-6
~ con arco de seguridad **85** 36
~ de combustible **234** 62
~ de control **238** 17
~ de control de la imagen **239** 10
~ de control de las imágenes **238** 60-65
~ de control del sonido **238** 27; **239** 7
~ de gran capacidad **214** 52
~ del conductor *Agric.* **64** 36
~ del conductor *Tranv.* **197** 25
~ del conductor *Carret.* **200** 11
~ del conductor *Puerto* **226** 52
~ del conductor de la grúa **119** 35; **222** 16
~ del locutor **238** 18
~ del maquinista **209** 6; **210** 49; **211** 19, 57; **213** 2; **214** 65
~ del maquinista de la locomotora de vapor **210** 39-63
~ del maquinista del automotor **208** 14
~ del maquinista de una locomotora Diesel **212** 5
~ del mecanismo de elevación **217** 71
~ de los pasajeros **231** 22
~ del patrón **228** 31
~ del piloto *Avión* **230** 35
~ del piloto *Policía* **264** 2
~ del piloto *Remo* **283** 8
~ del piloto *Dep. aéreo* **288** 10, 19
~ del torno **226** 54
~ de mezcla del sonido **238** 27
~ de mezcla de sonidos **238** 17
~ de pilotaje *Avión* **230** 35; **231** 19
~ de pilotaje *Astron.* **235** 16
~ de pilotaje de un monomotor de viaje y de turismo **230** 1-31
~ de proyección *Astron.* **5** 27
~ de proyección *Cine* **312** 12
~ de radio **223** 12
~ de toma de sonido **310** 54
~ de un miembro de la tripulación **228** 32
~ de viajeros **214** 52
~ electoral **263** 23
~ inferior **234** 49
~ para mirar los huevos al trasluz **74** 47
~ para viajeros **214** 28
~ superior **234** 45
~ telefónica **236** 8; **237** 1; **251** 10; **268** 56
~ telefónica del andén **205** 57
~ telefónica pública **204** 46
cabio **121** 76
~ central **121** 51
~ de hormigón **119** 4
~ de la cresta **121** 62
~ del caballete **121** 43
~ de lima tesa **121** 62
~ inferior **121** 44; **122** 40
~ lateral **121** 39
cable *Central el.* **153** 41
~ *Fibra* **169** 28
~ *Cons. hidr.* **217** 23
~ *Barco a motor, esquí acuát.* **286** 47
~ *Esgr.* **294** 31
~ *Mús.* **326** 53
~ auxiliar **214** 47
~ Bowden **188** 37
~ colgante **215** 17
~ conductor de alta tensión **152** 32
~ de acero **298** 44
~ de alimentación **94** 9
~ de alta tensión **152** 33
~ de alta tensión, para corriente trifásica **153** 42
~ de apoyo **2** 30
~ de arrastre *Cons. hidr.* **217** 23
~ de arrastre *Barco a motor, esquí acuát.* **286** 47
~ de cámara **239** 2
~ de conexión *Soldadura* **142** 25
~ de conexión *Electrón* **241** 71
~ de conexión con el paciente **25** 43
~ de conexión con la impresora de papel **25** 56
~ de conexión con la unidad de control central **25** 20
~ de conexión del sonido **117** 8
~ de contacto **205** 58
~ de control **271** 53
~ de diagnosis **195** 38
~ de diagnóstico **195** 3
~ de enganche **215** 47
~ de freno **259** 16
~ de impulsos **117** 72
~ de la balsa **216** 2
~ de la corriente *Cocina* **39** 25
~ de la corriente *Jardín* **56** 32
~ de la grúa **222** 13
~ del ancla **218** 18
~ de las sondas de la red **90** 14
~ del auricular **237** 14
~ del electrodo del estimulador cardíaco temporal **25** 25
~ del freno *Tejido* **166** 61
~ del freno *Moto* **189** 12
~ del micrófono **117** 25; **239** 14; **310** 32
~ del sonido **311** 41
~ del sonido piloto **313** 29
~ del techo **211** 5
~ de medida **116** 38
~ de perforación **145** 7
~ de remolque *Río* **216** 24
~ de remolque *Salvamento* **227** 8
~ de remolque *Vuelo sin motor* **287** 4
~ de retención **259** 16
~ de sincronización **313** 29
~ de soldar **142** 19
~ de sonda de la temperatura del aceite **195** 40
~ de suministro de corriente **198** 14
~ de tracción *FFCC* **214** 14, 26, 37, 45
~ de tracción *Grandes alm.* **271** 52
~ de tracción *Dep. inv.* **301** 63
~ de tres polos **127** 44
~ disparador **114** 38
~ eléctrico para instalaciones técnicas **198** 19
~ inferior **214** 46
~ oblicuo **215** 47
~ para cerrar la red **90** 26
~ para el ajuste del ralentí **190** 51
~ para medir la temperatura del aceite **195** 16
~ portador *Construc.* **119** 37
~ portador *Puente* **215** 16, 40
~ portante *FFCC* **214** 27, 38, 44
~ portante y de tracción **214** 21
~ sin fin **214** 21
~ submarino **237** 56
~ telefónico **198** 15
~ termoplástico resistente a la humedad **127** 42
~ tractor **214** 45
cabo *Cestero* **136** 23
~ *Cons. hidr.* **217** 23
~ *Remo* **283** 12
~ de salvamento **228** 3
Cabra **3** 27; **4** 62
cabra **73** 14
Cabra de Mar **3** 36; **4** 62
cabra montés **367** 7
~ naciente **254** 32
cabrestante *Fotogr.* **117** 34
~ *Cons. hidr.* **217** 22
~ *Buque guerra* **258** 23
~ *Bomberos* **270** 56
~ de arrastre **217** 22
~ del ancla **258** 6; **259** 82
cabria auxiliar de la grúa **147** 61
cabrilla **381** 15
cabrio **121** 28, 36; **122** 19
~ central **121** 56
~ de copete **121** 61
~ de la lima hoya **121** 64
~ del copete **121** 63
~ de quiebra **121** 31
~ de unión **121** 55, 61
cabriola *Caballo* **71** 5
~ *Ballet* **314** 21
cabriole **314** 21
cabriolé **186** 34
~ con pescante elevado por detrás **186** 29
~ sport **193** 26
cabrio principal **121** 55
cabrón **73** 14
cabuchón **35** 4
cabujón **36** 78-81
~ octogonal **36** 81
~ ovalado **36** 80
~ redondo **36** 78
cacahuate **383** 41
cacahué **383** 41
cacahuete **383** 41

cacahuetes **45** 41
cacahuey **383** 41
cacao *Comest.* **98** 66
~ *Planta estim., trop.* **382** 16, 19
~ en polvo **382** 19
cacatúa de cresta amarilla **363** 1
cacería, clases **86** 1-52
cacillo **40** 16
cachalote **367** 25
cacharrería **308** 64-66
cacharro de loza **308** 66
cacheo **264** 31
cachiflín **306** 52
cachimba corta **107** 33
cachipolla **358** 6
cachiporra de cabeza redonda y gruesa **354** 33
cacho **276** 30
cachón **279** 6
cachorro **73** 16
cada **372** 47
cadena *Ganado* **75** 15
~ *Superm.* **99** 95
~ *Bicicl.* **187** 36
~ *Moto* **189** 22
~ *FFAA* **255** 87
~ almohadillada **335** 51
~ antideslizante **304** 10
~ con cambio de velocidades **290** 20
~ con monedas **36** 36
~ de amuletos y dados **354** 40
~ de apoyo **74** 14
~ de avance **172** 67
~ de cangilones **216** 57; **226** 42
~ del ancla **222** 77; **223** 50; **224** 72; **227** 12
~ de la sierra *Silvic.* **85** 14
~ de la sierra *Construc.* **120** 16
~ de la vara **71** 20
~ de los chapones **163** 45
~ de rodillos **187** 36
~ de rodillos de mando de la bomba de aceite **190** 25
~ de seguridad **126** 3
~ de suspensión **65** 17
~ de transmisión **188** 17
~ doble de rodillos **190** 10
~ estereofónica **42** 9
~ fresadora sin fin **132** 50
~ grúa **139** 44
~ hi-fi **317** 22-23
~ modelo **167** 19
~ para la guía automática **65** 13
~ patrón **167** 19
~ remachada doble **190** 49
~ sin fin para troncos **157** 17
cadeneta de papel **306** 5
cadenilla de barbada **71** 12
~ del incensario **332** 39
cadera *Anat.* **16** 33
~ *Matad.* **95** 11, 35, 53
caedizo **37** 55
café *Comest.* **98** 65
~ *Superm.* **99** 68
~ *Café* **265** 1-26
~ *Ciudad* **268** 59
~ *Planta* **382** 6
~ con terraza **272** 57
~ en grano **98** 65
~ instantáneo **99** 70
~ soluble **99** 70
cafetera **39** 30; **44** 28
~ a presión **265** 2
~ de filtro **39** 38
~ eléctrica **39** 38
cafetería **265** 1-26
cafeto **382** 1
caída **298** 19
~ con piernas abiertas **314** 20
~ de espaldas **298** 12
~ de pie hacia atrás en las anillas **296** 55
~ de popa **284** 45
~ de proa **284** 42
~ libre **288** 60-62
caja *Meteor.* **10** 18
~ *Geogr.* **13** 68
~ *Superm.* **99** 92
~ *Carp.* **132** 24
~ *Tornill.* **143** 79
~ *Central el.* **153** 37
~ *Coche* **186** 5
~ *Autom.* **194** 2, 23
~ *Est. serv.* **196** 29
~ *Estación* **206** 5
~ *FFCC* **207** 86
~ *Banco* **250** 1
~ *FFAA* **255** 10, 33
~ *Restaur.* **266** 69
~ *Ruleta* **275** 2
~ *Feria* **308** 7
~ *Cine* **313** 33
~ *Quím.* **349** 26
~ abierta de moldeado **148** 33
~ aneroide **10** 6
~ basculante **214** 34
~ basculante de chapa de acero **200** 8
~ cerrada de moldeo **148** 18
~ clara **324** 48
~ colectora de los hilos aspirados **164** 44
~ colectora del polvo **108** 45
~ colectora del vapor **210** 21
~ colocada en el chibalete **174** 4
~ combinada **127** 7
~ con compartimientos **134** 39
~, con el tambor interior giratorio **168** 17
~ de almacenamiento **195** 14
~ de arena **212** 59, 76
~ de aseo **28** 18
~ de avances **149** 8
~ de bombones **98** 79
~ de bornes *Central el.* **153** 60
~ de bornes *FFCC* **211** 16
~ de cables **235** 61
~ de cambio *Motor* **190** 72
~ de cambio *Correo* **236** 23
~ de cambios sincronizada de cuatro velocidades **192** 28-47
~ de carga a plena luz **116** 5
~ de caudales **246** 22
~ de cerillas **107** 21
~ de cola **184** 9
~ de compás **224** 49
~ de conos **163** 30
~ de conserva **96** 26
~ de construcciones **48** 22
~ de control del equipo de supervivencia **6** 23
~ de crema **28** 13
~ de cuatro enchufes **127** 8
~ de enchufe doble empotrable **127** 6
~ de enchufe empotrable **127** 5
~ de enchufe empotrable en el suelo **127** 22
~ de engranajes *Agric.* **65** 79
~ de engranajes *Torn.* **135** 4
~ de engranajes *Hilat.* **163** 57; **164** 2, 33, 39
~ de engranajes *Textil* **168** 10, 32
~ de engranajes para cambiar **149** 7
~ de escena con la maquinaria **316** 1-60
~ de estopas **223** 64
~ de fósforos **107** 21
~ de fuego **210** 4
~ de fusibles *Vestib.* **41** 19
~ de fusibles *Tejido* **166** 23
~ de herramientas **127** 49
~ de hierro de desecho **141** 15
~ de impresión **185** 59
~ de instrumentos **10** 59
~ de juegos **47** 18
~ de la batería **211** 56
~ de la cámara **177** 25, 33
~ de la cassette **241** 11
~ de la lámpara *Ópt.* **112** 28
~ de la lámpara *Fotogr.* **116** 29
~ de la lámpara *Rastro* **309** 44
~ de la lámpara de xenón **177** 42
~ del altavoz **317** 15; **318** 12
~ del alumbrado superior **316** 13
~ de la luz **179** 25
~ de la maquinaria **200** 2
~ de la mesa **275** 11
~ de laminado **148** 56-60
~ de la orza de quilla **284** 24
~ de la pantalla **318** 21
~ del aparato telefónico **237** 15
~ del apartado de correos **236** 14
~ del armonio **325** 47
~ de las bobinas **166** 21
~ del ascensor *Petról.* **146** 20
~ del ascensor *Grandes alm.* **271** 46
~ de la semilla **65** 75
~ de las herramientas *Construc.* **120** 20
~ de las herramientas *Bric.* **134** 35
~ de las herramientas *FFCC* **212** 45
~ de las lanzaderas **166** 9
~ de las medicinas **24** 7
~ de las muelas **91** 20
~ de las piezas pequeñas **195** 31
~ de las plantas de semilla **55** 51
~ de las verduras **99** 81
~ de la televisión **240** 2
~ de la vagoneta **214** 34
~ del cassette de la película **313** 9
~ del cebo **89** 24
~ del control eléctrico **168** 25
~ del difusor **172** 13
~ del distribuidor **210** 31
~ del eje **192** 83
~ del gramófono **309** 35
~ de los botones **103** 15
~ de los cristales de prueba **111** 45
~ de los electroconmutadores **168** 25
~ de los gusanos **89** 24
~ de los instrumentos **2** 5, 22
~ del pan ácimo **330** 8
~ del paracaídas de frenado **257** 24
~ del piano **325** 6
~ del piñón **187** 69
~ del reloj **110** 26
~ del rifle **87** 3, 4, 6, 13
~ del tímpano **17** 60
~ del transformador **152** 40
~ del vagón **207** 2
~ del vagón con paneles de chapa **208** 6
~ del violín **323** 3
~ de mandos **179** 33
~ de mecanismos **168** 10
~ de mezcla **117** 26
~ de mixtos **107** 21
~ de pinturas *J. infancia* **48** 6
~ de pinturas *Pint., dib.* **338** 10
~ de pinturas portátil **315** 34
~ de polvos **99** 29
~ de prueba **138** 14
~ de punzones **108** 30
~ de puros **107** 1
~ de resonancia **322** 18, 29; **323** 3; **324** 2, 15, 26, 63; **326** 13
~ de revelado **116** 1
~ de revelado de vairas unidades **116** 3
~ de sorpresa **306** 56
~ de tinta **180** 22; **181** 65
~ de transporte **76** 30
~ de velocidades **150** 36
~ de verduras **55** 43
~ fuerte **246** 22
~ inferior **148** 20
~ montacargas **200** 14
~ normalizada para películas **242** 44
~ Norton **149** 8
~ oscilante **91** 14
~ para cortar en inglete **132** 43
~ para la calefacción **183** 27
~ para las piezas pequeñas **134** 34
~ para transportar la reina **77** 44
~ portabrocas **150** 26
~ postal **236** 14, 25
~ principal **326** 1, 43
~ protectora **10** 39
~ protectora de la transmisión del cambio **202** 35
~ protectora de los ruidos **313** 27
~ protectora del ruido **313** 16-18

~ registradora *Hab. niños* **47** 34
~ registradora *Superm.* **99** 93
~ registradora eléctrica **271** 2
~ submarina **117** 57
~ superior *Sider.* **148** 19
~ superior *Mús.* **326** 2, 14, 44
caja-tambor **324** 30
caja terminal de cables **153** 33
~ tipográfica **174** 3
~ torácica **17** 8-11
~ transductora de presión **27** 32
cajera *Superm.* **99** 94
~ *Restaur.* **266** 70
~ *Grandes alm.* **271** 1
cajero **250** 2
cajetilla de cigarillos **107** 11
~ de cigarros **107** 11
cajetín **183** 3
~ del contador **127** 31
cajista **174** 5
cajita con rapé **107** 20
~ de ajuste y de conexión **238** 45
~ de la cinta **249** 16
~ de la película fotográfica **112** 65
~ de plumas o lápices **309** 73
~ de queso **99** 49
~ para los clavos **122** 72
cajón *Geogr.* **13** 45
~ *Vestíb.* **41** 9
~ *Dorm.* **43** 18
~ *Apart.* **46** 11
~ *Baño* **49** 34
~ *Estación* **206** 5
~ *Gimn.* **296** 15
~ clasificador **248** 2
~ de arcilla **339** 30
~ de arena **273** 64
~ de batir **298** 35
~ de fichas **262** 23
~ de la cama **47** 2
~ de la cama-mueble **46** 18
~ de la mantelería **44** 22
~ de la máquina de coser **104** 18
~ de la mesa de despacho **246** 4
~ de la ropa blanca **47** 22
~ de las fresas **24** 17
~ del dinero **271** 5
~ del escritorio **46** 26
~ de los cubiertos **39** 10; **44** 21
~ de los mecanismos **87** 16
~ de valores **236** 22
cajonera del semillero **55** 17
cajón fichero **248** 23
~ horizontal **222** 38
~ hueco **215** 5
~ para las botellas de gas **278** 53
~ vertical **222** 37
calabaza *Hortal.* **57** 23
~ *Etnogr.* **354** 27
~ *Hongo* **381** 16
~ vinatera **354** 27
calabobos **9** 33
calabrote de alambre **90** 15
calada **166** 40
cala de ventilación **55** 18
calado **102** 14, 27
cálamo aromático **377** 22
calandra **191** 11
calandria *Papel* **173** 36
~ *Ave* **361** 19
cal calcinada **172** 52
calcáneo **17** 27
calcaño **19** 63
calceta **32** 9; **33** 42
calcetín bajo **32** 34
~ de caballero **32** 32-34
~ de caña larga **32** 32
~ de niño **29** 30
~ largo **33** 42
calcita **351** 22
cal cocida **172** 52
calcografía **340** 14-24
calcógrafo **340** 44
calculadora de bolsillo **246** 12
~ de oficina **245** 31
~ de procesos **236** 37
~ electrónica **246** 12
~ electrónica de bolsillo **247** 14
calculador del color **177** 51
~ y analizador de fotometría **23** 53
cálculo infinitesimal **345** 13-14
~ integral **345** 14
~ logarítmico **345** 6
caldera *Casa* **38** 38-43
~ *Limp. públ.* **199** 29
caldera de aire **269** 17, 50
~ de alquitrán **200** 47
~ de calefacción **38**
~ de fusión **170** 30
~ de la calefacción **155** 13
~ de la calefacción de fuel-oil **38** 57
~ de la locomotora **210** 2-37
~ de la mezcla **92** 44
~ del transformador **152** 40
~ de mezcla **170** 53
caldera-depósito al vacío **169** 11
caldera de radiación **152** 5
~ de sacarificación **92** 44
~ de vapor *Central el.* **152** 5
~ de vapor *Papel* **172** 38
~ horizontal **210** 16
~ para la cocción del mosto con el lúpulo **92** 52
~ tubular **152** 5
~ vertical **210** 62
caldero de hierro crudo con descarga por arriba **147** 42
~ del acero fundido **147** 31
~ del hierro crudo **147** 12, 21
~ de mano **148** 23
~ de tambor móvil **148** 6
~ movido por grúa **147** 60
calderón **321** 25
caldero para horquilla **148** 14
~ portátil **148** 14
caldo de pulverización **83** 5
calefacción **38**
~ *Hortic.* **55** 7
~ central **38** 38-81
~ de coque **38** 38
~ de fuel-oil **38** 44-60
~ del fondo de la vitrina **356** 18
~ eléctrica **174** 45; **179** 3
~ por agua caliente **38** 38-81
~ por radiador **155** 27
calendario de pared **245** 3; **248** 42
calentador **266** 7
~ continuo de agua **126** 12-13
~ de agua *Casa* **38** 68
~ de agua *Font.* **126** 12-13
~ de gas **126** 12
~ de inmersión **40** 17
~ del aire **147** 15
~ de los instrumentos **23** 3
~ del petróleo **145** 36
~ eléctrico **126** 13
calesa **186** 35
calesín **186** 54
calibrador **85** 10
~ de exteriores **149** 59
~ de mordazas **149** 59
~ de profundidades **149** 72
~ exterior **135** 18
~ interior **135** 23
calibre *Tornill.* **143** 86
~ *Sider.* **148** 59
~ de estría **87** 37
~ de forma **162** 43
~ de interiores para agujeros **149** 56
~ del fusil **87** 40
~ de soldadura de ángulo **142** 36
~ especial para tiro al plato **305** 71
~ macho **149** 56
~ para el eje del pistón **192** 26
~ para huecos **140** 54
~ para medir gruesos **140** 52
calicó **128** 17
calículo **58** 22
calientabiberones **28** 21
calientacerveza **266** 7
calientaplatos eléctrico **45** 45
cáliz *Fruta* **58** 8; **59** 50
~ *Igl.* **330** 10; **332** 49
caliza **160** 1
~ de conchas inferior **154** 60
~ de conchas media **154** 59
~ de conchas superior **154** 58
cáliz con fruto **374** 8
~ de la comunión **332** 29
~ del vino eucarístico **332** 29
~ renal **20** 30
calma **9** 11, 46-47
~ ecuatorial **9** 46
~ subtropical **9** 47
calorífero **172** 32
calva **34** 21
~ total **34** 22
calvicie **34** 21
calvo **34** 20, 22
calza *Ropa* **29** 42
~ *Estación* **206** 49
~ *Moda* **355** 47
calzada **198** 13
calzado **101**
~ de playa **101** 48
~ de trabajo **101** 39
calzapié **290** 21
calzas **32** 12
calzón *Ropa* **32** 29
~ *Ave* **362** 3
calzoncillo de red **32** 23
~ largo **32** 11, 27
calzoncillos **32** 26
callamba **379** 12
callampa **379** 12
calle *Casa* **37** 61
~ *Natac.* **282** 31
~ anterior derecha **305** 5
~ anterior izquierda **305** 3
~ central **55** 42
~, corte transversal **198**
~ de carga **206** 8
callosidad **72** 27
cama **65** 71
~ caliente **55** 16
camachuelo común **360** 5
cama del arado **65** 9
~ de los niños **47** 1
~ del paciente **25** 10
~ de matrimonio **43** 4-13
~ de paja **75** 6
~ de piedra **340** 64
~ doble **267** 38
~ elástica **297** 10
~ empotrable **46** 16
camaleón **364** 33
camaleónido **364** 33
camamila **380** 1
cama-mueble **46** 16
camanance **16** 14
cámara *Átomo* **1** 66
~ *Salvamento* **228** 25
~ *Audiovis.* **243** 1
~ aislada contra el ruido **313** 15
cámara alta **223** 34; **258** 72
~ Cinemascope **310** 47
~ cinematográfica **313** 1-39
~ cinematográfica de fotosonido **311** 6
~ cinematográfica insonorizada **310** 47
~ colectora del polvo **172** 6
~ compacta **177** 32
~ de 16 mm **117** 43; **313** 31
~ de agua de refrigeración **242** 54
~ de ahumar **96** 48
~ de aire *Avic.* **74** 61
~ de aire *Tejido* **165** 48
~ de aire *Bicicl.* **187** 30
~ de aire *Mús.* **326** 12
~ de alimentación **154** 79
~ de almacenamiento **154** 71, 76
~ de bolsillo **2** 15
~ de burbujas **1** 58
~ de cajón **309** 30
~ de carga **217** 40
~ de cocción **92** 42-53
~ de combustión *Central el.* **152** 6
~ de combustión *Avión* **232** 37
~ de condensación **2** 24
~ de conexión **153** 55
~ de disparo rápido **115** 77
~ estereometría **112** 71
~ de extinción **153** 55
~ de fermentación **97** 72
~ de fotogrametría **112** 68
~ de fotosonido **310** 60; **311** 6
~ de fuelle **309** 25
~ de fuelle de gran formato **114** 49
~ de fundición **178** 18
~ de gran velocidad **313** 35
~ de hilatura **170** 41
~ de imagen ancha **310** 47

~ de incubación con los panales para la cresa **77** 46
~ de ionización **2** 2, 17
~ de la esclusa **217** 20
~ de la fuente **269** 24
~ de lámparas **312** 39-44
~ de la pila **115** 10
~ de la reina **333** 3
~ de los instrumentos **223** 14
~ del rey **333** 2
~ de medida **112** 43
~ de mezcla **83** 62
~ de microscopio completamente automática **112** 64
~ de película **27** 20
~ de película estrecha **117** 1; **313** 31
~ de prensa **114** 36
~ de presión **316** 55
~ de reportaje **313** 26
~ de reportaje cinematográfico **117** 66
~ de reproducción **177** 1
~ de reproducción universal **177** 24
~ de reproducción vertical **177** 32
~ de secado **168** 28; **170** 49
~ de sonido **311** 6
~ de súper 8 compacta **117** 51
~ de televisión *Meteor.* **10** 67
~ de televisión *Energ. nucl.* **154** 78
~ de televisión *RTV* **240** 26
~ de televisión *Cine* **310** 47
~ de vacío *Átomo* **2** 52
~ de vacío *Parás.* **83** 12
~ de vacío *Cerám.* **159** 12
~ de vídeo con grabadora **243** 1-4
~ de Wilson **2** 24
~ especial para película estrecha **313** 35
~ espectrográfica **5** 6
~ fotográfica *Átomo* **1** 60
~ fotográfica *Ópt.* **112** 20
~ fotográfica con adaptador **112** 64
~ fotográfica con objetivos intercambiables **115** 1-105
~ fotográfica de cartuchos **114** 11
~ fotográfica de gran formato **112** 25
~ fotográfica de mano de gran formato **114** 36
~ fotográfica de paso universal **114** 1
~ fotográfica de pequeño formato **112** 26; **114** 1
~ fotográfica para película y para placas **113** 40
~ fotográfica pocket **114** 16
~ fotográfica réflex de doble lente **114** 22
~ fotográfica réflex de pequeño formato con un solo objetivo **115** 1
~ frigorífica *Matad.* **94** 21-24
~ frigorífica *Barco* **223** 56
~ frigorífica *Puerto* **225** 50
~ generadora de impulsos **117** 71
~ hecha con piedras **328** 39
~ instamatic **114** 11
~ ligera **313** 20
~ métrica universal para fotogrametría **112** 67
~ miniatura **23** 7
~ mortuoria **333** 5
~ móvil de fumigación **83** 15
~ para calentar el aire **147** 30
~ para calentar el gas **147** 28
~ para fotos de pequeño formato **23** 7
~ para película de 35 mm **313** 1
~ para película normal **313** 1
~ plegable **309** 25
~ secadora **159** 17
~ sincrónica controlada por cristal de cuarzo **310** 19
~ sonora *Fotogr.* **117** 22
~ sonora *Cine* **310** 60; **313** 26
~ sonora de súper 8 **117** 1
~ submarina *Fotogr.* **117** 57
~ submarina *Surf, Buceo* **279** 24
~ topográfica para la producción de series coincidentes de imágenes **14** 63
camarera **265** 13; **266** 18
~ del bar **267** 63; **317** 2; **318** 14
camarero **221** 110; **266** 8, 30; **267** 47
~ de habitación **267** 33
camareta junto al coronamiento de popa **223** 34; **258** 72
camarón **369** 12
camaronero **360** 8
camarote **218** 45; **223** 29
~ con literas plegables **259** 84
~ del almirante **218** 27
~ del capitán **223** 13
~ del comandante **259** 85
~ de lujo **223** 30
~ de oficial **223** 21
~ doble **223** 29
~ individual **223** 46
cambiada del rumbo **285** 27
cambiador de calor **259** 66
cambio **233** 51
~ de agujas a distancia **202** 27
~ de cinco marchas **189** 6
~ de marcha **210** 18
~ de moneda **250** 10
~ de velocidad **65** 23
~ de velocidad de la toma de fuerza **65** 40
~ de velocidades *Riego* **67** 21
~ de velocidades *Autom.* **191** 91
~ de velocidades *FFCC* **211** 50
~ de velocidades *Cicl., motor.* **290** 20
cambium **370** 10
cambronera **376** 20
camello *Buque guerra* **259** 19
~ *Etnogr.* **354** 1
~ bactriano **366** 29
~ de dos gibas **366** 29
cameraman *Fotogr.* **117** 67
~ *Cine* **310** 20, 41
camilla **270** 23
~ de emergencia **21** 23
~ de replanteo **118** 69
camino **44** 16
~ abierto en el monte **84** 1
~ de acceso **329** 34
~ de herradura **12** 46
~ del jardín **51** 14
~ de losas **37** 45
~ de ronda **329** 20
Camino de Santiago **3** 35
camino de tablones **118** 79
~ forestal *Mapa* **15** 102
~ forestal *Silvic.* **84** 3
~ transitable regularmente cuidado **15** 99
~ vecinal **63** 18
camión **194**
~ articulado **194** 28
~ basculante de tres bandas **194** 24
~ cisterna *Autom.* **194** 28
~ cisterna *Aerop.* **233** 22
~ cisterna *Bomberos* **270** 51
~ cisterna de leche **76** 2
~ con remolque **213** 34
~ de bomberos **270** 5
~ de carga *Carret.* **200** 7
~ de carga *Puerto* **226** 19
~ de gran tonelaje **194** 20
~ de juguete *Hab. niños* **47** 38
~ de juguete *Parque* **273** 62
~ de las mangueras y herramientas **270** 53
~ del servicio municipal de limpieza **304** 8
~ de mudanzas **268** 47
~ de recogida de basuras **199** 1
camioneta **193** 1; **194** 5
~ cerrada **194** 7
~ con caja **194** 6
~ con plataforma **194** 6
camión grúa **270** 47
~ para la mercancía en fardos **206** 15
~ pesado **194** 20
~ portacontenedores **225** 47
~ tanque **194** 28
camión-tanque de extinción **270** 51
camión todo terreno con cuatro ruedas motrices **194** 1
camisa *Ropa* **29** 61
~ *Encuad.* **185** 37
~ a cuadros **33** 50
~ de caballero **32** 38-47
~ de cama **32** 37
~ de mangas cortas **33** 33
~ de punto **33** 36
~ de smoking **32** 43
~ de sport **32** 38; **33** 37
camiseta **29** 6, 27; **31** 38; **32** 25; **291** 56
~ con hombreras **292** 26
~ de ciclista **290** 9
~ de espaldas desnudas **31** 64
~ de gimnasia **296** 61
~ del pijama **32** 18
~ de malla **32** 22
~ de mangas cortas **29** 7; **32** 28
~ de red **32** 22
~ de señora **32** 7
camisilla **32** 25
camisita **28** 23
~ de bebé **29** 8
camisola **32** 16
camisón **32** 16
camomila **380** 1
campamento de los boys-scouts **278** 8-11
~ de los exploradores **278** 8-11
~ de tiendas **307** 61
campana *Cocina* **39** 17
~ *FFCC* **212** 49
~ *Naveg.* **224** 75
~ *Dep. aéreo* **288** 5
~ *Halter., pesos* **299** 46
~ *Caball.* **329** 39
~ de evacuación del calor **182** 5
~ de la chimenea **137** 7
~ del tragante **147** 6
~ eléctrica **331** 9
~ extractora de humos **46** 31
campanario *Igl.* **331** 2
~ *Arte* **334** 65
campanil **337** 8
campanilla *Anat.* **19** 22
~ *Flor* **60** 10
~ *Elecc.* **263** 4
~ *Moda* **355** 23
~ *Flor* **375** 14
~ de invierno **60** 1
~ del altar **332** 52
~ de la sacristía **330** 46
~ de los Alpes **378** 3
~ del Sanctus **332** 52
~ del trineo **304** 26
campánula **375** 14
campechana *Camping* **278** 4
~ *Baños* **281** 5
campera **30** 38; **33** 39
campesino **62** 6
camping **278** 1-59
campiña **63** 17
campo **63** 4
~ de batalla *Mapa* **15** 93
~ de batalla *Caball.* **329** 31
~ de contacto **237** 45
~ de fútbol **291** 1-16
~ de golf **293** 79-82
~ de juego **292** 40-58
~ de minigolf **272** 68
~ de skeet **305** 74
~ de tiro al plato **305** 74
camposanto **331** 21-41
canadiense **283** 3
canal *Mapa* **15** 57
~ *Riego* **67** 13
~ *Matad.* **95** 40
~ *FFCC* **202** 32
~ *Cons. hidr.* **217** 15-28
canaladura **334** 27
canal, centro **224** 98
~ construido a lo largo de una presa **283** 60
~ de acceso a los baños de aguas minerales **281** 9
~ de agua **334** 54
~ de aire **155** 35
~ de aireación **333** 4
~ de alimentación *Sider.* **147** 22
~ de alimentación *Aserr.* **157** 55
~ de aspiración **145** 51
~ de desagüe **216** 33

~ de distribución del agua salobre **274** 3
~ de drenaje **200** 63
~ de evacuación del agua **155** 41
~ de la aguja **167** 15
~ de la caja de resonancia **326** 13
~ de la caja superior **326** 14
~ de la colada **148** 3
~ de la corriente secundaria **232** 41, 44
~ de la escoria **148** 12
~ de la laguna **13** 34
~ de la ruleta **275** 29
~ de la turbina al lado de la cuenca **155** 41
~ de la turbina al lado del mar **155** 40
~ del gas **152** 12
~ del hierro **147** 35
~ del tejado **37** 6; **38** 9
~ de navegación **216** 21
~ de polvo **163** 22
~ de tiro del ventilador **144** 22
~ de traída del agua **155** 40
~ de vaporización **50** 14
~ de viento **326** 11
canalete **353** 14
~ de una sola pala **283** 34
~ doble **283** 39
canal guía **217** 75
canalización de agua potable **198** 22
~ de cables **234** 29, 47
~ de evacuación de vapores del disolvente **182** 25
~ de gas **198** 21
~ de gas-oil a presión **190** 52
~ del agua de refrigeración **191** 10
~ del agua salada **145** 33
~ del aire comprimido **138** 5
~ de regfrigerante **138** 26
~ de transporte del petróleo refinado **145** 35
~ para fugas de gas-oil **190** 53
~ principal de electricidad **235** 55
~ principal del gas **156** 17
~ superior **192** 27
canalón **37** 6; **38** 9; **122** 92
~ del tejado **122** 28
~ rectangular **122** 83
canal para el exceso de agua **269** 23
~ principal **224** 92
~ principal de engrase **192** 21
~ secundario *Autom.* **192** 22
~ secundario *Naveg.* **224** 93
canasta **292** 32
~ con candado **204** 3
canastero **136**
canastilla **40** 42
~ con los artículos a empaquetar **271** 15
~ de las botellas **79** 13
~ del pan **45** 20
canastillo de flores **266** 29
cancelador de billetes **197** 16
Cancer **4** 56
Cáncer **3** 4
cancerbero **327** 29
cancha **291** 1-16
candado *Pein.* **34** 17
~ *Casa* **38** 21
candaliza **221** 27
candelabro de mesa **45** 16
~ de pared **330** 16
candela de cera **77** 66
candelero **309** 45
~ del cirio pascual **330** 45
candelilla **371** 10, 26
candil **45** 16
~ basilar **88** 6
~ de hierro **88** 7
~ de ojo **88** 6
candileja **316** 26
candil medio **88** 8
candonga **36** 13
canela en polvo **382** 25
~ en rama **382** 25
canelero **382** 22
canelo **382** 22
canelón **37** 6; **38** 9
canesú **30** 47
~ delantero **33** 19
~ quimono **31** 18
cangilón **91** 36
~ de extracción **216** 58
~ de la draga **226** 44
cangreja **219** 30; **220** 1
~ del trinquete **220** 12
Cangrejo **4** 56
cangrejo *Articul.* **358** 1
~ *Fauna abisal* **369** 16
~ faquín **358** 1
canguro **366** 3
~ rojo gigante **366** 3
caniche **70** 36
~ enano **70** 36
cánido **367** 11-13
canilla *Font.* **126** 34
~ *Tejido* **166** 7, 30
~ de hilo de nylon **133** 4
~ del carrete **114** 8
canillera **291** 33
canillero *Tonel.* **130** 7
~ *Arb. ornam.* **374** 35
canillita **268** 75
Canis Maior **3** 14
~ Minor **3** 15
Can Mayor **3** 14
~ Menor **3** 15
canoa *Barco* **218** 7
~ *Remo* **283** , 68-70
~ *Etnogr.* **354** 20
~ automóvil con motor fuera borda **283** 6
~ canadiense **283** 3
~ con batanga **352** 35
~ de recreo **283** 70
~ de regatas en aguas turbulentas **283** 69
~ esquimal **283** 68
~ ligera individual **353** 12
~ plegable **283** 54-66
~ plegable biplaza **283** 61
~ plegable monoplaza **283** 54
canoero **283** 55
canotié **35** 35
cantante **315** 22, 23
cántaro de asa **328** 35
cantera **15** 87; **158** 1
cantero *Panad.* **97** 5
~ *Cantera* **158** 34
cantidad de dinero a pagar **196** 4
~ desconocida **345** 8
cantina **119** 45
cantinera de la guardia del príncipe **306** 67
canto *Mesa* **45** 56
~ *Dep. inv.* **302** 21
~ de acero **301** 4, 50
cantonera *Caza* **87** 14
~ *Dep.* **305** 46
canto rodado **11** 47; **12** 45
~ superior de aluminio **301** 51
canutero **245** 22; **246** 9
caña *Anat.* **16** 52
~ *Agric.* **68** 6
~ *Caballo* **72** 23
~ *Caza* **87** 13
~ *Zapat.* **100** 61
~ *Cestero* **136** 27
~ *FFAA* **255** 13, 19, 33
~ *Escrit.* **341** 23
~ brava **383** 60
~ con nudos **383** 63
~ de azúcar **382** 52
~ de bambú **136** 31
~ de fibra de carbono **89** 57
~ de fibra de vidrio **89** 49
~ de lanzar **89** 20
~ del huso **164** 46
~ del pedal **187** 80
~ del pistón **192** 75
~ del timón **218** 13; **222** 68; **283** 51; **284** 32; **286** 24
~ de pescar **89** 49-58
~ de soplador **162** 39
~ de vidrio hueco **89** 57
~ de vidrio soplado **89** 57
cañadón **13** 45
caña dulce **382** 52
~ melar **382** 52
cáñamo *Apar. hogar* **50** 33
~ *Planta ind.* **383** 9
~ africano **53** 9
caña telescópica **89** 53
cañería de alta presión **55** 8
~ de inyección de agua **281** 40
~ de inyección de aire **281** 41
cañizo **123** 71
caño **187** 60
~ de la escoria **147** 9
~ del hierro crudo **147** 11
cañón *Geogr.* **13** 45
~ *Mág.-herr.* **149** 27
~ *Barco* **218** 50
~ *FFAA* **255** 2, 17, 41, 71
~ antiaéreo de 40 mm **258** 31, 73
~ antiaéreo de 76 mm **259** 30
~ automático **255** 92
~ automático antiaéreo **259** 34
~ de 20 mm **256** 3
~ de 100 mm **258** 29
~ de 127 mm con torreta **259** 52
~ de agua *Bomberos* **270** 66
~ de agua *Teatro* **316** 18
~ de ánima rayada **87** 34
~ de bala **87** 26
~ de la barba **34** 23
~ del tubo **326** 29
~ de perdigones **87** 27
~ de pluma **322** 53
~ de rifle **87** 26
~ multiusos de 76 mm con torreta **258** 70
~ multiusos de 127 mm **258** 48
~ multiusos de 127 mm dirigido por radar **258** 47
~ postizo **326** 1-5
~ rayado **87** 34
~ SF M 107 de 175 mm **255** 49
cañucela de junco **341** 22
cañuela **69** 24
capa *Tabaco* **107** 5
~ *Toros, rodeo* **319** 27, 33
~ adhesiva inferior **198** 3
~ adhesiva superior **198** 4
~ aislante horizontal **123** 4
~ a la española **355** 29
~ amortiguadora **1** 54
~ atómica **7** 32
~ conductora de agua **269** 38
~ conductora del agua freática **269** 2
~ corta **355** 29
capacho portabebés **28** 48
capa de acabado **123** 40
~ de arcilla apisonada **269** 39
~ de asfalto **200** 58
~ de base bituminosa **198** 2
~ de circulación bituminosa **198** 5
~ de drenaje **199** 25
~ de fango **13** 15
~ de grava **200** 60
~ de guijarros **269** 37
~ de la calzada **198** 1-5
~ de las corrientes chorro **7** 5
~ del suelo **7** 7
~ de mantillo **200** 64
~ de material vegetal podrido **13** 15
~ de mortero **123** 27
~ de movimientos débiles del aire **7** 10
~ de nieve sobre el tejado **304** 20
~ de nivel **123** 39
~ de ozono **7** 13, 19
~ de piedras **216** 51
~ de protección contra las heladas **198** 1; **200** 60
~ de separación **7** 10
~ de un esquí moderno **301** 46
~ E **7** 27
~ F_1 **7** 28
~ F_2 **7** 29
~ filtrante de grava **199** 23
~ filtrante de morena **199** 24
~ freática **12** 22
~ impermeable *Construc.* **123** 5
~ impermeable *Abast. agua* **269** 36
capa-poncho **30** 68
capa porosa **12** 29
~ portadora de agua **12** 22
~ protectora **123** 5
~ protectora **126** 33
caparazón **364** 29
capa rocosa impermeable **13** 78
capataz **84** 20
capa tuberosa **381** 17
capazo portabebés **28** 48
Capella **3** 27
capellina **21** 3
caperuza de la chimenea **258** 21, 59
capiello de fierro **329** 59
capilla *Mapa* **15** 61

~ *Aerop.* **233** 49
~ *Igl.* **331** 56
~ conmemorativa **331** 12
~ del castillo **329** 29
~ del cementerio **331** 28
~ mortuoria **331** 21
~ votiva **331** 12
capillo **107** 6
capingo **30** 65
capirote **86** 44
capisayo **32** 25
capital **175** 11
~ inicial **345** 7
~ romana **341** 16
capitán *Astron.* **224** 38
~ *Dep. inv.* **303** 20
capitel **334** 20-25
~ abierto **333** 16
~ árabe **337** 18
~ bloque **335** 21
~ campaniforme **333** 16
~ cerrado **333** 14
~ cojín **335** 21
~ cúbico **335** 21
~ de toros adosados por el dorso **333** 28
~ en capullo **333** 14
~ nazarita **337** 18
~ palmiforme **333** 17, 25
capítulo **370** 73
~ cóncavo **370** 75
~ convexo **370** 74
capizana **329** 83
capó *Autom.* **191** 8
~ *Taller* **195** 36
~ del radiador **304** 11
capón **73** 21
capota *Autom.* **194** 10
~ *Moda* **355** 71
~ del coche **186** 42
~ de lona **255** 98
~ desmontable dura **193** 27
~ fija **186** 14
~ plegable *Bebé* **28** 35
~ plegable *Coche* **186** 52
~ replegable **193** 10
capote **319** 27, 33
~ para la lluvia **196** 26
capotera **41** 1
capote sin mangas **352** 24
Capricornio **3** 36; **4** 62
Capricornus **3** 36
caprolactama **170** 28
cápsula *Dep.* **305** 36
~ *Mús.* **326** 31
~ aneroide **10** 6
~ con las semillas **58** 59
~ de entrada **153** 40
~ dehiscente del fruto **375** 27
~ de la amapola con las semillas **61** 5
~ de la botella **93** 27
~ de la semilla **57** 6
~ de las pepitas **58** 36
~ de las semillas **378** 5
~ del fruto **383** 8
~ del fruto maduro **382** 44
~ de Petri **261** 25
~, de porcelana **350** 29
capsuladora de botellas **76** 46
cápsula espacial **234** 65
~ espacial Apolo **6** 9
~ foraminal **370** 96
~ fulminante **87** 59
~ loculicida **370** 94
~ poricida **370** 96
~ refractaria **161** 2
capucha *Ropa* **29** 2; **30** 69
~ *Sombr.* **35** 2
~ *Alpin.* **300** 19
~ *Igl.* **331** 56
~ del anorak **300** 19
~ de soldar **142** 3
~ fija **31** 21
capuchina **53** 4
capuchón con indicación del espesor del punto **151** 40
~ de la válvula **187** 32
capullo *Hierba* **61** 3
~ *Parás.* **80** 4
~ *Articul.* **358** 51
~ *Botán.* **370** 24
~ *Árbol.* **371** 25
~ *Arb. ornam.* **374** 14
~ de la rosa **60** 16
~ floral **58** 27
cara *Anat.* **16** 4-17
~ *Caballo* **72** 5
~ *Dinero* **252** 8
~ *Matem.* **347** 31
~ afeitada **34** 25
carabán cubierto **186** 33
carabela **218** 27-43; **220** 37
carabina **86** 30; **87** 1
cara circular **347** 39
caracol *Anat.* **17** 63
~ *Ropa* **30** 40
~ *Invert.* **357** 27
~ de las viñas **357** 27
~ de pelo **34** 38
carácter **174** 7; **175** 32-37
caracteres, tipos **342** 1-15
característica **345** 6
cara del pelo **131** 12, 17
~ frontal de la jamba **336** 24
caraguatá **61** 32
cara interior del goterón **334** 17
carámbano **304** 21
carambola **277** 3
caramelo **98** 75, 77
~ ácido **98** 76
caramelos surtidos **47** 31
caramillo melódico **322** 10
carancho **362** 15
carátula *Reloj.* **110** 25
~ *Encuad.* **185** 45
caravana *Joya* **36** 11
~ *Camping* **278** 52
~ *Circo* **307** 34
~ de camellos **354** 1
~ jaula **307** 62
~ plegable **278** 3
carbón activo **270** 58
carboncillo **338** 16
carbón de leña **278** 48
carbonera de hulla en bruto **144** 41
carbonero común **361** 9
carbón negativo **312** 41
~ positivo **312** 40
carburador **189** 4; **192** 1-15
~ descendente **192** 1-15
~ horizontal **190** 79
carburante **235** 21
~ diesel **145** 56
~ para reactores **145** 57
carcaj **352** 27
~ de los electrodos **142** 7
cárcel **120** 66
carcoma del pan **81** 23
carda **163** 34
~ de chapones **163** 34
cardador **163** 42
cardamina **375** 11
cardan del propulsor **6** 36
carda para afelpar **168** 31
cardelina **360** 1
cardenal *Planta* **53** 1
~ *Ave* **363** 5
cardias **20** 41
cardo **61** 32
~ borriquero **61** 32
~ corredor **61** 32
~ de los campos **61** 32
carena curva armada de fibras de carbono **235** 20
carenado integral **189** 44
careta **306** 7
~ contra gases **270** 40
~ de esgrima **294** 13
~ de sable **294** 22
carey **364** 28
carga *An. dom.* **73** 5
~ *Fotogr.* **117** 45
~ *Barco* **223** 77
~ *Puerto* **225** 49
~ automotriz **226** 19
~ colectiva **206** 4
~ de película de diez metros **115** 80
~ de perdigones **87** 51
~ de pesos **168** 2
~ de polen **77** 3
~ de pólvora **87** 57
cargadera **32** 30
cargadero *Mapa* **15** 91
~ *Construc.* **120** 57
~ *Mina* **144** 26
cargador *Agric.* **64** 72
~ *Caza* **87** 17
~ *Construc.* **118** 35
~ *FFAA* **255** 7, 15, 21
cargadora automática **163** 33
cargador de la pistola **264** 25
~ de las pilas del marcapasos del paciente **25** 51
~ hidráulico de balas **63** 37
carga embalada **225** 42
cargamento de coque **156** 15
carga por expreso **204** 2
~ sobre la cubierta **221** 90
~ unitaria **226** 21
~ unitaria embalada **226** 9
carguero **221** 23
~ a granel **221** 9; **225** 67
~ de mercancía a granel **226** 30
~ de mercancía en fardos **226** 13
~ de mercancías a granel **225** 14
~ multifuncional **221** 57
~ portacontenedores **221** 89; **225** 45
cariátide **334** 36
caricatura **342** 53
Carina **3** 46
cariofilácea **60** 6; **69** 12; **376** 26
cariópside **68** 13; **375** 43
carlinga *Avión* **230** 35
~ *Vela* **284** 20
~ *Dep. aéreo* **288** 10, 19
carnaval **306**
carne *Fruta* **58** 24, 35, 58; **59** 6
~ *Superm.* **99** 53
~ ahumada **96** 3
~ con guarnición **266** 55
~ del jamón **95** 51
carné de socio del casino **275** 14
carne en conserva **98** 20
~ fresca **99** 51
~ magra de la espalda **95** 50
~ picada **96** 16
Carnero **4** 53
carnero **73** 13
~ marino **367** 19
carne seca **96** 3
carnicería **96** 1-30
carnicero *Matad.* **94** 1
~ *Carnic.* **96** 38
~ *Mamíf.* **367** 11-12; **368** 1-11
carnívoro **367** 11-22; **368** 1-11
carótida **18** 1
carozo de la cereza **59** 7
~ de la ciruela **59** 23
carpa **278** 21; **282** 40
~ de cuatro mástiles **307** 1
~ de espejo **364** 4
~ de laguna **364** 4
~ del circo **307** 1
~ de río **364** 4
carpe **371** 63
carpelo **59** 13; **374** 2, 26
carpeta *Apart.* **46** 23
~ *Oficina* **246** 2
~ *Colegio* **260** 2
~ de anillas **260** 15
~ de sellos **236** 20
carpidor **56** 7
carpintería **132** 1-73
~ de armar **120** 1-59
carpintero **120** 12; **132** 38; **133**
carpintero de obra **120**
carpo **17** 15
carraca *Carnaval* **306** 47
~ *Ave* **360** 6
carratera local **15** 99
carrera *Construc.* **118** 26; **120** 58
~ *Atlet.* **298** 1-8
~ al galope **289** 50
~ al trote **289** 23-40
~ campo a través **290** 24-28
~ de campo a través **290** 33
~ de descenso **301** 32
~ de fondo **301** 42
~ de karts **305** 82
~ de los seis días **290** 2-7
~ de motoras **286** 21-44
~ de motos **290** 24-28
~ de obstáculos **289** 20-22
~ de obstáculos variados **298** 7-8
~ de persecución tras moto **290** 11-15
~ de resistencia **290** 11-15
~ de vallas *Hípica* **289** 20-22
~ de vallas *Atlet.* **298** 7-8
~ de velocidad **289** 50
~ en cuesta **290** 24-28
~ por carretera **290** 8-10, 24-28
~ sobre hielo **290** 24-28
~ sobre hierba **290** 24-28
~ sobre pista de arena **290** 24-28
~ sobre pista de cemento **290** 24-28
~ sobre pista de ceniza **290** 24-28
carretada de estiércol **63** 15
carreta para la caza **86** 39
carrete *Pesca* **89** 59-64
~ *Cine* **312** 32
~ de hilo para coser **104** 9

~ de inducción para el voltaje del galvanómetro registrador **11** 44
~ de instalación fija **89** 61
~ del cable **294** 29
~ de papel **174** 33, 43
~ de paso universal **114** 7
~ de pequeño formato 135 **114** 7
carretela **186** 39
carrete móvil para la manguera **270** 28
~ multiplicador **89** 59
carretera **200** 55
~, construcción **200; 201**
~ del muelle **225** 38
~ de tercer orden **15** 30
~ principal **15** 17, 83
~ secundaria **15** 36
carretilla *Jardín* **56** 47
~ *Construc.* **118** 37; **119** 42
~ a bordo del buque **226** 15
~ apiladora **159** 18
~ de la cámara de fermentación **97** 73
~ de las botellas **141** 23
~ del barrendero **199** 9
~ del trébol **66** 26
~ eléctrica **206** 34
~ elevadora **225** 44
~ elevadora de horquilla *Cerv.* **93** 23
~ elevadora de horquilla *Cerám.* **159** 18
~ elevadora de horquilla *Estación* **206** 16
~ elevadora de horquilla *Puerto* **226** 8
~ metálica con los casilleros de huevos **74** 31
~ para los sacos **206** 14
carretón **208** 4; **212** 2; **213** 13
~ con suspensión de muelles deacero y amortiguadores **207** 4
carretonero **69** 1
carricera **60** 21
carriel *Estación* **205** 10
~ *Hotel* **267** 15
carril *FFCC* **202** 1
~ *Dep. inv.* **303** 11
~ de corredera **349** 31
~ de la grúa *Construc.* **119** 27
~ de la grúa *Cons. naval* **222** 24
~ guía **165** 3
~ guía de los lizos **166** 3
~ triangular **242** 80
carrillera **87** 4
carrillo **16** 9
carrito auxiliar **157** 11
~ de carga **156** 6
~ de golf **293** 85
~ de la compra **50** 87
~ de las herramientas **195** 42
~ del equipaje **205** 32
~ de rectificación **150** 3
~ de servicio **45** 32
~ de soldadura autógena **138** 35
~ de transporte **74** 39
~ longitudinal **149** 22, 42
~ portaherramientas **150** 13
~ transportador de tierra de batán **199** 38
~ transversal **149** 23, 39
carrizo **61** 30
carro *Agric.* **65** 14-19
~ *Autom.* **191** 1-56
Carro **3** 29, 34
carro **207** 1-21
~ anticarro **255** 88
carrocería **191** 2
~ autoportante **191** 1
~ de plástico **193** 14
carro completo **206** 52
~ corredizo *Sider.* **147** 3
~ corredizo *Cons. naval* **222** 14, 28
~ corredizo giratorio **222** 21
~ de adrales **309** 86
~ de combate m Leopard 1 A 3 **255** 80
~ de diapositivas **114** 77
~ de extinción con locomotora **156** 10
~ de grúa **119** 32
~ de impresión **180** 78
~ de la bancada *Máq.-herr.* **149** 24
~ de la bancada *Fotogr.* **177** 59
~ de la mesa de operaciones **26** 36
~ del arado **65** 14-19
~ de la sierra **122** 71
~ de la sierra con transmisión por cadena **133** 38
~ de mano **120** 6
~ de presa **157** 12
~ de regulación **115** 86
~ deslizante **167** 39
~ eléctrico **205** 29
~ en forma de toro **319** 3
~ guía de la torta de coque **156** 9
~ móvil para plantillas **168** 60
carroncha **377** 19
carro para el culto **328** 36
~ para el culto en miniatura **328** 36
~ para las astillas **157** 16
~ para las compras **99** 1
~ portaagujas **185** 24
~ superior **149** 22
carrotanque **194** 28
carro transportador *Aserr.* **157** 52
~ transportador *Puerto* **226** 4
carroza de carnaval **306** 57
carruaje **186** 1-3, 26-39, 45, 51-54
carrucha **89** 59-64
carrusel **308** 2
carta *Restaur.* **266** 21
~ *Juego* **276** 36
~ comercial **245** 33; **246** 7; **248** 30
~ del ligamento para el tafetán **171** 4
~ de póquer **276** 37
~ de porte **206** 30
~ de vinos **266** 31
~ francesa **276** 37
cartapacio *Oficina* **246** 6
~ *Colegio* **260** 25
carta para el ligamento panameño **171** 11
~ para el reps por trama **171** 13
cartel **280** 8
cartela *Construc.* **119** 6
~ *Arte* **336** 7
cartel anunciador de la película **268** 57
~ anunciador del comercio **268** 39
~ anunciador de los platos **266** 65
~ con la consigna electoral **263** 14
~ con las cotizaciones **250** 8
~ con los precios **271** 19
~ con los precios de las ofertas especiales **271** 65
~ de advertencia **356** 7
~ de advertencias **280** 6
~ de anuncio **308** 50
~ de las mareas **280** 7
~ de las ofertas **99** 19
~ de propaganda **98** 2
~ de publicidad **268** 71
cartelera de cine **268** 57
cartel explicativo **356** 20
~ indicador de las horas de flujo y reflujo **280** 7
cartelón electoral **263** 12
~ publicitario *Estación* **204** 10
~ publicitario *Grandes alm.* **271** 25
cárter **65** 45
cartera *Vestíb.* **41** 17
~ *Colegio* **260** 7, 9
~ de las herramientas **187** 25
cárter del aceite **192** 17
~ del cigüeñal **242** 51
~ inferior del aceite **190** 41
carterista **308** 16
cartero **236** 53
cárter superior del aceite **190** 40
cartílago costal **17** 11
~ tiroides **20** 3
cartón asfaltado **122** 62
~ de huevos **99** 50
~ de leche *Leche* **76** 22
~ de leche *Superm.* **99** 45
~ preparado para la pintura **338** 22
cartucho *Matad.* **94** 5
~ *Comest* **98** 48
~ *Arte* **336** 7
~ calibre 22 de largo **305** 38
~ calibre 222 del rifle Remington **305** 39
~ cassette de película 8 mm **117** 39
~ con fulminante en la base **305** 35
~ con pieza fusible **127** 36
~ de bala **87** 54
~ del filtro de aire **190** 29
~ de película 8 mm **117** 39
~ de película 126 **114** 15
~ de película sonora de súper 8 **117** 29
~ de pequeño formato 110 **114** 17
~ de perdigones **87** 49
~ explosivo **158** 27
~ instamatic **114** 15
~ para los caramelos **47** 32
carúncula **73** 23
casa **37**
~ *Granja* **62** 1
casaca **31** 35
casa calentada por la energía solar **155** 17
~ de bombas **222** 33
~ de comidas **266** 1-29
~ de las fieras **356** 10
~ de las jirafas **356** 10
~ de la urbanización **37** 54
~ del balsero **216** 45
~ del guarda del dique **216** 45
~ de los animales **356** 10
~ de los elefantes **356** 10
~ de los monos **356** 10
~ del párroco **331** 20
~ de madera **37** 84-86
~ de miniatura **273** 56
~ flotante **353** 31
casas escalonadas **37** 58-63
casa, tipos **37**
cascabel **276** 45
~ del trineo **304** 26
cascabelero **306** 40, 59
cascabillo *Agric.* **68** 11
~ *Árbol.* **371** 5
cascada **11** 45
~ artificial **272** 9
cascajo *Estación* **205** 61
~ *Oficina* **246** 27
cascanueces **45** 49
cáscara **59** 42
~ caliza **74** 59
~ con la semilla **384** 40
~ de la cebolla **57** 25
cascarillo **380** 17
cascarudo cigarrero **81** 25
casco *Caballo* **72** 26
~ *Buque guerra* **259** 42
~ *Policía* **264** 35
~ *Barco a motor, esquí acuát.* **286** 32, 35, 39
~ *Jue. pelota* **292** 24
~ auricular *Electrón* **241** 66
~ auricular *Oficina* **249** 63
~ auricular *Colegio* **261** 38
~ de brazo orientable **105** 25
~ de cubierta corrida **258** 2; **259** 22
~ de esquí **301** 13
~ de las embarcaciones de vela **285** 29-41
~ del avión **232** 9
~ del hidroavión **232** 2
~ del traje espacial **6** 22
~ de presión **258** 66; **259** 55, 76
~ de protección *Silvic.* **84** 23
~ de protección *Cerraj.* **140** 22
~ de protección *Policía* **264** 21
~ de protección para soldar **142** 39
~ de seguridad de plástico antigolpes **127** 48
~ doble **284** 65
~ en V **286** 35-37
~ protector *Cantera* **158** 10
~ protector *Cicl., motor* **290** 3
~ protector *Alpin.* **300** 53
~ protector *Dep. inv.* **302** 34; **303** 14
~ protector contra caídas **289** 18
~ protector contra incendios **270** 38
~ secador *Peluq.* **105** 25
~ secador *Papel* **173** 27
cascotes **11** 47
caserío **15** 101
caseta **285** 39
~ de baño **282** 1

~ del guardabarrera **202** 43
~ del timón **223** 18; **224** 14-38
~ para pesar **206** 40
casia **380** 16
casi despejado **9** 21
~ igual **345** 17
casilla **236** 13
~ del guardavía **15** 24
~ de los cubiertos **266** 48
~ del tablero de ajedrez **276** 2
~ para anunciar el retraso del tren **205** 24
~ para anunciar la estación de destino **205** 22
~ para anunciar la hora de salida **205** 23
~ postal **236** 14
casillero de comida **207** 83
~ del correo **267** 2
~ de los discos **241** 48
~ de los huevos **74** 32
casimba *Geogr.* **12** 26
~ *Huerto* **52** 4
casino *Balneario* **274** 8
~ *Ruleta* **275** 1
Casiopea **3** 33
casquete **288** 38
~ de gas **12** 30
~ de la cabeza de imprimir **249** 30
~ de la hélice **230** 33
~ de ventilación **38** 52
~ giratorio del molino de viento **91** 30
~ metálico **326** 35
casquillo **149** 27
~ portabombillas **127** 60
cassette **241** 10
~ de audio **242** 17
~ de la cinta del sonido **117** 76
~ de película de luz diurna **311** 7
~ de película sonora de súper 8 **117** 29
~ de vídeo **242** 18
~ estereofónico **241** 33
~ para la luz de día **177** 50
castaña *Caballo* **72** 27
~ *Árbol* **371** 60
~ *Fruto merid.* **384** 52
~ del Marañón **384** 59
castañeta **324** 46
castaño **384** 48
~ de Indias **371** 58
castañuela **324** 46
castas de las abejas **77** 1, 4, 5
castillete armado **214** 77
~ con estructura de celosía **214** 31
~ de acero con estructura de celosía **214** 77
~ de extracción **144** 1
~ de perforación **146** 1-37
~ de tubos de acero **214** 78
~ soporte **214** 24
castillo *Mapa* **15** 96
~ *Barco* **218** 10
~ *Circo* **307** 28
~ *Caball.* **329** 1
~ de arena **280** 35
~ delantero **218** 19
~ de popa **218** 23; **258** 22
~ de popa con el puente de mando **221** 6
~ de proa **218** 19; **221** 13; **223** 48
~ de proa sumergible **258** 65; **259** 77
~ trasero **218** 23
castor del Plata **366** 14
Cástor y Pólux **3** 28
casuario **359** 1
~ de cresta **359** 1
casulla **30** 50
catacumba **331** 59
cata del vino **79** 16
catador de vino **79** 18
catafaro **187** 45
catalejo **111** 18
catálogo de las piezas de recambio **195** 32
~ de moda **104** 6
catamarán **284** 64
~ con motor fuera borda **286** 21
catapulta de lanzamiento doble **259** 14
catarata **11** 45
catavinos **79** 19
catcher **292** 54, 64
catchup **45** 43
cátedra **262** 4
catedral **335** 1-13, 22
catedrático de Universidad **262** 3
catenaria **197** 41
catéter **27** 30
~ en el envase estéril **26** 31
cateterización del corazón **27** 30
cateto **346** 32
catimbao **307** 23, 24
catocala nupcial **365** 8
cátodo **178** 6
~ de calentamiento rápido **240** 25
catrín **306** 33
cauchera **383** 33
caucho **383** 33
caudalímetro **76** 4
caudatrémula **360** 9
caulículo **334** 23
cauterio **24** 43
cava **79** 1-22
caveto **336** 50
cavidad de la rueda **195** 28
~ del ovario **370** 62
~ faríngea **19** 24
~ nasal **17** 53
~ nidal **359** 29
~ uterina **20** 80
cayado de la aorta **18** 10
cayana **39** 29; **40** 12
caza **86** 1-52, 38; **88**
~ a caballo **289** 41-49
~ acuática **86** 40
cazabombardero e interceptor **256** 1
~ F-104 G Starfighter **256** 29
caza con gerifaltes **86** 42-46
~ con halcones **86** 42-46
~ con hurón **86** 23
~ con papelillos **289** 41-49
~ con perro **86** 1-8
~ con reclamo **86** 47-52
~ con trampas **86** 19-27
~ de animales de presa con trampas **86** 19
~ de la liebre **86** 34-39
~ del jabalí **86** 31
~ del zorro **289** 41-49
~ de montería **88** 1-27
~ de patos **86** 40
~ de pluma **86** 41
~ de rastreo **289** 41-49
cazador *Caza* **86** 1
~ *Hípica* **289** 41
Cazador **3** 13
cazadora *Ropa* **29** 66; **30** 38; **31** 42; **33** 39
~ *Autom.* **194** 5
cazador de minas **258** 80
~ de pieles **306** 8
~ furtivo **86** 29
~ mayor **289** 45
caza en cotos **86** 1-8
~ en época de brama y celo **86** 9-12
~ mayor **88** 1-27
caz de salida **91** 44
~ de traída **91** 41
cazo **45** 14
cazoleta *Tabaco* **107** 36
~ *Bicicl.* **187** 59
~ *Esgr.* **294** 38, 43
cazo para medir la viscosidad **130** 32
cebada **68** 26
~ de las ratas **61** 28
~ en germinación **92** 23
~ perlada **98** 35
cebadera **218** 43
cebadilla **61** 28
cebellina **30** 60
cebo *Caza* **86** 21
~ *Pesca* **89** 65-76
~ de lombriz de tierra **89** 67
~ de ninfas **89** 66
~ de saltamontes **89** 68
cebolla **57** 24
cebolleta **57** 22
cebra **366** 27
cecina **96** 3
cedilla **342** 33
cedro **372** 65
cédula hipotecaria **251** 11-19
cefalópodo **357** 37
ceiba **383** 20
ceja *Anat.* **19** 38
~ *Mús.* **323** 7, 20
~ inferior **324** 4
celada *Hérald.* **254** 4, 7-9
~ *Caball.* **329** 39-42
~ de grilleta **254** 8
celadora **262** 14
celda **77** 26-30
~ con el huevo en su interior **77** 27
~ de incubación **77** 31
~ de obrera **77** 34
~ depósito de polen **77** 35
~ de zángano **77** 36
~ operculada llena de miel **77** 33
~ real **77** 37
~ tapada con la ninfa **77** 32
celentéreo **369** 5, 9, 14, 20; **357** 14
celesta **325** 1
celidonia menor **375** 36
celinda **373** 9
célula **357** 2
~ de medida **116** 55
~ fotoeléctrica **115** 37; **312** 49
~ solar **155** 34
cella **334** 51
cellisca **9** 35
cémbalo **322** 32
~ de Apenzelle **322** 35
~ de Valais **322** 34
cembro **372** 29
cementerio **15** 106; **331** 21-41
~ subterráneo de los primeros tiempos del cristianismo **331** 59
cemento *Anat.* **19** 29
~ *Construc.* **118** 43
cenador **52** 14
cenancle **68** 36
cenefa **223** 17
cenicero *Ester* **42** 29
~ *Sastre* **104** 5
~ *Central el.* **152** 8
~ *FFCC* **210** 6
~ *Oficina* **246** 33
~ del brazo del asiento **207** 46
~ esférico con soporte **266** 5
~ giratorio **208** 29
cénit **4** 11
ceniza de la resurrección **327** 10
cenizo **61** 25
censo electoral **263** 18
centaura negra **376** 12
centáurea **61** 1
~ mayor **380** 10
Centauro **3** 39
centauro **327** 52
Centaurus **3** 39
centavo **252** 19, 23, 33
centena **344** 3
centeno **68** 1
centésima **344** 20
centésimo **252** 20
céntimo **252** 15, 16, 22
central **237** 25
~ atómica **154** 19
~ de conexión **92** 25
~ de datos **248** 43
~ de la inercia **6** 43
~ de transmisión de datos **248** 43
~ eléctrica **144** 13; **152** 1-28; **153**
~ eólica **155** 42
~ hidráulica de bombeo **217** 39-46
centralita **237** 22
~ para supletorios **237** 17
~ telefónica interior **245** 13
central lechera **76** 1-48
~ maremotriz **155** 37
~ nuclear **154** 19
~ telefónica **237** 27-41
~ termoeléctrica **152** 1-28
centrifugación **169** 23
centrífuga de hilar **169** 17
~ de planchas **179** 1
~ depuradora **172** 22, 56
centrifugadora **23** 59
centrífuga pendular **168** 14
centro **346** 26, 43
centrocampista **291** 14
centro de cálculo **244**
~ de curvatura **346** 23
~ de la ciudad **268**
~ del blanco **288** 56
~ del canal **224** 98
~ del cristal **351** 3
~ del escudo **254** 17
~ del volante con protector antichoque **191** 57
~ de mecanizado **150** 41
~ de simetría **351** 3
~ para el ocio **281**
~ para el tiempo libre **281**
cénzalo **358** 16
cepa **78** 6

cepilladora de dos montantes **150** 8
~ de regrosar **132** 45
cepillo **77** 7
~ bocel **132** 25
~ circular **199** 40
~ combado **132** 28
~ con el peso esférico para golpear **38** 32
~ de aire caliente **106** 30
~ de alambre **141** 26
~ de alambre de acero **142** 18
~ de alisar **134** 1, 15
~ de árboles **56** 23
~ de barrer **50** 46
~ de carpintero **120** 64; **132** 15-28
~ de cerdas **100** 12
~ de cerdas fuertes para fregar **50** 56
~ de desbastar **132** 16
~ de dientes eléctrico **49** 29
~ de la alfombra **50** 45
~ de la ropa **50** 44; **104** 31
~ de las limosnas **330** 54
~ de limpieza de los tipos de la máquina de escribir **247** 7
~ del pelo **28** 7
~ de molduras **132** 25
~ dentado **132** 17
~ de púas **105** 16
~ de recambio **49** 30
~ en forma de barco **132** 28
~ giratorio **168** 46
~ mecánico **50** 57
~ metálico **134** 24
~ para aplicar el betún **50** 42
~ para coger las hojas de oro **129** 52
~ para desenredar los cabellos **105** 2
~ para el cabello **105** 10
~ para el cuello **106** 27
~ para el suelo **129** 27
~ para la corteza **56** 23
~ para las varillas guías **136** 39
~ para la vajilla **50** 51
~ para ondular los cabellos **105** 13
~ para perros **70** 28
~ para pulir **100** 11
~ para zapatos **50** 41
cepo **125** 21
cera de abejas **77** 67
cerambícido **358** 38
cerámica acordelada **328** 10
~ de cintas **328** 13
~ de cordel **328** 10
~ de incisiones de muescas **328** 35
cera para esquí **301** 21
cerbatana **352** 26
cerca *Casa* **37** 53
~ *Huerto* **52** 10
~ de alambre **15** 39
cercado de los animales **272** 49
cerca electrificada **62** 46
~ trenzada **216** 54
cerco **52** 10
~ anual **84** 24
~ de refuerzo perfilado **130** 16
~ exterior **120** 31
~ facial de plumas **362** 18
~ interior **120** 32
~ metálico de la chimenea **122** 14
cerda **88** 52
~ del cepillo **50** 47
~ madre **75** 41
cerdo *Granja* **62** 10
~ *An. dom.* **73** 9
~ *Matad.* **95** 38-54
~ de leche **75** 42
~ de matanza **94** 11
~ padre **73** 9
cereal **68** 1-37
cereales, clases **68** 1-37
cerebelo **17** 45; **18** 23
cerebro **17** 42; **18** 22
cereza **59** 5, 6-8; **370** 99
~ de corazón negro **59** 5
~ dulce **59** 5
~ silvestre **59** 5; **373** 32
cerezo **59** 1-18
~ silvestre **373** 30
cerilla *Apic.* **77** 65
~ *Tabaco* **107** 22
cerillera **266** 24
cerillero **266** 24; **267** 49
cerillo **361** 6
cero **275** 18
cerradura antirrobo y de contacto **191** 75
~ cilíndrica **140** 44
~ de la bicicleta **187** 49
~ de la guantera **191** 89
~ de la puerta *Vestib.* **41** 27
~ de la puerta *Autom.* **191** 6
~ de puerta **140** 36-43
~ de radios **187** 49
~ de seguridad **140** 44
~ empotrable **140** 36-43
cerrajería **140** 1-22
cerrajero **140** 1
cerrillada **12** 39
cerrojo *Caza* **87** 20
~ *Cerraj.* **140** 39
~ *Punto* **167** 6, 40
~ del aparato de cambio **202** 28
cervatillo **88** 1
cervecería **93** 1-31
~ de feria **308** 23
cervecero **92** 49
cerveza bock **93** 26
~ de Goslar **93** 26
~ de Munich **93** 26
~ de trigo **93** 26
~ dorada **93** 26
~ en lata **99** 73
~ floja **93** 26
~ fuerte **93** 26
~ malteada **93** 26
~ negra **93** 26
~ Pilsen **93** 26
~ sin alcohol **93** 26
cervicabra **367** 5
cerviz **72** 14
césped **51** 33; **272** 36
~ de juegos **272** 44
~ inglés **69** 26
~ para el reposo **274** 12
~ para los baños de sol **37** 46
cesta **305** 69
~ de flores **266** 29
~ de frutas **266** 57
~ de la correspondencia amontonada **236** 32
~ de mimbre **206** 10
~ para las astillas **309** 10
~ surtida **306** 11
cestería **136** 1-40
cestero **136** 33
cestilla **288** 64
~ de los pescadores **89** 25
cestillo de polen **77** 6
cesto *Cestero* **136** 16
~ *Jue. pelota* **292** 32
~ con las ofertas especiales **96** 18
~ de alambre *Hortic.* **55** 50
~ de alambre *Agric.* **66** 25
~ de alambre *Bicicl.* **188** 23
~ de las patatas **66** 25
~ de los papeles **46** 25
~ de ventas **99** 8
~ hecho con virutas **136** 11
~ para patatas de siembra **66** 21
cetáceo **367** 23-29
cetrería **86** 42-46
cetrero **86** 42
cetro de bufón **306** 59
Cetus **3** 11
cibui **372** 65
cicatrícula **74** 66
ciclamen **53** 5
ciclismo **290** 1-23
cicloergómetro **23** 26
ciclohexanona **170** 20
ciclohexanona-oxima **170** 22
ciclohexano puro **170** 18
ciclomotor **188** 6, 24
ciclón **9** 5
ciclorama *Cine* **310** 12
~ *Teatro* **316** 9
ciclotrón **2** 49
cicuta **379** 4
cidra confitada **98** 10
ciego **20** 17
cielo casi despejado **9** 21
~ cubierto **9** 24
~ despejado **9** 20
~, estado **9** 20-24
~ meridional **3** 36-48
~ nuboso **9** 23
~ poco nuboso **9** 22
~ semicubierto **9** 22
~ septentrional **3** 1-35
~ sin nubes **9** 20
ciénaga **13** 24
cierre *Joya* **36** 10
~ *Caza* **87** 9
~ *Fotogr.* **117** 62
~ de cremallera *Calz.* **101** 6
~ de cremallera *Colegio* **260** 13
~ de la porta **218** 60
~ de la tapa **50** 83
~ del fuelle **324** 38
~ de oro blanco **36** 10
~ de rosca **300** 47
cierva **88** 1
~ pastando **86** 13
ciervo bramando **86** 12
~ en brama **86** 12
~ en celo **88** 4
~ volante **358** 24
cifra arábiga **344** 2
~ romana **344** 1
cigarrera **107** 8
cigarrería **204** 47
cigarrillo **107** 12
~ ruso **107** 14
cigarro **107** 12
~ con filtro **107** 12
~ emboquillado **107** 12
~ puro **107** 2
cigüeñal **190** 23; **192** 23, 29; **242** 50
cigüeñuela **359** 19
ciliada **370** 49
cilindro *Meteor.* **10** 5, 16, 20
~ *Tonel.* **130** 27
~ *Cerraj.* **140** 45
~ *Carret.* **200** 37
~ *Cons. hidr.* **217** 65
~ *Avión* **230** 9, 34
~ *Rastro* **309** 13
~ *Art. gráf.* **340** 40
~ *Matem.* **347** 38
~ abridor **163** 53
~ acanalado **130** 30
~ basculante **62** 19
~ cernedor **91** 26
~ compensador **181** 45
~ compresor *Agric.* **64** 64
~ compresor *Hilat.* **163** 37
~ condensador **163** 71
~ de acero ranurado **164** 10
~ de acero recubierto de caucho **180** 54
~ de agujas **167** 8, 11
~ de alimentación **163** 27, 52
~ de alta presión **153** 23
~ de arranque **163** 71
~ de arrastre inferior **168** 6
~ de arrastre superior **168** 3
~ de aspiración **163** 21
~ de avance *Silvic.* **85** 19, 24
~ de avance *Aserr.* **157** 40
~ de baja presión **153** 25
~ de calandria **163** 37
~ decatizador **168** 50
~ de caucho **180** 24, 37, 54, 63, 79
~ de cobre pulido **182** 7
~ de contacto **164** 4; **165** 32
~ de corte **56** 35
~ de drenaje **172** 24
~ de entrada **157** 4
~ de exploración **177** 45
~ de impresión **181** 44
~ de inmersión **165** 45
~ de la maza **139** 30
~ de la plancha **180** 53, 62
~ del espolón **255** 56
~ del modelo **177** 64
~ del tintero **181** 64
~ de máscara **177** 48
~ de paleta **178** 25
~ de plancha **180** 25, 38
~ de presión *Carp.* **133** 46
~ de presión *Hilat.* **163** 20; **164** 18
~ de presión calentado **168** 41
~ de presión del electrodo **142** 26
~ de presión de madera **163** 32
~ de presión media **153** 24
~ de refrigeración **180** 28
~ de retención **164** 18
~ de sonido **243** 23
~ de vapor **210** 32
~ distribuidor **62** 23
~ distribuidor del color **181** 62
~ elevador **255** 51
~ entintador **181** 61
~ escoba **199** 42
~ escurridor **165** 46
~ estereotipo **181** 51, 60
~ estriado **166** 47
~ hidráulico para la regulación del sistema de energía **64** 8

~ huecograbado **182** 22
~ impresor *Fotogr.* **177** 67
~ impresor *Offset* **180** 35, 64
~ impresor *Tipogr.* **181** 2, 59
~ inferior *Sider.* **148** 55
~ inferior *Hilat.* **164** 10
~ portaplanchas **181** 51, 60
~ prensador **165** 57
~ ranurado **165** 10
~ recto **347** 38
~ refrigerador *Fibra* **170** 27
~ refrigerador *Papel* **173** 25
~ rotativo **273** 45
~ rugoso **168** 34
~ secador **173** 22
~ sumergible **217** 68
~ superior **148** 54
~ superior con recubrimiento de plástico **164** 11
~ tensor **181** 45
~ tomador **163** 53
~ tomador del color **181** 63
~ trepador **157** 5
~ tundidor **168** 44
cilio *Invert.* **357** 10
~ *Botán.* **370** 50
cima *Geogr.* **11** 6; **12** 40
~ *Botán.* **370** 4
~ *Arb. ornam.* **374** 36
~ bípara **370** 70
cimacio **334** 19
cima de la montaña **12** 35
~ unípara escorpioide **370** 76
~ unípara helicoide **370** 77
cimbel **86** 48
cimborrio **335** 6
cimbra **126** 83
cimentación sobre pilotes **216** 8
cimera *Hérald.* **254** 1, 11, 30-36
~ *Caball.* **329** 39
cimiento **145** 2
~ del pilón **214** 81
cincel cruciforme **140** 25
~ cuchara **339** 18
~ curvo **339** 18
~ de aire comprimido **148** 45
~ de esquina **340** 9
~ de huesos **24** 49
~ dentado **339** 13
~ de raspar **158** 37
~ de rincón **340** 9
~ plano *Cerraj.* **140** 26
~ plano *Esc.* **339** 14
~ puntiagudo **140** 25
~ tajador **137** 38
cinco por cuatro **320** 41
cincha **71** 18, 36
~ auxiliar **71** 23
cincho **130** 3, 8
cinchón **71** 18
cine **310-313**; **312** 1
~ ambulante **312** 52
cinema **312** 1
cinemateca **310** 5
cinematografía **312-313**
cínife **358** 16
cinípedo **82** 33
cinquillo **321** 23
cinta *Matad.* **95** 46
~ *Oficina* **249** 16
~ *Arte* **335** 52
~ abrasiva sin fin **133** 15
~ adelgazada mediante los cilindros de estiraje **164** 13
~ adhesiva *Comest.* **98** 47
~ adhesiva *Bric.* **134** 38
~ aislante *Font.* **126** 75
~ aislante *Elec.* **127** 34
~ de batista **153** 46
~ de carda **163** 38, 64
~ de carga **144** 42
~ de costura **103** 14
~ de descarga **64** 83
~ de evacuación del carbón **152** 3
~ de extrafort **104** 19
~ de inspección y clasificación **64** 81
~ de la cassette **241** 12
~ de la coleta **355** 78
~ de la rampa del coque **156** 13
~ de la red **293** 14
~ del freno **143** 105
~ de lingoteras **147** 36
~ de ondas **334** 39
~ de preparación **64** 16
~ de un cuarto de pulgada **238** 5
~ elevadora de remolachas **64** 95
~ gimnástica **297** 49
~ gruesa **164** 12
~ magnética *RTV* **238** 5
~ magnética *Teléf.-telégr.* **237** 63
~ magnética *C. cálc.* **244** 2, 9, 10
~ magnética de ¼ de pulgada **243** 4
~ magnética de ½ de pulgada **243** 5
~ magnética para la grabación de los impulsos del ECG durante el análisis **25** 46
~ magnética perforada **238** 54-59
~ magnetofónica **241** 58
~ métrica *Modista* **103** 2
~ métrica *Grandes alm.* **271** 38
~ ornamental **334** 38
~ para los extremos **103** 14; **104** 19
~ peinada **163** 72
~ perforada *Fotocomp.* **176** 6, 8, 12
~ perforada *Teléf.-telégr.* **237** 32, 62
~ perforada télex **237** 68
~ recolectora de huevos **74** 22
~ transportadora *Agric.* **64** 69
~ transportadora *Avic.* **74** 35
~ transportadora *Leche* **76** 23
~ transportadora *Mina* **144** 40
~ transportadora *Coque* **156** 2
~ transportadora *Huecogr.* **182** 30
~ transportadora *Puerto* **225** 51
~ transportadora con cadenas **64** 7
~ transportadora de carbón **152** 1
~ transportadora de excrementos **74** 27
~ transportadora de hierbas con arrancadores flexibles **64** 76
~ transportadora del alimento **74** 25
~ transportadora de las impurezas **64** 80
~ transportadora de la torre de carbón **156** 4
~ transportadora de tierra **118** 77
~ transportadora para levantar la celulosa **172** 79
cintillo **198** 6
cintón reforzado **258** 81
cintura **16** 31
~ de avispa **355** 53
~ escapular **17** 6-7
cinturilla de la rodilla **33** 41
~ elástica **31** 43
cinturón **29** 55; **30** 11; **31** 10, 41; **32** 39; **33** 23
~ anudado **31** 19
~ de asiento **300** 57
~ de colores indicando el grado **299** 15
~ de corcho **282** 19
~ de escalada **300** 56
~ de ganchos **270** 44
~ de jareta **31** 66
~ de la trinchera **33** 59
~ de plomo **279** 14
~ elástico **31** 63
ciperácea **53** 17; **377** 18
ciprasio **372** 58
ciprés **372** 58
ciprínido **364** 4
circo **307**
~ ambulante **307** 1-63
~ de alimentación **12** 48
circón **351** 19
circuito de agua de refrigeración **154** 10
~ de elementos modulares **242** 68-72
~ de vapor condensado **154** 51
~ de vapor y del agua de alimentación **154** 45
~ electrónico **110** 8
~ integrado *Reloj.* **110** 16
~ integrado *Téc. ens.* **242** 68
~ primario *Energ. nucl.* **154** 42
~ primario *Buque guerra* **259** 65
~ primario de enfriamiento **154** 2
~ primario de sodio **154** 2
~ secundario *Energ. nucl.* **154** 45
~ secundario *Buque guerra* **259** 63
~ secundario de enfriamiento **154** 7
~ secundario de sodio **154** 7
~ terciario **154** 10
circulación de aire **199** 45
~ sanguínea **18** 1-21
círculo *Dep.* **305** 31
~ *Matem.* **346** 42
~ central **291** 2
~ circunscrito **346** 29
~ concéntrico **346** 58
~ con dos mazas **297** 37
~ de tiro **292** 16
~ exterior del blanco **288** 59
~ frontal **297** 47
~ graduado *Ópt.* **113** 27
~ graduado *Cristal.* **351** 32
~ inscrito **346** 31
~ interior del blanco **288** 57
~ límite de las estrellas circumpolares **3** 5
~ medio del blanco **288** 58
~ meridiano **113** 26
~ polar **14** 11
~ por los flancos en el caballo de arcos **296** 54
~ tensor **324** 56
circunferencia **346** 44
~ hecha de duelas **130** 2
cirio **77** 66
~ del altar **330** 7, 34
~ pascual **330** 44
~ votivo **330** 53
cirro **8** 6
cirrocúmulo **8** 14
cirroestrato **8** 7
cirrus **8** 6
ciruela **59** 20
~ claudia **59** 24
~ damascena **59** 20
~ pequeña y amarilla **59** 25
ciruelo **59** 19-23
cisne *Parque* **272** 54
~ *Ave* **359** 16
Cisne **3** 23
cisne común **359** 16
~ mudo **359** 16
~ negro **359** 16
cisterna *Baño* **49** 16
~ *Font.* **126** 14
~ *Autom.* **194** 30
~ de agua **233** 22
~ remolcada **194** 30-33
cítara **322** 15, 21; **324** 21
cítiso de los Alpes **374** 32
city-bike **188** 20
ciudad **15** 51; **268**
civilización megalítica **328** 11
cizalla circular para cartón **184** 20
~ de mano **119** 22, 87
~ de papel **183** 16
~ para el césped **56** 48
~ para los setos **56** 49
~ para pizarra **122** 84
~ para plancha **125** 26
cizallas para el cuero de las suelas **100** 39
~ para huesos **26** 51
cizaña **61** 29
clac **35** 36
clamp arterial **26** 48
claqueta sincrónica **310** 35
claquista **310** 34
claraboya *Ganado* **75** 8
~ *Construc.* **121** 8; **122** 12
~ *Arte* **334** 75
~ lateral **334** 70
clara del huevo **74** 62
clarificación **92** 50
clarinete **318** 4; **323** 34
~ bajo **323** 34
clarinetista **318** 5
claristorio **334** 70
claro *Mapa* **15** 2
~ *Silvic.* **84** 13
clase **260** 1-45; **262** 1
~ de química **261** 1-13

~ de trabajos manuales **260** 46-85
clases de cacería **86** 1-52
~ de lanzamientos **305** 17-20
~ de monotipos **284** 49-65
~ de pan **97** 6-12
~ de pan empaquetado **97** 48-50
~ de trenzado **136** 1-4
~ de yates **284** 49-65
~ hojas según el borde del limbo **370** 43-50
clasicista **342** 6
clasificación **74** 44
~ de cartas **236** 38
~ de la correpondencia **236** 31-44
clasificador **172** 50, 57; **247** 40; **248** 3
clasificadora de huevos **74** 38
clasificador, segundo **172** 58
claustro **331** 52
cláusula de letra de cambio **250** 17
clava de cabeza redonda y gruesa **354** 33
clave *Mús.* **320** 8-11
~ *Arte* **336** 23
clavecín **322** 45
clave de bóveda **335** 32
clave de do, para viola **320** 10
~ de do, para violoncelo **320** 11
~ de fa **320** 9
~ de sol **320** 8
clavel *Flor* **60** 6, 7
~ *Igl.* **332** 21
~ de los poetas **60** 6
~ de ramillete **60** 6
clavelón **60** 20
clavero **382** 26
clavicémbalo **322** 45
clavicordio **322** 36; **325** 1
~ independiete **322** 36
~ ligado **322** 36
clavícula **17** 6
clavija *Construc.* **121** 93
~ *Mús.* **323** 18; **324** 11
~ de afinamiento **324** 23; **325** 17
~ de contacto **127** 9
~ de diagnóstico **195** 2
~ de enchufe del casco auricular **241** 70
~ de la bujía **188** 27
~ de sujección **325** 14
~ de tope **140** 47
~ guía **243** 21
~ hembra de la alargadera **127** 12
~ macho **127** 9
~ macho de la alargadera **127** 11
~ normalizada **241** 70
~ tensora **293** 33
~ trifásica **127** 14
~ tripolar **127** 67
clavijero **323** 19; **324** 10, 19
clavillo **106** 36
clavo *Tornill.* **143** 51
~ *Gimn.* **295** 29
~ *Planta estim., trop.* **382** 28
~ de alambre galvanizado **122** 74
~ de cabeza redonda **121** 95
~ de hierro forjado **121** 94
~ de madera **121** 92
~ de techar **143** 55
~ para colocar pizarra **122** 74
~ para el cartón **122** 96
~ para las varillas **128** 30
claxon **188** 53
clema **127** 29
clérigo **330** 40; **331** 37, 45; **332** 22
~ evangélico **332** 3
~ protestante **332** 3
clienta *Restaur.* **266** 25
~ *Grandes alm.* **271** 16
cliente *Comest.* **98** 43
~ *Superm.* **99** 2, 18
~ *Ópt.* **111** 2
~ *Oficina* **248** 18
~ *Restaur.* **266** 25
~ *Grandes alm.* **271** 55
~ del banco **250** 6
~ del bar **267** 55
~ del café **265** 22-24
~ habitual **266** 40
clima boreal **9** 56
~ de la Tierra **9** 53-58
~ de la tundra **9** 57
~ del hielo eterno **9** 58
~ ecuatorial **9** 53
~ polar **9** 57-58
climatología **9**
clinch **299** 31
clineja **34** 29
clínica quirúrgica **26** 1-54
clinopinacoide **351** 24
clip de la pluma **2** 18
~ de los tirantes **32** 31
clíper inglés **220** 36
clip grande **247** 2
~ pequeño **247** 1
clisé **178** 38
clitelo **357** 26
clítoris **20** 88
clivia **53** 8
cloaca mixta **198** 27
cloración del benzol **170** 8
cloro **170** 7
clorobenzol **170** 9
cloruro **1** 10
~ de sodio **1** 9
~ de sodio **170** 13
clown **307** 24
club **283** 23
~ de hierro **293** 92
~ de madera **293** 91
cobaya **366** 12
cobayo **366** 12
cobertizo de aserrado **120** 3
~ de construcción **222** 3-4
~ de la fruta **225** 52
~ de las herramientas **52** 3
~ de las máquinas **62** 15
~ de las mercancías **206** 26-39
~ del astillero **225** 23
~ de los botes **283** 24
~ de los útiles **55** 1
~ de mercancías **206** 7
cobija **122** 58
cobijo **43** 8
cobranza **86** 36
cobre en bruto **260** 64
~ gris **351** 1
coccinélido **358** 37
cocción **92** 42-53
cóccix **17** 5; **20** 60
cociente **344** 26
~ diferencial **345** 13
cocina **39**
~ *FFCC* **207** 29, 80
~ *Barco* **223** 42
~ de a bordo **231** 20
~ de dos fuegos de gas **278** 33
~ de gas **39** 12
~ de la charcutería **96** 31-59
~ del coche-restaurante **207** 33
~ eléctrica *Cocina* **39** 12
~ eléctrica *Apart.* **46** 32
~ eléctrica *FFCC* **207** 30
cocker **70** 38
coco **383** 48, 53
cocodrilo *Font.* **126** 61
~ *Elec.* **127** 47
~ *Bric.* **134** 11
~ del Nilo **356** 13
cocoideo **80** 35
cocote **306** 37
cocotero **383** 48
cóctel **317** 33
coctelera **267** 61
cocha **13** 33
coche **186** 1-3, 26-39, 45, 51-54
~ *Autom.* **191** 1-56
~ *Taller* **195** 34
~ ambulancia **270** 19
~ automotor de los Ferrocarriles Federales Alemanes **209** 1
~ automotor de mantenimiento de catenarias **211** 41
~ automotor de plataforma regulable **211** 41
~ automotor de turbina de gas **209** 1
~ automotor Diesel **209** 1; **211** 41
~ automotor experimental **209** 23
~ automotor final **211** 61
~ automotor intermedio **211** 62
coche-bar **207** 73
coche-cama **207** 36
coche celular **264** 38
cochecito de la muñeca **47** 10; **48** 24, 31
~ de mimbre **48** 24
~ de niño **28** 30; **273** 31
~ de niño con visión panorámica **28** 34
coche de alquiler **186** 26
~ de caballos **186**
~ de carreras **290** 34-38
~ de carreras de Fórmula 1 **290** 34
~ de carreras de Formula 2 **290** 36
~ de carreras de niño **273** 33
~ de carreras super-V **290** 37
~ de caza **86** 18
~ de correos **236** 52
~ de choque **308** 63
~ de dos caballos **186** 36
~ de dos plazas **193** 26
~ de excursión **186** 33
~ de ferrocarril de cremallera **214** 5
~ de gran capacidad **207** 59
~ del funicular **214** 13
~ deportivo de cuatro asientos **193** 28
~ deportivo de gran turismo **193** 32
~ deportivo GT **193** 32
~ de punto **186** 26
~ de reportaje **239** 1-15
~ descapotable **193** 9
~ de turismo **193** 1-36
~ de un caballo **186** 29
~ de viaje **186** 39
~ especial blindado **264** 16
~ patrulla **264** 10
~ pequeño de tres puertas **193** 19
cochera **270** 1
coche-restaurante **207** 22-32
~ de autoservicio **207** 73
cochero **186** 32
Cochero **3** 27
cochero de la diligencia **186** 40
coche ruso de tres caballos **186** 45
coches de alquiler **233** 33
coche, tipos **193** 1-36
cochevís **361** 19
cochinilla de agua **358** 2
~ de humedad **81** 6
~ de San José **80** 35
cochinillo *An. dom.* **73** 9
~ *Ganado* **75** 39
cochino *Granja* **62** 10
~ *An. dom.* **73** 9
cochorro **82** 1
codal **329** 48
codaste **218** 1; **222** 70-71
~ de la hélice **222** 71
~ del timón **222** 70
codeso **374** 32
codificación **236** 35
código de los esquiadores de señales con la mano **286** 49-55
~ postal **236** 43
codillo *Caballo* **72** 20
~ *Caza* **88** 17, 38
~ *Matad.* **95** 38, 49
~ *Construc.* **121** 41
~ de ángulo **121** 57
~ trasero **95** 54
codo *Anat.* **16** 45
~ *Font.* **126** 52
~ conductor de vapor **153** 28
~ de cardán **67** 6
~ de empalme de la bomba **67** 8
~ de la bajada de aguas **37** 12
~ del tubo de la estufa **309** 6
~, pliegue del
~ reductor **126** 49
codorniz **359** 22
coeficiente **345** 4
cofa **223** 38
~ de gavia **219** 52
~ de mesana **219** 54
~ de trinquete **219** 50
~ mayor **219** 52
cofre **36** 31
~ sepulcral de piedra **328** 17
cogedor de frutas **56** 22
cogienda **63** 31-41
cogujada común **361** 19
cogulla **331** 55
cohete *Salvamento* **228** 2
~ *Carnaval* **306** 54

~ de aceleración para la acumulación del carburante **234** 22, 48
~ de control **234** 63
~ de maniobra **6** 5
~ de maniobra del módulo lunar **6** 39
~ de pilotaje **6** 5
~ lanzacabos **228** 1
~ para regular la posición **234** 38
~ portador **234** 2
~ portador Saturno V del "Apolo" **234** 1
~ S-IC **234** 3
cohombro **57** 13
coipo **366** 14
coipú **366** 14
cojín *Estar* **42** 27
~ *FFCC* **207** 65
~ de aire **243** 27; **286** 66
~ del asiento **42** 23
~ del sofá **46** 17
~ de molde **104** 23
cojinete *Arte* **334** 24
~ central **177** 65
~ de aguante **221** 29
~ de bolas **143** 69
~ de caucho **192** 67, 82
~ de empuje **259** 60
~ delantero para estabilizar la broca horizontal **150** 40
~ del cilindro **148** 60
~ del eje **210** 10
~ de rodillos **164** 47
~ de rosca **140** 61
~ de soporte **91** 10
~ discoidal adhesivo **364** 26
~ esférico **255** 47
~ guía **113** 14
~ móvil para la inclinación del mástil y el gobierno de la tabla **284** 6
cojín neumático **286** 66
~ para el oro **183** 6
col **57** 32
cola *Perro* **70** 12
~ *Caballo* **72** 38
~ *Caza* **88** 19, 47, 49, 62, 67, 75, 80
~ *Molino* **91** 32
~ *Construc.* **122** 89
~ *Encuad.* **183** 15; **184** 9; **185** 32
~ *Colegio* **260** 5
~ *Moda* **355** 80
~ *Ave* **362** 8
~ blanca **134** 36
~ cortada **70** 12
colada *Sider.* **147** 54
~ continua **148** 24-29
cola de caballo *Pein.* **34** 27
~ de caballo *Flor* **376** 18
~ de carpintero *Carp.* **132** 13
~ de carpintero *Bric.* **134** 36
~ de delfín **327** 25
~ de golondrina *Cristal.* **351** 25
~ de golondrina *Articul.* **358** 52
~ de la cometa **273** 43
~ del árbol **223** 60
~ del jabalí **88** 58
~ del tren **197** 4
~ cola de pez **327** 25, 43, 46, 49
coladera **198** 27
cola de serpiente **327** 31
~ de zorra *Flor* **60** 21
~ de zorra *Planta* **69** 27
colado **31** 34
colador *Abast. agua* **269** 32
~ de hilos finos de alambre **260** 66
~ del caldo **96** 45
~ para las astillas **172** 54
cola empenachada **73** 6
~ en abanico **73** 29
~ en forma de hoz **73** 25
~ ensortijada **73** 12
~ para película **312** 22
~ prensil **364** 35
col arbórea **57** 32
colcha **43** 7
cólchico **379** 3
colchón *Dorm.* **43** 10
~ *Hab. niños* **47** 3
~ de espuma con funda de cutí **43** 10
colchoneta blanda **296** 18
~ de lucha **299** 12
~ dura **296** 13; **297** 7
~ para la caída **298** 36
colchón hinchable **278** 31
~ hinchable para la playa **280** 17
~ neumático *Camping* **278** 31
~ neumático *Playa* **280** 17
col de Bruselas **57** 30
~ de crema **97** 27
~ de Estrasburgo **57** 32
~ de Milán **57** 33
~ de san Dionisio **57** 32
~ de York **57** 32
colección de cráneos **261** 15
colecistografía **27** 4
colectivo **194** 9
colector **155** 19
~ de admisión con mariposa **190** 15
~ de barro **199** 47
~ de central solar **155** 28
~ de cieno **198** 23
~ de corriente **197** 2
~ de escape **190** 36
~ de las aguas residuales **199** 27
~ de lodos **210** 28
~ del polvo articulado **133** 20
~ de lluvia **10** 40, 45
~ de polvo **147** 14
~ de vapor **210** 21
~ de virutas con aspirador **132** 48
~ negro **155** 29
~ -pulsador de la leche **75** 32
~ solar **155** 32
colegio **260, 261**
~ de enseñanza media **261** 1-45
~ de preescolar y enseñanza primaria **260** 1-85
~ electoral **263** 16
coleóptero *Plaga* **82** 1
~ *Articul.* **358** 24-39
coleta *Pein.* **34** 6
~ *Toros, rodeo* **319** 26
~ *Moda* **355** 77, 78
colgadero *Vestib.* **41** 2
~ *Matad.* **94** 21
~ de heno **63** 29
~ para sacudir alfombras **37** 51
colgadizo **37** 67
colgante *Joya* **36** 11
~ *Puente* **215** 41
colibrí **363** 4
~ sappho **363** 4
coliflor *Hortal.* **57** 31
~ *Superm.* **99** 84
colimador **351** 30
colina *Geogr.* **13** 66
colinabo **57** 32
colina del ciclorama **310** 13
colirrojo de los jardines **360** 3
~ real **360** 3
colmado **98** 1-87
colmena **77** 52
~ de madera **77** 45-50
~ movilista con los panales **77** 45
~ múltiple con los panales **77** 45
colmenar antiguo **77** 51
~ moderno **77** 56
colmenero **77** 57
colmenilla cónica **381** 27
~ redonda **381** 26
colmillo *Anat.* **19** 17
~ *Caza* **88** 54
~ *Mamíf.* **366** 22; 367 22
colocación correcta de las manos **293** 56-57
~ del cuadernillo **183** 12
~ del hilo sobre el gancho de la aguja mediante el guiahílos **167** 64
colocho **132** 40
colofonia **323** 11
colombina **306** 27
colon ascendente **20** 19
~ descendente **20** 21
colonia de pulgones **80** 34
colon transverso **20** 20
color **343**
~ al agua **338** 18
~ de la escala de incandescencia **343** 16
~ del arco iris **343** 14
colorín **360** 1
color para pintar a la aguada **338** 17
~ para pintar al temple **338** 17
colposcopio **23** 5
cólquico **379** 3
col rizada **57** 34
columna *Construc.* **120** 25
~ *Máq.-herr.* **150** 21
~ *Textil* **168** 16
~ *Encuad.* **185** 65
~ *Escrit.* **342** 45
~ anunciadora **268** 70
~ central **114** 46
~ corintia **334** 10
~ de arcilla **159** 14
~ de capitel palmiforme **333** 17
~ de concreciones calcáreas **13** 82
~ de destilación **145** 49
~ de destilación con plataformas superpuestas **145** 37
~ de dirección **192** 56
~ de la balanza **349** 29
~ de la luneta **150** 30
~ de mercurio **10** 2
~ de soporte **2** 29
~ dórica **334** 8
~ embebida **335** 35
~ entregada **335** 35
~ guía **139** 42
~ inclinada **116** 28
~ jónica **334** 9
~ lotiforme **333** 13
~ montante de abastecimiento del silo **62** 12
~ papiriforme **333** 15
~ perfilada **116** 42
~ persa aqueménide **333** 23
columnas geminadas **336** 6
columna vertebral **17** 2-5
columpio de barcos **308** 41
~ de neumático **273** 18
~ doble **273** 39
~ volteador **308** 42
colza **383** 1
collado **12** 42
collar *Joya* **36** 2
~ *Tornill.* **143** 33
~ *Etnogr.* **352** 14
~ *Pez, anfib., rept.* **364** 39
~ de coral puro **36** 34
~ de flores **306** 17
~ de folklore **31** 28
~ de marfil **36** 28
~ de oro **328** 26
~ de perlas **36** 32
~ de perlas cultivadas **36** 12
~ de perro **70** 13
collarino **334** 22
collar tirolés **31** 28
collera **71** 15
coma **342** 18
~ de decimales **344** 20
comadreja **366** 2; **367** 16
comandante **235** 17
comba *Construc.* **118** 54
~ *Parque* **273** 15, 16
combate con camiseta **299** 25
~ de boxeo **299** 20-50
~ sin camiseta **299** 25
combinación **32** 13
~ de cristales **351** 1-26
~ grada-desterronador **65** 87
combinado de azada y horquilla **56** 7
~ de dos piezas **30** 45
combo **134** 7
combustible *Avión* **230** 19, 48
~ *Astron.* **234** 62
~ del depósito derecho **230** 17
~ del depósito izquierdo **230** 16
~ líquido **235** 36
~ nuclear **154** 4
~ para motores diesel **145** 56
~ sólido **235** 58
comedero *Perro* **70** 32
~ *Avic.* **74** 21
~ *Ganado* **75** 37
~ automático **74** 13
~ de heno **75** 12
~ de invierno **86** 28
~ exterior **62** 9
~ móvil **74** 4
comediante **316** 37, 38
comedor *Estar.* **42** 33-34
~ *Comed.* **44**
~ *FFCC* **207** 32, 77
~ *Barco* **223** 44
~ *Restaur.* **266** 73
~ *Hotel* **267** 20
comerciante **98** 41

~ al por menor **98** 41
comercio de orfebre **215** 33
cometa *Matem.* **346** 38
~ *Colegio* **260** 71
~ *Parque* **273** 42
comida completa para perros **99** 36
~ para animales **99** 36-37
comienzo de la limitación de velocidad permanente **203** 42
~ de la limitación de velocidad provisional **203** 39
~ de la primavera **3** 6
~ del otoño **3** 7
comilla **342** 26
~ de valor **342** 22
~ francesa **342** 27
comisario **384** 28
comisura de los labios **19** 19
~ labial **16** 14
cómitre **218** 47
cómoda de la ropita del niño **28** 11
~ para los zapatos, maletín, etc. **41** 8
compacto triple **241** 52
compañero de entrenamiento **299** 27
~ de mesa **267** 42, 43
comparsa *Cine* **310** 29
~ *Teatro* **316** 39
compartimiento **208** 24
~ de 1ª clase **207** 17
~ de 2ª clase **207** 10; **208** 22
~ de cables **235** 61
~ de carga útil **235** 13, 14, 26
~ de cola del equipo electrónico **257** 18
~ de dos camas **207** 38
~ de equipajes **257** 19
~ de gran capacidad **207** 61; **208** 9
~ de la cassette *Electrón.* **241** 6
~ de la cassette *Audiovis.* **243** 8
~ de la cassette *Oficina* **249** 72
~ de la lámpara **177** 41
~ de las baterías *FFCC* **207** 5, 25
~ de las baterías *FFAA* **257** 17
~ de la tripulación **235** 16
~ del equipaje **194** 18; **208** 15
~ de los acumuladores **188** 22
~ de los caballos **75** 2
~ de los cochinillos **75** 36
~ de los motores-cohetes de separación delantera **235** 60
~ de los paracaídas auxiliares **235** 59
~ de los paracaídas de salvamento **235** 60
~ de los pasajeros **207** 13
~ del personal **207** 81
~ del tren expreso **207** 43
~ del tubo de calefacción **259** 93
~ de mecanografía **209** 26
~ de parto **75** 40
~ de proa del equipo electrónico **257** 11
~ intermedio **234** 31, 36
~ motor **195** 35
~ para abastecimiento y herramientas **234** 56
~ pequeño **75** 22
~ reservado **205** 26
~ secretaría **205** 37
compás *Naveg.* **224** 46-53
~ *Dep. aéreo.* **288** 12
~ *Mús.* **320** 28-42
~ cortador **124** 22
~ de ajuste rápido **151** 64
~ de espesor **339** 3
~ de pizarra **260** 40
~ de precisión **151** 64
~ de proporciones **339** 2
~ de puntas recambiables **151** 52
~ de tiza **260** 40
~ de varas **125** 11
~ líquido **224** 46
~ magnético **223** 6; **230** 6
~ matriz **224** 51
~ repetidor **224** 31, 52
~ repetidor con alidada **224** 53
compendio **313** 3
compensador acumulador **165** 51
~ del balanceo **288** 25, 30
competición de habilidad **290** 32
~ de natación **282** 24-32
complejo de emisión radiofónica **238** 16-26
~ funerario **333** 6
componedor **174** 13, 23
componedora monotipo normal **174** 32
componente de salto de un reloj de pulsera automático **110** 32-43
composición *Fotocomp.* **174** 15; **175** 1-17
~ *Tipogr.* **181** 37
~ a mano **174** 1
~ conservada **174** 11
~ mecánica **174** 27
compost **55** 15
compota **45** 30
compotera **45** 28
comprador *Superm.* **99** 2
~ *Grandes alm.* **271** 55
compradora *Superm.* **99** 18
~ *Grandes alm.* **271** 16
compresa para la radiografía de los riñones y de las vías biliares **27** 4
compresión delantera **235** 19
compresor *Pintor* **129** 33
~ *Herr.* **138** 3
~ *Petról.* **145** 45
~ *Energ. mod.* **155** 4
~ *Limp. públ.* **199** 18
~ de aire **211** 44; **212** 34, 58, 72
~ de alta presión **232** 36
~ de baja presión **232** 35
~ de gas **156** 26
~ del aire *Petról.* **146** 23
~ del aire *FFCC* **211** 14
~ frigorífico **92** 22
comprobador de electricidad **127** 55
~ de inflado **196** 20
~ de la convergencia y la inclinación de la rueda **195** 17
~ de la presión de inflado **196** 17
~ de las pilas **25** 52
~ de reglaje de los faros **195** 24
~ de superficies **112** 37
~ de tensión **127** 55
compromiso **34** 3
compuerta *Molino* **91** 43
~ *Cons. hidr.* **217** 77
~ de esclusa **217** 18
~ de fondo del cenicero **210** 7
~ del viento **91** 4
compuesta palmeada **370** 39
~ pinnada **370** 40
computadora de composición **176** 10
comulgante **332** 27
común denominador **344** 19
comunicación por télex **237** 65
comunión **332** 26
~ de los fieles **332** 48, 50
concagua **118** 43
concavidad **11** 48
concertina **324** 36
concha *Invert.* **357** 29
~ *Pez. anfib., rept.* **364** 29
~ de caracol **357** 29
~ del apuntador **316** 27
~ de peregrino **309** 46
~ de Santiago **309** 46
concho **268** 64
Concorde **231** 15
concreción calcárea **13** 80-81, 82
concreto **119** 72
concurso completo de equitación **289** 16-19
~ de saltos de obstáculos **289** 8-14
~ hípico **289** 8-14
condensador *Opt.* **112** 8
~ *Energ. nucl.* **154** 17, 35
~ *Energ. mod.* **155** 8
~ *Fibra* **170** 5
~ *Papel* **172** 30, 42, 48
~ *Buque guerra* **259** 64
~ *Quím.* **350** 48
~ de desagüe **92** 4
~ de inyección **172** 16
~ de la mecha **163** 59
~ de lavado **172** 44
~ de superficie **152** 24
~ para el agua de remojo **92** 6
~ para los motores auxiliares **211** 17
~ universal del microscopio de investigación **112** 66
condiciones geológicas de una mina de sal **154** 57-68
condimento para sopas **98** 30
conducción de gas **145** 29
~ del agua **74** 26
conducto a presión **270** 31
~ auditivo **17** 34, 58
~ cístico **20** 38
~ común de la bilis **20** 37-38
~ de admisión **190** 18
~ de admisión de aire **209** 11
~ de admisión de hidrógeno líquido **234** 23
~ de aire *Sider.* **148** 2
~ de aire *Mús.* **326** 11
~ de alimentación del oxígeno líquido **234** 10
~ de aspiración **270** 30
~ de calefacción urbana **198** 28
~ de evacuación de aire **38** 51
~ de evacuación del secador **92** 19
~ de la cámara de polvo **163** 11
~ de la gasolina **286** 25
~ del aire caliente **147** 19
~ del gas **147** 18, 27
~ del hidrógeno líquido **234** 51
~ de llegada del aire comprimido **133** 45
~ de oxígeno líquido **234** 52
~ de refrigeración **235** 38
~ de salida del humo **258** 44
~ de salida de los gases de escape **258** 79
~ de vaciado del depósito del grano **64** 26
~ de vapor de alta presión **259** 63
~ de ventilación **190** 12
~ espermático **20** 74
~ hepático **20** 37
~ para el escape de gases **221** 17
~ para la salida del gas **221** 38
~ principal de distribución **38** 71
~ principal de hidrógeno **235** 35
~ principal de retorno **38** 80
conductor *Central el.* **153** 34, 43
~ *Hípica* **289** 26
~ de cobre **127** 43
~ del bob **303** 20
~ del tractor **62** 39
~ de skeleton **303** 23
~ de toma **153** 18
conectador **6** 28
conector hembra de diagnosis **195** 39
coneja *An. dom.* **73** 18
~ *Caza* **88** 65
conejera **86** 26
conejillo de Indias **366** 12
conejo *An. dom.* **73** 18
~ *Caza* **88** 65
~ macho **73** 18
conexión del absorbedor **27** 44
~ del agua de aclarado **179** 5
~ del aire comprimido **153** 53
~ del disparador a distancia **117** 9
~ del gas combustible **141** 31
~ de los auriculares **117** 10
~ de los cables **239** 3
~ de los módulos **242** 70
~ del oxígeno **141** 29
~ delta **153** 21
~ del transformador **153** 19
~ de pared para el tratamiento con oxígeno **25** 23
~ de tubos **208** 16
~ en estrella **153** 20
~ en triángulo **153** 21

conexiones de los cables para la radio **6** 26
~ de los tubos de los sistemas de ventilación y refrigeración **6** 26
conexión principal **237** 24
~ telefónica con la central de concentración de datos **242** 20
confección de la malla **167** 65
conferencia interurbana **237** 3
~ urbana **237** 3
confeti **306** 62
confite **97** 17-47
confitería **97** 1-54, 67-70
confitura **98** 51
confluencia **224** 90
conga **324** 55
congelado **99** 58-61
congelador *Cocina* **39** 5, 7
~ *Carnic.* **96** 21
~ *Panad.* **97** 65
~ *Superm.* **99** 57
congolo **89** 29
congregación de los fieles **330** 29
conífera **372** 1-71
conjunto **31** 49
~ A **348** 1
~ B **348** 3
~ de calle **29** 1
~ de dos piezas de chica **29** 50
~ de dos piezas vaqueras **31** 58
~ de instrumentos **234** 53
~ de muelas **111** 28
~ para las reuniones **246** 31-36
~ playero **280** 19
conjuntor **311** 16
conmutación electrónica **237** 42
conmutador *Abast. agua* **269** 47
~ *Clisé* **178** 20, 36
~ de conferencias **242** 22
~ de grupos **238** 42
~ de horquilla **237** 13
~ de la velocidad de la película **117** 12
~ del flash **114** 33
~ del indicador del nivel de grabación sonido/imagen **243** 15
~ del limpiaparabrisas con avisador sonoro **191** 60
~ del proyector **195** 20
~ del sistama de regulación **117** 11
~ del timón de proa **224** 23
~ de luces y del intermitente **191** 59
~ de pedal **157** 66
~ de programa de trucaje **117** 87
~ estéreo-cuadrafónico **241** 46
~ giratorio **237** 42
~ rápido de aire comprimido **152** 34; **153** 51-62
cono *Geogr.* **11** 24
~ *Tornill.* **143** 67
~ *Bicicl.* **187** 58
~ *Matem.* **347** 43
~ *Árbol.* **371** 32
~ *Coníf.* **372** 2, 13, 41
~ *Flor* **376** 19
~ con semillas **372** 57
~ cristalino **77** 21
~ de cierre **147** 6
~ de empuje **234** 35
~ de fango **11** 51
~ de la palanca del freno **187** 67
~ de las cuchillas fijo **172** 76
~ de las cuchillas giratorio **172** 75
~ del freno **187** 71
~ del pino cembro **372** 29
~ del pino de Weymouth **372** 30
~ de refuerzo **153** 36
~ de revestimiento trasero **235** 63
~ de sincronización **192** 33
~ femenino **372** 4, 16, 22, 62, 68
~ masculino **372** 6, 17, 24, 62, 68
~ redondo **36** 79
~ resonante **326** 12-14
~ Seger **161** 6
~ truncado **347** 45
conserva *Carnic.* **96** 25
~ *Comest.* **98** 15-20
~ *Superm.* **99** 91
~ de larga duración **96** 25
~ de pescado **96** 28; **98** 19
conservador del aceite **152** 42
conserva vegetal **96** 27
consigna automática **204** 21
~ de equipajes **233** 39
~ para las maletas **204** 27
consola central **261** 37
~ de la cama **43** 17
~ del equipo electrónico de la nave **235** 22
~ de mando **76** 11
~ de un órgano de transmisión eléctrica **326** 36-52
~ de visualización del programa de radio informatizado **238** 2
~ para vigilar el ritmo cardíaco y la presión sanguínea **25** 1
consólida **60** 13
consolidación de la orilla **216** 51-55
constante de la integral **345** 14
Constelaciones **3** 9-48
construcción **118, 119**
~ de autopistas **201** 1-24
~ de carreteras **200, 201**
~ de carreteras de hormigón **201** 1-24
~ de cuadernas de costura **285** 54
~ de depósitos **130** 1-33
~ de hormigón armado **119** 1-89
~ de madera *J. infancia* **48** 28
~ de madera *Colegio* **260** 72
~ de salida **217** 44
~ de soporte **146** 38
~ de suelos, techos, escaleras **123**
~ de tejados **121** 27-83
~ de un circuito con módulos magnéticos **242** 72
~ en bóveda **337** 21
~ fluvial **216**
~ hidráulica **217**
~ naval **222**
~ para juegos de aventura **273** 21
constructor de arrecifes **357** 17
~ de depósitos **130**
consuelda **69** 13; **375** 45
~ real **60** 13
consulta **22** 5; **23** 1
consultorio de medicina general **22** 1-74
contacto **127** 38-39
~ auxiliar **153** 57
~ central **114** 72
~ central para flash **115** 21
~ de catenaria **197** 40
~ de cubo-flash **114** 13
~ de flash **114** 30
~ de rotura de la película **312** 30
~ magnético **242** 71
contador **163** 61
~ automático de impulsos **25** 42
~ de agua **269** 53
~ de cinta **241** 64; **243** 9
~ de corriente y voltaje **242** 77
~ de franqueo **22** 24
~ de gas **126** 5; **156** 31
~ de irradiación **2** 1-23
~ de la corredera **224** 57
~ de la electricidad **127** 32
~ de la película **117** 52
~ de las fotografías **115** 17
~ del billar **277** 17
~ del consumo de CO_2 **27** 49
~ del número de revoluciones **230** 8
~ del progreso de la enseñanza **242** 5
~ de pasadas **167** 43
~ de reloj **76** 4
~ de rueda ovalada **76** 4
~ de turbina **269** 53
~ de vueltas **166** 2
~ Geiger **2** 19
~ horario **249** 74
~ métrico de hilado **165** 28
~ potenciométrico **23** 55
container descargado **194** 27
contenedor *Estación* **206** 57
~ *Puerto* **226** 3
~ cargado en cubierta **226** 6
~ de basura **199** 4
~ de lanzamiento **258** 32
~ de lanzamiento de misiles **258** 71
~ estibado en la cubierta **221** 22
~ pequeño **206** 19
contertulio **266** 40
continente *Mapa* **14** 12-18
~ antártico **14** 18
continua de anillos **164** 34
~ de aros **164** 34
~ de hilar **164** 34
contra *Matad.* **95** 13, 34
~ *Jue. pelota* **291** 45
contraapresador **325** 31
contrabajo **322** 23; **323** 23
contracable **214** 46
contracarril **202** 23
contraclavija **143** 74
contracorriente ecuatorial **14** 33
contrafagote **323** 28
contrafoque **219** 20
contrafuerte *Zapat.* **100** 59
~ *Calz.* **101** 37
~ *Cons. hidr.* **217** 80
~ *Jue. pelota* **291** 23
~ *Caball.* **329** 26
~ *Arte* **335** 27
contrahuella **123** 33, 48
contramaestre **221** 114
contramarcha de la correa trapezoidal **109** 21
contraoctava **321** 43
contrapeso *Riego* **67** 37
~ *Opt.* **113** 19
~ *Construc.* **119** 33
~ *Forja* **139** 34
~ *FFCC* **202** 18
~ *Cons. hidr.* **217** 76
~ *Puerto* **226** 50
~ *Electrón* **241** 22
~ *FFAA* **255** 78
~ del cable portante **214** 41
~ del freno *Tornill.* **143** 103
~ del freno *Tejido* **166** 63
contrapuente **120** 55
contrapunta del cabezal móvil **149** 26
contrario **293** 18
contrarrodillo de goma **117** 35
contraseña de la chimenea **223** 2
~ del guardarropa **315** 7
contrasoplado **162** 25
contratista de mercancías **206** 28
contratrés **302** 17
contratuerca **143** 30
contratuerca estrellada **187** 54
contraventana *Astron.* **5** 14
~ *Casa* **37** 30
contravuelta **302** 18
contrayente **332** 15-16
controlador de la presión **269** 47
control analógico **242** 38
~ de enfoque de la imagen **243** 10
~ de entrada **199** 12
~ de la cámara **242** 36
~ de la circulación **264** 9
~ de la imagen **238** 63; **239** 10
~ de la sobrecarga del motor principal **224** 33
~ del lazamiento con el dedo índice **89** 64
~ del nivel de grabación **241** 61; **242** 14
~ del nivel de grabación del sonido **243** 11
~ del sistema **234** 17
~ del sonido **238** 20, 27, 41, 54; **239** 7, 8
~ del tiempo de permanencia bajo el agua **279** 16
~ de pasaportes **233** 42
~ de sintonización **241** 54
~ de volumen **241** 41
~ de volumen de la voz de los alumnos **261** 43

~ de volumen del programa **261** 44
~ digital **242** 35
~ para la capa límite **231** 8
~ para los generadores trifásicos **153** 1
convalaria **377** 2
convento *Mapa* **15** 63
~ *Igl.* **331** 52-58
convertible **193** 9
convertidor de par **190** 70
~ L-D **147** 45-50
~ Linz-Donawitz **147** 45-50
~ soplado por oxígeno **147** 45-50
~ Thomas **147** 55-69
convidado de un banquete privado **267** 40-43
convoy *Mesa* **45** 42
~ *Autom.* **194** 20
~ *Restaur.* **266** 22
coñac **98** 59
coordenada cartesiana **347** 1, 2-3
~ geográfica **14** 1-7
~ ortogonal **347** 1
~ rectangular **347** 1
copa **370** 3
~ alta **45** 85
copada **361** 19
copa de champaña **45** 85-86
~ de cóctel **267** 56
~ de coñac **45** 88
~ de helado **266** 76
~ del árbol **272** 60
~ de licor **45** 89
~ de madeira **45** 84
~ de vino *Mesa* **45** 12
~ de vino *Restaur.* **266** 33
~ de vino blanco **45** 82
~ de vino dulce **45** 84
~ de vino tinto **45** 83
~ en forma de cáliz soplada con la boca **162** 41
~ larga **317** 32
~ llana **45** 86
~ para la comunión de los fieles **332** 50
~ para vinos del Rin **45** 87
copas **276** 44
copero **329** 69
copete *Caballo* **72** 2
~ *Caza* **88** 78
~ *Construc.* **121** 11
~ de flores **383** 65
copetuda **361** 19
copia de cristal a cristal **111** 27
~ del sonido **311** 1-46
copiadora automática con rollos de papel **249** 32
~ automática de películas **176** 28
copiloto **230** 25, 37
copo *Pesca* **90** 22
~ *Botán* **370** 3
~ de algodón maduro **163** 1
~ de avena **98** 37
copón **332** 48
coquería **156** 1-15
coquería *Mina* **144** 7-11
~ *Fibra* **170** 2
coqueta **376** 1
coral **357** 17
~ córneo **369** 8
~ rojo **357** 17
coraza de hierro de la pierna **319** 19
corazón *Anat.* **18** 14; **19** 66; **20** 8, 24-25, 45-57
~ *Fruta* **58** 36, 39
~ *Heráld.* **254** 17
~ *Juego* **276** 40, 44
~ del tronco **120** 84
corbata *Ropa* **32** 41
~ *Bandera* **253** 9
corbeta de cinco palos **220** 32-34
~ de cuatro palos **220** 29
~ de tres palos **219** 1-72
corcel de las musas **327** 26
~ de los poetas **327** 26
corcino **88** 39
corchea **320** 16
corchera **282** 32
corcheta *Christ.* **124** 23
~ de platino **23** 15
~ para el transporte **152** 48
corchete *Zapat.* **100** 62
~ *Mús.* **320** 5
~ *Escrit.* **342** 25
~ comprensor **163** 16
corcho *Pesca* **89** 43-48
~ de caña fusiforme **89** 43
~ de la botella de champaña **267** 58
cordada **300** 22-27
cordaje de la raqueta **293** 31
cordal *Mús.* **323** 7; **324** 4, 13
cordel *Parque* **273** 15
~ largo **90** 28
~ para la columna **174** 16
~ para la limpieza **87** 64
~ para marcar **128** 45
cordero *An. dom.* **73** 13
~ *Ganado* **75** 11
cordial **19** 66
cordillera **12** 39; **13** 60
cordón *Casa* **37** 8
~ *Zapat.* **100** 64
~ *Calz.* **101** 21
~ *Jue. pelota* **291** 32
cordoncillo **252** 11
cordón cruzado **29** 37
~ de junco de la China **136** 28
~ de la capucha **29** 64
~ de la corriente enrrollado **50** 66
~ de perlas **334** 38
~ de un brazo **52** 29
~ eléctrico *Cocina* **39** 25
~ eléctrico *Apar. hogar* **50** 77
~ horizontal de dos brazos **52** 17
~ horizontal simple **52** 79
~ para atar **29** 67
~ prolongador **127** 10
~ vertical **52** 2
coriana **43** 8
cormorán moñudo **359** 10
cornamenta **88** 5-11, 29-31
cornamusa **322** 8
córnea **19** 47
corneja *Caza* **86** 50
~ *Ave* **361** 2
cornejo hembra **373** 30
córner **291** 41
corneta *Mús.* **323** 43
~ *Bandera* **253** 22
~ curvada **322** 12
~ del postillón **186** 41
cornetín **323** 39
cornezuelo **68** 4
cornijal **120** 52
cornisa *Casa* **38** 11
~ *Apart.* **46** 5
~ *Alpin* **300** 4, 13, 20
~ *Arte* **334** 11-14; **335** 48
~ del tejado **122** 36
cornisamento de cabrio **37** 9
corno de caza **323** 41
~ inglés **323** 38
coro *Igl.* **330** 32
coro *Arte* **335** 4
~ del teatro **315** 21
corola desplegada **378** 4
corona *Astron.* **4** 39
~ *Anat.* **19** 37
~ *Dent.* **24** 28
~ *Caza* **88** 9
~ *Reloj.* **110** 42
~ *Dinero* **252** 24, 25, 26, 27
~ *Heráld.* **254** 37, 38, 42-46
~ *Arte* **336** 10, 39
~ *Matem.* **346** 57
Corona Boreal **3** 31
coronación del dique **216** 39
~ del muro **217** 59
corona circular **346** 57
~ de arranque **192** 31
~ de azahar **332** 19
~ de barón **254** 44
~ de cabello **34** 32
~ de conde **254** 45
~ de Francfort **97** 42
~ de ganchos **81** 38
~ de hojas *Heráld.* **254** 12
~ de hojas *Arte* **334** 25
~ de hojas *Frutomerid.* **384** 29, 62
~ de la cuerda **110** 42
Corona del Norte **3** 31
corona de novia **332** 19
~ dentada *Tornill.* **143** 90, 93
~ dentada *Bicicl.* **187** 44
~ de orificios **237** 11
~ de oro **24** 28
~ de pasta **24** 28
~ de príncipe **254** 40
~ de príncipe elector **254** 41
~ de rayón **169** 18
~ de rayos **332** 37
~ de rotación **215** 64
~ de título nobiliario **254** 43-45
~ ducal **254** 39
~ giratoria **215** 64
~ giratoria de la reja **200** 22
~ imperial **254** 38
coronamiento del cilindro **217** 66
corona mural del escudo de armas de una ciudad **254** 46
~ nobiliaria **254** 43
~ real inglesa **254** 42
~ solar **4** 39
coronilla **16** 1
corota **73** 22
corpiño **31** 30
corps de ballet **314** 25
corral *Juego* **276** 27
~ *Torros, rodeo* **319** 14
corral plegable **28** 39
correa *Ropa* **30** 11; **31** 10; **32** 39; **33** 23
~ *Perro* **70** 30
~ *Construc.* **121** 76
~ *Tejido* **166** 22
~ *Avión* **230** 56
~ *Cicl., motor.* **290** 22
~ de caucho claveteada **64** 79
~ de cuero **164** 16
~ de cuero para la sujeción a la barra **296** 47
~ de la cola **71** 34
~ de la muñeca **300** 32
~ del crampón **300** 51
~ del hombro **260** 11
~ del lomo **71** 32
~ de los aparatos de buceo de aire comprimido **279** 12
~ de sujeción **301** 3
~ de transmisión *Modista* **103** 10
~ de transmisión *Offset* **180** 58
~ para la mano **301** 7
~ principal de sustentación **288** 42
~ transportadora **169** 32
corrección de la geometría del tubo de imágenes **242** 39
~ del grabado **182** 21
corrector **311** 19
~ selectivo de color **177** 51
~ universal **238** 48
corredera *Átomo* **2** 37
~ *Caza* **87** 69
~ *Molino* **91** 22
~ *Estudio* **151** 53
~ *Cons. hidr.* **217** 53-56
~ *Remo* **283** 45
~ *Mús.* **326** 33
~ *Quím.* **349** 33
~ del chasis **114** 64
~ del peso **22** 68
~ perfeccionada **224** 54
corredor *Hilat.* **164** 55
~ *Jue. pelota* **292** 45, 66
~ *Atlet.* **298** 5
~ *Dep. inv.* **301** 71
~ ciclista **290** 8
~ ciclista tras moto **290** 14
~ de comercio **251** 4, 5
~ de fondo *Atlet.* **298** 5
~ de fondo *Cicl., motor* **290** 14
~ de los seis días **290** 2
~ de luge **303** 12
~ de medio fondo **298** 5
~ de motos **290** 25
~ de popa **218** 56
~ por carretera **290** 8
~ sobre pista en equipo **290** 2
correhuela **61** 26
correílla **75** 51
correos **236**
correspondencia **236** 31-44, 55
corresponsal **342** 54
corrida de toros **319** 1-33
corriente **216** 9
~ ascendente del frente **287** 25
~ australiana occidental **14** 45
~ australiana oriental **14** 38
~ chorro **7** 5
~ de agua subterránea **269** 3
~ de aire **9** 25-29
~ de aire ascendente **287** 21
~ de aire cálido **9** 28
~ de aire frío **9** 29
~ de Benguela **14** 43
~ de California **14** 39
~ de Humboldt **14** 42
~ de las Agulhas **14** 37

~ de las Canarias **14** 41
~ del Brasil **14** 35
~ del Golfo **14** 30
~ del Labrador **14** 40
~ del Perú **14** 42
~ de Somalia **14** 36
~ de viento del Oeste **14** 44
~ ecuatorial del Norte **14** 32
~ ecuatorial del Sur **14** 34
~ marina **14** 30-45
~ marina cálida **14** 28
~ marina fría **14** 27
~ secundaria **232** 50
corrimiento de tierras **11** 50
corsario **306** 43
cortacésped autoportado **56** 37
cortacésped de motor **56** 28
~ eléctrico **56** 31
~ mecánico **56** 34
cortacigarros **107** 9
cortado del hilo **170** 60
cortador *Empapel.* **128** 42
~ *Bric.* **134** 28
cortadora *Agric.* **64** 85
~ *Cerám.* **159** 15
~ de ladrillos **159** 15
~ de la piel **131** 23
cortador de cristal **124** 25-26
~ de diamante **124** 25
~ de juntas **201** 16
~ del vidrio en círculo **124** 22
~ de rollos **173** 42
~ para los brazaletes metálicos **109** 19
corta-espárragos **56** 10
cortafrío **137** 38
cortapicos **81** 11
cortapuros **107** 9
corta-setos **56** 17
cortatubos **126** 84
cortavidrios de disco de acero **124** 26
corte *Granja* **62** 8
~ *Silvic.* **84** 28; **85** 2
corte *Herr.* **137** 27
~ *Mina* **144** 33-37
~ A-B **151** 28
~ a lo garçon **34** 34
~ autógeno **148** 67
~ con motosierra **84** 27
~ de barba **34** 1-25
~ de la guadaña **66** 14
~ del cabello **106** 3
~ del martillo **66** 10
~ de pelo al cepillo **34** 11
~ de piedras **36** 42-86
~ de sierra **84** 29
~ de tejido **104** 2
~ de tejido del reps acanalado irregular **171** 25
~ de tejido del reps por trama **171** 14
~ en aristas truncadas **120** 89
~ en forma de cuña **54** 38
~ horizontal a cepillo **144** 33
~ horizontal por capas paralelas a la estratificación **144** 34
~ para dos piezas en aristas vivas **120** 88
~ para una sola pieza de sección cuadrangular **120** 87
cortesana **306** 37
cortesía **86** 43
corte transversal **144** 31
~ transversal de una calle **198**
~ transversal de un puente **215** 1
~ vertical a martillo neumático **144** 35
~ vertical a martillo pilón **144** 36
corteza *Caza* **88** 69
~ *Panad.* **97** 4
~ *Construc.* **120** 86
~ *Botán.* **370** 8
~ del canelo **382** 25
~ del tocino **88** 56
~ terrestre **11** 1
~ vegetal **352** 18
cortijo **15** 101
cortina *Estar* **42** 35
~ *Comed.* **44** 13
~ *Caball.* **329** 19
~ de aire **139** 56
~ de aire caliente **271** 43
~ de cadenas **139** 50
~ de cordón **207** 56
~ de escena **316** 23
~ de la ducha **49** 40
~ de la pantalla **312** 10
corva **16** 51
corvadura de la barandilla **123** 52
corvejón *Caballo* **72** 37
~ *Ave* **359** 10
corveta **71** 6
córvido **361** 1-3
corzo **86** 17; **88** 28-39
~ joven **88** 39
~ macho **88** 28
cosecha **63** 31-41
cosechadora **63** 31; **64** 1-33
cosegrapas **22** 25
coseno **346** 32
cosido **183** 34
cosmético **99** 27-35
cospel **252** 43
costado *Anat.* **16** 32
~ *Mús.* **323** 4, 25
~ del grabado al agua fuerte **178** 45
costero **120** 96
costilla *Matad.* **95** 3
~ *Avión* **230** 55
~ *Arte* **335** 31
~ auxiliar **287** 36
~ de sujeción **287** 32
~ de ternera **95** 3
~ falsas **17** 10
costillaje de la canoa plegable **283** 67
costilla principal **287** 35
~ verdadera **17** 9
costura de papel pintado **128** 20
costurera de piel **131** 8
cota **88** 55
~ de escamas **329** 64
~ de mallas **329** 51
~ de malla, tipos **329** 62
~ de placas **329** 65
cotangente **346** 32
coterna **35** 5
cotiledón **370** 87
cotillo **137** 28
cotización **289** 37
~ del ganador **289** 39
cotorra *Bebé* **28** 47
~ *Ave* **361** 3
coup droit **294** 7
cowboy **306** 31
coyote **367** 11
coyunda **307** 53
crampón *Alpin.* **300** 48
~ *Dep. inv.* **303** 24
cran **175** 47
cráneo **17** 1, 30-41
~ del Australopithecus **261** 20
~ del hombre de Neanderthal **261** 19
~ del Homo sapiens **261** 21
~ del Homo steinheimensis **261** 17
craqueador catalítico **145** 70
craqueo catalítico **145** 48
cráter *Geogr.* **11** 16
~ de hundimiento **11** 49
~ del carbón **312** 44
~ de un meteorito **6** 16
~ volcánico **11** 16
creciente de la Luna **4** 3
crema *Leche* **76** 19
~ *Superm.* **99** 27, 46
~ *Escrit.* **342** 34
~ chantillí **97** 28
~ de día **99** 27
~ de noche **99** 27
~ hidratante **99** 27
cremallera *Ropa* **31** 55
~ *FFCC* **214** 9
~ *Cons. hidr.* **217** 69
~ delantera **29** 18
~ horizontal doble **214** 11
crema para las manos **99** 27
cresa *Apic.* **77** 28, 46
~ *Parás.* **80** 19
~ *Articul.* **358** 19
crescendo **321** 31
cresta *Geogr.* **12** 16
~ *An. dom* **73** 22
~ de gallo **60** 11
~ de la montaña **12** 36
~ del copete **121** 12
~ dorsal **364** 21
creyente **330** 61
cría de pollos **74** 11-17
criadero **84** 10
~ de peces **89** 11-19
cría de truchas **89** 6, 14
criadilla de tierra **381** 9
criado encargado de los perros **289** 43
críalo **359** 30
cría sobre la paja **74** 1-17
criba **118** 85
~ de apoyo **55** 13
~ de la paja **64** 14
~ de la paja corta **64** 17
cribado del coque fino y grueso **156** 14
criba vibradora **158** 21
cric **325** 30
crin **72** 13, 14
crineja **34** 30
crinoideo **369** 3
criquet **292** 70-76
cris **353** 44
crisálida *Parás.* **80** 4, 25, 43
~ *Apic.* **77** 30
~ *Ins.* **81** 3, 21, 24
~ *Plaga* **82** 13, 21, 32
~ *Articul.* **358** 20
~ *Lepidóp.* **365** 11
crisantemo *Jardín* **51** 29
~ *Hierba* **61** 7
crisol *Orfebre* **108** 9
~ *Fotocomp.* **174** 25
~ de arcilla **350** 31
~ de grafito **108** 10
~ del hierro crudo **147** 21
~ de vidriería cubierto **162** 46
cristal **351** 29
~ antibalas **250** 3
~ bifocal **111** 15
~ cóncavo-convexo con cara especial **111** 41
~ cóncavo-convexo con cara negativa **111** 42
~ de aumento **177** 23
~ de cloruro de sodio **1** 9
~ de cristobalita **1** 12
~ de doble foco **111** 15
~ de enfoque **115** 39
~ de enfoque intercambiable **115** 58-66
~ de filtro **116** 22
~ de las gafas **111** 15
~ de la ventana pintado a mano **260** 26
~ del casco de soldar **142** 40
~ de medida **196** 14
~ de molde **111** 25
~ de prueba **111** 45
~ de seguridad **124** 5
~ de visión **75** 31
~ emplomado **124** 14
cristalería **124** 1
cristalero *Crist.* **124**
~ *Fibra* **169** 16
cristal esmerilado **117** 94; **177** 2, 34
~ esmerilado con división de reja **115** 61
~ esmerilado con retículo de microprismas y estigmómetro **115** 58, 59
~ esmerilado con zona central clara y doble retículo **115** 66
~ esmerilado con zona central de grano fino y retículo graduado **115** 65
~ esmerilado cuadriculado **115** 61
~ esmerilado de proyección **112** 24
~ esmerilado sin accesorios de enfoque **115** 60
~ frontal **117** 64
~ gemelo en cola de golondrina **351** 25
~ hilado **124** 6
cristalino **19** 48
cristalización hexagonal **351** 20-22
~ monoclínica **351** 24-25
~ tetragonal **351** 18-19
cristal líquido **110** 2
~ modelo **111** 25
~ modelo colocado en el aparato **111** 26
cristalografía **351**
cristalometría **351** 27-33
cristal opaco **117** 94
~ plano-cóncavo con cara especial **111** 40
~ plano-cóncavo con cara plana **111** 39
~ portaoriginales **249** 39
~ reflectante **187** 86
~ transparente **189** 46
~ trasero **191** 32
Cristo **330** 50
cristobalita **1** 12

cristo en las anillas **296** 50
crocante **98** 85
croisé **314** 16
croissant *Panad.* **97** 32
~ *Superm.* **99** 13
crol **282** 37
cromolitografía **340** 28
cromorno **322** 6
cronocomparador **109** 27
cronometrador *Natac.* **282** 24
~ *Halter., pesos* **299** 47
cronómetro *Hosp.* **27** 35
~ *RTV* **238** 62
~ electrónico **238** 31
croquet **292** 77-82
cross **290** 33
cruce con cuatro cambios **314** 22
~ de asno y yegua **73** 8
~ de caballo y burra **73** 8
~ de vía doble **203** 49-52
~ rectilíneo de derecha a izquierda **203** 50
~ rectilíneo de izquierda a derecha **203** 49
crucería **335** 31
crucero *Construc.* **119** 48
~ *Igl.* **331** 48
~ *Arte* **335** 3, 6, 31
~ lanzamisiles **259** 21
~ lanzamisiles a propulsión nuclear **259** 41
cruceta *FFCC* **210** 27
~ *Barco* **223** 37
~ *Vela* **284** 13
~ de cabeza **139** 37
~ de estribor **286** 9
~ del mastelero de trinquete **219** 51
~ del mastelero mayor **219** 53
crucífera **61** 17
cruciferario **331** 43
crucifijo *Colegio* **260** 28
~ *Igl.* **332** 33
~ del altar **330** 12, 35
crudo **12** 31
crujía **218** 46
crupié **275** 4
crupié de cabecera **275** 6
crustáceo *Articul.* **358** 1-2
~ *Fauna abisal* **369** 12, 15, 16
~ segmentado **81** 6
Cruz *Astron.* **3** 44
cruz *Perro* **70** 11
~ *Caballo* **72** 17
~ *Font.* **126** 50
~ *Tejido* **166** 38
~ *Dinero* **252** 9
~ *Colegio* **260** 28
cruzadillo **136** 2
cruzado *Ballet* **314** 16
~ *Caball.* **329** 72
~ doble izquierda-derecha **171** 48
~ izquierda-derecha **171** 45
cruzamiento **202** 24
cruz anclada **332** 69
~ bifurcada **332** 61
~ cardenalicia **332** 65
~ cristiana, formas **332** 55-72
~ de amarre **217** 10
~ de asa **332** 63
~ de aviso **202** 41
~ de Borgoña **332** 60
~ de Brabante **332** 71
~ de Constantino **332** 67
~ decusada **332** 60
~ de infamia **332** 61
~ de Jerusalén **332** 72
~ de la cumbrera **331** 10
~ de la Pasión **332** 55
~ de la procesión **331** 42
~ de las procesiones **330** 47
~ de la tumba **331** 25
~ del blanco **288** 52, 56
~ del caballete **331** 10
~ del eje **177** 4
~ del fondo **136** 21
Cruz del Norte **3** 23
cruz de Lorena **332** 62
~ de los ladrones del Calvario **332** 61
~ del Santo Sepulcro **332** 72
Cruz del Sur **3** 44
cruz de paletillas semiesféricas **10** 30
~ de San Andrés *Igl.* **332** 60
~ de San Andrés *FFCC* **202** 41
~ de San Antonio **332** 59
~ de San Lázaro **332** 71
~ de San Pedro **332** 58
~ de Tau **332** 59
~ egipcia **332** 63
~ en T **332** 59
~ griega **332** 56
~ latina **332** 55
~ papal **332** 66
~ patriarcal **332** 64
~ potenzada **332** 70
~ recrucetada **332** 68
~ reticular **87** 32
~ rusa **332** 57
~ trebolada **332** 71
cuaderna *Cons. naval.* **222** 58
~ *Remo* **283** 49
~ *Vela* **285** 51
~ circular reforzada integralmente **235** 47
~ de compresión delantera **235** 19
~ de costura **285** 55
~ de curvatura **258** 8
~ de extremidad hemisférica **235** 48
~ del buque en su posición **222** 29
~ longitudinal **285** 55
~ maestra fresada integralmente **235** 10
~ transversal **285** 51
cuadernillo **183** 12
cuaderno **47** 24
~ de dibujo **338** 35
~ de ejercicios **260** 4
~ de escritura **260** 18
~ de notas **264** 36
~ de papel de fumar **107** 17
cuadra *Granja* **62** 2
~ *Ganado* **75** 1
~ *Barco* **220** 13
~ *Bandera* **253** 28
cuadrada **320** 12
cuadrado **345** 1; **346** 33; **347** 31
cuadrante *Reloj.* **110** 25
~ *Matem.* **347** 5
~ del contador de agua **269** 58
cuadrilátero **346** 33-39
~ de boxeo **299** 35
~ irregular **346** 39
cuadrilla de vaciadores **148** 13
cuadrirreactor para trayectos largos **231** 13
cuadrito de los caracteres **151** 31
cuadro *Dorm.* **43** 20
~ *Matad.* **95** 39
~ *Oficina* **246** 28
~ de agudeza visual **22** 32
~ de agujas eléctrico **203** 61
~ de Cristo **330** 50
~ de doble soporte **189** 17
~ de hierro **325** 2
~ de instrumentos **288** 11
~ de la bicicleta **187** 14-20
~ del altar **330** 13, 50
~ de los bolos **305** 1-11
~ de mandos *Offset* **180** 74
~ de mandos *Tranv.* **197** 29
~ de saque **293** 12
~ de sedimentos de la orina **23** 58
~ didáctico **262** 8
~ luminoso de agujas **203** 65
~ radiogoniométrico **258** 17
~ tubular **188** 9, 49
cuajada **76** 45
cuantía de la letra **250** 18
cuarta **321** 9
~ octava **321** 47
cuartel **254** 18-23
~ de bomberos **270** 1-3
~ de la escotilla **222** 65
cuartito de la ducha **49** 39
cuarto creciente **4** 4
~ de derrota **223** 14
~ dedo **19** 55
~ de esfera **334** 73
~ de estar **42**
~ de herramientas *Casa* **37** 32
~ de herramientas *Bomberos* **270** 1
~ de la caldera **38** 38-43
~ de la calefacción **55** 7
~ delantero **88** 25
~ de los instrumentos **228** 22
~ de vaca **94** 22
~ menguante **4** 6
cuartón **120** 10
cuarto oscuro **116** 21
~ trasero *Caballo* **72** 33-37
~ trasero *Caza* **88** 22
cuarzo **110** 15
~ oscilante **110** 15
cuasele **71** 44
cuatrillo **321** 23
cuatro por cuatro **320** 32
~ por dos **320** 33
~ por ocho **320** 31
cuba *Meteor.* **10** 46
~ *Tonel.* **130** 1
~ *Papel* **172** 25
~ con la fusión de vidrio **162** 50
~ de aclarado **165** 49
~ de amasar **96** 40
~ de espesar **172** 62
~ de fermentación **93** 8
~ de grabar con el líquido corrosivo **182** 16
~ de la escoria **147** 10
~ del alto horno **147** 7
~ de la pintura **165** 47
~ de la tolva **147** 5
~ del hormigón **201** 24
~ del reactor nuclear **259** 67
~ del silo **225** 69
~ de maceración **92** 43
~ de máquina **172** 86
~ de nivel constante **192** 14
~ de pasta acabada **172** 85
~ de pintura **130** 15
~ de revelado **182** 11
~ de vaciado **172** 81
~ para la pasta gruesa **172** 59
cubeta *Sombr.* **35** 36
~ *Colegio* **261** 33
~ agitadora **173** 1
~ con vidrio fundido **162** 50
~ de agua fuerte **340** 51
~ de arrastre **200** 17
~ de clarificación **162** 4
~ de coloración **23** 50
~ de forma arriñonada **23** 45
~ de fusión **162** 3, 14
~ de grabado **178** 24
~ delantera del detergente **50** 27
~ de la semilla **54** 2
~ de lavado *Fotogr.* **116** 15
~ de lavado *Clisé* **178** 1
~ de la verdura **39** 4
~ de los instrumentos **26** 39; **27** 5
~ de revelado **116** 25
~ de trabajo **162** 5
~ distribuidora de hormigón **201** 6
~ mezcladora de la pasta de papel **173** 1
~ para la impresión **24** 56
~ para las virutas y para refrigerar el aceite lubricante **149** 44
~ refrigerante **162** 15
~ semiautomática de revelado con termostato **116** 56
cúbico **351** 1-17
cubierta *Bicicl.* **187** 30
~ *Avión* **230** 39
~ *Remo* **283** 57
~ *Mús.* **322** 27
~ A **223** 28-30
~ B **223** 32-34
~ con filtro **2** 14
~ de aterrizaje para helicópteros **228** 15
~ de botes **223** 19-21
~ de cartón asfáltico **122** 90
~ de fibrocemento **122** 90-103
~ de fibrocemento ondulado **122** 97
~ de fieltro **353** 20
~ de hormigón **154** 20
~ de humus **200** 64
~ de la caja **143** 80
~ de la cámara a prueba de sonidos **310** 48
~ de la cumbrera **122** 99
~ de la leva **167** 13
~ de la mesa **141** 16
~ de la tabla de planchar **50** 17
~ del caballete **122** 99
~ del freno *Tornill.* **143** 106
~ del freno *Bicicl.* **187** 70
~ del radiador **304** 11
~ del reactor **1** 57
~ del tanque **222** 54
~ del tubo contador **2** 20

~ de madera **55** 9
~ de marcación **223** 4-11
~ de paseo **223** 22-27
~ de popa **223** 32
~ de proa *Barco* **223** 47
~ de proa *Vela* **284** 10
~ de protección *Meteor.* **10** 41
~ de protección *Herr.* **138** 9
~ de puentes con doble apoyo vertical **121** 37
~ de sol **223** 22
~ de tablas **55** 9
~ de tejas **122** 1, 45-60
~ de tela asfáltica **122** 90-103
~ de una sola cámara **121** 42
~ de uralita® **122** 90-103
~ de vuelo **259** 2, 12
~ en ángulo **259** 12
~ exterior blanda **59** 42
~ goniométrica **223** 4-11
~ holandesa con armadura de copete **121** 60
~ inferior **146** 35
~ intermedia **146** 36
~ para automóviles **221** 79
~ para el par de cilindros de aspiración **163** 21
~ para helicópteros **146** 7
~ para trenes **221** 80
~ principal *Barco* **223** 32-34
~ principal *Buque guerra* **258** 9
~ protectora **140** 20
~ protectora contra las salpicaduras **283** 56
~ provisional de la caja de la escalera **118** 22
~ publicitaria **185** 37
~ quebrantada **121** 18
~ radiogoniométrica **227** 24
~ semicerrada **223** 28
~ superior *Petról.* **146** 37
~ superior *Barco* **223** 28-30
~ superior *Buque guerra* **258** 10
cubierto *Meteor* **9** 23
~ *Comed.* **44** 5
~ *Mesa* **45** 3-12
~ *FFCC* **207** 85
~ *Restaur.* **266** 27
~ *Rastro* **309** 47
~ de la ensalada **45** 24
~ de pescado **45** 8
~ de trinchar **45** 69-70
cubilete *Sombr.* **35** 36
~ *Juego* **276** 30
~ del ordeñador **75** 30
~ de los dados **47** 42
~ de salida para medir la viscosidad **129** 38
cubilote **148** 1
~ para el hormigón **119** 38
cubital posterior **18** 58
cúbito **17** 14
~ de caldo **98** 27
~ de hielo **266** 44
~ de sopa **98** 26
cubo *Apar. hogar* **50** 54
~ *Bicicl.* **187** 26
~ *Matem.* **347** 30
~ *Cristal.* **351** 2
~ con arena de relleno **158** 29
~ con octaedro **351** 16
~ de contar **48** 17
~ de hielo para refrescar el vino **266** 42
~ de la basura *Med.* **22** 70
~ de la basura *Carnic.* **96** 46
~ de la basura *Est. serv.* **196** 12
~ de la basura *Limp. públ.* **199** 3
~ de la escalera **37** 72
~ de la ropa blanca **50** 21
~ de la rueda delantera **187** 52
~ del carbón **309** 9
~ del champaña **267** 59
~ de madera *Molino* **91** 27
~ de madera *Dep. inv.* **302** 40
~ de pintura **129** 10
~ de rueda **192** 83
~ de tejador **122** 22
~ -flash **114** 73
~ para el yeso **134** 18
cubrecadena **187** 37
cubrecuerdas **324** 17
cubrejunta **119** 65
cubrenuca **270** 38
cucaracha doméstica **81** 17
cucarda **264** 8
cuclillas **295** 36
cuclillo *Ave* **359** 30
~ *Flor* **376** 21
cuco **359** 30
cucúlida **359** 30
cucurucho **98** 49
cucurucho de helado **308** 31
cuchara *Pesca* **89** 2
~ *Construc.* **118** 56
~ de colada **148** 23
~ de la excavadora **118** 82
~ de madera **40** 3
~ para la salsa **45** 18
~ para llenar la hormigonera **118** 35
~ para servir la ensalada **45** 67
~ para servir la verdura **45** 74
~ para servir patatas **45** 75
~ sopera **45** 61
cucharilla **89** 73
~ con anzuelo oculto **89** 75
~ de postre **45** 66
~ moteada **89** 74
~ para coger el incienso **332** 43
~ para el curetaje **26** 52
cucharón **45** 14
~ de la excavadora **200** 5
cucheta **223** 29
cuchí **73** 9
cuchilla *Geogr.* **12** 36
~ *Cocina* **40** 40
~ *Jardín* **56** 36
~ *Agric.* **65** 10, 68
~ *Matad.* **94** 18
~ *Estudio* **151** 15
~ *Papel* **173** 44
~ *Encuad.* **185** 29
~ articulada **85** 20
~ circular *Agric.* **64** 66; **65** 69
~ circular *Silvic.* **84** 33
~ circular *Encuad.* **184** 22
~ cóncava **302** 22
~ cortadora de juntas **201** 17
~ de disco **64** 66; **65** 69
~ de extracción **64** 87
~ de hacer surcos **65** 76
~ de la serreta **260** 54
~ del cepillo **132** 20
~ de metal duro soldada **149** 50
~ de raspar **151** 44
~ de torno **149** 45-53
~ de torno con corte de metal duro **149** 48
~ de torno encorvada **149** 52
~ de torno para punzar **149** 53
~ de tundir **168** 44
~ dobladora del segundo pliego **185** 12
~ móvil **183** 19
~ para aclarar el cabello **105** 9
~ rotativa **85** 26
cuchillo **45** 50
~ arrojadizo **354** 15
~ de bronce con mango **328** 31
~ de buzo **279** 8
~ de carnicero **94**, 15; **96** 31-37
~ de caza **87** 41
~ de contornear **340** 10
~ de corte **96** 31
~ de desbastar **120** 79
~ de descuartizar **89** 38
~ de desollar **94** 13
~ de desosar **96** 36
~ de encuadernador **183** 13
~ de matar **94** 14
~ de monte **87** 42
~ de pescado *Mesa* **45** 64
~ de pescado *Pesca* **89** 39
~ de plomo **124** 12
~ de recortar **128** 38
~ de trinchar **45** 69
~ de zapatero **100** 50
~ esparraguero **56** 10
~ paleta **338** 14
~ para el caviar **45** 81
~ para el oro *Pintor* **129** 51
~ para el oro *Encuad.* **183** 7
~ para el queso **45** 72
~ para la carne **96** 35
~ para la fruta **45** 71
~ para la mantequilla **45** 73
~ para la masilla **129** 24
~ para las junturas **128** 43
~ para plantillas **129** 43
~ para quitar las escamas **89** 39
~ -rajadera **94** 17
~ raspador **151** 43
cuelgacapas *FFCC* **207** 50
~ *Restaur.* **266** 12
cuelgamanoplas **39** 19
cuello *Anat.* **16** 19-21
~ *Caballo* **72** 15
~ *Caza* **88** 3
~ *Matad.* **95** 6, 20
~ *Tornill.* **143** 64
~ *Mús.* **324** 7, 18
~ *Igl.* **332** 6
~ alto *Ropa* **30** 7, 43
~ alto *Moda* **355** 74
~ camisero **31** 69
~ de cisne **30** 3
~ de la remolacha **68** 46
~ de la trinchera **33** 58
~ de lino **355** 56
~ del remo **283** 37
~ del útero **20** 85
~ de papel **106** 5
~ de piel **30** 63; **318** 30
~ de punto **33** 31
~ de solapa **30** 9
~ de volantes **31** 46
~ enrollado **30** 3
~ galoneado **186** 22
~ marinero **30** 5
~ vuelto **30** 3
cuenca de drenaje **12** 24
cuenco de compota **45** 29
~ de la cuchara **45** 63
cuenta del avemaría **332** 32
~ de los misterios **332** 31
~ de los padrenuestros **332** 31
~ de los segundos **299** 42
cuentahílos plegable **177** 23
cuentakilómetros *Bicicl.* **187** 33; **188** 19, 34, 40
~ *Moto* **189** 40
~ *Autom.* **191** 74
cuentaminutos *Cocina* **39** 21
~ *Reloj.* **109** 35
cuentapliegos **181** 54
cuentarrevoluciones *Moto* **189** 41
~ *Autom.* **191** 38
~ *Avión* **230** 8
~ del motor **212** 22
~ eléctrico **191** 70
~ electrónico **188** 40
cuentasegundos **129** 39
cuerda *Auxilio* **21** 30
~ *Bomberos* **270** 45
~ *Parque* **273** 16, 48
~ *Jue. pelota* **293** 73
~ *Halter., pesos* **299** 36
~ *Mús.* **322** 44, 55; **323** 9,61; **324** 6, 14
~ AB **346** 51
~ aguda **325** 10
~ arrojadiza con nudo corredizo **352** 5
~ baja **324** 25; **325** 12
~ con nudos **352** 22
~ de acompañamiento **324** 25
~ de amarre **288** 66
~ de apertura de la banda de desgarre **288** 76
~ de arrastre **288** 69
~ de bordón **324** 25
~ de desgarre **288** 76
~ de desgarre de emergencia **288** 73
~ de escalada **300** 12
~ de fondo **90** 9
~ de hilos **169** 28
~ de la **323** 9
~ de la balsa **216** 2
~ de la cometa **273** 44
~ de la polea **118** 91
~ del arco **305** 59
~ de la ropa **50** 33
~ de la válvula **288** 78
~ del bordón **322** 31
~ del boyarín **90** 3
~ del foro **316** 8
~ del manguito de llenado **288** 71
~ del montacargas **120** 37
~ del piano **325** 7
~ de mando **288** 41
~ de mi **323** 9
~ de re **323** 9
~ de saltar **297** 43
~ de salvamento **228** 12
~ de salvamento *Bomberos* **270** 45

~ de salvamento *Playa* **280** 2
~ de sol **323** 9
~ de sujeción del caballete **122** 67
~ de suspensión **288** 40
~ de tiple **325** 10
~ de tocar **324** 24
~ de tripa **324** 6
~ de tripa o de perlón **324** 14
~ de violín **323** 9
~ fija **296** 19
~ flotante **90** 4
~ grave **325** 12
~ guía **288** 69
~ melódica **322** 30; **324** 24
~ para cerrar el copo **90** 23
~ para el cosido **183** 10
~ para tender la ropa **38** 23
~ superior **90** 7
~ tensora **278** 23
cuerna **88** 5-11, 29-31
cuernecillo **376** 17
cuernecito **97** 32
cuerno *Caza* **88** 5-11, 29-31
~ *Superm.* **99** 13
~ *Hojal.* **125** 19
~ *Invert.* **357** 31
~ cuadrado **137** 12
~ de búfalo **254** 34
~ de caza **87** 60
~ de chispas **153** 61
~ de concha **327** 41
~ de guerra de marfil **354** 39
~ redondo **137** 13
~ retorcido en espiral **327** 8
~ tenor **323** 39
cuero *Circo* **307** 53
~ *Etnogr.* **352** 18
~ cabelludo arrancado al enemigo **352** 15
~ de buey pintado **354** 11
~ de venado **352** 17
~ para las suelas **100** 31
cuerpo *Apart.* **46** 3
~ *Fotocomp.* **175** 46
~ a cuerpo **299** 31
~ ascensional **217** 34
~ calloso **17** 44
~ cavernoso **20** 67
~ con las agujas de encuadernar **185** 21
~ de alumbrado de escena **316** 14
~ de ave **327** 57
~ de ballet **314** 25
~ de bomberos **270**
~ de caballo **327** 27, 54
~ de contención **217** 65
~ de dragón **327** 19, 36
~ de guardia **329** 17
~ de la cámara fotográfica **115** 2
~ de la letra de imprenta **175** 18
~ del arado **65** 4-8, 64-67
~ de la válvula **217** 54
~ del barril **130** 6
~ de león **327** 14, 22
~ del muro **217** 2
~ del tubo **326** 29
~ de mujer **327** 24, 59
~ de perro con tres cabezas **327** 30
~ de serpiente **327** 2
~ de serpiente con nueve cabezas **327** 33
~ de toro **327** 48
~ en la esgrima de espada **294** 51
~ expulsor **229** 30
~ fructificado **381** 2
~ geométrico **347** 30-46
~ humano **16** 1-54
~ vítreo **19** 46
cuervo **361** 2
~ marino **359** 10
~ merendero **361** 2
cueva **15** 85
~ de estalactitas **13** 79
~ de karst **13** 79
cuévano **78** 15
cuezo *Construc.* **122** 22
~ *Bric.* **134** 18
~ de argamasa **118** 20
~ para el mortero **118** 84
cuidados en caso de hemorragia **21** 14-17
cuidado y ajuar del bebé **28**
cuja **43** 4-6
culantrillo **377** 16
culata *Caza* **87** 3
~ *Matad.* **95** 1, 53
~ *Central. el.* **153** 14
~ *Motor* **190** 45
~ *Téc. ens.* **242** 47
~ *FFAA* **255** 6, 38, 54
~ *Dep.* **305** 47
~ de apoyo en el culata hombro **255** 9, 31, 39
~ de la guadaña **66** 15
~ del fusil **255** 24
culebra **364** 38
Culebra de Agua **3** 16
culí **353** 43
~ de la jinrikisha **353** 35
culo **16** 40
culote **87** 58
cultivador *Granja* **62** 6
~ *Agric.* **65** 55
~ de mano **55** 21
~ de motor **56** 18
~ de tres dientes **56** 13
cultivo bacteriológico **261** 29
~ de hortalizas **55**
~ después del trasplante **84** 10
cultura de los vasos campaniformes **328** 14
~ de los vasos de embudo **328** 12
cumbre **12** 40
cumbrera **121** 48; **122** 93
cúmulo *Meteor.* **8** 1
~ *Vuelo sin motor* **287** 22
~ -nimbo **287** 26
cúmulonimbo **8** 17
cumulus **8** 1
~ congestus **8** 2
~ humilis **8** 1
cuna con ruedecillas **28** 1
~ de dos ruedas **214** 69
~ del cañón **255** 60
~ doble **214** 68
cuneiforme **341** 8
cuña *Construc.* **119** 15
~ *Carp.* **132** 19
~ *Herr.* **137** 31
~ *Cantera* **158** 7
~ de aludes **304** 2
~ de fijación *Silvic.* **85** 9
~ de fijación *Tipogr.* **181** 39
~ de la pila **157** 37
~ de madera dura **121** 96
~ de tala **84** 30; **85** 4
~ óptica **176** 22
~ para afinar **325** 21
cuño *Fotocomp.* **175** 35
~ *Dinero* **252** 40-41
~ inferior **252** 41
~ superior **252** 40
cupé *Coche* **186** 3
~ *Autom.* **193** 26
cupón de dividendos **251** 18
cúpula *Fruta* **59** 50
~ *cúpula* **334** 58, 72-73
~ *Árbol.* **371** 5
~ *Vela* **384** 52
~ *central* **334** 72
~ *de caldera* **210** 12
~ *de la cabina* **257** 4
~ de la caldera **92** 45
~ del observatorio **5** 12
~ del radar **256** 10
~ de proyección **5** 21
~ en forma de bulbo **121** 25
~ giratoria **5** 12
~ movible **5** 14
cura **330** 39; **332** 22
~ de reposo **274** 12-14
~ por inhalación **274** 6-7
curculiónido **80** 49
cureña giratoria **255** 73
cureta para el curetaje **26** 52
~ para el raspado **26** 52
curiana *Ins.* **81** 17
~ *Camping* **278** 12
~ *Remo* **283** 69
curling *Dep. inv.* **302** 41-43
~ alemán **302** 38-40
cursiva **175** 7
curso **171** 12
~ aparente del Sol **4** 10-21
~ aparente del Sol el 21 de diciembre **4** 18
~ aparente del Sol el 21 de marzo, el 21 de septiembre **4** 19
~ aparente del Sol el 21 de junio **4** 20
~ del polo celeste **4** 24
~ del río **216** 9
cursor **349** 23
~ del diafragma de abertura **112** 16
~ de parada de la escala de tiempo **249** 75
curva **346** 21; **347** 13
~ a la derecha **203** 52
~ a la izquierda **203** 51
~ balística **87** 79
~ del anzuelo **89** 81
~ de las temperaturas **7** 37
~ de nivel **15** 62
~ de nivel submarina **15** 11
~ de segundo grado **347** 14
~ de tercer grado **347** 18
curvador **136** 34
curvadora de tubos **126** 82
curva en el sistema de coordenadas **347** 11
~ hipsométrica de la superficie terrestre **11** 6-12
curvatura *Avión* **229** 46-48
~ *Matem.* **346** 22
cúspide del punto de mira **87** 72
custodia **332** 34
~ con el Santísimo **331** 48
cúter **220** 8
Cygnus **3** 23
chabota **139** 40
chacal **367** 11
chacra **62**
chaflán *Construc.* **121** 11, 17
~ *Tornill.* **143** 62
~ del tejado **122** 10
chaina **322** 7
chaira **94** 16
chaitya **337** 28
chal **31** 71
chala **68** 33
chalán **307** 31
chalana **221** 92; **225** 8
~ sin motor **221** 94
chalaza **74** 63
chalé **278** 7
chaleco **33** 4
~ acolchado **30** 16
~ blanco del frac **33** 15
~ de punto **33** 53
~ enguatado **30** 16
~ floreado **355** 75
~ metálico **294** 15
~ salvavidas **286** 20
~ salvavidas de corcho **228** 9
~ salvavidas hinchable **228** 8
chal tiangular **31** 71
chamán **353** 24
chamarra **43** 7
chamarro **43** 8
chamba **13** 23
chamico **379** 8
chamorro **16** 53
champán **98** 63
champiñón silvestre **381** 1
champú **105** 32; **106** 20
chancadora **158** 19
chancho *Granja* **62** 10
~ *An. dom.* **73** 9
~ *Juego* **276** 35
chanclo **355** 43
chanchería **96** 1-30
chandal **33** 27
chaneca **34** 30
changador **205** 31
chapa **264** 13
~ base de la corredera **309** 27
~ de hierro **217** 6
~ de la botella **93** 27
~ del alza **87** 67
~ de limitación lateral **200** 34, 44
~ del objetivo **114** 52
~ del tablero **215** 6
~ de madera **133** 2
~ de protección de la correa de transmisión **180** 58
~ de ténder con enganche **210** 2
~ de unión del fuselaje **235** 4
~ lateral **217** 67
chapalolo **50** 55
chapa numerada **267** 10
~ ondulada **122** 98
chaparrón **8** 19
chape **34** 30
chapitel de la torre **331** 6
chapola **365**
chapón de limpieza **164** 22
chapucero **134** 61
chaqueta **29** 3, 51; **33** 2
~ de ante **30** 58
~ de caza roja **289** 42
~ de cuero **33** 43
~ de encerado **228** 6
~ del chandal con cremallera **33** 28

~ del traje **31** 2
~ de mangas cortas **33** 26
~ de montar negra **289** 4
~ de montar roja **289** 13
~ de popelina **31** 37
~ de punto **31** 50; **33** 30
~ de símil piel **29** 44
~ de sport **33** 39
~ de visón **30** 1
~ galoneada **186** 23
~ ligera **33** 54
~ playera **280** 21
~ vaquera **31** 59; **33** 21
chaquete **276** 18
chaquetilla de esgrima **294** 16
chaquetita **28** 25
chaquetón de paño **33** 63
charca del pantano **13** 23
charola **265** 14; **266** 19, 63
charqueza **89** 29
charrancito **359** 11
chasis *Agric.* **64** 51
~ *Autom.* **191** 2
~ *FFCC* **207** 3; **208** 5
~ *Dep.* **305** 88
chasis **191** 2
chasis de la bomba **67** 14
~ de la grúa **226** 53
~ del tocadiscos **241** 19
~ de pequeño formato **112** 35
~ de remolque en construcción **138** 28
~ de riego **62** 28
~ neumático **182** 2
chasque **268** 18
chata **226** 57
chaucha **57** 8
chaveta **143** 19, 73-74, 78
~ con talón **143** 74
~ de boquilla roscada **126** 63
~ de resorte **143** 73
~ embutida **143** 73
chayo **118** 85
checo **359** 27
Checoslovaquia **252** 27
chelín **252** 13
chianti **98** 61
chibalete **174** 2
chibuquí **107** 32
chicana Allais **301** 72
chica que baila **317** 17, 18
chiclé **192** 12
~ de corrección de aire **192** 3
~ del aire del ralentí **192** 2
~ del ralentí **192** 1
chicote **307** 53
chiche **16** 28-29
chifla **354** 42
chifle mágico para conjurar los espíritus **354** 42
chifonía **322** 25
chigre del ancla **223** 49
chilapeño **35** 35
chile **57** 42
chilicote **81** 7
chilla **315** 16
chimba **34** 30
chimbilá **366** 9
chimena de ventilación **92** 14
chimenea *Mapa* **15** 38
~ *Casa* **37** 10; **38** 5
~ *Construc.* **118** 21; **120** 47; **122** 13
~ *Central el.* **152** 15
~ *Energ. mod.* **155** 12
~ *FFCC* **210** 22
~ *Barco* **221** 8, 40, 75; **223** 1
~ *Buque guerra* **258** 58; **259** 32
~ *Hotel* **267** 23
~ *Dep. aéreo* **288** 47
~ *Alpin.* **300** 8
~ con revestimiento de rejilla **221** 84
~ de aireación **269** 27
~ de evacuación **154** 37
~ del aire de escape **155** 25
~ del convertidor **147** 67
~ de popa **258** 20
~ de proa **258** 19
~ de un volcán apagado **11** 28
~ falsa **221** 16
~ para los gases quemados de los generadores **146** 2
~ volcánica **11** 17
chimpancé **368** 14
china *Escrit.* **341** 5
~ *Planta* **377** 11
~ *Fruto merid.* **384** 23
chinarrosa **377** 11
chinche **81** 39
~ acuática **358** 4
~ de las camas **81** 39
chingue **32** 20
chiquero **319** 14
chircal **15** 89
chirimía **322** 14; **323** 84
chirrión **307** 53
chistera *Sombr.* **35** 36
~ *Hípica* **289** 6
~ *Dep.* **305** 69
chitarrone **324** 1
chitón **355** 5
Chitonactis **369** 20
chivato **127** 20
~ de carga **191** 78
~ de desempañado de la luneta trasera **191** 80
~ de la presión del aceite **191** 73
~ de las luces intermitentes y del warning **191** 76
~ del freno de mano y del sistema de frenado de los dos circuitos independientes **191** 72
~ del nivel de la gasolina **191** 71
chivo **73** 14
choco **70** 36
chocolate **98** 78
chocha **88** 83
chochín **361** 12
chonga **34** 30
chopo **371** 15
chopper **188** 56
chorizo **96** 11
chorro *Atmósf.* **7** 5
~ *Cocina* **39** 36
~ *Baño* **49** 2
chova **361** 2
chow-chow **70** 21
choza del negro **354** 21
~ de nieve **353** 4
~ en forma de colmena **354** 28
~ sobre pilares **352** 33
chubasco **8** 19; **9** 37
chubasquero **41** 4
chucho mecánico **203** 53
chuleta de cerdo **95** 46
chumacera **278** 18; **283** 29, 41
~ de la hélice **223** 59
~ giratoria **283** 41
chumbo **87** 55
chupalla **35** 35
chupamirto **363** 4
chupeta **223** 34; **258** 72
chupete **28** 15
chupo **28** 19
chupón **28** 15
churo **34** 3
churuco **276** 30
churumbela *Estar* **42** 12
~ *Tabaco* **107** 33
chuzo **358** 43

D

dáctilo **69** 25
dactiloscopia **264** 28
dado *Hab. niños* **47** 42
~ *Juego* **276** 31
~ de embutir **108** 18
dados **276** 29
dalia *Jardín* **51** 20
~ *Flor* **60** 23
~ borla **60** 23
dalla **66** 12
dalle **66** 12
dama *Café* **265** 23
~ *Juego* **276** 9
~ *Dep.* **305** 2, 4, 9, 10
~ *Moda* **355** 59, 64, 68, 70
~ blanca **276** 18
~ de honor **332** 24
~ en traje de corte **355** 79
~ francesa **355** 51
~ galante **306** 37
damajuana forrada de paja **206** 13
dama negra **276** 19
damán sudafricano **366** 24
damas **276** 17-19
damero *Hab. niños* **47** 20
~ *Juego* **276** 17
~ para el juego del chaquete **276** 22
~ para el juego del halma **276** 26
dandi **306** 33
Danebrog **253** 17
danzarina hindú **306** 25
dardo arrojadizo **328** 5
~ para pescar **280** 40
dársena de carenaje **222** 31-33
datafono **237** 58
dátil **384** 9
datilera **384**
dato a distancia **237** 58
~ técnico **151** 32
decena **344** 3
décima **344** 20
declive del dique **216** 40
decoración del altar **330** 48
~ de la mesa **266** 78
~ de la ventana en vidrio coloreado **260** 68
~ del escaparate **268** 12
~ de los techos de las estanterías **271** 67
~ movible **315** 30
decorado **310** 7
decrescendo **321** 32
dedalera **379** 2
dedicatoria manuscrita **185** 50
dedo **17** 17
~, cuarto **19** 55
~ chico **19** 54
~ gordo **19** 52
~ levantado **260** 20
~, segundo **19** 53
~, tercer **19** 54
defensa *Cons. hidr.* **217** 9
~ *Natac.* **282** 49
~ *Jue. pelota* **292** 4; **293** 60
~ central **291** 12
~ contra el retroceso **132** 47
~ de estrave **227** 17
~ de la piedra arenisca **148** 40
~ de madera **218** 26
~ de popa **227** 29
~ lateral **291** 13
defoliadora invernal **80** 16
deformación de las rocas **12** 4-20
degagé à la quatrième derrière **314** 12
~ à la quatrième devant **314** 11
delantal de cuero **142** 11
~ del carnicero **96** 39
~ de volantes **31** 33
~ tirolés **31** 31
delantera del tren **197** 3
delantero *Parque* **273** 13
~ *Natac.* **282** 50
~ *Jue. pelota* **292** 3; **293** 63, 75
delfín *Natac.* **282** 35
~ común **367** 24
delta *Geogr.* **13** 1
~ *Avión* **229** 19
deltoide *Matem.* **346** 38
~ *Anat.* **18** 35
~, músculo **18** 35
demodulador cuadrafónico para discos CD4 **241** 45
demonio **306** 14
demultiplicador **259** 61
Deneb **3** 23
denominador **344** 15
dentada **370** 47
dentado del sello **236** 62
~, para el mecanismo de distribución **174** 30
dentadura **19** 16-18
~ para el maíz **64** 35
~ postiza **24** 25
denticulada **370** 45
dentículo **334** 14
dentina **19** 31
dentista **24** 1
departamento de artículos de caballero **271** 12
~ de bisutería **271** 62
~ de cortinas **271** 66
~ de la incubación **74** 30
~ de la ropa blanca **267** 31
~ del cajón **271** 6
~ de los trajes **267** 30
~ de medias **271** 17
~ de telas **271** 58
~ de vestidos de señora **271** 28
dependencia del servicio del castillo **329** 27
dependienta **271** 18
deporte aéreo **288**
~ de invierno **301**; **302**; **303**

~ del aeromodelismo **288** 85-91
~ de la natación **282**
~, diversas clases **305**
deportes **342** 57
deportista de windsurfing **284** 1
deportivo **193** 26
depósito **194** 30
~ aluvial **216** 52
~ auxiliar **232** 20
~ blindado **154** 82
~ colector **172** 26
~ -colector de agua **92** 5
~ colector de gas **156** 25
~ colector de las aguas residuales **199** 27
~ de aceite **189** 36
~ de aceite **64** 93; **65** 46
~ de aceite de lavado **156** 43
~ de acero fino **79** 4
~ de agua **141** 17; **152** 17; **316** 51
~ de agua caliente **92** 10; **172** 18
~ de agua de pulverización **83** 57
~ de agua fría **92** 9
~ de agua limpia **269** 13
~ de aire **196** 19
~ de aire comprimido *Agric.* **64** 92
~ de aire comprimido *Herr.* **138** 4
~ de aire comprimido *Central el.* **153** 51
~ de aire principal **212** 57, 71
~ de alimentación *Hilat.* **163** 9
~ de alimentación *Encuad.* **185** 26
~ de alimentación del sistema hidráulico **257** 16
~ de alquitrán bruto **156** 32
~ de arena *FFCC* **210** 14
~ de arena *Río* **216** 52
~ de barro **199** 47
~ de basuras **199** 10
~ de benceno crudo **156** 42
~ de bodega **130** 17
~ de cadáveres **331** 21
~ de caracteres **242** 37
~ de carbón **225** 19
~ de carburante **234** 58
~ de carburante de las toberas de empuje **235** 45
~ de cola **184** 9
~ de combustible *Atmósf.* **6** 7, 29, 37
~ de combustible *Agric.* **65** 42
~ de combustible *Bicicl.* **188** 10, 28
~ de combustible *Moto* **189** 2
~ de combustible *FFCC* **209** 20
~ de combustible *Avión* **230** 48
~ de combustible auxiliar **212** 61
~ de combustible para la turbina de gas **209** 17
~ de condensado **172** 17
~ de dilatación del aceite **153** 9
~ de distribución **217** 40
~ de doble fondo **223** 78
~ de escamas **170** 40
~ de espuma de plástico **83** 6
~ de espuma para la extinción de incendios **228** 28
~ de estarcidos **245** 9
~ de evacuación **185** 35
~ de expansión de la calefacción **38** 24
~ de fenol crudo **156** 40
~ de fuel-oil *Casa* **38** 44
~ de fuel-oil *FFCC* **212** 75
~ de gas comprimido **243** 32, 43
~ de gas comprimido y de helio **234** 50
~ de gasolina **305** 87
~ de helio **234** 43
~ de hidrógeno **235** 54
~ de hidrógeno líquido **234** 26, 41
~ de hormigón **79** 3
~ de husadas **165** 16
~ de igualación del agua de refrigeración **212** 65, 78
~ de insecticida **83** 39
~ del agua **103** 22
~ del aire **129** 31
~ del aire comprimido **146** 21
~ de la mecha de carda **163** 35
~ delantero de carburante **235** 21
~ de la pintura **165** 47
~ del barco **217** 33
~ del caldo de pulverización **83** 5
~ del carbón **152** 2
~ del combustible **212** 56
~ de lejía de cocción **172** 46
~ de lejía negra **172** 29
~ del extremo del ala **231** 9
~ del grano **64** 23
~ del insecticida **83** 50
~ del líquido de freno **191** 49
~ de los libros **262** 11
~ del petróleo líquido **145** 30
~ del petróleo refinado **145** 34
~ del polvo **50** 86
~ del pulverizador **83** 44
~ del retículo **177** 9
~ del retrete **126** 14
~ del rollo de papel **249** 33
~ del saco del polvo **50** 62
~ del tejido **167** 10
~ del vino **79** 3
~ de material **200** 45
~ de mercancías **233** 10
~ de mezcla *Papel* **172** 35
~ de mezcla *Bicicl.* **188** 28
~ de mezcla de dos tiempos **196** 13
~ de mojado **165** 44
~ de oxígeno *Astron.* **234** 61; **235** 57
~ de oxígeno *FFAA* **257** 2
~ de oxígeno líquido **234** 12, 24, 39
~ de películas **310** 5
~ de petróleo **12** 27
~ de plástico **83** 25
~ de polvos desinfectantes **83** 60
~ de queroseno **234** 9
~ de reacción **170** 12
~ derecho **230** 17
~ de reserva de combustible **212** 60
~ de sulfato **172** 36
~ de tanques de petróleo **225** 61
~ de tetraóxido de nitrógeno **234** 59
~ de toba **11** 26
~ de yeso **160** 13
~ elevado de agua *Hortic.* **55** 2
~ elevado de agua *Abast agua* **269** 18
~ graduado **130** 22
~ izquierdo **230** 16
~ para la cola **185** 32
~ para la lejía floja **172** 45
~ para la lejía verde poco clara **172** 41
~ para los elementos combustibles **154** 28
~ principal de aire **211** 8
~ principal de combustible **212** 4
~ refrigerante **162** 15
~ reticular **165** 44
depósitos de hidrógeno y de oxígeno eyectables **235** 46
depósito sedimentario **13** 69
~ tapón **242** 33
~ vertical de recepción de estarcidos **245** 8
depredador **86** 22
depresión *Meteor.* **9** 5
depresión *Geogr.* **13** 72
deprisa **286** 49
depurador centrífugo delante de la caja de entrada de una máquina de papel **173** 11
derecho **293** 40
derivación **345** 13
derivada **345** 13
derméstido **81** 22
dermesto **81** 22
derribo con motosierra **84** 27
~ del oponente adelante y hacia la derecha **299** 13
~ del tronco menudo **84** 37
desacidificación **169** 19
desagüe *Pesca* **89** 8
~ *Fotogr.* **116** 17
~ *Río* **216** 36
~ del agua sobrante **269** 20, 32
~ subterráneo **269** 34
desbarbadora **64** 10
desbenzolaje por refrigerador e intercambiador de calor **156** 27
desbordamiento de fango **11** 51
descansapiés *Peluq.* **106** 19
~ *Bicicl.* **187** 47
~ del pasajero **188** 44
descansillo **123** 23, 34-41
~ intermedio **123** 52-62
descarga controlada **199** 10
~ del carbón de coque **156** 1
~ del fondo **217** 62
descargador de chispas **153** 62
descenso **301** 32
~ con mosquetón **300** 29
~ "Dülfer" **300** 30
~ en rapel **300** 28-30
descodificador **110** 18
descompresímetro para el control de las etapa de ascensión **279** 17
descompresión **279** 17
descortezador **85** 8
descortezamiento de los troncos **85** 23
descremadora **76** 14
descripción del escudo de armas **254** 17-23
desecador **350** 51
desecho **144** 37
desembarcadero *Camping* **278** 13
~ *Playa* **280** 9
~ *Remo* **283** 19
desembarco de pasajeros por medio de botes **221** 97
desembocadura de un río **13** 1
desembuchador de gancho **89** 40
desenrollador **311** 10
~ unicelular para la grabación y la transmisión **238** 58
~ unicelular para la transmisión **238** 56
desfibrado de las láminas de celulosa **169** 6
desfile de carnaval **306** 57-70
desgarre de emergencia **288** 73
desgasificador **152** 16
desgranadora **64** 10
deshidrogenación **170** 19
deshilado **102** 27
deshollinador **38** 31
deshornadora de coque **156** 7
designación de la serie **252** 36
desinfectación por vacío **83** 11
desintegración espontánea de una materia radioactiva **1** 28
desintegrador cónico **172** 82
deslizadero para las bandejas **266** 64
deslizador de la película **312** 31
deslizamiento al punto de rompimiento de la ola **279** 4
~ de cola **288** 5
~ del tejido **168** 47
~ de tierras **11** 46
~ en skeleton **303** 22-24
desmineralización **145** 32
desmonte *Mapa* **15** 84
~ *Silvic.* **84** 4-14
~ *Mina* **144** 37
desmultiplicador de varias velocidades **64** 71
desnudo *Cabar.* **318** 27-32
~ *Pint., dib.* **338** 32
desolladero **319** 13
desova **89** 12
despacho de billetes *Tranv.* **197** 8, 27
~ de billetes *FFCC* **204** 34
~ de billetes *Feria* **308** 7

~ de expedición y recepción de paquetes por expreso **204** 1
~ de facturación y recepción de equipaje **204** 4
~ de la consulta **22** 5
~ del jefe **246** 1-36
~ de localidades para teatro y conciertos **271** 26
~ de mercancías **206** 26
~ de venta por adelantado **271** 26
desparasitaje **237** 28
despegue a remolque de un avión **287** 1
~ por torno **287** 5
despejado **9** 20
despeje de puños **291** 39
despensa *FFCC* **207** 35
~ *Barco* **223** 43
~ *Reloj.* **329** 13
despertador **110** 19
~ eléctrico **43** 16
despiece **95**
desplantador **56** 6
desplazamiento del objeto **113** 34
desplazamiento de tierras **11** 50
desprendimiento de tierras **11** 46
desqueje de la viña por esquejes de yema **54** 22
~ en agua **54** 19
desterronador de tres secciones **65** 89
destilación *Petról.* **145** 49
~ *Fibra* **170** 17
~ *Quím.* **350** 47, 50
~ gradual del alquitrán **170** 4
destornillador *Reloj.* **109** 6
~ *Font.* **126** 69
~ *Elec.* **127** 46
~ *Bric.* **134** 4
~ *Cerraj.* **140** 62
~ americano **134** 5
~ de estrella **134** 5
~ de percusión de aire comprimido **138** 6
~ eléctrico **195** 23
destructor lanzamisiles **258** 1, 38
desulfuración *Petról.* **145** 46
~ *Fibra* **169** 20
~ del gas a presión **156** 28
desván *Casa* **37** 4; **38** 1-29
~ superior **38** 12
desviador de sobretensión **152** 35
~ *Zapat.* **100** 48
desyerbo **66** 8
detective de la casa **275** 16
~ privado **275** 16
detector **309** 23
~ de electricidad **127** 55
~ de irradiación **2** 1-23
~ de tensión **127** 55
deutopirámide **351** 20
devanadera **62** 30
~ triplecardante **163** 25
devanagari **341** 9
devocionario **330** 62
diablo **306** 14
diábolo para escopeta de aire comprimido **305** 34
día del vencimiento **250** 16
diadema **355** 21
~ de perlas **355** 16
diafragma *Astron.* **5** 22
~ *Anat.* **20** 9, 26
~ *Téc. ens* **242** 82
~ de sectores **313** 8
~ laminar **2** 33
diagnóstico **195** 1-23
~ automático **195** 33
diagonal *Puente* **215** 35
~ *Matem.* **346** 33
diagrama *Estudio* **151** 11
~ *Oficina* **248** 36
~ *Colegio* **260** 34
~ de la fábrica **76** 8
~ luminoso, para indicar el estado de la red **153** 8
dial *Téc. ens.* **242** 25
~ *Oficina* **245** 16; **246** 14
~ de sintonización **241** 7
diamante *Fotocomp.* **175** 21
~ *Electrón.* **241** 26
~ *Juego* **276** 41
~ *Cristal.* **351** 10, 13
~ de cristalero **124** 25
diámetro **346** 45
~ del cilindro **167** 16
diapositiva de publicidad **312** 23
~ de un formulario para la inserción de formularios **242** 42
diario nacional **342** 37-70
diaula **322** 3
dibujo **171** 10
~ de la moneda **252** 12
~ de la pizarra **260** 33
~ de punto **30** 37
~ de trenza **30** 39
~ realizado por computadora **248** 19
dicasio **370** 70
diccionario médico **22** 22
dicentra **60** 5
dictáfono *Méd.* **22** 27
~ *FFCC* **209** 30
~ *Oficina* **246** 17; **248** 34
~ de bolsillo **246** 32
~ de cinta magnética **249** 62
didelfo **366** 2-3
diente *Anat.* **19** 28-37
~ *Mesa* **45** 60
~ *Tornill* **143** 83
~ de la pala **200** 6
~ de león *Jardín* **51** 34
~ de león *Hierba* **61** 13
~ del peine de desprendimiento **167** 52
~ de madera **91** 9
~ de pivote **24** 31
~ de porcelana **24** 29
~ de sierra **121** 20
~ rompedor **200** 6
diéresis **342** 34
diez **332** 31
diezmillo **95** 7
diferencia **344** 24
~ de los conjuntos A-B **348** 7
~ de los conjuntos B-A **348** 8
diferencial *Agric.* **65** 32
~ *Motor* **190** 75
~ *Matem.* **345** 13, 14
difusor *Papel* **172** 11
~ *Autom.* **192** 8
~ para el oxígeno gaseoso **234** 15
~ para medir la luz incidente **114** 60
digestor de celulosa **172** 7
digitada **370** 39
digital **379** 2
dígito **344** 3
dignatario chino **306** 29
dije **36** 35
~ de piedras finas **36** 14
~ de piedras preciosas **36** 14
diligencia **186** 39
Dinamarca *Dinero* **252** 24
~ *Bandera* **253** 17
dinamo *Bicicl.* **187** 8
~ *Motor* **190** 76
~ *FFCC* **211** 46
dinamómetro **308** 11
dinar **252** 28
dinero **252**
~ efectivo **246** 27
~ en metálico **246** 27
dingui Finn **284** 51
dintel de cemento armado **118** 13
~ de la ventana *Casa* **37** 25
~ de la ventana *Construc.* **118** 9; **120** 57
dioptra *Fotogr.* **117** 58
~ *Dep.* **305** 41
~ de puntería **305** 50, 51
diosa del mar **327** 23
dios indio **337** 19
diploma de maestría **106** 42
~ de maestro peluquero **106** 42
díptero **358** 16-20
dique *Geogr.* **13** 9
~ *Aerop.* **233** 14
~ basculante **217** 65-72
~ contra la inundación **216** 32
~ de cilindros **217** 65-72
~ de contención **155** 38
~ de esclusas **15** 58
~ de invierno **216** 32
~ de reparaciones **222** 10
~ de río **216** 49
~ de verano **216** 48
~ flotante *Cons. naval.* **222** 34-43
~ flotante *Puerto* **225** 16
~ flotante inundado **222** 41
~ seco *Cons. naval.* **222** 31-33
~ seco *Puerto* **225** 17
~ vaciado **222** 43
dirección **236** 42
~ de acodamiento **85** 31, 37
~ de avance de la cinta **243** 29
~ de corte **151** 27
~ de la carrera **290** 4
~ del cable en ausencia de retenida **227** 15
~ del movimiento de la cabeza vídeo **243** 30
~ de los rayos del Sol **4** 9
~ de luces **224** 101-102
~ del viento **9** 9-19
~ del viento **285** 1-13
~ de tornillo sin fin globoide **192** 56-59
~ hidráulica **65** 41
~ negativa **347** 7
~ pegada **236** 4
~ pivotante **85** 31, 37
~ positiva **347** 6
directo **299** 28
director **315** 26
~ artístico **316** 40
~ cinematográfico **310** 40
~ de doblaje **311** 38
~ de escena **316** 40
~ de fotografía y de sonido **310** 44
~ de la emisión **238** 22
~ del circo **307** 17
~ del hotel **267** 19
~ del juego **275** 3
~ de orquesta **274** 21
~ general **310** 44
disámara **371** 57
discjockey **317** 25
disco *Apart.* **46** 15
~ *Discot.* **317** 24
~ abrasivo **133** 27; **134** 23
~ adhesivo **364** 26
~ de cálculo *Fotogr.* **114** 57
~ de cálculo *Huecogr.* **182** 19
~ de caracteres **176** 20
~ de carborundo **24** 35
~ de color **316** 49
~ de ebonita **302** 35
~ de equilibrado **190** 56
~ de esmeril **24** 36
~ de esmerilar **340** 46
~ de freno **143** 98
~ de goma **134** 22
~ de gramófono **309** 32
~ de las notas **309** 15
~ del cinturón **328** 24
~ de leva para el accionamiento de la bomba de vacío **190** 60
~ del freno **166** 60
~ del freno *Tejido* **166** 60
~ del freno *Autom.* **191** 17; **192** 48
~ de limitación de velocidad **203** 36-38
~ del plegador **165** 30; **166** 49
~ dentado **65** 85
~ de orificios **237** 11
~ de paño **100** 10
~ de piel de cordero **134** 21
~ de plata **10** 24
~ de pulimentar **100** 7
~ de pulir **134** 22
~ de señalización de la policía **264** 14
~ de soporte del cilindro **130** 28
~ flexible **244** 8
~ frotador **165** 21
~ giratorio **275** 31
~ graduado **151** 51
~ insertable **115** 96
~ labial **354** 23
~ lateral **229** 33
~ lija **134** 25
~ magnético **244** 1
~ metálico perforado **309** 15
~ protector de plástico **289** 25
~ redondo **65** 84
~ selector **237** 10
~ solar **4** 36
~ solar alado **333** 12
discoteca **317**
disc pack **176** 34
diseño de un traje **315** 39
disfraz de carácter **306** 33
~ de la mascarada **306** 6-48
dislocación **11** 50
disminuyendo **321** 32

disociador de celulosa **172** 80
disolución del xantogenato en sosa cáustica **169** 10
disolvedor **172** 37
disparador *Méd.* **23** 9
~ *Coza* **87** 12
~ *Matad.* **94** 6
~ *Fotogr.* **114** 12, 31; **115** 18
~ *FFAA* **255** 5, 20
~ *Cine* **313** 38
~ automático **309** 51
~ con empalme para el disparador de cable **117** 6
~ de cable **115** 101
~ de doble cable **115** 102
dispensador de algodón **22** 36
~ de esparadrapo y de elementos pequeños **22** 64
disposición de las alas **229** 1-14
~ de las velas **285** 1-13
~ de las velas en forma de tijeras **285** 4
~ del dique **222** 36-43
~ de los asientos de 2ª clase **211** 58
~ de los bolos **305** 1-11, 14
~ de los discos en forma de X **65** 83
dispositivo alimentador **164** 59
~ anti-skating **241** 25
~ basculante **147** 44
~ basculante para los cubos de la basura **199** 2
~ cortador **169** 30
~ cortante de la piedra **172** 70
~ de ajuste **148** 61-65
~ de ajuste para armar los cristales de los relojes **109** 29
~ de alimentación de papel **245** 11; **249** 45, 49
~ de arranque eléctrico **189** 52
~ de arranque y de freno automático **168** 20
~ de aspiración de los gérmenes **92** 38
~ de aspiración del polvo de esmerilado **133** 28
~ de caída **147** 39
~ de carga **62** 41
~ de cierre **90** 27
~ de circulación del gas **83** 16
~ de conmutación electrónica **237** 42
~ de control **311** 15
~ de corte *Estudio* **151** 15
~ de corte *Vidrio* **162** 19
~ de costura **133** 5
~ de descarga **62** 42
~ de disparo **255** 20
~ de distribución **236** 49
~ de elevación de la puerta **139** 55
~ de eliminación de piedras **64** 9
~ de encuadre **312** 29
~ de enfoque primario **5** 11
~ de enfoque secundario **5** 11
~ de enrollamiento **163** 15
~ de entrada del alumno **242** 4
~ de esparcimiento **62** 22
~ de fijación **150** 15
~ de fijación de la madera **132** 51
~ de hacer marcas con la espuma **83** 9
~ de hombre muerto **212** 13
~ de infusión **25** 14
~ de intercalar **181** 11
~ de introducción **236** 48
~ de limpieza **92** 36
~ de llamada de alarma **237** 4
~ de macrofotografía **115** 81-98
~ de medida **112** 51
~ de memoria para los efectos luminosos **316** 2
~ de micrófonos para la grabación estereofónica **310** 30
~ de microfotografía **115** 89
~ de paro de seguridad **168** 19
~ de pegar **133** 29
~ de plegado de la cinta **163** 62
~ de prensado **183** 18
~ de protección **290** 13
~ de pulverización **83** 58
~ de recogida **62** 41
~ de refilado **184** 3
~ de regulación de la tensión del elevador de remolachas **64** 94
~ de remolque **65** 50, 61
~ de respuesta del estudiante **242** 4
~ de sacudida de la cinta transportadora de hierbas **64** 77
~ de seguridad *Apar. hogar* **50** 18
~ de seguridad *Aserr.* **157** 59
~ de seguridad *FFCC* **212** 13
~ de seguridad *Teatro* **316,** 25
~ de señales luminosas **268** 54
~ de sincronización *Fotogr.* **117** 77
~ de sincronización *Central el.* **153** 32
~ deslizable de trazado **179** 26
~ de sujeción *Átomo* **2** 43
~ de sujeción *Bric.* **134** 42
~ de sujeción de cadenas **157** 41
~ de tensión del cable auxiliar **214** 48
~ de vaciado **89** 9
~ electroconmutador **168** 58
~ fijador de la hoja de la sierra **157** 47
~ fijador de la placa **178** 27
~ fijador de los tableros **132** 70
~ fijador para las muestras pequeñas **117** 56
~ fundidor **174** 25
~ indicador **177** 12
~ móvil de riego **67** 3
~ Norton **149** 8
~ para afinar **326** 30
~ para colocar la bobina de papel no impreso **180** 3
~ para encanillar **104** 16
~ para enmarcar **183** 17
~ para extender la parte trasera **173** 34
~ para la introducción manual **184** 2
~ para las coordenadas **115** 98
~ para regular el largo **100** 20
~ para regular la anchura **100** 19
~ para regular la profundidad de la mesa de apoyo **133** 21
~ para regular la tensión del hilo **100** 22
~ para separar el gas y el petróleo **146** 9
~ pendular **2** 35
~ permanente para evitar la formación de torbellinos en el carburante **234** 11
~ plegador del tejido **168** 35
~ prensor de cadenas **180** 56
~ tensor **167** 32
~ volcador **147** 59
disquete **244** 8
distanciador *Fotogr.* **117** 59
~ *Construc.* **119** 81
distancia entre las líneas rectas **346** 5
~ entre los adversarios en esgrima **294** 10
~ entre los remaches **143** 60
~ focal continuamente variable **313** 23
distintivo del baile de máscaras **306** 34
~ del taxi **268** 65
distribución del oxígeno **235** 56
distribuidor **62** 42
distribuidora de hormigón **201** 5
distribuidor automático de billetes **268** 28
~ de aceite **109** 4
~ de aire **326** 12-14
~ de billetes con cambiador de moneda **197** 33
~ de cajas **74** 53
~ de encendido con avance al encendido por depresión **190** 9
~ de estiércol **63** 39, 21
~ de gasolina **196** 1
~ de monedas **236** 28
~ de octavillas de propaganda **263** 9
~ de papel de cocina **40** 1
~ de secuencia de encendido **195** 13
~ de sellos **236** 19
~ de servilletas de papel **196** 10
~ de tres vías **92** 34
disyuntor *Central el.* **152** 34; **153** 51, 62
diversas clases de deporte **305**
dividendo **344** 26
divinidad marina **327** 23
división *Matem.* **344** 26
~ del cielo **3** 1-8
~ en grados **260** 39
divisor **344** 26
doberman **70** 27
doblado de cintas magnéticas perforadas **238** 54-59
~ de las mechas de carda **164** 5
doblaje **311** 37-41
doble **276** 35
~ barra de repetición **321** 26
~ bemol **320** 53
~ bisel de encaje **121** 91
~ casco **284** 65
~ fondo **222** 60
~ listón **122** 43
~ llave de pierna **299** 11
~ platillo agudo **324** 50
~ puerta en diagonal **301** 68
~ puerta vertical desplazada **301** 70
dobles **293** 2 hasta 3
doble salto mortal **282** 42
dobles de caballeros **293** 2 hasta 3
~ de damas **293** 2 hasta 3
~ mixtos **293** 2 hasta 3
doble sostenido **320** 51
docena intermedia **275** 26
~ primera **275** 25
~ segunda **275** 26
~ última **275** 27
doctor **233** 44
documento confidencial **246** 25
dodecaedro pentagonal **351** 8
~ romboidal **351** 7
dogcart **186** 18
dogo alemán **70** 14
doguillo **70** 9
doguino **70** 9
dólar **252** 33
doliente **331** 38
dolina **13** 71
dolmen **328** 16
doma de caballos **289** 1-7
domador **307** 31, 52
~ de fieras **307** 52
doma libre **307** 30-31
do mayor **320** 55, 62
do menor **320** 65
domiciliación **250** 22
dominguejo **52** 27
domínico **384** 28
dominó *Juego* **276** 33
~ *Carnaval* **306** 15
domo de arena **210** 14
~ de vapor **210** 12
doradillo **360** 9
dorado **129** 40
~ del lomo de un libro **183** 1
dorador **183** 2
dormido **285** 47
dormitorio **43**
dorsal **301** 37
~ ancho **18** 59
dorso de la mano **19** 83
~ del pie **19** 61
dos **283** 15
dosel *Bebé* **28** 32
~ *Hab. niños* **47** 12
~ *J. infancia* **48** 26
dosificador del endurecedor **130** 33
dosillo **321** 23
dosímetro **2** 8-23
~ anular de película **2** 11
~ de película **2** 8
do sostenido menor **320** 59

dos por cuatro **320** 29
~ por dos **320** 30
~ por ocho **320** 28
~ puntos **342** 17
dovela **336** 22
dracma **252** 39
Draco **3** 32
draga *Puerto* **226** 41
~ *Buque guerra* **258** 87
~ con cadena de cangilones **216** 56
~ de cangilones **226** 41
~ de succión **216** 59
~ flotante **216** 56
dragaminas **258** 84
Dragón *Astron.* **3** 32
dragón *Ser fabul.* **327** 1
~ *Vela* **284** 57
~ de las siete cabezas de la revelación **327** 50
~ marino **218** 13-17
~ vikingo **218** 13-17
~ volador **358** 3
drenaje **145** 32
~ de agua **144** 46
~ del subsuelo **200** 61
dríada **51** 7
dribling **291** 52
drive **293** 83
driver **293** 91
driza **253** 2
~ de las banderas de señales **223** 10
dromia velluda **358** 1
drop **98** 76
drósera **377** 14
drupa *Fruta* **59** 1-36
~ *Botán.* **370** 99
~ dehiscente **59** 41, 43
ducha *Salvamento* **228** 30
~ *Aerop.* **233** 46
~ *Natac.* **282** 30
~ *de mano Baño* **49** 41
~ *de mano Peluq.* **105** 30; **106** 13
~ *de mano Offset* **179** 7
~ de tubo flexible **126** 30
~ regulable **49** 41
~ tibia **281** 29
duela **130** 9
dulce *Panad.* **97** 17-47
~ *Comest.* **98** 75-86
~ americano **97** 39
~ cubierto de azúcar **97** 43
~ de ciruelas **97** 43
~ de molde cubierto con una capa de chocolate **97** 34
~ de pisos **97** 46
~ en trozos **97** 43
~ espolvoreado con recortes de pasta **97** 43
dulcemele **322** 32
dulzaina **322** 14
duna **13** 39
~ en forma de media luna **13** 40
~ movediza **13** 39
duodeno **20** 14, 43
duque de alba *Cons. naval* **222** 35
~ de alba *Puerto* **225** 12
duramen *Construc.* **120** 84
~ *Botán.* **370** 13
durmiente *Construc.* **120** 49
~ *Estación* **205** 60
~ de las bancadas **283** 31

E

ébano falso **374** 32
ebonita **300** 45
écarté **314** 15
eclipse lunar **4** 29-35
~ solar **4** 29-35
~ total **4** 33
~ total de Sol **4** 39, 41
eclíptica **3** 2
eclisa *Construc.* **122** 48
~ *FFCC* **202** 12
eco **224** 63
ecógrafo **224** 24, 65
ecosonda **224** 61-67
ecuación **345** 9
~ con la incógnita x **345** 8
~ de identidad **345** 5
~ de primer grado **345** 4
~ determinada **345** 9
ecuador **14** 1
~ celeste **3** 3
echadora de cartas **308** 36
Echiostoma **369** 13
echona **56** 8
Edad de Bronce **328** 21-40
~ de Hierro **328** 21-40
edelweiss **378** 9
edificio anejo **331** 13
~ colateral **62** 14
~ contiguo **154** 36
~ de administración *Cons. hidr.* **217** 24
~ de administración *Aerop.* **233** 16
~ de aduanas del puerto **225** 6
~ de calderas **152** 1-21
~ de la administración *Mina* **144** 18
~ de la administración *Cons. naval* **222** 1
~ de la administración *Cine* **310** 4
~ de la escena **334** 45
~ de la mina **144** 4
~ del club **283** 23
~ de los enseres de bomberos **233** 8
~ del pozo **144** 4
~ del reactor **154** 20
~ de oficinas **225** 53
~ de planta central **334** 55
~ de recepción **205** 13
~ neoclásico **336** 15
~ público **15** 54
~ sagrado budista **337** 21
~ terminal de viajeros **233** 15
editorial **342** 48
edredón **43** 8
educación preescolar **48** 1-20
EEUU **253** 18
efecto **251** 11-19
~ de los terremotos **11** 45-54
~ de una inundación **216** 5
~ sonoro **310** 30, 59
efémera **358** 6
effacé **314** 13
efímera **358** 6
egipcia **342** 8
eje *Peluq.* **106** 36
~ *Construc.* **123** 78
~ *Tornill* **143** 61
~ *Estudio* **151** 30
~ *Bicicl.* **187** 61, 76
~ acoplado **210** 36
~ ajustable **226** 51
~ celeste **4** 10
~ de abscisas **347** 2
~ de coordenadas **347** 2-3
~ de declinación **113** 5, 17
~ de desbobinado **312** 36
~ de fricción del bobinado **312** 37
~ de giro **91** 5
~ de la eclíptica **4** 22
~ de la hélice *Barro* **223** 65
~ de la hélice *Buque guerra* **259** 59
~ del ánima **87** 38
~ delantero **189** 34
~ del anticlinal **12** 17
~ de la parábola **347** 17
~ de la suspensión **214** 72
~ de las x **347** 2
~ de las y **347** 3
~ de la Tierra **4** 22-28
~ del barco **285** 5
~ del carrete **114** 8
~ del cono **372** 3
~ del molino **91** 12
~ de los pedales **187** 42
~ del pedal **187** 81
~ del pistón **192** 75
~ del sinclinal **12** 19
~ de mando de la horquilla **192** 41
~ de ordenadas **347** 3
~ de ruedas provisto de motor **209** 3
~ de simetría *Matem.* **346** 25
~ de simetría *Cristal.* **351** 4
~ fijo **65** 33
~ horario *Astron.* **5** 8
~ horario *Opt.* **113** 18
~ hueco **312** 49
~ instantáneo de rotación **4** 25
~ longitudinal **230** 72
~ mayor **347** 23
~ medio de rotación **4** 27
~ menor *Matem.* **347** 24
~ motor *FFCC* **210** 37
~, para el movimiento de las alas batidoras **163** 24
~ „pedalier" **187** 42
~ polar **113** 18
~ portante **210** 35
~ principal **166** 50
ejercicio con los aparatos **296** 48-60
~ de extinción, trepa, escalera salvamento **270** 1-46
~ de los bomberos **270** 1-46
~ del servicio de incendios **270** 1-46
~ en los aparatos **297** 15-32
~ gimnástico con aparatos **296, 297**
~ gimnástico sin aparatos **295**
ejército del aire **256, 257**
~ de tierra **255**
eje rígido **192** 65-71
~ transversal **230** 68
~ vertical **230** 70
~ y soporte para impulsar el banco de anillas **164** 42
ejote **57** 8
elástico del calcetín **32** 33
~ de punto **31** 70
elaténido **80** 37, 38
elección **263** 16-30
~ de gafas **111** 5
~ de montura **111** 5
elecciones **263**
electora **263** 22
elector con derecho a voto **263** 24
electricidad **235** 55
electricista **127** 1
~ *Cine* **310** 37
~ *Teatro* **316** 20
electrocardiógrafo *Med.* **23** 28
~ *Hosp.* **25** 27, 41
~ portátil **23** 46
electrocardiograma **25** 28
electroconmutador **168** 58
electrodo *Hosp.* **25** 35
~ *Matad.* **94** 8
~ *Soldadura* **142** 10
~ *Sider.* **147** 52
~ central **2** 3
~ de correa **23** 30
~ del estimulador cardíaco temporal **25** 25
~ de platino iridiado **24** 44
~ de ventosa **23** 29
~ introducido a través de la vena **25** 38
~ para el tratamiento de un shock **25** 26
~, salida del **25** 34
electrofiltro *Coque* **156** 20
~ *Cemen.* **160** 7
~ *Papel* **172** 39
electroimán **237** 47
~ del vehículo inductivo **212** 38
electrón **1** 3, 17, 32
electrónica de entretenimiento **241**
~ recreativa **241**
electrón libre **1** 25
electrotomo **22** 38
electroválvula **139** 23
elefante *Zoo* **356** 9
~ africano **366** 20
~ de tela **47** 6
elemento *Estar* **42** 1
~ *Oficina* **248** 39
~ de ajuste **237** 49
~ de central solar **155** 28
~ de construcción intercambiable **273** 56
~ de contacto **237** 46
~ de control **259** 69
~ de decoración **316** 35
~ de ensamblaje **248** 48
~ de entramado **215** 24
~ de fijación **301** 54-56
~ de imagen **243** 60
~ del conjunto A **348** 2
~ del diapasón **110** 9
~ del plinton **296** 16; **279** 9
~ del radiador **38** 77
~ de percepción **10** 22
~ estructural del buque **222** 44-61
~ impreso **178** 39
~ lógico **242** 68
~ oscilante **110** 9
~ prefabricado **215** 58
elementos dispuestos en forma de ángulo **248** 39
elemento sensitivo **10** 22
elevación a una potencia **345** 1
~ con las piernas abiertas en las paralelas **296** 49

~ de caderas y extensión de piernas **295** 24
~ de dos semitonos **320** 51
~ de las piernas en el pino sobre el suelo **296** 52
~ del cuerpo **295** 16, 17
~ del cuerpo con apoyo sobre las manos **295** 18
~ de puntillas **295** 5
~ de talones **295** 5
~ de un semitono **320** 50
elevador *Deut.* **24** 48
~ *Caza* **87** 18
~ de barcos **217** 29-38
~ de cala **226** 23
~ de cangilones **200** 49; **201** 21
~ de cebada **92** 33
~ de espigas **64** 2
~ de las hojas **64** 90
~ de malta **92** 35
~ de rosario **170** 36
~, para transportar las matrices al distribuidor **174** 22
elevón **235** 33
el gorgojo **80** 49
elimo arenario **15** 7
elipse **347** 22
elipsoide de revolución **347** 42
élitro *Ins.* **81** 8
~ *Plaga* **82** 10
~ *Articul.* **358** 36
elixir dentífrico **49** 36
clodea **378** 56
embalaje de yute **163** 4
embaldosado del zócalo **123** 21
embalse artificial **217** 39
embarcación hecha vaciando un tronco de árbol **354** 20
embarcadero *Mapa* **15** 59
~ *Puerto* **225** 30, 66
~ *Parque* **272** 46
~ *Camping* **278** 13
~ *Playa* **280** 9
~ *Remo* **283** 19
~ de los barcos de motor **216** 7
embarque **233** 12
emberiza **361** 6-7
emblema **191** 12
embocadura *Construc.* **122** 30
~ *Mús.* **324** 33
émbolo *Carp.* **133** 47
~ *Teatro* **316** 60
~ buzo **145** 23
~ del motor Wankel **190** 68
embotellado **93** 22
embotellador circular semiautomático **79** 9
embrague *Agric.* **65** 39
~ *Autom.* **191** 44, 96
~ *FFCC* **212** 82
~ *Salvamento* **227** 23
~ de disco en seco **190** 78
~ de fricción de láminas **139** 21
~ de impulsión **177** 54
~ del ventilador **190** 8
~ de toma de fuerza **65** 40
~ hidráulico **65** 37
~ monodisco **190** 71
~ principal **65** 39
embrión *Planta estim., trop.* **382** 21
~ *Fruto merid.* **384** 22
embudo *Fotogr.* **116** 12
~ *Quím.* **350** 16
~ de aspiración **217** 51
~ de entrada de las mechas **164** 15
~ de separación **349** 3
~ guía de las mechas **164** 15
embutidera **340** 14
embutido *Carnic.* **96** 6-11
~ *Comest.* **98** 4
~ *Superm.* **99** 54
embutidor de mano **96** 49
~ de mesa **96** 49
eminencia frontal **16** 4
emisión radiofónica **238** 16-26
emisor de sonido **224** 61
empacadora de alta presión **63** 35
~ de paja **63** 35
empalizada *Huerto* **52** 10
~ *Hípica* **289** 8
~ *Caball.* **329** 36
~ contra la nieve **304** 6
empalme a presión **67** 9
~ con la batería **115** 75
~ de aire comprimido **213** 20
~ de descarga **213** 21
~ de la toma de fuerza **64** 63
~ de tubo **67** 5
empapelado **128** 18-53
empapelador **128**
empaquetadora automática de huevos **74** 46
emparedado *Mesa* **45** 39
~ *Restaur.* **266** 54
emparrillado basculante **210** 5
empaste **24** 30
empavesado **221** 85
empedrado de la acera **198** 8
empeine **19** 61
empella *Zapat.* **100** 60
~ *Jue. pelota* **291** 26
emperatriz bizantina **355** 15
emplazamiento del almacén de material **144** 17
~ de la madera cortada **157** 32
~ de la tienda **278** 42
~ del camping **278** 1-59
~ del escritorio **46** 21
empleada de banco *Banco* **250** 5
~ de banco *Bolsa* **251** 7
~ de la oficina de consignación **206** 36
~ del despacho **204** 9
~ del servicio al cliente **248** 17
~ de oficina **248** 7
~ de pompas fúnebres **331** 40
~ de ventanilla **236** 16
empolladura **359** 29
empuje **234** 21
~ de la aguja a través de la malla **167** 63
~ del programa **177** 71
~ hidráulico **139** 9, 15
~ inferior **235** 6
~ superior **235** 5
empuñadura *Agric.* **65** 2
~ *Orfebre* **108** 5
~ *Fotogr.* **114** 37; **117** 61
~ *Carp.* **132** 18
~ *Naveg.* **224** 9
~ *Barco a motor, esquí acuát.* **286** 48
~ *Dep.* **305** 57
~ *Cine* **313** 21
~ adicional **134** 45
~ con distanciador **134** 47
~ de batería **117** 5
~ de corcho **89** 50
~ de disparo **313** 38
~ de la pila para el motor de la cámara **115** 76
~ de la pistola **264** 23
~ de pistola *FFAA* **255** 38
~ de pistola *Bric.* **134** 44
~ de revólver **134** 44
~ enfundada **89** 55
~ giratoria para la regulación del chorro **83** 19
~ para abrir la puerta del hogar **210** 63
~ para disparar **313** 24
~ para el deslizamiento del carro **167** 41
emú **359** 1
enagua **32** 14
enaguas **309** 85
enano **308** 22
encaje *Ropa* **31** 32
~ *Labores* **102** 30
~ *Moda* **355** 65, 66
~ con lanzadera **102** 19
~ de algodón **31** 32
~ de bolillos **102** 18
~ del pasador **143** 66
~ del tope **166** 44
encantador de serpientes **353** 45
encapilladura **284** 14
encargada del guardarropa **315** 6
encargado de la planta **271** 33
~ del departamento **271** 60
~ del equipaje **205** 30
~ del freno **303** 21
~ del telar **316** 7
~ del vestuario **315** 38
encaro **86** 34
encarretadora de cruzado **165** 1
encendedor **191** 88
~ de gas **107** 30
~ de gasolina **107** 27
~ del soplete **141** 27
~ no recargable **107** 30
encestador **292** 35
encía **19** 15
enciclopedia en varios volúmenes **42** 18
encimera *Cocina* **39** 11
~ *Apar. kogar* **50** 31
encintado **198** 7
encofrado **119** 11, 13, 54
~ de hormigón **119** 54-76
~ de la cornisa **122** 42
~ de las jácenas **119** 12
~ de puntales **119** 73
~ de tablas horizontal **37** 84
~ inferior de la jácena **119** 56
~ lateral de la jácena **119** 55
encolado **162** 53
~ del lomo **183** 14
encoladora de pliegue **185** 28
encomienda **236** 3
encorvadura de la caja de resonancia **324** 26
encuadernación **183**; **184**; **185**
~ a mano **183** 1-35
~ del libro **185** 40-42
~ en rústica **183** 8, 32
~ térmica sin cosido **249** 61
encuadernador **183** 2
encuadernadora automática **249** 61
~ sin costura **184** 1
enchufe de bisagra de suelo **127** 23
~ de la alargadera **127** 12
~ de la lámpara para la luz transmitida **112** 60
~ de pared **39** 26
~ de superficie con caja de toma **127** 25
~ de superficie tripolar **127** 13
~ empotrable en el suelo con tapadera de bisagra **127** 24
~ hembra **261** 12
~ para el interruptor a pedal de la mecanógrafa **249** 66
~ para el micrófono **249** 69
~ para el teléfono **249** 67
~ para los auriculares de casco **249** 68
~ tripolar con interruptor **127** 66
enderezador del plegado **181** 53
endibia **57** 39
endosante **250** 27
endosatario **250** 26
endoso **250** 25
endrino **374** 27
enebrina **372** 52
enebro **372** 47
eneldo **380** 6
energía nuclear **154**
~ solar **155** 17-36
enfermera *Med.* **22** 19
~ *Deut.* **24** 18
~ radiógrafa **27** 11
enfermería con camarote de operaciones y unidad de reanimación **228** 21
enfermo **274** 7
enfoque de la distancia **117** 3
enfranque **100** 68
enfriador de hidrógeno **153** 27
enfurtido de los géneros de lana **168** 1
enganchabobos **34** 3
enganche **65** 30
~ del remolque **278** 55
~ de tres puntos **65** 72
~ de vagones **208** 16
~ rápido **65** 86
engaste de la moneda **36** 38
engomadora **185** 31
engranaje *Reloj.* **110** 11
~ *Tornill.* **143** 82-96
~ *Sider.* **148** 63
~ *Carret.* **201** 11
~ cónico **91** 25
~ de inversión de marcha **211** 53
~ del molino de viento **91** 11
~ diferencial **65** 32

~ en espiral **143** 92-93
~ escalonado **143** 82
~ exterior **143** 96
~ helicoidal **143** 89
~ interior **143** 95
~ planetario **143** 94
engrasador *Bicicl.* **187** 62
~ a presión **195** 30
engrase bajo presión **192** 16-27
~ de la pestaña **211** 52
~ del árbol de levas **190** 13
engrudo *Empapel.* **128** 26
~ *Correo* **236** 5
~ para el papel pintado **128** 4, 23
~ para el papel pintado especial **128** 24
enguatado **29** 39
enjambre **77** 53
enlucido **338** 42
~ de la pared **123** 60
~ del techo **123** 59, 72
enredadera **52** 5
enrejado **136** 1
~ contra los animales monteses **84** 7
~ de alambre *Vitic.* **78** 9
~ de alambre *Silvic.* **84** 7
~ de corte **141** 14
~ de la jaula **307** 50
~ de la ventana **304** 12
~ del rebosadero **89** 5
~ de mimbre **136** 4
~ paranieves **38** 8
enrollado del hilo **170** 44
enrolladora **173** 28
enrollador móvil **56** 26
enrollamiento de alta tensión **153** 15
~ de baja tensión **153** 16
~ primario **153** 15
~ secundario **153** 16
ensaimada **97** 38
ensalada **266** 51
~ de fiambres **96** 13
ensaladera **45** 23
ensamblador de ingletes **124** 31
ensambladura **124** 4
ensamblaje de elementos combustibles **154** 4
ensamble a media madera en cola de milano **121** 89
~ con resalte **121** 87
~ oblicuo con resalte **121** 88
ensayo **315** 21-27
ensenada **13** 7
enseñanza de la natación **282** 16-20
~ en grupo **242** 1
~ media **261**
~ secundaria **261**
~ superior **262**
enseres de bomberos **233** 8
ensillo **71** 7-25
ensimaje **162** 53
entablado **120** 9, 36; **121** 75
entablillado de urgencia **21** 10
entalla *Fotocomp.* **174** 48
~ *Mús.* **326** 30
entalladura *Silvic.* **84** 28
~ *Encuad.* **184** 21
entalla guía **176** 18
entarimado **120** 36
~ del tejado **122** 61
~ de ranuras y lengüetas **123** 74
entella de afinar **326** 33
entenallas **140** 24
entera **370** 43
enterrador **331** 22
entierro **331** 33-41
entintador del mecanismo impresor inferior **180** 7, 9, 11, 13
~ del mecanismo impresor superior **180** 6, 8, 10, 12
entrada *Vestíb.* **41** 1-29
~ *Aerop.* **233** 36
~ *Ciudad* **268** 13
~ *Baños* **281** 37
~ *Circo* **307** 19
~ *Arte* **336** 15
~ a fondo *Esgr.* **294** 5
~ a fondo *Gimn.* **295** 42
~ a la cámara acorazada **250** 11
~ a la pista **307** 11
~ a la terminal de equipajes **233** 6
~ al garaje **37** 52
~ al local de venta **99** 4
~ de ácido sulfúrico **156** 33
~ de agua **126** 18
~ de agua subterránea **155** 2
~ de aire **155** 24
~ de aire del reactor **257** 12
~ de aire en forma de anillo **232** 52
~ de aire fresco **356** 16
~ de aire frío *Sider.* **147** 17
~ de aire frío *Autom.* **192** 60
~ de cine **312** 3
~ de hidrógeno **350** 12
~ de la cebada **92** 2
~ del agua **269** 54
~ del aire **257** 14
~ de las cintas en el banco de estiraje **164** 21
~ del canal **217** 15-16
~ del gas *Cerraj.* **140** 12
~ del gas *Quím.* **350** 2
~ del micrófono estéreo **241** 65
~ del nido **359** 28
~ del parque **272** 32
~ del programa **177** 71
~ del rayo **1** 64
~ del tejido **168** 9
~ de oxígeno **350** 11
~ de teatro **315** 11
~ de un buque en el dique **222** 41-43
~ en arco **278** 39
~ en pliegues del tejido **168** 26
~ lateral **331** 15
~ para fuente sonora **117** 27
~ para la celulosa **172** 77
~ principal **319** 6
entramado del tejado **120** 7
~ de tubos **234** 40
entreacto **107** 3
entrechat **314** 22
entrechat quatre **314** 22
entrega de equipajes **233** 38
entrenador **291** 55; **292** 57
~ de remo **283** 20
entrepuente **223** 76
entretecho **121** 6, 13, 23
entrevigado **120** 43
entubado **145** 20
envase de la leche fresca **76** 20
~ de las botellas **93** 22
~ en bolsas de diez litros **76** 26
~ perdido **93** 28
envergadura **229** 2
envés de la hoja **378** 19
envoltura *Tonel.* **130** 23
~ de plomo **153** 39, 47
~ de yute **153** 49
envolvedero **28** 4
envolvimiento *Esgr.* **294** 46
~ en círculo **294** 49
~ en cuarta **294** 47
~ en octava **294** 50
~ en segunda **294** 50
~ en sexta **294** 48
~ en tercera **294** 48
eñe **342** 35
epeira **358** 45
epícea **51** 10
epicentro **11** 33
epidídimo **20** 73
epigastrio **16** 35
epiglotis **17** 51
epistilo **334** 18
epitafio **331** 14
equilátero **346** 26
equilibrio **295** 25
equilibrista **307** 48
equino *Arte* **334** 21
~ *Invert.* **357** 39
equinocacto **53** 14
equinoccio **3** 6-7
equinodermo *Invert.* **357** 38-39
~ *Fauna abisal* **369** 3, 11, 17, 18, 19
equipaje *Estación* **205** 7-12
~ *Aerop.* **233** 5, 38, 39
~ *FFAA* **257** 19
~ de mano **194** 19
equipamiento autónomo de supervivencia **6** 20
equipo antidisturbios **264** 18
~ de alpinismo **300** 31-57
~ de amplificación y trucaje **310** 59
~ de autocomunicación **237** 41
~ de buceo **279** 8-22
~ de caza **87**
~ de escalada **300** 31-57
~ de esquí de fondo **301** 14-20
~ de estereofonia **317** 22-23
~ de extinción **270** 34
~ de fumador **107** 44
~ de gimnasia **296** 51-52; **297** 61-63
~ de grabación magnética del sonido **311** 1
~ de laboratorio **116** 1-60
~ del perro **70** 28-31
~ de mezcla para películas magnéticas **311** 21
~ de montañismo **300** 31-57
~ de pulverizar sin aire **129** 36
~ de rayos X para la urétero-pielografía **27** 6
~ de registro magnético del sonido **310** 58
~ de registro y de lectura **311** 23
~ electrónico **257** 11, 18
~ electrónico de la nave **235** 22
~ interior del coche de reportaje **239** 6
~ marcador eléctronico **294** 32
~ trasero del coche de reportaje **239** 1
equiseto **376** 18
equitación *Caballo* **71** 1-6
~ *Atlet.* **289**
~ de alta escuela **71** 1-6
equivalente a **345** 8-10
ergates carpintero **358** 38
ergometría **23** 26-31
ergómetro de bicicleta **23** 26
erial **15** 5
ericácea **53** 12
Erídano **3** 12
erigio **61** 32
erióforo **377** 18
erísimo **61** 16
erizo *Mamíf.* **366** 5
~ *Fruto merid.* **384** 52
~ de mar *Invert.* **357** 39
~ de mar *Fauna abisal* **369** 19
Erlenmeyer **350** 39
ermita **15** 61
erosión del oleaje **13** 30
~ eólica **13** 42
~, planicie de **13** 31
esbozo **338** 43
escabiosa menor **375** 29
escabuche **51** 22
escala *Mapa* **14** 29
~ *Casa* **38** 15
~ *Hab. niños* **47** 5
~ *Construc.* **118** 42
~ *FFCC* **211** 43
~ *Cons. hidr.* **217** 8
~ *Mús.* **320** 45-49
~ *Quím.* **349** 35
~ con aguja indicadora **114** 58
~ cromática **320** 49
escalada **300** 2-13
~ en hielo **300** 14-21
~ en roca **300** 2-13
escala de acceso al primer puente **235** 28
~ de altitud **7** 35
~ de altura **298** 20
~ de avance **157** 61
~ de campos de frecuencia **309** 22
~ de corredera **270** 14
~ de cuerda **273** 49
~ de cursor **349** 23
~ de diafragmas **115** 56
~ de distancias en metros y pies **115** 4
~ de do mayor **320** 45
~ de frecuencias **241** 7
~ de ganchos **270** 16
~ de gato **221** 91
~ de grises **343** 15
~ de huerto **52** 8
~ de incandescencia **343** 16
~ de la altura **157** 60
~ de la anchura **157** 58
~ de la menor **320** 48
~ de la menor **320** 46, 47
~ de las temperaturas **7** 36
~ del margen **249** 12
~ del pie del alza **87** 68
~ del tejado **38** 4
~ de marginales **249** 12
~ de medida **242** 75
~ de nonio **149** 69
~ de porcentajes **177** 7
~ de presión de la prensa **185** 5

~ de profundidad **224** 66
~ de programas **243** 40
~ de reducción triangular **151** 34
~ de tiempo **249** 74
~ de tiempos **10** 17
~ diatónica mayor **320** 45
~ diatónica menor **320** 48
escalador **300** 5
~ de hielo **300** 15
escala en milibares **10** 3
~ en milímetros **10** 3
~ graduada **149** 63
~ musical **321** 42-50
~ para la altura del corte **157** 10
~ para regular el tamaño de los puntos **167** 42
~ real **221** 98
~ reguladora de medida del primer pliego **185** 11
escalera *Auxilio* **21** 32
~ *Casa* **37** 72; **38** 4
~ *Construc.* **118** 86
~ circular de abanico **123** 76
~ con descansillo **123** 42-44
~ de acceso **6** 35
~ de acceso al sótano por la parte exterior **118** 4
~ de acero **270** 10
~ de cámara *Barco* **221** 123; **223** 24
~ de cámara *Buque guerra* **258** 24
~ de caracol **123** 76
~ de caracol de eje **123** 77
~ de cuarto de conversión **123** 75
~ de cuerda **307** 8
~ de descenso a los servicios públicos **268** 62
~ de empapelador **128** 52
~ de entrada **37** 66
~ de esclusas **217** 17-25
~ del andén **204** 25; **205** 2
~ de la plataforma y de la escotilla **6** 35
~ del jardín **37** 39
~ del muelle **283** 22
~ del púlpito **330** 18
~ del sótano **123** 16
~ de madera **38** 25
~ de mano *Casa* **38** 15
~ de mano *Construc.* **118** 42
~ de palos **273** 22
~ de pared **296** 21
~ de tejado **122** 63
~ de tijeras *Apar. hogar* **50** 35
~ de tijeras *Font.* **126** 2
~ doble *Empapel.* **128** 52
~ doble *Pintor* **129** 5
~ extensible **270** 10
~ giratoria **5** 20
~ giratoria a motor **270** 9
~ maciza **123** 16
~ mecánica *Bomberos* **270** 10
~ mecánica *Grandes alm.* **271** 22
~ metálica **50** 35
~ plegable **129** 5
~ truncada **123** 42-44
escalinata **333** 33
escalón *Vestíb.* **41** 24
~ *Construc.* **123** 32, 47
~ *Alpin.* **300** 17
~ de acceso **281** 32, 37
~ de cuña **123** 31
~ de subida **230** 42
~ estratificado **13** 49
~ tallado en el hielo **300** 17
escama *Pez., anfib., rept.* **364** 11
~ *Conif.* **372** 42, 45, 50
~ de cera **77** 25
~ de la bráctea **372** 5
~ de la piña **372** 27, 38
~ del cono **372** 8, 14
~ del cono femenino **372** 34
~ del fruto **372** 67
~ ovulífera **372** 34
~ seca de la poliamida **170** 39
escanda común **68** 24
escandalosa **219** 31
escandallo **224** 59
escaña mayor **68** 24
escaparate *Dorm.* **43** 1
~ *Hab. niños* **47** 30
~ *Comest.* **98** 1
~ *Ciudad* **268** 10
~ interior **271** 13
escape *Agric.* **64** 38
~ *Taller* **195** 51
~ de gases **221** 17
escápula **17** 7
escaque blanco **276** 2
~ negro **276** 3
escarabajo *Plaga* **82** 26, 42
~ *Articul.* **358** 24-39
~ cornudo **358** 24
~ de Colorado **80** 52
~ de la patata **80** 52
~ de la remolacha **80** 45
~ de las cortezas **82** 22
~ del estiércol **358** 39
~ del gusano de la harina **81** 18
~ del tocino **81** 22
~ de muelle **80** 37
~ de resorte **80** 37
~ elástico **80** 37
~ molinero **81** 18
~ pelotero **358** 39
~ pulga **80** 39
~ sanjuanero **82** 1
~ tipógrafo **82** 22
escarabeoideo **358** 24, 39
escaramujo *Botán.* **370** 100
~ *Arb. ornam.* **373** 26
escarapela *Policía* **264** 8
~ *Carnaval* **306** 34
escarcela **329** 49
escardillo de mano **56** 7
escarlador *Reloj.* **109** 8
~ *Cerraj.* **140** 31
~ de ángulo **125** 9
escarificador **200** 20
escarificadora **200** 19
escarola **57** 39
escarpa del dique **216** 40
escarpe **329** 55
escena *Teatro* **316** 36
~ *Cabar.* **318** 22
~ *Arte* **334** 45
escenario *Cine* **312** 8
~ *Teatro* **315** 14
~ de exteriores **310** 7
~ exterior **310** 1
~ giratorio **316** 31
~ sonoro **310** 26-60
escenógrafo **315** 37
esclava oriental del harén **306** 41
esclavina *Hosp.* **30** 65
~ *Moda* **355** 39
esclavo de la galera **218** 48
~ remero **218** 48
esclusa *Mapa* **15** 58
~ *Cons. hidr.* **217** 20
~ de aire *Astron.* **235** 27
~ de aire *Mina* **144** 38
~ de comunicación **235** 71
~ del dique **216** 34
~ del tritón **146** 31
~ de retención **15** 69
~ de ventilación **144** 38
~ personal **154** 32
escoba *Casa* **38** 36
~ *Granja* **62** 5
~ *Limp. públ.* **199** 6
~ *Ciudad* **268** 21
~ de alimentación **199** 44
~ de césped **51** 3
~ de deshollinar **38** 35
~ de hojas **51** 3
~ del curling **302** 43
~ de mano **50** 53
~ para el césped **56** 3
escobén *Salvamento* **227** 11
~ *Buque guerra* **258** 54
~ del ancla **222** 75
escobilla *Caza* **87** 62
~ *Colegio* **260** 59
~ de jazz **324** 53
~ de limpieza **247** 10
~ de mesa **108** 33
~ de metal **324** 53
~ para limpiar la pipa **107** 48
~ parda **378** 6
escobillón **50** 53
~ de empapelador **128** 49
~ para la extinción **137** 3
escobón *Ciudad* **268** 21
~ *Arb. ornam.* **374** 20
~ para barrer la hojarasca **272** 67
escocia **334** 29
escoda **158** 38
escofieta **29** 2
escofina **134** 6
~ de madera *Carp.* **132** 1
~ de madera *Bric.* **134** 8
~ de madera *Colegio* **260** 55
~ de media caña **132** 2
escogedora-clasificadora automática **74** 52
escolar **260** 3
escolero **260** 3
escólex **81** 36
escolino **260** 3
escollera **13** 37
escollo **13** 25
escombro *Cantera* **158** 2
~ *Carret.* **200** 12
escombros **118** 78
escopeta de cañón doble **87** 33
~ de caza **86** 4; **87** 1-40
~ de dos cañones de skeet **305** 70
~ de horquilla **353** 28
~ de tres cañones **87** 23
~ que se monta automáticamente **87** 23
escopleadora **120** 17
escoplo *Construc.* **120** 72
~ *Esc.* **339** 19
~ *Art. gráf.* **340** 7
~ de acanalar **135** 24
~ de alfajía **132** 7
~ de descortezar **85** 8
~ de fijas **132** 8
~ en bisel *Carp.* **132** 11
~ en bisel *Esc.* **339** 19
~ para agujeros **132** 8
escoria de la chimenea **11** 27
escorial **144** 19
Escorpión **3** 38; **4** 60
escorpión acuático **358** 4
~ común **358** 40
escorzonera **57** 35
escota *Barco* **219** 68
~ de botavara **219** 69
~ de foque **284** 29
~ del foque **284** 23
escotado de barco **30** 34
escotadura **324** 74
escota mayor **284** 28
escote con los lunares **306** 24
~ en forma de V **31** 68
escotera **284** 22
escotero **284** 27
escotilla **222** 64-65
~ de acceso **6** 38
~ de acceso al compartimiento de carga útil **235** 26
~ de cámara **258** 24
~ de carga **221** 11, 63
~ de entrada a la cápsula espacial **6** 10
~ de entrada y de salida **6** 38
~ del compartimiento de carga útil **235** 14
~ principal **259** 86
~ superior **6** 45
escotillón **316** 32
escribano *Ave* **361** 6-7
~ cerillo **361** 6
~ hortelano **361** 7
escritorio *Apart.* **46** 22
~ *Hab. niños* **47** 23
~ *Oficina* **246** 2
escritura **341; 342**
~ cuneiforme **341** 8
~ de los diferentes pueblos **341** 1-20
~ del sánscrito **341** 9
~ de nudos de los incas **352** 22
~ fonética **342** 14
~ pictográfica **341** 1
~ rúnica **341** 19
~ sinaítica **341** 13
escroto **20** 71
escuadra *Colegio* **260** 37
~ *Gimn.* **295** 16
~ a inglete **120** 82
~ con espaldón **134** 26
~ con piernas separadas **295** 18
~ de acero **108** 28
~ de carpintero **132** 6
~ de delineante **151** 7
~ de dibujar **151** 7
~ de hierro **120** 78
~ de medida **140** 57
~ de vidriero para cortar **124** 20
~ equilátera **151** 8
~, falsa **120** 81
escualo **364** 1
escudete *Planta* **54** 30
~ *Plaga* **82** 5
~ *Articul.* **358** 30
escudilla de compota **45** 29
~ de la comida **70** 32
~ para el agente de decoloración **105** 1
~ para escupir **24** 12
escudo *Caza* **88** 55

~ *Dinero* **252** 23
~ *Heráld.* **254** 5, 10
~ *Pez, anfib., rept.* **354** 10
~ antitérmico **234** 5, 20
~ de alianza **254** 10-13
~ de armas **254** 1-6
~ de armas de la mujer **254** 11-13
~ de armas de la provincia **252** 14
~ de armas del hombre **254** 10
~ de armas matrimonial **254** 10-13
~ de armas nacional **252** 12
~ de caucho **191** 13
~ de corredera **2** 32
~ de la marca **187** 15
~ del cuello **358** 29
~ de protección *Barco* **218** 17
~ de protección *Policía* **264** 20
~ de protección para soldar **142** 39
~ doble **254** 10-13
~ largo **329** 56
~ protector **5** 31
~ protector de la irradiación **2** 46
~ protector de la radiación **2** 31
~ protector del calor **235** 8, 40
~ redondo **329** 57
~ torácico **358** 29
escuela de párvulos **48**
escuelante **260** 3
escuerzo **364** 23
esculero **260** 21
esculpido en laca **337** 6
escultor **339** 1
~ en arcilla **339** 6
~ en madera **339** 28
escultura **339** 32
~ de arcilla **260** 67
~ de cera **339** 26
~ moderna **272** 64
escupidera *Dent.* **24** 12
~ *Méd.* **23** 25
escurreplatos **39** 33
escurridor del aceite **40** 42
~ de platos **39** 33
~ de probetas **261** 31
escusón **336** 7
escutelo **358** 30
escúter **188** 47
eseñanza primaria **260**
esfenoides **17** 38
esfera *Joya* **36** 82-86
~ *Reloj.* **110** 25
~ *Arte* **334** 72, 73
~ *Matem.* **347** 41
~ celeste **4** 23
~ de corcho **90** 19
~ del contador de agua **269** 58
~ lisa **36** 82
~ solar **4** 36
esfigmómetro *Méd.* **23** 33
~ *Hosp.* **25** 15; **26** 32
esfinge **327** 20
~ de calavera **365** 9
~ del aligustre **358** 55
~ del pino **82** 27, 46
~ egipcia **333** 11
esfingida **365** 9
esfingido **82** 27
esfínter *Apic.* **77** 17
~ anal **20** 63
esgrafiado **338** 41
esgrima **294**
~ de espada **294** 25-33
~ de florete **294** 1-18
~ deportiva **294** 1-13
~ de sable **294** 19-24
esgrimidor **294** 5-6
esgrimista **294** 5-6
esgucio **336** 50
eslabón de enganche **208** 17
~ de la cadena **36** 39
~ giratorio **145** 10
eslinga de cadena **226** 26
esmaltador de porcelana **161** 17
esmalte *Anat.* **19** 30
~ *Heráld.* **254** 24-29
~ *Colegio* **260** 62
~ para las uñas **99** 32
esmerejón **362** 1
esmerilador **163** 41
esófago *Anat.* **17** 49; **20** 23, 40
~ *Apic.* **77** 19
espaciador **117** 59
espacio *Fotocomp.* **175** 17
~ *Mús.* **320** 44
~ cuneiforme **174** 24
~ de carga **231** 21
~ de cuña **174** 24
~ de registro **177** 49
~ entre dos renglones **175** 5
~ talado **84** 13
espada *Esgr.* **294** 36
~ *Toros, rodeo* **319** 25, 32
~ de batir **166** 17
~ eléctrica **294** 26
espadaña *Flor.* **60** 11
~ *Igl.* **331** 2
~ *Planta* **378** 21
espadas **276** 43
espádice *Botán.* **370** 71
~ *Planta* **378** 22
~ femenino **384** 6
~ masculino **384** 4
~ masculino con la flor **383** 55
~, parte femenina **378** 24
~, parte masculina **378** 22
espadilla *Remo* **283** 17, 35-38
~ *Esc.* **339** 12
espadín **355** 63
espalda *Anat.* **16** 22-25
~ *Matad.* **95** 9
~ *Construc.* **122** 86
~ con el jarrete delantero **95** 22
~ con la pierna delantera **95** 5
~ de la montaña **12** 41
espaldar *Casa* **37** 33
~ *Pez. anfib., rept.* **364** 29
~ sueco **296** 20
espaldera *Gimn.* **296** 20
~ *Caball.* **329** 44
espaldilla *Caballo* **72** 18
~ *Matad.* **95** 19, 29
espantajo **52** 27
espantapájaros **52** 27
España **252** 22
esparadrapo *Auxilio* **21** 7
~ *Med.* **22** 55
~ *Hosp.* **26** 54
esparceta **69** 10
esparcidora automotriz de gravilla **200** 41
~ de estiércol *Granja* **62** 21
~ de estiércol *Agric.* **63** 39
espárrago *Huerto* **52** 25
~ *Hortal.* **57** 14
~ *Tornill.* **143** 22
espato de Islandia **351** 22
~ flúor **351** 16
espátula *Dent.* **24** 50
~ *Hosp.* **25** 7
~ *Empapel.* **128** 35
~ *Bric.* **134** 37
~ de dientes **128** 46
~ de modelar *Esc.* **339** 10
~ de modelar *Porcel.* **161** 20
~ de pintor **129** 22
~ de plástico **128** 44
~ japonesa **129** 23
~ japonesa **128** 10
~ para la masilla **124** 27
~ para pintar **338** 15
especia **39** 32
especialista en desatarse **308** 28
~ en hormigón **119** 9
especia tropical **382**
especiero **39** 31
espectador *Feria* **308** 29
~ *Teatro* **315** 8
~ de cine **312** 5
espectrógrafo **5** 33
~ de rejilla **5** 5
espectro solar **343** 14
espéculo auricular **22** 74
~ rectal **23** 19
~ vaginal **23** 13
espejo *Vestíb.* **41** 6
~ *Baño* **49** 33
~ *Caza* **88** 20, 36, 74
~ *Opt.* **111** 4
~ *FFCC* **207** 49
~ *Vela* **284** 35; **285** 49
~ auxiliar **115** 38
~ cóncavo *Astron.* **5** 32
~ cóncavo *Feria* **308** 56
~ convexo **308** 57
~ de ángulo **177** 28
~ de boca **24** 41
~ de desviación **113** 11
~ de iluminación **14** 59
~ del tocador **43** 29
~ de mano *Peluq.* **105** 23; **106** 7
~ de mano *Opt.* **111** 16
~ de pared **309** 3
~ de peluquería **105** 20; **106** 6
~ de popa *Barco* **218** 55; **221** 42
~ de popa *Barco a motor, esquí acuát* **286** 26
~ de rueda para medir ópticamente la convergencia y la inclinación **195** 41
~ giratorio **243** 54
~ grande **224** 6
~ para el maquillaje **315** 43
~ para la entrada correcta de las imágenes **177** 38
~ pequeño **224** 7
~ plano **5** 3
~ principal *Astron.* **5** 1
~ principal *Opt.* **113** 10
~ réflex **115** 33
~ retrovisor **188** 35
~ retrovisor exterior del lado derecho **191** 56
~ retrovisor exterior del lado izquierdo **191** 40
~ retrovisor interior **191** 39
~ secundario *Opt.* **113** 11
~ secundario *Astron.* **5** 2
~ semitransparente **243** 55
~ triple **104** 1
espejuelo **72** 27
espelta **68** 24
espelta verde **68** 25
espera **233** 28
espesador *Papel* **172** 48
~ de lavado **172** 44
espesura de la plantación joven **84** 11
espetón del asador **40** 33
espiche **353** 9
~ del orificio de desagüe **284** 36
Espiga *Astron.* **3** 18
~ *Mesa* **45** 52
~ *Agric.* **68** 2
~ *Font.* **126** 55
~ *Tornill.* **143** 31, 53
~ **370** 67
~ de centeno *Agric.* **68** 2
~ de flores *Planta ind.* **383** 62, 66
~ de flores *Fruto merid.* **384** 63
~ de giro **215** 69
~ del remache **143** 58
~ guía **322** 40
~ guía del pestillo **140** 41
espigón **216** 20
~ de piedra **15** 48
espiguilla *Agric.* **68** 3, 10
~ *Planta* **69** 22, 23
~ *Flor* **375** 39, 41, 42
espina **58** 30
espinaca **57** 29
espina de la raíz **370** 81
~ de la rosa **60** 18
espín del electrón **1** 4
espineta **322** 45
espinillera *Soldadura* **142** 12
~ *Jue. pelota* **291** 33, 34; **292** 9
~ *Dep. inv.* **302** 33
espinillo **374** 30
espino **374** 30
~ albar **374** 30
~ blanco **374** 30
espíquer **238** 21
espiral *Autom.* **192** 59
~ *Dep. aereo* **288** 51
~ *Gimn.* **297** 50
~ de la muerte **302** 5
~ de película de varias unidades **116** 4
~ portapelícula **116** 2
espirea **374** 23
~ del Japón **373** 28
espirógrafo **357** 22
~ para la exploración del funcionamiento respiratorio **27** 36
espirómetro *Méd.* **23** 31
espirometría *Hosp.* **27** 36-50
espita **349** 22
~ del gas **261** 24
esplanada del castillo **329** 31
esplenio **18** 51
espliego **380** 7
espolín **71** 50
espolón *Caballo* **72** 25
~ *An. dom.* **73** 26
~ *Caza* **88** 23, 57, 82
~ *Puente* **215** 29, 45
~ *Barco* **218** 9
~ *FFAA* **255** 46, 55
espongiario **357** 13
esponja *Colegio* **260** 42

~ *Flor* **357** 13
~ de baño **49** 6
~ para humedecer la piedra litográfica **340** 25
~ silícea **369** 7
esponjilla humedecedora **247** 31
espora **381** 12, 13
~ germinal **381** 8
espuela *Caballo* **71** 50-51
~ *An. dom.* **73** 27
~ clavada **71** 50
~ de caballero **60** 13
~ de correílla **71** 51
~ de galán **53** 4
~ fija **71** 50
espuma *Baño* **49** 3
~ *Cerv.* **93** 31
~ de la cerveza **266** 4
espumadera **96** 43
espuma para la extinción de incendios **228** 28
espumilla **265** 5
esqueje **54** 20
~ leñoso **54** 25
esquela mortuoria **342** 68
esqueleto *Anat.* **17** 1-29
~ *Colegio* **261** 14
~ *Esc.* **339** 22
~ silíceo **357** 8
esquema **260** 34
~ de la carda **163** 51
~ de la peinadora **163** 63
~ de pistas de la grabación de videocassettes **243** 28
~ funcional de la fábrica **76** 9
esquí **301** 1-72
~ acuático **280** 16; **286** 45-62
~ acuático, tipos **286** 56-62
esquiadora **286** 45
esquí compacto **301** 1
~ de aterrizaje **256** 21
~ de descenso **301** 34
~ de figuras **286** 56
~ de fondo **301** 14
~ de salto **301** 38
~ de saltos **286** 62
~ de slalon **286** 60
esquife **258** 12, 45, 61; **259** 35
esquimal **353** 1
esquina **292** 18
~ de la calle **198** 12
esquinera *Estar.* **42** 26
~ *Oficina* **246** 34
esquiva lateral **299** 29
estabilización del traqueteo **234** 13
estabilizador *Fotogr.* **116** 10
~ *FFAA* **256** 31
~ *Dep.* **305** 58
~ de cola **232** 4, 7
~ de dirección **230** 59; **231** 6
~ de elevación **229** 26, 27; **230** 61
~ de O_2 **27** 42
~ en T **287** 10
~ horizontal **288** 23
establecimiento de baños **281**
establo **62** 7
~ de las vacas lecheras **75** 14
estaca **84** 17
estacada **329** 36
estaca de judías **52** 28
~ de rama **54** 25
estación *Mapa* **15** 27
~ *Tranv.* **197** 35
estacionamiento **233** 3
estación central de mezcla **201** 19
~ costera **237** 53
~ de alzado **249** 60
~ de autoservicio **196** 1-29
~ de bombeo **146** 22
~ de carga **206**
~ de cinta magnética **242** 32
~ de contenedores **206** 54
~ de depuración **144** 20
~ de destino **205** 22
~ de enclavamiento **15** 24
~ de ferrocarril *Mapa* **15** 41
~ de ferrocarril *Estación* **204**
~ del valle **214** 39
~ de maniobras **206** 42
~ de mercancías **206**
~ de montaña **214** 57
~ de ondas cortas **237** 54
~ de servicio **196** 1-29
~ eléctrica **310** 8
~ espacial **235** 65
~ meteorológica **9** 7; **10** 49
~ principal **224** 40
~ secundaria **224** 41
~ terrestre **237** 51
estadística **248** 36
~ de ventas **248** 46
estado del cielo **9** 20-24
~ del Vaticano **252** 21
~ excitado **1** 19
~ fundamental **1** 18
Estados Unidos de América *Dinero* **252** 33
~ Unidos de América *Bandera* **253** 18
estalactita **13** 80
estalagmita **13** 81
estambre *Fruta* **58** 45; **59** 10
~ *Botán.* **370** 57, 60
~ *Coníf.* **372** 7, 18
~ *Arb. ornam.* **373** 2, 5; **374** 3
estampación del tejido a la lionesa **168** 59
estampa de banco **140** 14
estampador textil **168** 65
estampilla **236** 15, 19, 20, 61
~ del médico **22** 29
estancia **62**
estanco **204** 47
estandarte *Fotogr.* **177** 11
~ *Bandera* **253** 7-11
~ de caballería **253** 13
~ de la iglesia **331** 44
~ de la procesión **331** 44
~ del Presidente de la República Federal Alemana **253** 14
estanque *Mapa* **15** 79
~ *Parque* **272** 50
~ de agua **55** 29
~ de cría **89** 6
~ de hormigón para escenas acuáticas **310** 11
~ del jardín **51** 16
~ para carpas **89** 6
~ para chapotear **37** 44
~ para chapotear los niños **273** 28
estante *Estar.* **42** 3
~ *Comed.* **44** 19
~ de botellas **317** 4
~ de composición **174** 9
~ de especias **47** 29
~ de la cama-mueble **46** 19
~ de las botellas **266** 10
~ de las especias **39** 31
~ de las medias **99** 25
~ de las monturas **111** 5
~ del material **100** 36
~ de los libros **46** 7
~ de los periódicos **265** 8
~ de los tacos **277** 19
~ de los vasos **266** 9
~ de ropa blanca **43** 2
~ de vasos **317** 5
~ de vitrina **46** 7
~ para las bandejas de los huevos **74** 42
~ para libros **43** 14
estantería *Apart.* **46** 1
~ *Comest.* **98** 14
~ *Superm.* **99** 23
~ *Sastre* **104** 8
~ *Grandes alm.* **271** 27
~ colgante **248** 40
~ de acero **262** 12
~ de ficheros **262** 22
~ de las bebidas **99** 71
~ de las botellas **79** 11
~ de las mercancías **47** 36
~ de las publicaciones **330** 56
~ de las revistas **262** 15
~ de los archivadores **248** 10
~ de los periódicos **262** 16
~ de los vasos **274** 16
~ de múltiples usos **248** 28
~ de productos lecheros **99** 43
~, para lingotes y blancos **174** 8
~, para material de relleno **174** 8
~ por elementos **42** 1
~ por módulos **42** 1
estaño fundido **162** 17
~ para soldar **126** 76
estapelia **53** 15
estaquilla *Construc.* **123** 11
~ *Camping* **278** 24
~ de la oreja **354** 30
~ de la tienda **278** 24
estarcido **245** 8, 9, 10
estatorreactor **232** 33-50
estatua *Parque* **272** 10
~ *Arte* **334** 5
~ *Esc.* **339** 32
~ de Buda **337** 20
~ del puente **215** 22
~ de piedra **272** 2
estatuilla de marfil **328** 8
estay **219** 10
~ de foque **219** 14
~ del mastelero de trinquete **219** 11
~ de proa **284** 15
~ de señales **223** 11
~ mastelerillo de trinquete **219** 12
~ mastelerillo sobrejuanete **219** 13
este **4** 14
estela *Barco* **223** 58
~ *Arte* **334** 33
~ de ionización **2** 27
~ en la cámara de Wilson **2** 27
estenografía **342** 13
estera de cañizo **55** 6
~ de paja **55** 6
estéreo **84** 16
estereóbato **334** 4
estereomicroscopio de gran campo **112** 40
campo **112** 61
estereoplanígrafo **14** 66
estereotopo **14** 64
esterilizador *Cocina* **40** 23
~ *Leche* **76** 12
~ de aire caliente **22** 71
~ de vapor **22** 39
~ pequeño **26** 35
esterilla de los pies **49** 18
esterna **359** 11
esternocleidomastoideo **18** 34; **19** 1
esternón *Anat.* **17** 8
~ *Matad.* **95** 27
estetoscopio **23** 35
esteva **65** 3
estiércol **63** 15
estigma *Fruta* **58** 41; **59** 16
~ *Articul.* **358** 32
~ *Botán.* **370** 56
estigmómetro **115** 55
estilete **341** 25
~ de acero indio **341** 21
estilo *Fruta* **58** 42; **59** 15
~ *Botán.* **370** 55
~ *Arb. ornam.* **373** 5
~ *Planta* **378** 5
estilóbato **334** 32
estilo delfín **282** 35
~ de natación **282** 33-39
estilográfica **260** 14
estilo libre de relevos **282** 24-32
~ mariposa **282** 34
estilos y partes del tejado **121** 1-26
estimulador cardiaco **25** 31
~ cardíaco temporal **25** 25
estimulante *Comest.* **98** 65-68
~ *Superm.* **99** 68-70
estípite con busto **334** 35
estípula *Hortal.* **57** 5
~ *Fruta* **58** 48
~ *Árbol.* **371** 73
estique **339** 13
estirado **164** 1
estiraje **170** 46, 55
~ de la mechera **164** 22
estocada **319** 30
estola **355** 9
estola de piel **318** 30
estolón *Planta* **54** 16
~ *Fruta* **58** 20
estómago *Anat.* **20** 13, 41-42
~ *Apic.* **77** 16
estomiátido **369** 10, 13
estopa de limpieza **87** 63
estopor **223** 51
estoque *Flor* **60** 11
~ *Toros, rodeo* **319** 32
estornino pinto **361** 4
estornudadera **380** 2
estramónica **379** 8
estramonio **379** 8
estratificación de las rocas sedimentarias **12** 1
estrato **8** 4
estratocúmulo **8** 3
estrato de volcán **11** 15
~ impermeable **12** 28
estratosfera **7** 8
estrecho de Gibraltar **14** 24
~ de mar **14** 24
estregadera **50** 56

estrella brillante **3** 9
~ de la policía **264** 27
Estrella del Norte **3** 1
estrella de mar *Fauna abisal* **357** 38
~ de mar *Invert.* **369** 17
~ de primera magnitud **3** 14
~ doble **3** 29
~ fugaz **7** 25
estrellamar *Invert.* **357** 38
~ *Fauna abisal* **369** 17
Estrella Perro **3** 14
~ Polar **3** 1, 34
estrella principal **310** 27
estrellas fijas **3** 9-48
estrella variable **3** 11
estría *Casa* **87** 36
~ *Arte* **334** 27
~ de molienda **91** 18
~ de refrigeración **91** 17
estribera **71** 42
estribo *Anat.* **17** 61
~ *Agric.* **65** 14
~ *Caballo* **71** 43
~ *Construc.* **119** 70
~ *Coche* **186** 13
~ *Tranv.* **197** 15
~ *Barco* **219** 46
~ *Arte* **335** 27
~ del segundo pie **286** 59
~ de seguridad **301** 53
~ de sujeción **133** 9
estrígida **362** 14-19
estróbilo **372** 2
estructura cristalina **1** 9-14
~ de hormigón armado **119** 1
~ del dique **222** 37-38
~ de los cristales **351** 1-26
~ del propulsor **235** 2
~ de soporte **113** 2
~ molecular **1** 9-14
~ resistente al calor del alerón **235** 34
~ resistente al calor del elevón **235** 34
~ superior intercambiable para el vagón plataforma **213** 40
estuche de bobina de la película **238** 6
~ de cabezas de sonido **241** 59
~ de joyas **36** 31
~ de lápices **260** 12
~ de las alianzas **36** 6
~ del objetivo **115** 104
~ de mezcla **117** 26
~ para la luz de día **177** 50
estudiante **262** 9, 10
estudio *Apart.* **46**
estudio **151**
~ *Pint., dib.* **338** 1-48
~ al óleo **338** 36
~ cinematográfico **310** 1-13
~ de artista **37** 74
~ de doblaje **311** 37
~ de escultura **339**
~ de explotación **238** 7-15
~ de grabación radiofónica **238** 1-6, 16
~ de mezcla **311** 34
~ de música **310** 14
~ de pintura y dibujo **338**
~ de postsincronización de televisión **238** 27-53
~ de premezcla **238** 54
~ de resonancia **311** 31
~ de sincronización **311** 37; **238** 28
estufa *Hortic.* **55** 4
~ *Rastro* **309** 4
~ bacteriológica **261** 30
~ de azulejos **266** 34
~ de cultivos **261** 30
~ de gas **126** 25
~ de incubación microbiana **261** 30
~ de la sauna **281** 21
~ infrarroja **173** 32
estupa **337** 21
~ pequeña **337** 28
estuquista **118** 83
etapa de ascensión **279** 17
~ de descompresión **279** 17
~ de despegue **234** 3
etiqueta con el nombre **54** 4
~ de la maleta **205** 8
~ del equipaje **204** 7
~ del hotel **205** 9
~ del número del paquete **236** 4
~ del precio **96** 6
etmoides **17** 39
etnografía **352; 353; 354**
Eurasia **14** 15-16
Europa **14** 15
evacuación del agua de infiltración **216** 37
~ de las aguas residuales **156** 38
evaporación del clorobenzol y de la sosa cáustica **170** 11
evaporizador **155** 6
Everest **7** 3
evolución de los barcos de vela **220** 35-37
excavación de la obra **118** 69-82
excavadora de gran capacidad **159** 3
~ de juguete **273** 65
~ del terreno de cobertura **159** 3
~ de pala alta **200** 1
~ universal **158** 13
excéntrica **166** 57
~ de gatillo de la espada **166** 66
~ de golpeo **166** 66
excrecencia **80** 33
~ vesicular de la raíz **80** 27
excusado *Baño* **49** 12
~ *FFCC* **207** 16, 42; **211** 59
exhibición de animales **307** 63
~ de los géneros en el escaparate **268** 11
existencia de papel de cartas **245** 12
ex libris **185** 51
exosfera **7** 31
expendedor de billetes **204** 39
exploración de la cinta perforada **176** 15
explorador **278** 11
explosión atómica **7** 11
~ de la bomba de hidrógeno **7** 12
~ del Krakatoa **7** 21
explotación a cielo abierto *Cantera* **158** 1
~ a cielo abierto *Energ. nucl.* **154** 70
~ forestal **84; 85**
~ hortícola **55** 1-51
exponente **345** 1
exposición *Fotocomp.* **176** 9
~ *Oficina* **249** 42
exposímetro de ampliación **116** 53
~ del papel **116** 53
expositor **99** 10
~ de hojas **180** 45
exprimidor **40** 9
expulsión **291** 61
extensión **295** 35
~ de brazos **295** 25
~ de brazos y flexión **295** 21
~ derecha **295** 12
~ y flexión de brazos **295** 22
extensor **309** 28
~ común **18** 57, 63
~ largo **18** 56
exterior **292** 41
extintor **196** 9
~ de mano **270** 61
~ transportable **270** 63
extra **310** 29
extracción del alquitrán mineral **156** 18
~ del alquitrán y del fenol **170** 3
~ del fenol de las aguas gaseosas **156** 39
~ de petróleo **145** 22-27
~ de raíces **345** 2
~ y transporte del benzol **170** 6
extractor *Carp.* **133** 33
~ *Fibra* **170** 37
extractora de remolachas **64** 85-96
extractor de agua **281** 39
~ de gas **156** 21
~ de humo **255** 59, 89
~ de jugos **40** 19
extradós **336** 26
extremidad **16** 43-45
~ inferior **16** 59-54; **17** 22-25
~ superior **16** 43-48; **17** 12-14
extremo *Tornill.* **143** 23
~ *Jue. pelota* **291** 16
~ A **346** 17
~ B **346** 18
~ redondo **143** 20
eyector de troncos **157** 19

F

fábrica **15** 37
fabricación de caracteres **175** 32-37
~ de clisés **178**
~ de géneros de punto **167**
~ del papel a mano **173** 46-51
~ del perlón **170** 1-62
~ del rayón y de fibras textiles por elaboración de la viscosa **169** 1-34
~ de papel **172; 173**
~ de porcelana **161**
~ de vidrio **162** 38-47
fábrica de acero **147** 21-69
~ de celulosa al sulfato **172** 1-52
~ de cemento **160**
~ de cerveza **93** 1-31
~ de conservas de pescado **225** 59
~ de incineración de basura **199** 28
~ de malta y de cerveza **92**
~ de medias **167** 1-66
~ de tejas y ladrillos **159**
faceta **77** 20
facial, músculo **19** 6
facistol con paramento **330** 2
factor **344** 25
factoría **148** 1-45
facturación y recepción de equipaje **204** 4
factura del hotel **267** 11
fachada *Construc.* **121** 5; **122** 25
~ *Arte* **336** 15
~ del órgano **326** 1-5
~ lateral **37** 15
faetón **186** 38
fagote **323** 28
faifa **107** 33
faisán **88** 77
faisana **88** 77
faisán común **88** 77
~ de bosque **88** 72
~ de montaña **88** 66
faisánida **359** 22
faja **319** 23
~ -corsé **32** 3
~ de braga **32** 2
~ del cimiento **123** 2
~ de seda japonesa **353** 41
~ elástica **32** 5
fajina **216** 53
fajo **32** 39; **33** 23
falange **17** 17, 29; **19** 77
falca **283** 43
falcónida **362** 1-4
falda *Ropa* **29** 46, 52; **31** 24
~ *Matad.* **95** 2, 15-16, 41
~ abierta por el costado **30** 51
~ con peto **29** 41
~ corta de bailarina **314** 29
~ cruzada **31** 13
~ de gala **30** 56
~ de loden **30** 67
~ del traje **31** 3
~ de rafia **306** 18
~ -pantalón **29** 59; **31** 48
~ plisada **30** 32
faldar **329** 49
falda trasera **95** 15
faldeo **13** 58
faldón **33** 14
~ abombado **336** 48
faldoncillo **121** 17
faldón lateral **71** 40, 47
~ trasero **193** 21
falocrocorácida **359** 10
falsa acacia **371** 70
~ costilla **287** 36
~ escuadra **120** 81
~ lagarta **80** 13
~ oronja **379** 10
~ portada **185** 43
falso tirante **121** 35, 38
falta *Ruleta* **275** 22
~ *Jue. pelota* **291** 50
falla *Geogr.* **12** 4
~ *Mina* **144** 51
~ compleja **12** 8-11
~ de dislocación **12** 7
~ distributiva **12** 8
~ en escalera **12** 8

~ múltiple **12** 8
~ normal **12** 7
~ oblicua **12** 7
~, plano de **12** 5
fallaris **359** 20
falla, salto de **12** 6
fa mayor **320** 63
~ menor **320** 66
fanal *Mapa* **15** 49
~ *Barco* **218** 44; **221** 48
~ *Naveg.* **224** 69, 105
fango **13** 15
faradización **23** 37
farallón **13** 28
fardo **206** 4
fárfara **380** 8
farfolla **68** 33
faringe **19** 14-37
farmacia **233** 45
farmacopea **22** 23
faro *Mapa* **15** 8
~ *Bicicl.* **187** 7
~ *Moto* **189** 10
~ *Autom.* **191** 20
~ *Naveg.* **224** 82, 103
~ de aterrizaje *Avión* **230** 49
~ de aterrizaje *FFAA* **257** 37
~ de aterrizaje *Dep. aéreo* **288** 32
~ del ciclomotor **188** 29
~ flotante **221** 47
~ giratorio **264** 11
farol *Coche* **186** 9
~ *Barco* **221** 48
farola **268** 6
~ con luz **198** 18
~ de la calle **37** 62
farol de la guindola **221** 125
~ de papel **52** 15
~ de popa **218** 44
farolillo **52** 15
~ a la veneciana **52** 15
~ chino **353** 36
~ veneciano **306** 4
farol indicando la posición de las agujas **202** 19
~ suspendido en el centro de la calle **268** 49
farpa **253** 10
fase de aspiración **75** 34
~ de elevación **298** 29
~ de reposo **75** 33
~ de succión **75** 34
~ líquida **148** 27
fases lunares **4** 2-7
fase sólida **148** 26
fa sostenido mayor **320** 61
~ sostenido menor **320** 58
fauna abisal **369**
favorito **289** 52
fécula de sagú **98** 39
fecha de expedición **250** 14
~ de libramiento **250** 14
~ de publicación **342** 42
fechador **250** 24
~ de billetes **197** 16
feligrés **331** 17
felino **368** 2-8
fémur **17** 22
fenicia **341** 14
fenol **170** 14
~ crudo **156** 40
fenómeno meteorológico **9** 30–39
féretro **331** 35
feria **308** 1-69
~ anual **308** 1-69
feriante **308** 10
fermata **321** 25
fermentación **93** 7
ferrallista **119** 21
ferrobús articulado de doce ejes **197** 1
~ articulado urbano e interurbano de seis ejes **197** 13
ferrocaril de obras **200** 23
~ de vía estrecha **200** 23
ferrocarril **207**; **208**; **209**; **210**; **213**
~ de cremallera **214** 7-11
~ de montaña **214**
~ de montaña de cremallera **214** 4-5
~ de montaña de raíl **214** 1-14
~ de vía estrecha **159** 4
~ ligero de explotación **15** 90
~, línea local **15** 25
~, línea principal **15** 21
~, línea secundaria **15** 23
ferry **221** 74
ferryboat **15** 12
festón **335** 54
~ de uña **102** 6
festoneada **370** 46
festuca **69** 24
~ de los prados **69** 24
fetiche **354** 43
fiacre **186** 26
fiador *Cerraj.* **140** 38
~ *Tornill.* **143** 29
~ *Oficina* **246** 23
fiambre **98** 4
fiambrería **98** 1-87
fibra de carbono **235** 20, 32
~ del nervio óptico **77** 23
~ de perlón **170** 61
~ de poliamida **170** 61
~ de vidrio **151** 48
fibras artificiales y sintéticas **169**; **170**
fibroscopio urinario **23** 20
fíbula **328** 27
~ de arco de violín **328** 27
~ de ballesta **328** 28
~ de barca **328** 28
~ de discos **328** 30
~ de doble espiral **328** 30
~ serpentiforme **328** 28
ficha *Elec.* **127** 9
~ *Ruleta* **275** 12
~ de damas blanca **276** 18
~ de damas negra **276** 19
~ de dominó **276** 34
~ de la alargadera **127** 11
~ del halma **276** 28
~ del paciente **25** 5
~ del salta **276** 21
~ de préstamo **262** 25
~ de trabajo **261** 27
~ médica **22** 8
~ médica caducada **22** 7
~ para el juego del chaquete y del tres en raya **276** 18
~ perforada *Teléf.-telégr.* **237** 64
~ perforada *C. cálc.* **244** 13
fichero *Apart.* **46** 10
~ *Oficina* **245** 23; **248** 27
~ *Univ.* **262** 23
~ de diabéticos **22** 26
~ de los clientes **248** 24
~ de pacientes **22** 6
~ para las fichas del programa **195** 10
~ principal **262** 21
fiel *Igl.* **330** 29, 61
~ *Quím.* **349** 34
~ para cortar los hierros **119** 81
fieltro *Papel* **173** 51
~ *Etnogr.* **353** 20, 30
~ del apresador **325** 28
~ del macillo **325** 24
~ de vidrio **162** 58
~ húmedo, primer **173** 17
~ húmedo, segundo **173** 18
~ secador **173** 23
fiera **307** 56
fiesta del pueblo **308** 1-69
~ mayor **308** 1-69
figura acrobática **288** 50-51
~ blanca **276** 4
~ burlesca **306** 63
~ de arcilla **339** 7
~ de cera **308** 69
~ de cuento de hadas **306** 65
~ de escuela **289** 7
~ del ajedrez **276** 7
~ del antepasado **354** 17
~ de la puerta **333** 36
~ del halma **276** 28
~ del mosaico **338** 38
~ del puente **215** 22
~ del vuelo acrobático **288** 1-9
~ de plastilina **48** 13
~ en posición de salida **276** 1
~ mitológica **327** 1-61
~ modelada **48** 13
~ negra **276** 5
figurante **316** 39
figura obligatoria del patinaje sobre hielo **302** 11-19
~ simétrica **346** 24
~ yacente **335** 53
figurín **315** 40
figurita humana de terracota **328** 20
fijación **301** 54-56
~ de cable **301** 40
~ de goma **286** 57-58
~ de la bujía de precalentamiento **190** 55
~ del crampón por cable **300** 52
~ del tejido **168** 24
~ de ratonera para esquí de fondo **301** 15
~ de seguridad del esquí **301** 2
~ de tubos **126** 53-57
fijador para el cabello **105** 24
~ para el pelo **106** 23
fila de asientos dobles **207** 63
~ de asientos individuales **207** 62
~ de butacas **312** 9
~ de porta **220** 27
filamento **357** 22
~ continuo **162** 48
~ luminoso incandescente **127** 58
fileta *Hilat.* **164** 58
~ *Tejido* **165** 25
~ de las bobinas **164** 28
~ llena de bobinas **164** 41
filete *Tornill.* **143** 16
~ *Arte* **334** 57; **335** 52
~ de cabecera **342** 40
~ de la columna **342** 47
~ de ovas **334** 42
~ sacalíneas **174** 14
filigrana *Labores* **102** 30
~ *Dinero* **252** 31
filmación **310** 14-60
~ de interiores en el plató **310** 26-60
filo *Mesa* **45** 57
~ *Silvic.* **85** 2
~ cortante **45** 57
~ de la guadaña **66** 14
~ de la navaja de afeitar **106** 40
~ de sierra **96** 33
filomela **361** 14
filón de hulla **144** 50
~ de sal potásica **154** 65
filoxera *Parás.* **80** 26
~ *Articul.* **358** 14
filtraje rápido **269** 9
filtro *Atomo* **2** 9, 12
~ *Pesca* **89** 10
~ *Tabaco* **107** 13
~ *Fibra* **170** 32
~ *Papel* **172** 20
~ *Abast. agua* **269** 32, 62
~ *Quím.* **349** 12
~ coloreado **316** 49
~ cromático blindado **240** 15
~ de aceite **190** 43
~ de aire *Agric.* **65** 54
~ de aire *Motor* **190** 16
~ de aire con baño de aceite **212** 79
~ de Büchner **349** 11
~ de capas de acero fino **79** 8
~ de color **310** 38
~ del aceite **192** 20
~ de la cerveza **93** 15
~ del aire **191** 55
~ de la máscara antigás **270** 57
~ de los gases de combustión **152** 13
~ del polvo **270** 59
~ de papel plegado **350** 41
~ de sincronización **311** 27
~ de vacío **349** 11
~ eléctrico **152** 13
~ para kieselguhr **93** 4
~ para lejía negra **172** 28
~ para purificar los gases del colector de escape **190** 73
~ -prensa *Porcel.* **161** 12
~ -prensa *Fibra* **169** 12
~ regulable **116** 46
~ solar **6** 22
~ tubular **83** 54
fimbria **20** 82
fina **175** 8
final de la limitación de velocidad provisional **203** 40
finca **36** 1
~ rústica **15** 94
firma del presidente del Consejo de Administración **251** 16
~ del presidente del Consejo de Inspección **251** 15
~ facsímile **252** 34
firme **200** 60
~ del suelo **123** 12

fiscorno **323** 39
fisión nuclear **1** 34
~ nuclear nueva **1** 46
~ repetida **1** 46
fistol **36** 22
fisura **11** 52
flamenco **272** 53
flamenquilla **60** 20
flan **252** 43
flanco *Anat.* **16** 32
~ *Caza* **88** 26
~ del canal **217** 27
~ diestro **254** 18, 20, 23
~ siniestro **254** 19, 21, 23
flanqueza **329** 86
flap de aterrizaje **288** 29
~ estabilizador *Vuelo sin motor* **287** 39
~ estabilizador *Dep. aéreo* **288** 25, 30
flash **242** 43
~ electrónico **309** 38, 40-41
~ electrónico de una sola pieza **114** 68
~ electrónico portátil de batería **114** 65
~ submarino **279** 25
flauta **353** 47
~ de Pan **322** 2
~ de pico **322** 7
~ doble **322** 3
~ dulce **322** 7
~ mayor **323** 31
~ ovoide **324** 32
~ travesera **323** 31
flautín **323** 30
flecha *Caballo* **71** 21
~ *Caza* **87** 77
~ *Barco* **221** 26, 59
~ *Dep.* **305** 60
~ *Etnogr.* **352** 28
~ arrojadiza **328** 2
~ de cota **151** 26
~ obligatoria de giro a la izquierda **268** 73
~ obligatoria de seguir en línea recta **268** 74
~ positiva débil **229** 20
~ positiva fuerte **229** 21
~ que indica la dirección del viento **9** 9
fleje de hierro *Tornill.* **143** 11
~ de hierro *Hilat.* **163** 5
flequillo **34** 36
flete **289** 51
flexión **299** 29
~ completa de piernas **295** 6
~ del tronco hacia atrás **295** 34
~ del tronco hacia delante **295** 33
~ lateral del tronco **295** 32
~ pierna izquierda **295** 12
flexor corto **18** 41
flor *Fruta* **58** 4; **59** 9
~ *Hierba* **61** 10, 19, 22
~ *Agric.* **68** 42
~ *Planta* **69** 14
~ *Botán.* **370** 23, 51
~ *Árbol.* **371** 17, 40, 52, 55, 62
~ *Arb. ornam.* **373** 5, 7, 11, 14, 31; **374** 6, 7, 15, 21, 24
~ *Flor* **375** 3, 6, 16, 19, 20, 23, 40, 46; **376** 2, 5, 11, 19, 23
~ *Planta* **378** 16, 20, 28, 32, 37, 47, 57
~ *Planta estim., trop.* **382** 4, 18, 29, 42, 54
~ *Planta ind.* **383** 3, 12, 17, 36, 39, 47
~ *Fruto merid.* **384** 13, 18, 56, 57, 65
~ abierta **374** 17
flora de una zona climática **356** 21
flor andrógina **374** 10
~ de corazón **60** 5
~ de jardín **60**
~ de la amapola **61** 4
~ de la banana **384** 34
~ de la carroña **53** 15
~ de la grosella espinosa **58** 6
~ de la judía **57** 9
~ del albaricoquero **59** 34
~ del ananás **384** 64
~ del cerezo **59** 3
~ del cuclillo **376** 21
~ del cuero **131** 12, 17
~ del frambueso **58** 26
~ del guisante **57** 2
~ del haya **371** 35
~ de lis **254** 13
~ del manzano **58** 54
~ del melocotonero **59** 27
~ del naranjo **384** 25
~ del peral **58** 38
~ del saúco **374** 36
~ del trébol **69** 7
~ de mirística **382** 34
~ de nieve **378** 9
~ de otoño **379** 3
~ de prados y linderos **375**; **376**
~ destruida **80** 11
florecilla del disco **375** 32
florero **309** 2
florescencia con frutos jóvenes **384** 31
flores, formas **378** 10
florete **294** 1-18
~ eléctrico **294** 26
~ francés **294** 37
~ italiano **294** 39
floretista **294** 5-6
flor femenina *Fruta* **59** 38
~ femenina *Árbol* **371** 6, 13
~ femenina *Arb. ornam.* **373** 20
~ femenina *Planta* **378** 25, 53
~ femenina *Planta estim., trop.* **382** 12, 14, 32, 50
~ femenina *Planta ind.* **383** 50
~ femenina *Fruto merid.* **384** 7, 14, 42, 43
~ hermafrodita *Arb. ornam.* **374** 10
~ hermafrodita *Planta estim., trop* **382** 12, 14
florín **252** 19
florista **266** 28
floristería **204** 48
flor marchita **58** 55
~ masculina *Árbol.* **371** 14
~ masculina *Arb. ornam.* **373** 21; **374** 11
~ masculina *Planta* **378** 23, 53
~ masculina *Planta ind.* **382** 13; **383** 51
~ masculina *Fruto merid.* **384** 5, 15, 44, 51
~ masculina con los estambres **59** 39
florón **335** 37
flor precoz **55** 24
~ radiada **375** 31
~ temprana **55** 24
flotador *Pesca* **89** 43-48
~ *Font.* **126** 15
~ *Tejido* **171** 40
~ *Autom.* **192** 15
~ *Río* **216** 12
~ *Cons. hidr.* **217** 34
~ *Naveg.* **224** 71
~ *Avión* **232** 6
~ *Baños* **281** 6, 7
~ *Barco a motor* esquí acuát. **286** 27, 44
~ cargado de plomo **89** 48
~ con la maquinaria **221** 65
~ con pluma **89** 45
~ de ala de estabilización **232** 3
~ de corcho **90** 6
~ de espuma de plástico **89** 46
~ de figura de animal inflable **280** 33
~ del arpón **353** 11
~ de materia plástica **89** 44
flotilla de remolque **216** 22
flox **60** 14
flujo secundario **232** 50
fluorescente **49** 32
flus **33** 1
fluviómetro **15** 29
Flying Dutchman **284** 49
foca **367** 19
foco *Autom.* **191** 20
~ *Escrit.* **347** 27
~ de la elipse **347** 25
focómetro de vértice **111** 33
~ universal **111** 21
foco, profundidad del **11** 34
~ supletorio sobre trípode **310** 52
focha **359** 20
fofoque **219** 21
fogatada **278** 10
fogón **278** 10
foja **359** 20
folgo *Bebé* **28** 38
~ *Inv.* **304** 27
folículo *Anat.* **20** 84
~ *Botán.* **370** 91
foliota cambiante **381** 33
follaje invertido **333** 24
folletín **342** 67
folleto publicitario **250** 7
fondo **136** 19
~ a 490 m **154** 83
~ a 511 m **154** 73
~ de convertidor **147** 69
~ de la presa **217** 79
~ del canal **217** 30
~ del casco **286** 32, 35, 39
~ del convertidor **147** 47
~ del diente **143** 84
~ del dique **222** 31
~ del filtro **269** 11
~ del valle **13** 67
~ de tul **102** 16
~ oceánico **11** 10
fonógrafo **309** 31
fontanero **126** 1
fontura **167** 21
~ de agujas **167** 27
~ dispuesta para hacer punto **167** 51
foque *Barco* **219** 22; **220** 2
~ *Vela* **284** 16; **285** 3
~ *Moda* **355** 74
~ de dentro **219** 21
~ genovés **284** 16
foramen **91** 19
fórceps **26** 53
forjado del entramado **120** 59
~ del techo **123** 61
forja industrial **139**
~ libre **139** 32
forma *Sombr.* **35** 2
~ *Art. gráf.* **340** 32
~ cerrada **181** 36
formación de la ciclohexanona **170** 20
~ de la ciclohexanona-oxima **170** 22
~ de la lactama **170** 25
~ de la malla **167** 65
~ del vacío **162** 36
~ del vacío **162** 28
~ kárstica en las rocas calcáreas **13** 71-83
forma curvada **126** 83
~ de composición **181** 36
~ de las alas **229** 15-22
~ de las alas guias **229** 23-36
~ de las hojas **370** 31-38
~ de las placa ajustable de cerámica de óxidos **149** 47
~ del casco de las embarcaciones de vela **285** 29-41
~ de mano **173** 48
~ de pera **36** 82-86
~ de pera con caras **36** 84
~ de pera lisa **36** 83
~ de popa de las embarcaciones de vela **285** 42-49
~ de tonel **36** 75
~ de vela **220** 1-5
~ exterior del caballo **72** 1-38
~ fundamental de los cristales **351** 1-26
~ geométrica de arcilla **260** 79
formas de cruces cristianas **332** 55-72
~ de las flores **378** 10
~ de las hojas **378** 52
~ de valles **13** 52-56
formero **335** 19
formón *Construc.* **120** 71
~ *Esc.* **339** 14
~ de carpintero *Carp.* **132** 7-11
~ de carpintero *Bric.* **134** 30
fórmula de interés simple **345** 7
formulario de inscripción **267** 12
foropter con el oftalmómetro y el refractómetro **111** 44
forrado **315** 32
forraje **62** 11
forro a tope **285** 53
~ a tope en diagonal **285** 56
~ de felpa **101** 3
~ de las embarcaciones de madera **285** 50-57
~ del freno *Herr.* **138** 13
~ del freno *Autom.* **192** 52

~ de lona impermeabilizada **283** 58
~ de peluche **101** 3
~ de tejido de punto **101** 17
~ de tela blanca **355** 57
~ en tingladillo **285** 50-52
~ exterior *Cons. naval* **222** 44-49
~ exterior *Remo* **283** 33, 48, 58
~ interior **285** 57
~ interior del suelo de la bodega **222** 63
~ lateral interior de la bodega **222** 62
forsitia **373** 1
fortaleza **329** 1
forte **321** 38
~ fortíssimo **321** 40
fortepiano **321** 41
fortíssimo **321** 39
forzudo **308** 27
fosa **331** 34
~ del dique **222** 36
~ lacrimal **88** 14
~ submarina **11** 12
~ tectónica **12** 11
~ yugular **16** 20
fosforera **266** 24
fósforo **107** 22
foso *Herr.* **138** 17
~ *Hípica* **289** 8
~ *Atlet.* **298** 39
~ *Teatro* **316** 1-60
~ *Caball.* **329** 37
~ de entrada **329** 33
~ de la orquesta **315** 24
~ del cambio **202** 34
~ de separación **356** 3
~ lleno de agua **356** 3
~ para el tensor **214** 40
fotoco **384** 28
fotocomposición **176**
fotocopiadora **249** 32
foto de prensa **342** 58
fotodiodo *Fotogr.* **114** 70
~ *Audiovis.* **243** 56
fotograbado **177**
fotografía **114; 115; 116**
~ de la cámara de Wilson **2** 26
~ submarina **279** 23
fotógrafo de prensa **299** 49
fotogrametría *Mapa* **14** 63-66
~ *Opt.* **112** 67
fotómetro *Méd.* **23** 54
~ *Fotogr.* **114** 3, 24, 56
~ para cámaras de gran formato **114** 61
~ -selector **117** 17
fotomultiplicador **112** 51
fototeodolito **112** 67
fototopografía **14** 63-66
foxterrier **70** 15
foyer **315** 12-13
frac **33** 13
fracción **344** 10
fraccionador catalítico **145** 70
fracción compuesta **344** 17
~ de bencina ligera **145** 39
~ de bencina pesada **145** 40
~ decimal periódica infinita **344** 21
~ decimal propia **344** 20
~ de diferente denominador **344** 19
~ de gasoil **145** 42
~ impropia **344** 16, 18
~ inversa **344** 16
~ propia **344** 15
fractocúmulo **8** 12
fractoestrato **8** 11
fractura **21** 10
fragata **258** 53
fragmento de fisión **1** 37-38, 44, 47, 51
fragua **137** 1; **138** 34
~ con el fuego de fragua **137** 1-8
fraile **331** 54
frambuesa *Fruta* **58** 28
~ *Botán.* **370** 101
frambueso **58** 25
francesa **355** 51
francesilla **375** 8
Francia *Dinero* **252** 5, 16
~ *Bandera* **253** 16
franco **252** 15, 16, 17, 18
franela *Ropa* **32** 25
~ *Empapel.* **128** 48
frángula **380** 13
franja lateral **291** 25
franqueamiento de la barra **298** 31
frasco con agua de olor **105** 37
~ (de) Erlenmeyer **173** 2
~ de filtración **350** 40
~ de infusión **25** 12
~ de perfume *Dorm.* **43** 27
~ de perfume *Peluq.* **105** 36
~ de productos químicos **261** 23
~ de tinta china **151** 63
~ de tres bocas **350** 57
~ lavador **349** 8
~ lavador de gases **261** 32
~ para limpiar gas **350** 58
fratás **118** 57
freca **39** 38
fregadero *Cocina* **39** 33-36
~ *Panad.* **97** 68
~ *FFCC* **207** 28
~ *Colegio* **261** 6, 34
~ *Camping* **278** 6
freidera **40** 4
freidora **97** 66
~ de patatas **40** 41
fréjol **57** 8
freno *Coche* **186** 16
~ *Autom.* **191** 45, 95
~ aerodinámico **256** 12
~ automático de la bobina de papel **181** 47
~ contrapedal **187** 63
~ de boca **71** 53
~ de centrífuga **211** 33
~ de cinta **143** 104
~ de disco *Motor* **190** 74
~ de disco *Autom.* **191** 17-18; **192** 48-55
~ de disco delantero **189** 32
~ de emergencia *Autom.* **191** 93
~ de emergencia *FFCC* **212** 10; **214** 3, 71
~ de la boca de fuego **255** 58
~ delantero *Bicicl.* **187** 5
~ delantero *Moto* **189** 11
~ de la rueda **91** 8
~ del cable portante **214** 71
~ del cañón **255** 52
~ del esquí **301** 56
~ del plegador de urdimbre **166** 59
~ freno de mano *Jardín* **56** 38
~ de mano *Bicicl.* **187** 5; **188** 33
~ de mano *FFCC* **212** 33
~ de pie **56** 40
~ de raíl **206** 48
~ de seguridad **85** 15
~ de tambor delantero **188** 36
~ de vía **206** 48
~ de zapatas **143** 97
~ dinamométrico **143** 97-107
~ hidráulico **212** 44
~ para vuelo en picado **287** 38
~ sobre la llanta **187** 5
~ trasero **189** 13
frente *Anat.* **16** 4-5
~ *Caballo* **72** 3
~ cálido **8** 5; **9** 26
~ de aire **9** 25-29
~ de arranque **158** 3
~ del armario **46** 2
~ del escaparate **268** 42
~ frío **8** 13; **9** 27
frentes **9** 25-29
frente tormentoso **287** 24
fresa *Dent.* **24** 6
~ *Jardín* **56** 21
~ *Fruta* **58** 16, 21
~ *Fotocomp.* **175** 51
~ alpina **58** 16
~ de fisuras **24** 39
~ de nudo **132** 53
~ de recambio **100** 5
~ diamantada **24** 40
fresadora de cadena **132** 49
~ de cadena cortante **120** 17
~ universal **150** 32
fresa en forma de llama **24** 38
~ esférica **108** 7
~ para agujeros oblongos **150** 43
~ para cavidades **24** 37
~ para el tacón **100** 4
~ para ranuras **150** 43
~ silvestre **58** 16
fresco **338** 40
fresno **371** 38
fresón **58** 16
freza **89** 12
fricandó **95** 12
frigánea **358** 12
frígano **358** 12
frigorífico *Cocina* **39** 2
~ *Apart.* **46** 33
~ *Matad.* **94** 21-24
~ *Discot.* **317** 10
frijol **57** 8
fríjol **52** 28; **57** 8
fringílido **360** 1; **361** 6-8
friso babilónico **333** 19
~ de arquillos ciegos **335** 9
friz **371** 35
frontal **17** 30
frontalera **71** 9
frontal, músculo **19** 4
frontera de la zona franca **225** 3
frontispicio *Construc.* **122** 25
~ *Arte* **334** 3
frontón *Construc.* **121** 5
~ *Arte* **334** 3; **335** 49
frontón curvo **335** 50; **336** 5
~ rebajado **336** 5
frotador *Tabaco* **107** 24
~ *Art. gráf.* **340** 13
~ de virutas **157** 50
fructificación **61** 15
fruta *Superm.* **99** 80
~ *Restaur.* **266** 57
~ compuesta *Fruto merid.* **384** 12
~ compuesta *Fruta* **58** 21
~ compuesta con la corona de hojas **384** 62
~ de baya **58** 1-30
~ de hueso **59**
~ de nuez **59**
~ de pepitas **58**
~ en conserva **98** 16
frutero **45** 40
fruto *Fruta* **58** 28
~ *Hierba* **61** 20, 23
~ *Botán.* **370** 91-102
~ *Árbol.* **371** 4, 19, 28, 45, 65, 69
~ *Conif.* **372** 2, 29, 30, 41, 53, 64
~ *Arb. ornam.* **373** 12, 18, 22, 27, 29, 32; **374** 4, 19, 25, 29, 31, 34
~ *Flor* **375** 4, 7, 10, 13, 17, 24, 35, 37, 47; **376** 3, 6, 14
~ *Planta* **378** 11, 38, 42
~ *Planta estim., trop.* **382** 10, 15, 24, 39
~ *Planta ind.* **383** 10, 14, 18, 21, 28, 34, 40, 43, 44, 52, 59
~ *Fruto merid.* **384** 19, 26, 39, 45
~ capsular abierto con las semillas **384** 58
~ compuesto *Fruta* **58** 28
~ compuesto *Botán.* **370** 100, 101
~ con los dos granos **382** 5
~ con los huesos al descubierto **374** 12
~ de carozo **59** 49
~ de hueso **59** 43, 49
~ del campo **68** 1-47
~ del haya **371** 37
~ de pepitas **58** 31-61
~ deshicente **370** 91-96
~ en doble sámara **371** 57
~ en forma de bolsa **61** 11
~ indehiscente *Botán.* **370** 97-102
~ indehiscente *Flor* **375** 43
~ joven **384** 31
~ maduro *Árbol.* **371** 61
~ maduro *Planta estim., trop.* **382** 33, 44
~ meridional **384**
fucsia **53** 3
fuego de campamento **278** 10
~ de fragua **137** 1-8; **138** 34
~ encendido **267** 25
~ piloto revestido **38** 60
~ por taladramiento **354** 34
fuel-oil **38** 50
~ ligero **145** 58
~ pesado **145** 59
fuelle *Fotogr.* **114** 53; **115** 85; **116** 31
~ *Energ. mod.* **155** 14
~ *Fotogr.* **177** 10, 26
~ *Camping* **278** 49
~ *Rastro* **309** 26
~ *Mús.* **322** 58; **324** 37
~ de aire primario **160** 11
~ del parasol **313** 39
~ del ventilador **165** 4

fuente *Mapa* **15** 82
~ *Abast. agua* **269** 24-39
~ *Parque* **272** 21
~ de agua potable **205** 33
~ de cocina **40** 6
~ de energía moderna **155**
~ de impulsión **110** 7
~ de la ladera **12** 38
~ de las abluciones **334** 68
~ de las patatas **45** 31
~ de legumbres **45** 25
~ de luz **1** 59
~ de luz del fotómetro **112** 50
~ de luz fría **23** 8
~ de luz para la iluminación panorámica **112** 52
~ de verdura **45** 33
~ mural **272** 15
fuera borda **283** 6
~ borda neumático **286** 1
~ de combate **299** 40
~ de juego **291** 42
fuerte *Mapa* **15** 74
~ *Mús.* **321** 38
fuerzas armadas **255; 256; 257**
fuete **307** 53
fuina **367** 14
fular **32** 40; **33** 65
fúlica **359** 20
fulmar **359** 12
fulminante *Casa* **87** 59
~ *Carnaval* **306** 49
fumaria **377** 8
fumariácea **60** 5
funámbula **307** 40
funcionario del censo **263** 17
función trigonométrica de los ángulos **346** 32
fundación **123** 2
funda de la almohada **43** 12
~ de la cámara **115** 103
~ de la pistola **264** 24
~ del sable **284** 43
~ del videodisco **243** 45
~ de nylón **207** 68
~ de tela **207** 48
~ interior de la almohada **43** 13
~ protectora *Elec.* **127** 54
~ protectora *Dep. inv.* **302** 25
fundición y laminado de hierro **148**
fundidor **148** 7
fundidora de plato curvado **178** 13
funicular **214** 12
~ aéreo **15** 67
~ aéreo de viajeros **214** 15-38
~ de neumático **273** 53
furgón **194** 7
~ celular **264** 38
furtivo **86** 29
fusa **320** 18
fuselaje *Avión* **230** 54
~ *Dep. aéreo* **288** 26
~ del avión **232** 9
~ del hidroavión **232** 2
~ doble con alas guías horizontales elevadas **229** 35
fusible **127** 36
~ automático **41** 20
~ de cable **127** 68
fusil ametrallador G 3-A 3 **255** 16
~ de aire comprimido **305** 40
~ de pequeño calibre para el blanco móvil **305** 48
~ deportivo **305** 40-49
~ estándar de pequeño calibre **305** 43
fusión **148** 1-12
~ de la poliamida **170** 35
fusta **289** 22
fustán **32** 13
fuste de la columna **334** 26
~ estriado **333** 27
fútbol *Parque* **273** 10
~ *Jue. pelota* **291**
~ americano **292** 22

G

G **253** 23
gabán **33** 63
~ de punto **30** 4
gabarra *Puerto* **225** 8; **226** 57
~ *Río* **216** 25
~ *Barco* **221** 92
~ sin motor **221** 94
gabarrero **216** 26
gabato **88** 1
gablete **335** 36
gacha **40** 16
gacheta **140** 38
gacilla **36** 7
gafa de buceo **280** 38
gafas **111** 9
~ de buceo **279** 10
~ de carreras **303** 15
~ de esquí **301** 11
~ de nieve **300** 18
~ de presión equilibrada **279** 10
~ de protección **140** 21
~ de sol *Aluniz.* **6** 19
~ de sol *Opt.* **111** 6
~ de sol *Dep. inv.* **301** 19
~ de soldador **141** 24
gaita **322** 8
gajo **66** 4
galamperna **381** 30
galanto de las nieves **60** 1
galápago **71** 37-49
Galaxia **3** 35
galena **351** 14
galeote **218** 48
galera *Fotocomp.* **174** 12, 44
~ *Barco* **218** 44-50
~ de esclavos **218** 44-50
galería *Casa* **37** 18
~ *Teatro* **315** 16
~ *Igl.* **330** 25
~ bajo la corteza **82** 23-24
~ cubierta **37** 73
~ de almenas **329** 6
~ de columnas **334** 2
~ de la larva **82** 24
~ de la madre **82** 23
~ del gusano **58** 63
~ del yacimiento **144** 29
~ de paseo **223** 27
~ de popa **218** 56
~ de protección contra aludes **304** 3
~ de trabajo **316** 5
~ interior de una iglesia por encima de la nave lateral **335** 33
~ mortuoria **328** 16
~ porticada **334** 67
~ recta **144** 30
~ transversal **144** 31
galga de espesores **140** 53
galgo **70** 24
~ afgano **70** 23
gálibo **206** 22
galinsoga parviflora **61** 31
galocha **355** 43
galope a la izquierda **72** 42
~ de carrera **72** 43-44
~ en el momento de la caída sobre los remos anteriores **72** 43
~ en el momento en que los cuatro pies están en el aire **72** 44
~ tendido **72** 43-44
galpón **62** 15
galvanómetro registrador **11** 44
galvanoplastia **178**
gallarda **175** 25
gallardete *Camping* **278** 9
~ *Playa* **280** 10, 11
~ auxiliar **253** 30-32
~ del código de señales **253** 29
~ de número **253** 33-34
gallardía **60** 19
gallareta **359** 20
gallina *Granja* **62** 36
~ *An. dom.* **73** 19-26
~ americana **74** 56
~ bantam **74** 56
~ cebada *Comest.* **98** 7
~ cebada *Superm.* **99** 58
~ de Guinea **73** 27
~ enana **74** 56
~ para caldo **99** 60
~ ponedora **74** 57
gallinero *Avic.* **74** 11
~ *Teatro* **315** 16
~ de los pollos **74** 5
gallo *Hierba* **62** 37
~ *An. dom.* **73** 19-26
gallocresta **69** 10
gallo de bosque **88** 72
~ de la veleta **331** 3
~ silvestre **86** 11; **88** 66
gama *Caza* **88** 40
~ *Mús.* **320** 45-49
gamarrón **71** 7-11
gamo **88** 40-41
gamuza *Mamíf.* **367** 3
~ *Hongo* **381** 31
ganado de pasto **62** 45
~ mayor **73** 1-2
ganador **289** 38
ganado vacuno **73** 1
ganancia **345** 7
gancho *Vestib.* **41** 2
~ *Caballo* **71** 37-49
~ *Apic.* **77** 10
~ *Ins.* **81** 38
~ *Pesca* **89** 77
~ *Matad.* **94** 21
~ *Bomberos* **270** 44
~ *Dep.* **305** 46
~ *Arte* **335** 38
~ a la cabeza **299** 33
~ bífido **77** 8
~ candente **77** 55
~ circular **135** 17
~ conmutador **237** 13
~ de apoyo del dedo **324** 67
~ de conexión **122** 64
~ de cumbrera **122** 65
~ de derribo **270** 15
~ de la cuerda para tender la ropa **38** 22
~ de la escalera **122** 69
~ de la grúa **139** 45
~ del banco **132** 36
~ del cordón **50** 65
~ del cubo **122** 23
~ del huso **164** 49
~ del tejado **38** 6
~ del tirante **71** 14
~ de palanca **85** 6
~ de remolque **227** 27
~ de suspensión **301** 61
~ de tiro **65** 19
~ de tiro para regular la altura **64** 60
~ de tracción *Pétrol.* **145** 9
~ de tracción *Bomberos* **270** 49
~ hacia arriba **299** 32
~ hacia un lado **299** 33
~ para colgar abrigos **266** 14
~ para colgar sombreros **266** 13
~ para dar la vuelta a los troncos **85** 7
~ para el maletín o la cartera **188** 54
~ para la madera **85** 29
~ para las escalas **122** 15
~ para sujetar el barco enemigo **218** 11
gandola **194** 28
ganglio linfático **19** 10
gansa **73** 34
ganso *An. dom.* **73** 34
~ *Escrit.* **341** 26
garabato *Carnic.* **96** 55
~ *Barco* **218** 11
garaje *Casa* **37** 32, 79
~ *Granja* **62** 15
~ *Bomberos* **270** 1
garamón **175** 27
garañón **73** 2, 3
garapito **358** 4
garbanzo forrajero **69** 19
garceta **88** 6
gardenia **332** 21
garduña **367** 14
garfio **143** 44
garganta *Geogr.* **13** 52
~ *Anat.* **16** 19
~ *Caballo* **72** 16
~ *Mús.* **326** 18
~ de la culata **87** 7
gargantilla **328** 25
gargantón **71** 15
gárgola **335** 30
garita de vigía **329** 28
~ meteorológica **10** 49
garlancha **66** 5
garlopa *Construc.* **120** 64
~ *Carp.* **132** 39
garra *Caza* **88** 50
~ *Máq. herr.* **149** 35, 37
~ *Ser. fabul.* **327** 3
~ *Ave* **362** 7
~ *Mamíf.* **368** 4
~ de ave **327** 61
~ de grifo **327** 13
garrafa forrada de paja **206** 13
garrafita para el licor **45** 48
garra orientable **157** 29

garrapata común **358** 44
~ de los perros **358** 44
garras de hierro **303** 24
garrete **16** 51
garrocha **319** 17
garrón **95** 5, 10
garrote de torneo **254** 31
garrotín **35** 15
garrucha automática para el cable **301** 62
~ con perno de arrastre **135** 9
gárrulo **361** 1
garúa **9** 33
garza cenicienta **359** 18
~ real *Caza* **86** 46
~ real *Ave* **359** 18
gas *Avión* **230** 30
~ *Dep. aéreo* **288** 15
~ *Quím.* **350** 2, 6, 58, 59, 63
gasa **183** 33; **185** 20
~ esterilizada *Auxilio* **21** 6
~ esterilizada *Med.* **22** 58
gas butano **278** 33
~ comprimido **234** 32, 43, 50, 60
~ de combustión **145** 52
~ de coquería **156** 16-45
~ inerte **138** 29
~ ligero **145** 38
~ líquido **145** 53
~ natural **12** 30
gasoil **145** 42
gasóleo **38** 50
gasolina **286** 25
~ de aviación **145** 57
~ normal **145** 54
~ para automóvil **145** 54
~ súper **145** 55
gasolinera **196** 1-29
gasómetro **144** 12
gas propano **278** 33
gasterópodo **357** 27
gata **73** 17
gatillo *Parás.* **83** 26
~ *Caza* **87** 12
~ *Matad.* **94** 6
~ *FFAA* **255** 5
~ de mano **203** 57
gato *Granja* **62** 3
~ *An. dom.* **73** 17
~ *Construc.* **120** 66
~ *Tipogr.* **181** 29
~ *Mús.* **325** 30
~ de angora **73** 17
~ de armar **130** 12
~ de la cúpula **257** 5
~ hidráulico *Silvic.* **84** 25; **85** 21
~ hidráulico *Autom.* **194** 26
~ hidráulico de levantamiento del tren de aterrizaje **257** 41
gaveta de almacanaje de estarcidos **245** 10
~ de fichas **262** 23
~ de fichas perforadas **244** 13
gavia alta **219** 63
~ baja **219** 62
~ mayor **218** 38
gavilán *Esgr.* **294** 42
~ *Ave* **362** 12
gavilladora de torbellino **64** 40-45
gaviota **359** 14
~ común **359** 14
~ de cabeza negra **359** 14
~ reidora **359** 14
gaya **361** 3
gayuba **377** 15
gazapo *An. dom.* **73** 18
~ *Caza* **88** 65
géiser **11** 21
geiserita **11** 23
geisha **353** 39
geison **334** 12
gemelo *Anat.* **18** 62
~ *Joya* **36** 21
Gemelos *Astron.* **3** 28; **4** 55
gemelos *Ropa* **32** 46
~ *Opt.* **111** 17
~ *Barco* **221** 128
~ de campo **86** 6
~ de teatro **315** 9
Gemini **3** 28; **4** 55
genciana de primavera **378** 13
generador *Energ. nucl.* **154** 15, 47, 53
~ *Barco* **223** 74
~ de calefacción **212** 39
~ de corriente **190** 76
~ de energía de tierra **233** 22
~ de impulsos programado **25** 33
~ de la turbina a vapor **259** 58
~ del sonido de referencia **238** 51
~ del sonido piloto **313** 30
~ de orientación **155** 46
~ de rayos X **24** 22
~ de vapor **154** 9, 26, 44
~ Diesel **209** 5
~ eólico **55** 34
~ trifásico *Central el.* **153** 26
~ trifásico *Energ. nucl.* **154** 34
género de punto **271** 56
~ estampado **168** 57
Génova **284** 16
geodesia **14** 46-62
geografía general **11; 12; 13**
geología **12** 1-33
geómetra **82** 28
geometría **346; 347**
~ elemental **346** 1-58
~ euclidiana **346** 1-58
~ plana **346** 1-58
georgiana **341** 4
geraniácea **53** 1
geranio *Planta* **53** 1
~ *Flor* **376** 24
gerbera **51** 26
gerente del hotel **267** 19
germen de la planta **68** 14
gesneriácea **53** 7
giba **366** 29
gigante **308** 20
gigantín **379** 8
Gigantocypris agassizi **369** 1
gigantón **306** 63
giloria **379** 2
gimnasia con aparatos de mano **297** 33-50
~ de aparatos **296**
~ de manos libres **296** 11
~ femenina **297**
~ olímpica femenina **297** 1-6
~ olímpica masculina **296** 1-11
~ rítmica **297** 33-50
~ sin aparatos **295**
gimnorrino **366** 9
giradiscos vídeo **243** 37, 46
girado **250** 20
girador *Cerv.* **92** 46
~ *Banco* **250** 21
giralda **331** 4
giraldilla **331** 4
giramachos **140** 30
girasol *Jardín* **51** 35
~ *Huerto* **52** 7
~ *Planta* **69** 20
giro *Correo* **236** 25
~ *Dep. aéreo* **288** 51
girocompás **224** 31
giro del electrón **1** 4
girodino **232** 29
giro hacia atrás en las paralelas **296** 57
~ por debajo de la barra fija **296** 59
~ postal **236** 27
giroscopio del rumbo **230** 13
gitana *Carnaval* **306** 36
~ *Lepidóp.* **365** 7
glaciar *Geogr.* **12** 48-56
~ *Alpin.* **300** 22
~ del valle **12** 49
gladiolo *Jardín* **51** 28
~ *Hierba* **60** 11
glande **20** 69
glándula de Cowper **20** 75
~ del veneno **77** 14
~ linfática **19** 10
~ parótida **19** 9
~ pituitaria **17** 43
~ submaxilar **19** 11
~ suprarrenal **20** 29
~ tiroides **20** 1
globo **308** 13
~ de aire caliente **288** 79
~ de gas **288** 63
~ de hidrógeno **10** 56
~ de luz **267** 4
~ de Politzer **22** 37
~ de tempestad **280** 4
~ horario **280** 5
~ ocular **19** 45
~ pilotado **7** 16
~ Scheidt **349** 1
~ sonda **7** 17
~ terráqueo *Astron.* **4** 8
~ terráqueo *Estar.* **42** 13
glorieta **52** 14
gloxínea **53** 7
gluten de dispersión **128** 28
glúteo mayor **18** 60
glúteos **16** 40
gobernalle **283** 51-53
gobierno **91** 32
gola *Carnaval* **306** 20
~ *Caball.* **329** 42
goleador **273** 13
golerita **361** 19
goleta de cuatro palos **220** 28
~ de gavias **220** 11-13
~ de gavias de tres palos **220** 20
~ de tres palos con gavias en el trinquete **220** 19
~ de tres palos con velas cangrejas **220** 18
golf **293** 79-93
golfín **367** 24
golfo *Geogr.* **13** 7
~ *Planta* **378** 48
golondrina común **361** 20
~ de mar **359** 11
golosina **98** 75-86
golpe bajo **299** 34
~ de martillo **293** 78
~ de salida **293** 83
~ prohibido **299** 34
~ recto **294** 7
goma de borrar **151** 42
~ de borrar de máquina de escribir **247** 26
~ del aire comprimido **195** 54
~ del surtidor **196** 2
~ de sujeción del talón **286** 58
~ flexible de riego enrollada en la devanadera **62** 30
gomoso **306** 33
góndola **99** 23
~ de las bebidas **99** 71
~ del motor **256** 25
~ de los cosméticos **99** 23
~ del teleférico **214** 52
~ del tren de aterrizaje **256** 15
~ de productos de pastelería y de alimentos **99** 62
~ de productos lecheros **99** 43
gong **299** 46
goniómetro de contacto **351** 27
~ por reflexión **351** 28
gordetillo **72** 33
gordolobo **376** 9
gorga **86** 43
gorgojo **82** 42
~ de la flor del manzano **80** 10
~ de las judías **81** 19
~ del maíz **81** 26
~ del manzano **80** 10
~ de los cereales **81** 16
~ del pino **82** 41
gorgón **119** 72
gorguera **329** 43
~ en muela de molino **355** 52
gorila **368** 16
gorra **35** 40
~ con franjas reflectantes **199** 8
~ de caballero **35** 22-40
~ de cuero con solapas de piel **35** 32
~ de lino **35** 8
~ de marinero **309** 63
~ de marino **35** 28
~ de montar **289** 14
~ de pana **35** 25
~ de piel de almizclero **35** 33
~ de señora **35** 1-21
~ de servicio **264** 8
~ de terciopelo **35** 25
~ de velero **35** 29
~ de visera *Sombr.* **35** 29
~ de visera *Policía* **264** 8
~ de visera *Dep. inv.* **301** 18
~ de visón **35** 17
~ príncipe Enrique **35** 28
~ reflectante **268** 32
~ roja **205** 43
gorrino *Granja* **62** 10
~ *An. dom.* **73** 9
gorrión común **361** 5
gorro *Bebé* **28** 26
~ *Ropa* **29** 2
~ con borla **35** 39
~ de astracán **35** 34
~ de baño *Playa* **280** 29, 44

~ de baño *Baños* **281** 8
~ de cascabeles **306** 39
~ de esquí *Sombr.* **35** 39
~ de esquí *Igl.* **301** 10
~ de lana **35** 26
~ del bufón **306** 39
~ de papel **306** 45
~ de piel **35** 34
~ de piel de oveja **353** 23
~ de piel de zorro con solapas para las orejas **35** 31
~ de punto **35** 10
~ de tejido de moer **35** 11
~ de visón **35** 20
~ de zorro con la parte alta de cuero **35** 19
~ hecho con lana gruesa **35** 9
gorrón *Tornill.* **143** 63
~ *Autom.* **192** 78
gota lisa **36** 85
gotero **25** 13
goterón **334** 17
gozne **140** 49
grabación **311** 1-46
~ de sonido a doble pista **117** 70
~ de videocassettes **243** 28
~ estereofónica **310** 30
~ magnética **238** 55
~ vídeo en la superficie del disco **243** 58
grabado *Joya* **36** 41
~ *Caza* **87** 28
~ al agua fuerte **340** 14-24
~ al humo **340** 14-24
~ a tinta sobre madera **340** 1
~ de líneas entrecruzadas **340** 54
~ de relieve **340** 2
~ de superficie **340** 25-26
~ de trazo **178** 42
~ en cobre **340** 14-24
~ en madera **340** 1-13
~ en piedra **340** 25-26
grabado en relieve **340** 1-13
~ en talla **340** 14-24
~ punteado **340** 14-24
grabadora de cassettes **117** 73
~ de cintas **261** 42
~ de programas pedagógicos **261** 42
~ de videocassettes **243** 7
~ portátil de vídeo **243** 4
grabador de punzones **175** 32
~ en cobre **340** 44
grada con dientes de tres secciones **65** 88
~ de andamiaje **222** 19-21
~ de construcción **222** 11-18
~ de grúa de cable **222** 11-18
~ del altar **330** 5, 31
~ de mano **55** 21
~ de pórtico **222** 11-18
~ para sentarse o tenderse **281** 20
gradería de los espectadores **307** 15
gradiente **12** 37; **13** 65
graduación **313** 14
~ en centímetros y milímetros **247** 36
gráfica de las temperaturas **7** 37
~ estadística **248** 36
graja **361** 2
grajilla **361** 2
grajo **361** 2
grama *Casa* **37** 46
~ *Jardín* **51** 33
~ *Hierba* **61** 30
~ canina **61** 30
~ de olor **61** 30
~ de playa **61** 30
~ en jopillos **69** 25
gramil **120** 69
gramínácea **69** 27
gramínea **136** 26
gramófono **309** 31
granada *FFAA* **255** 26
~ *Fruto merid.* **384** 19
granado **384** 16
gran angular **115** 45
granate **351** 7
gran bestia **366** 26
Gran Bretaña *Dinero* **252** 37
~ Bretaña *Bandera* **253** 15
~ *Carro* **3** 29
gran danés **70** 14
Grande de España **306** 26
grandes almacenes **268** 41; **271**
graneado **340** 47
graneador para el grabado al humo **340** 19
granete **134** 31
~ de marcar **140** 64
granizada **9** 36
granizal **9** 36
granizo **9** 36
granja **62**
granjera **62** 4
granjero **62** 6
gran molinete **296** 60
grano *Agric.* **68** 13
~ *Fruto merid.* **384** 20
~ de abatí **68** 37
~ de arroz **68** 30
~ de cacao **382** 19
~ de café **382** 6
~ deformado por un hongo **68** 4
~ de maíz **68** 37
~ de pimienta **382** 39
~ germinado **68** 14
~ verde para guisos **68** 25
gran pie de rey **84** 21
~ tambor **163** 43
grapa *Construc.* **121** 97
~ *Quím.* **350** 33
~ de obra **119** 58
~ de plástico **127** 40
grapadora *Méd.* **22** 25
~ *Oficina* **247** 4
grasa de riñón de cerdo **95** 45
~ vegetal **98** 23
grasilla **377** 13
grátil **284** 42
grava **158** 24
~ filtradora **269** 10
gravilla **158** 23
greba **329** 54
greca **334** 43
Grecia **252** 39
gredal **15** 88
green **293** 82
gregüesco acolchado y acuchillado **355** 31
griega *Escrit.* **341** 15
~ *Moda* **355** 1
griego **355** 3
grieta **13** 50
~ del glaciar *Geogr.* **12** 50
~ del glaciar *Alpin.* **300** 23
grifería **126** 26-37
~ mezcladora **106** 14
grifo *Font.* **126** 34
~ *Balneario* **274** 17
~ *Ser. fabul.* **327** 11
~ codillo **126** 34
~ con trompa de agua **23** 49
~ de agua *Cocina* **39** 36
~ de agua *Font.* **126** 34
~ de agua caliente **126** 28
~ de agua fría **126** 29
~ de agua fría y caliente **49** 26
~ de carga y vaciado **38** 65
~ de control **172** 9
~ de desagüe **178** 34
~ de doble cierre **126** 35
~ de la cerveza **266** 1
~ de la manguera **37** 41
~ de lavabo **126** 31
~ distribuidor de cerveza **317** 8
~ giratorio **126** 36
~ mezclador **39** 36
~ mezclador **49** 2
grifón **70** 35
grifo para sacar la cerveza **93** 14
grigallo **88** 66
grillo doméstico **81** 7
grímpola **284** 48
griñón **355** 22
gris **343** 15
groschen **252** 13
grosella **58** 12
~ espinosa **58** 1, 9
grosellero de racimo **58** 10
~ negro **52** 19
grosularíea **58** 1-15
grotesca **342** 7
grúa *Hab. niños* **47** 39
~ *Buque guerra* **258** 88
~ de a bordo **259** 10
~ de brazo oscilante **222** 34
~ de caballete **222** 20
~ de cabeza de martillo **222** 7
~ de carga **85** 28, 44
~ de corredera **147** 41
~ de la cámara **310** 49
~ del arsenal **225** 24
~ del dique **222** 34
~ del puente **221** 5, 61
~ de pórtico *Aserr.* **157** 27
~ de pórtico *Estación* **206** 55
~ de pórtico móvil **222** 25
~ de puente rodante sobre dos vías para la carga de contenedores **225** 46
~ de salvamento **270** 48
~ de tenazas **148** 47
~ de torre giratoria **119** 31
~ de trípode **222** 6
~ flotante **225** 10; **266** 48
~ giratoria **146** 3
~ giratoria de brazo oscilante **222** 23
~ móvil **222** 28
~ móvil de techo **222** 20
~ para el horno de foso **148** 47
~ -puente **222** 25
gruesa **175** 9
grueso **175** 48
Grulla **3** 42
grumete **221** 112
grupa **72** 31
grupo abierto de estrellas **3** 26
~ de antenas dirigidas **234** 64
~ de cazadores **289** 41
~ de cohetes de control **234** 63
~ de cola **287** 10
~ de cola en T **256** 31-32
~ de control **178** 29
~ de empleados de servicio **250** 4
~ de esparcimiento **62** 22
~ de espejos **176** 21
~ de estudios **310** 10
~ de gente sentado en la terraza del café **268** 60
~ de jugadores *J. infancia* **48** 20
~ de jugadores *Dep.* **305** 25
~ de transporte con tornillo sin fin mezclador **83** 59
~ de turistas **272** 28
~ Diesel **259** 94
~ en carrera **289** 51
~ fotoeléctrico de producción del sonido **312** 45
~ impulsor de bombeo **145** 22
~ móvil de poleas **145** 8
~ turboalternador a vapor **153** 23-30
gruppetto **321** 21
Grus **3** 42
gruta **272** 1
~, sistema de **13** 76
guacamayo **363** 2
guadaña **66** 12
guadañeta **89** 76
guadua **383** 60
guagua *Autom.* **194** 17
~ *Bebé* **28** 5
guajaba **380** 16
gualato **66** 24
gualdaperra **379** 2
gualdrapa **329** 74
guampo **218** 7
guanaco **366** 30
guante *Ropa* **33** 67
~ *Jue. pelota* **292** 12
~ *Atlet.* **298** 47
~ *Cabar.* **318** 31
~ de béisbol **292** 59-60
~ de boxeo **299** 26
~ de catcher **292** 60
~ de esgrima **294** 12
~ de fielder **292** 59
~ del portero **291** 19
~ de sable **294** 21
~ de soldador de cinco dedos **142** 32
~ de soldador de tres dedos **142** 8
guantelete **329** 50
guapo **383** 58
guarapón **35** 38
guarda *Agric.* **66** 18
~ *Encuad.* **185** 49
guardabarrera **202** 42
guardabarros **186** 6
~ delantero **187** 13
~ trasero **187** 43
guardabrazo **329** 47
guarda-cabio **37** 8
guardacadena cerrado herméticamente **188** 46
guarda de campo **63** 13

~ del dique **216** 46
~ del parque **272** 30
guardafaldas **104** 14
guardafango **187** 13
guardahélice **258** 40
guardainfante **355** 83
guardamaletas **207** 71
guardamancebo **221** 103
guardamano **294** 35
~ de la lanza **329** 82
guardameta **291** 10; **292** 8
~ *Parque* **273** 14
~ *Dep. inv.* **302** 36
guardamonte *Caza* **87** 10
~ *FFAA* **255** 20
guardanieves **38** 8
guardapolvo *Ropa* **30** 25
~ *Grandes alm.* **271** 30
~ blanco **33** 56
~ de trabajo **33** 56
guardarrío **360** 8
guardarropa *J. infancia* **48** 34
~ *FFCC* **207** 70
~ *Teatro* **315** 5
~ *Cabar.* **318** 1
guardia de la circulación **268** 30
~ del príncipe **306** 68
guardián de la torre de graduación salinera **274** 5
~ del camping **278** 2
~ del rastrillo **292** 73
guardín **283** 52
guare **216** 16
guarismo **344** 3
guarnición *Caballo* **71** 7-13
~ *Esgr.* **294** 35, 38, 43
~ de la rebanada **45** 38
~ del bastidor **148** 61
~ de piel **191** 92
guarro *An. dom.* **73** 9
~ *Granja* **62** 10
guasca **164** 16
guasilla **380** 5
guaya **72** 2
guayabera **33** 37
gubia *Carp.* **132** 9
~ *Esc.* **339** 17
~ *Art. gráf.* **340** 8
~ redonda **340** 6
~ triangular **339** 20
guepardo **368** 7
guerrera de marinero **221** 127
guerrero masai **354** 8
guerrillera **33** 37
guía *Estudio* **151** 53
~ *Encuad.* **183** 17
~ *Puerto* **226** 39
~ *Cicl., motor.* **290** 11
~ de accesorios **114** 4
~ de bolsillo **204** 42
~ de cables **201** 7
~ de comprensión **163** 16
~ de ferrocarriles **210** 52
~ de ingletes **132** 65
~ de la cadena **85** 16
~ de la cinta **243** 22
~ de la escota de foque **284** 29
~ de la masa **139** 8
~ de la persiana enrollable **37** 29
~ del hilo **89** 60
~ del tubo **67** 25
~ de presión **163** 18
~ de remolque **227** 9
~ de teléfonos **237** 5
guiahilos *Zapat.* **100** 30
~ *Punto* **167** 3, 54
~ móvil **166** 37
guía oficial de ferrocarriles **204** 50
~ para ingletes **133** 19
~ prismática *Carp.* **132** 61
~ prismática *Fotocomp.* **175** 54
~ telefónica **236** 12
~ transportadora **133** 41
~ turística **272** 27
guija **69** 19
guijarro *Geogr.* **13** 29
~ *Baños* **281** 22
~ pintado **328** 6
guijo filtrador **269** 10
guilloque **252** 38
guillotina **185** 1
~ de papel **183** 16
guimbarda **132** 26
guinche *Petról.* **145** 11
~ *Barco* **223** 49
guinchil **191** 21
guindilla **57** 42
guindola **221** 124
guineo **384** 28
guión *Univ.* **262** 5
~ *Remo* **283** 35
~ *Teatro* **316** 41
~ *Igl.* **331** 42
~ *Escrit.* **342** 28
~ cinematográfico **310** 45
guirlache **98** 85
guirnalda *Carnaval* **306** 17
~ *Arte* **335** 54
~ *de cabello* **34** 32
guiro **324** 60
guisante **57** 1, 7
güisqui **42** 31
guitarra *Cabar.* **318** 8
~ *Mús.* **324** 12
~ de jazz **324** 73
guitarrista **318** 9
gulden **252** 19
gules **254** 27
Gulf Stream **14** 30
gurriato **361** 5
gurupié **275** 4
gusano *Fruta* **58** 64
~ *Invert.* **357** 20-26
~ blanco *Parás.* **80** 19
~ blanco *Plaga* **82** 12
~ con filamentos **357** 22
~ de alambre **80** 38
~ de anillos **357** 20
~ de la seda **358** 50
gutapercha **383** 37
gymkhana **290** 32

H

H **253** 24
haba común **69** 15
~ del ganado **69** 15
~ de los caballos **69** 15
~ gruesa **69** 15
habano **107** 2
haba panosa **69** 15
habichuela **57** 8
habitación *Petról.* **146** 33
~ *Salvamento* **227** 19
~ del hotel **267** 27-38
~ de los niños **47**
~ de servicio **207** 41
~ doble con baño **267** 27-38
hacha *Silvic.* **85** 1
~ *Construc.* **120** 73
~ de bombero **270** 43
~ de bronce con el mango sujetado por medio de arandelas **328** 23
~ de carpintero **120** 70
~ de combate de piedra **328** 19
~ de cubo **328** 23
~ de enlistonar **122** 21
~ de guerra de los indios norteamericanos **352** 16
~ de rajar **85** 5
~ de sílex **328** 1
~ en forma de barco **328** 19
hacienda *Mapa* **15** 94
~ *Granja* **62**
halcón común **362** 2
halconería **86** 42-46
halconero **86** 42
halcón macho **86** 46
~ peregrino **362** 2
haleru **252** 27
almacenes, grandes **271**
haltera **299**
halterofilia **299** 1-5
hall **267** 18-26
hallazgo prehistórico **328** 1-40
hamaca *Jardín* **51** 2
~ *Camping* **278** 4
hámster **366** 16
hangar **287** 14
~ de helicópteros **259** 38
~ de los helicópteros **221** 52
~ de reparación **196** 22
~ LM **234** 54
aparato para la plancha **50** 1-20
harina *Molino* **91** 28
~ *Panad.* **97** 52
harina de centeno **97** 52
~ de trigo *Panad.* **97** 52
~ de trigo *Superm.* **99** 63
hawaiana **306** 16
haya *Árbol.* **371** 33
~ *Arb. ornam.* **373** 33
hayuco **371** 37
haz de baquetones **335** 34
~ de cabellos **10** 9
~ de dos agujas de un renuevo joven **372** 23
~ de electrones **240** 16
~ de láser **243** 53
~ de luz **224** 83
~ de ramas **216** 53
~ de rayos **346** 19
calibre **192** 12
cucharilla para el raspado **26** 52
hebilla **101** 52
~ de cinturón **31** 12
hebrea **341** 7
heladera **39** 2
helecho **377** 16
heliantemo **377** 20
hélice *Bodega* **79** 6
~ *Cons. hidr.* **217** 52
~ *Barco* **221** 44
~ *Salvamento* **228** 26
~ *Avión* **230** 32; **232** 60
~ *Barco a motor, esquí acuát.* **286** 64
~ *Dep. aéreo* **288** 36
~ carenada **227** 20
~ de dirección **256** 20
~ de estrave **228** 33
~ de la corredera **224** 55
~ del buque **222** 72
~ de propulsión **256** 19
~ de tres paletas **223** 62
helicón **323** 44
helicóptero *Avión.* **232** 11-25
~ *Buque guerra* **259** 38, 39, 53
~ de policía **264** 1
~ de salvamento *Barco* **221** 20
~ de salvamento **228** 16
~ de tráfico **264** 1
~ de transporte **232** 21
~ grúa **232** 16
~ ligero de transporte y rescate **256** 18
~ universal ligero **232** 11
helio **234** 14, 43, 50
helioestato **5** 29
heliozoario **357** 7
hematites roja **108** 48
hembra **81** 32
~ alada **358** 21
~ del ciervo **88** 1
~ joven **88** 34
~ sin cubrir **88** 1
hemiedro **351** 24
hemipirámide **351** 24
hemíptero **358** 4
~ heteróptero **81** 39
hemisferio norte **3** 1-35
~ sur **3** 36-48
hendidura **229** 47
~ branquial **364** 3
~ doble **229** 48
henificadora giratoria **63** 24; **64** 46-58
heno **75** 13
~ esparcido **63** 25
heráldica **254** 1-36
heraldo **329** 75
Hércules **3** 21
hércules **308** 27
herera **354** 25
herida **21** 8
herido sin conocimiento **21** 20
hermes **334** 35
herrada de agua para la humidificación de los guijarros **281** 26
herraje de conexión **287** 31
herramental **132** 35
herramienta *Construc.* **119** 77-89
~ *Taller* **195** 43
~ *Bomberos* **270** 53
~ agrícola **66**
~ con placas giratorias para cortar **149** 45
~ de cantero **158** 35-38
~ de carpintero *Construc.* **120** 60-82
~ de carpintero *Carp.* **132** 1-28
~ de fontanero **126** 58-86
~ de herrería **137** 22-39
~ de instalación **126** 58-86
~ del albañil **118** 50-57
~ de mando del motor **235** 39
~ de tornero **135** 14, 15, 24
~ de torno **149** 45-53
~ para cortar las puntas **85** 22
~ para los ángulos interiores **149** 51

herrerillo común **360** 4
herrero **137; 138**
hervidor *Cocina* **39** 16; **40** 10
hervidor de silbato **39** 16; **40** 10
hexaedro **351** 2
hexágono **351** 15
hexaquioctaedro **351** 13
hidno imbricado **381** 24
Hidra **3** 16
hidra de Lerna **327** 32
hidroavión **232** 1, 5
hidrocara **378** 29
hidroformador **145** 71
hidrogenación del fenol **170** 16
hidrógeno *Astron.* **235** 35, 50, 54
~ *Quím.* **350** 12
~ a alta presión **235** 41
~ líquido **234** 23, 41, 51
hidropedal **280** 12
hidroplano **286** 22, 38, 44
~ con redientes **286** 38-41
~ de tres puntos de apoyo **286** 42
hidrosfera **11** 2
hidroxilamina **170** 21
hiedra terrestre **375** 18
hielo resbaladizo **304** 19
hiena **368** 1
~ rayada **368** 1
hierba *Botán.* **370** 83-85
~ *Flor* **375** 44
hierbabuena **380** 3
hierba callera **377** 9
~ cana **61** 12
~ de la moneda **375** 26
~ de las pampas **51** 8
~ de las quemaduras **61** 12
~ del carpintero **376** 16
~ de los canónigos **57** 38
~ de los gatos **380** 5
~ del Paraguay **382** 11
~ de punta **375** 39
~ de Santa Catalina **377** 11
~ de Santa María **380** 9
~ esparcida **63** 25
~ hedionda **379** 8
~ lombriguera **380** 9
~ marina **378** 54
~ mate **382** 11
~ meona **376** 15
~ mora **379** 5
~ santa **380** 3
hierro **132** 20
~ cilíndrico **143** 8
~ crudo **147** 40
~ cuadrado **143** 9
~ de ángulo **143** 1
~ de armadura **119** 23
~ de dorar **183** 3
~ de empalme **119** 10, 71
~ del banco **132** 36
~ en doble T **143** 6
~ en T **143** 3
~ en U **143** 7
~ líquido **148** 11
~ para curvar **137** 39
~ plano **143** 10
~ redondo **143** 8
hifa **381** 2
hígado **20** 10, 34-35
~, ligamento suspensor **20** 34
~, lóbulo **20** 35
higiafón **204** 38
higo *Planta ind.* **383** 35
~ *Fruto merid.* **384** 13
higrógrafo **10** 50
higrómetro *Meteor.* **10** 8
~ **179** 28
~ *Estudio* **151** 39
~ *Baños* **281** 23
higuera **384** 11
~ del infierno **380** 14
~ loca **379** 8
higuereta **380** 14
higuerilla **380** 14
hijuela **89** 78
hilada **118** 59
~ de cinta **222** 44
~ exterior **285** 50
~, primera **118** 67
~, segunda **118** 68
hilado *Vidrio* **162** 54
~ *Hilat.* **164** 53
~ *Tejido* **165** 43
~ enrollado **164** 56
hilatura de algodón **163; 164**
hilera *Fibra* **169** 14, **170** 42
~ *Articul.* **358** 46
~ de cepas **83** 51
~ de estacas *Construc.* **119** 17
~ de estacas *Cons. hidr.* **217** 5
~ de lámparas halógenas **182** 3
~ de libros **42** 4
~ inferior de agujas **167** 47
~ oculta de botones **33** 62
~ superior de agujas **167** 46
hilo *Pesca* **89** 21
~ *Hilat.* **164** 53
~ *Punto* **167** 17, 36
~ cruzado **87** 32
~ de contacto **205** 58
~ de estaño para soldar **134** 20
~ de la malla **102** 24
~ de la máquina de coser **103** 12
~ de pescar **89** 63
~ de rayón sobre bobina cónica de plegado **169** 27
~ de trama **171** 3
~ de trama por debajo **171** 15
~ de trama por encima **171** 16
~ de urdimbre *Tejido* **166** 39; **171** 2
~ de urdimbre por debajo **171** 8
~ de urdimbre por encima **171** 7
~ de vidrio en bobina **162** 57
~ de vidrio textil **162** 56
~ elemental del vidrio textil **162** 52
~ enrollado **164** 56
~ higrométrico **10** 9
himatión **355** 6
himenóptero **358** 21-23
himnario **330** 30
himno **330** 24
Hinkelstein alemán **328** 18
hinojo **380** 6
hioides **20** 2
hipérbola **347** 26
~ cero **224** 42
~ de posición 1 **224** 43
~ de posición 2 **224** 44
hípica **289**
hipocampo *Ser fabul.* **327** 44
~ *Pez, anfib., rept.* **364** 18
hipocentauro **327** 52
hipocentro **11** 32
hipocótilo **370** 89
hipódromo **308** 59
hipófisis **17** 43
hipogastrio **16** 37
hipogeo **333** 38
hipomagma **11** 29-31
hiponomeuta **80** 5
hipopótamo **366** 31
hipotenusa **346** 32
hirco **367** 7
hirundínida **361** 20
hisopo *Arb. ornam.* **374** 5
~ *Igl.* **332** 54
hita **88** 10
hito kilométrico **15** 109
hocico *Perro* **70** 3
~ *An. dom.* **73** 10
~ *Caza* **88** 13, 45, 53
hociquera **70** 31
hockey **292** 6
~ sobre hielo **302** 29-37
hogar *Sider.* **147** 24
~ *FFCC* **210** 4
~ de fuel-oil **199** 30
hogaza *Panad.* **97** 6
~ *Superm.* **99** 14
hoja *Mesa* **45** 54
~ *Fruta* **58** 3, 53; **59** 17
~ *Agric.* **68** 8
~ *Juego* **276** 43
~ *Esgr.* **294** 44
~ *Botán.* **370** 19, 26, 31-38
~ *Arbol.* **371** 68
~ *Arb. ornam.* **373** 3, 16, 25; **374** 28
~ *Flor* **375** 2
~ *Planta* **378** 15, 18, 41, 45
~ *Fruto merid.* **384** 55
~ acicular **372** 11, 19
~ basal **383** 2
~ basilar **375** 12
~ compuesta **370** 39-42
~ cóncava **302** 22
~ con la fecha **247** 33
~ de afeitar **106** 40
~ de anotaciones **247** 34
~ de banano **384** 35
~ de brillo intenso **116** 58
~ de calendario **247** 33
~ de cupones **251** 17
~ de la guadaña **66** 13
~ del álamo blanco **371** 23
~ del álamo temblón **371** 21
~ del albaricoquero **59** 36
~ de la palmera **384** 3
~ de la patata **68** 41
~ de la raíz **375** 9, 15, 30
~ de la remolacha **68** 47
~ de la sierra **120** 62
~ de la sierra circular **132** 59
~ de la sierra de cinta **157** 53
~ de la sierra de contornear **135** 13
~ de las tijeras **106** 35
~ del avellano **59** 51
~ de la vid **78** 4
~ del cereal **68** 19
~ del cerezo **59** 2
~ del ciruelo **59** 21
~ del cuchillo **96** 32
~ de lechuga **57** 37
~ del melocotonero **59** 32
~ del membrillo **58** 47
~ del té **382** 9
~ del título **185** 43-47
~ de oro **129** 45
~ de papel correctora de los errores de máquina **247** 12
~ de plástico **76** 28
~ de sellos **236** 21
~ de sen **380** 16
~ de sierra *Máq.-herr.* **150** 16
~ de sierra *Aserr.* **157** 3
~ de sierra de marquetería **108** 13
~ de tabaco **382** 43
~ de tocino **96** 2
~ de vidrio *Planta* **54** 9
~ de vidrio *Christ.* **124** 16
~ de vidrio ascendente **162** 10
~ envainada **384** 30
~ falsa **71** 48
~ imparipinada plumada **59** 40
~ joven **59** 29
~ lateral **71** 40, 47
hojalatero **125** 17
hojaldre **97** 18
hoja naciente **59** 29
~ niveladora **200** 18
~ pinada **57** 3
hojas, clases según el borde del limbo **370** 43-50
~, formas *Botán.* **370** 31-38
~, formas *Planta* **378** 52
hoja trifoliada **58** 19
~ volante **340** 27
hojuela **381** 4
Holanda **252** 19
holoédrico **351** 2
holoturia **369** 18
hollín **38** 34
hombre **16-20**
~ anuncio con zancos **308** 49
~ base **307** 29, 45
~ borgoñón **355** 40
~ de negocios de viaje **209** 29
~ griego **355** 3
~ inconsciente **270** 24
hombrera **329** 45
hombre rana **279** 7
~ romano **355** 11
~ "sandwich" con zancos **308** 49
hombro *Anat.* **16** 22, 26
~ *Fotocomp.* **175** 40
~, huesos del **17** 6-7
homogeneizador **76** 12
hongo **381** 2, 3, 10, 11
~ comestible **381** 1
~ venenoso **379** 10-13
hopo **88** 47
hora de salida **205** 23
horario de bolsillo **205** 45
~ del tranvía **268** 27
~ de trenes **204** 18
horca *Agric.* **66** 3
~ *Barco* **221** 87
~ de cuatro puntas **66** 7
~ del estiércol **66** 3
~ del heno **66** 7
~ del pilón **214** 80
~ de rocas **158** 33
~ de tres puntas **66** 3
~ para las patatas **66** 5
~ portacables **195** 15
horero **110** 13
horizonte **87** 74
~ artificial **230** 3

~ redondo **316** 9
horma *Sombr.* **35** 3
~ *Zabat.* **100** 15, 18, 32
~ de hierro **100** 34
~ de trabajo **100** 54
hormadoras **309** 85
horma tensora **100** 55
hormiga **358** 21-22
hormigón **119** 72
~ armado **119** 1-89
hormigonera *Hab. niños* **47** 40
~ *Construc.* **118** 33; **119** 29
~ *Carret.* **200** 15
~ de mezcla forzada **201** 23
hormigón seco **119** 72
hormiguera de lunares **365** 6
hornilla de dos fuegos de gas **278** 33
hornillo **97** 69
~ de fusión **108** 8
horno *Cocina* **39** 13
~ *Carnic.* **96** 47
~ circular **159** 19
~ de banco **140** 11
~ de cal **15** 06
~ de calcinación para las planchas de esmalte caliente **179** 32
~ de coque **156** 8
~ de cubilote **147** 1
~ de cubilote bajo **147** 51-54
~ de empuje **148** 69
~ de empuje continuo con solera de rejilla **139** 1
~ de forja de gas **139** 11
~ de forja de gas *Cerraj.* **140** 47
~ de foso **148** 46
~ de fundir vidrio **162** 1
~ de fusión *Sider.* **148** 1
~ de fusión *Clisé* **178** 19
~ de fusión del vidrio **162** 49
~ de panificación **97** 71
~ de pisos **97** 71
~ de túnel **161** 5
~ discontinuo **161** 3
~ eléctrico de arco Siemens **147** 51-54
~ eléctrico para esmaltar **260** 63
~ fijo **147** 23
~ giratorio **160** 8
~ Martin-Siemens **147** 21-30
~ para ladrillos **159** 19
~ para la segunda cochura **162** 18
~ para templar **140** 11
~ redondo **161** 3
~ rotatorio **160** 8
~ secador **180** 14, 27
~ tubular **145** 36
horquilla *Labores* **102** 29
~ *Ópt.* **113** 12
~ *Teléf.-telégr.* **237** 13
~ *Dep. inv.* **301** 69
~ de la 1ª y la 2ª velocidades **192** 42
~ de la rueda delantera **187** 10-12
~ del sobrecuello **71** 29
~ del toldo **218** 14
~ de marcha atrás **192** 44
~ imitando a la de la moto **188** 58
~ inferior de la rueda trasera **187** 20
~ para la 3ª y la 4ª velocidades **192** 45
~ portacaldero **148** 15
~ protectora **307** 54
~ superior de la rueda trasera **187** 19
~ telehidráulica *Bicicl.* **188** 8
~ telehidráulica *Moto* **189** 23
~ telehidráulica con goma de protección **188** 41
~ trasera **192** 81
horst **12** 10
hortaliza **57**
hortelano *Hortic.* **55** 20
~ *Ave* **361** 7
~ aficionado **52** 24
hortensia **51** 11
horticultor **55** 20
horticultura **55** 1-51
hospital **25; 26; 27**
~ del puerto **225** 26
hostia **332** 28, 35
~ grande **332** 35
~ pequeña para la comunión de los fieles **332** 48
hotel **267**
hovercraft **286** 63
hoya **12** 18
hoyo **293** 79-82, 87
~ de arcilla **15** 88
~ de arena **293** 81
hoyuela **16** 20
~ de la barbilla **16** 16
hoz **56** 8
~ y el martillo **253** 21
hueco de la cuña **132** 21
~ de la empolladura **359** 29
~ de la escalera **120** 46
~ de la garganta **16** 20
~ del ascensor **271** 51
~ de la trampilla **38** 14
~ de la ventana **120** 30
huecograbado **182**
huecograbador **182** 18
hueco poplíteo **16** 51
huella **123** 32, 47
~ artificial **289** 49
~ de pisadas **86** 8
~ digital **264** 29
huerto *Mapa* **15** 108
~ **52**
~ familiar **52** 1-32
huesecillo **17** 61
hueso *Anat.* **17** 1-29
~ *Perro* **70** 33
~ de la cereza **59** 7
~ de la ciruela **59** 23
~ del carpo **17** 15
~ del dátil **384** 10
~ del metacarpo **17** 16
~ del metatarso **17** 28
~ del tarso **17** 26
~ hioides **20** 2
huesos del hombro **17** 6-7
huésped del hotel **267** 14
hueva **89** 12
huevo *Apic.* **77** 26
~ *Parás.* **80** 15, 55
~ *Plaga* **82** 19
~ *Pesca* **89** 12
~ *Dep. inv.* **301** 33
~ *Articul.* **358** 49
~ de avestruz **359** 3
~ de gallina **74** 58
~ de trucha **89** 16
hulla **170** 1
humare **89** 25
humectador **79** 22
húmero **17** 12
humero **38** 40
humor vítreo **19** 46
humus **200** 64
hundimiento en forma de embudo **11** 49; **13** 71
hurgón *Casa* **38** 42
~ *Herr.* **137** 4
hurón **86** 24
huronero **86** 25
husada *Hilat.* **163** 2
~ *Tejido* **165** 15
~ de hilo **163** 2
~ de hilo retorcido **164** 60
~ *Carp.* **132** 32
~ *Máq.-herr* **150** 27
~ *Encuad.* **183** 22
~ de ajuste del raspador **340** 62
~ de elevación **217** 36
~ de medida **149** 66
~ de regulación **149** 15
~ de trabajo **149** 20
~ de tracción **149** 33
~ giratorio **149** 20
~ portabrocas **150** 23
~ principal **149** 32
huso *Font.* **126** 32
~ *Hilat.* **164** 43
~ desnudo **164** 52
~ modelo de la continua de aros **164** 45
~ vacío **164** 52
Hydra **3** 16
Hydrallmania **369** 9

I

íbice **367** 7
icosaedro **351** 11
icositetraedro **351** 12
idéntico **345** 16
identificación por comparación de las huellas digitales **264** 28
ídolo **328** 20
~ de la Edad de Piedra **328** 8
iglesia **330-332**
~ barroca **336** 1
~ católica **330** 31-62
~ del pueblo **15** 107
~ evangélica **330** 1-30
~ gótica **335** 22
~ mayor con dos torres **15** 53
~ protestante **330** 1-30
~ renacentista **335** 42
~ románica **335** 1-13
~ visible a larga distancia **15** 64
iglú **353** 4
iguana **364** 30, 32
~ verde **364** 32
íleon **20** 16
ilion **17** 18
iluminación de la bambalina **318** 25
~ de la calle **268** 49
~ de la escena **318** 23
~ de la pista de baile **317** 14
~ del campo del objeto **112** 33
~ del cuadro de mandos **197** 30
~ indirecta **317** 12
~ móvil **316** 19
~ reflejada **112** 63
~ de la sala **312** 17
imagen de la dirección **236** 41
~ de la Virgen **330** 51
~ del eco **224** 67
~ del radar **224** 13
~ del visor **115** 51
imago **358** 10
imán *Átomo* **1** 63; **2** 51
~ *Orfebre* **108** 32
imitación de toro **319** 3
impar **275** 23
imparipinnada **370** 42
imperdible **328** 27
imperial **186** 37
impermeable *Ropa* **29** 31
~ *Vestíb.* **41** 4
~ *Est. serv.* **196** 26
impla **355** 22
implantación del marcapasos **25** 36
implementos de mesa **45**
importe de la letra **250** 18
imposición de cartón **340** 37
imposta **336** 21
impregnación de las láminas de celulosa en sosa cáustica **169** 4
imprenta **340** 27-64
impresión del molde **148** 34
~ en color **340** 28
~ offset **180**
~ policroma **340** 28
~ tipográfica **181**
impreso plegado en acordeón **248** 47
impresor **340** 35
impresora *Taller* **195** 6
~ *Oficina* **245** 32
~ de consola **244** 4
~ de datos **237** 61
~ de papel para las curvas de presión **25** 57
impulsión de la palanca acodada **181** 16
~ del ventilador hidrostático **212** 62
~ de manivela **217** 53
~ hidráulica **139** 9, 15
impulso *Jue. pelota* **293** 84
~ *Alet.* **298** 30
~ con paso al frente **299** 4
~ de la onda sonora **224** 62
incensario para incensaciones litúrgicas **332** 38
incisión en forma de T **54** 32
incisivo **19** 16, 34
inclinación de cabeza **230** 67
~ transversal **200** 57
incógnita **345** 4
~ x **345** 8
incrustación **87** 28
incubadora artificial **74** 3
~ californiana **89** 15
indicación de corte **151** 27
~ de la fecha **237** 39
~ de movimiento **321** 27-41
indicador **148** 65
~ de avance **157** 9

~ de cambio de dirección **189** 37
~ de color **127** 37
~ de combustible del depósito derecho **230** 17
~ de combustible del depósito izquierdo **230** 16
~ de dirección *Tranv.* **197** 21, 39
~ de dirección *FFCC* **203** 22
~ de dirección *Estación* **205** 21
~ de funcionamiento **244** 11
~ de la corriente **216** 43
~ de la dirección del viento **10** 31
~ de la longitud del dictado **246** 18
~ de la luz antiniebla **191** 63
~ de la luz antiniebla trasera **191** 67
~ de la luz larga **191** 69
~ del ángulo del timón **224** 17
~ de la presión del aceite **157** 7
~ de la tasa **237** 16
~ de la temperatura de los cilindros **230** 9
~ de la temperatura de refrigeración **191** 38
~ de la tracción **211** 26
~ de la velocidad **203** 19; **211** 35; **212** 9
~ de la velocidad del barco **224** 22
~ de la velocidad del viento **10** 29
~ del diámetro de la bobina cruzada **165** 7
~ del fuel-oil **38** 54
~ del grado de marcha **211** 36
~ del nivel **76** 6
~ del nivel de agua **210** 45
~ del nivel de gasolina **191** 38
~ del nivel de grabación *Electrón* **241** 35-36
~ del nivel de grabación *Audiovis.* **243** 12
~ del nivel de grabación del canal derecho **241** 36
~ del nivel de grabación del canal izquierdo **241** 35
~ del nivel del aceite **153** 11
~ del nivel de la gasolina **191** 65
~ del nivel del agua *Casa* **38** 63
~ del nivel del agua *Puerto* **225** 37
~ del nivel del agua *Teatro* **316** 57
~ del nivel del agua *Quím.* **349** 16
~ del nivel de los tanques **76** 10
~ del nivel de registro **311** 14
~ de los datos numéricos **112** 47
~ del piso **271** 49
~ del saco del polvo **50** 61, 73
~ del surco **65** 81
~ del valor teórico **197** 27
~ de llamadas **267** 5
~ de medida óptico **185** 6
~ de operaciones y errores **244** 7
~ de paso de la hélice **224** 20
~ de posición de los rodillos **326** 37
~ de presión **25** 55
~ de presión del aceite **230** 20
~ de presión del combustible **230** 19
~ de revoluciones del motor principal **224** 21
~ de sintonización aproximada **224** 35
~ de sintonización nítida **224** 36
~ de temperatura del aceite **230** 21
~ de unidades **174** 36
~ de velocidad *Tranv.* **197** 31
~ de velocidad *FFCC* **210** 54
~ de viraje con nivelación de bola **230** 12
~ luminoso *Aserr.* **157** 62
~ luminoso *RTV* **238** 43
~ luminoso de conmutación automática de óxido de hierro/óxido de cromo **241** 55
~ luminoso de engarce de la cinta **243** 14
~ luminoso de sintonía **241** 39
~ numérico **112** 47
~ óptico de funcionamiento de los motores auxiliares **211** 34
~ volumétrico **76** 4
~ volumétrico del óxido nitroso **26** 3
~ volumétrico del oxígeno **26** 4
~ VOR **230** 15
índice *Anat.* **19** 65
~ *Matem.* **345** 1
~ de la raíz **345** 2
indígena australiano **352** 37
indio **352** 23
~ de Centro y Sudamérica **352** 23
~ del altiplano **352** 23
~ de la selva tropical **352** 25
~ de las praderas **352** 3
~ de las sabanas **352** 3
individual **293** 4 hasta 5
~ de caballeros **293** 4 hasta 5
~ de damas **293** 4 hasta 5
indumentaria de baño **280** 42
~ de gimnasia **296** 61-63
~ de playa **280** 19-23
~ española **355** 27
industria lechera **76**
infiltración de un río **13** 73
infinito **345** 15
inflador **187** 48
inflexión **347** 21
inflorescencia *Botán.* **370** 67-77
~ *Árbol* **371** 43, 48
~ *Arb. ornam.* **374** 18
~ *Planta* **378** 7, 46, 55
~ *Planta estim., trop.* **382** 38
~ *Planta ind.* **383** 49
~ con el fruto **383** 56
~ con flores masculinas flores y femeninas **378** 53
~ feminina *Agric.* **68** 32
~ femenina *Planta ind.* **383** 50
~ femenina *Fruto merid.* **384** 11
~ masculina *Árbol.* **371** 8
~ masculina *Conif.* **372** 17, 24
~ masculina *Planta ind.* **383** 13
~ masculina en panícula **68** 35
información *Estación* **204** 29
~ *Aerop* **233** 31
~ *Teléf.-telégr.* **237** 34
~ del aeropuerto **233** 24-53
~ luminosa de ocho dígitos **247** 15
informe del diagnóstico **195** 7
infraespinoso **18** 53
infraestructura *Petról.* **146** 38
~ *Carret.* **200** 59
infrutescencia *Árbol* **371** 22, 44, 69, 72
~ *Arb. ornam.* **373** 8
~ *Fruto merid.* **384** 32
infusión **25** 12
infusorio **357** 1-12
~ ciliado **357** 9
ingeniero de mezcla de sonido **311** 36
~ de sonido *RTV* **238** 19
~ de sonido *Cine* **310** 55
ingle **16** 38
inglesa **342** 10
inglete **124** 4
ingrediente de pastelería **98** 8-11
inhalador **22** 37; **23** 24
inhalatorio al aire libre **274** 6
inhumación **331** 33-41
~ en posición encogida **328** 17
iniciación de carrera **295** 2
~ de marcha **295** 3
~ de salto de barra de altura **295** 39
inicial **175** 1
injerto **54** 30-39
~ de cúpula **54** 39
~ de empalme **54** 39
~ de púa **54** 36
~ en escudete **54** 30
inmovilizador **349** 37
~ del brazo acústico **241** 27
inodoro **49** 12
inscripción **129** 40
insectívoro **366** 4-7
insecto **358** 3-23
~ adulto **358** 10
~ dañino **81**
~ dañino para los alimentos **81** 15-30
~ doméstico **81** 1-14
~ parásito **81**
~ perfecto **358** 10
inserción de la flor **59** 28
insignia de la locura **306** 59
~ de la policía judicial **264** 26
~ del bufón **306** 59
~ del escuadrón **256** 2
insolación del papel carbón **182** 1
insolado **182** 8
inspección de carga **206** 36
inspector **205** 41
~ del material rodante y vagones **205** 39
instalación al aire libre *Central el.* **152** 29-35
~ al aire libre *Zoo* **356** 1
~ de abastecimiento de energía **146** 1
~ de acondicionamiento y envase de la leche fresca **76** 20
~ de aire comprimido **138** 1
~ de alimentación de carbón **199** 37
~ de clasificación de la correspondencia **236** 31-44
~ de climatización *Electrón* **239** 15
~ de climatización *Petról.* **146** 24
~ de codificación de imágenes **242** 8-10
~ de codificación del sonido **242** 11-14
~ de corte autógeno **148** 67
~ de craqueo catalítico **145** 48
~ de cribado del coque fino y grueso **156** 14
~ de desempolvamiento **160** 7
~ de desinfectación por vacío **83** 11
~ de desmineralización del agua del mar **146** 25
~ de destilación **145** 66
~ de distribución **157** 67
~ de envase en bolsas de diez litros **76** 26
~ de expedición de mercancías Ro-ro **226** 20
~ de extinción de incendios **228** 20
~ de extracción por montacargas **144** 25
~ de filtraje rápido **269** 9
~ de la grada de construcción **222** 11-26
~ de lavado *Peluq.* **105** 28
~ de lavado *Aserr.* **157** 21
~ de lavado de las botellas **93** 18
~ de lavado por aspersión **169** 29
~ del girocompás **224** 51-53
~ de los altos hornos **147** 1-20
~ de los transformadores **92** 21
~ del templo **337** 25
~ del transformador **217** 46
~ de mando *Cerv.* **93** 20
~ de mando *Central el.* **152** 19
~ de mando de la exposición **176** 9
~ de maquinaria del automotor de mantenimiento de catenarias **211** 44-54
~ de moldeado y envase de la mantequilla **76** 32
~ de órdenes **238** 64
~ de perforación de la película **242** 10
~ de peso y mezcla automáticos **201** 19

~ de prensa hidráulica **316** 50
~ de producción de la cuajada **76** 38
~ de propulsión **209** 4
~ de refrigeración **209** 21; **212** 26, 77
~ de refrigeración por aire del aceite de la transmisión y de la turbina **209** 18
~ de regeneración de los productos de lavado **156** 37
~ de remolque **227** 6-15
~ de separación del gas **145** 69
~ de tratamiento de la leche **76** 12-48
~ de turbina con silencioso **209** 24
~ de vacío **145** 51
~ distribuidora de alta tensión **152** 29-35
~ galvánica **178** 1-6
~ hidráulica **92** 13
~ intercambiadora de calor **160** 6
~ neumática **92** 12
~ para el deporte de la natación **282** 1-32
~ para evacuar el aire **154** 81
~ para extender la parte delantera **173** 31
~ para filtrar el gasóleo **146** 26
~ para la botadura del bote salvavidas **221** 101-106
~ para la elaboración de programas audiovisuales de enseñanza **242** 7
~ para la elección de los supletorios **237** 22-26
~ para la extinción de incendios **227** 25
~ para la manipulación de las mercancías **221** 24-29
~ para la mezcla de hormigón **201** 19
~ para la mezcla, secado y apisonado del asfalto **200** 48
~ para lavar el cabello **106** 11
~ para preparar la pasta **172** 79-86
~ para refinar la madera **172** 53-65
~ para saltos **282** 5-10
~ productora de grava **158** 18
~ sanitaria **278** 5-6
~ telefónica de servicio **238** 14
~ trituradora de cemento **160** 12
instalador del agua y del gas **126** 1
~ -electricista **127** 1
instituto **261** 1-45
~ de belleza **105** 1-39
~ para enfermedades tropicales **225** 28
instrucciones de servicio **244** 15
instrumental de medida **149** 56-72
instrumento de a bordo **288** 68
~ de arco **323** 1-27
~ de cirugía menor **22** 48-50
~ de cuerda **323** 1-31; **324** 1-27
~ de cuerdas punteadas **322** 21
~ de jazz **324** 47-78
~ de laboratorio para la pasta de papel y para el examen del papel **173** 2-10
~ de medición **153** 30
~ de medida **235** 69
~ de membrana **323** 51-59
~ de música **322-326**
~ de música automático **309** 14
~ de música popular **324** 1-46
~ dental **24** 4
~ de orquesta **323** 1-62
~ de percusión **323** 49-59; **324** 47-58
~ de reconocimiento ginecológico y proctológico **23** 3-21
~ de teclado **325** 1
~ de viento-madera **323** 28-38
~ de viento-metal **323** 39-48
~ de vuelo **288** 68
~ escamoteable **258** 68
~ meteorológico **10**
~ óptico **112**; **113**
~ para abrir y cerrar la caja del reloj **109** 11
~ para colocar y quitar los resortes **109** 9
~ para el control del sistema **234** 17
~ para limpiar los dientes **24** 45
~ para medir la nevada **10** 48
~ quirúrgico **26** 40-53
~ retráctil **258** 68; **259** 74, 88-91
insuflador de aire **23** 18
integración **345** 14
integral **345** 14
integumento del huevo **74** 59
intercambiador de calor *Energ. nucl.* **154** 6, 44
~ de calor *Papel.* **172** 19
~ de calor *FFCC* **207** 6
~ de calor auxiliar para el aceite de transmisión **212** 43
~ de calor de ciclón **160** 6
~ de calor del agua de refrigeración **155** 3
~ de calor para el aceite de engrase del motor **212** 55
~ de calor de para el aceite de transmisión **209** 15
transmisión **212** 36
intercambiador de calor para gas de escape **155** 9
intercomunicador **244** 5
interés **345** 7
interfono *Méd.* **22** 34
~ *Taller* **195** 55
~ *FFCC* **202** 48; **203** 69
~ *C. cálc.* **244** 5
~ *Oficina* **245** 20; **246** 10
~ con botón de llamada **127** 3
interior **291** 15
~ de la chaitya **337** 27
interlineado **175** 5
intermitente *Moto* **189** 37, 45
~ *Tranv.* **197** 22
~ delantero **191** 19
~ trasero **189** 42
interpelador **263** 15
interruptor **230** 26
~ automático **127** 33
~ con cordón **127** 16
~ con mando basculante empotrable **127** 4
~ con regulador de voltaje **127** 17
~ de aire y de corriente **326** 47
~ de arranque **241** 30
~ de cambio **50** 59
~ de control **153** 2
~ de encendido/apagado *Electrón* **241** 63
~ de encendido/apagado *Audiovis.* **243** 16
~ de encendido/apagado *Oficina* **247** 16; **249** 9, 64
~ de la luz de posición **191** 62
~ de la pila **115** 13
~ del arenero **211** 32
~ de las luces antiniebla delantera y trasera **191** 64
~ del warning **191** 68
~ de mando **249** 38
~ de mando del pantógrafo **211** 30
~ de pedal **27** 21
~ de pie **157** 66
~ de pie eléctrico **50** 2
~ de protección del motor **269** 46
~ de red **195** 11
~ de reloj incorporado **243** 18
~ de seguridad del conductor **211** 21
~ de sobrepresión **211** 25
~ de toma de alta tensión **153** 13
~ giratorio con caja de hierro fundido **127** 18
~ giratorio de la memoria de trabajo y del bucle de la cinta magnética **245** 28
~ horario de exposición **116** 24
~ para desempañar la luneta trasera **191** 82
~ para el freno de centrífuga **211** 33
~ para la calefacción de la cabina del maquinista **211** 39
~ para la producción del vacío **179** 19
~ para la ventilación de la parte baja **191** 81
~ principal *Carp.* **132** 58
~ principal *FFCC* **211** 3, 31
~ principal *Oficina* **249** 37
~ y enchufe **127** 7
intersección de la recta con la ordenada **347** 12
~ de los conjuntos A y B **348** 4
intervalo **321** 6-13
intestino *Anat.* **20** 14-22
~ *Apic.* **77** 15
~ delgado **20** 14-16
~ grueso **20** 17-22
intradós *Avión* **229** 49-50
~ *Arte* **336** 25
~ de la ventana **118** 10
~ exterior **120** 31
~ interior **120** 32
~ interior de la ventana **118** 11
~ sencillo **229** 49
introducción de la correspondencia **236** 31
~ de la masa de vidrio **162** 23, 31
intrusión **11** 30
invernáculo **55** 4
invernadero *Hortic.* **55** 4
~ *Parque* **272** 65
~ de abrigo **55** 40
~ de naranjos **272** 3
~ frío **55** 33
~ templado **55** 32
inversor para la medida automática o manual **195** 4
invertebrado **357**
investidura de caballero **329** 66
inyector **190** 32, 54
~ de aire **38** 58
~ de aire fresco **259** 73
~ de bisulfuro de carbono **83** 33
~ de suelo **83** 33
~ de sustancia aglutinante **200** 53
ion de cloruro **1** 10
~ de sodio **1** 11
ionosfera *Atmósf.* **7** 23
~ *Teléf.-telégr.* **237** 55
iridácea **60** 8
iris *Anat.* **19** 42
~ *Flor* **60** 8
Irlanda del Norte **252** 37
iron **293** 92
isla *Geogr.* **13** 6
~ *Parque* **272** 55
islote fluvial **216** 4
isobara **9** 1
isohelia **9** 44
isohipsa **15** 62
isométrico **351** 1-17
isoquimena **9** 42
isósceles **346** 27
isosísmica **11** 37
isótera **9** 43
isoterma **9** 40
~ cero **9** 41
isoyeta **9** 45
isquion **17** 19
itabo **13** 33
Italia **252** 20
itálica **175** 7
itinerario **203** 68
ixodes **358** 44

J

jabalcón **121** 47
jabalí **86** 32; **88** 51
~ corriendo **305** 33
jabalina *Caza* **88** 51
~ *Atlet.* **298** 51-53
~ *Etnogr.* **352** 40
jabato **88** 51

jabón **49** 22
jaboncillo **340** 26
~ de sastre **104** 24; **271** 39
~ litográfico **340** 26
jabonera **49** 21
jácena **119** 5; **121** 67
jai alai **305** 67
jalón *Cantera* **158** 26
~ *Café* **265** 22
jamba *Construc.* **121** 47
~ *Arte* **336** 20
~ de la ventana *Casa* **37** 26
~ de la ventana *Construc.* **120** 51
jamboree **278** 8-11
jamón *Matad.* **95** 51
~ *Carnic.* **96** 1
~ *Superm.* **99** 52
~ cocido **96** 17
~ con la mano y el codillo **95** 38
jámparo **283** 4
Japón **253** 20
japonesa **341** 6
jaque mate **276** 15
jaquetón **364** 1
jara **377** 20
jarcia de labor **219** 67-71
jarcia muerta **219** 10-19
jardín **51** 1-35
~ adornado con piedras **51** 6
~ de infancia **48**
~ delantero **37** 58
~ de rocas **37** 40
jardinera *Casa* **37** 20
~ *Coche* **186** 33
~ *Ciudad* **268** 15
~ con plantas **248** 13
jardinero *Hortic.* **55** 20
~ *Parque* **272** 66
jardín inglés **272** 41-72
~ particular **37** 57
~ zoológico **356**
jareta *Ropa* **31** 66
~ *Pesca* **90** 26
jarete **283** 34
jarichi **34** 7
jarillo **379** 9
jaro **379** 9
jarra **39** 30
~ de cerveza **266** 6
~ del vino **79** 15
~ de vino **266** 32
~ termo **40** 5
jarrete **95** 14
~ delantero **95** 22
~ de la pierna **95** 10
jarrillo **379** 9
jarrito de crema **265** 21
~ de la leche **44** 31
jarro de agua **309** 66
~ de arcilla **260** 78
~ de cerveza **309** 53
~ de la leche **40** 15
jarrón de piedra **272** 35
~ de porcelana **337** 5
~ pintado a mano **161** 18
jatico **28** 17
jaula circular **307** 49
~ de escalones **74** 20
~ de fieras **307** 49
~ de las agujas **143** 75
~ de verano **356** 11
~ en agua corriente **89** 1
~ en batería **74** 20
~ exterior **356** 11
~ inferior **74** 20
~ protectora del árbol **118** 80
~ superior **74** 19
jauría *Caza* **86** 33
~ *Hípica* **289** 46
jazmín amarillo **373** 4
jazz **324** 47-78
jeans **31** 60; **33** 22
jeep **255** 96
jefe *Oficina* **248** 29
~ *Heráld.* **254** 18-19
~ *Restaur.* **266** 71
~ de bomberos **270** 36
~ de camareros **266** 30
~ de carga **206** 29
~ de cocina **207** 34
~ de escenografía **316** 45
~ de la cordada **300** 25
~ de la sala **275** 7
~ de maniobras **206** 45
~ de máquinas **316** 59
~ de montaje **311** 43
~ de producción **310** 26
~ de sección **271** 60
~ de sonido **310** 23
~ indio **352** 11
jerbo **366** 15
jeringa de un solo uso **22** 65
~ hipodérmica para la anestesia local **24** 53
~ multifuncional **24** 10
~ para irrigación **22** 54
jeringuilla **373** 9
jeroglífico del antiguo Egipto **341** 1
jersey **29** 43, 47
~ a rayas **30** 20
~ casaca **31** 65
~ de bebé **29** 9
~ de cuello enrollado **30** 2
~ de esquí **33** 52
~ de hombre **33** 51
~ de verano para hombres **33** 32
jeta **88** 53
jet-stream **7** 5
jibia **357** 37
jifero **94** 1
jilguero **360** 1
jimba **34** 30
jinete de rodeo **319** 39
jinrikisha **353** 34
jirafa *Cine* **311** 40
~ *Mamíf.* **367** 4
~ del micrófono **310** 25
jirón de nubes **8** 11, 12
jiu-jitsu **299** 13-17
jocó **368** 15
joven noble **355** 44
~ que baila **317** 17, 18
~ resbalando sobre el hielo **304** 18
joya **36** 1
joyero **36** 31
joyo **61** 29
juanete alto **219** 59
~ bajo **219** 58
~ mayor alto **219** 65
~ mayor bajo **219** 64
jubón **29** 22
~ acuchillado **355** 33
~ corto **355** 41
~ enguatado **355** 30
judía *Huerto* **52** 28
~ *Hortal.* **57** 8, 11
~ de careta **57** 8
~ de enrame **57** 8
~ de España **57** 8
~ de grande estandarte **57** 8
~ de panoja **57** 8
~ enana **57** 8
~ escarlata **69** 15
~ lunada **57** 8
~ purpúrea **57** 8
~ verde **57** 8
judo **299** 13-17
judoka **299** 14
~ neutral **299** 16
juego de agua **272** 8
~ de auriculares con casco *Electrón* **241** 66
~ de auriculares con casco *Oficina* **249** 63
~ de aventura **273** 21
~ de azar **275** 1-33
~ de balón a puños **293** 72-78
~ de banderas **253** 22-34
~ de bochas **305** 21
~ de cacerolas **40** 12-16
~ de café **44** 27
~ de camiseta y pantalón corto **32** 21
~ de cilindros **148** 54-55
~ de combinación de movimientos o posiciones **276** 1-16
~ de construcción **28** 41
~ de damas **276** 17-19
~ de destornilladores **109** 6
~ de dobles **293** 2 hasta 3
~ de dominó **276** 33
~ de fresas **56** 21
~ de la comba **273** 15
~ del ajedrez **276** 1-16
~ de la ruleta **275** 17
~ de las formas **48** 19
~ del billar **277** 1-19
~ del halma **276** 26-28
~ de los bolos **305** 1-13
~ de los caballitos **47** 19
~ de los cubos **48** 21
~ de los dados **276** 29
~ de luces **268** 54
~ de llaves de boca **134** 2
~ de muelas **91** 21
~ de muelas para dar forma a los cristales **111** 35
~ de palancas **203** 54
~ de pelota **291; 292; 293**
~ de pelota vasca **305** 67
~ de piedras de afilar **111** 28
~ de plumas de tinta china **151** 38
~ de ropa de cama del moisés **28** 31
~ de ruedas **212** 3; **213** 3
~ de salta **276** 20
~ de sociedad **276**
~ de suerte **275** 1-33
~ de tablero **276**
~ de tres en raya **276** 23-25
~ de trinchantes **45** 69-70
~ de turbinas **154** 33
~ de utensilios de madera **40** 2
~ de volante **293** 43-44
~ de waterpolo **282** 46-50
~ individual **293** 4 hasta 5
~ infantil **273**
~ inglés de bowls **305** 21
~ italiano de boccia **305** 21
~ real **276** 1-16
juez contador de las vueltas **290** 6
~ de línea **291** 59; **293** 69
~ de línea central de saque **293** 25
~ de línea de banda **293** 24
~ de línea de fondo **293** 26
~ de línea de saque **293** 27
~ de llegada *Natac.* **282** 25
~ de llegada *Cicl., motor.* **290** 5
~ de meta **290** 5
~ de red **293** 23
~ de salida **282** 30
~ de silla **293** 19
~ de viraje **282** 26
~ que adjudica los puntos **299** 43
jugada antirreglamentaria **291** 50
jugador **48** 20
~ de ajedrez **265** 17
~ de baloncesto **292** 35
~ de balonmano **292** 2
~ de base **292** 44
~ de billar **277** 8
~ de bochas **305** 22
~ de centro **293** 76
~ de croquet **292** 80
~ de curling **302** 41
~ de curling alemán **302** 38
~ de equipo **292** 2
~ de golf **293** 83
~ de hockey **292** 15
~ de hockey sobre hielo **302** 29
~ de la red **293** 63
~ de minigolf **272** 69
~ de rugby americano **292** 23
~ de ruleta **275** 15
~ de tenis **293** 16
~ de tenis de mesa **293** 49
~ libre **291** 11
~ llevando el balón **292** 23
~ suplente **292** 39
~ suplente **291** 54
juglar **329** 70
jugo de frutas **98** 18
juguete **48** 21-32
~ de madera **260** 80
~ flotante **28** 10
jumaca **40** 3
Jumbo **231** 14
juncia **53** 17
junco *Cestero* **136** 28
~ *Escrit.* **341** 22
~ *Etnogr.* **353** 32
~ florido **378** 39
junípero **372** 47
junquillo **123** 64
junta con almohadilla de caucho **207** 8; **208** 12
~ de los raíles **202** 11
juntura con rosca macho **126** 38
~ de codo con rosca macho **126** 51
~ de techo **126** 48
Júpiter **4** 48
jusilla **106** 38
justa **329** 71
justificación **185** 59

K

karate **299** 18-19
karateka **299** 18
kart *Parque* **273** 33
~ *Dep.* **305** 83
karting **305** 82
kayak *Remo* **283** 4, 68-70
~ *Etnogr.* **353** 12
~ biplaza **283** 5
~ de recreo **283** 70
~ de regatas en aguas turbulentas **283** 69
~ esquimal **283** 68
~ groenlandés **283** 4
kerria **373** 28
keuper inferior **154** 57
kirghis **353** 22
knock-out **299** 40
K.O. **299** 40
kogge **218** 18-26
Krakatoa **7** 21
Kuro-Sivo **14** 31

L

L **253** 25
la bemol mayor **320** 66
laberinto **17** 62
~ de setos **272** 5
labio de la vulva **20** 87
~ inferior *Anat.* **19** 26
~ inferior *Caballo* **72** 10
~ inferior *Mús.* **326** 26
~ superior *Anat.* **19** 14
~ superior *Caballo* **72** 8
~ superior *Mús.* **326** 27
labor agrícola **63** 1-41
laborante *Méd.* **23** 41
~ *Univ.* **262** 7
laboratorio *Méd.* **23** 41-59
~ *Fotogr.* **116** 1-60
~ de biología **261** 14-34
~ de copia **310** 2
~ de copiado **311** 30
~ de idiomas **261** 35
~ de química *Colegio* **261**
~ de química *Quím.* **349** 1; **350**
~ de uso múltiple **235** 66
~ espacial **235** 65
~ técnico y de investigación **310** 9
labor de esculpido en laca **337** 6
~ del campo **63** 1-41
~ femenina **102**
laburno **374** 32
laca *Peluq.* **106** 23
~ *Arte* **337** 6
la cabina de la tripulación **6** 41
laca para el cabello **105** 24
lacayo **186** 20
la corbeta de tres palos **220** 21-23
la cría de ganado **75**
lacrimal **17** 40
lactama **170** 25
ladera de nieve helada **300** 14
ladilla **81** 40
lado *Tornill.* **143** 2
~ *Tejido* **171** 32
~ *Matem.* **346** 26, 27
~ cubital de la mano **19** 70
~ del ángulo **346** 7, 3
~ del cuero **131** 13, 18
~ de los clientes **207** 78
~ del pelo **131** 12, 17
~ del personal del servicio **207** 79
~ no pasa **149** 61
~ pasa **149** 60
~ radial de la mano **19** 69
ladrillo **159** 20
~ aplanillado de establo **159** 27
~ colocado a soga **118** 63
~ colocado a tizón **118** 64
~ con perforaciones verticales **159** 21
~ crudo **159** 16
~ de chimenea **159** 25
~ de dimensiones normales **118** 58
~ de rejilla **159** 23
~ de techar **159** 24
~ hueco con canales horizontales **159** 22
~ hueco para bóvedas **159** 26
~ hueco plano **159** 26
~ macizo **159** 20
~ perfilado de chimenea **159** 28
~ perforado **159** 21-22
~ radial **159** 25
~ refractario **141** 16
~ sin cocer **159** 16
~ solar **155** 32
~ vidriado **333** 20
ladrón **308** 16
la estructura en estratos de la Tierra **11** 1-5
lagarta **80** 1
~, falsa **80** 13
lagartija **364** 27
lagarto **364** 31
~ ápodo **364** 37
~ de cristal **364** 37
lago **13** 3
~ costero **13** 44
laguna **13** 33
~ de la playa **13** 44
lamantín **366** 23
la mayor **320** 58
lambrequín **254** 3
la menor **320** 55, 62
lamia **364** 1
lámina **301** 48
~ de amortiguación **301** 49
~ de brillo intenso **116** 58
~ de estanquidad **190** 69
~ de madera **324** 62
~ de metal **324** 77
~ de protección **157** 59
laminado de hierro **148**
laminador *Orfebre* **108** 1
~ *Sider.* **148** 46-75
laminadora **159** 9
laminador dúo **148** 53
lámina foliar **370** 28
laminaria **378** 48
laminilla *Pesca* **89** 82
~ *Hongo* **381** 4, 6
~ con basidioesporas **381** 7
~ de cera **77** 25
~ para el hilo de urdimbre **166** 34
lamnunguio **366** 24
lampa **66** 1
lámpara *Hosp.* **26** 11
~ *Comed.* **44** 12
~ colgante **44** 12
~ con el haz de luz dirigible **22** 44
~ con la luz concentrada en un punto **182** 4
~ de aceite **330** 49
~ de aceite de pescado **353** 7
~ de boca **24** 42
~ de bosillo **127** 26
~ de cabecera **43** 15
~ de camping **278** 29
~ de control **164** 8
~ de control del color **116** 37
~ de dentista **24** 19
~ de destellos **242** 43
~ de escritorio **246** 11
~ de exposición **177** 37
~ de halógeno **177** 31
~ de halógeno de metal **179** 21
~ de insolación **182** 3
~ de laboratorio **116** 21
~ de la cocina **39** 39
~ del bar **317** 11
~ del casco **300** 54
~ del cubo-flash **114** 74
~ del flash **114** 67; **177** 37
~ del jardín **37** 38
~ del sagrario **330** 49
~ del Santísimo **330** 49
~ de llamada a escena **315** 52
~ de mesa *Apart.* **46** 24
~ de mesa *Oficina* **246** 35
~ de operaciones giratoria sin sombras **26** 10
~ de peluquería **106** 8
~ de pie **46** 37
~ de pilas **127** 26
~ de rayos ultravioletas **281** 13
~ de señalización **153** 3
~ de soldar *Font.* **126** 74
~ de soldar *Dep. inv.* **301** 22
~ de sonido **312** 48
~ de trabajo **109** 12
~ de valoración **195** 9
~ de varios brazos **267** 21
~ de xenón **177** 17
~ de xenón de alta presión **312** 39
~ indicadora *Hosp.* **25** 6
~ indicadora *Oficina* **249** 71
~ indicadora de tocado **294** 30
~ maravillosa **369** 4
~ morse **223** 7
~ para copiar con luz de punto **179** 21
~ para iluminar la carta **230** 23
~ para la luz reflejada **112** 59
~ reflectora de arco **312** 39
~ sin sombras **27** 25
lamparilla de alcohol **24** 57
lampión **353** 36
lampista **125** 17
lana **355** 6
lancéola **380** 11
lanceolada **370** 32
lanceta **77** 11
lancha **9** 31
~ aduanera **221** 100
~ carbonera **225** 13
~ de a bordo **258** 12, 45, 61; **259** 35
~ de carga **216** 25
~ de desembarco **259** 46
~ de goma **228** 18
~ de motor **283** 2
~ de remolque **216** 25
~ de salvamento **228** 14
~ motora con camarotes **286** 3
~ rápida lanzamisiles **258** 69, 75
lanchón de la draga **226** 46
landó **186** 36
~ con visión panorámica **28** 34
~ pequeño **186** 36
langosta migratoria **358** 8
lanilla **253** 3, 11
lansquenete *Carnaval* **306** 70
~ *Moda* **355** 32
lanza *Granja* **62** 20
~ *Caballo* **71** 21
~ *Coche* **186** 19
lanzacabos **228** 1
lanzacohetes 110 SF **255** 70
lanza de aspersión **83** 29
~ de hoja larga **354** 12
~ del chorro **83** 22
~ de pulverización con boquilla **83** 46
lanzadera *Labores* **102** 20
~ *Tejido* **166** 9, 26
~ para malla **102** 26
lanza de remolque **64** 47
~ de tiro **64** 61; **65** 18
~ de torneo **329** 81
lanzador *Jue. pelota* **292** 50, 68, 76
~ de cuchillos **307** 37
lanzagranadas de 44 mm. anticarro **255** 25
lanzajabalinas **352** 40
lanzamiento **296** 55
~, clases **305** 17-20
~ con salto **292** 3
~ de dos manos con carrete **89** 32
~ de jabalina **298** 51-53
~ de judo **299** 17
~ de martillo **298** 42-47
~ de peso **298** 48
~ en arco *Gimn.* **297** 33
~ en arco *Dep.* **305** 19, 20
~ en gancho **305** 18
~ en línea recta **305** 17
~ hacia arriba **297** 35
lanzamisiles contra objetivos aéreos **259** 50
~ cuádruple **258** 30
~ de defensa antiaérea MM 38 **258** 32
~ de defensa antisubmarina **258** 30, 50
~ de doce tubos de defensa antisubmarina **259** 24
~ doble de defensa antiaérea **259** 25, 33
~ Honest John M 386 **255** 64
~ óctuplo de defensa antiaérea **259** 5, 20
~ séxtuplo de defensa antisubmarina **259** 37
lanza para oxígeno **147** 49
lanzatorpedos de defensa antisubmarina **259** 51
lapicera *Colegio* **260** 12
~ *Rastro* **309** 73

lapicero **260** 5
~ de presión **151** 45
lápida **331** 61
~ conmemorativa **331** 14
~ sepulcral **331** 26
lápiz *Hab. niños* **47** 26
~ *Colegio* **260** 5
~ de albañil **118** 51
~ de borrar **151** 41
~ de carpintero **120** 77
~ de cera **48** 11
~ de color *Hab. niños* **47** 26
~ de color *J. infancia* **48** 11
~ de maquillaje **315** 46
~ de tiza **338** 5
~ graso **340** 26
~ litográfico **340** 26
~ pastel **338** 19
larguero *Casa* **38** 16
~ *Avión* **230** 45
~ *FFAA* **257** 28
~ *Jue. pelota* **291** 36
~ *Dep. inv.* **303** 5
~ cajón **287** 30
~ central del fuselaje **235** 9
~ de la cama **43** 5
~ inferior **215** 10
~ lateral **235** 3
~ oblicuo **287** 33
~ principal **287** 30
~ superior **215** 9
lárice **372** 32
laringe **20** 2-3
larva *Fruta* **58** 64
~ *Apic.* **77** 29
~ *Paras.* **80** 6, 19, 36, 41, 46
~ *Jus.* **81** 20
~ *Plaga* **82** 12, 25
~ *Articul.* **358** 9
~ adulta **80** 53
~ de agrótido **80** 44
~ de elaténido **80** 38
~ del abejorro sanjuanero **82** 12
~ en la cámara larval **82** 36
~ joven **80** 54
láser **242** 81
~ de enseñanza **242** 81
~ de helio-neón **243** 57
lasioderma serricorne **81** 25
lastra de ajuste **108** 26
~ de medidas **108** 25
lastre *Vela* **285** 33
~ *Dep. aéreo* **288** 65
lata con asa **129** 8
~ con mango **129** 7
~ de betún **50** 39
~ de cerveza *Cerv.* **93** 25
~ de cerveza *Superm.* **99** 73
~ de conserva **99** 91
~ del cebo **89** 24
~ de los gusanos **89** 24
~ de pintura **129** 7-8
~ de zumo de frutas **99** 75
lateral de descarga **213** 25
~ derecho **291** 13
~ izquierdo **291** 13
látigo **307** 53
latina **342** 12
latitud **14** 6
~ geográfica **14** 6
latón **294** 20
laúd **324** 1
laulao **364** 12
laurel rosa **373** 13
laurente **173** 46
lauréola **377** 10
lavabo *Baño* **49** 24
~ *Peluq.* **106** 11
~ *Petról.* **146** 29
~ *FFCC* **207** 15, 40
~ *Camping* **278** 6
~ del personal **207** 26, 82
~ doble **267** 32
~ para los cabellos **105** 29
~ para los esputos **23** 25
lavabos **207** 72
lavadero **278** 5
lavado **170** 56
~ de las bobinas **170** 48
~ de las botellas **93** 18
~ por circulación **179** 6
lavador *Baño* **49** 24
~ *Caza* **87** 61
~ *Papel* **173** 49
lavadora **50** 23
~ automática **50** 23
lavador de ácido sulfhídrico **156** 22
~ de amoníaco **156** 23
~ de benceno **156** 24
~ de gases **261** 32
lavamanos *Deut.* **24** 15
~ *Peluq.* **106** 12
lava, meseta de **11** 14
lavanda **380** 7
lavandera **360** 9
~ blanca **360** 9
lavaplatos **39** 33-36
lava, río de **11** 18
lavatorio *Baño* **49** 24
~ *FFCC* **207** 15, 40
lavavajillas **39** 40
laya *Jardín* **56** 2
~ *Agric.* **66** 22
~ semiautomática **56** 12
lazareto **225** 27
lazo *Ropa* **30** 46
~ *Dep. inv.* **302** 15
~ *Toros, rodeo* **319** 40
~ *Etnogr.* **352** 5
~ de la coleta *Pein.* **34** 7
~ de la coleta *Moda* **355** 78
~ de serpiente **302** 16
~ de smoking **32** 47; **33** 11
lebrato **88** 59
lebrón **88** 59
lección **262** 1
lector **262** 3, 24
lectora de la cinta perforada **176** 13
~ -perforadora de fichas **244** 12
lector del sonido magnético **312** 28
~ de microfilmes **237** 36
~ de periódicos **265** 24
lectura **175** 28
~ de la cinta perforada **176** 15
~ de los segundos **110** 21
~ del sonido **312** 46
~ digital con cifras giratorias **110** 20
~ para el viaje **205** 18
leche **99** 44
~ condensada **98** 15
~ de larga duración **99** 44
~ descremada **76** 17
~ en lata **98** 15
~ esterilizada **76** 16
~ fresca **76** 15
~ pasteurizada y homogeneizada **99** 44
lechera **309** 89
lechocino **61** 12
lecho de agujas **167** 55
~ de arena **123** 8
~ de cascajos **205** 61
~ de hormigón **123** 13
~ de impresión **180** 78
~ de inundación **216** 41
~ de la prensa **133** 50
~ del río **13** 68
~ de roca **13** 70
lechón *An. dom.* **73** 9
~ *Ganado* **75** 42
lechoncillo **75** 42
lechuga **57** 36
~ silvestre **57** 38
lechuguino **306** 33
lechuza **362** 17
ledo de los pantanos **377** 21
legato **321** 33
legumbre *Hortal.* **57** 1-11
~ *Botán.* **370** 92
~ en conserva **96** 27
lencería **32** 1-15
lengua *Anat.* **17** 52; **19** 25
~ *Caza* **88** 2
~ bífida **327** 6
~ de gato *Comest.* **98** 84
~ de gato *Hongo* **381** 31
lenguaje de los esquiadores **286** 49-55
lengüeta *Zapat.* **100** 65
~ *Calz.* **101** 32
~ *Mús.* **322** 52; **326** 19
~ de la aguja **202** 21
~ de la película **114** 9
~ doble **323** 29
~ enguatada **291** 24
~ guía **248** 4
lente **351** 33
~ de aumento **113** 38
~ de corrección **115** 72
~ de Fresnel con anillo de cristal esmerilado y estigmómetro **115** 64
~ del campo de la imagen **115** 40
~ del condensador **113** 32
~ del objetivo **113** 36
~ de proyección con el espejo inclinado **261** 10
~ frontal **115** 7
lenteja de agua **378** 35
lente para imágenes lejanas **115** 49
~ suplementaria **117** 55
leñamen **120** 85
Leo **3** 17; **4** 57
León **3** 17; **4** 57
león *Circo* **307** 56
~ *Zoo* **356** 5
~ *Mamíf.* **368** 2
leontopodio **378** 9
leopardo **368** 6
leotardo **29** 42; **32** 12
~ sin pie **32** 11
lepidóptero *Fruta* **58** 62
~ *Parás.* **80** 1
~ *Articul.* **358** 48-56
~ *Lepidóp.* **365**
~ diurno **365** 1-6
~ nocturno **365** 7-11
lepisma saccharina **81** 14
lepta **252** 39
lesena **335** 11
letra **175** 32-37, 38
~ A **253** 22
~ aceptada **250** 12
~ alemana **342** 3, 11
~ capital **175** 11
~ cursiva **175** 7
~ de cambio **250** 12
~ fina **175** 8
~ G **253** 23
~ girada **250** 12
~ gótica **342** 1, 2
~ grotesca **342** 7
~ gruesa **175** 9
~ inglesa **342** 10
~ inicial **175** 1
~ itálica **175** 7
~ latina **342** 12
~ mayúscula **175** 11
~ minúscula **175** 12
~ negra estrecha **175** 10
~ negrita **175** 3
~ seminegra **175** 2
letras para designar los escaques **276** 6
~, tipos **342** 1-15
letra supernegra **175** 9
~ versal **175** 11
~ versalita **175** 14
letrero **118** 47
~ con el precio especial **96** 19
~ de la estación **205** 28
leucita **351** 12
leva **167** 40
levade *Caballo* **71** 4
~ *Circo* **307** 30
leva de acoplamiento de las agujas **167** 57
~ de aguja **167** 14
~ de ascenso de las agujas **167** 59
~ de descenso de las agujas **167** 58
levadura **97** 53
levantador del acta **299** 48
~ de pesos **299** 2
levantamiento con arranque **299** 1
~ con impulso **299** 4
~ de pesos **299** 1-5
levita **355** 76
leyenda *Mapa* **14** 27-29
~ *Ciudad* **268** 4
lezna plana **109** 8
libélula **358** 3
líber **370** 9
liberación de calor **1** 55
~ del apretón **21** 34
liberador del margen **249** 6
líbero **291** 11
Libra *Astron.* **3** 19; **4** 59
librado **250** 20
librador **250** 21
libra esterlina **252** 37
librea **186** 20, 21
librería *Univ.* **262** 12
~ *Ciudad* **268** 37
~ *de la estación* **204** 26
librero **46** 7
libreta **47** 24
librillo de papel de fumar **107** 17
libro *Estar* **42** 4
~ *Apart.* **46** 8
~ *Encuad.* **185** 36
~ abierto **185** 52
~ antiguo **309** 55
~ cosido **185** 22
~ de citas **22** 11
~ de clase *Hab. niños* **47** 25
~ de clase *Colegio* **260** 23
~ de escena **316** 44
~ de himnos **330** 30
~ de lectura **260** 16
~ de ortografía **260** 17
~ de registro **267** 8
~ de texto **261** 28

~ encuadernado con gasa **183** 32
~ horario **210** 52
~ infantil *Hab. niños* **47** 17
~ infantil *J. infancia* **48** 23
licénida **365** 6
licete **171** 22
licor *Mesa* **45** 48
~ *Comest.* **98** 56-59
liebre **86** 35; **88** 59
lienzo **338** 21
liga *Ropa* **32** 6
~ *Cabar.* **318** 28
ligada **218** 32
ligado **321** 33
ligadura *Fotocomp.* **175** 6
~ *Esgr.* **294** 46
~ *Atlet.* **298** 54
~ *Mús.* **321** 24
~ del andamio **118** 30
~ de rafia **54** 35
~ de un vaso sanguíneo **21** 14-17
ligamento a la plana **171** 1
~ de barquillo para el patrón de barquillo **171** 29
~ de cabeza **171** 34
~ de cabeza **171** 39
~ del tejido de punto longitudinal **171** 26
~ de pie **171** 35
~ de tejidos **171** 1-29
~ fundamental de tejidos y cuerdas **171** 30-48
~ inglés **171** 11
~ nido de abeja **171** 29
~ panameño **171** 11
~ punto de tripa **171** 29
~ regular **171** 11
~ suspensor del hígado **20** 34
~ tafetán **171** 1
~ textil **171**
lígula *Agric.* **68** 22
~ *Botán.* **370** 84
~ radiada **375** 31
ligustro **373** 6
lijadora **129** 29
~ orbital *Pintor* **129** 30
~ orbital *Bric.* **134** 53
liliácea **53** 13
liliputiense **308** 22
lima **140** 8
~ bastarda **140** 8
~ de cinta **140** 16
~ de media caña **140** 29
~ de precisión **140** 8
~ de zapatero **100** 49
limadora **140** 15
~ de gran velocidad **150** 45
lima dulce **140** 8
~ gruesa **134** 9
~ hoya **121** 15; **122** 11, 82
~ plana *Orfebre* **108** 49
~ plana *Cerraj.* **140** 27
~ redonda *Orfebre* **108** 47
~ redonda *Cerraj.* **140** 29
~ tesa **121** 12
limbo *Agric.* **68** 20
~ *Naveg.* **224** 2
~ *Botán.* **370** 28, 43-50, 85
limícola **359** 19-21
limitación de velocidad **203** 36-38
limitador **238** 44
límite **63** 3
~ de los bajos **15** 9
~ del término municipal **15** 103
limón **384** 23
limonera **365** 4
limosna **330** 54, 60
limosnera **330** 59
limpiabarros de los pies **123** 25
limpiador *Hilat.* **164** 22
~ *Textil* **168** 61
~ de algodón **163** 7
~ de la pipa **107** 46
~ de los tipos **247** 8
~ de remolachas **64** 89
limpiamanos **49** 23
limpiaparabrisas **191** 41
limpieza de las armas **87** 61-64
~ del suelo **50** 53-86
~ pública **199**
limusina **193** 1
lince **368** 8
linde **63** 3
lindero **63** 3
línea *Fotocomp.* **175** 4
~ *Mús* **320** 43
~ *Matem.* **346** 1-23
~ a cubrir **122** 81
~ central de saque **293** 8 hasta 9
~ colectora de retorno **38** 80
~ curva **346** 21
~ de alta tensión **15** 113
~ de árboles **199** 11
~ de ataque **293** 65
~ de banda **291** 9, **292** 17; **293** 55
~ de banda para el juego de dobles **293** 2 hasta 3
~ de banda para el juego individual **293** 4 hasta 5
~ de centro **293** 54
~ de conducción eléctrica **15** 113
~ de conexión principal **237** 18
~ de cota **151** 25
~ de esgrima **294** 9
~ de expansión **1** 61
~ de fe **224** 48
~ de flotación *Buque guerra* **258** 27
~ de flotación *Vela* **285** 31
~ de fondo **292** 36; **293** 3 hasta 10, 72
~ de golpe franco **292** 5
~ de la cabeza **19** 73
~ de la letra **175** 43
~ de la mano **19** 72-74
~ de la vida **19** 72
~ del bateador **292** 72
~ del centro **294** 4
~ del corazón **19** 74
~ de llegada **282** 28
~ de medio campo **291** 3
~ de meta **291** 7
~ de penalización **292** 48
~ de puesta en guardia **294** 3
~ de remos **218** 12
~ de salida **294** 3
~ de salida y de llegada **286** 30
~ de saque **293** 6 hasta 7
~ de tiro **292** 71
~ de tiro libre **292** 38
~ de transmisión **154** 16
~ equinoccial **3** 3
~ fotorreceptora para medir el ángulo de inclinación **195** 21
~ fotorreceptora para medir la convergencia **195** 22
~ fundida **174** 27
~ horizontal **344** 15
~ isobática **15** 11
lineal **370** 31
línea límite **122** 81
~ local de ferrocarril **15** 25
~ principal **237** 24
~ principal de ferrocarril **15** 21
linear **370** 31
línea recta **346** 2, 3
~ secundaria de ferrocarril **15** 23
~ telefónica de tránsito **198** 16
~ telefónica para el empalme de las casas **198** 20
~ tubo **31** 14
lingote **147** 40
~ de acero **147** 33
~ de acero bruto moldeado **148** 48
~ de metal solidificándose **148** 25
~ en bruto **148** 48
lingotera **147** 32, 37
~ para chatarra **147** 26
lino **355** 5, 56
~ *Planta ind.* **383** 6
linotipia **174** 19
linterna *Elec.* **127** 26
~ *Mús.* **335** 45; **336** 3
linternón **121** 14
liño de cepas **83** 51
líquido corrector de los errores de máquina **247** 13
~ de freno **191** 49
~ de limpieza **111** 32
~ para soldar **108** 36
Lira *Astron.* **3** 22
lira *Caza* **88** 67
~ *Dinero* **252** 20, 21
~ *Mús.* **322** 15
lirio *Jardín* **51** 27
~ *Flor* **60** 8, 12
~ blanco **60** 12
~ de agua *Jardín* **51** 18
~ de agua *Flor* **60** 8
~ de agua *Planta* **378** 14
~ de jardín **60** 8
~ de los valles **377** 2
~ de mar **369** 3
~ gigante del Amazonas **378** 17
~ silvestre **377** 4
lista de cambio **204** 32
~ de precios **98** 73
~ de vinos **266** 31
listado de ordenador **248** 47
listel **334** 57; **335** 52
~ de ovas **334** 42
listín del teléfono interior **245** 17
~ telefónico **22** 21
listón *Construc.* **120** 45; **122** 17; **123** 70
~ *Atlet.* **298** 14, 34
~ de apoyo de los apagadores **325** 39
~ de apoyo de los macillos **325** 26
~ del borde **91** 3
~ del toldo **221** 118
~ del zócalo **123** 63
~ dentado **122** 26
~ de protección *Silvic.* **84** 8
~ de protección *Tejido* **165** 31
~ de soporte **123** 67
~, doble **122** 43
~ guardahélice **258** 74
~ para tallar **22** 69
~ transversal **136** 8
litera **47**
Lithodes **369** 16
litografía **340** 25-26
litógrafo **340** 45
litosfera **11** 1
liza **329** 31
lizo **166** 4, 27; **171** 23
~ adicional para el orillo del tejido **171** 20
~ de alambre **166** 27
LM **234** 55
lobo **367** 13
~ cerval **368** 8
~ marino **367** 19
lobulada **370** 48
lóbulo **335** 40
~ de la oreja *Anat.* **17** 57
~ de la oreja *An. dom.* **73** 23
~ del hígado **20** 35
~ pulmonar superior **20** 7
local de venta **111** 1-19
~ de venta de la panadería **97** 1-54
localidad de expedición **250** 13
localito **11** 30
loción capilar **106** 10
~ para después del afeitado **49** 38
locomotora accionada por acumulador de vapor **210** 68
~ articulada **210** 64
~ con ténder **210** 38
~ de condensación **210** 69
~ de maniobras **206** 43
~ de vapor **210** 1-69
~ de vía estrecha **200** 24
~ Diesel **212** 1-84
~ Diesel de línea para trenes semipesados de viajeros y mercancías **212** 1
~ Diesel hidráulica **212** 1, 24, 47; **213** 1
~ Diesel ligera **200** 24
~ Diesel monomotor **208** 1
~ Diesel pequeña **212** 68
~ eléctrica *Estación* **205** 35
~ eléctrica *FFCC* **211** 1
~ eléctrica de cremallera **214** 4
~ exprés eléctrica **205** 35
~ Garrat **210** 64
~ sin hogar **210** 68
~ ténder **210** 65
lóculo **58** 36, 59
locutor **238** 21
locutora de doblaje **311** 39
loden **30** 64
lodo **304** 30
logaritmación **345** 6
logaritmo **345** 6
logia **329** 12
lombarda **57** 32
~ blanca **57** 33
lombriz **89** 67
~ de tierra **357** 24

~ intestinal **81** 31
lomo *Mesa* **45** 56
~ *Caballo* **72** 29
~ *Caza* **88** 18, 35
~ *Carnic.* **96** 4
~ *Encuad.* **185** 41
~ alto **95** 18
~ bajo **95** 17
lona de bomberos **270** 18
~ de salto **270** 18
~ de saltos **297** 11
~ de salvamento **270** 17
longaniza *Carnic.* **96** 10
~ *Superm.* **99** 55
long drink **317** 32
longitud **14** 7
~ geográfica **14** 7
lonja de carne **96** 14
~ de pescado **225** 58
looping **288** 1
Lophocalyx philippensis **369** 7
loriga **329** 62
~ de anillos **329** 63
~, tipos **329** 62
losa *Jardín* **51** 17
~ *Igl.* **331** 61
loseta **123** 26
lote de carga **225** 49
~ de la carga embalada **225** 42
lubrificador **187** 65
lubrificante para cilindros **145** 63
~ para ejes **145** 61
lucano ciervo **358** 24
lucarna **336** 2
lucernario *Construc.* **121** 21
~ *Arte* **336** 3
lucio común **364** 16
lución **364** 37
lucha **299** 6-12
~ antiparasitaria **83**
~ de pie **299** 6
luchadera **88** 6
luchadero **283** 36
luchador **299** 7
lucha en el suelo **299** 8
~ grecorromana **299** 6-9
~ libre **299** 10-12
luchán **384** 23
lúgano **361** 8
lugar de anclaje **216** 14
~ de libramiento **250** 13
~ de los decimales **344** 20
~ de medida y prueba **237** 40
~ de pago **250** 15, 22
luge **303** 1
~ con asiento de correas trenzadas **303** 2
~ de carreras **303** 13
~ de competición **303** 13
~ modelo júnior **303** 3
lugre para la pesca de arenques **90** 1
luis de oro de Luis XIV **252** 5
lulo **34** 3
lulú **70** 20
lumbre **267** 25
lumbrera *Casa* **38** 7
~ *Hortic.* **55** 10
~ *Ganado* **75** 8
~ *Construc.* **121** 8
~ *Caball.* **329** 11
~ *Arte* **336** 2
~ *Pint., dib.* **338** 1
~ del campanario **331** 8
luminoso **268** 45
Luna *Astron.* **4** 1-9, 31, 45
luna *Peluq.* **105** 20; **106** 6
lunación **4** 2-7
Luna creciente **4** 3
~ llena **4** 5
~ menguante **4** 7
~ nueva **4** 2
lunar **364** 39
lúnula **19** 81
lupa *Fotocomp.* **175** 34
~ *Fotogr.* **177** 23
lupino amarillo **69** 17
~ noble **51** 23
lúpulo **15** 114
lur **322** 1
lútea **360** 7
Luxemburgo **252** 18
luz *Autom.* **191** 20
~ *Puente* **215** 14
~ alta **191** 20
~ azul *Policía* **264** 11
~ azul *Bomberos* **270** 6
~ baja **191** 20
~ blanca adicional **203** 15
~ con destellos **264** 11
~ con destellos **270** 6
~ corta **191** 20
~ de advertencia **270** 6
~ de babor roja **286** 12
~ de carretera **191** 20
~ de control **249** 71
~ de cruce **191** 20
~ de dirección inferior **224** 101
~ de dirección superior **224** 102
~ de estacionamiento **191** 20
~ de estribor verde **286** 11
~ de freno **188** 38
~ del techo **24** 20
~ de navegación *Barco* **221** 51; **223** 15
~ de navegación *FFAA* **257** 36
~ de navegación *Buque guerra* **258** 55
~ de navegación de proa **223** 40
~ de popa **258** 62
~ de popa blanca **286** 14
~ de posición *Moto* **189** 56
~ de posición *Autom.* **191** 20
~ de posición *FFAA* **257** 36
~ de posición *Buque guerra* **258** 56
~ de posición *Dep. aéreo* **288** 31
~ de posición derecha **230** 44
~ de posición izquierda **230** 50
~ de proa roja y verde **286** 13
~ de situación *Barco a motor, esquí acuát.* **286** 10-14
~ de situación *Dep. aéreo* **288** 31
~ de tope blanca **286** 10
~ direccional **191** 19
~ intermitente *Moto* **189** 45
~ intermitente *FFCC* **202** 46, 50
~ intermitente *RTV* **230** 64
~ intermitente *Bomberos* **270** 6
~ larga **191** 20
~ lateral de posición **258** 15
~ piloto **50** 10
~ polar **7** 30
~ roja **270** 6
~ trasera *Bicicl.* **187** 46; **188** 38
~ trasera *Moto* **189** 9
Lyra **3** 22
llama **366** 28
llamada a escena **315** 52
llama de la resurrección **327** 10
llamingo **366** 28
llana **118** 56
llano del rompiente **13** 31
llanta *Bicicl.* **187** 28
~ *Moto* **185** 25
~ *Autom.* **191** 16; **192** 77
~ *Avión* **232** 6
~ *Barco a motor, esquí acuát.* **286** 44
~ de la cadena **85** 16
llantén de agua **378** 44
~ menor **380** 11
llave *Cerraj.* **140** 33-35, 48
~ *Mús.* **323** 35
~ *Quím.* **349** 5, 22; **350** 44, 53
~ ajustable **126** 66
~ antirrobo **187** 50
~ corrediza *Font.* **126** 61
~ corrediza *Elec.* **127** 47
~ corrediza *Bric.* **134** 11
~ de afinar **325** 20
~ de brazo lateral **299** 10
~ de cierre **87** 25
~ de dos pasos **350** 49
~ de hierro **328** 32
~ de la boca de riego **270** 27
~ de la flauta **323** 32
~ de la habitación **267** 9
~ de paso *Font.* **126** 4
~ de paso *Abast. agua* **269** 30, 48
~ de pierna, doble **299** 11
~ de retorno **350** 49
~ de seguridad **140** 48
~ de tubo **134** 11
~ de tuercas **126** 67
~ de un solo paso **350** 42
~ dinamométrica **195** 45
~ francesa **126** 67
~ inglesa **126** 68
~ para apretar los tubos **134** 12
~ para tubos **126** 59
~ para tuercas **195** 44
~ plana **140** 48
llegada *Natac.* **282** 28
~ *Barco a motor, esquí acuát.* **286** 28
~ de agua *Pesca* **89** 7
~ de agua *Fotogr.* **116** 16
~ de corriente **142** 25
~ de gasolina **192** 13
~ del agua refrigerante **111** 31
~ del aire **137** 6
~ del gas inerte **142** 34
~ principal de hidrógeno **235** 35
llegadas **233** 26
llovedera **8** 18
llovizna *Meteor.* **9** 33
~ *Pein.* **34** 37
lluvia **9** 32
~ constante **8** 18
~ de oro **374** 32
~ tropical **9** 53

M

maar **11** 25
macaco rheso **368** 12
macaón **358** 52
macarrón *Panad.* **97** 37
~ *Comest.* **98** 33
maceración de la malta **92** 43
macerador para la mezcla de harina y de agua **92** 42
maceta *Planta* **54** 8
~ *Construc.* **118** 54
macferlán **186** 32
macillo para el címbalo de Valais **322** 34
macis **382** 34
macizo **12** 39
~ de flores **55** 37
macolla de un cereal **68** 5
macramé **102** 21
macrofotografía **115** 81-98
macrolente adicional **117** 55
macronúcleo **357** 11
Macropharynx longicaudatus **369** 2
macrorraíl **117** 56
mácula **19** 50
machacadora **158** 20
machacadora de yeso **160** 14
machete *Silvic.* **85** 11
~ *Embapel.* **128** 37
machiega saliendo **77** 38
machiembrado de ranuras y lengüetas **123** 74
machina **308** 2
Machina Pictoris **3** 47
macho *Ins.* **81** 34
~ *Herr.* **137** 22
~ *Sider.* **148** 36
~ de estampa **139** 31
~ del palo mayor **219** 5
~ del trinquete **219** 2
~ de mesana **219** 8
~ de prensa **162** 32
~ de roscar **140** 60
~ de roscar a máquina
madera **339** 27
~ de construcción **120** 2, 83-96
~ del clisé **178** 41
~ de testa **120** 92
~ en bruto **135** 21
~ escuadrada *Construc.* **120** 10
~ escuadrada *Aserr.* **157** 36
maderaje de la fachada **120** 48
madera molida **172** 68
~ para construcciones **120** 10
~ torneada **135** 19
madero *Silvic.* **84** 19
~ *Construc.* **119** 16
~ *Aserr.* **157** 34
~ cortado en cruz **120** 90
madre *Bebé* **28** 6
~ *Caza* **88** 1, 34
~ con el cochecito de niño **272** 71
madreperla de río **357** 33
madreselva **374** 13

madriguera **86** 26
maduración de la álcalicelulosa **169** 7
maesa saliendo **77** 38
maestra del parvulario **48** 1
~ saliendo **77** 38
maestro carnicero **96** 38
~ cervecero **92** 49
~ de armas **294** 1
~ de esgrima **294** 1
~ del telar **316** 7
~ en explosivos **158** 25
~ maquillador **315** 47
~ peluquero **106** 1
~ tonelero **79** 17
~ tornero **135** 20
magma de las profundidades **11** 29-31
magmatismo plutónico **11** 29-31
magneto del freno **143** 102
magnetófono *Electrón* **241** 56
~ *Colegio* **261** 42
~ *Rastro* **309** 37
~ *Discot.* **317** 21
~ *Cabar.* **318** 17
~ de cuatro pistas **242** 13
~ de dos pistas **242** 12
~ de grabación y reproducción de cintas magnéticas de un cuarto de pulgada **238** 4
~ portátil controlado por cristal de cuarzo **310** 24
magnetoscopio **243** 7
magnolia roja **373** 15
maguillo **58** 51
maharajá **306** 28
mail-coach **186** 53
maillot de ciclista **290** 9
mainel **335** 41
maíz **68** 31
majada **75** 9
majuelo **374** 30
Malacosteus indicus **369** 10
mala hierba **61**
malecón *Geogr.* **13** 37
~ *Mapa* **15** 48
~ *Río* **216** 19
~ *Cons. hidr.* **217** 15
maléolo externo **19** 59
~ interno **19** 60
maleta *Autom.* **194** 19
~ *Estación* **204** 6; **205** 7
~ de avión **267** 15
~ ligera **267** 15
maletera **267** 15
maletero **191** 24; **193** 17, 23; **194** 13
maletín **41** 17
~ de empapelador **128** 33
~ de herramientas **127** 49
~ del médico **22** 33
maleza **15** 15
malta, preparación **92** 1-41
~, secadero **92** 16-18
~ verde **92** 23
malva común **376** 13
malvavisco **380** 12
malla *Labores* **102** 22
~ *Punto* **167** 62
~ *Tejido* **171** 30
~ *Gimn.* **297** 51
~ abierta **171** 30
~ cerrada **171** 36
~ clavada **329** 64, 65
~ de anillos **329** 63
malleta **90** 12
mamadera **28** 19
mamella **73** 15
mamífero **366**; **367**; **368**
~ con escamas **366** 10
~ ovíparo **366** 1
~ volador **366** 9
mampara **37** 16
~ de madera **119** 25
~ de separación **248** 1
~ para separación **119** 25
mamparo estanco de presión **231** 32
mampostería refractaria **147** 48
manada **86** 15; **88** 1
~ de leones **356** 5
mánager **299** 45
manantial **15** 82
~ del karst **13** 74
manatí **366** 23
manca **39** 29; **40** 12
mancera **65** 3
mancha blanca **88** 20, 36, 74
~ del pecho **88** 71
~ en forma de ojo **358** 54
~ solar **4** 37
mandarín **306** 29
mandarina **384** 23
mandíbula *Anat.* **16** 17
~ *Cerraj.* **140** 3
~ *Articul.* **358** 25
~ de las pinzas **26** 46
~ del torno **132** 33
~ inferior **359** 8
~ superior **19** 27
mandil *Caballo* **71** 40
~ *Soldadura* **142** 11
mandiyú **383** 16
mando a distancia **157** 14
~ de embrague y desembrague **165** 17
~ de gases **257** 9
~ de la exposición **176** 9
~ del fotómetro acoplado **114** 29
~ de los husos **164** 31
~ del pantógrafo **211** 30
~ del zoom automático **117** 19
~ de manivela **217** 53
~ de succión **50** 72
~ electromecánico **235** 44
mandolina **324** 16
mando manual **195** 8
~ manual para el travesaño **185** 7
~ principal del eje horario **113** 15
~ regulador de succión **50** 74
mandriladora-fresadora horizontal **150** 25
mandril de agujero simple **135** 6
~ de cuatro mordazas **149** 35
~ de dos mordazas **135** 10
~ de mano **109** 16
~ de sujeción rápido **132** 54
~ de tres mordazas **149** 37
mandubí **383** 41
manecilla para el reloj de pulsera **109** 10
manga *Pesca* **89** 2
~ *Bomberos* **270** 28, 30
~ abombada **31** 27
~ de acoplamiento de la conducción del freno **208** 21
~ de acoplamiento del conducto de calefacción **208** 20
~ de aire ascendente **287** 21
~ de aspiración **270** 67
~ de bullones **355** 49, 60
~ de campana plisada **30** 54
~ de murciélago **31** 16
~ de protección **142** 6
~ de quimono **30** 36
~ festoneada **355** 46
~ fofa **31** 27
~ galoneada **186** 24
~ larga **30** 15
~ remangada **31** 62
~ térmica **287** 21
~ veleta **287** 11
~ vuelta **30** 6
mango *Átomo* **2** 39
~ *Mesa* **45** 51, 59, 63
~ *Silvic.* **85** 3
~ *Peluq.* **106** 37
~ *Carp.* **132** 10
~ *Herr.* **137** 30
~ *Mús.* **323** 21; **324** 8
~ de la azada **66** 2
~ de la cuchilla **149** 49
~ de la guadaña **66** 16
~ de la lima **108** 50
~ de la navaja **106** 39
~ de la pala **293** 46
~ de la plancha **50** 9
~ de la raqueta **293** 30
~ del cuchillo **96** 34
~ del macillo **325** 25
~ del micrófono **249** 65
~ del stick **302** 31
~ del violín **323** 2
manguera *Apar. hogar* **50** 75
~ *Bomberos* **270** 28, 53
~ del agua *Construc.* **118** 38
~ de agua *Est. serv.* **196** 23
~ de lavado **196** 23
~ de riego **56** 27
~ para la succión de la suciedad **50** 84
~ para regar **37** 42
mangueta **192** 78
~ de natación **281** 7
manguito **126** 43
~ de diagnosis **195** 39
~ del cable tractor **214** 73
~ del contracable **214** 74
~ de llenado **288** 70, 81
~ de piel **191** 92
~ de tubo flexible **83** 30
~ de unión del tubo **56** 45
maní **383** 41
manija de la guadaña **66** 17
~ de los gases **288** 15
~ del serrucho **132** 4
manillar **187** 2
~ bifurcado **188** 57
~ de carreras **290** 18
~ de paseo **187** 2
~ deportivo **188** 45
~ elevado **188** 11
~ regulable **188** 3
maniobra **233** 4
manipulador **2** 38
~ de bolas **2** 38
~ gemelo **2** 47
~ master-slave **2** 47
~ para mover la pieza en la forja libre **139** 32
maniquí *Modista* **103** 6
~ *Grandes alm.* **271** 34
~ *Pint., dib.* **338** 31
manitas **134** 61
manivela *Agric.* **64** 43
~ *Fotogr.* **117** 50
~ *Font.* **126** 19
~ *Textil* **168** 52
~ *Autom.* **191** 22
~ de accionamiento **309** 81
~ de alimentación **340** 33
~ de arrastre de la película **114** 32
~ de avance **201** 18
~ de dirección **255** 48
~ de la puerta **41** 28
~ del emparrillado móvil **210** 40
~ de pedal **187** 41
~ de rebobinaje **115** 12; **117** 93
~ de regulación de la altura **64** 57
~ de sujeción **260** 48
mano *Anat.* **16** 47; **17** 15-17; **19** 64-83
~ *Perro* **70** 6
~ *Matad.* **95** 42
~ de cerdo **95** 48
~ delantera **72** 18-27
~ del mortero **349** 10
~, el dorso **19** 83
manojo de hierba **375** 44
mano, lado cubital **19** 70
~, lado radial **19** 69
~, la palma **19** 71
~, líneas **19** 72-74
manómentro de presión de admisión **230** 7
manómetro *Riego* **67** 10
~ *Parús.* **83** 42
~ *Herr.* **138** 15
~ *Clisé* **178** 8
~ *Taller* **195** 29
~ *Est. serv.* **196** 20
~ *Quím.* **349** 19
~ de alta presión **141** 4
~ de baja presión **141** 6
~ de contacto **316** 56
~ de distribución de oxígeno **25** 22
~ de espejo **349** 20
~ de freno **210** 50
~ de la caldera **210** 47
~ de la calefacción **210** 44
~ del aceite **230** 20
~ del aire comprimido **211** 24
~ del catéter cardíaco derecho **25** 53
~ del cilindro de freno **212** 7
~ del combustible **230** 19
~ del conducto de aire principal **212** 6
~ del depósito de aire principal **212** 8
~ del precalentador **210** 43
~ de mercurio **25** 18
~ de presión del aceite **157** 7
~ para control del contenido de las botellas **279** 13
manopla *Cocina* **39** 18
~ *Caball.* **329** 50
~ para planchar **104** 30
~ reflectante **268** 31
manos en la nuca **295** 52
manta **43** 8
~ con abertura para el cuello **352** 24
~ de la silla **71** 44

~ edredón **43** 8
manteado **278** 21
manteca de cerdo *Matad.* **95** 45
~ de cerdo *Carnic.* **96** 5
~ de coco **98** 23
mantel **45** 2
~ adamascado **45** 2
mantequera *Mesa* **45** 36
~ *Leche* **76** 33
mantequilla *Comest.* **98** 22
~ *Superm.* **99** 47
~ de marca en paquetes de 250 gramos **76** 37
mantilla de fieltro **340** 42
mantillo *Hortic.* **55** 15
~ *Carret.* **200** 64
mantisa **345** 6
manto *Geogr.* **11** 3
~ *Moda* **355** 26
~ de color **355** 10
~ de encajes **355** 66
~ de lana **355** 6
~ de púrpura **355** 18
~ real **60** 10
manual *C. cálc.* **244** 15
~ *Colegio* **261** 28
~ I **326** 42
~ II **326** 43
~ III **326** 44
~ IV **326** 45
manuar **164** 1
manubrio **187** 2
manuscrito *Fotocomp.* **174** 6; **176** 3
~ *Univ.* **262** 5
manzana *Fruta* **58** 56
~ *Superm.* **99** 86
~ *Botán.* **370** 102
~ espinosa **379** 8
manzanilla **380** 1
~ bastarda **61** 8
~ hedionda **61** 8
manzano **58** 51
~ silvestre **58** 51
mapa **14; 15**
~ *Colegio* **260** 44
mapache **368** 9
mapa climático **9** 40-58
~ de las estrellas **3** 1-35
~ meteorológico **9** 1-39; **342** 66
mapamundi **14** 10-45
mapa mural **260** 44
maqueta de decoración **315** 42
~ de escenario **315** 41
maquillador *Cine* **310** 36
~ *Teatro* **315** 48
máquina afiladora de aire comprimido **148** 44
~ afiladora de los cantos **133** 12
~ afiladora de taller **138** 7
~ agrícola **64; 65**
~ automática para cambiar monedas **204** 22
~ automática para cortar papel **185** 1
~ automática para la limpieza convencional **109** 30
~ auxiliar **223** 71
~ calculadora **309** 80
~ clasificadora rotativa **172** 23
~ componedora monotipo normal **174** 32
~ cortadora con separador de polvo **172** 1
~ Cotton, para la fabricación de medias de señora **167** 18
~ de afeitar eléctrica **49** 37
~ de afilar **140** 18
~ de afilar y aserrar automática **157** 42
~ de ahormar **100** 18
~ de alianzas **108** 24
~ de alimentación **74** 23
~ de alzado para tiradas cortas **249** 59
~ de aterrajar **125** 27
~ de bobinar **169** 26
~ de carga **147** 25
~ de carga para los elementos combustibles **154** 27
~ decatizadora **168** 49
~ de cierre por calor **76** 27
~ de cigarrillos **268** 69
~ de clasificación de cartas **236** 38
~ de colar lingotes **147** 34-44
~ de contabilidad **236** 26
~ de cortar juntas **201** 16
~ de cortar la masa **97** 56
~ de cortar para alargar las pieles **131** 5
~ de cortar patatas **40** 43
~ de cortar y redondear la masa **97** 63
~ de corte autógeno **141** 34
~ de corte autógeno universal **141** 36
~ de coser **100** 21
~ de coser combinada **104** 12
~ de coser con alambre **184** 15
~ de coser de modista **103** 8
~ de coser de pedal **309** 1
~ de coser las pieles **131** 9
~ de dar forma a la mantequilla **76** 35
~ de desramar **85** 18
~ de dibujar con guía **151** 2
~ de drenaje **172** 61
~ de embalaje **76** 36
~ de encartonar libros **185** 27
~ de encolado y de teñir con índigo **165** 40
~ de encolar **128** 25
~ de encuadernación **184** 1-23; **185** 1-35
~ de ensacado **92** 39
~ de envase de la cuajada **76** 44
~ de escribir *FFCC* **209** 28
~ de escribir *Oficina* **248** 22
~ de escribir *Rastro* **309** 79
~ de escribir *Escrit.* **342** 9
~ de escribir con memoria **245** 26
~ de escribir de cabeza esférica **249** 1
~ de escribir de consola **244** 4
~ de escribir eléctrica **249** 1
~ de estampar tejidos **168** 53
~ de estampillar **236** 7
~ de estirar **162** 7
~ de estirar vidrio Fourcault **162** 8
~ de filetear **125** 27
~ de franquear **236** 7
~ de franquear **22** 24
~ de grabar al agua fuerte **182** 15
~ de grabar clisés al agua fuerte **178** 23
~ de hacer café a presión **265** 2
~ de hacer mantequilla de funcionamiento continuo **76** 33
~ de hacer queso en lonchas **76** 47
~ de hacer tapas **184** 6
~ de imprimir billetes **204** 40
~ de imprimir direcciones **245** 7
~ de imprimir en offset **249** 48
~ de imprimir en offset tamaño pequeño **180** 70
~ de la izquierda **312** 13
~ de lavar al ancho **168** 8
~ de lavar botellas **93** 19
~ de limar **140** 15
~ de limpiar mediante vibraciones **109** 23
~ de llenado de los cartones de leche **76** 21
~ de matasellar **236** 47
~ de medir la fuerza **308** 11
~ de mesa circular **150** 41
~ de mondar **85** 18
~ de oxicorte **141** 34
~ de papel **173** 13-28
~ de pegar **184**
~ de pespuntear **100** 2
~ de picar carne **96** 53
~ de plegar **249** 58
~ de plegar cartas **249** 44
~ de plegar con cuchillas y bolsas **185** 8
~ de precisión para cortar y ensamblar **133** 37
~ de primera clasificación **236** 36
~ de propulsión para los trazados **144** 32
~ de recubrir por extensión de rasqueta **173** 29-35
~ de reporte del papel carbón **182** 6
~ de revelado del rodillo **182** 9
~ de revelado de rodillos **116** 60
~ de rodillos para estampar diez colores **168** 53
~ de sacudir **131** 4
~ de secar tejidos **168** 21
~ de sección individual **162** 21
~ deshornadora de coque **156** 7
~ de soldar por puntos accionada por pedal **142** 29
~ de terrajar **126** 86
~ de timbrar **236** 47
~ de timbrar para los giros postales **236** 27
~ de tiques **268** 28
~ de tratamiento para las planchas presensibilizadas **179** 31
~ de vidriar de mesa circular **161** 16
~ distribuidora de grava **200** 31
~ eléctrica para cortar el pelo **105** 21
~ encoladora **165** 52
~ encuadernadora de hilo **185** 16
~ engomadora **185** 31
~ envasadora de cemento en sacos de papel **160** 16
~ fotográfica submarina **279** 24
~ fresadora de nudo **132** 52
~ fundidora monotipo **174** 39
~ gemela de grabados al agua fuerte **178** 30
~ -herramienta **149; 150**
~ individual **290** 27
~ lijadora de cinta simple **133** 30
~ limadora de gran velocidad **150** 45
~ limpiavías **213** 17
~ manual de hacer punto **167** 35
~ motriz **145** 12
~ offset de bobinas de cuatro colores **180** 1, 18
~ offset de hojas de cuatro colores **180** 30
~ offset de un color **180** 46, 59
~ offset plana **180** 75
~ ordenadora **236** 34
~ para afilar las herramientas **137** 18
~ para afilar y cortar **125** 16
~ para agujerear tejas **122** 33
~ para colocar a presión ojetes, corchetes y botones **100** 53
~ para componer y fundir en tipo suelto **174** 32-45
~ para cortar **40** 38
~ para chapear rápidamente **133** 49
~ para dar la forma a los croissants **97** 64
~ para desenrollar chapas de madera **133** 1
~ para despegar los papeles pintados **128** 9
~ para doblar dándole a la chapa la forma de embudo **125** 30
~ para doblar los tubos **125** 28
~ para embalar en hojas de plástico **226** 12
~ para empaquetar con hojas de plástico retractables **76** 24
~ para enchapar, acanalar y rebordear **125** 25
~ para enrollar, pulir, redondear y acortar los ejes **109** 17
~ para hacer túneles **144** 32
~ para instruir **242** 1
~ para la construcción de carreteras **200** 1-54; **201** 1
~ para la fabricación de botellas **162** 21
~ para montar las suelas **100** 26
~ para pegar la chapa de madera **133** 3

~ para pegar los cantos **133** 26
~ para picar carne **40** 39
~ para preparar la carne de las salchichas **96** 52
~ para pulir en líquido **108** 46
~ para revelar películas **311** 30
~ para soplar botellas **162** 21
~ perchadora para cardar el derecho del tejido **168** 31
~ plegadora **165** 55
~ principal **221** 81
~ pulidora **100** 3
~ pulmonar **279** 20
~ Raschel **167** 23
~ rectificadora cilíndrica universal **150** 1
~ retorcedora **164** 57
maquinaria **111** 30
~ inferior **316** 1-60
~ superior **316** 1-60
máquina secadora múltiple para las fibras **169** 31
~ sembradora de trébol **66** 26
~ semiautomática para taponar **79** 10
~ SI **162** 21
~ sumadora-calculadora **309** 74
~ tipográfica **181** 1-65
~ tundidora del tejido **168** 42
maquinilla **223** 49
~ eléctrica para cortar el pelo **106** 32
~ para liar cigarros **107** 15
maquinista *Construc.* **118** 32
~ *FFCC* **208** 2
~ *Bomberos* **270** 13
~ *Teatro* **316** 59
mar **13** 26
maraca **324** 59
maraco **324** 59
maranta **383** 58
maravilla **60** 20
marca central **293** 11
~ de alineación **340** 58
~ de calado **222** 73
~ de la ceca **252** 10
~ del auto **191** 12
~ del gallo **74** 65
~ del tirador **305** 65
~ del viento **13** 41
marcador *Hípica* **289** 35
~ *Jue. pelota* **293** 34, 70
~ de tocados eléctrico **294** 25-33
~ luminoso de tocados **294** 28
marcapasos **25** 31
~ interno **25** 37
~, unidad de control **25** 40
marca rizada **13** 41
marco *Apic.* **77** 40
~ *Crist.* **124** 3
~ *Gimn.* **297** 12
~ alemán **252** 7
~ de la puerta **41** 26
~ del cuadro **43** 21
~ de madera **119** 74
~ de unión **65** 26
~ exterior **120** 31
~ exterior lateral de la ventana **118** 10
~ interior **120** 32
~ interior lateral de la ventana **118** 11
~ neumático para copiar **179** 13
~ orientable del cristal esmerilado **177** 3
~ ornamental **336** 11
marcha **295** 43
marchapié **219** 46
mar del Norte **14** 26
marea **13** 35
~ alta **280** 7
~ baja **280** 7
maremoto **11** 53
marfil *Anat.* **19** 31
~ *Etnogr.* **354** 39
marga abigarrada **154** 57
~ arcillosa **160** 1
margarina *Comest.* **98** 21
~ *Superm.* **99** 48
margarita **51** 24
~ del trigo **61** 7
~ mayor **376** 4
~ menor **376** 1
margen de delante **185** 57
~ de la cabeza **185** 56
~ de la zona **7** 34
~ del lomo **185** 55
~ del pie **185** 58
~ derecho **249** 14
márgenes **185** 55-58
margen exterior **185** 57
~ inferior **185** 58
~ izquierdo **249** 13
~ superior **185** 56
margullo **54** 12
marica **361** 3
marimba **324** 61
marimona **375** 8
marinera *Ropa* **29** 48
~ *Barco* **221** 115
~ *Natac.* **282** 36
marioneta **260** 74
mariposa *Plaga* **82** 15, 18, 45, 48
~ *Motor* **190** 15
~ *Natac.* **282** 34
~ *Gimn.* **297** 25
~ *Articul.* **358** 48-56
~ *Lepidóp.* **365**
~ blanca de la col **80** 47
~ blanca orlada **82** 28
~ de calavera **365** 9
~ de cola dorada **80** 28
~ de la escarcha **80** 16
~ de la manzana **58** 62
~ de la oruga de librea **80** 13
~ de la seda **358** 48
~ diurna **365** 1-6
~ hembra **82** 30
~ macho **82** 29
~ nocturna *Plaga* **82** 14
~ nocturna *Articul.* **358** 55
~ nocturna *Lepidóp.* **365** 7-11
mariquita **358** 37
marisma **15** 20
mar marginal **14** 26
~ Mediterráneo **14** 25
marmita **40** 14
marmota **366** 18
~ de Alemania **366** 16
mar, nivel del **11** 11
maroma del ancla **218** 18
maromero **307** 35
marquesina *Casa* **37** 67, 71
~ *Camping* **278** 37
~ de la caravana **278** 57
~ levantada **278** 28
marquesota **355** 74
marrajo **364** 1
marrano *Granja* **62** 10
~ *An. dom.* **73** 9
marrón *Herr.* **137** 22
~ *Color* **343** 5
marsopa **367** 23
marsupial **366** 2-3
marta **86** 22
~ cebellina *Ropa* **30** 60
~ cebellina *Mamíf.* **367** 15
~ cibelina *Mamíf.* **367** 15
martagón **377** 4
Marte **4** 46
martillo *Anat.* **17** 61
~ *Bric.* **134** 7
~ *Atlet.* **298** 42
~ *Mús.* **325** 3
~ a dos manos **137** 22
~ comprobador de ruedas **205** 40
~ de albañil **118** 53
~ de alisar **195** 46
~ de allanar **137** 35
~ de cabeza de hierro **339** 16
~ de calderero **137** 34
~ de carpintero **120** 74
~ de cerrajero *Bric.* **134** 40
~ de cerrajero *Cerraj.* **140** 23
~ de cuña **158** 6
~ de desbastar **141** 25; **142** 17
~ de embutir **125** 14
~ de hender **85** 5
~ de la guadaña **66** 9
~ del pizarrero **122** 73
~ de madera **339** 21
~ de mano *Font.* **126** 78
~ de mano *Herr.* **137** 23
~ de mano *Cantera* **158** 35
~ de modelar **108** 40
~ de moldear **340** 14
~ de orlar **125** 15
~ de pico **124** 18
~ de plomo **124** 11
~ de porra **126** 77
~ de rebordear **125** 14
~ de reflejos **22** 73
~ de remachar **140** 23
~ de tejador **122** 20
~ de vidriero **124** 18
~ de zapatero **100** 37
~ estampador de corta elevación **139** 11
~ mixto para hielo y roca **300** 37
~ neumático **137** 9
~ numerador giratorio **85** 12
~ para agujerear **137** 36
~ para cincelar **108** 41
~ para el cémbalo de Apenzelle **322** 35
~ para el hielo **300** 37
~, partes **137** 26
~ percusor **22** 73
~ perforador **158** 11
~ pilón *Forja* **139** 12
~ -pilón *Herr.* **137** 9
~ pilón de contragolpe **139** 5
~ pilón neumático **139** 24
~ plano **137** 33
martinete *Puerto* **226** 36
~ *Mús.* **322** 50
~ de latón **322** 43
martingala **71** 7-11
martín pescador **360** 8
masa de arcilla **161** 10
~ de las salchichas **96** 41
~ de materia volcánica **11** 19
~ de vidrio **162** 40
~ estacionaria **11** 43
masai **354** 8
masa modelable **339** 8
~ oscilante **110** 32
~ pendular **11** 43
mascada **107** 19
mascadura de tabaco **107** 19
máscara *Carnaval* **306** 7
~ *Esc.* **339** 37
~ antigás **270** 40, 57
mascarada **306** 1-48
máscara de arcilla **260** 75
~ de madera **354** 16
~ perforada con ranuras **240** 17
~ protectora de la cara **292** 11
mascarilla **27** 48
masetero **19** 7
masilla **124** 17
~ tapaporos **128** 3
masita **97** 20
maslo de la cola **72** 34
mastelero **223** 39
~ de gavia **219** 6
~ de juanete mayor **219** 7
~ del juanete de proa **219** 4
~ de mesana **219** 9
~ de velacho **219** 3
mástil *Barco* **221** 77
~ *Bandera* **253** 7
~ *Vela* **284** 4, 11
~ *Mús.* **323** 21; **324** 8
~ bípodo **221** 24
~ de carga **221** 58, 60
~ de carga de gran capacidad **221** 25, 62
~ de la bandera **258** 4; **259** 87
~ de la bandera de proa **223** 53
~ de la carpa **307** 2
~ de los gallardetes **280** 10
~ del radar **224** 10
~ del violín **323** 2
~ de señales *Barco* **221** 7
~ de señales *Puerto* **225** 34
~ de sirga **216** 28
~ de televisión para la navegación **221** 37
mastín **86** 33
masto **54** 33
mastuerzo **375** 11
matacán *Caza* **88** 59
~ *Caball.* **329** 23
matadero **94**
matador **319** 25
~ de corridas benéficas **319** 31
matalobos **379** 1
matamoscas *Parás.* **83** 32
~ *Planta ven.* **379** 10
matarife **94** 1
mataronero **96** 38
matasellos con la fecha **236** 57
~ de puño **236** 45
~ de rodillo **236** 46
~ de rodillo manual **236** 60
~ especial **236** 59
~ publicitario **236** 56
matasuegras **308** 14

mate *Pein.* **34** 22
~ *Anat.* **16** 1-18
~ *Juego* **276** 15
~ *Planta estim., trop.* **382** 11
~ de caballo **276** 15
matemáticas **344; 345; 346; 347; 348**
~ superiores **345** 11-14
materia base **169** 1
material de laboratorio **23** 57
~ de oficina **247** 1-44
~ de pintura **338** 6-19
~ de trabajo **260** 81
~ de vendaje **26** 34
~ didáctico **242** 45-84
~ dragado **226** 47
~ laminado **148** 51
~ listo para ensamblar **120** 24
~ para el remolque en el puerto **227** 13
~ para el remolque marítimo **227** 6
~ para envolver **98** 46-49
~ pedagógico **261** 27
~ quirúrgico de sutura *Méd.* **22** 56
~ quirúrgico de sutura *Hosp.* **26** 21
~ técnico de televisión **240**
materia prima *Construc.* **118** 36
~ prima *Cemen.* **160** 1
~ prima para el hormigón **119** 26
matraca **306** 47
matraz cónico **350** 39
~ de destilación **350** 47, 50
~ de fondo plano **350** 36
~ de mezcla **173** 3
~ de mezclas **350** 28
~ de tres bocas **350** 55
~ redondo **350** 38
matrícula **189** 8
matrimonio canónico **332** 14
matriz *Fotocomp.* **174** 31
~ *Oficina* **247** 5
~ de caracteres **176** 16
~ de linotipia **174** 29
~ de los tipos **174** 47
~ de mano **174** 28
~ inferior **139** 14, 39
~ punzonada **175** 37
~ superior **139** 13, 38
mausoleo **337** 16
mavi **383** 60
maxilar inferior **17** 35
~ superior **17** 36
máximo de la curva **347** 19
mayonesa con mostaza **96** 29
mayor **219** 61
mayoral **186** 40
mayor que **345** 19
mayúscula **175** 11
~ romana **341** 16
maza *Font.* **126** 77
~ *Herr.* **137** 10
~ *Forja* **139** 12, 26
mazacote **364** 38-41
maza de gimnasia **297** 38
~ del martillo pilón **139** 12
~ inferior **139** 7
mazapán **98** 82
maza superior **139** 6
mazmorra **329** 5
mazo *Construc.* **120** 67
~ *Hojal.* **125** 18
~ *Cantera* **158** 6, 36
~ *Puerto* **226** 38
~ *Camping* **278** 25
~ *Mús.* **323** 56; **324** 64
~ *Esc.* **339** 21
~ de croquet **292** 81
~ de madera **132** 5
mazorca **68** 36
meandro *Geogr.* **13** 11
~ *Arte* **334** 43
~ aislado **15** 75
mecánica de las teclas **325** 22-39
~ del piano **325** 2-18
mecánico **316** 59
~ de automóviles **195** 53
mecanismo *Opt.* **111** 30
~ *Agric.* **64** 50
~ basculante **65** 73
~ contador **269** 55, 59
~ contador rotativo **309** 83
~ Cruz de Malta **312** 38
~ de anclaje **223** 49-51
~ de autoorientación **155** 46
~ de avance de la inyección **190** 58
~ de cortar **56** 41
~ de declinación **113** 4
~ de desenrollar **173** 39
~ de despliegue del sistema de alunizaje **6** 31
~ de dirección **192** 56-59
~ de disparo **255** 29
~ de distribución **174** 20
~ de elevación *Estación* **206** 56
~ de elevación *FFAA* **255** 67, 76
~ de encolado **184** 4
~ de enrollamiento **217** 74
~ de enrollar **173** 41
~ de entrega **184** 19
~ de impresión en colores **181** 52
~ de impulsión **110** 43
~ de impulsión de la película **311** 26
~ de impulsión de los reactores **154** 23
~ de la escalera **270** 11
~ del cambio de conexión **211** 13
~ del clasificador **247** 41
~ del clavicémbalo **322** 48
~ del clavicordio **322** 37
~ del motor hidráulico **64** 65
~ del pedal **324** 54
~ del reloj **110** 36
~ del tercer pliego **185** 14
~ de mando **181** 26
~ de mando con correa trapezoidal **64** 78
~ de mando de agujas electromagnético **197** 43
~ de mando de la cuchilla de disco **64** 68
~ de parada del brazo acústico **241** 27
~ de paro automático **165** 19
~ de percusión **325** 3
~ de perforación **138** 22
~ de plegado **249** 46
~ de prensa **184** 13
~ de propulsión de la locomotora **210** 2-37
~ de puntería **255** 45
~ de regulación del tambor **64** 5
~ de relojería **10** 14
~ de sacudida de la cinta transportadora **64** 70
~ de salida de periódicos **182** 29
~ de succión para el transporte de los huevos **74** 41
~ de suma **271** 9
~ de suspensión de la plancha **103** 24
~ de traílla **200** 13
~ de transmisión del eje horario **5** 7
~ de vuelta **139** 43
~ elevador **145** 11
~ elevador del brazo acústico **241** 28
~ entintador *Offset* **180** 6-13, 40, 51, 71, 76
~ entintador *Tipogr.* **181** 5, 19, 28, 57
~ entintador cilíndrico **181** 7
~ entintador con los rodillos entintadores **180** 60
~ entintador de mesa **181** 8
~ humedecedor **180** 39
~ impresor **180** 41
~ impresor de doble cara **182** 26
~ mojador con los rodillos mojadores **180** 61
~ para barrer minas **258** 87
~ para desbobinar el alambre de coser **184** 18
~ para el paso de la película **312** 25-38
~ para la impresión de la segunda cara **181** 49
~ para la impresión de una cara **181** 48
~ para limpiar los chapones **163** 44
~ propulsor **231** 26
~ propulsor auxiliar **231** 33
~ propulsor de avión **232** 33-60
~ propulsor trasero **231** 10
~ registrador **10** 42
mecanógrafa **248** 21
mecedora **309** 61
mecha *Tabaco* **107** 29
~ *Cantera* **158** 28
~ de carda **163** 35
~ de cerdas de caballo **323** 15
~ del arco de violín **323** 15
~ saliendo del banco de estiraje **164** 29
~ sencilla **121** 84
mechera en grueso **164** 19
~ intermedia **164** 27
mechero Bunsen **350** 1
~ de gas *Tabaco* **107** 30
~ de gas *Forja* **139** 48
~ de gasolina **107** 27
~ Teclu **350** 4
mechón de plumas en forma de orejas **362** 16
medallón circular **339** 36
media *Superm.* **99** 26
~ *Jue. pelota* **291** 58
~ *Cabar.* **318** 32
~ barrera **202** 45
~ -calcetín **29** 53
mediacaña **336** 10
media combinación **32** 14
~ corta **32** 9
~ cúpula **334** 73
~ de fútbol **291** 58
~ de malla **306** 10
~ esfera **334** 72
~ luna *Panad.* **97** 32
~ luna *Superm.* **99** 13
~ luna *Avión* **229** 18
Media Luna **253** 19
mediana *Matad.* **95** 3
~ *Estudio* **151** 30
mediatinta **340** 14-24
mediatriz **346** 28
medicamento hidrosoluble **25** 14
medición geométrica de la altura **14** 46
médico *Méd.* **22; 23**
~ *Aerop.* **233** 44
~ de medicina general **23** 2
medida **237** 40
~ de profundidad **149** 68
medidor **2** 6
~ de agua **269** 53
~ de alta y baja presión **349** 19
~ de bolsillo **2** 15
~ de distancia entre listones **122** 18
~ del largo de falda **271** 40
~ de pluma **2** 15
medio **291** 14; **292** 42; **293** 76
~ cerdo **94** 23
~ de transporte del calor **155** 31
~ pollo **266** 56
~ puente **215** 66
Mediterráneo **14** 25
medium **308** 9
médula **370** 14
~ espinal **17** 48; **18** 25
~ oblonga **17** 47; **18** 24
medusa **357** 14
~ abisal **369** 5
~ de sombrilla **357** 14
megáfono **283** 21
mejilla *Anat.* **16** 9
~ *Caballo* **72** 5
Melanocetes **369** 6
melée **292** 20
melena **368** 3
~ de la brama **88** 27
melocotón **59** 31
melocotonero **59** 26-32
meloextractor **77** 61
melón **57** 23
membrana *Electrón.* **241** 68
~ *Mús.* **323** 52, 58; **324** 31
~ de la cáscara **74** 60
~ de la yema **74** 64
~ del tímpano **17** 59
~ interdigital *An. dom.* **73** 36
~ interdigital *Ave* **359** 7
~ resonadora **326** 12-14
~ vitelina **74** 64
membrillero **58** 46
~ japonés **373** 17
membrillo **58** 46
~ en forma de manzana **58** 49
~ en forma de pera **58** 50
~ japonés **373** 17
memoria **176** 11
~ de disco magnético **244** 1
~ de discos del sistema **176** 32
~ de discos del texto **176** 33

~ de texto **242** 37
~ principal **244** 6
mena **11** 31
menguante de la Luna **4** 7
menhir **328** 18
menor que **345** 20
menta **380** 3
mentonero **323** 8
menú de dieta cruda **266** 62
~ del día **266** 21
~ dietético **266** 62
menudillo **72** 24
meñique **19** 68
mercadería **47** 36
mercado de pescado **225** 57
~ de valores **251** 2
~ de viejo **308** 60
mercancía *Hab. niños* **47** 36
~ *Estación* **206** 27
~ *Grandes alm.* **271** 10
~ en fardos **206** 4
~ en fardos unitarios **226** 11
mercancías **233** 10
mercancía voluminosa **206** 18
mercurio **10** 2
Mercurio **4** 43
merengue **97** 21, 26
~ con nata batida **265** 5
mergo **359** 15
meridiano **14** 4
~ cero **14** 5
~ de Greenwich **14** 5
~ de origen **14** 5
merla **361** 13
mermelada **98** 52
mesa *Auxilio* **21** 31
~ *Comed.* **44** 1
~ auxiliar **246** 34
~ con los rodillos **132** 46
~ de alimentación *Offset* **180** 32, 49
~ de alimentación *Avic.* **74** 51
~ de alimentación *Tipogr.* **181** 4, 21, 30
~ de alimentación *Encuad.* **185** 34
~ de alimentación de hojas **180** 67
~ de alimentación de papel **185** 9
~ de apoyo inclinable **133** 17
~ de billar **277** 14
~ de camping **278** 44
~ de cantear **132** 64
~ de carga **157** 63
~ de centro **42** 28
~ de cepillado *Carp.* **132** 46
~ de cepillado *Máq. herr.* **150** 11
~ de clasificación **74** 36
~ de cocina **39** 44
~ de colada descendente **148** 24
~ de comedor *Estar* **42** 33
~ de comedor *Mesa* **45** 1
~ de comedor *Apart.* **46** 34
~ de control **147** 66
~ de control de la turbina con los instrumentos de medición **153** 30
~ de control y de mando **238** 1
~ de control y mando **238** 7
~ de control y manejo **182** 28
~ de corte **103** 4
~ de cruz **150** 28
~ de despacho **246** 2
~ de dibujar **151** 6
~ de disección **261** 22
~ de distribución *Tipogr.* **181** 31
~ de distribución *Encuad.* **184** 14
~ de encolar **128** 31
~ de enfriamiento **97** 67
~ de entrega **184** 19
~ de estampación **168** 63
~ de estilo Imperio **336** 16
~ de estilo Luis XVI **336** 14
~ de experimentación **261** 3
~ de fresar *Máq. herr.* **150** 44
~ de fresar *Fotocomp.* **175** 52
~ de impresión **340** 41
~ de instrumentos **22** 45
~ de instrumentos móvil **26** 37
~ de irradiación **2** 36
~ de jardín **37** 50
~ de juego **275** 8
~ de la máquina de coser **104** 17
~ de la máquina de escribir **245** 25; **248** 26
~ de la rectificadora **150** 7
~ de la ruleta **275** 8
~ de las ofertas especiales **271** 64
~ de la tertulia **266** 39
~ del café **265** 11
~ del comedor **266** 74
~ del director de escena **316** 42
~ del empleado **248** 11
~ del glaciar **12** 56
~ de lijar **133** 35
~ de los alumnos equipada para los experimentos **261** 11
~ de los cirios votivos **330** 52
~ de los instrumentos **212** 31
~ del presentador **238** 29
~ del profesor *Téc. ens.* **242** 2
~ del profesor *Colegio* **260** 22
~ de mando circular **150** 42
~ de maquillaje **315** 45
~ de mirado **74** 48
~ de montaje *Offset* **179** 23
~ de montaje *Cine* **311** 42
~ de montaje sonoro de seis platos **117** 96
~ de movimientos cruzados **150** 28
~ de oficiales **228** 25
~ de operaciones sobre pedestal **26** 5
~ de ping-pong *Parque* **273** 2
~ de ping-pong *Jue. pelota* **293** 52
~ de pintura **338** 25
~ de planchado **103** 18
~ de planchar **50** 15
~ de planchar al vapor **104** 26
~ de préstamo **262** 20
~ de proyección **261** 13
~ de radioterapia **2** 36
~ de rebobinado **238** 59
~ de reconocimiento **23** 4
~ de reconocimiento **22** 43
~ de reconocimiento de rayos X **27** 1
~ de reconocimientos angiográficos **27** 26
~ de retoque y montaje **177** 19
~ de reuniones **246** 31
~ de rodillos **157** 23
~ de soldar **141** 13; **142** 21
~ de soldar por aspiración **142** 13
~ de tijera **278** 44
~ de trabajo *Panad.* **97** 60, 62
~ de trabajo *Zapat.* **100** 33
~ de trabajo *Sastre* **104** 7
~ de trabajo *Reloj.* **109** 2
~ de trabajo *Christ.* **124** 15
~ escritorio **46** 22
~ eucarística **330** 4
~ extensible **278** 44
~ giratoria **148** 41
~ giratoria pequeña **142** 41
mesana **218** 29; **219** 30
mesa para encuadrar la madera **132** 62
~ para guardar las piezas de trabajo **150** 20
~ para hacer las matrices **178** 9
~ plegable **278** 44
~ portaplantillas **175** 56
~ presidencial **263** 3
~ rebobinadora **312** 21
~ reservada a los clientes habituales **266** 39
meseguero **63** 13
meseta *Geogr.* **13** 46, 59
~ *Construc.* **123** 23, 34-41
~ de lava **11** 14
mesita de las flores **267** 36
~ de servicio **105** 31
~ de taller **109** 22
~ plegable **207** 53
mesogastrio **16** 36
mesolítico **328** 1-9
meta Parque **273** 11
~ *Jue. pelota* **291** 35
~ *Dep. inv.* **302** 37, 40
metacarpo **17** 16
metal **254** 24-25
metatarso **17** 28
metazoario **357** 13-39
meteorito **7** 18
meteorología **8**
~ **9**
método de rescate en los accidentes sobre hielo **21** 28-33
metopa **334** 16
metralleta MP 2 **255** 8
metro *Modista* **103** 2
~ *Calle* **198** 29
~ *cúbico de madera* **84** 16
metrónomo **325** 19
metro plegable *Construc.* **120** 76
~ plegable *Bric.* **134** 33
mezcla *Avión* **230** 31
~ *Dep. aéreo* **288** 16
~ aditiva de colores **343** 10
~ de cintas magnéticas perforadas **238** 54-59
~ de dos tiempos **196** 13
~ de la imagen **238** 63
~ de las láminas de celulosa **169** 2
~ de sonido *RTV* **238** 20, 27, 41, 54
~ de sonido *Cine* **311** 34-36
mezclador *Panad.* **97** 59
~ *Fotogr.* **117** 26
~ *Avión* **232** 48
mezcladora de árbol doble **159** 10
~ de hormigón **118** 33
mezclador del material de empaste **24** 51
mezcla sustractiva de colores **343** 12
mezéreon **377** 10
mezquita **337** 12
mi bemol mayor **320** 65
~ bemol menor **320** 68
micelio **381** 2
micro *Autom.* **194** 9
~ *Discot.* **317** 20
microbús *Autom.* **194** 9
~ *Taller* **195** 47
microcronómetro **23** 40
microfilm **237** 36, 37
microfilmador **242** 31
micrófono *Méd.* **22** 15
~ *Fotogr.* **117** 24, 74
~ *Tranv.* **197** 26
~ *FFCC* **209** 31
~ *Teléf.-telégr.* **237** 9
~ *Electrón* **241** 49
~ *Colegio* **261** 39
~ *Elecc.* **263** 7
~ *Cine* **310** 25
~ *Discot.* **317** 20
~ de estudio **310** 31
~ de jirafa **311** 40
~ del árbitro **293** 21
~ del estudio de resonancia **311** 33
~ del presentador **238** 34
~ del sistema de difusión general **224** 30
~ de órdenes **238** 10, 53
~ de órdenes para los productores **238** 39
~ incorporado *Electrón* **241** 5
~ incorporado *Audiovis.* **243** 3
~ para el servicio de radiofonía **230** 29
microfotografía **115** 89
micrómetro de espesores **173** 10
micronúcleo **357** 12
microscopio **111** 19
~ binocular **23** 51
~ de laboratorio e investigación **112** 1
~ de lectura **113** 28
~ de luz reflejada **112** 23
~ de luz transmitida con cámara fotográfica y polarizador **112** 14
~ de metalografía de gran campo visual **112** 23
~ de microfotografía **112** 34
~ electrónico **113** 30
~ fotómetro **112** 49
~ quirúrgico **112** 31
~ universal de gran campo **112** 54
microteléfono *Teléf.-telégr.* **237** 7
~ *Oficina* **246** 16
midinette **306** 21
miel colada **77** 62-63
~ en panales **77** 64

~ turca **308** 18
miembro de la Bolsa **251** 6
~ de una sociedad secreta de hombres **352** 34
mies **63** 32
miga **97** 3
migajón **74** 65
mihrab **337** 14
mijo **68** 28
milano real **362** 11
~ rojo **362** 11
mildiu **80** 20
milenrama **376** 15
milésima **344** 20
milhojas **376** 15
milibar **10** 3
milocha *Colegio* **260** 71
~ *Parque* **273** 42
mi mayor **320** 59
mimbar **337** 15
mi menor **320** 56
mina **144** 1-51
~ *Mapa* **15** 34
~ abandonada **15** 35
~ de carbón de piedra **144** 1-51
~ de grafito **151** 46
~ de hulla **144** 1-51
~ de plomo **151** 55, 62
~ de sal acondicionada para el almacenamiento de residuos radioactivos **154** 57-68
minarete **337** 13
minerva *Tipogr.* **181** 13, 29
~ *Art. gráf.* **340** 29
mingo **277** 12
minibús **194** 9
minicama elástica para tomar impulso **297** 14
mínima **320** 14
mínimo de la curva **347** 20
ministril **329** 70
minuendo **344** 24
minúscula **175** 12
~ carolingia **341** 18
minutero **110** 12
minutisa **60** 6
miñona **175** 24
miobara **9** 3
Mira *Astron.* **3** 11
mira *Mapa* **14** 47
~ *FFAA* **255** 3, 45
~ *Dep.* **305** 42
mirabel **59** 25
mira de lámina **305** 51
miradero **273** 23
mirador *Caza* **86** 14
~ *Barco* **218** 57
mira redonda **305** 50
~ telescópica **305** 49
~ telescópica **87** 29
mirilla *Vestíb.* **41** 29
~ *Ganado* **75** 31
~ *Sider.* **148** 4
~ de inspección **38** 62
miriñaque *FFCC* **210** 34
~ *Moda* **355** 72
mirística **382** 30
mirla **361** 13
mirlo común **361** 13
mirtilo **377** 23
mirto **53** 11
~ de Brabante **373** 33
misal **330** 38
misil de cabeza explosiva **255** 65
~ Tartar **258** 49
misión de la estación **204** 45
misterio **332** 32
mitad del cerdo **94** 23
~ giratoria del puente **215** 66
mitin electoral **263** 1-15
mixto **107** 22
Mizar y Alcor **3** 29
mízcalo **381** 23
mocárabe **337** 17
mocasín *Calz.* **101** 30, 34
~ *Etnogr.* **352** 18
mochila **86** 3
~ para el casco **283** 65
mochuelo común **362** 19
moda en vestidos **355**
~ masculina **33** 1-67
modelador *Porcel.* **161** 19
~ *Esc.* **339** 6
modelo **338** 32
~ atómico **1** 1-8
~ atómico Bohr-Sommerfeld **1** 26
~ circular **141** 35
~ de demostración de un motor de cuatro tiempos **242** 45
~ de demostración de un motor de dos tiempos **242** 55
~ de desnudos **338** 32
~ del átomo de helio **1** 5
~ del átomo de hidrógeno **1** 1
~ de molécula **242** 61-67
~ de punto **101** 43
~ de yeso **339** 4
moderador **1** 54
modista **103** 1
~ tomando medidas **271** 37
módulo **42** 1
~ amplificador de frecuencia intermedia **240** 4
~ armario **42** 7
~ base **39** 9
~ de ajuste y de conexión **238** 45
~ de ángulo **39** 27
~ de base **42** 6
~ de convergencia **240** 12
~ de deflexión horizontal **240** 10
~ de deflexión vertical **240** 8
~ de descodificación del color **240** 5
~ de dos puertas **46** 6
~ de encuadre **240** 9
~ de la cocina **46** 29
~ de la fase final de color **240** 13
~ de mando *Aluniz.* **6** 9
~ de mando *Astron.* **234** 65
~ de observación **112** 19
~ de recepción **240** 36
~ de regulación **240** 11
~ de servicio **6** 2
~ de servicio Apolo **234** 56
~ de sincronización horizontal **240** 7
~ de sonido **240** 14
~ espacial **235** 70
~ lógico **242** 68
~ lunar *Aluniz.* **6** 12
~ lunar *Astron.* **234** 55
~ portaobjetivos **112** 18
moisés **28** 30
mojabobos **9** 33
mojón **63** 2
~ kilométrico **15** 109
molar **19** 18, 35
molde *Sider.* **148** 34
~ *Porcel.* **161** 15
~ *Vidrio* **162** 47
moldeador *Peluq.* **106** 31
~ *Sider.* **148** 30
moldeadora **76** 35
molde alto **40** 29
~ cuadriculado **340** 54
~ de cocción **161** 4
~ de escudilla **40** 29
~ de imprenta **340** 32
~ de madera **340** 2
~ fijo de fundición **178** 22
moldeo **148** 30-37
molde para chatarra **147** 26
~ para cubos de muestra **119** 84
~ rectangular **40** 28
~ redondo con muelles **40** 27
moldura **124** 3
~ cóncava **336** 10
~ de protección **123** 20
~ escaqueada **335** 14
molécula de agua **242** 67
~ de etileno **242** 61
~ de formaldehido **242** 64
molejón **13** 25
moleta de graneado **340** 18
molinera **91** 15
molinete **308** 15
~ libre **297** 29
molinillo de café eléctrico **39** 24
~ de viento **15** 73
~ eléctrico de café **98** 69
molino **91**
~ centrífugo **172** 5
~ cónico **172** 83
~ de agua *Mapa* **15** 77
~ de agua *Molino* **91** 35-44
~ de bolas **161** 1
~ de caja giratoria **91** 31
~ de oraciones **353** 29
~ de tambor **161** 1
~ de viento *Mapa* **15** 31
~ de viento *Hortic.* **55** 34
~ de viento **91** 1-34
~ de viento holandés **91** 29
~ para la molienda y el secado simultáneos de las materias primas **160** 4
molote **34** 29
molusco **357** 27-36
momia **352** 21
mona **319** 19
monaguillo **330** 40; **331** 45
monasterio *Mapa* **15** 63
~ *Igl.* **331** 52-58
mondapipas **107** 46
moneda *Correo* **236** 28
~ *Dinero* **252**
~ celta de plata **328** 37
~ de 25 chelines **252** 13
~ de 1 corona **252** 17, 24, 25, 26, 27
~ de 1 dinar **252** 28
~ de 1 escudo **252** 23
~ de $2^1/_2$ florines **252** 19
~ de 1 franco **252** 16, 18
~ de 5 francos **252** 15
~ de 100 francos **252**
~ de 10 liras **252** 20, 21
~ de 5 marcos alemanes **252** 7
~ de 1 peseta **252** 22
~ de aluminio **252** 1-28
~ de cobre **252** 1-28
~ de metal **271** 6
~ de níquel **252** 1-28
~ de oro *Joya* **36** 37
~ de oro *Dinero* **252** 1-28
~ de plata **252** 1-28
~ fiduciaria **252** 29-39
monedas **252** 1-28
moni **246** 27
monitor *Méd.* **23** 27
~ *Hosp.* **26** 16, 33; **27** 23
~ *Fotogr.* **117** 97
~ *Audiovis.* **243** 6
~ de cama **25** 19
~ de cámara **238** 65; **239** 12
~ de control de curvas **25** 54
~ de control del ECG **25** 47
~ de irradiación **2** 1
~ de la cámara **240** 28
~ de la imagen **238** 33
~ del electrocardiograma **25** 2, 21, 28
~ de natación **282** 16
~ de previsión **238** 60
~ de programa **238** 61
~ de seis canales para las curvas de tensión y ECG **27** 31
~ de vídeo **261** 7
~ para el control visual de los impulsos del marcapasos **25** 44
~ transformador de la imagen **26** 15
~ vídeo **238** 2
monja *Plaga* **82** 17
~ *Igl.* **331** 50
monje **331** 54
mono *Ropa* **29** 19, 40; **30** 21; **31** 53; **33** 44
~ *Dep. inv.* **301** 9
~ *Mamíf.* **368** 12-13
~ de carrera **301** 43
monoceronte **327** 7
monoesquí **286** 56
monograma **36** 41
~ de Cristo **332** 67
monolito **328** 18
monomotor **230** 32-66
~ de viaje y de turismo **230** 1-31
~ de viaje de ala alta **231** 2
~ de viaje y de deporte de ala baja **231** 1
monopatín **273** 51
monoplano de ala alta **229** 1
monoplaza **290** 34
mono protector de cuero **290** 26
monotipo **174** 32-45
~ clase 5,5 m **284** 58
~ clase R de 6 m **284** 59
~ de 25 m^2 con quilla **284** 62
~ clase KR **284** 63
monotipos, clases **284** 49-65
monotrema **366** 1
montacargas *Construc.* **118** 31
~ *Petról.* **146** 8
~ con jaulas de extracción **144** 23
~ inclinado *Sider.* **147** 16
~ inclinado *Cantera* **158** 2
~ inclinado *Cerám.* **159** 5
~ llenador **200** 51
~ para vehículos pesados **221** 56
montador de ingletes **124** 7

montaje *Cine* **310** 3; **311** 42-46
~ de herradura **5** 9
~ del hierro **119** 54-76
~ de maquinaria agrícola **138**
~ de películas **179** 23
~ para los trabajos en los cables **214** 80
montante *Apar. hogar* **50** 36
~ *Agric.* **65** 8
~ *Construc.* **118** 86
~ *Cestero* **136** 6
~ *Porja* **139** 10
~ *Máq.-herr.* **150** 10
~ *Avión* **229** 11
~ *Arte* **335** 41
~ con travesaños en cruz **37** 35
~ de cilindros **148** 57
~ de la mandriladora **150** 31
~ de la máquina **139** 19
~ del martillo pilón **139** 16
~ vertical **65** 67
~ vertical **65** 5
montaña, alta **12** 39-47
~ de bloques de fallas **12** 4-11
~ de pliegues **12** 12-20
~ plegada de fallas **12** 20
~ rusa **308** 39
~ secundaria **12** 35
montañismo **300**
~ **300** 1-57
monte alto **84** 4
~ bajo *Mapa* **15** 15
~ bajo *Silvic.* **84** 5
~ contorneado **13** 12
montera **319** 29
montería *Río* **216** 15
~ *Remo* **283** 9-15
~ *Hípica* **289** 41-49
montero **86** 1
montezanahoria **379** 4
montgolfier **288** 79
montgolfiera **288** 79
montículo de la tumba **331** 24
montón de arena **273** 66
~ de bandejas **266** 45
~ de los bloques **118** 40
~ de loza **266** 11
~ de nieve **304** 24
~ de piedras sueltas **158** 4
~ de rollizos **157** 31
~ de rollizos seleccionados **157** 31
~ de tierra **55** 15
montura **111** 10; **112** 2
~ alemana **113** 16
~ con columna de acodamiento **113** 21
~ de carey **111** 8
~ de herradura **113** 25
~ de horquilla **113** 24
~ de la lente frontal con fijación para filtros **115** 6
~ de la mira **255** 23, 37
~ de las gafas **111** 10-14
~ de pasta **111** 8
~ de prueba **111** 3
~ de telescopio **113** 16-25
~ en forma de horquilla **113** 12
~ inglesa con soporte **113** 23
~ inglesa de eje **113** 22
~ metálica **111** 7
monumento *Mapa* **15** 92
~ *Parque* **272** 10
monzón de verano **9** 52
moña **319** 26
moñito **88** 78
moño *Pein.* **34** 29
~ *Cabello* **72** 2
Mopsea **369** 8
moqueta *Vestíb.* **41** 18
~ *Dorm.* **43** 23
~ del suelo **191** 43
mora **58** 29
morado **384** 28
morcilla **99** 56
morcillo **95** 8
~ delantero **95** 28
~ trasero **95** 33
mordaza *Máq.-herr.* **149** 35, 37
~ *Colegio* **260** 47
~ del carril **202** 12
~ de sujeción **149** 36
~ inferior **163** 65
~ para lucios **89** 42
~ superior **163** 66
mordazas de gas **140** 68
~ para tubos **140** 68
mordente **321** 18
~ imperfecto **321** 19
~ inferior **321** 20
~ superior **321** 19
mordido del grabado al agua fuerte **340** 51
mordisco de rana **378** 29
morena final **12** 55
~ lateral **12** 53
~ media **12** 54
morón **13** 42
morral **86** 3
morrena final **12** 55
~ lateral **12** 53
~ media **12** 54
morrión **329** 60
morro **364** 2
~ inferior **217** 17
~ radar **231** 18
~ superior **217** 25
morsa **367** 20
mortadela **96** 7
mortero *Construc.* **123** 27
~ *Quím.* **349** 9
~ AM 50 de 120 mm **255** 40
morueco **73** 13
mosaico **338** 37
~ de vidrio **260** 69
mosca *Pein.* **34** 17
~ *Pesca* **89** 65
~ (azul) de la carne **358** 18
~ de Hessen **80** 40
~ del cerezo **80** 18
~ del fruto del cerezo **80** 18
~ del gusanillo del queso **81** 15
~ del queso **81** 15
~ del sueño **81** 43
~ de pesca **358** 6
~ de primavera **358** 12
~ doméstica común **81** 2
moscarda **358** 18
moscardón **358** 18
mosca taladradora **80** 18
~ tsetsé **81** 43
~ verde **358** 13
moscón *Articul.* **358** 18
~ *Árbol.* **371** 53
mosqueta silvestre **373** 26
mosquete **315** 19
mosquetón **300** 29, 46
mosquita doméstica **81** 1
mosquito **358** 16
~ de agalla **80** 40
~ de Hessen **80** 40
~ de la malaria **81** 44
~ del paludismo **81** 44
mostachón **97** 37
mostaza **98** 28
~ silvestre **61** 18
mosto **93** 1-5, 10
mostrador *Hab. niños* **47** 28
~ *Café* **265** 1
~ de entrega de los artículos **271** 14
~ de información **250** 9
~ del bar *Hotel* **267** 54
~ del bar *Discont.* **317** 9
~ del bar *Cabar.* **318** 15
~ de venta **271** 42, 61
~ frigorífico *Carnic.* **96** 12
~ frigorífico *Comest.* **98** 74
~ para los corredores **251** 3
motacila **360** 9
motalita **360** 9
motera *Dorm.* **43** 28
~ *Baño* **49** 35
motivo **338** 27
moto *Ciudad* **268** 35
~ *Cicl., motor.* **290** 24-28
motobomba *Parás.* **83** 41
~ *Bomberos* **270** 8
moto campera **189** 16
motocicleta *Moto* **189** 1
~ *Ciudad* **268** 35
~ *Cicl., motor.* **290** 24-28
~ con sidecar **189** 53
~ de carreras **290** 27
~ de gran cilindrada **189** 31-58
~ todo terreno **189** 16
motociclista **268** 34
moto con sidecar **290** 29
motocross **290** 24-28
moto de carreras de línea aerodinámica **290** 31
~ de carretera **189** 31
~ de cuatro cilindros **189** 49
~ del guía **290** 12
~ grande **189** 31
motón **221** 105
motonave **223**
moto pesada con carenado integral **189** 43
motor *Aluniz.* **6** 30
~ *Apar. hogar* **50** 82
~ *Silvic.* **84** 34
~ *Petról.* **145** 12
~ *Sider* **148** 64
~ *Tejido* **165** 34
~ *Textil* **168** 55
~ *Fotocomp.* **175** 61
~ *Clisé* **178** 14
~ *Abast. agua* **269** 45
~ *Dep. aéreo* **288** 35
motora *Playa* **280** 13
~ *Remo* **283** 2
~ *Barco a motor, esquí acuát.* **286** 21-44
motor basculante **132** 69
motor-cohete de separación delantera **235** 60
~ de separación trasera **235** 62
motor colector trifásico **164** 35
~ de accionamiento **150** 9
~ de arranque **190** 44
~ de arranque eléctrico **212** 30
~ de avance **177** 43
~ de combustión interna **190**
~ de corriente continua con velocidad regulable **150** 9
~ de cuatro cilindros **230** 34
~ de cuatro tiempos con cuatro cilindros refrigerados por aire **189** 50
~ de dos cilindros con transmisión cardán **189** 47
~ de dos tiempos *Jardín* **56** 30
~ de dos tiempos *Dep.* **305** 92
~ de dos tiempos refrigerado por aire **188** 7
~ de explosión **190** 2
~ de explosión de ocho cilindros en V con inyección de gasolina **190** 1
~ de explosión monocilíndrico de dos tiempos **190** 6
~ de impulsión *Avic.* **74** 37
~ de impulsión *Modista* **103** 9
~ de impulsión *Forja* **139** 25
~ de impulsión *Clisé* **178** 12, 28
~ de impulsión *Offset* **179** 11
~ de impulsión *Cons. hidr.* **217** 47
~ de la cámara desmontable **115** 78
~ de la grúa **157** 28
~ del ventilador **74** 33
~ de metal precioso **237** 42
~ de reserva **214** 64
~ de sirga **216** 29
~ de taladrar con broca de eje hueco **133** 7
~ de tracción **211** 6
~ de varios usos **109** 13
~ Diesel *Motor* **190** 4
~ Diesel *FFCC* **211** 47; **212** 25
~ Diesel *Barco* **223** 73
~ Diesel auxiliar **209** 19
~ Diesel con turbocompresor **212** 51
~ Diesel de cinco cilindros en línea **190** 3
~ Diesel de cuatro cilindros **65** 44
~ Diesel de ocho cilindros **212** 73
~ Diesel de seis cilindros **64** 28
~ Diesel de tracción **209** 4
~ Diesel o de gas natural **155** 5
~ eléctrico *Casa* **38** 59
~ eléctrico *Herr.* **138** 2
~ eléctrico *Tejido* **166** 18
~ eléctrico *Barco* **223** 69
~ elevador **150** 22
motoreta **188** 56
motor fuera borda *Camping* **278** 15
~ fuera borda *Remo* **283** 7
~ fuera borda *Barco a motor, esquí acuát.* **286** 21
~ fuera borda de carreras **286** 23
~ hidráulico **64** 65

~ impulsor **163** 12, 23, 49
motorismo **290** 24-38
motorista *Ciudad* **268** 34
~ *Cicl., motor.* **290** 11
~ caminando en zigzag **290** 32
~ del muro de la muerte **308** 54
motor lateral **228** 29
~ monocilíndrico de cuatro tiempos refrigerado por aire **189** 3
~ monocilíndrico de dos tiempos **188** 26
~ móvil **132** 69
~ paso a paso **110** 17
~ principal *FFCC* **214** 63
~ principal *Barco* **223** 73
~ principal de combustibles líquidos **235** 36
~ refrigerado por agua motor refrigerado por agua **189** 31, 39
~ rotativo de dos rotores **190** 5
~ selector **237** 48
~ sincrónico **176** 19
~ trasero **195** 49
~ turborreactor con el mecanismo propulsor **231** 26
~ Wankel **190** 5
motosierra *Silvic.* **84** 22; **85** 13
motovelero **287** 8
móvil **260** 70
movimiento de cada figura **276** 14
~ de desasimiento **299** 8
~ de rotación **4** 22-28
~ giratorio **230** 71
~ orogénico **12** 4-20
~ ralentizado **243** 49
~ sin acelerar **321** 30
movimientos principales del avión **230** 67-72
mozo de caballos **186** 27
~ de carnicero **96** 58
~ de circo **307** 27
~ de cuadras **186** 27
~ de cuerda **205** 31
~ de establo **186** 27
~ de estación **205** 31
~ de hotel **204** 17
~ del hotel **267** 17
~ de pista **307** 27
mucarna **337** 17
mucuy **359** 23
muchacha apache **306** 9
muchacho de los recados **236** 17
mueble bar *Estar* **42** 20
~ *Oficina* **246** 29
~ base **39** 9
~ combinado **42** 1
~ de ángulo **39** 27
~ de cocina **39** 12-17
~ de la cocina **46** 29
~ de los instrumentos **24** 16
~ del reloj **309** 57
~ de pared **46** 1
~ de pared **44** 17
muela *Anat.* **19** 18, 35
~ *Planta* **69** 19
Molina **91** 16
~ *Zapat.* **100** 6
~ *Opt.* **111** 28
~ *Herr.* **138** 8
~ *Cerraj.* **140** 19
~ *Máq.-herr.* **150** 4
~ *Aserr.* **157** 43
~ abrasiva *Bric.* **134** 23
~ abrasiva *Herr.* **137** 19
~ de acabado para el biselado de los cristales positivos y negativos **111** 37
~ de acabado para el biselado de los cristales especiales y llanos **111** 38
~ de desbaste **111** 36
~ de molino **355** 52
~ fija **91** 23
~ para dar forma a los cristales **111** 35
muelle *Cerraj.* **140** 46
~ *Cons. naval* **222** 5
~ *Puerto* **225** 64
~ *Camping* **278** 13
~ *Playa* **280** 9
~ *Remo* **283** 22
~ acolchado del casco *Electrón* **241** 67
~ acolchado del casco *Colegio* **261** 41
~ de armamento **222** 5-9
~ de carbón **225** 18
~ de comprensión de la bomba **174** 41
~ de contacto **127** 28
~ de embarque **233** 12
~ de la gacheta **140** 42
~ de la palanca oscilante **67** 35
~ del fiador **140** 42
~ del sillín **187** 23
~ de pasajeros **225** 31
~ de sujeción de la canilla **166** 33
~ helicoidal **191** 28; **192** 68, 74
~ recuperador *Punto* **167** 37
~ recuperador *Autom.* **192** 55
~ recuperador de la espada **166** 68
muesca *Silvic.* **84** 28
~ *Caza* **87** 66
~ *Tornill.* **143** 49
~ *Dep.* **305** 63
~ del tornillo **143** 38
~ para la fijación del muelle **87** 70
muestra de marco **124** 2
~ de medicamento **22** 41
~ de moldura **124** 2
mufla **140** 11
muflón **367** 6
muguete **377** 2
mujer basiliense **355** 35
~ bosquimana obteniendo fuego por taladramiento **354** 34
~ de costumbres ligeras **306** 37
~ de Nuremberg **355** 38
~ exótica **306** 30
~ gorda **308** 21
~ griega **355** 1
~ herera **354** 25
~ india norteamericana **352** 10
~ policía **264** 37
~ romana **355** 7
muleta **319** 27, 33
muleto **73** 8
mulo **73** 8
multidrupa **370** 101
multímetro para la medida de corriente, voltaje y resistencia **242** 73
multiplicación **344** 25
multiplicador **344** 25
multiplicando **344** 25
mundillo **373** 10
munición **87** 19
~ deportiva **305** 34-39
muñeca *Anat.* **19** 76
~ *Rastro* **309** 11
~ *Art. gráf.* **340** 13
~ acostada **47** 11
~ bebé **48** 25
~ -maniquí *Hab. niños* **47** 9
~ -maniquí *J. infancia* **48** 32
~ para vestir **47** 9; **48** 32
~ que anda **273** 63
muñeco de nieve **304** 13
muñequera **296** 64
muñequilla del cigüeñal **192** 25
muñón *Tornill.* **143** 63
~ *Autom.* **192** 78
murajes **61** 27
muralla **329** 15
~ de la ciudad **333** 30
~ del palacio **333** 31
~ del templo **334** 6
murciélago **366** 9
muro *Mapa* **15** 95
~ *Hípica* **289** 8
~ de ala **216** 35
~ de arena **269** 25
~ de contención *Río* **216** 55
~ de contención *Cons. hidr.* **217** 58
~ de desviación **304** 2
~ de ladrillos *Construc.* **123** 15
~ de ladrillos *Colegio* **260** 45
~ de la parte lateral **217** 80
~ del camposanto **331** 18
~ del cementerio **331** 18
~ del jardín con albardilla **37** 37
~ de muelle **217** 1-14
~ de protección **356** 4
musaraña **366** 7
~ doméstica **366** 7
musculatura **18** 34-64
músculo de la expresión facial **19** 6
~ del cuello **19** 12
~ del ojo **19** 44
~ del pie **18** 49
~ facial **19** 6
~ frontal **19** 4
~ occipital **19** 2
~ orbicular de los labios **19** 8
~ orbicular de los párpados **19** 5
~ temporal **19** 3
muserola **71** 7
musette **322** 8
musgaño doméstico **366** 7
musgo **377** 17
~ capilar **377** 17
músico pop **306** 3
muslo *Anat.* **16** 49
~ *Caballo* **72** 35
~ de pavo **99** 59
mustang **352** 4
mustela **367** 16
mustélido **367** 14-17
muta **86** 33
mútulo **334** 13

N

nabo *Hortal.* **57** 26
~ *Planta ind.* **383** 1
nácar **357** 34
nadir **4** 13
nafta **145** 54
naipe **276** 36
~ de póquer **276** 37
~ francés **276** 37
nalgas **16** 40
napa **163** 58; **164** 12
napelo **379** 1
naranja *Color* **343** 7
~ *Fruto merid.* **384** 23, 27
~ confitada **98** 11
naranjo pequeño **55** 49
narcisácea **53** 8
narciso **60** 3
~ atrompetado **60** 3
~ blanco **60** 4
~ de las nieves **60** 1
~ de los poetas **60** 4
~ junquillo **60** 4
~ oloroso **60** 4
nardo **60** 9
narguile **107** 42
narices *Anat.* **16** 10
~ *Perro* **70** 4
nariz *Anat.* **16** 10
~ *Construc.* **122** 51
~ *Pez, anfib., rept.* **364** 2
~ *Mamíf.* **367** 26
~ de cartón **306** 46
nasa **89** 28
nasal **17** 41
nasicornio **366** 25
nata *Leche* **76** 19
~ *Superm.* **99** 46
~ batida **97** 28
natación **282**
~ a braza **282** 33
~ bajo el agua **282** 38
nativo australiano **352** 37
naturaleza muerta **338** 27
naufragio **224** 84
~ a babor del canal **224** 86
~ a estribor del canal de navegación **224** 85
navaja *Planta* **54** 31
~ *Caza* **88** 54
~ barbera **106** 38
~ de aclarar el pelo **106** 41
~ de afeitar **106** 38
~ de usos múltiples **127** 63
~ jardinera **56** 9
nave central **334** 62; **335** 1
~ espacial Apolo **6** 1
~ espacial Orbiter **235** 1-45
navegación **224**
~ a la sirga **216** 27
~ a remo **283**
~ a vela **284; 285**
~ a vela sobre hielo **302** 44-46
~ a vela viento en popa **285** 1
~ con viento a la cuadra **285** 11
~ con viento a un largo **285** 12
nave lateral **334** 63; **335** 2
naveta **36** 55
~ del incienso **332** 42
nave transversal **335** 3
navette **36** 55
Navío Argos **3** 45
~ Celeste **3** 45

navío de tres puentes **218** 51-60
náyade **327** 23
nectario peciolar **59** 18
negra *Juega* **276** 5
~ *Mús.* **320** 15
~ *Etnogr.* **354** 22
~ estrecha **175** 10
negrillo **371** 49
negrita **175** 3
negro *Ruleta* **275** 21
~ *Color* **343** 13
~ *Etnogr.* **354** 13
neguilla **61** 6
nematodo **80** 51
nemorosa **377** 1
nenúfar *Jardín* **51** 18
~ *Parque* **272** 56
~ *Planta* **378** 14
nepa **358** 4
Neptuno **4** 51
nereida **327** 23
nervado de refuerzo **200** 9
nervadura *Construc.* **123** 36
~ *Avión* **230** 46
~ *Arte* **335** 31
~ de la hoja **370** 29
~ del ala **358** 34
~ del radiador **126** 21
nervio *Anat.* **19** 33
~ *Arte* **335** 31
~ auditivo **17** 64
~ ciático mayor **18** 30
~ cubital **18** 29
~ de refuerzo **217** 78
~ femoral **18** 31
~ medial **370** 30
~ óptico *Anat.* **19** 51
~ óptico *Apic.* **77** 24
~ peroneo **18** 33
~ radical **18** 28
~ tibial **18** 32
~ torácico **18** 26
neuma **320** 3
neumático *Bicicl.* **187** 30
~ *Moto* **189** 26
~ *Autom.* **191** 15
~ *Parque* **273** 54
~ *Cicl., motor* **290** 19
~ de alta presión **187** 30
~ de camión **273** 19
~ de carreras **290** 19
~ de recambio **194** 4
~ de repuesto **290** 23
~ de una rueda direccional **64** 32
~ de una rueda motriz **64** 31
neumáticos **196** 27
neumático sin perfil **305** 86
~ todo terreno **194** 4
neuróptero **358** 12
neutrón **1** 30
~ absorbido **1** 53
~ de incidencia **1** 42
~ liberado **1** 39, 45, 52
~ que desintegra el núcleo atómico **1** 42
nevada *Meteor.* **9** 34
~ *Inv.* **304** 4
~ cubierta **8** 18
nevatilla **360** 9
nevazón **9** 34
névé **12** 48
nevera *Cocina* **39** 2
~ *Apart.* **46** 33
nevereta **360** 9
nevisca **9** 35
nicho **217** 70
~ bolardo **217** 10
~ de las plegarias **337** 14
~ sepulcral **331** 60
nidada de huevos de avestruz **359** 3
nido **359** 28
~ de abeja **171** 29
~ de invernación **80** 31
niebla **9** 31
~ alta **8** 4
nieve *Meteor.* **9** 34
~ *Inv.* **304** 24
~ *Etnogr.* **353** 5
~ amontonada **304** 5
~ fangosa **304** 30
~ fundida **304** 30
~ granulada **9** 35
nightclub **318** 1-33
nimboestrato **8** 10
ninfa *Apic.* **77** 30
~ *Parás.* **80** 25, 43
~ *Ins.* **81** 3, 21, 24
~ *Plaga* **82** 13, 21, 32
~ *Pesca* **89** 66
~ *Parque* **272** 2
~ *Ser fabul.* **327** 23
~ *Articul.* **358** 20
~ *Lepidóp.* **365** 11
ninfálida **365** 1, 2, 5
niño del parvulario **48** 2
~ en edad preescolar **48** 33
~ gótico **306** 33
~ pequeño **28** 42
niqui **29** 47
níscalo **381** 23
~ falso **379** 13
níspero silvestre **374** 30
nivel *Mapa* **14** 48
~ *Font.* **126** 15
nivelación **14** 46
~ de bola **230** 12
niveladora **200** 19
~ del subsuelo **201** 1
nivelador compensador **112** 69
~ de motor **112** 69
nivel cero **7** 6, 20
~ de agua *Font.* **126** 79
~ de agua *Bric.* **134** 29
~ de agua freática **269** 1
~ de aire **118** 55
~ de burbuja *Construc.* **118** 55
~ de burbuja *Font.* **126** 79
~ de burbuja *Bric.* **134** 29
~ de burbuja transversal **14** 61
~ de energía **1** 15
~ del agua *Puerto* **225** 37
~ del agua *Quím.* **349** 16
~ del agua del karst **13** 77
~ del agua subterránea **269** 42, 63
~ del combustible **234** 27
~ del mar *Geogr.* **11** 11
~ del mar *Petról.* **146** 39
~ enérgico del electrón **1** 27
noble **355** 44
nogal **59** 37-43
no idéntico **345** 18
nombre del barco **286** 7
~ del club **286** 8
~ del jugador **293** 36
nombres de estrellas **3** 9-48
nomenclatura **151** 32
nomeolvides **378** 26
nometoques **377** 11
nomparell **175** 23
nonio *Cerraj.* **140** 55
~ *Naveg.* **224** 5
~ de inclinación **14** 54
~ de rotación **14** 56
non plus ultra **175** 19
noray **217** 12
~ de doble cruz **217** 14
~ doble **217** 11
~ en forma de cruz **217** 13
noria gigante **308** 37
norte **4** 16
Noruega **252** 26
nota **320** 3-7, 12-19
~ a pie de página **185** 62
notación coral **320** 1
~ cuadrada **320** 1
~ medieval **320** 1-2
~ mensural **320** 2
~ musical **320**
~ musical **321**
nota marginal **185** 68
Noteamérica **14** 12
noticia breve **342** 50
~ deportiva **342** 61
~ diversa **342** 63
~ internacional **342** 62
~ nacional **342** 62
novia **332** 15
novillero **319** 2
novillo **319** 35
novio **332** 15-16, 16
nubarrón **7** 2
nube **8** 1-19
~ aborregada **8** 14, 15
~ baja **8** 1
~ baja y en capas **8** 3
~ de altura media **8** 8
~ de buen tiempo **8** 1
~ de cristales de hielo **8** 6
~ de cristales de hielo en forma de velo **8** 7
~ de formación vertical **8** 10
~ de forma lenticular **287** 19
~ de frente cálido **8** 5-12
~ de frente frío **8** 13-17
~ de lluvia **8** 10
~ en capas con precipitaciones en la parte superior **8** 9
~ enladrillada **8** 14
~ espesa y homogénea **8** 4
~ fluida **8** 1, 17
~ luminosa **7** 22
~ muy fluida **8** 2
nublado **9** 31
nublazón **9** 31
nubosidad **9** 20-24
nuboso **9** 23
nuca *Anat.* **16** 21
~ *Caballo* **72** 12
núcleo *Geogr.* **11** 5
~ *Central el.* **153** 17
~ antes de la fisión **1** 43
~ atómico **1** 2, 16, 29, 49
~ atómico nuevo **1** 51
~ atómico pesado **1** 35
~ de helio **1** 30-31
~ de la célula **357** 2
~ del reactor **259** 68
~ del tronco **120** 84
~ de plomo **326** 20
~ de plomo blando **87** 56
~ especial **301** 47
~ terrestre **11** 5
nudillo **19** 82
nudista **281** 16
nudo *Ropa* **31** 47
~ *Agric.* **68** 7
~ *Construc.* **122** 68
~ con ligamento de cabeza **171** 39
~ corredizo **300** 11
~ corredizo del descenso en rapel **300** 28
~ de la corbata **32** 42
~ de la malla **102** 23
~ del entramado **215** 37
nuégado **98** 81
nueva fuente de energía **155**
~ por cuatro **320** 40
~ por ocho **320** 39
nuez *Anat.* **19** 13
~ *Fruta* **59** 37-51, 41, 43
~ *Matad.* **95** 52
~ *Cerraj.* **140** 43
~ *Mús.* **323** 13
~ *Botán.* **370** 98
~ *Fruto merid.* **384** 60
~ de betel **380** 20
~ del Brasil **384** 53, 59
~ moscada **382** 35
numeración **85** 33
numerador **344** 15
número **344** 1-22
~ abstracto **344** 3
~ alto **275** 19
~ arábigo **344** 2
~ bajo **275** 22
~ cardinal **344** 5
~ cómico **307** 25
~ complejo **344** 14
~ concreto **344** 4
~ cuyo logaritmo se busca **345** 6
~ de andén **205** 4
~ de circo **307** 25
~ de copias **249** 35
~ de cuatro cifras **344** 3
~ de cuatro dígitos **344** 3
~ de cuatro guarismos **344** 3
~ de equilibrio **307** 44
~ de fabricación **187** 51
~ de folio del libro registro de acciones del banco **251** 14
~ de juegos **293** 38
~ de la bicicleta **187** 51
~ de la escena **310** 35
~ de lanzamiento **307** 43
~ de la página **185** 63
~ de la partida de la bala **163** 6
~ de la toma **310** 35
~ del desnudo **318** 27-32
~ del emplazamiento de la tienda **278** 42
~ del guardarropa **315** 7
~ de matrícula **286** 7
~ de orden **251** 13
~ de registro postal del periódico **342** 43
~ de reparación **195** 48
~ de salida *Hípica* **289** 33, 36
~ de salida *Cicl., motor.* **290** 28
~ de salida *Dep. inv.* **301** 37
~ de salida *Dep.* **305** 84
~ de serie **252** 36
~ de sets **293** 37
~ de velocidad **203** 37
~ entero **344** 10
~ fraccionario **344** 10
~ impar **344** 12
~ mixto **344** 10
~ negativo **344** 8
~ ordinal **344** 6

~ par **344** 11
~ para designar los escaques **276** 6
~ positivo **344** 7
~ primo **344** 13
~ romano **344** 1
~ uno **283** 13
~ 0 **253** 34
~ 1 **253** 33
nutación **4** 24
nutria **367** 17
~ marina **367** 17
nylon **101** 4
ñandú **359** 2
ñaño **28** 5
ñatas **16** 10
ñeque **16** 48

O

oasis **354** 4
obelisco **333** 10
obenque *Barco* **219** 16
~ *Vela* **284** 18
~ de mastelerillo de trinquete **219** 18
~ de mastelero **219** 17
obi **353** 41
objetivo *Fotogr.* **114** 5; **115** 32
~ *Fotogr.* **116** 32
~ *Fotocomp.* **176** 23
~ *Audiovis.* **243** 2, 52
~ *Cine* **313** 2
~ de distancia focal corta **115** 45
~ de distancia focal larga **115** 48
~ de distancia focal media **115** 47
~ de enfoque **114** 25
~ de espejo **115** 50
~ de la cámara **313** 19
~ del zoom **313** 23
~ de proyección **312** 35
~ de toma de vista **114** 26
~ en posición invertida **115** 84
~ gran angular **115** 45; **117** 48
~ intercambiable *Opt.* **112** 62
~ intercambiable *Fotogr.* **115** 43
~ macro-zoom **117** 53
~ normal **115** 46; **117** 49
~ ojo de pez **115** 44
~ para gran distancia **115** 49
~ primario **5** 2
~ zoom intercambiable **117** 2
objeto de culto **332** 34-54
~ litúrgico **332** 34-54
~ sagrado **332** 34-54
oblicuo mayor **18** 43
obligación convertible **251** 11-19
~ industrial **251** 11-19
~ municipal **251** 11-19
oboe **323** 38
~ barítono **323** 38
~ de amor **323** 38
~ de caccia **323** 38
~ tenor **323** 38
obra **118** 1-49
~ de ladrillo **159**
obrador **108** 20
obra rústica **335** 51
obrera *Apic.* **77** 1
~ *Articul.* **358** 22
obrero agrícola **63** 5
~ del cobertizo de mercancías **206** 33
~ forestal **84** 18
observatorio **5** 1-16
~ del tiempo **225** 33
~ meridional europeo **5** 1-16
~ solar **5** 29-33
obstáculo *Ruleta* **275** 30
~ *Hípica* **289** 8
~ fijo **289** 20
~ natural **293** 80
~ semifijo **289** 8
obstrucción **291** 51
obturador *Tonel.* **130** 21
~ *Mús.* **326** 28
~ a presión con bola **187** 31
~ de la luz **5** 22
obtusángulo **346** 30
obús autopropulsado blindado M 109 G de 155 mm **255** 57
ocarina **324** 32
oca salvaje **272** 52
occipital **17** 32; **18** 50
~, músculo **18** 50; **19** 2
occipucio **16** 2
oceánida **327** 23
océano **14** 19-26
~ Atlántico **14** 20
~ Glacial Antártico **14** 22
~ Glacial Ártico **14** 21
~ Índico **14** 23
~ Pacífico **14** 19
ocelo *An. dom.* **73** 32
~ *Apic.* **77** 2
oclusión **9** 25
octaedro **351** 6
~ con cubo **351** 14
~ piramidado **351** 10
Octans **3** 43
Octante **3** 43
octava **321** 13
~, cuarta **321** 47
~, primera **321** 44
~, quinta **321** 48
~, segunda **321** 45
~, séptima **321** 50
~, sexta **321** 49
~, tercera **321** 46
octógono **351** 17
ocular *Ópt.* **113** 20
~ *Fotogr.* **115** 42
~ *Cine* **313** 34
~ con reborde para el ojo **117** 14
~ del microscopio **14** 53
~ del visor **313** 6
~ del visor con lente de corrección **115** 22
~ para el control óptico del registro de fotosonido **311** 9
~ regulable **115** 74
óculo **335** 12; **336** 2
ocultador **313** 4
ocho **302** 11
~ de carrera **283** 10
~ horizontal **288** 2
odalisca **306** 41
odonato **358** 3
odontólogo **24** 1
oeste **4** 15
oferta de empleo **342** 70
~ especial **96** 18
offset **180**
oficial de guardia **221** 126
~ de navegación **224** 37
oficina *Petrol.* **146** 14
~ *Oficina* **245**; **246**; **247**; **248**; **249**
~ *Grandes alm.* **271** 24
~ *Camping* **278** 1
~ colectiva **248** 1-48
~ de correos **268** 68
~ de dibujo **151**
~ de dibujo y proyectos de barcos **222** 2
~ de información de hoteles **204** 28
~ de las secretarias **245** 1-33
~ del jefe **246** 1-36
~ del puerto **225** 36
~ del sobrecargo **223** 45
~ de proyectos **151**
~ de recepción **245** 1-33
~ de seguros **268** 40
~ de turismo **204** 28
~ forestal **15** 3
~ metereológica **225** 33
oficinista **248** 7
ofidio **364** 38-41
ofiuroideo **369** 11
ofrenda funeraria **328** 34
oftalmómetro **111** 44
oftalmoscopio **22** 62
oherva **380** 14
oído *Anat.* **17** 56-65
~ *Mús.* **326** 32
~ externo **17** 56-58
~ interno **17** 62-64
~ medio **17** 59-61
ojal de la lanzadera **166** 29
~ del lizo **166** 28
~ para el hilo **166** 28
ojete *Pesca* **89** 82
~ *Zapat.* **100** 63
~ de la correa portadora **115** 9
ojo *Anat.* **16** 7; **19** 33-51
~ *Hierba* **61** 7
~ *Cabello* **72** 4
~ *Caza* **88** 15, 33, 43, 60
~ *Herr.* **137** 29
~ *Cerraj.* **140** 34
~ *Arte* **334** 75
~ afacetado **77** 20-24
~ compuesto *Apic.* **77** 20-24
~ compuesto *Articul.* **358** 7
~ de buey **336** 2
~ de caracteres **174** 31
~ de insecto **77** 20-24
~ de la cerradura **140** 40
~ de la muela **91** 19
~ del piolet **300** 35
~ de pez **115** 44
~ mágico **309** 18
~ mágico de sintonía **241** 39
~, músculos del **19** 44
~ peduncular **357** 30
ojos de los sembrados **61** 7
ojo sencillo **77** 2
ola **13** 27
~ levantada por la proa **223** 81
~ que rompe **279** 6
~ rompiéndose en la orilla **13** 36
~ sísmica **11** 53
oleaje artificial **281** 1
óleo **338** 11
oleoducto **145** 65
oliva **383** 29, 32
olivera **383** 29
olivo **383** 29
olmo **371** 49
olla **39** 29; **40** 12
~ abombada **328** 11
~ a presión *Cocina* **40** 21
~ a presión *Camping* **278** 35
~ exprés *Cocina* **40** 21
~ exprés *Camping* **278** 35
ollar **72** 7
ombligo **16** 34
ómnibus **186** 37
~ con imperial **186** 37
omóplato **16** 23; **17** 7
onagrácea **53** 3
onda **334** 39
~ a sotavento **287** 17
~ corta *Atmósf.* **7** 26
~ corta *Teléf.-telégr.* **237** 54
~ del viento cálido del Sur **287** 17
~, propagación de la **11** 36
~ sísmica **11** 36
~ sonora *Atmósf.* **7** 14
~ sonora *Naveg.* **224** 62
~ superficial **11** 36
ondina **327** 23
ondulado del hilo **170** 59
Oneirophanta **369** 18
onocrótalo **359** 9
onza **368** 7
operación de aritmética superior **345** 1-10
~ fundamental de aritmética **344** 23-26
operador *Fotogr.* **117** 67
~ *C. cálc.* **244** 14
~ *Cine* **310** 20, 41
operadora **237** 35
operador de consola **244** 3
~ del teclado **176** 4
~ de máquinas **118** 32
~ de proyección **312** 20
~ de sonido **310** 23
operaria mechera **164** 24
operario estampador **168** 65
opérculo *Apic.* **77** 39
~ *Pez., anfib., rept.* **364** 5
óptica de iluminación **112** 7
~ de lectura del sonido **312** 46
~ de toma de vistas **313** 2
óptico **111** 1
oquedal **84** 4
orador **263** 5
~ proponiendo un brindis **267** 40
orangután **368** 15
orbicular **370** 33
~ de los labios, músculo **19** 8
~ de los párpados, músculo **19** 5
órbita aparente anual del sol **3** 2
~ de la Luna **4** 1
~ del electrón **1** 6
~ estacionaria **1** 8
Orbiter **235** 1-45
orden **250** 19
ordenación de los cuarteles del escudo **254** 17-23
ordenada **347** 3, 10
orden de bufón **306** 60
~ de carnaval **306** 60
ordeñador **75** 25

ordinal **344** 6
ore **252** 24, 25, 26
oreja *Anat.* **16** 18; **17** 56
~ *Caballo* **72** 1
~ *An. dom.* **73** 11
~ *Caza* **88** 16, 32, 44, 61
~ colgante **70** 2
~ del zapato **100** 65
~ de oso **378** 8
orejera **304** 28
orejona **71** 50-51
orejudo **366** 9
orfebre **108** 17
organillo **309** 13
~ de efectos sonoros **238** 35
organistrum **322** 25
organizador **299** 45
órgano **325** 43; **326** 1-52
~ automático **308** 38
~ de adherencia **81** 36
~ de coro **326** 42
~ de defensa **77** 10-14
~ de fijación **378** 50
~ de iglesia **326** 1-52
~ del equilibrio y del oído **17** 56-65
~ de transmisión eléctrica **326** 36-52
~ hilador **161** 51
~ interno **20** 1-57
~ portátil **322** 56
~ positivo **322** 56
~ real **322** 56
~ sexual femenino **20** 79-88
~ sexual masculino **20** 66-77
orgánulo **357** 5
orientación **12** 2
orificio de acceso **234** 30; **235** 52
~ de acceso al depósito de almacenamiento **93** 13
~ de desagüe **284** 36
~ de engrase **187** 65
~ de introducción del objeto **113** 33
~ de limpieza **269** 51
~ de relleno **50** 12
~ de ventilación **258** 43
~ germinativo **383** 57
~ para echar el aceite **190** 28
~ para el pulgar **305** 47
~ para la chaveta **143** 25
~ para la manipulación **247** 39
~ respiratorio **358** 32
~ uterino externo **20** 85
origen de coordenadas **347** 4
original **174** 6; **176** 3; **177** 18
orilla **13** 4
~ del río **216** 5
orillo del tejido **166** 11
~ en ligamento de tela **171** 24
orinal **28** 47
oriol **360** 7
Orión **3** 13
orla del área crepuscular **4** 21
~ de púrpura **355** 14
~ recamada **355** 67
ornamento del rococó **336** 13
~ griego **334** 38-43
~ románico **335** 14-16
ornitorrinco **366** 1
oro *Heráld.* **254** 24
~ *Cristal.* **351** 6
~ de aplique **129** 45
~ en hojas **129** 45
orogénesis **12** 4-20
oronja verde **379** 11
oropéndola **360** 7
oros **276** 45
orquesta **315** 25
~ cinematográfica **310** 17
~ de baile *Carnaval* **306** 2
~ de baile *Cabar.* **318** 3
~ del balneario **274** 20
~ de música pop **306** 2
orquestra **334** 47
orquestrión *Feria* **308** 38
~ *Rastro* **309** 14
orquídea **376** 28
ortega **88** 69
ortiga **61** 33
ortopinacoide **351** 25
ortóptero **358** 8
oruga *Parás.* **80** 3, 14, 17, 29, 44
~ *Plaga* **82** 16, 20, 31, 44, 47
~ *Carret.* **200** 3
~ *Articul.* **358** 50
~ *Lepidóp.* **365** 10
~ aplanadora **200** 28
~ comiendo **80** 8
~ de la 1ª generación **80** 24
~ de la 2ª generación **80** 23
~ de la grosella espinosa **58** 5
~ de la mariposa **58** 64
~ de la pequeña mariposa blanca de la col **80** 48
~ de la polilla de los cereales **81** 30
~ excavadora con cubeta de arrastre **200** 16
orugas marchando en procesión **82** 16
orza *Surf, Buceo* **279** 3
~ *Vela* **285** 9
~ auxiliar **284** 9
orzada **285** 9
orza de deriva *Barco* **220** 7
~ de deriva *Remo* **283** 63
~ de quilla **284** 8, 26
~ de quilla desmontable **285** 41
Osa Mayor **3** 29, 34
osamenta **17** 1-29
oscilación **297** 39
oscuridad parcial **4** 34
~ total **4** 35
osito de peluche **28** 46
oso blanco **368** 11
~ común **368** 10
~ de peluche **309** 12
~ de peluche **273** 26
~ de peluche con balancín **48** 30
~ lavador **368** 9
~ marino **367** 18
~ pardo **368** 10
~ polar **368** 11
osta de la cangreja **219** 70
ostensorio **332** 34
ostiaco **353** 17
ostra **357** 32
ostrácodo gigante **369** 1
otate **383** 60
otoscopio **22** 74
outrigger **283** 9-16
outsider **289** 53
ova **334** 42
oval **370** 36
ovario *Anat.* **20** 83
~ *Fruta* **58** 40
~ *Botán.* **370** 54, 60
~ *Arb. ornam.* **373** 2, 5
~ con aristas **375** 34
~ inferior **58** 7
oveja *An. dom.* **73** 13
~ *Ganado* **75** 10
~ Mamíf. **366** 28
over **282** 36
ovillo de hilo **183** 11
ovo **334** 42
óvulo *Anat.* **20** 84
~ *Fruta* **58** 39
~ *Arte* **334** 42
~ *Botán.* **370** 63
~ en el ovario central **59** 14
oxer **289** 8
oxígeno *Átomo* **1** 13
~ *Soldadura* **141** 3, 21
~ *Astron.* **234** 61; **235** 51, 56
~ *Quím.* **350** 11, 13
~ a alta presión **235** 42
~ gaseoso **234** 15
~ líquido **234** 10, 12, 24, 39, 52
oxímetro **27** 13
ozono **7** 13, 19

P

P **253** 26
pabellón *Bandera* **253** 15-21
~ *Mús.* **323** 37, 42, 48; **324** 70; **326** 22
~ auditivo **17** 56
~ de cuarentena **225** 27
~ de hidroterapia **274** 8
~ de la fuente **274** 15
~ heráldico **254** 14
pabete **28** 42
paca de paja **63** 34
~ de turba **55** 31
paciente *Méd.* **22** 2
~ *Dent.* **24** 2
~ citado **22** 3
~ del balneario **274** 18
paco **366** 28
pacobá **384** 28
pacora **89** 39
pacuna **352** 26
padrino **332** 13
pagaya *Barco* **218** 8
~ *Remo* **283** 34
página **185** 53
~ del periódico **342** 37
~ interior **342** 52
pagoda **337** 1
~ de varios pisos **337** 1
~ india **337** 21
pailón **40** 16
pailu **337** 3
paisaje de invierno **304**
paisano **62** 6
paja *Cocina* **39** 36
~ *Baño* **49** 2
~ *Cestero* **136** 30
pájara *Colegio* **260** 71
~ *Parque* **273** 42
pajarera **356** 8
pajarilla **60** 10
pajarita **32** 47; **33** 11
~ blanca **33** 16
~ de las nieves **360** 9
pájaro *Zoo* **356** 8
~ *Ave* **360**; **361**
~ bitango *Colegio* **260** 71
~ bitango *Parque* **273** 42
~ bobo **359** 4
~ carpintero **359** 27
~ mosca **363** 4
~ niño **359** 4
~ polilla **360** 8
~ reclamo **86** 48
pajaza *Avic.* **74** 8
~ *Ganado* **75** 6
pajita para beber **266** 46
pajuela **107** 22
pala *Zapat.* **100** 60
~ *Herr.* **137** 27
~ *Remo* **283** 38, 53
~ *Jue. pelota* **291** 26
~ *Alpin.* **300** 34
~ *Igl.* **331** 36
palabra espaciada **175** 13
palacio barroco **272** 7
~ de estilo Luis XIV **272** 7
~ de Sargón **333** 29
~ renacentista **335** 47
paladar blando **19** 21
~ duro **19** 20
pala de carbón **38** 43
~ de cuero flexible **101** 46
~ de explanación **255** 77
~ de explanación y de apoyo **255** 94
~ de la cuchara **45** 63
~ de la excavadora **200** 5
~ de las patatas **66** 5
~ del remo **283** 38
~ del stick **302** 32
~ del tenis de mesa **293** 45
~ del timón *Barco* **221** 43
~ del timón *Cons. naval* **222** 69
~ del timón *Barco* **223** 63
~ del timón *Remo* **283** 53
~ del timón *Vela* **284** 34
~ de madera **91** 24
~ de pana de canutillo **101** 26
~ de pescado **45** 65
~ de tejido de rizo **101** 23
Palaeopneustes niasicus **369** 19
pala excavadora **118** 81
palafito *Prehist.* **328** 15
~ *Etnogr.* **352** 33
pala matamoscas **83** 32
palanca *Cerraj.* **140** 5
~ *Cantera* **158** 32
~ conmutadora **167** 44
~ cruciforme **149** 43
~ de abrir o cerrar **247** 42
~ de accionamiento **83** 21
~ de accionamiento de la excéntrica **166** 58
~ de agujas y de señales **203** 62
~ de ajuste **188** 2
~ de arranque y parada **181** 32
~ de arranque y parada de los mecanismos de impresión **180** 80
~ de avance de la película **115** 16
~ de balanza **322** 39
~ de cambio *Carp.* **132** 56
~ del cambio *Autom.* **192** 46
~ del cambio *FFCC* **203** 55
~ de cambio del par motor **65** 34

~ de cambio de velocidad de rotación de la broca de fresado **150** 35
~ de cambio de velocidades **191** 91
~ de cerrojo **203** 55
~ de cierre **87** 25
~ de cinco metros **282** 8
~ de control **316** 58
~ de desbloqueo de la varilla registradora **10** 15
~ de diez metros **282** 7
~ de elevación y descenso del cilindro **181** 3
~ de embrague **188** 32
~ de embrague de dos velocidades **188** 12
~ de embrague y desembrague **166** 8
~ de impresión **340** 61
~ de introducción del papel **249** 20
~ de la bomba **83** 45
~ de la cisterna **49** 17
~ del arenero **210** 55
~ del embrague **189** 28
~ del freno **187** 66
~ del freno **166** 62
~ del freno **56** 38
~ del freno de mano **191** 93
~ del gas **230** 30
~ del mecanismo de avance **149** 10
~ del pie **100** 27
~ del silbato de vapor **210** 51
~ del zoom Fotogr. **117** 54
~ *Cine* **313** 36
~ de mando *Agric.* **64** 59
~ de mando *Fotogr.* **117** 63
~ de mando *Carret.* **201** 8
~ de mando *FFAA* **257** 8
~ de mando *Dep. aéreo* **288** 14
~ de mando de dirección **192** 58
~ de mando del reductor **149** 3
~ de mando para el accionamiento del alerón y del timón de profundidad **230** 24
~ de maniobra **201** 12
~ de maniobra para la marcha a la derecha o a la izquierda del husillo principal **149** 11
~ de mano *Carp.* **132** 55
~ *Encuad.* **183** 31
~ *Cine* **313** 11
~ de mezcla **230** 31
~ de paro de la máquina **164** 6, 32
~ de pedal **163** 28
~ de potencia **257** 9
~ de puesta en marcha **163** 17
~ de rebobinado **114** 6
~ de resorte para el dispardor automático **115** 15
~ de retorno **249** 21
~ de señales **203** 56
~ de servicio **126** 19
~ de sujeción **132** 67
~ de sujeción de la cinta **133** 16
~ de tintaje de las placas de imprimir **249** 50
~ de velocidad **65** 35
~ de vía libre **203** 58
~ flotante **65** 43
~ levadora **325** 32
~ liberadora del rodillo **249** 24
~ oscilante **67** 34
~ para cargar el arma **255** 12
~ para descargar el volquete **214** 35
~ para dirigir la cámara **240** 29
~ para distribuir el aire caliente **191** 87
~ para distribuir el aire frío **191** 86
~ para el bloqueo del casquillo **149** 28
~ para el mecanismo de viraje del husillo patrón **149** 6
~ para el mecanismo inversor del sentido del avance **149** 14
~ para el movimiento longitudinal y transversal **149** 17
~ para el silbato **211** 40
~ para graduar la ventilación **191** 83
~ para la cabeza de afilado **157** 46
~ para la tuerca partida del husillo principal **149** 19
~ para los cambios de avance y de pasos de rosca **149** 9
~ para parar **163** 40
~ para regular el zoom **313** 22
~ para regular la temperatura **191** 84
~ para roscas normales y de paso empinado **149** 4
~ que acciona los apagadores **325** 23
~ registradora **10** 7, 12, 21
~ reguladora **165** 13
~ reguladora de alimentación **163** 28
~ reguladora de la mezcla **288** 16
~ selectora **192** 47
~ selectora de la intesidad de la impresión **249** 10
palancón **66** 6
palangana *Dent.* **24** 15
~ *Rastro* **309** 65
palanganero **309** 64
palangre **90** 28
pala para el mantillo **55** 14
~ para espárragos **45** 77
~ para la nieve **304** 23
~ para mover el fuego **137** 2
~ para remover la tierra **56** 2
~ quitanieves **304** 9
palastro **140** 36
palco *Teatro* **315** 17, 18
~ *Toros, rodeo* **319** 7
~ del circo **307** 16
paleador **304** 22
palendra **66** 1
palenque **329** 31
paleolítico **328** 1-9
paleta *Hortic.* **55** 36
~ *Caza* **88** 9
~ *Estación* **206** 32
~ *Puerto* **225** 43
~ *Pint., dib.* **338** 28
~ curva **91** 38
~ de albañil **118** 52
~ inferior del espéculo **23** 14
~ móvil **315** 36
~ para cortar el papel de la pared **128** 41
~ para probar el café **98** 72
~ plana **226** 10
~ recta **91** 40
paletilla *Caballo* **72** 18
~ *Matad.* **95** 30
~ con la mano **95** 42
paleto **88** 40
paletón **140** 35
palillero **266** 23
palillo de tambor *Mús.* **323** 54
~ *Etnogr.* **354** 19
palio **331** 49
palma *Caza* **88** 9
~ *Fruto merid.* **384** 1, 3
palmacristi **380** 14
palmada de sincronización **117** 69
palma de coco **383** 48
~ de la mano **19** 71
~ indiana **383** 48
palmer **149** 62
palmera **97** 30
~ con frutos **384** 2
~ datilera **384** 1
~ de aceite **383** 54
palmeral **354** 5
palmeta **334** 41
~ de bufón **306** 48
~ Verrier **52** 1
palmilla **291** 31
palmípeda **359** 4, 5-10
palo *Barco* **219** 1-9
~ *Juego* **276** 38-45
~ *Dep. inv.* **302** 39
~ alemán **276** 42-45
~ de celosía **258** 18
~ de goleta **220** 15
~ de hockey **292** 13
~ de la escoba **38** 37
~ de la tienda **278** 38
~ del cepillo **50** 49
~ de mesana *Barco* **218** 31; **219** 8-9
~ de mesana **220** 23, 24
~ de mimbre **136** 15
~ de trinquete **218** 42; **219** 2-4
~ de una sola pieza **258** 42; **259** 6
paloma *Ropa* **32** 25
~ *An. dom.* **73** 33
paloma torcaz **359** 23
palo mayor *Barco* **218** 40; **219** 5-7; **220** 15, 22
~ mayor popel **220** 30, 34
palometa **187** 39
palomilla de arranque en frío **192** 6
~ de gases **192** 9
palomita **32** 47; **33** 11
palomo **73** 33
palo trípode de celosía **258** 41
palpo maxilar **358** 26, 42
palto **31** 35
palustre **118** 52
palla **355** 10
pamela **35** 21
pampajarito **377** 12
pámpana **78** 4
pámpano **78** 2
pan **97** 2
~ ácimo **330** 8
panadería **97** 1-54
panadora **40** 3
pan alargado **97** 8
panal artificial **77** 42
~ de miel **77** 31-43
~ natural **77** 60
panamá **35** 16
pan blanco **97** 9
~ blanco francés **97** 12
pancarta de limitación de velocidad **203** 19
~ electoral **263** 13
pan casero **99** 14
~ cateto *Panad.* **97** 6
~ cateto *Superm.* **99** 14
panceta **96** 2
pancito **97** 13
pan, clases **97** 6-12
páncreas **20** 44
pan de especias **97** 51
~ de germen de trigo **97** 48
~ de mezcla **97** 8
~ de oro **183** 5
~ de queso **99** 40
~ de ranas **378** 44
pandereta *Discot.* **317** 27
~ *Mús.* **324** 45
pandero *Colegio* **260** 71
~ *Parque* **273** 42
~ *Mús.* **324** 45
pan de trigo y centeno **97** 8
~ de Viena **97** 9
pandora **322** 21
pandorga *Colegio* **260** 71
~ *Parque* **273** 42
panecillo *Mesa* **45** 21
~ *Panad.* **97** 13, 13-16
~ *Superm.* **99** 12
~ blanco **97** 14
~ con adormidera **97** 14
~ con comino **97** 14
~ de canela **97** 14
~ de centeno **97** 16
~ de trigo **97** 14
~ doble **97** 15
~ salado **97** 14
panel anterior levadizo **349** 27
~, con los instrumentos de medición del control de ejecución **153** 7
~ de anuncios **268** 43
~ de conexión del micrófono **238** 36
~ de conexión de los cables **239** 3
~ de conjuntores **311** 16
~ de control **177** 60
~ de control del aire acondicionado **26** 20
~ de control para los separadores **146** 28
~ de enchufes para los módulos electrónicos **242** 69
~ de exhibición **22** 16
~ de interruptores **312** 17
~ de la lumbrera **55** 10
~ de la señal de aviso **203** 24
~ de madera **266** 37
~ de mando **311** 17, 29
~ de mandos **177** 36
~ de mando y de control **311** 8

~ de manejo de la cámara **240** 31
~ de registro con indicador del volumen respiratorio **26** 28
~ divergente **90** 13
~ giratorio de filtro coloreado **316** 49
~ guía de ferrocarriles **204** 16
~ indicador de las luces de navegación **224** 29
~ indicador del nivel de la clase con indicadores individuales y contadores del total **242** 3
~ lateral *Estar* **42** 2
~ lateral *Apart.* **46** 4
~ lateral *Granja* **62** 25
~ lateral fijo **188** 48
~ lateral reversible **260** 35
~ luminoso **264** 30
~ para el plano terminado **151** 12
~ sinóptico **76** 8
~ solar *Meteor.* **10** 66
~ solar *Astron.* **234** 53
~ triangular **203** 13
pan empaquetado, clases **97** 48-50
panera **45** 20
pan eucarístico **332** 28
panga *Barco* **221** 78
~ *Salvamento* **228** 17
~ *Remo* **283** 9-16
pangolín **366** 10
panícula *Agric.* **68** 35
~ *Botán.* **370** 69
~ *Planta* **378** 46
pan inglés **97** 10
~ integral **97** 10, 48
~ moreno **97** 6
~ negro de Westfalia **97** 49
panó **71** 44
panocha **68** 36
panoja **68** 36
pan redondo **97** 6
~ redondo pequeño **97** 7
pantaleón **325** 1
pantalón **29** 60; **33** 3
~ bombacho *Ropa* **30** 44
~ bombacho *Carnaval* **306** 42
~ bombacho *Moda* **355** 34
pantaloncillos **32** 26
pantaloncito de jugar **29** 21
pantalón con peto **29** 40
~ corto *Ropa* **29** 25; **33** 25
~ corto *Jue. pelota* **291** 57
~ corto de señora **31** 39
~ de cinturilla en la rodilla **33** 40
~ de cuero **29** 32
~ de chica **29** 49
~ de deporte **291** 57
~ de escalada **300** 7
~ de gimnasia **296** 62
~ del chandal **33** 29
~ del pijama **32** 19
~ de media pierna **33** 40
~ de piel **29** 32
~ de salvamento **228** 13
~ de trabillas **29** 45
~ de verano **31** 52
pantalones de montar blancos **289** 5
pantalón largo de invierno **30** 19
~ playero **280** 22
~ vaquero **31** 60; **33** 22
pantalla *Astron.* **5** 15
~ *Correo* **236** 40
~ *Téc. ens.* **242** 84
~ *Cine* **310** 16; **312** 11
~ *Cabar.* **318** 21
~ absorbente **310** 51
~ acústica *Electrón* **241** 14
~ acústica *Rastro* **309** 17
~ antideslumbrante **210** 60
~ de ajuste **112** 21
~ de enfoque **114** 23
~ de la estufa **309** 8
~ de la ventana **304** 12
~ del videoteléfono **242** 26
~ de plomo **259** 70
~ de protección **157** 59
~ de proyección *RTV* **238** 32
~ de proyección *Colegio* **260** 11
~ de proyección *Cine* **312** 36
~ de radar **224** 12
~ de vidrio de cristal **179** 24
~ fluorescente de la imagen final **113** 39
~ negra **310** 51
~ para examinar la película **242** 8
~ para impedir la vista del suelo **289** 30
~ para mirar los huevos al trasluz **74** 40
~ plegable protectora contra las llamaradas **259** 15
~ protectora contra las llamaradas **259** 27
~ terminal de datos **248** 16
pantanero *Geogr.* **13** 14-24
~ *Cons. hidr.* **217** 57
pantano *Geogr.* **13** 14-24
~ *Cons. hidr.* **217** 57
~ alto **13** 19
~ superficial **13** 14
panteonero **331** 22
panti **29** 42
pantógrafo *Mapa* **14** 65
~ *Fotocomp.* **175** 58
~ *Tranv.* **197** 2, 23
~ *Estación* **205** 36
~ de toma de corriente **211** 2
pantoque de proa **259** 80
pantorrilla **16** 53
pan trenzado **97** 11
pantufla **101** 25, 41
panul **57** 27
pan, variedades **99** 11
panza **95** 39
~ de la red **90** 20
pañal de un solo uso **28** 22
~ de usar y tirar **28** 22
paño **168** 39
~ del altar **330** 6, 36
~ de planchar **104** 32
~ estéril **26** 38
pañol *Barco* **223** 57
~ *Salvamento* **227** 26; **228** 27
pañuelo de cuello *Ropa* **31** 57; **32** 40; **33** 65
~ *Toros, rodeo* **319** 38
~ del traje **33** 10
papa **68** 38, 40
papafigo **360** 7
papagayo **363** 1
papalina *Carnaval* **306** 23
~ *Moda* **355** 71
papaverácea **61** 2
papel *Pesca* **89** 22
~ *Estudio* **151** 14
~ asfalto **153** 48
~ bruto **173** 29
~ de ampliación en color **116** 51
~ de apresto **128** 5
~ de cocina **40** 1
~ de composición **174** 34
~ de desecho fino **128** 8
~ de envolver **98** 46
~ de lija *Empapel.* **128** 14
~ de lija *Pintor* **129** 25
~ de lija *Bric.* **134** 25
~ de lija *Torn.* **135** 25
~ de protección **114** 21
~ de registro **25** 4; **27** 29, 34, 40
papelera *Casa* **37** 63
~ *Apart.* **46** 25
~ *FFCC* **207** 55
~ *Oficina* **248** 45
~ *Ciudad* **268** 5
~ *Parque* **272** 43; **273** 25
~ para los desperdicios **205** 55
papelero **268** 75
papeleta de voto **263** 20
papel higiénico **49** 11
~ indicador **128** 16
~ metálico **153** 44
~ moneda **252** 29-39
~ para imprimir *Offset* **180** 47
~ para imprimir *Tipogr.* **181** 9
~ perforado **237** 32
~ pintado **128** 18
~ pintado del techo **128** 53
papiliónida **358** 52
papiro **383** 64
paquete *Correo* **236** 3
~ *Ciudad* **268** 36
~ de algodón en rama **99** 28
~ de bizcochos para perros **99** 37
~ de cerveza **99** 72
~ de cigarrillos **107** 11
~ de cigarros **107** 11
~ de doce cartones hecho con la hoja de plástico retractable **76** 25
~ de especias **99** 67
~ de huevos **99** 50
~ de papel fotográfico **116** 51
~ de pastas para sopas **99** 65
~ de serrín para gatos **99** 38
~ de tabaco **107** 25
~ de tapones de algodón **99** 30
~ de té **99** 69
~ de un solo uso **93** 28
~ de vendajes **21** 4
~, pequeño **236** 6
~ por expreso **204** 2
~ postal **236** 3
par *Construc.* **121** 74, 80
~ *Ruleta* **275** 20
para **252** 28
parábola **347** 14
parabrisas **191** 21
~ abatible **255** 97
~ del sidecar **189** 58
~ panorámico **191** 21
paracaídas *Meteor.* **10** 57
~ *Dep. aéreo* **288** 37
~ auxiliar *Astron.* **235** 59
~ auxiliar *Dep. aéreo* **288** 39
~ de frenado **257** 24
~ del cable **287** 7
~ de salvamento **235** 60
paracaidismo **288** 37-62
parachoques delantero con escudo de caucho **191** 13
~ del sidecar **189** 55
~ incorporado **193** 33
parada *Mapa* **15** 28
~ *Tranv.* **197** 35
~ *Esgr.* **294** 6
~ del tranvía **268** 25
~ de taxis **268** 63
~ en quinta **294** 24
~ en sexta **294** 8
~ en tercera **294** 8
parafina **145** 50, 60
paraguas *Vestíb.* **41** 15
~ *Estación* **205** 12
~ plegable **41** 12
paragüera **41** 14
paragüero **41** 14
paraíso **315** 16
paralela **346** 4
paralelas **296** 2
~ asimétricas **297** 3
paralelepípedo rectangular **347** 36
paralelo *Mapa* **14** 2
~ *Matem.* **345** 21
paralelogramo **346** 33-36
paramecio **357** 9
paramento **330** 2
páramo alto del pantano **13** 19
~ bajo del pantano **13** 14
paranza **86** 9
parapeto *Puente* **215** 70
~ *Caball.* **329** 21
~ delantero **227** 18
~ trasero **227** 28
parar el motor **286** 54
pararrayos *Casa* **38** 30
~ estático *Avión* **230** 51; **231** 27
parásito **237** 27
~ de la vid **80** 20-27
~ del campo **80** 37-55
~ del hombre **81** 31-42
~ de los cereales **81** 27
~ de los frutos **80** 1-19
parásitos del jardín y del campo **80**
parasol *Ciudad* **268** 61
~ *Cine* **313** 3, 39
pardal *Ave* **361** 5
~ *Mamíf.* **368** 6
~ *Planta ven.* **379** 1
par de cilindros de sujeción **165** 39
pardela **359** 12
pared *Construc.* **120** 29
~ *Tonel.* **130** 23
~ *Jue. pelota* **291** 49
~ central **215** 68
~ cortada a pico **300** 2
~ cortafuegos **121** 9
~ de cristal *Casa* **37** 16
~ de cristal *Discont.* **317** 28
~ de hielo **300** 14
~ de hormigón **123** 1
~ de hormigón colado **119** 7
~ de ladrillos *Construc.* **118** 8

~ de ladrillos *Construc.* **123** 29
~ de ladrillos *Colegio* **260** 45
~ de ladrillos huecos **118** 15
~ de la lingotera **148** 29
~ del ánima **87** 39
~ del apartamento **46** 1
~ del cañón **87** 35
~ del foso **199** 14
~ del ovario **370** 61
~ del sótano **123** 1
~ de protección **122** 35
~ de protección contra las radiaciones **154** 74
~ de quita y pon de tres lados **78** 19
~ de roca **158** 15
~ entramada **120** 48
~ exterior **121** 32; **122** 37
~ exterior de soporte **121** 77
~ frontal articulada **213** 10
~ lateral del depósito de almacenamiento **200** 35
~ lateral permeable al aire **213** 29
~ lateral protectora del ruido **313** 18
~ protectora **2** 46
~ rococó **336** 9
~ rocosa **300** 2
~ transparente **25** 8
pareja bailando **267** 46
~ de novios **272** 72
paréntesis **342** 24
paridero **75** 40
párido **360** 4
parietal *Anat.* **17** 31
~ *Planta* **53** 2
parihuela *Bomberos* **270** 23
~ *Igl.* **331** 41
paripinnada **370** 41
párpado inferior **19** 40
~ superior **19** 39
parque *Mapa* **15** 97
~ *Parque* **272**
~ barroco **272** 1-40
~ de atracciones **308**
~ de coches y de vagones **206** 25
~ de juegos infantiles **273**
~ del balneario **274** 1-21
~ francés **272** 1-40
~ inglés **272** 41-72
~ palaciego **272** 1-40
~ plegable **28** 39
parquímetro **268** 1
párrafo **342** 36
parrampán **307** 23
parrilla *Autom.* **191** 11
~ *Feria* **308** 33
~ de carbón de leña **278** 47
~ del frigorífico **39** 3
~ guía de los martinetes **322** 51
parte central del pecho **95** 26
~ central del tubo **113** 9
~ comida **80** 50
~ corroída no impresora **178** 43
~ del acompañamiento **324** 43
~ del cauce **216** 21
~ en relieve **340** 3
~ imaginaria **344** 14
~ inferior del bikini **280** 27
~ inferior protectora del ruido **313** 17
~ lateral *Zapat* **100** 61
~ lateral *Carp.* **132** 23
~ lateral del pie **19** 58
parteluz **335** 41
parte metereológico **342** 65
~ móvil del alerón **235** 33
~ móvil del elevón **235** 33
Partenón **334** 1
parte real **344** 14
parterre **272** 39
partes del martillo **137** 26
parte sensitiva del ojo facetado de la abeja **77** 22
~ superior del abdomen **16** 35
~ superior del bikini **280** 28
~ superior del marco con cristal de espejo **179** 15
~ superior de tejido de rizo **101** 23
~ superior protectora del ruido **313** 16
~ trasera **193** 35
~ trasera aerodinámica **193** 29
~ trasera del pecho **95** 25
participante en la procesión **331** 51
partícula alfa **1** 30-31; **2** 27
~ beta **1** 32
partida de ajedrez **276** 6
párvulo **48** 2
pasa **98** 8
pasacabo de la escota de foque **284** 29
pasa de Corinto **98** 9
pasadera **15** 78
pasador *Construc.* **120** 26
~ *Tornill.* **143** 19, 78
~ *Oficina* **246** 23
~ *Igl.* **332** 31
~ cilíndrico **143** 40
~ cónico **143** 37
~ con muesca **143** 40
~ de cambio **87** 24
pasa gorrona **98** 8
pasaje **337** 4
pasajera de la moto **268** 36
pasajero *Estación* **204** 24
~ *Barco* **221** 109
pasajeros en tránsito **233** 27
pasamano *Casa* **38** 28
~ *Vestíb.* **41** 23
~ *Construc.* **119** 43; **123** 22, 53, 79
~ *Barco* **221** 122
pasaporte **267** 13
pasaportes **233** 42
pasarela *Casa* **38** 3
~ *Hortic.* **55** 22
~ *Construc.* **118** 29, 87; **120** 36
~ *Sider.* **147** 38
~ con las tuberías **221** 3
~ de embarque **233** 14
~ de focos **310** 53
~ de servicio **217** 72
~ de tablones **118** 79
~ inferior **118** 74
~ superior **118** 73
~ trasera de acceso al Orbiter **235** 49
~ trenzada **215** 18
pascua **376** 1
pas de trois **314** 27-28
pase *Jue. pelota* **291** 47
~ *Toros, rodeo* **319** 24
paseante **272** 26
pase corto **291** 49
paseo del balneario **274** 10
pasero **216** 17
pasiflora **53** 2
pasillo **197** 18
~ central *FFCC* **208** 23
~ central *Igl.* **330** 27
~ de acceso a la gradería **307** 20
~ de circulación **75** 3
~ de servicio **75** 24
~ enrejado para las fieras **307** 51
~ lateral **207** 11
~ mortuorio **328** 16
pasionaria **53** 2
Pasiphaea **369** 12
paso *Caballo* **71** 2; **72** 39
~ *Caza* **86** 16
~ *FFCC* **208** 11
~ *Ruleta* **275** 19
~ *Hípica* **289** 7
~ a nivel *Mapa* **15** 26
~ a nivel *FFCC* **202** 39-50
~ a nivel *Estación* **205** 15
~ a nivel con barrera **202** 39
~ a nivel sin guarda **202** 49
~ bajo la carretera **15** 22
~ con entrada a fondo **295** 42
~ corto **71** 2
~ de aduanas **225** 5
~ de andadura **72** 40
~ de carrera **295** 41
~ de cebra *Calle* **198** 11
~ de cebra *Ciudad* **268** 24
~ de escuela **71** 2
~ de gigante **273** 8
~ del aire **326** 24
~ del arco **302** 6
~ del caballo **72** 39-44
~ de los peces **89** 93
~ de media barrera **202** 45
~ de montaña **12** 47
~ de peatones *Calle* **198** 11
~ de peatones *Ciudad* **268** 24
~ de tres **314** 27-28
~ elevado **268** 48
~ elevado de la carretera **15** 40
~ elevado de la vía férrea **15** 42
~ en escalera **301** 27
~ en forma de espina de pescado **301** 26
~ en zigzag Allais **301** 72
~ español **71** 3
~ gimnástico **295** 41
~ inferior de la senda **15** 44
~ -nivel **202** 39
~ superior del andén **205** 3
passage **71** 3
pasta alimenticia **98** 32-34
~ de madera no refinada **172** 77
~ de madera refinada **172** 78
~ de modelar **48** 12
~ dentífrica **99** 31
~ de relleno **153** 38
~ de soldar **141** 18
pasteca **227** 10
pastel **97** 17-47
~ de molde *Panad.* **97** 33
~ de molde *Superm.* **99** 22
pasteurizador **76** 13
pastilla de caldo **98** 27
~ de sopa **98** 26
pasto **62** 44
pastor **330** 22
~ alemán **70** 25
~ protestante **332** 3
pata *An. dom.* **73** 35
~ *Plaga* **82** 6-8
~ *Caza* **88** 46, 81
~ anterior **82** 6
patada a la luna **282** 41
~ lateral **299** 19
pata de araña **115** 91
~ de asno **380** 8
~ de ganso **288** 74
~ de la mesa **44** 2
~ delantera *Perro* **70** 5
~ delantera *Caballo* **72** 22-26
~ delantera *Caza* **88** 25, 64
~ de liebre **202** 25
~ del trípode **114** 43
~ media **82** 7
~ palmípeda **359** 6
~ prensil **364** 34
~ saltadora **358** 11
patata **68** 38, 40
~ crujiente **45** 41
~ de siembra **68** 39
pata trasera *Perro* **70** 7
~ trasera *Plaga* **82** 8
~ trasera *Caza* **88** 22, 63
~ trasera izquierda de una obrera **77** 6-9
pâté **96** 15
patena **330** 9; **332** 51
patente **246** 26
patilla *Pein.* **34** 12, 24
~ *Ópt.* **111** 13
~ *Construc.* **118** 12
~ *Bicicl.* **188** 51
~ de apoyo de la bicicleta **187** 34
~ de la motocicleta **189** 21
patín *Ropa* **29** 5
~ *Carret.* **200** 33
~ *Dep. inv.* **302** 20-25, 45; **303** 7
patinadora individual **302** 1
~ sobre hielo **302** 1
patinador a vela **302** 27
~ de velocidad **302** 26
~ por parejas **302** 4
patinaje a vela **302** 27-28
~ sobre hielo **302** 1-26
patín-balancín **47** 16
patín de apoyo **188** 51
~ de aterrizaje *Avión* **232** 15
~ de aterrizaje *FFAA* **256** 21
~ de cola **256** 23
~ de deslizamiento **202** 22
~ de hockey sobre hielo **302** 23
~ de lana **101** 42
~ del raíl **202** 4
~ de presión **133** 47
~ de ruedas **194** 32
~ lijador del bastidor **133** 34
~ móvil **303** 10
~ para el patinaje sobre hielo **302** 20-25
~ para patinaje de velocidad **302** 20
patio conventual **331** 53
~ de butacas **315** 19
~ de la granja **62** 31
~ del castillo **329** 2
~ de los caballos **319** 15
~ de luz **271** 11
patito **73** 35
~ de caucho **49** 4
pato **73** 35

~ de juguete **273** 30
~ salvaje con sus patitos **272** 51
~ silvestre **86** 41
patricia de Augsburgo **355** 48
patriota **384** 28
patrón **54** 33
~ de corte **103** 13
~ del reps acanalado irregular **171** 19
~ para el ligamento del tejido de punto longitudinal **171** 27
~ para el ligamento panameño **171** 11
~ para el reps por trama **171** 13
patrulla motorizada de tráfico **264** 9
patuco **29** 5
pausa **320** 20-27
pava *Bebé* **28** 47
~ *Sombr.* **35** 35
~ *Cocina* **39** 16; **40** 10
~ *Estar* **42** 14
~ *An. dom.* **73** 28
pavimento **217** 1
~ de cemento **123** 14
~ de losetas **123** 26
Pavo *Astron.* **3** 41
pavo *An. dom.* **73** 28
~ *Dinero* **252** 33
~ real **73** 30
Pavo Real **3** 41
pavo real **365** 2
payaso *Carnaval* **306** 69
~ *Circo* **307** 24
~ "cara blanca" **307** 24
~ músico **307** 23
peal **21** 30
pececillo de plata **81** 14
Peces **4** 64
pecíolo **370** 27
~ con estípulas **371** 73
pectoral mayor **18** 36
pechera plisada **32** 44
pechina **334** 74
pecho *Anat.* **16** 28-29, 28-30, 30
~ *Caballo* **72** 19
~ *Matad.* **95** 4
~ de la vaca **95** 23
~ de ternera **95** 4
~, parte central **95** 26
~, parte trasera **95** 25
pedal *Modista* **103** 11
~ *Sastre* **104** 13
~ *Tejed.* **139** 27
~ *Encuad.* **183** 18
~ *Bicicl.* **187** 40, 78; **188** 25
~ *Dep.* **305** 85
~ *Mús.* **323** 62
pedal de arranque *Bicicl.* **188** 43
~ de arranque *Moto* **189** 38
~ de bicicleta **187** 78
~ de bloque **187** 78
~ de cambio de velocidades **190** 77
~ de embrague **192** 28
~ de expresión **326** 50
~ de freno *Offset* **179** 12
~ de freno *Bicicl.* **188** 52
~ del acelerador **191** 46, 94
~ del aspiración **103** 26
~ del embrague **191** 44, 96
~ del freno *Jardín* **56** 40
~ del freno *Offset* **179** 30
~ del freno *Autom.* **191** 45, 95
~ del gas **191** 46, 94
~ del piano **325** 8-9
~ del piano de cola **325** 41
~ del timón de dirección con frenos **257** 10
~ del timón de mando **230** 27
~ del timón de mando del copiloto **230** 28
~ de mando **168** 48
~ de notas alteradas **326** 52
~ de notas naturales **326** 51
~ de puesta en marcha **165** 35
~ derecho **325** 8, 41
~ dulce **325** 9
~ fuerte **325** 8
~ izquierdo **325** 9, 41
~ neumático **325** 46
~, para interrumpir la presión **181** 12
~ para levantar los rodillos transportadores **132** 72
~ para regular la presión del electrodo **142** 31
~ piano **325** 9
~ que acciona el fuelle **325** 46
~ selector de velocidades **188** 55
~ suave **325** 9
pedazo de cristal **124** 10
~ de tabaco para mascar **107** 19
pedestal *Parque* **272** 11
~ *Circo* **307** 55
~ de disco **105** 27
~ de la mesa de operaciones **26** 6
~ del lavabo con sifón **49** 27
pedicelo **370** 52
pediculado **369** 6
pedipalpo prensil **358** 41
pedrisco **9** 36
pedúnculo *Fruta* **58** 13, 34, 61; **59** 4
~ *Botán.* **370** 52
pega **361** 3
pegacintas **117** 89
pegadilla **77** 45-50
pegamento **48** 4
~ **260** 51
Pegaso *Astron.* **3** 10
~ *Ser fabul.* **327** 26
peinado *Pein.* **34**
~ *Peluq.* **106** 3
~ *Hilat.* **163** 72
~ *Etnogr.* **354** 9
~ afro **34** 26
~ a la romana **34** 35
~ de caballero **34** 1-25
~ de caracoles **34** 37
~ de mujer **34** 27-38
~ de rodetes **34** 37
~ estilo griego **34** 31
~ estilo guirnalda **34** 31
~ estilo paje **34** 35
peinador *Dorm.* **43** 25
~ *Peluq.* **105** 34; **106** 4
peinadora *Dorm.* **43** 25
~ *Hilat.* **163** 56
peinador de maquillaje **315** 44
peinado rococó **355** 81
peine **28** 8
~ ajustable **165** 26
~ circular **163** 68
~ de aire caliente **106** 29
~ de expansión **165** 26
~ de peluquero **106** 28
~ descargador **163** 39
~ de telar **166** 10
~ de tocador **105** 15
~ en el batán **166** 41
~ fijo **163** 67
~ para perros **70** 29
~ para roscado interior de madera **135** 14
~ secapelos eléctrico **105** 22
peineta **105** 6
peje buey **366** 23
pelambre **50** 47
pelargonio **53** 1
peldaño *Casa* **38** 17, 27
~ *Apar. hogar.* **50** 38
~ de arranque **123** 18, 42
~ de hierro **269** 28
~ del descansillo **123** 19
~ en bloque enterizo **123** 17
~ macizo **123** 17
~, primer **123** 18, 42
pelele **29** 21
~ con pies **29** 11
~ entero **29** 11
pelero **71** 44
peletera **131** 8, 23
peletero **131**; **131** 1
pelicánida **359** 5
pelícano **60** 10
~ americano **359** 9
~ común **359** 5
~ rosa **359** 5
película *Átomo* **2** 10, 13
~ *Fotocomp.* **176** 25
~ con la lengüeta de carga **114** 9
~ erótica **318** 20
~ estrecha **117**
~ impresionada **117** 42
~ magnética **311** 2
~ pornográfica **318** 20
~ sin impresionar **117** 41
~ sonora con banda lateral magnética **117** 82
pelo **16** 3
~ absorbente **370** 18
~ absorbente de la raíz **68** 18
~ a lo Colón **34** 35
~ a lo garçon **34** 34
~ radical **370** 18
~ rizado **34** 33
pelota *Bebé* **28** 16
~ *Circo* **307** 60
~ base **292** 40-69
~ de balonvolea **293** 58
~ de béisbol **292** 61
~ de croquet **292** 82
~ de gimnasia **297** 34
~ de golf **293** 89
~ de hockey **292** 14
~ del juego de balón a puños **293** 74
~ del tenis de mesa **293** 48
~ de ping-pong **273** 5
~ de tenis **293** 28
pelotari **305** 68
pelota suspendida en un solo punto **299** 22
~ suspendida por los dos extremos **299** 20
peluca *Pein.* **34** 2
~ *Peluq.* **105** 38
~ *Teatro* **315** 49
~ a lo Mozart **34** 4
~ de bolsa **34** 4
~ de circunstancias **34** 2
~ de coleta *Pein.* **34** 5
~ de coleta *Moda* **355** 77
~ de Estado **34** 2
~ larga **34** 2
~, media **34** 2
peluche *Bebé* **28** 46
~ *Hab. niños* **47** 41
~ *Parque* **273** 26
peluquera **105** 35
peluquería **233** 53
~ de señoras **105** 1-39
peluquero **106** 1
~ cinematógrafo **310** 36
~ de caballeros **106**
~ de señoras **105**
~ de teatro **315** 48
pelusa del algodón **383** 19
pelvis **17** 18-21
~ renal **20** 31
penacho **329** 78
~ de branquias **364** 19
~ de pavo real **254** 36
~ de plumas eréctiles **359** 26
penalty **291** 40
pendiente *Geogr.* **13** 65
~ *Joya* **36** 11, 13
~ de la montaña **12** 37
~ de la recta **347** 12
~ escarpada **12** 43; **13** 57
~ suave **13** 58
péndola **309** 58
pendolón **121** 68
pendón **253** 12
pendoncillo de torneo **254** 33
pendón de la ciudad **218** 22
péndulo *Átomo* **2** 35
~ *Reloj.* **110** 27
~ compensador **109** 33
~ del reloj **309** 58
~, suspensión del **11** 42
pene **20** 66
península **13** 5
penique **252** 37
pennatúlida **369** 14
pensamiento **60** 2
Pentacrinus **369** 3
pentafolio **335** 40
pentágono **351** 9
pentagrama **320** 43-44
pentaprisma de techo **115** 70
~ de tejado **115** 41
penumbra **4** 34
peña **137** 27
peñasco **13** 25
peón *Construc.* **118** 19
peón **319** 21
~ *Juego* **276** 13
~ *Dep.* **305** 6, 8
~ *Toros, rodeo* **319** 21
~ zapador **118** 76
pepe **28** 19
pepinillo en vinagre **98** 29
pepino *Hortal.* **57** 13
~ *Superm.* **99** 83
pepita **58** 23, 37, 60
peplo **355** 2
Pequeño Carro **3** 34
pequeño paquete **236** 6
~ parangón **175** 31
pequinés **70** 19
pera *Fruta* **58** 33
~ *Superm.* **99** 87
~ de boxeo **299** 23
~ de maíz **299** 23
peral **58** 31

~ silvestre **58** 31
pera para inflar **25** 17
percusor **324** 64
percutor *Caza* **87** 21
~ *Matad.* **94** 4
~ *FFAA* **255** 4
percha *Vestíb.* **41** 3
~ *Caza* **86** 49
~ *Matad.* **94** 21
~ *Hilat.* **163** 34
~ *FFCC* **207** 50
~ *Remo* **283** 1
~ anemométrica **257** 1
~ de los vestidos **271** 31
~ de pie **266** 12
perchadora para cardar el derecho del tejido **168** 31
percha nemométrica **256** 11
perchero *Vestíb.* **41** 1
~ *Restaur.* **266** 12
~ de pie móvil **103** 17
pérdida de altura durante el trasluche **285** 28
perdigón **87** 51
perdiz *Caza* **88** 70
~ *Ave* **359** 22
perejil **57** 19
~ lobuno **379** 4
pereza **366** 11
perezoso **366** 11
perfil *Tornill.* **143**
~ *Barco a motor, esquí acuát.* **286** 38
~ de base **229** 45
~ del neumático **189** 27
perfolla **68** 33
perforación a poca distancia de la costa **146**
~ off-shore **146**
perforadora de fichas **244** 12
~ de percursión **158** 11
~ de roca **158** 11
perforador de cinta **176** 5
~ de papeles pintados **128** 12
perfume *Dorm.* **43** 27
~ *Peluq.* **105** 36
pérgola *Casa* **37** 80
~ *Jardín* **51** 1
~ *Parque* **272** 17
pericarpio **59** 42
periclino con aristas **375** 33
perico ligero **366** 11
pericotera **83** 36
periforantia con aristas **375** 33
periforanto con aristas **375** 33
perilla **34** 10
perineo **20** 64
periódico *Estación* **205** 51
~ *Café* **265** 25
~ *Escrit.* **342** 37-70
~ empaquetado **182** 31
~ plegado **181** 56
período **344** 22
~ de Hallstatt **328** 21-40
~ de La Tène **328** 21-40
~ mesolítico **328** 1-9
~ neolítico **328** 10-20
~ paleolítico **328** 1-9
periostio dental **19** 28
periscopio de ataque **259** 88
perisodáctilo **366** 25-27
peristilo **334** 2
peritoneo **20** 58
perla *Joya* **36** 8
~ *Fotocomp.* **175** 22
~ *Arte* **334** 38
~ *Moda* **355** 16
~ *Invert.* **357** 35
perlón **170** 1-62
pernada **90** 29
pernera del pantalón **33** 6
pernil **88** 21, 37
pernio **140** 51
perno **119** 75
~ de anclaje **143** 43
~ de la orza de quilla **284** 25
~ percutor **94** 4
~ roscado **121** 98
pero **58** 31
perolero *Hojal.* **125** 17
~ *Font.* **126** 1
peroné **17** 24
peroneo largo **18** 64
perpendicular **346** 6, 27
perpetua **377** 3
perra **73** 16
perrera volante **288** 91
perrero de caza **289** 43
perrito pequinés **70** 19
perro *Granja* **62** 32
~ *An. dom.* **73** 16
~ atado **99** 7
~ de arrastre **149** 54
~ de ayuda **70** 25
~ de caza *Caza* **86** 7
~ de caza *Hípica* **289** 47
~ de jabalí **86** 33
~ de lanas **70** 36
~ de lanas enano **70** 36
~ del infierno **327** 29
~ de muestra **70** 42
~ de muestra alemán **70** 40
~ de muestra inglés **70** 41
~ de peluche grande **47** 41
~ de Pomerania **70** 20
~ de san Bernardo **70** 37
~ de tela **47** 7
~ de Terranova **70** 34
~ de trineo **353** 2
~ esquimal *Perro* **70** 22
~ esquimal *Etnogr.* **353** 2
~ guardián y de compañía **70** 25
~ jabalinero **86** 33
~ Leonberg **73** 16
~ lobo **70** 25
~ mudo **368** 9
~ perdiguero **70** 42
~ polar **353** 2
~ policía **264** 6
~ rastrero **70** 43
~ tejonero **70** 39
~ zarcero **70** 39
persiana *Molino* **91** 4
~ *FFCC* **212** 84
~ de separación **25** 9
~ enrollable **37** 28
persona hundida en el hielo **21** 28
~ inconsciente **21** 25
personal de bomberos sujetando la lona de salvamento **270** 17
persona que asiste al entierro **331** 33
~ que se está ahogando **21** 35
pértiga *Pesca* **89** 30
~ *Río* **216** 16
~ *Atlet.* **298** 28
~ *Circo* **307** 46
~ del trole **194** 41
~ soporte del guiahílos **167** 2
pertrecho para el torneo **329** 76
perturbación de radiodifusión **237** 27
pesa **96** 1-30
pesabebés **22** 42
pesacartas **236** 24
pesa corredera **40** 36
~ de la marcha *Reloj.* **110** 29
~ de la marcha *Rastro* **309** 59
~ de las campanadas **110** 28
~ de los toques *Reloj.* **110** 28
~ de los toques *Rastro* **309** 60
~ de plomo **89** 88-92
pesador **96** 38
pesca **89** 20-94
~ con anzuelo **89**
~ con caña **89** 20-94
~ con palangre **90** 28-29
~ con red barredera **90** 11-23
~ con red de arrastre **90** 1-10
~ costera **90** 24-29
~ de altura **90** 1-23
~ de bajura **90** 24-29
~ de fondo **89** 20-31
~ de la carpa **89** 26
pescado **266** 53
~ en conserva **96** 28
pescador subacuático **280** 37
pesca marítima **90**
pescante *Construc.* **119** 36
~ *Coche* **186** 8
~ *Barco* **221** 101; **223** 20
~ *Puerto* **226** 49
~ *Buque guerra* **258** 13
~ del bote **258** 83
~ elevado por detrás **186** 29
pesebre **62** 9
~ de heno **75** 12
peseta **252** 22
peso *Méd.* **22** 66
~ *Hab. niños* **47** 33
~ *Comest.* **98** 12
~ *Superm.* **99** 88
~ *Punto* **167** 32
~ *Atlet.* **298** 49
~ *Halter., pesos* **299**
~ de cocina *Cocina* **40** 35
~ de cocina *Rastro* **309** 84
~ de corredera **22** 66
~ de fondo **90** 10
~ de hierro **90** 21
~ de los huevos **74** 43
~ esférico para golpear **38** 32
~ inmovilizado **299** 5
~ tensor **167** 50
pespunte *Ropa* **29** 39; **30** 17; **31** 5, 45
~ *Labores* **102** 1
~ decorativo **30** 31
pesquero de arrastre **221** 86
pestaña **19** 41
~ para el cambio de cañón **255** 35
pestillo **140** 37, 39
~ de la contraventana **37** 31
~ de mano **203** 57
~ de seguridad *Átomo* **2** 40
~ de seguridad *Apar. hogar* **50** 25
petaca **107** 10, 43
~ de puros **107** 8
pétalo *Fruta* **58** 43; **59** 11
~ *Botán.* **370** 59
petanca **305** 21
petardo **306** 53
petaso **355** 4
petición de información inscrita en la pantalla terminal de datos **248** 44
petifoque **219** 23
petimetre **306** 33
petirrojo **361** 15
peto *Ropa* **30** 24
~ *Caball.* **329** 46
~ de la careta de esgrima **294** 14
~ de pliegues fruncidos y bordados **29** 15
petral **71** 28
petrel **359** 12
petróleo *Geogr.* **12** 31
~ *Petról.* **145**
~, depósito de **12** 27
~ lampante **145** 41
petrolero *Barco* **221** 1
~ *Puerto* **225** 73
~ de reabastecimiento de combustible **258** 97
petunia **53** 6
pez *Dep. inv.* **301** 36
~ *Pez, anfib., rept.* **364**; **364** 1-18
~ abisal **369** 13
~ artificial de metal de dos partes **89** 70
~ artificial de metal de una sola parte **89** 69
~ artificial de metal esférico **89** 71
~ cuchara imitando a uno vivo **89** 72
~ hembra **89** 13
pezón *Anat.* **16** 28
~ *Ganado* **75** 19
~ *Botán.* **370** 52
pezpítalo **360** 9
pezuña **88** 24
pfennig **252** 7
Phantom **256** 1
philtrum **16** 12
phorbeia **322** 5
piafe **71** 1
pianino **325** 1
pianissimo **321** 36
~ piano **321** 37
piano **321** 35; **325** 1
~ cuadrado **325** 40
~ de cola **325** 40
~ de concierto **325** 40
~ de cuarto de cola **325** 40
~ de media cola **325** 40
~ recto **325** 1
~ vertical **325** 1
pibe **28** 42
picá **238** 24
pica *Ruleta* **275** 1-33
~ *Juego* **276** 39
~ *Toros, rodeo* **319** 17
picacho **300** 21
picada **12** 46
~ del huerto **52** 23
~ del jardín **51** 14
picadero **289** 1
~ de la quilla **222** 39
~ del pantoque **222** 40
picado **171** 10
~ en barrena **288** 7
picador **319** 16
picadura **80** 12
~ de la lima **140** 28

picaflor **363** 4
picamaderos **359** 27
picapedrero **158** 5, 34
picapinos **359** 27
picaposte **359** 27
picaraza **361** 3
picarrelincho **359** 27
picaza **361** 3
picazo **289** 29
piccolo **323** 30
pícea **372** 12
pícida **359** 27
pick up *Autom.* **194** 5
~ *Electrón* **241** 21
~ *Rastro* **309** 33
~ *Discot.* **317** 19
pico *Caza* **88** 84
~ *Cantera* **158** 31
~ *Estación* **205** 52
~ *Alpin.* **300** 33
~ *Ave* **359** 27
~ barreno **359** 27
~ carpintero **359** 27
~ corvo **362** 6
~ de la cangreja **219** 45
~ de la montaña **12** 40
~ del caldero de colada **147** 43
~ del fuselaje **235** 20
~ del fuselaje basculante **231** 16
~ de medida exterior **149** 70
~ de medida interior **149** 71
~ de salida **192** 7
~ de seguridad **229** 53
~ de seguridad móvil **229** 38
~ para dar la vuelta a los troncos **85** 6
~ para el maíz **64** 35
~ perfilado **229** 54
~ picapinos **359** 27
picota **59** 5
Pictor **3** 47
pichanga **50** 46
pichica **34** 30
pichinga **47** 9
pichón **73** 33
pie *Anat.* **16** 54; **17** 26-29; **19** 52-63
~ *Perro* **70** 8
~ *Ópt.* **112** 3
~ *Carp.* **132** 29
~ *Máq.-herr.* **150** 19
~ *Tejido* **171** 33
~ *Encuad.* **183** 25
~ *Mús.* **326** 17, 23
~ ácido **302** 10
~ cilíndrico **178** 10
~ de caballo *Ser fabul.* **327** 42
~ de caballo *Planta med.* **380** 8
~ de caucho **114** 45
~ de disco **105** 27
~ de gato **377** 3
~ de imprenta **342** 40
~ de la foto **342** 59
~ de la máquina **133** 25
~ del andamio **118** 23
~ del clisé **178** 41
~ del mástil **284** 20
~ del micrófono **241** 51
~ del torno **149** 12
~ del yunque **137** 15
~ de macrofotografía **115** 94
~ de mesa **115** 99
~ derecho **119** 47
~ derecho de esquina **120** 52
~ derecho de unión **120** 53
~ de reproducción **115** 90
~ de rey *Cerraj.* **140** 52
~ de rey *Máq.-herr.* **149** 67
~ de rey, gran **84** 21
~ de serpiente **327** 39
~, dorso **19** 61
piedra *Agric.* **63** 9
~ *Tabaco* **107** 28
~ *Reloj* **110** 33
~ de aceite **340** 21
~ de afilar *Agric.* **66** 19
~ de afilar *Ópt.* **111** 28
~ de amoníaco **125** 6
~ de cojinete **110** 33
~ de la boya **224** 73
~ del bordillo **198** 7
~ del curling **302** 42
~ de moler **354** 24
~ de sillería **158** 30
~ en bruto **339** 5
~ litográfica **340** 57
~ moledora **172** 71
~ para soldar **125** 6
~ preciosa para anillos **36** 72-77
~ pulverizada **158** 22
~ sin labrar **339** 5
~ tallada con facetas **36** 42-71
pie editorial **185** 48
piel *Caza* **88** 56
~ *Pelet.* **131** 11-21
~ *Mús.* **323** 52; **324** 31
~ cortada **131** 14
~ cortada en tiras **131** 7
~ de astracán **131** 21
~ de breitschwanz **131** 21
~ de la manzana **58** 57
~ de lince alargada **131** 16
~ de lince antes de ser alargada **131** 15
~ de lince empalmada **131** 20
~ del timbal **323** 58
~ de visón **131** 11
~ de visón alargada **131** 19
~ no cortada **131** 6
pie, parte lateral **19** 58
~, planta **19** 62
~ prensatelas **100** 25
~ reptante **357** 28
piérida **365** 3, 4
pierna *Anat.* **16** 49-54, 52; **17** 22-25
~ *Caballo* **72** 36
~ con el jarrete **95** 14
~ con la culata **95** 1
~ de apoyo **302** 2
~ delantera **95** 5
~ en extensión **298** 27
~ fracturada **21** 11
~ libre **302** 3
~ libre en posición vertical **298** 25
piernas abiertas **295** 4
pierrette **306** 12
pierrot **306** 19
pies de la cama **43** 4
pie tubular **114** 42
pieza **104** 25
~ automática del talón **301** 54
~ cobrada **86** 38
~ colgada intermedia **316** 11
~ corriente **122** 78
~ de ángulo **123** 49
~ de apoyo en la mano para la posición de pie **305** 45
~ de artillería autopropulsada **255** 49-74
~ de caza **88**
~ de conexión **350** 56
~ de distribución **270** 32
~ de fijación de los tubos de discusión **112** 22
~ de forja **139** 46
~ de fundición **148** 42
~ de goma del pie delantero **286** 57
~ del faldón **122** 80
~ del rompecabezas **48** 10
~ de madera torneada **135** 19
~ de máquina **143**
~ de protección **104** 14
~ de quitaipón **315** 30; **316** 47
~ de relleno **120** 43
~ de sujeción de la punta del pie **301** 55
~ de tejido **168** 51
~ de tela **271** 59
~ de trabajo **142** 28
~ de trabajo *Carp.* **133** 44
~ de trabajo *Cerraj.* **140** 6
~ de trabajo *Soldadura* **141** 20
~ de unión **119** 60
~ en ángulo **122** 77
~ en bruto **161** 10
~ en forma de T **126** 44
~ en forma de T con rosca interior hembra **126** 47
~ forjada en estampa **139** 28
~ hembra del cardán **67** 31
~ intermedia del depósito **234** 16
~ macho del cardán **67** 29
~ para colocar la pelota **293** 90
~ para soldar *Soldadura* **141** 20; **142** 28
~ protectora de la mejilla **255** 30
~ sobrepuesta **122** 100
pigargo **362** 5
pigmeo **354** 41
pihuela **86** 45
pijama **32** 17, 36
~ de una pieza **29** 23
~ entero **29** 23
pijuano **322** 7
pila *Cocina* **39** 35
~ *Fotogr.* **115** 10
~ *Aserr.* **157** 25
~ *Colegio* **261** 6
~ bautismal **332** 10
~ de alimentación **180** 73
~ de bandejas **266** 45
~ de botón **110** 7
~ de cajas de cerveza **93** 24
~ de discos **176** 34
~ de formularios **245** 24
~ de galvanizar **178** 4
~ de hojas **180** 44
~ de hojas de papel **180** 47
~ de ladrillos **118** 40
~ de láminas acabadas **148** 68
~ de linterna **127** 27
~ de madera de construcción **118** 41
~ de mercurio **25** 32
~ de papel *Offset* **180** 57, 69
~ de papel *Tipogr.* **181** 9, 23, 25, 30
~ de papel impreso **249** 57
~ de papel preparado para la prensa **173** 50
~ de periódicos empaquetados **182** 31
~ de platos **266** 11
~ de troncos **85** 32
~ para el remojo **137** 8
pilar *Construc.* **119** 47; **120** 25; **121** 40, 81
~ *Forja* **139** 10
~ *Puente* **215** 54
~ *Arte* **335** 20
~ de arranque **123** 43
~ de hormigón armado **215** 61
~ de la barandilla **38** 29
~ de la máquina **139** 19
~ del cimiento **5** 28
~ del pórtico **222** 12
~ del puente *Puente* **215** 21, 30, 36
~ del puente *Cons. naval* **222** 27
~ de llegada **123** 54
~ de rotación **215** 65
~ de tierra **215** 27
~ en haz de baquetones **335** 34
~ entregado **335** 46
~ fasciculado **335** 34
~ giratorio **215** 65
~ hathórico **333** 18
~ totémico **352** 1
pila seca **127** 27
pilastra **335** 46
píleo **381** 4
pileta de agua **55** 29
pilón **215** 42
~ de azúcar **99** 64
~ del rotor **232** 23
~ de teleférico **214** 76
~ de tubos de acero **214** 78
~ intermedio **214** 29, 76
pilono **333** 9
pilón soporte **214** 23
~ superior de la fuente **272** 23
píloro **20** 42
pilotaje automático **235** 23
pilote de acero **217** 4
~ de defensa *Cons. hidr.* **217** 9
~ de defensa *Cons. naval* **222** 35
piloto *Bicicl.* **187** 46
~ *Moto* **189** 9
~ *Avión* **230** 35, 36
~ *Astron.* **235** 18
~ *Mús.* **325** 33
~ automático **224** 18
~ de ala delta **287** 45
~ de posición **189** 56
pimentero *Restaur.* **266** 77
~ *Planta estim., trop.* **382** 36
pimienta **382** 39
~ de muros **377** 12
~ en polvo **382** 39
~ molida **382** 39
pimiento **382** 36
~ picante **57** 42
pimpinela mayor **69** 28
pimpollo de la flor **59** 28
pinabete **372** 1
pinacoide triclínico **351** 26
pináculo **335** 29

pincel *J. infancia* **48** 7
~ *Colegio* **260** 84
~ de borrar **151** 47
~ de dorador **129** 54
~ de escribir **341** 24
~ de motear **129** 54
~ de pelos **338** 7
~ para el polvo **109** 18
~ para la primera capa **338** 9
~ para las letras **129** 41
~ para los radiadores **129** 21
~ para resaltar los contornos **129** 20
~ plano **338** 6
~ redondo *Pintor* **129** 19
~ redondo *Pint., dib.* **338** 8
pinchaco **366** 26
pincho **66** 4
pinchón **360** 10
ping-pong *Parque* **273** 1
~ *Jue. pelota* **293** 45-55
pingüino **359** 4
~ imperial **359** 4
pinjante **355** 17
pinnatífida **370** 40
pinnípedo **367** 18-22
pino *Gimn.* **295** 27
~ *Coníf.* **372** 20
~ albar **372** 20
~ alerce **372** 32
~ blanco **372** 30
~ canadiense **372** 30
~ con flexión de brazos **295** 26
~ de montaña **372** 21
~ de Weymouth **372** 30
~ donal **372** 55
~ enano **372** 21
~ manso **372** 55
~ negro **372** 21
~ piñonero **372** 55
~ real **372** 55
~ rojo **372** 20
~ silvestre **372** 20
pintacilgo **360** 1
pintada **73** 27
pintadillo **360** 1
Pintor *Astron.* **3** 47
pintor *Pintor* **129** 2
~ de decorados **315** 35
~ de escenarios **315** 35
~ de porcelana **161** 17
pintura *Pintor* **129** 1
~ *Pint., dib.* **338** 10
~ al óleo **338** 11
~ con grafio **338** 41
~ con pistola **129** 28
~ de dispersión **129** 4
~ de guerra **352** 13
~ de las cavernas **328** 9
~ de vidrio **330** 15
~ mural **338** 40
~ rupestre **328** 9
~ sobre cristal **330** 15
pínula **305** 41
pinza **121** 59
~ abdominal **81** 12
~ con las puntas cortadas **100** 52
~ del crisol **350** 32
~ del freno **191** 18; **192** 49
~ del freno de disco **189** 33
~ del tubo **40** 20
~ de masa **142** 35
~ de revelado **116** 47
~ desmochada **100** 52
~ de sujeción **157** 13
~ doble **121** 50
~ fija con las pastillas del freno **192** 49
~ orientable **157** 29
~ para el cabello **105** 11
~ para película **116** 14
~ para rizar el cabello **105** 14
~ para sostener los mapas **260** 30
~ prensora **180** 56
pinzas *Méd.* **22** 52
~ *Reloj.* **109** 14
~ *Fotocomp.* **174** 18
~ *Art. gráf.* **340** 50
~ cortantes **162** 44
~ de asidero **23** 12
~ de biopsia **23** 17
~ de secuestro **26** 45
pinza sencilla **121** 49
pinzas Kocher **22** 49
~ para arterias **26** 49
~ para ligaduras **26** 44
~ para soldar por puntos **142** 23
pinza suctoria **77** 9
pinzón vulgar **360** 10
piña *Árbol.* **371** 32
~ *Coníf.* **372** 2, 13
~ de América **384** 61
~ del pino **372** 26
~ tropical *Superm.* **99** 85
~ tropical *Fruto merid.* **384** 61
piñón *Ópt.* **112** 39
~ *Tornill.* **143** 92
~ *Hilat.* **164** 48
~ *Bicicl.* **187** 38
~ de cambio *Hilat.* **164** 40
~ de cambio *Tejido* **166** 19
~ de impulsión **180** 66
~ del árbol de excéntrica **166** 55
~ del eje cigüeñal **166** 51
~ de regulación frontal **114** 51
~ de regulación trasera **114** 55
~ de tracción **214** 8
~ helicoidal de la 1ª velocidad **192** 36
~ helicoidal de la 2ª velocidad **192** 43
~ helicoidal para la 3ª velocidad **192** 34
~ libre **187** 63
~ libre de rebobinaje **115** 27
~ para el accionamiento del tacómetro **192** 39
piñuela **372** 59
pío **289** 29
piocha **34** 17
piojillo **375** 39
piojo de cuerpo **81** 41
~ de las plantas **358** 13
~ de las ropas **81** 41
~ humano **81** 41
piolet **300** 16, 31
~ para el hielo **300** 36
piorno **374** 32
pipa **42** 12
~ ahumadora **77** 59
~ corta **107** 33
~ de agua **107** 42
~ de barro **107** 34
~ de la paz **352** 6
~ del apicultor **77** 59
~ de madera de brezo **107** 39
~ larga **107** 35
pipario **42** 11
pipeta **22** 72
~ automática **23** 44
~ graduada **350** 24
~ ordinaria **350** 25
pipio **90** 29
pipirigallo **69** 10
piquera *Apic.* **77** 48
~ *Sider.* **148** 21
~ de colada **147** 50
piqueta *Construc.* **118** 53
~ *Alpin.* **300** 16, 31
piragua de los indios de los bosques **352** 19
piragüista **283** 55
piral de la vid **80** 22
~ del roble **82** 43
pirámide *Huerto* **52** 16
~ *Arte* **333** 1
~ con sus templos **333** 6
~ cuadrangular *Arte* **333** 1
~ cuadrangular *Matem.* **347** 46
~ de vidrio **5** 19
~ escalonada *Arte* **333** 22, 32
~ escalonada *Etnogr.* **352** 20
~ ortorrómbica **351** 23
~ tetragonal **351** 18
Pirata *Vela* **284** 52
pirata *Carnaval* **306** 43
pirheliómetro de disco de plata **10** 23
pirita **351** 8
pirófago **308** 25
pirómetro **178** 16
pirouette **314** 24
pirueta *Caballo* **71** 4
~ *Ballet* **314** 24
~ con el cuerpo derecho **302** 9
~ de pie **302** 9
~ sentada con salto **302** 8
pisadera **44** 16
pisaverde **306** 33
piscicultura **89** 1-19
piscina *Barco* **223** 23
~ *Natac.* **282** 1-32
~ al aire libre **282** 1-32
~ cubierta **281** 1-9
~ de agua fría **281** 30
~ de los no nadadores **282** 21, 23
~ de olas artificiales **281** 1-9
~ para saltos **282** 11
Piscis **4** 64
piso *Casa* **37** 3, 82
~ *Dorm.* **43** 22
~ *Construc.* **123** 41
~ *Hotel* **267** 35
~ bajo **194** 37
~ de bajada **6** 28-36
~ de subida **6** 37-47
pisón *Construc.* **119** 83
~ *Abast. agua* **269** 60
~ de combustión interna **200** 26
~ de explosión **200** 26
piso superior **194** 38
pista **307** 21
pistachero **382** 49
pistacho **382** 51
pista de arena **290** 24
~ de aterrizaje y despegue **233** 1
~ de baile **317** 16
~ de carreras *Cicl., motor* **290** 1
~ de carreras *Atlet.* **298** 6
~ de carreras al trote **289** 23
~ de ceniza **298** 6
~ de despegue y aterrizaje para los aviones **287** 15
~ de esgrima **294** 2
~ de estacionamiento **233** 3
~ de los coches de choque **308** 62
~ de maniobras **233** 4
~ de material sintético **298** 6
~ de rodaje **233** 2
~ de sincronización **243** 33
~ de tenis **293** 1
~ en diagonal **243** 31
~ para la gimnasia en el suelo **296** 11
~ señal **243** 59
~ sonora **243** 32
~ vídeo **243** 31
pistilo **68** 34
pisto **246** 27
pistola de aire caliente **130** 25
~ del surtidor **196** 3
~ de perno percutor **94** 3
~ de pulverización **129** 32
~ de soldar **134** 56
~ P 1 **255** 1
~ -pulverizadora *Parás.* **83** 18
~ pulverizadora *Tipogr.* **181** 34
~ pulverizadora de mano **129** 35
~ pulverizadora de vapor **131** 2
~ pulverizadora sin aire **129** 37
~ reglamentaria **264** 22
pistolera **264** 24
pistón *Tec. ens.* **242** 46
~ *Carnaval* **306** 49
~ *Mús.* **323** 40; **324** 66
~ a pedal **326** 48
~ con deflector **242** 56
~ con el fulminante **87** 59
~ con segmentos de comprensión y segmento rascador de aceite **190** 37
~ de la prensa **133** 52
~ hidráulico *Agric.* **65** 24
~ hidráulico *Forja* **139** 41
~ hidráulico *Teatro* **316** 60
pit **243** 60
pitcher **292** 50, 68
pitillera **107** 10
pitillo **107** 12
pito *Tabaco* **107** 33
~ *Ave* **359** 27
~ *Planta ind.* **383** 60
pitón de anillo **300** 39
~ de la película del sistema de carga rápida **115** 25
~ de muescas para hielo **300** 41
~ de roca **300** 9
~ de rosca para hielo **300** 40
~ en forma de sacacorchos **300** 40
~ para el descenso en rapel **300** 39
~ para usos múltiples **300** 38
~ universal **300** 38

pitrén **382** 40
pivilca **322** 7
pivote **24** 34
~ de mangueta **192** 79
píxide **330** 8; **332** 53
pixidio **370** 95
pizarra *Hab. niños* **47** 13
~ *J. infancia* **48** 16
~ *Construc.* **122** 85
~ *Colegio* **261** 36
~ *Rastro* **309** 72
~ de anotaciones **277** 18
~ de caballete **122** 79
~ del alero **122** 76
~ del copete **122** 80
~ de tejado **122** 78
~ de tres paneles **260** 29
~ para anunciar los retrasos de trenes **204** 12
pizarrero **122** 71
pizarrón *Colegio* **260** 29, 36
~ *Rastro* **309** 72
pizpita **360** 9
placa ajustable de cerámica de óxidos, formas **149** 47
~ base **116** 27
~ -base del motor **164** 36
~ con el nombre **285** 46
~ con el nombre de la calle **268** 7
~ conmemorativa *Igl.* **331** 14
~ conmemorativa *Esc.* **339** 38
~ cortante de metal duro o de cerámica de óxidos **149** 46
~ de advertencia de limitación de velocidad **203** 43
~ de aislamiento **122** 44
~ de asiento **202** 5
~ de base *Punto* **167** 34
~ de base *FFAA* **255** 46
~ de cinc grabada al agua fuerte **178** 40
~ de cocina **39** 15
~ decorativa de la puerta **333** 35
~ de fijación sobre la carrocería **192** 72
~ de identificación de las aves **74** 55
~ de la matrícula **189** 8
~ del puente **111** 12
~ del punto de parada *Tranv.* **197** 36
~ del punto de parada *FFCC* **203** 33
~ de metal duro soldada **149** 50
~ de parada **203** 31-32
~ de quitanieves **203** 34-35
~ de ruta y destino **205** 38
~ de sujeción **202** 9
~ de zinc **340** 52
~ fotográfica **309** 50
~ frontal **85** 35
~ incandescente **108** 37
~ indicadora de la línea **197** 21
~ indicadora de la línea y del destino **197** 20
~ matriz de agujeros **137** 17
~ óptica derecha **195** 18
~ para alisar **125** 4
~ para el número de competición **189** 18
~ para enderezar **125** 3
~ para urografía **27** 14
~ prensada **123** 38
~ pulimentada de cobre **340** 53
~ quitanieves bajada **203** 35
~ quitanieves levantada **203** 34
~ solar **155** 19, 32
~ trapezoidal para marcar el punto de parada en la estación **203** 25
~ trasera **85** 40
placer **63** 1
placeta **12** 41
plaga forestal **82**
plan **13** 13
plancha **104** 29
~ aislante ligera **123** 58
~ automática eléctrica **50** 1
~ con pulverizador y secado **50** 11
~ curvada fundida **178** 21
~ de acuaplano **280** 15
~ de cinc **179** 9
~ de cinc para copiar **178** 32
~ de cobre *Offset* **179** 9
~ de cobre *Art. gráf.* **340** 36
~ de compresión **2** 25
~ de cubierta **222** 56
~ de encerar **301** 22
~ de ensamblaje **273** 57
~ de ensamblaje del patín **303** 7
~ de madera **157** 35
~ de madera cortada contra la fibra **340** 1
~ de madera cortada en el sentido de la fibra **340** 2
~ de magnesio **179** 9
~ de offset recubierta **179** 16
~ de surf **280** 15
~ de vapor *Apar. hogar* **50** 11
~ de vapor *Modista* **103** 20
~ de vapor *Pelet.* **131** 3
~ de viaje **50** 6
~ de zinc **180** 53
~ diazo **179** 34
planchadora **103** 19
plancha eléctrica **50** 6
~ marginal del tanque **222** 51
~ para cardar el pelo **106** 26
planeador con motor auxiliar **287** 8
~ de altas prestaciones **287** 9
~ remolcado **287** 3
planeta menor **4** 47
planetario **143** 94
planetarium **5** 17-28
planetas **4** 42-45
planicie de erosión **13** 31
planning mural **151** 12
plano *Herr.* **137** 28
~ *FFCC* **207** 10-21, 26-32, 38-42, 61-72, 76
~ de cola **288** 23
~ de cubierta **259** 12-20
~ de falla **12** 5
~ de la ciudad *Estación* **204** 15
~ de la ciudad *Ciudad* **268** 2
~ de la locomotora **211** 10-18
~ de la red ferroviaria **204** 33
~ del puesto de control **316** 3
~ de montea **120** 11
~ de profundidad **288** 23
~ de proyección **260** 36; **261** 9
~ de simetría **351** 5
~ de sustentación *Avión* **230** 29
~ de sustentación *Vuelo sin motor* **287** 27
~ de sustentación *Dep. aéreo* **288** 43
~ de sustentación giratorio **256** 9
~ fijo de cola **256** 31
~ fijo de deriva *FFAA* **256** 32
~ fijo de deriva *Dep. aéreo* **288** 21
~ fijo de deriva de triple larguero **257** 20
~ fijo de estabilización **256** 22
~ fijo horizontal **229** 26; **230** 62
planografía **340** 25-26
plano horizontal **4** 12
~ industrial **151** 16
~ lateral **259** 2-11
planta *Planta* **54** 6
~ *Zapat.* **100** 66
~ *Botán.* **370** 15
~ a 490 m **154** 83
~ a 511 m **154** 73
~ acuática **378**
~ acuática **378** 14-57
~ alpestre **51** 7
~ alpina **378** 1-13
~ anemófila **59** 44-51
~ baja *Casa* **37** 2
~ baja *Construc.* **118** 7
~ carnívora **377** 13
plantación de hortalizas y árboles frutales **52** 1-32
~ de lúpulo **15** 114
~ joven **84** 10-11, 12
~ nueva **84** 10
planta con flores y frutos **58** 17
~ de bosque **377**
~ de desecación **92** 18, 30
~ de esqueje **54** 24
~ de follaje **39** 37
~ de frutas de hueso **59** 1-36
~ de interior *Estar* **42** 36
~ de interior *Planta* **53**
~ de interior *Oficina* **248** 14
~ de judías **52** 28
~ de laguna **377**
~ de la plancha **50** 7
~ de lavado **92** 3, 27
~ del pie **19** 62
~ de maceta *Cocina* **39** 37
~ de maceta *Comed.* **44** 25
~ de maceta *Hortic.* **55** 25
~ de pantano **378** 14-57
~ de páramo **377**
~ de preparación **144** 5
~ de remojo y de germinación **92** 8, 28
~ de rocalla **51** 7
~ de secado **92** 16, 29
~ de tabaco de Virginia **382** 40
~ de tomates **55** 44
~ de un palacio **333** 29
plantador *Planta* **54** 7
~ *Jardín* **56** 1
planta en flor *Planta* **378** 36
~ en flor *Planta estim., trop.* **382** 53
~ en tina **55** 47
~ estimulante **382**
~ femenina con frutos **383** 10
~ forrajera **69**
~ forrajera cultivada **69** 1-28
~ grosulariea **58** 1-15
~ industrial **383**
~ joven trasplantada **55** 23
~ leguminosa **57** 1-11
~ madre **54** 15
~ medicinal **380**
~ papilionácea **57** 1
~ siderúrgica **147**
~ trepadora *Jardín* **51** 5
~ trepadora *Huerto* **52** 5
~ trepadora *Hortal.* **57** 8
~ venenosa **379**
~ vivaz **52** 9
planteamiento de la ecuación con la incógnita x **345** 8
plantel *Mapa* **15** 111
~ *Silvic.* **84** 10
plantilla *Fotocomp.* **175** 55
~ *FFCC* **202** 6
~ *Jue. pelota* **291** 27
~ circular **141** 35
~ de círculos **151** 70
~ de elipses **151** 71
~ de letras **151** 69
~ de tornear **161** 14
~ estampadora **168** 62
~ ortopédica **101** 50
~ para grabar **151** 35
plantón *Planta* **54** 6
~ *Silvic.* **84** 9
~ de naranjo **55** 49
plántula enraizada **54** 17
plastilina **48** 12
plastrón plisado **32** 44
plata **254** 25
plataforma *Construc.* **119** 32, 52
~ *Pint., dib.* **338** 30
~ basculante **194** 25
~ base **148** 56
~ continental **11** 7
~ cubierta de proa **218** 49
~ de acceso **6** 34
~ de aterrizaje de los helicópteros **259** 39, 53
~ de aterrizaje para los helicópteros **221** 19
~ de base **112** 27
~ de carga *Sider.* **147** 4
~ de carga *Autom.* **194** 3
~ de carga *Avión* **232** 19
~ de celosías **145** 5
~ de defensa **329** 8
~ de elevación **173** 40
~ de elevación hidráulica **195** 25
~ de extracción **146** 1-39
~ de lanzamiento **292** 49
~ de lanzamiento de cargas de profundidad **258** 34
~ de la prensa **340** 31
~ del banco **132** 34
~ del castillete de perforación **146** 1-37
~ de los instrumentos de medida **235** 69
~ del peso **22** 67

~ del pitcher **292** 69
~ del quemador **288** 80
~ del tablero ortogonal anisótropo **215** 2
~ del tragante **147** 4
~ de observación y de máquinas **224** 107
~ de panorámica horizontal y vertical **313** 12
~ de perforación *Petrol* **146** 1-39
~ de perforación *Barco* **221** 66
~ de perforación semisumergible **221** 64
~ de salida de las hojas impresas **180** 55
~ de servicio **168** 23
~ de tablones **118** 28
~ de trabajo *Petról* **145** 3
~ de trabajo *FFCC* **211** 46
~ de trabajo *Astron.* **234** 28, 42
~ elevadora **232** 19
~ fija **194** 23
~ giratoria **226** 56
~ intermedia **145** 5
~ para el artista **307** 5
~ submarina inferior **11** 10
~ submarina superior **11** 8
platalea **359** 5
platanero **384** 28
plátano *Superm.* **99** 90
~ *Fruto merid.* **384** 28, 33
~ hibrido **371** 67
platea **315** 19
platelminto **81** 35
platera **381** 25
platero **108**
platillo *Mús.* **323** 50
~ *Quím.* **349** 36
~ agudo, doble **324** 50
~ con azúcar **265** 20
~ de la taza **44** 30
~ del dinero **265** 3
~ del peso *Méd.* **22** 67
~ del peso *Cocina* **40** 37
~ giratorio *Agric.* **64** 52
~ giratorio *Petról.* **145** 15
~ giratorio *Estación* **204** 37
~ grave **324** 51
platina *Reloj.* **110** 37
~ *Fotogr.* **116** 27
~ *Art. gráf.* **340** 31
~ de gofrar **183** 29
~ de impresión **181** 15
~ intercambiable para el pie de macrofotografía **115** 95
plato *Cocina* **39** 42
~ *Bicicl.* **187** 35
~ *FFCC* **207** 84
~ *Electrón.* **241** 18
~ *Cine* **310** 26-60
~ calentador **28** 28
~ caliente **266** 67
~ de carne con guarnición **266** 55
~ de comida **266** 17
~ de compartimientos **40** 8
~ de compota **45** 28
~ de cuatro mordazas **149** 35
~ de desayuno **39** 34
~ de ducha **49** 44
~ de ensalada **266** 51
~ de entremeses **40** 8
~ de impresión **181** 17
~ de laboratorio **173** 7
~ de la película **117** 99
~ del asado **45** 26
~ de legumbres **45** 25
~ del sonido, primero **117** 99
~ del sonido, segundo **117** 101
~ de pescado **266** 53
~ de postre **45** 6
~ de queso **266** 52
~ de quesos **45** 35
~ de recuerdo **309** 48
~ deslizante de guías **183** 28
~ de sonido magnético **311** 20
~ de tres mordazas **149** 37
~ giratorio *Porcel.* **161** 11
~ giratorio *Electrón.* **241** 20
~ hondo *Comed.* **44** 6
~ hondo *Mesa* **45** 5
~ llano *Comed.* **44** 7
~ llano *Mesa* **45** 4
platón *Dent.* **24** 15
~ *Cocina* **39** 29; **40** 12
plato para las bandas de imágenes y sonidos **311** 44
~ para niño **28** 28
~ para papillas **28** 28
~ preparado congelado **96** 23
~ presionador **183** 24
~ rotor **178** 26
~ sopero *Comed.* **44** 6
~ sopero *Mesa* **45** 5
~ superior colgante **183** 28
play **243** 41
playa *Geogr.* **13** 35-44
~ *Playa* **280**
~ *Baños* **281** 2
~ en realce **11** 54
playera **280** 23
plaza del mercado **15** 52
~ de toros **319** 5
~ sin asiento **197** 18
pleamar **13** 35
plectro **322** 19, 53; **324** 20
~ de sortija **324** 27
plegador *Tipogr.* **181** 55
~ *Huecogr.* **182** 27
~ *Encuad.* **184** 17
plegadora *Offset* **180** 15, 29
~ *Oficina* **249** 58
plegador de distribución **167** 25
~ delantero **166** 46
~ del tejido **166** 20
~ de urdimbre *Tejido* **165** 24, 29; **166** 42
~ de urdimbre *Punto* **167** 48
~ de urdimbre encolado **165** 56
pletina de cassette estéreo **241** 33
~ giradiscos **241** 18
plexo branquial **18** 27
Pléyades **3** 26
pliego impreso **180** 17
pliegue **185** 54
~ anal **16** 41
~ asimétrico **12** 13
~ delantero **31** 25
~ del codo **16** 44
~ derecho **12** 12
~ glúteo **16** 42
~ inclinado **12** 14
~ invertido **30** 52
~ oblicuo **12** 13
~ orogénico **12** 12-20
~ recostado **12** 15
~ simétrico **12** 12
~ tendido **12** 15
~ vertical **12** 12
plinto *Construc.* **119** 50
~ *Máq.-herr.* **150** 19
~ *Arte* **334** 31
plinton **296** 15; **297** 9
pliobara **9** 2
plomada *Pesca* **89** 91
~ *Construc.* **118** 50, 71
plomo **89** 88-92
~ piriforme **89** 90
pluma *Cocina* **39** 36
~ *Baño* **49** 2
~ *Pesca* **89** 45
~ *Construc.* **119** 31
~ *Oficina* **245** 21
~ de avestruz **254** 30
~ de caña **341** 23
~ de dirección **305** 62
~ de ganso **341** 26
~ de hoz **88** 68
~ del pavo real **73** 31
~ de pavo **305** 62
~ de tinta china **151** 38
~ eréctil **359** 26
~ estilográfica **260** 14
plumaje del muslo **362** 3
pluma registradora **10** 13
~ romana de metal **341** 25
plumas en forma de orejas **362** 16
plumero **309** 73
plumicornio **362** 16
plumier *Colegio* **260** 12
~ *Rastro* **309** 73
plúmula **370** 90
Plutón **4** 52
pluviógrafo **10** 38
pluviómetro **10** 44
~ registrador **10** 38
pochette **322** 20
pocilga *Granja* **62** 8
~ *Ganado* **75** 35
poco nuboso **9** 22
podadera de mango largo **56** 11
~ de varilla **56** 11
podio de salida **282** 27
podón **85** 11
point-ball **299** 22
pointer **70** 43
polaina **352** 17
~ de cuero de venado **352** 17
~ de goma **289** 32
polainas **28** 24
~ de protección **142** 12
~ para la nieve **300** 55
Polar **3** 1
polca **31** 61
polea *Torn.* **135** 9
~ *Estación* **206** 39
~ *Barco* **221** 28
~ con interruptor de fin de cinta **241** 60
~ de cristal **169** 16
~ de impulsión del cilindro de arrastre inferior **168** 4
~ de la torre **145** 4
~ del cable de tensión **214** 43
~ del cable de tracción **214** 32
~ de los lizos **166** 36
~ de vuelta del cable tractor **214** 61
~ motriz del cable tractor **214** 62
~ principal de accionamiento **163** 50
~ tensora **163** 46
poleíta de accionamiento **164** 48
polemonio **60** 14
polen **370** 65
poliadición molecular **170** 23
poliamida **170** 39
polichinela **306** 69
policía **264**
~ antidisturbios **264** 15
~ de ferrocarriles **205** 20
~ de patrulla **264** 13
~ inglés **264** 34
~ judicial **264** 26
policial **264** 13
policiano **264** 13
policía urbano **268** 30
poliedro **260** 73
~ de cuarenta y ocho caras **351** 13
~ de cuatro caras **351** 1
~ de ocho caras **351** 6
~ de seis caras **351** 2
~ de veinte caras **351** 11
~ de veinticuatro caras **351** 12
~ regular **351** 11
polígono **346** 40
~ de cinco lados **351** 9
~ de ocho lados **351** 17
~ de seis lados **351** 15
~ regular **346** 41
polilla **81** 13
~ de agua **358** 12
~ de la ropa **81** 13
~ del ciruelo **80** 5
~ del manzano **80** 9
~ de los cereales **81** 29
~ de los frutos secos **81** 28
polimerización **170** 54
~ en el autoclave **170** 33
polipasto *Herr.* **137** 20
~ *Petról.* **145** 8
pólipo **369** 9
~ coralígeno **357** 19
polipodio **377** 16
pólipo hidroide **369** 9
polisón **355** 69
polispasto **221** 27
poljé **13** 72
polo *Mapa* **14** 3
~ *Ropa* **33** 36
~ celeste **3** 1; **4** 26
~ de cuello alto **30** 7
polodía **4** 28
polo norte **14** 3
~ sur **14** 3
~ terrestre **14** 3
polquín **30** 40
Pólux **3** 28
polvera *Dorm.* **43** 28
~ *Baño* **49** 35
polveta *Dorm.* **43** 28
~ *Baño* **49** 35
polvo lunar **6** 14
~ para budines **98** 50
~ para esmaltar **260** 65
pólvora negra **87** 53
~ sin humo **87** 53
polvorera *Dorm.* **43** 28
~ *Baño* **49** 35
polvos de talco **28** 14
Polycheles **369** 15
polla **359** 20

pollera *Ropa* **29** 46, 52
~ *Avic.* **74** 1
~ artificial **74** 3
pollino **73** 3
pollito **74** 2
pollo *An. dom.* **73** 21
~ *Avic.* **74** 9, 12
~ *Carnic.* **96** 24
~ *Restaur.* **266** 56
~ asado **98** 6
pomada **22** 47
~ contra las picaduras de abejas **77** 68
pomelo **384** 23
pomo *Caballo* **71** 46
~ *Botán.* **370** 102
~ del florete **294** 40
pompas fúnebres **331** 40
pompón **29** 4
pómulo **16** 8; **17** 37
poncho *Ropa* **30** 68
~ *Etnogr.* **352** 24
poney **75** 4
pontón **226** 57
~ de abordaje **225** 63
~ de atraque **225** 63
~ de barcas **15** 46
popa *Cons. naval* **222** 66-72
~ *Buque guerra* **258** 26
~ *Vela* **285** 29
~ *Barco a motor, esquí acuát.* **286** 34, 27, 41
~ cuadra *Buque guerra* **258** 26; **259** 11
~ cuadra *Vela* **284** 35; **285** 48
~ de bovedilla **285** 42
~ de canoa **285** 44
~ de crucero **285** 45
~ de espejo *Buque* **258** 26; **259** 11
~ de espejo *Vela* **284** 35; **285** 43, 48
~ de las embarcaciones de vela **285** 42-49
~ de yate **285** 42
~ de yate cuadra **285** 43
~ ornamentada **218** 55-57
~ redonda **218** 25
póquer **276** 37
porcelana **44** 30
Porción **3** 15
porongo **354** 27
poroto **57** 8
porqueriza **75** 35
porra de goma **264** 19
porta **218** 59; **220** 27
portaagujas *Méd.* **22** 59
~ *Electrón* **241** 21
~ *Rastro* **309** 33
portaaviones a propulsión nuclear **259** 1
portabobinas *Tejido* **165** 9
~ *Offset* **180** 3, 19
~ *Encuad.* **185** 17
portabotes **40** 24
portabrocas *Bric.* **134** 48
~ *Máq.-herr.* **149** 20
portacabezas **311** 25
~ magnético **311** 3
portacadena guía **120** 15
portacarbón **312** 43
portacassettes **241** 47
portacatéter **26** 30
portacontenedores *Barco* **221** 21
~ *Puerto* **225** 45; **226** 5
portacristales **124** 9
portacuchillas múltiple **149** 41
portacuchillo **45** 11
portada *Encuad.* **185** 43-47, 45
~ *Arte* **333** 9
~ de la iglesia **335** 24
~ de macho **148** 37
~, falsa **185** 43
~ lateral **335** 13
porta de carga de popa **221** 31
~ de la roda **221** 30
~ de popa con rampa de acceso **221** 55
portadiapositivas *Fotogr.* **115** 88
~ *Rastro* **309** 43
portadilla **185** 43-47
portadiscos **309** 36
portador de cuévanos **78** 14
portador del palio **331** 46
portaelectrodos **142** 9, 20
portaequipajes *Bicicl.* **187** 44; **188** 23
~ *Autom.* **193** 17, 23; **194** 13
~ *FFCC* **207** 51; **208** 27
portafiltros **313** 3
portafirmas **245** 19
portafresas **175** 60
portafusibles **127** 35
portafusibles con fusible de cable **127** 68
portaguías basculante **236** 11
portaherramientas *Máq.-herr.* **149** 21
~ *Fotogr.* **177** 58
portahílos **22** 61
portahúsos **164** 50
portalámparas **127** 60
~ de bayoneta **127** 65
portalápices **22** 31
portal de la iglesia **331** 16
portalentes **177** 27
portamatrices *Dent.* **24** 55
~ *Fotocomp.* **175** 59
portaminas **151** 45
portamodelos **177** 22, 30
portanegativo **116** 30
portaobjetivos *Ópt.* **112** 11
~ *Cine* **313** 32
~ cruzado giratorio **112** 29
portaobjetos **112** 9
~ cruzado **112** 10
~ giratorio universal **112** 17
portaocultadores **313** 3
portaoriginales **177** 14
portapelículas vacío **177** 8
portapelucas **105** 39
portaperiódicos **265** 26
portapipas **42** 11
portapunteros múltiple **149** 41
portarrollo de gasa **185** 19
~ de papel higiénico **49** 10
portatacos **277** 19
portato **321** 29
portatubos **22** 46
porta-tubos fluorescentes **127** 62
port de bras **314** 7-10
~ de bras à coté **314** 7
~ de bras en avant **314** 9
~ de bras en bas **314** 8
~ de bras en haut **314** 10
porter **93** 26
portería *Parque* **273** 11
~ *Jue. pelota* **291** 35
~ *Dep. inv.* **302** 37
portería de hockey **292** 7
~ de waterpolo **282** 46
portero *Hotel* **267** 1
~ *Grandes alm.* **271** 44
~ *Parque* **273** 14
~ *Natac.* **282** 47
~ *Jue. pelota* **291** 10; **292** 8
~ *Dep. inv.* **302** 36
portezuela **186** 11
~ de la ceniza **38** 39
~ delantera **193** 5
~ para cargar **38** 61
~ trasera **193** 6
pórtico *Balneario* **274** 9
~ *Arte* **334** 50, 56
~ de columnas **334** 67
~ de escalada **273** 47
~ de la grada **222** 11
~ del extremo **215** 38
~ de puente **215** 42
~ japonés **337** 11
portón trasero **193** 16, 20
Portugal **252** 23
posaderas **16** 40
posaplatos *Comed.* **44** 4
~ *Mesa* **45** 3
posavasos **266** 26
posición *Naveg.* **224** 45
~ *Ballet* **314** 1-6, 17
~ cuarta **314** 4
~ de ayuda de una gimnasta **297** 16
~ de brazo adelante **314** 9
~ de brazo al lado **314** 7
~ de brazo en alto **314** 10
~ de brazo en bajo **314** 8
~ de brazos hacia abajo **295** 47
~ de carga para el hierro crudo líquido **147** 55
~ de carga para la cal **147** 56
~ de descarga **147** 58
~ de disparo **305** 73
~ de frente **295** 1
~ de guardia **294** 33
~ de la rana **288** 61
~ de las agujas eléctricas **197** 37
~ de la señal de disminución de velocidad **203** 4
~ de la señal de disminución de velocidad próxima **203** 10
~ de la señal de vía libre **203** 5
~ de la señal de vía libre próxima **203** 11
~ de las seis en el reloj **298** 25
~ de "listo" reclamando plato **305** 72
~ de los brazos **314** 7-10
~ de partida **89** 33
~ de pie **305** 27
~ de piernas abiertas **295** 4
~ de revisión **237** 29
~ de rodillas *Gimn.* **295** 7
~ de rodillas *Dep.* **305** 28
~ de rodillas con apoyo frontal **295** 20
~ de salida **298** 3
~ de tiro **305** 27-29
~ de una persona inconsciente **21** 24-27
~ dorsal lateral **296** 23
~ dorsal transversal **296** 25
~ en caída libre **288** 60-62
~ en cuclillas con apoyo frontal **295** 23
~ en relación al aparato **296** 22-39
~ en T **288** 62
~ en vuelo **301** 36
~ en X **288** 60
~ facial lateral **296** 22
~ facial lateral fuera del aparato **296** 26
~ facial transversal **296** 24
~ ideal en el descenso **301** 33
~ inicial *Pesca* **89** 33
~ inicial *Esgr.* **294** 18
~ lateral de seguridad **21** 24
~ para el soplado **147** 57
~ primera **314** 1
~ quinta **314** 5
~ segunda **314** 2
~ sentada a horcajadas **296** 30
~ sentada con flexión completa de piernas y brazos atrás **295** 9
~ sentada en escuadra **295** 10
~ sentada lateral fuera del aparato **296** 31
~ sentada sobre los talones **295** 8
~ sentada transversal fuera del aparato **296** 32
~ sexta **314** 6
~ tendida **305** 29
~ tercera **314** 3
~ transversal dentro del aparato **296** 27
~ yoga **295** 11
positivo dorsal **326** 5, 42
poste *Silvic.* **84** 17
~ *Construc.* **121** 40, 81
~ de alta tensión **152** 36
~ de antenas **259** 6
~ de arranque **123** 43
~ de babor **224** 100
~ de carga **223** 35
~ de celosía **152** 36
~ de estribor **224** 99
~ de giro **91** 34
~ de la barra fija **296** 9
~ de la canasta **292** 31
~ de la puerta **301** 30
~ de la red **293** 15
~ de la tienda **352** 8
~ del semáforo **268** 53
~ de llegada *Construc.* **123** 54
~ de llegada *Jue. pelota* **292** 77
~ de viraje **292** 79
~ indicador **15** 110
~ totémico **352** 1
postigo **37** 30
postillón **186** 40
postino **186** 26
postsincronización **311** 37-41
~ de televisión **238** 27-53
postura **275** 13
~ de huevos **74** 1-27
~ de las gallinas **74**
~ de suelo **74** 1-17
~ en batería **74** 18
~ intensiva **74** 1-27
potencia **345** 1
potenciación **345** 1

potenciómetro de la iluminación interior con puesta a cero del cuentaquilómetros parcial **191** 77
pote para hacer la cola al baño de María **132** 12
poto **16** 40
potolina **355** 69
potro *An. dom.* **73** 2
~ *Gimn.* **296** 17
poyo **39** 11
pozo *Astron.* **5** 24
~ *Mapa* **15** 100
~ *Energ. nucl.* **154** 69
~ *Abast. agua* **269** 40
~ *Caball.* **329** 3
~ alumbrado por un pisón **269** 60
~ artesiano **12** 26
~ ciego **144** 27
~ colector del agua natural **269** 4
~ de acceso **269** 26
~ de barro **159** 1
~ de bomba **199** 19
~ de cables con recubrimiento **198** 17
~ de filtración **155** 16
~ del flotador **217** 35
~ de observación **5** 30
~ de sondeo **145** 17
~ de ventilación **144** 21
~ externo de combustión **147** 16
~ interior **144** 27
~ principal **144** 24
práctico a bordo **253** 24
pradera **15** 18
~ pantanosa **15** 19
prado **63** 22
precalentador *Petról.* **145** 31
~ *FFCC* **212** 41
~ de agua **152** 10
~ de aire *Forja* **139** 53
~ de aire *Central el.* **152** 11
~ de alta presión **152** 26
~ de baja presión **152** 25
~ del agua de alimentación **210** 23
~ de lejía **172** 8
~ de lejía verde **172** 43
~ de superficie **210** 23
precalentamiento **185** 30
precesión **4** 24
precinta de impuestos **107** 26
precio **98** 73
~ del litro **196** 6
~ especial **96** 19
precipitación **8** 18-19; **9** 30
~ de intensidad uniforme **8** 18
~ irregular **8** 19
~ local **8** 19
preclasicista **342** 5
preclasificador **172** 21
predicador **330** 22
preescolar **260**
preestabilización de la película **312** 30
pregonero **308** 8, 64
prehistoria **328**
premio **308** 48
prendedera *Café* **265** 13
~ *Hotel* **267** 63
~ *Discot.* **317** 2
~ *Cabar.* **318** 14
~ *Restaur.* **266** 18
prensa *Carp.* **133** 51
~ *Aerop.* **233** 43
~ automática para las suelas **100** 14
~ continua **168** 38
~ de acuñación **252** 44
~ de balas **169** 33
~ de bastidor **133** 42
~ de encuadernar **183** 4
~ de encuadrar **133** 42
~ de extrusión *Cerám.* **159** 11
~ de extrusión *Porcel.* **161** 7
~ de forja hidráulica **139** 35
~ de forjar en estampa y de calibrar **139** 18
~ de ladrillos **159** 11
~ de palanca acodada **183** 26
~ de parada de cilindro **181** 20
~ de plancha de cobre **340** 36
~ de platina **340** 29
~ de satinar y empaquetar **183** 20
~ de secado rápido **116** 57
~ de tornillo *Carp.* **132** 14
~ de tornillo *Encuad.* **183** 20
~ de uva **78** 17
~ de vacío **161** 7
prensado **162** 33
~ para el escurrido de la sosa cáustica sobrante **169** 5
prensador **107** 47
prensa doradora y troqueladora **183** 26
prensador automático **157** 65
prensa encoladora **173** 24
prensaestopas *Petról.* **145** 26
~ *Barco* **223** 64
prensa hidráulica **316** 50
~ hidráulica para hacer matrices **178** 7
~ húmeda, primera **173** 19
~ húmeda, segunda **173** 20
~ litográfica **340** 60
~ manual *Encuad.* **183** 26
~ manual *Art. gráf.* **340** 29
~ offset **173** 21
~ para sacar pruebas Mailänder **180** 75
~ para uvas horizontal **79** 21
prensapelícula **115** 24
preparación *Fibra* **170** 57
~ *Ballet* **314** 23
~ de la malta **92** 1-41
~ de la tierra **63** 31-41
~ del tejido **165** 1-57
~ de superficies **128** 1-17
preparador **292** 57
prepucio **20** 70
presa *Mapa* **15** 66
~ *Cons. hidr.* **217** 57-64
~ *Gimn.* **296** 40-46
~ axilar **21** 37
~ cilíndrica **217** 65-72
~ con el dedo índice y pulgar **298** 51
~ con el índice y el dedo medio **298** 52
~ cubital en la barra fija **296** 44
~ cubital en las paralelas **296** 46
~ de compuertas **217** 73-80
~ del martillo **298** 46
~ del molino **91** 42
~ de pierna **299** 10
~ de río **216** 49
~ dorsal **296** 41
~ en cruz en la barra fija **296** 43
~ en forma de tenazas **298** 53
~ facial **296** 40
~ mixta a la barra fija **296** 42
~ para el transporte del ahogado **21** 37
~ por debajo de la barra fija **296** 41
~ por encima de la barra fija **296** 40
~ por las caderas **21** 38
~ radial en las paralelas **296** 45
presbiterio *Igl.* **330** 1, 32
~ *Arte* **335** 4
preselección del número de copias **249** 35
presidencia **263** 1-2
presidente **263** 1
~ de la mesa electoral **263** 28
presilla **30** 41
~ del manto **355** 24
presión, alta **9** 6
~ atmosférica **9** 4
~, baja **9** 5
~ de inflado **196** 17
~ del aceite **230** 20
~ del aire **195** 29
~ del combustible **230** 19
presto **321** 28
primate **368** 12-16
primavera **376** 8
primera base **292** 46
~ bordada **285** 19
~ capa de revoque **123** 6
~ docena **275** 25
~ etapa del cohete S-IC **234** 3
~ hilada **118** 67
~ octava **321** 44
~ página **342** 38
~ planta **118** 14
~ prensa húmeda **173** 19
primer árbitro **293** 67
~ cuarto **4** 4
~ fieltro húmedo **173** 17
~ hilo y el segundo hilo de urdimbre **171** 17
primero **305** 1
~ de la cordada **300** 25
primer peldaño **123** 18, 42
~ piso *Casa* **37** 3
~ piso *Autom.* **194** 37
~ plato del sonido **117** 100
~ premio de la tómbola **306** 11
~ punto de Aries **3** 6
~ punto de Libra **3** 7
~ revelador **116** 10
~ soplado **162** 24
primulácea **53** 5
princesa alemana **355** 20
~ Carnaval **306** 61
principal *Teatro* **315** 18
~ *Mús.* **326** 31-33
príncipe Carnaval **306** 58
principio de agua a presión **154** 40
~ de agua en ebullición **154** 49
~ del diapasón **110** 6
~ del reloj de cuarzo electrónico **110** 14
~ de párrafo **175** 16
~ de Pauli **1** 7
prisma cuadrangular **347** 34
~ de desviación **112** 13
~ de división de rayos **240** 35
~ de medida **115** 55
~ ditrigonal con romboedro **351** 22
~ hexagonal **351** 21
~ hexagonal con romboedro **351** 22
~ monoclínico con clinopinacoide y hemipirámide **351** 24
prismáticos **111** 17
prisma triangular **347** 37
proa *Cons. naval* **222** 74-79
~ *Buque guerra* **258** 3
~ *Barco a motor, esquí acuát.* **286** 33, 36, 40
~ blindada **259** 9
~ bulbosa **222** 74
~ de cuchara **285** 30
~ lanzada **285** 30
probador **271** 32
probeta **350** 45
~ de medida **173** 4
~ graduada *Meteor.* **10** 47
~ graduada *Fotogr.* **116** 11
~ graduada *Colegio* **261** 26
~ graduada *Quím.* **350** 26
~ graduada con tapón **350** 27
~ para medir **23** 43
problema de ajedrez **276** 6
proboscidio **366** 20
procedimiento de acabado de los tejidos **168** 1-65
~ de filamento continuo **162** 48
~ de grabado de superficie **340** 25-26
~ de grabado en relieve **340** 1-13
~ de huecograbado **340** 14-24
~ de prensado y soplado **162** 30
~ de soplado **162** 22-37
~ de soplado doble **162** 22
~ de vidrio flotado **162** 12
procesión **331** 42-50
procesionaria **82** 14
procesión religiosa **331** 42-50
proceso de cocción **92** 42-53
proctoscopio **23** 19
producción de ácido sulfúrico **156** 34
~ de benceno crudo **156** 41
~ de energía **1** 55
~ de huevos **74** 34-53
~ de sulfato de amonio **156** 35
~ de vidrio **162**
~ de vidrio plano **162** 1-20
~ de vidrio textil **162** 48-55
producto **344** 25
~ agrícola **68** 1-47
~ alimenticio **98** 35-39
~ cárnico *Carnic.* **96** 1-4
~ cárnico *Superm.* **99** 53
~ congelado **99** 58-61

~ de decoloración **105** 1
~ de panadería y confitería **99** 9
~ derivado del petróleo **145** 52-64
~ de vidrio textil **162** 56-58
~ en oferta **96** 20
~ para despegar el papel pintado **128** 1
~ para el aseo personal **99** 27-35
~ para teñir los cabellos **105** 3
~ químico para el revelado en color **116** 52
~ semi-manufacturado **148** 66
proel **283** 13
profesor **260** 21
~ de natación **282** 16
~ de química **261** 2
~ de Universidad **262** 3
profundidad del foco **11** 34
programa **315** 13
programación de televisión **342** 64
programa de análisis del ECG **25** 50
~ de radio informatizado **238** 2
programador **243** 18
programadora **248** 15
progresión aritmética **345** 11
~ geométrica **345** 12
prohibición de salto **288** 53, 54
prolongación del muelle **225** 66
pronoto **358** 29
propagación de la onda **11** 35
~ de las plantas **54**
~ por acodo **54** 10
~ por bulbos **54** 27
~ por estolones **54** 14
propano **278** 33
propietario **266** 71
propileos **334** 7
propulsión **100** 8
~ de reserva **214** 64
~ Diesel eléctrica **223** 68-74
~ por cadena **187** 35-39
~ principal **214** 63
propulsor *Aluniz.* **6** 30
~ *Astron.* **234** 6, 21; **235** 2
~ *Dep. aéreo* **288** 35
~ de cola de marcha atrás **232** 28
~ de combustible sólido recuperable **235** 58
~ de dos árboles **232** 51
~ F-1 **234** 4
~ J-2 **234** 19, 34
~ principal del módulo de servicio **234** 57
~ principal de maniobra espacial de mando electromecánico **235** 44
proscenio *Teatro* **315** 15; **316** 25
~ *Arte* **334** 46
próstata **20** 76
protección de goma **289** 32
~ de incendios **316** 6
~ de la cabeza **299** 30
~ de la cara **292** 25
~ de la hélice **258** 40
~ de la mano **94** 10
~ de la pierna **292** 9
~ de la punta **300** 50
~ de las espinillas **142** 12
~ del canto **123** 20
~ del cuello **294** 14
~ de los hombros **142** 5
~ para evitar los descarrilamientos **214** 75
protector de la hélice **258** 63, 74
~ de la sierra circular **134** 52
~ del calor **234** 5, 20
~ del codo **303** 16
~ del filo de la guadaña **66** 18
~ de los rayos solares **10** 36
~ del polvo **2** 48
~ de rueda **197** 11
prótesis dental **24** 25
protón **1** 2, 16, 31
protopirámide **351** 19, 20
protoplasma **357** 3
protoprisma con protopirámide **351** 19
~ con protopirámide y deutopirámide **351** 20
protórax *Plaga* **82** 4
~ *Articul.* **358** 29
prototipo **290** 38
protozoario **357** 1-12
protozoo **357** 1-12
protuberancia del pico **359** 17
~ frontal **16** 5
protuberancias solares **4** 40
provisión de madera **260** 82
proyección cartográfica **14** 8-9
~ cilíndrica **14** 9
~ cinematográfica **312** 1-23
~ cónica **14** 8
~ de imágenes **311** 45
~ del cuerpo hacia delante **298** 41
~ sobre la pantalla del microfilm de los números de llamada **237** 38
~ sonora de doble cinta **117** 75
proyectil **87** 55
proyector **317** 13
~ audiovisual para la enseñanza programada **242** 16
~ de agua y espuma **270** 64
~ de diapositivas *Fotogr.* **114** 76
~ de diapositivas *Rastro* **309** 42
~ de diapositivas *Cine* **312** 23
~ de la derecha **312** 14
~ de la izquierda **312** 13
~ de la señal óptica **111** 47
~ de película **311** 22
~ de película estrecha **117** 78
~ de películas **312** 24-52
~ de películas estrechas *Cine* **312** 52
~ de películas estrechas *Cabar.* **318** 20
~ de películas sonoras **312** 24
~ planetario **5** 23
~ sonoro **117** 81
prueba *Teléf.-telégr.* **237** 40
~ *Art. gráf.* **340** 43
~ de fondo **289** 16
~ de las gafas **111** 1-4
~ de resistencia **290** 33
Prusia **252** 6
psicrómetro **10** 52
~ de aspiración **10** 33
púa *Mesa* **45** 60
~ *Fruta* **58** 30
~ *Agric.* **66** 4
~ *Mús.* **322** 19; **323** 22; **324** 20
~ con yema **54** 37
~ de muelle **64** 42, 54; **65** 57
pubis **16** 39; **17** 20
~, sínfisis **20** 65
publicación **330** 57
publicidad **342** 56
público **263** 8
~ del cine **312** 5
puck **302** 35
pucha **332** 18
pudridero del barro **159** 6
pueblo **15** 105
puente *Ópt.* **111** 11
~ *Construc.* **121** 35
~ *Font.* **126** 57
~ *Puente* **215**
~ *Cons. naval* **222** 26
~ *Barco* **223** 12-18
~ *Buque guerra* **258** 14, **259** 28
~ *Parque* **272** 47
~ *Gimn.* **295** 19
~ *Halter., pesos* **299** 9
~ *Mús.* **322** 17
~ aéreo de embarque **233** 14
~ colgante **215** 39
~ colgante primitivo **215** 15
~, corte transversal **215** 1
~ de arco de entramado **215** 23
~ de arcos de piedra **215** 19
~ de arco sobre pilares **215** 28
~ de barcas **15** 46
~ de cables oblicuos **215** 46
~ de carga **221** 34
~ de casas medieval **215** 32
~ de contenedores **226** 2
~ de cuerdas **215** 15
~ de elementos prefabricados **215** 57
~ de entramado metálico **215** 34
~ de hierro **15** 56
~ de hormigón armado **215** 49
~ de iluminación móvil **316** 19
~ de la carretera **15** 55
~ de las cuerdas bajas **325** 13
~ de las cuerdas tiples **325** 11
~ del mecanismo de elevación por enrollamiento **217** 73
~ del violín **323** 5
~ de mando *Barco* **221** 6, 12, 39; **223** 12-18
~ de mando *Puerto* **226** 55
~ de mando *Buque guerra* **258** 14; **259** 3, 28
~ de mando superior **228** 23, 24
~ de maniobras **221** 19, 34
~ de nieve **300** 24
~ dental **24** 26
~ de observación de máquinas **224** 107
~ de piedra *Mapa* **15** 50
~ de piedra *Puente* **215** 19
~ de trabajo **315** 29
~ de transbordo **226** 2
~ de Varolio **17** 46
~ de vigas **215** 7
~ elevador **225** 40, 70 **226** 25
~ giratorio llano **215** 67
~ grúa circular **154** 38
~ grúa de carga **225** 20; **226** 31
~ levadizo **329** 25
~ llano **215** 52
~ macizo **215** 19
~ metálico de celosía giratorio **215** 63
~ para helicópteros **146** 7
~ sin pared **215** 52
~ volante **216** 10
puerca **73** 9
puerco *Granja* **62** 10
~ *An. dom.* **73** 9
~ espín **366** 13
~ marino **367** 23
puerro **57** 21
puerta abierta **301** 65
~ abocinada **335** 24
~ blindada **246** 24
~ corredera **62** 16
~ corrediza **207** 19
~ de acceso al taller **62** 17
~ de carga *Forja* **139** 4
~ de carga *Autom.* **194** 8
~ de carga *FFCC* **207** 23
~ de carga de la cola **232** 25
~ de cierre de la cámara **217** 32
~ de corredera *Cerv.* **92** 47
~ de corredera *FFCC* **213** 15
~ de corredera *Cons. hidr.* **217** 18
~ de corredera *Grandes alm.* **271** 50
~ de cristal **44** 18
~ de descarga **139** 2
~ de dos hojas **37** 21
~ de entrada *Casa* **37** 65
~ de entrada *Vestíb.* **41** 25
~ de entrada *FFCC* **207** 20, 22; **208** 10
~ de entrada *Arte* **337** 24
~ de entrada de la casa **123** 24
~ de entrada y salida **197** 14
~ de esclusa **217** 19
~ de la buhardilla **38** 20
~ de la caja de humos **210** 26
~ de la cámara **313** 25
~ de la casa **37** 65
~ de la estufa **309** 7
~ de la iglesia **331** 16
~ delantera **193** 5
~ delantera con rajas para la ventilación **50** 30
~ del armario **46** 2
~ de la sacristía **330** 17
~ del camposanto **331** 19
~ del cementerio **331** 19
~ del cobertizo **206** 37
~ del coche *Coche* **186** 11
~ del coche *Autom.* **191** 4
~ del compartimiento **207** 14
~ del conductor **193** 2
~ del crucero **335** 13

~ del dique **222** 32
~ del hogar **210** 61
~ del lavadero **118** 6
~ del maletero **191** 7
~ de los corrales **319** 11
~ de los toreros **319** 10
~ del parque **272** 31
~ del taller **120** 5
~ del toril **319** 11
~ del tramo final **217** 31
~ del tren de aterrizaje **231** 24
~ de pasajeros central **231** 25
~ de pasajeros trasera **231** 30
~ de persiana a corredera **245** 5
~ de quita y pon **118** 46
~ de salida para los toros muertos **319** 12
~ desmontable **118** 46
~ de tablas de madera **37** 34
~ de triunfo **337** 3
~ de vaivén **207** 18
~ doble **267** 27
~ doble plegable y giratoria **208** 7
~ elevadora **217** 31
~ en diagonal, doble **301** 68
~ exterior basculante **194** 35
~ giratoria de la pared lateral **213** 9
~ lateral corredera **194** 8
~ lateral pivotante **194** 12
~ levadiza *Forja* **139** 51
~ levadiza *Cons. hidr.* **217** 38
~ plegable **197** 14
~ plegable y giratoria **207** 39
~ posterior **193** 16, 20 **194** 11
~ principal *Vestíb.* **41** 25
~ principal *Arte* **333** 34
~, quinta **193** 16, 20
~ trasera *Autom.* **193** 3, 6
~ trasera *Puerto* **226** 18
~ vertical abierta **301** 67
~ vertical ciega **301** 66
~ vertical desplazada, doble **301** 70
puerto *Geogr.* **12** 47
~ *Puerto* **225; 226**
~ de invierno **216** 14
~ de matrícula **286** 8
~ de protección **216** 14
~ franco **225** 2
~ pesquero **225** 56
~ petrolero *Petról.* **145** 74
~ petrolero *Puerto* **225** 61
puesto **86** 14-17
~ de agujas mecánico **203** 53
~ de carga a granel **226** 29
~ de claridad **226** 27
~ de control **316** 1
~ de control de maniobras **206** 44
~ de frutas **308** 53
~ de gasolina **196** 1-29
~ de información **237** 34
~ del comandante **235** 17
~ del conductor **64** 33
~ del fogonero **210** 39
~ del preparador **292** 56
~ de mando y navegación **224** 14
~ de manejo **177** 5
~ de máquinas **222** 33
~ de refrescos y bebidas **308** 3
~ de salchichas asadas **308** 32
~ de socorro *Estación* **204** 44
~ de socorro *Playa* **280** 46
~ de socorro *Feria* **308** 61
~ de tiro **305** 78
~ en alto **86** 14
puf **47** 8
púgil **299** 25
pugilato **299** 20-50
pujador **324** 47
pujamen **284** 40
pularda *Comest.* **98** 7
~ *Superm.* **99** 58
pulga del hombre **81** 42
pulgar **19** 64
pulgón *Plaga* **82** 39
~ *Articul.* **358** 13
~ alado **358** 15
~ áptero **358** 14
~ de la agalla del abeto **82** 38
~ lanígero **80** 32
pulidor **108** 51
pulidora **108** 42
pulimento **129** 28
~ del dibujo **129** 48
pulmón **18** 13; **20** 6-7
~ acuático **279** 19
pulmonaria **377** 7
pulmón derecho **20** 6
~, lóbulo superior **20** 7
pulpa **58** 24, 35, 58; **59** 6
~ dental **19** 32
pulpejo **19** 58, 75
pulpería **98** 1-87
púlpito *Igl.* **330** 19
~ *Arte* **337** 15
pulpo **278** 51
pulsador *FFCC* **203** 67
~ *Mús.* **323** 45
~ a presión **126** 37
~ automático **127** 20
~ de control **178** 15
~ de corte **100** 9
~ de la sección cassette **241** 3
~ del timbre para bajo voltaje **127** 2
~ eléctrico del hilo **166** 14
~ para el cambio de velocidad **134** 46
~ para la fecha y los segundos **110** 4
~ para la selección de las emisoras **309** 20
~ para las horas y los minutos **110** 3
~ y volante de control **168** 40
pulsatilla **375** 5
pulsera *Joya* **36** 3
~ *Reloj.* **110** 5
pulso **36** 3
pulverización de niebla **83** 8
~ de péndulo **83** 27
~ de superficie **83** 1
pulverizado **129** 28
pulverizador automático **181** 33
~ circular **83** 23
~ de discos **65** 82
~ de la ducha **49** 42
~ de mano **83** 24
~ de perfume *Dorm.* **43** 26
~ de perfume *Peluq.* **106** 21
~ de tinte **100** 35
~ de zapatos **50** 40
~ móvil **83** 38
~ para desinfectar la piel **22** 60
~ para el insecticida **56** 24
~ para humedecer la ropa **50** 13
~ portátil **83** 43
~ semitransportado **83** 47
pullman de ocho plazas **193** 1
punta *Agric.* **66** 4
~ *Caza* **88** 31
~ *Tornill.* **143** 23, 54
~ *Estudio* **151** 56
~ *Fotocomp.* **174** 17
~ *Bandera* **253** 10
~ *Heráld.* **254** 22-23
~ *Ballet* **314** 19
~ *Mús.* **326** 17
~ *Prehist.* **328** 4
~ con filete **143** 48
~ corrediza **151** 60
puntada al sesgo **171** 46
~ cruzada izquierda-derecha **171** 46
~ doble izquierda-derecha **171** 47
~ izquierda-derecha **171** 44
punta de contacto **149** 66
~ de corazón de las agujas **202** 24
~ de costillas **95** 16
~ de flecha arrojadiza **328** 2
~ de la espada **294** 27
~ de la flecha *Dep.* **305** 61
~ de la flecha *Etnogr.* **352** 29
~ delantera **300** 49
~ de lanza de bronce **328** 21
~ del anzuelo con púa **89** 80
~ del dedo **19** 79
~ del fuselaje **235** 20
~ del pisón **269** 61
~ de París *Construc.* **121** 95
~ de París *Tornill.* **143** 51
~ de penetración **269** 61
~ de vidrio **124** 24
~ esférica **143** 50
~ fija **135** 8
puntal *Agric.* **65** 8
~ *Construc.* **120** 27
~ *Puente* **215** 35
~ *Bomberos* **270** 12
~ *Gimn.* **295** 28
~ con muescas para la ventilación **55** 18
~ de arriostramiento **119** 14
~ de elevación **65** 29
~ de encabezamiento **119** 59
~ de la bodega **222** 61
~ delantero **303** 8
~ de la tienda **307** 13
~ del encofrado **119** 13
~ del extremo **119** 59
~ del toldo **221** 117
~ en diagonal **118** 25; **119** 51
~ longitudinal **230** 47, 57
~ para encofrados **119** 86
~ trasero **303** 9
punta metálica **166** 25
~ para cartón asfaltado **143** 55
~ rocosa **300** 9
~ seca para el grabado al agua fuerte **340** 16
punteado **321** 34
puntera **100** 58
~ de la bota **101** 16
~ reforzada **101** 40
puntería **86** 34
puntero **339** 15
puntilla **102** 18, 30
~ de tul **102** 15
~ para la piel **131** 22
puntillas (de) **295** 5
puntillo **320** 7
punto *Juego* **276** 32
~ *Mús.* **320** 3
~ *Escrit.* **342** 16
~ *Matem.* **346** 1, 1-23
~ cero **347** 4
~ ciego **19** 50
~ de adorno **102** 3
~ de alargamiento **320** 7
~ de arista **102** 9
~ de cadeneta **102** 2
~ de colcha **30** 17
~ de contacto **346** 49
~ de cordón **102** 8
~ de cruz **102** 5
~ de ejecución del penalty **291** 6
~ de encuentros **233** 11, 29
~ de escapulario **102** 9
~ de espiga **102** 7
~ de fantasía **102** 3
~ de festón **102** 6
~ de fijación a la popa para remolcar a un barco por la proa **221** 53
~ de inflexión **347** 21
~ de intersección **346** 1
~ de intersección de las cuerdas **118** 70
~ de lanzamiento **89** 34
~ del disparador **87** 11
~ de ligadura **171** 28
~ de ligamento de cabeza **171** 34
~ de ligamento de pie **171** 35
~ de mira *Caza* **87** 71
~ de mira *FFAA* **255** 3
~ de nudos **102** 13
~ de penalty **291** 6
~ de presión de las arterias **21** 14
~ de tallo **102** 4
~ de trama **178** 39
~ de tripa **171** 29
~ de zurcidura **102** 17
~ en el sistema de coordenadas **347** 8
~ equinoccial **3** 6-7
~ equinoccial de otoño **3** 7
~ equinoccial de primavera **3** 6
~ geodésico **15** 71
~ neutro **153** 22
~ por donde se pliega el ala **358** 35
puntos suspensivos **342** 29
punto tipográfico **175** 18
~ trigonométrico **14** 49; **15** 71
~ vernal **3** 6
~ y aparte **175** 15
~ y coma **342** 19
punzadora de la película **117** 95
punzón *Agric.* **65** 10, 68
~ *Orfebre* **108** 19, 31

~ *Bric.* **134** 31
~ *Torn.* **135** 15
~ *Petról.* **145** 21
~ *Fotocomp.* **174** 17; **175** 35, 41
~ *Art. gráf.* **340** 5, 15
~ copiador **175** 57
~ de acero acabado **175** 36
~ de mano **134** 32
~ de marcar **140** 64
~ de prensa **162** 32
~ para bordado inglés **102** 12
~ para escribir sobre hojas de palmera **341** 21
~ para la escritura del antiguo Egipto **341** 22
puñal **87** 42
~ de bronce con empuñadura **328** 22
~ malayo **353** 44
puño *Anat.* **16** 48
~ *Ropa* **30** 14, 30; **32** 45
~ *Bicicl.* **187** 3
~ *Esgr.* **294** 41
~ con punzón **100** 56
~ de amura de la vela mayor **284** 37
~ de escota **284** 41
~ de la pistola **264** 23
~ del bastón **301** 6
~ del martillo **298** 45
~ de piel **30** 62
~ de pistola **87** 6
~ de punto **29** 65
~ giratorio del gas **188** 30; **189** 29
~ giratorio para el cambio de velocidades **188** 31
~ vuelto **31** 54
pupila **19** 43
pupitre de control *Hosp.* **27** 10
~ de control *Central. el.* **153** 1-6
~ de control *Energ. nucl.* **154** 80
~ de control *Offset* **179** 10
~ de control *Teatro* **316** 2
~ de control de la imagen **238** 63
~ de control del sonido **238** 20, 41, 54; **239** 8
~ de corrección **182** 23
~ del diagrama de vías **203** 66
~ del maquinista **212** 32
~ de mando *Leche* **76** 11
~ de mando *Cerv.* **93** 1
~ de mando *Offset* **180** 16
~ de mando *Encuad.* **185** 2
~ de mando *Cine* **311** 12
~ de mando para los separadores **146** 28
~ de maniobra suspendido y orientable **177** 6
~ de medida para comprobar los componentes electrónicos **109** 25
~ de mezcla *Cine* **310** 56; **311** 35
~ de mezcla *Discot.* **317** 26
~ de mezcla de la cabina de grabación radiofónica **238** 25
~ de mezcla de la imagen **238** 63
~ de mezcla del sonido **238** 20, 41, 54
~ de pared **267** 16
~ de transpunte **316** 29
~ doble **260** 2
~ para vigilar el ritmo cardíaco y la presión sanguínea **25** 1
pupitres puestos en forma de herradura **260** 1
pupo **16** 34
puquio **272** 21
purgador de nudos y arena **173** 13
purito **107** 4
puro **107** 2
~ canario **107** 2
~ de Brasil **107** 2
~ de Sumatra **107** 2
púrpura **355** 14, 18
put **293** 86
putter **293** 86, 93
putting green **293** 82
puzzle **48** 9

Q

quebrada **13** 8
quebrado *Geogr.* **12** 44
~ *Matem.* **344** 10
~ común **344** 15-16
~ impropio **344** 16
~ propio **344** 15
quebrantadora de yeso **160** 14
queche **220** 9
quechemarín **220** 10
quelonia **365** 7
quemador *Tabaco* **107** 27
~ *Vidrio* **162** 6
~ Dep. aéreo **288** 80
~ Bunsen **173** 5
~ de coque **38** 38
~ de fuel-oil **38** 58-60
~ de gas **139** 3, 48
~ revestido **38** 60
queque **97** 29
querihuela **377** 19
querosén **234** 9
queroseno **234** 9
querva **380** 14
quesera **40** 7
queso *Comest.* **98** 5
~ *Superm.* **99** 39
~ *Restaur.* **266** 52
~ de bola **99** 42
~ de cerdo **96** 9
~ emmental **99** 41
~ en lonchas **76** 47
~ holandés **99** 42
~ redondo **99** 42
~ suizo con agujeros **99** 41
quiebra **300** 3
quiebro **319** 1
quijada **139** 33
~ inferior **72** 11
quijera **71** 8
quijote **329** 52
quiligua **66** 21
Quilla *Astron.* **3** 46
quilla *Astron.* **235** 7
~ *Remo* **283** 32
~ *Vela* **285** 32
~ *Barco a motor, esquí acuát.* **286** 61
~ con lastre **285** 32
~ de balance **222** 47
~ de maniobras **227** 30
~ de pantoque **222** 47
~ de plomo **285** 36
~ en su posición **222** 22
~ exterior **283** 32
~ plana **222** 49
quimachi **34** 3
quimera **327** 16
química **349; 350**
quimono **353** 40
quimpo **371** 27
quindaleza **90** 4
quino **380** 17
quinquenervia **380** 11
quinta **321** 10
~ octava **321** 48
~ puerta **193** 16, 20
quintillo **321** 23
quiosco de flores **204** 48
~ del andén de refrescos y comidas para el viaje **205** 49
~ de música **274** 19
~ de tabaco **204** 47
~ rodante de periódicos **205** 16
quipo **352** 22
quirófano **26** 1-33
quiróptero **366** 9
quirri **354** 33
quiscamote **379** 9
quitameriendas **379** 3
quitanieves rotativo **213** 17
quitapiedras *Tranv.* **197** 11
~ *FFCC* **210** 34
quitasol **337** 22
quitilipi **362** 17
quiyá **366** 14

R

rabancá **383** 1
rabanillo **61** 21
rábano blanco **57** 20
~ largo **57** 16
~ negro **57** 16
~ redondo **57** 15
rabillo de la manzana **58** 61
~ de la pera **58** 34
rabo **88** 47, 49, 58, 62
~ de zorra **61** 30
racimillo **375** 21
racimo **370** 68
~ de flores *Fruta* **58** 15
~ de flores *Arb. ornam.* **374** 33
~ de frutas **58** 11
~ de uvas **78** 5
~ de ventosas de goma de la ordeñadora **75** 26
racor de la canalización del freno **192** 53
radar *Naveg.* **224** 10-13
~ *Buque guerra* **258** 36; **259** 29, 48
~ de acoplamiento **6** 42
~ de telepuntería **258** 35
~ meteorológico **231** 18
radiación alfa **1** 30-31
~ beta **1** 32
~ gamma **1** 33, 40
~ Roentgen **1** 56
~ Roentgen dura **1** 33
radiador *Méd.* **23** 23
~ *Casa* **38** 76
~ *Agric.* **65** 51
~ *Font.* **126** 20
~ *Energ. mod.* **155** 15
~ *Autom.* **191** 9
~ *FFCC* **212** 54
~ de aceite **192** 19
~ de gas **126** 25
~ del agua **189** 35
~ del sistema de energía de la nave espacial **6** 8
radicación **345** 2
radical **345** 2
~ anterior **18** 40
radicando **345** 2
radícula **370** 88
radio *Anat.* **17** 13
~ *Bicicl.* **187** 27
~ *Moto* **189** 24
~ *Autom.* **191** 90
~ *RTV* **238; 239**
~ *Rastro* **309** 16
~ *Cabar.* **318** 18
~ *Matem.* **346** 47
radiocassette **241** 1
radiocompás **230** 5
radiocomunicación **237** 50
radio de control a distancia **288** 87
~ de curvatura **346** 22
~ de exploración de los cohetes **7** 24
~ de exploración de los satélites **7** 33
~ del volante **191** 58
~ de maniobras **212** 50
~ de propagación de las ondas sonoras **7** 14
radiodifusión **239; 240**
radiofonía **230** 29
radiofusión **238**
radiogoniómetro **258** 17
radiolario **357** 8
radiología **27** 1-35
radio medular **370** 11
radiómetro **10** 71
radionavegación *Avión* **230** 22
~ *Dep. aéreo* **288** 13
radio portátil **270** 41
radiosonda **10** 55, 59
radiotelefonía **230** 22
radioteléfono *Méd.* **22** 14
~ *Dep. aéreo* **288** 17
radio, torre emisora **15** 33
radomo *FFAA* **256** 10
~ *Buque guerra* **258** 52, 77; **259** 49
raedera *Carp.* **132** 27
~ *Cestero* **136** 38
~ *Textil* **168** 61
rafia *Planta* **54** 35
~ *Cestero* **136** 29
raigón **24** 27
raigrás italiano **69** 26
raíl *FFCC* **202** 1; **214** 10
~ *Estación* **205** 59
~ de deslizamiento *Grandes alm.* **271** 54
~ de deslizamiento *Remo* **283** 45
~ de la cadena **85** 16
~ del cambio **202** 26
~ del tranvía **268** 23
~ de maniobra **214** 22

~ de recubrimiento sobre las agujas de lengüeta **167** 56
~ de rodeo **214** 22
~ de viraje **164** 17
raíz *Anat.* **19** 36
~ *Planta* **54** 21
~ *Agric.* **68** 17, 45
~ *Matem.* **345** 2
~ *Botán.* **370** 16-18, 78-82
~ adventicia **370** 78, 80
~ aérea **370** 80
~ con frutos **383** 43
~ cuadrada **345** 3
~ cúbica **345** 2
~ de la recta **347** 12
~ principal **370** 16
~ respiratoria **370** 82
~ secundaria **370** 17
~ trepadora **370** 80
~ tuberosa **370** 79
raja de la manga **30** 48
~ del costado **30** 49
~ del culo **16** 41
~ de melón rociada con miel **266** 50
rajadera **96** 35
rajador **136** 35
ralentizar **286** 50
rálida **359** 20
rama *Tejido* **171** 32
~ *Botán.* **370** 5
~ con amentos **371** 10
~ con flores femeninas **384** 42
~ con flores masculinas y femeninas **372** 43
~ con flores y frutas **383** 46
~ con flores y frutos **382** 17
~ con frutas compuestas **384** 12
~ con frutos *Fruta* **59** 30, 48
~ con frutos *Árbol.* **371** 3, 11, 18, 31, 36, 41, 47, 50, 56, 64
~ con frutos *Coníf.* **372** 40, 51, 59, 63
~ con frutos *Planta estim., trop.* **382** 2, 37
~ con frutos *Planta ind.* **383** 34
~ con frutos *Fruto merid.* **384** 8, 38
~ con frutos del ciruelo **59** 19
~ con frutos jóvenes **371** 59
~ con hojas **371** 27
~ con hojas **383** 61
~ con hojas de la salguera blanca **371** 29
~ con los botones florales **371** 25
~ con una piña de alerce **372** 36
~ de abedul para azotar la piel **281** 27
~ de coral **357** 18
~ de la parábola **347** 15
~ de primer orden **370** 21
~ en flor **378** 27
~ en flor del albaricoquero **59** 33
~ en flor del avellano **59** 44
~ en flor del cerezo **59** 1
~ en flor del grosellero **58** 14
~ en flor del manzano **58** 52
~ en flor del nogal **59** 37
~ en flor del peral **58** 32
~ florecida de la grosella espinosa **58** 2
~ florida *Fruta* **59** 26
~ florida *Árbol* **371** 2, 10, 16, 32, 34, 39, 51, 54, 66, 71
~ florida *Coníf.* **372** 33
~ florida *Planta* **378** 2
~ florida *Planta estim., trop.* **382** 3, 8, 12, 23, 27, 31, 41, 47, 50
~ florida *Planta ind.* **383** 26, 30, 38, 22, 42
~ florida *Fruto merid.* **384** 17, 24, 37, 49, 54
~ horquillada para la fijación **54** 13
ramal *Mapa* **15** 23
~ *Font.* **126** 8
~ ferroviario **225** 62
ramaria apretada **381** 32
rambata **218** 49
ramificación curva **203** 48
~ doblada a derecha **203** 46
~ doblada a izquierda **203** 47
~ recta **203** 45
ramillete artísticamente dispuesto **267** 37
ramito de mirto **332** 21
ramo **370** 6
~ de flores **267** 37
~ de novia **332** 18
rampa **119** 41; **123** 30
~ de acceso *Mapa* **15** 16
~ de acceso *Limp. públ.* **199** 15
~ de acceso *Estación* **206** 1
~ de acceso *FFCC* **213** 36
~ de carga **206** 9
~ de lanzamiento **255** 66
~ de lanzamiento de misiles Tartar **258** 49
~ del cobertizo **206** 9
~ del coque **156** 12
~ del dique **216** 47
~ del ganado **206** 1
~ de popa *Barco* **221** 88
~ de popa *Buque guerra* **258** 91
~ de proa **258** 90
~ de vehículos **206** 1
rana bermeja **364** 24
~ de San Antonio **364** 24
~ de zarzal **364** 24
rancho *Sombr.* **35** 35
~ *Granja* **62**
ranita **29** 22
ranúnculo **375** 8
ranura *Tornill.* **143** 49
~ *Jue. pelota* **291** 29
~ de inserción de filtros **117** 38
~ de introducción del disco **243** 38
~ de la aguja **167** 15
~ del aire **194** 16
~ de la pared del tambor para la formación del cojín de aire **243** 27
~ de la urna **263** 30
~ del chasis **114** 10
~ del tornillo **143** 38
~ de sensibilidad de la película **117** 37
~ en forma de efe **323** 6
~ en zigzag **165** 11
~ guía *Fotogr.* **117** 36
~ guía *Fotocomp.* **176** 18
~ guía *Dep. inv.* **301** 39
~ guía *Mús.* **322** 41
~ para el pulsador **166** 32
~ para introducir las fichas del programa **195** 5
~ para la chaveta **143** 66, 85
~ para las tizas **260** 31
rapavelas **330** 58
rapé **107** 20
rapel **300** 28-30
rápido **321** 28
rapónchigo **57** 38
raposa **367** 12
rappen **252** 15
raqueta **275** 5
~ del juego de volante **293** 43
~ de ping-pong **273** 4
~ de tenis *Vestib.* **41** 13
~ de tenis *Jue. pelota* **293** 29
rascadera **379** 9
rascador *Carnic* **96** 42
~ *Construc.* **120** 79
~ *Cerraj.* **140** 63
~ *Dep. inv.* **301** 24
~ *Art. gráf.* **340** 17
~ triangular **140** 63
rascamoño **60** 22
rascón **359** 20
rasera **96** 43
raspador *Méd.* **22** 50
~ *Casa* **38** 33
~ *Tabaco* **107** 24, 45
~ *Pintor* **129** 23
~ *Art. gráf.* **340** 63
~ de árboles **56** 14
~ de cera **301** 24
~ de corteza **56** 14
~ de escultor **339** 11
~ de papeles pintados **128** 15
~ de sierra **134** 6
ráspano **377** 23
rasqueta **71** 54
rastrillador **163** 42
rastrillo *Jardín* **56** 4
~ *Agric.* **64** 44; **66** 23
~ *Jue. pelota* **292** 70
~ *Caball.* **329** 24
~ del césped **51** 4
~ para el heno **66** 23
rastro *Caza* **86** 8
~ *Hípica* **289** 49
~ *Dep. inv.* **301** 60
~ *Feria* **308** 60
~ *Rastro* **309**
rastrojera **63** 33
rastrojo **63** 36
rastro para el heno **66** 23
~ para las patatas **66** 20
rata de agua **366** 17
~ del trigo **366** 16
ratero **308** 16
ratonera **83** 36
ratonero común **362** 9
raya *Ropa* **33** 6
~ *Caza* **87** 36
~ *Escrit.* **342** 23
~ al lado **34** 14
~ blanca **268** 72
~ del pantalón **33** 6
~ de parada **268** 50
~ de quebrado **344** 15
rayador **125** 9
raya en medio **34** 9
rayo *Tornill.* **143** 88
~ *Moto* **189** 24
~ *Matem.* **346** 20
~ coudé **5** 3
rayón **88** 51
~ sobre bobina cónica de plegado **169** 27
rayos X **1** 56
razas de perros **70**
reacción en cadena **1** 41
~ en cadena controlada **1** 48
reactor **154** 3, 41, 50
~ atómico **1** 48
~ de agua a presión **154** 19
~ de doble flujo **232** 46
~ nuclear *Energ. nucl.* **154** 19
~ nuclear *Buque guerra* **259** 67
~ soplante de cola **232** 42
~ soplante delantero **232** 33
~ soplante trasero **232** 42
~ superregenerador rápido **154** 1
real de la feria **308** 1
reanimador eléctrico **21** 27
reavituallador de las perforaciones offshore **221** 32
rebanada de pan **45** 22, 37
rebarbado **148** 38-45, 43
re bemol mayor **320** 67
rebobinado **170** 50
~ de la película **312** 21
rebobinador del hilo **104** 16
reborde de anillos **55** 38
rebosadero *Casa* **38** 69
~ *Baño* **49** 25, 45
~ *Pesca* **89** 5
~ *Cons. hidr.* **217** 60
~ *Abast. agua* **269** 20, 33
rebote **297** 36
rebozuelo **381** 15
recadero **236** 17
recalentador **152** 9
recalentamiento **162** 27, 35
recámara *Dorm.* **43**
~ *Caza* **87** 15
recambio del tiralíneas **151** 58
reccorido del minigolf **272** 70
recepción *Hotel* **267** 1-26
~ *Camping* **278** 1
~ de cebada **92** 41
~ de la leche **76** 1
~ de mercancías **206** 26
recepcionista **267** 7
receptáculo **370** 53
receptor *Meteor.* **10** 63
~ *Puerto* **226** 33
~ *Teléf.-telégr.* **237** 8
~ *Jue. pelota* **292** 54
~ *Rastro* **309** 16
~ de galena **309** 23
~ de la película **116** 6
~ del eco **224** 64
~ de radio *Rastro* **309** 16
~ de radio *Cabar.* **318** 18
~ de televisión **242** 28
~ de televisión doméstico **243** 6
~ de televisión en color **240** 1
receta **22** 20
recibidor **41** 1-29
recibo de pago **271** 7
recién nacido **28** 5
recinto al aire libre **356** 1
~ de enfriamiento **281** 28
~ de los elefantes **356** 9
~ de los reptiles **356** 12

~ de seguridad de acero con hendidura para la aspiración de aire **154** 21
~ para los pájaros **356** 8
~ protegido de las miradas por un muro **281** 17
recipiente a presión del reactor **154** 22
~ colector **10** 40, 45
~ de aspiración para el vapor **103** 25
~ de fluotano **26** 26
~ del ácido **350** 62
~ de la sustancia **350** 61
~ de las verduras **96** 51
~ de líquido disolvente **247** 9
~ de rebosamiento **350** 60
~ de recolección **78** 10
~ dosificador del kieselguhr **93** 3
~ para la hierba **56** 29
recíproca **344** 16
reclamo **87** 43-47
~ de la codorniz **87** 45
~ de la liebre **87** 44
~ de la perdiz **87** 47
~ del ciervo **87** 46
~ del corzo **87** 43
reclinatorio **332** 25
recodo **126** 46
~ del río **13** 11
recogedor *Apar. hogar* **50** 52
~ *Colegio* **260** 60
~ -cargadora **63** 27
~ picadora automotriz **64** 34-39
recogedor de colada **147** 34
recogepelotas **293** 22
recogida de basuras **199**
~ de equipajes **233** 38
~ de la correspondencia **236** 50-55
~ del balón **291** 48
~ de madera **84** 15-37
recolección **63** 31-41
~ de huevos **89** 11
recolector medio de refrigeración **92** 7
recomendado **236** 3
recorrido **301** 44
~ de campo a través **289** 17
~ de cross **289** 17
~ de la regata **285** 14-24, 16
~ triangular **285** 16
recortasetos **134** 55
recta **347** 12
rectángulo **346** 32, 34
~ de encuadre **292** 34
rectificadora cilíndrica universal **150** 1
rectificador de corriente *Herr.* **138** 18
~ de corriente *Clisé* **178** 2
~ de corriente *Cine* **312** 30
~ de selenio **312** 18
recto **20** 22, 61
~ del abdomen **18** 44
rectoscopio **23** 16
recubrimiento *Ópt.* **113** 13
~ *Construc.* **122** 100
~ circular de la cinta **133** 32
~ de cristal **155** 33
~ de la cinta **133** 31
~ de los cilindros del banco de estiraje **164** 7
~ poroso **199** 21
recuperación del azufre **145** 68
recuperador **255** 61
Red *Astron.* **3** 48
red *Pesca* **89** 31; **90** 8
~ *Labores* **102** 22
~ *Tejido* **171** 37
~ *Jue. pelota* **293** 13
~ circular **90** 25
~ cuadrada **89** 29
~ de arrastre **90** 2-10
~ de distribución **269** 22
~ de emergencia para amortiguar el choque **259** 17
~ de estaca **89** 94
~ de fondo **89** 29
~ del enjambre **77** 54
~ del tenis de mesa **293** 53
~ de ping-pong **273** 3
~ de protección **307** 14
~ de seguridad **307** 14
~ de tenis **293** 13
~ hilada **80** 7
rediente **286** 38-41
rédito **345** 7
redonda **320** 13
~ del trinquete **220** 13
redondo *Matad.* **95** 12, 37
~ *Construc.* **119** 80
~ mayor **18** 55
~ menor **18** 54
red para trepar **273** 50
reducción macho-hembra **126** 39
~ macho-hembra con rosca interior **126** 41
~ para la impulsión de la cadena de avance **172** 69
reductor *Riego* **67** 21
~ *Avión* **232** 59
~ *Buque guerra* **259** 61
red vertical **90** 8
reemprender el vuelo **288** 53
referencia del artículo **342** 49
refilado **184** 3
refinador **172** 84
~ cónico **172** 27, 60, 73
refinería del aceite lubrificante **145** 67
~ de petróleo **145** 65-74
refino del petróleo crudo **145** 28-35
reflectante **187** 45
reflector *Átomo* **1** 65
~ *Buque guerra* **258** 28
~ *Circo* **307** 3
~ con filtro de color **310** 38
~ de escena **318** 24
~ de escena móvil **316** 16
~ de lente de espejo **316** 48
~ de mano **270** 42
~ de proscenio **316** 21
~ Lieberkühn **115** 97
~ orientable **114** 69
~ portátil **270** 42
~ radar **10** 58
refocilo **9** 39
reforma **145** 47
reformador catalítico **145** 71
refractómetro **111** 44
~ de inmersión **112** 48
refractor **113** 16
refresco **96** 30
refrigeración **235** 38
~ con agua corriente **154** 55
~ de la poliamida **170** 34
~ del gas **156** 29
~ del mosto **93** 1-5
~ por agua **148** 28
~ por una corriente de aceite **312** 25
refrigerador *Cocina* **39** 2
~ *Apart.* **46** 33
~ *Petról.* **145** 44
~ de aceite **192** 19
~ de aceite con ventilador **211** 11
~ de agua para el aceite **152** 46
~ de clinker **160** 9
~ de gas *Petról.* **146** 27
~ de gas *Coque* **156** 19
~ del mosto lupulado **93** 5
~ de serpentín **349** 6
refrigerante **350** 48
refuerzo *Caballo* **71** 41
~ *Avión* **229** 11
~ *Remo* **283** 46
~ *Teatro* **315** 31
~ longitudinal **222** 44-56
refugio *Salvamento* **228** 19
~ *Alpin.* **300** 1
regadera **51** 21
~ con asa **55** 26
regador *Jardín* **56** 43
~ *Granja* **62** 29
regadora fija **56** 46
regador-devanadera de caudal pequeño **62** 29
~ giratorio *Hortic.* **55** 19
~ giratorio *Jardín* **56** 43
~ giratorio *Granja* **62** 29
~ giratorio *Riego* **67** 4, 32
~ para grandes superficies **67** 18
regala **283** 30
regalterna **364** 27
regata *Remo* **283** 1-18
~ *Vela* **285** 14-24
regate **291** 52
régimen de luces de los barcos deportivos **286** 10-14
región del sacro **16** 25
~ lumbar **16** 24
~ tenar **19** 58, 75
~ vinícola **78** 1-21
~ vitícola **78** 1-21
registrador *Meteor.* **10** 61
~ *Hosp.* **25** 3
~ *Herr.* **138** 19
~ de escena **316** 30
~ de los impulsos **26** 32
~ de ocho canales **27** 28
registro *Casa* **38** 45
~ *Mús.* **325** 44; **326** 6
~ con diodos luminosos **110** 2
~ de cierre **203** 63
~ de corredera **326** 7
~ de cristal líquido **110** 2
~ de envíos **236** 18
~ del correo **236** 18
~ de los bajos **324** 44
~ de los segundos **110** 21
~ de resultado **309** 82
~ de tiple **324** 41
~ digital **110** 2
~ digital con cifras giratorias **110** 20
~ fijo **185** 70
~ lateral **185** 68
~ simultáneo de la imagen y del sonido **313** 26
~ suelto **185** 71
regla **247** 35
~ de ángulo para ingletes **133** 19
~ de borde recto **128** 39
~ de cabecera **342** 40
~ de empapelador **128** 39
~ de entrada **184** 23
~ de escuadra **151** 4
~ de filo **140** 56
~ de nivelación **14** 47
~ de tres **345** 8-10
~ en forma de T **151** 9
~ guía **184** 23
reglaje de amplitud del registro **10** 11
~ de avance **100** 28
~ de la velocidad **149** 5
~ de lectura **10** 10
~ del ocular **313** 7
~ de los faros **195** 24
reglamento del parque **272** 29
~ electoral **263** 25
regla para cortar **124** 21
~ plana graduada **151** 33
~ portahúsos **164** 50
regleta *Elec.* **127** 29
~ *Fotocomp.* **174** 14
~ *Tipogr.* **181** 40
regreso al embarcadero **286** 55
reguera **198** 10
~ de alimentación **74** 15
~ del bebedero **147** 22
~ del estiércol **75** 44
~ de los excrementos **75** 20
reguero **282** 22
régula **334** 17
regulación de grabado continuo **177** 53
~ de la altura *Fotogr.* **116** 34
~ de la altura *Aserr.* **157** 49
~ de la altura y de la inclinación **177** 21
~ de la presión de la cabeza **241** 24
~ de las ruedas **64** 58
~ de la velocidad **179** 29
~ del contraste **240** 32
~ del tablero de dibujo **151** 5
~ de luminosidad **240** 33
~ de sonidos agudos y graves **241** 43
~ en escala **116** 34
~ manual de la distancia focal **117** 3
~ para el suministro de gas **27** 41
regulador **109** 32
~ de abertura para el diafragma de sectores **313** 8
~ de corredera *Electrón* **241** 8
~ de corredera *Cine* **311** 18
~ de corredera plano **238** 47
~ de grabado continuo **177** 53
~ de hilado **164** 38
~ del aire **350** 3, 8
~ de la llama **107** 31
~ de la presión del combustible **190** 17
~ de las dioptrías **117** 15
~ de la tensión **153** 31
~ del contraste **249** 36
~ del filtro amarillo **116** 44
~ del filtro gris azulado **116** 45
~ del filtro púrpura **116** 43
~ del gas **350** 6

~ del movimiento ralentizado **243** 49
~ del nivel de la toma de sonido **117** 16
~ del nivel del sonido **117** 85
~ del puntal de elevación **65** 25
~ del tiempo de exposición **179** 18
~ del tono **241** 31
~ de mezcla **230** 31
~ de presión **340** 38
~ de profundidad **65** 60
~ de profundidad para la muela **157** 45
~ de volante **224** 56
~ lateral de la bobina **180** 5, 20
~ para la dirección automática por cadena **65** 12
régulo **361** 10
rehilete **273** 7
reina *Apic.* **77** 4
~ *Juego* **276** 9
~ *Articul.* **358** 21
~ de la belleza **306** 64
reinal **89** 78; **90** 29
reina saliendo **77** 38
reja **65** 7, 58, 65
~ anterior **65** 11
~ de arado **328** 33
~ de cierre **75** 43
~ de protección **118** 90
~ de tres láminas **64** 67
~ niveladora **200** 21
rejilla *Hilat.* **163** 26
~ *Abast. agua* **269** 11
~ con cuchilla para picar **96** 54
~ de aireación **194** 16
~ de aspiración **100** 13
~ del gran tambor **163** 55
~ del micrófono **241** 50
~ de los platos **39** 41
~ del radiador **191** 11
~ del sumidero **198** 24
~ del tomador **163** 54
~ de protección **168** 45
~ de protección contra el calor **188** 16
~ de protección del extractor del papel **181** 24
~ de retención **89** 10
~ de ventilación **258** 43
~ móvil **199** 34
~ para contar los huevos **89** 19
~ parachispas **210** 24
~ para el equipaje **208** 27
~ para el pan **40** 31
~ para el sombrero y para el equipaje pequeño **208** 28
~ que impide el paso de la reina **77** 47
~ raspadora **129** 12
~ rotativa **92** 24
~ separadora de lodos del alimentador del agua **210** 29
rejo *Apic.* **77** 11
~ *Circo* **307** 53
relación del estado de cuentas **247** 44
relámpago **9** 39
relieve, bajo **339** 33
religiosa **331** 50
relinga **90** 9
~ de fondo **90** 18
reloj *Hosp.* **27** 35
~ *Reloj.* **110**
~ *Autom.* **191** 38
~ *FFCC* **211** 37; **212** 16
~ controlador **277** 17
~ con un mecanismo de cuerda automático **110** 32-43
~ de a bordo **230** 11
~ de ajedrez **276** 16
~ de antesala **110** 24
~ de arena **110** 31
~ de cocina *Cocina* **39** 20
~ de cocina *Reloj.* **109** 34
~ de control *Huecogr.* **182** 20
~ de control *Oficina* **245** 18
~ de corta duración **116** 18
~ de cuco **109** 31
~ de joya **36** 33
~ de laboratorio **116** 18
~ de la estación **204** 30
~ del andén **205** 46
~ de la presión del aceite **191** 38
~ de la torre **331** 7
~ de mesa **42** 16
~ de pared *Reloj.* **109** 32
~ de pared *Rastro* **309** 87
~ de pesas **309** 56
~ de pulsera electrónico **110** 1
~ de sol **110** 30
~ despertador **110** 19
~ doble para los torneos de ajedrez **276** 16
~ eléctrico **191** 79
relojero **109** 1
reloj impermeable para el control del tiempo de permanencia bajo el agua **279** 16
rellena **99** 56
relleno **217** 7
~ con mortero **122** 55
~ de las letras con pintura granulada **129** 53
~ de las salchichas **96** 41
~ del suelo intermedio **123** 69
~ de piedras **216** 51
~ entre vigas **120** 44
remachado **143** 56
remachadora **138** 27
remache **143** 57-60
remate **293** 78
~ del alero **122** 49
~ del contrafuerte **335** 29
~ de obra **122** 39
re mayor **320** 57
re menor **320** 63
remero *Barco* **218** 3
~ *Remo* **283** 12
remesa de correspondencia **236** 55
remetido de los hilos en los licetes **171** 20
~ de los hilos en los lizos del tejido **171** 21
~ del peine **171** 6
~ en los lizos **171** 5
remezón **11** 32-38
remo *Camping* **278** 19
~ *Remo* **283** 14, 35-38
remolacha **68** 44
~ azucarera **68** 44
~ forrajera **69** 21
remolcador **225** 15; **227** 5, 16
~ atoando el buque **222** 42
~ de aviones **233** 23
~ de empuje *Barco* **221** 60, 93
~ de empuje *puerto* **225** 92
~ de salvamento en alta mar **258** 96
~ fluvial de vapor **216** 23
remolque *Herr.* **138** 10
~ *Autom.* **194** 22
~ *Salvamento* **227**
~ *Circo* **307** 34
~ de camping **278** 52
~ de carga **63** 38
~ de carga universal **62** 40
~ de equipajes **233** 22
~ de la carretilla **206** 35
~ del barco **278** 20
~ del trolebús **194** 44
~ de provisiones **233** 22
~ jaula **307** 62
~ para transportar el bote **283** 66
~ plegable **278** 3
~ transportador **206** 3
~ trasero **85** 49
~ volquete **56** 42
remonte de esquí **301** 57-63
~ de la cometa **273** 41
remo para bogar **218** 5
~ timón **218** 6
removedor de la ropa **309** 68
renacentista medieval **342** 4
rendija purgadora para el hilo **165** 20
reno **353** 16
renuevo anual **372** 25
~ joven **372** 23
reóstato de puesta en marcha **135** 3
reparación del escape **195** 52
repartidor **236** 53
reparto de la correspondencia **236** 50-55
repetición **321** 26
repicador **323** 51
repisa **126** 6
~ de la chimenea **267** 24
~ de la mesa **133** 24
repollo **57** 32
reportaje del corresponsal **342** 54
~ deportivo **342** 60
reportero de deportes **299** 50
reposabrazo **109** 3
reposacabezas ajustable **207** 47
~ fijo delantero **193** 7
~ fijo trasero **193** 8
~ incorporado **193** 31
~ regulable **191** 33
reposapié **301** 58
reposapiés *Peluq.* **105** 18
~ *FFCC* **207** 57
~ *Dep.* **305** 81
reposa-plancha **50** 18
represa **217** 65-72
representación esculpida y pintada **352** 2
~ gráfica **151** 11
representante **299** 45
~ de los artistas **307** 18
reproducción magnética **238** 55
~ offset **179**
reps acanalado irregular **171** 19
reps por trama **171** 13
reptil *Zoo* **356** 12
~ *Pez, anfib., rept.* **364** 27-41
República Federal Alemana **252** 7, 29
requerimiento de aistancia médica **253** 27
requero móvil del alimento **74** 4
resalte **335** 43
resbaladero **304** 17
~ en espiral **144** 28
rescate de la víctima de un accidente de coche **21** 18
~ de los ahogados **21** 34-38
~ y transporte de una persona herida **21** 18-23
res de matanza **94** 2
reserva **291** 54
~ de oxígeno **6** 18
resguardo de consigna **204** 8
residencia secundaria **37** 84-86
residuo **145** 43
~ de lixiviación de la piedra calcárea **154** 62
resistencia **153** 56
resorte de retorno **167** 37
re sostenido menor **320** 61
respaldo *Estar* **42** 25
~ *FFCC* **207** 66
~ de la cámara **114** 54
~ reclinable **191** 35
respiración artificial **21** 24-27, 27
~ boca a boca **21** 26
~ boca a nariz **21** 26
~ debajo de agua **279** 19
respiradero *Baño* **49** 20
~ *Construc.* **118** 3
~ *Sider.* **148** 22
~ *Central el.* **153** 10
~ del sótano **37** 27
respirador **26** 25
~ artificial **26** 24
resta **344** 24
restañar la sangre **21** 14-17
restaurant **233** 50
restaurante *Aerop.* **233** 50
~ *Restaur.* **266** 1-29
~ autoservicio **266** 45-78
~ del aeropuerto **233** 19
~ de la estación **204** 13
~ del hotel **267** 20
resto *Jue. pelota* **293** 50
~ *Matem.* **344** 24
~ de tela **103** 16
resultado **344** 23
~ de los sets **293** 35
resumidero **198** 23
retacitos **306** 62
retal **103** 16
retama de escobas **374** 20
~ negra **374** 20
retención de cable metálico **155** 44
~ de la malla **167** 66
retenida **227** 14
retículo **177** 4
~ de microprismas **115** 54
~ de microprismas para objetivos de abertura a partir de 1 : 3,5 **115** 63
~ de microprismas para objetivos de gran abertura **115** 62
~ visual **87** 31-32
Reticulum **3** 48
retina **19** 49

retiración del amarillo **180** 6-7
~ del cyan **180** 8-9
~ del magenta **180** 10-11
~ del negro **180** 12-13
retocador **161** 19
~ efectuando un recubrimiento **182** 14
retoño **78** 3
~ enraizado **54** 17
retoque del rodillo **182** 12
retorta **349** 13
retraso del tren **205** 24
retrato **252** 31
retrete *Baño* **49** 12
~ *FFCC* **207** 16, 42; **211** 59
~ de la obra **118** 49
~ del personal **207** 82
retroceso **277** 4
retrocohete separado por etapas **234** 8, 37
retroproyector *Téc. ens.* **242** 6
~ *Colegio* **261** 8
retrovisor **189** 30
revelador **116** 10
~ de color **116** 10
~ de películas automático para las películas de scanner **177** 72
reventador **263** 15
reverberación **310** 59
reverso **252** 9
revés **293** 39
~ de la paletilla **95** 32
revestimiento *Dent.* **24** 32
~ *Vuelo sin motor* **287** 40
~ *Quím.* **350** 10
~ "acústico" de la pared **310** 15
~ aerodinámico del propulsor **234** 6
~ aislante de madera **10** 26
~ de aleación ligera enteramente reforzado **235** 11
~ de ataque móvil armado de fibras de carbono **235** 32
~ de chapa **188** 50
~ de cuero **291** 22
~ de espejos **267** 66
~ de la calzada **198** 5
~ de la pala **293** 47
~ de las paredes en madera **281** 19
~ del suelo **123** 41
~ del techo **317** 29
~ de material fluorescente **240** 19
~ de piedras **216** 55
~ exterior **122** 38
~ para el aislamiento del compartimiento de carga útil **235** 13
~ protector del frío **235** 15
revisión **237** 29
revisor **315** 10
revista **46** 20
~ de la sala de espera **22** 4
~ de moda **104** 4
~ de modas **271** 36
revistero **265** 8
revólver del objetivo **117** 46
~ de objetivos *Ópt.* **112** 11, 30
~ de objetivos *Cine* **313** 32
revoque, primera capa **123** 6
rey *Juego* **276** 8
~ *Dep.* **305** 7, 13
~ de armas **329** 75
reyezuelo listado **361** 10
~ sencillo **361** 10
rezno **380** 14
ría **289** 20
ribete *Ropa* **30** 13; **31** 7
~ *Cestero* **136** 17
~ de flores **30** 28
ribo **13** 4
ricino **380** 14
riego por aspersión **67**
riel de la cortina **44** 15
~ del parasol **313** 10
~ de regulación de la altura **49** 43
~ de tope **133** 11
~ guía *Punto* **167** 45
~ guía *Estación* **206** 38
~ transportador **133** 41
rienda *Caballo* **71** 33
~ *Coche* **186** 31
~ *Hípica* **289** 27
riendas **71** 25
rifle con depósito **87** 2
~ corto **86** 30
~ de caza de repetición automático **87** 2
~ de dos cañones superpuestos **87** 33
~ de repetición **87** 2
Rigel **3** 13
rikisha **353** 34
rincón de comer **44** 1-11
~ de la chimenea **267** 22
rinconera *Estar* **42** 26
~ *Tornill.* **143** 1
~ *Oficina* **246** 34
rincón neutral **299** 38
ring **299** 35
ringlera de heno segado **63** 23
rinoceronte **366** 25
~ africano **366** 25
riñonada **95** 7
riñón de la bóveda **336** 40
~ derecho **20** 28
~ : el caliz **20** 30
riñones **72** 30
riñón izquierdo **20** 30-31
~ : la pelvis **20** 31
río *Geogr.* **13** 61
~ *Mapa* **15** 76
~ *Río* **216** 31
~ *Parque* **272** 45
Río Celeste **3** 12
río de lava **11** 18
~ del cañón **13** 51
~ navegable **15** 45
riostra **118** 25; **119** 51; **120** 54; **121** 30
~ de alambre **119** 66
~ en forma de cruz **118** 88
río subterráneo **13** 83
ripidio **370** 77
ristre **329** 80
ristrel *Casa* **37** 9
~ *Construc.* **121** 31
rizador **105** 12
~ del tinte **105** 4
~ para el pelo **106** 26, 31
rizo *Pein.* **34** 3
~ *Barco* **219** 72
~ *Dep. aéreo* **288** 1
rizoma **58** 18
rizópodo **357** 1
robinia **371** 70
roble *Jardín* **51** 12
~ *Árbol* **371** 1
roblón *Tornill.* **143** 57-60
~ *Vela* **285** 52
roblonadura **143** 56
robot **273** 36
~ de cocina **40** 45
roca *Geogr.* **13** 25
~ *Alpin.* **300** 2
~ *Ser fabul.* **327** 38
~ calcárea **13** 71-83
~ de profundidad **11** 29
~ estratificada **13** 48
~ impermeable **12** 23
~ lunar **6** 15
rocalla *Geogr.* **13** 29
~ *Casa* **37** 40
~ *Jardín* **51** 6
~ *Arte* **336** 13
roca natural **356** 2
~ sedimentaria **12** 1; **13** 48
~ sólida **13** 70
rociadera *Hortic.* **55** 19
~ *Jardín* **56** 43
~ del césped **37** 43
roda *Barco* **218** 4; **221** 14, 83, 108
~ *Cons. naval* **222** 74
~ *Buque guerra* **258** 3
~ de bulbo **222** 74
rodaje **233** 2
~ en exteriores **310** 18
rodamiento **143** 69
~ de agujas **143** 75-76
~ de bolas **143** 69
roda recta **285** 40
~ vertical **285** 40
rodela **329** 57
rodeo **319** 34
rodete **34** 29
~ de pelo **34** 38
rodezno **91** 35
rodilla **16** 50
~ delantera **72** 22
rodillas (de) **295** 7
rodillera *Hípica* **289** 31
~ *Jue. pelota* **292** 9
~ *Dep. inv.* **303** 17
~ *Mús.* **325** 45
~ *Caball.* **329** 53
rodillo *Sider.* **148** 72
~ *Oficina* **249** 18
~ *Cicl., motor.* **290** 13
~ *Atlet.* **298** 17
~ aspirador del tamiz **173** 16
~ californiano **298** 16
~ con envoltura de muletón **50** 3
~ dador **181** 7
~ de apoyo del cable tractor **214** 49
~ de calandrar **173** 26
~ de cambio **312** 29
~ de caucho para comprimir el papel carbón **182** 8
~ de crescendo **326** 49
~ de discos de caucho **64** 82
~ de empapelador **128** 36
~ de entrada **64** 6
~ de excéntrica **166** 67
~ de frenada **138** 18
~ de gelatina **340** 12
~ de huecograbado copiado **182** 17
~ de impulsión **187** 73
~ de la calandria **173** 38
~ de la cinta **133** 18
~ del tren de poleas **214** 70
~ de piel de cordero **130** 31
~ de pintar **129** 11
~ de presión **243** 25
~ de recolección **64** 4
~ de secado **116** 49
~ de tintaje **249** 41
~ de transmisión **187** 9
~ de transporte **117** 34
~ distribuidor **249** 51
~ engomador **185** 33
~ entintador *Offset* **180** 21, 50, 60, 77
~ entintador *Tipogr.* **181** 18, 27
~ entintador *Oficina* **249** 52
~ entintador de cuero **340** 23
~ extendedor **181** 7
~ guía *Aserr.* **157** 5
~ guía *Textil* **168** 12
~ guía *Oficina* **249** 17
~ guía del cable **85** 39
~ guía del tejido **168** 5
~ guía para la viga niveladora **201** 4
~ huecograbado recubierto de papel carbón **182** 10
~ mojador **180** 23, 52, 61
~ para el papel pintado **128** 47
~ para empastar **184** 10
~ para granear **129** 13
~ para las junturas **128** 36
~ revelado **182** 13
~ tensor con brazo de extensión **133** 13
~ transportador **162** 11
~ transportador del papel **180** 4
rododendro **378** 1
rodón **132** 15
rodrigón *Huerto* **52** 31
~ *Vitic.* **78** 7
roedor **366** 12-19
rojo *Ruleta* **275** 24
~ *Juego* **276** 44
~ *Color* **343** 1
roldana **294** 29
~ de apoyo **270** 50
roleta **275** 1-33
rollito de nata **97** 17
rollizo *Construc.* **119** 13; **120** 2, 35
~ *Aserr.* **157** 30
rollo **157** 30
~ continuo de papel **173** 30, 43
~ de arcilla **339** 8
~ de cinta adhesiva **247** 29
~ de esparadrapo **26** 54
~ de hilo **89** 21
~ de la manguera **270** 54
~ de la película **312** 33
~ de madera **157** 30
~ de papel *Estudio* **151** 14
~ de papel *Oficina* **249** 33
~ de papel *Rastro* **309** 75
~ de papel acabado de extender **173** 35
~ de papel crepé **49** 11
~ de papel de desecho **128** 5
~ de película de 120 **114** 19
~ de plano **151** 10
~ de tela del batán **163** 47
romana **355** 7
romano **355** 11
rombo **346** 35
rombododecaedro **351** 7
romboedro **351** 22

rombo en talla escalonada **36** 59
romboide **346** 36
romo **98** 56
rompealud **304** 2
rompecabezas **48** 9
rompehielos *Puente* **215** 56
~ *Barco* **221** 50
rompeolas *Cons. hidr.* **217** 16
~ *Puerto* **225** 65
~ *Buque guerra* **258** 7, 76
rompiente, llano del **13** 31
rompimiento de la ola **279** 4
ron **98** 57
ropa blanca sucia **50** 22
~ de caballero **33**
~ de cama del moisés **28** 31
~ de cristianar **332** 8
~ de gimnasia **297** 51
~ de invierno **30**
~ de jóvenes **29** 48-68
~ de niños **29**
~ de niños pequeños **29** 1-12
~ de noche **32**
~ de noche de caballero **32** 35-37
~ de señora **30**; **31**
~ de verano **31**
~ interior **32**
~ interior de caballero **32** 22-29
~ interior de señora **32** 1-15
ropaje **338** 33
ropa talar **332** 4
ropero **43** 1
rosa *Mús.* **322** 22; **324** 5
~ *Color* **343** 4
~ china **60** 15
~ de los vientos **224** 47
~ de marfil tallado **36** 29
~ de tallo alto *Jardín* **51** 25
~ de tallo alto *Huerto* **52** 21
~ doble **60** 17
~ india **60** 15
rosal **52** 13, 21
~ común **52** 13
~ de tallo alto **52** 21
~ trepador **52** 12
rosa náutica **224** 47
rosario **332** 30
rosca *Apar. hogar* **50** 50
~ *Riego* **67** 38
~ *Panad.* **97** 38
~ *Tornill.* **143** 16, 68
~ de la bombilla **127** 59
~ de madera **143** 47
~ golosa **143** 47
roseta *Hortic.* **55** 28
~ *Caza* **88** 5, 29
~ de la ducha **49** 42
rosetón **335** 23
~ cuadrifolio **335** 39
~ de cinco lóbulos **335** 40
rosquilla **97** 44
~ grande **99** 16
rota **136** 32
rotación **230** 71
~ alrededor del eje longitudinal y transversal del cuerpo **298** 11
rotata **322** 25
rotativa de doble revolución **181** 1
~ de huecograbado multicolor **182** 24
~ tipográfica **181** 41
rotor *Reloj.* **110** 32
~ *Energ. mod.* **155** 45
~ *Avión* **232** 12-13
~ *Policía* **264** 3
~ *Vuelo sin motor* **287** 18
~ antipar trasero **256** 20
~ de aletas **64** 73
~ de cola *Avión* **232** 14
~ de cola *Policía* **264** 4
~ de cuchillas **85** 25
~ del motor rotativo **190** 68
~ en tándem **232** 22
~ pivotante en posición vertical **232** 32
~ principal *FFAA* **256** 19
~ principal *Policía* **264** 3
rótula *Átomo* **2** 41
~ *Anat.* **17** 23
~ *Art. gráf.* **340** 30
~ del pivote de mangueta **192** 80
rotulador *Hab. niños* **47** 26
~ *J. infancia* **48** 18
~ *Oficina* **247** 11
~ *Colegio* **260** 19
rótulo **118** 47
~ de la tienda **268** 39
~ del lomo **247** 38
rough **293** 80
roulotte **278** 3, 52
RP-1 **234** 9
rubeta **364** 24
rubí sintético **110** 33
rudecilla **83** 61
rueda *Agric.* **64** 41, 56
~ *Riego* **67** 24
~ *An. dom.* **73** 29
~ *Bicicl.* **187** 26-32
~ auxiliar **188** 5
~ con cuatro toneles sucesivos **288** 3
~ con trinquetes **110** 10
~ de adherencia **214** 7
~ de ajuste **110** 23
~ de aletas **55** 35
~ de áncora **110** 40
~ de apoyo *Agric.* **65** 59, 63
~ de apoyo *Bicicl.* **188** 5
~ rueda de apoyo con regulación de profundidad **64** 88
~ de automóvil **191** 14
~ de camión **138** 21
~ de cola **256** 27
~ de corona **110** 41
~ de corredera *Estación* **206** 39
~ de corredera *FFAA* **255** 86
~ de dientes en ángulo **143** 87
~ de disco **191** 14
~ de fricción **322** 26
~ de fundición de metal ligero **189** 48
~ de graduación del diafragma **114** 34
~ de la cuerda **110** 41
~ de la fortuna **308** 45
~ delantera **186** 4
~ delantera de guía **278** 54
~ del caballón **65** 15
~ del diablo **308** 46
~ del mecanismo de relojería **10** 14
~ del morro **288** 34
~ del sidecar **189** 57
~ del surco **65** 16
~ del tiempo de exposición **114** 35
~ del tifón **308** 46
~ del timón **224** 15
~ de molino de agua **91** 35
~ de morro dirigible **230** 40
~ de muros **377** 16
~ dentada *Molino* **91** 7
~ dentada *Tornill.* **143** 82-96
~ dentada cilíndrica doble helicoidal **143** 87
~ dentada cónica **143** 91
~ dentada delantera de la cadena **187** 35
~ dentada del eje cigüeñal **166** 51
~ dentada de tracción **214** 8
~ dentada trasera de la cadena **187** 38
~ de paletas *Hortic.* **55** 35
~ de paletas *Clisé* **178** 33
~ de paletas *Cons. hidr.* **217** 52
~ de queso **99** 40
~ de rayos **289** 25
~ de repuesto **191** 25; **194** 4, 33
~ de sujeción **110** 35
~ de timón **278** 54
~ direccional **64** 86
~ direccional trasera **64** 39
~ elevadora **64** 74
~ en la barra de equilibrio **297** 21
~ gigante **305** 79
~ hidráulica de corriente alta **91** 35
~ hidráulica de corriente baja **91** 39
~ hidráulica de corriente media **91** 37
~ impulsora y motor **167** 31
~ libre de rebobinaje **115** 27
~ motriz *Agric.* **65** 80
~ motriz *Ópt.* **112** 39
~ motriz *FFCC* **209** 3
~ motriz *FFAA* **255** 50
~ tensora **312** 30
~ trasera **186** 17
~ volante **104** 15
ruedecilla **50** 81
~ dentada de arrastre de la película **115** 26
ruedo **319** 5, 9
rugby **292** 19
~ americano **292** 22
ruina **15** 72
ruiponce **57** 38
ruiseñor común **361** 14
ruleta **275** 1-33, 10, 28
~ estriada para el grabado punteado **340** 18
~ para calcar **129** 42
rulo *Peluq.* **105** 12
~ *Carret.* **200** 37
rulotte **307** 34
rumbo *Avión* **230** 13
~ *Ave* **363** 4
~ *An. dom.* **73** 1
~ *Mamíf.* **366** 28-30; **367** 1-10
runa **341** 19
runallama **366** 28
rundún **363** 4
ruptor de encendido **242** 49
rusa **341** 20
rutista **290** 8

S

sabana **13** 46
sábana **43** 9
~ de cama **50** 5
~ de lino **43** 9
sabina **372** 47
sable *Heráld.* **254** 26
~ *Vela* **284** 44
~ de deporte **294** 34
~ ligero **294** 20, 34
sabuco **374** 35
sacabocados *Zapat.* **100** 45
~ *Hojal.* **125** 13
~ de asa **100** 46
sacaclavos *Zapat.* **100** 47
~ *Bric.* **134** 32
sacacorchos *Cocina* **40** 18
~ *Mesa* **45** 46
sacadera **89** 2
sacador **293** 51, 62
~ del cartón **184** 8
sacapuntas **247** 25
sacarificación **92** 44
sacerdote **330** 39; **331** 47; **332** 22
sácere **371** 53
saco **29** 51; **22** 2, 21
~ de aceite **228** 11
~ de agua para beber **278** 32
~ de aire **353** 11
~ de ante **30** 58
~ de arena *Río* **216** 50
~ de arena *Dep. aéreo* **288** 65
~ de arena *Halter., pesos* **299** 21
~ de cemento **118** 43
~ de desinfección **83** 56
~ de dormir **278** 30
~ de dormir del bebé **28** 17
~ del aire **322** 9
~ del polvo **50** 62
~ del traje **31** 2
~ de mano **205** 10
~ de polvo de yeso **339** 29
~ de popelina **31** 37
~ de punto **31** 50
~ de yeso **260** 85
~ embrional **370** 64
~ envoltura del paracaídas **288** 44
~ para el hollín **38** 34
~ para la armazón **283** 64
~ polínico **372** 45, 50
~ vocal **364** 25
sacristán **330** 26, 58
sacristía **330** 17; **331** 13
sacro **17** 21; **20** 59
sachamanzanilla **380** 1
sachavaca **366** 26
saetera **329** 18
sagita **87** 77
sagitada **370** 37
sagitaria **378** 51
Sagitario **3** 37; **4** 61
Sagittarius **3** 37
Sagrada Escritura **330** 11
sagrada forma **332** 28
sagú **383** 58
sal **98** 40
sala **329** 30
salabre **89** 2
sala de adobo **96** 31-59
~ de baile **306** 1
~ de batalla **236** 31-44
~ de billar **277** 7-19

~ de bombeo **217** 43
~ de calderas **152** 1-21
~ de cine **312** 1
~ de control *Petról.* **146** 32
~ de control *Central el.* **152** 28; **153** 1-8
~ de control central de rayos X **27** 9
~ de cuidados intensivos **25** 1-30
~ de curas **22** 32-74
~ de descanso **315** 12-13
~ de espectadores **315** 16-20
~ de espera *Méd.* **22** 1
~ de espera *Estación* **204** 14
~ de espera *Aerop.* **233** 18, 28
~ de estar **42**
~ de ficheros **262** 18
~ de juego **275** 1
~ de la Bolsa **251** 1
~ de la ruleta **275** 1
~ de las bombas de agua **92** 11
~ de las turbinas **152** 22
~ del auditorio **315** 16-20
~ de lectura **262** 13
~ de mandos **217** 45
~ de mandos **76** 7
~ de máquinas *Mina* **144** 2
~ de máquinas *Central el.* **152** 22
~ de máquinas *Cons. hidr.* **217** 21
~ de máquinas *Barco* **221** 10
~ de máquinas *Salvamento* **227** 22
~ de máquinas auxiliares *Barco* **223** 30
~ de máquinas auxiliares *Buque guerra* **259** 56
~ de máquinas eléctricas **223** 68
~ de máquinas principales **223** 72
~ de montaje **310** 3
~ de observación **5** 33
~ de operaciones **26** 1-33
~ de ordeñar **75** 23
~ de pintura **315** 28-42
~ de prensa **233** 43
~ de preparación y de esterilización **26** 34-54
~ de préstamo **262** 18
~ de proyección **5** 26
~ de teatro **315** 14-27
~ de trazado y gálibos **222** 3
~ de turbinas **217** 43, 64
~ de válvulas de compuertas **217** 42, 63
~ de ventanillas **236** 1-30
~, gran **329** 30
salamandra **364** 22
~ acuática **364** 20
~ común **364** 22
salamandria **364** 36
salamanquesa **364** 36
~ de pared **364** 36
salangana **359** 24
sala principal **334** 51
sal común *Átomo* **1** 9
~ común *Fibra* **170** 13
salchicha *Carnic.* **96** 11
~ *Superm.* **99** 55
~ asada **308** 34
~ cocida **96** 8
~ para asar **96** 11
salchichería **96** 6-11
sal de baño *Baño* **49** 5
~ de baño *Superm.* **99** 34
salero **266** 77
sal gema **351** 2
~ gema de Aller **154** 63
~ gema de Leine **154** 64
~ gema de Stassfurt **154** 66
salguera **371** 24
~ blanca **371** 29
salguero, **371** 24
salicional **326** 23-30
salida *Construc.* **122** 24
~ *Encuad.* **185** 23
~ *Aerop.* **233** 37
~ *Natac.* **282** 29
~ *Barco a motor, esquí acuát.* **286** 28
~ *Jue. pelota* **293** 79
~ *Atlet.* **298** 1-6
~ *Circo* **307** 19
~ analógica **112** 45
~ de agua **89** 8
~ de aire **356** 17
~ de cadenas **180** 43
~ de copias **249** 43
~ de emergencia **307** 33
~ de hojas **180** 45
~ de humo **38** 81
~ de la cinta **185** 13
~ de la cuarta por delante **314** 11
~ de la cuarta por detrás **314** 12
~ del agua **269** 57
~ de la parte trasera **64** 22
~ de la rosca **64** 22
~ del asfalto mezclado **200** 54
~ del electrodo **25** 34
~ del gas de los hornos de coque **156** 16
~ del globo **288** 84
~ de libros **184** 5
~ de los datos **112** 44
~ del papel impreso **249** 54
~ del secador **168** 30
~ del vidrio hueco acabado **162** 29, 37
~ después del tercer pliego **185** 15
~ de urgencia *Superm.* **99** 79
~ de urgencia *Aerop.* **233** 41
~ de urgencia *Cine* **312** 7
~ en aguas profundas **286** 46
~ en cuclillas **298** 4
~ hacia la cámara **117** 28
~ para la celulosa **172** 78
salidas **233** 25
saliente del edificio **335** 43
~ del tejado **121** 3
salina *Mapa* **15** 32
~ *Balneario* **274** 1-7
salivadera **23** 25
salmer **336** 22
salón **42**
~ de banquetes **267** 39
~ de cosmética **105** 1-39
~ de fiestas **267** 39
~ de peluquería de caballeros **106** 1-42
~ de peluquería de señoras **105** 1-39
~ de té **265** 1-26
~ de tertulia **223** 26
salpicadero **191** 38, 57-90
salsa de tomate picante **45** 43
salsera **45** 17
salsifí negro **57** 35
salta **276** 20
saltador **322** 50
~ de altura **298** 10
~ de la torre **282** 5
~ de pértiga **298** 29
~ salvando el listón **298** 31
saltamontes **89** 68
~ verde **358** 8
salterio **322** 32
salto *Natac.* **282** 40-45
~ *Hípica* **289** 21
~ *Gimn.* **297** 42
~ *Atlet.* **298** 9-41
~ a través del aro **297** 45
~ con el cuerpo encogido **282** 14
~ con esquíes **301** 35
~ con golpe de tijera **298** 40
~ con las piernas abiertas **295** 37
~ con pértiga **298** 28-36
~ cruzado **297** 44
~ cuántico **1** 20-25
~ cuántico posible **1** 15
~ de altura **298** 9-27
~ de barra de altura **295** 39
~ de cabeza con el cuerpo extendido **282** 12
~ de corzo *Gimn.* **295** 40
~ de corzo *Dep. inv.* **302** 7
~ de estilo **288** 50-51
~ de falla **12** 6
~ de la carpa *Natac.* **282** 40
~ de la carpa *Gimn.* **295** 38
~ del ángel **282** 12
~ de la valla **298** 7
~ de longitud **298** 37-41
~ de pie **282** 13
~ de precisión **288** 55
~ de rodillo **298** 23
~ de salida **282** 29
~ de tijera *Gimn.* **295** 39
~ de tijera *Atlet.* **298** 22
~ de torre **282** 40-45
~ de trampolín **282** 40-45
~ en cuclillas **295** 36
~ en cuclillas en el caballo de saltos **296** 53
~ en el aire **314** 21
~ en equilibrio sobre las manos **282** 45
~ en extensión **295** 35
~ en plancha en el caballo de saltos **296** 48
~ esparrancado **295** 37
~ final con el cuerpo encogido **297** 40
~ Fosbury **298** 9
~ hacia atrás **288** 50
~ hacia delante con media vuelta inversa **282** 41
saltómetro **298** 13, 33
salto mortal hacia atrás **282** 42
~ mortal hacia atrás con el cuerpo encogido **297** 15
~ mortal hacia atrás con el cuerpo en extensión **297** 17
~ mortal hacia delante con el cuerpo encogido **297** 18
saludo antes del asalto **294** 18
salvacabina **200** 10
salvamantel *Comed.* **44** 4
~ *Mesa* **45** 3
salvamento **227**; **228**
~ de buques encallados **227** 1
~ por uno mismo **21** 33
salvator **93** 26
salvavidas **280** 3
salvilla del desecador **350** 54
sámago **120** 85
sámara **371** 12
sampán **353** 31
samurai **353** 37
san Bernardo **70** 37
sandalia **101** 49
~ de tirilla **101** 48
~ frailuna **101** 51
sándwich *Mesa* **45** 39
~ *Restaur.* **266** 54
~ de queso **266** 75
sangría **175** 16
sanguijuela **357** 20
sanguisorba **69** 28
sanitario **270** 21
sánscrito **341** 9
Santísimo **331** 48; **332** 35
santo budista **337** 10
sapo **364** 23
~ común **364** 23
saque **291** 38; **293** 42, 51, 62
~ de banda **291** 53
~ de esquina **291** 41
~ de puerta **291** 38
saragundí **380** 16
sarcófago **335** 53
sardina en aceite **98** 19
sarga **371** 24
sargazo azucarado **378** 48
sargento *Font.* **126** 61
~ *Elec.* **127** 47
~ *Carp.* **132** 14
~ *Bric.* **134** 11
sarita **35** 35
sarmiento **78** 2
sartén **40** 4
sartorio **18** 45
sastre **104** 22
sastrería **268** 17
satélite **4** 45
~ de telecomunicaciones **237** 52
satélite meteorológico **10** 64
satirión **376** 28
Saturno **4** 49
~ V **234** 2
sauce cabruno **371** 24
~ llorón **272** 63
saúco negro **374** 35
sauna **281** 18
~ finlandesa **281** 18
sauquillo **373** 10
saurio **364** 27, 30-37
saxífraga de hoja redonda **375** 1
~ dorada **375** 1
saxófono **324** 69
saya **355** 37
~ de vestir **30** 8
sayo corto **355** 45
sayuela **30** 8
scanner **177** 39
scooter **188** 47
Scorpio **4** 60
Scorpius **3** 38
script-girl **310** 39
schelf **11** 8
schilling **252** 13
secadero **159** 17
~ de la malta **92** 16-18
secado **169** 24
~ del cable **170** 58

~ del gas **156** 30
~ del hilo **170** 58
secador *Peluq.* **105** 33
~ *Fibra* **170** 38
secadora centrífuga vertical **179** 27
~ eléctrica **50** 28
~ múltiple para las fibras **169** 31
secador de cilindros **165** 53
~ de cilindros para el presecado **165** 50
~ de heno **63** 28
~ del pelo **106** 22
~ de películas **116** 23
~ eléctrico **105** 22
secante **346** 50
sección central del submarino **259** 55-74
~ cónica **347** 11-29
~ de anuncios **342** 69
~ de caja a mano **174** 1
~ de codificación **236** 35
~ de comer **44** 1-11
~ de cortinas **271** 66
~ de diagnóstico **195** 1-23
~ de la carne fresca **99** 51
~ de los productos de panadería y confitería **99** 9
~ del queso **99** 39
~ de mercería **271** 17
~ de noticias nacionales e internacionales **342** 62
~ deportiva **342** 57
~ de telas **271** 58
~ de transformación **23** 56
~ de verduras y frutas **99** 80
~ de vestidos de señora **271** 28
~ de videocodificación **236** 39
~ forestal **84** 2
~ política **342** 51
~ quirúrgica **26** 1-54
~ transversal de la bañera **281** 36
~ transversal de la popa **286** 34, 37, 41
~ transversal de la proa **286** 33, 36, 40
~ transversal normal de una carretera **200** 55
secoya **372** 69
secretaria de dirección **248** 31
~ del estudio **310** 39
~ del jefe **248** 31
~ del tren **209** 25, 27
secretario **263** 26
secreto **326** 31
~ **326** 12-14
~ de corredera **326** 12-14
sector circular **346** 54
secuoya **372** 69
sedal de algodón **90** 29
sedán de cuatro puertas **193** 4
~ de dos puertas **193** 25
segadora agavilladora **63** 19
~ -trilladora **63** 31
segmento **357** 25
~ circular **346** 52
~ de agujas **163** 70
~ de cuero **163** 69
~ dentado **249** 31
~ rectilíneo **346** 16
segunda base **292** 43
~ bordada **285** 20
~ docena **275** 26
~ etapa **234** 18
~ hilada **118** 68
~ mayor **321** 7
~ octava **321** 45
~ prensa húmeda **173** 20
segundo **299** 44
~ árbitro **293** 68
~ clasificador **172** 58
~ dedo **19** 53
~ de la cordada **300** 26
~ fieltro húmedo **173** 18
~ plato del sonido **117** 101
seguro **255** 14
seibó **266** 41
seibo **44** 20
seisillo **321** 23
seísmo **11** 32-38
seis por cuatro **320** 35
~ por ocho **320** 34
seleccionador **168** 7
selección del formato del papel **249** 34
select **243** 42
selector **237** 42
~ de alcance **2** 4, 23
~ de banda alta y baja **114** 59
~ de entrada **238** 49
~ de entradas **241** 44
~ de escala **114** 59
~ de frecuencias **241** 9
~ de interlineado **249** 23
~ de la cinta **249** 11
~ de la velocidad de rotación **241** 29
~ de la zona de medida **112** 46
~ del modo de funcionamiento **117** 88
~ del tipo de medida **242** 74
~ de posición **50** 59
~ de programas *Apar. hogar* **50** 26
~ de programas *Audiovis.* **243** 39
~ de sensibilidad de la película **117** 18
~ de temperatura **50** 8
~ de toma de sonido **117** 13
~ de velocidades de la cinta **241** 62
~ VHF y UHF **240** 6
self-service **266** 45-78
sellado **236** 55-60
sello *Joya* **36** 40
~ *Correo* **236** 19, 20, 21, 61
~ de control **252** 35
~ de correos **236** 15
~ de impuestos **107** 26
~ de la letra **250** 24
~ del médico **22** 29
~ de recibo **236** 29
~ de sanidad **94** 24
~ de sobretasa **236** 58
~ postal **236** 61
semáforo *FFCC* **203** 1, 1-6
~ *Ciudad* **268** 52
~ eléctrico en posición de parada **203** 3
sembrador **63** 10
sembradora a chorrillo **63** 41; **65** 74
semejante **345** 22
sementera **63** 10-12
sementero **63** 11
semibreve **320** 13
semicírculo **346** 46
semiconserva **96** 25
semicopete **121** 16
semicorchea **320** 17
semicubierto **9** 22
semifusa **320** 19
semilla *Planta* **54** 3; **378** 5, 33, 34
~ *Hortal.* **57** 7
~ *Fruta* **58** 23, 37, 60; **59** 8
~ *Agric.* **63** 12; **68** 13, 15, 25
~ *Botán.* **370** 86
~ *Árbol* **371** 20
~ *Coníf.* **372** 10, 15, 28, 37, 54, 60, 71
~ *Flor* **375** 25, 28
~ *Planta estim., trop.* **382** 20, 35, 45
~ *Planta ind.* **383** 15, 23, 24, 57
~ *Fruto merid.* **384** 10, 20, 21, 40, 47, 52, 58
~ con ala **372** 9
~ del castaño **371** 60
~ oleaginosa **383** 5
~ rodeada por el arilo **382** 34
semillero *Planta* **54** 2
~ *Silvic.* **84** 6
semimordente **321** 19
seminegra **175** 2
semirremolque **206** 59
sémola **98** 36
sen **380** 16
senda **15** 43
~ del jardín **51** 14
sendero cubierto de braba **272** 18
~ del huerto **52** 23
~ del parque **272** 38
senecio **61** 12
seno **346** 32
~ esfenoidal **17** 54
~ frontal **17** 55
sensor solar **10** 69
~ vertical del nivel del combustible **234** 27
sentido **16** 6
sentina de proa **259** 80
señal a cuadros indicando señales de parada **203** 30
~ de advertencia de "paso de peatones" **268** 29
~ de agujas **202** 19
~ de ajuste **340** 58
~ de alto **286** 53
~ de "autorización de salto" **288** 52
~ de aviso **203** 7-24
~ de aviso con indicación de velocidad **203** 18
~ de aviso con indicador de dirección **203** 20
~ de aviso con panel adicional para reducción de la distancia de frenado de más de 5% **203** 12
~ de aviso de baliza a 100 m de distancia **203** 26
~ de aviso de baliza a 175 m de distancia **203** 27
~ de aviso de baliza a 250 m de distancia **203** 28
~ de aviso de baliza a menos de un 5% de distancia de la vía de parada de la sección **203** 29
~ de aviso de balizas **203** 26-29
~ de aviso de parada próxima **203** 16
~ de aviso repetida **203** 17
~ de aviso sin brazo adicional en posición de parada próxima **203** 22
~ de aviso sin brazo adicional en posición de vía libre próxima **203** 23
~ de cambio con alumbrado eléctrico **202** 33
~ de cambio de vía *FFCC* **203** 45-52
~ de cambio de vía *Tranv.* **197** 38
~ de disminución de velocidad **203** 4
~ de disminución de velocidad próxima **203** 10
~ de indicación óptica **238** 30
~ de información del aeropuerto **233** 24-53
~ de la mano **268** 33
~ de la parada **268** 26
~ de limitación de señal velocidad **203** 36-44
~ de limitación de velocidad para una sección con limitación de velocidad permanente **203** 41
~ de llamada del práctico **253** 23
~ de "más deprisa" **286** 49
~ de parada para comunicación importante **253** 25
~ de "parar el motor" **286** 54
~ de partida **205** 47
~ de "prohibición de salto – aterrizar inmediatamente" **288** 54
~ de "prohibición de salto – reemprender el vuelo" **288** 53
~ de "ralentizar" **286** 50
~ de "regreso al embarcadero" **286** 55
~ de salida **253** 26
~ de sustitución **203** 6
~ de tempestad *Puerto* **225** 35
~ de tempestad *Playa* **280** 4
~ de tope **224** 78
~ de tráfico "parada de taxis" **268** 66
~ de un canal navegable **224** 84-102
~ de "velocidad en orden" **286** 51
~ de vía libre **203** 5
~ de vía libre próxima **203** 11
~ de viraje **286** 52
~ diurna **203** 36
~ eléctrica en posición de parada **203** 3
~ en aguas navegables **224** 68-83
~ en posición de parada **203** 1
~ en posición de parada próxima **203** 7
~ fija **185** 70
~ indicadora de las horas de baño **280** 5

señalización del paso de peatones **268** 51
~ del recorrido *Vela* **285** 18
~ del recorrido *Hípica* **289** 19
~ del recorrido *Dep. inv.* **301** 45
señal luminosa *Est. serv.* **196** 7
~ luminosa *RTV* **238** 30
~ luminosa de aviso con luz adicional para reducción de la distancia de frenado **203** 14
~ luminosa de aviso de parada próxima **203** 9
~ luminosa de llamada **267** 6
~ luminosa para los peatones **268** 55
~ marítima **224** 68-108
~ nocturna **203** 38
~ para el agujero de la espiga **120** 23
~ para el reglaje manual **115** 52
~ pidiendo despacho de Aduanas **253** 37
~ prohibiendo la entrada a los perros **99** 6
~ suelta **185** 71
~ suplementaria **203** 25-44
~ usada cuando hay niebla **223** 3
~ visual trazada en el suelo **288** 52-54
señor **265** 22
señora **265** 23
~ compañera de mesa **267** 43
señoras **233** 48
señor feudal **329** 67
señorita *Tabaco* **107** 4
~ *Café* **265** 23
~ del guardarropa **318** 2
~ del mostrador **265** 7
sépalo *Fruta* **58** 8, 44; **59** 12
~ *Botán.* **370** 58
separación **175** 13
~ de la parafina **145** 50
~ de los residuos **93** 1-5
separador *Apic.* **77** 47
~ *Papel* **172** 31
~ central **172** 15
~ de alambre **26** 50
~ de ambientes **42** 19
~ de cañas **61** 1
~ de gas **145** 28
~ de hilo **164** 43
~ de la cujada **76** 41
~ de la trementina **172** 14
~ de muestras **146** 10
~ de polvo **199** 31
~ de rayos **240** 35
~ de torbellino **93** 2
~ oscilante **64** 75
sepelio **331** 33-41
sepia **357** 37; **369** 4
septillo **321** 23
séptima mayor **321** 12
~ octava **321** 50
sepulcro **331** 23
sepultación **331** 33-41
sepultura **331** 34
sepulturero **331** 22
sera para patatas de siembra **66** 21
serba **371** 45
serbal **371** 42
serbo **371** 42
ser de fábula **327** 1-61
~ fabuloso **327**
serie de agujas de lengüeta **167** 27
~ de Balmer **1** 21
~ de Bracket **1** 23
~ de Lyman **1** 20
~ de Paschen **1** 22
~ de Pfund **1** 24
Serpens **3** 20
serpentín **349** 6
serpentina **306** 66
serpentín refrigerador **93** 11
Serpiente *Astron.* **3** 20
~ *Gimn.* **297** 48
~ *Dep. inv.* **302** 12
~ *Mús.* **322** 13
~ acuática **364** 38
~ ciega **364** 37
~ danzante **353** 48
~ de collar **364** 38
~ de vidrio **364** 37
~ quebradiza **364** 37
~ venenosa **364** 40
serradella **69** 11
serrato mayor **18** 42
serrátula **51** 31
serrería **157** 1
serreta *Cons. naval* **222** 62
~ *Colegio* **260** 53
~ grande **359** 15
serrucho *Construc.* **120** 60
~ *Font.* **126** 72
~ *Carp.* **132** 44
~ *Bric.* **134** 27
~ de calar *Construc.* **120** 63
~ de calar *Font.* **126** 70
~ de calar *Carp.* **132** 3
~ de costilla **132** 44
~ de punta *Font.* **126** 70
~ de punta *Carp.* **132** 3
servicio **293** 42
~ de balonvolea **293** 59
~ de bomberos del aeropuerto **233** 7
~ de café *Comed.* **44** 27
~ de café *Café* **265** 18
~ de incendios **270**
~ de información telefónica **237** 33
~ de intervención de la policía **264** 1-33
~ del bar **246** 30
~ del castillo **329** 27
~ de los perros policías **264** 5
~ de mesa *Comed.* **44** 33
~ de mesa *Mesa* **45** 3 12
~ de orden **263** 10
~ de préstamo **262** 18
~ de radiofonía **230** 29
~ de radiología **27** 1-35
~ de salvamento **228**
~ local **208** 1-30
~ municipal de limpieza **304** 8
~ para medir las perturbaciones de radiodifusión **237** 27
servicios *Petról.* **146** 29
~ *Avión* **231** 31
~ *Discot.* **317** 31
~ de caballeros **233** 47
~ de señoras **233** 48
servilleta *Mesa* **45** 9
~ *Restaur.* **266** 47
~ *Hotel* **267** 48
~ de papel **196** 11
servilletero **45** 10
serviola *Barco* **221** 78, 101; **223** 20
~ *Buque guerra* **258** 13
~ del bote **258** 83
servomando del alerón **257** 39
~ del timón de dirección **257** 23
~ del timón de profundidad **257** 22
servomotor de orientación **155** 46
sésamo **383** 45
sesquiplano **229** 13
seta de los caballeros **381** 29
~ mortal **379** 11
~ venenosa **379** 10-13
seto *Mapa* **15** 98
~ *Casa* **37** 59
~ *Huerto* **52** 32
~ *Hípica* **289** 8
~ de la granja **62** 35
~ del jardín **51** 9
~ vivo recortado **272** 37
setter **70** 41
seudocarpo **384** 62
seudópodo **357** 4
seudotronco **384** 30
sexta mayor **321** 11
sextante **224** 1
sexta octava **321** 49
Sharpie de 12 m^2 **284** 53
shockabsorver **192** 76
short **31** 39; **33** 25
~ -stop **292** 42
siamesa **341** 10
si bemol mayor **320** 64
~ menor **320** 67
S-IC **234** 31
sidecar *Moto* **189** 54
~ *Cicl., motor* **290** 30
sideroestato **5** 16
siega del heno **63** 19-30
siembra *Planta* **54** 1
~ *Agric.* **63** 10-12
siempreviva **377** 3
~ menor **51** 7
sien **16** 6
sierra *Geogr.* **13** 60
~ *An. dom.* **73** 22
~ *Silvic.* **84** 32
~ alternativa de hojas múltiples **157** 2
~ automática para la leña **157** 54
~ circular *Silvic.* **84** 33
~ circular *Construc.* **119** 19
~ circular para cantear y dar la forma **132** 57
~ circular para tableros **132** 68
~ con movimineto de vaivén **157** 64
~ de arco *Orfebre* **108** 12
~ de arco *Bric.* **134** 3
~ de arco *Cestero* **136** 40
~ de arco *Herr.* **138** 23
~ de arco *Cerraj.* **140** 9
~ de arco *Máq.-herr.* **150** 14
~ de cadena **120** 14
~ de calar **135** 12
~ de cantear doble **157** 57
~ de cinta horizontal **157** 48
~ de contornear **135** 12
~ del cuchillo **96** 33
~ de mano **120** 61
~ de marquetería **260** 53
~ de poda **56** 16
~ de punta **120** 63
~ mecánica circular **125** 24
~ mecánica para tubos **126** 10
~ mixta **134** 50
~ oscilante **157** 64
~ oscilante bajo la mesa **157** 24
~ para cortar en ingletes **124** 30
~ para cortar la carne **94** 20
~ para cortar los huesos **94** 19
~ para cortar ramas **56** 16
~ para despiezar **94** 20
~ para huesos **96** 56
~ para metales **134** 17
~ pequeña **127** 52
~ rápida **138** 23
~ tronzadora **120** 14
sietecolores **360** 1
Siete Hermanas **3** 26
sifón *Meteor.* **10** 43
~ *Baño* **49** 27
~ inodoro **126** 26
~ respiratorio **358** 5
sigla de la agencia de prensa **342** 55
signatura **185** 69
signo convencional de un mapa **15** 1-114
~ de adición **344** 23
~ de admiración **342** 21
~ de ángulo **345** 23
~ de diferencial **345** 13
~ de división **344** 15, 26
~ de duración **321** 25
~ de elevación **320** 50-51
~ de extracción de raíces **345** 2
~ de identidad **345** 16
~ de igualdad **344** 23
~ de interrogación **342** 20
~ de la integral **345** 14
~ de la no identidad **345** 18
~ de la semejanza **345** 22
~ del tanto por ciento **345** 7
~ de multiplicación **344** 25
~ de notación **321** 23-26
~ de paralelismo **345** 21
~ de párrafo **342** 36
~ de puntuación **342** 16-29
~ de sustracción **344** 24
~ de triángulo **345** 24
~ diacrítico **342** 30-35
~ geométrico **345** 21-24
~ más **344** 23
~ matemático **345** 15-24
~ menos **344** 24
~ negativo **344** 8
~ positivo **344** 7
~ que baja la nota **320** 52-53
signos de los planetas **4** 42-45
~ del Zodiaco **4** 53-64
S II **234** 18, 31, 36, 37
sikhara **337** 26
silbato *FFCC* **211** 9; **212** 49
~ *Naveg.* **224** 70
~ de vapor **40** 11
~ mágico para conjurar los espíritus **354** 42
silenciador *Autom.* **191** 29
~ *Dep.* **305** 93
silencio **320** 20-27
~ de blanca **320** 22
~ de corchea **320** 24
~ de cuadrada **320** 20

~ de fusa **320** 26
~ de negra **320** 23
~ de redonda **320** 21
~ de semicorchea **320** 25
~ de semidifusa **320** 27
silencioso *Autom.* **191** 29
~ *FFCC* **211** 49; **212** 69
~ de admisión **191** 54
~ de escape **212** 42, 48
silene **376** 26
sílex **328** 1
silicio **1** 14
silicua **370** 93
~ madura **383** 4
silo *Avic.* **74** 24
~ *Puerto* **225** 68
~ de abono líquido **62** 13
~ de cebada **92** 31
~ de harina **97** 74
~ de homogeneización **160** 5
~ del cemento **201** 22
~ de los componentes de carbón de coque **156** 3
~ de malta **92** 37
~ de politileno **62** 43
~ elevado **62** 11
~ para el cemento *Construc.* **119** 30
~ para el cemento *Cemen.* **160** 15
~ para el forraje **62** 11, 43
~ para las materias primas pulverizadas **160** 5
~ -torre **62** 11
silueta cardíaca en rayos X **25** 39
siluro **364** 12
silvicultura **84; 85**
silla **42** 34
~ alta de niño **28** 33
~ con ruedas **28** 37
~ de anilla improvisada **21** 22
~ de camping **278** 43
~ de cocina **39** 43
~ de jardín **37** 49
~ del árbitro **293** 20
~ de la reina **21** 21
~ del comedor **44** 10
~ del parque **272** 48
~ de montar **71** 37-49
~ de oficina **248** 25
~ de paseo **71** 37-44
~ de posta **186** 54
~ de saltos **289** 10
~ de tijera **278** 43
~ de torneo **329** 87
~ extensible **278** 43
~ giratoria **248** 25
~ inglesa **71** 45-49
~ metálica de tubo **41** 21
~ plegable *Bebé* **28** 33
~ plegable *Camping* **278** 43
sillar **158** 30
sillería **330** 28, 41
silleta **42** 34
sillín *Caballo* **71** 17, 31, 37, 45
~ *Bicicl.* **188** 59
~ *Moto* **189** 14
~ biplaza **188** 42
~ de carreras **290** 17
~ de la bicicleta **187** 22
~ de muelles de la bicicleta **187** 22
~ moldeado **188** 13
~ monoplaza **189** 19
~ móvil **188** 21
~ para niños **187** 21
~ regulable **188** 4
~ sin muelles **290** 17
sillón *Estar* **42** 21
~ *Hotel* **267** 26
~ de dentista **24** 3
~ de estilo Art Nouveau **336** 18
~ de la mesa de despacho **246** 1
~ de la visita **246** 21
~ del escritorio **46** 27
~ de mimbre **43** 3
~ de peluquería **105** 17
~ de peluquería regulable **106** 16
~ de playa de mimbre **280** 36
~ para el reconocimiento oftalmológico **111** 43
sima *Geogr.* **11** 4
~ *Arte* **334** 11
si mayor **320** 60
símbolo algebraico **344** 9; **345** 5
~ del logaritmo decimal **345** 6
~ de logaritmo **345** 6
símbolos de los planetas **4** 42-45
~ del Zodiaco **4** 53-64
si menor **320** 57
simetría *Matem.* **346** 25
~ *Cristal.* **351** 3, 4, 5
simiente **63** 12
simón **186** 26
sinaítica **341** 13
sinclinal **12** 18
~, eje del **12** 19
sincronización *Fotogr.* **117** 65
~ *Cine* **311** 37-41
sincronizador *Dent.* **24** 52
~ *Central el.* **153** 32
sínfisis del pubis **20** 65
sínfito mayor *Planta* **69** 13
~ mayor *Flor* **375** 45
siningia **53** 7
sin nubes **9** 20
sinople **254** 29
sintonización automática **23** 38
sintonizador *Electrón* **241** 37
~ *Discot.* **317** 22
sirena *Barco* **223** 3
~ *Bomberos* **270** 7
~ *Ser fabul.* **327** 23, 58
~ de alarma **270** 4
~ de cola de pez **327** 23
~ de incendios **270** 4
sirénido **366** 23
sirga *Pesca* **90** 12
~ *Río* **216** 27
sirguero **360** 1
siringa **322** 2
Sirio **3** 14
siripita **81** 7
sismógrafo horizontal **11** 39
sismología **11** 32-38
sismómetro **11** 39
sistama solar **4** 42-45
sistema activo de anclaje **6** 47
~ antivortex **234** 11
~ automático de alimentación y recogida **74** 23-27
~ automático del diafragma **117** 20
~ circulatorio **18** 1-21
~ cuadrafónico **241** 13-48
~ de aberturas del paracaídas deportivo **288** 45
~ de accionamiento del carro de presa **157** 15
~ de acoplamiento **227** 23
~ de agua a presión **154** 40
~ de agua de refrigeración **154** 55
~ de agua en ebullición **154** 49
~ de aireación **317** 30
~ de alerones **229** 37
~ de alimentación **74** 49-51
~ de alimentación de gas comprimido **234** 60
~ de alunizaje **6** 31
~ de amortiguación **235** 53
~ de bomba de calor **155** 1
~ de cables oblicuos **215** 51
~ de calefacción regulado por agua **192** 60-64
~ de cañones de electrones **240** 24
~ de carga de camiones y vagones **226** 28
~ de carga por medio de carretillas **225** 41
~ de carga rodante **225** 39
~ de comprimir hidráulico **173** 37
~ de construcción gótico **335** 27-35
~ de control por un único cable **288** 90
~ de coordenadas ortogonales **347** 1
~ de cristalización hexagonal **351** 20-22
~ de cristalización monoclínico **351** 24-25
~ de cristalización tetragonal **351** 18-19
~ de cúpulas **334** 72-73
~ de dos tuberías **126** 22
~ de energía de la nave espacial **6** 8
~ de equilibrado del brazo acústico **241** 53
~ de espejos **176** 24
~ de exposición **249** 42
~ de grabación de videocassettes **243** 5-36
~ de grabado **177** 66
~ de grutas **13** 76
~ de lentes **242** 83
~ de leva **183** 30
~ de mando del empuje **235** 43
~ de navegación Decca **224** 39
~ de palanca acodada **183** 30
~ de palancas para la regulación de la alimentación **163** 31
~ de poleas **221** 27
~ de producción de la radiación **113** 31
~ de recogida de los huevos **74** 34
~ de refrigeración **154** 48
~ de retículo **87** 31
~ de rociadura **316** 6
~ de soportes exteriores **335** 27-28
~ de suspensión **214** 54
~ de tala **84** 4-14
~ de vaciado estanco **199** 2
~ de videodisco **243** 37-45
~ de videodisco de larga duración **243** 46-60
~ de vientos **9** 46-52
~ estereofónico **241** 13-48
~ hidráulico *Forja* **139** 36
~ hidráulico *FFAA* **255** 53
~ hidráulico de elevación **65** 24-29
~ inductivo de control de la marcha del tren **211** 7; **212** 14
~ monosimétrico **351** 24-25
~ muscular **18** 34-64
~ nervioso **18** 22-33
~ oblicuo **351** 24-25
~ óptico *Téc. ens.* **242** 41
~ óptico *Audiovis.* **243** 50
~ para la grabación sobre pista sonora **117** 21
~ P.I.P. **242** 15
~ planetario **4** 42-45
~ rápido de alimentación para la batería **74** 23
~ réflex **115** 31
~ regulador del tiro **255** 74
~ regular de cristalización **351** 1-17
~ románico de bóvedas **335** 17
~ rómbico **351** 23
~ telecopiador **245** 1
~ triclínico **351** 26
sitio de salida **293** 79
~ para estar de pie **197** 18
sítula de chapa de bronce **328** 34
Siva danzante **337** 19
S-IV B **234** 33, 36
skeet **305** 70-78
skeleton **303** 22
skidder **85** 34
skif **283** 16
slálom **301** 29, 64
slip **32** 26
smash **293** 17
smoking **33** 7
sobaco **16** 26
sobrado **37** 4, 1-29, 18
sobreblusa **31** 61
sobrecubierta **185** 37
sobrecuello **71** 30
sobrejuanete **219** 60
sobrejuanete mayor **219** 66
sobre para la papeleta de voto **263** 21
sobrepelo **71** 40, 44
sobrepelliz **330** 22, **332** 4
sobrepuerta **336** 12
sobrequilla *Cons. naval* **222** 53
~ *Remo* **283** 50
~ lateral **222** 52
sobretodo *Ropa* **33** 63
~ *Moda* **355** 36, 50
sobretripa **107** 6
sobrevestido **31** 17
socavón **13** 30
socio del casino **275** 14
socorrista *Auxillo* **21** 29, 36
~ *Playa* **280** 1
sodio **1** 8, 11
sofá **42** 24
~ Biedermeier **336** 17
~ de reuniones **246** 36
~ de rinconera *Café* **265** 10

~ de rinconera *Restaur.* **266** 38
sofito *Construc.* **122** 27
~ *Arte* **334** 17
Sol **4** 29, 36-41, 42
solana **37** 70
solanácea **53** 6
solano negro **379** 5
solapa *Ropa* **31** 23; **33** 5
~ *Construc.* **122** 100
~ de la sobrecubierta **185** 38
~ del bolsillo **33** 18
~ de seda **33** 8
solario *Casa* **37** 75
~ *Baños* **281** 10
sol artificial **281** 13
~ bemol mayor **320** 68
soldadito de estaño **309** 52
~ de plomo **309** 52
soldado **359** 19
soldador *Font.* **126** 73
~ *Bric.* **134** 19, 57
~ de gas propano **125** 5
~ eléctrico *Elec.* **127** 45
~ eléctrico *Soldadura* **142** 2
~ instantáneo **134** 58
~ tipo martillo **125** 5
soldadura autógena **141**
~ con gas inerte **142** 33
~ eléctrica **142**
~ por puntos **142** 22
soldanella alpina **378** 3
solera *Molino* **91** 23
~ *Construc.* **118** 58; **120** 33
~ *Calle* **198** 6
solería de ladrillos **123** 7
solidificación de los hilos de poliamida **170** 43
Soling **284** 56
solitaria **81** 35
sol mayor **320** 56
~ menor **320** 64
solo de órgano **326** 45
solomillo **96** 4
~ de cerdo **95** 44
~ de vaca **95** 24
sol sostenido menor **320** 60
solsticio **3** 8
~ de verano **3** 8
solución **345** 10
~ de goma **340** 49
~ de sulfato de amonio **170** 26
sombra **4** 35
sombrajo **55** 6
sombrerera **205** 11
sombrerería **268** 38
sombrerete *Bandera* **253** 1
~ *Hongo* **381** 4
~ de la chimenea **258** 21, 59
~ del apoyo del cigüeñal **190** 22
~ del convertidor **147** 45
~ de zinc **122** 102
sombrero **35** 5
~ blando de fieltro **35** 15
~ blando sueco **355** 55
~ castoreño **319** 20
~ con cinta de adorno **35** 14
~ con encajes de adorno **35** 7
~ con plumas **35** 12
~ de artista **35** 38
~ de caballero **35** 22-40
~ de caza **86** 5
~ de cazador **86** 5
~ de copa **186** 25
~ de copa alta **289** 6
~ de copa hecho de tafetán de seda **35** 36
~ de fibra de pita con cinta encordelada **35** 13
~ de fieltro con borlas **35** 24
~ de fieltro estilo ciudad **35** 22
~ de hule **228** 5
~ de jipijapa **35** 16
~ de lana **29** 57
~ del carpintero **120** 13
~ de loden **35** 23
~ del púlpito **330** 21
~ del vaquero **319** 37
~ de moer con plumas **35** 6
~ de paja **35** 35
~ de señora *Sombr.* **35** 1-21
~ de señora *Vestib.* **41** 11
~ de sol **29** 16
~ de tres picos **355** 62
~ de verano de tela con bolsillito **35** 37
~ de visón **35** 18
~ flexible de alas anchas **35** 38
~ florentino **35** 21
~ metálico **326** 35
~ playero **280** 20
~ redondo del picador **319** 20
~ tejano **319** 37
~ tesalio **355** 4
sombrilla *Ciudad* **268** 61
~ *Parque* **272** 58
~ *Arte* **337** 22
~ *Invert.* **357** 15
~ de jardín **37** 48
sonajera **28** 44
sonajero *Bebé* **28** 44
~ *Carnaval* **306** 40
~ de rumba **324** 59
sonar de profundidad variable **259** 40
sonda *Dent.* **24** 46
~ *Pesca* **89** 91
~ *Fotogr.* **114** 63
~ *Naveg.* **224** 58-67
~ sonda acanalada **26** 41
~ acústica **224** 61-67
~ de botón *Méd.* **22** 53
~ de botón *Hosp.* **26** 40
~ de la red **90** 17
~ de llenado de combustible por gravedad **257** 32
~ de mano **224** 58
~ de medida *Fotogr.* **116** 55
~ de medida *Astron.* **234** 42
~ de temperatura **190** 50
~ guía **23** 21
sondaleza **224** 60
~ para el reabastecimiento de combustible en vuelo **256** 7
sondeo petrolífero **145** 1-21
sonido de referencia **238** 51
sopera *Comed.* **44** 8
~ *Mesa* **45** 15
soperte de fijación superior **192** 73
soplado **162** 28, 36
~ con la boca **162** 38-47
~, primer **162** 24
soplador **316** 28
~ de vidrio **162** 38
soplante *Energ. mod.* **155** 14
~ *Papel* **172** 4
~ *Avión* **232** 34, 43
~ de aire primario **160** 11
~ de la lámpara **179** 22
~ del hogar de fuel-oil **199** 35
~ del ventilador **165** 4
~ móvil **165** 2
soplete *Orfebre* **108** 14
~ *Font.* **126** 74
~ *Soldadura* **141** 11, 28
~ *Quím.* **350** 9
~ automático de mesa giratoria **148** 39
~ de cilindro **108** 16
~ de gas propano **125** 5
~ de soldadura en atmósfera controlada **142** 33
~ de soldar autógeno **130** 14
~ equipado con boquilla de corte y carrito guía de la llama **141** 19
soplón **316** 28
soportal **274** 9
soporte *Ópt.* **112** 2
~ *Construc.* **121** 83
~ *Font.* **126** 6
~ *Fotocomp.* **175** 50
~ *Offset* **179** 20
~ *Mús.* **322** 42
~ axial y radial **113** 3
~ con los tubos inhaladores y el manómetro **26** 29
~ de apoyo *Ópt.* **112** 58
~ de apoyo *FFCC* **214** 79
~ de cable metálico **155** 44
~ de cañas **89** 23
~ de columna **112** 32
~ de datos **237** 62-64
~ de declinación **113** 6
~ de hombro *Fotogr.* **115** 100
~ de hombro *Cine* **313** 37
~ de la armazón **339** 24
~ de la barra fija **296** 9
~ de la bureta **350** 22
~ de la herramienta de mano **135** 5
~ de la lanza **64** 62
~ de la mira **255** 23, 37
~ de la motocicleta **189** 21
~ de la palangana **309** 67
~ del aparato de amplificación y de alimentación **238** 3
~ de la plancha **178** 35
~ de la quilla **235** 7
~ del árbol **223** 61
~ de las guías telefónicas **236** 10
~ de la tecla **322** 39
~ de la ventosa de centrado **111** 22
~ del bastidor **133** 43
~ del batán **166** 53
~ del cable colgado **133** 39
~ del cable portante **214** 33, 58, 79
~ del canalón **122** 32
~ del cojinete **177** 61
~ del eje delantero **65** 48
~ del enlucido **123** 71
~ del enrejado paranieve **122** 16
~ del esmerilador **163** 41
~ del faro **187** 6
~ del mecanismo **325** 16
~ del micrófono **241** 51
~ del momento de torsión **211** 54
~ del motor **191** 53
~ de los carriles guía **201** 15
~ de los cuchillos **45** 11
~ de los tubos **326** 15
~ de los tubos capilares **23** 42
~ de los tubos de ensayo *Papel* **173** 8
~ de los tubos de ensayo *Quím.* **350** 35
~ del pantógrafo **175** 53
~ del pedal **325** 42
~ del pie **298** 2
~ del pincel **338** 29
~ del platillo **324** 52
~ del propulsor **234** 21
~ del puente **177** 13
~ del rollo **163** 48
~ del sillín **187** 24
~ del tabernáculo **330** 43
~ del tubo flexible **27** 47
~ de mesa de la cinta adhesiva **247** 28
~ de pipetas para la fotometría **23** 52
~ de proyección de las letras **111** 46
~ de reja **235** 12
~ de reproducción **115** 92
~ de riego **62** 28
~ de rodillo *Aserr.* **157** 26
~ de rodillo *Autom.* **192** 57
~ de tres puntos *Agric.* **64** 45
~ de tres puntos *Quím.* **349** 28
~ en forma de T **177** 29
~ fijo **215** 11
~ giratorio del bote **163** 36
~ hidráulico **5** 10
~ -motor **190** 38
~ móvil *Hosp.* **27** 22
~ móvil *Puente* **215** 12
~ para brida **130** 20
~ para el goteo intravenoso **26** 9
~ para el papel **151** 13
~ para la pierna **23** 11
~ para las placas de rayos X **27** 2
~ para las plumas de tinta china **151** 37
~ para las telas **163** 15
~ para la taladradora **134** 54
~ para los dispositivos de infusión **25** 11
~, para los resortes **167** 38
~ para poner los pañales **28** 4
~ para probarse los guantes **271** 20
~ telescópico del tubo de rayos X **27** 8
sorbete **35** 36
sorda **88** 83
sordina **323** 10; **324** 68
sortija **36** 4
sortijero **108** 27
sosa cáustica **169** 3, **170** 10
sosobre **220** 32
sospechoso **264** 32
sostén *Ropa* **32** 1
~ *Cabar.* **318** 29
~ de cuerpo **32** 4
sostenido **320** 50
sostén largo **32** 4
sótano **37** 1

~ de hormigón apisonado **118** 1
~ de los cables **152** 21
~ para la caldera de calefacción **38**
sotileza **89** 78
Spacelab **235** 65
spagat **314** 20
~ de frente **295** 15
~ de perfil **295** 14
spaghetti **98** 32
sparmannia **53** 9
sparring **299** 27
Spica **3** 18
spoiler *Avión* **229** 39
~ *Cicl., motor.* **290** 35
~ delantero **193** 36
~ trasero **193** 34
sprinter **298** 5
squaw **352** 10
staccato **321** 34
Star **284** 55
starter **192** 6
steeple-chase **298** 7-8
stick **292** 13
~ de hockey sobre hielo **302** 30
stout **93** 26
striptease **318** 27-32
suave **321** 35
subcontraoctava **321** 42
subdivisión de frecuencia **110** 16
subestructura **145** 2
subfusil **255** 8
subibaja *Parque* **273** 35
~ *Circo* **307** 59
subida **194** 39
submarinismo **279** 7-27
submarinista **279** 7
submarino **258** 64
~ atómico antisubmarino **259** 54
~ guardacostas **259** 75
subnasal **16** 12
subtítulo *Encuad.* **185** 47
~ *Escrit.* **342** 41
~ del capítulo **185** 67
sucursal bancaria **204** 31
sudadero **71** 44
Sudamérica **14** 13
Suecia **252** 25
suela *Zapat.* **100** 66
~ *Carp.* **132** 22
~ *Billar* **277** 10
~ con muescas **300** 43
~ corrida **101** 24
~ de caucho translúcido **101** 38
~ de madera **101** 45
~ de materia plástica **101** 2, 47
~ de nilón **291** 30
~ de plataforma **101** 8
~ de PVC **101** 2
~ estriada **300** 43
~ moldeada sobre la piel **101** 11
~ perfilada **101** 19
~ translúcida **101** 15
suelo **297** 6
~ de empanada **97** 47
~ de la grada **222** 17
~ de la prensa **133** 50
~ del dique **222** 31
~ del parque **28** 40
~ de tabletas **123** 62
~ de tiras **123** 62
~ encofrado **119** 54
~ falso **123** 73
~ intermedio **123** 68
~ macizo **118** 16
suero **76** 18
suertero **266** 20
sueste *Sombr.* **35** 30
~ *Salvamento* **228** 5
suéter **29** 43; **31** 51
~ de verano **31** 67
sufra **71** 19
sufridor **71** 44
Suiza *Dinero* **252** 15
suiza *Parque* **273** 15
sujeción del bastidor **133** 48
~ del tronco de madera **157** 39
sujetador *Átomo* **2** 18
~ *Ropa* **32** 1
~ *Playa* **280** 28
~ *Cabar.* **318** 29
~ de cinta articulado **117** 90
~ de los labios **322** 5
sujetapelículas **116** 14
sujetatubos **126** 81
sulfato de amonio **156** 36
~ de cobre **351** 26
sulfuración **169** 9
sulfuro de carbón **169** 8
súlida **359** 9
sulky **289** 24
suma **344** 23
~ de dinero a pagar **196** 4
sumando **344** 23
sumidero *Energ. mod.* **155** 16
~ *Calle* **198** 24
~ *Ciudad* **268** 8
~ del pozo **144** 47
suministro de agua **27** 46
~ de corriente externo **115** 79
superestructura *Barco* **221** 33
~ *Buque guerra* **258** 10-28; **259** 3
~ de la caseta **285** 39
~ de los motores **226** 58
~ de popa **221** 10
~ de proa **259** 45
~ para el transporte de ganado **221** 69
superficie alisada en fino **151** 22
~ de corte **56** 33
~ de deslizamiento de material sintético **301** 52
~ de estabilización **117** 60
~ de impresión **340** 59
~ de juego cubierta con un paño verde **277** 15
~ de la mesa de aspiración **142** 14
~ de la mesa de trabajo embaldosada **261** 5
~ del disco **243** 58
~ de planchado **103** 18
~ de planchado inclinable **103** 23
~ de polvo **6** 13
~ de sustentación de doble larguero **257** 27
~ lateral **347** 40
~ luminosa **177** 20
~ lunar **6** 13
~ no trabajada **151** 20
~ para golpear la pelota **293** 31
~ para la publicidad **118** 45
~ para pegar **260** 50
~ plana **346** 24-58
~ pulida **151** 21
~ rayada **151** 29
~ regulable de la mesa de operaciones **26** 8
~ trabajada **151** 21
~ verde **37** 76
supermercado **99** 1-95
supernegra **175** 9
superpetrolero **221** 1
supinador largo **18** 39, 56
suplementero **268** 75
suplemento de mina de plomo **151** 62
~ para taladradora eléctrica **134** 50-55
~ tubular de tinta china **151** 68
supletorio **237** 26
sur **4** 17
surco **63** 8
~ interventricular anterior **20** 25
~ longitudinal anterior **20** 25
~ nasolabial **16** 11
surf **279** 1-6
~ con motora **280** 13
surfista *Surf, Buceo* **279** 5
~ *Playa* **280** 14
suri **359** 2
sur le cou-de-pied **314** 14
surtido de papel **116** 50
surtidor **272** 22, 62
~ de agua **12** 26
~ de agua caliente y de vapor **11** 22
~ de autoservicio **196** 8
~ de chorro plano **83** 4
~ de gasolina **196** 1
~ principal **192** 12
~ termal **11** 21
suspensión **83** 7
~ cardán *Naveg.* **224** 50
~ cardán *Astron.* **235** 68
~ cardán *Electrón* **241** 23
~ con los brazos flexionados **296** 35
~ de la máscara compensada térmicamente **240** 22
~ del eje delantero **65** 49
~ del péndulo **11** 42
~ dorsal **296** 34
~ exterior del ala **257** 35
~ facial **296** 33
~ interior del ala **257** 34
~ invertida **296** 36
~ invertida con el cuerpo en extensión **296** 37
~ MacPherson **192** 72-84
suspensor **32** 30
suspiro de monja **97** 27
sustentación en el agua **282** 39
sustracción **344** 24
sustraendo **344** 24
symphonia **322** 25

T

T **143** 3
tabaco *Tabaco* **107**
~ *Planta estim., trop.* **382** 43
~ borde **380** 2
~ de montaña **380** 2
~ de Virginia **382** 40
~ en polvo **107** 20
~ para mascar **107** 19
tábano **81** 4
tabaquera con rapé **107** 20
tabernáculo **330** 42
tabique **248** 1
~ de absorción del sonido **248** 20
~ de control para la capa límite **257** 13
~ de madera **38** 19
~ de separación **75** 38
~ interventricular **20** 52
~ protector contra el fuego **305** 91
tabla abombada antigua **36** 76
~ abombada con ángulos redondos **36** 76
~ abombada rectangular con ángulos agudos **36** 77
~ armónica **324** 3
~ auxiliar del yunque **137** 14
~ a vela **284** 1-9
~ -clavijero **325** 18
~ de batir **298** 38
~ de carnicero **96** 57
~ de estiba **222** 62-63
~ de grátil **284** 47
~ del antepecho **166** 16
~ de lavar **309** 70
~ del batán **166** 42
~ del columpio **273** 40
~ de planchar **50** 16
~ de revestimiento **123** 56
~ de salto **298** 38
~ de sujeción **119** 63
~ de surf *Surf, Buceo* **279** 2
~ de surf *Vela* **284** 5
~ de surf vista por abajo **279** 1
~ de tracción **168** 7
tablado del escotillón **316** 34
~ escalonado **316** 34
tabla en cabujón **36** 47
~ escuadrada **120** 95
tablajería **96** 1-30
tabla llana **36** 46
~ llana ovalada **36** 72
~ llana rectangular **36** 73
~ llana rectangular con ángulos redondos **36** 74
~ móvil de la tela de batán **163** 19
~ no escuadrada **120** 94
~ para dar sombra **55** 9
~ para encofrar **119** 18
~ para planchar las mangas *Apar. hogar* **50** 20
~ para planchar las mangas *Sastre* **104** 28
tablazón horizontal **37** 84
tablero **338** 23
~, borde superior **215** 8
~ de a bordo **230** 1
~ de ajedrez *Hab. niños* **47** 20
~ de ajedrez *Juego* **276** 1
~ de carpintería **132** 73
~ de conglomerado **338** 24
~ de control *Casa* **38** 67
~ de control *FFCC* **203** 64
~ de control de los circuitos de alta tensión **153** 4
~ de dibujo **151** 1
~ de fibras **338** 24

~ de instrumentos *Avión* **230** 1
~ de instrumentos *Dep. aéreo* **288** 11
~ de introducción del material **184** 21
~ de la canasta **292** 30
~ de la mesa *Comed.* **44** 3
~ de la mesa *Forja* **139** 20
~ de la mesa de aspiración **142** 14
~ de la mesa de despacho **246** 3
~ de las damas **276** 17
~ de las horas de llegada **204** 19
~ de las horas de salida **204** 20
~ de las llaves **267** 3
~ del bloque **203** 60
~ del carro **149** 16
~ de los moldes **174** 10
~ de los números **267** 5
~ de madera prensada **338** 24
~ de mando *Offset* **179** 17
~ de mando *Bicicl.* **188** 40
~ de mando *Cine* **311** 4
~ de mando para el pilotaje automático **235** 23
~ de mandos *Papel* **173** 43
~ de mandos *Autom.* **191** 38, 57-90
~ de mandos *Tranv.* **197** 29
~ de mármol **265** 12
~ de modelar **339** 34
~ de ranuras **2** 45
~ de timbres **267** 28
~ de tope **157** 18
~ de trabajo *Orfebre* **108** 20
~ de trabajo *Cestero* **136** 7
~ de tres en raya **276** 23
~ kilométrico **216** 44
~ luminoso **268** 3
~ para el juego del halma **276** 26
~ para modelar **48** 14
~ para plantar en macetas **55** 12
~ par el juego del chaquete **276** 22
~ que sirve de base **339** 23
~ regulable de la mesa de operaciones **26** 8
tablestaca **217** 6
tablestacado *Construc.* **119** 17
~ *Cons. hidr.* **217** 5
tableta **123** 62
~ de chocolate **98** 78
tablilla *Auxilio* **21** 12
~ *Vidrio* **162** 42
~ arrojadiza **353** 8
~ con el título de la película **310** 35
~ de afinar **324** 22
~ de apoyo para borrar **249** 26
~ para el vuelo **77** 49
tablón **119** 16; **120** 91
~ con las cotizaciones bursátiles **251** 8
~ del andamio **122** 70
~ del núcleo **120** 93
~ de presión **119** 62
~ indicador de los números de los himnos **330** 24
~ lateral **123** 10
~ para encofrados **119** 76
~ puente **122** 70
taburete **260** 58
~ de bar **267** 53
~ de bar *Discot.* **317** 3
~ de bar *Cabar.* **318** 16
~ del dentista **24** 14
~ del paciente **27** 50
~ del tocador **43** 24
~ para los animales **307** 57
tacada alta **277** 3
~ baja **277** 4
~ con efecto **277** 5
~ con efecto contrario **277** 6
~ de billar **277** 2-6
~ en el centro **277** 2
~ horizontal **277** 2
taco *Caza* **87** 52
~ *Billar* **277** 9
~ con almohadilla de cuero o de resina sintética **166** 64
~ de goma **187** 85
~ de rosca **291** 28
tacógrafo **210** 54
tacómetro *Tipogr.* **181** 54
~ *Dicicl.* **188** 19, 34
~ *Moto* **189** 40
~ *Autom.* **191** 38, 74
~ *FFCC* **210** 54; **212** 9
~ *Avión* **230** 2
~ de bicicleta **187** 33
tacón **100** 67
~ aguja **101** 28
~ alto **101** 28
~ de cuña **101** 55
tacuara **383** 60
tacuro **276** 30
tachón de la bandera **253** 8
tachuela **143** 55
tafia **98** 56
tagetes **60** 20
tahona **97** 55-74
tajadera **137** 32
tajamar *Río* **216** 19
~ *Cons. hidr.* **217** 15
tajarrazo **21** 8
tajo **12** 43
~ a la cabeza **294** 23
~ de heno **63** 23
~ del yunque **139** 40
~ redondo **95** 12, 31, 37
tala *Huerto* **52** 1-32
~ *Silvic.* **84** 4-14, 15-37
~ con motosierra **84** 27
~ del tronco menudo **84** 37
taladradora **247** 3
~ de espiga **133** 6
~ de mano *Jardín* **56** 19
~ de mano *Cerraj.* **140** 13
~ de matrices **175** 49
~ de mesa **150** 25
~ de papeles **22** 28
~ eléctrica *Orfebre* **108** 6
~ eléctrica *Bric.* **134** 16
~ eléctrica con percutor **134** 43
~ especial **175** 49
~ giratoria o radial **150** 18
~ radial **150** 18
taladrador eléctrico **120** 21
taladro *Cerraj.* **140** 65
~ *Petról.* **145** 17, 21
~ *Cantera* **158** 12
~ de ballesta **145** 21
~ de pecho **140** 58
tálamo **370** 53
talantala **380** 16
tálero de Federico el Grande **252** 6
talo **378** 49
talón *Anat.* **19** 63
~ *Carp.* **132** 22
~ de aguja **167** 60
~ de expedición **206** 30
~ de la guadaña **66** 15
~ de renovación **251** 19
talud *Geogr.* **11** 47; **12** 45
~ *Construc.* **118** 72
~ de orilla **217** 28
~ detrítico **12** 45
talla *Méd.* **22** 69
~ *Prehist.* **328** 7
~ *Art. gráf.* **340** 4
~ a cuadros **36** 66
~ antigua **36** 49
~ a triángulos **36** 67
~ brillante **36** 44
~ de fantasía **36** 68-71
~ de madera **260** 77
~ de piedras **36** 42-86
~ de trapecio con caras cruzadas **36** 58
~ en forma de barril normal **36** 56
~ en forma de pera **36** 54
~ en madera **340** 2
~ escalonada cuadrada **36** 51
~ escalonada de rombo **36** 59
~ escalonada de trapecio **36** 57
~ escalonada hexagonal **36** 62
~ escalonada hexagonal redonda **36** 64
~ escalonada octogonal **36** 52
~ escalonada rectangular **36** 50
~ hexagonal con caras cruzadas **36** 65
~ hexagonal ovalada con caras cruzadas **36** 63
~ inglesa **36** 49
~ octogonal con caras cruzadas **36** 53
~ ovalada normal **36** 48
~ redonda normal con facetas **36** 42-43
tallarín **98** 34
talla rosa **36** 45
talle encorsetado **355** 53
taller *Astron.* **5** 17
~ *Petról.* **146** 30
~ *Colegio* **260** 46-85
~ *Restaur.* **266** 22
~ *Cine* **310** 6
~ *Pint., dib.* **338** 1-48
~ *Esc.* **339** 1-38
~ de artista **37** 74
~ de automóviles **195**
~ de calderería **222** 9
~ de carpintería **120** 4
~ de carpintero **132** 1-73
~ de cerrajero **140** 1-22
~ de composición **174**; **175**; **176**
~ de escultura **339**
~ de forja libre y en estampa **139**
~ de fundición **148** 1-45
~ de la modista **103** 1-27
~ del sastre **104** 1-32
~ de maquinaria **222** 8
~ de montaje **222** 4
~ de óptico **111** 20-47
~ de peletero **131** 1-25
~ de rebarbado **148** 38-45
~ de sastre **268** 17
~ de teatro **315** 28-42
~ de tornero **135** 1-26
~ de zapatero **100** 1-68
~ especializado **195** 1-55
~ gráfico **340** 27-64
tallista **339** 28
tallo *Tornill.* **143** 15
~ *Mús.* **320** 4
~ *Botán.* **370** 20, 19-25
~ *Hongo* **381** 18
~ con flores y frutos jóvenes **378** 31
~ de hierba **370** 83-85
~ floral **59** 4
~ florido **383** 7
~ rastrero *Planta* **54** 16
~ *Fruta* **58** 20
~ secundario **370** 21
~ trepador de la judía **57** 10
~ voluble de la judía **57** 10
tambaleo **230** 69
tambor *Meteor.* **10** 5, 16, 20
~ *Fotocomp.* **174** 35
~ *Mús.* **324** 48
~ *Arte* **335** 44
~ alimentador **180** 34
~ con muescas **165** 10
~ con púas de muelle **64** 4
~ de bastidor **353** 26
~ de conducción de la paja **64** 13
~ de corte **64** 34
~ de danza **354** 14
~ de enrollamiento **187** 72
~ de gasa **185** 19
~ de grabación de videocassettes **243** 19
~ de lansquenete **306** 70
~ de lavado **50** 24
~ del cable **270** 55
~ del freno **138** 11
~ del freno delantero **189** 11
~ del freno de mano **192** 50
~ del freno trasero **189** 13
~ dentado para desenrollar la película **312** 26
~ dentado para enrollar la película **312** 27
~ de película **312** 16
~ de recolección **64** 4
~ de revelado **116** 20
~ de revelado de papel **116** 48
~ de revólver, para el cambio automático de las canillas **166** 5
~ de salida **180** 42, 65
~ de secado **50** 29
~ de señales **354** 18
~ desgranador **64** 12
~ de transmisión **180** 36
~ expositor **180** 42
~ gordo **324** 47
~ graduado **149** 64
~, gran **163** 43
~ impulsor **165** 32
~ mayor **323** 55
~ mezclador **118** 34
~ micrométrico **224** 4
~ para apagar la cal **172** 51
~ para la mezcla del asfalto **200** 50
~ pequeño **323** 51
~ protegido contra incendios **312** 25
~ secador calentado **173** 33

tamiz *Papel* **173** 14
~ *Quím.* **349** 12
~ de graneado **340** 24
~ de la paja **64** 14
~ de la paja corta **64** 17
~ giratorio **172** 2
~ secador **173** 23
tampón de tinta **22** 30
~ entintador **340** 22
tam-tam **354** 14
tamúlica **341** 11
tanaceto **380** 9
tándem **186** 50
tangana **278** 19
tangente *Mús.* **322** 43
~ *Matem.* **346** 32, 48
tangona **216** 16
tanque central del fuselaje **257** 30
~ cisterna del mosto **78** 16
~ de afinado de la nata **76** 31
~ de agua *FFCC* **210** 66
~ de agua *Aerop.* **233** 22
~ de agua dulce **221** 70; **223** 79
~ de almacenamiento *Petról.* **145** 72
~ de almacenamiento *Puerto* **225** 72
~ de carburante para helicópteros **146** 18
~ de combustible **221** 80; **223** 71
~ de forraje **221** 73
~ de gasóleo **146** 13
~ de gasolina **305** 87
~ del ala **256** 4
~ de la leche agria **76** 42
~ de la leche cruda **76** 5
~ de la leche descremada **76** 17
~ de la leche esterilizada **76** 16
~ de lastre de agua **223** 78
~ del cuajo **76** 48
~ de leche fresca **76** 15
~ del estiércol **221** 72
~ del fondo **222** 38
~ del fuselaje **257** 31
~ de materia plástica **79** 4
~ de nata **76** 19
~ de reserva para el agua salada **146** 17
~ de suero **76** 18
~ en el extremo del ala **256** 30
~ esférico *Petról.* **145** 73
~ esférico *Barco* **221** 36
~ integrado en el ala **257** 29
~ lateral **222** 37
~ para disolver **172** 37
~ para el agua potable **146** 16
~ para el almacenamiento de cemento **146** 15
tanques de oxígeno e hidrógeno **6** 6
tanteador **293** 71
tanto por ciento **345** 7
tapa *Matad.* **95** 13, 37
~ *Encuad.* **185** 40
~ abovedada **38** 48
~ armónica **323** 24
~ con un tubo ajustado **350** 52
~ de balancines **190** 48
~ de cristal **269** 56
~ de la cabeza de imprimir **249** 30
~ de la cámara fotográfica **115** 23
~ de la cazoleta **107** 37
~ de la centrífuga **168** 18
~ de la escotilla **222** 65
~ de la pantalla de enfoque **114** 23
~ del baño **178** 37
~ del batán **166** 6
~ del braserillo del incensario **332** 40
~ del conmutador **211** 18
~ del escotillón **316** 33
~ del motor **191** 8
~ del motor trasero **195** 50
~ del registro **38** 46
~ del retrete con una cubierta de felpa **49** 14
~ de proyección **243** 47
tapadera *Cocina* **40** 13
~ *Orfebre* **108** 9
~ *Electrón* **241** 32
~ *Quím.* **350** 31
~ de la caldera **92** 45
~ del agujero de entrada **130** 19
~ de la pipa **107** 37
tapa de rosca **83** 40
~ deslizante **179** 2
~ de vacío **177** 35
tapado **30** 61
tapadora **76** 27
tapa especial para el registro de los datos de toma de vistas **115** 67
tapafuegos **255** 18
tapa guardapolvo **187** 57, 82
tapajuntas **123** 64
tápalo **31** 71
tapanca **71** 7-11
tapa roscada **115** 11
taparrabo **354** 31
~ de cabellos humanos **352** 38
tapa transparente **249** 27
tapegua **86** 20
tapete de juego **275** 9
~ de la mesa **46** 35
~ del juego de la ruleta **275** 17
~ de piel **108** 21
~ verde **275** 17
~ verde **275** 9
tapicería **134** 59
tapioca **98** 39
tapiro **366** 26
tapir sudamericano **366** 26
tapizado de un sillón **134** 59
tapón *Riego* **67** 36
~ *Quím.* **350** 27
~ "bueno" **149** 57
~ con llave **350** 44
~ de aceptación **149** 57
~ de la botella **93** 27
~ del tubo **260** 52
~ de rechazo **149** 58
~ de vaciado del aceite **190** 24
~ "malo" **149** 58
~ octogonal **349** 4
taquigrafía **342** 13
taquilla **134** 10
~ de apuestas **289** 34
~ del cine **312** 2
~ de venta de billetes **204** 35
taquillero **204** 39
tarima **78** 20
~ para modelar **339** 9
tarja *Caball.* **329** 56
~ *Arte* **336** 7
tarjeta **336** 7
~ amarilla **291** 63
~ de elector **263** 19
~ de expulsión **291** 63
~ de mesa **45** 13
~ roja **291** 63
tarjetero **249** 19
tarlatana **185** 20
tarraja **322** 22; **324** 5
tarraza **72** 31
tarrito de la paleta **338** 29
tarro de crema **99** 27
~ de cuajada **76** 45
~ de especia **39** 32
~ de miel **77** 63
tarso *Anat.* **17** 26
~ *Ave* **362** 4
tarta *Panad.* **97** 22-24
~ *Superm.* **99** 15
~ *Café* **265** 4
~ de cerezas **97** 22
~ de cerezas de la Selva Negra **97** 24
~ de crema **97** 24
~ de crema de mantequilla **97** 24
~ de fresas **97** 22
~ de frutas *Panad.* **97** 22
~ de frutas *Superm.* **99** 20
~ de grosellas **97** 22
~ de melocotón **97** 22
~ de nata **97** 24
~ de queso **97** 23
~ de ruibarbo **97** 22
tártago **380** 14
tartita **97** 20
tas **125** 23
~ de banco **140** 14
tatetí **276** 23-25
tatú **366** 8
tatuaje **306** 44
Tauro **4** 54
tauromaquia **319**
Taurus **3** 25
taxi **268** 64
taxis **233** 32
tayacán **63** 10
taza **24** 15
~ de café *Comed.* **44** 29
~ de café *Café* **265** 19
~ de la pila bautismal **332** 11
~ del retrete **49** 13
~ inferior de la fuente **272** 24
~ para niño **28** 27
~ superior de la fuente **272** 23
té *Superm.* **99** 69
~ *Font.* **126** 44
~ *Planta estim., trop.* **382** 7, 9
teatro **315; 316**
~ al aire libre **272** 67
~ griego **334** 44
teca con esporas **381** 13
~ con esporas **381** 12
teckel **70** 39
~ de pelo corto **70** 39
tecla **322** 38, 49; **326** 8
~ blanca **325** 4
~ de anulación del tabulador **249** 8
~ de cálculo del porcentaje **247** 23
~ de cifra **247** 18
~ de coma **247** 19
~ de control **243** 13, 48
~ de conversación **242** 24
~ de ébano **325** 5
~ de función **247** 17
~ de interlineado **249** 4
~ de la escucha de prueba **238** 46
~ de la memoria **247** 22
~ de la sección cassette **241** 3
~ de las mayúsculas **249** 3
~ del piano **325** 4-5
~ del registro **324** 42
~ del tabulador **249** 7
~ de llamada **246** 15
~ de mando **117** 98
~ de manejo **246** 19
~ de marcha adelante **249** 73
~ de marcha atrás **249** 73
~ de marfil **325** 4
~ de margen **249** 6
~ de número *Grandes alm.* **271** 3
~ de número *Rastro* **309** 76
~ de operación aritmética **247** 21
~ de parada *Audiovis.* **243** 43
~ de parada *Oficina* **249** 73
~ de π para el cálculo de las longitudes de las circunferencias **247** 24
~ de preescucha **238** 46
~ de programa rápido **195** 12
~ de puesta en marcha **243** 41
~ de registro **326** 39
~ de repetición de escena **243** 42
~ de resultado **247** 20
~ de selección de emisoras **241** 4
~ de selección de emisoras de frecuencia modulada **241** 38
~ de selección del canal **243** 17
teclado *Fotocomp.* **174** 32, 37; **176** 2
~ *Correo* **236** 44
~ *Teléf.-telégr.* **237** 70
~ *Oficina* **249** 2-6
~ *Mús.* **322** 28; **324** 40; **325** 4-5, 48
~ de codificación **242** 11
~ de la máquina de escribir **245** 27
~ de mandos **261** 45
~ de pulsadores **246** 14
~ de pulsadores para las comunicaciones interiores **245** 14
~ de selección del programa de análisis del ECG **25** 50
~ (manual) inferior **322** 47
~ (manual) superior **322** 46
~ para introducir los datos en la computadora **238** 13
~ para la instalación telefónica de servicio **238** 14
~ -piano melódico **324** 39
~ selector **242** 25
tecla fijamayúsculas **249** 5

~ negra **325** 5
~ para juegos libres **326** 40
~ para transmitir la propia imagen **242** 23
tecleador **176** 4
técnica de desparasitaje **237** 28
~ de enseñanza **242**
~ de información **242**
~ del impulso **298** 30
~ de pierna **299** 19
~ de rodillo **298** 18, 24
~ de salto de tijera con giro **298** 21
~ O' Brien **298** 50
técnico de iluminación **307** 4
~ de sonido **238** 26
~ de vídeo **239** 11
tecolero **55** 45
tectogénesis **12** 4-20
techo corredizo **193** 24
~ corredizo de acero **193** 24
~ de doble suspensión **121** 65
~ de fibrocemento ondulado **122** 97
~ de hormigón armado **119** 8; **123** 28
~ del andén **205** 5
~ de la prensa **133** 51
~ duro **193** 27
~ intermedio **123** 61, 68-69
~ macizo **123** 28
~ nervado de hormigón armado **123** 35
~ pivotante **213** 27
~ plegable **194** 10
té de las cinco **267** 44-46
~ de los jesuitas **382** 11
~ del Paraguay **382** 11
T.E.E. *Estación* **205** 34
~ *FFCC* **209** 1-22
tee **293** 79, 90
té en bolsitas **98** 68
tee-shirt **29** 27; **31** 38
~ de espaldas desnudas **31** 64
teja *Construc.* **122** 4, 45-46
~ *Clisé* **178** 21
~ *Árbol* **371** 46
~ acanalada **122** 54
~ de alero **122** 5
~ de caballete **122** 3, 52
~ de canal **122** 57
~ de casquete **122** 9
~ de copete **122** 8
~ de cresta **122** 8
~ de encaje **122** 59
~ de remate **122** 47
~ de tejado plano **122** 60
~ de ventilación **122** 7
tejadillo para todo tiempo **200** 38
tejado *Casa* **37** 5; **38** 1
~ *Construc.* **121; 122**
~ acanalado **122** 53
~ a cuatro aguas *Casa* **37** 64
~ a cuatro aguas *Construc.* **121** 10
~ a cuatro vertientes **335** 7
~ a dos aguas **37** 5
~ a dos vertientes **121** 1
~ a la Mansard **121** 18
~ árabe **122** 56
~ a una sola vertiente **121** 7
~ caedizo **37** 55
~ con buhardilla **121** 37
~ con eclisas **122** 45
~ cónico **121** 24
~ con viga de lima **121** 34
~ de cabrios **121** 27
~ de copete **121** 11
~ de cristal **55** 5
~ de faldón **121** 10
~ de gradas **337** 2
~ de la iglesia **331** 11
~ de pabellón **121** 22
~ de pendiente **37** 78
~ de pizarra **122** 61-89
~ de semicopete **121** 16
~ de teja cóncava y teja convexa **122** 56
~ de tejas **122** 1
~ doble **278** 22
~ en diente de sierra **121** 20
~, estilos y partes **121** 1-26
~ imperial **121** 25
~ italiano **122** 53
~ para escalar **273** 60
~ piramidal de la torre **335** 7
~ plano **37** 77
tejador **122**
tejado real **122** 50
teja plana **122** 6, 46
~ plana de doble falda **122** 2
tejar **15** 89
teja solar **155** 32
~ superior **122** 58
~ terminal, media **122** 4
tejido *Tejido* **165; 166**
~ *Punto* **167** 29
~ cardado **168** 36
~ contráctil **77** 17
~ de base **128** 5
~ de fibra de vidrio **130** 29
~ de franela **128** 48
~ de lana planchado **103** 27
~ de punto **167** 48
~ de punto longitudinal **171** 27
~ de Raschel **167** 29
~ fijado con goma para ser estampado **168** 64
~ húmedo **168** 22
~ metálico **270** 46
~ para trajes **104** 3
~ sin cardar **168** 33
~ tubular **167** 9
tejo **372** 61
tejón **88** 48
tela **338** 21
~ asfáltica **122** 62
~ de algodón **128** 17
~ del forro **134** 60
~ de presión **116** 59
~ de tensión **116** 59
~ metálica *Papel* **173** 14
~ metálica *Quím.* **350** 18
~ metálica con amianto **350** 19
telar *Tejido* **166** 35
~ *Teatro* **316** 4
telaraña *Ins.* **81** 10
~ *Parque* **273** 46
~ *Articul.* **358** 47
telar automático **166** 1
~ circular **167** 1
~ de urdimbre de dos fonturas **167** 23
tela terminada **166** 12
telecabina **214** 19
telecopia **245** 2
teledirección por radio **288** 87
telefax **237** 58
teleférico *Mapa* **15** 67
~ *FFCC* **214** 15-38, 30
~ bicable **214** 25, 30
~ de cable sin fin **214** 15-24, 19
~ de lanzadera **214** 25
~ monocable **214** 15-24
telefio **51** 7
telefonista **237** 35
teléfono *Méd.* **22** 18
~ *Vestíb.* **41** 7
~ *Teléf.-telégr.* **237** 6-26, 41
~ *Oficina* **246** 13; **248** 9
~ automático de monedas **236** 9
~ con contestador y grabador automáticos **22** 13
~ de a bordo **239** 13
~ de batería local **238** 9, 40
~ de habitación **267** 34
~ de imágenes **242** 21
~ de juguete **47** 35
~ de mesa estándar **237** 6
~ de reportaje **238** 23
~ de taxis **268** 67
~ de teclas **237** 20
~ de urgencias **233** 40
~ interior a batería **224** 27
~ público **237** 1
~ público automático de monedas **237** 3
telegrafía **237** 30
telégrafo **237** 31
~ transmisor de órdenes a las máquinas **224** 25
teleimpresor **238** 12
teleimpresora **237** 31, 66
~ de hoja de servicio **176** 31
telemando **157** 14
telemática **237** 58
telémetro **114** 40
~ láser e infrarrojo **255** 82
~ óptico **258** 37
teleobjetivo **115** 48; **117** 47
telera sin fin de alimentación **163** 8
~ sin fin reunidora **163** 13
telero *Silvic.* **85** 47
~ *Estación* **206** 24
~ articulado de acero **213** 6
~ de la caja **85** 30
telescopio *Mapa* **14** 60
~ *Estar* **42** 15
~ *Naveg.* **224** 8
~ de enfoque **115** 74
~ de espejo de 2,2 m **113** 1
~ de lentes **113** 16
~ de observación **351** 31
~ de suspensión cardán **235** 68
~ meridiano **113** 29
telesilla **214** 16-18
~ biplaza **301** 57
~ de dos plazas **214** 17
~ doble **214** 17
~ doble cubierta **214** 18
~ individual **214** 16
~ ligera **214** 16
telesquí *FFCC* **214** 15
~ *Dep. inv.* **301** 59
teletermómetro **210** 48
teletex **237** 58
televisión **238; 239**
~ *Escrit.* **342** 64
~ en color **240** 1
televisor *Estar* **42** 8
~ *Apart.* **46** 14
~ *Téc. ens.* **242** 28
télex **237** 41, 65, 69
telón *Cine* **312** 10
~ *Teatro* **315** 1-4
~ de boca **316** 22
~ de fondo *Cine* **310** 33
~ de fondo *Teatro* **315** 33; **316** 10
~ de hierro **316** 24
~ del foro **316** 8
~ metálico **316** 24
témpano **130** 10
temperatura **9** 8
~ del aceite **230** 21
~ del agua y del aire **280** 8
~ de los cilindros **230** 9
Tempest **284** 54
tempestad **9** 38
templario **329** 73
templazo **166** 13
temple **338** 17
templén **166** 13
templo **337** 7
~ católico **330** 31-62
~ del valle **333** 8
~ dórico **334** 1
~ etrusco **334** 49
~ funerario **333** 7
~ maya **352** 20
~ protestante **330** 1-30
temporal **17** 33
~, músculo **19** 3
tenacillas de rizar **105** 5
~ para coger las salchichas **308** 35
tenada **75** 9
tenante **254** 15-16
tenaza **358** 25
tenazas *Átomo* **2** 44
~ *Construc.* **119** 85
~ *Font.* **126** 65
~ *Bric.* **134** 13
~ *Cestero* **136** 37
~ *Forja* **139** 33
~ *Cerraj.* **140** 69
~ angulares **137** 37
~ articuladas de corte **140** 67
~ de boca plana **137** 24
~ de extracción **24** 47
~ de gasista **126** 58
~ de pescador **89** 37
~ de pico redondo **137** 25
~ de puntas redondas **126** 64
~ de soplador **162** 44
~ de vidriero **124** 19
~ gruesas **100** 41
~ para el crisol **108** 11
~ para el cuero **100** 38
~ pequeñas **100** 40
tendedera **50** 33
tendedero **50** 32
~ de tijeras **50** 34
ténder **258** 92
~ para combustible **210** 67
tendido **319** 8
~ aéreo con dos cables para el doble contacto **194** 43
~ cúbito prono **295** 44
~ cúbito supino **295** 45
~ lateral **295** 25, 46
~ prono **295** 22
~ supino con extensión de brazos y flexión **295** 21
tendón de Aquiles **18** 48
tenebriónido **81** 18
tenedor **45** 58
tenedora **72** 31
tenedor de las salchichas **96** 44

~ de trinchar **45** 70
~ para las langostas **45** 79
~ para las ostras **45** 80
~ para sándwich **45** 76
~ para sardinas **45** 78
~ para servir la ensalada **45** 68
tenia *Ins.* **81** 35
~ *Arte* **334** 19, 57
~ de ovas **334** 42
tenis **293** 1-42
~ de anillas **280** 31
~ de mesa *Parque* **273** 1
~ de mesa *Jue. pelota* **293** 45-55
tenista **293** 16
tensiómetro *Méd.* **23** 33
~ *Hosp.* **25** 15
tensor *Tonel.* **130** 4
~ *FFCC* **202** 31; **208** 18
~ *Jue. pelota* **293** 32
~ de goma **297** 13
~ del cable portante **214** 41
~ del cable tractor **214** 42
~ del hilo **167** 5
~ de los lizos **166** 54
~ de radios **187** 29
~ transversal **215** 53
tentáculo **357** 16, 31
tenuirrostra **359** 25
tenuto **321** 30
teobroma **382** 16
teodolito **14** 52-62
~ universal **112** 73
teoría de los conjuntos **348**
teque **366** 30
terapia con ondas cortas **23** 39
~ por inhalación **274** 6-7
tercena **96** 1-30
tercera base **292** 47
~ bordada **285** 21
~ etapa del cohete **234** 33
~ mayor **321** 8
~ octava **321** 46
tercer dedo **19** 54
~ hilo y el cuarto hilo de urdimbre **171** 18
tercero de la cordada **300** 27
terminación del tejado de copete **121** 11
terminal bananera **226** 22
~ de alta tensión **152** 43
~ de baja tensión **152** 44
~ de carga **233** 9
~ de contenedores **225** 48; **226** 1
~ de datos *Téc. ens.* **242** 19
~ de datos *Oficina* **248** 16
~ de equipajes **233** 5
~ de partida **233** 15
~ de usos múltiples **226** 16
~ de viajeros **233** 15
~ postal **233** 9
término de la suma **344** 23
~ municipal **15** 103
termo **40** 5
termocauterio **24** 43
termocontacto **190** 63
termógrafo *Meteor.* **10** 19, 25, 51
~ *Bebé* **28** 29
~ *Cerv.* **92** 53
~ *Textil* **168** 27
~ *Baños* **281** 24
~ de agua de refrigeración **212** 21
~ de baño **116** 13
~ de cubeta **116** 13
~ de fermentación **93** 9
~ de la caldera **38** 64
~ del aceite de la transmisión **212** 20
~ del aceite del motor **212** 19
~ del agua **191** 38
~ del agua de refrigeración **191** 66
~ de maceración **93** 9
~ de máxima **10** 53
~ de mínima **10** 54
~ de revelado **116** 8
~ "húmedo" **10** 35
~ para medir las temperaturas extremas **10** 53-54
~ redondo **179** 4
~ "seco" **10** 34
termosifón **38** 68
termostato del agua de refrigeración **190** 62
~ de la habitación **38** 78
ternera *An. dom.* **73** 1
~ *Matad.* **95** 1-13
ternero *Granja* **62** 33
~ *An. dom.* **73** 1
terracota **328** 20
terraja **108** 15
~ de cojinetes *Font.* **126** 85
~ de cojinetes *Cerraj.* **140** 32
~ de medir **84** 21
~ eléctrica de cojinetes **125** 12
terranova **70** 34
terraplén *Mapa* **15** 104
~ *Cons. hidr.* **217** 7
~ *Abast. agua* **269** 29
terrario-acuario **356** 14
terraza **37** 36, 75
~ de geiserita **11** 23
~ de grava **13** 64
~ de la playa **11** 54
~ del público **233** 20
~ de roca **13** 47, 63
~ de visitantes **233** 20
~ de visitantes **233** 30
~ estratificada **13** 49
terremoto **11** 32-38
~ por hundimiento **11** 32-38
~ tectónico **11** 32-38
~ volcánico **11** 32-38
terreno de carbón de piedra **144** 49
~ de hulla **144** 49
~ de juego **291** 1
~ de recubrimiento **144** 48
~ escabroso **293** 80
~ nivelado y cubierto de césped alrededor del hoyo **293** 82
~ para el rodaje de exteriores **310** 1
terrera **361** 19
terrier bedlington **70** 18
~ escocés **70** 17
terrón **63** 7
tertuliano **266** 40
terzuelo **86** 46
tesela **338** 39
testa de abajo **217** 17
~ de arriba **217** 25
testera *Caballo* **71** 10
~ *Caball.* **329** 84
~ enrolladora **165** 12
testículo **20** 72
testigo **332** 23
testuz **72** 6
tetera de cobre **42** 14
tetero **28** 19
tetilla **28** 20
tetina **28** 20
tetrabrik **76** 22
tetradracma **252** 1
tetraedrita **351** 1
tetraedro **351** 1
tetraóxido de nitrógeno **234** 59
texto *Fotocomp.* **175** 29
~ *Teatro* **316** 41
~ a dos columnas **185** 64
~ de la solapa **185** 39
Thaumatolampas diadema **369** 4
tiara papal **254** 37
tibetana **341** 12
tibetano **353** 27
tibia **17** 25
tibial anterior **18** 47
tibor **28** 47
tiburón **364** 1
~ azul **364** 1
tiempo *Meteor.* **8** 1-19
~ *Mús.* **320** 28-42
~ *Escrit.* **342** 65
~ *Matem.* **345** 7
~ invertido en la carrera **289** 40
tienda bungalow **278** 36
~ de alimentación de autoservicio **99** 1-95
~ de campaña de caballete *Camping* **278** 21
~ de campaña de caballete *Playa* **280** 45
~ de campaña de playa **280** 45
~ de campaña redonda **278** 8
~ de comestibles **98** 1-87
~ de la estación de servicio **196** 24
~ del circo **307** 1
~ de los indios norteamericanos **352** 7
~ de modas **268** 9
~ de paredes verticales **278** 36
~ de ropa **268** 9
~ de ultramarinos **47** 27
~ de venta al por menor **98** 1-87
~ iglú hinchable **278** 58
~ india *Parque* **273** 59
~ india *Etnogr.* **352** 7
~ libre de impuestos **233** 52
~ vivienda de los nómadas de Asia Central y Occidental **353** 19
Tierra *Astron.* **4** 8, 30, 45
~ *Aluniz* **6** 17
~ *Construc.* **123** 9
tierra de labor **63** 4
~ de recubrimiento **158** 2
~ excavada **118** 78
~ vegetal **55** 15
tiesto **54** 8
tigre *Circo* **307** 56
~ *Mamíf.* **368** 5
tija **140** 33
~ de la horquilla **187** 10
~ del sillín **187** 24
tijera **298** 40
tijeras **260** 49
~ angulares **125** 2
~ curvadas **26** 42
~ curvas **22** 51
~ de aclarar el cabello **105** 8
~ de aclarar el pelo **106** 33
~ de corte **103** 3
~ de empapelador **128** 34
~ de esculpir **106** 34
~ de la vid **78** 12
~ de mano **104** 11
~ de podar *Jardín* **56** 11, 50
~ de podar *Vitic.* **78** 12
~ en el caballo con arcos **296** 51
~ para chapa *Orfebre* **108** 23
~ para chapa *Hojal.* **125** 1
~ para cortar el cabello **105** 7
~ para cortar el cuero superior **100** 42
~ para cortar el pelo **106** 34
~ para el hilo **100** 43
~ para lingotes **148** 52
~ para pizarra **122** 84
tijereta *Vitic.* **78** 3
~ *Ins.* **81** 11
tila **371** 46
tilbe **89** 28
tílburi **186** 44
tilde **342** 35
tiliea **53** 9
tilo **371** 46
timbal **323** 57; **324** 57
~ de tornillos **323** 57
~ mecánico **323** 57
timbre de la bicicleta **187** 4
~ eléctrico **127** 15
~ fiscal **107** 26
~ para bajo voltaje **127** 2
timo **218** 6
timón *Molino* **91** 32
~ *Autom.* **191** 37
~ *Barco* **218** 24
~ *Salvamento* **228** 26
~ *Avión* **232** 4
~ *Remo* **283** 26, 51-53
~ *Barco a motor, esquí acuát.* **286** 24, 65
~ de codaste **218** 24
~ de dirección *Avión* **229** 24-25; **230** 58
~ de dirección *FFAA* **257** 23
~ de dirección *Dep. aéreo* **288** 22
~ de dirección de popa **259** 95
~ de mando **229** 25; **230** 27, 60
~ de mando del copiloto **230** 28
~ de profundidad *Avión* **229** 24; **230** 21, 63
~ de profundidad *FFAA* **257** 24
~ de profundidad *Dep. aéreo* **288** 27
~ de profundidad de popa **259** 95
~ de profundidad de proa **259** 96
timonel *Barco* **218** 2
~ *Naveg.* **224** 16
~ *Remo* **283** 11, 27
timón izable **285** 37
~ lateral para gobernar **218** 6
~ Oertz **222** 69-70
tímpano *Anat.* **17** 59, 60
~ *Mús.* **322** 32
~ *Arte* **335** 26
~ *Art. gráf.* **340** 41

~, caja del **17** 60
tina *Hortic.* **55** 48
~ *Pesca* **89** 4
~ *Papel* **173** 47
~ de clarificación **92** 50
~ de lavar **309** 69
~ de mezcla **92** 43
~ de mosto **92** 52
~ de remojo **136** 13
tinglado de las mercancías **206** 26-39
tingle **124** 12
tinta china **151** 36, 63
~ de imprenta para el grabado en madera **260** 83
tintero *Tipogr.* **181** 65
~ *Rastro* **309** 78
~ con tapadera **309** 78
~ de tinta china **151** 36
tinya **323** 51
tiorba **324** 1
tiovivo **308** 2
tipi **352** 7
tipo *Fotocomp.* **174** 7; **175** 32-37, 38
~ *Oficina* **249** 29
~ de letra gótica **342** 1
~ de máquina de escribir **342** 9
~ de precipitaciones **8** 18-19
tipógrafo **174** 5
tipo individual **174** 44
~ Schwabacher **342** 2
tipos de aviones **231** 1-33
~ de barcos **221**
~ de barcos históricos **218**
~ de caracteres **342** 1-15
~ de casas **37**
~ de coches **193** 1-36
~ de cota de malla **329** 62
~ de esquíes acuáticos **286** 56-62
~ de letra **342** 1-15
~ de loriga **329** 62
tipo suelto **174** 44
tique de caja **271** 7
tira **122** 91, 95; **123** 62
tirabuzón con impulso **282** 43
tira de material fluorescente **240** 18
~ de papel **180** 26
~ de papel de composición **174** 34
~ de papel pintado **128** 19
tiradera **71** 19
tiradero **86** 14-17, 51
tirador *Ropa* **32** 30
~ *Caza* **86** 1
~ *Coche* **186** 12
~ de carga **247** 6
~ de espada **294** 25
~ de florete **294** 5-6
~ de la puerta **191** 5
~ del palo sobre hielo **302** 38
~ de pistola **307** 38
~ de sable **294** 19
tirafondo **202** 7
tiralíneas **151** 49
~ del compás **151** 61
tirante *Ropa* **29** 26; **32** 30
~ *Caballo* **71** 22, 35
~ *Construc.* **121** 73, 79
~ *Tornill.* **143** 101
~ *Puente* **215** 44
~ con volantes **29** 14
~ de ajuste **202** 20
~ de conducción **303** 4
~ de cuero **29** 34
~ de fijación **296** 10; **297** 5
~ de fijación del ring **299** 37
~ de la horquilla **187** 12
~ de refuerzo de bastidor **213** 12
~ de tope **119** 67
~ de unión **202** 29
~, falso **121** 35, 38
~ regulable **33** 45
tiraña **377** 13
tirita **21** 5
tiro *Ropa* **32** 30
~ *Hab. niños* **47** 14
~ *Caballo* **71** 24
~ *Silvic.* **84** 3
~ *Dep.* **305** 52
~ al blanco **308** 58
~ al hoyo **293** 86
~ al plato **305** 70-78
~ con arco **305** 52-60
~ con fusil **305** 26
~ con fusil a 50 m de distancia **305** 30
~ con fusil a 100 m de distancia **305** 32
~ de cabeza **291** 46
~ del palo sobre hielo **302** 38-40
~ en tándem **186** 50
~ hacia atrás **291** 45
tiroides **20** 1, 3
tiro libre **291** 43
tisanuro **81** 14
titán **327** 37
titiribí **363** 5
titrímetro automático **23** 47
titular **342** 44
~ de la página interior **342** 52
titulillo **185** 66
título **251** 11
~ de la columna **342** 46
Título de la Deuda **251** 11-19
titulo de la obra **185** 44
~ del capitulo **185** 60
tiza *J. infancia* **48** 15
~ *Colegio* **260** 32
~ *Pint., dib.* **338** 4, 5
~ de sastre **104** 24
tizate **260** 32
tlacuache **366** 2
toalla *Baño* **49** 23
~ *Baños* **281** 25
~ de baño **281** 14
~ de felpa **49** 9
~ de mano **28** 9
~ para secar el pelo **106** 24
~ pequeña para compresas faciales **106** 25
toallero **49** 8
toba **11** 19, 26
tobera *Sider.* **147** 20
~ *Avión* **232** 39, 45, 49, 55
~ de empuje *Avión* **232** 39, 45, 49, 55
~ de empuje *Astron.* **235** 37, 45
~ de empuje orientable **235** 64
~ de hilar **169** 14
~ de la hélice **227** 21
~ del propulsor principal **6** 3
~ del regador **67** 27
~ de postcombustión de los reactores **256** 13
tobillera **291** 33
tobo **50** 54
tobogán *Parque* **273** 24
~ *Feria* **308** 40
~ de montaña rusa **273** 52
toca de cuero **354** 26
~ de encajes **355** 65
tocadiscos *RTV* **238** 24
~ *Electrón* **241** 18
~ *Discot.* **317** 19
tocado **352** 12
~ de encajes **355** 65
tocador *Dorm.* **43** 25
~ *Baño* **49**
~ *Peluq.* **105** 19
tocino del jamón **95** 53
~ del lomo **95** 40
tocón **84** 14
tocotoco **359** 5
tocho **147** 33
toga **355** 13
toldilla *Barco* **223** 33
~ *Buque guerra* **258** 22
toldo *Casa* **37** 71
~ *Barco* **218** 15; **221** 116
~ *Balneario* **274** 14
toloache **379** 8
tolobojo **359** 4
tololoche **322** 23; **323** 23
tolva *Avic.* **74** 24
~ *Vitic.* **78** 18
~ *Molino* **91** 13
~ aspiradora del polvo **163** 10
~ con fondo móvil **64** 84
~ de la cal **147** 62
~ de la malta **92** 20
~ de las remolachas **64** 96
~ del carbón **225** 22
~ de mezcla **162** 13
tollo **86** 51
toma *Río* **216** 34
~ *Cons. hidr.* **217** 20
~ de agua **261** 4
~ de aire *Autom.* **191** 47
~ de aire *FFAA* **256** 5
~ de aire del reactor **257** 12
~ de combustible bajo presión **257** 33
~ de corriente *Apar. hogar* **50** 78
~ de corriente *Peluq.* **106** 15
~ de corriente *FFCC* **207** 24, 75
~ de corriente *Colegio* **261** 12
~ de flash para F y X **115** 14
~ de foto adicional **112** 36
~ de fuerza **63** 21; **64** 49, 63; **65** 31
~ de imagen **117** 70
~ de la presión sanguínea **23** 32
~ de la tensión **23** 32
~ del gas **350** 63
~ de posiciones para la regata **283** 1-18
~ de señal de sincronización **117** 7
~ de sonido **310** 54
tomador **250** 19
tomahawk **352** 16
tomate *Hortal.* **57** 12
~ *Superm.* **99** 82
tomatera **55** 44
tomatillo del diablo **379** 5
tómbola **308** 44
tompeate **20** 72
tom-tom **324** 49
tonalidad **320** 55-68
tonel *Bodega* **79** 2
~ *Tonel.* **130** 5
~ *Dep. aéreo* **288** 3
~ de cerveza **93** 17
tonelería **130** 1-33
tonelero *Bodega* **79** 18
~ *Tonel.* **130** 11
tonelete de transporte de los pescados **89** 3
tónico capilar **106** 10
tonina **367** 24
tonsura **331** 57
tontillo **355** 83
tope *Mesa* **45** 55
~ *Carp.* **133** 11
~ *Tranv.* **197** 12
~ *FFCC* **213** 7; **214** 56
~ de arrastre **149** 55
~ de arrastre de la película del sistema de carga rápida **115** 25
~ de arrastre del rebobinaje **115** 29
~ de empuje **223** 67
~ del paro **166** 45
~ fijo **206** 51
~ hidráulico **206** 51
~ longitudinal **157** 68
topo **366** 4
topografía **14** 46-62
~ fluvial **13** 1-13
toque en la línea de llegada de un nadador de competición **282** 28
tórax *Anat.* **16** 28-30; **17** 8-11
~ *Articul.* **358** 29-30
torbellino del área de las manchas solares **4** 38
torcaz **359** 23
torcecuello **359** 27
tordo **361** 16
torero **319** 21, 25
~ principiante **319** 2
torii **337** 11
toril **319** 14
tormenta **9** 38
Tornado **256** 8
tornapunta **121** 58, 69, 82
tornavoz **330** 21
torneado **161** 14
torneo **329** 71
tornería **135** 1-26
tornero *Torn.* **135** 20
~ *Porcel.* **161** 9
~ de madera **135**
tornillo *Construc.* **119** 75
~ *Tornill.* **143** 13-50
~ calibrado **127** 21
~ con collar **143** 32
~ de acoplamiento **202** 15
~ de acoplamiento con palanca tensora **208** 18
~ de ajuste *Construc.* **119** 79
~ de ajuste *Tornill.* **143** 107
~ de banco *Herr.* **138** 24
~ de banco *Colegio* **260** 47
~ de banco de cerrajero **126** 80
~ de banco para tubos **126** 81
~ de banco pequeño **134** 10
~ de banco plano **140** 10
~ de cabeza avellanada **143** 28

~ de cabeza cilíndrica **143** 36
~ de cabeza cilíndrica con seis lados en el interior **143** 27
~ de cabeza cruciforme **143** 26
~ de cabeza cuadrada **143** 39
~ de cabeza de martillo **143** 41
~ de cabeza en T **143** 41
~ de cabeza hexagonal **143** 13
~ de cabeza ranurada **143** 36
~ de eclisa **202** 13
~ de elevación **217** 36
~ de escalera **123** 46
~ del nonio de inclinación **14** 54
~ del nonio de rotación **14** 56
~ del torno con mango **132** 31
~ de mano **140** 24
~ de mordaza **140** 10
~ de presión **148** 62
~ de reglaje de la velocidad del ralentí **192** 11
~ de reglaje del cero **242** 78
~ de reglaje de lectura **10** 10
~ de sujeción **202** 10
~ de sujeción del taco de goma **187** 84
~ embutido **143** 28
~ micrométrico *Soldadura* **142** 37
~ micrométrico *Máq.-herr.* **149** 62
~ nivelador **349** 28
~ para chapa **143** 26
~ para el ajuste del retículo **87** 30
~ paralelo **140** 2
~ para madera *Construc.* **122** 101
~ para madera *Carp.* **132** 41
~ para madera *Tornill.* **143** 45
~ para piedra **143** 43
~, para regular la anchura del peine **165** 36
~ para regular la cinta abrasiva **133** 14
~ prisionero **143** 48
~ prisionero para regular la altura de la mesa **133** 23
~ sin fin **192** 59
~ sin fin de alimentación **92** 26
~ sin fin de alimentación del depósito del grano **64** 24
~ sin fin de caida para embragar los avances **149** 18
~ sin fin hacia el desgranador **64** 21
~ sin fin para el vaciado del depósito del grano **64** 25
~ sin fin para introducir el grano en la tolva **64** 20
~ tensor **323** 53
~ tensor para afinar **323** 59
torniquete *Hosp.* **26** 48
~ *Jardín* **56** 44
~ de emergencia **21** 15
torno **145** 11
~ al aire **135** 1
~ de alfarero **161** 11
~ de banco **109** 28
~ de cable **85** 38, 46
~ del ancla **259** 82
~ de motor **287** 6
~ de precisión para el tambor del freno **138** 20
~ de relojero **109** 20
~ de remolque *Salvamento* **227** 7
~ de remolque *Buque guerra* **258** 86
~ de revólver **149** 38
~ de tambor para el cable **258** 85
~ frontal **132** 30
~ para cilindrar y roscar **149** 1
~ para el cable **255** 69
~ para madera *Bric.* **134** 51
~ para madera *Torn.* **135** 1
~ para mecánica de precisión **109** 20
~ trasero **132** 37
Toro *Astron.* **3** 25; **4** 54
~ *An. dom.* **73** 1
~ *Heráld.* **254** 15
~ *Arte* **334** 28
toro alado **333** 36
~ bravo **319** 28
~ de lidia **319** 28
~ inferior **334** 30
~ joven **319** 35
~ marino **327** 47
toronja **384** 23
torre *Construc.* **119** 34
~ *Juego* **276** 12
~ *Dep. aéreo* **288** 4
~ blindada **255** 84
~ de agua **144** 14
~ de ángulo **329** 14
~ de carbón **156** 5
~ de carbón de coque **144** 9
~ de combate **259** 31
~ de combate de popa **259** 44
~ de combate de proa **259** 43
~ de control *Aerop.* **233** 17
~ de control *Vuelo sin motor* **287** 12
~ de entrada **329** 22
~ de extinción **156** 11
~ de extinción del coque **144** 10
~ de extracción *Mina* **144** 3
~ de extracción *Barco* **221** 67
~ de graduación salinera **274** 1
~ de impulsión **177** 56
~ de la iglesia **331** 2
~ de las campanas **337** 8
~ del crucero **335** 6
~ del cuerpo de guardia **329** 17
~ del homenaje **329** 4
~ del templo **333** 32; **337** 26
~ de maltaje **92** 1
~ de observación **15** 68
~ de oración **337** 13
~ de papel **174** 33
~ de pedal **326** 4
~ de perforación *Geogr.* **12** 33
~ de perforación *Petról.* **145** 1; **146** 12
~ de perforación *Barco* **221** 67
~ de pisos **37** 82
~ de prácticas **270** 3
~ de refrigeración **144** 15
~ de saltos **282** 6
~ de salvamento para la fase de despegue **234** 66
~ de señalización **14** 51
~ de tubos **155** 43
~ de vigía **329** 35
~ emisora de radio **15** 33
~ fraccionadora con plataformas superpuestas **145** 37
~ humana **307** 28
~ metálica **258** 18
~ mortuoria **333** 21
torreón **37** 10; **38** 5
torre para escalar **273** 17
~ principal **329** 4
~ refrigerante **154** 39
~ refrigerante seca **154** 39
~ reticular **152** 36
~ sepulcral **333** 21
torreta **258** 47, 67, 70; **259** 71
~ con dos cañones antiaéreos de 76 mm **259** 30
~ con un cañón de 100 mm **258** 29
torre templo **337** 1
torsión final **170** 47
~ preliminar **170** 45
torso **339** 7
~ de hombre **327** 53
torta alemana **97** 33
~ del filtro-prensa **161** 13
~ de masa **161** 13
tortillo **254** 2
tortita espolvoreada **97** 35
tórtola **359** 23
tortrícido *Parás.* **80** 9
~ *Plaga* **82** 43
tortuga de carey **364** 28
torvisco **377** 10
torzal de cera **77** 65
tostada **45** 34
tostadora de café **98** 70
tostador de pan **40** 30
tostel **97** 54
total a pagar **271** 8
totem **352** 2
totovía **361** 19
tova **361** 18
trabajadora de la piel **131** 8, 23
trabajador de la cantera **158** 5
~ que hace toda clase de oficios **134** 61
trabajo con horquillas **102** 28
~ con lanzadera **102** 19
~ con pegamento **260** 50-52
~ de bastidor **136** 22-24
~ de casa **134**
~ de dar forma **162** 38-47
~ de enlucimiento **118** 83-91
~ de esmaltado **260** 62
~ de mezcla **311** 36
~ de modelado **260** 67
~ escolar **260** 67-80
~ hortícola **55** 1-51
~ manual **48** 3
~ trenzado **136** 16
traca central **222** 55
~ de cinta **222** 44
~ de fondo **222** 48
~ de pantoque **222** 46
~ exterior **285** 50
~ lateral **222** 45
tracción **214** 2
~ delantera **191** 52
tracería **335** 39-40
tractor *Granja* **62** 38
~ *Agric.* **64** 46
~ *Riego* **67** 17
~ *Silvic.* **85** 43
~ *Herr.* **138** 36
~ *Autom.* **194** 21
~ *Parque* **273** 55
~ agrícola **65** 20
~ compresor Diesel **200** 39
~ de aviones **233** 23
~ del semirremolque **194** 29
~ de troncos **85** 34
~ de vía estrecha **78** 21
~ de viña **78** 21
~ de viñedos **83** 48
~ eléctrico **206** 2
~ forestal **85** 27
tragafuegos **308** 25
tragaluz *Casa* **37** 27; **38** 2, 7
~ *Hortic.* **55** 41
~ *Construc.* **121** 8; **122** 12
~ *Pint., dib.* **338** 1
tragasables **308** 26
tragontina **379** 9
trailer **194** 22
traílla **70** 30
trainera **90** 24
traíña **90** 25
traje *Ropa* **33** 1
~ *Moda* **355**
~ chaqueta **31** 6
~ de buzo de neopreno **279** 9
~ de caballero **33** 1
~ de carrera **301** 31
~ de carreras **289** 26
~ de caza **86** 2
~ de corte **355** 79
~ de chaqueta **33** 1
~ de deporte **33** 27
~ de dos piezas para el bebé **29** 12
~ de encerado **228** 4
~ de esquí de fondo **301** 17
~ de esquí de una sola pieza **301** 9
~ de etiqueta **33** 13
~ de fiesta **33** 7
~ del escolar **29** 31-47
~ de marinero **309** 62
~ de niños **29** 13-30
~ de noche **33** 7
~ de punto de una pieza **29** 17
~ de sport **33** 17
~ entero de nieve **29** 38
~ espacial **6** 18-27
~ guateado **29** 38
~ pantalón **30** 57
~ playero *Ropa* **33** 24
~ playero *Playa* **280** 19
~ protector contra el calor **270** 46
~ protector contra el frío **279** 9
~ protector de cuero **290** 26
~ sastre **31** 1
~ vaquero **33** 20
trama **171** 43
~ horizontal **136** 5
tramo de puente **215** 13
~ inferior del canal **217** 29

~ superior **217** 37
tramoyista **315** 28; **316** 46
trampa "cuello de cisne" **87** 48
~ de arco **87** 48
~ de caja **86** 20
~ para topos y campañoles **83** 37
trampero **306** 8
trampilla **38** 13
~ de acceso a la válvula de limpieza **6** 25
~ de control para la capa límite **256** 6
~ del cenicero **210** 7
~ del freno *FFAA* **256** 12
~ del freno *Vuelo sin motor* **287** 38
~ de regulación de la temperatura **10** 65
~ de ventilación del techo **278** 56
~ exterior **259** 78
~ para el humo **352** 9
trampolín *Natac.* **282** 5-10
~ *Gimn.* **296** 12; **297** 8
~ *Circo* **307** 36
~ de tres metros **282** 9
~ de un metro **282** 10
tranca **252** 33
trancanil **222** 50
tranco **72** 39
trancha **125** 20
tranchete cortante **100** 51
~ de zapatero **100** 50
transatlántico *Barco* **221** 82
~ *Puerto* **225** 32
transbordador **216** 11
~ con motor **216** 6
~ de coches **216** 10
~ del puerto **225** 11
~ de mercancías **221** 54
~ de pasajeros **15** 60
~ de trenes *Mapa* **15** 12
~ de trenes *Barco* **221** 74
~ de vehículos *Mapa* **15** 47
~ de vehículos *Puerto* **225** 39
transbordo horizontal de los contenedores por carretilla elevadora **226** 7
transcripción fonética **342** 14
transepto **335** 3
transeúnte **268** 18
Trans-Europa-Exprés eléctrico **205** 34
~ interurbano **209** 1-22
transformación de la álcalicelulosa en xantogenato de celulosa **169** 9
~ del petróleo crudo **145** 36-64
transformador *Cerv.* **92** 21
~ *Cental el.* **152** 39; **153** 9-18
~ con cambio de conexión **211** 10
~ de alta tensión **211** 4
~ de calor **192** 61
~ de corriente **153** 58
~ de energía **152** 39
~ de imagen con el tubo transformador **27** 19
~ de la imagen **26** 18
~ de la tensión **153** 59
~ de potencia **152** 30
~ de soldadura *Hojal.* **125** 29
~ de soldadura *Soldadura* **142** 27
~ transportable **152** 30, 39
transistor de disparo **195** 19
transmisión *Jardín* **56** 20
~ *Cons. hidr.* **217** 48
~ *Avión* **232** 58
~ Bowden **189** 12
~ de cadena **187** 35-42
~ de datos **237** 41, 58
~ de la bicicleta **187** 35-42
~ del juego de ruedas **212** 28
~ del télex a la máxima velocidad **237** 68
~ de toma de fuerza **65** 38
~ de turbina **209** 10
~ de velocidades múltiples **65** 36
~ eléctrica **326** 6-16
~ fina por fricción **116** 33
~ hidráulica **212** 27, 52
~ infrarroja del sonido de televisión **242** 27
~ intercontinental **237** 54-55
~ mecánica **326** 6-16
~ neumática **326** 6-16
~ por correa **165** 33
~ reversible **65** 41
~ secundaria **212** 53
~ vía satélite **237** 51-52
~ Voith **209** 14
~ Voith con mecanismo de inversión de marcha **212** 74
transmisómetro **10** 60
transmisor **10** 62
~ de la señal de cambio de vía **197** 39
~ de onda corta **10** 59
~ de sonidos por infrarrojos **242** 29
~ -receptor portátil **270** 41
transportador **260** 38
~ de cadenas para la madera cortada **157** 22
~ de cangilones **226** 43
~ de depresión **74** 49
~ de desechos incinerados por separado **199** 36
~ de trozas **157** 17
~ mecánico de alimentación **236** 33
~ móvil de encofrados **119** 78
~ transversal **157** 20
transporte de las mercancías en monocarril aéreo **144** 43
~ de materiales en vagonetas **144** 45
~ por carretera de los troncos **85** 42
transportín **193** 28
transpunte **316** 30
tranvía *Tranv.* **197**
~ *Ciudad* **268** 46
~ interurbano eléctrico **197**
trapa **284** 21, 30
trapecio *Anat.* **18** 52
~ *Vela* **284** 12
~ *Circo* **307** 6
~ *Matem.* **346** 37
trapecista **307** 7
trapo *Pesca* **89** 22
~ *Toros, rodeo* **319** 27, 33
~ de limpieza **50** 55
~ del suelo **50** 55
tráquea **17** 50; **20** 4
trasdós **336** 26
trasera **193** 35
~ aerodinámica **193** 29
~ del tren **197** 4
trasero **16** 40
traslado del molde de prensa al molde de soplado **162** 26, 34
~ del personal en monocarril aéreo **144** 44
~ del personal en vagonetas **144** 39
trasluche **285** 26
trasplante **54** 5
trasportín **207** 12
traspuntín **207** 12
traste **324** 9
tratamiento de la corona de rayón **169** 19-27
~ del gas de coquería **156** 16-45
travesaño *Dorm.* **43** 11
~ *Construc.* **119** 57; **120** 27
~ *Máq.-herr.* **150** 12
~ *Central el.* **152** 37
~ *Cons. naval* **222** 15
~ *Jue. pelota* **292** 70
~ de apoyo **119** 61
~ de avance **185** 4
~ del mecanismo **325** 22
~ del tren de poleas **214** 67
~ de presión **185** 3
~ de refuerzo **119** 64
~ de solera **120** 50
~ intermedio **120** 55
~ principal **192** 84
~ tensor **168** 13
traviesa *Orfebre* **108** 5
~ *Construc.* **120** 41
~ *Central el.* **152** 37
~ *Estación* **205** 60
~ de acero **202** 36
~ de hormigón **202** 37
~ de junta acoplada **202** 14, 38
~ de madera **119** 39
trayectoria **87** 79
~ de la Luna **4** 1
~ del extremo de la caña **89** 35
~ de los rayos de luz **1** 62
~ de los rayos luminosos **112** 6
~ del plato **305** 77
~ de vuelo de la plomada del cebo **89** 36
~ diagonal del hilo **171** 38
~ libre del hilo **171** 41
~ luminosa de la imagen **115** 35
~ luminosa de la medida **115** 36
trazacírculos **151** 70
trazado de los contornos **129** 46
trazaelipses **151** 71
trazo que indica la velocidad (la fuerza) del viento **9** 10
trébedes **173** 6
trebejo blanco **276** 4
~ negro **276** 5
trébol **276** 38
~ blanco **69** 2
~ de cuatro hojas **69** 5
~ de la suerte **69** 5
~ de pie de pájaro **69** 11
~ de prado **69** 1
~ encarnado **69** 4
~ híbrido **69** 3
tren **233** 34
~ automotor **205** 25
~ blooming **148** 50
~ de acabado **148** 71
~ de aterrizaje delantero **257** 3
~ de aterrizaje delantero con accionamiento hidráulico **235** 30
~ de aterrizaje de pórtico **232** 18
~ de aterrizaje escamotable del morro **231** 23
~ de aterrizaje escamoteable **232** 10
~ de aterrizaje principal *Avión* **230** 41
~ de aterrizaje principal *FFAA* **256** 26; **257** 40
~ de aterrizaje principal *Dep. aéreo* **288** 33
~ de aterrizaje principal con accionamiento hidráulico **235** 31
~ de aterrizaje principal escamotable **231** 28
~ de bandas **148** 66-75
~ de corte de 10 mm **148** 75
~ de corte de 5 mm **148** 74
~ de ferrocarril interurbano **205** 25
~ de gran estiraje **164** 14
~ de laminado continuo para manufacturar flejes de acero **148** 66-75
~ delantero con tracción delantera **191** 52
~ del infierno **308** 5
~ del servicio local **208** 1-12
~ de madera *Hab. niños* **47** 37
~ de madera *J. infancia* **48** 29
~ de madera de juguete **273** 27
~ de poleas de rodadura **214** 36, 53
~ de poleas de rodadura de la cabina **214** 66
~ desbastador **148** 70
~ fantasma **308** 5
~ planetario **143** 94
~ rápido interurbano **205** 34
trente **66** 5
tren T.E.E. **209** 1-22
~ Trans-Europa Exprés interurbano **209** 1-22
trenza *Pein.* **34** 30
~ *Panad.* **97** 41
trenzado, clases **136** 1-4
~ del fondo **136** 20
~ en series diagonales **136** 3
~ lateral **136** 18
~ simple **136** 4
trepador azul **361** 11
tres **302** 13
~ cuartos **271** 21
~ doble **302** 14
~ en raya **276** 18, 23-25, 24
~ en raya doble **276** 25
tresillo **321** 23
~ por módulos **42** 21-26
tres por cuatro **320** 37
~ por dos **320** 38
~ por ocho **320** 36

tríada **321** 1-4
trial **290** 24-28
triángulo *Mús.* **323** 49
~ *Matem.* **345** 24
~ acutángulo **346** 28
~ Austral **3** 40
~ de arcilla **350** 17
~ en talla escalonada **36** 60-61
~ equilátero **346** 26
~ isósceles **346** 27
~ obtusángulo **346** 30
~ rectángulo **346** 32
Triangulum Australe **3** 40
triásico inferior **154** 57
tribuna **263** 6
~ acristalada **289** 34
~ de la banda de música **307** 9
~ del templo **330** 25
tríceps **18** 38
tricoloma ecuestre **381** 29
tricornio **355** 62
tricotaje **167**
tricotosa circular **167** 1
~ rectilínea **167** 35
triforio **335** 33
triglifo **334** 15
trigo **68** 23
trilla **63** 18
trillo **63** 18
trimarán **278** 16
trinca **221** 119
trinchador **44** 17
trinchante **45** 70
trinche *Mesa* **45** 58
~ *Restaur.* **266** 74
trinchera **33** 57
~ de lluvia **33** 57
trincheta **158** 38
trinchete **45** 70
trineo **304** 16
~ con respaldo **353** 18
~ de caballos **304** 25
~ de empuje **304** 29
~ de perros **353** 3
~ de silla **304** 29
~ de viajeros **353** 18
~ impulsado por el pie **304** 29
~ Nansen **303** 18
~ polar **303** 18
~ rígido **303** 1
trino con mordente **321** 18
~ sin mordente **321** 17
trinque **98** 56
trinquete **219** 2-4; **220** 21; **221** 2
~ con velas cuadras **220** 16
~ de ajuste **110** 34
~ de avance **157** 44
trinqueval **65** 14-19
trío del bar **267** 44
tripa **107** 7
triplano **229** 6
trípode *Fotogr.* **114** 42
~ *Quím.* **349** 15; **350** 14
~ ajustable **310** 50
~ de madera **313** 13
~ de mesa **115** 99
~ para el secado del heno **63** 30
tripulación **235** 16
trirreactor para trayectos medios **231** 12
trirreme **218** 9-12
triscador **132** 42
tritón *Petról.* **146** 31
~ *Ser fabul.* **327** 23, 40
~ *Pez, anfib., rept.* **364** 20
~ crestado **364** 20
trituradora continua **172** 53, 66
~ del carbón **152** 4
~ de martillos **160** 2
~ de mordazas **158** 20
~ de yeso **160** 14
~ giratoria en fino **158** 19
~ giratoria en grueso **158** 19
~ previa **158** 17
triturador de muelas verticales **159** 8
trocha **72** 41
troche **72** 41
trofeo **352** 15, 30
troica **186** 45
trole **268** 46
trolebús **194** 40
trole de contacto **194** 42
trombón alto **323** 46
~ bajo **323** 46
~ de varas **323** 46; **326** 17-22
~ tenor **323** 46
trompa *FFCC* **210** 34
~ *Articul.* **358** 56
~ *Mamíf.* **366** 21
~ chupadora **358** 17
~ de aspiración orientable **142** 15
~ de caza *Caza* **87** 60
~ de caza *Hípica* **289** 44
~ de Eustaquio **17** 65
~ de Falopio **20** 81
~ de pistones **323** 41
trompeta *Rastro* **309** 54
~ *Cabar.* **318** 6
~ *Mús.* **323** 43
~ baja **323** 43
~ de bronce **322** 1
~ de jazz **324** 65
trompetista **318** 7
trompo de música **309** 71
tronadora **53** 10
tronco *Anat.* **16** 22-41
~ *Silvic.* **84** 19
~ *Construc.* **120** 83
~ *Hojal.* **125** 21
~ *Botán.* **370** 2, 7
~ de árbol vaciado **218** 7
~ de caballo **327** 45
~ de cuarto de sección **120** 90
~ de media sección **120** 89
~ desde el cuello hasta las ingles en la esgrima de florete **294** 53
~ de sección entera **120** 87
~ de sección media **120** 88
~ largo **120** 2
~ levantado **85** 41
~ para golpear **137** 16
troncos apilados **84** 15
tronera *Casa* **37** 10; **38** 5
~ *Barco* **218** 59
~ *Caball.* **329** 18
tronzador **120** 68
tronzadora de cadenas automática **157** 38
tropaeolum **53** 4
trópico **14** 10
~ de Cáncer **3** 4
tropopausa **7** 9
troposfera **7** 1
troquel **252** 40-41
troquilo **334** 29
trotador **289** 28
trote **72** 41
trovador **329** 70
troza **120** 83
~ serrada **157** 33
trozo *Silvic.* **84** 31
~ *Porcel.* **161** 21
~ de carne *Caza* **86** 43
~ de carne *Carnic.* **96** 59
~ de carne de la matanza **95**
~ de madera aserrado asido por el tornillo de banco **260** 56
~ seco **165** 54
trucaje **310** 59
trucha **364** 15
trucha de río **364** 15
trufa **381** 9
~ de chocolate **98** 86
truhán **306** 38
trulla **118** 56
trusa **355** 31
tsunami **11** 53
tuba **323** 44
~ de contrabajo **323** 44
túbano **107** 12
tubérculo **68** 38-45, 38, 40
~ madre **68** 39
tubería **234** 40
~ a presión **269** 16, 49
~ bajo presión *Cons. hidr.* **217** 41
~ bajo presión *Teatro* **316** 54
~ bajo presión para el depósito de hidrógeno **235** 54
~ bajo presión para el depósito de oxígeno **235** 57
~ circular **147** 53
~ de agua **172** 65
~ de agua refrigerante **152** 27
~ de aire **148** 2
~ de aire caliente **139** 52
~ de alimentación **173** 13
~ de alimentación de aire **147** 29
~ de alimentación de espuma **83** 10
~ de bajada del agua **269** 21
~ de conducción del gas **139** 54
~ de distribución **126** 9
~ de distribución al consumidor **269** 52
~ de distribución del oxígeno **235** 56
~ de escape con silencioso **209** 22
~ de evacuación del agua **155** 23
~ de gas **145** 29
~ de gas de alta presión **156** 45
~ de gas de baja presión **156** 44
~ del agua **168** 11
~ del agua de tubería **154** 12, 30
~ de la hidroxilamina **170** 21
~ del aire comprimido *Herr.* **138** 5
~ del aire comprimido *Forja* **139** 22
~ del aire comprimido *Est. serv.* **196** 18
~ del aire de escape **155** 11
~ de la red de distribución **269** 22
~ del hidrógeno **235** 50
~ del nivel del fuel-oil **38** 53
~ del oxígeno **235** 51
~ del refrigerante del reactor **154** 29
~ del vapor vivo **154** 31
~ de ramificación **126** 8
~ de retorno **38** 56
~ de salida **126** 23
~ de salida del aire **168** 29
~ de subida **126** 7
~ de subida del agua **269** 19
~ de succión **38** 55
~ de vapor **154** 11
~ de vapores **172** 64
~ de vuelta **126** 24
~ para el escape de gases **221** 76
~ para la entrada de agua **92** 48
~ para las aguas residuales **199** 26
~ postiza **326** 1-5
tubo *Hosp.* **26** 17
~ *Apar. hogar* **50** 64
~ *Bicicl.* **187** 60
~ *FFAA* **255** 41, 71
~ *Mús.* **322** 57
~ *Quím.* **350** 7
~ *Invert.* **357** 23
~ abierto labial de metal **326** 23-30
~ acústico **326** 17-35
~ ajustado **350** 52
~ alargador **115** 81
~ amortiguador del culatazo **255** 27
~ binocular **112** 12
~ capilar **23** 42
~ con diafragma **10** 27
~ contador **2** 21
~ contra luz **313** 5
~ de acero **155** 30
~ de admisión *Moto* **189** 5
~ de admisión *Motor* **190** 18
~ de agua salobre de la estación de bombeo **274** 4
~ de aire a presión **174** 38
~ de alimentación *Casa* **38** 74
~ de alimentación *Sider.* **148** 38
~ de alimentación *Energ. mod.* **155** 10
~ de alimentación del agua **103** 21
~ de alimentación del combustible **190** 31
~ de aspiración *Meteor.* **10** 37
~ de aspersión *Parás.* **83** 29
~ de aspersión *Limp. publ.* **199** 43
~ de aspersión *Puerto* **226** 32
~ de aspersión *Abast. agua* **269** 5, 14, 41
~ de aspiración orientable **142** 15
~ de bajada de la arena **210** 15
~ de betún **50** 43
~ de bromo **349** 3
~ de caída **147** 63
~ de calefacción **259** 93
~ de carga **38** 47
~ de cloruro cálcico **350** 43

~ de color **240** 36
~ de cortes ópticos **112** 38
~ de crema **99** 33
~ de desagüe **122** 29
~ de desagüe del agua filtrada **269** 12
~ de desagüe del agua sobrante **269** 20, 33
~ de drenaje **26** 47
~ de drenaje de cemento **200** 62
~ de embarque **226** 34
~ de embocadura **324** 71
~ de empalme **67** 28
~ de ensayo **350** 34
~ de entrada **122** 30
~ de entrada del gas **350** 2
~ de escape *Autom.* **191** 51
~ de escape *FFCC* **210** 25
~ de escape cuatro en uno **189** 51
~ de escape de gas con silencioso **209** 12
~ de escape de las turbinas **146** 5
~ de escape de los generadores **146** 2
~ de escape elevado *Bicicl.* **188** 15
~ de escape elevado *Moto* **189** 15
~ de extracción del fango **145** 13
~ de eyección **64** 37
~ de flash **176** 26
~ de hierro fundido **37** 14
~ de imágenes **240** 3
~ de inhalación **26** 2
~ de inyección **83** 35
~ de inyección de agua **281** 40
~ de inyección de aire *Sider.* **147** 68
~ de inyección de aire *Baños* **281** 41
~ de la bajada de aguas **37** 13; **38** 10
~ de la calefacción **55** 8
~ de la estufa **309** 5
~ de la fachada del órgano **326** 1-3
~ del agua *Hortic.* **55** 30
~ del agua *Avic.* **74** 7
~ del agua *Central el.* **152** 7
~ del aire **75** 28
~ de la leche **75** 27
~ de la pipa **107** 38
~ del chorro **83** 22
~ de lengüeta de metal **326** 17-22
~ del escobén *Cons. naval* **222** 76
~ del escobén *Buque guerra* **258** 54
~ del gas *Parás.* **83** 14, 35
~ del gas *Soldadura* **141** 9
~ del humo **210** 8
~ del microscopio **113** 31-39
~ del objetivo **115** 3
~ del oxígeno **141** 10
~ del pozo **12** 25
~ del producto de decoloración **105** 3
~ del recalentador **210** 17
~ del telescopio **113** 8
~ de luz fluorescente **271** 23
~ de luz relámpago **176** 26
~ de llegada **65** 77
~ de medida **196** 14
~ de neón **271** 23
~ de órgano **326** 17-35
~ de pasta dentífrica **99** 31
~ de pedal **326** 3
~ de pegamento **260** 51
~ de perforación **145** 6
~ de pintura al óleo **338** 11
~ de Pitot **256** 11; **257** 1
~ de poliéster **67** 26
~ de pomada **22** 47
~ de presión **217** 50
~ de prolongación **50** 70
~ de pulsación **75** 29
~ de rayos catódicos **242** 40
~ de rayos X **27** 7, 18
~ de reacción **192** 65
~ de rellenar **96** 50
~ de resina sintética **130** 26
~ de retorno **38** 79
~ de salida del gas del tragante **147** 13
~ de secado **350** 43
~ de soporte **64** 51
~ de soporte de las púas **64** 53
~ de succión *Meteor.* **10** 37
~ de succión *Apar. hogar* **50** 75
~ de succión *Teatro* **316** 52
~ de succión *Quím.* **349** 21
~ de televisión **240** 3
~ de terracota **269** 35
~ de unión **350** 5
~ de un registro **326** 16
~ de vaciado **126** 17
~ de vacío **75** 29
~ de vidriero **162** 39
~ digestivo **77** 15-19
~ elevador **145** 24
~ emulsionante **192** 10
~ en U **349** 2
~ envolvente **269** 64
~ en Y **350** 56
~ extractor del aire **133** 40
~ flexible *Hosp.* **27** 47
~ flexible *Bomberos* **270** 30
~ flexible de la máquina pulmonar **279** 20
~ flexible de vacío **74** 50
~ fluorescente *Baño* **49** 32
~ fluorescente *Elec.* **127** 61
~ giratorio **172** 10
~ horizontal **119** 48
~ indicador de la sintonización **309** 18
~ inferior del cuadro **187** 17
~ labial abierto de madera **326** 31-33
~ labial tapado **326** 34
~ lanzatorpedos **258** 78; **259** 79
~ lanzatorpedos de defensa antisubmarina **258** 33; **259** 36
~ metálico **324** 78
~ monocular **111** 18
~ oscilante con surtidores **67** 1
~ para echar la arena **210** 19
~ para el goteo intravenoso **25** 13
~ para el refrigerante **149** 25
~ para la diseminación de cebo envenenado **83** 31
~ para la fijación del pie **23** 10
~ perpendicular a la pared **119** 49
~ polínico **370** 66
~ pulverizador **172** 72
~ quitalimaduras **140** 17
~ respiratorio *Hosp.* **27** 37
~ respiratorio *Surf, Buceo* **279** 11
~ respiratorio *Playa* **280** 39
~ sifón **10** 43
~ snorkel **259** 72, 90
~ soporte del sillín **187** 18
~ superior del cuadro **187** 16
~ telescópico **65** 77
~ transformador **27** 19
~ transporte de la mantequilla **76** 34
~ vertical *Papel* **173** 12
~ vertical *Astron.* **234** 25
~ vertical *Bomberos* **270** 26
~ vertical de revestimiento **145** 18
tubuladura de ensacado **83** 55
~ de inflado **196** 21
~ del aire de escape **142** 16
~ de propulsión **67** 19
tucán **363** 6
tucano **363** 6
tuco **19** 28-37
tucucho **308** 13
tuche **366** 19
tuerca *Bicicl.* **187** 53
~ *Gimn.* **297** 32
~ corona **143** 24
~ de ajuste **143** 35
~ de inclinación **14** 55
~ del pie **115** 30
~ de orejas **143** 42
~ de palometa **187** 39
~ de rotación **14** 57
~ de seguridad **187** 64
~ hexagonal **143** 18
~ hexagonal con entalladuras **143** 24, 77
~ redonda con agujero **143** 35
tulipanero **374** 1
tulipero **374** 1
tumba *Silvic.* **84** 4-14
~ *Igl.* **331** 23
~ *Arte* **337** 16
~ con figura yacente **335** 53
~ de niño **331** 29
~ de soldado **331** 32
~ de urna **331** 30
~ excavada en la roca **333** 38
~ familiar **331** 27
~ megalítica **328** 16
~ real **333** 1
~ -urna **328** 39
tumbo **53** 2
tumbona *Casa* **37** 47
~ *Jardín* **51** 2
~ *Balneario* **274** 13
~ *Camping* **278** 59
~ *Baños* **281** 5
~ de cubierta **221** 111
túmulo **328** 16
tundra **9** 57
túnel *Mapa* **15** 70
~ *FFCC* **214** 6
~ de acceso al andén **204** 23
~ de entrada **353** 6
~ de entrada a la terminal de equipajes **233** 6
~ de esclusas **235** 71
~ de espera de los artistas **307** 12
~ de la jaula de fieras **307** 51
~ del árbol de la hélice **223** 66
~ del metro **198** 29
~ de los cables **152** 20
~ de plástico **55** 40
~ por debajo del puerto **225** 55
tuner **317** 22
túnica *Ropa* **30** 29; **31** 61
~ *Moda* **355** 12
~ interior de lino **355** 5
tupé de la frente **355** 8
tupia *Río* **216** 49
~ *Cons. hidr.* **217** 57-64
turba **55** 31
~ de aliso **13** 18
~ de juncos y cañas **13** 17
~ del pantano **13** 17
~ de musgo **13** 20, 22
turbante **353** 46
turbina *Riego* **67** 20
~ *Energ. nucl.* **154** 33
~ *Avión* **232** 40, 47
~ de alta o baja presión **259** 62
~ de alta presión **232** 53
~ de baja presión **232** 54
~ de gas **209** 9
~ de gas auxiliar **231** 33
~ del mecanismo propulsor **232** 17
~ de vapor *Central el.* **153** 23-30
~ de vapor *Energ. nucl.* **154** 14, 46, 52
~ de vapor con alternador **152** 23
~ motor soplante **232** 38
~ reversible **155** 39
turboalternador **259** 58
~ a vapor **153** 23-30
turbogrupo con silencioso **209** 24
turbohélice **256** 16
turbopropulsor *Avión* **231** 5; **232** 30, 51
~ *FFAA* **256** 16
turborreactor *Avión* **232** 17, 24, 33-50
~ *FFAA* **257** 15
~ con el mecanismo propulsor **231** 26
turbosoplador refrigerador de la película **312** 34
túrdido **360** 3; **361** 13-17
tureca **86** 43
turíbulo para incensaciones litúrgicas **332** 38
turismo *Autom.* **191** 1-56
~ *Taller* **195** 34
~ de cuatro puertas **193** 4
~ de dos puertas **193** 25
~ de tres puertas **193** 18
turno **308** 44
turpu **380** 5
Turquía **253** 19
turrón de nueces **98** 81
turrumote **11** 32-38
tusa **72** 14
tusilago **380** 8
tutú **314** 29
tuya **372** 39
tuyú **359** 2

U

U **143** 7
uapití **367** 2
ubicación del almacén de material **144** 17
~ de la madera cortada **157** 32
ubre **75** 18
ujier de la Bolsa **251** 9
ulmaria **374** 23
última docena **275** 27
último **305** 11
~ cuarto **4** 6
~ hombre **300** 27
umbela *Botán.* **370** 72
~ *Planta* **378** 40
Umbellula encrinus **369** 14
umbralada **37** 65
unau **366** 11
uncial **341** 17
un gorro de cosaco **35** 34
unguis **17** 40
ungulado **366** 25-31; **367** 1-10
~ de dedos impares **366** 25-27
~ de dedos pares **366** 28-31
unicornio *Heráld.* **254** 16
~ *Ser fabul.* **327** 7
unidad **344** 3
~ aritmética **244** 6
~ central con la memoria principal y la unidad aritmética **244** 6
~ central de fotocomposición de periódicos **176** 29
~ central de mandos **242** 2
~ de adaptación **242** 34
~ de almacenaje **24** 8
~ de almacenamiento **176** 11
~ de almacenamiento de datos **242** 32
~ de asistencia **24** 9
~ de cálculo **177** 70
~ de cinta magnética **244** 9
~ de control *Herr.* **138** 31
~ de control *Clisé* **178** 29
~ de control del catéter para la cateterización del corazón **27** 30
~ de control del marcapasos **25** 40
~ de desulfuración **145** 46
~ de disco magnético **244** 1
~ de disquetes **244** 8
~ de drenaje y de desmineralización **145** 32
~ de entrada de la cinta perforada **176** 30
~ de fabricación de los panecillos **97** 61
~ de fabricación del pan **97** 56-57
~ de fotocomposición automática controlada por computadora **176** 14
~ del papel de registro con revelador para la reproducción fotográfica **27** 33
~ de mando **177** 51
~ de medición de la inercia **6** 43
~ de memoria *Fotocomp.* **176** 11
~ de memoria *Téc. ens.* **242** 9
~ de millar **344** 3
~ de rayos X **27** 1-35
~ de reforma **145** 47
~ de teclado para la fotocomposición **176** 1
~ de tratamiento por microondas **23** 36
~ de vigilancia intensiva **25** 1-30
~ diatérmica **23** 22
~ fotográfica **176** 7
~ motriz **177** 56
~ móvil **239** 1-15
~ móvil de vigilancia del paciente **25** 24
~ para dar la forma al pan **97** 57
uniforme **264** 7
~ del lacayo **186** 21
unión **122** 94
~ de caja y espiga **121** 84
~ de espiga de doble mecha **121** 85
~ de las puntas **151** 54
~ de los conjuntos A y B **348** 5-6
~ de madera **121** 84-98
~ de Repúblicas Socialistas Soviéticas **253** 21
~ en aspa **128** 22
~ giratoria **145** 10
Unión Jack **253** 15
unión oblicua con resalte **121** 88
~ recta **128** 21
~ recta a media madera **121** 86
unísono **321** 6
Universidad **262** 1-25
uña *Anat.* **19** 57, 80
~ *Tornill.* **143** 29
~ de caballo **380** 8
~ de gato **51** 7
~ del banco **132** 36
~ de los accesorios **115** 20
~ de oso **352** 14
~ de sujeción **133** 10
~ para el dispositivo de paro **166** 43
~ venenosa **358** 43
uñeta **322** 19; **323** 22; **324** 20
uppercut **299** 32
upupa **359** 25
upúpida **359** 25
uralita® **122** 98
Urano **4** 50
urbanización residencial **37** 54-57
urce **377** 19
urdidor mecánico **165** 22
urdimbre *Tejido* **165** 43; **166** 39
~ *Punto* **167** 24
~, primer y segundo hilos **171** 17
~, tercer y cuarto hilos **171** 18
urétero-pielografía **27** 6
uretra **20** 32, 68
uretroscopio **23** 20
urgencias **233** 40
uría **359** 13
urna *Elecc.* **263** 29
~ *Igl.* **331** 31
~ abollonada **328** 38
~ cineraria **328** 38
~ de cuello cilíndrico **328** 40
~ en forma de cara **328** 38
~ en forma de casa **328** 38
urodelo **364** 20-22
urogallo **86** 11, 72
urografía **27** 4, 14
urraca **361** 3
Ursa Maior **3** 29
~ Minor **3** 34
úrsido **368** 9-11
URSS **253** 21
usina maremotriz **155** 37
~ solar **155** 28
usuario de la biblioteca **262** 24
~ del teléfono **237** 2
utensilio de cocina **40**
~ de encerar los esquíes **301** 21-24
~ de fumador **107**
~ de madera **40** 2
~ de peluquería **105** 1-16
~ de pintura **338** 6-19
~ para el cuidado de los zapatos **50** 39-43
~ para limpiar los zapatos **50** 39-43
útero **20** 79
útil de caza **87** 41-48
~ de jardinería **56**
~ de pesca **89** 37-94
uva **99** 89
~ dañada **80** 21
~ de gato **375** 21
uvaduz **377** 15
uva espina **58** 1
~ lupina **379** 1
úvula **19** 22

V

V **295** 13, 17
vaca *An. dom.* **73** 1
~ *Matad.* **94** 2; **95** 14-37
~ de San Antón **358** 37
~ lechera *Granja* **62** 34
~ lechera *Ganado* **75** 17
vaciado **340** 4
~ de yeso **339** 4
vaciador **148** 8
vacío *RTV* **240** 21
~ *Quím.* **349** 11
vacuola alimenticia **357** 6
~ pulsátil **357** 5
vacuómetro de espejo **349** 20
vade **246** 6
vademécum de los medicamentos registrados **22** 23
vagina **20** 86
vagón **207** 1-21
~ abierto de bogies de descarga automática **213** 24
~ A con motor de tracción **197** 5
~ B **197** 6
~ C **197** 6
~ cisterna **213** 31
~ completo **206** 52
~ con vagonetas basculantes **213** 37
~ de bogies de techo pivotante **213** 26
~ de carga *Mina* **144** 8
~ de carga *Coque* **156** 6
~ de circo **206** 20
~ de dos pisos para el transporte de automóviles **213** 35
~ de enrejado de listones **213** 28
~ de extinción del coque **144** 11
~ de feriantes **206** 20
~ del ferrocarril de cremallera **214** 5
~ del servicio local de cuatro ejes **208** 3
~ de mercancías abierto normal **213** 8
~ de mercancías cubierto **213** 14
~ de plataforma especial **213** 33
~ de techo de corredera **213** 22
~ de tren expreso **207** 1-21
~ de viajeros **208** 3
~ E con motor de tracción **197** 7
vagoneta **206** 3
~ automóvil **213** 32
~ basculante **213** 38
~ basculante **119** 28
~ con chatarra ligera de hierro **147** 64
~ de gran capacidad **158** 14
~ de remolque **200** 25
~ volquete para los lingotes **148** 49
vagón frigorífico universal **213** 39
~ intermediario **209** 7
~ para descarga neumática **213** 18
~ para la mercancía en fardos **206** 6
~ plano **206** 21
~ plataforma con teleros **206** 24
~ plataforma de bogies normal **213** 11
~ plataforma normal **213** 5
~ portacontenedores **206** 58
~ -restaurante **207** 22-32
vaguada **215** 60
vaina *Hortal.* **57** 6
~ *Hierba* **61** 20, 23
~ *Planta* **69** 8, 16
~ *Botán.* **370** 83
~ *Arb. ornam.* **374** 22
~ *Planta* **378** 33
~ con las semillas **57** 11
~ de cartón **87** 50
~ de cuchillos **94** 12
~ del aguijón **77** 12
~ de la hoja **68** 9, 21
~ de la vainilla **382** 48
~ en forma de bolsa **61** 11
~ -fruto **384** 46
vainica **102** 14
vainilla **382** 46
vajilla de camping **278** 45
vale **98** 44
valeriana **380** 5
~ de huerta **57** 38
valija **204** 6; **205** 7
valor **251** 11-19
~ de la abscisa **347** 9
~ de la ordenada **347** 10
~ de la potencia **345** 1
~ de la raíz **345** 2

~ de las notas **320** 12-19
~ de renta fija **251** 11-19
~ nominal **252** 32
~ nominal de la acción **251** 12
valva **357** 36
válvula *Casa* **38** 73
~ *Bicicl.* **187** 31
~ *Cons. hidr.* **217** 55
~ *Dep. aéreo* **288** 77, 82
~ *Jue. pelota* **291** 18
~ *Mús.* **323** 40; **324** 66; **326** 10
~ aórtica **20** 49
~ compuerta **217** 53-56
~ de acceso **6** 21
~ de admisión **242** 52
~ de alimentación **210** 20
~ de cierre *Soldadura* **141** 7
~ de cierre *Abast. agua* **269** 30, 48
~ de control **153** 52
~ de desagüe **126** 16
~ de descarga **210** 58
~ de descarga del aceite **190** 67
~ de escape *Motor* **190** 46
~ de escape *Téc. ens.* **242** 53
~ de Eustaquio **20** 48
~ de evacuación de gases de escape **259** 92
~ de fondo **269** 6, 14, 43
~ de fondo del depósito **38** 49
~ de freno del maquinista **210** 53; **211** 22; **212** 11
~ de las botellas **279** 22
~ del freno de emergencia **210** 57
~ del freno suplementario **211** 23
~ del gas combustible **141** 32
~ de limpiado de retroacción **216** 61
~ del oxígeno **141** 29
~ de neumático con tubo **187** 31
~ de pistola **270** 62
~ de pulverización **172** 12
~ de regulación **38** 75
~ de seguridad *Casa* **38** 70
~ de seguridad *Cocina* **40** 22
~ de seguridad *FFCC* **210** 3
~ de seguridad *Quím.* **349** 7
~ de vaciado **269** 31
~ hidráulica de baja presión **141** 8
~ inyectora **83** 34
~ mitral **20** 47
~ pulmonar **20** 50
~ reductora **155** 7
~ reductora de la presión **141** 5
~ reguladora *Hosp.* **27** 43
~ reguladora *Central el.* **153** 29
~ reguladora *Autom.* **192** 63
~ reguladora del vapor **210** 13
válvulas del corazón **20** 46-47
válvula semilunar **20** 48
~ tricúspide **20** 46
valla *Hípica* **289** 8
~ *Atlet.* **298** 8
~ con seto **289** 8
~ del huerto **52** 10
~ de madera *Casa* **37** 53
~ de madera *Huerto* **52** 10
~ de madera *Construc.* **118** 44
~ de protección **118** 44
vallado de piedra **337** 23
~ para los animales salvajes **199** 13
valle de depresión **13** 55
~ en forma de U **13** 55
~ en forma de V **13** 53
~ en forma de V abierta **13** 54
~ fluvial **13** 57-70
~, fondo del **13** 67
~, forma de **13** 52-56
~ seco **13** 75
~ sinclinal **13** 56
~ viejo **13** 56
vampiresa **306** 32
vampiro **366** 9
vanesa atalanta **365** 1
vapor condensado **154** 51
~ de agua **154** 51
~ de excursión **225** 29
~ de recreo *Barco* **221** 101-128
~ de recreo *Puerto* **225** 29
~ para hacer cruceros **221** 101-128
vaquería **62** 7
vaqueriza **75** 14
vaquero *Carnaval* **306** 31
~ *Toros, rodeo* **319** 36
vara *Caballo* **71** 21
~ *Pesca* **89** 30
~ *Coche* **186** 30
~ *Toros, rodeo* **319** 17
~ corredera **323** 47
~ de bambú **307** 46
~ del distribuidor **210** 30
varano **364** 31
~ del desierto **364** 31
varenga **222** 59
variable de integración **345** 14
variador de velocidad **163** 29
variedad de café **98** 67
variedades de pan **99** 11
varilla *Pesca* **89** 54
~ *Tornill.* **143** 15
~ *Mús.* **323** 14
~ de aportación **141** 12
~ de arrastre **145** 14
~ de aspersión **56** 25
~ de batir **39** 23
~ de colada **148** 9
~ de elevación **65** 29
~ de empalme **119** 10
~ de fusión **141** 12
~ de guía de control **200** 27
~ de la bomba **145** 25
~ de la escoria **148** 17
~ de la malla **102** 25
~ del capó **195** 37
~ del nivel de aceite **190** 47
~ de mimbre **136** 14
~ de modelar **161** 20
~ de perforación **145** 19
~ de plomo **124** 13
~ de recubrimiento **123** 57, 64
~ de soldar **108** 38
~ guía **136** 24
~ -guía **179** 20
varillaje **136** 25
~ de pulverización de péndulo **83** 27
varilla para papel pintado **128** 29
~ pulimentada **145** 27
~ registradora **10** 7, 12, 21
~ reguladora **190** 30
~ tapón **148** 10
~ transmisora **326** 9
variómetro **230** 14
vasija adornada con espirales **328** 13
~ de fluoruro **128** 7
~ para leche **309** 89
vasito de aguardiente **45** 90
vaso **317** 5
~ campaniforme **328** 14
~ de agua *Dent.* **24** 13
~ de agua *J. infancia* **48** 8
~ de cerveza *Mesa* **45** 91
~ de cerveza *Cerv.* **93** 30
~ de cerveza *Restaur.* **266** 3
~ de embudo **328** 12
~ de limonada **265** 16
~ de medidas **267** 60
~ de precipitados **350** 20
~ de vino *Comed.* **44** 9
~ de vino *Bodega* **79** 19
~ de whisky **267** 57
~ griego **334** 37
~ para cerveza **317** 6
~ para los dientes **49** 28
~ para vino y para licor **317** 7
~ sanguíneo **19** 33
vástago *Planta* **54** 16, 24
~ *Tornill.* **143** 15
~ *Mús.* **320** 4
~ anual **372** 25
~ del distribuidor **210** 30
~ del pistón con prensaestopa **210** 33
~ del tope del paro **166** 45
~ femenino **372** 46, 48
~ joven **372** 31
~ masculino **372** 44, 49, 56
vasto externo **18** 46
~ interno **18** 46
vecino de mesa **267** 41
Vega *Astron.* **3** 22
~ *Geogr.* **13** 13, 62
vehículo **186** 1-54
~ barredor **199** 41
~ blindado **255** 79-95
~ blindado Marder **255** 91
~ blindado para terraplenes **255** 93
~ de ferrocarril **207**; **208**; **209**; **210**; **211**; **212**; **213**
~ de limpieza de los aseos **233** 22
~ de pedales **273** 55
~ de riego **62** 27
~ de servicio **233** 22
~ de tiro **194** 21
~ de trabajos en el campo de 2,5 t **255** 75
~ de transporte **62** 18
~ de un caballo **186** 18
~ de usos múltiples de 0,25 t **255** 96
~ en reparación *Herr.* **138** 36
~ en reparación *Taller* **195** 47
~ que prensa la basura **199** 1
vejiga **20** 33, 78
~ del veneno **77** 13
vejiguilla de alimentación **357** 6
~ excretora **357** 5
vela *Vela* **284** 2; **285** 1-13
~ *Gimn.* **295** 29
~ al tercio **220** 4
~ cangreja **219** 30; **220** 1
velacho alto **219** 57
~ bajo **219** 56
vela cuadrada **218** 33; **219** 55-66
~ cuadrada aferrada **218** 21
~ de abanico **220** 5
~ de cera **260** 76
~ de cruz **220** 26
~ de cuchillo **219** 20-31; **220** 15
~ de estay **220** 2
~ de estay de sobrejuanete **219** 26
~ de estera **353** 33
~ de juanete del palo mayor **218** 53
~ de juanete de mesana **218** 54
~ de juanete de proa **218** 52
~ del estay de gavia **219** 24
~ del estay de juanete **219** 25
~ del estay de mesana **219** 27
~ del estay de perico **219** 29
~ del estay de sobremesana **219** 28
~ de mano **302** 28
~ desmontable **218** 34
~ de trinquete **218** 41; **219** 55
~ de una canoa plegable **283** 62
velador **43** 17
veladora **330** 7
vela flameante **285** 8
~, formas **220** 1-5
~ latina **218** 29; **220** 3
~ mayor *Barco* **218** 33; **219** 61; **220** 11
~ mayor *Vela* **284** 37, 46; **285** 2
velamen **219** 1-72
vela redonda **220** 26
velas en forma de tijeras **285** 4
velero *Camping* **278** 12
~ *Vela* **284** 10 48
~ con un palo de mesana **220** 9-10
~ de altas prestaciones **287** 9
~ de crucero **284** 61
~ de cuatro palos **220** 28-31
~ de dos palos **220** 11-17
~ de juguete **273** 29
~ de tres palos **220** 18-27
~ de un solo palo **220** 6-8
~ remolcado **287** 3
~ sobre hielo **302** 44
veleta *Meteor.* **10** 32
~ *Construc.* **121** 26
~ *Vela* **284** 48
~ *Igl.* **331** 4
veliz **205** 10
velo **362** 18
velocidad del viento **9** 9-19
~ en orden **286** 51
velocímetro *Bicicl.* **188** 34
~ *Autom.* **191** 74
~ *Tranv.* **197** 31
~ *FFCC* **211** 35; **212** 9
~ *Avión* **230** 2
velocípedo **187** 1

velocista **298** 5
velo contra las abejas **77** 58
~ de cristianar **332** 9
~ del paladar **19** 21
~ de luto **331** 39
~ de novia **332** 20
~ de viuda **331** 39
velódromo **290** 1
~ cubierto **290** 1
velomotor *Bicicl.* **188** 39
~ *Moto* **189** 1
velón **330** 44
velum **381** 5
vello de la axila **16** 27
vellorita **376** 8
vena **18** 2
~ cava inferior **18** 15; **20** 57
~ cava superior **18** 9; **20** 53
~ de la espuela **72** 28
~ del ala **358** 34
~ de sal potásica **154** 65
~ de Stassfurt **154** 65
~ frontal **18** 6
~ ilíaca **18** 18
~ porta **20** 39
~ pulmonar **18** 12; **20** 56
~ subclavia **18** 8
~ temporal **18** 4
~ torácica larga **72** 28
vencedor **299** 39
vencejo **359** 24
venda **21** 9
vendaje **289** 15
~ adhesivo **21** 5
~ de brazo **21** 1
~ de cabeza **21** 3
~ de compresión **21** 17
~ de urgencia **21** 1-13
~ plástico **21** 5
vendedor *Comest.* **98** 13
~ *Feria* **308** 17
~ *Rastro* **309** 29
vendedora *Panad.* **97** 1
~ *Comest.* **98** 31
~ *Superm.* **99** 17
~ *Grandes alm.* **271** 18
~ *Feria* **308** 65
~ de flores **266** 28
~ de novedades **271** 63
vendedor ambulante **308** 12, 51
~ de billetes de lotería **266** 20
~ de cigarrillos **308** 51
~ de helados **308** 30
~ de periódicos *Estación* **205** 17
~ de periódicos *Ciudad* **268** 75
vendimiadora **78** 11
venta **308** 3
ventana *Bebé* **28** 36, 49
~ *Apic.* **77** 50
~ *Ciudad* **268** 14
~ *Caball.* **329** 40
~ con frontón **335** 49
~ con frontón curvo **335** 50
~ de aireación **213** 16, 30
~ de control **238** 38
~ de corredera para la ventilación **55** 11
~ de cristal emplomado **124** 14
~ de dos abras **37** 22
~ de dos batientes **37** 22
~ de exposición **117** 40
~ de hastial **335** 49
~ de la caja de la escalera *Casa* **37** 81
~ de la caja de la escalera *Construc.* **123** 65
~ de la cocina para servir los platos **266** 66
~ de la fotografía **115** 28
~ de la imagen **115** 34
~ de la película **115** 28
~ de la vela **284** 38
~ del cartucho **117** 30
~ del lavadero **118** 5
~ del negativo **115** 28
~ del radiador **304** 12
~ del sótano **118** 3
~ del telémetro **114** 40
~ del visor **114** 2
~ de mansarda **121** 19
~ de observación del contador de imágenes y de los indicadores **313** 28
~ de tracería **335** 39-41
~ de un batiente **37** 23
~ de ventilación *Hortic.* **55** 10
~ de ventilación *Camping* **278** 40
ventanal **37** 86
ventana lanceolada **335** 39-41
~ lateral **231** 29
ventanal del estudio **338** 1
ventana para plantas o para flores **37** 68
~ que da a la sala de angiografía **27** 12
~ transparente *Camping* **278** 41
~ transparente *Vela* **284** 3
ventanilla *Aluniz.* **6** 40
~ *Coche* **186** 10
~ *Correo* **236** 30
~ de apuestas **289** 34
~ de cambio de moneda **250** 10
~ de corredera **207** 7
~ de cristal de plomo **154** 75
~ de la cabina **312** 15
~ de la puerta **191** 22
~ de las operaciones financieras **236** 25
~ del compartimiento **207** 52; **208** 8
~ del fotómetro **114** 3, 24
~ del horno **39** 14
~ de los giros **236** 25
~ de los paquetes **236** 1
~ del visor con lente de corrección **115** 22
~ de numeración del carrete **114** 18
~ de observación delantera **235** 25
~ de observación superior **235** 24
~ de proyección **312** 34
~ de venta de los sellos de correos **236** 15
~ lateral **231** 29
~ oscilante **191** 23
~ trasera giratoria **191** 23
ventilación *Baño* **49** 20
~ *Hortic.* **55** 18
~ *Central el.* **153** 10
~ *Zoo* **356** 17
~ del depósito **234** 44
~ del techo **278** 56
~ por circulación forzada **191** 30
ventilador *Casa* **38** 58
~ *Agric.* **65** 52
~ *Avic.* **74** 10, 17
~ *Parás.* **83** 49
~ *Cerv.* **92** 15
~ *Pelet.* **131** 10
~ *Tejido* **165** 23
~ *Motor* **190** 7
~ *Limp. públ.* **199** 46
~ *FFCC* **211** 11
~ *Barco* **221** 41, 58
~ de aire bajo para la rejilla **199** 33
~ de calefacción **192** 62
~ de desinfección **83** 53
~ de inyección **281** 34
~ de la cámara de incubación **74** 29
~ de la mina **144** 16
~ del motor de tracción **211** 15
~ del quemador **92** 17
~ del recinto de la máquina **212** 37
~ de mesa **108** 43
~ de pared **266** 15
~ de tracción por aspiración **199** 32
~ estático **207** 9
~ para la aireación **191** 48
ventisquero **304** 5
ventolín **37** 56
ventosa *Ins.* **81** 37
~ *Invert.* **357** 21
~ de centrado **111** 23
ventrículo **20** 51
venturi **192** 8
Venus **4** 44
verbasco **376** 9
verde *Juego* **276** 43
~ *Color* **343** 8
verdecillo **361** 8
verderón **361** 8
verdezuelo **361** 8
verdón **361** 8
verdorol **361** 8
verdura *Hortal.* **57** 28-34
~ *Superm.* **99** 80, 81
~ congelada **99** 61
~ en conserva **98** 17
~ para ensalada **57** 36-42
vereda *Mapa* **15** 112
~ *Calle* **198** 9
~ del bosque **84** 1
~ del jardín **51** 14
verga *Barco* **219** 32-45
~ *Planta ven.* **379** 1
~ de cruz **220** 25
~ de gavia alta **219** 40
~ de gavia baja **219** 39
~ de juanete alto de proa **219** 36
~ de juanete bajo de proa **219** 35
~ de juanete mayor alto **219** 42
~ de juanete mayor bajo **219** 41
~ de la gavia mayor **218** 39
~ de mesana **218** 30
~ de popa **218** 28
~ de sobrejuanete de proa **219** 37
~ de sobrejuanete mayor **219** 43
~ de trinquete **219** 32
~ de velacho alto **219** 34
~ de velacho bajo **219** 33
~ latina **218** 30
~ mayor **218** 37; **219** 38
vergel **15** 108
verja **272** 31
~ aduanera **225** 3
~ de hierro forjado **272** 31
~ del parque **272** 33
vermes **357** 20-26
vermicularia **375** 21
vermut **98** 62
verónica **375** 22
verraca **75** 41
verraco **73** 9
versal **175** 11
versalita **175** 14
versal latina **341** 16
vértebra cervical **17** 2
~ coccígea **17** 5
~ dorsal **17** 3
~ lumbar **17** 4
vertedera **65** 4, 64
vertedor **226** 45
vertical **215** 36
vértice *Anat.* **16** 1
~ *Matem.* **346** 1, 26; **347** 28, 33
~ de la parábola **347** 16
~ del arco **215** 31
vertiente continental **11** 9
vesícula biliar **20** 11, 36
~ germinativa **74** 66
~ seminal **20** 77
vestíbulo *Astron.* **5** 25
~ *Vestíb.* **41** 1-29
~ *FFCC* **207** 21
~ *Hotel* **267** 1-26
~ de la estación de ferrocarril **204**
~ del guardarropa **315** 5-11
~ de servicio a los clientes **250** 1-11
vestidero **282** 3
vestido **355** 19
~ abotonado **30** 10
~ a lo Biedermeier **306** 22
~ ceñido **355** 25
~ confeccionado **271** 29
~ con tirantes **29** 13
~ de bailarina **314** 31
~ de blusa **30** 10
~ de casa **31** 36
~ de casaca **30** 45
~ de cubrir por encima **30** 25
~ de dos piezas **31** 11
~ de dos piezas de punto **30** 33
~ de fantasía **306** 32
~ de folklore **30** 27
~ de invierno **30** 12
~ de noche **30** 53
~ de punto **29** 28
~ de tirantes **31** 8
~ de túnica **30** 29
~ de verano **29** 13, **31** 9
~ dirndl **31** 26
~ Luis-Felipe **306** 22
~ modelo **103** 5
vestidor **28** 4
vestido teatral **315** 51
~ tirolés **31** 26
~ tirolés infantil **29** 36
vestidura sacerdotal **330** 22
vestimenta protectora **84** 26
vestuario *J. infancia* **48** 34
~ *Natac.* **282** 3
~ de los artistas **315** 43-52
~ de los corredores **290** 7
veza **69** 18
vía **202** 1-38; **203** 68
~ de carga **206** 17

~ de la grúa **222** 24
~ del puerto **225** 21
~ de maniobras **206** 47, 50
~ de sirga **216** 30
viaducto *Puente* **215** 59
~ *Ciudad* **268** 48
vía estrecha **15** 25
~ férrea **202; 203**
viajero *Estación* **204** 24; **205** 6
~ *FFCC* **208** 30
Vía Láctea **3** 35
víbora **364** 40-41
~ común **364** 40
vibrador **91** 14
~ de superficie **201** 10
~ para alinear los papeles impresos en pilas **249** 56
~ para hormigón armado **119** 88
vibráfono **324** 75
viburno **373** 10
víctima de un accidente **21** 20
victoria **186** 51
~ regia **378** 17
vid **78** 2-9
videocassette *Téc. ens.* **242** 18
~ *Audiovis.* **243** 5
videocodificación **236** 39
videodisco **243** 37-45, 44
~ de larga duración **243** 46-60, 51
videotelefóno **242** 21
videotex **237** 58
vidriera *Casa* **37** 70
~ *Hab. niños* **47** 30
~ *Ciudad* **268** 10
~ *Igl.* **330** 14
vidriería **124** 1
vidriero *Crist.* **124** 8
~ *Vidrio* **162** 38
~ artístico **124** 8
~ de construcción **124** 8
~ de marcos **124** 8
vidrio armado **124** 6
~ basto **124** 6
~ compuesto **124** 5
~ de catedral **124** 6
~ de colores **124** 6
~ de fundición **124** 6
~ de ojo de bucy **124** 6
~ de ventana **124** 5
~ esmerilado **124** 5
~ grueso **124** 5
~ inastillable **124** 5
~ luna **124** 5
~ mate **124** 5
~ muselina **124** 5
~ opalino **124** 5
~ ornamental **124** 6
~ plano **124** 5
~ protector abatible **142** 4
~ textil **162** 48-55
vid silvestre **51** 5
viella **322** 25
viento *Camping* **278** 23
~ *Vela* **285** 1-13
~ a la cuadra **285** 11
~ ascendente de la ladera **287** 28
~ a un largo **285** 12, 24
~ contrario **285** 7
~ de fijación **296** 10; **297** 5
~ de través **285** 11
~, dirección **9** 9-19
~ en popa **285** 1, 23
~ variable del Oeste **9** 50
~, velocidad **9** 9-19
vientre **16** 35-37
~, bajo **16** 37
~ de la red **90** 20
viga *Construc.* **123** 36
~ *Arte* **334** 52
~ alisadora **201** 14
~ apisonadora **200** 32; **201** 2
~ cumbrera **121** 48
~ de acero **217** 3
~ de acero de construcción **143** 3-7
~ de alma llena **121** 72
~ de la pared **120** 39
~ del caballete **121** 48
~ del descansillo **123** 34, 55
~ de lima **121** 35, 38
~ del puente **222** 27
~ del techo **120** 38; **121** 54
~ del tejado **121** 29
~ de retallo **120** 40
~ de tope **214** 56
~ de trabazón **121** 70
~ de unión **121** 53
~ en el caballete **120** 19
~ maestra **119** 3; **120** 38; **121** 67
~ maestra del descansillo **123** 66
~ niveladora **201** 3
~ principal **121** 66
~ principal del descansillo **123** 66
~ principal del tren de poleas **214** 67
~ secundaria **120** 41
~ solera **120** 49
~ suspendida **121** 66
vigía *Parque* **273** 23
~ *Caball.* **329** 9, 28, 35
vigilante de la playa **280** 34
~ de la vía **202** 44
~ de los esclavos **218** 47
~ de piscina *Baños* **281** 4
~ de piscina *Natac.* **282** 15
viguería **334** 52
vigueta de hierro **143** 3-7
vilano **378** 11
viluria **379** 2
vinagre **98** 25
vinagreras *Mesa* **45** 42
~ *Restaur.* **266** 22
vinajera **332** 44
~ del agua **332** 45
~ del vino **332** 46
vino *Superm.* **99** 76
~ *Igl.* **332** 46
~ blanco **98** 60
~ embotellado **98** 60-64
~ espumoso *Comest.* **98** 63
~ espumoso *Superm.* **99** 78
~ eucarístico **332** 29
~ tinto **98** 64
viña **15** 65
viñador **78** 13
viña loca **374** 16
viñedo con enrejado de alambre para cultivo de la vid **78** 1
viola **322** 23; **323** 27
violácea **60** 2
viola de gamba **322** 23
violeta **343** 9
violín **323** 1
~ de bolsillo **322** 20
~ de pequeño formato **322** 20
violinista de pie **267** 45
violón **322** 23; **323** 23
violoncelo **323** 16
virada **285** 17, 27
~ de bordo **285** 25-28
~ por redondo **285** 26
viraje **286** 52
vireo **360** 7
Virgen *Astron.* **3** 18; **4** 58
~ *Igl.* **330** 51
virginal **322** 45
Virgo **3** 18; **4** 58
vírgula **320** 4
viril **332** 36
virio **360** 7
virola *Mesa* **45** 53
~ *Tonel.* **130** 24
virtud **20** 66
viruta *Construc.* **120** 80
~ *Carp.* **132** 40
~ *Torn.* **135** 26
~ *Cestero* **136** 12
~ *Colegio* **260** 61
visera *Caballo* **71** 26
~ *Caball.* **329** 40
visillo *Estar.* **42** 35
~ *Comed.* **44** 14
visitadora **22** 54
visitante de la feria **308** 67
~ del zoo **356** 6
visón **30** 60
visor *Átomo* **2** 16
~ *Ganado* **75** 31
~ *Fotogr.* **114** 2
~ cuadrangular **114** 14
~ de ángulo **115** 71
~ de capuchón **115** 68
~ de la imagen intermedia **113** 37
~ de la imgen final **113** 39
~ de observación **113** 38
~ de película cinematográfica **117** 91
~ de películas **117** 91
~ de prisma intercambiable **115** 69
~ luminoso **2** 34
~ multiformato **114** 41
~ réflex **117** 44
vista de frente **151** 17
~ de lado **151** 18
~ frontal **151** 17
~ lateral *Estudio* **151** 18
~ lateral *FFCC* **207** 1, 22-25, 37, 60, 74
~ superior **151** 19
viticultor **78** 13
viticultura **78**
vitrina *Estar* **42** 5
~ *Comed.* **44** 26
~ *Apart.* **46** 9
~ *Zoo* **356** 15
~ de exposición **271** 13
~ frigorífica **96** 12
~ frigorífica **98** 3
~ refrigeradora para platos fríos **266** 49
vítulo marino **367** 19
viuda **376** 15
vivero *Hortic.* **55** 3
~ *Pesca* **89** 6
vivienda **62** 1
~ de la azotea **37** 83
~ del guardián **224** 108
~ doble para cuatro familias **37** 69-71
~ lacustre **328** 15
~ para dos familias **37** 64-68
~, segunda **37** 84-86
~ unifamiliar **37** 1-53
vocal **263** 2
voceador **268** 75
voladera **308** 15
volador *Carnaval* **306** 54
~ *Árbol* **371** 67
voladora *Molino* **91** 22
~ *Feria* **308** 4
volandera **91** 22
volanta **191** 37
volante *Ropa* **31** 34, 46
~ *Reloj.* **100** 24; **104** 15; **110** 39
~ *Tejido* **166** 15
~ *Encuad.* **183** 23
~ *Motor* **190** 20
~ *Parque* **273** 6, 7
~ *Jue. pelota* **293** 44
~ *Dep.* **305** 89
~ de asistencia médica **22** 9
~ de control **168** 40
~ del cambio de marcha **210** 56
~ del combinador **212** 12
~ del conductor **211** 20
~ del freno de mano **212** 64, 80
~ de mando **212** 81
~ de mando del motor y de la transmisión **212** 67
~ de regulación de la altura **132** 60
~ de sujeción **133** 8
~ en estrella **340** 39
~ para el accionamiento del alerón y del timón de profundidad **230** 24
~ para el ajuste del casquillo **149** 30
~ para el copiloto **230** 25
~ para el movimiento longitudinal del carro **149** 13
~ para el vaciado de las cubetas **201** 9
~, para la colocación del hilo detrás de las agujas **167** 7
~ para la impulsión a mano **167** 30
~ para regular la altura de la mesa **133** 22
~ para regular la distancia de las cuchillas **172** 74
~ para regular la guía **132** 66
~ para regular la presión **180** 81
~, para subir o bajar la guía de presión **163** 18
volantín *Colegio* **260** 71
~ *Parque* **273** 42
volatero **306** 54
volatinera **307** 40
volcán activo **11** 15
~ apagado **11** 25
~ compuesto **11** 15
~ en escudo **11** 13
volcanismo **11** 13-28
volcán subterráneo **11** 20
volea **293** 41
voleibol **293** 56-71
volquete *Hab. niños* **47** 38
~ *Carret.* **200** 7
~ de tres bandas **62** 18
volteador a caballo **307** 32
volteo **308** 43
~ en el caballo de saltos **297** 31

voltereta **308** 43
~ con paso hacia delante **297** 26
~ con salto de carpa en el suelo **297** 20
~ de cabeza **297** 27
~ hacia delante en el suelo **297** 19
~ libre hacia delante **297** 25
~ sobre las manos hacia atrás en el suelo **297** 24
~ sobre las manos hacia delante **297** 22
voltiamperímetro **242** 77
voltímetro *Elec.* **127** 41
~ *Mús.* **326** 38
~ de alta tensión **211** 29
~ de la calefacción **212** 17
~ de tensión del hilo de contacto **211** 28
~ para la tensión de la calefacción **211** 27
volumen suministrado **196** 5
voluta *Mús.* **323** 17
~ *Arte* **333** 26; **334** 23; **336** 8
volva **381** 5
VOR **230** 15
vuelo acrobático **288** 1-9
~ con ala delta **287** 43
~ en frente tormentoso **287** 23
~ en globo **288** 63-84
~ en la térmica **287** 20
~ en ondas **287** 16
~ invertido **288** 9
~ por la ladera **287** 27
~ sin motor **287**
~ teledirigido por radio **288** 85
vuelta *Gimn.* **297** 32
~ *Dep. inv.* **302** 19
~ *Ballet* **314** 24
~ de la manga **33** 35
~ del pantalón **31** 40
~ del tamiz **64** 19
~ de malla **171** 42
~ de manga **30** 35; **31** 54
~ en el caballo de saltos **297** 30
vulneraria **69** 6
vulpeja **367** 12
vulva **20** 87

W

W **253** 27
warning **191** 68
wáter **49** 12
water-closet **207** 16, 42; **211** 59
waterpolo **282** 46-50
W.C. **207** 16, 42; **211** 59
~ del personal **207** 82
weigelia **373** 23
Western Roll **298** 16
whisky **42** 31
windsurfing **284** 1-9
windsurfista **284** 1

X, Y

xilófono **324** 61
xilografía **340** 1-13
yabiru **359** 19
yacimiento **11** 31
~ de mena **11** 31
yaro **379** 9
yate de crucero a motor **286** 4
~ de crucero con quilla **285** 29-34
~ de crucero de 30 m² **284** 60
~ de crucero en alta mar **286** 5
~ de regatas con quilla **285** 35
yates, clases **284** 49-65
yegua **73** 2
yelmo *Heráld.* **254** 4, 7-9
~ *Caball.* **329** 39-42
~ abierto **254** 9
~ cerrado **254** 7
~ con la visera levantada **254** 9
~ de grilleta **254** 8
~ de parada **329** 77
~ de torneo **329** 77
~ en forma de cubo **254** 7
yema *Planta* **54** 23, 26
~ *Fruta* **59** 22, 47
~ *Planta estim., trop.* **382** 28
~ amarilla **74** 68
~ axilar **370** 25
~ blanca **74** 67
~ del dedo **19** 78
~ injertada **54** 34
~ terminal **370** 22
yesero **118** 83
yeso *Empapel.* **128** 2
~ *Colegio* **260** 85
~ *Esc.* **339** 29
~ *Cristal.* **351** 24, 25
yeyuno **20** 15
yogurtera **40** 44
yola **283** 26-33
~ de 30 m² **284** 61
~ de a cuatro **283** 26-33
~ O **284** 50
yuca **373** 24
yugo **65** 14
Yugoslavia **252** 28
yugular **18** 2
yunque *Anat.* **17** 61
~ *Hojal.* **125** 22
~ *Herr.* **137** 11-16, 11; **138** 33
~ *Forja* **139** 17, 31
~ de la guadaña **66** 11
~ para las agujas **109** 7
yunta **36** 21
~ de bueyes **63** 16
yuntas **32** 46
yuquilla **383** 58
yurta **353** 19
yute **383** 25

Z

Z **253** 28
zacatillo **246** 27
zagual **353** 14
zaguero **293** 60, 77
zambiloco **309** 71
zambo **368** 13
zambrano **380** 16
zanahoria de cascabel **57** 18
~ larga **57** 17
zanca **38** 26
~ de la pared **123** 45
~ libre **123** 44
zancudo **358** 16
zanfonía **322** 25
zángano **77** 5
zanja **67** 13
~ de cimentación **118** 75
~ de drenaje **216** 36
~ lateral **216** 37
zapata **114** 71
~ de arco del pantógrafo de carbono o de aleación de aluminio **197** 24
~ del freno *Construc.* **119** 40
~ del freno *Herr.* **138** 12
~ del freno *Tornill.* **143** 100
~ del freno *Coche* **186** 16
~ del freno *Autom.* **192** 51
~ de los accesorios **115** 20
zapatería **100** 1-68
zapatero **100**
zapatilla de ballet **314** 30
~ de baño *Baño* **49** 46
~ de baño *Calz.* **101** 22
~ de casa **101** 41
~ de deporte **101** 35
~ de esgrima **294** 17
~ de gimnasia **296** 63; **297** 52
~ de punta **314** 30
~ de tenis **101** 36
zapatito de dama **376** 27
zapato **41** 16
~ a la polaca **355** 42
~ arreglado **100** 1
~ bajo **101** 31
~ bajo **352** 18
~ bajo con tacón alto **101** 33
~ de cordones **101** 31
~ de pizarrero **122** 75
~ de punta **355** 42
~ de tacón **101** 29
~ de tacón alto con hebillas **101** 27
~ de tacón alto con presilla **101** 53
~ de tela con tacón alto **101** 54
zaranda *Hortic.* **55** 13
~ *Rastro* **309** 71
zarcillo *Joya* **36** 11, 13
~ *Vitic.* **78** 3
~ del guisante **57** 4
~ foliáceo **57** 4
zarigüeya norteamericana **366** 2
zarpa **368** 4
zarzamora **58** 29
zarzaperruna **373** 26
zarzo **37** 4; **38** 1-29, 18
zigurat **333** 32
zíngara **306** 36
zinnia **60** 22
zócalo *Casa* **37** 17
~ *Comed.* **44** 23
~ *Ópt.* **112** 27
~ *Construc.* **120** 28; **123** 21, 63
~ *Máq.-herr.* **150** 19
~ de arenisca roja **154** 61
~ de hormigón **118** 2
~ del batán **166** 42
~ de los tubos **326** 15
~ de piedra natural **37** 85
~ pintado con óleo **129** 15
Zodiaco **4** 53-64
zofra **265** 11
zona aluvial **13** 10
~ atacada por el ácido **340** 55
~ de ataque **293** 64
~ de caída **217** 61
~ de calmas **9** 46-47
~ de calmas ecuatoriales **9** 46
~ de calmas subtropicales **9** 47
~ de captación **12** 24
~ de defensa **293** 66
~ de exploración **243** 47
~ de inundación **216** 42
~ de los vientos polares **9** 51
~ de los vientos variables del Oeste **9** 50
~ de lluvias tropicales **9** 53
~ de peligro **2** 50
~ de reducción **147** 8
~ de salida **286** 29
~ de sedimentación **13** 10
~ desértica **9** 54
~ de servicio **293** 61
~ de trabajo **167** 21
~ esteparia **9** 54
~ industrial del puerto **225** 71
~ interestelar **7** 34
~ límite del crepúsculo **4** 21
~ lluviosa templada **9** 55
~ no grabada **340** 56
~ para tenderse a tomar el sol **281** 11
~ peatonal **268** 58
~ seca **9** 54
zoo **356**
zoológico **356**
zoom *Ópt.* **112** 41
~ *RTV* **240** 34
~ *Cine* **313** 22, 36
zoquete **132** 24
zorra *Caza* **88** 42
~ *FFCC* **213** 8
~ *Mamíf.* **367** 12
zorro **88** 42
~ **289** 48
~ común **367** 12
zorzal común **361** 16
zostera marina **378** 54
zucuara **383** 60
zueco *Calz.* **101** 44
~ *Moda* **355** 43
zulú en atuendo de danza **354** 36
zumo **98** 18
~ de fruta **266** 58
~ de frutas **99** 74, 75
zuncho perimetral **120** 34
zuzón **61** 12

Index

Ordering

In this index the entries are ordered as follows:

1. Entries consisting of single words, e.g.: 'hair'.
2. Entries consisting of noun + adjective. Within this category the adjectives are entered alphabetically, e.g. 'hair, bobbed' is followed by 'hair, closely-cropped'.
   Where adjective and noun are regarded as elements of a single lexical item, they are not inverted, e.g.: 'blue spruce', not 'spruce, blue'.
3. Entries consisting of other phrases, e.g. 'hair curler', 'ham on the bone', are alphabetized as headwords.

Where a whole phrase makes the meaning or use of a headword highly specific, the whole phrase is entered alphabetically. For example 'ham on the bone' follows 'hammock'.

References

The numbers in bold type refer to the sections in which the word may be found, and those in normal type refer to the items named in the pictures. Homonyms, and in some cases uses of the same word in different fields, are distinguished by section headings (in italics), some of which are abbreviated, to help to identify at a glance the field required. In most cases the full form referred to by the abbreviations will be obvious. Those which are not are explained in the following list:

Agr.	Agriculture/Agricultural
Alp. Plants	Alpine Plants
Art. Studio	Artist's Studio
Bldg.	Building
Carp.	Carpenter
Cement Wks.	Cement Works
Cost.	Costumes
Cyc.	Cycle
Decid.	Deciduous
D.I.Y.	Do-it-yourself
Dom. Anim.	Domestic Animals
Equest.	Equestrian Sport
Gdn.	Garden
Hydr. Eng.	Hydraulic Engineering
Impl.	Implements
Inf. Tech.	Information Technology
Intern. Combust. Eng.	Internal Combustion Engine
Moon L.	Moon Landing
Music Not.	Musical Notation
Overh. Irrign.	Overhead Irrigation
Platem.	Platemaking
Plant Propagn.	Propagation of Plants
Rm.	Room
Sp.	Sports
Text.	Textile[s]
Veg.	Vegetable[s]

A

Aaron's rod **376** 9
abacus **309** 77
abacus *Art* **334** 20
abattoir **94**
abdomen *Man* **16** 35-37, 36
abdomen *Bees* **77** 10-19
abdomen *Forest Pests* **82** 9
abdomen, lower ~ **16** 37
abdomen, upper ~ **16** 35
abductor hallucis **18** 49
abductor of the hallux **18** 49
aberdevine **361** 8
aborigine, Australian ~ **352** 37
abrasion platform **13** 31
abrasive wheel combination **111** 28, 35
abscissa **347** 9
abseiling **300** 28-30
abseil piton **300** 39
abseil sling **300** 28
absinth **380** 4
absorber attachment **27** 44
absorption dynamometer **143** 97-107
absorption muffler **190** 16
absorption silencer **190** 16
abutment *Bridges* **215** 27, 29, 45
abutment *Art* **336** 20
abutment pier **215** 29
acanthus **334** 25
acceleration lane **15** 16
acceleration rocket **234** 22, 48
accelerator **191** 46
accelerator lock **85** 17
accelerator pedal **191** 46, 94
accelerometer **230** 10
accent, acute ~ **342** 30
accent, circumflex ~ **342** 32
accent, grave ~ **342** 31
accent, strong ~ **321** 27
accents **342** 30-35
acceptance **250** 12, 23
access balcony **37** 72-76
access flap **6** 21, 25
accessories **115** 43-105
accessory shoe **114** 4; **115** 20
accessory shop **196** 24
access ramp **199** 15
acciaccatura **321** 15
accipiters **362** 10-13
accolade **329** 66
accommodation **146** 33
accommodation bureau **204** 28
accommodation ladder **221** 98
accomodation module **146** 33
accompaniment side **324** 43
accompaniment string **324** 25
accordion **324** 36
account, private ~ **250** 4,
accounting machine **236** 26
accumulator **309** 41
accumulator *Theatre* **316** 55
accumulator railcar **211** 55
accuracy jump **288** 55
acerate **370** 34
acerose **370** 34
acerous **370** 34
acetylene connection **141** 31
acetylene control **141** 32
acetylene cylinder **141** 2, 22
achene **58** 23
achievement **254** 1-6
achievement, marital ~ **254** 10-13
achievement of arms **254** 1-6
Achilles' tendon **18** 48
acicular **370** 34
acid container **350** 62
Ackermann steering system **85** 31, 37
acolyte **331** 45
aconite **379** 1
acorn **371** 4
acorns **276** 42
acrobat **307** 47
Acropolis **334** 1-7
acroter **334** 34
acroterion **334** 34
acroterium **334** 34
acting area light **316** 16
acting area spotlight **316** 16
actinia **369** 20
Actinophrys **357** 7
action **326** 6-16
action lever **325** 32
activated blade attachment **84** 33
actor **316** 37
actress **316** 38
actuating transistor **195** 19
acuity projector **111** 47
acute **342** 30
ad **342** 56
Adam's apple **19** 13
adapter **112** 55
adapter, four-socket ~ **127** 8
adapter, four-way ~ **127** 8
adapter ring **115** 82
adapter unit **242** 34
adders **364** 40-41
adding **344** 23
adding and subtracting machine **309** 74
adding mechanism **271** 9
addition **344** 23
address **236** 42
address display **236** 41
addressing machine, transfer-type ~ **245** 7
address label **236** 4
address system, ship's ~ **224** 30
A-deck **223** 28-30
adhesion railcar **214** 1
adhesive, hot ~ **249** 61
adhesive binder *Bookbind.* **184** 1
adhesive binder *Office* **249** 61
adhesive tape dispenser **247** 27
adhesive tape dispenser, roller-type ~ **247** 28
adhesive tape holder **247** 28
adjusting cone **187** 58
adjusting equipment **148** 61-65
adjusting knob **116** 54
adjusting nut **143** 35
adjusting screw *Bldg. Site* **119** 79
adjusting screw *Mach. Parts etc.* **143** 107
adjusting screw *Inf. Tech.* **242** 78
adjusting spindle **226** 51
adjusting washer **187** 55
adjustment, circular ~ **14** 62
adjustment, coarse ~ **112** 4
adjustment, fine ~ *Optic. Instr.* **112** 5
adjustment, fine ~ *Photog.* **116** 33
adjustment, fine ~ *Joiner* **133** 36
adjustment, fine ~ *Drawing Off.* **151** 66
adjustment knob **11** 41
administration area **5** 17
administration building *Coal* **144** 18
administration building

Airport **233** 16
administration building *Films* **310** 4
Admiralty anchor **286** 15
admission ticket **315** 11
adult insect **358** 10
advance booking office **271** 26
adventure playground **273** 21
advertisement **98** 2; **204** 10; **268** 43, 71; **271** 25; **312** 23; **342** 56, 69
advertising, classified ~ **342** 69
advertising calendar **22** 10
advertising pillar **268** 70
adze **300** 34
aerator **56** 15
aerial **213** 4
aerial ladder **270** 9
aerial sports **288**
aerobatic manoeuvres **288** 1-9
aerobatics **288** 1-9
aero engines **232** 33-60
aerofoil, rear ~ **290** 35
aerogenerator **155** 42
aeroplane **230** 67-72
aeroplane, propeller-driven ~ **231** 1-6
aeroplane, types of ~ **231** 1-33
aeroplane tow launch **287** 1
aerotowing **287** 1
aero wheel **305** 79
Afghan **70** 23
Afghan hound **70** 23
A flat major **320** 66
Africa **14** 14
African hemp **53** 9
African marigold **60** 20
Afro look **34** 26
afterburner exhaust nozzle **256** 13
aftercastle **218** 23
after deck **223** 32
afterpeak **227** 28
aftershave lotion **49** 38
aft fan-jet **232** 42
aft ship **286** 34, 37, 41
agaric **379** 10
agate **175** 22
agent **307** 18
aggregate scraper **200** 13
agitator *Agr. Mach.* **64** 70
agitator *Paperm.* **172** 47
agricultural implements **66**
agricultural machinery **64; 65**
agricultural worker **63** 5
agriculture **63**
Agulhas Current **14** 37
aileron **230** 52; **287** 41; **288** 28
aileron, inner ~ **229** 43
aileron, outer ~ **229** 41
aileron actuator **257** 39
aiming position **86** 34
air-bed, inflatable ~ **278** 31
air blast **139** 56
air-blast circuit breaker **152** 34; **153** 51-62
air-bleed duct *Roof & Boilerr.* **38** 51
air-bleed duct *Intern. Combust. Eng.* **190** 12
air blower, primary ~ **160** 11
air brake **229** 44; **256** 12
airbridge **233** 14
airbus **231** 17
air cleaner **191** 55
air compressor *Painter* **129** 33
air compressor *Offshore Drill.* **146** 23
air compressor *Railw.* **211** 14, 44; **212** 34, 58, 72
air compressor, diesel-powered ~ **200** 39
air compressor, mobile ~ **200** 39
air-conditioning **26** 20
air-conditioning equipment **239** 15
air correction jet **192** 3
aircraft **229; 230; 231; 232**
aircraft, propeller-driven ~ **231** 1-6
aircraft, single-engine ~ **230** 1-31, 32-66; **231** 1, 2
aircraft, tilt-wing ~ **232** 26
aircraft, twin-boom ~ **229** 34
aircraft, twin-engine ~ **231** 3
aircraft, twin-jet ~ **231** 7
aircraft, types of ~ **231** 1-33
aircraft cannon **256** 3
aircraft carrier, nuclear-powered ~ **259** 1
aircraft elevator **259** 4, 13
aircraft engines **232** 33-60
aircraft lift **259** 4, 13
aircraft tractor **233** 23
aircraft tug **233** 23
air currents **9** 25-29
air cushion **286** 66
air-cushion vehicle **286** 63
air duct **155** 35
airer **50** 32
airer, extending ~ **50** 34
air extraction vent **154** 21
air extractor duct **258** 57
air extractor pipe **133** 40
air feed pipe **147** 29
air filler neck **196** 21
air filter **191** 55
air flow **199** 45
air flow, secondary ~ **232** 50
air force **256; 257**
air hose *Garage* **195** 54
air hose *Serv. Stat.* **196** 18
air inlet *Lorries etc.* **194** 16
air inlet *Warships* **259** 73
air inlet *Fire Brig.* **270** 60
air inlet and outlet **92** 14
air intake *Car* **192** 60
air intake *Railw.* **209** 11
air intake *Air Force* **256** 5; **257** 12
air intake, annular ~ **232** 52
air intake duct **257** 14
air jet pipe **281** 41
air line **75** 28
airliner, four-jet ~ **231** 13
airliner, supersonic ~ **231** 15
airliner, tri-jet ~ **231** 12
airliner, twin-jet ~ **231** 11, 17
airliner, wide-body ~ **231** 14, 17
air lock *Coal* **144** 38
air lock *Offshore Drill.* **146** 24
air lock *Space* **235** 27
air lock *Chem.* **349** 7
air masses, homogeneous ~ **8** 1-4
air mattress **278** 31
air outlet **168** 29
air oxidation passage **165** 48
air passage **333** 4
airplane *see* aeroplane
airport **233**
'airport' **233** 24
airport fire service **233** 7
airport information symbols **233** 24-53
airport restaurant **233** 19
air preheater *Forging* **139** 53
air preheater *Power Plant* **152** 11
air pump *Paperm.* **172** 40
air pump *Letterpress* **181** 6, 35
air receiver **269** 17, 50
air refuelling probe **256** 7
air regenerator chamber **147** 30
air regulator *Offset Print.* **180** 74
air regulator *Chem.* **350** 3, 8
air reservoir, auxiliary ~ **212** 61
air reservoir, main ~ **211** 8; **212** 57, 71
air rifle **305** 40
air rifle cartridge **305** 34
airscrew **230** 32; **288** 36
air space **74** 61
air-speed indicator **230** 2
airsports **288**
airstream, cold ~ **9** 29
airstream, main ~ **192** 5
airstream, warm ~ **9** 28
air supply **155** 24
air survey camera **14** 63
air temperature **280** 8
air vent cap **38** 52
air vessel **269** 17, 50
aisle *Map* **15** 112
aisle *Forestry* **84** 1
aisle *Church* **330** 27
aisle *Art* **334** 63; **335** 2
alarm clock **110** 19
alarm clock, electric ~ **43** 16
albumen **74** 62
alburnum *Carp.* **120** 85
alburnum *Bot.* **370** 12
Alcor **3** 29
Aldebaran **3** 25
alder **371** 30
alder buckthorn **380** 13
alder dogwood **380** 13
alder-swamp peat **13** 18
ale **93** 26
ale hoof **375** 18
Alençon lace **102** 30
alfalfa grass **136** 26
alga, brown ~ **378** 48
alga, green ~ **378** 43
algebra **345** 4-5
alighting board **77** 49
alkali-cellulose **169** 9
alkali-cellulose crumbs **169** 7
Allais chicane **301** 72
all-container ship **221** 21; **226** 5
Aller rock salt **154** 63
allheal **380** 5
allonge periwig **34** 2
allotment **52** 1-32
allotment holder **52** 24
all-purpose gun **258** 70
all-purpose gun, radar-controlled ~ **258** 47, 48
all-purpose trailer **62** 40
all-purpose vehicle **255** 96
all-speed aileron **229** 43
alluvial deposit **216** 52
all-weather roof **200** 38
all-wheel drive **194** 1
almond *Tablew. etc.* **45** 41
almond *South. Fruits* **384** 36
aloe **53** 13
alphanumeric disc store **176** 33
alpha particle **1** -31; 227
alpha ray **1** 30-31
Alpine Club hut **300** 1
alpine rhododendron **378** 1
alpine rose **378** 1
alpine soldanella **378** 3
alpine strawberry **58** 16
alpine wormwood **378** 6
Alpinism **300** 1-57
Alpinist **300** 5
Alsatian **70** 25
alsike **69** 3
alsike clover **69** 3
Altair **3** 9
altar **330** 4, 33; **334** 48, 69
altar bell **332** 52
altar candle **330** 7, 34
altar carpet **330** 3
altar cloth **330** 6, 36
altar cross **330** 35
altar crucifix **330** 12
altar decoration **330** 48
altarpiece **330** 13, 50
altar steps **330** 5, 31
alternative school **261** 1-45
alternator **152** 23; **153** 1
altimeter **230** 4
altitude **346** 27
altitude scale **7** 35
alto clef **320** 10
altocumulus **8** 15
altocumulus castellanus **8** 16
altocumulus floccus **8** 16
altostratus **8** 8
altostratus praecipitans **8** 9
alto trombone **323** 46
aluminium foil, asphalted ~ **155** 29
aluminum *see* aluminium
A major **320** 58
amanita **379** 11
amaryllis **53** 8
Amazon water lily **378** 17
ambulance **270** 19
ambulance, armoured ~ **255** 79
ambulance attendant **270** 21
ambulance car **270** 19
ambulance man **270** 21
America **14** 12-13
American blight **80** 32
American football **292** 22
American ivy **51** 5; **374** 16
A minor **320** 55, 62
A minor scale **320** 46, 47, 48
ammeter *Car* **191** 78
ammeter *Aircraft* **230** 18
ammonia **170** 24
ammonia scrubber **156** 23
ammonia wet collector **156** 23
ammonium sulphate **156** 36
ammonium sulphate, production of ~ **156** 35
ammonium sulphate solution **170** 26
ammunition **87** 19; **305** 34-49
amoeba **357** 1
amoretto **272** 20
amorino **272** 20
amount **271** 8
Amphibia **364; 364** 20-26
amphibian **232** 8
amphibians **364** 20-26
amplifier **241** 40; **312** 19; **317** 23
amplifier, underwater ~ **237** 57
amplifier and mains power unit **238** 3
amplifier equipment **310** 59
amplitude adjustment **10** 11
amulet **354** 40
anaesthesia and breathing apparatus **26** 1
anaesthesia and respiratory apparatus **26** 24
anaesthetic, local ~ **24** 53
analog *see* analogue
analogue control **242** 38
analogue output **112** 45
analyser **23** 53
analysis, automatic ~ **25** 48
analytical balance **349** 25
anchor **223** 52; **259** 81
anchor, lightweight ~ **286** 16-18

anchor, stocked ~ **222** 79; **286** 15
anchor, stockless ~ **222** 78; **258** 5; **286** 17
anchorage **216** 13
anchor cable **218** 18; **222** 77; **223** 50; **227** 12
anchor capstan **258** 6
anchor hawser **218** 18
anchor rib **287** 32
anchor rope **218** 18
anchors **286** 15-18
anchor winch **259** 82
ancillary brake valve **211** 23
Andromeda **3** 24
anemometer **10** 28
anemone **375** 5; **377** 1
aneroid barometer **10** 4
aneroid box **10** 6
aneroid capsule **10** 6
angiographic examination table **27** 26
angiography room **27** 12
angle *Mach. Parts etc.* **143** 1
angle *Maths.* **346** 1-23; **346** 8-13, 8, 55
angle, acute ~ **346** 10
angle, adjacent ~ **346** 14
angle, alternate ~ **346** 10
angle, circumferential ~ **346** 56
angle, exterior ~ **346** 26
angle, interior ~ **346** 26
angle, obtuse ~ **346** 11
angle, straight ~ **346** 13,9-15
angle brace **118** 25; **119** 63; **121** 57
angle deck **259** 12
angle iron **143** 1
angle of departure **87** 75
angle of descent **87** 78
angle of dip **12** 3
angle of elevation **87** 76
angle of rotation **351** 33
angle of the mouth **16** 14; **19** 19
angle shears **125** 2
angle symbol **345** 23
angle tie **118** 25; **121** 57
angle tongs **137** 37
angle tower **329** 14, 17
angling **89** 20-94
angling fence **133** 19
Angora cat **73** 17
Angoumois grain moth **81** 29
Angoumois grain moth caterpillar **81** 30
Angoumois moth **81** 29
Anguidae **364** 37
animal, bovine ~ **73** 1
animal, cloven-hoofed ~ **73** 9
animal, horned ~ **73** 1
animal, inflatable ~ **280** 33
animal, rubber ~ **280** 33
animal, toy ~ **46** 13; **47** 6
animal, wild ~ **307** 56
animal enclosure **272** 49
animal house **356** 10
animals, domestic ~ **73** 18-36
animals, fabulous ~ **327** 1-61
animals, multicellular ~ **357** 13-39
animals, one-celled ~ **357** 1-12
animals, single-celled ~ **357** 1-12
animals, unicellular ~ **357** 1-12
ankle guard **291** 33
ankle sock, children's ~ **29** 30
annealing lehr **162** 18
annelid **357** 20
annexe **331** 13
annuity **251** 11-19
annulus **346** 57
Annunciation lily **60** 12
anode, copper ~ **178** 5
anode rod **178** 5
anorak *Child. Clothes* **29** 62
anorak *Mountain.* **300** 6
anorak hood **300** 19
Anseres **359** 15-17
ant **358** 21-22
Antarctica **14** 18
Antarctic Circumpolar Drift **14** 44
Antarctic Continent **14** 18
Antarctic Ocean **14** 22
antelope **367** 5
antenna *Meteorol. Instr.* **10** 59, 68
antenna *Forest Pests* **82** 3
antenna *Air Force* **256** 17
antenna *Warships* **258** 16, 46; **259** 7, 47, 89
antenna *Airsports* **288** 20, 88
antenna *Articulates* **358** 27, 53
antenna, maxillary ~ **358** 42
antenna, trichotomous ~ **81** 5
antenna down-lead **223** 4
antenna lead-in **223** 4
antenna mast **259** 6
antependium **330** 20
anther **372** 35
anthozoan **357** 17
anthropoid apes **368** 14-16
anthropoids **368** 14-16
anti-aircraft gun **258** 73
anti-aircraft gun, automatic ~ **259** 34
anti-aircraft machine gun **255** 63
anti-aircraft missile launcher **258** 32; **259** 5, 20
anti-aircraft rocket launcher **258** 32; **259** 5, 20
anticline **12** 16, 27
anticlinorium **12** 20
anticollision light **230** 64
anticyclone **9** 6
antifriction bearing **143** 69
anti-frost layer **198** 1; **200** 60
antimacassar **207** 48
anti-mist windscreen **189** 46
anti-mist windshield **189** 46
anti-radiation screen **154** 74
anti-rolling system **224** 26
antirrhinum **51** 32
anti set-off apparatus **181** 10
anti set-off spray **181** 10
anti-skate control **241** 25
anti-skid brake switch **211** 33
anti-slosh baffle **234** 13
anti-submarine missile launcher **258** 30, 50
anti-submarine rocket launcher **258** 30, 50
anti-submarine torpedo tube **258** 33
anti-syphon trap *Bathrm. etc.* **49** 27
anti-syphon trap *Plumb. etc.* **126** 26
anti-tank rocket launcher **255** 25
anti-tank tank **255** 88
anti-torque rotor **232** 14
anti-vortex system **234** 11
antler, palmate ~ **88** 40
antler, royal ~ **88** 8
antler, surroyal ~ **88** 9
antlers **88** 5-11, 29-31
anurans **364** 23-26
anus **20** 62
anvil *Plumb.* **125** 22
anvil *Blacksm.* **137** 11, 11-16; **138** 33
anvil *Forging* **139** 17, 31, 40
anvil *Office* **247** 5
anvil, clockmaker's ~ **109** 7
aorta **18** 10; **20** 54
aorta, abdominal ~ **18** 16
Apache girl **306** 9
apartment **37** 64-68, 69-71; **46**
apartment, ladies' ~ **329** 10
apartment building **37** 72-76
apartment building, high-rise ~ **37** 82
apartment building, multistory ~ **37** 77-81
apartment house **37** 72-76
apartment house, high-rise ~ **37** 82
apartment house, multistory ~ **37** 77-81
apatite **351** 20
aperture **115** 62, 63
aperture control, automatic ~ **117** 20
aperture control ring **115** 5; **117** 4
aperture ring **115** 5; **117** 4
aperture scale **115** 56
aperture setting **117** 4
aperture-setting control **114** 34
aperture-setting ring **115** 5; **117** 4
aperture-stop slide **112** 16
apex *Hunt.* **87** 77
apex *Airsports* **288** 47
aphid **80** 32; **358** 13
aphid, winged ~ **82** 39; **358** 15
aphid, wingless ~ **358** 14
apiarist **77** 57
apiary **77** 56
apiculture **77**
à pointe **314** 19
Apollo booster **234** 1, 2
Apollo service module **234** 56
Apollo space capsule **6** 9
Apollo spacecraft **6** 1
apostrophe **342** 22
apparatus, auxiliary ~ **296** 12-21; **297** 7-14
apparatus exercises **297** 15-32
apparatus gymnastics **296**; **297**
appendix **20** 18
appendix, vermiform ~ **20** 18
Appenzell dulcimer **322** 35
apple **58** 56; **99** 86; **370** 102
apple blossom **58** 54
appleblossom weevil **80** 10
apple core **58** 59
apple pip **58** 60
apple skin **58** 57
apple stalk **58** 61
apple tree **58** 51, 52
appliance room **270** 1
appliqué **29** 20
appoggiatura **321** 14, 15
appointments book **22** 11
appointments diary **246** 8
approach **329** 34
approach sign **203** 26, 27, 28, 29
approach signs **203** 26-29
apricot **59** 35
apricot blossom **59** 34
apricot branch, flowering ~ **59** 33
apricot flower **59** 34
apricot leaf **59** 36
apricot tree **59** 33-36
apron *Mach. Tools* **149** 16
apron *Electrotyp. etc.* **178** 9
apron *Airport* **233** 3
apron *Theatre* **316** 25
apron, butcher's ~ **96** 39
apron, composition ~ **164** 16
apron, frilled ~ **31** 33
apron, leather ~ *Arc Weld.* **142** 11
apron, leather ~ *Cotton Spin.* **164** 16
apron taxiway **233** 4
apse **334** 64; **335** 5
aquafer **12** 22; **269** 2, 38
aqualung **279** 19
aquarium **356** 14, 19
Aquarius **4** 63
aquatint **340** 14-24
aqueduct **334** 53
aquifer **12** 22; **269** 2, 38
Aquila **3** 9
aquilegia **60** 10
arabesque *Free Exerc.* **295** 30
arabesque *Ballet* **314** 18
arachnids **358** 40-47
araucaria **53** 16
arbor **272** 17
arbor vitae **372** 39
arbour **272** 17
arc *Films* **312** 42
arc *Maths.* **346** 53, 55
arc, graduated ~ **224** 2
arcade, blind ~ **335** 10
arcading **335** 8
arcading, blind ~ **335** 10
arcading, round ~ **335** 9
arc fibula **328** 28
arch *Bldg. Site* **119** 6
arch *Bridges* **215** 20
arch *Free Exerc.* **295** 34
arch *Theatre* **316** 11
arch *Art* **336** 19
arch, convex ~ **336** 34
arch, longitudinal ~ **19** 61
arch, parabolic ~ **336** 29
arch, reinforced concrete ~ **215** 50
arch, round ~ **336** 27
arch, segmental ~ **336** 28
arch, shouldered ~ **336** 33
arch, superciliary ~ **16** 5
arch, tented ~ **336** 35
arch, transverse ~ **335** 18
arch, trellis ~ **52** 12
arch, triumphal ~ **334** 59, 71
arch, trussed ~ **215** 25
arch, Tudor ~ **336** 37
arch, types of ~ **336** 19-37
Archaster **369** 17
arch board file **247** 40
arch bridge, spandrel-braced ~ **215** 28
arch bridge, stone ~ **215** 19
arched front support **295** 24
Archer *Astron.* **3** 37; **4** 61
archer *Sports* **305** 53
archery **305** 52-66
archimedes drill **108** 4
architrave **334** 18
archivolt **335** 25
arch span **215** 26
arch unit **247** 41
archway **337** 4
archway, memorial ~ **337** 3
arcing horn **152** 47; **153** 61
arcosolium **331** 60
Arctic Ocean **14** 21
arc welder **142** 2
arc welding, gas-shielded ~ **142** 33
arc welding helmet **142** 3, 39
area, epicentral ~ **11** 38
area spraying **83** 1

areca **380** 19
areca nut **380** 20
areca palm **380** 19
arena *Equest.* **289** 1
arena *Circus* **307** 21
arena *Bullfight. etc.* **319** 9
arena entrance **307** 11
areola **16** 29
argent **254** 25
Argo **3** 45
Aries **4** 53
aril, laciniate ~ **382** 34
arista **68** 12
arithmetic **344** 1-26; **345** 1-24
arithmetic unit **244** 6
arm *Man* **16** 43-48; **17** 12-14
arm *Living Rm.* **42** 22
arm *Flat* **46** 28
arm *Shoem.* **100** 25
arm *Photog.* **115** 93
arm *Joiner* **132** 63
arm *Mach. Parts etc.* **143** 88
arm *Mach. Tools* **150** 24
arm *Music. Instr.* **322** 16
arm *Maths.* **346** 7-3
arm, adjustable ~ **195** 26
arm, hydraulic ~ **85** 21
arm, supplementary ~ **203** 22, 23
arm, upper ~ **16** 43
armadillo **366** 8
armament **258** 29-37
armature **339** 25
armature support **339** 24
armband **263** 11; **270** 22
armband, fluorescent ~ **199** 7
arm bandage **21** 1
arm bar **299** 10
armchair **42** 21; **267** 26
armed forces **255; 256; 257**
armlet **263** 11; **270** 22
armonie **322** 25
armor *see* armour
armour **329** 38, 62
armour, knight's ~ **329** 38-65
armour, padded ~ **353** 38
armour, steel tape ~ **153** 50
armour, steel wire ~ **153** 50
armoured car **264** 16
armoured vehicles **255** 79-95
armour plating **246** 24
armpit **16** 26
armpit hair **16** 27
arm positions **314** 7-10
armrest **106** 18; **109** 3; **207** 45, 69; **208** 26
arm sling **21** 2
arms of the baron **254** 10
arms of the family of the femme **254** 11-13
arms of the family of the wife **254** 11-13
arms of the husband **254** 10
armstand dive **282** 45
army **255**
army armament **255** 1-98
army weaponry **255** 1-98
arnica **380** 2
A road **15** 83
arolla pine **372** 29
arpeggio **321** 22
arrangement of desks **260** 1
arrester **152** 35
arrester wire **259** 16
arris **121** 12
arris fillet **121** 31
'arrivals' **233** 26
arrivals and departures board **204** 18
arrival schedule **204** 19
arrival timetable **204** 19
arrow **305** 60
arrow head *Drawing Off.* **151** 26
arrow head *Alp. Plants etc.* **378** 51
art **333; 334; 335; 336; 337**
art, Babylonian ~ **333** 19-20
art, Baroque ~ **336** 1-8
art, Byzantine ~ **334** 72-75
art, Chinese ~ **337** 1-6
art, Early Christian ~ **334** 61-71
art, Egyptian ~ **333** 1-18
art, Etruscan ~ **334** 49-52
art, Gothic ~ **335** 22-41
art, Greek ~ **334** 1-48
art, Indian ~ **337** 19-28
art, Islamic ~ **337** 12-18
art, Japanese ~ **337** 7-11
art, Renaissance ~ **335** 42-54
art, Rococo ~ **336** 9-13
art, Roman ~ **334** 53-60
art, Romanesque ~ **335** 1-21
art director **310** 43
artery, carotid ~ **18** 1
artery, femoral ~ **18** 19
artery, frontal ~ **18** 5
artery, iliac ~ **18** 17
artery, pulmonary ~ **18** 11; **20** 55
artery, radial ~ **18** 21
artery, subclavian ~ **18** 7
artery, temporal ~ **18** 3
artery, tibial ~ **18** 20
artery forceps **26** 49
arthropods **358**
artillery weapons **255** 49-74
artist **338** 2
artiste agent **307** 18
artistes, travelling ~ **308** 25-28
Art Nouveau easy chair **336** 18
art of Asia Minor **333** 37
art of the Assyrians **333** 29-36
art of the Persians **333** 21-28
arts section **342** 67
ascent, vertical ~ **315** 3
ascent stage **6** 37-47
ascospore **381** 13
ascus **381** 12, 13
ash box door **38** 39
ashpan **210** 6, 7
ash pit **152** 8
ashtray **42** 29; **104** 5; **207** 46, 69; **208** 29; **246** 33
ashtray, spherical ~ **266** 5
ash tree **371** 38
Asia **14** 16
asp **364** 41
asparagus **57** 14
asparagus bed **52** 25
asparagus cutter **56** 10
asparagus knife **56** 10
asparagus patch **52** 25
asparagus server **45** 77
asparagus slice **45** 77
aspen **371** 21
aspergillum **332** 54
asphalt drying and mixing plant **200** 48
asphalt mixer drum **200** 50
asphalt-mixing drum **200** 50
aspiration psychrometer **10** 33
asp viper **364** 41
assay balance **108** 35
assembler **174** 23
assembling machine **249** 59
assembling station **249** 60
assembly of a circuit **242** 72
assembly point **233** 11, 29
assistant *Univ.* **262** 7
assistant *Store* **271** 63
assistant *Circus* **307** 39
assistant, cellarer's ~ **79** 12
assistant, dentist's ~ **24** 18
assistant, doctor's ~ **22** 19
assistant cameraman **310** 42
assistant director *Films* **310** 21, 46
assistant director *Theatre* **316** 43
assistant lecturer **262** 3
assistant producer **316** 43
assistant professor **262** 3
assistant sound engineer **310** 57
association flag **286** 6, 9
association football **291**
asterisk **185** 61
asteroids **4** 47
astride jump **295** 35, 37
astronaut **6** 11; **235** 67
astronomy **3; 4; 5**
asymmetric bars **297** 3
asymptote **347** 29
athletics **298**
Atlantic Ocean **14** 20
Atlas **334** 36
atmosphere **7**
atoll **13** 32
Atolla **369** 5
atom **1; 2**
atomic pile casing **259** 67
atomic power plant **154** 19
atom layer **7** 32
atom models **1** 1-8
atrium *Man* **20** 45
atrium *Art* **334** 66
attachment to Orbiter **235** 49
attack **321** 27
attack area **293** 64
attacker *Ball Games* **292** 3
attacker *Fencing* **294** 5
attacking fencer **294** 5
attack line **293** 65
attack periscope **259** 88
attic **38** 1-29, 18; **334** 60
attitude **314** 17
attitude control rocket **234** 38
aubretia **51** 7
auction room **225** 58
audience **263** 8
audio cassette **242** 17
audio coding equipment **242** 11-14
audio head **243** 35
audio level control **117** 16
audio recording level control **243** 11
audio sync head **243** 24
audio systems **241**
audio track **243** 32
audio typist **248** 33
audiovision **243**
audio-visual camera **243** 1-4
audio-visual projector **242** 16
auditorium **315** 14-27, 16-20
auditorium lighting control **312** 17
auger *Agr. Mach.* **64** 6, 25
auger *Carp.* **120** 65
augmented triad **321** 4
auk **359** 13
aulos **322** 3
aulos pipe **322** 4
aural syringe **22** 74
aureus **252** 3
auricle **17** 56; **20** 24
auricula **378** 8
Auriga **3** 27
auriscope **22** 74
aurora **7** 30
Australia **14** 17
Australopithecus **261** 20
auto **191** 1-56; **195** 34
auto changer **241** 18
autoclave **170** 12, 33
autofocus override switch **117** 11
automatic flight control panel **235** 23
automatic-threading button **117** 83
automobile **191** 1-56; **192; 193; 195** 34
automobile models **193** 1-36
automobile tire **191** 15; **196** 27
automotive mechanic **195** 53
autopilot **224** 18
auto-soling machine **100** 2
auxiliaries **258** 92-97
auxiliary brake valve **211** 23
auxiliary-cable tensioning mechanism **214** 48
auxiliary engine room **223** 70; **259** 56
auxiliary parachute bay **235** 59
AV **243**
avalanche **304** 1
avalanche forest **304** 7
avalanche gallery **304** 3
avalanche wall **304** 2
avalanche wedge **304** 2
Ave Maria **332** 32
avenue **274** 11
aviary **356** 8
aviation fuel **145** 57
avionics bay, front ~ **257** 11
avionics bay, rear ~ **257** 18
avionics console **235** 22
awn **68** 12
awner **64** 10
awning *Dwellings* **37** 71
awning *Ship* **218** 15; **221** 116
awning *Camping* **278** 28, 37
awning crutch **218** 14
ax *see* axe
axe **85** 1; **120** 73; **270** 43
axe, bronze ~ **328** 23
axe, socketed ~ **328** 23
axial-flow pump **217** 47-52
axis *Astron.* **4** 22
axis *Maths.* **347** 17
axis, anticlinal ~ **12** 17
axis, celestial ~ **4** 10
axis, conjugate ~ **347** 24
axis, coordinate ~ **347** 2-3
axis, earth's ~ **4** 22-28
axis, floral ~ **370** 53
axis, lateral ~ **230** 68
axis, longitudinal ~ **230** 72
axis, major ~ **347** 23
axis, minor ~ **347** 24
axis, normal ~ **230** 70
axis, polar ~ **113** 15, 18
axis, synclinal ~ **12** 19
axis, transverse ~ **347** 23
axis, vertical ~ **230** 70
axis mount, English-type ~ **113** 22
axis mounting, English-type ~ **113** 22
axis of abscissae **347** 2
axis of ordinates **347** 3
axis of rotation, instantaneous ~ **4** 25
axis of rotation, mean ~ **4** 27
axis of symmetry *Maths.* **346** 25
axis of symmetry *Crystals* **351** 4
axle **187** 61, 76, 81
axle, coupled ~ **210** 36
axle, floating ~ *Agr. Mach.* **65** 33

axle, floating ~ *Motorcycle* **189** 34
axle, live ~ **192** 65-71
axle, rigid ~ **192** 65-71
axle bearing **210** 10
axle drive shaft **201** 13
azalea **53** 12
azimuth **87** 74
azure *Heraldry* **254** 28
azure *Colour* **343** 6

B

baboon **368** 13
baby **28** 5
baby bath **28** 3
baby carriage **28** 34; **272** 71; **273** 31
baby clothes **29** 1-12
baby doll **48** 25
baby grand piano **325** 40
baby pants **28** 22
baby pants, rubber ~ **29** 10
baby powder **28** 14
baby scales **22** 12
back *Man* **16** 22-25
back *Tablew. etc.* **45** 56
back *Horse* **72** 29
back *Mills* **91** 2
back *Roof* **122** 86
back *Bookbind.* **185** 41
back *Car* **193** 35
back *Swim.* **282** 49
back *Ball Games* **293** 77
back *Sports* **305** 11
backband **71** 19
backboard **292** 30
backbone *Man* **17** 2-5
backbone *Bookbind.* **185** 41
back check **325** 27
back check felt **325** 28
backcloth **315** 33; **316** 10
back comb **105** 6
back crease **292** 71
back cushion **42** 25
back cut **84** 29
backdrop **315** 33; **316** 10
backdrop light **316** 15
back fat **95** 40
backfilling **217** 7
back flip **297** 24
backgammon **276** 18
backgammon board **276** 22
back gauge **183** 17; **185** 4, 7
background *Films* **310** 33
background *Theatre* **316** 10
backhand stroke **293** 39
backing **269** 29
backing disc, rubber ~ **134** 22
backing paper *Photog.* **114** 21
backing paper *Paperhanger* **128** 5
back left second pin **305** 9
back loop **288** 50
back of the hand **19** 83
backpack unit **6** 20
back-pedal brake **187** 63
back pin **305** 11
back plate **140** 36
back-pressure valve, hydraulic ~ **141** 8
backrest *Weaving* **166** 37
backrest *Railw.* **207** 66
backrest, reclining ~ **191** 35
back right second pin **305** 10
back scouring valve **216** 61
backside **16** 40
back sight leaf **87** 67
back sight slide **87** 69
back standard adjustment **114** 55
backstay **219** 19
backstitch seam **102** 1
back support **295** 22; **296** 29
back-up ball **305** 20
back vault **297** 32
backward grand circle **296** 60
backward somersault *Swim.* **282** 42
backward somersault *Gymn.* **297** 15
backward underswing **296** 59
backward walkover **297** 23
backwater **172** 26
bacon **96** 2
Bactrian camel **366** 29
badge, fool's ~ **306** 60
badger **88** 48
badging **191** 12
badminton **293** 43-44
badminton game **273** 6
badminton racket **293** 43
badminton racquet **293** 43
baffle board *Warships* **259** 27
baffle board **309** 17
baffle board, hinged ~ **259** 15
baffle board, movable ~ **259** 15
bag *Doc.* **22** 33
bag *Hunt.* **86** 38
bag *Music. Instr.* **322** 9
bag, girl's ~ **29** 56
bag, heat-sealed ~ **76** 29
bag, paper ~ **98** 48
bag, postman's ~ **236** 54
bag filter **83** 54
bag-full indicator **50** 61, 73
baggage compartment **257** 19
baggage loader **233** 22
baggage man **267** 17
'baggage retrieval' **233** 38
baggage terminal **233** 5, 16
bagging nozzle **83** 55
bag net **77** 54
bagpipe **322** 8
bag sealer **40** 47
baguette **97** 12
bag wig **34** 4
bail **292** 70
bailey, inner ~ **329** 2
bailey, outer ~ **329** 31
bait **86** 21
bait, poisoned ~ **83** 31
bait, weighted ~ **89** 36
bait needle **89** 41
baits **89** 65-76
bait tin **89** 24
bakehouse **97** 55-74
baker's shop **97** 1-54
bakery **97** 55-74
baking ingredient **99** 62
baking ingredients **98** 8-11
balalaika **324** 28
Balance *Astron.* **3** 19; **4** 59
balance *Paperm.* **173** 9
balance beam **349** 30
balance cable **214** 46
balance cable sleeve **214** 74
balance column **349** 29
balancer **307** 48
balance rail **322** 39
balance weight **242** 50
balance wheel **110** 39
balancing act **307** 44
balancing cabins **214** 25
balancing knob **116** 39
balancing pole **307** 42
balcony *Dwellings* **37** 18, 69, 73
balcony *Theatre* **315** 16; **315** 18
balcony *Chivalry* **329** 12
balcony, projecting ~ **218** 57
baldachin **331** 49
baldaquin **331** 49
bald patch **34** 21
bale **55** 31; **63** 34; **75** 7; **83** 13; **169** 34; **170** 62; **206** 10, 11, 23
bale arm **89** 62
bale breaker **163** 7
bale loader, hydraulic ~ **63** 37
bale opener **163** 7
baler, high-pressure ~ **63** 35
baling press **169** 33
balk **63** 3
ball *Infant Care etc.* **28** 16
ball *Bicycle* **187** 31
ball *Aircraft* **230** 12
ball *Ball Games* **292** 27
ball *Circus* **307** 60
ball, ivory ~ **277** 1
ball, metal ~ **352** 32
ball, paper ~ **306** 55
ball, plastic ~ **277** 1
ball, steel ~ **143** 70
ball, stone ~ **352** 32
ball and socket head **114** 47
ballast *Station* **205** 61
ballast *Railw.* **212** 66
ballast *Sailing* **285** 33
ballast *Airsports* **288** 65
ballast keel **285** 32
ballast tank **223** 78
ball bearing **143** 69; **187** 56, 68
ball boy **293** 22
ballerina **314** 26
ballet **314**
ballet dancer **314** 26
ballet positions **314** 1-6
ballet shoe **314** 30
ballet skirt **314** 31
ballet slipper **314** 30
ball games **291**; **292**; **293**
ballistics **87** 73
ball mill **161** 1
ball of clay **161** 9
ball of the foot **19** 58
ball of the thumb **19** 75
balloon **308** 13
balloon, gas ~ **288** 63
balloon, hot-air ~ **288** 79
balloon, manned ~ **7** 16
balloon basket **288** 64
ballooning **288** 63-84
ballot box **263** 29
ballot envelope **263** 21
ballot paper **263** 20
ball race **187** 68
ballroom **306** 1
Balmer series **1** 21
baluster **38** 29; **123** 51
balustrade **38** 25; **123** 22, 50
bamboo cane **136** 31
bamboo culm **383** 60
bamboo stem **383** 60, 63
banana **99** 90; **384** 33
banana flower **384** 34
banana-handling terminal **226** 22
banana leaf **384** 35
banana plant **384** 28
banana saddle **188** 59
banana tree **384** 28
band *Ball Games* **291** 25
band *Nightclub* **318** 3
band *Church* **332** 5
band, fluorescent ~ **199** 8
band, iron ~ **130** 16
band, ornamental ~ **334** 38
band, steel ~ **163** 5
bandage *First Aid* **21** 9
bandage *Equest.* **289** 15
bandages, emergency ~ **21** 1-13
band brake **143** 104
banderilla **319** 22
banderillero **319** 4, 21
band of barrel **130** 8
bandoneon **324** 36
bandora **322** 21
bandsaw **134** 50; **157** 48
bandsaw, horizontal ~ **157** 48
bandsaw blade **157** 53
bandstand **274** 19; **307** 9
band wheel **104** 15
bandwheel cover **133** 32
banewort **379** 7
banger **306** 51
bangle *Jewell.* **36** 17
bangle *Ethnol.* **354** 38
bangle, asymmetrical ~ **36** 26
bangs **34** 36
banjo **324** 29
bank *Phys. Geog.* **13** 4
bank *Post* **237** 43
bank *Bank* **250**
bank *Roulette* **275** 11
bank acceptance **250** 12
bank branch **204** 31
bank clerk **250** 5
bank employee **251** 7
banknotes **252** 29-39
bank of circulation **252** 30
bank of issue **252** 30
bank of oars **218** 12
bank protection **216** 51-55
bank slope **217** 28
bank stabilization **216** 51-55
bank statement **247** 44
banner *Flags* **253** 12
banner *Election* **263** 12
banner, processional ~ **331** 44
banquet room **267** 39
bantam **74** 56
baptism, Christian ~ **332** 1
baptistery **332** 2
bar *Horse* **71** 41
bar *Office* **246** 29
bar *Restaurant* **266** 1-11
bar *Hotel* **267** 54
bar *Park* **272** 34
bar *Playground* **273** 32
bar *Gymn.* **296** 3, 8; **297** 4, 41
bar *Athletics* **298** 14, 34
bar *Winter Sp.* **303** 5
bar *Circus* **307** 50
bar *Disco* **317** 1, 9
bar *Nightclub* **318** 13, 15
bar *Music. Not.* **320** 42
bar *Graphic Art* **340** 34
bar, flat ~ **143** 10
bar, metal ~ **324** 77
bar, round ~ **143** 8
bar, sliding ~ **75** 21
bar arm **299** 10
barb *Bees* **77** 10
barb *Fish Farm.* **89** 80
barb *Mach. Parts etc.* **143** 44
barbecue **278** 47
barbel **364** 13
bar bender **119** 21
barber **106** 1
barber's shop **106** 1-42
barchan **13** 40
barchane **13** 40
bar customer **267** 55
bareback rider **307** 26
barge **216** 22, 25; **225** 8
barge and push tug assembly **221** 92
bargeboard **37** 8
bargee **216** 26
bargeman **216** 26
barge sucker **216** 59
bark *Carp.* **120** 86
bark *Ship* **219** 1-72; **220** 21-23
bark *Bot.* **370** 8

bark, five-masted ~ **220** 32-34
bark, four-masted ~ **220** 29
bark beetle **82** 22
bark brush **56** 23
barkeep **266** 8; **267** 62
barkeeper **266** 8; **267** 62
barker **308** 8, 64
barkhan **13** 40
barking **85** 23
barking iron **85** 8
bark schooner **220** 20
bark scraper **56** 14
bark spud **85** 8
bark stripping **85** 23
bar lamp **317** 11
barley **68** 1, 26
barley, germinated ~ **92** 23
barley elevator **92** 33
barley hopper **92** 2
barley reception **92** 41
barley silo **92** 31
bar line **320** 42
barmaid **267** 63; **317** 2; **318** 14
barman **266** 8; **267** 62
barn owl **362** 17
barn swallow **361** 20
barograph **10** 4
barouche **186** 35
barque **219** 1-72; **220** 21-23
barque, five-masted ~ **220** 32-34
barque, four-masted ~ **220** 29
barque schooner **220** 20
barrage **217** 57-64, 65-72
barrel *Cooper* **130** 5
barrel *Mach. Tools* **149** 27
barrel *Army* **255** 2, 17, 41
barrel, aluminium ~ **93** 17
barrel, rifled ~ **87** 26
barrel, semi-oval ~ **89** 3
barrel, smooth-bore ~ **87** 27
barrel casing **87** 35; **255** 33
barrel clamp **255** 11, 62
barrel-clamping nut **255** 11
barrel cradle **255** 60
barrelhead **130** 10
barrel organ **309** 13
barrel recuperator **255** 61
barrel-shape **36** 75
barrel-shape, standard ~ **36** 56
barrel stave **130** 9
barrel store **93** 16
barrel vault **335** 19; **336** 38
barricade **264** 17
barrier *Supermkt.* **99** 5
barrier *Railw.* **202** 40
barrier *Hydr. Eng.* **217** 65
barrow *Station* **205** 32
barrow *Prehist.* **328** 16
barrow, road sweeper's ~ **199** 9
barrow, street sweeper's ~ **199** 9
bars **75** 5
bar set **246** 30
bar stool **267** 53; **317** 3; **318** 16
bartender **266** 8; **267** 62
bar trio **267** 44
barysphere **11** 5
basal pinacoid **351** 20
base *Dining Rm.* **44** 23
base *Mills* **91** 33
base *Optic. Instr.* **112** 3; **113** 2
base *Floor etc. Constr.* **123** 21, 63
base *Bookbind.* **183** 25
base *Road Constr.* **200** 59
base *Heraldry* **254** 22-23
base *Art* **334** 28-31
base *Maths.* **345** 1, 6; **346** 27; **347** 35, 39
base, horizontal ~ **112** 72
base, round ~ *Hairdresser* **105** 27
base, round ~ *Basketm.* **136** 19
base, round ~ *Electrotyp. etc.* **178** 10
base, woven ~ **136** 20
baseball **292** 40-69, 61
baseball glove **292** 59-60
baseball mitt **292** 59-60
baseboard *Photog.* **116** 27
baseboard *Sculpt. Studio* **339** 23
base course *Dwellings* **37** 17
base course *Carp.* **120** 28
base course *Street Sect.* **198** 3
base course *Road Constr.* **200** 59
base course, concrete ~ **118** 2
base course, natural stone ~ **37** 85
base frame **177** 40
base line **292** 48; **293** 3 - 10, 72
base line judge **293** 26
baseman **292** 44
basement **37** 1; **118** 1
basement stairs **123** 16
basement wall **123** 1
basement window **118** 3
base of goblet **162** 42
base of machine **168** 54
base of support **214** 81
base plate *Optic. Instr.* **112** 27
base plate *Iron Foundry etc.* **148** 56
base plate *Mach. Tools* **150** 19
base plate *Knitting* **167** 34
base plate *Railw.* **202** 5
base plate *Army* **255** 46
base plate *Ball Games* **292** 67
base unit **39** 9
basic knits **171** 30-48
basic position **295** 1
basidia **381** 7
basidiospore **381** 8
basilica **334** 61
basilisk *Fabul. Creat.* **327** 34
basilisk *Fish etc.* **364** 30
basin *Doc.* **23** 25
basin *Dent.* **24** 12
basin *Park* **272** 24
basis weight **173** 9
basket *Kitch. Utensils* **40** 42
basket *Butch.* **96** 18
basket *Supermkt.* **99** 8
basket *Basketm.* **136** 16
basket *Station* **204** 3
basket *Ball Games* **292** 32
basket *Winter Sp.* **301** 8
basket, rotating ~ **168** 17
basket, wicker ~ **305** 69
basket, wire ~ **55** 50; **66** 25; **188** 23
basketball **292** 28, 29
basketball player **292** 35
basket handle **336** 28
basket maker **136** 33
basket making **136** 1-40
basket post **292** 31
basket ring **292** 33
basketry **136** 1-40
basket weave **171** 11
basketwork **136** 1-40, 16
bas-relief **339** 33
bass **323** 23
bass belly bridge **325** 13
bass bridge **325** 13
bass button **324** 43
bass clarinet **323** 34
bass clef **320** 9
bass coupler **324** 44
bass drum **323** 55; **324** 47
bassinet **28** 30
bassinet covers **28** 31
bassoon **323** 28
bass press-stud **324** 43
bass register **324** 44
bass side **324** 43
bass stop **324** 44
bass string **324** 25; **325** 12
bass stud **324** 43
bass trombone **323** 46
bass tuba **323** 44
bass tuning **241** 43
bass viol **322** 23
bast **136** 29
bastard title **185** 44
bastion **329** 16
bat **292** 62, 75
batch **162** 2
batch feeder **162** 13
batch funnel **162** 13
batching and mixing plant, automatic ~ **201** 19
batch of eggs **80** 2, 30
bath *Bathrm. etc.* **49** 1
bath *Hotel* **267** 27-38
bath *Swim.* **281** 36
bath, cold ~ **281** 30
bath additive **49** 5
bat handle **293** 46
bather **280** 30
bathing beach **280**
bathing cap **280** 29, 44; **281** 8
bathing gown **280** 25
bathing platform **280** 9
bathing shoe **280** 23
bathing suit **280** 42
bathing suit, two-piece ~ **280** 26
bathing towel **281** 14
bathing trunks **280** 43
bathing wrap **280** 25
bath mat **49** 48
batholite **11** 29
bath robe **29** 24
bathroom **49**
bathroom cabinet, mirrored ~ **49** 31
bathroom mule **49** 46
bathroom scales **49** 47
bathroom tissue **49** 11
bathroom tissue holder **49** 10
bath salts **99** 34
bath sponge *Bathrm. etc.* **49** 6
bath sponge *Invertebr.* **357** 13
bat of clay **161** 9
baton **264** 19
baton, conductor's ~ **315** 27
batrachians **364** 23-26
batsman **292** 74
batten *Roof* **122** 17
batten *Sailing* **284** 44
batten, compartmentalized ~ **316** 13
batten, compartment-type ~ **316** 13
batten cleat **284** 43
batten door **37** 34
batten gauge **122** 18
batten pocket **284** 43
batter **292** 52, 63
batterboard **118** 69
batter's position **292** 51
battery *Agr. Mach.* **65** 53
battery *Poultry Farm* **74** 19
battery *Photog.* **114** 66
battery *Car* **191** 50
battery *Warships* **259** 83
battery, rotary ~ **166** 5
battery box **207** 5, 25; **211** 56
battery cage **74** 20
battery cell **110** 7
battery chamber *Photog.* **115** 10
battery chamber *Cine Film* **117** 5
battery compartment **188** 22
battery container **207** 5, 25; **211** 56
battery feeding **74** 23
battery holder **115** 76
battery housing **257** 17
battery railcar **211** 55
battery switch **115** 13
battery system **74** 18
battery tester **25** 52
battery unit **115** 75
batting crease **292** 72
batting order **292** 58
battle axe **352** 16
battle axe, stone ~ **328** 19
battlement **329** 6
battleships, light ~ **258** 1-63
bauble **306** 59
baulk *Agr.* **63** 3
baulk *Carp.* **120** 87
baumkuchen **97** 46
Bavarian curler **302** 38
Bavarian curling **302** 38-40
bay *Phys. Geog.* **13** 7
bay *Game* **88** 7
bay *Carp.* **120** 59
bayadère **306** 25
bay antler **88** 7
bayonet **353** 28
bayonet fitting **127** 65, 69
B-deck **223** 32-42
beach **13** 35-44
beach, raised ~ **11** 54
beach area **281** 2
beach attendant **280** 34
beach bag **280** 24
beach ball **280** 18
beach chair, roofed ~ **280** 36
beach chair, wicker ~ **280** 36
beach grass **15** 7
beach hat **280** 20
beach jacket **280** 21
beach marten **367** 14
beach mattress, inflatable ~ **280** 17
beach shoe **280** 23
beach suit **33** 24; **280** 19
beach tent **280** 45
beach trousers **280** 22
beachwear **280** 19-23
beacon **15** 10, 49
bead **87** 72
bead-and-dart moulding **334** 38
beading **123** 64
beading hammer **125** 15
beading iron **125** 8
beading pin **128** 30
beading swage **125** 15
beak **88** 84
beak, flat ~ **137** 12
beak, hooked ~ **362** 6
beak, round ~ **137** 13
beaker **350** 20
beaker pottery **328** 14
beam *Agr. Mach.* **65** 9, 71
beam *Game* **88** 11, 30
beam *Carp.* **120** 19, 24
beam *Gymn.* **297** 2
beam *Music. Instr.* **325** 22
beam *Chem.* **349** 30
beam, central ~ **27** 3
beam, dipped ~ **191** 20
beam, high ~ **191** 20
beam, low ~ **191** 20
beam, main ~ *Carp.* **120** 38
beam, main ~ *Roof* **121** 66

beam, main ~ *Car* **191** 20
beam, tied ~ **215** 44
beam bridge **215** 7
beam compass **125** 11
beam compass, glaziers ~ **124** 22
beam entry point **1** 64
beam flange **165** 30; **166** 49; **167** 26
beam head **121** 33
beaming machine **165** 55
beam motion control **166** 60
beam of light **224** 83
beam setter **195** 24
beam splitter **240** 35
beam-splitting prism *Optic. Instr.* **112** 13
beam-splitting prism *Broadcast.* **240** 35
beam trammel **125** 11
bean **57** 8, 11
bean, bush ~ **57** 8
bean, climbing ~ **57** 8
bean flower **57** 9
bean plant **52** 28; **57** 8
bean pole **52** 28
beanstalk **57** 10
bearberry **377** 15
beard *Arable Crops* **68** 12
beard *Dom. Anim.* **73** 15
beard *Game* **88** 73
beard, circular ~ **34** 15
beard, full ~ **34** 15
beard, round ~ **34** 15
bearded couch grass **61** 30
beards **34** 1-25
bearer cable **119** 37; **271** 52
bearer share **251** 11
bearing, axial-radial ~ **113** 3
bearing, centre ~ **177** 65
bearing, fixed ~ **215** 11
bearing, hydrostatic ~ **5** 10
bearing, jewelled ~ **110** 33
bearing, lower ~ **192** 83
bearing, main ~ **192** 23
bearing, movable ~ *Bridges* **215** 12
bearing, movable ~ *Sailing* **284** 6
bearing, upper ~ **192** 73
bearing block **177** 61
bearing cup **187** 68
bears **368** 9-11
beasts of prey **367** 11-22; **368** 1-11
beater *Hunt.* **86** 37
beater *Bakery* **97** 70
beater *Music. Instr.* **322** 34; **324** 64
beater, revolving ~ **64** 13
beater, three-blade ~ **163** 25
beater drive motor **163** 23
beater driving shaft **163** 24
beating **86** 34-39
beating machine **131** 4
beating wood **339** 12
beau **306** 33
beauty parlor **105** 1-39
beauty queen **306** 64
beauty salon **105** 1-39
beauty shop **105** 1-39
beauty spot **306** 24
beaver *Chivalry* **329** 41
beaver *Mammals* **366** 14
beck, flat ~ **137** 12
beck, round ~ **137** 13
bed *Phys. Geog.* **13** 49
bed *Hosp.* **25** 10
bed *Joiner* **133** 50
bed *Mach. Tools* **150** 19, 29
bed *Offset Print.* **180** 78
bed *Letterpress* **181** 17
bed *Bookbind.* **183** 25
bed *Station* **205** 61
bed *Graphic Art* **340** 41, 64
bed, children's ~ **47** 1
bed, double ~ **43** 4-13; **267** 38
bed, rear ~ **85** 49
bed bug **81** 39
bedder **91** 23
bed frame **43** 5
bed linen **271** 57
Bedlington terrier **70** 18
bed monitor **25** 19
bedouin **354** 6
bedrock **13** 70
bedroom **43**
bedroom, twin-berth **207** 38
bedroom, two-berth ~ **207** 38
bedroom, two-seat ~ **207** 38
bedroom lamp **43** 19
bedside cabinet **43** 17
bedside rug **43** 22
bed slide **149** 24
bedspread **43** 7
bedstead **43** 4-6
bed stone **91** 23
beduin **354** 6
bed unit **46** 16
bed unit drawer **46** 18
bed unit shelf **46** 19
bed warmer **309** 88
bee **77** 1-25
bee, male ~ **77** 5
beech cellulose **169** 1
beech gall **82** 37
beech nut **371** 37
beech tree **371** 33
bee eater **360** 2
beef **95** 14-37
beehive **77** 45-50
beehive kiln **161** 3
bee house **77** 56
beekeeper **77** 57
beekeeping **77**
beeman **77** 57
beer **99** 72
beer, bottled ~ **93** 26
beer, canned ~ **99** 73
beer barrel **93** 17
beer bottle **93** 26; **205** 50
beer can **93** 25; **99** 73
beer crate **93** 24; **99** 72
beer filter **93** 15
beer glass **45** 91; **93** 30; **266** 3, 6; **317** 6
beer marquee **308** 23
beer mat **266** 26
beer mug **266** 6; **309** 53
beerpull **266** 1, 68
beer pump **266** 1, 68
beer tap **317** 8
beer warmer **266** 7
bees **77**
bee shed **77** 51
bee smoker **77** 59
bee sting ointment **77** 68
beeswax **77** 67
beet **68** 44, 45
beet carrion beetle **80** 45
beet cleaner **64** 89
beet elevator **64** 94
beet elevator belt **64** 95
beet harvester **64** 85-96
beet hopper **64** 96
beetle **82** 26, 42
beet leaf **68** 47
beetles **358** 24-39
beet top **68** 46
bee veil **77** 58
begonia **53** 10
begonia, tuberous ~ **51** 19
belay **300** 9, 10
belayer **300** 26
belfry window **331** 8
bell *Plumb. etc.* **126** 16
bell *Iron & Steel* **147** 6
bell *Railw.* **212** 49
bell *Navig.* **224** 75
bell *Election* **263** 4
bell *Winter Countr.* **304** 26
bell *Music. Instr.* **323** 37, 42, 48; **324** 70
bell, electric ~ **127** 15
bell, electrically operated ~ **331** 9
belladonna **379** 7
Bellatrix **3** 13
bell beaker **328** 14
bell boy **267** 18
bell end **278** 27
bellows *Photog.* **114** 53; **116** 31
bellows *Photomech. Reprod.* **177** 10, 26
bellows *Camping* **278** 49
bellows *Flea Market* **309** 26
bellows *Music. Instr.* **322** 58; **324** 37
bellows pedal **325** 46
bellows strap **324** 38
bellows unit **115** 85
bell push **127** 2
bells **276** 45
bell sleeve, pleated ~ **30** 54
bell tent **278** 8
bell tower **337** 8
belly *Sea Fish.* **90** 20
belly *Meat* **95** 39, 41
belly *Music. Instr.* **323** 24; **324** 3
belly-band **71** 36
belt **30** 11; **31** 10; **32** 39
belt, coloured ~ **299** 15
belt, flat ~ **163** 49
belt, stretch ~ **31** 63
belt buckle **31** 12
belt-changing flap **255** 35
belt conveying **144** 40
belt conveyor **156** 2
belt delivery **185** 13
belt drive **165** 33
belt guard **133** 31
beltline **270** 45
belt roller **133** 18
belt-tensioning lever **133** 16
bench *Goldsm. etc.* **108** 20
bench *Plumb.* **125** 10
bench *Blacksm.* **137** 21
bench *Metalwkr.* **140** 7
bench *Playground* **273** 58
bench *Gymn.* **296** 14
bench, collapsible ~ **134** 41
bench, oarsman's ~ **278** 17
bench, paperhanger's ~ **128** 31
bench, pupil's ~ **261** 11
bench, student's ~ **261** 11
bench, teacher's ~ **261** 3
bench, tiered ~ **281** 20
bench, woodworker's ~ **132** 29-37
bench apron **108** 21
bench brush **108** 33
bench covering **141** 16
bench holdfast **132** 36
bench stop **132** 36
bench top **132** 34
bench torch **350** 9
bend **126** 46
bending iron *Bldg. Site* **119** 77
bending iron *Blacksm.* **137** 39
bending machine **125** 28, 30
bending table **119** 20
bending tool **136** 34
bend of hook **89** 81
bend sinister wavy **254** 6
Benguela Current **14** 43
benniseed **383** 45
bent hang **296** 39
benzene chlorination **170** 8
benzene extraction **170** 6
benzene ring **242** 66
benzene scrubber **156** 24
benzol scrubber **156** 24
beret **35** 27
berlin **186** 1
berm **216** 38
Bermuda shorts **31** 44
berry **58** 9, 11; **370** 97
berry bush **52** 19
berry tree, standard ~ **52** 11
besageur **329** 45
besom *Roof & Boilerr.* **38** 36
besom *Winter Sp.* **302** 43
Bessemer converter **147** 55-69
best end of loin **95** 7
beta particle **1** 32
beta ray **1** 32
Betelgeuse **3** 13
betel nut **380** 20
betel palm **380** 19
bevel *Carp.* **120** 81
bevel *Mach. Parts etc.* **143** 62
bevel edge **178** 44
bevel gear **91** 25
bevel gearing **91** 25
bevel gear wheel **143** 91
bevel wheel **143** 91
bez antler **88** 7
bez tine **88** 7
B flat major **320** 64
B flat minor **320** 67
bib *Infant Care etc.* **28** 43
bib *Ladies' Wear* **30** 24
bib and brace *Child. Clothes* **29** 40
bib and brace *Ladies' Wear* **30** 21
bib and brace overalls **33** 44
Bible **330** 11
bib skirt **29** 41
biceps brachii **18** 37
biceps femoris **18** 61
bick, flat ~ **137** 12
bick, round ~ **137** 13
bicycle **187**
bicycle, child's ~ **273** 9
bicycle, folding ~ **188** 1
bicycle, gent's ~ **187** 1
bicycle, motor-assisted ~ **188** 6
bicycle bell **187** 4
bicycle drive **187** 35-42
bicycle frame **187** 14-20
bicycle kick **291** 45
bicycle lamp **187** 7
bicycle lock **187** 49
bicycle pedal **187** 78
bicycle pump **187** 48
bicycles **188**
bicycle saddle **187** 22
bicycle speedometer **187** 33
bidet **49** 7
Biedermeier dress **306** 22
Biedermeier sofa **336** 17
bier **331** 41
bifurcation **224** 89
Big Dipper **3** 29
big top **307** 1
big wave riding **279** 4
big wheel **308** 37
bike **187** 1
bikini **280** 26
bikini bottom **280** 27
bikini briefs **32** 15
bikini top **280** 28
bilberry **377** 23
bile duct, common ~ **20** 37-38
bilge block **222** 40

bilge keel **222** 47
bilge shore **222** 40
bilge strake **222** 46
bill *Game* **88** 84
bill *Bank* **250** 12
bill *Birds* **359** 17
billboard **118** 45
bill clause **250** 17
billhook **56** 9; **85** 11
billiard ball **277** 1
billiard clock **277** 17
billiard cloth **277** 15
billiard cue **277** 9
billiard marker **277** 18
billiard parlor **277** 7-19
billiard player **277** 8
billiard room **277** 7-19
billiards **277** 1-19
billiards, English ~ **277** 7
billiards, French ~ **277** 7
billiards, German ~ **277** 7
billiard saloon **277** 7-19
billiard stick **277** 9
billiard strokes **277** 2-6
billiard table **277** 14
bill of exchange **250** 12
bills **252** 29-39
bin **200** 45
bind **321** 24
binder **107** 6
binder course **198** 4
binder injector **200** 53
binding *Bookbind.* **185** 40-42
binding *Athletics* **298** 54
binding, parts of ~ **301** 54-56
binding, rubber ~ **286** 57-58
bindweed **61** 26
binoculars **86** 6; **111** 17; **221** 128
biology preparation room **261** 14-34
biopsy forceps **23** 17
biplane **229** 10
bipod **255** 42
bipod mast **221** 24
biprism, ditrigonal ~ **351** 22
biprism, hexagonal ~ **351** 22
bipyramid, tetragonal ~ **351** 18
birch **51** 13; **272** 40; **281** 27
Birch Boletus **381** 22
birch rod **281** 27
birch tree **51** 13; **272** 40; **371** 9
bird **86** 50
bird, flightless ~ **359** 4
bird, gallinaceous ~ **359** 22
bird, migratory ~ **360** 7
bird, non-migratory ~ **360** 4
bird, resident ~ **360** 4
bird cherry **59** 5
bird-foot **69** 11
birds **359; 361; 362; 363**
birds, corvine ~ **361** 1-3
birds, endemic ~ **360**
birds, exotic ~ **363**
birds, flightless ~ **359** 1-3
birds, indigenous ~ **360**
birds, long-winged ~ **359** 11-14
birds, web-footed ~ **359** 5-10
bird's foot **69** 11
bird's foot clover **376** 17
bird's foot trefoil **69** 11; **376** 17
birdsmouth **84** 28
birds of prey **362**
birds of prey, diurnal ~ **362** 1-13
birds of prey, nocturnal ~ **362** 14-19
birth-wort **376** 22
biscuit tin, decorative ~ **46** 12
bisector **346** 28, 30
bishop **276** 10
bismarck **97** 29
bison **328** 9; **367** 9
bistort **376** 10
bit **140** 35
bitch **73** 16
biting housefly **81** 4
bitt **284** 25
bitter **93** 26
bitumen **145** 64
bituminous distributor **200** 46
black **343** 13
black arches moth **82** 17
black-backed jackal **367** 11
black beetle **81** 17
blackberry **58** 29
blackbird **361** 13
blackboard **47** 13; **48** 16; **261** 36
blackboard, three-part ~ **260** 29
blackboard chalk **48** 15
blackboard compass **260** 40
blackboard drawing **260** 33
blackboard sponge **260** 42
black buck **367** 5
blackcock **86** 11; **88** 66
black elder **374** 35
Black Forest clock **109** 31
Black Forest gateau **97** 24
black-headed gull **359** 14
black liquor filter **172** 28
black liquor storage tank **172** 29
black nightshade **379** 5
black rhino **366** 25
black salsify **57** 35
blacksmith **137; 138**
blacksmith's tools **137** 22-39
blackthorn **374** 27
bladder **20** 33, 78
blade *Kitch. Utensils* **40** 40
blade *Tablew. etc.* **45** 54
blade *Gdn. Tools* **56** 36
blade *Arable Crops* **68** 20
blade *Paperm.* **172** 74
blade *Bookbind.* **185** 29
blade *Rowing* **283** 38, 53
blade *Fencing* **294** 44
blade *Bot.* **370** 28
blade, flexible ~ **85** 20
blade, front ~ **85** 35
blade, lower ~ **23** 14
blade, rear ~ **85** 40
blade, rotating ~ **39** 24
blade bit **145** 21
bladebone **95** 22, 30, 32, 42
blade coater **173** 29-35
blade coating machine **173** 29-35
blade covering **293** 47
bladed cone, rotating ~ **172** 75
bladed plug, rotating ~ **172** 75
bladed shell, stationary ~ **172** 76
blade of grass **370** 83-85
blade-slewing gear **200** 22
blancmange powder **98** 50
blank **252** 43
blanket **71** 44; **168** 56
blanket, rubber ~ **180** 54, 79
blanket cylinder **180** 24, 37, 54, 63
blast burner **108** 16
blast furnace **147** 1
blast furnace plant **147** 1-20
blast furnace shaft **147** 7
blasting cartridge **158** 27
blasting fuse **158** 28
blast inlet **148** 2
blast lamp **108** 16
blast main **147** 17, 68; **148** 2
blastodisc **74** 65
blast pipe *Blacksm.* **137** 6
blast pipe *Iron Foundry etc.* **148** 2
blast pipe *Railw.* **210** 25
blazer **33** 54
blazing star **51** 31
blazon **254** 17-23
blazonry **254** 1-36
bleach **105** 1
bleach-hardener **116** 10
bleaching **169** 21
bleach tube **105** 3
bleed **192** 27
bleeder **38** 65
bleeding heart **60** 5
blender **40** 46
blending pump **196** 1
Blessed Sacrament **331** 48; **332** 35
blimp **310** 48; **313** 16-18, 27
blind *Hosp.* **25** 9
blind *Hunt.* **86** 9
blinder **71** 26
blind spot **19** 50
blindworm **364** 37
blinker **71** 26
blob marker **83** 9
blob marking **83** 6
block *Headgear* **35** 3
block *Plumb.* **125** 21
block *Mach. Tools* **150** 20
block *Ship* **221** 28, 105
block *Winter Sp.* **302** 40
block *Music. Instr.* **326** 20
block, adjustable ~ **298** 2
block, charcoal ~ **108** 37
block, clay ~ **159** 22, 23
block, halftone ~ **178** 38
block, hollow ~ **119** 24; **159** 21-22, 22, 23
block, pumice concrete ~ **119** 24
block, rubber ~ **187** 85
block, tongued and grooved ~ **123** 74
block, travelling ~ **145** 8
block, wooden ~ **340** 1
block and tackle **137** 20
block board **132** 73
block brake **143** 97
blocker **293** 60
blocking saw **157** 54
block instruments **203** 59
block making **178**
block mount **178** 41
block mountain **12** 4-11
block mounting **178** 41
block of flats **37** 72-76
block of flats, high-rise ~ **37** 82
block of flats, multi-storey ~ **37** 77-81
block section panel **203** 60
block step **123** 17
blood, arterial ~ **18** 12
blood, venous ~ **18** 11
blood circulation **18** 1-21
blood flow **21** 14-17
blood pressure **23** 32; **25** 1
blood sausage **99** 56
blood sedimentation **23** 42
blood smear **23** 50
bloodstone **108** 48
blood vessel **19** 33
bloomer **97** 8
blooming train **148** 50, 70
bloom shears **148** 52
blossom **59** 9; **69** 14; **80** 11
blotter **46** 23; **246** 6; **260** 25
blouse **30** 9
blouse, girl's ~ **29** 58
blow, straight ~ **299** 28
blow-and-blow process **162** 22
blower *Furrier* **131** 10
blower *Paperm.* **172** 4
blower *Railw.* **211** 11
blower, travelling ~ **165** 2, 3
blower aperture **165** 5
blower fan **191** 48; **192** 62
blower oil pump **211** 45
blower rail **165** 6
blowfly **358** 18
blowhole **367** 26
blowing **162** 28, 36
blowing, first ~ **162** 24
blowing assembly **165** 4
blowing iron **162** 39
blowing processes **162** 22-37
blowlamp **126** 74; **301** 22
blow mould **162** 26, 34
blowout magnet **312** 39
blowpipe *Gas Weld.* **141** 11, 19; **141** 28
blowpipe *Ethnol.* **352** 26
blowpipe lighter **141** 27
blow pit **172** 13
blow position **147** 57
blow tank **172** 11
blowtorch **126** 74; **301** 22
blow valve **172** 12
blubber-oil lamp **353** 7
blue *Colour* **343** 3
blue *Lepidopt.* **365** 6
blue-and-yellow macaw **363** 2
bluebell **375** 14
blueberry **377** 23
blue bird of paradise **363** 3
bluebottle **61** 1; **358** 18
blue light **264** 11; **270** 6
Blue Peter **253** 26
blue shark **364** 1
blue spruce **51** 10
bluetit **360** 4
blurb **185** 39
B minor **320** 57, 60
boar *Dom. Anim.* **73** 9
boar *Game* **88** 51
boar, young ~ **88** 51
board *Bldg. Site* **118** 22, 87; **119** 16
board *Carp.* **120** 1, 91
board *Sawmill* **157** 35
board *Games* **276** 1
board, illuminated ~ **268** 3
board, presawn ~ **273** 57
board, squared ~ **120** 95
board, unsquared ~ **120** 94
board, wooden ~ **338** 23
board cutter **183** 16
board cutter, rotary ~ **184** 20
board-cutting machine, rotary ~ **184** 20
board feed hopper **184** 7
board games **276**
boarding **121** 75
boarding, horizontal ~ **37** 84
boarding platform **194** 39
boardman **251** 7
board platform **118** 28
board-sawing machine **132** 68
board support **132** 70
boarhound **86** 33
boar hunt **86** 31
boaster **158** 37
boat, carvel-built ~ **283** 9
boat, inflatable ~ **228** 18; **258** 82; **278** 14; **279** 27
boat, ship's ~ **258** 12, 45; **259** 35
boat, V-bottom ~ **286** 35-37
boat, vee-bottom ~ **286** 35-37
boat axe **328** 19
boat carriage **278** 20; **283** 66

boat deck **223** 19-21
boat elevator **217** 29-38
boater **35** 35
boat fibula **328** 28
boathouse **283** 24
boat-launching crane **258** 13
boat lift **217** 29-38
boat neck **30** 34
boats, folding ~ **283** 54-66
boatswain **221** 114
boat tank **217** 33
boat trailer **278** 20; **283** 66
bobbin *Shoem.* **100** 29
bobbin *Dressm.* **103** 12
bobbin *Cotton Spin.* **164** 52, 56, 60
bobbin creel **164** 28
bobbin lace **102** 18
bobbin thread **104** 16
bobble **29** 4
boblet **303** 19
bobsled **303** 19
bobsledding **303** 19-21
bobsleigh **303** 19-21
bobsleigh, two-man ~ **303** 19
bobstay **219** 15
bob wig **34** 2
boccie **305** 21
bock beer **93** 26
bodhisattva **337** 10
bodice **31** 30
bodkin *Basketm.* **136** 35
bodkin *Composing Rm.* **174** 17
bodkin beard **34** 13
body *Flat* **46** 3
body *Joiner* **132** 24
body *Lorries etc.* **194** 3, 23
body *Aircraft* **230** 54
body *Airsports* **288** 26
body, bird's ~ **327** 57
body, dog's ~ **327** 30
body, dragon's ~ **327** 19, 36
body, fibre glass ~ **193** 14
body, horse's ~ **327** 27, 54
body, human ~ **16** 1-54
body, interchangeable ~ **213** 40
body, lion's ~ **327** 14, 22
body, man's ~ **327** 53
body, monocoque ~ **191** 1
body, monster's ~ **327** 48
body, pituitary ~ **17** 43
body, serpent's ~ **327** 2, 33
body, tambourine-like ~ **324** 30
body, unitary ~ **191** 1
body, woman's ~ **327** 59
body brush **71** 55
body-fixing plate **192** 72
body hammer **195** 46
bodyline **175** 43
body louse **81** 41
body of barrel **130** 6
body of wall **217** 2
body paper **173** 29
body plan **259** 2-11
body rotation **298** 11
body size **175** 46
body temperature **23** 3
body tube **113** 8, 31-39
bog **13** 14-24
bog bilberry **377** 23
bogie *Bldg. Site* **119** 32
bogie *Power Plant* **152** 41
bogie *Tram* **197** 9
bogie *Railw.* **207** 4; **208** 4; **212** 2; **213** 11, 13
bogie open freight car **213** 24
bogie open wagon **213** 24
bogie wagon **213** 26
bog pool **13** 23
bog whortleberry **377** 23
Bohr-Sommerfeld model **1** 26
boiler *Roof & Boilerr.* **38** 24, 68
boiler *Bakery* **97** 69
boiler *Energy Sources* **155** 13
boiler *Railw.* **210** 16
boiler, radiant-type ~ **152** 5
boiler, vertical ~ **210** 62
boiler barrel **210** 16
boiler feed pump **152** 18
boiler house *Market Gdn.* **55** 7
boiler house *Power Plant* **152** 1-21
boiler pressure **210** 3
boiler pressure gauge **210** 47
boiler room *Roof & Boilerr.* **38** 38-43
boiler room *Market Gdn.* **55** 7
boiler shop **222** 9
boiler suit **30** 21
boiling fowl **99** 60
boiling water system **154** 49
bola **352** 31
bolas **352** 31
bold **175** 2
bold condensed **175** 10
boldface **175** 2
bole **84** 19, 22; **85** 23, 41; **370** 2, 7
Boletus edulis **381** 16
Boletus luteus **381** 21
Boletus scaber **381** 22
boll **383** 8
bollard **217** 12
bollard, cross-shaped ~ **217** 13, 14; **227** 10
bollard, double ~ **217** 11, 14
bollard, recessed ~ **217** 10
bolster *Bedrm.* **43** 11
bolster *Tablew. etc.* **45** 55
bolster plate **85** 48
bolt *Slaughterho.* **94** 4
bolt *Roof* **121** 98
bolt *Metalwkr.* **140** 39
bolt *Mach. Parts etc.* **143** 31
bolt *Office* **246** 23
bolt, collar-head ~ **143** 32
bolt, countersunk-head ~ **143** 28
bolt, hexagonal-head ~ **143** 13
bolt, square-head ~ **143** 39
bolt, T-head ~ **143** 41
bolter **91** 26
bolt guide pin **140** 41
bolt handle **87** 22
bolt lever **87** 22
bolts **143** 13-50
bombard **322** 14
bombardon **323** 44
bomber jacket **31** 42
bombycid moth **358** 48
bond *Bldg. Site* **118** 30
bond *Stock Exch.* **251** 1-10, 11-19
bond, convertible ~ **251** 11-19
bond, English ~ **118** 62
bond, industrial ~ **251** 11-19
bond, municipal ~ **251** 11-19
bonding, rubber ~ **192** 82
bone **70** 33; **354** 40
bone, ethmoid ~ **17** 39
bone, frontal ~ **17** 30
bone, hyoid ~ **20** 2
bone, jugal ~ **16** 8
bone, lachrimal ~ **17** 40
bone, malar ~ **16** 8
bone, metacarpal ~ **17** 16
bone, nasal ~ **17** 41
bone, occipital ~ **17** 32
bone, parietal ~ **17** 31
bone, sphenoid ~ **17** 38
bone, tarsal ~ **17** 26
bone, temporal ~ **17** 33
bone, zygomatic ~ **16** 8; **17** 37
bone chisel **24** 49
bone-cutting forceps **26** 51
bone lace **102** 18
bone nippers **26** 51
bones **17** 1-29
bone saw *Slaughterho.* **94** 19
bone saw *Butch.* **96** 56
bongo drum **324** 58
boning knife **96** 36
bonnet *Car* **191** 8
bonnet *Garage* **195** 36
bonnet *Ship* **218** 34
bonnet support **195** 37
book **42** 4; **46** 8; **185** 36
book, children's ~ **47** 17; **48** 23
book, open ~ **185** 52
book, second-hand ~ **309** 55
book, sewn ~ **185** 22
book, unbound ~ **183** 32
bookbinder **183** 2
bookbinding **183**; **184**; **185**
bookbinding machines **184** 1-23; **185** 1-35
bookcase unit **46** 7
book cover **185** 40
book delivery **184** 5
bookjacket **185** 37
bookmark, attached ~ **185** 70
bookmark, loose ~ **185** 71
bookmarker, attached ~ **185** 70
bookmarker, loose ~ **185** 71
bookplate **185** 51
book-sewing machine **185** 16
bookshelf **42** 3; **43** 14; **262** 12
bookshelf unit **46** 7
bookshop **268** 37
book stack **262** 11
boom *Bldg. Site* **119** 36
boom *Docks* **226** 49
boom *Sailing* **284** 7, 39
boom, double ~ **229** 35
boomerang **352** 39
boom foresail **220** 12
boom microphone **311** 40
boom operator **310** 22
boom swinger **310** 22
booster rocket **234** 1, 2
boost gauge **230** 7
boot *Shoem.* **100** 57
boot *Car* **191** 24; **193** 23
boot *Music. Instr.* **326** 17
boot, baby's ~ **101** 56
boot, felt ~ **353** 30
boot, ladies' ~ **101** 12
boot, men's ~ **101** 5
boot, pony-skin ~ **101** 10
boot, rubber ~ **289** 32
boot, Western ~ **101** 9
bootee **28** 45; **29** 5
Boötes **3** 30
booth **308** 6
bootlace **100** 64; **291** 32
boot lid **191** 7
bootmaker **100**
boot space **193** 17
borage family **69** 13
Boraginaceae **69** 13
border *Fruit & Veg. Gdn.* **52** 18, 22
border *Basketm.* **136** 17
border *Park* **272** 37
border *Theatre* **316** 12
border light **316** 13
bore **143** 86
bore axis **87** 38
bore diameter **87** 40
borehole **158** 12
borer **80** 18
boring machine **175** 49
boring mill **138** 22
boring mill column **150** 31
boring motor **133** 7
boring tool **149** 51
borrower's ticket **262** 25
boscage **272** 4
bosh **137** 8
bo's'n **221** 114
bosom **16** 30
boss *Chivalry* **329** 58
boss *Art* **335** 32
bostryx **370** 76
bo'sun **221** 114
botany **370**
bottle *Brew.* **93** 21
bottle *Restaurant* **266** 16
bottle *Swim.* **279** 19
bottle, collapsible ~ **116** 9
bottle, non-returnable ~ **93** 29
bottle, three-necked ~ **350** 57
bottle, wicker ~ **206** 13
bottle, wickered ~ **206** 13
bottle basket **79** 13
bottle bobbin **167** 4
bottle-capping machine **76** 46
bottle kiln **161** 3
bottle-making machine **162** 21
bottle-nosed dolphin **367** 23
bottle-opener **45** 47
bottle rack *Kitch.* **39** 6
bottle rack *Wine Cell.* **79** 11
bottlescrew **284** 19
bottle warmer **28** 21
bottle washer **93** 19
bottle-washing machine **93** 19
bottle-washing plant **93** 18
bottling **93** 22
bottling machine, circular ~ **79** 9
bottling machine, semi-automatic ~ **79** 9
bottom **16** 40
bottom, artificial ~ **301** 52
bottom, cellular ~ **222** 60
bottom, cut-in ~ **119** 56
bottom, double ~ **222** 60
bottom, synthetic ~ **301** 52
bottom bracket bearing **187** 42
bottom fishing **89** 20-31
bottom outlet **269** 34
bottom plating **222** 48
bottom plating, inner ~ **222** 54
bott stick **148** 10
boudoir piano **325** 40
bough **370** 5
bouillon cube **98** 27
boule, grooved ~ **305** 24
boules **305** 21
boules player **305** 22
bounce **297** 36
bouncing ball **273** 20
boundary layer control flap **256** 6; **257** 13
boundary ridge **63** 3
boundary stone **63** 2
bouquet, bridal ~ **332** 18
bouquetin **367** 7
bourgeois **175** 26
bout **294** 5-6
Bovista nigrescens **381** 19
bow *Ladies' Wear* **30** 46
bow *Hairst. etc.* **34** 7
bow *Metalwkr.* **140** 34
bow *Shipbuild.* **222** 74-79
bow *Warships* **258** 3
bow *Rowing* **283** 13

bow *Music. Instr.* **323** 12
bow *Ethnol.* **354** 32
bow *Hist. Cost.* **355** 78
bow, bulbous ~ **221** 45; **222** 74
bow, fully enclosed ~ **259** 9
bow, sliding ~ **205** 36
bow and arrow **327** 53
bow bilge **259** 80
Bowden cable **188** 37; **189** 12
bow door **221** 30
bowed instruments **323** 1-27
bowel **20** 14-22
bower **272** 17
bower, ladies' ~ **329** 10
bower anchor **258** 39; **286** 15
bow fender **227** 17
bow gin **87** 48
bowl **40** 6; **45** 63; **105** 1; **107** 36
bowler **292** 76
bow light, green and red ~ **286** 13
bowline **218** 35
bowling ball **305** 15
bowling crease **292** 71
bowl lid **107** 37
bowls **305** 21
bow-manoeuvring propeller **224** 23
bow propeller **228** 33
bow ramp **258** 90
bowsprit **218** 20; **219** 1
bow stick **323** 14
bow string **305** 59
bow thruster **224** 23
bow-tie **32** 47; **33** 11, 16
bow trap **87** 48
bow wave **223** 81
box *Livestock* **75** 2
box *Carriages* **186** 8
box *Gymn.* **296** 15
box *Athletics* **298** 35
box *Fair* **308** 7
box *Bullfight. etc.* **319** 7
box, centrifugal ~ **169** 17
box, coach's ~ **292** 56
box, crossing keeper's ~ **202** 43
box, gateman's ~ **202** 43
box, racer's ~ **290** 7
box, rider's ~ **290** 7
box, small ~ **296** 16; **297** 9
box attendant **315** 12
box camera **309** 30
boxcar **213** 14, 22
boxer *Dog* **70** 10
boxer *Sports* **299** 25
box feeder **159** 7
box gutter **122** 83
boxing **299** 20-50
boxing contest **299** 35-50
boxing glove **299** 26
boxing match **299** 20-50, 35-50
boxing ring **299** 35
box office **308** 7
box pile **217** 6
boxroom door **38** 20
box spar **287** 30
box spur **71** 50
box trap **86** 20
box tree **373** 19
boy scout **278** 11
bra **32** 1; **318** 29
bra, longline ~ **32** 4
brace *Bldg. Site* **119** 63
brace *Carp.* **120** 27, 54
brace *Roof* **121** 41, 58, 69, 82
brace *Ship* **219** 67
brace *Music. Instr.* **325** 16
brace, diagonal ~ *Bldg. Site* **118** 88; **119** 51
brace, diagonal ~ *Bridges* **215** 4
bracelet **36** 3
bracelet, cultured pearl ~ **36** 9
bracelet, gemstone ~ **36** 25
bracelet watch **36** 33
braces **29** 26, 34; **32** 30
braces, adjustable ~ **33** 45
braces clip **32** 31
brachioradialis **18** 39
bracing **215** 3
bracing, diagonal ~ **119** 14
bracken **15** 5; **377** 16
bracket *Doc.* **23** 10
bracket *Plumb. etc.* **126** 6
bracket *Bicycle* **187** 77
bracket *School* **260** 30
bracket *Winter Sp.* **302** 17; **303** 7
bracket, chrome ~ **188** 60
bracket, round ~ **342** 24
bracket, square ~ **342** 25
Brackett series **1** 23
bract **371** 7; **372** 5
bracteate **252** 4
bract scale **372** 5
braid, floral ~ **30** 28
braid embroidery **102** 31
braid work **102** 31
Braille **342** 15
brain-stem **17** 47; **18** 24
brake *Mills* **91** 8
brake *Carriages* **186** 2, 16
brake *Car* **191** 45
brake *Air Force* **257** 10
brake *Forest Plants etc.* **377** 16
brake, automatic ~ **181** 47
brake, auxiliary ~ **212** 10
brake, covered ~ **186** 33
brake, front ~ **187** 5
brake, hydraulic ~ **212** 44
brake arm **187** 66
brake arm cone **187** 67
brake axle **143** 99
brake band **143** 105
brake block *Mach. Parts etc.* **143** 100
brake block *Carriages* **186** 16
brake cable **188** 37; **189** 12
brake casing **187** 70
brake chute housing **257** 24
brake cone **187** 71
brake cylinder pressure gauge **212** 7
brake disc **191** 17; **192** 48
brake drum **138** 11, 20
brake flap *Aircraft* **229** 44
brake flap *Air Force* **256** 12
brake flap *Gliding* **287** 38
brake fluid reservoir **191** 49
brake line *Motorcycle* **189** 12
brake line *Car* **192** 53
brake lining *Blacksm.* **138** 13
brake lining *Mach. Parts etc.* **143** 106
brake lining *Car* **192** 52
brake lock **56** 38
brake magnet **143** 102
brakeman **303** 21
brake pedal *Gdn. Tools* **56** 40
brake pedal *Offset Platem.* **179** 12, 30
brake pedal *Car* **191** 45, 95
brake pressure gauge **210** 50
brake pulley **143** 98
brake shaft **143** 99
brake shoe *Blacksm.* **138** 12
brake shoe *Mach. Parts etc.* **143** 100
brake shoe *Car* **192** 51
brake system, dual-circuit ~ **191** 72
brake-testing equipment **138** 16
brake weight **143** 103
brake wheel **91** 7
braking disc **191** 17; **192** 48
braking distance **203** 29
braking roller **138** 18
branch *Railw.* **203** 48
branch *Fire Brig.* **270** 33
branch *Maths.* **347** 15
branch *Bot.* **370** 5, 6
branch *Decid. Trees* **371** 10, 25, 27, 32, 59
branch *Conifers* **372** 36, 43
branch *Trop. Plants* **382** 17
branch *Industr. Plants* **383** 61
branch *South. Fruits* **384** 12, 42
branch, flowering ~ **58** 32, 52; **59** 1, 26, 37
branch, fruit-bearing ~ **59** 19, 48
branch, fruiting ~ **59** 30
branch, left ~ **203** 47
branch, right ~ **203** 46
branch line **15** 23
branchman **270** 34
brandy **98** 59
brandy glass **45** 88
brant **359** 5
brant-goose **359** 5
brashing **84** 12
brass **323** 39-48
brassard *Fire Brig.* **270** 22
brassard *Chivalry* **329** 47
brassica **57** 32
brassicas **57** 28-34
brassie **293** 91
brassière **32** 1; **318** 29
brassière, longline ~ **32** 4
brass instruments **323** 39-48
bratwurst **96** 11; **308** 34
brayer **340** 12
Brazil Current **14** 35
Brazil nut **384** 53, 59
breach **13** 34
bread **45** 22; **97** 2
bread, kinds of ~ **97** 6-12; **99** 11
bread, wrapped ~ **97** 48-50
bread and cheese **266** 75
bread basket **45** 20
bread counter **99** 9
bread crust **97** 4
breadth scale **157** 58
bread unit **97** 56-57
break *Brew.* **93** 2
break *Composing Rm.* **175** 15
break *Carriages* **186** 2
break, covered ~ **186** 33
break-bulk cargo, unitized ~ **226** 11
break-bulk cargo elevator, floating ~ **226** 31
break-bulk cargo transit shed **225** 9
break-bulk carrier **225** 14; **226** 13
breakdown lorry **270** 47
breaker *Overh. Irrign.* **67** 34
breaker *Swim.* **279** 6
breaker spring **67** 35
break removal **93** 1-5
breakstone, rotundifoliate ~ **375** 1
breakwater *Hydr. Eng.* **217** 16
breakwater *Docks* **225** 65
breakwater *Warships* **258** 7, 76
breast *Man* **16** 28-29
breast *Horse* **72** 19
breast beam **166** 46
breast beam board **166** 16
breastbone *Man* **17** 8
breastbone *Meat* **95** 27
breastbox **173** 11
breast collar **71** 28
breast collar ring **71** 27
breast drill **140** 58
breast harness **71** 26-36
breast of veal **95** 4
breastplate **329** 46
breast pocket **33** 9
breasts **16** 28-29
breaststroke **282** 33
breastwork **329** 21
breather **153** 10
breathing apparatus **26** 1; **270** 39
breathing tube **27** 37
breccia **11** 27
breeches **300** 7
breeches, loose ~ **355** 34
breeches, white ~ **289** 5
breeches buoy **228** 13
breech ring **255** 54
breeding comb **77** 46
breeds **70**
breeze **120** 44
brent-goose **359** 5
breve **320** 12
breve rest **320** 20
breviary **331** 58
brevier **175** 25
brevis **320** 12
brewer **92** 49
brewery **93** 1-31
brewhouse **93** 1-31
brewing **92; 93**
briar grain **107** 41
briar rose **373** 26
brick **118** 40
brick, green ~ **159** 16
brick, perforated ~ **159** 21-22, 21
brick, radial ~ **159** 25
brick, radiating ~ **159** 25
brick, solid ~ **159** 20
brick, standard ~ **118** 58
brick, unfired ~ **159** 16
brick cutter **159** 15
brickfield **159**
brick hammer **118** 53
brick kiln **159** 19
bricklayer **118** 18
bricklayer's tools **118** 50-57
brickmason **118** 18
brickmason's tools **118** 50-57
brick-pressing machine **159** 11
brickwork, frost-resistant ~ **122** 39
brickwork base **123** 15
brickworks *Map* **15** 89
brickworks **159**
brickyard **159**
bride **332** 15
bridegroom **332** 16
bridesmaid **332** 24
bridge *Map* **15** 44
bridge *Opticn.* **111** 11
bridge *Station* **205** 3
bridge *Ship* **221** 6, 12; **223** 12-18
bridge *Shipbuild.* **222** 26
bridge *Warships* **258** 14; **259** 3, 28
bridge *Park* **272** 47
bridge *Free Exerc.* **295** 19
bridge *Sports* **299** 9
bridge *Theatre* **315** 29; **316** 34
bridge *Music. Instr.* **322** 17
bridge, cable-stayed ~ **215** 46

bridge, covered ~ **215** 32
bridge, cross-section of ~ **215** 1
bridge, dental ~ **24** 26
bridge, flat ~ **215** 52
bridge, iron ~ **15** 56
bridge, reinforced concrete ~ **215** 49
bridge, rope ~ **215** 15
bridge, solid ~ **215** 19
bridge, stone ~ **15** 50
bridge bearing **215** 55
bridge deck **223** 12-18
bridge over railway **15** 40
bridge ring **89** 58
bridges **215**
bridge strut **215** 30
bridge superstructure **258** 14
bridge support **222** 12
bridge under railway **15** 42
bridle **71** 7-13
bridle path **12** 46
briefcase **41** 17
briefs **32** 26
brig **220** 17
brigantine **220** 14
brightness control **240** 33
brille **323** 35
brilliant **175** 21
brilliant cut **36** 44
brimstone butterfly **365** 4
brine channel **274** 3
brine pipe **274** 4
briolette, faceted ~ **36** 86
Brisinga endecacnemos **369** 11
brisket, hind ~ **95** 25
brisket, middle ~ **95** 26
brisket of beef **95** 23
bristle **88** 52
bristles *Hairst. etc.* **34** 23
bristles *Household* **50** 47
bristletail **81** 14
bristle worm **357** 22
broach **109** 8
broaching tap **93** 14
broach roof **121** 22
broach roof, conical ~ **121** 24
B road **15** 36
broad axe **120** 70
broad bean *Veg.* **57** 8
broad bean *Fodder Plants* **69** 15
broadcasting **238**; **239**; **240**
broadcasting centre **238** 16-26
broadcasting station **15** 33
broadsheet **340** 27
broadside **340** 27
broadside fire **218** 59
broadtail *Ladies' Wear* **30** 60
broadtail *Furrier* **131** 21
brochure **250** 7
broderie anglaise **102** 11
broiler **98** 6; **308** 33
broiler chicken **74** 12
broiler rearing **74** 11-17
broken thread detector roller **164** 4
broken thread stop motion **165** 19
broker, commercial ~ **251** 5
broker, inside ~ **251** 4
broker, outside ~ **251** 5
bronchus **20** 5
Bronze Age **328** 21-40
brooch, ivory ~ **36** 30
brooch, modern-style ~ **36** 19
brooch, pearl ~ **36** 7
brood bud bulblet **54** 27, 29
brood cell **77** 31
brood chamber **77** 46
brooder **74** 3
brook **13** 8; **15** 80
broom **38** 36; **50** 46; **62** 5; **199** 6; **268** 21; **272** 67
broom *Shrubs etc.* **374** 20
broom, circular ~ **199** 40
broom, cylinder ~ **199** 42
broom, inverted ~ **224** 99
broom, upward-pointing ~ **224** 100
broom handle **38** 37; **50** 49
broom head **50** 48
broomstick **38** 37; **50** 49
brougham **186** 3
brow antler **88** 6
browband **71** 9
brown **343** 5
brown ale **93** 26
brown bear **368** 10
brown leaf-eating weevil **80** 49
Brown Ring Boletus **381** 21
brown-tail moth **80** 28
brown trout **364** 15
brow point **88** 6
brow snag **88** 6
brow tine **88** 6
brush *Roof & Boilerr.* **38** 32
brush *Household* **50** 42, 53
brush *Bees* **77** 7
brush *Forestry* **84** 5
brush *Game* **88** 47
brush *School* **260** 59
brush *Graphic Art* **340** 11
brush *Script* **341** 24
brush, camel hair ~ **338** 7
brush, dry ~ **128** 49
brush, flat ~ *Painter* **129** 17
brush, flat ~ *Art. Studio* **338** 6
brush, rotating ~ **168** 46
brush, round ~ **338** 8
brush, stiff-bristle ~ **105** 16
brush, wire ~ *Gas Weld.* **141** 26
brush, wire ~ *Arc Weld.* **142** 18
brush, wire ~ *Music. Instr.* **324** 53
brush head **50** 79
brush head, detachable ~ **49** 30
brushwood *Map* **15** 15
brushwood *Forestry* **84** 5
brushwood *Spa* **274** 2
Brussels lace **102** 18
Brussels sprout **57** 30
bubble bath **49** 3
bubble chamber **1** 58
bubble float, oval ~ **89** 47
buccaneer **306** 43
Büchner funnel **349** 11
buck *Dom. Anim.* **73** 18
buck *Game* **88** 28, 40, 59
buck *Gymn.* **296** 17
buck, young ~ **88** 39
bucket *Household* **50** 54
bucket *Mills* **91** 36
bucket *Bldg. Site* **118** 82
bucket *Road Constr.* **200** 5
bucket chain **226** 42
bucket dredger **226** 41
bucket elevator **200** 49; **201** 21
bucket elevator chain **216** 57
bucket ladder **226** 43
bucket pump **269** 7
bucket seat *Car* **193** 11
bucket seat *Sports* **305** 90
bucket teeth **200** 6
bucket-top boot **355** 58
buckeye **371** 58
buckle **101** 52
buckle and knife folder **185** 8
buckle and knife folding machine **185** 8
buckle fold **185** 11
buckler **329** 57
bucksaw **120** 61
bud **54** 23, 26; **58** 27; **59** 22; **60** 16; **61** 3
bud, axillary ~ **370** 25
bud, terminal ~ **370** 22
bud cutting **54** 22
Buddha **337** 20
budding **54** 30
budding knife **54** 31
buffalo **367** 8
buffalo horn **254** 34
buffer *Station* **206** 51
buffer *Railw.* **213** 7
buffer *Army* **255** 27, 44, 52
buffer recuperator **255** 52
buffer ring **255** 44
buffer storage **242** 33
buffet **207** 78-79
buffet car, quick-service ~ **207** 73
buffet compartment **207** 78-79
buffing machine **108** 46
buffing wheel **100** 10
buffoon **306** 38, 69
bug **81** 39
buggy **193** 12
buggy, American ~ **186** 49
buggy, English ~ **186** 48
bugle **309** 54
building, centralized ~ **334** 55
building, centrally-planned ~ **334** 55
building, model ~ **48** 28
building, neoclassical ~ **336** 15
building, public ~ **15** 54
building berth **222** 11-18
building berths **222** 11-26
building block **28** 41; **48** 27
building board, lightweight ~ **123** 58
building brick *Infant Care etc.* **28** 41
building brick *Kindergart.* **48** 27
building glazier **124** 8
building site **118**; **119**
building slips **222** 11-26
building timber **120** 10, 83-96
built piece **315** 32
built unit **315** 32
bulb, glass ~ **127** 57
bulb, old ~ **54** 28
bulb-head pin **328** 29
bulbil **54** 27, 29; **375** 38
bulk cargo **221** 11
bulk cargo handling **226** 29
bulk carrier *Ship* **221** 9
bulk carrier *Docks* **225** 67; **226** 30
bulk goods **221** 11
bulkhead, protective ~ **305** 91
bulk material **200** 12
bulk transporter barge **226** 35
Bull *Astron.* **3** 25; **4** 54
bull *Dom. Anim.* **73** 1
bull *Heraldry* **254** 15
bull, mock ~ **319** 3
bull, young ~ **319** 35
bulldog **70** 1
bulldozer **199** 16; **200** 28
bulldozer blade **200** 29
bulldozer for dumping and compacting **199** 18
bullfight **319** 1-33, 24
bullfight, mock ~ **319** 1
bullfighting **319**
bullfinch **360** 5
bull pen **319** 14
bullring **319** 5
bull's eye **336** 2
bull's-eye glass **124** 6
bull terrier **70** 16
bulrush **136** 27
bulwark **221** 120; **222** 67
bumblebee **358** 23
bumper *Tram* **197** 12
bumper *Station* **206** 51
bumper, front ~ **191** 13
bumper, integral ~ **193** 33
bumper car **308** 62, 63
bumper steel **166** 44
bumper steel stop rod **166** 45
bump rubber **192** 82
bun **34** 29
bun, plaited ~ **97** 41
bunches **34** 30
bunch of fruit **384** 32
bunch of grapes **78** 5; **99** 89
bunch pink **60** 6
bungalow **278** 7
bunghole **130** 7
bunk, folding ~ **259** 84
bunk, rear ~ **85** 49
bunk-bed **47** 1
bunker **293** 81
bunkering boat **225** 13
Bunsen burner **173** 5; **350** 1
Bunter downthrow **154** 61
bunting **253** 3, 11
buntings **361** 6-7
bunt line **218** 36; **219** 71
buoy **90** 2; **216** 12; **224** 71; **285** 17, 18; **286** 31
buoy, conical ~ **224** 76
buoy, green ~ **224** 84
buoy, port hand ~ **224** 95
buoy, starboard hand ~ **224** 96
buoyancy tube **286** 27
buoy rope **90** 3
bur **24** 37
burden chain **139** 44
burette **350** 21
burette clamp **350** 23
burette stand **350** 22
burgee **253** 22; **284** 48
Burgundian **355** 40
burial **331** 33-41
burial place, underground ~ **331** 59
burin **175** 33; **340** 5, 15, 20
burner *Power Plant* **152** 6
burner *Glass Prod.* **162** 6
burner, gas ~ **139** 3, 48
burner platform **288** 80
burner ventilator **92** 17
burning-in oven **179** 32
burnisher *Goldsm. etc.* **108** 51
burnisher *Watchm.* **109** 17
burnishing **109** 17
burnous **354** 7
burr **88** 5, 29
burrow *Soft Fruit* **58** 63
burrow *Hunt.* **86** 26
burying ground **331** 21-41
bus **194** 17
bus, double-deck ~ **194** 36
bus, double-decker ~ **194** 36
bus, electrical system ~ **235** 55
busbar **152** 29
buses *Lorries etc.* **194**
'buses' *Airport* **233** 35
bush, rubber ~ **192** 67
bushing **162** 50
bushing chain, double ~ **190** 49
bushing tip **162** 51
bushman **354** 29
bushman woman **354** 34
business and passenger aircraft **231** 3, 7

business letter **245** 33; **246** 7; **248** 30
business trip **209** 29
bust **42** 17
bustle **355** 69
bustle pipe **147** 53
butane gas **278** 33
butane gas bottle **278** 34
butcher **96** 38, 58
butcher knife **94** 15; **96** 37
butcher's shop **96** 1-30
butt *Hunt.* **86** 47-52, 51; **87** 3, 7
butt *Meat* **95** 50
butt *Army* **255** 9, 24, 31, 39
butt *Sports* **305** 47
butt, bound ~ **89** 55
butt, cork ~ **89** 50
butt end **85** 41
butter **98** 22; **99** 47
butter, branded ~ **76** 37
butter-and-eggs **376** 26
butter churn **76** 33
butter-cream cake **97** 24
buttercup **375** 8
butter dish **45** 36
butterflies **358** 48-56; **365** 1-6
butterflower **375** 8
butterfly *Free Exerc.* **295** 35
butterfly *Articulates* **358** 52
butterfly nut **143** 42; **187** 39
butterfly stroke **282** 34
butterfly tail **229** 31
butterfly valve **192** 9
butter knife **45** 73
butter-making, continuous ~ **76** 33
buttermilk tank **76** 18
butter shaping and packing machine **76** 32
butter supply pipe **76** 34
butterwort **377** 13
button *Tram* **197** 32
button *Fencing* **294** 45
button *Music. Instr.* **325** 31
button, staghorn ~ **29** 33
button box **103** 15
buttonhole **332** 21
buttonhole stitch **102** 6
button stitch **102** 6
butt plate *Hunt.* **87** 14
butt plate *Sports* **305** 46
buttress *Chivalry* **329** 26
buttress *Art* **335** 27
buttresses **335** 27-28
butt ring **89** 58
buzzer, electric ~ **127** 15
buzz saw **119** 19; **125** 24; **134** 50
buzz saw blade **132** 59
by-line **291** 7
bypass air flow **232** 50
bypass duct **232** 41, 44
bypass engine **232** 46
bypass switch **211** 25

C

cab *Carriages* **186** 26, 28
cab *Lorries etc.* **194** 2
cab *Town* **268** 64
cab, driver's ~ **64** 36; **194** 2, 15; **200** 11; **208** 14; **209** 6; **210** 39-63, 49; **211** 19, 57; **212** 5; **213** 2
cab, engineer's ~ **208** 14; **209** 6; **210** 39-63, 49; **211** 19, 57; **212** 5; **213** 2
cabbage, green ~ **57** 32
cabbage, red ~ **57** 32
cabbage, round ~ **57** 32
cabbage lettuce **57** 36
cabbage white butterfly **80** 47, 48
cab frame **65** 21
cab heating switch **211** 39
cab horse **186** 28
cabin *Railw.* **214** 20, 28
cabin *Ship* **218** 45
cabin *Sailing* **285** 39
cabin *Airsports* **288** 19
cabin, admiral's ~ **218** 27
cabin, captain's ~ **223** 13
cabin, commanding officer's ~ **259** 85
cabin, coxswain's ~ **228** 31
cabin, crane driver's ~ **119** 35; **222** 16; **226** 52
cabin, de luxe ~ **223** 30
cabin, double-berth ~ **223** 29
cabin, large-capacity ~ **214** 52
cabin, officer's ~ **223** 21
cabin, single-berth ~ **223** 46; **228** 32
cabin cruiser **286** 3
cabinet **22** 40; **246** 20
cabinet maker **132** 38
cabin pulley cradle **214** 66
cabin superstructure **285** 39
cable *Sea Fish.* **90** 26
cable *Power Plant* **153** 41
cable *Music. Instr.* **326** 53
cable, auxiliary ~ **214** 47
cable, electric ~ **56** 32
cable, endless ~ **214** 21
cable, high-voltage ~ **153** 42
cable, lower ~ **214** 46
cable, moisture-proof ~ **127** 42
cable, submarine ~ **237** 56
cable, thermoplastic ~ **127** 42
cable, three-core ~ **127** 44
cable binding **301** 40
cable boom **195** 15
cable box **153** 33
cable clip **127** 40
cable connection **6** 26
cable connection panel **239** 3
cable crane berth **222** 11-18
cable drum **85** 39; **270** 55
cable duct **234** 29, 47; **235** 61
cable ferry **216** 1
cable guide **201** 7
cable guide rail **214** 33
cable manhole **198** 17
cable parachute **287** 7
cable pattern **30** 39
cable pulley, automatic ~ **301** 62
cable railway **214** 12
cable release **23** 9; **114** 38; **115** 101
cable release, double ~ **115** 102
cable release socket **117** 6
cable support **214** 76
cable suspension lines **214** 15-38
cable tunnel **152** 20
cable vault **152** 21
cableway **214** 30
cableway, endless ~ **214** 19
cableway gondola **214** 52
cableways **214** 15-38
cable winch **85** 38, 46; **255** 69; **258** 85
cabochon, high ~ **36** 79
cabochon, octagonal ~ **36** 81
cabochon, oval ~ **36** 80
cabochon, round ~ **36** 78
cabochon, simple ~ **36** 78
cabochons **36** 78-81
caboose **223** 42
cabriole **314** 21
cabriolet **186** 29
cacao bean **382** 19
cacao tree **382** 16
cachalot **367** 25
caddis fly **358** 12
caecum **20** 17
café **265** 1-26
café, open-air ~ **272** 57
café customers **265** 22-24
café table **265** 11
cage *Fish Farm.* **89** 1
cage *Coal* **144** 23
cage *Circus* **307** 50
cage, crane driver's ~ **119** 35; **222** 16; **226** 52
cage, outside ~ **356** 11
cage, rotating ~ **168** 17
cage, round ~ **307** 49
cage, stepped ~ **74** 20
cage, tiered ~ **74** 20
cage caravan **307** 62
cage system **74** 18
cage-winding system **144** 23
caisson **217** 33; **222** 32; **259** 19
cake **169** 19-27, 22
cake counter **99** 9; **265** 1
cake plate **97** 25
cakes **97** 17-47
cake tin **40** 28, 29
calabash **354** 27
calcaneum **17** 27
calcite **351** 22
calcium chloride tube **350** 43
calculating machine **309** 80
calculation, logarithmic ~ **345** 6
calculator **309** 80
calculator, electronic ~ **246** 12
calculator dial *Photog.* **114** 57
calculator dial *Photograv.* **182** 19
calculus, infinitesimal ~ **345** 13-14
calendar **22** 10
calendar clock **110** 19
calendar sheet **247** 33
calender **173** 36
calendering machine **168** 38
calender roll **173** 26, 38
calender roller **163** 20, 37, 59
calf *Man* **16** 53
calf *Farm Bldgs.* **62** 33
calf *Dom. Anim.* **73** 1
calf *Game* **88** 1
calf *Meat* **95** 1-13
caliber **87** 40
calibre **87** 40
California Current **14** 39
caliper *see* calliper
call, local ~ **237** 3
call, long-distance ~ **237** 3
call box **204** 46; **236** 8; **237** 1; **251** 10; **268** 56
call button **25** 6; **127** 3; **246** 15
calliper *Car* **191** 18
calliper *Sculpt. Studio* **339** 3
calliper, fixed ~ **192** 49
calliper, inside ~ **135** 23
calliper, outside ~ **135** 18
calliper gauge **149** 59
calliper square **85** 10
call light **315** 52
callosity **72** 27
calls for luring game **87** 43-47
calm **9** 11
calm belts **9** 46-47
calms, equatorial ~ **9** 46
calvarium **261** 16, 18
calyx **58** 8; **374** 8
calyx, involucral ~ **375** 33
calyx, renal ~ **20** 30
cam **190** 60
Camberwell beauty **365** 5
cambium ring **370** 10
came **124** 13
camel **366** 29
camel caravan **354** 1
camera *Atom* **1** 60
camera *Optic. Instr.* **112** 14, 20
camera *Cine Film* **117** 28
camera *Audiovis.* **243** 1
camera *Films* **310** 19
camera, cartridge-loading ~ **114** 11
camera, compact ~ *Cine Film* **117** 51
camera, compact ~ *Photomech. Reprod.* **177** 32
camera, folding ~ **114** 49; **309** 25
camera, high-speed ~ **313** 35
camera, large-format ~ *Optic. Instr.* **112** 25, 36
camera, large-format ~ *Photog.* **114** 49, 61
camera, miniature ~ *Doc.* **23** 7
camera, miniature ~ *Optic. Instr.* **112** 26
camera, miniature ~ *Photog.* **114** 1; **115** 1
camera, 35 mm ~ *Photog.* **114** 1
camera, 16 mm ~ *Cine Film* **117** 43
camera, 35 mm ~ *Films* **313** 1
camera, 16 mm ~ *Films* **313** 31
camera, narrow-gauge ~ **313** 35
camera, photogrammetric ~ **112** 68
camera, professional press-type ~ **117** 66
camera, rapid-sequence ~ **115** 77
camera, single-lens reflex ~ **115** 1
camera, spectrographic ~ **5** 6
camera, stereometric ~ **112** 71
camera, subminiature ~ **114** 16
camera, Super-8 ~ **117** 51
camera, underwater ~ **279** 24
camera assistant **117** 68; **310** 42
camera back **114** 54; **115** 23
camera body *Photog.* **115** 2
camera body *Photomech. Reprod.* **177** 25, 33
camera cable **239** 2
camera case **115** 103
camera case, underwater ~ **279** 24
camera control **242** 36
camera crane **310** 49
camera door **313** 25
camera head **240** 27
camera housing, underwater ~ **279** 24
camera lens **313** 19
cameraman **117** 67; **310** 20
cameraman, first ~ **310** 41
camera monitor **238** 65; **239** 12; **240** 28
camera operator **310** 42
camera tube switch **242** 23
cam housing **167** 13
camomile *Weeds* **61** 8
camomile *Med. Plants* **380** 1
camp *Games* **276** 27
camp *Circus* **307** 61
campanile **334** 65
camp bed **278** 59

camp chair, folding ~ **278** 43
camp cot **278** 59
camper **278** 46
camp fire **278** 10
campground **278** 1-59
camphor laurel **380** 18
camphor tree **380** 18
camping **278**
camping eating utensils **278** 45
camping site **278** 1-59
campion **376** 20
camp site **278** 1-59
camp site attendant **278** 2
camp table, folding ~ **278** 44
camshaft **166** 56; **190** 11, 14
camshaft bearing **192** 24
camshaft lubrication **190** 13
camshaft wheel **166** 55
can *Butch.* **96** 26
can *Supermkt.* **99** 91
can *Painter* **129** 7
can *Weaving* **166** 21
Canadian pondweed **378** 56
Canadian waterweed **378** 56
canal *Map* **15** 57
canal *Hydr. Eng.* **217** 15-28
canal, auditory ~ **17** 34, 58
canal, stomachic-intestinal ~ **77** 15-19
canal bed **217** 30
canal entrance **217** 15-16
Canary Current **14** 41
can buoy **224** 77, 94
cancel button **326** 41
cancellation button **271** 4
Cancer **4** 56
candelabra **45** 16
candidate **263** 20
candies **47** 31, 32
candies *Grocer* **98** 75-86
candle, cast ~ **260** 76
candle, paschal ~ **330** 44
candle, wax ~ **77** 66; **260** 76
candlestick **309** 45
candlestick, paschal ~ **330** 45
candlewick yarn **35** 9
candy **98** 75
cane, flowering ~ **58** 14
can holder **163** 36
Canidae **367** 11-13
canine **19** 17
Canis Major **3** 14
Canis Minor **3** 15
canister **84** 35; **129** 16
canned vegetables **98** 17
cannon *Horse* **72** 23
cannon *Army* **255** 49, 92
cannon cracker **306** 53
canoe **352** 19
canoe, Alaskan ~ **283** 4
canoe, Canadian ~ **283** 3
canoeing **283**
canoeist **283** 55
canoes **283** 54-66
canoe stern **285** 44
canoe with outrigger **352** 35
cañon **13** 45
canonicals *Church* **330** 22; **332** 4
canopy *Infant Care etc.* **28** 32
canopy *Dwellings* **37** 67
canopy *Child. Rm.* **47** 12
canopy *Kindergart.* **48** 26
canopy *Supermkt.* **99** 24
canopy *Aircraft* **230** 39
canopy *Airsports* **288** 38
canopy *Church* **330** 21; **331** 49
canopy bearer **331** 46
canopy jack **257** 5
cant chisel **132** 11
canteen **119** 45
canter **72** 42
cant hook **85** 7
canting table **133** 17
cantle **71** 39, 46
canvas **338** 21
canvas hull, rubber-covered ~ **283** 58
canvas stretcher **338** 20
canyon **13** 45
canyon river **13** 51
cap *Bees* **77** 39
cap *Drawing Off.* **151** 40
cap *Refuse Coll.* **199** 8
cap *Music. Instr.* **326** 31
cap *Edib. Fungi* **381** 4
cap, astrakhan ~ **35** 34
cap, corduroy ~ **35** 25
cap, fox ~ **35** 31
cap, leather ~ **35** 32; **354** 26
cap, linen ~ **35** 8
cap, mink ~ **35** 17, 20
cap, musquash ~ **35** 33
cap, peaked ~ **35** 17, 29; **264** 8; **301** 18
cap, sailor's ~ **35** 28
cap, sheepskin ~ **353** 23
cap, white ~ **268** 32
cap, wide-brimmed ~ **355** 28
capa **319** 27
capacitor **211** 17
cap and bells **306** 39
caparison **329** 74
cape **30** 65; **105** 34; **106** 4
cape, short ~ **355** 29
cape chisel **140** 25
capeline **21** 3
Capella **3** 27
caper **98** 42
capercaillie **88** 72
capillary tube stand **23** 42
capistrum **322** 5
capital *Composing Rm.* **175** 11
capital *Art* **334** 20-25
capital, Arabian ~ **337** 18
capital, bell-shaped ~ **333** 16
capital, bud-shaped ~ **333** 14
capital, Roman ~ **341** 16
capital, small ~ **175** 14
capitulum **61** 14; **370** 73; **378** 12
capoc tree **383** 20
cap of typing element **249** 30
capon **73** 21
capper **76** 46
capping *Bees* **77** 39
capping *Coal* **144** 48
Capricorn **3** 36; **4** 62
capriole **71** 5
caprolactam **170** 28
caprolactam oil **170** 25
caps, ladies' ~ **35** 1-21
caps, men's ~ **35** 22-40
capstan *Cine Film* **117** 34
capstan *Hydr. Eng.* **217** 22
capstan *Audiovis.* **243** 23
capstan *Warships* **258** 23
capstan idler **117** 35
capsule **384** 58
capsule, poricidal ~ **370** 96
capsule, porose ~ **370** 96
captain **224** 38
caption **185** 67; **342** 59
car *Car* **191** 1-56
car *Garage* **195** 34
car *Railw.* **213** 18
car, four-axled ~ **208** 3
car, large-capacity ~ **213** 28
car, open ~ **207** 59
car accessory **196** 28
carapace **364** 29
caravan **278** 52; **307** 34
caravan, collapsible ~ **278** 3
caravan, showman's ~ **206** 20
caravan awning **278** 57
caravanning **278**
caravel **218** 27-43; **220** 37
caraway roll **97** 31
caraway stick **97** 31
carbide, cemented ~ **149** 46
carbine **86** 30
carbolic acid **170** 14
carbon, active ~ **270** 58
carbon, negative ~ **312** 41
carbon, positive ~ **312** 40
carbon atom **242** 63
carbon crater **312** 44
carbon disulfide **169** 8
carbon disulphide **169** 8
carbon disulphide injector **83** 33
carbon rod, negative ~ **312** 41
carbon rod, positive ~ **312** 40
carbon rod holder **312** 43
carbon tissue **182** 1, 10
carbon tissue, printed ~ **182** 8
carbon tissue transfer machine **182** 6
carburetor *see* carburettor
carburettor **189** 4; **192** 1-15
carburettor, cross-draught ~ **190** 79
car carrier, double-deck ~ **213** 35
car carrier, two-tier ~ **213** 35
carcase **118** 1-49
carcass **118** 1-49
car coat **33** 63
card *Cotton Spin.* **163** 34, 51
card *Games* **276** 37
card, patient's ~ **25** 5
card, used ~ **195** 14
cardan coupling **67** 6
cardan joint **67** 6, 28
cardan mount **6** 36
cardan shaft **64** 40, 48; **67** 16; **211** 51; **212** 29, 83
cardan shaft connection **64** 63
cardan transmission **189** 47
cardboard **260** 50-52
card can **163** 35
card catalogue **262** 22
card catalogue drawer **262** 23
car deck **221** 79
cardiac rhythm **25** 1
cardiac sulcus, longitudinal ~ **20** 25
cardigan **31** 50; **33** 30
cardinal *Maths.* **344** 5
cardinal *Birds* **363** 5
cardinal bird **363** 5
card index **245** 23
card index box **46** 10; **248** 27
carding can **163** 35
carding engine **163** 34, 51
carding machine **163** 34
car door **191** 4
card sliver **163** 38
card stacker **244** 13
car ferry **216** 10
cargo **223** 77
cargo and passenger liner **221** 96
cargo and passenger ship **223** 1-71
cargo barge **216** 25
cargo boom **221** 26, 59; **223** 36
cargo gear **221** 24-29, 59
cargo handling, horizontal ~ **226** 7
cargo-handling berth **226** 1
cargo-handling gear **221** 24-29, 59
cargo hatchway **221** 11, 63; **226** 14
cargo hold **231** 21
cargo ship **221** 23
cargo warehouse **233** 10
'car hire' **233** 33
Carina **3** 46
carload **206** 52
car location number **195** 48
car models **193** 1-36
carnation **60** 6
carnival **306**
carnival float **306** 57
carnival procession **306** 57-70
carnival truck **306** 57
carnivore house **356** 10
carnivores **367** 11-22; **368** 1-11
carob **384** 41
carom billiards **277** 7
carousel **308** 2
carp **89** 26; **364** 4
carpel **58** 36, 59; **374** 2, 26
carpenter **120** 12
carpenter's tools **120** 60-82
carpenter's yard **120** 1-59
carpet **44** 16
carpet, fitted ~ **41** 18; **43** 23
carpet, oriental ~ **46** 36
carpet, velour ~ **267** 35
carpet beater head **50** 79
carpet beater nozzle **50** 71
carpet brush **50** 45
carpet cleaning **50** 53-86
carpeting **191** 43
carpet sweeper **50** 57
carpet sweeper and shampooer, combined ~ **50** 76
carp hook **89** 86
carp pond **89** 6
carpus *Man* **17** 15; **19** 76
carpus *Horse* **72** 22
car radio **191** 90
carriage *Hosp.* **26** 36
carriage *Sawmill* **157** 12, 52
carriage *Knitting* **167** 39
carriage *Tram* **197** 5, 6, 7
carriage, auxiliary ~ **157** 11
carriage, one-horse ~ **186** 18, 29
carriage, open ~ **207** 61; **208** 9
carriage, three-horse ~ **186** 45
carriage, two-horse ~ **186** 36
carriage apron **149** 16
carriage handle **167** 41
carriage heating pressure gauge **210** 44
carriage horse **186** 28
carriage motor **157** 15
carriage rail **167** 45
carriages **186** 1-54, 1-3,26-39,45,51-54
carriages, horse-drawn ~ **186**
carriage sprayer **83** 38
carriage step **186** 13
carrier *Bicycle* **187** 44
carrier *Docks* **226** 4
carrier return lever **249** 21
carrion flower **53** 15
carrot **57** 17
carrot, stump-rooted ~ **57** 18
carrycot **28** 48
carry-home pack **93** 28
carrying axle **210** 35
carrying bar **148** 16
carrying bogie **197** 10
carrying cart **56** 26
carrying grip **21** 22
carrying handle **241** 2
carrying rope **215** 16
carrying saddle **73** 4
carrying strap **115** 9
carrying wheel **214** 7
cart **86** 39

cart, electric ~ **206** 34
carte engagement **294** 47
cartilage, costal ~ **17** 11
cartilage, thyroid ~ **20** 3
cartoon *Art. Studio* **338** 43
cartoon *Script* **342** 53
cartouche **336** 7
cartridge *Hunt.* **87** 19, 54
cartridge *Slaughterho.* **94** 5
cartridge *Cine Film* **117** 30
cartridge, full-jacketed ~ **87** 55
cartridge, instamatic ~ **114** 15
cartridge, magnetic ~ **241** 26
cartridge, subminiature ~ **114** 17
cartridge chamber **87** 15
cartwheel **297** 21
cartwheel ruff **355** 52
car tyre **191** 15; **196** 27
carvel **218** 27-43; **220** 37
carvel planking **285** 53
carvel planking, diagonal ~ **285** 56
carver **96** 35
carving knife **45** 69; **96** 35
carving set **45** 69-70
car-wash hose **196** 23
car wheel **191** 14
car window, crank-operated ~ **191** 22
caryatid **334** 36
caryopsis **375** 43
cascade **272** 9
case *Meteorol. Instr.* **10** 18
case *Doc.* **22** 33
case *Composing Rm.* **174** 3, 8
case *Bookbind.* **185** 40
case *Lorries etc.* **194** 19
case *Station* **204** 6; **205** 7
case *Chem.* **349** 26
case, cardboard ~ **87** 50
case cabinet **174** 4
case head **305** 36
case maker **184** 6
case-making machine **184** 6
case rack **174** 4
case room **174; 175; 176**
cash desk **196** 29; **266** 69; **275** 2
cash drawer **271** 5
cashier **99** 94; **250** 2; **266** 70; **271** 1
cash readout **196** 4
cash register **47** 34; **99** 93; **207** 86
cash register, electric ~ **271** 2
casing *Mach. Parts etc.* **143** 79
casing *Oil, Petr.* **145** 18
casing *Power Plant* **153** 37
casing *Text. Finish.* **168** 16
casing *Army* **255** 10
casing *Chem.* **350** 10
casing, outer ~ **168** 17
casing, protective ~ *Meteorol. Instr.* **10** 39
casing, protective ~ *Railw.* **202** 35
casing cover **143** 80
casing-in machine **185** 27
casino **274** 8; **275** 1
cask **130** 5
casket **331** 35
casque, light ~ **329** 61
Cassegrain cage **5** 4
casserole dish **40** 14
cassette, compact ~ **241** 10
cassette, daylight ~ **177** 50
cassette, 35 mm ~ **114** 7
cassette, single-8 ~ **117** 39
cassette box **241** 11, 47
cassette cabinet **241** 11, 47
cassette compartment **241** 6, 34; **243** 8; **249** 72
cassette deck **241** 52
cassette exit slot **114** 10
cassette holder **241** 11, 47
cassette recorder **117** 73; **261** 42
cassette recorder unit **241** 3
cassette slit **114** 10
cassette tape **241** 12
cassia **380** 16
Cassiopeia **3** 33
cassowary **359** 1
cast **89** 64, 78
cast, long ~ **89** 58
castanets **324** 46
caster **148** 8
castes of bees **77** 1,4,5
cast glass **124** 6
casting **148** 42
casting, continuous ~ **148** 24-29
casting mechanism **174** 25
casting net **89** 31
casting off **167** 66
casting team **148** 13
castle *Map* **15** 74
castle *Games* **276** 12
castle, knight's ~ **329** 1
castle gate **329** 32
castle nut **143** 77
castle wall **333** 31
cast line **174** 27
cast of skull **261** 15
castor *Household* **50** 81
castor *Horse* **72** 27
castor *Pest Contr.* **83** 61
Castor and Pollux **3** 28
castor-oil plant **380** 14
casual **101** 34
casualty **21** 20
cat **62** 3; **73** 17
catacomb **331** 59
catalogue, main ~ **262** 21
catalogue room **262** 18
catalytic cracking plant **145** 70
catamaran **284** 64; **286** 21
cataract **11** 45
catch *Mach. Parts etc.* **143** 29
catch *Railw.* **203** 57
catcher **292** 54, 64
catchfly **376** 20
catchment area **12** 24
catchup **45** 43
cat cracker **145** 48
caterpillar **58** 64; **82** 16, 20, 31, 44, 47; **365** 10; **80** 3, 8, 14, 17, 29, 44, 48
caterpillar hauling scraper **200** 16
caterpillar mounting **200** 3
caterpillar tractor **200** 3
catfish **364** 12
cathedral **335** 1-13, 22
catheter **26** 31
catheter, cardiac ~ **25** 53
catheter gauge unit **27** 30
catheter holder **26** 30
catheterization **27** 30
cathetus **346** 32
cathode **178** 6
cathode ray tube **242** 40
catkin **59** 39; **371** 10, 26
catkin, male ~ **59** 45
catkin scale **371** 12
cat ladder **38** 4; **122** 63
cat litter **99** 38
cats **368** 2-8
cat's foot **377** 3
cat's tail **378** 21
cat's tongue **98** 84
catsuit **29** 19
catsup **45** 43
cattail **378** 21
cattail flag **378** 21
cattle **62** 45; **73** 1-2
cattleship **221** 68
cattle vessel **221** 68
catwalk *Iron & Steel* **147** 38
catwalk *Ship* **221** 3
catwalk *Theatre* **315** 29
cauliflower **57** 31; **99** 84
causticizing agitator **172** 49
causticizing stirrer **172** 49
caustic soda **169** 3, 4, 5, 10; **170** 11
caustic soda solution **170** 10
cautery **24** 43
cavalier hat **355** 55
cavalry saddle **71** 45-49
cavalry standard **253** 13
cave *Phys. Geog.* **13** 76
cave *Map* **15** 85
cave, dripstone ~ **13** 79
cave, limestone ~ **13** 79
cave art **328** 9
cave formations **13** 80-81
cave painting **328** 9
cavern *Phys. Geog.* **13** 76
cavern *Park* **272** 1
cavetto **336** 50
cavetto vault **336** 49
caviare knife **45** 81
cavity **91** 36
cavity, nasal ~ **17** 53
cavity, tympanic ~ **17** 60
cavity of the uterus **20** 80
cavy **366** 12
C-clef **320** 10
cecum **20** 17
cedar tree **372** 65
cedilla **342** 33
ceiba tree **383** 20
ceiling **222** 63
ceiling, concrete ~ **123** 28
ceiling, false ~ **123** 61, 68-69
ceiling beam **120** 38
ceiling construction **123**
ceiling hook **270** 15
ceiling joint **126** 48
ceiling joist **119** 5; **120** 38; **121** 54
ceiling light **24** 20; **75** 8
ceiling paper **128** 53
ceiling paperhanger **128** 50
ceiling plaster **123** 59, 72
ceiling tile **317** 29
celeriac **57** 27
celesta **325** 1
Celestial River **3** 12
Celestial Ship **3** 45
cell **77** 26-30, 27
cell, sealed ~ **77** 32, 33
cella **334** 51
cellarman **79** 18
cellar steps, outside ~ **118** 4
cellar window **37** 27; **118** 3
cell nucleus **357** 2
cello **323** 16
cellulose, refined ~ **172** 78
cellulose, unrefined ~ **172** 77
cellulose sheet **169** 2, 4, 6
cellulose xanthate **169** 9
cembalo **322** 45
cement *Man* **19** 29
cement *Bldg. Site* **118** 43
cement factory **160**
cement-grinding mill **160** 12
cementing pump, high-pressure ~ **146** 34
cement-packing plant **160** 16
cement screed **123** 14
cement silo **119** 30; **160** 15
cement storage tank **146** 15
cement store **201** 22
cement track racing **290** 24-28
cementum, dental ~ **19** 29
cement works **160**
cemetery **15** 106
censer **332** 38
cent **252** 19, 33
Centaur *Astron.* **3** 39
centaur *Fabul. Creat.* **327** 52
Centaurus **3** 39
centaury **61** 1; **380** 10
centavo **252** 23
center *see* centre
centerboard *see* centreboard
centering *see* centring
centime **252** 15, 16
centimeter *see* centimetre
centimetre graduation **247** 36
céntimo **252** 22
central heating, full ~ **38** 38-81
central-heating furnace **38** 57
central heating system, coke-fired ~ **38** 38
central heating system, oil-fired ~ **38** 44-60
centre *Turner* **135** 8
centre *Ball Games* **293** 76
centre *Maths.* **346** 26, 43, 55
centre, asbestos ~ **350** 19
centre, live ~ **135** 11
centre angle **346** 55
centreboard **284** 26
centreboard, retractable ~ **284** 8; **285** 41
centreboard case **284** 24
centre circle **291** 2
centre console **191** 38
centre flag **291** 64
centre girder **222** 53
centre lathe **149** 1
centre line *Drawing Off.* **151** 30
centre line *Sailing* **285** 5
centre line *Ball Games* **293** 8-9, 54
centre line *Fencing* **294** 4
centre line judge **293** 25
centre mark **293** 11
centre of curvature **346** 23
centre of symmetry **351** 3
centre plate girder **222** 53
centre punch **134** 31; **140** 64
centre-section fuel tank **257** 30
centre strake **222** 55
centrifuge **23** 59
centrifuge, pendulum-type ~ **168** 14
centrifuge lid **168** 18
centring apparatus, universal ~ **111** 21
centring control **243** 10
centring ring **240** 23
centring suction holder **111** 22
centrosphere **11** 5
cep **381** 16
cepe **381** 16
cephalopod **357** 37
Cerberus **327** 29
cereal **68** 1
cereal product **99** 62
cereal products **98** 35-39
cereals **68** 1-37
cerebellum **17** 45; **18** 23
cerebrum **17** 42; **18** 22
cesta **305** 69
Cetus **3** 11
chaffinch **360** 10
chaffron **329** 84
chafron **329** 84
chain **74** 14; **75** 15; **99** 95; **118** 30

chain *Bicycle* **187** 36
chain *Cyc. Racing* **290** 20
chain armour **329** 63
chain cable **222** 77; **223** 50; **227** 12
chain compressor **223** 51
chain curtain **139** 50
chain cutter **120** 17
chain delivery **180** 43
chain feeder **74** 25
chain ferry **216** 1
chain grinder, continuous ~ **172** 53, 66
chain gripper **180** 56
chain guard **187** 37; **188** 46
chain guide **120** 15
chain mail **329** 63
chain mortiser **132** 49
chain mortising machine **132** 49
chain reaction **1** 41, 48
chain saw **120** 14
chain sling *Forging* **139** 44
chain sling *Docks* **226** 26
chain stay **187** 20
chain stitch **102** 2
chain-tensioning device **157** 41
chain transmission **187** 35-39
chain wheel **187** 35
chair **42** 34; **271** 35
chair, adjustable ~ **105** 17; **106** 16
chair, barber's ~ **106** 16
chair, cane ~ **43** 3
chair, dentist's ~ **24** 3
chair, double ~ **214** 18
chair, folding ~ **28** 33
chair, gaffer's ~ **162** 45
chair, glassmaker's ~ **162** 45
chair, hairdresser's ~ **105** 17; **106** 16
chair, single ~ **214** 16
chair, steel ~ **67** 2
chair, tubular steel ~ **41** 21
chair, two-seater ~ **214** 17, 18
chair, umpire's ~ **293** 20
chair, visitor's ~ **246** 21
chair grip **21** 21
chair lift **214** 16-18
chair lift, double ~ **301** 57
chairman **263** 1
chairman of board of directors **251** 16
chairman of board of governors **251** 15
chairoplane **308** 4
chaise **186** 34
chaise, closed ~ **186** 54
chaise, covered ~ **186** 54
chaise, one-horse ~ **186** 29
chaitya **337** 28
chaitya hall **337** 27
chalaza **74** 63
chalcography **340** 14-24
chalet **278** 7
chalice **330** 10; **332** 49
chalk **48** 15; **260** 32; **338** 5
chalk, French ~ **104** 24
chalk, tailor's ~ **104** 24
chalk ledge **260** 31
chalk sketch **338** 4
chalwar **306** 42
Chamaeleontidae **364** 33
chamber *Atom* **1** 66
chamber *Forest Pests* **82** 36
chamber *Hunt.* **87** 20
chamber *Water* **269** 24
chamber, king's ~ **333** 2
chamber, photographic ~ **113** 40
chamber, queen's ~ **333** 3
chamber, stone ~ **328** 39
chamber wall **269** 25
chameleon **364** 33
chamfer **143** 62
chamfering hammer **125** 14
chamfrain **329** 84
chamfron **329** 84
chamois **367** 3
chamomile **61** 8; **380** 1
chamotte slab **141** 16
champagne bottle **99** 78
champagne bucket **267** 59
champagne cooler **267** 59
champagne cork **267** 58
champagne glass **45** 86
champagne glasses **45** 85-86
chancel **330** 1, 32; **335** 4
chandelier **267** 21
chanfron **329** 84
'change' *Airport* **233** 51
change *Winter Sp.* **302** 12
change-gear box **149** 7
change-gear handle **132** 56
change gears **10** 14
change-loop **302** 16
change machine **197** 33; **204** 22; **236** 28
changemaker **236** 28
changeover switch **50** 59; **243** 15
change points, electric ~ **197** 37
change rack **236** 23
change-speed gear **163** 29; **211** 50
change wheel **164** 40
changing booth **271** 32
changing cubicle **282** 1
changing room **282** 3
changing top **28** 4
changing unit **28** 11
channel *Overh. Irrign.* **67** 13
channel *Railw.* **202** 32
channel *Swim.* **281** 9
channel *Rowing* **283** 60
channel *Art* **334** 27
channel, distributary ~ **13** 2
channel, navigable ~ **224** 92, 93
channel iron **143** 7
channel markings **224** 84-102
channel marks **224** 68-83
chantarelle **381** 14
chanter **322** 10
chanterelle **381** 14
chapel *Map* **15** 61, 107
'chapel' *Airport* **233** 49
chapel *Chivalry* **329** 29
chaplet **34** 32
chaplet hairstyle **34** 31
chaps **70** 26
chapter heading **185** 60
char-a-banc, covered ~ **186** 33
character **174** 7, 44; **175** 38
characteristic **345** 6
characteristic light **221** 48; **224** 105
character storage **242** 37
charcoal **278** 48
charcoal, activated ~ **270** 58
charcoal grill **278** 47
charcoal pencil **338** 16
chard **57** 28
charge postmark **236** 58
charger **25** 51
charging car **144** 8; **156** 6
charging chamber **154** 79
charging conveyor **144** 42
charging door **38** 61; **139** 4
charging machine **147** 25
charging opening **139** 49
charging platform **147** 4
charging position **147** 55, 56
Charioteer **3** 27
charity performance **319** 31
Charles's Wain **3** 29
Charleston cymbals **324** 50
charlock **61** 18
charm **36** 35
chart **22** 32; **76** 8; **260** 30
chart, illustrated ~ **22** 16
chase **181** 38
chasing **87** 28
chasing hammer **108** 41
chassis *Overh. Irrign.* **67** 14
chassis *Blacksm.* **138** 28
chassis *Car* **191** 2
check *Roulette* **275** 12
check *Theatre* **315** 7
check *Music. Instr.* **325** 27
check brake **143** 97
checker **276** 18, 19
checkerboard **276** 17
checkerman **276** 18, 19
checkers **276** 17-19
check felt **325** 28
check light **195** 21, 22
checkmate **276** 15
checkout **99** 92
check rail **202** 23
checkroom **315** 5; **318** 1
checkroom attendant **315** 6; **318** 2
checkroom hall **315** 5-11
check side **277** 6
cheek *Man* **16** 9
cheek *Hunt.* **87** 4
cheekbone **16** 8; **17** 37
cheek piece **71** 8
cheek rest **255** 30
cheek strap **71** 8
cheese **98** 5; **266** 52
cheese, cross-wound ~ **164** 58
cheese, round ~ **99** 42
cheese, whole ~ **99** 40
cheeseboard **45** 35
cheese box **99** 49
cheesecake **97** 23
cheese counter **99** 39
cheese dish **40** 7
cheesefly **81** 15
cheese knife **45** 72
cheese machine **76** 47
cheetah **368** 7
chef **207** 34
chelicer **358** 41
cheliped **358** 41
chemical bottle **116** 10; **261** 23
'chemist' **233** 45
chemistry **261** 1-13
chemistry laboratory **261** 1; **349**; **350**
chemistry teacher **261** 2
chequer-board cut **36** 66
cheroot **107** 4
cherry *Drupes & Nuts* **59** 5, 6-8
cherry *Goldsm. etc.* **108** 7
cherry *Bot.* **370** 99
cherry blossom **59** 3
cherry flan **97** 22
cherry flower **59** 3
cherry fruit **59** 6-8
cherry fruit fly **80** 18
cherry leaf **59** 2
cherry stone **59** 7
cherry tree **59** 1, 11-18
cherub **272** 20
chess **265** 17; **276** 1-16
chessboard **47** 20; **276** 1
chessboard square **276** 2
chess championship **276** 16
chess clock **276** 16
chessman **276** 1, 4, 5, 7
chess match **276** 16
chess move **276** 6
chess player **265** 17
chess problem **276** 6
chess square **276** 6
chest *Man* **16** 28-30; **17** 8-11
chest *Paperm.* **172** 25
chest grip **21** 37
chestnut *Horse* **72** 27
chestnut *Decid. Trees* **371** 60
Chestnut Boletus **381** 15
chestnut tree **371** 58
chest of drawers **41** 8
chevron design **335** 16
chew **107** 19
chewing tobacco **107** 19
chianti **98** 61
chianti bottle **99** 77
chibonk **107** 32
chibonque **107** 32
chick **74** 2
chicken **62** 36; **73** 19-26; **96** 24
chicken run **74** 11
chick-pea **69** 19
chick unit **74** 1
chicory **57** 40
chief **254** 18-19
chignon **34** 29
child **260** 3
child, small ~ **28** 42
child carrier seat **187** 21
children's room **47**
chilling roll **180** 28
chill roller **180** 28
chimera **327** 16
chimney *Map* **15** 38
chimney *Dwellings* **37** 10
chimney *Roof & Boilerr.* **38** 5
chimney *Bldg. Site* **118** 21
chimney *Carp.* **120** 47
chimney *Roof* **122** 13
chimney *Blacksm.* **137** 7
chimney *Power Plant* **152** 15
chimney *Energy Sources* **155** 12
chimney *Railw.* **210** 22
chimney *Mountain.* **300** 8
chimney bond **118** 66
chimney brick **159** 28
chimney flashing **122** 14
chimney swallow **361** 20
chimney sweep **38** 31
chimney sweeper **38** 31
chimpanzee **368** 14
chin **16** 15
china, broken ~ **260** 61
china cabinet **44** 26
china manufacture **161**
china painter **161** 17
China reed **136** 28
chinband **355** 22
chinch **81** 39
chinchona **380** 17
Chinese lantern **52** 15
chine strake **258** 8
chin rest **323** 8
chintuft **34** 10
chip *Basketm.* **136** 12
chip *Roulette* **275** 12
chip basket **136** 11
chip container **170** 40
chip crusher **172** 5
chip distributor **172** 3
chip extractor **157** 51
chip-extractor opening **132** 48
chip packer **172** 3
chip pan **40** 41
chipper **172** 1
chipping hammer *Blacksm.* **137** 38

chipping hammer *Gas Weld.* **141** 25
chipping hammer *Arc Weld.* **142** 17
chip remover **157** 50
chiropter **366** 9
chiropteran **366** 9
chisel **120** 71
chisel, bevelled-edge ~ **132** 7; **339** 19
chisel, blacksmith's ~ **137** 38
chisel, broad ~ **158** 37
chisel, flat ~ **140** 26; **339** 14
chisel, hollow ~ **339** 17
chisel, pneumatic ~ **148** 45
chisel, toothed ~ **339** 13
chisels **132** 7-11
chitarrone **324** 1
chiton **355** 5
Chitonactis **369** 20
chivalry **329**
chive **57** 22
chlorine **170** 7
chlorine ion **1** 10
chlorobenzene **170** 9, 11
chock *Bldg. Site* **119** 40
chock *Iron Foundry etc.* **148** 61
chocolate **98** 80
chocolate, bar of ~ **98** 78
chocolate box **98** 79
chocolate liqueur **98** 83
choir **330** 32; **335** 4
choir organ **326** 5, 42
choke cymbals **324** 50
choke flap **192** 6
choker **36** 16
choker collar **355** 74
cholecystography **27** 4
Chopper **188** 56
chopper drum **64** 34
chopping board **96** 57
chord *Aircraft* **230** 56
chord *Music. Not.* **321** 1-5, 5
chord *Maths.* **346** 51
chord, lower ~ **121** 73, 79
chord, upper ~ **121** 74, 80
chorus **315** 21
chow **70** 21
christening **332** 1
christening dress **332** 8
christening robe **332** 8
christening shawl **332** 9
Christian **330** 61
chromatic scale **320** 49
chromolithograph **340** 28
chronometer **230** 11
chrysalis **77** 30, 32; **80** 4, 25, 43; **81** 3, 21, 24; **82** 13, 21, 32; **358** 20; **365** 11
chrysanthemum **51** 29; **61** 7
chuck *Meat* **95** 19
chuck *D.I.Y.* **134** 48
chuck *Turner* **135** 6
chuck, four-jaw ~ **149** 35
chuck, independent ~ **149** 35
chuck, quick-action ~ **132** 54
chuck, self-centring ~ **149** 37
chuck, three-jaw ~ **149** 37
chuck, two-jaw ~ **135** 10
church **15** 53, 61, 107; **330**; **331** 1; **332**
church, Baroque ~ **336** 1
church, Gothic ~ **335** 22
church, Protestant ~ **330** 1-30
church, Renaissance ~ **335** 42
church, Roman Catholic ~ **330** 31-62
church, Romanesque ~ **335** 1-13
church banner **331** 44
church clock **331** 7
church door *Church* **331** 16
church door *Art* **335** 24
churchgoer **330** 29; **331** 17
church landmark **15** 64
church organ **326** 1-52
church owl **362** 17
church roof **331** 11
church spire **331** 6
church wedding **332** 14
church window **330** 14
churchyard **331** 21-41
churchyard gate **331** 19
churchyard wall **331** 18
chute *Docks* **226** 45
chute *Fair* **308** 40
chute, spiral ~ **144** 28
chute, three-way ~ **92** 34
ciborium **332** 48
cigar, Brazilian ~ **107** 2
cigar and cigarette boy **267** 49
cigar box **107** 1
cigar case **107** 8
cigar cutter **107** 9
cigarette, filter-tipped ~ **107** 12
cigarette, Russian ~ **107** 14
cigarette beetle **81** 25
cigarette case **107** 10
cigarette holder **107** 16
cigarette lighter **107** 27, 30
cigarette machine **268** 69
cigarette packet **107** 11
cigarette paper **107** 17
cigarette roller **107** 15
cigarettes and tobacco kiosk **204** 47
cigarette seller **308** 51
cigarette tip **107** 13
cigarette tray **267** 50
cigarillo **107** 3
cigar lighter **191** 88
ciliate **370** 49
ciliate infusorian **357** 9
cilium *Man* **19** 41
cilium *Invertebr.* **357** 10
cilium *Bot.* **370** 50
cinchona **380** 17
cincinnus **370** 77
cine camera **117** 1
cine film **117**
cinema **312** 1
cinema, mobile ~ **312** 52
cinema advertisement **268** 57
cinema audience **312** 5
cinema box office **312** 2
cinemagoer **312** 5
cinema projector **312** 24
cinema projector, narrow-gauge ~ **312** 52
cinemascope camera **310** 47
cinema ticket **312** 3
cine projector **117** 78; **318** 20
cinnamon **382** 25
cinnamon bark **382** 25
cinnamon tree **382** 22
cinquefoil **335** 40
circle *Sports* **305** 31
circle *Maths.* **346** 42
circle, circumscribed ~ **346** 29
circle, divided ~ *Optic. Instr.* **113** 27
circle, divided ~ *Crystals* **351** 32
circle, graduated ~ *Optic. Instr.* **113** 27
circle, graduated ~ *Crystals* **351** 32
circle, inner ~ **288** 57
circle, inscribed ~ **346** 31
circle, middle ~ **288** 58
circle, outer ~ **288** 59
circle, upper ~ **315** 17
circles, concentric ~ **346** 58
circles, polar ~ **14** 11
circle template **151** 70
circling engagement **294** 49
circuit, integrated ~ *Clocks* **110** 16
circuit, integrated ~ *Inf. Tech.* **242** 68
circuit, primary ~ **154** 2, 42
circuit, secondary ~ **154** 7, 45
circuit breaker **127** 19, 33, 36; **152** 34; **153** 51-62
circuit breaker, miniature ~ **41** 20
circuit breaker consumer unit **127** 33
circular broom **199** 40
circular saw attachment **84** 33; **134** 52
circular saw blade **132** 59
circulation, atmospheric ~ **9** 46-52
circulation pump **154** 43, 54
circulatory system **18** 1-21
circumcircle **346** 29
circumference *Cooper* **130** 23
circumference *Maths.* **346** 44
circumference, staved ~ **130** 2
circumflex **342** 32
circus **307**
circus, travelling ~ **307** 1-63
circus act **307** 25
circus attendant **307** 27
circus band **307** 10
circus box **307** 16
circus caravan **206** 20; **307** 34
circus horse **307** 30
circus manager **307** 17
circus marksman **307** 38
circus rider **307** 26
circus tent **307** 1
circus trailer **307** 34
cirrocumulus **8** 14
cirrostratus **8** 7
cirrus **8** 6
cist, long ~ **328** 16
cist, stone ~ **328** 17
cistern **49** 16
cithara **322** 15
cittern **322** 21
city **15** 51
city banner **218** 22
city wall **333** 30
Claisen flask **350** 50
clamp *Atom* **2** 43
clamp *Overh. Irrign.* **67** 30
clamp *Goldsm. etc.* **108** 34
clamp *Joiner* **132** 51; **133** 9
clamp *Bookbind.* **183** 18; **185** 3
clamp *Chem.* **350** 33
clamp, horizontal ~ **14** 57
clamp, vertical ~ **14** 55
clamp handle **133** 8
clamping device *Atom* **2** 43
clamping device *Mach. Tools* **150** 15
clamping plate, hinged ~ **117** 90
clamping screw **133** 23
clamping shoe **133** 10
clamp lever **132** 67
clamp tip **149** 46
clamp tip tool **149** 45
clapper *Carnival* **306** 47
clapper *Films* **310** 35
clapper board **310** 35
clapper boy **310** 34
clappers **162** 42
claque **35** 36
clarinet **318** 4; **323** 34
clarinettist **318** 5
clasp, white gold ~ **36** 10
clasp nut **149** 19
classes, social ~of bees **77** 1,4,5
classification siding **206** 47
classification track **206** 47
classification yard **206** 42
classification yard switch tower **206** 44
classifier **172** 50
classroom **260** 1-45
classroom cupboard **260** 43
clavicembalo **322** 45
clavichord **322** 36
clavichord mechanism **322** 37
clavicle **17** 6
clavilux **317** 13
claw **327** 3; **362** 7
claw, bird's ~ **327** 61
claw, double ~ **77** 8
claw chisel **339** 13
claw head **120** 75
claws, griffin's ~ **327** 13
clay **160** 1; **260** 79; **339** 8, 31
clay, impure ~ **159** 2
clay, raw ~ **159** 2
clay box **339** 30
clay column *Brickwks.* **159** 14
clay column *Porcelain Manuf.* **161** 8
clay pigeon shooting **305** 70-78
clay pit *Map* **15** 88
clay pit *Brickwks.* **159** 1
cleaner, centrifugal ~ **173** 11
cleaner, ultrasonic ~ **109** 23
cleaning brush *Hunt.* **87** 62
cleaning brush *Office* **247** 10
cleaning fluid **111** 32
cleaning machine *Brew.* **92** 36
cleaning machine *Watchm.* **109** 30
cleaning plant **144** 20
cleaning rag **50** 55
cleaning rod **87** 61
cleaning shop **148** 38-45
cleaning tank **178** 1
cleaning tow **87** 63
cleanout door **38** 39
cleansing pond **89** 6
clear-felling system **84** 4-14
clearing *Map* **15** 2
clearing *Forestry* **84** 13
clearstory **334** 70
cleat *Carp.* **120** 45
cleat *Floor etc. Constr.* **123** 67
cleaver, butcher's ~ **94** 18
cleaving hammer **85** 5
clefs **320** 8-11
cleft, anal ~ **16** 41
clench planking **285** 50-52
clerestory **334** 70
clergyman **330** 22; **331** 37; **332** 22
clergyman, Protestant ~ **332** 3
clerical assistant **248** 7
clerk **263** 26, 27
clew **284** 41
click **110** 34
click beetle **80** 37, 38
click wheel **110** 35
cliff **13** 28
cliff face **13** 28
cliffline **13** 25-31
cliffs **13** 25-31
climate, artificially maintained ~ **356** 21
climate, boreal ~ **9** 56
climate, equatorial ~ **9** 53
climates **9** 53-58
climates, polar ~ **9** 57-58
climatic map **9** 40-58
climatology **9**
climber *Flower Gdn.* **51** 5
climber *Fruit & Veg. Gdn.* **52** 5

climber *Indoor Plants* **53** 2
climber *Veg.* **57** 8
climber *Mountain.* **300** 5
climbing **300** 2-13
climbing boot **300** 44
climbing breeches **300** 7
climbing equipment **300** 31-57
climbing frame **273** 47
climbing harness **300** 56
climbing net **273** 50
climbing plant **53** 2
climbing roof **273** 60
climbing rope **273** 48; **296** 19
climbing tower **273** 17
clinch **299** 31
clinker cooler **160** 9
clinker pit **152** 8
clinker planking **285** 50-52
clinker store **160** 10
clinoprinacoid **351** 24
clip *Atom* **2** 18
clip *Bicycle* **187** 62
clip *Railw.* **202** 9
clipper display **238** 44
clippers, electric ~ **105** 21; **106** 32
clipper ship, English ~ **220** 36
clitellum **357** 26
clitoris **20** 88
Clivia minata **53** 8
cloak **355** 18, 26
cloak, red ~ **319** 27
cloak, short ~ **355** 29
cloak, Spanish ~ **355** 29
cloak, woollen ~ **355** 6
cloak cord **355** 24
cloakroom **48** 34; **207** 70; **315** 5; **318** 1
cloakroom attendant **315** 6; **318** 2
cloakroom hall **315** 5-11
cloakroom ticket **315** 7
cloche **35** 12
clock **191** 38; **211** 37; **212** 16
clock, double ~ **276** 16
clock, electric ~ **191** 79
clock, main ~ **245** 18
clock case **110** 26; **309** 57
clockmaker **109** 1
clocks **110**
clockwork **110** 36
clockwork drive **10** 14
clockwork mechanism **110** 36
clod **63** 7
clog **101** 44; **355** 43
cloister **331** 52
cloister vault **336** 41
closed vertical gate **301** 66
close-up bellows attachment **115** 85
close-up equipment **115** 81-98
close-up lens **117** 55
closing gear **90** 27
closing head **143** 59
closure rail **202** 26
cloth **166** 12; **271** 59
cloth, damask ~ **45** 2
cloth, felt ~ **340** 42
cloth, flannel ~ **128** 48
cloth, linen ~ **206** 11
cloth, sterile ~ **26** 38
cloth, unraised ~ **168** 33
clothes, children's ~ **29**
clothes, teenagers' ~ **29** 48-68
clothes brush **50** 44; **104** 31
clothes closet **43** 1
clothes closet door **46** 2
clothes compartment **212** 63; **267** 30
clothes line **38** 23; **50** 33
clothes louse **81** 41
clothes moth **81** 13
clothes rack **271** 31
clothes rack, movable ~ **103** 17
clothes shop **268** 9
clothing, protective ~ **84** 26; **270** 46
cloth roller **166** 20
cloth-shearing machine, rotary ~ **168** 42
cloth take-up motion **166** 19
cloth take-up roller **166** 47
cloth temple **166** 13
cloud, lenticular ~ **287** 19
cloud chamber photograph **2** 26
cloud chamber track **2** 27
cloud cover **9** 20-24
clouds **8** 1-19, 1-4, 5-12, 13-17
clouds, luminous ~ **7** 22
clouds, noctilucent ~ **7** 22
clout **121** 94
clout nail **121** 94; **122** 96
clove **382** 28
clove carnation **60** 7
clove pink **60** 7
clover, fourleaf ~ **69** 5
clover broadcaster **66** 26
clove tree **382** 26
clown **306** 69; **307** 24
clown, musical ~ **307** 23
clown act **307** 25
club **283** 23
club hammer **126** 77
clubhouse **283** 23
club membership **286** 8
club rush **378** 21
clubs **276** 38
clump of grass **375** 44
cluster of eggs **80** 2, 30
cluster of grapes **78** 5
cluster of stars **3** 26
clutch **191** 44
clutch, dry ~ **190** 78
clutch, fluid ~ **65** 37
clutch, main ~ **65** 39
clutch, multi-plate ~ **190** 78
clutch, single-plate ~ **190** 71
clutch coupling **227** 23
clutch flange **177** 55
clutch lever **188** 32
clutch pedal **191** 44, 96; **192** 28
C major **320** 55, 62
C major scale **320** 45
C minor **320** 65
coach *Lorries etc.* **194** 17
coach *Ball Games* **291** 55; **292** 57
coach, four-axled ~ **208** 3
coach, second ~ **209** 7
coach body **186** 5; **207** 2; **208** 6
coach bolt **202** 7
coach box **186** 8
coach door **186** 11
coaches **186** 1-3,26-39,45,51-54
coach horse **186** 28
coachman **186** 32
coach screw **202** 7
coach step **186** 13
coach wagons **186** 1-3,26-39,45,51-54
coagulating bath **169** 15
coal **170** 1
coal bunker **152** 2; **225** 19
coal conveyor **152** 1
coal distillation, dry ~ **170** 2
coal feed conveyor **199** 37
coal mill **152** 4
coal mine **144** 1-51
coal scuttle **309** 9
coal seam **144** 50
coal shovel **38** 43
coal tar **170** 3
coal tar extraction **156** 18
coal tower **156** 5
coal tower conveyor **156** 4
coal wharf **225** 18
coaming **283** 59
coarse dirt hose **50** 84
coarse fishing **89** 20-31
coastal cruiser **284** 60
coastal lake **13** 44
coaster **221** 99
coaster brake **187** 63
coasting vessel **221** 99
coat **29** 54; **30** 60; **33** 2
coat, black ~ **289** 4
coat, braided ~ **186** 23
coat, cloth ~ **30** 61; **33** 66
coat, dark ~ **289** 4, 13
coat, fur ~ **30** 60
coat, gallooned ~ **186** 23
coat, loden ~ **30** 64
coat, loose-fitting ~ **271** 41
coat, mink ~ **131** 24
coat, ocelot ~ **131** 25
coat, oilskin ~ **228** 7
coat, poncho-style ~ **30** 68
coat, poplin ~ **33** 60
coat, red ~ **289** 13
coat, three-quarter length ~ **271** 21
coat belt **33** 59
coat button **33** 64
coat collar **33** 58
coater **173** 31, 34
coat hanger **41** 3
coat hook **41** 2; **207** 50; **266** 14
coating, bituminous ~ **200** 58
coating of fluorescent material **240** 19
coat-of-arms **254** 1-6
coat-of-arms, marshalled ~ **254** 10-13
coat-of-arms, provincial ~ **252** 12, 14
coat pocket **33** 61
coat rack **41** 1
coat stand **266** 12
coat-tail **33** 14
cob **59** 49
cobalt bomb **2** 28
cobnut **59** 49
coccinellid **358** 37
coccyx **17** 5; **20** 60
cochlea **17** 63
cock *Farm Bldgs.* **62** 37
cock *Dom. Anim.* **73** 21
cockade **264** 8
cockatrice **327** 34
cockchafer **82** 1
cockchafer grub **82** 12
cocker spaniel **70** 38
cocking handle **255** 12
cocking lever **255** 12
cocking piece **121** 30
cock pheasant **88** 77
cock pigeon **73** 33
cockpit *Aircraft* **230** 1-31, 35; **231** 19
cockpit *Police* **264** 2
cockpit *Rowing* **283** 8
cockpit *Sailing* **285** 38
cockpit *Airsports* **288** 10
cockpit canopy **230** 39; **257** 4
cockpit coaming **283** 59
cockpit hood **230** 39; **257** 4
cockroach **81** 17
cockscomb **73** 22
cock's foot **69** 25
cock's head **69** 10
cock's tread **74** 65
cocktail **317** 33
cocktail fork **45** 76
cocktail glass **267** 56
cocktail shaker **267** 61
cocoa *Grocer* **98** 66
cocoa *Trop. Plants* **382** 19
cocoa bean **382** 19
cocoa palm **383** 48
cocoa powder **382** 19
coconut **383** 53
coconut oil **98** 23
coconut palm **383** 48
coconut tree **383** 48
cocoon *Forest Pests* **82** 21
cocoon *Articulates* **358** 51
coco palm **383** 48
cocotte **306** 37
cod **90** 22
code flag halyard **223** 10
code flag signal **223** 9
cod end **90** 22
code pendant **253** 29
code pennant **253** 29
coding keyboard **242** 11
coding station **236** 35
cod line **90** 23
codling moth **58** 62
codlin moth **58** 62
coefficient **345** 4
coelenterate **357** 14; **369** 5, 9, 14, 20
coffee **98** 65-68, 67; **99** 68-70, 68; **265** 19
coffee *Trop. Plants* **382** 6
coffee, instant ~ **99** 70
coffee, pure ~ **98** 65
coffee bean **382** 6
coffee cup **44** 29
coffee grinder, electric ~ **39** 24; **98** 69
coffee maker **39** 38
coffee plant **382** 1
coffee pot **44** 28
coffee roaster **98** 70
coffee service **44** 27
coffee set **44** 27; **265** 18
coffee table **42** 28
coffee tree **382** 1
coffee urn **265** 2
cofferdam **259** 19
coffin **331** 35
coffin chamber **333** 5
cog *Mach. Parts etc.* **143** 83
cog *Ship* **218** 18-26
cog, wooden ~ **91** 9
cognac **98** 59
cog railroad **214** 4-5
cog railway **214** 4-5
cog wheels **143** 82-96
coiffure, upswept ~ **355** 81
coiffures **34** 27-38
coil **89** 21
coiled-coil filament **127** 58
coiler **148** 72
coiler top **163** 62
coil spring **191** 28; **192** 68
coin **252** 1-28
coin, Celtic ~ **328** 37
coin, gold ~ **36** 37
coin, silver ~ **328** 37
coinage **252** 1-28, 40-44
coin-box telephone **236** 9; **237** 3
coin bracelet **36** 36
coin disc **252** 43
coining dies **252** 40-41
coining press **252** 44
coins **252** 1-28
coins, aluminium ~ **252** 1-28
coins, copper ~ **252** 1-28
coins, gold ~ **252** 1-28
coins, nickel ~ **252** 1-28

coins, silver ~ **252** 1-28
coin setting **36** 38
coke **147** 2
coke guide **156** 9
coke loading **156** 15
coke loading bay **156** 12
coke oven **144** 7; **156** 8, 16
coke-oven gas processing **156** 16-45
coke-quenching car **144** 11
coke-quenching tower **144** 10
cokernut **383** 53
coke side bench **156** 13
coke wharf **156** 12
coking coal **156** 1
coking coal tower **144** 9
coking plant *Coal* **144** 7-11
coking plant *Coking* **156** 1-15
coking plant *Synth. Fibres* **170** 2
col **12** 47
cold-drawing **170** 46
cold house **55** 33
cold light source **23** 8
cold room **94** 21-24
cold shelf **96** 12; **98** 3
cold storage room **223** 56
cold store **94** 21-24; **225** 50
cold tap **126** 29
cold water tank **92** 9
cole **383** 1
Coleoptera **358** 24-39
coleseed **383** 1
collar *Jewell.* **36** 16
collar *Dog* **70** 13
collar *Game* **88** 27
collar *Roof* **121** 35, 70
collar *Money* **252** 42
collar *Church* **332** 6
collar *Fish etc.* **364** 39
collar, braided ~ **186** 22
collar, cowl ~ **30** 3
collar, Dutch ~ **71** 28
collar, fur ~ **30** 63
collar, fur-trimmed ~ **30** 63
collar, gallooned ~ **186** 22
collar, ground glass ~ **115** 53, 64
collar, high ~ **355** 74
collar, integral ~ **143** 33
collar, knitted ~ **33** 31
collar, matt ~ **115** 53, 64
collar, padded ~ **101** 20
collar, pointed ~ **71** 15
collar, stand-up ~ **30** 43
collar, turndown ~ **30** 5; **31** 69
collar, wide-falling ~ **355** 56
collar beam **121** 35, 38, 70
collar beam roof **121** 34
collar beam roof structure **121** 37
collar bearing **148** 73
collarbone **17** 6
collating machine **249** 59
collating station **249** 60
collecting bin **201** 20
collecting hopper **92** 20
collecting tank **172** 26
collecting vessel **10** 40, 45
collection **74** 36
collection bag **236** 51
collector **155** 19
collector bow **205** 36
collector well **269** 4
college **262** 1-25
college lecturer **262** 3
colliery **144** 1-51
collimator **111** 46; **351** 30
colon **342** 17
colon, ascending ~ **20** 19
colon, descending ~ **20** 21
colon, transverse ~ **20** 20
colonnade **274** 9; **334** 67
colophony **323** 11
color *see* colour
Colorado beetle **80** 52
colour **343**
colour analyser **116** 36
colour analyser lamp **116** 37
colour chemicals **116** 52
colour computer **177** 51
colour conversion filter step **117** 38
colour correction, selective ~ **177** 51
colour correction unit **177** 39
colour decoder module **240** 5
colour developer **116** 10
colour enlarger **116** 40
colour filter **316** 49
colour indicator **127** 37
colour light distant signal **203** 9, 14
colour light signal **203** 3
colour medium **316** 49
colour-mixing knob **116** 43-45
colour organ **317** 13
colour output stage module **240** 13
colour pickup tube **240** 36
colour picture tube **240** 15
colour print **340** 28
colour printing paper **116** 51
colour processing chemicals **116** 52
colours of the rainbow **343** 14
colour television receiver **240** 1
colour television set **240** 1
colposcope **23** 5
coltsfoot **380** 8
colubrid **364** 38
Columbian **175** 30
columbine *Gdn. Flowers* **60** 10
Columbine *Carnival* **306** 27
column *Photog.* **116** 42
column *Forging* **139** 10
column *Mach. Tools* **150** 10
column *Bookbind.* **185** 65
column *Script* **342** 45
column *Chem.* **349** 29
column, angled ~ **116** 28
column, bent ~ **113** 21
column, central ~ **114** 46
column, Corinthian ~ **334** 10
column, Doric ~ **334** 8
column, Ionic ~ **334** 9
column, ornamented ~ **333** 18
column, spinal ~ **17** 2-5
column, vertebral ~ **17** 2-5
column box **119** 11, 73
column heading **342** 46
column rule **342** 47
column shaft **334** 26
coma position **21** 24
comb *Infant Care etc.* **28** 8
comb *Dom. Anim.* **73** 22
comb *Hairdresser* **105** 6
comb, adjustable ~ **165** 26
comb, top ~ **163** 67
combat sports **299**
comber **163** 56, 63
comber draw box **163** 60
comb foundation **77** 43
combination, two-piece ~ **30** 45
combination cutting pliers **126** 60; **127** 53
combination lever **210** 30
combination rib weave **171** 25
combination toolholder **149** 41
combine **64** 1-33
combined grasp **296** 42
combine harvester **63** 31; **64** 1-33
combing cylinder **163** 68
combing machine **163** 56
comb setting **165** 36
combustion chamber **232** 37
combustion chamber, external ~ **147** 16
comfrey **375** 45
comic turn **307** 25
comma **342** 18
command key **247** 21
command module **6** 9
command section **234** 65
commencement of speed restriction **203** 39, 42
commissionaire **267** 1; **271** 44; **315** 10
commissure, labial ~ **16** 14; **19** 19
committee **263** 1-2
committee boat **285** 15
committee member **263** 2
committee table **263** 3
common box **373** 19
common buzzard **362** 9
common comfrey **69** 13
common denominator **344** 19
common dolphin **367** 24
common European kite **362** 11
common flea **81** 42
common groundsel **61** 12
common heron **359** 18
common housefly **81** 2
common iguana **364** 32
common mallow **376** 13
common merganser **359** 15
common myrtle **53** 11
common nightshade **379** 5
common orache **61** 24
common pheasant **88** 77
common privet **373** 6
common puffball **381** 20
common roller **360** 6
common salt **170** 13
common seal **367** 19
common sea-swallow **359** 11
common silver fir **372** 1
common swallow **361** 20
common time **320** 32
common toadflax **376** 26
common vetch **69** 18
common viper **364** 40
communicant **332** 27
communication line **127** 23
communication link **237** 50
communications satellite **237** 52
communion cup **330** 10; **332** 29
communion table **330** 4
communion wafer **332** 50
commutator cover **211** 18
companion hatch **258** 24
companion ladder **221** 123; **223** 24; **258** 24
companionway **221** 123; **222** 23; **223** 24; **258** 24
company account **250** 4
company messenger **236** 17
compartment *Forestry* **84** 2
compartment *Railw.* **207** 13; **208** 24
compartment *Store* **271** 6
compartment, secretarial ~ **205** 37; **209** 25
compartment, special ~ **205** 26
compartment, twin-berth ~ **207** 38
compartment, two-berth ~ **207** 38
compartment, two-seat ~ **207** 38
compartment batten **316** 13
compartment door **207** 14
compartment window **207** 52; **208** 8
compass *Drawing Off.* **151** 52
compass *Airsports* **288** 12
compass, divisions of ~ **321** 42-50
compass, fluid ~ **224** 46
compass, gyroscopic ~ **224** 31, 51-53
compass, liquid ~ **224** 46
compass, magnetic ~ **223** 6; **224** 46; **230** 6
compass, mariner's ~ **223** 6
compass, ratchet-type ~ **151** 64
compass, spirit ~ **224** 46
compass, wet ~ **224** 46
compass bowl **224** 49
compass brick **159** 25
compass bridge **223** 4-11; **227** 24
compass card **224** 47
compasses **224** 46-53
compass flat **223** 4-11; **227** 24
compass head **151** 53
compass plane **132** 28
compass platform **223** 4-11; **227** 24
compass repeater **224** 31, 52, 53
compass saw **120** 63; **126** 70; **132** 3
compendium of games **47** 18
compensating airstream **192** 4
compensating roller **181** 45
compensation pendulum **109** 33
compensator **181** 45
compensator level **112** 69
competition bow **305** 54
competitor **282** 28
complementary angle **346** 15
complement of set **348** 7, 8
composing frame **174** 2
composing room **174**; **175**; **176**
composing rule **174** 14
composing stick **174** 13
composition *Composing Rm.* **175** 1-17
composition *Art. Studio* **338** 4
composition, computer-controlled ~ **176** 14
compositor **174** 5
compost heap **52** 6
comprehensive school **261** 1-45
compress **27** 4
compressed-air bottle **279** 21
compressed-air braking system **208** 21
compressed-air cylinder **279** 21
compressed-air hose **174** 38
compressed-air inlet **153** 53
compressed-air line *Joiner* **133** 45
compressed-air line *Blacksm.* **138** 5
compressed-air pipe *Forging* **139** 22
compressed-air pipe *Metalwkr.* **140** 17
compressed-air pressure gauge **279** 13
compressed-air reservoir *Agr. Mach.* **64** 92
compressed-air reservoir *Offshore Drill.* **146** 21

compressed-air supply **213** 20
compressed-air system **138** 1
compressed-air tank *Blacksm.* **138** 4
compressed-air tank *Power Plant* **153** 51
compressed-air vessel **269** 17, 50
compressed-gas container **234** 32
compressed-helium bottle **234** 14
compressed-helium tank **234** 43, 50
compression bandage **21** 17
compression plate **2** 25
compressor *Painter* **129** 33
compressor *Blacksm.* **138** 3
compressor *Oil, Petr.* **145** 45
compressor *Energy Sources* **155** 4
compressor *Ship* **223** 51
compressor *Office* **247** 43
compressor, high-pressure ~ **232** 36
compressor, low-pressure ~ **232** 35
computer **23** 53; **177** 70; **195** 1
computer cable **195** 3, 38
computer centre **244**
computer data **238** 13
computer harness **195** 3, 38
computer socket, main ~ **195** 2, 39
computer test, automatic ~ **195** 33
computing scale **98** 12
concave **64** 11
concave ridge **302** 22
concentrator **172** 24, 42, 44, 48, 62
concert grand **325** 40
concertina **324** 36
conch shell trumpet **327** 41
concrete, heavy ~ **119** 72
concrete, rammed ~ **118** 1
concrete, tamped ~ **118** 1
concrete aggregate **118** 36; **119** 26
concrete bucket **119** 38
concrete mixer **47** 40; **118** 33; **119** 29; **201** 23
concrete-mixing plant **201** 19
concrete pump hopper **201** 24
concreter **119** 9
concrete road construction **201** 1-24
concrete scraper **200** 13
concrete spreader **201** 5
concrete spreader box **201** 6
concrete tamper **119** 83
concrete test cube **119** 84
concrete-vibrating compactor **201** 10
concrete vibrator **119** 88
condensate **172** 17
condenser *Brew.* **92** 6
condenser *Optic. Instr.* **112** 8; **113** 32
condenser *Oil, Petr.* **145** 44
condenser *Nucl. Energy* **154** 17, 35
condenser *Energy Sources* **155** 8
condenser *Synth. Fibres* **170** 5
condenser *Paperm.* **172** 30
condenser *Warships* **259** 64
condenser *Chem.* **350** 48
condenser, coiled ~ **349** 6
condenser, universal ~ **112** 66
condensing locomotive **210** 69
condensing tender **210** 69
condition report **195** 7
conductor *Power Plant* **153** 34, 43
conductor *Spa* **274** 21
conductor *Theatre* **315** 26
conductor, copper ~ **127** 43
conductor, electrostatic ~ **230** 51; **231** 27
conductor, high-voltage ~ **152** 33
conduit **334** 54
cone *Phys. Geog.* **11** 24
cone *Mach. Parts etc.* **143** 67
cone *Synth. Fibres* **169** 27
cone *Bicycle* **187** 58
cone *Maths.* **347** 43
cone *Decid. Trees* **371** 32
cone, cross-wound ~ **165** 8, 24
cone, pyrometric ~ **161** 6
cone, truncated ~ **347** 45
cone axis **372** 3
cone breaker **172** 82
cone chest **326** 12-14
cone creel **165** 9
cone drum box **163** 30
cone height **347** 44
cone nozzle **83** 23
cone refiner **172** 27, 60, 73, 83
cone scale **372** 8, 14, 27, 38
cone-winding frame **165** 1
cone-winding machine **169** 26
coney **366** 24
confectionery **97** 17-47; **98** 75-86
confectionery unit **97** 67-70
conference circuit **242** 22
conference connection **242** 22
conference grouping **246** 31-36
conference hook-up **242** 22
conference table **246** 31
confetti **306** 62
configuration, angular ~ **248** 39
confluence **224** 90
conga drum **324** 55
congregation **330** 29
conifers **372** 1-71
Conium **379** 4
connecting corridor **208** 11
connecting door, sliding ~ **207** 19
connecting element **248** 48
connecting hose **208** 16, 21
connecting lead **25** 20, 56
connecting piece **350** 56
connecting rod *Agr.* **63** 20
connecting rod *Intern. Combust. Eng.* **190** 21
connecting rod *Railw.* **210** 11
connecting-rod bearing **192** 25
connecting seal, rubber ~ **207** 8; **208** 12
connecting shaft **63** 20
connecting system, automatic ~ **237** 25
connection, internal ~ **245** 14
connection, pneumatically sprung ~ **194** 45
connection, rubber ~ **194** 45
connection of modules **242** 70
connection rebar **119** 10, 71
connector *Moon L.* **6** 28
connector *Weaving* **166** 52
connector, thermoplastic ~ **127** 29
connector fitting **287** 31
consignment, general ~ **206** 4
consignment, mixed ~ **206** 4
consignment note **206** 30
console *Joiner* **133** 24
console *Serv. Stat.* **196** 29
console *School* **261** 37
console *Music. Instr.* **326** 36-52
console operator **244** 3
console piano **325** 1
console typewriter **244** 4
consolidating beam **201** 2
constant of integration **345** 14
constellations **3** 9-48
construction, close-seamed ~ **285** 54
construction, wooden ~ **260** 72
construction of circuit **242** 72
construction set **48** 22
construction site **118; 119**
construction unit, precast ~ **215** 58
construction vehicle **255** 75
consulting room **23** 1
contact, auxiliary ~ **153** 57
contact, magnetic ~ **242** 71
contact arc **237** 43
contact arm **237** 44
contact arm tag **237** 46
contact breaker **242** 49
contact field **237** 45
contact goniometer **351** 27
contact maker **127** 38-39
contact sleeve, metal ~ **166** 31
contact spring **127** 28
contact wire maintenance vehicle **211** 41, 44-54
contact wire voltage indicator **211** 28
container **206** 57; **221** 22; **226** 3, 6
container *Chem.* **350** 61
container, plastic ~ **83** 25
container, railroad-owned ~ **206** 19
container, railway-owned ~ **206** 19
container, shielded ~ **154** 82
container berth **225** 48; **226** 1
container car **206** 58
container carrier truck **225** 47
container for vegetables **96** 51
container platform **194** 27
container ship **221** 89; **225** 45
container station **206** 54
container terminal **225** 48; **226** 1
container wagon **206** 58
containment, steel ~ **154** 21
continents **14** 12-18
continuity girl **310** 39
continuity tester **127** 55
continuous feed grate **199** 34
continuous filament process **162** 48
continuous reheating furnace **148** 69
continuous rolling mill train **148** 66-75
contouche **355** 66
contour **15** 62
contour, submarine ~ **15** 11
contour knife **340** 10
contrabass **323** 23
contrabassoon **323** 28
contrabass tuba **323** 44
contracted burial **328** 17
contractile vacuole **357** 5
contra octave **321** 43
contrast control **240** 32; **249** 36
contrast medium injector **27** 15
control, digital ~ **242** 35
control, manual ~ **115** 52
control, sliding ~ **311** 18
control and monitoring panel **311** 8
control arm **240** 29; **313** 11
control board **153** 1
control box *Moon L.* **6** 23
control box *Mach. Tools* **150** 36
control box *Offset Platem.* **179** 33
control button *Hosp.* **25** 30
control button *Cine Film* **117** 98
control button *Text. Finish.* **168** 40
control button *Navig.* **224** 32
control button *Audiovis.* **243** 13
control button *Office* **246** 19
control button *School* **261** 45
control cable **271** 53
control column **230** 24; **257** 8; **288** 14
control console *Power Plant* **153** 1-6
control console *Photomech. Reprod.* **177** 5
control console *Films* **311** 12
control console *Theatre* **316** 2
control desk *Hosp.* **27** 10
control desk *Brew.* **93** 1
control desk *Iron & Steel* **147** 66
control desk *Power Plant* **153** 1-6
control desk *Nucl. Energy* **154** 80
control desk *Offset Print.* **180** 16
control desk *Photograv.* **182** 28
control desk *Films* **311** 12
control desk, driver's ~ **212** 32
control desk, engineer's ~ **212** 32
control device **26** 7
control frame **287** 46
control gear **164** 38
control grip *Pest Contr.* **83** 19
control grip *Photog.* **115** 76
control handle, cranked ~ **168** 52
control knob *Hosp.* **25** 49; **27** 41
control knob *Electrotyp. etc.* **178** 15
controller **197** 27
controller, rear ~ **197** 8
controller handwheel **211** 20; **212** 12
control lever *Agr. Mach.* **64** 59
control lever *Pest Contr.* **83** 21
control lever *Cine Film* **117** 63
control lever *Cotton Spin.* **163** 28
control lever *Road Constr.* **201** 8, 12
control lever *Navig.* **224** 19
control lever *Broadcast.* **240** 29
control lever *Films* **313** 11
control lever *Theatre* **316** 58
control line model **288** 89
control linkage **190** 30
control loudspeaker **311** 13
control mechanism **181** 26
control module **238** 45; **240** 11
control panel *Hosp.* **26** 20; **27** 10
control panel *Roof & Boilerr.* **38** 67
control panel *Dairy.* **76** 11
control panel *Brew.* **93** 1, 20

control panel *Offshore Drill.* **146** 28
control panel *Power Plant* **153** 1
control panel *Nucl. Energy* **154** 80
control panel *Paperm.* **173** 43
control panel *Photomech. Reprod.* **177** 36, 60
control panel *Offset Platem.* **179** 10, 17
control panel *Offset Print.* **180** 74
control panel *Bookbind.* **185** 2
control panel *Broadcast.* **240** 31
control panel *Films* **311** 4, 17, 29
control panel, bracket-mounted ~ **177** 6
control panel, electric ~ **168** 25, 58
control panel, hinged ~ **177** 6
control platform **226** 55
control point **203** 25
control rod *Nucl. Energy* **154** 24
control rod *Warships* **259** 69
control rod drive **154** 23
control room *Hosp.* **25** 1-9
control room *Offshore Drill.* **146** 32
control room *Power Plant* **152** 19, 28; **153** 1-8
control room *Railw.* **214** 65
control room *Broadcast.* **238** 17
control room *Theatre* **316** 1
control room, central ~ *Dairy.* **76** 7
control room, central ~ *Brew.* **92** 25
control room window **238** 38
controls **25** 29; **153** 6; **271** 48
control speaker **238** 15
control station **217** 45
control stick **230** 24; **257** 8; **288** 14
control switch *Hosp.* **25** 29
control switch *Electrotyp. etc.* **178** 36
control switch *Offset Print.* **180** 74
control switch *Navig.* **224** 23
control tap **172** 9
control tower **233** 17; **287** 12
control unit *Hosp.* **26** 7
control unit *Opticn.* **111** 29
control unit *Blacksm.* **138** 31
control unit *Mach. Tools* **150** 36
control unit *Photomech. Reprod.* **177** 51
control unit *Offset Platem.* **179** 33
control unit *Audio* **241** 40
control unit, central ~ *Hosp.* **25** 1, 20
control unit, central ~ *Inf. Tech.* **242** 2
control unit, electric ~ **168** 58
control valve **153** 52
control weight **166** 63
control well **117** 98
control wheel *Text. Finish.* **168** 40
control wheel *Railw.* **212** 81
convenience outlet **127** 5
convenience outlet, double ~ **127** 6
convent **15** 63
convergence **224** 90
convergence module **240** 12
conversion filter step **117** 38
converter **92** 42
converter bottom, solid ~ **147** 47
converter chimney **147** 67
converter top, conical ~ **147** 45
converter tube **27** 19
convertible **193** 9
convertiplane **232** 31
conveyor *Poultry Farm* **74** 22
conveyor *Dairy.* **76** 23
conveyor *Bldg. Site* **118** 77
conveyor *Synth. Fibres* **169** 32
conveyor *Paperm.* **172** 79
conveyor *Photograv.* **182** 30
conveyor *Refuse Coll.* **199** 36
conveyor *Docks* **225** 51
conveyor belt *Dairy.* **76** 23
conveyor belt *Bldg. Site* **118** 77
conveyor belt *Synth. Fibres* **169** 32
conveyor belt *Paperm.* **172** 79
conveyor belt *Photograv.* **182** 30
conveyor belt *Docks* **225** 51
conveyor brattice **163** 13
conveyor trolley **74** 39
conveyor unit **83** 59
cook, head ~ **207** 34
cooker **96** 47
cooker, calor gas ~ **278** 33
cooker, double-burner ~ **278** 33
cooker, electric ~ **39** 12; **46** 32
cooker, gas ~ **39** 12; **278** 33
cooker hood **39** 17; **46** 31
cooker unit **39** 12-17
cooking liquor **172** 46
cooking pot **39** 29; **40** 12
cookroom **223** 42
coolant **149** 44
coolant bore **242** 54
coolant-collecting plant **92** 7
coolant feed line **235** 38
coolant flow passage **154** 29
coolant pump **190** 61
coolant pump, primary ~ **154** 25
coolant supply pipe **138** 26; **149** 25
coolant system **154** 55
coolant tray **149** 44
cooler *Oil, Petr.* **145** 44
cooler *Coking* **156** 27
coolie **353** 43
cooling **170** 34
cooling aggregate **39** 5
cooling compressor **92** 22
cooling cylinder **170** 27
cooling fan **312** 34
cooling rib **189** 20; **190** 80; **242** 60
cooling roll **173** 25
cooling roller **180** 28
cooling room **281** 28
cooling system **154** 48
cooling table **97** 67
cooling tank **162** 15
cooling tower *Coal* **144** 15
cooling tower *Nucl. Energy* **154** 39
cooling tower *Synth. Fibres* **170** 43
cooling unit **209** 21; **212** 26, 77
cooling water *Nucl. Energy* **154** 18
cooling water *Railw.* **212** 65, 78
cooling water bore **242** 54
cooling water flow circuit **154** 10
cooling water heat exchanger **155** 3
cooling water pipe *Opticn.* **111** 31
cooling water pipe *Power Plant* **152** 27
cooling water pipe *Car* **191** 10
cooling water temperature gauge **212** 21
cooling water thermostat **190** 62
cool shelf **266** 49
coon **368** 9
cooper **130** 11
coordinate **347** 2-3, 8
coordinate, right-angled ~ **347** 1
coot **359** 20
cop, full ~ **163** 2
cope **148** 19
copier, automatic ~ **249** 32
copier, web-fed ~ **249** 32
coping stone **37** 37
copper **305** 6, 18
copper, unworked ~ **260** 64
copper cylinder, polished ~ **182** 7
copper plate **179** 9
copperplate, polished ~ **340** 53
copperplate engraver **340** 44
copperplate engraving **340** 14-24
copperplate press **340** 36
copper sulphate **351** 26
copy **176** 3; **177** 18
copy, received ~ **245** 2
copy, transmitted ~ **245** 2
copyboard **177** 14, 22, 30
copy cylinder **177** 64
copy delivery **249** 43
copyholder **177** 15
copying camera, overhead ~ **177** 1
copying stand **115** 90, 92, 93
copypod **115** 90
copy stand **115** 90, 92, 93
coquille **294** 38, 43
coral, precious ~ **357** 17
coral, red ~ **357** 17
coral animal **357** 17
coral Clavaria **381** 32
coral colony **357** 18
coral evergreen **377** 12
coral polyp **357** 19
coral reef **13** 32
cor anglais **323** 38
cord **206** 12
cord, warp-faced ~ **171** 26, 27
cordate **370** 35
corded ware **328** 10
cordon, horizontal ~ **52** 17, 29
cordon, quadruple ~ **52** 1
cordon, vertical ~ **52** 2
core *Phys. Geog.* **11** 5
core *Soft Fruit* **58** 36, 59
core *Iron Foundry etc.* **148** 36
core *Power Plant* **153** 17, 36
core *Electrotyp. etc.* **178** 18
core, soft-lead ~ **87** 56
core, special ~ **301** 47
core bit **145** 21
core print **148** 37
corking machine, semi-automatic ~ **79** 10
corkscrew **40** 18; **45** 46
corkscrew piton **300** 40
cormorant **359** 10
corn **68** 1, 31
corn camomile **61** 8
corn campion **61** 6
corn cob **68** 36
corn cockle **61** 6
cornea **19** 47
cornelian cherry **373** 30, 32
corner *Games* **276** 27
corner *Ball Games* **291** 41; **292** 18
corner *Sports* **305** 6; **305** 8
corner *Maths.* **347** 33
corner bottom slate **122** 77
corner brace **120** 26
corner flag **291** 8
corner kick **291** 41
corner peg **292** 79
corner seat **207** 58; **265** 10; **266** 38
corner section **42** 26
corner stile **120** 52
corner strut **120** 52
corner stud **120** 52
corner table **246** 34
corner unit **39** 27
corner work **149** 51
cornet **323** 43
cornett, curved ~ **322** 12
cornfield **63** 32
corn flower **61** 1
corn head **64** 35
cornice *Carp.* **120** 34
cornice *Mountain.* **300** 20
cornice *Art* **334** 11-14; **335** 48
corn marigold **61** 7
corn poppy **61** 2
corn removal **92** 38
corn salad **57** 38
corn spurrey **69** 12
corn stem **68** 5
corn weevil **81** 26
corolla **59** 11; **378** 4
corolla, papilionaceous ~ **57** 1
corona **334** 12
corona, solar ~ **4** 39
Corona Borealis **3** 31
coronet, baronet's ~ **254** 43
coronet, baronial ~ **254** 44
coronet, count's ~ **254** 45
coronet, ducal ~ **254** 39
coronet, elector's ~ **254** 41
coronet, prince's ~ **254** 40
coronets **254**; **254** 37,38,42-46
coronets of rank **254** 43-45
corporation stock **251** 11-19
corps de ballet **314** 25
corpus callosum **17** 44
corpus cavernosum and spongiosum **20** 67
corral **319** 14
correcting fluid **247** 13
correcting lens **115** 22
correcting paper **247** 12
correction lens **115** 72
corrector, universal ~ **238** 48
corrector plate **113** 11
correspondence **245** 19
correspondence file **22** 12
correspondent **342** 54
corresponding angle **346** 12
corrida **319** 1-33
corridor *Railw.* **207** 11
corridor *Winter Sp.* **301** 71
corridor compartment coach **207** 1-21
Corvidae **361** 1-3
corydalis **377** 8
cosine **346** 32
cosmetics **99** 27-35
cosmetics gondola **99** 23
cossack trousers **30** 44
costume, theatrical ~ **315** 51
costume designer **315** 38
costumes, historical ~ **355**
cot, collapsible ~ **28** 1
cotangent **346** 32

cottage, dikereeve's ~ **216** 45
cottage, ferryman's ~ **216** 45
cottage cheese **76** 45
cottage piano **325** 1
cotter punch **137** 31
cotton *Cotton Spin.* **163** 1-13
cotton *Industr. Plants* **383** 16
cotton bale, compressed ~ **163** 3
cotton bobbin **100** 29
cotton boll, ripe ~ **163** 1
cotton feed **163** 9
cotton-feeding brattice **163** 8
cotton grass **377** 18
cotton reel **104** 9
cotton rush **377** 18
cotton spinning **163; 164**
cotton wool ball **99** 30
cotton wool packet **99** 28
cotyledon **370** 87
couch *Doc.* **22** 43
couch *Weeds* **61** 30
coucher **173** 49
couch grass **61** 30
couchman **173** 49
coudé ray path **5** 3
coudière **329** 48
coulee **13** 45
coulter **65** 10
coulter, disc ~ **64** 66; **65** 69
coulter, drill ~ **65** 76
coulter, rolling ~ **64** 66; **65** 69
coulter, skim ~ **65** 68
counter *Child. Rm.* **47** 28
counter *Shoem.* **100** 59
counter *Shoes* **101** 37
counter *Cotton Spin.* **163** 61
counter *Composing Rm.* **175** 41
counter *Offset Print.* **180** 74
counter *Railw.* **207** 31
counter *Café* **265** 1
counter *Restaurant* **266** 1-11
counter *Water* **269** 59
counter *Ball Games* **291** 23
counter *Winter Sp.* **302** 18
counter *Flea Market* **309** 83
counter, cashier's ~ **250** 1
counter, extra ~ **271** 64
counter, special ~ **271** 64
counterbalance **241** 22
counterbalance weight **242** 50
counterblow hammer **139** 5
counterbrace **215** 35
counter clerk **236** 16
counter gear assembly **269** 55
counter officer **236** 16
counterpoise *Optic. Instr.* **113** 19
counterpoise *Hydr. Eng.* **217** 76
counterpoise *Docks* **226** 50
counterpoise *Army* **255** 78
counter stamp machine **236** 19
counter tube **2** 21
counter tube casing **2** 20
counterweight *Overh. Irrign.* **67** 37
counterweight *Optic. Instr.* **113** 19
counterweight *Bldg. Site* **119** 33
counterweight *Forging* **139** 34
counterweight *Hydr. Eng.* **217** 76
counterweight *Docks* **226** 50
counterweight *Audio* **241** 22
counterweight *Army* **255** 78
counting, automatic ~ **74** 52
counting beads **47** 14
counting blocks **48** 17
counting mechanism **309** 83
counting out **299** 42
country estate **15** 94
countryside in winter **304**
coupé *Carriages* **186** 3
coupé *Car* **193** 28
couple **267** 46; **272** 72; **317** 17-18
couple, bridal ~ **332** 15-16
coupler *Bldg. Site* **119** 53
coupler *Plumb. etc.* **126** 43
coupler *Music. Instr.* **326** 41
couplet **321** 23
coupling *Agr. Mach.* **65** 61
coupling *Bldg. Site* **119** 53
coupling *Railw.* **208** 16; **210** 2; **212** 82; **214** 18
coupling, front ~ **65** 50
coupling, unlinked ~ **208** 19
coupling bolt **202** 15
coupling hook **122** 64
coupling hose **208** 21
coupling link **208** 17
coupling screw **208** 18
coupling spindle **148** 58
coupon **251** 17
coupon sheet **251** 17
courbette **71** 6
course *Weaves* **171** 42
course *Ball Games* **293** 79-82
course *Winter Sp.* **301** 44
course, damp-proof ~ **123** 4
course, first ~ **118** 67
course, second ~ **118** 68
course, triangular ~ **285** 16
course counter **167** 43
course-marking flag **301** 45
course markings **289** 19
courser **70** 24
court dress **355** 79
courtesy light **191** 77
court shoe **101** 29
court shoe, fabric ~ **101** 54
court shoe, sling-back ~ **101** 53
couter **329** 48
cove **13** 7
cover *Dining Rm.* **44** 5
cover *Tablew. etc.* **45** 3-12
cover *Optic. Instr.* **113** 13
cover *Photog.* **115** 11
cover *Bldg. Site* **118** 22
cover *Bookbind.* **185** 40
cover *Bicycle* **187** 30
cover *Water* **269** 56
cover, canvas ~ **255** 98
cover, glass ~ *Kitch. Utensils* **40** 7
cover, glass ~ *Energy Sources* **155** 33
cover, hinged ~ **309** 27
cover, nylon ~ **207** 68
cover, porous ~ **199** 21
cover, screw-in ~ **115** 11
cover, screw-on ~ **83** 40
cover, soundproof ~ **310** 48
cover, terry ~ **49** 14
cover, transparent ~ **249** 27
coverall **29** 23
cover cylinder **184** 10
covering **287** 40
covering, felt ~ **353** 20
covering, green baize ~ **277** 15
covering material **184** 12
cover projection **243** 47
cover with filter **2** 14
coving **336** 10
cow **73** 1
cowberry **377** 23
cowboy **306** 31; **319** 36
cowboy boot **101** 9
cowcatcher **210** 34
cow corn **68** 31
cowl *Blacksm.* **137** 7
cowl *Warships* **258** 21, 59
cowl *Church* **331** 56
cowl collar **30** 3
cowl neck jumper **30** 2
Cowper's gland **20** 75
cowshed *Farm Bldgs.* **62** 7
cowshed *Livestock* **75** 14
cowslip **376** 8
cox **283** 11
coxed single **283** 18
coxless four **283** 9
coxless pair **283** 15
CQR anchor **286** 16
Crab *Astron.* **4** 56
crab *Shipbuild.* **222** 14, 28
crab *Articulates* **358** 1
crab *Deep Sea Fauna* **369** 16
crab apple tree **58** 51
crab louse **81** 40
cracker **306** 50
cracker, catalytic ~ **145** 48
crackowe **355** 42
cradle **237** 13
cradle, bouncing ~ **28** 2
cradle, double ~ **214** 68
cradle, two-wheel ~ **214** 69
cradle frame, lightweight ~ **189** 17
cradle switch **237** 13
craft room **260** 46-85
crakeberry **377** 23
cramp **119** 58; **120** 66
cramp iron **119** 58; **121** 97
crampon **300** 48
crampon cable fastener **300** 52
crampon strap **300** 51
Crane *Astron.* **3** 42
crane *Warships* **258** 88
crane, floating ~ **225** 10; **226** 48
crane, flying ~ **232** 16
crane, hammer-headed ~ **222** 7
crane, overhead ~ **222** 20
crane, polar ~ **154** 38
crane, revolving ~ **146** 3
crane, travelling ~ **147** 41; **222** 20
crane cable **222** 13
crane framework **226** 53
crane hoist, auxiliary ~ **147** 61
crane hook **139** 45
crane motor **157** 28
crane's bill **53** 1; **376** 24
crane track **119** 27
crane truck **270** 47
crank *Agr. Mach.* **64** 43
crank *Bicycle* **187** 41
crank *Road Constr.* **201** 18
crankcase **190** 40; **242** 51
crankcase scavenging **242** 59
crank drive **217** 53
crankshaft **166** 50; **190** 23; **192** 29
crankshaft, counterbalanced ~ **242** 50
crankshaft bearing **190** 22; **192** 23
crankshaft bleed **192** 22
crankshaft drilling **192** 22
crankshaft tributary **192** 22
crankshaft wheel **166** 51
crash bar **188** 18
crash barrier **259** 17
crash hat **290** 3
crash helmet **301** 13; **303** 14
crate **76** 30; **206** 5
crater **312** 44
crater, volcanic ~ **11** 16
cravat **32** 40
craw **73** 20
crawl **282** 37
crawl stroke **282** 37
crayon **47** 26; **338** 5
crayon, wax ~ **48** 11; **260** 6
crayon engraving **340** 14-24
cream **99** 27, 46
cream, whipped ~ **97** 28; **265** 5
cream cake **97** 21, 24
creamer **265** 21
creamery butter machine **76** 33
cream heater **76** 13
cream jar **28** 13; **99** 27
cream jug **265** 21
cream maturing vat **76** 31
cream pie **97** 24
cream puff **97** 27
cream roll **97** 17
cream separator **76** 14
cream supply pump **76** 40
cream tank **76** 19
cream tube **99** 33
crease *Men's Wear* **33** 6
crease *Ball Games* **292** 72
crease *Ethnol.* **353** 44
creatures, fabulous ~ **327** 1-61
creatures, mythical ~ **327** 1-61
creek *Phys. Geog.* **13** 8
creek *Map* **15** 80
creel *Fish Farm.* **89** 25
creel *Cotton Spin.* **164** 28, 58
creel *Weaving* **165** 25
creel, full ~ **164** 41
creeper **51** 5; **52** 5; **53** 2; **57** 8
creeping foot **357** 28
creese **353** 44
crenate **370** 46
crenel **329** 18
crenellation **329** 6
crepidoma **334** 4
crescendo **321** 31
crescendo roller **326** 49
crescendo roller indicator **326** 37
crescent *Astron.* **4** 3, 7
crescent *Bakery* **97** 32
crescent *Supermkt.* **99** 13
Crescent *Flags* **253** 19
crescent-forming machine **97** 64
crescent moon **4** 3, 7
crescent roll **97** 32; **99** 13
crescent wing **229** 18
crest *Horse* **72** 12, 14
crest *Dom. Anim.* **73** 22
crest *Heraldry* **254** 1
crest, dorsal ~ **364** 21
crest, erectile ~ **359** 26
Cresta tobogganing **303** 22-24
crest coronet **254** 12
crested lark **361** 19
crested newt **364** 20
cresting **305** 65
crest of dam **217** 59
crests **254** 1,11,30-36
crevasse **12** 50; **300** 23
crew compartment **6** 41; **235** 16
crew cut **34** 11
crew entry tunnel **235** 71
cricket **292** 70-76
cricket bat **292** 75
crimping **170** 59
crimping iron **106** 26
crimson clover **69** 4
crinoline **355** 72
crispbread **97** 50
criss-cross skip **297** 44
cristobalite **1** 12
croaking sac **364** 25

crocket **335** 38
croisé **314** 16
croissant **97** 32; **99** 13
crojack **220** 26
crojack yard **220** 25
cromlech **328** 16
crook **324** 71
crook of the arm **16** 44
crop **73** 20
crops, arable ~ **68**
croquant **98** 85
croquet **292** 77-82
croquet ball **292** 82
croquet mallet **292** 81
croquet player **292** 80
Cross *Astron.* **3** 44
cross *Plumb. etc.* **126** 50
cross *School* **260** 28
cross *Church* **331** 25
cross, ansate ~ **332** 63
cross, cardinal's ~ **332** 65
cross, Constantinian ~ **332** 67
cross, fivefold ~ **332** 72
cross, Greek ~ **332** 56
cross, Latin ~ **332** 55
cross, Papal ~ **332** 66
cross, patriarchal ~ **332** 64
cross, processional ~ **330** 47
cross, quintuple ~ **332** 72
cross, Russian ~ **332** 57
cross, saltire ~ **332** 60
cross, St. Andrew's ~ **332** 60
cross, St. Anthony's ~ **332** 59
cross, St. Peter's ~ **332** 58
cross arm **152** 37
cross arms **10** 30
crossbar *Goldsm. etc.* **108** 5
crossbar *Bicycle* **187** 16
crossbar *Ball Games* **291** 36
crossbar *Athletics* **298** 14, 34
cross beam **119** 57
cross bearer **331** 43
cross bond, English ~ **118** 65
cross botonnée **332** 71
crossbrace **215** 35
cross bracing wire **229** 12
crossbuck **202** 41
cross chain conveyor **157** 22
cross conveyor **157** 20
cross-country *Equest.* **289** 17
cross-country *Winter Sp.* **301** 42
cross-country binding **301** 15
cross-country boot **301** 16
cross-country equipment **301** 14-20
cross-country gear **301** 17
cross-country lorry **194** 1
cross-country motorcycle **189** 16
cross-country pole **301** 20
cross-country race **290** 33
cross-country ski **301** 14
cross-country stretch-suit **301** 43
cross-country tyre **194** 4
cross-cut **144** 31
cross-cut, octagonal ~ **36** 53
cross-cut, oval hexagonal ~ **36** 63
cross-cut, round hexagonal ~ **36** 65
cross-cut, trapezium ~ **36** 58
cross-cut chain saw **157** 38
cross-cut chisel **140** 25
cross-cut saw **120** 14
crosses, Christian ~ **332** 55-72
crossfall **200** 57
cross fold knife **185** 12
cross fold unit, third ~ **185** 14
cross grasp **296** 43
cross hairs **87** 32
cross hairs, double ~ **115** 66
cross hatch **340** 54
cross head *Forging* **139** 37
cross head *Railw.* **210** 27
crossing **205** 15
crossing, intercom-controlled ~ **202** 47
crossing, telephone-controlled ~ **202** 47
crossing keeper **202** 42
crossing the bar **298** 31
crossjack **220** 26
crossjack yard **220** 25
cross joint **151** 50
cross lacing **29** 37
crosslet **332** 68
cross moline **332** 69
cross of Jerusalem **332** 70
cross of Lorraine **332** 62
cross of the Passion **332** 55
crossover **241** 14
crossover,double ~ **203** 49-52
crossover network **241** 14
cross piece *Bldg. Site* **119** 61
cross piece *Shipbuild.* **222** 15
cross piece *Fencing* **294** 42
cross rib **335** 31
cross slide **149** 23, 39; **150** 12
cross-slide guide **174** 48
cross spider **358** 45
cross stitch **102** 5
cross stitch, Russian ~ **102** 9
cross strut **119** 67
cross tie *Roof* **121** 30
crosstie *Station* **205** 60
crosstie, concrete ~ **202** 37
crosstie, coupled ~ **202** 14, 38
crosstie, steel ~ **202** 36
cross total counter **242** 3
crosstrees **223** 37; **284** 13
crosstrees, starboard ~ **286** 9
cross treflée **332** 71
cross vault **335** 31-32
crosswalk **198** 11; **268** 24, 51
cross-winding the threads **165** 11
cross wire, overhead ~ **197** 42
cross wires **87** 32
crotchet **320** 15
crotchet rest **320** 23
crouch **295** 6, 23
crouch start **298** 4
croup **72** 31
croupier **275** 4
croupier, head ~ **275** 6
crow **86** 50, 51; **361** 2
crowbar **158** 32
crowberry **377** 23
crowfoot **375** 8
crown *Man* **16** 1; **19** 37
crown *Dent.* **24** 28
crown *Forging* **139** 36
crown *Bridges* **215** 31
crown *Park* **272** 60
crown *Art* **336** 39
crown *Hist. Cost.* **355** 21
crown *South. Fruits* **384** 29
crown, gold ~ **24** 28
crown, mural ~ **254** 46
crown block **145** 4
crown cork **93** 27
crown cork bottle-opener **45** 47
crown cork closure **93** 27
crown cork opener **45** 47
crown of hooks **81** 38
crown-of-the-field **61** 6
crown of tree **370** 3
crownpiece **71** 10
crowns **254** 37,38,42-46
crown safety platform **145** 3
crown wheel *Clocks* **110** 41
crown wheel *Mach. Parts etc.* **143** 93
crows **361** 1-3
crow's nest **223** 38
crucible, clay ~ **350** 31
crucible, graphite ~ **108** 10
crucible tongs **108** 11; **350** 32
crucifer **331** 43
crucifix *Gymn.* **296** 50
crucifix *Church* **332** 33
crucifix, processional ~ **331** 42
crude benzene, production of ~ **156** 41
crude benzene tank **156** 42
crude benzol, production of ~ **156** 41
crude benzol tank **156** 42
crude oil production **145** 22-27
crude phenol tank **156** 40
crude tar tank **156** 32
cruet set **332** 44
cruet stand **266** 22
cruiser **286** 5
cruiser keelboat **285** 29-34
cruiser stern **285** 45
cruising yacht **284** 60
crumb **97** 3
crumhorn **322** 6
crupper **71** 34; **72** 31
crupper-strap **71** 34
crusader **329** 72
crushed grape transporter **78** 16
crusher **172** 5
crusher, coarse ~ **158** 19
crusher, fine ~ **158** 19
crusher, gyratory ~ **158** 19
crusher, primary ~ **158** 17
crusher, rotary ~ **158** 19
crush hat **35** 36
crush room **315** 12-13
crust **97** 4, 5
crust, earth's ~ **11** 1
crust, outer ~ **11** 1
crustacean **369** 12, 15, 16
crustaceans **358** 1-2
crusta petrosa **19** 29
crutch **148** 15
Crux **3** 44
cryosurgery **22** 63
Cryptolestes **81** 27
crystal **351** 29
crystal centre **351** 3
crystal combinations **351** 1-26
crystal cone **77** 21
crystal detector **309** 23
crystal forms **351** 1-26
crystallography **351**
crystallometry **351** 27-33
crystal plate glass **124** 5
crystals **351** 1-26
crystal set **309** 23
crystal system **351** 1-17
cub **88** 42
cube *Kindergart.* **48** 21
cube *Maths.* **347** 30
cube *Crystals* **351** 2, 14, 16
cube root **345** 2
cube sugar **98** 53
cubic crystal system **351** 1-17
cubitière **329** 48
cuckoo **359** 30
cuckoo clock **109** 31
cuckoo flower **375** 11; **376** 21
cuckoo pint **379** 9
cucumber **57** 13; **99** 83
cue **277** 9
cue ball, white ~ **277** 11
cue rack **277** 19
cue tip, leather ~ **277** 10
cuff **25** 16; **30** 14; **32** 45
cuff, fur ~ **30** 62
cuff, fur-trimmed ~ **30** 62
cuff, inflatable ~ **23** 34
cuff, ribbed ~ **30** 30
cuff link **32** 46; **36** 21
cuff protector **324** 17
cuff slit **30** 48
cuirass **329** 46
cuish **329** 52
cuissard **329** 52
cuisse **329** 52
culicid **358** 16
culm *Arable Crops* **68** 6
culm *Coking* **156** 14
culotte **31** 48; **29** 59
cultivator *Market Gdn.* **55** 21
cultivator *Agr. Mach.* **65** 55
cultivator, three-pronged ~ **56** 13
cultivator attachment **56** 21
culture, bacteriological ~ **261** 29
cumulonimbus **8** 17; **287** 26
cumulonimbus cloud **287** 26
cumulus **8** 1; **287** 22
cumulus cloud **287** 22
cumulus congestus **8** 2
cumulus humilis **8** 1
cup *Bicycle* **187** 79
cup *Decid. Trees* **371** 5
cup, baby's ~ **28** 27
cup, hemispherical ~ **10** 30
cup, rust-proof ~ **122** 102
cup, zinc ~ **122** 102
cup bearer **329** 69
cupboard **246** 5
cupboard, children's ~ **47** 21
cupboard, sliding-door ~ **248** 38
cupboard base unit **42** 6
cupboard unit **42** 7
cupboard unit, two-door ~ **46** 6
cup cymbals **324** 50
cupid **272** 20
cupola *Iron Foundry etc.* **148** 1
cupola *Art* **334** 58
cupola, bulbous ~ **336** 3
cupola furnace **148** 1
cupule **59** 42; **371** 5; **384** 52
curb **198** 6; **272** 25
curb bit **71** 13, 52
curb chain **71** 12
curbstone **198** 7
curbstone broker **251** 5
curbstoner **251** 5
curd cheese **76** 38, 45
curd cheese machine **76** 38
curd cheese packet **76** 45
curd cheese packing machine **76** 44
curd cheese pump **76** 39
curds separator **76** 41
curettage **26** 52
curette **22** 50; **26** 52
curing floor **92** 18
curing kiln **92** 30
curl **34** 3
curl brush **105** 13
curl clip **105** 14
curler *Hairdresser* **105** 4
curler *Winter Sp.* **302** 41
curling **302** 41-43
curling broom **302** 43
curling brush **302** 43
curling iron **105** 5; **106** 31
curling stone **302** 42
curling tongs **105** 5; **106** 31
curly kale **57** 34
currant **58** 12, 14; **98** 9
currant bush **52** 19; **58** 10

current **216** 9
current, cold ~ **9** 29
current, three-phase ~ **153** 42
current, warm ~ **9** 28
current collector *Lorries etc.* **194** 41
current collector *Tram* **197** 2, 23
current collector *Railw.* **207** 24, 75; **211** 2, 30
current meter *Railw.* **212** 18
current meter *Rivers* **216** 43
current rating **127** 37
currents, oceanic ~ **14** 30-45
current transformer **153** 58
current/voltage meter **242** 77
currycomb **71** 54
curtail step **123** 18, 42
curtain *Dining Rm.* **44** 13
curtain *Railw.* **207** 56
curtain *Chivalry* **329** 15
curtain, iron ~ **316** 24
curtain, theatrical **316** 23
curtain department **271** 66
curtain lace **167** 29
curtain operation, types of ~ **315** 1-4
curtain rail **44** 15
curtain wall **329** 15
curvature **346** 22
curve *Sports* **305** 19
curve *Maths.* **347** 11, 18
curve, ballistic ~ **87** 79
curve, hypsographic ~ **11** 6-12
curve, inflected ~ **347** 13
curve, plane ~ **347** 12
curved electrotype casting machine **178** 13
curved plate casting machine **178** 13
curve eight **302** 11
curvet **71** 6
cushion **42** 23; **47** 8; **202** 6
cushion, gilder's ~ **129** 50
cushion, rubber ~ **277** 16
cushion capital **335** 21
cusp **20** 48
customer **98** 43; **99** 2, 18; **111** 2; **248** 18; **250** 6; **266** 25; **271** 16, 55
customer accounts office **271** 24
customer area **207** 78
customer card index **248** 24
customer service representative **248** 17
customs **217** 24
customs barrier **225** 4
customs boat pendant **253** 35
customs boat pennant **253** 35
customs entrance **225** 5
customs flags **253** 35-38
customs launch **221** 100
customs signal flag **253** 37
cut *Metalwkr.* **140** 28
cut *Fencing* **294** 23
cut, antique ~ **36** 49
cut, cold ~ **96** 14
cut, positive ~ **340** 3
cut, round ~ **36** 42-43
cut, standard ~ **36** 48
cut and thrust weapon **294** 34
cutlery **45**; **309** 47
cutlery chest **266** 41
cutlery drawer **39** 10; **44** 21
cutlery holder **266** 48
cutlet **95** 12
cut nippers, detachable-jaw ~ **140** 67
cutoff knife and roughing station **184** 3
cuts **36** 42-86
cuts, fancy ~ **36** 68-71
cutter *Paperhanger* **128** 42
cutter *Joiner* **132** 20
cutter *Drawing Off.* **151** 15
cutter *Brickwks.* **159** 15
cutter *Paperm.* **173** 44
cutter *Composing Rm.* **175** 33, 51
cutter *Ship* **220** 8
cutter *Warships* **258** 12, 61
cutter *Films* **311** 43
cutter, automatic ~ **162** 19
cutter, fine ~ **133** 37
cutter, rotary ~ *Forestry* **85** 26
cutter, rotary ~ *Bookbind.* **184** 22
cutter, spherical ~ **108** 7
cutter, universal ~ **134** 28
cutter bar **64** 3
cutter for metal watch straps **109** 19
cutter spindle **175** 60
cutting *Map* **15** 84
cutting *Plant Propagn.* **54** 19, 20
cutting *Synth. Fibres* **170** 60
cutting *Films* **311** 42-46
cutting, shooting ~ **54** 24
cutting, sprouting ~ **54** 24
cutting attachment **141** 19
cutting bench **117** 96; **311** 42
cutting blade **183** 19
cutting cylinder *Gdn. Tools* **56** 35
cutting cylinder *Text. Finish.* **168** 44
cutting drum **64** 34
cutting edge **45** 57; **66** 14; **85** 2
cutting edge, cemented carbide ~ **149** 48, 50
cutting edge, razor's ~ **106** 40
cutting head **175** 51
cutting-in brush **129** 20
cutting machine *Furrier* **131** 5
cutting machine *Gas Weld.* **141** 34
cutting machine *Synth. Fibres* **169** 30
cutting machine, universal ~ **141** 36
cutting nozzle **141** 38
cutting-off machine **125** 16
cutting pliers **127** 51
cutting point **136** 35
cutting room **310** 3
cutting scale, illuminated ~ **185** 6
cutting shears **103** 3
cutting table *Dressm.* **103** 4
cutting table *Cine Film* **117** 96
cutting table *Composing Rm.* **175** 52
cutting table *Films* **311** 42
cutting template **103** 13
cutting tip, adjustable ~ **149** 45, 46
cutting tip, cemented carbide ~ **149** 50
cutting unit *Gdn. Tools* **56** 33, 41
cutting unit *Agr. Mach.* **64** 8
cuttlefish **357** 37; **369** 4
cuttling device **168** 35
cutup **326** 25
cutwater **215** 56
cutworm **80** 44
cyan filter adjustment **116** 45
cyclamen **53** 5
cycle **187** 1
cycle, motor-paced ~ **290** 15
cycle racing **290** 1-23
cycle serial number **187** 51
cycle track **290** 1
cycling track **290** 1
cyclohexanol, pure ~ **170** 18
cyclohexanol, raw ~ **170** 16
cyclohexanone **170** 20
cyclohexanoxime **170** 22
cyclone **4** 38; **9** 5
cyclone heat exchanger **160** 6
cyclorama **310** 12; **316** 9
cyclotron **2** 49
Cygnus **3** 23
cylinder *Cooper* **130** 27
cylinder *Metalwkr.* **140** 45
cylinder *Cotton Spin.* **163** 43
cylinder *Offset Print.* **180** 79
cylinder *Railw.* **210** 32
cylinder *Swim.* **279** 19
cylinder *Graphic Art* **340** 40
cylinder *Chem.* **350** 45
cylinder, developed ~ **182** 13
cylinder, electrode-pressure ~ **142** 26
cylinder, grooved ~ **165** 10
cylinder, high-pressure ~ **153** 23
cylinder, hydraulic ~ **64** 8; **194** 26
cylinder, low-pressure ~ **153** 25
cylinder, medium-pressure ~ **153** 24
cylinder, perforated ~ **163** 21
cylinder, right ~ **347** 38
cylinder, steel ~ **180** 54
cylinder arm **177** 68
cylinder crankcase **190** 19
cylinder diameter **167** 16
cylinder head **190** 45; **242** 47
cylinder head cover **190** 48
cylinder lock **140** 44
cylinder oil **145** 63
cylinder-processing machine **182** 9
cylinder temperature gauge **230** 9
cylinder trimmer **85** 25
cylinder trolley **141** 23
cylinder undercasing **163** 55
cyma **334** 11, 19
cymatium **334** 19
cymbal **324** 51
cymbal holder **324** 52
cymbals **323** 50
cymbal stand **324** 52
cyme **370** 70
cyme, curled ~ **370** 77
cyme, helicoid ~ **370** 76
cyme, scorpioid ~ **370** 77
cypress **372** 58
cythara **322** 15

D

dabber **340** 22
dachshund **70** 39
dactyloscopy **264** 28
dado, oil-painted ~ **129** 15
daemon **327** 58
da gamba violin **323** 16
dagger, bronze ~ **328** 22
dagger, hafted ~ **328** 22
dagger, Malayan ~ **353** 44
dahlia **51** 20; **60** 23
dairy **76** 1-48
dairy cow **62** 34; **75** 17
dairy cow shed **75** 14
dairy plant **76** 1-48
dairy product **99** 43
daisy **376** 1
dam *Map* **15** 69
dam *Game* **88** 1
dam *Energy Sources* **155** 38
dam *Hydr. Eng.* **217** 57-64
damp course **123** 4
dampener **180** 23, 52, 61
dampening roller **180** 23, 52, 61
dampening unit **180** 39, 61
damper *Offset Print.* **180** 23, 52, 61
damper *Car* **191** 26; **192** 69
damper *Music. Instr.* **322** 54; **325** 37
damper, electromagnetic ~ **11** 40
damper block **325** 37
damper door **210** 6
damper lifter **325** 38
damper-lifting lever **325** 23
damper pedal **325** 8
damper rest rail **325** 39
damping roller **180** 23, 52, 61
damping unit **180** 39, 61
dam sill **217** 79
dance band **306** 2
dance band instruments **324** 47-78
dance costume **354** 36
dance drum **354** 14
dance floor **317** 16
dance floor lighting **317** 14
dancer **317** 17, 18
dancer, principal ~ **314** 28
dancing girl, Hindu ~ **306** 25
dancing snake **353** 48
dancing stick **354** 37
dandelion **51** 34; **61** 13
dandy **306** 33
dandy brush **71** 55
Danebrog **253** 17
Danforth anchor **286** 18
danger zone **2** 50
Dan grade **299** 15
Danish pastry **97** 30
Dannebrog **253** 17
daphne **377** 10
dark beer **93** 26
darkroom equipment **116** 1-60
darkroom lamp **116** 21
dark slide **114** 64
darning stitch **102** 17
dart **352** 28
dart, barbed ~ **319** 22
dart point **352** 29
das **366** 24
dash **342** 23
dashboard *Carriages* **186** 6
dashboard *Car* **191** 57-90
dashboard *Tram* **197** 29
dashboard lighting **197** 30
dassie **366** 24
data, technical ~ **151** 32
data carrier **237** 59, 62-64
data centre **248** 43
data collection station, central ~ **242** 20
data display terminal **238** 2, 11; **248** 16, 44
data output **112** 44
data print-out **195** 7
data processor **237** 60
data recording back **115** 67
data storage unit **242** 32
data terminal **242** 19
data transmission **237** 58
data transmission service **237** 41
date **384** 9
date and second button **110** 4
date indicator display **237** 39
date kernel **384** 10
date of issue **250** 14
date of maturity **250** 16
date of publication **342** 42

date palm **384** 1
date sheet **247** 33
date stamp postmark **236** 57
daughter boat **228** 17
davit **221** 78, 101; **223** 20; **258** 13, 83, 88
day cream **99** 27
dayfly **358** 6
daylight film magazine **311** 7
daylight-loading tank **116** 5
day nursery **48**
dead axle **210** 35
deadly nightshade **379** 7
dead man's handle **211** 21; **212** 13
deadwood **285** 47
de-aerator **152** 16
de-airing pug mill **161** 7
de-airing pug press **161** 7
dealer **275** 3
death notice **342** 68
death's-head hawkmoth **365** 9
death's-head moth **365** 9
death spiral **302** 5
debarking **85** 23
debenture bond **251** 11-19
debenzoling **156** 27
decade **332** 32
decatizing cylinder, perforated ~ **168** 50
decay, spontaneous ~ **1** 28
Decca navigation system **224** 39
decimal, recurring ~ **344** 21, 22
decimal fraction, proper ~ **344** 20
decimal key **247** 19
decimal place **344** 20
decimal point **344** 20
deck *Rowing* **283** 57
deck *Films* **311** 10
deck, lower ~ *Offshore Drill.* **146** 35
deck, lower ~ *Lorries etc.* **194** 37
deck, lower ~ *Space* **235** 28
deck, main ~ *Offshore Drill.* **146** 37
deck, main ~ *Ship* **221** 80; **223** 32-42
deck, main ~ *Warships* **258** 9
deck, middle ~ **146** 36
deck, orthotropic ~ **215** 2
deck, top ~ **146** 37
deck, upper ~ *Lorries etc.* **194** 38
deck, upper ~ *Railw.* **213** 36
deck, woven ~ **215** 18
deck beam **222** 57
deck bucket **221** 113
deck-chair **37** 47; **51** 2; **221** 111; **274** 13
deck crane **221** 5, 61
deck crane *Warships* **259** 10
decker **172** 24, 42, 44, 48, 62
deck hand **221** 112
deckhouse **221** 6, 39; **223** 34; **258** 72
decking, woven ~ **215** 18
deck plan **259** 12-20
deck plating **222** 56
deck slab **215** 6
deck space **223** 28
deck tennis **280** 31
declination axis **113** 5, 17
declination bearing **113** 6
declination gear **113** 4
decoder **110** 18
décolletage **306** 24
decometer **279** 17
decoration, Greek ~ **334** 38-43
decoration, Romanesque ~ **335** 14-16
decorative glass worker **124** 8
decorative pieces **35** 4
decoy bird **86** 48
decrescendo **321** 32
dedication, handwritten ~ **185** 50
dedusting fan **83** 53
dedusting screen **83** 56
deep-sea cable **237** 56
deep-sea fauna **369**
deep-sea fishing **90** 1-23
deep-sea floor **11** 10
deep-sea medusa **369** 5
deep-sea salvage tug **258** 96
deep-sea trench **11** 12
deep tank **223** 78
deep-water start **286** 46
deer, antlerless ~ **88** 1
deer fence **84** 7
deer stalking **86** 1-8
defence area **293** 66
defender *Ball Games* **292** 4
defender *Fencing* **294** 6
defending fencer **294** 6
deflection system **240** 23
deflector piston **242** 56
defroster vent **191** 42; **192** 64
dégagé **314** 11, 12
degree **345** 2
degree scale **313** 14
dehydrogenation **170** 19
delayed-action release **115** 15
delay indicator **205** 24
delicatessen **98** 1-87
deliveries **305** 17-20
delivery **184** 5; **185** 23, 35
delivery blower **181** 33
delivery cylinder **180** 42, 65
delivery hose **270** 31
delivery mechanism *Offset Print.* **180** 45
delivery mechanism *Post* **236** 49
delivery pile **180** 44; **181** 9
delivery pipe *Docks* **226** 34
delivery pipe *Water* **269** 16, 49, 52
delivery pouch **236** 54
delivery reel **173** 28
delivery roller **164** 59
delivery table **181** 31; **184** 14, 19
delivery tray **185** 15
delivery tube **65** 77
delivery unit **180** 45
delivery valve **67** 9
delphinium **60** 13
delta **13** 1
delta connection **153** 21
delta wing **229** 19
deltoid **346** 38
demand regulator, two-tube ~ **279** 20
demesne **15** 94
demi-goat **254** 32
demijohn **206** 13
demi-man **254** 11
demi-mondaine **306** 37
demi-monde **306** 37
demi-rep **306** 37
demisemiquaver **320** 18
demisemiquaver rest **320** 26
demi-woman **254** 11
demonstration bench **261** 3
demonstration equipment **242** 45-84
demonstration model **242** 45, 55
demonstrator **262** 6
den **273** 56
Deneb **3** 23
denims **31** 60; **33** 22
denomination *Money* **252** 32
denomination *Maths.* **344** 19
denominator **344** 15
dental surgeon **24** 1
dentate **370** 47
dent corn **68** 31
dentil **334** 14
dentine **19** 31
denting draft **171** 6
dentist **24** 1
denture **24** 25
department manager **271** 60
department store **268** 41; **271**
departure building **233** 15
'departures' **233** 25
departure schedule **204** 20
departure time indicator **205** 23
departure timetable **204** 20
deposit counter **236** 25
deposit slip **236** 27
depot **144** 17
depression **9** 5
depth adjustment **64** 88; **65** 60; **157** 45
depth-charge thrower **258** 34
depth gauge *D.I.Y.* **134** 47
depth gauge *Swim.* **279** 15
depth gauge attachment rule **149** 68
depth of focus **11** 34
depth reading **224** 67
depth recorder **224** 24
depth recording **224** 67
depth scale **224** 66
depth wheel **65** 59, 63
derailment guard **214** 75
derivative **345** 13
derrick *Phys. Geog.* **12** 33
derrick *Offshore Drill.* **146** 12
derrick *Ship* **221** 67
derrick boom **221** 26, 59; **223** 36
derrick boom, heavy-lift ~ **221** 25, 62
derrick mast **221** 60
descant viol **322** 23
descent stage **6** 28-36
desert monitor **364** 31
desert zone **9** 54
desiccator **350** 51
desiccator insert **350** 54
design **151** 16
design, chequered ~ **335** 14
design, computer-generated ~ **248** 19
design, imbricated ~ **335** 15
design, knitted ~ **30** 37
design, modular ~ **240** 1
design, quilted ~ **30** 31
design for costume **315** 39
designs, decorative ~ **334** 38-43; **335** 14-16
desk **46** 22; **246** 2
desk, cashier's ~ **250** 1
desk, clerical assistant's ~ **248** 11
desk, double ~ **260** 2
desk, instructor's ~ **242** 2
desk, stage manager's ~ **316** 29
desk, teacher's ~ **260** 22
desk chair **46** 27
desk diary **247** 32
desk drawer **46** 26; **246** 4
desk lamp **246** 11
desk mat **46** 23; **246** 6; **260** 25
desk set **246** 9
desk top **246** 3
desk unit **46** 21
dessert bowl **45** 6
dessert plate **45** 6
dessert spoon **45** 61, 66
destination board **205** 21, 38
destination indicator **205** 22
destination sign **197** 20
destroyer **258** 1, 38
desulfurization *see* desulphurization
desulfurizing *see* desulphurizing
desulphurization **156** 28
desulphurizing **169** 20
desulphurizing plant **145** 46, 68
detaching roller **163** 71
detangling brush **105** 2
detective **264** 33
detector indicator unit **224** 34
detonator cap **87** 58
detritus **12** 45
deutero-pyramid **351** 20
Deutschmark **252** 7
Devanagari **341** 9
developer **27** 33
developer, first ~ **116** 10
developing dish **116** 25
developing dish, semi-automatic ~ **116** 56
developing dish, thermostatically controlled ~ **116** 56
developing solution **116** 9
developing spiral **116** 2
developing tank *Photog.* **116** 1, 20
developing tank *Photograv.* **182** 11
developing tank, multi-unit ~ **116** 3
developing tank thermometer **116** 8
developing tray **116** 25
deviation mirror **113** 11
device **252** 12
devil **306** 14
devil's tail **340** 34
devil's tobacco pouch **381** 20
devil's wheel **308** 46
de-waxing **145** 50
dew claw **88** 23, 57
dewlap **73** 24
dexter **254** 18,20,22
D flat major **320** 67
diabetics file **22** 26
diacritics **342** 30-35
diadem **355** 21
diadem, pearl ~ **355** 16
diaeresis **342** 34
diagnostic test bay **195** 1-23
diagonal **346** 33
diagram *Drawing Off.* **151** 11
diagram *School* **260** 34
diagram *Univ.* **262** 8
dial **204** 5; **237** 10; **245** 16
dial finger plate **237** 11
dial finger stop **237** 12
dialling unit **237** 67
dial wind-up plate **237** 11
diameter **346** 45
diamond *Composing Rm.* **175** 21
diamond *Audio* **241** 26
diamond *Crystals* **351** 10, 13
diamonds **276** 41
diaper, disposable ~ **28** 22
diaphragm *Meteorol. Instr.* **10** 27
diaphragm *Man* **20** 9, 26
diaphragm *Dent.* **24** 33
diaphragm *Inf. Tech.* **242** 82

diaphragm, bladed ~ **2** 33
diaphragm chest **326** 12-14
diaphragm spring **190** 29
diathermy unit **23** 22
diazo plate **179** 32, 34
dibber **54** 7; **56** 1
dibble **54** 7; **56** 1
dice **276** 29, 31
dice cup **47** 42; **276** 30
dicing **276** 29
dictating machine **22** 27; **209** 30; **246** 17; **248** 34
dictating machine, pocket-sized ~ **246** 32
dictionary **262** 17
dictionary, medical ~ **22** 22
didelphid **366** 2
Didone **342** 6
die *Metalwkr.* **140** 32
die *Brickwks.* **159** 13
die, lower ~ **252** 41
die, steel ~ **175** 36
die, upper ~ **252** 40
die and stock **140** 32
die blank **175** 35
die block, lower ~ **139** 14, 39
die block, upper ~ **139** 13, 38
die case **174** 42, 46
die head **143** 57
diesel-electric drive **223** 68-74; **259** 75
diesel engine *Energy Sources* **155** 5
diesel engine *Intern. Combust. Eng.* **190** 4
diesel engine *Railw.* **211** 47; **212** 25, 51
diesel engine *Ship* **223** 73
diesel engine, auxiliary ~ **209** 19
diesel engine, eight-cylinder ~ **212** 73
diesel engine, five-cylinder in-line ~ **190** 3
diesel engine, four-cylinder ~ **65** 44
diesel engine, six-cylinder ~ *Agr. Mach.* **64** 28
diesel engine, six-cylinder ~ *Railw.* **209** 23
diesel engine, underfloor ~ **209** 23
diesel fuel **146** 26
diesel generator **259** 94
diesel generator unit **209** 5
diesel-hydraulic locomotive **212** 1, 24, 47; **213** 1
diesel locomotive **212** 68
diesel locomotive, single-engine ~ **208** 1
diesel locomotives **212** 1-84
diesel oil **145** 56
diesel railcar **208** 13; **211** 41
diesel tank **146** 13
diesel trainset **209** 1
die stock **125** 27
diet meal **266** 62
difference **344** 24
differential *Agr. Mach.* **65** 32
differential *Intern. Combust. Eng.* **190** 75
differential *Maths.* **345** 13, 14
differential gear **65** 32; **190** 75
differential sign **345** 13
diffuser *Photog.* **114** 60
diffuser *Paperm.* **172** 11, 13
diffuser *Space* **234** 15
diffusing screen **310** 38
digester **172** 7
digger **64** 59
digger, toy ~ **273** 65
digging bucket **200** 5
digging bucket arm **200** 4
digging bucket teeth **200** 6
digging fork **66** 22
Digitalis **379** 2
digital readout *Clocks* **110** 2
digital readout *Optic. Instr.* **112** 47
digitate **370** 39
digitated **370** 39
digitus I **19** 52, 64
digitus II **19** 53, 65
digitus III **19** 54, 66
digitus IV **19** 55, 67
digitus V **19** 56, 68
digitus anularis **19** 67
digitus medius **19** 66
digitus minimus **19** 56, 68
dike **216** 34, 39
dike, main ~ **216** 32
dike batter **216** 40
dike ramp **216** 47
dikereeve **216** 46
dike slope **216** 40
diligence **186** 39
dimension line **151** 25
diminished triad **321** 3
diminuendo **321** 32
dimmer switch **127** 17
dimple **16** 16
dinar **252** 28
diner **207** 22-32
dinghy, inflatable ~ **228** 18; **258** 82; **278** 14; **279** 27
dinghy cruiser **284** 61
dining area **266** 73
dining car **207** 22-32
dining car kitchen **207** 33
dining chair **44** 10
dining compartment **207** 32, 77
dining room **44**; **223** 44; **267** 20
dining set **42** 33-34; **44** 1-11
dining table **42** 33; **44** 1; **45** 1; **46** 34
dinner dress **33** 7
dinner plate **39** 42; **44** 7; **45** 4
dinner service **44** 33
dinner set **44** 33
diopter control ring **117** 15
dioptric adjustment ring **117** 15
dip, true ~ **12** 3
diploma **106** 42
dipole antenna **230** 65
dipper stick **200** 4
dipstick **190** 47
dipterans **358** 16-20
dipyramid, tetragonal ~ **351** 18
direct current motor **150** 9
direction, negative ~ **347** 7
direction, positive ~ **347** 6
directional antenna *Moon L.* **6** 4, 44
directional antenna *Post* **237** 51, 52
directional antenna assembly **234** 64
directional gyro **230** 13
direction finder, automatic ~ **230** 5
direction finder antenna **223** 5
director **310** 40; **316** 40
director of photography **310** 44
directory enquiries **237** 33
directory holder **236** 11
direct-vision frame finder **117** 58
dirndl **31** 26
dirndl, girl's ~ **29** 36
dirndl apron **31** 31
dirndl blouse **31** 29
dirndl dress **31** 26
dirndl necklace **31** 28
disc *Flat* **46** 15
disc *Agr. Mach.* **65** 83
disc *Disco* **317** 24
disc, adhesive ~ **364** 26
disc, carborundum ~ **24** 35
disc, facial ~ **362** 18
disc, germinal ~ **74** 65
disc, insertable ~ **115** 96
disc, metal ~ **309** 15
disc, plain ~ **65** 84
disc, revolving ~ **275** 31
disc, serrated-edge ~ **65** 85
disc, silver ~ **10** 24
disc, solar ~ **4** 36
disc barbell **299** 3
disc brake *Intern. Combust. Eng.* **190** 74
disc brake *Car* **191** 17-18; **192** 48-55
disc brake *Railw.* **208** 4
disc brake, front ~ **189** 32
disc brake calliper **189** 33
disc clutch **139** 21
disc coulter drive **64** 68
disc fibula **328** 30
disc floret **375** 32
discharge, pneumatic ~ **213** 18
discharge connection valve **213** 21
discharge conveyor **64** 83
discharge door **139** 2; **213** 25
discharge flap **213** 25
discharge flume **91** 41
discharge opening *Forging* **139** 2
discharge opening *Sawmill* **157** 56
discharge opening *Hydr. Eng.* **217** 56
discharge pipe **64** 37
discharge structure **217** 44
discharging chute **147** 39
discharging position **147** 58
disc jockey **317** 25
discomedusa **357** 14
discotheque **317**
disc pack **176** 34
disc slot **243** 38
disc stack **176** 34
disc store **244** 1
discussion tube arrangement **112** 22
disc wheel **191** 14
disgorger **89** 40
disguise **306** 33
dish **332** 50
dish, three-compartment ~ **40** 8
dish drainer **39** 33
dish rack **39** 41
dish thermometer **116** 13
dishwasher **39** 40
dishwashing machine **39** 40
disinfectant powder **83** 60
disintegrator **172** 5
disk *see* disc
dislocation **11** 50
dispenser **22** 64
displacement **11** 50
displacement boats **286** 32-37
display **47** 30; **271** 67
display, digital ~ *Clocks* **110** 20
display, digital ~ *Optic. Instr.* **112** 47
display, individual ~ **242** 3
display, visual ~ *Railw.* **211** 34
display, visual ~ *Broadcast.* **238** 2, 43
display cabinet **44** 26; **46** 9
display cabinet unit **42** 5
display case **271** 13
display counter **99** 10
display pipes **326** 1-3
display window, indoor ~ **271** 13
dissecting bench **261** 22
dissolver **172** 37
dissolving tank **172** 37
distance **346** 5
distance-measuring instrument **112** 70
distance piece *Bees* **77** 41
distance piece *Bldg. Site* **119** 81
distance scale **115** 4
distance setting **114** 28; **117** 3
distance-setting ring **114** 39; **115** 8
distant signal identification plate **203** 24
distillation **170** 17
distillation, gradual ~ **170** 4
distillation apparatus **350** 46
distillation column **145** 37, 49
distillation flask **350** 47, 50
distillation plant **145** 66
distillation product, heavy ~ **145** 40
distillation product, light ~ **145** 39
distilling apparatus **350** 46
distilling flask **350** 47, 50
distributary **13** 2
distributing machine **236** 38
distributing mechanism **174** 20
distributing pipe **126** 8
distributing roller **181** 7, 62; **249** 51
distribution board **157** 67
distribution main **269** 22
distribution pipe, main ~ **38** 71
distribution steel **119** 69
distributor *Composing Rm.* **174** 20
distributor *Letterpress* **181** 7, 62
distributor *Intern. Combust. Eng.* **190** 9, 27
distributor *Office* **249** 51
distributor cylinder **62** 23
distributor roller **181** 7, 62
distributor shaft **190** 27
distributor unit **62** 22
district boundary **15** 103
district heating main **198** 28
ditch **329** 33, 37
ditch fern **377** 16
divan, double ~ **43** 4-13
diver **282** 5
dividend **344** 26
dividend coupon **251** 18
dividend coupon sheet **251** 17
dividend warrant **251** 18
divider *Agr. Mach.* **64** 1
divider *Bakery* **97** 56
divider and rounder **97** 63
dividing **344** 26
dividing breeching **270** 32
diving **282** 38
diving, acrobatic ~ **282** 40-45
diving, competitive ~ **282** 40-45
diving, fancy ~ **282** 40-45
diving apparatus **279** 12, 19; **282** 5-10
diving board **282** 9
diving boards **282** 5-10
diving goggles **280** 38

diving mask **279** 10
diving plane, aft ~ **259** 95
diving platform **282** 6
diving pool **282** 11
division *Navig.* **224** 89
division *School* **260** 39
division *Maths.* **344** 26
division sign **344** 26
divisor **344** 26
D major **320** 57
D minor **320** 63
Dobermann terrier **70** 27
dock *Horse* **72** 34
dock *Shipbuild.* **222** 36-43
dock, emptied (pumped-out) ~ **222** 43
dock, floating ~ *Shipbuild.* **222** 34-43, 41
dock, floating ~ *Docks* **225** 16
dock area **225** 1
dock basin **222** 36
dock bottom **222** 31
dock crane **222** 34
dock floor **222** 31
dock gate **222** 32
docking a ship **222** 41-43
docking hatch **6** 45
docking target recess **6** 47
docks **225; 226**
dockside crane **222** 34
dock structure **222** 37-38
dockyard **222** 1-43
doctor **22; 23**
'doctor' **233** 44
doctor blade **168** 44
document **245** 19
document, confidential ~ **246** 25
document file **245** 6; **247** 37; **248** 5
document glass **249** 39
dodecahedron, pentagonal ~ **351** 8
dodecahedron, rhombic ~ **351** 7
dodgem **308** 62
dodgem car **308** 63
dodger **223** 17
doe *Dom. Anim.* **73** 18
doe *Game* **88** 40, 59
doe, barren ~ **88** 34
doe, young ~ **88** 39
doffer **163** 42
doffer comb, vibrating ~ **163** 39
dog *Dom. Anim.* **73** 16
dog *Game* **88** 42
dog *Bldg. Site* **119** 58
dog *Roof* **121** 97
dog *Intern. Combust. Eng.* **190** 39
dog, three-headed ~ **327** 30
dog, toy ~ **47** 7, 41
dog biscuit **99** 37
dog bowl **70** 32
dog brush **70** 28
dogcart **186** 18
dog comb **70** 29
dog flange **190** 39
dog food **99** 36
dog lead **70** 30
dog rose **373** 26
dogs *Dog* **70**
dogs *Forging* **139** 33
dog sled **353** 3
dog sledge **353** 3
dog's outfit **70** 28-31
Dog Star **3** 14
dog tick **358** 44
do-it-yourself **134**
do-it-yourself enthusiast **134** 61
do-it-yourself work **134** 1-34
doldrums **9** 46
dolina **13** 71
doll **309** 11
doll, sleeping ~ **47** 11
doll, walking ~ **273** 63
dollar **252** 33
doll's pram **47** 10; **48** 24
dolly *Flea Market* **309** 68
dolly *Films* **310** 49
dolmen **328** 16
dolphin **225** 12
dolphin butterfly stroke **282** 35
dome *Brew.* **92** 45
dome *Art* **337** 21
dome, high ~ **36** 79
dome, imperial ~ **121** 25
dome, main ~ **334** 72
dome, revolving ~ **5** 12
dome cover **38** 48
dome shutter **5** 14
dome system **334** 72-73
domicilation **250** 22
dominant seventh chord **321** 5
domino *Games* **276** 34
domino *Carnival* **306** 13, 15
dominoes **276** 33
domino panel **203** 66
donjon **329** 4
donkey **73** 3
door *Farm Bldgs.* **62** 17
door *Carriages* **186** 11
door *Tram* **197** 32
door *Railw.* **207** 20, 22
door, bottom ~ **210** 7
door, double ~ *Tram* **197** 14
door, double ~ *Railw.* **208** 7
door, double ~ *Hotel* **267** 27
door, driver's ~ **193** 2
door, folding ~ *Tram* **197** 14
door, folding ~ *Railw.* **207** 39; **208** 7
door, front ~ *Dwellings* **37** 65
door, front ~ *Hall* **41** 25
door, front ~ *Household* **50** 30
door, front ~ *Floor etc. Constr.* **123** 24
door, front ~ *Car* **193** 5
door, glass ~ **44** 18
door, hinged ~ **194** 12
door, ledged ~ **37** 34
door, main ~ *Church* **331** 16
door, main ~ *Art* **335** 24
door, outer ~ **259** 78
door, outward-opening ~ **194** 35
door, rear ~ *Car* **193** 3, 6, 20
door, rear ~ *Lorries etc.* **194** 11
door, revolving ~ **213** 9
door, side ~ *Lorries etc.* **194** 8, 12
door, side ~ *Railw.* **213** 9
door, sliding ~ *Farm Bldgs.* **62** 16
door, sliding ~ *Brew.* **92** 47
door, sliding ~ *Lorries etc.* **194** 8
door, sliding ~ *Railw.* **213** 15
door, vertical-lift ~ **139** 51
doorbell **127** 2
door frame **41** 26
door handle *Hall* **41** 28
door handle *Carriages* **186** 12
door handle *Car* **191** 5
door-lifting mechanism **139** 55
door lock *Hall* **41** 27
door lock *Metalwkr.* **140** 36-43
door lock *Car* **191** 6
doorman **267** 1; **271** 44
dormer **37** 56; **38** 7; **121** 6; **329** 11; **336** 4
dormer window **37** 56; **38** 7; **121** 6; **329** 11; **336** 4
dormer window, hipped ~ **121** 13
dorsum manus **19** 83
dorsum of the foot **19** 61
dorsum of the hand **19** 83
dorsum pedis **19** 61
dosimeter **2** 8-23
dosing mechanism **83** 60
dosser **78** 15
dosser carrier **78** 14
dot **178** 39
dot, French ~ **102** 13
dot ball, white ~ **277** 13
double **276** 35
double backward somersault **282** 42
double bass **323** 23
double bassoon **323** 28
double bass viol **323** 23
double bull capital **333** 28
double bull column **333** 23
double edger **157** 57
double flat **320** 53
double-lap roofing **122** 2
double leg circle **296** 54
double leg lock **299** 11
double mill **276** 25
double overarm stroke **282** 37
doubles **293** 2-3
doubles, mixed ~ **293** 49
double sharp **320** 51
doubles match **293** 2-3
doubles sideline **293** 2-3
doublet, padded ~ **355** 30, 45
doublet, paned ~ **355** 33
doublet, quilted ~ **355** 45
doublet, short ~ **355** 41, 45
doublet, slashed ~ **355** 33
doublet, stuffed ~ **355** 30
double-three **302** 14
double unit for black **180** 12-13
double unit for cyan **180** 8-9
double unit for magenta **180** 10-11
double unit for yellow **180** 6-7
double-whole note **320** 12
doubling frame **164** 57
doubling of slivers **164** 5
dough mixer **97** 55, 59
doughnut **97** 29
douze dernier **275** 27
douze milieu **275** 26
douze premier **275** 25
dovetail halving **121** 89
dowel hole **120** 22, 23
dowel hole borer **133** 6
dowel hole boring machine **133** 6
down-draught carburettor **192** 1-15
down-gate **148** 21
downhill racing **301** 32
downhill racing pole **301** 25
downhill racing position **301** 33
downhill ski **301** 34
downpipe **37** 13; **38** 10; **122** 29; **147** 63
downspout **37** 13; **38** 10
downtake **147** 13
down-town **268**
down tube **187** 17
downy mildew **80** 20, 21
drachma **252** 39
Draco **3** 32
draff **92** 50
draft *Weaves* **171** 4, 11, 13, 19, 21, 27
draft *Bank* **250** 12
draft *see* draught
draft, rough ~ **338** 4
draft board **168** 7
draft clause **250** 17
drafting **164** 12, 13
drafting machine **151** 2
drafting roller **164** 21, 22, 29
draft mark **222** 73
drag *Iron Foundry etc.* **148** 20
drag *Equest.* **289** 48
drag chute housing **257** 24
drag hook *Horse* **71** 14
drag hook *Fire Brig.* **270** 49
drag hunt **289** 41-49
drag lift **214** 15
Dragon *Astron.* **3** 32
dragon *Sailing* **284** 57
dragon *Fabul. Creat.* **327** 1, 50
dragon, seven-headed ~ **327** 50
dragon beam **120** 42
dragon figurehead **218** 16
dragonfly **358** 3
dragon piece **120** 42
dragon ship **218** 13-17
drain *Street Sect.* **198** 23
drain *Rivers* **216** 37
drain *Town* **268** 8
drainage **144** 46
drainage basin **12** 24
drainage ditch *Road Constr.* **200** 63
drainage ditch *Rivers* **216** 33
drainage layer **199** 25
drainage sluice **216** 34
drainage tube **26** 47
drain cock **178** 34
drain cover **198** 24
drain pipe **198** 25; **199** 26
drain plug **284** 36
drake **73** 35
drapery **338** 33
draught beam **65** 18
draughtboard **276** 17
draught mark **222** 73
draughts **276** 17-19
draughtsman **276** 18, 19
drawbar **64** 47, 61; **65** 18
drawbar coupling *Agr. Mach.* **65** 30
drawbar coupling *Camping* **278** 55
drawbar frame **65** 26
drawbar support **64** 62
drawbar trailer **194** 22
drawbench **108** 2
drawbridge **329** 25
draw cord **29** 67
draw curtain **315** 1
drawee **250** 20
drawer *Dent.* **24** 17
drawer *Hall* **41** 9
drawer *Bedrm.* **43** 18
drawer *Flat* **46** 11
drawer *Bathrm. etc.* **49** 34
drawer *Bank* **250** 21
draw frame **164** 1
draw frame, four-roller ~ **164** 9
draw frame, simple ~ **164** 9
draw frame cover **164** 7
draw hoe **66** 1
draw hook **270** 49
drawing *Drawing Off.* **151** 16
drawing *Synth. Fibres* **170** 55
drawing, final ~ **170** 47
drawing, preliminary ~ **170** 45
drawing, rolled ~ **151** 10
drawing bench **108** 2

drawing board **151** 1
drawing board adjustment **151** 5
drawing easel **338** 34
drawing floor **120** 11
drawing head **151** 4
drawing ink cartridge **151** 36
drawing ink container **151** 63
drawing-in roller **168** 12
drawing knife **120** 79
drawing machine **162** 7
drawing office **151**
drawing pen, tubular ~ **151** 37, 38
drawing roll **162** 11
drawing table **151** 6
draw-in wire **127** 30
drawknife **120** 79
draw-off tap **126** 34
drawshave **120** 79
draw stop **325** 44; **326** 6
drawstring **29** 64, 67
drawstring waist **31** 66
draw well **329** 3
draw wire **127** 30
draw works **145** 11
dredger **216** 56; **226** 41
dredger, hydraulic ~ **216** 59
dredger bucket **226** 44
dredging bucket **216** 58
dredging machine, floating **216** 56
dress **31** 9
dress, button-through ~ **30** 10
dress, jersey ~ **29** 28
dress, knitted ~ **29** 28; **30** 33
dress, off-the-peg ~ **271** 29
dress, peasant-style ~ **30** 27
dress, ready-made ~ **271** 29
dress, ready-to-wear ~ **271** 29
dress, shirt-waister ~ **30** 10
dress, two-piece ~ **30** 33; **31** 11
dress, wrap-around ~ **30** 25
dress, wrapover ~ **30** 25
dressage **289** 1-7
dressage arena **289** 1
dress and jacket combination **31** 6
dress circle **315** 18
dress form **103** 6
dress guard **104** 14
dressing, sterile gauze ~ **21** 6
dressing axe **158** 38
dressing comb **105** 15; **106** 28
dressing gown **29** 24; **32** 35
dressing machine **83** 52
dressing material **26** 34
dressing room **315** 43-52
dressing room mirror **315** 43
dressing stool **43** 24
dressing table **43** 25; **105** 19
dressing-table mirror **43** 29
dressmaker **103** 1
dress shirt **32** 43
dress sword **355** 63
dribble **291** 52
drier *Synth. Fibres* **170** 38
drier *Paperm.* **173** 22
drier *Offset Print.* **180** 14, 27
drier, swivel-mounted ~ **105** 25
drier felt **173** 23
driers **50** 23-34
drift net fishing **90** 1-10
drill *Dent.* **24** 6, 17
drill *Agr. Mach.* **65** 74
drill *Goldsm. etc.* **108** 4
drill *Turner* **135** 22
drill, electric ~ **56** 19; **120** 21; **134** 16, 50-55
driller **158** 9
drilling bit **145** 21
drilling cable **145** 7
drilling line **145** 7
drilling machine, electric ~ **108** 6
drilling machine, radial-arm ~ **150** 18
drilling machine, suspended ~ **108** 6
drilling pipe **145** 19
drilling platform **146** 1-37; **221** 66
drilling rig **145** 1; **146** 1-39
drilling vessel, semisubmersible ~ **221** 64
drill pipe **145** 6
drill spindle **150** 23
drill stand **134** 54
drill tower **270** 3
drink, soft ~ **96** 30
drinker, mechanical ~ **74** 16
drinking bowl, mechanical ~ **74** 16
drinking fountain **205** 33
drinking straw **266** 46
drinking trough **74** 6
drinking water carrier **278** 32
drinking water supply **269** 1-66
drinking water tank **146** 16
drinks cabinet **246** 29
drinks cupboard **42** 20
drinks gondola **99** 71
drinks shelf **266** 59
drinks stall **308** 3
drip, intravenous ~ **25** 13; **26** 9
drip fuel line **190** 53
drip ring **283** 40
dripstone **13** 80
drip tray **266** 2
drive *Composing Rm.* **175** 37
drive *Railw.* **214** 2
drive, clockwork ~ **10** 14
drive, conventional ~ **259** 75
drive, crystal-controlled ~ **310** 19, 24
drive, fluid ~ **65** 37
drive, hydraulic ~ **139** 9, 15
drive, main ~ **214** 63
drive belt **103** 10
drive-belt gear **109** 21
drive chain **188** 17
drive clutch **177** 54
drive connection **67** 19
drive gearbox **163** 57; **168** 10, 32
drive mechanism **110** 43
drive motor *Poultry Farm* **74** 37
drive motor *Dressm.* **103** 9
drive motor *Forging* **139** 25
drive motor *Mach. Tools* **150** 9
drive motor *Cotton Spin.* **163** 12, 23, 49
drive motor *Text. Finish.* **168** 55
drive motor *Composing Rm.* **175** 61
drive motor *Electrotyp. etc.* **178** 12, 28
drive motor *Offset Platem.* **179** 11
drive motor *Hydr. Eng.* **217** 47
drive pulley, fast-and-loose ~ **163** 50
drive pulley, main ~ **163** 50
driver *Carriages* **186** 32
driver *Bicycle* **187** 72
driver *Serv. Stat.* **196** 8
driver *Ship* **219** 30
driver *Equest.* **289** 26
driver *Ball Games* **293** 91
driver plate **149** 55
driver's brake valve **210** 53; **211** 22; **212** 11
driver's position *Agr. Mach.* **64** 33
driver's position *Tram* **197** 25
drive shaft *Car* **192** 30
drive shaft *Hydr. Eng.* **217** 49
drive unit *Shoem.* **100** 8
drive unit *Photomech. Reprod.* **177** 56
drive unit, central ~ **238** 57
drive well **269** 60
drive wheel *Agr. Mach.* **65** 80
drive wheel *Shoem.* **100** 8
drive wheel *Text. Finish.* **168** 4
drive wheel *Offset Print.* **180** 66
drive wheel *Army* **255** 50
drive wheel unit **209** 3
driving **86** 34-39
driving axle **210** 37
driving axle gearing **64** 30
driving barrel **187** 73
driving cylinder **165** 32
driving drum **165** 32, 35
driving gear *Cotton Spin.* **163** 57
driving gear *Railw.* **210** 2-37
driving guide rail **226** 39
driving pinion **214** 8
driving plate *Turner* **135** 9
driving plate *Mach. Tools* **149** 55
driving shaft **163** 24
driving trailer car **211** 62
driving unit **209** 2
driving wheel tyre **64** 31
drizzle **9** 33
drone *Bees* **77** 5
drone *Music. Instr.* **322** 11
drone cell **77** 36
drone pipe **322** 11
drone string **322** 31
droop flap **229** 54
droop nose **231** 16
drop **98** 76
drop, plain ~ **36** 85
drop cloth **316** 11
drop compass **151** 59
drop forging **139**
drop grate **210** 5
drop grate lever **210** 40
drop hammer, air-lift ~ **139** 24
drop hammer, short-stroke ~ **139** 11
drop net **89** 29
drop pin **165** 37
droppings removal **74** 23-27
dropping worm **149** 18
drop pin roller **165** 39
drop windscreen **255** 97
drop windshield **255** 97
drop wire **166** 34
drop worm **149** 18
drove **158** 37
drove chisel **158** 37
'druggist' **233** 45
drum *Meteorol. Instr.* **10** 5, 16, 20
drum *Household* **50** 29
drum *Agr. Mach.* **64** 12
drum *Painter* **129** 9
drum *Cooper* **130** 13
drum *Nucl. Energy* **154** 77
drum *Nightclub* **318** 10
drum *Music. Instr.* **323** 57
drum *Art* **335** 44
drum, hollow ~ **312** 49
drum, lansquenet's ~ **306** 70
drum, revolving ~ **273** 45
drum brake **188** 36
drum brake, front ~ **189** 11
drum brake, rear ~ **189** 13
drum head **323** 52
drum kit **324** 47-54
drummer **318** 11
drum of paint **129** 9
drums **324** 47-54
drum set **324** 47-54
drumstick *Supermkt.* **99** 59
drumstick *Music. Instr.* **323** 54
drumstick *Ethnol.* **354** 19
drupe **59** 41, 43, 49; **370** 99; **382** 51; **384** 40
drupes **59** 59, 1-36
dryas **51** 7
dry bulb thermometer **10** 34
dry cell battery **127** 27
dry cooling tower **154** 39
dry dock **222** 31-33; **225** 17
drying **169** 24; **170** 58
drying cabinet **116** 23
drying chamber **170** 49
drying cylinder **165** 50, 53, **173** 22
drying cylinder, heated ~ **173** 33
drying floor **92** 16
drying kiln **92** 29
drying machine **169** 31
drying rack *Agr.* **63** 28, 29
drying rack *Flea Market* **309** 49
drying section **168** 28
drying shed **159** 17
dry-seed dressing **83** 52
dry zone, equatorial ~ **9** 54
D sharp minor **320** 61
dual film-tape recording **117** 70
dual film-tape reproduction **117** 75
dual film-tape system **117** 7
dubbing *Films* **311** 1-46, 37-41
dubbing *Chivalry* **329** 66
dubbing actress **311** 39
dubbing director **311** 38
dubbing mixer **311** 36
dubbing room **311** 34
dubbing speaker **311** 39
dubbing studio *Broadcast.* **238** 28
dubbing studio *Films* **311** 37
dubbing theatre *Broadcast.* **238** 28
dubbing theatre *Films* **311** 37
duck **73** 35
duck, toy ~ **49** 4; **273** 30
duck, wild ~ **86** 41; **272** 51
duck-bill **366** 1
duck hunting **86** 40
ducking **299** 29
duckling **73** 35
duck-mole **366** 1
duck shooting **86** 40
duck's meat **378** 35
duckweed **378** 35
duct **163** 11
duct, cystic ~ **20** 38
duct, hepatic ~ **20** 37
duct, spermatic ~ **20** 74
ductor **181** 63
ductor roller **181** 63
duct roller **181** 64
due date **250** 16
duffle coat **271** 21
dugout **218** 7; **354** 20
duk-duk dancer **352** 34

dulcimer **322** 32
Dülfer seat **300** 30
dumb barge **225** 8
dumb barge, tug-pushed ~ **221** 94
dummy *Infant Care etc.* **28** 15
dummy *Store* **271** 34
dummy, dressmaker's ~ **103** 6
dummy bull **319** 3
dummy funnel **221** 16
dump body **194** 25; **200** 8
dump car **213** 37
dump chest **172** 81
dumping bucket **214** 34
dumping device **147** 44, 59
dump truck **47** 38; **147** 64; **200** 7
dump truck, three-way ~ **194** 24
dune, crescentic ~ **13** 40
dune, migratory ~ **13** 39
dune, travelling ~ **13** 39
dune, wandering ~ **13** 39
dune buggy **193** 12
dung **63** 15
dungarees **29** 40; **30** 21
dung beetle **358** 39
dungeon **329** 5
dunging, mechanical ~ **74** 23-27
dunging chain **74** 27
dunging conveyor **74** 27
dung tank **221** 72
dunnage **222** 62u.63
duodenum **20** 14, 43
duplet **321** 23
duplicate list **263** 27
duramen **120** 84; **370** 13
dust, fine ~ **158** 22
dust, lunar ~ **6** 14
dust bag container **50** 62
dustbin **199** 3
dustbin-tipping device **199** 2
dust brush **109** 18
dust cap **187** 57, 82
dust catcher *Goldsm. etc.* **108** 45
dust catcher *Iron & Steel* **147** 14
dust-collecting chamber **163** 11
dust-collecting machine **147** 14
dust collector *Goldsm. etc.* **108** 45
dust collector *Cement Wks.* **160** 7
dust collector *Refuse Coll.* **199** 47
dust container **50** 86
dust counter **112** 42
dust cover *Bookbind.* **185** 37
dust cover *Audio* **241** 32
dust cover *Store* **271** 30
dust discharge flue **163** 22
dust escape flue **163** 22
dust exhauster **108** 43
dust extraction fan **163** 10
dust extractor **92** 40; **172** 1
dust filter **270** 59
dust hood **133** 20
dust jacket **185** 37
dust pan **50** 52; **260** 60
dust removal fan **83** 53
dust removal screen **83** 56
dust-settling chamber **172** 6
dust shield **2** 48
Dutch clover **69** 2
'duty free shop' **233** 52
duty presentation officer **238** 22
duvet, quilted ~ **43** 8
dwale **379** 7
dwarf **308** 22
dwarf French bean **57** 8
dwarf pine **372** 21
dwelling **37**
dwelling, lacustrine ~ **328** 15
dye liquor padding trough **165** 47
dye spray **100** 35
dyke *see* dike
dynamo **187** 8
dynastarter **209**,13

E

Eagle **3** 9
eagle fern **377** 16
eagle owl *Hunt.* **86** 48, 51
eagle owl *Birds* **362** 15
eagles **362** 5-9
ear *Man* **16** 18
ear *Arable Crops* **68** 2
ear *Dog* **70** 2
ear *Horse* **72** 1
ear *Dom. Anim.* **73** 11
ear *Game* **88** 16, 32, 44, 61
ear *Music. Instr.* **326** 32
ear *Birds* **362** 16
ear, external ~ **17** 56-58
ear, feathered ~ *Game* **88** 78
ear, feathered ~ *Birds* **362** 16
ear, internal ~ **17** 62-64
ear, middle ~ **17** 59-61
earcup **241** 69; **261** 40
earflap **35** 31
ear lobe **17** 57
earmuff **304** 28
earphone *Hairst. etc.* **34** 38
earphone *Audio* **241** 69
earphone *Office* **248** 35; **249** 63
earphones **34** 37
earphone socket *Cine Film* **117** 10
earphone socket *Office* **249** 68
ear piece *Forestry* **84** 23
earpiece *Post* **237** 8
earplug **354** 30
earrings **36** 13
earrings, drop ~ **36** 11
earrings, pendant ~ **36** 11
earth **4** 8, 30
Earth **4** 45
earth **6** 17
earth, composted ~ **55** 15
earth, excavated ~ **118** 78
earth, prepared ~ **55** 15
earth core **11** 5
earthing button **237** 21
earthing clamp **142** 35
earth moth **80** 42
earthquake **11** 32-38
earthquake, submarine ~ **11** 53
earthquake focus **11** 32
earth station **237** 51
earthworm **357** 24
earthworm, artificial ~ **89** 67
ear tuft **362** 16
earwig **81** 11
easel **116** 35
easel, folding ~ **338** 26
East Australian Current **14** 38
Easter candle **330** 44
Easter candlestick **330** 45
easterlies **9** 48, 49
Eastern cut-off **298** 21
Eastern roll **298** 15
east point **4** 14
easy chair **336** 18
eaves **38** 11; **121** 4; **122** 36
eaves, rafter-supported ~ **37** 9
eaves course **122** 49, 76
eaves fascia **122** 42
eaves joint **122** 76
E-boat **258** 69, 75
écarté **314** 15
ECG **23** 28
ECG amplitude **25** 49
ECG analyser **25** 45
ECG analysis **25** 50
ECG impulse **25** 46
ECG lead **25** 43
ECG machine, portable ~ **23** 46
ECG monitor **25** 2, 21, 28, 47
ECG recorder **25** 41
ECG recording unit **25** 27
ECG rhythm **25** 48
E-channel **143** 7
echinoderm **369** 3, 11, 17, 18, 19
echinoderms **357** 38-39
Echinops **53** 14
echinus **334** 21
Echiostoma **369** 13
echo **224** 63
echo chamber **311** 31
echo chamber loudspeaker **311** 32
echo chamber microphone **311** 33
echogram **224** 67
echograph **224** 24, 65
echo receiver **224** 64
echo recorder **224** 24
echo signal **224** 63
echo sounder **224** 61-67
echo sounding machine **224** 61-67
echo sounding machine recorder **224** 65
eclipse **4** 33
eclipse, lunar ~ **4** 29-35, 34-35
eclipse, solar ~ **4** 29-35, 32, 39, 41
ecliptic **3** 2; **4** 22
economizer *Power Plant* **152** 26
economizer *Railw.* **210** 23
Edam cheese **99** 42
edelweiss **378** 9
edge *Tablew. etc.* **45** 57
edge *Forestry* **85** 2
edge *Winter Sp.* **302** 21
edge *Maths.* **347** 32
edge, aluminium ~ **301** 51
edge, front ~ **122** 88
edge, hidden ~ **151** 24
edge, matching ~ **128** 21
edge, non-matching ~ **128** 22
edge, razor's ~ **106** 40
edge, steel ~ **301** 4, 50
edge, upper ~ **301** 51
edge, visible ~ **151** 23
edge board, lower ~ **118** 74
edge board, upper ~ **118** 73
edge mill **159** 8
edge of platform **205** 19
edge of pool **281** 3
edge runner mill **159** 8
edge sander **133** 12
edge-sanding machine **133** 12
edge-veneering machine **133** 26
edging *Flower Gdn.* **51** 15
edging *Opticn.* **111** 35
edging, concrete ~ **52** 20
edging, hoop ~ **55** 38
edging machine **111** 24
editing **311** 42-46
editing table **117** 96; **311** 42
editorial **342** 48
EDP print-out **248** 47
education, nursery ~ **48** 1-20
education, pre-school ~ **48** 1-20
eel **364** 17
eel hook **89** 87
effacé **314** 13
efflux viscometer **129** 38
E flat major **320** 65
E flat minor **320** 68
egg *Man* **20** 84
egg *Poultry Farm* **74** 58
egg *Bees* **77** 26, 27
egg *Gdn. Pests* **80** 15, 55
egg *Forest Pests* **82** 19
egg *Articulates* **358** 49
egg and anchor cyma **334** 42
egg and dart cyma **334** 42
egg and tongue cyma **334** 42
egg box **74** 42, 45; **99** 50
egg collection **74** 22, 34
egg collection system **74** 34
egg-counting board **89** 19
egg gallery **82** 23
egg integument **74** 59
egg-packing machine, fully automatic ~ **74** 46
egg position **301** 33
egg production **74** 34-53
eggshell **74** 59
egg timer **110** 31
egg weigher **74** 43
Egyptian **342** 8
eight **283** 10
eighth note **320** 16
eighth rest **320** 24
ejection seat **257** 6, 7
ejector seat **257** 6, 7
E-layer **7** 27
elbow *Man* **16** 45
elbow *Overh. Irrign.* **67** 6
elbow *Horse* **72** 20
elbow *Winter Sp.* **301** 70
elbow boot **289** 31
elbow coupling **126** 40
elbow joint **126** 51, 52
elbow pad **303** 16
elbow screw joint **126** 40, 45
elbow snips **125** 2
elder **374** 35
elderberry **374** 37
elder flower **374** 36
election **263** 16-30
election meeting **263** 1-15
election officer **263** 17
election regulations **263** 25
election speaker **263** 5
election supervisor **263** 28
elector **263** 24
electoral register **263** 18
electric action organ **326** 36-52
electrical fitter **127** 1
electrical point **261** 12
electrical socket **261** 12
electrical system bus **235** 55
electric engine room **223** 68
electrician **127** 1
electricity cable **198** 14, 19
electricity meter **127** 32
electricity meter cupboard **127** 31
electricity transmission line **15** 113
electric light bulb **127** 56
electric power plant **152** 1-28
electrocardiogram monitor **25** 2, 21, 28
electrocardiograph **23** 28; **25** 41
electrode *Hosp.* **25** 26, 35, 38
electrode *Slaughterho.* **94** 8
electrode *Arc Weld.* **142** 10
electrode *Iron & Steel* **147** 52

electrode, central ~ **2** 3
electrode, platinum-iridium ~ **24** 44
electrode, strap-on ~ **23** 30
electrode arm **142** 24
electrode case **142** 7
electrode exit point **25** 34
electrode holder **142** 9, 20
electrode lead **25** 25
electromagnet **237** 47
electron **1** 3, 17, 27, 32
electron, free ~ **1** 25
electron beam **240** 16
electron gun **113** 31
electron gun assembly **240** 24
electronic circuits **242** 68-72
electronics, remote ~ **112** 53
electronics cabinet **177** 69
electron microscope **113** 30
electron shell **1** 6, 8
electron spin **1** 4
electroplating bath **178** 4
electroplating tank **178** 4
electroplating vat **178** 4
electrotome **22** 38
electrotype, curved ~ **178** 21
electrotyping **178**
electrotyping plant **178** 1-6
element, electronic ~ **242** 69
element, fissionable ~ **1** 49
element, front ~ **115** 7
element, fusible ~ **127** 36
element, oscillating ~ **110** 9
element of set **348** 2
elephant **366** 20
elephant, toy ~ **47** 6
elephant enclosure **356** 9
elephant house **356** 10
elevating conveyor **200** 49
elevating drum, rotary ~ **64** 74
elevating gear **255** 67
elevating piston **255** 51
elevation, front ~ **151** 17
elevation, side ~ **151** 18
elevator *Offshore Drill.* **146** 8
elevator *Synth. Fibres* **170** 36
elevator *Aircraft* **229** 27; **230** 63
elevator *Air Force* **257** 22
elevator *Store* **271** 45
elevator *Airsports* **288** 24
elevator *Theatre* **316** 33, 34
elevator, chain and slat ~ **64** 7
elevator, open-web ~ **64** 69
elevator bridge **226** 25
elevator car **271** 46
elevator carrier **174** 22
elevator controls **271** 48
elevator operator **271** 47
elevator shaft *Offshore Drill.* **146** 20
elevator shaft *Store* **271** 51
elevon section, movable ~ **235** 33
elevon structure, heat-resistant ~ **235** 34
elk **367** 1, 2
ellipse **347** 22
ellipse template **151** 71
ellipsis **342** 29
ellipsoid of revolution **347** 42
elm tree **371** 49
elytron **82** 10; **358** 36
E major **320** 59
embankment *Map* **15** 104
embankment *Refuse Coll.* **199** 14
embankment *Rivers* **216** 49
embossing platen **183** 29
embrace **205** 53
embrasure **329** 18
embroidery **29** 29; **30** 42; **355** 67
embryo *Arable Crops* **68** 16
embryo *Bot.* **370** 86
embryo *Trop. Plants* **382** 21
embryo *South. Fruits* **384** 22
embryo plant **68** 14
embryo sac **370** 64
emergency brake **214** 3, 71
emergency brake valve **210** 57
emergency cable **214** 47
emergency-cable tensioning mechanism **214** 48
emergency crash barrier **259** 17
'emergency exit' **233** 41
emergency exit **307** 33; **312** 7
emergency flare stack **146** 11
emergency lighting **312** 6
emergency telephone **237** 4
emery paper **135** 25
eminence, frontal ~ **16** 4
eminence, thenar ~ **19** 75
E minor **320** 56
emission control **190** 73
Emmental cheese **99** 41
empennage shapes **229** 23-36
Empire table **336** 16
empress, Byzantine ~ **355** 15
emptying system, dust-free ~ **199** 2
em rule **342** 23
emu **359** 1
emulsion **129** 4
emulsion paint **129** 4
emulsion paste **128** 28
emulsion tube **192** 10
enamel **19** 30
enamelling **260** 62
enamelling stove, electric ~ **260** 63
enamel powder **260** 65
enchasing hammer **108** 41
enclosing wall **356** 4
enclosure, outdoor ~ **356** 1
enclosure wall **329** 15
encyclopaedia **42** 18; **262** 17
end *Basketm.* **136** 23
end *Mach. Parts etc.* **143** 23
end, hipped ~ **122** 10
end, partial-hipped ~ **121** 17
end, round ~ **143** 50
end, rounded ~ **143** 20
end, west ~ **335** 22
end frame, hemispherical ~ **235** 48
end-grain block **340** 1
endive **57** 39
endleaf **185** 49
end line **292** 36
end mill **150** 43
end moraine **12** 55
endorsee **250** 26
endorsement **250** 25
endorser **250** 27
endpaper **185** 49
end pier **215** 27
end plate **229** 33
end rib, hemispherical ~ **235** 48
end ring **89** 52
end support **150** 40
end switch **241** 60
endurance competition **289** 16
energy **1** 55
energy, solar ~ **155** 17-36
energy level **1** 15, 27
energy system **6** 6, 8
engagement **294** 46
engine *Moon L.* **6** 30
engine *Oil, Petr.* **145** 12
engine *Aircraft* **231** 26
engine *Airsports* **288** 35
engine, air-cooled ~ **188** 7; **189** 3, 50
engine, auxiliary ~ *Ship* **223** 71
engine, auxiliary ~ *Aircraft* **231** 33
engine, eight-cylinder ~ **190** 1
engine, four-cylinder ~ **189** 50
engine, four-stroke ~ **189** 3, 50
engine, main ~ *Railw.* **209** 4
engine, main ~ *Ship* **221** 81; **223** 73
engine, rear ~ *Garage* **195** 49
engine, rear ~ *Aircraft* **231** 10
engine, side ~ **228** 29
engine, single-cylinder ~ **188** 26; **189** 3
engine, twin-shaft ~ **232** 51
engine, two-stroke ~ **188** 7, 26; **242** 55; **305** 92
engine, water-cooled ~ **189** 31, 39
engine and propeller room **227** 22
engine and transmission control wheel **212** 67
engine compartment **195** 35
engine compartment structure **235** 2
engine control system **235** 39
engine driver **208** 2
engineer **208** 2
engineering workshop **222** 8
engineer's brake valve **210** 53; **211** 22; **212** 11
engine fairing, aerodynamic ~ **234** 6
engine mount **234** 21
engine mounting **190** 38; **191** 53; **226** 58
engine oil **196** 15
engine oil temperature gauge **212** 19
engine order telegraph **224** 25
engine pod **231** 26; **256** 25
engine room *Ship* **221** 10
engine room *Fire Brig.* **270** 1
engine room ventilator **212** 37
engine superstructure **226** 58
engine telegraph **224** 25
English *Composing Rm.* **175** 29
English *Billiards* **277** 5
English daisy **376** 1
English hand **342** 10
English ryegrass **69** 26
English setter **70** 41
engraver **340** 16
engraving **36** 41
engraving ball **108** 34
engraving machine **177** 52
engraving system **177** 66
enlarger **116** 26
enlarger head **116** 41
enlarging meter **116** 53
enlarging photometer **116** 53
ensign of head of state **253** 14
ensign staff **223** 31; **258** 25
entablature **334** 52
entire **370** 43
entrance **77** 48; **99** 4; **208** 10
'entrance' **233** 36
entrance **307** 19
entrance, bullfighters' ~ **319** 10
entrance, main ~ **319** 6
entrance, side ~ **331** 15; **335** 13
entrance and exit door **197** 14
entrance hall **41** 1-29
entrance tunnel **353** 6
entrechat **314** 22
entrepôt **225** 7
entry/exit hatch **6** 38
entry hatch **6** 10; **235** 26
epaulière **329** 44
épée **294** 25-33, 36
épée, electric ~ **294** 26
épéeist **294** 25
épée point **294** 27
ephemerid **358** 6
epicalyx **58** 22
epicenter **11** 33
epicentre **11** 33
epididymis **20** 73
epiglottis **17** 51
epistyle **334** 18
equalizer **311** 19
equalizer, universal ~ **238** 48
'equals' key **247** 20
equals sign **344** 23
equation, conditional ~ **345** 9
equation, identical ~ **345** 5
equation, simple ~ **345** 4
equator **14** 1
equator, celestial ~ **3** 3
Equatorial Countercurrent **14** 33
equestrian sport **289**
equilibrist **307** 48
equinoxes **3** 6-7
equipment carrier **177** 58
equipment locker **212** 35
equipment section **239** 1
equisetum **376** 18
equitation **71** 1-6
erase head **241** 59; **243** 20; **311** 25
eraser **151** 42
eraser, glass ~ **151** 47
eraser, pencil-type ~ **151** 41
erasing head **241** 59; **243** 20; **311** 25
erasing knife **151** 43
erasing knife blade **151** 44
erasing shield **151** 35
erasing table **249** 26
erasion **26** 52
erection shop **222** 4
Ergates faber **358** 38
ergometer, bicycle ~ **23** 26
ergometry **23** 26-31
ergot **68** 4
Eridamus **3** 12
Erlenmeyer flask **173** 2; **350** 39
ermine moth **80** 5
erne **362** 5
error indicator **244** 7
eruption **7** 21
escalator **271** 22
escape wheel **110** 40
escapologist **308** 28
escarpment **13** 57
escudo **252** 23
Eskimo **353** 1
Eskimo kayak **283** 68
esophagus **17** 49
espalier **37** 33; **52** 1,2,16,17,29
espalier, free-standing ~ **52** 16
espalier fruit tree **52** 1,2,16,17,29
esparto grass **136** 26
espresso bar **265** 1-26
esquire **329** 68
estate **193** 15
estate car **193** 15
estoque **319** 32
etchant **178** 24; **182** 16
etching **340** 14-24
etching bath **178** 31; **340** 51
etching ground **340** 55

etching machine *Electrotyp. etc.* **178** 23
etching machine *Photograv.* **182** 15
etching needle **340** 16
etching solution **178** 24; **182** 16
etching tank **178** 24, 31; **182** 16
ethmoid **17** 39
ethnology **352; 353; 354**
ethylene molecule **242** 61
Eurobottle **93** 26
Europe **14** 15
European silver fir **372** 1
European Southern Observatory **5** 1-16
European toad **364** 23
Euscorpius flavicandus **358** 40
evacuating pump, centrifugal ~ **67** 11, 23
evaporating basin **350** 29
evaporating dish **350** 29
evaporator **155** 6
evening dress **33** 13
evening gown **30** 53
evening sandal **101** 27
evening suit **33** 7
everlasting **377** 3
ever-ready case **115** 103
evolution **345** 2
ewe **73** 13; **75** 10
examination couch **22** 43; **23** 4
examination table **27** 1, 26
excavation *Bldg. Site* **118** 69-82
excavation *Garage* **195** 28
excavation side **118** 72
excavator **118** 76, 81; **200** 1
excavator, large-scale ~ **159** 3
excavator, toy ~ **273** 65
excavator, universal ~ **158** 13
excess water conduit **269** 23
exchange *Post* **237** 17, 22
exchange *Stock Exch.* **251** 1-10
exchange broker **251** 4
exchange floor **251** 1
exchange golf ball **249** 28
exchange hall **251** 1
exchange rate **204** 32
exchange typing element **249** 28
excited state **1** 19
exciter lamp **312** 48
exclamation mark **342** 21
exclamation point **342** 21
exclusion principle **1** 7
excretory vacuole **357** 5
excursion steamer **221** 101-128; **225** 29
executive-secretary system **246** 13
exercise book **47** 24; **260** 4, 18
exercises **296** 48-60
exergue **252** 10
exhaust *Agr. Mach.* **64** 38
exhaust *Railw.* **209** 12, 22
exhaust, upswept ~ **188** 15; **189** 15
exhaust bubbles **279** 26
exhaust casing **212** 69
exhaust escape flue **258** 79
exhaust fan *Brew.* **92** 15
exhaust fan *Joiner* **133** 33
exhaust gas **160** 4
exhaust gas stack **154** 37
exhaust manifold **190** 36, 73
exhaust mast **221** 17
exhaust muffler **212** 42, 48
exhaust outlet **259** 92
exhaust pipe *Photograv.* **182** 25
exhaust pipe *Car* **191** 51
exhaust pipe *Ship* **221** 76
exhaust pipe *Warships* **258** 44
exhaust pipe, four-pipe ~ **189** 51
exhaust port **242** 58
exhaust repair **195** 52
exhaust silencer **212** 42, 48
exhaust system **195** 51
exhaust valve **190** 46; **242** 53
'exit' **233** 37
exit **307** 19
exit, emergency ~ **99** 79
exit gate **319** 12
ex libris **185** 51
exosphere **7** 31
exotic **306** 30
expansion line **1** 61
expansion tank **38** 24
experimental apparatus **261** 11
explosion, atomic ~ **7** 11
exponent **345** 1
exposing lamp **182** 3
exposure bath **228** 21
exposure control device **176** 9
exposure control switch **117** 17
exposure counter **115** 17
exposure meter **114** 29
exposure meter, hand-held ~ **114** 56
exposure meter control step **117** 37
exposure meter needle **115** 57
exposure system **249** 42
exposure time balancing knob **116** 39
exposure timer **116** 24; **179** 18
expression marks **321** 27-41
express locomotive **205** 35
express train car **207** 1-21
express train carriage **207** 1-21
express train coach **207** 1-21
express train compartment **207** 43
extension *Joiner* **133** 13
extension *Post* **237** 17, 19, 21, 22-26, 26
extension arm **132** 63
extension bar **151** 57
extension bellows **115** 85
extension cord **127** 10
extension ladder **270** 14
extension lead **127** 10
extension plug **127** 11
extension socket **127** 12
extension tube *Household* **50** 70
extension tube *Photog.* **115** 81
extensor, common ~ **18** 57, 63
extensor, radial ~ **18** 56
extensor carpi radialis longus **18** 56
extensor communis digitorum **18** 57, 63
extinguisher, mobile ~ **270** 63
extra **310** 29; **316** 39
extra bold **175** 9
extracting a root **345** 2
extraction fan **199** 32
extraction forceps **24** 47
extraction of phenol **170** 3
extraction vent **49** 20
extractor **170** 37
extractor duct, movable ~ **142** 15
extractor fan **133** 33
extractor grid **100** 13
extractor support **142** 16
extrados **336** 26
extremity, fimbriated ~ **20** 82
extrusion press **159** 11; **161** 7
eye *Man* **16** 7; **19** 38-51
eye *Horse* **72** 4
eye *Dom. Anim.* **73** 32
eye *Game* **88** 15, 33, 43, 60
eye *Fish Farm.* **89** 82
eye *Mills* **91** 19
eye *Blacksm.* **137** 29
eye *Weaving* **166** 28, 29
eye *Art* **334** 75
eye, compound ~ *Bees* **77** 20-24
eye, compound ~ *Articulates* **358** 7
eye, simple ~ **77** 2
eye, stalked ~ **357** 30
eyeball **19** 45
eye-bright **61** 27
eyebrow *Man* **19** 38
eyebrow *Roof* **121** 23
eyecup **115** 73; **117** 14; **313** 34
eyeground **22** 32
eyelash **19** 41
eyelet *Shoem.* **100** 63
eyelet *Glaz.* **124** 23
eyelet *Weaving* **166** 28
eyelet, hook, and press-stud setter **100** 53
eyelet embroidery **102** 11
eyelid, lower ~ **19** 40
eyelid, upper ~ **19** 39
eye muscles **19** 44
eyepiece **113** 20; **115** 42; **117** 14; **311** 9
eyepiece, binocular ~ **23** 6
eyepiece control ring **313** 7
eyepiece focusing knob **112** 56
eyespot **358** 54

F

fabled beings **327**
fabric *Bldg. Site* **118** 1-49
fabric *Knitting* **167** 48
fabric *Text. Finish.* **168** 39, 51, 64
fabric *Weaves* **171** 29
fabric *Store* **271** 59
fabric, air-dry ~ **168** 22
fabric, metallic ~ **270** 46
fabric, non-woven ~ **103** 27
fabric, printed ~ **168** 57
fabric, raised ~ **168** 36
fabric, shrink-resistant ~ **168** 26
fabric, tubular ~ **167** 1, 9
fabric, woollen ~ *Dressm.* **103** 27
fabric, woollen ~ *Text. Finish.* **168** 1
fabric, woven ~ **166** 12
fabric box **167** 10
fabric container **167** 10
fabric department **271** 58
fabric drum **167** 10
fabric-finishing machine, decatizing ~ **168** 49
fabric for upholstery **134** 60
fabric guide roller **168** 5
fabric-plaiting device **168** 30
fabric-raising machine **168** 31
fabric roll **167** 29
fabric roller **166** 20
fabric shaft **171** 21, 23
fabric wallhanging **128** 18
fabulous creatures **327**
façade, west ~ **335** 22
face *Man* **16** 4-17
face *Horse* **72** 5
face *Clocks* **110** 25
face *Blacksm.* **137** 28
face *Composing Rm.* **174** 31; **175** 42
face *Art* **336** 24
face, metal ~ **303** 11
face compress **106** 25
face guard **292** 11, 25
face mask *Fire Brig.* **270** 40
face mask *Swim.* **279** 10
face mask filter **270** 57
face par **251** 12
face pipes **326** 1-3
facet **77** 20
face urn **328** 38
face vault **297** 30
facing **24** 32
facing, decorative ~ **30** 47
facsimile signature **252** 34
facsimile telegraph **245** 1
factor **344** 25
factory number **187** 51
factory ship *Sea Fish.* **90** 11
factory ship *Ship* **221** 86
fahlerz **351** 1
fahl ore **351** 1
fair **308**
fair, annual ~ **308** 1-69
fairground **308** 1
fairing **189** 43
fairing, integrated ~ **189** 44
fairing, metal ~ **188** 50
fairlead **284** 29
fairway **216** 21
fairway, main ~ **224** 92
fairway, secondary ~ **224** 93
fairway markings **224** 84-102
fairway marks **224** 68-83
fair-weather cumulus **8** 1
fairy-tale figure **306** 65
falcon **86** 46
falconer **86** 42
falconry **86** 42-46
falcons **362** 1-4
fall **221** 106
falling wedge **85** 4
fallow **63** 1
fallow buck **88** 40
fallow deer **88** 40-41
falls **11** 45
falls, artificial ~ **272** 9
false acacia **371** 70
false oat **69** 22
family grave **331** 27
family tomb **331** 27
fan *Roof & Boilerr.* **38** 58
fan *Agr. Mach.* **64** 15; **65** 52
fan *Pest Contr.* **83** 49
fan *Game* **88** 75
fan *Energy Sources* **155** 14
fan *Weaving* **165** 23
fan *Intern. Combust. Eng.* **190** 7
fan *Refuse Coll.* **199** 35, 46
fan *Aircraft* **232** 34, 43
fan *Ethnol.* **353** 42
fan, low-pressure ~ **199** 33
fan blower **179** 22
fan clutch **190** 8
fancy appliqué **35** 7
fancy dress **306** 6-48, 32
fancy-dress ball **306** 1-48
fan drift **144** 22
fan drive, hydrostatic ~ **212** 62
fan fold sheet, continuous ~ **248** 47
fang **19** 36
fan-jet turbine **232** 38
fanlight **37** 35
fan nozzle **83** 4

fan tail **73** 29
fan vault **336** 46
faradization unit **23** 37
farm **15** 101
farm buildings **62**
farmer **62** 6
farmhand **63** 5
farming **63**
farm labourer **63** 5
farmland **63** 17
farm road **63** 18
farmstead **62**
farm track **63** 18
farm vehicle engineering **138**
farmworker **63** 5
farmyard **62** 31
farmyard hedge **62** 35
farmyard manure **63** 15
farrowing and store pen **75** 40
farrowing rails **75** 43
fascia panel **191** 57-90
fascine **216** 53
fashion catalogue **104** 6
fashion doll **47** 9; **48** 32
fashion house **268** 9
fashion journal **104** 4; **271** 36
fashion magazine **104** 4; **271** 36
fast and slow motion switch **117** 87
fastback **193** 29
fast breeder **154** 1
fast-breeder reactor **154** 1
fastening *Plant Propagn.* **54** 13
fastening *Station* **206** 12
fat end **95** 53
fat lady **308** 21
fattening pond **89** 6
faucet *Kitch.* **39** 36
faucet *Plumb. etc.* **126** 34
faucet *Electrotyp. etc.* **178** 34
faucet *Chem.* **349** 5, 22
faucet, outside ~ **37** 41
fault *Phys. Geog.* **12** 4
fault *Coal* **144** 51
fault, distributive ~ **12** 8
fault, multiple ~ **12** 8
fault, normal ~ **12** 7
fault-block mountain **12** 4-11
faulting **12** 4-20
fault line **12** 5
faults, complex ~ **12** 8-11
fault throw **12** 6
fault trace **12** 5
faustball **293** 72-78, 74
favorite **289** 52
favourite **289** 52
fawn **88** 39
fawn, female ~ **88** 34
F-clef **320** 9
F-contact **115** 14
feather *Headgear* **35** 6, 12
feather *Dom. Anim.* **73** 31
feather *Mach. Parts etc.* **143** 73
feather *Chivalry* **329** 78
feather, falcate ~ **88** 68
feather, peacock's ~ **254** 36
feather star **369** 3
feed *Iron & Steel* **147** 51
feed *Mach. Tools* **149** 9
feed adjustment **100** 28
feed board **180** 32, 49, 67; **181** 4, 21, 30; **185** 9
feed chain **172** 67
feed chain drive **172** 69
feed channel **157** 55
feed conveyor **236** 33
feed conveyor, endless-chain ~ **74** 25
feed dispenser **74** 13
feed drum **180** 33, 34
feeder *Agr. Mach.* **64** 72
feeder *Poultry Farm* **74** 49-51
feeder *Brickwks.* **159** 7
feeder *Offset Print.* **180** 31, 48, 68, 74
feeder *Letterpress* **181** 22, 24
feeder *Bookbind.* **185** 25
feeder, automatic ~ **181** 5
feeder, mechanical ~ **74** 13, 23
feeder broom **199** 44
feeder mechanism **181** 22
feeder panel **153** 4
feeder-selecting device **167** 40
feeder skip **118** 35
feed gearbox **149** 8
feed gear lever **149** 10
feed guide **184** 23
feed hopper *Poultry Farm* **74** 24
feed hopper *Bookbind.* **185** 26
feed-in **173** 13
feed indicator **157** 9
feeding, mechanical ~ **74** 23-27
feeding apparatus **181** 22
feeding bottle **28** 19
feeding bowl **70** 32
feeding-in **164** 15
feeding passage **75** 3
feeding place **86** 28
feeding site **80** 50
feeding trough *Poultry Farm* **74** 21
feeding trough *Livestock* **75** 37
feeding trough, adjustable ~ **74** 4
feed mechanism *Agr. Mach.* **65** 78
feed mechanism *Mach. Tools* **149** 18
feed mechanism *Post* **236** 48
feed mechanism *Graphic Art* **340** 33
feed motor **177** 43
feed pawl **157** 44
feed pipe **96** 50
feed pump *Nucl. Energy* **154** 13
feed pump *Railw.* **210** 9
feed roll **85** 19
feed roller **85** 24; **157** 4, 40
feed roller, fluted ~ **163** 52
feed runner **147** 22
feed screw **149** 15
feed setting **100** 28
feed shaft **149** 33
feed spindle **312** 36
feed spool **117** 31
feed sprocket **312** 26
feed supply pipe **74** 15
feed table *Sawmill* **157** 63
feed table *Offset Print.* **180** 32, 49, 67
feed table *Letterpress* **181** 4, 21, 30
feed table *Bookbind.* **184** 12, 21; **185** 9, 34
feed-through insulator **153** 12, 35
feed-through terminal **153** 12, 35
feed trip **149** 18
feed tripping device **149** 18
feed valve **210** 20
feedwater heater **210** 23
feedwater line **154** 12, 30
feedwater preheater **210** 23
feedwater steam circuit **154** 45
feedwater tank **152** 17
feedwater tray, top ~ **210** 29
feeler *Agr. Mach.* **64** 86
feeler *Forest Pests* **82** 3
feeler *Weaving* **166** 32
feeler *Invertebr.* **357** 31
feeler *Articulates* **358** 27, 53
feeler, maxillary ~ **358** 42
feeler gauge **140** 53
feeler support wheel **64** 88
feet-first jump **282** 13
felines **368** 2-8
feller **84** 20
felling **84** 27
felling wedge **84** 4, 30
felling wedge, hydraulic ~ **84** 25
felt **173** 51
felt, dry ~ **173** 23
felt nail **122** 96
felt pen **48** 18
felt tip pen **247** 11; **260** 19
female, winged ~ **358** 21
femur **17** 22
fence *Joiner* **132** 65
fence *Refuse Coll.* **199** 13
fence *Aircraft* **231** 8
fence *Swim.* **281** 17
fence *Equest.* **289** 8
fence, electrified ~ **62** 46
fence, paling ~ **52** 10
fence, protective ~ **84** 7
fence, stone ~ **337** 23
fence, timber ~ **118** 44
fence, wicker ~ **216** 54
fence, wire ~ **15** 39
fence, wire netting ~ **84** 7
fence, wooden ~ **37** 53
fence adjustment handle **132** 66
fence rack **63** 28
fencers **294** 5-6
fencer's salute **294** 18
fencing **294**
fencing, modern ~ **294** 1-33
fencing glove **294** 12
fencing instructor **294** 1
fencing jacket **294** 16
fencing mask **294** 13, 14
fencing master **294** 1
fencing measure **294** 10
fencing movement **294** 7
fencing shoe, heelless ~ **294** 17
fencing weapons **294** 34-45
fender *Horse* **71** 40
fender *Tram* **197** 12
fender *Hydr. Eng.* **217** 9
fender *Docks* **225** 12
fender, front ~ *Bicycle* **187** 13
fender, front ~ *Car* **191** 3; **191** 3, 13
fender, integral ~ **193** 33
fender, wooden ~ **218** 26
fender pile *Hydr. Eng.* **217** 9
fender pile *Shipbuild.* **222** 35
F-1 engine **234** 4
fennel **380** 6
fen peat **13** 17
fermentation room **97** 72
fermentation thermometer **93** 9
fermentation trolley **97** 73
fermentation vessel **93** 8
fermenter **93** 8
fermenting cellar **93** 7
fern **377** 16
ferret **86** 24
ferreter **86** 25
ferreting **86** 23
ferries **221**
Ferris wheel **308** 37
ferroconcrete construction **119** 1-89
ferrule **45** 53
ferry, flying ~ **216** 10
ferryboat **216** 11, 15; **225** 11
ferry cable **216** 2
ferry landing stage **216** 7
ferryman **216** 17
ferry rope **216** 2
fertilizer, artificial ~ **63** 14
fertilizer, chemical ~ **63** 14
fertilizer, lime ~ **63** 14
fertilizer, nitrogen ~ **63** 14
fertilizer, phosphoric acid ~ **63** 14
fertilizer, potash ~ **63** 14
fertilizer spreader **62** 21
fescue **69** 24
festoon *Carnival* **306** 5
festoon *Art* **335** 54
festoon lamp **318** 26
festoon lighting **318** 25
fetish **354** 43
fetlock **72** 24
fettler **148** 43
fettling shop **148** 38-45
feuilleton **342** 67
F-hole **323** 6
fiber *see* fibre
fibre **77** 23
fibre, glass ~ **151** 48
fibre, loose ~ **168** 43
fibreboard **338** 24
fibula **17** 24
fibula, serpentine ~ **328** 28
fibula, spiral ~ **328** 30
fibula, two-piece ~ **328** 30
fiddle string **323** 9
field *Agr.* **63** 4, 17
field *Equest.* **289** 41, 51
field *Ball Games* **291** 1; **292** 40-58
field, fallow ~ **63** 1
field bean **69** 15
field bindweed **61** 26
field camomile **61** 8
field chopper, self-propelled ~ **64** 34-39
fielder **292** 76
field eryngo **61** 32
field glasses **86** 6
field guard **63** 13
field illumination **112** 33
fielding side **292** 73
field lens **115** 40
field mangel **69** 21
field marigold **61** 7
field mushroom **381** 1
field pests **80** 37-55
field player **292** 2
field poppy **61** 2
field sprinkler **67** 32
fig **383** 35; **384** 11, 13
fighter-bomber **256** 1, 29
fighting bull **319** 28
fighting ships **258** 64-91
fighting ships, modern ~ **259**
figure, clay ~ **48** 13; **339** 7
figure, plasticine ~ **48** 13
figure, satirical ~ **306** 63
figure, symbolic ~ **327** 20
figure, symmetrical ~ **346** 24
figure, wax ~ **308** 69
figurehead **218** 16
figures, compulsory ~ **302** 11-19
figure ski **286** 56
figurine, clay ~ **328** 20
filament **169** 17, 22; **170** 44
filament, continuous ~ **169** 1-34
filament, solid ~ **169** 15
filament lamp **127** 56
filament tow **169** 28, 30
file *Doc.* **22** 12, 26

file *Metalwkr.* **140** 16
file *Office* **245** 6; **247** 37; **248** 5
file, flat ~ **108** 49; **140** 27
file, half-round ~ **140** 29
file, rough ~ **140** 8
file, round ~ **108** 47; **140** 29
file, smooth ~ **140** 8
file handle **108** 50
filet **102** 22
file tab **248** 4
filigree work **102** 30
filing cabinet **245** 4
filing clerk **248** 6
filing drawer **248** 2, 23
filing machine **140** 15
filing shelf **248** 10
fill, sanitary ~ **199** 10
filler *Tobacc. etc.* **107** 7
filler *Paperhanger* **128** 3
filler *Power Plant* **153** 38
filler *Films* **310** 52
filler hoist **200** 51
filler hole **213** 19
filler light **310** 52
filler opening **200** 52
filler rod **141** 12
fillet *Meat* **95** 13
fillet *Carp.* **120** 45
fillet *Floor etc. Constr.* **123** 57, 67
fillet *Bookbind.* **183** 3
fillet, tilting ~ **121** 31
fillet gauge **142** 36
filleting knife **89** 38
fillet of beef **95** 24
fillet of pork **95** 44
filling *Dent.* **24** 30
filling *Tablew. etc.* **45** 38
filling *Hydr. Eng.* **217** 7
filling *Water* **269** 29
filling compound **153** 38
filling end **162** 2
filling inlet **50** 12
filling knife **128** 35
filling machine **76** 21, 26
filling material **24** 51
filling station **196** 1-29
fill-in light **310** 52
fill light **310** 52
film *Atom* **2** 10, 13
film *Photog.* **114** 9
film *Composing Rm.* **176** 25
film, cine ~ **117**
film, exposed ~ **117** 42
film, unexposed ~ **117** 41
film actor **310** 28
film actress **310** 27
film advance **114** 32
film advance lever, single-stroke ~ **115** 16
film agitator, automatic ~ **116** 19
film and sound cutting table **117** 96
film and tape synchronizing head **117** 102
film back **115** 80
film break detector **312** 30
film camera **27** 20
film camera, soundproof ~ **310** 47; **313** 15
film cameras **313** 1-39
film cassette **112** 65
film cassette, miniature ~ **114** 7
film cassette, universal ~ **242** 44
film cement **312** 22
film clip **116** 14
film copier, automatic ~ **176** 28
film-developing machine **311** 30
film director **310** 40
film dosimeter **2** 8
film drier **116** 23
film editor **311** 43
film extra **310** 29
film feed spool **117** 79
film former **178** 24
film gate **117** 30; **312** 34
film gate opening **117** 40
filmgoer **312** 5
filming **310** 14-60, 26-60
filming, exterior ~ **310** 18
filming, outdoor ~ **310** 18
filming agent **178** 24
filming speed selector **117** 12
film laboratory **310** 2, 30
film library **310** 5
film magazine **113** 40
film marker **117** 95
film matrix case **176** 17
film of fluorescent material **240** 19
film orchestra **310** 17
film path **312** 31
film perforator **117** 95; **242** 10
film poster **268** 57
film-processing machine **311** 30
film processor, automatic ~ **177** 72
film projection **312** 1-23
film projector **311** 22; **312** 24
film projectors **312** 24-52
film reel **311** 24; **312** 32
film-ring dosimeter **2** 11
films **310**; **311**; **312**; **313**
filmscript **310** 45
film set **310** 7
filmsetter **176** 7
filmsetting **176**
film speed setting **117** 18
film spool **114** 8; **311** 24; **312** 32
film spool holder **238** 6
film star **310** 27, 28
film storage vault **310** 5
film studios **310** 1-13
film title **310** 35
film transport **114** 32
film transport handle **116** 7
film transport mechanism **311** 26
film turntable **117** 99; **311** 44
film viewer **117** 91; **242** 8
film wind **114** 32
film window **114** 18; **115** 28, 34
filter *Atom* **2** 9, 12, 14
filter *Weaving* **165** 14
filter *Synth. Fibres* **170** 32
filter *Paperm.* **172** 20
filter *Water* **269** 62
filter *Chem.* **349** 12
filter, fluted ~ **350** 41
filter adjustment **116** 43, 44, 45
filter bed **269** 10
filter bottom **269** 11
filter cake **161** 13
filter change, automatic ~ **316** 49
filtered water outlet **269** 12
filter flask **350** 40
filter funnel **349** 11
filter gravel **269** 10
filter lens **142** 40
filter mount **115** 6
filter pick-up **112** 57
filter plate **349** 12
filter press *Porcelain Manuf.* **161** 12
filter press *Synth. Fibres* **169** 12
filter screen **116** 22
fimbria **20** 82
fin *Swim.* **279** 18
fin *Bathing* **280** 41
fin *Motorboats etc.* **286** 43
fin, abdominal ~ **364** 8
fin, anal ~ **364** 9
fin, caudal ~ **364** 10
fin, dorsal ~ *Fish etc.* **364** 6
fin, dorsal ~ *Mammals* **367** 27
fin, fixed ~ **286** 61
fin, pectoral ~ **364** 7
fin, pelvic ~ **364** 8
fin, ventral ~ **364** 8
fin, vertical ~ *Aircraft* **229** 24; **230** 59; **231** 6; **232** 7
fin, vertical ~ *Space* **235** 1
fin, vertical ~ *Air Force* **256** 32
fin, vertical ~ *Airsports* **288** 21
final image tube **113** 39
final picture quality checking room **238** 60-65
finch **360** 1
finches **361** 6-8
finds, prehistoric ~ **328** 1-40
fine cut **107** 25
fine focusing indicator **224** 36
finger, fifth ~ **19** 68
finger, fourth ~ **19** 67
finger, little ~ **19** 68
finger, middle ~ **19** 66
finger, pivoted ~ **74** 36
finger, second ~ **19** 65
finger, third ~ **19** 66
fingerboard **323** 21; **324** 8
finger guard **83** 20; **85** 15
finger hole *Office* **247** 39
finger hole *Sports* **305** 16
fingerhole *Music. Instr.* **323** 33; **324** 34
finger hook **324** 67
fingernail **19** 80
finger pad **19** 78
finger paint **260** 26
finger painting **260** 26
finger plate **237** 11
fingerprint **264** 29
fingerprint identification **264** 28
finger stop **237** 12
fingertip **19** 79
finial **335** 37
fining bath **162** 4
fining lap **111** 37, 38
finish **286** 28
finish, gloss ~ **128** 32
finished malt collecting hopper **92** 20
finishing **168** 1-65; **170** 57
finishing bur **24** 38
finishing layer **123** 40
finishing line **282** 28; **286** 30
finishing machine **100** 3
finishing of textile fabrics **168**
finishing press **183** 4
finishing train **148** 71
Finn **284** 51
Finn dinghy **284** 51
fin post **235** 3
fipple flute **322** 7
fir cone **372** 2
fire, blacksmith's ~ **137** 1-8; **138** 34
fire alarm **270** 4
fire alarm siren **270** 4
fire appliance building **233** 8
fire-arm **87** 2
fireboat **270** 65
firebox **210** 4
fire control radar antenna **258** 51
fire control system **255** 74
fire crest **361** 10
fire curtain **316** 24
fire department **270**
firedoor handle handgrip **210** 63
fire eater **308** 25
fire engine **270** 5
fire extinguisher **196** 9
fire extinguisher, portable ~ **270** 61
fire extinguisher, wheeled ~ **270** 63
firefighter **270** 37
fire-fighting equipment **227** 25; **228** 20
fire gable **121** 9
fire gun **221** 4
fire hat **270** 38
firehole door **210** 61
firehole shield **210** 60
fireman **270** 37
fire nozzle **221** 4
fireplace **267** 23
fire plug **270** 35
fire prevention **316** 6
fire protection **316** 6
fire salamander **364** 22
fire service **270**
fire service drill **270** 1-46
fireside **267** 22
fire siren **270** 4
fire station **270** 1-3
fire tube **210** 17
firewood basket **309** 10
fireworks **306** 49-54
firing mechanism **255** 29
firing mould **161** 4
firing pin **87** 21
firing position **305** 73
firing process **161** 2
firing sequence insert **195** 13
firing trigger **87** 11
firmer chisel **134** 30
firn basin **12** 48
fir needle **372** 11
firn field **12** 48
firn slope **300** 14
first aid **21**
first aid dressing **21** 5
first aid kit **21** 4
first aid post **308** 61
first aid station **204** 44
first aid tent **308** 61
first base **292** 46
first-class section **207** 17
first floor **37** 2; **118** 7
first-floor landing **123** 23
first position **294** 18
Fish *Astron.* **4** 64
fish *Grocer* **98** 19
fish *Fish etc.* **364**
fish, canned ~ **96** 28
fish, female ~ **89** 13
fish basket **89** 25
fishbolt **202** 13
fishbone stitch **102** 7
fish-canning factory **225** 59
fish culture **89** 1-19
fish dish **266** 53
fish dock **225** 56
fish egg **89** 12
fishes **364** 1-18
fisheye **115** 44
fish farming **89** 1-19
fish fork **45** 8, 65
fish hook **89** 79
fishing **89** 26
fishing boat **89** 27; **90** 24
fishing line **89** 63
fishing lugger **90** 1
fishing pliers **89** 37

fishing tackle **89** 37-94
fishing tackle, suspended ~ **90** 29
fish knife *Tablew. etc.* **45** 8, 64
fish knife *Fish Farm.* **89** 39
fish ladder **89** 93
fish lance **280** 40
fish market **225** 57
fish pass **89** 93
fishplate **202** 12
fishpole antenna **258** 60
fish spawn **89** 12
fish spear **280** 40
fishtail bit **145** 21
fish way **89** 93
fission **1** 43, 46
fission, nuclear ~ **1** 34
fission fragment **1** 44, 47, 51
fission fragments **1** 37-38
fissure **11** 52
fissure, diagonal ~ **300** 3
fissure, horizontal ~ **300** 3
fissure, vertical ~ **300** 3
fissure bur **24** 39
fist **16** 48
fist hatchet **328** 1
fitch **129** 19
fitter **140** 1
fitting booth **271** 32
fitting of the frame **111** 10
fitting-out quay **222** 5-9
fittings **126** 38-52
five-four time **320** 41
fix **224** 45
flag *Flags* **253** 7-11
flag *Town* **268** 44
flag, club's ~ **283** 25
flag, linesman's ~ **291** 60
flag, Olympic ~ **253** 5
flag, swallow-tailed ~ **253** 22
flag at half-mast **253** 6
flag at half-staff **253** 6
flag dressing **221** 85
flag of the Council of Europe **253** 4
flag of the United Nations **253** 1-3
flagpole **253** 1, 7; **273** 61
flags **253**
flags, national ~ **253** 15-21
flags, triangular ~ **253** 30-32
flagstaff **253** 1, 7; **258** 4; **259** 87; **273** 61
flagstick **293** 88
flagstone **51** 17
flail rotor **64** 73
flame regulator **107** 31
flamingo **272** 53
flan **252** 43
flancard **329** 86
flan case **97** 47
flanchard **329** 86
flange *Cooper* **130** 28
flange *Mach. Parts etc.* **143** 2, 5
flange *Electrotyp. etc.* **178** 44
flange *Hydr. Eng.* **217** 67
flange, bottom ~ **215** 10
flange, top ~ **215** 9
flange mount **130** 20
flanging, swaging, and wiring machine **125** 25
flank *Man* **16** 32
flank *Game* **88** 26
flank *Meat* **95** 2, 15-16
flank *Bldg. Site* **119** 6
flank, thick ~ **95** 15, 36
flank, thin ~ **95** 16
flank vault **297** 31
flans **97** 22-24
flap *Child. Clothes* **29** 35
flap *Horse* **71** 40, 47
flap *Aircraft* **229** 37
flap, double-slotted ~ **229** 48
flap, extending ~ **229** 51
flap, fur ~ **35** 32
flap, normal ~ **229** 46
flap, outer ~ **259** 78
flap, slotted ~ **229** 47
flap, split ~ **229** 49
flap extension **78** 19
flaps, plain ~ **229** 46-48
flaps, simple ~ **229** 46-48
flaps, split ~ **229** 49-50
flap valve **192** 63
flare, pork ~ **95** 45
flash, battery-portable ~ **114** 65
flash, electronic ~ **114** 65, 68; **309** 40-41
flash, single-unit ~ **114** 68
flash bar **114** 75
flash bulb **309** 39
flash contact **114** 30
flash cube **114** 74
flash cube contact **114** 13
flash cube unit **114** 73
flash eliminator **255** 18
flashgun **114** 68; **309** 38
flashgun, electronic ~ **309** 40-41
flash head **114** 67; **309** 40
flash hider **255** 18
flash lamp *Photomech. Reprod.* **177** 37
flash lamp *Inf. Tech.* **242** 43
flashlight *Electr.* **127** 26
flashlight *Fire Brig.* **270** 6
flashlight, underwater ~ **279** 25
flash socket **115** 14
flash switch **114** 33
flash tube **176** 26
flask, collared ~ **328** 12
flask, conical ~ **350** 39
flask, flat-bottomed ~ **350** 36
flask, long-necked ~ **350** 38
flask, round-bottomed ~ **350** 38
flask, three-necked ~ **350** 55
flask, volumetric ~ **173** 3
flat *Dwellings* **37** 64-68, 69-71
flat *Flat* **46**
flat *Music. Not.* **320** 52
flat-bed cylinder press, two-revolution ~ **181** 1
flat-bed knitting machine **167** 35
flat-bed offset machine **180** 75
flat-bed offset press **180** 75
flatcar **206** 24; **213** 5, 11, 40
flat clearer **163** 44
flat four engine **230** 34
flat glass production **162** 1-20
flat plate keel **222** 49
flats *Cotton Spin.* **163** 45, 46
flats *Navig.* **224** 87, 97
flatter **137** 35
flatworm **81** 35
flauto piccolo **323** 30
flavourings **382**
flax **383** 6
flay brush **129** 21
flaying knife **94** 13
flea **81** 42
flea beetle **80** 39
flea market **309**
fleet of lorries **206** 25
fleet submarine, nuclear-powered ~ **259** 54
flesh *Soft Fruit* **58** 24, 35, 58
flesh *Drupes & Nuts* **59** 6
fletching **305** 62
fleur-de-lis **254** 13
flews **70** 26
flex **50** 66, 77
flex hook **50** 65
flexor, radial ~ **18** 40
flexor, ulnar ~ **18** 58
flexor carpi radialis **18** 40
flexor carpi ulnaris **18** 58
flies **316** 1-60
flight, negative ~ **288** 9
flight board **77** 49
flight deck *Space* **235** 16
flight deck *Warships* **259** 2, 12
flight instrument **288** 68
flight of wild ducks **86** 41
flight refuelling probe **256** 7
flik-flak **297** 24
flint **107** 28
flint corn **68** 31
flintlock **353** 28
flint maize **68** 31
flip-over numeral **110** 20
flipper *Swim.* **279** 18
flipper *Bathing* **280** 41
flipper *Mammals* **367** 28
flip-up window **142** 4
flitch of bacon **96** 2
flitter-mouse **366** 9
float *Bldg. Site* **118** 57
float *Plumb. etc.* **126** 15
float *Weaves* **171** 40
float *Car* **192** 15
float *Rivers* **216** 12
float *Hydr. Eng.* **217** 34
float *Aircraft* **232** 6
float *Swim.* **282** 18
float *Motorboats etc.* **286** 44
float *Theatre* **316** 26
float, cork ~ *Fish Farm.* **89** 43
float, cork ~ *Swim.* **282** 32
float, lead-weighted ~ **89** 48
float, plastic ~ **89** 44
float, polystyrene ~ **89** 46
float, quill ~ **89** 45
float, skin ~ **353** 11
float, sliding ~ **89** 43, 48
float, spherical ~ **90** 19
float, wooden ~ **90** 6
float bath **162** 16
float chamber **192** 14
float glass process **162** 12
floating thread, diagonal ~ **171** 38
floating thread, loose ~ **171** 41
floating vessel **221** 65
floating yarn, diagonal ~ **171** 38
floating yarn, loose ~ **171** 41
float lever **65** 43
float line **90** 4
floatplane **232** 5
floats **89** 43-48
float seaplane **232** 5
float shaft **217** 35
flood bed **216** 41
flood containment area **216** 42
flood damage **216** 5
floodgate **217** 77
flood plain **13** 62
flood wall **216** 32
floor **296** 11; **297** 6
floor, blind ~ **123** 38, 73
floor, concrete ~ **118** 16
floor, false ~ **120** 43; **123** 68
floor, ferroconcrete ~ **119** 8
floor, first ~ **37** 2, 3; **118** 7, 14
floor, inserted ~ **120** 43; **123** 68
floor, reinforced concrete ~ **119** 8; **123** 35
floor, ribbed ~ **123** 35
floor, second ~ **37** 3; **118** 14
floor, upper ~ **37** 3; **118** 14
floor and carpet cleaning **50** 53-86
floorboard **120** 36
floor brick **159** 24
floor brush **129** 27
floor ceiling **222** 63
floor cleaning **50** 53-86
floor cloth **50** 55
floor construction **123**
floor filling **120** 44; **123** 69
floor grinding machine **138** 7.
floor indicator **271** 49
flooring block, hollow ~ **159** 26
floor manager **271** 33
floor nozzle **50** 71
floor plate **222** 59
floor socket **127** 23
floor socket, sunken ~ **127** 24
floor trader **251** 6
floorwalker **271** 33
flop **298** 9
floppy disc reader **244** 8
flora **356** 21
florin **252** 19
flour **91** 28; **97** 52
flour beetle **81** 18
flour corn **68** 31
flour silo **97** 74
flow chart **76** 9
flow coating machine **129** 34
flow diagram **76** 9; **92** 25
flower *Soft Fruit* **58** 4
flower *Drupes & Nuts* **59** 9
flower *Weeds* **61** 10, 19, 22
flower *Arable Crops* **68** 42
flower *Fodder Plants* **69** 7, 14
flower *Gdn. Pests* **80** 11
flower *Bot.* **370** 23, 51
flower *Decid. Trees* **371** 17, 26, 35, 40, 52, 55, 62
flower *Shrubs etc.* **373** 5, 7, 11, 14, 31, **374** 6, 7, 15, 21, 24
flower *Flowers etc.* **375** 3, 6, 16, 19, 20, 23, 40, 46; **376** 2, 5, 11, 19, 23
flower *Alp. Plants etc.* **378** 16, 20, 28, 31, 32, 37, 47, 57
flower *Trop. Plants* **382** 4, 17, 18, 29, 42, 55
flower *Industr. Plants* **383** 12, 17, 27, 31, 36, 39, 46, 47
flower *South. Fruits* **384** 13, 18, 56, 57, 65
flower, amaranthine ~ **60** 21
flower, androgynous ~ *Shrubs etc.* **374** 10
flower, androgynous ~ *Trop. Plants* **382** 12, 14
flower, female ~ *Drupes & Nuts* **59** 38
flower, female ~ *Decid. Trees* **371** 6, 13
flower, female ~ *Conifers* **372** 43
flower, female ~ *Shrubs etc.* **373** 20
flower, female ~ *Alp. Plants etc.* **378** 25; **378** 53
flower, female ~ *Trop. Plants* **382** 32, 50
flower, female ~ *Industr. Plants* **383** 50
flower, female ~ *South. Fruits* **384** 7, 14, 42, 43
flower, forced ~ **55** 24
flower, fumariaceous ~ **60** 5
flower, hermaphroditic ~ *Shrubs etc.* **374** 10
flower, hermaphroditic ~ *Trop. Plants* **382** 12, 14
flower, male ~ *Drupes & Nuts* **59** 39

flower, male ~ *Decid. Trees* **371** 14
flower, male ~ *Conifers* **372** 43
flower, male ~ *Shrubs etc.* **373** 21; **374** 11
flower, male ~ *Alp. Plants etc.* **378** 23, 53
flower, male ~ *Trop. Plants* **382** 13
flower, male ~ *Industr. Plants* **383** 51
flower, male ~ *South. Fruits* **384** 5, 15, 44, 51
flower, open ~ **374** 17
flower, withered ~ **58** 55
flower arrangement **267** 37
flower basket **266** 29
flower bed *Fruit & Veg. Gdn.* **52** 18
flower bed *Market Gdn.* **55** 37
flower bed *Park* **272** 41
flower box **37** 20
flower bud *Soft Fruit* **58** 27
flower bud *Bot.* **370** 24
flower bud *Decid. Trees* **371** 25
flower bud *Shrubs etc.* **374** 14
flower bud *Trop. Plants* **382** 28
flower cone, female ~ **372** 4, 16, 22, 34, 62, 68
flower garden **51** 1-35
flower girl **266** 28
flower head *Weeds* **61** 14
flower head *Alp. Plants etc.* **378** 12
flower head, discoid ~ **370** 74
flower head, hollow ~ **370** 75
flowering branch *Decid. Trees* **371** 2, 10, 16, 34, 39, 51, 54, 66, 71
flowering branch *Conifers* **372** 33
flowering branch *Trop. Plants* **382** 8, 12, 23, 27, 31, 50
flowering branch *Industr. Plants* **383** 22, 26, 30, 38
flowering branch *South. Fruits* **384** 17, 24, 37, 49, 54
flowering rush **378** 39
flowering shoot *Alp. Plants etc.* **378** 2, 27
flowering shoot *Trop. Plants* **382** 41, 47
flowering shoot *Industr. Plants* **383** 42
flower pot **54** 8
flowers, wild ~ **375**; **376**
flower seller **266** 28
flower shoot **59** 28
flower shoot, male ~ **372** 6, 62, 68
flower stalk *Drupes & Nuts* **59** 4
flower stalk *Bot.* **370** 52
flower stalk *Industr. Plants* **383** 7
flower stand **204** 48; **267** 36
flower stem **370** 52
flower umbel **378** 40
flower vase **309** 2
flower window **37** 68
flowmeter *Hosp.* **26** 3
flowmeter *Dairy.* **76** 4
flow path **154** 51
flow pipe *Roof & Boilerr.* **38** 74
flow pipe *Plumb. etc.* **126** 23
flow pipe *Energy Sources* **155** 10
fluate **128** 7
flue **155** 25
flueblock **38** 40
flue brush **38** 35
flue pipe **322** 57
flue pipe, metal ~ **326** 23-30
flue pipe, open ~ **326** 23-30, 31-33
flue pipe, stopped ~ **326** 34
flue pipe, wooden ~ **326** 31-33
flue pipe duct **326** 24
flue pipe windway **326** 24
flue tube **210** 8
fluid container **247** 9
fluid reservoir **247** 9
fluid transmission **212** 27, 52
fluorescent display, eight-digit ~ **247** 15
fluorescent material **240** 18
fluorescent tube **127** 61, 62
fluorite **351** 16
fluoroscope, mobile ~ **26** 14
fluorspar **351** 16
fluothane container **26** 26
flush-deck vessel **258** 2; **259** 22
flushing lever *Bathrm. etc.* **49** 17
flushing lever *Plumb. etc.* **126** 19
flushing valve **126** 37
flush pipe **126** 17
flute *Mills* **91** 17
flute *Music. Instr.* **323** 31
flute *Art* **334** 27
flute *Ethnol.* **353** 47
flute, globular ~ **324** 32
flute, small ~ **323** 30
fluting **157** 6
flux *Goldsm. etc.* **108** 36
flux *Plumb.* **125** 7
flux *Gas Weld.* **141** 18
flux *Iron & Steel* **147** 2
fly *Men's Wear* **33** 48
fly *Fish Farm.* **89** 65
fly *Articulates* **358** 18
fly agaric **379** 10
fly amanita **379** 10
fly and draw curtain **315** 4
fly curtain **315** 3
flyer **164** 25
fly floor **316** 5
fly frame **164** 19
fly frame operative **164** 24
fly frame operator **164** 24
fly front **33** 62
fly fungus **379** 10
fly gallery **316** 5
flying boat **232** 1
flying boat, amphibian ~ **232** 8
flying buttress **335** 28
Flying Dutchman **284** 49
fly leaf **185** 49
fly line **316** 8
fly man **316** 7
fly nut *Mach. Parts etc.* **143** 42
fly nut *Bicycle* **187** 39
flyover **268** 48
flysheet **278** 22
fly swat **83** 32
fly title **185** 44
flywheel *Weaving* **166** 15
flywheel *Intern. Combust. Eng.* **190** 20
F major **320** 63
F minor **320** 66
foal **73** 2
foam bath **49** 3
foam can **228** 28
foam canister **83** 6
foam feed pipe **83** 10
foam gun **270** 64
foam-making branch **270** 64
focal length setting **117** 3
focimeter **111** 33
fo'c'sle **218** 10, 19; **221** 13; **223** 48
focus **347** 25, 27
focus, seismic ~ **11** 32
focusing adjustment **240** 30
focusing aid **115** 60
focusing device **5** 11
focusing hood **114** 23; **115** 68
focusing ring **114** 39; **115** 8
focusing screen *Optic. Instr.* **112** 21
focusing screen *Photog.* **115** 39
focusing screen *Photomech. Reprod.* **177** 2, 34
focusing screens, interchangeable ~ **115** 58-66
focusing stage **115** 86
focusing telescope **115** 74
focusing wedge **115** 55
focus setting **114** 28; **117** 3
fodder plants **69** 1-28
fodder silo **62** 11, 43
fodder tank **221** 73
fog **9** 31
fog, high ~ **8** 4
fog headlamp and rear lamp switch **191** 64
fog horn **223** 3
fog horn, ship's ~ **224** 32
fog lamp, rear ~ **191** 67
fog lamp warning light **191** 63
foil **294** 1-18, 11
foil, electric ~ **294** 26
foil, French ~ **294** 37
foil, Italian ~ **294** 39
foil fencers **294** 5-6
foilists **294** 5-6
foil mask **294** 13
foil pommel **294** 40
foilsmen **294** 5-6
fold **185** 54
fold, asymmetrical ~ **12** 13
fold, gluteal ~ **16** 42
fold, nasolabial ~ **16** 11
fold, normal ~ **12** 12
fold, reclined ~ **12** 15
fold, recumbent ~ **12** 15
fold, symmetrical ~ **12** 12
fold-away table **207** 53
foldboats **283** 54-66
folder *Offset Print.* **180** 15, 29
folder *Letterpress* **181** 55
folder *Photograv.* **182** 27
folder *Office* **245** 19
folder-feeding station **184** 17
folder unit *Offset Print.* **180** 15, 29
folder unit *Letterpress* **181** 55
folder unit *Photograv.* **182** 27
folding **12** 4-20
folding machine **249** 58
folding mechanism **249** 46
fold mountains **12** 12-20
fold plate **185** 10
fold unit **74** 1
foliage **330** 48
foliage plant **39** 37
folk instruments **324** 1-46
follicle *Man* **20** 84
follicle *Bot.* **370** 91
follower *Metalwkr.* **140** 43
follower *Composing Rm.* **175** 57
follow-through **293** 84
font **332** 10
fontange, lace ~ **355** 65
font basin **332** 11
food, canned ~ **96** 25; **98** 15-20
food, frozen ~ **99** 58-61
food compartment **207** 83
food pests **81** 15-30
food price list **266** 65
food slicer **40** 38
food store, self-service ~ **99** 1-96
food vacuole **357** 6
fool **306** 38
foolscap **306** 39
foot *Man* **16** 54; **17** 26-29; **19** 52-63
foot *Shoem.* **100** 23
foot *Photog.* **114** 71
foot *Joiner* **132** 29
foot *Blacksm.* **137** 15
foot *Bookbind.* **185** 58
foot *Sailing* **284** 40
foot *Music. Instr.* **326** 23
foot, palmate ~ **73** 36; **359** 7
foot, prehensile ~ **364** 34
foot, rubber ~ **114** 45
foot, second ~ **286** 59
foot, serpent's ~ **327** 39
foot, webbed ~ **73** 36; **359** 6, 7
footage counter **117** 52
foot bag *Infant Care etc.* **28** 38
foot bag *Winter Countr.* **304** 27
football **273** 12; **291** 17; **292** 22
football boot **291** 21
football game **273** 10
football pad **291** 33
football pitch **291** 1-16
football player **292** 23
football sock **291** 58
footband **185** 42
foot bar lever **100** 27
footbath **282** 22
footbed, surgical ~ **101** 50
foot binding, front ~ **286** 57
footboard **186** 7, 13
foot brake **188** 52
footbridge **15** 78
foot control **139** 27
foot control socket **249** 66
foot-fault judge **293** 24
foot ferry **15** 60
foot gear-change control **188** 55; **190** 77
foot gearshift control **188** 55; **190** 77
footing **123** 2
foot lever **83** 34
footlight **316** 26
footman **186** 20
foot margin **185** 58
foot muff *Infant Care etc.* **28** 38
foot muff *Winter Countr.* **304** 27
foot muscle **18** 49
footnote **185** 62
foot of bed **43** 4
foot of goblet **162** 42
foot of machine **133** 25
foot of mast **284** 20
foot passenger ferry **15** 60
footpath **15** 43
footpath under railway **15** 44
foot pedal *Pest Contr.* **83** 34
foot pedal *Forging* **139** 27
foot pedal *Arc Weld.* **142** 31
foot pedal *Letterpress* **181** 12
foot pedal *Bookbind.* **183** 18
footpiece *Mach. Tools* **149** 12
footpiece *Carriages* **186** 13
footprints **126** 59
foot rail **267** 52
footrest *Hairdresser* **105** 18; **106** 19
footrest *Bicycle* **187** 47
footrest *Motorcycles etc.* **188** 44

footrest *Railw.* **207** 57
footrest *Winter Sp.* **301** 58
footrest *Sports* **305** 81
footrope *Sea Fish.* **90** 9, 18
footrope *Ship* **219** 46
foot scraper **123** 25
foot switch *Hosp.* **27** 21
foot switch *Dressm.* **103** 26
foot switch *Sawmill* **157** 66
foot switch, electric ~ **50** 2
foot treadle **83** 34
foot valve **269** 6, 14, 43
footwear **101**
fop **306** 33
forage harvester, self-propelled ~ **64** 34-39
forage plants **69** 1-28
foramen **383** 57
forceps **22** 52
forceps, obstetrical ~ **26** 53
forcing bed **55** 16
forcing house **55** 4
forearm *Man* **16** 46
forearm *Horse* **72** 21
forearm balance **295** 26
forearm stand **295** 26
forebay **217** 39
forecarriage **65** 14-19
forecastle **218** 10, 19; **221** 13; **223** 48
fore course **218** 41; **219** 55
foredeck **223** 47; **284** 10
foredeck, flooded ~ **258** 65; **259** 77
fore edge **185** 57
fore edge margin **185** 57
fore end **95** 51
forefinger **19** 65
forefoot **72** 22-26
foregrip **87** 13
forehand **72** 18-27
forehand stroke **293** 40
forehand volley **293** 41
forehead *Man* **16** 4-5
forehead *Horse* **72** 3
foreign counter **204** 31
foreign exchange counter **204** 31; **250** 10
foreign trade zone **225** 2
foreleg **70** 5; **88** 25, 64
forelock **72** 2
foremast **218** 42; **219** 2-4; **220** 21; **221** 2
foremast, lower ~ **219** 2
forepart **218** 49
forepaw **70** 6
fore royal **219** 60
fore royal stay **219** 13
fore royal yard **219** 37
foresail **218** 41; **219** 55
foresail, square ~ **220** 13
foresheet **284** 23
fore ship **286** 33, 36, 40
foresight **255** 3, 23, 37; **305** 42
foresight block **255** 23, 37
foreskin **20** 70
forest **84** 1-34
forestage **316** 25
forestay **219** 10; **284** 15
forest Indian **352** 19
forest labourer **84** 18
forest pests **82**
forestry **84; 85**
forestry office **15** 3
forest track **84** 3
foretop **219** 50
fore topgallant mast **219** 4
fore topgallant rigging **219** 18
fore topgallant sail **218** 52
fore topgallant stay **219** 12
fore topmast **219** 3
fore topmast crosstrees **219** 51
fore topmast rigging **219** 17
fore topmast stay **219** 11
fore topmast staysail **219** 20
forewing **358** 36
foreyard **219** 32
forge **137** 1-8, 1; **138** 34
forget-me-not **378** 26
forging and sizing press **139** 18
forging press, hydraulic ~ **139** 35
fork *Tablew. etc.* **45** 7, 58
fork *Agr. Impl.* **66** 3, 7, 22
fork *Horse* **71** 29
fork *Optic. Instr.* **113** 12
fork *Quarry* **158** 33
fork, protective ~ **307** 54
fork, rear ~ **188** 14; **189** 7
fork, swinging-arm ~ **188** 14; **189** 7
fork blade **187** 12
fork column **187** 14
fork end **187** 12
forklift **93** 23; **206** 16; **225** 44; **226** 8
forklift truck **93** 23; **206** 16; **225** 44; **226** 8
fork mount **113** 24
fork mounting **113** 12, 24
forks, front ~ **187** 10-12
forks, telescopic ~ **188** 8
fork spanner **134** 2
fork truck **93** 23; **206** 16; **225** 44; **226** 8
fork wrench **134** 2
form *Office* **245** 24
form *see* forme
formaldehyde atom **242** 64
format selection **249** 34
forme **174** 10
forme, locked up ~ **181** 36
forme bed **180** 78, **181** 17
forme-inking roller **181** 18, 27, 61
former *Opticn.* **111** 25, 26
former *Plumb. etc.* **126** 83
former *Letterpress* **181** 53
former *Aircraft* **230** 55
former *Air Force* **257** 28
forme roller **181** 7, 18, 27
forms **36** 42-86
Formula One racing car **290** 34
Formula Two racing car **290** 36
formwork **119** 54-76
forsythia **373** 1
forte **321** 38
forte fortissimo **321** 40
forte pedal **325** 8
forte piano **321** 41
fortissimo **321** 39
fortress **15** 74
fortune teller **308** 36
forward *Swim.* **282** 50
forward *Ball Games* **293** 75
forward, reverse and still projection switch **117** 88
forward horizontal stand **295** 30
forwarding agent **206** 28
forwarding office **206** 26
forwarding roll **180** 4
forward kip **296** 58
forward pace **295** 43
forward roll **297** 19, 20
forward somersault **297** 18
forward split **295** 15
forward straddle **295** 4
forward walkover **297** 26
forward wind button **249** 73
Fosbury flop **298** 9
fosse **329** 37
fossette **16** 16
foul **291** 50; **299** 34
foul line **292** 48
foundation *Bees* **77** 43
foundation *Floor etc. Constr.* **123** 2
foundation base **123** 3
foundation pile **5** 28
foundation trench **118** 75
founder **148** 8
fountain **272** 8, 21, 22, 62; **334** 68
fountain pen **260** 14
fountain roller **181** 64; **249** 52
Fourcault glass-drawing machine **162** 8
Fourcault process **162** 1
four-channel balance control **241** 42
four-channel demodulator **241** 45
four-channel level control **241** 42
four-eight time **320** 31
four-four time **320** 32
four-masters **220** 28-31
four-to-pica **175** 20
four-two time **320** 33
four-wheel drive **194** 1
fowl, domestic ~ **73** 19-36
Fowler flap **229** 52
Fowler flap, double-slotted ~ **229** 40
fowl run **74** 11
foxglove **379** 2
fox hunt **289** 41-49
fox terrier, wire-haired ~ **70** 15
foyer **5** 25; **267** 1-26, 44-46; **315** 12-13
fraction **344** 10, 19
fraction, complex ~ **344** 17
fraction, compound ~ **344** 17
fraction, improper ~ **344** 16, 18
fraction, proper ~ **344** 15
fractionating column **145** 37
fractions, vulgar **344** 15-16
fractocumulus **8** 12
fractostratus **8** 11
Fraktur **342** 3
frame *Agr. Mach.* **65** 8, 90
frame *Bees* **77** 40
frame *Mills* **91** 3
frame *Opticn.* **111** 5
frame *Basketm.* **136** 22
frame *Forging* **139** 16
frame *Iron Foundry etc.* **148** 57
frame *Mach. Tools* **149** 65
frame *Knitting* **167** 33
frame *Railw.* **207** 3; **208** 5
frame *Shipbuild.* **222** 58
frame *Aircraft* **230** 55
frame *Rowing* **283** 49, 67
frame *Sailing* **285** 51
frame *Gymn.* **297** 12
frame *Sports* **305** 14, 88
frame, aluminium ~ **50** 19
frame, annular ~ **235** 47
frame, bone ~ **353** 13
frame, C-shaped ~ **26** 19; **27** 17
frame, ferroconcrete ~ **119** 2
frame, heated ~ **55** 16
frame, iron ~ **325** 2
frame, lower ~ **148** 20
frame, metal ~ *Opticn.* **111** 7
frame, metal ~ *Music. Instr.* **324** 76
frame, plate glass ~ **179** 15
frame, reinforced concrete ~ **119** 2
frame, sectional ~ **65** 56
frame, shell ~ **111** 8
frame, tortoiseshell ~ **111** 8
frame, tubular ~ **188** 9, 49
frame, upper ~ **148** 19
frame, wire ~ **339** 35
frame, wooden ~ **353** 13
frame bar **64** 51
frame-clamping machine **133** 42
frame-coding device **242** 8-10
frame counter **115** 17; **313** 28
frame-cramping machine **133** 42
frame drum **353** 26
frame end plate **164** 26
frame hive **77** 45-50
frame-mounting device **133** 48
frame number **187** 51
frame sample **124** 2
frame-sanding pad **133** 34
frame saw, vertical ~ **157** 2
frame section, aft ~ **234** 49
frame section, forward ~ **234** 45
frame slipway **222** 19-21
frame stand **133** 43
frame tent **278** 36
frame timber **119** 64
frame timber, bolted ~ **119** 74
frame vent **55** 17
frame wood **124** 3
frame wood sample **124** 2
framework **339** 22
framework support **214** 77
framing **336** 11
framing chisel **132** 11
framing control **312** 29
framing table **132** 62
franc **252** 15, 16, 17, 18
Frankfurter **96** 8
Frankfurter garland cake **97** 42
Frankfurter sausage **96** 8
franking machine **22** 24; **236** 7, 27, 47
freak show **308** 19
free backward circle **297** 29
free combination knob **326** 40
free combination stud **326** 40
free exercise **295**
free-fall positions **288** 60-62
free flight model, remote-controlled ~ **288** 86
free kick **291** 43
free leg *Athletics* **298** 27
free leg *Winter Sp.* **302** 3
free leg, vertical ~ **298** 25
free port **225** 2
freestyle relay race **282** 24-32
freestyle wrestling **299** 10-12
free-throw line **292** 38
free walkover forward **297** 25
freeway *Map* **15** 16
freeway *Docks* **225** 54
free-wheel hub **187** 63
freezer **22** 63; **96** 21; **97** 65; **98** 74; **99** 57
freezer, upright ~ **39** 7
free zone enclosure **225** 3
free zone frontier **225** 3
freight agent **206** 28
freight barge **216** 25
freight car **206** 6
freight car, flat ~ **206** 21
freight car, open ~ **213** 8, 33
freight car, special ~ **213** 33
freight depot *Map* **15** 91
freight depot *Station* **206**
freighter **221** 57

freight house **206** 7, 26-39
freight house door **206** 37
freight office **206** 26
freight truck **206** 15
French chalk **271** 39
French horn **323** 41
French lady **355** 51
French toast **97** 54
French window **37** 21
frequency band **309** 22
fresco **338** 40
fresh-air inlet **356** 16
fresh-air inlet and control **191** 85
fresh-air regulator **191** 86
fresh meat counter **99** 51
fresh milk filling and packing plant **76** 20
fresh milk tank **76** 15
fresh oil tank **65** 46
freshwater eel **364** 17
freshwater pearl mussel **357** 33
fresh water tank **221** 70; **223** 79
Fresnel lens **115** 64
fret *Roulette* **275** 30
fret *Music. Instr.* **324** 9
fretsaw **135** 12; **260** 53
fretsaw blade **135** 13; **260** 54
friction drive **116** 33; **312** 37
friction pad **192** 49
friction tape **127** 34
friction wheel **322** 26
fridge *Kitch.* **39** 2
fridge *Flat* **46** 33
fridge *Disco* **317** 10
frieze **335** 9
frieze, Babylonian ~ **333** 19
frieze decoration **334** 16
frigate **258** 53
frill **31** 34; **32** 44
frill collar **31** 46
frill front **32** 44
fringe **34** 36
fringe, decorative ~ **353** 25
fringe region **7** 34
frit **162** 2
frit feeder **162** 13
frit funnel **162** 13
frock coat **355** 76
frog *Agr. Mach.* **65** 8
frog *Road Constr.* **200** 26
frog *Railw.* **202** 24
frog *Music. Instr.* **323** 13
frog position **288** 61
frog's bit **378** 29
frond **378** 49
front **305** 1
front, cold ~ **8** 13; **9** 27
front, extended ~ **200** 10
front, hinged ~ **213** 10
front, occluded ~ **9** 25
front, warm ~ **8** 5; **9** 26
frontalis **19** 4
front axle pivot pin **65** 48
front axle suspension **65** 49
front band **71** 9
front element mount **115** 6
front fan-jet **232** 33
front-line player **293** 63
front panel, sliding ~ **349** 27
front roller underclearer **164** 44
fronts **9** 25-29
fronts, cold ~ **8** 13-17
fronts, warm ~ **8** 5-12
front seat headrest **193** 7
front seat head restraint **193** 7
front sight block **255** 23, 37
front support *Free Exerc.* **295** 21, 23
front support *Gymn.* **296** 28
front wheel drive **191** 52
front wheel drum brake **188** 36
froth **266** 4
fruit *Weeds* **61** 11, 20, 23
fruit *Restaurant* **266** 57
fruit *Decid. Trees* **371** 4, 19, 28, 45, 69
fruit *Conifers* **372** 53, 64
fruit *Shrubs etc.* **373** 12, 18, 22, 27, 29, 32; **374** 4, 8, 12, 19, 25, 29, 31, 34
fruit *Flowers etc.* **375** 4, 7, 10, 13, 17, 24, 35, 37, 47; **376** 3, 6, 14
fruit *Alp. Plants etc.* **378** 11, 38, 42
fruit *Trop. Plants* **382** 3, 5, 10, 15, 17, 24, 39
fruit *Industr. Plants* **383** 14, 18, 21, 28, 32, 40, 43, 52, 56, 59
fruit *South. Fruits* **384** 19, 26, 39, 45
fruit, aggregate ~ *Soft Fruit* **58** 28
fruit, aggregate ~ *Bot.* **370** 100, 101
fruit, canned ~ **98** 16
fruit, compound ~ *Soft Fruit* **58** 28
fruit, compound ~ *Bot.* **370** 100, 101
fruit, dehisced ~ **375** 27
fruit, immature ~ **378** 31
fruit, indehiscent ~ **375** 43
fruit, mature ~ *Decid. Trees* **371** 61
fruit, mature ~ *Trop. Plants* **382** 33
fruit, ripe ~ *Decid. Trees* **371** 61
fruit, ripe ~ *Trop. Plants* **382** 33
fruit, soft ~ **58** 1-30
fruit, stewed ~ **45** 30
fruit, unripe ~ **378** 31
fruit, young ~ *Decid. Trees* **371** 59
fruit, young ~ *South. Fruits* **384** 31
fruit and vegetable counter **99** 80
fruit and vegetable garden **52** 1-32
fruit bowl **45** 29, 40
fruit capsule, mature ~ **382** 44
fruit capsule, ripe ~ **382** 44
fruit cone **372** 2, 29, 30, 36, 41, 57
fruit dish **45** 28
fruit flan **97** 22; **99** 20
fruit garden **52**
fruiting body **381** 2
fruiting branch *Decid. Trees* **371** 3, 11, 18, 31, 36, 41, 47, 50, 56, 64
fruiting branch *Conifers* **372** 40, 51, 59, 63, 66, 70
fruiting branch *Trop. Plants* **382** 2, 37
fruiting branch *Industr. Plants* **383** 34, 46
fruiting branch *South. Fruits* **384** 38
fruiting palm **384** 2
fruit juice **98** 18; **266** 58
fruit juice bottle **99** 74
fruit juice can **99** 75
fruit knife **45** 71
fruit pests **80** 1-19
fruit picker **56** 22
fruit pip **58** 37, 60
fruit preserver **40** 23
fruits **370** 91-102
fruits, dehiscent ~ **370** 91-96
fruits, indehiscent ~ **370** 97-102
fruits, Mediterranean ~ **384**
fruits, southern ~ **384**
fruits, subtropical ~ **384**
fruits, tropical ~ **384**
fruit scale **372** 67
fruit spoon **45** 66
fruit stall **308** 53
fruit storage shed **225** 52
fruit tree, standard ~ **52** 30
fruit trees, dwarf ~ **52** 1,2,16,17,29
fruit warehouse **225** 52
frustum of a cone **347** 45
frying pan **40** 4
fry pond **89** 6
F sharp major **320** 61
F sharp minor **320** 58
fuchsia **53** 3
fuel cell **234** 62
fuel gas **145** 52
fuel gauge **191** 38, 65
fuel-handling hoist **154** 27
fuel hand pump **190** 64
fuel-injection engine **190** 1
fuel injector **190** 32
fuel inlet **192** 13
fuel leak line **190** 53
fuel level sensor **234** 27
fuel line **190** 31
fuel line duct **234** 40
fuel oil **38** 50
fuel oil, heavy ~ **145** 59
fuel oil, light ~ **145** 58
fuel oil tank **212** 75
fuel pin **154** 4
fuel pipe **286** 25
fuel pressure gauge **230** 19
fuel pressure line **190** 52
fuel pressure pipe **190** 52
fuel pressure regulator **190** 17
fuel rod **154** 4
fuel storage **154** 28
fuel supply pipe **190** 31
fuel tank *Moon L.* **6** 7, 29, 37
fuel tank *Agr. Mach.* **65** 42
fuel tank *Motorcycles etc.* **188** 10, 28
fuel tank *Motorcycle* **189** 2
fuel tank *Railw.* **209** 20; **212** 56
fuel tank *Ship* **221** 71; **223** 80
fuel tank *Aircraft* **230** 48
fuel tank *Space* **234** 58
fuel tank, forward ~ **235** 21
fuel tank, jettisonable ~ **235** 46
fuel tank, main ~ **212** 4
fuel tanker **258** 97
fuel tender **210** 67
fuel warning light **191** 71
full circle **308** 43
full-colour print **340** 28
full-cone indicator **165** 7
fuller's earth **199** 38
fulling machine, rotary ~ **168** 1
fulling roller, bottom ~ **168** 6
fulling roller, top ~ **168** 3
full point **342** 16
full spread position **288** 60
full-step **320** 51, 53
full stop **342** 16
full title **185** 46
fulmar **359** 12
fume extraction equipment **142** 13
fume extractor **255** 59, 89
fumigation chamber, mobile ~ **83** 15
fumigation plant, vacuum ~ **83** 11
fumigator, vacuum ~ **83** 11
function, trigonometrical ~ **346** 32
function key **247** 17
funeral **331** 33-41
fungi, edible ~ **381**
fungi, esculent ~ **381**
fungi, poisonous ~ **379** 10-13
funicular **214** 12
funicular railway car **214** 13
funnel *Photog.* **116** 12
funnel *Ship* **221** 8, 40, 75, 84; **223** 1
funnel *Warships* **258** 58; **259** 32
funnel *Chem.* **350** 16
funnel, aft ~ **258** 20
funnel, forward ~ **258** 19
Funnel-Beaker culture **328** 12
funnel marking **223** 2
fur marker **131** 22
furnace **199** 29
furnace, continuous ~ **139** 1
furnace, electric ~ **147** 51-54
furnace, gas ~ **139** 47
furnace, gas-fired ~ **139** 47; **140** 11
furnace, low-shaft ~ **147** 51-54
furnace, stationary ~ **147** 23
furnace bed **38** 66
furnace incline **147** 2
furnace lift **147** 2
furnace thermometer **38** 64
furniture **174** 8; **181** 40
furniture lorry **268** 47
furniture truck **268** 47
furrier **131** 1
furrow *Agr.* **63** 8
furrow *Mills* **91** 17
furrow, gluteal ~ **16** 42
furrow wheel **65** 16
fur seal **367** 18
fur-sewing machine **131** 9
fur side **131** 12, 17
furskin **131** 5
furskin, cut ~ **131** 14
furskin, uncut ~ **131** 6
furskins **131** 11-21
fur trapper **306** 8
fur worker **131** 8, 23
fuse *Electr.* **127** 19, 36
fuse *Quarry* **158** 28
fuse box *Hall* **41** 19
fuse box *Weaving* **166** 23
fuse carrier **127** 68
fuse cartridge **127** 36
fuse holder **127** 35
fuselage **230** 54; **288** 26
fuselage attachment **235** 4
fuselage tank **257** 31
fuse wire **127** 68

G

gable **37** 15; **121** 5; **122** 25
gable, curved ~ **336** 5
gable, round ~ **335** 50
gable end **37** 15; **122** 25
gable roof **37** 5; **121** 1
gable slate **122** 80
gaffer **310** 37
gaffsail **220** 1
gaff topsail **219** 31
gag *Horse* **71** 53
gag *Fish Farm.* **89** 42
gag bit **71** 53
gage *see* gauge

gaillardia **60** 19
gait **289** 7
gaiter, leather ~ **191** 92
gaits of the horse **72** 39-44
Galaxy **3** 35
gale **373** 33
galena **351** 14
galingale **53** 17
gall *Gdn. Pests* **80** 33
gall *Forest Pests* **82** 34
gallant soldier **61** 31
gall bladder **20** 11, 36
galleries under bark **82** 23-24
gallery *Forest Pests* **82** 24
gallery *Coal* **144** 29
gallery *Theatre* **315** 16
gallery *Church* **330** 25
gallery, drilled ~ **192** 21
gallery grave **328** 16
galley *Composing Rm.* **174** 12, 44
galley *Ship* **218** 44-50; **223** 42
galley *Aircraft* **231** 20
galley loader **233** 22
galley slave **218** 48
gall gnat **80** 40
gall midge **80** 40
gallop, full ~ **72** 43-44, 43, 44
gallows **221** 87
gall wasp **82** 33
galvanometer **11** 44
gamba **322** 23
gambling casino **275** 1
gambling game **275** 1-33
gambling table **275** 8
gambrel **94** 21
gambrel roof **121** 18
gambrel stick **94** 21
game **86** 28; **88**
game, furred ~ **86** 35
game, positional ~ **276** 1-16
game, winged ~ **86** 41
game of chance **275** 1-33
game path **86** 16
game preserve **86** 1-8
gaming room **275** 1
gaming table **275** 8
gamma ray **1** 33, 40
gammon steak **95** 54
gander **73** 34
gang mill **157** 2
gang stitcher **184** 15
gangway **38** 3
gangway, central ~ *Railw.* **208** 23
gangway, central ~ *Ship* **218** 46
gannet **359** 9
gantry *Photomech. Reprod.* **177** 13
gantry *Shipbuild.* **222** 26
gantry *Docks* **225** 40
gantry crane **157** 27; **206** 55; **222** 20, 25
gantry support **214** 24
garage *Dwellings* **37** 32, 79
garage *Garage* **195**
garage, agent's ~ **195** 1-55
garage, distributor's ~ **195** 1-55
garage driveway **37** 52
garbage **199** 17
garbage can **199** 3
garbage can dumping device **199** 2
garbage container **199** 4
garbage disposition **199**
garbage incineration unit **199** 28
garbage truck **199** 1
garden **37** 57
garden, Baroque ~ **272** 1-40
garden, formal ~ **272** 1-40
garden, front ~ **37** 58
garden chair **37** 49
gardener **55** 20
garden fence **52** 10
garden flowers **60**
garden gate **272** 31
garden hedge **51** 9
garden hoe **66** 1
garden hose **37** 42; **56** 27
garden house **52** 14
garden ladder **52** 8
garden light **37** 38
garden mould **55** 15
garden pansy **60** 2
garden parasol **37** 48
garden path **51** 14; **52** 23
garden pests **80**
garden pond **51** 16
garden rake **51** 4
garden rose **60** 15
garden seat **272** 42
garden shed **52** 3
garden shovel **55** 14
garden spider **358** 45
garden strawberry **58** 16
garden table **37** 50
garden tiger **365** 7
garden tools **56**
garden wall **37** 37
gargoyle **335** 30
garland **306** 17; **335** 54
garnet **351** 7
Garratt locomotive **210** 64
garter **318** 28
gas, liquid ~ **145** 53
gas, natural ~ **12** 30
gas appliances **126** 12-25
gas bottle **278** 53
gas cap **12** 30
gas circulation unit **83** 16
gas-collecting main **156** 17
gas compressor **156** 26
gas connection **141** 31
gas control **141** 32
gas cooler *Offshore Drill.* **146** 27
gas cooler *Coking* **156** 19
gas cooling **156** 29
gas cutting installation **148** 67
gas cylinder **138** 35
gas cylinder manifold **141** 1
gas drying **156** 30
gas extractor **156** 21
gas fitter **126** 1
gas fitter's tools **126** 58-86
gas flue **152** 12
gas generator **350** 59
gas holder **156** 25
gas hose **141** 9
gas inlet **350** 2
gas inlet pipe **350** 2
gaskin **72** 36
gas lighter **107** 30
gas main **198** 21
gas main, high-pressure ~ **156** 45
gas main, low-pressure ~ **156** 44
gas meter *Plumb. etc.* **126** 5
gas meter *Coking* **156** 31
gas oil component **145** 42
gasoline can **196** 25
gasoline canister **84** 36
gasoline inlet **192** 13
gasoline pump **196** 1
gasoline pump, self-service ~ **196** 8
gasoline pump hose **196** 2
gasoline station **196** 1-29
gasoline tank **188** 10, 28; **189** 2; **305** 87
gasometer **144** 12
gas outlet *Oil, Petr.* **145** 29
gas outlet *Chem.* **350** 63
gas pipe *Pest Contr.* **83** 14
gas pipe *Forging* **139** 54
gas pipe *Metalwkr.* **140** 12
gas pipe *Oil, Petr.* **145** 29
gas pipe *Iron & Steel* **147** 18, 27
gas pliers *Plumb. etc.* **126** 58
gas pliers *Metalwkr.* **140** 68
gas pressure vessel **234** 32
gas regenerator chamber **147** 28
gas regulator **255** 34; **350** 6
gas-separating plant **145** 69
gas separator **145** 28
gas station **196** 1-29
gas supply **27** 41
gas tap **261** 24
gastrocnemius **18** 62
gas tube **83** 35
gas turbine **209** 9
gas turbine, auxiliary ~ **231** 33
gas turbine, twin-shaft ~ **209** 23
gas turbine controller **209** 16
gas turbine driving unit **209** 8
gas turbine fuel tank **209** 17
gas turbine trainset **209** 1
gas-washing bottle **350** 58
gas water **156** 39
gas welder **141**
gas welding torch **130** 14
gate **202** 40; **289** 8; **337** 24
gate, removable ~ **118** 46
gate, sliding ~ **217** 18, 55
gate, vertical ~ **217** 31, 38
gate, wrought iron ~ **272** 31
gate and rails **289** 8
gateau **99** 15; **265** 4
gateaux **97** 22-24
gatehouse **329** 22
gateman **202** 42
gate pole **301** 30
gateway **336** 15; **337** 11
gateway, monumental ~ **333** 9
gatherer and wire stitcher **184** 15
gathering and wire-stitching machine **184** 15
gathering machine **249** 59
gathering station **249** 60
gaucho **306** 31
gauge **76** 6
gauntlet **329** 50
gauze **183** 33; **185** 20
gauze, sterile ~ **22** 58
gauze, wire ~ **350** 18, 19
gauze roll holder **185** 19
G-clef **320** 8
gear *Gdn. Tools* **56** 20
gear *Iron Foundry etc.* **148** 63
gear *Road Constr.* **201** 11
gear *Hydr. Eng.* **217** 48
gear, epicyclic ~ **143** 94
gear, planetary ~ **143** 94
gearbox *Agr. Mach.* **65** 79
gearbox *Turner* **135** 4
gearbox *Cotton Spin.* **164** 2, 33, 39
gearbox, five-speed ~ **189** 6
gear-change *Agr. Mach.* **65** 35
gear-change *Motorcycles etc.* **188** 31
gear-change, floor-type ~ **191** 91
gear-change, two-speed ~ **188** 12
gear-change lever **189** 28
gear-change pattern **192** 47
gear control **149** 2
gearing *Agr. Mach.* **64** 50, 65
gearing *Overh. Irrign.* **67** 21
gearing *Road Constr.* **201** 11
gearing, helical ~ **143** 89
gearing, multi-speed ~ **190** 72
gearing, multi-step ~ **190** 72
gear lever **191** 91; **192** 46
gear meter **76** 4
gears *Agr. Mach.* **64** 50, 65
gears *Overh. Irrign.* **67** 21
gear shaft **232** 58
gear shaft, intermediate ~ **190** 57
gearshift **65** 23, 35; **188** 31
gearshift, two-speed ~ **188** 12
gearshift lever *Motorcycle* **189** 28
gearshift lever *Car* **191** 91; **192** 46
gearshift pattern **192** 47
gearshift rod **192** 41
gearshift switch **134** 46
gear wheel, helical ~ **192** 34, 36, 39, 43
gear wheel, herringbone ~ **143** 87
gear wheel, stepped ~ **143** 82
gear wheels **143** 82-96
gecko **364** 36
Geiger counter **2** 19
Geiger-Müller counter **2** 19
geisha **353** 39
gelatine **316** 49
gelding **73** 2
Gemini **3** 28; **4** 55
general cargo ship **225** 14; **226** 13
general cargo transit shed **225** 9
general practice **22** 1-74
general practitioner **23** 2
general service lamp **127** 56
generator *Nucl. Energy* **154** 15, 47, 53
generator *Energy Sources* **155** 46
generator *Intern. Combust. Eng.* **190** 76
generator *Railw.* **211** 46
generator *Ship* **223** 74
generator exhaust **146** 2
generator unit **231** 33
Geneva movement **312** 38
Genoa jib **284** 16
genouillère **329** 53
gentleman *Café* **265** 22
gentleman *Hist. Cost.* **355** 54, 61, 73
'gentlemen' **233** 47
'gentlemen's toilet' **233** 47
geodesy **14** 46-62
geography, physical ~ **11**; **12**; **13**
geology **12** 1-33
geometrical shape **260** 79
geometrid **80** 16; **82** 28
geometry **346**; **347**
geometry, elementary ~ **346** 1-58
geometry, Euclidian ~ **346** 1-58
geranium **53** 1
gerbera **51** 26
germ **370** 86
German brown trout **364** 15
German hand **342** 11
German pointer **70** 40
German sheepdog **70** 25
German shepherd **70** 25
geyser *Phys. Geog.* **11** 21
geyser *Plumb. etc.* **126** 12-13
G flat major **320** 68
gherkin, pickled ~ **98** 29
ghost train **308** 5

giant **308** 20; **327** 37
giant figure **306** 63
gib *Plumb.* **125** 3
gib *Mach. Parts etc.* **143** 74
gig **186** 34
gig, four-oared ~ **283** 26-33
Gigantocypris agassizi **369** 1
gilder **183** 2
gilding *Painter* **129** 40
gilding *Bookbind.* **183** 1
gilding and embossing press **183** 26
gill *Dom. Anim.* **73** 24
gill *Edib. Fungi* **381** 4, 6
gill, tufted ~ **364** 19
gill cleft **364** 3
gill cover **364** 5
gill slit **364** 3
gillyflower **60** 7
gimbal ring **224** 50
gimbal suspension **241** 23
gimlet **120** 65
gimping **102** 28
gimping needle **102** 29
gingerbread **97** 51
gipsy girl **306** 36
gipsy moth **80** 1
giraffe **367** 4
giraffe house **356** 10
girder, steel ~ **143** 3-7
girdle **32** 5
girdle clasp **328** 24
girl, exotic ~ **306** 30
girt **120** 50
girth **71** 18, 36; **289** 11
girth, emergency ~ **71** 23
girth, second ~ **71** 23
glacier *Phys. Geog.* **12** 49
glacier *Mountain.* **300** 22
glacier snout **12** 51
glacier table **12** 56
gladiolus **51** 28; **60** 11
gland, bulbourethral ~ **20** 75
gland, parotid ~ **19** 9
gland, pituitary ~ **17** 43
gland, prostate ~ **20** 76
gland, submandibular ~ **19** 11
gland, submaxillary ~ **19** 11
gland, suprarenal ~ **20** 29
gland, thyroid ~ **20** 1
glans penis **20** 69
glass **54** 9
glass, armoured ~ **109** 29
glass, bullet-proof ~ **250** 3
glass, coloured ~ **260** 68
glass, crystal ~ **45** 86
glass, frosted ~ **124** 5
glass, laminated ~ **124** 5
glass, lined ~ **124** 6
glass, molten ~ **162** 23, 31, 50
glass, ornamental ~ **124** 6
glass, patterned ~ **124** 5
glass, pulverized ~ **340** 48
glass, raw ~ **124** 6
glass, shatterproof ~ **124** 5
glass, stained ~ **124** 6; **330** 15
glass, tapered ~ **45** 85
glass, thick ~ **124** 5
glass, wired ~ **124** 6
glassblower **162** 38
glassblowing **162** 38-47
glass case **356** 15
glass cloth **130** 29
glass cutter, diamond ~ **124** 25
glass cutter, steel ~ **124** 26
glass cutters **124** 25-26
glass-drawing machine **162** 8
glasses **111** 9
glass fibre, production of ~ **162** 48-55
glass fibre products **162** 56-58
glass filament **162** 52
glass furnace **162** 1, 49
glass holder **124** 9
glasshouse pot, covered ~ **162** 46
glassmaker **162** 38
glassmaking **162** 38-47
glass mosaic picture **260** 69
glass paper **135** 25
glass pliers **124** 19
glass ribbon **162** 10
glass sponge **369** 7
glass wool **162** 58
glassworker **124** 8
glazier **124**; **124** 8
glazing sheet **116** 58
glazing sprig **124** 24
glede **362** 11
glider **287** 3
glider, high-performance ~ **287** 9
glider, motorized ~ **287** 8
glider, powered ~ **287** 8
glider field **287** 13
gliding **287**
globe **42** 13
globe, frosted glass ~ **267** 4
globe, solar ~ **4** 36
globe, terrestrial ~ **4** 8
globe artichoke **57** 41
globe lamp **267** 4
globe thistle **53** 14
glove **33** 67; **292** 12; **298** 47; **318** 31
glove, catcher's ~ **292** 60
glove, fielder's ~ **292** 59
glove, goalkeeper's ~ **291** 19
glove box lock **191** 89
glove compartment lock **191** 89
glove stand **271** 20
glow plug **190** 66
gloxinia **53** 7
glue **48** 4; **260** 50-52, 51
glue, joiner's ~ **132** 13
glue-enamel plate **179** 32
glue pot **132** 12, 13; **183** 15; **236** 5; **260** 57
glue roller **185** 33
glue size **128** 4
glue tank **184** 9; **185** 32
glue well **132** 13
gluing **183** 14
gluing machine **185** 31
gluing mechanism **184** 4
glume **68** 11
gluteus maximus **18** 60
G major **320** 56
G minor **320** 64
gnat **358** 16
goaf **144** 37
goal *Playground* **273** 11
goal *Swim.* **282** 46
goal *Ball Games* **291** 35; **292** 7
goal *Winter Sp.* **302** 37
goal area **291** 5
goalkeeper *Playground* **273** 14
goalkeeper *Swim.* **282** 47
goalkeeper *Ball Games* **291** 10; **292** 8
goalkeeper *Winter Sp.* **302** 36
goal kick **291** 38
goal line **291** 7
goalpost **273** 11; **291** 37
goal scorer **273** 13
Goat *Astron.* **3** 36; **4** 62
goat *Dom. Anim.* **73** 14
goatee beard **34** 10
goat's beard *Forest Plants etc.* **377** 5
goatsbeard *Forest Plants etc.* **377** 5
goat's beard *Edib. Fungi* **381** 32
goatsbeard *Edib. Fungi* **381** 32
goat willow **371** 24
gob *Coal* **144** 37
gob *Glass Prod.* **162** 40
gobbler **73** 28
goblet, hand-blown ~ **162** 41
gobo **310** 51
gob of molten glass **162** 23, 31
go-cart **273** 33
god, Indian ~ **337** 19
godet **30** 52
Godet wheel **169** 16
godparent **332** 13
God's acre **331** 21-41
'GO' gauging member **149** 57
goggles **140** 21; **303** 15
going about **285** 27
go-kart **305** 83
go-karting **305** 82
gold *Heraldry* **254** 24
gold *Crystals* **351** 6
gold and silver balance **108** 35
goldcrest **361** 10
goldcup **375** 8
gold cushion **183** 6
golden chain **374** 32
golden crested wren **361** 10
golden maidenhair **377** 17
golden oriole **360** 7
golden rain **374** 32
goldfinch **360** 1
gold finisher **183** 2
gold knife **183** 7
gold leaf **129** 45, 52; **183** 5
gold size **129** 44
goldsmith **108** 17
golf **293** 79-93
golf ball *Office* **249** 15
golf ball *Ball Games* **293** 89
golf ball cap **249** 30
golf ball typewriter **249** 1
golf course **293** 79-82
golfer **293** 83
golf trolley **293** 85
gondola *Supermkt.* **99** 23, 43, 62
gondola *Railw.* **214** 20
gondola *Airsports* **288** 64
gondola cableway **214** 19
gonfalon **253** 12
gong **299** 46
goods **271** 10
goods, bulky ~ **206** 18
goods, general ~ **206** 4
goods depot **15** 91
goods lorry **206** 15
goods office **206** 26
goods shed **206** 7, 26-39
goods shed door **206** 37
goods shelf **47** 36; **98** 14
goods station **206**
goods van **206** 6; **213** 22
goods van, covered ~ **213** 14
goods wagon, covered ~ **213** 14
goods wagon, open ~ **213** 8
goosander **359** 15
goose **73** 34; **272** 52
gooseberry **58** 9
gooseberry bush **52** 19; **58** 1
gooseberry cane, flowering ~ **58** 2
gooseberry flan **97** 22
gooseberry flower **58** 6
goosefoot **61** 25
gooseneck **284** 37
gorge **13** 52
gorgerin **334** 22
gorget **329** 43
gorilla **368** 16
goshawk **362** 10
'GO' side **149** 60
gosling **73** 34
gouache **338** 17
gouge **132** 9; **135** 15; **339** 17
gouge, U-shaped ~ **340** 6
gouge, V-shaped ~ **339** 20; **340** 9
gourd **354** 27
governor **224** 56
gown **105** 34; **106** 4; **355** 25, 36, 66
gown, linen ~ **355** 5
gown, open ~ **355** 50
gown, sleeveless ~ **355** 50
graben **12** 11
grace notes **321** 14-22
graces **321** 14-22
grade crossing, protected ~ **202** 39
grade crossing, unprotected ~ **202** 49
grade crossings **202** 39-50
grader **200** 19
grader levelling blade **200** 21
grader ploughshare **200** 21
gradient **347** 12
grading **74** 44
grading, automatic ~ **74** 52
graduated measuring rod **14** 47
graduation house *Map* **15** 32
graduation house *Spa* **274** 1
graftage **54** 30-39
grafting **54** 30-39
grain *Arable Crops* **68** 1-37, 4, 37
grain *Brew.* **92** 50
grain *Graphic Art* **340** 47
grain, farinaceous ~ **68** 13
grain auger **64** 20
grain harvest **63** 31-41
grain leaf **68** 8, 19
grain lifter **64** 2
grain pest **81** 27
grain tank **64** 23
grain tank auger **64** 24
grain tank unloader **64** 25
grain unloader spout **64** 26
grain weevil **81** 16
grammar school **261** 1-45
gramophone **309** 31
gramophone box **309** 35
gramophone needle **309** 33
gramophone record **309** 32
granary weevil **81** 16
grand **325** 40
grandee **306** 26
grandfather clock **110** 24; **309** 56
grand piano **325** 40
grand piano pedal **325** 41
grandstand, glass-covered ~ **289** 34
granite **302** 42
gran turismo car **193** 32
granular texture **340** 47
grape **80** 21; **99** 89
grape-berry moth **80** 22, 23, 24
grape crusher **78** 17
grapefruit **384** 23
grape gatherer **78** 11
grape phylloxera **80** 26
grapevine *Wine Grow.* **78** 2-9
grapevine *Sports* **299** 10
grape worm **80** 23, 24
graphic art **340**
graphic art studio **340** 27-64
graphite **1** 54
grapnel **218** 11
grapple **218** 11
grappling iron **218** 11
grasp, kinds of ~ **296** 40-46

grasping arm **2** 47
grass **136** 26
grass, paniculate ~ **69** 27
grassbox **56** 29
grasshopper, artificial ~ **89** 68
grassland **15** 18
grassland, marshy ~ **15** 19
grassland, rough ~ **15** 5
grass ledge **300** 4
grass shears **56** 48
grass snake **364** 38
grasstrack racing **290** 24-28
grass verge **200** 56
grate **199** 33
graticule *Map* **14** 1-7
graticule *Hunt.* **87** 31-32
graticule *Photomech. Reprod.* **177** 4
graticule adjuster screw **87** 30
graticule system **87** 31
grating **141** 14
grating spectrograph **5** 5
graupel **9** 35
grave *Church* **331** 23, 34
grave *Script* **342** 31
grave, child's ~ **331** 29
grave, soldier's ~ **331** 32
grave digger **331** 22
gravel **118** 36; **119** 26
gravel filter layer **199** 23
grave mound **331** 24
graver **175** 33; **340** 5
graver, round-headed ~ **340** 20
gravestone **331** 26
graveyard **331** 21-41
graveyard chapel **331** 28
graveyard gate **331** 19
graveyard wall **331** 18
gravity fault **12** 7
gravity fuelling point **257** 32
gravity hammer, air-lift ~ **139** 24
gravity mixer **118** 33
gravure cylinder **182** 10
gravure cylinder, etched ~ **182** 22
gravure cylinder, printed ~ **182** 17
gravure etcher **182** 18
gravure printing **182**
gravy boat **45** 17
gravy ladle **45** 18
gray *see* grey
grayhound **70** 24
grease gun **195** 30
grease nipple **143** 81
greasepaint stick **315** 46
greasy chalk **340** 26
great apes **368** 14-16
Great Bear **3** 29
great brain **17** 42; **18** 22
Great Dane **70** 14
Great Dog **3** 14
Greater Bear **3** 29
greater burnet saxifrage **69** 28
Greater Dog **3** 14
greater water newt **364** 20
great hall **329** 30
great horned owl **362** 15
great mullein **376** 9
great organ **326** 1, 43
great primer **175** 30
great tit **361** 9
great titmouse **361** 9
greave **329** 54
Greek **355** 3
Greek woman **355** 1
green *Ball Games* **293** 82
green *Colour* **343** 8
green bowls **305** 21
green cloth **277** 15
green cormorant **359** 10
greenfly **358** 13
greengage **59** 24
green grasshopper **358** 8
greenhouse, heated ~ **55** 32
greenhouse, polythene ~ **55** 40
greenhouse, unheated ~ **55** 33
green liquor, uncleared ~ **172** 41
green liquor preheater **172** 43
green locust **358** 8
green oak roller moth **82** 43
green oak tortrix **82** 43
green plover **359** 21
Greenwich meridian **14** 5
grenzanhydrite **154** 67
Gretchen style **34** 31
greyhound **70** 24
grey scale **343** 15
grey sea eagle **362** 5
grid *Cotton Spin.* **163** 26
grid *Water* **269** 11
grid *Theatre* **316** 4
grid hearth **139** 1
gridiron **316** 4
griffin **327** 11
grill *Painter* **129** 12
grill *Station* **204** 38
grill *Fair* **308** 33
grinder *Painter* **129** 29
grinder *Metalwkr.* **140** 18
grinder, continuous ~ **172** 53, 66
grinder, pneumatic ~ **148** 44
grinder chuck **157** 46
grinding, hollow ~ **302** 22
grinding cylinder **161** 1
grinding disc **340** 46
grinding machine **140** 18
grinding machine, universal ~ **150** 1
grinding machine bed **150** 6
grinding machine table **150** 7
grinding-roller bearing **163** 41
grinding stone *Paperm.* **172** 71
grinding stone *Ethnol.* **354** 24
grinding wheel *Dent.* **24** 36
grinding wheel *D.I.Y.* **134** 23
grinding wheel *Blacksm.* **137** 19; **138** 8
grinding wheel *Metalwkr.* **140** 19
grinding wheel *Mach. Tools* **150** 4
grinding wheel *Sawmill* **157** 43
grindstone **172** 71
grip *Photog.* **114** 37
grip *Cine Film* **117** 61
grip *Bicycle* **187** 3
grip *Navig.* **224** 9
grip *Rowing* **283** 35
grip *Athletics* **298** 45
grip *Winter Sp.* **301** 6
grip *Sports* **305** 57
grip *Films* **313** 21
gripper **180** 65
gripper bar **180** 56
gripping jaw **149** 36
grip sole **101** 19
grist **92** 42
grit guard **148** 40
gritter, self-propelled ~ **200** 41
grocer **98** 41
grocer's shop **98** 1-87
groceryman **98** 41
grocery store **98** 1-87
groin **16** 38
groin *see* groyne
groin vault **335** 31-32; **336** 42
groom *Carriages* **186** 27
groom *Church* **332** 16
groove *Iron Foundry etc.* **148** 59
groove *Sawmill* **157** 6
groove *Ball Games* **291** 29
groove *Winter Sp.* **301** 39
groove *Music. Instr.* **326** 13
groove *Art* **334** 27
groove, anal ~ **16** 41
grooving **157** 6
groschen **252** 13
Grotesque **342** 7
grotto **272** 1
ground **123** 9
ground, fallow ~ **63** 1
ground, icy ~ **304** 19
ground avalanche **304** 1
ground control **6** 44
ground floor **37** 2; **118** 7
ground-floor landing **123** 23
ground game **86** 35
ground ivy **375** 18
ground layer **7** 7
ground nut **383** 41
ground-nut oil **98** 24
ground power unit **233** 22
groundsheet ring **278** 26
ground signals **288** 52-54
ground state level **1** 18
ground tackle **223** 49-51
groundwater **12** 21
groundwater level **269** 1, 42, 63
groundwater stream **269** 3
groundwood **172** 68
groundwood mill **172** 53-65
groundwood pulp **172** 77, 78
group **260** 3; **268** 60
group instruction **242** 1
group selector switch **238** 42
grove **354** 5
grower **55** 20
grower, commercial ~ **55** 20
growing stock **74** 1
growler **186** 26
growth, annual ~ **372** 25
groyne *Phys. Geog.* **13** 37
groyne *Rivers* **216** 19
groyne head *Phys. Geog.* **13** 38
groyne head *Rivers* **216** 20
grub **58** 64; **77** 29; **81** 20; **358** 9; **80** 6, 19, 36, 41, 46, 53, 54; **82** 25, 36
grubber **55** 21; **65** 55
grub screw **143** 48
Grus **3** 42
G sharp minor **320** 60
GT car **193** 32
guanaco **366** 30
guard *Blacksm.* **138** 9
guard *Metalwkr.* **140** 20
guard *Fencing* **294** 35, 38, 43
guard, king's ~ **306** 68
guard, protective ~ **168** 45
guard board **118** 29
guard cam **167** 57
guard for V-belt **180** 58
guard iron **210** 34
guard netting **118** 90
guard rail *Roof & Boilerr.* **38** 28
guard rail *Agr. Mach.* **64** 55
guard rail *Forestry* **84** 8
guard rail *Floor etc. Constr.* **123** 53
guard rail *Weaving* **165** 31
guard rail *Railw.* **202** 23
guard rail *Ship* **221** 121
guard rail *Shipbuild.* **222** 66
gudgeon pin **192** 26
guelder rose **373** 10
guest rope **227** 14
gugelhupf **97** 33
guide **23** 21
guide, stationary ~ **243** 21
guide bar *Cotton Spin.* **164** 17
guide bar *Weaving* **165** 38
guide bearing **113** 14
guide block **174** 48; **176** 18
guide chain **65** 13
guide-chain crossbar **65** 12
guide dog **70** 25
guide groove **217** 75
guide notch **117** 36
guide pin **243** 21
guide post **15** 110
guide rail *Weaving* **165** 3
guide rail *Railw.* **214** 56
guide rail *Store* **271** 54
guide rod **200** 27
guide roller *Sawmill* **157** 5
guide roller *Cotton Spin.* **164** 18
guide roller *Films* **312** 29
guide step **117** 36
guide tractor **141** 19
guiding blade **322** 40
guiding roller **312** 29
guiding slot *Weaving* **165** 11
guiding slot *Music. Instr.* **322** 41
guilder **252** 19
guillemet **342** 27
guillemot **359** 13
guillotine *Plumb.* **125** 26
guillotine *Bookbind.* **183** 16; **185** 1
guillotine cutter, automatic ~ **185** 1
guinea fowl **73** 27
guinea pig **366** 12
guiro **324** 60
guitar **318** 8; **324** 12, 73
guitarist **318** 9
guitar player **318** 9
gulden **252** 19
gules **254** 27
Gulf Stream **14** 30
gull **359** 14
gullet *Man* **17** 49; **20** 23, 40
gullet *Bees* **77** 19
gullet *Forestry* **84** 28
gull wing, inverted ~ **229** 14
gully **12** 44
gum **19** 15
gun **218** 50
gun, pneumatic ~ **94** 3
gun, self-cocking ~ **87** 23
gun, self-propelled ~ **255** 57
gun barrel, rifled ~ **87** 34
gun carriage **255** 43
gun carriage, self-propelled ~ **255** 49-74
gun dog **86** 7
gunnel **283** 30
gunport **218** 59
gunport shutter **218** 60
gun slit **86** 52
gun turret **258** 29
gunwale **283** 30
gutta-percha tree **383** 37
gutter *Dwellings* **37** 6, 11
gutter *Roof & Boilerr.* **38** 9
gutter *Roof* **122** 28, 92
gutter *Bookbind.* **185** 55
gutter *Street Sect.* **198** 10
gutter, parallel ~ **122** 83
gutter bracket **122** 32
guy *Wine Grow.* **78** 8
guy *Camping* **278** 23
guy line **278** 23
guy pole **152** 31
guy wire *Wine Grow.* **78** 8
guy wire *Energy Sources* **155** 44

gybe 285 28
gybing 285 26
gymkhana 290 32
gymnastic ball 297 34
gymnastic club 297 38
gymnastic hoop 297 46
gymnastic ribbon 297 49
gymnastics 297 33-50
gymnastics, men's ~ 296 1-11
gymnastics, Olympic ~ 296 1-11; 297 1-6
gymnastics, women's ~ 297
gymnastics apparatus 296 1-11; 297 1-6
gymnastics kit 296 61-63; 297 51-52
gym shoe 296 63; 297 52
gym trousers 296 62
gypsum Sculpt. Studio 339 29
gypsum Crystals 351 24, 25
gypsum crusher 160 14
gypsum powder 339 29
gypsum store 160 13
gyro compass 224 31, 51-53
gyro compass unit 224 51-53
gyrodyne 232 29
gyro horizon 230 3
gyro repeater 224 52

H

habergeon 329 51
habit 382 53
habit, monk's ~ 331 55
hack 186 26
hacking knife 128 37
hackney carriage 186 26
hackney coach 186 26
hacksaw 134 3, 17; 136 40; 138 23; 140 9; 150 14
hacksaw frame 126 71
haematite 108 48
haft 137 30
hail 9 36
hail, soft ~ 9 35
hair 16 3
hair, bobbed ~ 34 34
hair, closely-cropped ~ 34 11
hair, curled ~ 34 33
hair, curly ~ 34 18
hair, long ~ 34 1
hair, pinned-up ~ 34 28
hair, shingled ~ 34 34
hair, swept-back ~ 34 28
hair, swept-up ~ 34 28
hairbell 375 14
hairbrush 28 7; 105 10
haircap moss 377 17
hair clip 105 11
hair curler 106 31
haircut 106 3
haircuts 34 1-25
haircutting scissors 105 7; 106 34
hair decoration 355 82
hairdress 354 9
hairdresser 105 35; 106 1
'hairdresser' Airport 233 53
hairdresser, ladies' ~ 105
hairdresser, men's ~ 106
hairdresser's tools 105 1-16
hairdressing salon, ladies' ~ 105 1-39
hairdressing salon, men's ~ 106 1-42
hair drier, hand-held ~ 105 33; 106 22
hair element 10 9
hair-fixing spray 105 24
hair moss 377 17
hairpin Needlewk. 102 29
hairpin Winter Sp. 301 69
hairpin work 102 28
hair sieve 260 66
hair spray 105 24
hairstyle 106 3
hairstyles 34 1-25
hairstyles, girls' ~ 34 27-38
hairstyles, ladies' ~ 34 27-38
hairstylist 310 36; 315 48
hair tonic 106 10
hair trigger 87 12
hairworm 80 51
hake 65 19
hake chain 65 17
half-barrier crossing 202 45
half chicken 266 56
half mask 306 13
half-moon 4 4, 6
half nonpareil 175 20
half note 320 14
half nut 149 19
half rest 320 22
half-step 320 50, 52
half-title 185 43, 44
halftone dot 178 39
half-way line 291 3
hall 41 1-29
hall, main ~ 236 1-30; 250 1-11
halliard 253 2
hall manager 275 7
hall mirror 41 6
hall of mirrors 308 55
Hallstatt period 328 21-40
hallux 19 52
halma 276 26-28
halma board 276 26
halma man 276 28
halma piece 276 28
halogen lamp 177 31
halothane container 26 26
halt 15 27
halter 71 7-11
halter top 31 64
halved joint 121 86
halving joint 121 86
halyard 253 2
ham 95 51
hame 71 14
hammer 85 5; 126 78; 134 7; 137 26; 139 26
hammer Army 255 4
hammer Athletics 298 42
hammer Music. Instr. 322 35; 325 3
hammer Graphic Art 340 14
hammer, anvil and stirrup 17 61
hammer, bricklayer's ~ 118 53
hammer, brickmason's ~ 118 53
hammer, carpenter's ~ 120 74
hammer, flat-face ~ 137 35
hammer, glazier's ~ 124 18
hammer, iron-headed ~ 339 16
hammer, machinist's ~ D.I.Y. 134 40
hammer, machinist's ~ Metalwkr. 140 23
hammer, shoemaker's ~ 100 37
hammer, stonemason's ~ 158 35
Hammer and Sickle 253 21
hammer axe 300 37
hammer blow 293 78
hammer crusher Quarry 158 20
hammer crusher Cement Wks. 160 2
hammer cylinder 139 30
hammer drill 158 11
hammer drill, electric ~ 134 43
hammer forging 139
hammer guide 139 29
hammer head Airsports 288 4
hammer head Athletics 298 43
hammer head, felt-covered ~ 325 24
hammer jack 325 30
hammer lever 325 30
hammer mill 160 2
hammer rail 325 15, 26
hammer shank 325 25
hammer throw 298 42-47
hammock 278 4
ham on the bone 96 1; 99 52
hamper 306 11
hamster 366 16
hand 16 47, 48; 17 15-17; 19 64-83
hand apparatus 297 33-50
hand axe 328 1
handball 292 1
handball player 292 2
hand bindery 183 1-38
handbook 262 17
hand bookbindery 183 1-38
hand brace 140 13
hand brake 187 5; 191 72; 212 33
hand brake lever 188 33; 191 93
hand brake wheel 212 64, 80
hand camera, large-format ~ 114 36
handcart 120 6
handcart, wooden ~ 309 86
hand circle 297 47
hand circling 297 37
handclap 117 69
hand-composing room 174 1
hand compositor 174 5
hand control 195 8
hand cream 99 27
hand cultivator 55 21
hand die 126 85
hand die, electric ~ 125 12
hand drill 140 13
hand flat knitting machine 167 35
hand gallop 72 42
hand glass Hairdresser 105 23; 106 7
hand glass Opticn. 111 16
handgrip Photog. 114 37
handgrip Cine Film 117 5, 61
handgrip Bicycle 187 3
handgrip Navig. 224 9
handgrip Films 313 21, 24, 38
hand guard 94 10
hand hair drier 105 33; 106 22
hand hammer, blacksmith's 137 23
hand harpoon 280 40
handicraft 48 3
hand-ironing pad 104 30
hand-iron press 103 18
handkerchief 33 10
hand ladle 148 23
hand lamp 270 42
hand lance 83 46
handle Atom 2 39
handle Hosp. 26 12
handle Infant Care etc. 28 50
handle Tablew. etc. 45 51, 59, 62
handle Household 50 9, 63
handle Market Gdn. 55 27
handle Agr. Mach. 65 2
handle Agr. Impl. 66 17
handle Pest Contr. 83 19
handle Forestry 85 3
handle Hairdresser 106 37
handle Joiner 132 10, 18
handle D.I.Y. 134 47
handle Metalwkr. 140 5
handle Carriages 186 12
handle School 260 8
handle Motorboats etc. 286 48
handle Fencing 294 41
handle Athletics 298 44
handle Sports 305 57, 80
handle, bound ~ 89 55
handle, cork ~ 89 50
handle, double ~ 148 15
handle, fixed ~ 129 7
handle, insulated ~ 127 54
handle, tubular ~ 50 64
hand lead 224 58
handlebar 187 2; 188 45
handlebar, adjustable ~ 188 3
handlebar, semi-rise ~ 188 11
handlebar fittings 188 30-35
handlebar grip 187 3
handlebar moustache 34 8
handlebars 34 8
handlebar stem 187 10
hand lever Joiner 132 55
hand lever Bookbind. 183 31
hand-lever press 183 26
hand luggage 194 19
hand mirror Hairdresser 105 23; 106 7
hand mirror Opticn. 111 16
hand net 89 2
handpiece 24 6
hand press 340 29
hand pump 83 26; 269 66
hand puppet 260 74
handrail Roof & Boilerr. 38 28
handrail Hall 41 23
handrail Floor etc. Constr. 123 53, 79
handrail Ship 221 122
handrailing 215 70
hand rammer 148 32
hand-removing tool 109 10
handrest 112 58
hand sail 302 28
hand saw 120 60; 126 72; 134 27
handscrew 132 14
handset 237 7; 245 15
handset cord 237 14
handset cradle 237 13
hand-setting room 174 1
hand shank 148 14
hand shears Tailor 104 11
hand shears Bldg. Site 119 87
hand signal 268 33
handsledge 304 29
hand spray Pest Contr. 83 24
hand spray Hairdresser 105 30; 106 13
hand spray Painter 129 35
hand spray Offset Platem. 179 7
handspring 297 22
handstamp 236 45
handstand 295 27; 296 52
handstand dive 282 45
hand steel shears 119 22
handstrap, leather ~ 296 47
hand-to-hand throw 297 33
hand towel 28 9; 49 23; 106 24
hand vice 140 24
hand weapons 255 1-39
handwheel Shoem. 100 24
handwheel Cooper 130 19
handwheel Cotton Spin. 163 18
handwheel Knitting 167 7, 30

handwheel *Paperm.* **172** 74
handwheel *Bookbind.* **183** 23
handwheel *Road Constr.* **201** 9
handwriting, English ~ **342** 10
handwriting, German ~ **342** 11
hang **296** 33, 35; **298** 41
hangar **287** 14
hanger **215** 41
hang glider **287** 44
hang glider pilot **287** 45
hang gliding **287** 43
Hansa cog **218** 18-26
Hansa ship **218** 18-26
hansom **186** 29
hansom cab **186** 29
harbour **216** 14; **225**; **226**
harbour ferry **225** 11
harbour tunnel **225** 55
hardboard **338** 22
hardcore **123** 12
hardener **130** 33
hardie **137** 32
hard-rock drill **158** 11
hard-top **193** 26
hardwood cutting **54** 25
hardy **137** 32
hare **86** 35; **88** 59
hare-and-hounds **289** 41-49
harebell **375** 14
hare call **87** 44
hare hunting **86** 34-39
harlequin **306** 35
harmonica **324** 35
harmonium **325** 43
harmonium case **325** 47
harmonium keyboard **325** 48
harness *Horse* **71** 7-25
harness *Airsports* **288** 43
harness horse racing **289** 23-40
harness of diving apparatus **279** 12
harness racing **289** 23-40
harness racing track **289** 23
harp **323** 60
harpoon **353** 10
harpoon, bone ~ **328** 3
harpoon thrower **328** 5
harpsichord **322** 45
harpsichord mechanism **322** 48
harpy **254** 35; **327** 55
harrow, disc ~ **65** 82
harrow, rotary ~ **65** 89
harrow, spike-tooth ~ **65** 88
harrow, three-section ~ **65** 88, 89
hasp **71** 14
hat **35** 9
hat, Alpine ~ **35** 23
hat, carpenter's ~ **120** 13
hat, felt ~ **35** 15, 24; **355** 55
hat, fox ~ **35** 19
hat, hard ~ **289** 18
hat, huntsman's ~ **86** 5
hat, iron ~ **329** 59
hat, knitted ~ **35** 10
hat, ladies' ~ **41** 11
hat, lightweight ~ **35** 37
hat, loden ~ **35** 23
hat, men's ~ **35** 13
hat, mink ~ **35** 18
hat, mohair ~ **35** 6, 11
hat, paper ~ **306** 45
hat, picador's ~ **319** 20
hat, sailor's ~ **309** 63
hat, Thessalonian ~ **355** 4
hat, three-cornered ~ **355** 62
hat, trilby-style ~ **35** 14
hat, Tyrolean ~ **35** 24
hat, wide-brimmed ~ **35** 38; **355** 55
hat, woollen ~ **29** 57; **35** 10, 26
hat and light luggage rack **208** 28
hat box **205** 11
hatch *Roof & Boilerr.* **38** 14
hatch *Roof* **122** 24
hatch *Post* **236** 30
hatchback **193** 18
hatchboard **222** 65
hatch coaming **222** 64
hatch cover **222** 65
hatcher **74** 30
hatchery **89** 11-19
hatchet **270** 43
hatchet iron **125** 5
hatching compartment **74** 30
hatching jar **89** 17
hatching tray **74** 31, 32
hatchment **254** 1-6
hatch platform **6** 34
hatchway **222** 64-65
hatchway, main ~ **259** 86
H atom **1** 26
hat peg **266** 13
hats, ladies' ~ **35** 1-21
hats, men's ~ **35** 22-40
hat shop **268** 38
hatter's shop **268** 38
haubergeon **329** 51
haulage *Forestry* **85** 42
haulage *Rivers* **216** 27
haulage cable *Railw.* **214** 14, 26, 37, 42, 45
haulage cable *Winter Sp.* **301** 63
haulage cable driving pulley **214** 62
haulage cable guide wheel **214** 61
haulage cable roller **214** 32, 49, 60
haulage cable sleeve **214** 73
hauling **216** 27
hauling capstan **217** 22
haulm conveyor **64** 76
haulm conveyor agitator **64** 77
haulm conveyor drive **64** 78
haulm elevator **64** 90
haulm stripper **64** 73
haulm stripper, flexible ~ **64** 76
haulyard **253** 2
haunch *Horse* **72** 35
haunch *Game* **88** 21, 37
haunch jump **282** 14
Hauptwerk **326** 1
hautboy **323** 38
haute école **71** 1-6
Havana cigar **107** 2
Hawaii girl **306** 16
hawk, male ~ **86** 46
hawkbells **276** 45
hawker **308** 12, 51
hawking **86** 42-46
hawkmoth **82** 27; **358** 55; **365** 9
hawksbill turtle **364** 28
hawse **222** 75
hawse hole **227** 11
hawse pipe **222** 76; **258** 54
hawthorn **374** 30
hay **75** 13
hay, tedded ~ **63** 25
hay fork, three-pronged ~ **66** 3
hay harvest **63** 19-30
haymaking **63** 19-30
hay rack, double ~ **75** 12
hayrake **66** 23
hay tripod **63** 30
hazard flasher **191** 76
hazard flasher switch **191** 68
hazel **59** 49
hazel branch, flowering ~ **59** 44
hazel bush **59** 44-51
hazel grouse **88** 69
hazel hen **88** 69
hazel leaf **59** 51
hazelnut **59** 49
hazel tree **59** 44-51
H-beam **143** 6
head *Man* **16** 1-18; **17** 42-55
head *Arable Crops* **68** 2
head *Horse* **72** 1-11
head *House Insects etc.* **81** 33, 36
head *Forest Pests* **82** 2
head *Game* **88** 12
head *Brew.* **93** 31
head *Tobacc. etc.* **107** 23
head *Carp.* **120** 58
head *Roof* **122** 87
head *Mach. Parts etc.* **143** 14, 52
head *Weaves* **171** 31
head *Composing Rm.* **175** 39
head *Hydr. Eng.* **217** 25
head *Restaurant* **266** 4
head *Music. Instr.* **323** 52; **324** 10
head *Prehist.* **328** 4
head *Articulates* **358** 28
head, bald ~ **34** 22
head, binocular ~ **112** 12
head, cock's ~ **327** 35
head, combined ~ **241** 59
head, composite ~ **370** 74
head, countersunk ~ **143** 46
head, eagle's ~ **327** 12
head, goat's ~ **327** 18
head, human ~ **327** 21
head, lion's ~ **327** 17
head, partly bald ~ **34** 20
head, pig's ~ **95** 43
head, rotating ~ **64** 52
head, shrunken ~ **352** 30
head, woman's ~ **327** 56
head and neck **19** 1-13
head badge **187** 15
headband **183** 35
headband, padded ~ **241** 67; **261** 41
head bandage **21** 3
head beam **183** 21
headboard *Bedrm.* **43** 6
headboard *Sailing* **284** 47
headbox **173** 11
head cellarman **79** 17
headcheese **96** 9
headdress **354** 9; **355** 65
headdress, feather ~ **352** 12
headdress, ornamental ~ **352** 12
head drum **243** 19, 27
header *Carp.* **120** 41
header *Roof* **121** 71
header *Ball Games* **291** 46
header joist **120** 41
header tank **212** 78
head frame **144** 3
headgear **35**; **144** 1; **302** 34
headguard **299** 30
heading **130** 10
heading bond **118** 60
heading course **118** 64
head interlocking point **171** 34
headlamp **187** 7; **189** 10; **191** 20
headlight **189** 10; **191** 20
head line *Man* **19** 73
headline *Sea Fish.* **90** 7
headline *Script* **342** 44
head margin **185** 56
head of department **271** 60
head of railcar **197** 3
headphone cable **241** 71
headphone cable plug **241** 70
headphone cord **241** 71
headphones **241** 66; **249** 63; **261** 38; **309** 24
headphone socket **117** 10; **249** 68
headpiece **71** 7-11
head piece **183** 21
headpiece, padded ~ **241** 67; **261** 41
head post **123** 54
headrace **91** 41
head rail **120** 58
headrest *First Aid* **21** 13
headrest *Railw.* **207** 67
headrest, adjustable ~ **191** 33; **207** 47
headrest, integral ~ **193** 31
headrest cushion, down-filled ~ **207** 68
head restraint, adjustable ~ **191** 33
head restraint, integral ~ **193** 31
head rule **342** 40
headset **241** 66; **249** 63; **261** 38; **309** 24
headset socket **249** 68
headspring **297** 27
headstall **71** 7-11
headstand **295** 28
headstock **150** 2
headstock, geared ~ **149** 2
headstock, movable ~ **150** 26
headstone **331** 26
head support assembly **311** 25
heald, wire ~ **166** 27
heald eyelet **166** 28
heald frame **166** 4
heald frame guide **166** 3
heald shaft **166** 4
heald shaft guide **166** 3
heald shaft guiding wheel **166** 36
health insurance certificate **22** 9
heap cloud **8** 1, 2, 17; **287** 22
heart **18** 14; **20** 8, 24-25, 45-57
heart cherry **59** 5
hearth *Blacksm.* **137** 1-8, 1; **138** 34
hearth *Iron & Steel* **147** 24
heart line **19** 74
heart plank **120** 93
heart rhythm **25** 1
hearts **276** 40, 44
heartsease pansy **60** 2
heart-shield **254** 17
heartwood *Carp.* **120** 84
heartwood *Bot.* **370** 13
heartwood plank **120** 93
heat **1** 55
heat colour **343** 16
heater **172** 32
heater, electric ~ **174** 45; **179** 3
heater, gas ~ **126** 25
heater, water-controlled ~ **192** 60-64
heater box **192** 61
heater plug **190** 55
heat exchanger *Nucl. Energy* **154** 6, 44
heat exchanger *Coking* **156** 27
heat exchanger *Cement Wks.* **160** 4, 6
heat exchanger *Paperm.* **172** 19

heat exchanger *Car* **192** 61
heat exchanger *Railw.* **207** 6; **209** 15; **212** 36, 55
heat exchanger *Warships* **259** 66
heat exchanger, auxiliary ~ **212** 43
heat exchanger exhaust **160** 7
heat extractor **182** 5
heath **15** 5
heath and moor **15** 5
heather **377** 19
heating, underfloor ~ **356** 18
heating box **183** 27
heating coupling hose **208** 20
heating element **172** 32
heating engineer **126**
heating oil **38** 50
heating oil tank **212** 75
heating pipe **55** 8
heating regulator **207** 54
heating system **207** 6
heating system, hot-water ~ **38** 38-81
heating unit, electric ~ **174** 45
heat pump **155** 22
heat pump system **155** 1
heat reservoir **155** 20
heat-sealing machine **76** 27; **226** 12
heat shield *Motorcycles etc.* **188** 16
heat shield *Space* **234** 5, 20; **235** 8, 40
heat space **259** 93
heat transfer fluid **155** 31
heaume **254** 7
Heaviside-Kennelly Layer **7** 27
heavy-duty boot **101** 39
heavy liquor pump **172** 34
heavy vehicle elevator **221** 56
heavy vehicle lift **221** 56
heckelphone **323** 38
heckler **263** 15
heddle, wire ~ **166** 27
heddle eyelet **166** 28
hedge *Map* **15** 98
hedge *Dwellings* **37** 59
hedge *Fruit & Veg. Gdn.* **52** 32
hedge, trimmed ~ **272** 37
hedgehog **366** 5
hedgehog fungus **381** 31
hedge mustard **61** 16
hedge shears **56** 49
hedge trimmer **134** 55
hedge trimmer, battery-operated ~ **56** 17
hedge-trimming attachment **134** 55
heel *Man* **19** 63
heel *Agr. Impl.* **66** 15
heel *Bakery* **97** 5
heel *Shoem.* **100** 67
heel, high ~ **101** 28
heel, raised ~ **101** 33
heelbone **17** 27
heel flap **286** 58
heel trimmer **100** 4
heel unit, automatic ~ **301** 54
height adjuster **106** 17
height-adjuster bar **106** 17
height adjustment *Hosp.* **27** 3
height adjustment *Photog.* **116** 34
height adjustment *Sawmill* **157** 49
height adjustment crank **64** 57
height adjustment wheel **132** 60
height and angle adjustment **177** 21
height gauge **22** 69
height of shank **175** 45
height of shoulder **175** 45
height scale *Sawmill* **157** 60
height scale *Athletics* **298** 20
height to paper **175** 44
helicon **323** 44
helicopter deck **146** 7
helicopter hangar **221** 52; **259** 38
helicopter landing deck **228** 15
helicopter landing platform **259** 39, 53
helicopter platform **221** 19
helicopters **232** 11-25
heliostat **5** 29
heliozoan **357** 7
heliport **146** 7
heliport deck **146** 7
helium atom (model) **1** 5
helium-neon laser **243** 57
helium nucleus **1** 30-31
helium pressure bottle **234** 14
helium pressure vessel **234** 43, 50
heller **252** 27
hellhound **327** 29
helm **218** 13
helmet *Police* **264** 35
helmet *Equest.* **289** 18
helmet *Ball Games* **292** 24
helmet *Chivalry* **329** 39-42
helmet, barred ~ **254** 8
helmet, fireman's ~ **270** 38
helmet, grilled ~ **254** 8
helmet, protective ~ *Police* **264** 21
helmet, protective ~ *Mountain.* **300** 53
helmet, protective ~ *Winter Sp.* **302** 34
helmet affronty **254** 9
helmet flower **379** 1
helmet lamp **300** 54
helmets **254** 4,7-9
helms **254** 4,7-9
helmsman **224** 16
helper **21** 19
helve **85** 3
hemidemisemiquaver **320** 19
hemidemisemiquaver rest **320** 27
hemihedron **351** 24
hemipyramid **351** 24
hemisphere, northern ~ **3** 1-35
hemline marker **271** 40
hemlock **379** 4
hemp **383** 9
hem stitch work **102** 14
hen **73** 19
hen, fattened ~ **98** 7
henbane **379** 6
hen pheasant **88** 77
herald **329** 75
heraldic beasts **254** 15-16
heraldic tent **254** 14
heraldry **254** 1-36
herb, primulaceous ~ **53** 5
herb, solanaceous ~ **53** 6; **379** 7
Hercules **3** 21
herd **86** 15
Herdsman **3** 30
Herero woman **354** 25
herm **334** 35
herma **334** 35
hermes **334** 35
heron **86** 46; **359** 18
herring **364** 14
herringbone **301** 26
herringbone stitch **102** 9
herring drift net **90** 2-10
herring lugger **90** 1
Hessian fly **80** 40
Heterocera **365** 7-11
hexagon **351** 15
hexagonal crystal system **351** 20-22
hexahedron **351** 2
hexakis-octahedron **351** 13
hexoctahedron **351** 13
H-girder **143** 6
hibernation cocoon **80** 31
hide **88** 56
hide, raised ~ **86** 14-17, 14
hide beetle **81** 22
hieroglyphics, ancient Egyptian ~ **341** 1
Hi-Fi component **241** 13-48
high **9** 6
high-altitude anorak **300** 6
highball **317** 33
highball glass **267** 56
high bar *Playground* **273** 32
high bar *Gymn.* **296** 7
highboard diver **282** 5
highboard diving **282** 40-45
high chair, baby's ~ **28** 33
high-draft draw frame **164** 14
high-draft speed frame **164** 19
high-draft system **164** 14
high frequency wave **7** 26
high-hat cymbals **324** 50
high house **305** 75
high jump **298** 9-27
high jump apparatus **298** 32
high jump equipment **298** 32
high jumper **298** 10
highland Indian **352** 23
high-moor bog **13** 19
high-mountain region **12** 39-47
high performance sailplane **287** 9
high-pile lining **101** 3
high-pressure area **9** 6
high-pressure belt **9** 47
high-pressure manometer **141** 4
high-pressure xenon arc lamp **312** 39
high-rise handlebar **188** 57
high-riser **188** 56
high school **261**
high school riding **71** 1-6
high seat **86** 14
high-speed plate, automatic ~ **39** 15
high-tension voltage indicator **211** 29
high tide **280** 7
high toss **297** 35
high-water line **13** 35
high-water mark **13** 35
hiking boot **101** 18
hiking stick **284** 31
hiking strap **284** 30
hill *Phys. Geog.* **13** 66
hill *Films* **310** 13
hillside spring **12** 38
hill upcurrent **287** 28
himation **355** 6
hind **86** 13
hind, young ~ **88** 1
hinge **188** 2
hip *Man* **16** 33
hip *Horse* **72** 32
hip *Roof* **121** 12
hip bone **17** 18
hip circle backwards **296** 55
hip dormer window **121** 13
hip end **121** 11
hip grip **21** 38
hipped-gable roof **121** 16
hippocampus *Fabul. Creat.* **327** 44
Hippocampus *Fish etc.* **364** 18
hippocentaur **327** 52
hippodrome **308** 59
hippogryph **327** 26
hippopotamus **366** 31
hip rafter **121** 62
hip roof **37** 64; **121** 10, 60
hip tile **122** 9
historical ship, types of ~ **218**
hitch **65** 61
hitch, adjustable ~ **64** 60
hitch, front ~ **65** 50
hitch-kick **298** 40
hitch pin **325** 14
hive **77** 45-50, 52
hive-bee **77** 1-25
hock **72** 37
hockey **292** 6
hockey ball **292** 14
hockey player **292** 15
hockey stick **292** 13
hod **122** 22
hod hook **122** 23
hoe **66** 24
hoe and fork, combined ~ **56** 7
hoe handle **66** 2
hog **94** 11
hogpen **62** 8; **75** 35
hoist *Oil, Petr.* **145** 11
hoist *Flags* **253** 22-34
hoist, builder's ~ **118** 31
hoist, inclined ~ **158** 16; **159** 5
hoisting gear **206** 56; **217** 74
hoisting gear bridge **217** 73
hoisting gear cabin **217** 71
hoisting rope **120** 37
hold **223** 55, 75
hold, insulated ~ **223** 56
hold, underfloor ~ **231** 21
hold-down, automatic ~ **157** 65
holdfast *Carp.* **120** 66
holdfast *Alp. Plants etc.* **378** 50
holding device **157** 47
holding forceps **23** 12
holding press **183** 4
holding squad **270** 17
hold pillar **222** 61
hole *Phys. Geog.* **13** 34
hole *Ball Games* **293** 87
hole, elongated ~ **240** 17
hole, square ~ **140** 43
holes **293** 79-82
holing out **293** 86
hollowing tool **135** 17
hollow of the throat **16** 20
hollow-shaft boring bit **133** 7
holly **374** 9
holohedron **351** 2
holster **264** 24
Holy Bible **330** 11
Holy Communion **332** 26
Holy Scripture **330** 11
holy table **330** 4
holy water basin **332** 47
home and overseas news section **342** 62
home base **292** 53
home plate **292** 53
home port **286** 8
homogenizer **76** 12
homopteran **358** 3
honey **77** 33
honey, strained ~ **77** 62-63
honey bag **77** 18

honey-bee **77** 1-25
honey cell **77** 33
honeycomb **77** 31-43, 45
honeycomb, artificial ~ **77** 42
honeycomb, natural ~ **77** 60
honeycomb weave **171** 29
honeydew melon **266** 50
honey extractor **77** 61
honey fungus **381** 28
honey gland **59** 18
honey in the comb **77** 64
honey jar **77** 63
honey pail **77** 62
honey sac **77** 18
honey separator **77** 61
honeysuckle **374** 13
honey super **77** 45
honey wrack **378** 48
hood *Infant Care etc.* **28** 26
hood *Child. Clothes* **29** 2
hood *Ladies' Wear* **30** 69
hood *Headgear* **35** 2
hood *Blacksm.* **137** 7
hood *Carriages* **186** 42
hood *Car* **191** 8
hood *Garage* **195** 36
hood *Aircraft* **230** 39
hood *Mountain* **300** 19
hood *Church* **331** 56
hood, collapsible ~ **186** 52; **193** 10
hood, convertible ~ **193** 10
hood, detachable ~ **31** 21
hood, falcon's ~ **86** 44
hood, folding ~ **28** 35
hood, protective ~ **157** 65
hood drawstring **29** 64
hood support **195** 37
hoof *Horse* **72** 26
hoof *Game* **88** 24
hoof, horse's ~ **327** 42
hoofprints **86** 8
hook *Roof & Boilerr.* **38** 22
hook *Horse* **71** 14
hook *Shoem.* **100** 62
hook *Oil, Petr.* **145** 9
hook *Sports* **299** 33
hook *Winter Sp.* **301** 61
hook *Sports* **305** 18, 46
hook *Music. Not.* **320** 5
hook, blunt ~ **26** 50
hook, butcher's ~ **96** 55
hook, closed ~ **89** 85
hook, concealed ~ **89** 75
hook, double ~ **89** 83
hook, open ~ **89** 83
hook, treble ~ **89** 85
hookah **107** 42
hook-and-ride band **140** 50
hook ball **305** 18
hook belt **270** 44
hook disgorger **89** 40
hook ladder **270** 16
hooks **89** 79-87
hoop *Airsports* **288** 67
hoop *Ball Games* **292** 78
hoop *Circus* **307** 58
hoopoe **359** 25
hoop of barrel **130** 8
hooter *Motorcycles etc.* **188** 53
hooter *Fire Brig.* **270** 7
hop boiler **92** 52
hop garden **15** 114
hop growing **83** 27
hopper *Agr. Mach.* **64** 59
hopper *Wine Grow.* **78** 18
hopper *Mills* **91** 13
hopper *Cotton Spin.* **163** 31
hopper *Music. Instr.* **325** 30
hopper, endless-floor ~ **64** 84
hopper barge **226** 46
hopper delivery roller, wooden ~ **163** 32
hopper feeder **163** 33
hopsack weave **171** 11
horizon **13** 21
horizon, artificial ~ **230** 3
horizon glass **224** 7
horizon light **316** 15
horizon mirror **224** 7
horizontal bar **296** 7
horizontal boring and milling machine **150** 25
horizontal deflection module **240** 10
horizontal eight **288** 2
horizontal linearity control module **240** 9
horizontally-opposed twin engine **189** 47
horizontal milling spindle **150** 39
horizontal slow roll **288** 8
horizontal synchronizing module **240** 7
horn *Horse* **71** 38
horn *Motorcycles etc.* **188** 53
horn *Car* **191** 60
horn *Railw.* **212** 70
horn *Fire Brig.* **270** 7
horn *Flea Market* **309** 34
horn *Music. Instr.* **323** 41
horn *Invertebr.* **357** 31
horn *Birds* **362** 16
horn, spirally twisted ~ **327** 8
hornbeam **371** 63
horned owl **362** 14
horns **88** 29-31
horse *Horse* **71**; **72**
horse *Dom. Anim.* **73** 2
horse *Carp.* **120** 18
horse *Gymn.* **296** 1; **297** 1
horse, armoured ~ **319** 18
horse, piebald ~ **289** 29
horse, toy ~ **47** 15
horse, wild ~ **328** 7
horse, winged ~ **327** 26
horse armour **329** 83-88
horse bean **69** 15
horse box **75** 2
horse brush **71** 55
horse chestnut **371** 60
horse chestnut tree **371** 58
horsefish **364** 18
horsehair **323** 15
horsehair brush **100** 12
horse latitudes **9** 47
horsemanship **289**
horse racing **289** 50
horse-radish **57** 20
horse's head **72** 1-11
horseshoe *Game* **88** 71
horseshoe *School* **260** 1
horseshoe arch **336** 30
horseshoe grip **298** 53
horseshoe marking **88** 71
horseshoe mount **113** 25
horseshoe mounting *Astron.* **5** 9
horseshoe mounting *Optic. Instr.* **113** 25
horse sleigh **304** 25
horse stall **75** 2
horsetail **376** 18
horst **12** 10
hose *Household* **50** 75
hose *Bldg. Site* **118** 38
hose *Serv. Stat.* **196** 2; **196** 23
hose *Fire Brig.* **270** 54
hose *Hist. Cost.* **355** 47
hose, rotary ~ **145** 13
hose carriage **270** 28
hose cart **270** 28
hose connection **83** 30
hose connector **56** 45
hose coupling **270** 29
hose layer **270** 53
hosepipe **118** 38; **196** 23
hose reel **56** 26; **270** 28
hose truck **270** 28
hose wagon **270** 28
hosiery **271** 56
hosiery department **271** 17
hosiery mill **167** 1-66
hosiery shelf **99** 25
hospital **25**; **26**; **27**
hospital bed **25** 10
hospital unit **228** 21
Host **331** 48; **332** 28, 35
hostess **318** 33
hot-air duct **139** 52
hot-air gun **130** 25
hot-air sterilizer **22** 71
hotbed **55** 16
hotbed vent **55** 17
hot-blast pipe **147** 19
hot-blast stove **147** 15
hotel **267**
hotel bar **267** 51
hotel bill **267** 11
hotel guest **267** 14
hotel lobby **267** 18-26
hotel manager **267** 19
hotel porter **204** 17
hotel register **267** 8
hotel restaurant **267** 20
hotel room **267** 27-38
hotel sticker **205** 9
hothouse **55** 4; **272** 65
hot-pipe space **259** 93
hotplate **39** 15; **207** 30
hotplate, electric ~ **45** 45
hot reservoir **155** 20
hot-shoe contact **114** 72
hot-shoe flash contact **115** 21
hot tap **126** 28
hot water supply **155** 26
hot water tank **38** 68
hot water tank *Brew.* **92** 10
hot water tank *Paperm.* **172** 18
hound *Hunt.* **86** 33
hound *Sailing* **284** 14
hour and minute button **110** 3
hour axis **5** 8
hour axis drive **5** 7
hourglass **110** 31
hour hand **110** 13
house *Dwellings* **37** 54
house *Farm Bldgs.* **62** 1
house *Bldg. Site* **118** 1-49
house, detached ~ **37** 1-53
house, dikereeve's ~ **216** 45
house, duplex ~ **37** 64-68
house, ferryman's ~ **216** 45
house, semi-detached ~ **37** 69-71
house, solar ~ **155** 17
house, solar-heated ~ **155** 17
house, terraced ~ **37** 58-63
house, timber ~ **37** 84-86
houseboat **353** 31
house cat **62** 3
housecoat *Underwear etc.* **32** 20
housecoat *Hist. Cost.* **355** 66
house cricket **81** 7
house detective **275** 16
house dress **31** 36
housefly **81** 1, 2
house frock **31** 36
household appliances **50**
household utensils **50**
house insects **81** 1-14
houseleek **51** 7
house light dimmer **312** 17
houseplant **42** 36; **248** 14
houseplants **53**
house sparrow **361** 5
house spider **81** 9
house telephone **127** 3
house wall **120** 29
housewife **39** 1
housing *Meteorol. Instr.* **10** 18
housing *Iron Foundry etc.* **148** 57
housing *Films* **312** 48
housing, protective ~ **10** 39
housing, soundproof ~ **310** 48; **313** 16-18, 27
housing development **37** 54-57
housing estate **37** 54-57
housing lock **313** 33
hover **74** 3
hovercraft **286** 63
hub **187** 26
hub, centre ~ **187** 59
hub, front ~ **187** 52
hub assembly, front ~ **187** 52
hub barrel **187** 69
hub body **187** 69
hub shell **187** 69
huckleberry **377** 23
hula-hula girl **306** 16
hula skirt **306** 18
hull *Aircraft* **232** 2, 9
hull *Warships* **258** 2; **259** 22, 42
hull bottom **286** 32, 35, 39
hull frame **222** 29
human flea **81** 42
Humanist **342** 4
human louse **81** 40, 41
humblebee **358** 23
humerus **17** 12
humidifier **79** 22
hummock **13** 42
hump **206** 46
hundreds **344** 3
hunt **289** 41-49
Hunter *Astron.* **3** 13
hunter **86** 1
hunting **86** 1-52, 9-12, 14-17
hunting cap **289** 14
hunting cap, hard ~ **289** 18
hunting clothes **86** 2
hunting dog **86** 33
hunting equipment **87** 41-48
hunting horn **87** 60; **289** 44
hunting knife **87** 42
hunting knife, double-edged ~ **87** 41
hunting leopard **368** 7
hunting pink **289** 13, 42
hunting rifle **86** 4
hunting rifles **87** 1-40
hunting screen **86** 9
hunting weapons **87**
huntsman **86** 1
hurdle *Free Exerc.* **295** 12
hurdle *Athletics* **298** 8
hurdle position **295** 12
hurdle racing **298** 7-8
hurdles **298** 7-8
hurdy-gurdy **322** 25
hurst **91** 20
husk **59** 50; **68** 33
husk corn **68** 31
husky **70** 22; **353** 2
hut **300** 1
hut, beehive-shaped ~ **354** 28
hut, Indian ~ **273** 59
Hydra **3** 16
Hydra, Lernaean ~ **327** 32
Hydrallmania **369** 9
hydrangea **51** 11
hydrant key **270** 27
hydraulic engineering **217**
hydraulic lift pad **195** 27
hydraulic plant **92** 13
hydraulic plant room **316** 50

hydraulic system *Agr. Mach.* **64** 65
hydraulic system *Paperm.* **173** 37
hydraulic system *Army* **255** 53
hydraulic system *Air Force* **257** 16
hydrocyanic acid **83** 15
hydro-extraction **169** 23
hydro-extractor, pendulum-type ~ **168** 14
hydro-extractor lid **168** 18
hydroformer **145** 47
hydrogenation **170** 16
hydrogen atom **1** 15; **242** 62
hydrogen atom (model) **1** 1
hydrogen balloon **10** 56
hydrogen bomb explosion **7** 12
hydrogen cooler **153** 27
hydrogen inlet *Synth. Fibres* **170** 15
hydrogen inlet *Chem.* **350** 12
hydrogen sulphide scrubber **156** 22
hydrogen sulphide wet collector **156** 22
hydrogen tank **6** 6
hydropathic **274** 8
hydrophone **224** 64
hydroplane **286** 22
hydroplane, stepped ~ **286** 38-41
hydroplane, three-point ~ **286** 42
hydrosphere **11** 2
hydroxylamine inlet **170** 21
hyena **368** 1
hygrograph **10** 8, 50
hygrometer *Drawing Off.* **151** 39
hygrometer *Offset Platem.* **179** 28
hygrometer *Swim.* **281** 23
hygrometer element **10** 9
hymenium **381** 17
Hymenoptera **358** 21-23
hymn board **330** 24
hymn book **330** 30
hymn number **330** 24
hyoid **20** 2
hyperbola **347** 26
hyperbolic position line **224** 43, 44
hyphae **381** 2
hyphen **342** 28
hypocentre **11** 32
hypocotyl **370** 89
hypophysis cerebri **17** 43
hypotenuse **346** 32
hypotrachelium **334** 22
hyrax **366** 24
hyssop **374** 5

I

ibex **367** 7
ibis **359** 5
ice **266** 44
ice, glacial ~ **12** 48-56
ice accident **21** 28-33
ice axe **300** 16, 31
ice axe, short-shafted ~ **300** 36
iceboat **302** 44
iceboating **302** 44-46
icebox **39** 2; **46** 33; **317** 10
ice breaker **221** 50
ice bucket **267** 67
ice cream **308** 31
ice-cream cornet **308** 31
ice-cream man **308** 30
ice-cream sundae **266** 76
ice-cream vendor **308** 30
ice-crystal cloud **8** 6
ice-crystal cloud veil **8** 7
ice cube **266** 44
ice hockey **302** 29-37
ice hockey player **302** 29
ice hockey set **302** 23
ice hockey skate **302** 23
ice hockey stick **302** 30
ice ledge **300** 4
ice pellets **9** 35
ice piton **300** 40, 41
ice racing **290** 24-28
ice ridge **300** 21
ice sailing **302** 44-46
ice skater **302** 1
ice skates **302** 20-25
ice skating **302** 1-26
ice skating boot **302** 24
ice slope **300** 14
ice speedway **290** 24-28
ice step **300** 17
ice stick **302** 39
ice-stick shooter **302** 38
ice-stick shooting **302** 38-40
ice yacht **302** 44
ice yachting **302** 44-46
icicle **304** 21
icing, chocolate ~ **97** 34
icing sugar **98** 54
icosahedron **351** 11
icositetrahedron **351** 12
identification mark **163** 6
identification number **85** 33
identification tally **74** 55
idle air bleed **192** 2
idle mixture adjustment screw **192** 11
idling adjustment **190** 51
idling air jet **192** 2
idling jet **192** 1
idol **328** 20
igloo **353** 4
igloo tent, inflatable ~ **278** 58
ignition distributor **190** 9, 27
iguana **364** 32
ileum **20** 16
ilium **17** 18
illegal punch **299** 34
illumination, incident ~ **112** 59, 63
illumination, vertical ~ **112** 59, 63
illumination beam path **112** 6
illumination optics **112** 7
illumination path **112** 6
image beam **115** 35
image converter **26** 15, 18; **27** 19
imago **358** 10
imbrication **335** 15
imitation motorcycle fork **188** 58
immersion heater **40** 17
immersion roller **165** 45
immersion vibrator **119** 88
impact crusher **158** 20
impact wrench **195** 44
impair **275** 23
impeller wheel **217** 52
Imperial Crown **254** 38
impost **336** 21
impounding reservoir **217** 57
impregnating spray **50** 40
impression-adjusting wheel **180** 81
impression control **249** 10
impression cylinder **180** 35, 64; **181** 2, 44, 59
impression-setting wheel **180** 81
impression tray **24** 56
imprint **342** 40
imprint, publisher's ~ **185** 48
impulse generator, programmed ~ **25** 33
impulse meter, automatic ~ **25** 42
incense boat **332** 42
incense spoon **332** 43
incident light measurement **114** 60
incident neutron **1** 42
incisor **19** 16, 34
inclined cable anchorage **215** 48
inclined cable system **215** 51
incubation tank, long ~ **89** 18
incubator **261** 30
incubator, Californian ~ **89** 15
incus and stapes **17** 61
indention **175** 16
index **345** 1, 2
index arm **224** 3
index bar **224** 3
index cards **22** 7
index finger **19** 65
indexing mark **249** 74
indexing table, rotary ~ **150** 42
index mirror **224** 6
index plate **151** 51
Indian **352** 25
Indian chief **352** 11
Indian corn **68** 31
Indian cress **53** 4
Indian meal moth **81** 28
Indian Ocean **14** 23
indicator *Hosp.* **26** 28
indicator *Motorcycle* **189** 37, 45
indicator *Tram* **197** 22
indicator, rear ~ **189** 42
indicator and dimming switch **191** 59
indicator board *Station* **204** 32
indicator board *Hotel* **267** 5
indicator for rough and fine adjustment **148** 65
indicator lamp *Sawmill* **157** 62
indicator lamp *Cotton Spin.* **164** 8
indicator lamp *Office* **249** 71
indicator light *Hosp.* **25** 6
indicator light *Motorcycle* **189** 37, 45
indicator light *Serv. Stat.* **196** 7
indicator light *Tram* **197** 22
indicator light *Railw.* **203** 14
indicator light *Audio* **241** 55
indicator light *Office* **249** 71
indicator light *Hotel* **267** 6
indicator light *Fencing* **294** 30
indicator light, front ~ **191** 19
indicator light, rear ~ **189** 42
indicator needle *Photog.* **114** 58
indicator needle *Inf. Tech.* **242** 76
indicator plate **203** 12
indicator scale **114** 58; **313** 28
indigo dying and sizing machine **165** 40
Indio **352** 23
individual-section machine **162** 21
indoor target rifle **305** 35
indorsee **250** 26
indorsement **250** 25
indorser **250** 27
induced-draught fan **152** 14
induction coil **11** 44
industrial plant **225** 71
inert-gas atmosphere **162** 16
inert-gas supply **142** 34
inert-gas torch **142** 33
inert-gas welding **142** 33
inert-gas welding equipment **138** 29
inertial measurement unit **6** 43
inescutcheon **254** 17
infant care **28**
infants' wear **29** 13-30
in-feed scale **157** 61
infighting **299** 31
infiltration drain **216** 37
infinity **345** 15
inflating bulb **25** 17
inflator **22** 37
inflections **320** 50-54
inflight antenna **6** 46
inflight refuelling probe **256** 7
inflorescence **371** 43, 48; **378** 7, 53, 55; **382** 38; **383** 49; **384** 31
inflorescence, female ~ **59** 46; **68** 32; **383** 11; **384** 50
inflorescence, male ~ **59** 39; **68** 35; **371** 8; **372** 17, 24; **383** 13
inflorescences **370** 67-77
'information' **233** 31
information bureau **204** 29
information clerk **204** 49
information counter **250** 9
information office **204** 29
information plate **356** 20
information position **237** 34
information technology **242**
infrared drier **173** 32
infrared laser rangefinder **255** 82
infrared sound headphones **242** 30
infrared sound transmitter **242** 29
infrared transmission **242** 27
infraspinatus **18** 53
infringement **291** 50
infructescence **61** 15; **371** 22, 44, 69, 72; **373** 8; **374** 18; **383** 56; **384** 32
infusion apparatus **25** 11
infusion bottle **25** 12
infusion device **25** 14
ingot **148** 48
ingot mould **147** 32
ingot tipper **148** 49
ingress/egress hatch **6** 38
ingress/egress platform **6** 34
inhalation **274** 7
inhalational therapy **274** 6-7
inhalator **23** 24
inhalatorium **274** 6
inhaler **26** 2, 29
inhaling apparatus **23** 24
inhaling tube **26** 2, 29
initial **175** 1
initial position *Fish Farm.* **89** 33
initial position *Fencing* **294** 18
injection condenser **172** 16
injection nozzle **190** 32, 54
injection pump *Intern. Combust. Eng.* **190** 65
injection pump *Railw.* **211** 48
injection pump drive **190** 57
injection timer unit **190** 58
ink **260** 83
ink ball **340** 22
ink duct **180** 22; **181** 65

inker **180** 21, 50, 60, 77
inker unit **180** 6-13, 40, 51, 60, 71, 76; **181** 7, 8, 19, 28, 50, 57; **249** 51-52
ink fountain **180** 22; **181** 65
ink fountain roller **181** 64
inking ball **340** 22
inking roller **180** 21, 50, 60, 77; **249** 52
inking unit **180** 6-13, 40, 51, 60, 71, 76; **181** 7, 8, 19, 28, 50, 57; **249** 51-52
ink pad **22** 30
ink plate **181** 8
ink roller **180** 21, 50, 60, 77; **249** 52
ink slab **181** 8
ink unit, tubular ~ **151** 68
inkwell **309** 78
inlay **323** 26
inlet *Paperm.* **172** 77
inlet *Chem.* **349** 21
inlet filter **146** 26
inlet manifold **190** 18; **192** 13
inlet valve **242** 52
inlet vent **191** 47
inner tube **187** 30
input **117** 27
input keyboard **238** 13
input/output device **237** 59
input selector **241** 44
input selector switch **238** 49
input unit **176** 30
inscription **252** 11
insect, homopterous ~ **358** 3
insect, orthopterous ~ **358** 8
insectivores **366** 4-7
insects **358** 3-39
insects, dipterous ~ **358** 16-20
insert, wood ~ **85** 4
insertion ring **349** 17
inshore fishing **90** 24-29
inside defender **291** 12
inside forward **291** 15
insolation **155** 18
insole **291** 27
inspection apparatus **79** 20
inspection window **38** 62
inspector **205** 44
instep **19** 61
instruction, programmed ~ **242** 16
instruction key **247** 21
instruction laser **242** 81
instrument, keyed ~ **325** 1
instrument, plucked ~ **322** 21
instrument basin **27** 5
instrument cabinet **24** 16
instrument housing *Atom* **2** 5, 22
instrument housing *Meteorol Instr.* **10** 59
instrument panel *Offset Print.* **180** 74
instrument panel *Railw.* **212** 31
instrument panel *Aircraft* **230** 1
instrument panel *Airsports* **288** 11
instruments, dental ~ **24** 4
instruments, orchestral ~ **323** 1-62
instruments, retractable ~ **258** 68; **259** 74, 88-91
instruments for gynecological and proctological examinations **23** 3-21
instruments for minor surgery **22** 48-50
instrument table **22** 45
instrument table, mobile ~ **26** 37
instrument tray **24** 5; **26** 39
instrument unit **234** 53
insufflator **23** 18
insulating board **122** 44
insulating casing **10** 26
insulating tape **127** 34
insulation *Slaughterho.* **94** 10
insulation *Energy Sources* **155** 36
insurance company office **268** 40
intaglio printing **182**
intaglio process **340** 14-24
intake muffler **191** 54
intake pipe **189** 5
intake silencer **190** 16; **191** 54
integer **344** 10
integral **345** 14
integral sign **345** 14
integration **345** 14
intensive care unit **25** 1-30
interceptor **256** 1
Intercity train **205** 34; **209** 1-22
intercom *Doc.* **22** 34
intercom *Garage* **195** 55
intercom *Computer* **244** 5
intercom *Office* **245** 20; **246** 10
intercommunication telephone **239** 13
intercom system *Railw.* **202** 48; **203** 69
intercom system *Computer* **244** 5
interest **345** 7
interference technician **237** 28
interior equipment **239** 6
interlacing point **171** 28
interleaving device **181** 11
intermediate frequency amplifier module **240** 4
intermediate image screen **113** 37
internal combustion engine, single-cylinder ~ **190** 6
internal combustion engine, two-stroke ~ **190** 6
internal combustion engines **190**
internal facing tool **149** 51
International Signals Code **253** 29
interrogation mark **342** 20
interrogation point **342** 20
interrupter **153** 55
intersection **347** 12
intersection of sets **348** 4
interspacing **175** 13
inter-stage connector **234** 31, 36
inter-stage section **234** 31, 36
inter-tank connector **234** 16
inter-tank section **234** 16
intervals **321** 6-13
intestine **77** 15
intestine, large ~ **20** 17-22
intestine, small ~ **20** 14-16
intestines **20** 14-22
intestinum crassum **20** 17-22
intestinum tenue **20** 14-16
intrusion **11** 30
inundation area **216** 41
inverness **186** 32
invertebrates **357**
inverted comma **342** 26
inverted flight **288** 9
involucre **59** 50
ion chamber **2** 2, 17
ionization chamber **2** 2, 17
ionizing particle **1** 58
ionosphere *Atmos.* **7** 23
ionosphere *Post* **237** 55
iris *Man* **19** 42
iris *Flower Gdn.* **51** 27
iris *Gdn. Flowers* **60** 8
iron *Shoem.* **100** 9
iron *Tailor* **104** 29
iron *Ball Games* **293** 92
iron, electric ~ **50** 6
iron, lightweight ~ **50** 6
iron, molten ~ **148** 11
iron, slater's ~ **122** 84
iron, square ~ **143** 9
Iron Age **328** 21-40
iron and steel works **147**
ironer **103** 19
iron foundry **148** 1-45
iron handle **50** 9
ironing board **50** 16
ironing-board cover **50** 17
ironing head **50** 4
ironing machine, electric ~ **50** 1
ironing surface *Household* **50** 16
ironing surface *Dressm.* **103** 23
ironing table **50** 15
iron ladle **147** 12, 21, 42
iron pyrites **351** 8
iron runout **147** 11
irons **50** 1-20
iron well **50** 18
irradiation table **2** 36
irrigation, overhead ~ **67**
irrigation system, portable ~ **67** 3
irrigation unit, long-range ~ **67** 18
ischium **17** 19
island *Phys. Geog.* **13** 6
island *Warships* **259** 3
island *Park* **272** 55
isobar **9** 1
isocheim **9** 42
isohel **9** 44
isohyet **9** 45
isometric crystal system **351** 1-17
isosceles triangle **346** 27
isoseismal **11** 37
isothere **9** 43
isotherm **9** 40
issue desk **262** 20
Italian ryegrass **69** 26
italics **175** 7
ITOS satellite **10** 64
ivory carver **135**

J

jack *Ship* **223** 54
jack *Army* **255** 68
jack *Fire Brig.* **270** 12
jack *Sports* **305** 23
jack *Music. Instr.* **322** 50
jack, hydraulic ~ **85** 45
jackal **367** 11
jack boot **355** 58
jack chain, endless ~ **157** 17
jacket **29** 51; **31** 2; **33** 2
jacket, baby's ~ **28** 25; **29** 9
jacket, casual ~ **33** 39
jacket, cork ~ **282** 19
jacket, denim ~ **33** 21
jacket, leather ~ **33** 43
jacket, metallic ~ **294** 15
jacket, mink ~ **30** 1
jacket, oilskin ~ **228** 6
jacket, padded ~ **300** 6
jacket, pile ~ **29** 44
jacket, poplin ~ **31** 37
jacket, short-sleeved ~ **33** 26
jacket, suede ~ **30** 58
jacket button **33** 55
jacket crown **24** 28
jacket flap **185** 38
jack-in-the-box **306** 56
jack panel **311** 16
jack plane **132** 16
jack rafter **121** 61, 63
jack spur, screwed ~ **71** 50
jack spur, strapped ~ **71** 51
jackstaff **223** 53; **258** 4
jackstay **221** 118
jacob's ladder **221** 91
jai alai **305** 67
jam **98** 52
jam, whole-fruit ~ **98** 51
jamb **118** 11; **120** 32, 51
jambeau **329** 54
jam cleat **284** 22
Jamestown weed **379** 8
Japan Current **14** 31
Japanese quince **373** 17
japonica **373** 17
jardin anglais **272** 41-72
javelin **319** 17
javelin throw **298** 51-53
jaw *Man* **16** 17
jaw *Hosp.* **26** 46
jaw *Joiner* **132** 33
jaw *Metalwkr.* **140** 3
jaw, lower ~ *Man* **17** 35
jaw, lower ~ *Horse* **72** 11
jaw, upper ~ **17** 36; **19** 27
jawbone, lower ~ **17** 35
jawbone, upper ~ **17** 36
jaws, inside ~ **149** 71
jaws, outside ~ **149** 70
jaw trap **87** 48
jay **361** 1
jazz band instruments **324** 47-78
jazz guitar **324** 73
jazz trumpet **324** 65
jeans **31** 60; **33** 22
jejunum **20** 15
jellyfish **357** 14
jelly roll **97** 19
J-2 engine **234** 19, 34
jenny **222** 14, 28
jerboa **366** 15
jerkin **355** 45
jerkin head roof **121** 16
jerk with split **299** 4
jersey **291** 56
jersey, padded ~ **292** 26
jess **86** 45
jester **306** 38
jet **83** 19
jet, main ~ **192** 12
jet aeroplanes **231** 7-33
jet airplanes **231** 7-33
jet blower **281** 34
jet condenser **172** 16
jet engine **231** 26
jet engines **232** 33-50
jet fuel tank **146** 18
jet nozzle **153** 29
jet of water **272** 22
jet planes **231** 7-33
jet pump **216** 62
jets **231** 7-33
jet stream level **7** 5
jet trainer **257** 1-41
jet turbine **231** 26
jet turbine engine **231** 26
jet turbine engines **232** 33-50
jet turbines **232** 33-50
jetty *Map* **15** 59
jetty *Docks* **225** 30, 66
jetty *Park* **272** 46
jetty *Camping* **278** 13
jetty *Rowing* **283** 19
jewel **110** 33; **355** 17

jewel box **36** 31
jewel case **36** 31
jewellery **36**; **36** 1
jewellery department **271** 62
jewelry **36** 1
jib *Bldg. Site* **119** 36
jib *Ship* **220** 2
jib *Docks* **226** 24, 49
jib *Army* **255** 95
jib *Sailing* **284** 16; **285** 3
jib, flying ~ **219** 23
jib, inner ~ **219** 21
jib, outer ~ **219** 22
jib boom **218** 51; **219** 1
jib crane **222** 34
jib downhaul **284** 17
jibe **285** 28
jibing **285** 26
jib sheet **284** 23
jib stay **219** 14
jig **134** 42
jiggering **161** 14
jig saw **108** 12
jigsaw puzzle **48** 9
jigsaw puzzle piece **48** 10
jimpson weed **379** 8
jimson weed **379** 8
jiu-jitsu **299** 13-17
job advertisement **342** 70
jockey **22** 68
jockey cap **35** 8
jockey roller **181** 45
jockey wheel **278** 54
jogger **249** 56
join **122** 94
joiner **132** 38; **133**
joiner's tools **132** 1-28
joining of modules **242** 70
joint *Phys. Geog.* **13** 50
joint *Plumb. etc.* **126** 38
joint *Railw.* **202** 11
joint *Industr. Plants* **383** 63
joint, pre-packed ~ **96** 22
joint, universal ~ **284** 6
joint and side pasting attachment **185** 28
joint cutter **201** 16
joint-cutting blade **201** 17
jointed charlock **61** 21
jointer **133** 37
joint vice **108** 34
joist **121** 54
joist shuttering **119** 12
joke **306** 56
jollying **161** 14
Jordan **172** 27, 60, 73, 83
Jordan refiner **172** 27, 60, 73, 83
journal **143** 63
joust **329** 71
jousting helmet *Heraldry* **254** 4
jousting helmet *Chivalry* **329** 77
judge *Cyc. Racing* **290** 5
judge *Sports* **299** 43
judo **299** 13-17
judoist **299** 14
judoka **299** 14
judo throw **299** 17
jug **39** 30
jug, clay ~ **260** 78
juice extractor **40** 19
ju-jitsu **299** 13-17
jumbo derrick boom **221** 25, 62
jumbo jet **231** 14
jump **289** 21
jumper *Child. Clothes* **29** 43
jumper *Equest.* **289** 9
jumper, child's ~ **29** 47
jumper, cowl neck ~ **30** 2
jumper, polo neck ~ **30** 7
jumper, short-sleeved ~ **31** 67
jumping **298** 9-41
jumping hoop **307** 58
jumping jack **306** 52
jumping rope **273** 15, 16
jumping saddle **289** 10
jumping sheet **270** 18
jump rope **273** 16
jump-sit-spin **302** 8
jump ski **286** 62
jumpsuit **31** 53
jump throw **292** 3
junior hacksaw **127** 52
juniper berry **372** 52
juniper tree **372** 47
junk **353** 32
junk stall **308** 60
Jupiter **4** 48
just **329** 71
justifying scale **174** 35
jute **383** 25

K

kail **57** 34
kale **57** 34
kangaroo **366** 3
kapok tree **383** 20
karabiner **300** 46
karabiner hole **300** 35
karate **299** 18-19
karateka **299** 18
karst formation **13** 71-83
karst spring **13** 74
kart **305** 83
karting **305** 82
kayak **283** 4; **353** 12
kayak, folding ~ **283** 61, 62, 67
kayak, one-man ~ **283** 54
kayak, two-seater ~ **283** 61
kayaks **283** 68-70
Keel *Astron.* **3** 46
keel *Shipbuild.* **222** 22
keel *Space* **235** 7
keel *Rowing* **283** 32
keel *Sailing* **285** 32
keel, lead ~ **285** 36
keel, vertical ~ **222** 53
keel arch **336** 36
keel block **222** 39
keel-centreboard yawl **285** 37-41
keel plate **222** 49
keelson **222** 53; **283** 50
keep **329** 4
keep net **89** 28
kegellade chest **326** 12-14
kelly **145** 14
kelson **222** 53; **283** 50
kerb **198** 6; **272** 25
kerbstone **198** 7
kerbstone broker **251** 5
kerbstoner **251** 5
kerf **84** 28
kernel **68** 13; **383** 44
kerosene **145** 60
kerosene tank **234** 9
kerria **373** 28
ketchup **45** 43
kettle, brass ~ **42** 14
kettle, whistling ~ **39** 16; **40** 10
kettledrum **323** 57
Keuper **154** 57
key *Map* **14** 27-29
key *Metalwkr.* **140** 33-35
key *Town* **268** 4
key *Music. Instr.* **322** 28, 38, 49; **323** 32, 35; **324** 40; **326** 8
key, black ~ **325** 5
key, ebony ~ **325** 5
key, flat ~ **140** 48
key, gib-headed ~ **143** 74
key, iron ~ **328** 32
key, ivory ~ **325** 4
key, sunk ~ **143** 73
key, white ~ **325** 4
key action **325** 22-39
keyboard *Composing Rm.* **174** 32, 37; **176** 2
keyboard *Post* **236** 44; **237** 70
keyboard *Office* **245** 27; **249** 2-6
keyboard *Music. Instr.* **322** 28; **324** 40; **325** 4-5
keyboard, lower ~ **322** 47
keyboard, upper ~ **322** 46
keyboard console **176** 1
keyboard instrument **325** 1
keyboard operator **176** 4
keyboard send-receive teleprinter **176** 31
keyboard side **324** 39
keyboard unit **176** 1
keyhole **140** 40
keyhole saw **120** 63; **126** 70; **132** 3
key lever **322** 38, 49; **326** 8
key mechanism **325** 22-39
key rack **267** 3
keys *Mach. Parts etc.* **143** 73-74
keys *Music. Not.* **320** 55-68
key seat **143** 85
key signatures **320** 50-54
key slot **143** 85
keystone **336** 23
keyway **143** 66, 85
kick-back guard **132** 47; **157** 59
kicker **292** 10
kicking strap **284** 21
kick stand **187** 34
kickstarter **188** 39, 43; **189** 38
kidney, left ~ **20** 30-31
kidney, right ~ **20** 28
kidney dish **23** 45
kidney vetch **69** 6
kieselguhr **93** 3
kieselguhr filter **93** 4
kill *Hunt.* **86** 38
kill *Bullfight. etc.* **319** 30
killer **94** 1
kiln **92** 19
kiln, circular ~ **159** 19
kiln, rotary ~ **160** 8
kilning floors **92** 16-18
kilns **161**
kilometer *see* kilometre
kilometre sign **216** 44
kimono **353** 40
kindergarten **48**
king **276** 8
King Carnival **306** 58
king cup **375** 8
kingfisher **360** 8
king penguin **359** 4
king pin roof structure **121** 42
king post **223** 35
king post, ventilator-type ~ **221** 58
king's fern **377** 16
Kipp generator **350** 59
Kipp's apparatus **350** 59
Kirghiz **353** 22
Kirschner beater **163** 25
kit **322** 20
kitchen **39**
kitchen *Butch.* **96** 31-59
kitchen *Railw.* **207** 29, 80
kitchen, ship's ~ **223** 42
kitchen appliances **40**
kitchen cabinet **207** 35
kitchen chair **39** 43
kitchen clock **39** 20; **109** 34
kitchen cupboard **39** 8
kitchen lamp **39** 39
kitchen roll **40** 1
kitchen scales **309** 84
kitchen table **39** 44
kitchen unit **46** 29
kitchen utensils **40**
kite *Playground* **273** 41, 42
kite *Maths.* **346** 38
kite *Birds* **362** 11
kite, paper ~ **260** 71
kite string **273** 44
knapsack **86** 3
knapsack sprayer, plunger-type ~ **83** 43
knapweed **376** 12
kneading machine **97** 55
knee *Man* **16** 50
knee *Horse* **72** 22
knee-breeches **33** 40
kneecap *Man* **17** 23
knee cap *Chivalry* **329** 53
kneeler **332** 25
knee lever **325** 45
kneeling front support **295** 20
kneeling position *Free Exerc.* **295** 8
kneeling position *Sports* **305** 28
knee mounting **113** 21
knee pad *Ball Games* **292** 9
knee pad *Winter Sp.* **303** 17
knee piece **329** 53
knee roll **71** 48
knee strap **33** 41
knee swell **325** 45
knife *Tablew. etc.* **45** 7, 50
knife *Forestry* **85** 11
knife *Paperhanger* **128** 38
knife *Paperm.* **172** 74
knife *Swim.* **279** 8
knife, bookbinder's ~ **183** 13
knife, bronze ~ **328** 31
knife, butcher's ~ *Slaughterho.* **94** 15
knife, butcher's ~ *Butch.* **96** 37
knife, cobbler's ~ **100** 50
knife, electrician's ~ **127** 63
knife, gardener's ~ **56** 9
knife, gilder's ~ **129** 51
knife, hafted ~ **328** 31
knife, shoemaker's ~ **100** 50
knife, surgical ~ **26** 43
knife blade **96** 32
knife case **94** 12
knife coulter **65** 10
knife handle **96** 34
knife rest **45** 11
knife thrower **307** 37
knight *Games* **276** 11
knight *Chivalry* **329** 67
knighting **329** 66
Knight Templar **329** 73
knit **101** 43
knits **171**
knits, basic ~ **171** 30-48
knit stitch **101** 43
knitting **167**
knitting head **167** 21
knitting machine, circular ~ **167** 1
knitting machine, flat ~ **167** 18
knives, butcher's ~ **96** 31-37
knob **359** 17
knob, adjustable ~ **151** 3
knobkerrie **354** 33
knobkerry **354** 33
knob-leaf capital **333** 14
knockout **299** 40
knock-over bit **167** 52
knot *Meteorol. etc.* **9** 12

knot *Ladies' Wear* **31** 47
knot *Underwear etc.* **32** 42
knot *Roof* **122** 68
knot, French ~ **102** 13
knot hole cutter **132** 53
knot hole moulding machine **132** 52
knot stitch, twisted ~ **102** 13
knotted work **102** 21
knotter **172** 54; **173** 13
knotting machine **85** 18
knuckle *Man* **19** 82
knuckle *Meat* **95** 38, 42, 49
knuckle, fore ~ **95** 5, 8
knuckle, hind ~ **95** 1, 10
knuckle of pork **96** 17
Kocher's forceps **22** 49
kohlrabi **57** 26
Kort vent **227** 21
koruna **252** 27
kraft pulp mill **172** 1-52
KR class **284** 63
kris **353** 44
krona **252** 25
krone **252** 24, 26
Krüger flap **229** 55
krummhorn **322** 6
Kuroshio **14** 31
Kuro Siwo **14** 31
kursaal **274** 8
kymation **334** 19

L

label **54** 4
laboratory **23** 41-59
laboratory, multi-purpose ~ **235** 66
laboratory and research microscope **112** 1
laboratory apparatus *Doc.* **23** 57
laboratory apparatus *Paperm.* **173** 2-10
laboratory apparatus *Chem.* **349** 1-38; **350** 1-63
laboratory equipment *Doc.* **23** 57
laboratory equipment *Paperm.* **173** 2-10
laboratory equipment *Chem.* **349** 1-38; **350** 1-63
laboratory microscope **112** 1
laboratory technician **23** 41
laboratory timer **116** 18
laborer *see* labourer
labourer, bricklayer's ~ **118** 19
labourer, builder's ~ **118** 19
Labrador Current **14** 40
labret **354** 23
laburnum **374** 32
labyrinth **17** 62
lace **100** 64; **291** 32
lace, cotton ~ **31** 32
lace, Venetian ~ **102** 30
lace fastening **101** 21
lackey **186** 20
lackey moth **80** 13
lacolith **11** 30
lacquered work, incised ~ **337** 6
lacquey **186** 20
lactam oil **170** 37
ladder *Moon L.* **6** 35
ladder *Roof & Boilerr.* **38** 15
ladder *Child. Rm.* **47** 5
ladder *Fruit & Veg. Gdn.* **52** 8
ladder *Bldg. Site* **118** 42
ladder *Railw.* **211** 43
ladder *Hydr. Eng.* **217** 8
ladder *Space* **235** 28
ladder, aluminium ~ **50** 35
ladder, arched ~ **5** 20
ladder, extending ~ **270** 10
ladder, standard ~ **118** 86
ladder, steel ~ **270** 10
ladder dredge, multi-bucket ~ **216** 56
ladder hook **122** 15, 69
ladder mechanism **270** 11
ladder operator **270** 13
ladder scaffold **118** 86-89
'ladies' **233** 48
'ladies' toilet' **233** 48
ladies' wear **30**; **31**
ladies' wear department **271** 28
ladle **130** 32
ladle, crane-operated ~ **147** 60
ladle, drum-type ~ **148** 6
ladle, mobile ~ **148** 6
lady *Café* **265** 23
lady *Hist. Cost.* **355** 59, 64, 68, 70, 79
ladybird **358** 37
ladybug **358** 37
lady-finger **69** 6
lady's finger **69** 6
ladysmock **375** 11
lady's slipper **376** 27
lady's smock **375** 11
lager **93** 26
lager cellar **93** 12
lagging **38** 72
lagoon **13** 33
lake **13** 3
lake, coastal ~ **13** 44
lake, ox-bow ~ **15** 75
lake dwelling **328** 15
lamantin **366** 23
lamb **73** 13; **75** 11
lamb's lettuce **57** 38
lamellicorn **82** 1
lamellicorn beetle **358** 24, 39
lamina **68** 20; **370** 28, 85
laminate **301** 48
lamp *Dent.* **24** 19
lamp *Dining Rm.* **44** 12
lamp *Watchm.* **109** 12
lamp *Carriages* **186** 9
lamp *Street Sect.* **198** 18
lamp *Nightclub* **318** 26
lamp, directional ~ **22** 44
lamp, fluorescent ~ **49** 32; **271** 23
lamp, front ~ **188** 29
lamp, individual ~ **26** 11
lamp, pendant ~ **44** 12
lamp, rear ~ **187** 46
lamp, side ~ **191** 20
lamp bracket *Photomech. Reprod.* **177** 16
lamp bracket *Bicycle* **187** 6
lamp compartment **177** 41
lampholder **127** 60
lamphouse **112** 28, 59; **116** 29; **309** 44; **312** 39-44
lamphouse connector **112** 60
lamp housing **116** 29
lamp post **198** 18
lam rod **166** 54
lance *Gdn. Tools* **56** 25
lance *Bullfight. etc.* **319** 17
lance *Chivalry* **329** 81
lance *Ethnol.* **353** 9
lanceolate **370** 32
lancer **319** 16
lance rest **329** 80
lancet arch **336** 31
lancet window **335** 39-41
land **87** 39
landau **186** 36
landaulette **186** 36
land drill **282** 20
landfill, sanitary ~ **199** 10
landing *Floor etc. Constr.* **123** 34-41
landing *Athletics* **298** 19
landing, intermediate ~ **123** 52-62
landing area **298** 36, 39
landing beam **123** 34, 55
landing beam, main ~ **123** 66
landing craft **258** 89; **259** 46
landing flap **229** 42; **230** 53; **257** 38; **288** 29
landing gear, hydraulically operated ~ **235** 31
landing gear, main ~ **235** 31
landing gear, retractable ~ **232** 10
landing gear housing **256** 15
landing gear hydraulic cylinder **257** 41
landing gear unit, forward-retracting ~ **257** 40
landing gear unit, main ~ **230** 41; **231** 28; **257** 40; **288** 33
landing gear unit, retractable ~ **231** 28
landing light **230** 49; **257** 37; **288** 32
landing mat **296** 13; **297** 7
landing net **89** 2
landing pad *Moon L.* **6** 33
landing pad *Athletics* **298** 36
landing pontoon **225** 63
landing skid **232** 15; **256** 21
landing stage **225** 63; **278** 13; **283** 19
landing unit, main ~ **256** 26
landlord **305** 7, 13
landside **65** 5, 67
landslide **11** 46
landslip **11** 46
land surveying **14** 46-62
land wheel **65** 15
lane *Map* **15** 112
lane *Forestry* **84** 1
lane arrow **268** 73, 74
lane timekeeper **282** 24
language laboratory **261** 35
languid **326** 28
lansquenet **355** 32
lantern *Carriages* **186** 9
lantern *Ship* **218** 44; **221** 48
lantern *Navig.* **224** 105
lantern *Art* **335** 45
lantern, Chinese ~ **353** 36
lantern, combined ~ **286** 13
lantern, paper ~ **52** 15; **306** 4
lantern mast **224** 82
lantern tower **224** 82
lanyard **284** 19
lap *Dom. Anim.* **73** 23
lap *Roof* **122** 100
lap *Cotton Spin.* **163** 58, 64
lap, carded ~ **163** 47
lapboard **136** 7
lap cradle **163** 15
lapel **31** 23; **33** 5
lapel, silk ~ **33** 8
lapping plate **125** 4
lap riveting **143** 56
lap scorer **290** 6
lap-turner, movable ~ **163** 19
lapwing **359** 21
larch **372** 32
larch cone **372** 36
lard **96** 5
large cabbage white butterfly **80** 47
larks **361** 18-19
larkspur **60** 13
larmier **88** 14
larry **144** 8; **156** 6
larry car **144** 8; **156** 6
larva **58** 64; **77** 29; **80** 6, 19, 36, 38, 41, 46; **81** 20; **358** 9, 19; **82** 12, 25, 36
larva, first-generation ~ **80** 23
larva, mature ~ **80** 53
larva, second-generation ~ **80** 24
larva, young ~ **77** 28; **80** 54
larynx **20** 2-3
laser **242** 81
laser beam **243** 53
lashing *Bldg. Site* **118** 30
lashing *Ship* **218** 32; **221** 119
lasso **319** 40; **352** 5
last **100** 34
last, iron ~ **100** 54
last, wooden ~ **100** 32
latch bolt **140** 37
latch needle **167** 12, 56, 61
lateen sail **218** 29; **220** 3
lateen spanker **218** 29
lateen yard **218** 30
La Tène period **328** 21-40
lateral **144** 30
lath **123** 70
lath, double ~ **122** 43
lath, tilting ~ **122** 43
lath, toothed ~ **122** 26
lath axe **122** 21
lathe **135** 1
lathe, watchmaker's ~ **109** 20
lathe bed **135** 2; **149** 31
lathe carrier **149** 54
lathe foot **149** 12
lathe spindle **149** 20
lathe tool **149** 48, 52
lathe tools **149** 45-53
lathing **123** 71
latissimus dorsi **18** 59
latitude **14** 6
latrine **118** 49
lattice casing **221** 84
lattice girder **235** 12
lattice mast **258** 18
lattice swing bridge **215** 63
launch **225** 25
launcher **258** 49
launching container **258** 32
launching housing **259** 26
launching ramp **255** 66
launch phase escape tower **234** 66
lauter battery **92** 51
lauter tun **92** 50
lava plateau **11** 14
lava stream **11** 18
lavatories **317** 31
lavatory **49** 12; **146** 29; **207** 16, 42, 72; **211** 59; **231** 31; **278** 5
lavatory, public ~ **268** 62
lavender **380** 7
lawn **37** 46; **51** 33; **272** 36; **274** 12
lawn aerator **56** 15
lawn mower, electric ~ **56** 31
lawn mower, motor ~ **56** 28
lawn rake **51** 3; **56** 3
lawn sprinkler **37** 43; **56** 43
lay-by **217** 27
layer **54** 11, 12
layer, bast ~ **54** 35
layer, bituminous ~ **200** 58
layer, level ~ **123** 39
layer, raffia ~ **54** 35
layer, top ~ **123** 41
layer cloud **8** 3, 4, 8, 9, 10
layering **54** 10
layette **28**
layette box **28** 18
lay figure **338** 31

laying battery **74** 19
laying hen **74** 57
laying-on trowel **118** 56
laying up **216** 14
lay shaft **192** 37
L-D converter **147** 45-50
lead *Kitch.* **39** 25
lead *Dog* **70** 30
lead *Slaughterho.* **94** 9
lead *Arc Weld.* **142** 25
lead *Navig.* **224** 59
lead, electric ~ *Household* **50** 77
lead, electric ~ *Gdn. Tools* **56** 32
lead, oval ~ **89** 88
lead, pear-shaped ~ **89** 90
lead, spare ~ **151** 46
lead came **124** 13
leader *Dwellings* **37** 13
leader *Roof & Boilerr.* **38** 10
leader *Fish Farm.* **89** 78
leader *Photog.* **114** 9
leader *Carriages* **186** 46
leader *Mountain.* **300** 25
leader *Script* **342** 48
lead hammer **124** 11
leading article **342** 48
leading edge *Sailing* **284** 42
leading edge *Gliding* **287** 34
leading edge, carbon fibre reinforced ~ **235** 32
leading-edge flap, profiled ~ **229** 54
leading lady **310** 27
leading light, higher ~ **224** 102
leading light, lower ~ **224** 101
leading lights **224** 101-102
leading man **310** 28
leading soloist **314** 28
lead-in tube **153** 40
lead knife **124** 12
leadline **224** 60
leads **89** 88-92; **224** 58-67
leadscrew **149** 19, 32
leadscrew handwheel **149** 13
leadscrew reverse-gear lever **149** 6
lead shot **89** 89
lead sinker **224** 59
leaf **58** 3, 53; **59** 17; **68** 8; **333** 24; **370** 19, 26; **371** 21, 23, 27, 29, 68; **372** 23; **373** 3, 16, 25; **374** 28; **375** 2; **378** 15, 18, 19, 41, 45; **384** 55, 62
leaf, alternate pinnate ~ **59** 40
leaf, basal ~ **375** 9, 12, 15, 30; **383** 2
leaf, pinnate ~ **57** 3
leaf, sprouting ~ **59** 29
leaf, ternate ~ **58** 19
leaf, trifoliate ~ **58** 19
leaf, young ~ **59** 29
leaf axil **370** 25; **375** 38
leaf blade **68** 20; **370** 28, 85
leaf bud **59** 47; **370** 90
leaf cluster, rooted ~ **54** 17
leaf drop **80** 20
leaf fat **95** 45
leaflet **263** 9
leaf margin shapes **370** 43-50
leaf ornament **334** 40
leaf roller **82** 43
leaf shapes **370** 31-38
leaf sheath **68** 9, 21; **370** 83; **384** 30
leaf stalk **370** 27; **371** 73
leaf tendril **57** 4
leaf vegetables **57** 28-34
leakage steam path **153** 28
lean forward **301** 36
lean-to roof **37** 78; **121** 7
leaping hind leg **358** 11
learner-swimmer **282** 17
learning programme, audio-visual ~ **242** 7
lease rod **166** 38
leash **70** 30
leather beetle **81** 22
leathers **290** 26
leather side **131** 13, 18
leaves **276** 43
leaves, compound ~ **370** 39-42
lebkuchen **97** 51
lectern **262** 4; **330** 2, 37
lecture **262** 1
lecture notes **262** 5
lecturer **262** 3
lecture room **262** 2
lecture theatre **262** 2
lederhosen **29** 32
ledge *Photograv.* **182** 23
ledge *Mountain.* **300** 4
ledge, cushioned ~ **277** 16
ledger **118** 26
ledger tube **119** 48
leeboard **220** 7; **283** 63
leech *Sailing* **284** 45
leech *Invertebr.* **357** 20
leech pocket **284** 43
leek **57** 21
lee waves **287** 17
left **254** 19,21,23
left corner pin **305** 6
left front second pin **305** 2
left hook **299** 33
left luggage locker **204** 21
left luggage office **204** 27
left tank fuel gauge **230** 16
leg *Man* **16** 49-54; **17** 22-25
leg *Game* **88** 21, 37, 81
leg *Meat* **95** 1, 38
leg *Mach. Parts etc.* **143** 2
leg *Maths.* **346** 27
leg, back ~ **82** 8
leg, broken ~ **21** 11
leg, downwind ~ **285** 23
leg, first ~ **285** 19
leg, fractured ~ **21** 11
leg, front ~ **82** 6
leg, hind ~ *Dog* **70** 7
leg, hind ~ *Horse* **72** 33-37
leg, hind ~ *Bees* **77** 3, 6-9
leg, hind ~ *Game* **88** 22, 63
leg, middle ~ **82** 7
leg, second ~ **285** 20
leg, third ~ **285** 21
leg, tubular ~ **114** 44
leg, vertical ~ **143** 4
leg, windward ~ **285** 22
leg armour **319** 19
legato **321** 33
leg boot, high ~ **101** 7, 13
leg boot, men's ~ **101** 7, 13
legend **252** 11
leg feather **362** 3
leggings **28** 24; **29** 45; **352** 17
leg holder **23** 11
leg of mutton piece **95** 22, 29
leg ring **74** 54
legs **82** 6-8
leg space ventilation **191** 81
leg support **23** 10, 11
legume **57** 6; **370** 92
legume, immature ~ **374** 22
legume, unripe ~ **374** 22
Leguminosae **57** 1-11
leg vice **140** 10
Leine rock salt **154** 64
leisure centre **281**
lemon **384** 23
lemonade **265** 15
lemonade glass **265** 16
lemon peel, candied ~ **98** 10
lemon squeezer **40** 9
lending library **262** 18
length adjustment **100** 20
lengthening arm **151** 57
lengths of material **104** 2
length stop **157** 68
lens *Man* **19** 48
lens *Photog.* **115** 32, 84; **116** 32
lens *Composing Rm.* **176** 23
lens *Audiovis.* **243** 2, 52
lens *Films* **313** 2
lens *Crystals* **351** 33
lens, bifocal ~ **111** 15
lens, concave and convex ~ **111** 41
lens, convex and concave ~ **111** 42
lens, fisheye ~ **115** 44
lens, flat ~ **111** 38
lens, flush ~ **114** 5
lens, interchangeable ~ **112** 62; **115** 43
lens, long focal length ~ **115** 48
lens, long-focus ~ **115** 49
lens, medium focal length ~ **115** 47
lens, negative ~ **111** 37
lens, normal ~ **115** 3-8, 46; **117** 49
lens, plano-concave ~ **111** 39, 40
lens, positive ~ **111** 37
lens, short focal length ~ **115** 45
lens, special ~ **111** 38
lens, standard ~ **115** 3-8, 46; **117** 49
lens, telephoto ~ **115** 48
lens, variable focus ~ **117** 2
lens, varifocal ~ **117** 2
lens, wide-angle ~ **115** 45; **117** 48
lens barrel **115** 3
lens carrier **177** 27
lens case **115** 104
lens head **117** 46-49
lens hood **313** 3, 10
lens hood barrel **313** 5
lens hood bellows **313** 39
lens panel **112** 18
lens pouch, soft-leather ~ **115** 105
lens standard **114** 52
lens surface **111** 37
lens system **242** 83
lens turret **117** 46; **313** 32
lenticular **287** 19
Lent lily **60** 3, 12
Leo **3** 17; **4** 57
Leonberger **73** 16
leopard **368** 6
leotard **297** 51
Lepidoptera **358** 48-56; **365**
lepton **252** 39
lesene **335** 11
Lesser Bear **3** 34
lesser celandine **375** 36
Lesser Dog **3** 15
lesser housefly **81** 1
less-than-carload freight **206** 4
let-off motion **166** 59
let-off weight lever **166** 62
let-out section **131** 7
let-out strip **131** 7
letter **174** 44
letter, capital ~ **175** 11
letter, double ~ **175** 6
letter, initial ~ **175** 1
letter, lower case ~ **175** 12
letter, small ~ **175** 12
letter, upper case ~ **175** 11
letter carrier **236** 53
letter container **236** 32
letter feed **236** 31
letter flags **253** 22-28
letter-folding machine **249** 44
lettering **129** 40
lettering brush **129** 41
lettering stencil **151** 69
letter matrix **174** 47; **176** 16
letterpress machine, rotary ~ **181** 41
letterpress machine, web-fed ~ **181** 41
letterpress press, rotary ~ **181** 41
letterpress printing **181**
letterpress printing machines **181** 1-65
letterpress printing method **340** 1-13
letter rack **267** 2
letter-rate item **236** 55
letters, illuminated ~ **268** 45
letter scales **236** 24
letter-sorting installation **236** 31-44
letter spacing **175** 13
letter tray **245** 30; **248** 41
lettuce **57** 36
lettuce leaf **57** 37
leucite **351** 12
levade *Horse* **71** 4
levade *Circus* **307** 30
levee **13** 9; **216** 49
level **14** 48
level, lower ~ **217** 17
level, motor-driven ~ **112** 69
level, upper ~ **217** 25
level crossing **15** 26
level crossing, protected ~ **202** 39
level crossing, unprotected ~ **202** 49
level crossings **202** 39-50
level indicator **316** 57
leveling *see* levelling
levelling **14** 46
levelling and support shovel **255** 94
levelling beam **201** 3, 4
levelling blade **200** 18
levelling staff **14** 47
lever *Plumb. etc.* **126** 19
lever *Sawmill* **157** 46
lever *Cotton Spin.* **164** 42
lever *Office* **249** 50
lever *Graphic Art* **340** 61
lever for normal and coarse threads **149** 4
lever hang **296** 56
lever mechanism **203** 54
liberty horses **307** 30-31
Libra **3** 19; **4** 59
librarian **262** 14, 19
library, municipal ~ **262** 11-25
library, national ~ **262** 11-25
library, regional ~ **262** 11-25
library, scientific ~ **262** 11-25
library, ship's ~ **223** 25
library ticket **262** 25
library user **262** 24
license plate **189** 8
lichgate **331** 19
licker-in **163** 53
licker-in roller **163** 53
licker-in undercasing **163** 54
lid *Kitch. Utensils* **40** 13
lid *Electrotyp. etc.* **178** 37
lid *Chem.* **350** 52
lid, glass ~ **269** 56
lid, hinged ~ **127** 24

lid, sliding ~ **179** 2
lid clip **50** 83
lido deck **223** 22
Lieberkühn reflector **115** 97
liege lord **329** 67
lifebelt **221** 124; **222** 24; **280** 3; **281** 6
lifebelt light **221** 125
lifeboat *Offshore Drill.* **146** 19
lifeboat **221** 78, 107; **223** 19
lifeboat launching gear **221** 101-106
lifebuoy *Ship* **221** 124
lifebuoy *Shipbuild.* **222** 24
lifebuoy *Bathing* **280** 3
lifebuoy light **221** 125
lifeguard **280** 1
lifeguard station **280** 46
life jacket **286** 20
life jacket, cork ~ **228** 9
life jacket, inflatable ~ **228** 8
life line **19** 72
lifeline **221** 103; **228** 12; **280** 2
life preserver, cork ~ **228** 9
life raft **228** 19; **258** 11; **286** 19
life rocket **228** 2
lifesaver **21** 36; **280** 1
life saving **228**
life support pack **6** 20
life support system **6** 20
lift *Ship* **219** 47
lift *Store* **271** 45
lift *Theatre* **316** 33
lift, hydraulic ~ **195** 25, 26
lift, vertical ~ **170** 36
liftback **193** 29
lift bridge **225** 70
lift cage **271** 46
lift car **271** 46
lift chair **214** 16
lift chair, double ~ **214** 17
lift controls **271** 48
lift device **103** 24
lift dump **229** 42
lifter *Agr. Mach.* **64** 59
lifter *Sawmill* **157** 46
lifter rail **164** 30
lifter roller **181** 63
lifting arm **255** 76
lifting bolt **164** 37
lifting crane **270** 48
lifting device **255** 76
lifting gear **206** 56
lifting hook **85** 6
lifting motor **150** 22
lifting platform **232** 19
lifting rod **65** 29
lifting rod adjustment **65** 25
lifting spindle **217** 36
lifting undercarriage **232** 18
lift-off hinge **140** 49
lift operator **271** 47
lift platform **173** 40
lift shaft **271** 51
ligament, falciform ~ **20** 34
ligature *First Aid* **21** 14-17
ligature *Composing Rm.* **175** 6
ligature-holding forceps **26** 44
light **106** 8; **210** 46; **224** 69
light, flashing ~ **270** 6
light, fluorescent ~ **271** 23
light, leaded ~ **124** 14
light, polar ~ **7** 30
light, rear ~ **187** 46; **189** 9
light, supplementary ~ **203** 17
light ale **93** 26
light and bell buoy **224** 74
light and whistle buoy **224** 68
light beer **93** 26
light box **179** 25
light bulb **127** 69; **318** 26
light-emitting diode readout **110** 2
lighter **216** 25; **225** 8, 25
lighter, disposable ~ **107** 30
lighter, tug-pushed ~ **221** 94
lighterman **216** 26
light face **175** 8
lighthouse *Map* **15** 8
lighthouse *Navig.* **224** 103
lighting, external ~ **197** 32
lighting, indirect ~ **317** 12
lighting, internal ~ **197** 32
lighting aperture **334** 75
lighting bridge, travelling ~ **316** 19
lighting console **316** 2
lighting control console **316** 2
lighting effects **316** 2
lighting electrician **310** 37
lighting gallery, travelling ~ **316** 19
lighting man **310** 37; **316** 20
lighting operator **316** 20
lighting plot **316** 3
lighting station **226** 27
lighting technician **307** 4
lightning **9** 39
lightning arrester **152** 35
lightning conductor **38** 30
lightning rod **38** 30
light plot **316** 3
light railway diesel locomotive **200** 24
light rays **1** 62
light readout **195** 9
lights, set of ~ **268** 54
light section tube **112** 38
light-sensitive section **77** 22
lightship *Map* **15** 13
lightship *Ship* **221** 47
lightship *Navig.* **224** 81
light source *Atom* **1** 59
light source *Optic. Instr.* **112** 52
light source, photometric ~ **112** 50
light stop **5** 22
light vessel **221** 47; **224** 81
ligula **68** 22; **370** 84
ligule **68** 22; **370** 84
lily **60** 12
lily of the valley **377** 2
limb **370** 5
limb, fractured ~ **21** 10
limb, moon's ~ **4** 41
limbing machine **85** 18
limbs **16** 43-54
lime **147** 56
lime, reconverted ~ **172** 52
lime bunker **147** 62
lime kiln **15** 86
limerick **89** 84
lime slaker **172** 51
limestone **160** 1
lime tree **371** 46
limiter display **238** 44
limit switch **241** 60
limousine **193** 1
linden plant **53** 9
linden tree **371** 46
line *Horse* **71** 33
line *Composing Rm.* **175** 4
line *Carriages* **186** 31
line *Railw.* **202** 1-38
line *Theatre* **316** 8
line *Maths.* **346** 1-23
line, curved ~ **346** 21
line, equinoctial ~ **3** 3
line, horizontal ~ **344** 15
line, local ~ **15** 25
line, straight ~ **346** 2-3, 5, 16
linear **370** 31
line block **178** 42
line-casting machine **174** 19
line cut **178** 42
line engraving **178** 42
line etching **178** 42
line glass **124** 6
line guide **89** 60
linen **206** 11
linen, dirty ~ **50** 22
linen bin **50** 21
linen compartment **267** 31
linen drawer **44** 22; **47** 22
linen goods **271** 57
linen shelf **43** 2
linen tester **177** 23
line-of-battle ship **218** 51-60
line of fencing **294** 9
line of latitude **14** 2
line of life **19** 72
line of longitude **14** 4
line of the head **19** 73
line of the heart **19** 74
line of the staff **320** 43
line plate **178** 42
liner **221** 82; **225** 32
lines *Horse* **71** 25
lines *Rowing* **283** 52
line shooting **89** 20
linesman *Railw.* **202** 44
linesman *Ball Games* **291** 59; **293** 69
lines of the hand **19** 72-74
line space adjuster **249** 23
line space and carrier return key **249** 4
line steam injector **210** 41
line-throwing gun **228** 1
lingerie **32** 1-15
lining *Bldg. Site* **119** 54
lining *Hist. Cost.* **355** 57
lining, fireproof ~ **147** 48
lining, knitwear ~ **101** 17
lining, leather ~ **291** 22
lining, refractory ~ **147** 48
lining, tricot ~ **101** 17
lining board *Bldg. Site* **118** 41; **119** 18
lining board *Floor etc. Constr.* **123** 56
lining paper **128** 5
lining paper, shredded ~ **128** 8
link **36** 39
link, lower ~ **65** 28
link, top ~ **65** 27
linkage, three-point ~ **64** 45; **65** 72
linking of modules **242** 70
link-up of modules **242** 70
Linotype line-composing machine **174** 19
Linotype matrix **174** 29
lint **383** 19
lintel **37** 25; **118** 9
lintel, reinforced concrete ~ **118** 13
Linz-Donawitz converter **147** 45-50
Lion *Astron.* **3** 17; **4** 57
lion **307** 56; **356** 5; **368** 2
lip, lower ~ *Man* **19** 26
lip, lower ~ *Horse* **72** 10
lip, lower ~ *Music. Instr.* **326** 26
lip, upper ~ *Man* **19** 14
lip, upper ~ *Horse* **72** 8
lip, upper ~ *Music. Instr.* **326** 27
lip of the pudendum **20** 87
lip of the vulva **20** 87
lip plug **354** 23
liquefied-gas tanker **221** 35
liqueur **98** 58
liqueur decanter **45** 48
liqueur glass **45** 89; **317** 7
liquid-column barometer **10** 1
liquid crystal readout **110** 2
liquid feed pipe **74** 26
liquid hydrogen and liquid oxygen tank, jettisonable ~ **235** 46
liquid hydrogen line **234** 51; **235** 50
liquid hydrogen pump, high-pressure ~ **235** 41
liquid hydrogen suction line **234** 23
liquid hydrogen supply, main ~ **235** 35
liquid hydrogen tank **234** 26, 41
liquid level indicator **316** 57
liquid manure channel **75** 44
liquid manure silo **62** 13
liquid oxygen line **234** 52; **235** 51, 56
liquid oxygen pump, high-pressure ~ **235** 42
liquid oxygen supply line **234** 10
liquid oxygen tank **234** 12, 24, 39
liquid stage **148** 27
liquor **168** 14
liquor, weak ~ **172** 45
liquor preheater **172** 8
liquor pump **172** 33
liquor supply pipe **92** 48
lira **252** 20, 21
literature **330** 57
literature stand **330** 56
litho artist **340** 45
Lithodes **369** 16
lithographer **340** 45
lithographic crayon **340** 26
lithographic press **340** 60
lithographic stone **340** 25, 57
lithography **340** 25-26
lithosphere **11** 1
litter *Poultry Farm* **74** 8
litter *Livestock* **75** 6
litter *Town* **268** 22
litter basket **37** 63; **205** 55; **272** 43; **273** 25
litter bin **37** 63; **205** 55; **268** 5; **272** 43; **273** 25
litter receptacle **196** 12; **207** 55
Little Bear **3** 34
little brain **17** 45; **18** 23
little cluster fungus **381** 33
Little Dipper **3** 34
Little Dog **3** 15
little owl **362** 19
livelong **377** 9
live power take-off **65** 31
live power take-off shaft **65** 31
liver **20** 10, 34-35
livery **186** 21
live sound **117** 100
livestock, small **213** 28
livestock ramp **206** 1
living quarters **224** 108; **227** 19; **259** 84
living room **42**
lizards **364** 27, 30-37
llama **366** 28
load **73** 5
load, driven ~ **226** 19
load, foil-wrapped ~ **226** 9
load, unitized ~ **226** 9, 21
load hook **270** 49
loading bridge **221** 90; **226** 2
loading chamber **116** 6

loading crane 85 28, 44
loading deck 221 34
loading dock 206 9
loading door 207 23
loading foreman 205 30; 206 29
loading gauge 206 22
loading platform *Lorries etc.* 194 3
loading platform *Ship* 221 90
loading siding 206 17
loading strip 206 8
loading supervisor 206 36
loaf, French ~ 97 12
loaf, long ~ 97 8
loaf, round ~ 97 6, 7; 99 14
loaf, small ~ 97 7
loaf, white ~ 97 9
loaf of bread 97 2
loam 120 44; 159 2
loan, personal ~ 250 4
lobby 267 18-26; 315 12-13
lobe 229 30
lobe, pulmonary ~ 20 7
lobe, upper ~ 20 7
lobe of the liver 20 35
lobster fork 45 79
local-battery telephone 224 27; 238 9, 40
lock *Map* 15 58
lock *Hunt.* 87 9
lock *Hydr. Eng.* 217 20
lock approach 217 26
lock chamber 217 20
lock gate 217 18, 32
lock indicator panel 203 63
locking bolt 117 62
locking lever *Atom* 2 40
locking lever *Motorcycles etc.* 188 2
locking lever *Office* 247 42
locking mechanism 246 23
locking nut 143 30; 187 54
lock lever 203 55
locknut 143 30; 187 54
locksmith 140 1
lock washer 202 8
locomotive, articulated ~ 210 64
locomotive, electric ~ 205 35; 211 1
locomotive, elevation of ~ 212 51-67
locomotive, fireless ~ 210 68
locomotive, mainline ~ 212 1
locomotive boiler 210 2-37
locust tree 371 70
loft 37 4; 38 18
log *Forestry* 84 20, 31
log *Maths.* 345 6
log, mechanical ~ 224 54
log, sawn ~ 157 33
log, ship's ~ 224 22
logarithm 345 6
logarithm sign 345 6
log capacity scale 157 10
log chain, endless ~ 157 17
log clock 224 57
log dump 85 32; 157 31
log grips 85 29; 157 13, 39
log grips, pivoted ~ 157 29
logic element 242 68
logic module 242 68
log-kicker arm 157 19
log ladder 273 22
loin *Game* 88 18, 35
loin *Meat* 95 3
loin *Butch.* 96 4
loin, pork ~ 95 46
loincloth 352 38; 354 31
loins *Man* 16 24
loins *Horse* 72 30
loin strap 71 32
long-conductor antenna 230 66
long-distance racing 290 11-15
long-distance runner 298 5
long drink 317 32
long-eared bat 366 9
long-eared owl 362 14
long-fly 296 48; 297 20
long haul airliner 231 13, 14
long horse 296 1
longicorn 358 38
longicorn beetle 358 38
longitude 14 7
long johns 32 29
long jump 298 37-41
long line 90 28
long-line fishing 90 28-29
long-lining 90 28-29
long measure 294 10
long primer 175 27
long rifle cartridge 305 38
longship 218 13-17
long sitting 295 10
longwall face, cut ~ 144 34
longwall face, ploughed ~ 144 33
longwall faces 144 33-37
long-wire antenna 230 66
lookout platform 273 23
loom, automatic ~ 166 1, 35
loom framing 166 24
loop *Knitting* 167 62, 66
loop *Weaves* 171 39
loop *Airsports* 288 1
loop *Winter Sp.* 301 7; 302 15
loop, closed ~ 171 36
loop, open ~ 171 30
loop, platinum ~ 23 15
loop, primary ~ 154 2, 42
loop, secondary ~ 154 7, 45
loop antenna 223 5
loop fastening 30 41
loop formation 167 65
loop former 312 30
loose-leaf file 260 15
Lophocalyx philippensis 369 7
lopping 85 11
lords-and-ladies 379 9
Lord's table 330 4
lorries 194
lorry 226 19
lorry, heavy ~ 194 20; 200 7
lorry, light ~ 194 1, 5
lorry, toy ~ 47 38; 273 62
lorry tyre 273 19
lorry wheel 138 21
lorry with trailer 213 34
loser 299 40
lot 310 1
lottery booth 308 44
lottery ticket seller 266 20
lotus column 333 13
loud hailer 264 12
loud pedal 325 8
loudspeaker 42 10; 241 14; 264 12; 311 46; 317 15; 318 12
loudspeaker, built-in ~ 249 70
loudspeaker aperture 309 19
louis-d'or 252 5
Louis Seize table 336 14
lounge *Living Rm.* 42
lounge *Ship* 223 26
lounge *Airport* 233 18
'lounge' *Airport* 233 28
lourer 321 29
louvre shutter 304 12
love-lies-bleeding 60 21
low 9 5
low box 172 26
lower cable sleeve 214 74
lower fore topgallant sail 219 58
lower fore topgallant yard 219 35
lower fore topsail 219 56
lower fore topsail yard 219 33
Lower Keuper 154 57
lower main topgallant sail 219 64
lower main topgallant yard 219 41
lower main topsail 219 62
lower main topsail yard 219 39
Lower Muschelkalk 154 60
lower station platform 214 51
low house 305 76
low-moor bog 13 14
low-pressure area 9 5
low-pressure manometer 141 6
low-pressure regulator 190 59
low relief 339 33
low-speed aileron 229 41
low-temperature surface insulation 235 15
low tide 280 7
low-voltage bushing 152 44
low-voltage terminal 152 44
lozenge 346 35
L-seat 295 10
L-support 295 16
lubber's line 224 48
lubber's mark 224 48
lubber's point 224 48
lubricant pump, automatic ~ 210 42
lubricating nipple 143 81
lubricating oil 145 62
lubricating oil refinery 145 67
lubricating system, pressure-feed ~ 192 16-27
lubrication hole 187 62
lubrication system 65 45
lubricator 187 62, 65
lubricator, automatic ~ 210 42
lucerne 69 9
ludo 47 19
luff 284 42
luffing 285 9
luffing jib crane 222 23
luge 303 13
luge, junior ~ 303 3
luge toboggan 303 13
luge toboggan, junior ~ 303 3
luge tobogganer 303 12
luggage 205 7-12
luggage carrier 187 44
luggage clerk 204 9
luggage compartment *Car* 193 17, 23
luggage compartment *Lorries etc.* 194 13
luggage compartment *Railw.* 207 71; 208 15
luggage counter 204 4
luggage label 205 8
luggage locker 194 18
'luggage lockers' 233 39
luggage rack 207 51; 208 27
luggage receipt 204 8
luggage rest 204 43
luggage sticker 204 7
lugger 90 1
lugsail 220 4
lug strap 166 22
lumbar region 72 30
lumber 120 2
lumber, rough ~ 120 83
lumberer 84 18
lumbering 84 15-37
lumberjack 84 18
lumber-jacket 30 38
lumberman 84 18
lumber room door 38 20
luminescent 369 14
luminescent material 240 18
lump coal 156 14
lunar module 234 55
lunar module hangar 234 54
lunation 4 2-7
lung 18 13; 20 6-7
lung, right ~ 20 6
lunge 295 42
lunging 294 5
lunging position 294 5
lungwort 377 7
lunula *Man* 19 81
lunula *Prehist.* 328 25
lunula *Church* 332 36
lunule 19 81
lupin 51 23
lur 322 1
lute 324 1
lute pin 324 11
lycaenid butterfly 365 6
lychgate 331 19
Lyman series 1 20
lymph gland, submandibular ~ 19 10
lynx 368 8
lynx fur 131 20
lynx skin 131 15
lynx skin, let-out ~ 131 16
Lyoner sausage 96 10
Lyra 3 22
Lyre *Astron.* 3 22
lyre *Music. Instr.* 322 15
lyre flower 60 5

M

maar 11 25
macadam spreader 200 31
macaroni 98 33
macaroon, coconut ~ 97 37
mace 382 34
machicolation 329 23
machicoulis 329 23
machine, four-cylinder ~ 189 49
machine, heavy ~ 189 43
machine, heavy-weight ~ 189 43
machine, high-performance ~ 189 43
machine, multi-magazine ~ 174 19
machine base 168 15
machine bed 177 57
machine chest 172 86; 173 1, 13
machine control lever 167 44
machine drum 323 57
machine gun 255 32
machine hood 173 27
machine housing 200 2
machine part 111 30
machine parts 143
machine processor 116 60
machinery and observation deck 224 107
machinery and observation platform 224 107
machinery shed 62 15
machine tap 150 44
machine tools 149; 150
machine wire 173 14
machining centre 150 41
mackerel sky 8 14
MacPherson strut unit 192 72-84

macramé **102** 21
macro equipment **115** 81-98
macro frame **117** 56
macro lens attachment **117** 55
macronucleus **357** 11
Macropharynx longicaudatus **369** 2
macrophoto stand **115** 94
macro zoom lens **117** 53
madeira glass **45** 84
Madonna **330** 51
Madonna lily **60** 12
magazine *Doc.* **22** 4
magazine *Flat* **46** 20
magazine *Hunt.* **87** 17
magazine *Cine Film* **117** 45
magazine *Office* **249** 33
magazine *Army* **255** 15, 21
magazine *Police* **264** 25
magazine *Chivalry* **329** 13
magazine, rotary ~ **114** 77
magazine, spring-loaded ~ **247** 6
magazine back **115** 80
magazine holder **255** 7
magazine housing **313** 9
magazine repeater **87** 2
magazine rifle **87** 2
magazine spring **87** 18
magenta filter adjustment **116** 43
maggot *Gdn. Pests* **80** 19
maggot *Articulates* **358** 19
'magic eye' **309** 18
magmatism, plutonic ~ **11** 29-31
magnesium plate **179** 9
magnet **1** 63; **2** 51; **108** 32; **212** 38
magnetic disc store **244** 1
magnetic film **311** 21
magnetic film spool **311** 2
magnetic head, four-track ~ **312** 51
magnetic head cluster **312** 28
magnetic head support assembly **311** 3
magnetic sound amplifier **311** 28
magnetic sound deck **311** 20
magnetic sound head **312** 50
magnetic sound recorder **310** 58; **311** 1
magnetic sound recording and playback deck **238** 4
magnetic sound recording and playback amplifier **311** 5
magnetic sound recording equipment **310** 58; **311** 1
magnetic sound unit, attachable ~ **312** 50
magnetic sound unit, four-track ~ **312** 50
magnetic tape **237** 63; **238** 4, 5; **244** 2
magnetic tape dictating machine **249** 62
magnetic tape loop **245** 28
magnetic tape recording and playback equipment **238** 55
magnetic tape reel **244** 10
magnetic tape station **242** 32
magnetic tape unit **244** 9
magnifier **175** 34
magnifying glass **175** 34; **177** 23
magnitude **3** 14
magpie **361** 3
magpie moth larva **58** 5
maharaja **306** 28
mahlstick **129** 47
mail **329** 62, 63
mail and cargo terminal **233** 9
mailbag **236** 54
mailbox **236** 50
mail carrier **236** 53
mailcoach **186** 39, 53
mailcoach driver **186** 40
mailman **236** 53
mail van **236** 52
main air pressure gauge **212** 6
main air reservoir pressure gauge **212** 8
main beam warning light **191** 69
main building **205** 13
main course **218** 33; **219** 61
main drive unit **113** 15
main engine revolution indicator **224** 21
main engine room **223** 72
main exchange line **237** 18, 24
main line **203** 45
mainmast **218** 40; **219** 5-7; **220** 22
mainmast, lower ~ **219** 5
main royal sail **219** 66
main royal stay **219** 13
main royal staysail **219** 26
main royal yard **219** 43
mainsail **218** 33; **219** 61; **220** 11; **284** 46; **285** 2
mains button **195** 11
mainsheet **284** 28
mains power unit **311** 11
mainstay **219** 10
maintained lift **299** 5
maintenance technician **237** 28
main title **185** 46
maintop **219** 52
main topgallant mast **219** 7
main topgallant rigging **219** 18
main topgallant sail **218** 53
main topgallant stay **219** 12
main topgallant staysail **219** 25
main topmast **219** 6
main topmast crosstrees **219** 53
main topmast rigging **219** 17
main topmast stay **219** 11
main topmast staysail **219** 24
main topsail **218** 38
main topsail yard **218** 39
main yard **218** 37; **219** 38
maize **68** 1, 31
maize billbug **81** 26
maize cob **68** 36
maize kernel **68** 37
majorette **306** 67
major keys **320** 55-68
major second **321** 7
major seventh **321** 12
major sixth **321** 11
major third **321** 8
major triad **321** 1
majuscule **175** 11
maker-up **174** 5
make-up artist **310** 36; **315** 48
make-up artist, chief ~ **315** 47
make-up gown **315** 44
make-up man, chief ~ **315** 47
make-up table *Offset Platem.* **179** 23
make-up table *Theatre* **315** 45
Malacosteus indicus **369** 10
malaria mosquito **81** 44
malleolus, external ~ **19** 59
malleolus, inner ~ **19** 60
malleolus, internal ~ **19** 60
malleolus, lateral ~ **19** 59
malleolus, medial ~ **19** 60
malleolus, outer ~ **19** 59
malleolus fibulae **19** 59
malleolus medialis **19** 60
malleolus tibulae **19** 60
mallet **118** 54; **120** 67; **125** 18; **132** 5; **158** 36; **278** 25; **339** 21
malleus **17** 61
malt **92** 1-41
malt, green ~ **92** 23
malt beer **93** 26
malt elevator **92** 35
maltese cross mechanism **312** 38
maltese cross movement **312** 38
malting **92** 1-41
maltings **92** 1
malting tower **92** 1
malt silo **92** 37
mamma **16** 28-29
mammal, flying ~ **366** 9
mammal, oviparous ~ **366** 1
mammal, scaly ~ **366** 10
mammals **366; 367; 368**
mammals, insect-eating ~ **366** 4-7
mammals, marsupial ~ **366** 2-3
mammoth tree **372** 69
Man **16; 17; 18; 19; 20**
manager **299** 45
manatee **366** 23
manati **366** 23
mandarin *Carnival* **306** 29
mandarin *South. Fruits* **384** 23
mandible *Man* **17** 35
mandible *Articulates* **358** 25
mandible, lower ~ **359** 8
mandolin **324** 16
mandrel **125** 19
mane **72** 13
mane, lion's ~ **368** 3
man-eater **364** 1
maneuver *see* manoeuvre
maneuvering *see* manoeuvring
mangelwurzel **69** 21
manger board **258** 7, 76
mangle **165** 46
mangold **69** 21
mangoldwurzel **69** 21
manhole *Roof & Boilerr.* **38** 45
manhole *Brew.* **93** 13
manhole *Cooper* **130** 18
manhole *Space* **234** 30; **235** 52
manhole *Water* **269** 26, 51
manhole cover *Roof & Boilerr.* **38** 46
manhole cover *Cooper* **130** 19
manhole cover *Street Sect.* **198** 17
manikin **338** 31
manipulator **2** 38
manipulator, mechanical ~ **139** 32
manipulators **2** 47
man-made fibres **169; 170**
mannequin **338** 31
manoeuvres, principal, of aircraft **230** 67-72
manoeuvring keel **227** 30
manoeuvring rocket assembly **234** 63
manoeuvring rockets **6** 5, 39
manometer **25** 22; **67** 10; **83** 42; **178** 8; **196** 20; **349** 19
manostat **269** 47
manque **275** 22
mansard dormer window **121** 19
mansard roof **121** 18
mantelpiece **267** 24
mantelshelf **267** 24
mantissa **345** 6
mantle *Phys. Geog.* **11** 3
mantle *Iron & Steel* **147** 46
mantle *Heraldry* **254** 3
mantle clock **42** 16
mantling **254** 3, 14
manual **325** 48; **326** 42, 43, 44, 45
manual, lower ~ **322** 47
manual, upper ~ **322** 46
manual feed station **184** 2
manure **63** 15
manure distributor **62** 21
manure fork, four-pronged ~ **66** 7
manure gutter **75** 20
manure hoe **66** 8
manure removal **74** 23-27; **75** 21
manure spreader **62** 21; **63** 39
manuscript **174** 6; **176** 3
manway **154** 32
map *Map* **14; 15**
map **204** 15; **260** 44; **268** 2
maple seed **371** 57
maple tree **371** 53
map light **230** 23
map of the world **14** 10-45
mapping **348** 9, 10
mapping, one-to-one ~ **348** 11
mappings **348** 9-11
map projections **14** 8-9
map signs **15** 1-114
map symbols **14** 27-29; **15** 1-114
maraca **324** 59
marcando **321** 27
marcato **321** 27
mare **73** 2
margarine **98** 21; **99** 48
margin **185** 55-58
margin, back ~ **185** 55
margin, inside ~ **185** 55
margin, outside ~ **185** 57
margin, upper ~ **185** 56
margin control **180** 5, 20
margin release key **249** 6
margin scale **249** 12
margin stop, left ~ **249** 13
margin stop, right ~ **249** 14
marguerite **51** 24; **376** 4
marimba, steel ~ **324** 61
marimbaphone **324** 61
marine sequence **310** 11
mark **285** 17
mark, port hand ~ **224** 95
mark, starboard hand ~ **224** 96
marker **85** 12
marker, port ~ **224** 100
marker, starboard ~ **224** 99
market for securities **251** 2
market garden **55** 1-51, 3
market place **15** 52
market square **15** 52
market woman **308** 65
markiert **321** 27
marking, axillary ~ **88** 74
marking hammer **85** 12
marking iron **85** 12
marking out **104** 21
markings, graduated ~ **115** 65
mark of omission **342** 29
marks, diacritical ~ **342** 30-35
marl **160** 1
marmot **366** 18
maroon **306** 53
marquise **36** 55
marriage ceremony **332** 14

Mars **4** 46
marsh *Phys. Geog.* **13** 14-24
marsh *Map* **15** 20
marshal **329** 75
marshaling *see* marshalling
marshalling yard **206** 42
marshalling yard signal box **206** 44
marsh harrier **362** 13
marshmallow *Bakery* **97** 36
marshmallow *Med. Plants* **380** 12
marsh plants **378** 14-57
marsh tea **377** 21
marsupials **366** 2-3
marten **86** 22
martens **367** 14-17
martinet **218** 36
marzipan **98** 82
Masai warrior **354** 8
mash **93** 10
mash copper **92** 44
masher **92** 49
mashhouse **92** 42-53
mashing process **92** 42-53
mash kettle **92** 44
mash thermometer **93** 9
mash tub **92** 43
mash tun **92** 43, 44
mask *Hosp.* **27** 48
mask *Swim.* **279** 10
mask *Carnival* **306** 7
mask *Films* **310** 51; **313** 4
mask *Sculpt. Studio* **339** 37
mask, clay ~ **260** 75
mask, pressure-equalizing ~ **279** 10
mask, wooden ~ **354** 16
mask drum **177** 48
masked ball **306** 1-48
masking frame **116** 35
masking tape **128** 16
mask-scanning head **177** 47
masonry bonds **118** 58-68
masonry dam **217** 58
masquerade **306** 1-48, 6-48
mass **11** 43
mass, continental ~ **11** 7
massage bath **281** 33
mass book **330** 38
masseter **19** 7
massif **12** 39
mast **219** 1-9; **221** 77; **284** 4, 11
mast, full-rigged ~ **220** 16
mast, half-rigged ~ **220** 15
Master **289** 45
master arm **2** 42
master brewer **92** 49
master butcher **96** 38
master clock **245** 18
master compass **224** 51
master control panel **242** 3
master furrow **91** 18
master gyro compass **224** 51
Master of foxhounds **289** 45
master selector **195** 8
master/slave manipulator **2** 47
master station **224** 40
master switch **153** 2
master turner **135** 20
master volume control **261** 44
masterwort **376** 7
mat **299** 12
matador **319** 25, 31
match **107** 22
matchbox **107** 21
matchbox holder **266** 24
match head **107** 23
mate **276** 15
maté **382** 11
material *School* **260** 81
material *Store* **271** 59
material, basic ~ **169** 1
material, radioactive ~ **1** 28
materials store **146** 6
maté shrub **382** 11
mathematics **344; 345; 346; 347; 348**
mathematics, higher ~ **345** 11-14
matinée coat **29** 3
matrix *Man* **20** 79
matrix *Composing Rm.* **174** 21, 31
matrix, punched ~ **175** 37
matrix, stamped ~ **175** 37
matrix-boring machine **175** 49
matrix case **174** 42, 46; **176** 17
matrix clamp **175** 59
matrix disc **176** 20
matrix drum **176** 27
matrix-engraving machine **175** 49
matrix for hand-setting **174** 28
matrix holder **24** 55
matrix mimic board **153** 8
mat sail **353** 33
matte **313** 4
matte box **313** 3
matter **174** 15; **181** 37
matter, front ~ **185** 43-47
matter, machine-set ~ **174** 27
matter, preliminary ~ **185** 43-47
matting, reed ~ **55** 6
matting, straw ~ **55** 6
mattress **47** 3; **296** 18
mattress, foam ~ **43** 10
matt weave **171** 11
maturing **169** 7
mauerkrone **254** 46
mausoleum **337** 16
mavis **361** 16
maw worm **81** 31
maxilla **17** 36; **19** 27
maximum **347** 19
maximum thermometer **10** 53
may **374** 30
Maya temple **352** 20
May bug **82** 1
mayfly **358** 6
maypole swing **273** 8
maze **272** 5
M-cardan **67** 29
meadow **13** 13; **62** 44; **63** 22
meadow buttercup **375** 8
meadow fescue grass **69** 24
meadow flowers **375; 376**
meadow foxtail **69** 27
meadow grass **375** 39
meadow grasshopper **358** 8
meadow mushroom **381** 1
meadow saffron **379** 3
meal, complete ~ **266** 17
meal, deepfreeze ~ **96** 23
meal, deep-frozen ~ **96** 23
meal, hot ~ **266** 67
meal, ready-to-eat ~ **96** 23
meal beetle **81** 18
meal of the day **266** 27
meal worm beetle **81** 18
meander *Phys. Geog.* **13** 11
meander *Art* **334** 43
meander core **13** 12
mean low water **15** 9
mean sea level **146** 39
measure *Hotel* **267** 60
measure *Music. Not.* **320** 28-42
measure line **320** 42
measurement chamber **112** 43
measurement dial **242** 75
measurement range selector *Atom* **2** 4, 23
measurement range selector *Optic. Instr.* **112** 46
measurement range selector *Inf. Tech.* **242** 74
measurement scale **242** 75
measuring and control unit **178** 3
measuring arm **142** 38
measuring beaker **267** 60
measuring cylinder *Doc.* **23** 43
measuring cylinder *Photog.* **116** 11
measuring cylinder *Paperm.* **173** 4
measuring cylinder *School* **261** 26
measuring cylinder *Chem.* **350** 26
measuring device **112** 51
measuring flask **350** 27
measuring glass **10** 47; **350** 26
measuring instrument **153** 30
measuring instrument platform **235** 69
measuring instruments **149** 56-72
measuring machine, universal-type ~ **112** 67
measuring probe **234** 42
measuring rod *Map* **14** 47
measuring rod *Cine Film* **117** 59
measuring rod *Quarry* **158** 26
measuring scale **149** 63
measuring tank **130** 22
measuring tape **103** 2; **271** 38
measuring vessel **93** 3; **130** 33
meat **96** 1-4, 59; **99** 53
meat, canned ~ **98** 20
meat, cold ~ **96** 14
meat, minced ~ **96** 16
meat, roast ~ **45** 27
meat, smoked ~ **96** 3
meat axe **94** 18
meat chopper **40** 39
meat counter **99** 51
meat dish **266** 55
meat grinder **96** 53
meathook **96** 55
meat inspector **94** 24
meat joints **95**
meat mincer **96** 53
meat-mixing trough **96** 40
meat plate **45** 26
meat platter **45** 26
meat product **99** 53
meat salad **96** 13
meat saw **94** 20
mechanic **140** 1
mechanical finger car **159** 18
mechanical pulp mill **172** 53-65
mechanism casing **255** 10
medallion **339** 36
Mediaeval **342** 4
medical card **22** 8
medical laboratory technician **23** 41
medical record **22** 8
medicament, water-soluble ~ **25** 14
medicine **22** 23
medicine cabinet **49** 49
medicine case **24** 7
medicine cupboard **22** 35
medicine sample **22** 41
Mediterranean **14** 25
medium **308** 9
medium haul airliner **231** 12
medium measure **294** 10
medulla oblongata **17** 47; **18** 24
medusa **357** 14
meeting **263** 8
meeting, public ~ **263** 1-15
meeting point **233** 29
meganucleus **357** 11
megaphone **283** 21
megaphone exhaust pipe **189** 51
meiobar **9** 3
Melanocetes **369** 6
melodium **325** 43
melody key **324** 39
melody pipe **322** 10
melody side **324** 39
melody string **322** 30; **324** 24
melon **57** 23
melter **148** 7
melting bath **162** 3, 14
melting furnace *Iron Foundry etc.* **148** 1
melting furnace *Electrotyp. etc.* **178** 19
melting plant **148** 1-12
melting pot *Goldsm. etc.* **108** 8
melting pot *Synth. Fibres* **170** 30
member, diagonal ~ **215** 35
member, upright ~ **119** 59
member, vertical ~ **215** 36
member of set **348** 2
membership card **275** 14
membrane **241** 68
membrane, parchment ~ **324** 31
membrane, periodontal ~ **19** 28
membrane, tympanic ~ **17** 59
membrane, vitelline ~ **74** 64
membranophones **323** 51-59
memorial chapel **331** 12
memorial plate **331** 14
memorial tablet **331** 14
memory, main ~ **244** 6; **245** 28
memory key **247** 22
memory typewriter **245** 26
memory unit **176** 11; **242** 9
memo sheet **247** 34
menagerie **307** 63
menhir **328** 18
menhir group **328** 11
men's wear **33**
men's wear department **271** 12
menu **266** 21
menu card **266** 21
Mercator projection **14** 9
Mercury **4** 43
mercury barometer **10** 1
mercury battery **25** 32
mercury column **10** 2
mercury manometer **25** 18
meridian **14** 4
meridian circle **113** 26
meridian of Greenwich **14** 5
meridian of longitude **14** 4
meridians **14** 1-7
meridian telescope **113** 29
meringue **97** 26; **265** 5
merlin **362** 1
merlon **329** 7
mermaid **327** 23
merman **327** 23, 40
merry-go-round **308** 2
mesa **13** 59
mesh **171** 37
mesh connection **153** 21

mesh gauge **102** 25
mesh pin **102** 25
mesh ventilator **278** 40
Mesolithic period **328** 1-9
messroom **228** 25
metacarpal **17** 16
metal, noble ~ **237** 42
metal-blocking device **111** 34
metal feeder **174** 26
metal feeder, automatic ~ **174** 40
metal runner **147** 35
metals **254** 24-25
metal shears **108** 23; **125** 1
metalworker **140** 1
metalwork shop **140** 1-22
metatarsus **17** 28
metazoans **357** 13-39
meteor **7** 18
meteorite crater **6** 16
meteorological instruments **10**
meteorological office **225** 33
meteorological watch office **9** 7
meteorology **8**; **9**
meter *Atom* **2** 6
meter *Photog.* **114** 62
meter *Blacksm.* **138** 19
meter *Serv. Stat.* **196** 14
meter *Music. Not.* **320** 28 42
meter, customer's ~ **237** 16
meter, multiple ~ **242** 73
meter, private ~ **237** 16
meter, rotary ~ **269** 53
meter, subscriber's ~ **237** 16
meter cell **114** 3, 24; **115** 37
metering pump **169** 13
metope **334** 16
metre tape measure **103** 2
metronome **325** 19
mezzanine **315** 18
mezzo staccato **321** 29
mezzotint **340** 14-24
micro attachment **115** 89
micro-cassette recorder **246** 32
microfilm card **237** 38
microfilm file **237** 37
microfilming system **242** 31
microfilm reader **237** 36
micrometer **142** 37; **149** 62; **173** 10; **224** 4
micrometer eyepiece **14** 53
micrometer head **14** 52
micronucleus **357** 12
microphone **22** 15; **117** 8, 24, 74; **197** 26; **209** 31; **224** 30; **230** 29; **237** 9; **241** 49; **261** 39; **263** 7; **310** 30; **317** 20
microphone, built-in ~ **241** 5; **243** 3
microphone, umpire's ~ **293** 21
microphone base **241** 51
microphone boom **310** 25
microphone boom, telescopic ~ **117** 23
microphone cable **239** 14; **310** 32; **311** 41
microphone connecting cord **117** 25
microphone connecting lead **117** 25
microphone cradle **249** 65
microphone screen **241** 50
microphone socket **249** 69
microphone socket panel **238** 36
microphone stand **241** 51
microprism collar **115** 54
microprism spot **115** 58, 59, 62, 63
micropyle **383** 57
microscope **111** 19; **112** 1
microscope, metallurgical ~ **112** 23
microscope, surgical ~ **112** 31
microscope, universal ~ **112** 54
microscope, wide-field ~ **112** 23, 54
microscope body **113** 31-39
microscope camera, fully automatic ~ **112** 64
microscope for reflected light **112** 23
microscope stage **112** 9
microscope tube **113** 31-39
microwave treatment unit **23** 36; **24** 23
mid-channel **224** 98
middle-distance runner **298** 5
middle ground **224** 91
middle ground to port **224** 88
middle mast **220** 33
Middle Muschelkalk **154** 59
middle of the fairway **224** 98
middle section **259** 55-74
middling **91** 2
midfield player **291** 14
midge **358** 16
midget **308** 22
midi bus **194** 34
midinette **306** 21
mid-range speaker **241** 16
midrib **370** 30
mihrab **337** 14
milch-cow **62** 34; **75** 17
mild **93** 26
mildew **80** 20
milestone **15** 109
milk **266** 60
milk, canned ~ **98** 15
milk, homogenized ~ **99** 44
milk, long-life ~ **99** 44
milk, pasteurized ~ **99** 44
milk, sterilized ~ **76** 16
milk bag **99** 45
milk carton **76** 22
milk churn **309** 89
milker **62** 34; **75** 17, 25
milk glass **124** 5
milk heater **76** 13
milking parlour **75** 23
milk jug **44** 31
milkman **75** 25
milk pipe **75** 27
milk pot **40** 15
milk processing area **76** 12-48
milk reception **76** 1
milk tanker **76** 2
milk tub filler **76** 21
milkwort **377** 3
Milky Way **3** 35
mill **276** 24
miller **91** 15
millet **68** 28
millibar scale **10** 3
millimeter graduation **247** 36
millimetre scale **10** 3
milliner **35** 1
milliner's shop **268** 38
milling machine, rotary ~ **168** 1
milling machine, universal ~ **150** 32
milling machine table **150** 33
milling roller, bottom ~ **168** 4, 6
milling roller, top ~ **168** 3
millrace **91** 44
mills **91**
mill spindle **91** 12
millstone **91** 16, 19, 21
millstone, upper ~ **91** 22
millstone casing **91** 20
millstone ruff **355** 52
millstream **91** 44
mill weir **91** 42
mill wheel, breast ~ **91** 37
mill wheel, middleshot ~ **91** 37
mill wheel, overshot ~ **91** 35
mill wheel, undershot ~ **91** 39
milometer **187** 33
mimbar **337** 15
minaret **337** 13
minbar **337** 15
mince **96** 16
mincemeat **96** 16
mincer **40** 39; **96** 53
mincing machine **96** 52, 53
mine **15** 34
mine, disused ~ **15** 35
mine car **144** 45
mine fan **144** 16
minehead buildings **154** 70
mine hunter **258** 80
minelayer **258** 94
mineral bath, outdoor ~ **281** 9
mineral spring **274** 11
mineral water **266** 61
minesweeper **258** 84
mine-sweeping gear **258** 87
mini **193** 19
miniature film cassette **112** 35
minibus **194** 9; **195** 47
minigolf course **272** 68
minigolf hole **272** 70
minigolf player **272** 69
minim **320** 14
minim rest **320** 22
minimum **347** 20
minimum thermometer **10** 54
minion **175** 24
minionette **175** 23
mink **30** 60
mink skin **131** 11
mink skin, let-out ~ **131** 19
minnesinger **329** 70
minor keys **320** 55-68
minor planets **4** 47
minor triad **321** 2
minstrel **329** 70
mintage **252** 10, 40-44
minting dies **252** 40-41
minting press **252** 44
mint mark **252** 10
minuend **344** 24
minus blue filter adjustment **116** 44
minuscule **175** 12
minuscule, Carlovingian ~ **341** 18
minuscule, Caroline ~ **341** 18
minuscule, Carolingian ~ **341** 18
minus green filter adjustment **116** 43
minus red filter adjustment **116** 45
minus sign **344** 8, 24
minute hand **110** 12
Mira **3** 11
mirabelle **59** 25
mire crow **359** 14
mirror **43** 29; **49** 33; **105** 20; **106** 6; **111** 4; **177** 38; **188** 35; **189** 30; **207** 49
mirror, angled ~ **177** 28
mirror, auxiliary ~ **115** 38
mirror, concave ~ **5** 32; **308** 56; **312** 39
mirror, convex ~ **308** 57
mirror, flat ~ **5** 3
mirror, illuminating ~ **14** 59
mirror, main ~ **5** 1; **113** 10
mirror, primary ~ **5** 1; **113** 10
mirror, right-angle ~ **261** 10
mirror, rotating ~ **243** 54
mirror, secondary ~ **5** 2; **113** 11
mirror, semi-reflecting ~ **243** 55
mirror, triple ~ **104** 1
mirror arc lamp **312** 39
mirror assembly **176** 21
mirror carp **364** 4
mirror lens **115** 50
mirror manometer **349** 20
mirror reflex system **115** 31
mirror spot **316** 48
mirror spotlight **316** 48
mirror system **176** 24
missal **330** 38
missile **258** 49
missile, short-range ~ **259** 26
missile, wooden ~ **352** 39; **353** 8
missile cruiser **259** 21, 41
missile launcher, underwater ~ **259** 37, 51
missile-launching housing **258** 71
miter *see* mitre
miter angle **120** 82
mitre **124** 4
mitre block **124** 30
mitre board **124** 31
mitre box *Glaz.* **124** 30
mitre box *Joiner* **132** 43
mitre gate **217** 19
mitre joint **124** 4
mitre shoot **124** 31
mitre square **120** 82
mitring machine **124** 7
mitt, catcher's ~ **292** 60
mitt, fielder's ~ **292** 59
mitten crab **358** 1
mixed asphalt outlet **200** 54
mixer *Dent.* **24** 51
mixer *Kitch. Utensils* **40** 45
mixer *Cine Film* **117** 26
mixer *Synth. Fibres* **170** 53
mixer *Aircraft* **232** 48
mixer *Broadcast.* **238** 25
mixer *Films* **311** 21
mixer *Disco* **317** 26
mixer, double shaft ~ **159** 10
mixer, hand ~ **39** 22
mixer, high-speed ~ **79** 5
mixer, propeller-type ~ **79** 5
mixer drum **200** 15
mixer operator **118** 32
mixer tap **39** 36; **49** 2; **106** 14; **126** 27
mixing **169** 2
mixing chamber **83** 62
mixing chest **173** 1
mixing console *Cine Film* **117** 26
mixing console *Broadcast.* **238** 25
mixing console *Films* **310** 56; **311** 35
mixing console *Disco* **317** 26
mixing desk *Cine Film* **117** 26
mixing desk *Broadcast.* **238** 25
mixing desk *Films* **310** 56; **311** 35
mixing desk *Disco* **317** 26
mixing drum **118** 34; **200** 15
mixing faucet **39** 36; **49** 2; **106** 14; **126** 27
mixing machine **200** 15
mixing plant, central ~ **201** 19
mixing plant, stationary ~ **201** 19
mixing room **311** 34
mixing screw **83** 59

mixing spoon **40** 3
mixing tank **172** 35
mixture, additive ~ **343** 10
mixture, subtractive ~ **343** 12
mixture control **230** 31; **288** 16
Mizar **3** 29
mizen *see* mizzen
mizzen **218** 29; **219** 30
mizzen, lower ~ **219** 8
mizzen mast **218** 31; **219** 8-9; **220** 23, 24, 30, 34
mizzen stay **219** 10
mizzen staysail **219** 27
mizzen top **219** 54
mizzen topgallant sail **218** 54
mizzen topgallant stay **219** 12
mizzen topgallant staysail **219** 29
mizzen topmast **219** 9
mizzen topmast rigging **219** 17
mizzen topmast stay **219** 11
mizzen topmast staysail **219** 28
moat **329** 33, 37; **356** 3
mobile **260** 70
moccasin **101** 30; **352** 18
moccasin flower **376** 27
mock orange **373** 9
model, clay ~ **260** 67
model, dressmaker's ~ **103** 6
model, nude ~ **338** 32
model, plaster ~ **339** 4
model, wax ~ **339** 26
model aeroplane **273** 37, 38
model aeroplanes **288** 85-91
model coat **103** 7
model dress **103** 5
model flight, radio-controlled ~ **288** 85
model hat **35** 7
modeling *see* modelling
modeller **339** 6
modelling board **48** 14; **339** 34
modelling clay **48** 12; **339** 31
modelling stand **339** 9
modelling substance **339** 8
modelling tool **161** 20
modelling tool, wire ~ **339** 11
modelling tool, wooden ~ **339** 10
model of set **315** 42
model of skull **261** 15
models of molecules **242** 61-67
model stage **315** 41
moderator **1** 54
modular elements **242** 68-72
module, electronic ~ **242** 69
module, lunar ~ **6** 12
module, magnetic ~ **242** 72
moistener **247** 31
moisturising cream **99** 27
molar **19** 18, 35
mold *see* mould
molder **97** 57
mole *Map* **15** 48
mole *Hydr. Eng.* **217** 15
mole *Docks* **225** 65
mole *Mammals* **366** 4
molecular rearrangement **170** 23
molluscs **357** 27-36
monastery *Map* **15** 63
monastery *Church* **331** 52-58
monastery garden **331** 53
money **252; 265** 3
money, hard ~ **252** 1-28
money, metal ~ **252** 1-28
money, paper ~ **252** 29-39
money compartment **271** 6
money order **236** 27
moneywort **375** 26
monitor **23** 27; **26** 15, 16, 33; **27** 23
monitor *Cine Film* **117** 97
monitor *Broadcast.* **238** 33
monitor *Audiovis.* **243** 6
monitor *Fire Brig.* **270** 66
monitor *Theatre* **316** 18
monitor *Fish etc.* **364** 31
monitor, six-channel ~ **27** 31
monitoring and control panel **238** 1, 7
monitoring controls **153** 5
monitoring instrument **311** 15
monitoring loudspeaker **239** 9; **311** 13
monitoring speaker **238** 15
monitoring unit, mobile ~ **25** 24
monitor lizard **364** 31
monitor support, swivel-mounted ~ **27** 24
monitor unit **25** 44
monk **89** 9
monk, Benedictine ~ **331** 54
monkey bridge **223** 4-11; **227** 24
monkey house **356** 10
monkey nut **383** 41
monkeys **368** 12-13
monkshood **379** 1
monochlorobenzene **170** 9
monoclinic crystal system **351** 24-25
monogram **36** 41
mono-line control system **288** 90
monolith **328** 18
monoplane, high-wing ~ **229** 1; **231** 2
monoplane, low-wing ~ **229** 5, 14; **231** 1
monoplane, midwing ~ **229** 4
monoplane, shoulder-wing ~ **229** 3
mono posto **290** 34
monorail car **144** 43, 44
monoski **286** 56
mono sound **311** 35
monotreme **366** 1
monotype caster **174** 39
monotype casting machine **174** 39
monotype composing and casting machine **174** 32-45
monotype composing machine **174** 32
monsoon **9** 52
monster **327** 16
monster, winged ~ **327** 55
monstrance **331** 48; **332** 34
montera **319** 29
monument *Map* **15** 92
monument *Park* **272** 10
moon **4** 1-9, 31, 45
moon, full ~ **4** 5
moon, new ~ **4** 2
moon, waning ~ **4** 7
moon, waxing ~ **4** 3
moon landing **6**
moor buzzard **362** 13
moor harrier **362** 13
moor hawk **362** 13
mooring **283** 19
mooring bitt, cross-shaped ~ **217** 13, 14
mooring bitt, double ~ **217** 14
mooring chain **224** 72
mooring line **288** 66
mooring sinker **224** 73
moose **367** 1
mop, gilder's ~ **129** 54
mopboard **123** 21, 63
moped **188** 24
moped, battery-powered ~ **188** 20
moped headlamp **188** 29
mopeds **188**
Mopsea **369** 8
moraine, lateral ~ **12** 53
moraine, medial ~ **12** 54
morainic filter layer **199** 24
Morchella conica **381** 27
Morchella esculenta **381** 26
mordant **178** 24; **182** 16
mordent, inverted ~ **321** 19
mordent, lower ~ **321** 20
mordent, upper ~ **321** 19
morel **381** 26, 27
morello **59** 5
morello cherry **59** 5
morion **329** 60
morse **367** 20
morse lamp **223** 7
mortadella **96** 7
mortar *Army* **255** 40
mortar *Chem.* **349** 9
mortar bed **123** 27
mortar pan **118** 39
mortar trough **118** 20, 39, 84
mortar tub **118** 39
mortice *see* mortise
mortise, forked ~ **121** 85
mortise and tenon joint **121** 84, 85
mortise axe **120** 72
mortise chisel **132** 8
mortise lock **140** 36-43
mortiser **120** 17
mortising chain, endless ~ **132** 50
mortuary **331** 21
mosaic **338** 37
mosaic figure **338** 38
mosque **337** 12
mosquito **358** 16
moss **377** 17
moss phlox **60** 14
moss pink **60** 14
moth **58** 64; **81** 13; **82** 15, 18, 45, 48
moth, female ~ **82** 30
moth, male ~ **82** 29
moth, night-flying ~ **82** 14
moth, nocturnal ~ **82** 14
mother **28** 6; **272** 71
mother-of-pearl **357** 34
mother sheep **75** 10
moths **358** 48-56; **365** 7-11
motif *Child. Clothes* **29** 20
motif *Art. Studio* **338** 27
motion, longitudinal ~ **149** 17
motion picture camera, lightweight ~ **313** 20
motion picture camera, narrow-gauge ~ **313** 31
motion picture camera, professional ~ **313** 20, 31
motion picture camera, soundproof ~ **310** 47; **313** 15
motion picture camera, standard-gauge ~ **313** 1
motion picture cameras **313** 1-39
motion picture laboratory **310** 2; **311** 30
motion picture library **310** 5
motion picture projection **312** 1-23
motion pictures **310; 311; 312; 313**
motion picture storage vault **310** 5
motions, rotary ~ **4** 22-28
moto cross **290** 24-28
motor *Forestry* **84** 34
motor *Watchm.* **109** 13
motor *Iron Foundry etc.* **148** 64
motor *Weaving* **165** 12, 34
motor *Electrotyp. etc.* **178** 14
motor *Tram* **197** 5, 7
motor *Water* **269** 45
motor, auxiliary ~ **211** 17
motor, built-in ~ **164** 2
motor, built-on ~ **164** 33
motor, electric ~ *Roof & Boilerr.* **38** 59
motor, electric ~ *Pest Contr.* **83** 53
motor, electric ~ *Blacksm.* **138** 2
motor, electric ~ *Weaving* **166** 18
motor, electric ~ *Railw.* **212** 34
motor, electric ~ *Ship* **223** 69
motor, synchronous ~ **176** 19
motor, three-phase ~ **164** 35
motor, two-stroke ~ **56** 30
motor base plate **164** 36
motor bedplate **164** 36
motorboat **283** 2
motorboat landing stage **216** 7
motorboats **286** 1-5
motor car **191** 1-56; **192; 193; 195** 34
motor car mechanic **195** 53
motor coach **194** 17
motor cruiser **286** 4
motor cultivator **56** 18
motorcycle **189; 268** 35
motorcycle, heavyweight ~ **189** 31
motorcycle, light ~ **188** 39; **189** 1, 16
motorcycle, lightweight ~ **189** 1
motorcycle, pacer's ~ **290** 12
motorcycle chain **189** 22
motorcycle racing **290** 24-28
motorcycles **188**
motorcycles, heavy ~ **189** 31-58
motorcycles, heavyweight ~ **189** 31-58
motorcycles, large-capacity ~ **189** 31-58
motorcycle stand **189** 21
motorcycle tyre **189** 26
motorcyclist **268** 34; **290** 11
motor drive **115** 76
motor drive, attachable ~ **115** 78
motor drive gear **167** 31
motor ferry **216** 6
motor grader **200** 19
motor pump **270** 8
motor safety switch **269** 46
motor saw **84** 22, 27; **85** 13
motor scooter **188** 47
motor ship **223**
motorsports **290** 24-38
motor truck, heavy ~ **194** 20
motor turntable ladder **270** 9
motor uniselector **237** 42
motor unit **50** 82
motor vehicle mechanic **195** 53
motorway *Map* **15** 16
motorway *Docks* **225** 54
motor winch **287** 6
moufflon **367** 6
mouflon **367** 6
mould *Bldg. Site* **119** 84
mould *Iron & Steel* **147** 37

mould *Glass Prod.* **162** 47
mould *Paperm.* **173** 48
mould, fixed ~ **178** 22
mouldboard **65** 4, 64
moulder *Bakery* **97** 57
moulder *Iron Foundry etc.* **148** 30
moulding, concave ~ **334** 29
moulding, hollow ~ **336** 10
moulding, ornamental ~ **336** 12
moulding box, closed ~ **148** 18
moulding box, open ~ **148** 33
moulding department **148** 30-37
moulding press, hydraulic ~ **178** 7
moulding sand **148** 35
moulding shop **148** 30-37
mould loft **222** 3
mould wall **148** 29
mound *Equest.* **289** 8
mound *Prehist.* **328** 16
mound *Art* **337** 21
mountain ash **371** 42
mountain climber **300** 5
mountain climbing **300** 1-57
mountaineer **300** 5
mountaineering **300** 1-57
mountaineering boot **300** 42
mountaineering equipment **300** 31-57
mountain hut **300** 1
mountain racing **290** 24-28
mountain railroads **214** 1-14
mountain railways **214** 1-14
mountain range **12** 39
mountain ridge **12** 36
mountains, folded ~ **12** 12-20
mountain slope **12** 37
mountain top **12** 35
mounting, German type ~ **113** 16
mounting, mobile ~ **27** 22
mounting, underfloor ~ **127** 22
mount of the frame **111** 10
mourner **331** 33
mourning cloak butterfly **365** 5
mourning veil **331** 39
mousetrap **83** 36
moustache, English-style ~ **34** 19
moustache, military ~ **34** 19
moustache, waxed ~ **34** 13
mouth *Man* **16** 13; **19** 14-37
mouth *Horse* **72** 9
mouth *Forestry* **84** 28
mouth *Game* **88** 13, 45
mouth *Joiner* **132** 21
mouth *Airsports* **288** 70, 81
mouth *Music. Instr.* **326** 25
mouth, fork-tongued ~ **327** 5
mouth band **322** 5
mouth gag **22** 48
mouth lamp **24** 42
mouth mirror **24** 41
mouth organ **324** 35
mouthpiece *Hosp.* **27** 38
mouthpiece *Tobacc. etc.* **107** 40
mouth piece *Electrotyp. etc.* **178** 17
mouthpiece *Post* **237** 9
mouthpiece *Music. Instr.* **323** 36; **324** 33, 72
mouthwash **49** 36
movable-comb hive **77** 45-50
movable-frame hive **77** 45-50
movable half **215** 66
move **276** 14
movie audience **312** 5
moviegoer **312** 5
movie house **312** 1
movie projector **312** 24
movie script **310** 45
movie set **310** 7
movie studios **310** 1-13
movie theater **312** 1
movie theater box office **312** 2
movie theater ticket **312** 3
moving iron **137** 39
mower, electric ~ **56** 31
mower, hand ~ **56** 34
mower, motor ~ **56** 28
mower, riding ~ **56** 37
mower, rotary ~ **63** 19
mud drum **210** 28
mudguard, front ~ **187** 13
mudguard, rear ~ **187** 43
mud pump **145** 16
muffle furnace **140** 11
muffler *Car* **191** 29
muffler *Railw.* **209** 12, 22, 24; **211** 49
muffler *Sports* **305** 93
mulberry-feeding moth **358** 48
mule *Dom. Anim.* **73** 8
mule *Shoes* **101** 25
mule, open-toe ~ **101** 22
mule cop **165** 15
muleta **319** 33
mull **183** 33; **185** 20
mullion *Dwellings* **37** 35
mullion *Art* **335** 41
mull roll holder **185** 19
multiple cable system **215** 51
multiple drying machine **169** 31
multiple-frame viewfinder **114** 41
multiple meter **127** 41
multiple-unit train **211** 60
multiplicand **344** 25
multiplication **344** 25
multiplication sign **344** 25
multiplier **344** 25
multiplier phototube **112** 51
multiplier reel **89** 59
multiplying **344** 25
multirole combat aircraft **256** 8
multirole helicopter, light ~ **232** 11
multi-tier transport **74** 35
mummy **352** 21
Munich beer **93** 26
mural **338** 40
Muschelkalk **154** 58, 59, 60
muscle, contractile ~ **77** 17
muscle, deltoid ~ **18** 35
muscle, pectoralis ~ **18** 36
muscle, sternocleidomastoid ~ **18** 34; **19** 1
muscle, sternomastoid ~ **18** 34; **19** 1
muscle, temporal ~ **19** 3
muscle, thenar ~ **18** 41
muscles, ocular ~ **19** 44
muscles of facial expression **19** 6
muscles of the neck **19** 12
muscular system **18** 34-64
musculature **18** 34-64
musette **322** 8
mushroom **381** 3
mushrooms, poisonous ~ **379** 10-13
musical instrument, automatic ~ **308** 38
musical instruments **322**; **323**; **324**; **325**; **326**
musical instruments, popular ~ **324** 1-46
musical notation **320**; **321**
music recording studio **310** 14
music recording theatre **310** 14
music rest **326** 36
music stand **326** 36
music systems **241**
musk ox **367** 10
mussel shell **357** 36
mustang **352** 4
mustard *Weeds* **61** 16
mustard *Grocer* **98** 28
mute **323** 10; **324** 68
mute swan **359** 16
mutton spanker **218** 29
mutule **334** 13
muzzle *Dog* **70** 3, 31
muzzle *Game* **88** 45
muzzle *Army* **255** 58
muzzle *Sports* **305** 71
mycelium **68** 4; **381** 2
myrtle **53** 11
Myrtus **53** 11

N

Na atom **1** 8
nacre **357** 34
nadir **4** 13
naiad **327** 23
nail **19** 80
nail, clenched ~ **285** 52
nail, galvanized ~ **122** 74
nail, riveted ~ **285** 52
nail, wire ~ **121** 95; **122** 74; **143** 51
nail, wooden ~ **121** 92
nail bag **122** 72
nail claw **120** 75
nail grip **100** 56
nail polish **99** 32
nail puller **100** 47
nail punch **134** 32
nail varnish **99** 32
naked boys **379** 3
naked lady **379** 3
name plate **118** 47; **285** 46
Nansen sledge **303** 18
nape of the neck **16** 21
napkin **45** 9; **266** 47; **267** 48
napkin ring **45** 10
nappy, disposable ~ **28** 22
narcissus **53** 8; **60** 3
narghile **107** 42
narghileh **107** 42
narrow-gauge diesel locomotive **200** 24
narrow-gauge track system **159** 4
nasicorn **366** 25
nasturtium **53** 4
natural **320** 45, 46, 54
natural-gas engine **155** 5
naturist **281** 16
naum keag **100** 7
nave **334** 62; **335** 1
navel **16** 34
navette **36** 55
navigating bridge **223** 14; **228** 22, 23, 24
navigating officer **224** 37
navigation **224**
navigational marks, floating ~ **224** 68-108
navigational television receiver mast **221** 37
navigation equipment **288** 13
navigation light *Air Force* **257** 36
navigation light *Warships* **258** 56
navigation light *Airsports* **288** 31
navigation light, left ~ **230** 50
navigation light, right ~ **230** 44
navigation light, side ~ **258** 15
navigation light indicator panel **224** 29
navigation lights **286** 10-14
navvy **118** 76
navy **258**
navy plug **107** 25
navy yard **222** 1-43
Neanderthal man **261** 19
neck *Man* **16** 19-21
neck *Horse* **72** 12, 15
neck *Game* **88** 3
neck *Meat* **95** 6, 20
neck *Mach. Parts etc.* **143** 64
neck *Weaves* **171** 33
neck *Rowing* **283** 37
neck *Airsports* **288** 70
neck *Music. Instr.* **324** 7, 18
neck, cylindrical ~ **328** 40
neck, ground glass ~ **350** 37
neckband **36** 16
neck brush **106** 27
neckerchief **31** 57
neck flap *Fire Brig.* **270** 38
neck flap *Fencing* **294** 14
neck guard *Fire Brig.* **270** 38
neck guard *Fencing* **294** 14
neck guard *Chivalry* **329** 83
neck interlocking point **171** 35
necklace **36** 2; **328** 25; **352** 14
necklace, coral ~ **36** 34
necklace, cultured pearl ~ **36** 12
necklace, ivory ~ **36** 28
necklace, pearl ~ **36** 32
neckline *Ladies' Wear* **30** 34
neck line *Airsports* **288** 71
neck of violin **323** 2
neck piece **329** 83
neck ring, gold ~ **328** 26
neck strap **71** 30
necktie **319** 38
nectary **59** 18
needle *Mach. Parts etc.* **143** 76
needle *Drawing Off.* **151** 56
needle *Conifers* **372** 11
needle, hypodermic ~ **22** 65; **24** 54
needle, right-angle ~ **151** 67
needle, surgical ~ **22** 57
needle, tapered ~ **190** 51
needle bar **167** 28
needle bed **167** 51, 55
needle butt **167** 60
needle cage **143** 75
needle cam **167** 14
needle cylinder *Knitting* **167** 8, 11
needle cylinder *Bookbind.* **185** 21
needled part of the cylinder **163** 70
needle file **108** 22
needle head **309** 33
needle holder **22** 59
needle holder, cylindrical ~ **167** 8, 11
needle hook **167** 64
needle-matching system **114** 29
needlepoint **102** 30
needle point attachment **151** 54
needlepoint lace **102** 30
needle-raising cam **167** 59

needle roller bearing **143** 75-76
needles in parallel rows **167** 53
needle trick **167** 15
needlework **102**
negative carrier **116** 30
negative flight **288** 9
negligée **355** 66
negress **354** 22
negro **354** 13
negro hut **354** 21
nematode **80** 51
Neolithic period **328** 10-20
neon sign **268** 16
Neptune **4** 51
Nereid **327** 23
nerve **370** 30
nerve, auditory ~ **17** 64
nerve, femoral ~ **18** 31
nerve, optic ~ *Man* **19** 51
nerve, optic ~ *Bees* **77** 23, 24
nerve, peroneal ~ **18** 33
nerve, radial ~ **18** 28
nerve, sciatic ~ **18** 30
nerve, thoracic ~ **18** 26
nerve, tibial ~ **18** 32
nerve, ulnar ~ **18** 29
nerves **19** 33
nervous system **18** 22-33
nervure *Articulates* **358** 34
nervure *Bot.* **370** 29
nest **359** 28
nesting cavity **359** 29
Net *Astron.* **3** 48
net *Hunt.* **86** 27
net *Sea Fish.* **90** 8
net *Airsports* **288** 74
net *Ball Games* **293** 13
net background **102** 16
net-cord judge **293** 23
net curtain **42** 35; **44** 14
net fabric **167** 29
net post **293** 15
net sonar cable **90** 14
net sonar device **90** 17
net stocking **306** 10
net strap **293** 14
netting **102** 22
netting, wire ~ **339** 35
netting loop **102** 23
netting needle **102** 26
netting thread **102** 24
nettle **61** 33
net vault **336** 45
network **288** 74
neume **320** 1
neuropteran **358** 12
neutral conductor **127** 13
neutral corner **299** 38
neutral point **153** 22
neutron **1** 30, 39, 45, 52, 53
neutron bombardment **1** 36, 50
nevé **12** 48
new-born baby **28** 5
newel **123** 43
newel, open ~ **123** 76
newel, solid ~ **123** 77, 78
newel post **123** 43
Newfoundland dog **70** 34
news, miscellaneous ~ **342** 63
newscaster **238** 21
news dealer **205** 17; **268** 75
news in brief **342** 63
news item **342** 50
newspaper **182** 31; **205** 51; **265** 25; **342** 37-70
newspaper, folded ~ **181** 56
newspaper delivery unit **182** 29
newspaper heading **342** 39
newspaper holder **265** 26
newspaper page **342** 37
newspaper rack **265** 8
newspaper shelf **262** 16; **265** 8
newspaper typesetting **176** 29
newsreader **238** 21
newsreel camera **313** 26
New Stone Age **328** 10-20
news trolley **205** 16
news vendor **205** 17; **268** 75
New World opossum **366** 2
nib **122** 51
nib size **151** 40
niche **331** 60
nick **175** 47
nigger **310** 51
night-care cream **99** 27
nightclub **318** 1-33
nightdress **32** 16
nightgown **32** 16
nightie **32** 16
nightingale **361** 14
nightshirt **32** 37
night spot **318** 1-33
nightwear **32**
nightwear, ladies' ~ **32** 16-21
nightwear, men's ~ **32** 35-37
Nile crocodile **356** 13
nimbostratus **8** 10
nine-eight time **320** 39
nine-four time **320** 40
nine men's morris **276** 18, 23-25
nine men's morris board **276** 23
nipper, bottom ~ **163** 65
nipper, top ~ **163** 66
nippers **100** 40, 41
nipping press **183** 20
nipple **16** 28
nipple key **126** 63
nitrogen tetroxide tank **234** 59
nitrous oxide **26** 3
nix **327** 23
nixie **327** 23
nobleman **355** 44
nock **305** 63
node **68** 7
node, lymph ~ **19** 10
nodosity **80** 27
nogging piece **120** 55
noir **275** 21
nominal par **251** 12
non-belayer **300** 27
nonpareil **175** 23
non-printing area **340** 56
noodle **98** 34; **99** 65
Norfolk Island pine **53** 16
North America **14** 12
North Atlantic Drift **14** 30
North Equatorial Current **14** 32
Northern Cross **3** 23
Northern Crown **3** 31
northern gannet **359** 9
northern pike **364** 16
north light **121** 21
north point **4** 16
North Pole **14** 3
North Sea **14** 26
North Star **3** 1, 34
Norton tumbler gear **149** 8
nose *Man* **16** 10
nose *Dog* **70** 4
nose *Horse* **72** 6
nose *Fish etc.* **364** 2
nose, false ~ **306** 46
noseband **71** 7
nose cone, carbon fibre reinforced ~ **235** 20
nose gear flap **231** 24
nose landing gear unit, retractable ~ **231** 23
nosepiece, revolving ~ **112** 11, 30
nose rib **287** 36
nose-section fairing **235** 20
nose undercarriage flap **231** 24
nose undercarriage unit, retractable ~ **231** 23
nose wheel **288** 34
nose wheel, forward-retracting ~ **257** 3
nose wheel, hydraulically steerable ~ **235** 30
nose wheel, steerable ~ **230** 40
nosing **123** 20
nostril **72** 7
notation, mensural ~ **320** 2
notation, square ~ **320** 1
notch *Phys. Geog.* **13** 30
notch *Forestry* **84** 28
notch *Hunt.* **87** 66, 70
notch *Army* **255** 22
notch, wedge-shaped ~ **54** 38
note **185** 62
note, marginal ~ **185** 68
note, musical ~ **320** 3-7
notebook **47** 24; **260** 18
note head **320** 3
notepaper **245** 12
notes **252** 29-39
notes, medieval ~ **320** 1-2
note stem **320** 4
note tail **320** 4
note values **320** 12-19
'NOT GO' gauging member **149** 58
'NOT GO' side **149** 61
notice **356** 7
notice board **204** 12
nougat **98** 81
novillero **319** 2
nozzle *Moon L.* **6** 3
nozzle *Household* **50** 67
nozzle *Overh. Irrign.* **67** 33
nozzle *Pest Contr.* **83** 46
nozzle *Serv. Stat.* **196** 3
nozzle *Aircraft* **232** 39, 45, 49, 55
nozzle *Space* **234** 35; **235** 37
nozzle, pistol-type ~ **83** 28
nozzle, revolving ~ **56** 44
nozzle, swivelling ~ **235** 64
nozzle fuel tank **235** 45
nuclear energy **154**
nuclear power plant **154** 19
nuclear reactor casing **259** 67
nuclear research ship **221** 9
nucleus **1** 43
nucleus, atomic ~ **1** 2, 16, 29, 35, 49, 51
nude **338** 32
nudist **281** 16
nudist sunbathing area **281** 15
null hyperbola **224** 42
number *Equest.* **289** 33, 36
number *Cyc. Racing* **290** 28
number *Winter Sp.* **301** 37
number *Sports* **305** 84
number, abstract ~ **344** 3
number, cardinal ~ **344** 5
number, complex ~ **344** 14
number, concrete ~ **344** 4
number, even ~ **344** 11
number, four-figure ~ **344** 3
number, mixed ~ **344** 10
number, negative ~ **344** 8
number, odd ~ **344** 12
number, ordinal ~ **344** 6
number, positive ~ **344** 7
number, prime ~ **344** 13
number, whole ~ **344** 10, 18
number disc **189** 18
number key *Office* **247** 18
number key *Store* **271** 3
number key *Flea Market* **309** 76
'number one' **283** 13
number plate **189** 8; **290** 28; **305** 84
numbers **344** 1-22
number sign **197** 21
number tab **267** 10
number tag **267** 10
numeral, Arabic ~ **344** 2
numeral, Roman ~ **344** 1
numeral pendants **253** 33-34
numeral pennants **253** 33-34
numerator **344** 15
nun **331** 50
nun moth **82** 17
nursery **47**
nursery child **48** 2
nursery education **48** 1-20
nursery gardener **55** 20
nursery hand **55** 45, 46
nursery sapling **83** 15
nursery teacher **48** 1
nut *Bldg. Site* **119** 75
nut *Music. Instr.* **323** 13, 20
nut *Bot.* **370** 98
nut *Industr. Plants* **383** 44
nut *South. Fruits* **384** 60
nut, castellated ~ **143** 24, 77
nut, castle ~ **143** 24
nut, hexagonal ~ **143** 18
nut, round ~ **143** 35
nutation **4** 24
nutcracker **361** 1
nutcrackers **45** 49
nuthatch **361** 11
nutmeg **382** 34, 35
nutmeg tree **382** 30
nuts **59** 59, 37-51
Nydam boat **218** 1-6
nylon **101** 4
nylon 6 fibres **170** 1-62
nylons pack **99** 26
nylon-thread cop **133** 4
nymph, artificial ~ **89** 66

O

oak **51** 12
oak apple **82** 34
oak gall **82** 34
oak-gall wasp **82** 33
oak tree **51** 12; **371** 1
oar **218** 5; **278** 19; **283** 14, 26, 35-38
oarlock **278** 18; **283** 29, 41
oarsman **218** 3; **283** 12
oasis **354** 4
oat-grass **69** 22
oat panicle **68** 27
oats **68** 1
oats, rolled ~ **98** 37
obelisk **333** 10
Oberwerk **326** 2
obi **353** 41
object ball, red ~ **277** 12
objective, interchangeable ~ **112** 62
objective aperture **113** 35
objective lens **113** 36
objective turret **112** 11, 30
object lens **114** 26; **313** 2
object stage **112** 9
oblique, external ~ **18** 43
obliquus externus abdominis **18** 43
oboe **323** 38
O'Brien technique **298** 50
observation opening **5** 13

observation port *Agr. Mach.* **64** 27
observation port *Films* **312** 15
observation room **5** 33
observation shaft **5** 30
observation telescope **351** 31
observation window **25** 8
observation window, forward ~ **235** 25
observation window, upward ~ **235** 24
observatory **5** 1-16; **9** 7
observatory, solar ~ **5** 29-33
observatory dome **5** 12
obstacle, almost-fixed ~ **289** 8
obstacle, fixed ~ **289** 20
obstruction **291** 51
obverse **252** 8
ocarina **324** 32
occipitalis **18** 50; **19** 2
occipitofrontalis **19** 4
occiput **16** 2
occlusion **9** 25
ocean *Phys. Geog.* **13** 26
ocean *Map* **14** 19-26
ocean current, cold ~ **14** 27
ocean current, warm ~ **14** 28
ocean currents **14** 30-45
ocean drifts **14** 30-45
Oceanid **327** 23
ocean liner **221** 82; **225** 32
ocean nymph **327** 23
ocean station vessel **9** 7
ocellus *Dom. Anim.* **73** 32
ocellus *Bees* **77** 2
octagon **351** 17
octahedron **351** 6, 14, 16
Octans **3** 43
Octant **3** 43
octave, five-line ~ **321** 50
octave, four-line ~ **321** 49
octave, great ~ **321** 44
octave, one-line ~ **321** 46
octave, small ~ **321** 45
octave, three-line ~ **321** 48
octave, two-line ~ **321** 47
octave engagement **294** 50
odalisque **306** 41
odd-pinnate **370** 42
odds **289** 37
odds-and-ends box **195** 31
Oertz rudder **222** 69-70
oesophagus *Man* **17** 49; **20** 23, 40
oesophagus *Bees* **77** 19
offcut **120** 96
off-end framing **165** 14
offering **330** 60
offertory bag **330** 59
offertory box **330** 55
office *Coal* **144** 18
office *Railw.* **207** 41
office *Office* **245**; **246**; **247**; **248**; **249**
office *Camping* **278** 1
office *Chivalry* **329** 27
office, executive's ~ **246** 1-36
office, manager's ~ **271** 24
office, open plan ~ **248** 1-48
office, physician's ~ **22** 1-74
office, purser's ~ **223** 45
office, secretary's ~ **245** 1-33
office building *Coal* **144** 18
office building *Offshore Drill.* **146** 14
office building *Docks* **225** 53
office building *Films* **310** 4
office calculator **245** 31
office chair **248** 25
office cupboard **248** 12
office equipment **247** 1-44
office furniture **248** 39
office intercom **245** 20; **246** 10
office machinery **249**
office materials **247** 1-44
officer in charge **270** 36
officer of the watch **221** 126
offices **217** 24; **310** 4
offices *Railw.* **205** 13
offices, administrative ~ **222** 1
office supplies **247** 1-44
offset machine, four-colour ~ **180** 30
offset machine, rotary ~ **180** 1, 18
offset machine, sheet-fed ~ **180** 30
offset machine, single-colour ~ **180** 46, 59
offset plate **179** 1
offset plate, coated ~ **179** 16
offset platemaking **179**
offset press *Paperm.* **173** 21
offset press *Office* **249** 48
offset press, four-colour ~ **180** 1, 18, 30
offset press, rotary ~ **180** 1, 18
offset press, sheet-fed ~ **180** 30, 70
offset press, single-colour ~ **180** 46, 59
offset printing **180**
offshoot **370** 21
offshore drilling **146**
offshore drilling rig supply vessel **221** 32
offside **291** 42
off switch **10** 15
ogee arch **336** 36
ogee wing **229** 22
oil **98** 24
oil, crude ~ *Phys. Geog.* **12** 31
oil, crude ~ *Oil, Petr.* **145** 28-35, 36-64
oil, mineral ~ **145**
oil, viscous ~ **84** 35
oil and vinegar bottle **45** 42
oil bag **228** 11
oil bath air cleaner *Agr. Mach.* **65** 54
oil bath air cleaner *Railw.* **212** 79
oil bath air filter *Agr. Mach.* **65** 54
oil bath air filter *Railw.* **212** 79
oil bleeder screw **190** 24
oil burner **38** 58-60
oil can **196** 16
oil-circulating pump *Power Plant* **152** 45
oil-circulating pump *Railw.* **211** 12
oil conservator **152** 42; **153** 9
oil cooler *Power Plant* **152** 46
oil cooler *Car* **192** 19
oil cooler *Railw.* **211** 11
oil drain plug **190** 24
oil drilling **145** 1-21
oiler **109** 4
oil filler neck **190** 28
oil filter **190** 43; **192** 20
oil-firing system **199** 30, 35
oil furnace **145** 36
oil gallery, main ~ **192** 21
oil gauge *Roof & Boilerr.* **38** 54
oil gauge *Power Plant* **153** 11
oil-heating furnace **38** 57
oil level pipe **38** 53
oil paint **338** 11
oil palm **383** 54
oil pipe **190** 13
oil pipeline **145** 65
oil pressure gauge *Sawmill* **157** 7
oil pressure gauge *Aircraft* **230** 20
oil pressure limiting valve **190** 67
oil pressure warning light **191** 73
oil production **145** 22-27
oil products **145** 52-64
oil pump **190** 42; **192** 16
oil pump drive **190** 25
oil refinery **145** 65-74
oil reservoir **64** 29, 93
oil rig **146** 1-39
oil scraper ring **190** 37
oilskins **228** 4
oil stand **109** 5
oilstone **340** 21
oil sump *Agr. Mach.* **65** 45
oil sump *Intern. Combust. Eng.* **190** 41
oil sump *Car* **192** 17
oil tank *Roof & Boilerr.* **38** 44
oil tank *Agr. Mach.* **64** 93
oil tank *Oil, Petr.* **145** 34
oil tank *Motorcycle* **189** 36
oil temperature gauge *Car* **191** 38
oil temperature gauge *Aircraft* **230** 21
oil temperature sensor **195** 16, 40
oil-to-air cooling unit **209** 18
ointment, tube of ~ **22** 47
O-Joller **284** 50
Old Stone Age **328** 1-9
old woman's tooth **132** 26
oleander **373** 13
olive oil **98** 24
olive tree **383** 29
omnibus, horse-drawn ~ **186** 37
on-board equipment **239** 6
on-board telephone **239** 13
one-design keelboat **284** 62
one-half twist isander **282** 41
Oneirophanta **369** 18
one-second theodolite **112** 73
one-two **291** 49
one-way tap **350** 42
on full point **314** 19
on guard line **294** 3
on guard position **294** 18, 33
onion **57** 24
onion skin **57** 25
on-line disc storage unit **176** 32
on-load tap changer **153** 13
on/off switch *Railw.* **211** 30
on/off switch *Audio* **241** 63
on/off switch *Audiovis.* **243** 16
on/off switch *Office* **247** 16; **249** 9, 37, 64
on/off valve **279** 22
on-ramp **15** 16
on-the-ground wrestling **299** 8
open gate **301** 65
open-hearth furnace **147** 21-30
opening **122** 24
opening, pharyngeal ~ **19** 24
opening control **313** 8
open-newel staircase **123** 76
open-reel tape **241** 58
open vertical gate **301** 67
open work **102** 27
opera glass **315** 9
opera hat **35** 36
operating cabin **228** 21
operating handle **309** 81
operating indicator **244** 11
operating instructions **244** 15
operating key **243** 13, 41, 48; **246** 19; **261** 45
operating lamp **27** 25
operating lamp, shadow-free ~ **26** 10
operating lamp, swivel-mounted ~ **26** 10
operating lever *Pest Contr.* **83** 21
operating lever *Cine Film* **117** 63
operating lever *Road Constr.* **201** 12
operating mechanism housing **153** 60
operating table **26** 8, 36
operating table, pedestal ~ **26** 5
operating theatre **26** 1-33
operating valve **153** 52
operation indicator **244** 7
operations, arithmetical ~ **344** 23-26; **345** 1-10
operator *Post* **237** 35
operator *Computer* **244** 14
operator *Theatre* **316** 59
operator's position **237** 34
operator's set **237** 23
operculum **364** 5
ophthalmic test stand **111** 43
ophthalmometer **111** 44
ophthalmoscope **22** 62
opium poppy **380** 15
opponent **293** 18
optical bench **114** 50; **242** 79
optical instruments **112**; **113**
optical sound recorder **310** 60; **311** 6
optical sound recording **311** 9
optical sound recording equipment **311** 6
optical sound unit **312** 45
optical system **242** 41; **243** 50
optician **111** 1
optic plate, right-hand ~ **195** 18
optometer **111** 44
or **254** 24
orange *Colour* **343** 7
orange *South. Fruits* **384** 23, 27
orange flower **384** 25
orange peel, candied ~ **98** 11
orangery **272** 3
orange tip butterfly **365** 3
orange tree **55** 49
orang-outan **368** 15
orang-utan **368** 15
orbicular **370** 33
orbicularis oculi **19** 5
orbicularis oris **19** 8
orbiculate **370** 33
orbit, moon's ~ **4** 1
orbital manoeuvring main engine **235** 44
orb spinner **358** 45
orchard **15** 108
orchard sprayer, mobile ~ **83** 38
orchestra *Theatre* **315** 25
orchestra *Art* **334** 47
orchestra pit **315** 24
orchestrion **308** 38; **309** 14
orchid **376** 28
orchis **376** 28
ordinal **344** 6
ordinate **347** 10
ore **147** 2

öre **252** 24, 25, 26
ore deposit **11** 31
organ **326** 1-5, 1-52
organ, automatic ~ **308** 38
organ, portable ~ **322** 56
organ, portative ~ **322** 56
organ, positive ~ **322** 56
organ, suctorial ~ **81** 36
organ case **326** 1-5
organ console **326** 36-52
organelle **357** 5
organistrum **322** 25
organ of equilibrium and hearing **17** 56-65
organ pipes **326** 17-35
organs, internal ~ **20** 1-57
orifice, cardiac ~ **20** 41
original **177** 18
origin of ordinates **347** 4
Orion **3** 13
ornament, Rococo ~ **336** 13
ornamental **53** 16
ornamentation, Greek ~ **334** 38-43
ornamentation, Romanesque ~ **335** 14-16
ornaments **321** 14-22
orogenis **12** 4-20
orogeny **12** 4-20
orographic lift **287** 28
orpine **377** 9
orthopinacoid **351** 25
orthopteron **358** 8
ortolan **361** 7
ortolan bunting **361** 7
Orton cone **161** 6
oscillation counter **110** 17
osier branch **371** 29
osier rod **136** 15
osier stake **136** 14
ossicles, auditory ~ **17** 61
Ostiak **353** 17
ostrich **359** 2
ostrich egg **359** 3
ostrich feather **254** 30
Ostyak **353** 17
os uteri externum **20** 85
otter **367** 17
otter boards **90** 13
Otto-cycle engine **190** 1
Otto-cycle internal combustion engine **190** 2
outboard **278** 15; **283** 6, 7
outboard inflatable **286** 1
outboard motor **278** 15; **283** 7; **286** 1, 21
outboard motorboat **283** 6
outboard speedboat **283** 6
outdrive motorboat **286** 2
outer case **187** 30
outfall **216** 36
outfielder **292** 41
outflow condenser **92** 4
outhouse **62** 14
outlet *Electr.* **127** 5
outlet *Paperm.* **172** 78
outlet *Water* **269** 21
outlet, double ~ **127** 6
outlet cock **178** 34
outlet control valve **269** 30
outlet duct **92** 19
outlet structure **217** 44
outlet to brake line **192** 53
outlet tunnel **217** 62
outlet valve **269** 31
outline drawing **129** 46
output **117** 28
output gear box **212** 53
outrigger *Rowing* **283** 42
outrigger *Ethnol.* **352** 36
outrigger canoe **352** 35
outriggers **283** 9-16
outside broadcast vehicle **239** 1-15
outside defender **291** 13
outside forward **291** 16
outside grip **296** 45
outsider **289** 53
ovary *Man* **20** 83
ovary *Soft Fruit* **58** 40
ovary *Bot.* **370** 54, 60
ovary *Shrubs etc.* **373** 2, 5
ovary *Flowers etc.* **375** 34
ovary, epigynous ~ **58** 7
ovary, perigynous ~ **59** 14
ovary cavity **370** 62
ovary wall **370** 61
ovate **370** 36
oven **39** 13; **97** 66, 71
oven, electric ~ **207** 30
oven window **39** 14
overall **33** 56
overalls, hairdresser's ~ **106** 2
overalls, leather ~ **290** 26
over-and-under shotgun **305** 70
overblouse **31** 61
overblouse, girl's ~ **29** 48
overburden **158** 2
overburden excavator **159** 3
overdress **31** 17
overfall **91** 43
overfeed, initial ~ **168** 26
overflow *Roof & Boilerr.* **38** 69
overflow *Bathrm. etc.* **49** 25
overflow *Fish Farm.* **89** 5
overflow *Water* **269** 33
overflow basin **272** 23
overflow container **350** 60
overflow pipe **38** 69; **269** 20, 33
overflow spillway **217** 60
overfold **12** 14
overgown **355** 36, 50
overgrasp **296** 40
overhead bicycle kick **291** 45
overhead camshaft **189** 3; **190** 14
overhead contact wire **197** 41; **205** 58
overhead line support **152** 36
overhead projector **261** 8
overhead spray washing plant **169** 29
overhead wire maintenance vehicle **211** 41
overhead wire voltage indicator **211** 28
overlap angle **128** 51
overlay flooring **123** 62
overload indicator **224** 33
oversite concrete **123** 13
overskirt, panniered ~ **355** 83
over tile **122** 58
overtop **29** 48
overtop, knitted ~ **30** 4; **31** 65
oviduct **20** 81
ovule **58** 39; **59** 14; **370** 63
ovum **20** 84
owl **252** 2
owl-glass **306** 38
owls **362** 14-19
ox *Dom. Anim.* **73** 1
ox *Slaughterho.* **94** 2
ox *Meat* **95** 14-37
oxer **289** 8
ox eye **361** 9
oxeye daisy **376** 4
oxeye daisy, white ~ **51** 24
Oxford **101** 31
Oxford shoe **101** 31
ox hide, painted ~ **354** 11
oxidation **170** 19
oxidation, controlled ~ **169** 7
oxide ceramic **149** 46
oxteam **63** 16
oxygen apparatus *Moon L.* **6** 18
oxygen apparatus *Fire Brig.* **270** 20
oxygen atom **1** 13
oxygen-blowing converter **147** 45-50
oxygen connection **141** 30
oxygen control **141** 29
oxygen cylinder *Hosp.* **27** 45
oxygen cylinder *Gas Weld.* **141** 3, 21
oxygen cylinder *Road Constr.* **200** 40
oxygen flow meter **26** 4
oxygen hose **141** 10
oxygen inlet **350** 11
oxygen jet **350** 13
oxygen lance **147** 49
oxygen molecule **242** 65
oxygen supply **25** 22
oxygen tank *Moon L.* **6** 6
oxygen tank *Space* **234** 61
oxygen tank *Air Force* **257** 2
oxygen treatment **25** 23
oxymeter **27** 13
oxysphere **11** 1
oyster **357** 32
oyster fork **45** 80
oyster round **95** 11
ozone layer **7** 13, 19

P

pace **72** 40
pacemaker **25** 36
pacemaker, cardiac ~ **25** 31, 37
pacemaker, internal ~ **25** 37
pacemaker, short-term ~ **25** 25
pacemaker battery **25** 51
pacemaker control unit **25** 40
pacemaker impulse **25** 44
pacemaker unit **25** 30
pacer **290** 11
Pacific Ocean **14** 19
pack *Dom. Anim.* **73** 5
pack *Hunt.* **86** 33
pack *Airsports* **288** 44
pack, disposable ~ **93** 28
package, unitized ~ **226** 21
package cargo transit shed **225** 9
package freight **206** 4, 27
pack animal **354** 3
packing, sterile ~ **26** 31
packing box **210** 33
packing box dispenser **74** 53
packing machine **76** 36
pack of hounds **86** 33; **289** 46
pack saddle **73** 4
pad *Horse* **71** 49
pad *Game* **88** 46
pad *Shoem.* **100** 16
pad *Ball Games* **292** 9
pad *Graphic Art* **340** 13
pad, bakelite ~ **166** 64
pad, leather ~ *Goldsm. etc.* **108** 29
pad, leather ~ *Weaving* **166** 64
pad, suctorial ~ **77** 9
pad, unsterile ~ **26** 23
pad bridge **111** 12
padding, foam rubber ~ **291** 20
paddle *Brew.* **92** 46
paddle *Electrotyp. etc.* **178** 25, 33
paddle *Ship* **218** 8
paddle *Ethnol.* **353** 14
paddle, double-bladed ~ **283** 39
paddle, double-ended ~ **283** 39
paddle, single-bladed ~ **283** 34
paddle boat **280** 12
paddling pool **37** 44; **273** 28
paddock **319** 15
padlock **38** 21
page *Bookbind.* **185** 53
page *Hotel* **267** 18
page, double-column ~ **185** 64
page, front ~ **342** 38
pageboy **267** 18
pageboy style **34** 35
page cord **174** 16
page heading **342** 52
page number **185** 63; **251** 14
page printer **237** 66
pagoda, Indian ~ **337** 21
pagoda, multi-storey ~ **337** 1
pail **50** 54
pailoo **337** 3
pailou **337** 3
paint **129** 6, 7-8, 9; **338** 10
paintbox **48** 6; **338** 10
paintbrush **48** 7; **129** 3; **260** 84
paint bucket **129** 10
paint container **315** 34
Painter *Astron.* **3** 47
painter *Painter* **129** 2
painter *Art. Studio* **338** 2
painting **129** 1; **260** 27
painting, watercolour ~ **48** 5
painting materials **338** 6-19
painting surface **338** 22
painting table **338** 25
paint kettle **129** 8
paint roller **129** 11
paint room **315** 28-42
paint scraper **129** 22
paint trolley **315** 36
pair **275** 20
pairing season **86** 9-12
pair skater **302** 4
pajamas **32** 17, 36
palace, Baroque ~ **272** 7
palace, Renaissance ~ **335** 47
palace buildings **333** 29
palace gardens **272** 1-40
Palaeolithic period **328** 1-9
Palaeopneustes niasicus **369** 19
palate, hard ~ **19** 20
palate, soft ~ **19** 21
pale ale **93** 26
palette **338** 28
palette dipper **338** 29
palette knife **338** 14
paling **52** 10
palisade *Equest.* **289** 8
palisade *Chivalry* **329** 36
palisading **329** 36
palla **355** 10
pallbearer **331** 40
pallet *Porcelain Manuf.* **161** 20
pallet *Station* **206** 32
pallet *Docks* **225** 43; **226** 7
pallet *Music. Instr.* **326** 10
pallet, flat ~ **226** 10
pallet, standard ~ **226** 10
pallette **329** 45
palm **88** 41
Palma Christi **380** 14
palma manus **19** 71
palmate **370** 39
palmation **73** 36; **359** 7
palm capital **333** 25

palm column **333** 17
palmette **334** 41
palm frond **384** 3
palm of the hand **19** 71
palm rest **255** 13, 19; **305** 45
palm tree **354** 5
palpebra, lower ~ **19** 40
palpebra, upper ~ **19** 39
pampas grass **51** 8
pamphlet **330** 57
pan *Household* **50** 52
pan *Carp.* **120** 59
pan *School* **260** 60
panache **329** 78
Panama hat **35** 16
pan and tilt head **114** 48; **313** 12
pancreas **20** 44
Pandean pipes **322** 2
pandora **322** 21
pane **66** 10; **137** 27
panel **120** 59
panel, front ~ **32** 24
panel, mirrored ~ **267** 66
panelboard **157** 67
panelling, metal ~ **208** 6
panelling, wood ~ **281** 19
panelling, wooden ~ **266** 37
panel pin **124** 29
pane of glass **124** 16
pangolin **366** 10
pan grinding mill **159** 8
Panhard rod **192** 70
panicle **68** 27; **370** 69; **378** 46; **382** 54
pan loaf **97** 10
pannier **78** 15
panpipes **322** 2
pan set **40** 12-16
pansy **60** 2
pantaleon **325** 1
pantaloons **306** 42
pantie briefs **32** 8
pantie-corselette **32** 3
pantie-girdle **32** 2
pantie-hose **29** 42; **32** 12
panties, long-legged ~ **32** 10
pantile **122** 54
pantograph *Map* **14** 65
pantograph *Composing Rm.* **175** 58
pantograph *Tram* **197** 23
pantograph carriage **175** 53
pantry, ship's ~ **223** 43
pants, long ~ **32** 11
paper *Photog.* **116** 50
paper *Drawing Off.* **151** 14
paper *Paperm.* **173** 2-10
paper *Offset Print.* **180** 47
paper *Letterpress* **181** 46
paper *Office* **249** 57
paper, asphalted ~ **153** 48
paper, blank ~ **180** 2, 69; **181** 23, 30
paper, coated ~ **173** 35
paper, cork ~ **128** 18
paper, metallic ~ *Paperhanger* **128** 18
paper, metallic ~ *Power Plant* **153** 44
paper, metallized ~ **153** 44
paper, natural ~ **128** 18
paper, printed ~ **180** 57; **181** 9, 25
paper, raw ~ **173** 29
paper, unprinted ~ **180** 2, 69; **181** 23, 30
paper, wood ~ **128** 18
paper bag, cone-shaped ~ **98** 49
paper bail **249** 17
paper chase **289** 41-49
paper clip **247** 1, 2
paper edge, butted ~ **128** 20
paper feed **245** 11; **249** 45, 49
paper feed and delivery **181** 14
paper feeding and delivery unit **181** 14
paperhanger **128**
paper hanging **128** 18-53
paperhanging brush **128** 40
paperhanging kit **128** 33
paper hunt **289** 41-49
paper machine **173** 11, 13-28
papermaking **172; 173**
papermaking by hand **173** 46-51
paper punch **22** 28
paper recorder **25** 56, 57
paper recorder unit **27** 33
paper reed **383** 64
paper release lever **249** 20
paper ribbon **174** 34
paper roll **249** 33; **309** 75
paper roller **128** 47
paper rush **383** 64
paper size selection **249** 34
paper speed scale **116** 54
paper stand **151** 13
paper tape **237** 32
paper towel **196** 11
paper-towel dispenser **196** 10
paper tower **174** 33, 43
pappus **375** 34
pappus bristle **375** 33
pappus tuft **378** 11
paprika **57** 42
papyrus column **333** 15
papyrus plant **383** 64
par **251** 12
para **252** 28
parabola **347** 14
parachute *Meteorol. Instr.* **10** 57
parachute *Airsports* **288** 37
parachuting **288** 37-62
paraffin **145** 60
paraffin lamp **278** 29
paraffin oil **145** 60
paragon **175** 31
Paraguay tea **382** 11
parallel **346** 4
parallel bars **296** 2
parallelepiped **347** 36
parallel of latitude **14** 2
parallelograms **346** 33-36
parallels **14** 1-7
Paramecium **357** 9
parapet *Dwellings* **37** 19
parapet *Bridges* **215** 70
parapet *Chivalry* **329** 21
parapet, battlemented ~ **329** 20
parasites **81**
parasites of man **81** 31-42
parasol mushroom **381** 30
paravane **258** 87
parcel *Station* **204** 2
parcel *Post* **236** 3, 6
parcel registration card **236** 7
parcel registration slip **236** 4
parcels counter **236** 1
parcels office **204** 1
parcels scales **236** 2
parent **54** 15
parentheses **342** 24
parent plant **54** 15
paring knife **100** 51
parison **162** 47
parison mould **162** 26
park *Map* **15** 97
park *Park* **272**
park *Ball Games* **291** 1; **292** 40-58
park, landscaped ~ **272** 41-72
parka **29** 66
parka coat **29** 66
park bench **272** 16, 42
park by-law **272** 29
park chair **272** 48
park entrance **272** 32
park gardener **272** 66
parking meter **268** 1
park keeper **272** 30
park path **272** 38
park railing **272** 33
park tree **272** 59
parlour, herringbone ~ **75** 23
parquet floor **123** 74
parquet strip **123** 62
parrot **363** 1
parrying **294** 6
parry of the fifth **294** 24
parry of the quinte **294** 24
parry of the tierce **294** 8
parsley **57** 19
parsonage **331** 20
part, imaginary ~ **344** 14
part, real ~ **344** 14
parterre **272** 39
Parthenon **334** 1
partial-hip end **121** 17
parting, centre ~ **34** 9
parting, side ~ **34** 14
parting kiss **205** 52
parting-off tool **149** 53
parting tool *Turner* **135** 24
parting tool *Mach. Tools* **149** 53
partition **75** 38
partition, framed ~ **120** 48
partition, glass ~ **25** 8
partition, sound-absorbing ~ **248** 20
partition, wooden ~ **38** 19
partition screen **248** 1
partition wall *Bldg. Site* **119** 25
partition wall *Office* **248** 1
part load **206** 4
part-load goods **206** 27
partridge **88** 70
partridge call **87** 47
party **263** 20
party, private ~ **267** 40-43
party blouse **30** 55
party games **276**
party skirt **30** 56
par value **251** 12
Paschen series **1** 22
pas de trois **314** 27-28
Pasiphaea **369** 12
pass *Phys. Geog.* **12** 47
pass *Ball Games* **291** 47
pass, short ~ **291** 49
passage **71** 3
passage, barred ~ **307** 51
passage grave **328** 16
passe **275** 19
passenger **204** 24; **205** 6; **208** 30; **221** 97, 109
passenger aircraft **231** 2
passenger cabin **231** 22
passenger car **208** 3
passenger coach **207** 1-21; **208** 3
passenger compartment **207** 13
passenger door, centre ~ **231** 25
passenger door, rear ~ **231** 30
passenger ferry **216** 1
passenger liner **221** 82; **225** 32
passenger seat *Car* **191** 36
passenger seat *Lorries etc.* **194** 14
passenger seat *Aircraft* **230** 38; **231** 22
passenger sledge **353** 18
passenger terminal **225** 31
passenger vehicle **191** 1-56; **195** 34
passerines **361**
Passiflora **53** 2
passion flower **53** 2
passport **267** 13
'passport check' **233** 42
pastas **98** 32-34
paste **128** 26
paste, heavy-duty ~ **128** 24
pasteboard **128** 31
paste brush **128** 27
pastel crayon **338** 19
pastern **72** 25
pasting machine **128** 25
pastor *Church* **330** 22
pastor *Birds* **361** 4
pasture, rough ~ **15** 5
patch pocket **29** 68; **30** 22; **31** 56; **33** 38; **35** 37
pâté **96** 15
patella **17** 23
paten **330** 9; **332** 51
patent **246** 26
patent anchor **222** 78; **258** 5; **286** 17
patent key **187** 50
patent log **224** 54
patent valve **187** 31
paternoster **332** 31
path, central ~ **55** 42
path, gravel ~ **272** 18
path, unfenced ~ **15** 102
patient **22** 2, 3; **24** 2; **274** 7, 18
patients file **22** 6
patin **330** 9; **332** 51
patine **330** 9; **332** 51
patrician lady **355** 48
patrol car **264** 10
patrolman **264** 13
patrol submarine **259** 75
patten **355** 43
pattern *Iron Foundry etc.* **148** 34
pattern *Composing Rm.* **175** 55
pattern, chequered ~ **335** 14
pattern control chain **167** 19
pattern repeat **171** 12
pattern stencil **168** 62
pattern table **175** 56
pauldron **329** 45
Pauli exclusion principle **1** 7
Pauli principle **1** 7
pause **321** 25
pause sign **321** 25
pavais **329** 56
pavement **37** 60; **198** 8, 9
paving **198** 8
paving, brick ~ **123** 7
paving, flagstone ~ **123** 26
paving brick **159** 27
pavis **329** 56
Pavo **3** 41
paw **88** 46, 50; **368** 4
paw, hind ~ **70** 8
pawn **276** 13
payee **250** 19
payer **250** 20
paying agent **250** 22
paying-in counter **236** 25
paying-in slip **236** 27
payload bay **235** 26
payload bay door **235** 14
payload bay insulation **235** 13
payload manipulator arm **235** 29
pay phone **236** 9; **237** 3
pea **57** 1, 7
peach **59** 31

peach blossom **59** 27
peach flan **97** 22
peach flower **59** 27
peach leaf **59** 32
peach tree **59** 26-32
Peacock *Astron.* **3** 41
peacock *Dom. Anim.* **73** 30
peacock butterfly **365** 2
pea flower **57** 2
pea jacket **221** 127
peak **11** 6; **12** 40
peanut **45** 41; **383** 41
pear **58** 33
pear blossom **58** 38
pearl *Jewell.* **36** 8
pearl *Game* **88** 30
pearl *Composing Rm.* **175** 22
pearl *Invertebr.* **357** 35
pearl barley **98** 35
pear pip **58** 37
pears **99** 87
pear-shape, faceted ~ **36** 84
pear-shape, plain ~ **36** 83
pear-shape, standard ~ **36** 54
pear-shapes **36** 82-86
pear stalk **58** 34
pear tree **58** 31, 32
peasecod **355** 30
peat **55** 31; **206** 10
pea tendril **57** 4
peavy **85** 9
peba **366** 8
pebble, painted ~ **328** 6
pectoralis, greater ~ **18** 36
pectoralis major **18** 36
pedal *Joiner* **132** 72
pedal *Bicycle* **187** 40, 78
pedal *Sports* **305** 85
pedal *Music. Instr.* **323** 62; **325** 41, 46
pedal, adjustable ~ **298** 2
pedal, left ~ **325** 9
pedal, right ~ **325** 8
pedal bracket **325** 42
pedal car **273** 55
pedal crank **188** 25
pedal cylinder **163** 27
pedal drive **188** 25
pedal frame **187** 83
pedal harp **323** 60
pedal key **326** 51, 52
pedal lever **163** 28
pedal mechanism **324** 54
pedal pipe **326** 3
pedal roller **163** 27, 28
pedal tower **326** 4
peddle boat **280** 12
pedestal *Optic. Instr.* **113** 2
pedestal *Office* **248** 37
pedestal *Park* **272** 11
pedestal *Circus* **307** 55
pedestal crane **146** 3
pedestal grinding machine **138** 7
pedestal mat **49** 18
pedestrian **268** 18
pedestrian crossing **198** 11; **268** 24, 51
'pedestrian crossing' sign **268** 29
pedestrian lights **268** 55
pedestrian precinct **268** 58
pedicel **59** 4; **383** 7
pediculate **369** 6
pediment *Phys. Geog.* **13** 65
pediment *Art* **334** 3; **335** 36
peduncle **59** 4; **383** 7
peeler **133** 1
peeling machine **133** 1
peen **66** 10; **137** 27
peewit **359** 21
peg *Floor etc. Constr.* **123** 11
peg *Camping* **278** 24
peg *Music. Instr.* **323** 18; **324** 11
Pegasus *Astron.* **3** 10
Pegasus *Fabul. Creat.* **327** 26
pegbox **323** 19
pegbox, bent-back ~ **324** 10
pegbox, swan-head ~ **324** 10
pegdisc **324** 19
pein **137** 27
Pekinese dog **70** 19
Peking man **261** 18
pelargonium **53** 1
pelican **359** 5
pelican eel **369** 2
pellitone **323** 44
pelorus **224** 53
pelota **305** 67
pelota player **305** 68
pelvis **17** 18-21
pelvis, renal ~ **20** 31
pen *Livestock* **75** 36
pen *Office* **245** 21
pen *School* **260** 14
pen, ballpoint ~ **47** 26
pen, felt tip ~ **47** 26; **48** 18
pen, metal ~ **341** 25
penalty **291** 40
penalty area **291** 4
penalty kick **291** 40
penalty line **292** 5
penalty spot **291** 6
pen and pencil case **260** 12
pen and pencil tray **245** 22; **260** 24
pencil **47** 26; **129** 41; **260** 5
pencil, carpenter's ~ **120** 77
pencil, clutch-type ~ **151** 45
pencil, coloured ~ **48** 11
pencil, lead ~ **118** 51
pencil attachment **151** 62
pencil box **309** 73
pencil holder **22** 31
pencil lead **151** 46
pencil of rays **346** 19
pencil point attachment **151** 55
pencil sharpener **247** 25
pencil silhouette **31** 14
pen clip **2** 18
pendant **335** 32
pendant, gemstone ~ **36** 14
pendant, oblong ~ **253** 28
pendants **253** 30-32
pendeloque **36** 54
pendentive **334** 74
pendulum *Atom* **2** 35
pendulum **110** 27; **309** 58
pendulum device **2** 35
pendulum spray **83** 27
penguin **359** 4
peninsula **13** 5
penis **20** 66
penlight pocket **6** 24
pen meter **2** 15
pennant, oblong ~ **253** 28
pennants **253** 30-32
pennon **278** 9; **280** 11
pennon staff **280** 10
penny, new ~ **252** 37
pensions counter **236** 25
Pentacrinus **369** 3
pentagon **351** 9
pentaprism **115** 41, 70
pentaprism viewfinder, interchangeable ~ **115** 69
penthouse **37** 83
penthouse head **312** 50
penthouse roof **37** 55
pent roof **37** 55, 78; **121** 7
penumbra **4** 34
peplos **355** 2
pepper **57** 42; **382** 39
peppercorn **382** 39
peppermint **380** 3
pepper plant **382** 36
pepper pot **266** 77
percentage focusing chart **177** 7
percentage key **247** 23
percentage sign **345** 7
percent key **247** 23
perch **86** 49
percolation of a river **13** 73
percussion cap *Hunt.* **87** 59
percussion cap *Carnival* **306** 49
percussion drill, electric ~ **134** 43
percussion instruments **323** 49-59; **324** 47-58
percussion screwdriver **138** 6
percussor **22** 73
peregrine falcon **362** 2
perennial **52** 22
perennial, flowering ~ **52** 9
perfect binder **184** 1; **249** 61
perfect fifth **321** 10
perfect fourth **321** 9
perfecting unit **181** 49
perfecting unit for black **180** 12-13
perfecting unit for cyan **180** 8-9
perfecting unit for magenta **180** 10-11
perfecting unit for yellow **180** 6-7
perfect octave **321** 13
perforated brick **159** 21
perforation **236** 62
perforator *Paperhanger* **128** 12
perforator *Composing Rm.* **176** 5
perfume bottle **43** 27; **105** 36
perfume spray **43** 26; **106** 21
pergola **37** 80; **51** 1; **272** 17
pericarp **57** 6
pericementum **19** 28
perineum **20** 64
period **342** 16
periodical **262** 15
periodicals rack **262** 15
periodontium **19** 28
periphery **346** 44
peristomion **322** 5
peristyle **334** 2
peritoneum **20** 58
perlon fibres **170** 1-62
Permian **154** 62
peroneus longus **18** 64
perpendicular **346** 6, 27, 28
perpetual frost climate **9** 58
Persian cat **73** 17
Persian lamb **30** 60
personnel carrier, armoured ~ **255** 91
Peru Current **14** 42
pesade **71** 4; **307** 30
peseta **252** 22
pest control **83**
pestle **349** 10
petal **58** 43; **59** 11; **370** 59
petasus **355** 4
pet foods **99** 36-37
petiole **370** 27
petri dish **173** 7; **261** 25
petrol can **196** 25
petrol canister **84** 36
petroleum *Phys. Geog.* **12** 31
petroleum *Oil, Petr.* **145** 41
petroleum gas, liquefied ~ **145** 53
petroleum reservoir **12** 27
petrol lighter **107** 27
petrol motor **83** 41
petrol pump **196** 1
petrol pump, self-service ~ **196** 8
petrol pump hose **196** 2
petrol station **196** 1-29
petrol tank **188** 10, 28; **189** 2; **305** 87
petticoat **355** 37
petty cash **246** 27
petty morel **379** 5
petunia **53** 6
pew **330** 28
pewit **359** 21
Pfund series **1** 24
phaeton **86** 18; **186** 38
phalange **17** 17, 29; **19** 77
phalanx **17** 17; **19** 77
pharmacopoeia **22** 23
pharynx **19** 24
phases, lunar ~ **4** 2-7
pheasant **88** 77
pheasant cock **88** 77
pheasant hen **88** 77
pheasant's eye **60** 4
phenol **170** 3, 14, 16
phenol extraction **156** 39
philomel **361** 14
philomela **361** 14
philtrum **16** 12
phloem **370** 9
phlox **60** 14
Phoenix **327** 9
phonetics **342** 14
phonetic transcription **342** 14
phorbeia **322** 5
phoropter **111** 44
phosphorescent material **240** 18
photocell **195** 21, 22; **312** 49
photocomposition **176**
photocomposition system **176** 29
photodiode **114** 70; **243** 56
photoengraving, halftone ~ **178** 38
photogrammetry **14** 63-66; **112** 67
photographic plate **309** 49, 50
photographic unit **176** 14
photography **114**; **115**; **116**
photography, underwater ~ **279** 23
photogravure **182**
photomechanical reproduction **177**
photometer **23** 54
photometer, microscopic ~ **112** 49
photometry **23** 52, 53
photomicrographic camera attachment **112** 36
photomicro mount adapter **112** 64
photomicroscope **112** 34
photomicroscope adapter **115** 89
photomultiplier **112** 51
photosetting **176**
photosetting system **176** 29
phototheodolite **112** 67
phototopography **14** 63-66
phototypesetting **176** 1
photo-unit **176** 14
piaffe **71** 1
pianino **325** 1
pianissimo **321** 36
pianissimo piano **321** 37
piano *Music. Not.* **321** 35
piano *Music. Instr.* **325** 1, 40
piano accordion **324** 36
piano action **325** 2-18
piano case **325** 6
pianoforte **325** 1

piano keys **325** 4-5
piano mechanism **325** 2-18
piano pedal **325** 9
piano pedals **325** 8-9
piano string **325** 7
pica **175** 28
picador **319** 16
piccolo **323** 30
Piciformes **363** 6
pick **158** 31; **300** 33
pick counter **166** 2
picker **166** 64
picker head **184** 11
picking bowl **166** 67
picking cam **166** 66
picking knife **136** 38
picking stick **166** 17, 22
picking stick buffer **166** 65
picking stick return spring **166** 68
pickpocket **308** 16
pick stick **166** 17
pickup attachment **62** 41; **63** 27
pickup reel **64** 4
pickup sucker **184** 8
pickup truck **194** 1, 5
pickup unit **240** 36
pictographs **233** 24-53
Pictor **3** 47
picture **43** 20; **246** 28
picture, panoramic ~ **24** 21
picture frame **43** 21
picture gate **312** 34
picture house **312** 1
picture monitor **238** 65; **239** 12
picture rail **128** 29
picture tube **240** 3
picture tube geometry **242** 39
pier *Bridges* **215** 21, 54
pier *Docks* **225** 66
pier *Airport* **233** 12
pier *Art* **336** 25
pier, clustered ~ **335** 34
pier, compound ~ **335** 34
pier, reinforced concrete ~ **215** 61
piercing saw **108** 12
piercing saw blade **108** 13
pierette **306** 12
pierhead **233** 13
pierrot **306** 19
pies **97** 22-24
pig *Farm Bldgs.* **62** 10
pig *Dom. Anim.* **73** 9
pig *Livestock* **75** 39
pig *Slaughterho.* **94** 11
pig *Meat* **95** 38-54
pig *Iron & Steel* **147** 40
pig, solidifying ~ **148** 25
pig-casting machine **147** 34-44
pigeon **73** 33; **359** 23
pigeon hole **267** 2
pig iron, molten ~ **147** 55
pig iron ladle **147** 12, 21, 42
pig iron runout **147** 11
piglet **73** 9; **75** 42
pigment paper **182** 1, 8, 10
pigmy **354** 41
pigpen **62** 8; **75** 35
pigskin **292** 27
pigsty **62** 8; **75** 35
pigtail *Hairst. etc.* **34** 6
pigtail *Tobacc. etc.* **107** 18
pigtail wig **34** 5; **355** 77
pig trap **146** 31
pike *Fish Farm.* **89** 17
pike *Free Exerc.* **295** 38
pike *Fish etc.* **364** 16
pike, spawning ~ **89** 11
piked reverse hang **296** 36
pike pole **319** 17
pi-key **247** 24
pilaster **335** 46
pilaster strip **335** 11
pile **226** 40
pile, steel ~ **217** 4
pile delivery unit **180** 55
pile driver, floating ~ **226** 36
pile driver frame **226** 37
pile dwelling **328** 15; **352** 33
pile feeder **180** 73
pile feeder, automatic ~ **180** 48
pile foundation **216** 8
pile hammer **226** 38
pile of arrow **305** 61
pile shoe **269** 61
pileus **381** 4
piling **157** 25
pillar *Mach. Tools* **150** 21
pillar *Shipbuild.* **222** 61
pillar *Art* **335** 20
pillar, engaged ~ **335** 35, 46
pillar guide **139** 42
pillar stand *Atom* **2** 29
pillar stand *Optic. Instr.* **112** 32
pillar tap **126** 31
pillion footrest **188** 44
pillion passenger **268** 36
pillion rider **268** 36
pillow **27** 27; **43** 12-13; **47** 4
pillowcase **43** 12
pillow lace **102** 18
pillowslip **43** 12
pilot *Railw.* **210** 34
pilot *Music. Instr.* **325** 33
pilot, automatic ~ **224** 18
pilot boat **221** 95
pilot chute **288** 39
pilot flag **253** 23
pilot light **50** 10
pilot light, covered ~ **38** 60
'pilot on board' **253** 24
pilot tone cable **313** 29
pilot tone generator **313** 30
pilot tone socket **117** 7
pilot wire **325** 34
Pilsener beer **93** 26
pimehinketone **170** 20
pin *Roof* **121** 93
pin *Turner* **135** 9
pin *Metalwkr.* **140** 47
pin *Mach. Parts etc.* **143** 31
pin *Sports* **305** 12
pin, bronze ~ **328** 29
pin, cylindrical ~ **143** 40
pin, diamond ~ **36** 18
pin, front ~ **305** 1
pin, grooved ~ **143** 40
pin, split ~ **143** 19, 25, 78
pin, tapered ~ **143** 37
pinacoid, triclinic ~ **351** 26
pinafore, bib top ~ **29** 41
pinafore dress **29** 13; **30** 8; **31** 8
pin block **324** 22; **325** 18
pincers *Shoem.* **100** 40, 41
pincers *Plumb. etc.* **126** 65
pincers *D.I.Y.* **134** 13
pincers *Basketm.* **136** 37
pincers *Metalwkr.* **140** 69
pincers, caudal ~ **81** 12
pinch bar **158** 32
pinchcock **350** 30
pinch roller **243** 25
pinch roller, rubber ~ **117** 35
pincushion **104** 20
pine **372** 20
pineapple **99** 85
pineapple flower **384** 64
pineapple gall **82** 40
pineapple plant **384** 61
pine beauty **82** 46
pine cone **372** 26
pine hawkmoth **82** 27
pine moth **82** 28
pine weevil **82** 41
pin groove **143** 49
pin holder **109** 16
pinion *Game* **88** 76
pinion *Mach. Parts etc.* **143** 92
pink *Equest.* **289** 13
pink *Colour* **343** 4
pinnacle **335** 29
pinnate **370** 41
pinnatifid **370** 40
pinnipeds **367** 18-22
pin slit **143** 49
pin slot **143** 49
pin vice **109** 16
pin wire **124** 28
pip **276** 32
pipe *Living Rm.* **42** 12
pipe *Ship* **221** 3
pipe *Music. Instr.* **322** 57; **326** 16, 29
pipe, briar ~ **107** 39
pipe, cast-iron ~ **37** 14
pipe, cement ~ **200** 62
pipe, clay ~ **107** 34
pipe, Dutch ~ **107** 34
pipe, earthenware ~ **269** 35
pipe, long ~ **107** 35
pipe, magic ~ **354** 42
pipe, perforated ~ **200** 62
pipe, polyester ~ **67** 26
pipe, short ~ **107** 33
pipe, vertical ~ *Dwellings* **37** 14
pipe, vertical ~ *Fire Brig.* **270** 26
pipe bender **125** 28
pipe-bending machine *Plumb.* **125** 28
pipe bending machine *Plumb. etc.* **126** 82
pipe bowl **107** 36
pipe cleaner **107** 46, 48
pipe clip *Roof* **122** 31
pipe clip *Plumb. etc.* **126** 56
pipe connection, quick-fitting ~ **67** 28
pipe cutter **126** 84
pipe-cutting machine **126** 10
pipeline **145** 65
pipe of peace **352** 6
pipe rack *Living Rm.* **42** 11
piperack *Offshore Drill.* **146** 4
pipe repair stand **126** 11
pipes **326** 17-35
pipe scraper **107** 45
pipe stem **107** 38
pipe still **145** 36
pipe support **67** 7, 25
pipe supports **126** 53-57
pipette **22** 72; **350** 25
pipette, automatic ~ **23** 44
pipette, graduated ~ **350** 24
pipette stand **23** 52
pipetting device, automatic ~ **23** 47
pipe union **350** 5
pipe vice **126** 81
pipe wrench **126** 61; **127** 47; **134** 11
piping **30** 13; **31** 7
pirate *Sailing* **284** 52
pirate *Carnival* **306** 43
pirn **166** 30
pirn, empty ~ **166** 21
pirn holder, spring-clip ~ **166** 33
pirouette **314** 24
Pisces **4** 64
pisciculture **89** 1-19
pistachio **382** 51
pistachio nut **382** 51
pistachio tree **382** 49
piste **294** 2
pistil **59** 13
pistol **255** 1
pistol, captive-bolt ~ **94** 3
pistol grip *Hunt.* **87** 6
pistol grip *D.I.Y.* **134** 44
pistol grip *Army* **255** 6, 38
pistol grip *Police* **264** 23
piston *Drawing Off.* **151** 60
piston *Intern. Combust. Eng.* **190** 37
piston *Inf. Tech.* **242** 46
piston, hydraulic ~ **139** 41
piston pin **192** 26
piston pump lever **83** 45
piston ring **190** 37
piston rod *Intern. Combust. Eng.* **190** 21
piston rod *Car* **192** 75
piston rod *Railw.* **210** 33
pit *Blacksm.* **138** 17
pit *Coal* **144** 1-51
pitcher *Ball Games* **292** 50, 68
pitcher *Prehist.* **328** 35
pitcher's mound **292** 49, 69
pitching **230** 67
pitching, stone ~ **216** 55
pitch number **278** 42
pitch of rivets **143** 60
pith **370** 14
pithead building **144** 4
pithead frame **144** 3
pithead gear **144** 1
Pithecanthropus erectus **261** 16
pith ray **370** 11
pit hydrant **270** 25
piton **300** 38
piton, ringed ~ **300** 39
pitot-static tube **256** 11; **257** 1
pitot tube **256** 11; **257** 1
pivot *Hairdresser* **106** 36
pivot *Bridges* **215** 69
pivot *Winter Sp.* **302** 6
pivot bearing **91** 10
pivoting half **215** 66
pivoting section **215** 66
pivoting span **215** 66
pivot pier **215** 65
pix **330** 8; **332** 53
placard **263** 13; **271** 65; **308** 50
place **44** 5; **45** 3-12
place card **45** 13
place mat **44** 4
place of issue **250** 13
place of payment **250** 15
place setting **44** 5; **45** 3-12
placing judge **282** 25
plaid strap **303** 2
plain, alluvial ~ **13** 10
plainclothes policeman **264** 33
plain part of the cylinder **163** 69
plains Indian **352** 3
plainsong notation **320** 1
plain-tile roofing **122** 2
plait **97** 41
plait, coiled ~ **34** 38
plaiter **168** 30, 35
plaiting-down platform **168** 37
plaits **34** 30
plaits, coiled ~ **34** 32
plan *Drawing Off.* **151** 19
plan *Railw.* **207** 10-21, 26-32, 38-42, 61-72, 76
planchet **252** 43
plane *Carp.* **120** 64

plane *Aircraft* **230** 67-72
plane *Maths.* **347** 31
plane, abyssal ~ **11** 10
plane, circular ~ **347** 39
plane, high-wing ~ **229** 1; **231** 2
plane, horizontal ~ **4** 12
plane, low-wing ~ **229** 5, 14; **231** 1
plane, midwing ~ **229** 4
plane, propeller-driven ~ **231** 1-6
plane, shoulder-wing ~ **229** 3
plane, two-seater ~ **288** 18
plane, types of ~ **231** 1-33
plane geometry **346** 1-58
plane iron **132** 20
plane of symmetry **351** 5
planer, two-column ~ **150** 8
planer table **150** 11
planes **132** 15-28
planetarium **5** 17-28
plane tree **371** 67
plane triangles **346** 26-32
planets **4** 42-52
planing boats **286** 38-44
planing machine, two-column ~ **150** 8
plank **55** 22; **118** 87; **120** 1, 91; **157** 34, 35
plank, unsquared ~ **120** 94
plank, wooden ~ **340** 2
plank cut **340** 4
planking **119** 52
planking, inner ~ **285** 57
plank platform **118** 28
plank roadway **118** 79
plan of locomotive **211** 10-18
planographic printing method **340** 25-26
plant **370** 15; **382** 53
plant, anagraceous ~ **53** 3
plant, asclepiadaceous ~ **53** 15
plant, climbing ~ **51** 5; **52** 5; **57** 8
plant, cyperacious ~ **53** 17
plant, ericaceous ~ **53** 12
plant, female ~ **383** 10
plant, flowering ~ **58** 17
plant, fruit-bearing ~ **58** 17
plant, gesneriaceous ~ **53** 7
plant, indoor ~ **42** 36; **248** 14
plant, insectivorous ~ **377** 13
plant, liliaceous ~ **53** 13
plant, pistillate ~ **383** 10
plant, pneumatic ~ **92** 12
plant, potted ~ **55** 25
plant, ranunculaceous ~ **60** 13
plant, tiliaceous ~ **53** 9
plant, tuberous ~ **68** 38
plantation, young ~ **84** 11, 12
plant body **378** 49
planter **248** 13
plant in flower **378** 36
plant louse **358** 13
plants, alpine ~ **378** 1-13
plants, aquatic ~ **378** 14-57
plants, drupaceous ~ **59** 1-36
plants, farinaceous ~ **68** 1-37
plants, indoor ~ **53**
plants, leguminous ~ **57** 1-11
plants, medicinal ~ **380**
plants, poisonous ~ **379**
plants, pomiferous ~ **58** 31-61
plants, propagation of ~ **54**
plants, tropical ~ **382**
plants of forest, marsh and heathland **377**
plant stand **248** 13
plants used in industry **383**
plaque *Roulette* **275** 12
plaque *Sculpt. Studio* **339** 38
plaster *Hosp.* **26** 54
plaster *Paperhanger* **128** 2
plaster *Art. Studio* **338** 42
plaster, adhesive ~ **21** 7; **22** 55
plaster cast **339** 4
plaster cup **134** 18
plasterer **118** 83
plastering **118** 83-91
plaster mould **161** 15
plaster of Paris **128** 2; **260** 85
Plasticine **48** 12
plate **266** 11
plate, baby's ~ **28** 28
plate, bottom ~ **45** 3
plate, curved ~ **178** 21
plate, deep ~ **44** 6; **45** 5
plate, front ~ **85** 35
plate, halftone ~ **178** 38
plate, presensitized ~ **179** 31
plate, rear ~ **85** 40
plate, sliding ~ **183** 28
plate, steel ~ **96** 54
plate armour **329** 65
plateau **13** 46
plate clamp *Electrotyp. etc.* **178** 27
plate clamp *Offset Platem.* **179** 8
plate-coating machine **179** 1
plate cylinder *Offset Print.* **180** 25, 38, 53, 62
plate cylinder *Letterpress* **181** 51, 60
plate cylinder *Office* **249** 50
plate-drying cabinet, vertical ~ **179** 27
plate girder bridge **215** 52
plate magazine **113** 40
plate mount **178** 41
plate mounting **178** 41
platen *Letterpress* **181** 13, 15, 29
platen *Bookbind.* **183** 24
platen *Office* **249** 18
platen *Graphic Art* **340** 31
platen knob **249** 22
platen machine **181** 13, 29
platen press **181** 13, 29; **340** 29
platen variable **249** 25
plate rack **178** 35
plate rod **178** 6
plate whirler **179** 1
platform *Wine Grow.* **78** 20
platform *Shoes* **101** 8
platform *Bldg. Site* **118** 87; **119** 52
platform *Station* **205** 1, 14
platform *Swim.* **282** 7, 8
platform *Art. Studio* **338** 30
platform, continental ~ **11** 8
platform, covered ~ **218** 49
platform, intermediate ~ **145** 5
platform, operator's ~ **168** 23
platform, wave-cut ~ **13** 31
platform clock **205** 46
platformer **145** 47
platform lighting **205** 48
platform loudspeaker **205** 27
platform mailbox **205** 56
platform number **205** 4
platform post box **205** 56
platform railing **118** 24
platform roofing **205** 5
platform scale **204** 5
platform seat **205** 54
platform sole **101** 8
platform telephone **205** 57
platform truck **194** 6
platypus **366** 1
play area **272** 44
playback deck **238** 4
playback deck, single ~ **238** 56
playback head **311** 25
player **48** 20
player's name **293** 36
playgoer **315** 8
playground, children's ~ **273**
playing card **276** 36
playing card, French ~ **276** 37
play pen **28** 39
playsuit **29** 11, 19, 22
plaza de toros **319** 5
pleasure boat **283** 1
pleasure steamer **221** 101-128; **225** 29
pleasure vehicle **186** 33
pleat, front ~ **31** 25
plectrum **322** 19; **324** 20
Pleiades **3** 26
Pleiads **3** 26
pleiobar **9** 2
plexus, brachial ~ **18** 27
pliers, flat-nose ~ **126** 62; **140** 66
pliers, multiple ~ **134** 12
pliers, round-nose ~ **126** 64; **127** 50
pliers, shoemaker's ~ **100** 38
plinth *Dwellings* **37** 17
plinth *Carp.* **120** 28
plinth *Art* **334** 31
plinth, natural stone ~ **37** 85
Plough *Astron.* **3** 29
plough *Agr.* **63** 6
plough *Brew.* **92** 24
plough, four-furrow ~ **63** 40
plough, mounted ~ **65** 62
plough, reversible ~ **65** 62
plough, single-bottom ~ **65** 1
plough anchor **286** 16
plough beam **65** 9, 71
plough bottom **65** 4-8, 64-67
plough frame **65** 70
plough handle **65** 3
ploughshare **65** 7, 65; **328** 33
plough stilt **65** 3
plovers **359** 19-21
plow **63** 6
plow *see* plough
plowshare **328** 33
plucking device **322** 19
Pluderhose **355** 34
plug *Tobacc. etc.* **107** 19
plug *Plumb. etc.* **126** 55
plug *Metalwkr.* **140** 45
plug, double-jointed ~ **89** 70
plug, earthed ~ **127** 9
plug, multi-pin ~ **241** 70
plug, single-jointed ~ **89** 69
plug, three-pin ~ **127** 67
plugboard **242** 69
plug gauge **149** 56
plugging **123** 69
plugging sand bucket **158** 29
plug point **127** 5
plug point, double ~ **127** 6
plug socket **50** 78
plum **59** 25
plum, black-skinned ~ **59** 20
plum, oval ~ **59** 20
plumb bob **118** 50, 71
plumber **125**; **125** 17; **126**; **126** 1
plumber's tools **126** 58-86
plumbing fixtures **126** 26-37
plume *Heraldry* **254** 36
plume *Chivalry* **329** 78
plumicorn **88** 78; **362** 16
plum leaf **59** 21
plummet *Fish Farm.* **89** 91
plummet *Bldg. Site* **118** 50, 71
plum slice **97** 43
plum stone **59** 23
plum tree **59** 19-23
plumule **370** 90
plunger *Oil, Petr.* **145** 23
plunger *Glass Prod.* **162** 32
plunger *Car* **192** 7
plus sign **344** 7, 23
Pluto **4** 52
pneumatic pick longwall face **144** 35
pneumatophore **370** 82
pneume **320** 1
poacher **86** 29
pochette **322** 20
pocket, front ~ **30** 23; **33** 46; **260** 10
pocket, inset ~ **29** 63; **31** 4
pocket billiards **277** 7
pocket book **264** 36
pocket calculator **246** 12
pocket calculator, electronic ~ **247** 14
pocket camera **114** 16
pocket chamber **2** 15
pocket flap **33** 18
pocket meter **2** 15
pocket timetable **204** 42; **205** 45
pocket torch **127** 26
pocket train schedule **204** 42; **205** 45
pod **57** 6; **61** 20, 23; **69** 8, 16; **370** 92, 93; **378** 33; **384** 46
pod, immature ~ **374** 22
pod, mature ~ **383** 4
pod, pouch-shaped ~ **61** 11
pod, ripe ~ **383** 4
pod, unripe ~ **374** 22
pod corn **68** 31
poet's daffodil **60** 4
poet's narcissus **60** 4
point *Game* **88** 10, 31
point *Mach. Parts etc.* **143** 23, 54
point *Sculpt. Studio* **339** 15
point *Maths.* **346** 1-23
point, angular ~ **346** 1
point, diamond ~ **24** 40
point, equinoctial ~ **3** 6, 7
point, front ~ **300** 49
point, typographic ~ **175** 18
pointer *Hosp.* **26** 28
pointer *Dog* **70** 40, 43
pointer *Photog.* **114** 58
pointer *Inf. Tech.* **242** 76
pointer *Chem.* **349** 34
point guard **300** 50
pointing **122** 55
pointing sill **121** 47
point lace **102** 30
point light exposure lamp **179** 21
point lock **202** 28
point-of-aim mark **305** 56
point of Aries **3** 6
point of arrow **305** 61
point of contact **346** 49
point of hook **89** 80
point of inflexion **347** 21
point of intersection **346** 1
point of release **89** 34
point paper design **171** 4, 27
points, equinoctial ~ **3** 6-7
points, manually-operated ~ **202** 16
points, remote-controlled ~ **202** 27
points, single ~ **203** 45-48
points change indicator **197** 39
point shoe **314** 30
point size **175** 46
points knob **203** 62
points lever **203** 55
points mechanism, electric ~ **197** 43

points mechanism, electrohydraulic ~ **197** 43
points mechanism, electromechanical ~ **197** 43
points motor **202** 35
points of sailing **285** 1-13
points of the horse **72** 1-38
point source lamp **182** 4
points signal **197** 38; **202** 19
points signal, electrically illuminated ~ **202** 33
points signal lamp **202** 19
points signals **203** 45-52
point wire **202** 30
poison gland **77** 14
poison sac **77** 13
poitrel **329** 85
poke bonnet **306** 23; **355** 71
poker **38** 41; **137** 5
polar bear **368** 11
Polaris **3** 1, 34
polarizer **112** 14
polarizing filter **112** 19
polar sledge **303** 18
polar wind zone **9** 51
pole *Fruit & Veg. Gdn.* **52** 28
pole *Horse* **71** 21
pole *Fish Farm.* **89** 30
pole *Mills* **91** 32
pole *Carriages* **186** 19, 30
pole *Rivers* **216** 16
pole *Athletics* **298** 28
pole, bamboo ~ **307** 46
pole, celestial ~ **3** 1; **4** 24, 26
pole, geographical ~ **14** 3
pole, hooked ~ **77** 55
pole, terrestrial ~ **14** 3
pole chain **71** 20
pole horse **186** 47
pole mast **258** 42; **259** 6
Pole Star **3** 1, 34
pole vault **298** 28-36
pole vaulter **298** 29
poleyn **329** 53
polhode **4** 28
police **264**
police badge **264** 27
police dog **70** 25; **264** 5, 6
police duties **264** 1-33
police helicopter **264** 1
police identification disc **264** 26
police launch **221** 100
policeman **264** 18, 34
police officer **264** 18
police patrolman **264** 13
police signalling disc **264** 14
police van **264** 38
policewoman **264** 37
polishing **109** 17
polishing and burnishing machine **108** 42
polishing bonnet, lamb's wool ~ **134** 21
polishing brush **100** 11
polishing iron **108** 51
polishing machine attachment **109** 15
polishing wheel **108** 44
polish rod **145** 27
political section **342** 51
Politzer bag **22** 37
polje **13** 72
pollen **77** 3, 35; **370** 65
pollen basket **77** 6
pollen comb **77** 7
pollen sac **372** 45, 50
pollen tube **370** 66
pollex **19** 64
polling booth **263** 23
polling card **263** 19
polling number **263** 19
polling place **263** 16
polling station **263** 16
polo jumper, striped ~ **30** 20
polo neck jumper **30** 7
polo outsole **101** 24
polo saddle, high-back ~ **188** 13
polyamide **170** 34, 35, 37, 41
polyamide chip, dry ~ **170** 39
polyamide cone **170** 51, 52
polyamide fibres **170** 1-62
polyamide filament **170** 43
polyamide staple **170** 61, 62
polyamide thread **170** 46
polyanthus narcissus **60** 4
Polycheles **369** 15
polyester resin **130** 17
polygon **346** 40
polygon, eight-sided ~ **351** 17
polygon, five-sided ~ **351** 9
polygon, regular ~ **346** 41
polygon, six-sided ~ **351** 15
polyhedron **260** 73
polyhedron, eight-faced ~ **351** 6
polyhedron, forty-eight-faced ~ **351** 13
polyhedron, four-faced ~ **351** 1
polyhedron, regular ~ **351** 11
polyhedron, six-faced ~ **351** 2
polyhedron, twenty-faced ~ **351** 11
polyhedron, twenty-four-faced ~ **351** 12
polymerization **170** 33, 54
polyp, hydroid ~ **369** 9
polypod **377** 16
polypody **377** 16
pome **370** 102
pomegranate **384** 16
Pomeranian **70** 20
pomes **58**
pommel **296** 6
pommel horn **71** 38
pommel horse **296** 5
pommer **322** 14
pompier **270** 43
pompier ladder **270** 16
pompon **29** 4
pompon dahlia **60** 23
poncho **352** 24
pond *Map* **15** 79
pond *Park* **272** 50
pons **17** 46
pons cerebelli **17** 46
pons cerebri **17** 46
pontic, porcelain ~ **24** 29
pontoon **226** 57
pontoon, bottom ~ **222** 38
pontoon bridge **15** 46
pontoon dock **222** 34-43; **225** 16
pony **75** 4
ponytail **34** 27
poodle **70** 36
pool, indoor ~ **281** 1-9
pool, non-swimmers' ~ **282** 21
pool, swimmers' ~ **282** 23
pool attendant **281** 4; **282** 15
pool billiards **277** 7
poolroom **277** 7-19
poop **223** 33; **258** 22
poor man's weatherglass **61** 27
popcorn **68** 31
pop group **306** 2
poplar **371** 15
pop musician **306** 3
poppy **51** 30; **61** 2
poppy flower **61** 4
poppy seed **61** 5
porcelain manufacture **161**
porcelain painter **161** 17
porcupine **366** 13
porifer **357** 13
pork **95** 38-54
pork, collared ~ **96** 9
porridge oats **98** 37
port *Ship* **220** 27
port *Docks* **225**; **226**
port administration offices **225** 36
portal **331** 16
portal, main ~ **333** 34
portal, recessed ~ **335** 24
portal figure **333** 36
portal frame **215** 38
portal relief **333** 35
portal spotlight **316** 21
portato **321** 29
portcullis **329** 24
port custom house **225** 6
port de bras à coté **314** 7
port de bras en avant **314** 9
port de bras en bas **314** 8
port de bras en haut **314** 10
porter *Brew.* **93** 26
porter *Station* **205** 31; **206** 33
porter *Hotel* **267** 17
porthole **117** 64
porthole, ornamental ~ **218** 57
port hospital **225** 26
portico **334** 50, 56
port liner **190** 73
port of registry **286** 8
ports de bras **314** 7-10
posaune stop **326** 17-22
position **224** 45
position indicator **246** 18
position light **257** 36; **288** 31
position light, left ~ **230** 50
position light, right ~ **230** 44
positions **314** 1-6
positions, arm ~ **314** 7-10
positive **322** 56
post *Dent.* **24** 34
post *Wine Grow.* **78** 7
post *Forestry* **84** 17; **85** 30, 47
post *Mills* **91** 34
post *Carp.* **120** 25
post *Roof* **121** 40, 81
post *Paperm.* **173** 50
post *Ball Games* **291** 37
post, broker's ~ **251** 3
post, principal ~ **120** 53
postage meter **22** 24; **236** 7
postage stamp **236** 61
postal code **236** 43
postal collection **236** 50-55
postal delivery **236** 50-55
postbox **236** 50
post code **236** 43
post crown **24** 31
poster **98** 2; **204** 10; **268** 71; **271** 25
posthorn **186** 41
post horse **186** 43
postman **236** 53
postmark, special ~ **236** 59
postmark advertisement **236** 56
postmarks **236** 56-60
post office **236**; **237**; **268** 68
post office box **236** 13, 14
post office savings counter **236** 25
post office van **236** 52
post-synchronization **311** 37-41
post-syncing **311** 37-41
post-sync sound **117** 101
post windmill **91** 31
pot *Kitch.* **39** 29
pot *Kitch. Utensils* **40** 12
pot *Plant Propagn.* **54** 8
pot, baby's ~ **28** 47
pot, centrifugal ~ **169** 17
potash salt bed **154** 65
potash salt seam **154** 65
potato **68** 38, 40
potato, flat-oval ~ **68** 38
potato, Irish ~ **68** 38
potato, kidney-shaped ~ **68** 38
potato, long ~ **68** 38
potato, pear-shaped ~ **68** 38
potato, purple ~ **68** 38
potato, red ~ **68** 38
potato, round ~ **68** 38
potato, round-oval ~ **68** 38
potato, white ~ **68** 38
potato, yellow ~ **68** 38
potato apple **68** 43
potato basket **66** 25
potato beetle **80** 52
potato berry **68** 43
potato chipper **40** 43
potato crisp **45** 41
potato dish **45** 31
potato fork **66** 5
potato harvester **64** 59-84
potato haulm **68** 41
potato hoe **66** 24
potato hook **66** 6
potato plant **68** 38
potato planter **66** 21
potato rake **66** 20
potato server **45** 75
potato top **68** 41
potato tuber **68** 40
potential transformer **153** 59
pot-helm **254** 7
pot-helmet **254** 7
pot holder **39** 18
pot holder rack **39** 19
pot plant **39** 37; **44** 25; **55** 25
potsherd **161** 21
potter's wheel **161** 11
pottery **308** 66
pottery, chip-carved ~ **328** 35
pottery stand **308** 64-66
potting bench **55** 12
potting table **55** 12
potty **28** 47
pouch, gular ~ **359** 8
poulaine **355** 42
poulard **98** 7; **99** 58
poultry **73** 19-36
poultry farming **74** 1-27
poultry keeping **74**
poultry management, intensive ~ **74** 1-27
pounce bag **129** 49
pouncing **129** 48
pound, lower ~ **217** 29
pound, upper ~ **217** 37
pound lock gate **217** 31
pound sterling **252** 37
pouring end **147** 34
pouring floor, sinking ~ **148** 24
pouring ladle lip **147** 43
powder, black ~ **87** 53
powder, smokeless ~ **87** 53
powder box **43** 28; **49** 35
powder charge **87** 57
powder flag **253** 38
powder tin **99** 29
power **345** 1
powerboat racing **286** 21-44
powerboats **286** 1-5
power control **100** 22
power hacksaw **138** 23
power hammer **137** 9
power house *Hydr. Eng.* **217** 21

power house *Shipbuild.* **222** 33
power house *Films* **310** 8
power lift **65** 24-29
power line **127** 23
powerpack unit **114** 66
power plant *Coal* **144** 13
power plant *Power Plant* **152; 153**
power plant *Glass Prod.* **162**
power regulator **100** 22
power saw *Forestry* **84** 22, 27; **85** 13
power saw *Blacksm.* **138** 23
power screwdriver **195** 23
power shovel **200** 1
power source **110** 7
power station *Coal* **144** 13
power station *Offshore Drill.* **146** 1
power station *Power Plant* **152; 153**
power station *Glass Prod.* **162**
power station *Hydr. Eng.* **217** 64
power supply *Energy Sources* **155** 21
power supply, external **115** 79
power take-off **63** 21; **64** 49
power take-off clutch **65** 40
power take-off gear **65** 38
power take-off gear-change **65** 23, 40
power take-off shaft **63** 21; **64** 49
power transformer **152** 30, 39
power unit **84** 34
power zooming arrangement **117** 19
prairie horse **352** 4
pralltriller **321** 19
pram *Infant Care etc.* **28** 34
pram *Docks* **226** 57
pram *Park* **272** 71
pram *Playground* **273** 31
pram, wicker ~ **28** 30; **48** 24
pram jacket **29** 3
pram suit **29** 1
prayer book **330** 62
prayer tower **337** 13
prayer wheel **353** 29
precession **4** 24
precipitation **8** 18
precipitation, scattered ~ **8** 19
precipitation, types of ~ **8** 18-19
precipitation area **9** 30
precipitation gauge **10** 44
precipitator, electrostatic ~ *Power Plant* **152** 13
precipitator, electrostatic ~ *Coking* **156** 20
precipitator, electrostatic ~ *Cement Wks.* **160** 7
precipitator, electrostatic ~ *Paperm.* **172** 39
precision balance **108** 35
precision bench lathe **109** 20
precision file **140** 8
precision lathe **138** 20
predator, small ~ **86** 19, 20, 22
pre-distributor channel **236** 36
pre-drying **165** 50
preheater **212** 41
preheater, high-pressure ~ **152** 26
preheater, low-pressure ~ **152** 25
preheater pressure gauge **210** 43
preheater unit **185** 30
prehistory **328**
prelims **185** 43-47
pre-listening button **238** 46
pre-listening speaker **238** 50
premasher **92** 42
premixer **97** 58
pre-mixing room **238** 54-59
premolar **19** 18
préparation **314** 23
preparation and sterilization room **26** 34-54
preparation level **64** 16
preparation of surfaces **128** 1-17
preparation room **26** 34-54
prepuce **20** 70
presbytery **330** 32
prescription **22** 3, 20
present-day man **261** 21
preserve **98** 51
preserving jar **40** 25
preset control **316** 2
presorter **172** 21
presorting **64** 82
press *Joiner* **133** 51
press *Ball Games* **293** 32
press, first ~ **173** 19
press, rotary ~ *Text. Finish.* **168** 38
press, rotary ~ *Letterpress* **181** 57
press, second ~ **173** 20
press, web-fed ~ **181** 57
press-and-blow process **162** 30
press attachment **100** 15
press bar **100** 17
press bed **180** 78; **181** 17
press bowl, heated ~ **168** 41
press camera **114** 36
presser **103** 19
'press facilities' **233** 43
press finishing **168** 38
pressing *Glass Prod.* **162** 33
pressing *Paperm.* **173** 50
pressing cloth **104** 32
pressing cushion **104** 28
pressing mechanism **184** 13
pressing pad **104** 28
pressman **340** 35
press mould **162** 34
press photo **342** 58
press photographer **299** 49
press roll **173** 37
press roller **64** 64
pressure, atmospheric ~ **9** 4
pressure, barometric ~ **9** 4
pressure adjustment **249** 53
pressure adjustment, calibrated ~ **185** 5
pressure bulkhead **231** 32
pressure bulkhead, forward ~ **235** 19
pressure chamber **83** 44
pressure cloth **116** 59
pressure cooker *Kitch. Utensils* **40** 21
pressure cooker *Camping* **278** 35
pressure cylinder **133** 46
pressure foot **133** 47
pressure fuelling point **257** 33
pressure gas **156** 28
pressure gauge *Hosp.* **25** 53; **26** 29
pressure gauge *Overh. Irrign.* **67** 10
pressure gauge *Pest Contr.* **83** 42
pressure gauge *Blacksm.* **138** 15
pressure gauge *Electrotyp. etc.* **178** 8
pressure gauge *Offset Print.* **180** 74
pressure gauge *Garage* **195** 29
pressure gauge *Serv. Stat.* **196** 20
pressure gauge *Railw.* **211** 24
pressure gauge *Theatre* **316** 56
pressure graph **27** 31
pressure hull **258** 66; **259** 55, 76
pressure indicator **25** 55
pressure line **235** 54, 57
pressure pipe *Market Gdn.* **55** 8
pressure pipe *Hydr. Eng.* **217** 50
pressure pipe *Theatre* **316** 54
pressure pipeline **217** 41
pressure piston **133** 52
pressure plate **115** 24
pressure point **21** 14
pressure pot **129** 31
pressure pump, hydraulic ~ **178** 11
pressure-reducing valve **141** 5
pressure regulator *Gas Weld.* **141** 5
pressure regulator *Graphic Art* **340** 38
pressure release valve **155** 7
pressure tank **316** 55
pressure trace **25** 57
pressure transducer **27** 32
pressure valve **40** 22
pressure weight **168** 2
pressurized gas delivery system **234** 60
pressurized-water reactor **154** 19
pressurized-water system **154** 40
presto **321** 28
pretzel *Bakery* **97** 44
pretzel *Supermkt.* **99** 16
preventer **270** 15
preview monitor **238** 60
price **289** 37
price card **271** 19
price display **196** 6
price label **96** 6
price list *Butch.* **96** 19
price list *Grocer* **98** 73
price list *Bank* **250** 8
price offered **289** 37
pricket **330** 52
pricking off **54** 5
pricking out **54** 5
priest **330** 39; **331** 47
prima ballerina **314** 27
primary **153** 15
primary school **260** 1-85
primary voltage bushing **152** 43
primary voltage terminal **152** 43
primates **368** 12-16
prime focus cage **5** 2
Prime meridian **14** 5
primer **128** 6
prime steam line **154** 31
priming brush **338** 9
primitive man **261** 19
princess, German ~ **355** 20
principal **345** 7
principal diapason **326** 31-33
print delivery **249** 43
print drier, heated ~ **116** 57
print drier, rapid ~ **116** 57
printer *Garage* **195** 6
printer *Office* **245** 32
printer, rotating ~ **111** 27
printery **340** 27-64
printing, rotary ~ **178** 21
printing cylinder **177** 67
printing-down frame **179** 13
printing element **178** 39
printing image carrier **340** 59
printing office **340** 27-64
printing paper **180** 47
printing paper, photographic ~ **116** 51
printing plate **178** 38
printing speed adjustment **249** 55
printing surface **340** 59
printing unit **180** 41, 80
printing unit, first ~ **181** 48
printing unit, lower ~ **180** 7,9,11,13
printing unit, reversible ~ **182** 26
printing unit, second ~ **181** 52
printing unit, upper ~ **180** 6,8,10,12
print-out machine **195** 6
print quantity selection **249** 35
print tongs **116** 47
'Prinz Heinrich' cap **35** 28
prism, hexagonal ~ **351** 21
prism, monoclinic ~ **351** 24
prism, quadratic ~ **347** 34
prism, triangular ~ **347** 37
private detective **275** 16
privet **373** 6
privet hawkmoth **358** 55
prize **306** 11; **308** 48
probe *Dent.* **24** 46
probe *Photog.* **114** 63; **116** 55
probe, bulb-headed ~ **22** 53; **26** 40
probe, hollow ~ **26** 41
probe, olive-pointed ~ **22** 53; **26** 40
probe exposure meter **114** 61
probe lead **116** 38
proboscidean **366** 20
proboscidian **366** 20
proboscis *Articulates* **358** 17, 56
proboscis *Mammals* **366** 21
procaviid **366** 24
process and reproduction camera, universal ~ **177** 24
process camera, overhead ~ **177** 1
process camera, vertical ~ **177** 32
process control computer **236** 37
processing drum **116** 48
processing laboratory **310** 2; **311** 30
processing machine **179** 31
processing plant **144** 5
processing unit, central ~ **176** 29
procession, religious ~ **331** 42-50
processionary moth **82** 14
processor, automatic ~ **116** 60
processor, central ~ **244** 6
proclamation **263** 14
proctoscope **23** 17, 19, 21
proctoscopy **23** 18
Procyon **3** 15
producer **316** 40
product **344** 25
production control room **238** 17
production line **173** 13-28

production manager **310** 26
production oil and gas separator **146** 9
product register **309** 82
profile **118** 69
profile, basic ~ **229** 45
profiling tool **161** 14
profit **345** 7
program *see* programme
program card **195** 5, 10
program input **177** 71
programme **315** 13
programme, computer-controlled ~ **238** 2
programme, educational ~ **261** 7
programme dial **243** 40
programmed individual presentation system **242** 15
programme monitor **238** 61
programmer **248** 15
programme recorder **261** 42
programme scale **243** 40
programme selector **243** 39
program selector control **50** 26
program selector switch **25** 50
progress counter **242** 5
projectile **255** 26
projection *Films* **311** 45
projection *Art* **335** 43
projection, conical ~ **14** 8
projection, cylindrical ~ **14** 9
projection booth **5** 27; **312** 12
projection dome **5** 21
projectionist **312** 20
projection lamp **312** 18
projection lens **261** 10; **312** 35
projection room **312** 12
projection room window **312** 15
projection screen *Optic. Instr.* **112** 24
projection screen *Broadcast.* **238** 32
projection screen *School* **260** 36
projection screen *Films* **310** 16; **312** 11
projection table **261** 13
projection window **312** 15
projector **5** 23; **316** 17
projector, lefthand ~ **312** 13
projector, overhead ~ **242** 6
projector, righthand ~ **312** 14
projector attachment **112** 55
projector gate **312** 34
projector lens **312** 35
projector mechanism **312** 25-38
projector switch **195** 20
projector top **261** 9
promenade **223** 27
promenade deck **223** 22-27
prominence, laryngeal ~ **19** 13
prominence, solar ~ **4** 40
prompt book **316** 41
prompt box **316** 27
prompter **316** 28
prompt script **316** 41
prone position *Free Exerc.* **295** 45
prone position *Sports* **305** 29
prong *Tablew. etc.* **45** 60
prong *Agr. Impl.* **66** 4
proof **340** 43
prop *Household* **50** 37
prop *Circus* **307** 13
prop *Theatre* **315** 50
prop, front ~ **303** 8
prop, rear ~ **303** 9
propagation **54** 10, 14, 27
propagation of plants **54**
propane gas **278** 33
propane gas bottle **278** 34
propeller *Brew.* **92** 46
propeller *Energy Sources* **155** 45
propeller *Life-Sav.* **228** 26
propeller *Aircraft* **230** 32
propeller *Motorboats etc.* **286** 64
propeller *Airsports* **288** 36
propeller, feathering ~ **224** 19
propeller, reversible ~ **224** 19
propeller, ship's ~ **221** 44; **222** 72; **223** 62
propeller, three-blade ~ **223** 62
propeller, variable-pitch ~ **224** 19
propeller bracket **223** 61
propeller guard **258** 40
propeller guard boss **258** 63
propeller guard moulding **258** 74
propeller mixer **79** 6
propeller pitch indicator **224** 20
propeller post **222** 71
propeller pump **217** 47-52
propeller shaft *Car* **192** 30, 65
propeller shaft *Ship* **223** 65
propeller shaft *Aircraft* **232** 60
propeller shaft *Warships* **259** 59
propeller strut **223** 61
propeller turbine engine **256** 16
propeller-turbine plane **231** 4
propelling nozzle **232** 39, 45, 49, 55
property **315** 50
proportion, simple ~ **345** 8-10
proportional dividers **339** 2
proprietor **248** 29; **266** 71
prop stand **187** 34; **188** 51
propulsion nozzle **232** 39, 45, 49, 55
propylaea **334** 7
proscenium **315** 15; **334** 46
proscenium, adjustable ~ **316** 22
prostate **20** 76
protection device **255** 81, 90
prothorax **82** 4; **358** 29
proton **1** 2, 16, 31
protoplasm **357** 3
protoprism **351** 19, 20
protopyramid **351** 19, 20
prototype **290** 38
protozoans **357** 1-12
protractor **260** 38
protrusion, massive ~ **11** 29
protuberance, frontal ~ **16** 4
pruner **56** 11
pruning knife **56** 9
pruning saw **56** 16
pruning shears **56** 50
prussic acid **83** 15
pseudocarp **58** 21; **384** 12, 62
pseudopod **357** 4
psychrometer **10** 52
pubis **17** 20
public conveniences **268** 62
publicity calendar **22** 10
puck **302** 35
pudding fender **227** 17
pudenda **16** 39
puffball **381** 19
puff paste **97** 18
puff pastry **97** 18
pug **70** 9; **123** 69
pug dog **70** 9
pull **340** 43
pull-down table **207** 53
pullet **74** 9
pullet fold unit **74** 5
pulley *Cotton Spin.* **164** 48
pulley *Bicycle* **187** 9
pulley, glass ~ **169** 16
pulley cradle **214** 36, 53
pulley cradle, main ~ **214** 67
pullover, heavy ~ **33** 52
pullover, men's ~ **33** 51
pullover, short-sleeved ~ **33** 32
pull rod *Mach. Parts etc.* **143** 101
pull rod *Railw.* **202** 20
pull-switch **127** 16
pull-through **87** 64
pull-up phase **298** 29
pulmonary function test **27** 36
pulp **58** 24, 35, 58; **59** 6
pulp, chemical ~ **172** 77, 78
pulp, dental ~ **19** 32
pulp, mechanical ~ **172** 77, 78
pulp-drying machine **172** 61
pulper **172** 80
pulpit **330** 19; **337** 15
pulpit balustrade **330** 23
pulpit steps **330** 18
pulp machine **172** 61
pulpstone **172** 71
pulp water pump **172** 55, 63
pulsator **75** 32
pulse cable **117** 72
pulse-generating camera **117** 71
pulse generator **313** 30
pulse generator socket **117** 7
pulse rate **23** 27
pulse shape **23** 37
pump *Agr. Mach.* **65** 45
pump *Shoes* **101** 29
pump *Oil, Petr.* **145** 22
pump *Synth. Fibres* **170** 31
pump, centrifugal ~ *Wine Cell.* **79** 7
pump, centrifugal ~ *Rivers* **216** 60
pump, centrifugal ~ *Water* **269** 44
pump, centrifugal ~ *Fire Brig.* **270** 8
pump, direct-connected ~ **83** 41
pump, hydraulic ~ *Agr. Mach.* **64** 29, 91
pump, hydraulic ~ *Theatre* **316** 53
pump, main ~ **269** 15
pump, motor-driven ~ **83** 41
pump, portable ~ **270** 52
pump, power take-off-driven ~ **67** 14, 15
pump compass **151** 59
pump compression spring **174** 41
pump connection **67** 8
pumpernickel **97** 49
pumping plant **217** 39-46
pumping rod **145** 25
pumping station *Offshore Drill.* **146** 22
pumping station *Hydr. Eng.* **217** 43
pumping station *Shipbuild.* **222** 33
pumping station *Spa* **274** 4
pumping unit **145** 22
pumpkin **57** 23
pump pressure spring **174** 41
pump room *Brew.* **92** 11
pump room *Spa* **274** 8, 15
pumps **2** 52
pump shaft **199** 19
pump strainer **269** 6, 14, 43
punch *Shoem.* **100** 45, 46
punch *Goldsm. etc.* **108** 19, 30, 31
punch *Office* **247** 3
punch *Sculpt. Studio* **339** 15
punch, foul ~ **299** 34
punch, hollow ~ **125** 13
punch, illegal ~ **299** 34
punch, revolving ~ **100** 44
punch, rotary ~ **100** 44
punch, round ~ **137** 36; **140** 65
punch, steel ~ **175** 36
punch, straight ~ **299** 28
punch bag **299** 21
punch ball **299** 24
punch ball, spring-supported ~ **299** 20
punch ball, suspended ~ **299** 23
punch blank **175** 35
punch card **237** 64
punch card reader **244** 12
punch cutter **175** 32
punched card **237** 64
punched card reader **244** 12
punched tape **176** 6, 8, 12; **237** 62, 68
punched tape input **176** 30
punched tape reader **176** 13, 15
punching bag **299** 21
punch tape **176** 6, 8, 12; **237** 62, 68
punch tape input **176** 30
punch tape reader **176** 13, 15
punctuation marks **342** 16-29
punt **216** 15; **283** 1
punt pole **89** 30; **216** 16
pup **73** 16
pupa **77** 30, 32; **80** 4, 25, 43; **81** 21, 24; **82** 13, 21, 32; **358** 20; **365** 11
pupa, coarctate ~ **81** 3
pupil *Man* **19** 43
pupil *School* **260** 3
puppy **73** 16
pure culture plant **93** 6
purfling **323** 26
purge valve **6** 25
purified water tank **269** 13
purlin **119** 55; **121** 39, 51, 76
purlin, concrete ~ **119** 4
purlin, inferior ~ **119** 3; **121** 44; **122** 40
purlin roof **121** 46
purlin roof structure **121** 52, 60
purple clover **69** 1
purple medick **69** 9
purse wig **34** 4
push button **203** 67; **237** 18, 19; **241** 3
push-button keyboard **237** 10; **245** 14; **246** 14
push-button telephone **237** 20
pushchair **28** 37
pushchair, doll's ~ **48** 31
pusher ram **156** 7
pushing frame **200** 30
push sledge **304** 29
push tow **225** 60
push tug **221** 93
putlock **118** 27
putlog **118** 27

putter **293** 93
putting **293** 86
putting green **293** 82
putty **124** 17
putty knife **124** 27; **129** 24
puzzle **48** 9
pyelogram **27** 6
pyelogram cassettes **27** 14
pyelography **27** 4
pygmy poodle **70** 36
pyjamas **32** 17, 36
pyjama top **32** 18
pyjama trousers **32** 19
pylon *Railw.* **214** 31, 77
pylon *Art* **333** 9
pylon, tubular steel ~ **214** 78
pylorus **20** 42
pyramid *Fruit & Veg. Gdn.* **52** 16
pyramid *Circus* **307** 28
pyramid *Art* **333** 1
pyramid, glass ~ **5** 19
pyramid, orthorhombic ~ **351** 23
pyramid, quadrilateral ~ **347** 46
pyramid, stepped ~ **333** 22; **352** 20
pyramid site **333** 6
pyramid tree **52** 16; **272** 19
pyrheliometer **10** 23
pyrite **351** 8
pyrometer **178** 16
pyx **330** 8; **332** 53
pyxidium **370** 95

Q

quack grass **61** 30
quadrant **347** 5
quadra/stereo converter **241** 46
quadrilateral, irregular ~ **346** 39
quadrilaterals **346** 33-39
quadrophonic system **241** 13-48
quadruplet **321** 23
quail **359** 22
quail call **87** 45
quake, tectonic ~ **11** 32-38
quake, volcanic ~ **11** 32-38
quantity, unknown ~ **345** 4, 8
quant pole **89** 30; **216** 16
quantum jump **1** 15
quantum jumps **1** 20-25
quantum transitions **1** 20-25
quarantine wing **225** 27
quarrier **158** 5
quarry *Map* **15** 87
quarry *Quarry* **158** 1
quarryman **158** 5
quarry worker **158** 5
quarte engagement **294** 47
quarter *Shoem.* **100** 61
quarter *Carp.* **120** 25
quarter, first ~ **4** 4
quarter, last ~ **4** 6
quarter, third ~ **4** 6
quarter baulk **120** 90
quarter gallery **218** 57
quarterings **254** 18-23
quartering wind **285** 13
quarter light **191** 23
quarter note **320** 15
quarter of beef **94** 22
quarter piece **329** 88
quarter rest **320** 23
quarters, firemen's ~ **270** 2
quarter vent **191** 23
quarter wind **285** 13
quartz **110** 15
quartz-halogen lamp **179** 21; **182** 3
quartz watch, electronic ~ **110** 14
quatrefoil **335** 39
quaver **320** 16
quaver rest **320** 24
quay **222** 5; **225** 64
quayside crane **225** 24
quayside railway **225** 21
quayside road **225** 38
quayside roadway **225** 38
quayside steps **283** 22
quay wall **217** 1-14
queen *Bees* **77** 4, 38
queen *Games* **276** 9
queen bee **77** 4
Queen Carnival **306** 61
queen cell **77** 37
queen-excluder **77** 47
queen post **121** 46, 52, 68
queen truss **121** 65
Queen Victoria water lily **378** 17
quenching car **156** 10
quenching tower **156** 11
quenching trough **137** 8
question mark **342** 20
queue **34** 6; **319** 26
quickbeam **371** 42
quick grass **61** 30
quick hitch **65** 86
quicksand **227** 3
quid **107** 19
quill **341** 26
quillons **294** 42
quill pen **341** 26
quill plectrum **322** 53
quilting **29** 39; **30** 17
quilt stitching **29** 39; **30** 17
quince, apple-shaped ~ **58** 49
quince, pear-shaped ~ **58** 50
quince leaf **58** 47
quince tree **58** 46
quinquefoliolate **370** 39
quintuplet **321** 23
quipa **352** 22
quitch grass **61** 30
quiver **352** 27
quoin **181** 39
quoit **280** 32; **308** 47
quoits **280** 31
quotation **250** 8
quotation board **251** 8
quotation mark, double ~ **342** 26
quotation mark, French ~ **342** 27
quotient **344** 26

R

rabbet plane **132** 25
rabbit **73** 18; **86** 23; **88** 65
rabbit burrow **86** 26
rabbit fence **84** 7
rabbit hole **86** 26
rabbit net **86** 27
raccoon **368** 9
race, inner ~ **143** 72
race, outer ~ **143** 71
race board **166** 42
raceme **58** 15; **374** 33
raceme, simple ~ **370** 68
raceway **91** 44
racical sign **345** 2
racing **289** 50
racing, motor-paced ~ **290** 11-15
racing and passenger aircraft **230** 1-31, 32-66; **231** 1
racing bicycle **290** 16
racing boats **283** 9-16
racing car **290** 36, 38
racing cars **290** 34-38
racing cycle **290** 15, 16
racing cyclist **290** 8
racing dive **282** 29
racing flag **284** 48
racing handlebar **290** 18
racing jersey **290** 9
racing keelboat **285** 35
racing motorcycle **290** 27
racing motorcycle, streamlined ~ **290** 31
racing motorcyclist **290** 25
racing outboard motor **286** 23
racing saddle **290** 17
racing sculler **283** 16
racing shell, eight-oared ~ **283** 10
racing suit **301** 31
racing toe clip **290** 21
racing tyre **290** 19
rack *Kitch. Utensils* **40** 31
rack *Composing Rm.* **174** 8
rack *Garage* **195** 10
rack *Railw.* **214** 9, 11
rack, removable ~ **40** 24
rack and pinion **112** 39
rack-and-pinion railway **214** 4-5
rack-and-pinion railways **214** 7-11
racket **293** 29
racket handle **293** 30, 46
racket press **293** 32
rack for glasses **274** 16
rack head **163** 16, 18
racking back **118** 61
rack mountain railway **214** 4-5
rack railroad **214** 4-5
rack railroad car **214** 5
rack railroad locomotive, electric ~ **214** 4
rack railway coach **214** 5
rack railway locomotive, electric ~ **214** 4
rack railways **214** 7-11
rack railway trailer **214** 5
rack track **217** 69
racoon **368** 9
racquet *see* racket
radar antenna **223** 8; **224** 104; **258** 36; **259** 8, 29, 48, 91
radar apparatus **224** 10-13
radar display unit **224** 12
radar dome *Aircraft* **231** 18
radar dome *Air Force* **256** 10
radar dome *Warships* **258** 52, 77; **259** 49
radar equipment **224** 10-13
radar image **224** 13
radar nose **231** 18; **256** 10
radar pedestal **224** 10
radar picture **224** 13
radar reflector **10** 58
radar reflector, revolving ~ **224** 11
radar scanner **223** 8; **224** 104; **258** 36; **259** 8, 29, 48, 91
radar screen **224** 12
radial side of the hand **19** 69
radiant energy **10** 23
radiation, solar ~ **155** 18
radiation detectors **2** 1-23
radiation meters **2** 1-23
radiation monitor **2** 1
radiation shield **2** 31, 46
radiation shielding **2** 31
radiation unit **24** 23
radiator *Doc.* **23** 23
radiator *Roof & Boilerr.* **38** 76
radiator *Agr. Mach.* **65** 51
radiator *Plumb. etc.* **126** 20
radiator *Energy Sources* **155** 15
radiator *Car* **191** 9
radiator *Railw.* **212** 54
radiator bonnet **304** 11
radiator brush **129** 21
radiator grill **191** 11
radiator heating **155** 27
radiator hood **304** 11
radiator rib **38** 77; **126** 21
radiators **6** 8
radiator shutter **304** 12
radical **345** 2
radicle **370** 88
radio **238**; **239**
radioactive waste storage **154** 56
radio antenna **197** 34
radio cassette recorder **241** 1
radio communication set **197** 28
radio compass **230** 5
radio direction finder antenna **223** 5; **224** 106
radio direction finder frame **258** 17
radio equipment **197** 28; **230** 22; **288** 13, 17
radiographer **27** 11
radio interference service **237** 27
radiolarian **357** 8
radio link, intercontinental ~ **237** 54-55
radiometer **10** 71
radio navigation equipment **230** 22
radio OB van **239** 1-15
radiophone **22** 14
radio room **223** 12
radioscope box **74** 47
radioscope table **74** 48
radiosonde **10** 59
radiosonde assembly **10** 55
radio station **238** 1-6
radio switching centre control room **238** 7-15
radio system **6** 26
radio telephone **212** 23
radish **57** 15
radish, white ~ **57** 16
radius *Man* **17** 13
radius *Mills* **91** 2
radius *Maths.* **346** 47
radius of curvature **346** 22
radome *Aircraft* **231** 18
radome *Air Force* **256** 10
radome *Warships* **258** 52, 77; **259** 49
raffia **136** 29
raffle **306** 11
raft **283** 60
rafter **121** 28, 36; **122** 19
rafter, common ~ **121** 56
rafter, principal ~ **121** 55
rafter end **121** 45; **122** 41
rafter head **121** 45; **122** 41
rafter roof **121** 27
rag bolt **143** 43
rag felt **122** 62
ragged robin **376** 21
rail *Atom* **2** 37
rail *Livestock* **75** 16
rail *Joiner* **133** 41
rail *Mach. Tools* **150** 12
rail *Railw.* **202** 1
rail *Station* **205** 59; **206** 38
rail *Railw.* **214** 10
rail *Restaurant* **266** 72
rail *Equest.* **289** 2
rail *Birds* **359** 20

rail, triangular ~ **242** 80
rail bottom **202** 4
rail brake **206** 48
railcar **205** 25
railcar, articulated ~ **197** 1, 13
railcar, front ~ **211** 61
railcar, light ~ **208** 13
railcar, short-distance ~ **208** 13
railcar, six-axle ~ **197** 13
railcar, twelve-axle ~ **197** 1
rail clip **202** 9
rail foot **202** 4
rail guard **210** 34
rail head **202** 2
railing *Bldg. Site* **118** 89
railing *Park* **272** 34
rail joint **202** 11
railroad *see* railway
railroad map **204** 33
railroad policeman **205** 20
railroad station **15** 41
railroad ticket **204** 36
railroad track **202**; **203**
rail service, interurban ~ **197** 1
rail service, urban ~ **197** 13
railway, funicular ~ **214** 12
railway, light ~ **200** 23
railway, main line ~ **15** 21
railway, narrow-gauge ~ *Map* **15** 90
railway, narrow-gauge ~ *Road Constr.* **200** 23
railway guide, official ~ **204** 50
railway information clerk **204** 49
railway line **202**; **203**
railway map **204** 33
railway policeman **205** 20
railway siding **225** 62
railway station **15** 41
railway ticket **204** 36
railway vehicles **207**; **208**; **209**; **210**; **211**; **212**; **213**
rail web **202** 3
rain **8** 18; **9** 32
rainbow **7** 4
rainbow, colours of the ~ **343** 14
rainbow dressing **221** 85
rain cape **41** 4; **196** 26
rain cloud **8** 10
raincoat **29** 31
rain cover **10** 41
rain gauge **10** 38, 44
rainwater pipe **37** 13; **38** 10; **122** 29
rain zone, temperate ~ **9** 55
rain zone, tropical ~ **9** 53
raisin **98** 8
raising of livestock **75**
raising to a power **345** 1
rake *Roof & Boilerr.* **38** 42
rake *Gdn. Tools* **56** 4
rake *Blacksm.* **137** 4
rake *Roulette* **275** 5
rake *Winter Sp.* **303** 24
rake, wire-tooth ~ **51** 3; **56** 3
rake, wooden ~ **66** 23
raking back **118** 61
Ram *Astron.* **4** 53
ram *Dom. Anim.* **73** 13
ram *Blacksm.* **137** 10
ram *Forging* **139** 12
ram *Ship* **218** 9
ram *Theatre* **316** 60
ram, lower ~ **139** 7
ram, upper ~ **139** 6
rambler **52** 5
ram guide **139** 8
ram longwall face **144** 36
rammer **200** 26
rammer, pneumatic ~ **148** 31
ramp *Bldg. Site* **119** 41
ramp *Floor etc. Constr.* **123** 30
ramp *Station* **206** 1
ramp *Ship* **221** 55
ram piston **65** 24
ramson **377** 6
randing **136** 1, 4
randing, oblique ~ **136** 3
rangefinder **255** 82
rangefinder, optical ~ **258** 37
rangefinder window **114** 40
range light, higher ~ **224** 102
range light, lower ~ **224** 101
range lights **224** 101-102
range selector **114** 59
range switch **114** 59
rape **383** 1
rapelling **300** 28-30
rapid adjustment compass **151** 64
rapid feeding system **74** 23
rapid-filter plant **269** 9
rapid heat-up cathode **240** 25
rapid-loading system **115** 25
rapid scale **98** 12
rapid-veneer press **133** 49
rapping iron **136** 36
raptorial leg **358** 5
Raschel fabric **167** 29
rasp **260** 55
rasp, shoemaker's ~ **100** 49
raspberry **58** 28; **370** 101
raspberry bush **58** 25
raspberry flower **58** 26
ratan chair cane **136** 32
rate-of-climb indicator **230** 14
rate of interest **345** 7
rattan chair cane **136** 32
rattle *Infant Care etc.* **28** 44
rattle *Carnival* **306** 40, 47
rattle, baby's ~ **28** 44
rat trap binding **301** 15
Rautek grip **21** 18
ravine **13** 52
raw coal bunker **144** 41
raw material *Cement Wks.* **160** 1, 4
raw material *Synth. Fibres* **169** 1-12
raw material store **160** 3
raw meal silo **160** 5
raw milk pump **76** 3
raw milk storage tank **76** 5
raw mill **160** 4, 7
ray *Church* **332** 37
ray *Maths.* **346** 20
ray, medullary ~ **370** 11
ray, vascular ~ **370** 11
rays, sun's ~ **4** 9
razor, open ~ **106** 38
razor, straight ~ **106** 38
razor handle **106** 39
R-class **284** 59
reach, lower ~ **217** 29
reach, upper ~ **217** 37
reaching leg **285** 24
reactor **154** 3, 41, 50
reactor, nuclear ~ **1** 48; **154** 19
reactor building **154** 20
reactor core **259** 68
reactor pressure vessel **154** 22
reader **260** 16
reading adjustment **10** 10
reading lamp **43** 15
reading microscope **113** 28
reading room **262** 13
reading room staff **262** 14
readout, digital ~ **110** 2; **112** 47
readout, fast ~ **195** 12
ready position **305** 72
reamer **109** 8; **140** 31
reamer, angled ~ **125** 9
rear brace **329** 47
rearing of livestock **75**
rear of the railcar **197** 4
rear seat headrest **193** 8
rear seat head restraint **193** 8
rearsight **255** 22, 36
rear vault **297** 32
rear-view mirror **188** 35; **189** 30
rear-view mirror, inside ~ **191** 39
rearward horizontal stand **295** 31
rearward swing **296** 57
rear window heating switch **191** 82
rebate plane **132** 25
receipt **98** 44; **271** 7
receipt stamp **236** 29
receiver *Meteorol. Instr.* **10** 63
receiver *Hunt.* **87** 16
receiver *Docks* **226** 33
receiver *Audio* **241** 40
receiver *Office* **246** 16
receiver *Ball Games* **293** 50
receiver *Nightclub* **318** 18
receiver, tilting-type ~ **148** 5
receiver cord **237** 14
receiver surface, blackened ~ **155** 29
receiving hopper **147** 5
receiving table **249** 54
receiving tray **249** 47
receiving truck **226** 15
receptacle **370** 53
reception *Doc.* **22** 5
reception *Camping* **278** 1
reception hall **267** 1-26
receptionist, chief ~ **267** 7
recess **217** 70
reciprocal **344** 16
recirculation pump **154** 43, 54
record **46** 15; **309** 32; **317** 24
record chamber, automatic ~ **241** 18
record changer, automatic ~ **241** 52
recorder *Meteorol. Instr.* **10** 61
recorder *Hosp.* **25** 3
recorder *Music. Instr.* **322** 7
recorder, eight-channel ~ **27** 28
recorder, open-reel-type ~ **241** 56
recorder, potentiometric ~ **23** 55
recording, photographic ~ **27** 33
recording amplifier **311** 11
recording and playback deck, single ~ **238** 58
recording and playback equipment **311** 23
recording arm **10** 7, 12, 15, 21
recording channel, central ~ **238** 1-6
recording drum **10** 5, 16, 20
recording engineer **310** 23, 55; **311** 36
recording head *Cine Film* **117** 33
recording head *Audio* **241** 59
recording head *Films* **311** 25
recording instrument **10** 61
recording level control **117** 16
recording level display **243** 15
recording level indicator **243** 12; **311** 14
recording level meter **241** 35, 36, 61; **242** 14
recording level meters **241** 35-36
recording loudspeaker **238** 37
recording mechanism **10** 42
recording meter **138** 19
recording paper **25** 4; **27** 29, 34, 40
recording pen **10** 13
recording rain gauge **10** 38
recording room **238** 16; **310** 54
recording room mixing console **238** 25
recording sensitivity selector **117** 16
recording space **177** 49
recording speaker **238** 37
recording tape **241** 58
record keeper **299** 48
record of posting book **236** 18
record player **241** 18; **317** 19
record player base **241** 19
record player housing **241** 19
record rack **309** 36
record storage compartment **241** 48
record storage slot **241** 48
record turntable **238** 24
recovery parachute **235** 60
recovery vehicle, armoured ~ **255** 93
rectangle **346** 34
rectifier *Blacksm.* **138** 30
rectifier *Electrotyp. etc.* **178** 2
rectifier *Films* **312** 18
rector **330** 22
rectory **331** 20
rectoscope **23** 16, 17
rectoscopy **23** 18
rectum **20** 22, 61
rectus abdominis **18** 44
red **343** 1
red admiral **365** 1
red-billed toucan **363** 6
redbreast **361** 15
redcap **205** 31
red card **291** 63
red clover **69** 1
red deer **88** 1, 1-27
red flyer **366** 3
red fox **88** 42; **367** 12
red kangaroo **366** 3
red magnolia **373** 15
redstart **360** 3
red swing filter **116** 46
reducing coupler **126** 39, 41
reducing elbow **126** 49
reducing socket **126** 39, 41
reducing valve **141** 5
reduction drive lever **149** 3
reduction gear *Paperm.* **172** 69
reduction gear *Aircraft* **232** 59
reduction gear *Warships* **259** 61
reduction gearing, multi-step ~ **64** 71
red underwing **365** 8
red whortleberry **377** 23
red wine glass **45** 83
reed *Basketm.* **136** 28
reed *Weaving* **166** 10
reed *Music. Instr.* **326** 41
reed, double ~ **323** 29
reed mace **136** 27
reed mace bulrush **378** 21
reed organ **325** 43
reed pen **341** 22
reed pipe, metal ~ **326** 17-22
reed stop **326** 17-22

reed-threading draft **171** 6
reef **219** 72
reefer **221** 127
reel, fixed-spool ~ **89** 32, 61
reel, multiplying ~ **89** 59
reel, spring-tine ~ **64** 4
reel, stationary-drum ~ **89** 61
reel arm, foldaway ~ **117** 92
reel drum **312** 16
reel drum, fireproof ~ **312** 25
reel gearing **64** 5
reeling machine **173** 41
reel of film **312** 33
reel oven **97** 71
reels **89** 59-64
reel stand **180** 3, 19
referee **291** 62; **293** 67; **299** 16, 41
referee's position **299** 8
reference book **262** 17
reference library **262** 17
refill **151** 46
refill lead **151** 46
refiner **172** 84
refiner, conical ~ **172** 27, 60, 73, 83
refining bath **162** 4
reflected-light microscope **112** 23
reflecting goniometer **351** 28
reflector *Atom* **1** 65
reflector *Optic. Instr.* **113** 1
reflector *Bicycle* **187** 45
reflector, glass ~ **187** 86
reflector, swivel-mounted ~ **114** 69
reflector pedal **187** 78
reflex angle **346** 10,11-12
reflex camera, twin-lens ~ **114** 22
reflex finder **117** 44
reflex mirror **115** 33
reflex system **115** 31
reformer **145** 47
reformer, catalytic ~ **145** 71
refractometer **111** 44
refractometer, dipping ~ **112** 48
refractor **113** 16
refreshment kiosk **205** 49
refreshment stall **308** 3
refrigeration system **93** 11
refrigerator **39** 2; **46** 33; **317** 10
refrigerator car **213** 39
refrigerator shelf **39** 3
refrigerator van **213** 39
refrigerator wagon **213** 39
refuse **199** 17
refuse, compacted and decomposed ~ **199** 22
refuse collection vehicle **199** 1
refuse container **199** 4
refuse disposal **199**
refuse incineration unit **199** 28
regatta **283** 1-18
regatta course **285** 14-24, 16
register *School* **260** 23
register *Hotel* **267** 8
register *Music. Instr.* **322** 51
register device **177** 12
register mark **340** 58
registration form **267** 12
registration number *Election* **263** 19
registration number *Motorboats etc.* **286** 7
registration number *Script* **342** 43
reglet **334** 57
regula **334** 17
regular crystal system **351** 1-17
regular customer **266** 39, 40
regular grade gasoline **145** 54
regular grade petrol **145** 54
regulating handle **133** 14
regulating valve **38** 75
regulator **109** 32
regulator main valve **210** 13
regulator valve **210** 13
Regulidae **361** 10
rehearsal **315** 21-27
reheating **162** 27, 35
reichstaler **252** 6
rein **71** 33; **186** 31; **289** 27; **303** 4
reindeer **353** 16
reindeer harness **353** 15
reinforced concrete construction **119** 1-89
reinforcement **119** 54-76, 68
reinforcement, projecting ~ **119** 10, 71
reinforcement, steel-bar ~ **123** 37
reinforcement beading **125** 8
reinforcement binding **119** 66
reinforcement rod **119** 23
reinforcing member, longitudinal ~ **230** 47, 57
reinforcing rib *Road Constr.* **200** 9
reinforcing rib *Hydr. Eng.* **217** 78
reinforcing steel **119** 23
reinforcing strut **315** 31
reins **71** 25, 33
rejects chest **172** 59
relay **186** 43
relay horse **186** 43
release *First Aid* **21** 34
release *Weaving* **165** 35
release, delayed-action ~ **309** 51
release binding **301** 2
release grip **21** 34
release lever *Slaughterho.* **94** 6
release lever *Office* **247** 42
release/lock lever **247** 42
release phase **75** 33
release valve **210** 58
relief image carrier **340** 2
relief printing method **340** 1-13
relief tile, glazed ~ **333** 20
remainder **344** 24
remains **15** 72
Remington cartridge **305** 39
remitter **250** 19
remnant **103** 16
remote control jack **117** 9
remote control panel **157** 14
remote control radio **288** 87
remote control socket **117** 9
rendering, exterior ~ **122** 38
rendering coat **123** 6
rendezvous point **233** 29
rendezvous radar antenna **6** 42
reniform **370** 38
rennet vat **76** 48
repair bay **196** 22
repairer **161** 19
repair quay **222** 10
repair shop **196** 22
repeater **87** 2
repeaters **253** 30-32
repeating rifle **87** 2
repeat mark **321** 26
replenishing ship **258** 97
report **342** 54
reproducing head **241** 59
reptile enclosure **356** 12
reptiles **364** 27-41
requin **364** 1
re-recording **311** 1-46
re-reeler **173** 41
re-reeling machine **173** 41
rescue **21** 18-23, 28-33, 34-38
rescue cruiser **221** 18; **228** 14
rescue helicopter **221** 20; **228** 16
rescuer **21** 29, 34
research laboratory **310** 9
research microscope **112** 1, 66
research microscope, binocular ~ **23** 51
research rocket **7** 24
reserve fuel tank **212** 60
reserve tank **232** 20
reservoir *Hydr. Eng.* **217** 39-46
reservoir *Air Force* **257** 16
reservoir, impounded ~ **217** 57
reservoir rock **12** 29
reset button *Cine Film* **117** 86
reset button *Car* **191** 77
resetting button **127** 20
resetting spring **237** 49
residential area **15** 28
residue **145** 43
resin **323** 11
resin, synthetic ~ **130** 26
resistor **153** 56
resonating body **322** 29; **323** 3; **324** 2, 15, 26
resonating chamber **322** 18; **324** 15, 63
resonating sound box **324** 26
resonator **322** 18, 29; **324** 2, 15
resonator, tubular metal ~ **324** 78
resonator wall **322** 33
respiration, artificial ~ **21** 24-27
respirator **21** 27; **26** 25
respiratory apparatus **21** 27; **26** 24
respiratory functions **23** 31
respiratory machine **26** 1
respiratory rate **23** 27
respond **335** 35
'restaurant' **233** 50
restaurant **266** 1-29
restaurant car **207** 22-32
restaurant car, self-service ~ **207** 73
rest cure **274** 12-14
resting rail **322** 42
restoring spring **237** 49
restricted area **292** 37
rests **320** 20-27
result register **309** 82
results of sets **293** 35
resuscitation **21** 24-27
resuscitation, mouth-to-mouth ~ **21** 26
resuscitation, mouth-to-nose ~ **21** 26
resuscitation apparatus **21** 27
resuscitation equipment **270** 20
resuscitator **21** 27; **270** 20
retailer **98** 41
retail shop **98** 1-87
retail store **98** 1-87
retaining plate **167** 56
retarder **206** 48
reticella lace **102** 30
reticule **115** 61
Reticulum **3** 48
retina **19** 49
retort **349** 13
retort ring **350** 15
retoucher **182** 14
retouching and stripping desk **177** 19
retrieving **86** 36
retrofocus position **115** 84
return **38** 79
return pipe **38** 56, 79, 80; **126** 24
return spring *Knitting* **167** 37
return spring *Car* **192** 55
return tap **350** 49
Reuther board **296** 12; **297** 8
rev counter **189** 41; **191** 38; **212** 22; **230** 8
rev counter, electric ~ **191** 70
rev counter, electronic ~ **188** 40
reveal **37** 26; **118** 10; **120** 31
revenue stamp **107** 26
revers collar **30** 9
reverse **252** 9
reverse dive **282** 41
reverse gear **192** 44
reverse hang **296** 34
reverse shaft **149** 34
reversing catch **87** 24
reversing clutch **115** 27
reversing gear **210** 18; **211** 53; **212** 74
reversing gears **65** 41
reversing ring **115** 83
reversing wheel **210** 56
revertive signal panel **153** 7
revetment **216** 51-55
revolution counter **189** 41; **191** 38; **212** 22; **230** 8
revolution counter, electric ~ **191** 70
revolution counter, electronic ~ **188** 40
revolving die hammer **85** 12
reward **86** 43
rewind **114** 6; **115** 12
rewind bench **238** 59; **312** 21
rewind button **249** 73
rewind cam **115** 29
rewind crank **114** 6; **115** 12
rewinder *Cine Film* **117** 93
rewinder *Paperm.* **173** 41
rewind handle *Photog.* **114** 6; **115** 12
rewind handle *Cine Film* **117** 93
rewinding **170** 50
rewind release button **115** 27
rewind station **173** 41
rhesus macaque **368** 12
rhesus monkey **368** 12
rhinoceros **366** 25
Rhiptoglossa **364** 33
rhizome **58** 18
rhizopod **357** 1
rhomb **346** 35
rhombic crystal system **351** 23
rhombohedron **351** 22
rhomboid **346** 36
rhombus **346** 35
rhubarb flan **97** 22
rhynchophore **358** 4
rib *Meat* **95** 3
rib *Floor etc. Constr.* **123** 36
rib *Basketm.* **136** 24
rib *Shipbuild.* **222** 58
rib *Aircraft* **230** 46
rib *Rowing* **283** 49
rib *Sailing* **285** 51
rib *Music. Instr.* **322** 33; **323** 4, 25
rib *Art* **335** 31
rib *Bot.* **370** 29
rib, annular ~ **235** 47
rib, false ~ **287** 36
rib, flat ~ **95** 21
rib, fore ~ **95** 18

rib, main ~ *Space* **235** 10
rib, main ~ *Gliding* **287** 35
rib, middle ~ **95** 19
rib, prime ~ **95** 18
rib, top ~ **95** 31
ribbon **34** 7; **355** 78
ribbon, corded ~ **35** 13
ribbon, fancy ~ **35** 14
ribbon cassette **249** 16
ribbon of glass **162** 10
ribbon selector **249** 11
ribbon window **37** 86
Ribes **58** 1-15
ribgrass **380** 11
rib randing **136** 2
ribs, false ~ **17** 10
ribs, true ~ **17** 9
rib vault **336** 43
rib weave, combined ~ **171** 19
ribwort **380** 11
ribwort plantain **380** 11
rice *Arable Crops* **68** 1; **68** 29
rice *Grocer* **98** 38
rice grain **68** 30
rickshaw **353** 34
rickshaw coolie **353** 35
rickstand **63** 28, 29
riddle **55** 13
ride *Map* **15** 112
ride *Forestry* **84** 1
rider *Cyc. Racing* **290** 25
rider *Chem.* **349** 33
rider bar **349** 31
rider holder **349** 32
ridge *Phys. Geog.* **12** 36; **13** 60
ridge *Dwellings* **37** 7
ridge *Roof* **121** 2; **122** 93
ridge *Mountain.* **300** 21
ridge, concave ~ **302** 22
ridge, hollow ~ **302** 22
ridge beam **121** 48
ridge board **121** 48
ridge capping piece **122** 99
ridge course **122** 47, 79
ridge course tile **122** 4
ridge cross **331** 10
ridge hook **122** 65
ridge joint **122** 79
ridge purlin **121** 43
ridge rope **221** 118
ridge tent **278** 21; **280** 45
ridge tile **122** 3, 8, 52
ridge turret **121** 14
ridge vent **55** 11
ridging hoe **56** 5
riding animal **354** 2
riding cap **289** 14
riding seat **296** 32
riding switch **289** 22
riffler **172** 2; **173** 13
rifle, self-loading ~ **255** 16
rifle, short ~ **86** 30
rifle, single-loading ~ **87** 1
rifle, triple-barrelled ~ **87** 23
rifle barrel **87** 26
rifle butt **255** 24
rifle cleaning kit **87** 61-64
rifle grip *Photog.* **115** 100
rifle grip *Films* **313** 37
riflescope **87** 29; **305** 49
rifle shooting **305** 26
rifling **87** 36
rifling calibre **87** 37
rig **219** 1-72
Rigel **3** 13
rigging **219** 1-72
rigging, running ~ **219** 67-71
rigging, standing ~ **219** 10-19
right **254** 18,20,22
right angle **346** 9, 32
right corner pin **305** 8
right front second pin **305** 4
right hook **299** 33
right tank fuel gauge **230** 17
rim *Bicycle* **187** 28
rim *Motorcycle* **189** 25
rim *Car* **191** 16; **192** 77
rim brake **187** 5
rimfire cartridge **305** 35
rind **120** 86; **370** 8
ring *Jewell.* **36** 4
ring *Forestry* **85** 4
ring *Fish Farm.* **89** 56
ring *Cotton Spin.* **164** 51, 54
ring *Sports* **299** 35
ring *Circus* **307** 21
ring *Bullfight. etc.* **319** 9
ring *Church* **332** 17
ring *Maths.* **346** 57
ring *Chem.* **350** 15
ring, all-round ~ **89** 58
ring, annual ~ **84** 24
ring, asymmetrical ~ **36** 27
ring, diamond ~ **36** 23, 24
ring, front ~ **113** 7
ring, gemstone ~ **36** 15
ring, man's ~ **36** 20
ring, rubber ~ *Kitch. Utensils* **40** 26
ring, rubber ~ *Bathing* **280** 32
ring, spring-steel ~ **89** 51
ring and bead sight, optical ~ **305** 51
ring attendant **307** 27
ring cake **97** 33; **99** 22
ringed snake **364** 38
ring entrance **307** 11
ring fence **307** 22
ring file **260** 15
ring finger **19** 67
ring for the carrying strap **115** 9
ring frame **164** 34
ring gauge **108** 25, 27
ring gemstones **36** 72-77
ringmaster **307** 31
ring net **90** 25
ring plectrum **324** 27
ring rail **164** 42, 54
ring-rounding tool **108** 26
rings **296** 4
ring sight, optical ~ **305** 50
ring snake **364** 38
ring spindle, standard ~ **164** 45
ring spinning frame **164** 34
ring tube *Cotton Spin.* **164** 52
ring tube *Weaving* **165** 15
riot duty **264** 15
riot gear **264** 18
riot shield **264** 20
rip panel **288** 75, 83
rip panel, emergency ~ **288** 72
ripper **200** 20
ripping line **288** 76
ripping line, emergency ~ **288** 73
ripple marks **13** 41
riprap **216** 51
rise adjustment **133** 21
rise adjustment wheel **133** 22
rise and fall adjustment wheel **132** 60
riser *Floor etc. Constr.* **123** 33, 48
riser *Iron Foundry etc.* **148** 22
riser *Water* **269** 19
riser *Fire Brig.* **270** 26
riser *Airsports* **288** 42
riser *Sports* **305** 55
riser gate **148** 22
riser pipe **269** 19
rise to straddle **296** 49
rising **283** 31
Rising Sun **253** 20
ritual cart, miniature ~ **328** 36
ritual chariot, miniature ~ **328** 36
river *Phys. Geog.* **13** 61
river *Map* **15** 76
river *Rivers* **216** 31
river, navigable ~ **15** 45
river, subterranean ~ **13** 83
river arm **13** 2; **216** 3
river arm, blind ~ **216** 18
riverbank **216** 5
riverbed **13** 68
river bend **13** 11
river branch **13** 2; **216** 3
river branch, blind ~ **216** 18
river engineering **216**
river ferry **216** 10
river island **216** 4
river islet **216** 4
river mouth **13** 1
river nymph **272** 2; **327** 23
river police **217** 24
rivers **216**
river terrace **13** 49, 63
river tug **216** 23
river valley **13** 57-70
rivet **143** 57-60
rivet head **143** 57
riveting **143** 56
riveting machine **138** 27
rivet shank **143** 58
riving hammer **85** 5
rivulet *Phys. Geog.* **13** 8
rivulet *Map* **15** 80
road **37** 61
road, bituminous ~ **200** 55
road, good ~ **15** 30
road, main ~ **15** 83
road, metalled ~ **15** 30
road, poor ~ **15** 99
road, secondary ~ **15** 36
road, unmetalled ~ **15** 99
road bridge **15** 55
road building **200**; **201**
road-building machinery **200** 1-54
road coach **186** 39
road construction **200**; **201**
road form **201** 15
road layers **198** 1-5
road making **200**; **201**
road-metal spreading machine **200** 31
road over railway **15** 22
road race **290** 8-10
road race bicycle **290** 16
road racer **290** 8
road racing **290** 16, 24-28
road ripper **200** 20
road roller **200** 36
roadster *Bicycle* **187** 1
roadster *Car* **193** 26
road surface **215** 8; **217** 1
road sweeper **199** 5; **268** 20
road-sweeping lorry **199** 41
roadway, orthotropic ~ **215** 2
road wheel **255** 86
roast **45** 27
roasting chicken **98** 6
roasting drum **98** 71
roasting round **95** 11
robe de chambre **355** 66
robes **330** 22; **332** 4
robin **361** 15
robin redbreast **361** 15
robot **273** 36
rocaille **336** 13
rock **13** 25; **327** 38; **356** 2
rock, coal-bearing ~ **144** 49
rock, impermeable ~ **12** 23; **13** 78
rock, impervious ~ **12** 23; **13** 78
rock, loose ~ **158** 4
rock, piece of ~ **6** 15
rock, sedimentary ~ **12** 1; **13** 48
rock, stratified ~ **13** 48
rock bit **145** 21
rock climbing **300** 2-13
rocker *Child. Rm.* **47** 16
rocker *Winter Sp.* **302** 19
rocker *Music. Instr.* **326** 39
rocker *Graphic Art* **340** 19
rocker arm **190** 33
rocker arm mounting **190** 34
rocker switch **127** 4
rockery **37** 40; **51** 6
rocket *Life-Sav.* **228** 2
rocket *Army* **255** 26, 65
rocket *Carnival* **306** 54
rocket, short-range ~ **259** 26
rocket apparatus **228** 1
rocket cruiser **259** 21, 41
rocket engine **6** 3
rocket engine, liquid-fuelled ~ **235** 36
rocket engine, main ~ **235** 36
rocket gun **228** 1
rocket launcher **255** 64, 70
rocket launcher, underwater ~ **259** 37, 51
rocket line **228** 3
rocket stage, first ~ **234** 3
rocket stage, second ~ **234** 18
rocket stage, third ~ **234** 33
rocket tube **255** 71
rock face *Phys. Geog.* **12** 43; **13** 28
rock face *Quarry* **158** 15
rock face *Mountain.* **300** 2
rock garden **37** 40; **51** 6
rock goat **367** 7
rocking chair **309** 61
rocking tool **340** 19
rock island **13** 12
rock ledge **300** 4
rock painting **328** 9
rock plant **51** 7
rock rose **377** 20
rock salt **351** 2
rockslide **11** 46
rock slip **11** 46
rock spike **300** 9
rock terrace **13** 47
rock tomb **333** 38
rock wall **300** 2
rod, carbon-fibre ~ **89** 57
rod, glass ~ **89** 49, 57
rod, iron ~ **130** 3
rod, metal ~ **339** 24
rod, polished ~ **145** 27
rod, telescopic ~ **89** 53
rodents **366** 12-19
rodeo **319** 34
rodeo rider **319** 39
rod rest **89** 23
rods **89** 49-58
rod section **89** 54
rod tip **89** 35
roe *Game* **88** 28-39
roe *Fish Farm.* **89** 12
roe, female ~ **88** 34
roebuck **86** 17; **88** 28
roe call **87** 43
roe deer **88** 28-39
roll *Kitch. Utensils* **40** 31
roll *Tablew. etc.* **45** 21
roll *Horse* **71** 48
roll *Bakery* **97** 13
roll *Supermkt.* **99** 12
roll *Restaurant* **266** 54
roll *Athletics* **298** 17
roll, double ~ **97** 15
roll, lower ~ **148** 55
roll, upper ~ **148** 54

roll, white ~ **97** 14
roll bar *Motorcycles etc.* **188** 18
roll bar *Car* **193** 13
roll bearing **148** 60
roll cutter **173** 42
roller *Hairdresser* **105** 12
roller *Cooper* **130** 26
roller *Glass Prod.* **162** 11
roller *Weaving* **165** 57
roller *Road Constr.* **200** 37
roller *Station* **206** 39
roller *Hydr. Eng.* **217** 65
roller *Office* **249** 17
roller *Cyc. Racing* **290** 13
roller *Graphic Art* **340** 12
roller *Birds* **359** 25; **360** 6
roller, bottom ~ **164** 10
roller, fluted ~ **164** 10
roller, grooved ~ **130** 30
roller, lambskin ~ **130** 31
roller, leather ~ **340** 23
roller, lower ~ *Iron Foundry etc.* **148** 55
roller, lower ~ *Cotton Spin.* **164** 10
roller, rubber ~ **182** 8
roller, rubber-disc ~ **64** 82
roller, steel ~ **164** 10
roller, submersible ~ **217** 68
roller, three-wheeled ~ **200** 36
roller, top ~ **164** 11
roller, upper ~ *Iron Foundry etc.* **148** 54
roller, upper ~ *Cotton Spin.* **164** 11
roller, wire-covered ~ **168** 34
roller bearing **164** 47
roller bit **145** 21
roller chain *Bicycle* **187** 36
roller chain *Intern. Combust. Eng.* **190** 25
roller chain, double ~ **190** 10
roller covering **50** 3
roller guide **201** 4
roller path **148** 50
roller postmark **236** 60
roller printing machine, ten-colour ~ **168** 53
rollers **148** 54-55
roller stamp **236** 46
roller table **157** 23
roller top **217** 66
roller trestle **157** 26
rollfilm **114** 19
rollfilm spool **114** 20
roll holder **40** 1
rolling **230** 71
rolling circle **288** 3
rolling dam **217** 65-72
rolling mill **148** 46-75
rolling plant **159** 9
rolling road **138** 16
rolling shutter frame **37** 29
rolling stock **207; 208; 209; 210; 211; 212; 213**
roll-on roll-off operation **225** 39
roll-on roll-off ship **226** 17
roll-on roll-off system **225** 39
roll-on roll-off trailer ferry **221** 54
rollover device **139** 43
rolls *Bakery* **97** 13-16
rolls *Iron Foundry etc.* **148** 54-55
roll stand **148** 56-60
roll unit **97** 61
roll-up door **245** 5
Roman **355** 11
Roman woman **355** 7
romper **29** 21
romper suit **29** 22
roof **37** 5; **38; 121; 122; 337** 2
roof, cement ~ **122** 97
roof, flat ~ **37** 77
roof, glass ~ **55** 5
roof, hipped ~ **37** 64; **121** 10, 60
roof, imperial ~ **121** 25
roof, mission-tiled ~ **122** 56
roof, pantiled ~ **122** 53
roof, paper ~ **122** 90
roof, pitched ~ **38** 12
roof, plain-tiled ~ **122** 50
roof, sliding ~ **193** 24; **194** 10; **213** 22
roof, Spanish-tiled ~ **122** 56
roof, split-tiled ~ **122** 45
roof, swivelling ~ **213** 26, 27
roof, tiled ~ **122** 1
roof beam **121** 29
roof board **122** 61
roof boarding **122** 61
roof cable **211** 5
roof cladding **38** 1
roof course **122** 78
roof covering **38** 1
roofer **122**
roof guard **38** 8
roof hook **38** 6
roofing, cement ~ **122** 90-103
roofing, paper ~ **122** 90-103
roofing felt **122** 62
roofing nail **143** 55
roofing paper **122** 62
roof ladder **38** 4; **122** 63
roof lashing **278** 51
roof opening **213** 23
roof rack **278** 50
roofs, styles and parts of ~ **121** 1-26
roof sheathing **122** 61
roof structures of timber **121** 27-83
roof trestle **122** 66
roof truss **120** 7; **121** 78
roof valley **121** 15; **122** 11, 82
roof ventilator **278** 56
rook *Games* **276** 12
rook *Birds* **361** 2
room, double ~ **267** 27-38
room, heated ~ **169** 24
room divider **42** 19
room key **267** 9
room number **267** 10
room telephone **267** 34
room thermostat **38** 78
room trader **251** 6
room waiter **267** 33
rooster **62** 37; **73** 21
root *Man* **19** 36
root *Plant Propagn.* **54** 21
root *Arable Crops* **68** 17, 45
root *Horse* **72** 34
root *Maths.* **347** 12
root *Bot.* **370** 16-18
root *Industr. Plants* **383** 43
root, adventitious ~ **370** 78, 80
root, aerial ~ **370** 80
root, primary ~ **370** 16
root, secondary ~ **370** 17
root, tuberous ~ **370** 79
root crops **68** 38-45
rooter **200** 20
root gall **80** 27
root hair **68** 18; **370** 18
root louse **80** 26
roots **54** 12; **370** 78-82
rootstock **54** 33
root thorn **370** 81
rope *First Aid* **21** 30
rope *Weaving* **166** 61
rope *Swim.* **282** 32
rope *Gymn.* **296** 19; **297** 43
rope *Mountain.* **300** 12, 22-27
roped party **300** 22-27
rope ladder **221** 91; **273** 49; **307** 8
rope-pulley hoist **118** 91
ropes **299** 36
rope sling **300** 11
ropeway, aerial ~ **15** 67
ropeway, double-cable ~ **214** 25, 30
ropeway gondola **214** 52
ropeways **214** 15-38
ropeways, endless ~ **214** 15-24
ropeways, single-cable ~ **214** 15-24
ropeway support **214** 76
roping down **300** 28-30
ro-ro depot **226** 20
ro-ro-ship **226** 17
ro-ro system **225** 39
ro-ro trailer ferry **221** 54
rosary **332** 30
rose *Market Gdn.* **55** 28
rose *Game* **88** 5, 29
rose *Music. Instr.* **324** 5
rose, bush ~ **52** 13
rose, climbing ~ **52** 12
rose, double ~ **60** 17
rose, ivory ~ **36** 29
rose, rambling ~ **52** 12
rose, standard ~ **51** 25; **52** 21
rosebay **373** 13
rosebud **60** 16
rose cut **36** 45
rose-ear **70** 2
rose hip **370** 100
rose laurel **373** 13
rose thorn **60** 18
rose tree, standard ~ **52** 13, 21
rosette **306** 34
rose window **335** 23
rosin **323** 11
rostrum **263** 6; **316** 34
rotary engine, two-rotor ~ **190** 5
rotary-table machine **150** 41
rotary-table shot-blasting machine **148** 39
rotary turbine pump **259** 57
rotated grasp **296** 44, 46
rotation **298** 18
rotation axis **351** 4
rotator **224** 55
rotisserie **40** 32
rotogravure press, multicolour ~ *Photograv.* **182** 24
rotor *Clocks* **110** 32
rotor *Intern. Combust. Eng.* **190** 68
rotor *Aircraft* **232** 22
rotor *Gliding* **287** 18
rotor, main ~ **232** 12-13; **256** 19; **264** 3
rotor, tail ~ **256** 20
rotor, tilting ~ **232** 32
rotor blade *Energy Sources* **155** 45
rotor blade *Aircraft* **232** 12
rotor head **232** 13
rotor pylon **232** 23
rouge **275** 24
rough **293** 80
rough focusing indicator **224** 35
roughing file **134** 9
roughing-out hammer **195** 46
roughing wheel **111** 36
roulette *Roulette* **275** 1-33, 28
roulette *Graphic Art* **340** 18
roulette ball **275** 33
roulette bowl **275** 29
roulette layout **275** 9, 17
roulette player **275** 15
roulette table **275** 8
roulette wheel **275** 10, 28
round **95** 14
round, caseless ~ **305** 37
roundabout **308** 2
round bar reinforcement **119** 80
round-bilge boat **286** 32-34
round end **95** 52
rounding machine *Bakery* **97** 63
rounding machine *Plumb.* **125** 30
roundwood **120** 35; **157** 30
round worm **81** 31
route **203** 68
route indicator **203** 20, 21
route lever **203** 58
route of the paper **180** 26
route of the sheets **180** 33
route of the web **180** 26
router plane **132** 26
route sign **197** 21
route straight ahead **203** 45, 49, 50
roving **164** 29
roving bobbin **164** 23
row **312** 9
rowan **371** 42
rowboats **283** 9-15
rowing **283**
rowing boat **89** 27
rowing boat, Germanic ~ **218** 1-6
rowing boats **283** 9-15
rowing coach **283** 20
rowlock **278** 18; **283** 29, 41
row of needles **167** 27
row of needles, back ~ **167** 46
row of needles, front ~ **167** 47
row of seats, tiered ~ **261** 1
royal **88** 8
Royal Crown, English ~ **254** 42
royal fern **377** 16
royal osmund **377** 16
royal water lily **378** 17
rubber, synthetic ~ **164** 11
rubber belt, studded ~ **64** 79
rubber plant **383** 33
rubber solution **340** 49
rubber tree **383** 33
rubber tyre cable car **273** 53
rubber tyre swing **273** 18
rubbing strake, reinforced ~ **258** 81
rubbish **268** 22
rubble **11** 47
rubble, rough ~ **269** 37
ruby **175** 22
ruby, synthetic ~ **110** 33
Rückpositiv **326** 5
rucksack **283** 65
rudder *Ship* **218** 6, 24; **221** 43
rudder *Shipbuild.* **222** 69
rudder *Ship* **223** 63
rudder *Life-Sav.* **228** 26
rudder *Aircraft* **229** 25; **230** 60
rudder *Air Force* **257** 23
rudder *Rowing* **283** 51-53, 53
rudder *Sailing* **284** 9, 34; **285** 34
rudder *Motorboats etc.* **286** 65
rudder *Airsports* **288** 22
rudder, retractable ~ **285** 37
rudder, vertical ~ **259** 95, 96
rudder angle indicator **224** 17
rudder blade **221** 43; **222** 69; **223** 63; **283** 53; **284** 34
rudderhead **284** 33

rudder pedal **230** 27; **257** 10
rudder pedal, co-pilot's ~ **230** 28
rudder post **222** 70
rudder stock **222** 68; **284** 33
ruff *Carnival* **306** 20
ruff *Hist. Cost.* **355** 52
rugby **292** 19
rugby ball **292** 21
rugby football **292** 19
rule **151** 33
rule, folding ~ **120** 76; **134** 33
rule, glazier's ~ **124** 21
rule of three sum **345** 8-10
rule pocket **33** 49
ruler **151** 33; **247** 35
ruling pen **151** 49
ruling pen attachment **151** 58, 61
rum **98** 57
ruminant **73** 1
ruminants **366** 28-30; **367** 1-10
rummer **45** 87
rump *Horse* **72** 31
rump *Game* **88** 20, 36
rump *Meat* **95** 14, 35
rump piece **329** 88
runch **61** 18
rune **341** 19
rung **38** 17; **50** 38
runner *Plant Propagn.* **54** 14, 16
runner *Soft Fruit* **58** 20
runner *Mills* **91** 22
runner *Iron Foundry etc.* **148** 21
runner *Rowing* **283** 45
runner *Ball Games* **292** 45, 66
runner *Athletics* **298** 5
runner, movable ~ **303** 10
runner, outrigged ~ **302** 46
runner bean **52** 28; **57** 8
runner gate **148** 21
running **298** 1-8
running axle **210** 35
running-boar target **305** 33
running dog **334** 39
running gear, front ~ **191** 52
running head **185** 66
running light **258** 56
running light, side ~ **258** 15
running light indicator panel **224** 29
running posture **295** 2
running side **277** 5
running step **295** 41
running step indicator **211** 36
running take-off twist dive **282** 43
running three **305** 3, 5
running title **185** 66
running track **298** 6
running wheel **64** 41, 56; **214** 7, 70
runout **147** 54
runway *Hunt.* **86** 16
runway *Airport* **233** 1
runway *Gliding* **287** 15
rush *Phys. Geog.* **13** 17
rush *Basketm.* **136** 27
rusk **97** 54
Russula vesca **381** 23
rustication **335** 51
rustic work **335** 51
rutting mane **88** 27
rutting season **86** 9-12
rye **68** 1, 2
rye bread **97** 10, 49; **99** 14
rye-bread roll **97** 16
rye flour **97** 52
ryegrass, perennial ~ **69** 26

S

sabaton **329** 55
saber *see* sabre
sable *Ladies' Wear* **30** 60
sable *Heraldry* **254** 26
sable *Mammals* **367** 15
sabot **101** 47
sabre, light ~ **294** 20, 34
sabre fencer **294** 19
sabre fencing **294** 19-24
sabre gauntlet **294** 21
sabre glove **294** 21
sabre mask **294** 22
sabreur **294** 19
sack **38** 34
sacker **92** 39
Sacrament **331** 48
sacrarium **330** 32
sacristan **330** 26, 58
sacristy **331** 13
sacristy door **330** 17
sacrum **17** 21; **20** 59
saddle *Phys. Geog.* **12** 16, 42
saddle *Mach. Tools* **149** 13
saddle, adjustable ~ **188** 4
saddle, English ~ **71** 45-49
saddle, reciprocating ~ **185** 24
saddle, unsprung ~ **290** 17
saddle, western ~ **71** 37-44
saddle apron **149** 16
saddleback roof **37** 5; **121** 1
saddle clip **126** 53
saddle-pad **71** 17, 31
saddle roof **37** 5; **121** 1
saddles **71** 37-49
saddle seat **71** 37
saddle spring **187** 23
saddle stitching **31** 45
saddle tree **374** 1
safe **246** 22
safelight **116** 21
safety bar **301** 58
safety binding **301** 2
safety bonnet **85** 36
safety brake **85** 15
safety catch *Atom* **2** 40
safety catch *Household* **50** 25
safety catch *Hunt.* **87** 8, 24
safety catch *Army* **255** 14
safety catch, sliding ~ **87** 25
safety chain **126** 3
safety current **127** 2
safety curtain **316** 24
safety device **290** 13
safety equipment **316** 18
safety glass **124** 5
safety glasses **140** 21
safety helmet **84** 23; **140** 22; **158** 10; **300** 53
safety helmet, shock-resisting ~ **127** 48
safety hood **85** 36
safety jet **301** 53
safety key **140** 48
safety latch **50** 25
safety lighting **312** 6
safety lock **140** 44
safety net *Warships* **259** 18
safety net *Circus* **307** 14
safety nut **187** 64
safety pin **328** 27
safety rail **119** 43
safety valve *Roof & Boilerr.* **38** 70
safety valve *Railw.* **210** 3
safety wall **122** 35
saffron milk cap **381** 29
saggar **161** 2
sagger **161** 2
Sagittarius **3** 37; **4** 61
sagittate **370** 37
sago **98** 39
sago palm **383** 58
sail **219** 1-72; **283** 62; **284** 2; **285** 8
sail, ballooning ~ **285** 4
sail, brailed-up ~ **218** 21
sail, fore-and-aft ~ **220** 15
sail, furled ~ **218** 21
sail, square ~ **218** 21, 33; **219** 55-66; **220** 16
sail axle **91** 5
sailboat *Playground* **273** 29
sailboat *Camping* **278** 12
sailboat *Sailing* **284** 10-48
sailboat, single-masted ~ **220** 6-8
sailboats, mizzen-masted ~ **220** 9-10
sailboats, two-masted ~ **220** 11-17
sailing **284; 285**
sailing barge, ketch-rigged ~ **220** 9
sailing boat *Playground* **273** 29
sailing boat *Camping* **278** 12
sailing boat *Sailing* **284** 10-48
sailing boat, single-masted ~ **220** 6-8
sailing boats, mizzen-masted ~ **220** 9-10
sailing boats, two-masted ~ **220** 11-17
sailing close-hauled **285** 10
sailing downwind **285** 1
sailing ship **219; 220**
sailing ships, development of ~ **220** 35-37
sailing ships, four-masted ~ **220** 28-31
sailing vessels, three-masted ~ **220** 18-27
sailing with free wind **285** 12
sailing with wind abeam **285** 11
sailor suit **309** 62
sailplane **287** 3
sailplane, high-performance ~ **287** 9
sails, fore-and-aft ~ **219** 20-31
sail shapes **220** 1-5
sail top **91** 6
sainfoin **69** 10
saint, Buddhist ~ **337** 10
Saint Andrew's cross bond **118** 65
salad **266** 51
salad bowl **45** 23
salad chicory **57** 40
salad cream **96** 29
salad drawer **39** 4
salad fork **45** 68
salad oil **98** 24; **99** 66
salad plants **57** 36-40
salad servers **45** 24
salad spoon **45** 67
salamander **364** 22
salamanders **364** 20-22
sal-ammoniac block **125** 6
sales area **99** 4
sales check **98** 44; **271** 7
salesclerk **98** 13
sales counter **271** 42, 61
salesgirl **97** 1; **98** 31; **99** 17; **271** 18, 63
saleslady **97** 1; **98** 31; **99** 17; **271** 18, 63
salesman **309** 29
sales premises **111** 1-19
sales shelf **99** 23
sales statistics **248** 46
salicional **326** 23-30
salientians **364** 23-26
salina *Map* **15** 32
salina *Spa* **274** 1-7
sallow **371** 24
salon, men's ~ **106** 1-42
salon mirror **105** 20; **106** 6
saloon, lower ~ **194** 37
saloon, upper ~ **194** 38
saloon car **193** 4, 25
salt **98** 40
salt, common ~ **1** 9
salta **276** 20
salta piece **276** 21
salt cake storage tank **172** 36
salt cellar **266** 77
salt mine **154** 57-68, 72
saltstick **97** 31
salt water outlet **145** 33
salt water pipe **145** 33
salt water tank **146** 17
salt works *Map* **15** 32
salt works *Spa* **274** 1-7
salt works attendant **274** 5
salvage **227**
salvage tug **227** 5, 16
salvaging **227** 1
Salvator beer **93** 26
salving **227** 1
sampan **353** 31
sample beam **115** 36
sample sagger **161** 2
sample scoop **98** 72
samson post **223** 35
samson post, ventilator-type ~ **221** 58
samurai **353** 37
sanctuary **330** 32
sanctuary lamp **330** 49
sanctus bell **330** 46
sand *Map* **15** 6
sand *Bldg. Site* **118** 36; **119** 26
sandal **101** 51
sandal, ladies' ~ **101** 49
sandal court shoe **101** 27
sandbag **216** 50; **288** 65
sandbank **227** 3
sand bed **123** 8
sand belt, endless ~ **133** 15
sand box *Railw.* **212** 59, 76
sandbox *Playground* **273** 64
sand delivery pipe **148** 38
sand deposit **216** 52
sand dome **210** 14
sander **129** 30
sander, orbital ~ **134** 53
sander, single-belt ~ **133** 30
sander control **211** 32
sander switch **211** 32
sandhill **273** 66
sand hills **15** 6
sanding **129** 28
sanding attachment, orbital ~ **134** 53
sanding belt, endless ~ **133** 15
sanding belt regulator **133** 14
sanding disc **134** 25
sanding dust extractor **133** 28
sanding machine, single-belt ~ **133** 30
sanding table **133** 35
sanding valve **210** 55
sanding wheel **133** 27
sand lizard **364** 27
sandpaper **128** 14; **129** 25; **135** 25
sandpaper block **128** 13; **129** 26
sand pipe **210** 15, 19
sandpit **273** 64
sand star **369** 11
sand table **173** 13
sand track racing **290** 24-28

sand trap *Paperm.* **173** 13
sand trap *Ball Games* **293** 81
sand tube **210** 15
sandwich **45** 39
sandwich, open ~ **45** 37
sandwich board **308** 50
sandwich man **308** 49
sanitary articles **99** 35
San-José scale **80** 35
Sanserif **342** 7
Sanserif type **342** 7
Sanskrit **341** 9
sap **120** 85; **370** 12
sappho **363** 4
sapwood **120** 85; **370** 12
sarcophagus **335** 53
sardine server **45** 78
sardines in oil **98** 19
Sargon's Palace **333** 29
sartorius **18** 45
Satan's mushroom **379** 12
satchel **260** 9
sate **137** 34
satellite **4** 45
satellite radio link **237** 51-52
satellite sounding **7** 33
satin stitch **102** 10
Saturn **4** 49
Saturn V **234** 1, 2
sauceboat **45** 17
sauce ladle **45** 18
saucepan **40** 16
saucer **44** 30
sauna, mixed ~ **281** 18
sauna stove **281** 21
sausage **98** 4; **99** 54
sausage, broiled ~ **308** 34
sausage, grilled ~ **308** 34
sausage, pork ~ **99** 55
sausage, scalded ~ **96** 8
sausage filler **96** 49
sausage fork **96** 44
sausage meat **96** 41, 52
sausages **96** 6-11
sausage stand **308** 32
sausage stuffer **96** 49
sausage tongs **308** 35
savings account **250** 4
savoy **57** 33
savoy cabbage **57** 33
saw, butcher's ~ **94** 19
saw, circular ~ **119** 19; **125** 24; **134** 50
saw, free-cutting ~ **84** 32
saw, two-handed ~ **120** 68
saw, vertical frame ~ **157** 2
sawbill **359** 15
saw blade **120** 62; **150** 16; **157** 3, 47; **260** 54
saw carriage **132** 71; **133** 38
saw chain **84** 35; **85** 14; **85** 15; **120** 16
saw frame **138** 25; **150** 17; **157** 8
saw guide **85** 16
saw handle **132** 4
sawing shed **120** 3
sawmill **144** 6; **157** 1
saw rasp **134** 6
saw set **132** 42
saw-sharpening machine **157** 42
saw tooth **96** 33
sawtooth roof **121** 20
saxboard **283** 43
saxifrage, rotundifoliate ~ **375** 1
saxophone **324** 69
scaffold **118** 25; **122** 34; **222** 18
scaffold, steel ~ **5** 18
scaffold, supporting ~ **14** 50
scaffold, tubular steel ~ **119** 46
scaffold board **122** 70
scaffolding **215** 62
scaffolding, tubular steel ~ **119** 46
scaffolding joint **118** 30
scaffold pole **118** 23
scaffold standard **118** 23
scalding colander **96** 45
scale *Map* **14** 29
scale *Chem.* **349** 35
scale *Fish etc.* **364** 11
scale *Decid. Trees* **371** 12
scale *Conifers* **372** 34, 42, 45, 50
scale, triangular ~ **151** 34
scale, wax ~ **77** 25
scale adjustment **116** 34
scale armour **329** 64
scaled prickle fungus **381** 24
scale insect **80** 35
scale louse **80** 35
scale pan *Kitch. Utensils* **40** 37
scale pan *Chem.* **349** 36
Scales *Astron.* **3** 19; **4** 59
scales *Doc.* **22** 66
scales *Kitch. Utensils* **40** 35
scales *Child. Rm.* **47** 33
scales *Supermkt.* **99** 88
scales *Photog.* **114** 58
scales *Music. Not.* **320** 45-49
scaling hammer **137** 38
scallop shell **309** 46
scalp **352** 15
scalpel **26** 43
scalper **340** 7
scaly ant-eater **366** 10
scanner **177** 39
scanner film **177** 72
scanning drum **177** 45
scanning head **177** 46, 63
scanning zone **243** 47
scantling **120** 10
scape **370** 52
scapula **16** 23; **17** 7
scar **11** 48
scarecrow **52** 27
scarf *Ladies' Wear* **31** 57
scarf *Men's Wear* **33** 65
scarf *Headgear* **35** 16
scarf *Bullfight. etc.* **319** 38
scarf joint, oblique ~ **121** 88
scarf joint, simple ~ **121** 87
scarifier **200** 20
scarlet pimpernel **61** 27
scarlet runner **52** 28; **57** 8
scarlet runner bean **57** 8
scarp **13** 57
scatter cushion **42** 27; **46** 17
scauper **340** 7
scaur **11** 48
scaw **11** 48
scene *Theatre* **316** 36
scene *Art* **334** 45
scene number **310** 35
scene painter **315** 35
scene-repeat key **243** 42
scenery **316** 35
scenery projector **316** 17
scene shifter **315** 28; **316** 46
scenic artist **315** 35
scenic railway **308** 39
scent, artificial ~ **289** 49
sceptre, fool's ~ **306** 59
schalmeyes **322** 14
schedule **204** 16
schedule, engineer's ~ **210** 52
Scheidt globe **349** 1
schilling **252** 13
schizocarp **370** 94
schnapps **98** 56
schnauzer **70** 35
schnecke **97** 38
schnorkel *Warships* **259** 72, 90
schnorkel *Swim.* **279** 11
schnorkel *Bathing* **280** 39
school **260**; **261**
school bag **260** 7
school book **47** 25
school children's wear **29** 31-47
school figure **289** 7
school horse **289** 3
school satchel **260** 9
schooner, four-masted ~ **220** 28
schooner, three-masted ~ **220** 18
schooner, topsail ~ **220** 11-13
Schottel propeller **227** 20
Schwellwerk **326** 45
scion **54** 37
scion bud **54** 23, 34
scissor-blade **106** 35
scissor jump **295** 39; **298** 22
scissors *Shoem.* **100** 43
scissors *School* **260** 49
scissors *Gymn.* **296** 51
scissors *Athletics* **298** 22
scissors, angled ~ **22** 51
scissors, bull-nosed ~ **128** 34
scissors, curved ~ **26** 42
scissors movement **296** 51
scoop *Doc.* **22** 50
scoop *Hosp.* **26** 52
scoop *Graphic Art* **340** 8
scoop thermometer **92** 53
scooter **188** 47
scooters **188**
scoreboard **293** 34, 70
scorer **293** 71
scoring equipment, electrical ~ **294** 25-33
scoring equipment, electronic ~ **294** 32
scoring light **294** 28
scorper **340** 7
Scorpio **3** 38; **4** 60
Scorpion *Astron.* **3** 38; **4** 60
scorpion *Articulates* **358** 40
scorzonera **57** 35
Scots pine **372** 20
Scottish terrier **70** 17
scouring machine, open-width ~ **168** 8
scouring nozzle **216** 62
scouring tunnel **217** 62
scouring wheel **100** 6
scout **278** 11
scout camp **278** 8-11
scrag **95** 6
scrag end **95** 6
scramble racing **290** 24-28
scrambling motorcycle **189** 16
scrap box **141** 15
scraper *Butch.* **96** 42
scraper *Paperhanger* **128** 10
scraper *Painter* **129** 23
scraper *Graphic Art* **340** 63
scraper, pointed ~ **140** 63
scraper, triangle ~ **140** 63
scraper adjustment **340** 62
scraper and burnisher **340** 17
scraper blade **200** 17
scraper floor, movable ~ **62** 24
scrap iron charging box **147** 26
scrap iron feed **147** 65
scray entry, curved ~ **168** 47
scree **11** 47; **12** 45; **13** 29
screech owl **362** 17
screed **123** 41
screeding beam **201** 14
screeding board **201** 14
scree ledge **300** 4
screen *Hunt.* **86** 9
screen *Fish Farm.* **89** 10
screen *Bldg. Site* **118** 85
screen *Paperm.* **172** 57
screen *Refuse Coll.* **199** 11
screen *Post* **236** 40
screen *Inf. Tech.* **242** 84
screen *Swim.* **281** 17
screen *Films* **310** 16, 51; **312** 11
screen *Market Gdn.* **55** 13
screen, all-matt ~ **115** 58, 59, 60, 65
screen, centrifugal ~ **172** 22, 56
screen, crystal glass ~ **179** 24
screen, fluorescent ~ **74** 40
screen, ground glass ~ **112** 24; **115** 58, 59, 60, 61, 65, 66; **177** 2, 34
screen, illuminated ~ **177** 20; **264** 30
screen, inner ~ **240** 20
screen, lead ~ **259** 70
screen, magnetic ~ **240** 20
screen, matt ~ *Optic. Instr.* **112** 24
screen, matt ~ *Photog.* **115** 61, 66
screen, protective ~ **154** 74
screen, rotary ~ **172** 2
screen, secondary ~ **172** 58
screen, vibrating ~ **158** 21
screen curtain **312** 10
screen frame, mobile ~ **168** 60
screen holder, hinged ~ **177** 3
screening **156** 14
screening, inner ~ **240** 20
screening, magnetic ~ **240** 20
screenings **158** 22
screen magazine **177** 9
screen printing **168** 59
screen printing operator **168** 65
screen table **168** 63
screen work **136** 4
screw *First Aid* **21** 16
screw *Metalwkr.* **140** 4
screw *Weaving* **165** 36
screw *Life-Sav.* **228** 26
screw, cheese-head ~ **143** 36
screw, cross-head ~ **143** 26
screw, feathering ~ **224** 19
screw, hexagonal socket head ~ **143** 27
screw, main ~ **148** 62
screw, self-tapping ~ **143** 26
screw, ship's ~ **221** 44; **222** 72; **223** 62
screw, slotted ~ **143** 36
screw, three-blade ~ **223** 62
screw-back **277** 4
screw base **127** 59
screw block **136** 8
screw clamp **120** 66
screw conveyor **92** 26
screw-cutting machine **125** 27; **126** 86
screw die **140** 61
screw dive **282** 44
screwdriver **109** 6; **126** 69; **127** 46; **134** 4; **140** 62
screwdriver, cross-point ~ **134** 5
screwgate **300** 47
screw groove **143** 38
screw joint **126** 42
screw log **224** 54
screw post **222** 71
screws **143** 13-50
screw slit **143** 38
screw slot **143** 38
screw tap **140** 60

screw thread **50** 50
screw wrench **126** 67
scrim **183** 33; **185** 20
scrim roll holder **185** 19
script *Films* **310** 45
script *Script* **341**; **342**
script, cuneiform ~ **341** 8
script, director's ~ **316** 44
script, Latin ~ **342** 12
script, producer's ~ **316** 44
script, Sinaitic ~ **341** 13
script, uncial ~ **341** 17
script girl **310** 39
scripts **341** 1-20
Scriptures **330** 11
scroll *Music. Instr.* **323** 17
scroll *Art* **333** 26; **334** 23
scroll, Vitruvian ~ **334** 39
scroll-opening roller **168** 13
scrollwork **336** 8
scrotum **20** 71
scrubber **156** 22, 23, 24
scrubbing agent **156** 37
scrubbing brush **50** 56
scrubbing oil tank **156** 43
scrub board **123** 21, 63
scrum **292** 20
scrummage **292** 20
scuba **279** 19
scull **283** 17, 35 38
sculptor **339** 1
sculpture **339** 32
sculpture, modern ~ **272** 64
scut **88** 19, 62
scutcher, double ~ **163** 14
scutcher lap **163** 47
scutcher lap holder **163** 48
scutch grass **61** 30
scutellum **82** 5; **358** 30
scythe **66** 12
scythe blade **66** 13
scythe sheath **66** 18
scythestone **66** 19
sea **13** 26; **14** 19-26
sea, epeiric ~ **14** 26
sea, epicontinental ~ **14** 26
sea, marginal ~ **14** 26
sea, open ~ **227** 4
sea anemone **369** 20
sea bear **367** 18
seabirds **359** 11-14
sea calf **367** 19
sea couch grass **61** 30
sea cucumber **369** 18
sea deity **327** 23
sea divinity **327** 23
sea dog **367** 19
sea fan **369** 8
sea feather **369** 14
sea fishing **90**
Sea Goat 3 36; 4 62
sea goddess **327** 23
sea grass **378** 54
sea hedgehog **357** 39; **369** 19
sea horse **364** 18
seakale beet **57** 28
seal **190** 69
seal, clay ~ **269** 39
seal, loam ~ **269** 39
sea ladder **221** 91
sea lead **89** 92
sea level **11** 11
sea lily **369** 3
sealing tape **126** 75
seals **367** 18-22
seam **144** 29
sea maid **327** 23
sea maiden **327** 23
seaman **327** 23
sea marks **224** 68-108
seam binding **103** 14; **104** 19
seamless engraving adjustment **177** 53
sea monster **327** 47
seam roller **128** 36
sea nymph **327** 23
sea otter **367** 17
sea ox **327** 47
sea pen **369** 14
seaplane **232** 1, 5
seaquake **11** 53
search **264** 31
searchlight **258** 28
Sea Serpent 3 16
seaside pleasure boat **221** 15
sea star **357** 38; **369** 17
sea strait **14** 24
seat *Man* **16** 40
seat **24** 24; **41** 10; **44** 11; **65** 22; **71** 45; **212** 63; **271** 35; **273** 58; **283** 28; **303** 6; **307** 15; **312** 9; **315** 20
seat *Mach. Parts etc.* **143** 65
seat, back ~ **193** 22
seat, captain's ~ **235** 17
seat, child's ~ **187** 21
seat, circular ~ **281** 38
seat, coachman's ~ **186** 8
seat, commander's ~ **235** 17
seat, conical ~ **143** 67
seat, co-pilot's ~ **230** 37, **235** 18
seat, cox's ~ **283** 27
seat, double ~ **197** 19; **207** 63
seat, driver's ~ **186** 8; **191** 34; **210** 59
seat, engineer's ~ **210** 59
seat, fireman's ~ **210** 39
seat, folding ~ **193** 22; **207** 12
seat, instructor's ~ **257** 7
seat, observer's ~ **257** 7
seat, pilot's ~ **230** 36; **235** 18; **257** 6
seat, rear ~ **191** 31
seat, reclining ~ **191** 34; **207** 44, 64
seat, single ~ **197** 17; **207** 62
seat, sliding ~ **283** 41-50, 44
seat, student pilot's ~ **257** 6
seat, upholstered ~ **207** 44; **208** 25; **265** 10
seat cushion **42** 23
seated position **296** 31
seating **330** 28
seating group **42** 21-26
seat pillar **187** 24
seat stay **187** 19
seat stick **86** 10
seat tube **187** 18
seat upholstery **207** 65
sea urchin **357** 39; **369** 19
seawater desalination plant **146** 25
sea wave, seismic ~ **11** 53
sea wing **232** 3
secant **346** 50
secateurs **56** 50; **78** 12
second **299** 44
secondary **153** 16
secondary school **261**
second base **292** 43
second-class seating arrangement **211** 58
second-class section **207** 10; **208** 22
seconde engagement **294** 50
second-hand stall **308** 60
second indicator **110** 21
second man **300** 26
second-stage separation retro-rocket **234** 37
seconds timer **129** 39
secretary **209** 27
secretary, proprietor's ~ **248** 31
section *Forestry* **84** 2
section *Drawing Off* **151** 28
section *Bookbind.* **183** 12
section *Railw.* **203** 29
section, hollow ~ **215** 5
section, middle ~ **215** 68
section, tubular ~ **215** 5
section line *Map* **15** 112
section line *Forestry* **84** 1
section line *Drawing Off.* **151** 27
section mark **342** 36
section of warp rib fabric **171** 14
sections **143**
sections, conic ~ **347** 11-29
sector **346** 54
securities **251** 11-19
security **251** 1-10
security, fixed-income ~ **251** 11-19
security, unlisted ~ **251** 5
security drawer **236** 22
sedan **193** 4, 25
sedge *Phys. Geog.* **13** 17
sedge *Indoor Plants* **53** 17
sedilia **330** 41
sediment *Phys. Geog.* **13** 69
sediment *Doc.* **23** 50
sediment filter, stainless steel ~ **79** 8
seed *Plant Propagn.* **54** 3
seed *Soft Fruit* **58** 23
seed *Drupes & Nuts* **59** 8
seed *Agr.* **63** 12
seed *Arable Crops* **68** 13, 15, 25
seed *Bot.* **370** 86
seed *Decid. Trees* **371** 20, 65
seed *Conifers* **372** 9, 10, 15, 28, 37, 54, 57, 60, 71
seed *Flowers etc.* **375** 25, 28
seed *Alp. Plants etc.* **378** 33, 34
seed *Trop. Plants* **382** 20, 34, 35, 39, 45
seed *Industr. Plants* **383** 15, 23, 24, 57
seed *South. Fruits* **384** 20, 21, 47, 52, 58
seed, foraminate ~ **383** 57
seed, oleiferous ~ **383** 3, 5
seedbed preparation **63** 31-41
seed capsule **61** 5
seed corn **63** 12
seed-dressing machine **83** 52
seed dusting **83** 52
seed fish **89** 13
seed-harrow, combination ~ *Agr.* **63** 41
seed-harrow, combination ~ *Agr. Mach.* **65** 87
seed hopper **65** 75
seed leaf **370** 87
seedling *Plant Propagn.* **54** 6
seedling *Market Gdn.* **55** 23
seedling *Forestry* **84** 7, 9
seedling box **55** 51
seedling nursery **84** 6
seedling plant **54** 6
seedlip **63** 11
seed lobe **370** 87
seed pan **54** 2
seed pike **89** 11
seed potato **68** 39
seed sowing **54** 1
seed tuber **68** 39
seed vessel **57** 6; **378** 5; **383** 8
seed vessel, circumscissile ~ **370** 95
seesaw **273** 35; **307** 59
Seger cone **161** 6
seggar **161** 2
segment *Maths.* **346** 52
segment *Invertebr.* **357** 25
segment disc shutter **313** 8
seismograph, horizontal ~ **11** 39
seismology **11** 32-38
seismometer **11** 39
seizing **90** 5
selector **237** 42
selector, electronic ~ **237** 42
selector fork **192** 42, 45
selector head **192** 44
selector motor **237** 48
self-discharge freight car **213** 24
self-discharge wagon **213** 24
self-feeder **74** 13
self-heal **376** 16
self-rescue **21** 33
self-service restaurant **266** 45-78
self-service station **196** 1-29
self-threading guide **165** 18
self-time lever **115** 15
self-timer **115** 15
selvedge **166** 11; **171** 20, 24
selvedge shaft **171** 22
selvedge thread draft **171** 20
semaphore arm **203** 2
semaphore arm, supplementary ~ **203** 8
semaphore signal **203** 1, 7, 12
semibold **175** 3
semibreve **320** 13
semibreve rest **320** 21
semicircle **346** 46
semicolon **342** 19
semidome **334** 73
semiquaver **320** 17
semiquaver rest **320** 25
semitone **320** 50, 52
semi-trailer *Lorries etc.* **194** 30-33
semi-trailer *Station* **206** 59
semolina **98** 36
sending-off **291** 61
senna **380** 16
senna leaf **380** 16
sensing element **10** 22
sepal **58** 8, 44; **59** 12; **370** 58
separating funnel **349** 3
separating layer **7** 10
separating rail **164** 30
separation plant **199** 31
separation rocket motor, aft ~ **235** 62
separation rocket motor, forward ~ **235** 60
separator *Bldg. Site* **119** 81
separator *Offshore Drill.* **146** 28
separator *Cotton Spin.* **164** 43
separator *Paperm.* **172** 31
separator *Roulette* **275** 30
separator, centralized ~ **172** 15
septimole **321** 23
septolet **321** 23
septum **77** 43
septum, interventricular ~ **20** 52
septum, ventricular ~ **20** 52
septuplet **321** 23
sequestrum forceps **26** 45
sequoia **372** 69
seraglio, Sultan's ~ **306** 41
serial number *Stock Exch.* **251** 13
serial number *Money* **252** 36
series, arithmetical ~ **345** 11
series, geometrical ~ **345** 12
series, inner ~ **375** 32
series, outer ~ **375** 31
series of moulds **147** 36
Serpens 3 20

Serpent *Astron.* 3 20
serpent *Gymn.* **297** 48
serpent *Music. Instr.* **322** 13
serpent, nine-headed ~ **327** 33
serpent, paper ~ **308** 14
serrate **370** 44
serratus anterior **18** 42
serrulate **370** 44
server *Ball Games* **293** 51, 62
server *Church* **330** 40
service **293** 42
service area **293** 61
service bell panel **267** 28
service bridge **217** 72
service building **154** 36
service bunker **156** 3
service counter **250** 4
service court **293** 12
service girder, adjustable ~ **119** 78
service line **293** 6-7
service line judge **293** 27
service module **6** 2
service module main engine **234** 57
service pistol **264** 22
service riser **126** 7
service room **329** 27
service station **196** 1-29
service tray **105** 31
service vehicle **233** 22
servicing craft **258** 93
serviette **45** 9; **266** 47
serviette ring **45** 10
serving, jute ~ **153** 49
serving area **207** 79
serving cutlery **45** 69-70
serving fork **45** 70
serving hatch **266** 66
serving spoon **45** 74, 75
serving trolley **45** 32
servo-actuating mechanism **257** 22, 23
servo cylinder **192** 50
servo unit **192** 50
sesame plant **383** 45
sesquiplane **229** 13
set *Plant Propagn.* **54** 20
set *Blacksm.* **137** 34
set *Composing Rm.* **175** 48
set *Ball Games* **293** 37
set *Maths.* **348** 1, 3
set collar **143** 33
set designer **310** 43; **315** 37
set hammer **137** 33
set head **143** 57
set of rolls **148** 54-55
set piece **315** 30; **316** 47
sets **348**
set screw **127** 21
set square **151** 7
set square, adjustable ~ **151** 4
set square, steel ~ **108** 28
sett **137** 34
settee **42** 24
setting **54** 18
setting and hatching machine **74** 28
setting lever **115** 15
setting lotion **106** 23
setting rule **174** 14
setting stick **174** 13
set trigger **87** 12
set trigger, second ~ **87** 11
Seven Sisters **3** 26
seventh chord **321** 5
sewer, combined ~ **198** 27
sewing **183** 8, 34
sewing cord **183** 10
sewing frame **183** 9
sewing machine *Dressm.* **103** 8
sewing machine *Tailor* **104** 12
sewing machine *Bookbind.* **185** 16
sewing machine cotton **103** 12
sewing machine drawer **104** 18
sewing machine table **104** 17
sewing machine thread **103** 12
sewing mechanism **133** 5
sewing needle **185** 21
sewing silk **104** 10
sewing thread **183** 11
sex organs, female ~ **20** 79-88
sex organs, male ~ **20** 66-77
sextant **224** 1
sextolet **321** 23
sexton **330** 26, 58
sextuplet **321** 23
sgraffito **338** 41
shading **55** 6
shading panel **55** 9
shadow **34** 17
shadow mask **240** 17
shadow mask mount, temperature-compensated ~ **240** 22
shadow roll **289** 30
shaft *Farm Bldgs.* **62** 20
shaft *Agr. Mach.* **64** 59
shaft *Mach. Parts etc.* **143** 61
shaft *Nucl. Energy* **154** 69
shaft *Cotton Spin.* **164** 42
shaft *Weaving* **166** 4
shaft *Carriages* **186** 19, 30
shaft *Aircraft* **232** 56
shaft *Rowing* **283** 37
shaft *Ball Games* **291** 26
shaft *Sports* **305** 64
shaft *Art* **333** 27
shaft, intermediate ~ **232** 57
shaft, main ~ *Coal* **144** 24
shaft, main ~ *Car* **192** 40
shaft alley **223** 66
shaft bossing **223** 59
shaft chain **71** 20
shaft furnace **147** 1
shaft guide **166** 3
shaft strut **223** 61
shaft tunnel **223** 66
shag *Tobacc. etc.* **107** 25
shag *Birds* **359** 10
shake **321** 17, 18
shaker **324** 59
shallot **326** 18
shallows **224** 87, 97
shaman **353** 24
shampoo **106** 20
shampoo basin **105** 29; **106** 12
shampoo bottle **105** 32
shampooing head **50** 79
shampoo spray **105** 30; **106** 13
shampoo unit **105** 28; **106** 11
shank *Man* **16** 52
shank *Meat* **95** 14, 33
shank *Shoem.* **100** 68
shank *Metalwkr.* **140** 33
shank *Mach. Parts etc.* **143** 15, 53
shaper **150** 45
shapes game **48** 19
shaping, final ~ **162** 28, 36
shaping hammer **108** 40
shaping machine *Dairy.* **76** 35
shaping machine *Mach. Tools* **150** 45
shaping pad **104** 23
shard **161** 21
share *Agr. Mach.* **65** 7, 58, 65
share *Stock Exch.* **251** 11-19
share, chisel-shaped ~ **65** 58
share, diamond-shaped ~ **65** 58
share, pointed ~ **65** 65
share, three-bladed ~ **64** 67
share certificate **251** 11
share register **251** 14
share warrant **251** 11
shark **364** 1
sharp **320** 50
sharpie **284** 53
shave **136** 39
shave, clean ~ **34** 25
shaver, electric ~ **49** 37
shaving **120** 80
shavings **132** 40; **135** 26
shawl **31** 71
shawm **322** 14
shawm, double ~ **322** 3
shearing train **148** 74, 75
shears **128** 34
shears, tinner's ~ **125** 1
sheatfish **364** 12
sheath *Arable Crops* **68** 9
sheath *Forestry* **84** 30
sheath, lead ~ **153** 39, 47
sheath, leather ~ **283** 41
sheathfish **364** 12
sheathing paper **122** 62
shed **166** 40
shedding tappet **166** 57
shed roof **37** 78; **121** 7
sheep **73** 13
sheepdog **70** 25
sheep pen **75** 9
sheer **259** 23
sheer strake **222** 44
sheet *Household* **50** 5
sheet *Offset Print.* **180** 17, 47
sheet *Ship* **219** 68
sheet *Office* **249** 57
sheet *Fire Brig.* **270** 18
sheet *Gymn.* **297** 11
sheet, blank ~ **180** 69; **181** 23, 30
sheet, corrugated ~ **122** 98
sheet, linen ~ **43** 9
sheet, plastic ~ **76** 28
sheet, printed ~ **180** 55, 57; **181** 25
sheet, single ~ **340** 27
sheet, unprinted ~ **180** 69; **181** 23, 30
sheet cloud **8** 3, 4, 8, 9, 10
sheet counter **181** 54
sheet delivery **249** 54
sheet feeder **180** 31, 48, 68, 74; **181** 24; **184** 16; **185** 25
sheet feeder, automatic ~ **181** 5
sheet-feeding station **184** 16
sheet glass **124** 5
sheet glass production **162** 1-20
sheeting support **119** 86
sheet metal **128** 17
sheet-metal screw **143** 26
sheet of glass **162** 10
sheet of stamps **236** 21
sheet pile **119** 17
sheet pile bulkhead **217** 5
sheet pile wall **119** 17; **217** 5
sheet piling **119** 17; **217** 5
sheet shears **125** 26
sheet zinc **122** 14
shelf **44** 19; **98** 14; **100** 36; **195** 14; **271** 27
shelf, continental ~ **11** 8
shelf, revolving ~ **39** 28
shelf, steel ~ **262** 12
shelf, wall-mounted ~ **248** 40
shelf for bottles **266** 10; **267** 64; **317** 4
shelf for glasses **266** 9; **267** 65; **317** 5
shelf unit **46** 1
shell *Cooper* **130** 23
shell *Shipbuild.* **222** 44-49
shell *Rowing* **283** 33, 48
shell *Ball Games* **293** 33
shell *Invertebr.* **357** 29
shell *Fish etc.* **364** 29
shell, steel ~ **154** 21
shell bit **135** 16
shell bossing **223** 59
shell membrane **74** 60
shell plating **222** 44-49
shells **283** 9-15
shelter **223** 17
shelving **248** 28
shepherd bird **361** 4
shepherd's club **376** 9
shepherd's purse **61** 9
shepherd's weatherglass **61** 27
sherd **161** 21
sherry glass **45** 84
shield *Game* **88** 55
shield *Plumb. etc.* **126** 33
shield *Ship* **218** 17
shield *Heraldry* **254** 5
shield *Ethnol.* **354** 10
shield, concrete ~ **154** 20
shield, concrete and lead ~ **1** 57
shield, protective ~ **2** 46
shield, round ~ **329** 57
shield, sliding ~ **2** 32
shield budding **54** 30
shielding, protective ~ **2** 46
shielding-gas supply **142** 34
shielding wall, lead ~ **2** 46
shield volcano **11** 13
shifting spanner **126** 68
shift key **249** 3
shift lock **249** 5
shift pattern **192** 47
shikara **337** 26
shin **95** 22, 28
shinbone **17** 25
shingle **34** 34
shin guard **142** 12; **291** 34
shin pad **292** 9; **302** 33
ship, five-masted ~ **220** 35
ship, four-masted ~ **220** 31
ship, full-rigged ~ **220** 24-27, 31, 35
ship, stranded ~ **228** 10
shipbuilding **222**
shipbuilding sheds **222** 3-4
shipbuilding yard **222** 1-43
'ship cleared through customs' **253** 36
ship-drawing office **222** 2
ship fix **224** 45
ship of the line **218** 51-60
shipper **206** 28
shipping traffic radio telephone **224** 28
ship run aground **227** 2
ship under construction **222** 30
shipyard **222** 1-43
shirt **30** 26; **291** 56
shirt, boy's ~ **29** 61
shirt, casual ~ **32** 38; **33** 37
shirt, check ~ **33** 50
shirt, knitted ~ **33** 36
shirt, short-sleeved ~ **33** 33
shirt-blouse **30** 40
shirt button **33** 34
shirts, men's ~ **32** 38-47
shirt top **30** 45
shirtwaist **319** 23
shirt-waister dress **30** 10
Shiva **337** 19
shoals **224** 87, 97
shoat **75** 42
shock absorber *Moon L.* **6** 32
shock absorber *Car* **191** 26; **192** 69
shock absorber *Railw.* **207** 4
shock absorber, telescopic ~

188 41; **189** 23
shock treatment **25** 26
shock wave **11** 35
shoe *Mills* **91** 14
shoe *Bldg. Site* **119** 50
shoe, bast ~ **122** 75
shoe, copped ~ **355** 42
shoe, finished ~ **100** 1
shoe, hemp ~ **122** 75
shoe, high-heeled ~ **101** 33
shoe, laced ~ **101** 31
shoe, peaked ~ **355** 42
shoe, piked ~ **355** 42
shoe, repaired ~ **100** 1
shoe, slater's ~ **122** 75
shoe brake **143** 97
shoe brush **50** 41
shoe buckle **101** 52
shoe care utensils **50** 39-43
shoelace **100** 64
shoemaker **100**
shoe polish **50** 39, 43
shoes **41** 16; **101**
shoe sieve **64** 19
shoe spray **50** 40
shoot **54** 37; **370** 19-25
shoot, female ~ **372** 46, 48
shoot, long ~ **78** 3
shoot, male ~ **372** 44, 49, 56
shoot, short ~ **372** 23, 31
shooting *Hunt.* **86** 47-52
shooting *Films* **310** 14-60, 26-60
shooting, exterior ~ **310** 18
shooting, outdoor ~ **310** 18
shooting box **305** 78
shooting brake **193** 15
shooting gallery **308** 58
shooting positions **305** 27-29
shooting range **305** 74
shooting script **310** 45
shooting seat **86** 10
shooting star **7** 25
shooting station **305** 78
shooting stick **86** 10
shop **195**
shop, goldsmith's ~ **215** 33
shop assistant **97** 1; **98** 13, 31; **99** 17; **271** 18
shop front **268** 42
shopkeeper **98** 41
shopper **50** 87
shopping bag **98** 45; **99** 3; **268** 19
shopping trolley **50** 87; **99** 1
shop shelf **47** 36
shop sign **268** 39
shop walker **271** 33
shop window **268** 10
shop window decoration **268** 12
shop window display **268** 11
shorthand **342** 13
shorthand pad **245** 29; **248** 32
shorthand writing **342** 13
short measure **294** 10
short/medium haul airliner **231** 4; **231** 11
short run **184** 1; **249** 59
shorts **33** 25; **291** 57
shorts, children's ~ **29** 25
shorts, ladies' ~ **31** 39
shorts, leather ~ **29** 32
short standing **75** 22
short stop **292** 42
short wave **7** 26
short-wave station **237** 54
short-wave therapy apparatus **23** 22, 39
shot *Athletics* **298** 49
shot *Sports* **305** 52
shote **75** 42
shot firer **158** 25
shotgun, over-and-under ~ **87** 33
shot number **310** 35
shot put **298** 48
shoulder *Phys. Geog.* **12** 41
shoulder *Man* **16** 22
shoulder *Horse* **72** 18
shoulder *Game* **88** 17, 38
shoulder *Meat* **95** 5, 9
shoulder *Composing Rm.* **175** 40
shoulder balance **295** 29
shoulderblade **16** 23; **17** 7
shoulder button **31** 15
shoulder cape **355** 39
shoulder girdle **17** 6-7
shoulder guard **142** 5
shoulder iron **38** 33
shoulder landing **298** 12
shoulder rest **255** 9, 31, 39
shoulder stand **295** 29
shoulder strap **260** 11
shoulder strap, frilled ~ **29** 14
shovel **55** 14; **137** 2; **200** 1; **255** 77
shovel, mechanical ~ **118** 81
shovel, wooden ~ **91** 24
shovel bucket **118** 82
show booth **308** 6
showcase **271** 13
shower *Meteorol.* **8** 19
shower *Meteorol. etc.* **9** 37
shower *Life-Sav.* **228** 30
shower *Swim.* **282** 2
shower, lukewarm ~ **281** 29
shower adjustment rail **49** 43
shower attachment, extendible ~ **126** 30
shower base **49** 44
shower bath **282** 2
shower cubicle **49** 39
shower curtain **49** 40
shower head, adjustable ~ **49** 41
shower nozzle **49** 42
'showers' **233** 46
show jumping **289** 8-14
showman **308** 10
show people, travelling ~ **308** 25-28
shredding **169** 6
shrew **366** 7
shrew mouse **366** 7
shrimp **369** 12
shrine **337** 21
shrine, Buddhist ~ **337** 21
shrink foil **76** 25
shrink ring **130** 24
shrink-scaling machine **76** 24
shroud **219** 16; **284** 18
shrub, anemophilous ~ **59** 44-51
shrub, ornamental ~ **272** 14
shrub, wind-pollinating ~ **59** 44-51
shrub bed **55** 37
shrubs, ornamental ~ **373**; **374**
shuck **68** 33
shunter **206** 43
shunting engine **206** 43
shunting locomotive **206** 43
shutter *Market Gdn.* **55** 9
shutter *Mills* **91** 4
shutter, folding ~ **37** 30
shutter, louvred ~ **212** 84
shutter, rolling ~ **37** 28
shutter, side ~ **119** 55
shutter board **118** 41; **119** 18, 76
shutter catch **37** 31
shuttering **119** 54-76; **123** 10
shuttering, bottom ~ **119** 54
shuttering board **119** 76
shuttering strut **119** 13
shutter opening **304** 12
shutter release **114** 12, 31; **115** 18; **117** 6; **313** 24, 38
shutter release button **114** 12; **115** 18
shutter speed control **114** 35; **115** 19
shutter speed setting knob **115** 19
shutter weir **217** 65-72
shuttle *Needlewk.* **102** 20
shuttle *Weaving* **166** 9, 26
shuttle *Ball Games* **293** 44
shuttle box **166** 9
shuttlecock **273** 7; **293** 44
shuttlecock game **273** 6
shuttle eye **166** 29
shuttle tip, metal ~ **166** 25
sickle **56** 8
side *Man* **16** 32
side *Opticn.* **111** 13
side *Joiner* **132** 23
side *Weaves* **171** 32
side *Billiards* **277** 5
side *Art* **336** 40
side *Maths.* **346** 26, 27
side, subordinate ~ **252** 9
side, woven ~ **136** 18
side batten **222** 62
side blackboard **260** 35
sideboard *Dining Rm.* **44** 20
sideboard *Tablew. etc.* **45** 44
side board *Farm Bldgs.* **62** 25
sideboards **34** 24
sideburns **34** 24
sidecar **290** 30
sidecar body **189** 54
sidecar combination **290** 29
sidecar crash bar **189** 55
sidecar machine **189** 53
sidecar wheel **189** 57
sidecar windscreen **189** 58
sidecar windshield **189** 58
side cast, two-handed ~ **89** 32
side ceiling **222** 62
side comb **105** 6
side control **180** 5, 20
side drum **323** 51
side elevation **207** 1, 22-25, 37, 60, 74
side flat **310** 33
side frame **165** 12; **167** 20
side girder, longitudinal ~ **222** 52
side grafting **54** 36
side grip **134** 45
side horse **296** 5
side joint **111** 14
side lay control **180** 5, 20
sidelight **189** 56; **191** 20; **223** 15
sidelight, green ~ **286** 11
sidelight, headlight, and parking light switch **191** 62
sidelight, port ~ **286** 12
sidelight, red ~ **286** 12
sidelight, starboard ~ **286** 11
sideline **292** 17; **293** 2 - 3, 4 - 5; **293** 55
side margin control **180** 5, 20
sidemarker lamp **189** 56; **191** 20
side note **185** 68
side of pork **94** 23
side panel, removable ~ **188** 48
side parting **315** 1
side planking **62** 25
side pocket **33** 12
siderostat **5** 16
side rudder **218** 6
side shoot **370** 21
sideshow **308** 24
side slit **30** 49
side split **295** 14
side stake **206** 24
side stay **284** 18
sidestep **301** 27
sidestepping **299** 29
side stop **200** 34, 44
side straddle **295** 3
side strake **222** 45
side stringer **222** 50
side stroke **282** 36
side support *Shipbuild.* **222** 40
side support *Free Exerc.* **295** 25
side thrust kick **299** 19
side trappings **71** 16
side view **207** 1, 22-25, 37, 60, 74
sidewalk **37** 60; **198** 9
sidewall *Electrotyp. etc.* **178** 45
sidewall *Railw.* **213** 29
side wall *Music. Instr.* **323** 4, 25
side-whiskers **34** 24
side window blower **191** 61
siding **206** 50
Siemens-Martin open-hearth furnace **147** 21-30
sieve *Market Gdn.* **55** 13
sieve *Graphic Art* **340** 24
sieve, louvred-type ~ **64** 17
sieve, reciprocating ~ **64** 19
sieve, upright ~ **55** 13
sieve extension **64** 18
sifter **91** 26
sight **87** 65; **255** 45
sight, front ~ **87** 71; **255** 3, 23, 37; **305** 42
sight, optical ~ **305** 41
sight, telescopic ~ **87** 29; **255** 28; **305** 49
sight graticule **87** 31-32
sighting mechanism **255** 45
sighting notch *Hunt.* **87** 66
sighting notch *Army* **255** 22
sight scale division **87** 68
sign, chequered ~ **203** 30
sign, illuminated ~ **203** 38
signal **205** 42
signal, distant ~ **203** 7-24
signal, main ~ **203** 1, 1-6
signal, visual ~ **238** 30
signal and radar mast **221** 7
signal arm **203** 2
signal box **15** 24
signal box, electrically-operated ~ **203** 61
signal box, manually-operated ~ **203** 53
signal element **243** 60
signal flags **253** 22-34
signal generator **313** 30
signaling *see* signalling
signal knob **203** 62
signal lever **203** 56
signal light *Power Plant* **153** 3
signal light *Cotton Spin.* **164** 8
signal light *Railw.* **212** 15
signal light *Ship* **221** 125
signalling equipment **203**
signalling lamp **223** 7
signalling mast **225** 34
signal mast *Map* **14** 51
signal mast *Docks* **225** 34
signal position **203** 4, 5, 10, 11
signals, supplementary ~ **203** 25-44

signal stay **223** 11
signal tower **14** 51
signal tower, electrically-operated ~ **203** 61
signal tower, manually-operated ~ **203** 53
signal track **243** 59
signature *Bookbind.* **183** 12; **185** 69
signature *Stock Exch.* **251** 15, 16
signature, cross-folded ~ **185** 15
signature, parallel-folded ~ **185** 13
signature code **185** 69
signboard **118** 45
signet ring **36** 40
sign for day running **203** 36
sign for night running **203** 38
sign of parallelism **345** 21
sign of similarity **345** 22
signs, conventional ~ **15** 1-114
signs, zodiacal ~ **4** 53-64
signs of the zodiac **4** 53-64
signwriting brush **129** 41
sikar **337** 26
sikhara **337** 26
silencer **191** 29; **209** 12, 22, 24; **211** 49; **305** 93
silhouette **25** 39
silicon atom **1** 14
siliqua *Weeds* **61** 20, 23
siliqua *Bot.* **370** 93
siliqua *Alp. Plants etc.* **378** 33
siliqua *South. Fruits* **384** 46
siliqua, mature ~ **383** 4
siliqua, ripe ~ **383** 4
silk-cotton tree **383** 20
silk moth **358** 48
silk taffeta **35** 36
silkworm **358** 50
sill *Phys. Geog.* **11** 31
sill *Car* **193** 21
sill rail **120** 56
silo **225** 68
silo, above-ground ~ **62** 11
silo, polythene ~ **62** 43
silo cylinder **225** 69
silo pipe **62** 12
silver **254** 25
silver-disc pyrheliometer **10** 23
silver fir **372** 1
silverfish **81** 14
silverleaf **371** 23
silver owl **362** 17
silver poplar **371** 23
silverside **95** 34
silversmith **108**
sima **11** 4
simple interest formula **345** 7
simsim **383** 45
Sinanthropus **261** 18
sine **346** 32
singer **315** 22, 23
single, clinker-built ~ **283** 18
single-hand control **185** 7
single-loader **87** 1
singles **293** 4-5
single sculler **283** 16
single-shot rifle **305** 35
singles match **293** 4-5
singles sideline **293** 4-5
single-system recording **117** 8
singlet **296** 61
single-trip bottle **93** 29
sinister **254** 19,21,23
sink *Phys. Geog.* **11** 49; **13** 71
sink *Kitch.* **39** 35
sink *Forestry* **84** 28
sink *Bakery* **97** 68
sink *Coal* **144** 47
sink *Energy Sources* **155** 16
sink *School* **261** 6, 34
sink *Camping* **278** 6
sinker *Sea Fish.* **90** 10
sinker *Knitting* **167** 58
sinker *Navig.* **224** 73
sinker, oval ~ **89** 88
sinkhole **11** 49; **13** 71
sink unit **39** 33-36
Sinningia **53** 7
sinter terraces **11** 23
sinuate **370** 48
sinus, frontal ~ **17** 55
sinus, sphenoidal ~ **17** 54
siphon barometer **10** 1
siphon tube **10** 43
siren *Ship* **223** 3
siren *Fabul. Creat.* **327** 58
siren, ship's ~ **224** 32
sirenian **366** 23
Sirius **3** 14
sirloin **95** 17; **96** 4
sisal **35** 13
siskin **361** 8
site fence **118** 44
site hut **118** 48; **119** 44
site of battle **15** 93
site office **118** 48
sit harness **300** 57
situla, sheet-bronze ~ **328** 34
Siva **337** 19
six-day race **290** 2-7
six-day racer **290** 2
six-eight time **320** 34
six-four time **320** 35
sixte engagement **294** 48
sixteenth note **320** 17
sixteenth rest **320** 25
six-to-pica **175** 19
sixty-fourth note **320** 19
sixty-fourth rest **320** 27
size **128** 4
size press **173** 24
sizing **162** 53
sizing and edging machine **132** 57
sizing machine **165** 52
skateboard **273** 51
skate guard **302** 25
skate sailing **302** 27-28
skate sailor **302** 27
skeet **305** 70-78
skeet choke **305** 71
skeet shooting **305** 70-78
skeg **279** 3; **286** 61
skeletal **194** 30-33
skeleton *Man* **17** 1-29
skeleton *School* **261** 14
skeleton *Winter Sp.* **303** 22
skeleton, siliceous ~ **357** 8
skeleton construction **119** 1
skeleton rider **303** 23
skeleton toboggan **303** 22
skeleton tobogganing **303** 22-24
skep **77** 52
sketch for costume **315** 40
sketch pad **338** 35
skew notch **120** 54
skew notch, double ~ **121** 91
skew notch, single ~ **121** 90
ski, compact ~ **301** 1
ski, modern ~ **301** 46
ski bag **301** 28
ski bob **304** 16
ski cap **35** 39; **301** 10
skid chain **304** 10
skidder **85** 34
skidder, short-haul ~ **85** 27
skife knife **100** 51
skiff **283** 16
skiing **301** 1-72
skiing boot, cemented sole ~ **301** 12
skiing cap **35** 39; **301** 10
skiing goggles **301** 11
ski jumping **301** 35
ski jumping boot **301** 41
ski jumping ski **301** 38
ski lift **301** 57-63, 59
skim coulter **65** 11
skimmer **96** 43
skimmer, stepped ~ **286** 38-41
skimmer rod **148** 17
skimmers **286** 38-44
skim milk tank **76** 17
skin *Shipbuild.* **222** 44-49
skin *School* **261** 9
skin *Gliding* **287** 40
skin, light alloy ~ **235** 11
skin, outer ~ *Rowing* **283** 33, 48
skin, outer ~ *Ball Games* **293** 33
skin diver **279** 7
skin diving **279** 7-27
skip *Road Constr.* **200** 25
skip *Railw.* **213** 38; **214** 34
skip *Gymn.* **297** 42, 45
skip hoist *Iron & Steel* **147** 3
skip hoist *Road Constr.* **200** 14
ski pole **301** 5
skipping **273** 15
skipping rope **273** 16; **297** 43
skip rope **273** 16
skip-winding system **144** 25
skirt *Child. Clothes* **29** 52
skirt *Ladies' Wear* **31** 3, 24
skirt *Army* **255** 85
skirt *Motorboats etc.* **286** 66
skirt *Airsports* **288** 48
skirt, aft ~ **235** 63
skirt, girl's ~ **29** 46
skirt, grass ~ **306** 18
skirt, inverted pleat ~ **30** 51
skirt, loden ~ **30** 67
skirt, long ~ **30** 45
skirt, pleated ~ **30** 32
skirt, wrap-around ~ **31** 13
skirt, wrapover ~ **31** 13
skirting **123** 21
skirting board **123** 21, 63
skirt suit **31** 1
skirt suit, girl's ~ **29** 50
ski stick **301** 5
ski stop **301** 56
ski suit, ladies' ~ **301** 9
ski suit, one-piece ~ **301** 9
skittle frame **305** 1-11
skittles **305** 1-13
skiving knife **100** 51
ski wax **301** 21
ski-waxing equipment **301** 21-24
skull *Man* **17** 1, 30-41
skull *School* **261** 15, 17, 19, 21
skull *Rowing* **283** 35-38
skull *Chivalry* **329** 39
skull, australopithecine ~ **261** 20
sky **3** 1-8
sky, northern ~ **3** 1-35
sky, southern ~ **3** 36-48
sky blue **343** 6
skylight **38** 2; **121** 8; **122** 12
skysail **220** 32
slab **120** 96
slab, reinforced concrete ~ **123** 28
slab, stone ~ **51** 17; **331** 61
slab, wooden ~ **324** 62
slab cake **97** 34; **99** 21
slacks **29** 49
slacks, lightweight ~ **31** 52
slack suit **30** 57
slade **65** 6, 66
slag escape **147** 9
slag ladle **147** 10
slag spout **148** 12
slalom **301** 29, 64
slalom canoe **283** 4
slalom ski **286** 60
slant track **243** 31
slapstick **306** 48
slat **229** 53
slat, extensible ~ **229** 38
slate *Roof* **122** 85
slate **309** 72
slate hammer **122** 73
slater *House Insects etc.* **81** 6
slater *Roof* **122** 71
slate roof **122** 61-89
slath **136** 21
slating batten **122** 17
slaughterer **94** 1
slaughterhouse *Slaughterho.* **94**
slaughterhouse *Bullfight. etc.* **319** 13
slaughterman **94** 1
slave, female ~ **306** 41
slave driver **218** 47
slave galley **218** 44-50
slave station **224** 41
sled **303** 1, 2
sled dog **353** 2
sledge **303** 1, 2
sledge dog **353** 2
sledge hammer **137** 22; **158** 6
sleeper *Bldg. Site* **119** 39
sleeper *Station* **205** 60
sleeper *Railw.* **207** 36
sleeper, concrete ~ **202** 37
sleeper, coupled ~ **202** 14, 38
sleeper, steel ~ *Railw.* **202** 36
sleeper, steel ~ *Hydr. Eng.* **217** 3
sleeper and strampler **29** 23
sleeping bag *Infant Care etc.* **28** 17
sleeping bag *Camping* **278** 30
sleeping car **207** 36
sleeping doll **47** 11
sleeve **30** 15
sleeve, batwing ~ **31** 16
sleeve, braided ~ **186** 24
sleeve, dagged ~ **355** 46
sleeve, full ~ **355** 60
sleeve, gallooned ~ **186** 24
sleeve, kimono ~ **30** 36
sleeve, petal-scalloped ~ **355** 46
sleeve, protective ~ **142** 6
sleeve, puffed ~ **31** 27; **355** 49, 60
sleeve, sliding ~ **192** 32, 35
sleeve, turned-up ~ **31** 62
sleeve, turnover ~ **30** 6
sleeve, turn-up ~ **30** 6
sleeve board **50** 20
sleeve protector **324** 17
sleigh, horse-drawn ~ **304** 25
sleigh bell **304** 26
slender funnel fungus **381** 25
slewing crab **222** 21
slew turntable **200** 22
sley **166** 41, 53
sley cap **166** 6
slice *Bakery* **97** 43
slice *Blacksm.* **137** 2
slice, sugared ~ **97** 43
slicer **96** 31
slicker **81** 14
slide *Inf. Tech.* **242** 42
slide *Playground* **273** 24

slide *Winter Countr.* **304** 17
slide *Music. Not.* **321** 16
slide *Music. Instr.* **322** 51; **323** 47; **326** 7, 33
slide, bed ~ **177** 59
slide bar **313** 10
slide calliper **85** 10
slide chair **202** 22
slide control **238** 47; **241** 8
slide-copying adapter **115** 88
slide-copying attachment **115** 87
slide holder **309** 43
slide projector **114** 76; **309** 42; **312** 23
slider **326** 7
slide rail **206** 38
sliding door **271** 50
sliding scale **349** 23
sliding weight **22** 68; **40** 36
sliding-weight scales *Doc.* **22** 66
sliding-weight scales **40** 35
sling *First Aid* **21** 2
sling *Mountain.* **300** 11
sling pump **101** 53
sling ring **87** 5
sling seat **300** 29
slip *Underwear etc.* **32** 13
slip *Plant Propagn.* **54** 20
slip *Roof* **122** 48
slip casting **161** 15
slip fault **12** 7
slip-off slope **13** 58
slipper *Shoes* **101** 41
slipper *Station* **206** 49
slipper animalcule **357** 9
slipper brake **206** 49
slip road **15** 16
slips **222** 11-26
slip sock, woollen ~ **101** 42
slipway **222** 11-18
slipway crane **222** 23
slipway floor **222** 17
slipway frame **222** 19
slipway portal **222** 11
slipways **222** 11-26
slit, side ~ **30** 49
slit gong **354** 18
slitter **181** 42
sliver **164** 15, 21
sliver, carded ~ **163** 38
sliver, carded and combed ~ **163** 72
sliver, coiled ~ **163** 35
sliver, doubled ~s **164** 12
sliver, thin ~ **164** 13
sliver can **164** 3, 20
sloe **374** 27
slope **347** 12
slope, continental ~ **11** 9
slope soaring **287** 27
slops **355** 34
slosh baffle system **235** 53
slot *Glass Prod.* **162** 9
slot *Weaving* **166** 32
slot *Garage* **195** 5
slot *Election* **263** 30
slot *Airsports* **288** 45
slotted board **2** 45
slouch hat **35** 21
slow motion control **243** 49
slow-running jet **192** 1
slowworm **364** 37
slubbing frame **164** 19
slug **174** 27
slug-casting machine **174** 19
slug-composing machine **174** 19
slug of clay **161** 10
sluice dam **217** 73-80
sluice gate **217** 53-56, 77
sluice valve **217** 53-56
slump fault **12** 7
slush **304** 30
slush pump **145** 16
smack **221** 49
small-arm **87** 2
small beer **93** 26
smallbore free rifle **305** 44
smallbore rifle **305** 48
smallbore standard rifle **305** 43
small cabbage white butterfly **80** 48
small ermine moth **80** 5
small of the back **16** 25
small of the butt **87** 7
small scabious **375** 29
small-shot cartridge **87** 49
small-shot charge **87** 51
smash **293** 17
smear **23** 15, 50
smelting section **147** 8
smith **137**; **138**
smith forging **139**
smock overall **31** 35
smock windmill **91** 29
smokebox door **210** 26
smoke canister **255** 83
smoke dispenser **255** 83
smoke extract **38** 81
smoke flap **352** 9
smoke house **96** 48
smoke outlet **38** 81; **210** 22; **353** 21
smoker's companion **107** 44
smokestack *Power Plant* **152** 15
smokestack *Railw.* **210** 22
smoke tube **210** 8
smoking requisites **107**
smoother **128** 11
smoothing blade **200** 18
smoothing plane **132** 15; **134** 1
snaffle **289** 12
snail **357** 27
snail, edible ~ **357** 27
snail shell **357** 29
snake, poisonous ~ **364** 40
snake, venomous ~ **364** 40
snake charmer **353** 45
snakes **364** 38-41
snakeweed **376** 10
snapdragon **51** 32
snap gauge **149** 59
snap lid **127** 24
snapping beetle **80** 37
snapping bug **80** 37
snare drum **323** 51
snath **66** 16
snathe **66** 16
snead **66** 16
sneath **66** 16
snedding machine **85** 18
snipe **88** 83
snorkel *Warships* **259** 72, 90
snorkel *Swim.* **279** 11
snorkel *Bathing* **280** 39
snout **73** 10; **88** 53; **364** 2
snow **8** 18; **9** 34; **304** 24; **353** 5
snow and ice climber **300** 15
snow and ice climbing **300** 14-21
snow and ice climbing equipment **300** 31-57
snow avalanche **304** 1
snowball *Winter Countr.* **304** 15
snowball *Shrubs etc.* **373** 10
snowball bush **373** 10
snowball fight **304** 14
snow blower **213** 17
snow bridge **300** 24
snow chain **304** 10
snow cornice **300** 20
snowdrift **304** 5
snowdrop **60** 1
snowfall **10** 48; **304** 4
snow fence **304** 6
snow forest climate **9** 56
snow gaiter **300** 55
snow goggles **300** 18
snow guard **38** 8
snow guard bracket **122** 16
snow hut **353** 4
snow ledge **300** 4
snowman **304** 13
snow plough, rotary ~ **213** 17
snow plough attachment **304** 9
snow plough signs **203** 34-35
snow push **304** 23
snowshirt **300** 6
snow shovel **304** 23
snowslide **304** 1
snow suit **29** 38
snuff **107** 20
snuff box **107** 20
soaking pit **148** 46
soaking pit crane **148** 47
soaking tub **136** 13
soap **49** 22
soap box **273** 33
soap dish **49** 21
soap dispenser **50** 27
soaring **287**
soccer **291**
soccer game **273** 10
sock **291** 58
sock, knee-length ~ **29** 53; **32** 32; **33** 42
sock, long ~ **32** 34
sock, surgical ~ **101** 50
socket *Hairdresser* **106** 15
socket *Plumb.* **125** 20
socket *Plumb. etc.* **126** 43
socket *Electr.* **127** 7
socket, double ~ **127** 6
socket, earthed ~ **127** 5, 6, 13
socket, four-way ~ **127** 8
socket, multi-outlet ~ **195** 39
socket, surface-mounted ~ **127** 13
socket, switched ~ **127** 7
socket, three-pin ~ **127** 66
socket, three-pole ~ **127** 13
socket, tinner's ~ **125** 20
socket, underfloor ~ **127** 22
socket outlet box **127** 25
socks, men's ~ **32** 32-34
soda bottle **42** 32
soda-lime absorber **27** 39
soda water **98** 87
soda water bottle **42** 32
sodium atom **1** 8
sodium chloride **1** 9; **170** 13
sodium ion **1** 11
sodium pump, primary ~ **154** 5
sodium pump, secondary ~ **154** 8
sodium sulphate storage tank **172** 36
sodium system, primary ~ **154** 2
sodium system, secondary ~ **154** 7
sofa **336** 17
sofa, two-seater ~ **246** 36
soffit **122** 27
soft corn **68** 31
soft pedal **325** 9
soil covering **200** 64
soil injector **83** 33
solan goose **359** 9
solar cell **155** 34
solar collector **155** 28, 32
solarium **281** 10
solar panel **10** 66
solar radiation shielding **10** 36
solar sensor **10** 69
solar spectrum **343** 14
solar system **4** 42-52
soldanella **378** 3
solder **108** 38
solder, tin-lead ~ **126** 76
soldering apparatus **125** 5-7
soldering borax **108** 39
soldering fluid **125** 7
soldering flux **108** 36
soldering gun *Goldsm. etc.* **108** 14
soldering gun *D.I.Y.* **134** 56
soldering iron *Plumb.* **125** 5
soldering iron *Plumb. etc.* **126** 73
soldering iron *D.I.Y.* **134** 19, 57
soldering iron, electric ~ **127** 45
soldering iron, high-speed ~ **134** 58
soldering stone **125** 6
solder wire, tin-lead ~ **134** 20
soldier, lead ~ **309** 52
soldier, tin ~ **309** 52
sole *Agr. Mach.* **65** 6, 66
sole *Shoem.* **100** 66
sole *Joiner* **132** 22
sole, cemented ~ **101** 11
sole, corrugated ~ **300** 43
sole, inner ~ **291** 31
sole, natural-colour ~ **101** 15, 38
sole, nylon ~ **291** 30
sole, plastic ~ **101** 2
sole, PVC ~ **101** 2
sole, rubber ~ **101** 38
sole, wooden ~ **101** 45
sole bar reinforcement **213** 12
sole leather **100** 31
sole-leather shears **100** 39
solenoid valve **139** 23
sole of the foot **19** 62
sole-plate *Household* **50** 7
sole-plate *Road Constr.* **200** 33
sole-plate *Railw.* **202** 5
sole press, automatic ~ **100** 14
sole stitcher **100** 26
sole-stitching machine **100** 26
sole trimmer **100** 5
solid-fuel rocket, recoverable ~ **235** 58
solidification **170** 35, 43
solid-newel staircase **123** 77
solid rocket booster **235** 58
solids **347** 30-46
solid stage **148** 26
solid-web girder **121** 72
solid-web girder bridge **215** 7
solifluction lobe **11** 51
solifluction tongue **11** 51
soling **284** 56
solleret **329** 55
solo machine **290** 27
solo organ **326** 45
solo seat **189** 19
solo skater **302** 1
solstice **3** 8
solution **345** 10
solution, viscous ~ **169** 15
solvent fumes **182** 25
Somali Current **14** 36
sombrero **35** 5
songbirds **360** 1,3,4,5,7,9,10; **361** 1-20
song thrush **361** 16
soot **38** 34
sordino **323** 10; **324** 68

Soricidae **366** 7
sort **174** 7, 28
sorter **172** 57
sorter, rotary ~ **172** 23
sorter, secondary ~ **172** 58
sorting machine **74** 38
sorting siding **206** 47
sorting table **64** 81
sound assistant **117** 68; **310** 57
soundboard *Music. Instr.* **323** 24; **324** 3
soundboard *Church* **330** 21
sound box **322** 18, 29; **323** 3; **324** 15, 63
sound camera **117** 22; **313** 26
sound camera, Super-8 ~ **117** 1
sound coding equipment **242** 11-14
sound connecting cord **117** 8
sound control console **238** 20, 41, 54; **239** 8
sound control desk **238** 20, 41, 54; **239** 8
sound control engineer **238** 19
sound control room **238** 27; **239** 7
sound dubbing **311** 34-36
sound echo **224** 63
sound editor **117** 96
sound effect **310** 30
sound effects box **238** 35
sound engineer **238** 19
sound film **117** 82
sound film cartridge, Super-8 ~ **117** 29
sound head *Cine Film* **117** 33
sound head *Audiovis.* **243** 35
sound head *Films* **312** 47
sound head housing **241** 59
sound hole **322** 22; **323** 6; **324** 5
sound impulse **224** 62
sounding balloon **7** 17
sounding-board **330** 21
sound mixer **238** 26
sound mixing **311** 34-36
sound module **240** 14
sound OB van **239** 1-15
sound optics **312** 46
sound production control room **238** 27; **239** 7
sound projector **117** 81; **312** 24
sound recorder, portable ~ **310** 24
sound recording **311** 1-46
sound recording camera **310** 60; **311** 6
sound recording equipment **117** 7
sound recording level control **243** 11
sound recording selector switch **117** 13
sound recordist *Broadcast.* **238** 26
sound recordist *Films* **310** 23, 55; **311** 36
sound source **117** 27
sound source, external ~ **117** 8
sound technician **238** 26
sound track *Cine Film* **117** 82
sound track *Audiovis.* **243** 32
sound track system **117** 21
sound transmitter **224** 61
sound turntable, first ~ **117** 100
sound turntable, second ~ **117** 101
sound wave **224** 62
sound wave propagation **7** 14
soup ladle **45** 14
soup plate **44** 6; **45** 5
soup seasoning **98** 30
soup spoon **45** 61
soup tureen **44** 8; **45** 15
soup vegetable **68** 25
sources of energy, modern ~ **155**
source water inlet **155** 2
sour cherry **59** 5
souring chamber **159** 6
sour milk vat **76** 42
South America **14** 13
South Equatorial Current **14** 34
Southern Cross **3** 44
Southern Ocean **14** 22
Southern Triangle **3** 40
south point **4** 17
South Pole **14** 3
southwester **35** 30; **228** 5
souvenir plate **309** 48
sou'wester **35** 30; **228** 5
sow *Dom. Anim.* **73** 9
sow *Livestock* **75** 41
sow *Hunt.* **86** 32
sow *Game* **88** 48, 51
sow bug **81** 6
sower **63** 10
sowing **54** 1; **63** 10-12
sow pig **75** 42
spa **274**
space *Composing Rm.* **175** 5, 17
space *Music. Not.* **320** 44
space, popliteal ~ **16** 51
spaceband **174** 24
space bar **249** 2
space capsule **6** 9, 10; **234** 65
spacecraft **6** 1
space flight **234**; **235**
spaceflight module **235** 70
Spacelab **235** 65
space laboratory **235** 65
spacer **119** 81
Space Shuttle-Orbiter **235** 1-45
space station **235** 65
space suit **6** 18-27
space suit helmet **6** 22
spacing bracket **126** 54
spacing clip **126** 57
spacing lines **10** 58
spacing material **174** 8
spade **56** 2; **331** 36
spade *Fish Farm.* **89** 82
spade *Army* **255** 55
spade, semi-automatic ~ **56** 12
spade piston **255** 56
spades **276** 39
spadix **370** 71; **378** 22
spadix, female ~ **384** 6
spadix, male ~ **383** 55; **384** 4
spa gardens **274** 1-21
spaghetti **98** 32
spale **136** 12
spale basket **136** 11
span *Bridges* **215** 14
span *Aircraft* **229** 2
span, clear ~ **215** 13
span, wire rope ~ **221** 102
Spandau **255** 32
Spanish chestnut **384** 48
Spanish paprika **57** 42
spanker **219** 30
spanker boom **218** 28; **219** 44
spanker boom topping lift **219** 48
spanker gaff **219** 45
spanker peak halyard **219** 49
spanker sheet **219** 69
spanker vang **219** 70
span of oxen **63** 16
spa orchestra **274** 20
spa promenade **274** 10
spar **230** 45
spar, diagonal ~ **287** 33
spar, integral ~ **257** 28
spar, main ~ **287** 30
spar buoy **224** 79
spar ceiling **222** 62
spare man **291** 11
spare part *Watchm.* **109** 22
spare part *Garage* **195** 32
spare rib **95** 47
spare tyre *Lorries etc.* **194** 4
spare tyre *Cyc. Racing* **290** 23
spare wheel **191** 25; **194** 33
spar-hawk **362** 12
spark arrester **210** 24
spark gap **153** 62
spark-ignition engine **190** 1, 2
sparking plug **190** 35; **242** 48
spark plug **190** 35; **242** 48
spark-plug cap **188** 27
Sparmannia **53** 9
sparring partner **299** 27
sparrow hawk **362** 12
sparrow owl **362** 19
spars **219** 32-45
spatula *Dent.* **24** 50
spatula *Hosp.* **25** 7
spatula *Art. Studio* **338** 15
spatula, plastic ~ **128** 44
spawn **89** 12
spawner **89** 13
speaker *Living Rm.* **42** 10
speaker *Election* **263** 5
speaker *Hotel* **267** 40
speaker *Disco* **317** 15
speaker *Nightclub* **318** 12
speaker, three-way ~ **241** 14
speaking key **242** 24
spear, long-bladed ~ **354** 12
spear head, bronze ~ **328** 21
spear thrower **352** 40
special effects equipment **310** 59
special offer **96** 20; **271** 65
specialty shop **195** 1-55
specie **252** 1-28
speciestaler **252** 6
specimen insertion air lock **113** 33
specimen stage adjustment **113** 34
spectacle fitting **111** 1-4
spectacle frame *Opticn.* **111** 5, 10-14
spectacle frame *Ship* **223** 61
spectacle lens **111** 15
spectacles **111** 9
spectator **308** 29
spectator barrier **292** 40
spectators' terrace **233** 20
'spectators' terrace' **233** 30
spectrograph **5** 33
speculum, aural ~ **22** 74
speculum, rectal ~ **23** 19
speculum, vaginal ~ **23** 13
speed ball **299** 22
speed change lever **149** 5
speed changer **241** 29
speed code number **203** 37
speed control **179** 29
speed indicator **203** 18
speed indicator, distant ~ **203** 19
speedo **188** 19, 34; **191** 38, 74
speedometer *Motorcycles etc.* **188** 19, 34, 40
speedometer *Motorcycle* **189** 40
speedometer *Car* **191** 38, 74
speedometer *Tram* **197** 31
speedometer *Railw.* **211** 35; **212** 9
speedometer *Navig.* **224** 54
speedometer, ship's ~ **224** 22
speedometer drive **192** 38, 39
speed recorder **210** 54
speed restriction, permanent ~ **203** 41, 42
speed restriction, temporary ~ **203** 39, 40
speed restriction sign **203** 36-38, 41, 44
speed restriction signs **203** 36-44
speed restriction warning sign **203** 43
speed selector **241** 29
speed skate **302** 20
speed skater **302** 26
speed skating set **302** 20
speedway **290** 24-28
speedwell **375** 22
speleothems **13** 80-81
spelling book **260** 17
spelt **68** 24
spelt, green ~ **68** 25
spencer **220** 1
sperm whale **367** 25
sphagnum mosses **13** 20, 22
sphenoid **17** 38
sphere **347** 41
sphere, celestial ~ **4** 23
sphere, plain ~ **36** 82
sphere, solar ~ **4** 36
spheres **36** 82-86
sphere unit **2** 38
spherical typing element **249** 15
sphincter, anal ~ **20** 63
sphinx *Fabul. Creat.* **327** 20
sphinx *Articulates* **358** 55
sphinx *Lepidopt.* **365** 9
sphinx, Egyptian ~ **333** 11
sphygmograph **26** 32
sphygmomanometer **25** 15
Spica **3** 18
spice jar **39** 32
spice packet **99** 67
spice rack **39** 31; **47** 29
spices **382**
spider legs **115** 91
spiders **358** 44-46
spider's web *Playground* **273** 46
spider's web *Articulates* **358** 47
spike *Arable Crops* **68** 2
spike *Mountain.* **300** 9
spike *Music. Instr.* **323** 22
spike *Industr. Plants* **383** 62, 66
spike, fleshy ~ **370** 71
spike, racemose ~ **370** 67
spikelet **68** 3, 10; **69** 23; **375** 41, 42
spill light **310** 51
spillway **217** 60
spin *Roulette* **275** 32
spin *Airsports* **288** 7
spinach **57** 29
spinal cord **17** 48; **18** 25
spindle *Watchm.* **109** 17
spindle *Mach. Tools* **149** 66; **150** 27
spindle *Cotton Spin.* **164** 43
spindle *Bookbind.* **183** 22
spindle *Bicycle* **187** 60, 80
spindle, horizontal ~ **150** 40
spindle, main ~ **149** 11
spindle, screwed ~ **149** 66

spindle catch **164** 49
spindle drive **164** 31
spindle oil **145** 61
spindle rail **164** 50
spindle rotation speed **150** 35
spindle shaft **164** 46
spindle speed **164** 38, 40
spindle top **126** 32
spine *Man* **17** 2-5
spine *Bookbind.* **183** 14; **185** 41
spine *Mammals* **366** 6
spine label **247** 38
spine of the book **183** 1
spinet **322** 45
spine tag **247** 38
spinet piano **325** 1
spinner *Fish Farm.* **89** 74, 75
spinner *Aircraft* **230** 33
spinner, long ~ **89** 76
spinneret *Synth. Fibres* **169** 14; **170** 41
spinneret *Articulates* **358** 46
spinneret hole **170** 41, 42
spinning **170** 57
spinning bath **169** 15
spinning jet **169** 14; **170** 41, 42
spiraea **374** 23
spiral *Photog.* **116** 2
spiral *Airsports* **288** 51
spiral *Gymn.* **297** 50
spiral design pottery **328** 13
spire **331** 6
spire ball **331** 5
spirit glass **45** 90
spirit lamp **24** 57
spirit level *Map* **14** 61
spirit level *Bldg. Site* **118** 55
spirit level *Plumb. etc.* **126** 79
spirit level *D.I.Y.* **134** 29
spirits **98** 56-59; **318** 19
spirograph **27** 36
Spirographis **357** 22
spirometer **23** 31
spirometry **27** 36-50
spit *Phys. Geog.* **13** 5
spit *Kitch. Utensils* **40** 33
spitz **70** 20
splashboard **186** 6
spleen **20** 12, 27
splenius of the neck **18** 51
splice, wet ~ **117** 89
splice grafting **54** 39
splicer **117** 89
splicing cement **312** 22
splicing head **133** 29
splint *First Aid* **21** 12
splint *Sawmill* **157** 16
splint, emergency ~ **21** 10
splint bone **17** 24
splinter **157** 16
split-image rangefinder **115** 55, 59, 64
splits **314** 20
splitter **94** 17
splitting hammer **85** 5
spoil **226** 47
spoiler **229** 39; **287** 38
spoiler, front ~ **193** 36
spoiler, inner ~ **229** 42
spoiler, rear ~ **193** 34; **290** 35
spoiler rim **193** 30
spoil heap **144** 19
spoke *Mach. Parts etc.* **143** 88
spoke *Bicycle* **187** 27
spoke *Motorcycle* **189** 24
spoke end **187** 29
spoke flange **187** 29
spoke nipple **187** 29
spokeshave **132** 27
spoke wheel **289** 25
sponge *Bathrm. etc.* **49** 6
sponge *School* **260** 42
sponge *Graphic Art* **340** 25
sponge *Invertebr.* **357** 13
sponge holder **23** 12
sponge tray **260** 41
spool **162** 55
spool box **312** 16
spool box, fireproof ~ **312** 25
spool holder **185** 17
spool knob **114** 27
spoon *Tablew. etc.* **45** 61
spoon *Fish Farm.* **89** 73
spoon, wooden ~ **40** 2
spoon bait **89** 73
spoonbill **359** 5
spoon bit **135** 16
spoon bow **285** 30
spoon chisel **339** 18
spore **381** 8, 13
sporting coupé **193** 28
sporting gun **86** 4
sporting guns **87** 1-40
sporting rifle **86** 4
sporting rifles **87** 1-40; **305** 40-49
sport parachute **288** 45
sports, various ~ **305**
sportsboat, inflatable ~ **286** 1
sportsboats *Rowing* **283** 9-16
sportsboats *Motorboats etc.* **286** 1-5, 10-14
sports news item **342** 61
sports report **342** 60
sports reporter **299** 50
sports section **342** 57
spot **276** 32
spot, central ~ **115** 65
spot, clear ~ **115** 66
spot ball, white ~ **277** 13
spotlight **307** 3; **318** 24
spotlight catwalk **310** 53
spotted bruchus **81** 19
spotted woodpecker **359** 27
spotting position **297** 16
spot welder, foot-operated ~ **142** 29
spot welding **142** 22
spot welding electrode holder **142** 23
spout **91** 14
spout, swivel-mounted ~ **64** 37
spout hole **367** 26
spray *Doc.* **22** 60
spray *Pest Contr.* **83** 8
spray boom **83** 3
spray can **106** 23
spray canister **83** 44
spraydeck **283** 56
sprayer *Gdn. Tools* **56** 24
sprayer *Letterpress* **181** 10, 34
sprayer, semi-mounted ~ **83** 47
sprayer, tractor-mounted ~ **83** 2
spray fluid tank **83** 5, 50
spray gun *Pest Contr.* **83** 18
spray gun *Painter* **129** 32
spray gun *Letterpress* **181** 34
spray gun, airless ~ **129** 37
spraying **129** 28
spraying tube **83** 29
spray line, oscillating ~ **67** 1
spray nozzle *Household* **50** 13
spray nozzle *Intern. Combust. Eng.* **190** 54
spray pipe **172** 72
spray tank **83** 39
spray tube **83** 22
spray unit *Pest Contr.* **83** 58
spray unit *Offset Platem.* **179** 5, 6
spray unit, airless ~ **129** 36
spreader *Paperhanger* **128** 46
spreader *Ship* **223** 37
spreader *Sailing* **284** 13
spreader cylinder **62** 23
spreader unit **62** 22
spreading flap **200** 42
spring *Map* **15** 82
spring *Metalwkr.* **140** 46
spring *Knitting* **167** 38
spring *Carriages* **186** 15
spring, artesian ~ **12** 26
spring, rubber ~ **297** 13
spring attachment **11** 42
spring barrel **110** 38
springboard *Swim.* **282** 9, 10
springboard *Gymn.* **296** 12; **297** 8
springboard *Circus* **307** 36
springboard acrobat **307** 35
springboard artist **307** 35
springboard trampoline **297** 14
spring bolt **140** 37
spring bow compass **151** 64
spring buffer **214** 50
spring bumper **214** 50
spring chest **326** 12-14
springer **336** 22
spring extension **309** 28
spring fly **358** 12
spring form **40** 27
spring pin tool **109** 9
spring ring hinge **151** 65
spring snowflake **60** 1
spring suspension **83** 7
spring tine **65** 57
spring tine, double ~ **64** 42, 54
spring vice **140** 10
spring washer **143** 34; **202** 8
sprinkler **55** 19
sprinkler, oscillating ~ **56** 46
sprinkler, revolving ~ **56** 43; **62** 29; **67** 4, 32
sprinkler cart **62** 27
sprinkler hose **62** 30
sprinkler nozzle **67** 27
sprinkler stand **62** 28
sprinkler system **316** 6
sprinkling can **51** 21; **55** 26
sprinkling device **55** 19
sprinter **298** 5
spritsail **218** 43; **220** 5
sprocket **143** 90; **187** 38, 74
sprocket piece **121** 30
sprocket wheel **187** 38
sprout *Veg.* **57** 30
sprout *Bot.* **370** 19-25
spruce **372** 12
spruce cellulose **169** 1
spruce cone **372** 13
spruce fir **372** 12
spruce-gall aphid **82** 38
spruce needle **372** 19
spur *Dom. Anim.* **73** 26
spur *Game* **88** 82
spur *Mountain.* **300** 13
spurrey **69** 12
spurs **71** 50-51
spur vein **72** 28
spur wheel, helical ~ **143** 89
sputum **23** 25
spyhole *Hall* **41** 29
spyhole *Iron Foundry etc.* **148** 4
squadron marking **256** 2
square *Metalwkr.* **140** 57
square *Maths.* **346** 33; **347** 31
square, black ~ **276** 3
square, glazier's ~ **124** 20
square, iron ~ **120** 78
square, white ~ **276** 2
squared timber store **157** 32
square root **345** 3
squash **57** 23
squat **295** 9
squat-style snatch **299** 1
squat vault **296** 53
squaw **352** 10
squaw corn **68** 31
squeegee *Photog.* **116** 49
squeegee *Text. Finish.* **168** 61
squeeze phase **75** 34
squeeze roller **165** 46
squirrel **366** 19
squirrel's bread **381** 16
stabilizer *Photog.* **116** 10
stabilizer *Motorcycles etc.* **188** 5
stabilizer *Railw.* **214** 55
stabilizer *Navig.* **224** 26
stabilizer *Air Force* **256** 22
stabilizer *Winter Sp.* **301** 49
stabilizer *Sports* **305** 58
stabilizer, horizontal ~ **229** 26; **230** 62; **256** 31; **288** 23
stabilizer, vertical ~ **229** 24; **230** 59; **231** 6; **232** 7; **256** 32; **288** 21
stabilizer and rudder, vertical ~ **229** 24-25; **230** 58
stabilizer bar **192** 71
stabilizing fin *Air Force* **256** 22
stabilizing fin *Swim* **279** 3
stabilizing fin, aerodynamic ~ **234** 7
stabilizing layer **301** 49
stabilizing panel **288** 49
stabilizing surface **256** 22
stabilizing wing **117** 60
stable **62** 2; **75** 1
stable fly **81** 4
stableman **186** 27
staccato **321** 34
stack *Forestry* **84** 15
stack *Univ.* **262** 11
stack bearer **157** 37
stacker, intermediate ~ **236** 34
stacker truck **159** 18
stacking machine **162** 20
stack of logs **84** 16
staff **320** 43-44
staff compartment **207** 81
staff lavatory **207** 82
staff toilet **207** 82
staff washroom **207** 26
staff WC **207** 82
stag, rutting ~ **86** 12; **88** 4
stag beetle **358** 24
stag call **87** 46
stage *Films* **312** 8
stage *Theatre* **315** 14-27, 14
stage *Nightclub* **318** 22
stage, mechanical ~ **112** 10, 29; **115** 98
stage, microscopic ~ **112** 9
stage, revolving ~ **316** 31
stage, universal ~ **112** 17
stage base **112** 15
stage carpenter **316** 45
stagecoach **186** 39
stagecoach, English ~ **186** 53
stage curtain **312** 10
stage designer **315** 37
stage director **316** 30
stagehand **315** 28; **316** 46
stagehouse **316** 1-60
stage light **316** 14
stage lighting **318** 23
stage lighting unit **316** 14
stage manager **316** 30
stage plate **115** 95
stage rehearsal **315** 21-27
stage separation retro-rocket **234** 8

staghorn **377** 12
stag horn moss **377** 12
staghound **289** 47
staging *Photograv.* **182** 12
staging *Shipbuild.* **222** 18
stag jump **295** 40; **302** 7
stag leap **295** 40; **302** 7
stag's horn **377** 12
stag's horn moss **377** 12
staining dish **23** 50
staining vat **130** 15
staircase **37** 72; **118** 22
staircase, dog-legged ~ **123** 42-44
staircase, outside ~ **333** 33
staircase, quarter-newelled ~ **123** 75
staircase, spiral ~ **123** 76, 77
staircase, winding ~ **123** 76, 77
staircase bolt **123** 46
staircase construction **123**
staircase of locks **217** 17-25
staircase window **37** 81; **123** 65
stair light **41** 22
stairs, concrete ~ **123** 16
stair well **120** 46
stake *Wine Grow.* **78** 7
stake *Forestry* **84** 17
stake *Plumb.* **125** 23
stake *Basketm.* **136** 6
stake *Roulette* **275** 13
stake net **89** 94
stalactite **13** 80, 82
stalactite vault **337** 17
stalagmite **13** 81, 82
stalk **58** 13, 34, 61; **68** 6; **370** 20; **378** 31
stalk, herbaceous ~ **384** 30
stalking **86** 1-8
stall **75** 2
stallion **73** 2
stalls, front ~ **315** 19
stall turn **288** 4
stamen **58** 45; **59** 10, 39; **370** 57, 60; **372** 7, 18; **373** 2, 5; **374** 3
stamp *Doc.* **22** 29
stamp *Slaughterho.* **94** 24
stamp *Post* **236** 21, 61
stamp *Bank* **250** 24
stamp, impressed ~ **252** 35
stamp book **236** 20
stamp counter **236** 15
stanchion **221** 117
stanchion, hinged ~ **213** 6
stanchion, steel ~ **213** 6
stand *Hosp.* **25** 11; **26** 9, 29
stand *Overh. Irrign.* **67** 2
stand *Shoem.* **100** 54
stand *Opticn.* **111** 5
stand *Optic. Instr.* **112** 2
stand *Basketm.* **136** 10
stand *Composing Rm.* **175** 50
stand *Photomech. Reprod.* **177** 29
stand *Motorcycles etc.* **188** 51
stand *Circus* **307** 57
stand *Bullfight. etc.* **319** 8
stand, hydraulic ~ **310** 50
stand, raised ~ **86** 14, 14-17
standard *Bldg. Site* **119** 47, 59
standard *Forging* **139** 19
standard *Photomech. Reprod.* **177** 11
standard adjustment **114** 51
standard lamp **46** 37
Standard meridian **14** 5
standard of the German Federal President **253** 14
standby drive **214** 64
standing-in position **297** 16
standing matter **174** 11
standing matter rack **174** 9
standing position **305** 27
standing press **183** 20
standing room portion **197** 18
standing stone **328** 18
standing take-off pike dive **282** 40
standing type **174** 11
standing type rack **174** 9
standing wrestling **299** 6
standpipe *Farm Bldgs.* **62** 12
standpipe *Oil, Petr.* **145** 13
standpipe *Paperm.* **173** 12
standpipe *Space* **234** 25
standpipe *Fire Brig.* **270** 26
standpipe coupler **67** 5
stapelia **53** 15
staple fiber lap **169** 31
staple fibre **169** 1-34
staple fibre, viscose rayon ~ **169** 28-34
staple fibre layer **169** 31
staple length **170** 60
stapler **22** 25; **247** 4
staple shaft **144** 27
stapling machine **247** 4
star *Sailing* **284** 55
star *Films* **310** 27, 28
star, binary ~ **3** 29
star, circumpolar ~ **3** 5
star, double ~ **3** 29
star, principal ~ **3** 9
star, variable ~ **3** 11
star connection **153** 20
star finch **360** 3
starfish **357** 38; **369** 17
starling **361** 4
star map **3** 1-35
star network **153** 20
stars, fixed ~ **3** 9-48
Stars and Stripes **253** 18
Star-Spangled Banner **253** 18
start *Motorboats etc.* **286** 28, 29
start *Athletics* **298** 1-6, 3
starter **282** 30
starter, electric ~ **56** 39
starter and steering lock **191** 75
starter battery **212** 46
starter button, electric ~ **189** 52
starter motor *Intern. Combust. Eng.* **190** 44
starter motor *Railw.* **212** 30
starter pedal **188** 25
starter's flag **273** 34
starter switch **241** 30
starting and braking device, automatic ~ **168** 20
starting and finishing buoy **285** 14
starting and stopping handle **166** 8
starting and stopping lever **165** 17; **180** 80; **181** 32
starting block *Swim.* **282** 27
starting block *Athletics* **298** 1
starting dive **282** 29
starting gear ring **192** 31
starting handle **163** 17
starting lever **178** 20
starting line **286** 30
starting motor **190** 44
starting place **282** 27
starting position **295** 1
starting price **289** 37
starting resistance **135** 3
starting resistor **135** 3
starting rod **167** 22
starting signal **205** 47
start print button **249** 38
start-stop lever **163** 40
star wheel *Mach. Tools* **149** 43
star wheel *Graphic Art* **340** 39
Stassfurt salt **154** 66
Stassfurt seam **154** 65
stately home **15** 96
statement of account **247** 44
state of play **293** 38
static air tank **196** 19
station, coastal ~ **237** 53
station, lower ~ **214** 39
station, top ~ **214** 57
station, upper ~ **214** 57
stationary rings **296** 4
station bookstall **204** 26
station bookstand **204** 26
station clock **204** 30
station foreman **205** 41
station hall **204**
station mailbox **204** 11
station of the Cross **330** 54
station platform **205**
station post box **204** 11
station preset button **241** 4; **243** 17; **309** 20
station restaurant **204** 13
station selector button **241** 4; **243** 17; **309** 20
station sign **205** 28
station wagon **193** 15
statistics chart **248** 36
statue **272** 10; **334** 5; **339** 32
statue, stone ~ **272** 2
statuette, ivory ~ **328** 8
stave *Cooper* **130** 2
stave *Music. Not.* **320** 43-44
stay, triatic ~ **223** 11
stayer **290** 14
stay pole **152** 31
stay rope **299** 37
stay-warm plate **28** 28
stay wire **296** 10; **297** 5; **299** 37
St. Bernard dog **70** 37
steady, fixed ~ **150** 30
steam **50** 11
steam and recirculation water flow path **154** 51
steam boiler **152** 5
steam chest **210** 31
steam collector **210** 21
steam coupling hose **208** 20
steam dome **210** 12
steam extraction **103** 26
steam extractor **103** 25
steam-generating station **152** 1-28
steam generator **154** 9, 26, 44
steam heater **172** 38
steam hole **50** 14
steaming light **223** 40; **258** 55
steaming light mast **221** 51
steam iron **103** 20; **131** 3
steam line **154** 11
steam locomotives **210** 1-69
steam pipe **172** 64
steam pipe, high-pressure ~ **259** 63
steam press **104** 26
steam pressing unit **104** 26
'steam radio' **309** 16
steam reversing gear **210** 18
steam slit **50** 14
steam spray gun **131** 2
steam sterilizer **22** 39
steam storage locomotive **210** 68
steam trawler **221** 46
steam tube **210** 17
steam turbine **152** 23; **153** 23-30; **154** 14, 46, 52
steam turbine generator **259** 58
steel **94** 16
steel, finished ~ **148** 68
steel bender **119** 21
steel-casting ladle **147** 31
steel grit delivery pipe **148** 38
steel ingot **147** 33
steel lattice bridge **215** 34
steel-leg vice **126** 80
steel-wheel glass cutter **124** 26
steelworks **147** 21-69
steep face **12** 43
steeping **169** 4
steeping floor **92** 8, 28
steeple **331** 2
steeplechase *Equest.* **289** 20-22
steeplechase *Athletics* **298** 7-8
steep liquor **92** 6
steering, hydraulic power ~ **65** 41
steering alignment **195** 17, 22
steering alignment, visual ~ **195** 41
steering and control position **224** 14
steering arm **192** 79
steering axle **64** 32
steering column **192** 56
steering column, controlled-collapse ~ **191** 57
steering drop arm **192** 58
steering gear **192** 56-59
steering head **187** 11
steering line *Rowing* **283** 52
steering line *Airsports* **288** 41
steering oar **218** 6
steering rudder **283** 51-53
steering runner **302** 45
steering system, rear-wheel ~ **64** 39
steering tube **187** 14
steering wheel **191** 37; **305** 89
steering wheel spoke **191** 58
steersman *Ship* **218** 2
steersman *Winter Sp.* **303** 20
stein **309** 53
steinbock **367** 7
Steinheim man **261** 17
stela **330** 43; **334** 33
stele **330** 43; **334** 33
stem *Forestry* **84** 19
stem *Tobacc. etc.* **107** 38
stem *Metalwkr.* **140** 33
stem *Ship* **218** 4; **221** 14, 83, 108; **258** 3
stem *Chem.* **350** 7
stem *Bot.* **370** 2
stem *Edib. Fungi* **381** 18
stem, bulbous ~ **222** 74
stem, prostrate ~ **58** 20
stem, straight ~ **285** 40
stem, wire ~ **325** 29
stem cutting **54** 25
stemless alpine gentian **378** 13
stemming sand bucket **158** 29
stem post **218** 4
stem rudder **218** 24
stem stitch **102** 4
stencil ejection **245** 9
stencil knife **129** 43
stencil lettering guide **151** 69
stencil magazine, vertical ~ **245** 8
stencil storage drawer **245** 10
stenography **342** 13
steno pad **245** 29; **248** 32
stenter **165** 54; **168** 21
stenter clip **168** 24
stenter pin **168** 24
step *Roof & Boilerr.* **38** 27
step *Hall* **41** 24

step *Carriages* **186** 13
step *Tram* **197** 15
step *Aircraft* **230** 42
step *Swim.* **281** 32, 37
step *Mountain.* **300** 17
step, bottom ~ **123** 18, 42
step, top ~ **123** 19
step, wedge-shaped ~ **123** 31
step bearing **91** 10
step-cut, hexagonal ~ **36** 62
step-cut, octagonal ~ **36** 52
step-cut, rectangular ~ **36** 50
step-cut, rhombus ~ **36** 59
step-cut, round hexagonal ~ **36** 64
step-cut, square ~ **36** 51
step-cut, trapezium ~ **36** 57
step-cut, triangular ~ **36** 60-61
step fault **12** 8
step irons **269** 28
stepladder **50** 35; **126** 2; **129** 5
steppe zone **9** 54
stepping stones **37** 45
steps *Dwellings* **37** 39
steps *Household* **50** 35
steps *Station* **204** 25; **205** 2
steps *Circus* **307** 20
steps, front ~ **37** 66
steps, wooden ~ **38** 25
stereobate **334** 4
stereo cassette deck **241** 33
stereo component system, three-in-one ~ **241** 52
stereo effect **310** 30
stereo equipment **42** 9; **317** 22-23
stereo microphone jack **241** 65
stereo microphone socket **241** 65
stereomicroscope, wide-field ~ **112** 61
stereoplanigraph **14** 66
stereo receiver **241** 52
stereoscope **14** 64
stereo sound **311** 35
stereo speakers **241** 13-14
stereo system **42** 9; **241** 13-48; **317** 22-23
sterilization room **26** 34-54
sterilizer **76** 12
sterilizer, small ~ **26** 35
stern **222** 66-72; **258** 26; **285** 29
stern, elliptical ~ **218** 25
stern, gilded ~ **218** 55-57
stern, lower ~ **218** 58
stern, round ~ **218** 25
stern, square ~ **285** 43
stern, upper ~ **218** 55
sterncastle **218** 23
stern fender **227** 29
stern frame **222** 70-71
stern gallery **218** 56
stern light **258** 62
stern light, white ~ **286** 14
stern loading door **221** 31
stern opening **221** 55; **226** 18
stern port **221** 55; **226** 18
stern post **218** 1
stern ramp **221** 88; **258** 91
stern towing point **221** 53
sternum **17** 8
stethoscope **23** 35
stetson hat **319** 37
steward *Ship* **221** 110
steward *Election* **263** 10
steward *Cyc. Racing* **290** 4
stick **322** 35; **323** 14, 56
stick, forked ~ **54** 13
stick, French ~ **97** 12
stick blade **302** 32
sticker *Slaughterho.* **94** 14
sticker *Music. Instr.* **325** 30; **326** 9
stick handle **302** 31
sticking knife **94** 14
sticking paper **260** 50-52
sticking plaster **21** 7; **22** 55
stiffener **215** 53
stiffening **101** 37
stifle **72** 33
stifle joint **72** 33
stigma *Soft Fruit* **58** 41
stigma *Drupes & Nuts* **59** 16
stigma *Articulates* **358** 32
stigma *Bot.* **370** 56
stile *Roof & Boilerr.* **38** 16
stile *Household* **50** 36
stile *Carp.* **120** 25
stile *Roof* **121** 40
stiletto **102** 12
stiletto beard **34** 13
stiletto heel **101** 28
stillhunting **86** 1-8
stilling basin **217** 61
stilling box **217** 61
stilling pool **217** 61
still life group **338** 27
stilt **359** 19
stilt bird **359** 19
stilt plover **359** 19
stilts **308** 49
stimulants **382**
sting **77** 11
stinging nettle **61** 33
stinging organs **77** 10-14
sting sheath **77** 12
stinkweed **379** 8
stipe **381** 18
stipple paint **129** 53
stippler **129** 18
stippling roller **129** 13
stipule **57** 5; **58** 48; **371** 73
stirrer *Dairy.* **76** 43
stirrer *Paperm.* **172** 47
stirrer *Chem.* **349** 18
stirrup *Horse* **71** 43
stirrup *Bldg. Site* **119** 70
stirrup iron **71** 43
stirrup leather **71** 42
stitch, flat ~ **102** 10
stitch, knotted ~ **102** 13
stitch, ornamental ~ **102** 3
stitch, overcast ~ **102** 8
stitch, Russian ~ **102** 9
stitching **183** 8, 34
stitching, decorative ~ **31** 5
stitching machine **100** 21
stitching wire feed mechanism **184** 18
stock *Plant Propagn.* **54** 33
stock *Hunt.* **87** 3,4,6,13
stock *Mills* **91** 2
stock *Joiner* **132** 24
stock *Paperm.* **173** 1, 2-10
stock *Stock Exch.* **251** 1-10
stock *Stock Exch.* **251** 11-19
stock, round ~ **139** 1
stock, square ~ **143** 9
stockbroker, sworn ~ **251** 4
stock certificate **251** 11
stock chest **172** 85; **173** 1
stock cube **98** 26
stock exchange **251** 1-10
stock exchange agent **251** 7
stock exchange attendant **251** 9
stocking **318** 32
stocking, knee-high ~ **32** 9
stockings pack **99** 26
stockjobber **251** 6
stock ledger **251** 14
stock list **250** 8
stock preparation plant **172** 79-86
stocks **222** 11-26
stock saddle **71** 37-44
stogy **101** 39
stoker, travelling-grate ~ **152** 3
stola **355** 9
stole, fur ~ **318** 30
stollen **97** 11
stomach *Man* **16** 35-37; **20** 13, 41-42
stomach *Bees* **77** 16
stomiatid **369** 10, 13
stone *Agr.* **63** 9
stone *Mills* **91** 21
stone *Clocks* **110** 33
stone *Quarry* **158** 8
stone *Swim.* **281** 22
stone *Sculpt. Studio* **339** 5
stone *Shrubs etc.* **374** 12
stone, crushed ~ **158** 24
stone, dressed ~ **158** 30
stone, lower ~ **91** 23
Stone Age idol **328** 8
stone block **339** 5
stone catcher **64** 9
stone chippings **158** 23
stonecrop **51** 7; **61** 17; **375** 21
stone-crushing plant **158** 18
stone-dressing device **172** 70
stone fruit **59** 41, 43, 49; **370** 99
stone lithography **340** 25-26
stone marten **367** 14
stonemason **158** 34
stonemason's tools **158** 35-38
stone pine **372** 55
stones, faceted ~ **36** 42-71
stone spreader **200** 31
stone trap **64** 9
stool **24** 14; **27** 50; **260** 58
stop *Bookbind.* **185** 11
stop *Railw.* **214** 35
stop *Music. Instr.* **325** 44; **326** 6
stop *Chem.* **349** 37
stop and start lever **163** 31
stop and tail light **189** 9
stop and tail light unit **188** 38
stop bar **133** 11
stop bath **116** 10
stop board **203** 25, 33
stop boards **203** 31-32
stop button *Clocks* **110** 22
stop button *Office* **249** 73
stopclock **238** 62
stopclock, electronic ~ **238** 31
stopcock, flange-type ~ **130** 21
stop-cylinder machine **181** 20
stop-cylinder press **181** 20
stop fillet **119** 62
stop key **243** 43
stop knob *Music. Instr.* **325** 44; **326** 6
stop knob *Chem.* **349** 38
stop lever **324** 42
stop line **268** 50
stop motion **166** 43
stop-motion device **168** 19
stopper *Overh. Irrign.* **67** 36
stopper *Iron & Steel* **147** 31
stopper *Music. Instr.* **326** 35
stopper *Chem.* **350** 44
stopper, ground glass ~ **349** 4
stopper, octagonal ~ **349** 4
stopping device **168** 19
stopping handle **164** 6, 32
stopping point **203** 25, 31-32
stop plate **157** 18
stop rod blade **166** 43
stops **342** 16-29
stop signal **203** 1
stop signal, electric ~ **203** 3
stop signals **203** 1-6
stop tab **326** 39
stop valve *Plumb. etc.* **126** 4
stop valve *Gas Weld.* **141** 7
stop valve *Water* **269** 48
storage area **246** 5
storage bin **200** 35
storage box *Child. Rm.* **47** 2
storage box *D.I.Y.* **134** 34, 39
storage cell **77** 35
storage chamber **154** 71, 76
storage container **130** 17
storage cupboard **207** 27
storage door **39** 6
storage reservoir **217** 57
storage shelf **174** 10
storage siding **206** 50
storage tank *Brew.* **93** 13
storage tank *Oil, Petr.* **145** 72
storage tank *Paperm.* **172** 17, 41, 45, 46
storage tank *Docks* **225** 72
storage tank gauge **76** 10
storage unit *Dent.* **24** 8
storage unit *Composing Rm.* **176** 11
storage unit *Inf. Tech.* **242** 9
storage vessel **10** 46
store area **5** 17
storehouse **329** 13
storekeeper **98** 41
store room **223** 57
storey roof **337** 2
storm front **287** 24
storm-front soaring **287** 23
storm lantern **278** 29
storm signal **225** 35; **280** 4
stout **93** 26
stove, cylindrical ~ **309** 4
stove, tiled ~ **266** 34
stove bench **266** 36
stove door **309** 7
stovepipe **309** 5
stovepipe elbow **309** 6
stove screen **309** 8
stove tile **266** 35
stowage **227** 26; **228** 27
straddle **298** 23
straddle jump **298** 23
straddle position **296** 30
straddle seat **295** 18
straight ball **305** 17
straightedge *Paperhanger* **128** 39
straightedge *Metalwkr.* **140** 56
straightedge rule **179** 26
straight hang **296** 38
straight header **282** 12
straight inverted hang **296** 37
straight thrust **294** 7
strainer *Paperm.* **172** 54
strainer *Water* **269** 32
strainer, basket ~ **67** 12
strainer, rotary ~ **172** 23
strain insulator **152** 38
strait **14** 24
Strait of Gibraltar **14** 24
straits bridge **215** 57
strake, outside ~ **285** 50
stramonium **379** 8
stramony **379** 8
strampler **29** 23
strand **162** 54
strand of fruit **384** 8
strand of moulds **147** 36
strap *Clocks* **110** 5
strap *Bldg. Site* **119** 60, 65
strap *School* **260** 11
strap *Cyc. Racing* **290** 22
strap *Winter Sp.* **301** 3
strap hinge **140** 51
strap support **286** 59
stratification **12** 1
stratocumulus **8** 3

stratosphere **7** 8
stratosphere aircraft **7** 15
stratovolcano **11** 15
stratum, impermeable ~ *Phys. Geog.* **12** 28
stratum, impermeable ~ *Water* **269** 36
stratum, impervious ~ *Phys. Geog.* **12** 28
stratum, impervious ~ *Water* **269** 36
stratum, porous ~ **12** 29
stratum, water-bearing ~ *Phys. Geog.* **12** 22
stratum, water-bearing ~ *Water* **269** 2, 38
stratus **8** 4
straw *Agr.* **63** 34, 36
straw *Livestock* **75** 7
straw *Basketm.* **136** 30
straw *Station* **206** 23
straw *Restaurant* **266** 46
straw baler **63** 35
strawberry **58** 21
strawberry flan **97** 22
strawberry plant **58** 16
straw fiddle **324** 61
straw hive **77** 52
straw press **63** 35
straw shaker **64** 14
strawwalker **64** 14
straw yard system **74** 1-17
stream *Phys. Geog.* **13** 8
stream *Map* **15** 80
stream *Park* **272** 45
stream, subglacial ~ **12** 52
stream, underground ~ **269** 3
streamer **253** 9
streamer, paper ~ **306** 66
streamlining, integrated ~ **189** 44
street **37** 61; **198** 13
street, cross-section of a ~ **198**
street café **268** 59
streetcar **197; 268** 46
streetcar schedule **268** 27
streetcar service **197** 13
streetcar stop **268** 25
streetcar stop sign **197** 36; **268** 26
streetcar track **268** 23
street cleaner **199** 41; **304** 8
street cleaning **199**
street-cleaning lorry **199** 41; **304** 8
street corner **198** 12
street lamp **37** 62; **268** 6
street lamp, suspended ~ **268** 49
street light **37** 62; **268** 6
street map **204** 15; **268** 2
street sign **268** 7
street sweeper **199** 5; **268** 20
stretcher *Fire Brig.* **270** 23
stretcher *Rowing* **283** 47
stretcher, emergency ~ **21** 23
stretcher, wedged ~ **338** 20
stretcher bar **202** 29
stretch girdle **32** 5
stretching **170** 46, 55
stretching, final ~ **170** 47
stretching, preliminary ~ **170** 45
stretching bond **118** 59
stretching course **118** 63
stretching machine **100** 18
streusel cake **97** 35
streusel slice **97** 43
stridulating apparatus **81** 8
stridulating mechanism **81** 8
strike *Phys. Geog.* **12** 2
strike *Composing Rm.* **175** 37
striker *Hunt.* **87** 21
striker *Ball Games* **291** 15
striker pad **255** 47
striking circle **292** 16
striking force control **249** 10
striking mechanism **325** 3
striking of coins **252** 40-44
striking surface *Tobacc. etc.* **107** 24
striking surface *Ball Games* **293** 31
striking weight **110** 28; **309** 60
string *Roof & Boilerr.* **38** 26
string *Basketm.* **136** 28
string *Sports* **305** 59
string *Music. Instr.* **322** 44, 55; **323** 9, 61; **325** 7
string, catgut ~ **324** 6, 14
string, chalked ~ **128** 45
string, fretted ~ **324** 24
string, gut ~ **324** 6, 14
string, nylon ~ **324** 14
string, open ~ **324** 25
string, outer ~ **123** 44
string, stopped ~ **324** 24
string, unfretted ~ **324** 25
string, wreathed ~ **123** 49
string briefs **32** 23
string course **335** 52
stringed instruments **323** 1-27; **324** 1-31
stringer *Roof & Boilerr.* **38** 26
stringer *Shipbuild.* **222** 50
stringer *Aircraft* **230** 47, 57
stringer *Sailing* **285** 55
stringer, outer ~ **123** 44
string fastener **324** 4
string holder **324** 4, 13
strings **293** 31
string vest **32** 22
strip **148** 66-75
stripe, magnetic ~ **117** 82
striped hyena **368** 1
strip flooring **123** 62
stripper *Paperhanger* **128** 1, 9
stripper *Nightclub* **318** 27
stripping **89** 11
stripping knife **128** 15; **134** 37
stripping table **179** 23
strip steel **143** 11
striptease act **318** 27-32
striptease artist **318** 27
striptease number **318** 27-32
strip window **37** 86
strobile **376** 19
stroke *Rowing* **283** 12
stroke *Music. Not.* **320** 6
stroke, plain ~ **277** 2
strokes **136** 1-4
stroller **28** 37
strong beer **93** 26
strong man **308** 27
strong room **250** 11
structural parts of ship **222** 44-61
structural system, Gothic ~ **335** 27-35
structure, geological ~ **154** 57-68
structure, longitudinal ~ **222** 44-56
structures, molecular ~ **1** 9-14
strut *Bldg. Site* **119** 63, 67
strut *Carp.* **120** 27, 54
strut *Roof* **121** 58, 69, 82
strut *Ship* **223** 61
strut *Aircraft* **229** 11
strut *Rowing* **283** 46
strut *Winter Sp.* **303** 5
strut, diagonal ~ *Bldg. Site* **118** 88
strut, diagonal ~ *Bridges* **215** 4
stub **84** 14
stub axle **192** 78
stubble beard **34** 23
stubble field **63** 33
stub wing **232** 3
stud *Carp.* **120** 25
stud *Roof* **121** 40
stud *Mach. Parts etc.* **143** 22
stud, ornamental ~ **253** 8
stud, rubber ~ **187** 84
stud, screw-in ~ **291** 28
student **262** 9, 10
student input device **242** 4
student response device **242** 4
studio *Broadcast.* **238** 18
studio *Art. Studio* **338** 1-43
studio, artist's ~ **338**
studio, sculptor's ~ **339**
studio apartment **37** 74
studio complex **310** 1-13
studio easel **338** 3
studio electrician **310** 37
studio flat **37** 74
studio lot **310** 1
studio microphone *Broadcast.* **238** 34
studio microphone *Films* **310** 31
studio skylight **338** 1
studio table **238** 29
studio window **238** 38
study in oils **338** 36
study step counter **242** 5
stuff **173** 1, 2-10
stuff box **173** 11
stuff chest **172** 85, 86; **173** 1, 13
stuffing box *Oil, Petr.* **145** 26
stuffing box *Railw.* **210** 33
stuffing box *Ship* **223** 64
stuff preparation plant **172** 79-86
stump **84** 14
stump of tooth **24** 27
stunner, electric ~ **94** 7
stunning device **94** 3
stupa **337** 21, 28
Stuttgart Planetarium **5** 17-28
sty **62** 8
style **58** 42; **59** 15; **68** 34; **370** 55; **373** 5; **378** 5
style jump **288** 50-51
styling scissors **106** 34
stylobate **334** 32
stylus **341** 25
stylus, conical ~ **241** 26
stylus, elliptical ~ **241** 26
stylus, steel ~ **341** 21
stylus force control **241** 24
stylus pressure control **241** 24
sub-base course, bituminous ~ **198** 2
sub-base course, gravel ~ **200** 60
sub-base course, hardcore ~ **200** 60
subcontra octave **321** 42
sub-drainage **200** 61
subfloor **123** 38, 73
subgrade grader **201** 1
subheading **342** 41
sub-machine gun **255** 8
submarine **258** 64
substation, outdoor ~ **152** 29-35
substitute **291** 54; **292** 39
substitute flags **253** 30-32
substitute signal **203** 6
substructure *Oil, Petr.* **145** 2
substructure *Offshore Drill.* **146** 38
subtitle **185** 47
subtracting **344** 24
subtraction **344** 24
subtrahend **344** 24
succory **57** 40; **376** 25
sucker *House Insects etc.* **81** 37
sucker *Opticn.* **111** 23
sucker *Invertebr.* **357** 21
sucker rod **145** 25
sucking organ **358** 17
suction **162** 25
suction apparatus *Dent.* **24** 11
suction apparatus *Poultry Farm* **74** 41
suction box *Poultry Farm* **74** 41
suction box *Cotton Spin.* **164** 44
suction box *Paperm.* **173** 15
suction control **50** 72
suction control, fingertip ~ **50** 74
suction control, sliding ~ **50** 74
suction dredger **216** 59
suction electrode **23** 29
suction feeder **180** 72
suction head **217** 51
suction hose *Household* **50** 75
suction hose *Fire Brig.* **270** 67
suction hose, soft ~ **270** 30
suction pipe *Roof & Boilerr.* **38** 55
suction pipe *Docks* **226** 32
suction pipe *Water* **269** 5, 14, 41
suction pipe *Theatre* **316** 52
suction pipe, trailing ~ **216** 59
suction port **199** 43
suction pump **216** 62
suction roll **173** 16
suction slot **168** 43
suction tube **10** 37
sugar **98** 53-55
sugar, confectioner's ~ **98** 54
sugar, refined ~ **98** 55
sugar beet **68** 44
sugar beet eelworm **80** 51
sugar bowl **44** 32; **265** 20
sugar cane **382** 52
sugar loaf **99** 64
suit, asbestos ~ **270** 46
suit, casual ~ **33** 17
suit, denim ~ **31** 58; **33** 20
suit, extra-vehicular ~ **6** 18-27
suit, jersey ~ **29** 17
suit, men's ~ **33** 1
suit, one-piece ~ **29** 17
suit, quilted ~ **29** 38
suit, single-breasted ~ **33** 1
suit, two-piece ~ **29** 12
suitcase **194** 19; **204** 6; **205** 7
suitcase, lightweight ~ **267** 15
suite, upholstered ~ **42** 21-26
suiting **104** 3
suits **276** 38-45
suits, German ~ **276** 42-45
suit trousers **33** 3
sulfate *see* sulphate
sulfide *see* sulphide
sulfur *see* sulphur
sulfuric *see* sulphuric
sulky **289** 24
sulphate pulp mill **172** 1-52
sulphur **351** 23
sulphur-crested cockatoo **363** 1
sulphuric acid **170** 23, 24
sulphuric acid, production of ~ **156** 34
sulphuric acid supply **156** 33
sultana **98** 8
sum **344** 23
Sumatra cigar **107** 2

summer **121** 67
summer beam **121** 67
summer blouse **31** 22
summer coat **31** 20
summer dike **216** 48
summer dress **31** 9
summerhouse **52** 14
summer quarters **356** 11
summer slacks **31** 52
summer solstice **3** 8
summer wear **31**
summit **12** 40
sump *Coal* **144** 47
sump *Intern. Combust. Eng.* **190** 41
sump filter **192** 18
sun **4** 10-21, 29, 36-41, 42
sun bather **281** 12
sunbathing area *Dwellings* **37** 46
sunbathing area *Spa* **274** 12
sunbathing area *Swim.* **281** 11; **282** 4
sun bed **281** 5
sun blind **37** 71
sun canopy **274** 14
sun deck **223** 22
sundew **377** 14
sundial **110** 30
sun disc, winged ~ **333** 12
sundress, child's ~ **29** 13
sun filter **6** 22
sunflower **51** 35; **52** 7; **69** 20
sunflower oil **98** 24
sunglasses **6** 19; **111** 6; **301** 19
sunglass pocket **6** 19
sun hat **29** 16; **35** 37
sunlight **155** 18
sun lounge **37** 70
sun parlor **37** 70
sun ray lamp **281** 13
sun roof **37** 75
sunroof, steel ~ **193** 24
sun rose **377** 20
sun sensor **10** 69
sunshade *Dwellings* **37** 48, 71
sunshade *Town* **268** 61
sunshade *Park* **272** 58
sunshade *Films* **313** 3
sun spectacles **111** 6
sunspot **4** 37, 38
sun terrace **37** 75
supatap **126** 35
super *Bees* **77** 45
super *Theatre* **316** 39
Super-calender **173** 36
supercilium **19** 38
super grade gasoline **145** 55
super grade petrol **145** 55
superheater **152** 9
supermarket **99** 1-96
supernumerary **316** 39
superstructure *Weaving* **165** 6
superstructure *Ship* **221** 10, 69
superstructure, aft ~ **258** 22
superstructure, compact ~ **221** 33
superstructure, forward ~ **259** 45
superstructure deck **258** 10
superstructures **258** 10-28
Super-Vee racing car **290** 37
supplementary angle **346** 14
supply pipe *Butch.* **96** 50
supply pipe *Plumb. etc.* **126** 9
supply sprocket **312** 26
supply table **74** 51
supply vessel **221** 32
support *Plant Propagn.* **54** 33
support *Roof* **121** 83
support *Knitting* **167** 38
support *Offset Platem.* **179** 20
support *Shipbuild.* **222** 27
support *Circus* **307** 29, 45
support, adjustable ~ **67** 22
support, intermediate ~ **214** 29, 76
support, single-pylon ~ **214** 23
support, three-point ~ **349** 28
support, tubular steel ~ **214** 78
support cable **2** 30
supporters **254** 15-16
support guide rail **214** 79
supporting cable **214** 27, 38, 41, 44
supporting cable anchorage **214** 59
supporting cable brake **214** 71
supporting cable guide **214** 58
supporting cable guide rail **214** 79
supporting insulator **153** 54
supporting pulley **163** 46
supporting structure **337** 9
supporting wall **121** 77
support insulator **153** 54
support roll **270** 50
support truss **214** 80
suppressor **190** 35
surcoat **355** 25
surf **13** 27
surface, asphalt ~ **200** 58
surface, bituminous ~ **198** 5
surface, curved ~ **347** 40
surface, flat ~ **111** 39
surface, hatched ~ **151** 29
surface, icy ~ **304** 19
surface, lunar ~ **6** 13
surface, nap ~ **168** 31
surface, plane ~ **347** 31
surface, raised ~ **168** 31
surface, special ~ **111** 40, 41, 42
surface boundary layer **7** 7
surface chart **9** 1-39
surface condenser **152** 24
surface finisher **200** 43
surface-finish microscope **112** 37
surface hydrant **270** 35
surface not to be machined **151** 20
surfaces, plane ~ **346** 24-58
surface skimmers **286** 38-44
surface synoptic chart **9** 1-39
surface-to-air missile launcher **259** 50
surface-to-air rocket launcher **259** 50
surface to be machined **151** 21
surface to be superfinished **151** 22
surface wave **11** 36
surfacing **111** 36
surfboard **279** 1, 2; **280** 15; **284** 5
surfboarder **279** 5; **280** 14
surfer **279** 5; **280** 14
surfing **279** 1-6; **280** 13
surf riding **279** 1-6; **280** 13
surge baffle system **235** 53
surge diverter **152** 35
surgery **22** 32-74
surge tank **217** 40
surgical instruments **26** 40-53
surgical unit **26** 1-54
sur le cou-de-pied **314** 14
surroyal **88** 9
survey illumination **112** 52
surveying **14** 46-62
surveying, geodetic ~ **14** 46-62
surveying level **14** 48
surveyor's level **14** 48
suspect **264** 32
suspender *Underwear etc.* **32** 6
suspender *Bridges* **215** 41
suspender *Nightclub* **318** 28
suspenders **29** 26, 34; **32** 30; **33** 45
suspension **168** 16
suspension, steel and rubber ~ **207** 4
suspension and haulage cable **214** 21
suspension arm, lower ~ **192** 84
suspension bridge **215** 39
suspension bridge, primitive ~ **215** 15
suspension cable *Railw.* **214** 27, 38, 41, 44
suspension cable *Bridges* **215** 40
suspension cable anchorage *Railw.* **214** 59
suspension cable anchorage *Bridges* **215** 43
suspension cable bearing **214** 33
suspension cable brake **214** 71
suspension cable guide **214** 58
suspension cable guide rail **214** 79
suspension damper **192** 76
suspension file **248** 3
suspension file system **248** 2
suspension gear **214** 54
suspension gear bolt **214** 72
suspension line **288** 40
suspension line, double-cable ~ **214** 25, 30
suspension line gondola **214** 52
suspension lines, single-cable ~ **214** 15-24
suspension line support **214** 76
suspension rope **215** 17
suspension spring **192** 74
sustaining pedal **325** 8
suture material **22** 56; **26** 21
swab **137** 3
swab dispenser **22** 36
swage block *Goldsm. etc.* **108** 18
swage block *Blacksm.* **137** 17
swage block *Metalwkr.* **140** 14
swage head **143** 57
swallow **361** 20
swallowhole **11** 49; **13** 71
swallowtail **358** 52
swallow-tail twin crystal **351** 25
swamp **13** 24
Swan *Astron.* **3** 23
swan **272** 54; **359** 16
swan-neck **37** 12; **122** 30
swan's neck **37** 12; **122** 30
swarf **149** 44
swarm cluster of bees **77** 53
swarming net **77** 54
swarm of bees **77** 53
swath **63** 23, 36
swathe **63** 23, 36
swather **63** 19
swather, rotary ~ **63** 26; **64** 40-45
swath rake **64** 44
swath reaper **63** 19
sweater **29** 43; **31** 51
sweater, short-sleeved ~ **33** 32
sweepback, positive ~ **229** 21
sweepback, semi-positive ~ **229** 20
sweeper, mechanical ~ **199** 39
sweet **98** 75, 80
sweet bread **97** 40
sweet calamus **377** 22
sweet cherry **59** 5
sweet chestnut **384** 48
sweet corn **68** 31
sweet flag **377** 22
sweet gale **373** 33
sweets **47** 31, 32
sweet sedge **377** 22
sweet syringa **373** 9
sweet william **60** 6
swell **325** 45
swell organ **326** 2, 44
swell pedal, balanced ~ **326** 50
swift **359** 24
swimming **282**
swimming bath **281**
swimming bath attendant **281** 4; **282** 15
swimming belt **282** 19
swimming cap **280** 29, 44
swimming instruction **282** 16-20
swimming instructor **282** 16
swimming lane **282** 31
swimming pool **223** 23; **281** 1-9
swimming pool, open-air ~ **282** 1-32
swimming pool attendant **281** 4; **282** 15
swimming strokes **282** 33-39
swimming teacher **282** 16
swimming trunks **280** 43
swimsuit **280** 42
swing *Gymn.* **297** 39
swing *Athletics* **298** 30
swing, double ~ **273** 39
swing boat **308** 41, 42
swing bridge, flat ~ **215** 67
swing door **207** 18
swing grippers **180** 33
swing pipe **172** 10
swing seat **273** 40
swing wing **256** 9
Swiss chard **57** 28
Swiss cheese **99** 41
Swiss roll **97** 19
Swiss stone pine **372** 29
switch *Electr.* **127** 7
switch *Garage* **195** 4, 12
switch *Aircraft* **230** 26
switch, main ~ *Joiner* **132** 58
switch, main ~ *Railw.* **211** 3, 31
switch, main ~ *Office* **249** 37
switch, manually-operated ~ **202** 16
switch, remote-controlled ~ **202** 27
switch, rotary ~ *Electr.* **127** 18
switch, rotary ~ *Office* **245** 28
switchback **308** 39
switch blade **202** 21
switchboard *Post* **237** 17, 22-26
switchboard *Office* **245** 13
switch engine **206** 43
switcher **206** 43
switches, single ~ **203** 45-48
switching box **237** 25
switching centre **237** 25, 41
switching device **269** 47
switching system **153** 5
switching system, automatic ~ **237** 25
switch knob **203** 62
switch lever *Mach. Tools* **149** 11; **150** 35
switch lever *Railw.* **203** 55
switch lock **202** 28
switch signal **197** 38; **202** 19

switch signal, electrically illuminated ~ **202** 33
switch signal lamp **202** 19
switch signals **203** 45-52
switch stand **202** 17
switch tongue **202** 21
switch tower **15** 24
switch tower, electrically-operated ~ **203** 61
switch tower, manually-operated ~ **203** 53
switch yard **206** 42
swivel *Fish Farm.* **89** 77
swivel *Oil, Petr.* **145** 10
swivel arm **26** 13; **104** 27; **105** 26
swivel chair **246** 1; **248** 25
swivel coupling **50** 69
swivel head **50** 60
swivel mechanism **65** 73
swivel motor **132** 69
swivel nozzle **235** 64
swivel saddle **188** 21
swivel tap **126** 36
swop platform **194** 23
sword **319** 32
sword antenna **256** 28
sword lily **60** 11
swordsman **319** 25
sword swallower **308** 26
S-wrench, adjustable ~ **126** 66
symbol, algebraic ~ **344** 9; **345** 5
symbols, geometrical ~ **345** 21-24
symbols, mathematical ~ **345** 15-24
symphisis, pubic ~ **20** 65
symphonia **322** 25
syncarp **384** 63
sync head **243** 34
synchro **153** 32
synchromesh gearbox, four-speed ~ **192** 28-47
synchronization **311** 37-41
synchronization start **117** 65
synchronization unit **117** 77
synchronizing cone **192** 33
synchronizing filter **311** 27
syncing **311** 37-41
syncline **12** 18
sync pulse cable **313** 29
sync start **117** 65, 69
sync track **243** 33
synthetic fibres **169**; **170**
syringe **22** 54, 65
syringe, hypodermic ~ **24** 53
syringe, multi-purpose ~ **24** 10
syrinx **322** 2
system, ancillary ~ **211** 34
system, planetary ~ **4** 42-52
system camera **115** 1-105
system-monitoring device **234** 17
system of accessories **115** 43-105
system of coordinates **347** 8, 11
system of flaps **229** 37

T

tabard **30** 50
tabby weave **171** 1
tabernacle **330** 42
table *Forging* **139** 20
table *Restaurant* **266** 74
table *Playground* **273** 2
table *Music. Instr.* **324** 3
table *Art* **336** 14, 16
table, auxiliary ~ *Blacksm.* **137** 14
table, auxiliary ~ *Mach. Tools* **150** 28
table, director's ~ **316** 42
table, flat ~ **36** 46, 72, 73, 74
table, producer's ~ **316** 42
table, revolving ~ **148** 41
table, rotary ~ **145** 15
tableau curtain **315** 2
table bed **277** 15
tablecloth **45** 2
table decoration **45** 19; **266** 78
table en cabochon **36** 47
table en cabochon, antique ~ **36** 76
table en cabochon, rectangular ~ **36** 77
table feed drive **150** 34
table lamp **46** 24; **246** 35
tableland **13** 46
table leg **44** 2
table linen **271** 57
table napkin **45** 9
table pedestal **26** 6
table piano **325** 40
table rise adjustment **133** 23
table runner **46** 35
table telephone, standard ~ **237** 6
table tennis **293** 45-55
table tennis ball **273** 5; **293** 48
table tennis bat **273** 4; **293** 45
table tennis game **273** 1
table tennis net **273** 3; **293** 53
table tennis player **293** 49
table tennis racket **273** 4; **293** 45
table tennis table **293** 52
table top *Dining Rm.* **44** 3
table top *Arc Weld.* **142** 14
table-top tripod **115** 99
table tripod **115** 99
tableware **45**
tabulator clear key **249** 8
tabulator key **249** 7
tachograph **210** 54
tachometer *Weaving* **166** 2
tachometer *Knitting* **167** 43
tachometer *Letterpress* **181** 54
tachometer *Car* **191** 38
tachometer *Railw.* **212** 22
tachometer *Aircraft* **230** 8
tack **285** 25
tacking **285** 25-28
tackle **219** 1-72; **221** 27, 104
taffrail log **224** 54
tagetes **60** 20
tail *Horse* **72** 38
tail *Game* **88** 19, 47, 49, 58, 62, 67, 75, 80
tail *Roof* **122** 89
tail *Bookbind.* **185** 58
tail *Birds* **362** 8
tail *Mammals* **367** 29
tail, cruciform ~ **229** 28
tail, curly ~ **73** 12
tail, docked ~ **70** 12
tail, dolphin's ~ **327** 25
tail, falcate ~ **73** 25
tail, fish's ~ **327** 25, 43, 46, 49
tail, horizontal ~ **229** 26-27, 35; **230** 61; **257** 21
tail, normal ~ **229** 23
tail, prehensile ~ **364** 35
tail, raised ~ **229** 35
tail, serpent's ~ **327** 31
tail, tufted ~ **73** 6
tail, vertical ~ **229** 24-25; **230** 58
tailband **185** 42
tail bracing wire **232** 4
tailcoat **33** 13
tail end shaft **223** 60
tail fin *Aircraft* **229** 24; **230** 59; **231** 6; **232** 7
tail fin *Air Force* **256** 32
tail fin *Airsports* **288** 21
tail fin *Fish etc.* **364** 10
tail fluke **367** 29
tailgate **193** 16, 20; **195** 50
tailings auger **64** 21
tailings outlet **64** 22
tail line **122** 81
tail loading gate **232** 25
tail margin **185** 58
tail of kite **273** 43
tailor **104** 22; **271** 37
tailor's chalk **271** 39
tailor seat **295** 11
tailpiece **323** 7
tailpin **323** 22
tailplane **229** 26; **230** 62; **256** 31; **288** 23
tailpole **91** 32
tail propeller **232** 28
tail rotor **232** 14; **264** 4
tails **33** 13
tail shaft **223** 60
tail shapes **229** 23-36
tail skid **256** 23
tail slide **288** 5
tail sting **358** 43
tailstock *Turner* **135** 7
tailstock *Mach. Tools* **149** 29; **150** 5
tailstock *Photomech. Reprod.* **177** 62
tailstock barrel **149** 27
tailstock barrel adjusting handwheel **149** 30
tailstock barrel clamp lever **149** 28
tailstock centre **149** 26
tail unit, cruciform ~ **229** 28
tail unit, double ~ **229** 32, 34
tail unit, normal ~ **229** 23
tail unit, triple ~ **229** 36
tail unit shapes **229** 23-36
tail vice **132** 37
tail wheel **256** 27
take-down weight **167** 32
take number **310** 35
take-off **298** 26, 37
take-off, balloon ~ **288** 84
take-off board **298** 38
take-off shaft **65** 31
take-off stand **165** 41
taker-in **163** 53
take-up reel **117** 80
take-up spindle **312** 37
take-up spool *Photog.* **115** 25
take-up spool *Cine Film* **117** 32, 80
take-up sprocket **312** 27
taking lens **313** 2
talkback equipment **238** 64
talkback microphone **238** 10
talkback microphone, producer's ~ **238** 39
talkback speaker **238** 8, 52
talkback system **238** 64
talk button **242** 24
talk key **242** 24
talon *Stock Exch.* **251** 19
talon *Birds* **362** 7
talus **11** 47; **12** 45
tambour door **245** 5
tambourine *Disco* **317** 27
tambourine *Music. Instr.* **324** 45
tamer **307** 52
tamper **200** 26; **201** 13
tamping beam **200** 32; **201** 2
tandem **186** 50
tandem kayak **283** 5
tang **45** 52, 60
tangent *Music. Instr.* **322** 43
tangent *Maths.* **346** 32, 48
tangent screw **14** 56
tangerine **384** 23
tank *Cooper* **130** 1
tank *Lorries etc.* **194** 30
tank *Army* **255** 80
tank, bottom ~ **222** 38
tank, concrete ~ **310** 11
tank, side ~ **222** 37
tank, spherical ~ **145** 73; **221** 36
tank bottom valve **38** 49
tank car **213** 31
tank construction engineer **130**
tanker *Docks* **225** 73
tanker *Airport* **233** 22
tanker terminal **145** 74
tank farm **225** 61
tank for sterilized milk **76** 16
tank furnace **162** 1
tank inlet **38** 47
tank locomotive **210** 65
tank margin plate **222** 51
tank reel **116** 2
tank spiral, multi-unit ~ **116** 4
tank top **222** 54
tank top plating **222** 54
tank vent **234** 44
tank wagon **213** 31
tansy **380** 9
tap *Doc.* **23** 49
tap *Metalwkr.* **140** 60
tap *Power Plant* **153** 18
tap *Spa* **274** 17
tap *Disco* **317** 8
tap *Chem.* **349** 5, 22; **350** 44, 53
tap, outside ~ **37** 41
tap bar **148** 9
tap changer **211** 10
tap changer driving mechanism **211** 13
tape *Ball Games* **293** 73
tape *Music. Instr.* **325** 36
tape, adhesive ~ **98** 47; **134** 38; **247** 29
tape, magnetic ~ **25** 46
tape, varnished-cambric ~ **153** 46
tape cassette **117** 76
tape counter **241** 64; **243** 9
tape deflector roller **241** 60
tape feed **243** 29
tape guide **243** 22
tape measure **103** 2; **271** 38
tape punch **176** 5
taper, wax ~ **77** 65
tape recorder **117** 70; **317** 21; **318** 17
tape recorder, four-track ~ **242** 13
tape recorder, portable ~ **309** 37
tape recorder, two-track ~ **242** 12
tape reel, open ~ **241** 57
taper thread, female ~ **126** 47
tape speed selector **241** 62
tapestry wallpaper **128** 18
tape threading indicator light **243** 14
tape wire **325** 35
tapeworm **81** 35
tap hole **147** 50
tapir **366** 26
tappet **166** 57
tappet shaft **166** 56
tapping **153** 18

tapping a spring **269** 24-39
tapping bar **148** 9
tapping hole **147** 50
tapping spout **148** 3
taproot, swollen ~ **370** 79
tap wrench **140** 30
tar **170** 4
tar and bitumen heater **200** 46
target *Inf. Tech.* **242** 84
target *Sports* **305** 30, 32, 66, 77
target, bobbing ~ **305** 48
target, turning ~ **305** 48
target archery **305** 52-66
target areas **294** 51-53
target cross **288** 56
target jack **305** 23
target rectangle **292** 34
targets **305** 30-33
tar-spraying machine **200** 46
tar storage tank **200** 47
tarsus *Man* **17** 26
tarsus *Birds* **362** 4
tartlet **97** 20
tasse **329** 49
tassel *Headgear* **35** 24
tassel *Arable Crops* **68** 35
tassel *Hist. Cost.* **355** 23
tasset **329** 49
tatting **102** 19
tatting shuttle **102** 20
tattoo **306** 44
tau cross **332** 59
Taurus **3** 25; **4** 54
taxi **268** 64
taxicab **268** 64
taxi rank **268** 63, 66
'taxis' **233** 32
taxi sign **268** 65
taxi stand **268** 63, 66
taxi telephone **268** 67
taxiway **233** 2
T-cut **54** 32
tea *Grocer* **98** 65-68
tea *Supermkt.* **99** 68-70
tea *Trop. Plants* **382** 9
tea bag **98** 68
teacher **260** 21
teaching equipment **242**; **242** 45-84
teaching laser **242** 81
teaching machine **242** 1
teaching material **261** 27
tea dance **267** 44-46
tea leaf **382** 9
team of oxen **63** 16
tea packet **99** 69
tea plant **382** 7
tea plate **39** 34
tear bag **88** 14
tear-off edge **247** 30
tea room **265** 1-26
teat *Infant Care etc.* **28** 20
teat *Livestock* **75** 19
teat cup **75** 30
teat cup cluster **75** 26
tea tree **382** 7
technical drawing **151** 16
technical laboratory **310** 9
Teclu burner **350** 4
tectogenis **12** 4-20
tedder, rotary ~ **63** 24; **64** 46-58
teddy bear **28** 46; **273** 26; **309** 12
teddy bear, rocking ~ **48** 30
tee **126** 44, 47
tee *Ball Games* **293** 90
teeing ground **293** 79
tee-iron **143** 3
teepee **352** 7
tee-square **151** 9
teeth **19** 16-18
teeth, false ~ **24** 25
teeth grinder **157** 43, 45
teething ring **28** 12
teeth of knock-over bit **167** 52
telecobalt unit **2** 28
telegraphy **237** 30
telemetry antenna **10** 70
telephone **22** 18; **41** 7; **202** 48; **238** 23; **246** 13; **248** 9
telephone, public ~ **236** 9; **237** 1, 3
telephone, toy ~ **47** 35
telephone adapter socket **249** 67
telephone answering and recording set **22** 13
telephone answering device **22** 13
telephone book **236** 12; **237** 5
telephone booth **204** 46; **236** 8; **237** 1; **251** 10; **268** 56
telephone box **204** 46; **236** 8; **237** 1; **251** 10; **268** 56
telephone cable **198** 15
telephone cable pipeline **198** 16
telephone casing **237** 15
telephone connection **242** 20
telephone cover **237** 15
telephone customer **237** 2
telephone directory **236** 12; **237** 5
telephone directory rack **236** 10
'telephone - emergency calls only' **233** 40
telephone exchange **237** 27-41
telephone exchange, internal ~ **245** 13
telephone index **22** 21
telephone instruments **237** 6-26
telephone kiosk **204** 46; **236** 8; **237** 1; **251** 10; **268** 56
telephone line, customers' ~ **198** 20
telephone line, subscribers' ~ **198** 20
telephone list, internal ~ **245** 17
telephone number **237** 38
telephone receiver **237** 7; **246** 16
telephones **237** 6-26
telephone service **237** 41
telephone subscriber **237** 2
telephone switchboard panel **238** 14
telephone user **237** 2
telephoto lens **117** 47
teleprinter **176** 31; **237** 31, 61, 66; **238** 12
telescope **14** 60; **42** 15; **224** 8
telescope, gimbal-mounted ~ **235** 68
telescope, monocular ~ **111** 18
telescope, reflecting ~ **113** 1
telescope, refracting ~ **113** 16
telescope, surveyor's ~ **14** 48
telescope magnifier **113** 38
telescope mountings **113** 16-25
telescope mounts **113** 16-25
telescope sight **87** 29; **255** 28; **305** 49
Teletype **176** 31
teletypewriter **237** 31
television **238**; **239**
television cabinet **240** 2
television camera **10** 67; **112** 36; **154** 78; **240** 26
television disc system **243** 37-45
television engineering **240**
television mast **15** 33
television OB van **239** 1-15
television post-sync studio **238** 27-53
television programmes **342** 64
television receiver **242** 28
television receiving aerial **239** 4, 5
television reception aerial **239** 4, 5
television set **42** 8; **46** 14; **242** 28
television sound **242** 27
television tube **240** 3
telex link **237** 65
telex message **237** 69
telex service **237** 41
telex tape **237** 68
Telford base **200** 60
teller **250** 2
tempera **338** 17
temperature **9** 8
temperature gauge **179** 4
temperature gauge, distant-reading ~ **210** 48
temperature graph **7** 37
temperature regulation flap **10** 65
temperature regulator **191** 84
temperature scale **7** 36
temperature selector **50** 8
tempest **284** 54
template **126** 83
template, circular ~ **141** 35
temple *Man* **16** 6
temple *Weaving* **166** 13
temple *Art* **337** 7
temple, Doric ~ **334** 1
temple, Etruscan ~ **334** 49
temple, funerary ~ **333** 7
temple buildings **337** 25
temple tower **333** 32; **337** 1, 26
temple wall **334** 6
temporalis **19** 3
tender *Railw.* **210** 38
tender *Warships* **258** 92
tender platform **210** 2
tendo calcanaeus **18** 48
tendril **57** 4
tendril, thorny ~ **58** 30
tennis **293** 1-42
tennis ball **293** 28
tennis court **293** 1
tennis net **293** 13
tennis player **293** 16
tennis racket **41** 13; **293** 29
tennis shoe **101** 36
tenon saw **132** 44
tenor clef **320** 11
tenor horn **323** 39
tenor trombone **323** 46
tenor viol **322** 23
tenpin bowling **305** 14-20
tens **344** 3
tension and slub-catching device **165** 13
tension bar **167** 49
tension cable, inclined ~ **215** 47
tension cable pulley **214** 43
tension compensator **165** 51
tension equalizer **165** 51
tension hoop **324** 56
tensioning device *Agr. Mach.* **64** 94
tensioning device *Railw.* **208** 18
tensioning lever **208** 18
tensioning screw **323** 53
tension roller *Joiner* **133** 13
tension roller *Letterpress* **181** 45
tension weight *Knitting* **167** 50
tension weight *Railw.* **214** 41, 42
tension weight shaft **214** 40
tent **80** 7
tent, four-pole ~ **307** 1
tentacle **357** 16, 31
tenter **165** 54; **168** 21
tenter clip **168** 24
tenter pin **168** 24
tent peg **278** 24
tent pole **278** 38; **307** 2; **352** 8
tent prop **307** 13
tenuto **321** 30
tepee **352** 7
teres major **18** 55
teres minor **18** 54
tergites **358** 31
term **344** 23
terminal *Docks* **226** 16
terminal *Airport* **233** 15
terminal box **211** 16
termination of speed restriction **203** 40
tern **359** 11
terrace **37** 36
terracette **13** 64
terrarium **356** 14
terrestrial meridian **14** 4
terrier **70** 15, 16, 17, 18, 27, 39
terry towel **49** 9
tessellation **338** 37
tessera **338** 39
tesseral crystal system **351** 1-17
test equipment **195** 17
testicle, right ~ **20** 72
testing and control station **237** 40
testing board **237** 29
testing desk **237** 29
testing device for waterproof watches **109** 26
testing kit **138** 14
testis **20** 72
test meter, universal ~ **127** 41
test oil and gas separator **146** 10
test separator **146** 10
test tube **350** 34
test tube rack **173** 8; **261** 31; **350** 35
tether **75** 15-16
tetradrachm **252** 1
tetragonal crystal system **351** 18-19
tetrahedrite **351** 1
tetrahedron **351** 1
text **237** 68
textbook **261** 28
thalamus **370** 53
thallus **378** 49
Thaumatolampas diadema **369** 4
T-head bolt **202** 10
theater *see* theatre
theatergoer **315** 8
theatre *Astron.* **5** 26
theatre *Theatre* **315**; **316**
theatre, Greek ~ **334** 44
theatre, open-air ~ **272** 6
theatregoer **315** 8
theatre projector **312** 24
theatre seat **315** 20
theatre ticket **315** 11
thé dansant **267** 44-46
theodolite **14** 52-62
theorbo **324** 1

thermal **287** 21
thermal protection shield **234** 5, 20
thermal soaring **287** 20
thermograph **10** 19, 51
thermometer *Meteorol. Instr.* **10** 25
thermometer *Infant Care etc.* **28** 29
thermometer *Text. Finish.* **168** 27
thermometer *Swim.* **281** 24
thermometer, ladle-type ~ **92** 53
thermometers **10** 53-54
thermometer screen **10** 49
thermometer shelter **10** 49
thermometric scale **7** 36
thermoplastic **130** 15
Thermos jug **40** 5
thermo time switch **190** 63
thickener **172** 24, 42, 44, 48, 62
thicknesser **132** 45
thicknessing machine **132** 45
thicknessing table **132** 46
thief **308** 16
thigh **16** 49; **17** 22
thigh bone **17** 22
thill **186** 19, 30
thiller **186** 28
thill horse **186** 28
thimble, graduated ~ **149** 64
thinner *Painter* **129** 16
thinner *Art. Studio* **338** 13
thinning **84** 37
thinning razor **105** 9; **106** 41
thinnings, small-sized ~ **84** 37
thinning scissors **105** 8; **106** 33
thinning shears **105** 8; **106** 33
third base **292** 47
third man **300** 27
thirty-second note **320** 18
thirty-second rest **320** 26
thistle **61** 32
Thomas converter **147** 55-69
thoracic shield **82** 4; **358** 29
thorax *Man* **16** 28-30; **17** 8-11
thorax *Articulates* **358** 29-30
thorn *Gdn. Flowers* **60** 18
thorn *Spa* **274** 2
thorn *Shrubs etc.* **374** 30
thorn apple **379** 8
thorn house *Map* **15** 32
thorn house *Spa* **274** 1
thousands **344** 3
thread *Overh. Irrign.* **67** 38
thread *Mach. Parts etc.* **143** 16, 68
thread *Glass Prod.* **162** 54
thread *Cotton Spin.* **164** 53
thread *Weaving* **165** 21
thread *Knitting* **167** 17, 36
thread *Bookbind.* **183** 11
thread, coarse ~ **149** 4
thread, female ~ **126** 41, 45
thread, glass ~ **162** 56, 57
thread, male ~ **126** 38, 51
thread, metal ~ **102** 30
thread, mycelial ~ **381** 2
thread, normal ~ **149** 4
thread, sleeved ~ **162** 57
thread chaser **135** 14
thread clearer **165** 20
thread container **22** 61
thread cop **185** 18
thread-cutting machine **125** 27; **126** 86
thread guide *Shoem.* **100** 30
thread guide *Knitting* **167** 3, 54, 64
thread head **187** 75
threading draft **171** 5
threading key **127** 30
thread interlacing **171** 26
thread pitch **149** 9
thread spool **185** 18
thread tapper **108** 15
threadworm **80** 51
three **302** 13
three-day event **289** 16-19
three-decker **218** 51-60
three-eight time **320** 36
three-four time **320** 37
three-masters **220** 18-27
three-phase generator **153** 26
three-phase plug **127** 14
three-two time **320** 38
threshing drum **64** 12
throat *Man* **16** 19; **19** 14-37, 24
throat *Horse* **72** 16
throat *Forestry* **84** 28
throatlash **71** 11; **72** 16
throatlatch **71** 11; **72** 16
throat piece **329** 42
throstle **361** 16
throttle control **230** 30; **288** 15
throttle lever **230** 30; **288** 15
throttle twist grip **188** 30; **189** 29
throttle valve *Hosp.* **27** 43
throttle valve *Car* **192** 9
through-the-lens reflex finder **117** 44
thrower **161** 9
throw-in **291** 53
throwing act **307** 43
throwing knife **354** 15
throwing ring **308** 47
throwing spear **328** 2
throwing stick **352** 40
thrush **360** 3
thrushes **361** 13-17
thrush nightingale **361** 17
thrust bearing **221** 29
thrust block **223** 67; **259** 60
thrust lever **257** 9
thrust mount, lower ~ **235** 6
thrust mount, upper ~ **235** 5
thrust nozzle **234** 35; **235** 37
thrust nozzle fuel tank **235** 45
thrust structure **234** 21
thrust vector control system **235** 43
thrust washer **190** 56
thrust weapon **294** 11, 36, 37
thuja **372** 39
thumb **19** 64
thumb hold **323** 45
thumb hole **305** 47
thumb nut **119** 75
thumb piston **326** 46
thundercloud **7** 2
thunderstorm **9** 38
thurible **332** 38
thurible bowl **332** 41
thurible chain **332** 39
thurible cover **332** 40
thwart **278** 17; **283** 28
thymele **334** 48
tiara, papal ~ **254** 37
Tibetan **353** 27
tibia **17** 25
tibialis anterior **18** 47
tick *Bedrm.* **43** 13
tick *Articulates* **358** 44
tick, drill ~ **43** 10
tick bean **69** 15
ticket **204** 36
ticket agent **204** 39
ticket-cancelling machine **197** 16
ticket clerk **204** 39
ticket counter **197** 33; **204** 35
ticket machine **268** 28
ticket office **204** 34
ticket printer, hand-operated ~ **204** 41
ticket-printing machine **204** 40
ticket-stamping machine **204** 40
tidal power plant **155** 37
tide level indicator **225** 37
tidemark **13** 35
tide table **280** 7
tie *Ladies' Wear* **30** 46
tie *Underwear etc.* **32** 41
tie *Bldg. Site* **119** 39
tie *Roof* **121** 59
tie *Station* **205** 60
tie *Music. Not.* **321** 24
tie, concrete ~ **202** 37
tie, coupled ~ **202** 14, 38
tie, diagonal ~ **121** 30
tie, double ~ **121** 50
tie, simple ~ **121** 49
tie, steel ~ **202** 36
tie beam **121** 53
tie belt **29** 55; **31** 19
tie fastening **101** 21
tiepin **36** 22
tier, lower ~ **228** 24
tier, upper ~ **228** 23
tierce engagement **294** 48
tiercel **86** 46
tie rod **65** 47
tier of oars **218** 12
tie shoe **101** 31
tie tube **119** 49
tie-up **171** 22, 23
tie-up of shafts **171** 9
tiger **307** 56; **368** 5
tightening screw **293** 33
tightrope **307** 41
tightrope dancer **307** 40
tights **29** 42; **32** 12
tilbury **186** 44
tilde **342** 35
tile *Bathrm. etc.* **49** 19
tile *Games* **276** 34
tile, flat interlocking ~ **122** 60
tile, interlocking ~ **122** 59
tile, plain ~ **122** 6, 46
tile beard **34** 16
tile cutter **122** 33
tile hammer **122** 20
tile roofings **122** 45-60
tiles **122** 45-60
tiling batten **122** 17
till **207** 86; **271** 5
till, electric ~ **271** 2
tillage **69** 1-28
tiller **218** 13; **284** 32; **286** 24
tiller extension **284** 31
tillering **68** 5
tilt **329** 71
tilt block **12** 9
tilting armour **329** 76
tilting device **147** 44, 59
tilting helmet **254** 4; **329** 77
tilting lance **329** 81
tilting shield **329** 79
tilting table **133** 17
tilting target **329** 79
tilt wing **232** 27
timbale **324** 57
timber **85** 42
timber, end-grained ~ **120** 92
timber, halved ~ **120** 88
timber, long ~ **120** 2
timber, round ~ **120** 35; **157** 30
timber, sawn ~ **157** 22
timber, small ~ **84** 37
timber, squared ~ **120** 10; **157** 36
timber, stacked ~ **84** 15
timber, standing ~ **84** 4
timber, undressed ~ **120** 83
timber, yarded ~ **84** 15
timber cutting **84** 15-37
timber dog **121** 97
timberjack **84** 18
timber joints **121** 84-98
timber planking **285** 50-57
time *Music. Not.* **320** 28-42
time *Maths.* **345** 7
time ball **280** 5
time indicator **289** 40
timekeeper **282** 24; **299** 47
timer *Doc.* **23** 40
timer *Hosp.* **27** 35
timer *Kitch.* **39** 21
timer *Watchm.* **109** 35
timer *Photog.* **116** 18
timer *Photograv.* **182** 20
timer *Billiards* **277** 17
timer, synchronous ~ **24** 52
timer switch, built-in ~ **243** 18
time scale *Meteorol. Instr.* **10** 17
time scale *Office* **249** 74
time scale stop **249** 75
time schedule **151** 12
time signatures **320** 28-42
timetable **204** 16, 18
timetable, driver's ~ **210** 52
timetable, official ~ **204** 50
time weight **110** 29; **309** 59
timing machine, electronic ~ **109** 27
timpano **323** 57
tin **129** 7
tin, molten ~ **162** 17
tinctures **254** 24-29
tine *Tablew. etc.* **45** 60
tine *Agr. Impl.* **66** 4
tine *Game* **88** 10, 31
tine bar **64** 53
tinner's snips **125** 1
tip, adjustable ~ **149** 47
tip, controlled ~ **199** 10
tip, cork ~ **107** 13
tip, gold ~ **107** 13
tip, oxide ceramic ~ **149** 47
tip, pointed ~ **253** 10
tip-cart, three-way ~ **62** 18
tip heap **144** 19
tipper **200** 7
tipper, three-way ~ **194** 24
tipper wagon **213** 37
tipping body *Lorries etc.* **194** 25
tipping body *Road Constr.* **200** 8
tipping bucket **214** 34
tipping car **147** 64
tipping cylinder **62** 19
tipping device **147** 44, 59
tipping truck **119** 28
tipping wagon **119** 28
tippler, three-way ~ **92** 34
tip tank **231** 9; **256** 30
tip-up seat **207** 12
tire *see* tyre
tired swimmer grip **21** 38
T-iron **143** 3
tissue, erectile ~ **20** 67
tit **360** 4; **361** 9
titan **327** 37
title block **151** 31
title bout **299** 35-50
title fight **299** 35-50
title page **185** 45
title panel **151** 31
titmouse **360** 4; **361** 9

tjalk **220** 6
T-joint **126** 44, 47
T-junction joint **126** 44, 47
toad **364** 23
toadstools **379** 10-13
toast **45** 34
toaster **40** 30
toat **132** 18
tobacco *Tobacc. etc.* **107** 25
tobacco *Trop. Plants* **382** 43
tobacco, raw ~ **83** 13
tobacco beetle **81** 25
tobacco factory **83** 11
tobacco leaf **382** 43
tobacco plant **382** 40
tobacco pouch **107** 43
tobacco presser **107** 47
toboggan **303** 1, 2, 13
toboggan, junior ~ **303** 3
toboggan cap **35** 39
toboggan slide **308** 40
toe, big ~ **19** 52
toe, first ~ **19** 52
toe, fourth ~ **19** 55
toe, great ~ **19** 52
toe, little ~ **19** 56
toe, second ~ **19** 53
toe, third ~ **19** 54
toecap **100** 58; **101** 16, 40
toecap remover **100** 52
toe clip **290** 21
toenail **19** 57
toe piston **326** 48
toe post sandal **101** 48
toe stand **295** 5
toestrap **284** 30
toe unit **301** 55
toffee **98** 77
toga **355** 13
toggle **340** 30
toggle action *Letterpress* **181** 16
toggle action *Bookbind.* **183** 30
toggle fastening **30** 66
toggle-joint action **181** 16; **183** 30
toggle-joint press **183** 26
toggle-lever press **183** 26
toilet **49** 12; **146** 29; **207** 16, 42, 72; **211** 59; **231** 31; **278** 5
toilet bowl **49** 13
toilet cistern **126** 14
toilet-cleaning vehicle **233** 22
toilet lid **49** 14
toilet pan **49** 13
toilet paper **49** 11
toiletries **99** 27-35
toilet roll holder **49** 10
toilets **317** 31
toilet seat **49** 15
toilet water **105** 37; **106** 9
tomahawk **352** 16
tomato **57** 12; **99** 82
tomato plant **55** 44
tomb **331** 23; **337** 16
tomb, giant's ~ **328** 16
tomb, megalithic ~ **328** 16
tomb, royal ~ **333** 1
tombola **306** 11
tombola booth **308** 44
tomb recess **331** 60
tombstone **331** 26
tom cat **73** 17
tom-tom **324** 48, 49
tondo **339** 36
tone **320** 51, 53
tone arm **241** 21
tone arm balance **241** 53
tone arm lift **241** 28
tone arm lock **241** 27
tone generator **238** 51
toner roll **249** 41
tongs *Atom* **2** 44
tongs *Glass Prod.* **162** 44
tongs *Graphic Art* **340** 50
tongs, concreter's ~ **119** 85
tongs, flat ~ **137** 24
tongs, round ~ **137** 25
tongue *Man* **17** 52; **19** 25
tongue *Tablew. etc.* **45** 52
tongue *Game* **88** 2
tongue *Shoem.* **100** 65
tongue *Shoes* **101** 32
tongue *Music. Instr.* **322** 52; **326** 19
tongue, foam rubber ~ **291** 24
tongue, forked ~ **327** 6
tonsil **19** 23
tonsil, palatine ~ **19** 23
tonsure **331** 57
tool **195** 43
tool, stone ~ **328** 1
tool bag **187** 25
tool bit holder **149** 45
tool box *D.I.Y.* **134** 35
tool box *Mach. Tools* **150** 13
tool box *Railw.* **212** 45
tool cabinet **134** 1-34
tool case **127** 49
tool cupboard **134** 1-34
tool grinder **137** 18
tool-grinding machine **137** 18
tool post **149** 21
tool rest **135** 5; **149** 22
tools **119** 77-89
tool shank **149** 49
tool shed **37** 32; **52** 3; **55** 1
tool slide **149** 22
tool trolley **195** 42
tooth *Man* **19** 28-37
tooth *Mach. Parts etc.* **143** 83
tooth *Composing Rm.* **174** 30
tooth *Office* **249** 31
tooth, bicuspid ~ **19** 18
tooth, canine ~ **19** 17
tooth, molar ~ **19** 18, 35
tooth, porcelain ~ **24** 29
tooth, premolar~ **19** 18
toothbrush, electric ~ **49** 29
tooth chisel **339** 13
toothed **370** 45
tooth glass **49** 28
toothing, external ~ **143** 96
toothing, internal ~ **143** 95
toothing, spiral ~ **143** 92-93
toothing plane **132** 17
tooth mug **49** 28
toothpaste box **99** 31
toothpick holder **266** 23
tooth pulp **19** 32
tooth-root elevator **24** 48
tooth scaler **24** 45
top **12** 40; **193** 10; **323** 24
top, collapsible ~ *Carriages* **186** 52
top, collapsible ~ *Car* **193** 10
top, convertible ~ **193** 10
top, elasticated ~ **32** 33
top, fireclay ~ **108** 9
top, fixed ~ **186** 14
top, folding ~ **194** 10
top, hard ~ **193** 27
top, humming ~ **309** 71
top, leather ~ **35** 19
top, marble ~ **265** 12
top, shirred ~ **29** 15
top clearer **164** 22
top gases **145** 38
top hat **35** 36; **186** 25; **289** 6
top light, white ~ **286** 10
top lighting, incident ~ **112** 63
topmark **224** 78, 90
topmark buoy **224** 80
topmast **223** 39
topography, fluvial ~ **13** 1-13
topper **64** 85
topping **266** 54
topping knife **64** 87
top rail **221** 122
top ring **89** 52
top roller, light ~ **164** 18
tops **145** 38
topsail schooner, three-masted ~ **220** 19
top side *Meat* **95** 37
top side *Paperm.* **173** 31
top slide **149** 22, 42
top stroke **277** 3
top tube **187** 16
torch **127** 26
torch lighter **141** 27
torero **319** 21, 25
torii **337** 11
torpedo boat **258** 69, 75
torpedo housing, underwater ~ **259** 36
torpedo tube **258** 78; **259** 79
torque converter **190** 70
torque converter bearing **211** 54
torque converter lever **65** 34
torque wrench **195** 45
torril door **319** 11
torsional clamp **287** 39
torso **339** 7
Torsteel **119** 82
torten **97** 22-24
tortrix moth **80** 9
torus *Art* **334** 28, 30
torus *Bot.* **370** 53
totalizator **289** 35
totalizator window **289** 34
tote **289** 35
totem **352** 2
totem pole **352** 1
tote window **289** 34
toucan **363** 6
touch line **291** 9
touch-me-not **377** 11
touch-tone button **242** 25
touch-tone pad **242** 25
toupee wig **355** 8
toupet **34** 2
touring bicycle **187** 1
touring boat **283** 26-33
touring cycle **187** 1
touring cycle handlebar **187** 2
touring kayak **283** 61, 70
touring moped **188** 24
tourist **272** 28
tourist guide **272** 27
tournament **329** 71
tournament pennon **254** 33
tournament saddle **329** 87
tourneur **275** 3
tourney **329** 71
tourniquet, emergency ~ **21** 15
tourniquet, surgeon's ~ **26** 48
tow **170** 57, 58, 59, 60
towage **227**
towel **106** 25; **281** 25
towel, paper ~ **40** 1; **106** 5
towel rail **49** 8
tower *Map* **15** 53
tower *Bldg. Site* **119** 34
tower *Bridges* **215** 42
tower *Airport* **233** 17
tower *Gliding* **287** 12
tower, central ~ **335** 6
tower, lattice steel ~ **152** 36
tower, stepped ~ **333** 32
tower, terraced ~ **333** 32
tower clock **331** 7
tower crane **47** 39; **119** 31
tower platform **329** 8
tower roof, pyramidal ~ **335** 7
tower slewing crane **119** 31
tower spotlight **316** 21
tower tomb **333** 21
tow hook **227** 27
towing **216** 27
towing engine *Rivers* **216** 29
towing engine *Salvage* **227** 7
towing engine *Warships* **258** 86
towing gear **227** 6, 6-15, 13
towing hawser **216** 24; **227** 8, 15
towing line **286** 47
towing log **224** 54
towing machine **227** 7; **258** 86
towing mast **216** 28
towing path **216** 30
towing plane **287** 2
towing track **216** 30
towing vehicle **194** 21, 29
towing winch **227** 7; **258** 86
tow line **216** 24; **227** 8, 15; **286** 47
town **15** 51; **268**
town banner **218** 22
town centre **268**
tow path **216** 30
tow rope *Rivers* **216** 24
tow rope *Salvage* **227** 8, 15
tow rope *Gliding* **287** 4
tow rope guide **227** 9
toy, soft ~ **46** 13; **47** 6, 7, 41
toy, wooden ~ **260** 80
toy duck **28** 10
toys **48** 21-32
toy shop **47** 27
T position **288** 62
trace **71** 22, 24, 35
trace monitor **25** 54
tracer **153** 45
tracer element **153** 45
tracery **335** 39-40
tracery window **335** 39-41
trachea **17** 50; **20** 4
tracing head **141** 37
tracing leg **302** 2
tracing wheel **129** 42
track *Atom* **2** 37
track *Hunt.* **86** 8
track *Cine Film* **117** 82
track *Railw.* **202** 1-38
track *Station* **205** 59-61
track *Army* **255** 87
track *Equest.* **289** 23
track *Cyc. Racing* **290** 2
track *Winter Sp.* **301** 60
track, cinder ~ **298** 6
track, indoor ~ **290** 1
track, sand ~ **290** 24
track, synthetic ~ **298** 6
track, unfenced ~ **15** 102
track and field events **298**
track and signal indicator **203** 64
track-clearing vehicle **213** 17
track diagram control layout **203** 65
track diagram control panel **203** 66
tracker action **326** 6-16
track format **243** 28
trackhound **70** 42, 43
track indicator **65** 81
track inspection railcar **213** 32
track racer **290** 2
track rider **290** 2
track rider, motor-paced ~ **290** 14
track rod **65** 47
track-rod ball-joint **192** 80
tracksuit **33** 27

tracksuit bottoms **33** 29
tracksuit top **33** 28
trackwalker **202** 44
tract **330** 57
traction motor **211** 6
traction motor blower **211** 15
tractive effort indicator **211** 26
tractive unit **194** 21, 29
tractor **62** 38; **64** 46; **65** 20; **67** 17; **85** 43; **194** 21, 29; **273** 55
tractor, narrow-track ~ **78** 21
tractor driver **62** 39
tractor unit **85** 43
trader, itinerant ~ **308** 51
trades **9** 48, 49
tradesman **98** 41
trade winds **9** 48, 49
traffic control **264** 9
traffic control cuff **268** 31
traffic helicopter **264** 1
traffic light post **268** 53
traffic lights **268** 52
traffic patrol **264** 9
traffic policeman **268** 30
trail **86** 8
trail, scented ~ **289** 49
trailer *Farm Bldgs.* **62** 40
trailer *Agr.* **63** 27, 38
trailer *Blacksm.* **138** 10
trailer *Lorries etc.* **194** 22
trailer *Station* **206** 3, 35
trailer *Camping* **278** 52
trailer, collapsible ~ **278** 3
trailer, folding ~ **278** 3
trailer, tip-up ~ **56** 42
trailer frame **138** 28
trailering **278**
trailer wagon **200** 25
trailing arm **191** 27; **192** 66
trailing cable hanger **133** 39
trailing cable support **133** 39
trailing edge *Sailing* **284** 45
trailing edge *Gliding* **287** 37
trailing link arm **192** 81
trail rope **288** 69
train **355** 80
train, electric ~ **197**
train, interurban ~ **197**
train, local ~ **208** 1-12
train, short-distance ~ **208** 1-12
train, suburban ~ **205** 25
train control system, inductive ~ **211** 7, 38; **212** 14, 38
train deck **221** 80
trainee pastry cook **265** 6
trainer *Shoes* **101** 35
trainer *Circus* **307** 31
train ferry *Map* **15** 12
train ferry *Ship* **221** 74
train heating generator **212** 39
train heating system **212** 17, 18
train heating system transformer **212** 40
train heating voltage indicator **211** 27
training apparatus **299** 20-24
training equipment **299** 20-24
training ship **258** 95
training shoe **101** 35
train plate, bottom ~ **110** 37
'trains' **233** 34
train schedule **204** 50
train service, local ~ **208** 1-30
trainset **209** 1
trainset, experimental ~ **209** 23
train set, wooden ~ **47** 37; **48** 29; **273** 27
trajectory **89** 36
tram **197**; **268** 46
tramline **268** 23
trammel **125** 11
trampoline **282** 10; **297** 10
tram service **197** 13
tram stop **197** 35; **268** 25
tram stop sign **197** 36; **268** 26
tram timetable **268** 27
transept **335** 3
Trans-Europe Express **209** 1-22
Trans-Europe Express, electric ~ **205** 34
transfer blanket **249** 40
transfer cylinder **180** 36
transfer drum **180** 36
transfer entry **250** 25
transfer port **242** 57
transformer *Clocks* **110** 8
transformer *Power Plant* **153** 9-18
transformer *Railw.* **211** 10
transformer, high-tension ~ **211** 4
transformer, mobile ~ **152** 30, 39
transformer, transportable ~ **152** 30, 39
transformer connection **153** 19
transformer station *Brew.* **92** 21
transformer station *Hydr. Eng.* **217** 46
transformer tank **152** 40
transforming section **23** 56
transillumination **112** 60
transistor, actuating ~ **195** 19
Transitional **342** 5
'transit passengers' **233** 27
transit shed **225** 9
transmission **209** 18
transmission, multi-speed ~ **65** 36
transmission cable **326** 53
transmission line **154** 16
transmission line, high-voltage ~ **152** 32
transmission oil **209** 15; **212** 36, 43
transmission oil temperature gauge **212** 20
transmissometer **10** 60
transmitted-light microscope **112** 14
transmitter **10** 59, 62
transmitting antenna **288** 88
transom *Dwellings* **37** 35
transom *Ship* **221** 42
transom *Sailing* **284** 35; **285** 49
transom *Motorboats etc.* **286** 26
transom stern **221** 42; **258** 26; **259** 11; **285** 48
transparency **242** 42
transparency arm **177** 44
transparent gage **59** 25
transplanting *Plant Propagn.* **54** 5
transplanting *Forestry* **84** 10
transport aircraft, medium-range ~ **256** 14
transport and communications aircraft **256** 24
transport and rescue helicopter **256** 18
transporter, suction ~ **74** 49
transporter container-loading bridge **225** 46; **226** 2
transporter loading bridge **225** 20
transport helicopter **232** 21
transport lug **152** 48
transport roller *Cine Film* **117** 34
transport roller *Joiner* **132** 72
transport sprocket **115** 26
transport vehicle **62** 18
transtainer **226** 2
transtainer crane **226** 2
transversal chicane **301** 68
transverse motion **149** 17
trap *Bathrm. etc.* **49** 27
trap *Hunt.* **86** 20
trap *Plumb. etc.* **126** 26
trapdoor **38** 13
trapercius **18** 52
trapeze *Sailing* **284** 12
trapeze *Circus* **307** 6
trapeze artist **307** 7
trapeze platform **307** 5
trapezium **346** 37
trap opening **316** 32
trapper **306** 8
trapping **86** 19-27, 19
trappings *Horse* **71** 16
trappings *Chivalry* **329** 74
trash bin *Doc.* **22** 70
trash bin *Butch.* **96** 46
trash can **199** 3
trash conveyor **64** 80
travel agency **271** 24
travel centre **204** 28
traveler *see* traveller
traveling *see* travelling
traveller *Cotton Spin.* **164** 51, 55
traveller *Sailing* **284** 27
Travellers' Aid **204** 45
travelling bag **205** 10
travelling box **77** 44
traverse **152** 37
traversing handle **255** 48
trawler **90** 11; **221** 86
trawl fishing **90** 11-23
trawling **90** 11-23
trawl warp **90** 12
tray *Living Rm.* **42** 30
tray *Pest Contr.* **83** 17
tray *Game* **88** 8
tray *Café* **265** 3, 14
tray *Restaurant* **266** 19, 45, 63
tray *Fair* **308** 52
tray, revolving ~ **204** 37
tray, round ~ **44** 24
tray counter **266** 64
tray for purchases **271** 15
tray thermometer **116** 13
tread **50** 38; **123** 32, 47
tread, rubber ~ **187** 85
treading water **282** 39
treadle *Poultry Farm* **74** 63
treadle *Dressm.* **103** 11
treadle *Tailor* **104** 13
treadle control **168** 48
treadle lever **166** 58
treadle sewing machine **309** 1
treadling diagram **171** 10
tread sledge **304** 29
treasury notes **252** 29-39
treble belly bridge **325** 11
treble bridge **325** 11
treble clef **320** 8
treble control **241** 31
treble coupler **324** 41
treble plume **254** 30
treble register **324** 41
treble stop **324** 41
treble string **325** 10
treble tuning **241** 43
treble viol **322** 23
tree **272** 59, 61; **370** 1
tree, conical ~ **272** 13
tree, globe-shaped ~ **272** 12
tree, pyramidal ~ **52** 16; **272** 19
tree brush **56** 23
tree cake **97** 46
tree calliper, steel ~ **84** 21
tree felling **84** 15-37
tree frog **364** 24
tree guard **118** 80
tree nursery *Map* **15** 111
tree nursery *Market Gdn.* **55** 3
tree nursery *Forestry* **84** 6, 10
tree of life **372** 39
tree pruner **56** 11
trees, coniferous ~ *Map* **15** 1
trees, coniferous ~ *Conifers* **372** 1-71
trees, deciduous ~ **371** 1-73
trees, mixed ~ **15** 14
trees, non-coniferous ~ **15** 4
trees, ornamental ~ **373**; **374**
trees, young ~ **84** 10-11
tree scraper **56** 14
tree stake **52** 31
tree stump **84** 14
tree toad **364** 24
treetop **272** 60; **370** 4
tree trunk **84** 19; **370** 2, 7
tree trunk, hollowed-out ~ **218** 7
trefoil arch **336** 32
trek, roped ~ **300** 22-27
trellis **89** 5
trellis, wire ~ **78** 9
trembling poplar **371** 21
trenchcoat **33** 57
trestle *Overh. Irrign.* **67** 7
trestle *Carp.* **120** 18, 19
trestle *Shipbuild.* **222** 27
trestle, paperhanger's ~ **128** 52
trestle rope **122** 67
triad **321** 1-4
triakis-octahedron **351** 10
trial **290** 24-28
trial frame **111** 3
trial lens case **111** 45
triangle *Fish Farm.* **89** 85
triangle *Drawing Off.* **151** 7, 8
triangle *Railw.* **203** 13
triangle *School* **260** 37
triangle *Music. Instr.* **323** 49
triangle, acute-angled ~ **346** 28
triangle, equilateral ~ **346** 26
triangle, obtuse-angled ~ **346** 30
triangle, pipe clay ~ **350** 17
triangle, right-angled ~ **346** 32
triangle cut **36** 67
triangles, plane ~ **346** 26-32
triangle sign **203** 13
triangle symbol **345** 24
triangulation point **14** 49; **15** 71
triangulation station **14** 49; **15** 71
Triangulum Australe **3** 40
triceps brachii **18** 38
trick button **117** 84
trick ski **286** 56
triclinic crystal system **351** 26
Tricolour **253** 16
triforium **335** 33
trigger *Slaughterho.* **94** 6
trigger *Army* **255** 5
trigger guard **87** 10
trigger mechanism **255** 20
trigger valve **270** 62
triglyph **334** 15

trilby hat **35** 22
trill **321** 17, 18
trim **46** 5
trimaran **278** 16
trimmer *Carp.* **120** 41
trimmer *Roof* **121** 71
trimmer *Paperhanger* **128** 43
trimmer joist **120** 41
trimming, fur ~ **30** 59
trimming, lace ~ **31** 32
trimming, leather ~ **30** 18
trimming blade **85** 22
trimming knife **128** 38
trimming machine **85** 18
trimmings **266** 55
trimming tab **288** 25, 30
trimming table **132** 64
trimming tool **162** 43
trim tab **288** 25, 30
triplane **229** 6
triple-spar tail construction **257** 20
triplet **321** 23
trip mileage recorder **191** 74, 77
tripod *Photog.* **114** 42; **115** 99
tripod *Paperm.* **173** 6
tripod *Chem.* **349** 15; **350** 14
tripod, wooden ~ **313** 13
tripod bush **115** 30
tripod crane **222** 6
tripod lattice mast **258** 41
tripod leg **114** 43
tripod socket **115** 30
tripod spotlight **310** 52
trireme **218** 9-12
triton **327** 40
trochilus **334** 29
troika **186** 45
trolley *Blacksm.* **138** 35
trolley *Lorries etc.* **194** 42
trolley *Tram* **197**
trolley *Station* **206** 14
trolley *Town* **268** 46
trolley, electric ~ **205** 29
trolley, metal ~ **74** 31
trolley bus **194** 40
trolley bus trailer **194** 44
trolley shoe **194** 42
trolley shoe, aluminium alloy ~ **197** 24
trolley shoe, carbon ~ **197** 24
trolley stop **197** 35; **268** 25
trolley stop sign **197** 36; **268** 26
trolley wire **197** 41; **205** 58
trolley wire contact point **197** 40
trombone **323** 46
trombone slide **323** 47
tropaeolum **53** 4
trophus **358** 26
trophy **352** 15, 30
tropic of Cancer **3** 4
tropics **14** 10
tropopause **7** 9
troposphere **7** 1
trot **72** 41
trotter *Meat* **95** 38, 42, 48
trotter *Equest.* **289** 28
trotting silks **289** 26
troubadour **329** 70
trough *Phys. Geog.* **12** 18
trough *Mills* **91** 14
trough *Railw.* **202** 34
trough *Art* **336** 48
trough, equatorial ~ **9** 46
trough, outdoor ~ **62** 9
trough gutter **122** 83
trough mixer, double shaft ~ **159** 10
trough plane **12** 19
trough surface **12** 19
trough valley **13** 55
trough vault **336** 47
trouser leg **33** 6
trouser pocket **33** 47
trousers, boy's ~ **29** 60
trouser suit **30** 57
trouser turn-up **31** 40
trout **364** 15
trout breeding **89** 14
trout fry **89** 16
trout pond **89** 6
trout rearing **89** 14
trowel *Gdn. Tools* **56** 6
trowel *Bldg. Site* **118** 52
trub **93** 2
trub removal **93** 1-5
truck *Bldg. Site* **119** 32
truck *Power Plant* **152** 41
truck *Sawmill* **157** 16
truck *Refuse Coll.* **199** 38
truck *Railw.* **207** 4; **208** 4; **212** 2; **213** 13
truck *Docks* **226** 4, 19
truck *Flags* **253** 1
truck, electric ~ **205** 29; **206** 2, 34
truck, heavy ~ **194** 20; **200** 7
truck, large-capacity ~ **158** 14
truck, light ~ **194** 1, 5
truck, toy ~ **47** 38; **273** 62
truck farm **55** 1-51, 3
truck garden **55**; **55** 1-51, 3
trucks **194**
truck tire **273** 19
truck-to-truck handling **226** 7
truck-to-truck operation **225** 41
truck-to-truck system **225** 41
truck with trailer **213** 34
trudgen **282** 37
trudgen stroke **282** 37
truffle *Grocer* **98** 86
truffle *Edib. Fungi* **381** 9, 10, 11
trumpet **318** 6; **323** 43
trumpet, bronze ~ **322** 1
trumpet daffodil **60** 3
trumpeter **318** 7
trumpet narcissus **60** 3
truncheon *Heraldry* **254** 31
truncheon *Police* **264** 19
trunk *Man* **16** 22-41
trunk *Forestry* **84** 19
trunk *Car* **191** 24; **193** 23
trunk *Mammals* **366** 21
trunk *Bot.* **370** 2
trunk, horse's ~ **327** 45
trunk, main ~ **88** 11
trunk, round ~ **120** 83
trunk, woman's ~ **327** 24
trunk-bending forwards **295** 33
trunk-bending sideways **295** 32
trunk call **237** 3
trunk-hose, paned ~ **355** 34
trunk-hose, stuffed ~ **355** 31
trunk lid **191** 7
trunk line **15** 21
trunk pipeline **145** 35
trunk road **15** 17
trunks **32** 27
truss **215** 3
trussed arch bridge **215** 23
trussed-rafter roof **121** 34
truss element **215** 24
trusser **130** 12
truss joint **215** 37
truss post **121** 68
truss tower **155** 43
trying plane **132** 39
trysail **220** 1
try square **120** 69; **132** 6; **134** 26
try-your-strength machine **308** 11
tsetse fly **81** 43
T-shirt **31** 38
T-shirt, children's ~ **29** 27
T-square **151** 9
tsunami **11** 53
T-tail **229** 29; **256** 31-32; **287** 10
T-tail unit **229** 29; **256** 31-32; **287** 10
tub *Market Gdn.* **55** 48
tub *Wine Grow.* **78** 10
tub, wooden ~ **91** 27
tuba **323** 44
tubaphone **324** 61
tube *Hosp.* **25** 13; **26** 17
tube *Pest Contr.* **83** 31
tube *Opticn.* **111** 18
tube *Optic. Instr.* **113** 8
tube *Bicycle* **187** 30
tube *Music. Instr.* **323** 29; **326** 22
tube *Invertebr.* **357** 23
tube *Edib. Fungi* **381** 17
tube, diaphragmed ~ **10** 27
tube, eustachian ~ **17** 65
tube, fallopian ~ **20** 81
tube, steel ~ **155** 30
tube, telescopic ~ **65** 77
tube, uterine ~ **20** 81
tube bin **255** 72
tube cap **260** 52
tube centre section **113** 9
tube clamp **40** 20; **350** 30
tube clip **40** 20; **350** 30
tube connection **6** 26
tube holder **22** 46
tuber *Arable Crops* **68** 40
tuber *Bot.* **370** 79
tuberose **60** 9
tuberosity **80** 27
tube support **27** 47
tube valve **187** 31
tube well **269** 60
tubing **145** 20, 24
tub plant **55** 47
tuck and miss stitch **171** 44, 47
tuck jump **282** 14; **295** 36; **297** 40
tuck stitch, pulled-up ~ **171** 45, 48
tuck stitch, staggered ~ **171** 46
tue iron **137** 6
tuff **11** 19
tuff deposit **11** 26
tuft **73** 7
tufted lark **361** 19
tuft of grass **375** 44
tug *Shipbuild.* **222** 42
tug *Docks* **225** 15
tug *Salvage* **227** 5, 16
tug *Gliding* **287** 2
tulip poplar **374** 1
tulip tree **374** 1
tulle background **102** 16
tulle lace **102** 15
tulle work **102** 15
tumble drier **50** 28
tumbler *Metalwkr.* **140** 38
tumbler *Restaurant* **266** 3
tumbler, seaward ~ **226** 23
tumbler, shore-side ~ **226** 28
tumbler lever **149** 10
tumbler reverse lever **149** 14
tumbler spring **140** 42
tumbling separator, mechanical ~ **64** 75
tumulus **328** 16
tun **92** 45
tun, wooden ~ **91** 27
tundra climate **9** 57
tuner **241** 9, 37; **317** 22
tuner, automatic ~ **23** 38
tunic *Ladies' Wear* **30** 29
tunic *Ship* **221** 115
tunic *Hist. Cost.* **355** 12, 25
tunic, long ~ **355** 19
tunica **355** 12
tunic top **30** 29
tuning control **241** 9
tuning crook **326** 21
tuning device **326** 30
tuning dial **241** 7
tuning flap **326** 30
tuning fork element **110** 9
tuning fork principle **110** 6
tuning fork watch **110** 6
tuning hammer **325** 20
tuning hole **326** 33
tuning key **325** 20
tuning knob **241** 9; **309** 21
tuning meter **241** 39, 54
tuning peg **323** 18; **324** 11; **325** 17
tuning pin **324** 23; **325** 17
tuning screw **323** 59
tuning slot **326** 33
tuning tongue **326** 30
tuning wedge **325** 21
tuning wire **326** 21
tunnel *Map* **15** 70
tunnel *Soft Fruit* **58** 63
tunnel *Station* **204** 23
tunnel *Railw.* **214** 6
tunnel, plastic ~ **55** 40
tunnel, underground ~ **198** 29
tunnel entrance **233** 6
tunnel kiln **161** 5
tunnelling machine **144** 32
tunnel vault **335** 19; **336** 38
tup *Blacksm.* **137** 10
tup *Forging* **139** 12, 26
turban **353** 46
turbine **67** 20; **209** 18; **232** 40, 47
turbine, high and low pressure ~ **259** 62
turbine, high-pressure ~ **232** 53
turbine, low-pressure ~ **232** 54
turbine, reversible ~ **155** 39
turbine, supercharged ~ **212** 51
turbine engine **232** 17, 24; **257** 15
turbine exhaust **146** 5
turbine house **152** 22; **217** 43
turbine inlet **155** 40, 41
turbine monitoring panel **153** 30
turbine transmission **209** 10
turbine unit **209** 24
turbogenerator **154** 34
turbogenerator set **154** 33
turbogenerator unit **153** 23-30
turbojet engine **231** 26
turbojet engines **232** 33-50
turbopropeller engine **231** 5; **232** 30, 51
turbopropeller plane **231** 4
turboprop engine **231** 5; **232** 30, 51; **256** 16
turboprop plane **231** 4
tureen **45** 15
turkey **73** 28
turkey cock **73** 28
turkey hen **73** 28
turkey leg **99** 59
Turkish delight **308** 18

turk's cap **377** 4
turk's cap lily **377** 4
turn *Athletics* **298** 24
turn *Music. Not.* **321** 21
turnbuckle **130** 4; **202** 31
turner *Brew.* **92** 24
turner *Turner* **135** 20
turnery **135** 1-26
turn indicator *Car* **191** 76
turn indicator *Aircraft* **230** 12
turn indicator light **189** 37, 45
turn indicator light, front ~ **191** 19
turning head, multiple ~ **149** 41
turning judge **282** 26
turning tools **135** 14,15,24
turnip moth **80** 42
turnout **203** 51, 52
turn slot **288** 46
turntable *Porcelain Manuf.* **161** 11
turntable *Electrotyp. etc.* **178** 26
turntable *Lorries etc.* **194** 31
turntable *Bridges* **215** 64
turntable *Docks* **226** 56
turntable *Audio* **241** 20
turntable *Army* **255** 73
turntable *Welder* **142** 41
turntable glazing machine **161** 16
turn-up **30** 35; **31** 54; **33** 35
turpentine separator **172** 14
turret *Mach. Tools* **149** 40
turret *Warships* **258** 47, 67. 70; **259** 31, 52, 71
turret *Chivalry* **329** 28, 35
turret, aft ~ **259** 44
turret, armoured ~ **255** 84
turret, forward ~ **259** 43
turret head **117** 46; **313** 32
turret lathe **149** 38
turtle dove **359** 23
tusk **88** 54; **366** 22; **367** 22
tutu **314** 29
tuyère **147** 20
TV set **42** 8; **46** 14
tween deck **223** 76
tweeter **241** 15
tweezers **109** 14; **174** 18
twig **370** 6
twilight area **4** 21
twin anti-aircraft gun **258** 31 31
twin anti-aircraft gun turret **259** 30
twin anti-aircraft missile launcher **259** 25, 33
twin anti-aircraft rocket launcher **259** 25, 33
twin columns **336** 6
twin edger **157** 57
twin engine, horizontally-opposed ~ **189** 47
twin etching machine **178** 30
twin hull **284** 65
twin launching catapult **259** 14
Twins **3** 28; **4** 55
twin seat **188** 42
twin seat, racing-style ~ **189** 14
twin set **31** 49
twin-spar wing construction **257** 27
twin tail unit **229** 32, 34
twist bit **134** 49; **140** 59
twist drill **134** 49; **140** 59
twist grip *Pest Contr.* **83** 19
twist grip *Motorcycles etc.* **188** 31
twist grip throttle control **188** 30; **189** 29
twist of tobacco **107** 18
twitch grass **61** 30
two-eight time **320** 28
two-four time **320** 29
two-high mill **148** 53
two-line brevier **175** 30
two-line primer **175** 31
two-pipe system **126** 22
two-seater **193** 28
two-stroke blending pump **196** 13
two-toed sloth **366** 11
two-two time **320** 30
two-way tap **350** 49
tympan **340** 37
tympanum **335** 26
type *Composing Rm.* **174** 7, 15, 44; **175** 1-17, 38
type *Letterpress* **181** 37
type *Office* **249** 15, 29
type *Money* **252** 12
type, black-letter ~ **342** 1, 2, 3
type, bold ~ **175** 2
type, bold condensed ~ **175** 10
type, boldfaced ~ **175** 2
type, extra bold ~ **175** 9
type, Gothic ~ **342** 1
type, heavy ~ **175** 2
type, italic ~ **175** 7
type, light face ~ **175** 8
type, Schwabacher ~ **342** 2
type, semibold ~ **175** 3
type area **185** 59
type bed **180** 78; **181** 17
typecase **174** 3
type casting **175** 32-37
type character **174** 7; **175** 38
type cleaner **247** 8
type-cleaning brush **247** 7
type-cleaning kit **247** 8
type disc **176** 20
type face **174** 31; **175** 42
type faces **342** 1-15
type forme **340** 32
typefounding **175** 32-37
type height **175** 44
type line **175** 43
type magazine **174** 21
type matrix **174** 47; **176** 16
type matter **174** 15; **175** 1-17; **181** 37
types **342** 1-15
typescript *Composing Rm.* **174** 6
typescript *Script* **342** 9
typesetter **174** 5
typesetting, computer-controlled ~ **176** 14
typesetting computer **176** 10
type size **175** 18, 46
types of ship **221**
typewriter **209** 28; **248** 22; **309** 79
typewriter, electric ~ **249** 1
typewriter rubber **247** 26
typewriting **342** 9
typhoon wheel **308** 46
typing compartment **209** 26
typing desk **245** 25; **248** 26
typing opening **249** 19
typing window **249** 19
typist **248** 21
typographer beetle **82** 22
tyre **191** 15
tyre, high-pressure ~ **187** 30
tyre, pneumatic ~ **187** 30; **305** 86
tyre, rubber ~ **273** 54
tyre, tubular ~ **290** 19, 23
tyre chain **304** 10
tyre pressure gauge **196** 17
tyre tread **189** 27

U

udder **75** 18
ulna **17** 14
ulnar side of the hand **19** 70
ultra large crude carrier **221** 1
umbel **383** 65
umbel, simple ~ **370** 72
Umbellula encrinus **369** 14
umbo **329** 58
umbra **4** 35
umbrella *Hall* **41** 15
umbrella *Station* **205** 12
umbrella *Art* **337** 22
umbrella *Invertebr.* **357** 15
umbrella, telescopic ~ **41** 12
umbrella stand **41** 14
umpire **292** 55, 65; **293** 19, 68
unau **366** 11
uncial **341** 17
underbrush **84** 5
undercarriage **194** 32
undercarriage, retractable ~ **232** 10
undercarriage housing **256** 15
undercarriage hydraulic cylinder **257** 41
undercarriage unit, forward-retracting ~ **257** 40
undercarriage unit, main ~ **230** 41; **231** 28; **256** 26; **257** 40; **288** 33
undercarriage unit, retractable ~ **231** 28
underclothes, ladies' ~ **32** 1-15
underclothes, men's ~ **32** 22-29
undercut *Forestry* **84** 28
undercut *Meat* **95** 13
undercut swing saw **157** 24, 64
underframe **207** 3; **208** 5
undergown **355** 37
undergrasp **296** 41
undergrowth **84** 5
underlip **72** 10
under-ridge tile **122** 5
undershirt **296** 61
underside **173** 34
underskirt **309** 85
understructure **191** 2
under tile **122** 57
underwater case **117** 57
underwater housing **117** 57
underwater massage bath **281** 31
underwater salvo missile launcher **259** 24
underwater salvo rocket launcher **259** 24
underwater swimmer **279** 7; **280** 37
underwater swimming **279** 7-27; **282** 38
underwater swimming set **279** 8-22
underwear **32**
underwear, ladies' ~ **32** 1-15
underwear, men's ~ **32** 22-29
underwing tank **256** 4
underwood **84** 5, 32
uneven bars **297** 3
ungulates **366** 25-31; **367** 1-10
ungulates, even-toed ~ **366** 28-31
ungulates, odd-toed ~ **366** 25-27
unicorn **254** 16; **327** 7
uniform **264** 7
uniform cap **264** 8
Union Jack **253** 15
union of sets **348** 5-6
unison **321** 6
unison interval **321** 6
unit, assistant's ~ **24** 9
unit, slide-in ~ **27** 32
unit indicator **174** 36
unit load **225** 49; **226** 9
unit load, foil-wrapped ~ **225** 42
units **344** 3
university **262** 1-25
university lecturer **262** 3
university library **262** 11-25
university professor **262** 3
unloading unit **62** 42
unwind station **173** 39
up-and-down roundabout **308** 5
up-and-down slide **273** 52
upcurrent, frontal ~ **287** vp
upholstery **134** 59
upper, corduroy ~ **101** 26
upper, rubber ~ **300** 45
upper, soft-leather ~ **101** 46
upper, terry ~ **101** 23
upper arm hang **296** 58
upper board **326** 15
upper board groove **326** 14
uppercut **299** 32
upper fore topgallant sail **219** 59
upper fore topgallant yard **219** 36
upper fore topsail **219** 57
upper fore topsail yard **219** 34
upper hatch **6** 45
upper-leather shears **100** 42
upper main topgallant sail **219** 65
upper main topgallant yard **219** 42
upper main topsail **219** 63
upper main topsail yard **219** 40
Upper Muschelkalk **154** 58
Upper Permian **154** 62
upright *Gymn.* **296** 9
upright *Athletics* **298** 13, 33
upright *Music. Instr.* **325** 1
upright kneeling position **295** 7
upright spin **302** 9
upsett **136** 25
upsetting block **137** 16
upstart **297** 28
upward ventilator **154** 81
U-rail **214** 22
Uranus **4** 50
ureter **20** 32
urethra **20** 68
urethroscope **23** 20
urine sediment chart **23** 58
urn **328** 40; **331** 31
urn, cinerary ~ **328** 38
urn, domestic ~ **328** 38
urn, embossed ~ **328** 38
urn grave **328** 39; **331** 30
Ursa Major **3** 29
Ursa Minor **3** 34
ursine seal **367** 18
usher **315** 12
usherette **312** 4
uterus **20** 79
utility room door **118** 6
utility room window **118** 5
U-tube **349** 2
U-valley **13** 55
uvula **19** 22

V

vacancy **342** 70
vacuum **240** 21
vacuum back **177** 35
vacuum box **173** 15
vacuum chamber **2** 52; **83** 12; **159** 12
vacuum cleaner *Household* **50** 80
vacuum cleaner *Goldsm. etc.* **108** 43
vacuum cleaner, cylinder ~ **50** 68
vacuum cleaner, upright ~ **50** 58
vacuum equipment **145** 51
vacuum film holder **177** 8
vacuum frame **179** 13; **182** 2
vacuum line **74** 50; **75** 29
vacuum printing frame **179** 13
vacuum pump *Intern. Combust. Eng.* **190** 59, 60
vacuum pump *Water* **269** 8
vacuum pump switch **179** 19
vacuum ripening tank **169** 11
vacuum timing control **190** 9
vagina **20** 86
Valasian dulcimer **322** 34
Valenciennes **102** 18
valerian **380** 5
valley *Phys. Geog.* **13** 52-56
valley *Roof* **121** 15; **122** 11, 82
valley, dry ~ **13** 75
valley, synclinal ~ **13** 56
valley, U-shaped ~ **13** 55
valley, V-shaped ~ **13** 53, 54
valley bottom **13** 67; **215** 60
valley floor **13** 67
valley glacier **12** 49
valley rafter **121** 64
valley station **214** 39
valley station platform **214** 51
valley temple **333** 8
value **250** 18
value, note's ~ **320** 7
valve *Roof & Boilerr.* **38** 73
valve *Bicycle* **187** 31
valve *Airsports* **288** 77
valve *Ball Games* **291** 18
valve *Music. Instr.* **323** 40; **324** 66
valve, aortic ~ **20** 49
valve, atrioventricular ~ **20** 46, 47
valve, bicuspid ~ **20** 47
valve, mitral ~ **20** 47
valve, pulmonary ~ **20** 50
valve, sliding ~ **217** 55
valve, tricuspid ~ **20** 46
valve control house **217** 42, 63
valve horn **323** 41
valve house **217** 42, 63
valve housing **217** 54
valve line **288** 78
valve sealing cap **187** 32
valves of the heart **20** 46-47
valve tube **187** 31
vambrace **329** 47
vamp *Shoem.* **100** 60
vamp *Carnival* **306** 32
vamplate **329** 82
van, medium ~ **194** 7
Vandyke beard **34** 13
vane, curved ~ **91** 38
vane, flat ~ **91** 40
vang **284** 21
vanilla **382** 48
vanilla plant **382** 46
vanilla pod **382** 48
vans **194**
vaquero **306** 31
variable **345** 14
variable depth sonar **259** 40
variable focus lens **313** 23
variable platen action lever **249** 24
varifocal lens **313** 23
variometer **230** 14
varnish **338** 12
varnishing **129** 14
vas deferens **20** 74
vase, Greek ~ **334** 37
vase, hand-painted ~ **161** 18
vase, porcelain ~ **337** 5
vase, stone ~ **272** 35
vastus lateralis **18** 46
vastus medialis **18** 46
vat *Fish Farm.* **89** 4
vat *Paperm.* **172** 25; **173** 47
vat, concrete ~ **79** 3
vat, stainless steel ~ **79** 4
vatman **173** 46
vault **79** 1
vault, cloistered ~ **336** 41
vault, groined ~ **336** 42
vault, ribbed ~ **336** 43
vault, stalactitic ~ **337** 17
vault, stellar ~ **336** 44
vault, types of ~ **336** 38-50
vaulter *Athletics* **298** 29
vaulter *Circus* **307** 32
vaulting **298** 9-41
vaulting, Romanesque ~ **335** 17
vaulting horse **296** 1; **297** 1
vaulting pole **298** 28
V-belt **64** 78
V-belt drive **180** 58
V-cardan **67** 31
VCR cassette **243** 5
veal **95** 1-13
vee-belt drive **180** 58
vee-neck **31** 68
vee-tail **229** 31
Vega **3** 22
vegetable, frozen ~ **99** 61
vegetable basket **99** 81
vegetable crate **55** 43
vegetable dish **45** 25
vegetable garden **52**
vegetable oil **98** 23
vegetable patch **52** 26
vegetable plants **57**
vegetable plate **45** 33
vegetable platter **45** 33
vegetable plot **52** 26; **55** 39
vegetables **57**
vegetables, canned ~ **96** 27
vegetable spoon **45** 74
vegetarian meal **266** 62
vehicle **195** 47
vehicle, articulated ~ **194** 28
vehicle, electrically-powered ~ **188** 20
vehicle ferry **15** 47
vehicle ramp **206** 1
vehicles, horse-drawn ~ **186** 1-54
vehicle tanker **194** 28
veil **381** 5
veil, bridal ~ **332** 20
veil, widow's ~ **331** 39
vein **370** 29
vein, frontal ~ **18** 6
vein, iliac ~ **18** 18
vein, jugular ~ **18** 2
vein, portal ~ **20** 39
vein, pulmonary ~ **18** 12; **20** 56
vein, subclavian ~ **18** 8
vein, temporal ~ **18** 4
velum **381** 5
velum palati **19** 21
vena cava, inferior ~ **18** 15; **20** 57
vena cava, superior ~ **18** 9; **20** 53
venation **370** 29
vendor **308** 17
veneer **133** 2
veneer-peeling machine **133** 1
veneer-splicing machine **133** 3
V-engine **190** 1
vent *Phys. Geog.* **11** 28
vent *Airsports* **288** 82
vent, volcanic ~ **11** 17
ventilating tile **122** 7
ventilation control knob **26** 27
ventilation drum **74** 29
ventilation drum motor **74** 33
ventilation flap *Market Gdn.* **55** 41
ventilation flap *Railw.* **213** 16, 29, 30
ventilation shaft *Brew.* **92** 14
ventilation shaft *Coal* **144** 21
ventilation slit **50** 30
ventilation switch **191** 83
ventilation system **6** 26
ventilation system, automatic ~ **191** 30
ventilation window **55** 10
ventilator *Bathrm. etc.* **49** 20
ventilator *Poultry Farm* **74** 10, 17
ventilator *Railw.* **207** 9
ventilator *Ship* **221** 41
ventilator *Water* **269** 27
ventilator *Disco* **317** 30
ventilator *Zoo* **356** 17
ventilator, hinged ~ **55** 10
ventilator grill **258** 43
ventilator lead **223** 41
ventilator opening **258** 43
ventilators **55** 10-11
vent mast **221** 38
vent pipe **155** 11
vent prop **55** 18
ventral part **95** 39
ventricle **20** 51
vents **55** 10-11
venturi **192** 8
venturi throat **190** 15
Venus **4** 44
Venus's flytrap **377** 14
Venus's slipper **376** 27
verge **37** 8; **121** 3
verger **330** 26, 58
Vermes **357** 20-26
vermouth **98** 62
vernier *Metalwkr.* **140** 55
vernier *Navig.* **224** 5
vernier calliper gauge **140** 52; **149** 67
vernier depth gauge **140** 54; **149** 72
vernier scale **149** 69
vert **254** 29
vertebra, cervical ~ **17** 2
vertebra, coccygeal ~ **17** 5; **20** 60
vertebra, dorsal ~ **17** 3
vertebra, lumbar ~ **17** 4
vertebra, thoracic ~ **17** 3
vertex *Man* **16** 1
vertex *Maths.* **346** 26; **347** 16, 28
vertex refractionometer **111** 33
vertical backward somersault **297** 17
vertical deflection module **240** 8
vertical drive head **150** 38
vertical flick spin **288** 6
vertical milling spindle **150** 37
vertical/short take-off and landing aircraft **232** 26-32
vertical speed indicator **230** 14
vertical tangent screw **14** 54
vesicle, germinal ~ **74** 66
vesicle, seminal ~ **20** 77
vessel, completed ~ **162** 29, 37
vessel, damaged ~ **227** 2; **228** 10
vessel, funerary ~ **328** 34
vessels, ecclesiastical ~ **332** 34-54
vessels, liturgical ~ **332** 34-54
vessel with spiral pattern **328** 13
vest *Infant Care etc.* **28** 23
vest *Underwear etc.* **32** 7
vest *Men's Wear* **33** 4, 15
vest *Gymn.* **296** 61
vest *Hist. Cost.* **355** 75
vest, envelope-neck ~ **29** 7
vest, knitted ~ **33** 53
vest, short-sleeved ~ **32** 28
vest, sleeveless ~ **29** 6; **32** 25
vest, wrapover ~ **29** 8
vest and shorts set **32** 21
vestibule *Railw.* **207** 21
vestibule *Hotel* **267** 1-26
vestments **332** 4
vestry **331** 13
vestry door **330** 17
VHF and UHF tuner **240** 6
VHF antenna **257** 25
VHF station selector button **241** 38
viaduct **215** 59
vibrating beam **201** 13
vibrating cylinder **119** 89
vibrating head **119** 89
vibrating poker **119** 89
vibration, macroseismic ~ **11** 38
vibration damper **190** 26
vibrator **201** 13
vicar **330** 22
vicarage **331** 20
vice **109** 28; **134** 10; **138** 24; **260** 47, 56
vice, front ~ **132** 30
vice, parallel-jaw ~ **140** 2
vice bar **260** 48
vice handle **132** 31
vice screw **132** 32
Victoria regia water lily **378** 17
video cassette **242** 18
video cassette recorder **243** 7
video cassette recorder system **243** 5-36
video coding station **236** 39
video controller **239** 11
video control room **239** 10
video data terminal **238** 2, 11
video disc **243** 38, 44, 58
video disc jacket **243** 45
video disc player **243** 37, 46
video head **243** 26, 36
video head movement, direction of ~ **243** 30
video long play video disc system **243** 46-60
video monitor **238** 2
video recorder, portable ~ **243** 4
video signal **243** 58
videotape recorder, portable

~ **243** 4
video telephone **242** 21
video telephone screen **242** 26
video track **243** 31
vielle à roue **322** 25
Vienna sausage **96** 8
view, front ~ **151** 17
view, lateral ~ **27** 3
view, side ~ **151** 18
viewer editor **117** 91
viewfinder, rectangular ~ **114** 14
viewfinder, right-angle ~ **115** 71
viewfinder, universal ~ **114** 41
viewfinder eyepiece *Photog.* **114** 2; **115** 22
viewfinder eyepiece *Films* **313** 6
viewfinder hood **114** 23; **115** 68
viewfinder image **115** 51
viewing lens **114** 25
viewing screen **117** 94
view point **15** 68
Viking longship **218** 13-17
village **15** 105
vine *Wine Grow.* **78** 2-9
vine *Pest Contr.* **83** 51
vinegar **98** 25
vine layer **83** 15
vine leaf **78** 4
vine pests **80** 20-27
vine root louse **83** 33
vine shoot **78** 2
vine stem **78** 6
vine tendril **54** 22
vineyard *Map* **15** 65
vineyard *Wine Grow.* **78** 1, 21
vineyard area **78** 1-21
vineyard tractor **83** 48
viniculture **78**
viniculturist **78** 13
viol **322** 23
viola **323** 27
viola da gamba **322** 23
viol bow **322** 24
violet **343** 9
violin **323** 1
violin, miniature ~ **322** 20
violin body **323** 3
violin bow **323** 12
violin-bow fibula **328** 27
violin bridge **323** 5
violin clef **320** 8
violinist **267** 45
violin string **323** 9
violoncello **323** 16
violone **323** 23
vipers **364** 40-41
Virgin **3** 18; **4** 58
virginal **322** 45
Virginia creeper **51** 5; **374** 16
Virgin Mary **330** 51
Virgo **3** 18; **4** 58
vis-à-vis **186** 51
viscose **169** 13-27, 15
viscose process **169** 1-34
viscose rayon **169** 1-12, 34
viscose rayon cake **169** 18
viscose rayon thread **169** 13-27
viscose spinning solution **169** 10, 28-34
viscous drive **190** 8
vise *see* vice
vision controller **239** 11
vision control room **239** 10
vision mixer **238** 63
vision-mixing console **238** 63
vision-mixing desk **238** 63
visitor **356** 6
visor *Forestry* **84** 23
visor *Heraldry* **254** 9
visor *Chivalry* **329** 40
visual display **23** 27
visual display unit **248** 16, 44
viticulture **78**
viticulturist **78** 13
vitreous body **19** 46
vixen **88** 42
VLP video disc **243** 51
V-neck **31** 68
vocal pouch **364** 25
vocal sac **364** 25
Voith transmission **209** 14; **212** 74
vol-au-vent **97** 18
volcanism **11** 13-28
volcano, active ~ **11** 15
volcano, composite ~ **11** 15
volcano, extinct ~ **11** 25, 28
volcano, subterranean ~ **11** 20
vole and mole trap **83** 37
volley **293** 41
volley, forehand ~ **293** 41
volleyball **293** 56-71, 58, 59
voltage meter **212** 17
voltage regulator, automatic ~ **153** 31
voltage transformer **153** 59
voltmeter **326** 38
volume, respiratory ~ **26** 28
volume control **117** 85; **241** 41
volume control, pupil's ~ **261** 43
volume control, student's ~ **261** 43
volume readout **196** 5
volumetric flask **350** 28
volume unit meters **241** 35-36
volute **333** 26; **334** 23
volute cushion **334** 24
VOR antenna **257** 26
VOR radio direction finder **230** 15
voter **263** 22
voter, qualified ~ **263** 24
votive candle **330** 53
voussoir **336** 22
V-seat **295** 13
V-support **295** 17
V-tail **229** 31
vulcanicity **11** 13-28
vulva **16** 39
V-valley **13** 53
V-way *Joiner* **132** 61
V-way *Composing Rm.* **175** 54

W

wad, felt ~ **87** 52
wafer *Bakery* **97** 45
wafer *Church* **332** 28
wafer, sacred ~ **332** 48
waffle **97** 45
waffle iron, electric ~ **40** 34
wagon **213** 18
wagon, flat ~ **206** 21, 24; **213** 5, 11, 40
wagon, large-capacity ~ **213** 28
wagon, open ~ **213** 33
wagon, special ~ **213** 33
Wagoner **3** 27
wagonette **186** 2
wagon load **206** 52
wagon truck **200** 25
wagtail **360** 9
waist *Man* **16** 31
waist *Shoem.* **100** 68
waist, corseted ~ **355** 53
waistband *Ladies' Wear* **31** 41
waistband *Men's Wear* **33** 23
waistcoat **33** 4, 15
waistcoat, denim ~ **31** 59
waistcoat, embroidered ~ **355** 75
waistcoat, knitted ~ **33** 53
waistcoat, quilted ~ **30** 16
waist longeron **235** 9
waist slip **32** 14; **309** 85
waiter **267** 47
waiter, head ~ **266** 30
waiting room *Doc.* **22** 1
waiting room *Station* **204** 14
waiting room *Airport* **233** 18
'waiting room' *Airport* **233** 28
waitress **265** 13; **266** 18
wake **223** 58
wake-robin **379** 9
waldhorn **323** 41
walk **71** 2; **72** 39
walk, gravel ~ **272** 18
walkie-talkie set **270** 41
walking stick **41** 5
walking-stick umbrella **205** 12
walkway *Dwellings* **37** 60
walkway *Street Sect.* **198** 9
walkway *Hydr. Eng.* **217** 72
wall *Map* **15** 95
wall *Carp.* **120** 29
wall *Equest.* **289** 8
wall *Ball Games* **291** 44
wall, brick ~ **118** 8; **123** 29; **260** 45
wall, concrete ~ **123** 1
wall, framed ~ **120** 48
wall, glass ~ **37** 16
wall, hollow-block ~ **118** 15
wall, inner ~ **329** 19
wall, mirrored ~ **317** 28
wall, outer ~ **121** 32, 77; **122** 37
wall, Rococo ~ **336** 9
wall, rubble concrete ~ **119** 7
wall, side ~ **42** 2; **46** 4; **222** 37
wall, slatted ~ **213** 29
wall, stone ~ **337** 23
wall, timber ~ **119** 25; **120** 9
wall barley **61** 28
wall bars **296** 20
wall brush, flat ~ **129** 17
wall calendar **22** 17; **245** 3; **248** 42
wall candelabrum **330** 16
wall chart **195** 32
wall clock **109** 32; **309** 87
wall connection **25** 23
wall cupboard **39** 8; **46** 30
wall desk **267** 16
wall espalier **52** 1
wall fountain **272** 15
wall gecko **364** 36
wall joist **120** 39
wall lamp **265** 9
wall lining, 'acoustic' ~ **310** 15
wall map **260** 44
wall memorial **331** 14
wall mirror **309** 3
wall-of-death rider **308** 54
wall outlet **127** 5
wall outlet, double ~ **127** 6
wallower **91** 11
wallpaper **128** 18, 19
wallpaper, synthetic ~ **128** 18
wallpaper-cutting board **128** 41
wallpapering **128** 18-53
wallpaper paste **128** 23
wallpaper-stripping liquid **128** 1
wallpaper-stripping machine **128** 9
wall pepper **51** 7
wall plaster **123** 60
wall plate **120** 40, 49
wall shelf **104** 8
wall shelf unit **104** 8
wall socket **39** 26; **127** 5
wall socket, double ~ **127** 6
wall stone **331** 14
wall string **123** 45
wall stringer **123** 45
wall switch **127** 16
wall unit **42** 1; **44** 17; **46** 1
wall ventilator **266** 15
walnut **59** 41, 43
walnut tree **59** 37-43, 37
walrus **367** 20
wane **120** 89
waney edge **120** 89
Wankel engine, two-rotor ~ **190** 5
wapiti **367** 2
ward, inner ~ **329** 2
ward, outer ~ **329** 31
wardrobe **43** 1
wardrobe door **46** 2
wardrobe trunk **267** 29
warehouse *Station* **206** 53
warehouse *Docks* **225** 23
warhead **255** 65
war horn, ivory ~ **354** 39
warm-air brush **106** 30
warm-air comb **105** 22; **106** 29
warm-air curtain **271** 43
warm-air regulator **191** 87
warm house **55** 4, 32
warm-up regulator **190** 50
warning cross **202** 41
warning light **191** 67, 72, 76, 80; **202** 46, 50; **224** 69; **230** 64; **270** 6
warning sign **280** 6
warp *Sea Fish.* **90** 12
warp *Weaving* **165** 43; **166** 39
warp *Knitting* **167** 24
warp *Weaves* **171** 14
warp *Hydr. Eng.* **217** 23
warp, wire ~ **90** 15
war paint **352** 13
warp beam **165** 29, 42; **166** 48; **167** 24
warp beam, sized ~ **165** 56
warping capstan **217** 22
warping machine **165** 22
warping machine frame **165** 27
warp-knitting machine **167** 23
warp let-off motion **166** 61
warp rib fabric **171** 14
warp rib weave **171** 13
warp thread **166** 39; **171** 1-29, 2, 17, 18
warp thread, lowered ~ **171** 8
warp thread, raised ~ **171** 7
warren **86** 23
warship, Roman ~ **218** 9-12
warships **258; 259**
washbasin **24** 15; **49** 24; **126** 27, 31; **278** 6
washbasin, double ~ **267** 32
washbasin pedestal **49** 27
washboard *Floor etc. Constr.* **123** 21, 63
washboard *Flea Market* **309** 70
wash-bottle **349** 8
washer *Photog.* **116** 15
washer *Mach. Parts etc.* **143** 17, 34
washer *Sawmill* **157** 21
washer *Bicycle* **187** 55
washer, lead ~ **122** 103

washing **169** 19; **170** 48, 56
washing and toilet facilities **278** 5-6
washing basin **309** 65
washing bottle **261** 32
washing drum **50** 24
washing floor **92** 3, 27
washing line **38** 23; **50** 33
washing machine **157** 21
washing machine, automatic ~ **50** 23
washing machines **50** 23-34
washing set **309** 64
washing trough **165** 49
washing unit, compressed-air ~ **92** 3
washing-up area **207** 28
washing-up brush **50** 51
wash liquor, weak ~ **172** 44
washroom **207** 15; **278** 5
washstand *Railw.* **207** 40
washstand *Flea Market* **309** 67
wash tank *Photog.* **116** 15
wash tank *Oil, Petr.* **145** 30
washtub **309** 69
wash water, weak ~ **172** 44
wasp **82** 35
wasp waist **355** 53
waste **144** 37
waste, medium-activity ~ **154** 72
waste, nuclear ~ **154** 57-68
waste, radioactive ~ **154** 57-68, 77
waste bin **22** 70; **96** 46
waste-gas heat exchanger **155** 9
wastepaper basket **46** 25; **248** 45
waste pipe *Bathrm. etc.* **49** 45
waste pipe *Street Sect.* **198** 26
waste steam exhaust **210** 22
waste tray, mobile ~ **26** 22
waste water discharge **156** 38
waste water outlet **217** 62
waste water pump *Paperm.* **172** 63
waste water pump *Refuse Coll.* **199** 20
watch, automatic ~ **110** 32-43
watch, waterproof ~ **109** 26; **279** 16
watchdog **62** 32; **70** 25
watches **110**
watchglass-fitting tool **109** 11, 29
watchkeeper **221** 126
watchmaker **109** 1
watchman **329** 9
watch strap **110** 5
watch strap, metal ~ **109** 19
watch-testing machine **109** 24
watch-timing machine **109** 25
watchtower **329** 35
water **48** 8
water, artesian ~ **12** 21
water, baptismal ~ **332** 12
water, entrapped ~ **13** 16
water, raw ~ **269** 4
water, rising ~ **12** 26
water, running ~ **89** 1
water, shallow ~ **224** 87, 97
water, underlying ~ **12** 32
water and brine separator **145** 32
water appliances **126** 12-25
water ballast **223** 78
water barrel **52** 4
water bath **132** 12; **349** 14
water bath, constant temperature ~ **23** 48
Water Bearer **4** 63
water bottle **290** 10
water buffalo **367** 8
water bug **358** 4
water butt **52** 4
water canister **83** 57
water cannon **270** 66; **316** 18
Water Carrier *Astron.* **4** 63
water carrier *Camping* **278** 32
water channel **334** 54
water circuit, auxiliary ~ **259** 63
water circuit, primary ~ **259** 65
water circuit, secondary ~ **259** 63
water-collecting tank **92** 5
watercolour **260** 27; **338** 18
water connection **179** 5
water container **103** 22
water cooler **189** 35
water-cooling system *Moon L.* **6** 26
water-cooling system *Iron Foundry etc.* **148** 28
watercress **378** 30
water cruet **332** 45
water elf **327** 23
water extractor **281** 39
waterfall **11** 45
waterfall, artificial ~ **272** 9
water feed pipe **103** 21
waterfowl **272** 51-54
waterfowling **86** 40
water gauge *Map* **15** 29
water gauge *Roof & Boilerr.* **38** 63
water gauge *Railw.* **210** 45
water gauge *Chem.* **349** 16
water glass **24** 13
water heater **145** 31
water heater, electric ~ **126** 13
water heater, gas ~ **126** 12
water heater, instantaneous ~ **126** 12-13
watering can **51** 21; **55** 26
water inlet *Fish Farm.* **89** 7
water inlet *Plumb. etc.* **126** 18
water inlet *Water* **269** 54
water inlet pipe **168** 11
water jet pipe **281** 40
water jet pump **23** 49
water jug **309** 66
water jump **289** 20
water level **13** 77
water lily **51** 18; **272** 56
waterline **258** 27; **285** 31
water main **198** 22
watermark **252** 31
water meter **269** 53
water-meter dial **269** 58
watermill *Map* **15** 77
watermill *Mills* **91** 35-44
water molecule **242** 67
water moth **358** 12
water newt **364** 20
water nixie **327** 23
water nymph *Fabul. Creat.* **327** 23
water nymph *Articulates* **358** 3
water outlet *Fish Farm.* **89** 8
water outlet *Energy Sources* **155** 23
water outlet *Water* **269** 57
water outlet pipe **116** 17
water overfall **91** 43
water ox **367** 8
water pipe *Market Gdn.* **55** 30
water pipe *Poultry Farm* **74** 7, 26
water pipe *Tobacc. etc.* **107** 42
water pipe *Power Plant* **152** 7
water pipe *Paperm.* **172** 65
water pipe *School* **261** 4
water plantain **378** 44
water plants **378** 14-57
water polo **282** 46-50
water polo ball **282** 48
water preheater **152** 10
waterproofing **123** 5
water pump **190** 61
waters, coastal ~ **286** 10-14
waters, inshore ~ **286** 10-14
water scorpion **358** 4
water ski **280** 16
water ski, types of ~ **286** 56-62
water skier **286** 45
water skiing **286** 45-62
water slater **358** 2
Water Snake *Astron.* **3** 16
water snake *Fish etc.* **364** 38
water supply **27** 46; **269**
water supply, individual ~ **269** 40-52
water supply pipe *Brew.* **92** 48
water supply pipe *Photog.* **116** 16
water table **13** 77; **269** 1, 42, 63
water tank *Market Gdn.* **55** 2, 29
water tank *Gas Weld.* **141** 17
water tank *Refuse Coll.* **199** 27
water tank *Railw.* **210** 66
water tank *School* **261** 33
water tank *Theatre* **316** 51
water tanker **233** 22
water tap **39** 36; **49** 26; **126** 31
water temperature **280** 8
water temperature gauge **191** 38, 66
water tender **270** 51
water tower *Map* **15** 81
water tower *Market Gdn.* **55** 2
water tower *Coal* **144** 14
water tower *Water* **269** 18
water trough **137** 8
water tub **281** 26
water-tube boiler **152** 5
water vole **366** 17
waterway engineering **217**
water wings **281** 7; **282** 18
Watling Street thistle **61** 32
wattle **73** 24
wave **13** 36; **287** 17
wave, seismic ~ **11** 36
waves, artificial ~ **281** 1-9
wave soaring **287** 16
wave system **287** 17
waxing cork **301** 23
waxing iron **301** 22
wax scraper **301** 24
wax separation **145** 50
waxworks **308** 68
waybill **206** 30
wayside flowers **375**; **376**
WC **49** 12; **207** 16, 42, 72; **211** 59; **231** 31; **317** 31
weaponry **255** 1-98
weapons, heavy ~ **255** 40-95
weapon system radar **258** 35
weasel **367** 16
weather **8** 1-19
weather chart **9** 1-39; **342** 66
weather cloth **223** 17
weathercock **331** 3
weather map **9** 1-39; **342** 66
weather radar antenna **231** 18
weather report **342** 65
weather satellite **10** 64
weather ship **9** 7
weather station **9** 7; **225** 33
weather vane **121** 26; **331** 4
weave, plain ~ **171** 1, 4, 24
weaver **136** 5
weaves *Basketm.* **136** 1-4
weaves *Weaves* **171** 1-29
weaving **165**; **166**
weaving draft **171** 29
weaving machine **166** 1, 35
web *Dom. Anim.* **73** 36
web *House Insects etc.* **81** 10
web *Paperm.* **173** 30, 45
web *Letterpress* **181** 43, 58
web *Railw.* **202** 3
web *Gymn.* **297** 11
web *Articulates* **358** 47
web *Birds* **359** 7
webfoot **359** 6
web-offset press **180** 1, 18
wedding ceremony **332** 14
wedding ring **36** 5; **332** 17
wedding ring box **36** 6
wedding ring sizing machine **108** 24
wedge **119** 15; **132** 19; **158** 7
wedge, hardwood ~ **121** 96
wedge, optical ~ **176** 22
wedge heel **101** 55
wedge stone **336** 22
weed **379** 8
weeding hoe **51** 22
weeds **61**
weekend house **37** 84-86
weeping willow **272** 63
weevil **80** 10, 49; **82** 42
weft feeler **166** 31
weft feeler, electric ~ **166** 14
weft pirn **166** 7
weft replenishment **166** 5
weft thread **171** 1-29, 3
weft thread, lowered ~ **171** 15
weft thread, raised ~ **171** 16
weft yarn **163** 2
weigela **373** 23
weigelia **373** 23
weighbridge **206** 41
weighbridge office **206** 40
weighing apparatus **92** 32; **170** 29
weighing bottle **349** 24
weighing bunker **225** 22
weighing machine **206** 31
weighing platform **22** 67
weigh office **199** 12
weight *Roof & Boilerr.* **38** 32
weight *Sea Fish.* **90** 10
weight *Clocks* **110** 32
weight *Railw.* **202** 18
weight *Athletics* **298** 49
weight, iron ~ **90** 21
weight belt **279** 14
weighting disc **165** 21
weightlifter **299** 2
weightlifting **299** 1-5
weights, lead ~ **89** 88-92
weir *Map* **15** 66
weir *Hydr. Eng.* **217** 65-72
weir *Rowing* **283** 60
weir sill **217** 79
welder electrode arm **142** 30
weld gauge **142** 36
welding bench **141** 13; **142** 21
welding glove, five-fingered ~ **142** 32
welding glove, three-fingered ~ **142** 8
welding goggles **141** 24
welding lead **142** 19
welding nozzle **141** 33
welding paste **141** 18
welding pressure adjustment **142** 31
welding rod **141** 12

welding table **142** 13
welding torch **141** 11, 19, 28
welding transformer **125** 29; **142** 1, 27
well *Astron.* **5** 24
well *Map* **15** 100
well *Carp.* **120** 46
well *Joiner* **132** 35
well *Oil, Petr.* **145** 17
well *Water* **269** 40
well, artesian ~ **12** 25
well, driven ~ **269** 60
well, glass-roofed ~ **271** 11
well casing **269** 64
well head **269** 65
wellington boot **101** 14
Wellingtonia **372** 69
wels **364** 12
welt, knitted ~ **29** 65; **31** 70
welt, stretch ~ **31** 43
welt cutter **100** 48
welt pincers **100** 38
West Australian Current **14** 45
westerlies **9** 50
Western roll **298** 16
west point **4** 15
West Wind Drift **14** 44
westwork **335** 22
wet and dry bulb thermometer **10** 52
wet bulb thermometer **10** 35
wet felt, first ~ **173** 17
wet felt, second ~ **173** 18
wether **73** 13
wet oil tank **145** 30
wetsuit, neoprene ~ **279** 9
wetting trough **165** 44
Weymouth pine **372** 30
Whale **3** 11
whales **367** 23-29
wharve **164** 48
wheat **68** 1, 23
wheat and rye bread **97** 6, 8
wheat beer **93** 26
wheat flour **97** 52; **99** 63
wheatgerm bread **97** 48
wheatgerm oil **98** 24
wheel *Overh. Irrign.* **67** 24
wheel *Clocks* **110** 11
wheel *Bicycle* **187** 1
wheel *Aircraft* **230** 24
wheel, back ~ **186** 17
wheel, co-pilot's ~ **230** 25
wheel, front ~ **186** 4; **187** 26-32
wheel, light alloy ~ **189** 48
wheel, rear ~ **186** 17
wheel, rubber-tyred ~ **64** 32
wheel, ship's ~ **224** 15
wheel, spoked ~ **289** 25
wheel adjustment **64** 58
wheel alignment **195** 17, 21
wheel alignment, visual ~ **195** 41
wheel and axle drive **212** 28
wheel and axle set **212** 3; **213** 3
wheelarch doorway **278** 39
wheelbarrow **56** 47; **118** 37; **119** 42
wheelbarrow sprayer **83** 38
wheel brush, wire ~ **134** 24
wheel cover **322** 27
wheel cylinder **192** 54
wheel disc, plastic ~ **289** 25
wheeler **186** 47
wheel flange lubricator **211** 52
wheel guard *Tram* **197** 11
wheel guard *Music. Instr.* **322** 27
wheelhead slide **150** 3
wheelhorse **186** 47
wheelhouse **223** 18; **224** 14-38
wheel lock **187** 49
wheel mirror **195** 41
wheel nut **187** 53
wheel of fortune **308** 45
wheel plough **65** 1
wheel ratchet **110** 10
wheel rim **187** 28; **189** 25; **191** 16; **192** 77
wheelsman **224** 16
wheel tapper **205** 39
wheel-tapping hammer **205** 40
whelp **73** 16
whetstone **66** 19
whetting anvil **66** 11
whetting hammer **66** 9
whip *Bldg. Site* **118** 30
whip *Equest.* **289** 43
whip *Circus* **307** 53
whip antenna **258** 60
whip line **228** 3
whipper-in **289** 43
whipping unit **97** 70
whip stall **288** 5
whirler **179** 1
whirligig **308** 2
whirlpool, hot ~ **281** 31, 35
whirlpool separator **93** 2
whisk **39** 23
whiskers *Hairst. etc.* **34** 12
whiskers *Mammals* **367** 21
whisky **42** 31
whisky glass **267** 57
whistle *Kitch. Utensils* **40** 11
whistle *Railw.* **211** 9; **212** 49
whistle *Navig.* **224** 70
whistle lever **211** 40
whistle valve handle **210** 51
white *Poultry Farm* **74** 62, 67
white *Colour* **343** 11
white bear **368** 11
white clover **69** 2
white light, supplementary ~ **203** 15
white line **268** 72
white owl **362** 17
white oxeye daisy **376** 4
white pelican **359** 5
white pine **372** 30
white poplar **371** 23
white-tailed eagle **362** 5
white-tailed sea eagle **362** 5
white wagtail **360** 9
white water lily **378** 14
white water pump **172** 63
white wine glass **45** 82
whitewood **374** 1
wholemeal bread **97** 48
whole note **320** 13
whole rest **320** 21
whortleberry **377** 23
wick **107** 29
wickerwork **136** 4, 16
wicket **292** 70
wicket keeper **292** 73
wide screen camera **310** 47
width *Roof* **122** 91, 95
width *Composing Rm.* **175** 48
width adjustment **100** 19
width scale **157** 58
width-setting tree **100** 55
Wiener **96** 8
wig **105** 38; **315** 49
wig, full-bottomed ~ **34** 2
wig, partial ~ **355** 8
wig block **105** 39
wiggler **89** 72
wigwam **352** 7
wild animal cage **307** 49
wild animal tamer **307** 52
wild arum **379** 9
wild barley **61** 28
wild boar **86** 32; **88** 51
wild briar **373** 26
wild camomile **380** 1
wild cherry **59** 5
wild chicory **376** 25
wild endive **376** 25
wildfowling **86** 40
wild morning glory **61** 26
wild mustard **61** 18
wild oat **61** 29
wild orchid **376** 28
wild pear tree **58** 31
wild radish **61** 21
wild sow **86** 32; **88** 51
wild strawberry **58** 16
wild-water racing kayak **283** 69
willow rod **136** 15
willow stake **136** 14
Wilson chamber **2** 24
Wilson cloud chamber **2** 24
winch **270** 56
winched launch **287** 5
winch house **226** 54
wind arrow **9** 9
wind avalanche **304** 1
wind box **147** 69
windbreak **354** 35
wind chest **326** 12, 12-14
wind chest box **326** 12
wind cone **287** 11
wind cripple **13** 43
wind direction **9** 9-19; **285** 6
wind-direction indicator **10** 31
wind directions **285** 1-13
wind-direction shaft **9** 9
wind-direction symbols **9** 9-19
windflower **375** 5; **377** 1
wind gauge **10** 28
wind generator **55** 34; **155** 42
winding, low-voltage ~ **153** 16
winding, primary ~ **153** 15
winding, secondary ~ **153** 16
winding crown **110** 42
winding engine house **144** 2
winding gear **217** 74
winding handle **117** 50
winding inset **144** 26
wind knob **110** 23
windlass **223** 49; **258** 6
windmill *Map* **15** 31
windmill *Mills* **91** 1-34
windmill *Fair* **308** 15
windmill, Dutch ~ **91** 29
windmill, German ~ **91** 31
windmill arm **91** 1
windmill cap, rotating ~ **91** 30
windmill sail **91** 1
windmill vane **91** 1
window **2** 16; **6** 40; **25** 8; **28** 36, 49; **75** 31; **77** 50; **186** 10; **268** 14; **284** 38
window, circular ~ **335** 12
window, double casement ~ **37** 22
window, heated ~ **191** 80
window, lead glass ~ **154** 75
window, pedimental ~ **355** 49, 50
window, rear ~ **191** 32, 80
window, side ~ **231** 29
window, single casement ~ **37** 23
window, sliding ~ **207** 7
window, transparent ~ **278** 41; **284** 3
window box **268** 15
window breast **37** 24
window decoration **260** 68; **268** 12
window display **98** 1; **268** 11
window frame **133** 44
window glass **124** 5
window head **37** 25; **118** 9; **120** 57
window jamb **120** 51
window ladder **296** 21
window ledge **118** 12; **120** 33
window lintel **120** 57
window opening **120** 30
window painting **260** 26
window shutter **37** 30
window sill **37** 24; **118** 12; **120** 33
window vent **55** 10
windpipe **17** 50; **20** 4
wind power plant **155** 42
wind pump **15** 73
windrow **63** 36
wind screen **5** 15
windscreen, panoramic ~ **191** 21
windscreen wiper **191** 41; **197** 32
wind shaft **91** 5
windshield **5** 31
windshield, panoramic ~ **191** 21
windshield wiper **191** 41
wind sock **287** 11
wind speed **9** 10
wind-speed barb **9** 10
wind-speed feather **9** 10
wind-speed indicator **10** 29
wind-speed meter **10** 29
windsurfer **284** 1
windsurfing **284** 1-9
wind systems **9** 46-52
wind trunk **326** 11
wind vane **10** 32; **55** 36; **331** 4
wind wheel **55** 35
wine **99** 76; **266** 43
wine, bottled ~ **98** 60-64
wine, red ~ **98** 64
wine, sparkling ~ **98** 63
wine, white ~ **98** 60
wine bar **266** 30-44
wine bottle **79** 14
wine carafe **266** 32
wine cask **79** 2
wine cellar **79** 1-22
wine cooler **266** 42
wine cruet **332** 46
wineglass **44** 9; **45** 12, 82, 83; **79** 19; **266** 33; **317** 7
wine grower **78** 13
wine growing **78**
wine in bottles **98** 60-64
wine jug **79** 15
wine list **266** 31
wine press, horizontal ~ **79** 21
wine restaurant **266** 30-44
wine tasting **79** 16
wine vat **79** 3
wine vault **79** 1-22
wine waiter **266** 30
wing *House Insects etc.* **81** 8
wing *Game* **88** 76, 79
wing *Sea Fish.* **90** 16
wing *Aircraft* **230** 43
wing *Airsports* **288** 27
wing *Fabul. Creat.* **327** 15, 28, 51, 60
wing *Decid. Trees* **371** 57
wing *Conifers* **372** 9
wing, bat's ~ **327** 4
wing, central ~ **229** 8
wing, cranked ~ **229** 14
wing, elliptical ~ **229** 15
wing, front ~ **191** 3

wing, hind ~ **358** 33
wing, lower ~ **229** 9
wing, membranous ~ **82** 11
wing, middle ~ **229** 8
wing, multispar ~ **287** 29
wing, ogival ~ **229** 22
wing, rectangular ~ **229** 16
wing, rotary ~ **232** 12
wing, swept-back ~ **229** 20, 21
wing, tapered ~ **229** 17
wing, upper ~ **229** 7
wing case **82** 10
wing configurations **229** 1-14
Winged Horse **3** 10
winger **291** 16
wing mirror, left-hand ~ **191** 40
wing mirror, right-hand ~ **191** 56
wing nut **143** 42; **187** 39
wing of bridge **223** 16
wing rail **202** 25
wings **307** 12
wing shapes **229** 15-22
wing span **229** 2
wing suspension, inner ~ **257** 34
wing suspension, outer ~ **257** 35
wing tally **74** 55
wing tank **256** 4
wing tank, integral ~ **257** 29
wing tip **287** 42
wing-tip tank **231** 9; **256** 30
wing wall *Rivers* **216** 35
wing wall *Hydr. Eng.* **217** 80
winker **71** 26
winner **299** 39
winner's price **289** 39
winners' table **289** 38
winning peg **292** 77
winnowing **64** 15
winter boot **101** 1
winter coat **30** 61
winter dike **216** 32
winter dress **30** 12
winter green **57** 34
winter moth **80** 16
winter slacks **30** 19
winter sports **301; 302; 303**
winter wear **30**
wiper *Post* **237** 44
wiper *Graphic Art* **340** 13
wiper/washer switch and horn **191** 60
wire *Paperm.* **173** 14
wire *Fencing* **294** 31
wire, gold ~ **108** 3
wire, iron ~ **143** 12
wire, overhead ~ **194** 43
wire, silver~ **108** 3
wire and sheet roller **108** 1
wireless mast **15** 33
wireman **127** 1
wire side **173** 34
wire spool, spring-loaded ~ **294** 29
wire stripper and cutter **134** 15
wire strippers **127** 64
wireworm **80** 38
witch **306** 6
witchgrass **61** 30
withers *Dog* **70** 11
withers *Horse* **72** 17
witloof **376** 25
witness **332** 23
wobbler, double-jointed ~ **89** 70
wobbler, round ~ **89** 71
wobbler, single-jointed ~ **89** 69
wolf **367** 13
wolfsbane **379** 1
womb **20** 79
wood *Forestry* **84** 1-34
wood *School* **260** 82
wood *Ball Games* **293** 91
wood *Sculpt. Studio* **339** 27
wood, coniferous ~ **15** 1
wood, deciduous ~ **15** 4
wood, mixed ~ **15** 14
wood, open ~ **326** 31-33
wood, rough ~ **135** 21
wood anemone **377** 1
woodbind **374** 13
woodbine **51** 5; **374** 13, 16
wood carver **339** 28
wood carving **260** 77
wood chip paper **128** 18
wood chisel **339** 19
wood cut **260** 83
wood cutting *Forestry* **84** 15-37
woodcutting *Graphic Art* **340** 2
wood engraving **340** 1, 1-13
wood file **132** 2
wood grouse **88** 72
wood haulage way **84** 3
wood ibis **359** 5
woodland strawberry **58** 16
woodlark **361** 18
wood louse **81** 6
woodpecker **359** 27
wood pulp, chemical ~ **172** 77, 78
wood pulp paper **128** 18
wood rasp **132** 1; **134** 8; **260** 55
wood screw **122** 101; **132** 41; **143** 45
wood screw thread **143** 47
wood sculptor **339** 28
woodsman **84** 18
wood stork **359** 5
wood tick **358** 44
wood-turning lathe **134** 51; **135** 1
woodwind instruments **323** 28-38
woodwinds **323** 28-38
woodworking adhesive **134** 36
woofer **241** 17
woolly apple aphid **80** 32, 33
woolly apple aphid colony **80** 34
woolly milk cap **379** 13
woolpack cloud **8** 1; **287** 22
work **118** 17
workbench **97** 60, 62; **100** 33; **104** 7; **108** 20; **109** 2; **111** 20; **124** 15; **125** 10; **137** 21; **140** 7; **260** 46
workbench, collapsible ~ **134** 41
workbench lamp **109** 12
workboard **136** 7
work clamp *Joiner* **132** 51
work clamp *Arc Weld.* **142** 35
worker *Bees* **77** 1, 6-9, 10-19
worker *Articulates* **358** 22
worker bee **77** 1
worker cell **77** 34
work folder **261** 27
working, open-cast ~ **158** 1
working area **162** 5
working bath **162** 5
working deck **221** 19, 34
working face **158** 3
working passage **75** 24
working platform **118** 17; **145** 5; **211** 42; **234** 28, 46
workings, underground ~ **144** 21-51
working surface, tiled ~ **261** 5
working top **39** 11
workman's cap **35** 40
workpiece **104** 25; **133** 44; **139** 46; **140** 6; **141** 20; **142** 28; **148** 51; **150** 20
workpiece, blocked ~ **139** 28
workpiece, preshaped ~ **139** 28
work platform **118** 17; **211** 42; **234** 28, 46
workroom, dressmaker's ~ **103** 1-27
workroom, furrier's ~ **131** 1-25
workroom, tailor's ~ **104** 1-32; **268** 17
works **15** 37
workshop **62** 17; **146** 30; **310**. 6; **315** 28-42
workshop, bootmaker's ~ **100** 1-68
workshop, carpenter's ~ **120** 4
workshop, cooper's ~ **130** 1-33
workshop, fitter's ~ **140** 1-22
workshop, glazier's ~ **124** 1
workshop, joiner's ~ **132** 1-73
workshop, locksmith's ~ **140** 1-22
workshop, mechanic's ~ **140** 1-22
workshop, optician's ~ **111** 20-47
workshop, orbital ~ **235** 66
workshop, shoemaker's ~ **100** 1-68
workshop, tank construction engineer's ~ **130** 1-33
workshop, turner's ~ **135** 1-26
workshop area **5** 17
workshop door **120** 5
workshop trolley **109** 22
work top **50** 31
worm **192** 59
worm-and-nut steering gear **192** 56-59
worm gear sector **192** 57
wormhole **58** 65
worms **357** 20-26
wormwood **380** 4
worshipper **330** 29
wort **92** 50, 51, 52
wort boiler **92** 52
wort cooler **93** 5
wort cooling **93** 1-5
wound **21** 8
wrap, coloured ~ **355** 10
wrapper *Tobacc. etc.* **107** 5
wrapper *Bookbind.* **185** 37
wrapping, jute ~ **163** 4
wrapping counter **271** 14
wrapping material **98** 46-49
wrapping paper **98** 46
wreath **123** 52
wreath, bridal ~ **332** 19
wreath of the colours **254** 2
wreath piece **123** 49
wreck **224** 84
wrecking crane **270** 47
wreck to port **224** 86
wreck to starboard **224** 85
wren **361** 12
wrench **134** 14
wrench, open-end ~ **134** 2
wrest **325** 20
wrestler **299** 7
wrestling **299** 6-12
wrestling, Greco-Roman ~ **299** 6-9
wrestling mat **299** 12
wrest pin **324** 23; **325** 17
wrest pin block **324** 22; **325** 18
wrest plank **324** 22; **325** 18
wrist *Man* **19** 76
wrist *Horse* **72** 22
wristband **296** 64
wrist joint **2** 41
wrist sling **300** 32
wristwatch, automatic ~ **110** 32-43
wristwatch, electronic ~ **110** 1
writing, English ~ **342** 10
writing, German ~ **342** 11
writing cane **341** 23
writing surface **47** 23
writing system, pictorial ~ **341** 1
writing unit **46** 21
wrought-iron craftsman **140** 1
wryneck **359** 27

X

xanthate **169** 10
X-contact **115** 14
xenon lamp **177** 17
xenon lamp housing **177** 42
X-ray **1** 33, 56; **25** 39
X-ray apparatus **24** 21; **27** 6
X-ray cassette **27** 2
X-ray control unit, central ~ **27** 9
X-ray examination table **27** 1
X-ray generator **24** 22
X-ray head **27** 18
X-ray image intensifier **27** 16
X-ray support, telescopic ~ **27** 8
X-ray technician **27** 11
X-ray tube **27** 17, 18
X-ray unit **27** 1-35
xylography **340** 1-13
xylophone **324** 61

Y

yacht **273** 29; **278** 12; **284** 10-48
yacht classes **284** 49-65
yacht hull, types of ~ **285** 29-41
yachting **284; 285**
yachting cap **35** 29
yacht stern **285** 42
yacht stern, types of ~ **285** 42-49
yacht tacking **285** 7
yankee corn **68** 31
yard **276** 27
yardmaster **206** 45
yard radio **212** 50; **213** 4
yarn **164** 53, 56; **167** 17, 36; **169** 17, 25
yarn, doubled ~ **164** 60
yarn, glass ~ **162** 56, 57
yarn, inlaid ~ **171** 43
yarn, sleeved ~ **162** 57
yarn, viscose rayon ~ **169** 1-34, 27
yarn count **164** 40
yarn-distributing beam **167** 25
yarn-dividing beam **167** 25
yarn feeder **167** 6
yarn-forming frame, intermediate ~ **164** 27
yarn guide *Shoem.* **100** 30
yarn guide *Knitting* **167** 3, 54, 64
yarn guide support post **167** 2
yarn length recorder **165** 28

yarn package **165** 15; **170** 48
yarn package container **165** 16
yarn-tensioning device **167** 5
yarrow **376** 15
yawing **230** 69
yawl **220** 10
y-axis **347** 3
Y-connection **153** 20
Y-cross **332** 61
yeast **93** 6
yeast, baker's ~ **97** 53
yeast bread **97** 11
yeast propagation **93** 6
yellow **343** 2
yellow bunting **361** 6
yellow card **291** 63
yellow coral fungus **381** 32
yellow filter adjustment **116** 44
yellow flag **60** 8
yellow-flowered jasmine **373** 4
yellowhammer **361** 6
yellow iris **60** 8
yellow light **203** 16
yellow lupin **69** 17
yellow meal beetle **81** 23
yellow owl **362** 17
yellow prickle fungus **381** 31
yellow water flag **60** 8
yerba maté **382** 11
yew tree **372** 61
yoghurt maker **40** 44
yoke *Bldg. Site* **119** 64
yoke *Power Plant* **153** 14
yoke *Rowing* **283** 51
yoke, adjustable ~ **65** 14
yoke, bolted ~ **119** 74
yoke, front ~ **33** 19
yoke, kimono ~ **31** 18
yoke elm **371** 63
yoke mount, English-type ~ **113** 23
yoke mounting, English-type ~ **113** 23
yolk **74** 68
yolk sac **74** 64
Y-tube **350** 56
yucca **373** 24
yurt **353** 19
yurta **353** 19

Z

zap flap **229** 50
Z-drive motorboat **286** 2
zebra **366** 27
zebra crossing **198** 11; **268** 24
Zechstein, leached ~ **154** 62
Zechstein, lixiviated ~ **154** 62
Zechstein shale **154** 68
zenith *Astron.* **4** 11
zenith *Hunt.* **87** 77
zero **275** 18
zero adjustment **2** 7
zero isotherm **9** 41
zero level **7** 6, 20
ziggurat **333** 32
zimmerstutzen **305** 35
zinc plate **179** 9; **180** 53; **340** 52
zinc plate, etched ~ **178** 40
zinc plate, photoprinted ~ **178** 32
zink **322** 12
zinnia **60** 22
zip **31** 55; **33** 28; **260** 13
zip, front ~ **29** 18
zip, inside ~ **101** 6
zip code **236** 43
zircon **351** 19
zither **324** 21
zone, arid ~ **9** 54
zone, paved ~ **268** 58
zone, tropical ~ **9** 53
zoo **356**
zoological gardens **356**
zooming lever **117** 54; **313** 22, 36
zoom lens **112** 41; **240** 34; **313** 23
zoom lens, interchangeable ~ **117** 2
zoom stereomicroscope **112** 40
Zulu **354** 36